TVöD-Kommentar

Werner Dörring · Jürgen Kutzki (Hrsg.)

TVöD – Kommentar

Arbeitsrecht für den öffentlichen Dienst

Bearbeitet von

Werner Dörring
Syndikusanwalt
MVV Energie AG, Mannheim
Lehrbeauftragter
Universität Mannheim

Jürgen Kutzki
Rechtsanwalt und
Dipl.-Verwaltungswirt
Karlsruhe/Bonn

Dr. Hanns-Uwe Richter
Rechtsanwaltskanzlei
Dr. Schlatter und Kollegen,
Lehrbeauftragter
Universität Heidelberg

Dr. Nicolle Heitsch
Syndikusanwältin Heidelberger
Versorgungs-
und Verkehrsbetriebe GmbH

Dr. Ulrich Polzer
Rechtsassessor
MVV Energie AG, Mannheim

Dr. Sonja Schwald
Syndikusanwältin
Freudenberg & Co. KG,
Weinheim

 Springer

Werner Dörring
Syndikusanwalt
MVV Energie AG, Mannheim
Lehrbeauftragter
Universität Mannheim
Marie-Bernays-Platz 13
68309 Mannheim
w.doerring@mvv.de

Jürgen Kutzki
Rechtsanwalt und Dipl.-Verwaltungswirt
Bismarckstraße 59
76133 Karlsruhe
rakutzki@t-online.de

ISBN-10 3-540-27995-4 Springer Berlin Heidelberg New York
ISBN-13 978-3-540-27995-2 Springer Berlin Heidelberg New York

Bibliografische Information der Deutschen Nationalbibliothek
Die Deutsche Bibliothek verzeichnet diese Publikation in der Deutschen Nationalbibliografie; detaillierte
bibliografische Daten sind im Internet über http://dnb.d-nb.de abrufbar.

Springer ist ein Unternehmen von Springer Science+Business Media

springer.de

© Springer-Verlag Berlin Heidelberg 2007

Herstellung: LE-TEX Jelonek, Schmidt & Vöckler GbR, Leipzig
Einbandgestaltung: Erich Kirchner, Heidelberg

SPIN 11531654   64/3100/YL - 5 4 3 2 1 0   Gedruckt auf säurefreiem Papier

Geleitwort

Wissen, Information, Qualität – dies ist der Dreiklang, der das Geschäft von Springer Science+Business Media bestimmt. Wir entwickeln und managen Wissen und tragen es in die Welt – über Bücher, Zeitschriften, Seminare und Fachtagungen sowie das Internet.

Mit dem TVöD-Kommentar erscheint der erste Band einer gemeinsam vom Forum Institut und Springer entwickelten neuen juristischen Buchreihe. Unser Anspruch ist es dabei, die kreative Kompetenz eines modernen Fortbildungsinstituts für Fach- und Führungskräfte mit der Tradition eines führenden internationalen Verlages zu verbinden. Forum steht für die Auswahl der Themen. In enger Zusammenarbeit mit der Praxis werden Materien aufgegriffen, die insbesondere Juristen in Unternehmen und der Verwaltung sowie ihre Berater vor neue Herausforderungen stellen. Die Vielzahl von Gesetzesnovellen sowie bedeutende Änderungen in der Rechtsprechung zwingen jeden verantwortungsbewussten Juristen, sich ständig fortzubilden. Die Kenntnis des bloßen Gesetzestexts oder des Wortlauts einer Entscheidung genügen dafür zumeist nicht. Erforderlich sind vielmehr eine methodisch funktionale Aufbereitung des Stoffes und deren didaktisch zeitgemäße Vermittlung. Diese Aufgabe erfüllen wir sowohl mit Seminaren als auch Publikationen. Hochkarätige Experten aus der Wissenschaft und Praxis bringen die Fragestellungen auf den Punkt und zeigen für die Praxis direkt verwertbare Lösungsmöglichkeiten auf. Dort wo der Referent auf einem Seminar aus Zeitgründen und wegen der unterschiedlichen Interessen der Teilnehmer Begrenzungen vornehmen muss, kann er als Autor in einem Buch Einzelfragen detaillierter nachgehen und die auch für die Praxis relevante wissenschaftliche Fundierung vornehmen. Die Impulse, die der Referent mit seinen Seminarteilnehmern erfährt, führen zu einer konsequenten Ausrichtung seines Buches auf die Bedürfnisse der Praxis. Während die besonderen Stärken eines Seminars vor allem in der unschlagbaren Aktualität und in der Interaktion zwischen Referent und Teilnehmern liegen, gewährt ein Buch insbesondere Vertiefung und Verlässlichkeit als Nachschlagewerk.

Mit seinen zahlreichen Seminaren hat das Forum Institut die Praxis frühzeitig bei der schwierigen Umstellung auf den TVöD begleitet. Der Kommentar liefert nun Antworten auf die sich aus der täglichen Anwendung des neuen Rechts stellenden Fragen.

Wir wünschen dem Werk eine positive Aufnahme!

Heidelberg, im August 2006

RA Dr. Ulrich Zeitel   Brigitte Reschke
FORUM Institut für Management   Springer-Verlag
Geschäftsführer   Programmplanung Rechtswissenschaft

Inhaltsverzeichnis

Abkürzungsverzeichnis

Zeitschriften werden, soweit nicht anders angegeben, nach Jahr und Seite zitiert

a.A.	anderer Ansicht
aaO	am angegebenen Ort
ÄArbVtrG	Gesetz über befristete Arbeitsverträge mit Ärzten in der Weiterbildung
abgedr.	abgedruckt
Abk.	Abkommen
ABl.	Amtsblatt
abl.	ablehnend
ABlEG	Amtsblatt der Europäischen Gemeinschaften; vor 1958: Amtsblatt der EGKS
ABM	Arbeitsbeschaffungsmaßnahmen
Abs.	Absatz
Abschn.	Abschnitt
Abt.	Abteilung
abw.	abweichend
AcP	Archiv für die civilistische Praxis
AEG	Allgemeines Eisenbahngesetz
AEntG	Arbeitnehmer-Entsendegesetz
AErlV	Arbeitserlaubnisverordnung
AEVO	Ausbilder-Eignungsverordnung
aF, a. F.	alte Fassung
AG	Arbeitgeber; Aktiengesellschaft; Amtsgericht; Ausführungsgesetz; Die Aktiengesellschaft, Zeitschrift
AGB	Allgemeine Geschäftsbedingungen
AGG	Allgemeines Gleichbehandlungsgesetz
AktG	Recht der Aktiengesellschaften und der Kommanditgesellschaften auf Aktien (Aktiengesetz)
allg.	allgemein
allgA	allgemeine Ansicht
Alt.	Alternative
amtl.	amtlich
AN	Arbeitnehmer; Amtliche Nachrichten (des Reichsversicherungsamtes)
Änd.	Änderung
Anh.	Anhang
Anm.	Anmerkung
AP	Nachschlagewerk des Bundesarbeitsgerichts (Arbeitsrechtliche Praxis)

ArbG	Arbeitsgericht
ArbGG	Arbeitsgerichtsgesetz
AR-Blattei	Arbeitsrecht-Blattei
ArbnErfG	Gesetz über Arbeitnehmererfindungen
ArbPlSchG	Gesetz über den Schutz des Arbeitsplatzes bei Einberufung zum Wehrdienst (Arbeitsplatzschutzgesetz)
ArbSchG	Arbeitsschutzgesetz
ArbStättV	VO über Arbeitsstätten
ArbZG	Arbeitszeitgesetz
ArEV	Arbeitsentgeltverordnung
ASiG	Gesetz über Betriebsärzte, Sicherheitsingenieure und andere Fachkräfte für Arbeitssicherheit (Arbeitssicherheitsgesetz)
ATG, ATZG	Altersteilzeitgesetz
ATV	Tarifvertrag Altersversorgung
ATV-K	Altersversorgung-Tarifvertrag-Kommunal
ATZ	Altersteilzeit
AuA	Arbeit und Arbeitsrecht, Zeitschrift
Aufl.	Auflage
AÜG	Gesetz zur Regelung der gewerbsmäßigen Arbeitnehmer-überlassung (Arbeitnehmerüberlassungsgesetz)
AuR	Arbeit und Recht, Zeitschrift
ausf.	ausführlich
AuslG	Ausländergesetz
AVmG	Altersvermögensgesetz
Az.	Aktenzeichen
BA	Bundesagentur für Arbeit
BAG	Bundesarbeitsgericht
BAGE	Sammlung der Entscheidungen des Bundesarbeitsgerichts
BAnz.	Bundesanzeiger
BArbBl.	Bundesarbeitsblatt
BAT	Bundes-Angestelltentarifvertrag
BAT-O	Bundes-Angestelltentarifvertrag-Ost
BayGlG	Bayerisches Gleichstellungsgesetz v. 24.5.1996, GVBl. S. 186
BayVBl.	Bayerisches Verwaltungsblatt
BayVGH	Bayerischer Verwaltungsgerichtshof
BB	Betriebs-Berater, Zeitschrift; Brandenburg
BBesG	Bundesbesoldungsgesetz
BBG	Bundesbeamtengesetz
BBiG	Berufsbildungsgesetz
Bd.	Band
BeamtVG	Beamtenversorgungsgesetz
Bearb.	Bearbeiter; Bearbeitung
Beck RS	Beck Rechtssache, elektronische Datenbank
Beil.	Beilage
BErzGG	Bundeserziehungsgeldgesetz
BeschFG 1996	Beschäftigungsförderungsgesetz 1996
Beschl.	Beschluss
betr.	betreffend
BetrAV	Betriebliche Altersversorgung, Zeitschrift

BetrAVG	Gesetz zur Verbesserung der betrieblichen Altersversorgung (Betriebsrentengesetz)
BetrVerf.	Betriebsverfassung
BetrVG	Betriebsverfassungsgesetz
BfA	Bundesversicherungsanstalt für Angestellte
BFH	Bundesfinanzhof
BFH/NV	Sammlung amtlich nicht veröffentlichter Entscheidungen des BFH
BFHE	Sammlung der Entscheidungen des BFH
BGB	Bürgerliches Gesetzbuch
BGBl.	Bundesgesetzblatt
BGG	Behindertengleichstellungsgesetz
BGH	Bundesgerichtshof
BGH GS	Bundesgerichtshof Großer Senat
BGHSt.	Entscheidungen des Bundesgerichtshofs in Strafsachen
BGHZ	Entscheidungen des Bundesgerichtshofs in Zivilsachen
BGleiG	Gesetz zur Gleichstellung von Frauen und Männern in der Bundesverwaltung und in den Gerichten des Bundes (Bundesgleichstellungsgesetz)
BKGG	Bundeskindergeldgesetz
BMA	Bundesminister(ium) für Arbeit und Sozialordnung
BMF	Bundesminister(ium) der Finanzen
BMGS	Bundesminister(ium) für Gesundheit und Soziale Sicherung
BMI	Bundesminister(ium) des Innern
BMJ	Bundesminister(ium) der Justiz
BMT-G	Bundesmanteltarifvertrag für Arbeiter gemeindlicher Verwaltungen und Betriebe
BMT-G-O	Bundesmanteltarifvertrag für Arbeiter gemeindlicher Verwaltungen und Betriebe Ost
BMT-G II	Bundesmanteltarifvertrag für Arbeiter gemeindlicher Verwaltungen und Betriebe II
BMWA	Bundesminister(ium) für Wirtschaft und Arbeit
b + p	Betrieb und Personal, Zeitschrift
BPersVG	Bundespersonalvertretungsgesetz
BR	Betriebsrat; Der Betriebsrat, Zeitschrift; Bundesrat
BRD	Bundesrepublik Deutschland
BR-Drucks.	Drucksache des Deutschen Bundesrates
BReg.	Bundesregierung
BRRG	Beamtenrechtsrahmengesetz
BSG	Bundessozialgericht
BSGE	Sammlung der Entscheidungen des BSG
BSHG	Bundessozialhilfegesetz
Bsp.	Beispiel
bspw.	beispielsweise
BStBl.	Bundessteuerblatt
BT	Besonderer Teil
BT-Drucks.	Drucksache des Deutschen Bundestages
BT-Prot.	Stenographische Berichte des Deutschen Bundestages (zit. nach Legislaturperiode u. S.)
Buchst.	Buchstabe

BUrlG	Mindesturlaubsgesetz für Arbeitnehmer (Bundesurlaubsgesetz)
BV	Betriebsvereinbarung(en)
BVerfG	Bundesverfassungsgericht
BVerfGE	Sammlung der Entscheidungen des Bundesverfassungsgerichts
BVerwG	Bundesverwaltungsgericht
BW	Baden-Württemberg
BWLGlG	Landesgleichstellungsgesetz Baden-Württemberg
BY	Bayern
bzgl.	bezüglich
BZRG	Bundeszentralregistergesetz
bzw.	beziehungsweise
DB	Der Betrieb, Zeitschrift
DDR	Deutsche Demokratische Republik
ders.	derselbe
DGB	Deutscher Gewerkschaftsbund
dgl.	dergleichen; desgleichen
dh.	das heißt
dies.	dieselbe(n)
diff.	differenzieren(d)
DöD	Der öffentliche Dienst, Zeitschrift
DöV	Die öffentliche Verwaltung, Zeitschrift
DRsp.	Deutsche Rechtsprechung, Zeitschrift
DStR	Deutsches Steuerrecht, Zeitschrift
dt.	deutsch
DüVO	Verordnung über die Datenübermittlung auf maschinell verwertbaren Datenträgern im Bereich der Sozialversicherung und der Bundesagentur für Arbeit (Datenübermittlungs-Verordnung)
DVBl.	Deutsches Verwaltungsblatt, Zeitschrift
DVO	Durchführungsverordnung
EAS	Europäisches Arbeits- und Sozialrecht, Rechtsvorschriften, Systematische Darstellungen und Entscheidungssammlung
EFZ	Entgeltfortzahlung
EFZG	Gesetz über die Zahlung des Arbeitsentgeltes an Sonn- und Feiertagen und im Krankheitsfall (Entgeltfortzahlungsgesetz)
EG	Europäische Gemeinschaft(en); Vertrag zur Gründung der Europäischen Gemeinschaft; Einführungsgesetz
EGBGB	Einführungsgesetz zum Bürgerlichen Gesetzbuch
Einf.	Einführung
Einl.	Einleitung
Entsch.	Entscheidung
entspr.	entsprechend
Erl.	Erläuterung
EStDV	Einkommensteuer-Durchführungsverordnung
EStG	Einkommensteuergesetz

EStR	Einkommensteuer-Richtlinien
etc.	et cetera
EU	(Vertrag über die) Europäische Union
EuGH	Gerichtshof der Europäischen Gemeinschaften
EuGHE	Entscheidungen des Gerichtshofs der Europäischen Gemeinschaften
EUmw	Entgeltumwandlung
EuR	Europarecht, Zeitschrift
EuZW	Europäische Zeitschrift für Wirtschaftsrecht
eV	eingetragener Verein
EzA	Entscheidungen zum Arbeitsrecht, hrsg. von Stahlhacke
EzAÜG	Entscheidungssammlung zum Arbeitnehmerüberlassungsgesetz und zum sonstigen drittbezogenen Personaleinsatz
EzB	Entscheidungssammlung zum Berufsbildungsrecht, hrsg. von Horst-Dieter Hurlebaus
EzBAT	Entscheidungssammlung zum BAT
EzS	Entscheidungssammlung zum Sozialversicherungsrecht
f., ff.	folgend(e), fortfolgend(e)
FA	Fachanwalt Arbeitsrecht, Zeitschrift
FG	Finanzgericht
FS	Festschrift
G	Gesetz
GBl.	Gesetzblatt
GBR	Gesamtbetriebsrat
gem.	gemäß
Ges.; ges.	Gesetz; gesetzlich
GewO	Gewerbeordnung
GG	Grundgesetz
ggf.	gegebenenfalls
ggü.	gegenüber
GmbH	Gesellschaft mit beschränkter Haftung
GMBl.	Gemeinsames Ministerialblatt
GO	Gemeindeordnung
grdl.	grundlegend
grds.	grundsätzlich
GS	Großer Senat
GS NW	Gesetzessammlung des Landes Nordrhein-Westfalen
GV NW	Gesetzes- und Verordnungsblatt des Landes Nordrhein-Westfalen
GVBl.	Gesetzes- und Verordnungsblatt
Halbbd.	Halbband; auch Hbd.
Halbs.	Halbsatz
Haufe Index	Elektronische Datenbank Haufe Verlag
HB	Hansestadt Bremen
Hbd.	Halbband; auch Halbbd.
HE	Hessen

HFVG	Gesetz über befristete Arbeitsverträge mit wissenschaftlichem Personal an Hochschulen und Forschungseinrichtungen
HGB	Handelsgesetzbuch
HH	Hansestadt Hamburg
hins.	hinsichtlich
hL	herrschende Lehre
hM, h. M.	herrschende Meinung
HRG	Hochschulrahmengesetz
IAO	Internationale Arbeitsorganisation
idF	in der Fassung
idR	in der Regel
idS	in diesem Sinne
iE	im Ergebnis
ieS	im engeren Sinne
IG	Industriegewerkschaft
IG BCE	Industriegewerkschaft Bergbau, Chemie, Energie
IHK	Industrie- und Handelskammer
ILO	International Labour Organisation (Internationale Arbeitsorganisation)
insb.	insbesondere
insg.	insgesamt
InsO	Insolvenzordnung
int.	international
iSd.	im Sinne des/der
iSv.	im Sinne von
iVm.	in Verbindung mit
iZw.	im Zweifel
JArbSchG	Gesetz zum Schutz der arbeitenden Jugend (Jugendarbeitsschutzgesetz)
Jb.	Jahrbuch
Jg.	Jahrgang
JM	Justizminister(ium)
JMBl.	Justizministerialblatt
JSchG	Jugendschutzgesetz
juris	Juristisches Informationssystem für die Bundesrepublik Deutschland
Kap.	Kapitel
KAPOVAZ	Kapazitätsorientierte variable Arbeitszeit
KAV	Kommunaler Arbeitgeberverband
KBR	Konzernbetriebsrat
KG	Kammergericht; Kommanditgesellschaft
KJ	Kritische Justiz, Zeitschrift
KrG	Kreisgericht
krit.	kritisch
KSchG	Kündigungsschutzgesetz

LadSchlG	Gesetz über den Ladenschluss (auch LSchlG)
LAG	Landesarbeitsgericht
LAGE	Entscheidungen der Landesarbeitsgerichte, hrsg. von Stahlhacke
Lfg.	Lieferung
LFZ	Lohnfortzahlung
LFZG	Gesetz über die Fortzahlung des Arbeitsentgelts im Krankheitsfalle (Lohnfortzahlungsgesetz)
LG	Landgericht
lit.	Buchstabe
LPVG	Landespersonalvertretungsgesetz (BW, NW)
LS	Leitsatz, Leitsätze
LStDV	Lohnsteuer-Durchführungsverordnung
m.	mit
Mat.	Materialien
MBl.	Ministerialblatt
mE	meines Erachtens
MitbestG	Gesetz über die Mitbestimmung der Arbeitnehmer (Mitbestimmungsgesetz)
Mrd.	Milliarde(n)
MTArb	Manteltarifvertrag für Arbeiterinnen und Arbeiter des Bundes und der Länder
MTArb-O	Manteltarifvertrag für Arbeiterinnen und Arbeiter des Bundes und der Länder Ost
MTV	Manteltarifvertrag
MuSchG	Gesetz zum Schutz der erwerbstätigen Mutter (Mutterschutzgesetz)
mwN	mit weiteren Nachweisen
Nachw.	Nachweise
NachwG	Gesetz über den Nachweis der für ein Arbeitsverhältnis geltenden wesentlichen Bestimmungen (Nachweisgesetz)
nF	neue Fassung, neue Folge
NJW	Neue Juristische Wochenschrift, Zeitschrift
NJW-RR	NJW-Rechtsprechungs-Report Zivilrecht
Nr.	Nummer
NRW	Nordrhein-Westfalen (s. NW)
nv.	nicht veröffentlicht
NVwZ	Neue Zeitschrift für Verwaltungsrecht
NVwZ-RR	NVwZ-Rechtsprechungs-Report Verwaltungsrecht
NZA	Neue Zeitschrift für Arbeitsrecht
NZA-RR	NZA-Rechtsprechungs-Report Arbeitsrecht
NZS	Neue Zeitschrift für Sozialrecht
o.	oben
OFD	Oberfinanzdirektion
öffentl.	öffentlich
OLG	Oberlandesgericht
OVG	Oberverwaltungsgericht

PersR	Personalrat, Zeitschrift
PersV	Personalvertretung, Zeitschrift
PersVG	Personalvertretungsgesetz (des Landes)
PSV	Pensionssicherungsverein
RAG	Reichsarbeitsgericht
RAGE	Amtl. Sammlung der Entscheidungen des RAG
RdA	Recht der Arbeit, Zeitschrift
RdErl.	Runderlass
RdSchr.	Rundschreiben
RechtsV	Rechtsverordnung
RegBl.	Regierungsblatt
Rn.	Randnummer
Rs.	Rechtssache
Rspr.	Rechtsprechung
s.	siehe
S.	Seite; Satz
s.o.	siehe oben
SAE	Sammlung arbeitsrechtlicher Entscheidungen, Zeitschrift
SG	Sozialgericht
SGB	Sozialgesetzbuch
SGB I	SGB - Allgemeiner Teil
SGB II	Grundsicherung für Arbeitsuchende
SGB III	Arbeitsförderung
SGB IV	Gemeinsame Vorschriften für die Sozialversicherung
SGB V	Gesetzliche Krankenversicherung
SGB VI	Gesetzliche Rentenversicherung
SGB VII	Gesetzliche Unfallversicherung
SGB VIII	Kinder- und Jugendhilfe
SGB IX	Rehabilitation und Teilhabe behinderter Menschen
SGB X	Sozialverwaltungsverfahren und Sozialdatenschutz
SGB XI	Soziale Pflegeversicherung
SGB XII	Sozialhilfe
SGG	Sozialgerichtsgesetz
SH	Schleswig-Holstein
SL	Saarland
Slg.	Sammlung von Entscheidungen, Gesetzen etc.
SN	Sachsen
sog.	so genannt(e)
SozR	Sozialrecht; Sozialrecht, Rspr. und Schrifttum, bearb. von den Richtern des BSG
SozREntschS	Sozialrechtliche Entscheidungssammlung
SprAu	Sprecherausschuss
SprAuG	Sprecherausschussgesetz
SR	Sonderregelung (zum BAT)
st.	ständig
str.	streitig
Teilurt.	Teilurteil
TH	Thüringen

TVAöD	Tarifvertrag für Auszubildende des öffentlichen Dienstes
TVöD	Tarifvertrag für den öffentlichen Dienst
TVöD BT-V	Tarifvertrag für den öffentlichen Dienst – Besonderer Teil Verwaltung
TVG	Tarifvertragsgesetz
TVÜ-Bund	Tarifvertrag zur Überleitung der Beschäftigten des Bundes in den TVöD und zur Regelung des Übergangsrechts
TVÜ-VKA	Tarifvertrag zur Überleitung der Beschäftigten der kommunalen Arbeitgeber in den TVöD und zur Regelung des Übergangsrechts
tw.	teilweise
TzBfG	Teilzeit- und Befristungsgesetz
ua., u. a.	unter anderem, und andere
Übk.	Übereinkommen
umstr.	umstritten
UmwG	Umwandlungsgesetz
unstr.	unstreitig
Unterabs.	Unterabsatz
unzutr.	unzutreffend
urspr.	ursprünglich
Urt.	Urteil
usw.	und so weiter
uU	unter Umständen
v.	vom
VBL	Versorgungsanstalt des Bundes und der Länder
Versorgungs-TV	Tarifvertrag über die Versorgung der Arbeitnehmer des Bundes, der Länder sowie von Arbeitnehmern kommunaler Verwaltungen und Betriebe
VersTV-G	Tarifvertrag über die Versorgung der Arbeitnehmer kommunaler Verwaltungen und Betriebe
VersTV-Saar	Tarifvertrag über die Versorgung der Arbeitnehmer des Saarlandes und der Mitglieder des Kommunalen Arbeitgeberverbandes Saar e. V.
Vgl.	vergleich
v.H.	vom Hundert
VKA	Vereinigung kommunaler Arbeitgeberverbände
Vorbem.	Vorbemerkung
z. B.	zum Beispiel
Ziff.	Ziffer
ZPO	Zivilprozessordnung
ZTR	Zeitschrift für Tarif-, Arbeits- und Sozialrecht des öffentlichen Dienstes

Einleitung

Mit der Neuregelung des Tarifvertrages des öffentlichen Dienstes (TVöD) vom 13.09.2005 wurde der BAT vom 23.02.1961 nach über 40 Jahren abgelöst. Zugleich wurden die Tarifverträge BMT-G und MTArb durch den TVöD ersetzt. Diese ersetzende Wirkung entfaltet der TVöD jedoch nur in den Kernbereichen der Verwaltung, der Sparten Krankenhäuser, Sparkassen, Flughäfen und Entsorgung. Für die Bereiche Versorgung und öffentlicher Personennahverkehr hingegen findet keine Ablösung des alten Tarifrechts statt. Hier ist eine Überleitung in den speziellen Spartentarifvertrag TV-V bzw. TV-N möglich und seitens der Tarifvertragsparteien vorgesehen, soweit nicht landesbezirklich eine andere Regelung getroffen wird oder die Kleinbetriebsklausel eine Ablösung durch den TVöD ausnahmsweise zulässt. Überdies sind die landesbezirklichen Spartentarifverträge im öffentlichen Personennahverkehr zum Teil noch zu verhandeln und die Überleitungsbedingungen in Anwendungsvereinbarungen zu regeln.

Das Tarifvertragsrecht des öffentlichen Dienstes war jahrzehntelang darauf angelegt, die Arbeitsbedingungen der Beschäftigten des öffentlichen Dienstes den Arbeitsbedingungen der Beamten gleich zustellen und entsprechend zu regeln. Dies hat dazu geführt, dass miteinander nicht vergleichbare Rechtsverhältnisse durch immer kompliziertere Vorschriften einander angeglichen werden sollten. Es entwickelte sich ein zunehmend undurchschaubares Rechtssystem, dass sich vom allgemeinen Arbeitsrecht abgekoppelt hat. Den Tarifvertragsparteien wurde spätestens mit den Urteilen des Bundesverfassungsgerichts aus dem Jahr 1999 und 2000[1] sowie des BAG aus dem Jahr 1997 und 2000[2] zur Zusatzversorgung des öffentlichen Dienstes deutlich, dass Reformen innerhalb des Systems nicht möglich und ein Neuanfang dringend erforderlich sind.

Im Zuge der Tarifvertragsverhandlungen im Jahr 2003 haben sich die Tarifvertragsparteien auf eine völlige Neugestaltung des Tarifrechts des öffentlichen Dienstes verständigt. Als Zielpunkte wurden formuliert:

- Stärkung der Effektivität und Effizienz des öffentlichen Dienstes,
- Aufgaben- und Leistungsorientierung,
- Kunden- und Marktorientierung,
- Straffung, Vereinfachung und Transparenz des öffentlichen Dienstrechtes,
- Praktikabilität und Attraktivität,

---

[1] BVerfG, Beschl. v. 25.08.1999 – 1 BvR 1246/95, AP Nr. 12 zu § 1 BetrAVG, Teilzeit; BVerfG, Beschl. v. 22.03.2000 – 1 BvR 1136/96, NZA 2000, 996.

[2] BAG, Urt. v. 13.05.1997 – 3 AZR 66/96, AP Nr. 36 zu § 1 BetrAVG, Gleichbehandlung; BAG, Urt.v. 22.02.2000 – 3 AZR 845/98, AP Nr. 44 zu § 1 BetrAVG, Gleichbehandlung.

– Diskriminierungsfreiheit,
– Lösung vom Beamtenrecht,
– Vereinheitlichung des Tarifrechts für Angestellte und Arbeiter.[3]

Misst man das Ergebnis der Tarifvertragsverhandlungen vom 13.09.2005 an den gesteckten Zielen, so lässt sich sagen, dass ein Paradigmenwechsel eingeleitet wurde. In einigen Punkten wird es allerdings weiterer Nachverhandlungen bedürfen, um die damit verfolgten Ziele zu erreichen. Dies haben die Verhandlungen um die Länge der Arbeitszeiten einerseits und die Auseinandersetzung um die Arbeitsbedingungen und die Vergütung von Bereitschaftsdiensten bei den Ärzten gezeigt, deren Ergebnisse bei der Kommentierung – so weit möglich - berücksichtigt wurden.

Bei der Arbeitszeit ist es gelungen, eine durchgreifende Flexibilisierung einzuleiten. Die Arbeitszeit beim Bund wurde auf 39 Stunden wöchentlich angehoben. Die Arbeitszeit im Bereich der Kommunen wurde auf zunächst auf 38,5 Stunden wöchentlich im Tarifbereich West und 40 Stunden im Tarifbereich Ost festgelegt. Mit der Tarifeinigung vom 5.4.2006 in Baden-Württemberg wurde auch hier für die Beschäftigten bei den Kommunen eine Anhebung der Arbeitszeit auf 39 Stunden wöchentlich vereinbart. Zugleich wurden kurze Kündigungsfristen bezüglich der Arbeitszeit geregelt, um kurzfristig über eine Verlängerung der Arbeitszeit auf 40 Stunden wöchentlich Verhandlungen aufnehmen zu können. Im Bereich TdL wurden Arbeitszeiten über 39 Stunden wöchentlich vereinbart (siehe Textteil).

Der Überstundenbegriff wurde dahingehend modifiziert, dass Überstunden grundsätzlich erst dann anfallen, wenn Mehrarbeitsstunden bis zum Ende der nächsten Woche nicht ausgeglichen werden können. Der Ausgleichszeitraum zur Erreichung der durchschnittlichen wöchentlichen Arbeitszeit von 38,5 bzw. 40 oder 39 Stunden wurde von 26 Wochen auf ein Jahr verlängert. Des Weiteren besteht die Möglichkeit, durch Betriebsvereinbarung oder Dienstvereinbarung einen Arbeitszeitkorridor von 45 Stunden wöchentlich oder eine Rahmenzeit von 12 Stunden täglich zu vereinbaren. Überstunden entstehen in diesen Fällen nur dann, wenn der Arbeitgeber außerhalb des Arbeitszeitkorridors oder der Rahmenzeit Arbeitszeit anordnet. Mehrarbeit ist auf einem durch Betriebsvereinbarung oder Dienstvereinbarung zu regelnden Arbeitszeitkonto zu erfassen.

Darüber hinaus wurde die Möglichkeit geschaffen, durch Betriebsvereinbarung oder Dienstvereinbarung in dringenden betrieblichen Fällen nach §§ 7, 12 Arbeitszeitgesetz abweichende Regelungen gegenüber dem Arbeitszeitgesetz zu vereinbaren bzw. dessen Flexibilisierungsmöglichkeiten zu nutzen. Der Bereitschaftsdienst wurde europarechts- und gesetzeskonform geregelt.

Die bisherige Trennung zwischen Arbeitern und Angestellten wurde endgültig aufgehoben. Der Tarifvertrag verwendet stattdessen einheitlich den Begriff des Beschäftigten.

Die Zuweisung zu den 15 Entgeltgruppen wurde dahingehend geregelt, dass die Entgeltgruppen 1 bis 4 die Vergütung ungelernter und angelernter Tätigkeiten erfassen. Die Entgeltgruppen 5 bis 8 regeln die Vergütung der Tätigkeiten nach

---

[3]   ZTR 2003, 74.

mindestens dreijähriger Berufsausbildung. Die Entgeltgruppen 9 bis 11 umfassen die Tätigkeiten, die eine Fachhochschulausbildung, die Entgeltgruppen 12 bis 15 die Tätigkeiten, die eine Hochschulausbildung voraussetzen. Die bisherige Vergütungsgruppe 15 wird außertariflich geregelt. Beschäftigte oberhalb der Entgeltgruppen 15 unterfallen nicht mehr dem Tarifvertrag. Die Stufen innerhalb der Entgeltgruppen wurden von zehn auf sechs reduziert. Die Stufen 1 und 2 sind hierbei Eingangsstufen, die Stufen 3 bis 6 Entwicklungsstufen. Die Einstufung wurde nach dem Leistungsprinzip dahingehend geändert, dass die Wartezeiten einer Stufe bei mangelhaften Leistungen verlängert und bei hochwertigen Leistungen verkürzt werden kann. Die Höhe der Vergütung innerhalb einer Entgeltgruppe steigt damit nicht mehr ausschließlich nach dem Lebensalter.

Bei der Bemessung der Entgelttabelle wurde das Prinzip der „Wippe" eingeführt: Die Entgelte der jüngeren Beschäftigten wurden stärker angehoben, zum Ausgleich der Kostenbelastung die der älteren Beschäftigten gekürzt. Durch diese Regelung werden in Zukunft jüngere Beschäftigten höher, ältere Beschäftigte niedriger entlohnt werden. Bei der Überführung von den alten Tarifverträgen in den neuen TVöD wurde allerdings eine weitgehende Besitzstandsregelung festgeschrieben.

Ab 2007 wird stufenweise eine leistungsorientierte Entlohnung zunächst in Höhe von zwei Prozent, ansteigend auf acht Prozent, eingeführt.

Das Direktionsrecht des Arbeitgebers in Bezug auf Versetzungen, Abordnungen, Zuweisungen und Personalgestellungen wurde wesentlich, im Einzelfall nicht unproblematisch, erweitert. Als neue Führungsinstrumente wurden die Übertragung einer Führungsstelle auf Zeit oder auf Probe neu eingeführt.

Insgesamt merkt man allerdings dem Tarifvertrag seine Herkunft aus dem öffentlichen Dienst an. Anstatt klare Regelungen im Tarifvertrag zu schaffen, müssen die tarifvertraglichen Regelungen selbst durch Protokollnotizen und Niederschrifterklärungen erläutert werden.

Hinsichtlich der Begründung des Arbeitsverhältnisses ist es dabei geblieben, dass alle wesentlichen Regelungen im Arbeitsverhältnis per Handschlag vereinbart werden können, während Nebenabreden zu ihrer Wirksamkeit der Schriftform bedürfen.

Über die Regelungen zur Eingruppierung in den neuen Tarifvertrag hat es noch keine abschließende Verständigung gegeben. Hier sollen im Jahre 2006 die tarifvertraglichen Regelungen nachgeliefert werden. Nach den bisher vorliegenden Entwürfen soll es allerdings bei dem Eingruppierungsautomatismus des bisherigen § 22 BAT verbleiben.[4] Vor diesem Hintergrund bleibt zu befürchten, dass die den öffentlichen Dienst kennzeichnenden Eingruppierungsrechtsstreitigkeiten auch in Zukunft erhalten bleiben.

Der öffentliche Dienst ist wie kein anderer Bereich in den letzten Jahren dem sich verschärfenden Wettbewerb auf europäischer Ebene ausgesetzt. In einem Grünbuch hat die EU-Kommission bereits im Mai 2003 das grundlegende Ziel verkündet, alle Bereiche der öffentlichen Daseinsvorsorge, die auf dem Markt zu marktgemäßen Konditionen durch private Dritte ebenfalls erbracht werden kön-

---

[4] Ausführlich zur geplanten Neuregelung Steinherr, ZTR 2005, 303.

nen, dem europäischen Wettbewerb zu öffnen. Der öffentliche Dienst muss sich daher vor dem Hintergrund der zusätzlichen Einschränkungen der Handlungsspielräume durch das Gemeindewirtschaftsrecht, das europäische Vergabe- und Beihilferecht dem Wettbewerb stellen und seine Dienstleistungen zu wettbewerbsfähigen Konditionen anbieten. Dieser Kostendruck wird durch die marode Haushaltslage der öffentlichen Kassen weiter verstärkt. Vor diesem Hintergrund war die jetzt eingeleitete Tarifreformen überfällig. Ob sie ausreichend sein wird, hängt von der Umsetzung der durch den Tarifvertrag geschaffenen Flexibilisierungsmöglichkeiten im Arbeitszeitrecht und weiteren Verhandlungen über die Arbeitszeit und einer Beteiligung der Arbeitnehmer an der betrieblichen Altersversorgung, wie sie im Tarifgebiet Ost mit der Anhebung des Tarifniveaus aus das Tarifgebiet West geplant ist, ab.

Hinsichtlich des Beamtenrechts hat sich der Bundesinnenminister mit der Gewerkschaft ver.di und dem Deutschen Beamtenbund auf ein richtungsweisendes Eckpunktepapier zur Neuregelung des Beamtenrechts 2004 geeinigt. Hierbei kam man überein, dass die zusätzlichen Belastungen des öffentlichen Dienstes aus der Versorgungszusage gegenüber den Beamten durch eine Verlängerung der Arbeitszeit auf 40 Stunden zu kompensieren ist. Die durch die Verlängerung der Arbeitszeit eingesparten Gelder sollen zwingend durch die öffentlichen Kassen zum Aufbau eines Kapitalsockels verwandt werden, aus dessen Erträgen in Zukunft die Versorgung der Beamten nachhaltig gesichert werden kann. Die Zusatzversorgung des öffentlichen Dienstes für die übrigen Beschäftigten hat mittlerweile ebenfalls eine Größenordnung von ca. 10% der Personalkosten erreicht. Auch hier wird man sich in ähnlicher Weise Gedanken über eine nachhaltige Finanzierung machen müssen.

Bei der Neuregelung des Tarifrechts wurde grundsätzlich vereinbart, dass der Bereich Versorgung in Zukunft nur noch in dem eigenständigen Tarifvertrag Versorgung (TV-VV), der Bereich des öffentlichen Personennahverkehrs in dem eigenständigen Tarifvertrag Nahverkehr (TV-N) und der Bereich Wasserwirtschaft (zunächst nur Nordrhein-Westfalen) im Tarifvertrag Wasserwirtschaft (TVWW/ NW) außerhalb des Tarifvertrages TVöD geregelt werden.

Der TVöD erfasst die übrigen Bereiche des öffentlichen Dienstes. Er gliedert sich in einen allgemeinen Teil, der für alle Bereiche gilt, und einen besonderen Teil, der die Bereiche allgemeinen Verwaltung, Krankenhäuser, Sparkassen, Flughäfen und Entsorgung jeweils bereichsspezifisch getrennt regelt.

Dieser Kommentar verfolgt das Ziel, in wissenschaftlich fundierter Weise Hilfe für die praktische Lösung der auftretenden Problemfälle zu geben. Dieser Kommentar will den Weg heraus aus dem Beamtenrecht hin zum allgemeinen Arbeitsrecht in kritischer Weise begleiten. In der Kommentierung werden daher bewusst die Prinzipien des Arbeitsrechts als Basis dieser Entwicklung deutlich gemacht. Hinsichtlich der Aus- und Umgründungen im Bereich des öffentlichen Dienstes wurde ein besonderer Wert auf die praktischen Fallgestaltungen bei der Versetzung, Zuweisung, Abordnung und Personalgestellung und die damit verbundenen zusatzversorgungsrechtlichen Fragen gelegt.

Hierbei wurden alle Vorschriften des allgemeinen Teils eingehend kommentiert. Die Kommentierung des Besonderen Teils beschränkt sich zunächst auf die

Vorschriften der Verwaltung und des besonderen Teils VKA. Vorschriften der Überleitungstarifverträge wurden soweit kommentiert, als sie die kommentierten Teile des allgemeinen und des besonderen Teils betreffen.

Bewusst nicht kommentiert wurden die Überleitungsbestimmungen in die neuen Entgeltgruppen und Stufen. Diese Überleitung konnte vor dem Hintergrund sehr ausführlicher Überleitungsbedingungen bereits vollzogen werden und hat in der Praxis auf Grund der Besitzstandsklauseln zu wenig Rechtsstreitigkeiten Anlass gegeben.

Gegenstand dieses Kommentars ist nicht die Tarifeinigung der Länder. Im Textteil ist allerdings das Eckpunktepapier wiedergegeben, auf dessen Basis sich die Tarifvertragsparteien im Bereich Länder geeinigt haben und auf dessen Basis der Tarifvertrag für den Bereich Länder in Anlehnung an die Bestimmungen des TVöD formuliert werden soll.

Soweit also in dem Eckpunktepapier keine abweichenden Regelungen vereinbart werden, kann dieser Kommentar auch hier hilfreich sein.

Ebenfalls im Textteil ist das vom Marburger Bund angenommene Angebot der Tarifgemeinschaft deutscher Länder wiedergegeben.

Die Rechtsprechung wurde – soweit möglich – bis Ende Juli 2006 berücksichtigt.

Mannheim, im Juli 2006 Werner Dörring und Jürgen Kutzki

Tarifvertrag für den öffentlichen Dienst – Allgemeiner Teil (TVöD – AT)

Abschnitt I Allgemeine Vorschriften

§ 1 Geltungsbereich

(1) Dieser Tarifvertrag gilt für Arbeitnehmerinnen und Arbeitnehmer - nachfolgend Beschäftigte genannt -, die in einem Arbeitsverhältnis zum Bund oder zu einem Arbeitgeber stehen, der Mitglied eines Mitgliedsverbandes der Vereinigung der kommunalen Arbeitgeberverbände (VKA) ist.

(2) Dieser Tarifvertrag gilt nicht für
a) Beschäftigte als leitende Angestellte im Sinne des § 5 Abs. 3 BetrVG, wenn ihre Arbeitsbedingungen einzelvertraglich besonders vereinbart sind, sowie Chefärztinnen/Chefärzte,
b) Beschäftigte, die ein über das Tabellenentgelt der Entgeltgruppe 15 hinausgehendes regelmäßiges Entgelt erhalten,
c) bei deutschen Dienststellen im Ausland eingestellte Ortskräfte,
d) Arbeitnehmerinnen/Arbeitnehmer, für die der TV-V oder der TV-WW/NW gilt, sowie für Arbeitnehmerinnen/Arbeitnehmer, die in rechtlich selbstständigen, dem Betriebsverfassungsgesetz unterliegenden und dem fachlichen Geltungsbereich des TV-V oder des TV-WW/NW zuzuordnenden Betrieben mit in der Regel mehr als 20 zum Betriebs- oder Personalrat wahlberechtigte Arbeitnehmerinnen/Arbeitnehmer beschäftigt sind und Tätigkeiten auszuüben haben, welche dem fachlichen Geltungsbereich des TV-V oder des TV-WW/NW zuzuordnen sind,

Protokollerklärung zu Abs. 2 Buchst. d):
[1]Im Bereich des Kommunalen Arbeitgeberverbandes Nordrhein-Westfalen (KAV NW) sind auch die rechtlich selbstständigen Betriebe oder sondergesetzlichen Verbände, die Kraft Gesetzes dem Landespersonalvertretungsgesetz des Landes Nordrhein-Westfalen unterliegen, von der Geltung des TVöD ausgenommen, wenn die Voraussetzungen des § 1 Abs. 2 Buchst. d) im Übrigen gegeben sind. [2]§ 1 Abs. 3 bleibt unberührt.

e) Arbeitnehmerinnen/Arbeitnehmer, für die ein TV-N gilt, sowie für Arbeitnehmerinnen/Arbeitnehmer in rechtlich selbstständigen Nahverkehrsbetrieben, die in der Regel mehr als 50 zum Betriebs- oder Personalrat wahlberechtigte Arbeitnehmerinnen/Arbeitnehmer beschäftigen,
f) Angestellte, für die der TV Ang iöS, der TV Ang-O iöS, der TV Ang aöS oder der TV Ang-O aöS gilt,
g) Beschäftigte, für die ein Tarifvertrag für Waldarbeiter tarifrechtlich oder einzelarbeitsvertraglich zur Anwendung kommt, sowie die Waldarbeiter im Bereich des Kommunalen Arbeitgeberverbandes Bayern,
h) Auszubildende, Schülerinnen/Schüler in der Gesundheits- und Kinderkrankenpflege, Entbindungspflege und Altenpflege, sowie Volontärinnen/Volontäre und Praktikantinnen/Praktikanten,

i) Beschäftigte, für die Eingliederungszuschüsse nach den §§ 217 ff. SGB III gewährt werden,

k) Beschäftigte, die Arbeiten nach den §§ 260 ff. SGB III verrichten,

l) Leiharbeitnehmerinnen/Leiharbeitnehmer von Personal-Service-Agenturen, sofern deren Rechtsverhältnisse durch Tarifvertrag geregelt sind,

m) geringfügig Beschäftigte im Sinne von § 8 Abs. 1 Nr. 2 SGB IV,

n) künstlerisches Theaterpersonal, technisches Theaterpersonal mit überwiegend künstlerischer Tätigkeit und Orchestermusikerinnen/Orchestermusiker,

o) Seelsorgerinnen/Seelsorger bei der Bundespolizei,

p) Beschäftigte als Hauswarte und/oder Liegenschaftswarte bei der Bundesanstalt für Immobilienaufgaben, die aufgrund eines Geschäftsbesorgungsvertrages tätig sind,

q) Beschäftigte im Bereich der VKA, die ausschließlich in Erwerbszwecken dienenden landwirtschaftlichen Verwaltungen und Betrieben, Weinbaubetrieben, Gartenbau- und Obstbaubetrieben und deren Nebenbetrieben tätig sind; dies gilt nicht für Beschäftigte in Gärtnereien, gemeindlichen Anlagen und Parks sowie in anlagenmäßig oder parkartig bewirtschafteten Gemeindewäldern,

r) Beschäftigte in Bergbaubetrieben, Brauereien, Formsteinwerken, Gaststätten, Hotels, Porzellanmanufakturen, Salinen, Steinbrüchen, Steinbruchbetrieben und Ziegeleien,

s) Hochschullehrerinnen/Hochschullehrer, wissenschaftliche und studentische Hilfskräfte und Lehrbeauftragte an Hochschulen, Akademien und wissenschaftlichen Forschungsinstituten sowie künstlerische Lehrkräfte an Kunsthochschulen, Musikhochschulen und Fachhochschulen für Musik.

Protokollerklärung zu Abs. 2 Buchst. s:
Ausgenommen sind auch wissenschaftliche Assistentinnen/Assistenten, Verwalterinnen/ Verwalter von Stellen wissenschaftlicher Assistentinnen/Assistenten und Lektorinnen/Lektoren, soweit und solange entsprechende Arbeitsverhältnisse am 1. Oktober 2005 bestehen oder innerhalb der Umsetzungsfrist des § 72 Abs. 1 Satz 8 HRG begründet werden (gilt auch für Forschungseinrichtungen); dies gilt auch für nachfolgende Verlängerungen solcher Arbeitsverhältnisse.

t) Beschäftigte des Bundeseisenbahnvermögens.

(3) ¹Durch landesbezirklichen Tarifvertrag ist es in begründeten Einzelfällen möglich, Betriebe, die dem fachlichen Geltungsbereich des TV-V oder des TV-WW/NW entsprechen, teilweise oder ganz in den Geltungsbereich des TVöD einzubeziehen. ²Durch landesbezirklichen Tarifvertrag ist es in begründeten Einzelfällen (z.B. für Bereiche außerhalb des Kerngeschäfts) möglich, Betriebsteile, die dem Geltungsbereich eines TV-N entsprechen, in den Geltungsbereich

a) des TV-V einzubeziehen, wenn für diesen Betriebsteil ein TV-N anwendbar ist und der Betriebsteil in der Regel nicht mehr als 50 zum Betriebs- oder Personalrat wahlberechtigte Arbeitnehmerinnen/Arbeitnehmer beschäftigt, oder

b) des TVöD einzubeziehen.

I. Änderungen gegenüber dem bisherigen Recht

Der TVöD vereinheitlicht die Rahmenbedingungen für gewerbliche Arbeitnehmer, **1** die bisher unter den Geltungsbereich des BMT-G II und des MTArb gefallen sind, mit den Arbeitsbedingungen der Angestellten, die unter den BAT gefallen sind. Er hebt darüber hinaus die Tarifspaltung zwischen den Tarifgebieten West und Ost auf. Soweit in einzelnen Normen Differenzierungen zwischen beiden Tarifgebieten fortgeführt werden, bedürfen diese einer sachlichen Rechtfertigung, um nicht gegen den allgemeinen Gleichheitssatz zu verstoßen, der auch durch die Tarifvertragsparteien zu beachten ist.

Der frühere § 3 BAT, der die personellen Ausnahmen nach Beschäftigtengruppen vom Tarifvertrag geregelt hat, ist aus systematischen Gründen als Abs. 2 in den § 1 mit aufgenommen worden.

2   Etwas unsauber gelöst ist die Herausnahme der Sparten Versorgung, Nahverkehr und Wasserwirtschaft Nordrhein-Westfalen, die ebenfalls in Abs. 2 geregelt sind. Diese war bislang in § 1a des BAT mit Ausnahme der Sparte Wasserwirtschaft Nordrhein-Westfalen geregelt. Nach altem Recht wurde eine Anwendung des BAT nur für den Fall ausgeschlossen, dass in dem Beschäftigungsbetrieb eine beiderseitige Tarifbindung zu Spartentarifverträgen vorgelegen hat. Nach neuem Recht fallen diese Sparten hingegen aus dem Anwendungsbereich des TVöD ab dem 01.10.2005 heraus und werden in den TVöD grundsätzlich nicht übergeleitet. Für sie gilt der BAT und BMT-G fort, bis diese Tarifverträge durch den Spartentarifvertrag ersetzt werden oder durch landesbezirkliche Tarifverträge ausnahmsweise eine Überleitung in den TVöD vorgenommen wird. Kleinbetriebe oder städtische Eigenbetriebe können ausnahmsweise in den TVöD direkt übergeleitet werden. Der mit der Neuregelung geschaffene Zwang zum Wechsel in den Spartentarifvertrag stellt eine der wesentlichsten Änderungen bei der Anwendung des neuen Tarifrechts dar.

3   Hinsichtlich des personellen Anwendungsbereichs sind die bisher vom Tarifrecht ausgenommenen Personengruppen auch im TVöD von dessen Anwendung ausgenommen. Hierbei hat es drei wesentliche Änderungen gegeben:

Angestellte, die nach altem Recht in Vergütungsgruppe BAT I eingruppiert waren, werden in Zukunft aus dem TVöD ausgeklammert. Dieser Personenkreis liegt von der Vergütung über der Entgeltgruppe 15 und ist nach § 1 Abs. 2 Buchstabe b) vom Geltungsbereich des TVöD ausgenommen. Dies gilt allerdings nur für Neueinstellungen nach dem 01.10.2005. Bereits vor dem 01.10.2005 Beschäftigte, deren regelmäßiges Entgelt über das Tabellenentgelt der Entgeltgruppe 15 hinausgeht, werden nach §§ 1 Abs. 1 Satz 2 i.V.m. 19 Abs. 2 TVÜ-Bund und TVÜ-VKA in eine besondere Entgeltgruppe oberhalb der Entgeltgruppe 15 übergeleitet. In § 19 Abs. 2 TVÜ-Bund und TVÜ-VKA ist ausdrücklich geregelt, dass sie unter den personellen Geltungsbereich des TVöD fallen, obwohl sie von dessen Anwendung nach § 1 Abs. 2 Buchstabe b) gerade ausgenommen sind. § 1 Abs. 4 TVÜ-VKA bzw. TVÜ-Bund regelt das Konkurrenzverhältnis zwischen dem TVöD und dem jeweiligen TVÜ dahingehend, dass die Regelungen des TVöD nur dann greifen, wenn keine abweichenden Regelungen im TVÜ getroffen worden sind.

Nach § 34 Abs. 2 TVÜ kann dieser Tarifvertrag frühestens zum 31.12.2007 gekündigt werden und entfaltet im Falle der Kündigung keine Nachwirkung. Den Tarifvertragsparteien steht es frei, eine Nachwirkung nach § 4 Abs. 5 Tarifvertragsgesetzes durch Tarifvertrag auszuschließen.[1] Dies würde dazu führen, dass der TVÜ mit sofortiger Wirkung entfällt und das herausfallen diese Personengruppen durch eine andere Abmachung, nämlich § 1 Abs. 2 Buchstabe b) TVöD ersetzt würde.

4   Die zweite wesentliche Änderung betrifft die Lektoren, wissenschaftlichen Assistenten und Verwalter von Stellen wissenschaftlicher Assistenten. Diese waren

---

[1]   Löwisch/Rieble § 4 Rn. 410; BAG, Urt. v. 08.10.1997 – 4 AZR 87/96, NZA 1998,492; BAG, Urt. v. 03.09.1986 – 5 AZR 319/85, AP Nr. 12 zu § 4 TVG Nachwirkung; BAG, Urt. v. 16.08.1990 – 8 AZR 439/89,8 GG Nr. 19 zu § 4 TVG Nachwirkung; a.A. Herschel ZFA1976, 97.

bisher nach § 3 Buchstabe g) von der Anwendung des BAT ausgenommen. Nach der Protokollerklärung zu § 1 Abs. 2 Buchstabe s) gilt diese Herausnahme aus dem Anwendungsbereich des TVöD nur für Beschäftigte, die vor dem 03.09.2007 (Übergangsfrist des § 72 Abs. 1 Satz 8 HRG) eingestellt werden und deren Arbeitsverhältnis zum 01.10.2005 bereits bestanden hat oder nach dem 01.10.2005 verlängert wird. Alle Neueinstellungen in dieser Personengruppe, die nach dem 03.09.2007 eingestellt werden, fallen unter den TVöD.[2]

Die dritte wesentliche Änderung betrifft die Herausnahme von geringfügig **5** kurzzeitig Beschäftigten im Sinne des § 8 Abs. 1 Nr. 2 SGB IV aus dem Anwendungsbereich des TVöD nach § 1 Abs. 2 Buchstabe m) TVöD.

Fällt ein bestimmter Personenkreis nicht mehr unter den Geltungsbereich des Tarifvertrages, so fällt diese Personengruppe automatisch auch nicht mehr unter den Geltungsbereich des Tarifvertrages über die zusätzliche Altersversorgung der Beschäftigten des öffentlichen Dienstes (ATV) und unterliegt nach den jeweiligen Satzungsbestimmungen nicht mehr der Pflichtversicherung in der Zusatzversorgung.[3] Umgekehrt sind die Personengruppen, die neu unter den Geltungsbereich des TVöD fallen, automatisch in der Zusatzversorgung zu versichern. Soweit die Ausnahmen vom Geltungsbereich des Tarifvertrages nur für Neubeschäftigte gilt, sind die bisher in der Zusatzversorgung pflichtversicherten Personen nach wie vor versicherungspflichtig.

II. Geltungsbereich des TVöD

Zum 01.10.2005 ist der TVöD in Kraft getreten. Es stellt sich zunächst die Frage, **6** für wen der Tarifvertrag gilt, welche Bereiche aus dem fachlichen Geltungsbereich, welche Beschäftigten aus dem persönlichen Geltungsbereich ausgenommen wurden bzw. welche Tarifvertragsparteien im Laufe der Verhandlungen ausgeschieden sind. Des Weiteren stellt sich die Frage, welche Tarifverträge durch den TVöD abgelöst werden, welche Tarifverträge generell und welche Tarifverträge für einen Übergangszeitraum fortgelten. Tarifverträge binden nach § 3 Abs. 1 TVG nur die Tarifvertragsparteien und deren Mitglieder. Für sie gelten die Tarifverträge nach § 4 Abs. 1 unmittelbar und zwingend, also gesetzesgleich. Abweichende Vereinbarungen mit den Arbeitnehmern sind nur zulässig, soweit der Tarifvertrag eine Öffnungsklausel enthält oder soweit die Regelung für den Arbeitnehmer günstiger ist. Eine Änderungskündigung zur Absenkung der Tarifkonditionen bei fortbestehender Tarifbindung ist wegen Gesetzesverstoß nach § 134 BGB rechtsunwirksam.[4]

III. Tarifvertragsparteien

Tarifverträge gelten nach § 3 Abs. 1 TVG zwischen den Tarifvertragsparteien und **7** deren Mitgliedern normativ. Während der laufenden Verhandlungen haben die Ta-

---

2   § 72 Abs. 1 Satz 8 HRG hat den folgenden Wortlaut: „Innerhalb von drei Jahren nach Inkrafttreten des Siebten Gesetzes zur Änderung des Hochschulrahmengesetzes vom 28. August 2004 (BGBl I S. 2298) sind die Vorschriften des Artikels 1 dieses Gesetzes entsprechende Landesgesetze zu erlassen." Da das Gesetz am 4.9.2004 in Kraft getreten ist, endet die Übergangsfrist am 03.09.2007.
3   § 1 ATV, § 19 Abs. 1 Buchst. k Mustersatzung der ZVK.
4   BAG, Urt. v. 10.02.1999 – 2 AZR 422/98, NZA 1999, 657.

rifvertragsparteien die Verhandlungen mit bestimmten Verhandlungspartnern abgebrochen, so dass die Tarifparteien die die Verhandlungen abgebrochen haben
oder mit denen die Verhandlungen abgebrochen wurden, nicht von der Tarifeinigung umfasst sind.

1. Tarifvertragsparteien der Arbeitgeber

8   Tarifvertragsparteien sind auf der Ebene des Bundes arbeitgeberseitig die Bundesrepublik Deutschland, vertreten durch das Bundesministerium des Innern, Alt-
Moabit 101, 10559 Berlin und auf der kommunalen Ebene die Vereinigung der
kommunalen Arbeitgeberverbände (VKA).

Der VKA gehören die folgenden Mitgliederverbände an (Stand 1. Juli 2006):

- Kommunaler Arbeitgeberverband Baden-Württemberg, Panoramastr. 27, 70174
  Stuttgart
- Kommunaler Arbeitgeberverband Bayern, Hermann-Lingg-Straße 3, 80336
  München
- Kommunaler Arbeitgeberverband Berlin, Goethestr. 85, 10623 Berlin-Char-
  lottenburg
- Kommunaler Arbeitgeberverband Brandenburg, Stephensonstr. 4a, 14482 Pots-
  dam
- Kommunaler Arbeitgeberverband Bremen, Schillerstr. 1, 28195 Bremen
- Arbeitsrechtliche Vereinigung Hamburg e. V., Bei dem Neuen Krahn 2, 20457
  Hamburg
- Kommunaler Arbeitgeberverband Hessen e. V., Allerheiligentor 2-4, 60311
  Frankfurt am Main
- Kommunaler Arbeitgeberverband Mecklenburg-Vorpommern, Berta-von-
  Suttner-Str. 5, 19061 Schwerin
- Kommunaler Arbeitgeberverband Niedersachsen e. V., Ernst-August-Platz 10,
  30159 Hannover
- Arbeitgeberverband Nordrhein-Westfalen e.V., Werth 79, 42275 Wuppertal
- Kommunaler Arbeitgeberverband Rheinland-Pfalz, Deutschhausplatz 1, 55116
  Mainz
- Kommunaler Arbeitgeberverband Saar, Talstr. 9, 66119 Saarbrücken
- Kommunaler Arbeitgeberverband Sachsen, Holbeinstr. 2, 01307 Dresden
- Kommunaler Arbeitgeberverband Sachsen-Anhalt, Köthener Str. 33 a, 06118
  Halle
- Kommunaler Arbeitgeberverband Schleswig-Holstein, Reventloualleee 6, 24105
  Kiel
- Kommunaler Arbeitgeberverband Thüringen, Alfred-Hess-Str.311, 99094 Er-
  furt

2. Tarifparteien der Arbeitnehmer

9   Der Tarifvertrag wurde von ver.di und der dbb Tarifunion unterzeichnet. Ver.di
hat hierbei die DGB-Gewerkschaften vertreten, die nachfolgend aufgeführt sind:

- ver.di, Paula Tiede Ufer 10, 10179 Berlin.
- Gewerkschaft Erziehung und Wissenschaft(GEW), Reifenberger Str. 21, 60489 Frankfurt;
- Gewerkschaft der Polizei (GdP), Forststr. 3a, 40721 Hilden;
- Industriegewerkschaft Bauen-Agrar-Umwelt (IG BAU), Bockenheimer Landstr. 73-77, 60235 Frankfurt a. M.

In der dbb Tarifunion sind die folgenden Gewerkschaften Mitglied:

- die Deutsche Polizeigewerkschaft (DPoIG), Friedrichstr. 169/170, 10117 Berlin;
- die Deutsche Steuergewerkschaft (DStG), Friedrichstr. 169/170, 10117 Berlin;
- die Gewerkschaft der Sozialversicherung (GdS), Friedrichstr. 169/170, 10117 Berlin;
- der Verband Bildung und Erziehung (VBE), Friedrichstr. 169/170, 10117 Berlin
- die Gewerkschaft für den Kommunal- und Landesdienst (KOMBA), Godesberger Allee 125-127, 53175 Bonn;
- der Verband Deutscher Straßenwärter (VDStra), Rösrather Str. 567, 51107 Köln;
- der Deutsche Berufsverband für Sozialarbeit, Sozialpädagogik und Heilpädagogik e.V. (DBSH), Friedrich-Ebert-Straße 88, 45127 Essen und
- der Deutsche Handels- und Industrieangestellten-Verband (DHV) – Bundesfachgruppe Öffentlicher Dienst -, Cesar-Klein-Ring 40, 22309 Hamburg.

Ver.di hatte ursprünglich noch den Marburger Bund vertreten. Der Marburger **10** Bund hat ver.di am 10.09.2005 das Verhandlungsmandat entzogen, da das Tarifergebnis hauptsächlich wegen der Eingruppierung und Vergütung der Ärzte sowie der Vergütung des Bereitschaftsdienstes nicht akzeptiert wurde. Der Marburger Bund führt daher die Tarifvertragsverhandlungen eigenständig und hat zugleich Verhandlungen mit der Tarifgemeinschaft der Länder über einen Tarifvertrag für Ärzte aufgenommen. Der Marburger Bund und seine Mitglieder sind nicht an den TVöD gebunden. Für sie galt der BAT in der bestehenden Form ab dem 01.10.2005 weiter. Er wurde für den Bereich der Länder durch die Tarifeinigung vom 16.06.2006 durch einen eigenständigen Tarifvertrag geregelt, der nur für die Ärzte, nicht aber für das medizinische Pflegepersonal gilt. Da der Tarifvertrag BAT zunächst nicht gekündigt wurde, war der Marburger Bund an die aus der bestehenden Tarifvertragsbindung sich ergebende Friedenspflicht gebunden. Einseitig eingeleitete Kampfmaßnahmen waren daher rechtswidrig.[5]

Die Tarifgemeinschaft deutscher Länder (TdL) ist im Jahr 2004 aus den Tarif- **11** vertragsverhandlungen ausgeschieden, insbesondere weil eine Einigung über die wöchentliche Arbeitszeit nicht zu erzielen war. Nach der Einigung mit Bund und VKA erklärte ver.di, die dbb Tarifunion und TdL am 29.09.2005 in einer gemeinsamen Presseerklärung die Tarifvertragsverhandlungen auf Basis der Tarifeinigung im Rahmen des TVöD wieder aufnehmen zu wollen. Der TVöD gilt nicht für

---

5   LAG Köln, Beschl. v. 12.12.2005 – 2 Ta 457/05, NZA 2006, 62.

die Länder. Auch hier gilt der BAT statisch fort. Durch die Tarifeinigung vom 19.05.2006 wird für den Bereich der Länder der TV-L zum 01.11.2006 in Kraft treten, der auf Basis des gemeinsamen Eckpunktepapiers vom 19.05.2006 in Anlehnung an die Bestimmungen des TVöD als eigenständiger Tarifvertrag formuliert wird.[6]

IV. Tarifbindung

1. Beidseitige Tarifbindung

12   Nach § 3 TVG sind die Mitglieder der Tarifvertragsparteien, also der oben genannten Arbeitgeberverbände einerseits und der oben genannten Gewerkschaften andererseits, an den Tarifvertrag gebunden. Nur bei beidseitiger Tarifgebundenheit wird das Arbeitsverhältnis durch den Tarifvertrag „geregelt".[7] Es erfasst die ihm unterworfenen Arbeitsverhältnisse nach § 4 Abs. 1 TVG „unmittelbar und zwingend". Abweichende Regelungen sind nach § 4 Abs. 3 TVG nur zulässig, wenn sie durch Tarifvertrag ausdrücklich gestattet sind oder eine für den Arbeitnehmer „günstigere" Regelung enthalten. Ein Verzicht auf tarifvertragliche Rechte ist hingegen nur in einem von den Tarifvertragsparteien gebilligten Vergleich zulässig.

13   Nach § 3 Abs. 2 TVG gelten Rechtsnormen eines Tarifvertrages über betriebliche oder betriebsverfassungsrechtliche Fragen für alle Betriebe des tarifgebundenen Arbeitgebers. Hier genügt, die einseitige Bindung des Arbeitgebers. Bei diesen Betriebsnormen muss es sich um Fragen handeln, „die in der sozialen Wirklichkeit aus tatsächlichen oder rechtlichen Gründen nur einheitlich gelten können".[8] Hierzu zählen Tarifverträge zur Regelung betriebsverfassungsrechtlicher Strukturen nach § 3 Abs. 3 BetrVG, Regelungen zur Ordnung des Betriebs oder zur Schließung des Unternehmens an bestimmten Tagen.[9] Im öffentlichen Dienst sind in den letzten Jahren zunehmend Tarifverträge zur Regelung betriebsverfassungsrechtlicher Strukturen als Firmentarifverträge neben den fortgeltenden Flächentarifverträgen abgeschlossen worden (Tarifverträge über die Bildung eines gemeinsamen Betriebs nach einer Betriebsspaltung mit Einführung des EnWG; Tarifverträge zu abweichenden Betriebsverfassungsstrukturen bei Gelsenwasser und in zahlreichen Verkehrsbetrieben). Gelten verschiedene tarifvertragliche Regelungen nebeneinander, ohne dass diese sich vom Regelungsinhalt überschneiden, so entsteht keine Tarifkonkurrenz.[10] Die verschiedenen Normen gelten nebeneinander.

---

[6]   Das Eckpunktepapier ist im Textteil vollständig abgedruckt: „Angebot der Tarifgemeinschaft deutscher Länder an die Vereinte Dienstleistungsgewerkschaft ver.di vom 19. Mai 2006"

[7]   BAG, Urt. v. 30.08.2000 – 4 AZR 581/99, NZA 2001, 510; BAG, Urt. v. 21.02.2001 – 4 AZR 18/00, NZA 2001, 1318; BAG, Urt. v. 11.05.2005 – 4 AZR 315/04 -BeckRS 2005 43004.

[8]   BAG, Urt. v. 27.04.1988 – 7 AZR 593/87, AP BeschFG 1985 §1 Nr.4; BAG, Urt. v. 17.06.1997 – 1 ABR 3/97, AP TVG § 3 Betriebsnormen Nr. 2.

[9]   BAG, Urt. v. 07.11.1995 – 3 AZR 676/94, AP § 3 TVG, Betriebsnormen Nr.1.

[10]   BAG, Urt. v. 06.08.2003 – 4 AZR 441/02, AP TVG § 1 Tarifverträge Entsorgungswirtschaft Nr. 4.

2. Einseitige Tarifbindung

Sehr häufig ist nur der Arbeitgeber tarifgebunden. Er ist aus dieser Tarifbindung **14** nicht verpflichtet, den Tarifvertrag auf Arbeitnehmer anzuwenden, die nicht der Gewerkschaft angehören. Er kann mit diesen Mitarbeitern jederzeit auch vom Tarifvertrag abweichende Konditionen vereinbaren.[11] Stellt er allerdings generell alle Arbeitnehmer nach den Konditionen des Tarifvertrages ein, so kann sich hieraus eine Bindung aus betrieblicher Übung ergeben. Der Arbeitgeber demonstriert durch die gleichartige Verfahrensweise, dass er grundlegend alle Arbeitnehmer zu den Bedingungen des Tarifvertrages einstellen will und kann daher nur aus sachlichem Grund von seiner allgemein praktizierten Verfahrensweise abweichen. Ihm bleibt es unbenommen für die Zukunft die Bindung an den Tarifvertrag aufzugeben. Dann aber muss er dies für alle Neueinstellungen praktizieren. Darüber hinaus ist er in einem solchen Fall an die Mitbestimmungsrechte des Betriebsrates nach § 87 Abs. 10 und 11 BetrVG gebunden.

3. Tarifbindung durch gesetzliche Verpflichtung

Sehr häufig werden Körperschaften des öffentlichen Rechts durch Bundes- oder **15** Landesrecht begründet und zugleich gesetzlich verpflichtet, die Tarifverträge des öffentlichen Rechts, die für ihren Bereich gelten, auf alle Bediensteten anzuwenden.

Diese gesetzliche Verpflichtung bindet zunächst nur den Arbeitgeber gegenüber der Landes- oder Bundesbehörde. Aus dieser gesetzlichen Verpflichtung kann folglich auch nur der Bund bzw. das Land Rechtsansprüche gegenüber der Körperschaft des öffentlichen Rechts herleiten, nicht aber der einzelne Arbeitnehmer. Der Arbeitnehmer kann nur dann vom Arbeitgeber verlangen nach den Tarifkonditionen behandelt zu werden, wenn der Arbeitgeber unmittelbar nach § 3 I TVG in einem Firmentarifvertrag Partei des Tarifvertrages ist oder aber durch Mitgliedschaft im Arbeitgeberverband an den Tarifvertrag nach §§ 3 Abs. 1, 4 Abs.1 TVG normativ gebunden ist. Mittelbar ergeben sich aus der gesetzlichen Bindung des Arbeitgebers aber regelmäßig Ansprüche des einzelnen Arbeitnehmers aus dem arbeitsrechtlichen Gleichbehandlungsgrundsatz darauf, mit allen anderen Arbeitnehmern nach Tarifvertrag behandelt zu werden.

4. Firmentarifvertrag

Der Arbeitgeber kann nach § 3 TVG auch selbst Tarifvertragspartei sein. Ist der **16** Arbeitgeber einerseits durch Mitgliedschaft in einem Arbeitgeberverband an einen Flächentarifvertrag wie hier den TVöD gebunden und besteht zugleich ein Firmentarifvertrag, der zwischen dem Arbeitgeber und der zuständigen Gewerkschaft geschlossen ist, so verdrängt der speziellere Tarifvertrag den allgemeinen,[12] so dass der Firmentarifvertrag dem Verbandstarifvertrag immer vorgeht.[13] Enthält der Firmentarifvertrag für den Arbeitnehmer schlechtere Regelungen als der Flächen-

---

[11]   BAG, Beschl. v. 28.03.00 – 1 ABR 16/99, NZA 2000, 1294.
[12]   BAG, Urt. v. 04.12.2002 – 10 AZR 113/02, NZA 2003, 632.
[13]   BAG, Urt.v. 04.04.2001 – 4 AZR 237/00, AP TVG § 4 Tarifkonkurrenz Nr. 26.

tarifvertrag, so verdrängen diese die Regelungen des Flächentarifvertrages. Das Günstigkeitsprinzip greift hier nicht.[14]

In der Vergangenheit wurde im öffentlichen Dienst häufig versucht, bei Ausgründungen und Umstrukturierungen durch Firmentarifverträge bei fortbestehender Verbandsmitgliedschaft günstigere tarifvertragliche Regelungen zu erstreiken, als sie im Flächentarifvertrag gewährt werden. Grundsätzlich können bei einer bestehenden Tarifbindung des Arbeitgebers über seine Verbandsmitgliedschaft Regelungen erstritten werden, die nicht im Flächentarifvertrag geregelt sind. Abschließende verbandsrechtliche Kündigungsschutzbestimmungen stehen aber der Erstreikung weitergehender Kündigungsschutzregelungen durch einen Firmentarifvertrag entgegen. Außerdem ist es unzulässig, die Zusage auf dauerhafte Tarifbindung des Arbeitgebers an einen Tarifvertrag erstreiken zu wollen.[15] Es handelt sich hierbei um keinen tarifvertraglich zulässigen Inhalt, da der Arbeitgeber seiner Tarifautonomie beraubt würde, die auch darin besteht, eine Tarifbindung nicht einzugehen (so genannte negative Koalitionsfreiheit).[16] Erstreikt werden kann somit nur eine bestimmte Regelung der Arbeitsverhältnisse durch Tarifvertrag auf Dauer der Laufzeit des Tarifvertrages.

Wird in einem Firmentarifvertrag vereinbart, dass auf alle Arbeitsverhältnisse der Tarifvertrag West Anwendung findet, so gilt der Tarifvertrag West auch für Betriebe des Unternehmens im Beitrittsgebiet.[17]

Wird ein Firmentarifvertrag bei fortbestehender Verbandsmitgliedschaft des Arbeitgebers gekündigt, so lebt der Verbandstarifvertrag wieder auf.

5. Tariftreueerklärung, Tariftreuegesetz

17 In einigen Landesgesetzen wurde bei der Vergabe öffentlicher Aufträge die Erteilung von Aufträgen im Baugewerbe und im Personennahverkehr davon abhängig gemacht, dass der Auftragnehmer oder von ihm beauftragte Subunternehmer das am Tätigkeitsort zu zahlende Tarifentgelt an ihre Arbeitnehmer ebenfalls zahlen.[18] Nach § 97 Abs. 4 und 5 GWB soll bei der Vergabe öffentlicher Aufträge der wirtschaftlich günstigste Bieter den Zuschlag erhalten. § 97 Abs. 4 GWB geht hierbei ausdrücklich davon aus, dass der Landesgesetzgeber ergänzende Gesetze erlassen kann, um die Vergabebedingungen zu regeln. Der BGH hat das Berliner Vergabe-

---

[14] BAG, Urt. v. 23.03.2005 – 4 AZR 203/04, NZA 2005, 1003.

[15] BAG, Urt. v. 10.12.2002 – 1 AZR 96/02, AP Art. 9 GG Arbeitskampf Nr. 162 (Streik auf dauerhafte Tarifbindung einer Gesellschaft im Müllverwertungsbereich an die Tarifverträge des öffentlichen Dienstes).

[16] BVerfG, Urt. v. 01.03.1979 – 1 BvR 532/77, 533/77, 419/78, 1 BvL 21/76, AP Nr. 1 zu § 1 MitbestG; BVerfG Beschl. v. 15.07.1980 – 1 BvR 24/74 und 1 BvR 439/79, AP Nr. 17 zu § 5 TVG; BVerfG Beschl. v. 14.11.1995 – 1 BvR 601/92, NZA 1996, 381; BAG, Beschl. v. 29.11.1967 – GS 1/67, AP Nr. 13 zu Art 8 GG; BAG, Urt. v. 17.02.1998 – 1 AZR 654/97, AP Nr. 87 zu Art. 9 GG.

[17] BAG, Urt. v. 09.12.1999 – 6 AZR 299/98, AP BAT-O § 1 Nr. 14.

[18] Entsprechende Gesetze sind in den folgenden Bundesländern erlassen worden: Bayern (28.06.2002, GFBL 364), Berlin (09.07.1999 GVBl. 369), Bremen (17.02.2002 GVBl.594), Hamburg (in Gestalt einer Richtlinie), Nordrhein Westfalen (BVBl. 2003, 8; Übersicht unter http/www.vergabe.nrw.de) Saarland (23.08.2000, ABl. 1846) und in Schleswig Holstein. Ein entsprechender Erlass für das Land Sachsen wurde wieder aufgehoben (Übersichten für Sachsen unter http/www.vergabe-abc.de).

gesetz für verfassungswidrig gehalten, das Verfahren nach Art. 100 GG ausgesetzt und dem BVerfG zur Entscheidung vorgelegt. Der BGH hat die Ansicht vertreten, dass das Gesetz gegen die Gesetzgebungskompetenz des Bundes nach Art. 74 I Nr. 12 GG verstoße, weil es in einen durch Bundesgesetzgebung abschließend geregelten Sachverhalt, die Allgemeinverbindlichkeitserklärung von Tarifverträgen nach § 5 TVG, ändernd eingreife. Darüber hinaus sei durch die Erstreckung von Tarifnormen auf Außenseiter die negative Koalitionsfreiheit nach Art. 9 Abs. 3 GG verletzt. Zudem verstoße das Land Berlin gegen § 20 Abs. 1 GWB, da es vergaberechtlich seine marktbeherrschende Stellung bei der Vergabe von Bauaufträgen dazu nutze, nicht tarifgebundene Unternehmen in ihrem Geschäftsverkehr unbillig zu behindern.[19]

Vor dem Hintergrund dieser Entscheidung gab es verschiedene Anläufe des Bundesgesetzgebers, eine Tariftreueerklärung bei der Vergabe öffentlicher Aufträge im Baubereich und im Personennahverkehr bundesgesetzlich durch Aufnahme einer gesetzlichen Bestimmung in das TVG zu regeln, die jedoch am Widerstand des Bundesrates gescheitert sind.[20]

Die Entscheidung des BAG ist in der Literatur heftig umstritten. § 97 Abs. 4 GWB verweist ausdrücklich darauf, dass der Landesgesetzgeber an die Vergabe öffentlicher Aufträge weitergehende Anforderungen stellen kann. Er kann inhaltlich Anforderungen auch stellen, die an anderer Stelle bundesgesetzlich geregelt sind.[21] Es handelt sich hierbei nicht um vergaberechtsfremde Kriterien sondern Verfahrensvorschriften, auf deren Einhaltung die am Wettbewerb beteiligten Unternehmen einen Anspruch haben.[22] **18**

Ein Eingriff in die negative Koalitionsfreiheit liegt entgegen der Auffassung des BGH nicht vor, da der Schutzbereich des Art. 9 Abs. 3 nicht tangiert ist. Durch das Vergabegesetz wird der Arbeitgeber nicht gezwungen, Mitglied einer Koalition zu werden.[23] Eine Bindung eines Tarifaußenseiters an Tarifnormen hat bereits das BVerfG im Falle der Allgemeinverbindlichkeitserklärung für zulässig erachtet.[24]

Europarechtlich verstößt ein Vergabegesetz auch nicht gegen die durch Art. 49 EG-Vertrag geschützte Dienstleistungsfreiheit.[25] Die einzelnen Mitgliedsstaaten können Mindestlöhne zur Voraussetzung der Gewerbeausübung machen.[26] Wenn

---

[19]   BGH, Beschl. v. 18.02.2000 – KvR 23/98, NZA 2000, 327.

[20]   BT-Drucksache 14/5263, BR Drucks. 438/2000.

[21]   Rieble, NZA 2000, 225, 233; Lakies in Däubler: TVG-Kommentar, § 5 Anh. 1 Rn. 10c.

[22]   Rust, EuZW 1999, 453, 454.

[23]   HWK/Hergenröther Art. 9 Rn. 71; Rieble, NZA 2000, 225, 233; Däubler/Lakies § 5 Anh. 1 Rn. 10d; Schwab NZA 2000, 701, 705; Seifert ZfA 2000, 1, 15; a.A. ErfK/Schaub/Franzen, § 5 TVG, Rn. 3a; Berrisch/Nehl, ZIP 2000, 435; Weihnacht WuW 2000, 382, 385; Karenfort/v. Koppenfels/Siebert BB 1999, 1825, 1833; Knippert WuW 1999, 677,679; Löwisch DB 2001, 1090, 1091.

[24]   BVerfG, Beschl. v. 15.07.1980 – 1 BvR 24/74; 439/79, NJW 1981, 215.

[25]   Däubler/Lakies § 5 Anh. 1 Rn. ; Schwab NZA 2001, 701, 706 ; a.A. Kämmerer/Thüsing ZIP 2002, 596 ; Löwisch DB 2001, 1090.

[26]   EuGH, Urt. v. 15.03.2001 – Rs. C-165/88 (André Mazzoleni u. Inter Surveillance Assistance SARL, NZA 2001, 554; EuGH, Urt. v. 12.10.2000 – Rs. C 60/03, (Wolff & Müller GmbH & Co KG / Jose Filipe Pereira Félix), NZA 2004, 1211, 1213 ; Däubler/Lakies § 5 Anh. 1 Rn. ; Schwab NZA 2000, 701, 706.

aber Vergabegesetze Tarifaußenseiter auf bestimmte Tarifverträge verpflichten sollen, so sind die förmlichen hierzu vorgesehenen Verfahren nach § 5 TVG oder nach dem Arbeitnehmerentsendegesetz, die insbesondere eine Prüfung des Tarifvertrages auf seine Angemessenheit und Verhältnismäßigkeit hin zum Inhalt haben und eine rechtsförmige Verwaltungsentscheidung voraussetzen, einzuhalten.[27] Eine Erstreckung von Tarifnormen auf Außenseiter ohne ein solches Verfahren umgeht die hier bestehenden gesetzlichen Regelungen und ist daher wegen Verstoßes gegen das Rechtsstaats- und Demokratieprinzip rechtsunwirksam.[28]

6. Ende der Tarifbindung

19 Tritt ein Mitglied aus einem Arbeitgeberverband aus, so endet nicht dessen Bindung an den Tarifvertrag. Diese gilt zunächst nach § 3 Abs. 3 TVG solange fort, bis der Tarifvertrag endet. Wird ein Arbeitsverhältnis erst nach dem Austritt eines Mitglieds aus dem Arbeitgeberverband begründet, so bleibt der Arbeitgeber an den bestehenden Tarifvertrag nach § 3 Abs. 3 TVG gebunden, bis der Tarifvertrag endet.[29] Ein Teil der Literatur ist der Ansicht, dass erst dann, wenn wesentliche Teile des Tarifvertrages abgeändert oder außer Kraft gesetzt werden, der Tarifvertrag endet.[30] Ein anderer Teil ist der Ansicht, dass jede Änderung eines Tarifvertrages zur Beendigung auch der ungekündigte Teile des Tarifvertrages führt, eine Beendigung aber in entsprechender Anwendung von § 39 Abs. 2 BGB spätestens nach Ablauf von zwei Jahren eintritt.[31] Das BAG lässt es genügen, wenn Normen des Tarifvertrages, die den Inhalt, den Abschluss oder die Beendigung des Arbeitsverhältnisses oder betriebliche oder betriebsverfassungsrechtliche Fragen regeln, geändert werden.[32]

20 Ist der Tarifvertrag beendet worden, so wirkt er nach § 4 Abs. 5 TVG nur noch nach und kann jederzeit durch eine andere Abrede abgeändert werden. Arbeitsverhältnisse, die erst in dieser Nachwirkungsphase begründet werden, werden von der Nachwirkung nicht mehr erfasst.[33]

Im öffentlichen Dienst kann ein Verbandsaustritt aus dem KAV immer nur mit einer Kündigungsfrist von 6 Monaten zum Jahresende erfolgen. Während der Dauer der Kündigungsfrist bleibt der Arbeitgeber als „Nochmitglied" des Arbeitgeberverbandes in vollem Umfang an den Tarifvertrag gebunden und wird auch von allen Änderungen, hier z.B. der Überleitung des BAT/BMT-G oder MTArb in den TVöD und den TVÜ – KAV, erfasst. War der Austritt bereits zum Zeitpunkt des Übergangsstichtages (1.10.2005) vollzogen und der Arbeitgeber nur noch

---

[27] Rieble, NZA 2000, 225, 233; Hergenröther in Henssler/Willemsen/Kalb: Arbeitsrecht Kommentar, Art. 9 Rn. 72.

[28] Rieble, NZA 2000, 225, 233; zweifelnd Krieling, NZA 2001, 1118, 1124.

[29] BAG, Urt. v. 04.08.1993 – 4 AZR 499/92, NZA 1994, 34.

[30] Schaub/Franzen in ErfK, § 3 Rn. 36; Gamillscheg: Kollektives Arbeitsrecht I, 1997, §17 I 5d; Kempen/Zachert, Tarifvertragsgesetz Kommentar, 3. Aufl. 1997, § 3 Rn. 32; a.A. Hanau/Kania, DB 1995, 1232; Hromodka / Maschmann / Wallner: Der Tarifwechsel, 1996 Rn. 241.

[31] Behrendt/Gaumann/Liebermann: Tarifvertragliche Bindungswirkungen und – folgen beim Austritt aus dem Arbeitgeberverband, NZA 2006,525,530 (bezogen auf den Austritt des Landes Hessen aus der TdL).

[32] BAG, Urt. v. 07.11.2001 – 4 AZR 703/00, NZA 2002, 748.

[33] BAG, Urt. v. 10.12.1997 – 4 AZR 247/96, NZA 1998, 484.

durch die Nachbindung des § 3 Abs. 3 TVG an den BAT/BMT-G oder MTArb gebunden, so gelten diese Tarifverträge fort, denn sie wurden durch die Tarifvertragsreform nicht aufgehoben. Sie sollen nach dem Willen der Tarifvertragsparteien gerade als Tarifverträge fortgelten, um zu verhindern, dass für Arbeitsverhältnisse, die von der Überleitung der Tarifverträge in den TVöD nicht erfasst werden, ein tarifloser Zustand eintritt. Es tritt damit kein Zustand der Nachwirkung nach § 4 Abs. 5 TVG ein, in der die Tarifnormen nur nachwirken, aber abgeändert werden können, soweit tarifvertraglich eine Überleitung auf den TVöD vorgesehen ist. Diese Arbeitgeber bleiben daher an die bisherigen Tarifverträge gebunden, bis die Tarifvertragsparteien diese Tarifverträge beenden. Eine Beendigung der Bindung tritt ferner dann ein, wenn wesentliche Normen des Tarifvertrages geändert werden.

7. Rechtscharakter von Protokoll- und Niederschriftserklärungen
Eine schriftliche Vereinbarung zwischen Tarifvertragsparteien über eine bestimm-   **21**
te Auslegung des Tarifvertrages regelt ihrerseits das Rechtsverhältnis zwischen den Tarifvertragsparteien. Eine den Formerfordernissen des § 1 TVG genügende Erklärung der Tarifvertragsparteien über ein gemeinsames Verständnis eines Tarifbegriffes stellt somit ihrerseits eine tarifvertragliche Regelung dar, durch welche der Tarifbegriff verbindlich bestimmt wird.[34] Niederschriftserklärungen der Tarifvertragsparteien zu einem Tarifvertrag, die diesem nicht beigefügt sind, stellen hingegen keine Tarifnormen dar und sind nur Auslegungshilfen für die Ermittlung des Tarifinhalts.[35] Die Protokollnotizen sind innerhalb des TVöD niedergelegt und von den Unterschriften der Tarifvertragsparteien umfasst. Sie stellen daher Tarifnormen dar. Die Niederschriftserklärungen hingegen sind außerhalb des Tarifvertrages abgegeben und stellen keine Tarifnormen dar und dienen nur der Inhaltserklärung ohne zwingende Wirkung.

8. Inbezugnahmeklauseln
a) Einzelvertragliche Inbezugnahme
Einzelvertragliche Inbezugnahmen finden sich standardmäßig in fast allen Ar-   **22**
beitsverträgen im öffentlichen Dienst in unterschiedlicher inhaltlicher Gestaltung. In der Regel sollen sie dazu dienen, unabhängig von der Mitgliedschaft des einzelnen Arbeitnehmers in der Gewerkschaft sicher zu stellen, dass die Tarifverträge auf alle Arbeitsverhältnisse des Arbeitgebers Anwendung finden. Sie kann sich allerdings auch darauf beschränken, eine bestimmte Vergütung nach einer bestimmten Vergütungsgruppe und –stufe des BAT zu vereinbaren. In erster Linie kommt es folglich darauf an, was die Parteien vor dem Hintergrund einer bestehenden oder nicht bestehenden Bindung des Arbeitgebers an einen Tarifvertrag vereinbart haben.

---

[34] BAG, Urt. v. 17.09.2003 – 4 AZR 540/02, ZTR 2004, 478.
[35] BAG, Urt.v. 27.08.1986 – 8 AZR 397/83, NZA 1987, 317.

Des Weiteren kommt es darauf an, ob der BAT durch den TVöD im Einzelfall abgelöst wird und ob der jeweilige Arbeitgeber seinerseits an den Tarifvertrag gebunden oder der BAT als „fremder" Tarifvertrag in Bezug genommen wurde.[36]

Eine Bezugnahme bedarf nicht der Schriftform, sondern kann auch konkludent erfolgen, indem die Parteien die Gültigkeit eines bestimmten Tarifvertrages dem Arbeitsverhältnis zu Grunde legen.[37] Dies gilt auch für den TVöD. Die Begründung des Arbeitsverhältnisses soll nach § 2 Abs. 1 TVöD schriftlich erfolgen. Ein Schriftformerfordernis ist nur für die Begründung von Nebenabreden nach § 2 Abs. 3 TVöD vorgesehen.

23   Einzelvertragliche Bezugnahmeklauseln führen dazu, dass ein Tarifvertrag nicht normativ, sondern durch Vereinbarung zwischen Arbeitgeber und Arbeitnehmer als schuldrechtliche Vertragsvereinbarung gilt und auch nur durch Vereinbarung zwischen Arbeitgeber und Arbeitnehmer geändert werden kann. Sie wirken daher grundsätzlich nur als vertragliche Vereinbarungen zwischen den Parteien und entfalten keine kollektivrechtliche Wirkung.[38]

24   Wie eine Bezugnahmeklausel zu interpretieren ist, hängt in erster Linie von den Vereinbarungen zwischen den Parteien ab, die nach §§ 133, 157 BGB auszulegen sind.[39] Da die Bedingungen in einem Arbeitsvertrag in der Regel nicht frei ausgehandelt, sondern vom Arbeitgeber einseitig gesetzt werden, unterliegen auch Bezugnahmeklausel als allgemeine Geschäftsbedingungen ihrerseits einer Prüfung nach § 305 ff BGB. Vor diesem Hintergrund zu unterscheiden sind die folgenden Klauseln:

aa) Vergütungsklausel

25   Durch die Klausel „Der Arbeitnehmer wird nach Vergütungsgruppe IV, Stufe 3 BAT vergütet" wird nur vereinbart, dass die Vergütung des Arbeitnehmers in Höhe des Betrages der Vergütungsgruppe IV, Stufe 3 BAT in ihrer jeweiligen Höhe erfolgt. Früher wurde durch diese Klausel die jeweilige Tarifentwicklung abgedeckt, da die Vergütungshöhe sich nach der jeweils aktuellen Tarifentwicklung gerichtet hat.[40] Der BAT wird durch den TVöD nicht einfach abgelöst, sondern nur in den in den §§ 1, 2 TVÜ VKA bzw. TVÜ/Bund aufgeführten Fällen in den TVöD überführt. Diese Klausel führt also dazu, dass die Vergütung in ihrer zum 30.09.2005 erreichten Höhe statisch festgeschrieben bleibt und sich nicht fortentwickelt.

---

[36]   Zur Diskussion vergl. Hümmerich/Mäßen, NZA 2005, 961; Werthebach, NZA 2005, 1224; Fieberg, NZA 2005, 1226.

[37]   BAG, Urt.v. 19.01.1999 – 1 AZR 606/98, NZA 1999, 879; Schaub/Franzen: ErfK § 3 TVG Rn. 42; H/W/K/ Henssler, § 3 TVG Rn. 19.

[38]   BAG, Urt. v. 07.12.1977 – 4 AZR 474/76, AP § 4 TVG Nachwirkung Nr. 9; BAG, Urt. v. 20.03.1991 – 4 AZR 455/90, NZA 1991, 736; Schaub/Franzen: ErfK § 3 TVG Rn. 40; Henssler in HWK, § 3 TVG Rn. 27; Däubler/Lorenz § 3 TVG Rn. 223; Kempen/Zachert; § 3 Rn. 62; Löwisch/ Rieble: TVG-Kommentar, 2.Aufl. 2004, § 3 Rn. 241; a.A. Hoyningen-Huene, RdA 1974, 138.

[39]   BAG, Urt. v. 20.02.2002 – 4 AZR 124/01, Haufe-Index, 788721.

[40]   BAG, Urt. v. 13.11.2002 – 4 AZR 393/01, NZA 2003, 1039.

bb) Kleine statische Bezugnahmeklausel

„Es gilt der BAT in seiner Fassung vom ...". Der Tarifvertrag gilt nur in der zu **26** diesem Zeitpunkt bestehenden Fassung. Künftige Tarifentwicklungen werden nicht abgebildet, sondern können nur einvernehmlich durch Vertragsänderung vereinbart werden.

cc) Große dynamische Bezugnahmeklausel

„Es gilt der BAT und alle ihn ergänzenden Tarifverträge in ihrer jeweils gültigen **27** Fassung." Durch diese Klausel werden der BAT und alle ihn ergänzenden Tarif- verträge in der jeweils geänderten Fassung in Bezug genommen. Der Zweck einer solchen Klausel besteht bei einem tarifgebundenen Arbeitgeber darin, die Unsi- cherheit darüber, ob der Arbeitnehmer seinerseits tarifgebunden ist, zu kompensie- ren und sicher zu stellen, dass alle Arbeitsverhältnisse von den in Bezug genom- menen Tarifverträgen erfasst werden.[41] Tritt der Arbeitgeber aus dem Arbeitge- berverband aus, so führt die Gleichstellung dazu, dass auch für den nicht durch Mitgliedschaft in der tarifschließenden Gewerkschaft gebundenen Arbeitnehmer, der Tarifvertrag nach § 4 Abs. 3 TVG nur noch statisch nachwirkt.[42] Auch bei ei- nem Betriebsübergang nach § 613a BGB wirkt der bestehende Tarifvertrag nur noch statisch auf einzelvertraglicher Grundlage fort, wie bei einem tarifgebunde- nen Arbeitnehmer, wenn der neue Inhaber seinerseits nicht tarifgebunden ist.[43] Künftige Tariferhöhungen finden keine Anwendung. Allerdings gelten in diesem Fall die tariflichen Arbeitsbedingungen wie zuvor einzelvertraglich weiter und können nicht durch den Arbeitgeber einseitig widerrufen werden, auch nicht durch mehrmaligen Widerruf, wie bei dem Widerruf einer betrieblichen Übung.[44]

Ist der Arbeitgeber selbst nicht zum Zeitpunkt des Abschlusses des Arbeitsver- trages an den Tarifvertrag gebunden, so kann es sich bei einer inhaltsgleichen Klausel logischer Weise nicht um eine Gleichstellungsklausel handeln.[45] In diesem Fall wird ein für den Arbeitgeber nicht bindender Tarifvertrag in Bezug genom- men. Von ihrem Erklärungsinhalt verpflichtet sich der Arbeitgeber losgelöst von einer eigenen Tarifbindung dazu, den in Bezug genommenen Tarifvertrag in sei- ner jeweils gültigen Fassung anzuwenden. Eine solche Vereinbarung führt dazu, dass sie einzelvertraglich auch bei einem Betriebsübergang als günstigere Verein- barung nach § 4 Abs. 3 TVG einer späteren verschlechternderen tarifvertraglichen Bindung beider Parteien vorgeht.[46]

---

[41] BAG, Urt. v. 04.09.1996 – 4AZR 135/95. AP Nr. 5 zu § 1 TVG; auch wenn der Arbeitnehmer nicht im räumlichen Geltungsbereich des Tarifvertrages des Arbeitgebers beschäftigt ist: BAG, Urt. v. 21.08.2002 – 4 AZR 263/01, AP Nr. 21 zu § 157 BGB.

[42] BAG, Urt. v. 19.03.2003 – 4 AZR 331/02, NZA 2003, 1207.

[43] BAG, Urt. v. 29.08.2001 – 4 AZR 332/00, NZA 2002, 513.

[44] BAG, Urt. v. 24.11.2004 – 10 AZR 202/04, NZA 2005, 349.

[45] BAG, Urt. v. 01.12. 2004 – 4 AZR 50/04, NZA 2005, 478; BAG, Urt. v. 25.09.2002 – 4 AZR 294/01, NZA 2003, 807.

[46] BAG, Urt. v. 25.09.2002 – 4 AZR 294/01, NZA 2003, 807 für die einzelvertragliche Bezugnahme eines nicht tarifgebundenen Arbeitgebers auf den BMT-G II und Teilbetriebsübergang auf einen Betrieb des Hotel- und Gaststättengewerbes mit allgemeinverbindlich erklärten Tarifvertrag.

28   Die Rechtsprechung des BAG ist umstritten.[47] Für den Arbeitnehmer ist häufig nicht erkennbar, ob der Arbeitgeber seinerseits tarifgebunden ist oder nicht. Seine Willenserklärung bei einem Vertragsschluss umfasst normalerweise nicht die Zustimmung zu einem Tarifwechsel im Falle einer Änderung der Tarifbindung des Arbeitgebers. Die Vereinbarung eines bestimmten Tarifvertrages in einem Arbeitsvertrag wirkt daher konstitutiv[48] und kann nur im Wege der Vertragsänderung abgeändert werden. Das BAG geht ebenfalls von der konstitutiven Wirkung einer tariflichen Bezugnahmeklausel aus, interpretiert diese aber nach §§ 133, 157 BGB in eine Gleichstellungsabrede um, auch wenn der Arbeitnehmer nichts von der Tarifbindung des Arbeitgebers wusste. Nach Verbandsaustritt des Arbeitgebers entfällt dann der Anspruch auf künftige Tariferhöhung, weil die vermeintliche dynamische Verweisung sich mit dem Verbandsaustritt des Arbeitgebers in eine statische Bezugnahme wandelt.[49] Diese Rechtsprechung entbehrt nach dem Schuldrechtsmodernisierungsgesetz jeder Grundlage. Nach § 305 c Abs. 2 BGB sind mehrdeutige Klauseln zu Lasten des Verwenders, also des Arbeitgebers auszulegen. Dies führt nicht dazu, dass ein insgesamt in Bezug genommener Tarifvertrag der AGB-Kontrolle unterworfen würde. Ein arbeitsvertraglich insgesamt in Bezug genommener Tarifvertrag ist nach § 310 IV Satz 2 BGB ebenso wie der Tarifvertrag selbst einer solchen Kontrolle entzogen.[50] Unterlässt es der Arbeitgeber eine nur beabsichtigte Gleichstellung deutlich zu machen, so gilt der in Bezug genommene Tarifvertrag losgelöst von der Tarifbindung des Arbeitgebers dynamisch.[51]

dd) Große dynamische Tarifwechselklausel

29   „Das Arbeitsverhältnis unterliegt den jeweils für den Betrieb/Betriebsteil fachlich/betrieblich anzuwendenden Tarifverträgen in ihrer jeweils gültigen Fassung. Dies sind zurzeit die Tarifverträge der ...". Eine solche große dynamische Verweisungsklausel führt dazu, dass auch Änderungen der Tarifbindung des Arbeitgebers dazu führen, dass der jeweilige neue Tarifvertrag, an den der Arbeitgeber gebunden ist, in Bezug genommen wird und auf das Arbeitsverhältnis Anwendung findet. Eine solche große dynamische Wechselklausel verstößt auch nicht gegen die Unklarheitsregelung nach § 305 Abs. 3 BGB, der eine unklare Inbezugnahme allgemeiner Geschäftsbedingungen für die Zukunft verbietet, da solche Klauseln im Arbeitsrecht nach § 310 Abs. 4 Satz 2 BGB ein übliches Gestaltungsmittel sind.[52]

ee) Zusammenfassung

30   Zusammenfassend lässt sich somit festhalten, dass arbeitsvertragliche Bezugnahmeklauseln, die nach dem Inkrafttreten des Schuldrechtsmodernisierungsgesetzes

---

[47]   Hanau, NZA 2005, 489, 490.
[48]   HWK/Henssler § 3 TVG, Rn. 28; auch BAG, Urt. v. 19.03.2003 – 4 AZR 331/02, NZA 2003 1207.
[49]   BAG, Urt. v. 19.03.2003 – 4 AZR 331/02, NZA 2003 1207.
[50]   Preis in ErfK, § 611 BGB Rn. 271.
[51]   Hanau, NZA 2005, 489, 491; Preis in ErfK, § 611 BGB Rn. 271; Thüsing, NZA 2003, 1184, 1185; Thüsing/Lambrich, RDA 2002, 193; a.A. HWK/Henssler § 3 TVG, Rn. 30; Klebeck, NZA 2006, 15, 16
[52]   Hanau; NZA 2005, 489, 492; Oetker in Festschr. f. Wiedemann 2002, S. 383

für neue Verträge zum 01.01.2002 abgeschlossen wurden, ihrerseits einer Inhalts-kontrolle nach den Regelungen über allgemeine Geschäftsbedingungen unterlie-gen. Nach § 305 c Abs. 2 BGB gehen unklare Formulierungen zu Lasten des Ar-beitgebers als Verwender. Wird ein bestimmter Tarifvertrag in einem nach dem 01.01.2002 geschlossenen Arbeitsvertrag in Bezug genommen, so ersetzt diese Bezugnahme regelmäßig die beiderseitige Tarifbindung und ist als auf Dauer an-gelegte dynamische Bezugnahmeklausel zu verstehen. Ein späterer Austritt des Arbeitgebers aus der Tarifbindung ändert hieran nichts.[53] Will der Arbeitgeber sich offen halten, in Zukunft keine oder eine andere Tarifbindung einzugehen, so muss er dies in der Bezugnahmeklausel deutlich zum Ausdruck bringen.[54]

Wurde von einem Arbeitgeber, der selbst an den BAT/BMT-G bzw. MTArb   **31** gebunden war oder gesetzlich verpflichtet ist, das Tarifvertragswerk des öffentli-chen Dienstes anzuwenden, vereinbart, dass auf ein Arbeitsverhältnis der BAT/ BMT-G bzw. MTArb anzuwenden ist, so ist die Tarifbindung in der Regel beiden Parteien bekannt und Vertragsinhalt geworden. In diesem Fall handelt es sich um eine Gleichstellungsabrede, sofern die Verträge vor dem 01.01.02 abgeschlossen worden sind. Die Parteien sind davon ausgegangen, dass der jeweils aktuelle Ta-rifvertrag des öffentlichen Dienstes auf das Vertragsverhältnis Anwendung finden soll. Dies umfasst auch die Anwendung des TVöD auf Vertragsverhältnisse, die in den TVöD übergeleitet werden. Sie umfasst ebenso die Überleitung auf die Spar-tentarifverträge TV-V, TV-N oder TV-WW/NW, soweit eine Überleitung auf die-se Tarifverträge vorgesehen ist.

Sind die Verträge ab dem 01.01.02 abgeschlossen worden, kann der Arbeit-nehmer sich auf die für ihn günstigere Auslegung berufen.

b) Wirkung der Gleichstellungsabrede auf den Wechsel vom BAT/BMT-G II oder MTArb zum TVöD

Ein Teil der Literatur ist der Auffassung, dass der TVöD kein den BAT/BMT-G   **32** oder MTArb ablösender Tarifvertrag, sondern prinzipiell ein anderer Tarifvertrag sei. Da nach der Rechtsprechung des BAG eine Gleichstellungsabrede regelmäßig

---

[53] Das BAG hat in seinem Urteil vom 14.12.2005 – 4 AZR 536/04, DB 2006, 1322 angekündigt, eine entsprechende Korrektur seiner Rechtsprechung für Bezugnahmeklauseln, die nach dem 01.01.2202 geschlossen wurden, vorzunehmen. A.A. Klebeck, NZA 2006, 15. Kritisch zur Recht-sprechungsänderung, der fehlenden Übergangsfrist zum neuen Recht und der nicht klaren Prüfung entlang von § 305 c Abs. 2 BGB Giesen: Bezugnahmeklauseln – Auslegung, Formulierung und Änderung, NZA 2006, 625.

[54] Beispiele für Formulierungsvorschläge finden sich bei Hanau, NZA 2005 und Klebeck, NZA 2006, S. 16, 20: „Für das Arbeitsverhältnis gelten die im Betrieb/Unternehmen geltenden Tarif-verträge in ihrer jeweiligen Fassung. Derzeit sind das die Tarifverträge für die xy-Branche im Tarif-gebiet z, abgeschlossen zwischen der Gewerkschaft A und dem Arbeitgeberverband B.
Diese Bezugnahme erfasst auch den künftigen Wechsel zu einem anderen Tarifwerk, insbesondere eine andere Branche, aber auch eine andere Gewerkschaft. Der Arbeitgeber wird entsprechend dem Nachweisgesetz auf jeden Wechsel hinweisen.
Ist der Arbeitgeber an mehrere einschlägige Tarifverträge gebunden, bestimmt er durch Leistungs-bestimmung nach § 315 BGB welches Tarifwerk arbeitsvertraglich gelten soll." In dieser Formu-lierung ist die gerichtliche Überprüfbarkeit der Ermessensentscheidung über die Bezugnahme auf § 315 BGB angelegt.

einen Tarifwechsel nicht zum Inhalt habe,[55] führe die bloße Gleichstellungsabrede anders als eine Tarifwechselklausel dazu, dass der BAT/BMT-G oder MTArb statisch weitergelte[56] und das Arbeitsverhältnis von Arbeitnehmern, die nicht tarifgebunden sind, nicht auf den TVöD übergeleitet werde. Da eine Änderungskündigung als betriebsbedingte Änderungskündigung sozial nicht gerechtfertigt sei[57], komme nur eine einvernehmliche Vertragsänderung in Betracht, um diese Arbeitsverhältnisse dem TVöD zu unterstellen.[58]

Ein anderer Teil der Literatur vertritt die Auffassung, dass in den Fällen, in welchen der TVÜ-Bund oder TVÜ–VKA zu einer Überleitung zum TVöD führe, die Gleichstellungsabrede eine Überleitung auf den TVöD bewirke, weil die bestehenden Tarifverträge hier durch den TVöD abgelöst würden.[59] Teilweise wird auch die Ansicht vertreten, dass der BAT/BMT-G oder MTArb durch den TVöD aufgehoben werde und daher an deren Stelle trete.[60]

Bei einer Inbezugnahme eines Tarifvertrages durch den Arbeitsvertrag handelt es sich um Willenserklärungen der Vertragsparteien, die nach §§ 133, 157 BGB auszulegen sind. Hierbei ist der wirkliche Wille der Vertragsschließenden zu erforschen. Verträge sind nach Treu und Glauben, mit Rücksicht auf die Verkehrssitte auszulegen.[61] Zugleich kann nach der Einführung des Schuldrechtsmodernisierungsgesetzes und damit der Unterstellung des Arbeitsrechts unter das Recht der allgemeinen Geschäftsbedingungen nicht davon ausgegangen werden, dass die bisherige Rechtsprechung des BAG zur Bezugnahme auf Tarifverträge unverändert fortgeführt werden kann.[62] Das BAG geht selbst davon aus, dass neue Arbeitsverträge, die nach dem 01.01.2002 in Kraft getreten sind, auch bei der rechtlichen Beurteilung einer Bezugnahmeklausel entsprechend dem Schuldrechtsmodernisierungsgesetzes zu beurteilen sind, während Arbeitsverträge, die vor diesem Zeitpunkt geschlossen wurden, nach altem Recht und der bisher hierzu ergangenen Rechtsprechung zu beurteilen sind.[63] Dem kann nur gefolgt werden. Dies führt allerdings zu einer getrennten Beurteilung, je nachdem ob es sich um Arbeitsverträge handelt, die vor dem 01.01.2002 abgeschlossen wurden oder ob es sich um Verträge handelt, die nach dem 01.01.2002 abgeschlossen wurden.

aa) Bezugnahmeklauseln, die vor dem 01.01.2002 abgeschlossen wurden

33   Verweist der Arbeitsvertrag eines tarifgebundenen Arbeitgebers auf den BAT/BMT-G oder MTArb, so handelt es sich um eine Gleichstellungsabrede, mit der der nicht tarifgebundene Arbeitnehmer dem tarifgebundenen Arbeitnehmer gleichgestellt werden soll, da der Arbeitnehmer die Tarifbindung des Arbeitgebers

---

[55]   Unter Verweis auf die ständige Rechtsprechung des BAG: BAG, Urt. v. 30.8.2000 – 4 AZR 581/99, NZA 2001, 510.

[56]   Hümmerich/Mäßen, NZA 2005, 961,965; ähnlich v. Steinau-Steinrück, NJW-Spezial 2005, 561.

[57]   Unter Verweis auf die ständige Rechtsprechung des BAG: BAG, Urt. v. 16.05.2000 – 2 AZR 292/01, NZA 2003, 147.

[58]   Hümmerich/Mäßen, NZA 2005, 961,966.

[59]   Werthebach, NZA 2005, 1224, 1226.

[60]   Fieberg, NZA 2005, 1226, 1228.

[61]   BAG, Urt.v. 20.01.2004 – 6 AZR 583/02, NZA 2005, 61.

[62]   Hanau, NZA 2005, 489, 494.

[63]   BAG, Urt. v. 14.12.2005 – 4 AZR 536/04, DB 2006, 1322.

kennt und damit beiderseits von einer Gleichstellungsabrede bei der Vereinbarung einer solchen Klausel ausgegangen werden kann.

Der TVöD ersetzt allerdings nicht in allen Fällen das alte Tarifwerk. In Versor- **34** gungsbetrieben, Nahverkehrsbetrieben und den Betrieben der Wasserwirtschaft NW wird der BAT/BMT-G nach den Bestimmungen des § 2 Abs. 5 und 6 TVÜ-VKA in der Regel noch bis zum 31.12.2007 weitergeführt. Ist bis zu diesem Zeitpunkt nicht durch Tarifbindung der TV-V, TV-N oder TV-WW/NW eingeführt, so führt dies dazu, dass der BAT/BMT-G als Tarifvertrag statisch bestehen bleibt und weiter gilt. Wird hingegen eine Überleitungsvereinbarung zur Überleitung der bestehenden Tarifverträge in die Spartentarifverträge abgeschlossen, so führt die Gleichstellungsklausel dazu, dass auch die Arbeitsverhältnisse der nicht tarifgebundenen Arbeitnehmer auf die neuen Spartentarifverträge übergeleitet werden.

Der BAT/MTArb wird nur auf der Ebene des Bundes durch den TVöD nach **35** TVÜ-Bund vollständig ersetzt. Hier tritt das alte Tarifwerk außer Kraft.[64] Die Gleichstellungsabrede erfasst durch die Bezugnahme auch die nicht tarifgebundenen Arbeitnehmer und leitet deren Arbeitsverhältnis in den TVÜ-Bund und in den TVöD über.

War der Arbeitgeber zum Zeitpunkt des Abschlusses des Arbeitsvertrages tarif- **36** gebunden, so handelt es sich bei der Bezugnahmeklausel im Arbeitsvertrag um eine Gleichstellungsabrede. Auch hier findet durch den Austritt des Arbeitgebers aus dem Arbeitgeberverband, sofern dieser rechtzeitig erklärt wurde und keine Bindung an die bestehenden Tarifverträge nach § 3 Abs. 3 mehr besteht, kein Wechsel in den TVöD statt.

Problematisch ist der Fall, wenn der Arbeitgeber tarifgebunden ist, aber die Ar- **37** beitnehmerorganisation, die eine bestimmte Berufsgruppe vertritt, den neuen Tarifvertrag nicht anerkennt. Hier führt die Gleichstellungsabrede dazu, dass das neue Tarifwerk trotz Bindung des Arbeitgebers an den Tarifvertrag für Beschäftigte dieser Arbeitnehmergruppe nicht in Kraft tritt, weil auch bei einem tarifgebundenen Arbeitnehmer keine Überleitung stattfindet.

Ist der Arbeitgeber vor dem 01.10.2005 bereits selbst nicht tarifgebunden ge- **38** wesen, so handelt es sich bei der Vereinbarung im Arbeitsvertrag, dass der BAT/BMT-G oder MTArb auf das Arbeitsverhältnis Anwendung finden soll, nicht um eine Gleichstellungsabrede.[65] In diesem Fall ist nur vereinbart, dass der BAT/BMT-G oder MTArb gilt. Ein Wechsel in den TVöD findet nicht statt.

Nach § 1 Abs. 2 d) gilt der TVöD nicht für Arbeitnehmer für die der TV-V oder **39** der TV-WW/NW Anwendung findet, sowie nicht für Arbeitnehmer in Betrieben mit mehr als 20 wahlberechtigten Arbeitnehmern, die dem fachlichen Geltungsbereich des TV-V oder des TV-WW/NW zuzuordnen sind. Nach § 1 Abs. 2 e) TvöD sind ebenfalls Arbeitnehmer ausgenommen, für die ein TV-N Anwendung findet oder die in rechtlich selbständigen Nahverkehrsbetrieben mit in der Regel mehr als 50 wahlberechtigten Arbeitnehmern beschäftigt sind.

---

[64] Beckerle / Hock / Klapproth: TVöD – Die Überleitungstarifverträge, 2005, S. 27, 1.2.2.1.
[65] BAG, Urt. v. 01.12.2004 – 4 AZR 50/04, NZA 2005, 478.

bb) Bezugnahmeklauseln, die ab dem 01.01.2002 abgeschlossen wurden

40 Durch das Schuldrechtsmodernisierungsgesetz hat sich die Auslegung insbesondere der Gleichstellungsabrede geändert. Eine Gleichstellungsabrede kann nicht mehr dahingehend ausgelegt werden, dass im Falle des Austritts des Arbeitgebers aus dem Arbeitgeberverband, die Tarifbindung nicht mehr dynamisch fortgilt.[66] Hat ein tarifgebundener Arbeitgeber oder ein Arbeitgeber, der gesetzlich zur Anwendung des Tarifrechts des öffentlichen Dienstes verpflichtet ist, mit einem Arbeitnehmer nach dem in Kraft treten des Schuldrechtsmodernisierungsgesetzes zum 01.01.2002 eine Bezugnahme auf den BAT/BMT-G bzw. MTArb vereinbart, so kann vor dem Erklärungshorizont der vertragsschließenden Parteien nur eine dynamische Bezugnahmeklausel gemeint gewesen sein, weil die Parteien zu diesem Zeitpunkt von der Tarifbindung des Arbeitgebers ausgegangen sind. Wenn der Arbeitgeber etwas anderes hätte vereinbaren wollen, so hätte er dies im Vertrag zum Ausdruck bringen müssen, da Unklarheiten nach § 305 c Abs. 2 BGB zu Lasten des Verwenders, hier also des Arbeitgebers, gehen. Tritt der Arbeitgeber zu einem späteren Zeitpunkt aus dem Arbeitgeberverband aus, so bleibt er bei einer solchen Bezugnahmeklausel an die Dynamik gebunden. In diesem Fall erweist sich die individualvertragliche Vereinbarung stärker als die kollektivrechtliche Tarifbindung. Dies gilt auch für den Fall, dass es nach einem Betriebsübergang zu einer kollektivrechtlichen Ablösung des bestehenden Tarifvertrages durch einen anderen Tarifvertrag nach § 613 a Abs. 1 Satz 3 BGB kommt. Auch in diesem Fall bleibt es bei der einzelvertraglichen Vereinbarung, dass das jeweilige Tarifrecht in seiner jeweiligen Fassung weiter gilt.

41 Findet in einem solchen Fall nach den Überleitungstarifverträgen eine Überleitung in den TVöD statt, so ist auch dieses Arbeitsverhältnis in den TVöD überzuleiten. Findet eine Überleitung in einen anderen Spartentarifvertrag durch einen Flächentarifvertrag statt, so gilt dies auch für das Arbeitsverhältnis mit einer solchen Bezugnahmeklausel. Ist die Überleitung in einen anderen Spartentarifvertrag (z.B. TV-N) vom Abschluss einer Überleitungsvereinbarung abhängig, so hat der Arbeitgeber den Arbeitnehmer so zu stellen, als ob eine Überleitungsvereinbarung zu den üblichen Konditionen abgeschlossen worden wäre.

c) Inbezugnahme durch Betriebsvereinbarung

42 Eine generelle Bezugnahme des BAT/BMTG oder MTArb durch Betriebsvereinbarung im Geltungsbereich des Tarifvertrages um zum Beispiel die fehlende Tarifbindung des Arbeitgebers zu ersetzen, verstößt regelmäßig gegen § 77 Abs. 3 BetrVG und ist unwirksam.[67] Zulässig ist es, wenn die Betriebsparteien im Rahmen der Mitbestimmung nach § 87 BetrVG einzelne mitbestimmungspflichtige Angelegenheiten durch Verweis auf eine Eingruppierung und Vergütung nach einem bestimmten Tarifvertrag regeln, solange sie nicht durch eine dynamische Verweisung ihr Mitbestimmungsrecht generell auf die Tarifvertragsparteien dele-

---

[66] Hanau, NZA 2005, 489, 494.
[67] BAG, Beschl. v. 23.06.1992 – 1 ABR 9/92, AP Nr. 55 zu § 77 BetrVG 1972.

gieren.[68] Soweit bestimmte Teile des Tarifwerkes in Bezug genommen werden, gelten diese statisch fort.

d) Tarifliche Inbezugnahme

Sehr häufig finden sich in Firmentarifverträgen nach Umstrukturierungen Besitz-   **43**
standsklauseln, in denen für neu eingestellte Beschäftigte ein niedrigerer Tarifvertrag vereinbart und für die vor dem Stichtag eingestellten Beschäftigten das zuvor
geltende Tarifrecht des öffentlichen Dienstes durch Bezugnahme auf den BAT/
BMT-G gewährleistet werden soll. Diese Bezugnahmen regeln damit die Geltung
eines Tarifvertrages an den der Arbeiteber selbst nicht direkt, sondern nur mittelbar über den Firmenstarifvertrag gebunden ist. Das in Bezug genommene Tarifwerk gilt hier nur noch statisch fort. Es findet keine Überleitung in den TVöD
statt.

V. Räumlicher und betrieblicher Geltungsbereich

Räumlich gilt der Tarifvertrag für die gesamte Bundesrepublik. Er gilt außerdem   **44**
für Bedienstete, die zu deutschen Dienststellen ins Ausland entsandt worden sind,
nicht aber für die bei deutschen Dienststellen im Ausland eingestellten Ortskräften
(§ 1 Abs. 2 c)). Betrieblich gilt er für alle Betriebe und Dienststellen.

VI. Persönlicher Geltungsbereich

Der Tarifvertrag gilt für alle Arbeitnehmerinnen und Arbeitnehmer, die nachfol-   **45**
gend Beschäftigte genannt werden, die in einem Arbeitsverhältnis zum Bund oder
zu einem Mitglied eines VKA stehen.

1. Wesentliche Änderungen

Die wesentlichste Änderung ist die Herausnahme von Arbeitnehmern, die in ei-   **46**
nem Betrieb der Versorgungswirtschaft, den Betrieben der Wasserwirtschaft NW
oder den Nahverkehrsbetrieben angehören. Diese Bereiche sollen bis zum
31.12.2007 als eigenständige Sparten aus dem Tarifvertragswerk insgesamt ausgegliedert werden, so dass der TVöD für diese Sparten generell überhaupt nicht
gilt. Auf die Ausnahmen von diesem Grundsatz ist nachfolgend einzugehen. Der
Sache nach handelt es sich nicht um eine Beschränkung des persönlichen, sondern
um eine Beschränkung des fachlichen Geltungsbereichs, die aber insoweit verun-
glückt, als Einschränkung des persönlichen Geltungsbereichs formuliert ist.
Waldarbeiter sollen ebenfalls durch eigene tarifvertragliche Regelungen erfasst
werden und aus dem Anwendungsbereich des TVöD herausfallen.

Der ursprünglich in § 2 BAT enthaltene Verweis für bestimmte Beschäftigten-   **47**
gruppen auf die Sonderregelungen zum BAT ist entfallen. Die spezifischen Spartenregelungen wurden stattdessen auf die fünf Sparten

- allgemeine Verwaltung Bund,
- Krankenhäuser,
- Flughäfen,

---

[68] BAG, Beschl. v. 23.06.1992 - 1 ABR 9/92, AP Nr. 55 zu § 77 BetrVG 1972; BAG, Beschl. v.
      20.08.1991 – 1 ABR 85/90, NZA 1992, 317.

- Sparkassen und
- Entsorgungsbetriebe

reduziert und in dem besonderen Teil der jeweiligen Sparte geregelt.

48   Die bislang in § 3 BAT geregelten Ausnahmen vom Geltungsbereich sind jetzt in § 1 Abs. 2 zusammengefasst und übersichtlicher dargestellt. Die Herausnahme von leitenden Angestellten und Chefärzten wurde klarer gefasst. Die Berufsbezeichnung des wissenschaftlichen Hochschulpersonals, die ebenfalls nicht unter den persönlichen Geltungsbereich fallen, wurde aktualisiert. Wissenschaftliche Assistenten und Lektoren werden jetzt aber im Gegensatz zu § 3 g) BAT in den Regelungsbereich des Tarifvertrages einbezogen, wenn das Arbeitsverhältnis erst nach dem 01.10.2005 oder nach Ablauf der dreijährigen Umsetzungsfrist des § 72 Abs.1 Satz 8 HRG (endend am 03.09.2007) begründet wird. Verlängerungen bereits zuvor abgeschlossener Arbeitsverträge bleiben vom Anwendungsbereich des BAT ausgenommen. Eine bloße Verlängerung eines Arbeitsvertrages liegt entsprechend der Rechtsprechung zu § 14 Abs. 2 TzBefrG nur dann vor, wenn keinerlei inhaltliche Änderungen des Vertrages bis auf dessen Laufzeit vorgenommen werden.[69]

2. Personelle Ausnahmen

49   Zunächst gehört es zum grundrechtlich geschützten Kernbereich der Koalitionsfreiheit, dass die Tarifvertragsparteien selbständig bestimmen können, für welche Beschäftigungsbereiche und Berufsgruppen sie tarifvertragliche Regelungen treffen wollen.[70]

Die Tarifvertragsparteien sind bei der Definition des personellen Geltungsbereichs eines Tarifvertrages an den allgemeinen Gleichheitssatz gebunden, der als fundamentale Handlungsanleitung für jeden Normgeber gilt, weil er eine gerechte Ordnung sichern und Verteilungsgerechtigkeit innerhalb einer Gruppe garantieren soll. Werden bestimmte Personengruppen vom Geltungsbereich eines Tarifvertrages insgesamt oder von bestimmten Teilen des Tarifvertrages ausgenommen, so darf diese Regelung nicht gegen den verfassungsrechtlichen Gleichheitssatz verstoßen. Der Gleichheitssatz ist verletzt, wenn Arbeitnehmergruppen unterschiedlich behandelt werden, obwohl zwischen den Gruppen keine Unterschiede von solcher Art und solchem Gewicht bestehen, die eine ungleiche Behandlung rechtfertigten. Umgekehrt können bestimmte Personengruppen vom Geltungsbereich des Tarifvertrages ausgenommen werden. Den Tarifvertragsparteien kommt hierbei eine Einschätzungsprärogative zu, bestimmte Bereiche dem Anwendungsbereich des Tarifvertrages nicht zu unterstellen.[71] Die Bildung von Gruppen von Beschäftigten, die in den Tarifvertrag einbezogen oder ausgenommen werden, muss sachlichen Kriterien entsprechen.[72]

Die Tarifvertragsparteien haben bestimmte Personengruppen von der Geltung des TVöD ausgenommen. Zum einen sind dies Personengruppen, die nach Auffas-

---

[69]   BAG, Urt. v. 26.07.2000 – 7 AZR 51/99, NZA 2001, 546.
[70]   BAG, Urt. v. 24.04.1985 – 4 AZR 457/83, AP Nr. 4 zu § 3 BAT.
[71]   BAG, Urt. v. 12.10.2004 – 3 AZR 571/03, NZA 2005, 1127.
[72]   BAG, Urt. v. 28.07.1982 – 3 AZR 173/92, AP Nr. 18 zu § 1 BetrAVG Gleichbehandlung.

sung der Tarifvertragsparteien wegen ihrer exponierten Stellung im Betrieb und eigener Verhandlungsmacht des Schutzes des Tarifvertrages nicht bedürfen, die auf Grund anderer Spartenregelungen speziell tarifvertraglich geregelt werden oder deren Bereich auf Grund der Besonderheiten des Dienstes einer Tarifregelung nicht unterfallen sollen (z.B. Wissenschaftsbereich).

a) Leitende Angestellte

Ausgenommen von der Anwendung des TVöD sind leitende Angestellte im Sinne des § 5 Abs. 3 BetrVG, wenn ihre Arbeitsbedingungen einzelvertraglich besonders vereinbart sind. Leitende Angestellte zeichnen sich dadurch aus, dass es sich hierbei um Arbeitnehmer handelt, die gegenüber der Belegschaft unternehmerische Aufgaben übertragen bekommen und wahrzunehmen haben. Es reicht nicht aus, dass ein Arbeitnehmer im Arbeitsvertrag als leitender Angestellter bezeichnet wird, ohne dass ihm entsprechende Aufgaben zugewiesen worden sind.[73] **50**

Nach § 5 Abs. 3 Nr. 1 BetrVG ist ein Arbeitnehmer ein leitender Angestellter, wenn er auch im Innenverhältnis gegenüber dem Arbeitgeber zur selbständigen Einstellung und Entlassung anderer Arbeitnehmer befugt ist. Dies ist auch dann der Fall, wenn der Angestellte die Entscheidung trifft, es aber im Innenverhältnis einer weiteren Unterschrift bedarf.[74] Ist der Angestellte hingegen bei den Entscheidungen der Weisung der Geschäftsführung unterworfen, so handelt es sich nicht um einen leitenden Angestellten.[75] **51**

Leitende Angestellte sind nach § 5 Abs. 3 Nr. 2 BetrVG Generalbevollmächtigte und Prokuristen, deren Handlungsvollmacht auch im Innenverhältnis gegenüber dem Arbeitgeber nicht unbedeutend ist. Generalbevollmächtigte sind zur Führung des gesamten Geschäftsbetriebes befugt. Ihre Stellung entspricht fast der eines Geschäftsführungsmitgliedes im Geschäftsverkehr. Die Handlungsvollmacht von Prokuristen ist im Außenverhältnis nach § 53 HGB nicht einschränkbar, im Innenverhältnis aber sehr wohl. Keine leitenden Angestellten sind danach Titular-Generalbevollmächtigte oder -Prokuristen, die nur Stabsfunktionen innehaben, ohne eigenständig unternehmerische Entscheidungen treffen zu können.[76] **52**

Nach § 5 Abs. 3 Nr. 3 BetrVG sind leitende Angestellte ferner Personen, die regelmäßig Aufgaben wahrnehmen, die für den Bestand und die Entwicklung des Unternehmens oder des Betriebs von Bedeutung sind und deren Erfüllung besondere Erfahrungen und Kenntnisse voraussetzt, die dazu führen, dass sie Entscheidungen weisungsfrei treffen oder unternehmerische Entscheidungen maßgeblich beeinflussen können. Bei dieser Definition handelt es sich um den Grundtatbestand der Definition des leitenden Angestellten. Die so charakterisierte Tätigkeit muss den Schwerpunkt der Tätigkeit des leitenden Angestellten bilden.[77] Eine Stellung als leitender Angestellter kann danach gegeben sein, wenn wesentliche unternehmerische Entscheidungen weisungsfrei getroffen oder aber auf Grund besonderer Fachkenntnis in einer solchen Weise beeinflusst werden können, dass die **53**

---

[73] Eisemann in ErfK, § 5 BetrVG Rn. 30.

[74] BAG, Beschl.. v. 16.04.2002 – 1 ABR 23/01, AP Nr. 69 zu § 5 BetrVG 1972.

[75] DKK/ Trümner, § 5 Rn. 201; Fitting § 5 Rn. 241; Eisemann in ErfK, § 5 Rn. 32.

[76] BAG, Beschl. v. 11.01.1995 – 7 ABR 33/94, NZA 1995, 747.

[77] BAG, Beschl. v. 23.01.1986 – 6 ABR 22/82, NZA 1986, 487.

Geschäftsführung faktisch nicht an den Vorschlägen des Angestellten vorbei entscheiden kann.[78]

54 Neben der Stellung als leitender Angestellter bedarf die Ausnahme von der Geltung des TVöD aber, dass die Arbeitsbedingungen einzelvertraglich besonders vereinbart werden müssen. Eine solche besondere Vereinbarung ist dann gegeben, wenn wesentliche Elemente der Arbeitsbedingungen in freien Verhandlungen zwischen Arbeitgeber und Arbeitnehmer bestimmt werden. Dies betrifft die Zusammensetzung des Entgelts, Sachbezüge (Cafeteria-System), erfolgsabhängige Vergütungsbestandteile, Vertrauensarbeitszeit etc. Eine einzelvertraglich besondere Vereinbarung liegt nicht vor, wenn die Arbeitsbedingungen sich im Wesentlichen am Tarifvertrag orientieren und nur in Einzelpunkten hiervon abweichen.

Chefärzte und Chefärztinnen sind als Berufsgruppe gänzlich vom Tarifvertrag ausgenommen, da sie der medizinischen Leitungsebene zuzurechnen sind und üblicherweise eine halb selbständige Beschäftigung neben ihrem Dienstverhältnis ausüben und gesondert abrechnen.

b) Beschäftigte oberhalb der Entgeltgruppe 15

55 Von der Anwendung des Tarifvertrages sind Beschäftigte mit einem regelmäßigen Entgelt, das über das Tabellenentgelt der Entgeltgruppe 15 hinausgeht, ausgenommen. Generell wurde mit der Tarifreform eine Zäsur vorgenommen. Nach dem BAT wurden alle Angestellten, insbesondere auch leitende Angestellte dem Tarifvertrag unterworfen, obwohl der in Vergütungsgruppe BAT I eingruppierte Personenkreis regelmäßig im Betrieb Arbeitgeberfunktionen oder auf Grund der fachlichen Qualifikation tragende Aufgaben im Unternehmen bzw. der Verwaltung wahrzunehmen hatte. Mitarbeiter mit einer Vergütung in dieser Größenordnung werden daher in Zukunft nicht mehr dem Geltungsbereich des Tarifvertrages unterworfen.

Nach § 4 Abs. 1 TVÜ-VKA in Verbindung mit dessen Anlage 1 und § 4 Abs. 1 TVÜ-Bund in Verbindung mit dessen Anlage 2 werden die Beschäftigten bei der Überleitung einer bestimmten Entgeltgruppe des TVöD zugeordnet. Beschäftigte, die in der Vergütungsgruppe BAT I eingruppiert waren, werden nach § 1 Abs.1 TVÜ–VKA und TVÜ-Bund als ehemalige Tarifbeschäftigte auch in eine Entgeltgruppe, nämlich die Entgeltgruppe 15Ü, übergeleitet.

Dies führt dazu, dass das regelmäßige monatliche Entgelt dieser Beschäftigten oberhalb der Entgeltgruppe 15 liegt. Sie würden nach § 1 Buchstabe b) also gerade aus dem persönlichen Geltungsbereich des TVöD herausfallen. Dies wird durch § 19 Abs. 2 VKÜ-Bund und § 19 Abs. 2 VKÜ-VKA verhindert, der für die Dauer der Geltung des Überleitungstarifvertrages in Abweichung von § 1 Buchstabe b) die früher in BAT I eingruppierten Angestellten in den Geltungsbereich des TVöD einbezieht.

Alle neu eingestellten Beschäftigten mit einer Vergütung oberhalb der Entgeltgruppe 15 hingegen sind ab dem 01.10.2005 aus dem Geltungsbereich des TVöD ausgenommen.

---

[78] BAG, Beschl. v. 29.01.1980 – 1 ABR 45/79, NJW 1980, 2724.

Das Tabellenentgelt ist das monatliche Entgelt. Dieses überschreitet das Tabellenentgelt der Entgeltgruppe 15 nur dann, wenn es das Tabellenentgelt der Stufe 6 als der höchsten Stufe der Entgeltgruppe überschreitet.[79] Einmalzahlungen und variable Vergütungsbestandteile fließen in den Vergleich nicht ein.

Werden dem Beschäftigten pauschaliert Überstundenvergütungen als regelmäßiges Entgelt in einer festen vertraglich vereinbarten Höhe ausgezahlt, so handelt es sich um regelmäßiges Entgelt. Überschreitet das monatliche Entgelt hierdurch den Wert des höchsten Tabellenentgelts, so unterfällt der Beschäftigte nicht mehr dem TVöD.

Einmalzahlungen, auch wenn diese in fester Höhe erfolgen, werden nicht auf das regelmäßige monatliche Entgelt durch Zwölftelung umgerechnet, sondern sind in den Vergleich nicht einzubeziehen. Die Tarifvertragsparteien haben dies in der Niederschriftserklärung zu § 1 Abs. 2 Buchstabe b) ausdrücklich bestätigt.

c) Ortskräfte in Auslandsdienststellen

Vom Anwendungsbereich des Tarifvertrages sind Ortkräfte von Dienststellen im Ausland ausgenommen. Deren Arbeitsbedingungen werden nach wie vor durch den Tarifvertrag Arbeitnehmer Ausland (TV AN Ausland) vom 30.11.2001 geregelt. **56**

d) Beschäftigte im Bereich des TV-V und TV-WW/NW

Die Tarifreform im öffentlichen Dienst soll zu einer Spartentrennung verschiedener eigenständiger Sparten führen, die nicht nur in ihren besonderen Arbeitsbedingungen, sondern in ihren Arbeitsbedingungen im Allgemeinen eine Einbeziehung in den TVöD als nicht sachgerecht erscheinen lassen. Hierzu zählen die hier aufgeführten Sparten der Versorgung und Wasserwirtschaft und die unter Buchstabe f) aufgeführten Nahverkehrsbetriebe. **57**

Ausgenommen vom persönlichen Anwendungsbereich sind Beschäftigte, für die der TV-V oder des TV-WW/NW gilt. Ausgenommen sind außerdem Beschäftigte, die in rechtlich selbständigen, dem Betriebsverfassungsrecht unterliegenden und dem fachlichen Geltungsbereich des TV-V oder TV WW/NW unterfallenden Betrieben mit mehr als 20 wahlberechtigten Arbeitnehmern beschäftigt sind und die Tätigkeiten auszüben haben, welche dem fachlichen Geltungsbereich des TVV-V oder des TV-WW/NW zuzuordnen sind. Beide Voraussetzungen müssen nach der Tarifnorm kumulativ vorliegen, so dass Beschäftigte, die nicht Tätigkeiten auszüben haben, die dem fachlichen Geltungsbereich des TVV-V oder TV-WW/NW zuzuordnen sind, nicht vom persönlichen Geltungsbereich des TVöD ausgeklammert sind. Hierbei sind alle Tätigkeiten, also auch notwendige Verwaltungsarbeiten dem Geltungsbereich dieser Tarifverträge zuzuordnen, die ein Betrieb im Geltungsbereich dieser Tarifverträge mit sich bringt.

Vom Geltungsbereich des TV-V werden nach dessen § 1 Abs. 1 rechtlich selbständige Versorgungsbetriebe, die dem Betriebsverfassungsgesetz unterliegen und in der Regel mehr als 20 Arbeitnehmer beschäftigen, erfasst. Somit sind alle Eigenbetriebe von Gebietskörperschaften des öffentlichen Rechts oder Zweckverbänden von der Herausnahme aus dem Anwendungsbereich des TVöD nicht er- **58**

---

[79] Vergleich hierzu die Regelung des § 1 Abs. 3 a) TV-V.

fasst, denn diese unterfallen nach § 130 BetrVG und § 1 der Landespersonalvertretungsgesetze nicht dem Betriebsverfassungsgesetz. Hierdurch soll verhindert werden, dass ein Teil der Verwaltung nach einem anderen Tarifrecht behandelt werden muss als der übrige Teil der Verwaltung, soweit keine rechtliche Ausgründung in eine eigenständige privatrechtlich organisierte Gesellschaft erfolgt ist. Gleichwohl genügt die rechtliche Ausgründung in eine Kapitalgesellschaft, auch wenn ein gemeinsamer Betrieb mit der Verwaltung bestehen bleibt. Ein gemeinsamer Betrieb zwischen einer Körperschaft des öffentlichen Rechts und einer Kapitalgesellschaft stellt eine BGB-Innengesellschaft dar und unterliegt insgesamt dem Betriebsverfassungsgesetz.[80] Wird nach einer Abspaltung eines Betriebsteils die Organisation des betroffenen Betriebes nicht wesentlich verändert, so wird nach § 1 Abs. 2 Nr. 2 BetrVG vermutet, dass die beteiligten Rechtsträger einen gemeinsamen Betrieb bilden. Erforderlich ist, dass die beteiligten Rechtsträger einen gemeinsamen Leitungsapparat nutzen, um das Personal und die sachlichen Hilfsmittel gemeinsam einzusetzen. Es genügt, wenn eine solche gemeinsame Leitung konkludent vereinbart wird.[81] Eine bloß räumliche Einheit genügt nicht.[82] Andererseits ist es nicht erforderlich, dass die beteiligten Rechtsträger einen gemeinsamen arbeitstechnischen Zweck verfolgen.[83]

59   Die Protokollerklärung hierzu, die eine tarifvertraglich verbindliche Regelung darstellt, macht für Eigenbetriebe im Land Nordrhein-Westfalen eine Ausnahme, soweit rechtlich ausgegründete Unternehmen noch dem Landespersonalvertretungsgesetz unterliegen, aber im Übrigen die Voraussetzungen des § 1 Abs. 2 Buchstabe d) TVöD gegeben sind.

Nach § 1 Abs. 3 Satz 1 TVöD kann durch landesbezirklichen Tarifvertrag in Einzelfällen eine Einbeziehung in den TvöD erfolgen.

60   Außerdem sollen Kleinbetriebe mit in der Regel weniger als 20 nach dem Betriebsverfassungsgesetz wahlberechtigten Arbeitnehmern nicht aus dem Anwendungsbereich des TVöD ausgegliedert werden. „In der Regel" heißt hierbei nicht durchschnittlich. Ausschlaggebend ist vielmehr die Anzahl der Arbeitnehmer, die im Allgemeinen kennzeichnend für den Betrieb ist. Hierbei ist die Entwicklung in der Vergangenheit und die zukünftige Entwicklung maßgebend.[84] Aushilfsarbeitnehmer sind dann zu berücksichtigen, wenn sie regelmäßig im Betrieb als eigene Arbeitskräfte eingesetzt werden und mindesten 6 Monate im Betrieb beschäftigt sind.[85] Die Tarifnorm stellt darauf ab, dass der Betrieb in der Regel mehr als 20 wahlberechtigte Arbeitnehmer beschäftigen muss. Leiharbeitnehmer zählen eben-

---

[80] BAG, Beschl. v. 24.01.1996 – 7 ABR 10/95, NZA 1996, S. 1110; BVerwG, Beschl. v. 13.06.2001 – 6 P 8/00 (VGH Mannheim, Beschl. vom 20.06.2000 – VGH PL 15 S 1618/99), NZA 2003, 115.

[81] BAG, Beschl. v. 07.08.1986 – 6 ABR 57/85, AP BetrVG 1972 § 1 Nr. 5; BAG, Beschl. v. 11.02.2004 – 7 ABR 27/03, NZA 2004, 618.

[82] BAG, Beschl. v. 23.09.1982 – 6 ABR 42/81, AP § 4 BetrVG 1972 (LT1) Nr. 3.

[83] BAG, Urt. v. 23.03.1984 – 7 AZR 515/82, AP § 23 KSchG 1969 (LT1-2) Nr. 4; BAG, Urt. v. 03.12.1997 – 7 AZR 764/96, AP AÜG § 1 Nr. 24; BAG, Urt. v. 25.10.2000 – 7 AZR 487/99, NZA 2001, 259; Küttner/Kreitner „Betrieb" Rn. 12.

[84] BAG, Urt. v. 31.01.1991 – 2 AZR 356/90, NZA 1991, 562; BAG, Urt. v. 29.05.1991 – 7 ABR 67/90, NZA 1992, 36.

[85] BAG, Urt. 12.10.1976 – 1 ABR 1/76, NJW 1977, 647; Eisemann in ErfK, § 9 BetrVG, Rn. 2.

falls dann mit, wenn sie personell die Größe des Betriebes prägen. Die Tarifnorm stellt bei der Bestimmung der Anzahl der Arbeitnehmer auf die Zahl der wahlberechtigten Arbeitnehmer im Sinne des § 7 BetrVG ab. Nach dessen Satz 2 zählen hierzu auch Leiharbeitnehmer, die länger als drei Monate in dem Betrieb eingesetzt werden. Mitarbeiter, die in die Freistellungsphase der Altersteilzeit eingetreten sind, oder sich in einem ruhenden Arbeitsverhältnis (Elternzeit, Bundeswehr, Zivildienst) befinden, zählen nicht mit, weil sie im Betrieb nicht beschäftigt sind.[86]

Die Bestimmungen des § 1 Abs. 2 Buchstabe d) sind hier im Gesamtzusammenhang mit § 2 Abs. 5 und 6 TVÜ-VKA auszulegen. § 2 Abs. 5 TVÜ-VKA enthält die Regelung des § 1 Abs. 2 Buchst. d), so dass die Überleitungsbestimmungen des § 2 Abs. 1 und 2 des TVÜ-VKA auf Beschäftigte in Versorgungsbetrieben, Betrieben der Wasserwirtschaft NW und Nahverkehrsbetrieben keine Anwendung finden, es sei denn, es wird im Einzelfall auf landesbezirklicher Ebene eine andere Vereinbarung getroffen. § 2 Abs. 6 TVÜ-VKA lässt diese Ausnahme längstens bis zum 31.12.2007 wirken, wenn Tarifvertragsverhandlungen bis zum 01.10.2005 zum Abschluss eines Spartentarifvertrages aufgenommen wurden. Die Protokollerklärung zu § 2 Abs. 6 lässt es zur Verhandlungsaufnahme genügen, wenn eine Tarifvertragspartei die andere Partei zu Verhandlungen aufgefordert hat. Ist auch dies nicht geschehen, so findet die Überleitung zum TVöD nach § 2 Abs. 1 und 2 TVÜ-VKA gleichwohl nicht statt, wenn die Verhandlungen nach dem 01.10.2005 aufgenommen wurden und spätestens bis zum 31.12.2007 zum Abschluss eines Spartentarifvertrages geführt haben.   61

Kommt nach der Protokollerklärung zu § 2 Abs. 6 TVÜ-VKA eine Vereinbarung zur Anwendung eines Spartentarifvertrages bis zum 31.12.2007 nicht zu Stande, so werden die Beschäftigten entweder in den TVöD nach den Bestimmungen des TVÜ-VKA ab dem 01.01.2008 überführt oder die Beschäftigten bleiben im statisch weiter geltenden BAT/BMT-G. Dies ist dann der Fall, wenn die durch das einzelne Unternehmen nach den Spartentarifverträgen zu schließende Überleitungsvereinbarung bei einem bestehenden Spartentarifvertrag nicht zu Stande kommt.   62

e) Beschäftigte in Nahverkehrsbetrieben

Ver.di hat in den vergangenen Jahren versucht, die Tarifvielfalt in diesem Bereich zu beenden und als Standard mit der Arbeitgeberseite die Tarifverträge Nahverkehr auf landesbezirklicher Ebene durchzusetzen. Diese landesbezirklichen Tarifverträge sind zurzeit in den Bundesländern Niedersachsen, Rheinland-Pfalz und Sachsen-Anhalt verabschiedet worden. Sie unterscheiden sich vom Vergütungsniveau erheblich, entsprechen allerdings den allgemeinen Regelungen des Manteltarifvertrages. Hierbei spielen insbesondere abweichende Regelungen zur Arbeitszeit und die besonderen Bedingungen des Fahrdienstes (Blockpausen, Wendezeiten, Fahrten zum und vom Ablösepunkt, geteilte Dienste, erweiterte Rahmenzeiten, Vor- und Abschlussarbeiten) eine besondere Rolle.   63

---

[86] Für die Freistellungsphase der Altersteilzeit: BAG, Beschl. v. 25.10.2000 – 7 ABR 18/00, NZA 2001, 461; BVerwG Beschl. v. 15.05.2002 – 6 P 18/01, PersR 2002, 438.

In den Landesbezirken, in denen noch kein Tarifvertrag Nahverkehr ausgehandelt wurde, sind die Verhandlungen über den Abschluss eines Tarifvertrages aufgenommen worden.

Kleinbetriebe mit weniger als 50 wahlberechtigten Arbeitnehmern sollen vom Ausschluss aus dem TVöD nicht betroffen sein. Auch hier geht man davon aus, dass solche Kleinbetriebe in der Regel mit den Versorgungsbetrieben oder der Verwaltung einen gemeinsamen Betrieb bilden und die Einführung eines gesonderten Tarifvertrags für diesen Bereich zu unverhältnismäßigen Verwaltungskosten führen würde. Vor diesem Hintergrund ist auch die Regelung des § 1 Abs. 3 Satz 2 TVöD zu sehen. Nach dessen Buchstaben a) können diese Kleinbetriebe in den TV-V oder nach Buchstabe b) in den TVöD einbezogen werden. Hinsichtlich der Bestimmung der Arbeitnehmerzahl zur Abgrenzung der Kleinbetriebe ist auf die Ausführungen zu Buchstabe d) zu verweisen.

Scheitern die Verhandlungen zum Abschluss eines Spartentarifvertrages oder zum Abschluss der Überleitungsvereinbarung auf der Ebene des Unternehmens, so ergeben sich die in der Erläuterung zu Buchstabe d) dargestellten Rechtsfolgen.

f) Fleischbeschaupersonal

64   Die Arbeitsbedingungen der Tierärzte werden nach dem Tarifvertrag über die Regelung der Rechtsverhältnisse der nicht vollbeschäftigten amtlichen Tierärzte und Fleischkontrolleure in öffentlichen Schlachthöfen und in Einfuhruntersuchungsstellen (TV Ang iöS, TV Ang-O iöS), dem Tarifvertrag zur Regelung der Rechtsverhältnisse der amtlichen Tierärzte und Fleischkontrolleure außerhalb öffentlicher Schlachthöfe (TV Ang aöS, TV Ang-O aöS) geregelt und sind daher von der Anwendung des TVöD wegen der bestehenden tarifvertraglichen Sonderregelung ausgenommen.

g) Waldarbeiter

65   Auch für Waldarbeiter, für die tarifrechtlich oder einzelvertraglich ein Tarifvertrag für Waldarbeiter zur Anwendung kommt, gilt der TVöD wegen einer bestehenden spezielleren Regelung nicht. Solche speziellen tarifvertraglichen Regelungen bestehen für Waldarbeiter des Bundes (TV WaB vom 05.10.1972) und für die Kommunalen Arbeitgeber der KAV Baden-Württemberg, Rheinland-Pfalz, Saar und Schleswig-Holstein (MTW), in den Bereich der VKA Brandenburg, Mecklenburg-Vorpommern, Thüringen, Sachsen, Sachsen-Anhalt (MTW-O). Ausgenommen sind außerdem Waldarbeiter im Bereich des VKA Bayern.

h) Auszubildende, Praktikanten, Volontäre

66   Auszubildender ist, wer aufgrund eines Ausbildungsvertrags im Bereich des TVöD ausgebildet wird. Da das Ausbildungsverhältnis durch den TVAöD mit seinen Besonderen Teilen für den Bereich des BbiG einerseits und den Pflegedienst andererseits eigenständig geregelt ist, werden Auszubildende und Schüler aus dem Geltungsbereich des TVöD ausgenommen.

Die Manteltarifverträge für die Auszubildenden und die Schüler in der Gesundheits- und Krankenpflege wurden hierbei vereinheitlicht und die bislang nicht tarifvertraglich erfassten Schüler in der Altenpflege in den Geltungsbereich des TVAöD einbezogen.

Dörring

Volontär ist, wer zum Zweck seiner Ausbildung bei einem anderen in abhängi- **67**
ger Weise beschäftigt wird.[87] Volontariat ist ein Ausbildungsverhältnis im Sinne
des § 19 BBiG, ohne dass es sich um eine Berufsausbildung im Sinne des BBiG
handelt.[88] Der Volontär ist nach § 82a HGB eine Person, die, ohne als Lehrling
angenommen zu sein, zum Zwecke ihrer Ausbildung unentgeltlich mit kaufmän-
nischen Diensten beschäftigt wird. Da es sich aber um ein Ausbildungsverhältnis
i.S. des § 19 BBiG handelt,[89] gilt zwingend § 10 Abs.1 BBiG, so dass eine angemessene Vergütung zu gewähren ist. Ein Volontariat kann für alle Berufe begründet werden, soweit es sich um eine Berufsausbildung handelt. Handelt es sich
nicht um eine Ausbildung, sondern von der tatsächlichen Tätigkeit her, um ein
Arbeitsverhältnis, so ist mit Einigung über die Einstellung und Übertragung der
auszuübenden Tätigkeit ein Arbeitsverhältnis zu Stande gekommen. Die Grenzen
zwischen einem Arbeitsverhältnis mit Eigenbeteiligung an einer vertraglich vereinbarten Zusatzausbildung und einem Volontariat, bei dem der Ausbildungszweck durch eine am Zweck orientierte geringere Vergütung zum Ausdruck
kommt, können zu Abgrenzungsproblemen führen.[90]

Praktikant ist, wer im Betrieb in abhängiger Weise beschäftigt wird, um prakti- **68**
sche Kenntnisse, Fähigkeiten und Erfahrungen zu sammeln, weil er diese Tätigkeit
im Rahmen einer Gesamtausbildung zum Beispiel zur Zulassung zu einem Studium oder zur Zulassung zu einer Abschlussprüfung benötigt.[91] Ob ein Praktikant
zugleich Arbeitnehmer ist, richtet sich danach, ob das Praktikum im Rahmen einer
Schulausbildung oder des Studiums absolviert wird oder eine eigenständige Bedeutung hat.[92] Hier ist die Herausnahme aus dem TVöD dadurch gerechtfertigt,
weil die Tätigkeit im Betrieb in erster Linie zur Erlangung von Kenntnissen im
Rahmen einer Ausbildung außerhalb des Betriebs dient. Die Tarifvertragsparteien
haben aus diesem Grund den Tarifvertrag über die vorläufige Weitergeltung der
Regelungen für die Praktikantinnen/Praktikanten vereinbart. Für bestimmte Berufe
der Praktikanten sind die Arbeitsbedingungen im TV Prakt geregelt. Für Praktikanten, die hierdurch nicht erfasst sind, gelten die Richtlinien zur Gewährung von
Praktikantenvergütung – bzw. die Praktikanten-Richtlinien der VKA oder TdL.

Die Arbeitsbedingungen von Ärztinnen und Ärzten im Praktikum sind ebenfalls **69**
durch einen gesonderten Tarifvertrag geregelt, der fortgilt. Die Vergütung von
Ärzten im Praktikum nach diesem gesonderten Tarifvertrag verstößt nicht gegen
den allgemeinen Gleichheitsgrundsatz.[93]

---

[87] 21.12.1954 – 2 AZR 76/53, AP Nr. 1 zu § 611 BGB, Ärzte, Gehaltsansprüche; BAG, Urt. v.
      27.10.1960 – 5 AZR 427/59, AP Nr. 21 zu § 611 BGB, Ärzte, Gehaltsansprüche.
[88] BAG, Urt. v. 22.06.1994 – 7 AZR 469/93, AP Nr. 15 zu § 1 BeschfG 1985; da es sich um keine
      „Berufsausbildung" im Sinne des BBiG handelt, ist ein Volontär kein „Auszubildender", es be-
      steht daher auch kein Weiterbeschäftigungsanspruch als Arbeitnehmer nach § 78a BetrVG (BAG,
      Urt. v. 01.12.2004 – 7 AZR 129/04, NZA 2005, 779).
[89] BAG, Urt.v. 22.06.1994 – 7 AZR 469/93, NZA 1995, 625.
[90] Siehe hierzu BAG, Urt. v. 21.11.2001 – 5 AZR 158/00, NZA 2002, 551.
[91] BAG, Urt.v. 05.08.1965 – 2 AZR 439/64, AP Nr. 3 zu § 63 AVAVG.
[92] BAG, Beschl. v. 30.10.1991 – 7 ABR 11/91, NZA 1992, 808.
[93] BAG, Urt. v. 24.03.1993 – 4 AZR 265/92, NZA 1993, 893.

Dörring

70   Personen, die in einem Umschulungsverhältnis nach den §§ 1 Abs. 4, 47 BBiG stehen sind vom Geltungsbereich des TVöD ausgenommen, da auch hier die Beschäftigung nur zum Zweck der Ausbildung erfolgt.

71   Soweit Studenten nach einer Prüfungsordnung eines Landes ein Betriebspraktikum zu absolvieren haben, handelt es sich um kein Ausbildungsverhältnis nach § 19 BBiG, dessen Ausgestaltung den Tarifvertragsparteien obliegt, sondern um ein gesetzlich geregeltes öffentlich-rechtlich geregeltes Gewaltverhältnis.[94] Sie unterfallen nicht dem Geltungsbereich des TV Prakt. Da Praktikanten i.d.R. keine weisungsabhängige Tätigkeiten verrichten, sondern ein solches Praktikum dazu dient während der schulischen oder universitären Ausbildung Einblick in dies soziale Welt beruflicher Tätigkeit zu gewinnen, handelt es sich um keine Einstellung in betriebsverfassungsrechtlichen Sinn, so dass diesbezüglich keine Mitbestimmungsrechte des Betriebsrates[95] oder des Personalrates gegeben sind.

72   Auch Studenten einer Berufsakademie werden vom Geltungsbereich des Tarifvertrages nicht erfasst, wenn es sich um keine abgeschlossene Berufsausbildung im Sinne des BbiG handelt, sondern das Studium an der Berufsakademie landesrechtlich geregelt ist. Sie sind dann weder Beschäftigte noch Auszubildende, da § 2 Abs. 1 schulische Ausbildungen, die nach den Schulgesetzen der Länder geregelt sind, ausdrücklich vom Geltungsbereich des BBiG ausnimmt.[96]

i) Eingliederungsmaßnahmen

73   Beschäftigte, die wegen individueller Vermittlungshemmnissen in von der Bundesagentur für Arbeit geförderten Maßnahmen nach §§ 217 ff SGB III beschäftigt werden, fallen nicht unter den TVöD, weil auch hier die Überwindung des Vermittlungshemmnisses Ziel der Beschäftigung ist und der Eingliederungszuschuss sich prozentual zum berücksichtigungsfähigen Entgelt bemisst, das höchstens das tarifvertragliche Arbeitsentgelt sein kann (§ 220 I Nr. 1 SGB III).

k) Arbeitsbeschaffungsmaßnahmen

74   Bei den nach §§ 260 ff SGB III von der Bundesagentur für Arbeit geförderten Maßnahmen handelt es sich um Arbeitsbeschaffungsmaßnahmen, die dazu dienen, in Problemschwerpunkten einer hohen Arbeitslosigkeit entgegen zu wirken und die Beschäftigungsfähigkeit der betroffenen Arbeitnehmer wieder herzustellen oder zu erhalten. Auch hier ist das Ziel der Maßnahme die Verbesserung der Beschäftigungsfähigkeit des betroffenen Arbeitnehmers, so dass auch hier eine Ausnahme vom TVöD gerechtfertigt ist. Die Absenkung der Vergütung dieses Personenkreises auf 80 bis 90% des tariflichen Entgelts verstößt nicht gegen den Gleichbehandlungsgrundsatz.[97]

Auch der Ausschluss dieses Personenkreises aus der Zusatzversorgung des öffentlichen Dienstes ist daher zulässig. Ein Anspruch auf Nachversicherung in der Zusatzversorgung des öffentlichen Dienstes nach einer späteren Übernahme in ein festes Beschäftigungsverhältnis ist vom Versicherungsverhältnis gegenüber der

---

[94]   BAG, Urt. v. 19.06.1974 – 4 AZR 436/73, AP Nr. 3 zu § 3 BAT.
[95]   BAG, Beschl. v. 08.05.1990 – 1 ABR 7/89, AP Nr. 80 zu § 99 BetrVG 1972.
[96]   BAG, Urt. v. 16.10.2002 – 4 AZR 429/01, AP Nr. 181 zu § 1 TVG. Tarifverträge Metallindustrie.
[97]   BAG, Urt. v. 18.06.1997 – 5 AZR 259/96, AP Nr. 2 zu § 3 Buchst. d) BAT.

Zusatzversorgungskasse (ZVK) oder der Versorgungsanstalt Bund Länder (VBL) nicht möglich und arbeitsrechtlich nicht begründet.[98]

Hinsichtlich sogenannter „1-Euro-Jobs" enthält § 1 Abs. 2 TVöD keine Regelung. Nach § 16 Abs.1 SGB II können erwerbsfähigen Hilfebedürftigen zusätzliche Tätigkeiten, die im öffentlichen Interesse liegen, zugewiesen werden. Ziel ist die Erschließung neuer Arbeitsmöglichkeiten. Diese sind weder ein Arbeitsverhältnis noch ein sozialversicherungspflichtiges Beschäftigungsverhältnis. Daher hat es auch keiner persönlichen Ausnahme vom persönlichen Anwendungsbereich des TVöD nach § 1 Abs. 2 bedurft.   75

Es besteht allerdings ein Konkurrenzverhältnis zu Arbeitsbeschaffungsmaßnahmen und zu Arbeiten in einem Normalarbeitsverhältnis. Dieses ist dahingehend zu lösen, dass ein Verwaltungsakt, durch den ein erwerbsfähig Hilfsbedürftiger zu einer Arbeitsmöglichkeit nach § 15 SGB II herangezogen wird, wenn ihm gleichzeitig eine vergütete Tätigkeit oder eine ABM-Stelle zugewiesen werden könnte, ermessensfehlerhaft und damit rechtswidrig ist.[99] Wird der Hilfsbedürftige tatsächlich nicht im Rahmen zusätzlicher Tätigkeiten, die im öffentlichen Interesse liegen, sondern z.B. als Urlaubs- oder Krankheitsvertretung eingesetzt, so entsteht kein faktisches Arbeitsverhältnis. Die Heranziehung zur Arbeit erfolgt hier durch Verwaltungsakt.[100] Es entsteht ein öffentlich-rechtliches Beschäftigungsverhältnis eigener Art. Erfolgt die Heranziehung ohne rechtlichen Grund, weil der Hilfsbedürftige zu normaler Arbeitsleistung herangezogen wird, so entsteht ein öffentlich rechtlicher Erstattungsanspruch, der im Verwaltungsrechtsweg in Höhe der zustehenden Vergütung geltend gemacht werden kann.[101] Ein Hilfsbedürftiger fällt somit bei rechtswidriger Heranziehung zur Arbeit nicht unter den Geltungsbereich des TVöD. Die Höhe seines öffentlich rechtlichen Erstattungsanspruchs bestimmt sich aber nach § 612 Abs. 2 BGB in Höhe der üblichen tariflichen Vergütung abzüglich der erbrachten Leistungen nach SGB II.   76

Erfolgt die Heranziehung zur Arbeit allerdings im Rahmen einer Maßnahme nach dem SGB III durch einen Arbeitsvertrag, der auf die Heranziehung zu zusätzlicher gemeinnütziger Arbeit nach § 16 Abs. 1 SGB II gestützt und mit dieser Begründung befristet wird, so kann ein unbefristetes Arbeitsverhältnis entstehen, wenn der Hilfsbedürftige zur Erledigung der normalen Arbeiten der Verwaltung eingesetzt wird, die auch nicht gesondert von den allgemeinen Verwaltungsaufgaben abgegrenzt ist.[102]   77

Die Beschäftigung von Hilfsbedürftigen stellt zwar keine „Einstellung" im Sinne des § 75 BPersVG dar, erfordert aber wie eine Einstellung die Abgrenzung von Tätigkeitsbereichen für den Hilfsbedürftigen und erfordert eine Eingliederung in

---

[98]   BAG, Urt. v. 12.05.1992 – 3 AZR 226/91, AP Nr. 35 zu § 1 BetrAVG Zusatzversorgungskassen; BAG, Urt. v. 15.09.1992 – 3 AZR 438/91, AP Nr. 39 zu § 1 BetrAVG Zusatzversorgungskassen; BAG, Urt. v. 13.12.1994 – 3 AZR 367/94, AP Nr. 23 zu § 1 BetrAVG Gleichbehandlung.

[99]   Münder § 16 Rn. 23.

[100] a.A. Münder § 16 Rn. 25.

[101] BAG, Urt. v. 14.01.1987 – 5 AZR 166/85, NVwZ 1988, 966.

[102] BAG, Urt. v. 07.07.1999 – 7 AZR 661/97, NZA 2000, 542.

die Tätigkeit der Dienststelle und unterliegt daher der Mitbestimmung des Personalrats.[103]

l) Leiharbeitnehmer

78 Nach § 10 Abs. 4 i.V.m. § 9 Nr. 2 AÜG kann ein Leiharbeitnehmer von seinem Arbeitgeber nach Ablauf von sechs Wochen das Arbeitsentgelt verlangen, das einem vergleichbaren Arbeitnehmer beim Entleiher gewährt wird, es sei denn ein Tarifvertrag regelt das Leiharbeitsverhältnis in abweichender Weise. Der Tarifvertrag bildet diese gesetzliche Rahmenregelung ab und begründet einen tarifvertraglichen Anspruch des Leiharbeitnehmers neben dem gesetzlichen Anspruch in gleicher Höhe. Dieser tarifvertragliche Anspruch greift allerdings nur dann, wenn der Verleiher seinerseits an den Tarifvertrag gebunden ist und geht damit regelmäßig ins Leere. Zudem bedarf es nicht der Wiedergabe einer bereits gesetzlich bestehenden Verpflichtung.

m) Geringfügig Beschäftigte im Sinne von § 8 Abs. 1 Nr. 2 SGB IV

79 In § 8 Abs. 2 Nr. 2 SGB IV sind nur die zeitlich geringfügig Beschäftigungsverhältnisse geregelt. Dies sind Beschäftigungsverhältnisse, die längstens zwei Monate im Kalenderjahr, maximal aber 50 Arbeitstage von ihrer Eigenart her nicht übersteigen oder im Voraus vertraglich entsprechend begrenzt sind und nicht berufsmäßig ausgeübt werden und das Entgelt 400 € im Monat übersteigt. Mehrere Teilzeitbeschäftigungen nach § 8 Abs. 1 Nr. 1 und 2 SGB III werden nach § 8 Abs. 2 SGB III zusammengerechnet. Im Wesentlichen sind dies kurzzeitige Saison- oder Schülerbeschäftigungen.

Geringfügigen Beschäftigungsverhältnisse nach § 8 Abs. 1 Nr.1 SGB III, deren Entgelt monatlich 400 € nicht übersteigt, sind hingegen in vollem Umfang als Teilzeitarbeitsverhältnisse von der Geltung des Tarifvertrages erfasst. Die Tarifvertragsparteien des öffentlichen Dienstes haben bereits seit 1999 diskriminierende Ausschlüsse von Teilzeitbeschäftigten aus tarifvertraglichen Ansprüchen aufgegeben und diese in den letzten Jahren stufenweise auch in der Zusatzversorgung des öffentlichen Dienstes abgebaut. Der EuGH hat im früheren Ausschluss von Teilzeitbeschäftigten von tarifvertraglichen Ansprüchen immer eine mittelbare Diskriminierung wegen des Geschlechts gesehen, weil wesentlich mehr Frauen Teilzeitarbeit ausüben als Männer.[104] Teilzeitbeschäftigte haben nach § 24 Abs. 2 TVöD einen Anspruch auf anteiliges Arbeitsentgelt. Sie haben Anspruch auf alle sonstigen Ansprüche aus dem Tarifvertrag in anteiliger Höhe. In der Zusatzversorgung sind nach Anlage 2 Nr. 8 zum ATV nur geringfügige Beschäftigte nach Zeit (§ 8 Abs. 1 Nr. 2 SGB III) von der Versicherungspflicht ausgenommen, nicht geringfügig Beschäftigte nach der Vergütung (§ 8 Abs. 1 Nr. 1 SGB III).

n) Theaterpersonal

80 Künstlerisch tätiges Theaterpersonal, technisches Theaterpersonal mit überwiegend künstlerischer Tätigkeit und Orchestermusikerinnen / Orchestermusiker sind vom persönlichen Geltungsbereich des TVöD ausgenommen, weil für diese Per-

---

[103] BVerwG, Beschl. v. 26.01.2000 – 6 P 2/99, NVwZ 2000, 1189.

[104] EuGH, Urt. vom 30.09.1999 – C 281/97, ZTR 1999. 507.

sonengruppe in der Regel spezielle Tarifverträge gelten, wenn sie bei Rechtsträgern beschäftigt sind, die dem Deutschen Bühnenverein angehören.

Für das künstlerisch tätige Theaterpersonal gelten die folgenden spezielleren Tarifverträge:

- *Bühnenmitglieder*: Normalvertrag Solo vom 01.05.1924 in der jeweiligen Fassung
- *Tanzgruppenmitglieder*: Normalvertrag Tanz vom 09.06.1980 in der jeweiligen Fassung
- *Chormitglieder*: Normalvertrag Chor vom 11.05.1979 in der jeweiligen Fassung.

Diese Tarifverträge werden durch verschiedene zusätzliche Tarifverträge ergänzt.

- *Orchestermusiker*: Tarifvertrag für die Musiker in Kulturorchestern vom 01.07.1971 (TUK) in der jeweiligen Fassung nebst zusätzlicher Tarifverträge.

Diese Tarifverträge sind durch die Einführung des TVöD nicht abgelöst worden.

Bei technischem Theaterpersonal kommt es darauf an, ob deren Tätigkeit **81** künstlerisch gestaltender Natur oder vorwiegend technisch gewerblicher Natur ist. Beschäftigte mit gewerblich technischer Tätigkeit unterfallen dem TVöD. Nur dann, wenn im Arbeitsvertrag mit einem Bühnentechniker vereinbart wurde, dass dieser tatsächlich überwiegend künstlerische Aufgaben auszuüben hat, ist der Beschäftigte von der Anwendung des TVöD ausgenommen.[105]

o) Seelsorgerinnen/Seelsorger bei der Bundespolizei

Die Arbeitsbedingungen der Seelsorger der Bundespolizei sind durch Vereinba- **82** rungen mit den evangelisch-lutherischen Landeskirchen und der katholischen Kirche gesondert geregelt (Vereinbarung vom 12.08.1965, GmBl. 1965, 374). § 11 dieser Vereinbarung verweist jedoch auf den BAT, soweit die Vereinbarung keine abweichende Regelung enthält. Der BAT würde in einem solchen Fall statisch fortgelten, es sei denn, die Vereinbarungen werden durch einen Verweis auf den TVöD angepasst.

p) Haus- und Liegenschaftswarte

Ausgenommen vom persönlichen Anwendungsbereich sind Beschäftigte, die als **83** Hauswarte und/oder Liegenschaftswarte bei der Bundesanstalt für Immobilienguthaben auf Grund eines Geschäftsbesorgungstarifvertrages (§ 675 BGB) und damit nicht im Rahmen eines Arbeitsvertrages tätig sind.

q) Beschäftigte in landwirtschaftlichen Betrieben

Ausgenommen vom persönlichen Geltungsbereich des TVöD sind Beschäftigte **84** im Bereich der VKA, die ausschließlich in Erwerbszwecken dienenden landwirtschaftlichen Verwaltungen und Betrieben, Weinbaubetrieben, Garten- und Obstbaubetrieben und deren Nebenbetrieben tätig sind. Dies ist nur dann der Fall, wenn der Betriebszweck darauf ausgerichtet ist, wie bei vergleichbaren Privatbetrieben durch den Anbau und die Vermarktung landwirtschaftlicher Produkte ei-

---

[105] Dassau § 3 Rn. 6.

Dörring

nen Gewinn zu erzielen.[106] Beschäftigte in Gärtnereien, gemeindlichen Anlagen und Parks sowie anlagenmäßig oder parkartig bewirtschafteten Gemeindewäldern fallen hingegen unter den persönlichen Anwendungsbereich des TVöD.

r) Beschäftigte in bestimmten Betrieben

85 Beschäftigte in Bergbaubetrieben, Brauereien, Erholungsheimen, Formsteinwerken, Gaststätten, Hotels, Porzellanmanufakturen, Salinen, Steinbrüchen, Steinbruchbetrieben und Ziegeleien sind ebenfalls aus dem Anwendungsbereich des TVöD ausgenommen.

s) Hochschullehrer und Wissenschaftspersonal

86 Nach Buchstabe s) werden alle Hochschullehrer, wissenschaftliche und studentische Hilfskräfte und Lehrbeauftragte an Hochschulen, Akademien und wissenschaftlichen Forschungsinstituten sowie künstlerische Lehrkräfte an Kunsthochschulen, Musikhochschulen und Fachhochschulen für Musik aus dem Anwendungsbereich des TVöD ausgenommen. Die neue Ausnahmebestimmung wurde begrifflich an die Neuregelung des HRG und die entsprechenden landesgesetzlichen Regelungen angepasst.[107] Ausgenommen vom persönlichen Geltungsbereich werden soll das selbständig in Wissenschaft, Kunst, Forschung, Lehre und Weiterbildung tätige Personal einerseits (Hochschullehrer §§ 43 bis 46 HRG; Lehrbeauftragte § 55 HRG) und das in diesem Rahmen eingesetzte Hilfspersonal, soweit es sich um wissenschaftliche und studentische Hilfskräfte handelt. Hierzu zählen die nachfolgenden Berufsgruppen:

Hochschullehrer

87 Zum wissenschaftlich oder künstlerisch selbständig tätigen Lehrpersonal gehören die Hochschullehrer (§ 43 HRG), wissenschaftliche und künstlerische Assistenten (§§ 47, 48 HRG), Oberassistenten und Oberingenieure (§ 48a HRG), Hochschuldozenten (§ 48 c HRG) soweit diese durch Landesgesetze vorgesehen sind, wissenschaftlich und künstlerische Mitarbeiter (§ 53 HRG), Lehrbeauftragte (§ 55 HRG), Lehrkräfte für besondere Aufgaben (§ 56 HRG).

---

[106] Dassau § 3 Rn. 35.

[107] Hochschulgesetz Baden-Württemberg vom 01.01.2005 (GBl. S.1), Bayerisches Hochschulgesetz i.d.F.v. 02.10.1998 (GVBl. S. 470) und Bayerisches Hochschullehrergesetz i.d.F.v. 27.06.1989 (GVBl. S. 327), Berliner Hochschulgesetz i.d.F.v. 13.02.2003 (GVBl. S. 82) geändert durch Gesetz v. 27.05.2003 (GVBl. S. 185), Brandenburgisches Hochschulgesetz v. 20.05.1999 (GVBl. I S. 130) i.d.F.v. 20.03.2003 (GVBl. I S. 42); Bremisches Hochschulgesetz v. 11.07.2003 (GBl. S. 295), Hamburgisches Hochschulgesetz v. 18.07.2001 (GVBl. S. 171) i.d.F.v. 27.05.2003 (GVBl. S. 138, 170, 228), Hochschulgesetz Hessen i.d.F.v. 31.07.2000 (GVBl. I S. 374) i.d.F.v. 20.12.2004 (GVBl. I S. 466), Hochschulgesetz Mecklenburg-Vorpommern v. 05.07.2002 (GVOBl. S. 398) i.d.F.v. 05.06.2003 (GVOBl. S. 331); Niedersächsiches Hochschulgesetz i.d.F.v. 24.06.2004 (Nds. GVBl. S.286) i.d.F.v.22.01.2004 (Nds. GVBl. S. 33), Gesetz über die Universitäten des Landes Nordrhein-Westfalen v. 14.03.2000 (GV NRW S. 190) i.d.F.v. 16.12.2003 (GV NRW S. 772), Hochschulgesetz Rheinland-Pfalz i.d.F.v. 01.09.2003; Universitätsgesetz des Saarlandes v. 23.06.2004 (Amtbl. S. 1782), Sächsiches Hochschulgesetz v. 11.06.1999 (GVBl- S.294) i.d.F.v. 10.04.2003 (GVBl. S. 94), Hochschulgesetz des Landes Sachsen-Anhalt i.d.F.v. 01.07.1998 (GVBl. S. 300) zuletzt geändert 07.12.2001 (GVBl. S. 540), Hochschulgesetz i.d.F.v. 04.05.2000, geändert am 10.12.2004 (GVOBl. S.477), Thüringer Hochschulgesetz i.d.F.v. 24.06.2003 (GVBl. S.325) geändert am 15.04.2004 (GVBl. S. 457).

Hochschullehrer nehmen ihre Aufgaben in Wissenschaft und Kunst, Forschung, Lehre und Weiterbildung in ihren Fächern nach näherer Ausgestaltung ihres Dienstverhältnisses **selbstständig** wahr.

Juniorprofessorinnen und -professoren
Juniorprofessorinnen und –professoren müssen wie Hochschullehrer zur selbstän- **88** digen wissenschaftlichen oder künstlerischen Tätigkeit in der Lage sein und sich nach § 47 HRG durch ein abgeschlossenes Hochschulstudium, eine besondere pädagogische Eignung und besondere Befähigung zu wissenschaftlicher Arbeit, die in der Regel durch die herausragende Qualität einer Promotion nachgewiesen wird, auszeichnen.

Oberassistenten
Oberassistenten haben ebenfalls wissenschaftlich oder künstlerisch selbständig zu **89** arbeiten, führen ihre Lehrveranstaltungen oder wissenschaftlichen Dienstleistungen aber nach § 48a HRG auf Anordnung durch und unterliegen somit dem Weisungsrecht der Hochschullehrer. Oberassistenten müssen sich durch die Habilitation oder gleichwertige wissenschaftliche Leistungen, Oberingenieure durch eine qualifizierte Promotion oder eine qualifizierte zweite Staatsprüfung als geeignet erwiesen haben.

Dozenten
Dozenten nehmen in der Regel ähnliche Aufgaben wie Hochschullehrer selbstän- **90** dig war und müssen die gleichen Qualifikationsvoraussetzungen erbringen (§ 48 c i.V.m. § 44 HRG).

Tutoren und wissenschaftliche Hilfskräfte
Die Berufsgruppe der Tutoren wurde mit dem 3. ÄndG des HRG aus dem HRG **91** gestrichen. Gleichwohl sind sie noch in den Landeshochschulgesetzen in Hessen und Berlin enthalten. Es handelt sich hierbei typischerweise selbst um Studenten oder Doktoranden, die Studenten in Kleingruppen im Studium unterstützen sollen. Die Betreuung von Studenten dient hier gleichermaßen ihrer eigenen Ausbildung und Forschung.

In den übrigen Landeshochschulgesetzen wurden stattdessen oder zusätzlich **92** Regelungen zur Beschäftigung von studentischen und wissenschaftlichen Hilfskräften aufgenommen. Bei studentischen Hilfskräften handelt es sich um Studenten in fortgeschrittenen Semestern. Bei wissenschaftlichen Hilfskräften handelt es sich nach § 53 HRG um Beschäftigte, die das Hochschulstudium bereits abgeschlossen haben, aber zu ihrer eigenen Ausbildung wissenschaftliche Forschungen betreiben und innerhalb ihrer Beschäftigung hierzu ausreichend Gelegenheit erhalten sollen (§ 53 Abs. 2 Satz 2 HRG). Auch hier erfolgt die Beschäftigung zur Unterstützung des allgemeinen Lehr- und Forschungsbetriebs der Hochschule durch Studenten oder ehemalige Studenten mit dem Ziel der Ausbildung der Beschäftigten.

Dies gilt auch für Doktoranden, die zur Vorbereitung auf ihre Promotion **93** gleichzeitig am Lehrstuhl beschäftigt werden. Auch sie sind wegen ihrer Zuordnung zur Gruppe der in der Ausbildung befindlichen Mitarbeiter vom Geltungsbereich des Tarifvertrages ausgenommen. Es handelt sich aber gleichwohl um Beschäftigte im Sinne des Personalvertretungsgesetzes, so dass die Mitbestimmungs-rechte des Personalrates bei der Einstellung, Eingruppierung oder Versetzung zu beachten sind.[108]

94   Das BAG hat in der Vergangenheit die Herausnahme der wissenschaftlichen Hilfskräfte aus dem Geltungsbereich des Tarifvertrages nur dann für gerechtfertigt gehalten, wenn es sich um zeitlich befristete Arbeitsverhältnisse gehandelt hat.[109] Dem kann in dieser Form nicht gefolgt werden. Insbesondere, wenn mit diesem Argument gerechtfertigt wird, dass Arbeitnehmer aus der Zusatzversorgung des öffentlichen Dienstes ausgeschlossen werden, wenn sie nur zeitlich befristet be-schäftigt werden.[110] Werden wissenschaftliche Hilfskräfte allerdings nicht zeitlich befristet beschäftigt, spricht vieles dafür, dass die Beschäftigung nicht mehr neben der eigenen Ausbildung erfolgt, die für die Tarifvertragsparteien der sachliche Grund für die Herausnahme aus dem persönlichen Geltungsbereich des Tarifver-trages war.

Lehrbeauftragte

95   Lehrbeauftragte an Hochschulen, die mit bestimmten Lehrverpflichtungen im Se-mester betraut werden, stehen in einem öffentlich-rechtlichen Dienstverhältnis be-sonderer Art, wenn der Lehrauftrag durch eine einseitige Maßnahme der Hoch-schule erteilt wird.[111] Sie sind damit keine Beschäftigten der Hochschule, so dass die Herausnahme aus dem persönlichen Anwendungsbereich des Tarifvertrages auch hierdurch gerechtfertigt ist. Sie unterliegen deshalb auch nicht dem Perso-nalvertretungsrecht, weil es sich um keine Beschäftigte im Sinne der Landesper-sonalvertretungsgesetze handelt.[112]

96   Ausgenommen vom persönlichen Anwendungsbereich des Tarifvertrags sind die oben genannten Personengruppen nur dann, wenn sie an Hochschulen, Aka-demien und wissenschaftlichen Forschungsinstituten tätig sind. Unter Hochschu-len sind alle Einrichtungen zu verstehen, die durch Landesrecht als Hochschulen anerkannt sind wie z.B. Gesamthochschulen, Fachhochschulen oder Pädagogische Hochschulen. Zu den Forschungsinstituten gehören zum einen Forschungsinstitute der Universität selbst als auch gemeinsame Betriebe einer durch Dritte finanzier-ten GmbH mit universitären Forschungsinstituten, die zunehmend im Universi-tätsbetrieb eine Rolle spielen.

97   Aus dem persönlichen Anwendungsbereich des Tarifvertrages sind außerdem künstlerische Lehrkräfte an Kunsthochschulen, Musikhochschulen und Fachhoch-schulen für Musik ausgenommen. Es muss sich hierbei um Lehrkräfte handeln. Mitarbeiter der genannten Einrichtungen, die nicht als Lehrkräfte tätig sind, unter-liegen somit dem Anwendungsbereich des TVöD.

---

[108] BAG, Beschl. v. 14.03.1967 – 1 ABR 5/66, RdA 1967, 240.

[109] BAG, Urt. v. 10.09.2002 – 3 AZR 454/01, NZA-RR 2003, 498.

[110] BAG, Urt. v. 13.13.1994 – 3 AZR 367/94, NZA 1995, 887.

[111] BAG, Urt. v. 27.06.1984 – 5 AZR 567/82. NZA 1985, 250; ArbG Berlin, Urt. v. 05.07.2001 – 60 Ca 23612/00, NZA-RR 2002, 221.

[112] BAG, Urt. v. 03.11.1999 – 7 AZR 880/98, NZA-RR 2000, 239 zu einer ausdrücklichen Regelung in § 5 Abs. 5 NWPersVG.

In einer Protokollerklärung zu Buchstabe f) haben die Tarifvertragsparteien er-   **98**
klärt, dass wissenschaftliche Assistentinnen/Assistenten, Verwalterinnen/Verwal-
ter von Stellen wissenschaftlicher Assistentinnen/Assistenten und Lektorinnen/
Lektoren, soweit und solange entsprechende Arbeitsverhältnisse am 01.10.2005
bestehen oder innerhalb der Umsetzungsfrist des § 72 Abs. 1 Satz 8 HRG (bis zum
28.08.2007) begründet worden sind und nachfolgende Verlängerungen solcher
Arbeitsverhältnisse von der Anwendung des Tarifvertrages ausgenommen bleiben.
Dies gilt auch für Beschäftigte dieser Personengruppe an Forschungseinrichtungen. Im Umkehrschluss ergibt sich, dass Arbeitsverhältnisse dieser Personengruppe, die erst nach dem 28.08.2007 begründet worden sind grundsätzlich unter den
TVöD fallen.

Sozialversicherungsrechtlich handelt es sich auch bei Verwaltern von wissenschaftlichen Assistentenstellen und wissenschaftliche Hilfskräften um abhängig
Beschäftigte im Sinne des § 7 Abs. 1 SGB IV, die in vollem Umfang der Sozialversicherungspflicht unterliegen.[113] Studentische Hilfskräfte sind hinsichtlich der
Krankenversicherungspflicht und der Pflegeversicherung nach § 6 Abs. 1 Nr. 3
SGB V bzw. § 20 Abs. 1 Satz 1 SGB XI von der Versicherungspflicht ausgenommen.

t) Beschäftigte des Bundeseisenbahnvermögens
Durch das Bundeseisenbahnneuordnungsgesetz vom 27.12.1993[114] sind die Deut-   **99**
sche Bundesbahn und die Deutsche Reichsbahn ab dem 01.01.1994 zu einem teil-
rechtsfähigen Sondervermögen des Bundes – dem Bundeseisenbahnvermögen –
zusammengeschlossen worden. Beschäftigte dieses Sondervermögens sind von der
Anwendung des TVöD ausgenommen.

VII. Einbeziehung bereichsfremder Betriebe nach Abs. 3

Abs. 3 gestattet es, in begründeten Einzelfällen Betriebe, die dem fachlichen Gel-   **100**
tungsbereich des TV-V oder des TV-WW/NW entsprechen, teilweise oder ganz in
den Geltungsbereich einzubeziehen. Dies soll insbesondere für Kommunen die
Möglichkeit eröffnen, ausgegründete Versorgungsbetriebe oder Betriebe der Wasserwirtschaft in den Geltungsbereich des TVöD einzubeziehen, um zu verhindern,
dass für den Verwaltungsbereich andere Tarifverträge als für den Versorgungsbereich Anwendung finden. Durch die teilweise Einbeziehung des TVöD soll hierbei
die Möglichkeit eröffnet werden, branchenspezifische Regelungen des dann nicht
angewandten Branchentarifvertrages gleichwohl durch landesbezirklichen Tarifvertrag mit einzubeziehen. Natürlich kann auch jederzeit ein Haustarifvertrag geschlossen werden, um entsprechende Regelungen vorzunehmen.

Nach Abs. 2 Satz 2 ist es in gleicher Weise durch landesbezirklichen Tarifvertrag möglich, Betriebsteile, die dem Geltungsbereich des TV-N entsprechen, in
den Geltungsbereich des TVöD einzubeziehen. Ein Betriebsteil ist hierbei dann
gegeben, wenn ein gemeinsamer Betrieb mit dem Versorgungsbereich oder der
Stadtverwaltung besteht und der Betriebsteil eigentlich dem Geltungsbereich des
TV-N unterfallen würde.

---

[113] BSG, Urt. v. 26.06.1975 – 3/12 RK 14/73, NJW 1975, 2359.
[114] BGBl I S. 2378.

Die unterschiedliche Regelung nach Buchstabe a) und b) kann nur als Abstufung eines Regel- Ausnahmeverhältnisses angesehen werden. Nach Buchstabe b) können Betriebsteile jeder Größe in den Geltungsbereich des TVöD einbezogen werden, nach Buchstabe a) nur Betriebsteile mit bis zu 50 Arbeitnehmern. Die Tarifvertragsparteien sind bei der Formulierung der Vorschrift offensichtlich davon ausgegangen, Betriebsteile mit bis zu 50 wahlberechtigten Arbeitnehmern regelmäßig in den Geltungsbereich des TVöD mit einzubeziehen, größere Betriebsteile nur in Ausnahmefällen und eigenständige Betriebe in der Regel überhaupt nicht einzubeziehen. Hier wurde nicht darauf hingewiesen, dass auch eine teilweise Anwendung branchenspezifischer Regelungen aus dem TV-N möglich ist, während im Übrigen der TVöD Anwendung findet. In Bereich des öffentlichen Personennahverkehrs ist eine Anwendung des Anhangs Fahrdienst des TV-N für die im Fahrdienst tätigen Mitarbeiter immer geboten, weil die branchenspezifisch notwendigen Regelungen durch den TVöD nicht erfasst werden. Bei der Eingruppierung in die Tabelle des TVöD sind Fahrer generell maximal in der Entgeltgruppe 4 einzugruppieren.

VIII. Überleitungsbestimmungen

1. Regelungen der Überleitungstarifverträge

TVÜ-VKA

§ 1 Geltungsbereich

(1) ¹Dieser Tarifvertrag gilt für Angestellte, Arbeiterinnen und Arbeiter, deren Arbeitsverhältnis zu einem tarifgebundenen Arbeitgeber, der Mitglied eines Mitgliedverbandes der Vereinigung der kommunalen Arbeitgeberverbände (VKA) ist, über den 30. September 2005 hinaus fortbesteht, und die am 1. Oktober 2005 unter den Geltungsbereich des Tarifvertrages für den öffentlichen Dienst (TVöD) fallen, für die Dauer des ununterbrochen fortbestehenden Arbeitsverhältnisses. ²Dieser Tarifvertrag gilt ferner für die unter § 19 Abs. 2 fallenden sowie für die von § 2 Abs. 6 erfassten Beschäftigten hinsichtlich § 21 Abs. 5.

Protokollerklärung zu § 1 Abs. 1 Satz 1:
In der Zeit bis zum 30. September 2007 sind Unterbrechungen von bis zu einem Monat unschädlich.

Protokollerklärung zu Abs. 1:
Tritt ein Arbeitgeber erst nach dem 30. September 2005 einem der Mitgliedverbände der VKA als ordentliches Mitglied bei und hat derselbe Arbeitgeber vor dem 1. September 2002 einem Mitgliedverband der VKA als ordentliches Mitglied angehört, so ist Abs. 1 mit der Maßgabe anzuwenden, dass an die Stelle des 30. September 2005 das Datum tritt, welches dem Tag der Wiederbegründung der Verbandsmitgliedschaft vorausgeht, während das Datum des Wirksamwerdens der Verbandsmitgliedschaft den 1. Oktober 2005 ersetzt.

Dörring

(2) Nur soweit nachfolgend ausdrücklich bestimmt, gelten die Vorschriften dieses Tarifvertrages auch für Beschäftigte, deren Arbeitsverhältnis zu einem Arbeitgeber im Sinne des Abs. 1 nach dem 30. September 2005 beginnt und die unter den Geltungsbereich des TVöD fallen.

(3) Für geringfügig Beschäftigte im Sinne des § 8 Abs. 1 Nr. 2 SGB IV, die am 30. September 2005 unter den Geltungsbereich des BAT/BAT-O/BAT-Ostdeutsche Sparkassen / BMT-G/BMT-G-O fallen, finden die bisher jeweils einschlägigen tarifvertraglichen Regelungen für die Dauer ihres ununterbrochen fortbestehenden Arbeitsverhältnisses weiterhin Anwendung.

(4) Die Bestimmungen des TVöD gelten, soweit dieser Tarifvertrag keine abweichenden Regelungen trifft.

§ 2 Ablösung bisheriger Tarifverträge durch den TVöD

(1) Der TVöD ersetzt bei tarifgebundenen Arbeitgebern, die Mitglied eines Mitgliedverbandes der VKA sind, die folgenden Tarifverträge:
- Bundes-Angestelltentarifvertrag (BAT) vom 23. Februar 1963
- Tarifvertrag zur Anpassung des Tarifrechts - Manteltarifliche Vorschriften - (BAT-O) vom 10. Dezember 1990
- Tarifvertrag zur Anpassung des Tarifrechts - Manteltarifliche Vorschriften - (BAT-Ostdeutsche Sparkassen) vom 21. Januar 1991
- Bundesmanteltarifvertrag für Arbeiter gemeindlicher Verwaltungen und Betriebe - BMT-G II - vom 31. Januar 1962
- Tarifvertrag zur Anpassung des Tarifrechts - Manteltarifliche Vorschriften für Arbeiter gemeindlicher Verwaltungen und Betriebe - (BMT-G-O) vom 10. Dezember 1990
- Tarifvertrag über die Anwendung von Tarifverträgen auf Arbeiter (TV Arbeiter-Ostdeutsche Sparkassen) vom 25. Oktober 1990

sowie die diese Tarifverträge ergänzenden Tarifverträge der VKA, soweit in diesem Tarifvertrag oder im TVöD nicht ausdrücklich etwas anderes bestimmt ist. Die Ersetzung erfolgt mit Wirkung vom 1. Oktober 2005, soweit kein abweichender Termin bestimmt ist.

Protokollerklärung zu § 2 Abs. 1:
Von der ersetzenden Wirkung werden von der VKA abgeschlossene ergänzende Tarifverträge nicht erfasst, soweit diese anstelle landesbezirklicher Regelungen vereinbart sind.

Niederschriftserklärung zur Protokollerklärung zu § 2 Abs. 1:
Landesbezirkliche Regelungen sind auch Regelungen, die vor der ver.di-Gründung im Tarifrecht als bezirkliche Regelungen bezeichnet sind.

(2) Die von den Mitgliedverbänden der VKA abgeschlossenen Tarifverträge sind durch die landesbezirklichen Tarifvertragsparteien hinsichtlich ihrer Weitergeltung zu prüfen und bei Bedarf bis zum 31. Dezember 2006 an den TVöD anzupassen; die landesbezirklichen Tarifvertragsparteien können die-

se Frist verlängern. Das Recht zur Kündigung der in Satz 1 genannten Tarifverträge bleibt unberührt.

Protokollerklärung zu § 2 Abs. 2:
Entsprechendes gilt hinsichtlich der von der VKA abgeschlossenen Tarifverträge,
soweit diese anstelle landesbezirklicher Regelungen vereinbart sind.

(3) [1]Sind in Tarifverträgen nach Abs. 2 Satz 1 Vereinbarungen zur Beschäfti-
gungssicherung/Sanierung und/oder Steigerung der Wettbewerbsfähigkeit
getroffen, findet ab dem 1. Oktober 2005 der TVöD unter Berücksichtigung
der materiellen Wirkungsgleichheit dieser Tarifverträge Anwendung. [2]In diesen Fällen ist durch die landesbezirklichen Tarifvertragsparteien baldmöglichst die redaktionelle Anpassung der in Satz 1 genannten Tarifverträge
vorzunehmen. [3]Bis dahin wird auf der Grundlage der bis zum 30. September
2005 gültigen Tarifregelungen weiter gezahlt. [4]Die Überleitung in den TVöD
erfolgt auf der Grundlage des Rechtsstandes vom 30. September 2005.
[5]Familienbezogene Entgeltbestandteile richten sich ab 1. Oktober 2005 nach
diesem Tarifvertrag.

Protokollerklärung zu § 2 Abs. 3:
[1]Der Rahmentarifvertrag vom 13. Oktober 1998 zur Erhaltung der Wettbewerbs-
fähigkeit der deutschen Verkehrsflughäfen und zur Sicherung der Arbeitsplätze
(Fassung 28. November 2002) wird in seinen Wirkungen nicht verändert. [2]Er
bleibt mit gleichem materiellen Inhalt und gleichen Laufzeiten als Rechtsgrundla-
ge bestehen. Beschäftigte in Unternehmen, für die Anwendungstarifverträge zum
Rahmentarifvertrag nach Satz 1 vereinbart worden sind, werden zum 1. Oktober
2005 übergeleitet. [3]Die tatsächliche personalwirtschaftliche Überleitung - ein-
schließlich individueller Nachberechnungen - erfolgt zu dem Zeitpunkt, zu dem die
Verständigung über den angepassten Anwendungstarifvertrag erzielt ist.

(4) Unabhängig von den Absätzen 1 und 2 gelten Tarifverträge gemäß § 3
Tarifvertrag zur sozialen Absicherung fort und sind bei Bedarf an den TVöD
anzupassen.

(5) Abs. 1 gilt nicht für Beschäftigte in Versorgungsbetrieben, Nahverkehrsbetrieben und für Beschäftigte in Wasserwirtschaftsverbänden in Nordrhein-
Westfalen, die gemäß § 1 Abs. 2 Buchst. d und e TVöD vom Geltungsbereich
des TVöD ausgenommen sind, es sei denn Betriebe oder Betriebsteile, die
dem fachlichen Geltungsbereich des TV-V, eines TV-N oder des TV-WW/NW
entsprechen, werden in begründeten Einzelfällen durch landesbezirklichen
Tarifvertrag in den Geltungsbereich des TVöD und dieses Tarifvertrages
einbezogen.

Protokollerklärung zu § 2 Abs. 5:
Die Möglichkeit, Betriebsteile, die dem Geltungsbereich eines TV-N entsprechen,
in den Geltungsbereich eines anderen Spartentarifvertrages (TV-V, TV-WW/NW)
einzubeziehen, bleibt unberührt.

Dörring

(6) ¹Abs. 1 gilt längstens bis zum 31. Dezember 2007 nicht für Beschäftigte von Arbeitgebern, wenn die Anwendung des TV-V, eines TV-N oder des TV-WW/NW auf diese Beschäftigten beabsichtigt ist und vor dem 1. Oktober 2005 Tarifverhandlungen zur Einführung eines dieser Tarifverträge aufgenommen worden sind. ²Dies gilt auch dann, wenn die Tarifverhandlungen erst nach dem 1. Oktober 2005, aber spätestens mit Ablauf des 31. Dezember 2007 zu der Überleitung in diese Tarifverträge führen.

Protokollerklärung zu § 2 Abs. 6:
Tarifverhandlungen zur - ggf. teilbetrieblichen Einführung - der genannten Spartentarifverträge sind auch dann aufgenommen, wenn auf landesbezirklicher Ebene die jeweils andere Tarifvertragspartei zum Abschluss eines Tarifvertrages zur Einbeziehung aufgefordert worden ist. Kommt bis zum 31. Dezember 2007 eine Vereinbarung über die Anwendung eines der genannten Spartentarifverträge nicht zustande, findet ab dem 1. Januar 2008 der TVöD und dieser Tarifvertrag auf Beschäftigte Anwendung, die nicht im Geltungsbereich des BAT/BAT-O/BMT-G/BMT-G-O verbleiben. Abs. 5 bleibt unberührt.

Niederschriftserklärung:
¹Die Tarifvertragsparteien gehen davon aus, dass der TVöD und dieser Tarifvertrag bei tarifgebundenen Arbeitgebern das bisherige Tarifrecht auch dann ersetzen, wenn arbeitsvertragliche Bezugnahmen nicht ausdrücklich den Fall der ersetzenden Regelung beinhalten. ²Die Geltungsbereichsregelungen des TV-V, der TV-N und des TV-WW/NW bleiben hiervon unberührt.

2. Kommentierung der Überleitungsbestimmungen
a) Zu § 1 Abs. 1 TVÜ-VKA
Nach § 1 Abs. 1 des TVÜ-VKA bzw. TVÜ-Bund findet der Überleitungstarifvertrag Anwendung auf alle Arbeitsverhältnisse der Beschäftigten mit einem tarifgebundenen Arbeitgeber, die über den 30.9.2005 fortbestehen und am 01.10.2005 unter den Geltungsbereich des TVöD fallen. In der Protokollerklärung zu Abs. 1 Satz 1 wird fest gehalten, dass eine Unterbrechung des Arbeitsverhältnisses von einer Dauer bis zu einem Monat unschädlich für die Überleitung in den TVöD ist. Ruht das Arbeitsverhältnis während der Ableistung des Wehrdienstes, der Ableistung des Zivildienstes, der Elternzeit oder aber einer vertraglichen Vereinbarung, so besteht es weiterhin fort und eine Überleitung in den TVöD findet statt.[115]   **101**

Ein Arbeitsverhältnis besteht auch dann ununterbrochen fort, wenn ein befristetes Arbeitsverhältnis zum 30.09.2005 beendet wurde und anschließend ein inhaltlich neu geregeltes und damit anderes Arbeitsverhältnis zum 01.10.2005 begründet wurde. Ausschlaggebend ist in soweit der rechtliche Bestand eines Arbeitsverhältnisses.[116]   **102**

---

[115] § 1 Abs. 1 Arbeitsplatzschutzgesetz; § 18 BErzGG.
[116] Breier § 1 TVÜ-VKA, Rn. 16.

103   Der Überleitungstarifvertrag findet keine Anwendung auf Arbeitsverhältnisse, die nicht unter den Geltungsbereich des TVöD fallen, es sei denn, in diesem Überleitungstarifvertrag werden abweichende Regelungen ausdrücklich festgelegt.

104   In einer weiteren Protokollerklärung zu § 1 Abs. 1 TVöD wird fest gehalten, dass eine Überleitung in den TVöD auch dann stattfindet, wenn ein Arbeitgeber zunächst aus dem Arbeitgeberverband ausgetreten war und zu einem späteren Zeitpunkt nach dem 30.09.2005 wieder in den Arbeitgeberverband eintritt. In diesem Falle wird der Überleitungszeitpunkt auf den Zeitpunkt festgelegt, zu dem der Verbandseintritt erfolgt und damit eine beiderseitige Tarifbindung wiedergegeben ist.

105   § 1 Abs. 3 TVÜ-VKA bzw. TVÜ-Bund regelt für den Überleitungstarifvertrag, dass bestehende geringfügige kurzzeitig Beschäftigungsverhältnisse im Sinne des § 8 Abs. 1 Nr. 2 SGB IV durch die Herausnahme aus dem Anwendungsbereich des TVöD nach § 1 Abs. 2 Buchstabe m) TVöD nicht ohne Tarifbindung bleiben. Für die Dauer eines ununterbrochen fortbestehenden Arbeitsverhältnisses findet hier vielmehr das alte Tarifrecht weiterhin Anwendung. Diese tarifvertragliche Regelung hätten sich die Tarifvertragsparteien sparen können, da dieselbe Wirkung bereits gesetzlich nach § 4 Abs. 5 TVG eintritt.

106   § 1 Abs. 4 TVÜ-VKA bzw. TVÜ-Bund regelt das Konkurrenzverhältnis zwischen den Tarifverträgen TVöD und den TVÜ in grundsätzlicher Weise dahingehend, dass die Regelung des TVÜ immer Vorrang vor den Regelungen des TVöD haben und diese verdrängen. Der TVÜ kann nach § 34 Abs. 1 TVÜ erstmals zum 31.12.2007 gekündigt werden und entfaltet in diesem Fall keine Nachwirkung. Mit einer Kündigung des TVÜ gelangt somit der TVöD unmittelbar zur Geltung.

b) Zu § 2 TVÜ-VKA

107   § 2 Abs. 1 regelt abschließend, welche Tarifverträge durch den TVöD ersetzt werden. Dies gilt auch für ergänzende Tarifverträge der VKA.

Abs. 2 räumt den landesbezirklichen Tarifvertragsparteien die Möglichkeit ein, bis zum 31.12.2006 zu prüfen, welche landesbezirklichen Tarifverträge durch den TVöD zu ersetzen sind.

108   Abs. 3 bestimmt, dass die abgeschlossenen Sanierungstarifverträge zur Steigerung der Wettbewerbfähigkeit einzelner Sparten auch ab dem 01.10.2005 weitergelten und redaktionell an die neuen Tarifvertragsbestimmungen anzupassen sind. Solche Sanierungstarifverträge wurden in der Vergangenheit insbesondere in den Bereichen Flughäfen und Krankenhäuser abgeschlossen.

109   Abs. 4 bestimmt, dass unabhängig von den Absätzen 1 und 2 Tarifverträge zur sozialen Absicherung fortgelten, die im Tarifgebiet Ost nach § 3 des Tarifvertrages zur sozialen Absicherung eine Reduzierung der wöchentlichen Arbeitszeit durch landesbezirklichen Tarifvertrag zugelassen haben, um damit Arbeitsplätze zu sichern.

Abs. 5 regelt die Verfahrensweise zur Überleitung der Beschäftigten in die neuen Sparten-Tarifverträge TV- V, TV-N oder TV-WW/NW. Diesbezüglich wird auf die Kommentierung zu § 1 Abs. 2 Buchst. d) und e) TVöD hingewiesen.

Dörring

Der TVÜ-Bund kann in seiner Anlage 1 abschließend alle Tarifverträge aufführ- **110**
ren, die durch den TVöD zu ersetzen werden, da keine weiteren landesbezirklichen Tarifwerke wie beim TVÜ-VKA zu berücksichtigen sind. Für den Bereich
des TVÜ-VKA hingegen wird das alte Tarifrecht durch das neue Tarifrecht nur in
den in § 2 Abs. 1 aufgeführten Fällen ersetzt und besteht namentlich bei den in
Abs. 5 genannten Sparten fort. Insbesondere die Einführung der Spartentarifverträge Nahverkehr (TV-N) erfordern neben einer Tarifbindung noch i.d.R. einer betrieblichen Anwendungsvereinbarung.

§ 2 Arbeitsvertrag, Nebenabreden, Probezeit

(1) Der Arbeitsvertrag wird schriftlich abgeschlossen.

(2) [1]Mehrere Arbeitsverhältnisse zu demselben Arbeitgeber dürfen nur begründet werden, wenn die jeweils übertragenen Tätigkeiten nicht in einem unmittelbaren Sachzusammenhang stehen. [2]Andernfalls gelten sie als ein Arbeitsverhältnis.

(3) [1]Nebenabreden sind nur wirksam, wenn sie schriftlich vereinbart werden. [2]Sie können gesondert gekündigt werden, soweit dies einzelvertraglich vereinbart ist.

(4) [1]Die ersten sechs Monate der Beschäftigung gelten als Probezeit, soweit nicht eine kürzere Zeit vereinbart ist. [2]Bei Übernahme von Auszubildenden im unmittelbaren Anschluss an das Ausbildungsverhältnis in ein Arbeitsverhältnis entfällt die Probezeit.

I. Verhältnis zum bisherigen Recht

Der Hinweis, dass der Arbeitsvertrag schriftlich dem Beschäftigten auszuhändigen ist, ergibt sich aus § 2 NachweisG und wurde im Tarifvertrag gestrichen. Im Übrigen entspricht die Regelung § 4 BAT, § 4 MTArb und § 4 BMTG II.

1

II. Formerfordernisse

1. Deklaratorische Schriftform der Hauptpflichten

Die Tarifvertragsparteien haben sich bei der tarifvertraglichen Regelung zur Begründung des Arbeitsverhältnisses darauf beschränkt, die Form des Abschlusses des Arbeitsvertrages zu regeln, so dass im Übrigen die gesetzlichen Regelungen greifen. Die Formerfordernisse und ihre Auswirkungen sollen daher zunächst dargestellt werden. Ihre Auswirkungen auf die Anbahnung, Begründung und Änderungen des Arbeitsverhältnisses werden im Anschluss kommentiert.

2

Die tarifvertraglichen Formvorschriften enthalten eine kurios anmutende Regelung. Die Hauptleistungspflichten im Arbeitsvertrag des öffentlichen Dienstes können „per Handschlag" geregelt werden, während Nebenabreden zu ihrer Wirksamkeit der Schriftform bedürfen.

Hinsichtlich der Hauptleistungspflichten im Arbeitverhältnis erklärt § 2 Satz 1 TVöD, dass der Arbeitsvertrag in Schriftform geschlossen wird. Es handelt sich hierbei um eine reine „Sollvorschrift", die nur deklaratorisch, nicht aber konstitutiv wirkt.[1]

2. Konstitutive Schriftform für Nebenabreden

Nebenabreden bedürfen demgegenüber nach § 2 Satz 2 TVöD zu ihrer Wirksamkeit der Schriftform. Sieht ein Tarifvertrag für den einzelnen Arbeitsvertrag konstitutiv die Schriftform vor, handelt es sich dabei um ein gesetzliches Formerfordernis im Sinne des § 126 BGB, da der Tarifvertrag nach §§ 1 Abs. 1, 4 Abs. 1 TVG eine Rechtsnorm ist.[2] Wird bei einer Nebenabrede die Schriftform nicht eingehalten, so hat dies daher nach § 125 BGB die Nichtigkeit der Vereinbarung zur Folge.

3

Es kommt somit maßgeblich darauf an, was unter Nebenabreden und Hauptleistungsvereinbarungen zu verstehen ist.

Die Definition der Nebenabreden ist durch das BAG in unterschiedlicher Weise erfolgt. Der 3. Senat ist der Ansicht, dass es der Zweck der Regelung sei, die Einheitlichkeit der Arbeitsbedingungen des öffentlichen Dienstes zu sichern und ungewöhnliche Absprachen daher nicht in unkontrollierbarer Weise getroffen werden könnten.[3] Der 4. Senat des BAG hingegen vertritt die Ansicht, „dass § 4 Abs. 1 BAT den Kern des Arbeitsverhältnisses, d. h. die beiderseitigen Hauptrechte und Hauptpflichten aus dem Arbeitsvertrag nach § 611 BGB betreffe, also insbesondere Fragen der Arbeitsleistung, des Arbeitsentgeltes, während für Gegenstände, die dazu nicht gehörten, § 4 Abs. 2 BAT gelte".[4]

4

[1] BAG, Urt. v. 09.02.1972 – 4 AZR 149/71, AP Nr.1 zu § 4 BAT.
[2] MüKoBGB/Eisele, § 126, Rn. 3.
[3] BAG, Urt. v. 06.03.1984 – 3 AZR 340/80, NZA 1984, 256.
[4] BAG, Urt. v. 07.05.1986 – 4 AZR 556/83, AP Nr. 12. § 4 BAT.

5   Das BAG ist der Auffassung, dass in folgenden Fällen eine Nebenabrede gegeben ist:

- Fahrtkostenersatz und Verpflegungszuschüsse[5]
- Trennungsentschädigung[6]
- Fliegerzulagen[7]
- Zuschuss zu den Beiträgen zu einem Kranken- und Unterstützungsverein[8]
- Zahlung einer Zulage für Erschwernisse, die beim Angestellten nicht vorliegen[9]
- außer- bzw. übertarifliche Teilnahme am Bewährungsaufstieg[10]
- Zahlung eines Mankoentgelts.[11]

6   Als Hauptleistungspflichten wurden vom BAG demgegenüber folgende Sachverhalte betrachtet:

- Zahlung einer höheren als der tariflichen Vergütung[12]
- Festlegung der regelmäßigen durchschnittlichen regelmäßigen Arbeitszeit[13]
- Befristung eines Arbeitsverhältnisses[14]
- Übertragung zusätzlicher Reinigungsarbeiten an einen Schulhausmeister[15]
- Anspruch eines Schulhausmeisters aus einer betrieblichen Übung, bei außerschulischen Veranstaltungen außerhalb des Bereitschaftsdienstes gegen Zahlung der tariflichen Vergütung Zusatzarbeit zu leisten[16]

7   Die Vereinbarung einer Überstundenpauschale zählt als Regelung des Arbeitsentgelts eigentlich zu den Hauptleistungspflichten. In § 34 Abs. 4 BAT wurde eine solche Abrede allerdings durch die Tarifvertragsparteien ausdrücklich als „Nebenabrede zum Arbeitsvertrag" deklariert, so dass sie auch in diesem Zusammenhang als Nebenabrede anzusehen ist.[17]

3. Selbständige Kündbarkeit von Nebenabreden

8   Mit der selbständigen Kündbarkeit von Nebenabreden versuchen die Tarifvertragsparteien die Möglichkeit zu schaffen, Nebenabreden durch Teilkündigungen selbständig aus dem Arbeitsvertrag zu kündigen, ohne das Vertragsverhältnis

---

[5]   BAG, Urt. v. 26.07.1976 – 4 AZR 365/71, AP Nr. 1 zu § 4 MTB II.
[6]   BAG, Urt. v. 28.01.1981 – 4 AZR 869/78, AP Nr. 3 TV Arbeiter Bundespost.
[7]   BAG, Urt. v. 18.05.1977 – 4 AZR 47/76, AP Nr. 4 zu § 4 BAT.
[8]   BAG, Urt. v. 12.09.1981 – 4 AZR 312./79, AP Nr. 8 zu § 4 BAT.
[9]   BAG, Urt. v. 07.05.1986 – 4 AZR 556/83, AP Nr. 12 zu § 4 BAT.
[10]   BAG, Urt. v. 26.11.1969 – 4 AZR 528/68, AP Nr. 77 zu § 3 TOA; BAG, Urt. v. 16.08.1978 – 4 AZR 33/77, Nr. 101 zu §§ 22, 23 BAT.
[11]   BAG, Urt. v. 27.10.1988 – 6 AZR 177/87, ZTR 1989, 109.
[12]   BAG, Urt. v. 09.09.1981 – 4 AZR 213/81, AP Nr. 7 zu § 4 BAT.
[13]   BAG, Urt. v. 28.09.1987 – 3 AZR 388/80, AP Nr. 1 zu § 317 BGB.
[14]   BAG, Urt. v. 15.03.1989 – 7 AZR 264/88, AP Nr. 126 zu § 620 BG befristeter Arbeitsvertrag; das Schriftformerfordernis ergibt sich mittlerweile allerdings aus § 14 Abs. 4 TzBefrG.
[15]   BAG, Urt. v. 12.07.1983 – 3 AZR 329/81, AP Nr. 9 zu § 17 BAT.
[16]   BAG, Urt. v. 26.01.1989 – 6 AZR 566/86, ZTR 1989, 318.
[17]   BAG, Urt. v. 27.10.1988 – 6 AZR 177/87, ZTR 1989, 109; Müller, B.: Rn. 318.

selbst in Frage zu stellen, wenn die Kündigungsmöglichkeit zudem noch vertraglich vereinbart worden ist. Wurde vertraglich keine Kündigungsmöglichkeit der Nebenabrede vereinbart, so sind Nebenabreden regelmäßig als Teil der Einigung im gesamten Arbeitsvertrag zu verstehen. Eine Teilkündigung einzelner Vertragsbestandteile, ohne das Arbeitsverhältnis insgesamt in Frage zu stellen, ist unzulässig, da hierdurch ein Vertragspartner sich von vertraglich vereinbarten Leistungen lösen und in das ausgehandelte Gefüge von Leistung und Gegenleistung einseitig eingreifen kann.[18]

Die Kündbarkeit bezieht sich auf Nebenabreden im Sinne von Satz 2 und somit nicht auf Hauptleistungspflichten aus dem Arbeitsverhältnis. Auf die oben aufgeführte Abgrenzung ist zu verweisen.

Die Tarifvertragsparteien wurden hier von der realen Entwicklung und der Rechtsprechung des BAG eingeholt, so dass die Vorschrift weitgehend ins Leere läuft.

Ausgangspunkt der Tarifvertragsparteien war, dass das Kündigungsschutzgesetz grundsätzlich darauf ausgerichtet ist, das Arbeitsverhältnis sowohl in seinem Bestand als auch in seinem Inhalt zu schützen. Soll das Arbeitsverhältnis in einem Teilbereich geändert werden, so ist eine Änderungskündigung möglich, die ihrerseits der sozialen Rechtfertigung nach § 1 Abs. 2 KSchG bedarf. Nimmt der Beschäftigte die Änderungskündigung nicht unter dem Vorbehalt ihrer sozialen Rechtfertigung nach § 2 KSchG an, sondern greift die Kündigung insgesamt an, so führt dies im Falle der sozialen Rechtfertigung zur Beendigung des gesamten Arbeitsverhältnisses. Um dies zu vermeiden, wollten die Tarifvertragsparteien die Möglichkeit schaffen, Nebenabreden selbständig zu kündigen, ohne das gesamte Arbeitsverhältnis in seinem Bestand anzugreifen.

Die herrschende Lehre[19] und die Rechtsprechung haben Teilkündigungen zunächst insgesamt abgelehnt.[20] Wird vertraglich vereinbart, einen bestimmten Teil des Arbeitsvertrages zu kündigen, so handelt es sich der Sache nach nicht um eine Kündigung, sondern einen Widerruf.[21] Der Arbeitgeber behält sich vor, bestimmte zusätzliche Leistungen zu widerrufen, wobei die Rechtmäßigkeit eines solchen Widerrufs durch Feststellungsklage angreifbar ist.[22] Das BAG hat dies nur dann zugelassen, wenn der Widerruf nicht in das Kernverhältnis des Arbeitsvertrages eingreift.[23] Die Teilkündigung wird von einem Teil der Literatur dann für zulässig erachtet, wenn sie nicht in das Ordnungs- und Äquivalenzgefüge des Arbeitsverhältnisses eingreift.[24]

9

Das BAG hat zwischen beiden Lagern einen vermittelnden Standpunkt eingenommen, der der Sache nach gerechtfertigt ist. Auch dann, wenn eine Kündigung

10

---

[18]   BAG, Urt. v. 25.02.1988 – AZR 346/87, NZA 1988, 769.
[19]   Schaub/Linck § 123, Rn. 51.
[20]   BAG, Urt. v. 23.08.1989 – 5 AZR 569/88, NZA 1990,191.
[21]   BAG, Urt. v. 07.10.1982 – 2 AZR 455/80, AP Nr. 5 zu § 620 BGB.
[22]   BAG, Urt. v. 28.05.1997 – 5 AZR 125/96, NZA 1997, 1160; BAG, Urt.v.15.11.1995 – 2 AZR 521/95, NZA 1996, 603; ErfK/Ascheid § 2 KSchG, Rn. 23.
[23]   BAG, Urt. v. 07.10.1982 – 2 AZR 455/80, AP Nr. 5 zu § 620 BGB, Teilkündigung; Schaub/ Linck: § 123 III.6.
[24]   APS/Preis, Grundlagen E Rn. 12; Stahlhacke/Preis Rn. 255 ff.

einer bestimmten Teilvereinbarung zum Arbeitsvertrag nicht vereinbart war, so kann eine Kündbarkeit von den Parteien sachlich konkludent vorgesehen worden sein. So hat das BAG die Kündigung einer pauschalierten Überstundenvergütung zugelassen, um zu einer Spitzabrechnung der Überstunden zurückzukehren. Mit der Pauschalierung der Überstundenvergütung gehen die Parteien regelmäßig davon aus, dass eine solche Pauschalierung solange gerechtfertigt ist, als Überstunden in dem vertraglich vorgesehenen Maß anfallen.[25] Die Kündbarkeit ist somit von den Parteien von Anfang an beabsichtigt, ohne das Arbeitsverhältnis insgesamt in Frage zu stellen zu wollen. Gleiches kann dann gelten, wenn Projektzulagen, Teamleiterzulagen oder ähnliche Leistungen pauschal abgegolten, werden, weil sich in diesen Fällen unmittelbar aus der Sache heraus ergibt für welche Zuatzleistung hier eine zusätzliche Zahlung erfolgen soll.

11   Wird einzelvertraglich, wie im Tarifvertrag vorgesehen, ein Teilkündigung vereinbart, so handelt es sich von der Sache nach um einen Widerruf. Ein solcher Widerruf erfolgt regelmäßig nicht durch Kündigung, sondern durch einseitige Erklärung des Arbeitgebers. Ein solches einseitiges Leistungsbestimmungsrecht kann nach § 315 BGB vom Arbeitgeber nur in billigem Ermessen ausgeübt werden und wird im Streitfall nach § 315 Abs. 3 BGB durch das Gericht festgesetzt.

12   Es handelt sich darüber hinaus regelmäßig um allgemeine Geschäftsbedingungen im Sinne der §§ 305 ff BGB. Eine formularmäßig im Arbeitsvertrag verwendete Klausel, mit der sich der Arbeitgeber den jederzeitigen unbeschränkten Widerruf übertariflicher Lohnbestandteile und anderer Leistungen vorbehält, ist gemäß § 307 Abs. 1 Satz 2 BGB und § 308 Nr. 4 BGB unwirksam.

13   Eine geltungserhaltende Reduktion der Klausel entgegen § 306 Abs. 2 BGB dahingehend, dass ein Widerruf aus sachlichen Gründen möglich sein soll, ist unzulässig.[26] Das BAG hat sich dieser Ansicht angeschlossen. Ein Widerruf ist nur dann möglich, wenn maximal 25-30% der vereinbarten Vergütung erfasst werden und die Widerrufsgründe der Sache und Höhe nach vertraglich vereinbart worden sind. Außerdem müsse die Ausübung des Widerrufs nach § 315 BGB, der neben der Prüfung nach §§ 305 ff BGB anwendbar bleibe, nach billigem Ermessen erfolgen. Für Altverträge, die vor dem 01.01.2003 geschlossen wurden und Widerrufsgründe nicht aufgeführt haben, hat das BAG eine Schließung der Lücke durch ergänzende Vertragsauslegung zugelassen und erklärt, dass in der Regel davon auszugehen sei, dass in diesen Fällen der Arbeitgeber aus wirtschaftlichen Gründen einen Widerruf erklären könne.[27]

Es bleibt zusammenfassend somit festzuhalten, dass die tarifvertraglich vorgesehene Teilkündigung von Nebenabreden als eine Vereinbarung eines Widerrufsvorbehalts zu verstehen ist. Diese muss den Prüfmaßstäben der §§ 305 ff und 315 BGB genügen. Sie erstreckt sich arbeitsrechtlich auch auf die Hauptleistungspflichten, so dass eine selbständige Prüfung der Einhaltung der tarifvertraglichen Bestimmung von vornherein entfällt.

---

[25] BAG, Urt. v. 23.11.2000 – 2 AZR 547/99, NZA 2001, 492.
[26] LAG Hamm, Urt. v. 11.05. 2004 – 19 Sa 2132/03, NZA-RR 2004, 515.
[27] BAG, Urt. v. 12.01.2005 – 5 AZR 364/04, NZA 2005, 465.

Daneben ist eine Teilkündigung von Nebenabreden und Hauptleistungspflich- **14** ten dann möglich, wenn sie nicht vertraglich vereinbart sind, sich ihre Kündbar- keit aber aus dem sachlichen Grund der Vereinbarung selbst ergibt.

4. Mehrere Arbeitsverhältnisse zu demselben Arbeitgeber

Mehrere Arbeitsverhältnisse zu demselben Arbeitgeber können dann begründet **15** werden, wenn sie in keinem unmittelbaren Sachzusammenhang stehen. Sie stehen in einem unmittelbaren Sachzusammenhang, wenn die gleiche Tätigkeit in unter- schiedlichen Betrieben oder unterschiedlichen Dienststellen desselben Arbeitge- bers ausgeübt wird. Ein Sachzusammenhang ist ferner dann gegeben, wenn eine Tätigkeit Annextätigkeit zu einer anderen Tätigkeit ist. Sind zwei formal selbstän- dig abgeschlossene Arbeitsverhältnisse zu demselben Arbeitgeber in einem unmit- telbaren Sachzusammenhang zu sehen, so führt dies nicht zur Unwirksamkeit der geschlossenen Verträge. In diesem Fall sind nur beide Tätigkeiten als ein Arbeits- verhältnis anzusehen und hinsichtlich der erfüllten Tätigkeitsmerkmale einheitlich zu bewerten.

In keinem unmittelbaren Sachzusammenhang stehen unterschiedliche Tätigkei- ten für denselben Arbeitgeber. Arbeitet eine Beschäftigte einerseits als Werkleh- rerin im Schuldienst des Landes und andererseits als Verwaltungsangestellte beim Statistischen Landesamt, so handelt es sich um zwei rechtlich selbständige Ar- beitsverträge zu demselben Arbeitgeber.[28]

III. Begründung des Arbeitsverhältnisses

Bei der Begründung eines Arbeitsverhältnisses gelten die gesetzlichen Vorschrif- **16** ten der §§ 611 ff BGB sowie das Teilzeitbefristungsgesetz, soweit es um die Be- gründung eines befristeten Arbeitsverhältnisses oder eines Teilzeitarbeitsverhält- nisses geht.

Diese gesetzlichen Rahmenvorschriften werden aber von besonderen gesetzli- chen und tarifvertraglichen Bestimmungen einerseits und einer besonderen Ausle- gungen gesetzlicher Bestimmungen im öffentlichen Dienst durch die Rechtspre- chung überlagert.

Die Vorschrift wurde von ihrem Umfang her auf die Hälfte reduziert, ohne dass sich ihr Inhalt geändert hätte. Die zuvor enthaltene Bestimmung, dass dem Be- schäftigten der Arbeitsvertrag in Schriftform auszuhändigen ist, ergibt sich bereits aus § 2 Abs. 1 Nachweisgesetz.[29]

---

[28] BAG, Urt. v. 21.08.1991 – 5 AZR 634/90, ZTR 1992, 73.

[29] § 2 Nachweispflicht (1) ¹Der Arbeitgeber hat spätestens einen Monat nach dem vereinbar- ten Beginn des Arbeitsverhältnisses die wesentlichen Vertragsbedingungen schriftlich niederzule- gen, die Niederschrift zu unterzeichnen und dem Arbeitnehmer auszuhändigen. ²In die Nieder- schrift sind mindestens aufzunehmen:
1. der Name und die Anschrift der Vertragsparteien,
2. der Zeitpunkt des Beginns des Arbeitsverhältnisses,
3. bei befristeten Arbeitsverhältnissen: die vorhersehbare Dauer des Arbeitsverhältnisses,
4. der Arbeitsort oder, falls der Arbeitnehmer nicht nur an einem bestimmten Arbeitsort tätig sein soll, ein Hinweis darauf, dass der Arbeitnehmer an verschiedenen Orten beschäftigt werden kann,
5. eine kurze Charakterisierung oder Beschreibung der vom Arbeitnehmer zu leistenden Tätig- keit,

1. Fragerecht des Arbeitgebers

17   Bei der Anbahnung eines Arbeitsverhältnisses ist das Fragerecht des Arbeitgebers zur Beurteilung der Leistungsfähigkeit und Vertrauenswürdigkeit eines Bewerbers von elementarer Bedeutung. Auf der anderen Seite sind die Persönlichkeitsrechte und das Recht der Berufsfreiheit des Bewerbers zu schützen.

18   Der BAT hatte das Arbeitsverhältnis im öffentlichen Dienst in Anlehnung an das Beamtenverhältnis ausgestaltet. Die Begründung eines Arbeitsverhältnisses wurde in § 6 BAT von der Ableistung eines Gelöbnisses abhängig gemacht, in dem der Angestellte zu geloben hatte, seine Dienstobliegenheiten gewissenhaft zu erfüllen und das Grundgesetz und die Gesetze zu wahren. Darüber hinaus war der Angestellte nach § 8 BAT verpflichtet, sich durch sein gesamtes Verhalten zur freiheitlich demokratischen Grundordnung zu bekennen. Nach § 7 BAT war er dazu verpflichtet, sich einer besonderen ärztlichen Eignungsuntersuchung zu unterziehen. Ferner wurden die Schweigepflichten in § 9 BAT, die Annahme von Belohnungen und Geschenken in § 10 BAT und die Genehmigungsbedürftigkeit von Nebentätigkeiten gesondert geregelt.

19   Von diesen allgemeinen Rahmenvorschriften sind die Schweigepflicht, das Verbot von Annahme von Belohnungen und Geschenken und die Genehmigungsbedürftigkeit der Nebentätigkeiten geblieben. Die Verpflichtung auf die freiheitlich demokratische Grundordnung ist im Besonderen Teil Verwaltung des TVöD nur für die in der Verwaltung tätigen Beschäftigten geregelt. Die Tarifvertragsparteien wollten sich mit dem TVöD bewusst vom Beamtenrecht abwenden und das Arbeitsrecht des öffentlichen Dienstes dem allgemeinen Arbeitsrecht annähern.

20   Ausgehend von den hier tangierten Grundrechtspositionen wird ein berechtigtes, billigenswertes und damit schutzwürdiges Interesse des Arbeitgebers an der richtigen Beantwortung seiner Fragen von der Rechtsprechung nur dann anerkannt, wenn sich der erfragte Sachverhalt auf das Arbeitsverhältnis und die Arbeitsleistung des Beschäftigten in einer solchen Weise auswirken kann, dass die Leistungsfähigkeit oder die Vertrauenswürdigkeit bei der Ausübung der zu übertragenden Tätigkeit in maßgeblicher Weise beeinträchtigt wird.[30]

---

6. die Zusammensetzung und die Höhe des Arbeitsentgelts einschließlich der Zuschläge, der Zulagen, Prämien und Sonderzahlungen sowie anderer Bestandteile des Arbeitsentgelts und deren Fälligkeit,

7. die vereinbarte Arbeitszeit,

8. die Dauer des jährlichen Erholungsurlaubs,

9. die Fristen für die Kündigung des Arbeitsverhältnisses,

10. ein in allgemeiner Form gehaltener Hinweis auf die Tarifverträge, Betriebs- oder Dienstvereinbarungen, die auf das Arbeitsverhältnis anzuwenden sind.

[3]Der Nachweis der wesentlichen Vertragsbedingungen in elektronischer Form ist ausgeschlossen. [4]Bei Arbeitnehmern, die eine geringfügige Beschäftigung nach § 8 Abs. 1 Nr. 1 des Vierten Buches Sozialgesetzbuch ausüben, ist außerdem der Hinweis aufzunehmen, dass der Arbeitnehmer in der gesetzlichen Rentenversicherung die Stellung eines versicherungspflichtigen Beschäftigten erwerben kann, wenn er nach § 5 Abs. 2 Satz 2 des Sechsten Buches Sozialgesetzbuch auf die Versicherungsfreiheit durch Erklärung gegenüber dem Arbeitgeber verzichtet.

[30] BAG, Urt. v. 11.11.1993 – 2 AZR 467/93, AP Nr. 38 zu § 123 BGB; BAG, Urt. v. 05.10.1995 – 2 AZR 923/94, AP Nr. 40 zu § 123 BGB.

Ein Schwerbehinderter muss nicht von sich aus auf seine Behinderung auf-   **21**
merksam machen, wenn die Behinderung auf die Leistungsfähigkeit keinerlei Einfluss hat.[31]

Fragt der Arbeitgeber aber nach dem Vorliegen einer Schwerbehinderteneigenschaft, so ist der Bewerber verpflichtet, diese Frage zutreffend zu beantworten.
Denn der Arbeitgeber ist seinerseits verpflichtet, einen Anteil von fünf Prozent der
bestehenden Arbeitsplätze mit Schwerbehinderten zu besetzen.[32] Die falsche Beantwortung der Frage nach einer Schwerbehinderung des Beschäftigten berechtigt
den Arbeitgeber allerdings dann nicht zur Anfechtung des Arbeitsvertrages, wenn
die Schwerbehinderung für den Arbeitgeber offensichtlich war und deshalb bei
ihm ein Irrtum nicht entstanden sein konnte.[33]

Die Frage eines Arbeitgebers nach einer bestehenden Schwangerschaft stellt   **22**
immer eine Diskriminierung von Frauen wegen ihres Geschlechts dar und ist daher unzulässig. Das BAG hat seine hiervon abweichende Rechtsprechung[34] nach
den Urteilen des EuGH aufgegeben.[35] Dies gilt selbst dann, wenn die befragte
Bewerberin für ein unbefristetes Arbeitsverhältnis die vereinbarte Tätigkeit wegen
eines mutterschutzrechtlichen Beschäftigungsverbots zunächst nicht aufnehmen
kann.[36]

Fragen nach bestehenden Krankheiten sind dann zulässig, wenn diese unmittel-   **23**
bare Auswirkungen auf das Arbeitsverhältnis haben.[37] Die früher in § 7 Abs. 1
BAT obligatorisch vorgesehene Eignungsuntersuchung wurde nicht in den TVöD
übernommen.[38] Auch hier hat man sich dem allgemeinen Arbeitsrecht angepasst
und eine ärztliche Eignungsuntersuchung nur aus begründetem Anlass im Einzelfall tarifvertraglich zugelassen. Der Arbeitgeber kann, soweit öffentlich rechtliche
Vorschriften den Nachweis der gesundheitlichen Eignung des Beschäftigten wie
z.B. bei Berufskraftfahrern verlangen, den Beschäftigten zu einer Untersuchung
verpflichten. Er kann eine Eignungsuntersuchung vom Beschäftigten wegen des
damit verbundenen Eingriffs in das allgemeine Persönlichkeitsrecht des Beschäftigten nur dann verlangen, wenn hierfür ein sachlicher Grund gegeben ist.[39]

Fragen nach dem beruflichen Werdegang des Beschäftigten sind immer zuläs-   **24**
sig, da der Arbeitgeber ein berechtigtes Interesse daran hat, sich ein Bild über
Ausbildungs-, Berufserfahrung und die früheren Tätigkeiten des Bewerbers zu

---

[31]   BAG, Urt. v. 05.10.1995 – 2 AZR 923/94, AP Nr. 40 zu § 123 BGB.
[32]   § 71 SGB IX; BAG, Urt. v. 05.10.1995 – 2 AZR 923/94, AP Nr. 40 zu § 123 BGB; BAG, Urt. v.
       03.12.1998 – 2 AZR 754/97, AP Nr. 49 zu § 123 BGB.
[33]   BAG, Urt. v. 18.10.2000 – 2 AZR 380/99, AP Nr. 59 zu § 123 BGB.
[34]   BAG, Urt. v. 22.09.1961 – 1 AZR 241/60, AP Nr. 15 zu § 123 BGB; BAG, Urt. v. 20.02.1986 – 2
       AZR 244/85, AP Nr.31 zu § 123 BGB.
[35]   EuGH, Urt. v. 08.11.1990 – PC 177/88, AP Nr. 23 zu § 119 EWGV; EuGH, Urt. v. 14.07.1994 –
       RS.C-32/93-DB 1994, 1522.
[36]   BAG, Urt. v. 06.02.2003 – 2 AZR 621/01, NZA 2003, 848.
[37]   BAG, Urt. v. 06.07.1984 – 2 AZR 72/83,AP Nr. 26 zu § 123 BGB; BAG, Urt. v. 05.10.1995 – 2
       AZR 923/94, AP Nr. 40 zu § 123 BGB.
[38]   Bredendiek/Fritz/Tewes: Neues Tarifrecht für den öffentlichen Dienst, ZTR 2005, 230,238.
[39]   BAG, Urt. v. 21.06.1978 – 4 AZR 816/76, AP Nr. 3 zu § 25 BAT; Bredendiek/Fritz/Tewes, ZTR
       2005, 238.

machen.[40] Die Frage nach dem bisherigen Entgelt des Beschäftigten hingegen ist für die ausübende Tätigkeit nicht von Belang und muss daher nicht vom Beschäftigten beantwortet werden.[41]

25   Ebenso wenig ist der Beschäftigte gehalten, Anfragen nach seinen Vermögensverhältnissen zu beantworten.[42] Die Frage nach einer Vergütungsabtretung sowie vorliegenden Pfändung- und Überweisungsbeschlüssen hingegen ist zulässig, da damit zu rechnen ist, dass diese bei Begründung eines Arbeitsverhältnisses auf den neuen Arbeitgeber abgeändert werden.

26   Fragen nach der religiösen oder politischen Überzeugung sowie nach der Gewerkschaftszugehörigkeit sind grundsätzlich unzulässig. Art. 3 Abs. 1 GG verbietet eine unterschiedliche Behandlung von Beschäftigten in Anknüpfung an diese Tatbestandsmerkmale. Die mittelbare Drittwirkung der Grundrechte im Arbeitsverhältnis führt dazu, dass entsprechende Fragen bei der Anbahnung eines Arbeitsverhältnisses unzulässig sind.

27   Die Frage nach der Mitgliedschaft in einer verfassungsfeindlichen Partei oder die Frage nach einer Mitarbeit für das Ministerium für Staatssicherheit der ehemaligen DDR kann dann gestellt werden, wenn sich eine erhöhte politische Treuepflicht aus dem spezifischen Aufgabenkreis der zu übertragenden Stelle ergibt.[43] Das Fragerecht des Arbeitgebers ist hier durch das Recht auf freie Berufswahl, das allgemeine Persönlichkeitsrecht und den Verhältnismäßigkeitsgrundsatz beschränkt. So kann eine frühere Tätigkeit für das Ministerium für Staatssicherheit nach Ablauf von über 20 Jahren keine Auswirkungen mehr für das konkrete Arbeitsverhältnis entfalten und der Bewerber muss eine solche Frage nicht beantworten. Im Falle einer Falschbeantwortung hat der Arbeitgeber kein Recht zur Anfechtung des Arbeitsvertrages wegen arglistiger Täuschung.[44]

28   Die Frage nach Vorstrafen ist dann erlaubt, wenn und soweit die Art des zu besetzenden Arbeitsplatzes entsprechende Anforderungen begründen. Hierbei kommt es nicht auf subjektive Wertung des Arbeitgebers, sondern auf einer objektiven Bewertung an.[45]

2. Diskriminierungsverbote im öffentlichen Dienst

29   Der Arbeitgeber ist bei der Auswahl von Bewerbern grundsätzlich in seiner Entscheidung frei und kann den Bewerber auswählen, den er bei gleicher Qualifikation für den geeignetsten Bewerber hält. Eine Bevorzugung einzelner Bewerber oder einer bestimmten Bewerbergruppe kann sich hieraus nicht ergeben. Allerdings können gesetzliche Rahmenbedingungen dazu führen das der Arbeitgeber des öffentlichen Dienstes bei seiner Auswahlentscheidung an bestimmte gesetzliche Vorgabe gebunden ist.

---

[40]   Dassau § 4, Rn. 14; LAG Hamm, Urt.v. 08.02.1995 – 18 Sa 2136/93, LAGE § 123 BGB, Nr. 21 (LT 1); Bredemeier/Neffke/Neffke, § 4, Rn. 14.

[41]   A.A: Dassau § 4 Rn. 14; BAG, Urt. v. 19.05.1983 – 2 AZR 171/81, AP Nr. 25 zu §123 BGB.

[42]   A.A: Dassau § 4 Rn. 15.

[43]   So ausdrücklich BAG, Urt.v. 28.05.1998 – 2 AZR 549/97, NZA 1998, 1052; 1054 II. Abs. 4; Bredemeier /Neffke/Neffke § 4, Rn. 13.

[44]   BVerfG, Urt. v. 08.07.1997 – 1 BvR 2111/94, NZA 1997, 992.

[45]   BAG, Urt. v. 15.10.1992 – 2 AZR 227/92, AP Nr. 8 zu § 611 a BGB.

a) Gleichbehandlungsgrundsatz
Der arbeitsrechtliche Gleichbehandlungsgrundsatz verpflichtet den Arbeitgeber **30** des öffentlichen Dienstes nicht, Angestellte und Beamte bei vergleichbarer oder gleichwertiger Tätigkeit einheitliche kinderbezogene Leistungen oder sonstige Zusatzleistungen zu gewähren. Nach Ansicht des BAG werden diese Leistungen auf Grund der Tatsache gewährt, dass die Beamten Vergütung nach dem Bundesbesoldungsgesetz erhalten, während die Vergütung der Angestellten tarifvertraglich und nicht durch die gleiche Stelle geregelt wird. Dies schließe auch ein Verstoß gegen den europarechtlichen Entgeltgleichheitsgrundsatz (Art. 141 Abs. 1 EG-Vertrag) aus.[46] Der Gleichbehandlungsgrundsatz nach Art 141 Abs. 1 EG-Vertrag kann nach Ansicht des EuGH nur dann verletzt sein, wenn sich eine Ungleichbehandlung auf denselben Ursprung zurückverfolgen lasse und derjenige, der eine Ungleichbehandlung vornehme, die Möglichkeit habe, die Gleichbehandlung wieder herzustellen.[47] Auch der allgemeine arbeitsrechtliche Gleichbehandlungsgrundsatz enthält kein Gebot, ähnliche Sachverhalte in verschiedenen Ordnungs- und Regelungswerken gleich zu regeln,[48] da die Regelungskompetenz nicht beim gleichen Rechtsträger liegt und Beamte und Arbeiternehmer nicht in derselben Ordnung zu ihrem Arbeitgeber stehen.[49] Umgekehrt ist der öffentliche Arbeitgeber nicht verpflichtet, die Ergebnisse der Tarifverhandlungen auch auf seine Beamten zu übertragen.[50]

b) Frauenförderungsgesetz, Gleichbehandlungsgesetze der Länder
Das Frauenförderungsgesetz gilt für Beschäftigte in den Verwaltungen des Bun- **31** des, der bundesunmittelbaren Körperschaften, Anstalten und Stiftungen des öffentlichen Rechts sowie in den Gerichten des Bundes. Für die Angestellten des öffentlichen Dienstes in den Ländern und den Gemeinden gelten landesbezogene Gleichstellungsgesetze.[51] Diese verfolgen das Ziel, die Durchsetzung der Gleichberechtigung von Frauen und Männern, die Erhöhung des Anteils der Frauen (so weit diesen Einzelbereichen in geringere Anzahl beschäftigt sind als Männer), die Vereinbarkeit von Familie und Beruf für Frauen und Männer, zu erreichen. In diesen gesetzlichen Regelungen sind häufig Regelungen enthalten, die hinsichtlich der Bewerberauswahl Quotenregelungen vorsehen. Solche Quotenregelungen dürfen ihrerseits nicht dazu führen, dass Männer in Anknüpfung an ihr Geschlecht diskriminiert werden. Eine Quotenregelung, die vorsieht, dass weiblichen Bewer-

46 BAG, Urt. v. 03.04.2003 – 6 AZR 633/01, NZA 2003, 1286.
47 EuGH, Urt.v. 17.09.2002, Rs. C 320/00, NZA 2002, 1144, 1145.
48 BAG, Urt. v. 03.12.1997 – 10 AZR 563/96, NZA 1998, 438.
49 BAG, Urt. v. 17.06.1993 – 6 AZR 620/92, DB 1994, 1930.
50 BVerwG, Urt. v. 19.12.2002 – 2 C 34.01, ZTR 2003, 255; NVwZ 2003,869.
51 BWLGlG v. 21.07.1997, GBl. S.297, BayGlG v. 24.05.1996, GVBl. S. 186; BerlLGG v. 13.04.1993, GVBl. S. 184; BraLGG v. 04.06.1994, GVBl. S524; BremLGG v. 20.11.1990, GVBl. S. 433; HambGleichstG v. 19.03.1991, GVBl. S. 75; HGlG v. 21.12.1993, GVBl. I S. 729; BlG M-V v. 18.02.1994, GVOBl. S. 343; NGG v. 15.06.1994, GVBl. S. 246; LGG NW v. 09.11.1999, GVBl. S.590; LGG RhPfl v. 11.07.1995, GVBl. S. 209; LGG Saar v. 24.04.1996, ABl. S.623; SächsFFG v. 31.03.1994, GVBl. S. 684; FFG LSA v. 19.12.2005 GVBl. S 740; GStG SLH v. 13.12.1994, GVBl. S. 562; Thür.GleichG v. 03.11.1998, GVBl. S.309; zur Darstellung der Regelungen siehe MüArbR/Annuß § 187 V., S. 1484.

bern um eine Beförderungsstelle automatisch der Vorrang einzuräumen ist, wenn sie gleich qualifiziert sind wie männliche Mitbewerber, ist mit dem Recht der Europäischen Gemeinschaft unvereinbar.[52] Der EuGH hat sich dieser Rechtsprechung angeschlossen und ausgeführt, dass Art. 141 Abs. 4 EG-Vertrag einer nationalen Regelung entgegensteht, der ein Bewerber des unterpräsentierten Geschlechts um eine Stelle im Staatsdienst, der hinreichende Qualifikation für diese Stelle besitzt, vor einem Bewerber des anderen Geschlechts, der sonst ausgewählt worden wäre, auszuwählen ist, sofern dies erforderlich ist, damit ein Bewerber des unterpräsentierten Geschlechts ausgewählt wird, und sofern der Unterschied zwischen den Qualifikationen der Bewerber nicht so groß ist, dass sich daraus ein Verstoß gegen das Erfordernis der Sachgerechtigkeit bei der Einstellung ergeben würde.[53] Der EuGH hat in einer weiteren Grundsatzentscheidung zum hessischen Gleichbehandlungsgesetz entschieden, dass Regelungen, die vorsehen, dass in einem Bereich des öffentlichen Dienstes, in denen Frauen unterrepräsentiert sind, Bewerberinnen bei gleicher Qualifikation der Vorrang einzuräumen ist, wenn dies zur Erfüllung der Zielvorgaben des Frauenförderplans erforderlich ist und keine Gründe von größerem rechtlichen Gewicht entgegenstehen, zulässig sind, wenn eine objektive Beurteilung von Bewerberinnen und Bewerbern, die deren persönliche Lage berücksichtigt, gewährleistet ist.[54]

c) Schwerbehindertenrecht

32   Nach §§ 71 SGB IX ff besteht eine öffentlich-rechtliche Verpflichtung des Arbeitgebers, zur bevorzugten Einstellung von Schwerbehinderten, wenn der Arbeitgeber seiner Beschäftigungspflicht noch nicht nachgekommen ist. Hieraus ergibt sich jedoch keinen Einstellungsanspruch des einzelnen Schwerbehinderten.[55] Der Arbeitgeber ist aber nach § 81 Abs. 1 SGB IX verpflichtet, die Schwerbehindertenvertretung bei der Prüfung, ob ein Schwerbehinderter für die Besetzung einer freien Stelle in Betracht kommt, nach § 95 Abs. 2 SGB IX zu beteiligen und seine Entscheidung mit der Schwerbehindertenvertretung, dem Betriebs- oder Personalrat zu erörtern, wenn diese mit der beabsichtigten Entscheidung des Arbeitgebers nicht einverstanden sind. Hat sich ein Schwerbehinderter auf eine ausgeschriebene Stelle beworben und wurde die Schwerbehindertenvertretung nicht beteiligt, so ist stets zu vermuten, dass der Schwerbehinderte wegen seiner Schwerbehinderteneigenschaft diskriminiert wurde. Nach § 81 Abs. 2 Nr. 1 Satz 3 SGB IX trägt der Arbeitgeber die Beweislast dafür, dass nicht auf die Behinderung bezogene Gründe seine Einstellungsentscheidung rechtfertigen, wenn der Bewerber glaubhaft macht, wegen seiner Behinderung benachteiligt worden zu sein. Der Behinderte kann innerhalb von zwei Monaten nach Zugang einer ablehnenden Entscheidung einen Anspruch auf Schadensersatz wegen Diskriminierung in Anknüpfung an seine Behinderung geltend machen. Er muss ihn nicht der Höhe nach beziffern. Nach § 81 Abs. 2 Nr. 3 Satz 1 SGB IX hat ein schwerbehinderter Bewerber, der bei der Einstellung wegen seiner Schwerbehinderteneigenschaft diskriminiert

---

[52]   BAG, Urt. v. 05.03.1996 – 1 AZR 590/92, NJW 1996, 2529.
[53]   EuGH, Urt. v. 07.06.2000 – C 407/98, NJW 2000, 2653.
[54]   EuGH, Urt. v. 28.03.2000 – C 158/97, NJW 2000, 1549.
[55]   BAG, Urt. v. 01.08.1985 – 2 AZR 101/83, Nr. 30 zu § 123 BGB.

wurde, Anspruch auf eine Entschädigung in Höhe von bis zu drei Monatsgehältern, wenn er auch bei benachteiligungsfreier Personalauswahl nicht eingestellt worden wäre.[56]

Diese Verpflichtungen werden für öffentliche Arbeitgeber in § 82 SGB IX gesteigert. Öffentliche Arbeitgeber haben der Agentur für Arbeit frühzeitig frei werdende Stellen zu melden und sind verpflichtet, einen Bewerber oder einen Schwerbehinderten, der von der Agentur für Arbeit oder dem Integrationsdienst vorgeschlagen wurde, zu einem Bewerbungsgespräch zu empfangen, es sei denn, er ist offensichtlich für die zu besetzende Stelle ungeeignet.

3. Bewerberauswahl

Eine weitere Einschränkung der Vertragfreiheit des öffentlichen Arbeitgebers ergibt sich bislang aus der Rechtsprechung zur Bewerberauswahl im öffentlichen Dienst. Nach Art. 33 Abs. 2 GG hat jeder Deutsche nach seiner Eignung, Befähigung und fachlichen Leistung einen gleichen Zugang zu einem öffentlichen Amt. Art. 33 Abs. 2 GG erfasst nicht nur Berufungen in ein Beamtenverhältnis, sondern auch jede Begründung eines Arbeitsverhältnisses im öffentlichen Dienst, gleichgültig ob es sich um die Ausübung hoheitlicher oder nicht hoheitlicher Tätigkeit handelt.[57] Aus Art. 33 Abs. 2 GG ergibt sich ein subjektives Recht des Einzelnen, das er im Klageweg geltend machen kann, wenn eine Bewerberauswahl nach anderen Kriterien stattgefunden hat und er nicht berücksichtigt wurde. | **33**

Das BAG hat diese beamtenrechtliche Konkurrentenklage auch auf das Beschäftigungsverhältnis von Arbeitern und Angestellten im öffentlichen Dienst angewandt. Danach kann der Bewerber verlangen, nur nach den in Art. 33 Abs. 2 GG genannten Kriterien beurteilt zu werden. Der Arbeitgeber darf insbesondere nicht nach den in Art. 3 Abs. 3 GG missbilligenden Merkmalen eine Differenzierung vornehmen. Ein Einstellungsanspruch eines einzelnen Bewerbers kann sich hieraus allerdings nur dann ergeben, wenn der Bewerber sämtliche Einstellungsvoraussetzungen erfüllt und dessen Einstellung die einzig rechtmäßige und ermessensfehlerfreie Entscheidung des Arbeitgebers wäre.[58] Wird ein einzelner Bewerber bei einem Auswahlverfahren nicht berücksichtigt, so hat er nach der Rechtsprechung des BAG die Möglichkeit, im Wege der Konkurrentenklage eine gerichtliche Entscheidung über die Besetzung einer Stelle herbeizuführen.[59] | **34**

Diese Rechtsprechung ist zu hinterfragen. Sie ist darauf zurückzuführen, dass Angestellte und Beamte im öffentlichen Dienst mit gleicher Tätigkeit beschäftigt wurden und sich bei der Auswahlentscheidung im Rahmen einer Stellenbesetzung die Frage nach einer angemessenen Bewerberauswahl gestellt hat. Grundsätzlich ist hier fraglich, ob ein Anstellungsverhältnis im öffentlichen Dienst ein öffentliches Amt im Sinne des Art. 33 Abs. 2 GG ist. Das öffentliche Amt i. S. von Art. 33 Abs. 2 GG ist eine Begrifflichkeit, die einem obrigkeitsstaatlichen Denken ent- | **35**

---

[56] BAG, Urt. v. 15. 02. 2005 – 9 AZR 635/03, NZA 2005, 870.
[57] MüArbR/Buchner § 40 Rn. 121, 122.
[58] BAG, Urt. v. 19.02.2003 – 7 AZR 67/02, NZA 2003, 1271.
[59] BAG, Urt. v. 05.03.1996 – 1 AZR 590/92, AP Nr. 226 zu Art. 3 Grundgesetz; BAG, Urt. v. 02.12. 1997 – 9 AZR 445/96, NZA 1998, 884; BAG, Urt. v. 02.12.1997 – 9 AZR 668/96, NZA 1998, 882.

spricht. Der Beamte tritt dem Bürger als Repräsentanten hoheitlicher Aufgaben und Ausübung von Staatsgewalt gegenüber auf. Das öffentliche Amt stellt in der gesellschaftlichen Hierarchie somit eine Delegation staatlicher Entscheidungsgewalt an einen hiermit betrauten Repräsentanten des Staates dar. Der Zugang zu einem solchen öffentlichen Amt stellte insofern in der Vergangenheit ein besonderes Privileg dar.

Zwischenzeitlich hat sich dieses Rechtsverhältnis in grundlegender Weise gewandelt. Der Staat ist in seinen wesentlichen Teilen Dienstleister gegenüber dem Bürger. Die Bediensteten des öffentlichen Dienstes sind nicht Amtswalter, sondern Erbringer dieser Dienstleistungen, bis auf eindeutig hoheitliche Funktionen (Justiz, Polizei, Wirtschaftsverwaltung).

Bei den Stellen im öffentlichen Dienst handelt es sich somit im Wesentlichen auch nicht um Ämter, die zu besetzen sind.

Die Tarifvertragsparteien des öffentlichen Dienstes haben mit der Reform des TVöD das Tarifvertragsrecht dahingehend reformiert, dass das feierliche Gelöbnis nach § 6 BAT ersatzlos gestrichen wurde. Statt althergebrachter Treuepflichten aus dem Beamtenstaat ergeben sich besondere politische Treuepflichten im Einzelfall aus dem Arbeitsverhältnis. Ansonsten wurde der Tarifvertrag des öffentlichen Dienstes auf der Grundlage arbeitsrechtlicher Austauschbeziehungen aufgebaut. Eine beamtenrechtliche Konkurrentenklage ist auf dieser Basis grundlegend in Frage zu stellen.

Wird ein Bewerber im Bewerbungsverfahren nicht berücksichtigt, so kann er sich hiergegen bei Verstoß gegen die §§ 611 a und 611 b BGB zur Wehr setzen, nicht aber über eine an das Beamtenrecht angelehnte arbeitsrechtliche Konkurrentenklage.[60]

IV. Abschluss des Arbeitsvertrages

1. Inhalt des Arbeitsverhältnisses

36 Nach § 2 Abs. 1 TVöD wird der Arbeitsvertrag schriftlich abgeschlossen. Gleiches ergibt sich aus § 2 Nachweisgesetz, wonach der Arbeitgeber spätestens einen Monat nach dem vereinbarten Beginn des Arbeitsverhältnisses dem Beschäftigten eine schriftliche Niederschrift der wesentlichen Vertragsbedingungen zu übergeben hat. Hierbei sind die in § 2 Nr. 1 bis 8 Nachweisgesetz aufgeführten Angaben zu den Vertragsparteien und Arbeitsbedingungen (Arbeitsort, Tätigkeit, Zusammensetzung und Höhe des Arbeitsentgelts sowie Fälligkeit, Arbeitszeit, Urlaub) aufzunehmen. Der Arbeitgeber hat diese Angaben in Schriftform zu machen, eine Mitteilung in elektronischer Form (§ 126 a BGB) ist nach § 2 Abs. 1 Satz 3 Nachweisgesetz ausgeschlossen. Nach § 2 Abs. 3 Nachweisgesetz können die Angaben im Arbeitsvertrag unterbleiben, wenn auf die Regelungen in einem Tarifvertrag, Betriebsvereinbarung oder Dienstvereinbarung verwiesen wird.

Der Beschäftigte hat einen klagbaren Anspruch auf Übergabe eines schriftlichen Arbeitsvertrages. Die Schriftform selbst hat aber nur deklaratorische Bedeutung, so dass ein mündlich geschlossener Vertrag rechtswirksam zustande gekommen ist. Eine Sanktion für den Fall der Nichteinhaltung sieht das Nachweis-

---

[60] A.A. Polzer unter § 30 III.3. c).

gesetz nicht vor. Erleidet der Beschäftigte durch die Nichteinhaltung des Nachweisgesetzes einen Schaden, so hat er einen Anspruch auf Schadensersatz wegen Verletzung einer arbeitsvertraglichen Nebenpflicht.[61]

2. Allgemeine Geschäftsbedingungen

Mit dem Schuldrechtsmodernisierungsgesetz wurde das Recht der allgemeinen Geschäftsbedingungen in das BGB integriert. Nach dem früheren § 23 des Gesetzes über Allgemeine Geschäftsbedingungen war das Arbeitsrecht von der Anwendbarkeit des Gesetzes ausgenommen. Nach der Integration in das BGB finden die Bestimmungen über allgemeine Geschäftsbedingungen der §§ 305 ff BGB vollumfänglich auf das Arbeitsrecht Anwendung. Nach § 310 Abs. 4 Satz 2 BGB sind bei der Anwendung die Besonderheiten des Arbeitsrechts angemessen zu berücksichtigen. Auf Tarifverträge findet der Abschnitt über allgemeine Geschäftsbedingungen nach § 310 Abs. 4 Satz 1 BGB keine Anwendung. **37**

Da der Arbeitgeber in der Regel die allgemeinen Geschäftsbedingungen in seinen Arbeitsverträgen vorformuliert, werden nach § 305 c BGB überraschende Klauseln nicht Vertragsbestandteil und unklare Klauseln zu Lasten des Arbeitgebers ausgelegt. Nach § 307 BGB unterliegen die Verträge einer allgemeinen Inhaltskontrolle und sind unwirksam, wenn der andere Teil entgegen des Gebots von Treu und Glaube unangemessen benachteiligt wird.

Individualabreden haben nach § 305 b BGB Vorrang gegenüber allgemeinen Geschäftsbedingungen.

3. Direktionsrecht

Die Vertragsparteien vereinbaren beim Abschluss eines Arbeitsvertrages die gegenseitigen Hauptleistungspflichten wie die Art der zu erbringenden Arbeitsleistung, die Dauer der Arbeitszeit einerseits und die zu zahlende Vergütung andererseits. Der Arbeitgeber muss die Arbeitsleistung durch die Zuweisung der auszuübenden Tätigkeit, des Arbeitsortes und der Arbeitszeit konkretisieren, soweit keine näheren Festlegungen im Arbeitsvertrag getroffen wurden. Der Arbeitgeber hat nach § 106 Satz 1 GewO hierbei billiges Ermessen walten zu lassen. Dies erfordert, dass der Arbeitgeber grundsätzlich auch die Interessen des Beschäftigten bei der Ausübung seines Direktionsrechts nach den Umständen des einzelnen Falles in angemessener Weise zu berücksichtigen hat.[62] Üblicherweise wird das Direktionsrecht des Arbeitgebers nicht weiter eingeschränkt. Der Arbeitgeber kann dann alle Tätigkeiten, die die Merkmale der Vergütungsgruppe erfüllen, zuweisen. Er kann keine Tätigkeiten zuweisen, die eine niedrigere Eingruppierung begründen würden.[63] **38**

Übt der Arbeitgeber sein Direktionsrecht nicht in billigem Ermessen aus, so kann der Beschäftigte nach § 315 Abs. 3 BGB die Entscheidung des Gerichts anrufen. Hat der Arbeitgeber einem Beschäftigten vorläufig höherwertigere Aufgaben übertragen und die endgültige Übertragung nur von der Bewährung des Beschäftigten abhängig gemacht, so übt er sein Direktionsrecht nicht in billigem Er-

---

[61] Müller, B. Rn. 308.
[62] BAG, Urt. v. 16.09.1998 – 5 AZR 183/97, NZA 1999, 384.
[63] BAG, Urt. v. 24.04.1996 – 4 AZR 976/94, NZA 1997, 104.

messen aus, wenn er die Übertragung der Tätigkeit aus anderen Gründen widerruft.[64] Gleiches gilt, wenn der Arbeitgeber eine Arbeitsaufgabe für vier Jahre nur vorläufig überträgt und die endgültige Übertragung wegen Sachverhalten verweigert, die er bereits zwei Jahre zuvor abgemahnt hatte.[65]

4. Anfechtbarkeit

a) Anfechtung wegen arglistiger Täuschung

39   Wird eine zulässige Frage bei einem Bewerbungsgespräch vom Bewerber falsch oder wahrheitswidrig beantwortet, so kann hierin eine rechtswidrige, arglistige Täuschung nach § 123 Abs. 1 BGB liegen, die den Arbeitgeber zur Anfechtung des Arbeitsverhältnisses nach § 142 Abs. 1 BGB berechtigt.[66] Im Einzelfall ist ein Anfechtungsrecht trotz bewusst falscher Antwort des Bewerbers dann ausgeschlossen, wenn das Arbeitsverhältnis in Vollzug gesetzt wurde und die falsche Antwort für die weitere Durchführung des Arbeitsverhältnisses nicht mehr von Belang ist.[67]

b) Anfechtung wegen Irrtums

40   Nach § 119 BGB kann der Vertragspartner, der bei der Abgabe seiner Willenserklärung über deren Inhalt im Irrtum war oder eine Erklärung des Inhalts überhaupt nicht abgeben wollte seine Erklärung anfechten, wenn anzunehmen ist, dass er bei verständiger Würdigung des Falles eine solche Erklärung nicht abgegeben haben würde. Nach § 119 Abs. 2 BGB ist ein Irrtum im Sinne des Gesetzes insbesondere auch ein Irrtum über eine verkehrswesentliche Eigenschaft einer Person. Hauptanwendungsfall dieser Vorschrift im Arbeitsrecht ist der Irrtum über das Vorliegen bestimmter beruflicher Qualifikationen oder die beruflichen Anforderungen einer Stelle und die damit zusammenhängende Eingruppierung und Vergütung des Beschäftigten.

41   Nach Ansicht des BAG kommt eine Anfechtung wegen einer falschen Eingruppierung wegen des Tarifautomatismus der Eingruppierung im öffentlichen Dienst nicht in Betracht. Die Tarifparteien haben bereits erklärt, dass sich hieran im Prinzip durch die noch ausstehende Neuregelung der §§ 12 und 13 TVöD nichts ändern wird.[68] Der Beschäftigte ist danach in die Entgeltgruppe eingruppiert, deren Tätigkeitsmerkmale der gesamten von ihm nicht nur vorübergehend ausgeübten Tätigkeit entsprechen.

---

[64]   BAG, Urt. v. 17.12.1997 – 5 AZR 332/96, NZA 1998, 355.

[65]   BAG, Urt. v. 16.09.1998 – 5 AZR 183/97, NZA 1999, 384.

[66]   BAG, Urt. v. 11.11.1993 – 2 AZR 467/93, AP Nr. 38 zu § 123 BGB; BAG, Urt. v. 05.10.1995 – 2 AZR 923/94, AP Nr. 40 zu § 123 BGB.

[67]   BAG, Urt. v. 19.08.1987 – 7 AZR 507/86, EZA § 123 BGB Nr. 28.

[68]   Zur geplanten Neuregelung siehe Steinherr, ZTR 2005, 303: „Die Eingruppierung des/der Beschäftigten richtet sich nach den Tätigkeitsmerkmalen der Entgeltordnung (Anlage ...). Der/Die Beschäftigte erhält Entgelt der Entgeltgruppe, in der er/sie eingruppiert ist. Der/Die Beschäftigte ist in der Entgeltgruppe eingruppiert, deren Tätigkeitsmerkmalen die gesamte von ihm zu/ihr nicht nur vorübergehend ausgeübte Tätigkeit entspricht. Die gesamte auszuübende Tätigkeit entspricht den Tätigkeitsmerkmalen einer Entgeltgruppe, wenn zeitlich mindestens zur Hälfte Arbeitsvorgänge anfielen, die für sich genommen, die Anforderungen eines Tätigkeitsmerkmals oder mehrere Tätigkeitsmerkmale dieser Entgeltgruppe erfüllen.“

Die Parteien müssen sich zunächst bei der Begründung des Arbeitsverhältnisses darauf einigen, welche auszuübende Tätigkeit dem Beschäftigten zugewiesen wird. Kommt es hier zu keiner Einigung, so kommt ein Vertrag nicht zu Stande.

Haben die Parteien sich über die auszuübende Tätigkeit geeinigt, bestand allerdings ein Irrtum über die damit verbundene Eingruppierung, so handelt es sich nach Ansicht des BAG um einen nach § 119 Abs. 1 BGB unbeachtlichen Rechtsfolgenirrtum. Der Vertrag ist wirksam zu Stande gekommen und kann nicht mehr durch Anfechtung beseitigt, sondern nur durch Kündigung beendet werden. **42**

Haben die Parteien eine zu hohe Eingruppierung im Arbeitsvertrag benannt, die nicht der auszuübenden Tätigkeit entspricht, so kann der Arbeitgeber diese im Wege der „korrigierenden Rückgruppierung" auf die tarifvertraglich begründete Eingruppierung zurückführen. **43**

Nach Ansicht des BAG handelt es sich bei der Eingruppierung im Arbeitsvertrag nicht um einen rechtsgestaltenden Akt, insbesondere nicht um eine Willenserklärung. Aus der Mitteilung des Arbeitgebers auf eine bestimmte Eingruppierung ergibt sich nach der Rechtsprechung des BAG in der Regel kein Anspruch auf eine entsprechende Vergütung.[69] Nur dann, wenn der Arbeitgeber eindeutig im Arbeitsvertrag erkläre, dass er eine übertarifliche Vergütung zahlen wolle, sei dies eine Willenserklärung von der sich der Arbeitgeber nicht im Wege der korrigierenden Rückgruppierung lösen könne. Beruft sich der Beschäftigte darauf, dass im Arbeitsvertrag mit der vorgenommenen Eingruppierung eine übertarifliche Eingruppierung vereinbart worden sei, so trägt er die Beweislast.[70] **44**

Der Beschäftigte kann im Streitfall zunächst den Arbeitgeber an der vertraglich zugesagten Eingruppierung festhalten. Der Arbeitgeber hat dann die objektive Fehlerhaftigkeit der vorgenommenen Eingruppierung darzulegen und gegebenenfalls zu beweisen. Der Beweis ist erbracht, wenn der Arbeitgeber darlegen kann, dass eine von mehreren Eingruppierungsvoraussetzungen fehlt[71] oder dass die niedrigere Eingruppierung die richtige ist.[72] Der Beschäftigte kann hiergegen den Beweis antreten, indem er Tatsachen beweist, nach welchen ihm die höhere Eingruppierung zusteht. Auch das Nachweisgesetz führt in diesem Fall zu keiner Beweislastverschiebung zu Lasten des Arbeitgebers.[73] **45**

Im umgekehrten Fall kann der Beschäftigte mit einer Eingruppierungsfeststellungsklage geltend machen, dass die vertraglich vereinbarte Eingruppierung nicht der tarifvertraglichen Eingruppierung entspricht.

Kann innerhalb einer zugewiesenen Tätigkeit der Arbeitgeber im Rahmen seines Direktionsrechts dem Beschäftigten Tätigkeiten zuweisen, die dazu führen, dass die vertraglich festgehaltene Eingruppierung erreicht wird, so kann eine nicht dauerhafte Übertragung der maßgeblichen Tätigkeiten nach § 315 BGB eine unbillige Ermessensausübung des Arbeitgebers darstellen.[74] **46**

---

69 BAG, Urt. v. 16.10.2002 – 4 AZR 521/01, NZA 2003, 1112.
70 BAG, Urt. v. 17.05.200 – 4 AZR 237/99, NZA 2001, 1316.
71 BAG, Urt. v. 21.02.2001 – 4 AZR 40/00, EzBAT §§ 22,23 BAT B1 VergGr Vb Nr.13.
72 BAG, Urt. v. 25.09.2002 – 4 AZR 339/01, AP Nr. 1 zu §§ 22,23 BAT Rückgruppierung.
73 Grundlegend: BAG, Urt. v. 16.02.2000 – 4 AZR 62/99, AP Nr. 4 zu EWG Richtlinie Nr. 91/583.
74 BAG, Urt. v. 17.04.2002 – 4 AZR 174/01, ZTR 2003, 76.

47   Gegen diese Auffassung sind grundsätzliche Bedenken vorzubringen. In früheren Entscheidungen hat das BAG den Arbeitgeber an einer vertraglich fixierten Eingruppierung festgehalten, da der Arbeitgeber kraft Kenntnisse des Tarifrechts wissen müsse, wann welche Tätigkeit tarifvertraglich welche Eingruppierung begründe. Habe er sich diesbezüglich in einem Irrtum befunden, so sei dies ein rechtlich unbeachtlicher Motivirrtum. Eine Anfechtung der vertraglich festgehaltenen Eingruppierung oder eine korrigierende Rückgruppierung komme daher nicht in Betracht.[75]

48   Zudem handelt es sich auch bei der Wiedergabe der Entgeltgruppe im Arbeitsvertrag um allgemeine Geschäftsbedingungen des Arbeitgebers. Hat der Arbeitgeber im Arbeitsvertrag eine Entgeltgruppe angegeben, die nicht der vereinbarten Tätigkeit entspricht, so hat er hierdurch eine unklare Rechtslage geschaffen. Nach § 305 c Abs. 2 BGB gehen die hierdurch begründeten Zweifel an der Rechtslage zu Lasten des Verwenders, also des Arbeitgebers. Für eine Anwendung der Rechtsprechung des BAG zur korrigierenden Rückgruppierung besteht daher keine Rechtsgrundlage mehr.

5. Rechtsfolgen der Anfechtung

49   Die wirksame Anfechtung wiederum führt dazu, dass das Arbeitsverhältnis nach § 142 Abs. 1 BGB von Anfang an nichtig ist. So weit das Arbeitsverhältnis allerdings in Vollzug gesetzt worden ist, wird das Arbeitsverhältnis für die Vergangenheit als „faktisches Arbeitsverhältnis" betrachtet und abgewickelt.[76] Abweichend von § 142 Abs. 1 BGB wird das Arbeitsverhältnis für die Vergangenheit wie ein fehlerfrei zu Stande gekommenes Arbeitsverhältnis betrachtet. Der Arbeitsvertrag ist durch die Anfechtung nur für die Zukunft nichtig, wenn die Parteien sich tatsächlich über das Zustandekommen eines Arbeitsverhältnisses geeinigt hatten, die Anfechtung wirksam erfolgt ist und das Arbeitsverhältnis in Vollzug gesetzt worden war.[77]

50   Gewährt der Arbeitgeber die Zahlung einer Vergütung, die tarifvertraglich nicht beansprucht werden kann, so kann er die Leistung mit sofortiger Wirkung einstellen.[78] Dies betrifft auch die Fälle korrigierender Rückgruppierung.

IV. Änderung des Arbeitsvertrages

1. Einvernehmliche Vertragsänderung

51   Änderungen des Arbeitsvertrages sind jeweils im beiderseitigen Einvernehmen ohne Einhaltung irgendeiner Frist möglich. Hinsichtlich ihrer Wirksamkeit ist allerdings darauf zu achten, dass Änderungen der Hauptleistungspflichten keiner Form, Änderungen von Nebenleistungspflichten allerdings zwingend der Schriftform bedürfen.

Konkludente Änderungen des Arbeitsvertrages hinsichtlich der auszuübenden Tätigkeit und der damit verbundenen Eingruppierung und Verknüpfung sind somit

---

[75]   BAG, Urt. v. 09.06.1971 – 4 AZR 268/70, AP Nr. 42 zu § 22 BAT.

[76]   BAG, Urt. v. 16.09.1982 – 2 AZR 228/80, NJW 1984,446; BAG, Urt. v. 29.08.1984 – 7 AZR 34/83, NJW 1985, 646; Müller, B. Rn. 847.

[77]   BAG, Urt. v. 28.01.1998 – 4 AZR 473/96, ZTR 1998, 411.

[78]   BAG, Urt. v. 26.10.1995 – 6 AZR 125/95, AP Nr. 7 zu §1 BAT O.

generell möglich.[79] Werden dem Beschäftigten auf Dauer höherwertigere Tätigkeiten mit Wissen der verantwortlichen Repräsentanten des Arbeitgebers zugewiesen, so ist der Beschäftigte in die damit verbundenen höheren Vergütungsgruppe einzugruppieren und entsprechend zu vergüten, auch ohne dass eine schriftliche Vertragsänderungen oder auch nur mündlich eine ausdrückliche Vertragsänderungen vereinbart wurde.

Als Unterfall einer solchen konkludenten Vertragsänderung sind die Fälle einer   **52**
Konkretisierung des Arbeitsverhältnisses hinsichtlich Art der Tätigkeit, Arbeitsort oder Arbeitszeit zu betrachten. Das Direktionsrecht des Arbeitgebers umfasst eine Konkretisierung der Arbeitsleistung hinsichtlich der Art der Tätigkeit, des Arbeitsortes und der Arbeitszeit, soweit dem nicht arbeitsvertraglich oder tarifvertraglich Grenzen entgegenstehen. Daraus, dass für eine Zeitdauer von mehreren Jahren nur eine bestimmte Art von Tätigkeit einem Beschäftigten zugewiesen wurde, der Arbeitsort unverändert geblieben ist oder die zeitliche Lage der Arbeitszeit sich nicht verändert hat, kann der Beschäftigte nicht geltend machen, dass eine Konkretisierung des Arbeitsverhältnisses dahingehend stattgefunden habe, dass der Arbeitgeber zu einer Änderung der Art der Tätigkeit, des Arbeitsortes oder der Arbeitszeit im Rahmen des Direktionsrechts nicht befugt sei. Zur Konkretisierung eines Arbeitsverhältnisses bedarf es neben der zeitlichen Komponenten eines Umstandsmomentes dergestalt, dass der Arbeitgeber durch sein Verhalten nach außen ein Vertrauenstatbestand dahingehend gegenüber dem Beschäftigten gesetzt hat auf eine weitergehende Ausübung seines Direktionsrechts in Zukunft zu verzichten.[80] Alleine daraus, dass der Arbeitgeber längere Zeit die Arbeitszeit unverändert beibehalten hat, kann der Beschäftigte nicht nach Treu und Glauben darauf schließen, dass der Arbeitgeber dies auch in Zukunft beibehalten wird.[81]

Die Anforderungen an eine Konkretisierung des Arbeitsverhältnisses sind hier   **53**
besonders hoch zu setzen. Kehrseite einer solchen Konkretisierung ist ein eingeschränkter Kündigungsschutz des Beschäftigten. Bei einem Wegfall des konkretisierten Arbeitsplatzes kann grundsätzlich der Beschäftigte nicht mehr im Rahmen des Direktionsrechts des Arbeitgebers auf einen anderen Arbeitsplatz versetzt werden, so dass eine Sozialauswahl mit anderen Beschäftigten mit vergleichbaren Stellen ausscheidet.[82]

2. Änderung durch betriebliche Übung oder Gesamtzusage
Eine Änderung der Arbeitsverträge kann auch durch eine betriebliche Übung er-   **54**
folgen. Unter einer betrieblichen Übung versteht man eine regelmäßige Wiederholung eines Arbeitgeberverhaltens in der Regel durch Gewährung einer bestimmten Leistung. Das Verhalten des Arbeitgebers, eine bestimmte Leistung oder Vergünstigung zu gewähren, ist in der Regel als Willenserklärung auszulegen, auch in Zu-

---

[79]   BAG, Urt. v.25.02.1987 – 4 AZR 217/96, AP Nr. 14 zu § 24 BAT.
[80]   Art der Tätigkeit: BAG, Urt. v. 23.06.1992 – 1 AZR 57/92, EzA § 611 BGB, Direktionsrecht Nr. 12, Arbeitszeit; BAG, Urt. v. 11.02.1998 – 5 AZR 472/97, NZA 1998, 647; Arbeitsort: BAG, Urt. v. 07.12.2000 – 6 AZR 444/99 AP Nr. 61 zu § 611 BGB Direktionsrecht.
[81]   BAG, Urt. v. 29.09.2004 – 5 AZR 559/03, NZA 2005, 184.
[82]   BAG, Urt. v. 17.02.2000 – 2 AZR 142/99, AP Nr. 46 zu § 1 KSchG 1969 Soziale Auswahl.

kunft diese Leistung gewähren zu wollen. Nach der Verkehrssitte ist in der bloßen Annahme der Leistung durch die Beschäftigten nach § 151 BGB eine Annahmeerklärung der Vertragsänderung durch die Beschäftigten zu sehen, da es bei bloßen Vergünstigungen nach allgemeiner Verkehrssitte keiner Annahmeerklärung bedarf. Auf einen entsprechenden Verpflichtungswillen des Arbeitgebers kommt es nicht an.[83]

55   Auf Grund des bestehenden konstitutiven Schriftformerfordernisses für Nebenabreden kann eine betriebliche Übung auf Gewährung von Leistungen, die als Nebenabreden zu qualifizieren sind, nicht entstehen. Eine solche betriebliche Übung ist nichtig. Die gewährten Leistungen können vom Arbeitgeber innerhalb der tarifvertraglichen Ausschlussfrist zurückgefordert werden.

56   Hinsichtlich der Hauptleistungspflichten aber hindert die bloße deklaratorische Schriftformklausel des § 2 Abs. 1 TVöD nicht das Entstehen einer betrieblichen Übung.

Das BAG vertritt hier allerdings die Auffassung, dass in der öffentlichen Verwaltung im Zweifel nur davon auszugehen sei, dass der Arbeitgeber im Rahmen eines Normenvollzugs die tarifvertraglich oder gesetzlich geschuldeten Leistungen erbringen wolle.[84] Ob diese Sichtweise für die Teile des öffentlichen Dienstes, die in privater Rechtsform betrieben werden, wie z.B. eine Verkehrsgesellschaft in der Rechtsform einer GmbH oder AG noch gelten kann, hat das BAG in einer jüngeren Entscheidung allerdings bereits ausdrücklich offen gelassen.[85]

57   Das BAG hat in einer früheren Entscheidung darauf hingewiesen, dass für den öffentlichen Dienst keine Sonderbestimmungen gelten können, wenn privatrechtlich Arbeitsverträge geschlossen werden.[86] Dem ist vor dem Hintergrund des erklärten Ziels der Tarifvertragsparteien, das Arbeitsrecht des öffentlichen Dienstes mit dem Abschluss des TVöD wieder in das allgemeine Arbeitsrecht zurück zu führen, um so nachdrücklicher zuzustimmen.

58   In den streitigen Fällen geht es allerdings sehr häufig darum, dass Tarifverträge in fehlerhafter Weise angewandt und irrtümlich zu hohe Zulagen gezahlt wurden. In diesen Fällen liegt alleine in einer höheren Zahlung des Arbeitgebers als der tarifvertraglich geschuldeten Zahlung noch keine Willenserklärung an die Beschäftigten eine übertarifliche Leistung auskehren zu wollen. Hier mangelt es also bereits an einem Erklärungsverhalten des Arbeitgebers, so dass einer betrieblichen Übung nach der Vertragstheorie kein Angebot des Arbeitgebers auf übertarifliche Zahlung zu Grunde liegt. Eine solche Zahlung kann jederzeit durch den Arbeitgeber wieder eingestellt werden. Er ist allerdings auch hier an den Gleichbehandlungsgrundsatz gebunden und kann eine solche übertarifliche Zahlung nicht für einen Teil der Beschäftigten einstellen und für einen anderen Teil weitergewähren.[87]

---

[83]   BAG, Urt. v. 11.10.1995 – 5 AZR 802/94, AP Nr.9 zu § 611 BGB Arbeitszeit.

[84]   BAG, Urt. v. 26.01.1989 – 6 AZR 566/86; BAG, Urt. v. 11.10.1995 – 5 AZR 802/94, AP Nr.9 zu § 611 BGB.

[85]   BAG, Urt. v. 18.09.2002 – 1 AZR 477/01, ZTR 2003, 194.

[86]   BAG, Urt. v. 09.06.1971 – 4 AZR 268/70, AP Nr. 42 zu § 22 BAT.

[87]   BAG, Urt. v. 26.10.1995 – 6 AZR 125/95, NZA 1996, 765.

Eine Änderung des Arbeitsvertrages kann außerdem durch eine sogenannte Ge-   **59**
samtzusage begründet werden. Eine Gesamtzusage ist eine Erklärung des Arbeitsgebers an die gesamte Belegschaft oder eine Gruppe von Beschäftigten, eine bestimmte Leistung erbringen zu wollen. Eine solche Erklärung muss nicht jedem
einzelnen Beschäftigten zugegangen sein. Sie kann durch Aushang am schwarzen
Brett, durch Erklärung in einer Betriebsversammlung in mündlicher oder schriftlicher Form erteilt werden.

Gesamtzusagen werden häufig in Bezug auf die Gewährung einer betrieblichen   **60**
Altersversorgung oder auf Zusatzleistungen im Falle von Krankheit oder in der
Versorgungswirtschaft in Gestalt der Gewährung so genannter „Stromdeputate"
gemacht.

Eine Gesamtzusage als einseitige Arbeitgebererklärung erfüllt hierbei nicht die
Schriftform des § 126 BGB, der eine beiderseitig unterzeichnete Erklärung verlangt, so dass durch eine Gesamtzusage keine Nebenleistungen rechtswirksam begründet werden können.

Im Bereich der gegenseitigen Hauptleistungspflichten können allerdings durch
eine Gesamtzusage vertragliche Ansprüche gegenüber den Beschäftigten begründet werden.

Wird in einer Gesamtzusage auf ein bestimmtes Regelungswerk Bezug genommen, so ist mangels anderweitiger Vereinbarungen immer von einer dynamischen Verweisung auf das Regelungswerk auszugehen.[88]

Hat ein Arbeitgeber bestimmte eigene Produkte den Beschäftigten steuerfrei im   **61**
Rahmen des § 8 Abs. 3 EStG als Sachbezug gewährt, so ist regelmäßig davon auszugehen, dass die Leistung unter der Bedingung gewährt wird, dass es sich um eigene Produkte des Arbeitgebers handelt. Wird ein Betriebsteil ausgegliedert, so
dass im ausgegliederten Betriebsteil z.B. ein Stromdeputat (z.B. bei einer Netzge-
sellschaft) nicht mehr Produkt des Arbeitgebers ist, so kann der neue Arbeitgeber,
auf den das Arbeitsverhältnis nach § 613 a BGB übergegangen ist, die Leistung
einstellen.[89]

3. Änderungskündigung

Änderungskündigungen werden insgesamt im Zusammenhang mit Beendigungs-   **62**
kündigungen bei der Kommentierung von § 34 TVöD behandelt. Wegen der sachlichen Nähe werden an dieser Stelle nur Anpassungen des Arbeitsvertrages zur
Korrektur von Leistungen besprochen.

Die herrschende Meinung vertritt die Ansicht, dass eine zu hohe Vergütung, auf
die zunächst ein arbeitsvertraglicher Anspruch bestehe, durch Änderungskündigung auf das tarifliche Maß zurückgeführt werden kann. Eine zu hohe Vergütung
kann dadurch zustande kommen, dass mit einem Mitarbeiter irrtümlich eine zu
hohe Vergütung vereinbart wurde oder sich eine Tätigkeit so verändert hat, dass
nur noch eine niedrigere Vergütungsgruppe tarifvertraglich begründet ist.

Eine Änderungskündigung ist nach § 2 i.V.m. § 1 Abs. 2 KSchG nur dann sozi-   **63**
al gerechtfertigt, wenn in diesem Fall dringende betriebliche Erfordernisse einer
Weiterbeschäftigung des Beschäftigten zu den übertariflichen Konditionen entge-

---

[88] BAG, Urt. v. 12.10.2004 – 3 AZR 432/03, NZA 2005, 1320.
[89] BAG, Urt. v. 07.09.2004 – 9 AZR 631/03, NZA 2005, 941.

genstehen. Das BAG hat solche dringende betriebliche Erfordernisse darin erblickt, dass der öffentliche Dienst kraft Gesetzes zu einer sparsamen Haushaltsführung und damit der Kürzung irrtümlich gewährter übertariflicher Leistungen verpflichtet sei. Ein weiteres dringendes Bedürfnis für eine betriebsbedingte Änderungskündigung ergäbe sich aus der Gleichbehandlung aller Angestellten, um einer Missstimmung in der Belegschaft entgegen zu wirken, wenn gleiche Tätigkeiten unterschiedlich vergütet würden.[90]

64   Beide Argumente sind nicht überzeugend. Dem BAG ist diesbezüglich seine ständige Rechtsprechung außerhalb des öffentlichen Dienstes entgegen zu halten: „3. Grundsätzlich sind einmal geschlossene Verträge einzuhalten. Ein Geldmangel allein kann den Schuldner nicht entlasten. Die Dringlichkeit eines schwerwiegenden Eingriffs in das Leistungs-/Lohngefüge, wie es die Änderungskündigung zur Durchsetzung einer erheblichen Lohnsenkung darstellt, ist deshalb nur begründet, wenn bei Aufrechterhaltung der bisherigen Personalkostenstruktur weitere, betrieblich nicht mehr auffangbare Verluste entstehen, die absehbar zu einer Reduzierung der Belegschaft oder sogar zu einer Schließung des Betriebes führen. Regelmäßig setzt deshalb eine solche Situation einen umfassenden Sanierungsplan voraus, der alle gegenüber der beabsichtigten Änderungskündigung milderen Mittel ausschöpft.

65   Dem Arbeitgeber, der mit einzelnen Beschäftigten einzelvertraglich eine höhere Vergütung vereinbart hat, als sie dem betrieblichen Niveau entspricht, ist es verwehrt, die Vergütung unter Berufung auf den Gleichbehandlungsgrundsatz dem (niedrigeren) Entgelt der übrigen Beschäftigten anzupassen. Der Gleichbehandlungsgrundsatz dient allein zur Begründung von Rechten, nicht aber zu deren Einschränkung.“[91]

66   Die Tarifvertragsparteien des öffentlichen Dienstes haben sich mit der Tarifreform gerade vom Korsett einer einheitlichen Bezahlung für alle gelöst und über eine leistungsbezogene Vergütung und eine Kopplung der Verweildauer in einer Stufe an die Leistung, flexible Vergütungen ermöglicht. Dahinter steht die Erkenntnis, dass es keine Kosten spart, alle Beschäftigten niedrig zu entlohnen ohne Anreize zu schaffen sich selbst und den Betrieb weiter zu entwickeln. Dies steigert umgekehrt die Personalkosten. Insofern sind die seitens des BAG vorgebrachten Begründungen zur Änderungskündigung übertariflicher Zahlungen Scheinbegründungen, die durch die Praxis widerlegt sind und durch die Tarifvertragsparteien ausdrücklich aufgegeben wurden.

67   Hat sich hingegen die Tätigkeit des Mitarbeiters dahingehend geändert, dass nur noch eine geringwertigere Tätigkeit gegeben ist, so hat der Arbeitgeber zunächst zu prüfen, ob der Mitarbeiter auf einen anderen Arbeitsplatz im Wege des Direktionsrechts versetzt werden kann, der seiner Vergütungsgruppe entspricht. Ist dies nicht der Fall, dann ist die ursprüngliche Stelle auf Grund der tatsächlichen Entwicklung entfallen und der Arbeitgeber kann den Beschäftigten nicht mehr im

---

[90] BAG, Urt. v. 15.03.1991 – 2 AZR 582/90, NZA 1992, 120.
[91] BAG, Urt. v. 16.05.2002 – 2 AZR 292/01, NZA 2003, 147; zur mangelnden sozialen Rechtfertigung einer Ände0rungskündigung zur Entgeltsenkung vergl. BAG Urt.v. 12.01.2006 – 2 AZR 126/05, BB 2006, 1115.

Rahmen der früheren Tätigkeit beschäftigen. In diesem Fall stehen dringende betriebliche Erfordernisse einer Weiterbeschäftigung des Beschäftigten auf seinem alten Arbeitsplatz entgegen, weil der alte Arbeitsplatz mit seinem alten Tätigkeitszuschnitt weggefallen ist. In diesem Fall bedarf es keiner vom Sachverhalt abweichenden Begründung. Der Arbeitgeber kann nach Durchführung einer Sozialauswahl eine betriebsbedingte Änderungskündigung aussprechen.

VI. Probezeit, Abs. 4

1. Bisheriges Tarifrecht

Die Probezeit war im bisherigen Tarifrecht in § 5 BAT/BAT-O/BMT-G II/BMT-G-O/MTArb/MTArb-O geregelt. Falls im Arbeitsvertrag nicht auf die Probezeit verzichtet oder eine kürzere Probezeit vereinbart wurde, galten nach Satz 1 der genannten Vorschriften für Angestellte die ersten 6, für Arbeiter die ersten 3 Monate als Probezeit. Die Sätze 1 und 2 der genannten Vorschriften wurden modifiziert in den TVöD übernommen, die in Satz 3 vorgesehene Verlängerung der Probezeit dagegen nicht. **68**

2. § 622 Abs. 3 BGB/Sinn und Zweck

Im Gesetz wird eine Regelung zur Probezeit insbesondere in § 622 Abs. 3 BGB[92] getroffen: Nach § 622 Abs. 3 BGB kann das Arbeitsverhältnis während einer vereinbarten Probezeit, längstens für die Dauer von 6 Monaten, mit einer Frist von 2 Wochen gekündigt werden. Mit der Aufnahme dieser Regelung in das BGB im Jahre 1993 sollte nach der Gesetzesbegründung den Bedürfnissen der Praxis nach mehr Flexibilität Rechnung getragen werden. Beide Arbeitsvertragsparteien sollen in der Zeit der Erprobung die Möglichkeit haben, das Arbeitsverhältnis relativ schnell lösen zu können.[93] Den Zweck einer Probezeit beschreibt das BAG dem entsprechend wie folgt: In der Probezeit soll einerseits dem Arbeitgeber Gelegenheit gegeben werden, die Eignung des Arbeitnehmers zu überprüfen, und andererseits dem Arbeitnehmer ermöglicht werden zu entscheiden, ob die Arbeitsaufgabe und die Verhältnisse im Betrieb seinen Erwartungen entsprechen.[94] § 2 Abs. 4 enthält eine nach § 622 Abs. 4 BGB zulässige abweichende Regelung zu § 622 Abs. 3 BGB. **69**

3. Regelprobezeit „sechs Monate"

Nach Abs. 4 Satz 1 Hs. 1 gelten grundsätzlich die ersten sechs Monate der Beschäftigung als Probezeit. Einer gesonderten Vereinbarung im Arbeitsvertrag bedarf es nicht. Eine solche ist nur erforderlich, soweit gemäß Abs. 4 Satz 1 Hs. 2 – abweichend von der Regelprobezeit „sechs Monate" – eine kürzere Probezeit vereinbart werden soll. **70**

Abs. 4 Satz 1 knüpft an die Beschäftigung an. Damit ist nicht die tatsächliche Tätigkeit,[95] sondern jede Beschäftigung gemeint, auf die der TVöD anwendbar ist, **71**

---

92 Daneben auch in §§ 20, 22 BBiG.
93 BT-Drucks. 12/4902, S. 2.
94 BAG, Urt. v. 12.06.1996 – 7 AZR 31/96, AP Nr. 27 zu § 611 BGB Musiker unter I 1; APS/Linck § 622 BGB Rn. 83.
95 Sonst hätte es nahe gelegen, wie in §§ 16 (Bund) Abs. 4 Satz 1, 16 (VKA) Abs. 3 Satz 1, 17 Abs. 4 TVöD das Merkmal „ununterbrochene Tätigkeit" zu benutzen.

unabhängig davon, ob die Beschäftigung als Voll- oder Teilzeitbeschäftigung oder aufgrund eines unbefristeten oder befristeten Arbeitsvertrags erfolgt. Bei befristeten Arbeitsverträgen, für die gemäß § 30 Abs. 1 Satz 2 TVöD die in § 30 Abs. 2 bis 5 TVöD geregelten Besonderheiten gelten, ist allerdings die gegenüber Abs. 4 speziellere Regelung in § 30 Abs. 4 Satz 1 TVöD[96] zu beachten.

72　　Zum bisherigen Tarifrecht hat das BAG entschieden, dass § 5 BAT unabhängig davon anzuwenden ist, ob der Angestellte neu eingestellt wurde oder bei demselben Arbeitgeber schon einmal in einem Arbeitsverhältnis gestanden hat und ob die vorher zurückgelegte Zeit nach § 19 BAT zur Beschäftigungszeit gehört.[97] § 5 BAT galt „auch bei Einstellung auf unbestimmte Zeit in unmittelbarem Anschluss an eine zur Anwendung des KSchG führende befristete Beschäftigung mit anderen Tätigkeiten".[98] Diese Rechsprechung kann auf Abs. 4 übertragen werden. Dies folgt bereits daraus, dass die Probezeit nach Abs. 4 Satz 2 übereinstimmend mit § 5 Satz 1 BAT nur bei der Übernahme von Auszubildenden in ein Arbeitsverhältnis in unmittelbarem Anschluss an ein Ausbildungsverhältnis entfällt. Die Tarifvertragsparteien haben die unmittelbare Aneinanderreihung von Arbeitsverhältnissen bedacht und nur in dem ausdrücklich geregelten Sonderfall eine erneute Probezeit für entbehrlich gehalten.[99] Abs. 4 Satz 1 ist deshalb wie folgt zu lesen: „Die ersten sechs Monate der Beschäftigung in einem Arbeitsverhältnis gelten als Probezeit, ...". Liegt, wie bei einer bloßen Verlängerung eines befristeten Arbeitsvertrags, ein einheitliches Arbeitsverhältnis vor, beginnt keine neue Probezeit.

4. Verkürzung/Verlängerung der Probezeit

73　　Gemäß Abs. 4 Satz 1 Hs. 2 gilt eine kürzere Probezeit, falls eine solche im Arbeitsvertrag vereinbart wird. Die Probezeit kann bis auf Null reduziert werden, was letztlich – wie dies in § 5 BAT ausdrücklich vorgesehen war – einen Verzicht auf eine Probezeit darstellt.

74　　Eine Verlängerung der Probezeit über 6 Monate hinaus ist, wenn Arbeitgeber und Arbeitnehmer tarifgebunden sind, nicht möglich.[100] Dies würde eine Abweichung von Abs. 4 Satz 1 zuungunsten des Arbeitnehmers darstellen, die gemäß § 4 Abs. 3 TVG nicht zulässig ist. Denn die Verlängerung der Probezeit kann zu einer Änderung der Mitbestimmung bei Kündigungen sowie – bei befristeten Arbeitsverträgen – zu einer Verlängerung der vorzeitigen ordentlichen Kündbarkeit und zu einer Verkürzung der Kündigungsfrist führen,[101] was für den Bestand des Arbeitsverhältnisses als nachteilig zu bewerten ist.[102] Besteht keine Tarifbindung, ist

---

[96]　Dazu § 30 TVöD unter III 5; zur vorzeitigen ordentlichen Kündigung befristeter Arbeitsverträge innerhalb der Probezeit § 30 TVöD unter III 6 c.

[97]　So fast wortgleich BAG, Urt. v. 16.03.2000 – 2 AZR 828/98, NZA 2000, 1337 unter II 2 a und BAG, Urt. v. 12.02.1981 – 2 AZR 1178/78, AP Nr. 1 zu § 5 BAT unter B IV 1 a.

[98]　BAG, Urt. v. 12.02.1981 – 2 AZR 1178/78, AP Nr. 1 zu § 5 BAT unter C II.

[99]　Vgl. BAG, Urt. v. 16.03.2000 – 2 AZR 828/98, NZA 2000, 1337 unter II 2 a und BAG, Urt. v. 12.02.1981 – 2 AZR 1178/78, AP Nr. 1 zu § 5 BAT unter B IV 1 b.

[100]　Anders zu § 5 BAT Dassau/Wiesend-Rothbrust BAT-Kompaktkommentar § 5 Rn. 8 f.; zur Möglichkeit der (nachträglichen) Vereinbarung eines befristeten Probearbeitsvertrags unten unter V 9.

[101]　Dazu unten unter V 7.

[102]　So für die Verkürzung von Kündigungsfristen APS/Linck § 622 BGB Rn.178.

eine nachteilige Verlängerung der Probezeit zwar möglich, wegen § 1 Abs. 1 KSchG aber derzeit[103] nicht zu empfehlen.

5. Entfallen der Probezeit, Abs. 4 Satz 2

Die Probezeit entfällt, ohne dass es einer gesonderten Vereinbarung im Arbeits- **75** vertrag bedarf, gemäß Abs. 4 Satz 2 bei Übernahme von Auszubildenden im unmittelbaren Anschluss an das Ausbildungsverhältnis in ein Arbeitsverhältnis. Eine Übernahme liegt entsprechend dem allgemeinen Sprachgebrauch[104] vor, wenn das zwischen Arbeitgeber und Auszubildendem bestehende Ausbildungsverhältnis als Arbeitsverhältnis weitergeführt wird. Die Übernahme muss also durch den Arbeitgeber erfolgen, mit dem schon das Ausbildungsverhältnis bestand. Nicht mehr erforderlich ist, dass die Beschäftigung in der bisherigen Dienststelle oder im bisherigen Betrieb erfolgt.[105] Die Übernahme erfolgt im unmittelbaren Anschluss an das Ausbildungsverhältnis, wenn das Arbeitsverhältnis – ggf. aufgrund der Fiktion des § 24 BBiG – ohne Unterbrechung nach der Beendigung des Ausbildungsverhältnisses beginnt. Dies ist der Fall, wenn im (befristeten[106] oder unbefristeten) Arbeitsvertrag als Beginn des Arbeitsverhältnisses der Tag nach dem Ende des Ausbildungsverhältnisses vereinbart ist.

6. Berechnung der Probezeit

Die Probezeit beginnt mit dem im Arbeitsvertrag vereinbarten Beginn des Ar- **76** beitsverhältnisses, auch wenn die Arbeit tatsächlich erst später aufgenommen wird. Für die Berechnung gelten die §§ 186 ff. BGB. Da im Arbeitsvertrag üblicherweise nur der Tag des Beginns des Arbeitsverhältnisses bzw. der Tag der Einstellung vereinbart wird, finden im Regelfall die §§ 187 Abs. 2, 188 Abs. 2 BGB Anwendung. § 193 BGB ist nicht anwendbar.

Bsp.: Das Arbeitsverhältnis beginnt laut Arbeitsvertrag am 01.01.2006. Da der 01.01.2006 ein Feiertag (und zugleich ein Sonntag) ist, erfolgt die Arbeitsaufnahme erst am 02.01.2006. – Lösung: Die Probezeit endet gemäß §§ 187 Abs. 2, 188 Abs. 2 BGB mit Ablauf des 30.06.2006.

7. Rechtsfolgen der Probezeit

Die kurze Kündigungsfrist des § 34 Abs. 1 Satz 1 (zwei Wochen zum Monats- **77** schluss) ist – übereinstimmend mit dem bisherigen Tarifrecht – nicht an die Probezeit gebunden. In Bezug auf unbefristete Arbeitsverträge wird im TVöD nicht an das Merkmal „Probezeit" angeknüpft. In Bezug auf befristete Arbeitsverträge wird hingegen in § 30 Abs. 4 und 5 TVöD auf die Probezeit abgestellt. Insbesondere die Regelungen zur Kündbarkeit und zu den Kündigungsfristen in § 30 Abs. 5 TVöD gelten nur für den Zeitraum nach Ablauf der Probezeit. Darüber hinaus folgt aus der Probezeit, dass auch befristete Arbeitsverträge, für die § 30 Abs. 4

---

[103] Vgl. aber die in der Koalitionsvereinbarung vom 11.11.2005 angekündigte Option zur Verlängerung der Wartezeit des § 1 Abs. 1 KSchG, dazu unten unter V 8.

[104] Vgl. DUDEN Deutsches Universalwörterbuch Stichwort „übernehmen" unter 1 b.

[105] Vgl. zum bisherigen Tarifrecht Dassau/Wiesend-Rothbrust BAT-Kompaktkommentar § 5 Rn. 6.

[106] Zum einschlägigen Sachgrund des § 14 Abs. 1 Satz 2 Nr. 2 TzBfG § 30 TVöD unter II 2 c cc.

Satz 2 TVöD nicht gilt, innerhalb der Probezeit vorzeitig ordentlich gekündigt werden können.[107]

78   Nach einigen Personalvertretungsgesetzen der Länder ist hinsichtlich der Beteiligung des Personalrats zwischen Kündigungen außer- und innerhalb der Probezeit zu unterscheiden: Bei Kündigungen außerhalb der Probezeit ein Mitbestimmungsrecht des Personalrats.[108] Die Kündigung bedarf dann der vorherigen Zustimmung des Personalrats.[109] Bei Kündigungen innerhalb der Probezeit besteht dagegen nur die Pflicht zur Anhörung des Personalrats.[110] Ob eine Kündigung außer- oder innerhalb der Probezeit vorliegt, ist in diesen Fällen Vorfrage für die richtige Beteiligung des Personalrats.[111]

8. Verhältnis zur Wartezeit nach § 1 Abs. 1 KSchG

79   Nach § 1 Abs. 1 KSchG bedarf eine Kündigung des Arbeitsverhältnisses durch den Arbeitgeber nur dann der sozialen Rechtfertigung gemäß § 1 KSchG, wenn das „Arbeitsverhältnis in demselben Betrieb oder Unternehmen ohne Unterbrechung länger als sechs Monate bestanden hat" (sog. Wartezeit).[112] Abzustellen ist auf den ununterbrochenen rechtlichen Bestand des Arbeitsverhältnisses. Folgen mehrere befristete Arbeitsverhältnisse unmittelbar aufeinander oder schließt sich an ein befristetes Arbeitsverhältnis unmittelbar ein unbefristetes an, werden die Beschäftigungszeiten zusammengerechnet.[113] Rechtliche Unterbrechungen sind bei Vorliegen eines engen sachlichen Zusammenhangs zwischen dem vorangegangenen und dem gekündigten Arbeitsverhältnis ausnahmsweise unbeachtlich. Hierbei kommt neben der Dauer der Unterbrechung auch deren Anlass sowie der Art der Weiterbeschäftigung maßgebliche Bedeutung zu.[114]

80   Nach dem Koalitionsvertrag zwischen CDU, CSU und SPD vom 11.11.2005 soll den Arbeitgebern die Option an die Hand gegeben werden, anstelle der gesetzlichen Regelwartezeit von sechs Monaten bei der Begründung des Arbeitsverhältnisses mit dem Einzustellenden eine Wartezeit von bis zu 24 Monaten zu vereinbaren. Diese Option soll auch bei einer erneuten Einstellung bei demselben Arbeitgeber entstehen, wenn seit dem Ende des vorangegangenen Arbeitsvertrages mindestens sechs Monate vergangen sind.[115] Vor diesem Hintergrund ist davon auszugehen, dass § 1 Abs. 1 KSchG entsprechend geändert wird.

---

[107] Dazu § 30 TVöD unter IV 1.

[108] Vgl. z. B. § 77 Abs. 1 Nr. 2 i Hessisches Personalvertretungsgesetz.

[109] Vgl. z. B. § 69 Abs. 1 Satz 1 Hessisches Personalvertretungsgesetz.

[110] Vgl. z. B. § 78 Abs. 2 Satz 1 Hessisches Personalvertretungsgesetz.

[111] Vgl. nur BAG, Urt. v. 16.03.2000 – 2 AZR 828/98, NZA 2000, 1337 und BAG, Urt. v. 12.02.1981 – 2 AZR 1178/78, AP Nr. 1 zu § 5 BAT.

[112] Dazu allgemein ErfK/Ascheid § 1 KSchG Rn. 75 ff.; APS/Dörner § 1 KSchG Rn. 22 ff.; v. Hoyningen-Huene/Linck KSchG § 1 Rn. 63 ff.

[113] BAG, Urt. v. 12.02.1981 – 2 AZR 1178/78, AP Nr. 1 zu § 5 BAT; v. Hoyningen-Huene/Linck KSchG, § 1 Rn. 82.

[114] Ständige Rechtsprechung, vgl. BAG, Urt. v. 22.05.2003 – 2 AZR 426/02, AP Nr. 18 zu § 1 KSchG 1969 Wartezeit: Kein enger sachlicher Zusammenhang bei einer Unterbrechung von fast sieben Wochen; dazu ausführlich v. Hoyningen-Huene/Linck KSchG § 1 Rn. 80 ff.

[115] Koalitionsvertrag vom 11.11.2005 unter 2.7.1, S.30; zu den geplanten Änderungen im Befristungsrecht § 30 TVöD unter II 2 d.

Die unterschiedliche Auslegung von Abs. 4 Satz 1 einerseits und § 1 Abs. 1 **81**
KSchG andererseits kann dazu führen, dass sich ein Beschäftigter noch innerhalb
der Probezeit befindet, obwohl er die Wartezeit des § 1 Abs. 1 KSchG bereits erfüllt und deshalb allgemeinen Kündigungsschutz erworben hat.[116] Probezeit und
Wartezeit sind also grundsätzlich unabhängig voneinander zu beurteilen. Zwar
kann die Wartezeit zugunsten des Arbeitnehmers durch eine ausdrückliche oder
stillschweigende einzel- oder tarifvertragliche Vereinbarung verkürzt werden.[117]
Für eine solch weit reichende stillschweigende Vereinbarung müssen aber besondere Anhaltspunkte vorliegen.[118] Wird „auf die Probezeit einvernehmlich verzichtet", so kann das als Erlass der Wartezeit für den Beginn des Kündigungsschutzes
ausgelegt werden,[119] wenn hierfür bei Vertragsschluss besondere Anhaltspunkte
wie z. B. die Aufgabe eines anderweitigen unkündbaren Arbeitsverhältnisses
durch den Arbeitnehmer bestehen. Allein die Vereinbarung einer kurzen Probezeit
hat nicht zur Folge, dass der Kündigungsschutz vorzeitig eintritt.[120]

Die Vereinbarung einer kürzeren Probezeit gemäß Abs. 4 Satz 1 Hs. 2 führt **82**
deshalb – falls sonstigen Umstände hinzutreten – nicht zu einer entsprechenden Verkürzung der Wartezeit des § 1 Abs. 1 KSchG. Die im Koalitionsvertrag vom 11.11.2005 geplante Option, bei Neueinstellungen eine Wartezeit von
bis zu 24 Monaten zu vereinbaren, dürfte durch Abs. 4 auch nicht „gesperrt" werden. Abs. 4 Satz 1 lässt – wenn Tarifbindung besteht – zwar keine Verlängerung
der Probezeit über 6 Monate hinaus zu.[121] Es sind aber keine Anhaltspunkte dafür
ersichtlich, dass die Tarifvertragsparteien damit zugleich regeln wollten, dass nach
Ablauf von 6 Monaten zwingend das KSchG Anwendung findet.

9. Befristete Probearbeitsverträge
Unabhängig von der Probezeit nach Abs. 4 können die Arbeitsvertragsparteien **83**
auch einen befristeten Probearbeitsvertrag schließen. Abs. 4 befasst sich – wie im
bisherigen Tarifrecht § 5 BAT – nur mit der Dauer einer vorgeschalteten Probezeit, enthält jedoch keine Regelungen für befristete Probearbeitsverträge.[122] Gemäß § 14 Abs. 1 Satz 2 Nr. 5 TzBfG liegt ein sachlicher Grund für die Befristung
eines Arbeitsvertrages vor, wenn die Befristung zur Erprobung erfolgt.[123] Eine
nachträgliche Befristung[124] zur Erprobung kann – falls sich der Arbeitnehmer in
der Probezeit noch nicht ausreichend bewährt hat – genutzt werden, um dem Arbeitnehmer eine weitere Bewährungschance einzuräumen. Eine über sechs Monate

---

[116] Vgl. BAG, Urt. v. 12.02.1981 – 2 AZR 1178/78, AP Nr. 1 zu § 5 BAT unter B IV 1.
[117] Dazu APS/Dörner § 1 KSchG Rn. 23 ff.; v. Hoyningen-Huene/Linck KSchG § 1 Rn. 66 f., jeweils
mit weiteren Nachweisen.
[118] Vgl. z. B. BAG, Urt. v. 28.02.1990 – 2 AZR 426/89, AP Nr. 8 zu § 1 KSchG 1969 Wartezeit unter
II 1 d; BAG, Urt. v. 08.06.1972 – 2 AZR 285/71, AP Nr. 1 zu § 1 KSchG 1969 unter 5 b aa.
[119] So LAG Köln, Urt. v. 15.02.2002 – 4 (2) Sa 575/01, MDR 2002, 1323.
[120] APS/Dörner § 1 KSchG Rn. 24.
[121] Dazu oben unter V 4.
[122] BAG, Urt. v. 31.08.1994 – 7 AZR 983/93, AP Nr. 163 zu § 620 BGB Befristeter Arbeitsvertrag;
BAG, Urt. v. 12.02.1981 – 2 AZR 1178/78, AP Nr. 1 zu § 5 BAT unter B IV 2; ErfK/Müller-
Glöge § 14 TzBfG Rn. 70.
[123] Dazu § 30 TVöD unter II 2 c ff.
[124] Dazu § 30 TVöD unter II 2 c aa.

hinausgehende Erprobung ist allerdings nur zulässig, wenn die Eignung des Arbeitnehmers wegen der besonderen Anforderungen des Arbeitsplatzes innerhalb dieses Zeitraumes nicht hinreichend beurteilt werden kann.

§ 3 Allgemeine Arbeitsbedingungen

(1) Die Beschäftigten haben über Angelegenheiten, deren Geheimhaltung durch gesetzliche Vorschriften vorgesehen oder vom Arbeitgeber angeordnet ist, Verschwiegenheit zu wahren; dies gilt auch über die Beendigung des Arbeitsverhältnisses hinaus.

(2) [1]Die Beschäftigten dürfen von Dritten Belohnungen, Geschenke, Provisionen oder sonstige Vergünstigungen in Bezug auf ihre Tätigkeit nicht annehmen. [2]Ausnahmen sind nur mit Zustimmung des Arbeitgebers möglich. [3]Werden den Beschäftigten derartige Vergünstigungen angeboten, haben sie dies dem Arbeitgeber unverzüglich anzuzeigen.

(3)[1]Nebentätigkeiten gegen Entgelt haben die Beschäftigten ihrem Arbeitgeber rechtzeitig vorher schriftlich anzuzeigen. [2]Der Arbeitgeber kann die Nebentätigkeit untersagen oder mit Auflagen versehen, wenn diese geeignet ist, die Erfüllung der arbeitsvertraglichen Pflichten der Beschäftigten oder berechtigte Interessen des Arbeitgebers zu beeinträchtigen.

(4)[1]Der Arbeitgeber ist bei begründeter Veranlassung berechtigt, die/den Beschäftigte/n zu verpflichten, durch ärztliche Bescheinigung nachzuweisen, dass sie/er zur Leistung der arbeitsvertraglich geschuldeten Tätigkeit in der Lage ist. [2]Bei der beauftragten Ärztin/dem beauftragten Arzt kann es sich um eine Betriebsärztin/einen Betriebsarzt handeln, soweit sich die Betriebsparteien nicht auf eine andere Ärztin/einen anderen Arzt geeinigt haben. [3]Die Kosten dieser Untersuchung trägt der Arbeitgeber.

(5) [1]Die Beschäftigten haben ein Recht auf Einsicht in ihre vollständigen Personalakten. [2]Sie können das Recht auf Einsicht auch durch eine/n hierzu schriftlich Bevollmächtigte/n ausüben lassen. [3]Sie können Auszüge oder Kopien aus ihren Personalakten erhalten.

I. Vorbemerkung

1 Der § 3 TVöD, der die allgemeinen Arbeitsbedingungen im TVöD regelt, hat am meisten von dem Ziel, Lösung vom Beamtenrecht, profitiert. Altbewährte Verweistechniken wurden nicht mehr eingesetzt, Verweise auf das Beamtenrecht waren teilweise nicht mehr notwendig, da man mit dem TVöD ein eigenständiges Arbeitsrecht innerhalb des öffentlichen Dienstes schaffen wollte. Eine Abkehr vom Beamtenrecht war damit vollzogen, obgleich dies nicht immer konsequent durchgehalten wurde.

Bemerkenswert ist, dass man die allgemeinen Arbeitsbedingungen in einem Paragrafen zusammengefasst hat und somit auch einen Beitrag zur Systematisierung im TVöD und damit im gesamten Arbeitsrecht des öffentlichen Dienstes geleistet hat.

Ebenso wird durch den § 3 deutlich, dass die Tarifpartner sich das darauf besonnen haben, nur dort Regelungen aufzustellen, wo es für das öffentliche Dienstrecht notwendig erscheint. Ansonsten hat der Gesetzgeber bereits an vielen Stellen gesetzliche Normen geschaffen, die immer dann gelten, wenn im Bereich dispositiven Rechts durch Tarifvertrag oder Arbeitsvertrag keine abweichenden Regelungen getroffen wurden.

II. Erläuterung des § 3 Abs. 1 TVöD: Verschwiegenheitspflicht

2 Die bisherige Regelung fand sich in **§ 9 Abs. 1 – 4 BAT.** Der Abs. 1 des § 3 TVöD hat damit eine textliche Straffung erfahren, ohne dass inhaltlich viel geändert wurde.

Der Beschäftigte ist aufgrund seiner arbeitsvertraglichen Nebenleistungspflichten (Treue, Loyalität) ohnehin zur Verschwiegenheit verpflichtet.[1] Es bedarf damit eigentlich keiner ausdrücklichen tariflichen Bestimmung mehr. Der § 3 Abs. 1 TVöD hat damit deklaratorischen Charakter. Die Anwender des Tarifvertrages sind die Angehörigen des öffentlichen Dienstes, somit hat auch diese Vorschrift eine Appellfunktion, mit den Daten von Bürgerinnen und Bürger vertraulich umzugehen. Es gehört zum Berufsbild und Alltag der Mitarbeiterinnen und Mitarbeiter des öffentlichen Dienstes, dass diese oft mit Intim-Daten von Betroffenen konfrontiert werden.

3 Die Verschwiegenheitspflicht der Beschäftigten bezieht sich auf Angelegenheiten, deren Geheimhaltung durch gesetzliche Vorschriften vorgesehen oder vom Arbeitgeber angeordnet wurde.

Eine **gesetzliche Schweigepflicht** ergibt sich u. a. aus folgenden Gesetzen:

- §§ 3 Abs. 1, 5 BDSG und die Landesdatenschutzgesetze
- § 35 SGB I
- §§ 353b, 354, 355 StGB
- § 203 Abs. 2 StGB
- § 79 BetrVG
- § 10 BPersVG und die Landespersonalvertretungsgesetze

---

[1] Schaub/Linck ArbR – Hdb. § 54 Rn. 1.

- § 17 UWG
- § 30 AO

Dazu gehören auch noch die Vorschriften, die das Bankgeheimnis wahren und die Regelungen zur Sicherung des Post- und Fernmeldegeheimnisses. Wenn die Behörde hoheitlich auftritt, ergeben sich die Geheimhaltungsvorschriften aus § 3 VwVfG.

Unabhängig von dieser gesetzlich auferlegten Verschwiegenheitspflicht, kann **4** der Arbeitgeber im Einzelfall oder für bestimmte Fallgruppen die Schweigepflicht **anordnen**. Dies ist durch sein Direktionsrecht (§ 106 GewO) gedeckt, wobei die Grenzen billigen Ermessens nach § 315 Abs. 3 BGB zu beachten sind. Eine Form ist nicht vorgesehen, somit kann diese Anordnung auch mündlich geschehen.

Der Praxis kann man daher nur anraten, in die **Arbeitsverträge** generell eine Verschwiegenheitsklausel mit aufzunehmen, die den Beschäftigten verpflichtet, über alle dienstlich bekannt gewordene Daten zu schweigen, auch noch nach Beendigung des Arbeitsverhältnisses. Selbst wenn dieses sich aus § 3 Abs. 1 Satz 2 TVöD ergibt.

Beide Verschwiegenheitsvarianten verbieten es dem Beschäftigten, diese Daten **5** unbefugt einem **Dritten** zu offenbaren. Die Verschwiegenheitspflicht gilt gegenüber jedermann, also auch gegenüber den Beschäftigen derselben Dienststelle, soweit diese nicht ebenfalls mit diesen Vorgängen befasst sind. Allerdings hat der Arbeitgeber die Möglichkeit im Einzelfall betroffene Mitarbeiter von der Schweigepflicht zu entbinden.[2]

Sanktion gegenüber den Beschäftigten bei Verletzung der Verschwiegenheits- **6** pflicht ist die Abmahnung, im Wiederholungsfall die Kündigung. Als zulässiges Abgrenzungskriterium zwischen leichteren und schwereren Fällen kommt ein mögliches strafbares Verhalten in Betracht. Hat sich der Beschäftigte mit dem Verstoß gegen § 3 Abs. 1 TVöD gemäß § 203 Abs. 1 StGB oder § 203 Abs. 2 StGB oder § 353 b StGB oder § 354 StGB oder § 355 StGB strafbar gemacht, ist eine (außerordentliche) Kündigung zu erwägen. Allerdings ist der Einzelfall maßgeblich.

III. Erläuterung des § 3 Abs. 2 TVöD: Verbot der Annahme von Vergünstigungen

Die bisherige Regelung fand sich in **§ 10 Abs. 1 – 2 BAT**. **7**

Im § 3 Abs. 2 TVöD haben sich die Tarifpartner vom im Beamtenrecht bestehenden Korruptionsbekämpfungsgesetz leiten lassen. Mit dieser Regelung wollte man bezwecken, die ,Reinheit und Sauberkeit' des öffentlichen Dienstes herauszustellen, also den Anschein der Bestechlichkeit und Käuflichkeit zu vermeiden. Daher sieht der § 3 Abs. 2 TVöD ein generelles **Verbot** der Annahme von **Vergünstigungen** durch Dritte vor. Die Beschäftigten dürfen solche Vergünstigungen nur annehmen, wenn vorher der Arbeitgeber der Annahme zugestimmt hat.

Neu eingeführt wurde der Begriff der ,sonstigen Vergünstigung'. Darunter ver- **8** steht man alle materiellen oder immateriellen Vorteile, die dem Beschäftigten un-

---

[2]   BAG, Urt. v. 25.08.1966 – AP Nr. 1 zu § 611 BGB Schweigepflicht.

mittelbar oder mittelbar zu gute kommen.[3] In den Text wurde auch neu der Begriff der ‚Provision' aufgenommen. Die bereits im BAT vorhandenen Begriffe ‚Belohnung' und ‚Geschenke' habe keine eigenständige Bedeutung mehr.

9   Unter Belohnung verstand man Vorteile, die einen Vermögenswert haben. Geschenke sind unentgeltliche Zuwendungen, Provisionen hingegen bekommt der Beschäftigte dafür, dass er am Zustandekommen von Geschäften beteiligt war. Die Rechtsprechung des BAG fasste auch Testamente oder letztwillige Verfügungen unter das Verbot des § 10 BAT.[4] Diese Rechtsprechung muss weiterhin beachtet werden, da die Anforderungen an den Beschäftigten durch den § 3 Abs. 2 TVöD noch verschärft wurden.

10   **Anders** ist es mit der Rechtsprechung des BAG, das bisher ‚kleinere Aufmerksamkeiten' an die Beschäftigten, wie Kugelschreiber, Kalender, u. ä. nicht beanstandete.[5] Dies wurde damit begründet, dass dies ‚sozial übliche Dankbarkeitsgesten' seien. Nach der Neufassung des § 3 Abs. 2 TVöD wird sich diese Rechtsprechung nicht mehr rechtfertigen lassen.

Grenzwerte wurden gerade nicht in den Tariftext aufgenommen und wo beginnt dann die ‚Dankbarkeitsgeste' und der Versuch der Bestechlichkeit?

11   Zwischen der gewährten Vergünstigung und der Tätigkeit des Beschäftigten muss allerdings ein **objektiv sachlicher und zeitlicher Zusammenhang** bestehen. Abgrenzungen sind schwierig und im Einzelfall zu prüfen. Zu bejahen ist dieser Zusammenhang immer dann, wenn der Beschäftigte die Vergünstigung gerade deswegen erhält, weil er bestimmte Tätigkeiten ausübt bzw. sich in der entsprechenden Funktion befindet.

12   Der Begriff des ‚**Dritten**' in § 3 Abs. 2 TVöD ist weit auszulegen; dazu gehören nicht nur die außerhalb der Dienststelle agierenden Personen, sondern auch Kollegen und Vorgesetze innerhalb der Behörde.[6]

13   Die Vergünstigung darf nur dann angenommen werden, wenn der Arbeitgeber vor der Annahme **ausdrücklich zugestimmt** hat. Der Beschäftigte kann nicht von der stillschweigenden Zustimmung des Arbeitgebers ausgehen.[7] Meinen es die Tarifpartner mit der Bekämpfung der Korruption Ernst, so ist im Einzelfall vorher immer die Zustimmung des Arbeitgebers einzuholen, bevor der Beschäftigte Vergünstigungen von einem Dritten annimmt. Auch hat der Arbeitgeber die Möglichkeit generelle Zustimmungen vorher zu erteilen.

14   Der Beschäftigte ist jetzt auch verpflichtet, auch nur das **Angebot,** also die Aussicht auf eine Vergünstigung, dem Arbeitgeber unverzüglich anzuzeigen.

15   **Verstößt** der Beschäftigte gegen diese Tarifnorm, kann nach Ausspruch der Abmahnung die ordentliche Kündigung erfolgen. Je nach Schwere des Verstoßes

---

[3]   BAG, Urt. v. 17.04.1984 – 3 AZR 97/82, AP Nr. 1 zu § 10 BAT.
[4]   BAG, Urt. v. 17.04.1984 – 3 AZR 97/82, AP Nr. 1 zu § 10 BAT.
[5]   BAG, Urt. v. 17.06.2003 – 2 AZR 62/02.
[6]   Rundschreiben des BMI v. 22.12.2005 betreffs Durchführungshinweise TVöD – D II 2-220 210-2/0.
[7]   Rundschreiben des BMI v. 22.12.2005 betreffs Durchführungshinweise TVöD – D II 2-220 210-2/0 sowie Rundschreiben des BMI zum Verbot der Annahme von Belohnungen oder Geschenken in der Bundesverwaltung v. 08.11.2004 – D I 3 – 210 170/1 – (gem. § 70 BBG; § 10 BAT/BAT-O; § 12 MTArb/ MTArb-O, § 19 SG), GMBl. 2004 S. 1074 ff.

Kutzki

muss der Beschäftigte auch mit der außerordentlichen Kündigung rechnen. Ein Herausgabeanspruch hat das BAG nur in Ausnahmefällen angenommen.[8]

Der Beschäftigte muss sich auch den strafrechtlichen Risiken bewusst sein (§§ 331, 332 StGB), wenn er solche ‚Belohnungen' von einem Dritten annimmt.

IV. Erläuterung des § 3 Abs. 3 TVöD: Nebentätigkeiten

Wie bereits ausgeführt, war eines der wesentlichen Ziele der Tarifreform, die Lösung vom Beamtenrecht. Im Nebentätigkeitsrecht wurde dies am nachhaltigsten vollzogen: es gibt keinen Verweis mehr auf beamtenrechtliche Bestimmungen. **16**

Dies bisherige wesentliche Regelung fand sich in **§ 11 BAT**, der ‚sinngemäß' auf das Beamtenrecht verwiesen hat. Somit war das Nebentätigkeitsrecht für die Angestellten eigentlich ‚reines Beamtenrecht'. Dies führte immer wieder zu rechtlichen Auseinandersetzungen und Auslegungsfragen. Daher ist es ausdrücklich zu begrüßen, dass diese Verweisung durch die Tarifpartner aufgehoben wurde; damit wurde eigenständiges Tarifrecht geschaffen.

Nach § 3 Abs. 3 TVöD ist der Beschäftigte nur noch verpflichtet, seine entgeltlichen Nebentätigkeiten dem Arbeiteber gegenüber vorher schriftlich **anzuzeigen**. Das dem Verwaltungsrecht entliehene Instrument des ‚Erlaubnisvorbehalts' wurde damit abgelöst. Folglich entfallen auch die beamtenrechtlichen Vorgaben hinsichtlich der Ablieferungspflicht der Einnahmen von Nebentätigkeiten. Ebenso gibt es keine Verpflichtung mehr für den Beschäftigten seine Nebentätigkeiten einmal jährlich aufzulisten und dem Arbeitgeber zu überlassen. Auch die in den Nebentätigkeitsverordnungen gemachten begrifflichen Unterscheide ‚Nebenamt' und ‚Nebenbeschäftigung' spielen keine Rolle mehr. **17**

Der Beschäftigte ist aufgrund von **Art. 12 GG** berechtigt Nebentätigkeiten auszuüben.[9] Das Recht der Berufsfreiheit umfasst ausdrücklich das Recht auf entgeltliche Verwertbarkeit seiner gesamten Arbeitskraft. Der Beschäftigte stellt nämlich durch den Abschluss seines Arbeitsvertrages nicht dem Arbeitgeber seine ganze Arbeitskraft zu Verfügung, sondern nur die, die er aufgrund seines Arbeitsvertrages schuldet, also derzeit die tariflich vereinbarte Wochenarbeitszeit. **18**

Damit versteht man auch weiterhin unter Nebentätigkeiten solche Tätigkeiten, die der Beschäftigte **außerhalb seines Hauptarbeitsverhältnisses** ausübt. Die Rechtsform ist dabei unerheblich, ob als Selbstständiger, mit einem Werkvertrag oder als Arbeitnehmer. **19**

Der § 3 Abs. 3 TVöD verlangt nur noch die Anzeige von entgeltlichen Nebentätigkeiten, also selbst, wenn man die unentgeltlichen oder ehrenamtliche Nebentätigkeiten begrifflich unter § 3 Abs. 3 TVöD fasst, unterliegen diese nicht der Anzeigepflicht.

Unter **entgeltlichen Nebentätigkeiten** versteht man solche Tätigkeiten, für die der Beschäftigte unmittelbar oder mittelbar ein Entgelt oder einen sonstigen geldwerten Vorteil erhält. Allerdings müssen diese Tätigkeiten außerhalb seines Hauptarbeitsverhältnisses ausgeübt werden. **20**

---

8 BAG, Urt. v. 26.03.1971 – 3 AZR 97/70, AP Nr. 5 zu 687 BGB
9 BVerfGE 7, S. 377, 397; 9, S. 39, 48; 21, S. 173 ff.

21   Die Anzeigepflicht des Beschäftigten hat somit den Sinn und Zweck, dem Arbeitgeber die Prüfung nach § 3 Abs. 3 Satz 2 TVöD zu ermöglichen.

Der Arbeitgeber kann nämlich dann die **Nebentätigkeit untersagen** oder mit Auflagen versehen, wenn diese Tätigkeit geeignet ist, die Erfüllung **der arbeitsvertraglichen Pflichten** des Beschäftigten oder **berechtigte Interessen** des Arbeitsgebers zu beeinträchtigen.

Diese Untersagungsmöglichkeit steht im Einklang mit der ständigen Rechtsprechung des BAG und ist auch interessengerecht.[10]

Daher muss der Beschäftigte seine entgeltliche Nebentätigkeit so **rechtzeitig vorher** anzeigen, dass der Arbeitgeber noch in der Lage ist, die Sach- und Rechtslage ausreichend zu überprüfen. Er muss die Möglichkeit haben, eine evtl. Untersagung auf verlässliches Tatsachenmaterial zu stützen und auch evtl. noch Auskünfte durch den Beschäftigten selbst einzuholen, bevor er eine Entscheidung fällt.

22   Die möglichen **Versagungsgründe**, sind die, die im allgemeinen Arbeitsrecht anerkannt und praktiziert werden:

- Ausübung einer Nebentätigkeit, die dem Hauptarbeitgeber Konkurrenz macht[11]
- Überschreiten der gesetzlichen Wochenarbeitszeit von 48 Stunden
- Nichteinhaltung von Ruhezeiten, in der Regel von elf Stunden[12]
- Verbot gegen das Gesetz zur Bekämpfung von Schwarzarbeit
- Nebentätigkeit während des Erholungsurlaub, wenn zweckwidrig und während des gesetzlichen Urlaubszeitraumes von 24 Werktagen/20 Arbeitstagen[13]
- Im Krankheitsfalle, wenn dadurch der Genesungsprozess verzögert wird[14]

Davon zu unterscheiden ist aber, dass ein generelles Verbot einer Nebentätigkeit nicht möglich ist.[15]

23   Andere Versagungsgründe, die noch auf die Verweisung des Beamtenrechts zurückzuführen waren, werden in der Zukunft keine große Bedeutung mehr spielen, es sein denn dass diese die berechtigten Belange des öffentlichen Arbeitgebers beeinträchtigen. Aber schon durch die Nichtübernahme des § 8 Abs. 1 BAT (‚Verhalten, wie man es von Angehörigen des öffentlichen Dienstes erwartet') macht klar, dass solche Wertmaßstäbe auch im Nebentätigkeitsrecht eine untergeordnete Bedeutung haben, beispielhaft seien hier die sog. benannten Versagungsgründe des BBG genannt, wie ‚Ansehen des öffentlichen Dienstes' oder auch die „1/5-Regelung" bei der Arbeitszeitberechnung. Diese Versagungsgründe wird man schwerlich mit den Regelungen des allgemeinen Arbeitsrechts in Übereinstimmung bringen, von denen jetzt der § 3 Abs. 3 TVöD ausgeht.

---

[10]   BAG, Urt. v. 03.12.1970 – 2 AZR 110/70, AP Nr. 60 zu § 626 BGB.
[11]   Rundschreiben des BMI v. 22.12.2005 betreffs Durchführungshinweise TVöD – D II 2 – 220 210-2/0.
[12]   Rundschreiben des BMI v. 22.12.2005 betreffs Durchführungshinweise TVöD – D II 2 – 220 210-2/0; Schaub/ ArbR-Hdb. § 43 RN 14.
[13]   BAG, Urt. v. 25.02.1988 – AP Nr. 3 zu § 8 BUrlG.
[14]   BAG, Urt. v. 26.08.1993, DB 1993, 2534.
[15]   BAG, Urt. v. 26.08.1976 – 2 AZR 377/75, AP Nr. 68 zu § 626 BGB.

V. Erläuterung des § 3 Abs. 4 TVöD: Vorlage einer ärztlichen Bescheinigung

Die Vorgängerregelung war der § 7 BAT. Dieser wurde jedoch nur eingeschränkt **24** übernommen und deutlich vereinfacht.

Auf die im öffentlichen Dienst **übliche Einstellungsuntersuchung** wurde verzichtet. Wenn der Arbeitgeber solch eine Untersuchung vor Arbeitsaufnahme wünscht, muss er dies mit der Bewerberin oder dem Bewerber ausdrücklich vereinbaren. Dies ist auch arbeitsrechtlich dogmatisch besser. Sollte sich herausstellen, nach vertraglicher Vereinbarung, dass der Bewerber nicht für die Tätigkeit geeignet ist, stellt dies eine zulässige **auflösende Bedingung** dar; dies selbst dann, wenn der Arbeitsvertrag bereits unterzeichnet war.[16]

Der Arbeitgeber kann bei bestehendem Arbeitsverhältnis den Beschäftigten zur **25** ärztlichen Untersuchung verpflichten, wenn er hierfür eine ‚begründete Veranlassung' geltend machen kann.

Also solche können angenommen werden:

- Begründete Zweifel an der Arbeitsfähigkeit des Beschäftigten
- Begründete Zweifel an der Arbeitsunfähigkeit des Beschäftigen
- Zur Feststellung, ob der Beschäftigte überhaupt noch seine arbeitsvertraglich geschuldeten Tätigkeiten ausüben kann

Unabhängig von dieser tariflichen Verpflichtung, sich als Beschäftigter bei be- **26** gründeter Veranlassung untersuchen zu lassen, unterliegt der Beschäftigte ggfs. **gesetzlichen Vorgaben,** die solch eine Untersuchung ihm auferlegen, wie nach dem Jugendarbeitsschutzgesetz, Bundesseuchengesetz, Strahlenschutzverordnung, Röntgenverordnung., Gefahrstoffverordnung und der Gentechniksicherheitsverordnung.

Auch besteht weiterhin die Möglichkeit den Beschäftigten durch den medizinischen Dienst der Krankenkassen untersuchen zu lassen, § 275 Abs. 1 SGB V.

Der Arbeitgeber ist jetzt nicht mehr in seiner **Arztwahl** frei, er muss sich mit **27** dem Betriebs- oder Personalrat auf einen Arzt verständigen, § 3 Abs. 4 Satz 2 TVöD. Gibt es in dieser Dienststelle/Organisation einen Betriebsarzt, so ist dieser für solche Untersuchungen ebenfalls geeignet. Auf die Besonderheiten als Betriebsarzt nach **§ 3 Abs. 3 ASiG** sei an dieser Stelle nur hingewiesen, insbesondere auf einen drohenden Interessenskonflikt, bei Untersuchungen durch den Betriebsarzt, der eine negative Prognose für eine krankheitsbedingte Kündigung erstellen soll. Eine ärztliche Bescheinigung der Hausärztin/ des Hausarztes ist nicht mehr ausreichend.

Die Kosten solcher Untersuchungen trägt der Arbeitgeber. Der § 3 Abs. 4 Satz **28** 3 TVöD hat lediglich Klarstellungsfunktion. Die Kostentragungspflicht ergibt sich bereits aus § 11 SGB V.

Die Einstellungsuntersuchung (anders als im BAT !) ist nicht mehr ausdrück- **29** lich tarifrechtlich geregelt. Dennoch ist es weiterhin zulässig und geboten, die gesundheitliche Eignung zur Bedingung für den Abschluss eines Arbeitsvertrages zu machen. Bei der Anbahnung des Arbeitsverhältnisses ist hinsichtlich der Kosten-

---

[16]   LAG Frankfurt, Urt. v. 08.12.1994 – 12 Sa 1103/94, ZTR 1995, 373.

tragungspflicht dieser Untersuchung der § 3 Abs. 4 Satz 3 TVöD nicht anwendbar. Die Übernahme dieser Kosten für die Einstellungsuntersuchung ergibt sich somit aus den §§ 675, 670 BGB.[17]

30 **Weigert** sich der Beschäftigte grundlos solch eine ärztliche Untersuchung durchführen zu lassen, stellt dies eine arbeitsrechtliche Schlechtleistung dar und kann **abgemahnt** werden. Bei wiederholter oder hartnäckiger Weigerung kann auch ggfs. eine ordentliche Kündigung ausgesprochen werden.[18]

VI. Erläuterung zu § 3 Abs. 5 TVöD: Personalakten

31 Die bisherige Regelung fand sich in **§ 13 BAT**. Diese Bestimmung wurde inhaltlich nur teilweise übernommen.

Der § 3 Abs. 5 TVöD hat im Ergebnis nur noch drei Anwendungsbereiche:

- das Recht des Beschäftigten auf Einsicht in seine vollständigen Personalakten
- die Möglichkeit dieses Einsichtsrecht an einen Bevollmächtigten zu übertragen
- das Recht, Auszüge oder Kopien aus den Personalakten zu erhalten.

Inhaltlich nicht übernommen wurde die Bestimmung des § 13 Abs. 2 BAT, nach dem ein Angestellter über nachteilige Beschwerden oder Behauptungen vor Aufnahme in die Personalakte **angehört** werden muss. Solche Anhörungspflichten können sich damit nur noch kollektivrechtlich ergeben, § 82 Abs. 1 BetrVG, § 69 Abs. 1 Satz 6 BPersVG.

32 Aus dem Begriff der ,**vollständigen Personalakte**' muss geschlossen werden, dass hiermit alle Vorgänge gemeint sind, die den Beschäftigten in seinen persönlichen oder dienstlichen Verhältnissen betreffen und in einem inneren Zusammenhang mit dem Arbeitsverhältnis stehen.[19] Unzulässig ist es daher mehrere getrennte Teilakten zu führen.[20] Zulässig ist es andererseits, wenn einzelne Sachbearbeiter für ihr Tätigkeitsfeld einen gesonderten Auszug aus der Personalakte führen, solange alle wesentlichen Dokumente auch in der Personalakte abgelegt werden. Die Tarifpartner haben sich damit für den **materiell-rechtlichen Personalaktenbegriff** entschieden; dies bedeutet, der Arbeitgeber kann sich nicht dem Einsichtsrecht des Beschäftigten in seine Personalakte dadurch entziehen, dass er formal trennt etwa zwischen ,Haupt- und Nebenakte' oder von ,Hilfsakten' spricht. Diese unterliegen alle dem Einsichtsrecht des Beschäftigten.[21] Maßgeblich ist also der Inhalt des Vorgangs und nicht die Aufbewahrung oder Registrierung der Akten. Da das Tarifrecht noch nie den Personalaktenbegriff definiert hat, ist insoweit auf die Rechtssprechung des Bundesverwaltungsgerichts zurückzugreifen.[22]

---

[17] Rundschreiben des BMI v. 22.12.2005 betreffs Durchführungshinweise TVöD – D II 2 – 220 210-2/0.
[18] LAG Düsseldorf, Urt. v. 08.04.1994 – 12 Sa 74/93, ZTR 94, 74.
[19] BAG AP Nr. 83 zu § 611 BGB Fürsorgepflicht.
[20] BAG, Urt. v. 07.05.1980 – 4 AZR 214/78, AuR 1981, 124; BAG, Urt. v. 08.04.1992 – 5 AZR 101/91.
[21] so schon Art. 129 Abs. 2 WRV: *dem Beamten ist Einsicht in seine Personalnachweise zu gewähren.*
[22] BVerwG, Urt. v. 31.01.1980 – 2 C 5.78, ZBR 1980, 348.

Auch durch die Streichung der Anhörungspflicht für den Arbeitgeber ist dieser **33** weiterhin verpflichtet, die Personalakte nach den Grundsätzen der Vollständigkeit und Wahrheit zu führen. Diese gelten fort und wurden durch die Rechtsprechung des BAG immer wieder bestätigt.[23]

Der Beschäftigte ist berechtigt jederzeit ohne Einhaltung einer Schriftform sein **34** **Einsichtsrecht** geltend zu machen. Dies kann auch wiederholt geschehen, da sich die Personalakte auch verändern kann. Aus dem Grundsatz der Vertraulichkeit der Personalakten folgt, dass Zugangsrecht beim Arbeitgeber auf einen eng begrenzten Personenkreis zu beschränken ist. Dies werden im Regelfall die Mitarbeiter/ Mitarbeiterinnen der Personabteilung sein. Fachvorgesetzten ist solch ein Einsichtsrecht nicht zuzugestehen.[24]

Lässt der Beschäftigte dieses Einsichtsrecht durch einen Dritten ausüben, ist eine **schriftliche Vollmacht** vorzulegen. Bevollmächtigter kann hier jede geschäftsfähige natürliche Person sein, unabhängig davon, ob es sich um einen außenstehenden Dritten oder einen Personal- oder Betriebsrat, eine/n Kollegin/en der Dienststelle oder einen Rechtsanwalt handelt. Anzumerken ist, das nicht der Betriebs- oder Personalrat als Gremium bevollmächtigt werden kann, sondern nur deren Mitglieder. Der Arbeitgeber hat aber keine Möglichkeit den Bevollmächtigten zurückzuweisen.

Der Beschäftigte kann auch weiterhin **Entfernungen** aus der Personalakte verlangen, wie etwa Abmahnungen, schriftliche Rügen oder Ermahnungen, wenn er **35** der Auffassung ist, dass diese zu Unrecht erteilt worden sind. Für die Richtigkeit trägt der Arbeitgeber die Beweislast.[25]

Wichtig ist, dass für diesen Entfernungsanspruch nicht die tarifliche Ausschlussfrist von 6 Monaten gilt, § 37 TVöD.[26]

Der Beschäftigte hat auch weiterhin das Recht **Auszüge oder Kopien** aus den **36** Personalakten zu erhalten. Der Arbeitgeber bestimmt aber den Ort, wo diese Kopien/Auszüge erstellt werden. Dieser Anspruch darf aber nicht dazu führen, dass der Beschäftigte die komplette Ablichtung seiner Personalakte begehrt, darauf hat er keinen Anspruch; dies ergibt sich schon aus der tariflichen Formulierung: „.... Auszüge oder Kopien aus ihren Personalakten." Dadurch wird ersichtlich, dass die Tarifvertragsparteien, von einzelnen Seiten ausgegangen sind.

Entgegen der Auffassung des BAG[27] ist es der Behörde nicht erlaubt, Personalakten an andere Dienststellen des öffentlichen Dienstes weiterzugeben. Dies setzt **37** die Zustimmung des Beschäftigten voraus. Sollte diese Zustimmung nicht vorliegen, ist solch eine Weitergabe ein Eingriff in das Persönlichkeitsrecht des Beschäftigten. Das BAG verkennt, dass ein Amtshilfeersuchen im Sinne von Art. 35 GG öffentlich-rechtliche Aufgabenwahrung voraussetzt. Der TVöD hingegen löst sich gerade vom Beamtenrecht und die Personalakte ist daher dem privatrechtlichen Sektor zuzurechnen.

---

[23] BAG, Urt. v. 25.04.1972 – 1 AZR 322/71, AP Nr. 9 zu § 611 BGB öffentlicher Dienst.
[24] BAG, Urt. v. 15.07.1987 – 5 AZR 215/86, AP Nr. 14 zu § 611 BGB Persönlichkeitsrecht.
[25] BAG, Urt. v. 13.03.1987 – 7 AZR 601/185.
[26] BAG, Urt. v. 14.12.1994 – 5 AZR 137/94, AP Nr. 15 zu § 611 BGB Abmahnung.
[27] BAG, Urt. v. 15.07.1960 – 1 AZR 496/58, AP Nr. 1 zu Art. 35 GG.

§ 4 Versetzung, Abordnung, Zuweisung, Personalgestellung

(1) ¹Beschäftigte können aus dienstlichen oder betrieblichen Gründen versetzt oder abgeordnet werden. ²Sollen Beschäftigte an eine Dienststelle oder einen Betrieb außerhalb des bisherigen Arbeitsortes versetzt oder voraussichtlich länger als drei Monate abgeordnet werden, so sind sie vorher zu hören.

Protokollerklärungen zu Absatz 1:
1. *Abordnung ist die Zuweisung einer vorübergehenden Beschäftigung bei eineranderen Dienststelle oder einem anderen Betrieb desselben oder eines anderen Arbeitgebers unter Fortsetzung des bestehenden Arbeitsverhältnisses.*
2. *Versetzung ist die Zuweisung einer auf Dauer bestimmten Beschäftigung bei einer anderen Dienststelle oder einem anderen Betrieb desselben Arbeitgebers unter Fortsetzung des bestehenden Arbeitsverhältnisses.*

Niederschriftserklärung zu § 4 Abs. 1:
Der Begriff „Arbeitsort" ist ein generalisierter Oberbegriff; die Bedeutung unterscheidet sich nicht von dem bisherigen Begriff „Dienstort".

(2) ¹Beschäftigten kann im dienstlichen/betrieblichen oder öffentlichen Interesse mit ihrer Zustimmung vorübergehend eine mindestens gleich vergütete Tätigkeit bei einem Dritten zugewiesen werden. ²Die Zustimmung kann nur aus wichtigem Grund verweigert werden. ³Die Rechtsstellung der Beschäftigten bleibt unberührt. ⁴Bezüge aus der Verwendung nach Satz 1 werden auf das Entgelt angerechnet.

Protokollerklärung zu Absatz 2:
Zuweisung ist - unter Fortsetzung des bestehenden Arbeitsverhältnisses - die vorübergehendeBeschäftigung bei einem Dritten im In- und Ausland, bei dem der Allgemeine Teil des TVöD nicht zur Anwendung kommt.

(3) ¹Werden Aufgaben der Beschäftigten zu einem Dritten verlagert, ist auf Verlangen des Arbeitgebers bei weiter bestehendem Arbeitsverhältnis die arbeitsvertraglich geschuldete Arbeitsleistung bei dem Dritten zu erbringen (Personalgestellung). ²§ 613a BGB sowie gesetzliche Kündigungsrechte bleiben unberührt.

Protokollerklärung zu Absatz 3:
¹Personalgestellung ist - unter Fortsetzung des bestehenden Arbeitsverhältnisses - die auf Dauer angelegte Beschäftigung bei einem Dritten. ²Die Modalitäten der Personalgestellung werden zwischen dem Arbeitgeber und dem Dritten vertraglich geregelt.

Dörring

I. Verhältnis der gesetzlichen und tarifvertraglichen Regelungen

1. Verhältnis zu den bisherigen tarifvertragliche Regelungen

Durch die Regelung wird § 12 BAT, § 8 Abs. 6 MTArb (Bund), § 9 Abs. 6 i. V. **1** m. § 27 BMT-G II und SR 2d BAT neu geregelt. Abs. 1 der Vorschrift entspricht inhaltlich § 12 Abs. 1 BAT und führt gegenüber der Regelung von § 8 Abs. 6 MT Arbeiter sowie § 9 Abs. 6 BMT-G II zu keiner Rechtsänderung. Nach § 27 Abs. 3 BMT-G II hatte der Arbeitgeber die Möglichkeit der Einweisung des Arbeiters in eine niedrigere Lohngruppe bei der bisherigen Dienststelle oder einer anderen Dienststelle unter Kürzung der Vergütung, wenn Arbeitsmangel oder ein an anderer Stelle dringender notwendiger Bedarf aus dienstlichen oder betrieblichen Gründen eine vorübergehende personelle Umsetzung erforderlich machten.[1] Diese Möglichkeit, eine niederwertigere Tätigkeit mit Absenkung der Vergütung im Wege des Direktionsrechts anweisen zu können, besteht in Zukunft nicht mehr.

Abs. 2 regelt die Zuweisung einer anderen Tätigkeit bei einem anderen Arbeit- **2** geber. Nach den bisherigen tarifvertraglichen Regelungen konnten hierbei nur Tätigkeiten, die gleich bewertet werden, zugewiesen werden. Nach der Neuregelung ist eine Zuweisung bereits dann möglich, wenn die Tätigkeit bei dem Dritten gleich vergütet wird.

Während nach § 12 Abs. 3 BAT eine Versetzung oder Abordnung ohne Zustimmung des Angestellten während der Probezeit nicht möglich war, ist dies nach der neuen Vorschrift möglich.

Durch die tarifvertragliche Regelung wird das Direktionsrecht des Arbeitgebers **3** einerseits beschränkt andererseits allerdings auch erweitert.

Das Direktionsrecht des Arbeitgebers umfasst das Recht, die Arbeitspflicht durch einseitige Weisungen hinsichtlich Zeit, Ort und Inhalt der Tätigkeit festzusetzen. Der Arbeitgeber kann hierbei den Beschäftigten innerhalb seiner Betriebe und innerhalb der arbeitsvertraglich geschuldeten Tätigkeit so einsetzen, wie er es für notwendig erachtet. Im öffentlichen Dienst kann er dem Beschäftigten alle Tä-

---

[1] BAG, Urt. v. 23.09.2004 – 6 AZR 442/03, ZTR 2005, 323.

tigkeiten, die seiner Vergütungsgruppe entsprechen, zuweisen.[2] Das Direktionsrecht des Arbeitgebers wird durch höherrangige gesetzliche Vorschriften und Festlegung des Arbeitsvertrages[3] begrenzt. Ist im Arbeitsvertrag also festgelegt, dass beispielsweise ein Hausmeister an einer bestimmten Schule im Ort X beschäftigt ist, so ist ein Einsatz in einer anderen Schule oder bei einem anderen Arbeitgeber in einer anderen Einrichtung arbeitsvertraglich nicht zulässig. Die Erweiterung des Direktionsrechts durch die tarifvertragliche Vorschrift würde in diesem Fall ins Leere laufen. Wird als Arbeitsort vertraglich allerdings nur die „Beschäftigungsdienststelle" genannt, so soll hierdurch das Weisungsrecht des Arbeitgebers nicht begrenzt werden.[4]

2. Verhältnis zu den beamtenrechtlichen Regelungen

4   Die tarifvertraglichen Regelungen entsprechen von ihrer Zielsetzung her den beamtenrechtlichen Regelungen in §§ 16, 17 und § 123 a BRRG. Sie enthalten aber abweichende Voraussetzungen und einzuhaltende Rahmenbedingungen.[5]

---

[2]   BAG, Urt. v. 30.08.1995 – 1 AZR 47/95, NZA 1995, 440.

[3]   BAG, Urt. v. 17.02.1998 – 9 AZR 130/97, NZA 1999, 33.

[4]   BAG, Beschl. v. 22.01.2004 – 1 AZR 495/01, ZTR 2004, 268.

[5]   **Beamtenrechtsrahmengesetz**
4. Versetzung und Abordnung
§ 17 [Abordnung]
(1) [1]Der Beamte kann, wenn ein dienstliches Bedürfnis besteht, vorübergehend ganz oder teilweise zu einer seinem Amt entsprechenden Tätigkeit an eine andere Dienststelle abgeordnet werden.
(2) [1]Aus dienstlichen Gründen kann der Beamte vorübergehend ganz oder teilweise auch zu einer nicht seinem Amt entsprechenden Tätigkeit abgeordnet werden, wenn ihm die Wahrnehmung der neuen Tätigkeit auf Grund seiner Vorbildung oder Berufsausbildung zuzumuten ist. [2]Dabei ist auch die Abordnung zu einer Tätigkeit, die nicht einem Amt mit demselben Endgrundgehalt entspricht, zulässig. [3]Die Abordnung nach den Sätzen 1 und 2 bedarf der Zustimmung des Beamten, wenn sie die Dauer von zwei Jahren übersteigt.
(3) [1]Die Abordnung zu einem anderen Dienstherrn bedarf der Zustimmung des Beamten. [2]Abweichend von Satz 1 ist die Abordnung auch ohne Zustimmung des Beamten zulässig, wenn die neue Tätigkeit einem Amt mit demselben Endgrundgehalt auch einer gleichwertigen oder anderen Laufbahn entspricht und die Abordnung die Dauer von fünf Jahren nicht übersteigt.
(4) [1]Wird ein Beamter zu einem anderen Dienstherrn abgeordnet, so finden auf ihn die für den Bereich dieses Dienstherrn geltenden Vorschriften über die Pflichten und Rechte der Beamten mit Ausnahme der Regelungen über Diensteid, Amtsbezeichnung, Besoldung und Versorgung entsprechend Anwendung. [2]Zur Zahlung der ihm zustehenden Dienstbezüge ist auch der Dienstherr verpflichtet, zu dem er abgeordnet ist.
§ 18 [Versetzung]
(1) [1]Der Beamte kann in ein anderes Amt einer Laufbahn, für die er die Befähigung besitzt, versetzt werden, wenn er es beantragt oder ein dienstliches Bedürfnis besteht. [2]Eine Versetzung bedarf nicht seiner Zustimmung, wenn das neue Amt zum Bereich desselben Dienstherrn gehört, derselben Laufbahn angehört wie das bisherige Amt und mit mindestens demselben Endgrundgehalt verbunden ist; Stellenzulagen gelten hierbei nicht als Bestandteile des Grundgehaltes. [3]Beim Wechsel der Verwaltung ist der Beamte zu hören.
(2) [1]Aus dienstlichen Gründen kann ein Beamter ohne seine Zustimmung in ein Amt mit demselben Endgrundgehalt einer gleichwertigen oder anderen Laufbahn, auch im Bereich eines anderen Dienstherrn, versetzt werden; Stellenzulagen gelten hierbei nicht als Bestandteile des Grundgehaltes. [2]Bei der Auflösung oder einer wesentlichen Änderung des Aufbaues oder der Aufgaben einer Behörde oder der Verschmelzung von Behörden kann ein Beamter, dessen Aufgabengebiet davon berührt wird, auch ohne seine Zustimmung in ein anderes Amt derselben oder einer gleichwertigen Laufbahn mit geringerem Endgrundgehalt im Bereich desselben Dienstherrn versetzt werden, wenn eine seinem bisherigen Amt entsprechende Verwendung nicht möglich ist; das

II. Abordnung und Versetzung

1. Begriffsbestimmung

Nach der Rechtsprechung des BAG ist unter Versetzung - wie im Beamtenrecht - **5**
die Zuweisung einer für Dauer bestimmten Beschäftigung bei einer anderen
Dienststelle desselben Arbeitgebers unter Fortsetzung des bestehenden Arbeitsverhältnisses zu verstehen. Abordnung hingegen ist die Zuweisung einer vorübergehenden Beschäftigung bei einer anderen Dienststelle desselben Arbeitgebers
oder eines anderen Arbeitgebers unter Fortsetzung des bestehenden Arbeitsverhältnisses.[6] Die in der Rechtsprechung und Kommentarliteratur bestehenden unterschiedlichen Auslegungen, ob eine Versetzung nur bei demselben Arbeitgeber
oder auch bei einem anderen Arbeitgeber zulässig ist,[7] wurde durch die beiden
Protokollnotizen im Sinne der Rechtsprechung des BAG klargestellt. Beide Maßnahmen unterscheiden sich somit dadurch, dass die Versetzung auf Dauer angelegt
ist und beim selben Arbeitgeber erfolgt, während die Abordnung grundsätzlich nur
eine vorübergehende Maßnahme darstellt und auch bei einem anderen Arbeitgeber
erfolgen kann. Eine Abordnung kann auch täglich nur für einige Stunden erfolgen.[8]

Endgrundgehalt muss mindestens dem des Amtes entsprechen, das der Beamte vor dem bisherigen
Amt innehatte.
(3) [1]Besitzt der Beamte nicht die Befähigung für die andere Laufbahn, hat er an Maßnahmen
für den Erwerb der neuen Befähigung teilzunehmen.
(4) [1]Wird der Beamte in ein Amt eines anderen Dienstherrn versetzt, wird das Beamtenverhältnis
mit dem neuen Dienstherrn fortgesetzt; auf die beamten- und besoldungsrechtliche Stellung des
Beamten finden die im Bereich des neuen Dienstherrn geltenden Vorschriften Anwendung.
§ 123 [Abordnung oder Versetzung zu einem anderen Dienstherren]
(1) [1]Der Beamte kann nach Maßgabe der §§ 17 und 18 auch über den Bereich des Bundes oder eines Landes hinaus zu einem anderen Dienstherrn im Geltungsbereich dieses Gesetzes abgeordnet
oder versetzt werden.
(2) [1]Die Abordnung oder Versetzung wird von dem abgebenden im Einverständnis mit
dem aufnehmenden Dienstherrn verfügt; das Einverständnis ist schriftlich zu erklären. [2]In der
Verfügung ist zum Ausdruck zu bringen, dass das Einverständnis vorliegt.
**§ 123a [Zuweisung einer vorübergehenden Tätigkeit bei einer öffentlichen Einrichtung au-
ßerhalb des BRRG, Zuweisung bei Privatisierung]**
(1) [1]Dem Beamten kann im dienstlichen oder öffentlichen Interesse mit seiner Zustimmung vorübergehend eine seinem Amt entsprechende Tätigkeit bei einer öffentlichen Einrichtung außerhalb des Anwendungsbereichs dieses Gesetzes zugewiesen werden. [2]Die Zuweisung einer Tätigkeit bei einer anderen Einrichtung ist zulässig, wenn dringende öffentliche Interessen
dies erfordern; die Entscheidung trifft die oberste Dienstbehörde.
(2) [1]Dem Beamten einer Dienststelle, die ganz oder teilweise in eine öffentlich-rechtlich organisierte Einrichtung ohne Dienstherreneigenschaft oder eine privatrechtlich organisierte Einrichtung
der öffentlichen Hand umgewandelt wird, kann auch ohne seine Zustimmung eine seinem
Amt entsprechende Tätigkeit bei dieser Einrichtung zugewiesen werden, wenn dringende öffentliche Interessen dies erfordern.
(3) [1]Die Rechtsstellung des Beamten bleibt unberührt
[6] BAG, Urt. v. 18.02.1976 – 5 AZR 616/74, PersV 1977, 111; BAG, Urt. v. 11.06.1992 – 6 AZR
   218/91, AP Nr. 2 zu § 12 BAT.
[7] Nur beim eigenen Arbeitgeber: BAG, Urt. v. 18.02.1976 – 5 AZR 616/74, PersV 1977,111; Das-
   sau/Wiesend-Rothbrust § 12, Rn. 5; Uttlinger § 12, Rn. 4; Einsatz auch bei anderem Arbeitgeber:
   Clemens § 12 Rn. 4.
[8] BAG, Urt. v. 11.06.1992 – 6 AZR 218/91, AP Nr.2 zu § 12 BAT.

Dörring

6   Als Dienststelle wird seitens des BAG hierbei die den Dienstposten des Beschäftigten einschließende eingerichtete, kleinste organisatorisch abgrenzbare Verwaltungseinheit, deren örtlich und sachlich ein bestimmtes Aufgabengebiet zugewiesen ist, verstanden.[9] Unter Betrieb hingegen ist der Betrieb im Sinne des § 4 BetrVG zu verstehen. Abzugrenzen von der Versetzung ist die Umsetzung, die dann gegeben ist, wenn ein anderer Arbeitsplatz in derselben Dienststelle zugewiesen wird.[10]

2. Schranken der Abordnung und Versetzung

7   Der Beschäftigte muss bei einer Versetzung oder Abordnung allerdings mit Tätigkeiten betraut werden, die den Merkmalen seiner Vergütungsgruppe entsprechen. Soweit hierdurch Zulagen entfallen, die bei Ausübung seiner normalen Tätigkeit sonst anfallen, ist dies kein Hindernis für eine Versetzung oder Abordnung, sondern muss durch den Arbeitgeber bei der Interessenabwägung vor Durchführung der Maßnahme berücksichtigt werden. Es besteht kein Ausgleichsanspruch des Beschäftigten für hierdurch entfallende Zulagen.[11]

Eine weitere Einschränkung hinsichtlich der Abordnung ergibt sich hinsichtlich der Qualifikation des „anderen Arbeitgebers" im Falle der Abordnung. Wie sich aus der Protokollerklärung zu Abs. 2 ergibt, ist eine Zuweisung an einen anderen Arbeitgber dadurch gekennzeichnet, dass dies an einen anderen Arbeitgeber erfolgt, der an den allgemeinen Teil des TVöD nicht gebunden ist. Eine Abordnung hingegen ist im Umkehrschluss hieraus nur dann gegeben, wenn der andere Arbeitgeber seinerseits an den Allgemeinen Teil des TVöD gebunden ist.

den ist. Eine Abordnung hingegen ist im Umkehrschluss hieraus nur dann gegebene, wenn der andere Arbeitgeber seinerseits an den Allgemeinen Teil des TVöD gebunden ist.[12]

3. Dienstliche oder betriebliche Gründe

8   Das Direktionsrecht zur Durchführung einer Versetzung oder Abordnung des Arbeitgebers ist dadurch eingeschränkt, dass dienstliche oder betriebliche Gründe vorliegen müssen. Diese sind gegeben, wenn die ordnungsgemäße Aufgabenerledigung in der Verwaltung oder im Betrieb aus wirtschaftlichen Gründen den Einsatz des Beschäftigten in einer anderen Dienststelle oder im anderen Betrieb erfordern.[13] Sie können aber auch sowohl in der Person als auch im Verhalten des Beschäftigten oder eines anderen Beschäftigten begründet sein.[14]

4. Anhörung des Arbeitnehmers

9   Da es sich bei einer Versetzung und Abordnung um ein einseitiges Leistungsbestimmungsrecht des Arbeitgebers i. S. des § 315 BGB handelt, hat der Arbeitgeber bei der Interessenabwägung nach § 315 Abs. 3 BGB auch der Maßnahme entgegenstehende Interessen des Beschäftigten zu berücksichtigen. Im Tarifvertrag ist

---

[9]   BAG, Beschl. v. 22.01.2004 – 1 AZR 495/01, ZTR 2004, 268.
[10]   BAG, Beschl. v. 22.01.2004 – 1 AZR 495/01, ZTR 2004, 268.
[11]   Bredemeier/Neffke/Neffke § 12 Rn. 8.
[12]   Preis/Greiner: Die Personalgestellung nach § 4 Abs. 3 TVöD, ZTR 2006, 290, 291.
[13]   BAG, Urt. v. 30.10.1985 – 7 AZR 216/83, AP Nr. 1 zu § 12 BAT; Preis/Greiner Fn. 12, 291.
[14]   BAG, Urt. v. 21.03.1959 – 4 AZR 236/56, AP Nr. 27 zu § 611 BGB.

deshalb festgehalten, dass der Arbeitgeber den Beschäftigten anzuhören hat, wenn die Versetzung oder Abordnung an einen anderen Dienstort erfolgt oder länger als drei Monate dauert. Der Gesundheitszustand der Ehefrau eines Beschäftigten kann ein Hindernis für eine Versetzung von seinem bisherigen Wohnort an einen weit entfernten Arbeitsort sein.[15] Erfolgt eine Versetzung wegen Leistungsmängel des Beschäftigten, so kann die gebotene Interessenabwägung ergeben, dass der Arbeitgeber das beanstandete Verhalten zunächst gegenüber dem Beschäftigten unter Hinweis auf die sonst drohende Versetzung abmahnen muss.[16]

Die Zulässigkeit und Wirksamkeit einer Versetzung eines Beschäftigten auf einen neuen Arbeitsplatz an einem anderen Arbeitsort kann Gegenstand einer positiven oder negativen Feststellungsklage sein.[17] Nach der Niederschriftserklärung zu § 4 TVöD ist Arbeitsort hier gleichbedeutend mit dem Begriff „Dienstort". **10**

Wird ein Beschäftigter, dessen Arbeitsverhältnis im Beitrittsgebiet begründet ist, vorübergehend, aber auf nicht absehbare Zeit, in den Geltungsbereich des TVöD West abgeordnet, so ist der TVöD West auf das Beschäftigungsverhältnis während der Zeit der Abordnung anzuwenden. Eine Fortgeltung des TVöD/O kommt nur dann in Betracht, wenn es sich um eine kurzzeitig befristete Entsendung in den Geltungsbereich des TVöD handelt, wie bei einer Einarbeitung oder einer Fortbildung.[18] Die Tarifvertragsparteien haben dies in § 38 Abs. 1 a) klargestellt. Der TVöD Ost findet danach nur für die Arbeitsverhältnisse Anwendung, die im Beitrittsgebiet nach Art. 3 des Einigungsvertrages begründet worden sind und bei denen der Bezug des Arbeitsverhältnisses zu diesem Gebiet fortbesteht. Aus dieser differenzierten Betrachtung ergibt sich, dass ein Bezug zum Beitrittsgebiet nicht durch den Arbeitsvertrag selbst hergestellt ist, sondern durch weitere Umstände gegeben sein muss. Diese können darin liegen, dass der Beschäftigte nur vorübergehend im Beitrittsgebiet West tätig wird, wobei zeitlich vorübergehend als kurzfristige Tätigkeit zu definieren ist. Abgestellt werden kann bei dieser Grenze darauf, dass die Tarifvertragsparteien in Absatz 1 ab einer Abordnung, die einen Zeitraum von drei Monaten übersteigt, einen so wesentlichen Eingriff gesehen haben, dass ausdrücklich vor Ausspruch der Maßnahme der betroffene Beschäftigte anzuhören ist. Insofern sollte dieser Grenzwert auch bei der Bestimmung der zeitlichen Grenze eines Einsatzes eines Beschäftigten, dessen Arbeitsverhältnis im Tarifgebiet Ost begründet wurde und der vorübergehend im Tarifgebiet West eingesetzt wird, maßgeblich sein. Kehren die Beschäftigten wieder in das Beitrittsgebiet auf Dauer zurück, so findet wieder der TVöD Ost Anwendung. **11**

Werden Beschäftigte in beiden Gebieten eingesetzt, so bleibt der Bezug des Arbeitsverhältnisses zum Beitrittsgebiet bestehen und es findet nur der TVöD Ost Anwendung. **12**

---

[15] BVerwG, Urt. v. 12.06.1996 – 1 WB 21/95, Taschen Lexikon personalrechtliche Entscheidungen des öffentlichen Dienstes, 32. Ergänzungslieferung 2000, Entsch. Nr. 12.369.

[16] BAG, Urt. v. 30.10.1985 – 7 AZR 216/83, AP Nr. 1 zu § 12 BAT.

[17] BAG, Urt. v. 20.01.1960 – 4 AZR 267/59, BAG E 8, 338.

[18] Zur Rechtslage nach dem BAT: BAG, Urt. v. 01.06.1995 – 6 AZR 922/94, AP Nr. 5 zu § 1 BAT-O.

Wird umgekehrt ein Beschäftigter vom Tarifgebiet West im Tarifgebiet Ost eingesetzt, so gelten nach § 38 Abs. 1 b) die Regelungen für das Tarifgebiet West fort.

III. Zuweisung

1. Begriff der Zuweisung

13   Nach der Protokollnotiz ist eine Zuweisung die vorübergehende Beschäftigung in dienstlichem, betrieblichem oder öffentlichem Interesse bei einem Dritten im In- und Ausland unter Fortsetzung des bestehenden Arbeitsverhältnisses, bei dem der allgemeine Teil des TVöD nicht zur Anwendung kommt. Letzteres Merkmal unterscheidet die Zuweisung somit von der Abordnung dadurch, dass zwar ebenfalls ein Einsatz bei einem Dritten zugelassen wird, aber der allgemeine Teil des TvöD keine Anwendung findet. Die Vorschrift entspricht weitestgehend der Regelung des § 123 a Abs. 1 BRRG.

2. Dienstliches, betriebliches oder öffentliches Interesse

14   Wann ein dienstliches oder betriebliches Interesse gegeben ist, bestimmt sich wie in Absatz 1. Ein öffentliches Interesse ist dann gegeben, wenn die Funktionsfähigkeit der öffentlichen Verwaltung und damit das Allgemeinwohl betroffen ist.[19]

Die Zuweisung muss nicht, wie nach der alten Regelung des §§ 12 Abs. 2 BAT, zu einer öffentlichen oder anderen „Einrichtung" erfolgen. Eine Zuweisung zu einem privaten Arbeitgeber ist ebenfalls zulässig.

3. Vorübergehende Zuweisung

15   Da das Beschäftigungsverhältnis des Beschäftigten zu seinen bisherigen Arbeitgeber unter dem bestehenden Konditionen aufrechterhalten wird und damit die Schutzbelange des Beschäftigten weitestgehend gewahrt bleiben und sich an seiner Rechtsstellung nach der tarifvertraglichen Vorschrift nichts ändert, ist „vorübergehend" im Sinne dieser Bestimmung ähnlich wie bei der Konzernleihe nach § 1 Abs. 3 Nr. 2 AÜG weit auszulegen. Vorübergehend ist eine Zuweisung immer dann, wenn zum Zeitpunkt der Zuweisung ihr Ende bereits festgelegt ist oder der sachliche Grund der Zuweisung seinem Charakter nach vorübergehend ist. Zeiträume von bis zu 7 Monaten werden seitens des BAG als unproblematisch angesehen.[20]

4. Gleich vergütete Tätigkeit

16   Entgegen der Vorgängervorschrift muss der Beschäftigte allerdings nicht im Rahmen der Tätigkeitsmerkmale, die seine Vergütungsgruppe charakterisieren, eingesetzt werden. Dem Beschäftigten kann eine höherwertigere oder geringwertigere Tätigkeit zugewiesen werden. Wird dem Beschäftigten eine geringwertigere Tätigkeit zugewiesen, so muss diese allerdings mindestens gleich vergütet sein. Wird eine höherwertigere Tätigkeit zugewiesen, so kann dies auf Grund des Eingruppierungsautomatismus dazu führen, dass ein Anspruch auf eine entsprechende höhere Eingruppierung erwächst.

---

[19]   Clemens § 12 Erl. 9.
[20]   BAG, Urt. v. 21.03.1990 – 7 AZR 198/89, NZA 91, 269.

Umgekehrt kann eine Zuweisung einer niederwertigeren Tätigkeit jedoch nicht **17**
dazu führen, dass auf Grund des Eingruppierungsautomatismus eine Abgruppie-
rung erfolgt, da sich an der Rechtsstellung des Beschäftigten keine Änderungen
ergeben dürfen. In diesem Fall spielen allerdings die Interessen des Beschäftigten
daran, eine Tätigkeit entsprechend der arbeitsvertraglich Festlegung und seiner
Qualifikation auszuüben, eine Rolle, die dazu führen kann, die Zuweisung auf einige wenige Monate zu befristen.

Sehr häufig ändert sich die Tätigkeit bei der Aufgabenübertragung an einen **18**
Dritten. Dies kann daran liegen, dass im Falle des Outsourcens von Verwaltungs-
tätigkeiten der private Dritte ähnliche Aufgaben für andere öffentliche oder private
Unternehmen ebenfalls wahrnimmt, sich aus der Eingliederung bei dem Dritten
Synergiepotentiale erschließen lassen und Aufgaben wegfallen oder neu definiert
werden. Ändern sich mit der Aufgabenverlagerung auch die Tätigkeitsmerkmale
des im Wege der Personalgestellung überlassenen Arbeitnehmers, so ist die Personalgestellung nicht mehr im Wege des Direktionsrechts des Arbeitgebers möglich. Jede inhaltliche Änderung des Arbeitsvertrages, die nicht mehr von Direktionsrecht des Arbeitgebers abgedeckt ist, bedarf der einvernehmlichen Vertragsänderung. Ist diese nicht zu erreichen, so kommt der Ausspruch einer Änderungskündigung in Betracht. Ändert der Dritte die Arbeitsbedingungen, so hat er sich an
die Grenzen der vertraglich vereinbarten Grundlagen des Arbeitnehmerüberlas-
sungs- oder Personalgestellungsvertrages zu halten. Will der Dritte die Tätigkeit
des Arbeitnehmers ändern, so muss dies mit dem Verleiher abgestimmt werden.
Dem Entleiher wird regelmäßig nur das Direktionsrecht abgetreten, um das Personal auf Basis der jeweiligen arbeitsvertraglichen Pflichten einsetzen zu können.
Jedwede Vertragsänderung hingegen bedarf der Gestaltung durch die Arbeitsvertragsparteien – dem Verleiher und dem Arbeitnehmer.

5. Zustimmungserfordernis
Im Zweifel kann die Verpflichtung zur Dienstleistung nach § 613 Satz 2 BGB **19**
nicht auf Dritte übertragen werden. Soll der Beschäftigte also beim Dritten tätig
werden, so bedarf dies grundsätzlich seiner Zustimmung. Die Tarifvertragspartei-
en haben hier das Direktionsrecht des Arbeitgebers nicht erweitert. Eine ohne Zustimmung des Beschäftigten getroffene Zuweisung ist danach rechtsunwirksam.
Der Beschäftigte kann seine Zustimmung allerdings nur aus wichtigem Grund
verweigern. Ob ein wichtiger Grund und wann dieser gegeben ist, bestimmt sich
im Einzelfall immer als Interessenabwägung zwischen dem Interesse des Arbeitgebers an der Zuweisung des Beschäftigten an den Dritten und eventuell dem entgegenstehenden Interessen des Beschäftigten. Ein wichtiger Grund liegt nach den
allgemeinen Prinzipien des Schuldrechts in Dauerschuldverhältnissen immer dann
vor, wenn einem Vertragsteil die Fortsetzung des Schuldverhältnisses bis zum Ablauf der ordentlichen Kündigungsfrist „unzumutbar" sein muss (§§ 314, 543 Abs.
1 Satz 2, 626 BGB, §§ 84 Abs. 3, 103 Abs. 3 AktG). Auch hier wird abgewogen,
ob unter Berücksichtigung der beiderseitigen Interessen im Einzelfall es einer Partei unzumutbar ist, bis zum Ende der Kündigungsfrist an dem Vertragsverhältnis

festgehalten zu werden.[21] Diese allgemeine Wertung des Zivilrechts und des Arbeitsrechts ist auch hier zu Grunde zu legen.[22] Wird die Maßnahme des Arbeitgebers zum Beispiel getroffen, um Kurzarbeit und Entlassungen zu vermeiden, so ist ein wichtiger Grund für den Arbeitnehmer nur dann gegeben, wenn dem Beschäftigten die Tätigkeit bei dem Dritten schlichtweg nicht zumutbar ist. Dies kann ausnahmsweise auch dann der Fall sein, wenn schwerwiegende persönliche Interessen des Beschäftigten dem entgegenstehen und die Interessen des Arbeitgebers überwiegen.[23] Liegt kein wichtiger Grund für den Beschäftigten vor, die Zustimmung zu verweigern, so kann der Arbeitgeber eine Abmahnung aussprechen, wenn die Zustimmung nicht erteilt wird und im Wiederholungsfall kündigen. Der Beschäftigte verletzt in diesem Fall seine arbeitsvertraglichen Pflichten, wie sie durch den Tarifvertrag ausgestaltet worden sind.

20   Durch die Zuweisung ändert sich die Rechtsstellung des Beschäftigten nicht. Erhält er bei dem Dritten eine Vergütung, so wird diese nach Absatz 2 Satz 3 auf die Vergütung des Arbeitgebers angerechnet. Ausgenommen von der Anrechnung sind Zulagen, die für Sonderaufwendungen gezahlt werden wie Fahrtkostenersatz oder Verpflegungsmehraufwendungspauschale etc.

    Die Zuweisung kann nach der Protokollnotiz zu einem Dritten im In- oder Ausland erfolgen, bei dem der allgemeine Teil des TVöD nicht zur Anwendung kommt. Kommt der allgemeine Teil des TVöD zur Anwendung, so handelt es sich um eine Abordnung im Sinne des Absatzes 1.

IV. Personalgestellung

21   Personalgestellung ist die auf Dauer angelegte Beschäftigung bei einem Dritten unter Aufrechterhaltung des Arbeitsverhältnisses beim bisherigen Arbeitgeber. Die Tarifvertragsparteien haben hierbei in der Protokollnotiz gesondert festgehalten, dass die Modalitäten der Personalgestellung vertraglich zwischen dem bisherigen Arbeitgeber und dem Dritten zu vereinbaren sind.

1. Formen der Personalgestellung

22   Seit Beginn der Privatisierung im öffentlichen Dienst wird das Mittel der Personalgestellung eingesetzt, um zu erreichen, dass die betroffenen Beschäftigten beim öffentlichen Arbeitgeber mit Arbeitsvertrag beschäftigt bleiben und gleichzeitig wegen der dauerhaften Verlagerung von Aufgaben auf einen externen Dritten bei diesem Dritten im Rahmen ihrer bisherigen Aufgaben weiter eingesetzt werden können. Im Beamtenrecht wurde in diesem Zuge eine vergleichbare gesetzliche Vorschrift mit § 123 a Abs. 2 BRRG geschaffen.

23   Eine Personalgestellung kann im Einzelfall auch in Betracht kommen, wenn ein Betriebsübergang und damit eine Überleitung der Arbeitsverhältnisse auf den Dritten nicht gegeben ist. Nach § 613 a Abs. Satz 1 BGB setzt ein Betriebsübergang voraus, dass ein Betrieb oder Betriebsteil durch Rechtsgeschäft auf einen

---

[21]   BAG, Urt. v. 11.12.2003 – 2 AZR 36/03, NJW 2004, 1551.

[22]   Bredendiek/Fritz/Tewes: Neues Tarifrecht für den öffentlichen Dienst, ZTR 2005, 230 [240].

[23]   Gesundheitszustand der Ehefrau: BVerwG, Beschl. v. 12.6.1996 – 1 WB 21/95, ZfBeamtR 1996, 395.

neuen Inhaber übergeht. Nach der Rechtsprechung des EuGH,[24] dem sich das BAG mittlerweile angeschlossen hat,[25] ist dies nur dann der Fall, wenn eine ihre Identität wahrende wirtschaftliche Einheit auf den neuen Inhaber übergeht. Eine ihre Identität wahrende wirtschaftliche Einheit geht nicht über, wenn die bestehende Organisation bei der Übertragung von einer Verwaltung auf einen privatrechtlichen Dritten aufgelöst wird,[26] sich der Betriebszweck ändert[27] oder die Einheit durch Gesetz und nicht durch Rechtsgeschäft übertragen wird.[28] Auf einen gemeinsamen Betrieb, der der gemeinsamen Betriebsführung und Koordination des Einsatzes der Arbeitnehmer verschiedener Gesellschaften dient, kann kein Betriebsübergang stattfinden, da nicht das, was die Identität der wirtschaftlichen Einheit prägt, auf einen gemeinsamen Betrieb übertragen werden kann.[29]

Abzugrenzen ist die Personalgestellung von anderen Formen des Personaleinsatzes zur Erledigung von Aufgaben bei einem Dritten, die namentlich im öffentlichen Dienst eine Rolle spielen.   **24**

Bei der Privatisierung der Nahverkehrsunternehmen der Bundespost und Bundesbahn wurden Tochtergesellschaften ausgegründet, auf diese die Verkehrskonzessionen übertragen und anschließend die Bundespost und Bundesbahn mit der Erbringung der Verkehrsleistung beauftragt. Diese setzten das bei ihnen verbliebene Personal in der Dienstkleidung der ausgegründeten Unternehmen ein. In diesem Fall liegt weder ein Betriebsübergang vor, weil der Fahrbetrieb nach wie vor von der Bundesbahn bzw. der Bundespost ausgeübt wurde, noch eine Arbeitnehmerüberlassung, weil das Personal für die Betriebszwecke des Arbeitgebers eingesetzt wurde, noch eine Personalgestellung, weil die arbeitgeberseitige Weisungsbefugnis beim Arbeitgeber verblieben ist.[30]

Wird ein Dritter nur mit der Betriebsführung dergestalt beauftragt, dass er im   **25** Rahmen eines Managementvertrages die Betriebsführung einer nach wie vor im öffentlichen Eigentum befindlichen Einrichtung übernimmt und das Personal beim ursprünglichen Arbeitgeber verbleibt,[31] so liegt weder ein Betriebsübergang noch eine Personalgestellung vor.

2. Voraussetzung der Personalgestellung

Die Personalgestellung ist der dauerhafte Einsatz eines Beschäftigten mit der Aus-   **26** übung seiner bislang geschuldeten Tätigkeit bei einem Dritten, der Aufgaben des betreffenden Beschäftigten übernommen hat, unter Fortbestehen des Arbeitsver-

---

24 EuGH, Urt. v. 11.03.1997 – C-13/95, NJW 1997, 2039, EuGH, Urt. v. 10.12.1998 – verb. RS. C-173/96 u, C 24/96, NJW 1999, 1697.
25 BAG, Urt. v. 22.03.97 – 8 AZR 101/96, NJW 1997, 3188.
26 BAG, Urt. v. 26.06.97 – 8 AZR 426/95 NZA 1997, 1228.
27 BAG, Urt. v. 16.05.2002 – 8AZR 319/01, NZA 2003, S. 93.
28 BAG, Urt. v. 08.05.2001 – 9 AZR 95/00, AP Nr. 219 zu BGB § 613a.
29 BAG, Urt.v. 16.02.2006 – 8 AZR 211/05, NZA 2006, 592.
30 BAG, Urt. v. 17.01.1979 – 5 AZR 248/78, AP BGB § 613 Nr. 2; zur Zulässigkeit des Einsatzes der Beamten: BVerwG, Urt. v. 07.06.84 – 2 C 84,81, BVerwGE 69, 303; keine Mitbestimmungsrechte in diesem Fall verletzt: BVerwG, Beschl. v. 15.12.1978 – 6 P 18/78, PersV 1980, 151-154.
31 Vergleiche zum so genannten „Stuttgarter Modell" Blanke S. 266; Bayerisches Staatsministerium: Hinweise zur Planung, Finanzierung und Organisation kommunaler Einrichtungen unter besonderer Berücksichtigung von Privatkapital, AllMBl. 1992, S. 60 f.

hältnisses zum bisherigen Arbeitgeber. Die Tarifvertragsparteien haben sich mit der Regelung an dem Tarifvertrag über sozialverträgliche Begleitmaßnahmen im Zusammenhang mit der Umgestaltung der Bundeswehr (TV-UmBw) orientiert.[32]

27   Erforderlich ist nach der Norm, dass Aufgaben vom Arbeitgeber auf einen Dritten verlagert werden. Das Erfordernis ist eng auszulegen und erfasst nur Fälle, in denen Aufgaben, die der Arbeitnehmer zuvor beim Arbeitgeber ausgeübt hat, auf einen Dritten verlagert werden und der Arbeitnehmer innerhalb dieses Aufgabengebietes beim andern Arbeitgeber mit denselben Aufgaben eingesetzt wird. den ist. Eine Abordnung hingegen ist im Umkehrschluß hieraus nur dann gegebene, wenn der andere Arbeitgeber seinerseits an den Allgemeinen Teil des TVöD gebunden ist.[33]

Dies kann der Fall sein, wenn ein Betrieb oder Betriebsteil auf den Dritten im Wege des Betriebsübergangs nach § 613a BGB durch Rechtsgeschäft übertragen werden. Gehen im Zuge des Betriebsübergangs die Arbeitsverhältnisse auf den Dritten über, so tritt ein Arbeitgeberwechsel zum Dritten ein und es bedarf keiner Personalgestellung. Widersprechen die Beschäftigten aber einem Betriebsübergang, so bleiben die Arbeitsverhältnisse beim Arbeitgeber. Ein solcher Widerspruch kann nach der Rechtsprechung des BAG auch kollektiv durch alle Beschäftigten ausgeübt werden. Der Widerspruch bedarf keines sachlichen Grundes. Ist der Widerspruch auf den Erhalt des status quo beschränkt und wird nicht als Druckmittel institutionalisiert gebraucht, um von dem Arbeitgeber besondere Vergünstigungen zu erpressen, so ist er in der Regel auch nicht rechtsmißbräuchlich. Auch wenn eine ordentliche Kündigung ausgeschlossen ist, kommt eine außerordentliche Kündigung nur in Ausnahmefällen in Betracht.[34] Dies dürfte umso mehr nach Inkrafttreten dieses Tarifvertrages gelten. Hat der Arbeitgeber tarifvertraglich die Möglichkeit einen Beschäftigten im Wege der Personalgestellung bei einem anderen Arbeitgeber einzusetzen, so scheidet eine Kündigung nach dem ultima-ratio-Prinzip aus.[35] Durch das Mittel der Personalgestellung wird somit die Möglichkeit des Arbeitsgebers einem Beschäftigten zu kündigen, der einem Betriebsübergang widersprochen hat, stark eingeschränkt. Der Arbeitgeber muss sich immer darauf verweisen lassen, den Arbeitnehmer in Zukunft im Wege der Personalgestellung einzusetzen, anstatt eine Kündigung auszusprechen.

---

[32] § 13 des Tarifvertrages lautet:
„(1) Arbeitnehmer, die unter den Voraussetzungen des § 12 Abs. 1 beim Arbeitgeber Bund verbleiben, sind verpflichtet, die im Rahmen ihres Arbeitsvertrages geschuldete Arbeitsleistung auf Verlangen des Arbeitgebers bei dem Dritten zu erbringen (Personalgestellung). §12 Abs. 1 BAT/BAT-O und § 8 Abs. 6, Unterabs. 1 MTArb /MTArb-O gelten entsprechend.
(2) Das Arbeitsverhältnis zwischen den Arbeitnehmern und der Arbeitgeber Bund bleiben im Übrigen unberührt.
(3) §§ 6 und 7 gelten entsprechend.
(4) Kommt der Arbeitnehmer seiner Verpflichtung aus Absatz 1 nicht nach, kann eine Kündigung mit dem Ziel der Beendigung des Arbeitsverhältnisses ausgesprochen werden. Die Kündigungsfrist beträgt drei Monate zum Schluss eines Kalendervierteljahres, soweit sich nicht aus § 53 Abs. 2 BAT/BAT-O bzw. § 57 Abs. 2 MTArb/MTArb-O eine längere Kündigungsfrist ergibt"

[33] Kuner, Rn 193; Bredendiek/Fritz/Tewes, ZTR 2005, 230 ff; Preis Greiner Fn. 12, 291, 292.

[34] BAG, Urt. v. 30. 09.2004 – 8 AZR 462/03, NZA 2005,43.

[35] BAG, Urt. v. 27.06.2002 – 2 AZR 367/01, AP Nr. 4 zu § 55 BAT.

Der kollektive Widerspruch gegen einen Betriebsübergang wird gerade im öf-   **28**
fentlichen Dienst sehr häufig praktiziert, um für die bestehenden Beschäftigten die
Besitzstände auf Grundlage der Tarifverträge des Arbeitgebers sicherzustellen und
Neueinstellungen auf einem abgesenkten Tarifniveau vorzunehmen.[36] Das Mittel
wird bereits seit geraumer Zeit seitens der Arbeitgeber angewandt, um den Verpflichtungen der Zusatzversorgung des öffentlichen Dienstes zu entfliehen, indem
Aufgaben auf einen Arbeitgeber übertragen werden, der nicht Mitglied der Versorgungsanstalt Bund Länder (VBL) oder einer Zusatzversorgungskasse des öffentlichen Dienstes (ZVK) ist. Werden gleichzeitig Beschäftigte auf einen anderen
Arbeitgeber übertragen, der nicht Mitglied der ZVK bzw. Beteiligter der VBL ist,
so kann dies dazu führen, dass der übertragende Arbeitgeber die Barwertverpflich-
tungen der Anwartschaften der überführten Beschäftigten, der Rentner und ausgeschiedenen Beschäftigten, die dem Betriebsteil zuzuordnen sind, auszugleichen
hat.[37]

In Fällen eines Betriebsübergangs in denen der Übergang der Arbeitsverhältnisse gerade durch den Arbeitgeber beabsichtigt war, fällt der Arbeitsplatz des Arbeitnehmers endgültig beim bisherigen Arbeitgeber weg. Widerspricht der Arbeitnehmer dem Betriebsübergang, so bleibt er beim alten Arbeitgeber. Hat der Arbeitgeber keine anderweitige Beschäftigungsmöglichkeit, so kann er das Arbeitsverhältnis selbst unkündbarer Arbeitnehmer gegebenenfalls außerordentlich betriebsbedingt kündigen, wenn ein anderer Arbeitsplatz nicht zur Verfügung steht
und bei unkündbaren Arbeitnehmern nicht frei gemacht werden kann.[38] In diesen
Fällen kann der Arbeitgeber auf Grund seines erweiterten Direktionsrechts den
Arbeitnehmer aber im Wege der Personalgestellung nach § 4 Abs. 3 TvöD bei
dem anderen Arbeitgeber einsetzen. Die Personalgestellung erweist sich somit gegenüber der Kündigung als milderes Mittel, und schließt damit in diesem Fall eine
Kündigung aus.[39]

3. Zustimmung des Beschäftigten
Nach § 613 Satz 2 BGB ist der Anspruch auf Dienstleistung im Zweifel nicht   **29**
übertragbar. Der Gesetzgeber geht dabei davon aus, dass es mit der Würde des
Menschen, dem Recht auf freie Entfaltung der Persönlichkeit und dem Recht auf
freie Arbeitsplatzwahl (Art. 1, 2, 12 GG) unvereinbar sei, den Arbeitnehmer zu
verpflichten, für einen Arbeitgeber zu arbeiten, den er nicht frei gewählt hat (BT-
Drucks. 14/7760 S. 20 zur Begründung des Widerspruchsrechts beim Betriebsübergang). Die Tarifvertragsparteien sind offensichtlich demgegenüber von der
der Ersetzung der Zustimmung des Beschäftigten durch den Tarifvertrag ausgegangen.

Über die Grundrechtsbindung der Tarifvertragsparteien und die Weite ihrer   **30**
Eingriffsbefugnisse in die individualrechtliche Gestaltungsfreiheit der Arbeitsver-

---

[36]   Siehe hierzu: Kokemoor: Arbeitnehmerüberlassung im Arbeitnehmerinteresse, NZA 2000, 1077;
       Plander: Die Personalgestellung zum Erwerber beim Betriebsübergang als Reaktion auf den Wi-
       derspruch von Arbeitnehmern, NZA 2002, 69.
[37]   § 22 Abs. 3 Satz 3 i.V.m. § 23 Abs. 2 VBL-Satzung; § 15 Abs. 3a Mustersatzung ZVK.
[38]   BAG, Urt. v. 17.09.1998 – 2 AZR 419/97, DB 1999, 154..
[39]   Plander, NZA 2002, 69, 75; a.A. Meyer, NZA 2005, 9, 11; vergl. hierzu Preis/Greiner Fn. 12, 296.

tragsparteien besteht Streit. Das BAG vertrat Jahrzehnte lang die Auffassung, dass der Gesetzgeber mit der Tarifautonomie den Tarifvertragsparteien keine weitergehenden Befugnisse erteilen könne, als er selbst habe, so dass auch die Tarifvertragsparteien bei ihrer Normsetzung an die Verfassung gebunden seien.[40] Der 6. Senat des BAG ist demgegenüber der Auffassung, dass die Tarifvertragsparteien keiner Bindung an das Grundgesetz unterliegen, da sie selbst Grundrechtsträger seien.[41] Sie seien lediglich bei ihrer Rechtssetzung an den allgemeinen Gleichheitssatz des Art. 3 GG und an zwingendes Gesetzesrecht gebunden, da ihnen eine Normsetzungsbefugnis aber kein Normsetzungsmonopol zukomme. Die Mitglieder der Tarifvertragsparteien hätten durch ihren Beitritt zum jeweiligen Verband ihr Einverständnis bekundet, dass die Verbände in ihrem Interesse Regelungen der Vertragsbeziehungen vornehmen, die ihre Rechtspositionen auf freie Vertragsgestaltung entsprechend einschränken. In Bezug darauf, dass die Rechtsstellung des Beschäftigten auf freie Wahl seines Arbeitgebers grundrechtlich geschützt sei, vertritt der 8. Senat des BAG ausdrücklich die Auffassung, dass ein solcher Schutz nicht bestehe. Vielmehr könnten den Gesetzgeber auch vernünftige Gründe des Allgemeinwohls dazu veranlassen, ein Widerspruchsrecht des Beschäftigten gegen den Übergang seines Arbeitsverhältnisses auf einen anderen Arbeitgeber auszuschließen.[42] In ähnlicher Weise ist der 6. Senat des BAG der Auffassung, dass die Tarifvertragsparteien arbeitsvertragliche Vereinbarungen hinsichtlich der auszuübenden Tätigkeit und der Höhe der Vergütung dem Direktionsrecht des Arbeitgebers unterstellen können, dessen Ausübung dann nur noch auf billiges Ermessen zu überprüfen ist.[43] Die Regelung der Tarifvertragsparteien, den Beschäftigten auch ohne seine Zustimmung zu verpflichten, auf Dauer seine bisherige Tätigkeit bei einem Dritten auszuüben, dürfte somit in Einklang zu der jüngeren Rechtsprechung des BAG stehen. Zur weiteren Begründung wird vorgetragen, dass der Beschäftigte gerade die Aufgaben im Rahmen seiner arbeitsvertraglichen Verpflichtung ausübt, die er vor dem Übergang der Aufgaben auf einen Dritten bereits ausgeübt hat und im Gegensatz zu vorübergehenden Zuweisungen oder Abordnungen keine Veränderung dieser Aufgaben eintrete.[44]

31   Weder die dogmatische Position der jüngeren BAG Rechtsprechung noch die praxisorientierten Begründungen aus den Tarifvertragsverhandlungen vermögen zu überzeugen. Auch wenn die Tarifvertragsparteien Grundrechtsträger und nicht Grundrechtsadressat sind, so sind sie bei der Ausübung ihrer Grundrechtspositionen der Grundrechte ihrer Mitglieder verpflichtet. Die Tarifautonomie ihrerseits ist nur Mittel zum Zweck, um sicherzustellen, dass die Tarifvertragsparteien die unterschiedlichen Grundrechte ihrer Mitglieder sachnäher als der Gesetzgeber selbst regeln und zum Ausgleich bringen können. Bezugspunkt der grundrechtlichen Werteordnung ist der Mensch als Individuum. Die Tarifvertragsparteien genießen Grundrechtsschutz, um den Mitgliedern im gemeinsamen Vorgehen die

[40]   BAG, Urt. v. 15.01.1955 – 1 AZR 305/54, NJW 1955, 685.
[41]   BAG, Urt. v. 25.04.2004 – 6 AZR 129/03, NZA 2004, 1399.
[42]   BAG, Urt. v. 25.01.2001 – 8 AZR 336/00, III.5. lit c) der Begründung, NZA 2001, 840, (842).
[43]   BAG, Urt. v. 23.09.2004 – 6 AZR 442/03, ZTR 2005, 323.
[44]   Bredendiek/Fritz/Tewes: Neues Tarifrecht für den öffentlichen Dienst, ZTR, 230 [242].

Durchsetzung ihrer Interessen zu ermöglichen. Die Tarifvertragsparteien sind daher befugt, rechtliche Gestaltungsrahmen für ihre Mitglieder zu setzen, nicht aber getroffene Gestaltungen ihrer Mitglieder in den gesetzten Rahmen einseitig wieder aufzuheben, soweit es hier um grundlegende Entscheidungen geht, die nur der einzelne Beschäftigte für sich zu treffen vermag. Hierzu zählt unter anderem die freie Wahl des Berufs und des Vertragspartners.

Auch die praxisorientierte Argumentation vermag nicht zu überzeugen. Gerade **32** bei einer Aufgabenverlagerung auf einen Dritten kommt es sehr häufig zugleich zu Änderungen in der Arbeitsorganisation. Die Abtretung des arbeitsvertragliches Weisungsrechts stellt einen Eingriff in den Arbeitsvertrag dar und bedarf daher immer der Zustimmung des betroffenen Beschäftigten.[45] Für den vergleichbaren Fall der Konzernleihe, also des Arbeitseinsatzes bei einem anderen Konzernunternehmen, ist ebenfalls die Zustimmung des Beschäftigten erforderlich.[46] Der Gesetzgeber hat vor diesem Hintergrund das Widerspruchsrecht in § 613a Abs. 5 BGB normiert, weil der Beschäftigte nicht gegen seinen Willen verpflichtet werden soll, die Dienstleistung bei einem anderen Arbeitgeber zu erbringen. Der Arbeitgeber muss folglich vor einer Personalgestellung die Zustimmung des betroffenen Beschäftigten einholen.[47]

V. Mitbestimmungsrechte des Betriebsrates und Personalrates

1. Mitbestimmungsrechte bei den Maßnahmen
a) Mitbestimmungsrechte des Personalrates
Der Personalrat der abgebenden Dienststelle hat nach § 75 Abs. 1 Nr. 3 bis 4a **33** BPersVG bei einer Versetzung zu einer anderen Dienststelle, einer Versetzung an einen anderen Dienstort und bei einer Abordnung oder Zuweisung von mehr als drei Monaten mitzubestimmen. Bei dem Personalrat der aufnehmenden Dienststelle greift das Mitbestimmungsrecht nach § 75 Abs. 1 Satz 1 BPersVG bei einer Einstellung, die auch bei einer Eingliederung in den Betrieb und der Unterstellung des Beschäftigten unter die Weisungsbefugnis der aufnehmenden Dienststelle gegeben ist.[48]

b) Mitbestimmungsrechte des Betriebsrates
Der Betriebsrat des abgebenden Betriebs hat nach § 99 Abs. 1 BetrVG bei Verset- **34** zungen zuzustimmen. Eine Versetzung ist nach § 95 Abs. 3 BetrVG bereits dann gegeben, wenn dem Beschäftigten ein anderer Arbeitsbereich zugewiesen wird, wenn die Dauer von einem Monat überschritten wird. Der Betriebsrat des abgebenden Betriebs ist zu einer Versetzung dann nicht zu hören, wenn der Beschäftigte selbst mit der Versetzung einverstanden ist, da der Betriebsrat selbst bei der einschneidernden Maßnahme der einvernehmlichen Beendigung des Arbeitsverhält-

---

[45] Blanke/Allmar/Heuermann S. 135; Dassau § 12 Rn. 5.
[46] Schaub/Linck § 45 Rn. 11; Maschmann: Abordnung und Versetzung im Konzern, RdA 1996, 24; a.A. ErfK/Preis § 613 BGB Rn. 9.
[47] A.A. Steinau-Steinrück/Schmidt: Überblick zum TVöD: „Ein weiter so in neuem Gewand?", NZA 2006, 518, 521; Preis/Greiner Fn. 12, 290.
[48] BverwG, Beschl. v. 27.08.1997 – 6 P 7.95, AP Nr. 4 zu § 77 LPVGHessen, Altvater § 75, Rn. 4.

nisses kein Mitbestimmungsrecht hat.[49] Der Betriebsrat des aufnehmenden Betriebs hat nach § 99 Abs.1 BetrVG der Einstellung zuzustimmen, die bereits dann gegeben ist, wenn der Beschäftigte in den Betrieb eingegliedert wird, gleich auf welcher vertraglichen Grundlage.[50]

2. Auswirkungen auf die Betriebsverfassung

35 Nach § 13 Abs. 2 BPersVG wird der Beschäftigte, wenn die Abordnung länger als drei Monate gedauert hat, in der neuen Dienststelle wahlberechtigt und verliert zum gleichen Zeitpunkt das Wahlrecht bei der alten Dienststelle, es sei denn, er kehrt binnen sechs Monate wieder in seine Dienststelle zurück (§ 13 Abs. 2 Satz 3 BPersVG). Gleiches gilt im Falle der Zuweisung[51] oder Personalgestellung.

Die Wählbarkeit zum Personalrat folgt nach § 14 BPersVG grundsätzlich dem Wahlrecht.

Nach § 7 BetrVG sind alle Beschäftigten und Leiharbeitnehmer, die länger als drei Monate im Betrieb eingesetzt werden, wahlberechtigt. „Leiharbeitnehmer wählen, aber zählen nicht" hatte das BAG diesbezüglich festgehalten. Sie zählen nicht als Arbeitnehmer des Betriebs, wenn es um die Anzahl der im Betrieb in der Regel wahlberechtigten Arbeitnehmer zur Ermittlung der Größe des Betriebsrates nach § 9 BetrVG oder die Zahl der freizustellenden Betriebsratsmitglieder nach § 38 BetrVG geht. Leiharbeitnehmer sind nach § 14 Abs.2 Satz 1 AÜG im Entleiherbetrieb nicht wählbar.[52] Gleiches gilt auch für Beschäftigte, die im Wege der Konzernleihe eingesetzt werden.[53]

VI. Zulässigkeit nach dem AÜG

36 Bei einer Abordnung, Zuweisung oder Personalgestellung stellt sich immer die Frage der Abgrenzung zum Arbeitnehmerüberlassungsgesetz. Bei der Arbeitnehmerüberlassung stellt der Verleiher dem Entleiher Arbeitnehmer zur Verfügung, damit diese nach dessen Weisung im Rahmen des Betriebs des Entleihers dessen arbeitstechnische Zwecke verfolgen.[54] Das Arbeitnehmerüberlassungsgesetz differenziert nach der gewerbsmäßigen und der nicht gewerbsmäßigen Arbeitnehmerüberlassung. Nach § 1 AÜG bedarf die gewerbsmäßige Arbeitnehmerüberlassung der Erlaubnis. Hinsichtlich der Gewerbsmäßigkeit ist der allgemeine Gewerbebegriff zu Grunde zu legen. Gewerbsmäßig handelt danach, wer eine selbständige Tätigkeit auf Dauer mit dem Ziel der Gewinnerzielung verfolgt.[55] Für die Gewerbsmäßigkeit ist die Gewinnerzielungsabsicht das entscheidende Kriterium. Es kommt nicht darauf an, ob tatsächlich ein Gewinn erzielt wird.[56] Eine gewerbsmä-

---

[49] BAG, Beschl. v. 20.09.1990 – 1 ABR 37/90, AP Nr. 84 zu § 99 BetrVG.

[50] BAG, Beschl. v. 28.04.1992 – 1 ABR 73/91, NZA 1992, 1141; BAG, Beschl.. v. 20.04.1993 – 1 ABR 59/92, NZA 1993, 1096; Rote-Kreuz-Schwestern: BAG, Beschl. v. 22.04.1997 – 1 ABR 74/96, NZA 1997, 1297; Leiharbeitnehmer: BAG, Beschl. v. 14.05.1974 – 1 ABR 40/73, AP Nr. 5 Einstellung zu § 99 BetrVG.

[51] Altvater:a.a.O., § 13, Rn. 11.

[52] BAG, Beschl. v. 16.04.2003 – 7 ABR 53/02, NZA 2003, 1345.

[53] BAG, Beschl. v. 10.03.2004 – 7 ABR 36/03, NZA 2004, 1340.

[54] BAG, Beschl. v. 18.01.1989 – 7 ABR 21/88, NZA 1989, 724.

[55] Erfk/Wank § 1 AÜG Rn. 41.

[56] BAG, Urt.v. 21.03.1990 – 7 AZR 198/89, AP Nr. 15 AÜG § 1.

ßige Arbeitnehmerüberlassung ist nicht gegeben, wenn damit gemeinnützige oder karitative Zwecke verfolgt werden.[57]

Im Umkehrschluss wird gefolgert, dass die Gewinnerzielungsabsicht weit zu   **37**
verstehen ist. Sie ist bereits dann gegeben, wenn der Verleiher seine Kosten zu senken versucht, indem er zurzeit bei ihm nicht benötigtes Personal zu den Fixkosten einem anderen Arbeitgeber überlässt[58] oder sogar damit nur seine Personalkosten senken will, weil er keine Einsatzmöglichkeiten hat.[59] Selbst eine kommunale Eigengesellschaft, die kostendeckend oder mit Verlust arbeitet, betreibt gewerbsmäßige Arbeitnehmerüberlassung, wenn die Verluste aus dem Hauptzweck des Betriebs durch die Überlassung von Arbeitnehmern verringert werden soll.[60]

Das BAG hat diese Auseinandersetzung in der Literatur zum Anlass genom-   **38**
men, seine Rechtsprechung mit Urteil vom 20.04.2005 klarstellend zu präzisieren. Nach Ansicht des BAG ist eine gewerbsmäßige Arbeitnehmerüberlassung nicht gegeben, wenn innerhalb eines Konzerns eine Personalgestellungsfirma für den Konzern Personal einstellt und gegen Erstattung der Bruttolohnkosten, der Lohnnebenkosten, der Aufwendungen und einer Personalkostenpauschale von 5% zur reinen Abdeckung der Aufwendungen der Personalgestellungsfirma einer anderen Gesellschaft überlässt.[61] Bei Konzerngesellschaften ist zu vermuten, dass eine Personalgestellung ohne Gewinnerzielungsabsicht betrieben wird

Eine Gewinnerzielungsabsicht liegt vor, wenn das Entgelt für die Personalüber-   **39**
lassung so bemessen ist, dass ein Überschuss über die reinen anfallenden Kosten erzielt wird.[62]

Ob das Arbeitnehmerüberlassungsgesetz im Falle der Personalgestellung Anwendung findet, hängt also entscheidend davon ab, ob in dem nach der Protokollnotiz zu Absatz 3 abzuschließenden Vertrag zwischen dem Verleiher und dem Entleiher eine reine Kostenerstattung oder ein darüber hinausgehender Gewinn für den Verleiher vereinbart werden.

Das Arbeitnehmerüberlassungsgesetz findet daneben nach § 1 Abs. 3 Nr. 1 kei-   **40**
ne Anwendung, wenn die Arbeitnehmerüberlassung dazu dient, Kurzarbeit und Entlassungen zu vermeiden und auf Grundlage einer tarifvertraglichen Regelung erfolgt, die ausdrücklich diesen Zweck verfolgt.[63] Die hier getroffene tarifvertragliche Regelung verfolgt nicht diesen Zweck, so dass eine Arbeitnehmerüberlassung zur Vermeidung von Kurzarbeit und Entlassungen nicht gegeben ist.

Das Arbeitnehmerüberlassungsgesetz ist nach § 1 Absatz 3 Nr. 2 AÜG ferner   **41**
nicht anwendbar, wenn es sich um eine vorübergehende Arbeitnehmerüberlassung im Konzern handelt. Maßgebend für den Konzernbegriff ist § 18 AktG.[64] Dabei ist

---

[57] Boemke: Arbeitenehmerüberlassungsgesetz-Kommentar, 2002, § 1 Rn. 48; Schüren / Hamann: Arbeitnehmerüberlassungsgesetz-Kommentar, 2. Aufl. 2004, Rn. 322.

[58] ErfK/Wank; a.A. Becker/Wulfgramm § 1 Rn. 29; Landmann Einleitung Rn. 54.

[59] Boemke § 1 Rn. 46; MüArbR/Marschall § 174, Rn. 44; Schüren/Hamann § 1 Rn. 314.

[60] Boemke § 1 Rn. 44.

[61] BAG, Beschl. v. 20.04.2005 – 7 ABR 20/04, DB 2005, 1855.

[62] BAG, Beschl. v. 20.04.2005 – 7 ABR 20/04, DB 2005, 1855.

[63] Boemke § 1 Rn. 170.

[64] ErfK/Wank § 1 AÜG Rn. 83.

zwischenzeitlich unstreitig, dass auch eine Gebietskörperschaft des öffentlichen Rechts Konzernobergesellschaft sein kann.[65] Erfolgt eine Arbeitnehmerüberlassung an eine kommunale Tochtergesellschaft oder unter kommunalen Tochtergesellschaften, so ist sie erlaubnisfrei, wenn sie vorübergehend erfolgt.[66] Der Begriff „vorübergehend" ist in Anbetracht des Schutzzwecks der Norm weit zu interpretieren. Bei der Konzernleihe bleibt der Arbeitnehmer bei seinem bisherigen Arbeitgeber auf Grund gesicherter arbeitsvertraglicher Beziehungen weiter beschäftigt. Vorübergehend kann in diesem Sinne auch eine mehrjährige Überlassung sein.[67] Entscheidend ist, ob der Arbeitnehmer nach der der Überlassung zu Grunde liegenden Regelung zu seinem Arbeitgeber wieder zurückkehren soll.[68]

42   Soweit in der Literatur demgegenüber die Ansicht vertreten wird, dass die Personalgestellung im öffentlichen Dienst nicht dem Arbeitnehmerüberlassungsgesetz unterfalle, weil man im öffentlichen Dienst die Arbeitnehmerüberlassung nur einsetze, um den Beschäftigten im Falle von Privatisierungen bei einem Widerspruch gegen den Übergang seines Arbeitsverhältnisses gerade auf seinem alten Arbeitsplatz weiter beschäftigen zu können und die Vertragsbeziehungen zum bisherigen Arbeitgeber zu sichern, kann dem nicht gefolgt werden.[69] Nicht jede Personalgestellung im Bereich des öffentlichen Dienstes verfolgt diesen Zweck. Die Tarifvertragsparteien des öffentlichen Dienstes sind wie alle anderen Bereiche an das Arbeitnehmerüberlassungsgesetz gebunden und können nur im Rahmen von dessen Regelungen Arbeitnehmerüberlassung betreiben.

43   Teilweise wird es als problematisch erachtet, dass bei einer über ein Jahr andauernden Überlassung eine Arbeitsvermittlung nach § 1 Abs. 2 AÜG vermutet werde. Da das BAG hier allerdings nach der Streichung des § 13 AÜG einen Übergang des Arbeitsverhältnisses zum Entleiher mangels Rechtsgrundlage abgelehnt hat,[70] habe das AÜG auf die tarifvertragliche Regelung der Personalgestellung keinen Einfluss mehr.[71] Außerdem habe das BAG in mehreren Entscheidungen die Personalgestellung im öffentlichen Dienst für unproblematisch gehalten, indem incident in Kündigungsschutzprozessen die Personalgestellung als milderes Mittel gegenüber einer Kündigung bezeichnet worden sei.[72] Die Prüfung der Personalgestellung als milderes Mittel gegenüber der Kündigung ist notwendig, um die Rechtmäßigkeit der Kündigung prüfen zu können, sagt jedoch nichts über die Rechtmäßigkeit der Personalgestellung im Einzelfall aus.

44   Somit müssen bei einer Personalgestellung die Voraussetzungen beachtet werden, wann eine Personalgestellung als nicht gewerbsmäßige Arbeitnehmerüberlas-

---

[65] BGH, Urt. v. 13.10.1977 – II ZR 123/76, BGHZ 69, 334.

[66] Plander: Die Personalgestellung zum Erwerber beim Betriebsübergang als Reaktion auf den Widerspruch von Arbeitnehmern, NZA 2002, 69, 73.

[67] BAG, Urt. v. 05.05.1988 – 2 AZR 795/87, NZA 1989, 18.

[68] ErfK/Wank § 1 AÜG Rn. 89.

[69] Blanke/Allmar/Heuermann S. 135.

[70] BAG, Urt. v. 28.06.2000 – 7 AZR 100/99, AP Nr. 3 zu § 13 AÜG ; BAG, Urt. v. 19.03.2003 – 7 AZR 100/99, AP Nr. 4 zu § 13 AÜG.

[71] Bredendiek/Fritz/Tewes: Neues Tarifrecht für den öffentlichen Dienst, ZTR, 230 [241].

[72] Bredendiek/Fritz/Tewes: Neues Tarifrecht für den öffentlichen Dienst, ZTR, 230 [242] unter Hinweis auf BAG, Urt. v. 27.06.2002 – 2 AZR 367/01, AP Nr. 4 zu § 55 BAT.

sung oder als konzerninterne Arbeitnehmerüberlassung erlaubnisfrei erfolgt, oder aber eine Arbeitnehmerüberlassung nach §1 Abs. 1 AÜG zuvor bei der zuständigen Landesdirektion der Bundesagentur für Arbeit zu beantragen ist.

Abschließend kann somit festgehalten werden, dass eine auf Dauer angelegte **45** Arbeitnehmerüberlassung dem Arbeitnehmerüberlassungsgesetz unterliegt. Eine vorübergehende Arbeitnehmerüberlassung im Konzern, die erlaubnisfrei möglich ist, kommt nur dann in Betracht, wenn sie vorübergehend erfolgt. Hierzu muss sie von vornherein befristet sein oder vom Zweck her einen vorübergehenden Personaleinsatz bei einem Dritten verfolgen.

Ist dies nicht der Fall, so muss in dem nach dem Tarifvertrag zwischen Verlei- **46** her und Entleiher zu schließenden Vertrag vereinbart werden, dass nur die tatsächlichen Bruttolohnkosten, die Lohnnebenkosten und der Verwaltungsaufwand des Verleihers für das Personal erstattet werden. Ist dies nicht der Fall, handelt es sich um gewerbsmäßige Arbeitnehmerüberlassung, die einer Arbeitnehmerüberlassung nach § 1 AÜG bedarf.

§ 5 Qualifizierung

(1) [1]Ein hohes Qualifikationsniveau und lebenslanges Lernen liegen im gemeinsamen Interesse von Beschäftigten und Arbeitgebern. [2]Qualifizierung dient der Steigerung von Effektivität und Effizienz des öffentlichen Dienstes, der Nachwuchsförderung und der Steigerung von beschäftigungsbezogenen Kompetenzen. [3]Die Tarifvertragsparteien verstehen Qualifizierung auch als Teil der Personalentwicklung.

(2) [1]Vor diesem Hintergrund stellt Qualifizierung nach diesem Tarifvertrag ein Angebot dar, aus dem für die Beschäftigten kein individueller Anspruch außer nach Absatz 4 abgeleitet, aber das durch freiwillige Betriebsvereinbarung wahrgenommen und näher ausgestaltet werden kann. [2]Entsprechendes gilt für Dienstvereinbarungen im Rahmen der personalvertretungsrechtlichen Möglichkeiten. [3]Weitergehende Mitbestimmungsrechte werden dadurch nicht berührt.

(3) [1]Qualifizierungsmaßnahmen sind
a) die Fortentwicklung der fachlichen, methodischen und sozialen Kompetenzen für die übertragenen Tätigkeiten (Erhaltungsqualifizierung),
b) der Erwerb zusätzlicher Qualifikationen (Fort- und Weiterbildung),
c) die Qualifizierung zur Arbeitsplatzsicherung (Qualifizierung für eine andere Tätigkeit; Umschulung) und
d) die Einarbeitung bei oder nach längerer Abwesenheit (Wiedereinstiegsqualifizierung).
[2]Die Teilnahme an einer Qualifizierungsmaßnahme wird dokumentiert und den Beschäftigten schriftlich bestätigt.

(4) [1]Beschäftigte haben - auch in den Fällen des Absatzes 3 Satz 1 Buchst. d - Anspruch auf ein regelmäßiges Gespräch mit der jeweiligen Führungskraft, in dem festgestellt wird, ob und welcher Qualifizierungsbedarf besteht. [2]Dieses Gespräch kann auch als Gruppengespräch geführt werden. [3]Wird nichts anderes geregelt, ist das Gespräch jährlich zu führen.

(5) [1]Die Kosten einer vom Arbeitgeber veranlassten Qualifizierungsmaßnahme - einschließlich Reisekosten - werden, soweit sie nicht von Dritten übernommen werden, grundsätzlich vom Arbeitgeber getragen. [2]Ein möglicher Eigenbeitrag wird durch eine Qualifizierungsvereinbarung geregelt. [3]Die Betriebsparteien sind gehalten, die Grundsätze einer fairen Kostenverteilung unter Berücksichtigung des betrieblichen und individuellen Nutzens zu regeln. [4]Ein Eigenbeitrag der Beschäftigten kann in Geld und/oder Zeit erfolgen.

(6) Zeiten von vereinbarten Qualifizierungsmaßnahmen gelten als Arbeitszeit.

(7) Gesetzliche Förderungsmöglichkeiten können in die Qualifizierungsplanung einbezogen werden.

Dörring

(8) Für Beschäftigte mit individuellen Arbeitszeiten sollen Qualifizierungsmaßnahmen so angeboten werden, dass ihnen eine gleichberechtigte Teilnahme ermöglicht wird.

I. Verhältnis zum bisherigen Recht, Sonderregelungen

1. Verhältnis zum bisherigen Recht

Bislang waren Sonderregelungen nur nach SR 2 a Nr. 7 für Angestellte in Kran- **1**
ken-, Heil-, Pflege- und Entbindungseinrichtungen dahingehend geregelt, dass der
Arbeitgeber für die dort benannten Beschäftigten die vom Arbeitgeber veranlassten Fort- und Weiterbildungsmaßnahmen zu tragen und den Angestellten unter
Fortzahlung der Vergütung von der Arbeit freizustellen hatte. Umgekehrt war in
dieser Vorschrift geregelt, dass der Beschäftigte die Aufwendungen für die Fort-
und Weiterbildungsmaßnahmen zu erstatten hat, wenn das Arbeitsverhältnis auf
Wunsch des Arbeitnehmers oder auf einem von ihm zu vertretenden Grund vor
Ablauf von drei Jahren nach Abschluss der Maßnahme beendet wurde.

2. Sonderregelungen
a) TVöD-BT-K

Für Ärzte, die sich in Facharzt-, Schwerpunktweiterbildung oder Zusatzausbildung **2**
nach dem Gesetz über befristete Arbeitsverträge mit Ärzten in Weiterbildung befinden, ist ein Weiterbildungsplan aufzustellen, der unter Berücksichtigung des
Standes der Weiterbildung die zu vermittelnden Ziele und Inhaltes der Weiterbildungsabschnitte sachlich und zeitlich gegliedert festlegt. Ist der Weiterbildungsplan zeitlich oder sachlich nicht klar gegliedert, hat der Beschäftigte unmittelbar
einen tarifvertraglichen Anspruch gegen den Arbeitgeber auf Aufstellung eines
solchen Plans.

Können die vereinbarten Weiterbildungsziele aus Gründen, die der Arbeitgeber zu vertreten hat, nicht erreicht werden, so ist der Arbeitsvertrag entsprechend zu verlängern.

b) § 47 TVöD-BT-S, § 45 TVöD-BT-E

3   § 47 TVöD-BT-S und § 45 TVöD-BT-E übernehmen die Regelungen des § 5 TVöD wörtlich. Nur in Absatz 6 ist der folgende Satz 2 hinzugefügt worden: "Absatz 5 Sätze 2 bis 4 bleiben unberührt." Diese regeln eine mögliche Eigenbeteiligung des Beschäftigten an den Kosten der Qualifizierungsmaßnahme. Damit ändert sich nicht der tarifvertragliche Regelungsinhalt der Vorschrift außer dass eine mögliche Eigenbeteiligung in Geld oder Zeit nochmals besonders unterstrichen wird. Die Sonderregelungen sind damit entbehrlich.

II. Leitbild der Tarifvertragsparteien nach Abs. 1

4   Der Umbruch von der Industrie- zur Dienstleistungs- und Wissensgesellschaft vollzieht sich auch gerade in allen Teilen des öffentlichen Dienstes. Zunehmend wird hierbei die Qualifikation der Beschäftigten als entscheidender Faktor angesehen, um Dienstleistungen auf ein qualitativ hohes Niveau und auf effiziente Weise zu erbringen. Gleichzeitig steigert dies die Motivation und Leistungsfähigkeit der Beschäftigten. In der neueren Arbeitswissenschaft wird der Mensch zunehmend als entscheidender Erfolgsfaktor eines Unternehmens angesehen.[1] Qualifizierungsmaßnahmen wurden auch in der Vergangenheit durchgeführt, tarifvertraglich aber nur, wie oben gezeigt, in Randbereichen geregelt. Bislang wurden in Teilbereichen wie bei Ärzten Qualifizierungs- und Weiterbildungsmaßnahmen zum Bestandteil einzelvertraglicher Regelungen gemacht oder Fortbildungsverträge zu Qualifizierungsmaßnahmen geschlossen.

Die jetzige Regelung im Tarifvertrag geht über das bisherige Procedere hinaus, indem es leitbildartig Zielvorstellungen für die Fort- und Weiterbildung vorgibt.

5   Die Tarifvertragsparteien haben sich in Abs. 1 der Vorschrift darauf verständigt, als Leitbild künftiger Personalführung und Personalentwicklung ein hohes Qualifizierungsniveau durch ein lebenslanges Lernen der Beschäftigten zu formulieren. Die Qualifizierung soll dabei das Ziel verfolgen, die Effizienz des öffentlichen Dienstes zu steigern. Die Qualifizierungsmaßnahme soll auch der Nachwuchsförderung dienen, so dass es in der Regel sehr enge Verzahnungen mit den vertraglichen Gestaltungen der Führung auf Probe und der Führung auf Zeit nach den §§ 31, 32 TVöD gibt. Hier bildet die Qualifizierung in der Regel das Fundament der Personalentwicklung und begleitet das Hineinwachsen in Führungspositionen. Auch wenn Abs. 2 der Vorschrift klarstellend festhält, dass kein individualrechtlich einklagbarer Anspruch auf Qualifizierung besteht, so leiten sich aus dem programmatischen Charakter des § 5 TVöD sehr wohl Zielvorgaben für die Personalführung und die Fort- und Weiterbildung ab. Dieses Leitbild wird in Hinblick auf alle Beschäftigten postuliert. Je nach Qualifikationsstufe ergeben sich unterschiedliche Qualifizierungsmaßnahmen.

---

[1]   Öchsler: Personal und Arbeit, S. 20.

III. Freiwilligkeit der Qualifizierungsmaßnahmen

Die Qualifizierungsmaßnahmen sind Angebote des Arbeitgebers an den Arbeit- **6**
nehmer, aus denen sich kein individualrechtlicher Anspruch des einzelnen Arbeitnehmers ableiten lässt, außer nach Abs. 4 auf ein mindestens einmal jährlich statt-
findendes Gespräch mit der Führungskraft, in dem festgestellt wird, ob und wenn
ja, welcher Qualifizierungsbedarf beim einzelnen Mitarbeiter gegeben ist. Ein Anspruch auf Durchführung bestimmter Qualifizierungsmaßnahmen sollte hingegen
ebenso wie in anderen Tarifverträgen (Chemie-Tarifvertrag zur Qualifizierung
vom 08.05.2003) nicht normiert werden. Dies dient in erster Linie dazu, sich auf
der betrieblichen Ebene die notwendige Flexibilität zu erhalten, die notwendigen
Maßnahmen im Einzelfall festlegen zu können.

Die Tarifvertragsparteien gehen davon aus, dass nähere Ausgestaltungen auf
der Ebene des Betriebs bzw. der Dienststelle durch freiwillige Betriebsvereinbarungen oder Dienstvereinbarungen erfolgen.

Ob und in welchem Umfang dies geschieht, wird auch durch die Größe des Be- **7**
triebs bzw. der Verwaltung bestimmt. In größeren Betrieben bestehen so genannte
Management Developement Programme, um Personal in Vorbereitung auf die
Übernahme von Führungsverantwortung entsprechend zu schulen und Personal in
Führungspositionen auf einem hohen Qualifikationsstand zu halten und auf künf-
tige Aufgaben vorzubereiten.

Qualifizierungsprogramme müssen vom Arbeitgeber standardmäßig angeboten
werden, wenn es darum geht, die Beschäftigten entsprechend der Änderungen am
Arbeitsplatz in der Anwendung neuer Technologien zu schulen und auf dem jeweiligen Entwicklungsstand zu halten.

Die Qualifizierung dient auch dazu, die Wettbewerbsfähigkeit des öffentlichen **8**
Dienstes auf Dauer zu sichern und Arbeitsplätze zu erhalten. In den vergangenen
Jahren hat die mangelnde Wettbewerbsfähigkeit angesichts leerer Haushaltskassen
sehr häufig dazu geführt, dass ganze Dienstleistungsbereiche fremd vergeben
wurden, weil sie durch eigene Arbeitnehmer nicht mehr konkurrenzfähig zu sonst
am Markt bestehenden Konditionen zu erbringen waren.

Die mangelnde Wettbewerbsfähigkeit des öffentlichen Dienstes spiegelte sich **9**
aber auch darin wieder, dass neu eingestellte Beschäftigte in qualifizierten Berufen im Vergleich zur Privatwirtschaft unterbezahlt waren und eine Beschäftigung
in der Privatwirtschaft vorgezogen haben, da nach der alten Tabellenvergütungen
nicht nach Leistung und Qualifikation sondern nach Lebensalter und Betriebstreue
entlohnt wurde.

Die Tarifvertragsparteien haben als weiteren Faktor, der über die Wettbewerbs- **10**
fähigkeit des öffentlichen Dienstes entscheidet, das Qualifikationsniveau der Beschäftigten erkannt, das entscheidend die Effizienz und Qualität der Dienstleistung
wie auch andererseits die Motivation der Beschäftigten prägt.

Ausdrücklich wurde festgehalten, dass durch die tarifvertragliche Regelung die **11**
bestehenden Mitbestimmungs- bzw. Mitwirkungsrechte des Betriebsrates nicht berührt sind. Diese bestehen neben den tarifvertraglichen Regelungen und bestimmen die Ausgestaltungsmöglichkeiten auf der betrieblichen Ebene durch Betriebs-
und Dienstvereinbarungen.

1. Mitbestimmungsrechte des Betriebsrates

12   Der Betriebsrat hat nach § 92 BetrVG Mitbestimmungsrechte in Fragen der Personalplanung. Der Arbeitgeber hat den Betriebsrat nach dieser Vorschrift über den gegenwärtigen und künftigen Personalbedarf zu informieren und die sich hieraus ergebenden personellen Maßnahmen und die daraus folgenden Maßnahmen der Berufsbildung mit dem Betriebsrat zu beraten. Der Betriebsrat kann dem Arbeitgeber Vorschläge über die Einführung und Durchführung einer Personalplanung unterbreiten. Dies betrifft nach Abs. 3 insbesondere Maßnahmen der Gleichstellung von Frauen und Männer und die Vereinbarkeit von Beruf und Familie.

Der Berufsbildung wurde in Anbetracht der Bedeutung von Qualifizierungsmaßnahmen ein eigener Unterabschnitt im Betriebsverfassungsgesetz mit den §§ 96 bis 98 eingeräumt.[2]

13   Nach § 96 haben Arbeitgeber und Betriebsrat im Rahmen der Personalplanung und den für die Berufsbildung zuständigen Stellen die Berufsbildung der Arbeitnehmer zu fördern und die notwendigen Maßnahmen zu beraten. Der Arbeitgeber hat auf Verlangen des Betriebsrates den Berufsbildungsbedarf zu ermitteln. Die Betriebsparteien haben darauf zu achten, dass unter Berücksichtigung der betrieblichen Notwendigkeiten den Arbeitnehmern die Möglichkeit gegeben wird an betrieblichen und außerbetrieblichen Maßnahmen teil zu nehmen und hierbei insbesondere die Belange älterer Arbeitnehmer und Teilzeitbeschäftigter sowie Arbeitnehmer mit Verpflichtungen gegenüber der Familie zu berücksichtigen.

14   § 97 BetrVG gestaltet diese Rechte des Betriebsrates aus und gibt ihm ein Mitbestimmungsrecht, wenn durch arbeitgeberseitige Maßnahmen das Qualifikationsniveau der Arbeitnehmer nicht mehr ausreicht, den Anforderungen der geänderten Arbeitsplätze gerecht zu werden. Kommt es in diesem Fall zu keiner Einigung über die erforderlichen Berufsbildungsmaßnahmen und den teilnahmeberechtigten Personenkreis, so entscheidet die Einigungsstelle.

15   § 98 BetrVG gibt dem Betriebsrat ein Mitbestimmungsrecht hinsichtlich der inhaltlichen Ausgestaltung und der Teilnahmeberechtigung an Maßnahmen der betrieblichen Bildung. Eine betriebliche Berufsbildungsmaßnahme liegt vor, wenn der Arbeitgeber Träger bzw. Veranstalter der Maßnahme ist und die Berufsbildungsmaßnahme für Arbeitnehmer durchführt, auch wenn er sich hierbei Dritter bedient.[3] Führen mehrere Arbeitgeber gemeinsam betriebliche Bildungsmaßnahmen durch, ohne dass ein einzelner Arbeitgeber einen bestimmenden Einfluss ausüben kann, so hat der Betriebsrat kein Mitbestimmungsrecht hinsichtlich der inhaltlichen Ausgestaltung. Aber hinsichtlich der zwischen den Arbeitgebern getroffenen Rahmenvereinbarung.[4] Stellt der Arbeitgeber Arbeitnehmer zur Teilnahme an außerbetrieblichen Berufsbildungsmaßnahmen frei oder trägt er die Kosten ganz oder teilweise, so kann der Betriebsrat Vorschläge machen hinsichtlich der Teilnahme einzelner oder Gruppen von Arbeitnehmern. Kommt es bezüglich der Ausgestaltung und Teilnahmeberechtigung von Arbeitnehmern zu keiner Einigung, entscheidet die Einigungsstelle. Nach Abs. 2 der Vorschrift kann der

---

2   Richardi/Thüsing § 96 Rn.2; HWK/Ricken § 96 Rn. 1.
3   BAG, Beschl. v. 04.12.1990 – 1 ABR 10/90, NZA 1991, 388.
4   BAG, Beschl. v. 18.04.2000 – 1 ABR 28/99, NZA 2001, 167.

Betriebsrat der Bestellung einer mit der Durchführung betrieblicher Berufsbildung beauftragten Person widersprechen oder deren Abberufung verlangen, wenn diese nicht die notwendige fachliche oder persönliche Eignung aufweist und nach Abs. 4 diesen Anspruch gerichtlich geltend machen.

Der Betriebsrat kann schließlich bei Ausspruch einer Kündigung der Kündigung nach § 102 Abs. 3 Nr. 4 BetrVG mit der Begründung widersprechen, dass die Weiterbeschäftigung des Arbeitnehmers nach der Durchführung zumutbarer Umschulungs- und Fortbildungsmaßnahmen möglich ist. Dies setzt voraus, dass ein anderer gleichwertiger Arbeitsplatz frei und nach zumutbaren Umschulungs- und Fortbildungsmaßnahmen besetzt werden kann.[5] Der Widerspruch ist nicht zulässig, wenn der Arbeitgeber damit verpflichtet werden soll, den Arbeitnehmer auf eine höherwertigere Stelle hin zu qualifizieren.[6] Zumutbar sind Umschulungsmaßnahmen dann, wenn auch andere Arbeitnehmer eine entsprechende Zeit der Einarbeitung benötigen, da das Gesetz selbst davon ausgeht, dass dem Arbeitgeber der vollwertige Einsatz der Arbeitskraft für einen entsprechenden Zeitraum nicht möglich ist.[7] Die Zeitdauer einer zumutbaren Fort- und Weiterbildung hängt hierbei von den Verhältnissen im Einzelfall und einer beiderseitigen Interessenabwägung ab.[8] Allgemein werden Einarbeitungszeiten von drei Monaten als zumutbar zu bewerten sein. Ist der Arbeitsplatz des Mitarbeiters durch betriebsbedingte Organisationsänderung entfallen und handelt es sich um einen langjährig beschäftigten Mitarbeiter, so können dem Arbeitgeber auch längere Zeiten einer Umschulung und Fortbildung zumutbar sein. Der Mitarbeiter muss mit einer entsprechenden Umschulung oder Fortbildung einverstanden sein. Ist er bereit sich selbst an Kosten der Umschulung zu beteiligen, so ist dies bei der Frage der Beurteilung der Zumutbarkeit einer Umschulung und Fortbildung zu berücksichtigen.

2. Mitbestimmungsrechte des Personalrates
Nach § 75 Abs. 3 Nr. 7 BPersVG hat der Personalrat mitzubestimmen hinsichtlich der Auswahl der Teilnehmer an Fortbildungsveranstaltungen, nicht des Inhalts der Fortbildungsveranstaltungen.[9] Dies betrifft die Auswahl der einzelnen Teilnehmer wie die Frage der Freistellung und Kostenübernahme für die Fortbildungsmaßnahme.[10] Beschränkt sich die berufliche Bildungsmaßnahme darauf, das Qualifikationsniveau der Beschäftigten entsprechend der geänderten technischen Rahmenbedingungen am Arbeitsplatz zu konkretisieren, so besteht kein Mitbestimmungsrecht des Personalrates.[11] Im Falle von Rationalisierungsmaßnahmen hingegen hat der Personalrat nach § 75 Abs. 3 Nr. 13 BPersVG auch Mitbestimmungsrechte

16

17

5   BAG, Urt. v. 07.02.1991 – 2 AZR 205/90, AP Nr. 1 zu § 1 KSchG 1969 Umschulung.
6   HWK/Ricken § 102 Rn. 76, BAG, Urt. v. 05.10.1995 – 2 AZR 269/95, NZA 1996, 524.
7   BAG, Urt. v. 15.12.1994 – 2 AZR 327/94, NZA 1995, 521.
8   BAG, Urt. v. 07.07.2005 – 2 AZR 399/04; NZA 2006, 266; vertiefend APS/Kiel § 1 KSchG Rn. 619 ff.
9   Altvater § 75 Rn. 40.
10   BVerwG, Beschl. v. 07.03.1995 – 6 P 7/93, NVwZ-RR 1995, 407; widersprüchlich hierzu zur Frage der Übernahme der Fahrtkosten: BVerwG, Beschl. v. 15.12.1994 – 6 P 19/92, NVwZ-RR 1995, 407.
11   BVerwG, Beschl. v. 27.11.1991 – 6 P 7/90, NVwZ-RR 1993, 153.

über die Art und Inhalte der Umschulungsmaßnahmen und der Teilnahme der Arbeitnehmer.

Auch der Personalrat kann einer Kündigung nach § 79 Abs. 1 Nr. 4 BpersVG aus den gleichen Gründen wie der Betriebsrat widersprechen.

IV. Definition von Qualifizierungsmaßnahmen

18 Unter Qualifizierung ist jede betriebsbezogene und individuelle berufsbezogene Fort- und Weiterbildung zu verstehen. Die Tarifvertragsparteien wollten nur Fort- und Weiterbildungsmaßnahmen in einem bereits bestehenden Beruf regeln. Dies ergibt sich aus den im Einzelnen benannten Qualifizierungsmaßnahmen unter den Buchstaben a bis c.

19 Unter Buchst. a sind alle Erhaltungsqualifikationen zu verstehen, die die Anpassung der Kenntnisse des Beschäftigten in fachlichen, methodischen und sozialen Belangen im Hinblick auf die konkret ausgeübte Stelle zum Inhalt haben.

20 Buchst. b sieht den Erwerb zusätzlicher Qualifikationen vor, die das Qualifikationsniveau des Beschäftigten über das erreichte Qualifikationsniveau steigern, ohne durch eine Anpassung an eine sich ändernde Tätigkeit notwendig geworden zu sein.

21 Unter Buchst. c sind alle Maßnahmen zu verstehen, die der Arbeitsplatzsicherung durch Qualifizierung auf eine andere als die ausgeübte Tätigkeit hin dienen.

22 Buchst. d hingegen umfasst die Qualifizierungsmaßnahmen, die zur Wiedereingliederung nach längerer Abwesenheit dienen. Dies kann Fälle der Wiedereingliederung nach Ableistung des Wehr- oder Zivildienstes ebenso umfassen, wie Fälle der Rückkehr aus der Elternzeit oder der Wiedereingliederung nach Krankheit.[12]

V. Erörterungsanspruch des Beschäftigten

23 Der Beschäftigte hat einen rechtlichen Anspruch nach Abs. 4, dass regelmäßig, das heißt nach vereinbarten oder in einer Betriebs- oder Dienstvereinbarung festgelegten Zeiträumen mit der zuständigen Führungskraft erörtert wird, ob und wenn ja, welcher konkrete Qualifizierungsbedarf bei dem einzelnen Arbeitnehmer besteht. Ist kein regelmäßiger Zeitraum vereinbart, so hat der Arbeitnehmer mindestens einmal im Jahr Anspruch auf ein solches Gespräch, wobei das Gespräch auch als Gruppengespräch mit mehreren Arbeitnehmern mit ähnlichen Tätigkeiten und gleichem Qualifikationsniveau geführt werden kann.

24 Daneben besteht hiervon unabhängig ein Erörterungsanspruch des Arbeitnehmers nach § 81 Abs. 4 Satz 2 BetrVG. Danach hat der Arbeitgeber den Arbeitnehmer, wenn feststeht, dass sich die Tätigkeit des Arbeitnehmers ändern wird und dessen Qualifikationen nicht mehr ausreichen, den Arbeitnehmer hierauf hinzuweisen und mit ihm zu erörtern, wie die beruflichen Kenntnisse des Beschäftigten im Rahmen der betrieblichen Möglichkeiten anzupassen sind, damit er den neuen Anforderungen der Stelle gerecht wird. Hat der Arbeitgeber ein solches Gespräch unterlassen, so ist es ihm verwehrt, die mangelnde Eignung auf Grund der

---

[12] Der Arbeitgeber hat nach § 84 SGB IX mit dem Arbeitnehmer, der länger als sechs Wochen im Kalenderjahr krank war, ein Wiedereingliederungsgespräch zu führen.

Änderung der Anforderungen an die Stelle dem Arbeitnehmer im Kündigungspro-
zess vorzuhalten, wenn der Arbeitnehmer grundsätzlich in der Lage gewesen wäre
nach entsprechenden Weiterbildungsmaßnahmen den neuen Anforderungen an die
Stelle gerecht zu werden.[13]

VI. Kostentragung nach Abs. 5

1. Grundsätzliche Überlegungen

Abs. 5 Satz 1der Vorschrift regelt zunächst den Grundsatz, dass die Kosten einer   **25**
vom Arbeitgeber veranlassten Qualifizierungsmaßnahme einschließlich der Reisekosten grundsätzlich vom Arbeitgeber zu tragen sind. Ein möglicher Eigenbeitrag
des Arbeitnehmers ist durch eine Qualifizierungsvereinbarung zwischen Arbeitnehmer und Arbeitgeber zu regeln.

Die Betriebsparteien sind nach der tarifvertraglichen Regelung gehalten, die
Grundsätze einer fairen Kostenverteilung unter Berücksichtigung des betrieblichen und individuellen Nutzens zu regeln. Der Eigenbeitrag des Arbeitnehmers an
den Kosten kann hierbei in Zeit und/oder Geld erfolgen.

2. Abschluss einer Qualifizierungsvereinbarung

Das BAG hat es bislang bewusst offen gelassen, ob eine solche Vereinbarung   **26**
nach § 2 Abs. 2 TVöD als Nebenabrede der Schriftform bedarf[14] oder auch mündlich geschlossen werden kann. Nach richtiger Auffassung wird man davon ausgehen müssen, dass es sich bei einer solchen Qualifizierungsvereinbarung um einen
eigenständigen Zusatzvertrag zum Arbeitsvertrag handelt und um keine bloße Nebenabrede zum Arbeitsvertrag. Danach ist für einen solchen Vertrag die Schriftform nicht konstitutiv, so dass auch nicht schriftlich vereinbarte Qualifizierungs-
vereinbarungen rechtswirksam sein können. Eine schriftliche Vereinbarung ist
gleichwohl dringend zu empfehlen, um spätere Rechtsstreitigkeiten zu vermeiden.

3. Kostenbeteiligung durch Arbeitnehmer

Werden vom Arbeitgeber Qualifizierungsmaßnahmen verlangt, die in erster Linie   **27**
dazu dienen, die Anforderungen an eine technisch sich ändernde Ausstattung des
Arbeitsplatzes zu gewährleisten, hat der Arbeitgeber ein Hauptinteresse an der
Durchführung der Maßnahme, so dass eine Kostenbeteiligung des Beschäftigten in
aller Regel nicht verlangt werden kann. Die Kostenbeteiligung des Arbeitnehmers
muss einem billigenswerten Interesse des Arbeitgebers entsprechen. Dieses fehlt
bei rein einarbeitungsbedingten Aufwendungen des Arbeitgebers.[15] Umgekehrt
kann eine auch arbeitgeberseitig initiierte Ausbildung, die die berufliche Qualifikation und damit den Marktwert des Arbeitnehmers auf dem Arbeitsmarkt erheblich steigert ein solches Interesse des Arbeitgebers rechtfertigen.[16]

Ob und in welchem Maße es im Einzelfall gerechtfertigt ist, den Arbeitnehmern   **28**
an den Kosten einer Qualifizierungsmaßnahme zu beteiligen, hängt in erster Linie
davon ab, ob der Beschäftigte ein Eigeninteresse an der Durchführung der Maß-

---

[13] HWK/Schrader § 81 Rn. 36.
[14] BAG 5. Senat, Urt. v. 16.05.1972 – 5 AZR 459/71, AP Nr. 11 zu § 4 TVG.
[15] BAG, Urt. v. 16.01.2003 – 6 AZR 384/01, NZA 2004, 456.
[16] BAG 6. Senat, Urt. v. 19.02.2004 – 6 AZR 552/02, AP Nr. 33 zu BGB § 611 Ausbildungsbeihilfe.

nahme haben muss. Dies kann dann unterstellt werden, wenn durch die Maßnahme der Marktwert des Arbeitnehmers steigt oder ihm innerbetrieblich Entwicklungsmöglichkeiten eröffnet werden, die ihm ohne die Fortbildung verschlossen geblieben wären.[17] Ist dies gegeben, so hat eine Interessenabwägung auf der Basis des Verhältnismäßigkeitsgrundsatzes stattzufinden, in welcher Höhe eine Kostenbeteiligung zulässig ist.[18]

29   Auch bei sehr hohen Kosten, wie der zur Lizenz eines Flugzeugführers, kann es gerechtfertigt sein, den Arbeitnehmer an den Kosten der Fortbildung zu einem Drittel zu beteiligen.[19]

Sehr häufig wird statt einer Kostenbeteiligung oder neben einer Kostenbeteiligung vereinbart, dass der Arbeitnehmer die Kosten der Qualifizierungsmaßnahme in vollem oder in anteiligem Umfang zurück zu zahlen hat, wenn er vor Ablauf einer bestimmten Frist das Arbeitsverhältnis beendet oder eine arbeitgeberseitige Beendigung des Arbeitsverhältnisses schuldhaft verursacht.

30   Nach Abs. 4 Satz 4 der Vorschrift kann ein Eigenbeitrag des Arbeitnehmers an den Kosten der Qualifizierungsmaßnahme in Geld und/oder Zeit erfolgen. Damit eröffnen die Tarifvertragsparteien die Möglichkeit, nach den zuvor dargestellten Grundsätzen je nachdem welchen Wert eine Qualifizierungsmaßnahme für den einzelnen Beschäftigten hat, eine Kostenbeteiligung im Einzelfall zu regeln und die Rahmenregelungen durch Betriebs- oder Dienstvereinbarung vorzunehmen. Durch die Öffnungsklausel können tarifvertragliche Entgelt- und Zeitguthaben in diese Kostenregelung einfließen

4. Rückzahlungsklauseln

31   Rückzahlungsklauseln verpflichten den Arbeitnehmer dazu, dass Arbeitsverhältnis für einen vertraglich vereinbarten Zeitraum nicht zu kündigen oder schuldhaft eine Beendigung des Arbeitsverhältnisses durch den Arbeitgeber zu veranlassen. Solche Rückzahlungsklauseln greifen damit in die Freiheit der Berufswahl des Arbeitnehmers ein und wurden bereits in der Vergangenheit einer Inhaltskontrolle nach § 242 BGB (Verstoß gegen Treu und Glaube) unterzogen. Seit der Schuldrechtsreform unterliegen solche Rückzahlungsklauseln als allgemeine Geschäftsbedingungen der Inhaltskontrolle nach §§ 305 ff BGB. Vor der Schuldrechtsmodernisierung geschlossene Vereinbarungen können gegebenenfalls nach § 139 BGB dahingehend noch geltungserhaltend ausgelegt werden, dass an Stelle einer unzulässigen Bindungsfrist, die Parteien die höchst zulässige Bindungsfrist vereinbaren wollten.[20] Wurde eine solche Vereinbarung nach dem 01.01.2002 abgeschlossen, kommt eine geltungserhaltende Reduktion nach § 306 Abs. 2 BGB nicht mehr in Betracht.[21] Prüfmaßstab einer Inhaltskontrolle ist jetzt § 307 Abs. 1 Satz 1 BGB, wonach Bestimmungen in allgemeinen Geschäftsbedingungen unwirksam sind, wenn sie den Vertragspartner des Verwenders entgegen den Gebo-

---

[17] Grundsatzentscheidung: BAG, Urt, v. 18.08.1976 – 5 AZR 399/75, AP Nr. 3 zu BGB § 611 Ausbildungsbeihilfe.
[18] BAG, Urt. v. 30.11.1994 – 5 AZR 715/93, NZA 1995, 727.
[19] BAG, Urt. v. 21.11.2001 – 5 AZR 158/00, AP Nr. 31 zu § 611 BGB Ausbildungsbeihilfe.
[20] BAG, Urt. v. 05.12.2002 – 6 AZR 539/01, NZA 2003, 559.
[21] BAG, Urt. v. 04.03.2004 – 8 AZR 196/03, NZA 2004, 727.

ten von Treu und Glauben unangemessen benachteiligen. Dies ist dann der Fall, wenn die Kosten einer Qualifizierungsmaßnahme und der Vorteil für den Arbeitnehmer in der Verwertbarkeit seiner Arbeitskraft in Missverhältnis zu der damit verbundenen Bindungsfrist an den Arbeitgeber stehen. Bei der Bestimmung dieses Verhältnisses kann auf die bereits bestehende Rechtsprechung zurückgegriffen werden.

Die Bindungsfrist muss in einem angemessenen Verhältnis zur Qualifizierungsdauer stehen, da die Dauer der Qualifikation in der Regel auch Gradmesser für den Ausbildungsumfang ist und maßgeblich die Kosten des Arbeitgebers bei einer Freistellung von der Arbeit beeinflusst.[22]

Im Einzelnen wurden hierbei folgende Regeln entwickelt: **32**

– Bei einer Dauer der Qualifizierung von bis zu einem Monat ohne Verpflichtung zur Arbeitsleistung darf die Bindungsfrist sechs Monate nicht übersteigen.[23]
– Bei einer Dauer der Qualifizierung und Freistellung von der Arbeit von bis zu zwei Monaten darf die Bindungsfrist ein Jahr nicht übersteigen.[24]
– Bei einer Dauer der Qualifizierung von drei bis vier Monaten unter Freistellung von der Arbeit darf die Bindungsfrist zwei Jahre nicht übersteigen.[25]
– Bei einer Dauer der Qualifizierung von bis zu sechs Monaten bis zu einem Jahr unter Freistellung von der Arbeit darf die Bindungsfrist drei Jahre nicht übersteigen.[26]
– Bei einer mehr als zweijährigen Dauer der Fortbildungsmaßnahme unter Freistellung von der Arbeit darf die Bindungsfrist fünf Jahre nicht übersteigen.[27]

Je nach Einzelfall kann eine erhebliche Kostenbelastung sonstiger Art die Bindungsfrist verlängern oder bei niedrigen sonstigen Kosten entsprechend verkürzen.

Die Rückzahlungspflicht muss sich entsprechend der erbrachten Betriebstreue   **33**
nach Beendigung der Qualifizierungsmaßnahme mindern.[28] In der Regel wird hierbei eine monatliche Minderung, bei einer Bindungsdauer von drei Jahren z. B. eine Minderung von 1/36 pro Monat erbrachter Betriebstreue, vorgenommen.

---

[22] BAG, Urt. v. 16.03.1994 – 5 AZR 339/92, NZA 1994, 937; BAG, Urt. v. 06.09.1995 – 5 AZR 241/94, NZA 1996, 314; BAG, Urt. v. 05.12.2002 – 6 AZR 539/01, NZA 2003, 559; BAG, Urt. v. 21.11.2001 – 5 AZR 158/00, AP Nr. 31 zu § 611 BGB Ausbildungsbeihilfe.
[23] BAG, Urt. v. 05.12.2002 – 6 AZR 539/01, NZA 2003, 559.
[24] BAG, Urt. v. 15.12.1993 – 5 AZR 279/93, AP Nr. 17 zu § 611 BGB Ausbildungsbeihilfe.
[25] BAG, Urt. v. 06.09.1995 – 5 AZR 241/94, NZA 1996, 314.
[26] BAG, Urt. v. 23.02.1983 – 5 AZR 531/80, AP Nr. 6 zu § 611 BGB; BAG, Urt. v. 11.04.1984 – 5 AZR 430/82, AP Nr. 8 zu § 611 BGB Ausbildungsbeihilfe; BAG, Urt. v. 23.04.1986 – 5 AZR 159/85, AP Nr. 10 zu § 611 BGB Ausbildungsbeihilfe; BAG, Urt. v. 15.12.1993 – 5 AZR 279/93, AP Nr. 17 zu § 611 BGB Ausbildungsbeihilfe.
[27] BAG, Urt. v. 19.06.1974 – 4 AZR 299/73, AP Nr. 1 zu § 611 BGB Ausbildungsbeihilfe; BAG, Urt. v. 12.12.1979 – 5 AZR 1056/77, AP Nr. 4 zu § 611 BGB Ausbildungsbeihilfe.
[28] BGH, Urt. v. 05.06.1984 – VI ZR 279/82, NZA 1984, 290.

Die Rückzahlungsverpflichtung unterliegt der tariflichen Ausschlussfrist, wenn sie nicht innerhalb der tarifvertraglichen Ausschlussfrist von sechs Monaten nach § 37 TVöD geltend gemacht wird.[29]

Ist in einem vom Arbeitgeber vorformulierten Arbeitsvertrag vereinbart, dass ein Arbeitnehmer bei Beendigung des Arbeitsverhältnisses vor Ablauf einer bestimmten Frist vom Arbeitgeber übernommene Ausbildungskosten zurückzahlen muss, ohne dass es auf den Grund der Beendigung des Arbeitsverhältnisses ankommt, ist diese Rückzahlungsklausel nach § 307 Abs. 1 Satz 1 BGB unwirksam, da Sie den Arbeitnehmer entgegen den Geboten von Treu und Glauben unangemessen benachteiligt.[30]

5. Höhe der Rückzahlungskosten

34   Erstattungsfähig sind alle Sachaufwands-, Reise- und Unterkunftskosten sowie das während der Dauer der Qualifizierungsmaßnahme gezahlte Entgelt. Nicht erstattungsfähig hingegen sind die Beiträge des Arbeitgebers zur Sozialversicherung.[31] Eine solche Regelung ist nach § 32 SGB I wegen Verstoßes gegen die zwingenden Bestimmungen der §§ 20, 22 SGB IV nichtig.[32]

VII. Arbeitszeitregelungen

35   Abs. 6 regelt den Grundsatz, dass Zeiten der Teilnahme an einer Qualifizierungsmaßnahme als Arbeitszeit gelten. Abs. 4 Satz 4 eröffnet allerdings auch die Möglichkeit, dass der Beschäftigte Zeit als Eigenbeitrag der Kostenbeteiligung einbringt. Dieser Zeitanteil kann darin liegen, dass sich die Seminardauer z.B. auf das Wochenende erstreckt oder sonstige Zeiträume erfasst, die außerhalb der normalen Arbeitszeit des Beschäftigten liegen. Zeit kann auch in Gestalt von Urlaubsansprüchen eingebracht werden. Den Tarifvertragsparteien ist es allerdings nach § 13 Abs. 1 Satz 1 BUrlG verwehrt, in die gesetzlichen Mindesturlaubsansprüche nach § 3 BUrlG in Höhe von 24 Werktagen (einschließlich Samstag) einzugreifen. Bei einer Fünf-Tage-Woche können durch die tarifvertragliche Öffnungsklausel alle über 20 Tage hinausgehenden Urlaubstage in eine solche Regelung eingebracht werden. Der Zusatzurlaub für Schwerbehinderte nach § 125 SGB IX kann ebenfalls nicht eingebracht werden, da er zwingend durch den Arbeitgeber zu gewähren ist. Der tarifvertragliche Zusatzurlaub für Schicht- und Wechselschichtarbeit hingegen kann als Eigenbeitrag des Beschäftigten eingebracht werden.

36   Reisezeiten gelten nach § 44 TVöD selbst bei Dienstreisen nicht als Arbeitszeit. Gleiches gilt für Reisen zu Fortbildungsveranstaltungen. Für die Zeiten der Teilnahme an Seminarveranstaltungen gelten die für die Dienstreise geregelten Rahmenbedingungen des § 44 TVöD. Als Mindestzeit wird hierbei die regelmäßige durchschnittliche bzw. dienstplanmäßige Arbeitszeit gewertet.

---

29   BAG, Urt. v. 12.12.1979 – 5 AZR 1056/77, AP Nr. 4 zu § 611 BGB Ausbildungsbeihilfe.
30   BAG, Urt. v. 11.04.2006 – 9 AZR 610/05, Pressemitteilung des BAG Nr. 25/06.
31   BAG, Urt. v. 11.04.1984 – 5 AZR 430/82, AP Nr. 8 zu § 611 BGB Ausbildungsbeihilfe; BAG, Urt. v. 23.04.1997 – 5 AZR 29/96, AP Nr. 25 zu § 611 BGB Ausbildungsbeihilfe.
32   BAG, Urt. v. 06.11.1996 – 5 AZR 334/95 – AP Nr. 5 zu § 2 BAT SR 2a.

Bei der Finanzierung von Zusatzstudiengängen wie beispielsweise einem Studiengang für Master of Business & Administration werden in der Regel sehr umfangreiche Kostenbeteiligungen in Gestalt der Einbringung von Zeitguthaben erwartet. **37**

VIII. Einbeziehung gesetzlicher Förderungsmöglichkeiten

Der Arbeitgeber kann in die Ausgestaltung von Qualifizierungsmaßnahmen bestehende gesetzliche Förderungsmöglichkeiten insbesondere nach §§ 77 ff SGB III mit einbeziehen und die Qualifizierungsmaßnahmen so ausgestalten, dass die Förderungsfähigkeit der Maßnahme gegeben ist. **38**

IX. Gleichberechtigte Teilnahme von Teilzeitkräften an Qualifizierungsmaßnahmen

Nach Abs. 8 der Vorschrift haben Beschäftigte mit individuell abweichenden Arbeitszeiten das Recht auf gleichberechtigte Teilnahme an Qualifizierungsmaßnahmen. Eine gleichberechtigte Teilnahme ist nur dann gegeben, wenn mit der Maßnahme das Qualifizierungsniveau erreicht wird, das auch bei einem Vollzeitbeschäftigten erreicht wird. Eine inhaltliche Kürzung der Qualifizierungsmaßnahme für Teilzeitbeschäftigte entsprechend dem Zeitanteil ihrer Beschäftigung im Verhältnis zu einer Vollzeitbeschäftigung ist daher nicht möglich. **39**

Abschnitt II Arbeitszeit

§ 6 Regelmäßige Arbeitszeit

(1) ¹Die regelmäßige Arbeitszeit beträgt ausschließlich der Pausen für
a) die Beschäftigten des Bundes durchschnittlich 39 Stunden wöchentlich,
b) die Beschäftigten der Mitglieder eines Mitgliedverbandes der VKA im Tarifgebiet West durchschnittlich 38,5 Stunden wöchentlich, im Tarifgebiet Ost durchschnittlich 40 Stunden wöchentlich; im Tarifgebiet West können sich die Tarifvertragsparteien auf landesbezirklicher Ebene darauf einigen, die regelmäßige wöchentliche Arbeitszeit auf bis zu 40 Stunden zu verlängern.
²Bei Wechselschichtarbeit werden die gesetzlich vorgeschriebenen Pausen in die Arbeitszeit eingerechnet. ³Die regelmäßige Arbeitszeit kann auf fünf Tage, aus notwendigen betrieblichen/dienstlichen Gründen auch auf sechs Tage verteilt werden.

(2) ¹Für die Berechnung des Durchschnitts der regelmäßigen wöchentlichen Arbeitszeit ist ein Zeitraum von bis zu einem Jahr zugrunde zu legen. ²Abweichend von Satz 1 kann bei Beschäftigten, die ständig Wechselschicht- oder Schichtarbeit zu leisten haben, ein längerer Zeitraum zugrunde gelegt werden.

(3) ¹Soweit es die betrieblichen/dienstlichen Verhältnisse zulassen, wird die/der Beschäftigte am 24. Dezember und am 31. Dezember unter Fortzahlung des Entgelts nach § 21 von der Arbeit freigestellt. ²Kann die Freistellung nach Satz 1 aus betrieblichen/dienstlichen Gründen nicht erfolgen, ist entsprechender Freizeitausgleich innerhalb von drei Monaten zu gewähren. ³Die regelmäßige Arbeitszeit vermindert sich für jeden gesetzlichen Feiertag, sowie für den 24. Dezember und 31. Dezember, sofern sie auf einen Werktag fallen, um die dienstplanmäßig ausgefallenen Stunden.

Protokollerklärung zu Abs. 3 Satz 3:
Die Verminderung der regelmäßigen Arbeitszeit betrifft die Beschäftigten, die wegen des Dienstplans am Feiertag frei haben und deshalb ohne diese Regelung nacharbeiten müssten.

(4) Aus dringenden betrieblichen/dienstlichen Gründen kann auf der Grundlage einer Betriebs-/Dienstvereinbarung im Rahmen des § 7 Abs. 1, 2 und des § 12 ArbZG von den Vorschriften des Arbeitszeitgesetzes abgewichen werden.

Protokollerklärung zu Abs. 4:
In vollkontinuierlichen Schichtbetrieben kann an Sonn- und Feiertagen die tägliche Arbeitszeit auf bis zu zwölf Stunden verlängert werden, wenn dadurch zusätzliche freie Schichten an Sonn- und Feiertagen erreicht werden.

(5) Die Beschäftigten sind im Rahmen begründeter betrieblicher/dienstlicher Notwendigkeiten zur Leistung von Sonntags-, Feiertags-, Nacht-, Wechselschicht-, Schichtarbeit sowie - bei Teilzeitbeschäftigung aufgrund arbeitsvertraglicher Regelung oder mit ihrer Zustimmung - zu Bereitschaftsdienst, Rufbereitschaft, Überstunden und Mehrarbeit verpflichtet.

(6) ¹Durch Betriebs-/Dienstvereinbarung kann ein wöchentlicher Arbeitszeitkorridor von bis zu 45 Stunden eingerichtet werden. ²Die innerhalb eines Arbeitszeitkorridors geleisteten zusätzlichen Arbeitsstunden werden im Rahmen des nach Abs. 2 Satz 1 festgelegten Zeitraums ausgeglichen.

(7) ¹Durch Betriebs-/Dienstvereinbarung kann in der Zeit von 6 bis 20 Uhr eine tägliche Rahmenzeit von bis zu zwölf Stunden eingeführt werden. ²Die innerhalb der täglichen Rahmenzeit geleisteten zusätzlichen Arbeitsstunden werden im Rahmen des nach Abs. 2 Satz 1 festgelegten Zeitraums ausgeglichen.

(8) Die Absätze 6 und 7 gelten nur alternativ und nicht bei Wechselschicht- und Schichtarbeit.

(9) Für einen Betrieb/eine Verwaltung, in dem/der ein Personalvertretungsgesetz Anwendung findet, kann eine Regelung nach den Absätzen 4, 6 und 7 in einem landesbezirklichen Tarifvertrag - für den Bund in einem Tarifvertrag auf Bundesebene - getroffen werden, wenn eine Dienstvereinbarung nicht einvernehmlich zustande kommt und der Arbeitgeber ein Letztentscheidungsrecht hat.

Protokollerklärung zu § 6:
Gleitzeitregelungen sind unter Wahrung der jeweils geltenden Mitbestimmungsrechte unabhängig von den Vorgaben zu Arbeitszeitkorridor und Rahmenzeit (Abs. 6 und 7) möglich. Sie dürfen keine Regelungen nach Abs. 4 enthalten.

Inhaltsübersicht **Rn.**

I. Verhältnis zum bisherigen Recht, Abweichungen in den Besonderen Teilen

1. Verhältnis zum bisherigen Recht

1   Die wöchentliche Arbeitszeit wird auf Ebene des Bundes von bisher 38,5 Stunden im Tarifgebiet West und 40 Stunden im Tarifgebiet Ost auf einheitlich 39 Stunden festgesetzt. Im Bereich der Kommunen bleibt es bei der 38,5 Stunden-Woche im Westen und der 40 Stunden-Woche im Tarifgebiet Ost. Allerdings kann diese Klausel nach der im Zuge der Tarifvertragsverhandlungen ausgehandelten Meistbegünstigungsklausel zum einen mit einer Frist von einem Monat zum Monatsende auf landesbezirklicher Ebene gekündigt werden mit dem Ziel der Verlängerung der wöchentlichen Arbeitszeit auf bis zu 40 Stunden; zum anderen kann jeder landesbezirkliche Arbeitgeberverband eine in Bezug auf Arbeitszeit, Vergütung einschließlich Zulagen für ihn günstigere Regelung, die ver.di „für ein oder mehrere Bundesländer" in einem anderen Landesbezirk abgeschlossen hat, jederzeit durch einfache Erklärung auch für seinen Landesbezirk übernehmen, ohne dass es hierzu der Aufnahme förmlicher Tarifvertragsverhandlungen bedarf. Am 05.04.2006 einigten sich die kommunalen Arbeitgeber Baden-Württembergs mit der Gewerkschaft ver.di auf die Einführung der 39 Stunden-Woche ohne Lohnausgleich für alle Beschäftigten mit Ausnahme der Auszubildenden und Praktikanten, für die es bei der 38,5 Stunden Woche bleibt.[1] Die Verlängerung der Arbeitszeit ist zum 01.05.2006 in Kraft getreten. Der Tarifvertrag kann frühestens zum 31.12.2009 gekündigt werden. Durch diesen Tarifvertrag bleibt der Tarifvertrag über Meistbegünstigung zunächst in vollem Umfang in Kraft. Am 19.05.2006 haben sich ver.di und die db Tarifunion einerseits und die Tarifgemeinschaft deutscher Länder andererseits auf Eckpunkte einer tarifvertraglichen Regelung geeinigt. Diese sieht vor, dass die durchschnittliche regelmäßige wöchentliche Arbeitszeit ausschließlich der Pausen für jedes Bundesland im Tarifgebiet West auf der Grundlage der im Februar 2006 festgestellten tatsächlichen durchschnittlichen wöchentlichen Arbeitszeit ohne Überstunden und Mehrarbeit (tariflich und arbeitsvertraglich vereinbarte Arbeitszeit) von den Tarifvertragsparteien einvernehmlich festgelegt wird. Hierbei wird die Differenz zwischen der tatsächlich festgestellten durchschnittlichen wöchentlichen Arbeitszeit und der Zahl 38,5 mit der Zahl 2 multipliziert; dabei wird diese Erhöhung der Differenz auf 0,4 Stunden begrenzt.

---

[1]   Der Tarifvertrag ist im Anhang im Wortlaut wiedergegeben.

Das Ergebnis aus dieser Rechnung wird zu der Zahl 38,5 hinzu addiert und ergibt die neue durchschnittliche regelmäßige wöchentliche Arbeitszeit in dem jeweiligen Bundesland.[2] Für spezielle Beschäftigtengruppen verbleibt es bei der 38,5-Stundenwoche. Deren Kontingent an Arbeitszeitverlängerung wird allerdings auf die übrigen Beschäftigten erhöhend verteilt. Die Regelung tritt zum 01.11.2006 in Kraft.

Es ist davon auszugehen, dass die übrigen Landesbezirke das Tarifergebnis von **2** Baden-Württemberg übernehmen werden, soweit noch kein anderweitiger Tarifvertrag geschlossen wurde. Eine unmittelbare Übernahme dieses Tarifvertrages durch die übrigen VKA scheidet hingegen aus, da dieser Tarifvertrag nicht nach dem Tarifvertrag über die Meistbegünstigung „für ein oder mehrere Bundesländer" sondern für einen kommunalen Arbeitgeberverband abgeschlossen wurde. Das Tarifergebnis zwischen ver.di und der TdL hingegen kann in Anwendung des Tarifvertrages über die Vereinbarung einer Meistbegünstigungsklausel dann übernommen werden, wenn der Tarifvertrag ausformuliert und von den Tarifvertragsparteien der Arbeitnehmer unterzeichnet worden ist.

Am 16.06.2006 einigten sich der Marburger Bund und die Tarifgemeinschaft **3** deutscher Länder über abweichende Arbeitszeitregelungen für Ärzte und Ärztinnen.[3] Diese Sonderregelungen werden an dieser Stelle nicht kommentiert.

Insgesamt wurden die tarifvertraglichen Vorschriften des TVöD über Arbeits- **4** zeit gestrafft, vereinfacht und flexibilisiert. Die arbeitsvertragliche Verpflichtung zur Arbeitsleistung, der Höhe, des Ausgleichszeitraums und der verschiedenen Sonderformen der Arbeit wurden in § 6 TVöD geregelt. § 7 TVöD enthält eine Begriffsdefinition der verschiedenen Sonderformen der Arbeit. § 8 TVöD regelt die Höhe der Zuschläge, § 9 TVöD definiert den Bereitschaftsdienst und dessen Vergütung, soweit keine Sonderregelungen Vorrang haben (Krankenhäuser, Pflegeeinrichtungen, Heime, Feuerwehrdienst). § 10 TVöD gibt die tarifvertraglichen Rahmenbedingungen zur Einführung von Arbeitszeitkonten auf der betrieblichen Ebene vor.

Hierbei wurde der Ausgleichszeitraum von 26 Wochen, innerhalb dessen im **5** Durchschnitt die wöchentliche Arbeitszeit zu erreichen ist (§ 15 Abs. 1 Satz 2 BAT), wieder auf ein Jahr heraufgesetzt. Die Flexibilisierung wurde umgesetzt, indem nach § 6 Abs. 6 TVöD die Möglichkeit der Vereinbarung eines Arbeitszeitkorridors bis zu 45 Stunden wöchentlich oder alternativ hierzu die Vereinbarung einer täglichen Rahmenzeit bis zu 12 Stunden in der Zeit von 6 bis 20 Uhr vorgesehen wurde. Die Tarifvertragsparteien hatten sich bereits in der gemeinsamen Erklärung vom 27.02.1999 darauf geeinigt, dass auf Grundlage des § 15 Abs. 1 BAT die Einführung von Arbeitszeitkonten mit wöchentlichen Rahmenzeiten von 45 Stunden und einer Ampelregelung von 40 Stunden als Zeitschuld und 80 Stunden als Zeitguthaben möglich sind.[4] Negative und positive Zeitsalden, können auf ein Arbeitszeitkonto nach § 10 TVöD gebucht werden. Dies führt dazu, dass Über-

---

[2]   Die Eckpunkte dieser Einigung sind im Wortlaut im Textteil abgedruckt.
[3]   Das der Einigung zu Grunde liegende Eckpunktepapier ist im Textteil ebenfalls abgedruckt worden.
[4]   Diese Erklärung ist abgedruckt in Clemens § 15 Erl. 4b.

stunden nach § 7 Abs. 7 und 8 TVöD nur dann anfallen, wenn der Arbeitgeber außerhalb dieser vorgegebenen Rahmenzeiten Arbeitszeit anordnet. Bei einer Arbeit nach einem Dienstplan fallen Überstunden nach der Neuregelung nicht bereits dann an, wenn die wöchentliche tarifvertragliche Arbeitszeit (so § 17 Abs. 1 BAT, § 14 Abs.1 BMTG, 19 Abs. 2 MTArb) überschritten wurde, sondern erst wenn diese bis zum Ablauf der folgenden Woche nicht durch Freizeit ausgeglichen wurde.

Die Regelung über Bereitschaftsdienste wurde europarechtskonform gestaltet und spartenspezifisch für Krankenhäuser und Hausmeisterdienste geregelt.

Die Verlängerung der täglichen Arbeitszeit bei Arbeitsbereitschaft und Vor- und Abschlussarbeiten[5] wurde abgeschafft.

2. Abweichungen in den Besonderen Teilen

6   In den besonderen Teilen sind folgende Abweichungen zu § 6 TVöD normiert:

Besonderer Teil Verwaltung (BT-V):
§ 42, Saisonaler Ausgleich
§ 44 Abs.2, Dienstreisen

Abschnitt VIII, Sonderregelungen Bund:
7   § 45, Beschäftigte in Auslandsdienststellen: Nr.5, zu § 6 – Regelmäßige Arbeitszeit
§ 46, Sonderregelungen für die Beschäftigten im Bereich des Bundesministeriums der Verteidigung: Kapitel I Nr.3; Kapitel II Nr.10;
§ 47, Sonderregelungen für die Beschäftigten des Bundesministeriums für Verkehr, Bau- und Wohnungswesen: Kapitel I Nr.3; Kapitel II Nr.l0; Kapitel III Nr.12
§ 48, Sonderregelungen für Beschäftigte im forstlichen Außendienst: Nr.2

Abschnitt VIII, Sonderregelungen (VKA):
8   § 46 Nr. 2, Sonderregelungen für Beschäftigte im kommunalen feuerwehrtechnischen Dienst
§ 48 Nr. 2, Sonderregelungen für Beschäftigte im forstlichen Außendienst
§ 50 Nr. 2, Sonderregelungen für Beschäftigte in landwirtschaftlichen Verwaltungen und Betrieben, Weinbau und Obstanbaubetrieben
§ 51 Nr. 2, Sonderregelungen für Beschäftigte als Lehrkräfte
§ 52 Nr. 2, Sonderregelungen für Beschäftigte als Lehrkräfte an Musikschulen
§ 55 Nr. 4, Sonderregelungen für Beschäftigte an Theatern und Bühnen

Besonderer Teil Krankenhäuser (BT-K):
9   § 48 Abs. 1, Wechselschichtarbeit
§ 49, Arbeit an Sonn- und Feiertagen

Besonderer Teil Entsorgung (BT-E):
§ 41, Tägliche Rahmenzeit

---

[5]   Bisher § 15 Abs. 2, 3 BAT/BAT-O/BAT-OSp; § 15 Abs.2,3 MTArb/MTArb-O; § 14 Abs. 2, 3 BMTG/BMTG-O.

Besonderer Teil Flughäfen (BT-F):
§ 41, Wechselschichtarbeit
§ 42, Rampendienst

II. Arbeitszeit

1. Öffentlich-rechtliche Arbeitszeitregelungen

a) Arbeitszeitgesetz

Das Arbeitszeitgesetz regelt für alle Beschäftigten im Sinne des Gesundheits-   **10**
schutzes die Rahmenbedingungen, innerhalb derer die Arbeitsleistung zu erbringen ist. Als öffentliches Recht wirkt es einseitig und zwingend. Eine Abweichung
ist nur zulässig, soweit das Gesetz dies zulässt und nur in den Formen (z.B. durch
Tarifvertrag oder Betriebsvereinbarung), in denen dies zulässig ist (vergleiche
§§ 7, 12 ArbZG). Das Arbeitszeitgesetz wurde zum 01.01.2004 an die europarechtlichen Rahmenbedingungen angepasst, so dass Bereitschaftsdienste jetzt als
Arbeitszeit entsprechend der Rechtsprechung des EuGH[6] zählen. Im wesentlichen
wird durch das Arbeitszeitgesetz die höchstzulässige Dauer der Arbeitszeit, die
Nachtarbeit, die Ruhepausen, die Ruhezeit, die Zulässigkeit von Sonn- und Feiertagsarbeit und deren Ausgleich geregelt. Abweichende Regelungen sind in außergewöhnlichen Fällen (§ 14 ArbZG) und auf Grund tarifvertraglicher Regelungen
oder durch Betriebsvereinbarung oder Dienstvereinbarung (§§ 7, 12 ArbZG) möglich.

b) Jugendarbeitsschutzgesetz

Nach § 8 JArbSchG besteht ein Beschäftigungsverbot für Jugendliche über 8   **11**
Stunden täglich hinaus, bei abweichender Regelung der wöchentlichen Arbeitszeit
über 8,5 Stunden täglich hinaus.

c) EU–Arbeitszeitrichtlinien

Nach Art. 2 der EG-Richtlinie über Arbeitszeit (Richtlinie 93/104/EG, ABlEG Nr.   **12**
1 307, S. 18 = Art. 2 Nr. 1 RL 2003/88/EG v. 04.11.2003, ABlEU L 299/9 v.
18.11.2003) ist Arbeitszeit „jede Zeitspanne, während der ein Arbeitnehmer gemäß den einzelstaatlichen Rechtsvorschriften und/oder Gepflogenheiten arbeitet,
dem Arbeitgeber zur Verfügung steht und seine Tätigkeit ausübt oder Aufgaben
wahrnimmt". Der EuGH hat daher den Bereitschaftsdienst von Ärzten als Arbeitszeit im Sinne der Richtlinie gewertet, da der Beschäftigte mit dem Bereitschaftsdienst Aufgaben des Arbeitgebers wahrnimmt und ihm zur Verfügung steht.[7] Die
Arbeitszeit darf nach Art. 22 I Buchstabe a) RL 2003/88/EG durchschnittlich 48
Stunden innerhalb eines Siebentageszeitraums in einem Bemessungszeitraum von
vier Monaten nicht übersteigen. Eine Kürzung der täglichen Ruhezeit von 11 zusammenhängenden Stunden durch Ableistung von Bereitschaftsdienst ist nur dann

---

[6] EuGH, Urt. v. 03.10.2000 – C 303/98, Sibdicato de Medicos de Asistencia Pública (Simap) gegen
Conselliera de Sanidad y Consumo de la Generalidad Válencia, NZA 2000, 1227; EuGH Urt. v.
09.09.2003 – C 151/02, Landeshauptstadt Kiel/Jäger, NJW 2003, 2971; BAG, Beschl. v.
18.02.2003 – 1 ABR 2/02, NZA 2003, 742; BAG, Urt. v. 05.06.2003- 6 AZR 114/02, NZA 2004,
164.

[7] EuGH, Urt. v. 03.10.2000 – C 303/98, Sindicato de Medicos de Asistencia Pública (Simap) gegen
Conselliera de Sanidad y Consumo de la Generalidad Valencia, NZA 2000, 1227.

möglich, wenn eine Ruhezeit von mindestens 11 zusammenhängenden Stunden im unmittelbaren Anschluss an die entsprechende Arbeitsperiode gewährt wird und durch die Kürzung der Ruhezeit keine Verlängerung der wöchentlichen Arbeitszeit auf über 48 Stunden im Durchschnitt erfolgt.[8] Eine Überschreitung der durchschnittlichen Höchstarbeitszeit von 48 Stunden wöchentlich ist nur dann möglich, wenn der Beschäftigte sich zu einer längeren Arbeitszeit freiwillig bereit erklärt. Diese Erklärung muss vom Beschäftigten persönlich erfolgen und kann nicht durch eine tarifvertragliche Regelung ersetzt werden.[9] Die EG-Richtlinie regelt nur den Begriff der Arbeitszeit und den Höchstrahmen der Arbeitszeit. Die Tarifvertragsparteien können für Bereitschaftsdienste eine andere Vergütung vereinbaren als für die Normalarbeit.[10] Sie können aber nicht von den in der Richtlinie definierten Begriffen der Arbeitszeit und Ruhezeit abweichen, da dies dazu führen würde, dass die Richtlinie jederzeit unterlaufen werden könnte. Sie können auch nicht Gleichwertigkeitsregelungen einführen, nach welchen die Bereitschaftsdienstzeiten nur entsprechend dem durchschnittlichen Arbeitsanfall als Arbeitszeit gewertet werden.[11]

Die EG-Richtlinie ist hinreichend bestimmt. Soweit der nationale Gesetzgeber die Richtlinie nicht fristgemäß umgesetzt hat, wirkt sie nur zwischen dem Bürger und staatlichen Stellen unmittelbar und zwingend, nicht hingegen horizontal im Verhältnis zwischen privaten Dritten.[12] In § 25 ArbZG hat der Gesetzgeber für einen Übergangszeitraum bis zum 31.12.2005 bestehende tarifvertragliche Regelungen, die gegen das zum 01.01.2004 reformierte Arbeitszeitgesetz und gegen die EG-Richtlinie verstoßen, für zulässig erklärt. Da die Umsetzungsfrist zur Anpassung der nationalen Gesetze an die Vorgaben der Richtlinie bereits 1996 abgelaufen ist, fehlt dem nationalen Gesetzgeber die Regelungskompetenz für eine solche Regelung. § 25 ArbZG ist wegen Verstoß gegen die EG-Richtlinie europarechtskonform im Sinne der Richtlinie auszulegen, dass die 48-Stunden-Grenze hiervon nicht erfasst ist. Eine Ausnahme hiervon wird auch für alte Tarifverträge nach § 25 ArbZG nicht zugelassen.[13] Dies führt dazu, dass sich ein Arbeitnehmer gegenüber einem staatlichen Arbeitgeber direkt auf die Geltung der Richtlinien berufen kann und bestehende entgegenstehende tarifvertragliche Reglungen wie die Regelungen des SR 2 a, SR 2 b, Sr 2c, SR 2 r; § 15 Abs. 2 BAT, § 15 Abs. 3 BAT teilunwirksam sind und keine Anwendung finden können.[14] Vor diesem Hintergrund haben die Tarifvertragsparteien in § 23 TVÜ VKA das neue Tarifrecht für die von SR 2 a, SR 2 b und SR 2 c erst zum 01.01.2006 für anwendbar erklärt, um

---

[8]   EuGH, Urt.v. 09.09.2003 – C – 151/02 (Landeshauptstadt Kiel/Jäger), NJW 2003,2971.

[9]   EuGH Urt. v. 05.10.2004 – C-397/01, C-403/01, C-397/01, C-403/01, NZA 2004, 1145.

[10]   BAG, Urt. v. 05.06.2003 – 6 AZR 114/02, NZA 2004, 164, BAG, Urt. v. 28.1.2004 – 5 AZR 530/02, NZA 2004, 656.

[11]   EuGH, Urt. v. 01.12.2005 – C-14/04, Rn. 61, 63, NZA 2006, 89.

[12]   BAG, Beschl. v. 18.02.2003 – 1 ABR 2/02, NZA 2003, 742.

[13]   BAG, Beschl. v. 24.01.2006 – 1 ABR 6/05, NZA 2006, 862.

[14]   Ulber, ZTR 2005, 70, [81]; Buschmann, ArbuR 2004,1, [5], Hock, ZTR 2004, 114 [118, 119], Schliemann, NZA 2004, 513,[518], Wahlers, ZTR 2004, 446, [450], ErfK/Wank § 25 ArbZG; Wank, ZRP 2003, 414; a.A. HWK/Gäntgen § 25 ArbZG, Rn., Litschen, ZTR 2004,119; Dassau § 15 Rn. 67.

den gesetzlich zulässigen Zeitraum zur Anpassung der betrieblichen Regelungen an das neue Tarifrecht einerseits auszuschöpfen und haben andererseits die neuen tarifvertraglichen Regelungen bereits ab dem 01.10.2005 dann für wirksam erklärt, wenn die betrieblichen Regelungen an das neue Tarifrecht zu einem früheren Zeitpunkt umgesetzt werden konnten.

2. Gesetzliche Rahmenregelungen für besondere Arbeitszeitgestaltungen

a) Teilzeit- und Befristungsgesetz

Teilzeitarbeit liegt vor, wenn eine unterhalb der wöchentlichen Arbeitszeit liegen-   **13**
de Arbeitszeit einzelvertraglich vereinbart wird. Mit Einführung des Teilzeit- und Befristungsgesetzes sollte die Einführung von Teilzeitarbeit erleichtert werden. Ein Beschäftigter, der länger als sechs Monate beschäftigt ist, hat Anspruch auf Reduzierung der Arbeitszeit im Rahmen des § 6 TzBfG bzw. auf Verlängerung der Arbeitszeit nach Teilzeitarbeit im Rahmen des § 9 TzBfG.

Gesetzlich gesondert geregelt wurde die Abrufarbeit in § 12 TzBfG, nach der der Beschäftigte im Bedarfsfall nur auf Anforderung des Arbeitgebers die Arbeitsleistung zu erbringen hat. Hier muss die Dauer der wöchentlichen oder täglichen Arbeitszeit festgelegt werden. Wird sie nicht festgelegt, gilt eine Arbeitszeit von wöchentlich 10 Stunden als vereinbart und muss vergütet werden. Ruft der Arbeitgeber die Arbeit nicht ab, so gerät er nach § 615 BGB in Annahmeverzug und hat die nicht abgerufenen Stunden zu vergüten.[15]

Zulässig ist es auch, dass der Arbeitgeber mit dem Beschäftigten nur einen Rahmenvertrag schließt über die Konditionen eines Arbeitsvertrages und in dessen Rahmen „Eintagesarbeitsverhältnisse" über den jeweiligen konkreten Einsatz vereinbart.[16]

Nach § 13 TzBfG sind ferner Job-sharing-Verträge zulässig, nach denen sich zwei oder mehr Beschäftigte einen Arbeitsplatz teilen.

b) Altersteilzeit

Die Altersteilzeitarbeit ist durch den Tarifvertrag zur Regelung der Altersteilzeit   **14**
in der Fassung des 1. Änderungstarifvertrages vom 15.03.1999 geregelt.

c) Telearbeit

Bei Telearbeit kommt es maßgeblich auf die Vertragsgestaltung an, ob überhaupt   **15**
ein Arbeitsverhältnis vorliegt, das dann auch von den Regelungen des Tarifvertrages erfasst wird. Ein Arbeitsverhältnis liegt vor, wenn der Beschäftigte den Weisungen des Arbeitgebers unterliegt und in die betriebliche Organisation eingegliedert ist. Dies ist immer dann der Fall, wenn der Beschäftigte Arbeitsgeräte des Arbeitgebers nutzt, über einen Online-Anschluss direkt mit dem Rechner des Arbeitgebers verbunden ist und seine Arbeitsleistung im Zusammenwirken mit anderen Beschäftigten des Betriebes erbringt.[17] In diesem Fall ist eine weisungsabhängige

---

[15] HWK/Schmalenberg § 12 TzBfG, Rn. 21.
[16] BAG, Urt. v. 11.11.1998 – 5 AZR 119/98, NZA 1999, 928.
[17] ErfK/Preis § 611 BGB, Rn. 101; Wank: Telearbeit, NZA 1999, S. 225 [232]; HWK/Thüsing Vorb. § 611 BGB, Rn. 93.

Arbeit und Eingliederung des Beschäftigten in den Betrieb als entscheidende Tatbestandsmerkmale einer abhängigen Beschäftigung gegeben.[18]

III. Tarifvertragliche Regelungen

1. § 6 Abs. 1 wöchentliche Arbeitszeit
a) Normalarbeitszeit

16   Die regelmäßige wöchentliche Arbeitszeit beträgt 38,5 Stunden im Bereich VKA/West, 40 Stunden im Bereich VKA/Ost und 39 Stunden für die im Bereich des Bundes Beschäftigten. In einzelnen Bundesländern wurde die Arbeitszeit im Bereich VKA/West auf 39 Stunden heraufgesetzt.[19]

aa) Begriff der Arbeitszeit

17   Nach § 2 ArbZG ist Arbeitszeit der Zeitraum vom Beginn bis zum Ende der Arbeit ohne die Ruhepausen. Der Begriff der Ruhepause ist weder tarifvertraglich noch gesetzlich definiert. Das Bundesarbeitsgericht hat den Begriff der Ruhepause als den Zeitraum innerhalb der Arbeitszeit, die der Erholung dienen definiert,[20] in dem der Arbeitnehmer von jeder Dienstverpflichtung und auch von der Verpflichtung freigestellt ist, sich zum Dienst bereit zu halten.[21] Eine Pausenregelung genügt nicht den gesetzlichen Anforderungen, wenn es den Arbeitnehmern aus tatsächlichen oder rechtlichen Gründen unmöglich ist, Pausen zu nehmen.[22] Der Arbeitgeber hat Pausenzeiten im Vorhinein festzusetzen. Dem genügt der Arbeitgeber auch, wenn er nur eine Rahmenzeit festlegt, innerhalb derer der Arbeitnehmer die Pause zu nehmen hat und hierbei vorgibt, dass aus einer Gruppe eine bestimmte Anzahl von Arbeitnehmern Arbeit zu leisten hat. Er genügt dieser Verpflichtung nicht, wenn er zwar einen solchen Zeitraum vorgibt, es den Arbeitnehmern einer Intensivstation aber z.B. nicht möglich ist, Pausen ohne ständigen Bereitschaftsdienst zu nehmen.[23] Der Arbeitgeber kann hierbei auch längere als die gesetzlich vorgeschriebenen Pausenzeiten vorgeben,[24] wenn es beispielsweise sonst den Arbeitnehmern nicht möglich ist, ein Kantinenessen zu sich zu nehmen. Nach § 6 Abs. 1 Satz 2 TVöD werden bei Wechselschichtarbeit die Pausen in die Arbeitszeit eingerechnet und bezahlt. Diese Regelung bezieht sich nicht nur auf Kurzpausen, sondern auch auf die gesetzlich vorgeschriebenen Pausen.[25] In Abweichung hiervon werden nach § 48 Abs. 1 TVöD BT-K bei Beschäftigten in Krankenhäusern, Pflegeheimen und Behinderteneinrichtungen Pausenzeiten innerhalb der Wechselschicht nicht bezahlt. Die Pausen müssen nach § 4 ArbZG Mindestzeiten von 15 Minuten umfassen. Der Arbeitgeber ist nicht gehindert durch die Arbeit

---

18   Schaub § 8 I.1 Buchst. a, Rn. 2; ErfK/Preis § 611 BGB, Rn. 49 ff.
19   Siehe hierzu die Kommentierung zu § 6, 1; landesbezirklicher Tarifvertrag Arbeitszeit BW in der Textsammlung
20   BAG, Urt.v. 28.09.1972 – 5 AZR 198/72 – AP Nr. 9 zu § 12 AZO; BAG, Beschl. v. 22.07.2003 – 1 ABR 28/02, NZA 2004, 507.
21   BAG, Urt. v. 29.10.2002 – 1 AZR 603/01, NZA 1993, 1212, BAG, Urt. v. 09.03.2005 – 5 AZR 385/02, EzA-SD 2005, 16.
22   BAG, Urt. v. 23.09.1992 – 4 AZR 562/91 – AP Nr. 6 zu § 3 AZO Kr.
23   BAG, Urt. v. 27.02.1992 – 6 AZR 478/90, ZTR 1992, 378.
24   BAG, Urt. v. 19.05.1992 – 1 AZR 418,91, NZA 1992, 978.
25   BAG, Urt. v. 27.04.2000 – 6 AZR 861/98, NZA 2001, 274.

eintretende Arbeitsunterbrechungen z.B. durch Wendezeiten in Verkehrsbetrieben auf das gesetzliche Mindestmaß anzuheben und als unbezahlte Pausen zu werten.[26] Nach § 7 Abs. 1 Nr.2 ArbZG können in Schicht- und Verkehrsbetrieben vom gesetzlichen Maß abweichende Pausenregelungen getroffen werden.

bb) Beginn und Ende der Arbeitszeit am Arbeitsort
Die Arbeitszeit beginnt und endet am vereinbarten Arbeitsort. Eine Regelung des **18** Arbeitsortes im Tarifvertrag ist entbehrlich, da der Arbeitgeber im Rahmen seines Weisungsrechts nach § 106 Satz 1 GewO den Arbeitsort einseitig bestimmen kann. Wird innerhalb des Arbeitsvertrages nur eine bestimmte Stadt oder ein bestimmtes Betriebsgelände als Arbeitsort benannt, so kann der Arbeitgeber innerhalb dieses Rahmens als Arbeitsort den genauen Betriebsteil festlegen.[27] Die Arbeitszeit beginnt und endet dann an diesem konkret bezeichneten Arbeitsort. Wegezeiten zum Arbeitsort zählen grundsätzlich nicht zur Arbeitszeit. Dies gilt auch dann, wenn der Arbeitgeber im Rahmen seines Direktionsrechts unterschiedliche Arbeitsorte festlegen kann, wie z.B. den Abflughafen einer Flugbesatzung.[28] Wird in einem im öffentlichen Dienst üblichen Mustervertrag auf die Anwendung eines bestimmten Tarifvertrages mit weitergehenden Versetzungsklauseln, wie hier in § 4 TVöD verwiesen und gleichzeitig ein bestimmter Arbeitsort im Arbeitsvertrag festgehalten, so ist die Versetzungsmöglichkeit des Arbeitgebers an einen anderen Dienstort in der Regel nicht ausgeschlossen, es sei denn, die Parteien haben dies im Arbeitsvertrag ausdrücklich vereinbart.[29]

Waschzeiten und Umkleidezeiten zählen ebenfalls nicht zur Arbeitszeit, da sie keine Zeiten der arbeitsvertraglich geschuldeten Tätigkeit darstellen,[30] es sei denn, es wurde im Einzelfall eine andere Vereinbarung getroffen. Schreibt der Arbeitgeber vor, dass der Beschäftigte eine bestimmte Dienstkleidung zu tragen hat und gestattet es nicht, dass der Beschäftigte die Dienstkleidung mit nach Hause nehmen kann, so beginnt und endet die Arbeitszeit mit dem Umkleiden, da der Arbeitgeber das Umkleiden selbst zum Teil der Erfüllung der arbeitsvertraglichen Pflichten gemacht hat.[31]

Abzugrenzen von der Arbeitszeit sind Pausenzeiten.

cc) Lage der Arbeitszeit
Der Arbeitgeber kann die zeitliche Lage der Arbeitszeit festsetzen.[32] Dies umfasst **19** auch einen Wechsel von Tag- zu Nachtarbeit und von normaler Arbeitszeit zu Schichtarbeit, soweit dem keine arbeitsvertraglichen Schranken entgegenstehen.[33] Der Arbeitgeber muss bei der Konkretisierung der Lage der Arbeitszeit die Inte-

---

26 BAG, Urt. v. 23.06.1988 - 6 AZR 137/86, NZA 1989, 55; zu tarifvertraglich abweichenden Regelungen BAG, Urt. v. 20.04.05 – 4 AZR 285/04, Beck RS 2005 43711.
27 MüArbR/Blomeyer § 48 Rn. 79; HWK/Thüsing § 611 BGB, Rn. 334.
28 BAG, Urt. v. 02.11.2003 - 9 AZR 600/01, NZA 2003, 930.
29 BAG, Beschl. v. 22.01.2004 – 6 AZR 583/02, NZA 2005, 61.
30 BAG, Urt. v. 11.10.2000 - 5 AZR 122/99, NZA 2001, 458.
31 BAG, Urt. v. 29.07.1994 – 6 AZR 220/94, AP Nr. 32 zu § 15 BAT.
32 BAG, Urt. v. 30.03.2000 – 6 AZR 680/98, NZA 2001, 111.
33 BAG, Urt. v. 11.02.1998 – 5 AZR 472/97, TR 1998, 329.

ressen des Beschäftigten im Rahmen billigen Ermessens berücksichtigen.[34] Nach der Regelung von Abs. 1 Satz 3 kann die regelmäßige Arbeitszeit aus notwendigen betrieblichen/dienstlichen Gründen auch auf sechs Tage verteilt werden. Notwendige Gründe können sich aus der Art der zu verrichtenden Arbeiten (EDV-Wartung außerhalb der Betriebszeiten) als auch der Erreichbarkeit für den Kunden (Öffnung eines Kundenzentrums am Samstag) ergeben. Bei der Festsetzung der Lage der Arbeitszeit sind die Mitbestimmungsrechte des Personalrates nach § 75 Abs. 3 Nr. 1 BPersVG und des Betriebsrates nach § 87 Abs. 1 Nr. 2 und Nr. 3 BetrVG zu beachten.

dd) Unterschiedliche Dauer der Arbeitszeit im Tarifgebiet Ost und West im Bereich VKA

20   Nach der tarifvertraglichen Regelung kommt es darauf an, ob ein Beschäftigter ein Arbeitsverhältnis mit einem Mitglied des VKA des Tarifgebiets West oder Ost begründet hat. Für Arbeitsverhältnisse mit einem Mitglied eines Mitgliedsverbandes des VKA im Tarifgebiet West gilt die 38,5 Stunden-Woche, mit einem Mitglied eines Mitgliedsverbandes des VKA im Tarifgebiet Ost hingegen die 40 Stunden-Woche. Entgegen dem ursprünglichen Entwurf kommt es nicht darauf an, wo der Arbeitnehmer seine Arbeitsleistung zu erbringen hat. Wird ein Beschäftigter mit einem Arbeitsvertrag mit einem Mitglied eines Mitgliedsverbandes des VKA im Tarifgebiet West zu einem Betrieb oder einer Dienststelle im Tarifgebiet Ost abgeordnet oder zugewiesen, so beträgt dessen wöchentliche Arbeitszeit 38,5 Stunden. Umgekehrt beträgt die Arbeitszeit eines Beschäftigten mit einem Arbeitsvertrag des Tarifgebiets Ost, der im Tarifgebiet West tätig wird, weiterhin 40 Stunden.

ee) Verteilung der Arbeitszeit in der Woche

21   Grundsätzlich sieht § 6 Abs. 1 Satz 3 TVöD die Verteilung der Arbeitszeit auf 5 Tage in der Woche vor. Dies muss nicht ein Zeitraum von Montag bis Freitag sein.[35] Ausnahmsweise kann hiervon aus dienstlichen bzw. betrieblichen Gründen abgewichen werden. Hierbei sind keine zu hohen Anforderungen an dienstliche oder betriebliche Gründe zu stellen. Die Öffnung eines Kundenzentrums an Samstagen oder sonstige kundenorientierte Dienstleistungen können eine Abweichung begründen.

b) Einbeziehung der gesetzlichen Ruhepausen bei Wechselschichtarbeit

22   Der Begriff der Wechselschichtarbeit ist in § 7 Abs. 1 TVöD definiert. Abweichend von der Regelung in § 6 Abs. 1 TVöD und zur bisherigen Regelung in § 15 Abs. 1 BAT, aber in Übereinstimmung mit § 15 Abs. 9 MTArb und § 14 Abs. 5 BMT-G, wird bei Wechselschichtarbeit die Zeit gesetzlicher Pausen in die Arbeitszeit mit eingerechnet, so dass diese Zeiten als Arbeitszeit zählen und zu vergüten sind. Die gesetzlichen Ruhepausen betragen nach § 4 ArbZG bei einer Arbeitszeit von mehr als sechs bis unter neun Stunden 30 Minuten, bei einer Arbeitszeit von über neun Stunden 45 Minuten.

---

[34]   BAG, Urt. v. 11.10.1995 – 5 AZR 802/94, AP Nr. 9 zu § 611 BGB Arbeitszeit.
[35]   Böhle/Poschke: Das neue Tarifrecht für den öffentlichen Dienst – Teil 2-, ZTR 2005, 286 [289].

2. § 6 Abs. 2 Ausgleichszeitraum
Der Ausgleichszeitraum wurde von 26 Wochen nach § 15 Abs. 1 BAT auf ein   **23**
Jahr erweitert. Er definiert den Zeitraum in dem im Durchschnitt die in Abs. 1 bestimmte Höhe der wöchentlichen Arbeitszeit zu erreichen ist. Hierbei kann die
Arbeitszeit in einzelnen Zeitabschnitten bis zur Höchstarbeitszeit von 48 Stunden
wöchentlich heraufgesetzt und in anderen Wochen die Arbeitszeit im Extremfall
auf Null reduziert werden, solange im Durchschnitt innerhalb des Ausgleichszeitraums die in Abs. 1 festgelegte wöchentliche Arbeitszeit erreicht wird. Einrichtungen, die während der Schulferien schließen, können den hierdurch entstehenden „Ferienüberhang" in Zeiten außerhalb des Ferienzeitraums verteilen.[36] Nach
§ 3 Abs. 2 ArbZG darf die tägliche Arbeitszeit hierbei 10 Stunden nicht überschreiten. Eine feste Bezugsgröße, wann das Jahr zu laufen beginnt und wann es
endet, ist nicht definiert. Insofern ist auch ein vom Kalenderjahr abweichender
Zeitraum zulässig.[37] Es handelt sich um eine Rahmenvorschrift, die den Arbeitgeber unter Wahrung der Mitbestimmungsrechte von Personalrat und Betriebsrat
ermächtigt, Arbeitszeitmodelle zu wählen, die auf Grund ihrer Gestaltung die
durchschnittliche wöchentliche Arbeitszeit im Jahreszeitraum erreichen. In diesem
Rahmen ist auch die Einführung von Gleitzeit verbunden mit einem Arbeitszeitkonto möglich. Bei Wechselschicht und Schichtbeschäftigten kann der Rahmen
von einem Jahr auf Grund der Schichtmodelle überschritten werden, da häufig die
Schichtfolge abweichend vom Kalenderjahr beginnt und endet.

3. § 6 Abs. 3 regelmäßige Arbeitszeit bei dienstplanmäßig durch Feiertag
ausgefallenen Stunden
Nach § 6 Abs. 3 Satz 1 TVöD soll der Beschäftigte von der Arbeitspflicht am   **24**
24.12. und 31.12. ganztägig unter Fortzahlung des Entgelts freigestellt werden,
soweit es die betrieblichen/dienstlichen Verhältnisse zulassen. Kann die Freistellung aus dienstlichen oder betrieblichen Gründen nicht erfolgen, so ist die Freistellung in gleicher Höhe innerhalb von drei Monaten nachzuholen. Eine zusätzliche
Vergütung für diese Arbeitszeit zur später gewährten Freistellung ist tarifvertraglich nicht vorgesehen.

Nach § 6 Abs. 3 Satz 3 TVöD vermindert sich die regelmäßige wöchentliche   **25**
Arbeitszeit für jeden gesetzlichen Feiertag, den 24.12. und 31.12., sofern diese
Tage auf einen Werktag fallen, um die Zeit der dienstplanmäßig ausgefallenen
Stunden. Diese tarifvertragliche Regelung ist eine Reaktion auf die Rechtsprechung des BAG. Die regelmäßige wöchentliche Arbeitszeit eines im Schichtdienst
beschäftigten Angestellten hat sich nach altem Tarifrecht nicht um die auf einen
Wochenfeiertag entfallenden Arbeitsstunden verringert, wenn der Wochenfeiertag
für den Angestellten nach dem Dienstplan arbeitsfrei war. Wenn der Beschäftigte
an einem Wochenfeiertag arbeiten musste, der nicht auf einen Sonntag gefallen
ist, so ist nach altem Tarifvertragsrecht nur ein Anspruch auf die Vergütung und
die Zuschläge, nicht aber auf zusätzlich geleistete Überstunden entstanden.[38] Dies

[36]   BAG, Urt. v. 23.02.1995 – 6 AZR 586/94, AP Nr. 38 zu § 15 BAT.
[37]   Böhle/Poschke: Das neue Tarifrecht für den öffentlichen Dienst – Tiel 2-, ZTR 2005, 286 [288].
[38]   BAG, Urt. v. 21.03.2002 – 6 AZR 194/01, ZTR 2003, 25.

hat entsprechend für den 24. oder 31.12. gegolten, soweit diese auf einen Wochentag gefallen sind.

26 Fällt nach neuem Tarifrecht ein gesetzlicher Feiertag oder der 24.12. bzw. der 31.12. auf einen Werktag, so vermindert sich die Anzahl der zu leistenden Stunden um die Anzahl der Stunden, die nach Dienstplan an diesem Tag zu leisten gewesen wären. Wird die Arbeitsleistung an einem anderen Tag erbracht, so ergeben sich nach der tarifvertraglichen Neuregelung Überstunden, es sei denn, dass diese durch entsprechende Dienstplangestaltung vermieden werden.[39] Eine Bezahlung des durch den Feiertag bzw. 24.12. oder 31.12. ausgefallenen Entgelts ist bereits durch § 2 Abs. 1 EFZG sichergestellt und entspricht der bestehenden Rechtsprechung.[40]

Beispiel: Der Beschäftigte hätte nach Dienstplan am Donnerstag 8 Stunden arbeiten müssen. Der Donnerstag ist ein gesetzlicher Feiertag. Die zu leistenden Stunden im betreffenden Monat werden nach der neuen tarifvertraglichen Regelung um 8 Stunden gesenkt. Wird der Beschäftigte an dem Feiertag zur Leistung herangezogen, so hat er Anspruch auf Vergütung der geleisteten Arbeit als Überstunden, es sei denn es erfolgt eine Freistellung, die das Entstehen von Überstunden verhindert.

4. § 6 Abs. 4 Öffnungsklausel für abweichende Regelungen nach §§ 7 und 12 ArbZG

27 Nach § 7 und § 12 ArbZG können durch Tarifvertrag oder durch Betriebs- und Dienstvereinbarungen auf Grund einer tarifvertraglichen Öffnungsklausel vom Gesetz abweichende Regelungen getroffen werden. § 6 Abs. 4 TVöD stellt eine solche tarifliche Öffnungsklausel dar und ermöglicht in den nachfolgenden Fällen abweichende Regelungen. Aus dringend betrieblichen oder dienstlichen Gründen kann:

– die Arbeitszeit über zehn Stunden werktäglich verlängert werden, wenn in die Arbeitszeit regelmäßig und in erheblichem Umfang Arbeitsbereitschaft oder Bereitschaftsdienst fällt,

– abweichend von § 4 Satz 2 ArbZG die Gesamtdauer der Ruhepausen (30 Minuten nach 6 Stunden, 45 Minuten nach 9 Stunden in Zeitabschnitten von mindestens 15 Minuten) in Schichtbetrieben und Verkehrsbetrieben auf Kurzpausen von angemessener Dauer aufgeteilt werden,

– abweichend von § 5 Abs. 1 ArbZG die Ruhezeit von 11 Stunden um bis zu zwei Stunden gekürzt werden, wenn die Art der Arbeit dies erfordert und die Kürzung der Ruhezeit innerhalb eines festzulegenden Ausgleichszeitraums ausgeglichen wird,

– die Arbeitszeit von Nachtbeschäftigten über 10 Stunden werktäglich hinaus verlängert werden, wenn in die Arbeitszeit regelmäßig und in erheblichem Umfang Arbeitsbereitschaft oder Bereitschaftsdienst fällt und die durchschnittliche

---

[39] Vergleich zu einer entsprechenden Tarifvorschrift im JazTV der DB: BAG, Urt.v. 07.05.2003 – 5 AZR 256/62, NZA 2004, 49.

[40] BAG, Urt. v. 16.11.2000 – 6 AZR 338/99, NZA 2001, 796.

Arbeitszeit von 8 Stunden innerhalb eines betrieblich festzulegenden Ausgleichszeitraums nicht überschritten wird.

Sofern der Gesundheitsschutz der Beschäftigten durch einen entsprechenden Zeitausgleich gewährleistet wird, können **28**

- abweichend von § 5 Abs. 1 ArbZG die Ruhezeiten bei Rufbereitschaft den Besonderheiten dieses Dienstes angepasst, insbesondere Kürzungen der Ruhezeit infolge von Inanspruchnahmen während dieses Dienstes zu anderen Zeiten ausgeglichen werden,
- abweichende Arbeitszeiten, Pausen und Nachtarbeitszeitregelungen getroffen werden bei der Behandlung, Pflege und Betreuung von Personen, um der Eigenart dieser Tätigkeit und dem Wohl dieser Personen gerecht zu werden,
- abweichende Arbeitszeiten, Pausen und Nachtarbeitszeitregelungen getroffen werden bei den Verwaltungen und Betrieben des Bundes, der Länder, der Gemeinden und sonstigen Körperschaften, Anstalten und Stiftungen des öffentlichen Rechts sowie bei anderen Arbeitgebern, die der Tarifbindung eines für den öffentlichen Dienst geltenden oder eines im wesentlichen inhaltsgleichen Tarifvertrags unterliegen, der Eigenart der Tätigkeit bei diesen Stellen anzupassen.

In Anlehnung an Art. 18 Abs. 1 Buchstabe b) der EU Richtlinie 93/104/EG, (jetzt **29** Art. 22 Abs. 1 RL 2003/88/EG) ist eine Verlängerung der Arbeitszeit über 8 Stunden hinaus bei Normalarbeit und Nachtarbeitszeitregelungen ohne Zeitausgleich mit abweichenden Ruhezeitregelungen möglich, wenn

- der einzelne Beschäftigte dem schriftlich zugestimmt hat,
- die Gesundheit des Beschäftigten nicht gefährdet ist
- und er bei einer Weigerung keine Nachteile zu befürchten hat
- und er das Recht hat, die Einwilligung mit einer Frist von sechs Monaten schriftlich zu widerrufen.

Anstatt von 15 beschäftigungsfreien Sonntagen in den Einrichtungen des § 10 **30** Abs. 1 Nr. 2 (Sicherheit und Ordnung, Justiz, Verteidigung), Nr. 3 (Krankenhäuser, Pflege), Nr. 4 (Gaststätten, Haushalt) und Nr. 10 ArbZG (Verkehr) auf mindestens 10 Sonntage, im Rundfunk, in Theaterbetrieben, Orchestern sowie bei Schaustellungen auf mindestens acht Sonntage, in Filmtheatern und in der Tierhaltung auf mindestens sechs Sonntage im Jahr zu verringern,

- abweichend von § 11 Abs. 3 ArbZG den Wegfall von Ersatzruhetagen für auf Werktage fallende Feiertage zu vereinbaren oder Beschäftigte innerhalb eines festzulegenden Ausgleichszeitraums beschäftigungsfrei zu stellen,
- abweichend von § 11 Abs. 2 ArbZG die Arbeitszeit in vollkontinuierlichen Schichtbetrieben an Sonn- und Feiertagen auf bis zu zwölf Stunden zu verlängern, wenn dadurch zusätzliche freie Schichten an Sonn- und Feiertagen erreicht werden.

Auch bei dem eröffneten Regelungsspielraum sind folgende Beschränkungen zu **31** beachten:

– nach Auffassung des BAG stellt eine Verkürzung der Ruhezeit auf unter sechs
Stunden nach einem Einsatz in Rufbereitschaft eine unzumutbare Überspan-
nung menschlicher Leistungsfähigkeit dar, die gegen die Menschenwürde nach
Art 1 Abs. 1 GG verstößt; sie ist daher unzulässig.[41] Als Umkehrschluss hieraus
ergibt sich, dass Gestaltungen der Ruhezeit, die eine elfstündige Ruhezeit insgesamt und eine ununterbrochne Ruhezeit von mindestens sechs Stunden nach
Unterbrechung der Ruhezeit durch Arbeitseinsatz in einem Rufbereitschaftsdienst vorsehen, zulässig sind.

– Bereitschaftsdienst ist Arbeitszeit. Die gesamte Arbeitszeit darf täglich 10
Stunden nicht übersteigen. Eine längere Arbeitszeit ist nach der Protokollerklärung zu § 6 Abs. 4 TVöD dann möglich, wenn es zum Erhalt einer regelmäßigen Schichtfolge erforderlich ist, an Sonn- und Feiertagen die tägliche Arbeitszeit zu verlängern.

32   Durch die Protokollerklärung zu Abs. 4 wird geregelt, dass die Verlängerung der
täglichen Arbeitszeit über die Zehn-Stunden-Grenzes des § 3 ArbZG an Sonn-
und Feiertagen möglich ist, wenn dies zum Erhalt einer regelmäßigen Schichtfolge
erforderlich ist. Die Protokollnotiz selbst stellt die tarifvertragliche Regelung dar,
es bedarf nicht des Abschlusses einer zusätzlichen Betriebs- oder Dienstvereinbarung oder des Vorliegens dringender betrieblicher oder dienstlicher Gründe.[42] Die
Protokollerklärung stützt sich hierbei auf § 12 Nr. 4 ArbZG, so dass § 7 Abs. 8
ArbZG keine Anwendung findet.[43]

Voraussetzung einer von den Vorgaben des ArbZG abweichenden Regelung
sind dringende betriebliche oder dienstliche Gründe. Diese können sowohl anlass-
als auch tätigkeitsbezogen sein. Im TV-V werden in § 6 Abs. 4 anlassbezogen beispielhaft Revisionen, Störungen oder außergewöhnliche Reparaturarbeiten genannt. Sie können sich aber auch aus der Art der Tätigkeit ergeben, wenn z.B. im
Gesundheitswesen oder Pflegedienst abweichende Regelungen erforderlich sind.

5. § 6 Abs. 5 Sonderformen von Arbeit

33   Nach § 6 Abs. 5 TVöD kann der Beschäftigte jederzeit im Rahmen begründeter
betrieblicher/dienstlicher Notwendigkeiten zur Leistung von Sonntags-, Feiertags-,
Nacht-, Wechselschicht-, Schichtarbeit sowie zu Bereitschaftsdienst, Rufbereitschaft, Überstunden und Mehrarbeit verpflichtet werden. Diese tarifvertragliche
Regelung ist insofern notwendig, als der Beschäftigte sonst bei einer fehlenden
Verpflichtung im Arbeitsvertrag nicht verpflichtet wäre, Sonderformen an Arbeit
zu leisten, zu denen er laut Arbeitsvertrag nicht verpflichtet ist.[44]

34   Begründete betriebliche oder dienstliche Notwendigkeiten sind dann gegeben,
wenn sie aus Sicht des Arbeitgebers notwendig sind, da der Arbeitgeber zunächst
im Rahmen seiner grundrechtlich geschützten Entscheidungsfreiheit die Arbeitsabläufe und Prozesse eigenständig definieren kann. Die Einteilung der Beschäftig-

---

[41]   BAG, Urt. v. 24.02.1982 – 4 AZR 223/80, AP BAT § 17 Nr.7; BAG, Urt. v. 26.11.1980 – 4 AZR
223/80, AP BAT § 17 Nr. 6.
[42]   Scheuring § 8 TV-V, Rn. 4.
[43]   A.A. Breier § 6 Rn. 131.
[44]   Zur Rufbereitschaft: Küttner/Reinicke Rufbereitschaft Rn. 4.

ten zu diesen Sonderformen der Arbeit kann der Arbeitgeber im Rahmen seines Direktionsrechts vornehmen. Er hat allerdings nach § 315 BGB die entgegenstehenden Interessen des Beschäftigten zu berücksichtigen. Nähere Einzelheiten zu den jeweiligen Sonderformen der Arbeit werden im Rahmen des § 7 TVöD kommentiert.

Die Heranziehung von Teilzeitbeschäftigten zu Bereitschaftsdiensten, Rufbereitschaft, Überstunden und Mehrarbeit bedarf einer arbeitsvertraglichen generellen Regelung oder ihrer Zustimmung im Einzelfall, es sei denn, dass im Einzelfall tarifvertragliche Regelungen bestehen (z.B. bei Bereitschaftsdiensten im Gesundheitswesen).   35

6. § 6 Abs. 6 Arbeitszeitkorridor, § 6 Abs. 7 Rahmenzeit

Wie sich aus § 6 Abs. 8 TVöD ergibt, kann entweder die Arbeitszeit innerhalb eines Arbeitszeitkorridors von 45 Stunden oder nach § 6 Abs. 7 TVöD innerhalb einer täglichen Rahmenzeit von 12 Stunden festgelegt werden.   36

Ein Arbeitszeitkorridor ist „die vorgegebene Bandbreite, innerhalb derer die Arbeitszeit für einzelne Beschäftigte, Beschäftigtengruppen, Abteilungen oder ganzen Betrieben abweichend von der tariflichen Arbeitszeit dauerhaft festgelegt werden darf".[45]   37

Die Rahmenzeit ist eine Form bedarfsorientierter Arbeitszeitgestaltung in Abhängigkeit von der Nachfrage nach Serviceleistungen interner oder externer Kunden.[46]

Der Arbeitszeitkorridor ermöglicht eine bedarfsorientierte Arbeitszeitgestaltung innerhalb des Ausgleichszeitraums nach § 6 Abs. 2 Satz 1 TVöD. Funktional sollen saisonale Schwankungen der Arbeit ausgeglichen werden. Demgegenüber dienen Rahmenzeiten dazu, unterschiedliche zeitliche Anforderung eines Arbeitskräftebedarfs im Tagesverlauf auszugleichen.

Der Arbeitgeber kann beim Arbeitszeitkorridor die Höhe der wöchentlichen Arbeitszeit vorgeben. Bei der Rahmenzeit kann er Beginn und Ende der Arbeitszeit für die einzelnen Beschäftigten innerhalb des Arbeitszeitkorridors oder der Rahmenzeit Kraft seines Direktionsrechts festsetzen.

In beiden Fällen greifen die Mitbestimmungsrechte des Betriebs- bzw. Personalrates nach § 87 Abs. 1 Nr. 2 und 3 BetrVG und § 75 Abs. 3 Nr. 1 BPersVG, so dass die Umsetzung auf Grund einer Betriebs- oder Dienstvereinbarung zu erfolgen hat. Regelungsabsprachen sind nach dem Wortlaut des Tarifvertrages nicht möglich.

Gleitzeitregelungen können nach der Protokollerklärung zu § 6 TVöD unabhängig von den Vorgaben der Abs. 7 und 8 vereinbart werden. Bei Rahmenzeit oder einem Arbeitszeitkorridor kann der Arbeitgeber innerhalb der Rahmenzeit oder des Arbeitszeitkorridors die Arbeitszeit festlegen. Gleitzeitregelungen können auch mit Regelungen über eine Rahmenzeit oder einem Arbeitszeitkorridor gekoppelt werden.   38

---

[45] Herzberg/Schaum Kapitel B, Abschnitt 5, Rn. 25 unter Verweis auf WSI-Tarifhandbuch 2001, 272.

[46] Herzberg/Schaum Kapitel B, Abschnitt 5, Rn. 29.

Wie sich aus Abs. 8 ergibt, können nicht Rahmenzeit und Arbeitszeitkorridor gleichzeitig bezogen auf dieselbe Mitarbeitergruppe angewandt werden, sondern nur alternativ. Ferner können nach Abs. 8 auch für Mitarbeiter in Schicht- oder Wechselschichtarbeit weder ein Arbeitszeitkorridor noch eine Rahmenzeit vereinbart werden.[47] Es ist aber sehr wohl möglich, für einen bestimmten Betriebsteil den Arbeitszeitkorridor, für einen anderen Betriebsteil aber die Rahmenzeit festzulegen. Kommt eine Betriebs- oder Dienstvereinbarung nicht einvernehmlich zu Stande, so kann eine Regelung nach § 6 Abs. 9 TVöD durch landesbezirklichen Tarifvertrag erfolgen. Unter „einvernehmlich" ist hierbei zu verstehen, dass die Vereinbarung ohne Anrufung der Einigungsstelle erfolgen muss.[48]

Arbeitszeitkorridor und Rahmenzeit erweitern das Direktionsrecht des Arbeitgebers zur Festlegung der zeitlichen Lage der Arbeitszeit. Sie erweitern es, insofern als Mehrarbeit über die durchschnittliche Arbeitszeit am Tag bzw. in der Woche angeordnet werden kann, ohne dass nach § 7 Abs. 8 Buchst. a und b TVöD Überstunden anfallen. Die geleistete Mehrarbeit ist vielmehr durch eine verminderte Einteilung zur Arbeit an einem anderen Tag oder in einer anderen Woche auszugleichen. Werden aber Arbeitszeiten außerhalb der Rahmenzeit oder des Zeitkorridors angeordnet, so handelt es sich immer um Überstunden.

Rahmenzeit und Arbeitszeitkorridor unterscheiden sich somit von Gleitzeitregelungen dadurch, dass bei der Gleitzeit der Beschäftigte entscheiden kann, wann er innerhalb des definierten Rahmens seine Arbeitsleistung erbringt. Beim Arbeitszeitkorridor und bei der Rahmenzeit entscheidet der Arbeitgeber, wann er den Beschäftigten zur Dienstleistung einteilt.

7. Regelung durch Tarifvertrag statt durch Dienstvereinbarung

39 § 6 Abs. 9 TVöD geht auf die Besonderheiten des Personalvertretungsrechts nach der Rechtsprechung des BVerfG und der auf dieser Grundlage erfolgten Rahmenregelung für das gesamte Personalvertretungsrecht in § 104 BPersVG ein. Danach können Organisationsentscheidungen nicht der Entscheidungsbefugnis der Stellen entzogen werden, die der gewählten Volksvertretung gegenüber verantwortlich sind. Das BVerwG hat hierunter organisatorische Gestaltungen subsumiert, die eine Außenwirkung auf die Tätigkeit der Verwaltung haben können.[49] In diesen Angelegenheiten kann auch eine Einigungsstelle keine verbindliche Entscheidung für die Beteiligten treffen.[50] Eine Entscheidung der Einigungsstelle kann in diesen Fällen nur empfehlenden Charakter haben. Das Letztentscheidungsrecht verbleibt hier beim Arbeitgeber.[51] Vor diesem Hintergrund wurde von den Tarifvertragsparteien vereinbart, dass für den Fall, dass eine Dienstvereinbarung nicht einvernehmlich zu Stande kommt, eine Regelung durch landesbezirklichen Tarifvertrag getroffen werden kann, um sicher zu stellen, dass die Arbeitnehmer auf den Inhalt der Vereinbarung Einfluss nehmen können. Die Anrufung der Einigungsstelle ist

---

[47] Scheuring § 8 TV-V, Rn. 5.
[48] Böhle/Poschke: Das neue Tarifrecht für den öffentlichen Dienst – Teil 2-, ZTR 2005, 286 [289].
[49] BVerwG, Beschl. v. 17.07.1987 – 6 P 6.85, NVwZ 1988, 442.
[50] BVerfG Urt.v. 27.4.1959 – 2 BvF 2/58, NJW 1959, 1171.
[51] BVerfG, Beschl. v. 24.05.1995 – 2 BvF 1/92, NVwZ 1996, 574.

in diesem Fall Indiz dafür, dass eine Dienstvereinbarung nicht einvernehmlich zu Stande gekommen ist.

8. Gleitzeit

Gleitzeit ist nach der Protokollnotiz zu § 6 TVöD unabhängig von Arbeitszeitkorridor und Rahmenzeit möglich. Ausgeschlossen sind bei Gleitzeitregelungen abweichende Regelungen nach § 7 Abs. 1 und 2 und § 12 ArbZG.   **40**

Gleitzeitregelungen sehen in der Regel bestimmte Rahmenzeiten und Kernzeiten vor. Der Arbeitgeber kann Mindestbesetzungsstärken oder eine allgemeine Arbeitspflicht während der Kernzeiten vorgeben. In der Regel werden Gleitzeitmodelle mit so genannten „Ampelmodellen" kombiniert, die regeln bis zu welchen Größen Guthaben bzw. Defizite auf dem Konto zulässig sind. Gleitzeitregelungen erfordern einen Ausgleich von Arbeitszeitguthaben und Arbeitszeitdefiziten über ein Arbeitszeitkonto nach § 10 TVöD.

Eine Kombination von Gleitzeit und Arbeitszeitkorridor oder von Gleitzeit und Rahmenzeit ist zulässig, indem der Arbeitgeber innerhalb des Arbeitszeitkorridors oder der Rahmenzeit die Dienstschichten vorgibt, die Einteilung zu den Diensten allerdings über so genannte „Wunschdienstpläne" vom Beschäftigten mit gestaltet werden kann. Auch können innerhalb der Rahmenzeit Mindestbesetzungsstärken zu bestimmten Tageszeiten festgelegt und es dem Team überlassen werden, untereinander die Umsetzung flexibel zu gestalten.

Gleiches gilt, wenn Arbeitgeber und Betriebs- bzw. Personalrat zunächst in einer Betriebsvereinbarung die Rahmenzeit regeln und später innerhalb dieser allgemeinen Vorgabe durch Dienstplan die konkrete wöchentliche Arbeitszeit von der Dauer und der Lage her festlegen. Auch dann, wenn durch außergewöhnliche Ereignisse über die im Dienstplan festgesetzte Zeit hinaus gearbeitet werden muss, fallen Überstunden nur dann an, wenn Stunden außerhalb des Arbeitszeitkorridors oder der Rahmenzeit geleistet werden.

Geteilte Dienste z.B. mit einem Vormittags- und einem Nachmittagsdienst innerhalb der Rahmenzeit sind ebenfalls zulässig.

9. Einzelfragen

Die Umstellung der Zeit von der Sommer- auf die Winterzeit und umgekehrt führt dazu, dass sich eine Dienstschicht in der Umstellungsnacht um eine Stunde verlängert bzw. verkürzt. Dieser Umstand ist nicht anders zu beurteilen, wie die Verlängerung oder Verkürzung der Arbeitszeit durch die jährlich sich ändernde Lage der Feiertage oder die Verlängerung der monatlichen Arbeitszeit im Februar durch ein Schaltjahr. Die Verkürzung der Arbeitszeit führt zu keiner Entgeltkürzung, die Verlängerung zu keiner Entgelterhöhung der monatlich festen Entgeltbestandteile. Gleichwohl sind die Zeitzuschläge nur für tatsächlich gearbeitete Stunden zu gewähren. Dies entspricht der bisherigen Praxis auf Grund der Arbeitgeberanweisungen, die von den Gewerkschaften mitgetragen worden sind.[52]   **41**

---

[52] Vergleiche hierzu Breier § 6 Rn. 74-80.

§ 7 Sonderformen der Arbeit

(1) ¹Wechselschichtarbeit ist die Arbeit nach einem Schichtplan, der einen regelmäßigen Wechsel der täglichen Arbeitszeit in Wechselschichten vorsieht, bei denen Beschäftigte durchschnittlich längstens nach Ablauf eines Monats erneut zur Nachtschicht herangezogen werden. ²Wechselschichten sind wechselnde Arbeitsschichten, in denen ununterbrochen bei Tag und Nacht, werktags, sonntags und feiertags gearbeitet wird. ³Nachtschichten sind Arbeitsschichten, die mindestens zwei Stunden Nachtarbeit umfassen.

(2) Schichtarbeit ist die Arbeit nach einem Schichtplan, der einen regelmäßigen Wechsel des Beginns der täglichen Arbeitszeit um mindestens zwei Stunden in Zeitabschnitten von längstens einem Monat vorsieht, und die innerhalb einer Zeitspanne von mindestens 13 Stunden geleistet wird.

(3) Bereitschaftsdienst leisten Beschäftigte, die sich auf Anordnung des Arbeitgebers außerhalb der regelmäßigen Arbeitszeit an einer vom Arbeitgeber bestimmten Stelle aufhalten, um im Bedarfsfall die Arbeit aufzunehmen.

(4) ¹Rufbereitschaft leisten Beschäftigte, die sich auf Anordnung des Arbeitgebers außerhalb der regelmäßigen Arbeitszeit an einer dem Arbeitgeber anzuzeigenden Stelle aufhalten, um auf Abruf die Arbeit aufzunehmen. ²Rufbereitschaft wird nicht dadurch ausgeschlossen, dass Beschäftigte vom Arbeitgeber mit einem Mobiltelefon oder einem vergleichbaren technischen Hilfsmittel ausgestattet sind.

(5) Nachtarbeit ist die Arbeit zwischen 21 Uhr und 6 Uhr.

(6) Mehrarbeit sind die Arbeitsstunden, die Teilzeitbeschäftigte über die vereinbarte regelmäßige Arbeitszeit hinaus bis zur regelmäßigen wöchentlichen Arbeitszeit von Vollbeschäftigten (§ 6 Abs. 1 Satz 1) leisten.

(7) Überstunden sind die auf Anordnung des Arbeitgebers geleisteten Arbeitsstunden, die über die im Rahmen der regelmäßigen Arbeitszeit von Vollbeschäftigten (§ 6 Abs. 1 Satz 1) für die Woche dienstplanmäßig bzw. betriebsüblich festgesetzten Arbeitsstunden hinausgehen und nicht bis zum Ende der folgenden Kalenderwoche ausgeglichen werden.

(8) Abweichend von Abs. 7 sind nur die Arbeitsstunden Überstunden, die
a) im Falle der Festlegung eines Arbeitszeitkorridors nach § 6 Abs. 6 über 45 Stunden oder über die vereinbarte Obergrenze hinaus,
b) im Falle der Einführung einer täglichen Rahmenzeit nach § 6 Abs. 7 außerhalb der Rahmenzeit,
c) im Falle von Wechselschicht- oder Schichtarbeit über die im Schichtplan festgelegten täglichen Arbeitsstunden einschließlich der im Schichtplan vorgesehenen Arbeitsstunden, die bezogen auf die regelmäßige wöchentliche Arbeitszeit im Schichtplanturnus nicht ausgeglichen werden,
angeordnet worden sind.

I. Änderungen gegenüber dem bisherigen Recht, Sonderregelungen in den Besonderen Teilen

1. Änderungen gegenüber dem bisherigen Recht

Die Definition der Wechselschichtarbeit hat sich dahingehend geändert, dass sie **1** vorliegt, wenn ein Arbeitnehmer längstens nach einem Monat erneut zur Nachtschicht herangezogen wird, die dann gegeben ist, wenn mindestens zwei Stunden Nachtarbeit geleistet werden. Schichtarbeit liegt nach der neuen Regelung dann vor, wenn der Wechsel des Beginns der täglichen Arbeitszeit mindestens zwei Stunden beträgt und die Schichtarbeit innerhalb einer Zeitspanne von mindestens 13 Stunden geleistet wird. An der Definition des Bereitschaftsdienstes und der Rufbereitschaft hat es keine Änderungen gegeben. Nachtarbeit liegt nach der tarifvertraglichen Neuregelung nur in der Zeit von 21 Uhr bis 6 Uhr vor, so dass sich der Zeitraum gegenüber dem alten Recht um eine Stunde verkürzt hat. Der Begriff der Mehrarbeit wurde neu in § 7 Abs. 5 TVöD eingeführt. Der Begriff der Überstunden wurde in § 7 Abs. 7 TVöD gegenüber dem alten Recht wesentlich restriktiver gefasst.

2. Sonderregelungen in den Besonderen Teilen
Besonderer Teil Verwaltung - BT-V:
Abschnitt VIII, Sonderregelungen Bund

2 § 46, Sonderregelungen für die Beschäftigten im Bereich des Bundesministeriums der Verteidigung:. Kapitel I Nr. 4 - Beschäftigte des Bundesministeriums der Verteidigung, Kapitel II Nr. 11 Abs. 3 - Besatzungen von Binnen- und Seefahrzeugen und von schwimmenden Geräten im Bereich des Bundesministeriums der Verteidigung, Kapitel III Nr. 20, Nr. 21 Beschäftigte gem. § 38 Abs. 5 Satz 1 einschließlich Ärztinnen/Ärzten und Zahnärztinnen/Zahnärzten in Bundeswehrkrankenhäusern

§ 47, Sonderregelungen für die Beschäftigten des Bundesministeriums für Verkehr, Bau- und Wohnungswesen: Kapitel I Nr. 3, Nr. 4 - Allgemeine Bestimmungen für Beschäftigte der Wasser- und Schifffahrtsverwaltung des Bundes und des Bundesamtes für Seeschifffahrt und Hydrographie

Abschnitt VIII, Sonderregelungen VKA

3 § 46 Nr. 2 Abs.1, Sonderregelungen für Beschäftigte im kommunalen feuerwehrtechnischen Dienst

§ 47 Nr. 3, Sonderregelungen für Beschäftigte in Forschungseinrichtungen mit kerntechnischen Forschungsanlagen

Besonderer Teil Krankenhäuser - BT-K:
§§ 45-47 BT-K, Bereitschaftsdienst und Rufbereitschaft

II. Wechselschichtarbeit

4 Auch nach der tarifvertraglichen Neuregelung sind Pausen in die Wechselschicht einzurechnen und als Arbeitszeit zu vergüten.[1]

1. Arbeit in ständig wechselnder Schicht
5 Wechselschichtarbeit ist die Arbeit nach einem Schichtplan, in dem ununterbrochen bei Tag und Nacht, werktags, sonntags und feiertags gearbeitet wird und innerhalb des Schichtplans ein regelmäßiger Wechsel der täglichen Arbeitszeit in Wechselschichten vorgesehen ist. Hierbei kommt es darauf an, dass der Bereich, in dem der Mitarbeiter tätig ist, in ständigem Wechsel rund um die Uhr arbeitet und der Beschäftigte in einen Schichtplan eingliedert ist, der diese Arbeitszeit abdeckt.[2] Handelt es sich um kein rollierendes Schichtsystem, sondern wird die Zeit teilweise nur durch Bereitschaftsdienste oder Rufbereitschaft abgedeckt, so handelt es sich nicht um Wechselschicht. Jede Arbeitsunterbrechung im Ablauf einer Woche, in dem beispielsweise an Sonn- und Feiertagen keine Arbeit anfällt, führt dazu, dass Wechselschichtarbeit nicht mehr gegeben ist.[3] Dies heißt andererseits nicht, dass Arbeitnehmer in Bereitschaftsdiensten nicht zugleich Wechselschicht leisten können, wenn andere Arbeitnehmer zur gleichen Zeit Vollarbeit leisten.[4]

---

[1]   Zur alten tarifvertraglichen Regelung siehe BAG, Urt. v. 22.02.2001 – 6 AZR 603/99, ZTR 2002, 332.

[2]   BAG, Urt. v. 28.08.1996 – 10 AZR 179/96, NZA 1997, 324; BAG, Urt. v. 16.01.1985 – 7 AZR 226/82, AP Nr. 10 zu § 33 BAT.

[3]   BAG, Urt. v. 23.06.1988 – 6 AZR 137/86, AP Nr. 33 zu § 242 BGB Betriebliche Übung.

[4]   BAG, Urt. v. 05.02.1997 – 10 AZR 639/96, AP Nr. 14 zu § 33 a BAT.

2. Erfordernis der Nachtschicht

Der Beschäftigte leistet nur dann Wechselschichtarbeit, wenn er durchschnittlich **6** längstens nach Ablauf eines Monats erneut zur Nachtschicht herangezogen wird. Nach § 7 Abs. 1 Satz 3 TVöD sind Nachtschichten Arbeitsschichten, die mindestens zwei Stunden Nachtarbeit umfassen. Da die Frist nur „durchschnittlich" erreicht werden muss, ist es nicht erforderlich, dass sie im Einzelfall eingehalten wird. Bei der Betrachtung des Durchschnitts hat das BAG bislang in ständiger Rechtsprechung einen Vergleichszeitraum von zehn Wochen zu Grunde gelegt,[5] bei einer tarifvertraglichen Frist von fünf Wochen. Es erscheint sachgerecht, auch hier wieder einen doppelt so langen Betrachtungszeitraum von zwei Monaten, zur Ermittlung des Durchschnitts zu Grunde zu legen, so dass die Tatbestandsvoraussetzungen gegeben sind, wenn innerhalb von zwei Monaten zweimal Nachtschicht gearbeitet wurde. Die Anforderungen haben sich in diesem Punkt gegenüber den Voraussetzungen nach § 33 a BAT geändert. Dieser forderte eine dienstplanmäßige oder betriebsübliche Nachtarbeit von 40 Stunden in je fünf Wochen.

3. Heranziehung in Wechselschicht

Der Beschäftigte leistet nur dann Wechselschichtarbeit, wenn er wechselnd in allen Schichten - Frühschicht, Spätschicht und Nachtschicht - eingesetzt wird.[6] Es **7** ist allerdings nicht erforderlich, dass der Beschäftigte gleichmäßig in allen Schichten eingesetzt wird.[7] Der Beschäftigte leistet auch dann Wechselschichtarbeit, wenn die Arbeit nicht ununterbrochen geleistet wird, da die Erschwernisse der Wechselschichtarbeit auch dann gegeben sind.[8]

4. Tatsächlich geleistete Wechselschicht

Für die Zahlung der monatlichen Wechselschichtzulage kommt es darauf an, ob in **8** dem jeweiligen Monat die Tatbestandsvoraussetzungen zur Zahlung einer Wechselschichtzulage vorgelegen haben. Dies erfordert immer eine Vergangenheitsbetrachtung des jeweils abgelaufenen Berechnungsmonats. Bei einer Neuaufnahme der Wechselschichtarbeit ist die tatsächlich erbrachte Leistung zu Grunde zu legen. Bei einer Beendigung des Arbeitsverhältnisses oder bei Versetzung aus der Wechselschicht während des laufenden Monats ist eine Durchschnittsbetrachtung über die zuletzt geleisteten beiden Monate vorzunehmen. Die Monatsfrist bestimmt sich hierbei nach § 188 Abs. 2. Alternative BGB (Arbeitsende ist der 15.7.: Betrachtungszeitraum zur Durchschnittsermittlung ist der 16.5. bis zum 15.7.)

5. Bezahlung der Pausen

Nach § 6 Abs. 1 Satz 2 TVöD werden bei Wechselschichtarbeit die gesetzlich **9** vorgeschriebenen Pausen in die Arbeitszeit eingerechnet und bezahlt. Dies ist

---

[5]   BAG, Urt. v. 28.08.1996 – 10 AZR 174/96, AP Nr. 8 zu § 36 BAT.

[6]   Scheuring § 9 TV-V, Rn. 1.

[7]   BAG, Urt. v. 13.10.1993 – 10 AZR 294/92, AP Nr. 2 zu § 33a BAT; BAG, Urt.v. 18.05.1994 – 10 AZR 391/93, AP Nr. 4 zu § 33a BAT; BAG, Urt. v. 05.02.1997 – 10 AZR 639/96, AP Nr. 14 zu § 33 a BAT.

[8]   BAG, Urt. v. 05.02.1997 – 10 AZR 639/96, NZA 1997, 1179.

auch dann der Fall, wenn der Arbeitgeber die Arbeit so organisiert, dass der einzelne Arbeitnehmer die gesetzlichen Pausenzeiten ungestört nehmen kann.[9]

Nach § 8 Abs. 5 TVöD erhält der Beschäftigte, der ständig Wechselschicht leistet, eine Zulage in Höhe von 105 € monatlich, der Beschäftigte, der nicht ständig Wechselschicht leistet, eine Zulage in Höhe von 0,63 € pro Stunde. Außerdem erhalten diese Mitarbeiter Zusatzurlaub nach § 27 TVöD.

III. Schichtarbeit

10   Schichtarbeit ist nur dann geben, wenn mehrere Arbeitsnehmer eine Arbeitsaufgabe in einer geregelten zeitlichen Reihenfolge erledigen und dabei auch außerhalb der allgemein üblichen Arbeitszeit tätig sind. Eine bloß geringfügige Verschiebung der Beginn- und Endzeiten der Arbeit genügt hierfür nicht.[10] Schichtarbeit ist die Arbeit nach einem Schichtplan, der einen regelmäßigen Wechsel des Beginns der täglichen Arbeitszeit um mindestens zwei Stunden in Zeitabschnitten von längstens einem Monat vorsieht, und die innerhalb einer Zeitspanne von mindestens 13 Stunden geleistet wird.

11   Erforderlich nach der Tarifvertragsnorm ist zunächst, dass ein Schichtplan existiert. Hierbei genügt es, wenn dieser tatsächlich besteht und der Beschäftigte danach eingesetzt wird.

Dieser Schichtplan muss bestimmte Anforderungen erfüllen. Durch den Schichtwechsel muss der Beginn der einen Schicht um mindestens zwei Stunden versetzt sein, gegenüber der anderen Schicht. Ferner müssen beide Schichten zusammen mindestens eine Zeitspanne von 13 Stunden umfassen. Dies ist der Zeitraum vom Beginn der ersten Schicht bis zum Ende der letzten Schicht. Somit ist ein teilweiser Parallellauf der Schichten zulässig, wenn hierdurch eine Zeitspanne von mindestens 13 Stunden abgedeckt wird.[11] Aus der Definition der Schichtarbeit lässt sich nicht ableiten, dass es sich um einen durchlaufenden Schichtbetrieb handeln muss.[12]

Die tarifvertragliche Definition folgt damit der Rechtsprechung des BAG zur bestehenden Regelung in klarstellender Weise.[13]

12   Nach der tarifvertraglichen Definition muss eine Mindestzeitspanne von 13 Stunden zwischen dem Beginn der ersten Schicht und dem Ende der letzten Schicht gegeben sein. Beginnt die erste Schicht um 6.00 Uhr und endet um 14.00 Uhr, so müsste die letzte Schicht um frühestens 20.00 Uhr enden und z. B. um 12.00 Uhr beginnen. Die Zeitspanne muss mindestens einmal im Monat durch Wechsel der Schichtfolge erreicht werden, damit Schichtarbeit vorliegt. Der Beschäftigte muss mindestens einmal im Monat von der einen in die andere Schichtart wechseln.[14]

---

[9]   BAG, Urt. v. 22.02.2001 – 6 AZR 603/99, ZTR 2002, 332.

[10]   BAG, Urt. 18.01.1983 – 3 AZR 447/80, AP Nr. 1 zu § 24 BMTG-II.

[11]   BAG, Urt. v. 14.12.1993 – 10 AZR 368/93, AP Nr. 3 zu § 33a BAT; BAG, Urt. v. 14.09.1994 – 10 AZR 598/93, ZTR 1995, 75.

[12]   BAG, Urt. v. 02.10.1996 –10 AZR 232/96, AP Nr. 12 zu § 33a BAT.

[13]   BAG, Urt. v. 14.12.1993 – 368/93, AP Nr. 3 zu § 33a BAT.

[14]   BAG, Urt. v. 05.06.1996 – 10 AZR 610/95, AP Nr. 10 zu § 33a BAT.

Beginnt die erste Schicht um 6.00 Uhr und endete um 14.00 Uhr, die zweite um **13**
8.00 Uhr und endet um 16.00 Uhr, die dritte um 14.00 Uhr und endet um 22.00
Uhr, die vierte um 16.00 Uhr und endet um 24.00 Uhr, so muss der Beschäftigte
im Laufe eines Monats mindestens einmal von einer Früh- (Schicht 1 oder 2) in
eine Spätschicht (Schicht 3 und 4) oder umgekehrt wechseln. Ein Wechsel von einer Frühschicht zur anderen oder einer Spätschicht zu anderen würde in diesem
Beispiel nur zu einer Zeitspanne von 10 Stunden zwischen dem Schichtbeginn der
einen und dem Schichtende der anderen Schicht führen, so dass keine Schichtarbeit vorliegen würde.

Nach § 8 Abs. 5 TVöD erhält der Beschäftigte, der ständig Schichtarbeit leistet, **14**
eine Zulage in Höhe von 40 € pro Monat, der Beschäftigte, der nicht ständig
Schichtarbeit leistet, eine Zulage in Höhe von 0,24 € pro Stunde. Außerdem erhalten Mitarbeiter, die Schichtarbeit leisten, Zusatzurlaub nach § 27 Abs.1 TVöD.

IV. Bereitschaftsdienst

1. Begriff des Bereitschaftsdienstes

Bereitschaftsdienst leistet der Beschäftigte, der sich auf Anordnung des Arbeits- **15**
gebers an einem bestimmten Ort innerhalb oder außerhalb des Betriebs aufhält,
um jederzeit die Arbeit aufnehmen zu können.[15] Der Beschäftigte muss sich in
dieser Zeit zur Arbeit bereithalten, also jederzeit dazu in der Lage sein, eine volle
Arbeitsleistung zu erbringen. Er kann sich während des Bereitschaftsdienstes aus-
ruhen oder private Tätigkeiten vornehmen. Der Arbeitgeber kann verlangen, dass
der Beschäftigte seinen Bereitschaftsdienst in wachem Zustand leistet und gegebenenfalls selbständig entscheidet, ob er im Bedarfsfall seine Arbeitsleistung zu
erbringen hat. Je nach Dauer des Bereitschaftsdienstes kann der Arbeitgeber bei
der Organisation des Bereitschaftsdienstes aus Gründen des Gesundheitsschutzes
auch verpflichtet sein, dem Arbeitnehmer zu ermöglichen, während des Bereitschaftsdienstes zu schlafen und erst tätig zu werden, wenn er durch einen anderen
Beschäftigten dazu aufgefordert wird.

Die Regelung in § 8 Abs. 4 TVöD enthält unterschiedliche Anforderungen an **16**
das Vorliegen von Bereitschaftsdienst in Abweichung von § 9 TVöD, der eigentlich die allgemeingültige Begriffsdefinition des Bereitschaftsdienstes darstellt. Der
Bereitschaftsdienst unterscheidet sich nach der Definition in § 8 Abs. 4 TVöD von
der Normalarbeit auch dadurch, dass er regelmäßig außerhalb der normalen Arbeitszeit zu leisten ist. Außerhalb der Arbeitszeit meint hierbei die betriebsübliche Arbeitszeit, nicht die übliche Arbeitszeit des Beschäftigten oder einer bestimmten Beschäftigtengruppe. Da dieses Erfordernis in § 9 TVöD nicht enthalten
ist, muss davon ausgegangen werden, dass diese Regelung nur für landesbezirkliche Tarifverträge über Bereitschaftsdienste erforderlich ist und keine Tatbestandsvoraussetzungen für Bereitschaftsdienst im Sinne des § 9 TVöD oder für die Regelung des Bereitschaftsdienstes in den Spartenregelungen oder im Besonderen
Teil darstellt.

---

[15]   BAG, Urt.v. 10.06.1959 – 4 AZR 567/56, BAG-E 8, 25 = AP Nr. 5 zu § 7 AZO; EuGH Urt. v.
09.09.2003 – Rs. C – 151/02, NZA 2003, 1019, [1022]; Preis in ErfK, § 611, Rn. 832.

Dörring

17 Bereitschaftsdienst unterscheidet sich von der Rufbereitschaft dadurch, dass der Beschäftigte bei der Rufbereitschaft nicht dazu verpflichtet ist, sich an einem bestimmten Ort aufzuhalten, sondern seinen privaten Tätigkeiten nachgehen kann und nur auf Anruf bereit sein muss, sich zum Einsatzort zu begeben und die Arbeit aufzunehmen.

18 Zu unterscheiden ist der Bereitschaftsdienst ferner von Arbeitsleistungen außerhalb der Normalarbeitszeit bei Stör- und Notfällen. Zu diesen ist der Beschäftigte im Rahmen seiner arbeitsvertraglichen Nebenpflichten verpflichtet. Der Beschäftigte ist im Rahmen seiner arbeitsvertraglichen Pflichten gehalten, in Notfällen seine Arbeitsleistung auch außerhalb der üblichen Arbeitszeit zu erbringen.[16] Er ist allerdings nicht verpflichtet, sich in seiner Freizeit zur Arbeitsleistung bereit zu halten. Der Arbeitgeber trägt in diesem Fall das Risiko, ob er den Beschäftigten erreichen kann und ob der Beschäftigte die Arbeit antreten kann. Eine Vergütungspflicht für diese arbeitsvertragliche Nebenpflicht besteht nicht. In diesem Fall werden dem Beschäftigten nur die tatsächlich geleisteten Stunden einschließlich Wegezeiten als Arbeitszeit mit den anfallenden Zuschlägen vergütet.

2. Direktionsrecht des Arbeitgebers

19 Der Beschäftigte ist zur Leistung von Bereitschaftsdienst nur dann verpflichtet, wenn der Arbeitsvertrag dies ausdrücklich vorsieht oder ein Tarifvertrag – wie hier – ihn dazu verpflichtet. Die Einteilung zum Bereitschaftsdienst erfolgt auf dieser Grundlage im Rahmen des arbeitgeberseitigen Direktionsrechts, das im Einzelfall der Kontrolle billigen Ermessens durch das Arbeitsgericht (§ 315 Abs. 3 BGB) unterliegt.[17] Eine solche Billigkeitskontrolle ist dann nicht gegeben, wenn der Tarifvertrag oder der Arbeitsvertrag die Ausübung des Bereitschaftsdienstes exakt festlegen.[18]

20 Ein Anspruch des Beschäftigten auf Einteilung zum Bereitschaftsdienst besteht hingegen nicht[19] und kann auch nicht auf Grund einer betrieblichen Übung erwachsen. Bei der Einteilung zur Arbeit kann nicht davon ausgegangen werden, dass der Arbeitgeber durch wiederholte Anordnung von Bereitschaftsdiensten zur Betreuung außerschulischer Veranstaltungen mit dem Beschäftigten eine vertragliche Festlegung trifft, ihn auch in Zukunft immer mit diesen Diensten betrauen zu wollen. Aus betrieblicher Übung kann allenfalls der Anspruch auf Vergütung dieser Leistung im Falle einer Einteilung zum Bereitschaftsdienst erwachsen, sofern dies nicht ausdrücklich tarifvertraglich oder einzelvertraglich geregelt ist.[20]

21 Bereitschaftsdienst muss nicht wie Vollzeitarbeit vergütet werden, auch wenn sie öffentlich-rechtlich als Arbeitszeit gewertet wird.[21] Sie ist auch dann zu vergüten, wenn sie unter Verstoß gegen öffentlich-rechtliche Vorschriften angeordnet

---

[16] LAG München, Urt. v. 19.01.1991 – 5 SA 31/90, NZA 1991, 821.

[17] BAG, Urt. v. 25.10.1989 – 2 AZR 633/88, NZA 1990, 567; ErfK/Preis § 611, Rn. 832.

[18] BAG, Urt. v. 12.02.1992 – 4 AZR 314/91, NZA 1992, 661.

[19] BAG, Urt. v. 17.03.1988 – 6 AZR 268/85, AP Nr. 11 zu § 15 BAT; Dassau § 15, Rn. 58.

[20] A.A.: BAG, Urt. v. 13.11.1986 – 6 AZR 567/83, AP § 242 BGB, Betriebliche Übung Nr. 27; ErfK/Preis § 611, Rn. 832.

[21] HWK/Thüsing § 611 BGB Rn. 322.

wurde. Sie ist aber auch dann nicht wie Vollarbeit zu vergüten.[22] Zu vergüten ist der gesamte Bereitschaftsdienst und nicht nur die hierin enthaltene Vollarbeit, weil der Beschäftigte auch in der Ruhezeit gegenüber dem Arbeitgeber dadurch eine Leistung erbringt, indem er sich unter Einschränkung seines Aufenthaltsorts zur Arbeitsleistung bereit zu halten hat.[23] Es besteht keine Verpflichtung des Arbeitgebers, bestimmte Arbeitsblöcke aus dem Bereitschaftsdienst herauszunehmen und als Vollarbeit zu vergüten.[24] Der Arbeitgeber kann nach seinem Direktionsrecht entscheiden, ob er Bereitschaftsdienst oder Vollarbeit anordnet. Wird Bereitschaftsdienst angeordnet, obwohl deren Voraussetzungen nicht gegeben sind, so besteht kein Anspruch auf nachträgliche Umwandlung eines angeordneten Bereitschaftsdienstes in Vollarbeit.[25]

3. Teilzeitbeschäftigte
Auch Teilzeitbeschäftigte sind grundsätzlich verpflichtet, Bereitschaftsdienst und   **22**
Rufbereitschaft zu leisten.[26] Durch die tarifvertragliche Regelung in § 6 Abs. 5 TVöD sind Teilzeitbeschäftigte allerdings nur zur Leistung von Bereitschaftsdienst verpflichtet, wenn dies arbeitsvertraglich vereinbart wurde oder sie dem persönlich zugestimmt haben. Diese individualrechtliche Vereinbarung kann nicht durch eine Betriebs- oder Dienstvereinbarung ersetzt werden. Bei Teilzeitbeschäftigten ist allerdings zu beachten, dass die Reduzierung der Arbeitszeit in der Regel erfolgt, um den Beruf mit sonstigen Verpflichtungen insbesondere familiärer Art in Einklang bringen zu können. Auch wenn der Teilzeitbeschäftigte generell durch eine arbeitsvertragliche Vereinbarung einer Einteilung zum Bereitschaftsdienst zugestimmt hat, muss dies der Arbeitgeber bei der Einteilung hinsichtlich der Länge und der Lage des Bereitschaftsdienstes im Rahmen billigen Ermessens bei der Ausübung seines Direktionsrechts berücksichtigen.

4. Tarifvertragliche Regelung
a) Grundzüge
Zu beachten ist, dass im Bereich der Krankenhäuser und Pflegeeinrichtungen der   **23**
Bereitschaftsdienst in den §§ 45 ff TVöD BT-K, für den Dienst der Feuerwehren in TVöD BT Abschnitt VIII. § 46 TVöD und der Bereitschaftsdienst der Hausmeister des Rettungsdienstes und der Leitstellen im Bereich allgemeiner Verwaltung in der Anlage zu § 9 TVöD gesondert geregelt ist.
In allen übrigen Bereichen kann Bereitschaftsdienst jederzeit durch den Arbeit-   **24**
geber angeordnet werden, solange die Höchstgrenzen des Arbeitszeitgesetzes (10 Stunden täglich, 48 Stunden im Durchschnitt wöchentlich) nicht überschritten werden. Eine Überschreitung der durchschnittlichen wöchentlichen Arbeitszeit auf mehr als 48 Stunden wöchentlich ist nur im Rahmen einer so genannten „opt-out-Regelung" nach § 7 Abs. 2 Buchst. a ArbZG möglich. Der TVöD enthält in § 6 Abs. 4 TVöD hierfür keine Öffnungsklausel einer Regelung durch Betriebs- oder

---

[22] BAG, Urt. v. 05.06.2003 – 6 AZR 114/02, NZA 2004, 165, [170].
[23] BAG, Urt. v. 28.01.2004 – 5 AZR 539/02, NZA 2004, 656.
[24] BAG, Urt. v. 12.02.1992 – 4 AZR 314/91, AP Nr. 2 zu 7 AVR.
[25] BAG, Urt. 26.02.1987 – 6 AZR 426/83, EzBAT SR 2c BAT Bereitschaftsdienst Nr. 2.
[26] BAG, Urt. v. 22.11.1991 – 6 AZR 551/89, AP Nr. 2 zu § 34 BAT; BAG, Urt. v. 12.02.1992 – 5 AZR 566/90, AP Nr. 20 zu § 15 BAT.

Dienstvereinbarung. Eine solche Regelung ist damit im Allgemeinen unzulässig. Nur § 45 Abs. 4 TVöD BT-K enthält tarifvertraglich die Möglichkeit einer solchen „opt-out-Regelung" für den Bereich Krankenhäuser und Pflegeeinrichtungen.

b) Abgrenzung von Normalarbeit und Bereitschaftsdienst

25 Die tarifvertraglichen Regelungen im Krankenhausbereich, im Hausmeisterbereich oder bei anderen Stellen mit Bereitschaftsdiensten nach § 9 TVöD unterscheiden die Vergütungshöhe von Bereitschaftsdienstzeiten danach, in welchem Umfang innerhalb des Bereitschaftsdienstes Arbeitszeit anfällt oder faktorisieren die innerhalb des Bereitschaftsdienstes anfallende Arbeitszeit (Hausmeisterdienste). Alle Arten der Vergütungsberechnung gehen somit von einer fiktiven Bewertung der anfallenden Höhe von Arbeitszeit aus sowie einem Ausgleich des mit dem Bereitschaftsdienst verbundenen Verlustes an Freizeit.

26 Nur die innerhalb des Bereitschaftsdienstes anfallende Arbeitszeit kann der Bewertung zu Grunde gelegt werden. Werden nach der Arbeitszeit üblicherweise weiterhin Arbeiten verrichtet, die sonst während der Arbeitszeit zu erbringen sind, so handelt es sich nicht um Arbeiten während des Bereitschaftsdienstes, sondern um Mehrarbeit oder Überstunden, die der Bewertung des Anteils der Tätigkeitszeit innerhalb des Bereitschaftsdienstes nicht zu Grunde gelegt werden kann.[27] Die Tätigkeitszeit während des Bereitschaftsdienstes wird nicht mit den sonst fällig werdenden Überstunden- oder Zeitzuschlägen bewertet.[28]

5. Mitbestimmungsrechte des Betriebs- und Personalrates

27 Der Betriebsrat hat bei der Einführung und Änderung von Bereitschaftsdiensten ein Mitbestimmungsrecht nach § 87 Abs. 1 Nr. 3 BetrVG, da die Einführung oder Änderung von Bereitschaftsdiensten automatisch zur Verlängerung der betriebsüblichen Arbeitszeit führt.[29] In der verwaltungsgerichtlichen Rechtsprechung war strittig, ob Bereitschaftsdienst der Mitbestimmung des Personalrates unterliegt, da Bereitschaftsdienst nicht als Arbeitszeit betrachtet wurde.[30] Durch die gesetzliche Klarstellung, dass Bereitschaftsdienst Arbeitszeit ist, steht nunmehr fest, dass ein Mitbestimmungsrechts des Personalrates nach § 75 Abs. 3 Nr. 1 BPersVG gegeben ist.

IV. Rufbereitschaft

1. Begriff der Rufbereitschaft

28 Nach der tarifvertraglichen Definition leistet der Beschäftigte Rufbereitschaft, der sich außerhalb der üblichen Arbeitszeit an einer dem Arbeitgeber anzuzeigenden Stelle aufhält, um auf Abruf die Arbeit aufzunehmen. Rufbereitschaft unterscheidet sich vom Bereitschaftsdienst dadurch, dass der Beschäftigte sich nicht an einem vom Arbeitgeber festgelegten Aufenthaltsort aufzuhalten hat.

---

[27] Dassau § 15 Rn. 68; LAG Nürnberg, Urt.v. 22.09.1994 – 8 (3) SA 188/92, ZTR 1995, 119.

[28] LAG Hamm, Urt. v. 19.03.1992 – 17 Sa 1739/91, ZTR 1992, 381.

[29] BAG, Beschl. v. 29.02.2000 – 1 ABR 15/99, NZA 2000, 1243.

[30] Keine Mitbestimmung: BverwG, Beschl. v. 16.12.1960 – VII P 6.59, BVerwG 11, 303; Mitbestimmung wegen der im Bereitschaftsdienst anfallenden Lage der Arbeitszeit BverwG, Beschl. v. 20.12.1988 – 6 P 16.85, AP zu § 75 BPersVG Nr. 26.

Wird der Beschäftigte durch strikt einzuhaltende Zeitvorgaben gehindert, seinen Aufenthaltsort frei zu wählen, so liegt in der Regel keine Rufbereitschaft, sondern Arbeitsbereitschaft vor.[31]

Die Rufbereitschaft wird durch die tatsächliche Heranziehung zur Arbeit während der Rufbereitschaft nicht unterbrochen. Die zu zahlende Rufbereitschaft kann nicht mit dieser Begründung zeitanteilig entsprechend der geleisteten Arbeitszeit gekürzt werden.[32]

2. Direktionsrecht des Arbeitgebers

Diesbezüglich kann auf die oben gemachten Ausführungen zum Bereitschaftsdienst vollumfänglich verwiesen werden. Hat sich der Beschäftigte arbeitsvertraglich zur Leistung von Rufbereitschaft bereit erklärt oder ist er hierzu nach Tarifvertrag – wie hier – verpflichtet, kann der Arbeitgeber ihn im Rahmen billigen Ermessens zur Rufbereitschaft einteilen. Umgekehrt besteht auch hier aber keine Verpflichtung des Arbeitsgebers zur Einteilung zur Rufbereitschaft oder eine bisherige Heranziehung zum Rufbereitschaftsdienst aufrecht zu erhalten und kann auch nicht aus einer betrieblichen Übung erwachsen.   **29**

Auch Teilzeitbeschäftigte können unter den oben zum Bereitschaftsdienst gemachten Ausführungen zur Leistung von Rufbereitschaft, eingeteilt werden.

3. Tarifvertragliche Regelung

Die tarifvertragliche Regelung orientiert sich an der bisherigen Definition der Rufbereitschaft. Rufbereitschaft kann danach nur dann angeordnet werden, wenn erfahrungsgemäß nur ausnahmsweise Arbeit anfällt.[33] Rufbereitschaft ist dadurch charakterisiert, dass Arbeit zwar gelegentlich anfallen kann, die Zeiten ohne Arbeitsanfall aber die Regel sind. Ist erfahrungsgemäß voraussichtlich mit dem Anfall von Arbeit zu rechnen, liegt kein Ausnahmefall vor. Dabei ist nicht allein auf einen bestimmten Prozentsatz von Arbeitsanfall abzustellen, sondern insbesondere auch die Häufigkeit der einzelnen Arbeitseinsätze. Die Tarifvertragsparteien haben bei der Abgrenzung von Bereitschaftsdienst zur Anordnung einer bloßen Rufbereitschaft insbesondere auch die Häufigkeit der Arbeiteinsätze mit berücksichtigen wollen.[34] Zunächst ist es Sache des Arbeitgebers nach seinem Direktionsrecht zu entscheiden, ob er Rufbereitschaft oder Bereitschaftsdienst anordnet. Wird Rufbereitschaft angeordnet, obwohl deren Voraussetzungen nicht gegeben sind, so besteht kein Anspruch auf nachträgliche Umwandlung einer angeordneten Rufbereitschaft in Bereitschaftsdienst.[35]   **30**

§ 7 Abs. 4 Satz 2 TVöD übernimmt den Leitsatz einer BAG-Entscheidung, nach der auch ein Beschäftigter Rufbereitschaft leistet, der verpflichtet ist, ein immer eingeschaltetes Mobiltelefon mit sich zu führen, um im Falle eines Abrufs

---

[31] BAG, Urt. v. 22.01.2004 – 6 AZR 544/02, ZTR 2005, 27.
[32] BAG, Urt. v. 09.10.2003 – 6 AZR 512/02, NZA 2004, 393.
[33] Scheuring § 9 TV-V, Rn. 4.
[34] BAG, Urt. v. 04.08.1988 – 6 AZR 48/86, ZTR 1989, 147; BAG, Urt. v. 27.02.1985 – 7 AZR 552/82, AP Nr. 12 zu § 17 BAT.
[35] vergleiche zum Bereitschaftsdienst BAG, Urt. 26.02.1987 – 6 AZR, 426/83, EzBAT SR 2c BAT Bereitschaftsdienst Nr. 2 (ST1-2).

über Mobiltelefon Arbeit zu leisten, die darin besteht, Anweisungen zu erteilen oder diese weiter zu leiten.[36]

Beginn und Ende der Rufbereitschaft können innerhalb der Rahmenzeit beginnen und enden, sie müssen nur außerhalb der individuellen Arbeitszeit des Beschäftigten liegen.[37]

4. Berücksichtigung von Rufbereitschaftszulage bei der Bemessung sonstiger Bezüge

31   Nach § 5 Abs. 1 des Tarifvertrags zur Regelung der Altersteilzeit wird Entgelt für Rufbereitschaft nicht bei der Bemessung der Aufstockungszahlung berücksichtigt. Wird Rufbereitschaft nur fallweise nach einer Pauschale abgegolten, so zählt das hierfür gezahlte Entgelt nicht zu den regelmäßig gezahlten monatlichen Bezügen. Wird hingegen der Beschäftigte ständig zur Rufbereitschaft eingeteilt und hierfür eine regelmäßige Pauschale im Monat gezahlt, so handelt es sich um regelmäßige monatliche Bezüge.[38]

5. Arbeitszeitgesetz

32   Arbeitszeitrechtlich zählt Rufbereitschaft nicht als Arbeitszeit. Die Ruhenszeiten nach der Heranziehung zur Arbeit von 11 Stunden nach § 5 ArbZG sind einzuhalten. Sie können nach § 6 Abs. 4 i.V.m. § 7 ArbZG auf 10 Stunden abgekürzt werden. Verschiebt sich durch den Einsatz während der Rufbereitschaft der Arbeitsbeginn der darauf folgenden Arbeit, so ist die dadurch ausfallende Arbeitszeit nicht zu vergüten, da es sich um eine von beiden Parteien nicht zu vertretende Unmöglichkeit der Leistung nach § 326 Abs. 2 BGB handelt, so dass der Arbeitgeber von der Zahlungspflicht für die ausgefallenen Stunde frei wird. Dies gilt zumindest dann, wenn der Arbeitgeber im Übrigen den Beschäftigten im Rahmen der üblichen wöchentlichen Arbeitszeit beschäftigt hat und durch Tarifvertrag, Betriebsvereinbarung oder Arbeitsvertrag keine abweichenden Regelungen getroffen wurden.[39] Abweichende Regelungen sind im TVöD nicht getroffen worden, so dass der Arbeitgeber verpflichtet ist, es dem Beschäftigten zu ermöglichen, die ausgefallene Zeit nachzuarbeiten. Die Betriebsparteien sind nach der Öffnungsklausel des § 6 Abs. 4 TVöD dazu ermächtigt, die in §§ 7 und 12 ArbZG nutzbaren Regelungsspielräume auszunutzen. Nach § 7 Abs. 2 Nr. 1 ArbZG ist es möglich, bei Rufbereitschaft den Ruhezeitraum den Besonderheiten dieses Dienstes anzupassen. Die Betriebsparteien können so auch regeln, dass Ruhenszeiten vor und nach der Inanspruchnahme zum Dienst zusammengerechnet werden, was nach der Grundnorm von § 5 ArbZG nicht möglich ist.[40] Allerdings sind die Betriebsparteien dazu verpflichtet, den Gesundheitsschutz des Beschäftigten nach § 5 Abs. 3 ArbZG zu beachten, so dass ihm vor der Inanspruchnahme zur Arbeit eine Min-

---

[36]   BAG, Urt.v. 29.06.2000 – 6 AZR 900/98, NZA 2001, 165.
[37]   Scheuring § 9 TV-V, Rn. 4.
[38]   BAG, Urt. v. 18.11.2003 – 3 AZR 628/02, Haufe-Index, 1216629.
[39]   BAG, Urt.v. 05.07.1976 – 264/75, AP, AZO § 12 Nr. 10.
[40]   ErfK/Wank § 7 Rn. 14.

destruhepause von sechs Stunden verbleibt[41] und ihm ein entsprechender Zeitausgleich nach § 7 Abs. 2 ArbZG gewährt wird.[42]

6. Mitbestimmungsrechte von Betriebsrat und Personalrat

Betriebsrat und Personalrat haben bei der Aufstellung eines Rufbereitschaftsplans **33** ein Mitbestimmungsrecht, da durch den Rufbereitschaftsplan selbst eine kollektive Regelung geschaffen wird, in außergewöhnlichen Fällen, z.B. bei Betriebsstörungen, den Arbeitseinsatz der Mitarbeiter und damit Beginn und Ende der täglichen Arbeitszeit und die vorübergehende Verlängerung der betriebsüblichen Arbeitszeit bei Einsätzen während der Rufbereitschaft sowie die Verteilung der Arbeitszeit auf die einzelnen Wochentage zu regeln.[43]

VI. Nachtarbeit

Entgegen der bisherigen Regelung wurde die Nachtarbeit um eine Stunde auf die **34** Zeit von 21 bis 6 Uhr verkürzt.

VII. Mehrarbeit

Unter Mehrarbeit sind nur noch die Stunden zu verstehen, die der Teilzeitbeschäf- **35** tigte über die vereinbarte Arbeitszeit hinaus bis zur Höhe der wöchentlichen Arbeitszeit eines Vollzeitbeschäftigten arbeitet.

Damit ist die Arbeitszeit des Vollzeitbeschäftigten, der über die wöchentliche Arbeitszeit hinaus arbeitet, ohne dass diese Arbeit außerhalb eines festgelegten Dienstplanes, des Arbeitszeitkorridors oder der Rahmenzeit durch den Arbeitgeber angeordnet worden ist, nicht vom Begriff der Mehrarbeit umfasst.

Nach § 8 Abs. 2 TVöD sind aber beide Formen der Arbeit über die vereinbarte oder tarifvertraglich geschuldete Arbeitsleistung erfasst und in Höhe des auf eine Stunde entfallenden Anteils des monatlichen Entgelts der jeweiligen Entgeltgruppe und -stufe zu vergüten.[44]

In der Protokollerklärung zu Abs. 2 Satz 1 wird klargestellt, dass Mehrarbeitsstunden nicht zu vergüten sind, die im Rahmen einer Gleitzeitregelung im Sinne der Protokollerklärung zu § 6 TVöD anfallen, es sei denn, sie sind angeordnet worden. Diese Stunden sind innerhalb des Ausgleichszeitraums nach § 6 Abs. 2 Satz 2 TVöD durch Freizeit auszugleichen.

VI. Überstunden

§ 7 Abs. 7 TVöD enthält die Grundsatzdefinition der Überstunden, § 7 Abs. 8 **36** TVöD abweichende Regelungen, wenn ein Arbeitszeitkorridor, Rahmenzeiten oder Schicht- bzw. Wechselschichtarbeit angeordnet worden sind.

Nach beiden Absätzen können Überstunden grundsätzlich nur dann anfallen, wenn der Arbeitgeber diese angeordnet hat und diese über den Rahmen der regel-

---

[41] BAG, Urt. v. 24.02.1982 – 4 AZR 223/80, NJW 1982, 2140.

[42] Herzberg/Schaum Kapitel B, Abschnitt 6, Rn. 11c.

[43] BAG, Beschl. v. 21.12.1982 – 1 ABR 14/81, BAGE 41, 200, a.A.: BVerwG, Beschl. v. 26.04.1988 – 6 P 19.86, ZTR 1988, 275.

[44] A.A. hinsichtlich der Vergütung der Mehrarbeit von Vollzeitbeschäftigten: Herzberg/Schaum: Tarifvertrag Versorgungsbetriebe, Kapitel B, Abschnitt 6, Rn. 13.

mäßigen betriebsüblichen Arbeitszeit eines Vollzeitzeitbeschäftigten in einer dienstplanmäßige Arbeitszeit hinausgehen. Ist die regelmäßige Arbeitszeit darauf angelegt, dass die durchschnittliche Arbeitszeit erst im Jahresdurchschnitt erreicht wird, so sind keine Überstunden gegeben, wenn durch diese Schwankung sich die regelmäßige Arbeitszeit periodisch verlängert.

37 Der Tarifvertrag fordert, dass Überstunden vom Arbeitgeber angeordnet sein müssen und will hierdurch verhindern, dass Vergütungsansprüche auf Überstundenzuschläge ohne Kenntnis des Arbeitgebers entstehen. Allerdings kann der Arbeitgeber auch Überstunden stillschweigend anordnen, indem der Beschäftigte betriebsnotwendige Arbeiten auszuführen hatte und der Arbeitgeber diese billigend entgegengenommen hat.[45]

Nach § 7 Abs. 7 TVöD entstehen Überstunden ferner nur dann, wenn diese nicht bis zum Ende der folgenden Kalenderwoche ausgeglichen werden können. Das Ende der Kalenderwoche ist jeweils am Sonntag um 24.00 Uhr erreicht. Dies verlängert den Ausgleichszeitraum für den Arbeitgeber, um zunächst angeordnete Überstunden durch Gewährung von Freizeit in entsprechender Höhe in einem Zeitraum von maximal zwei Wochen wieder abzubauen während nach der bisherigen Regelung des § 67 Nr. 39 Abs.1 BMT-G auf die tägliche Arbeitszeit abgestellt wurde.

38 Im Falle der Vereinbarung eines Arbeitszeitkorridors entstehen Überstunden nur dann, wenn diese oberhalb der vereinbarten Stundenzahl des Arbeitszeitkorridors (maximal 45 Stunden wöchentlich) in der Woche liegen. Wurde eine Rahmenzeit vereinbart, so entstehen Überstunden nur, wenn diese außerhalb der täglichen Rahmenzeit liegen. Bei Schicht- oder Wechselschichtarbeit sind nur Arbeitsstunden, die außerhalb des Schichtplans festgelegt wurden, Überstunden. In allen Fällen des § 7 Abs. 8 TVöD muss die Arbeitszeit aber über die dienstplanmäßige oder betriebliche Arbeitszeit hinausgehen. Dies ergibt sich aus der Formulierung in § 7 Abs. 8 TVöD, dass abweichend von § 7 Abs. 7 TVöD „nur" dann Überstunden vorliegen, wenn zusätzlich zu den Erfordernissen des § 7 Abs. 7 TVöD die weiteren Voraussetzungen des § 7 Abs. 8 TVöD gegeben sind.[46]

39 Arbeitet ein Arbeitnehmer bei einem vereinbarten Arbeitszeitkorridor von 45 Stunden ohne Anordnung des Arbeitgebers 50 Stunden, so sind keine Überstunden angefallen, weil die Stunden nicht durch den Arbeitgeber angeordnet waren. Wurde hingegen ein Arbeitszeitkorridor von 42 Stunden vereinbart und arbeitet der Beschäftigte auf Anordnung des Arbeitgebers 50 Stunden, so sind 8 Überstunden angefallen. Wurde eine tägliche Rahmenzeit von 12 Stunden von morgens 6.00 Uhr bis abends um 18.00 Uhr vereinbart und durch den Arbeitgeber Arbeit von 18.00 Uhr bis 20.00 Uhr angeordnet, die am folgenden Tag durch Verkürzung der Arbeitszeit um zwei Stunden wieder ausgeglichen wurde, so liegen keine Überstunden vor, da die wöchentliche betriebsübliche Arbeitszeit insgesamt nicht überschritten wurde. Hat der Arbeitgeber innerhalb der Rahmenzeit in einer Woche Arbeit in Höhe von 50 Stunden angeordnet, so liegen ebenfalls keine Überstunden vor, weil die Zeiten nicht außerhalb der Rahmenzeit liegen.

---

[45] BAG, Urt. v. 04.05.1994 – 4 AZR 445/93, NZA 1994, 1035.
[46] Scheuring § 9 TV-V, Rn. 8.1.

Dörring

Strittig zwischen den Tarifvertragsparteien war zunächst bei einer inhaltsglei-   **40**
chen Regelung im TV-V, in welcher Höhe die Überstunden selbst zu vergüten
sind. Die Überstundenzuschläge werden nach § 8 Abs. 1 Buchst. a TVöD nur nach
Stufe 3 der jeweiligen Entgeltgruppe, in die der Beschäftigte eingruppiert ist, gezahlt. Die Überstunde selbst ist nach der Protokollerklärung zu Abs. 1 Satz 1 nach
der jeweiligen Entgeltgruppe und der individuellen Stufe, höchstens aber mit Stufe
4 zu vergüten. Mit der Protokollnotiz wurde eine Streitigkeit zwischen den Tarifvertragsparteien über die Auslegung der wortgleichen Vorschrift des § 10 Abs. 1
Satz 1 TV-V ausgeräumt.

§ 8 Ausgleich für Sonderformen der Arbeit

(1) [1]Der/Die Beschäftigte erhält neben dem Entgelt für die tatsächliche Arbeitsleistung Zeitzuschläge. [2]Die Zeitzuschläge betragen – auch bei Teilzeitbeschäftigten – je Stunde

a) für Überstunden

in den Entgeltgruppen 1 bis 9	30 v.H.,
in den Entgeltgruppen 10 bis 15	15 v.H.,
b) für Nachtarbeit	20 v.H.,
c) für Sonntagsarbeit	25 v.H.,

d) bei Feiertagsarbeit

– ohne Freizeitausgleich	135 v.H.,
– mit Freizeitausgleich	35 v.H.,

e) für Arbeit am 24. Dezember und am 31. Dezember jeweils ab 6 Uhr	35 v.H.,
f) für Arbeit an Samstagen von 13 bis 21 Uhr, soweit diese nicht im Rahmen von Wechselschicht- oder Schichtarbeit anfällt	20 v.H.

des auf eine Stunde entfallenden Anteils des Tabellenentgelts der Stufe 3 der jeweiligen Entgeltgruppe. [3]Beim Zusammentreffen von Zeitzuschlägen nach Satz 2 Buchst. c bis f wird nur der höchste Zeitzuschlag gezahlt. [4]Auf Wunsch der/des Beschäftigten können, soweit ein Arbeitszeitkonto (§ 10) eingerichtet ist und die betrieblichen/dienstlichen Verhältnisse es zulassen, die nach Satz 2 zu zahlenden Zeitzuschläge entsprechend dem jeweiligen Vomhundertsatz einer Stunde in Zeit umgewandelt und ausgeglichen werden. [5]Dies gilt entsprechend für Überstunden als solche.

Protokollerklärung zu Abs. 1 Satz 1:
Bei Überstunden richtet sich das Entgelt für die tatsächliche Arbeitsleistung nach der jeweiligen Entgeltgruppe und der individuellen Stufe, höchstens jedoch nach der Stufe 4.

Protokollerklärung zu Abs. 1 Satz 2 Buchst. d:
[1]Der Freizeitausgleich muss im Dienstplan besonders ausgewiesen und bezeichnet werden. [2]Falls kein Freizeitausgleich gewährt wird, werden als Entgelt einschließlich des Zeitzuschlags und des auf den Feiertag entfallenden Tabellenentgelts höchstens 235 v.H. gezahlt.

(2) Für Arbeitsstunden, die keine Überstunden sind und die aus betrieblichen/dienstlichen Gründen nicht innerhalb des nach § 6 Abs. 2 Satz 1 oder 2 festgelegten Zeitraums mit Freizeit ausgeglichen werden, erhält die/der Beschäftigte je Stunde 100 v.H. des auf eine Stunde entfallenden Anteils des Tabellenentgelts der jeweiligen Entgeltgruppe und Stufe.

Protokollerklärung zu Abs. 2 Satz 1:
Mit dem Begriff „Arbeitsstunden" sind nicht die Stunden gemeint, die im Rahmen von Gleitzeitregelungen im Sinne der Protokollerklärung zu § 6 anfallen, es sei denn, sie sind angeordnet worden.

(3) ¹Für die Rufbereitschaft wird eine tägliche Pauschale je Entgeltgruppe bezahlt. ²Sie beträgt für die Tage Montag bis Freitag das Zweifache, für Samstag, Sonntag sowie für Feiertage das Vierfache des tariflichen Stundenentgelts nach Maßgabe der Entgelttabelle. ³Maßgebend für die Bemessung der Pauschale nach Satz 2 ist der Tag, an dem die Rufbereitschaft beginnt. ⁴Für die Arbeitsleistung innerhalb der Rufbereitschaft einschließlich der hierfür erforderlichen Wegezeiten wird jede angefangene Stunde auf eine volle Stunde gerundet und mit dem Entgelt für Überstunden sowie etwaiger Zeitzuschläge nach Abs. 1 bezahlt. ⁵Abs. 1 Satz 4 gilt entsprechend, soweit die Buchung auf das Arbeitszeitkonto nach § 10 Abs. 3 Satz 2 zulässig ist. ⁶Satz 1 gilt nicht im Falle einer stundenweisen Rufbereitschaft. ⁷Eine Rufbereitschaft im Sinne von Satz 6 liegt bei einer ununterbrochenen Rufbereitschaft von weniger als zwölf Stunden vor. ⁸In diesem Fall wird abweichend von den Sätzen 2 und 3 für jede Stunde der Rufbereitschaft 12,5 v.H. des tariflichen Stundenentgelts nach Maßgabe der Entgelttabelle gezahlt.

Protokollerklärung zu Abs. 3:
Zur Ermittlung der Tage einer Rufbereitschaft, für die eine Pauschale gezahlt wird, ist auf den Tag des Beginns der Rufbereitschaft abzustellen.

(4) ¹Das Entgelt für Bereitschaftsdienst wird landesbezirklich – für den Bund in einem Tarifvertrag auf Bundesebene – geregelt. ²Bis zum In-Kraft-Treten einer Regelung nach Satz 1 gelten die in dem jeweiligen Betrieb/der jeweiligen Verwaltung/Dienststelle am 30. September 2005 jeweils geltenden Bestimmungen fort.

(5) ¹Beschäftigte, die ständig Wechselschichtarbeit leisten, erhalten eine Wechselschichtzulage von 105 Euro monatlich. ²Beschäftigte, die nicht ständig Wechselschichtarbeit leisten, erhalten eine Wechselschichtzulage von 0,63 Euro pro Stunde.

(6) ¹Beschäftigte, die ständig Schichtarbeit leisten, erhalten eine Schichtzulage von 40 Euro monatlich. ²Beschäftigte, die nicht ständig Schichtarbeit leisten, erhalten eine Schichtzulage von 0,24 Euro pro Stunde.

I. Verhältnis zum alten Recht, Sonderregelungen in den Besonderen Teilen

1

1. Verhältnis zum alten Recht

Durch die Zusammenführung der Regelungen für die Angestellten und gewerblichen Arbeitnehmer mussten auch die Zeitzuschläge vereinheitlicht werden. Die Höhe der Zuschläge ist letztlich ein Kompromiss zwischen den bisherigen Regelungen des BAT und BMT-G bzw. MTArb.

2. Sonderregelungen in den Besonderen Teilen
Besonderer Teil Verwaltung - BT-V
Abschnitt VIII, Sonderregelungen Bund

2 § 45 Nr. 6, Sonderregelungen für Beschäftigte, die zu Auslandsdienststellen des Bundes entsandt sind

§ 46, Sonderregelungen für die Beschäftigten im Bereich des Bundesministeriums der Verteidigung: Kapitel I Nr. 4 - Beschäftigte des Bundesministeriums der Verteidigung, Kapitel II Nr. 11 und 12 - Besatzungen von Binnen- und Seefahrzeugen und von schwimmenden Geräten im Bereich des Bundesministeriums der Verteidigung, Kapitel III Nr. 21 - Beschäftigte gem. § 38 Abs. 5 Satz 1 einschließlich Ärztinnen/Ärzten und Zahnärztinnen/Zahnärzten in Bundeswehrkrankenhäusern

§ 47, Sonderregelungen für die Beschäftigten des Bundesministeriums für Verkehr, Bau- und Wohnungswesen: Kapitel I Nr. 3, Nr. 4 - Allgemeine Bestimmungen für Beschäftigte der Wasser- und Schifffahrtsverwaltung des Bundes und des Bundesamtes für Seeschifffahrt und Hydrographie

Abschnitt VIII, Sonderregelungen VKA

3 § 46 Nr. 2 Abs.1, Sonderregelungen für Beschäftigte im kommunalen feuerwehrtechnischen Dienst

Besonderer Teil Krankenhäuser - BT-K:

4 § 46, Bereitschaftsdienstentgelt, § 49, Arbeit an Sonn- und Feiertagen, § 50, Ausgleich für Sonderformen der Arbeit

Besonderer Teil Flughäfen - BT-F
§ 42, Rampendienst, § 43, Feuerwehr- und Sanitätspersonal **5**

II. Höhe der Zuschläge

1. Bemessungsgrundlage für Zeitzuschläge

Durch die Zeitzuschläge soll Arbeit zu für den Beschäftigten ungünstigen Zeiten **6**
in besonderer Weise vergütet werden, um die damit verbundenen Nachteile finanziell auszugleichen. Nach § 8 Abs. 1 Satz 2 TVöD werden die Zuschläge in Höhe
des auf eine Stunde entfallenden Anteils des Tabellenentgelts der Stufe 3 der jeweiligen Entgeltgruppe gezahlt. Nach der so definierten Zuschlagsberechnung
handelt es sich um einen festen Betrag. Wird keine volle Stunde gearbeitet, wird
die Ansicht vertreten, dass die Zulagen nur für jede voll gearbeitete Stunde zu zahlen sind und eine anteilige Zahlung ausscheidet.[1] Nach der Definition der zulagenpflichtigen Arbeitszeiten entstehen diese aber dann, wenn ihre Tatbestandsvoraussetzungen vorliegen. Da tarifvertraglich keine abweichende Regelung vorliegt,
entstehen die Zulagen, sobald zulagenpflichtige Arbeit geleistet wird, anteilig.
Selbst wenn man hier von einer tarifvertraglichen Regelungslücke ausginge, ist
diese nach § 612 Abs. 2 BGB zu schließen.[2] Ist die Höhe der Vergütung nicht bestimmt, so ist in Ermangelung einer tariflichen Vergütung die übliche Vergütung
als vereinbart anzusehen. Im vorliegenden Fall ist die Höhe der Zuschläge bestimmt und entsteht bei einer Arbeitszeit von weniger als einer Stunde zeitanteilig.

2. Zeitzuschläge für Überstunden (Abs. 1 Satz 2 Buchstabe a)

Der Begriff der Überstunde ist in § 7 Abs. 7 und 8 TVöD geregelt. Die Höhe der **7**
Überstundenzuschläge ist gestaffelt danach, ob der Beschäftigte der Lohngruppe 1
bis 9 oder 10 bis 15 angehört. Für die niedrigen Lohngruppen beträgt die Zulage
30%, für die höheren Lohngruppen 25%. Wird eine Zulage nach § 14 TVöD für
höherwertigere Tätigkeit bezahlt, so bestimmt sich die Höhe der Zulage nach der
tatsächlichen Eingruppierung und nicht nach der Entgeltgruppe der höherwertigeren Tätigkeit.

3. Zeitzuschläge für Nachtarbeit (Abs. 1 Satz 2 Buchst. b)

Nach § 7 Abs. 5 TVöD wurden die Nachtarbeitsstunden auf die Zeit von 21.00 **8**
Uhr bis 6.00 Uhr um eine Stunde gekürzt und die Zulage von 25% auf 20% reduziert.

4. Zeitzuschläge für Sonntagsarbeit (Abs. 1 Satz 2 Buchst. c)

Sonntagsarbeit ist die Arbeit an einem Sonntag in der Zeit von 0 bis 24.00 Uhr. **9**
Der Zuschlag beträgt 25 %.

5. Zeitzuschläge für Feiertagsarbeit (Abs. 1 Satz 2 Buchst. d)

Feiertagsarbeit ist die Arbeit an einem gesetzlichen Feiertag. Wann ein Feiertag **10**
ein gesetzlicher Feiertags ist, bestimmt sich ausschließlich nach dem Territorialitätsprinzip. Arbeitet ein Beschäftigter, dessen Arbeitgeber seinen Sitz in Hessen
hat, am 06.01. in Baden-Württemberg, so liegt Feiertagsarbeit vor, weil am Ort

---

[1] Scheuring § 10 TV-V, Rn. 1.7.
[2] BAG, Urt. v. 10.06.1959 – 4 AZR 567/59, AP Nr. 5 zu § 7 AZO.

der Arbeitsleistung Feiertag ist. Ob der Feiertag auf einen Sonntag oder Werktag fällt, spielt keine Rolle. Die Zulage beträgt einheitlich 135%, wenn kein Freizeitausgleich erfolgt. Die Zulage reduziert sich auf 35%, wenn ein Freizeitausgleich erfolgt. Der Freizeitausgleich muss nach der Protokollerklärung aber zuvor im Dienstplan besonders ausgewiesen und festgelegt worden sein. Die Festlegung erfolgt durch den Arbeitgeber, so dass ein Wahlrecht des Arbeitnehmers, ob er Freizeitausgleich in Anspruch nimmt oder sich die höhere Vergütung auszahlen lässt, nicht besteht. Erfolgt kein Freizeitausgleich, so werden als Entgelt einschließlich des Zeitzuschlags höchstens 235% gezahlt. Nach Abs. 1 Satz 2 bestimmen sich diese 235% aber auf der Bemessungsgrundlage der Stufe 3 der jeweiligen Entgeltgruppe, nicht auf der Grundlage der individuellen Stufe.

6. Zeitzuschläge für Arbeit am 24. und 31.12. (Abs. 1 Satz 2 Buchst. e)

11   Die Zuschläge werden für Arbeit am 24.12. und 31.12.bezahlt, soweit die Arbeitsleistung in der Zeit von 6.00 Uhr bis 24.00 Uhr erbracht wird. Der Zeitzuschlag beträgt 35% der Bemessungsgrundlage.

7. Zeitzuschläge für Arbeit an Samstagen (Abs. 1 Satz 2 Buchst. f)

12   Der Zeitzuschlag wird für Arbeiten an einem Samstag nach 13.00 Uhr gezahlt und beträgt 20% der Bemessungsgrundlage. Der Zuschlag wird nicht im Rahmen von Wechselschicht oder Schichtarbeit gezahlt.

8. Kumulierungsregel (Abs. 1 Satz 3)

13   Nach Abs. 1 Satz 3 werden Überstunden- und Nachtzuschläge auch nebeneinander und neben anderen Zeitzuschlägen in voller Höhe gezahlt. Fallen jedoch Zuschläge für Sonntags-, Feiertagsarbeit, Arbeiten am 24.12. und 31.12. sowie an Samstagen nach 13.00 Uhr nebeneinander an, so wird nur der jeweils höchste Zuschlag bezahlt.

9. Umwandlung von Zeitzuschlägen und Überstunden in Zeitguthaben

14   Eine Umwandlung von Zeitzuschlägen kann nur dann erfolgen, wenn ein Arbeitszeitkonto nach § 10 TVöD durch Betriebs- oder Dienstvereinbarung eingerichtet wurde und den Beschäftigten vom Geltungsbereich her erfasst. Die Umwandlung in Zeitguthaben setzt den Wunsch des Beschäftigten voraus, den der Arbeitgeber zu akzeptieren hat, es sei denn, es stehen dem ausnahmsweise betriebliche oder dienstliche Verhältnisse entgegen. Die Umrechnung erfolgt im Verhältnis 1:1 in Zeit, wobei die unterschiedliche Bemessungsgrundlage keine Berücksichtigung findet. Wird ein Überstundenzuschlag von 30% in Zeit umgewandelt, so werden 18 Minuten Zeit gutgeschrieben. Wird ein Zuschlag für Nachtarbeit in Höhe von 20% gutgeschrieben, beträgt die Gutschrift 12 Minuten. Nach § 8 Abs. 1 Satz 5 TVöD gilt dies auch für Überstunden als solche, so dass eine Überstunde im Verhältnis 1:1 in Arbeitszeit zuzüglich der angefallenen Überstundenzuschläge umgewandelt wird. Hierbei spielt es keine Rolle, dass bei einer Auszahlung des Entgelts für die geleistete Überstunde diese nach der Protokollnotiz zu § 8 Abs. 1 Satz 1 TVöD höchsten nach Stufe 4 der jeweiligen Entgeltgruppe vergütet würde.

Zeitzuschläge werden nach dieser tarifvertraglichen Regelung zunächst auf ein   **15**
Zeitkonto nach § 10 TVöD gebucht. Regelmäßig werden bei einem Zeitkonto
auch Möglichkeiten geschaffen, sich bestehende Zeitguthaben auszahlen zu lassen. Durch die Zwischenbuchung auf ein Zeitkonto und zeitlich versetzter Aus-
zahlungsweise werden die Zeitguthaben dann nach der individuellen Stufe gebucht und ausgezahlt. Bei direkter Auszahlung hingegen wird als Bemessungsgrundlage generell die Stufe 3 der Entgeltgruppe zu Grunde gelegt. In einer Be-
triebs- oder Dienstvereinbarung kann hiervon keine abweichende Regelung auf
Grund der Regelungssperre des § 77 Abs. 3 BetrVG bzw. § 75 Abs. 5 BPersVG
geschaffen werden. Es kann nur vereinbart werden, dass in das Zeitkonto einge-
brachte Zeitguthaben nicht sofort wieder ausbezahlt werden.

III. Ausgleich für nicht ausgeglichene Arbeitszeit (Abs. 2)

Abs. 2 regelt die Höhe der Vergütung von Mehrarbeitsstunden, die keine Über-   **16**
stunden sind, sondern sich innerhalb des Ausgleichszeitraums nach § 6 Abs. 2
Satz 1 oder 2 TVöD als Guthaben ergeben, ohne durch Freizeit ausgeglichen werden zu können. Diese werden in Höhe des durchschnittlichen Stundenentgelts der
jeweiligen Entgeltgruppe und Stufe des Beschäftigten ausgezahlt. Maßgeblich ist
hierbei nach dem Wortlaut der tarifvertraglichen Regelung die Höhe des Entgelts
zum Zeitpunkt der Fälligkeit, nicht die zum Zeitpunkt der Arbeitsleistung.[3] Nach
der Protokollnotiz gilt diese Regelung nicht für Arbeitsstunden innerhalb einer
Gleitzeitregelung. Entsteht eine Unterdeckung innerhalb des Ausgleichszeitraums,
die in Folge der Beendigung des Arbeitsverhältnisses nicht mehr ausgeglichen
werden kann, so ist der Arbeitgeber berechtigt, die Unterdeckung mit der letzten
Vergütungszahlung entsprechend der jeweiligen Höhe aufzurechnen.[4]

IV. Rufbereitschaft (Abs. 3)

1. Entgelt für Rufbereitschaft

Nach Abs. 3 Satz 1 ist das Entgelt für Rufbereitschaft in Tagespauschalbeträgen   **17**
festgelegt. Deren Höhe beträgt für die Tage von Montag bis Freitag das zweifache,
für Samstage, Sonntage und Feiertage das Vierfache des tariflichen Stundenentgelts des Beschäftigten nach Maßgabe der Entgelttabelle. Hierbei ist die Entgeltgruppe und Stufe des Beschäftigten zu Grunde zu legen. Maßgebend für die Höhe
der Pauschale ist nach § 8 Abs. 3 Satz 3 TVöD der Tag, an dem die Rufbereitschaft beginnt. Nach § 8 Abs. 3 Satz 6 TVöD fällt eine Rufbereitschaft nach Stunden an, wenn eine Rufbereitschaft von weniger als 12 Stunden geleistet wird. In
diesem Fall wird die nach Stunden bemessene Rufbereitschaft mit 12,5 % des tariflichen Stundenentgelts nach Maßgabe der Entgelttabelle bemessen und zwar
unabhängig davon, ob die Rufbereitschaft von Montag bis Freitag oder an einem
Samstag, Sonntag oder Feiertag geleistet wird. Im Umkehrschluss ergibt sich hieraus, dass eine Stundenpauschale dann nicht gezahlt wird, wenn eine Rufbereitschaft von ununterbrochen 12 Stunden und mehr geleistet wird. In diesem Fall ist
dann die Tagespauschale nach § 8 Abs. 3 Satz 1 bis 3 TVöD zu zahlen.

---

3   A.A. Scheuring § 10 TV-V, Rn. 2.
4   BAG, Urt. v. 13.12.2000 – 5 AZR 334/99, AP Nr. 31 zu § 394 BGB.

Hat ein Beschäftigter z.b. ab Freitag 16.00 bis Montag morgens 6.00 Uhr Rufbereitschaft zu leisten, so beginnt die erste Rufbereitschaft am Freitag, die zweite am Samstag und die dritte am Sonntag. Es ergibt sich insgesamt eine Vergütung in Höhe von 2 + 4 + 4 = 10 Stundenentgelten. Beginnt die Rufbereitschaft hingegen am Freitag um 19.00 Uhr und dauert bis Montag morgens um 6.00 Uhr, so ergeben sich zwei Tagespauschalen von 6 Stundenentgelten und eine Rufbereitschaft ab Sonntag 19.00 für 11 Stunden * 12,5% = 137,5 % Stundenvergütungen. Die Tarifvertragsparteien haben die beschriebene Berechnungsweise klarstellend in der Niederschriftserklärung Nr. 4 im Anhang zum TVöD AT aufgenommen.

2. Vergütung von Arbeitszeit in der Rufbereitschaft

18 Für die Vergütungsberechnung werden Wegezeiten in vollem Umfang bezahlt und jede angefangene Stunde auf eine volle Stunde gerundet. Die Bemessungsgrundlage entspricht dem Entgelt für Überstunden nach Abs. 1, so dass das Entgelt der Entgeltgruppe und Stufe des Beschäftigten zu Grunde zu legen ist, höchstens aber Stufe 4. Zuzüglich sind alle sonst anfallenden Zeitzuschläge nach Abs. 1 zu zahlen.

3. Umwandlung in Arbeitszeitguthaben

19 Für eine Umwandlung der Rufbereitschaftsvergütung einschließlich der hierbei erbrachten Arbeitsleistung gilt § 8 Abs. 1 Satz 4 TVöD entsprechend, soweit eine solche Umwandlung nach § 10 Abs. 3 Satz 2 TVöD durch Betriebs- oder Dienstvereinbarung ausdrücklich zugelassen ist. Dies führt dazu, dass die Arbeitsleistung einschließlich der Wegezeiten auf volle Stunden gerundet und diese im Verhältnis 1:1 in Zeitguthaben umgewandelt werden. Die Zuschläge werden ohne Berücksichtigung der auf Stufe 3 der jeweiligen Entgeltgruppe reduzierten Bemessungsgrundlage § 8 Abs. 1 Satz 2 TVöD im Verhältnis 1:1 in Zeit umgewandelt.

V. Bereitschaftsdienst

20 Die Höhe der Vergütung des Bereitschaftsdienstes überlässt der Tarifvertrag landesbezirklichen Tarifverträgen, für den Bund einem eigenen Tarifvertrag auf Bundesebene. Bis zum In-Kraft-Treten entsprechender Regelung gelten die jeweils zum 30.09.2005 gültigen betrieblichen Bestimmungen fort. Soweit eine Faktorisierung von in dem Bereitschaftsdienst angelegter Arbeitszeit vorgenommen wird, greift diese, soweit nicht im Einzelfall für bestimmte Sparten oder Beschäftigtengruppen etwas anderes vereinbart wird. In Ermangelung einer speziellen Regelung greift somit die Faktorisierung des § 9 TVöD, nach der Bereitschaftsdienst zu 50% als Arbeitszeit für die Entgeltabrechnung gewertet wird.

VI. Wechselschichtzulage

21 Beschäftigte, die ständig Wechselschicht arbeiten, erhalten eine monatliche Zulage von 105 €. Bei Beschäftigten, die nicht ständig Wechselschicht arbeiten, wird für jede geleistete Stunde eine Zulage von 0,63 € gezahlt. Zur Definition der Wechselschichtarbeit ist auf die Kommentierung zu § 7 Abs. 1 TVöD zu verweisen.

1. Ständige Wechselschicht

Der Beschäftigte leistet dann ständig Wechselschicht, wenn diese dauernd und fast ausschließlich erfolgt.[5] Es genügt nicht, wenn der Beschäftigte nur in Regelmäßigkeit immer mal wieder zur Wechselschicht herangezogen wird. Die Differenzierung der Tarifvertragsparteien zwischen ständiger und nicht ständiger Wechselschichtarbeit zeigt, dass durch die höhere Zulage für ständige Wechselschichtarbeit die besondere Belastung des ständigen Schichtwechsels ausgeglichen werden soll. Aus dem tariflichen Gesamtzusammenhang und dem Sinn und Zweck der Zulagen als Ausgleich längerfristiger Erschwernisse und Belastungen, die sich auf den Lebensrhythmus des Wechselschichtleistenden auswirken, ist zu schließen, dass der Begriff im Sinne von „von Dauer" bzw. „fast ausschließlich" zu verstehen ist, also eine wesentlich höhere Beanspruchung als „zeitlich überwiegend" voraussetzt. Es reicht nicht aus, dass der Wechselschichteinsatz zu mehr als der Hälfte der Gesamtarbeitszeit erfolgt oder dass bloß in einem Monat Wechselschicht gearbeitet worden ist.[6] Es ist darauf abzustellen, dass der Beschäftigte in den Wechselschichtplan, der in rollierender Weise die ununterbrochene Arbeit in dem Organisationsbereich abdeckt, fest eingeplant ist.

Es ist nicht erforderlich, dass der Beschäftigte ohne Pause seine Arbeit ausübt.[7] Urlaub oder Krankheit in der Früh- oder Spätschicht führen nicht dazu, dass eine sonst anfallende Zulage wegen ständiger Wechselschicht entfällt. Die für die Wechselschichtarbeit konstitutiv erforderlichen Nachtschichten müssen allerdings durch tatsächliche Arbeitsleistung erbracht worden sein.[8]

2. Nicht ständige Wechselschicht

In Abgrenzung zu den oben genanten Voraussetzungen ist nicht ständige Wechselschichtarbeit dann geben, wenn die Tatbestandsvoraussetzungen für Wechselschichtarbeit gegeben sind, ohne dass ständig Wechselschicht geleistet wird. Dies ist der Fall, wenn der Beschäftigte durchschnittlich längstens im Abstand von einem Monat eine Nachtschicht zu leisten hat, aber nicht ständig in das roulierende Schichtsystem eingegliedert ist, sondern als Springer dann eingesetzt wird, wenn ein Wechselschichtbeschäftigter ausfällt. Dies hat zur Konsequenz, das jede Stunde auch in Normalschicht mit der Zulage für nicht ständige Wechselschicht zu vergüten ist, wenn der Beschäftigte innerhalb des rollierenden Schichtsystems eingesetzt wird, solange die Voraussetzungen für Wechselschichtarbeit gegeben sind. Wird der Beschäftigte z.B. in der ersten Woche 5 Tage in der Nachtschicht von 22.00 Uhr bis 6.00 Uhr, in der darauf folgenden Woche von 6.00 Uhr bis 14.00 Uhr in der Normalschicht, in Vertretung eins Wechselschichtbeschäftigten eingesetzt, so erhält er auch für die Tagschicht die Wechselschichtzulage. Arbeitet der Beschäftigte hingegen 5 Tage in der Spätschicht von 14.00 bis 22.00 Uhr und anschließend 5 Tage in der Tagschicht von 6.00 Uhr bis 14.00 Uhr, so liegt keine

22

23

5   BAG, Urt. v. 16.01.1985 – 7 AZR 226/82, AP Nr. 10 zu § 33 BAT.
6   BAG, Urt. v. 16.08.2000 – 10 AZR 512/99, ZTR 2001, 28.
7   BAG, Urt. v. 02.10.1996 – 10 AZR 232/96, NZA 1997, 504.
8   BAG, Urt. v. 09.12.1998 – 10 AZR 207/98, ZTR 1999, 1177.

Nachtschichtarbeit vor, die Voraussetzung der Anerkennung als Wechselschicht ist. Der Beschäftigte hat keinen Anspruch auf Wechselschicht.

3. Teilzeitbeschäftigte

24   Nach der Rechtsprechung des BAG hatten Teilzeitbeschäftigte Anspruch auf Zahlung der Wechselschichtzulage in voller Höhe, wenn diese die Tatbestandsvoraussetzungen der Wechselschichtarbeit in vollem Umfang (40 Nachtarbeitsstunden in fünf Wochen, ständige Wechselschichtarbeit) erbracht haben.[9] Nach der Neuregelung des § 24 Abs. 2 TVöD erhalten Teilzeitbeschäftigte nur den Anteil der monatlichen Wechselschichtzulage, der quotenmäßig dem Anteil ihrer Teilzeitbeschäftigung entspricht.

4. Wechsel in die oder aus der Wechselschicht während des laufenden Monats

25   Wechselt ein Beschäftigter während des laufenden Monats in die Wechselschicht oder scheidet er aus der Wechselschicht aus, so wird nach § 24 Abs. 3 TVöD nur der Teil der Wechselschichtzulage gezahlt, der dem Anteil der Wechselschichtteilnahme entspricht.

5. Anspruch auf Freistellung

26   Der Beschäftigte hat nach § 29 TVöD Anspruch auf Freistellung bei persönlicher Arbeitsverhinderung wegen des Vorliegens bestimmter Ereignisse. Diese Ansprüche sind auf Freistellung von ganzen Arbeitstagen gerichtet und auch einem Wechselschichtarbeiter zu gewähren, wenn dessen Arbeitsschicht nicht an dem Kalendertag endet, an dem sie begonnen hat.[10]

6. Betriebliche Übung auf Zahlung der Wechselschichtzulage ohne Vorliegen der Anspruchsvoraussetzungen

27   Bei der Zahlung der Wechselschichtzulage handelt es sich um eine Hauptleistungspflicht aus dem Arbeitsvertrag, weil die unmittelbaren vertraglichen Leistungsbeziehungen tangiert sind.[11] Nach § 2 Abs. 1 TVöD können wesentliche Inhalte des Arbeitsverhältnisses immer formlos geschlossen werden, da die Schriftform des § 2 Abs. 1 TVöD nur deklaratorisch und nicht konstitutiv ist. Hat der Arbeitgeber die Wechselschichtzulage auch immer dann gezahlt, wenn deren Voraussetzungen nicht gegeben waren, so kann hieraus ein einzelvertraglicher Anspruch auf Zahlung der Zulage aus betrieblicher Übung erwachsen, wenn der Arbeitgeber zu erkennen gegeben hat, dass er diese Leistung erbringen will, ohne dass deren Voraussetzungen vorliegen.[12] Gleiches gilt, wenn der Arbeitgeber freiwillig eine höhere als die tarifvertraglich geschuldete Wechselschichtzulage zahlt und nach Außen zu erkennen gibt, dass er sich hieran bindet.[13]

---

[9]   BAG, Urt. v. 23.06.1993 – 10 AZR 127/92, NZA 1994, 41.
[10]   BAG, Beschl. v. 24.11.1988 – 6 AZR 423/86, AP Nr. 4 zu § 52 BAT.
[11]   BAG, Urt. v. 03.08.1982 – 3 AZR 503/79, AP Nr. 12 zu § 242 BGB Betriebliche Übung.
[12]   Sächsisches LAG, Urt. v. 06.03.2002 – 2 Sa 248/01, ZTR 2002, 598.
[13]   BAG, Urt. v. 03.08.1982 – 3 AZR 503/79, AP Nr. 12 zu § 242 BGB Betriebliche Übung.

VII. Schichtzulage

Auch bei der Schichtarbeit wird wie bei der Wechselschichtarbeit danach differenziert, ob der Beschäftigte ständig Schichtarbeit leistet oder nicht ständige Schichtarbeit leistet. Bei ständiger Schichtarbeit wird eine monatliche Zulage in Höhe von 40 € gezahlt, im Falle nicht ständiger Schichtarbeit eine Zulage in Höhe von 0,24 € pro Stunde. **28**

1. Ständige Schichtarbeit

Durch die höhere monatliche Zulage für Schichtarbeit sollen die mit der ständigen Schichtarbeit verbundenen Erschwernisse für den Beschäftigten ausgeglichen werden, die sich daraus ergeben, dass der Schichtbeschäftigte spätestens im Laufe eines Monats in eine andere Arbeitsschicht wechseln muss. **29**

Hinsichtlich der ständigen Schichtarbeit wird auf die Ausführungen zu III. § 7 TVöD verwiesen, die sinngemäß auch für die Schichtarbeit gelten. Ständige Schichtarbeit ist danach dann gegeben, wenn der Beschäftigte dauernd und fast ausschließlich in Schichtarbeit eingesetzt ist, d.h. in einem Schichtrhythmus mit einem regelmäßigen Wechsel des Beginns der täglichen Arbeitszeit um mindestens zwei Stunden in Zeitabschnitten von längstens einem Monat, wobei die Arbeit innerhalb eines Zeitraums von 13 Stunden geleistet wird. Dies setzt voraus, dass spätestens nach Ablauf eines Monats der Mitarbeiter wieder in einer anderen Schicht eingesetzt wird.

2. Nicht ständige Schichtarbeit

Eine nicht ständige Schichtarbeit hingegen ist dann geben, wenn der Beschäftigte nicht im Rahmen des wechselnden Schichtplans eingesetzt, sondern nur vertretungsweise an einzelnen Tagen im Schichtdienst eingesetzt wird. Hierbei müssen auch bei einem Wechsel von der Normalarbeit in die andere Schicht die Tatbestandsvoraussetzungen der Schichtarbeit dahingehend gegeben sein, dass der Arbeitsbeginn um mindestens zwei Stunden verschoben und durch die beiden Schichten eine Zeitspanne von mindestens 13 Stunden abgedeckt wird. Beginnt die Normalarbeitszeit also um 7.00 Uhr und endet um 15.00 Uhr, die Frühschicht aber beginnt um 5.00 Uhr und endet um 13.00 Uhr, so liegt der Beginn beider Schichten um zwei Stunden auseinander, beide Schichten decken aber nur eine Zeitspanne von 11 Stunden ab, so dass keine Schichtarbeit vorliegt. Wird der Arbeitnehmer hingegen in der Spätschicht von 13.00 Uhr bis 21.00 Uhr eingesetzt, so liegt der Beginn um 6 Stunden auseinander und es wird eine Zeitspanne durch beide Schichten von 16 Stunden abgedeckt, so dass Schichtarbeit vorliegt. Da sie nur tageweise erfolgt, ist sie nicht ständig angefallen. Sie ist nur für die Stunden zu zahlen, in der der Mitarbeiter in der Spätschicht eingesetzt wurde. Wechselt er wieder zurück in die Normalarbeitszeit, in dem er z.B. nach Ablauf der Ruhenszeit von 11 Stunden um 8.00 Uhr morgens die Arbeit wieder aufnimmt, fällt die Schichtzulage für den ersten Tag der Normalarbeit ebenfalls wieder an, da die Tatbestandsvoraussetzungen für Schichtarbeit wiederum gegeben sind. Die Belastung des Beschäftigten, durch Umstellung von Arbeitsbeginn und Arbeitsende ist hierbei in gleicher Weise gegeben, als würde der Beschäftigte anschließend in der Frühschicht eingesetzt werden. **30**

Hat der Arbeitnehmer jedoch nach Ableistung der Spätschicht einen freien Tag und beginnt erst einen Tag später die Normalarbeitszeit, so liegen die Voraussetzungen der Schichtarbeit nicht vor. In diesem Fall fällt für die Normalarbeitszeit keine Schichtzulage für nicht ständige Schichtarbeit an.

§ 9 Bereitschaftszeiten

(1) ¹Bereitschaftszeiten sind die Zeiten, in denen sich die/der Beschäftigte am Arbeitsplatz oder einer anderen vom Arbeitgeber bestimmten Stelle zur Verfügung halten muss, um im Bedarfsfall die Arbeit selbständig, ggf. auch auf Anordnung, aufzunehmen und in denen die Zeiten ohne Arbeitsleistung überwiegen. ²Für Beschäftigte, in deren Tätigkeit regelmäßig und in nicht unerheblichem Umfang Bereitschaftszeiten fallen, gelten folgende Regelungen:
a) Bereitschaftszeiten werden zur Hälfte als tarifliche Arbeitszeit gewertet (faktorisiert).
b) Sie werden innerhalb von Beginn und Ende der regelmäßigen täglichen Arbeitszeit nicht gesondert ausgewiesen.
c) Die Summe aus den faktorisierten Bereitschaftszeiten und der Vollarbeitszeit darf die Arbeitszeit nach § 6 Abs. 1 nicht überschreiten.
d) Die Summe aus Vollarbeits- und Bereitschaftszeiten darf durchschnittlich 48 Stunden wöchentlich nicht überschreiten.
³Ferner ist Voraussetzung, dass eine nicht nur vorübergehend angelegte Organisationsmaßnahme besteht, bei der regelmäßig und in nicht unerheblichem Umfang Bereitschaftszeiten anfallen.

(2) ¹Im Bereich der VKA bedarf die Anwendung des Abs. 1 im Geltungsbereich eines Personalvertretungsgesetzes einer einvernehmlichen Dienstvereinbarung. ²§ 6 Abs. 9 gilt entsprechend. ³Im Geltungsbereich des Betriebsverfassungsgesetzes unterliegt die Anwendung dieser Vorschrift der Mitbestimmung im Sinne des § 87 Abs. 1 Nr. 2 BetrVG.

(3) Im Bereich des Bundes gilt Abs. 1 für Beschäftigte im Sinne des Satzes 2, wenn betrieblich Beginn und Ende der täglichen Arbeitszeit unter Einschluss der Bereitschaftszeiten für diese Beschäftigtengruppen festgelegt werden.

Protokollerklärung zu § 9:
Diese Regelung gilt nicht für Wechselschicht- und Schichtarbeit.

Inhaltsübersicht	Rn.

I. Definition des Bereitschaftsdienstes

Bereitschaftsdienst nach der tarifvertraglichen Vorschrift ist nur dann gegeben, wenn die Zeiten ohne Arbeitsleistung überwiegen. Nach Abs. 1 Satz 3 muss durch dauerhafte Organisationsmaßnahmen durch den Arbeitgeber sichergestellt werden, **1** dass regelmäßig in nicht unerheblichem Maße Bereitschaftszeiten und keine Arbeitszeiten anfallen. Nicht erforderlich ist es nach dieser Regelung, dass der Bereitschaftsdienst außerhalb der betriebsüblichen Arbeitszeit stattfindet. Dieses Tatbestandsmerkmal ist nur für Bereitschaftsdienste nach § 8 Abs. 4 TVöD erforderlich, deren Vergütung durch landesbezirkliche Tarifverträge getrennt geregelt ist. Da der Beschäftigte nach § 6 Abs. 5 TVöD nach Tarifvertrag verpflichtet ist, Bereitschaftsdienst zu leisten, kann der Arbeitgeber den Beschäftigten kraft seines Direktionsrechts zum Bereitschaftsdienst einteilen, wenn diese Voraussetzung gegeben ist. Der Arbeitgeber hat hierbei eine Prognose zu treffen, in welchem Umfang Arbeitsleistung üblicherweise innerhalb des Bereitschaftsdienstes anfällt. Übersteigt die Arbeitszeit die Zeit ohne Arbeitsleistung, so hat der Arbeitnehmer gleichwohl Bereitschaftsdienst zu leisten. Der Arbeitgeber ist in diesem Fall auch nicht verpflichtet, die Zeiten des Bereitschaftsdienstes als Vollarbeit zu vergüten. Es bleibt nach der Vergütung des Bereitschaftsdienstes in der tarifvertraglich bestimmten Höhe.[1] Abs. 1 Satz 2 bestätigt dies, indem im ersten Halbsatz nochmals festgehalten wird, dass „die Regelung der Vergütung der Bereitschaftsdienstzeiten nur dann greift, wenn „regelmäßig in nicht unerheblichem Umfang" reine Bereitschaftszeiten und keine Arbeitszeiten anfallen. Das Wort „regelmäßig" besagt, dass dies im Einzelfall nicht immer gegeben sein muss, aber im Durchschnitt und damit in der Regel eingehalten werden muss.

2   Der Beschäftigte hat sich während des Bereitschaftsdienstes an einer vom Arbeitgeber angegeben Stelle aufzuhalten. Er muss im Bedarfsfall selbständig oder nach Anordnung die Arbeit aufnehmen. Diese Regelung führt dazu, dass der Arbeitgeber im Rahmen seines Weisungsrechtes festlegen kann, ob der Beschäftigte z.B. wach bleiben muss, um selbständig die Arbeit aufnehmen zu können oder ob er schlafen kann und von einem Dritten zur Aufnahme der Arbeit aufgefordert werden muss. Der Arbeitgeber hat bei der Festlegung von Wachzeiten im Rahmen seiner Fürsorgepflicht darauf zu achten, dass je nach Dauer des Bereitschaftsdienstes und der Häufigkeit und Intensität der Arbeit während des Bereitschaftsdienstes dem Mitarbeiter genügend Ruhezeit bleibt.

II. Ausschluss von Bereitschaftsdiensten bei Wechselschicht- und Schichtarbeit

3   Nach der Protokollnotiz zu § 9 TVöD kann während eines Schicht- oder Wechselschichtdienstes nicht gleichzeitig Bereitschaftsdienst angeordnet werden.

III. Faktorisierung des Bereitschaftsdienstes für die Abrechnung

4   Bereitschaftsdienst ist in vollem Umfang Arbeitszeit. Sie muss allerdings nicht wie normale Vollarbeit vergütet werden. Die Höhe der Vergütung kann durch Tarifvertrag oder wenn kein Tarifvertrag gilt, einzelvertraglich von den Arbeitsvertragsparteien frei vereinbart werden.[2] Die im allgemeinen Teil des TVöD getroffene Regelung gilt für alle Bereitschaftsdienste, es sei denn, die Spartenregelungen treffen abweichende Vereinbarungen (z.B. § 46 TVöD BT-K). Danach werden

---

[1]   BAG, Urt. v. 05.06.2003 – 6 AZR 114/02, NZA 2004, 164.
[2]   BAG, Urt. v. 28.01.2004 – 5 AZR 530/02, NZA 2004, 656.

Bereitschaftszeiten zur Hälfte als Arbeitszeit gewertet und vergütet. § 9 Abs.1 Satz 2 Buchst. b TVöD weist darauf hin, dass Bereitschaftsdienstzeiten mit Beginn und Ende nicht innerhalb der Arbeitszeit gesondert ausgewiesen werden müssen. Der Beschäftigte kann z.B. zu einem Arbeitseinsatz von 12 Stunden eingeteilt werden, wovon vier Stunden Bereitschaftsdienst sind, wobei nicht festgelegt werden muss, wann der Bereitschaftsdienst beginnt und endet. Dies flexibilisiert die Einsatzmöglichkeiten und bietet sich dann an, wenn der einzelne Beschäftigte neben Notfalleinsätzen Routinearbeiten zu erledigen hat, die dann in dem Umfang abgearbeitet werden können, als sich Restzeiten im Rahmen der Vollarbeit ergeben.

Die Summe der faktorisierten Zeiten mit der Vollarbeit dürfen die Arbeitszeit nach § 6 Abs. 1 TVöD nicht übersteigen. Wird ein Beschäftigter also zu einer Vollarbeit von 31 Stunden eingeteilt, so darf er bei einer Arbeitszeit von 38,5 Stunden wöchentlich noch im Rahmen von 15 Stunden zum Bereitschaftsdienst eingeteilt werden.   **5**

Bei Bereitschaftsdiensten handelt es sich nicht um Überstunden, sondern eine Mehrleistung anderer Art.[3] Auch sonstige Zeitzuschläge fallen nicht an, denn diese erfordern nach § 8 Abs.1 Satz 1 TVöD eine tatsächliche Arbeitsleistung. Durch die Bewertung des Bereitschaftsdienstes als Arbeitszeit im Rahmen der Faktorisierung sollen nach dem Willen der Tarifvertragsparteien alle Zuschläge mit abgegolten sein, es sei denn, es werden tarifvertraglich besondere Vereinbarungen getroffen. Dies ist für das Feuerwehrpersonal des Bundesministeriums der Verteidigung durch die Regelung in § 46 Nr. 4 Abs. 3 TVöD - BT Verwaltung geschehen, wonach die Zeitzuschläge nach § 8 Abs. 1 Satz 1 Buchst. b, c, d, e, TVöD zu 50 % gezahlt werden, während der Zeitzuschlag nach Buchstabe f und die Zulagen nach § 8 Abs. 5 und 6 TvöD nicht gezahlt werden. Außerdem wird die 168 Stunden monatlich übersteigende Zeit bei der Bemessung des Entgelts als Überstunden gewertet und als Überstunden vergütet.   **6**

IV. Einhaltung der Grenzen der Arbeitszeit

§ 9 Abs. 1 Satz 2 Buchstabe d TVöD weist darauf hin, dass die Summe der Vollarbeits- und Bereitschaftszeiten durchschnittlich 48 Stunden nicht überschreiten darf. Dies entspricht der in § 7 Abs. 8 ArbZG definierten Grenze.   **7**

---

[3] BAG, Urt. v. 19.09.1991 – 6 AZR 185/89, ZTR 1992, 308.

Anhang zu § 9

A. Bereitschaftszeiten Hausmeisterinnen/Hausmeister

[1]**Für Hausmeisterinnen/Hausmeister, in deren Tätigkeit regelmäßig und in nicht unerheblichem Umfang Bereitschaftszeiten fallen, gelten folgende besondere Regelungen zu § 6 Abs. 1 Satz 1 TVöD:**
[2]**Die Summe aus den faktorisierten Bereitschaftszeiten und der Vollarbeitszeit darf die Arbeitszeit nach § 6 Abs. 1 TVöD nicht überschreiten.** [3]**Die Summe aus Vollarbeits- und Bereitschaftszeiten darf durchschnittlich 48 Stunden wöchentlich nicht überschreiten.** [4]**Bereitschaftszeiten sind die Zeiten, in denen sich die Hausmeisterin/der Hausmeister am Arbeitsplatz oder einer anderen vom Arbeitgeber bestimmten Stelle zur Verfügung halten muss, um im Bedarfsfall die Arbeit selbständig, ggf. auch auf Anordnung, aufzunehmen und in denen die Zeiten ohne Arbeitsleistung überwiegen.** [5]**Bereitschaftszeiten werden zur Hälfte als Arbeitszeit gewertet (faktorisiert).** [6]**Bereitschaftszeiten werden innerhalb von Beginn und Ende der regelmäßigen täglichen Arbeitszeit nicht gesondert ausgewiesen.**

B. Bereitschaftszeiten im Rettungsdienst und in Leitstellen

(1) [1]**Für Beschäftigte im Rettungsdienst und in den Leitstellen, in deren Tätigkeit regelmäßig und in nicht unerheblichem Umfang Bereitschaftszeiten fallen, gelten folgende besondere Regelungen zu § 6 Abs. 1 Satz 1 TVöD:**
[2]**Die Summe aus den faktorisierten Bereitschaftszeiten und der Vollarbeitszeit darf die Arbeitszeit nach § 6 Abs. 1 TVöD nicht überschreiten.** [3]**Die Summe aus Vollarbeits- und Bereitschaftszeiten darf durchschnittlich 48 Stunden wöchentlich nicht überschreiten.** [4]**Bereitschaftszeiten sind die Zeiten, in denen sich die/der Beschäftigte am Arbeitsplatz oder einer anderen vom Arbeitgeber bestimmten Stelle zur Verfügung halten muss, um im Bedarfsfall die Arbeit selbständig, ggf. auch auf Anordnung, aufzunehmen und in denen die Zeiten ohne Arbeitsleistung überwiegen.** [5]**Bereitschaftszeiten werden zur Hälfte als tarifliche Arbeitszeit gewertet (faktorisiert).** [6]**Bereitschaftszeiten werden innerhalb von Beginn und Ende der regelmäßigen täglichen Arbeitszeit nicht gesondert ausgewiesen.**

(2) Die zulässige tägliche Höchstarbeitszeit beträgt zwölf Stunden zuzüglich der gesetzlichen Pausen.

(3) Die allgemeinen Regelungen des TVöD zur Arbeitszeit bleiben im Übrigen unberührt.

(4) Für Beschäftigte, die unter die Besonderen Regelungen für den kommunalen feuerwehrtechnischen Dienst fallen, gilt § 46 Nr. 2 Abs. 1 BT-V (VKA), auch soweit sie in Leitstellen tätig sind.

V. Kommentierung Anhang zu § 9

8   Der Anhang zu § 9 A TVöD ist eine auf die Hausmeister im allgemeinen Verwaltungsdienst ursprünglich zugeschnittene Sondervorschrift. Im Laufe der Verhandlungen wurde die Sondervorschrift für Hausmeister in textlich modifizierter, aber inhaltlich gleicher Form zu § 9 des TVöD, weil man der Auffassung war, dass es neben den Hausmeisterdiensten noch zahlreiche andere Beschäftigtengruppen gibt, in denen Bereitschaftsdienste auftreten.

Es kann daher hinsichtlich des Teils A des Anhangs auf die Kommentierung zu § 9 TVöD vollumfänglich verwiesen werden. Im Unterschied zu anderen Beschäftigtengruppen, für die Bereitschaftsdienst im Einzelfall angeordnet werden kann, wenn insbesondere die Beschäftigungsbedingungen durch arbeitsorganisatorische Maßnahmen so gestaltet worden sind, dass in dem betreffenden Bereich regelmäßig Bereitschaftsdienst anfällt, geht man bei Hausmeisterdiensten grundsätzlich von einer solchen Arbeitsorganisation aus. Abs. 1 Satz 1 des Anhangs verpflichtet Hausmeister zur Erbringung von Bereitschaftsdienst wenn regelmäßig und nicht unerheblich Bereitschaftsdienste anfallen. Als weitere Besonderheit ist geregelt, dass der Bereitschaftsdienst von den Hausmeistern auch in der zur Verfügung gestellten Dienstwohnung erbracht werden kann.

Als weitere Sondervorschrift zum Bereitschaftsdienst wurden im Anhang zu § 9 Teil B **9** TVöD Sonderregelungen für Beschäftigte im Rettungsdienst und in Leitstellen vereinbart. Ausgenommen vom personellen Anwendungsbereich dieser Vorschrift ist der kommunale feuerwehrtechnische Dienst, für den umfassendere eigenständige Regelungen zur Arbeitszeit in § 46 Abschnitt VIII (VKA) im Besonderen Teil des TVöD getroffen worden sind.

Im Übrigen enthält auch dieser Anhang inhaltsgleiche Ausführungen wie sie bereits in **10** § 9 TVöD niedergelegt sind. Diesbezüglich kann auch hier auf die Kommentierung zu § 9 TVöD verwiesen werden.

Abs. 2 erlaubt allerdings als Sonderregelung gegenüber § 9 TVöD eine Ausdehnung der Arbeitszeit auf bis zu 12 Stunden täglich ohne Einrechnung der gesetzlichen Pausen. Eine solche Regelung wäre auf der Grundlage des § 9 TVöD sonst nur durch Abschluss einer zusätzlichen Betriebs- bzw. Dienstvereinbarung möglich.

VI. Übergangsregelungen der Bereitschaftsdienste

Nach § 2 Abs. 1 TVÜ VKA werden der BAT und BMTG sowie alle diese Tarifverträge **11** ergänzenden Tarifverträge durch den TVöD zum 01.10.2005 abgelöst, soweit im TVÜ VKA keine abweichenden Regelungen getroffen sind. In gleicher Weise löst der TVÜ Bund nach seinem § 2 Abs.1 in Verbindung mit Anlage 1 A den BAT/BAT-O und MTArb/MTArb-O sowie ergänzenden Tarifverträge ab, soweit im TVÜ Bund keine abweichende Regelung getroffen ist. Die beiden abweichenden Regelungen sind die §§ 22 und 24 TVÜ VKA und § 22 TVÜ Bund, der inhaltsgleich mit § 24 TVÜ VKA ist.

TVÜ VKA
§ 22 Sonderregelungen für Beschäftigte im bisherigen Geltungsbereich der SR 2a, SR 2b und SR 2c zum BAT/BAT-O

(1) Im bisherigen Geltungsbereich der SR 2a, 2b und 2c zum BAT/BAT-O gilt für Beschäftigte gem. § 1 Abs. 1 und 2 Folgendes:
1. Die Regelungen der §§ 45 bis 47 BT-K treten am 1. Januar 2006 in Kraft. Bis zum In-Kraft-Treten dieser Regelungen gelten die für Bereitschaftsdienst und Rufbereitschaft einschlägigen tarifvertraglichen Regelungen des BAT/BAT-O abweichend von § 2 fort.
2. Aufgrund einer Betriebs- oder Dienstvereinbarung können bereits vor dem 1. Januar 2006 die Regelungen der §§ 45 bis 47 BT-K angewendet werden.
3. Abweichend von Nr. 1 tritt §45 BT-K für die von § 1 Abs. 1 erfassten Beschäftigten erst zum 1. Juli 2006 in Kraft, sofern dessen Anwendung zu Veränderungen führt.

(2) Nr. 7 SR 2 a BAT/BAT-O gilt im bisherigen Geltungsbereich bis zum In-Kraft-Treten einer Neuregelung fort.

(3) Nr. 5 SR 2 c BAT/BAT-O gilt für übergeleitete Ärztinnen und Ärzte bis zu einer arbeitsvertraglichen Neuregelung deren Nebentätigkeit fort.

(4) Bestehende Regelungen zur Anrechnung von Wege- und Umkleidezeiten auf die Arbeitszeit bleiben durch das In-Kraft-Treten des TVöD unberührt.

§ 24 Bereitschaftszeiten

[1]Die landesbezirklich für Hausmeister und Beschäftigtengruppen mit Bereitschaftszeiten innerhalb ihrer regelmäßigen Arbeitszeit getroffenen Tarifverträge und Tarifregelungen sowie Nr. 3 SR 2r BAT-O gelten fort. [2]Dem Anhang zu § 9 TVöD widersprechende Regelungen zur Arbeitszeit sind bis zum 31. Dezember 2005 entsprechend anzupassen.

TVÜ Bund
§ 22 Bereitschaftszeiten

[1]Nr. 3 SR 2r BAT/BAT-O für Hausmeister und entsprechende Tarifregelungen für Beschäftigtengruppen mit Bereitschaftszeiten innerhalb ihrer regelmäßigen Arbeitszeit gelten fort. [2]Dem Anhang zu § 9 TVöD widersprechende Regelungen zur Arbeitszeit sind bis zum 31. Dezember 2005 entsprechend anzupassen.

VII. Kommentierung der Übergangsregelungen

12   § 22 TVÜ VKA und § 24 TVÜ VKA, § 22 TVÜ Bund sollen sicherstellen, dass die bislang geltenden Tarifverträge in diesem Bereich (SR 2a, 2b, 2c und 2 r) bis zum 31.12.2005 i.V.m. § 25 ArbZG weiter gelten. Der Gesetzgeber hat die Übergangsfrist in § 26 ArbZG nunmehr nochmals bis zum 31.12.2006 verlängert.[1] § 22 Nr. 3 TVÜ VKA regelt, dass im Bereich der Sonderregelung Krankenhäuser die Neuregelungen nach §§ 45 TVöD BT-K für Teilzeitbeschäftigte erst zum 01.07.2006 Anwendung finden, wenn ihre Anwendung zu „Änderungen" führt. Zutreffend besteht weitgehend Einigkeit darüber, dass § 25 ArbZG gegen Richtlinie 93/104/EG, ABlEG Nr. 1 307, S. 18 und RL 2003/88/EG v. 04.11.2003, ABlEU L 299/9 v. 18.11.2003 verstoßen würde, wenn damit Tarifverträge zugelassen werden, in denen eine wöchentliche Arbeitszeit vereinbart ist, die 48 Stunden übersteigt.[2] Dies hat das Bundesarbeitsgericht in einer Entscheidung am 24.01.2006 klargestellt und damit darauf hingewiesen, dass die zum 01.01.2006 in Kraft getretene Neuregelung des § 25 ArbZG wegen Verstoß gegen höherrangiges Europarecht nicht anwendbar ist.[3] § 25 ArbZG ist richtlinienkonform dahingehend auszulegen, dass von ihm Tarifverträge nicht

---

[1]   § 25 ArbZG: Enthält ein am 1. Januar 2004 bestehender oder nachwirkender Tarifvertrag abweichende Regelungen nach § 7 Abs. 1 oder 2 oder § 12 Satz 1, die den in diesen Vorschriften festgelegten Höchstrahmen überschreiten, bleiben diese tarifvertraglichen Bestimmungen bis zum 31. Dezember 2006 unberührt. Tarifverträgen nach Satz 1 stehen durch Tarifvertrag zugelassene Betriebsvereinbarungen sowie Regelungen nach § 7 Abs. 4 gleich. (BGBl. I 2005, 3678)

[2]   Ulber: Die Unvermeidbarkeit der Neuregelung des Arbeitszeitgesetzes mit dem Europarecht und dem Grundgesetz, ZTR 2005, 70 [82]; Mattieren, Shell: Europarechtswidrige tarifliche Arbeitszeitregelungen, DB 2005 S. 106 ff; Schliemann: Allzeit bereit, NZA 2003, 515 [518]; eingeschränkt im Verhältnis zwischen Arbeitnehmer und Arbeitgeber des öffentlichen Dienstes: ErfK/Wank § 25 ArbZG Rn. 4; Wank: Bereitschaftsdienst von Ärzten, ZRP 2003, 414 ff; Hock: Bereitschaftsdienst und Arbeitsbereitschaft ab 1.1.2004, ZTR S. 114, [119] Wahlers: Ist die Weitergeltungsklausel des § 25 ArbZG europarechtskonform? – Eine Entgegnung -, ZTR 2004 446 [450]; a.A. Litschen, ZTR 2004, S. 119 ff; vergl. auch Körner: Arbeitszeit und Bereitschaftsdienst, NJW 2003, 3606 ff.

[3]   BAG, Beschl. v. 24.01.2006 – 1 ABR 6/05, Pressemitteilung Nr. 4/06 des BAG v. 24.01.2006; Litschen, ZTR 2006, 182

umfasst sind, die Bereitschaftsdienst nicht als Arbeitszeit regeln.[4] In diesen Fällen führt dies dazu, dass diese Tarifverträge unanwendbar sind und als Auffangnorm direkt die Bestimmungen des TVöD mit einer wöchentlichen Höchstarbeitszeit von 38,5 (VKA) bzw. 39 Stunden (Bund) anwendbar sind.[5]

[4] Buschmann: ArbuR 2004 1 [5]; Ulber a.a.O, S. 81.
[5] Zum BAT: Mathiessen/Shea: a.a.o. 108.

§ 10 Arbeitszeitkonto

(1) ¹Durch Betriebs-/Dienstvereinbarung kann ein Arbeitszeitkonto eingerichtet werden. ²Für einen Betrieb/eine Verwaltung, in dem/der ein Personalvertretungsgesetz Anwendung findet, kann eine Regelung nach Satz 1 auch in einem landesbezirklichen Tarifvertrag – für den Bund in einem Tarifvertrag auf Bundesebene – getroffen werden, wenn eine Dienstvereinbarung nicht einvernehmlich zustande kommt und der Arbeitgeber ein Letztentscheidungsrecht hat. ³Soweit ein Arbeitszeitkorridor (§ 6 Abs. 6) oder eine Rahmenzeit (§ 6 Abs. 7) vereinbart wird, ist ein Arbeitszeitkonto einzurichten.

(2) ¹In der Betriebs-/Dienstvereinbarung wird festgelegt, ob das Arbeitszeitkonto im ganzen Betrieb/in der ganzen Verwaltung oder Teilen davon eingerichtet wird. ²Alle Beschäftigten der Betriebs-/Verwaltungsteile, für die ein Arbeitszeitkonto eingerichtet wird, werden von den Regelungen des Arbeitszeitkontos erfasst.

(3) ¹Auf das Arbeitszeitkonto können Zeiten, die bei Anwendung des nach § 6 Abs. 2 festgelegten Zeitraums als Zeitguthaben oder als Zeitschuld bestehen bleiben, nicht durch Freizeit ausgeglichene Zeiten nach § 8 Abs. 1 Satz 5 und Abs. 2 sowie in Zeit umgewandelte Zuschläge nach § 8 Abs. 1 Satz 4 gebucht werden. ²Weitere Kontingente (z.B. Rufbereitschafts-/Bereitschaftsdienstentgelte) können durch Betriebs-/Dienstvereinbarung zur Buchung freigegeben werden. ³Die/Der Beschäftigte entscheidet für einen in der Betriebs-/Dienstvereinbarung festgelegten Zeitraum, welche der in Satz 1 genannten Zeiten auf das Arbeitszeitkonto gebucht werden.

(4) Im Falle einer unverzüglich angezeigten und durch ärztliches Attest nachgewiesenen Arbeitsunfähigkeit während eines Zeitausgleichs vom Arbeitszeitkonto (Zeiten nach Abs. 3 Satz 1 und 2) tritt eine Minderung des Zeitguthabens nicht ein.

(5) In der Betriebs-/Dienstvereinbarung sind insbesondere folgende Regelungen zu treffen:
a) Die höchstmögliche Zeitschuld (bis zu 40 Stunden) und das höchstzulässige Zeitguthaben (bis zu einem Vielfachen von 40 Stunden), die innerhalb eines bestimmten Zeitraums anfallen dürfen;
b) nach dem Umfang des beantragten Freizeitausgleichs gestaffelte Fristen für das Abbuchen von Zeitguthaben oder für den Abbau von Zeitschulden durch die/den Beschäftigten;
c) die Berechtigung, das Abbuchen von Zeitguthaben zu bestimmten Zeiten (z.B. an so genannten Brückentagen) vorzusehen;
d) die Folgen, wenn der Arbeitgeber einen bereits genehmigten Freizeitausgleich kurzfristig widerruft.

(6) ¹Der Arbeitgeber kann mit der/dem Beschäftigten die Einrichtung eines Langzeitkontos vereinbaren. ²In diesem Fall ist der Betriebs-/Personalrat zu beteiligen und – bei Insolvenzfähigkeit des Arbeitgebers – eine Regelung zur Insolvenzsicherung zu treffen.

Dörring

I. Allgemeine Bestimmungen zur Einrichtung eines Arbeitszeitkontos

Nach § 10 TVöD kann ein Arbeitszeitkonto jederzeit durch Betriebs- oder Dienst- **1** vereinbarung eingeführt werden. Es muss eingeführt werden, wenn nach § 6 Abs. 6 TVöD ein Arbeitszeitkorridor oder nach § 6 Abs. 7 TVöD eine Rahmenzeit vereinbart wurde, denn in beiden Fällen kann die Arbeitszeit innerhalb des zugelassenen Rahmens durch den Arbeitgeber festgesetzt, bei Gleitzeitmodellen durch den Arbeitnehmer flexibel mit festgesetzt werden. Die Zeitschwankungen sind dann notwendigerweise auf einem Konto zu erfassen. Ist das Konto im Minus, so hat der Arbeitgeber eine Vorleistung in Geld geleistet, der keine entsprechende Arbeitsleistung gegenübersteht. Hat umgekehrt der Arbeitnehmer Mehrarbeit über die wöchentliche Arbeitszeit hinaus geleistet, so hat er Arbeitsleistung im Voraus erbracht und hat einen entsprechenden Freistellungs- oder Abgeltungsanspruch gegenüber dem Arbeitgeber.

Kann der Arbeitnehmer durch flexible Arbeitszeit selbst beeinflussen, ob und in **2** welchem Umfang ein negatives Arbeitszeitguthaben entsteht, so hat er das Konto im Falle einer Vertragsbeendigung auszugleichen. Der Arbeitgeber kann in diesem Fall eine Verrechnung mit laufenden Gehaltszahlungen vornehmen.[1] Einer Aufrechnung bedarf es nicht, weil die bereits geleistete Vergütungszahlung eine erfolgte Vergütungstilgung darstellt. Die §§ 387, 388 BGB und somit auch § 394 BGB, mit dem Verbot der Aufrechnung gegen unpfändbare Vergütungszahlung, finden keine Anwendung.[2] Hat es der Arbeitgeber in der Hand, den Arbeitnehmer durch entsprechende Arbeitseinteilung zu veranlassen, Zeitschulden abzuarbeiten, so ist er verpflichtet, den Arbeitnehmer entsprechend zur Arbeit einzuteilen. Wird der Arbeitnehmer nicht zur Arbeit eingeteilt und sind Ausgleichszeiträume zum Ausgleich von Zeitschulden abgelaufen, so kann der Arbeitgeber nicht nach Ablauf des Ausgleichszeitraums Nacharbeit verlangen.[3]

Besteht ein Arbeitszeitguthaben, so hat der Arbeitnehmer grundsätzlich An- **3** spruch auf Freistellung in Höhe des Zeitguthabens oder auf finanziellen Ausgleich des bestehenden Guthabens. Im Prozess genügt es für die Schlüssigkeit der Klage auf Ausgleich eines bestehenden Zeitguthabens, wenn der Arbeitnehmer die Vereinbarung eines Arbeitszeitkontos und das Guthaben zum vereinbarten Auszah-

---

[1] BAG, Urt. v. 13.12.2000 – 5 AZR 334/99, NZA 2002, 390.
[2] Müller-Glöge in Münchener Kommentar zum BGB, 4. Auflage 2005, § 611 BGB, Rn. 1059.
[3] BAG, Urt. v. 30.03.2000 – 6 AZR 680/98, NZA 2001, 111.

lungszeitpunkt darlegt.[4] Hat der Arbeitgeber allerdings z.B. vor Beendigung des Arbeitsverhältnisses auf Antrag des Arbeitnehmers die Freistellung gewährt und wird der Arbeitnehmer anschließend krank, so trägt der Arbeitnehmer das Risiko der Krankheit in seiner Freizeit. Mit Freistellung von der Arbeit hat der Arbeitgeber den Ausgleichanspruch grundsätzlich erfüllt.[5]

4   Werden keine anderweitigen Vereinbarungen getroffen, so sind Überstunden zu vergüten.[6] Wird ein Arbeitskonto vereinbart und erklärt der Beschäftigte, dass Überstunden oder Mehrarbeit auf das Konto gebucht werden sollen, so hat er auf die Auszahlung verzichtet und stattdessen einen Zeitausgleich gewählt.

5   Bei der Vereinbarung eines Arbeitszeitkontos muss es dem Arbeitnehmer zur Vermeidung einer tarifvertraglichen Schlechterstellung generell möglich sein, darüber zu entscheiden, ob ein negatives Konto entstehen soll und wie er es wieder ausgleichen kann. Könnte dies der Arbeitgeber bestimmen, würde gegen den Anspruch der Arbeitnehmer auf Einhaltung der tariflichen Wochenarbeitszeit unter Vergütung jeder geleisteten Arbeitsstunde verstoßen.[7]

Nach § 23 b Abs. 2 Satz 8 SGB IV können Arbeitszeitkonten bis zu einer Größe von 250 Stunden vereinbart werden. Ist das Guthaben im Falle der Beendigung des Arbeitsverhältnisses auszuzahlen, so handelt es sich um Einmalzahlungen aus dem Arbeitsverhältnis, die nach § 23 b Abs. 2 Satz 8 i.V.m. § 23 a SGB IV der Beitragspflicht zur Sozialversicherung unterliegen. Wird dieser Rahmen überschritten, so handelt es sich der Sache nach um Langzeitkonten. Hier ist auf die Ausführungen zu Abs. 6 zu verweisen.

Abzugrenzen von flexiblen Arbeitszeitmodellen auf Basis von Arbeitszeitkonten ist das Modell der Vertrauensarbeitszeit. Dieses wurde de facto von den Tarifvertragsparteien für die Beschäftigten der Entgeltgruppe 15 und teilweise für Beschäftigte der Entgeltgruppe 13 und 14 für die Verwaltung des Bundes eingeführt mit § 45 Abs. 2 TVöD BT Verwaltung. Danach sind mit der Tabellenvergütung der Entgeltgruppe 15 Mehrarbeit und Überstunden mit abgegolten. Für die Entgeltgruppen 13 und 14 gilt dies auch, es sei denn, es werden für sämtliche Beschäftigte der Verwaltung Überstunden angeordnet.

6   Ob und in welchem Umfang darüber hinaus Vertrauensarbeitszeit vereinbart werden kann, ist tarifvertraglich nicht geregelt. Da der Beschäftigte nach § 6 Abs. 5 TVöD im Rahmen des betrieblich/dienstlich Notwendigen zu Überstundenarbeit verpflichtet ist, können auf Basis des Tarifvertrages zur Abgeltung eines bestimmten Überstundenvolumens pauschalierte Regelungen getroffen werden, wenn die Pauschalierung die Mindestkonditionen nach dem Tarifvertrag gewährt.

7   Vertrauensarbeitszeit zeichnet sich dadurch aus, dass nur ein Zeitrahmen, in dem gearbeitet werden kann, festgelegt wird. Die Festlegung der Arbeitszeit innerhalb des Rahmens bleibt dem Arbeitnehmer überlassen. Es erfolgen keine Zeiterfassung und auch keine Zeitkontrolle. Der Arbeitgeber kann nicht mehr feststellen, in welchem zeitlichen Umfang der Arbeitnehmer seine Arbeit geleistet hat.

---

[4]   BAG, Urt. v. 13.03.2002 – 5 AZR 43/01, DB 2002, 2383.
[5]   BAG, Urt. v. 11.09.2003 – 6 AZR 374/02, NZA 2004, 739.
[6]   BAG, Urt. v. 23.01.2001 – 9 AZR 26/00, NZA 2001, 597.
[7]   BAG, Urt. v. 13.12.2000 – 5 AZR 334/99, NZA 2002, 390.

Der Arbeitgeber prüft die Arbeitsleistung des Arbeitnehmers nur über die erbrachte Arbeitsleistung. Der Beschäftigte hat die Möglichkeit Arbeitszeit und ge-
wünschte Freizeit zu koordinieren, so dass Arbeitszufriedenheit und Motivation
steigen können.[8]

II. Einrichtung eines Arbeitszeitkontos bei Arbeitszeitkorridor und Rahmenzeit durch Betriebs- bzw. Dienstvereinbarung

Nach Abs. 1 Satz 1 der Vorschrift kann jederzeit ein Arbeitszeitkonto durch Be-   **8**
triebs- oder Dienstvereinbarung eingerichtet werden. Die Tarifvertragsparteien
sind bei der Einrichtung eines Arbeitszeitkontos offensichtlich davon ausgegangen, dass die Mitbestimmungsrechte der Personalvertretung nach § 104 BPersVG
in organisatorischen Angelegenheiten begrenzt sind und nicht den Stellen entzogen werden dürfen, die der gewählten Volksvertretung verantwortlich sind. Daher
wurde hier bei keiner einvernehmlichen Regelung auf der betrieblichen Ebene die
Möglichkeit einer tarifvertraglichen Regelung geschaffen. Rechtstechnisch wäre
ein Verweis auf § 6 Abs.9 TVöD ebenfalls möglich gewesen.

Wird ein Arbeitszeitkorridor nach § 7 Abs. 6 TVöD oder eine Rahmenzeit nach
§ 6 Abs. 7 TVöD vereinbart, so ist zwingend durch Betriebs- oder Dienstvereinbarung ein Arbeitszeitkonto einzurichten.

III. Persönlicher Geltungsbereich

In der Betriebs- oder Dienstvereinbarung ist festzulegen, ob das Arbeitszeitkonto   **9**
für den gesamten Betrieb, die gesamte Dienststelle oder nur für bestimmte Betriebsteile oder Teile der Dienststelle gelten soll. Nach Abs. 2 Satz 2 werden alle
Beschäftigten eines Betriebs- oder Verwaltungsteils von der Regelung des Arbeitszeitkontos erfasst und damit der personelle Geltungsbereich der Vereinbarung
geregelt. Im Betriebsverfassungsrecht werden von einer solchen Regelung leitende
Angestellte, nicht erfasst, weil sie nach § 5 Abs. 3 BetrVG keine Arbeitnehmer im
betriebsverfassungsrechtlichen Sinne sind. Soll dieser Personenkreis in die Regelung mit einbezogen werden, bedarf es bei Bestehen eines Sprecherausschusses
der leitenden Angestellten der Vereinbarung einer entsprechenden Richtlinie nach
§ 28 Sprecherausschuss-Gesetz oder einer einzelvertraglichen Vereinbarung mit
dem leitenden Angestellten.

Ist unklar, ob ein Arbeitnehmer dem erfassten Verwaltungsteil oder Betriebsteil   **10**
zuzuordnen ist, so hat sich die Zuordnung nach objektiven Kriterien zu richten,
hierzu zählen insbesondere die Funktion des Arbeitsplatzes, der Schwerpunkt der
Tätigkeit des Arbeitnehmers und eine tatsächliche Eingliederung in den Betrieb
oder Betriebsteil.[9]

---

[8]   Vergleiche hierzu Reinecke in Küttner, Personalhandbuch 2005, „Arbeitszeitmodelle", Rn. 16.
[9]   BAG, 20.07.1982 – 3 AZR 261/80, AP BGB § 613a Nr. 31; BAG, Urt. v. 22.07.2004 – 8 AZR
      350/03, AP Nr. 274 zu BGB § 613a.

IV. Buchbare Zeitguthaben

11 Nach Abs. 3 können auf das Arbeitszeitkonto alle Zeiten gebucht werden, die bei Anwendung des Ausgleichszeitraums von einem Jahr (bei Wechselschicht- oder Schichtarbeit gegebenenfalls hiervon abweichend) als Zeitguthaben oder Zeitschuld bestehen bleiben und nicht durch Freizeit ausgeglichen wurden. Ferner können Überstunden als solche (§ 8 Abs. 1 Satz 5 TVöD) und in Zeit umgewandelte Zuschläge nach § 8 Abs.1 Satz 4 TVöD gebucht werden. Darüber hinaus können weitere Kontingente wie Rufbereitschafts- oder Bereitschaftsentgelte durch Betriebs- oder Dienstvereinbarung zur Buchung auf das Arbeitszeitkonto freigegeben werden. Die Vereinbarung muss dem Beschäftigten das Recht einräumen, darüber frei zu entscheiden, ob und welche Entgelte er in das Arbeitszeitkonto bucht. Der Arbeitgeber kann der Buchung von Zeitzuschlägen nach § 8 Abs. 1 Satz 4 TVöD nur dann widersprechen, wenn dies die betrieblichen oder dienstlichen Verhältnisse nicht zulassen. Ein solcher Fall kann dann gegeben sein, wenn das Zeitguthaben des Beschäftigten festgelegte Höchstgrenzen überschreitet.

12 Die Protokollerklärung zu § 8 Abs. 2 Satz 1 TVöD macht deutlich, dass Gleitzeitguthaben nur dann auf das Arbeitszeitkonto gebucht werden können, wenn sie angeordnet wurden. Dies führt dazu, dass für Gleitzeitregelungen ein getrenntes Konto zu führen ist. Man mag über die Sinnhaftigkeit einer solchen Regelung zweifeln, sie entspricht allerdings einer organisatorischen Entscheidung der Tarifvertragsparteien, an die die Betriebsparteien nach § 77 Abs. 3 BetrVG bzw. § 75 Abs. 5 BPersVG gebunden sind. Eine Buchung von normalen Gleitzeitguthaben auf das Arbeitszeitkonto ist damit ausgeschlossen.

13 Die Höhe der Buchungen ist durch § 8 TVöD bestimmt. Nach § 8 Abs. 2 TVöD werden Stunden, die keine Überstunden sind, in Höhe von 100% des auf eine Stunde entfallenden Tabellenentgelts der jeweiligen Entgeltgruppe und Stufe gewertet und können in dieser Höhe gebucht werden.

14 Zeitzuschläge werden bei einer Auszahlung entsprechend dem festgelegten Prozentsatz auf Basis der Stufe 3 ausgezahlt. Abweichend hiervon werden die Zeitzuschläge bei der Buchung auf ein Arbeitszeitkonto direkt in Zeit entsprechend dem Stundenanteil und damit auf Basis der jeweiligen Entgeltgruppe und Stufe des Beschäftigten nach § 8 Abs. 1 Satz 4 TVöD gebucht. Nach § 8 Abs. 5 TVöD gilt dies auch für Überstunden, die bei einer Auszahlung nach der Protokollerklärung zu § 8 Abs. 1 Satz 1 TVöD nach der jeweiligen Entgeltgruppe und Stufe des Beschäftigten, höchstens aber mit Stufe 4 bewertet werden.

V. Krankheit bei der Entnahme von Zeitguthaben

15 Wie oben (I. Allgemeine Bestimmungen zur Einrichtung eines Arbeitszeitkontos) dargelegt, erfüllt der Arbeitgeber grundsätzlich mit der Freistellung den Anspruch des Beschäftigten auf Zeitausgleich. Wird der Beschäftigte nach der Freistellung krank, so fällt dies in seinen Risikobereich und führt nicht dazu, dass die gewährte Freistellung wieder zurückgebucht wird. § 10 Abs. 4 TVöD enthält gegenüber diesem Grundsatz eine abweichende Regelung. Wenn der Beschäftigte gegenüber dem Arbeitgeber unverzüglich eine Arbeitsunfähigkeit während des gewährten Freizeitausgleichs anzeigt und durch ärztliches Attest nachweist, so tritt eine Minderung des Zeitguthabens nicht ein. Unverzüglich ist die Anzeige der Arbeitsunfähigkeit dann, wenn sie nach der Legaldefinition von § 121 Abs. 1 Satz 1 BGB „ohne schuldhaftes Zögern" erfolgt.[10] Die Anzeige hat daher mündlich oder fernmündlich zu erfolgen. Erfolgt sie durch Brief, so handelt es sich nicht mehr um eine unverzügliche Anzeige der Arbeitsunfähigkeit.[11] Die Minderung des Zeitguthabens wird in der Regel erst dann gehemmt, wenn der Arbeitgeber Kenntnis von der Anzeige genommen hat. Beim Arbeitgeber muss die Anzeige bei einer empfangsberechtigten Person erfolgen, in der Regel dem Disziplinarvorgesetzten und nicht z.B. einem Vorarbeiter gegenüber.[12]

VI. Mindestregelungen einer Betriebs- oder Dienstvereinbarung

Die höchstmögliche Zeitschuld auf einem Arbeitszeitkonto ist tarifvertraglich mit 40 Stunden vorgegeben, das Guthaben mit einem Vielfachen von 40 Stunden, auf Grund der sozialversicherungsrechtlichen Rahmenbedingungen höchsten 250 Stunden. Ferner muss angegeben werden, innerhalb welchen Zeitraums die Grenzwerte erreicht werden dürfen. **16**

Es sollen ferner Fristen festgesetzt werden in Abhängigkeit zur Höhe des Abbaus von Zeitschulden und des Abbuchens von Zeitguthaben. Die Fristen sollen so ausreichend bemessen sein, dass der Arbeitgeber seine Personalplanung danach ausrichten kann. **17**

In der Betriebs- oder Dienstvereinbarung kann vorgesehen werden, dass der Arbeitgeber berechtigt ist Zeitguthaben zur Entnahme an so genannten Brückentagen vorzusehen, so dass die Dispositionsbefugnis des Arbeitnehmers hierdurch eingeschränkt und er gegebenenfalls verpflichtet sein kann, die geplante Zeitentnahme vor- oder nachzuarbeiten. **18**

In der Betriebs- bzw. Dienstvereinbarung sollen die Folgen festgelegt werden, die den Arbeitgeber treffen, wenn kurzfristig ein genehmigter Freizeitausgleich widerrufen wird. Hat der Arbeitgeber einen Freizeitausgleich genehmigt, so kann er diesen bei Fehlen einer anderweitigen Regelung nicht mehr einseitig widerrufen. Bei der Freistellungserklärung handelt es sich um eine einseitige Willenserklärung, die mit Zugang beim Arbeitnehmer nach § 130 BGB rechtswirksam wird und für die Dauer den Arbeitnehmer von der Arbeitspflicht entbindet. Diese Willenserklärung kann im Falle eines Irrtums oder der arglistigen Täuschung widerrufen werden. Hat tatsächlich kein positives Zeitguthaben bestanden, so kann sie wegen rechtsgrundloser Gewährung nach § 812 BGB kondiziert werden. Sonst aber ist der Arbeitgeber hieran gebunden. Ein einseitiger Widerruf der Freistellung kommt nicht in Betracht. Ein Widerruf eines erteilten Urlaubs oder eine vertragliche Vereinbarung, nach der dem Arbeitgeber ein Rückrufrecht aus dem Urlaub zusteht, verstößt gegen § 1 BUrlG und ist damit rechtsunwirksam.[13] Demgegenüber sind vertragliche oder tarifvertragliche Vereinbarungen zur Vereinbarung eines Rückrufsrechts aus der Freistellung grundsätzlich zulässig. In diesem Fall ist

---

[10] BAG, Urt. v. 31.08.1989 – 2 AZR 13/89, NZA 1990, 433.
[11] Schaub/Linck § 98, Rn. 122
[12] BAG, Urt. v. 18.02.1965 – 2 AZR 274/64, AP Nr. 26 zu § 9 MuSchG.
[13] BAG, Urt. v. 20.06.2000 – 9 A/R 905/99, NZA 2001, 100.

in der Dienstvereinbarung zu regeln, welche Rechtsfolgen ein kurzfristiger Widerruf hat. Hierbei werden sich die Betriebsparteien daran zu orientieren haben, welche Aufwendungen dem Arbeitnehmer im Falle eines Widerrufs entstehen. Hier sollten je nach der Länge der bezahlten Freistellung oder dessen Verknüpfung mit einem Jahresurlaub, die Kosten einer gebuchten Reise einschließlich der Reisekosten erstattet werden.[14]

19   Von den Vorgaben des Tarifvertrages hinsichtlich der Mindestinhalte einer Betriebs- oder Dienstvereinbarung kann nach § 77 Abs. 3 BetrVG und § 75 Abs. 5 BPersVG nicht abgewichen werden.[15] Soweit ein Tarifvertrag zwingende Vorgaben zu Arbeitszeitregelungen auf der betrieblichen Ebene durch die Tarifvertragsparteien macht, sind diese Vorgaben einzuhalten und durch Betriebsvereinbarung auszugestalten.[16]

VII. Langzeitarbeitskonten

20   Nach Abs. 6 kann der Arbeitgeber einzelvertraglich mit dem Beschäftigten die Einrichtung eines Langzeitkontos vereinbaren. In diesem Fall ist der Betriebsrat bzw. Personalrat zu beteiligen und bei Insolvenzfähigkeit des Arbeitgebers eine Insolvenzsicherung vorzunehmen.

Die Vereinbarkeit eines Langzeitarbeitskontos durch Einzelvertrag kommt in der Praxis wegen des damit verbundenen Aufwands bei der Insolvenzsicherung eigentlich nie vor. Üblicherweise erfolgt die Ausgestaltung eines Langzeitarbeitskontos durch Betriebs- oder Dienstvereinbarung. In dieser ist festzuhalten, welche Zeitguthaben in ein Langzeitkonto gebucht werden, für welche Verwendungszwecke Zeitguthaben aus dem Konto entnommen werden können, und welche Ankündigungsfristen zur Entnahme von Zeitguthaben aus dem Konto zu berücksichtigen sind.

21   Langzeitkonten werden zunehmend durch Betriebs- oder Dienstvereinbarungen eingeführt als Lebensarbeitszeitmodelle. Diese haben den Vorteil, dass der Arbeitnehmer auch größere Zeitguthaben zur Verlängerung von Elternzeiten, zu Fortbildungszwecken oder – nach Auslaufen des Altersteilzeitgesetzes – zu einem Vorruhestand oder zur Rentenaufstockung verwenden kann. Das Konto kann als Arbeitszeit- oder aber als Geldkonto geführt werden. Die Führung als Geldkonto ist allgemein üblich. Hierbei wird das Zeitguthaben mit Einbringung in das Langzeitkonto in einen Geldbetrag umgewandelt und insolvenzsicher angelegt.

22   Die Tarifvertragsparteien haben es unterlassen eine allgemeine Regelung zur Umwandlung von Tarifentgelt in Guthaben auf einem solchen Langzeitkonto zu vereinbaren, so dass eine solche Verwendung tarifvertraglich nicht gestattet und einzelvertraglich nicht vereinbart werden kann. Nur die in Abs. 3 aufgeführten Zeiten und Zeitzuschläge können in ein solches Konto eingebracht werden. Für die Beschäftigte der Entgeltgruppe 15 ist ein Langzeitkonto mangels umwandelba-

---

[14]   Vergleiche zum Urlaubswiderruf bei einem Beamten § 8 Abs. 1 EUrlVO, § 19 BRKG, BVerwG, Urt. v. 02.03.1995 – 2 C 27/93, NJW 1995, 3268.

[15]   Zum Betriebsverfassungsgesetz instruktiv: ArbG Marburg, Beschl. v. 07.08.96 – 1 BV 6/96, NZA 1996, 1331; ArbG Marburg, Beschl. v. 07.08.96 1 BV 10/96, NZA 1996, 1337.

[16]   LAG Hamm, Beschl. v. 20.01.1998 – 13 TaBV86/97, NZA RR 1999,492.

rer Zeiten in der Regel nicht, für Beschäftigte der Entgeltgruppe 13 und 14 nur rudimentär nutzbar.

Steuerrechtlich liegt der Vorteil eines Langzeitkontos darin, dass das Entgelt **23** dem Beschäftigten mit Einstellung in das Konto nicht zufließt.[17] Zinserträge von Arbeitszeitguthaben führen nicht zu Einkünften aus Kapitalvermögen, sondern zu Arbeitslohn.[18]

Das Geld kann über ein Lebenszyklusmodell so angelegt werden, dass es zum **24** Auszahlungszeitpunkt hin in sichere Anlageformen innerhalb des Fonds umgeschichtet wird. Solange das Wertguthaben in den Fonds eingezahlt wird, fließt es dem Arbeitnehmer nicht zu, so dass Steuern und Sozialversicherungsbeiträge erst zu zahlen sind, wenn der Arbeitnehmer mit Eintritt in die Freistellung dem Konto Entgelt entnimmt.

Mit Einrichtung des Kontos ist zu vereinbaren, wer das Anlagerisiko trägt. In der Regel werden die Verwaltungskosten den Erträgen entnommen und der Arbeitgeber sagt gegebenenfalls eine gewisse Mindestverzinsung zu.

Da Langzeitarbeitskonten darauf angelegt sind über einen längeren Zeitraum **25** größere Zeitguthaben aufzubauen, sind diese Konten gegen Insolvenz zu sichern. Nach § 23 b SGB IV ist neben dem reinen Wertguthaben eine getrennte Aufzeichnung über das beitragspflichtige Wertguthaben im Störfall vorzunehmen unter Abbildung der „SV-Luft".

VIII. Sozialversicherungsrechtliche Rahmenbedingungen

Sozialversicherungsrechtlich können nach § 7 Abs. 1a SGB IV Zeitkonten gebil- **26** det werden, wenn die Freistellung auf Grund schriftlicher Vereinbarung erfolgt – dies kann auch eine tarifvertragliche Regelung bei Tarifbindung beider Seiten oder einzelvertraglicher Inbezugnahme des Tarifvertrages sein – und wenn die Höhe des für Freistellung vereinbarten Entgelts nicht unangemessen vom Entgelt der Arbeitsphase abweicht und das Arbeitseinkommen in diesem Fall 400 € im Monat übersteigt. In diesem Fall wird gesetzlich in der Freistellung das Bestehen eines sozialversicherungspflichtigen Beschäftigungsverhältnisses fingiert. In der Freistellungsphase ist das auszuzahlende Entgelt der Beitragspflicht zu unterwerfen. Nach § 7 d SGB IV ist das Wertguthaben auf dem Arbeitszeitkonto gegen Insolvenz zu sichern, sofern ein Anspruch auf Insolvenzgeld nicht besteht (er besteht nach § 183 Abs. 1 SGB III für die drei Monate vor der Insolvenz) und wenn das Wertguthaben einschließlich des Arbeitgeberanteils am Gesamtsozialversicherungsbeitrag einen Betrag in Höhe der dreifachen monatlichen Bezugsgröße (zur Zeit 3 x 2.450 = 7.350 €) und der vereinbarte Zeitraum, über den das Wertguthaben auszugleichen ist, 27 Monate übersteigt.

Es genügt nicht, wenn der Arbeitgeber ein besonderes „Treuhandkonto", auf **27** das nur er gemeinsam mit dem Betriebsrat zugreifen kann, einrichtet, das aber als Konto des Arbeitgebers geführt wird. Im Insolvenzfall kann das hierauf angelegte Vermögen nicht ausgesondert werden, sondern fällt in die Insolvenzmasse.[19] Zu-

---

[17] BMF, 17.11.04 – IV C 4 – S2222 – 177/04; IV C 5 – S233 – 269/04, BStBl. I 04, 1065 Rn. 165.
[18] FG Köln, Urt. v. 16.12.03 – 13 K 2681/03, EFG 04, 654.
[19] BAG, Urt. v. 24.09.2003 – 10 AZR 640/02, NZA 2004, 980.

lässige Lösungen einer Insolvenzsicherung sind Modelle der Verpfändung des Wertguthabens an den Arbeitnehmer oder einer doppelten Treuhand, in dem der Arbeitgeber das zu sichernde Guthaben einem Treuhänder als abgetrennte Vermögensmasse zur Verfügung stellt und ihn beauftragt, das Vermögen im Falle der Insolvenz nur zur Begleichung der Wertguthaben der Arbeitnehmer zu verwenden. Gleichzeitig ist der Treuhänder durch Vertrag zu Gunsten Dritter nach § 328 BGB beauftragt, das Wertguthaben für den Arbeitnehmer zu verwalten und im Insolvenzfall an diesen nach Abführung der Sozialversicherungsbeiträge auszuzahlen.

28   Unterlässt der Arbeitgeber es, eine gesetzlich vorgeschriebene Insolvenzsicherung vorzunehmen, so haftet der Arbeitgeber bzw. im Falle der Insolvenz die Organmitglieder nach § 823 Abs. 2 BGB dem Arbeitnehmer auf Schadensersatz, da § 7 Abs. 1a SGB IV als ein Schutzgesetz zum Schutz der Arbeitnehmer anzusehen ist.[20]

29   Im Falle der Beendigung des Arbeitsverhältnisses kann ein Zeitguthaben auf einen anderen Arbeitgeber übertragen und von diesem fortgeführt werden, wenn der neue Arbeitgeber hierzu bereit ist.

30   Kommt eine solche Übertragung nicht in Betracht und endet das Arbeitsverhältnis durch Kündigung, Rentenbezug, wegen verminderter Erwerbsfähigkeit oder durch Tod, so liegt ein so genannter Störfall vor, da das angesparte Guthaben nicht in der vorgesehenen Weise durch Freistellung und Auszahlung von Arbeitsentgelt abgebaut werden kann. In diesem Fall wird das Wertguthaben nach § 23 b Abs. 2 Satz 1 SGB IV der Beitragspflicht in der Sozialversicherung in der Weise unterworfen, als ob die Vereinbarung nach § 7 Abs. 1a SGB IV nicht geschlossen worden wäre. In diesem Fall sind noch die Teile des Entgelts beitragspflichtig, die zum Zeitpunkt der Arbeitsleistung (Entstehungsprinzip) der Beitragspflicht unterlegen hätten.

---

[20] Schlegel in Küttner, Personalbuch 2005, „Wertguthaben/Zeitguthaben" Rn. 17.

§ 11 Teilzeitbeschäftigung

(1) ¹Mit Beschäftigten soll auf Antrag eine geringere als die vertraglich festgelegte Arbeitszeit vereinbart werden, wenn sie
a) mindestens ein Kind unter 18 Jahren oder
b) einen nach ärztlichem Gutachten pflegebedürftigen sonstigen Angehörigen
tatsächlich betreuen oder pflegen und dringende dienstliche bzw. betriebliche Belange nicht entgegenstehen. ²Die Teilzeitbeschäftigung nach Satz 1 ist auf Antrag auf bis zu fünf Jahre zu befristen. ³Sie kann verlängert werden; der Antrag ist spätestens sechs Monate vor Ablauf der vereinbarten Teilzeitbeschäftigung zu stellen. ⁴Bei der Gestaltung der Arbeitszeit hat der Arbeitgeber im Rahmen der dienstlichen bzw. betrieblichen Möglichkeiten der besonderen persönlichen Situation der/des Beschäftigten nach Satz 1 Rechnung zu tragen.

(2) Beschäftigte, die in anderen als den in Absatz 1 genannten Fällen eine Teilzeitbeschäftigung vereinbaren wollen, können von ihrem Arbeitgeber verlangen, dass er mit ihnen die Möglichkeit einer Teilzeitbeschäftigung mit dem Ziel erörtert, zu einer entsprechenden Vereinbarung zu gelangen.

(3) Ist mit früher Vollbeschäftigten auf ihren Wunsch eine nicht befristete Teilzeitbeschäftigung vereinbart worden, sollen sie bei späterer Besetzung eines Vollzeitarbeitsplatzes bei gleicher Eignung im Rahmen der dienstlichen bzw. betrieblichen Möglichkeiten bevorzugt berücksichtigt werden.

Protokollerklärung zu Abschnitt II:
Bei In-Kraft-Treten dieses Tarifvertrages bestehende Gleitzeitregelungen bleiben unberührt.

I. Verhältnis zum bisherigen Recht

Die Vorgängerregelung zu § 11 TVöD war der § 15b BAT. Dieser wurde allerdings erst am 01.05.1994 durch den 69. Änderungstarifvertrag in den BAT eingefügt. Die dortige Zielsetzung war in erster Linie familienpolitisch geprägt, aber auch arbeitsmarkpolitische Ziele dürften bei den Überlegungen der Tarifvertragsparteien eine Rolle gespielt haben.   1

Die wichtigste Neuregelung in § 11 TVöD ist darin zu sehen, dass der Wortlaut nicht mehr auf „vollbeschäftigte Angestellte" abstellt, sondern **allen Beschäftigten** einen Anspruch auf Reduzierung der arbeitsvertraglich vereinbarten Arbeitszeit einräumt, also auch den Teilzeitbeschäftigten.

Die Tarifvertragsparteien folgten damit der Rechtsprechung des BAG[1], das den § 15b BAT im Hinblick auf § 4 Abs. 1 TzBfG als unwirksam ansah; ob damit das BAG in dieser Entscheidung die Grenzen des Art. 9 GG überschritten hat, braucht an dieser Stelle nicht entschieden zu werden, da die Tarifpartner sich die Meinung des BAG im § 11 TVöD nunmehr zu eigen gemacht haben.

Anders als in § 15b BAT verpflichtet jetzt der § 11 Abs. 1 Satz 4 TVöD den öffentlichen Arbeitgeber, der besonderen persönlichen Situation' des Beschäftigten Rechnung zu tragen.

Nicht unerwähnt bleiben soll auch, dass der § 15b BAT nach wie vor Anspruchsgrundlage für die Beschäftigten ist, die nicht unter den Geltungsbereich des TVöD fallen. § 11 TVöD stellt damit **keine** abschließende und vollständige Regelung des Teilzeitrechts im **öffentlichen Dienst** dar.

II. Allgemeine Bemerkungen zu § 11 TVöD und das Verhältnis zu anderen Gesetzen

2   Wie bereits unter I. ausgeführt beinhaltet der § 11 TVöD keine abschließende Regelung des Teilzeitrechts im öffentlichen Dienst. Darüber hinausgehend ist diese Tarifnorm auch an verschiedene Anspruchsvoraussetzungen gebunden:

§ 11 Abs. 1 TVöD räumt den Beschäftigten nur dann einen Anspruch auf Teilzeitbeschäftigung ein, wenn familiäre Gründe zur Kinderbetreuung oder zur Pflege eine Angehörigen vorliegen. Der Abs. 2 hingegen lässt lediglich einen Erörterungsanspruch zu, wenn der Beschäftigte ‚andere Gründe' darlegen kann.

Weitergehend stellt auch der § 11 TVöD keine abschließende Regelung der Ansprüche der Beschäftigten auf Teilzeit dar. Verschiedene andere Gesetze finden immer noch Anwendung für die Anwender des TVöD.

3   Das TzBfG hat danach nach wie vor eine sehr große Bedeutung, für die Arbeitnehmerinnen und Arbeitnehmer des öffentlichen Dienstes. § 8 TzBfG sieht nämlich einen allgemeinen Anspruch auf Arbeitszeitverringerung/-verlängerung vor.

Es entsprach feststehender BAG-Rechtsprechung, dass § 8 TzBfG die tarifrechtlichen Regelungen im öffentlichen Dienstrecht, vorwiegend im BAT, nicht verdrängten.[2] Dies wurde mit der bekannten tarifrechtlichen Dogmatik des Rangprinzips bzw. des Günstigkeitsprinzips begründet. Allerdings betraf diese Entscheidung noch den § 15b BAT. Dennoch dürfte auch im Ergebnis für § 11 TVöD nichts anderes gelten.

§ 8 TzBfG ist vom Wortlaut her, die weiter gefasste Norm, ebenso räumt diese den Beschäftigten einen Anspruch auf Arbeitszeitreduzierung ein, wenn die gesetzlichen Voraussetzungen erfüllt sind:

- 6 Monate Wartefrist nach § 8 Abs. 1 TzBfG
- 3 Monate ‚Vorlaufrist' nach 8 Abs. 2 TzBfG.

---

[1]   BAG, Urt. vom 18.03.2003 – 9 AZR 126/02, AP Nr. 3 zu § 8 TzBfG.
[2]   BAG, Urt. v. 18.03.2003 – 9 AZR 126/02 mwN.

Allerdings kennt der § 8 TzBfG keine Befristungsmöglichkeit des Teilzeitanspru- **4** ches, vielmehr geht auch das BAG von einem unbefristeten Teilzeitverlangen aus.[3]

Der § 11 TVöD hingegen ermöglicht gerade diese Befristungsmöglichkeit nach § 11 Abs. 1 Satz 2 und 3 TVöD. Die ‚entgegenstehenden Belange' müssen ‚dringend' sein, während bei § 8 Abs. 4 Satz 1 TzBfG es sich lediglich um ‚betriebliche Belange' handeln muss.

Im Ergebnis behält damit der § 11 TVöD eine eigenständige Bedeutung neben § 8 TzBfG.

Kurz soll hier noch erwähnt werden, welche anderen Gesetze, dem Beschäftig- **5** ten Teilzeitansprüche einräumen:

- § 15 Abs. 5 bis 7 BerzGG: beide Elternteile können unter den gesetzlichen Voraussetzungen einen Anspruch auf Verringerung der Arbeitszeit geltend machen
- Alterteilzeitgesetz (ATG) in Verbindung mit dem Tarifvertrag zur Regelung der Altersteilzeit im öffentlichen Dienst (TV ATZ); dieser Tarifvertrag bleibt weiterhin bestehen und wurde nicht durch die Überleitungstarifverträge außer Kraft gesetzt
- Gleichstellungsgesetze der Länder und des Bundes sehen ebenfalls solche Regelungen zur Teilzeitreduzierung vor. Die Instanzgerichte haben daraus bereits einen individuellen Teilzeitanspruch abgeleitet.[4] Das BAG hingegen sieht nur dann einen Rechtsanspruch auf Teilzeit als gegeben an, wenn der Arbeitgeber das Gesetz nicht rechtsfehlerfrei angewandt hat.[5]
- § 81 Abs. 5 Satz 3 SGB IX begründet für schwerbehinderte Menschen einen Anspruch auf tatsächliche Beschäftigung an einem Arbeitsplatz mit reduzierter Arbeitszeit. Die Arbeitsreduzierung und tatsächliche Beschäftigung entsteht unmittelbar mit dem Erfüllen der Tatbestandsvoraussetzungen und bedarf keiner vertraglichen Änderung.

III. Verringerung der Arbeitszeit nach § 11 TVöD

1. Voraussetzungen

Im Gegensatz zu der Vorgängerregelung des § 15b BAT, die nahezu wortgleich **6** übernommen wurde, genügt es aber jetzt, dass es sich um ‚Beschäftigte' handelt; es muss sich nicht mehr um vollbeschäftigte Angestellte handeln. Teilzeitbeschäftigte können somit nach § 11 TVöD ihre Arbeitszeit – bei Vorliegen der übrigen tariflichen Voraussetzungen – erneut reduzieren.

§ 11 Abs. 1 TVöD setzt einen Antrag des Beschäftigten auf Arbeitszeitreduzierung voraus. Liegen die tariflichen Voraussetzungen vor und stehen keine dringenden dienstliche oder betriebliche Bedürfnisse entgegen, hat der Beschäftigte Anspruch auf Abschluss eines Änderungsvertrages. Damit wird der Arbeitsvertrag des Beschäftigten geändert, rechtstechnisch wird daher der Antrag als Antrag auf

---

[3] BAG, Urt. v. 18.03.2003 – 9 AZR 126/02.

[4] LAG Berlin, Urt. v. 25.05.1994 – AuR 1994, 424.

[5] BAG, Urt. v. 29.11.1995 – NZA 1996, 534.

Änderung des Arbeitsvertrages anzusehen sein.[6] Der Charakter der ‚Soll-Vorschrift' dieser Norm steht dieser Ansicht nicht entgegen.[7] Das BAG hat bereits frühzeitig entschieden, dass von einer Soll-Vorschrift nur dann abgewichen werden darf, wenn es dafür ‚einsichtige und vernünftige Gründe' gibt.[8]

Diese Vereinbarung über die Arbeitszeit, die dann dem Antrag folgt, ist auch keine Nebenabrede i. S. v. § 2 Abs. 3 TVöD und daher auch grundsätzlich mündlich wirksam.

Dem eindeutigen Wortlaut des § 11 TVöD kann auch entnommen werden, dass die Arbeitszeitreduzierung ein Antragsrecht des Beschäftigten ist, also kann der Arbeitgeber über diese Regelung nicht die Arbeitszeitreduzierung verlangen. Unbeschadet davon, kann es vertragliche Vereinbarungen über die Arbeitszeit geben, die nicht unter den Tatbestand des § 11 TVöD fallen.

7   Der Antrag kann somit formfrei gestellt werden, allerdings empfiehlt sich aus Beweisgründen die Schriftform. Auch sollte der Antrag konkret und bestimmt sein, d.h. der Beschäftigte muss ein konkretes Datum angeben, ab wann die Reduzierung beginnen soll; eine konkrete Wochenstundenzahl ist nicht erforderlich, aber durchaus sinnvoll. Auch muss der Grund der Reduzierung der Arbeitszeit genannt werden, da ansonsten für den Arbeitgeber nicht erkennbar ist, nach welchem Absatz sich der Antrag richtet. Nach § 11 Abs. 2 TvöD hat der Beschäftigte lediglich einen Erörterungsanspruch mit dem Arbeitgeber, hingegen nach § 11 Abs. 1 TVöD einen Anspruch auf Reduzierung der Arbeitszeit.

8   Die Lage und die Verteilung der Arbeitszeit ist in § 11 TVöD dergestalt neu geregelt, dass der Arbeitgeber im Rahmen der dienstlichen oder betrieblichen Möglichkeiten die besondere persönliche Situation der Beschäftigten zu berücksichtigen hat. Auch hier folgen die Tarifpartner einer Rechtsprechung des BAG, welches bereits im Jahre 2004 gefordert hat, bei der Verteilung der Arbeitszeit auf ‚schutzwürdige familiäre Belange – wie eine erforderliche Beaufsichtigung und Betreuung der Kinder' Rücksicht zu nehmen.[9] Damit wird in erster Linie der Antrag des Beschäftigten maßgeblich sein und dem Arbeitgeber wird es erschwert, auf den Antrag auf Arbeitsreduzierung mit einer ‚ungünstigen' Arbeitszeitverteilung zu reagieren.

9   Als Anspruchsvoraussetzung nennt § 11 Abs. 1 Buchst. a TVöD die tatsächliche Betreuung oder Pflege von mindestens einem Kind unter 18 Jahren.

10   Kinder i. S. v. § 11 Abs. 1 Buchst. a TVöD sind die in § 32 EStG und 63 EStG Genannten. Damit fallen unter den Begriff Kinder, eheliche, für ehelich erklärte, an Kindes Statt angenommene und nichteheliche Kinder, Pflegekinder, Stiefkinder, unter Umständen auch Enkel und Geschwister des Beschäftigten. Nicht entscheidend ist, dass es sich um eigene Kinder des Beschäftigten handelt.

11   Die tatsächliche Betreuung oder Pflege setzt voraus, dass die Betreuungsleistungen während der üblichen Arbeitszeit erforderlich sind. Nicht notwendig ist jedoch, dass die betreuungs- oder pflegebedürftige Person im Haus des/r Beschäftig-

6   BAG, Urt. v. 20.07.2004 – AP Nr. 11 zu § 8 TzBfG.
7   BAG, Urt. v. 18.02.2003 – 9 AZR 164/02, AP Nr. 2 zu § 8 TzBfG.
8   BAG, Urt. v. 19.11.1995 – 5 AZR 753/94, AP Nr. 1 zu § 10 Gleichstellungsgesetz Berlin.
9   BAG, Urt. v. 23.09.2004 – 6 AZR 567/03.

ten lebt. Eine ununterbrochene Betreuung oder Pflege kann daher auch nicht verlangt werden.

Angehörige i. S. v. § 11 Abs. 1 Buchst. b sind zunächst die Kinder, die älter als **12** 18 Jahre alt sind und die Ehegatten, Eltern, Großeltern, Schwiegereltern, Stiefeltern und Geschwister. Als Auslegungshilfe kann hier der § 20 Abs. 5 Satz 1 VwVfG herangezogen werden. Lebenspartner nach § 11 TVöD Lebenspartnerschaftsgesetz sowie Lebensgefährten außerhalb einer Lebenspartnerschaft, soweit sie mit dem Beschäftigten in eheähnlicher Gemeinschaft leben, sind ebenfalls Angehörige. Dafür spricht auch die Regelung in §§ 7 Abs. 3 Nr. 3 Buchstabe a und 9 Abs. 2 SGB II.[10] Der Begriff des Angehörigen ist hier weit auszulegen.

Pflegebedürftigkeit ist dann zu bejahen, wenn die betroffene Person infolge ei- **13** ner körperlichen, seelischen oder geistigen Behinderung nicht in der Lage ist, die Angelegenheiten des täglichen Lebens selbst und ohne fremde Hilfe zu erledigen, § 14 SGB XI. Die Pflegestufe I wird als ausreichend angesehen.[11]

Die Pflegebedürftigkeit wird nach § 18 SGB XI festgestellt und zwar durch Begutachtung durch den medizinischen Dienst der Krankenkassen.

Liegen die tariflichen Voraussetzungen des TVöD 11 Abs. 1 Buchst. a oder **14** Buchst. b vor, kann der öffentliche Arbeitgeber den Antrag auf Arbeitszeitverkürzung nur dann noch ablehnen, wenn dringende dienstliche bzw. betriebliche Belange entgegenstehen.

Die Darlegung dieser Gründe machen erfahrungsgemäß in der Praxis sehr große Probleme. Die Tarifvertragsparteien haben selbst in einer Niederschriftserklärung vom 25./26.04.1994 zu § 15b BAT zum Ausdruck gebracht, dass ‚organisatorische Schwierigkeiten' für die Begriffsbejahung nicht ausreichen. Selbst dann, wenn man den Begriff ‚Belange' mit ‚Interessen' übersetzt und somit weit auslegt. Die Rechtsprechung verlangt hier vom Arbeitgeber ‚administrative Fantasie', um dem Teilzeitwunsch des Beschäftigen zu entsprechen.[12] Durch die Hinzufügung des Wortes ‚dringend' wird deutlich gemacht, dass, entgegenstehende Interessen von besonderer Bedeutung, sehr wichtig, von erheblichem Gewicht oder unaufschiebbar sein müssen.

Solche Gründe können dann vorliegen, wenn der Arbeitgeber erfolglos ver- **15** sucht hat, eine Ersatzkraft zu finden.[13] Allerdings stellt das BAG in dieser Entscheidung hohe Anforderungen an die Erfolglosigkeit dieser Suche; dem Arbeitgeber ist es durchaus zuzumuten die Kosten für die externe Ausschreibung und die Einarbeitungskosten für die Ersatzkraft zu tragen. Im Bestreitensfall muss der Arbeitgeber auch das Stellenbesetzungsverfahren transparent machen und darlegen und beweisen, warum er keine geeignete Ersatzkraft gefunden hat.

Auch die Bereitstellung von weiteren Sachmitteln, die zur Ermöglichung des Teilzeitwunsches bereitgestellt werden müssten, aber nicht vorhanden sind, können solche dringende betriebliche Belange darstellen.[14]

---

[10] Bredemeier/Neffke, BAT § 15b RN 4; aA Uttlinger/Breier, BAT § 15b, Erl. 4.2.2.2.1.
[11] Uttlinger/Breier, § 15b Erl 4.2.2.2.3.
[12] BAG, Urt. v. 18.02.2003 – 9 AZR 164/02, AP Nr. 2 zu § 8 TzBfG.
[13] BAG, Urt. v. 14.10.2003 – 9 AZR 100/03; BAG, Urt. v. 09.12.2003, 9 AZR 16/03.
[14] LAG Niedersachsen, Urt. v. 18.11.2002 – 17 Sa 487/02.

16   § 76 Abs. 1 Nr. 8 BPersVG sieht die Mitbestimmung des Personalrates nur für die Beamten vor. Allerdings enthalten die Personalvertretungsgesetze der Länder durchaus eine Mitbestimmungsregelung bei Ablehnung des Antrages auf Teilzeitbeschäftigung bei Beschäftigten.

2. Befristung und Verlängerung der Teilzeitbeschäftigung nach § 11 Abs. 1 Satz 2 und 3 TVöD

17   Nach § 11 Abs. 1 Satz 2 TVöD kann die Dauer der Teilzeitbeschäftigung auf Antrag auf bis zu 5 Jahre befristet werden. Im TVöD-Korrektur-Tarifvertrag wurde nochmals sprachlich klargestellt, dass die Teilzeitbeschäftigung auf bis zu 5 Jahre befristet werden kann.[15]

Im Regelfall hat der Arbeitgeber diesem Antrag zu entsprechen, wenn er die 5 Jahre nicht übersteigt. Nach Ablauf dieser Befristung lebt die ursprünglich vereinbarte Arbeitszeit wieder auf. Auf ein Wegfall der Geschäftsgrundlage nach § 313 BGB wird sich der Arbeitgeber auch dann nicht berufen können, wenn eine Tatbestandsvoraussetzung wegfällt, z. B. die pflegebedürftige Person begibt sich in ein Pflegeheim oder verstirbt.

18   Der Arbeitgeber ist nicht verpflichtet, den Beschäftigten auf die Befristungsmöglichkeit hinzuweisen. Dies lässt sich auch nicht aus dem Fürsorgeprinzip ableiten.[16]

Ist kein Antrag auf Befristung gestellt worden, ist die Arbeitszeit auf Dauer reduziert worden.

Dann hat der Beschäftigte lediglich Anspruch auf bevorzugte Berücksichtigung bei einer Besetzung von Vollzeitarbeitsplätzen, § 11 Abs. 3 bzw. § 9 TzBfG.

Der Zeitraum von 5 Jahren kann aber einvernehmlich verlängert werden. Allerdings setzt dies voraus, dass der Beschäftigte 6 Monate vor Ablauf der beantragten Teilzeit erneut einen Antrag stellt, § 11 Abs. 1 Satz 3 TVöD. Hierbei handelt es sich um eine Entscheidung, die der Arbeitgeber nach billigem Ermessen, § 315 BGB, zu treffen hat. Ihm ist dabei ein weiter Ermessensspielraum einzuräumen.[17]

19   Der § 11 TVöD enthält keine Regelungen zur konkreten Arbeitszeitgestaltung, dies gilt ebenso für die Arbeitszeitlage und Arbeitszeitverteilung. Damit müssen auf die vom BAG entwickelten Rechtsgrundsätze zurückgegriffen werden, wonach bei der Verteilung der Arbeitszeit der Arbeitgeber auf „schutzwürdige familiäre Belange, wie eine erforderliche Beaufsichtigung und Betreuung von Kindern" Rücksicht zu nehmen hat.[18] Die Grenze der Rücksichtnahme wird dort zu ziehen sein, wo der Verteilung der Arbeitszeit betriebliche oder berechtigte Belange anderer Beschäftigter entgegenstehen.

20   Die Verteilung der Arbeitszeit unterliegt dem zwingenden Mitbestimmungsrecht des § 87 Abs. 1 Nr. 2 BetrVG bzw. des Personalrats nach § 75 Abs. 3 Nr. 1 BPersVG.

---

[15] Korrektur-Tarifvertrag zur Änderung des TVöD v. 13.09.2005, I.4.
[16] BAG, Urt. v. 13.11.2001 – AP Nr. 1 zu § 15b BAT.
[17] Uttlinger/Breier, BAT § 15b, Erl. 6.
[18] BAG, Urt. v. 23.09.2004 – 6 AZR 567/03.

IV. Erörterungsanspruch nach § 11 Abs. 2 TVöD in ‚anderen Fällen'

Nach § 11 Abs. 2 TVöD besteht kein tariflicher Anspruch auf die Reduzierung der **21** Arbeitszeit bei den sog. ‚anderen Fällen'. Damit sind eben die nicht familiären Gründe gemeint. Der Abs. 2 räumt dem Beschäftigten aber lediglich einen Erörterungsanspruch ein, was den Arbeitgeber verpflichtet nach der Antragsstellung nach Abs. 2 das Teilzeitersuchen des Beschäftigten mit diesem ernsthaft und zielführend zu besprechen.

Sollte der Arbeitgeber diese Erörterung nicht vorgenommen haben und lehnt den Antrag ‚ohne Aussprache' ab, lassen sich daraus keine rechtlichen Vorteile für den Beschäftigten ableiten, da nach der Rechtsprechung des BAG hier von einer sog. Verhandlungsobliegenheit auszugehen ist.[19]

Der § 11 Abs. 2 TVöD sieht im Gegensatz zu § 8 TzBfG keine Wartezeit vor. **22** Der Beschäftigte kann also sofort nach Arbeitsaufnahme solch einen Anspruch nach § 11 Abs. 2 TVöD stellen; stützt er hingegen sein Begehren auf § 8 TzBfG muss wiederum die Wartefrist von 6 Monaten eingehalten werden. Danach hat er dann allerdings einen Anspruch auf Reduzierung der Arbeitszeit.

V. Berücksichtigungspflicht nach § 11 Abs. 3 TVöD

Der § 11 Abs. 3 TVöD sieht vor, dass vormals Vollbeschäftigte, mit deren auf ih- **23** ren Wunsch eine nicht befristete Teilzeitbeschäftigung vereinbart worden war, bei späterer Besetzung eines Vollzeitarbeitsplatzes bei gleicher Eignung im Rahmen der dienstlichen oder betrieblichen Möglichkeiten bevorzugt berücksichtigt werden. Allerdings ist der § 11 Abs. 3 TVöD lediglich als Soll-Vorschrift ausgestaltet, so dass sich kein Anspruch auf Bevorzugung ableiten lässt, sondern den öffentlichen Arbeitgeber lediglich zu einer ‚ermessensfehlerfreien Personalauswahl' verpflichtet. Der Arbeitgeber kann seine Personalentscheidungen dennoch weiterhin nach dem Grundsatz des billigen Ermessens treffen.

Nach § 9 TzBfG hingegen hat der Arbeitgeber solch eine vorrangige Berück- **24** sichtigung vorzunehmen. Der § 9 TzBfG geht somit erheblich weiter als der § 11 Abs. 3 TVöD.

Einschränkend für die Beschäftigten muss weiter gesehen werden, dass sie solch eine bevorzugte Berücksichtigungspflicht nur dann für sich reklamieren können, wenn sie gleich geeignet sind. Allerdings muss ein entsprechender Arbeitsplatz vorhanden sein. Der Arbeitgeber ist nicht verpflichtet aufgrund dieser Tarifnorm einen neuen zu schaffen.

VI. Arbeits- und tarifrechtliche Auswirkungen der Verringerung der Arbeitszeit

1. Entgeltfragen

Die Tarifvertragsparteien haben sich erneut wieder auf den sog. Pro-Rata- **25** temporis-Grundsatz ‚verständigt', wie er schon in § 34 BAT zu finden war; jetzt geregelt in den §§ 24 Abs. 2, 15 TVöD.

---

[19] BAG, Urt. v. 18.02.2003 – AZR 164/02.

Dies entspricht auch dem Grundsatz der Gleichbehandlung, wie er sich für Teilzeitbeschäftigte aus § 4 TzBfG ergibt. Eine unterschiedliche Behandlung von Teilzeit- zu Vollzeitbeschäftigten ist nur dann zulässig, wenn es dafür sachliche Gründe gibt. Beispielhaft seien hier als Differenzierungsgründe genannt: Qualifikation, Arbeitsplatzprofile, individuelle Leistung; diese wiederum müssen objektiv vorliegen.[20]

26 Somit kann, wo die Dauer der Arbeitszeit Bemessungsgrundlage für das Entgelt ist, weniger vergütet werden.

Dies sind alle Fälle, die in § 21 TVöD genannt sind:

- Fortzahlung des Entgelts bei Freistellung am 24.12./31.12., § 6 Abs. 3 Satz 1 TVöD
- Entgeltfortzahlung im Krankheitsfall, § 22 Abs. 1 Satz 1 TVöD
- Urlaubsentgelt bei Erholungsurlaub/Zusatzurlaub, §§ 26 Abs. 1 Satz 1, 27 TVöD
- Arbeitsbefreiung unter Fortzahlung des Entgelts, § 29 Abs. 1 TVöD
- Vermögenswirksame Leistungen, § 23 Abs. 1 Satz 2 TVöD

27 Umgekehrt bedeutet dies, dass dort, wo als Bemessungsgrundlage nicht die Dauer der Arbeitszeit herangezogen wird, der Teilzeitbeschäftigte ‚volles Entgelt' erhält.

Hierzu zählt das Jubiläumsgeld nach § 23 Abs. 2 Satz 2 TVöD. Ebenso die Schicht- und Wechselschichtzulage nach § 8 Abs. 5 und 6 TVöD.[21] Das BAG hat dies damit begründet, dass durch das Heranziehen zur Schichtarbeit der Lebensrhythmus der Teilzeitbeschäftigten genauso beeinträchtigt wird, wie bei Vollzeitbeschäftigten.[22]

28 Teilzeitbeschäftigte sind nach § 6 Abs. 5 TvöD nur dann zur Ableistung von Bereitschaftsdienst, Rufbereitschaft, Überstunden und Mehrarbeit verpflichtet, wenn dies vertraglich mit diesen ausdrücklich vereinbart worden ist oder der Beschäftigte die Zustimmung erteilt hat. Eine solche Zustimmung kann auch konkludent erteilt werden, da die tarifvertragliche Regelung keine Formerfordernisse vorschreibt.. Für die Vertragsgestaltung kann daher nur angeraten werden, in die Arbeitsverträge der Teilzeitbeschäftigte solch eine vertragliche Verpflichtung mit aufzunehmen, da ansonsten die Anordnung solcher Leistungen mit dem Direktionsrecht nicht durchgesetzt werden kann, § 106 GewO.

Mehrarbeitsstunden i. S. v. § 6 Abs. 1 Satz 1 TVöD bleiben auch nach diesen Regelungen zuschlagsfrei, da die Rechtsprechung des BAG hier übernommen werden kann, da eine inhaltliche Änderung gegenüber dem BAT durch den TVöD nicht vorgenommen wurde.[23]

29 Besonders erwähnt werden sollte noch der in der Praxis häufig vorkommende Fall, dass Beschäftigte während der Elternzeit eine Teilzeitbeschäftigung ausüben. Die Berechnung der Jahressonderzahlung richtet sich dann allerdings nach der Arbeitszeit vor Antritt der Elternzeit, § 20 Abs. 2 Satz 4 TVöD. Im Ergebnis bedeu-

---

20 BAG, Urt. v. 29.01.1992 – 5 AZR 518/90.
21 BAG, Urt. v. 23.03.1993 – AP Nr. 1 zu § 34 BAT.
22 BAG, Urt. v. 23.06.1993 – 10 AZR 127/92.
23 BAG, Urt. v. 21.11.1991 – 6 AZR 551/89; ebenso: EuGH Urt. v. 15.12.1994 – C-34/93.

tet dies, dass wenn die Beschäftigte vollzeitbeschäftigt war und jetzt eine Teilzeitbeschäftigung aufnimmt, erhält sie die Jahressonderzahlung ungekürzt ausbezahlt.

Letztlich findet § 24 Abs. 2 TVöD (Grundsatz der Ratierlichkeit) dort keine   **30**
Anwendung, wo Leistungszulagen und Leistungsprämien ausbezahlt werden. § 18
Abs. 4 Satz 7 TVöD-VKA lässt diese Abweichung ausdrücklich zu.

2. Erholungsurlaub und Sonderfragen

Bei der Urlaubsberechnung haben die Teilzeitbeschäftigten den gleichen Urlaubs-   **31**
anspruch wie die Vollzeitbeschäftigten, wenn die wöchentliche Arbeitszeit auf 5
Tage in der Kalenderwoche verteilt worden ist, § 26 Abs. 1 TVöD. Bei gleichmä-
ßiger Verkürzung der Arbeitszeit entspricht die Urlaubsdauer des Teilzeitbeschäftigten der des Vollzeitbeschäftigten.[24]

Die Urlaubstage verringern sich aber dann, wenn der Teilzeitbeschäftigte sich,   **32**
als Beispiel, für eine 4-Tage-Woche entschieden hat: dann stehen ihm lediglich,
bei einem Gesamturlaubsanspruch von 30 Tagen, 24 Urlaubstage zu (4/5 aus 30
Urlaubstagen).

Nicht unerwähnt bleiben soll, dass die sog. kurzfristig sozialversicherungsfrei
Beschäftigten i. S. v. § 8 Abs. 1 Nr. 2 SGB IV aus dem Geltungsbereich des
TVöD herausgenommen worden sind, § 1 Abs. 2 Buchst. m TVöD. Damit fällt
diese Personengruppe nicht unter § 11 TVöD und andere vertragliche Abmachungen sind daher möglich.

§ 5 Abs. 8 TVöD sieht auch vor, dass geplante Qualifizierungsmaßnahmen für   **33**
die Teilzeitbeschäftigten so angeboten werden, dass eine gleichberechtigte Teilnahme für diese Personengruppe ermöglicht wird.

---

[24]   BAG, Urt. v. 14.12.1991 – AP Nr. 1 zu § 3 BurlG Teilzeit.

Abschnitt III Eingruppierung, Entgelt und sonstige Leistungen

§ 12 Eingruppierung

§ 12 ist zurzeit nicht geregelt. Die Übergangsbestimmungen bis zur Einigung der Tarifvertragsparteien sind in § 17 des TVÜ geregelt, die für die Übergangszeit auf die bisherigen Regelungen in den §§ 22, 23 und 25 verweisen. Diese Bestimmung wird daher zunächst für den Bereich der VKA kommentiert und Abweichungen im TVÜ-Bund werden jeweils erläutert.

TVÜ-VKA
§ 17 Eingruppierung

(1) ¹Bis zum In-Kraft-Treten von Eingruppierungsvorschriften des TVöD (mit Entgeltordnung) gelten die §§ 22, 23, 25 BAT und Anlage 3 zum BAT, §§ 22, 23 BAT-O/BAT-Ostdeutsche Sparkassen einschließlich der Vergütungsordnung sowie die landesbezirklichen Lohngruppenverzeichnisse gemäß Rahmentarifvertrag zu § 20 BMT-G und des Tarifvertrages zu § 20 Abs. 1 BMT-G-O (Lohngruppenverzeichnis) über den 30. September 2005 hinaus fort. ²In gleicher Weise gilt Nr. 2a SR 2x i.V.m. § 11 Satz 2 BAT/BAT-O fort. ³Diese Regelungen finden auf übergeleitete und ab dem 1. Oktober 2005 neu eingestellte Beschäftigte im jeweiligen bisherigen Geltungsbereich nach Maßgabe dieses Tarifvertrages Anwendung. ⁴An die Stelle der Begriffe Vergütung und Lohn tritt der Begriff Entgelt.

(2) Abweichend von Absatz 1

- gelten Vergütungsordnungen und Lohngruppenverzeichnisse nicht für ab dem 1. Oktober 2005 in Entgeltgruppe 1 TVöD neu eingestellte Beschäftigte,
- gilt die Vergütungsgruppe I der Vergütungsordnung zum BAT/BAT-O/ BAT-Ostdeutsche Sparkassen ab dem 1. Oktober 2005 nicht fort; die Ausgestaltung entsprechender Arbeitsverhältnisse erfolgt außertariflich.
- gilt die Entgeltordnung für Ärztinnen und Ärzte gemäß § 51 BT-K.

(3) ¹Mit Ausnahme der Eingruppierung in die Entgeltgruppe 1 und der Eingruppierung der Ärztinnen und Ärzten sind alle zwischen dem 1. Oktober 2005 und dem In-Kraft-Treten der neuen Entgeltordnung stattfindenden Eingruppierungsvorgänge (Neueinstellungen und Umgruppierungen) vorläufig und begründen keinen Vertrauensschutz und keinen Besitzstand. ²Dies gilt nicht für Aufstiege gemäß § 8 Abs. 1 Satz 1 und 2 und Abs. 3 1. Alternative.

(4) ¹Anpassungen der Eingruppierung aufgrund des In-Kraft-Tretens der neuen Entgeltordnung erfolgen mit Wirkung für die Zukunft. ²Bei Rückgruppierungen, die in diesem Zusammenhang erfolgen, sind finanzielle Nachteile im Wege einer nicht dynamischen Besitzstandszulage auszuglei-

chen, solange die Tätigkeit ausgeübt wird. ³Die Besitzstandszulage vermindert sich nach dem 30. September 2008 bei jedem Stufenaufstieg um die Hälfte des Unterschiedsbetrages zwischen der bisherigen und der neuen Stufe; bei Neueinstellungen (§ 1 Abs. 2) vermindert sich die Besitzstandszulage jeweils um den vollen Unterschiedsbetrag. ⁴Die Grundsätze korrigierender Rückgruppierung bleiben unberührt.

Protokollerklärung zu Abs. 4:
Dies gilt auch im Hinblick auf die Problematik des § 2 Abs. 4 des Rahmentarifvertrages zu § 20 Abs. 1 BMT-G (Eckeingruppierung in Lohngruppe 5 Fallgruppe 1 im Bereich des Kommunalen Arbeitgeberverbandes Nordrhein-Westfalen) mit folgenden Maßgaben:
- *Neueinstellungen werden anstelle der Entgeltgruppe 5 zunächst der Entgeltgruppe 6 zugeordnet.*
- *Über deren endgültige Zuordnung wird im Rahmen der Verhandlungen über die neue Entgeltordnung entschieden, die insoweit zunächst auf landesbezirklicher Ebene geführt werden.*

(5) ¹Bewährungs-, Fallgruppen- und Tätigkeitsaufstiege gibt es ab dem 1. Oktober 2005 nicht mehr; §§ 8 und 9 bleiben unberührt. ²Satz 1 gilt auch für Vergütungsgruppenzulagen, es sei denn, dem Tätigkeitsmerkmal einer Vergütungsgruppe der Allgemeinen Vergütungsordnung (Anlage 1a zum BAT) ist eine Vergütungsgruppenzulage zugeordnet, die unmittelbar mit Übertragung der Tätigkeit zusteht; bei Übertragung einer entsprechenden Tätigkeit wird diese bis zum In-Kraft-Treten der neuen Entgeltordnung, längstens bis zum 31. Dezember 2007, unter den Voraussetzungen des bisherigen Tarifrechts als Besitzstandszulage in der bisherigen Höhe gezahlt; § 9 Abs. 4 gilt entsprechend.

(6) In der Zeit zwischen dem 1. Oktober 2005 und dem In-Kraft-Treten der neuen Entgeltordnung erhalten Beschäftigte, denen ab dem 1. Oktober 2005 eine anspruchsbegründende Tätigkeit übertragen wird, eine persönliche Zulage, die sich betragsmäßig nach der entfallenen Techniker-, Meister- und Programmiererzulage bemisst, soweit die Anspruchsvoraussetzungen nach bisherigem Tarifrecht erfüllt sind.

(7) ¹Für Eingruppierungen zwischen dem 1. Oktober 2005 und dem In-Kraft-Treten der neuen Entgeltordnung werden die Vergütungsgruppen der Allgemeinen Vergütungsordnungen (Anlage 1a), die Vergütungsgruppen der Vergütungsordnung (Anlage 1a) und die Lohngruppen der Lohngruppenverzeichnisse gemäß Anlage 3 den Entgeltgruppen des TVöD zugeordnet. ²Absatz 1 Satz 2 bleibt unberührt.

Protokollerklärung zu Absatz 7:
Die Protokollerklärung zu § 4 Abs. 1 gilt entsprechend für übergeleitete und ab dem 1. Oktober 2005 neu eingestellte Pflegekräfte.

Dörring

(8) [1]Beschäftigte, die zwischen dem 1. Oktober 2005 und dem In-Kraft-Treten der neuen Entgeltordnung in Entgeltgruppe 13 eingruppiert werden und die nach der allgemeinen Vergütungsordnung (Anlage 1a) in Vergütungsgruppe II BAT/BAT-O/BAT-Ostdeutsche Sparkassen mit fünf- bzw. sechsjährigem Aufstieg nach Vergütungsgruppe Ib BAT/BAT-O/BAT-Ostdeutsche Sparkassen eingruppiert wären, erhalten bis zum In-Kraft-Treten der neuen Entgeltordnung eine persönliche Zulage in Höhe des Unterschiedsbetrages zwischen dem Entgelt ihrer Stufe nach Entgeltgruppe 13 und der entsprechenden Stufe der Entgeltgruppe 14. [2]Von Satz 1 werden auch Fallgruppen der Vergütungsgruppe Ib BAT/BAT-O/BAT-Ostdeutsche Sparkassen erfasst, deren Tätigkeitsmerkmale eine bestimmte Tätigkeitsdauer voraussetzen. [3]Die Sätze 1 und 2 gelten auch für Beschäftigte in Sinne des § 1 Abs. 2.

Niederschriftserklärung zu § 17 Abs. 8:
Mit dieser Regelung ist keine Entscheidung über die Zuordnung und Fortbestand/Besitzstand der Zulage im Rahmen der neuen Entgeltordnung verbunden.

(9) [1]Bis zum In-Kraft-Treten der Eingruppierungsvorschriften des TVöD gelten für Vorarbeiter/innen und Vorhandwerker/innen, Fachvorarbeiter/innen und vergleichbare Beschäftigte die bisherigen landesbezirklichen Regelungen und die Regelungen in Anlage 3 Teil I des Tarifvertrages zu § 20 Abs. 1 BMT-G-O (Lohngruppenverzeichnis) im bisherigen Geltungsbereich fort; dies gilt auch für Beschäftigte im Sinne des § 1 Abs. 2. [2]Satz 1 gilt für Lehrgesellen/innen entsprechend, soweit hierfür besondere tarifliche Regelungen vereinbart sind. [3]Ist anlässlich der vorübergehenden Übertragung einer höherwertigen Tätigkeit im Sinne des § 14 TVöD zusätzlich eine Tätigkeit auszuüben, für die nach bisherigem Recht ein Anspruch auf Zahlung einer Zulage für Vorarbeiter/innen und Vorhandwerker/innen, Fachvorarbeiter/innen und vergleichbare Beschäftigte oder Lehrgesellen/innen besteht, erhält die/der Beschäftigte abweichend von den Sätzen 1 und 2 sowie von § 14 Abs. 3 TVöD anstelle der Zulage nach § 14 TVöD für die Dauer der Ausübung sowohl der höherwertigen als auch der zulagenberechtigenden Tätigkeit eine persönliche Zulage in Höhe von 10 v.H. ihres/seines Tabellenentgelts.

(10) Die Absätze 1 bis 9 gelten für besondere tarifvertragliche Vorschriften über die Eingruppierungen entsprechend.

Protokollerklärung zu § 17:
[1]Die Tarifvertragsparteien sind sich darin einig, dass in der noch zu verhandelnden Entgeltordnung die bisherigen unterschiedlichen materiellen Wertigkeiten aus Fachhochschulabschlüssen (einschließlich Sozialpädagogen/innen und Ingenieuren/innen) auf das Niveau der vereinbarten Entgeltwerte der Entgeltgruppe 9 ohne Mehrkosten (unter Berücksichtigung der Kosten für den Personenkreis, der nach der Übergangsphase nicht mehr in eine höhere bzw. niedrigere Entgeltgruppe eingruppiert ist) zusammengeführt werden; die Abbildung von Heraushebungsmerkmalen oberhalb der Entgeltgruppe 9 bleibt davon unberührt. [2]Sollte hierüber bis zum 31. Dezember 2007 keine einvernehmliche Lösung vereinbart werden, so erfolgt ab dem 1. Januar 2008 bis zum In-Kraft-Treten der Entgeltord-

nung die einheitliche Eingruppierung aller ab dem 1. Januar 2008 neu einzugrup-
pierenden Beschäftigten mit Fachhochschulabschluss nach den jeweiligen Regeln
der Entgeltgruppe 9 zu „Vb BAT ohne Aufstieg nach IVb (mit und ohne FH-
Abschluss)".

Inhaltsübersicht   **Rn.**

I. Zielrichtung der Übergangsbestimmungen

Ursprünglich war beabsichtigt, die Eingruppierung im Zuge der laufenden Tarif-   **1**
vertragsverhandlungen mit zu regeln. Man war sich hierbei einig, dass die bisherigen Grundzüge des § 22 BAT erhalten bleiben sollten. Die Eingruppierung sollte
sich nach der auszuübenden Tätigkeit richten. Der Tarifautomatismus des § 22
Abs. 2 BAT, woraus sich automatisch aus der übertragenen auszuübenden Tätigkeit die Eingruppierung ergibt, sollte erhalten bleiben. Die Tarifvertragsparteien
wollten aber zugleich die Tätigkeitsmerkmale erheblich straffen und die Zulagen
auf wenige tatsächliche Erschwerniszulagen kürzen. Diese Aufgabe war im Laufe
der Tarifvertragsverhandlungen nicht zu bewältigen, so dass man diese Aufgabe
zurückgestellt und für die Übergangsphase bis zur Neuregelung der Entgeltordnung die Fortgeltung der bisherigen Eingruppierungsregelungen nach Abs. 1 vorgenommen hat.

Bislang wird die folgende Formulierung des § 12 als künftige Regelung disku-   **2**
tiert:

„(1)Die Eingruppierung des/der Beschäftigten richtet sich nach den Tätigkeitsmerkmalen der Entgeltordnung (Anlage ...). Der/die Beschäftigte erhält Entgelt
nach der Entgeltgruppe, in der er/sie eingruppiert ist. Der/die Beschäftigte ist in
der Entgeltgruppe eingruppiert, deren Tätigkeitsmerkmale der gesamten von
ihm/ihr nicht nur vorübergehenden auszuübenden Tätigkeit entspricht. Die gesamte auszuübende Tätigkeit entspricht den Tätigkeitsmerkmalen einer Entgeltgruppe,
wenn zeitlich mindestens zur Hälfte Arbeitsvorgänge anfallen, die für sich genommen die Anforderungen eines Tätigkeitsmerkmals oder mehrerer Tätigkeitsmerkmale dieser Entgeltgruppe erfüllen."[1]

---

[1] Steinherr: Auszuübende Tätigkeit und Direktionsrecht – eine Bestandsaufnahme anhand der
Rechtsprechung des BAG, ZTR 2005, 303 ff.

Die Vorschriften des TVÜ-VKA entsprechen bis auf wenige Modifikationen den Vorschriften des TVÜ-Bund. Nachstehend wird die Fassung des TVÜ-VKA kommentiert und werden die Abweichungen des TVÜ-Bund erläutert.

II. Fortgeltung des bisherigen Eingruppierungsrechts

3   Im Angestelltenbereich finden die §§ 22, 23, 25 BAT und Anlage 3 BAT (Ausbildungs- und Prüfungspflicht der Angestellten im kommunalen Verwaltungs- und Kassendienst sowie im Sparkassendienst), die §§ 22, 23 BAT-O/BAT-Ostdeutsche Sparkassen mit den entsprechenden Vergütungsordnungen (Anlage 1a und 1b) Anwendung. Im feuerwehrtechnischen Dienst der Kommunen erfolgt die Eingruppierung durch den Verweis auf Nr. 2a SR 2 x BAT/BAT-O i.V.m. § 11 Abs. 2 BAT entsprechend der Tätigkeitsmerkmale der Beamten.[2]

Im ehemaligen Arbeiterbereich finden die landesbezirklichen Lohngruppenverzeichnisse zu § 20 BMT-G/BMT-G-O Anwendung.

4   Für die Übergangszeit ist daher nach wie vor hinsichtlich der Eingruppierung zwischen Angestellten und Arbeitern zu unterscheiden. Allerdings ist hierbei die ausgeübte Tätigkeit zum Zeitpunkt der Ein- oder Umgruppierung maßgeblich, bei Umgruppierungen bereits zum 30.09.2005 Beschäftigter, also nicht der damalige, sondern der jetzige Status auf Grund der zu bewertenden Tätigkeit.

Nach Abs. 1 Satz 3 der Vorschrift gilt diese Übergangsregelung sowohl für alle neu eingestellten Beschäftigten, die ab dem 1. Oktober.2005 das Beschäftigungsverhältnis aufgenommen haben als auch für alle Neueingruppierungen und Umgruppierungen oder Fälle der Ausübung einer höherwertigeren Tätigkeit von Be-

---

[2]   **§ 11 Nebentätigkeit BAT**
Für die Nebentätigkeit des Angestellten finden die für die Beamten des Arbeitgebers jeweils geltenden Bestimmungen sinngemäß Anwendung. Für die Anwendung der für die Beamten des Arbeitgebers jeweils geltenden Bestimmungen sind vergleichbar

die Angestellten der Vergütungsgruppe	den Beamten der Besoldungsgruppe
X	A 1
IX, lXb, Kr. I	A 2
l	
Xa, Kr. II	A 3
VIII	A 5
VII, Kr. III	A 6
VIb, Vla, Kr. IV, Kr. V, Kr. Va	A 7
Vc, Kr. VI	A 8
Vb, Va, Kr. VII, Kr. VIII	A 9
IVb, Kr. IX	A 10
IVa, Kr. X, Kr. XI	A 11
III, Kr. XII	A 12
Ilb, Ila, II, Kr. XIII	A 13
lb	A 14
la	A 15
I	A 16

schäftigten, die bereits vor dem 01.10.2005 in einem Beschäftigungsverhältnis standen.

Die Eingruppierung nach dem Übergangsrecht erfolgt nach dieser Bestimmung in drei Schritten:

- Zunächst ist differenziert nach Angestellten und Arbeitnehmern zu bestimmen, welche bisherigen Regelungen und Vergütungsordnungen oder Lohngruppenverzeichnisse Anwendung finden.
- Anschließend erfolgt eine Zuordnung der Tätigkeit zu einer Vergütungs- bzw. Lohngruppe nach altem Recht.
- Dann wird nach den Überleitungsbestimmungen der §§ 3 ff TVÜ-VKA die alte Eingruppierung in die neuen Entgeltgruppen übergeleitet.

Hinsichtlich des alten noch anzuwendenden Rechts wird auf die unten stehende Kommentierung der entsprechenden Bestimmungen verwiesen.

Die Begriffe Lohn und Vergütung werden entsprechend der Formulierung des TVöD durch den Begriff des Entgelts ersetzt.

III. Abweichende Regelung

Nach Abs. 2 erster Spiegelstrich gilt das Übergangsrecht nicht für die Beschäftig-   5
ten der Entgeltgruppe 1, die ab dem 01.10.2005 neu eingestellt worden sind. Bereits vor dem 01.10.2005 Beschäftigte, die unter die Tätigkeitsmerkmale der neuen Entgeltgruppe 1 fallen würden, werden nicht in die Entgeltgruppe 1 übergeleitet.

Die Tätigkeitsmerkmale der Entgeltgruppe 1 sind in Anlage 3 TVÜ-VKA abschließend benannt. Erfasst sind

- Essens- und Getränkeausgeber/innen
- Garderobepersonal
- Spülen und Gemüse putzen und sonstige Tätigkeiten im Haus- und Küchenbereich
- Reiniger/innen in Außenbereichen wie Höfe, Wege, Grünanlagen, Parks
- Wärter/innen von Bedürfnisanstalten
- Servierer/innen
- Hausgehilfen/Hausgehilfinnen
- Boten/Botinnen (ohne Aufsichtsfunktion)

Ergänzungen dieser Liste können durch landesbezirklichen Tarifvertrag oder für den Bund durch einen Tarifvertrag auf Bundesebene erfolgen.

Eine hiervon abweichende Eingruppierung kommt für nach dem 01.10.2005 eingestellte Beschäftigte nicht in Betracht.

Nach Abs. 2 zweiter Spiegelstrich fallen Beschäftigte, die nach altem Recht der Vergütungsgruppe BAT I zuzuordnen gewesen wären, nicht mehr unter den Geltungsbereich des Tarifvertrages, da sie ein regelmäßiges Entgelt erhalten, das über das Tabellenentgelt der Entgeltgruppe 15 hinausgeht. Ihre Arbeitsbedingungen werden außertariflich im Arbeitsvertrag geregelt.[3]

Schließlich sind Ärzte/Ärztinnen von der Eingruppierung nach Abs. 2 dritter Spiegelstrich und nach Abs. 3 Satz 1 ausgenommen. Für diese ist seit dem 01.10.2005 die Eingruppierung in § 51 TVöD BT-K geregelt.

IV. Vorläufigkeit der Eingruppierungen im Übergangszeitraum

6 Bis auf die Eingruppierungen in Entgeltgruppe 1 und die Eingruppierung der Ärzte und Ärztinnen sind alle Eingruppierungen vorläufiger Natur und können sich durch die Einigung der Tarifvertragsparteien auf neue Eingruppierungsregelungen und insbesondere neue Tätigkeitsmerkmale ändern. Durch die nach dem Übergangsrecht durchgeführten Eingruppierungen oder Umgruppierungen ergibt sich daher nach Abs. 3 auch kein Besitzstand oder Vertrauensschutz. Alle nach der Übergangsregelung erfolgten Ein- oder Umgruppierungen sollen nach der Einigung auf das neue Eingruppierungsrecht vielmehr darauf überprüft und korrigiert werden können, dass sie mit der Wertung der neuen Entgeltordnung übereinstimmen.[4]

Ausgenommen hiervon sind die Fälle des vorgezogenen Besitzstandes nach § 8 Abs. 1 Satz 1 und 2 TVÜ-VKA in den Entgeltgruppen 3, 5, 6 oder 8. Es handelt sich um Höhergruppierungen von Beschäftigten, die am Stichtag bereits 50% der erforderlichen Zeit der Bewährung oder Tätigkeit erfüllt haben. Diesen Beschäftigten gleichgestellt wurden Beschäftigte nach § 8 Abs. 3 Satz 1 TVÜ-VKA, die bis zum 30.09.2007 bei Fortgeltung des alten Rechts höhergruppiert worden wären unabhängig davon, ob diese Beschäftigte zu diesem Stichtag die Anspruchsvoraussetzungen erfüllt haben oder nicht.

V. Besitzstandsregelungen

7 Abs. 4 regelt den Besitzstand nach In-Kraft-Treten der neuen Entgeltordnung und statuiert als Grundregel, dass Anpassungen nur für die Zukunft, nicht für die Vergangenheit erfolgen. Sollte es wegen der Einführung der neuen Entgeltordnung zu Rückgruppierungen kommen, so wird ein nichtdynamischer Besitzstand in Höhe des Differenzbetrages zwischen neuem und altem Entgelt gezahlt, die sich bei jedem Stufenaufstieg, der nach dem 30.09.2008 erfolgt, um die Hälfte des Unterschiedsbetrages zwischen neuer und alter Stufe vermindert. Bei Neueinstellung vermindert er sich um den vollen Unterschiedsbetrag.

Bemerkenswert ist der Hinweis der Tarifvertragsparteien, dass bei fehlerhaften Eingruppierungen die Grundsätze der korrigierenden Rückgruppierung greifen. Dies hat zur Folge, dass in allen Fällen, in denen sich der Arbeitgeber darauf beruft, unbeabsichtigt eine Zuordnung zu einer zu hohen Entgeltgruppe vorgenommen zu haben, eine Rückgruppierung ohne Besitzstandszahlung möglich ist.

---

[3] Soweit es sich nicht um leitende Angestellte handelt, sind bei der Festlegung des Entgelts die Mitbestimmungsrechte des Betriebsrates nach § 87 Abs. 1 Nr. 10 und 11 BetrVG, § 75 Abs. 3 Nr. 4 BPersVG zu beachten.

[4] Beckerle/Hock/Klapproth § 17 4.1.2.1 S. 97.

Die Protokollerklärung zu Abs. 4 erfasst die Problematik des § 2 Abs. 4 des Rahmentarifvertrages zu § 20 BMT-G der Eckeingruppierung in Lohngruppe 5 Fallgruppe 1 im Bereich des KAV NRW und regelt, dass Neueinstellungen in diesem Fall zunächst der Entgeltgruppe 6 zugeordnet und deren endgültige Zuordnung nach Einführung der neuen Entgeltordnung auf landesbezirklicher Ebene zu regeln ist.

VI. Entfallen des Bewährungs-, Fallgruppen- und Tätigkeitsaufstiegs

Nach Abs. 5 gibt es für alle Neueinstellungen ab dem 01.10.2005 keine Bewäh-   **8**
rungs-, Fallgruppen und Tätigkeitsaufstiege mehr. Nach Satz 2 der Vorschrift gilt dies auch für alle Vergütungsgruppenzulagen. Für die bereits vor dem 01.10.2005 Beschäftigten bleiben die Besitzstandsregelungen des § 8 und 9 TVÜ-VKA unberührt.

Grundsätzlich sind die Tarifvertragsparteien davon ausgegangen, dass die Beschäftigten nach ihrer Qualifikation und Tätigkeit einzugruppieren sind. Die dem Beamtenrecht entnommenen Bewährungs-, Fallgruppen und Tätigkeitsaufstiege sind damit nicht mehr vereinbar und wurden daher grundsätzlich abgeschafft. Ebenso ist man grundsätzlich davon ausgegangen, dass mit dem Tabellenentgelt die Leistung des Beschäftigten vergütet ist und daneben keine sonstigen Zulagen mehr zu zahlen sind. Nur für die bereits vor dem 01.10.2005 Beschäftigten werden Zulagen daher im Rahmen der §§ 8 und 9 TVÜ-VKA als Besitzstände gewährt.

Eine Ausnahme bei Vergütungsgruppenzulagen wurde hiervon gemacht, wenn   **9**
dem Tätigkeitsmerkmal einer Vergütungsgruppe der Vergütungsordnung unmittelbar mit Übertragung der Tätigkeit eine Vergütungsgruppenzulage zugeordnet ist. In diesem Fall handelt es sich um eine Funktionszulage (z.B. Leiterin einer Kindertagesstätte, VergGr. V c FG 10 Fußnote III des Tarifvertrages vom 24.04.1991; Schulhausmeister an Sonderschulen: Protokollerklärung Nr. 3 zur Anlage 1a für Schulhausmeister im Bereich der kommunalen Verwaltung). Mit diesen Funktionszulagen sollte eine eigentlich notwendige Höhergruppierung vermieden werden.[5] Diese Funktionszulage wird daher auch bei Neueinstellungen nach dem 01.10.2005 gezahlt und ist nach § 9 Abs. 4 TVÜ-VKA solange als Besitzstand fort zu zahlen, solange die entsprechende Tätigkeit ausgeübt wird.

Dies gilt nicht für Vergütungsgruppenzulagen, die erst nach Ablauf einer Bewährungszeit gezahlt werden.

VII. Fortgeltung persönlicher Zulagen im Einzelfall

Techniker, Programmierer und Angestellte erhalten nach den §§ 3, 4 bzw. 4 a des   **10**
Tarifvertrages über Zulagen an Angestellte vom 17.05.1982 eine Techniker- oder eine Programmiererzulage in Höhe von 23,01 € und als Meister eine Zulage von 38,35 € (Tarifgebiet West). Diese ist für Beschäftigte, die bereits vor dem 01.10.2005 beschäftigt waren, nach der Protokollerklärung zu § 5 Abs. 2 Satz 3 TVÜ-VKA in ihrem Bestand bis zum In-Kraft-Treten der neuen Entgeltordnung gesichert. § 17 Abs. 6 TVÜ-VKA verschafft auch den Beschäftigten, die erst nach dem 01.10.2005 ein Beschäftigungsverhältnis aufgenommen haben oder denen

---

[5] Beckerle/Hock/Klapproth § 17 4.1.2.1 S. 98.

erst ab diesem Zeitpunkt eine anspruchsbegründende Tätigkeit übertragen wurde, einen Anspruch auf Zahlung der Zulage bis zum In-Kraft-Treten der neuen Entgeltordnung.

VIII. Eingruppierung in der Übergangsphase

11 Nach Absatz 7 werden alle Vergütungs- und Lohngruppen nach Anlage 3 des TVÜ-VKA (Anlage 4 TVÜ-Bund) den Entgeltgruppen auch für die Eingruppierung zugeordnet. Nach dieser Vorschrift ist also zunächst zu differenzieren ob es sich um einen Angestellten oder Arbeiter nach altem Tarifrecht handelt. Dann erfolgt die Eingruppierung aufgrund der Vergütungsordnung bzw. des Lohngruppenverzeichnisses. Entsprechend der festgestellten Eingruppierung erfolgt dann die Zuordnung zur Entgeltgruppe nach Anlage 3 TVÜ-VKA (Anlage 4 TVÜ-Bund). Die Berechnung eines Vergleichsentgelts unter Einbeziehung des Ortszuschlages unterbleibt. Die Zuordnung zu einer Stufe ergibt sich ausschließlich nach § 16 TVöD.

12 In der Protokollerklärung zu Abs. 7 wird auf die Protokollerklärung zu § 4 Abs. 1 verwiesen. Die Zuordnung der neu eingestellten Beschäftigten im Pflegedienst, die ab dem 01.10.2005 nach Anlage 1b zum BAT eingestellt werden, ergibt sich aus Anlage 4 und für Beschäftigte, die im Tarifgebiet Ost eingestellt werden, aus Anlage 5. Diese Zuordnungen haben keine präjudizielle Wirkung für die noch laufenden Verhandlungen.

Ein Teil der Kommentarliteratur sieht durch den Verweis auf die Protokollerklärung zu § 4 Abs. 1 auch die Niederschriftserklärung zur Protokollerklärung in Bezug genommen und folgert hieraus, dass neu eingestellte Lehrkräfte zunächst keiner festen Entgeltgruppe zugeordnet, sondern nach bisherigem Recht eingruppiert und vergütet werden müssten. Die Vergütung erfolge als Abschlagszahlung auf das Entgelt, das dem Beschäftigten nach der noch zu schließenden Regelung der Entgeltordnung zustehen würde.[6] Der Niederschriftserklärung ist ein solcher Inhalt nicht zu entnehmen. Die Niederschriftserklärung hat einen rein programmatischen Charakter und legt die Überleitung der Lehrkräfte in den TVöD nach den Bestimmungen des TVÜ-VKA fest, ohne sich damit darauf festzulegen, dass die Lehrkräfte in einer einheitlichen neuen Entgeltordnung oder einer eigenen Entgeltordnung eingruppiert werden.

Bei der Zuweisung einer neuen Tätigkeit an übergeleitete Beschäftigte ist darauf zu achten, dass diese in der übergeleiteten Tätigkeit nach § 4 Abs. 1 TVÜ-VKA in Verbindung mit der Anlage 1 (Anlage 2 TVÜ-Bund) bestandsgeschützt sind. Durch das Direktionsrecht des Arbeitgebers sind spätere Umsetzung oder Tätigkeitswechsel im Rahmen der Entgeltgruppe des TVöD zulässig, wenn sie sich im Rahmen des Bestandsschutzes halten. Es erfolgt dann keine neue Eingruppierung nach Abs. 7.

Das BMI hat in seinem Rundschreiben vom 08.12.2005 drei Beispielfälle genannt, in welchen eine neue Eingruppierung entfällt:

---

6   Beckerle/Hock/Klapproth § 17 4.1.2.1 S. 99; ohne Stellungnahme Breier § 17.

Beispiel 1:
Eine Angestellte VergGR VII Fallgruppe 1b BAT wird mit am 30.9.2005 erfolgtem Be-   **13**
währungsaufstieg nach § 23a BAT nach VergGR VI b Fallgruppe 2 BAT nach Anlage 2
TVÜ-Bund in die Entgeltgruppe 6 übergeleitete. Am 1.12.2005 werden ihr Tätigkeiten
nach VergGr VII Fallgruppe 10 BAT (Fallgruppenwechsel in derselben originären Vergütungsgruppe) übertragen; aus der neuen Fallgruppe eröffnet sich gleichfalls der neunjährige
Bewährungsaufstieg in VergGr VI b Fallgruppe 2 BAT.
   Weil die im Wege der Überleitung erreichte Entgeltgruppe im Bestand geschützt ist und
sich die Zuordnung zur Entgeltgruppe 6 nach bisherigem Recht in Verbindung mit Anlage
2 TVÜ-Bund nicht geändert hätte, verbleibt die Beschäftigte in der Entgeltgruppe 6, ob-
schon sie nach Anlage 4 TVÜ-Bund die Entgeltgruppe 5 ergeben würde. Es handelt sich
nach Maßgabe des TVöD und des TVÜ-Bund nicht um eine Eingruppierung, sondern eine
bloße Umsetzung.

Beispiel 2:
Eine Angestellte VergGR II a Fallgruppe 1a BAT mit noch nicht erfolgtem 11-jährigem
Bewährungsaufstieg nach VergGr Ib Fallgruppe 2 BAT wird am 01.10.2005 in Entgeltgruppe 14 übergeleitet. Am 01.02.2006 werden ihr im Rahmen eines Arbeitsplatzwechsels
andere Tätigkeiten der VergGr II a Fallgruppe 1a BAT übertragen.
   Die Beschäftigte verbleibt auf Grund des Bestandsschutzes in der Entgeltgruppe 14,
auch wenn sich nach Anlage 4 TVÜ-Bund eine Eingruppierung in Entgeltgruppe 13 ergeben hätte. Es handelt sich nach Maßgabe des TVöD und des TVÜ-Bund nicht um eine Eingruppierung, sondern um eine bloße Umsetzung.

Beispiel 3:
Ein Facharbeiter Lohngruppe 4 mit Aufstiegen nach Lohngruppe 5 und 5a MTArb wird am
01.10.2005 in Entgeltgruppe 5 übergeleitet. Am 01.03.2006 werden ihm Tätigkeiten der
Lohngruppe 4a MTArb übertragen. Der Beschäftigte wird am 01.03.2006 herabgruppiert,
da sich ab diesem Zeitpunkt die Zuordnung nach der Anlage 4 TVÜ-Bund in die Entgeltgruppe 4 ergibt und die neue Tätigkeit auch nach Anlage 2 TVÜ-Bund zur Entgeltgruppe 4
geführt hätte.[7]
   Im letztgenannten Beispielsfall kann die Zuweisung der neuen Tätigkeit nur einvernehmlich oder nach Änderungskündigung unter Beachtung der Mitbestimmungsrechte des
Personalrates zugewiesen werden.

IX. Sonderregelungen Entgeltgruppe 13

Mit der Regelung in Abs. 8 wird versucht Exspektanzen des alten Vergütungssys-   **14**
tems durch Sonderregelungen für die betroffenen Beschäftigten zu sichern. Die
Regelung betrifft sowohl bereits zum Stichtag Beschäftigte als auch Beschäftigte,
die ab dem 01.10.2005 eingestellt worden sind. Es handelt sich um Beschäftigte
die der Entgeltgruppe 13 zuzuordnen sind. Bei der fiktiven Eingruppierung nach
Anlage 1b der Vergütungsordnung würde sich eine Eingruppierung in VG II BAT
mit einem fünf- bzw. sechsjährigem Bewährungsaufstieg in die VG Ib BAT ergeben. Es geht hierbei um Beschäftigte, der VG II BAT in den Fallgruppen 1b, 1c
und 2 des Tarifvertrages vom 24.06.1975 und um die Fallgruppen 1 bis 4 des Tarifvertrages vom 23.02.1972 mit folgenden Aufstiegsfallgruppen in der VG Ib

---

[7]   Beispiele des Rundschreibens des BMI vom 08.12.2005, 2.5.

BAT: 1e, 1f und 3 des Tarifvertrages vom 24.6.1975 sowie 7, 9, 12 und 16 des Tarifvertrages vom 23.02.1972.

Die Beschäftigten, die diese Voraussetzungen erfüllen, erhalten eine persönliche Zulage in Höhe des Differenzbetrages zwischen ihrem Entgelt nach Entgeltgruppe 13 und der entsprechenden Stufe (z.B. Stufe 3 EG 13 zu Stufe 3 EG 14 = 300 €) der Entgeltgruppe 14, längstens bis zum 31.12.2007. In der Niederschriftserklärung zu Abs. 7 wurde daher ausdrücklich festgehalten, dass mit dieser Regelung keine Entscheidung über den Fortbestand dieser Regelung oder zu deren inhaltlicher Sicherung in der neuen Entgeltordnung getroffen worden ist.

Beispiel:

15 Eine Beschäftigte wird am 01.11.2005 in die Entgeltgruppe 13 Stufe 1 eingestellt; ihr werden Tätigkeiten der Vergütungsgruppe I a Fallgruppe 1 a BAT übertragen. Am 01.11.2006 steigt sie in Stufe 2 auf und es werden ihr Tätigkeiten der Vergütungsgruppe II a Fallgruppe 1b BAT übertragen (Nach bisherigem Eingruppierungsrecht sechsjähriger Bewährungsaufstieg in die Vergütungsgruppe I b BAT).

Die Beschäftigte verbleibt in Entgeltgruppe 13, erhält aber ab dem 01.11.2005 bis zum In-Kraft-Treten der neuen Entgeltordnung zusätzlich zu ihrem Tabellenentgelt von 3.130 € für die Zeit in der Stufe 2 eine persönliche Zulage von 270 € monatlich (Differenz zwischen den Stufen 2 der Entgeltgruppen 13 und 14).[8]

X. Vorarbeiter- und Vorhandwerkerzulage

16 Vorarbeiter/Vorarbeiterinnen, Vorhandwerker/Vorhandwerkerinnen, Fachvorarbeiter/Fachvorarbeiterinnen und Lehrgesellen und Lehrgesellinnen erhalten für ihre Tätigkeit die bisherige Zulage weiterhin. Dies gilt auch für Beschäftigte, die erst ab dem 01.10.2005 eingestellt worden sind, da es sich hierbei um eine Funktionszulage handelt. Erforderlich ist, dass die Beschäftigten eine Tätigkeit ausüben, die den Anspruch begründet. Es muss sich um Tätigkeiten handeln, die nach altem Recht Arbeitertätigkeiten waren. Trifft die zulagenpflichtige Tätigkeit zugleich mit der Übertragung einer höherwertigeren Tätigkeit nach § 14 TVöD zusammen, so wird anstelle der Zulage nach § 14 und der Zulage nach Satz 1 eine Zulage in Höhe von 10 % des Tabellenentgelts gezahlt.

XI. Erstreckung der allgemeinen Grundsätze auf Sonderregelungen

17 Nach Abs. 10 gelten die Abs. 1 bis 9 benannten Grundsätze, die zunächst nur die abgeänderte Fortgeltung der Vergütungsordnung und Lohngruppenverzeichnisse vorschreiben, auch für alle besonderen Eingruppierungsvorschriften, die an anderer Stelle geregelt sind. Im Bereich des TVÜ-Bund ist dies der Tarifvertrag über die Eingruppierung der im Kontrolldienst und Prüfdienst beschäftigten Angestellten vom 18.01.2005.

Die Regelungen der Abs. 1 bis 9 gelten auch für Richtlinien des Arbeitgebers zur Eingruppierung, die einseitig vom Arbeitgeber aufgestellt worden sind, soweit sich aus diesen Richtlinien nicht ausdrücklich der Wille ergibt, hiervon ab zu weichen.

---

[8] Beispiel des Rundschreibens des BMI vom 8.12.2005, 2.6.

BAT
§ 22 Eingruppierung

(1) ¹Die Eingruppierung der Angestellten richtet sich nach den Tätigkeitsmerkmalen der Vergütungsordnung (Anlagen 1a und 1b). ²Der Angestellte erhält Vergütung nach der Vergütungsgruppe, in der er eingruppiert ist.

(2) Der Angestellte ist in der Vergütungsgruppe eingruppiert, deren Tätigkeitsmerkmalen die gesamte von ihm nicht nur vorübergehend auszuübende Tätigkeit entspricht.

¹Die gesamte auszuübende Tätigkeit entspricht den Tätigkeitsmerkmalen einer Vergütungsgruppe, wenn zeitlich mindestens zur Hälfte Arbeitsvorgänge anfallen, die für sich genommen die Anforderungen eines Tätigkeitsmerkmals oder mehrerer Tätigkeitsmerkmale dieser Vergütungsgruppe erfüllen. ²Kann die Erfüllung einer Anforderung in der Regel erst bei der Betrachtung mehrerer Arbeitsvorgänge festgestellt werden (z. B. vielseitige Fachkenntnisse), sind diese Arbeitsvorgänge für die Feststellung, ob diese Anforderung erfüllt ist, insoweit zusammen zu beurteilen.

⁴Werden in einem Tätigkeitsmerkmal mehrere Anforderungen gestellt, gilt das in Unterabsatz 2 Satz 1 bestimmte Maß, ebenfalls bezogen auf die gesamte auszuübende Tätigkeit, für jede Anforderung.

Ist in einem Tätigkeitsmerkmal ein von Unterabsatz 2 oder 3 abweichendes zeitliches Maß bestimmt, gilt dieses.

Ist in einem Tätigkeitsmerkmal als Anforderung eine Voraussetzung in der Person des Angestellten bestimmt, muss auch diese Anforderung erfüllt sein.

Protokollerklärung zu Absatz 2:
1. *¹Arbeitsvorgänge sind Arbeitsleistungen (einschließlich Zusammenhangsarbeiten), die, bezogen auf den Aufgabenkreis des Angestellten, zu einem bei natürlicher Betrachtung abgrenzbaren Arbeitsergebnis führen (z. B. unterschriftsreife Bearbeitung eines Aktenvorgangs, Erstellung eines EKG, Fertigung einer Bauzeichnung, Eintragung in das Grundbuch, Konstruktion einer Brücke oder eines Brückenteils, Bearbeitung eines Antrags auf Wohngeld, Festsetzung einer Leistung nach dem Bundessozialhilfegesetz). ²Jeder einzelne Arbeitsvorgang ist als solcher zu bewerten und darf dabei hinsichtlich der Anforderungen zeitlich nicht aufgespalten werden.*
2. *Eine Anforderung im Sinne des Unterabsatzes 2 ist auch das in einem Tätigkeitsmerkmal geforderte Herausheben der Tätigkeit aus einer niedrigeren Vergütungsgruppe.*

(3) Die Vergütungsgruppe des Angestellten ist im Arbeitsvertrag anzugeben.

I. Vorbemerkung

18   Bei der Eingruppierung des Beschäftigten geht es um die wesentlichen Inhalte des
Arbeitsvertrages. Aus Sicht beider Vertragsparteien einigt man sich hierbei auf
den Inhalt der zu erbringenden Leistung einerseits und auf die hierfür zu zahlende
Vergütung andererseits. Beides ist nach § 2 Abs. 1 Nr. 5 und 6 Nachweisgesetz im
Arbeitsvertrag schriftlich festzuhalten.

19   Das Eingruppierungsrecht des BAT wie auch die geplante Entgeltordnung weichen hiervon in gravierender Weise ab. Die Arbeitsvertragsparteien einigen sich
nach dem Tarifrecht auf die auszuübende Tätigkeit. Arbeitnehmer und Arbeitgeber müssen sich nicht auf die damit verbundene Vergütung einigen. Diese ergibt
sich nach dem Willen der Tarifvertragsparteien vielmehr automatisch aus dem Tarifvertrag (so genannter „Tarifautomatismus", § 22 Abs. 2 Satz 1 BAT).

Haben die Parteien eine andere Vergütungsgruppe als Vergütungsgruppe benannt, der die Tätigkeit zuzuordnen ist, so handelt es sich nach der Rechtsprechung des BAG um einen unbeachtlichen Erklärungsirrtum, der durch Höhergruppierung oder korrigierende Rückgruppierung angepasst werden kann, ohne dass es
einer Änderung des Arbeitsvertrages bedarf.

Dies ist nur dann nicht der Fall, wenn die Parteien sich bewusst darauf geeinigt
haben, dass die Tätigkeit übertariflich in Abweichung vom Tarifvertrag vergütet
werden soll.

Die Einigung über die auszuübende Tätigkeit und die daran anknüpfende Vergütung vollzieht sich als Normenvollzug, den nur die entsprechenden Eingruppie-
rungsspezialisten letztendlich zu durchschauen vermögen.

20   Damit sind Rechtsstreitigkeiten vorprogrammiert. Die Eingruppierungsstreitig-
keiten des öffentlichen Dienstes bescheren den Arbeitgebern, den Arbeitnehmern
und den Gerichten eine Vielzahl von Prozessen, die in der Regel folgenlos bleiben. Dem beweisbelasteten Arbeitnehmer gelingt es nur selten, entlang der Arbeitsvorgänge den Nachweis zu führen, dass er eine höherwertigere Tätigkeit ausübt.

Für den Arbeitgeber stellen sich Probleme dadurch ein, dass die Tätigkeiten **21** sich mit der Fortentwicklung der Technik ebenfalls laufend wandeln. Wächst der Beschäftigte in eine höherwertigere Tätigkeit hinein und hat er diese sechs Monate ununterbrochen ausgeübt, so ist der Beschäftigte mit Beginn des nächsten Monats nach § 23 Abs. 1 Satz 1 BAT automatisch höhergruppiert. Dadurch wird dem Arbeitgeber das Gestaltungsrecht der Arbeitsprozesse aus der Hand genommen.

Das bestehende Tarifrecht nimmt damit den Arbeitsvertragsparteien elementare **22** Entscheidungsbefugnisse über die Arbeitsorganisation, die daraus sich ergebende Stellenbeschreibung, die vereinbarte Tätigkeit und damit verbundene Vergütung aus der Hand. Der Ruf, gerade dies im Zuge der jetzigen Tarifvertragsreform zu ändern,[9] wurde bislang von den Tarifvertragsparteien nicht aufgegriffen. Die bestehende Rechtsprechung wird allerdings auch hier die Klauseln zur Festlegung der Tätigkeit und der Vergütung als allgemeine Geschäftsbedingungen zu werten und Unklarheiten zu Lasten des Arbeitgebers nach § 305 c Abs. 2 BGB auszulegen haben.

Bei der Eingruppierung sind vier Grundsätze zu beachten:[10] **23**

– Der Beschäftigte wird durch den Tarifvertrag eingruppiert.
– Die vom Arbeitgeber übertragene auszuübende Tätigkeit und deren Bewertung nach der Vergütungsordnung entscheidet die Eingruppierung.
– Die übertragene Tätigkeit wird auf Dauer und nicht nur vorübergehend ausgeübt.
– Die gesamte übertragene Tätigkeit ist der Bewertung zu Grunde zu legen.

II. Eingruppierung

Die Eingruppierung in der Übergangsphase bis zum In-Kraft-Treten einer neuen **24** Entgeltordnung richtet sich nach § 17 Abs. 1 TVÜ-VKA bzw. TVÜ-Bund nach den bisherigen Regelungen der §§ 22, 23 und 25 BAT und den jeweiligen Vergütungsordnungen bzw. Lohngruppenverzeichnissen.

In einem ersten Schritt ist daher immer bei der Neueingruppierung eines neuen Beschäftigten oder der Umgruppierung eines Beschäftigten nach dem 01.10.2005 nach altem Recht zu bestimmen, ob die auszuübende Tätigkeit nach altem Recht eine Angestelltentätigkeit und daher der BAT nebst der BAT-Vergütungsordnung anzuwenden ist oder ob der entsprechende Rahmenvertrag nebst Lohngruppenverzeichnis für Arbeitnehmer Anwendung findet.

1. Tätigkeitsmerkmale
Nach § 22 Abs. 1 BAT richtet sich die Eingruppierung des Beschäftigten nach den **25** Tätigkeitsmerkmalen der Vergütungsordnung der Anlagen 1a und 1b. Die Anlage 1b erfasst hierbei die Tätigkeitsmerkmale für Beschäftigte in der Kranken- und Altenpflege. Hierbei sind andere Tätigkeiten im Gesundheitsdienst wie medizinische Hilfsberufe nicht erfasst. Die Eingruppierung der Ärzte ist in § 51 TVöD-BT-

---

[9] Vergleiche hierzu Steinherr: Auszuübende Tätigkeit und Direktionsrecht – eine Bestandsaufnahme anhand der Rechtsprechung des BAG, ZTR 2005, 303 ff.
[10] Vergleiche Kuner Rn. 135, S. 101.

K eigenständig geregelt. Hier greift das neue Tarifrecht ohne dass § 22 BAT anwendbar ist.

Alle anderen Tätigkeiten des öffentlichen Dienstes sind in der Anlage 1 a BAT geregelt.

Ist ein Berufsbild in die Vergütungsordnung noch nicht aufgenommen worden, so liegt im Regelfall eine unbewusste Regelungslücke des Tarifvertrages vor. Diese ist dadurch zu schließen, dass die Eingruppierungen sich an artverwandten ähnlichen Tätigkeiten zu orientieren haben, die in der Vergütungsordnung geregelt sind.[11] Kann die Regelungslücke so nicht geschlossen werden, sind die allgemeinen Tätigkeitsmerkmale des Verwaltungsdienstes heranzuziehen, wenn die Tätigkeit im Zusammenhang mit der Tätigkeit der Angestellten im Verwaltungsdienst steht.[12] Ergibt sich aber aus der Auslegung des Tarifvertrages, dass die Tarifvertragsparteien eine bestimmte Tätigkeit nicht regeln wollten, so kann eine Regelungslücke auch nicht im Wege der Auslegung durch die Arbeitsgerichte geschlossen werden.[13] In diesem Fall ist die Eingruppierung im Arbeitsvertrag zu regeln. So haben die Tarifvertragsparteien nach Nr. 5 der allgemeinen Vergütungsordnung für den Bereich der kommunalen Arbeitgeberverbände auf eine Aufnahme der Lehrer in die Anlage 1a der Vergütungsordnung bewusst verzichtet. Deren Eingruppierung ist mithin arbeitsvertraglich zu regeln.[14]

2. Struktur der Tätigkeitsmerkmale

26 Die in den Anlagen aufgeführten Vergütungsgruppen sind nach Fallgruppen geordnet, die Tätigkeiten gleicher Wertigkeit erfassen. Die Fallgruppen ihrerseits sind nach Tätigkeitsmerkmalen gegliedert. Diese Tätigkeitsmerkmale enthalten Beschreibungen der Tätigkeit wie:

– Tätigkeiten mit bestimmten Vor- und Ausbildungen oder gleichwertiger Berufserfahrung
– Funktion des Beschäftigten
– Festlegung von Unterstellungsverhältnissen, Klassen- oder Belegungsstärken
– Unbestimmte Rechtsbegriffe wie „gründliche und vielseitige Tätigkeit", „Maß der Verantwortung"
– Dauer der Berufserfahrung

Die Tätigkeitsmerkmale unterscheiden sich in den Fassungen für den Bund und die Länder einerseits und den für den VKA andererseits. Die Tätigkeitsmerkmale für Bund und Länder umfasst in Teil I im allgemeinen Teil im Wesentlichen die Beschäftigten des Verwaltungsdienstes, Ingenieure etc. Im Teil II finden sich unter zusätzlichen Tätigkeitsmerkmalen in Abschnitten geordnet spezielle Tätigkeitsmerkmal für bestimmte Berufe wie Sozial- und Erziehungsdienst, Steuerverwaltung, Schreibdienst etc.

Die Fassung für den Bereich VKA folgt einer solchen Gliederung nicht.

---

[11] BAG, Urt. v. 21.06.2000 – 4 AZR 931/98, ZTR 2000, 553.
[12] BAG, Urt. v. 15.06.1994 – 4 AZR 330/93, NZA 1995, 1212.
[13] BAG, Urt. v. 15.06.1994 – 4 AZR 330/93, NZA 1995, 1212.
[14] Dassau § 22 Rn. 1.

Berufgruppenbezogen wurden neben allgemeinen Tätigkeitsmerkmalen spezielle Tätigkeitsmerkmale aufgestellt.

3. Fallgruppen

Die Tätigkeitsmerkmale gliedern sich in einzelne Fallgruppen. Die Bewertung der **27** Tätigkeit macht somit eine Zuordnung der Tätigkeit zu einer bestimmten Fallgruppe erforderlich.

Die Prüfung der Zuordnung hat daher immer zunächst von den speziellen Berufsgruppen bezogenen Fallgruppen auszugehen. Nur wenn die Tätigkeit hier nicht erfasst ist, kann die Anwendung der allgemeinen Tätigkeitsmerkmale in Betracht kommen, die eine Auffangfunktion ausüben. Kann eine Tätigkeit also einer speziellen berufsgruppenbezogenen Fallgruppe zugeordnet werden, so können die allgemeinen Tätigkeitsmerkmal nicht, auch nicht hilfsweise und auch nicht zu der Begründung einer höherwertigeren Tätigkeit herangezogen werden.[15]

Innerhalb der Fallgruppen ist dann zu prüfen, ob bestimmte Heraushebungsmerkmale erfüllt sind, die die Tätigkeit einer anderen Vergütungs- oder innerhalb einer Vergütungsgruppe einer anderen Fallgruppe zuordnen sind. Der einzelne Beschäftigte hat allerdings keinen Anspruch darauf, dass die auszuübende Tätigkeit durch das Direktionsrecht des Arbeitgebers so ausgestaltet wird, dass dies Tätigkeit einer bestimmten Fallgruppe zuzuordnen ist.[16] Dies gilt auch, wenn an die Zuordnung zu einer bestimmten Fallgruppe Aufstiegschancen geknüpft sind.[17]

Soweit Heraushebungsmerkmale dazu führen, dass eine auszuübenden Tätigkeit den Tätigkeitsmerkmalen einer höheren Fallgruppe entsprechen, ist daher zunächst zu prüfen, ob die Grundlagen der Tätigkeit ohne Heraushebungsmerkmale gegebenenfalls in der niederwertigeren Vergütungsgruppe erfüllt sind, ehe die Erfüllung der Heraushebungsmerkmale zu prüfen ist.

4. Auslegung der Tätigkeitsmerkmale

Bei den in der Vergütungsordnung enthaltenen Tätigkeitsmerkmalen handelt es **28** sich um unbestimmte Rechtsbegriffe. Diese werden zum Teil durch die Tarifvertragsparteien in der Vergütungsordnung, insbesondere im allgemeinen Teil oder in Protokollnotizen erläutert. Sofern diese Erläuterungen nicht ausreichen, sind sie durch die Rechtsprechung des BAG konkretisiert worden.

a) „Vorwiegend mechanische Tätigkeit" ist in Fallgruppe 1 Vergütungsgruppe X VKA beschrieben und umfasst einfachste Hilfstätigkeiten bei der Postabfertigung, Sortier- und Ablagearbeiten.

b) „Einfache Arbeiten" sind in Fallgruppe 1 Vergütungsgruppe IX VKA, Vergütungsgruppe IXb (Bund/Länder) beschrieben und umfassen einfache Bürotätigkeiten wie standardisierte Anschreiben, Texterfassung und nach einem Schema zu erledigende Arbeiten.

c) „Schwierige Tätigkeiten" sind beispielhaft in Vergütungsgruppe VIII, Fallgruppe 1a (VKA und Bund/Länder) benannt und umfassen gegenüber den ein

---

15 Nr. 3 der Vorbemerkung der allgemeinen Vergütungsordnung für den Bereich der Vereinigung der kommunalen Arbeitgeberverbände.

16 BAG, Urt. v. 23.10.1985 – 4 AZR 216/84, AP Nr. 10 zu § 24 BAT.

17 BAG, Urt. v. 09.07.1980 – 4 AZR 579/78, AP Nr. 14 zu § 23 a BAT.

fachen Arbeiten schwierigere Tätigkeiten des laufenden Geschäfts nach Anleitung und ständig wiederkehrende Arbeiten.

d) Tätigkeiten mit „gründlichen Fachkenntnissen" sind in Fallgruppe 1b Vergütungsgruppe VIII definiert. Sie erfordern nähere Kenntnisse von Gesetzen und „gründliche Fachkenntnisse" von nicht ganz unerheblichem Ausmaß nicht nur oberflächiger Art.[18]

e) Bei „gründlichen und vielseitigen Fachkenntnissen", die in Vergütungsgruppe VII Fallgruppe 1a (Bund/Länder) und Fallgruppe 1b (VKA) beschrieben sind, handelt es sich um rein quantitative Heraushebungen gegenüber den gründlichen Fachkenntnissen.

f) „Gründliche und umfassende Fachkenntnisse" werden in Vergütungsgruppe Vb Fallgruppe 1a (Bund/Länder und VKA) gefordert. Sie unterscheiden sich von gründlichen und vielseitigen Fachkenntnissen quantitativ und qualitativ von den geforderten Kenntnissen und bedürfen einer vertieften Kenntniss der anzuwendenden Rechtsvorschriften.

g) „Selbständige Leistungen" werden erstmals in Vergütungsgruppe VI b Fallgruppe 1a (Bund/Länder und VKA) gefordert. Sie sind nur dann gegeben, wenn der einzuschlagende Weg der Bearbeitung nicht vorgegeben ist und bestehende Ermessens-, Entscheidungs-, Beurteilungs- und Gestaltungsspielräume ohne Weisung zu nutzen sind.[19]

h) „Besonders verantwortungsvolle" Tätigkeit wird als Heraushebungsmerkmal in Vergütungsgruppe IVb Fallgruppe 1a (VKA) verlangt. Nach der Rechtsprechung des BAG ist eine verantwortungsvolle oder eine Tätigkeit mit Verantwortung, dann gegeben, wenn der Beschäftigte dafür einzustehen hat, dass in dem ihm übertragenen Arbeitsbereich die dort zu erledigenden Aufgaben sachgerecht, pünktlich und vorschriftsmäßig ausgeführt werden. Er hat hierbei die Arbeitsergebnisse auch anderer Beschäftigter gegebenenfalls mit zu überwachen. Dies ist insbesondere dann geben, wenn die Arbeiten des Beschäftigten keiner eingehenden Prüfung und Kontrolle unterliegen. Besonders verantwortungsvoll ist eine Tätigkeit dann, wenn sie sich gegenüber der verantwortungsvollen Tätigkeit nochmals heraushebt.[20]

i) Tätigkeit mit „besonderer Schwierigkeit und Bedeutung" ist als Heraushebungsmerkmal in Vergütungsgruppe IVa Fallgruppe 1a (Bund/Länder und VKA) gefordert. Nach der Rechtsprechung des BAG müssen beide Erfordernisse gleichzeitig gegeben sein. Die besondere Schwierigkeit einer Aufgabe bezieht sich nach der Rechtsprechung des BAG auf die Schwierigkeit der Tätigkeit und die fachliche Qualifikation des Beschäftigten und muss ein Wissen und Können verlangen, dass die Anforderungen der Vergütungsgruppe IVb beträchtlich übersteigt. Die Tätigkeit muss sich gegenüber den in Vergütungsgruppe IVb verlangten Tätigkeiten durch ihre Bedeutung herausheben.[21]

---

[18] BAG, Urt. v. 24.08.1983 – 4 AZR 32/81, AP Nr. 78 zu §§ 22, 23 BAT 1975: von Politessen nicht erfüllt.

[19] BAG, Urt. v. 14.08.1985 – 4 AZR 21/84, AP Nr. 109 zu §§ 22, 23 BAT 1975.

[20] BAG, Urt. v. 25.10.1989 – 4 AZR 276/89, wiedergegeben bei Bredemeier/Neffke vor §§ 22-25 Rn. 31.

[21] BAG, Urt. v. 17.08.1994 – 4 AZR 644/93, AP Nr. 183 zu §§ 22, 23 BAT 1975.

III. Vergütungsanspruch

Nach § 22 Abs. 1 Satz 2 BAT erhält der Beschäftigte die Vergütung der Vergü-   **29**
tungsgruppe, in die er eingruppiert ist. Nach der Rechtsprechung des BAG will der
Arbeitgeber des öffentlichen Dienstes im Wege des Normenvollzuges lediglich
die Vergütung gewähren, die dem Arbeitnehmer tariflich auch zusteht.[22] Der Arbeitgeber ist nach Abs. 3 dazu verpflichtet, die Vergütungsgruppe, in die der Beschäftigte einzugruppieren ist, im Arbeitsvertrag anzugeben. Diese Angabe ist
nach Auffassung des BAG in der Regel rein deklaratorischer Natur. Ob sich eine
bestimmte Äußerung als Willenserklärung im Sinne der §§ 116 ff BGB interpretieren lasse, deren Auslegungsregeln sich nach §§ 133, 157 BGB richte, hänge davon ab, ob sich einer solchen Erklärung ein bestimmter Rechtsbindungswille entnehmen lasse. Ein solcher Rechtsbindungswille sei der bloßen Angabe der Vergütungsgruppe in einem Arbeitsvertrag des öffentlichen Dienstes in der Regel nicht
zu entnehmen. Der Arbeitgeber gebe hiermit nur wieder, dass er die angegebene
Vergütungsgruppe als einschlägig ansehe, ohne sich an seine Erklärung binden zu
wollen.[23] Ein entsprechender Vergütungsanspruch des Beschäftigten aus der Angabe der Vergütungsgruppe im Arbeitsvertrag folge hieraus nicht.[24]

Das BAG hat in seiner neueren Rechtsprechung Unklarheiten in Arbeitsverträ-   **30**
gen privatrechtlicher Arbeitgeber darüber, ob eine Verweisung eine dynamische
Verweisung auf die Tarifnormen des BAT beinhalte, einer Prüfung nach § 305c
Abs. 2 BGB unterworfen. Immer dann, wenn eine Erklärung im Arbeitsvertrag
Zweifel über deren Auslegung offen lasse, greife die Unklarheitsregel des § 305c
Abs. 2 BGB, wonach unklare Klauseln zu Lasten des Verwenders, hier also des
Arbeitgebers, auszulegen seien. Dies betreffe auch Unklarheiten auf die Tragweite
tarifvertraglicher Verweisungsklauseln.[25]

Ist der Wortlaut eines Formularvertrags nicht eindeutig, so kommt es nach An-   **31**
sicht des BAG für die Auslegung entscheidend darauf an, wie der Vertragstext aus
der Sicht der typischerweise an Geschäften dieser Art beteiligten Verkehrskreise
zu verstehen ist, wobei der Vertragswille verständiger und redlicher Vertragspartner beachtet werden muss.[26]

Wird in einem Arbeitsvertrag festgehalten, welche Tätigkeit der Beschäftigte   **32**
auszuüben hat, in welche Vergütungsgruppe ein Beschäftigter eingruppiert ist und
wie hoch die danach zur Zeit zu zahlende Vergütung ist, so gehen beide Vertragspartner auch im öffentlichen Dienst davon aus, dass hiermit eine Einigung über
Leistung und Gegenleistung aus dem Arbeitverhältnis getroffen werden sollte,
weil dies die „essentialia negotii" sind, ohne die eine Einigung auf den Arbeitsvertrag nicht zu Stande kommt. Vor diesem Hintergrund müssen auch Verträge im
öffentlichen Dienst in Zukunft darauf überprüft werden, ob die Parteien sich

---

[22] BAG, Urt. v. 18.02.1998 – 4 AZR 581/96 – AP Nr. 239 zu § 22 BAT; BAG, Urt. v. 05.09.2002 –
       8 AZR 620/01, NZA 2003, 344.
[23] BAG, Urt. v. 17.07.2003 – 8 AZR 376/02, NJOZ 2004, 2315; NZA 2004, 679.
[24] BAG, Urt. v. 06.03.1984 – 3 AZR 340/80, AP Nr. 16 zu § 242 BGB Betriebliche Übung.
[25] BAG, Urt. v. 09.11.2005 – 5 AZR 128/05, NZA 2006, 202.
[26] BGH, Urt. v. 19.01.2005 – XIIZR 107/01, NJW 2005, 1183; BAG, Urt. v. 31. 08. 2005 - 5 AZR
       545/04, NZA 2006, 324.

rechtsgeschäftlich tatsächlich darauf haben einigen wollen, dass die Angabe der Vergütungsgruppe in Arbeitsvertragsmustern nur eine rechtlich unverbindliche Aussage darüber darstellen, in welche Vergütungsgruppe der Beschäftigte eingruppiert ist, oder eine rechtsgeschäftliche Einigung darüber darstellen, dass der Beschäftigte in diese Vergütungsgruppe eingruppiert ist. Auch Zweifel darüber, ob sich die Parteien nur deklaratorisch oder aber konstitutiv über die Eingruppierung geeinigt haben, gehen zu Lasten des Verwenders. Will der Arbeitgeber sich vorbehalten, die Richtigkeit der Eingruppierung zu überprüfen, so hat er dies im Arbeitsvertrag klarzustellen.

IV. Tarifautomatismus

1. Eingruppierung durch Tarifvertrag

33   Der Beschäftigte ist nach Abs. 2 in der Vergütungsgruppe eingruppiert, deren Tätigkeitsmerkmale die gesamte von ihm nicht nur vorübergehend auszuübende Tätigkeit entspricht.

Nach dem Wortlaut der Norm ist damit die Eingruppierung ein Akt der Rechtsanwendung und ergibt sich automatisch, wenn die auszuübende Tätigkeit arbeitsvertraglich festgelegt worden ist.[27] Hieraus folgt, dass es keinen subjektiven Anspruch des Beschäftigten auf Eingruppierung gibt, so dass die Eingruppierung nicht der Ausschlussfrist des § 37 TVöD und nicht der Verjährung des § 194 Abs. 1 BGB unterliegt.[28]

2. Auszuübende Tätigkeit

34   Maßgeblich ist nach dem Wortlaut des Tarifvertrages die „auszuübende" Tätigkeit. Die auszuübende Tätigkeit ist nicht zu verwechseln mit der tatsächlich ausgeübten Tätigkeit.[29] Eine Tätigkeit ist dann auszuüben, wenn sie arbeitsvertraglich vereinbart oder durch ein den Arbeitgeber vertretungsberechtigtes Organ zugewiesen wurde[30] und kann von der tatsächlich ausgeübten Tätigkeit abweichen. Es kann sich hierbei nur um eine Tätigkeit handeln, die dem Beschäftigten durch das Direktionsrecht des Arbeitgebers übertragen werden kann, die mithin keine Vertragsänderung erfordert.

35   Unbeachtlich sind[31]:

- die Eingruppierung des Vorgängers auf der gleichen Stelle
- Angaben der Vergütungsgruppe, nach der die Vergütung erfolgt[32]
- Eingruppierung vergleichbarer Beschäftigter[33]
- Eingruppierung über- oder nachgeordneter Beschäftigter

---

[27]   BAG, Urt. v. 20.03.1990 – 1 ABR 20/89, AP Nr. 79 zu § 99 BetrVG 1972.

[28]   Böhm/Spiertz/Sponer/Steinherr § 22 Rn. 6; Kuner Rn. 138, S. 103.

[29]   BAG, Urt. v. 31.10.1990 – 4 AZR 260/90, AP Nr. 152 zu § 24 BAT.

[30]   BAG, Urt. v. 25.10.1995 - 4 AZR 479/94, NZA 1996, 710.

[31]   Vergleiche Kuner Rn. 142, S. 106.

[32]   BAG, Urt. v. 27.02.1980 – 4 AZR 237/78, AP Nr. 30 zu §§ 22, 23 BAT 1975.

[33]   BAG, Urt. v. 04.05.1988 – 4 AZR 811/87, AP Nr. 144 zu §§ 22, 23 BAT 1975; bei willkürlicher Ausnahme kann allerdings der Gleichbehandlungsgrundsatz verletzt und eine gleiche Eingruppierung begründet sein: BAG, Urt. v. 18.08.1999 – 4 AZR 373/98, AP Nr. 272 zu §§ 22, 23 BAT 1975.

– Inhalte und Beschreibungen im Haushalts- und Stellenplan[34]
– Qualität und Quantität der geleisteten Arbeit
– Bestimmtes Anforderungsprofil
– Schlechtleistung des Beschäftigten
– Stellenausschreibung und Stellenbeschreibung[35]
– Eingruppierungsrichtlinien einer Tarifvertragspartei[36]
– Besoldung vergleichbarer Beamter[37]

Bei den in der Vergütungsordnung enthaltenen Tätigkeitsmerkmalen handelt es sich um unbestimmte Rechtsbegriffe, die zum Teil im Text oder in Protokollnotizen erläutert werden und ansonsten durch die Arbeitsgerichte auszulegen sind.

3. Übertragung der Tätigkeit auf Dauer
Die auszuübende Tätigkeit muss auf Dauer zugewiesen worden sein. Eine nur vorübergehend zugewiesene Tätigkeit vermag keine höhere Eingruppierung zu rechtfertigen. Wird eine höherwertigere Tätigkeit nur vorübergehend zugewiesen, so unterliegt dies nach der geänderten Rechtsprechung des BAG einer dreifachen Billigkeitskontrolle.[38] Sowohl die Übertragung der Tätigkeit, als auch die Dauer der Übertragung müssen billigem Ermessen nach § 106 GewO entsprechen. Der Beschäftigte muss außerdem hinreichend deutlich auf die Befristung der Übertragung hingewiesen worden sein. Entspricht die nur vorübergehende Übertragung einer höherwertigeren Tätigkeit oder die Dauer der vorübergehenden Tätigkeit nicht der Billigkeit, so kann dies dazu führen, dass der Beschäftigte von Beginn an die höherwertigere Tätigkeit nach § 22 BAT übertragen oder die Dauer der Befristung durch das angerufene Arbeitsgericht abweichend nach § 315 Abs. 2 Satz 2 BGB zu bestimmen ist.[39]

4. Gesamte Tätigkeit des Beschäftigten
Dabei ist die gesamte Tätigkeit des Beschäftigten maßgeblich. Tatsächlich trennbare Tätigkeiten mit unterschiedlicher Wertigkeit können hierbei nicht künstlich zu einem Arbeitsvorgang zusammengefasst werden.[40] Tätigkeiten, die allerdings nur ganzheitlich zu bewerten sind, dürfen nicht künstlich atomisiert werden, wenn sie nur im Zusammenwirken auf ein einheitliches Arbeitsergebnis gerichtet sind, wie beispielsweise die umfassende psychische Betreuung von Patienten durch Sozialarbeiter.[41]

36

37

---

34 BAG, Urt. v. 26.08.1987 – 4 AZR 137/87, AP Nr. 137 zu §§ 22, 23 BAT 1975.
35 BAG, Urt. v. 26.08.1987 – 4 AZR 137/87, AP Nr. 137 zu §§ 22, 23 BAT 1975.
36 BAG Urt. v. 25.11.1987 – 4 AZR 386/87, AP Nr. 23 zu § 22 BAT 1975, Lehrer. Anders zu beurteilen, wenn die Richtlinien im Arbeitsvertrag ausdrücklich in Bezug genommen wurden. BAG, Urt. v. 17.07.2003 - 8 AZR 376/02, NJOZ 2004, 2315.
37 BAG, Urt. v. 26.08.1987 – 4 AZR 137/87, AP Nr. 137 zu §§ 22, 23 BAT 1975.
38 Bayreuther, NZA Beilage 1 2006, 4.
39 BAG, Urt. v. 17.04.2002 – 4 AZR 174/01, NZA 2003, 159.
40 BAG, Urt. v. 20.10.1993 – 4 AZR 45/93 – AP Nr. 172 zu §§ 22, 23 BAT; BAG, Urt. v. 20.03.1991 – 4 AZR 471/90 – AP Nr. 156 zu §§ 22 BAT.
41 BAG, Urt. v. 25.10.1995 – 4 AZR 495/94, AP Nr. 21 zu § 22 BAT, Sozialarbeiter.

a) Arbeitsvorgang

38 Nach Abs. 2 Unterabs. 2 entspricht die gesamte auszuübende Tätigkeit dann einer Vergütungsgruppe, wenn zeitlich mindestens die Hälfte der Arbeitsvorgänge anfallen, die für sich genommen die Anforderungen eines Tätigkeitsmerkmals oder mehrere Tätigkeitsmerkmale der Vergütungsgruppe erfüllen. Der Begriff des Arbeitsvorgangs wurde in der Protokollnotiz zu Absatz 2 dahingehend definiert, dass Arbeitsvorgänge Arbeitsleistungen unter Einbeziehung mit der Arbeitsleistung zusammenhängender Tätigkeiten sind, die bezogen auf den Aufgabenkreis des Beschäftigten bei natürlicher Betrachtung zu einem abgrenzbaren Arbeitsergebnis führen. Hierbei ist jeder Arbeitsvorgang als solcher zu bewerten und darf dabei zeitlich hinsichtlich der Anforderungen nicht aufgespalten werden. Das BAG folgt demgegenüber in ständiger Rechtsprechung einer modifizierten Definition: „Unter einem Arbeitsvorgang i.S. von § 22 II BAT und der dazu tariflich vereinbarten Protokollnotizen ist eine unter Hinzurechnung der Zusammenhangstätigkeiten bei Berücksichtigung einer sinnvollen vernünftigen Verwaltungsübung nach tatsächlichen Gesichtspunkten abgrenzbare und rechtlich selbstständig zu bewertende Arbeitseinheit der zu einem bestimmten Arbeitsergebnis führenden Tätigkeit eines Angestellten zu verstehen. Bei der Prüfung, welche Arbeitsvorgänge in einer Tätigkeit anfallen, kommt es entscheidend auf die jeweiligen Arbeitsergebnisse an."[42] Da die Tarifvertragsparteien eine eigene Begriffsdefinition vorgenommen haben, besteht vor dem Hintergrund der verfassungsrechtlich geschützten Tarifautonomie für eine einschränkende Rechtsfortbildung durch das BAG kein Ansatzpunkt, so dass die tarifvertragliche Definition maßgeblich ist.[43]

Zusammenhangstätigkeiten sind notwendigerweise anfallende Tätigkeiten, die mit dem Arbeitsvorgang notwendigerweise oder aufgrund der bestehenden Arbeitsorganisation anfallen. Bei Erstellung eines Gutachtens fallen so notwendigerweise Schreibarbeiten an, die aus der Tätigkeit nicht herauszurechnen sind, wenn es kein eigenständiges Sekretariat gibt.

Der Arbeitsvorgang ist nach der tarifvertraglichen Definition von seinem Arbeitsergebnis her zu betrachten. Alle zu dem Arbeitsergebnis führenden Teiltätigkeiten können folglich nicht für sich betrachtet, sondern können nur in ihrem Zusammenhang gesehen werden. Dies führt dazu, dass das BAG je höherwertiger die Tätigkeit ist, von einem einheitlichen Arbeitsergebnis der Gesamttätigkeit und damit von einem einheitlichen Arbeitsvorgang ausgeht.[44] Dies ist immer dann gegeben, wenn die Tarifvertragsparteien die Eingruppierung an eine Funktionsbezeichnung gekoppelt haben. Ist dies nicht der Fall, müssen allerdings verschiedene Tätigkeiten, die zu eigenen Arbeitsergebnissen führen, getrennt betrachtet werden.[45]

---

[42] BAG, Urt. v. 12.05.2004 – 4 AZR 371/03, NJOZ 2005, 1468, NZA 2005, 432; ständige Rechtsprechung seit BAG, Urt. v. 22.11.1977 – 4 AZR 395/76, AP Nr. 2 zu §§ 22, 23 BAT 1975.
[43] Kuner Rn. 144, S. 108.
[44] Jesse/Rothbrust, ZTR 1995, 54; Dassau § 22 Rn. 25. z.B. Betreuung durch Sozialarbeiter BAG, Urt. v. 06.08.1997 – 4 AZR 789/95, NZA–RR 1998, 236.
[45] BAG, Urt. v. 08.09.1999 – 4 AZR 609/98, NZA–RR 2000, 272.

b) Zeitliches Maß der Arbeitsvorgänge

In einem ersten Schritt ist daher eine Aufteilung der Tätigkeit in Arbeitsvorgänge **39** wie oben beschrieben durchzuführen.

In einem zweiten Schritt, sind die Arbeitsvorgänge zu bewerten und nach ihrer Wertigkeit zu ordnen und Arbeitsvorgänge gleicher Wertigkeit zu addieren. Arbeiten gleichen Schwierigkeitsgrades sind dabei zusammenzufassen.[46] Bei der Bewertung der Arbeitsvorgänge ist jeweils die Erfüllung der niederwertigsteren Tätigkeit zu prüfen, um dann besondere Qualifizierungen oder Heraushebungsmerkmale zu erfassen.[47] Macht der Arbeitnehmer geltend, dass die ihm übertragene Tätigkeit höherwertig ist, so trägt er die Beweislast. Er muss allerdings nicht die Tätigkeit nach Arbeitsvorgängen gegliedert dem Gericht vorlegen.[48] Er hat allerdings einen in sich schlüssigen Sachvortrag zu liefern, nach welchem sich die Art der Tätigkeit, die Erfüllung der Voraussetzungen der Tätigkeitsmerkmale der beanspruchten Eingruppierung erfassen lässt.[49] Sind neben bestimmten Tätigkeitsmerkmalen bestimmte personenbezogene Voraussetzungen nach Abs. 2 Unterabs. 5 in Form bestimmter Ausbildungen oder Qualifikationsnachweise gefordert, so müssen diese ebenfalls erfüllt sein.

In einem dritten Schritt ist dann zu prüfen, ob mindestens 50% der Tätigkeit die geforderte Wertigkeit der Tätigkeit nach der Vergütungsordnung erfüllt. Hierbei ist auf die individuelle Arbeitszeit des Beschäftigten abzustellen. Zeiten des Bereitschaftsdienstes sind mit zu berücksichtigen. Zu bewerten ist hier aber nur der zeitliche Anteil der erbrachten Arbeitsleistung.[50]

V. Angabe der Vergütungsgruppe im Arbeitsvertrag, korrigierende Rückgruppierung

Nach der tarifvertraglichen Regelung in Abs. 2 Unterabs. 1 erfolgt die Eingruppierung durch Tarifvertrag auf Grundlage der arbeitsvertraglich vereinbarten auszuübenden Tätigkeit. Die Eingruppierung selbst ist somit keine Entscheidung des Arbeitgebers. Die Eingruppierung ist aber im Arbeitsvertrag schriftlich wiederzugeben. Sie ist nach ständiger Rechtsprechung des BAG rein deklaratorischer Natur und gibt wieder, welche Eingruppierung die Arbeitsvertragsparteien für tarifvertraglich richtig halten.[51] Hat der Arbeitgeber sich über die Eingruppierung geirrt, so ist er nach der bisherigen Rechtsprechung des BAG berechtigt, die zu hohe Eingruppierung einseitig durch eine „korrigierende Rückgruppierung" zu beseitigen. In einem Prozess trägt der Arbeitgeber die Beweislast, dass die Eingruppierung objektiv falsch ist. Der Beweis ist bereits dann erbracht, wenn eine der tarifvertraglichen Voraussetzungen der Eingruppierung nicht gegeben ist.[52] Dem Arbeitgeber kann es allerdings nach dem Grundsatz von Treu und Glauben ver-

---

[46] BAG, Urt. v. 12.08.1981 – 4 AZR 15/79, AP Nr. 47 zu §§ 22, 23 BAT 1975.
[47] BAG, Urt. v. 19.02.2003 – 4 AZR 265/02, NZA 2003, 1359.
[48] BAG, Urt. v. 28.02.1979 – 4 AZR 427/77, AP Nr. 16 zu §§ 22, 23 BAT 1975.
[49] BAG, Urt. v. 19.02.2003 – 4 AZR 157/02, NJOZ 2003, 3193.
[50] BAG, Urt. v. 29.11.2001 – 4 AZR 736/00, NZA 2002, 1288.
[51] BAG, Urt. v. 16.02.2000 – 4 AZR 62/99, AP Nr. 3 zu §2 NachwG.
[52] BAG, Urt. v. 17.05.2000 – 4 AZR 237/99, AP Nr. 17 zu §§ 22,23, BAT-O. Zur Kritik an der Rechtsprechung vergleiche die Kommentierung unter I.

wehrt sein, sich auf die Fehlerhaftigkeit einer Eingruppierung zu berufen und eine korrigierende Rückgruppierung vorzunehmen. Dies ist dann gegeben, wenn der Arbeitnehmer zehn Jahre darauf vertrauen konnte, dass er zutreffend eingruppiert sei und der Arbeitgeber zwischenzeitlich die Eingruppierung als zutreffend bestätigt hatte.[53]

VI. Mitbestimmungsrechte des Betriebs- und Personalrates

41 Bei der Überleitung der Vergütungs- und Fallgruppen nach dem BAT in die Entgeltgruppe nach dem TVöD steht der Personalvertretung oder dem Betriebsrat kein Mitbestimmungsrecht nach § 75 Abs. 1 Nr. 2 bzw. § 99 Abs. 1 BetrVG zu, da die Zuweisung zwingend tarifvertraglich geregelt ist und kein Beurteilungs- oder Entscheidungsspielraum besteht.[54] Vergleiche hierzu im Übrigen die Kommentierung zu § 13, IV.

§ 25 Prüfungserfordernis

Die Ablegung der Ersten Prüfung und der Zweiten Prüfung als Voraussetzung für die Eingruppierung von Angestellten im Verwaltungs- und Kassendienst sowie im Sparkassendienst in bestimmte Vergütungsgruppen richtet sich im Bereich der Vereinigung der kommunalen Arbeitgeberverbände nach der Anlage 3 zu diesem Tarifvertrag.

42 Nach § 17 Abs. 1 Satz 1 TVÜ-VKA bleibt § 25 BAT in der Übergangszeit bis zur Neuregelung des Eingruppierungsrechts in Kraft. Die Vorschrift hatte zuvor auch nur für den kommunalen Bereich gegolten und den Bereich des Bundes und der Länder nicht erfasst.

Er regelt in der Anlage 3 zum BAT Prüfungserfordernisse im Verwaltungs- und Kassendienst sowie im Sparkassendienst in bestimmten Vergütungsgruppen. Danach ist die Ablegung der ersten Prüfung der der Zweiten Prüfung zwingende personelle Voraussetzung einer tariflichen Ein- und Höhergruppierung.[55]

In § 1 Abs. 2 der Anlage 3 ist festgelegt für welche Vergütungs- und Fallgruppen die Fachprüfung I und II abzulegen ist.

Der Arbeitgeber ist nicht verpflichtet die Kosten für Lehrgänge und Prüfungen an den anerkannten Verwaltungs- und Sparkassenschulen zu übernehmen. Eine Kostenübernahme auf freiwilliger Basis kann arbeitsvertraglich oder durch Dienstvereinbarungen geregelt werden. Zur Ausgestaltung solcher Verträge wird auf die Kommentierung zu § 5 verwiesen.

---

[53] BAG, Urt. v. 14.09.2005 – 4 AZR 348/04, ZTR 2006, 253.
[54] VG Mainz, Urt. v. 20.04.06 – 5 K 592/05, Beck RS 2006 22600.
[55] Zur Zulässigkeit vergleiche BAG, Urt. v. 21.06.1978 – 4 AZR 816/76, AP Nr. 3 zu § 25 BAT.

§ 13 Eingruppierung in besonderen Fällen

Die Vorschrift ist zurzeit nicht belegt. Bis zur Neuregelung der Eingruppierung gilt nach § 17 Abs. 1 TVÜ-VKA und TVÜ-Bund der § 23 BAT fort.

§ 23 BAT Eingruppierung in besonderen Fällen

[1]Ist dem Angestellten eine andere, höherwertige Tätigkeit nicht übertragen worden, hat sich aber die ihm übertragene Tätigkeit (§ 22 Abs. 2 Unterabs. 1) nicht nur vorübergehend derart geändert, dass sie den Tätigkeitsmerkmalen einer höheren als seiner bisherigen Vergütungsgruppe entspricht (§ 22 Abs. 2 Unterabs. 2 bis 5), und hat der Angestellte die höherwertige Tätigkeit ununterbrochen sechs Monate lang ausgeübt, ist er mit Beginn des darauf folgenden Kalendermonats in der höheren Vergütungsgruppe eingruppiert. [2]Für die zurückliegenden sechs Kalendermonate gilt § 24 Abs. 1 sinngemäß.

Ist die Zeit der Ausübung der höherwertigen Tätigkeit durch Urlaub, Arbeitsbefreiung, Arbeitsunfähigkeit, Kur- oder Heilverfahren oder Vorbereitung auf eine Fachprüfung für die Dauer von insgesamt nicht mehr als sechs Wochen unterbrochen worden, wird die Unterbrechungszeit in die Frist von sechs Monaten eingerechnet. Bei einer längeren Unterbrechung oder bei einer Unterbrechung aus anderen Gründen beginnt die Frist nach der Beendigung der Unterbrechung von neuem.

Wird dem Angestellten vor Ablauf der sechs Monate wieder eine Tätigkeit zugewiesen, die den Tätigkeitsmerkmalen seiner bisherigen Vergütungsgruppe entspricht, gilt § 24 Abs. 1 sinngemäß.

I. Tätikeitsänderung

Die Tarifvertragsparteien verfolgen grundsätzlich die Absicht, die Bestimmungen   **1**
des § 23 im Zuge der Regelung der Eingruppierung im Wesentlichen durch eine inhaltsgleiche Regelung fort zu führen. Für den Übergangszeitraum wurde daher in § 17 Abs. 1 TVÜ-VKA und TVÜ-Bund festgelegt, dass § 23 BAT für den Übergangszeitraum in Kraft bleibt. Soweit in Satz 2 des Unterabs. 1 auf § 24 BAT verwiesen wird, ist dieser Verweis als Verweis auf § 14 TVöD und die hierzu ergangene Überleitungsvorschrift des § 18 TVÜ-VKA bzw. TVÜ-Bund zu ersetzen, da § 24 zum 01.10.2005 von den Tarifvertragsparteien außer Kraft gesetzt worden ist.[1]

---

[1]   Breier § 13 Rn. 2 und 3.

2   Da nach § 22 Abs. 2 Unterabs. 1 BAT die Eingruppierung automatisch aus der dem Beschäftigten auf Dauer übertragenen Tätigkeit folgt, kann es auch Fälle geben, in denen sich die Tätigkeit in eine höher- oder niederwertigere Tätigkeit ändert, indem sich die Rahmenbedingungen der zu erbringenden Arbeitsleistung ändern. Dies kann darauf zurückzuführen sein, dass durch Automatisation bestimmter Arbeitsprozesse niederwertigere Tätigkeiten entfallen.[2] In einem solchen Fall ändert sich die Eingruppierung des Beschäftigten nach Unterabs. 1 der Vorschrift automatisch, wenn die zu einer höherwertigeren Tätigkeit angewachsene Tätigkeit ununterbrochen lang für sechs Monate ausgeübt wurde, mit Beginn des darauf folgenden Kalendermonats.

Wurde dem Beschäftigten allerdings die grundlegende Tätigkeit auf dessen Anwachsen zu einer höherwertigeren Tätigkeit er sich beruft, nicht rechtswirksam übertragen, so kann eine vertragswidrig ausgeübte Tätigkeit nicht zu einer höherwertigeren Tätigkeit anwachsen.[3]

II. Zeitraum von 6 Monaten

1. Berechnung der Dauer der höherwertigeren Tätigkeit

3   Der Beginn der 6-Monatsfrist bestimmt sich nach § 187 Abs. 2 Satz 1 BGB und beginnt mit dem Tag an dem erstmals die höherwertigere Tätigkeit mindestens zur Hälfte der gesamten Arbeitszeit ausgeübt worden ist. Sie endet nach § 188 Abs. 2 und 3 BGB mit dem Tag der durch seine Benennung oder Zahl dem Tag vorhergeht, zu dem die Frist begonnen hat. Ist Fristbeginn der 15.07.2006, so endet die Frist mit Ablauf des 14.01.2007. Der Beschäftigte ist dann mit Beginn des darauf folgenden Monats in die höhere Entgeltgruppe, in diesem Fall also zum 01.02.2007, eingruppiert.

Für den abgelaufenen Zeitraum der Ausübung einer höherwertigeren Tätigkeit stehen dem Beschäftigten die Zulage nach § 14 TVöD, im Übergangszeitraum bis zur Einigung auf eine neue Eingruppierungsregelung nach § 18 TVÜ-VKA, TVÜ-Bund (Kommentierung im Anschluss an § 14) zu.

2. Unterbrechungen des Ausübungszeitraums nach Unterabsatz 2

4   Ist die Ausübung der höherwertigeren Tätigkeit nach Unterabs. 2 durch Urlaub, Arbeitsbefreiung, Arbeitsunfähigkeit, Kur- oder Heilverfahren oder Vorbereitung auf eine Fachprüfung für die Dauer von höchstens 6 Wochen unterbrochen, so zählt die Zeit der Unterbrechung aus diesen Gründen anspruchsbegründend mit.

Im Tarifvertrag nicht benannte Zeiten wie z.B. ein ruhendes Arbeitsverhältnis in Folge der Ableistung von Wehr- oder Ersatzdienst, unbezahlte Freistellung von der Arbeit, führen grundsätzlich dazu, dass mit Wiederaufnahme der Tätigkeit die Frist neu zu laufen beginnt. Unter dem Begriff Urlaub ist der Erholungs-, der Zusatz- oder Sonderurlaub zu verstehen, unter Arbeitsbefreiung die tariflichen oder

---

[2]   BAG, Urt. v. 30.08.2000 – 4 AZR 854/98, Haufe Index 749375, TPE Nr. 13497 (Leitsatz). Im entschiedenen Fall sind Listenführungstätigkeiten eines Finanzbeamten durch Verwaltungsautomatisation entfallen, so dass der Anteil der Bearbeitung von Grunderwerbssteuerangelegenheiten gestiegen ist.

[3]   BAG, Urt. v. 05.05.1999 – 4 AZR 360/98, NZA-RR 2000, 164 zur Übertragung einer Tätigkeit durch einen nicht zuständigen Vorgesetzten.

gesetzlichen Arbeitsbefreiungen.[4]

Hierbei sind verschiedene Unterbrechungszeiten zusammen zu addieren (3 Wochen Arbeitsunfähigkeit + 4 Wochen Urlaub = 7 Wochen). Tage, die normalerweise arbeitsfrei sind (Samstag, Sonntag, Feiertage), zählen zum Unterbrechungszeitraum, wenn sie dem Unterbrechungszeitraum zuzuordnen sind. Samstag und Sonntag zählen zu dem vorangegangenen Urlaubszeitraum von Montag bis Freitag; sie zählen allerdings nicht dazu, wenn der Urlaub nur für Freitag gewährt worden ist (z.B. Brückentag), weil sie dann der Woche als ausgeübte Tätigkeit zuzuordnen sind.[5]

III. Zuweisung einer anderen Tätigkeit nach Unterabsatz 3

Wird dem Beschäftigten innerhalb der Frist eine Tätigkeit zugewiesen, die seiner   5
bisherigen Tätigkeit vor dem Hineinwachsen in eine höherwertigere Tätigkeit entspricht, so erfolgt keine Höhergruppierung durch Tarifvertrag. Der Arbeitgeber ist nach dieser Tarifvertragsvorschrift befugt, dem Beschäftigten die höherwertigere Tätigkeit jederzeit wieder zu entziehen oder ihn im Rahmen seines Direktionsrechts auf einem anderen Arbeitsplatz ohne die höherwertigere Tätigkeit zu versetzen.[6] In diesen Fällen hat der Beschäftigte für den vergangenen Zeitraum der Ausübung einer höherwertigeren Tätigkeit Anspruch auf eine Zulage nach § 14 TVöD bzw. im Übergangszeitraum nach § 18 TVÜ-VKA, TVÜ-Bund.

Der Arbeitgeber kann sich nicht von den Rechtsfolgen des § 23 BAT dadurch befreien, indem er dem Beschäftigten rückwirkend die höherwertigere Tätigkeit nur befristet überträgt.[7] Umgekehrt kann der Beschäftigte nicht die Rechtsfolge des § 23 BAT geltend machen, wenn ihm die höherwertigere Tätigkeit nur vorübergehend zugewiesen wurde.[8] Eine zeitliche Höchstgrenze für die vorübergehende Übertragung einer höherwertigeren Tätigkeit besteht nicht.[9] So kann eine vorübergehende Übertragung einer Tätigkeit unter Umständen auch gerechtfertigt sein, wenn diese Übertragungen auf einen weit über ein halbes Jahr hinausgehenden Zeitraum erfolgt, wenn dies sachlich begründet ist.

IV. Mitbestimmungsrechte des Betriebs- und Personalrats

Nach § 99 Abs. 1 BetrVG hat der Betriebsrat, nach § 75 Abs. 1 Nr. 2 BpersVG der   6
Personalrat ein Mitbestimmungsrecht bei der Ein-, Um- und Höhergruppierung. Im Falle des § 23 BAT erfolgt die Höhergruppierung automatisch nach Ablauf von 6 Monaten der Ausübung der höherwertigeren Tätigkeit. Eine Entscheidung des Arbeitgebers, die nur Anknüpfungspunkt von Mitbestimmungsrechten sein kann, ist auf Grund des Tarifautomatismus nicht zu treffen. In diesem Falle sind Mitbestimmungsrechte des Betriebs- oder Personalrates nicht gegeben.[10] Eine

---

4   Dassau § 23 Rn 9.
5   So auch Dassau § 23 Rn. 8.
6   BAG, Urt. v. 14.12.1975 – 4 AZR 474/04.
7   BAG, Urt. v. 15.11.1972 – 4 AZR 50/72, AP Nr. 61 zu § 22 BAT.
8   BAG, Urt. v. 14.06.1972 – 4 AZR 315/71, NJW 1972, 2103.
9   BAG, Urt. v. 14.09.2005 – 4 AZR 102/04, NZA 2006, 160.
10 BAG, Urt. v. 01.07.1970 – 4 AZR 351/69, AP Nr. 11 zu § 71 BpersVG; a.A. Dassau § 23 Rn. 12.

Nichtbeteiligung des Betriebs- oder Personalrates führt nicht dazu, dass die Rechtsfolge des § 23 BAT nicht eintritt.

Die Feststellung der zutreffenden Eingruppierung unterliegt allerdings der Mitbestimmung des Betriebs- bzw. Personalrates. Dies betrifft auch die nachträgliche Feststellung einer Höhergruppierung nach § 23 BAT, da dieses Mitbestimmungsrecht unabhängig von der tarifvertraglichen Eingruppierung besteht.

Anknüpfungspunkt des Mitbestimmungsrecht ist aber auf Grund der Tarifautomatik der §§ 22 Abs. 2 Unterabs. 1 und 23 BAT die Zuweisung der Tätigkeit.[11] Führt diese zu einer sich ändernden Eingruppierung, so unterliegt die Zuweisung der Tätigkeit der Mitbestimmung. Wird einem Arbeitnehmer also eine höherwertigere Tätigkeit, in die er nach § 23 BAT hineingewachsen ist, während des Übertragungszeitraums wieder entzogen, so unterliegt dies der Mitbestimmung des Betriebs- bzw. Personalrates.

---

[11] BAG, Beschl. v. 21.03.1995 – 1 ABR 46/94, NZA-RR 1996, 76; BAG, Urt. v. 26.08.1992 - 4 AZR 210/92, NZA 1993, 469; BAG, Beschl. v. 20.03.1990 – 1 ABR 20/89, NZA 1990, 699.

§ 14 Vorübergehende Übertragung einer höherwertigen Tätigkeit

(1) Wird der/dem Beschäftigten vorübergehend eine andere Tätigkeit übertragen, die den Tätigkeitsmerkmalen einer höheren als ihrer/seiner Eingruppierung entspricht, und hat sie/er diese mindestens einen Monat ausgeübt, erhält sie/er für die Dauer der Übertragung eine persönliche Zulage rückwirkend ab dem ersten Tag der Übertragung der Tätigkeit.

(2) Durch landesbezirklichen Tarifvertrag - für den Bund durch einen Tarifvertrag auf Bundesebene - wird im Rahmen eines Kataloges, der die hierfür in Frage kommenden Tätigkeiten aufführt, bestimmt, dass die Voraussetzung für die Zahlung einer persönlichen Zulage bereits erfüllt ist, wenn die vorübergehend übertragene Tätigkeit mindestens drei Arbeitstage angedauert hat und die/der Beschäftigte ab dem ersten Tag der Vertretung in Anspruch genommen worden ist.

(3) ¹Die persönliche Zulage bemisst sich für Beschäftigte, die in eine der Entgeltgruppen 9 bis 15 eingruppiert sind, aus dem Unterschiedsbetrag zu dem Tabellenentgelt, das sich für die/den Beschäftigte/n bei dauerhafter Übertragung nach § 17 Abs. 4 Satz 1 und 2 ergeben hätte. ²Für Beschäftigte, die in eine der Entgeltgruppen 1 bis 8 eingruppiert sind, beträgt die Zulage 4,5 v.H. des individuellen Tabellenentgelts der/des Beschäftigten.

TVÜ-Bund
§ 10 Fortführung vorübergehend übertragener höherwertiger Tätigkeit

¹Beschäftigte, denen am 30. September 2005 eine Zulage nach § 24 BAT/-O zusteht, erhalten nach Überleitung in den TVöD eine Besitzstandszulage in Höhe ihrer bisherigen Zulage, solange sie die anspruchsbegründende Tätigkeit weiterhin ausüben und die Zulage nach bisherigem Recht zu zahlen wäre. ²Wird die anspruchsbegründende Tätigkeit über den 30. September 2007 hinaus beibehalten, finden mit Wirkung ab dem 1. Oktober 2007 die Regelungen des TVöD über die vorübergehende Übertragung einer höherwertiger Tätigkeit Anwendung. ³Für eine vor dem 1. Oktober 2005 vorübergehend übertragene höherwertige Tätigkeit, für die am 30. September 2005 wegen der zeitlichen Voraussetzungen des § 24 Abs. 1 bzw. 2 BAT/-O noch keine Zulage gezahlt wird, gilt Satz 1 und 2 ab dem Zeitpunkt entsprechend, zu dem nach bisherigem Recht die Zulage zu zahlen gewesen wäre. ⁴Sätze 1 bis 3 gelten in den Fällen des § 9 MTArb/MTArb-O entsprechend; bei Vertretung einer Arbeiterin/eines Arbeiters bemisst sich die Zulage nach dem Unterschiedsbetrag zwischen dem Lohn nach § 9 Abs. 2 Buchst. a MTArb/MTArb-O und dem im September 2005 ohne Zulage zustehenden Lohn. ⁵Sätze 1 bis 4 gelten bei besonderen tarifvertraglichen Vorschriften über die vorübergehende oder vertretungsweise Übertragung höherwertiger Tätigkeiten entsprechend.

Niederschriftserklärung zu § 10:
Die Tarifvertragsparteien stellen klar, dass die vertretungsweise Übertragung einer höherwertigen Tätigkeit ein Unterfall der vorübergehenden Übertragung einer höherwertigen Tätigkeit ist.

TVÜ-Bund
§ 18 Vorübergehende Übertragung einer höherwertigen Tätigkeit nach dem 30. September 2005

(1) ¹Wird aus dem Geltungsbereich des BAT/-O übergeleiteten Beschäftigten in der Zeit zwischen dem 1. Oktober 2005 und dem 30. September 2007 erstmalig außerhalb von § 10 eine höherwertige Tätigkeit vorübergehend übertragen, findet der TVöD Anwendung. ²Ist der Beschäftigte in eine individuelle Zwischenstufe übergeleitet worden, gilt für die Bemessung der persönlichen Zulage § 6 Abs. 2 Satz 1 entsprechend. ³Bei Überleitung in eine individuelle Endstufe gilt § 6 Abs. 3 Satz 2 entsprechend. ⁴In den Fällen des § 6 Abs. 4 bestimmt sich die Höhe der Zulage nach den Vorschriften des TVöD über die vorübergehende Übertragung einer höherwertigen Tätigkeit.

(2) Wird aus dem Geltungsbereich des MTArb/MTArb-O übergeleiteten Beschäftigten nach dem 30. September 2005 erstmalig außerhalb von § 10 eine höherwertige Tätigkeit vorübergehend übertragen, gelten bis zum In-Kraft-Treten eines Tarifvertrages über eine persönliche Zulage die bisherigen Regelungen des MTArb/MTArb-O mit der Maßgabe entsprechend, dass sich die Höhe der Zulage nach dem TVöD richtet, soweit sich aus § 17 Abs. 9 Satz 3 nichts anderes ergibt.

(3) Bis zum In-Kraft-Treten der Eingruppierungsvorschriften des TVöD gilt – auch für Beschäftigte im Sinne des § 1 Abs. 2 – die Regelung des TVöD zur vorübergehenden Übertragung einer höherwertigen Tätigkeit mit der Maßgabe, dass sich die Voraussetzungen für die übertragene höherwertige Tätigkeit nach § 22 Abs. 2 BAT/-O bzw. den entsprechenden Regelungen für Arbeiter bestimmen.

Niederschriftserklärungen zu § 18
1. ¹*Abweichend von der Grundsatzregelung des TVöD über eine persönliche Zulage bei vorübergehender Übertragung einer höherwertigen Tätigkeit ist durch einen Tarifvertrag für den Bund im Rahmen eines Katalogs, der die hierfür in Frage kommenden Tätigkeiten aufführt, zu bestimmen, dass die Voraussetzung für die Zahlung einer persönlichen Zulagen bereits erfüllt ist, wenn die vorübergehende übertragene Tätigkeit mindestens drei Arbeitstage angedauert hat und der/die Beschäftigte ab dem ersten Tag der Vertretung in Anspruch genommen ist. ²Der Tarifvertrag soll spätestens am 1. Juli 2007 in Kraft treten.*
2. *Die Niederschriftserklärung zu § 10 gilt entsprechend.*

TVÜ-VKA
§ 10 Fortführung vorübergehender übertragener höherwertiger Tätigkeit

(1) ¹Beschäftigte, denen am 30. September 2005 eine Zulage nach § 24 BAT/ BAT-O/BAT-Ostdeutsche Sparkassen zusteht, erhalten nach Überleitung in den TVöD eine Besitzstandszulage in Höhe ihrer bisherigen Zulage, solange sie die anspruchsbegründende Tätigkeit weiterhin ausüben und die Zulage nach bisherigem Recht zu zahlen wäre. ²Wird die anspruchsbegründende Tätigkeit über den 30. September 2007 hinaus beibehalten, finden mit Wirkung ab dem 1. Oktober 2007 die Regelungen des TVöD über die vorübergehende Übertragung einer höherwertiger Tätigkeit Anwendung. ³Für eine vor dem 1. Oktober 2005 vorübergehend übertragene höherwertige Tätigkeit, für die am 30. September 2005 wegen der zeitlichen Voraussetzungen des § 24 Abs. 1 bzw. 2 BAT/BAT-O/BAT-Ostdeutsche Sparkassen noch keine Zulage gezahlt wird, gilt Satz 1 und 2 ab dem Zeitpunkt entsprechend, zu dem nach bisherigem Recht die Zulage zu zahlen gewesen wäre. ⁴Sätze 1 bis 3 gelten für landesbezirkliche Regelungen gemäß § 9 Abs. 3 BMT-G und nach Abschnitt I. der Anlage 3 des Tarifvertrages zu § 20 Abs. 1 BMT-G-O (Lohngruppenverzeichnis) entsprechend. ⁵Sätze 1 bis 4 gelten bei besonderen tarifvertraglichen Vorschriften über die vorübergehende oder vertretungsweise Übertragung höherwertiger Tätigkeiten entsprechend.

(2) Absatz 1 gilt in Fällen des § 2 der Anlage 3 zum BAT entsprechend. An die Stelle der Begriffe Vergütung und Vergütungsgruppe treten die Begriffe Entgelt und Entgeltgruppe

Niederschriftserklärung zu Absatz 1 und 2:
Die Tarifvertragsparteien stellen klar, dass die vertretungsweise Übertragung einer höherwertigen Tätigkeit ein Unterfall der vorübergehenden Übertragung einer höherwertigen Tätigkeit ist. Gleiches gilt für die Zulage nach § 2 der Anlage 3 zum BAT.

TVÜ-VKA
§ 18 Vorübergehende Übertragung einer höherwertigen Tätigkeit nach dem 30. September 2005

(1) ¹Wird aus dem Geltungsbereich des BAT/BAT-O/BAT-Ostdeutsche Sparkassen übergeleiteten Beschäftigten in der Zeit zwischen dem 1. Oktober 2005 und dem 30. September 2007 erstmalig außerhalb von § 10 eine höherwertige Tätigkeit vorübergehend übertragen, findet der TVöD Anwendung. ²Ist die/der Beschäftigte in eine individuelle Zwischenstufe übergeleitet worden, gilt für die Bemessung der persönlichen Zulage § 6 Abs. 2 Satz 1 und 2 entsprechend. ³Bei Überleitung in eine individuelle Endstufe gilt § 6 Abs. 3 Satz 2 entsprechend. ⁴In den Fällen des § 6 Abs. 4 bestimmt sich die Höhe der Zulage nach § 14 TVöD.

(2) Wird aus dem Geltungsbereich des BMT-G/BMT-G-O übergeleiteten Beschäftigten nach dem 30. September 2005 erstmalig außerhalb von § 10 eine höherwertige Tätigkeit vorübergehend übertragen, gelten bis zum In-Kraft-Treten eines Tarifvertrages über eine persönliche Zulage die bisherigen bezirklichen Regelungen gemäß § 9 Abs. 3 BMT-G und nach Anlage 3 Teil I. des Tarifvertrages zu § 20 Abs. 1 BMT-G-O (Lohngruppenverzeichnis) im bisherigen Geltungsbereich mit der Maßgabe entsprechend, dass sich die Höhe der Zulage nach dem TVöD richtet, soweit sich aus § 17 Abs. 9 Satz 3 nichts anderes ergibt.

(3) Bis zum In-Kraft-Treten der Eingruppierungsvorschriften des TVöD gilt – auch für Beschäftigte im Sinne des § 1 Abs. 2 – die Regelung des TVöD zur vorübergehenden Übertragung einer höherwertigen Tätigkeit mit der Maßgabe, dass sich die Voraussetzungen für die übertragene höherwertige Tätigkeit nach § 22 Abs. 2 BAT / BAT-O bzw. den entsprechenden Regelungen für Arbeiter bestimmen.

(4) ¹Die Absätze 1 und 3 gelten in Fällen des § 2 der Anlage 3 zum BAT entsprechend. ²An die Stelle der Begriffe Grundvergütung, Vergütungsgruppe und Vergütung treten die Begriffe Entgelt und Entgeltgruppe.

Niederschriftserklärung zu § 18:

1. *¹Abweichend von der Grundsatzregelung des TVöD über eine persönliche Zulage bei vorübergehender Übertragung einer höherwertigen Tätigkeit ist durch einen landesbezirklichen Tarifvertrag im Rahmen eines Katalogs, der die hierfür in Frage kommenden Tätigkeiten aufführt, zu bestimmen, dass die Voraussetzung für die Zahlung einer persönlichen Zulagen bereits erfüllt ist, wenn die vorübergehende übertragene Tätigkeit mindestens drei Arbeitstage angedauert hat und der /die Beschäftigte ab dem ersten Tag der Vertretung in Anspruch genommen ist. ²Die landesbezirklichen Tarifverträge sollen spätestens am 1. Juli 2007 in Kraft treten.*

2. *Die Niederschriftserklärung zu § 10 Abs. 1 und 2 gilt entsprechend.*

Inhaltsübersicht   **Rn.**

I. Verhältnis zu bisherigen Vorschriften; Übergangs- und Überleitungsregelungen

1. Angestellte

§ 14 TVöD ersetzt für Angestellte die bisherige persönliche Zulage bei vorüber- **1** gehender Ausübung einer höherwertigen Tätigkeit nach § 24 BAT/BAT-O.

§ 14 TVöD hat die Voraussetzungen und Rechtsfolgen im Vergleich zu § 24 BAT vom Grunde her übernommen, so dass die Grundsätze und die zu § 24 BAT ergangene Rechtsprechung auch für § 14 TVöD herangezogen werden können.

Änderungen in § 14 TVöD im Vergleich zu § 24 BAT sind im Wesentlichen:

– Wegfall der Unterscheidung zwischen der vorübergehenden (§ 24 Abs. 1 BAT) und der vertretungsweisen Übertragung (§ 24 Abs. 2 BAT)[1] – zusammen bisher bezeichnet als interimistische Übertragung –[2]; dadurch auch

---

[1] Dazu im Einzelnen unter Rn. 26.
[2] BAG, Urt. v. 20.04.2005 – 10 AZR 512/04, NZA 2005, 1136 (LS) = NJOZ 2005, 3972, 3974.

- Vereinheitlichung der anspruchsbegründenden Dauer der Ausübung auf einen Monat (§ 24 BAT: für die vertretungsweise Übertragung drei Monate);
- rückwirkende Fälligkeit des Anspruchs auf die Zulage (§ 14 Abs. 1 TVöD);
- Öffnung der Möglichkeit, in Tarifverträgen die anspruchsbegründende Dauer auf bis zu drei Arbeitstage abzukürzen, auch für Angestellte (§ 14 Abs. 2 TVöD); und
- Unterscheidung der Bemessung der Zulage zwischen Entgeltgruppen 9 bis 15 einerseits und 1 bis 8 andererseits (§ 14 Abs. 3 TVöD).

Weil der TVöD in den noch unbesetzten §§ 12 und 13 keine eigenen Eingruppierungsvorschriften enthält, ist auch für die Bewertung der Höherwertigkeit einer Tätigkeit zunächst noch auf § 22 Abs. 2 BAT/-O zurückzugreifen, § 18 Abs. 3 TVÜ-Bund/VKA.

Für die Überleitung aus dem BAT/-O in den TVöD gilt § 10 TVÜ-Bund bzw. TVÜ-VKA; danach erhalten Beschäftigte, denen am 30. September 2005 eine Zulage nach § 24 BAT / BAT-O zusteht, eine Besitzstandszulage in Höhe ihrer bisherigen Zulage, solange sie die anspruchsbegründende Tätigkeit weiterhin ausüben und die Zulage nach bisherigem Recht zu zahlen wäre. Zu den Einzelheiten der Überleitung siehe unten Rn. 50 ff.

2. Arbeiter

2   Die bisherigen Regelungen für Arbeiter gelten für Beschäftigte, die unter den Geltungsbereich des MTArb/MTArb-O bzw. des BMT-G/-O fielen, gem. § 18 Abs. 2 TVÜ-Bund/-VKA zunächst in modifizierter Form fort, bis Tarifverträge nach § 14 Abs. 2 TVöD abgeschlossen sind. Nur die Höhe der Zulage ergibt sich, falls nicht aus § 17 Abs. 9 Satz 3 TVÜ-Bund/-VKA, aus dem TVöD.

3. Übergangs- und Überleitungsregelungen

3   Die Übergangsvorschriften (Regelungen für die erstmalige Übertragung nach der Überleitung in den TVöD) finden sich in § 18 TVÜ-Bund/-VKA:

Die Eingruppierungsvorschriften des § 22 Abs. 2 BAT/-O bzw. der bisherigen Regelungen für Arbeiter gelten bis zum In-Kraft-Treten der Eingruppierungsvorschriften des TVöD für die Bestimmung der Höherwertigkeit der übertragenen Tätigkeit weiter.

Ebenfalls weiter gelten die bisherigen Regelungen des MTArb/MTArb-O bzw. die bezirklichen Regelungen gemäß § 9 Abs. 3 BMT-G und nach Anlage 3 Teil I. des Tarifvertrages zu § 20 Abs. 1 BMT-G-O (Lohngruppenverzeichnis). Diese Fortgeltung (§ 18 Abs. 2 TVÜ-Bund/-VKA) wird erst durch das Inkrafttreten des neuen Tarifvertrages über eine persönliche Zulage beendet.

Im Bereich der übergeleiteten Angestellten sind als Übergangsvorschriften neben § 22 Abs. 2 BAT nur Besonderheiten bei Überleitung in individuelle Zwischen- und Endstufen zu beachten.

Für die Weiterführung von bereits vor dem 01.10.2005 vorübergehend/vertretungsweise übertragenen höherwertigen Tätigkeiten gilt als Überleitungsvorschrift § 10 TVÜ-Bund/-VKA.

II. Anspruchsvoraussetzungen des § 14 Abs. 1 TVöD

1. Übertragung

a) Weisung des Arbeitgebers; Form

Übertragung ist die vom Arbeitgeber kraft Direktionsrechts und mittels einer Wei-   **4**
sung angeordnete vorübergehende Ausübung der höherwertigen Tätigkeit.[3] Sie
lässt das Arbeitsverhältnis zwischen Arbeitgeber und Beschäftigtem unberührt und
hat insbesondere keine Änderung der vertraglich vereinbarten Tätigkeit und damit
der Eingruppierung zur Folge, sondern beschränkt sich auf den Anspruch des Beschäftigten auf die persönliche Zulage nach § 14 TVöD.[4]

Unschädlich ist allerdings, wenn der Arbeitgeber die Übertragung tatsächlich
nicht einseitig kraft Weisung anordnet, sondern – was in der Praxis die Regel sein
dürfte und auch sollte – die Übertragung im Einvernehmen und mit Zustimmung
des Arbeitnehmers erfolgt.

Aus § 14 TVöD folgt damit ein Direktionsrecht des Arbeitgebers zur vorübergehenden Übertragung gem. § 106 GewO, so dass der Arbeitgeber auch einseitig
ohne Zustimmung des Beschäftigten die vorübergehende höherwertige Tätigkeit
übertragen kann.[5]

Da § 14 Abs. 1 TVöD – ebenso wie § 24 Abs. 1 BAT – keine formalen Anfor-   **5**
derungen an die Übertragung stellt, kann sie grundsätzlich in einer entsprechenden
ausdrücklichen, aber auch konkludenten Erklärung des Arbeitgebers liegen.[6] Abweichendes kann sich jedoch aus der zu übertragenden höherwertigen Tätigkeit
ergeben, etwa wenn ein Tätigkeitsmerkmal der höherwertigen Tätigkeit die Bestellung zum ständigen Vertreter ist und diese Bestellung wiederum einer ausdrücklichen Anordnung bedarf.[7]

Aus der Zulässigkeit der konkludenten Erklärung wiederum folgt, dass die
Übertragung sich auch aus den jeweiligen Umständen ergeben kann.[8] Dann stellt
sich allerdings die Frage, ob tatsächlich eine – nur – vorübergehende Übertragung
vorliegt; dazu sogleich unter Rn. 10 ff.

b) Wirksamkeit der Übertragung

aa) Übertragung nach billigem Ermessen; Abgrenzung zur Befristung

Ob die Übertragung nach § 14 Abs.1 TVöD an sich zulässig und damit wirksam   **6**
ist, ist – da sie als Weisung erfolgt – an den Regeln des Direktionsrechts zu messen, d.h. die Ausübung muss sich im Rahmen des billigen Ermessens nach § 106
GewO i.V.m. § 315 Abs. 1 BGB halten.[9]

---

3   BAG, Urt. v. 17.04.2002 – 4 AZR 174/01, AP Nr. 23 zu § 24 BAT; Urt. v. 25.02.1987 – 4 AZR
     217/86, AP Nr. 14 zu § 24 BAT.
4   BAG, Urt. v. 17.04.2002 – 4 AZR 174/01, AP Nr. 23 zu § 24 BAT.
5   Zum insoweit vergleichbaren § 24 BAT vgl. BAG, Urt. v. 15.05.2002 – 4 AZR 433/01, NZA
     2003, 288 (LS) = NJOZ 2003, 2020, 2023 f.
6   BAG, Urt. v. 25.02.1987 – 4 AZR 217/86, AP Nr. 14 zu § 24 BAT; Urt. v. 19.03.1986 – 4 AZR
     642/84, AP Nr. 116 zu § 22 BAT 1975.
7   BAG, Urt. v. 25.02.1987 – 4 AZR 217/86, AP Nr. 14 zu § 24 BAT zum Beispiel der Vergütungs-
     gruppe I BAT/VKA Fallgruppe 1.
8   BAG, Urt. v. 19.03.1986 – 4 AZR 642/84, AP Nr. 116 zu § 22 BAT 1975.
9   BAG, Urt. v. 17.04.2002 – 4 AZR 174/01, AP Nr. 23 zu § 24 BAT.

Die frühere Rechtsprechung, wonach die Zulässigkeit der vorübergehenden Übertragung anhand einer Rechtsmissbrauchskontrolle zu beurteilen war,[10] hat das BAG ausdrücklich aufgegeben.[11]

Ebenfalls nicht zur Zulässigkeit der Übertragung heranzuziehen sind die Zulässigkeitsmaßstäbe bei der Befristung eines Arbeitsverhältnisses bzw. einzelner Arbeitsbedingungen: Um Fragen des Schutzes des Bestandes oder des Inhalts des Arbeitsvertrages oder des Arbeitsverhältnisses durch den gesetzlichen Schutz gegenüber Beendigungskündigungen oder auch nur gegenüber Änderungskündigungen geht es nicht, da dem Arbeitnehmer die höherwertige Tätigkeit im Rahmen des Direktionsrechts übertragen wird und der Inhalt und der Bestand des Arbeitsvertrages nicht berührt wird.[12]

7   Die Überprüfung der Übertragung nach den Maßstäben des billigen Ermessen ist für jeden Übertragungsakt einzeln und getrennt vorzunehmen, auch wenn demselben Beschäftigten dieselbe oder eine gleichermaßen höherwertige Tätigkeit mehrmals nacheinander vorübergehend übertragen wird.[13]

bb) Folge bei Nichtbeachtung des billigen Ermessens

8   Ist Ergebnis der Ermessenskontrolle, dass die vorübergehende Übertragung das billige Ermessen nicht wahrt, erfolgt die Bestimmung entsprechend § 315 Abs. 3 Satz 2 BGB durch eine richterliche Entscheidung.[14] Die Beweislast dafür, dass die Ausübung des Direktionsrechts billigem Ermessen entspricht, trägt der Arbeitgeber als derjenige, der die Übertragung angeordnet und damit das Leistungsbestimmungsrecht ausübt hat.[15]

9   Ob die danach überhaupt zulässige Übertragung außerdem noch nur vertretungsweise erfolgen darf, ist in einer zweiten Stufe – sog. „doppelte Billigkeit"[16] – nochmals an § 315 BGB zu messen; dazu gleich unter Rn. 13 ff.

2. Vorübergehend

a) Abgrenzung zur dauerhaften Übertragung mit Höhergruppierung

10   Während mit der dauerhaften Übertragung einer anderen Tätigkeit der Arbeitsvertrag geändert wird und eine neue Eingruppierung vorzunehmen ist, bleibt es bei der vorübergehenden Übertragung beim bisherigen Arbeitsvertragsinhalt; für die Dauer der Übertragung wird die Zulage nach § 14 TVöD gewährt.

Mit dem Merkmal der „vorübergehend" höherwertigen Tätigkeit wird die Tätigkeitsübertragung gegenüber der auf Dauer übertragenen höherwertigen Tätigkeit abgegrenzt; hier fällt die Entscheidung, ob die höherwertige Tätigkeit durch die Zulage nach § 14 TVöD abgegolten wird oder der Beschäftigte gemäß der hö-

---

[10]   Vgl. BAG, Urt. v. 26.03.1997 – 4 AZR 604/95, ZTR 1997, 413.

[11]   BAG, Urt. v. 17.04.2002 – 4 AZR 174/01, AP Nr. 23 zu § 24 BAT; Urt. v. 15.05.2002 – 4 AZR 433/01, NZA 2003, 288 (LS) = NJOZ 2003, 2020, 2022 f.

[12]   BAG, Urt. v. 15.05.2002 – 4 AZR 433/01, NZA 2003, 288 (LS) = NJOZ 2003, 2020, 2023.

[13]   BAG, Urt. v. 15.05.2002 – 4 AZR 433/01, NZA 2003, 288 (LS) = NJOZ 2003, 2020, 2024.

[14]   BAG, Urt. v. 17.04.2002 – 4 AZR 174/01, AP Nr. 23 zu § 24 BAT.

[15]   BAG, Urt. v. 16.09.1998 – 5 AZR 183/97, AP Nr. 2 zu § 24 BAT-O; Urt. v. 17.12.1997 – 5 AZR 332/96, AP Nr. 52 zu § 611 BGB Direktionsrecht.

[16]   BAG, Urt. v. 17.04.2002 – 4 AZR 174/01, AP Nr. 23 zu § 24 BAT.

herwertigen Tätigkeit neu einzugruppieren ist.[17] Daher ist „vorübergehend" wie bisher als zeitweilig, nur eine gewisse Zeit dauernd aufzufassen und der dauerhaften Übertragung gegenüberzustellen.[18]

b) Auslegung der Übertragungserklärung; Folge bei Auslegungszweifeln

Ob die Übertragung nun eine vorübergehende mit der Folge des § 14 TVöD oder **11** eine dauerhafte mit der Folge der Umgruppierung (zukünftig nach §§ 12 und 13 TVöD, zur Zeit noch nach § 22, § 10 und 18 TVÜ- VKA/Bund zu beurteilen) ist, bestimmt sich nach dem im Zeitpunkt der Übertragung ausdrücklich oder stillschweigend zum Ausdruck gebrachten Willen des Arbeitgebers.[19] Eine Vertragsänderung mit dem Inhalt, dass auf Dauer eine höherwertige Tätigkeit vereinbart wurde, bedarf nach § 2 Abs. 1 TVöD nicht der Schriftform, sondern kann auch konkludent erfolgen.[20] Keine Rolle spielt dagegen, ob tatsächlich die Tätigkeit nur vorübergehend ausgeübt wird.[21] Die Erklärung ist ggf. dahingehend auszulegen, ob sie eine Weisung zur vorübergehenden Übertragung oder ein Änderungsangebot im Sinne einer dauerhaften Übertragung darstellt. Dabei sind die üblichen Auslegungsregeln nach §§ 133, 151 BGB heranzuziehen, so dass auch die Umstände, soweit diese dem Beschäftigten erkennbar waren, heranzuziehen sind.[22]

Gerade bei einer konkludenten Übertragung kann es sein, dass die Auslegung **12** nicht zweifelsfrei ergibt, ob die Übertragung nur vorübergehend war. Dann lässt das BAG Zweifel zu Lasten des öffentlichen Arbeitgebers gehen mit der Folge, dass die fehlende Nachweisbarkeit der nur vorübergehenden Übertragung zu einem Anspruch des Beschäftigten auf Höhergruppierung führt.[23] Daher ist für die Praxis dringend zu empfehlen, aus Gründen der Rechtsklarheit die vorübergehende Übertragung schriftlich abzufassen.[24]

c) Wirksamkeit der nicht dauerhaften Übertragung

aa) Auch hier: Erneute Beachtung des billigen Ermessens nach § 315 BGB

Da nicht nur die Übertragung der höherwertigen Tätigkeit an sich, sondern auch **13** ihre Nicht-Dauerhaftigkeit als zweite Stufe der „doppelten Billigkeitsprüfung"[25] nach billigem Ermessen erfolgen muss, hat der Arbeitgeber diese – nur – zeitweilige Übertragung zu begründen und im Rechtsstreit offen zu legen.[26]

Im Rahmen des billigen Ermessens auf dieser zweiten Stufe ist nach der Rechtsprechung unter Beachtung aller Umstände des Einzelfalls abzuwägen, ob das In-

---

[17] BAG, Urt. v. 20.04.2005 – 10 AZR 512/04, NZA 2005, 1136 (LS) = NJOZ 2005, 3972.

[18] BAG, Urt. v. 20.04.2005 – 10 AZR 512/04, NJOZ 2005, 3972, 3974.

[19] BAG, Urt. v. 10.02.1988 – 4 AZR 585/87, AP Nr. 15 zu § 24 BAT; Urt. v. 19.07.1978 – 4 AZR 31/77, AP Nr. 8 zu § 22 BAT 1975.

[20] Bei § 2 Abs. 1 TVöD handelt es sich nur um eine unverbindliche „Sollvorschrift" mit deklaratorischer Wirkung, vgl. dazu § 2 Rn. 2.

[21] BAG, Urt. v. 19.07.1978 – 4 AZR 31/77, AP Nr. 8 zu § 22 BAT 1975.

[22] BAG, Urt. v. 19.03.1986 – 4 AZR 642/84, AP Nr. 116 zu § 22 BAT 1975.

[23] BAG, Urt. v. 19.03.1986 – 4 AZR 642/84, AP Nr. 116 zu § 22 BAT 1975; Urt. v. 19.07.1978 – 4 AZR 31/77, BAGE 31, 26, 32 = AP Nr. 8 zu § 22 BAT1975.

[24] Vgl. dazu BAG, Urt. v. 19.03.1986 – 4 AZR 642/84, AP Nr. 116 zu § 22 BAT 1975.

[25] BAG, Urt. v. 17.04.2002 – 4 AZR 174/01, AP Nr. 23 zu § 24 BAT.

[26] BAG, Urt. v. 17.04.2002 – 4 AZR 174/01, AP Nr. 23 zu § 24 BAT.

teresse des Arbeitgebers an der nur vorübergehenden Übertragung oder das Interesse des Beschäftigten an der Beibehaltung der höherwertigen Tätigkeit überwiegt.[27] Dabei ist unerheblich, ob die Gründe für die vorübergehende Übertragung vorhersehbar waren.[28] Die vorübergehende Übertragung kann auch wiederholt werden, ohne dass die Übertragung damit unzulässig wird und in eine dauerhafte umschlägt. Dies gilt selbst bei einer regelmäßig wiederkehrenden Wiederholung der Übertragung, etwa bei Einsatz des Beschäftigten als Kraftfahrer im Winterdienst jeweils von November bis März jedes Jahres.[29]

Überträgt der Arbeitgeber dieselbe höherwertige Tätigkeit mit derselben Begründung auf denselben Beschäftigten, steigen die Anforderungen an die Gründe für die nicht dauerhafte Übertragung.[30]

14   Die „doppelte Billigkeit" der Rechtsprechung ist jedoch dogmatisch nicht haltbar. Dies zeigt sich schon an der Rechtsfolge: Während die Nichtbeachtung des Ermessens in der ersten Stufe, der Kontrolle der Übertragung an sich, wie gewohnt zur Unwirksamkeit der Übertragung führt, führt die Nichtbeachtung des Ermessens bei der Frage der Dauerhaftigkeit plötzlich ggf. (Rn. 15) zu einer, vom Arbeitgeber sicher auch in der Praxis unerwarteten, Ausweitung der an sich rechtswidrigen Weisung. Dies bringt das BAG nur zustande, indem es die einheitliche Weisung „vorübergehende Übertragung" gedanklich trennt in eine „Übertragung" (erste Billigkeit) und ein „vorübergehendes" Element (zweite Billigkeit). Dann nimmt es als scheinbar logische Konsequenz in der ersten Stufe der Übertragung an sich, in der zweiten Stufe nur dem vorübergehenden Charakter der Übertragung die Wirksamkeit. Dass dies nicht sein kann, zeigt sich aber ganz einfach daran, dass § 14 TVöD sicher unzweifelhaft ein Direktionsrecht des Arbeitgebers zur Anweisung der vorübergehenden höherwertigen Tätigkeit voraussetzt bzw. konstituiert. Jedoch hat der Arbeitgeber für die dauerhafte Übertragung gerade kein Weisungsrecht und bekommt ein solches auch nicht durch § 14 TVöD, der in diesem Falle gerade nicht greift, eingeräumt: Schließlich hat die dauerhafte Übertragung unstreitig – auch nach BAG-Rechtsprechung[31] – eine Höhergruppierung und damit eine Veränderung der vertraglich geschuldeten Leistung, also des Arbeitsvertrages, zur Folge.

Dass eine solche jedoch nicht Inhalt der Übertragung einer Tätigkeit nach § 14 TVöD sein soll, hat das BAG – zu Recht – als Abgrenzung zur Befristungskontrolle festgestellt.[32] Dann aber passt auch die Parallele zum Befristungsrecht nicht: Wenn dort die Unwirksamkeit der Befristung zum unbefristeten Arbeitsvertrag führt, folgt dies aus dem Bestandschutz des Arbeitsvertrages, der für § 14 TVöD nicht anwendbar sein soll. Dann darf aber die eine unzulässige zeitliche Begrenzung nicht zur unbefristeten Übertragung führen.

---

[27]   BAG, Urt. v. 15.05.2002 – 4 AZR 433/01, NZA 2003, 288 (LS) = NJOZ 2003, 2020, 2023.
[28]   BAG, Urt. v. 20.04.2005 – 10 AZR 512/04, NJOZ 2005, 3972, 3974.
[29]   BAG, Urt. v. 20.04.2005 – 10 AZR 512/04, NJOZ 2005, 3972, 3974 f.
[30]   BAG, Urt. v. 15.05.2002 – 4 AZR 433/01, NZA 2003, 288 (LS) = NJOZ 2003, 2020, 2025.
[31]   Siehe oben Rn. 6.
[32]   Siehe oben Rn. 6.

Vielmehr besteht das Weisungsrecht nur für die „vorübergehende Übertragung" und nicht die „Übertragung", die außerdem in einer zweiten Entscheidung ggf. „vorübergehend" erfolgt. Die doppelte, weil jeweils an beiden Merkmalen ansetzende Billigkeitskontrolle, ist daher abzulehnen. Richtig wäre es, in der ersten Stufe das Weisungsrecht an § 315 BGB zu messen und für die Frage, ob die Dauerhaftigkeit zulässig sein soll, weiterhin an der alten Missbrauchskontrolle festzuhalten. Mit der „doppelten Billigkeit" dagegen bringt sich das BAG selbst in Widerspruch.

bb) Folge nicht beachteten Ermessens
Entspricht die zeitliche Begrenzung der Übertragung nicht dem billigen Ermessen,   **15**
trifft – wie auch bei der ersten Stufe der doppelten Ermessensprüfung[33] – das Gericht gem. § 315 Abs. 3 Satz 2 BGB die Bestimmung der Weisung zur Übertragung.
Diese kann auch lauten, dass die Übertragung der Tätigkeit nicht als nur vorübergehend, sondern als auf Dauer vorgenommen erklärt oder die zeitliche Dauer anders bestimmt wird.[34] Überträgt der Arbeitgeber also die Tätigkeit nur vorübergehend, obwohl er keine Gründe für die Nicht-Dauerhaftigkeit überhaupt oder für die Festlegung der Dauer der Übertragung darlegen kann, und entspricht dadurch die Übertragung billigem Ermessen nicht, kann gerichtlich nach § 315 Abs. 2 BGB angenommen werden, dass die Übertragung der höherwertigen Tätigkeit als auf Dauer erfolgt anzusehen ist.[35]
Da auch bei wiederholten, ähnlichen Übertragungsakten jeder einzelne auf die   **16**
Einhaltung des billigen Ermessens hin zu überprüfen ist,[36] führt die Nichtbeachtung bei auch nur einer dieser Übertragungen dazu, dass diese Übertragung kraft richterlicher Entscheidung entsprechend § 315 III 2 BGB als auf Dauer erfolgt anzusehen ist. Ob die zeitlich nachfolgenden Übertragungen ihrerseits billigem Ermessen genügen, ist dann rechtlich unerheblich.[37]
Dogmatisch gesehen arbeitet das BAG hier mit dem eben dargestellten Trick, die isolierte Nicht-Dauerhaftigkeit auch isoliert als unwirksam zu betrachten mit der Folge, dass die Übertragung bleibt und ihr vorübergehendes Moment qua richterlicher Entscheidung wegfallen kann. Da aber eine solche dauerhafte Übertragung eine Änderung der vertraglichen Tätigkeit, mithin eine Änderung des Arbeitsvertrages darstellt, gibt es hier kein Weisungsrecht des Arbeitgebers. Oder soll tatsächlich der Arbeitgeber imstande sein, den Arbeitnehmer einseitig auch gegen dessen Willen zur sogar dauerhaften Ausübung einer anderen als der ursprünglich geschuldeten Tätigkeit bestimmen können? Nach BAG-Rechtsprechung könnte der Arbeitgeber dies erreichen, indem er sicherstellt, dass die – vom Direktionsrecht gedeckte – vorübergehende Übertragung daran scheitert, dass das vorübergehende Moment nicht sachlich begründet ist.

---

[33] Dazu oben Rn. 8.
[34] Siehe nur BAG, Urt. v. 12.06.2002 – 4 AZR 431/01, NZA 2003, 288 (LS) = NJOZ 2003, 2017, 2019; Urt. v. 17.04.2002 – 4 AZR 174/01, AP Nr. 23 zu § 24 BAT.
[35] BAG, Urt. v. 12.06.2002 – 4 AZR 431/01, NZA 2003, 288 (LS) = NJOZ 2003, 2017, 2019.
[36] Dazu bereits oben Rn. 7.
[37] BAG, Urt. v. 15.05.2002 – 4 AZR 433/01, NZA 2003, 288 (LS) = NJOZ 2003, 2020, 2024.

Natürlich hat sich diese Rechtsprechung nur an Fällen entwickelt, in denen der Arbeitnehmer die höherwertige Tätigkeit als für sich günstig empfand und als dauerhafte geltend machte. Da lag es irgendwie nahe, zugunsten des Arbeitnehmer zu entschieden, und dann mag man ja auch sagen, dass der Arbeitnehmer schon durch die Übernahme der Tätigkeit, spätestens aber mit seiner Klage konkludent seine Zustimmung zur – einseitig nicht möglichen – dauerhaften Übertragung gegeben hat. Vorhalten muss man dann aber, dass im Ergebnis im Rahmen des § 315 Abs. 3 Satz 2 BGB systemwidrig eine unwirksame, weil ermessensfehlerhafte, Weisung in ein Angebot zur Änderung des Arbeitsvertrages (der dauerhaft geschuldeten Tätigkeit) umgedeutet wird, denn eine Änderung geht eben nur über die beiderseitige Zustimmung (den Fall der Änderungskündigung einmal außer Betracht gelassen). Eine solche Umdeutung kennt zwar § 140 BGB, aber selbst wenn man § 140 BGB analog innerhalb des § 315 Abs. 3 Satz 2 BGB anwenden wollte, tut dies die Rechtsprechung mit einer wichtigen Einschränkung: Die in § 140 BGB vorausgesetzte Berücksichtigung des hypothetischen Parteilwillens lässt man dem Arbeitgeber natürlich nicht zugute kommen.

Daher entspricht diese zweite Stufe der Billigkeit nichts anderem als einer Rechtsmissbrauchskontrolle, die das BAG gerade für überwunden erklärt.

cc) Einzelfälle

17   Gebilligt hat das BAG die vorübergehende Übertragung einer Tätigkeit als Fraktionsmitarbeiter, denn diese liege in der Natur der Sache.[38]

18   Ebenfalls möglich ist die vorübergehende Übertragung zur Erprobung in einem neuen Aufgabengebiet, und zwar auch, wenn der Beschäftigte vor der Übertragung in die höherwertige Tätigkeit eingearbeitet worden ist, da die Einarbeitungszeit eine Tätigkeit unter Anleitung und Aufsicht ist, während die Erprobungsphase Aufschluss darüber gibt, ob der Beschäftigte die übertragenen Aufgaben eigenverantwortlich bewältigen kann.[39] Als zeitlichen Rahmen gibt das BAG dabei allerdings grundsätzlich sechs Monate vor; eine darüber hinausgehende nicht-dauerhafte Übertragung erfordert besondere Gründe.[40] Bei dieser Übertragung zur Probe können sich im TVöD allerdings Konkurrenzen und Abgrenzungsprobleme zu Führung auf Probe und auf Zeit nach §§ 31 und 32 TVöD ergeben, so dass ggf. im Anwendungsbereich dieser beiden „neu geschaffenen" Personalinstrumente für § 14 TVöD kein Raum mehr bleibt. Jedenfalls wird man nicht mehr ohne weiteres annehmen können, dass im Bereich der Führungspositionen (d.h. gem. § 31 Abs. 2 bzw. § 32 Abs. 2 TVöD: Tätigkeiten ab Entgeltgruppe 10 mit Weisungsbefugnis) eine vorübergehende Übertragung nach § 14 TVöD zur Erprobung möglich ist, wie dies bisher für § 24 BAT angenommen wurde.[41]

19   Da die vertretungsweise Übertragung – nunmehr als Unterfall der vorübergehenden Übertragung – weiterhin Bedeutung hat,[42] bleibt auch weiterhin die Übertragung zur Vertretung eines anderen Beschäftigten zulässig. Eine solche liegt im

---

[38]   BAG, Urt. v. 14.12.2005 – 4 AZR 474/04, BeckRS 2006 41295 = Pressemitteilung Nr. 76/05.
[39]   BAG, Urt. v. 15.05.2002 - 4 AZR 433/01, NZA 2003, 288 (LS) = NJOZ 2003, 2020, 2024.
[40]   BAG, Urt. v. 12.06.2002 – 4 AZR 431/01, NZA 2003, 288 (LS) = NJOZ 2003, 2017.
[41]   So zu § 24 BAT z.B. Dassau § 24 Rn. 9.
[42]   Dazu gleich Rn. 26.

eigentlichen Sinne dann vor, wenn der eigentliche Arbeitsplatzinhaber vorübergehend die ihm dauernd übertragene Tätigkeit nicht wahrnimmt, z.B. beim klassischen Beispiel der Elternzeit, und daher diese Tätigkeit einem anderen vorübergehend übertragen wird; dann ist die vorübergehende Übertragung für die Zeit der Verhinderung des Vertreters – selbst, wenn dies mehrere Jahre sind – grundsätzlich möglich.[43]

Nicht im eigentlichen Sinne ein Vertretungsfall ist daher die Konstellation, in **20** der die Stelle, die der mit der höherwertigen Tätigkeit Betraute vorübergehend ausfüllen soll, noch nicht besetzt ist. Dafür ist es aber in solchen Fällen grundsätzlich hinzunehmen, wenn der Arbeitgeber bestimmte Stellen nur mit Beamten besetzen will und sie bis zum Zugang von Beamtenanwärtern mittels vorübergehender Übertragung nach § 14 TVöD freihält. Hat der Arbeitgeber eine solche Entscheidung getroffen, ist sie als Organisationsentscheidung hinzunehmen und grundsätzlich geeignet, die Nicht-Dauerhaftigkeit der Übertragung zu tragen.[44]

Allerdings kann sich der Arbeitgeber bei Wiederholung der vorübergehenden **21** Übertragung auch in einen gewissen Widerspruch zu dieser Organisationsentscheidung begeben: Wiederholt er die vorübergehenden Übertragung derselben höherwertigen Tätigkeit auf denselben Beschäftigten mit derselben Organisationsentscheidung als Begründung, muss er sich fragen lassen, ob nicht doch die Beschäftigung desjenigen, dem die Tätigkeit vorübergehend übertragen wurde und erneut werden soll, die Interessen des Arbeitgebers wahrt.[45]

d) Keine zeitliche Höchstgrenze

Eine zeitliche Höchstgrenze für die vorübergehende Übertragung einer höherwer **22** tigen Tätigkeit sieht § 14 TVöD[46] ebenso wenig wie § 24 BAT vor. Die mögliche und in anderen Tarifverträgen praktizierte Anordnung der Eingruppierung gemäß der höherwertigen Tätigkeit – z.B. bei Dauer der Tätigkeit von ununterbrochen mehr als sechs Monaten –[47] findet sich im TVöD gerade nicht.

e) Umschlagen in dauerhafte Übertragung

Wenn auf der einen Seite die Tatsache, wie lang die Tätigkeit tatsächlich ausge **23** führt wird, für die Beurteilung, ob die Übertragung nur eine vorübergehende war, unerheblich ist, so ist auf der anderen Seite möglich, dass die ursprünglich als vorübergehende erklärte Übertragung nachträglich zu einer dauerhaften wird, d.h. die arbeitsvertraglich geschuldete Tätigkeit, die für die Eingruppierung maßgeblich, sich ändert. Diesen zweifelhaften Schluss zieht das BAG, wenn der Arbeitgeber bei Ausspruch der Weisung der vorübergehenden Übertragung einen be

[43] BAG, Urt. v. 12.06.2002 – 4 AZR 431/01, NZA 2003, 288 (LS) = NJOZ 2003, 2017, 2019; Urt. v. 15.05.2002 – 4 AZR 433/01, NZA 2003, 288 (LS) = NJOZ 2003, 2020, 2024.

[44] BAG, Urt. v. 15.05.2002 – 4 AZR 433/01, NZA 2003, 288 (LS) = NJOZ 2003, 2020, 2025.

[45] BAG, Urt. v. 15.05.2002 – 4 AZR 433/01, NZA 2003, 288 (LS) = NJOZ 2003, 2020, 2025.

[46] BAG, Urt. v. 14.12.2005 – 4 AZR 474/04, Pressemitteilung des BAG Nr. 76/05; ebenso bereits Urt. v. 15.02.1984 – 4 AZR 595/82, AP Nr. 8 zu § 24 BAT, und Urt. v. 25.10.1967 – 4 AZR 12/67, AP Nr. 1 zu § 24 BAT.

[47] So die Regelung im Entgeltrahmentarifvertrag für punktbesoldete Arbeitnehmer/innen der Westdeutsche Spielbanken GmbH & Co. KG in der Spieltechnik und in der Kasse (ETV) vom 01.02.1996, dazu BAG, Urt. v. 12.10.2005 – 10 AZR 605/04, NZA 2006, 64.

stimmten Zeitraum für die höherwertige Tätigkeit angibt, der Beschäftigte jedoch auch nach Ablauf dieser Zeit weiter die höherwertige Tätigkeit ausübt. Denn in der zeitlichen Beschränkung soll gleichzeitig die Erklärung des Arbeitgebers liegen, dass die neue Tätigkeit nach Ablauf des entsprechenden Zeitraums zur arbeitsvertraglichen Tätigkeit werden solle, nach der sich dann die Eingruppierung bestimmt.[48] Damit nimmt das BAG in der Sache eine Analogie zu § 15 Abs. 5 TzBfG vor, wonach ein befristetes Arbeitsverhältnis bei Fortsetzung über die Zeit, für die es eingegangen ist, hinaus zu einem unbefristeten Arbeitsverhältnis wird, es sei denn, der Arbeitgeber widerspricht unverzüglich. Ob diese Analogie passt, wird man angesichts der Tatsache, dass das BAG § 14 TVöD zu Recht von den Befristungsregelungen gerade ausnimmt, weil eine Weisung und keine Vertragsänderung Gegenstand der Überprüfung ist,[49] bezweifeln können.

Allerdings muss der Arbeitgeber auch die Entscheidung, dem Arbeitnehmer eine höherwertige Tätigkeit nur vorübergehend zu übertragen, nach billigem Ermessen nach § 315 BGB treffen. Eine willkürlich als vorübergehend bezeichnete Übertragung, für die eine zeitliche Begrenzung nicht nachvollziehbar ist und die nur die an sich erforderliche Höhergruppierung verhindern soll, ist daher nicht möglich.

f) Streitigkeiten

24 Streiten sich Beschäftigter und Arbeitgeber darum, ob eine vorübergehende oder dauerhafte Übertragung der höherwertigen Tätigkeit vorliegt, kann der Arbeitnehmer eine Eingruppierungsfeststellungsklage vor dem Arbeitsgericht erheben.[50]

3. Höherwertige Tätigkeit

25 Höherwertig ist die Tätigkeit, wenn der Vergleich zwischen der bisherigen und der neuen Tätigkeit ergibt, dass die neue Tätigkeit einer höheren Entgeltgruppe zugewiesen ist.

Konkret ist dazu wie folgt vorzugehen:

– Zunächst ist die Vergütungs- bzw. Lohngruppe, die auf den Arbeitsvertrag anzuwenden ist, nach den fortgeltenden Regelungen – d.h. gemäß § 18 Abs. 3 TVÜ-Bund des § 22 Abs. 2 BAT/BAT-O bzw. den entsprechenden Regelungen für Arbeiterinnen und Arbeiter – zu ermitteln.
– Anschließend ist festzustellen, welcher Entgeltgruppe nach Anlage 3 TVÜ-VKA diese dauerhafte, arbeitsvertraglich festgelegte Tätigkeit zuzuordnen ist.
– Sodann muss die einschlägige Vergütungs-/Lohngruppe für die übertragene höherwertige Tätigkeit (wäre diese nicht nur vorübergehend) gesucht werden.
– Abschließend muss diese Vergütungs-/Lohngruppe nach Anlage 4 TVÜ-Bund bzw. Anlage 3 TVÜ-VKA einer Entgeltgruppe zugeordnet werden.

---

[48] BAG, Urt. v. 19.07.1978 – 4 AZR 31/77, AP Nr. 8 zu § 22 BAT 1975.
[49] Dazu oben Rn. 6.
[50] BAG, Urt. v. 22.01.2003 – 4 AZR 700/01, AP Nr. 24 zu § 24 BAT; Urt. v. 15.05.2002 – 4 AZR 408/01, NJOZ 2003, 2026.

– Dann sind die beiden so ermittelten Entgeltgruppen zu vergleichen: Ist die Entgeltgruppe für die übertragene Tätigkeit höher, ist damit auch die übertragene Tätigkeit höherwertig.[51]

Ob die übertragenen Tätigkeiten einer höheren Vergütungs- oder Lohngruppe nach den alten Vorschriften entsprechen, ist für § 14 TVöD unerheblich.[52]

4. Vertretungsweise Übertragung

§ 14 TVöD unterscheidet nicht mehr wie der BAT zwischen der vertretungsweisen (§ 24 Abs. 2 BAT) und der sonstigen vorübergehenden Übertragung (§ 24 Abs. 1 BAT), die man unter dem Begriff der interimistischen Übertragung zusammenfasste.[53] Auch die für die vertretungsweise Übertragung geforderte längere Mindestdauer von drei statt ansonsten einem Monat (§ 24 Abs. 2 BAT im Vergleich zu § 24 Abs. 1 BAT) ist entfallen.   **26**

Vielmehr verstehen die Tarifvertragsparteien des TVöD ausweislich der Niederschriftserklärung zu Absatz 1 und 2 in § 10 TVÜ-VKA bzw. der Niederschriftserklärung zu § 10 TVÜ-Bund die vertretungsweise Übertragung einer höherwertigen Tätigkeit als Unterfall der vorübergehenden Übertragung einer höherwertigen Tätigkeit. Aus diesem Grunde sind beide Fallgestaltungen einheitlich geregelt und ist im Ergebnis nicht mehr relevant, ob ein Sachverhalt der einen oder anderen Fallgruppe zuzuordnen ist.[54]

Auch § 5 Abs. 3 Satz 1 TV-V macht keine Unterscheidung zwischen der vertretungsweisen oder sonst sachlich gerechtfertigten Übertragung.[55]

Damit fällt jedoch nicht die Rechtfertigung der vorübergehenden Übertragung aus Gründen der Vertretung weg; wie aus den genannten Niederschriftserklärungen klar hervorgeht, behält die zur Vertretung eines anderen Beschäftigten vorübergehende Übertragung ihre sachliche Berechtigung und geht lediglich in den rechtlichen Folgen in der überzuordnenden Fallgruppe der vorübergehenden Übertragung auf.

5. Mindestdauer von einem Monat

Der Anspruch auf die Zahlung der Zulage entsteht – rückwirkend[56] –, wenn der Beschäftigte die höherwertige Tätigkeit mindestens einen Monat ausgeübt hat (§ 14 Abs. 1 TVöD).   **27**

Die Fristberechnung erfolgt nach §§ 187 Abs. 2, 188 BGB und beginnt daher an dem Tag, an dem die höherwertige Tätigkeit begonnen hat.

Fraglich ist, ob eine Unterbrechung der Ausübung der höherwertigen Tätigkeit durch z. B. Krankheit, Urlaub oder Arbeitsbefreiung schädlich ist. Wendet man auf die Bestimmung des Monatszeitraums §§ 187, 188 BGB an, würden auch Tage der Arbeitsunfähigkeit und des Urlaubs die Anspruchsdauer begründen.[57] Al-   **28**

---

[51] Dazu auch Rundschreiben des BMI v. 08.12.2005, S. 20.
[52] Rundschreiben des BMI v. 08.12.2005, S. 10 und 20.
[53] BAG, Urt. v. 20.04.2005 – 10 AZR 512/04, NJOZ 2005, 3972, 3974.
[54] Rundschreiben des BMI v. 08.12.2005, S. 19.
[55] Herzberg/Schaum Abschnitt 3 Rn. 27.
[56] Dazu gleich unter Rn. 47.
[57] So zu § 24 BAT Dassau, S. 123.

ternativ kommt § 191 BGB in Frage, wonach der Monat mit 30 Tagen zu rechnen ist und Tage, an denen der Beschäftigte die Tätigkeit krankheits- oder urlaubsbedingt nicht ausgeübt hat, außen vor blieben. Samstage, und Sonn- und Feiertage wird man bei beiden Alternativen als anspruchsbegründend sehen müssen, jedenfalls wenn und weil an diesen Tagen gar keine Arbeitspflicht und -Möglichkeit besteht. Für die Anwendung des § 191 BGB sprechen der Wortlaut von § 14 TVöD und § 191 BGB, die Regelung des § 24 Abs. 3 TVöD und der Nichtverweis auf § 17 Abs.3 TVöD, was sonst nahe gelegen hätte.

Da auch hier jede Übertragung getrennt für sich zu beurteilen ist,[58] muss auch die geforderte Mindestdauer von einem Monat für jede Übertragung erneut erfüllt werden, bevor der Anspruch auf die persönliche Zulage entsteht.[59]

6. Mitbestimmung; Folgen bei Nichtbeachtung

29   Die wirksame Zuweisung einer höherwertigen Tätigkeit unterliegt gem. § 75 Abs. 1 Nr. 2 des BPersVG der Mitbestimmung des Personalrates[60] bzw. als Versetzung der Mitbestimmung des Betriebsrates nach § 99 Abs. 1 Satz 1 i.V.m § 95 Abs. 3 BetrVG. Die Mitbestimmung des Betriebsrates knüpft dabei nicht an die Übertragung selbst als Ausübung des Direktionsrechts an, sondern an die tatsächliche Zuweisung der höherwertigen Tätigkeit als Vollzug dieser Weisung.[61]

Wird die Mitbestimmung nicht beachtet, führt dies nach der BAG-Rechtsprechung wegen der Theorie der Wirksamkeitsvoraussetzung[62] zur Unwirksamkeit der vorübergehenden Übertragung.[63]

Dies hat jedoch nicht zur Folge, dass der Beschäftigte seines Anspruchs auf die Zulage nach § 14 TVöD verlustig wird: Übt er die mitbestimmungswidrige höherwertige Tätigkeit tatsächlich aus, steht ihm für diese faktische Ausübung die höhere Vergütung aus § 612 BGB bzw. § 812 BGB in entsprechender Anwendung zu.[64]

Der Personalrat hat bei einer vertretungsweisen Übertragung jedoch dann nicht mitzubestimmen, wenn die Übertragung bereits im Geschäftsverteilungs- und/oder Vertretungsplan der Dienststelle vorweggenommen ist.[65]

III. Besonderheiten nach § 14 Abs. 2 TVöD

30   § 14 Abs. 2 TVöD gibt den Tarifparteien auf, durch landesbezirkliche Tarifverträge (VKA) bzw. einen Tarifvertrag auf Bundesebene (Bund) einen Katalog für Tätigkeiten aufzustellen, bei denen – analog den bisherigen Regelungen im Arbeiterbereich (z.B. § 9 BMT-G) – die persönliche Zulage nach § 14 Abs. 3 TVöD in

---

[58]   Für die Ermessenskontrolle s.o. Rn. 7.

[59]   Rundschreiben des BMI v. 08.12.2005, S. 20.

[60]   BAG, Urt. v. 19.07.1978 – 4 AZR 31/77, AP Nr. 8 zu § 22 BAT 1975; ebenso das BVerwG seit Beschl. v. 22.10.1991 - 6 ER 502.91; ebenso BVerwG, Beschl. v. 08.10.1997 – 6 P 9.95, AP Nr. 69 zu § 75 BPersVG.

[61]   Vgl. Fitting § 99 Rn. 98.

[62]   Ständige Rechtsprechung, siehe nur zur Versetzung jüngst BAG, Urt. v. 29.09.2004 - 1 AZR 473/03, NZA-RR 2005, 616 (LS) = NJOZ 2005, 4150, 4157.

[63]   BAG, Urt. v. 19.07.1978 – 4 AZR 31/77, AP Nr. 8 zu § 22 BAT 1975.

[64]   BAG, Urt. v. 19.07.1978 – 4 AZR 31/77, AP Nr. 8 zu § 22 BAT 1975.

[65]   BVerwG, Beschl. v. 08.10.1997 - 6 P 9.95, AP Nr. 69 zu § 75 BPersVG.

Abweichung zu § 14 Abs. 1 TVöD bereits nach einer Ausübung der höherwertigen Tätigkeit ab drei Arbeitstagen gewährt werden soll. Die neuen Tätigkeitskataloge sind dabei nicht auf den ehemaligen Arbeiterbereich beschränkt.

In der Protokollerklärung zu § 18 TVÜ-Bund/-VKA haben sich die Tarifvertragsparteien den 1. Juli 2007 als spätesten Zeitpunkt für das In-Kraft-Treten dieser Tarifverträge als Ziel gesetzt.

Solange diese tariflichen Regelungen noch nicht vereinbart sind, hat § 14 Abs. 2 TVöD keinen Regelungsbereich.

IV. Zahlung der persönlichen Zulage (§ 14 Abs. 3 TVöD)

1. Höhe

Für die Höhe der persönlichen Zulage unterscheidet § 14 Abs. 3 TVöD danach, ob   **31**
der Beschäftigte für seine – vertragsgemäße, nicht die vorübergehende höherwertige – Tätigkeit in einer der Entgeltgruppen 1 bis 8 oder einer der Entgeltgruppen
9 bis 15 eingruppiert ist.

a) Entgeltgruppen 1 bis 8 (§ 14 Abs. 3 Satz 2 TVöD)

Für Beschäftigte, die in einer der Entgeltgruppen 1 bis 8 eingruppiert sind, beträgt   **32**
gem. § 14 Abs. 3 Satz 2 TVöD die persönliche Zulage 4,5 v.H. des individuellen
Tabellenentgelts. Dieser Prozentsatz bedeutet in absoluten Zahlen die folgenden
Beträge:[66]

aa) Höhe der persönlichen Zulage für Tarifgebiet West   **33**

Entgelt-gruppe	Stufe 1	Stufe 2	Stufe 3	Stufe 4	Stufe 5	Stufe 6
8	86,67	96,30	100,80	104,85	109,35	112,19
7	81,00	90,00	95,85	100,35	103,73	106,88
6	79,38	88,20	92,70	96,98	99,90	102,83
5	75,96	84,38	88,65	92,93	96,08	98,33
4	72,09	80,10	85,50	88,65	91,80	93,65
3	70,88	78,75	81,00	84,60	87,30	89,78
2 Ü	67,64	75,15	77,85	81,45	83,93	85,77
2	65,21	72,45	74,70	76,95	81,90	87,08
1	-	57,87	58,95	60,30	61,56	64,80

---

[66] Vgl. Rundschreiben des BMI v. 08.12.2005, S. 20 f.

Schwald

34   *bb) Höhe der persönliche Zulage in für Tarifgebiet Ost*

Entgelt-gruppe	Stufe 1	Stufe 2	Stufe 3	Stufe 4	Stufe 5	Stufe 6
8	80,19	89,10	93,24	96,98	101,16	103,77
7	74,93	83,25	88,65	92,84	95,94	98,87
6	73,44	81,59	85,77	89,69	92,43	95,13
5	70,25	78,03	81,99	85,95	88,88	90,95
4	66,69	74,12	79,11	81,99	84,92	86,63
3	65,57	72,86	74,93	78,26	80,78	83,03
2 Ü	62,55	69,53	72,00	75,33	77,63	79,34
2	60,30	67,01	69,12	71,19	75,78	80,55
1	-	53,55	54,54	55,80	56,93	59,94

35   **Beispiel 1:**[67]
Ein Beschäftigter, der dienstplanmäßig auch am Wochenende arbeitet, erhält ein monatliches Tabellenentgelt aus der Entgeltgruppe 6 Stufe 5 von 2.220 €. Ihm werden von Donnerstag, den 20.10.2005 bis einschließlich Samstag, den 05.02.2006 vorübergehend höherwertige Tätigkeiten übertragen, die den Tätigkeitsmerkmalen der Entgeltgruppe 7 zuzuordnen sind. Als persönliche Zulage erhält er für den Monat Oktober 2005 12/31 von 99,90 € (99,90 €: 31 Kalendertage = 3,222, gerundet 3,22 €; 3,22 € x 12 Kalendertage = 38,64 €), in den Monaten November 2005 bis Januar 2006 jeweils den vollen Monatsbetrag von 99,90 € und im Monat Februar 2006 5/28 von 99,90 € (99,90 € : 28 Kalendertage = 3,567, gerundet 3,57 €; 3,57 € x 5 Kalendertage = 17,85 €).

36   **Beispiel 2:**[68]
Ein Beschäftigter der Entgeltgruppe 5, der in der Fünftagewoche von Montag bis Freitag arbeitet, vertritt von Montag, dem 14.11.2005, bis einschließlich Freitag, dem 16.12.2005, einen Beschäftigten mit höherwertigen Tätigkeiten. Der zeitanteilige Anspruch beträgt somit im November 2005 17/30 und im Dezember 2005 16/31 des Monatsbetrages der persönlichen Zulage nach § 14 Abs. 3 Satz 2. Bei der kalendertäglichen Berechnung werden nur die vom Zeitraum der Übertragung der Vertretung umfassten vier Wochenenden, nicht aber die vor und nach der Übertragung der höherwertigen Tätigkeit liegenden Wochenenden vom 12./13.11.2005 und 17./18.12.2005 berücksichtigt.[69]

---

[67]   Nach Rundschreiben des BMI v. 08.12.2005, S. 21.
[68]   Nach Rundschreiben des BMI v. 08.12.2005, S. 21 f.
[69]   Dazu sogleich Rn. 44.

Beispiel 3:[70]   **37**
Ein Beschäftigter erhält ein monatliches Tabellenentgelt aus der Entgeltgruppe 5 Stufe 3 von 1.970 €. Ihm werden vorübergehend höherwertige Tätigkeiten übertragen, die den Tätigkeitsmerkmalen der Vergütungsgruppe VIb BAT entsprechend und damit Entgeltgruppe 6 zuzuordnen sind. Als persönliche Zulage erhält er monatlich 88,65 € (4,5 v.H. von 1.970 €). Nach Erreichen der nächsthöhere Stufe 4 in der Entgeltgruppe 5 beträgt sein Tabellenentgelt 2.065 €. Die persönliche Zulage ist neu zu bemessen und beträgt nun 92,93 € monatlich.

b) Entgeltgruppen 9 bis 15
Für Beschäftigte, die für ihre vertragsgemäße Tätigkeit in einer der Entgeltgrup-   **38**
pen 9 bis 15 eingruppiert sind, besteht die persönliche Zulage gem. § 14 Abs. 3 Satz 1 TVöD in dem Unterschiedsbetrag zu dem Tabellenentgelt, das bei dauerhafter Übertragung der vorübergehenden höherwertigen Tätigkeit gem. § 17 Abs. 4 Satz 1 und 2 TVöD zu zahlen wäre.

Damit ist zur Berechnung des Unterschiedsbeitrages der Beschäftigte fiktiv so für die vorübergehende Tätigkeit einzugruppieren, als wäre ihm die Tätigkeit dauerhaft übertragen und er tatsächlich neu einzugruppieren. Dabei muss der Beschäftigte bis auf die Dauerhaftigkeit alle eingruppierungsrechtlichen Voraussetzungen, also auch Voraussetzungen in der Person des Beschäftigten wie etwa Prüfungserfordernisse (§ 22 Abs. 2 Unterabs. 5 BAT), erfüllen.[71] Diese Eingruppierung ist, weil die Dauerhaftigkeit der Tätigkeit im Rahmen des § 14 TVöD für die Ermittlung der Entgeltgruppe zu unterstellen ist, eine fiktive bzw. hypothetische Eingruppierung des Beschäftigten zum Zwecke der Zulagenberechnung.[72]

Welcher Stufe in der so ermittelten Entgeltgruppe der Beschäftigte fiktiv zuzuordnen wäre, bestimmt sich sodann wegen des Verweises in § 14 Abs. 3 Satz 1 TVöD gemäß § 17 Abs. 4 Satz 1 und 2 TVöD[73]. D.h., dass nicht die Stufe Anwendung findet, die bisher in der niedrigeren Entgeltgruppe galt, sondern die, die betragsmäßig mindestens dem bisherigen Tabellenentgelt entspricht; als zusätzliche Mindestvoraussetzung gibt § 17 Abs. 4 Satz 1, 2. Hs. TVöD darüber hinaus die Entgeltstufe 2 vor.

Als letzte Mindesthöhe ist der Garantiebetrag nach § 17 Abs. 4 Satz 2 TVöD zu beachten: Beträgt der Unterschiedsbetrag zwischen dem Tabellenentgelt für die ständige Tätigkeit und dem für die höherwertige weniger als 50 € (der Garantiebetrag von 25 € für die Entgeltgruppen 1 bis 8 kann ja für § 14 TVöD nicht angewendet werden), tritt an die Stelle des Unterschiedsbetrages eben dieser Garantiebetrag in Höhe von 50 €. Damit ist auch die persönliche Zulage, die gerade in diesem Unterschiedsbetrag besteht, auf den Garantiebetrag als Mindestgröße festgelegt.

c) Stufenaufstieg während der Ausübung der höherwertigen Tätigkeit
Die Ausübung der höherwertigen Tätigkeit hindert nicht den Eintritt eines Stufen-   **39**
aufstiegs gem. § 16 Abs. 5 TVöD (Bund) bzw. § 16 Abs. 4 TVöD (VKA).

---

[70] Rundschreiben des BMI v. 08.12.2005, S. 22.
[71] BAG. Urt. v. 25.02.1987 – 4 AZR 217/86, AP Nr. 14 zu § 24 BAT.
[72] BAG, Urt. v. 21.02.2001 – 4 AZR 37/00, AP Nr. 20 zu § 24 BAT.
[73] Dazu näher § 17.

Fällt nun der Stufenaufstieg in die Zeit, in der ein Anspruch auf die persönliche Zulage nach § 14 TVöD besteht, ist für die Zulage sowohl nach § 14 Abs. 3 Satz 1 TVöD als auch nach Satz 2 die höhere Stufe zu beachten. Das heißt, dass als persönliche Zulage in den Entgeltgruppen 1 bis 8 nach § 14 Abs. 3 Satz 2 TVöD 4,5 vom Hundert des Tabellenentgelts mit der höheren Stufe zu gewähren sind. Für die persönliche Zulage in den Entgeltgruppen 9 bis 15 nach § 14 Abs. 3 Satz 1 TVöD ist zur Ermittlung der gem. § 17 Abs. 4 Satz 1 maßgeblichen Entgeltstufe für die höherwertige Tätigkeit das Tabellenentgelt der höheren Stufe bei der Eingruppierung für die vertragliche Tätigkeit zu beachten.[74]

d) Höhergruppierungen

40   Ob Höhergruppierungen für die Berechnung der Zulage zu berücksichtigen sind, ist unterschiedlich zu beurteilen danach, aus welchem Grund die Höhergruppierung erfolgt.

Dabei ist zu beachten, dass der Beschäftigte ja nach seiner eigentlichen Tätigkeit und nicht nach der übertragenen eingruppiert ist; dabei sind zwei Fallgruppen zu unterscheiden:

– Auswirkungen einer tatsächlichen Änderung in der Eingruppierung des Beschäftigten für seine dauerhaften Tätigkeit auf die Zulage, und
– Auswirkungen einer Höhergruppierung, die hypothetisch einträte, wäre der Beschäftigte in die Entgeltgruppe gemäß der vorübergehenden Tätigkeit eingruppiert.

aa) Höhergruppierungen der dauerhaften Tätigkeit

41   Auch während der Ausübung der höherwertigen Tätigkeit nach § 14 TVöD kann es – dem Stufenaufstieg vergleichbar[75] –zu einer Höhergruppierung des Beschäftigten für seine dauerhafte Tätigkeit kommen, z.B. infolge des Erreichens der nächsten Lebensaltersstufe.[76]

An sich würde aber diese Veränderung der Eingruppierung für die dauerhafte Tätigkeit an der Zulage nichts ändern, da die Zulage als Differenz zur hypothetischen Eingruppierung berechnet wird. Erst, wenn man die Höhergruppierung auch für die hypothetische Eingruppierung berücksichtigt, hätte der Beschäftigte auch während der Zahlung der Zulage etwas davon.

Das BAG nimmt hier in der Tat die Anpassung nach § 27 BAT für *beide* Entgeltgruppen vor, so dass die Zulage nunmehr als Differenz zwischen den beiden jeweils neuen Entgeltgruppen neu zu berechnen und ggf. anzupassen ist.[77]

bb) Hypothetische Höhergruppierung für die vorübergehende Tätigkeit

42   Anders stellt sich die Situation dar, wenn nicht die dauerhafte Tätigkeit, sondern die vorübergehend übertragene Tätigkeit die Höhergruppierung – dann aber natürlich nur hypothetisch – auslöst.

---

[74]   Rundschreiben des BMI v. 08.12.2005, S. 22.
[75]   Dazu oben Rn. 39.
[76]   Dazu BAG, Urt. v. 21.02.2001 – 4 AZR 37/00, AP Nr. 20 zu § 24 BAT.
[77]   BAG, Urt. v. 21.02.2001 – 4 AZR 37/00, AP Nr. 20 zu § 24 BAT.

Entschieden hat das BAG hypothetische Bewährungsaufstiege, die es allerdings nach dem TVöD in dieser Form nicht mehr gibt. Die nach den – zunächst – weiterhin geltenden Eingruppierungsvorschriften des BAT vorgesehenen Bewährungsaufstiege kommen nicht demjenigen zugute, der die Tätigkeit, für die der Bewährungsaufstieg zu erfolgen hätte, gem. § 14 TVöD nur vorübergehend ausübt.

Wäre also z.B. der Beschäftigte, dem die Tätigkeit der Vergütungsgruppe V b Fallgruppe 24 BAT dauerhaft übertragen ist, nach zweijähriger Bewährung die Vergütung nach der Vergütungsgruppe IV b Fallgruppe 15 BAT einzugruppieren, so ist dieser Bewährungsaufstieg für die Berechnung der Zulage desjenigen, der diese Tätigkeit nur vorübergehend ausübt – und für den dieser Bewährungsaufstieg nur hypothetisch gelten könnte – nicht in die Berechnung mit einzubeziehen; er erhält weiterhin die Differenz seiner Eingruppierung zur Vergütungsgruppe V b Fallgruppe 24 BAT.[78]

Zusammenfassen lässt sich die Rechtsprechung hier folgendermaßen: Die hypothetische Eingruppierung wird nur zur Zeit der Übertragung vorgenommen, spätere hypothetische Änderungen der hypothetischen Eingruppierung sind nicht zu berücksichtigen.[79]

e) Anteilsmäßige Zulage

Gem. § 14 Abs. 1 TVöD wird die Zulage für jeden Tag ab Übertragung der höherwertigen Tätigkeit gezahlt. Damit kann es dazu kommen, dass nur für Teile eines Kalendermonats Anspruch auf die persönliche Zulage besteht, so dass dann die Zulage – gleich, ob gem. § 14 Abs. 3 Satz 1 oder Satz 2 TVöD –[80] anteilmäßig zu kürzen ist.   **43**

Berechnet wird diese Kürzung auf kalendertäglicher Basis entsprechend § 24 Abs. 3 Satz 1 TvöD: Der Monatsbetrag der persönlichen Zulage wird durch die Anzahl der Kalendertage des betreffenden Kalendermonats geteilt und dann mit den Anspruchstagen multipliziert. Die Zwischenergebnisse bei diesem Rechenweg müssen dabei jeweils auf zwei Dezimalstellen gerundet werden, § 24 Abs. 4 Satz 2 TVöD.[81]

2. Zeitraum der Zahlung; Ende der Übertragung

Die Zahlung erfolgt nur für den Zeitraum, für den die Übertragung der höherwertigen Tätigkeit besteht. Dabei beginnt und endet die Übertragung jeweils an einem Arbeitstag, d.h., die vor Beginn und nach Ende der Übertragung liegenden arbeitsfreien Tage – in der Regel Wochenenden und gesetzliche Feiertage – werden nicht berücksichtigt.[82]   **44**

Enden kann die Übertragung ähnlich wie befristete Arbeitsverträge oder befristete einzelne Arbeitsbedingungen, indem

---

[78] BAG, Urt. v. 21.02.2001 – 4 AZR 37/00, AP Nr. 20 zu § 24 BAT.
[79] BAG, Urt. v. 21.02.2001 – 4 AZR 37/00, AP Nr. 20 zu § 24 BAT.
[80] Ebenso Rundschreiben des BMI v. 08.12.2005, S. 22.
[81] Rundschreiben des BMI v. 08.12.2005, S. 21.
[82] Rundschreiben des BMI v. 08.12.2005, S. 21.

- die bei der Übertragung angegebene Zeit abläuft (dazu aber oben Rn. 23) oder
- der bei der Übertragung zum Ausdruck gebrachte Zweck der Übertragung erreicht wird (z.B. im Fall der Vertretung der zu Vertretende zurückkehrt).

45 Fraglich ist nunmehr, ob der Arbeitgeber auch weiterhin die Übertragung jederzeit widerrufen kann. In § 24 Abs. 4 BAT war der Widerruf eingeräumt; § 14 TVöD dagegen schweigt dazu.

Allerdings ist nicht zu erkennen, dass die Tarifparteien durch die – an dieser Stelle einmal mehr zu rigoros durchgeführte – Straffung des Tarifvertragstextes auch in der Sache eine Änderung herbeiführen wollten.

Systematisch lässt sich außerdem ins Feld führen, dass an der Übertragung kraft Direktionsrechts durch Weisung festgehalten wurde und kein Grund ersichtlich ist, nicht auch den actus contrarius in der selben Form, also einseitig durch den Arbeitgeber, zuzulassen.

46 Für die Praxis ist allerdings zu empfehlen, die Möglichkeit des jederzeitigen Widerrufs als Widerrufsvorbehalt in die – ebenfalls in Schriftform empfohlene[83] – vorübergehende Übertragung mit aufzunehmen.

Auch für den, wie die Übertragung selbst, formlos möglichen Widerruf empfiehlt sich der Nachweisbarkeit wegen die Schriftform.

Auch wenn grundsätzlich der Widerruf weiterhin möglich sein dürfte, sind Grenzen bei der Ausübung zu beachten. Ob das BAG weiterhin an der Missbrauchskontrolle festhält und den Widerruf auf Willkür hin überprüft[84] oder auch für den Widerruf als actus contrarius zur Übertragung wie für diese eine Ermessenskontrolle nach § 315 BGB durchführen wird, ist noch offen. In der Sache aber wird die Überprüfung nach beiden Varianten wohl darauf hinauslaufen, einen gewissen Sachgrund bzw. eine Berechtigung für den Widerruf zu verlangen. Ein solcher wird stets gegeben sein, wenn die Situation, derentwillen die Tätigkeit nur vorübergehend übertragen wurde, tatsächlich eintritt und damit der Grund für die Übertragung wegfällt.

In der Praxis sollte, um Streitigkeiten darüber zu vermeiden, ob dieser Eintritt von Ereignissen nicht bereits automatisch die Übertragung enden lässt, die Übertragung förmlich widerrufen werden.

3. Fälligkeit der Zulage

47 Obwohl die Zulage nur dann gewährt wird, wenn die höherwertige Tätigkeit mindestens einen Monat ausgeübt wurde, wird sie bei Eintritt dieser Voraussetzung rückwirkend ab dem ersten Tag der Übertragung für die gesamte Dauer der Ausübung fällig. Dies entspricht den bislang für den Arbeiterbereich geltenden Regelungen und weicht von § 24 BAT/BAT-O, wonach der Anspruch erst nach der einmonatigen Ausübung fällig wurde, ab.[85]

---

[83] Dazu oben Rn. 12.
[84] So das BAG vor Änderung der Rechtsprechung (vgl. Fn. 11), Urt. v. 25.03.1981 – 4 AZR 1037/78, AP Nr. 5 zu § 24 BAT.
[85] Rundschreiben des BMI v. 08.12.2005, S.19.

4. Berücksichtigung der Zulage bei der Entgeltfortzahlung

Ist der Anspruch auf die Zulage erst einmal entstanden, sind Unterbrechungen bei **48**
der Ausübung der höherwertigen Tätigkeit – z.B. wegen Krankheit oder Erholungsurlaubs – unschädlich für die Zahlung der persönlichen Zulage, also anders
als bei der Beurteilung, ob die Mindestdauer von einem Monat erfüllt ist. Denn die
persönliche Zulage ist auch während der Entgeltfortzahlung nach § 21 Satz 2
TVöD weiterzuzahlen,[86] so dass während Zeiten der Freistellung nach § 6 Abs. 3
Satz 1 (24.12. und 31.12.) TVöD, der Entgeltfortzahlung im Krankheitsfall (§ 22
Abs. 1 TVöD) und des Erholungsurlaubs bzw. der Arbeitsbefreiung (§§ 26, § 27
und 29 TVöD) die Zulage erhalten bleibt.

Während der Zahlung des Krankengeldzuschusses ist ebenfalls die persönliche
Zulage zu berücksichtigen, da der Krankengeldzuschuss als Unterschied zwischen
dem Nettoentgelt und den tatsächlichen Barleistungen der Sozialversicherungsträger zu leisten ist und das Nettoentgelt wiederum nach § 21 TVöD zu bestimmen
ist, § 22 Abs. 2 Satz 1 TVöD.

V. Streitigkeiten

Die Bestimmung entsprechend § 315 Abs. 3 Satz 2 BGB durch eine richterliche **49**
Entscheidung dahingehend, dass die Tätigkeit nicht nur vorübergehend übertragen
werden durfte, sondern dauerhaft zu übertragen war,[87] kann im Eingruppierungs-
rechtsstreit inzident vorgenommen werden.[88]

Die Beweislast dafür, dass die Ausübung des Direktionsrechts billigem Ermessen entspricht, trägt der Arbeitgeber.[89]

VI. Überleitungsvorschriften für Angestellte

1. Fortführung vorübergehend übertragener Tätigkeit nach dem 30. September 2005

Beschäftigte, denen am 30.09.2005 eine Zulage nach § 24 BAT/BAT-O für eine **50**
vorläufig bzw. vertretungsweise übertragene Tätigkeit zusteht, erhalten gem. § 10
Abs. 1 Satz 1 TVÜ-VKA bzw. § 10 Satz 1 TVÜ-Bund nach Überleitung in den
TVöD eine Besitzstandszulage in Höhe ihrer bisherigen Zulage, also der nach § 24
BAT/BAT-O im Kalendermonat September 2005 zustehenden Zulage, solange sie
die anspruchsbegründende Tätigkeit weiterhin ausüben und die Zulage nach bisherigem Recht zu zahlen wäre. Damit ist für Beurteilung aller Voraussetzungen, aber
auch Modalitäten der Zahlung dieser Besitzstandszulage allein der BAT maßgebend. Ob auch nach neuem Recht, also § 14 TVöD, diese Tätigkeit als höherwertige Tätigkeit anzusehen ist, ist damit unerheblich. Ebenso sind Unterbrechungen
nach § 24 Abs. 4 BAT zu beurteilen.[90]

---

[86] Dazu § 21 Rn. 8 f.
[87] Zur Kritik an dem dadurch implizierten Weisungsrecht des Arbeitgebers zur dauerhaften Übertra-
      gung der Tätigkeit s.o. Rn. 13 f.
[88] BAG, Urt. v. 17.04.2002 – 4 AZR 174/01, AP Nr. 23 zu § 24 BAT; Dazu im Einzelnen unter
      Rn. 24.
[89] BAG, Urt. v.16.09.1998 – 5 AZR 183/97, AP Nr. 2 zu § 24 BAT-O; Urt. v. 17.12.1997 – 5 AZR
      332/96, AP Nr. 52 zu § 611 BGB Direktionsrecht.
[90] Rundschreiben des BMI v. 08.12.2005, S. 24.

Für eine vor dem 01.10.2005 vorübergehend übertragene höherwertige Tätigkeit, für die am 30.09.2005 allein wegen der zeitlichen Voraussetzungen des § 24 Abs. 1 bzw. 2 BAT/BAT-O noch keine Zulage gezahlt wird, gilt die Besitzstands-Regelung des § 10 Abs. 1 Satz 1 TVÜ-VKA/§ 10 Satz 1 TVÜ-Bund ab dem Zeitpunkt entsprechend, zu dem nach bisherigem Recht die Zulage zu zahlen gewesen wäre, § 10 Abs. 1 Satz 3 TVÜ-VKA/§ 10 Satz 4 TVÜ-Bund.

2. Fortführung der vorübergehend übertragenen Tätigkeit über den 1. Oktober 2007 hinaus

51 Wird die vorübergehend/vertretungsweise übertragene Tätigkeit im Sinne des § 10 Abs. 1 Satz 1 TVÜ-VKA/§ 10 Satz 1 TVÜ-Bund über den 30.09.2007 hinaus beibehalten, finden mit Wirkung ab dem 01.10.2007 nach § 10 Abs. 1 Satz 2 TVÜ-VKA/§ 10 Satz 2 VKÜ-Bund die Regelungen des § 14 TVöD über die vorübergehende Übertragung einer höherwertigen Tätigkeit Anwendung. Im Gegensatz zur Besitzstandszulage nach § 10 Abs. 1 Satz 1 TVÜ-VKA/§ 10 Satz 1 TVÜ-Bund, die ausschließlich nach altem Recht zu beurteilen ist, ist die Höherwertigkeit der Tätigkeit dann nach neuem Recht zu beurteilen, so dass ggf. die Zulage wegfällt, auch wenn die Voraussetzungen des alten Rechts weiterhin gegeben wären.[91]

3. Erstmalige Übertragung zwischen dem 1. Oktober 2005 und dem 30. September 2007

52 Für die erstmalige Übertragung einer höherwertigen Tätigkeit für Beschäftigte, die aus dem BAT/BAT-O übergeleitet werden, nach dem 30.09.2005 ist gem. § 18 Abs. 1 Satz 1 TVÜ-VKA/-Bund grundsätzlich § 14 TVöD anzuwenden.

Besonderheiten gelten nach § 18 Abs. 1 Satz 2 und 3 TVÜ-VKA/Bund für Beschäftigte, die in eine individuelle Zwischen- oder Endstufe übergeleitet worden sind:

a) Individuelle Zwischenstufe

53 Beschäftigten, die mit einer individuellen Zwischenstufe in eine der Entgeltgruppen 2 bis 8 übergeleitet worden sind, wird die persönliche Zulage nicht gem. § 14 Abs. 3 Satz 2 TVöD prozentual gewährt, sondern die Zulage beläuft sich auf den Unterschiedsbetrag zwischen dem Vergleichsentgelt und dem Betrag, der sich für den Beschäftigten bei dauerhafter Übertragung der höherwertigen Tätigkeit nach § 17 Abs. 4 Satz 1 und 2 TVöD ergeben würde.[92] Hier ist auch der Garantiebetrag (25 € für das Tarifgebiet West bzw. 23,13 € für das Tarifgebiet Ost) des § 17 Abs. 4 Satz 2 TVöD zu beachten.

Keine Besonderheiten ergeben sich dagegen für Beschäftigte, die in eine individuelle Zwischenstufe der Entgeltgruppen 9 bis 15 übergeleitet werden: Die persönliche Zulage berechnet sich aus dem Unterschiedsbetrag zwischen dem Vergleichsentgelt und dem Betrag, der sich für den Beschäftigten bei dauerhafter Übertragung der höherwertigen Tätigkeit nach § 17 Abs. 4 Satz 1 und 2 TVöD ergeben würde, erneut ggf. unter Beachtung des Garantiebetrags, d.h. hier 50,00 € (Tarifgebiet West) bzw. 46,25 € (Tarifgebiet Ost).

---

[91] Rundschreiben des BMI v. 08.12.2005, S. 24.
[92] Rundschreiben des BMI v. 08.12.2005, S. 23.

Rückt der Beschäftigte nach Überleitung in eine individuelle Zwischenstufe zum 01.10.2007 gemäß § 6 Abs. 1 Satz 2 TVÜ-Bund bzw. § 6 Abs. 2 Satz 1 TVÜ-VKA in die nächsthöhere reguläre Stufe ihrer/seiner Entgeltgruppe auf, ist die persönliche Zulage ebenso wie bei jedem anderen Stufenaufstieg[93] anhand des höheren Tabellenentgelts neu zu bemessen. [94]

Beispiel 1:[95]
Ein übergeleiteter Angestellter ist mit seinem Vergleichsentgelt von 2.150 € in der Entgeltgruppe 5 in eine individuelle Zwischenstufe zwischen den Stufen 5 und 6 übergeleitet worden. Ihm werden vorübergehend höherwertige Tätigkeiten übertragen, die den Tätigkeitsmerkmalen der Entgeltgruppe 6 zuzuordnen sind. Die Stufenzuordnung bei dauerhafter Übertragung der höherwertigen Tätigkeit nach § 17 Abs. 4 Satz 1 und 2 erfolgt betragsmäßig. Der betragsmäßig nächst höhere Tabellenwert der Entgeltgruppe 6 steht in Stufe 4 (2.155 €). Da die Differenz zwischen bisherigem und (fiktiv) neuem Tabellenentgelt lediglich 5 € beträgt, beläuft sich der Betrag in Entgeltgruppe 6 Stufe 4 unter Berücksichtigung des Garantiebetrages von 25 € auf 2.175 €.

Beispiel 2:[96]
Ein übergeleiteter Angestellter ist mit seinem Vergleichsentgelt von z.B. 2.950 € in der Entgeltgruppe 10 in eine individuelle Zwischenstufe zwischen den Stufen 3 und 4 übergeleitet worden. Ihm werden vorübergehend höherwertige Tätigkeiten übertragen, die den Tätigkeitsmerkmalen der Entgeltgruppe 11 zuzuordnen sind. Als persönliche Zulage erhält er 250 € (Differenz zwischen seinem jetzigen Entgelt von 2.950 € und dem betragsmäßig nächsthöheren Wert der Entgeltgruppe 11 = 3.200 € - Stufe 4 -).

b) Individuelle Endstufe
Wird Beschäftigten aus einer individuellen Endstufe vorübergehend eine höherwertige Tätigkeit übertragen, so erhalten die Beschäftigten mindestens den Betrag, der ihrer bisherigen individuellen Endstufe entspricht.[97] Da § 18 Abs. 1 Satz 3 TVÜ-Bund/-VKA nur auf Satz 2 des § 6 Abs. 3 TVÜ-Bund/-VKA und damit nicht auf § 17 Abs. 4 Satz 2 TVöD verweist, steht dem Beschäftigten kein Garantiebetrag zu.   **54**

VII. Überleitungsvorschriften für Arbeiter

1. Fortführung vorübergehend übertragener Tätigkeit nach dem 30. September 2005
Die Besitzstandszulage nach § 10 Abs. 1 Satz 1 TVÜ-VKA/§10 Satz 1 TVÜ-Bund   **55**
wird den Beschäftigten gewährt, denen am 30.09.2005 eine Zulage nach § 9 MTArb/ MTArb-O i.V.m. § 2 Abs. 4 TVLohngrV (§ 10 Satz 3 TVÜ-Bund) bzw. den landesbezirklichen Regelungen gem. § 9 Abs. 3 BMT-G und nach Abschnitt I. Lohngruppenverzeichnis – Anlage 3 des Tarifvertrages zu § 20 Abs. 1 BMT-G-O (§ 10 Abs. 1 Satz 4 TVÜ-VKA).

---

93 Dazu oben Rn. 39.
94 Rundschreiben des BMI v. 08.12.2005, S. 23.
95 Nach Rundschreiben des BMI v. 08.12.2005, S. 23.
96 Nach Rundschreiben des BMI v. 08.12.2005, S. 23 f.
97 Rundschreiben des BMI v. 08.12.2005, S. 24.

Die Besitzstandszulage wird gewährt sowohl bei Vertretung eines Arbeiters (Differenz des Lohnes zur höheren Lohngruppe, ggf. einschließlich der Vorarbeiter-, Vorhandwerker- oder Lehrgesellenzulage) als auch bei Vertretung eines Angestellten oder Beamten (10 v.H. des auf eine Stunde entfallenden Anteils des Monatstabellenlohnes der Lohnstufe 1 der jeweiligen Lohngruppe).[98]

2. Fortführung vorübergehend übertragener Tätigkeit über den 1. Oktober 2007 hinaus

56 Da § 10 Abs. 1 Satz 4 TVÜ-VKA/§ 10 Satz 3 TVÜ-Bund auch Satz 2 auf die Arbeiter Anwendung finden lässt, gelten hier ebenfalls mit Wirkung ab dem 01.10.2007 die Regelungen des TVöD über die vorübergehende Übertragung einer höherwertigen Tätigkeit Anwendung.

3. Erstmalige Übertragung nach dem 30. September 2005

57 Die erstmalige vorübergehende Übertragung einer höherwertigen Tätigkeit im Bereich der Beschäftigten, die aus dem Geltungsbereich des BMT-G/BMT-G-O bzw. des MTArb/MTArb-O übergeleitet wurden, nach dem 30.09.2005 richtet sich nur für die Frage der Höhe der persönlichen Zulage nach § 14 TvöD (§ 18 Abs. 2 TVÜ-Bund/-VKA). Die Voraussetzungen der Zulage dagegen bestimmen sich auch weiterhin nach den bisherigen bezirklichen Regelungen zu § 9 Abs. 3 BMT-G und dem Lohngruppenverzeichnis – Anlage 3 Teil I. Tarifvertrag zu § 20 Abs. 1 BMT-G-O (VKA) bzw. die Regelungen des MTArb/MTArb-O (Bund). D.h. für den Bereich des Bundes, dass § 9 Abs. 2 MTArb/MTArb-O bzw. § 2 Abs. 4 TVLohngrV anwendbar bleibt, so dass bereits nach zwei aufeinander folgenden Arbeitstagen vom ersten Tag der Übertragung an die Zulage zusteht. Für die Bestimmung, ob eine Tätigkeit höherwertig ist, ist allerdings auch hier die Anlage 4 TVÜ-Bund zu Rate zu ziehen.[99]

58 **Beispiel 1:**[100]
Einem aus dem Geltungsbereich des MTArb/MTArb-O in die Entgeltgruppe 5 Stufe 4 übergeleiteten Beschäftigten werden am 01.11.2005 vorübergehend höherwertige Tätigkeiten übertragen, die den Tätigkeitsmerkmalen der Entgeltgruppe 6 zuzuordnen sind. Bereits nach zwei aufeinander folgenden Arbeitstagen hat der Beschäftigte für die Dauer der Übertragung Anspruch auf Zahlung der persönlichen Zulage ab dem 01.11.2005 in Höhe von 4,5 v.H. seines Tabellenentgelts (2.065 €). Die persönliche Zulage beträgt somit 92,93 € monatlich.

Abweichungen zur Berechnung der Zulagen-Höhe nach § 14 TVöD können sich gem. § 18 Abs. 2 TVÜ-Bund/-VKA aus § 17 Abs. 9 Satz 3 TVÜ-Bund/-VKA ergeben: Ist anlässlich der vorübergehenden Übertragung einer höherwertigen Tätigkeit im Sinne des § 14 TVöD zusätzlich eine Tätigkeit auszuüben, für die nach bisherigem Recht ein Anspruch auf Zahlung einer Zulage für Vorarbeiter, Vorhandwerker oder Lehrgesellen besteht, erhält der Beschäftigte bis zum In-Kraft-Treten der neuen Entgeltordnung für die Dauer der Ausübung sowohl der höherwertigen als auch der zulagenberechtigenden Tätigkeit eine persönliche Zulage in Höhe von insgesamt 10 v. H. seines Tabellenentgelts.

---

[98] Rundschreiben des BMI v. 08.12.2005, S. 25.
[99] Rundschreiben des BMI v. 08.12.2005, S. 25.
[100] Nach Rundschreiben des BMI v. 08.12.2005, S. 25.

Beispiel 2:[101]   **59**
Bespiel wie oben, zusätzlich sind Vorhandwerkertätigkeiten auszuüben. Nach zwei aufeinander folgenden Arbeitstagen hat der Beschäftigte für die Dauer der Übertragung Anspruch
auf Zahlung der persönlichen Zulage ab dem 01.11.2005 in Höhe von 10 v.H. seines Tabellenentgelts (2.065 €), somit 206,50 € monatlich.

---

[101] Nach Rundschreiben des BMI v. 08.12.2005, S. 25 f.

§ 15 Tabellenentgelt

(1) ¹**Die/Der Beschäftigte erhält monatlich ein Tabellenentgelt.** ²**Die Höhe bestimmt sich nach der Entgeltgruppe, in die sie/er eingruppiert ist, und nach der für sie/ihn geltenden Stufe.**

Protokollerklärungen zu Abs. 1:

1. Für Beschäftigte des Bundes, für die die Regelungen des Tarifgebiets Ost Anwendung finden, beträgt der Bemessungssatz für das Tabellenentgelt und die sonstigen Entgeltbestandteile in diesem Tarifvertrag sowie in den diesen Tarifvertrag ergänzenden Tarifverträgen und -regelungen 92,5 v.H. der nach den jeweiligen Tarifvorschriften für Beschäftigte des Bundes, für die Regelungen des Tarifgebiets West Anwendung finden, geltenden Beträge.

2. ¹Für Beschäftigte im Bereich der VKA, für die die Regelungen des Tarifgebiets Ost Anwendung finden, beträgt der Bemessungssatz für das Tabellenentgelt und die sonstigen Entgeltbestandteile in diesem Tarifvertrag sowie in den diesen Tarifvertrag ergänzenden Tarifverträgen und -regelungen 94 v.H. der nach den jeweiligen Tarifvorschriften für Beschäftigte im Bereich der VKA, für die Regelungen des Tarifgebiets West Anwendung finden, geltenden Beträge. ²Dieser Bemessungssatz erhöht sich zum 1. Juli 2006 auf 95,5 v.H. und zum 1. Juli 2007 auf 97 v.H.

3. Die Protokollerklärungen Nrn. 1 und 2 gelten nicht für Ansprüche aus § 23 Abs. 1 und 2.

(2) ¹**Beschäftigte, für die die Regelungen des Tarifgebiets West Anwendung finden, erhalten Entgelt nach den Anlagen A (Bund bzw. VKA).** ²**Beschäftigte, für die die Regelungen des Tarifgebiets Ost Anwendung finden, erhalten Entgelt nach den Anlagen B (Bund bzw. VKA).**

(3) ¹**Im Rahmen von landesbezirklichen bzw. für den Bund in bundesweiten tarifvertraglichen Regelungen können für an- und ungelernte Tätigkeiten in von Outsourcing und/oder Privatisierung bedrohten Bereichen in den Entgeltgruppen 1 bis 4 Abweichungen von der Entgelttabelle bis zu einer dort vereinbarten Untergrenze vorgenommen werden.** ²**Die Untergrenze muss im Rahmen der Spannbreite des Entgelts der Entgeltgruppe 1 liegen.** ³**Die Umsetzung erfolgt durch Anwendungsvereinbarung, für den Bund durch Bundestarifvertrag.**

Inhaltsübersicht   **Rn.**

I. Vergleich zum alten Recht

Bei den Entgelttabellen handelt es sich um eine der Kernbestimmungen des neuen **1** Tarifrechts. Die Tarifvertragsparteien haben mit dem neuen Tarifwerk die Differenzierung zwischen Arbeitern und Angestellten endgültig aufgegeben. Dies hat dazu geführt, dass die bisherigen 15 Vergütungsgruppen bei den Angestellten, die 17 Lohngruppen bei gewerblichen Arbeitnehmern und die 14 Vergütungsgruppen im Bereich des Pflegedienstes in eine einheitliche Tabelle überführt werden mussten. Des Weiteren sollten die unterschiedlichen Vergütungen beim Bund und im Bereich VKA vereinheitlicht werden. Da beide Tabellen bislang von der Höhe des Entgehalts voneinander abgewichen sind und eines der Ziele der Tarifreform war, dass es zu keiner Mehrbelastung der Arbeitgeber kommen sollte, verfügt die Entgelttabelle des Bundes in den Entgeltgruppen 12 bis 15 über keine Stufe 6, sondern endet mit Stufe 5.

Ein weiteres Ziel der Tarifreform war es, das „Alimentationsprinzip"[1] des Be- **2** amtenrechts zu beseitigen und das Entgelt als Leistung in Anknüpfung an die erbrachte Tätigkeit auszurichten. Ortszuschläge sind auf Basis des Ortszuschlages für Unverheiratete in die Tabelle eingeflossen. Der Verheiratetenzuschlag (Ortszuschlag Stufe 2) wurde bei dem Volumen der Entgelttabelle teilweise mit berücksichtigt. Insbesondere kinderbezogene Leistungen sind mit Stand zum 01.12.2005 als Besitzstand erfasst worden und werden solange weitergewährt, als nach altem Recht hierauf ein Anspruch bestanden hätte (§ 11 TVÜ-VKA und § 11 TVÜ-Bund). Orts- und Sozialzuschläge sind ansonsten abgeschafft worden. Zulagen werden mit der Tätigkeit in der Entgelttabelle vergütet und nicht neben der Tätigkeit gezahlt, es sei denn, dies ist in Ausnahmefällen ausdrücklich tarifvertraglich bestimmt.

Das gesamte Regelungswerk zur Bemessung der Vergütung in den §§ 26 bis 36 **3** BAT, einschließlich des Mindestabstandsgebots des § 26 a BAT zwischen den einzelnen Stufen innerhalb der Vergütungsgruppe, das Lebensaltersprinzip des § 27 BAT, wurde damit abgeschafft.

---

[1] Der Beamte wird nicht für seine Leistung bezahlt. Die Besoldung des Beamten stellt kein Entgelt für eine bestimmte Dienstleistung dar, sondern ist eine Gegenleistung des Dienstherrn dafür, dass sich der Beamte ihm mit seiner ganzen Persönlichkeit zur Verfügung stellt und gemäß den jeweiligen Anforderungen seine Dienstpflicht nach Kräften erfüllt. Das Alimentationsprinzip beruht auf den hergebrachten Grundsätzen des Berufsbeamtentums (Art. 33 V GG). Es verpflichtet den Dienstherrn, den Beamten und seine Familie lebenslang angemessen zu alimentieren und ihm nach seinem Dienstrang, nach der mit seinem Amt verbundenen Verantwortung und nach Maßgabe der Bedeutung des Berufsbeamtentums für die Allgemeinheit entsprechend der Entwicklung der allgemeinen wirtschaftlichen und finanziellen Verhältnisse und des allgemeinen Lebensstandards einen angemessenen Lebensunterhalt zu gewähren. Der Beamte muss über ein Nettoeinkommen verfügen, das seine rechtliche und wirtschaftliche Sicherheit und Unabhängigkeit gewährleistet und ihm über die Befriedigung der Grundbedürfnisse hinaus ein Minimum an Lebenskomfort ermöglicht. Zum Alimentationsprinzip und der Zulässigkeit der Versorgungskürzung: BVerfG, Urt. v. 27.09.2005 - 2 BvR 1387/02, NVWZ 2005, 1294: Zum Alimentationsprinzip bei DO-Angestellten vergl. BAG, Urt. v. 15.11.2001 - 6 AZR 382/00, NZA 2002, 808.

II. Struktur der Entgelttabelle

4   Ein wesentlicher Bestandteile der Tarifreform war es, das Leistungsprinzip im Tarifrecht zu verankern. Entsprechend wurde die Struktur der Tabelle gestaltet. Bislang knüpfte die Einstufung innerhalb der Vergütungsgruppe im BAT an die Lebensaltersstufe nach § 27 BAT an. Dies hatte zur Folge, dass junge Angestellte
auch bei gleicher oder höherer Leistung als ältere Arbeitnehmer weniger Entgelt
erhalten haben. Die Höherstufung erfolgte unabhängig von der Leistung alleine
nach dem erreichten Lebensalter, so dass die höhere Vergütung innerhalb der Vergütungsgruppe „ersessen" wurde. Diese Regelung stellt eine Diskriminierung wegen Alters dar, da es keinen sachlichen Grund dafür gibt, Beschäftigte bloß wegen
ihres Lebensalters (Jugend) unterschiedlich zu behandeln. Zum Alimentationsprinzip Auch die Tarifvertragsparteien sind an den Gleichbehandlungsgrundsatz des Art. 3 Abs. 1 GG gebunden. Auch wenn das Antidiskriminierungsgesetz
noch nicht in Kraft getreten ist, so ist die EG Richtlinie 78/2000 vom 27.11.2000[2]
auch durch die Tarifvertragsparteien zu beachten.[3] Die Richtlinie verbietet eine an
das Lebensalter anknüpfende Ungleichbehandlung, wenn diese nicht aus sachlichen Gründen gerechtfertigt ist. Wird die Höhe des Entgelts ohne jeglichen Grund
nur vom Lebensalter abhängig gemacht, so stellt dies eine Diskriminierung wegen
Alters dar.[4] Nach den Regelungen des BAT werden jüngere Arbeitnehmer durch
die Regelungen des Tarifvertrages diskriminiert. Zulässig ist es hingegen, die Höhe der Entlohnung an berufliche Erfahrungen anzuknüpfen. Eine höhere Vergütung nach bloßer Betriebszugehörigkeit wie nach dem BMT-G und den Stufenregelungen der §§ 16, 17 TVöD dürfte nach § 7 AGG als mittelbare Diskriminierung wegen Alters unzulässig und nach § 10 AGG nicht gerechtfertigt sein.[5] Zulässig ist eine Differenzierung nach Berufserfahrung, wenn diese sich in einer höheren Qualifikation niederschlägt.

5   Die Tarifvertragsparteien haben bewusst die Entgelttabelle zusätzlich nach dem
Prinzip der „Wippe" gestaltet. Die unteren Stufen wurden gegenüber den jetzigen
Stufen stark angehoben und die Endstufen entsprechend abgesenkt.

6   Eine einheitliche Struktur mit einem bestimmten Abstand zwischen den einzelnen Entgeltgruppen und -stufen wurde nicht eingehalten. Die Entgelttabelle ist
pragmatisch aus der Notwendigkeit der Überführung unterschiedlicher Entgelttabel-
bellen in eine einheitliche Tabelle entstanden.

7   Abgeschafft wurde ab dem 01.10.2005 der Bewährungs-, Fallgruppen- und Tätigkeitsaufstieg (§ 17 TVÜ-Bund bzw. § 17 Abs. 5 TVÜ-VKA). Die Leistung des
Beschäftigten ist bei der Höherstufung nach §§ 16 und 17 TVöD entscheidend mit
zu berücksichtigen. Bei mangelhaften Leistungen kann dies zu Verzögerungen in
der Höherstufung führen, wie umgekehrt überdurchschnittliche Leistungen zu einer Verkürzung der Verweildauer in der einzelnen Stufe führen können.

---

2   2000/78/EG des Rates vom 27.11.2000, ABlEG Nr. L 303 v. 02.12.2000, S. 16-22.
3   Einschränkend zumindest für die Bindung des Arbeitgebers an nicht in staatliches Recht umge-
setzte EG-Richtlinien bei Tarifverträgen des öffentlichen Dienstes: Löwisch/Rieble § 1 RN 307.
4   Waltermann, NZA 2005, 1265, 1266.
5   A. A. Thüsing, NZA 2002, 1234, 1241.

Die neue Entgelttabelle besteht aus 15 Entgeltgruppen und 6 Stufen. Bei den   **8**
Entgeltgruppen wurde bewusst die Entgeltgruppe 1 um 20% abgesenkt. Ziel der
Tarifvertragsparteien war es hierbei, die Flucht in Service-Gesellschaften ohne Tarifbindung oder mit abgesenkten Tarifverträgen zu stoppen, die auf breiter Front
dazu geführt hat, dass Dienstleistungen im Bereich Reinigung, Hausmeisterdienste, Bewachung, Facility-Management, auf breiter Front ausgegründet wurden.

Die Stufe 1 wurde grundsätzlich bei allen Entgeltgruppen als Eingangsstufe mit   **9**
einer Verweildauer von einem Jahr einheitlich um 10% gegenüber der Stufe 2 abgesenkt. Eigentliche Grundstufe ist damit die Stufe 2; Entwicklungsstufen nach
Betriebszugehörigkeit und Leistung sind gemäß § 17 TVöD die Stufen 3 bis 6.

Die Entgelttabelle ist nach Qualifikationen gruppiert. Die Entgeltgruppen 1 bis   **10**
4 umfassen Tätigkeiten ohne abgeschlossene Berufsausbildung von mindestens
dreijähriger Dauer in einem anerkannten Beruf. Die Entgeltgruppen 5 bis 8 umfassen Tätigkeiten, deren Ausübung eine Berufsausbildung von drei Jahren in einem
anerkannten Beruf voraussetzen. Die Entgeltgruppen 9 bis 12 sind für Tätigkeiten
vorgesehen, für die eine Ausbildung an einer Fachhochschule mit Abschluss notwendig ist. Die Entgeltgruppen 13 bis 15 sind für Tätigkeiten vorgesehen, die eine
abgeschlossene wissenschaftliche Hochschulausbildung voraussetzen.

III. Abweichungen im Tarifgebiet Ost

Die Abgrenzung zwischen dem Tarifgebiet Ost und West ist in § 38 TVöD gere-   **11**
gelt. In § 15 Abs. 2 TVöD werden die Tabellen der Anlage A als verbindlich für
das Tarifgebiet West und die Tabellen der Anlage B als verbindlich für das Tarifgebiet Ost zu Grunde gelegt.

1. Besonderheiten bei den Beschäftigten des Bundes

Nach der Protokollnotiz Nr. 1 zu § 15 Abs. 1 TVöD beträgt der Bemessungssatz   **12**
des Tabellenentgelts nach den Tarifvorschriften der Beschäftigten des Bundes im
Tarifgebiet Ost 92,5%. Die Tabellenwerte sind in Anlage B zum TVöD Bund
wiedergegeben. Eine Festlegung, ob und wann eine Anhebung des Bemessungssatzes erfolgt, wurde nicht festgelegt.

2. Besonderheiten bei den kommunalen Arbeitgebern, Protokollerklärung Nr. 2 zu § 15 TVöD

Statt der für das Tarifgebiet West vereinbarten Einmalzahlung nach § 22 TVÜ-   **13**
VKA ist für das Tarifgebiet Ost eine Steigerung der Bemessungsgrundlage im
Verhältnis zur Entgelttabelle für das Tarifgebiet West in den folgenden Schritten
zum jeweils genannten Stichtag vorgesehen:

01.07.2005	um 1,5%	auf 94%
01.07.2006	um 1,5%	auf 95,5%
01.07.2007	um 1,5%	auf 97%

Diese Erhöhung des Tabellenentgelts wird allerdings durch die Erhöhung der Eigenbeteiligung der Beschäftigten des Tarifgebietes Ost an der Zusatzversorgung
des öffentlichen Dienstes zum Teil wieder aufgezehrt. Diese entwickelt sich zum
jeweiligen Stichtag wie folgt:

01.07.2005	um 0,3%	auf 0,8%
01.07.2006	um 0,3%	auf 1,1%
01.07.2007	um 0,9%	auf 2%

IV. Pflegepersonal, Ärzte

14 Für Ärzte gilt ab dem 01.10.2005 nach § 51 TVöD-BT-K bereits eine von der allgemeinen Tabelle abweichende Eingruppierung mit zum Teil anderen Tabellenwerten. Diese sieht nach Fortgang der Qualifikation einen die Entgeltgruppen übergreifenden Wechsel von der Entgeltgruppe 14, Stufe 4 in die Entgeltgruppe 15 Stufe 5 vor, der sich insgesamt wie folgt darstellt:

	Stufe 1 1 Jahr	Stufe 2 bis Facharztanerkennung	Stufe 3 ab Facharztanerkennung	Stufe 4 nach fünf jähriger Facharzttätigkeit	Stufe 5 nach insges. neunjähriger Facharzttätigkeit	Stufe 6 nach insges. dreizehnjähriger Facharzttätigkeit
Entg.gr.15					4.780	5.100
Entg.gr.14	3.060	3.400	3.900	4.360		

Zusätzlich werden je nach Aufgabenbereich und unterstelltem Personal die in § 51 TVöD-BT-K benannten Funktionszulagen für die Dauer der Ausübung der Funktion bezahlt. Diese Regelung findet allerdings nach § 51 Abs. 6 TVöD-BT-K keine Anwendung auf Zahnärztinnen/Zahnärzte, auf Tierärztinnen/Tierärzte und auf Apothekerinnen/Apotheker.

Im Pflegedienst wurde wegen des Pflegenotstandes zu Beginn der neunziger Jahre eine eigenständige Tabelle geschaffen, die eine Anhebung der unteren Stufen schon damals vorgesehen hat, um geeignetes Fachpersonal gewinnen zu können. Im Zuge der Tarifvertragsverhandlungen waren die Gewerkschaften nicht bereit, diesem Personenkreis eine Einkommensminderung zu zumuten. Umgekehrt wollten die Arbeitgeber keine weitere Kostensteigerung hinnehmen, so dass man sich auf eine von der allgemeinen Tabelle abweichende Tabelle geeinigt hat. Neben abweichenden Werten, die in Fußnoten der allgemeinen Tabelle aufgeführt sind, gibt es auch hier Konstellationen des Wechsels von einer Stufe einer niedrigeren Entgeltgruppe in die nächste Stufe der höheren Entgeltgruppe. Die Tarifparteien haben dies der Übersichtlichkeit halber in einer eigenen Anwendungstabelle dargestellt (Protokollerklärung zu § 4 Abs. 1 TVÜ-VKA, Anlage 4, Tarifgebiet West und Anlage 5 Tarifgebiet Ost TVÜ-VKA).

V. Tariföffnungsklausel Entgeltgruppe 1

15 Nach Untersuchungen der Tarifvertragsparteien lag die Vergütung in der Privatwirtschaft für un- und angelernte Tätigkeiten insbesondere im Gebäudereinigungs- und Gaststättengewerbe um 20 bis 50% unter dem Niveau der niedrigsten Entgeltgruppe im öffentlichen Dienst. Dies hat in der Vergangenheit zu einer sich immer weiter ausdehnenden Flucht aus den Tarifverträgen des öffentlichen Dienstes geführt. Um diese Tarifflucht zu stoppen und ein Insourcing attraktiv zu machen, haben sich die Tarifvertragsparteien auf die Schaffung einer Niedriglohngruppe verständigt mit einem stark abgesenkten Entgeltniveau und eigenen Stufenregelungen. Das Entgelt in der Entgeltgruppe 1 beläuft sich auf 1.286,00 € (7,68 €/ Stunde) in der niedrigsten Stufe (hier Stufe 2) und liegt damit 309,65 € unter dem Entgelt der Lohngruppe 1 Stufe 1 des BMT-G. In der Stufe 6 beträgt das Entgelt 1.440 € und liegt damit 343,17 € unter dem Entgelt der Endstufe der Lohngruppe 1 BMT-G. Das niedrigste Entgelt liegt damit unter dem Niveau des Gebäudereinigungshandwerks.

Die Tarifparteien haben beispielhaft die folgenden Tätigkeiten der Entgeltgruppe 1 zugeordnet: **16**

- Essen- und Getränkeausgeber/innen
- Garderobepersonal
- Spülen und Gemüseputzen und sonstige Tätigkeiten im Küchenbereich
- Reiniger/innen in Außenbereichen wie Höfe, Wege, Grünanlagen, Parks
- Wärter/innen von Bedürfnisanstalten
- Servierer/innen
- Hausgehilfen/Hausgehilfinnen
- Boten/Botinnen (ohne Aufsichtsfunktion)

Der Katalog ist erweiterbar.

Die tarifvertragliche Öffnungsklausel gibt den Tarifvertragsparteien auf Landesebene die Möglichkeit, in von Outsourcing und/oder Privatisierung bedrohten Bereichen in den Entgeltgruppen 1 bis 4 Abweichungen bis zu einer dort vereinbarten Untergrenze vorzunehmen. Nach dem Wortlaut des Tarifvertrages greift die Norm also bereits dann, wenn ein städtischer Eigenbetrieb in eine Privatrechtsform wie eine GmbH umgewandelt werden soll. Die Tarifparteien haben dann auf Landesebene die Möglichkeit, je nach Wettbewerbslage innerhalb der tarifvertraglichen Spannbreite der Entgeltgruppe 1 (1.286 € bis 1.440 €) durch eine Anwendungsvereinbarung Tätigkeiten der Entgeltgruppen 1 bis 4 niedriger als Normalerweise zu vergüten. Die in Abs. 3 hierfür vorgesehene Anwendungsvereinbarung zur Umsetzung der Regelung ist eine zwischen den Tarifvertragsparteien geschlossene Vereinbarung. Da sie die Rechtsverhältnisse der tarifgebundenen Arbeitnehmer normativ regeln soll, muss es sich um eine tarifvertragliche Vereinbarung handeln, die in schriftlicher Form abzuschließen ist. Erfüllt sie nicht die Schriftform des § 1 Abs. 2 TVG, so ist kein Tarifvertrag zu Stande gekommen.[6] Nur ein Tarifvertrag aber wirkt seinerseits nach § 4 Abs. 1 unmittelbar und zwingend auf das Arbeitsverhältnis ein und kann gegenüber der sonst bestehenden Tarifbindung an den TVöD in seiner allgemeinen Form Arbeitsbedingungen verschlechternd regeln.

Auf Bundesebene kann eine entsprechende Regelung durch Bundestarifvertrag erfolgen.   **17**

---

[6]   BAG, Urt. v. 20.10.1993 – 4 AZR 26/93, NZA 1994, 707; BAG, Urt. v. 20.04.1994 – 4 AZR 354/93, AP Nr. 9 zu § 1 TVG Tarifverträge: DDR.

VI. Übergangsregelungen, Sonderregelungen Vergütungsgruppe 1 BAT

18 Die bisherige Vergütungsgruppe I BAT liegt über dem Entgelt der Entgeltgruppe 15 des TVöD und wurde für Neueinstellungen in den außertariflichen Bereich überführt (§ 1 Abs. 2 Buchstabe b)). Beschäftigte dieser Vergütungsgruppe im Bereich Sparkassen West werden nach § 17 Abs. 2, Spiegelstrich 2, ebenfalls sofort in den außertariflichen Bereich überführt und die Arbeitsverträge individuell vereinbart.

19 Für die übrigen Bereiche und die Beschäftigten Sparkasse Ost werden die in dieser Vergütungsgruppe beschäftigten Mitarbeiter nach § 19 Abs. 2 Satz 1 TVÜ-Bund bzw. TVÜ-VKA entgegen § 1 Abs. 2 Buchstabe b) TVöD nicht aus dem personellen Anwendungsbereich des Tarifvertrages ausgenommen, sondern ausdrücklich im personellen Anwendungsbereich des Tarifvertrages belassen. Sie werden allerdings in eine spezielle Entgeltgruppe 15 Ü übergeleitet. Bei dieser Entgeltgruppe sind die Stufenverweildauern auf jeweils 5 Jahre in Abweichung von der Regelung des § 16 TVöD angehoben worden. Aufgrund der bisherigen unterschiedlichen Vergütung im Bereich Bund und VKA ist die Entgeltgruppe für beide Bereiche auch wie folgt unterschiedlich geregelt worden:

Tabelle TVöD, West							
Entgelt-gruppe		**Stufe1**	**Stufe 2**	**Stufe 3**	**Stufe 4**	**Stufe 5**	**Stufe 6**
	Ver-weild.	5 Jahre	5 Jahre	5 Jahre	5 Jahre	5 Jahre	5 Jahre
15 Ü	VKA	-	4.330	4.805	5.255	5.555	5.625
15 Ü	Bund	4.275	4.750	5.200	5.500	5.570	-

20 Durch die allgemeinen Übergangsvorschriften konnte des Weiteren nicht der Übergang der Arbeiter der Lohngruppe 1 und 2 mit Bewährungsaufstieg in die Lohngruppe 2a oder der Arbeiter, die sich in der Lohngruppe 2a befinden oder nach dem 01.10.2005 neu eingestellt worden sind und in diese Lohngruppe eingruppiert werden müssen, zufrieden stellend geregelt werden. Diese Arbeiter stehen zwischen den Arbeitern mit einfachsten Tätigkeiten nach Lohngruppe 1 Fallgruppe 1 mit Aufstieg in Lohngruppe 1a nach 4 Jahren Bewährung und Arbeitern mit Tätigkeiten, die eine eingehende fachliche Einarbeitung erfordern. Eine Überführung dieser Beschäftigten in die Entgeltgruppe 3 hätte für die Beschäftigten zu unangemessen hohen Überleitungsgewinnen geführt. Vor diesem Hintergrund wurde zeitlich befristet diese Übergangsentgeltgruppe nach Anlage 1 zum TVÜ-VKA für einen Übergangszeitraum vom 01.10.2005 bis zum in Kraft treten der neuen Entgeltordnung mit den folgenden Tabellenwerten geschaffen:

Stufe 1	Stufe 2	Stufe 3	Stufe 4	Stufe 5	Stufe 6
1.503	1.670	1.730	1.810	1.865	1.906

In diese Übergangsentgeltgruppe werden die folgenden Arbeitnehmer nach den allgemeinen Überleitungsbestimmungen eingruppiert:

– Arbeitnehmer in Lohngruppe 2a
– Arbeitnehmer 1 Lohngruppe 1, Fallgruppe 2 mit Bewährungsaufstieg nach 3
  Jahren in Lohngruppe 2, Fallgruppe 2 und einem weiteren Bewährungsaufstieg
  nach Lohngruppe 2a nach einer weiteren Bewährung von 4 Jahren
– Arbeitnehmer Lohngruppe 2 mit Aufstieg in Lohngruppe 2a nach Bewährung
  von 4 Jahren

Die Tabellen TVöD/Bund und TVöD/VKA entsprechen sich von den Beträgen.
Aufgrund der abgesenkten Vergütung der Tabellen des BAT/Bund aber entfällt
bei der Tabelle TVöD/Bund von Lohngruppe 9 bis 15 die Stufe 6.

VII. Einmalzahlungen

§ 21 TVÜ-VKA Einmalzahlungen für 2006 und 2007

**(1) Die von § 1 Abs. 1 und 2 erfassten Beschäftigten im Tarifgebiet West er-
halten für die Jahre 2006 und 2007 jeweils eine Einmalzahlung in Höhe von
300 Euro, die in zwei Teilbeträgen in Höhe von jeweils 150 Euro mit den Bezügen für die Monate April und Juli der Jahre 2006 und 2007 ausgezahlt
wird.**

**(2) Der Anspruch auf die Teilbeträge nach Absatz 1 besteht, wenn die/der Be-
schäftigte an mindestens einem Tag des jeweiligen Fälligkeitsmonats Anspruch auf Bezüge (Entgelt, Urlaubsentgelt oder Entgeltfortzahlung im
Krankheitsfall) gegen einen Arbeitgeber im Sinne des § 1 Abs. 1 hat; dies gilt
auch für Kalendermonate, in denen nur wegen der Höhe der Barleistungen
des Sozialversicherungsträgers Krankengeldzuschuss nicht gezahlt wird. Die
jeweiligen Teilbeträge werden auch gezahlt, wenn eine Beschäftigte wegen
der Beschäftigungsverbote nach § 3 Abs. 2 und § 6 Abs. 1 des Mutterschutzgesetzes in dem jeweiligen Fälligkeitsmonat keine Bezüge erhalten hat.**

**(3) Nichtvollbeschäftigte erhalten den jeweiligen Teilbetrag der Einmalzah-
lung, der dem Verhältnis der mit ihnen vereinbarten durchschnittlichen Arbeitszeit zu der regelmäßigen wöchentlichen Arbeitszeit eines entsprechenden
Vollbeschäftigten entspricht. Maßgebend sind die jeweiligen Verhältnisse am
1. April bzw. 1. Juli.**

**(4) Die Einmalzahlungen sind bei der Bemessung sonstiger Leistungen nicht
zu berücksichtigen.**

**(5) Absätze 1 bis 4 gelten für das Jahr 2006 auch für Beschäftigte im Tarifge-
biet West, die gem. § 2 Abs. 1 Buchst. d und e TVöD (Ausschluss von Versorgungsbetrieben, in Nahverkehrsbetrieben und in der Wasserwirtschaft in
Nordrhein-Westfalen) vom Geltungsbereich des TVöD ausgenommen sind
und wenn auf sie nicht der TV-V, TV-WW/NW oder ein TV-N Anwendung
findet. Gleiches gilt für das Jahr 2007 nur dann, wenn der Arbeitgeber die
Anwendung des TV-V, TV-WW/NW bzw. TV-N ablehnt.**

Kommentierung der Überleitungsbestimmungen zu Einmalzahlungen

21   Die tarifvertragliche Regelung erfasst ausschließlich die Beschäftigten des Tarifgebietes West des VKA. Die Beschäftigten des Tarifgebietes Ost erhalten statt der Einmalzahlungen die Anhebung des Bemessungssatzes nach § 15 Abs. 1 Protokollerklärung zu Abs. 1 Nr. 2 TVöD auf 95,5 % ab 01.7.2006 und auf 97% ab dem 01.7.2007. Gleichzeitig erfolgt eine Anhebung der Eigenbeteiligung der Beschäftigten an der betrieblichen Altersversorgung von 0,5% auf 0,8% zum 01.7.2005, auf 1,1% zum 01.7.2006 und auf 2% zum 01.7.2007.

Anspruchsvoraussetzung für die Einmalzahlung ist, dass an mindestens einem Tag des jeweiligen Fälligkeitsmonats ein Anspruch auf Bezüge (Entgelt, Urlaubsentgelt oder Entgelt im Krankheitsfall) bestanden hat. Es erfolgt keine Quotelung in Bezug auf die Anzahl der Beschäftigungstage im Jahr oder im Fälligkeitsmonat. Auch wenn wegen der Höhe der Barleistungen der Sozialversicherungsträger Bezüge nicht ausgezahlt werden, bestehen diese dem Grunde nach, so dass der Anspruch auf Einmalzahlung entsteht.

22   Nach Abs. 2 Satz werden Teilbeträge ebenfalls dann gezahlt, wenn an mindestens einem Tag im Fälligkeitsmonat Bezüge nur wegen eines Beschäftigungsverbotes nach § 3 Abs. 2 oder § 6 Abs. 1 Mutterschutzgesetz nicht gezahlt wurden.

Nach Abs. 3 erhalten Teilzeitbeschäftigte eine Einmalzahlung in anteiliger Höhe der vereinbarten Arbeitszeit zu einer Vollzeitbeschäftigung. Maßgebend für die Feststellung dieser Quote ist der 1. des Fälligkeitsmonats.

Nach Abs. 4 ist die Einmalzahlung bei der Bemessung von Entgeltfortzahlungsansprüchen nicht zu berücksichtigen und fließt nicht in die Berechnung der Bemessungsgrundlage nach § 21 TVöD ein.

23   Abs. 5 gibt den Beschäftigten von Spartenbereichen (Versorgung, Nahverkehr, Wasserwirtschaft NRW) einen Anspruch auf die Einmalzahlungen im Jahre 2006, wenn eine Überführung in einen Spartentarifvertrag noch nicht stattgefunden hat. Der Anspruch auf Einmalzahlung für das Jahr 2007 hingegen besteht nur dann, wenn eine Überführung in einen Spartentarifvertrag nur deshalb nicht stattgefunden hat, weil der Arbeitgeber die Anwendung eines Spartentarifvertrages ablehnt. Der bloße Umstand, dass man sich im Jahr 2007 noch nicht auf eine Anwendungsvereinbarung zur Überführung der Beschäftigten in einen Spartentarifvertrag geeinigt hat, führt nicht dazu, dass der Anspruch auf Einmalzahlung entsteht, da hier der Arbeitgeber die Einführung eines Spartentarifvertrages nicht grundlegend ablehnt. Auch für Beschäftigte in Spartenbereichen ist hierbei nach § 1 Abs.1 TVÜ-VKA grundlegende Anspruchsvoraussetzung, dass sie bei einem Arbeitgeber beschäftigt sind, der Mitglied der VKA ist, da sie sonst nicht unter den Geltungsbereich des Überleitungstarifvertrages fallen.

24   Nach Anlage 4 zum TVAöD erhalten Auszubildende eine Einmalzahlung von 100 € im Jahr 2006 und 2007 mit der Entgeltzahlung für den Monat Juli, wenn sie an mindestens einem Tag des Fälligkeitsmonats Anspruch auf Bezüge hatten. Der Anspruch besteht nicht für Schülerinnen und Schüler der Altenpflege.

Der Tarifvertrag über Einmalzahlungen für die Jahre 2005, 2006 und 2007 für   **25**
den Bereich des Bundes (abgedruckt im Textanhang) trifft vergleichbare Regelungen allerdings für die Tarifgebiete Ost und West, da hier eine Anhebung der Bemessungsgrundlage für das Tarifgebiet Ost nicht vorgesehen ist.

§ 16 (Bund) Stufen der Entgelttabelle

(1) ¹Die Entgeltgruppen 9 bis 15 umfassen fünf Stufen und die Entgeltgruppen 2 bis 8 sechs Stufen. ²Die Abweichungen von Satz 1 sind im Anhang zu § 16 (Bund) geregelt.

(2) ¹Bei Einstellung in eine der Entgeltgruppen 9 bis 15 werden die Beschäftigten zwingend der Stufe 1 zugeordnet. ²Etwas anderes gilt nur, wenn eine mindestens einjährige einschlägige Berufserfahrung aus einem vorherigen befristeten oder unbefristeten Arbeitsverhältnis zum Bund vorliegt; in diesem Fall erfolgt die Stufenzuordnung unter Anrechnung der Zeiten der einschlägigen Berufserfahrung aus dem vorherigen Arbeitsverhältnis zum Bund.

Protokollerklärung zu Abs. 2 Satz 2:
Ein vorheriges Arbeitsverhältnis besteht, wenn zwischen Ende des vorherigen und Beginn des neuen Arbeitsverhältnisses mit dem Bund ein Zeitraum von längstens sechs Monaten liegt; bei Wissenschaftlerinnen/Wissenschaftlern ab der Entgeltgruppe 13 verlängert sich der Zeitraum auf längstens zwölf Monate.

(3) ¹Bei Einstellung in eine der Entgeltgruppen 2 bis 8 werden die Beschäftigten der Stufe 1 zugeordnet, sofern keine einschlägige Berufserfahrung vorliegt. ²Verfügt die/der Beschäftigte über eine einschlägige Berufserfahrung von mindestens drei Jahren, erfolgt bei Einstellung nach dem 31. Dezember 2008 in der Regel eine Zuordnung zur Stufe 3. ³Ansonsten wird die/der Beschäftigte bei entsprechender Berufserfahrung von mindestens einem Jahr der Stufe 2 zugeordnet. ⁴Unabhängig davon kann der Arbeitgeber bei Neueinstellungen zur Deckung des Personalbedarfs Zeiten einer vorherigen beruflichen Tätigkeit ganz oder teilweise für die Stufenzuordnung berücksichtigen, wenn diese Tätigkeit für die vorgesehene Tätigkeit förderlich ist.

Protokollerklärungen zu den Abs. 2 und 3:
1. Einschlägige Berufserfahrung ist eine berufliche Erfahrung in der übertragenen oder einer auf die Aufgabe bezogen entsprechenden Tätigkeit.
2. Ein Berufspraktikum nach dem Tarifvertrag über die vorläufige Weitergeltung der Regelungen für die Praktikantinnen/Praktikanten vom 13. September 2005 gilt grundsätzlich als Erwerb einschlägiger Berufserfahrung.

Niederschriftserklärung zu § 16 (Bund) Abs. 3 Satz 2:
Die Tarifvertragsparteien sind sich darüber einig, dass stichtagsbezogene Verwerfungen zwischen übergeleiteten Beschäftigten und Neueinstellungen entstehen können.

(4) ¹Die Beschäftigten erreichen die jeweils nächste Stufe – von Stufe 3 an in Abhängigkeit von ihrer Leistung gemäß § 17 Abs. 2 – nach folgenden Zeiten einer ununterbrochenen Tätigkeit innerhalb derselben Entgeltgruppe bei ihrem Arbeitgeber (Stufenlaufzeit):
- Stufe 2 nach einem Jahr in Stufe 1,
- Stufe 3 nach zwei Jahren in Stufe 2,
- Stufe 4 nach drei Jahren in Stufe 3,

13.09.2005 durch die Wörter „mit dem Bund" ersetzt. Da die Protokollerklärung zu Abs. 2 Satz 2 auch in ihrer ursprünglichen Fassung nur auf den Arbeitgeber „Bund" anwendbar war, wurde durch die Korrektur nur eine Klarstellung, aber keine Rechtsänderung herbeigeführt.

II. Anzahl der Stufen

3   Gemäß Abs. 1 ist hinsichtlich der Anzahl der Stufen – anders als im Anwendungsbereich des § 16 (VKA) TVöD – nach Entgeltgruppen zu differenzieren: Die Entgeltgruppen 9 bis 15 umfassen fünf, die Entgeltgruppen 2 bis 8 sechs Stufen. Die Stufen 1 und 2 sind die sog. Grundentgeltstufen, die Stufen 3 bis 6 die sog. Entwicklungsstufen.[1]

4   In Satz 1 des Anhangs zu § 16 (Bund)[2] (in Verbindung mit Abs. 1 Satz 2) werden bei Tätigkeiten, die den aufgeführten Vergütungs-/Lohngruppen nach altem Tarifrecht entsprechen, in den Entgeltgruppen 9, 3 und 2 von Abs. 1 Satz 1 abweichende – niedrigere – Endstufen bestimmt. Dadurch wird zugleich die Anzahl der Stufen abweichend von Abs. 1 Satz 1 festgelegt.

III. Stufenzuordnung bei der Einstellung

5   Bei der Einstellung ist zu unterscheiden, ob die Einstellung in eine der Entgeltgruppen 9 bis 15 oder eine der Entgeltgruppen 2 bis 8 erfolgen soll. Für die Entgeltgruppen 9 bis 15 gilt Abs. 2, für die Entgeltgruppen 2 bis 8 Abs. 3.[3]

1. Einstellung
a) Grundsatz

6   Die Abs. 2 und 3 sind nur dann anwendbar, wenn eine Einstellung im Sinne der Abs. 2 und 3 vorliegt. Hierunter können – kurz zusammengefasst – alle Neueinstellungen von Beschäftigten verstanden werden, die der Bund ab dem 01.10.2005 vornimmt.[4]

b) Stufenzuordnung gemäß §§ 6 und 7 TVÜ-Bund

7   Keine Einstellung im Sinne der Abs. 2 und 3 liegt vor, wenn der TVÜ-Bund Anwendung findet.[5] Denn für diese Beschäftigten ist die Stufenzuordnung anhand der spezielleren §§ 6 (Stufenzuordnung der Angestellten) oder 7 (Stufenzuordnung der Arbeiterinnen und Arbeiter) TVÜ-Bund vorzunehmen. Der weitere Stufenanstieg richtet sich dann nach Abs. 4 in Verbindung mit § 17 TVöD.[6] Der TVÜ-Bund gilt nach § 1 Abs. 1 TVÜ-Bund für Beschäftigte, deren Arbeitsverhältnis zum Bund über den 30.09.2005 hinaus fortbesteht, und die am 01.10.2005 unter den Geltungsbereich des TVöD fallen, für die Dauer des ununterbrochen fortbe-

---

[1]   Vgl. die Entgelttabellen West und Ost in den Anlagen A und B (Bund).

[2]   Der Anhang zu § 16 (Bund) ist abgedruckt nach § 39 TVöD.

[3]   Bei Einstellungen in die Entgeltgruppe 1 vgl. Abs. 5, dazu unten unter V.

[4]   Vgl. Rundschreiben des BMI vom 08.12.2005 – D II 2 – 220 210-2/0 unter § 16 Ziffer 2.

[5]   In diesem Sinne auch das Rundschreiben des BMI vom 08.12.2005 – D II 2 – 220 210-2/0 unter § 16 Ziffer 2.

[6]   Vgl. § 6 Abs. 1 Satz 3 und § 7 Abs. 1 Satz 2 TVÜ-Bund.

stehenden Arbeitsverhältnisses.[7] Gemäß der Protokollerklärung zu § 1 Abs. 1 Satz 1 TVÜ-Bund sind in der Zeit bis zum 30.09.2007 Unterbrechungen von bis zu einem Monat unschädlich.

Entscheidend für die Anwendung des § 1 Abs. 1 TVÜ-Bund ist zunächst, ob **8** das Arbeitsverhältnis über den 30.09.2005 hinaus ohne zeitliche Unterbrechung fortbesteht. Ein ohne zeitliche Unterbrechung fortbestehendes Arbeitsverhältnis liegt auch dann vor, wenn der dem Arbeitsverhältnis zu Grunde liegende befristete Arbeitsvertrag endet und der Beschäftigte im unmittelbaren Anschluss daran einen neuen Arbeitsvertrag erhält.[8] Denn in einem solchen Fall endet zwar der Arbeitsvertrag, das Arbeitsverhältnis besteht aber ohne zeitliche Unterbrechung weiter.[9] Auf die Protokollerklärung zu § 1 Abs. 1 Satz 1 TVÜ-Bund kommt es dann nicht an. Liegt eine auch nur geringfügige Unterbrechung des Arbeitsverhältnisses vor, ist zu prüfen, ob die Voraussetzungen der Protokollerklärung zu § 1 Abs. 1 Satz 1 TVÜ-Bund gegeben sind.

c) Stufenzuordnung nach vorheriger Beschäftigung

War der Beschäftigte bereits in der Vergangenheit beim Bund beschäftigt, stellt **9** sich die Frage, ob eine Einstellung im Sinne der Abs. 2 und 3 vorliegt, die bisherige Stufenzuordnung des Beschäftigten beizubehalten oder – bei einer Höher- oder Herabgruppierung – § 17 Abs. 4 TVöD anzuwenden ist. Gemäß Abs. 2 Satz 2 hat die Stufenzuordnung unter Anrechnung der Zeiten einschlägiger Berufserfahrung zu erfolgen, wenn sie in einem vorherigen Arbeitsverhältnis zum Bund erworben wurde. Ein vorheriges Arbeitsverhältnis zum Bund besteht nach der Protokollerklärung zu Abs. 2 Satz 2, „wenn zwischen dem Ende des vorherigen und dem Beginn des neuen Arbeitsverhältnisses mit dem Bund ein Zeitraum von längstens sechs Monaten liegt". Die Tarifvertragsparteien gehen also davon aus, dass eine Einstellung vorzunehmen ist, wenn das Arbeitsverhältnis endet und nach einer zeitlichen Unterbrechung ein neues Arbeitsverhältnis mit demselben Arbeitgeber – hier dem Arbeitgeber Bundesrepublik Deutschland – beginnt. Es kommt also wie beim Geltungsbereich des TVÜ-Bund entscheidend darauf an, ob das bisherige Arbeitsverhältnis des Beschäftigten unterbrochen wurde oder nicht. Liegt eine Unterbrechung vor, liegt auch eine Einstellung im Sinne des Abs. 2 und 3 vor. Nicht unterbrochen wird das Arbeitsverhältnis, wenn der dem Arbeitsverhältnis zu Grunde liegende befristete Arbeitsvertrag endet und der Beschäftigte im unmittelbaren Anschluss daran einen neuen Arbeitsvertrag erhält. Eine Einstellung liegt dann nicht vor. Weicht die Entgeltgruppe der neuen Beschäftigung von der Entgeltgruppe der bisherigen Beschäftigung ab, ist nach § 17 Abs. 4 TVöD zu verfahren.

---

[7] Zum Geltungsbereich des TVÜ-Bund das Rundschreiben des BMI vom 10.10.2005 – D II 2 – 220 210/643 unter II 1.1.

[8] A. A. Rundschreiben des BMI vom 08.12.2005 – D II 2 – 220 210-2/0 unter § 16 Ziffer 2 für nachfolgendes Bsp.: Der befristete Arbeitsvertrag eines seit dem 01.04.2003 beim Bund beschäftigten Angestellten endet am 31.02.2006. Im unmittelbaren Anschluss daran erhält er einen neuen Arbeitsvertrag beim Bund mit identischer Tätigkeit.

[9] Im Bsp. des BMI endet der Arbeitsvertrag am 31.03.2006 um 24:00 Uhr, der neue Arbeitsvertrag beginnt zum identischen Zeitpunkt, nämlich dem 01.04.2006 um 0:00 Uhr.

2. Einstellung in die Entgeltgruppen 9 bis 15
a) Zwingende Zuordnung zur Stufe 1

10   Soll die Einstellung in eine der Entgeltgruppen 9 bis 15 erfolgen, werden die Beschäftigten gemäß Abs. 2 Satz 1 grundsätzlich der Stufe 1 zugeordnet. Diese Zuordnung ist nach dem Wortlaut des Abs. 1 Satz 1 „zwingend". Ausnahmen sollen nur bei der Einstellung von Fachkräften auf dem Gebiet der Informationstechnik[10] und bei der Einstellung von besonders qualifizierten Fachkräften für Forschungseinrichtungen des Bundes[11] sowie nach Maßgabe des Abs. 2 Satz 2 möglich sein.[12] Nach dem Günstigkeitsprinzip des § 4 Abs. 3 TVG haben für die Arbeitnehmer günstigere Abmachungen Vorrang vor Tarifverträgen.[13] Im Arbeitsvertrag kann deshalb eine von Abs. 2 abweichende – günstigere – Stufenzuordnung vereinbart werden. Das Merkmal „zwingend" hat damit keine rechtlich verbindliche Wirkung.

b) Berücksichtigung einschlägiger Berufserfahrung

11   Die Stufenzuordnung bei einer Einstellung ist gemäß Abs. 2 Satz 2 abweichend von Abs. 2 Satz 1 vorzunehmen, wenn eine mindestens einjährige einschlägige Berufserfahrung aus einem vorherigen befristeten oder unbefristeten Arbeitsverhältnis zum Bund vorliegt. Wann ein vorheriges Arbeitsverhältnis im Sinne des Abs. 2 Satz 2 besteht, regelt die Protokollnotiz zu Abs. 2 Satz 2. Voraussetzung ist, dass

– die vorherige Beschäftigung im Rahmen eines Arbeitsverhältnisses zum Bund erfolgt ist, und
– zwischen Ende des vorherigen und Beginn des neuen Arbeitsverhältnisses ein Zeitraum von längstens sechs, bei Wissenschaftlern ab der Entgeltgruppe 13 von längstens zwölf Monaten liegt.

aa) Vorheriges Arbeitsverhältnis zum Bund

12   Die vorherige Beschäftigung muss – ebenso wie die neue Beschäftigung[14] – im Rahmen eines Arbeitsverhältnisses erfolgt sein. Es gelten die allgemeinen Grundsätze zur Abgrenzung des Arbeitsverhältnisses von sonstigen Beschäftigungsverhältnissen, insbesondere der Arbeitnehmerbegriff.[15] Arbeitnehmer ist, wer aufgrund eines privatrechtlichen Vertrags zur Arbeit im Dienste eines anderen verpflichtet ist.[16] Keine Arbeitnehmer sind danach insbesondere Beamte, Richter, Soldaten und Zivildienstleistende. Sie werden im Rahmen öffentlich-rechtlicher Dienstverhältnisse tätig.[17] Keine Arbeitnehmer sind, wie sich aus § 10 Abs. 2

---

[10]   Dazu Rundschreiben des BMI vom 10.10.2005 – D II 2 – 220 218/279; D II 2 – 220 210-2/16.

[11]   Dazu Rundschreiben des BMI vom 10.10.2005 – D II 220 000/61.

[12]   Vgl. Rundschreiben des BMI vom 08.12.2005 – D II 2 – 220 210-2/0 unter § 16 Ziffer 2.1.1.

[13]   ErfK/Schaub, § 4 TVG Rn. 55 mit weiteren Nachweisen.

[14]   Die Beschäftigung im Rahmen eines Arbeitsverhältnisses ist gemäß § 1 Abs. 1 TVöD Voraussetzung für die Anwendung des TVöD, dazu § 1 unter VI.

[15]   So auch Rundschreiben des BMI vom 08.12.2005 – D II 2 – 220 210-2/0 unter § 16 Ziffer 2.1.2.1.

[16]   Hueck/Nipperdey I § 9 III 3 S. 43; zustimmend z. B. BAG, Urt. v. 15.03.1978 – 5 AZR 819/76, AP Nr. 26 zu § 611 BGB Abhängigkeit.

[17]   Dazu z. B. ErfK/Preis, § 611 BGB Rn. 152 ff.

BBiG ergibt, auch Auszubildende im Sinne des Berufsbildungsgesetzes. Eine vorherige Beschäftigung als Beamter oder Auszubildender ist deshalb im Rahmen des Abs. 2 nicht zu berücksichtigen. Sie kann durch Vereinbarung im Arbeitsvertrag freilich außertariflich berücksichtigt werden.[18]

Das vorherige Arbeitsverhältnis muss mit dem Bund bestanden haben. Entscheidend ist der Vertragsarbeitgeber: Der vorherige Arbeitsvertrag muss mit der Bundesrepublik Deutschland abgeschlossen worden sein. Wurde der vorherige Arbeitsvertrag mit einem anderen (öffentlichen[19]) Arbeitgeber abgeschlossen, findet Abs. 2 Satz 2 keine Anwendung. Die vorherige Beschäftigung bei einem anderen Arbeitgeber kann durch Vereinbarung im Arbeitsvertrag freilich außertariflich berücksichtigt werden. **13**

bb) Unterbrechung von maximal sechs/zwölf Monaten

Zwischen dem Ende des vorherigen und dem Beginn des neuen Arbeitsverhältnisses darf gemäß der Protokollerklärung zu Abs. 2 Satz 2 ein Zeitraum von längstens sechs, für Wissenschaftler ab der Entgeltgruppe 13 ein Zeitraum von längstens zwölf Monaten liegen. Abs. 2 Satz stellt auf den Zeitraum zwischen den Arbeitsverhältnissen, den Unterbrechungszeitraum, ab: Endet das vorherige Arbeitsverhältnis z. B. durch Fristablauf am 31.03.2006, beginnt der Unterbrechungszeitraum am 01.04.2006. Er endet bei einem Unterbrechungszeitraum von maximal sechs Monaten gemäß §§ 188 Abs. 2, 187 Abs. 2 BGB mit Ablauf des 30.09.2006. Nur wenn spätestens am 01.10.2006 ein neues Arbeitsverhältnis beginnt, findet Abs. 2 Satz 2 Anwendung. **14**

cc) Mindestens einjährige einschlägige Berufserfahrung

Aus dem vorherigen Arbeitsverhältnis zum Bund muss eine mindestens einjährige einschlägige Berufserfahrung vorliegen. Einschlägige Berufserfahrung wird in der Protokollerklärung Nr. 1 zu den Abs. 2 und 3 definiert als „eine berufliche Erfahrung in der übertragenen oder einer auf die Aufgabe bezogenen entsprechenden Tätigkeit". Maßgeblich ist, ob das für die frühere Tätigkeit nötige Wissen und Können und die dort erworbenen Kenntnisse und Erfahrungen typischerweise konkret auch für die neue Tätigkeit erforderlich sind und diese prägen; beide Tätigkeiten müssen nach Aufgabenzuschnitt und Niveau zumindest gleichartig sein.[20] Einschlägige Berufserfahrung liegt danach vor, wenn die frühere Tätigkeit fortgesetzt oder eine im Wesentlichen gleichartige Tätigkeit aufgenommen wird. **15**

Gemäß der Protokollerklärung Nr. 2 zu den Abs. 2 und 3 gilt ein Berufspraktikum nach dem Tarifvertrag über die vorläufige Weitergeltung der Regelungen für die Praktikantinnen/Praktikanten grundsätzlich als Erwerb einschlägiger Berufserfahrung. Aus dem systematischen Zusammenhang mit der Protokollerklärung Nr. **16**

---

[18] So für Beamte auch das Rundschreiben des BMI vom 08.12.2005 – D II 2 – 220 210-2/0 § 16 unter Ziffer 2.1.2.1.

[19] Z. B. einer Kommune oder einem Land, a. A. – ohne Begründung – für institutionell geförderte Zuwendungsempfänger das Rundschreiben des BMI vom 08.12.2005 – D II 2 – 220 210-2/0 § 16 unter Ziffer 2.1.2.1.

[20] Rundschreiben des BMI vom 08.12.2005 – D II 2 – 220 210-2/0 § 16 unter Ziffer 2.1.2.2.

1 zu Abs. 2 und 3 folgt allerdings, dass dies nur der Fall ist, wenn das Praktikum in dem Aufgabenbereich der neuen Tätigkeit absolviert wurde.[21]

17   Die einschlägige Berufserfahrung muss aus dem vorherigen Arbeitsverhältnis zum Bund erworben worden sein. Abs. 2 Satz 2 findet deshalb keine Anwendung, wenn die einschlägige Berufserfahrung zwar an sich gegeben ist, aber in einem anderen Arbeitsverhältnis erworben wurde. Voraussetzung ist schließlich, dass die Tätigkeit, in der die einschlägige Berufserfahrung erworben wurde, mindestens ein Jahr lang ausgeübt wurde. Aus dem systematischen Zusammenhang zu Abs. 4 (Stufenzuordnung unter Anrechnung der Zeiten einschlägiger Berufserfahrung) ergibt sich, dass die Tätigkeit ununterbrochen im Sinne der §§ 16 (Bund) Abs. 4, 17 Abs. 3 TVöD ausgeübt worden sein muss.

dd) Stufenzuordnung unter Anrechnung der Zeiten der einschlägigen Berufserfahrung

18   Liegen die unter aa) bis cc) dargestellten Voraussetzungen vor, erfolgt die Stufenzuordnung gemäß Abs. 2 Satz 2 Hs. 2 „unter Anrechnung der Zeiten der einschlägigen Berufserfahrung aus dem vorherigen Arbeitsverhältnis". Diese Anrechnung kann sinnvollerweise nur so geschehen, dass die Zeit der einschlägigen Berufserfahrung aus dem vorherigen Arbeitsverhältnis (nicht die Dauer des gesamten vorherigen Arbeitsverhältnisses) als Zeit der Tätigkeit im neuen Arbeitsverhältnis gewertet wird. Der Beschäftigte ist deshalb der Stufe zuzuordnen, in der er sich befinden würde, wenn die Zeit der einschlägigen Berufserfahrung Zeit der ununterbrochenen Tätigkeit im Sinne des Abs. 4 in Verbindung mit § 17 Abs. 3 TVöD wäre. Zugrunde zu legen sind die regelmäßigen Stufenlaufzeiten des Abs. 4. Denn die Leistung des Beschäftigten kann nur im laufenden Arbeitsverhältnis und nicht bei einer Neueinstellung berücksichtigt werden.

Beispiel 1:

19   Der Beschäftigte war in der Zeit vom 01.07.2001 bis 30.06.2005 beim Bund als Personalsachbearbeiter beschäftigt. Er wird beim Bund mit Wirkung ab 01.11.2005 wiederum als Personalsachbearbeiter eingestellt und in die Entgeltgruppe 9 eingruppiert. Welcher Stufe ist der Beschäftigte bei der Einstellung zuzuordnen? – Lösung: Durch die vergleichbare Tätigkeit im vorherigen Arbeitsverhältnis hat der Beschäftigte einschlägige Berufserfahrung erworben. Da er die Tätigkeit vier Jahre lang ausgeübt hat, und die Unterbrechung nur vier Monate betrug, ist die Stufenzuordnung unter Anrechnung von vier Jahren einschlägiger Berufserfahrung vorzunehmen. Ab 3 Jahren ununterbrochener Tätigkeit im Arbeitsverhältnis wäre der Beschäftigte gemäß § 16 Abs. 4 TVöD der Stufe 3 zuzuordnen. Ergebnis: Der Beschäftigte ist der Stufe 3 zuzuordnen.

20   Die Stufenzuordnung unter Anrechnung der Zeiten der einschlägigen Berufserfahrung erschöpft sich nicht in der Zuordnung zu einer bestimmten Stufe. Denn die Zeiten der einschlägigen Berufserfahrung sind vollständig und nicht nur teilweise anzurechnen. „Restzeiten" sind deshalb als bereits verstrichene Stufenlaufzeit im Sinne des Abs. 4 zu werten. Von der regelmäßigen Stufenlaufzeit bis zum Erreichen der nächsten Stufe ist eine „Restzeit" deshalb abzuziehen, so dass die Höherstufung entsprechend früher zu erfolgen hat.[22]

---

[21]   So auch das Rundschreiben des BMI vom 08.12.2005 – D II 2 – 220 210-2/0 § 16 unter Ziffer 2.1.2.2.

[22]   A. A. ohne Begründung das Rundschreiben des BMI vom 08.12.2005 – D II 2 – 220 210-2/0 § 16 unter Ziffer 2.1.2.3: „Restzeit" kann außertariflich angerechnet werden.

Beispiel 2:

Sachverhalt wie im Bsp. 1. Nach wie vielen Jahren im neuen Arbeitsverhältnis erfolgt nach **21** der regelmäßigen Stufenlaufzeit ein Stufenaufstieg in die Stufe 4? – Lösung: Bei der Stufenzuordnung waren 4 Jahre einschlägiger Berufserfahrung anzurechnen. Bei der Zuordnung zur Stufe 3 wurden 3 Jahre einschlägiger Berufserfahrung benötigt. Das verbleibende eine Jahr wird als Stufenlaufzeit zur Stufe 4 berücksichtigt. Der Beschäftigte ist deshalb unter Zugrundelegung der regelmäßigen Stufenlaufzeiten nach zwei Tätigkeitsjahren der Stufe 4 zuzuordnen.

3. Einstellung in die Entgeltgruppen 2 bis 8

Bei der Einstellung[23] in eine der Entgeltgruppen 2 bis 8 ist nach Abs. 3 Satz 1 bis **22** 3 wie folgt zu differenzieren:

- Beschäftigte ohne einschlägige Berufserfahrung werden der Stufe 1,
- Beschäftigte mit einer einschlägigen Berufserfahrung von mindestens einem Jahr werden der Stufe 2,
- Beschäftigte mit einer einschlägigen Berufserfahrung von mindestens 3 Jahren, die nach dem 31.12.2008 eingestellt werden, werden in der Regel der Stufe 3 zugeordnet.

Gemäß Abs. 3 Satz 4 kann der Arbeitgeber darüber hinaus unter den dort geregelten Voraussetzungen vorherige berufliche Tätigkeiten bei der Stufenzuordnung berücksichtigen.

a) Einschlägige Berufserfahrung

Das Merkmal „einschlägige Berufserfahrung" entspricht dem in Abs. 2 Satz 2.[24] **23** Im Unterschied zu Abs. 2 Satz 2 ist es nicht erforderlich, dass sich die einschlägige Berufserfahrung aus einem vorherigen Arbeitsverhältnis zum Bund ergibt. Sie kann deshalb auch bei einem anderen (öffentlichen oder privaten) Arbeitgeber, vor einer mehr als sechs bzw. zwölf Monate andauernden Unterbrechung oder im Rahmen eines Beamten- oder Berufsausbildungsverhältnisses erworben worden sein. Entscheidend ist, dass die einschlägige Berufserfahrung zum Zeitpunkt der Einstellung tatsächlich vorliegt.

b) Stufenzuordnung gemäß Abs. 3 Satz 2 und 3

Verfügt der Beschäftigte zum Zeitpunkt der Einstellung über eine einschlägige **24** Berufserfahrung von mindestens einem Jahr, hat er gemäß Abs. 3 Satz 3 einen Anspruch auf Zuordnung zur Stufe 2. Verfügt der Beschäftigte zum Zeitpunkt der Einstellung über eine einschlägige Berufserfahrung von mindestens drei Jahren und erfolgt die Einstellung nach dem 31.12.2008, ist „in der Regel" eine Zuordnung zur Stufe 3 vor zu nehmen. „In der Regel" bedeutet „normalerweise" oder „fast immer".[25] In besonders begründeten Ausnahmefällen kann demnach auch eine Zuordnung zur Stufe 2 erfolgen.[26] Kann der Arbeitgeber nicht darlegen und

---

[23] Zum Begriff der Einstellung oben unter III 1.

[24] Dazu oben unter III 2 b bb.

[25] Vgl. DUDEN Deutsches Universalwörterbuch Stichwort „Regel".

[26] Eine Zuordnung zu einer höheren Stufe kann im Arbeitsvertrag ohne weiteres außertariflich vereinbart werden, dazu oben III 2 a.

ggf. beweisen, dass ein solcher Ausnahmefall vorliegt, hat der Beschäftigte einen Anspruch auf Zuordnung zur Stufe 3.

25   Rechtsfolge des Abs. 3 Satz 2 und 3 ist die Zuordnung zu einer konkreten Stufe. Anders als bei Abs. 2 Satz 2 findet keine Anrechnung von Zeiten einschlägiger Berufserfahrung statt. Der weitere Stufenaufstieg richtet sich deshalb ausschließlich nach Abs. 4 in Verbindung mit § 17 Abs. 2 TVöD.

c) Stufenzuordnung gemäß Abs. 3 Satz 4

26   Nach Abs. 3 Satz 4 kann der Arbeitgeber bei Neueinstellungen zur Deckung des Personalbedarfs Zeiten einer vorherigen beruflichen Tätigkeit ganz oder teilweise bei der Stufenzuordnung berücksichtigen. Da unterstellt werden kann, dass der Bund Neueinstellungen nur dann vornimmt, wenn dies zur Deckung eines bestehenden Personalbedarfs erforderlich ist, greift Abs. 3 Satz 4 nach seinem Wortlaut bei jeder Neueinstellung. Gemeint sind allerdings nur Fälle, in denen der Personalbedarf ohne eine von Abs. 3 Satz 1 bis 3 abweichende Stufenzuordnung arbeitsmarktbedingt nicht gedeckt werden kann.[27] Abs. 3 Satz 4 ist deshalb einschränkend auszulegen: Nur wenn das zur Deckung des Personalbedarfs erforderliche Personal auf dem Arbeitsmarkt ohne abweichende Stufenzuordnung nicht in hinreichender Anzahl oder mit hinreichender Qualifikation gewonnen werden kann, kann der Arbeitgeber Zeiten einer vorherigen beruflichen Tätigkeit ganz oder teilweise bei der Stufenzuordnung berücksichtigen.

27   Hierzu ist nach Abs. 3 Satz 4 erforderlich, dass die vorherige berufliche Tätigkeit für die vorgesehene Tätigkeit förderlich ist. Bei der vorherigen Tätigkeit muss es sich lediglich um eine berufliche Tätigkeit und nicht wie bei Abs. 3 Satz 2 um einschlägige Berufserfahrung handeln. Während Berufserfahrung nur im Beruf, also in Ausübung einer bestimmten Erwerbstätigkeit, erworben werden kann, reicht für die berufliche Tätigkeit jede Tätigkeit, die einen Beruf betrifft,[28] aus. Es ist deshalb möglich, Zeiten einer Berufsausbildung oder eines Hochschulstudiums zu berücksichtigen, wenn die Auszubildenden bzw. Studenten dadurch auf eine bestimmte Erwerbstätigkeit bzw. einen Beruf vorbereitet werden sollen.[29] Die vorherige berufliche Tätigkeit muss für die vorgesehene Tätigkeit förderlich sein. Dies der Fall, wenn die im Rahmen der beruflichen Tätigkeit erworbenen Kenntnisse, Fertigkeiten und Erfahrungen für die vorgesehene Tätigkeit von Nutzen sind und deshalb der Grund für die Neueinstellung des Beschäftigten waren.[30]

28   Wenn die Voraussetzungen des Abs. 3 Satz 4 vorliegen, „kann" der Arbeitgeber Zeiten einer vorherigen beruflichen Tätigkeit ganz oder teilweise bei der Stufenzuordnung berücksichtigen. Ein Anspruch des Beschäftigten auf Berücksichtigung besteht im Unterschied zu Abs. 3 Satz 2 und 3 nicht. Es handelt sich letztendlich um eine Ermessensentscheidung des Arbeitgebers, die stark von der Ein-

---

[27]   Vgl. Rundschreiben des BMI vom 08.12.2005 – D II 2 – 220 210-2/0 § 16 unter Ziffer 2.2.3.

[28]   Vgl. DUDEN Deutsches Universalwörterbuch Stichwort „beruflich": den Beruf betreffend.

[29]   A. A. (Ausbildungs- und Studienzeiten sind nicht berücksichtigungsfähig) Rundschreiben des BMI vom 08.12.2005 – D II 2 – 220 210-2/0 § 16 unter Ziffer 2.2.3, in welchem die Merkmale „berufliche Tätigkeit" und „Berufserfahrung" – entgegen dem Wortlaut des TVöD – synonym verwendet werden.

[30]   In diesem Sinne auch Rundschreiben des BMI vom 08.12.2005 – D II 2 – 220 210-2/0 § 16 unter Ziffer 2.2.3.

schätzung der Arbeitsmarktsituation und den Forderungen der Bewerber abhängt. Berücksichtigt der Arbeitgeber Zeiten einer vorherigen beruflichen Tätigkeit bei der Stufenzuordnung, sind diese Zeiten – wie bei der Anrechnung gemäß Abs. 2 Satz 2 – als Zeiten der ununterbrochenen Tätigkeit im Sinne des Abs. 4 zu werten. Der Beschäftigte ist der Stufe zuzuordnen, welcher er unter Zugrundelegung der regelmäßigen Stufenlaufzeiten bei einer entsprechenden Zeit der ununterbrochenen Tätigkeit zuzuordnen wäre. Etwaige Restzeiten sind, da die Zeiten vollständig und nicht nur teilweise zu berücksichtigen sind, auf die regelmäßige Stufenlaufzeit anzurechnen.[31]

Unabhängig von den Regelungen in Abs. 3, insbesondere von Abs. 3 Satz 4, **29** kann der Bund auch bei Einstellungen in eine der Entgeltgruppen 2 bis 8 im Arbeitsvertrag außertariflich Zeiten bei der Stufenzuordnung berücksichtigen oder eine abweichende Stufenzuordnung vereinbaren, soweit dies für den Beschäftigten günstiger als die tarifliche Stufenzuordnung ist.[32]

IV. Stufenlaufzeit, Abs. 4

Die Stufenlaufzeit ist gemäß Abs. 4 Satz 1 die Zeit der ununterbrochenen Tätig- **30** keit innerhalb derselben Entgeltgruppe beim Arbeitgeber, nach der die Beschäftigten die jeweils nächste Stufe erreichen. Abzustellen ist auf die Zeit, in der die Beschäftigten tatsächlich tätig wurden, also tatsächlich gearbeitet haben. § 17 Abs. 3 Satz 1 TVöD legt fest, welche Zeiten den Zeiten einer ununterbrochenen Tätigkeit gleich stehen, § 17 Abs. 4 Satz 2 und 3 TVöD, wie bei Unterbrechungen der Tätigkeit zu verfahren ist.

Von Stufe 3 an, also erstmals beim Aufstieg in die Stufe 4, kann die Stufen- **31** laufzeit gemäß Abs. 4 Satz 1 in Verbindung mit § 17 Abs. 2 TVöD in Abhängigkeit von der Leistung der Beschäftigten verkürzt oder verlängert werden. Die in Abs. 4 Satz 1 aufgeführten Stufenlaufzeiten für das Erreichen der Stufen 4 bis 6 gelten für durchschnittliche Leistungen und können als deshalb regelmäßige Stufenlaufzeiten bezeichnet werden.

In Satz 2 des Anhangs zu § 16 (Bund) TVöD[33] (in Verbindung mit Abs. 4 Satz **32** 2) werden für Tätigkeiten, die den aufgeführten Vergütungs-/Lohngruppen nach altem Tarifrecht entsprechen, in der Entgeltgruppe 9 von Abs. 4 Satz 1 abweichende – längere – Stufenlaufzeiten festgelegt. In Satz 2 wird ausschließlich bestimmt, nach wie vielen Jahren in der vorangegangenen Stufe die nächste Stufe erreicht wird. Eine Regelung zur Abhängigkeit des Stufenaufstiegs von der Leistung der Beschäftigten wird nicht getroffen. Von der Stufe 3 an, also erstmals beim Aufstieg in die Stufe 4, kann die Stufenlaufzeit deshalb auch in diesen Fällen in Abhängigkeit von der Leistung der Beschäftigten verkürzt oder verlängert werden.

---

[31] A. A. das Rundschreiben des BMI vom 08.12.2005 – D II 2 – 220 210-2/0 § 16 unter Ziffer 2.2.4.
[32] Dazu oben unter III 2 a.
[33] Der Anhang zu § 16 (Bund) ist abgedruckt nach § 39 TVöD.

V. Entgeltgruppe 1, Abs. 5

33 In Abs. 5 werden Regelungen zu den Stufen der Entgeltgruppe 1 getroffen. Die Entgeltgruppe 1 umfasst – übereinstimmend mit den Entgeltgruppen 9 bis 15[34] – fünf Stufen. Eingangsstufe ist abweichend von den Entgeltgruppen 2 bis 15 die Stufe 2, der Einstellungen „zwingend" zuzuordnen sind (Abs. 5 Satz 2).[35] Im Arbeitsvertrag kann wegen des Günstigkeitsprinzips (§ 4 Abs. 3 TVG) jedoch außertariflich eine für den Arbeitnehmer günstigere Stufenzuordnung vereinbart werden.[36] Die Stufenlaufzeit beträgt nach Abs. 5 Satz 3 Hs. 1 einheitlich vier Jahre.

34 Durch die Wendung „§ 17 Abs. 2 bleibt unberührt" in Abs. 5 Satz 3 Hs. 2 soll „zur Klarstellung auf die uneingeschränkte Geltung der Regelungen über eine leistungsbezogene Verkürzung oder Verlängerung der Stufen (§ 17 Abs. 2) hingewiesen"[37] werden. Da nach dem allgemeinen Sprachgebrauch etwas unberührt ist, wenn es – hier § 17 Abs. 2 TVöD – in seinem Ursprungszustand – hier die Anwendbarkeit auf alle Entgeltgruppen – belassen wurde,[38] findet § 17 Abs. 2 TVöD also trotz der „Klarstellung" in Abs. 5 Satz 3 Hs. 2 erstmals auf den Stufenaufstieg in die Stufe 4 der Entgeltgruppe 1 Anwendung.[39]

---

[34] Dazu oben unter II.
[35] Zum Begriff der Einstellung oben unter III 1.
[36] Dazu oben unter III 2 a.
[37] Rundschreiben des BMI vom 08.12.2005 – D II 2 – 220 210-2/0 § 16 unter Ziffer 2.4.
[38] Vgl. DUDEN Deutsches Universalwörterbuch Stichwort „unberührt", z. B. „unberührte Natur".
[39] Wenn schon Klarstellung, dann richtig: „§ 17 Abs. 2 findet Anwendung".

§ 16 (VKA) Stufen der Entgelttabelle

(1) [1]Die Entgeltgruppen 2 bis 15 umfassen sechs Stufen. [2]Die Abweichungen von Satz 1 sind im Anhang zu § 16 (VKA) geregelt.

(2) [1]Bei Einstellung werden die Beschäftigten der Stufe 1 zugeordnet, sofern keine einschlägige Berufserfahrung vorliegt. [2]Verfügt die/der Beschäftigte über eine einschlägige Berufserfahrung von mindestens einem Jahr, erfolgt die Einstellung in die Stufe 2; verfügt sie/er über eine einschlägige Berufserfahrung von mindestens drei Jahren, erfolgt bei Einstellung nach dem 31. Dezember 2008 in der Regel eine Zuordnung zur Stufe 3. [3]Unabhängig davon kann der Arbeitgeber bei Neueinstellungen zur Deckung des Personalbedarfs Zeiten einer vorherigen beruflichen Tätigkeit ganz oder teilweise für die Stufenzuordnung berücksichtigen, wenn diese Tätigkeit für die vorgesehene Tätigkeit förderlich ist.

Protokollerklärung zu Abs. 2:
Ein Berufspraktikum nach dem Tarifvertrag über die vorläufige Weitergeltung der Regelungen für die Praktikantinnen/Praktikanten vom 13. September 2005 gilt grundsätzlich als Erwerb einschlägiger Berufserfahrung.

(3) [1]Die Beschäftigten erreichen - von Stufe 3 an die jeweils nächste Stufe in Abhängigkeit von ihrer Leistung gemäß § 17 Abs. 2 - nach folgenden Zeiten einer ununterbrochenen Tätigkeit innerhalb derselben Entgeltgruppe bei ihrem Arbeitgeber (Stufenlaufzeit):
- Stufe 2 nach einem Jahr in Stufe 1,
- Stufe 3 nach zwei Jahren in Stufe 2,
- Stufe 4 nach drei Jahren in Stufe 3,
- Stufe 5 nach vier Jahren in Stufe 4 und
- Stufe 6 nach fünf Jahren in Stufe 5.
[2]Die Abweichungen von Satz 1 sind im Anhang zu § 16 (VKA) geregelt.

(4) [1]Die Entgeltgruppe 1 umfasst fünf Stufen. [2]Einstellungen erfolgen in der Stufe 2 (Eingangsstufe). [3]Die jeweils nächste Stufe wird nach vier Jahren in der vorangegangenen Stufe erreicht; § 17 Abs. 2 bleibt unberührt.

I. Allgemeines

1   § 16 (VKA) TVöD entspricht im Wesentlichen § 16 (Bund) TVöD. Unterschiede bestehen hinsichtlich der

- Anzahl der Stufen
- der Stufenzuordnung bei der Einstellung und
- den Abweichungen von der Stufenlaufzeit.

Soweit keine der aufgeführten Unterschiede einschlägig sind, wird deshalb auf die Kommentierung zu § 16 (Bund) TVöD verwiesen.

II. Anzahl der Stufen

2   Die Entgeltgruppen 2 bis 15 umfassen gemäß Abs. 1 Satz 1 sechs Stufen. Anders als im Anwendungsbereich des § 16 (Bund) Abs. 1 Satz 1 TVöD ist nicht nach Entgeltgruppen zu differenzieren.

3   In Abschnitt I Abs. 1 des Anhangs zu § 16 (VKA)[1] (in Verbindung mit Abs. 1 Satz 2) werden bei Tätigkeiten, die den aufgeführten Vergütungs-/Lohngruppen nach altem Tarifrecht entsprechen, in den Entgeltgruppen 2, 9 und 15 von Abs. 1 Satz 1 abweichende Endstufen festgelegt. In Abschnitt II des Anhangs zu § 16 (VKA) werden für Beschäftigte im Pflegedienst (Anlage 1 b zum BAT/ BAT-O) bei Tätigkeiten entsprechend den aufgeführten Kr.-Vergütungsgruppen nach altem Tarifrecht von Abs. 1 Satz 1 abweichende Eingangs- (Abschnitt II Abs. 1 des Anhangs zu § 16 (VKA)) und Endstufen (Abschnitt II Abs. 2 des Anhangs zu § 16 (VKA)) festgelegt. Durch die Festlegung einer niedrigeren Endstufe als der in Abs. 1 Satz 1 vorgesehenen Stufe 6 und/oder einer höheren Eingangsstufe als der in Abs. 1 Satz 1 vorgesehenen Stufe 1 wird zugleich die Anzahl der Stufen reduziert.

III. Stufenzuordnung bei der Einstellung

4   Wie bei der Anzahl der Stufen wird auch bei der Stufenzuordnung bei der Einstellung abweichend von § 16 (Bund) TVöD nicht nach Entgeltgruppen differenziert. Die Stufenzuordnung bei der Einstellung richtet sich einheitlich nach Abs. 2[2], der in der Sache vollständig, teilweise wörtlich, mit § 16 (Bund) Abs. 3 TVöD übereinstimmt:

- Abs. 1 Satz 1 entspricht bis auf das Fehlen des Merkmals „in eine der Entgeltgruppen 2 bis 8" wörtlich § 16 (Bund) Abs. 3 Satz 1 TVöD
- Abs. 2 Satz 2 Hs. 1 entspricht § 16 (Bund) Abs. 3 Satz 3 TVöD
- Abs. 2 Satz 2 Hs. 2 entspricht § 16 (Bund) Abs. 3 Satz 2 TVöD
- Abs. 2 Satz 3 entspricht wörtlich § 16 (Bund) Abs. 3 Satz 4 TVöD

Auf die Kommentierung zu § 16 (Bund) Abs. 3 TVöD[3] kann deshalb verwiesen werden.

---

[1]   Der Anhang zu § 16 (VKA) ist abgedruckt nach § 39 TVöD.
[2]   Ausnahme: Einstellung in die Entgeltgruppe 1, dazu § 16 (Bund) TVöD unter V.
[3]   Vgl. § 16 (Bund) TVöD unter III 3.

Abs. 2 ist – wie § 16 (Bund) Abs. 2 und 3 TVöD – nur anwendbar, wenn eine   5
Einstellung im Sinne des Abs. 3 vorliegt. Da nicht davon ausgegangen werden
kann, dass die Tarifvertragsparteien das Merkmal „Einstellung" in § 16 (VKA)
TVöD abweichend von § 16 (Bund) TVöD regeln wollten, kann auf die Kommentierung zu § 16 (Bund) TVöD⁴ verwiesen werden. Soweit dort auf den Arbeitgeber
Bund/Bundesrepublik Deutschland abgestellt wird, ist im Rahmen von Abs. 3 auf
den jeweiligen Arbeitgeber, der Mitglied eines Mitgliedverbandes der kommunalen Arbeitgeberverbände (VKA) ist, abzustellen.

Abweichend von Abs. 2 werden Beschäftigte mit Tätigkeiten entsprechend der   6
Vergütungsgruppe V b BAT/BAT-O/BAT-Ostdeutsche Sparkassen mit ausstehendem Aufstieg nach IV b und IV a gemäß Abschnitt I Abs. 2 des Anhangs zu
§ 16 (VKA)⁵ bei der Einstellung der Stufe 1 zugeordnet. Eine abweichende Stufenzuordnung ist – auch wenn eine einschlägige Berufserfahrung vorliegt – nur
außertariflich im Arbeitsvertrag möglich.⁶

IV. Abweichende Stufenlaufzeiten

Gemäß Abs. 3 Satz 2 sind die von Abs. 3 Satz 1⁷ abweichenden Stufenlaufzeiten   7
im Anhang zu § 16 (VKA)⁸ geregelt. In Abschnitt I Abs. 3 des Anhangs zu § 16
(VKA) werden für Tätigkeiten, die den aufgeführten Vergütungs-/ Lohngruppen
nach altem Tarifrecht entsprechen, in der Entgeltgruppe 9 von Abs. 3 Satz 1 abweichende – längere – Stufenlaufzeiten in den Stufen 4 und 5 festgelegt. In Abschnitt II Abs. 3 werden für Beschäftigte im Pflegedienst (Anlage 1 b zum BAT/
BAT-O), deren Tätigkeit den aufgeführten Kr.-Vergütungsgruppen nach altem Tarifrecht entspricht, von Abs. 1 Satz 1 abweichende – kürzere und längere – Stufenlaufzeiten festgelegt. Die im Anhang zu § 16 (VKA) TVöD festgelegten abweichenden Stufenlaufzeiten führen nur zu einer Änderung der regelmäßigen Stufenlaufzeiten des Abs. 3 Satz 1. Von der Stufe 3 an, also erstmals beim Aufstieg in
die Stufe 4, kann die Stufenlaufzeit deshalb auch in diesen Fällen in Abhängigkeit
von der Leistung der Beschäftigten verkürzt oder verlängert werden.⁹

---

⁴   Vgl. § 16 (Bund) TVöD unter III 1.
⁵   Der Anhang zu § 16 (VKA) ist abgedruckt nach § 39 TVöD.
⁶   Dazu § 16 (Bund) TVöD unter III 2 a und unter III 3 c.
⁷   Zu den regelmäßigen Stufenlaufzeiten des Abs. 3 Satz 1 vgl. § 16 (Bund) TVöD unter III.
⁸   Der Anhang zu § 16 (VKA) ist abgedruckt nach § 39 TVöD.
⁹   Dazu § 16 (Bund) TVöD unter IV.

§ 17 Allgemeine Regelungen zu den Stufen

(1) Die Beschäftigten erhalten vom Beginn des Monats an, in dem die nächste Stufe erreicht wird, das Tabellenentgelt nach der neuen Stufe.

(2) [1]Bei Leistungen der/des Beschäftigten, die erheblich über dem Durchschnitt liegen, kann die erforderliche Zeit für das Erreichen der Stufen 4 bis 6 jeweils verkürzt werden. [2]Bei Leistungen, die erheblich unter dem Durchschnitt liegen, kann die erforderliche Zeit für das Erreichen der Stufen 4 bis 6 jeweils verlängert werden. [3]Bei einer Verlängerung der Stufenlaufzeit hat der Arbeitgeber jährlich zu prüfen, ob die Voraussetzungen für die Verlängerung noch vorliegen. [4]Für die Beratung von schriftlich begründeten Beschwerden von Beschäftigten gegen eine Verlängerung nach Satz 2 bzw. 3 ist eine betriebliche Kommission zuständig. [5]Die Mitglieder der betrieblichen Kommission werden je zur Hälfte vom Arbeitgeber und vom Betriebs-/Personalrat benannt; sie müssen dem Betrieb/der Dienststelle angehören. [6]Der Arbeitgeber entscheidet auf Vorschlag der Kommission darüber, ob und in welchem Umfang der Beschwerde abgeholfen werden soll.

Protokollerklärung zu Abs. 2:
[1]Die Instrumente der materiellen Leistungsanreize (§ 18) und der leistungsbezogene Stufenaufstieg bestehen unabhängig voneinander und dienen unterschiedlichen Zielen. [2]Leistungsbezogene Stufenaufstiege unterstützen insbesondere die Anliegen der Personalentwicklung.

Protokollerklärung zu Abs. 2 Satz 2:
Bei Leistungsminderungen, die auf einem anerkannten Arbeitsunfall oder einer Berufskrankheit gemäß §§ 8 und 9 SGB VII beruhen, ist diese Ursache in geeigneter Weise zu berücksichtigen.

Protokollerklärung zu Abs. 2 Satz 6:
Die Mitwirkung der Kommission erfasst nicht die Entscheidung über die leistungsbezogene Stufenzuordnung.

(3) [1]Den Zeiten einer ununterbrochenen Tätigkeit im Sinne des § 16 (Bund) Abs. 4 Satz 1 und des § 16 (VKA) Abs. 3 Satz 1 stehen gleich:
a) Schutzfristen nach dem Mutterschutzgesetz,
b) Zeiten einer Arbeitsunfähigkeit nach § 22 bis zu 39 Wochen,
c) Zeiten eines bezahlten Urlaubs,
d) Zeiten eines Sonderurlaubs, bei denen der Arbeitgeber vor dem Antritt schriftlich ein dienstliches bzw. betriebliches Interesse anerkannt hat,
e) Zeiten einer sonstigen Unterbrechung von weniger als einem Monat im Kalenderjahr,
f) Zeiten der vorübergehenden Übertragung einer höherwertigen Tätigkeit.
[2]Zeiten der Unterbrechung bis zu einer Dauer von jeweils drei Jahren, die nicht von Satz 1 erfasst werden, und Elternzeit bis zu jeweils fünf Jahren sind unschädlich, werden aber nicht auf die Stufenlaufzeit angerechnet. [3]Bei einer Unterbrechung von mehr als drei Jahren, bei Elternzeit von mehr als fünf Jahren, erfolgt eine Zuordnung zu der Stufe, die der vor der Unterbrechung

erreichten Stufe vorangeht, jedoch nicht niedriger als bei einer Neueinstellung; die Stufenlaufzeit beginnt mit dem Tag der Arbeitsaufnahme. ⁴Zeiten, in denen Beschäftigte mit einer kürzeren als der regelmäßigen wöchentlichen Arbeitszeit eines entsprechenden Vollbeschäftigten beschäftigt waren, werden voll angerechnet.

(4) ¹Bei Eingruppierung in eine höhere Entgeltgruppe werden die Beschäftigten derjenigen Stufe zugeordnet, in der sie mindestens ihr bisheriges Tabellenentgelt erhalten, mindestens jedoch der Stufe 2. ²Beträgt der Unterschiedsbetrag zwischen dem derzeitigen Tabellenentgelt und dem Tabellenentgelt nach Satz 1 weniger als 25 Euro in den Entgeltgruppen 1 bis 8 bzw. weniger als 50 Euro in den Entgeltgruppen 9 bis 15, so erhält die/der Beschäftigte während der betreffenden Stufenlaufzeit anstelle des Unterschiedsbetrags einen Garantiebetrag von monatlich 25 Euro (Entgeltgruppen 1 bis 8) bzw. 50 Euro (Entgeltgruppen 9 bis 15). ³Die Stufenlaufzeit in der höheren Entgeltgruppe beginnt mit dem Tag der Höhergruppierung. ⁴Bei einer Eingruppierung in eine niedrigere Entgeltgruppe ist die/der Beschäftigte der in der höheren Entgeltgruppe erreichten Stufe zuzuordnen. ⁵Die/Der Beschäftigte erhält vom Beginn des Monats an, in dem die Veränderung wirksam wird, das entsprechende Tabellenentgelt aus der in Satz 1 oder Satz 4 festgelegten Stufe der betreffenden Entgeltgruppe, ggf. einschließlich des Garantiebetrags.

Protokollerklärung zu Abs. 4 Satz 2:
Die Garantiebeträge nehmen an allgemeinen Entgeltanpassungen teil.

I. Rechtsfolgen eines Stufenaufstiegs, Abs. 1

1 §§ 16 (Bund) Abs. 4, 16 (VKA) Abs. 3, 17 Abs. 2 TVöD regeln, nach welchen (ggf. verkürzten oder verlängerten) Zeiten einer ununterbrochenen Tätigkeit in einer Stufe ein Beschäftigter die nächste Stufe erreicht. Abs. 1 regelt die Rechtsfolge eines Stufenaufstiegs: Der Beschäftigte hat vom Beginn des Monats an, in welchem er die nächste Stufe erreicht, Anspruch auf ein Tabellenentgelt (§ 15 TVöD) nach der neuen Stufe.

Bsp.: Das Arbeitsverhältnis des Beschäftigten begann am 15.11.2005. Er wurde bei der Einstellung der Stufe 1 zugeordnet. Ab welchem Zeitpunkt hat er einen Anspruch auf ein Tabellenentgelt gemäß Stufe 2? – Lösung: Die Stufenlaufzeit endet gemäß §§ 16 (Bund) Abs. 4 Satz 1, 16 (VKA) Abs. 3 Satz 1 TVöD mit Ablauf des 14.11.2006. Nach Abs. 1 hat der Beschäftigte Anspruch auf ein Tabellenentgelt gemäß Stufe 2 ab dem 01.11.2006.

II. Leistungsabhängige Verkürzung und Verlängerung der Stufenlaufzeit, Abs. 2

2 Die Stufenlaufzeiten sind ab der Stufe 3 von der Leistung der Beschäftigten abhängig,[1] die in §§ 16 (Bund) Abs. 4 Satz 1, 16 (VKA) Abs. 3 Satz 1 TVöD aufgeführten Stufenlaufzeiten von Stufe 3 nach Stufe 4, von Stufe 4 nach Stufe 5 und von Stufe 5 nach Stufe 6 können – falls die Leistungen des Beschäftigten erheblich vom Durchschnitt abweichen – gemäß Abs. 2 verkürzt oder verlängert werden.

1. Anwendungsbereich

3 Abs. 2 gilt für alle Entgeltgruppen, auch für die Entgeltgruppe 1[2]. Für Beschäftigte, die gemäß dem TVÜ-Bund/TVÜ-VKA vom bisherigen Tarifrecht in den TVöD übergeleitet wurden, sind die §§ 6, 7 TVÜ-Bund/TVÜ-VKA zu beachten: Für die Stufenzuordnung zum 01.10.2005[3] und – bei Angestellten – für den Aufstieg in die nächsthöhere reguläre Stufe zum 01.10.2007[4] gilt Abs. 2 nicht. Erst der weitere Stufenaufstieg richtet sich nach den Regelungen des TVöD[5] und damit auch nach Abs. 2.

2. Verhältnis zum Leistungsentgelt

4 Falls die Leistungen des Beschäftigten erheblich vom Durchschnitt abweichen, kann dies Anlass für eine Verkürzung oder Verlängerung der Stufenlaufzeiten gemäß Abs. 2 sein. Die Leistung des Beschäftigten ist aber auch im Rahmen des Leistungsentgelts (§§ 18 (Bund), 18 (VKA) TVöD) von Bedeutung: Von ihr hängt die Höhe des an den einzelnen Beschäftigten auszuzahlenden Leistungsentgelts ab. Nach der Protokollerklärung zu Abs. 2 sollen Abs. 2 und das Leistungsentgelt unabhängig voneinander bestehen und unterschiedlichen Zielen dienen, die Verkürzung der Stufenlaufzeit gemäß Abs. 2 Satz 1 insbesondere dem „Anliegen der

---

[1] Vgl. §§ 16 (Bund) Abs. 4 Satz 1, 16 (VKA) Abs. 3 Satz 1 TVöD.
[2] Dazu § 16 (Bund) TVöD unter V.
[3] Gemäß §§ 6 Abs. 1 Satz 1 , 7 Abs.1 Satz 1 TVÜ-Bund/ TVÜ-VKA.
[4] Gemäß § 6 Abs. 1 Satz 2 TVÜ-Bund/ TVÜ-VKA.
[5] Vgl. §§ 6 Abs. 1 Satz 3, 7 Abs. 1 Satz 2 TVöD.

Personalentwicklung". Wie eine Verkürzung der Stufenlaufzeit der Personalentwicklung dienen soll, ist offen: Denn Personalentwicklung wird üblicherweise als
Sammelbegriff für alle Maßnahmen verwendet, die der beruflichen Höherqualifi-
zierung dienen.[6] Auf die Qualifikation der Beschäftigten hat eine Verkürzung der
Stufenlaufzeit jedoch keinerlei Einfluss. Die Tarifvertragsparteien wollten damit
zum Ausdruck bringen, dass im Rahmen des Abs. 2 längere Zeiträume, Entwick-
lungslinien und über die Leistungsbewertung im Rahmen der §§ 18 (Bund), 18
(VKA) TVöD hinausgehende Aspekt zu berücksichtigen sind.[7] Trotz der Unab-
hängigkeit der beiden „Instrumente" sind deshalb die im Rahmen der §§ 18
(Bund), 18 (VKA) TVöD erstellten Leistungsbewertungen auch im Rahmen des
Abs. 2 zu berücksichtigen, aber nur als ein Aspekt unter mehreren.

3. Erheblich über- oder unterdurchschnittliche Leistung

In Abs. 2 ist – anders als beim Leistungsentgelt – kein Verfahren vorgesehen, wie   5
erheblich über- oder unterdurchschnittliche Leistungen festgestellt werden sollen.
Es hat vielmehr im Einzelfall eine Gesamtbewertung der Leistung des Beschäftigten stattzufinden, in die alle Aspekte, die für die Beurteilung der Leistung des Beschäftigten von Bedeutung sind, einfließen. Dazu gehören insbesondere

- die in der Vergangenheit im Rahmen der §§ 18 (Bund), 18 (VKA) TVöD erstellten Leistungsbeurteilungen, soweit sie für die Beurteilung der gegenwärtigen Leistung des Beschäftigten von Bedeutung sind,
- die Bewährung in unterschiedlichen oder das Festhalten an althergebrachten
  Aufgabengebieten,
- die regelmäßige Übernahme oder das regelmäßige Ablehnen von Sonderaufgaben,
- die positive/negative Entwicklungsprognose für den Beschäftigten.[8]

Bei Leistungsminderungen, die auf einem anerkannten Arbeitsunfall oder einer
Berufskrankheit gemäß §§ 8 und 9 SGB VII beruhen, ist die Protokollerklärung zu
Abs. 2 Satz 2 zu beachten: Die auf diesen Gründen beruhenden Leistungsminderungen werden deshalb regelmäßig nicht zur Begründung erheblich unterdurch-
schnittlicher Leistungen herangezogen werden können. Bezugspunkt der Prüfung
ist die Tätigkeit in der aktuellen Entgeltgruppe. Da eine Abweichung der Leistung
vom Durchschnitt festzustellen ist, ist die Leistung eines Beschäftigten mit der
Leistung der vergleichbaren Beschäftigten in der Entgeltgruppe in Beziehung zu
setzen. Ergeben sich aus diesem Vergleich erhebliche, also ins Gewicht fallende,[9]
und nicht nur geringfügige Unterschiede, kann eine Verkürzung oder Verlängerung der Stufenlaufzeit vorgenommen werden.

---

[6] Vgl. z. B. Scherm/Süß Personalmanagement S. 103.
[7] Rundschreiben des BMI vom 08.12.2005 – D II 220 210-2/0 unter § 17 Ziffer 2.1.
[8] Vgl. Rundschreiben des BMI vom 08.12.2005 – D II 220 210-2/0 unter § 17 Ziffer 2.2.
[9] Vgl. DUDEN Deutsches Universalwörterbuch Stichwort „erheblich".

4. Verkürzung der Stufenlaufzeit

6 Liegen nach einer Gesamtbewertung gegenüber den vergleichbaren Beschäftigten in derselben Entgeltgruppe erheblich über dem Durchschnitt liegende Leistungen des Beschäftigten vor, kann die erforderliche Zeit für das Erreichen der nächsthöheren Stufe gemäß Abs. 2 Satz 1 verkürzt werden.

7 Zur Dauer der Verkürzung enthält Abs. 2 Satz 1 keine ausdrücklichen Vorgaben. Bezugspunkt der Verkürzung ist „jeweils" „die erforderliche Zeit für das Erreichen der Stufen 4 bis 6". Die maximale Verkürzungsdauer ist also der Zeitraum, der dem Beschäftigten noch fehlt, um die nächsthöhere Stufe zu erreichen. In Abs. 2 Satz 1 ist nicht vorgesehen, dass mit der Verkürzung der Zeit für das Erreichen der nächsthöheren Stufe zugleich die Zeit für das Erreichen der übernächsthöheren Stufe verkürzt oder gar eine Stufe übersprungen wird.[10] Letzteres ist nur durch außertarifliche Vereinbarung im Arbeitsvertrag möglich.

Beispiel 1:
Der Beschäftigte befindet sich seit zwei Jahren und drei Monaten in der Stufe 3. Seine Leistungen liegen erheblich über dem Durchschnitt der Leistungen vergleichbarer Beschäftigter. Um welchen Zeitraum kann die Stufenlaufzeit maximal verkürzt werden? – Lösung: Die Stufenlaufzeit kann um maximal neun Monate verkürzt werden, da der Beschäftigte in dieser Zeit die Stufe 4 erreicht hätte. Die Stufenlaufzeit für das Erreichen der Stufe 5 kann nicht zum gleichen Zeitpunkt verkürzt werden.

8 Möglich ist auch, dass die Stufenlaufzeit – ohne sofortige Höherstufung – um einen geringeren Zeitraum verkürzt wird als der Zeitraum, der dem Beschäftigten noch fehlt, um die nächsthöhere Stufe zu erreichen. Das Ausmaß der überdurchschnittlichen Leistung und die Dauer der Verkürzung sind voneinander abhängig: Je mehr die Leistung des Beschäftigten von den durchschnittlichen Leistungen vergleichbarer Beschäftigter abweicht, je länger wird die Stufenlaufzeit zu verkürzen sein.

9 Gemäß Abs. 2 Satz 1 „kann" die Stufenlaufzeit verkürzt werden. Daraus wird der Schluss gezogen, dass die Beschäftigten keinen Anspruch auf eine Verkürzung der Stufenlaufzeit haben.[11] Kann der Beschäftigte darlegen und ggf. beweisen, dass er nach der vorzunehmenden Gesamtbewertung erheblich überdurchschnittliche Leistungen erbringt, ist kein Grund ersichtlich, warum der Arbeitgeber das Recht haben sollte, einen Antrag des Beschäftigten zurückzuweisen. Aufgrund der Gesamtbewertung und des Ausnahmecharakters von Abs. 2 Satz 1 sind an die Darlegung jedoch strenge Anforderungen zu stellen.

Beispiel 2:
Im Bsp. 1 kann der Beschäftigte darlegen, dass er in den im Rahmen des Leistungsentgelts erstellten Leistungsbewertungen im Vergleich zu den vergleichbaren Beschäftigten in derselben Entgeltgruppe in den letzten drei Jahren immer am besten abgeschnitten hat. Darüber hinaus wurde er aufgrund seiner IT-Kenntnisse in den letzten drei Jahren in vier Fällen damit beauftragt, neue Softwarelösungen in seinem Aufgabenbereich einzuführen und seine

---

[10] So in Bezug auf das Überspringen von Stufen auch Rundschreiben des BMI vom 08.12.2005 – D II 220 210-2/0 unter § 17 Ziffer 2.3.

[11] So Rundschreiben des BMI vom 08.12.2005 – D II 220 210-2/0 unter § 17 Ziffer 2.2.

Kollegen darin zu schulen. Der Vorgesetzte des Beschäftigten bestätigt, dass der Beschäftigte aufgrund seiner IT-Kenntnisse eine Alleinstellung unter den vergleichbaren Beschäftigten hat und er beabsichtigt, ihn auch in Zukunft mit der Durchführung von IT-Projekten zu beauftragen. Der Beschäftigte meint, dadurch sei belegt, dass seine Leistungen – auch im Vergleich zu deutlich berufserfahreneren Kollegen, die sich bereits in der Stufe 6 befinden – erheblich überdurchschnittlich sind und beantragt eine Höherstufung in die Stufe 5. Hat er einen Anspruch auf Höherstufung? – Lösung: Durch die Leistungsbeurteilungen und die Durchführung von IT-Projekten hat der Beschäftigte seine in der Vergangenheit herausragenden Leistungen dargelegt, die – jedenfalls hinsichtlich der IT-Projekte – auch in Zukunft zu erwarten sind. Falls diese herausragenden Leistungen nicht durch andere leistungsrelevante Aspekte entwertet werden, liegen nach einer Gesamtbewertung erheblich überdurchschnittliche Leistungen des Beschäftigten vor. Der Beschäftigte hat – jedenfalls bei der hier vorliegenden geringen Verkürzung von neun Monaten – einen Anspruch auf sofortige Höherstufung in die Stufe 4.

5. Verlängerung der Stufenlaufzeit

a) Voraussetzungen

Liegen nach einer Gesamtbewertung gegenüber den vergleichbaren Beschäftigten **10** in derselben Entgeltgruppe erheblich unter dem Durchschnitt liegende Leistungen des Beschäftigten vor, kann die erforderliche Zeit für das Erreichen der nächsthöheren Stufe gemäß Abs. 2 Satz 2 verlängert, der Stufenaufstieg also verschoben werden.

Über die Dauer der Verlängerung trifft Abs. 2 Satz 2 keine ausdrückliche Regelung. **11** Aus der Verpflichtung des Arbeitgebers, bei einer Verlängerung der Stufenlaufzeit jährlich zu prüfen, ob die Voraussetzungen für die Verlängerung noch vorliegen (Abs. 2 Satz 3), kann geschlossen werden, dass eine Verlängerung jedenfalls im Ergebnis immer nur um maximal ein Jahr erfolgen kann.[12] Liegen nach einem Jahr immer noch erheblich unter dem Durchschnitt liegende Leistungen des Beschäftigten vor, kann eine erneute Verlängerung um bis zu ein Jahr vorgenommen werden. Das Ausmaß der unterdurchschnittlichen Leistung und die Dauer der Verlängerung sind voneinander abhängig: Je weniger die Leistung des Beschäftigten von den durchschnittlichen Leistungen vergleichbarer Beschäftigter abweicht, je kürzer wird die Stufenlaufzeit zu verlängern und ggf. neu zu überprüfen sein.

Beispiel:
Der Beschäftigte befindet sich seit zwei Jahren und neun Monaten in der Stufe 4. In den im Rahmen des Leistungsentgelts erstellten Leistungsbewertungen wurden seine Leistungen in den letzten drei Jahren trotz Durchführung einer speziellen Weiterbildungsmaßnahme vor zwei Jahren im Vergleich zu den Leistungen vergleichbarer Beschäftigter in derselben Entgeltgruppe immer am schlechtesten bewertet. Die Durchführung von Sonderaufgaben hat der Beschäftigte in den letzten zwei Jahren dreimal abgelehnt, da er sich überfordert sah. Die Sonderaufgaben wurden dann zum Teil auf Kollegen mit weniger Berufserfahrung übertragen und von diesen problemlos bewältigt. Der Vorgesetzte des Beschäftigten meint, dadurch sein belegt, dass die Leistungen des Beschäftigten erheblich unter dem Durchschnitt liegen. Kann der Stufenaufstieg um neun Monate verlängert werden? – Lösung: Die

---

[12] Eine Überprüfung der Verlängerung durch den Arbeitgeber setzt notwendigerweise eine erneute Entscheidung des Arbeitgebers über die Verlängerung voraus.

Leistungen des Beschäftigten haben sich – wie sich aus der letzten Leistungsbewertung ergibt – trotz der vor zwei Jahren durchgeführten speziellen Weiterbildungsmaßnahme nicht verbessert. Aus den letzten drei Leistungsbewertungen und der Ablehnung der von vergleichbaren Beschäftigten bewältigten Sonderaufgaben ergibt sich, dass die Leistungen des Beschäftigten nach der gebotenen Gesamtbewertung erheblich unter dem Durchschnitt liegen. Die Voraussetzungen für eine Verlängerung der Stufenlaufzeit liegen vor. Die Verlängerung um neun Monate liegt unter der maximalen Verlängerungszeit von einem Jahr und erscheint unter Berücksichtigung der verbleibenden drei weiteren Monate bis zum Stufenaufstieg angemessen. Vor dem Stufenaufstieg kann der Arbeitgeber die Stufenlaufzeit ggf. erneut verlängern.

b) Betriebliche Kommission

12   Gemäß Abs. 2 Satz 4 kann der Beschäftigte gegen die Verlängerung der Stufenlaufzeit eine schriftlich begründete Beschwerde einlegen, über die eine betriebliche Kommission zu beraten hat. Die betriebliche Kommission ist, da ihre Mitglieder je zur Hälfte vom Arbeitgeber und vom Betriebs-/Personalrat benannt werden, paritätisch besetzt. Die Mitglieder müssen darüber hinaus demselben Betrieb/derselben Dienststelle wie der betroffene Beschäftigte angehören. Die betriebliche Kommission ist nach der Niederschriftserklärung Nr. 2 zu § 18 (VKA) Abs. 7 mit der im Bereich der VKA im Rahmen des Leistungsentgelts zu bildenden betrieblichen Kommission[13] identisch.

13   Die betriebliche Kommission entscheidet – wie sich aus Abs. 2 Satz 6 und der Protokollerklärung zu Abs. 2 Satz 6 ergibt – nicht selbst darüber, ob und in welchem Umfang der Beschwerde abgeholfen werden soll. Diese Entscheidung trifft vielmehr allein der Arbeitgeber. Aufgabe der betrieblichen Kommission ist es zunächst, über die schriftlich begründete Beschwerde zu beraten. Es hat demnach – wie bei den im BetrVG vorgesehenen Beratungsrechten des Betriebsrats[14] – eine gemeinsame Erörterung der Beschwerde stattzufinden, in welcher die für und gegen die Beschwerde sprechende Gründe abgewogen werden. Sinnvollerweise wird die betriebliche Kommission den Beschäftigten und seinen Vorgesetzten zur Beschwerde anhören. Darüber hinaus hat die Kommission einen Entscheidungsvorschlag zu erarbeiten, auf dessen Grundlage der Arbeitgeber dann gemäß Abs. 2 Satz 6 über die Beschwerde entscheidet. Kann sich die betriebliche Kommission nicht mehrheitlich auf einen Entscheidungsvorschlag einigen, können dem Arbeitgeber auch zwei Vorschläge vorgelegt werden.

Darüber hinaus enthält Abs. 2 keine weiteren Regelungen zur Aufgabenstellung der betrieblichen Kommission und dem bei der Beschwerde einzuhaltenden Verfahren. Da die Regelung in § 17 TVöD insoweit nicht abschließend ist, können hierzu ergänzende Regelungen, z. B. in einer Betriebsvereinbarung, getroffen werden.

14   Hält der Arbeitgeber an der Verlängerung der Stufenlaufzeit fest, kann der Beschäftigte ab dem Ablauf der regelmäßigen Stufenlaufzeit vor den Arbeitsgerichten einen Anspruch auf Tabellenentgelt unter Zugrundelegung der höheren – ohne die Verlängerung einschlägigen – Stufe geltend machen. Im Rahmen dieses Prozesses wird geprüft, ob die Voraussetzungen des Abs. 2 Satz 2 für eine Verlänge-

---

13   Dazu § 18 (VKA) TVöD unter X.
14   Dazu v. Hoyningen-Huene Betriebsverfassungsrecht § 11 I 2 c mit weiteren Nachweisen.

rung der Stufenlaufzeit vorliegen. In diesem Prozess muss der Beschäftigte darlegen und ggf. beweisen, dass die Voraussetzungen für ein Tabellenentgelt unter Zugrundelegung der höheren Stufe gemäß §§ 15, 16 (Bund), 16 (VKA) TVöD gegeben sind. Die Voraussetzungen des Abs. 2 Satz 2 für eine Verlängerung der Stufenlaufzeit hat, da es sich um eine rechtshindernde Ausnahme zu §§ 16 (Bund) Abs. 4, 16 (VKA) Abs. 3 TVöD handelt, grundsätzlich der Arbeitgeber darzulegen und ggf. zu beweisen.[15] Diese Regel ist ggf. nach den Grundsätzen der abgestuften Darlegungs- und Beweislast zu modifizieren, wenn der Arbeitgeber bei seiner Entscheidung einem Vorschlag der betrieblichen Kommission folgt: Für die Richtigkeit eines mehrheitlich beschlossenen Vorschlags der betrieblichen Kommission spricht ihre paritätische Besetzung und ihre Nähe zu den betrieblichen Verhältnissen. Der Arbeitgeber kann sich deshalb zunächst auf den Vortrag beschränken, dass er bei seiner Entscheidung dem mehrheitlich beschlossenen Vorschlag der betrieblichen Kommission gefolgt ist. Der Beschäftigte muss dann vortragen und ggf. beweisen, dass der Vorschlag der betrieblichen Kommission rechtswidrig ist. Gelingt dies, muss der Arbeitgeber darlegen und ggf. beweisen, warum dennoch die Voraussetzungen des Abs. 2 Satz 2 gegeben sind. Gelingt dies nicht, steht fest, dass die Verlängerung den Voraussetzungen des Abs. 2 Satz 2 entspricht.

III. Gleichstehende Zeiten, Abs. 3 Satz 1

Gemäß §§ 16 (Bund) Abs. 4, 16 (VKA) Abs. 3 TVöD sind Stufenaufstiege an bestimmte „Zeiten einer ununterbrochenen Tätigkeit" geknüpft. Diese Zeiten können gemäß Abs. 2 verkürzt oder verlängert werden. Mit „Zeiten einer ununterbrochenen Tätigkeit" ist die Zeit gemeint, in der ein Beschäftigter tatsächlich gearbeitet hat.[16] Abs. 3 Satz 1 enthält eine abschließende Aufzählung derjenigen Zeiten, die in Bezug auf den Stufenaufstieg wie Zeiten einer ununterbrochenen Tätigkeit gewertet werden: **15**

- Schutzfristen nach dem Mutterschutzgesetz (Buchst. a): Beschäftigungsverbote vor (§ 3 Abs. 2 MuSchG: sechs Wochen vor der Entbindung) und nach der Entbindung (§ 6 Abs 1 MuSchG: acht Wochen nach der Entbindung, bei Früh- oder Mehrlingsgeburten zwölf Wochen nach der Entbindung);
- Zeiten einer Arbeitsunfähigkeit nach § 22 TVöD bis zu 39 Wochen (Buchst. b): Zeiten, für die gemäß § 22 TVöD Entgelt im Krankheitsfall (Entgeltfortzahlung und Krankengeldzuschuss) gezahlt wird;
- Zeiten eines bezahlten Urlaubs (Buchst. c): Urlaube auf der Grundlage der §§ 26 und 27 TVöD sowie sonstige dem Beschäftigten (z. B. auf gesetzlicher oder arbeitsvertraglicher Grundlage) zustehende bezahlte Urlaube;
- Zeiten eines Sonderurlaubs, bei denen der Arbeitgeber vor dem Antritt schriftlich ein dienstliches bzw. betriebliches Interesse anerkannt hat (Buchst. d): Sonderurlaube gemäß § 28 TVöD, wenn ein entsprechendes (ausdrückliches oder inzidentes) schriftliches Anerkenntnis des Arbeitgebers vorliegt;

---

[15] Allgemein zur Darlegungs- und Beweislast z. B. Thomas/Putzo ZPO Vorbem § 284 Rn. 17 ff.
[16] Vgl. § 16 (Bund) TVöD unter IV.

- Zeiten einer sonstigen Unterbrechung von weniger als einem Monat im Kalenderjahr (Buchst. e): Alle Zeiten, die keinem anderen Tatbestand des Abs. 3 Satz 1 zugeordnet werden können;
- Zeiten der vorübergehenden Übertragung einer höherwertigen Tätigkeit (Buchst. f): Klarstellung, dass Zeiten, in denen der Beschäftigte vorübergehend eine höherwertige Tätigkeit ausgeübt hat (§ 14 TVöD), bei der Stufenlaufzeit der Entgeltgruppe, in die der Beschäftigte eingruppiert ist, berücksichtigt werden.

IV. Unterbrechungen, Abs. 3 Satz 2 und 3

16   Wird die ununterbrochene Tätigkeit durch Tatbestände, die nicht (mehr) von Abs. 3 Satz 1 erfasst werden, unterbrochen, ist zwischen unschädlichen (Abs. 3 Satz 2) und schädlichen (Abs. 3 Satz 3) Unterbrechungen zu differenzieren:

1. Unschädliche Unterbrechungen, Abs. 3 Satz 2

17   Zu den unschädlichen Unterbrechungen zählen – unabhängig von ihrem Grund – Zeiten der Unterbrechung bis zu einer Dauer von jeweils drei Jahren. Wird die Unterbrechung durch die tatsächliche Wiederaufnahme der Tätigkeit oder einen in Abs. 3 Satz 1 aufgezählten Tatbestand beendet, kann erneut eine unschädliche Unterbrechung mit einer Dauer von bis zu drei Jahren erfolgen („jeweils").

18   Zu den unschädlichen Unterbrechungen zählt darüber hinaus Elternzeit bis zu jeweils fünf Jahren. Mit Elternzeit ist, da der Begriff im TVöD soweit ersichtlich nicht definiert wird, Elternzeit im Sinne der §§ 15 ff. BErzGG gemeint.[17] Aus dem Tariftext – wohl dem Wort „jeweils" – wird geschlossen, dass eine Unterbrechung von bis zu fünf Jahren pro Kind wegen Elternzeit unschädlich ist.[18] Ein Anspruch auf Elternzeit im Sinne der §§ 15 ff. BErzGG besteht gemäß § 15 Abs. 2 Satz 1 BErzGG allerdings nur bis zur Vollendung des dritten Lebensjahres des Kindes. Wird innerhalb der Elternzeit ein weiteres Kind geboren, ohne dass es zu einer Unterbrechung der Elternzeit kommt,[19] besteht der Anspruch auf Elternzeit für jedes Kind, auch wenn sich bei den Kindern die Zeiträume bis zur Vollendung des dritten Lebensjahres überschneiden (§ 15 Abs. 2 Satz 3 BErzGG). Dadurch kann es zu einer durchgängigen Elternzeit von mehr als drei und ggf. mehr als fünf Jahren kommen. Das Wort „jeweils" bezieht sich wie in der ersten Alternative des Abs. 3 Satz 2 auf den Zeitraum der Unterbrechung und nicht auf ein Kind. Wird die Elternzeit durch die tatsächliche Wiederaufnahme der Tätigkeit oder durch einen in Abs. 3 Satz 1 aufgezählten Tatbestand, in diesem Zusammenhang insbesondere Abs. 3 Satz 1 a), beendet, kann erneut eine unschädliche Unterbrechung wegen Elternzeit mit einer Dauer von bis zu fünf Jahren erfolgen („jeweils"). Zu beachten ist, dass eine Unterbrechung der Tätigkeit wegen Elternzeit nur dann

---

[17]   A. A. Rundschreiben des BMI vom 08.12.2005 – D II 220 210-2/0 unter § 17 Ziffer 3.2: „Der tarifliche Begriff „Elternzeit" umfasst sowohl den Zeitraum der Elternzeit von bis zu drei Jahren im Sinne des § 15 Abs. 2 BErzGG als auch eine weitergehende Zeit der Beurlaubung zur Kinderbetreuung."

[18]   So Rundschreiben des BMI vom 08.12.2005 – D II 220 210-2/0 unter § 17 Ziffer 3.2.

[19]   Vgl. zur vorzeitigen Beendigung der Elternzeit wegen der Geburt eines weiteren Kindes § 16 Abs. 3 Satz 2 und 3 BErzGG, dazu ErfK/Dörner § 16 BErzGG Rn. 16.

vorliegt, wenn der Beschäftigte während der Elternzeit nicht arbeitet. Arbeitet der Beschäftigte während der Elternzeit gemäß § 15 Abs. 4 BErzGG in Teilzeit beim bisherigen Arbeitgeber, ist diese Zeit selbstverständlich bei der Stufelaufzeit zu berücksichtigen.[20]

Zeiten einer unschädlichen Unterbrechung werden zwar nicht auf die Stufen- **19** laufzeit angerechnet. Die vor einer unschädlichen Unterbrechung zurückgelegte Stufenlaufzeit läuft aber nahtlos weiter, wenn der Beschäftigte die Tätigkeit tatsächlich wieder aufnimmt oder ein in Abs. 3 Satz 1 aufgezählter Tatbestand eintritt.

2. Schädliche Unterbrechungen, Abs. 3 Satz 3

Werden die nach Abs. 3 Satz 2 unschädlichen Unterbrechungszeiten überschritten, **20** liegt eine schädliche Unterbrechung vor, die nach Abs. 3 Satz 3 zu beurteilen ist. Nimmt der Beschäftigte nach einer solchen Unterbrechung die Tätigkeit wieder auf oder tritt ein in Abs. 3 Satz 1 aufgezählter Tatbestand ein, hat gemäß Abs. 3 Satz 3 Hs. 1 eine Rückstufung in die Stufe zu erfolgen, die der Stufe, die der Beschäftigte vor der Unterbrechung erreicht hatte, vorangeht. Untergrenze ist die Stufe, der der Beschäftigte im Falle einer Neueinstellung – gemeint ist eine Einstellung im Sinne der §§ 16 (Bund), 16 (VKA) TVöD – zuzuordnen wäre. Zur Kontrolle ist deshalb zu prüfen, welcher Stufe der Beschäftigte nach einer unterstellten Beendigung des Arbeitsverhältnisses und einer Wiedereinstellung gemäß §§ 16 (Bund) Abs. 2 oder 3, 16 (VKA) Abs. 2 TVöD zuzuordnen wäre. Mit dem Tag der Arbeitsaufnahme beginnt gemäß Abs. 3 Satz 3 Hs. 2 die Stufenlaufzeit in der neuen Stufe zu laufen. Dies dürfte, da die in Abs. 3 Satz 1 aufgezählten Zeiten der tatsächlichen Tätigkeit/Arbeit gleich stehen, auch für den Tag, an dem ein in Abs. 3 Satz 1 aufgezählter Tatbestand eintritt, gelten.

V. Teilzeitbeschäftigung, Abs. 3 Satz 4

Durch Abs. 3 Satz 4 wird klar gestellt, dass in Bezug auf die Stufenlaufzeiten **21** nicht danach zu differenzieren ist, ob eine Voll- oder Teilzeitbeschäftigung ausgeübt wird. Zeiten mit Teilzeitbeschäftigung sind uneingeschränkt zu berücksichtigen.

VI. Stufenzuordnung bei Höher- und Herabgruppierungen, Abs. 4

1. Höhergruppierungen

Im Falle der Höhergruppierung wegen Übernahme einer höherwertigen Tätigkeit **22** sind die Beschäftigten gemäß Abs. 4 Satz 1 Hs. 1 derjenigen Stufe der neuen – höheren – Entgeltgruppe zuzuordnen, in der sie mindestens ihr bisheriges Tabellenentgelt erhalten. Mindestens ihr bisheriges Tabellenentgelt erhalten die Beschäftigten in allen Stufen einer höheren Entgeltgruppe, in der sie nicht weniger als das bisherige Tabellenentgelt erhalten. Da durch das Merkmal „mindestens" keine Beschränkung nach oben herbeigeführt wird, wäre bei wörtlicher Auslegung von Abs. 4 Satz 1 Hs. 1 keine eindeutige Stufenzuordnung möglich. Aus dem systematischen Zusammenhang mit Abs. 4 Satz 1 Hs. 2 und Abs. 4 Satz 2 ergibt sich,

---

[20] Zur Teilzeit unten unter V.

dass die Tarifvertragsparteien Höhergruppierungen abweichend vom bisherigen Tarifrecht und der Herabgruppierung möglichst entgeltgleich durchführen wollen: Es ist zu prüfen, in welcher Stufe der höheren Entgeltgruppe der Beschäftigte ein dem derzeitigen Tabellenentgelt entweder genau entsprechendes Tabellenentgelt („mindestens") oder, falls ein solches nicht existiert, das nächsthöhere Tabellenentgelt erhält. Dieser Stufe ist der Beschäftigte – vorbehaltlich von Abs. 4 Satz 1 Hs. 2 – zuzuordnen.

23   Das Prinzip der möglichst entgeltgleichen Höhergruppierung wird durchbrochen durch Abs. 4 Satz 1 Hs. 2: Nach dieser Regelung ist der Beschäftigte – unabhängig von der Höhe der Tabellenentgelte – in der höheren Entgeltgruppe mindestens der Stufe 2 zuzuordnen.

Beispiel:
Einem im Tarifgebiet West tätigen Beschäftigten in der Entgeltgruppe 12, Stufe 3 (Tabellenentgelt: 2.800 €), wird eine Tätigkeit der Entgeltgruppe 13 übertragen. Welcher Stufe der Entgeltgruppe 13 ist er zuzuordnen? – Lösung: Gemäß Abs. 4 Satz 1 Hs. 1 wäre der Beschäftigte der Stufe 1 zuzuordnen, da das Tabellenentgelt der Entgeltgruppe 13, Stufe 1 (2.817 €), 2.800 € überschreitet. Da gemäß Abs. 4 Satz 1 Hs. 2 mindestens eine Zuordnung zur Stufe 2 erfolgt, ist der Beschäftigte der Entgeltgruppe 13, Stufe 2 (3.130 €), zuzuordnen.

24   Beträgt der Unterschiedsbetrag zwischen dem derzeitigen Tabellenentgelt und dem nach Abs. 4 Satz 1 bestimmten Tabellenentgelt weniger als 25 € (Entgeltgruppen 1 bis 8) bzw. weniger als 50 € (Entgeltgruppen 9 bis 15), so erhält der Beschäftigte gemäß Abs. 4 Satz 2 „anstelle des Unterschiedsbetrags einen Garantiebetrag von monatlich 25 € (Entgeltgruppen 1 bis 8) bzw. 50 € (Entgeltgruppen 9 bis 15)". Da der Beschäftigte den Garantiebetrag anstelle und nicht zusätzlich zum Unterschiedsbetrag erhalten soll, ist die Summe aus dem derzeitigen Tabellenentgelt zuzüglich der 25 € bzw. 50 € als Tabellenentgelt auszuzahlen. Wird der Beschäftigte von einer der Entgeltgruppen 1 bis 8 in eine der Entgeltgruppen 9 bis 15 höhergruppiert, gilt ein Garantiebetrag in Höhe von 50 €. Der Garantiebetrag wird „während der betreffenden Stufenlaufzeit gewährt", fällt also nach der nächsten Höherstufung weg. Die Garantiebeträge nehmen gemäß der Protokollerklärung zu Abs. 4 Satz 2 an allgemeinen Entgeltanpassungen teil.

25   Da es sich bei den Garantiebeträgen um sonstige Entgeltbestandteile im Sinne der Protokollerklärungen Nr. 1 und 2 zu § 15 Abs. 1 TVöD handelt, ist ihre Höhe im Tarifgebiet Ost[21] entsprechend den in den Protokollerklärungen Nr. 1 und 2 zu § 15 Abs. 1 TVöD aufgeführten Prozentsätzen anzupassen: Im Bereich des Bundes betragen die Garantiebeträge 23,13 € bzw. 46,25 €; im Bereich der VKA 23,50 € bzw. 47,00 €; im Bereich der VKA erhöhen sich die Garantiebeträge ab dem 01.07.2006 auf 23,88 € bzw. 47,75 € und ab dem 01.07.2007 auf 24,25 € bzw. 48,50 €.

26   Die Stufenlaufzeit in der hören Entgeltgruppe beginnt mit dem Tag der Höhergruppierung von neuem (Abs. 4 Satz 3), „Restzeiten" werden in der höheren Ent-

---

[21]   Vgl. dazu § 38 Abs. 1 TVöD.

geltgruppe also nicht angerechnet.[22] Der Beschäftigte erhält vom Beginn des Monats an, in dem die Höhergruppierung wirksam wird, das entsprechende Tabellenentgelt aus der gemäß Abs. 4 Satz 1 festgelegten Stufe der betreffenden Entgeltgruppe, ggf. einschließlich eines Garantiebetrags nach Abs. 4 Satz 2 (Abs. 4 Satz 5).

Beispiel: **27**
Ein Beschäftigter des Bundes erhält derzeit im Tarifgebiet Ost ein Tabellenentgelt gemäß Entgeltgruppe 5, Stufe 5 (1.975 €). Dem Beschäftigten wird eine höherwertige Tätigkeit übertragen, die der Entgeltgruppe 6 zuzuordnen ist. Welcher Stufe der Entgeltgruppe 6 ist er zuzuordnen, wie hoch ist sein Tabellenentgelt und wann erfolgt die nächste Höherstufung? – Lösung: Das gegenüber dem derzeitigen Tabellenentgelt nächsthöhere Tabellenentgelt der Entgeltgruppe 6 ist im Tarifgebiet Ost das der Stufe 4 (1.993 €). Die Differenz zwischen dem Tabellenentgelt der Entgeltgruppe 6, Stufe 4, und dem derzeitigen Tabellenentgelt beträgt 18 € und unterschreitet damit den gemäß der Protokollerklärung Nr. 1 zu § 15 Abs. 1 TVöD zu reduzierenden Garantiebetrag in Höhe von 23,13 €. Der Beschäftigte hat deshalb vom Beginn des Monats an, in welchem er in die Entgeltgruppe 6 eingruppiert wird, Anspruch auf ein Tabellenentgelt in Höhe von 1.998,13 € (Summe aus dem derzeitigen Tabellenentgelt in Höhe von 1.975 € und dem Garantiebetrag in Höhe von 23,13 €). Nach vier Jahren in Stufe 4 wird der Beschäftigte – falls keine Verkürzung oder Verlängerung der Stufenlaufzeit erfolgt – in die Stufe 5 der Entgeltgruppe 6 (derzeit 2.054 €) höhergestuft. Der Garantiebetrag fällt dann weg.

Bei der Höhergruppierung von Beschäftigten, die nach dem TVÜ-Bund/TVÜ-   **28**
VKA vom bisherigen Tarifrecht in den TVöD übergeleitet wurden, sind § 6 Abs. 2 Satz 1 und 2 TVÜ-Bund/TVÜ-VKA oder § 7 Abs. 4 Satz 1 und 2 TVÜ-Bund/TVÜ-VKA zu beachten: Werden Beschäftigte, die nach dem bisherigen Tarifrecht Angestellte waren, vor dem 01.10.2007 höhergruppiert (nach §§ 8 Abs. 1 und 3 Alt. 1, 9 Abs. 3 Buchst. a TVÜ-Bund/TVÜ-VKA oder aufgrund Übertragung einer mit einer höheren Entgeltgruppe bewerteten Tätigkeit), so erhalten sie gemäß § 6 Abs. 2 Satz 1 TVÜ-Bund/TVÜ-VKA in der höheren Entgeltgruppe Entgelt nach der regulären Stufe, deren Betrag mindestens der individuellen Zwischenstufe entspricht, jedoch nicht weniger als das Entgelt der Stufe 2. Werden Beschäftigte, die nach bisherigem Tarifrecht Arbeiter waren, während ihrer Verweildauer in der individuellen Zwischenstufe höhergruppiert, erhalten sie gemäß § 7 Abs. 4 Satz 1 TVÜ-Bund/TVÜ-VKA in der höheren Entgeltgruppe Entgelt nach der regulären Stufe, deren Betrag mindestens der individuellen Zwischenstufe entspricht, jedoch nicht weniger als das Entgelt der Stufe 2. Gemäß §§ 6 Abs. 2 Satz 2, 7 Abs. 4 Satz 2 TVÜ-Bund/TVÜ-VKA gilt in beiden Fällen § 17 Abs. 4 Satz 2 TVöD (Garantiebetrag) entsprechend. Der weitere Stufenaufstieg richtet sich dann nach den Regelungen des TVöD, also nach §§ 16 (Bund), 16 (VKA), 17 TVöD.[23]

---

22   Rundschreiben des BMI vom 08.12.2005 – D II 220 210-2/0 unter § 17 Ziffer 4.1.
23   Vgl. §§ 6 Abs. 2 Satz 1 Hs. 1, 7 Abs. 4 Hs. 2 TVÜ-Bund/ TVÜ-VKA.

2. Herabgruppierungen

29   Die Eingruppierung in eine niedrigere Entgeltgruppe erfolgt stufengleich: Der Beschäftigte ist in der niedrigeren Entgeltgruppe „der in der höheren Entgeltgruppe erreichten Stufe zuzuordnen" (Abs. 4 Satz 4). Zur erreichten Stufe zählt auch die in der Stufe der höheren Entgeltgruppe bereits zurückgelegte Stufenlaufzeit. Der Beschäftigte erhält gemäß Abs. 4 Satz 5 vom Beginn des Monats an, in dem die Herabgruppierung wirksam wird, Tabellenentgelt nach der niedrigeren Entgeltgruppe, falls sich abweichendes nicht aus einer tariflichen, betrieblichen oder arbeitsvertraglichen Besitzstandssicherung ergibt.

Beispiel:
Der Beschäftigte ist seit zwei Jahren der Entgeltgruppe 6, Stufe 5, zugeordnet. Da er sich den Tätigkeiten nicht mehr gewachsen fühlt, werden ihm auf seinen Wunsch hin einfachere Tätigkeiten übertragen, die der Entgeltgruppe 5 zuzuordnen sind. Welcher Stufe der Entgeltgruppe 5 ist der Beschäftigte zuzuordnen und wann erfolgt der nächste Stufenaufstieg?
– Lösung: Da Herabgruppierungen stufengleich erfolgen, wird der Beschäftigte in der Entgeltgruppe 5 der Stufe 5 zugeordnet. Da der Beschäftigte schon zwei Jahre in der Stufe 5 der Entgeltgruppe tätig war, erfolgt der Aufstieg in die Stufe 6 der Entgeltgruppe 5 nach zwei weiteren Jahren.

30   Bei der Herabgruppierung von Beschäftigten, die nach dem TVÜ-Bund/TVÜ-VKA vom bisherigen Tarifrecht in den TVöD übergeleitet wurden, sind § 6 Abs. 2 Satz 3 TVÜ-Bund/TVÜ-VKA oder § 7 Abs. 4 Satz 3 TVÜ-Bund/TVÜ-VKA zu beachten: Werden Beschäftigte, die nach bisherigem Tarifrecht Angestellte waren, vor dem 01.10.2007 herabgruppiert, werden sie gemäß § 6 Abs. 2 Satz 3 Hs. 1 TVÜ-Bund/TVÜ-VKA in der niedrigeren Entgeltgruppe derjenigen individuellen Zwischenstufe zugeordnet, die sich bei Herabgruppierung im September 2005 ergeben hätte. Der weitere Stufenaufstieg richtet sich in diesem Fall nach § 6 Abs. 1 Satz 2 und 3 TVÜ-Bund/TVÜ-VKA (§ 6 Abs. 2 Satz 3 Hs. 2 TVÜ-Bund/TVÜ-VKA). Werden Beschäftigte, die nach bisherigem Tarifrecht Arbeiter waren, während ihrer Verweildauer in der individuellen Zwischenstufe herabgruppiert, erfolgt die Stufenzuordnung gemäß § 7 Abs. 4 Satz 3 Hs. 1 TVÜ-Bund/TVÜ-VKA in der niedrigeren Entgeltgruppe, als sei die niedrigere Einreihung bereits im September 2005 erfolgt. Der weitere Stufenaufstieg richtet sich in diesem Fall bei Zuordnung zu einer individuellen Zwischenstufe nach § 7 Abs. 3 Satz 2 TVÜ-Bund/TVÜ-VKA, ansonsten nach den Regelungen des TVöD (§ 7 Abs. 4 Satz 3 Hs. 2 in Verbindung mit Abs. 1 Satz 2 TVÜ-Bund/TVÜ-VKA).

§ 18 (Bund) Leistungsentgelt

(1) [1]Ab dem 1. Januar 2007 wird ein Leistungsentgelt eingeführt. [2]Das Leistungsentgelt ist eine variable und leistungsorientierte Bezahlung zusätzlich zum Tabellenentgelt.

(2) [1]Ausgehend von einer vereinbarten Zielgröße von 8 v. H. entspricht bis zu einer Vereinbarung eines höheren Vomhundertsatzes das für das Leistungsentgelt zur Verfügung stehende Gesamtvolumen 1 v. H. der ständigen Monatsentgelte des Vorjahres aller unter den Geltungsbereich des TVöD fallenden Beschäftigten des jeweiligen Arbeitgebers. [2]Das für das Leistungsentgelt zur Verfügung stehende Gesamtvolumen ist zweckentsprechend zu verwenden; es besteht die Verpflichtung zu jährlicher Auszahlung der Leistungsentgelte.

Protokollerklärung zu Abs. 2 Satz 1:
Ständige Monatsentgelte sind insbesondere das Tabellenentgelt (ohne Sozialversicherungsbeiträge des Arbeitgebers und dessen Kosten für die betriebliche Altersvorsorge), die in Monatsbeträgen festgelegten Zulagen einschließlich Besitzstandszulagen sowie Entgelt im Krankheitsfall (§ 22) und bei Urlaub, soweit diese Entgelte in dem betreffenden Kalenderjahr ausgezahlt worden sind; nicht einbezogen sind dagegen insbesondere Abfindungen, Aufwandsentschädigungen, Auslandsdienstbezüge einschließlich Kaufkraftausgleiche und Auslandsverwendungszuschläge, Einmalzahlungen, Jahressonderzahlungen, Leistungsentgelte, Strukturausgleiche, unständige Entgeltbestandteile und Entgelte der außertariflichen Beschäftigten.

Niederschriftserklärung zu § 18 (Bund) Abs. 2:
Das als Zielgröße zu erreichende Gesamtvolumen von 8 v. H. wird wie folgt finanziert
– Anteil aus auslaufenden Besitzständen in pauschalierter Form,
– im Rahmen zukünftiger Tarifrunden.
Die Tarifvertragsparteien führen erstmals Mitte 2008 Gespräche über den Anteil aus auslaufenden Besitzständen und über eine mögliche Berücksichtigung von Effizienzgewinnen.

(3) Nähere Regelungen werden in einem Bundestarifvertrag vereinbart.

Protokollerklärungen zu Abs. 3:
1. [1]Die Tarifvertragsparteien sind sich darüber einig, dass die zeitgerechte Einführung des Leistungsentgelts sinnvoll, notwendig und deshalb beiderseits gewollt ist. [2]Kommt bis zum 30. September 2007 kein Bundestarifvertrag zu Stande, erhalten die Beschäftigten mit dem Tabellenentgelt des Monats Dezember 2008 6 v. H. des für den Monat September jeweils zustehenden Tabellenentgelts. [3]Das Leistungsentgelt erhöht sich im Folgejahr um den Restbetrag des Gesamtvolumens. [4]Solange in den Folgejahren keine Einigung nach Abs. 3 zu Stande kommt, gelten die Sätze 2 und 3 entsprechend. [5]Für das Jahr 2007 erhalten die Beschäftigten mit dem Tabellenentgelt des Monats Dezember 2007 12 v. H. des für den Monat September 2007 jeweils zustehenden Tabel-

lenentgelts ausgezahlt, insgesamt jedoch nicht mehr als das Gesamtvolumen gemäß § 18 Abs. 2 Satz 1, wenn bis zum 31. Juli 2007 keine Einigung nach Abs. 3 zustande gekommen ist.

2. *¹In der Entgeltrunde 2008 werden die Tarifvertragsparteien die Umsetzung des § 18 (Leistungsentgelt) analysieren und ggf. notwendige Folgerungen ziehen. ²In diesem Rahmen werden auch Höchstfristen für eine teilweise Nichtauszahlung von Gesamtvolumina gemäß Satz 4 der Protokollerklärung Nr. 1 festgelegt; ferner wird eine Verzinsung des etwaigen ab dem Jahr 2008 nicht ausgezahlten Gesamtvolumens geklärt.*

(4) Die ausgezahlten Leistungsentgelte sind zusatzversorgungspflichtiges Entgelt.

Niederschriftserklärung zu § 18 (Bund) Abs. 4:
Die Tarifvertragsparteien wirken darauf hin, dass der ATV sowie die Satzung der VBL bis spätestens 31. Dezember 2006 entsprechend angepasst werden.

Protokollerklärungen zu § 18 (Bund):
1. *¹Eine Nichterfüllung der Voraussetzungen für die Gewährung eines Leistungsentgelts darf für sich genommen keine arbeitsrechtlichen Maßnahmen auslösen. ²Umgekehrt sind arbeitsrechtliche Maßnahmen nicht durch Teilnahme an einer Zielvereinbarung bzw. durch Gewährung eines Leistungsentgelts ausgeschlossen.*
2. *¹Leistungsgeminderte dürfen nicht grundsätzlich aus Leistungsentgelten ausgenommen werden. ²Ihre jeweiligen Leistungsminderungen sollen angemessen berücksichtigt werden.*

Niederschriftserklärung zu § 18 (Bund):
Die Tarifvertragsparteien gehen davon aus, dass Leistungsentgelte Bezüge im Sinne des § 4 TV ATZ sind.

I. Allgemeines

Die Einführung einer leistungsorientierten Bezahlung war ein Hauptziel der Ar- **1**
beitgeber im Rahmen der Tarifreform.[1] Finanziert werden soll die leistungsorientierte Bezahlung weitgehend „aus umgewidmeten tariflichen Entgeltbestandteilen": Das ab dem 01.01.2007 vereinbarte Gesamtvolumen in Höhe von 1 % der
ständigen Monatsentgelte des Vorjahres soll durch Einsparungen bei der Umstrukturierung des Urlaubsgelds und der Zuwendung zur Jahressonderzahlung (§ 20),
zukünftige Erhöhungen des Gesamtvolumens durch auslaufende Besitzstände und
durch Anteile der im Rahmen zukünftiger Tarifrunden vereinbarten Entgelterhöhungen.[2]

II. Einführung eines Leistungsentgelts, Abs. 1

In Abs. 1 Satz 1 wird festgelegt, dass ab dem 01.01.2007 ein Leistungsentgelt ein- **2**
geführt wird. Das Leistungsentgelt im Sinne des § 18 (Bund) TVöD wird in Abs. 1
Satz 2 definiert: Es muss sich um eine variable, das heißt der Höhe nach schwan-
kende, Bezahlung handeln. Die Bezahlung muss darüber hinaus leistungsorien-
tiert, das heißt in ihrer Höhe von einer Leistung abhängig sein. Gemeint ist die
Arbeitsleistung eines oder einer Gruppe[3] von Beschäftigten. Schließlich wird
durch Abs. 1 Satz 2 klar gestellt, dass das Leistungsentgelt zusätzlich zum Tabellenentgelt (§ 15) gezahlt wird.

III. Festlegung des Gesamtvolumens, Abs. 2 Satz 1

In Abs. 2 Satz 1 wird das Gesamtvolumen (der „Topf"), der für das Leistungsent- **3**
gelt im Sinne des § 18 (Bund) TVöD zur Verfügung steht, festgelegt. „Maßeinheit" sind die „ständigen Monatsentgelte des Vorjahres aller unter den Geltungsbereich des TVöD fallenden Beschäftigten des jeweiligen Arbeitgebers".

Was unter ständigen Monatsentgelten im Sinne des Abs. 2 Satz 1 zu verstehen **4**
ist, wird beispielhaft („insbesondere") im Hs. 1 der Protokollerklärung zu Abs. 2
Satz 1 aufgeführt. Zu den ständigen Monatsentgelten gehören danach

- das Tabellenentgelt (ohne Sozialversicherungsbeiträge des Arbeitgebers und
  dessen Kosten für die betriebliche Altersvorsorge): Ständiges Monatsentgelt ist
  demnach das Brutto-Tabellenentgelt, das sich aus den §§ 15 bis 17 TVöD bzw.
  den §§ 4 ff. TVÜ-Bund ergibt.
- die in Monatsbeträgen festgelegten Zulagen einschließlich der Besitzstandzu-
  lagen (z. B. Zulagen gemäß §§ 14 TVöD, 9, 10, 11, 12 TVÜ-Bund/TVÜ-
  VKA),
- das Entgelt im Krankheitsfall (§§ 22, 21 TVöD, 13 TVÜ-Bund/TVÜ-VKA)
  und

---

[1] Vgl. Böhle/Poschke ZTR 2005, 286, 295; Bredendiek/Tewes ZTR 2005, 230, 235; Das-
     sau/Langenbrinck TVöD Schnelleinstieg ins neue Tarifrecht S. 82.
[2] Böhle/Poschke ZTR 2005, 286, 295; Dassau/Langenbrinck TVöD Schnelleinstieg ins neue Tarif-
     recht S. 83; vgl. zur Finanzierung zukünftiger Erhöhungen des Gesamtvolumens die Niederschrift-
     serklärung zu § 18 (Bund) Abs. 2.
[3] Vgl. § 18 (VKA) Abs. 5 Satz 2 TVöD: Zielvereinbarungen können auch mit Beschäftigtengruppen
     abgeschlossen werden.

– das Urlaubsentgelt (§§ 26, 21 TVöD).

5 Entgeltbestandteile, die nicht zu den ständigen Monatsentgelten im Sinne des Abs. 2 Satz 1 gehören, sind beispielhaft („insbesondere") im Hs. 2 der Protokollerklärung zu Abs. 2 Satz 1 aufgeführt. Nicht zu den ständigen Monatsentgelten gehören danach

– Abfindungen,
– Aufwandsentschädigungen,
– Auslandsdienstbezüge einschließlich Kaufkraftausgleichbeträge und Auslandsverwendungszuschläge (§ 45 Nr. 8 TVöD-BT-V (Bund))
– Einmalzahlungen,
– Jahressonderzahlungen (§ 20 TVöD),
– Leistungsentgelte: Kein ständiges Monatsentgelt ist demnach das Leistungsentgelt im Sinne des § 18 (Bund) TVöD, das im Vorjahr ausgezahlt wurde. Und zwar auch dann nicht, wenn die Auszahlung als monatlich wiederkehrende Zahlung (sog. Leistungszulage[4]) erfolgt ist. Der Hs. 2 der Protokollerklärung zu Abs. 2 Satz 1 enthält insoweit eine Spezialregelung gegenüber Abs. 2 Satz 1.
– unständige Entgeltbestandteile und
– Entgelte der außertariflichen Beschäftigten.

6 Ob ein Entgeltbestandteil zu den ständigen Monatsentgelten gehört ist wie folgt zu prüfen: Da die Protokollerklärung zu Abs. 2 Satz 1 die gegenüber Abs. 2 Satz 1 speziellere Regelung enthält, ist in einem ersten Schritt zu prüfen, ob ein Entgeltbestandteil einem in der Protokollerklärung zu Abs. 2 Satz 1 aufgeführten Beispiel oder Gegenbeispiel zugeordnet werden kann. Nur wenn ein Entgeltbestandteil keinem der in der Protokollerklärung zu Abs. 2 Satz 1 aufgeführten Beispiele oder Gegenbeispiele zugeordnet werden kann, ist in einem zweiten Schritt zu prüfen, ob es sich um ständige Monatsentgelte im Sinne des Abs. 2 Satz 1 handelt. Dies ist, wie in der Protokollerklärung zu Abs. 2 Satz 1 zum Ausdruck kommt, losgelöst von der Auszahlung im Einzelfall für die in Frage stehende Entgeltgruppe („Lohnart") zu entscheiden. Als ständige Monatsentgelte können danach alle Entgeltbestandteile bezeichnet werden, die nach der zu Grunde liegenden (tarif)vertraglichen Anspruchsgrundlage, solange die Voraussetzungen vorliegen, monatlich auszuzahlen sind. Ständiges Monatsentgelt kann deshalb auch dann vorliegen, wenn im Einzelfall nur eine einzige Auszahlung erfolgt.

7 Zu berücksichtigen sind die ständigen Monatsentgelte des Vorjahres. Dem Vorjahr zuzuordnen sind diejenigen ständigen Monatsentgelte, die – insbesondere gemäß § 24 TVöD – innerhalb des Vorjahres (01.01 bis 31.12.) zur Zahlung fällig wurden, auch wenn die Auszahlung tatsächlich zu einem früheren oder späteren Zeitpunkt oder gar nicht erfolgte. Denn sonst würde eine (tarif)vertragswidrige Auszahlungspraxis Einfluss auf die Höhe des Gesamtvolumens haben.

8 Zu berücksichtigen sind die ständigen Monatsentgelte des Vorjahres aller unter den Geltungsbereich des TVöD fallenden Beschäftigten des Arbeitgebers. Ent-

---

4   Vgl. § 18 (VKA) Abs. 4 Satz 4 TVöD.

scheidend ist der Vertragsarbeitgeber. Dies ist diejenige (natürliche oder) juristische Person, mit der die Beschäftigten den Arbeitsvertrag abgeschlossen haben,[5] im Bereich des § 18 (Bund) TVöD also die Bundesrepublik Deutschland. Die ständigen Monatsentgelte des Vorjahres aller Beschäftigten eines Vertragsarbeitgebers, die gemäß § 1 TVöD unter den Geltungsbereich des TVöD fallen, bilden die „Maßeinheit" für die Bestimmung des Gesamtvolumens.

Gemäß Abs. 2 Satz 1 beträgt das Gesamtvolumen, das für das Leistungsentgelt zur Verfügung steht, 1 % der „Maßeinheit" (sog. Startvolumen[6]). Dieser Prozentsatz gilt so lange, bis ein höherer Prozentsatz vereinbart wird. Es ist demnach offen, ob und wann die in Abs. 2 Satz 1 vereinbarte Zielgröße von 8 % erreicht wird. Die Niederschriftserklärung zu § 18 (Bund) Abs. 2 enthält in einer Absichtserklärung der Tarifvertragsparteien Anhaltspunkte über die Finanzierung der Zielgröße von 8 % und über den Fortgang der Gespräche.[7]

9

IV. Ausschüttungspflicht, Abs. 2 Satz 2

Gemäß Abs. 2 Satz 2 Hs. 1 ist das für das Leistungsentgelt zur Verfügung stehende Gesamtvolumen zweckentsprechend – also für die Einführung eines Leistungsentgelts im Sinne des Abs. 1 – zu verwenden. Dem entsprechend besteht nach Abs. 2 Satz 2 Hs. 2 eine Verpflichtung zur jährlichen Auszahlung der Leistungsentgelte, die bildhaft als Ausschüttungspflicht bezeichnet werden kann.[8] Das für das Leistungsentgelt zur Verfügung stehende Gesamtvolumen, der Topf, ist folglich für jedes Jahr vollständig an die unter den Geltungsbereich des TvöD fallenden Beschäftigten des Arbeitgebers auszuschütten.

10

V. Umsetzung

1. Bundestarifvertrag, Abs. 3

In Abs. 1 ist geregelt, dass zum 01.01.2007 ein Leistungsentgelt eingeführt wird. Offen gelassen wurde in § 18 (Bund) TVöD, nach welchem Verfahren das gemäß Abs. 2 zur Verfügung stehende Gesamtvolumen an die Beschäftigten verteilt wird. Durch Abs. 1 ist lediglich vorgegeben, dass das Leistungsentgelt variabel und von der Leistung der Beschäftigten abhängig sein muss.[9] Darüber hinaus ist die Protokollerklärung Nr. 2 zu § 18 (Bund) TVöD in Bezug auf Leistungsgeminderte zu beachten.[10] Die „näheren Regelungen" – das eigentliche Leistungsentgelt-System – sollen gemäß Abs. 3 in einem ergänzenden Bundestarifvertrag vereinbart werden. Die Tarifvertragsparteien haben sich am 25.08.2006 auf eine paraphierte Fassung eines Tarifvertrages über das Leistungsentgelt für die Beschäftigten des Bundes (LeistungsTV-Bund) geeinigt.[11] In der Schlussredaktion vor der Unter-

11

---

[5]   Zum Abschluss des Arbeitsvertrags § 2 TVöD unter III.
[6]   Vgl. Rundschreiben des BMI vom 08.12.2005 – D II 220 210-2/0 unter § 18 Ziffer 3.
[7]   Zur Finanzierung oben unter I.
[8]   So auch Dassau/Langenbrinck TVöD Schnelleinstieg ins neue Tarifrecht S. 83.
[9]   Dazu oben unter II.
[10]   Dazu unten unter VII 2.
[11]   Abgedruckt – mit Stand 25.08.2006 – im Anhang.

zeichnung des LeistungsTV-Bund können sich demnach noch Änderungen gegenüber der Fassung vom 25.08.2006 ergeben.

2. Protokollerklärung Nr. 1 zu Abs. 3

12 In der Protokollerklärung Nr. 1 zu Abs. 3 haben die Tarifvertragsparteien festgelegt, wie zu verfahren ist, wenn der nach Abs. 3 abzuschließende ergänzende Bundestarifvertrag nicht rechtzeitig zu Stande kommt:

13 Kommt bis zum 31.07.2007 kein ergänzender Bundestarifvertrag zu Stande, erhalten die Beschäftigten gemäß Satz 5 der Protokollerklärung zu Abs. 3 für das Jahr 2007 im Dezember 2007 zusätzlich 12 % ihres Tabellenentgelts des Monats September 2007 ausgezahlt. Insgesamt muss der Arbeitgeber aber höchstens das Gesamtvolumen gemäß Abs. 2 Satz 1 an seine Beschäftigten auszahlen. Übersteigen die 12 % der Tabellenentgelte des Monats September 2007 das gemäß Abs. 2 Satz 1 für das Jahr 2007 berechnete Gesamtvolumen,[12] sind die Auszahlungsbeträge für alle Beschäftigten des Arbeitgebers entsprechend zu reduzieren. Die Reduzierung muss verhältnismäßig erfolgen.

14 Kommt bis zum 30.09.2007 kein ergänzender Bundestarifvertrag zu Stande, erhalten die Beschäftigten gemäß Satz 2 der Protokollerklärung zu Abs. 3 im Dezember 2008 zusätzlich 6 % ihres Tabellenentgelts des Monats September 2008 ausgezahlt. Übersteigt das gemäß Abs. 2 Satz 1 für das Jahr 2008 berechnete Gesamtvolumen die Summe der zusätzlichen Auszahlungen an alle Beschäftigten eines Arbeitgebers, erhöht sich das für das Jahr 2009 berechnete Gesamtvolumen um den übersteigenden Betrag (Restbetrag, Satz 3 der Protokollerklärung zu Abs. 3). Das erhöhte Gesamtvolumen wird dann – falls zwischenzeitlich ein ergänzender Bundestarifvertrag abgeschlossen wurde – als Leistungsentgelt für das Jahr 2009 an die Beschäftigten ausgeschüttet.

15 Nach Satz 4 der Protokollerklärung zu Abs. 3 gelten die Sätze 2 und 3 entsprechend, solange in den Folgejahren kein ergänzender Bundestarifvertrag abgeschlossen wird. Falls also bis zum 30.09. eines Folgejahres kein ergänzender Bundestarifvertrag zu Stande kommt, erhalten die Beschäftigten im Dezember des jeweiligen Folgejahres zusätzlich 6 % ihres Tabellenentgelts des Monats September ausgezahlt. Übersteigt das gemäß Abs. 2 Satz 1 für das Folgejahr berechnete und ggf. um einen Restbetrag aus dem Vorjahr erhöhte Gesamtvolumen die Summe der zusätzlichen Auszahlungen an alle Beschäftigten eines Arbeitgebers, erhöht sich das für das nächste Jahr berechnete Gesamtvolumen um den übersteigenden Betrag. Das erhöhte Gesamtvolumen wird dann – falls zwischenzeitlich ein ergänzender Bundestarifvertrag abgeschlossen wurde – als Leistungsentgelt für das nächste Jahr an die Beschäftigten ausgeschüttet.

3. Protokollerklärung Nr. 2 zu Abs. 3

16 In Satz 1 der Protokollerklärung Nr. 2 zu Abs. 3 haben die Tarifvertragsparteien vereinbart, dass sie in der Entgeltrunde 2008 die Umsetzung des § 18 analysieren und ggf. notwendige Folgerungen ziehen werden. Ist bis dahin noch kein ergänzender Bundestarifvertrag abgeschlossen, ist, wie sich aus Satz 2 der Protokollerklärung Nr. 2 zu Abs. 3 ergibt, mit der Vereinbarung weiterer Übergangsregelun-

---

12 Z. B. wegen der Einstellung einer größeren Anzahl von Beschäftigten im Verlauf des Jahres 2007.

gen (Höchstfristen für teilweise Nichtauszahlung, Verzinsung) zu rechnen, mit denen die bestehenden Bestimmungen modifiziert werden. Die Protokollerklärung Nr. 2 zu Abs. 3 regelt „nur" Rechte und Pflichten der Tarifvertragsparteien im Sinne des § 1 Abs. 1 TVG. Die Beschäftigten können deshalb aus der Protokollerklärung Nr. 2 zu Abs. 3 – im Gegensatz zur Protokollerklärung Nr. 1 zu Abs. 3 – keine Ansprüche ableiten.

VI. Zusatzversorgung

Gemäß Nr. 5 der Anlage 3 zum Tarifvertrag über die befristete Altersversorgung **17** der Beschäftigten des öffentlichen Dienstes (Tarifvertrag Altersversorgung – ATV) stellen Leistungszulagen, Leistungsprämien sowie erfolgsabhängige Vergütungen kein zusatzversorgungspflichtiges Entgelt im Sinne des § 15 Abs. 2 ATV dar. Abs. 4 bestimmt in Abweichung vom ATV, dass das Leistungsentgelt im Sinne des § 18 (Bund) TVöD zusatzversorgungspflichtiges Entgelt darstellt. In der Niederschriftserklärung zu § 18 (Bund) TVöD Abs. 4 haben die Tarifvertragsparteien vereinbart, bis spätestens 31.12.2006 auf eine entsprechend Anpassung des ATV und der VBL-Satzung[13] hinzuwirken.

VII. Arbeitsrechtliche Maßnahmen

Nach der Rechtsprechung des Bundesarbeitsgerichts muss der Beschäftigte unter **18** angemessener Ausschöpfung seiner persönlichen Leistungsfähigkeit arbeiten (sog. individuelle Normalleistung).[14] Wird diese Verpflichtung verletzt, ist der Ausspruch einer Abmahnung und im Wiederholungsfall einer Kündigung möglich.[15] Zur Darlegung einer unzureichenden Arbeitsleistung kann der Arbeitgeber auf Leistungsbeurteilungen zurückgreifen, die im Zusammenhang mit Ziel- und Bonusvereinbarungen erstellt wurden.[16] Vor diesem Hintergrund stellt die Protokollerklärung Nr. 1 zu § 18 (Bund) klar, was ohnehin gilt: Die Nichterfüllung der Voraussetzungen für die Gewährung eines Leistungsentgelts löst für sich genommen keine arbeitsrechtlichen Maßnahmen aus (Satz 1). Der Beschäftigte verstößt nämlich nur dann gegen seine arbeitsvertraglichen Pflichten, wenn er – über die bloße Nichterfüllung der Voraussetzungen für die Gewährung eines Leistungsentgelts hinaus – seine individuelle Normalleistung nicht erbringt. Erbringt der Arbeitnehmer seine individuelle Normalleistung nicht, kann dieser Arbeitsvertragsverstoß, wie Satz 2 ausdrücklich klarstellt, auch dann Anlass für arbeitsrechtliche Maßnahmen (Abmahnung, Kündigung) sein, wenn dies im Rahmen eines Leistungsentgelt-Systems festgestellt wird. Die Protokollerklärung Nr. 1 zu § 18 (Bund) hindert einen Arbeitgeber also insbesondere nicht daran, Zielvereinbarun-

---

[13] Gemäß Nr. 5 der Ausführungsbestimmungen zu § 64 Abs. 4 Satz 1 der VBL-Satzung sind – übereinstimmend mit dem ATV – Leistungszulagen, Leistungsprämien sowie erfolgsabhängige Entgelte kein zusatzversorgungspflichtiges Entgelt im Sinne des § 64 Abs. 4 Satz 1 der VBL-Satzung.

[14] BAG, Urt. v. 11.12.2003 – 2 AZR 667/02, NZA 2004, 784 mit weiteren Nachweisen; dazu kritisch v. Hoyningen-Huene/Linck KSchG § 1 Rn. 253 ff.

[15] Dazu z. B. BAG, Urt. v. 11.12.2003 – 2 AZR 667/02, NZA 2004, 784; APS/Dörner § 1 KSchG Rn 278 ff.; v. Hoyningen-Huene/Linck KSchG § 1 Rn. 349 ff.

[16] Schaub/Linck ArbR-Hdb. § 130 Rn. 41.

gen oder Leistungsbewertungen zur Darlegung einer unzureichenden Arbeitsleistung heranzuziehen.

VIII. Leistungsgeminderte

19   Auch leistungsgeminderte Beschäftigte erhalten, wie Satz 1 der Protokollerklärung Nr. 2 zu § 18 (Bund) klarstellt, grundsätzlich ein Leistungsentgelt. Die Leistungsminderung ist Rahmen des Leistungsentgelt-Systems angemessen zu berücksichtigen (Satz 2 der Protokollerklärung Nr. 2 zu § 18 (Bund)). Die Protokollerklärung Nr. 2 zu § 18 (Bund) stellt damit eine Vorgabe zur Ausgestaltung des Leistungsentgelt-Systems im ergänzenden Bundestarifvertrag dar.

§ 18 (VKA) Leistungsentgelt

(1) [1]Die leistungs- und/oder erfolgsorientierte Bezahlung soll dazu beitragen, die öffentlichen Dienstleistungen zu verbessern. [2]Zugleich sollen Motivation, Eigenverantwortung und Führungskompetenz gestärkt werden.

(2) [1]Ab dem 1. Januar 2007 wird ein Leistungsentgelt eingeführt. [2]Das Leistungsentgelt ist eine variable und leistungsorientierte Bezahlung zusätzlich zum Tabellenentgelt.

(3) [1]Ausgehend von einer vereinbarten Zielgröße von 8 v. H. entspricht bis zu einer Vereinbarung eines höheren Vomhundertsatzes das für das Leistungsentgelt zur Verfügung stehende Gesamtvolumen 1 v. H. der ständigen Monatsentgelte des Vorjahres aller unter den Geltungsbereich des TVöD fallenden Beschäftigten des jeweiligen Arbeitgebers. [2]Das für das Leistungsentgelt zur Verfügung stehende Gesamtvolumen ist zweckentsprechend zu verwenden; es besteht die Verpflichtung zu jährlicher Auszahlung der Leistungsentgelte.

Protokollerklärung zu Abs. 3 Satz 1:
[1]Ständige Monatsentgelte sind insbesondere das Tabellenentgelt (ohne Sozialversicherungsbeiträge des Arbeitgebers und dessen Kosten für die betriebliche Altersvorsorge), die in Monatsbeträgen festgelegten Zulagen einschließlich Besitzstandszulagen sowie Entgelt im Krankheitsfall (§ 22) und bei Urlaub, soweit diese Entgelte in dem betreffenden Kalenderjahr ausgezahlt worden sind; nicht einbezogen sind dagegen insbesondere Abfindungen, Aufwandsentschädigungen, Einmalzahlungen, Jahressonderzahlungen, Leistungsentgelte, Strukturausgleiche, unständige Entgeltbestandteile und Entgelte der außertariflichen Beschäftigten. [2]Unständige Entgeltbestandteile können betrieblich einbezogen werden.

Niederschriftserklärung zu § 18 (VKA) Abs. 3:
[1]Das als Zielgröße zu erreichende Gesamtvolumen von 8 v. H. wird wie folgt finanziert
– Anteil aus auslaufenden Besitzständen in pauschalierter Form,
– im Rahmen zukünftiger Tarifrunden.
[2]Die Tarifvertragsparteien führen erstmals Mitte 2008 Gespräche über den Anteil aus auslaufenden Besitzständen und über eine mögliche Berücksichtigung von Effizienzgewinnen.

(4) [1]Das Leistungsentgelt wird zusätzlich zum Tabellenentgelt als Leistungsprämie, Erfolgsprämie oder Leistungszulage gewährt; das Verbinden verschiedener Formen des Leistungsentgelts ist zulässig. [2]Die Leistungsprämie ist in der Regel eine einmalige Zahlung, die im Allgemeinen auf der Grundlage einer Zielvereinbarung erfolgt; sie kann auch in zeitlicher Abfolge gezahlt werden. [3]Die Erfolgsprämie kann in Abhängigkeit von einem bestimmten wirtschaftlichen Erfolg neben dem gemäß Absatz 3 vereinbarten Startvolumen gezahlt werden. [4]Die Leistungszulage ist eine zeitlich befristete, widerrufliche, in der Regel monatlich wiederkehrende Zahlung. [5]Leistungsentgelte können auch an Gruppen von Beschäftigten gewährt werden. [6]Leistungsent-

gelt muss grundsätzlich allen Beschäftigten zugänglich sein. [7]Für Teilzeitbeschäftigte kann von § 24 Abs. 2 abgewichen werden.

Protokollerklärungen zu Abs. 4:

1. [1]*Die Tarifvertragsparteien sind sich darüber einig, dass die zeitgerechte Einführung des Leistungsentgelts sinnvoll, notwendig und deshalb beiderseits gewollt ist.* [2]*Sie fordern deshalb die Betriebsparteien dazu auf, rechtzeitig vor dem 1. Januar 2007 die betrieblichen Systeme zu vereinbaren.* [3]*Kommt bis zum 30. September 2007 keine betriebliche Regelung zustande, erhalten die Beschäftigten mit dem Tabellenentgelt des Monats Dezember 2008 6 v. H. des für den Monat September jeweils zustehenden Tabellenentgelts.* [4]*Das Leistungsentgelt erhöht sich im Folgejahr um den Restbetrag des Gesamtvolumens.* [5]*Solange auch in den Folgejahren keine Einigung entsprechend Satz 2 zustande kommt, gelten die Sätze 3 und 4 ebenfalls.* [6]*Für das Jahr 2007 erhalten die Beschäftigten mit dem Tabellenentgelt des Monats Dezember 2007 12 v. H. des für den Monat September 2007 jeweils zustehenden Tabellenentgelts ausgezahlt, insgesamt jedoch nicht mehr als das Gesamtvolumen gemäß Abs. 3 Satz 1, wenn bis zum 31. Juli 2007 keine Einigung nach Satz 3 zustande gekommen ist.*

2. [1]*In der Entgeltrunde 2008 werden die Tarifvertragsparteien die Umsetzung des § 18 (Leistungsentgelt) analysieren und ggf. notwendige Folgerungen (z. B. Schiedsstellen) ziehen.* [2]*In diesem Rahmen werden auch Höchstfristen für eine teilweise Nichtauszahlung des Gesamtvolumens gemäß Satz 3 der Protokollerklärung Nr. 1 festgelegt; ferner wird eine Verzinsung des etwaigen ab dem Jahr 2008 nicht ausgezahlten Gesamtvolumens geklärt.*

Protokollerklärung zu Abs. 4 Satz 4:
[1]*Die wirtschaftlichen Unternehmensziele legt die Verwaltungs-/Unternehmensführung zu Beginn des Wirtschaftsjahres fest.* [2]*Der wirtschaftliche Erfolg wird auf der Gesamtebene der Verwaltung/des Betriebes festgestellt.*

Niederschriftserklärung zu § 18 (VKA) Abs. 4 Satz 8:
Die Tarifvertragsparteien gehen davon aus, dass Leistungsentgelte Bezüge im Sinne des § 4 TV ATZ sind.

(5) [1]Die Feststellung oder Bewertung von Leistungen geschieht durch das Vergleichen von Zielerreichungen mit den in der Zielvereinbarung angestrebten Zielen oder über eine systematische Leistungsbewertung. [2]Zielvereinbarung ist eine freiwillige Abrede zwischen der Führungskraft und einzelnen Beschäftigten oder Beschäftigtengruppen über objektivierbare Leistungsziele und die Bedingungen ihrer Erfüllung. [3]Leistungsbewertung ist die auf einem betrieblich vereinbarten System beruhende Feststellung der erbrachten Leistung nach möglichst messbaren oder anderweitig objektivierbaren Kriterien oder durch aufgabenbezogene Bewertung.

Niederschriftserklärung zu § 18 (VKA) Abs. 5 Satz 2:
[1]*Die Tarifvertragsparteien stimmen darin überein, dass aus Motivationsgründen die Vereinbarung von Zielen freiwillig geschieht.* [2]*Eine freiwillige Zielvereinba-*

rung kann auch in der Verständigung auf zum Teil vorgegebene oder übergeordnete Ziele sein, z. B. bei der Umsetzung gesetzlicher oder haushaltsrechtlicher Vorgaben, Grundsatzentscheidungen der Verwaltungs-/Unternehmensführung.

Niederschriftserklärung zu § 18 (VKA) Abs. 5 Satz 3:
Die systematische Leistungsbewertung entspricht nicht der Regelbeurteilung.

(6) [1]Das jeweilige System der leistungsbezogenen Bezahlung wird betrieblich vereinbart. [2]Die individuellen Leistungsziele von Beschäftigten bzw. Beschäftigtengruppen müssen beeinflussbar und in der regelmäßigen Arbeitszeit erreichbar sein. [3]Die Ausgestaltung geschieht durch Betriebsvereinbarung oder einvernehmliche Dienstvereinbarung, in der insbesondere geregelt werden:

– Verfahren der Einführung von leistungs- und/oder erfolgsorientierten Entgelten,
– zulässige Kriterien für Zielvereinbarungen,
– Ziele zur Sicherung und Verbesserung der Effektivität und Effizienz, insbesondere für Mehrwertsteigerungen (z. B. Verbesserung der Wirtschaftlichkeit, der Dienstleistungsqualität, der Kunden-/Bürgerorientierung),
– Auswahl der Formen von Leistungsentgelten, der Methoden sowie Kriterien der systematischen Leistungsbewertung und der aufgabenbezogenen Bewertung (messbar, zählbar oder anderweitig objektivierbar), ggf. differenziert nach Arbeitsbereichen, u. U. Zielerreichungsgrade,
– Anpassung von Zielvereinbarungen bei wesentlichen Änderungen von Geschäftsgrundlagen,
– Vereinbarung von Verteilungsgrundsätzen,
– Überprüfung und Verteilung des zur Verfügung stehenden Finanzvolumens, ggf. Begrenzung individueller Leistungsentgelte aus umgewidmetem Entgelt,
– Dokumentation und Umgang mit Auswertungen über Leistungsbewertungen.

Protokollerklärung zu Abs. 6:
Besteht in einer Dienststelle/in einem Unternehmen kein Personal- oder Betriebsrat, hat der Dienststellenleiter/Arbeitgeber die jährliche Ausschüttung der Leistungsentgelte im Umfang des Vomhundertsatzes der Protokollerklärung Nr. 1 zu Abs. 4 sicherzustellen, solange eine Kommission im Sinne des Absatzes 7 nicht besteht.

(7) [1]Bei der Entwicklung und beim ständigen Controlling des betrieblichen Systems wirkt eine betriebliche Kommission mit, deren Mitglieder je zur Hälfte vom Arbeitgeber und vom Betriebs-/Personalrat aus dem Betrieb benannt werden. [2]Die betriebliche Kommission ist auch für die Beratung von schriftlich begründeten Beschwerden zuständig, die sich auf Mängel des Systems bzw. seiner Anwendung beziehen. [3]Der Arbeitgeber entscheidet auf Vorschlag der betrieblichen Kommission, ob und in welchem Umfang der Beschwerde im Einzelfall abgeholfen wird. [4]Folgt der Arbeitgeber dem Vorschlag nicht, hat er seine Gründe darzulegen. [5]Notwendige Korrekturen des

Systems bzw. von Systembestandteilen empfiehlt die betriebliche Kommission. [6]Die Rechte der betrieblichen Mitbestimmung bleiben unberührt.

Niederschriftserklärung zu § 18 (VKA) Abs. 7:

1. *Die Mitwirkung der Kommission erfasst nicht die Vergabeentscheidung über Leistungsentgelte im Einzelfall.*
2. *Die nach Abs. 7 und die für Leistungsstufen nach § 17 Abs. 2 gebildeten betrieblichen Kommissionen sind identisch.*

(8) Die ausgezahlten Leistungsentgelte sind zusatzversorgungspflichtiges Entgelt.

Protokollerklärungen zu § 18:

1. *[1]Eine Nichterfüllung der Voraussetzungen für die Gewährung eines Leistungsentgelts darf für sich genommen keine arbeitsrechtlichen Maßnahmen auslösen. [2]Umgekehrt sind arbeitsrechtliche Maßnahmen nicht durch Teilnahme an einer Zielvereinbarung bzw. durch Gewährung eines Leistungsentgelts ausgeschlossen.*
2. *[1]Leistungsgeminderte dürfen nicht grundsätzlich aus Leistungsentgelten ausgenommen werden. [2]Ihre jeweiligen Leistungsminderungen sollen angemessen berücksichtigt werden.*
3. *Die Vorschriften des § 18 sind sowohl für die Parteien der betrieblichen Systeme als auch für die Arbeitgeber und Beschäftigten unmittelbar geltende Regelungen.*
4. *Die Beschäftigten in Sparkassen sind ausgenommen.*
5. *Die landesbezirklichen Regelungen in Baden-Württemberg, in Nordrhein-Westfalen und im Saarland zu Leistungszuschlägen zu § 20 BMT-G bleiben unberührt.*

Niederschriftserklärung zu § 18 (VKA) Abs. 8:

Die Tarifvertragsparteien wirken darauf hin, dass der ATV und der ATV-K sowie die Satzung der VBL und der kommunalen Zusatzversorgungskassen bis spätestens 31. Dezember 2006 entsprechend angepasst werden.

I. Allgemeines/Zweckbestimmung, Abs. 1

Die Einführung einer leistungsorientierten Bezahlung war ein Hauptziel der Ar- **1**
beitgeber im Rahmen der Tarifreform.[1] Im Gegensatz zum Bund soll das Leistungsentgeltsystem gemäß § 18 (VKA) TVöD nicht in einem ergänzenden Tarifvertrag, sondern betrieblich durch Betriebsvereinbarung oder einvernehmliche
Dienstvereinbarung vereinbart werden (Abs. 6). § 18 (VKA) TVöD stellt demnach
eine abschließende tarifvertragliche Regelung des Leistungsentgelts dar, durch die
ein Rahmen für die betriebliche Umsetzung vorgegeben wird.

In Abs. 1 wird der Zweck der leistungs- und/oder erfolgsorientierten Bezahlung **2**
bestimmt. Er besteht in erster Linie in der Verbesserung der öffentlichen Dienstleistungen (Satz 1). Zugleich sollen Motivation, Eigenverantwortung und Führungskompetenz der Beschäftigten gestärkt werden (Satz 2), was mittelbar ebenfalls zu einer Verbesserung der öffentlichen Dienstleistungen beitragen dürfte. Der
Zweck der leistungs- und/oder erfolgsorientierten Bezahlung kann bei der betrieblichen Umsetzung und bei der Auslegung des § 18 (VKA) TVöD bzw. der auf seiner Grundlage vereinbarten Betriebs- oder Personalvereinbarungen Bedeutung erlangen.

Im Gegensatz zur Definition des Leistungsentgelts in Abs. 2 Satz 2,[2] in der das **3**
Leistungsentgelt als variable und leistungsorientierte Bezahlung bezeichnet wird,
ist in Abs. 1 Satz 1 von der leistungs- und/oder erfolgsorientierten Bezahlung die
Rede. Die Erwähnung der erfolgsorientierten Bezahlung in Abs. 1 Satz hat keine
Bedeutung, da die erfolgsorientierte Bezahlung/Erfolgsprämie (vgl. Abs. 4 Satz 1)
einen Unterfall des Leistungsentgelts und damit der leistungsorientierten Bezahlung darstellt.

II. Einführung eines Leistungsentgelts/Berechnung des Gesamtvolumens, Abs. 2 und 3

Abs. 2 und 3 entsprechen wörtlich § 18 (Bund) Abs. 1 und 2 TVöD, Satz 1 der **4**
Protokollerklärung zu Abs. 3 Satz 1 entspricht wörtlich der Protokollerklärung zu
Abs. 2 Satz 1 des § 18 (Bund). Insoweit wird auf die Erläuterungen zu § 18
(Bund) verwiesen.[3]

---

[1]   Dazu § 18 (Bund) TVöD unter I.
[2]   Dazu unten unter II und § 18 (Bund) TVöD unter II.
[3]   Vgl. § 18 (Bund) TVöD unter II bis IV.

5   In Satz 2 der Protokollerklärung zu Abs. 3 Satz 1 ist ergänzend zur Protokollerklärung zu Abs. 2 Satz 1 des § 18 (Bund) vorgesehen, dass unständige Entgeltbestandteile betrieblich einbezogen werden können. Durch Betriebsvereinbarung oder einvernehmliche Dienstvereinbarung können demnach Entgeltbestandteile, die gemäß Abs. 3 Satz 1 bzw. Satz 1 der Protokollerklärung zu Abs. 3 Satz 1
bei der Berechnung des Gesamtvolumens an sich nicht zu berücksichtigen wären,
dennoch berücksichtigt werden. Dadurch erhöht sich allerdings der Aufwand des
Arbeitgebers für das Leistungsentgelt.

III. Formen des Leistungsentgelts, Abs. 4 Satz 1 bis 4

6   In Abs. 4 Satz 1 bis 4 werden drei Formen des Leistungsentgelts definiert. Das
Verbinden dieser Formen ist zulässig (Abs. 4 Satz 1). Bei der betrieblichen Vereinbarung des Systems der leistungsbezogenen Bezahlung nach Abs. 6 können
demnach folgende Formen des Leistungsentgelts vorgesehen und miteinander verbunden werden:

7   Leistungsprämie (Abs. 4 Satz 2): In der Regel eine einmalige Zahlung, die Zahlung „in zeitlicher Abfolge" ist jedoch möglich. Die Leistungsprämie kann deshalb auch in mehreren Raten ausgezahlt werden. In Abgrenzung zur Leistungszulage sollte nur eine überschaubare Anzahl von Raten vereinbart werden. Angemessen erscheinen maximal 3 Raten. Die Zahlung der Leistungsprämie erfolgt
„im Allgemeinen" – nach dem allgemeinen Sprachgebrauch also meistens[4] – auf
der Grundlage einer Zielvereinbarung. Abweichend vom ihrem Leitbild kann die
Leistungsprämie also auch auf der Grundlage einer systematischen Leistungsbewertung vereinbart werden.

8   Erfolgsprämie (Abs. 4 Satz 3): Die Höhe des Leistungsentgelts ist von einem
bestimmten wirtschaftlichen Erfolg abhängig. Der wirtschaftliche Erfolg wird anhand von „wirtschaftlichen Unternehmenszielen" gemessen, die die Verwaltungs-/
Unternehmensführung zu Beginn des Wirtschaftsjahres festlegt (Satz 1 der Protokollerklärung zu Abs. 4 Satz 4 bzw. – richtig – Satz 3). Zur Festlegung eines wirtschaftlichen Unternehmensziels kann jede Kennzahl gewählt werden, in der sich
wirtschaftlicher Erfolg – freilich aus verschiedenen Blickwinkeln – widerspiegelt,
z. B. Umsatz, Gewinn oder EBIT[5]. Anknüpfungspunkt für die Feststellung des
wirtschaftlichen Erfolgs ist, wie sich aus Satz 2 der Protokollerklärung zu Abs. 4
Satz 4 ergibt, die „Gesamtebene der Verwaltung/des Betriebs". Streng genommen
können Betriebe zwar keinen wirtschaftlichen Erfolg haben, da es sich um Organi-
sationseinheiten handelt, in denen arbeitstechnische und keine wirtschaftlichen
Zwecke verfolgt werden.[6] Da zu einem Unternehmen mehrere Betriebe gehören
können, kann die Unternehmensführung jedoch für diese Unternehmensteile wirtschaftliche Ziele festlegen, die dann zur Messung der Erfolgsprämie herangezogen
werden können. Zu beachten ist, dass Erfolgsprämien neben dem – also zusätzlich
zum – gemäß Abs. 3 vereinbarten Startvolumen gezahlt werden. Jedenfalls bis zu

---

[4]   Nach DUDEN Deutsches Universalwörterbuch Stichwort „allgemein" unter 3 a hat „im Allgemeinen" unter anderem die Bedeutung von „meistens", „für gewöhnlich" bzw. „generell".

[5]   Earnings Before Interest and Taxes = Gewinn vor Zinsen und Steuern.

[6]   Vgl. z. B. ErfK/Ascheid § 23 KSchG Rn. 4 ff. mit weiteren Nachweisen.

einer Erhöhung des gemäß Abs. 3 Satz 1 für das Leistungsentgelt zur Verfügung stehenden Gesamtvolumens in Höhe von 1 % der „Maßeinheit"[7] steigt für den Arbeitgeber durch die Vereinbarung von Erfolgsprämien also der Aufwand für das Leistungsentgelt.

Leistungszulage: Eine zeitlich befristete, widerrufliche, in der Regel monatlich **9** wiederkehrende Zahlung. Die Leistungszulage kann – abweichend vom Regelfall – auch in größeren Abständen ausgezahlt werden. Um eine Abgrenzung zur Leistungsprämie zu ermöglichen, sollten die Abstände nicht zu groß gewählt werden. Als noch angemessen erscheint eine vierteljährliche Auszahlung. Die Notwendigkeit einer zeitlichen Befristung ergibt sich daraus, dass die Höhe der Leistungszulage als einer Form des Leistungsentgelts[8] – abhängig von einer Leistung – schwanken muss. Als Befristungszeitraum ist deshalb der Zeitraum zu wählen, in welchem die Höhe der Leistungszulage von einer Feststellung/Bewertung der Leistung abhängig ist. Da das für das Leistungsentgelt zur Verfügung stehende Gesamtvolumen jährlich festgestellt wird (vgl. Abs. 3),[9] sollte auch die Feststellung/Bewertung der Leistung mindestens ein Mal im Jahr stattfinden. Der Befristungszeitraum darf dementsprechend maximal 12 Monate betragen. Durch das Merkmal „widerrufliche" soll lediglich der temporäre Charakter der Leistungszulage betont werden. Die Tarifvertragsparteien wollten damit nicht zum Ausdruck bringen, dass die Zahlung der Leistungszulage unter einem Widerrufsvorbehalt[10] erfolgen muss. Die Möglichkeit eines Widerrufs, der unabhängig von der Leistung erklärt werden kann, dürfte schließlich nur in Ausnahmefällen mit der Ausschüttungspflicht des Abs. 3 Satz 3 zu vereinbaren sein.

IV. Gruppen von Beschäftigten, Abs. 4 Satz 5

Gemäß Abs. 4 Satz 5 können Leistungsentgelte auch an Gruppen von Beschäftig- **10** ten gewährt werden. Damit haben die Tarifvertragspartien – entgegen dem Wortlaut – nicht gemeint, dass das Leistungsentgelt dem Kollektiv „Gruppe von Beschäftigten" gegeben,[11] also letztlich an die Gruppe selbst ausgezahlt werden kann. Denn die Auszahlung des Entgelts erfolgt – wie sich aus § 24 ergibt – immer an einen einzelnen Beschäftigten. Andererseits ergibt sich aus der systematischen Stellung in Abs. 4 und nicht in Abs. 5, dass nicht nur die Feststellung/Bewertung der Leistung für eine Gruppe von Beschäftigten ermöglicht werden sollte. Denn dies ergibt sich in Bezug auf die Zielvereinbarung bereits ausdrücklich aus Abs. 5 Satz 2. Aus Abs. 4 Satz 5 folgt, dass eine Gruppe von Beschäftigten ab der Feststellung des für das Leistungsentgelt zur Verfügung stehenden Gesamtvolumens bis zur Auszahlung des Leistungsentgelts an die einzelnen Beschäftigten Bezugspunkt für die Verteilung des Leistungsentgelts sein kann. Für eine Gruppe von Beschäftigten kann deshalb von vornherein ein bestimmter Anteil des Gesamtvolumens vorgesehen werden.

---

[7] Dazu § 18 (Bund) TVöD unter III.
[8] Zur Definition des Leistungsentgelts § 18 (Bund) TVöD unter II.
[9] Dazu oben unter II und § 18 (Bund) TVöD unter III.
[10] Allgemein zu Widerrufsvorbehalten z. B. ErfK/Preis §§ 305-310 BGB Rn. 56 ff.
[11] Vgl. DUDEN Deutsches Universalwörterbuch Stichwort „gewähren".

V. Zugang für alle Beschäftigten, Abs. 4 Satz 6

11 Gemäß Abs. 4 Satz 6 muss das Leistungsentgelt grundsätzlich für alle Beschäftigten zugänglich sein. Daraus folgt, dass allen Beschäftigten/Beschäftigtengruppen die Möglichkeit einzuräumen ist, unter den in § 18 (VKA) TVöD bzw. dem betrieblich vereinbarten Leistungsentgeltsystem geregelten Voraussetzungen einen Anspruch auf Leistungsentgelt zu erwerben. Einzelne Beschäftigte/Beschäftigtengruppen dürfen also – von Ausnahmen abgesehen („grundsätzlich") – nicht vom Leistungsentgelt ausgenommen werden. Ausnahmsweise können Beschäftigtengruppen vom Leistungsentgelt ausgenommen werden, wenn eine Bewertung der Leistung nicht möglich ist, z. B. wegen der Kürze des Beurteilungszeitraums bei Neueinstellungen oder kurzfristig Beschäftigten.

VI. Teilzeitbeschäftigte, Abs. 4 Satz 7

12 Nach § 24 Abs. 2 TVöD erhalten Teilzeitbeschäftigte – soweit tarifvertraglich nicht ausdrücklich etwas anderes geregelt ist – alle Entgeltbestandteile in dem Umfang, der dem Anteil ihrer individuell vereinbarten durchschnittlichen Arbeitszeit an der regelmäßigen Arbeitszeit vergleichbarer Vollzeitbeschäftigter ergibt. Abs. 4 Satz 5 bestimmt, dass von § 24 Abs. 2 TVöD abgewichen werden kann. Abs. 4 Satz 5 enthält eine Öffnungsklausel, die bei der betrieblichen Vereinbarung des Systems der leistungsbezogenen Bezahlung eine Abweichung von § 24 Abs. 2 TVöD durch Betriebsvereinbarungen bzw. einvernehmliche Dienstvereinbarung ermöglicht.

13 Gemäß § 4 Abs. 1 Satz 2 TzBfG ist einem teilzeitbeschäftigten Arbeitnehmer Arbeitsentgelt oder eine andere teilbare geldwerte Leistung jedoch mindestens in dem Umfang zu gewähren, der dem Anteil seiner Arbeitszeit an der Arbeitszeit eines vergleichbaren vollzeitbeschäftigten Arbeitnehmers entspricht. § 4 TzBfG ist, wie aus § 22 Abs. 1 TzBfG folgt, zwingendes Recht. Umstritten ist, ob von § 4 Abs. 1 Satz 2 TzBfG aus sachlichem Grund abgewichen werden kann, wie dies beim allgemeinen Diskriminierungsverbot in § 4 Abs. 1 Satz 1 TzBfG ausdrücklich vorgesehen ist.[12] Sachliche Gründe können gegeben sein, wenn nicht wegen der Teilzeitarbeit differenziert wird, sondern wegen der Arbeitsleistung, Qualifikation, Berufserfahrung, sozialen Lage, unterschiedlichen Arbeitsplatzanforderungen.[13] Das Leistungsentgelt ist eine Bezahlung zusätzlich zum Tabellenentgelt (Abs. 2 Satz 2), die den in Abs. 1 aufgeführten Zwecken dient. Da sowohl der Aspekt der zusätzlichen Bezahlung als auch die mit dem Leistungsentgelt verfolgten Zwecke Voll- und Teilzeitbeschäftigte in gleicher Weise betreffen, liegt ein sachlicher Grund für eine Abweichung „nach unten" nicht vor. Unabhängig von der o. g. Streitfrage ist einem Teilzeitbeschäftigten gemäß § 4 Abs. 1 Satz 2 TzBfG deshalb das Leistungsentgelt mindestens in dem Umfang zu gewähren, der dem Anteil seiner Arbeitszeit an der Arbeitszeit eines vergleichbaren Vollzeitbeschäftigten entspricht.

---

[12] Dafür z. B. ErfK/Preis § 4 TzBfG Rn. 11 f.; dagegen z. B. Schaub Arbeitsrechts-Handbuch § 44 Rn. 38.

[13] Schaub Arbeitsrechts-Handbuch § 44 Rn. 39; dazu ausführlich ErfK/Preis § 4 TzBfG Rn. 38 ff. mit weiteren Nachweisen.

Aus dem Wort „mindestens" kann nicht der Schluss gezogen werden, dass die **14** Gewährung eines verhältnismäßig größeren Anteils des Leistungsentgelts an Teilzeitbeschäftigte ohne weiteres zulässig ist.[14] Denn eine Abweichung „nach oben" muss dem arbeitsrechtlichen Gleichbehandlungsgrundsatz entsprechen, sie müsste also durch einen sachlichen Grund gerechtfertigt sein. Da ein sachlicher Grund für eine Abweichung „nach oben" – ebenso wie für eine Abweichung „nach unten" – nicht ersichtlich ist, ist Teizeitbeschäftigten das Leistungsentgelt in dem Umfang zu gewähren, der dem Anteil ihrer individuell vereinbarten durchschnittlichen Arbeitszeit an der regelmäßigen Arbeitszeit vergleichbarer Vollzeitbeschäftigter entspricht.[15] Die in Abs. 4 Satz 5 eröffnete Möglichkeit, von § 24 Abs. 2 TVöD abzuweichen, ist damit wirkungslos.

VII. Keine rechzeitige Umsetzung, Protokollerklärung zu Abs. 4

Die Protokollerklärung zu Abs. 4 entspricht der Protokollerklärung zu § 18 (Bund) **15** Abs. 3. Im Unterschied zu letzterer wird nicht auf das rechzeitige Zustandekommen eines ergänzenden Tarifvertrags, sondern auf das rechtzeitige Zustandekommen der betrieblichen Regelung abgestellt. Auf die Ausführungen zur Protokollerklärung zu § 18 (Bund) Abs. 3 wird verwiesen.[16]

VIII. Feststellung/Bewertung von Leistungen, Abs. 5

Abs. 5 legt fest, wie die Leistung festzustellen bzw. zu bewerten ist. Abs. 5 unter- **16** scheidet dabei zwischen der Zielvereinbarung und der systematischen Leistungsbewertung.

1. Zielvereinbarung

Bei Zielvereinbarungen geschieht das Feststellen der Leistungen durch das Ver- **17** gleichen der Zielerreichungen mit den in der Zielvereinbarung festgelegten Zielen (Abs. 5 Satz 1). Unter einer Zielvereinbarung ist gemäß Abs. 5 Satz 2 eine freiwillige Abrede zwischen der Führungskraft und einzelnen Beschäftigten oder Beschäftigtengruppen über objektivierbare Leistungsziele und die Bedingungen ihrer Erfüllung zu verstehen.

a) Freiwillige Abrede

Eine Zielvereinbarung stellt – wie sich aus Abs. 5 Satz 1 ergibt – eine Abrede zwi- **18** schen der Führungskraft und einzelnen Beschäftigten oder Beschäftigungsgruppen dar. Erforderlich ist eine Einigung[17] zwischen der Führungskraft und dem Beschäftigten bzw. den Beschäftigten einer Beschäftigtengruppe über ein Ziel. Eine Zielvereinbarung stellt demnach eine Nebenabrede zum Arbeitsvertrag dar, durch die der Leistungsentgeltanspruch konkretisiert, d. h. von der Erreichung des vereinbarten Ziels abhängig gemacht wird. Die Führungskraft schließt die Zielverein-

---

[14] Vgl. ErfK/Preis § 4 TzBfG Rn. 13.

[15] In diesem Sinne – allgemein – auch Schaub Arbeitsrechts-Handbuch § 44 Rn. 47.

[16] Vgl. § 18 (Bund) TVöD unter V 2 und 3.

[17] Vgl. die Niederschriftserklärung zu § 18 (VKA) Abs. 5 Satz 2: „Vereinbarung von Zielen", „Verständigung auf … Ziele".

barung im Namen des Arbeitgebers ab. Die Tarifvertragsparteien setzen hierbei voraus, dass der Führungskraft die entsprechende Vertretungsmacht zusteht.

19   Die Vereinbarung von Zielen geschieht gemäß der Niederschriftserklärung zu § 18 (VKA) Abs. 5 Satz 2 aus Motivationsgründen freiwillig. Daraus folgt, dass eine Verpflichtung zum Abschluss einer bestimmten Zielvereinbarung weder für den Arbeitgeber noch für den Beschäftigten besteht. Daraus folgt zugleich, dass die Führungskraft die Ziele nicht einseitig vorgeben[18] und der Beschäftigte sich „seine Ziele" nicht selbst aussuchen[19] kann. Satz 2 stellt klar, dass eine Zielvereinbarung auch dann freiwillig ist, wenn ihre Anknüpfungspunkte (vorgegebene oder übergeordnete Ziele wie z. B gesetzliche oder haushaltsrechtliche Vorgaben, Grundsatzentscheidungen der Unternehmens-/Verwaltungsführung) „unfrei" sind.

20   Wie zu verfahren ist, wenn sich die Führungskraft und der Beschäftigte nicht auf ein Ziel oder mehrere Ziele einigen, ist in der Betriebsvereinbarung/einvernehmlichen Dienstvereinbarung nach Abs. 6 regeln. Wird hierzu keine Regelung getroffen, ist von Folgendem auszugehen: Sind im System der leistungsbezogenen Bezahlung Zielvereinbarungen vorgesehen, hat der Beschäftigte zunächst nur einen Anspruch auf Abschluss einer Zielvereinbarung und Feststellung der Zielerreichung. Ihn trifft die Obliegenheit, die Führungskraft zu einem Zielvereinbarungsgespräch aufzufordern. Fordert der Beschäftigte die Führungskraft nicht auf, entfällt der Anspruch auf das Leistungsentgelt. Die Führungskraft hat die Nebenpflicht, ein solches Gespräch zu führen. Wird es verweigert, ist der Anspruch auf das Leistungsentgelt gemäß dem Rechtsgedanken des § 162 BGB unabhängig von der Zielvereinbarung erfüllt. Können sich der Beschäftigte und die Führungskraft nur nicht auf ein gemeinsames Ziel einigen können, so entfällt der Anspruch auf das Leistungsentgelt mangels Zielvereinbarung.[20]

b) Objektivierbare Leistungsziele

21   Die freiwillige Abrede ist über objektivierbare Leistungsziele und die Bedingungen ihrer Erfüllung zu treffen. Zwischen den vereinbarten Zielen und der Leistung des Beschäftigten bzw. der Beschäftigtengruppe muss demnach ein Zusammenhang bestehen. Die Leistungsziele müssen von den Beschäftigten beeinflussbar und in der regelmäßigen Arbeitszeit erreichbar sein (Abs. 6 Satz 2).[21] Objektivierbar sind die Ziele, wenn sie bzw. ihre Erreichung („Bedingungen ihrer Erfüllung") einer objektiven Beurteilung zugänglich sind. Anknüpfungspunkte für solche Ziele sind in der Niederschriftserklärung zu Abs. 5 Satz 2 beispielhaft aufgeführt.[22] Nicht ausgeschlossen wird dadurch die Vereinbarung sog. „weicher" Ziele,

---

[18] Zur Abgrenzung zwischen Zielvereinbarung und Zielvorgabe instruktiv Bauer/Diller/Göpfert BB 2002, 882, 883.

[19] Dies betonen Beckerle/Hock/Klapproth TVöD – Die Überleitungstarifverträge S. 106.

[20] So allgemein Bauer/Diller/Göpfert BB 2002, 882, 883.

[21] Die Regelung in Abs. 6 Satz 2 gehört systematisch zu Abs. 5.

[22] Bsp. für einen Beschäftigten mit Budgetverantwortung: Die von der Unternehmensführung beschlossene Kosteneinsparung im Bereich X wird zu mindestens 70 % (Auszahlung in Höhe von 50 %), zu mindestens 80 % (Auszahlung in Höhe von 75 %) bzw. zu mindestens 90 % (Auszahlung in Höhe von 100 %) umgesetzt.

wenn die Zielerreichung anhand von objektiv nachvollziehbaren Kriterien festgestellt werden kann.[23]

c) Feststellung der Zielerreichung

Die Feststellung der Zielerreichung geschieht durch das Vergleichen der tatsächlich festgestellten Zielerreichung mit den in der Zielvereinbarung angestrebten Zielen. Dieser Vergleich ist nach Ablauf des für die Zielvereinbarung maßgeblichen Zeitraums vorzunehmen. Die Einzelheiten, z. B. Zielerreichungsgrade,[24] sind in der Betriebsvereinbarung/einvernehmlichen Dienstvereinbarung zu vereinbaren. **22**

2. Systematische Leistungsbewertung

Die Leistungsbewertung wird in Abs. 5 Satz 3 definiert als die auf einem betrieblichen System beruhende Feststellung der erbrachten Leistung nach möglichst messbaren oder anderweitig objektivierbaren Kriterien oder durch aufgabenbezogene Bewertung. Im Rahmen der systematischen Leistungsbewertung wird die Leistung eines Beschäftigten also in einem formalisierten Verfahren von der Führungskraft bewertet. Die Kriterien der Leistungsbewertung und das bei der Leistungsbewertung einzuhaltende Verfahren sind in der Betriebsvereinbarung/einvernehmlichen Dienstvereinbarung gemäß Abs. 6 zu vereinbaren.[25] Die systematische Leistungsbewertung entspricht, wie die Niederschriftserklärung zu § 18 (VKA) Abs. 5 Satz 3 klarstellt, nicht der dem Laufbahnrecht der Beamten entlehnten Regelbeurteilung. Diese dient neben der Bewertung der Leistung noch anderen Zwecken. **23**

IX. Betriebliche Vereinbarung des Leistungsentgeltsystems, Abs. 6

§ 18 (VKA) TVöD enthält zwar weitergehende Regelungen als § 18 (Bund) TVöD. Der durch § 18 (VKA) TVöD vorgegebene Rahmen bedarf aber dennoch der Ausgestaltung durch ein ergänzendes Regelwerk, ohne das kein Leistungsentgelt ausgezahlt werden kann. Dieses ergänzende Regelwerk – das eigentliche System der leistungsbezogenen Bezahlung – wird gemäß Abs. 6 Satz 1 betrieblich vereinbart.[26] **24**

1. Ausgestaltungsmittel

Die betriebliche Vereinbarung hat durch Betriebsvereinbarung oder einvernehmliche Dienstvereinbarung zu geschehen (Abs. 6 Satz 3). **25**

Die Betriebsvereinbarung ist das richtige Ausgestaltungsmittel, wenn das BetrVG Anwendung findet. Das BetrVG findet gemäß § 130 BetrVG keine Anwendung auf Verwaltungen und Betriebe des Bundes, der Länder, der Gemeinden und sonstiger Körperschaften, Anstalten und Stiftungen des öffentlichen Rechts. Entscheidend für die Anwendung des BetrVG ist demnach die Rechtsnatur des Betriebsinhabers: Ist er eine natürliche oder juristische Person[27] oder eine Gesell- **26**

---

[23] Bsp.: Das Kriterium „Kundenzufriedenheit" wird bei einem Beschäftigten der Rechtsabteilung durch Abfrage bei den Kunden (Fachabteilungen) festgestellt.

[24] Vgl. Abs. 6 Satz 3 Spiegelstrich 4.

[25] Vgl. Abs. 6 Satz 3 Spiegelstrich 1 und 4.

[26] Abs. 6 Satz 2 gehört systematisch zu Abs. 5.

[27] Z. B. Verein, AG, Kommanditgesellschaft auf Aktien, GmbH, Genossenschaft, Stiftung.

schaft des Privatrechts[28], findet das BetrVG Anwendung.[29] Ist er eine juristische Person des öffentlichen Rechts,[30] findet das BetrVG keine Anwendung. Keine Anwendung findet das BetrVG also insbesondere auf Eigen- und Regiebetriebe von Gebietskörperschaften.[31] Da die betriebliche Vereinbarung des Systems der leistungsbezogenen Bezahlung nach Abs. 6 eine Frage der Lohngestaltung im Sinne des § 87 Ab. 1 Nr. 10 BetrVG darstellt, besteht bei der Ausgestaltung ein erzwingbares Mitbestimmungsrecht des Betriebsrats. Kommt eine Einigung zwischen Arbeitgeber und Betriebsrat über die Ausgestaltung nicht zustande, so entscheidet die Einigungsstelle, deren Spruch die Einigung zwischen Arbeitgeber und Betriebsrat ersetzt (§ 87 Abs. 2 BetrVG).

27   Ist dagegen ein Personalvertretungsgesetz anwendbar, ist die einvernehmliche Dienstvereinbarung das richtige Ausgestaltungsmittel. Eine einvernehmliche Dienstvereinbarung liegt, wie sich aus § 38 Abs. 3 TVöD ergibt, nur ohne Entscheidung der Einigungsstelle vor.

28   Nach der Protokollerklärung zu Abs. 6 hat der Dienststellenleiter/Arbeitgeber die jährliche Ausschüttung der Leistungsentgelte im Umfang des Vomhundertsatzes der Protokollerklärung Nr. 1 zu Abs. 4 sicherzustellen, solange in einer Dienststelle/in einem Betrieb[32] kein Personalrat/Betriebsrat und keine Kommission im Sinne des Abs. 7 besteht. Wenn kein Personal- bzw. Betriebsrat besteht, ist eine Ausgestaltung des Leistungsentgeltsystems durch einvernehmliche Dienstvereinbarung bzw. Betriebsvereinbarung gemäß Abs. 6 nicht möglich und kann auch die Kommission gemäß Abs. 7 nicht gebildet werden. Die Protokollerklärung zu Abs. 6 verweist für diesen Fall klarstellend auf die Übergangsregelung in der Protokollerklärung Nr. 1 zu Abs. 4.[33]

2. Ausgestaltungsrahmen

29   Ausgangspunkt der Ausgestaltung und zugleich Begrenzung der Regelungsbefugnis der Betriebsparteien sind die in § 18 (VKA) TVöD getroffenen Regelungen zum Leistungsentgelt. Soweit in § 18 (VKA) TVöD eine abschließende Regelung getroffen wurde, haben die Betriebsparteien nicht die Befugnis, abändernde oder ergänzende Regelungen zu treffen. Dies gilt insbesondere für

– die Berechung und Ausschüttung des Gesamtvolumens gemäß Abs. 3,
– die in Abs. 4 definierten Formen des Leistungsentgelts und
– die in Abs. 5 geregelte Feststellung/Bewertung von Leistungen.

---

[28] Z. B. Gesellschaft des bürgerlichen Rechts, Offene Handelsgesellschaft (OHG), Kommanditgesellschaft (KG), GmbH & Co KG.
[29] BAG, Urt. v. 07.11.1975 – 1 AZR 74/74, AP Nr. 1 zu § 130 BetrVG 1972.
[30] Körperschaft, Anstalt oder Stiftung des öffentlichen Rechts.
[31] BAG, Beschl. v. 18.01.1989 – 7 ABR 62/87, AP Nr. 2 zu § 14 AÜG; zur Abgrenzung der Anwendungsbereiche des BetrVG und der Personalvertretungsgesetze ErfK/Kania § 130 BetrVG Rn. 2 f. mit weiteren Nachweisen.
[32] Die Verwendung des Merkmals „Unternehmen" dürfte ein Redaktionsversehen darstellen, Betriebsräte bestehen in Betrieben, nicht in Unternehmen, vgl. z. B. § 1 Abs. 1 BetrVG.
[33] Dazu oben unter VII sowie § 18 (Bund) TVöD unter V 2.

Die Bereiche, zu denen bei der Ausgestaltung des Systems des Leistungsentgelts Regelungen zu vereinbaren sind, sind in Abs. 6 Satz beispielhaft („insbesondere") aufgeführt.

X. Betriebliche Kommission, Abs. 7

1. Allgemeines

Gemäß Abs. 7 ist die Mitwirkung einer paritätisch besetzten betrieblichen Kom-   **30**
mission vorgesehen. Die betriebliche Kommission ist identisch mit der nach § 17 Abs. 2 TVöD zu bildenden tariflichen Kommission (Niederschriftserklärung Nr. 2 zu § 18 (VKA) Abs. 7). Die Aufgaben der betrieblichen Kommission sind in Abs. 7 abschließend aufgezählt. Abs. 7 Satz 6 stellt klar, dass die Zuweisung von Aufgaben an die betriebliche Kommission die Mitbestimmungsrechte des Betriebs- bzw. Personalrats unberührt lässt. Die Mitbestimmungsrechte von Betriebs- und Personalrats sind also auch dann zu beachten, wenn die Angelegenheit in den Aufgabenbereich der betrieblichen Kommission fällt.

2. Mitwirkung bei der Entwicklung

In Abs. 6 ist vorgesehen, dass das Leistungsentgeltsystem betrieblich vereinbart   **31**
wird. Die Tarifvertragsparteien haben hierfür ein zweistufiges Verfahren vorgesehen: Da die betriebliche Kommission gemäß Abs. 7 Satz 1 bei der Entwicklung des Leistungsentgeltsystems mitwirkt, ist sie vom Arbeitgeber bzw. dem Betriebs- oder Personalrat bereits in den Prozess der Erarbeitung des Leistungsentgeltsystems einzuschalten. Daran schließen sich die eigentlichen Verhandlungen zwischen Arbeitgeber und Betriebs- oder Personalrat über das Leistungsentgeltsystem an. Durch die Mitwirkung der betrieblichen Kommission wird also bereits im Vorfeld der eigentlichen Verhandlungen ein Meinungsaustausch zwischen Arbeitgeber und Betriebs- oder Personalrat über das Leistungsentgeltsystem sichergestellt. Die Mitwirkung bei der Einführung des betrieblichen Leistungsentgeltsystems wird ergänzt durch Abs. 7 Satz 5: Die betriebliche Kommission kann nach dieser Regelung Korrekturen des Systems empfehlen. Ob die Empfehlungen umgesetzt werden, entscheidet der Arbeitgeber oder – wenn eine Änderung der betrieblichen Vereinbarung notwendig ist – die Betriebspartner.

3. Mitwirkung beim Controlling

In Abs. 7 Satz 1 ist vorgesehen, dass die betriebliche Kommission beim ständigen   **32**
Controlling des betrieblichen Leistungsentgeltsystems mitwirkt. Der Begriff „Controlling" geht auf das englische Verb „to control" zurück, das mit „kontrollieren", aber auch mit „steuern" übersetzt werden kann. Im Allgemeinen wird unter Controlling das Vorhandensein eines Steuerungsinstruments verstanden, welches das Management bei seinen unternehmerischen Entscheidungen unterstützt. Es umfasst die Hauptaufgaben Planung, Information, Überwachung und Steuerung. In Abs. 7 Satz 1 wird das Vorhandensein eines ständigen Controlling des Leistungsentgeltsystems vorausgesetzt. Gemäß Abs. 6 Satz 3 Spiegelstriche 7 und 8 sind in der betrieblichen Vereinbarung des Leistungsentgeltsystems Regelung zu treffen, die Teilaspekte des Controlling betreffen. Über diese Teilaspekte hinaus sollte in der betrieblichen Vereinbarung geregelt werden, welchen Daten die be-

trieblische Kommission wann erhält und wie sie am weiteren Controlling-Prozess zu beteiligen ist.

4. Beratung von Beschwerden

33 Die betriebliche Kommission ist darüber hinaus zuständig für die Beratung von schriftlich begründeten Beschwerden, die sich auf Mängel des Systems bzw. seiner Anwendung beziehen. Die betriebliche Kommission ist nur zuständig, wenn sich die Beschwerde auf das System bzw. seine Anwendung bezieht, also losgelöst vom Einzelfall einen abstrakt-generellen Bezug aufweist. Nicht zuständig ist die betriebliche Kommission deshalb insbesondere für Beschwerden der Beschäftigten über die Feststellung oder Bewertung ihrer Leistung. Dies wird durch die Niederschriftserklärung Nr. 1 zu § 18 (VKA) Abs. 7 ausdrücklich klar gestellt. Hiervon kann wegen der Tarifsperre der §§ 77 Abs. 3, 87 Abs. 1 Einleitungssatz BetrVG[34] in der betrieblichen Vereinbarung nicht abgewichen werden. Beschwerden, die die Feststellung oder Bewertung der Leistungen einzelner Arbeitnehmer betreffen, sind an den Arbeitgeber zu richten. Wird einer solchen Beschwerde nicht abgeholfen, kann der betroffene Beschäftigte Klage vor den Arbeitsgerichten erheben. Die Beschwerde muss schriftlich begründet sein. Für mündliche Beschwerden und Beschwerden ohne Begründung ist die betriebliche Kommission nicht zuständig. Die betriebliche Kommission hat – wie sich aus Abs. 7 Satz 4 ergibt – nur beratende Funktion. Die Entscheidung, ob der Beschwerde abgeholfen wird, trifft allein der Arbeitgeber. Folgt er dem Vorschlag der Kommission nicht, hat er gemäß Abs. 7 Satz 5 (der Kommission) seine Gründe darzulegen.

XI. Ergänzende Regelungen

1. Zusatzversorgung

34 Abs. 8 entspricht wörtlich § 18 (Bund) Abs. 4 TVöD, die Niederschrifterklärung zu § 18 (VKA) Abs. 8 entspricht sachlich der Niederschrifterklärung zu § 18 (Bund) Abs. 4 TVöD. Auf die Erläuterungen zu § 18 (Bund) TVöD wird verwiesen.[35]

2. Arbeitsrechtliche Maßnahmen/Leistungsgeminderte

35 Die Protokollerklärungen Nr. 1 und 2 zu § 18 (VKA) entsprechen wörtlich den Protokollerklärungen Nr. 1 und 2 zu § 18 (Bund). Auf die Erläuterungen zu § 18 (Bund) TVöD wird verwiesen.[36]

3. Unmittelbar geltende Regelungen

36 In der Protokollerklärung Nr. 3 zu § 18 (VKA) wird klar gestellt, dass die Vorschriften des § 18 (VKA) TVöD unmittelbar geltende Regelungen sind. Dies gilt nicht nur für „die Parteien der betrieblichen Systeme", deren Regelungsbefugnis durch § 18 (VKA) TVöD begrenzt wird,[37] sondern auch für Arbeitgeber und Beschäftigte. Arbeitgeber und Beschäftigte können sich also – soweit ihnen in § 18 (VKA) TVöD Rechte eingeräumt werden – unmittelbar auf § 18 (VKA) TVöD be-

---

34   Zum Verhältnis Betriebsvereinbarung/Tarifvertrag allgemein ErfK/Kania § 77 BetrVG Rn. 49 ff.
35   Vgl. § 18 (Bund) TVöD unter VI.
36   Vgl. § 18 (Bund) TVöD unter VII.
37   Dazu oben unter IX.

rufen. Eine Umsetzung im betrieblich zu vereinbarenden Leistungsentgelt-System ist nicht notwendig.

4. Sparkassen/landesbezirkliche Regelungen

In der Protokollerklärung Nr. 4 zu § 18 (VKA) wird klar gestellt, dass § 18 (VKA) **37** TVöD für Beschäftigte der Sparkassen nicht gilt. Das leistungs- und erfolgsabhängige Entgelt ist für Beschäftigte der Sparkassen in den spezielleren §§ 41 bis 44 TVöD-BT-S geregelt.

Aus der Protokollerklärung Nr. 5 zu § 18 (VKA) ergibt sich, dass bestimmte **38** landesbezirklich vereinbarte Regelungen zu Leistungszuschlägen unberührt bleiben. Für die von ihnen erfassten Beschäftigten gelten die bisherigen Regelungen weiter. Sie sing ggf. auf landesbezirklicher Ebene anzupassen.

§ 19 Erschwerniszuschläge

(1) [1]Erschwerniszuschläge werden für Arbeiten gezahlt, die außergewöhnliche Erschwernisse beinhalten. [2]Dies gilt nicht für Erschwernisse, die mit dem der Eingruppierung zugrunde liegenden Berufs- oder Tätigkeitsbild verbunden sind.

(2) Außergewöhnliche Erschwernisse im Sinne des Absatzes 1 ergeben sich grundsätzlich nur bei Arbeiten
a) mit besonderer Gefährdung,
b) mit extremer nicht klimabedingter Hitzeeinwirkung,
c) mit besonders starker Schmutz- oder Staubbelastung,
d) mit besonders starker Strahlenexposition oder
e) unter sonstigen vergleichbar erschwerten Umständen.

(3) Zuschläge nach Absatz 1 werden nicht gewährt, soweit der außergewöhnlichen Erschwernis durch geeignete Vorkehrungen, insbesondere zum Arbeitsschutz, ausreichend Rechnung getragen wird.

(4) Die Zuschläge betragen in der Regel 5 bis 15 v.H. – in besonderen Fällen auch abweichend – des auf eine Stunde entfallenden Anteils des monatlichen Tabellenentgelts der Stufe 2 der Entgeltgruppe 2.

(5) [1]Die zuschlagspflichtigen Arbeiten und die Höhe der Zuschläge werden im Bereich der VKA landesbezirklich – für den Bund durch einen Tarifvertrag auf Bundesebene – vereinbart. [2]Für den Bund gelten bis zum In-Kraft-Treten eines entsprechenden Tarifvertrages die bisherigen tarifvertraglichen Regelungen des Bundes fort.

I. Bisherige Regelungen; vergleichbare Vorschriften

1   Bisher waren Erschwerniszuschläge in einer Vielzahl unterschiedlicher tariflicher Bestimmungen, zumeist auf Bezirksebene, geregelt. So wies § 33 Abs. 1 Buchst. c, Abs. 6 BAT/-O, die Festlegung der Voraussetzung und Höhe der Erschwerniszuschläge gesonderten Vereinbarungen zu.

Mit § 19 TVöD soll dieser kaum noch transparente Zustand einer einheitlichen, klaren Regelung zugeführt werden.

§ 19 TVD legt allerdings weder die Arbeiten, für die im Einzelnen die Erschwerniszuschläge zu zahlen sind, noch die Höhe der Zuschläge fest. Vielmehr bleibt es hier dabei, dass im Bereich des VKA landesbezirkliche Tarifverträge und im Bereich des Bundes ein Bundestarifvertrag hierzu abgeschlossen werden.

Da diese Tarifverträge noch nicht existieren, gelten gem. § 19 Abs. 5 Satz 2 für den Bund die bisherigen tarifvertraglichen Regelungen des Bundes fort; im Bereich des VKA siehe unten Rn. 6 f.

Dadurch erschöpft sich § 19 TVöD in wenigen Rahmenregelungen und, bis zum Abschuss der neuen Tarifverträge zu den Erschwerniszuschlägen, einem Verweis auf die bestehenden und weitergeltenden Tarifvorschriften.

§ 19 TVöD entspricht bis auf die Definition der besonders starken Strahlenexposition in Buchst. d und die Übergangsvorschriften exakt § 12 TVV-V, der die Ausgestaltung der Erschwerniszuschläge ebenfalls landesbezirklichen Vereinbarungen überlässt und dafür den Rahmen von 5 bis 15 v.H. – allerdings ohne die Abweichungsmöglichkeit des § 19 Abs. 4 TVöD – vorgibt. Die Definition der Erschwernisse und die Ausnahmen sind wortwörtlich gleich.

II. Vorgaben für die abschließenden Tarifverträge über Erschwerniszuschläge

§ 19 TVöD gibt in Abs. 2 Buchst. a bis e, wie auch § 12 TVV-V und zuvor § 23   2
Abs. 1 BMT-G/-O, nur Rahmenbedingungen vor, die gerade mit der offenen Formulierung des Buchst. e den jeweiligen Parteien der abzuschließenden Tarifvereinbarungen über Erschwerniszuschläge einen sehr weiten Spielraum lassen.

1. Außergewöhnliche Erschwernisse
Als außergewöhnliche Erschwernisse begreift § 19 Abs. 2 TVöD Buchst. a bis e   3
Arbeiten

- mit besonderer Gefährdung,
- mit extremer nicht klimabedingter Hitzeeinwirkung,
- mit besonders starker Schmutz- oder Staubbelastung,
- mit besonders starker Strahlenexposition oder
- unter sonstigen vergleichbar erschwerten Umständen.

Diese Vorgaben decken sich weitgehend mit denen, die nach § 23 Abs. 1 Buchst. a bis d BMT-G/-O Abs. 1 eine Zulage begründet haben, nämlich, wenn die Arbeit:

- den Körper oder die eigene Arbeitskleidung des Arbeiters außergewöhnlich beschmutzt,
- besonders gefährlich, ekelerregend oder gesundheitsschädlich ist,
- die Körperkräfte außerordentlich beansprucht oder
- unter besonders erschwerenden Umständen ausgeführt werden muss.

2. Einschränkungen

4 Selbst, wenn an sich eine außergewöhnliche Erschwernis vorliegt, wird gem. § 19 TVöD kein Erschwerniszuschlag gezahlt – und kann auch in den abschließenden Tarifverträgen nicht vorgesehen werden –, wenn

- die Erschwernis mit dem der Eingruppierung zugrunde liegenden Berufs- oder Tätigkeitsbild verbunden ist (Abs. 1 Satz 2) oder
- der außergewöhnlichen Erschwernis durch geeignete Vorkehrungen, insbesondere zum Arbeitsschutz, ausreichend Rechnung getragen wird (Abs. 3).

III. Pauschalierung

5 Erschwerniszuschläge können gem. § 24 Abs. 6 TVöD einzelvertraglich pauschaliert werden.[1]

IV. Übergangsvorschriften bis zur Neuregelung der Erschwerniszuschläge

1. VKA

a) Zeitraum bis 31.07.2007

6 Bis die noch abzuschließenden Tarifregelungen über die Erschwerniszuschläge in Kraft getreten sind, gelten im Bereich des VKA nach § 23 Satz 1 TVÜ-VKA für die von § 1 Abs. 1 und 2 erfassten Beschäftigten die bisherigen Tarifregelungen weiter:

- die jeweils geltenden bezirklichen Regelungen zu Erschwerniszuschlägen gemäß § 23 Abs. 3 BMT-G,
- der Tarifvertrag zu § 23 Abs. 3 BMT-G-O vom 14.05.1991,
- der Tarifvertrag über die Gewährung von Zulagen gemäß § 33 Abs. 1 Buchst. c BAT vom 11.01.1962 und
- § 1 Abs. 1 Nr. 1 des Tarifvertrags über Zulagen an Angestellte vom 08.05.1991.

Sind die Tarifverhandlungen nach Satz 1 nicht bis zum 31.12.2007 abgeschlossen, gelten die landesbezirklichen Tarifverträge ab 01.01.2008 mit der Maßgabe fort, dass die Grenzen und die Bemessungsgrundlagen des § 19 Abs. 4 TVöD zu beachten sind.

b) Zeitraum ab 01.01.2008

7 § 23 Satz 2 TVÜ-VKA bestimmt eine modifizierte Geltung der eben genannten Tarifverträge: Sind die Tarifverhandlungen nach § 23 Satz 1 TVÜ-VKA nicht bis zum 31.12.2007 abgeschlossen, gelten die landesbezirklichen Tarifverträge ab 01.01.2008 mit der Maßgabe fort, dass die Grenzen und die Bemessungsgrundlagen des § 19 Abs. 4 TVöD zu beachten sind.

Damit dürfen die Zuschläge ab 01.01.2008 die Grenze von 5 % bis 15 % des Stundenentgelts der Entgeltgruppe 2, Stufe 2 nicht unter- bzw. überschreiten, es sei denn, es liegt ein besonderer Fall vor, in dem abgewichen werden darf.

---

[1] Dazu im Einzelnen § 24 Rn. 44.

2. Bund

Die Weitergeltung der bisherigen Tarifverträge auf Bundesebene ergibt sich nicht **8**
aus dem TVÜ-Bund, sondern aus § 19 Abs. 5 Satz 2 TVöD. Danach gelten bis
zum In-Kraft-Treten einer tariflichen Regelung die bisherigen Regelungen über
Erschwerniszuschläge mit ihren jeweiligen bisherigen Geltungsbereichen und in
den am 01.10.2005 jeweils maßgeblichen Fassungen fort.

Welche dies im Einzelnen sind, legt Anlage 1 des TVÜ-Bund, Teil B in Nr. 19
bis 23 fest:[2]

- Tarifvertrag über Lohnzuschläge gemäß § 29 MTArb für Arbeiter des Bundes
  vom 09.05.1969,
- Tarifvertrag über Taucherzuschläge für Arbeiter des Bundes vom 13.09.1973,
- Tarifvertrag über Lohnzuschläge gemäß § 29 MTArb-O und über Taucherzu-
  schläge für Arbeiter des Bundes im Geltungsbereich des MTArb-O vom
  08.05.1991,
- Tarifvertrag über die Gewährung von Zulagen gem. § 33 Abs. 1 Buchst. c
  BAT vom 11.01.1962, und
- Tarifvertrag über die Gewährung von Zulagen gemäß § 33 Abs. 1 Buchst. c
  BAT-O (TV Zulagen zu § 33 BAT-O) vom 08.05.1991.

Die Fortgeltung betrifft nicht nur Beschäftigte, die zum Zeitpunkt des Inkrafttretens des TVöD im Arbeitsverhältnis standen, sondern auch Beschäftigte mit neu
begründeten Arbeitsverhältnissen.[3]

Teilzeitbeschäftigte erhalten die in diesen Tarifverträgen genannten Zuschläge
in gleicher Höhe wie Vollzeitbeschäftigte, eine zeitratierliche Kürzung gemäß
§ 24 Abs. 2 TVöD erfolgt – wie bisher – nicht.[4]

Die Fortgeltung ist allerdings befristet bis zum Inkrafttreten eines neuen Tarifvertrages. Besitzstände werden dadurch nicht begründet.[5]

---

[2] Vgl. auch Rundschreiben des BMI v. 08.12.2005, S. 48.
[3] Rundschreiben des BMI v. 08.12.2005, S. 48.
[4] Rundschreiben des BMI v. 08.12.2005, S. 48.
[5] Rundschreiben des BMI v. 08.12.2005, S. 48.

§ 20 Jahressonderzahlung

(1) Beschäftigte, die am 1. Dezember im Arbeitsverhältnis stehen, haben Anspruch auf eine Jahressonderzahlung.

(2) ¹Die Jahressonderzahlung beträgt bei Beschäftigten, für die die Regelungen des Tarifgebiets West Anwendung finden,

– in den Entgeltgruppen 1 bis 8	90 v.H.,
– in den Entgeltgruppen 9 bis 12	80 v.H. und
– in den Entgeltgruppen 13 bis 15	60 v.H.

des der/dem Beschäftigten in den Kalendermonaten Juli, August und September durchschnittlich gezahlten monatlichen Entgelts; unberücksichtigt bleiben hierbei das zusätzlich für Überstunden gezahlte Entgelt (mit Ausnahme der im Dienstplan vorgesehenen Überstunden), Leistungszulagen, Leistungs- und Erfolgsprämien. ²Der Bemessungssatz bestimmt sich nach der Entgeltgruppe am 1. September. ³Bei Beschäftigten, deren Arbeitsverhältnis nach dem 30. September begonnen hat, tritt an die Stelle des Bemessungszeitraums der erste volle Kalendermonat des Arbeitsverhältnisses. ⁴In den Fällen, in denen im Kalenderjahr der Geburt des Kindes während des Bemessungszeitraums eine erziehungsgeldunschädliche Teilzeitbeschäftigung ausgeübt wird, bemisst sich die Jahressonderzahlung nach dem Beschäftigungsumfang am Tag vor dem Beginn der Elternzeit.

Protokollerklärung zu Absatz 2:
¹Bei der Berechnung des durchschnittlich gezahlten monatlichen Entgelts werden die gezahlten Entgelte der drei Monate addiert und durch drei geteilt; dies gilt auch bei einer Änderung des Beschäftigungsumfangs. ²Ist im Bemessungszeitraum nicht für alle Kalendertage Entgelt gezahlt worden, werden die gezahlten Entgelte der drei Monate addiert, durch die Zahl der Kalendertage mit Entgelt geteilt und sodann mit 30,67 multipliziert. ³Zeiträume, für die Krankengeldzuschuss gezahlt worden ist, bleiben hierbei unberücksichtigt. ⁴Besteht während des Bemessungszeitraums an weniger als 30 Kalendertagen Anspruch auf Entgelt, ist der letzte Kalendermonat, in dem für alle Kalendertage Anspruch auf Entgelt bestand, maßgeblich.

(3) Für Beschäftigte, für die die Regelungen des Tarifgebiets Ost Anwendung finden, gilt Absatz 2 mit der Maßgabe, dass die Bemessungssätze für die Jahressonderzahlung 75 v.H. der dort genannten Vomhundertsätze betragen.

(4) ¹Der Anspruch nach den Absätzen 1 bis 3 vermindert sich um ein Zwölftel für jeden Kalendermonat, in dem Beschäftigte keinen Anspruch auf Entgelt oder Fortzahlung des Entgelts nach § 21 haben. ²Die Verminderung unterbleibt für Kalendermonate,
1. für die Beschäftigte kein Tabellenentgelt erhalten haben wegen
    a) Ableistung von Grundwehrdienst oder Zivildienst, wenn sie diesen vor dem 1. Dezember beendet und die Beschäftigung unverzüglich wieder aufgenommen haben,
    b) Beschäftigungsverboten nach § 3 Abs. 2 und § 6 Abs. 1 MuSchG,

c) Inanspruchnahme der Elternzeit nach dem Bundeserziehungsgeldgesetz bis zum Ende des Kalenderjahres, in dem das Kind geboren ist, wenn am Tag vor Antritt der Elternzeit Entgeltanspruch bestanden hat;

2. in denen Beschäftigten nur wegen der Höhe des zustehenden Krankengelds ein Krankengeldzuschuss nicht gezahlt worden ist.

(5) ^{1}Die Jahressonderzahlung wird mit dem Tabellenentgelt für November ausgezahlt. ^{2}Ein Teilbetrag der Jahressonderzahlung kann zu einem früheren Zeitpunkt ausgezahlt werden.

(6) ^{1}Beschäftigte, die bis zum 31. März 2005 Altersteilzeitarbeit vereinbart haben, erhalten die Jahressonderzahlung auch dann, wenn das Arbeitsverhältnis wegen Rentenbezugs vor dem 1. Dezember endet. ^{2}In diesem Falle treten an die Stelle des Bemessungszeitraums gemäß Absatz 2 die letzten drei Kalendermonate vor Beendigung des Arbeitsverhältnisses.

TVÜ-Bund
§ 20 Jahressonderzahlung 2006

Die mit dem Entgelt für den Monat November 2006 zu zahlende Jahressonderzahlung berechnet sich für Beschäftigte nach § 1 Abs. 1 und 2 nach den Bestimmungen des § 20 TVöD mit folgenden Maßgaben:

1. Der Bemessungssatz der Jahressonderzahlung beträgt in allen Entgeltgruppen
   a) bei Beschäftigten, für die nach dem TVöD die Regelungen des Tarifgebiets West Anwendung finden, 82,14 v. H.
   b) bei Beschäftigten, für die nach dem TVöD die Regelungen des Tarifgebiets Ost Anwendung finden, 61,60 v. H.
2. Der sich nach Nr. 1 ergebende Betrag der Jahressonderzahlung erhöht sich um einen Betrag in Höhe von 255,65 EUR. Bei Beschäftigten, für die nach dem TVöD die Regelungen des Tarifgebiets West Anwendung finden und denen am 1. Juli 2006 Entgelt nach einer der Entgeltgruppen 1 bis 8 zusteht, erhöht sich dieser Zusatzbetrag auf 332,34 EUR. Satz 2 gilt entsprechend bei Beschäftigten - auch für Beschäftigte nach § 1 Abs. 2 - im Tarifgebiet West, denen bei Weitergeltung des BAT Grundvergütung nach der Vergütungsgruppe Kr VI zugestanden hätte. Teilzeitbeschäftigte erhalten von dem Zusatzbetrag nach Satz 1 oder 2 den Teil, der dem Anteil ihrer Arbeitszeit an der Arbeitszeit vergleichbarer Vollzeitbeschäftigter entspricht. Der Zusatzbetrag nach den Sätzen 1 bis 3 ist kein zusatzversorgungspflichtiges Entgelt.
3. Der sich nach Nr. 1 ergebende Betrag der Jahressonderzahlung erhöht sich für jedes Kind, für das Beschäftigte im September 2006 kinderbezogene Entgeltbestandteile gemäß § 11 erhalten, um 25,56 EUR.

Protokollerklärung zu § 20:
Diese Regelung ersetzt die nachwirkenden Tarifverträge über ein Urlaubsgeld sowie über eine Zuwendung mit Wirkung ab 1. Januar 2006.

Schwald

Niederschriftserklärung zu § 20:
Die Tarifvertragsparteien sind sich einig:
1. *Beschäftigte, deren Arbeitsverhältnis mit dem Bund nach dem 31. Juli 2003 begründet worden ist, erhalten im Jahr 2005 mit den Bezügen für den Monat November 2005 eine Zuwendung in gleicher Weise (Anspruchsgrund und Anspruchshöhe) wie im Jahr 2004*
2. *Beschäftigte, deren Arbeitsverhältnis mit dem Bund vor dem 1. August 2003 begründet worden ist, erhalten im Jahr 2005 eine Jahressonderzahlung, bestehend aus Urlaubsgeld und Zuwendung nach Maßgabe der nachwirkenden Tarifverträge über ein Urlaubsgeld sowie über eine Zuwendung.*

TVÜ-VKA
§ 20 Jahressonderzahlung für die Jahre 2005 und 2006

(1) Im Zeitraum vom 1. Oktober bis 31. Dezember 2005 gelten für Beschäftigte nach § 1 Abs. 1 und 2 im jeweiligen Geltungsbereich folgende Tarifverträge bzw. Tarifregelungen als den TVöD ergänzende Tarifverträge bzw. Tarifregelungen:
1. **Tarifvertrag über eine Zuwendung für Angestellte vom 12. Oktober 1973,**
2. **Tarifvertrag über eine Zuwendung für Angestellte (TV Zuwendung Ang-O) vom 10. Dezember 1990,**
3. **Tarifvertrag über eine Zuwendung für Angestellte (TV Zuwendung Ang-Ostdeutsche Sparkassen) vom 25. Oktober 1990,**
4. **Tarifvertrag über eine Zuwendung für Arbeiter vom 12. Oktober 1973,**
5. **Tarifvertrag über eine Zuwendung für Arbeiter (TV Zuwendung Arb-O) vom 10. Dezember 1990,**
6. **Nr. 7 des Tarifvertrages über die Anwendung von Tarifverträgen auf Arbeiter (TV Arbeiter-Ostdeutsche Sparkassen) vom 25. Oktober 1990.**
Die unter Buchst. a bis f aufgezählten Tarifverträge bzw. Tarifregelungen finden auf Beschäftigte, die unter den Geltungsbereich des TVöD fallen, nach dem 31. Dezember 2005 keine Anwendung mehr.

(2) Im Zeitraum vom 1. Oktober bis 31. Dezember 2005 gelten für Beschäftigte nach § 1 Abs. 1 und 2 Nr. 5 SR 2s BAT und Nr. 5 SR 2s BAT-Ostdeutsche Sparkassen als den TVöD ergänzende Regelung mit der Maßgabe, dass Bemessungsgrundlage für die Überstundenpauschvergütung das Vergleichsentgelt (§ 5) zuzüglich einer etwaigen Besitzstandszulage nach § 9 und der kinderbezogenen Entgeltbestandteile gemäß § 11 ist.

(3) Die mit dem Entgelt für den Monat November 2006 zu gewährende Jahressonderzahlung berechnet sich für Beschäftigte nach § 1 Abs. 1 und 2 nach den Bestimmungen des § 20 TVöD mit folgenden Maßgaben:
1. **Der Bemessungssatz der Jahressonderzahlung beträgt in allen Entgeltgruppen**
   a) bei Beschäftigten, für die nach dem TVöD die Regelungen des Tarifgebiets West Anwendung finden, 82,14 v. H.

Schwald

b) bei Beschäftigten, für die nach dem TVöD die Regelungen des Tarifgebiets Ost Anwendung finden, 61,60 v. H.

2. Der sich nach Nr. 1 ergebende Betrag der Jahressonderzahlung erhöht
sich um einen Betrag in Höhe von 255,65 EUR. Bei Beschäftigten, für die
nach dem TVöD die Regelungen des Tarifgebiets West Anwendung finden
und denen am 1. Juli 2006 Entgelt nach einer der Entgeltgruppen 1 bis 8
zusteht, erhöht sich dieser Zusatzbetrag auf 332,34 EUR. Satz 2 gilt entsprechend bei Beschäftigten - auch für Beschäftigte nach § 1 Abs. 2 - im
Tarifgebiet West, denen bei Weitergeltung des BAT Grundvergütung
nach der Vergütungsgruppen Kr. VI zugestanden hätte. Teilzeitbeschäftigte erhalten von dem Zusatzbetrag nach Satz 1 oder 2 den Teil, der dem
Anteil ihrer Arbeitszeit an der Arbeitszeit vergleichbarer Vollzeitbeschäftigter entspricht. Der Zusatzbetrag nach den Sätzen 1 bis 3 ist kein zusatzversorgungspflichtiges Entgelt.

3. Der sich nach Nr. 1 ergebende Betrag der Jahressonderzahlung erhöht
sich für jedes Kind, für das Beschäftigte im September 2006 kinderbezogene Entgeltbestandteile gemäß § 11 erhalten, um 25,56 EUR.

(4) Absatz 3 gilt nicht für Sparkassen.

I. Zeitlicher Anwendungsbereich, Verhältnis zur bisherigen Regelung, Sonderregelung für Sparkassen

1. Zeitlicher Anwendungsbereich

1   Die Jahressonderzahlung ist erstmals für das Jahr 2007 auf Grundlage des § 20 TVöD zu gewähren, da § 20 TVöD erst am 01.01.2007 in Kraft tritt (§ 39 Abs. 1 Satz 2 Buchst. a TVöD).

Für das Jahr 2005 und das Jahr 2006 sind die Übergangsreglungen zu beachten, die teilweise in § 20 TVÜ-Bund bzw. TVÜ-VKA geregelt sind, teilweise aus der Nachwirkung der gekündigten oben aufgeführten Tarifverträge und den dazu ergangenen Rundschreiben des BMI vom 11.04.2005 – D II – 2020 238/77 und D II 2 – 220 219-9/2, modifiziert durch das Rundschreiben des BMI vom 30.11.2005, hierzu folgen. Zu den Übergangsvorschriften im einzelnen siehe unten Rn. 45 f. (VKA) und Rn. 47 f. (Bund).

2. Verhältnis zur bisherigen Regelung

2   § 20 TVöD fasst die bisherige Zuwendung („Weihnachtsgeld") und das Urlaubsgeld in eine einheitliche Zahlung zusammen. Damit werden die folgenden Tarifverträge abgelöst:

– die Tarifverträge über Zuwendungen (West: für Angestellte, Arbeiter, Auszubildende und Praktikanten – jeweils vom 12.10.1973; Ost: für Angestellte und Arbeiter – jeweils vom 10.12.1990) sowie

– die Tarifverträge über Urlaubsgeld (für Angestellte, Arbeiter und Auszubildende – jeweils vom 16.03.1977; für Schüler in der Krankenpflege vom 21.04.1986; für Ärzte im Praktikum vom 10.04.1987), im Folgenden „TV Urlaubsgeld".

Die Bundesrepublik Deutschland hatte mit Wirkung zum 30.06.2003 die Zuwendungs-Tarifverträge und mit Wirkung zum 31.07.2003 die Urlaubsgeld-Tarifverträge gekündigt.

Die komplizierte Konstruktion in den TV Zuwendung mit drei Anspruchsvoraussetzungen und vielen Ausnahmevorschriften ist in § 20 TVöD zugunsten einer einzigen Anspruchsvoraussetzung (mit einer Ausnahme) für den Anspruch auf die Jahressonderzahlung aufgegeben worden. Eine Rückzahlungsverpflichtung, wie sie der TV Zuwendung bei Ausscheiden bis zum 31.03. des Folgejahres vorsah, gibt es nicht mehr.

Im Vergleich zur Summe von Zuwendung und Urlaubsgeld ist die Jahressonderzahlung abgesenkt worden; die frei werdenden Mittel sollen – ab 2007 – in das
Leistungsentgelt (§§ 18 und 19 TVöD) fließen.

3. Sonderregelung für Sparkassen
Die Regelungen zur Jahressonderzahlung gelten gem. § 44 Abs. 7 TVöD-BT-S **3**
nicht für die Beschäftigten der Sparkassen. Diese erhalten bereits im Jahr 2006 an
Stelle der Jahressonderzahlung die Sparkassensonderzahlung.

II. Anspruchsvoraussetzung

1. Rechtlich bestehendes Arbeitsverhältnis am 1. Dezember
Einzige Voraussetzung der Jahressonderzahlung ist ein am 1. Dezember bestehen- **4**
des Arbeitsverhältnis zwischen Beschäftigtem und Arbeitgeber. Dieses Arbeitsverhältnis muss, wie auch bereits beim TV Zuwendung,[1] lediglich rechtlich bestehen; ein Ruhen – etwa wegen Elternzeit, Sonderurlaubs oder auch in der Freistellungsphase einer Altersteilzeit im Blockmodell – ist unschädlich.

Keine Rolle spielt außerdem, ob das Arbeitsverhältnis gekündigt ist: Zwar kann
ein Tarifvertrag als Voraussetzung für die Zahlung einer Gratifikation vorsehen,
dass das Arbeitsverhältnis zum Stichtag ungekündigt sein muss;[2] § 20 Abs. 1
TVöD macht von dieser Möglichkeit ausweislich des klaren Wortlauts jedoch keinen Gebrauch.

Auch eine evtl. Befristung des Arbeitsverhältnisses wirkt sich für die Jahressonderzahlung nicht aus, soweit das vereinbarte Ende des Arbeitsverhältnisses
nach dem 1. Dezember liegt. Teilzeitbeschäftigung ist ebenfalls nicht ausgenommen, wie § 20 Abs. 1 Satz 4 TVöD zeigt. Weiter ist die Jahressonderzahlung – im
Unterschied zum bisherigen § 1 Nr. 2 TV Zuwendung – nicht an die Erfüllung einer bestimmten Betriebszugehörigkeit oder Dauer des Arbeitsverhältnisses geknüpft.

2. Ausnahme: Altersteilzeit
§ 20 Abs. 6 Satz 1 TVöD gesteht Beschäftigten den Anspruch auf die Jahresson- **5**
derzahlung auch dann zu, wenn ihr Arbeitsverhältnis vor dem 1. Dezember endet,
falls

– bis zum 31.03.2005
– Altersteilzeitarbeit vereinbart worden ist
– und die Altersteilzeit wegen Rentenbezugs endet.

Für die Vereinbarung von Altersteilzeit gilt gem. § 2 Abs. 3 TVÜ-Bund i.V.m. Nr.
12 der Anlage 1 TVÜ-Bund Teil C der Tarifvertrag zur Regelung der Altersteilzeit
vom 05.05.1998 (TV ATZ) – auch für nach dem 1. Oktober 2005 eingestellte Beschäftigte – fort, der für Beschäftigte im Geltungsbereich des BAT, BAT-O, BAT-
Ostdeutsche Sparkassen, MTArb, BMT-G II, MTArb-O, BMT-G-O und des TV
Arbeiter-Ostdeutsche Sparkassen Anwendung findet (§ 1 TV ATZ).

---

[1] Vgl. Dassau, TV Zuwendung § 1 Rn. 14.
[2] Ständige Rechtsprechung, vgl. nur jüngst BAG, Urt. v. 04.05.1999 – 10 AZR 417/98, AP Nr. 214
    zu § 611 BGB Gratifikation.

Missverständlich ist die Formulierung, die Altersteilzeit müsse „wegen Rentenbezugs" enden. Rechtlicher Grund für das Ende des Altersteilzeitverhältnisses ist im Normalfall, auch gem. § 9 Abs. 1 TV ATZ, der Ablauf der vertraglich vereinbarten Zeit. Diese ist zwar gem. § 2 Abs. 1 Nr. 2 ATG so zu wählen, dass das Altersteilzeitverhältnis erst endet, wenn der Arbeitnehmer eine Rente wegen Alters beanspruchen kann. Ob aber der Beschäftigte tatsächlich im Anschluss an das Altersteilzeitverhältnis eine Rente bezieht, kann für die Jahressonderzahlung nach § 20 TVöD keine Rolle spielen. Auch auf § 9 Abs. 2 Buchst. a TV ATZ, wonach unabhängig vom vereinbarten Ende die Altersteilzeit endet, wenn eine Rente beansprucht werden kann, zielt § 20 Abs. 6 Satz 1 TVöD erkennbar nicht ab, denn auch dort wird nur vom Anspruch auf Rente, nicht aber dem Bezug gesprochen.

Nach Sinn und Zweck grenzt die Formulierung „wegen Rentenbezugs" das Ende der Altersteilzeit gem. § 9 Abs. 1 und 2 TV ATZ – kraft Vereinbarung oder wegen Rentenanspruchs – vom vorzeitigen Ende nach § 9 Abs. 3 TV ATZ ab, das Rechtsprechung[3] und Literatur[4] als Störfall bezeichnen und in § 23b SGB IV als „nicht vereinbarungsgemäße Verwendung des Wertguthabens" definiert ist.

6   An die Stelle des Bemessungszeitraums Juli, August und September treten im Fall der Altersteilzeit nach § 20 Abs. 6 Satz 1 TVöD die letzten drei Kalendermonate des Arbeitsverhältnisses (dazu gleich unter R. 21).

7   Für die „vorzeitige" Inanspruchnahme der Jahressonderzahlung bei Altersteilzeit kommt die Kürzung nach § 20 Abs. 4 TVöD zur Anwendung, so dass für jeden Monat des vorzeitigen Ausscheidens ein Zwölftel der Jahressonderzahlung abgezogen wird. Denn § 20 Abs. 4 TVöD stellt (außer in den Ausnahmefällen, zu denen aber die Altersteilzeit nicht gehört) nicht darauf ab, warum für den jeweiligen Kalendermonat kein Anspruch auf Entgelt bzw. -Fortzahlung besteht, so dass sowohl der Arbeitnehmer, dessen Arbeitsverhältnis später beginnt, als auch im Fall der Altersteilzeit derjenige, der früher ausscheidet, die Kürzung hinnehmen muss; im Einzelnen dazu siehe Rn. 39.

Keine Kürzung dagegen gibt es für die Ruhe-/Freistellungsphase der Altersteilzeit im Blockmodell, denn hier hat der Arbeitnehmer Anspruch auf Entgelt.[5]

Ein Sonderproblem stellt noch die Fälligkeit der Jahressonderzahlung dar; dazu sogleich unter Rn. 43.

III. Höhe, Berechnung und Auszahlung der Jahressonderzahlung

8   Für die Berechnung der Jahressonderzahlung sind zwei Größen zu bestimmen:

- der Bemessungssatz, der in einer bestimmten Prozenthöhe ausgedrückt wird (§ 20 Abs. 2 und 3 TVöD), und
- die Bemessungsbasis, auf die sich dieser Prozentsatz bezieht und die grundsätzlich – mit einigen Ausnahmen – von dem Durchschnittsentgelt im Bemessungszeitraum ausgeht (§ 20 Abs. 2 TVöD).

---

3   BAG, Urt. v. 16.03.2004 – 9 AZR 267/03, NZA 2005, 784.

4   Siehe nur Debler, NZA 2001, 1285, 1289, die diesen Begriff „makaber" findet.

5   Vgl. hierzu BAG, Urt. v. 14.10.2003 – 9 AZR 146/03, NZA 2004, 860, 861; siehe auch unter Rn. 28.

Die so berechnete Jahressonderzahlung ist ggf. nach § 20 Abs. 4 TVöD um ein Zwölftel für jeden Kalendermonat, in dem der Beschäftigte keinen Anspruch auf Entgelt oder Fortzahlung des Entgelts nach § 21 TVöD hat, zu kürzen.

1. Bemessungssatz

Der Bemessungssatz ist für die Tarifgebiete West und Ost unterschiedlich gere- 9
gelt. Welche Regelung auf den Beschäftigten im Einzelnen gilt, ist anhand des § 38 Abs. 1 TVöD zu bestimmen, der in Buchst. a die Anwendbarkeit des Tarifgebiets Ost und in Buchst. b in negativer Abgrenzung dazu des Tarifgebiets West bestimmt.[6]

a) Tarifgebiet West
aa) Höhe des Bemessungssatzes
Die Jahressonderzahlung ist bei Beschäftigten, für die die Regelungen des Tarif- 10
gebiets West Anwendung finden, nach Entgeltgruppen gestaffelt und beträgt gem. § 20 Abs. 2 TVöD

– in den Entgeltgruppen 1 bis 8	90 v.H.,
– in den Entgeltgruppen 9 bis 12	80 v.H. und
– in den Entgeltgruppen 13 bis 15	60 v.H.

bb) Bestimmung des Bemessungssatzes
Da für das Tarifgebiet West je nach Entgeltgruppe unterschiedliche Bemessungs- 11
sätze für die Jahressonderzahlung gelten und sich die Entgeltgruppen für die einzelnen Beschäftigten immer wieder ändern können, bestimmt § 20 Abs. 2 Satz 2 TVöD den 1. September als maßgeblichen Zeitpunkt für die Entgeltgruppe: Nach der zu diesem Tag geltenden Entgeltgruppe des Beschäftigten richtet sich der Bemessungssatz.

Bei Beschäftigten, deren Arbeitsverhältnis nach dem 30. September begonnen 12
hat, ordnet § 22 Abs. 2 Satz 3 TVöD zwar dem Wortlaut nach nur für den Bemessungszeitraum an, dass der erste volle Kalendermonat des Arbeitsverhältnisses maßgebend sein soll. Für den Bemessungssatz kann jedoch nicht anderes gelten, da auch Beschäftigte, die erst nach dem 1. September eintreten, die Jahressonderzahlung gem. § 20 Abs. 1 TVöD erhalten.

Da § 20 TVöD nur auf die „Entgeltgruppe am 1. September" abstellt, fragt sich, 13
ob die vorgenommene Eingruppierung, nach der der Beschäftigte tatsächlich bezahlt wird, gelten soll oder diejenige, der die Tätigkeit des Beschäftigten rechtlich zuzuordnen ist. Wenn auch Gründe der Vereinfachung für die erstere Variante sprechen, kann doch nur letztere richtig sein: Schließlich ist die Eingruppierung, die der Arbeitgeber ggf. unter Beachtung der Mitbestimmungsrechte des Betriebsrates nach § 99 Abs. 1 Satz 1 BetrVG bzw. des Personalrats gem. der Landespersonalvertretungsgesetze vornimmt, keine nach außen wirkende konstitutive Maßnahme, sondern ein reiner Akt der Rechtsanwendung. Der Rechtsanspruch des Arbeitnehmers auf die Vergütung und auf die Eingruppierung ergibt sich aus dem TVöD selbst. Die Entgeltgruppe richtet sich ausschließlich (auch wenn dies im Einzelfall streitig sein kann) danach, welche Tätigkeitsmerkmale die Tätigkeit des

---

[6] Dazu im Einzelnen § 38 Rn. 1.

einzelnen Beschäftigten aufweist und welcher Entgeltgruppe diese Merkmale entsprechen. Dementsprechend formuliert das BAG prägnant: „Der Arbeitnehmer ist eingruppiert, er wird nicht eingruppiert."[7] Dann kann aber auch für § 22 Abs. 2 TVöD nur die Entgeltgruppe maßgebend sein, die nach den Bestimmungen des TVöD einschlägig ist, gleich, wie der Arbeitgeber dies handhabt.

Problematisch sind dagegen die Fälle, in denen auf das Arbeitsverhältnis eines Beschäftigten zwar der TVöD Anwendung findet, Arbeitgeber und Beschäftigter jedoch eine höhere Vergütung als die nach TVöD zustehende vereinbart haben (was aufgrund des Günstigkeitsprinzips ja möglich ist) – sei es, dass dem Beschäftigte eine höhere als seine eigentlich zutreffende Entgeltgruppe gewährt wird, sei es, dass ein völlig außerhalb des TVöD liegender Betrag gelten soll. Für diesen Fall sieht § 20 TVöD keine Regelung vor. Für Beschäftigte, deren regelmäßiges Entgelt über das Tabellenentgelt der Entgeltgruppe 15 hinausgeht, lässt sich dieses Problem über § 1 Abs. 2 Buchst. a TVöD lösen, der diese Beschäftigten vom Geltungsbereich ausnimmt.[8] Für diejenigen, die unter dieser Grenze liegen, ist für die Eingruppierung auch bei grundsätzlicher Anwendbarkeit des TVöD auf das Arbeitsverhältnis nicht das Entgeltschema des TVöD zugrunde zu legen, sondern die einzelvertragliche Vereinbarung.[9] Für § 20 Abs. 2 TVöD kann dies nur heißen, dass hier die einzelvertraglich anzuwendende Entgeltgruppe bzw. das einzelvertraglich vereinbarte Entgelt heranzuziehen sind.

b) Tarifgebiet Ost

14   Für Beschäftigte, für die die Regelungen des Tarifgebiets Ost Anwendung finden, gilt gem. § 20 Abs. 3 TVöD ein einheitlicher, von Entgeltgruppen unabhängiger Vomhundertsatz von 75 v.H.

2. Bemessungsbasis: Durchschnittlich im Bemessungszeitraum gezahltes Entgelt

15   Zur Berechnung der konkret zu zahlenden Jahressonderzahlung ist neben dem Bemessungssatz noch die Bemessungsbasis, also das dem Beschäftigten im Bemessungszeitraum durchschnittlich gezahlte monatliche Entgelt, zu bestimmen.

a) Bemessungszeitraum
aa) Normalfall

16   Gem. § 20 Abs. 2 Satz 1 TVöD ist das in den Kalendermonaten Juli, August und September durchschnittlich gezahlte monatliche Entgelt die Bemessungsbasis.

bb) Nach dem 30. September begonnenes Arbeitsverhältnis

17   Bei Beschäftigten, deren Arbeitsverhältnis nach dem 30. September begonnen hat, tritt an die Stelle des Bemessungszeitraums der erste volle Kalendermonat des Arbeitsverhältnisses.

Die Berechnungsregeln für das Durchschnittsentgelt sind dann bezogen auf diesen einen Kalendermonat anzuwenden. D.h., dass ggf. auch Satz 2 der Protokollerklärung hier auf den einen Kalendermonat anzuwenden ist; der Berech-

---

[7]   BAG, Beschl. v. 09.02.1993 – 1 ABR 51/92, AP Nr. 103 zu § 99 BetrVG 1972 (zum BAT).

[8]   Dazu § 1 Rn. 46 ff.

[9]   Vgl. BAG, Beschl. v. 30.10.2001 – 1 ABR 8/01, AP Nr. 26 zu § 99 BetrVG 1972 Eingruppierung.

nungsfaktor, mit dem die Tage mit Entgelt auf den Bemessungszeitraum hochgerechnet erden, passt in der Sache auch hier.

Dass bereits im ersten vollen Kalendermonat des Arbeitsverhältnisses weniger **18** als 30 Tage mit Entgelt liegen, wird in der Praxis kaum vorkommen, da ja die Entgeltfortzahlung im Krankheitsfall über diesen Zeitraum hinausgeht und § 22 TVöD keine Wartezeit voraussetzt; sollte aber das Arbeitsverhältnis ohne Entgeltzahlung ruhen – etwa wegen Wehrdienstes oder Sonderurlaubs –, kann evtl. auch Satz 4 der Protokollerklärung, wonach der letzte Kalendermonat, in dem für alle Kalendertage Anspruch auf Entgelt bestand, maßgeblich ist, wenn während des Bemessungszeitraums an weniger als 30 Kalendertagen Anspruch auf Entgelt bestand, nicht weiterhelfen: Denn es gibt ja u. U. keinen Kalendermonat, in dem für alle Tage Anspruch auf Entgelt bestand. In einem solchen Falle kann die Jahressonderzahlung daher auch ganz wegfallen.

cc) Weniger als 30 Kalendertage mit Entgelt

Besteht während des Bemessungszeitraums an weniger als 30 Kalendertagen Anspruch auf Entgelt, ist der letzte Kalendermonat, in dem für alle Kalendertage Anspruch auf Entgelt bestand, maßgeblich, Protokollnotiz zu Absatz 2, Satz 4. **19**

Schon hier zeigt sich, dass Zweck der Protokollerklärung ist, Beschäftigten, die schon Einbußen im Entgelt hinnehmen mussten, wenigstens die Jahressonderzahlung im „normalen" Umfang zu erhalten.

Weiter zeigt sich, dass „Entgelt" im Sinne der Protokollerklärung auch die Entgeltfortzahlung nach § 21 TVöD umfassen muss. Denn einen Kalendermonat, in dem für alle Kalendertage Anspruch auf Entgelt besteht und den Satz 4 der Protokollerklärung voraussetzt, kann es nur geben, wenn man die zwangsläufig in jedem Kalendermonat gem. § 2 Abs. 1 EFZG auftretenden Fälle der Entgeltfortzahlung an Sonn- und Feiertagen nicht als Tage ohne Entgelt bezeichnet.[10] **20**

dd) Altersteilzeit

Für den Fall, dass ein Beschäftigter die Jahressonderzahlung nach § 20 Abs. 6 **21** Satz 1 TVöD erhält, treten an die Stelle des Bemessungszeitraums Juli, August und September gemäß Abs. 2 die letzten drei Kalendermonate vor Beendigung des Arbeitsverhältnisses.

b) Berechnung des durchschnittlich gezahlten monatlichen Entgelts
aa) Grundsatz

Gem. der Protokollerklärung zu Absatz 2, Satz 1, wird der Durchschnitt grund- **22** sätzlich dadurch errechnet, dass die gezahlten Entgelte der drei Monate Juli, August und September addiert und durch drei geteilt werden.

Dabei bleiben unberücksichtigt **23**

– das zusätzlich für Überstunden gezahlte Entgelt mit Ausnahme der im Dienstplan vorgesehenen Überstunden,
– Leistungszulagen und
– Leistungs- und Erfolgsprämien.

---

[10] Dazu im Einzelnen unten Rn. 27 f.

24 Bei einer Teilzeitbeschäftigung führt diese Berechnung dazu, dass das gem. § 24 Abs. 2 TVöD nur zeitratierlich gezahlte Entgelt sich bereits damit mittelbar in der Höhe der Jahressonderzahlung niederschlägt; eine darüber hinaus gehende Berücksichtigung der reduzierten Arbeitszeit, d.h. eine direkte Anwendung des § 24 Abs. 2 TVöD auf die Jahressonderzahlung, führte zu einer doppelten Kürzung bei Teilzeitarbeit und wäre wegen § 4 Abs. 1 Satz 2 TzBfG, den auch die Tarifvertragsparteien beachten müssen,[11] auch nicht zulässig. § 24 Abs. 2 TVöD ist daher auf die Jahressonderzahlung nicht anzuwenden, auch wenn § 20 TVöD dies nicht ausdrücklich bestimmt.

25 Eine Änderung des Beschäftigungsumfangs ist bei der beschriebenen Durchschnittsbildung nach Meinung der Tarifvertragsparteien bereits hinreichend berücksichtigt, so dass insoweit keine Sonderregelungen gelten.

bb) Berechnung bei Kalendertagen ohne Entgelt

26 Komplizierter wird die Berechnung, falls im Bemessungszeitraum nicht für alle Kalendertage Entgelt gezahlt worden ist: Dann werden laut Satz 2 der Protokollerklärung zu Absatz 2 die gezahlten Entgelte der drei Monate addiert, durch die Zahl der Kalendertage mit Entgelt geteilt und sodann mit 30,67 – der durchschnittlichen Anzahl an Kalendertagen der Monate Juli, August und September – multipliziert.

Dadurch wird erreicht, dass für die Jahressonderzahlung ein Durchschnittsentgelt nur auf der Basis von Kalendertagen mit Entgelt gebildet wird, indem ausschließlich diese Berücksichtigung finden und auf ein Drittel der Bemessungszeit hochgerechnet werden. Die Tage ohne Entgelt verschlechtern durch diese Berechnung die Basis der Jahressonderzahlung nicht.

27 Die Protokollerklärung wirft damit die Frage auf, was unter „Entgelt" zu verstehen ist. Stellt man Satz 2 der Protokollerklärung § 20 Abs. 4 Satz 1 TVöD gegenüber, liegt der Umkehrschluss nahe, dass mit „Entgelt" eben nur das nach § 15 TVöD zu zahlende Entgelt (gegen Arbeitsleistung) und nicht die in Abs. 4 Satz 1 gesondert neben dem Entgelt aufgeführte Entgeltfortzahlung nach § 21 TVöD gemeint ist. Dagegen spricht jedoch, dass es dann nie einen Fall der einfachen Berechnung nach Satz 1 der Protokollerklärung gäbe: Schließlich ist bereits jeder Sonn- und Feiertag, die nun doch in jedem Kalendermonat zwangsläufig vorkommen, gem. § 2 Abs. 1 EFZG ein Fall der Entgeltfortzahlung. Weiter spricht der Zweck der Berechnung dagegen, Tage mit Entgeltfortzahlung auszunehmen: Denn bereits § 21 TVöD sorgt ja mit einer eigenen Pauschalierung dafür, dass das Entgelt in voller Höhe weitergezahlt wird; der Zweck von Satz 2 der Protokollerklärung, die Tage ohne Entgelt „herauszurechnen" und nicht zu einer Verminderung der Jahressonderzahlung gereichen zu lassen, liefe daher ins Leere. Gegen den Gegenschluss lässt sich auch der Wortlaut nicht zwingend ins Feld führen: Zwar können auch Protokollnotizen oder -erklärungen zu einem Tarifvertrag Rechtsnormen enthalten: Dies ist anzunehmen, wenn sie formwirksam nach § 1 Abs. 2 TVG unterschrieben sind und sich dem Wortlaut der Protokollnotiz ein normativer Regelungswille ablesen lässt;[12] für die Protokollerklärung zu § 20 Abs.

---

[11] BAG, Urt. v. 05.11.2003 – 5 AZR 8/03, AP Nr. 6 zu § 4 TzBfG.
[12] Löwisch/Rieble § 1 Rn. 11.

2 TVöD trifft das auch zu. Dennoch ist es nicht abwegig, dass eine Protokollerklärung – selbst, wenn sie im selben Paragraphen steht – redaktionell anders, insbesondere ggf. weniger sorgfältig, behandelt wird als der „offizielle" Teil. Das systematische Argument des Vergleichs der Protokollerklärung mit Abs. 4 steht der
Auslegung, dass als Tage mit Entgelt auch Tage mit Entgeltfortzahlung nach § 21
TVöD zählen, daher nicht entgegen.

Dagegen ist Satz 3 der Protokollerklärung, wonach Zeiträume, in denen Krankengeldzuschuss gezahlt wird, „unberücksichtigt" bleiben, nur verständlich, wenn
man ihn als Ausnahme von Satz 2 versteht, mit dem Ergebnis, dass Tage mit
Krankengeldzuschuss nicht als Tage mit Entgelt zählen. Wenn dies aber schon
ausdrücklich angeordnet wird, ohne dass die Entgeltfortzahlung im Krankheitsfall
nach § 22 Abs. 1 TVöD ebenfalls ausgenommen wird, sind Tage mit Entgeltfortzahlung eben anders als Tage mit Krankengeldszuschuss Tage mit Entgelt im Sinne der Protokollerklärung.

Tage mit „Entgelt" sind daher im Ergebnis: **28**

- Tage, an denen Tabellenentgelt gegen erbrachte Arbeitsleistung nach § 15
  TVöD gezahlt wird,
- Sonn- und Feiertage, an deren das Entgelt gem. § 2 Abs. 1 EFZG weitergezahlt
  wird,
- Freistellung nach § 6 Abs. 3 Satz 1 TVöD,
- Tage während des Erholungs- oder Zusatzurlaubs sowie der Arbeitsbefreiung
  (§§ 26, 27 und 29 TVöD), sowie
- Tage mit Entgeltfortzahlung im Krankheitsfall nach § 22 Abs. 1 TVöD;
- die Zeit der Freistellungsphase bei einer Altersteilzeit nach dem Blockmodell,
  da hierbei ungeachtet des Wechsels von Vollzeitarbeit zu völliger Freistellung
  ein monatlich gleich hohes Gesamtentgelt[13] gezahlt wird.

Ausdrücklich nicht berücksichtigt werden gem. der Protokollerklärung, Satz 3, **29**
Zeiträume, für die Krankengeldzuschuss gezahlt wird; dies ist als Klarstellung zu
sehen, da der Krankengeldzuschuss sowieso keine Entgeltfortzahlung ist, vgl. nur
§ 21 Abs. 1 TVöD.

cc) Elternzeit

Die Voraussetzung für die Jahressonderzahlung erfüllt auch das wegen Elternzeit **30**
ruhende Arbeitsverhältnis.[14] Die Besonderheit des Ruhens wirkt sich aber bei der
Frage aus, wie das Durchschnittsentgelt zu bestimmen ist.

Zunächst bleibt es dabei, dass der Bemessungszeitraum Juli, August und Sep- **31**
tember nach § 20 Abs. 2 Satz 1 TVöD angewendet wird. Für die Berechnung des
Durchschnittsentgelts trifft § 20 Abs. 2 Satz 4 TVöD dann jedoch für die Beschäftigten, die während des Bemessungszeitraums eine erziehungsgeldunschädliche
Teilzeitbeschäftigung im Kalenderjahr der Geburt des Kindes ausüben, eine zu ihren Gunsten abweichende Regelung: Dann bemisst sich die Jahressonderzahlung

---

[13] Vgl. hierzu BAG, Urt. v. 14.10.2003 – 9 AZR 146/03, NZA 2004, 860, 861.
[14] Siehe oben Rn. 4.

nach dem Beschäftigungsumfang am Tag vor dem Beginn der Elternzeit. Eine ähnliche Regelung sah bereits § 2 Abs. 1 Unterabs. 5 TV Zuwendung vor.

32 Damit ist das Durchschnittsentgelt dieser Beschäftigten auf der Basis ihres vor-elternzeitlichen Beschäftigungsumfangs zu fingieren ist. Es wird das Entgelt zugrunde gelegt, das sie im Bemessungszeitraum erhalten hätten, hätten sie ihre Arbeitszeit nicht wegen der Elternzeit verkürzt. Alle anderen Faktoren, die das Entgelt mit bestimmen, bleiben von dieser Fiktion jedoch ausgenommen. So sind krankheitsbedingte Fehlzeiten, Urlaub etc. so berücksichtigt, wie sie im Bemesseungszeitraum tatsächlich angefallen sind. § 20 Abs. 2 Satz 4 TVöD hilft daher auch nicht über eine Änderung der Entgeltgruppe hinweg:[15] Übernimmt der Beschäftigte als erziehungsgeldunschädliche Teilzeitbeschäftigung eine Tätigkeit, die niedriger bewertet und daher einer anderen Entgeltgruppe zuzuordnen ist, ist das entsprechende Tabellenentgelt – allerdings dann wieder fingiert und hochgerechnet auf die vor-elternzeitliche Arbeitszeit – zur Berechnung des Durchschnittsentgelts heranzuziehen.

33 Erziehungsgeldunschädlich ist die Teilzeitbeschäftigung gem. § 2 BErzGG, wenn die wöchentliche Arbeitszeit 30 Wochenstunden nicht übersteigt; dann ist sie gleichzeitig auch unschädlich für den Anspruch auf Elternzeit, § 15 Abs. 4 BErzGG. Diese Voraussetzung erfüllt auch eine geringfügige Beschäftigung nach § 8 Abs. 1 Nr. 2 SGB IV; auch wenn diese Beschäftigte, die lediglich in geringem Umfang beschäftigt sind, vom Geltungsbereich gem. § 1 Abs. 2 Buchst. m TVöD ausgenommen sind. Schließlich bleibt ein Beschäftigter, dessen Arbeitsverhältnis in den Geltungsbereich des TVöD fällt, in diesem Geltungsbereich, auch wenn er während der Elternzeit überhaupt keine Beschäftigung ausübt. § 20 Abs. 2 Satz 4 TVöD verlangt nicht, dass neben dem eigentlichen, während der Elterzeit ruhenden Arbeitsverhältnis des Beschäftigten auch die erziehungsgeldunschädliche Teilzeitbeschäftigung selbst unter den Geltungsbereich des TVöD zu fassen ist.[16]

34 Übt der Beschäftigte keine Tätigkeit während der Elternzeit aus, ist ggf. die Protokollnotiz zu Absatz 2, Satz 4 anzuwenden, so dass der letzte Kalendermonat, in dem für alle Kalendertage Anspruch auf Entgelt bestand, das Durchschnittsentgelt vorgibt. Nur, wenn die Elternzeit das Arbeitsverhältnis an weniger als 30 Kalendertagen in den Monaten Juli, August und September zum Ruhen bringt, ist für die Berechnung des Durchschnittsentgelts weiterhin auf diese drei Monate abzustellen mit der Folge, dass sich das Durchschnittsentgelt und damit die Jahressonderzahlung entsprechend kürzen.

35 Die Spezialregelung für die erziehungsgeldunschädliche Teilzeitbeschäftigung hilft darüber hinweg, dass sich ohne diese Regelung wegen des gem. § 24 Abs. 2 TVöD zeitratierlich zu kürzenden Entgelts auch die Jahressonderzahlung verringern würde (dazu Rn. 24). Gleichzeitig wird das zu Recht als ungerecht empfundene Ergebnis vermieden, dass sich ein Beschäftigter, der einer zulässigen Teil-

---

[15] So zum insoweit vergleichbaren TV Zuwendung bereits Dassau, TV Zuwendung § 2 Rn. 23.

[16] So bereits zum insoweit wortgleichen TV Zuwendung BAG, Urt. v. 12.01.2000 – 10 AZR 930/98, AP Nr. 23 zu § 22 BAT Zuwendungs-TV; Urt. v. 24.02.1999 – 10 AZR 5/98, AP Nr. 21 zu § 22 BAT Zuwendungs-TV.

zeitbeschäftigung während der Elternzeit nachgeht, schlechter stellt als der Kollege, der keiner Beschäftigung nachgeht.[17]

c) Behandlung von Überstunden-Entgelt, Leistungszulagen, Leistungs- und Erfolgsprämien sowie besonderen Zahlungen

aa) Überstunden
Die Überstunden werden in § 20 Abs. 1 Satz 1, 2. Hs. TVöD wie in § 21 Satz 3 **36** TVöD behandelt; d.h., das zusätzlich für Überstunden gezahlte Entgelt fließt nur dann in die Berechnung des Durchschnittsentgelts ein, wenn es für im Dienstplan vorgesehene Überstunden gezahlt worden ist.[18]

bb) Leistungszulagen, Leistungs- und Erfolgsprämien
Auch, wenn § 20 TVöD eine andere Terminologie verwendet als § 21 Satz 3 **37** TVöD, der von „Leistungsentgelten" spricht, kann in der Sache nichts anderes gemeint sein, da es weitere als die von § 21 TVöD umfassten leistungsbezogenen Entgeltbestandteile im Bereich des TVöD nicht gibt. Als Leistungszulagen, Leistungs- und Erfolgsprämien sind daher die nach § 18 TVöD geregelten Leistungsentgelte und sonstige Leistungsprämien und Bonuszahlungen zu verstehen.

cc) Besondere Zahlungen nach § 23 TVöD
Anders als in § 21 Satz 3 TVöD, der die besonderen Zahlungen nach § 23 TVöD – **38** vermögenswirksame Leistung, Jubiläums- und Sterbegeld – von der Berechnung für die Entgeltfortzahlung ausdrücklich ausnimmt,[19] sind sie von § 20 TVöD nicht ausgeschlossen und fließen daher, wenn sie im Bemessungszeitraum gezahlt worden sind, in die Berechnung des Durchschnittsentgelts mit ein.

3. Kürzung bei Kalendermonaten ohne Anspruch auf Entgelt oder Entgeltfortzahlung

§ 20 Abs. 4 Satz 1 TVöD vermindert den Anspruch auf die Jahressonderzahlung, **39** wie er sich nach den Absätzen 1 bis 3 berechnet, um ein Zwölftel für jeden Kalendermonat, in dem Beschäftigte keinen Anspruch auf Entgelt oder Fortzahlung des Entgelts nach § 21 TVöD haben. Diese Regelung entspricht dem alten § 2 Abs. 2 TV Zuwendung.

Die Kürzung gilt jedoch gem. Abs. 4 Satz 2 Nr. 1 nicht, wenn Grund für den fehlenden Anspruch auf Entgelt oder -Fortzahlung einer bzw. eine Kombination der Folgenden ist:

- Ableistung von Grundwehrdienst oder Zivildienst, wenn der Beschäftigte diesen vor dem 1. Dezember beendet und die Beschäftigung unverzüglich wieder aufgenommen hat,
- Beschäftigungsverbote nach § 3 Abs. 2 und § 6 Abs. 1 MuSchG,
- Inanspruchnahme der Elternzeit nach dem Bundeserziehungsgeldgesetz bis zum Ende des Kalenderjahres, in dem das Kind geboren ist, wenn am Tag vor Antritt der Elternzeit Entgeltanspruch bestanden hat.

---

[17] Dies war bereits Intention des § 2 Abs. 1 Unterabs. 5 TV Zuwendung: Dassau, TV Zuwendung § 2 Rn. 18.

[18] Dazu § 21 Rn. 9.

[19] Dazu § 21 Rn. 6.

40 Nach § 20 Abs. 4 Satz 2 Nr. 2 TVöD ist auch unschädlich, wenn der Beschäftigte zwar weder Entgelt noch Entgeltfortzahlung erhalten hat, aber grundsätzlich einen Anspruch auf Krankengeldzuschuss gem. § 21 Abs. 2-4 TVöD gehabt hätte und dieser Anspruch nur an der Höhe des zustehenden Krankengelds scheiterte. Dies ist der Fall, wenn keine oder eine negative Differenz zwischen Bruttokrankengeld und Nettoentgelt vorhanden ist, die gem. § 22 Abs. 2 TVöD auszugleichen wäre. Damit zählt § 20 Abs. 4 TVöD, im Unterschied zur Protokollerklärung zu Abs. 2 (dazu Rn. 27) auch den Krankengeldzuschuss zu Entgelt/-fortzahlung.

Dagegen verliert ein überzahlter Krankengeldzuschuss, der nach § 22 Abs. 4 Satz 3 TVöD als Vorschuss auf eine Rente aus der gesetzlichen Rentenversicherung, aus einer zusätzlichen Alters- und Hinterbliebenenversorgung oder aus einer sonstigen Versorgungseinrichtung behandelt wird, seine Eigenschaft als Entgelt[20] und ist dann auch für § 20 Abs. 4 TVöD kein Entgelt mehr.

4. Fälligkeit der Jahressonderzahlung

41 § 22 Abs. 5 Satz 1 TVöD sieht die Auszahlung der Jahressonderzahlung mit dem Tabellenentgelt für November vor. Dies stellt in der Praxis keine Änderung gegenüber dem TV Zuwendung dar, da dieser zwar in § 4 Abs. 1 als Sollvorschrift die Zahlung spätestens am 1. Dezember vorschrieb, tatsächlich jedoch mit den Bezügen für November ausgezahlt wurde[21] – was freilich bereits am 15. November geschah statt gem. § 24 Abs. 1 Satz 2 TVöD erst am 30. November.

42 Indem § 22 Abs. 5 Satz 2 TVöD ermöglicht, einen Teilbetrag der Jahressonderzahlung zu einem früheren Zeitpunkt auszuzahlen, kann wie bisher auch die Jahressonderzahlung in einen Teil „Urlaubsgeld" und einen Teil „Weihnachtsgeld" aufgespalten werden. Wenn der Arbeitgeber diese Aufspaltung durchführen will, muss er die Mitbestimmungsrechte des Betriebsrates nach § 87 Nr. 10 BetrVG bzw. des Personalrates nach den Landespersonalvertretungsgesetzen beachten.

43 Fraglich ist die Fälligkeit der Jahressonderzahlung in den Fällen der Altersteilzeit, wenn abweichend von § 20 Abs. 1 TVöD auch Beschäftigten, die am 1. Dezember nicht mehr im Arbeitsverhältnis stehen, die Jahressonderzahlung zusteht, § 20 Abs. 6 TVöD. Diese Beschäftigten erhalten ja kein Novembergehalt, mit dem nach § 20 Abs. 5 Satz 1 TVöD die Jahressonderzahlung ausgezahlt wird. Anders als der TV Zuwendung, der solche Fälle des vorzeitigen und anspruchsunschädlichen Ausscheidens in § 4 Abs. 2 regelte, geht § 20 TVöD auf die Fälligkeit nicht explizit ein. Daher ist auch für diese Fälle nach § 20 Abs. 5 Satz 2 TVöD zu verfahren, wonach die Jahressonderzahlung als Teilbetrag vor dem Novemberentgelt gezahlt werden kann.

Dieses Ermessen verdichtet sich allerdings im Fall des § 20 Abs. 6 TVöD für die Jahressonderzahlung bei unterjährigem Ausscheiden wegen Altersteilzeit zu einem Anspruch, denn da die Jahressonderzahlung Arbeitsentgelt im steuerlichen und sozialversicherungsrechtlichen Sinne ist, ist eine Zahlung außerhalb des bestehenden Arbeitsverhältnisses sehr problematisch; so muss ja z.B. die Jahressonderzahlung als einmalig gezahltes Arbeitsentgelt dem Abrechnungszeitraum zugerechnet werden, in dem sie gezahlt wird. Daher ist die Jahressonderzahlung im

---

[20] Dazu im Einzelnen § 22 Rn. 105.
[21] Dassau, TV Zuwendung § 4 Rn. 2.

Fall des § 20 Abs. 6 TVöD ebenso wie früher unter Geltung des TV Zuwendung spätestens mit dem letzten Tabellenentgelt auszuzahlen.

5. Steuer, Sozialversicherung, Zusatzversorgung und Pfändbarkeit

Die Jahressonderzahlung ist steuerpflichtiges Entgelt. In der Sozialversicherung ist sie gem. § 23a SGV IV zu berücksichtigen und dem Abrechnungszeitraum zuzurechnen, in dem sie gezahlt wird.   **44**

Die Zusatzversorgungspflicht ergibt sich aus § 62 Abs. 2 der ZVK-Satzung und § 64 Abs. 4 der VBL-Satzung.

Die Jahressonderzahlung ist gem. § 850a Nr. 4 ZPO bis zur Hälfte der monatlichen Bezüge, maximal aber bis 500 € unpfändbar.

IV. Übergangsvorschriften VKA

1. Urlaubsgeld und Zuwendung für das Jahr 2005

Das Urlaubsgeld für das Jahr 2005 erfolgte nach Maßgabe des – vom VKA ja nicht gekündigten – TV Urlaubsgeld im Juli 2005 und damit vor In-Kraft-Treten des TVöD, so dass das Urlaubsgeld auch kein Regelungsgegenstand des TVöD bzw. des TVÜ-VKA ist.   **45**

Für die Zuwendung gilt: Im Zeitraum vom 01.10. bis 31.12.2005 – und damit für die Zuwendung des Jahres 2005, die wie nach § 20 Abs. 5 TVöD mit dem Novembergehalt ausgezahlt wird[22] – gelten gem. § 20 TVÜ-VKA für Beschäftigte (§ 1 Abs. 1 und 2 TVÜ) die folgenden Tarifverträge weiter, indem sie als den TVöD ergänzende Tarifverträge fingiert werden:

- TV Zuwendung für Angestellte/Arbeiter West bzw. Ost vom 12.10.1973 bzw. 10.12.1990 und
- die TV Zuwendung Ostdeutsche Sparkassen für Angestellte (für Arbeiter iVm. Nr. 7 des TV über die Anwendung von Tarifverträgen auf Arbeiter) vom 25.10.1990.

Die Höhe der Zuwendung richtet sich 2005 nach der Urlaubsvergütung bzw. dem Urlaubslohn des Monats September 2005 und damit nach BAT bzw. MTArb bzw. BMT-G. Der Bemessungssatz im Tarifgebiet West beträgt unverändert 82,14 % und im Tarifgebiet Ost 61,60 %.

Die Fiktion der genannten Tarifverträge als Ergänzungstarifverträge zum TVöD ist gem. § 20 Abs. 1 Satz 2 TVÜ-VKA auf den 31.12.2005 begrenzt. Damit besteht die Rückzahlungspflicht in § 1 Abs. 5 TV Zuwendung für die Zuwendung 2005 nicht, selbst wenn Beschäftigte bis zum 31.03.2006 ausscheiden.[23]

2. Jahressonderzahlung für das Jahr 2006

Die mit dem Entgelt für den Monat November 2006 zu gewährende Jahressonderzahlung berechnet sich für Beschäftigte, die unter den Geltungsbereich des TVÜ fallen (§ 1 Abs. 1 und 2), nach den Bestimmungen des § 20 TVöD mit folgenden Maßgaben des § 20 TVÜ-VKA: **46**

---

[22] Dazu schon oben Rn. 41.
[23] Rundschreiben des BMI v. 08.12.2005.

a) Bemessungssatz

Der Bemessungssatz der Jahressonderzahlung beträgt gem. § 20 Abs. 3 Satz 1 TVÜ-VKA in allen Entgeltgruppen

- bei Beschäftigten, für die nach dem TVöD die Regelungen des Tarifgebiets West Anwendung finden, 82,14 v. H.; und
- bei Beschäftigten, für die nach dem TVöD die Regelungen des Tarifgebiets Ost Anwendung finden, 61,60 v. H.

b) Zusatzbetrag und kindbezogener Erhöhungsbetrag zur Jahressonderzahlung

Der sich aufgrund der Berechnung nach § 20 TVöD i.V.m. § 20 TVÜ-VKA ergebende Betrag der Jahressonderzahlung erhöht sich nach § 20 Abs. 3 Nr. 2 TVÜ-VKA um einen Betrag in Höhe von 255,65 €.

Dieser Zusatzbetrag erhöht sich weiter

- bei Beschäftigten, für die die Regelungen des Tarifgebiets West Anwendung finden und denen am 1. Juli 2006 Entgelt nach einer der Entgeltgruppen 1 bis 8 zusteht, auf 332,34 € (§ 20 Abs. 3 Nr. 2 Satz 2 TVÜ-VKA);
- bei Beschäftigten (auch nach § 1 Abs. 2 TVÜ-Bund) im Tarifgebiet West, denen bei Weitergeltung des BAT Grundvergütung nach der Vergütungsgruppe Kr VI zugestanden hätte, auf ebenfalls 332,34 € (§ 20 Abs. 3 Nr. 2 Satz 3 TVÜ-VKA);
- und für jedes Kind, für das Beschäftigte im September 2006 kinderbezogene Entgeltbestandteile gemäß § 11 TVÜ-VKA erhalten, um 25,56 € („kindbezogener Erhöhungsbetrag", § 20 Abs. 3 Nr. 3 TVÜ-VKA).

Teilzeitbeschäftigte erhalten gem. § 20 Abs. 3 Nr. 2 Satz 4 TVÜ-VKA den Zusatzbetrag zeitanteilsmäßig (zeitratierlich). Der Zusatzbetrag nach (§ 20 Abs. 3 Nr. 2 Satz 1-3 TVÜ-VKA ist kein zusatzversorgungspflichtiges Entgelt, § 20 Abs. 3 Nr. 2 Satz 5 TVÜ-VKA; der kindbezogener Erhöhungsbetrag ist dagegen nicht von der Zusatzversorgungspflicht ausgenommen.

V. Übergangsvorschriften Bund

1. Jahressonderzahlung bzw. Zuwendung und Urlaubsgeld für das Jahr 2005

47   Wie für das Jahr 2005 zu verfahren war, wurde für den Bund im Rundschreiben des BMI vom 11.04.2005 – D II – 2020 238/77 und D II 2 – 220 219-9/2, modifiziert durch das Rundschreiben des BMI vom 30.11.2005 hierzu, festgelegt. Danach ist zu unterscheiden, ob das Arbeitsverhältnis vor dem 01. August 2003 oder nach dem 31.07.2003 begründet worden ist.

a) Beschäftigte mit vor dem 1. August 2003 begründeten Arbeitsverhältnis

Diese erhalten im Jahr 2005 eine Jahressonderzahlung bestehend aus Urlaubsgeld und Zuwendung nach Maßgabe des jeweiligen TV Zuwendung und TV Urlaubsgeld (im Einzelnen aufgeführt unter Rn. 2). Da das Urlaubsgeld ja bereits mit den Bezügen für den Monat Juli auszuzahlen war, blieb für den Übergang nur noch die Zuwendung (Weihnachtsgeld) zu regeln. Dadurch, dass für 2005 auf die nachwirkenden Tarifverträge verwiesen wird, wird 2005 noch einmal wie 2004 bezahlt, d.h. mit dem Entgelt für den Monat November 2005 wird die Zuwendung, die in

Anspruchsgrund und Anspruchshöhe der Zuwendung im Jahr 2004 entspricht, gezahlt.

Einzige Abweichung zur Zahlung im Jahr 2004 ist, dass kein Kindererhöhungsbetrag nach § 2 Abs. 3 TV Zuwendung zu zahlen ist; diese Bestimmung ist in den BMI-Rundschreiben für die Zuwendung 2005 ausgenommen. Dagegen ist nach wie vor Voraussetzung (§ 1 Abs. 1 Nr. 1 TV Zuwendung), dass das Arbeitsverhältnis des Beschäftigten nicht nur vor dem 1. August begründet wurde, sondern auch am 1. Dezember noch besteht; dies stellt das BMI-Rundschreiben vom 30.11.2005 klar.

Die Nachwirkung von TV Zuwendung und TV Urlaubsgeld ist auf den 31.12.2005 begrenzt. Damit besteht die eigentliche Rückzahlungspflicht in § 1 Abs. 5 TV Zuwendung für die Zuwendung 2005 nicht, selbst wenn Beschäftigte bis zum 31.03.2006 ausscheiden.[24]

b) Beschäftigte mit nach dem 31. Juli 2003 begründeten Arbeitsverhältnis
Für diese Beschäftigten gilt der TV Zuwendung für die Zuwendung 2005 nicht, ebenso wenig der TV Urlaubsgeld. Damit erhalten sie im Jahr 2005 kein Urlaubsgeld und auch keine Zuwendung nach dem TV Zuwendung erhalten.

Statt dessen steht ihnen mit dem Entgelt für den Monat November 2005 eine außertarifliche Zuwendung zu in Höhe von 60 % der Urlaubsvergütung/des Urlaubslohns, welche(r) zugestanden hätte, wenn sie während des ganzen Monats September Erholungsurlaub gehabt hätten.[25]

2. Jahressonderzahlung für das Jahr 2006
Für die Jahressonderzahlung, die mit den Novemberbezügen 2006 ausgezahlt **48** wird, gelten für Beschäftigte im Geltungsbereich des TVÜ-Bund (§ 1 Abs. 1 und 2) gem. § 20 TVÜ-Bund nicht mehr die nachwirkenden Tarifverträge über ein Urlaubsgeld sowie über eine Zuwendung,[26] sondern § 20 TVöD; § 20 TVÜ-Bund modifiziert § 20 TVöD dabei in den folgend beschriebenen zwei Punkten.

a) Bemessungssatz
Der Bemessungssatz der Jahressonderzahlung beträgt – abweichend von § 20 Abs. 2 Satz 1 bzw. Abs. 3 TVöD – gem. § 20 Nr. 1 TVÜ-Bund einheitlich in allen Entgeltgruppen

- bei Beschäftigten, für die die Regelungen des Tarifgebiets West Anwendung finden: 82,14 v. H. (§ 20 Nr. 1 Buchst. a TVÜ-Bund), und
- bei Beschäftigten, für die die Regelungen des Tarifgebiets Ost Anwendung finden: 61,60 v. H. (§ 20 Nr. 1 Buchst. b TVÜ-Bund).

b) Zusatzbetrag und kindbezogener Erhöhungsbetrag zur Jahressonderzahlung
Der sich aufgrund der Berechnung nach § 20 TVöD i.V.m. § 20 TVÜ-Bund ergebende Betrag der Jahressonderzahlung erhöht sich nach § 20 Nr. 2 Satz 1 TVÜ-Bund um einen Betrag in Höhe von 255,65 €.

---

[24] Rundschreiben des BMI v. 08.12.2005, S. 49.
[25] Rundschreiben des BMI v. 11.04.2005.
[26] Protokollerklärung zu § 20 TVÜ-Bund.

Dieser Zusatzbetrag erhöht sich weiter

- bei Beschäftigten, für die die Regelungen des Tarifgebiets West Anwendung finden und denen am 01.07.2006 Entgelt nach einer der Entgeltgruppen 1 bis 8 zusteht, auf 332,34 € (§ 20 Nr. 2 Satz 2 TVöD);
- bei Beschäftigten (auch nach § 1 Abs. 2 TVÜ-Bund) im Tarifgebiet West, denen bei Weitergeltung des BAT Grundvergütung nach der Vergütungsgruppe Kr VI zugestanden hätte, auf ebenfalls 332,34 € (§ 20 Nr. 2 Satz 3 TVöD);
- und für jedes Kind, für das Beschäftigte im September 2006 kinderbezogene Entgeltbestandteile gemäß § 11 TVÜ-Bund erhalten, um 25,56 € („kindbezogener Erhöhungsbetrag", § 20 Nr. 3 TVÜ-Bund).

Teilzeitbeschäftigte erhalten gem. § 20 Nr. 2 Satz 4 TVÜ-Bund den Zusatzbetrag zeitanteilsmäßig (zeitratierlich). Der Zusatzbetrag ist kein zusatzversorgungspflichtiges Entgelt, § 20 Nr. 2 Satz 5 TVÜ-Bund; der kindbezogener Erhöhungsbetrag ist dagegen nicht von der Zusatzversorgungspflicht ausgenommen.

§ 21 Bemessungsgrundlage für die Entgeltfortzahlung

¹In den Fällen der Entgeltfortzahlung nach § 6 Abs. 3 Satz 1, § 22 Abs. 1, § 26, § 27 und § 29 werden das Tabellenentgelt sowie die sonstigen in Monatsbeträgen festgelegten Entgeltbestandteile weitergezahlt. ²Die nicht in Monatsbeträgen festgelegten Entgeltbestandteile werden als Durchschnitt auf Basis der dem maßgebenden Ereignis für die Entgeltfortzahlung vorhergehenden letzten drei vollen Kalendermonate (Berechnungszeitraum) gezahlt. ³Ausgenommen hiervon sind das zusätzlich für Überstunden gezahlte Entgelt (mit Ausnahme der im Dienstplan vorgesehenen Überstunden), Leistungsentgelte, Jahressonderzahlungen sowie besondere Zahlungen nach § 23.

Protokollerklärungen zu den Sätzen 2 und 3:
1. *¹Volle Kalendermonate im Sinne der Durchschnittsberechnung nach Satz 2 sind Kalendermonate, in denen an allen Kalendertagen das Arbeitsverhältnis bestanden hat. ²Hat das Arbeitsverhältnis weniger als drei Kalendermonate bestanden, sind die vollen Kalendermonate, in denen das Arbeitsverhältnis bestanden hat, zugrunde zu legen. ³Bei Änderungen der individuellen Arbeitszeit werden die nach der Arbeitszeitänderung liegenden vollen Kalendermonate zugrunde gelegt.*
2. *¹Der Tagesdurchschnitt nach Satz 2 beträgt bei einer durchschnittlichen Verteilung der regelmäßigen wöchentlichen Arbeitszeit auf fünf Tage 1/65 aus der Summe der zu berücksichtigenden Entgeltbestandteile, die für den Berechnungszeitraum zugestanden haben. Maßgebend ist die Verteilung der Arbeitszeit zu Beginn des Berechnungszeitraums. ²Bei einer abweichenden Verteilung der Arbeitszeit ist der Tagesdurchschnitt entsprechend Satz 1 und 2 zu ermitteln. ³Sofern während des Berechnungszeitraums bereits Fortzahlungstatbestände vorlagen, bleiben die in diesem Zusammenhang auf Basis der Tagesdurchschnitte gezahlten Beträge bei der Ermittlung des Durchschnitts nach Satz 2 unberücksichtigt.*
3. *Tritt die Fortzahlung des Entgelts nach einer allgemeinen Entgeltanpassung ein, ist die/der Beschäftigte so zu stellen, als sei die Entgeltanpassung bereits mit Beginn des Berechnungszeitraums eingetreten.*

Inhaltsübersicht   **Rn.**

I. Verhältnis zum bisherigen Recht

1   Durch die Definition der Bemessungsgrundlage für die Entgeltfortzahlung werden die bisherigen komplizierten Regelungen des § 47 Abs. 2 BAT abgelöst und durch eine an die Bemessungsgrundlage des § 11 BUrlG und § 4 EFZG anknüpfende Regelung ersetzt. Finanziell finden nach der Neuregelung Überstunden keine Berücksichtigung, sofern es sich nicht um dienstplanmäßige Überstunden handelt. Dies führt zur Absenkung des fort zu zahlenden Entgelts gegenüber der Entgeltfortzahlung in Höhe des Urlaubsgeldaufschlages nach § 47 Abs. 2 BAT. Als Ausgleich wurde hierfür im Rahmen der Tarifvertragsverhandlungen der Zeitraum zur Zahlung des Krankengeldzuschusses bei der Entgeltfortzahlung im Krankheitsfall auf 39 Wochen nach dreijähriger Betriebszugehörigkeit ausgedehnt.

II. Verhältnis zum Entgeltfortzahlungsgesetz und Bundesurlaubsgesetz

2   Nach § 4 Abs. 4 EFZG und § 13 Abs. 1 BUrlG können die Tarifvertragsparteien durch Tarifvertrag anstelle der gesetzlichen Grundlage zur Bemessung der Entgeltfortzahlung eine abweichende Bemessungsgrundlage definieren. § 21 TVöD stellt eine solche vom Gesetz teilweise abweichende Regelung dar.

III. Anwendungsbereich der Norm

3   Die Tarifvorschrift differenziert nach Satz 1 und Satz 2 zwischen der Fortzahlung der in Monatsbeträgen festgelegten Entgeltbestandteile, die nach dem modifizierten Lohnausfallprinzip in Anlehnung an § 4 Abs. 1 EFZG zu zahlen sind und den nicht in festen Monatsbeträgen festgelegten Vergütungsbestandteilen, die nach dem Referenzentgeltprinzip in Anlehnung an § 11 BUrlG zu zahlen sind. Es kommt also zunächst darauf an, welche Bezüge, nach welcher Regelung zu ermitteln sind.

4   Durch § 21 TVöD wird die Bemessungsgrundlage für die Fortzahlung des Entgelts in den nachfolgenden abschließend aufgeführten Fällen geregelt:

– Krankheit (§ 22 TVöD)
– Urlaub (§ 26 TVöD)
– Zusatzurlaub (§ 27 TVöD)
– Arbeitsbefreiung (§ 29 TVöD)
– Arbeitsbefreiung am 24. und 31.12. (§ 6 Abs. 3 Satz 1 TVöD)

Das fort zu zahlende Entgelt wird in diesen Fällen nach den Bestimmungen des § 21 TVöD berechnet und gezahlt.

IV. In Monatsbeträgen festgelegte Entgeltbestandteile

Nach § 21 Satz 1 TVöD wird das in Monatsbeträgen festgelegte Entgelt fortge- 5
zahlt. Dies sind die folgenden Entgelte:

- das Monatstabellenentgelt (§ 15 TVöD)
- ständige Wechselschichtzulage (§ 8 Abs. 5 TVöD)
- ständige Schichtzulage (§ 8 Abs. 6 TVöD)
- Besitzstandszulagen nach den §§ 9, 10, 11 TVÜ-VKA bzw. TVÜ-Bund
- Strukturausgleichszahlungen nach § 12 TVÜ-VKA bzw. TVÜ-Bund
- Funktionszulage
- Pflegezulage
- Heimzulage
- Techniker-, Meister- und Programmiererzulage nach der Protokollerklärung zu § 5 Abs. 2 Satz 3 TVÜ-VKA bzw. TVÜ-Bund

Nach § 21 Satz 3 TVöD sind ausdrücklich hiervon Überstunden, soweit sie nicht 6
im Dienstplan vorgesehen sind, Leistungsentgelte, Jahressonderzahlungen sowie
die besonderen Zahlungen nach § 23 TVöD ausgenommen.

Als Leistungsentgelt sind die nach § 18 TVöD geregelten Leistungsentgelte, die
Sparkassensonderzahlung nach § 44 TVöD-BT-S, sonstige Leistungsprämien und
Bonuszahlungen zu verstehen. Ferner sind die besonderen Zahlungen nach § 23
TVöD ausgenommen. Die in § 23 TVöD geregelte vermögenswirksame Leistung
wird nach § 23 Abs. 1 Satz 4 bis 6 TVöD getrennt neben der Entgeltzahlung auch
während des Urlaubs oder der Krankheit bezahlt, wenn in dem betreffenden Monat Anspruch auf Zahlung von Entgelt, Entgeltfortzahlung oder Krankengeldzuschuss bestanden hat. Sie kann daher nicht nochmals in die Bemessungsgrundlage
im Falle des Anspruchs auf Entgeltfortzahlung einbezogen werden. Ferner ist die
Zahlung von Jubiläumsgeld aus der Bemessungsgrundlage ausgenommen.

Werden sonstige tarifvertragliche Leistungen, wie zum Beispiel Überstunden- 7
vergütungen für ständig anfallende Überstunden, Erschwerniszuschläge oder sonstige Zeitzuschläge nach § 24 Abs. 6 TVöD pauschaliert und in festen Monatsbeträgen ausbezahlt, so sind diese bei der Entgeltfortzahlung in den in § 21 TVöD
benannten Fällen ebenfalls nach Satz 1 weiterhin auszuzahlen. Dies trifft auch für
pauschal mit einem festen Monatsbetrag vergütete Überstunden zu. Wenn Überstunden pauschaliert vergütet werden, so einigen sich die Vertragsparteien zuvor
darauf, dass üblicherweise Überstunden in einer bestimmten Höhe ständig anfallen. Nach dem allgemeinen Begriff der „Überstunde" handelt es sich bei Überstunden aber um Stunden, die über die regelmäßige Arbeitszeit hinaus erbracht
werden.[1]

---

[1] BAG, Urt. v. 24.10.2000 – 9 AZR 634/99, NZA 2001, 449 unter II.2.a); a.A. Bundesministerium
des Innern, Rundschreiben vom 08.12.2005, S.56.

V. Nicht in Monatsbeträgen festgelegte Entgeltbestandteile

1. Entgeltarten

8 Nach § 21 Satz 2 TVöD sind hingegen nicht in Monatsbeträgen festgelegte Entgeltbestandteile als Durchschnitt auf Basis der dem maßgebenden Ereignis für die Entgeltfortzahlung vorhergehenden letzten drei Kalendermonate zu zahlen. Die hierunter zu fassenden Entgeltbestandteile sind nicht näher eingegrenzt und umfassen daher grundsätzlich alle nicht in monatlich festen Beträgen gezahlten Entgelte wie

– Zeitzuschläge nach § 8 TVöD mit Ausnahme des Zeitzuschlags für Überstunden (§ 8 Abs. 1 Satz 2 Buchstabe a)
– Erschwerniszuschläge nach § 23 TVÜ-VKA
– Bereitschaftsdienstentgelte nach § 9 TVöD, § 46 TVöD-BT-K,
– Rufbereitschaftsentgelte nach § 8 Abs. 3 TVöD
– Zulagen aus der Übertragung einer höherwertigeren Tätigkeit (§ 14 TVöD).

9 Die Zulage aus der Übertragung einer höherwertigeren Tätigkeit wird nach § 14 TVöD im Unterschied zu § 24 BAT taggenau berechnet und ist daher nicht nach dem Wortlaut von § 21 Abs. 1 Satz 1 TVöD als Monatsbetrag festgelegt. Sie ist somit Bestandteil des Referenzentgelts des Satzes 2 dieser Vorschrift.[2] Strittig ist ferner in welchen Fällen Überstunden bezahlt werden und in welcher Höhe dies geschieht. Nach § 21 Abs. 1 Satz 3 TVöD sind zusätzlich für Überstunden gezahlte Entgelte mit Ausnahme der im Dienstplan vorgesehenen Überstunden generell von der Entgeltfortzahlung ausgenommen. Werden Überstunden im Rahmen einer monatlich festen Pauschale als Vertrauensarbeitszeit vergütet, so gehen die Vertragsparteien davon aus, dass die damit vergütete Anzahl von Überstunden regelmäßig im Durchschnitt zu leisten und zu vergüten ist. Diese Überstundenpauschale ist daher nach dem Lohnausfallprinzip des § 21 Abs. 1 Satz 1 TVöD bei der Entgeltzahlung zu berücksichtigen. Werden Überstunden dienstplanmäßig festgelegt, so kann und wird dies in der Regel je nach Dienstplangestaltung monatlich unterschiedlich erfolgen. Diese dienstplanmäßig festgesetzten Überstunden fließen somit in das Referenzentgelt des § 21 Abs. 1 Satz 2 TVöD ein und berechnen sich danach.

10 Vom Begriff des Entgelts sind nicht Aufwandsentschädigungen gleich welcher Art umfasst. Aufwandsentschädigungen sind kein Arbeitsentgelt.[3] Aufwandsentschädigungen entstehen dem Arbeitnehmer regelmäßig, wenn er im Rahmen des Beschäftigungsverhältnisses für den Arbeitgeber tätig wird und ihm im Rahmen dieses Auftrages Kosten entstehen. Diese sind, soweit keine eigenständigen tarifvertraglichen Regelungen, z.B. über die Tragung der Reisekosten, getroffen worden sind, dem Arbeitnehmer nach § 670 BGB zu erstatten. Hierzu zählen

– Reisekosten
– Verpflegungsmehraufwandskosten

---

[2] Die unterschiedliche Berechnungsweise wird übersehen von Breier § 21 RN 3.
[3] BAG, Urt. v. 12.12.2001 – 5 AZR 257/00, NZA 2002, 1338.

– sonstige Auslagen.

2. Berechnungszeitraum

a) Der normale Berechnungszeitraum

Nach § 21 Satz 2 TVöD werden die Entgeltbestandteile, die nicht in monatlich   **11**
festen Bezügen anfallen, nach dem Durchschnitt eines Berechnungszeitraums der
letzten drei Monate gezahlt, die dem die Entgeltfortzahlung auslösenden Ereignis
vorangegangen sind. Nimmt ein Mitarbeiter also im Juni eines Jahres Urlaub, so
bilden die Monate März, April und Mai den Berechnungszeitraum.

Nach Nr. 1 der Protokollerklärungen zu den Sätzen 2 und 3 zählen nach Satz 2
nur volle Kalendermonate bei der Durchschnittsberechnung. Dies sind Kalendermonate, an denen an allen Kalendertagen das Arbeitsverhältnis bestanden hat.
Diese Regelung ist bei einem ruhenden Arbeitsverhältnis nicht unproblematisch.
Bei einem ruhenden Arbeitsverhältnis besteht das Arbeitverhältnis fort, wobei die
gegenseitigen Hauptleistungspflichten für den Zeitraum des Ruhens des Arbeitsverhältnisses außer Kraft gesetzt sind. Der Beschäftigte ist von der Pflicht zur Arbeitsleistung entbunden, der Arbeitgeber von der Verpflichtung der Entgeltzahlung befreit. Die Haupanwendungsfälle der Praxis sind der Wehr- und Zivildienst,
die Elternzeit und die befristete Erwerbsminderungsrente auf Zeit.

Hier besteht nach § 1 Abs. 1 ArbPlSchG und § 15 BErzG das Arbeitsverhältnis
als ruhendes Arbeitsverhältnis fort; gleiches gilt bei der Gewährung einer Erwerbsminderungsrente auf Zeit nach § 33 Abs. 2 Satz 5 TVöD.

Nach den Protokollerklärungen werden die Monate in denen das Arbeitsverhältnis an allen Kalendertagen bestanden hat dem Berechnungszeitraum zu Grunde gelegt. Bei einem ruhenden Arbeitsverhältnis trifft dies für den gesamten Ru-
henszeitraum zu. Nimmt also ein Beschäftigter nach der Elternzeit im Oktober die
Arbeit wieder auf und nimmt alte Urlaubsansprüche, die vor der Elternzeit entstanden sind, so werden die Monate Juli, August und September als Berechnungszeitraum zu Grunde gelegt, weil das Arbeitsverhältnis an allen Kalendertagen in
diesen Monaten bestanden hat. Der Durchschnitt der nicht ständigen Bezüge im
Berechnungszeitraum beläuft sich auf Null, weil kein Entgelt im Berechnungszeitraum gezahlt wurde. In diesem Fall besteht der Anspruch auf Entgeltzahlung nur
nach Satz 1 in Höhe der monatlich festen Entgeltbestandteile.

Eine solche Beschränkung der Bemessungsgrundlage des fort zu zahlenden
Entgelts kann durch die Tarifvertragsparteien nach § 4 Absatz 4 EFZG und § 13
Absatz 1 BUrlG vorgenommen werden.

b) Der verkürzte Berechnungszeitraum

Die Tarifvertragsparteien können insgesamt einen kürzeren als den gesetzlichen   **12**
Berechnungszeitraum des § 11 BUrlG der Entgeltfortzahlung zu Grunde legen.[4]

Bei Neueinstellungen kann es dazu kommen, dass das Arbeitsverhältnis noch
nicht drei Monate bestanden hat und ein Entgeltfortzahlungsanspruch entsteht. In
diesen Fällen sind nach Nummer 1 Satz 2 der Protokollerklärungen nur die Mona-

---

[4] BAG, Urt. v. 03.12.2002 – 9 AZR 535/01, AP Nr. 57 zu § 11 BUrlG; BAG, Urt. v. 17.01.1991 – 8
     AZR 644/89, AP Nr. 30 zu BUrlG § 11.

te als Berechnungszeitraum zu berücksichtigen, in denen an allen Kalendertagen das Arbeitsverhältnis bestanden hat.

Hat das Arbeitsverhältnis zum 02.01. begonnen und erkrankt der Mitarbeiter im März, so ist nur der Monat Februar für die Bemessung des Referenzentgeltes der unstetigen Bezüge maßgeblich, da nur in diesem Monat das Arbeitsverhältnis an allen Kalendertagen bestanden hat. Erkrankt dieser Mitarbeiter bereits im Februar, so ist kein voller Kalendermonat als Berechnungszeitraum gegeben. Der Mitarbeiter hat keinen Anspruch auf Fortzahlung unstetiger Bezüge.

c) Ansprüche in der Überleitungsphase in den TVöD

13   Entsteht ein Entgeltfortzahlungsanspruch in der Übergangsphase, so ergeben sich keine abweichenden Regelungen. Auch hier sind die monatlich festen Bezüge in ihrer jeweiligen Höhe zu zahlen, die monatlich unständigen Bezüge im Berechnungszeitraum nach Satz 2 zu ermitteln und in die Berechnung einzubeziehen. Zu den monatlich festen Bezügen zählt vor der Überführung das Tabellenentgelt, Orts- und Sozialzuschläge, alle sonstigen in monatlich festen Beträgen ausgezahlten Vergütungsbestandteile wie dauernde Schicht- und Wechselschichtzulage oder Pauschalabgeltungen von Überstunden in monatlich festen Beträgen. Für eine differenzierende Lösung im Übergangszeitraum zu einem tagesbezogenen Berechnungszeitraum überzugehen und alle Monate vor dem Übergang in den TVöD auszublenden, gibt es keinerlei Anhaltspunkte im Tarifvertrag.[5] Auch aus der Bestimmung in § 28 TVÜ-VKA und § 21 TVÜ-Bund, dass alle unständigen Entgeltbestandteile bis zum 39.09.2005 so abzurechnen sind, als ob das Arbeitsverhältnis zu diesem Zeitpunkt enden würde, lassen einen solchen Schluss nicht zu.[6]

3. Berechnung des Durchschnittsentgelts

14   Der Geld- wie auch der Zeitfaktor können im Rahmen des Entgeltsfortzahlungsgesetzes tarifvertraglich vom Gesetz abweichend geregelt werden.[7] Nach § 1 Bundesurlaubsgesetz hat der Arbeitgeber allerdings dem Arbeitnehmer das Entgelt für die konkret ausfallende Arbeitszeit zu zahlen. Hiervon kann nach § 12 Abs. 1 Satz 1 BUrlG auch nicht durch Tarifvertrag abgewichen werden.[8]

a) Zeitfaktor

15   Die Berechnung des Durchschnittsentgelts nach Satz 2 ergibt sich aus einem Zeit- und einem Geldfaktor. Bezüglich der zu Grunde legenden Arbeitszeit legt Satz 3 ausdrücklich fest, dass „das zusätzlich für Überstunden gezahlte Entgelt" mit Ausnahme der im Dienstplan vorgesehenen Überstunden nicht in die Bemessungsgrundlage einfließt. Der Begriff der Überstunden ist arbeitsrechtlich danach definiert, dass über die arbeitsvertraglich vereinbarte regelmäßige Arbeitszeit hinaus gearbeitet wird.[9] Weicht die regelmäßige Arbeitszeit von der vertraglich vereinbarten Arbeitszeit ab, so ist diese abweichende, vertraglich gelebte Arbeitszeit

---

[5]   So aber BMI Rundschreiben v. 08.12.2005, S. 55.

[6]   So aber Breier § 21 RN 29.

[7]   BAG, Urt. v. 09. 10. 2002 – 5 AZR 356/01, NZA 2003, 978.

[8]   BAG, Urt. v. 09.11.1999 – 9 AZR 771/98, AP Nr. 47 zu § 11 BUrlG.

[9]   BAG, Urt. v. 21.11.2001 – 5 AZR 296/00, AP Nr. 56 zu § 4 EntgeltFG; a.A. BMI Rundschreiben v. 08.12.2005, S. 56.

maßgeblich. Hierbei ist eine rückschauende Betrachtung über einen längeren Zeitraum zulässig und geboten.[10]

Somit haben Überstunden im Sinne einer über die regelmäßige Arbeitszeit hinausgehenden Arbeitszeit unberücksichtigt zu bleiben. Dies gilt sowohl für die Grundvergütung für diese Stunden, als auch für die Überstundenzuschläge.[11] **16**

Grundsätzlich können die Tarifvertragsparteien auch vereinbaren, dass abweichend von der gesetzlichen Regelung als Zeitfaktor nicht die regelmäßige individuelle Arbeitszeit, sondern die tarifvertragliche Arbeitszeit maßgeblich sein soll.[12] Dies bedarf dann allerdings einer klaren Regelung. **17**

b) Geldfaktor

Nach dem Wortlaut des Satzes 3 sind aber alle für Überstunden geleisteten Vergütungsbestandteile als Geldfaktor aus der Bemessungsgrundlage auszuklammern. Auch dann, wenn Überstunden pauschal unter Einbeziehung der Überstundenzuschläge ausbezahlt werden, ist der Geldfaktor bei der Entgeltfortzahlung aus der Pauschale herauszurechnen und in Abzug zu bringen.[13] Dies gilt nach den Protokollerklärungen allerdings nicht für Überstunden, die im Dienstplan vorgesehen sind. Dies sind in der Regel in Betrieben mit Schicht- und Wechselschichtarbeit die gesetzlichen Pausen, die nach § 6 Abs. 1 Satz 2 TVöD in die Arbeitszeit einzurechnen und zu vergüten sind.[14] **18**

In den Durchschnittsverdienst als Geldfaktor sind sonst alle unständigen Entgeltbestandteile einzubeziehen. Zuschläge, die im Berechnungszeitraum für Sonntagsarbeit und Nachtarbeit abgerechnet worden sind, müssen auch dann einbezogen werden, wenn sie für Überstunden gezahlt worden sind.[15] Zuschläge für Rufbereitschaft[16] und Bereitschaftsdienst stellen keine Vergütung für Überstunden dar und sind zu berücksichtigen.[17]

c) Berechnung des Tagesentgelts

Nach Nr. 2 der Protokollerklärungen ergibt sich der Tagesdurchschnitt der unständigen Bezüge bei einer Verteilung der Arbeitszeit auf fünf Tage in der Woche, indem die Summe aller zu berücksichtigenden Entgeltbestandteile, die dem Beschäftigten „für den Berechnungszeitraum zugestanden" haben, durch 1/65 geteilt wird (13 Wochen durchschnittlich * 5 Arbeitstage = 65 Arbeitstage). **19**

Mit dem Wort „zugestanden" wird nicht das im Berechnungszeitraum ausgezahlte Entgelt zu Grunde gelegt, sondern der von der Arbeitsleistung nach dem sozialversicherungsrechtlichen Entstehungsprinzip entstandene Entgeltanspruch. Diese unständigen Entgeltbestandteile werden nach § 24 Abs. 1 Satz 3 TVöD erst

---

[10] BAG, Urt. v. 26.06.2002 – 5 AZR 592/00, AP Nr. 61 zu § 4 EntgeltFG.
[11] ErfK/Dörner § 11 BUrlG RN 12; H/W/K/Schinz § 11 BUrlG RN 31.
[12] BAG Urt. v. 24.03.2004 – 5 AZR 346/03, NZA 2004, 1042.
[13] BAG, Urt. v. 26.06.2002 – 5 AZR 153/01, AP Nr. 62 zu § 4 EntgeltFG; BAG, Urt. v. 09.11.1999 – 9 AZR 771/98, AP Nr. 47 zu § 11 BUrlG.
[14] Zu einer vergleichbaren tarifvertraglichen Regelung siehe BAG, Urt. v. 23.01.2001 – 9 AZR 4/00, AP Nr. 53 zu § 11 BUrlG.
[15] BAG, Urt. v. 03.04.2001 – 9 AZR 170/00, AP Nr. 55 zu § 11 BUrlG.
[16] BAG, Urt. v. 20.06.2000 – 9 AZR 437/99, AP Nr. 51 zu § 11 BUrlG.
[17] BAG, Urt. v. 24.10.2000 – 9 AZR 634/99, AP Nr. 50 zu § 11 BUrlG.

zum Zahltag des zweiten Kalendermonats, der auf ihre Entstehung folgt, zur Zahlung fällig. Auch der Tagesdurchschnitt der Entgeltfortzahlung wird erst zum Zahltag des zweiten Monats, der der Entstehung folgt, fällig.

Dauert die Entgeltfortzahlung über das Ende eines Monats hinaus fort, so wird im folgenden Monat keine Neuberechnung des Tagesdurchschnitts vorgenommen, da § 21 Satz 2 TVöD auf das die Entgeltfortzahlung begründende Ereignis abstellt. Arbeitet der Beschäftigte nur vier oder aber sechs Tage wöchentlich, so ändert sich nach Nr. 2 der Protokollerklärungen die Berechnung entsprechend auf 1/52 bzw. 1/78 (13*4 = 52; 13*6 = 78).

Würde sich die Summe aller nicht in festen Monatsbeträgen zu zahlenden Entgeltbestandteile also bei einer Teilzeitkraft bei einem kommunalen Arbeitgeber des Tarifgebietes West, die an 4 Tagen in der Woche die tägliche normale Arbeitsleistung (7,7 Std./8 Std. Tarifgebiet Ost/7,8 Std. Bund) erbringt auf 200 €/Monat belaufen, ergäbe sich ein Tagesdurchschnitt des unständigen Entgelts in Höhe von 11,53 € (200 €*3 Monate = 600 €/52 = 11,53 € / Arbeitstag). Wäre die Teilzeitkraft an fünf Tagen arbeitsunfähig erkrankt, würde sich die Summe der fort zu zahlenden unständigen Entgeltbestandteile auf 23,81 € belaufen (Bei den künftigen Berechnungen wird die wöchentliche Arbeitszeit kommunaler Arbeitgeber im Tarifgebiet West zu Grunde gelegt).

d) Berechnung des Stundenentgelts

20   Bei der Berechnung des Stundenentgelts ist die Formel des § 24 Abs. 3 Satz 2 und 3 TVöD anzuwenden. Der Monatsbetrag ist danach durch die monatliche Arbeitszeit zu teilen, die sich aus der durchschnittlichen Wochenzahl eines Monats von 4,348 Wochen/Monat multipliziert mit der regelmäßigen wöchentlichen Arbeitszeit des Beschäftigten ergibt. Im oben genannten Beispiel würde der Stundendurchschnitt sich bei der angenommenen Teilzeitbeschäftigung von 30,8 Stunden wöchentlich (38,5 Std./5 = 7,7*4 = 30,8 Std.) wie folgt berechnen:

200 €/(4,348*30,8) = 1,49 €; bei einer wöchentlichen Arbeitszeit von 39 Stunden (39 Std./5=7,8*4=31,2) würde sich ein Betrag von 200 €/(4,348*31,2)=1,47 € ergeben.

e) Herausrechnung von Entgeltfortzahlungszeiträumen aus der Durchschnittsberechnung

21   In Anlehnung an die Rechtsprechung zur Entgeltfortzahlung[18] nach dem Entgeltfortzahlungsgesetz bleiben die Tage, für die bereits die unständigen Entgeltbestandteile nach dem Tagesdurchschnittssatz bestimmt worden sind, bei der Berechnung des Tagesdurchschnitts einer nachfolgenden Entgeltzahlung nach Nr. 2 Satz 4 der Protokollerklärungen unberücksichtigt.

Wenn beispielsweise ein Beschäftigter im November zehn Tage erkrankt, so sind als Berechnungszeitraum zur Bestimmung des Tagesdurchschnitts des unständigen Entgelts die Monate August, September und Oktober zu Grunde zu legen. Lag in dem Berechnungszeitraum ein Zeitraum von zehn Arbeitstagen Urlaub im August, so ist diese Urlaubszeit bei der Berechnung des Tagesdurchschnitts von den Tagen und dem Entgelt her unberücksichtigt zu lassen. Sowohl diese Ta-

---

18   BAG, Urt. v. 26.06.2002 – 5 AZR 592/00, AP Nr. 61 zu § 4 EntgeltFG.

ge als auch das auf diese Tage entfallende Tagesdurchschnittsentgelt sind heraus zu rechnen.[19] Hat der Arbeitnehmer im Berechnungszeitraum für die vorangegangene Entgeltfortzahlung unständige Bezüge von 600 € erhalten, so berechnen sich die unständigen Bezüge für den zehntägigen Urlaubszeitraum auf 92,30 € (600 €/ 65 = 9,23 € * 10 Urlaubstage = 92,30 €).

Hätte der Beschäftigte im August 150 € an unständige Bezüge inklusive der Zahlung des Tagesdurchschnitts für die Entgeltfortzahlung wegen des Urlaubs erhalten und in den beiden darauf folgenden Monaten jeweils 180 €, so würde sich die folgende Berechnung ergeben:

Monat	Arbeitstage	unständige Vergütung
August	22	200 €
davon Entgeltfortzahlung	10	90 €
Zwischenrechnung August		110/12 * 22 = 201,66 €
September	23	210
Oktober	21	180
Summe	66	591,66 €
Tagesdurchschnitt		591,66 € / 65 = 9,10 €

Bei der oben genannten Berechnung wird für den Monat August eine Zwischenrechnung durchgeführt und die Tagsdurchschnittswerte des unstetigen Entgelts der tatsächlichen Arbeitstage auf die möglichen Arbeitstage des Monats hochgerechnet bevor der Durchschnitt über den dreimonatigen Berechnungszeitraum errechnet wird.

4. Teilzeitbeschäftigung und Wechsel der Arbeitszeit

Ändert sich während des laufenden Berechnungszeitraums die durchschnittliche Arbeitszeit, so sind nach Nr. 1 der Protokollerklärungen nur die nach der Arbeitszeitänderung liegenden vollen Kalendermonate zu berücksichtigen. Ergibt sich kein voller Kalendermonat nach der Änderung der Arbeitszeit, so ist das unstetige Entgelt, mangels einer ausdrücklichen tarifvertraglichen Regelung, entsprechend der von den Tarifvertragsparteien verfolgten Zielsetzung, die neue Arbeitszeitregelung auf die Entgeltbemessung wirken zu lassen, nach Rn. 21) hoch zu rechnen.

22

5. Entgeltanpassung

Tritt während des Zeitraums der Entgeltfortzahlung eine Änderung der Entgelthöhe ein, so ist der Beschäftigte nach Nr. 3 der Protokollerklärungen so zu stellen, als sei die Entgeltanpassung bereits zu Beginn des Berechnungszeitraums eingetreten. Diese Vorschrift entspricht der Regelung des § 11 Abs. 1 Satz 2 BUrlG, allerdings mit dem Unterschied, dass eine Entgeltanpassung nach der tarifvertraglichen Vorschrift positiver oder negativer Natur sein kann, während die Vorschrift des Bundesurlaubsgesetzes auf Einkommenssteigerungen abzielt. Mit dieser Vorschrift wird nur bewirkt, dass die Höhe des Entgelts im Entgeltfortzahlungszeitraum bereits bei der Berechnung der Bezüge im Berechnungszeitraum Anwendung findet.

23

---

[19] Breier § 21 RN 34.

Dörring

§ 22 Entgelt im Krankheitsfall

(1) ¹Werden Beschäftigte durch Arbeitsunfähigkeit infolge Krankheit an der Arbeitsleistung verhindert, ohne dass sie ein Verschulden trifft, erhalten sie bis zur Dauer von sechs Wochen das Entgelt nach § 21. ²Bei erneuter Arbeitsunfähigkeit infolge derselben Krankheit sowie bei Beendigung des Arbeitsverhältnisses gelten die gesetzlichen Bestimmungen. ³Als unverschuldete Arbeitsunfähigkeit im Sinne der Sätze 1 und 2 gilt auch die Arbeitsverhinderung in Folge einer Maßnahme der medizinischen Vorsorge und Rehabilitation im Sinne von § 9 EFZG.

Protokollerklärung zu Absatz 1 Satz 1:
Ein Verschulden liegt nur dann vor, wenn die Arbeitsunfähigkeit vorsätzlich oder grob fahrlässig herbeigeführt wurde.

(2) ¹Nach Ablauf des Zeitraums gemäß Absatz 1 erhalten die Beschäftigten für die Zeit, für die ihnen Krankengeld oder entsprechende gesetzliche Leistungen gezahlt werden, einen Krankengeldzuschuss in Höhe des Unterschiedsbetrags zwischen den tatsächlichen Barleistungen des Sozialleistungsträgers und dem Nettoentgelt. ²Nettoentgelt ist das um die gesetzlichen Abzüge verminderte Entgelt im Sinne des § 21; bei freiwillig Krankenversicherten ist dabei deren Gesamtkranken- und Pflegeversicherungsbeitrag abzüglich Arbeitgeberzuschuss zu berücksichtigen. ³Für Beschäftigte, die wegen Übersteigens der Jahresarbeitsentgeltgrenze nicht der Versicherungspflicht in der gesetzlichen Krankenversicherung unterliegen, ist bei der Berechnung des Krankengeldzuschusses der Krankengeldhöchstsatz, der bei Pflichtversicherung in der gesetzlichen Krankenversicherung zustünde, zugrunde zu legen.

(3) Der Krankengeldzuschuss wird bei einer Beschäftigungszeit (§ 34 Abs. 3)
– von mehr als einem Jahr längstens bis zum Ende der 13. Woche und
– von mehr als drei Jahren längstens bis zum Ende der 39. Woche
seit dem Beginn der Arbeitsunfähigkeit infolge derselben Krankheit gezahlt. Maßgeblich für die Berechnung der Fristen nach Satz 1 ist die Beschäftigungszeit, die im Laufe der krankheitsbedingten Arbeitsunfähigkeit vollendet wird.

(4) ¹Entgelt im Krankheitsfall wird nicht über das Ende des Arbeitsverhältnisses hinaus gezahlt; § 8 EFZG bleibt unberührt. ²Krankengeldzuschuss wird zudem nicht über den Zeitpunkt hinaus gezahlt, von dem an Beschäftigte eine Rente oder eine vergleichbare Leistung auf Grund eigener Versicherung aus der gesetzlichen Rentenversicherung, aus einer zusätzlichen Alters- und Hinterbliebenenversorgung oder aus einer sonstigen Versorgungseinrichtung erhalten, die nicht allein aus Mitteln der Beschäftigten finanziert ist. ³Überzahlter Krankengeldzuschuss und sonstige Überzahlungen gelten als Vorschuss auf die in demselben Zeitraum zustehenden Leistungen nach Satz 2; die Ansprüche der Beschäftigten gehen insoweit auf den Arbeitgeber über. ⁴Der Arbeitgeber kann von der Rückforderung des Teils des überzahlten Betrags, der nicht durch die für den Zeitraum der Überzahlung zustehenden

Bezüge im Sinne des Satzes 2 ausgeglichen worden ist, absehen, es sei denn, die/der Beschäftigte hat dem Arbeitgeber die Zustellung des Rentenbescheids schuldhaft verspätet mitgeteilt.

TVÜ-Bund
§ 13 Entgeltfortzahlung im Krankheitsfall

(1) ¹Bei Beschäftigten, für die bis zum 30. September 2005 § 71 BAT gegolten hat, wird abweichend von § 22 Abs. 2 TVöD für die Dauer des über den 30. September 2005 hinaus ununterbrochen fortbestehenden Arbeitsverhältnisses der Krankengeldzuschuss in Höhe des Unterschiedsbetrages zwischen dem festgesetzten Nettokrankengeld oder der entsprechenden gesetzlichen Nettoleistung und dem Nettoentgelt (§ 22 Abs. 2 Satz 2 und 3 TVöD) gezahlt. ²Nettokrankengeld ist das um die Arbeitnehmeranteile zur Sozialversicherung reduzierte Krankengeld. ³Für Beschäftigte, die nicht der Versicherungspflicht in der gesetzlichen Krankenversicherung unterliegen, ist bei der Berechnung des Krankengeldzuschusses der Höchstsatz des Nettokrankengeldes, der bei Pflichtversicherung in der gesetzlichen Krankenversicherung zustünde, zugrunde zu legen.

(2) ¹Beschäftigte im Sinne des Absatzes 1 erhalten längstens bis zum Ende der 26. Woche seit dem Beginn ihrer über den 30. September 2005 hinaus ununterbrochen fortbestehenden Arbeitsunfähigkeit infolge derselben Krankheit oder Arbeitsverhinderung infolge einer Maßnahme der medizinischen Vorsorge oder Rehabilitation ihr Entgelt nach § 21 TVöD fortgezahlt. ²Tritt nach dem 1. Oktober 2005 Arbeitsunfähigkeit infolge derselben Krankheit ein, werden die Zeiten der Entgeltfortzahlung nach Satz 1 auf die Fristen gemäß § 22 TVöD angerechnet.

Protokollerklärung zu § 13:
¹Soweit Beschäftigte, deren Arbeitsverhältnis mit dem Bund vor dem 1. August 1998 begründet worden ist, Anspruch auf Beihilfe im Krankheitsfall haben, besteht dieser nach den bisher geltenden Regelungen des Bundes zur Gewährung von Beihilfen an Arbeitnehmerinnen und Arbeitnehmer fort. ²Änderungen der Beihilfevorschriften für die Beamtinnen und Beamten des Bundes kommen zur Anwendung.

TVÜ-VKA
§ 13 Entgeltfortzahlung im Krankheitsfall

(1) ¹Bei Beschäftigten, für die bis zum 30. September 2005 § 71 BAT gegolten hat, wird abweichend von § 22 Abs. 2 TVöD für die Dauer des über den 30. September 2005 hinaus ununterbrochen fortbestehenden Arbeitsverhältnisses der Krankengeldzuschuss in Höhe des Unterschiedsbetrages zwischen dem festgesetzten Nettokrankengeld oder der entsprechenden gesetzlichen Nettoleistung und dem Nettoentgelt (§ 22 Abs. 2 Satz 2 und 3 TVöD) gezahlt. ²Nettokrankengeld ist das um die Arbeitnehmeranteile zur Sozialversicherung reduzierte Krankengeld. ³Für Beschäftigte, die nicht der Versiche-

rungspflicht in der gesetzlichen Krankenversicherung unterliegen, ist bei der Berechnung des Krankengeldzuschusses der Höchstsatz des Nettokrankengeldes, der bei Pflichtversicherung in der gesetzlichen Krankenversicherung zustünde, zugrunde zu legen.

(2) [1]Beschäftigte im Sinne des Absatzes 1 erhalten längstens bis zum Ende der 26. Woche seit dem Beginn ihrer über den 30. September 2005 hinaus ununterbrochen fortbestehenden Arbeitsunfähigkeit infolge derselben Krankheit oder Arbeitsverhinderung infolge einer Maßnahme der medizinischen Vorsorge oder Rehabilitation ihr Entgelt nach § 21 TVöD fortgezahlt. [2]Tritt nach dem 1. Oktober 2005 Arbeitsunfähigkeit infolge derselben Krankheit ein, werden die Zeiten der Entgeltfortzahlung nach Satz 1 auf die Fristen gemäß § 22 TVöD angerechnet.

Protokollerklärung zu § 13:
[1]Soweit Beschäftigte, deren Arbeitsverhältnis mit dem Bund vor dem 1. August 1998 begründet worden ist, Anspruch auf Beihilfe im Krankheitsfall haben, besteht dieser nach den bisher geltenden Regelungen des Bundes zur Gewährung von Beihilfen an Arbeitnehmerinnen und Arbeitnehmer fort. [2]Änderungen der Beihilfevorschriften für die Beamtinnen und Beamten des Bundes kommen zur Anwendung.

I. Verhältnis zur bisherigen Regelung

1. Entgeltfortzahlung (§ 22 Abs. 1 TVöD)

1 Die Entgeltfortzahlung im Krankheitsfall ist in § 22 Abs. 1 TVöD geregelt. Im Vergleich zu den bisherigen Regelungen zur sechswöchigen Entgeltfortzahlung in § 37 BAT/BAT-O bzw. § 42 MTArb/MTArb-O sind kaum Änderungen inhaltlicher Art vorgenommen. Die augenfälligsten Abweichungen sind

- die neue Berechnung der Bemessungsgrundlage für die Entgeltfortzahlung nach § 21 TVöD und
- die einheitliche Geltung der Sechswochendauer für die Entgeltfortzahlung nunmehr für alle Beschäftigten.

Ansonsten wurden lediglich redaktionelle Anpassungen an die Formulierungen des § 3 Abs. 1 Entgeltfortzahlungsgesetz (EFZG) vorgenommen und der Text, wie ja generell der gesamte TVöD, durch Verzicht auf deklaratorische Wiederholungen zwingender gesetzlicher Vorschriften gestrafft.[1]

Strikt an das EFZG angeknüpft wurde auch die Fiktion von Sachverhalten als Arbeitsunfähigkeit infolge Krankheit; für die Arbeitsverhinderung infolge einer Maßnahme der medizinischen Vorsorge und Rehabilitation ist § 9 EFZG zu beachten, bei Sterilisation oder Schwangerschaftsabbruch § 3 Abs. 2 EFZG und bei Beendigung des Arbeitsverhältnisses § 8 EFZG.[2]

Auch bei Wiederholungserkrankungen kommen die gesetzlichen Regelungen nach § 3 Abs. 1 EFZG zum Tragen; eine inhaltliche Änderung gegenüber der bisherigen Regelung nach § 37 Abs. 2 Unterabs. 2 BAT/BAT-O bzw. § 42 Abs. 2 Unterabs. 2 MTArb/ MTArb-O hat sich dadurch nicht ergeben.[3]

Die vierwöchige Wartezeit gemäß § 3 Abs. 3 EFZG, nach der der Anspruch auf Entgeltfortzahlung im Krankheitsfall bei Neubegründung des Arbeitsverhältnisses erstmals entsteht, findet unverändert keine Anwendung.

2. Krankengeldzuschuss (§ 22 Abs. 2 und 3 TVöD)

2 Die neue Regelung zum Krankengeldzuschuss nach § 22 Abs. 2 TVöD entspricht hinsichtlich der Höhe des Krankengeldzuschusses inhaltlich der bisherigen Regelung nach § 37 Abs. 8 und 9 BAT/BAT-O bzw. § 42 Abs. 8 und 9 MTArb/ MTArb-O.[4]

Anspruch auf Krankengeldzuschuss besteht unverändert nur für die Zeit, für die Krankengeld oder entsprechende gesetzliche Leistungen gezahlt werden.

Maßnahmen zur Vorsorge und Rehabilitation sind, anders als nach § 37 Abs. 4 Unterabs. 3 BAT/BAT-O oder § 42 Abs. 4 Unterabs. 3 MTArb/MTArb-O, in vol-

---

[1] Vgl. auch Rundschreiben des BMI v. 08.12.2005, S. 56.
[2] Rundschreiben des BMI v. 08.12.2005, S. 57.
[3] Rundschreiben des BMI v. 08.12.2005, S. 57.
[4] Rundschreiben des BMI v. 08.12.2005, S. 57.

lem Umfang auf die Fristen für den Bezug des Krankengeldzuschusses anzurechnen.[5]

Die bisherigen Tatbestände des Ausschlusses vom Anspruch auf Krankengeldzuschuss nach § 37 Abs. 3 Buchst. a bis c BAT/BAT-O bzw. § 42 Abs. 3 Buchst.
a bis c MTArb/MTArb-O wurden nicht übernommen.[6]

3. Regelungen in § 22 Abs. 4 TVöD

Entgeltfortzahlung und Zahlung des Krankengeldzuschusses enden mit dem   3
Zeitpunkt des (rechtlichen) Endes des Arbeitsverhältnisses, soweit sich aus § 8
EFZG nicht etwas Anderes ergibt (§ 22 Abs. 4 Satz 1 TVöD).

Im Übrigen entspricht § 22 Abs. 4 TVöD weitgehend § 37 Abs. 7 BAT/BAT-O
bzw. § 42 Abs. 7 MTArb/MTArb-O. Absatz 4 enthält Regelungen zum Ende der
Zahlung des Entgelts im Krankheitsfall bei Beendigung des Arbeitsverhältnisses
oder Rentengewährung und ferner zur Rückforderung von Überzahlungen.[7]

Die vormals in § 37a BAT/BAT-O bzw. § 42a MTArb/MTArb-O geregelten
Anzeige- und Nachweispflichten im Zusammenhang einer Arbeitsunfähigkeit ergeben sich jetzt unmittelbar aus § 5 EFZG, der früher in § 38 BAT/BAT-O bzw.
§ 43 MTArb/MTArb-O geregelte Forderungsübergang bei Dritthaftung nach § 6
EFZG.

Weiter sieht § 22 TVöD für das Entgelt im Krankheitsfall neben dem Höchstbezugszeitraum, der auf die jeweilige Arbeitsunfähigkeit bezogen ist, keinen zusätzlichen festen Jahresgesamtanspruch in Form einer Höchstbezugsdauer je Kalenderjahr vor wie früher § 37 Abs. 5 BAT/BAT-O oder § 42 Abs. 5 MTArb/
MTArb-O und damit auch keinen speziellen Höchstbezugszeitraum für Arbeitsunfähigkeit, die durch einen Arbeitsunfall oder eine Berufskrankheit verursacht worden ist, wie § 37 Abs. 6 BAT/BAT-O oder § 42 Abs. 6 MTArb/
MTArb-O.[8]

II. Übersicht über die unterschiedlichen Ansprüche aus § 22 TVöD

§ 22 TVöD fasst unter dem Oberbegriff „Entgelt im Krankheitsfall" zwei unter-   4
schiedliche Ansprüche zusammen:[9] Entgeltfortzahlung für die ersten sechs Wochen der Arbeitsunfähigkeit und Krankengeldzuschuss für die anschließende Zeit
bis zu höchstens 39 Wochen.

Der Anspruch auf Entgeltfortzahlung ist im EFZG geregelt, dem der TVöD in
§ 22 Abs. 1 und 4 weitgehend folgt. Neben § 22 TVöD sind daher auch die Bestimmungen des EFZG sowie die herzu ergangene Rechtsprechung für den Anspruch auf die Entgeltfortzahlung relevant.

Der Anspruch auf Krankengeldzuschuss dagegen hat keine gesetzliche Grundlage. Daher ist § 22 TVöD hierfür eine abschließende Regelung.

---

5   Rundschreiben des BMI v. 08.12.2005, S. 62.
6   Rundschreiben des BMI v. 08.12.2005, S. 62.
7   Rundschreiben des BMI v. 08.12.2005, S. 58.
8   Rundschreiben des BMI v. 08.12.2005, S. 62.
9   Ebenso Rundschreiben des BMI v. 08.12.2005, S. 56.

III. Entgeltfortzahlung bei Arbeitsunfähigkeit infolge Krankheit

1. Arbeitsunfähigkeit infolge Krankheit

a) Definition von Krankheit und Arbeitsunfähigkeit

5 An sich[10] sind Krankheit und Arbeitsunfähigkeit voneinander zu trennen: Nicht jede Krankheit führt zu einer Arbeitsunfähigkeit; umgekehrt wird Arbeitsunfähigkeit aber in der Regel auf eine Krankheit zurückzuführen sein.

Für das EFZG – und damit, mangels abweichender Regelung,[11] auch für § 22 TVöD – ist „Krankheit" im medizinischen Sinne auszulegen, d.h. als regelwidriger Körper- und Geisteszustand, der einer Heilbehandlung bedarf.[12]

Arbeitsunfähigkeit infolge einer Krankheit liegt vor, wenn ein Krankheitsgeschehen den Arbeitnehmer außer Stand setzt, die ihm nach dem Arbeitsvertrag obliegende Arbeit zu verrichten, oder wenn er die Arbeit nur unter der Gefahr fortsetzen könnte, in absehbar naher Zeit seinen Zustand zu verschlimmern.[13]

Arbeitsunfähigkeit im Sinne des § 3 I 1 EFZG ist nicht dadurch ausgeschlossen, dass die Erkrankung so schwer ist, dass sie den Arbeitnehmer dauernd erwerbsunfähig macht.[14]

b) Feststellung der Arbeitsunfähigkeit; Arbeitsunfähigkeitsbescheinigung

6 Ob ein Arbeitnehmer durch Arbeitsunfähigkeit infolge Krankheit an der Arbeitsleistung verhindert ist, wird vom Arzt nach objektiven medizinischen Kriterien bewertet.[15] Die subjektive Beurteilung der Arbeitsvertragsparteien ist dafür nicht maßgeblich.[16]

c) Monokausalität der Krankheit für die Arbeitsunfähigkeit

7 Zwischen Krankheit und Arbeitsunfähigkeit muss ein kausaler Zusammenhang bestehen. Da die Arbeitsunfähigkeit an den im Arbeitsvertrag festgelegten Pflichten zu messen ist, kann dieselbe Krankheit für den einen Arbeitnehmer eine Arbeitsunfähigkeit begründen, für den anderen dagegen nicht. So hindert Heiserkeit den Sänger an der Ausübung seiner Tätigkeit, einen Arbeiter an einer Maschine dagegen nicht.[17]

---

[10] Die Trennung wird selten sauber beachtet, siehe z.B. BAG, Urt. v. 22.08.1984 – 5 AZR 489/81, AP Nr. 60 zu § 1 LohnFG; anders dagegen z.B. BAG, Urt. v. 26.07.1989 – 5 AZR 301/88, AP Nr. 86 zu § 1 LohnFG und Urt. v. 02.12.1981 – 5 AZR 89/80, AP Nr. 48 zu § 1 LohnFG: Hier trennt das BAG sehr sorgfältig zwischen Krankheit und Arbeitsunfähigkeit.

[11] Gebrauchen Tarifverträge Gesetzesbegriffe, sind diese im Zweifel wie im Gesetz auszulegen, BAG, Urt. v. 22.10.2002 – 3 AZR 468/01, AP Nr. 184 zu § 1 TVG Auslegung; auch das BAG stellt für die Bestimmungen des BAT, für den ebenfalls das EFZG ergänzend anzuwenden war, auf dieselben Definitionen ab, vgl. BAG, Urt. v. 13.07.2005 – 5 AZR 389/04, AP Nr. 25 zu § 3 EFZG.

[12] Ständige Rechtsprechung, siehe nur BAG, Urt. v. 07.08.1991 – 5 AZR 410/90, AP Nr. 94 zu § 1 LohnFG.

[13] BAG, Urt. v. 07.08.1991 – 5 AZR 410/90, AP Nr. 94 zu § 1 LohnFG.

[14] LAG Hamm, Urt. v. 09.07.2003 – 18 Sa 215/03, NZA-RR 2004, 12.

[15] BAG, Urt. v. 26.07.1989 – 5 AZR 301/88, AP Nr. 86 zu § 1 LohnFG.

[16] BAG, Urt. v. 26.07.1989 – 5 AZR 301/88, AP Nr. 86 zu § 1 LohnFG.

[17] Weitere Beispiele bei Lepke, NZA-RR 1999, 57, 58 f.

Der Entgeltfortzahlungsanspruch besteht nur dann, wenn die Arbeitsunfähigkeit **8**
außerdem die alleinige Ursache für den Ausfall der Arbeitsleistung ist.[18] Dies gilt
nicht nur für das EFZG, sondern auch für § 22 TVöD.[19] Der Anspruch auf Arbeitsentgelt darf nicht bereits auf Grund anderer Ursachen entfallen; anders (nach
der Formel der conditio sine qua non) gewendet: Entgeltfortzahlung bekommt nur
der erkrankte Arbeitnehmer, der ohne die Arbeitsunfähigkeit wegen Krankheit einen Vergütungsanspruch gehabt hätte.[20] Dafür müssen nicht alle hypothetischen
Geschehensabläufe berücksichtigt werden, sondern nur die – realen – Ursachen,
die im konkreten Fall tatsächlich vorliegen.

So erhält ein Arbeitnehmer, der nicht bereit ist zu arbeiten, nicht allein deswegen Entgeltfortzahlung, weil er zusätzlich auch noch krank wird.[21] Nicht als Fall
eines fehlenden Arbeitswillens ist allerdings zu beurteilen, wenn ein Arbeitnehmer
dem Übergang seines Arbeitsverhältnisses durch Betriebsübergang (§ 613 a BGB)
wirksam widersprochen und zugleich eine Beschäftigung bei dem Betriebserwerber abgelehnt und auf Beschäftigung bei seinem Arbeitgeber bestanden hat und
dann erkrankt.[22]

Umgekehrt gilt zu Gunsten des Arbeitnehmers aber auch, dass Zeiten einer be- **9**
stehenden Arbeitsunfähigkeit nicht auf die 6-Wochen-Dauer des Entgeltfortzahlungsanspruchs angerechnet werden, in denen bereits kein Entgeltanspruch bestand, weil das Arbeitsverhältnis – z.B. wegen Elternzeit oder unbezahlten Urlaubs (§ 28 TVöD) – ruhte.[23]

d) Einzelfälle
Welche Körper- und Geisteszustände im Einzelnen als Krankheit anzusehen sind, **10**
ist nach dem jeweiligen Stand der Wissenschaft zu beurteilen und damit Änderungen in den medizinischen Erkenntnissen unterworfen.[24] So ist z.B. Transsexualis-
mus als schwerste Form der Geschlechtsidentitätsstörung (dauerhafte Diskrepanz
zwischen dem biologischen Körper- und dem erlebten seelischen Geschlecht)
nach neueren, wissenschaftlich gesicherten Erkenntnissen als Krankheit aufzufassen.[25]

---

[18] BAG, Urt. v. 28.01.2004 – 5 AZR 58/03, AP Nr. 21 zu § 3 EFZG; BAG, Urt. v. 24. 3. 2004 – 5
      AZR 355/03, NJOZ 2004, 2666, 2667.
[19] So das BAG für § 37 BAT, Urt. v. 24.03.2004 – 5 AZR 355/03, NJOZ 2004, 2666, 2667, und für
      § 34 Abs. 1 Satz 1 BMT-G-O, Urt. v. 04.12.2002 – 5 AZR 494/01, AP Nr. 17 zu § 3 EFZG.
[20] BAG, Urt. v. 24.03.2004 – 5 AZR 355/03, NJOZ 2004, 2666, 2667; Urt. v. 04.12.2002 – 5 AZR
      494/01, AP Nr. 17 zu § 3 EFZG.
[21] BAG, Urt. v. 24.03.2004 – 5 AZR 355/03, NJOZ 2004, 2666, 2668; Urt. v. 20.03.1985 – 5 AZR
      229/83, AP Nr. 64 zu § 1 LohnFG.
[22] BAG, Urt. v. 24.03.2004 – 5 AZR 355/03, NJOZ 2004, 2666, 2668; Urt. v. 04.12.2002 – 5 AZR
      494/01, AP Nr. 17 zu § 3 EFZG.
[23] BAG, Urt. v. 14.06.1974 – 5 AZR 467/73, AP Nr. 36 zu § 1 LohnFG; LAG Hamm, Urt. v.
      09.07.2003 – 18 Sa 215/03, NZA-RR 2004, 12; s. dazu auch Rn. 56.
[24] MüKoBGB/Müller-Glöge § 3 EFZG Rn. 4.
[25] Lepke, NZA-RR 1999, 57, 59.

aa) Altersbedingte Erscheinungen

11   Altersbedingtes Nachlassen der körperlichen Leistungs- und Konzentrationsfähigkeit ist nicht als Krankheit anerkannt.[26]

bb) Schwangerschaft

12   Eine regulär verlaufende Schwangerschaft ist mangels „Regelwidrigkeit" keine Krankheit.[27] Allerdings kann natürlich auch die schwangere Beschäftigte erkranken und dadurch arbeitsunfähig sein.

Schwierig kann insbesondere die Abgrenzung zwischen einem Beschäftigungsverbot nach § 3 Abs. 1 MuSchG und der Arbeitsunfähigkeit infolge Krankheit sein: Beide schließen sich gegenseitig aus.[28] Ob das eine oder das andere angebracht ist, kommt darauf an, ob es sich um einen krankhaften Zustand handelt, der zur Arbeitsunfähigkeit der Schwangeren führt, oder ob die Schwangerschaftsbeschwerden keinen Krankheitswert haben. Im letzteren Fall kommt ausschließlich das Beschäftigungsverbot nach § 3 Abs. 1 MuSchG in Betracht.

Die Unterschiede in der Anspruchsgrundlage setzen sich auch in der Rechtsfolge fort: Bei krankheitsbedingter Arbeitsunfähigkeit erhält die Beschäftigte Entgelt im Krankheitsfall nach § 22 TVöD, während des Beschäftigungsverbots einen – zeitlich unbefristeten – Anspruch auf Mutterschaftslohn nach § 11 Abs. 1 Satz 1 MuSchG.[29]

Ob, insbesondere bei einer Risikoschwangerschaft, die nicht normal verlaufende Schwangerschaft Krankheitswert hat oder ob der Schutz von Mutter und Kind das Aussetzen der Arbeit gebietet, obliegt der Entscheidung des behandelnden Arztes. Dabei steht ihm ein Beurteilungsspielraum zu. Seinem Attest misst das BAG grundsätzlich einen hohen Beweiswert zu.[30]

cc) Alkoholabhängigkeit

13   Alkoholabhängigkeit ist als Krankheit anerkannt.[31] Entscheidend für diese Beurteilung ist nicht, dass der Alkoholismus schon zu körperlichen Symptomen geführt hat; die Krankheit besteht in der Unfähigkeit des Betroffenen, den gewohnheitsmäßigen, übermäßigen Alkoholgenuss trotz besserer Einsicht aufzugeben oder zu reduzieren. Diese physische oder psychische Abhängigkeit vom Alkohol, die sich vor allem im Verlust der Selbstkontrolle zeigt, ist als seelische Fehlhaltung Krankheit im Sinne auch der Krankenversicherung.[32] Allerdings stellt sich hier stets die Frage, ob der Arbeitnehmer die Krankheit nicht selbst verschuldet hat (dazu gleich unter Rn. 30).

---

[26]   ErfK/Dörner § 3 EFZG Rn. 12.
[27]   BAG, Urt. v. 14.11.1984 – 5 AZR 394/82, AP Nr. 61 zu § 1 LohnFG.
[28]   BAG, Urt. v. 05.07.1995 – 5 AZR 135/94, AP Nr. 7 zu § 3 MuSchG 1968.
[29]   BAG, Urt. v. 05.07.1995 – 5 AZR 135/94, AP Nr. 7 zu § 3 MuSchG 1968.
[30]   BAG, Urt. v. 05.07.1995 – 5 AZR 135/94, AP Nr. 7 zu § 3 MuSchG 1968.
[31]   BAG, Urt. v. 07.08.1991 – 5 AZR 410/90, AP Nr. 94 zu § 1 LohnFG; Urt. v. 01.06.1983 – 5 AZR 536/80, AP Nr. 52 zu § 1 LohnFG.
[32]   BAG, Urt. v. 01.06.1983 – 5 AZR 536/80, AP Nr. 52 zu § 1 LohnFG.

dd) Organspende

Bei komplikationslosem Verlauf einer Organspende des Beschäftigten hat er als 14
Spender keinen Anspruch auf Entgeltfortzahlung, denn diese Arbeitsunfähigkeit
nimmt der Arbeitnehmer bewusst als unvermeidbare Begleiterscheinung hin; damit ist die Grenze des allgemeinen vom Arbeitgeber zu tragenden Krankheitsrisi-
kos überschritten. Das gilt jedenfalls dann, wenn dem Arbeitnehmer ein Anspruch
gegen den Versicherungsträger zusteht, der für die Heilbehandlung des Organ-
empfängers aufzukommen hat.[33]

e) Beweislast, Beweiskraft der ärztlichen Bescheinigung

Die Darlegungs- und Beweislast für die Anspruchsvoraussetzungen, also Arbeits- 15
unfähigkeit und Krankheit, trägt der Arbeitnehmer.[34]

Genügen kann der Arbeitnehmer seiner Darlegungs- und Beweislast regelmä- 16
ßig durch die Vorlage einer ärztlichen Arbeitsunfähigkeitsbescheinigung (§ 5 Abs.
1 EFZG).[35] Die Arbeitsunfähigkeitsbescheinigung ist ein Beweismittel, dem ein
hoher Beweiswert zukommt:[36] Sie begründet die Vermutung der Richtigkeit für
sich.[37] Will der Arbeitgeber das Vorliegen der belegten Arbeitsunfähigkeit bestrei-
ten, muss er Umstände darlegen und ggf. beweisen, die zu ernsthaften Zweifeln an
der Arbeitsunfähigkeit Anlass geben.[38] Eine solche Erschütterung des Beweis-
werts tritt z.B. ein, wenn der Arbeitgeber nachweist, dass der Arbeitnehmer während seiner angeblichen Arbeitsunfähigkeit vollschichtig einer gleichschweren
Arbeit wie beim Arbeitgeber nachgegangen ist.[39] Dagegen muss die Tatsache, dass
der arbeitsunfähige Arbeitnehmer ins Ausland gereist ist und dort die Führer-
scheinprüfung abgelegt hat, den Beweiswert noch nicht erschüttern.[40]

Gelingt es dem Arbeitgeber, den Beweiswert des ärztlichen Attestes zu erschüttern bzw. zu entkräften, so hat wiederum der Arbeitnehmer konkret darzulegen,
weshalb er krankheitsbedingt gefehlt hat und trotzdem z.B. der Nebenbeschäftigung nachgehen konnte.[41]

Der Arbeitnehmer ist jedoch nicht darauf verwiesen, sich allein einer ärztlichen 17
Arbeitsunfähigkeitsbescheinigung als Beweismittels zu bedienen. Er kann die
krankheitsbedingte Arbeitsunfähigkeit auch anderweitig nachweisen;[42] das gilt
auch, wenn die Erkrankung im Ausland aufgetreten ist.[43]

---

[33] BAG, Urt. v. 06.08.1986 – 5 AZR 607/85, AP Nr. 68 zu § 1 LohnFG.
[34] BAG, Urt. v. 13.07.2005 – 5 AZR 389/04, AP Nr. 25 zu § 3 EFZG; Urt. v. 26.02.2003 – 5 AZR
      112/02, AP Nr. 8 zu § 5 EFZG.
[35] BAG, Urt. v. 13.07.2005 – 5 AZR 389/04, AP Nr. 25 zu § 3 EFZG; Urt. v. 26.02.2003 – 5 AZR
      112/02, AP Nr. 8 zu § 5 EFZG.
[36] BAG, Urt. v. 01.10.1997 – 5 AZR 726/96, AP Nr. 5 zu § 5 EFZG.
[37] BAG, Urt. v. 15.07.1992 – 5 AZR 312/91, AP Nr. 98 zu § 1 LohnFG.
[38] BAG, Urt. v. 21.03.1996 – 2 AZR 543/95, AP Nr. 42 zu § 123 BGB.
[39] BAG, Urt. v. 26.08.1993 – 2 AZR 154/93, AP Nr. 112 zu § 626 BGB.
[40] BAG, Urt. v. 21.03.1996 – 2 AZR 543/95, AP Nr. 42 zu § 123 BGB.
[41] BAG, Urt. v. 26.08.1993 – 2 AZR 154/93, AP Nr. 112 zu § 626 BGB.
[42] BAG, Urt. v. 01.10.1997 – 5 AZR 726/96, AP Nr. 5 zu § 5 EFZG.
[43] BAG, Urt. v. 01.10.1997 – 5 AZR 499/96, AP Nr. 4 zu § 5 EFZG; s. dazu auch unten Rn. 42.

2. Keine Wartezeit

18   Die vierwöchige Wartezeit gemäß § 3 Abs. 3 EFZG, nach der der Anspruch auf Entgeltfortzahlung im Krankheitsfall bei Neubegründung des Arbeitsverhältnisses erstmals nach vierwöchiger ununterbrochener Dauer des Arbeitsverhältnisses entsteht, findet keine Anwendung auf § 22 TVöD.

3. Erneute Arbeitsunfähigkeit wegen derselben Krankheit

19   Für die erneute Arbeitsunfähigkeit wegen derselben Krankheit verweist § 22 TVöD auf „die gesetzlichen Bestimmungen" und damit auf § 3 Abs. 1 EFZG. Danach bleibt dem Arbeitnehmer der Anspruch auf Entgeltfortzahlung bei erneuter Arbeitsunfähigkeit infolge derselben Krankheit auch über die Dauer von sechs Wochen hinaus erhalten, wenn

– er vor der erneuten Arbeitsunfähigkeit mindestens sechs Monate nicht infolge derselben Krankheit arbeitsunfähig war oder

– seit Beginn der ersten Arbeitsunfähigkeit infolge derselben Krankheit eine Frist von zwölf Monaten abgelaufen ist.

a) Definition der Fortsetzungserkrankung

20   Wiederholte Arbeitsunfähigkeit infolge derselben Krankheit und damit eine Fortsetzungs- oder auch Wiederholungserkrankung liegt nach der Rechtsprechung des BAG vor, wenn die Krankheit, auf der die frühere Arbeitsunfähigkeit beruhte, in der Zeit zwischen dem Ende der vorausgegangenen und dem Beginn der neuen Arbeitsunfähigkeit medizinisch nicht vollständig ausgeheilt war, sondern als Grundleiden latent weiter bestanden hat, so dass die neue Erkrankung nur eine Fortsetzung der früheren Erkrankung darstellt.[44]

In diesem Zusammenhang wird von einem „nicht behobenen Grundleiden" gesprochen, das zwar verschiedene Krankheitssymptome zur Folge haben kann, aber doch eigentliche Ursache beider Erkrankungen und damit eine Folgeerkrankung ist.[45]

21   Haben eine Maßnahme der medizinischen Vorsorge oder Rehabilitation nach § 9 Abs. 1 EFZG und eine vorangegangene oder nachfolgende Arbeitsunfähigkeit dieselbe Ursache, sind beide ebenfalls als ein und dieselbe Erkrankung zu qualifizieren.[46]

22   Kein Anwendungsfall der erneuten Arbeitsunfähigkeit aufgrund derselben Krankheit ist der Grundsatz der Einheit des Verhinderungsfalls: Tritt während bestehender Arbeitsunfähigkeit eine neue Krankheit auf, die ebenfalls zur Arbeitsunfähigkeit führt, kann der Arbeitnehmer bei entsprechender Dauer der durch *beide* Erkrankungen verursachten Arbeitsverhinderung die Sechs-Wochen-Frist nur einmal in Anspruch nehmen.[47] Dabei kommt es dann, abweichend zur sonst vor-

---

[44]   BAG, Urt. v. 13.07.2005 – 5 AZR 389/04, AP Nr. 25 zu § 3 EFZG.

[45]   BAG, Urt. v. 13.07.2005 – 5 AZR 389/04, AP Nr. 25 zu § 3 EFZG; Urt. v. 14.11.1984 – 5 AZR 394/82, AP Nr. 61 zu § 1 LohnFG.

[46]   BAG, Urt. v. 13.07.2005 – 5 AZR 389/04, AP Nr. 25 zu § 3 EFZG; Urt. v. 18.01.1995 – 5 AZR 818/93, AP Nr. 8 zu § 7 LohnFG.

[47]   BAG, Urt. v. 13.07.2005 – 5 AZR 389/04, AP Nr. 25 zu § 3 EFZG; Urt. v. 02.12.1981 – 5 AZR 89/80, AP Nr. 48 zu § 1 LohnFG.

zunehmenden Beurteilung, nicht darauf an, ob beide Erkrankungen auf demselben Grundleiden beruhen. Denn die Dauer der Entgeltfortzahlung richtet sich nicht nach der Dauer der einzelnen *Erkrankung*, sondern der *Arbeitsunfähigkeit*. Nur der Entgeltfortzahlungsanspruch bei der *erneuten* Arbeitsunfähigkeit hängt davon ab, ob eine Folgeerkrankung vorliegt.[48]

Damit kommt es entscheidend darauf an, ob die erste Arbeitsunfähigkeit bei **23** Beginn der zweiten Arbeitsunfähigkeit bereits beendet war oder nicht. Nur im zweiten Fall kann überhaupt ein Entgeltfortzahlungsanspruch bestehen. Das BAG lässt es als erneute Arbeitsunfähigkeit gelten, wenn der Arbeitnehmer zwischen beiden Krankheiten, und sei es für wenige Stunden, arbeitsfähig war; diese kurze Zeit der Erholung kann auch außerhalb der Arbeitszeit liegen, so dass der Arbeitnehmer zwischen den beiden Erkrankungen nicht gearbeitet haben muss.[49] Damit ist der Manipulation Tür und Tor geöffnet; noch dazu legt das BAG die ärztliche Bescheinigung der Arbeitsunfähigkeit so aus, dass der darin festgelegte letzte Tag der Arbeitsunfähigkeit die Arbeitsunfähigkeit nicht bis Ablauf dieses Kalendertages (also 24 Uhr) festlegt, sondern die Arbeitsunfähigkeit nur bis zum Schichtende des Arbeitnehmers am betreffenden Tag bescheinigt ist.[50] Schon daraus kann sich, bescheinigt der Arzt erst am nächsten Tag eine erneute Arbeitsunfähigkeit, eine Lücke ergeben, die bei fehlendem Folgezusammenhang beider Krankheiten zu einem erneuten Entgeltfortzahlungsanspruch über neue sechs Wochen führt.

Führen zwei Krankheiten jeweils für sich betrachtet nicht zur Arbeitsunfähigkeit, sondern nur weil sie zusammen auftreten, liegt eine Fortsetzungserkrankung **24** auch vor, wenn später eine der beiden Krankheiten erneut auftritt und dann allein zur Arbeitsunfähigkeit führt. Denn auch in diesem Fall ist die erneut auftretende Krankheit – wenn auch nicht alleinige – Ursache der vorausgegangenen Arbeitsunfähigkeit gewesen.[51]

Tritt eine Krankheit, die sich später als Fortsetzungserkrankung herausstellt, zu **25** einer bereits bestehenden, zur Arbeitsunfähigkeit führenden Krankheit hinzu und dauert sie über deren Ende hinaus an, ist sie für die Zeit, in der sie die alleinige Ursache der Arbeitsunfähigkeit war, als Teil der späteren Fortsetzungserkrankung zu werten. Damit kann die Fortsetzungserkrankung für alle Zeiten ihres alleinigen Vorliegens zusammen nur bis zu sechs Wochen Entgeltfortzahlung auslösen, soweit nicht die 6- bzw. 12-Monatsfrist abgelaufen ist.[52]

b) Darlegungs- und Beweislast für das Bestehen einer Fortsetzungserkrankung

Trotz des Regel-Ausnahme-Verhältnisses von Fortsetzungserkrankung und neuer **26** Krankheit weist das BAG die Darlegungslast dem Arbeitnehmer zu: Dieser muss darlegen, dass *keine* Fortsetzungserkrankung vorliegt, z.B. mittels Vorlage einer ärztlichen Bescheinigung. Bestreitet der Arbeitgeber das Vorliegen einer neuen Krankheit, obliegt dem Arbeitnehmer die Darlegung der Tatsachen, aus denen sich

---

[48] BAG, Urt. v. 02.12.1981 – 5 AZR 89/80, AP Nr. 48 zu § 1 LohnFG.
[49] BAG, Urt. v. 13.07.2005 – 5 AZR 389/04, AP Nr. 25 zu § 3 EFZG; Urt. v. 02.12.1981 – 5 AZR 89/80, AP Nr. 48 zu § 1 LohnFG.
[50] BAG, Urt. v. 02.12.1981 – 5 AZR 89/80, AP Nr. 48 zu § 1 LohnFG.
[51] BAG, Urt. v. 13.07.2005 – 5 AZR 389/04, AP Nr. 25 zu § 3 EFZG.
[52] BAG, Urt. v. 02.02.1994 – 5 AZR 345/93, AP Nr. 99 zu § 1 LohnFG.

ergibt, dass keine Fortsetzungserkrankung vorliegt. Dabei hat der Arbeitnehmer den Arzt von der Schweigepflicht zu entbinden.[53] Zu dieser Umkehrung der Darlegungslast sah sich das BAG – unter Aufgabe der bisherigen Rechtsprechung[54] – bewegt, weil der Arbeitgeber kaum in der Lage ist zu prüfen, ob eine Fortsetzungserkrankung besteht: Über die Ursachen der Arbeitsunfähigkeit gibt die Arbeitsunfähigkeitsbescheinigung keine Auskunft, und eine wertende Mitteilung der Krankenkasse ist für ihn nicht überprüfbar.[55]

27   Die Beweislast dagegen sieht das BAG aufgrund der sprachlichen Fassung des § 3 Abs. 1 Satz 2 Nr. 1 und 2 EFZG beim Arbeitgeber. Kann nicht bewiesen werden, ob eine Fortsetzungserkrankung vorliegt (non liquet), geht dies daher zu seinen Lasten, und er muss Entgeltfortzahlung leisten.[56]

4. Ausschluss der Entgeltfortzahlung wegen Verschuldens der Arbeitsunfähigkeit

a) Definition; Darlegungs- und Beweislast

28   Schuldhaft iSd. Entgeltfortzahlungsrechts im Krankheitsfall handelt der Arbeitnehmer, der gröblich gegen die von einem verständigen Menschen im eigenen Interesse zu erwartende Verhaltensweise verstößt.[57] Der Sache nach handelt es sich um ein „Verschulden gegen sich selbst".[58] Es wäre unbillig, den Arbeitgeber mit der Lohnfortzahlungsverpflichtung zu belasten, wenn der Arbeitnehmer die zumutbare Sorgfalt sich selbst gegenüber außer Acht gelassen und dadurch die Arbeitsunfähigkeit verursacht hat.[59]

29   Gemäß der Protokollerklärung zu § 22 Abs. 1 Satz 1 TVöD setzt das Verschulden voraus, dass der Beschäftigte die Arbeitsunfähigkeit vorsätzlich oder grob fahrlässig herbeigeführt hat. Dabei ist zu beachten, dass das BAG jedenfalls im Bereich der Straßenverkehrsunfälle das Verschulden iSd. Lohnfortzahlungsbestimmungen auch erst bejaht, wenn der Arbeitnehmer Leben und Gesundheit besonders leichtfertig aufs Spiel gesetzt hat und damit leichte Fahrlässigkeit nicht genügen lässt.[60] Daher lässt sich die Rechtsprechung in diesem Bereich auch auf den TVöD übertragen.

30   Die Darlegungs- und Beweislast liegt beim Arbeitgeber;[61] allerdings trifft den Arbeitnehmer eine Pflicht zur Mitwirkung an der Aufklärung aller für die Entstehung der Erkrankung erheblichen Umstände, da der Arbeitgeber kaum in der Lage ist, diese Umstände, die aus dem Lebensbereich des Arbeiters herrühren, im einzelnen darzulegen. Deshalb muss der Arbeitnehmer auf Grund seiner arbeitsver-

---

[53] BAG, Urt. v. 13.07.2005 – 5 AZR 389/04, AP Nr. 25 zu § 3 EFZG

[54] BAG. Urt. v. 04.12.1985 – 5 AZR 656/84, AP Nr. 42 zu § 63 HGB.

[55] BAG, Urt. v. 13.07.2005 – 5 AZR 389/04, AP Nr. 25 zu § 3 EFZG.

[56] BAG, Urt. v. 13.07.2005 – 5 AZR 389/04, AP Nr. 25 zu § 3 EFZG.

[57] BAG, Urt. v. 30.03.1988 – 5 AZR 42/87, AP Nr. 77 zu § 1 LohnFG.

[58] BAG, Urt. v. 07.10.1981 – 5 AZR 1113/79, AP Nr. 46 zu § 1 LohnFG.

[59] BAG, Urt. v. 07.12.1972 – 5 AZR 301/72, AP Nr. 25 zu § 1 LohnFG.

[60] BAG, Urt. v. 07.10.1981 – 5 AZR 1113/79, AP Nr. 46 zu § 1 LohnFG.

[61] BAG, Urt. v. 07.08.1991 – 5 AZR 410/90, AP Nr. 94 zu § 1 LohnFG; Urt. v. 01.06.1983 - 5 AZR 536/80, AP Nr. 52 zu § 1 LohnFG.

traglichen Treuepflicht (§ 242 BGB) auf Verlangen seines Arbeitgebers nach bestem Wissen die fraglichen Umstände offenbaren.[62]

b) Einzelfälle
aa) Alkoholabhängigkeit

In Fällen von Arbeitsunfähigkeit aufgrund Alkoholabhängigkeit stellt sich stets **31** die Frage des Verschuldens. Das BAG erkennt allerdings einen Erfahrungssatz, wonach der Arbeitnehmer eine krankhafte Alkoholabhängigkeit in der Regel selbst verschuldet habe, nicht mehr an und verlangt eine Beurteilung im Einzelfall.[63] Da der Arbeitgeber kaum in der Lage ist, die für die Entstehung der Alkoholabhängigkeit erheblichen Umstände, die aus dem Lebensbereich des Arbeiters herrühren, im Einzelnen darzulegen, hilft ihm das BAG auch hier mit einer Verpflichtung des Arbeitnehmers zur Mitwirkung an der Aufklärung dieser Umstände: Er muss auf Verlangen seines Arbeitgebers nach bestem Wissen die fraglichen Umstände offenbaren.[64] Nach Eintritt der Alkoholabhängigkeit kann ein Arbeitnehmer seine Arbeitsunfähigkeit nicht mehr schuldhaft herbeiführen, da die Unfähigkeit, mit eigener Willensanstrengung vom Alkohol loszukommen, gerade Merkmal dieser Krankheit und damit das Weitertrinken selbst nicht ein Fall von Verschulden ist (s.o. Rn. 13). Schuldhaft im Sinne von § 22 TVöD kann ein Arbeitnehmer deshalb nur vor Eintritt der Alkoholabhängigkeit handeln.

bb) Verkehrsunfälle

Anders liegt der Fall, wenn die Arbeitsunfähigkeit auf einem Verkehrsunfall beruht, **32** der durch Alkoholmissbrauch herbeigeführt worden ist, ohne dass eine andere Ursache dabei mitgewirkt hat.[65] Selbst, wenn Alkoholabhängigkeit zum Alkoholkonsum und damit mittelbar zum Unfall führte, kann dem Arbeitnehmer ggf. immer noch zum Vorwurf gemacht werden, sich in die Situation gebracht zu haben, auf das Auto angewiesen zu sein – dies ist anzunehmen, wenn der Arbeitnehmer mit dem Auto zur Arbeitsstelle fährt, dort Alkohol trinkt und sich der Unfall dann auf der Heimfahrt ereignet.[66]

Auch bei Verletzung der Gurtpflicht kennt das BAG keine Gnade und bejaht ohne weiteres Verschulden sogar in Form der Leichtfertigkeit,[67] was grober Fahrlässigkeit im Sinne der Protokollnotiz gleichsteht, da die Gurtpflicht eine nahe liegende Sicherheitsvorkehrung ist, deren Beachtung den Arbeitnehmer zudem nur geringe Mühe kostet.[68]

---

[62] BAG, Urt. v. 07.08.1991 – 5 AZR 410/90, AP Nr. 94 zu § 1 LohnFG; Urt. v. 01.06.1983 – 5 AZR 536/80, AP Nr. 52 zu § 1 LohnFG.

[63] BAG, Urt. v. 07.08.1991 – 5 AZR 410/90, AP Nr. 94 zu § 1 LohnFG; Urt. v. 01.06.1983 - 5 AZR 536/80, AP Nr. 52 zu § 1 LohnFG gegen die vorherige Rechtsprechung in den Urt. v. 07.12.1972 – AZR 350/72, AP Nr. 26 zu § 1 LohnFG und v. 22.03.1973 – 5 AZR 567/72, AP Nr. 31 zu § 1 LohnFG.

[64] BAG, Urt. v. 07.08.1991 – 5 AZR 410/90, AP Nr. 94 zu § 1 LohnFG; Urt. v. 01.06.1983 – 5 AZR 536/80, AP Nr. 52 zu § 1 LohnFG.

[65] BAG, Urt. v. 30.03.1988 – 5 AZR 42/87, AP Nr. 77 zu § 1 LohnFG.

[66] BAG, Urt. v. 30.03.1988 – 5 AZR 42/87, AP Nr. 77 zu § 1 LohnFG.

[67] BAG, Urt. v. 07.10.1981 – 5 AZR 1113/79, AP Nr. 46 zu § 1 LohnFG.

[68] BAG, Urt. v. 07.10.1981 – 5 AZR 1113/79, AP Nr. 46 zu § 1 LohnFG.

cc) Misslungener Suizidversuch

33   Auch der überwiegenden Ansicht der medizinischen Literatur, nach der die Freiheit der Willensbestimmung bei Personen, die einen Selbsttötungsversuch unternehmen, zumindest partiell erheblich eingeschränkt ist, ist es zu verdanken, dass
das BAG in Aufgabe seiner früheren Rechtsprechung[69] den Entgeltfortzahlungsanspruch anerkennt.[70]

dd) Sportverletzungen

34   Vor dem Hintergrund, dass der Arbeitnehmer in seiner Freizeit grundsätzlich frei
ist, Sportarten seiner Wahl auszuüben, kann ein Verschulden an Verletzungen, die
er sich dabei zuzieht, nur in Ausnahmefällen bejaht werden.
Dazu muss entweder[71]

– die Sportart besonders gefährlich sein: Das BAG setzt dafür einen strengen
  Maßstab an, nach dem das Verletzungsrisiko bei objektiver Betrachtung so
  groß sein muss, dass auch ein gut ausgebildeter Sportler bei sorgfältiger Beachtung aller Regeln dieses Risiko nicht vermeiden kann.[72] Selbst für Drachenflie-
  gen,[73] Amateurboxen (bei regelmäßigem Training)[74] und das durchaus verlet-
  zungsträchtige, dafür aber allgemein geförderte und gebilligte Fußballspielen[75]
  ist dies verneint worden;
– der Arbeitnehmer bei der sportlichen Betätigung seine Kräfte und Fähigkeiten
  deutlich übersteigen oder
– der Arbeitnehmer in besonders grober Weise und leichtsinnig gegen anerkannte
  Regeln der jeweiligen Sportart verstoßen.

ee) Selbständige Tätigkeit und abhängige Nebentätigkeit

35   Ob der Beschäftigte sich bei einer selbständigen Tätigkeit eine Verletzung oder
Krankheit zugezogen hat, ist irrelevant; das EFZG gibt keinen Anhaltspunkt für
einen Ausschluss des Entgeltfortzahlungsanspruchs je nachdem, wann und bei
welcher Gelegenheit die Arbeitsunfähigkeit des Arbeitnehmers herbeigeführt
wird.[76]
Im Bereich einer Nebentätigkeit kann dagegen in besonderen Fällen der Entgeltfortzahlungsanspruch ausgeschlossen sein: Wenn die Nebentätigkeit z.B. verboten oder besonders gefährlich ist oder die Kräfte des Arbeitnehmers übersteigt.[77]

---

[69]   Früher gegen den Fortzahlungsanspruch: BAG, Urt. v. 06.09.1973 – 5 AZR 182/73, AP Nr. 34 zu
       § 1 LohnFG; Urt. v. 07.12.1972 – 5 AZR 301/72, AP Nr. 25 zu § 1 LohnFG.
[70]   BAG, Urt. v. 28.02.1979 – 5 AZR 611/77, AP Nr. 44 zu § 1 LohnFG.
[71]   Vgl. BAG, Urt. v. 07.10.1981 – 5 AZR 338/79, AP Nr. 45 zu § 1 LohnFG; Urt. v. 21.01.1976 – 5
       AZR 593/74, AP Nr. 39 zu § 1 LohnFG.
[72]   BAG, Urt. v. 07.10.1981 – 5 AZR 338/79, AP Nr. 45 zu § 1 LohnFG.
[73]   BAG, Urt. v. 07.10.1981 – 5 AZR 338/79, AP Nr. 45 zu § 1 LohnFG.
[74]   BAG, Urt. v. 01.12.1976 – 5 AZR 601/75, AP Nr. 42 zu § 1 LohnFG.
[75]   BAG, Urt. v. 01.12.1976 – 5 AZR 601/75, AP Nr. 42 zu § 1 LohnFG; Urt. v. 21.01.1976 – 5 AZR
       593/74, AP Nr. 39 zu § 1 LohnFG.
[76]   BAG, Urt. v. 07.11.1975 – 5 AZR 459/74, AP Nr. 38 zu § 1 LohnFG.
[77]   BAG, Urt. v. 07.11.1975 – 5 AZR 459/74, AP Nr. 38 zu § 1 LohnFG.

c) Folge bei vorliegendem Verschulden

Der Entgeltfortzahlungsanspruch entfällt nur in dem Umfang, in dem die Arbeits-unfähigkeit auf das Verschulden zurückzuführen ist. **36**

Da es keine Teil-Arbeitsunfähigkeit gibt, kommt damit ein Wegfallen der Fort-zahlung nur für die Zeit in Betracht, in der die Arbeitsunfähigkeit ausschließlich auf Krankheiten bzw. Verletzungen zurückzuführen ist, die ohne das Verschulden nicht eingetreten wären. Dies ist im Einzelfall festzustellen. Hätte der Beschäftigte bei Beachtung der Sorgfalt nur so geringfügige Verletzungen erlitten, dass diese gar keine Arbeitsunfähigkeit begründet hätten, entfällt der Entgeltfortzahlungsan-spruch.[78]

5. Sterilisation und Schwangerschaftsabbruch

Sterilisation und Schwangerschaftsabbruch treten gem. § 3 Abs. 2 Satz 1 EFZG an die Stelle der Voraussetzung „Krankheit". Ansonsten gelten hier alle oben ge-nannten Voraussetzungen in gleicher Weise; so muss die Sterilisation oder der Schwangerschaftsabbruch insbesondere auch zur Arbeitsunfähigkeit führen. **37**

Auf ein Verschulden des Arbeitnehmers kann es hier nicht ankommen, da § 3 Abs. 2 Satz 1 EFZG Sterilisation und Schwangerschaftsabbruch schon unwider-leglich als unverschuldet vermutet.

a) Sterilisation

Sterilisation ist die Ausschließung der Zeugungs- oder Empfängnisfähigkeit durch medizinischen Eingriff. Sie ist nicht rechtswidrig, wenn der Betroffene eingewil-ligt hat und der Eingriff nicht gegen die guten Sitten verstößt, § 226a StGB.[79] **38**

b) Schwangerschaftsabbruch

Schwangerschaftsabbruch ist die Entfernung und Abtötung der Leibesfrucht bei einer intakten Schwangerschaft. **39**

Nicht rechtswidrig ist er unter den Voraussetzungen des § 218a Abs. 2 StGB (medizinische Indikation) und des § 218a Abs. 3 StGB (kriminologische Indikati-on). Dasselbe gilt nach § 3 Abs. 2 Satz 2 EFZG für einen Schwangerschaftsab-bruch nach Beratung im Rahmen der Vorschriften der §§ 218a Abs. 1 und 219 Abs. 2 StGB.

Zu beachten ist: Sollte der Eingriff im Zusammenhang mit einer Geburt eines Kindes vorgenommen worden sein, fehlt es an der Monokausalität des Abbruchs für den Arbeitsausfall, da schon die Schutzfristen nach § 6 Abs. 1 MuSchG die Mutter von der Arbeit entbinden; in diesem Fall ist der Anspruch auf die Entgelt-fortzahlung nach § 22 TVöD ausgeschlossen. Stattdessen wird Mutterschaftsgeld nach § 13 MuSchG gezahlt.

---

[78] BAG, Urt. v. 07.10.1981 – 5 AZR 1113/79, AP Nr. 46 zu § 1 LohnFG.
[79] ErfK/Dörner § 3 EFZG Rn. 107.

6. Anzeige- und Nachweispflichten des Arbeitnehmers

a) Anzeigepflicht

40 Gem. § 5 Abs. 1 EFZG ist der Arbeitnehmer verpflichtet, dem Arbeitgeber die Arbeitsunfähigkeit und deren voraussichtliche Dauer unverzüglich – d.h. ohne schuldhaftes Zögern (§ 121 Abs. 1 Satz 1 BGB) – mitzuteilen.

Damit ist der Arbeitgeber bereits am ersten Tag zu unterrichten; maßgebend ist hierfür der Zugang der Anzeige, das bloße Absenden der Erklärung genügt nicht.[80] In der Regel wird der Arbeitnehmer die Unterrichtung nicht persönlich vornehmen können; es genügt aber die telefonische Mitteilung.

Dabei ist der Arbeitnehmer grundsätzlich nicht verpflichtet, sich zur Art der Erkrankung und deren Ursache zu äußern.[81] Allerdings muss er die voraussichtliche Dauer der Arbeitsunfähigkeit nach seinem subjektiven Kenntnisstand schätzen und mitteilen; er darf nicht mit der Anzeige warten, bis eine ärztliche Diagnose vorliegt.[82]

b) Nachweispflicht

41 Dauert die Arbeitsunfähigkeit länger als drei Kalendertage, hat der Arbeitnehmer eine ärztliche Bescheinigung über das Bestehen der Arbeitsunfähigkeit sowie deren voraussichtliche Dauer spätestens an dem darauf folgenden Arbeitstag vorzulegen. Dauert die Arbeitsunfähigkeit länger als in der Bescheinigung angegeben, ist der Arbeitnehmer verpflichtet, eine neue ärztliche Bescheinigung vorzulegen.

42 § 5 Abs. 1 Satz 3 EFZG ermöglicht dem Arbeitgeber, auf die Vorlage der Arbeitsunfähigkeitsbescheinigung schon für den ersten Tag der Arbeitsunfähigkeit zu bestehen.[83] Dies kann auch in Arbeitsverträgen zulässig vereinbart werden.[84]

Da § 22 TVöD für die Nachweispflicht auf das EFZG verweist,[85] ist es auch in Arbeitsverträgen, auf die der TVöD Anwendung findet, zulässig zu vereinbaren, dass eine ärztliche Arbeitsunfähigkeitsbescheinigung bereits für den ersten Tag krankheitsbedingter Arbeitsunfähigkeit beigebracht werden muss.

Verlangt der Arbeitgeber, was ihm nach § 5 Abs. 1 Satz 3 EFZG erlaubt ist, generell für alle Arbeitnehmer und in allen Fällen der Arbeitsunfähigkeit unabhängig von deren Dauer die Vorlage einer Bescheinigung bereits vor Ablauf des dritten Kalendertages nach Beginn der Arbeitsunfähigkeit, besteht ein Mitbestimmungsrecht des Betriebsrats nach § 87 Abs. 1 Nr. 1 BetrVG.[86]

43 Beginnt die krankheitsbedingte Arbeitsunfähigkeit im Ausland, so sind für deren Nachweis gem. § 5 Abs. 2 EFZG besondere Regelungen zu beachten. Nach § 5 Abs. 2 Satz 3, 4 EFZG hat der Arbeitnehmer die Arbeitsunfähigkeit und deren voraussichtliche Dauer bzw. Fortdauer der deutschen Krankenkasse anzuzeigen;

[80] BAG, Urt. v. 01.08.1989 – 2 AZR 13/89, AP Nr. 23 zu § 1 KSchG 1969 Verhaltensbedingte Kündigung.
[81] ErfK/Dörner § 5 EFZG Rn. 11.
[82] BAG, Urt. v. 01.08.1989 – 2 AZR 13/89, AP Nr. 23 zu § 1 KSchG 1969 Verhaltensbedingte Kündigung.
[83] BAG, Urt. v. 1.10.1997 – 5 AZR 726/96, AP Nr. 5 zu § 5 EFZG.
[84] BAG, Urt. v. 1.10.1997 – 5 AZR 726/96, AP Nr. 5 zu § 5 EFZG.
[85] Siehe oben Rn. 3.
[86] BAG, Beschl. v. 25.01.2000 – 1 ABR 3/99, AP Nr. 34 zu § 87 BetrVG 1972 Ordnung des Betriebes.

abweichend hiervon bestimmen Art. 18 der Verordnung Nr. 574/72/EWG und zwischenstaatliche Sozialversicherungsabkommen wie das Deutsch-Türkische Abkommen über die soziale Sicherheit nebst Durchführungsverordnung, dass der Arbeitnehmer vom Arzt eine Arbeitsunfähigkeitsbescheinigung auf einem Vordruck erhält und er sich an den ausländischen Sozialversicherungsträger zu wenden hat.[87] Auch können deutsche Krankenkassen Entsprechendes festlegen, § 5 Abs. 2 S. 5 EFZG.

c) Folgen bei Verletzung der Anzeige- und Nachweispflicht

Die Anzeigepflicht stellt eine arbeitsvertragliche Nebenpflicht dar. Ein Verstoß **44** gegen diese Pflicht ist – nach vorheriger Abmahnung – an sich geeignet, eine ordentliche verhaltensbedingte Kündigung sozial zu rechtfertigen.[88]

Kommt der Arbeitnehmer seiner Nachweispflicht zur Beibringung einer Ar- **45** beitsunfähigkeitsbescheinigung nach § 5 Abs. 1 Satz 2 und ggf. Satz 3 EFZG nicht nach, so folgt hieraus allein kein endgültiges Leistungsverweigerungsrecht des Arbeitgebers, sondern nur ein Zurückbehaltungsrecht nach § 7 Abs. 1 Nr. 1 EFZG. Dieses endet, sobald der Arbeitnehmer bewiesen hat, arbeitsunfähig krank gewesen zu sein.[89]

Dabei ist zu beachten, dass es sich bei der Arbeitsunfähigkeitsbescheinigung **46** lediglich um eines von mehreren Beweismitteln handelt. Zwar kommt diesem Beweismittel ein hoher Beweiswert zu, der Arbeitnehmer ist jedoch nicht darauf verwiesen, sich allein dieses Beweismittels zu bedienen.[90]

Dies gilt auch für die Nichteinhaltung der Nachweisvorschriften des § 5 Abs. 2 EFZG bei Auslandsfällen, die aus denselben Gründen nur zum Zurückbehaltungsrecht nach § 7 Abs. 1 EFZG, nicht aber zu einem endgültigen Leistungsverweigerungsrecht des Arbeitgebers führt.[91]

7. Maßnahmen der medizinischen Vorsorge und Rehabilitation
a) Definitionen

Für § 22 TVöD spielt ebenso wenig wie für das EFZG eine Rolle, ob im Einzelfall **47** eine Maßnahme der medizinischen Vorsorge oder der medizinischen Rehabilitation vorliegt: Es genügt die Feststellung, dass eine von beiden Maßnahmen bewilligt bzw. angeordnet und in Übereinstimmung mit § 9 EFZG durchgeführt worden ist.

Medizinische Vorsorge dient dazu, eine Schwächung der Gesundheit zu besei- **48** tigen, die in absehbarer Zeit voraussichtlich zu einer Krankheit führen würde.[92] Dazu erbringen die Sozialleistungsträger z.B.

– die Versorgung mit den für die Beseitigung der Schwächung notwendigen Arznei-, Verband-, Heil- und Hilfsmitteln, § 23 Abs. 1 Nr. 1 SGB V;

---

[87] BAG, Urt. v. 01.10.1997 – 5 AZR 499/96, AP Nr. 4 zu § 5 EFZG.
[88] BAG, Urt. v. 01.08.1989 – 2 AZR 13/89, AP Nr. 23 zu § 1 KSchG 1969 Verhaltensbedingte Kündigung.
[89] BAG, Urt. v. 01.10.1997 – 5 AZR 726/96, AP Nr. 5 zu § 5 EFZG.
[90] BAG, Urt. v. 01.10.1997 – 5 AZR 726/96, AP Nr. 5 zu § 5 EFZG; s. auch oben Rn. 17.
[91] BAG, Urt. v. 01.10.1997 – 5 AZR 499/96, AP Nr. 4 zu § 5 EFZG.
[92] ErfK/Dörner § 9 EFZG Rn. 6.

- ambulante Vorsorgekuren, § 23 Abs. 2 SGB V;
- Behandlungen mit Unterbringung und Verpflegung, § 23 Abs. 4 SGB V;
- Vorsorgekuren nach § 24 Abs. 1 SGB V.

49 Medizinische Rehabilitation kann erbracht werden von

- den Krankenkassen: Diese gehört zur Krankenbehandlung nach §§ 27 ff. SGB V und kann unter den Voraussetzungen des § 40 SGB V mit Unterbringung und Verpflegung erbracht werden;
- den Rentenversicherungsträgern nach Maßgabe der §§ 9 ff. SGB VI;
- den Unfallversicherungsträgern im Rahmen der Heilbehandlung nach Eintritt eines Versicherungsfalls (§§ 27, 33, 34 SGB VII), auch hier unter den Voraussetzungen des § 40 SGB V.

50 § 9 EFZG setzt voraus, dass die genannten Leistungen vom jeweiligen öffentlich-rechtlichen Sozialleistungsträger in einem Bewilligungsbescheid nach den Bestimmungen des SGB X im Vorhinein gewährt werden.[93] Für privat versicherte Arbeitnehmer tritt an die Stelle des Bescheids die ärztliche Verordnung nach § 9 Abs. 1 Satz 2 EFZG.

b) Mitteilungs- und Nachweispflichten

51 § 9 Abs. 2 EFZG normiert die Mitteilungs- und Nachweispflichten als lex specialis zu § 5 EFZG.

Die Mitteilungs- und Nachweispflichten unterscheiden sich jedoch – vom Inhalt der Mitteilung (Dauer etc. der Maßnahme anstelle der krankheitsbedingten Arbeitsunfähigkeit) bzw. des Nachweises (Vorlage des Bewilligungsbescheids bzw. der ärztlichen Bescheinigung) von § 5 EFZG nicht, insbesondere gilt auch hier, dass der Arbeitnehmer den Arbeitgeber unverzüglich unterrichten muss.

52 Auch die Rechtsfolgen der Verletzung der Mitteilungs- und Nachweispflichten richten sich wie über § 5 EFZG nach § 7 Abs. 1 EFZG[94].

c) Rechtsfolgen

53 Indem § 22 Abs. 1 Satz 3 TVöD die Maßnahmen der medizinischen Vorsorge und Rehabilitation der unverschuldeten Krankheit gleichstellt, gelten dieselben Rechtsfolgen, die § 3 Abs. 2 Satz 1 EFZG für die nicht rechtswidrige Sterilisation bzw. Schwangerschaftsabbruch anordnet. Gegenüber der in § 9 Abs. 1 EFZG einzeln in Bezug genommenen Vorschriften des EFZG wird der Arbeitnehmer dadurch insofern besser gestellt, als die Frage des Verschuldens – wie bei § 3 Abs. 2 Satz 1 EFZG – für § 22 Abs. 1 Satz 3 TVöD irrelevant ist, während § 9 Abs. 1 EFZG auf § 3 EFZG und damit auch das Verschulden verweist.

8. Höhe und Gewährung der Entgeltfortzahlung
a) Zeitraum nach § 22 Abs. 1 TVöD

54 Für die Entgeltfortzahlung gilt nach § 22 Abs. 1 TVöD die auch im EFZG geregelte Dauer von 6 Wochen.

---

[93] ErfK/Dörner § 9 EFZG Rn. 15.
[94] Dazu oben Rn. 43 ff.

Abweichend vom EFZG entsteht der Entgeltfortzahlungsanspruch – aus der   **55**
Sicht des Beschäftigten günstiger – mit dem rechtlichen Beginn des Arbeitsverhältnisses, nicht erst wie gem. § 3 Abs. 3 EFZG nach 4-wöchiger ununterbrochener Dauer des Arbeitsverhältnisses. Auch bei Arbeitsunfähigkeit eines Beschäftigten vom ersten Tag des Arbeitsverhältnisses an setzt die Entgeltfortzahlung mit
diesem Tag ein.

Anderes gilt, wenn der Beschäftigte bereits zum Zeitpunkt des Arbeitsvertrags-
abschlusses arbeitsunfähig erkrankt war und dieser Zustand zu Beginn des Arbeitsverhältnisses fortdauert: Dann besteht kein Anspruch auf Entgeltfortzahlung.[95]

Nicht auf die Sechswochenfrist angerechnet werden Zeiten, in denen das Ar-   **56**
beitsverhältnis ruht (siehe oben Rn. 9) Daher beginnt die Sechswochenfrist für einen Arbeitnehmer, der während z.B. des gewährten Sonderurlaubs arbeitsunfähig
erkrankt, erst in dem Zeitpunkt zu laufen, in dem er erstmals tatsächlich Entgeltfortzahlung erhält – wenn also seine Arbeitspflicht wieder auflebt und damit die
Arbeitsunfähigkeit einzige Ursache für die Nichtleistung ist.[96]

b) Fälligkeit; Berechnung von Teilbeträgen
Die Fälligkeit des Krankenentgelts richtet sich nach § 24 TVöD, die Berechnung   **57**
von Teilbeträgen nach § 24 Abs. 3 TVöD.

c) Pfändung, Steuer, Sozialversicherung und Zusatzversorgung
Die Entgeltfortzahlung ist auch rechtlich gesehen nichts anderes als die Aufrecht-   **58**
erhaltung des Entgeltanspruches und damit Arbeitsentgelt, kein Lohnersatzan-
spruch.[97]

Daher sind die Aufrechnungs- und Pfändungsregeln des „normalen" Entgelts
anwendbar, auch für Steuerpflicht, Sozialversicherung und Zusatzversorgung gibt
es keine Besonderheiten.

d) Ende der Zahlung bei Ende des Arbeitsverhältnisses (§ 22 Abs. 4 TVöD)
Die Entgeltfortzahlung endet gem. § 22 Abs. 4 Satz 1 TVöD in dem Zeitpunkt, in   **59**
dem das Arbeitsverhältnis rechtlich endet. Dies gilt, da § 22 Abs. 4 Satz 1 TVöD
auf § 8 EFZG verweist, nicht in den dortigen Ausnahmeregelungen, nämlich,
wenn

– der Arbeitgeber das Arbeitsverhältnis aus Anlass der Arbeitsunfähigkeit kündigt (§ 8 Abs. 1 Satz 1 EFZG) oder
– der Arbeitnehmer das Arbeitsverhältnis aus einem vom Arbeitgeber zu vertretenden Grunde, der den Arbeitnehmer zu einer fristlosen Kündigung berechtigt,
  kündigt (§ 8 Abs. 1 Satz 2 EFZG).

Für alle Fälle des § 8 EFZG gilt, dass die Arbeitsunfähigkeit infolge der Krankheit
bereits in dem Zeitpunkt vorliegen muss, in dem das Arbeitsverhältnis rechtlich
beendet wird, da § 8 EFZG den Anspruch auf die Entgeltfortzahlung aus § 3

---

[95] BAG, Urt. v. 26.07.1989 – 5 AZR 491/88, AP Nr. 87 zu § 1 LohnFG.
[96] BAG, Urt. v. 14.06.1974 – 5 AZR 467/73, AP Nr. 36 zu § 1 LohnFG.
[97] BAG, Urt. v. 27.03.1991 – 5 AZR 58/90, AP Nr. 92 zu § 1 LohnFG.

EFZG nur über das Ende des Arbeitsverhältnis hinaus erstreckt und gerade keine originäre Anspruchsgrundlage für die Entgeltfortzahlung ist.[98]

Voraussetzung des § 8 EFZG ist dagegen nicht, dass der Arbeitnehmer bereits bei Ausspruch der Kündigung arbeitsunfähig erkrankt war. Dann stellt sich v.a. im Rahmen der Anlasskündigung allerdings die Frage, ob diese Kündigung tatsächlich aus Anlass der Arbeitsunfähigkeit ausgesprochen wurde (dazu gleich Rn. 63).

aa) Anlasskündigung, § 8 Abs. 1 Satz 1 EFZG

60   Die Arbeitgeberkündigung aus Anlass der Arbeitsunfähigkeit nach § 8 Abs. 1 Satz 1 EFZG muss das Arbeitsverhältnis wirksam beendet haben, andernfalls besteht das Arbeitsverhältnis und damit auch der Anspruch auf Entgelt (z.B. nach § 615 BGB oder nach § 611 BGB i.V.m. § 3 EFZG) fort. Dabei kann die Wirksamkeit der Kündigung auch aus § 7 KSchG folgen, d.h. wenn der Arbeitnehmer die Klagefrist verstreichen lässt.[99]

61   Von der Arbeitsunfähigkeit veranlasst ist die Kündigung, wenn die Arbeitsunfähigkeit wesentliche Bedingung der Kündigung ist. Es kommt auf die objektive Ursache, nicht auf das Motiv der Kündigung an. Maßgebend sind die objektiven Umstände bei Ausspruch der Kündigung. Der Begriff „aus Anlass" wird weit ausgelegt. Es genügt, wenn die Arbeitsunfähigkeit des Arbeitnehmers objektive Ursache und wesentliche Bedingung der Kündigung ist und den entscheidenden Anstoß für den Kündigungsentschluss gegeben hat.[100]

62   Kündigt ein Arbeitgeber in zeitlichem Zusammenhang mit der Krankmeldung eines Arbeitnehmers oder der Anzeige der Fortdauer einer bekannten Arbeitsunfähigkeit, so spricht ein Beweis des ersten Anscheins – das BAG spricht auch von „Lebenserfahrungsregel" –[101] dafür, dass die Arbeitsunfähigkeit oder deren Fortdauer Anlass dieser Kündigung war. Zur Erschütterung dieses Beweises des ersten Anscheins kann der Arbeitgeber anführen, dass andere Gründe seinen Kündigungsentschluss bestimmt haben; die Darlegungs- und Beweislast hierfür obliegt dem Arbeitgeber.[102]

63   Voraussetzung des § 8 Abs. 1 Satz 1 EFZG ist nicht, dass die Arbeitsunfähigkeit bereits bei Ausspruch der Kündigung objektiv vorliegt. Der Arbeitgeber kündigt vielmehr auch dann aus Anlass der Arbeitsunfähigkeit, wenn er wegen einer objektiv bevorstehenden Arbeitsunfähigkeit – soweit dafür hinreichend sichere Anhaltspunkte vorliegen und sie daher so gut wie sicher feststeht – kündigt.[103] Dies ist v.a. der Fall bei einem fest vereinbarten Operationstermin, wenn die Operation mit Arbeitsunfähigkeit verbunden ist.[104] Dann gelten für die Veranlassung

---

[98]   BAG, Urt. v. 17.04.2002 – 5 AZR 2/01, AP Nr. 1 zu § 8 EFZG für die Anlasskündigung.

[99]   Vgl. BAG, Urt. v. 28.11.1979 – 5 AZR 849/77, AP Nr. 9 zu § 6 LohnFG.

[100] Ständige Rechtsprechung; vgl. nur BAG, Urt. v. 17.04.2002 – 5 AZR 2/01, AP Nr. 1 zu § 8 EFZG für die Anlasskündigung; BAG, Urt. v. 05.02.1998 – 2 AZR 270/97, AP Nr. 3 zu § 1 TVG Tarifverträge: Apotheken.

[101] BAG, Urt. v. 05.02.1998 – 2 AZR 270/97, AP Nr. 3 zu § 1 TVG Tarifverträge: Apotheken.

[102] BAG, Urt. v. 02.12.1981 – 5 AZR 953/79, AP Nr. 19 zu § 6 LohnFG.

[103] Bereits angedeutet von BAG, Urt. v. 05.02.1998 – 2 AZR 270/97, AP Nr. 3 zu § 1 TVG Tarifverträge: Apotheken; nun BAG, Urt. v. 17.04.2002 – 5 AZR 2/01, AP Nr. 1 zu § 8 EFZG.

[104] BAG, Urt. v. 17.04.2002 – 5 AZR 2/01, AP Nr. 1 zu § 8 EFZG.

des Arbeitgebers durch die Arbeitsunfähigkeit dieselben Grundsätze wie für die Kündigung, die bei bereits vorliegender Arbeitsunfähigkeit ausgesprochen wird.

Streitig ist, ob eine Änderungskündigung von § 8 Abs. 1 Nr. 1 EFZG umfasst **64** ist.[105] Dafür spricht, dass sie bei Ablehnung des Änderungsangebotes zur „Beendigung des Arbeitsverhältnisses", so die Überschrift des § 8 EFZG, führt; dagegen lässt sich anführen, dass die Änderungskündigung nicht ohne weiteres zur Beendigung des Arbeitsverhältnisses führt. Daher ist die differenzierende Betrachtung danach, ob im einzelnen Fall die Änderungskündigung tatsächlich zur Beendigung des Arbeitsverhältnisses geführt hat,[106] vorzuziehen, da andernfalls der Schutzzweck des § 8 Abs. 1 Satz 1 EFZG an dieser Stelle nicht gewährleistet wäre. Schließlich will § 8 Abs. 1 Satz 1 EFZG den Arbeitgeber daran hindern, sich durch eine Beendigung des Arbeitsverhältnisses aus Anlass der Arbeitsunfähigkeit seiner Verpflichtung zur Entgeltfortzahlung zu entziehen[107] und darüber hinaus den Arbeitnehmer davor bewahren, noch während der Erkrankung einen anderen Arbeitsplatz suchen zu müssen.[108] Dieser Schutz tritt, da die Kündigung ja gerade wirksam sein muss, zusätzlich neben den Kündigungsschutz.

bb) Arbeitnehmerkündigung mit wichtigem Grund, § 8 Abs. 1 Satz 2 EFZG

§ 8 Abs. 1 Satz 2 EFZG lässt den Entgeltfortzahlungsanspruch auch nach Ende **65** des Arbeitsverhältnisses bestehen, wenn die Beendigung auf einer – daher auch hier erforderlich: wirksamen –[109] Kündigung des Arbeitnehmers beruht, wenn der Arbeitnehmer aus einem vom Arbeitgeber zu vertretenden Grunde zu einer fristlosen Kündigung berechtigt ist.

Dabei nimmt § 8 Abs. 1 Satz 2 EFZG den Rechtsgedanken des § 628 Abs. 2 BGB auf, wonach derjenige, der die Kündigung des anderen durch vertragswidriges Verhalten veranlasst, zum Schadensersatz verpflichtet ist.

Die Arbeitnehmerkündigung muss lediglich durch den wichtigen Grund veran- **66** lasst sein; nicht erforderlich ist, dass sie als fristlose oder außerordentliche ausgesprochen wurde.[110]

Definiert wird der wichtige Grund in § 626 Abs. 1 BGB und der dazu ergange- **67** nen Kasuistik in Rechtsprechung und Literatur. Wichtige Gründe auf Arbeitgeberseite können in einer Verletzung von Hauptleistungspflichten bestehen, z.B.

- die Nichtzahlung des Entgelts, wenn die Entgeltzahlung in nicht unerheblicher Höhe unterblieben ist oder sich der Verzug des Arbeitgebers mit der Vergütungszahlung über einen erheblichen Zeitraum erstreckt und der Arbeitnehmer diesen Fehler abgemahnt hat;[111]

---

[105] Dafür: ErfK/Dörner § 8 EFZG Rn. 5; differenzierend: MüKoBGB/Müller-Glöge § 8 EFZG Rn. 6.

[106] So z.B. MüKoBGB/Müller-Glöge § 8 EFZG Rn. 6.

[107] BAG, Urt. v. 28.11.1979 – 5 AZR 955/77, AP Nr. 10 zu § 6 LohnFG.

[108] BAG, Urt. v. 17.04.2002 – 5 AZR 2/01, AP Nr. 1 zu § 8 EFZG.

[109] ErfK/Dörner § 8 EFZG Rn. 20; MüKoBGB/Müller-Glöge § 8 EFZG Rn. 14.

[110] ErfK/Dörner § 8 EFZG Rn. 20; MüKoBGB/Müller-Glöge § 8 EFZG Rn. 14.

[111] BAG, Teilurt. v. 17.01.2002 – 2 AZR 494/00, NZA 2003, 816.

– die Verletzung der Beschäftigungspflicht, indem der Arbeitgeber dem Arbeitnehmer etwa wesentliche Aufgaben entzieht oder sonst nicht vertragsgemäß beschäftigt.[112]

68 In Frage kommen auch Nebenpflichtverletzungen wie

– Beleidigung durch den Arbeitgeber,[113]
– nicht zutreffende Verdächtigung einer Unredlichkeit,[114]
– grundlose und nachhaltige Verweigerung, Erholungsurlaub zu gewähren; bei endgültiger Weigerung entfällt das Abmahnungserfordernis.[115]

69 Streitig ist, ob der Arbeitnehmer die Zwei-Wochen-Frist des § 626 Abs. 2 BGB berücksichtigen muss.[116] Es spricht jedoch nichts dafür, die Rechtsgrundverweisung in § 8 Abs. 1 Satz 2 EFZG auf den ersten Absatz des § 626 BGB zu beschränken. Und die klare Frist der 2 Wochen für das Zumutbarkeitskriterium gegen einen unbestimmten Zeitraum auszuweiten mit der bloßen Angabe, mit verstreichender Zeit werde die Annahme der Unzumutbarkeit geringer,[117] zeigt gerade, dass es eines Kriteriums für die Unzumutbarkeit in zeitlicher Hinsicht bedarf; warum dann aber der ungewissen Zeit gegenüber der klaren Gesetzlichen der Vorzug zu geben ist, scheint sehr fragwürdig.

cc) Dauer der Entgeltfortzahlung nach § 8 EFZG

70 Nach § 8 Abs. 1 EFZG soll der Arbeiternehmer so stehen, wie er stünde, wenn das Arbeitsverhältnis fortbestanden hätte und nicht während seiner Arbeitsunfähigkeit beendet worden wäre.

Die durch Krankheit veranlasste Kündigung ist für den Entgeltfortzahlungsanspruch des Arbeitnehmers hinweg zu denken, das Arbeitsverhältnis wird insoweit als fortbestehend fingiert.[118] D.h., dass

– ein Entgeltfortzahlungsanspruch nicht besteht, falls die Arbeitsunfähigkeit erst nach Ende des Arbeitsverhältnisses eintritt;[119] und
– die Arbeitsunfähigkeit nicht während der gesamten Dauer der Fortzahlung auf derselben Krankheit beruhen muss – hier gilt wiederum die Einheit des Verhinderungsfalles[120].

Die Stringenz der Fingierung des Arbeitsverhältnisses zeigt sich auch darin, dass das BAG den Entgeltfortzahlungsanspruch auch nach Ende des Arbeitsverhältnisses dann erstmalig entstehen lässt, wenn bei Ausspruch der Kündigung die Warte-

---

[112] BAG, Urt. v. 15.06.1972 – 2 AZR 345/71, AP Nr. 7 zu § 628 BGB.
[113] Stahlhacke/Preis 1. Abschnitt § 22 Rn. 779.
[114] BAG, Urt. v. 24.02.1964 – 5 AZR 201/63, AP Nr. 1 zu § 607 BGB.
[115] Stahlhacke/Preis 1. Abschnitt, § 22 Rn. 780.
[116] Dafür MüKoBGB/Müller-Glöge § 8 EFZG Rn. 14; dagegen: ErfK/Dörner § 8 EFZG Rn. 23.
[117] So ErfK/Dörner § 8 EFZG Rn. 23.
[118] So die plastische Formulierung in BAG, Urt. v. 26.05.1999 – 5 AZR 476/98, AP Nr. 10 zu § 3 EFZG.
[119] BAG, Urt. v. 17.04.2002 – 5 AZR 2/01, AP Nr. 1 zu § 8 EFZG.
[120] So BAG , Urt. v. 02.12.1981 – 5 AZR 953/79, AP Nr. 19 zu § 6 LohnFG; zur Einheit des Verhinderungsfalles s. oben Rn. 22.

zeit des § 3 Abs. 3 EFZG – die ja auf § 22 TVöD nicht anwendbar ist – noch nicht
erfüllt war, der Arbeitnehmer aber nach Ablauf der Wartezeit immer noch arbeitsunfähig ist.[121]

Dagegen macht das BAG für die Anlasskündigung eine Ausnahme: § 8 EFZG   71
soll sich nur auf den jeweiligen Verhinderungsfall beschränken, der Anlass der
Kündigung war. Ist der Verhinderungstatbestand abgeschlossen, endet danach die
Fortzahlungspflicht. Ein neuer Verhinderungsfall – der nach § 3 EFZG ja durchaus einen Entgeltfortzahlungsanspruch auslösen kann (dazu oben Rn. 19 ff. zur
Fortsetzungserkrankung) – ist nach BAG ein neues Risiko für den Arbeiternehmer, für das der Arbeitgeber im Falle des § 8 Abs. 1 Nr. 1 EFZG nicht mehr einzustehen hat.[122]

9. Forderungsübergang bei Dritthaftung

§ 22 TVöD normiert den Forderungsübergang nicht mehr selbst, sondern lässt das   72
EFZG zur Anwendung kommen.

a) Voraussetzungen und Folgen des Forderungsübergangs
aa) Fall des normativen Schadens

Gem. § 6 Abs. 1 EFZG geht der Anspruch auf Schadensersatz, den der Arbeit-   73
nehmer auf Grund gesetzlicher Vorschriften von einem Dritten wegen desjenigen
Verdienstausfalls beanspruchen kann, der ihm durch die Arbeitsunfähigkeit entstanden ist, insoweit auf den Arbeitgeber über, als dieser dem Arbeitnehmer das
Entgelt fortgezahlt und die darauf entfallenden Arbeitgeberbeiträge zur Sozialversicherung abgeführt hat.

Tatsächlich kann dem Arbeitnehmer nach gesetzlichen Vorschriften gar kein
Anspruch auf Schadensersatz zustehen, da bei ihm durch die sofort eintretende
Verpflichtung des Arbeitgebers, Entgeltfortzahlung zu leisten, kein finanzieller
Schaden bezüglich des Verdienstausfalls eintreten kann. Um zu erreichen, dass am
Ende der die Arbeitsunfähigkeit verursachende Dritte haftet, muss man daher die
Entgeltfortzahlung zunächst außer Betracht lassen und dem Arbeitnehmer den
Schaden normativ zurechnen, um den so ermöglichten Schadensersatzanspruch
auf den Arbeitgeber, bei dem der Schaden dann tatsächlich eintritt, übergehen las-
sen zu können.

bb) Schadenersatzansprüche gegen einen Dritten

Schadenersatzansprüche, die gem. § 6 Abs. 1 EFZG übergehen können, sind mög-   74
lich u.a. auf Grundlage der §§ 280 ff. BGB, §§ 823 ff. BGB und bei Straßenver-
kehrsunfällen des § 7 StVG. Damit ist der Schadensersatzanspruch kein arbeitsrechtlicher Anspruch, sondern ein allgemein bürgerlich-rechtlicher, was sich auch
mit dem gesetzlichen Forderungsübergang nicht verändert. Konsequenz ist die
Geltendmachung vor den Zivilgerichten nach § 13 GVG;[123] außerdem greift die
Ausschlussfrist des § 37 Abs. 1 TVöD nicht.

Hat ein Familienangehöriger als Dritter den Schaden fahrlässig herbeigeführt,   75
findet nach § 116 VI 1 SGB X und § 67 VVG ein Forderungsübergang auf den

---

[121] BAG, Urt. v. 26.05.1999 – 5 AZR 476/98, AP Nr. 10 zu § 3 EFZG.
[122] BAG , Urt. v. 02.12.1981 – 5 AZR 953/79, AP Nr. 19 zu § 6 LohnFG.
[123] ErfK/Dörner § 6 EFZG Rn. 4.

Sozialleistungsträger und auf die Versicherung nicht statt, wenn der Familienangehörige im Zeitpunkt des Schadensereignisses mit dem Geschädigten in häuslicher Gemeinschaft lebte. Die genannten Vorschriften sind auf das EFZG analog anzuwenden.[124]

Auch bei Arbeitskollegen ist die Entstehung eines Schadensersatzanspruches des Arbeitnehmers, der übergehen könnte, weitgehend eingeschränkt: §§ 104, 105 SGB VII schließen bei Vorliegen der Voraussetzungen den Anspruch im Falle des in demselben Betrieb tätigen Betriebsangehörigen aus.

cc) Zeitpunkt des Übergangs

76   Der Forderungsübergang nach § 6 Abs. 1 EFZG tritt erst dann ein, wenn der Arbeitgeber das Arbeitsentgelt fortgezahlt und die darauf entfallenden, gesetzlich bezeichneten Beitragsleistungen zu sozialen Sicherungssystemen erbracht hat.[125]

dd) Umfang des Übergangs

77   Dadurch, dass § 22 TVöD keine eigene Regelung zum Forderungsübergang mehr enthält, stellt sich nun die Frage, ob der gesetzliche Forderungsübergang nach § 6 EFZG auch die Bestandteile erfassen kann, die der Arbeitnehmer nur aufgrund der tarifvertraglichen Regelung in § 22 TVöD erhält. Vor allem für den Krankengeldzuschuss, der ja im EFZG gar nicht vorgesehen ist, stellt sich die Frage, ob der Arbeitgeber auch diesen nach § 6 EFZG verlangen kann; aber auch, wenn der Beschäftigte bereits in der für andere Arbeitnehmer geltenden Wartezeit nach § 3 Abs. 3 EFZG Entgeltfortzahlung aus § 22 TVöD erhält.

78   Da diese Frage sehr streitig ist, müssen sich die Tarifparteien fragen lassen, ob es – allem Wunsch nach Vereinfachung und Verschlankung des Textes zum Trotz – an dieser Stelle nicht angebracht gewesen wäre, den Forderungsübergang im Tarifvertrag zu belassen, um die betroffenen Arbeitgeber aus diesem rechtswissenschaftlichen Streit herauszuhalten.

79   So lässt sich durchaus hören, dass § 6 EFZG nur die aufgrund des EFZG geleisteten Arbeitgeberzahlungen erfassen kann. Aber auch die Gegenauffassung, die auf den Gesetzeszweck abstellt und die tarifvertraglichen Bestandteile einschließt,[126] ist nachvollziehbar. Berücksichtigt man den Stellenwert der teleologische Auslegung, die dem Gesetzeszweck den Vorrang vor anderen Auslegungskriterien einräumt, ist die letztere Auffassung zu bevorzugen.

80   Für die Praxis bleibt es aber dabei, dass nicht vorhergesagt werden kann, wie ein Gericht im konkreten Fall entscheiden wird. Um dem Streit auszuweichen und sich die Forderung zu sichern, wird dem Arbeitgeber teilweise empfohlen, sich vom Arbeitnehmer den Anspruch auf Verdienstausfall – was nach § 6 EFZG gerade nicht erforderlich wäre – explizit abtreten zu lassen. Jedoch: Hält man an der zweifellos zutreffenden Dogmatik des normativen Schadens[127] konsequent fest, steht dem Arbeitnehmer für den Teil der Vergütung, der ihm vom Arbeitgeber

---

[124]   Vgl. BGH, Urt. v. 04.03.1976 – VI ZR 60/75, AP Nr. 2 zu § 4 LohnFG.

[125]   MüArbR/Boecken § 87 Rn. 28.

[126]   Gegen die Anwendbarkeit auf tarifvertragliche Entgeltansprüche im Krankheitsfall: ErfK/Dörner § 6 EFZG Rn. 15; MüArbR/Boecken § 87 Rn. 19; dafür MüKoBGB/Müller-Glöge § 6 EFZG Rn. 9; OLG Koblenz, Urt. v. 14.07.1993 – 5 U 239/92, NJW-RR 1994, 864.

[127]   Dazu soeben Rn. 73.

mittels des Krankgeldzuschusses bereits ausgeglichen worden ist, mangels Schadens bereits kein Anspruch gegen den Schädiger zu, den der überhaupt abtreten könnte. Daher kann man zwar versuchen, mit Hilfe der vorsorglichen Abtretung die Position des Arbeitgebers gegenüber dem Schädiger zu stärken (dazu kann die Abtretung für diese Fälle auch bereits im Arbeitsvertrag aufgenommen werden); dem muss aber nicht Erfolg beschieden sein.

Zusätzlich zum gezahlten Entgelt im Krankheitsfall kann der Arbeitgeber vom Schädiger auch die geleisteten Arbeitgeberbeiträge an die Sozialversicherung (Bundesagentur für Arbeit, Träger der Krankenversicherung, der Rentenversicherung und der Pflegeversicherung) sowie Leistungen an die Zusatzversorgung verlangen.[128] Dazu gehören jedoch nicht die Leistungen des Arbeitgebers zur Unfallversicherung, da der Arbeitgeber diese allein schuldet.[129]   **81**

Auf den Forderungsübergang als cessio legis finden über § 412 BGB die Vorschriften der §§ 399 bis 404 und 406 bis 410 BGB Anwendung. Einwendungen, die der Schädiger dem Arbeitnehmer entgegenhalten konnte, bleiben ihm nach § 412 i.V.m. § 404 BGB auch gegenüber dem Arbeitgeber erhalten. Daher begrenzt z.B. auch ein etwaiges Mitverschulden des Arbeitnehmers den Anspruch des Arbeitgebers gegen den Schädiger.   **82**

b) Mitwirkungspflicht des Arbeitnehmers

§ 6 Abs. 2 EFZG verpflichtet den Arbeitnehmer dazu, dem Arbeitgeber unverzüglich die zur Geltendmachung des Schadensersatzanspruchs erforderlichen Angaben zu machen.   **83**

Diese Mitwirkungspflicht erstreckt sich auf alle Tatsachen im Zusammenhang mit dem Schadensfall, die dem Arbeitnehmer bekannt sind und die für den Arbeitgeber zur Geltendmachung des Schadensersatzanspruchs Bedeutung erlangen können, etwa

- Art und Verlauf des Schadensereignisses,
- Schadensursache,
- Namen und Adressen des Schädigers,
- eventuell vorhandene Zeugen sowie
- ggf. die Mitteilung über eine polizeiliche Aufnahme des Schadensereignisses.[130]

c) Vorrecht des Arbeitnehmers

Nach § 6 Abs. 3 EFZG kann der Forderungsübergang nicht zum Nachteil des Arbeitnehmers geltend gemacht werden.   **84**

Daraus ergibt sich, dass

- ein Arbeitnehmer, der über den Verdienstausfall hinaus Schäden erlitten hat, diesen Schadensersatzanspruch vorrangig durchsetzen kann;[131]
- gleichzeitig der Anspruch des Arbeitgebers wegen geleisteter Entgeltzahlungen im Krankheitsfall auf den nach § 6 EFZG übergangenen Teil begrenzt ist; er

---

128 ErfK/Dörner § 6 EFZG Rn. 16.
129 BGH, Urt. v. 11.11.1975 – VI ZR 128/74, NJW 1976, 326.
130 MüArbR/Boecken § 87 Rn. 33.
131 MüArbR/Boecken § 87 Rn. 42.

kann sich für den nicht gedeckten Teil nicht direkt an den Arbeitnehmer halten.[132]

IV. Krankengeldzuschuss

1. Verhältnis zur Entgeltfortzahlung nach § 22 Abs. 1 TVöD

85 Der Anspruch auf Krankengeldzuschuss gemäß stellt kein aliud, sondern ein minus gegenüber dem Anspruch auf Entgeltfortzahlung nach § 22 Abs. 1 TVöD dar, schließlich fasst § 22 TVöD beide Ansprüche unter dem gemeinsamen Begriff „Entgelt im Krankheitsfall" zusammen. Dies hat zur Konsequenz, dass die Geltendmachung des Entgeltfortzahlungsanspruchs die Ausschlussfrist des § 37 TVöD auch hinsichtlich des Anspruchs auf Krankengeldzuschuss für den betreffenden Zeitraum wahrt.[133]

2. Voraussetzungen

86 § 22 Abs. 2 Satz 1 TVöD setzt lediglich zweierlei für den Anspruch auf den Krankengeldzuschuss voraus:

– Zahlung von Krankengeld oder entsprechenden gesetzlichen Leistungen und
– Ablauf der Dauer der Entgeltfortzahlung nach Abs. 1.

a) Zahlung von Krankengeld
aa) Voraussetzungen des Krankengeldanspruchs

87 Der Anspruch auf Krankengeld entsteht gem. § 46 SGB V

– bei Krankenhausbehandlung oder Behandlung in einer Vorsorge- oder Rehabilitationseinrichtung (§ 23 Abs. 4, §§ 24, 40 Abs. 2 und 41 SGB V) von ihrem Beginn an,
– im Übrigen von dem Tag an, der auf den Tag der ärztlichen Feststellung der Arbeitsunfähigkeit folgt.

88 Voraussetzung für die Zahlung des Krankengeldes ist, dass die Arbeitsunfähigkeit durch eine ärztliche Bescheinigung innerhalb einer Woche bei der Krankenkasse gemeldet wird; andernfalls ruht der Anspruch auf das Krankengeld (§ 49 Nr. 5 SGB V). Im Falle einer Wiederholungserkrankung, bei der ein Entgeltfortzahlungsanspruch gegen den Arbeitgeber nicht mehr besteht, werden das gesetzliche Krankengeld und der tarifliche Krankengeldzuschuss daher erst ab dem Folgetag der ärztlichen Feststellung der Arbeitsunfähigkeit gezahlt (sog. Wartetag). Zur Vermeidung von finanziellen Einbußen muss im Fall von Wiederholungserkrankungen die ärztliche Bescheinigung daher bereits am ersten Erkrankungstag eingeholt und unverzüglich der Krankenkasse und dem Arbeitgeber vorgelegt werden.[134]

89 Krankengeld wird außerdem bei Erkrankung des Kindes unter den Voraussetzungen des § 45 SGB V gezahlt, wenn es nach ärztlichem Zeugnis erforderlich ist, dass der Beschäftigte zur Beaufsichtigung, Betreuung oder Pflege seines erkrank-

---

[132] ErfK/Dörner § 6 EFZG Rn. 28.
[133] BAG, Urt. v. 04.12.2002 – 5 AZR 494/01, AP Nr. 17 zu § 3 EFZG.
[134] Rundschreiben des BMI v. 08.12.2005, S. 58.

ten und versicherten Kindes der Arbeit fernbleiben. Der Anspruch auf Krankengeld nach § 45 SGB V besteht in jedem Kalenderjahr für jedes Kind max. für 10 Arbeitstage (für Alleinerziehende 20 Arbeitstage) und insgesamt je Kalenderjahr max. für 25 Arbeitstage (50 Arbeitstage für Alleinerziehende).

bb) Höhe des Krankengeldes

Das Krankengeld beträgt gem. § 47 Abs. 1 Satz 1 SGB V 70 % des erzielten regelmäßigen Arbeitsentgelts und Arbeitseinkommens, soweit es der Beitragsberechnung unterliegt (Regelentgelt). Es darf 90 % des entgangenen Nettoarbeitsentgelts nicht übersteigen.   **90**

b) Zahlung von entsprechenden gesetzlichen Leistungen

Der Zahlung des gesetzlichen Krankengeldes gleichgestellt sind folgende Leistungen aus der gesetzlichen Renten- und Unfallversicherung:[135]   **91**

- Übergangsgeld nach §§ 20 ff. SGB VI,
- Verletztengeld nach §§ 45 ff. SGB VII und
- Versorgungskrankengeld nach §§ 16 ff. Bundesversorgungsgesetz.

c) Ablauf der Dauer der Entgeltfortzahlung

Aus dieser Voraussetzung folgt, dass der Krankengeldzuschuss auch bei Bezug von Krankengeld erst nach Ablauf der sechs Wochen der Entgeltfortzahlung gewährt wird.   **92**

Das bedeutet, dass bei Bezug des Krankengelds bei Erkrankung des Kindes nach § 45 SGB V kein Anspruch auf Krankengeldzuschuss besteht: Denn dieses Krankengeld wird nicht für einen Tatbestand ausgezahlt, der nach § 22 Abs. 1 TVöD die Entgeltfortzahlung auslöst. In diesem Fall liegt eben kein „Krankheitsfall" – Überschrift des § 22 TVöD – vor, so dass § 22 TVöD dies auch nicht abdeckt. Geregelt ist die Pflege eines erkrankten Kindes an anderer Stelle des TVöD, nämlich in § 29 Abs. 1 Satz 1 Buchst. e Doppelbuchstabe bb. Danach steht dem Beschäftigten, der keinen Anspruch auf das Krankengeld nach § 45 SGB V hat, ein Anspruch auf Arbeitsbefreiung an bis zu vier Arbeitstagen pro Kalenderjahr zu;[136] für Versicherte mit Anspruch nach § 45 SGB V dagegen bleibt es bei der Zahlung des „nackten" Krankengeldes.

3. Höhe des Krankengeldzuschusses bei gesetzlich Krankenversicherten

Wie nach § 37 BAT, bemisst sich gem. § 22 Abs. 2 Satz 1 TVöD die Höhe des Krankengeldzuschusses nach dem Unterschiedsbetrag zwischen den tatsächlichen Barleistungen des Sozialleistungsträgers und dem um die gesetzlichen Abzüge verminderten Nettoentgelt.[137]   **93**

Der Krankengeldzuschuss ist als Bruttobetrag zu zahlen.[138]

---

[135] Vgl. Rundschreiben des BMI v. 08.12.2005, S. 57.

[136] Dazu im Einzelnen § 29 Rn. 13 f.

[137] Rundschreiben des BMI v. 08.12.2005, S. 58.

[138] BAG, Urt. v. 04.12.2002 – 5 AZR 494/01, AP Nr. 17 zu § 3 EFZG; jüngst (zum Rahmentarifvertrag für die Angestellten des Baugewerbes) BAG, Urt. v. 31.08.2005 – 5 AZR 6/05 – NZA 2006, 232.

a) Nettoentgelt

94 Das für § 22 Abs. 2 Satz 1 TVöD maßgebliche Nettoentgelt wird ermittelt, indem das in § 21 TVöD definierte Bruttoentgelt um die gesetzlichen Abzüge, die im konkreten Einzelfall anfallen würden, vermindert wird (§ 22 Abs. 2 Satz 2 TVöD).[139]

Gesetzliche Abzüge sind[140]

– Steuern (Lohnsteuer, Solidaritätszuschlag, ggf. Kirchensteuer),
– die Arbeitnehmeranteile zur Sozialversicherungsbeiträge (Renten-, Arbeitslosen-, Kranken- und Pflegeversicherung; ggf. Zusatzbeitrag zur gesetzlichen Krankenversicherung in Höhe von 0,9 v.H. nach dem Gesetz zur Finanzierung von Zahnersatz und Beitragszuschlag für Kinderlose in der Pflegeversicherung in Höhe von 0,25 v.H. nach dem Kinderberücksichtigungsgesetz) und
– ggf. landesgesetzliche Abzüge (z.B. Kammerbeiträge in Bremen und im Saarland).

Nicht zu den gesetzlichen Abzügen zählt wie bisher der Eigenanteil zur betrieblichen Altersversorgung bei der VBL, obwohl dieser auch in Zeiträumen mit Anspruch auf den Krankengeldzuschuss zu entrichten ist (Ausführungsbestimmungen zu § 64 Abs. 4 Satz 1 VBL-Satzung).[141] Das für § 22 Abs. 2 Satz 1 TVöD maßgebende Nettoentgelt bleibt daher eine fiktive Rechengröße.[142]

95 In die Berechnung dieser Abzüge fließen, da der Einzelfall zählt, alle Besonderheiten des einzelnen Beschäftigten ein. Das heißt, dass z.B.

– die jeweilige Steuerklasse,
– die individuellen Freibeträge,
– Kirchensteuersatz je nach Mitgliedschaft,
– der für den Einzelnen geltende Krankenkassenbeitrag und
– soweit anwendbar, steuer- und sozialversicherungsrechtliche Auswirkungen der betrieblichen Altersversorgung bei der VBL

zu berücksichtigen sind.[143]

b) Tatsächliche Barleistungen des Sozialleistungsträgers

96 Wie bisher in § 37 Abs. 8 BAT und § 42 Abs. 8 MTArb[144] sind die tatsächlichen Barleistungen des Sozialleistungsträgers

– das festgesetzte Bruttokrankengeld[145] bzw.
– die festgesetzten entsprechenden gesetzlichen Bruttoleistungen vor Abzug der Arbeitnehmerbeiträge zur Sozialversicherung.

---

[139] Rundschreiben des BMI v. 08.12.2005, S. 58.
[140] Vgl. Rundschreiben des BMI v. 08.12.2005, S. 58.
[141] Rundschreiben des BMI v. 08.12.2005, S. 58.
[142] Rundschreiben des BMI v. 08.12.2005, S. 58.
[143] Vgl. Rundschreiben des BMI v. 08.12.2005, S. 58.
[144] Vgl. dazu BAG vom 05.11.2003 – 5 AZR 682/02, AP Nr. 1 zu § 37 BAT-O.
[145] BAG, Urt. v. 04.12.2002 – 5 AZR 494/01, AP Nr. 17 zu § 3 EFZG.

Das Bruttokrankengeld umfasst die hierauf entfallenden Arbeitnehmerbeiträge zur gesetzlichen Renten- und Arbeitslosenversicherung, da das Krankengeld hierfür seit dem 01.01.1984 gem. §§ 3 Nr. 3 und 170 Abs. 1 Nr. 2 Buchst. a SGB VI bzw. §§ 26 Abs. 2 S. 1, 345 Nr. 5, 347 Nr. 5 SGB III der Beitragspflicht unterliegt.[146] Ausbezahlt wird von den Krankenkassen aber nur das um die Arbeitnehmeranteile geminderte Krankengeld, das Nettokrankengeld[147]. Auszugleichen ist jedoch nur die Differenz zwischen Bruttokrankengeld und Nettoentgelt, so dass die Arbeitnehmerbeiträge nicht durch den Krankengeldzuschuss zu kompensieren sind.[148]

4. Freiwillig gesetzlich krankenversicherte Beschäftigte

Bei freiwillig Krankenversicherten ist beim Nettoentgelt (oben Rn. 94 f.) an Stelle   97
der Arbeitnehmeranteile zur gesetzlichen Kranken- und Pflegeversicherung deren Gesamtkranken- und Pflegeversicherungsbeitrag abzüglich der Arbeitgeberzuschüsse zur Krankenversicherung nach § 257 SGB V bzw. Pflegeversicherung nach § 61 SGB XI zu berücksichtigen, § 22 Abs. 2 Satz 2, 2. Hs. TVöD.[149]

5. Nicht gesetzlich krankenversicherte Beschäftigte

a) Nettoentgelt

Privat Krankenversicherte werden vom Wortlaut des § 22 Abs. 2 Satz 2 TVöD   98
ausdrücklich nicht erfasst. Daher sind dort als Sozialversicherungsbeiträge nur die tatsächlichen gesetzlichen Abzüge anzusetzen, also die Arbeitnehmeranteile zur gesetzlichen Renten- und Arbeitslosenversicherung. Haben von der Versicherungspflicht in der gesetzlichen Rentenversicherung befreite Arbeitnehmer auf gesetzlicher Grundlage Versicherungsbeiträge zu einer privaten Rentenversicherung aufzubringen, handelt es sich ebenfalls um gesetzliche Abzüge vom Bruttolohn im Sinne des § 22 Abs. 2 Satz 2 TVöD.[150]

Die Beiträge zur privaten Kranken- und Pflegeversicherung werden hingegen nicht berücksichtigt. Hintergrund für diese Differenzierung ist, dass freiwillig Krankenversicherte während der Arbeitsunfähigkeit beitragsfrei versichert sind, während privat Krankenversicherte weiterhin ihre Versicherungsbeiträge entrichten müssen.[151]

b) Krankengeldhöchstsatz statt tatsächlicher Barleistungen des Sozialleistungsträgers

Bei Beschäftigten, die nicht in der gesetzlichen Krankenversicherung versichert   99
sind, ist nach § 22 Abs. 2 Satz 3 TVöD bei der Berechnung des Krankengeldzuschusses anstelle der tatsächlichen Barleistungen des Sozialleistungsträgers fiktiv der Krankengeldhöchstsatz, der bei Pflichtversicherung in der gesetzlichen Krankenversicherung zustünde, zugrunde zu legen.

---

[146] BAG, Urt. v. Urteil vom 24.04.1996 – 5 AZR 798/94, AP Nr. 96 zu § 616 BGB.
[147] Definition z.B. bei BAG, Urt. v. 24.04.1996 – 5 AZR 798/94, AP Nr. 96 zu § 616 BGB.
[148] BAG, Urt. v. 04.12.2002 – 5 AZR 494/01, AP Nr. 17 zu § 3 EFZG; Urt. v. 21.08.1997 – 5 AZR 517/96 –AP Nr. 98 zu § 616 BGB.
[149] Rundschreiben des BMI v. 08.12.2005, S. 60.
[150] BAG vom 05.11.2003 – 5 AZR 682/02, AP Nr. 1 zu § 37 BAT-O.
[151] Rundschreiben des BMI v. 08.12.2005, S. 60 und Anlage 3 C.

Der Krankengeldhöchstsatz beträgt im Jahre 2006 kalendertäglich 83,13 € (monatliches Höchstregelentgelt 3.562,50 €: 30 Kalendertage = 118,75 € kalendertäglich; 118,75 € x 70 v. H. = 83,13 € kalendertäglich).

6. Dauer der Zahlung von Krankengeldzuschuss

a) Beginn der Zahlung von Krankengeldzuschuss

100 Die Zahlung erfolgt nach § 22 Abs. 2 Satz 1 TVöD erst nach Ablauf des Zeitraums der Entgeltfortzahlung im Krankheitsfall gemäß § 22 Abs. 1 TVöD.

b) Nach Beschäftigungszeit gestaffelte Dauer

101 Die Dauer der Zahlung des Krankengeldzuschusses gemäß § 22 Abs. 3 TVöD ist wie bisher abhängig von der Beschäftigungszeit gestaffelt:

– Bei einer Beschäftigungszeit von weniger als einem Jahr besteht kein Anspruch auf Krankengeldzuschuss;
– bei einer Beschäftigungszeit von mehr als einem bis zu drei Jahren wird der Zuschuss für eine Dauer bis zum Ende der 13. Woche der Arbeitsunfähigkeit infolge derselben Krankheit gezahlt; und
– bei einer Beschäftigungszeit von mehr als drei Jahren wird der Zuschuss bis zum Ende der 39. Woche der Arbeitsunfähigkeit infolge derselben Krankheit gezahlt.

In die Höchstbezugszeiträume für den Krankengeldzuschuss nach § 22 Abs. 3 TVöD sind unverändert die Zeiträume der vorgehenden Entgeltfortzahlung im Krankheitsfall nach § 22 Abs. 1 TVöD einzurechnen.[152]
Die Beschäftigungszeit bestimmt sich nach § 34 Abs. 3 TVöD;[153] maßgeblich ist, wie im BAT, BMT-G und MTArb, die Beschäftigungszeit, die im Laufe der krankheitsbedingten Arbeitsunfähigkeit vollendet wird (§ 22 Abs. 3 Satz 2 TVöD). Dies führt dazu, dass sich die Zahlungsdauer des Krankengeldzuschusses während der Arbeitsunfähigkeit noch erweitern kann.
Beschäftigte wachsen in die verlängerte Zahlungsdauer für den Krankengeldzuschuss von bis zu 39 Wochen hinein, soweit die Zahlungsdauer für den Krankengeldzuschuss nach der neuen Regelung des § 22 Abs. 2 und 3 TVöD seit dem Beginn der Arbeitsunfähigkeit infolge derselben Krankheit noch nicht abgelaufen ist. Bei Beschäftigten, die den 182. Tag (= Ende der 26. Woche) bereits erreicht hatten, so dass ihr Anspruch auf Krankenbezüge nach bisherigem Recht (§ 37 BAT/BAT-O oder § 71 BAT bzw. § 42 MTArb/ MTArb-O) bereits erschöpft war, lebt der Anspruch auf Entgelt im Krankheitsfall nach § 22 TVöD ggf. wieder auf. Bei der Fristberechnung nach § 22 Abs. 3 TVöD sind aber die Tage nach Ablauf des 182. Tags bis zum In-Kraft-Treten der neuen Regelung am 1. Oktober 2005 mitzuzählen; dabei ist unerheblich, dass für diesen Zeitraum kein Krankengeldzuschuss gezahlt wurde. Die Zahlung des Krankengeldzuschusses erfolgt somit auch in diesen Fällen längstens bis zum 273. Tag (= Ende der 39. Woche) seit Beginn der Arbeitsunfähigkeit infolge derselben Krankheit.

---

[152] Rundschreiben des BMI v. 08.12.2005, S. 61.
[153] Dazu § 34 Rn. 19 ff.

c) Ende nach § 22 Abs. 4 Satz 1 und 2 TVöD

Wie die Entgeltfortzahlung, so endet gem. nach § 22 Abs. 4 Satz 1 TVöD auch die **102** Zahlung des Krankengeldzuschusses in dem Zeitpunkt, in dem das Arbeitsverhältnis rechtlich endet. Die Verweisung des § 22 Abs. 4 Satz 1 TVöD auf § 8 EFZG ist für den Krankengeldzuschuss, da das EFZG diesen nicht regelt, ohne Belang.

§ 22 Abs. 4 Satz 2 TVöD begrenzt den Krankengeldzuschuss zusätzlich auf die Zeit, in der der Beschäftigte keine Bezüge aus der gesetzlichen Rentenversicherung oder einer zusätzlichen Alters- und Hinterbliebenenversorgung oder aus einer sonstigen Versorgungseinrichtung erhält, die nicht allein aus Mitteln der Beschäftigten finanziert ist. Maßgebender Zeitpunkt ist der Tag, der im Rentenbescheid als der Tag bezeichnet ist, von dem an erstmals Rente gewährt wird. Unbedeutend ist, wann der Rentenbescheid erstellt, dem Empfänger zugegangen ist oder wann der Angestellte die erste Rentenzahlung erhalten hat.[154]

7. Steuer, Sozialversicherung, Zusatzversorgung und Auswirkungen auf das Krankengeld

Für die Sozialversicherung gilt: **103**

Bei gesetzlich versicherten Arbeitnehmern ist der Zuschuss unschädlich für die Zahlung des Krankengeldes und damit auch beitragsfrei, soweit er in Summe mit dem Krankengeld 100 % des Nettoarbeitsentgelts nicht übersteigt, § 49 Abs. 1 Nr. 1 SGB V. Wird das Nettoarbeitsentgelt überschritten, handelt es sich in dieser Höhe um anrechenbares Arbeitsentgelt; das Krankengeld ruht dann in Höhe der Überschreitung.[155]

Unter Geltung der Vorgängerregelungen zum TVöD, die nicht die Differenz zum Nettoentgelt, sondern zur Nettourlaubsvergütung als Krankengeldzuschuss vorsahen, kam es durchaus vor, dass bei Zahlung des Krankengeldzuschusses das Nettoentgelt überschritten wurde mit den eben genannten Folgen. Für den TVöD ist dieses Problem durch die Neuberechnung des Krankengeldzuschusses entschärft worden. Auch eine an sich mögliche[156] Überschreitung durch Gewährung von vermögenswirksamen Leistungen verhindert der TVöD dadurch, dass zwar auch für die Zeit der Gewährung von Krankengeldzuschuss der Anspruch auf die vermögenswirksame Leistung gem. § 23 Abs. 1 Satz 1 TVöD an sich besteht; jedoch wird die vermögenswirksame Leistung gem. § 23 Abs. 1 Satz 5 TVöD auf den Krankengeldzuschuss angerechnet und nicht „on top" gezahlt.[157]

Problematisch werden für eine Überschreitung können daher wegen § 23a SGB IV nur noch die Einmalzahlungen wie die Jahressonderzahlung – die ja gem. § 20 Abs. 2 Satz 1 TVöD in voller Höhe gezahlt wird, wenn die Zeit des Krankengeldzuschusses nicht gerade im Bemessungszeitraum (Juli, August und September) liegt.[158] Dies kann anders aussehen, wenn die Übergangsregelung für den alten § 71 BAT zur Anwendung kommt, siehe unten Rn 110 f.

---

[154] BAG, Urt. v. 25.02.1993 – 6 AZR 334/91, AP Nr. 10 zu § 37 BAT.
[155] Küttner/Ruppelt, Krankengeldzuschuss Rn. 3 ff.
[156] Küttner/Ruppelt, Krankengeldzuschuss Rn. 4.
[157] § 23 Rn. 23.
[158] Zum Bemessungszeitraum im Einzelnen § 20 Rn. 16 ff.

Bei privat krankenversicherten Arbeitnehmern ist der Krankengeldzuschuss beitragspflichtig.

Zusatzversorgungspflichtig ist der Krankengeldzuschuss nicht.

8. Überzahlungen nach § 22 Abs. 4 Satz 3 TVöD

104 § 22 Abs. 4 Satz 3 TVöD behandelt im Anschluss an die Beendigung der Krankengeldzuschuss-Zahlung ab dem Zeitpunkt, ab dem der Beschäftigten Bezüge aus der gesetzlichen Rentenversicherung oder einer zusätzlichen Alters- und Hinterbliebenenversorgung oder aus einer sonstigen Versorgungseinrichtung erhält (§ 22 Abs. 4 Satz 2 TVöD), die Frage, wie mit über diesen Zeitraum hinaus gezahlten Krankengeldzuschüssen zu verfahren ist.

Diese Frage stellt sich praktisch, weil der Rentenversicherungs- bzw. Versorgungsträger oft zu einem viele Monate zurückliegenden Zeitpunkt den Eintritt von Berufsunfähigkeit oder Erwerbsunfähigkeit anerkennt und von diesem Zeitpunkt an rückwirkend die Rente zahlt.[159]

Nach § 22 Abs. 4 Satz 3 TVöD wird der über den in Abs. 4 Satz 2 festgelegten Zeitpunkt hinaus gezahlte Krankengeldzuschuss als Vorschuss auf die in demselben Zeitraum zustehenden Bezüge aus der Rentenversicherung bzw. sonstigen Versorgungseinrichtung behandelt, und der Anspruch des Beschäftigten gegen den Versicherungsträge geht insoweit auf den Arbeitgeber über.

a) Fiktion als Vorschuss

105 Dadurch, dass § 22 Abs. 4 Satz 3 TVöD den über den Rentenbeginn hinaus gezahlten Krankengeldzuschuss als Vorschuss auf die Rente fingiert, verlieren diese Zahlungen ihre Arbeitsentgelteigenschaft.[160] Damit sind auf den Vorschuss entfallende Sozialversicherungsbeiträge, Lohnsteuer sowie Umlagen zur Zusatzversorgungskasse insoweit neu zu berechnen und ggf. zurückzufordern.

Die Bezeichnung als Vorschuss führt auch dazu, dass der Beschäftigte als Empfänger der Leistung bei Vorliegen der Voraussetzungen in § 22 Abs. 4 Satz 3 TVöD zur Rückzahlung verpflichtet ist.[161]

Nach § 22 Abs. 4 Satz 3 TVöD gelten die Zahlungen nur noch als Vorschuss für die im selben Zeitraum zustehende Rente. Damit haben die Tarifparteien auf das Urteil des BAG vom 25.02.1993 reagiert, in dem eine darüber hinausgehende Fiktion für den Forderungsübergang als Verstoß gegen § 53 Abs. 2 Nr. 1 SGB I und damit als – in der darüber hinausgehenden Höhe – unwirksam festgestellt wurde.[162]

b) Übergang auf den Arbeitgeber

106 Der Forderungsübergang des § 22 Abs. 4 Satz 3, 2. Hs. TVöD betrifft nur den in § 22 Abs. 4 Satz 3 TVöD definierten Vorschuss und damit von vornherein – wie

---

[159] BAG, Urt. v. 30.09.1999 – 6 AZR 130/98, AP Nr. 1 zu § 71 BAT; Urt. v. 25.02.1993 – 6 AZR 334/91, AP Nr. 10 zu § 37 BAT.

[160] BAG, Urt. v. 30.09.1999 – 6 AZR 130/98, AP Nr. 1 zu § 71 BAT.

[161] BAG, Urt. v. 30.09.1999 – 6 AZR 130/98, AP Nr. 1 zu § 71 BAT; Urt. v. 25.02.1993 – 6 AZR 334/91, AP Nr. 10 zu § 37 BAT.

[162] BAG, Urt. v. 25.02.1993 – 6 AZR 334/91, AP Nr. 10 zu § 37 BAT.

laut BAG wegen § 53 Abs. 2 Nr. 1 SGB I maximal zulässig[163] – nur die Rentenansprüche, die auf die Zeit entfallen, in der Krankengeldzuschuss über den ersten Tag des Rentenbezugs hinaus gezahlt wurde.

Damit kann aber auch nicht wie unter Geltung des BAT eine Differenz zwischen der von der Vorschussfiktion einerseits und der vom Forderungsübergang andererseits erfassten Beträge mehr entstehen, die früher der Arbeitnehmer selbst zurückzuzahlen[164] hatte.

c) Ausschluss des Bereicherungsrechts; keine Aufklärungspflicht

§ 22 Abs. 4 Satz 3 TVöD ist lex specialis zum Bereicherungsrecht und schließt   **107**
damit sowohl § 812 BGB als Anspruchsgrundlage wie auch den Wegfall der Bereicherung nach § 818 Abs. 3 BGB als Einrede aus.[165] Dies gilt allerdings nur für den Teil des Rückzahlungsanspruchs, der von § 22 Abs. 4 Satz 3 TVöD erfasst ist: Wie § 22 Abs. 4 Satz 4 TVöD zeigt, ist der Beschäftigte unabhängig von der Konstruktion als Vorschuss und dem damit verbundenen Forderungsübergang zur Rückzahlung des Teils des Zuschusses verpflichtet, der die für den Zeitraum der Überzahlung zustehenden Rentenbezüge übersteigt.

Die Möglichkeit einer Rückzahlungsverpflichtung nach § 22 Abs. 4 Satz 3 TVöD begründet keine Aufklärungspflicht des Arbeitgebers: Aus dem TVöD ist für den Beschäftigten erkennbar, dass er ggf. überzahltes Krankengeld zurückzahlen muss; darüber hinaus ist es grundsätzlich Sache des Arbeitnehmers, sich selbst über die für ihn maßgebenden sozialrechtlichen Regelungen zu informieren und die ihm sachgerecht erscheinenden Anträge zu stellen.[166]

d) Absehen von der Rückforderung nach § 22 Abs. 4 Satz 4 TVöD

Der Arbeitgeber kann nach § 22 Abs. 4 Satz 4 TVöD von der Rückforderung des   **108**
Teils des überzahlten Betrags, der nicht durch die für den Zeitraum der Überzahlung zustehenden Bezüge im Sinne des Satzes 2 ausgeglichen worden ist, absehen.

Dadurch wird der Arbeitnehmer davor bewahrt, die Differenz zwischen seinen Rentenbezügen, die der Arbeitgeber mit dem Krankengeldzuschuss abgedeckt hat und die der Beschäftigte im Ergebnis behalten darf (der Arbeitgeber wendet sich in Höhe dieser Bezüge wegen des Forderungsübergangs lediglich an den Versorgungsträger), und dem darüber hinaus gewährten Krankengeldzuschuss aus eigener Tasche zurückzahlen zu müssen.

Die Kannvorschrift des § 22 Abs. 4 Satz 4 TVöD räumt dem Arbeitgeber ein   **109**
Ermessen ein, das dieser – ebenso wie z.B. im Falle des § 28 TVöD –[167] nach billigem Ermessen nach § 315 BGB ausüben muss.[168] Zwar hatte das BAG zur insoweit wortgleichen Vorgängervorschrift im BAT (§ 71 Abs. 2 Unterabs. 5 Satz 4 BAT bzw. § 37 Abs. 3 Unterabs. 3 BAT) entschieden, dass § 315 BGB nicht anzuwenden ist und der Arbeitgeber nicht an Billigkeitserwägungen gebunden ist.

---

[163] BAG, Urt. v. 25.02.1993 – 6 AZR 334/91, AP Nr. 10 zu § 37 BAT.

[164] BAG, Urt. v. 30.09.1999 – 6 AZR 130/98, AP Nr. 1 zu § 71 BAT.

[165] BAG, Urt. v. 30.09.1999 – 6 AZR 130/98, AP Nr. 1 zu § 71 BAT; Urt. v. 25.02.1993 – 6 AZR 334/91, AP Nr. 10 zu § 37 BAT.

[166] BAG, Urt. v. 30.09.1999 – 6 AZR 130/98, AP Nr. 1 zu § 71 BAT.

[167] Dazu § 28 Rn. 13.

[168] BAG, Urt. v. 30.09.1999 – 6 AZR 130/98, AP Nr. 1 zu § 71 BAT.

Diese Entscheidung beruht jedoch auf einem Vergleich mit § 36 Abs. 6 Satz 1 BAT, nach dem von der Rückforderung zuviel gezahlter Bezüge „aus Billigkeitsgründen" abgesehen werden konnte. Daraus, dass § 71 Abs. 2 Unterabs. 5 Satz 4 BAT diese Beschränkung nicht enthielt, folgerte das BAG, dass dort (und damit auch für den wortgleichen § 37 Abs. 3 Unterabs. 3 BAT) dem Arbeitgeber ein weiterer Ermessensspielraum eingeräumt ist als bei dem Rückforderungsverzicht nach § 36 Abs. 6 BAT.[169] Eine Entsprechung zu § 36 Abs. 6 BAT sieht der TVöD jedoch gerade nicht vor: In § 24 TVöD sind die Regelungen zur Überzahlung von sonstigem Entgelt nicht übernommen.[170] Damit bleibt es bei dem Auslegungsgrundsatz des BAG, wonach auf eine einseitige Bestimmung im Zweifel § 315 BGB anzuwenden[171] ist. Mangels einer § 36 Abs. 6 BAT entsprechenden Vorschrift erschüttert im TVöD nichts diese Zweifel mehr. Dass die Tarifparteien diese im BAT vorhandene systematische Anknüpfung nicht in den TVöD übernommen haben, obwohl ihnen die Rechtsprechung des BAG bekannt war, unterstützt diese Auslegung.

Im Rahmen der Interessenabwägung nach § 315 BGB sind zu Gunsten des Beschäftigten heranzuziehen:

– erhöhte Aufwendungen des Beschäftigten wegen seiner Erkrankung oder Behinderung und
– das Verstreichen einer längeren Zeit bis zur Geltendmachung des Rückforderungsanspruches durch den Arbeitgeber.

Dem kann der Arbeitgeber allerdings ggf. seine angespannte Haushaltslage entgegenhalten.[172]

Das Ermessen entfällt, wenn der Beschäftigte dem Arbeitgeber die Zustellung des Rentenbescheids schuldhaft verspätet mitgeteilt hat, § 22 Abs. 4 Satz 4 TVöD.

V. Übergangsregelungen

1. Besitzstand für Beschäftigte, die unter den Geltungsbereich des § 71 BAT fielen

a) Dauer der Zahlung von Krankengeldzuschuss

110   Die Übergangsregelung für Angestellte nach § 71 BAT wurde im Grundsatz nicht übernommen. Damit gilt auch für sie die gesetzliche Höchstdauer von 6 anstatt von 26 Wochen nach § 71 BAT. Dafür normiert § 13 TVÜ-Bund/VKA für Beschäftigte, für die bis zum 30. September 2005 § 71 BAT gegolten hat, eine zeitlich befristete Übergangsregelung in Form eines höheren Krankengelszuschusses (dazu unten Rn. 111).

Für die nicht in der gesetzlichen Krankenversicherung pflichtversicherten Angestellten heißt diese Kürzung bei der Dauer der Entgeltfortzahlung, dass sie sich daher ab 01.10.2005 für die Zeit zwischen der 7. und der 26. Woche der Arbeits-

---

[169] BAG, Urt. v. 30.09.1999 – 6 AZR 130/98, AP Nr. 1 zu § 71 BAT.
[170] Siehe auch § 24 Rn. 48.
[171] BAG, Urt. v. 30.09.1999 – 6 AZR 130/98, AP Nr. 1 zu § 71 BAT; Urt. v. 20.12.1984 – 2 AZR 3/84, AP Nr. 9 zu § 620 BGB Bedingung.
[172] BAG, Urt. v. 30.09.1999 – 6 AZR 130/98, AP Nr. 1 zu § 71 BAT.

unfähigkeit „nachversichern" müssen. Aufgrund einer Vereinbarung zwischen dem Bundesministerium des Innern und dem Bundesverband der Privaten Krankenversicherung ist davon auszugehen, dass im Fall dieser Vertragsänderung eine Gesundheitsprüfung nicht erforderlich ist und keine Risikozuschläge erhoben werden.[173]

Eine besondere Besitzstandswahrung enthält dagegen § 13 Abs. 2 TVÜ-Bund/VKA für Fälle, in denen Beschäftigte schon vor dem 01.10.2005 arbeitsunfähig waren und diese Arbeitsunfähigkeit über dieses Datum hinaus fortbesteht: Diese Beschäftigte erhalten abweichend von § 22 Abs. 1 TVöD längstens bis zum Ende der 26. Woche seit dem Beginn ihrer über den 30.09.2005 hinaus ununterbrochen fortbestehenden Arbeitsunfähigkeit infolge derselben Krankheit oder Arbeitsverhinderung infolge einer Maßnahme der medizinischen Vorsorge oder Rehabilitation ihr Entgelt nach § 21 TVöD fortgezahlt. Tritt nach dem 01.10.2005 Arbeitsunfähigkeit infolge derselben Krankheit ein, werden diese Zeiten auf die Fristen nach § 22 Abs. 3 TVöD angerechnet. Dadurch verkürzen sich die Bezugsfristen für den Krankengeldzuschuss entsprechend.[174]

b) Abweichende Berechnung des Krankengeldzuschusses

Zum Ausgleich für den Wegfall der Entgeltfortzahlung ab der 7. Woche wurde in   **111**
§ 13 TVÜ-Bund/VKA abweichend von § 22 Abs. 2 TVöD für die Beschäftigten, für die bis zum 30.09.2005 § 71 BAT gegolten hat, ein höherer Krankengeldzuschuss vereinbart:[175]

Gem. § 13 Abs. 1 Satz 1 TVÜ-Bund/VKA wird der Zuschuss in Höhe des Unterschiedsbetrags zwischen dem festgesetzten Nettokrankengeld oder der entsprechenden gesetzlichen Nettoleistung und dem Nettoentgelt (§ 22 Abs. 2 Satz 2 und 3 TVöD) gezahlt. Das Nettokrankengeld ist nach § 13 Abs. 1 Satz 2 TVÜ-Bund/VKA das um die Arbeitnehmeranteile zur Sozialversicherung, d.h. Renten- und Arbeitslosenversicherung,[176] reduzierte Krankengeld.[177] Bei dieser Berechnung kann es auch – anders als im Regelfall nach § 22 Abs. 2 Satz 1 TVöD – gehäuft Fälle geben, in denen die Summe von Krankengeld und Krankengeldzuschuss das Nettoentgelt übersteigt und damit wegen § 49 Abs. 1 Nr. 1 SGB V in Höhe der Überschreitung als Entgelt zu behandeln ist und das Krankengeld zum Ruhen bringt.[178]

Für Beschäftigte, die nicht der Versicherungspflicht in der gesetzlichen Krankenversicherung unterliegen, ist nach § 13 Abs. 1 Satz 3 TVÜ-Bund/VKA bei der Berechnung des Krankengeldzuschusses der Höchstsatz des Nettokrankengeldes,

---

[173] Vgl. Rundschreiben des BMI vom 11.08.2005 – DII2-220 200/25 betreffs § 13 des Tarifvertrages zur Überleitung der Beschäftigten des Bundes in den TVöD und zur Regelung des Übergangsrechts (TVÜ-Bund).

[174] Rundschreiben des BMI v. 10.10.2005 – AZ D II 2 – 220 210/643 betreffs des Rundschreibens v. 22.9.2005 und Informationspapiers v. 23.5.2005 (Rundschreiben des BMI v. 10.10.2005), Punkt 3.5.1.

[175] Rundschreiben des BMI v. 10.10.2005, Punkt 3.5.1.

[176] S.o. Rn. 96.

[177] So auch die Definition des BAG, Urt. v. 24.04.1996 – 5 AZR 798/94, AP Nr. 96 zu § 616 BGB.

[178] Dazu oben Rn. 103.

der bei Pflichtversicherung in der gesetzlichen Krankenversicherung zustünde, zugrunde zu legen.

2. Besitzstand für Beschäftigte des Bundes auf Beihilfengewährung

112 Für Beschäftigte des Bundes, deren Arbeitsverhältnis vor dem 1. August 1998 im Tarifgebiet West begründet worden ist, besteht laut Protokollerklärung zu § 13 TVÜ-Bund/VKA ein bis dahin vorhandener Anspruch auf Beihilfe nach den bisher geltenden Regelungen zur Beihilfegewährung an Arbeitnehmerinnen und Arbeitnehmer fort.

Änderungen der für Beamtinnen und Beamte des Bundes geltenden Beihilfevorschriften finden auch auf Beschäftigte des Bundes Anwendung.[179]

VI. Berechnungsbeispiele (Kalenderjahr 2005)[180]

113   1. Entgeltfortzahlung nach § 22 Abs. 1 TVöD

1	**Brutto-Entgelt** (E 14, indiv. Zwischenstufe „4+")			**4.000,00 €**
1.1	VBL-Umlage (Arbeitgeber)	**6,45 %**	258,00 €	
1.2	davon pauschal zu versteuern		92,03 €	
1.3	davon individuell zu versteuern (Nr. 1.1 ./. Nr. 1.2)		165,97 €	
1.4	Hinzurechnungsbetrag nach § 2 Abs. 1 Satz 2 ArEV[181]		22,37 €	
2	**Steuer-Brutto** (Nr. 1 + Nr. 1.3)		4.165,97 €	
2.1	Lohnsteuer (Steuerklasse III/0)		591,00 €	
2.2	Solidaritätszuschlag		32,50 €	
2.3	ggf. Kirchensteuer	**9 %**	53,19 €	
2.4	**Steuern insgesamt**			**676,69 €**
3	**SV-Brutto** (Nr. 1 + Nr. 1.3 + Nr. 1.4)		4.188,34 €	
3.1	RV (Arbeitnehmeranteil) BBG 5.200 €	**9,75 %**	408,36 €	
3.2	AV (Arbeitnehmeranteil) BBG 5.200 €	**3,25 %**	136,12 €	
3.3	**SV-Beiträge insgesamt**			**544,48 €**
4	**AN-Beitrag zur VBL-Umlage**	**1,41 %**		**56,40 €**
5	**Netto-Entgelt** (Nr. 1 ./. Nr. 2 ./. Nr. 3 ./. Nr. 4)			**2.722,43 €**

---

[179] Vgl. dazu auch Rundschreiben des BMI v. 14.09.2005.
[180] Nach Rundschreiben des BMI v. 15.11.2005, Anlage 1.
[181] (92,03 € : 6,45 x 100 = 1.426,82 €; 1.426,82 € x 2,5 % = 35,67 €; 35,67 € ./. 13,30 € = 22,37 €).

2. Krankengeldzuschuss nach § 13 Abs. 1 TVÜ-Bund/-VKA   **114**

1	**Brutto-Entgelt** (E 14, indiv. Zwischenstufe „4+")			**4.000,00 €**
1.1	VBL-Umlage (Arbeitgeber)	**6,45 %**	258,00 €	
1.2	davon pauschal zu versteuern		92,03 €	
1.3	davon individuell zu versteuern (Nr. 1.1 ./. Nr. 1.2)		165,97 €	
1.4	Hinzurechnungsbetrag nach § 2 Abs. 1 Satz 2 ArEV[182]		22,37 €	
2	**Steuer-Brutto** (Nr. 1 + Nr. 1.3)		4.165,97 €	
2.1	Lohnsteuer (Steuerklasse III/0)		591,00 €	
2.2	Solidaritätszuschlag		32,50 €	
2.3	ggf. Kirchensteuer	**9 %**	53,19 €	
2.4	**Steuern insgesamt**			**676,69 €**
3	**SV-Brutto** (Nr. 1 + Nr. 1.3 + Nr. 1.4)		4.188,34 €	
3.1	RV (Arbeitnehmeranteil) BBG 5.200 €	**9,75 %**	408,36 €	
3.2	AV (Arbeitnehmeranteil) BBG 5.200 €	**3,25 %**	136,12 €	
3.3	**SV-Beiträge insgesamt**			**544,48 €**
4	**AN-Beitrag zur VBL-Umlage:** kein gesetzlicher Abzug[183]			
5	**Fiktives Netto-Entgelt** (Nr. 1 ./. Nr. 2 ./. Nr. 3)			**2.778,83 €**
6	**Gesetzliches Krankengeld**			
6.1	**Bruttokrankengeld-Höchstsatz**		2.467,50 €	
6.2	**Nettokrankengeld-Höchstsatz**[184]			**2.125,75 €**
7	**Krankengeldzuschuss** (Nr. 5 ./. Nr. 6.2)			**653,08 €**

---

[182] S. Fn. 181.

[183] Der Arbeitnehmerbeitrag zur VBL-Umlage wird bei der Berechnung des Krankengeldzuschusses nicht berücksichtigt, da es sich nicht um einen gesetzlichen Abzug handelt, siehe oben Rn. 94.

[184] Nr. 6.1 abzgl. Arbeitnehmeranteile: Pflegeversicherung: 0,85%, Arbeitslosenversicherung: 3,25%, Rentenversicherung 9,75%.

§ 23 Besondere Zahlungen

(1) ¹Nach Maßgabe des Vermögensbildungsgesetzes in seiner jeweiligen Fassung haben Beschäftigte, deren Arbeitsverhältnis voraussichtlich mindestens sechs Monate dauert, einen Anspruch auf vermögenswirksame Leistungen. ²Für Vollbeschäftigte beträgt die vermögenswirksame Leistung für jeden vollen Kalendermonat 6,65 EUR. ³Der Anspruch entsteht frühestens für den Kalendermonat, in dem die/der Beschäftigte dem Arbeitgeber die erforderlichen Angaben schriftlich mitteilt, und für die beiden vorangegangenen Monate desselben Kalenderjahres; die Fälligkeit tritt nicht vor acht Wochen nach Zugang der Mitteilung beim Arbeitgeber ein. ⁴Die vermögenswirksame Leistung wird nur für Kalendermonate gewährt, für die den Beschäftigten Tabellenentgelt, Entgeltfortzahlung oder Krankengeldzuschuss zusteht. ⁵Für Zeiten, für die Krankengeldzuschuss zusteht, ist die vermögenswirksame Leistung Teil des Krankengeldzuschusses. ⁶Die vermögenswirksame Leistung ist kein zusatzversorgungspflichtiges Entgelt.

(2) ¹Beschäftigte erhalten ein Jubiläumsgeld bei Vollendung einer Beschäftigungszeit (§ 34 Abs. 3)
a)   von 25 Jahren   in Höhe von   350 EUR
b)   von 40 Jahren   in Höhe von   500 EUR.
²Teilzeitbeschäftigte erhalten das Jubiläumsgeld in voller Höhe. ³Im Bereich der VKA können durch Betriebs-/Dienstvereinbarung günstigere Regelungen getroffen werden.

(3) ¹Beim Tod von Beschäftigten, deren Arbeitsverhältnis nicht geruht hat, wird der Ehegattin/dem Ehegatten oder der Lebenspartnerin/dem Lebenspartner im Sonne des Lebenspartnerschaftsgesetzes oder den Kindern ein Sterbegeld gewährt. ²Als Sterbegeld wird für die restlichen Tage des Sterbemonats und – in einer Summe – für zwei weitere Monate das Tabellenentgelt der/des Verstorbenen gezahlt. ³Die Zahlung des Sterbegeldes an einen der Berechtigten bringt den Anspruch der Übrigen gegenüber dem Arbeitgeber zum Erlöschen; die Zahlung auf das Gehaltskonto hat befreiende Wirkung. ⁴Für den Bereich der VKA können betrieblich eigene Regelungen getroffen werden.

TVÜ-Bund
§ 14 Zeiten für das Jubiläumsgeld

(1) Für die Dauer des über den 30. September 2005 hinaus fortbestehenden Arbeitsverhältnisses werden die vor dem 1. Oktober 2005 nach Maßgabe der jeweiligen tarifrechtlichen Vorschriften anerkannten Beschäftigungszeiten als Beschäftigungszeit im Sinne des § 34 Abs. 3 TVöD berücksichtigt. ²Abweichend von Satz 1 bleiben bei § 34 Abs. 2 TVöD für Beschäftigte Zeiten, die vor dem 3. Oktober 1990 im Beitrittsgebiet (Art. 3 des Einigungsvertrages vom 31. August 1990) zurückgelegt worden sind, bei der Beschäftigungszeit unberücksichtigt.

(2) Für die Anwendung des § 23 Abs. 2 TVöD werden die bis zum 30. September 2005 zurückgelegte Zeiten, die nach Maßgabe
– des BAT anerkannte Dienstzeit,
– des BAT-O bzw. MTArb-O anerkannte Beschäftigungszeit,
– des MTArb anerkannte Jubiläumszeit
sind, als Beschäftigungszeit im Sinne des § 34 Abs. 3 TVöD berücksichtigt.

TVÜ-VKA
§ 14 Zeiten für das Jubiläumsgeld

(1) Für die Dauer des über den 30. September 2005 hinaus fortbestehenden Arbeitsverhältnisses werden die vor dem 1. Oktober 2005 nach Maßgabe der jeweiligen tarifrechtlichen Vorschriften anerkannten Beschäftigungszeiten als Beschäftigungszeit im Sinne des § 34 Abs. 3 TVöD berücksichtigt.

(2) Für die Anwendung des § 23 Abs. 2 TVöD werden die bis zum 30. September 2005 zurückgelegte Zeiten, die nach Maßgabe
– des BAT anerkannte Dienstzeit,
– des BAT-O/BAT-Ostdeutsche Sparkassen, BMT-G / BMT-G-O anerkannte Beschäftigungszeit
sind, als Beschäftigungszeit im Sinne des § 34 Abs. 3 TVöD berücksichtigt.

(3) Aus dem Geltungsbereich des BMT-G übergeleitete Beschäftigte, die am 30. September 2005 eine Beschäftigungszeit (§ 6 BMT-G ohne die nach § 68a BMT-G berücksichtigten Zeiten) von mindestens zehn Jahren zurückgelegt haben, erwerben abweichend von § 34 Abs. 2 Satz 1 TVöD den besonderen Kündigungsschutz nach Maßgabe des § 52 Abs. 1 BMT-G.

I. Allgemeines

1 § 23 TVöD fasst unter dem Begriff „Besondere Zahlungen" drei völlig unterschiedliche Geldansprüche der Beschäftigten zusammen, die bisher auch getrennt geregelt waren: Absatz 1 behandelt vermögenswirksame Leistungen, Absatz 2 das Jubiläumsgeld und Absatz 3 das Sterbegeld.

II. Verhältnis zur bisherigen Regelung

1. Vermögenswirksame Leistungen

2 Vermögenswirksame Leistungen wurden bisher auf Grundlage gesonderter Tarifverträge gewährt: Im Tarifgebiet galt für Angestellte der Tarifvertrag über vermögenswirksame Leistungen an Angestellte und für Arbeiter der Tarifvertrag über vermögenswirksame Leistungen an Arbeiter, jeweils vom 17. Dezember 1970 (VermBTV), im Tarifgebiet Ost der Tarifvertrag über vermögenswirksame Leistungen an Angestellte (TV VL Ang-O) bzw. der Tarifvertrag über vermögenswirksame Leistungen an Arbeiter (TV VL Arb-O), diese jeweils vom 08.05.1991. Diese Tarifverträge sind gem. § 2 Abs. 1 TVÜ-Bund i.V.m. Anlage 1 TVÜ-Bund Teil B für den Bereich des Bundes mit Inkrafttreten des TVöD am 01.10.2005 durch diesen ersetzt worden.

Die bisherigen Regelungen entsprechen im wesentlichen § 23 Abs. 1 TVöD; insbesondere die Höhe von 6,65 € (früher: 13 DM) wurde nicht verändert. Am augenfälligsten ist auch hier die redaktionelle Veränderung, die dank Beschränkung auf das Wesentliche ohne große inhaltliche Änderungen einen bisher aus einigen Paragraphen bestehenden eigenen TV in einem einzigen Absatz des TVöD unterbringt.

2. Jubiläumsgeld

§ 39 BAT sah eine Jubiläumszuwendung in Höhe von 306,78 € (25 Jahre), **3**
409,03 € (40 Jahre) bzw. 511,29 € (50 Jahre) vor; im Bereich der VKA waren die
Einzelheiten gem. § 39 Abs. 3 BAT bezirklich vereinbart. Im Vergleich dazu sind
die Beträge in § 23 TVöD um etwa 50 € aufgerundet; eine Zahlung bei 50-jähriger
Betriebszugehörigkeit ist aber nicht mehr vorgesehen, da wohl praktisch kaum relevant geworden.

§ 37 BMT-G II sah ebenfalls eine Jubiläumszuwendung mit den genannten Beträgen vor und berücksichtigte dabei Zeiten einer Teilzeitbeschäftigung in vollem
Umfang. Die Vereinbarung von Einzelheiten blieb der Bezirksebene überlassen.

3. Sterbegeld

Die bisherigen Manteltarifverträge enthielten jeweils entsprechende ausführliche **4**
Regelungen in eigenen Paragraphen zum Sterbegeld in § 41 BAT/-O, § 39 BMT-
G II und § 47 MTArb. § 23 Abs. 3 TVöD hat diese Regelungen erheblich verein-
facht.

So wurde der Kreis der Anspruchsberechtigten auf den überlebenden Ehegatten
(bzw. Lebenspartner) und Kinder begrenzt; ausgeschlossen sind weitläufigere
Verwandte oder Personen, die die Kosten der letzten Krankheit oder der Bestat-
tung getragen haben.

Beibehalten wurde die Voraussetzung, dass das Arbeitsverhältnis des Beschäftigten zum Zeitpunkt des Todes nicht ruht.

Die Höhe des Sterbegelds ist im TVöD ähnlich geregelt wie in den Vorgängerbestimmungen, wo die Vergütung (Grundvergütung plus Ortszuschlag) bzw. der
anteilige Monatsgrundlohn bzw. Monatsregellohn (hier jeweils zuzüglich Sozialzuschlag) für die restlichen Tage des Sterbemonats plus die Vergütung/den Mo-
natsgrund-/-regellohn für zwei weitere Kalendermonate in der zuletzt bezogenen
Höhe bezahlt wurde. Ersetzt wurde lediglich die Definition der Vergütung, die
nun das Tabellenentgelt nach 15 TVöD umfasst.

Der Straffung der Sterbegeld-Regelung im TVöD zum Opfer gefallen sind die
bisherigen Regelungen über eine Anrechnung von Bezügen oder Vorschüssen, die
über den Sterbetag hinaus an den Verstorbenen gezahlt wurden, und von Sterbe-
geld-Leistungen verschiedener Versicherungen. Letzteres steht in Zusammenhang
damit, dass das Sterbegeld aus der gesetzlichen Krankenversicherung gestrichen
worden ist und ein Anspruch auf Sterbegeld aus der Zusatzversorgung wegen der
Voraussetzung eines nicht ruhenden Arbeitsverhältnisses kaum denkbar ist.

Dass die Zahlung von Sterbegeld an einen Berechtigten den Anspruch der übrigen gegenüber dem Arbeitgeber zum Erlöschen bringt, ist dagegen in § 23 TVöD
beibehalten worden.

III. Vermögenswirksame Leistungen

1. Allgemeines

a) Definition der vermögenswirksamen Leistungen

Die vermögenswirksamen Leistungen sind im Fünften Vermögensbildungsgesetz **5**
(5. VermBG) geregelt, auf das auch § 23 Abs. 1 Satz 1 TVöD verweist.

Vermögenswirksame Leistungen sind Geldleistungen, die der Arbeitgeber für Beschäftigte oder deren Angehörige in eine nach dem Fünften Vermögensbildungsgesetz (5. VermBG) begünstigte Anlageform überweist (§ 2 Abs. 1 5. VermBG). Dabei unterscheidet das 5. VermBG zwei Arten der vermögenswirksamen Leistungen:

Zum einen sind vermögenswirksame Leistungen die zusätzlichen Leistungen des Arbeitgebers, die dieser dem Beschäftigten unter der Voraussetzung gewährt, dass sie in eine der begünstigten Formen angelegt werden (§ 10 Abs. 1 5. VermBG). Aus dem VermBG ergibt sich kein Anspruch des Arbeitnehmers auf zusätzliche vermögenswirksame Leistungen des Arbeitgebers; ein solcher muss erst im Arbeitsvertrag, einer Betriebsvereinbarung oder in einem Tarifvertrag vereinbart werden.

Zum anderen sind vermögenswirksame Leistungen gem. § 11 5. VermBG auch Teile des Arbeitsentgelts, die der Beschäftigte vermögenswirksam anlegt. Auf diese vermögenswirksame Anlage von Entgeltteilen, die dem Beschäftigten sowieso schon zustehen, hat der Beschäftigte aus § 11 5. VermBG auch einen Rechtsanspruch, wenn der Arbeitnehmer die Anlage

- monatlich in gleichbleibenden Beträgen von mindestens 13,00 € oder
- vierteljährlich in gleichbleibenden Beträgen von mindestens 13,00 € oder
- einmalig pro Kalenderjahr in einem Betrag von mindestens 39,00 €

verlangt. Durch diese Anlage von Teilen des Arbeitsentgelts wird der Arbeitgeber aber nicht zu zusätzlichen Zahlungen an den Beschäftigten verpflichtet.

§ 23 TVöD regelt nur den Anspruch auf zusätzliche vermögenswirksame Leistungen.

b) Arbeitnehmer-Sparzulage

6   Attraktiv werden die vermögenswirksamen Leistungen dadurch, dass der Staat unter bestimmten Voraussetzungen eine Arbeitnehmer-Sparzulage gewährt, die im Rahmen der Einkommensteuererklärung vom Finanzamt ausgezahlt wird. Auch die Arbeitnehmer-Sparzulage ist im 5. VermBG geregelt.

Ob die Voraussetzungen für die Arbeitnehmer-Sparzulage vorliegen, ist arbeitsrechtlich ohne Belang, s.u. Rn. 24.

Daher hier nur kurz zu Voraussetzungen, Zahlung und Höhe der Sparzulage:

- Einkommensgrenze (zu versteuerndes Einkommen nach § 19 Abs. 1 EStG): 17.900 € für das Kalenderjahr, in dem die vermögenswirksamen Leistungen angelegt worden sind, für zusammenveranlagte Ehegatten (§ 26b EStG) 35.800 € jährlich.
- Die Sparzulage ist steuer- und sozialabgabenfrei, § 13 Abs. 3 5. VermBG.
- Gewährt wird sie gem. § 14 Abs. 4 5. VermBG auf Antrag vom zuständigen Finanzamt.
- Höhe: Nach § 13 Abs. 2 5. VermBG beträgt die Zulage 18 vom Hundert der nach § 2 Abs. 1 Nr. 1 bis 3, Abs. 2 bis 4 angelegten (max. aber 400,00 €) vermögenswirksamen Leistungen und 9 vom Hundert der nach § 2 Abs. 1 Nr. 4 und 5 angelegten (aber max. 470,00 €) vermögenswirksamen Leistungen. Da-

mit kann die volle Höhe von 870,00 € nur dann erreicht werden, wenn der Arbeitnehmer eine Anlage nach der ersten *und* der zweiten Gruppe vornimmt.

c) Wohnungsbau-Prämie

Bausparverträge fördert der Staat mittels der Wohnungsbau-Prämie nach dem   7
Wohnungsbau-Prämiengesetz (WoPG). Diese wird gewährt

- für bestimmte Aufwendungen zur Förderung des Wohnungsbaus, z.B. Bausparverträge,
- für die kein Anspruch auf Arbeitnehmer-Sparzulage besteht und
- bis zu einer Einkommensgrenze von 25.600,00 € bzw. Ehegatten 51.200,00 €.

Die Wohnungsbau-Prämie beträgt jährlich 8,8 % von höchstens 512,00 € (Ehegatten: höchstens 1.024,00 €).

2. Anspruchsvoraussetzungen

a) Arbeitsverhältnis

Anspruchsberechtigt sind nur Beschäftigte, für deren Arbeitsverhältnis der TVöD   8
anwendbar ist. Dazu muss zunächst der TVöD kraft beidseitiger Tarifbindung oder vereinbarter Bezugnahme Anwendung finden und weiter das Arbeitsverhältnis unter den Geltungsbereich des TVöD fallen.

Das Arbeitsverhältnis muss außerdem voraussichtlich mindestens sechs Monate dauern; damit sind solche an sich unter den Geltungsbereich fallende Beschäftigte ausgeschlossen, deren Arbeitsverhältnis von vornherein auf weniger als sechs Monate befristet ist. Eine Kündigung in den ersten sechs Monaten hindert, da sie nicht vorhersehbar ist, den Anspruch auf die vermögenswirksamen Leistungen nicht; ebenso wenig entsteht der Anspruch rückwirkend, wenn ein zunächst kürzer befristetes Arbeitsverhältnis verlängert wird. Diese Einschränkung für einen Teil befristet Beschäftigter verstößt nicht gegen das Diskriminierungsverbot des § 4 TzBfG, denn bei einem nur sechs Monate dauernden Arbeitsverhältnis würde die anteilige Gewährung der vermögenswirksamen Leistungen nur zu sehr geringfügigen Beträgen führen, die in keinem angemessenen Verhältnis zum Zweck der Leistung ständen, so dass der Ausschluss sachlich gerechtfertigt ist.[1]

In den Grenzen des § 2 Abs. 2 TVöD ist auch denkbar, dass Beschäftigte mehr als ein Arbeitsverhältnis eingehen, das die genannten Voraussetzungen erfüllt. In diesem Fall besteht der Anspruch nach § 23 Abs. 1 TVöD für jedes der Arbeitsverhältnisse, ggf. bei Teilzeitbeschäftigung anteilig (dazu gleich Rn. 15). Dabei schließt § 23 TVöD nicht aus, dass die Summe der vermögenswirksamen Leistungen für mehrere Arbeitsverhältnisse 6,65 € monatlich übersteigt.

b) Mögliche Anlageformen

Das 5. VermBG zählt in § 2 abschließend acht verschiedene Gruppen von Anlage-   9
formen für vermögenswirksame Leistungen auf, die aufgrund der in § 23 Abs. 1 Satz 1 TVöD angeordneten Maßgabe des VermBG auch für § 23 TVöD gelten.

Im Einzelnen sind danach Geldleistungen des Arbeitgebers als vermögenswirksame Leistungen anerkannt, wenn sie angelegt bzw. erbracht sind als

---

[1]   Vgl. ErfK/Preis, § 4 TzBfG Rn. 66.

- Sparbeiträge des Arbeitnehmers auf Grund eines Sparvertrags über Wertpapiere oder andere Vermögensbeteiligungen (§ 2 Abs. 1 Nr. 1 mit § 4 5. VermBG),
- Aufwendungen des Arbeitnehmers auf Grund eines Wertpapier-Kaufvertrags (§ 2 Abs. 1 Nr. 2 mit § 5 VermBG),
- Aufwendungen des Arbeitnehmers auf Grund eines Beteiligungs-Vertrags oder eines Beteiligungs-Kaufvertrags (§ 2 Abs. 1 Nr. 3 mit § 6 bzw. § 7 5. VermBG),
- Aufwendungen des Arbeitnehmers nach den Vorschriften des Wohnungsbau-Prämiengesetzes,
- Aufwendungen des Arbeitnehmers zum Bau, Erwerb, Ausbau oder zur Erweiterung eines Wohngebäudes oder einer Eigentumswohnung oder zum Erwerb eines Dauerwohnrechts an einer Wohnung oder zum Erwerb eines Grundstücks für den Wohnungsbaus oder zur Erfüllung von Verpflichtungen, die im Zusammenhang damit eingegangen sind (§ 2 Nr. 5 lit. a-d 5. VermBG),
- Sparbeiträge des Arbeitnehmers auf Grund eines Sparvertrags (§ 2 Abs. 1 Nr. 6 mit § 8 5. VermBG),
- Beiträge des Arbeitnehmers auf Grund eines Kapitalversicherungsvertrags (§ 2 Abs. 1 Nr. 7 mit § 9 5. VermBG),
- Aufwendungen des Arbeitnehmers, der nach § 18 Abs. 2 oder 3 die Mitgliedschaft in einer Genossenschaft oder Gesellschaft mit beschränkter Haftung gekündigt hat, zur Erfüllung von Verpflichtungen aus der Mitgliedschaft (§ 2 Abs. 1 Nr. 8 5. VermBG).

Die vermögenswirksamen Leistungen können – außer bei Anlage in Form eines Wertpapier-Kaufvertrags, eines Beteiligungs-Vertrags und eines Beteiligungs-Kaufvertrags – nicht nur zugunsten des Arbeitnehmers, sondern gem. § 3 Abs. 1 5. VermBG auch zugunsten seines Ehegatten (unter den Voraussetzungen des § 26 Abs. 1 EStG), zugunsten seiner maximal 17 Jahre alten Kinder (im Sinne des § 32 Abs. 1 EStG) oder seinen Eltern (wenn der Arbeitnehmer Kind i.S.d. § 32 Abs. 1 EStG ist) angelegt werden.

c) Kombination einer Anlage nach TVöD und von Teilen des Arbeitsentgelts

10 Da der Arbeitnehmer neben zusätzlichen vermögenswirksamen Leistungen des Arbeitgebers auch Teile seines Arbeitsentgelts vermögenswirksam anlegen kann (s.o. Rn. 5), stellt sich die Frage, ob der Arbeitnehmer beides in einer Anlage zusammenfassen muss oder ob er dafür jeweils unterschiedliche Anlageformen wählen darf.

Der TVöD macht dazu keine Vorgaben; auch dem 5. VermBG ist nicht zu entnehmen, dass der Arbeitnehmer – etwa aus Gründen der Vereinfachung – eine einheitliche Anlage wählen muss. Daher kann der Arbeitgeber seine Beschäftigten um eine Zusammenfassung der vermögenswirksamen Leistungen bitten, aber nicht zwingen. Auch die Gewährung der vermögenswirksamen Leistungen nach § 23 TVöD kann nicht davon abhängig gemacht werden, dass eine Anlage in nur einer Anlageform erfolgt.

Dabei ist auch zu berücksichtigen, dass die Arbeitnehmer-Sparzulage überhaupt nur dann voll ausgeschöpft werden kann, wenn zwei unterschiedliche Anlage formen gewählt werden (s.o. Rn. 6).

d) Mitteilung der erforderlichen Angaben

Damit der Beschäftigte Anspruch auf vermögenswirksame Leistungen hat, muss **11** er nicht nur eine Anlageform wählen, die dem 5. VermBG entspricht, sondern die erforderlichen Angaben auch dem Arbeitgeber mitteilen. Dies ergibt sich schon logisch daraus, dass der Arbeitgeber im Regelfall die vermögenswirksamen Leistungen direkt an das Institut überweist, bei dem der Beschäftigte die Anlage getätigt hat. § 23 Abs. 1 Satz 3 TVöD bringt also folgerichtig den Anspruch auf vermögenswirksame Leistungen erst zum Entstehen, wenn diese Mitwirkungsobliegenheit des Beschäftigten erfüllt ist.

Angeben muss der Beschäftigte dabei alles, was der Arbeitgeber zur Leistung der vermögenswirksamen Leistungen wissen muss: Neben der gewählten Art der Anlage auch das Unternehmen oder Institut mit der Kontoverbindung, auf die die Leistung überwiesen werden soll.

Die erfolgte Mitteilung begründet nach § 23 Abs. 1 Satz 3 TVöD den Anspruch für den Kalendermonat, in dem sie erfolgt, und rückwirkend die beiden vorangegangenen Monate. Rückwirken kann die Mitteilung jedoch nur für Kalendermonate desselben Kalenderjahres; eine Mitteilung im Februar bewirkt also nur einen Anspruch auf vermögenswirksame Leistungen ab Januar.

Der Zeitpunkt der Mitteilung ist nicht vorgegeben. Möglich ist daher auch, dass die Mitteilung vor Beginn des Arbeitsverhältnisses oder, unter Beachtung der Ausschlussfrist, am Ende des Arbeitsverhältnisses erfolgt.

Vom Entstehen des Anspruchs abweichend ist die Fälligkeit in § 23 Abs. 1 Satz 3, 2. Hs. TVöD geregelt: Leisten muss der Arbeitgeber die vermögenswirksamen Leistungen erst acht Wochen nach Zugang der Mitteilung.

e) Anspruch auf Tabellenentgelt etc. für den Kalendermonat

Der Anspruch auf vermögenswirksame Leistungen entsteht nur für Kalendermonate, in denen jeweils der Beschäftigte Tabellenentgelt, Entgeltfortzahlung oder Krankengeldzuschuss erhält. **12**

Entgeltfortzahlung tritt dabei ein (§ 22 TVöD)
- bei Freistellung an Heiligabend und Silvester gem. § 6 Abs. 3 Satz 1 TVöD,
- während krankheitsbedingter Arbeitsunfähigkeit in den ersten sechs Wochen gem. § 22 TVöD und den Bestimmungen des EFZG,
- während Erholungs- und Zusatzurlaubs (§§ 26 und 27 TVöD) und
- bei Arbeitsbefreiung nach § 29 TVöD i.V.m. § 616 BGB.

Es reicht aus, wenn der Beschäftigte für jeweils mindestens einen Tag im Kalendermonat Anspruch auf Tabellenentgelt, Entgeltfortzahlung oder Krankengeldzuschuss hat. Anders hat das BAG[2] im Fall des Tarifvertrags über vermögenswirksame Leistungen in der Textilindustrie entschieden, weil dort explizit gefordert wurde, dass im betreffenden Kalendermonat für „mindestens 2 Wochen" An-

---

[2] BAG, Urt. v. 15.11.1990 – 6 AZR 119/89, AP Nr. 23 zu § 1 TVG Tarifverträge: Textilindustrie.

spruch auf Arbeitsentgelt besteht. Eine solche Mindestanforderung ist § 23 Abs. 1
TVöD jedoch gerade nicht zu entnehmen.

13   Kein Anspruch auf vermögenswirksamen Leistungen besteht daher nur in Kalendermonaten, in denen der Beschäftigte *überhaupt* kein Tabellenentgelt, keine
Entgeltfortzahlung oder Krankengeldzuschuss erhält, z.B.

- während eines vereinbarten Sonderurlaubs (§ 28 TVöD),
- wegen Bezugs von Kurzarbeitergeld[3],
- bei Arbeitsniederlegung wegen Arbeitskampfes,
- bei Krankheit in der Zeit nach Ende des Krankengeldzuschusses, also spätestens ab Ende der 39. Woche der Krankheit (§ 22 Abs. 3 TVöD),
- während der Elternzeit; bei zulässiger Teilzeitbeschäftigung (§ 15 Abs. 4
  BErzGG) entsteht der anteilsmäßige Anspruch auf vermögenswirksame Leistungen[4],
- während des Mutterschutzes (Mutterschaftsgeld samt Zuschuss nach §§ 3 Abs.
  2, 6 Abs. 1, 13 und 14 MuSchG); in die Berechnung des Zuschusses sind die
  vermögenswirksamen Leistungen aber einzubeziehen[5],
- bei Beschäftigungsverboten während der Schwangerschaft (Mutterschutzlohn
  nach § 11 Abs. 1 MUSchG),
- bei Ruhen des Arbeitsverhältnisses wegen Gewährung einer Rente auf Zeit
  (§ 33 Abs. 2 Satz 6 TVöD).

3. Höhe und Gewährung der vermögenswirksamen Leistungen
a) Höhe

14   Für Vollbeschäftigte beträgt die vermögenswirksame Leistung gemäß § 23 Abs. 1
Satz 2 TVöD für jeden vollen Kalendermonat 6,65 EUR.
    Durch § 49 Abs. 1 Besonderer Teil Sparkassen (BT-S) wird dieser Betrag zu-
gunsten der Beschäftigten der Sparkassen modifiziert. Danach werden Vollbeschäftigten der Sparkassen für jeden vollen Kalendermonat 40,00 € vermögenswirksame Leistungen gewährt.

15   Für Teilzeitbeschäftigte enthält § 23 TVöD, anders als der VermBTV, selbst
keine Regelungen zu vermögenswirksamen Leistungen. Diese Regelung ist nun in
§ 24 Abs. 2 TVöD enthalten, wonach Teilzeitbeschäftigte alle „sonstigen Entgeltbestandteile" nur anteilsmäßig erhalten; dazu gehört auch der Anspruch auf die
zusätzlichen vermögenswirksamen Leistungen nach § 23 TVöD.[6] Ohnehin gilt für
Teilzeitbeschäftigte auch ohne eine solche Regelung, dass sich der Anspruch auf
vermögenswirksamen Leistungen entsprechend dem Umfang der Arbeitszeitverkürzung ermäßigt.[7]
    Ebenfalls anteilsmäßig ausgezahlt wird die vermögenswirksame Leistung, falls
der Anspruch auf vermögenswirksame Leistungen nicht für den gesamten Kalendermonat besteht.

---

[3]   BAG, Urt. v. 15.11.1990 – 6 AZR 119/89, AP Nr. 23 zu § 1 TVG Tarifverträge: Textilindustrie.
[4]   Dazu gleich unter Rn. 15.
[5]   BAG, Urt. v. 15.08.1984 – 5 AZR 47/83, AP Nr. 2 zu § 14 MuSchG 1968.
[6]   Rundschreiben des BMI v. 08.12.2005, S. 64; siehe auch § 24 Rn. 6.
[7]   BAG, Urt. v. 17.12.1998 – 6 AZR 370/97, AP Nr. 1 zu § 15c BAT-O.

b) Fälligkeit

Fällig wird der Anspruch auf vermögenswirksame Leistungen erst acht Wochen nach Zugang der Mitteilung beim Arbeitgeber (§ 23 Abs. 1 Satz 3, 2. Hs. TVöD). Natürlich kann der Arbeitgeber auch schon vorher leisten (§ 271 Abs. 2 BGB). **16**

Der Anspruch auf vermögenswirksame Leistungen nach § 23 TVöD wird jeweils erst dann und insoweit fällig, als auch die von dem Angestellten selbst geschuldete Eigenleistung tatsächlich erbracht worden ist. Andernfalls würde dem öffentlichen Arbeitgeber im Gegensatz zu den Vorstellungen der Tarifvertragsparteien dann ein Schaden entstehen, wenn einmal ausnahmsweise die Eigenleistung des Angestellten überhaupt unterbleibt.[8]

c) Erfüllung durch Überweisung; keine Auszahlung

Die vermögenswirksamen Leistungen werden nicht an den Arbeitnehmer direkt ausgezahlt, § 3 Abs. 2 Satz 1 5. VermBG. Stattdessen ist der Arbeitgeber auf die Mitteilung des Beschäftigten hin verpflichtet, die Überweisung an das Institut oder Unternehmen vorzunehmen. Dabei hat er die vermögenswirksamen Leistungen gegenüber dem Institut oder Unternehmen, bei dem sie angelegt werden sollen, zu kennzeichnen (§ 3 Abs. 2 5. VermBG). **17**

Nur im Falle einer Anlage in Verbindung mit Wohngebäuden oder Eigentumswohnungen nach § 2 Abs. 1 Nr. 5 5. VermBG überweist der Arbeitgeber die vermögenswirksame Leistung direkt an den Arbeitnehmer; dabei kann der Arbeitgeber eine schriftliche Bestätigung des Gläubigers darüber verlangen, dass die Voraussetzungen des § 2 Abs. 1 Nr. 5 5. VermBG vorliegen.

Dieses Verbot der Barauszahlung tariflich vereinbarter vermögenswirksamer Leistungen soll verhindern, dass sich der Arbeitnehmer die Chance der Vermögensbildung von vornherein abkaufen lässt.[9]

d) Ausschlussfrist

Der Anspruch auf die vermögenswirksame Leistung nach § 23 Abs. 1 TVöD wird von der Ausschlussfrist des § 37 Abs. 1 TVöD erfasst.[10] **18**

e) Pfändbarkeit

Gem. § 2 Abs. 7 Satz 2 5. VermBG ist der Anspruch auf vermögenswirksame Leistungen iSd § 10 5. VermBG nicht übertragbar. Damit ist er wegen § 851 ZPO auch nicht pfändbar. **19**

f) Keine Rückzahlung bei fehlenden Voraussetzungen

Ein Rückforderungsanspruch des Arbeitgebers bei bestimmungswidriger Verwendung über bereits angelegte tarifvertragliche vermögenswirksame Leistungen aus § 812 Abs. 1 Satz 2, 2. Alt. BGB kommt nur dann in Betracht, wenn der Tarifvertrag die Rückzahlung für diesen Fall vorsieht oder wenn sich aus dem Tarifvertrag ergibt, dass die Aufrechterhaltung der vermögenswirksamen Anlage vorausgesetzt wird.[11] Dass der Tarifvertrag lediglich auf die staatlichen Förderungsbestimmun- **20**

---

[8] BAG, Urt. v. 19.09.1973 – 4 AZR 25/73, AP Nr. 1 zu § 2 3. VermBG.

[9] BAG, Urt. v. 30.04.1975 – 5 AZR 187/74, NJW 1975, 2040.

[10] Siehe dazu Kommentierung zu § 37.

[11] BAG, Urt. v. 30.04.1975 – 5 AZR 187/74, NJW 1975, 2040.

gen Bezug nimmt, konstituiert noch keine Rückzahlungspflicht bei vorzeitiger Auflösung des Sparvertrages.

Damit ist nach dem TVöD keine Rückzahlungspflicht des Beschäftigten gegeben.

g) Steuer, Sozialversicherung und Zusatzversorgung

21   Vermögenswirksame Leistungen – gleich, ob bei Anlage zusätzlicher Leistungen des Arbeitgebers oder von Teilen des Arbeitentgelts – sind grundsätzlich steuer- und sozialversicherungspflichtig, vgl. § 2 Abs. 7 5. VermBG. Dies gilt nicht für vermögenswirksame Leistungen, die während des Bezugs von Krankengeld, Mutterschaftsgeld, Übergangsgeld oder Erziehungsgeld geleistet werden.[12]

Zusatzversorgungspflichtig ist die vermögenswirksame Leistung gem. § 23 Abs. 1 Satz 6 TVöD nicht.

h) Änderung der vermögenswirksamen Leistungen

22   Eine Änderung der vermögenswirksamen Anlage ist nur mit Zustimmung des Arbeitgebers möglich. Hintergrund ist die Bestimmung des § 11 Abs. 3 Satz 2 5. VermBG, die bei der Anlage in monatlichen Beträgen dem Arbeitnehmer einen Wechsel der Art seiner Anlage oder des Anlageinstituts bzw. -unternehmens während eines Kalenderjahres nur mit Zustimmung des Arbeitgebers erlaubt. „Während des Kalenderjahres" bedeutet, dass der Wechsel ohne Zustimmung des Arbeitgebers nur zum Ende des Kalenderjahres vorgenommen werden kann; „Wechsel der Anlage" bedeutet immer überwechseln in eine andere vermögenswirksame Anlage; hierbei ist nicht erforderlich, dass die Voraussetzungen der Sparzulagenbegünstigung vorliegen. Eine Änderung in diesem Sinne liegt nicht vor, wenn sich lediglich die Kontonummer ändert, weil der bisherige Vertrag durch einen neuen Vertrag der gleichen Art beim gleichen Unternehmen oder Institut ersetzt wird.

i) Vermögenswirksame Leistung als Teil des Krankengeldzuschusses

23   Für Zeiten, für die Krankengeldzuschuss zusteht, wird die vermögenswirksame Leistung als Teil des Krankengeldzuschusses gewährt, § 23 Abs. 1 S. 5 TVöD. Dadurch wird verhindert, dass der die Summe von Krankengeld, Krankengeldzuschuss und vermögenswirksamer Leistung das Nettoarbeitsentgelt überschreitet, was dazu führen würde, dass in Höhe der Überschreitung der Krankengeldzuschuss wegen § 49 Abs. 1 Nr. 1 SGB V anrechenbares Arbeitsentgelt wäre und das Krankengeld insoweit ruhte.[13]

4. Keine Haftung für Arbeitnehmer-Sparzulage

24   Der Arbeitgeber ist nicht verpflichtet zu prüfen, ob die Voraussetzungen einer vermögenswirksamen Anlage i. S. des 5. VermBG oder gar auch die weiteren Voraussetzungen der Arbeitnehmer-Sparzulage erfüllt sind, vgl. § 3 Abs. 3 5. VermBG.

---

[12]   Bauer/Sals, BB-Special zu Heft 4 2006, S. 22.
[13]   Dazu § 22 Rn. 103.

5. Nicht monatlich gezahlte vermögenswirksame Leistungen

Die Formulierung „Der Angestellte erhält *monatlich* eine vermögenswirksame **25** Leistung" in § 1 VermBTV hatte zu der Streitfrage geführt, ob der Anspruch auch besteht, wenn der Angestellte seine vermögenswirksame Eigenleistung in einem einmaligen Jahresbetrag erbringt; das BAG bejahte dies.[14] § 21 Abs. 1 Satz 2 TVöD stellt nun klar, dass es nicht darauf ankommt, ob der Beschäftigte monatlich oder in einem einzigen Jahresbetrag vermögenswirksame Leistungen erbringt.

IV. Jubiläumsgeld

1. Überleitung

Die bisherigen Regelungen zu Jubiläumszuwendungen sind durch § 23 Abs. 2 **26** TVöD ersetzt worden.

Für die Beschäftigungszeit, die ein Beschäftigter für den Erhalt des Jubiläumsgelds zurückgelegt haben muss, gilt als Überleitung § 14 Abs. 2 TVÜ-Bund/-VKA. Danach sind für die Anwendung des § 23 Abs. 2 TVöD die bis zum 30.09.2005 zurückgelegte Zeiten, die nach Maßgabe

– des BAT anerkannte Dienstzeit,
– des BAT-O bzw. MTArb-O anerkannte Beschäftigungszeit,
– des MTArb anerkannte Jubiläumszeit, oder
– des BAT-O/BAT-Ostdeutsche Sparkassen, BMT-G/BMT-G-O anerkannte Beschäftigungszeit

sind, als Beschäftigungszeit im Sinne des § 34 Abs. 3 TVöD zu berücksichtigen.

Der TVÜ-Bund/-VKA erfasst dabei gem. § 1 Beschäftigte,

– deren Arbeitsverhältnis vor dem 01.10.2005 begründet wurde und über diesen Zeitpunkt hinaus ununterbrochen fortbesteht sowie
– Beschäftigte, die nach einer Unterbrechung von längstens einem Monat bis zum 30.09.2007 bei ihrem bisherigen Arbeitgeber wieder eingestellt werden.

2. Anspruchsvoraussetzungen

a) Beschäftigungszeit nach § 34 Abs. 3 TVöD bzw. § 14 TVÜ-Bund/-VKA

Einzige Anspruchsvoraussetzung ist die Vollendung der Beschäftigungszeit von **27** 25 bzw. 40 Jahren. Die Beschäftigungszeit bestimmt sich dabei nach § 34 Abs. 3 TVöD, ergänzt durch § 14 Abs. 2 TVÜ-Bund und TVÜ-VKA.

Zur Bestimmung der Beschäftigungszeit wird auf die Kommentierung zu § 34 Abs. 3 TVöD verwiesen.

Für die vor dem 01.10.2005 zurückgelegte Beschäftigungs- bzw. Dienstzeit, die nach § 14 Abs. 2 TVÜ-Bund und -VKA für das Jubiläumsgeld angerechnet wird, ist die „Anerkennung" Voraussetzung. Üblicherweise anerkannt wird die Beschäftigungs-/Dienstzeit dadurch, dass der Beginn im Arbeitsvertrag festgehalten wird; möglich ist aber auch eine Dokumentation in einem Schreiben des Arbeitgebers an den Beschäftigten oder einen Vermerk in der Personalakte.[15]

---

[14]   BAG, Urt. v. 19.09.1973 – 4 AZR 25/73, AP Nr. 1 zu § 2 3. VermBG.
[15]   Beckerle/Hock/Klapproth, Überleitungs-TV, S. 84.

b) Teilzeitbeschäftigung

28 Für die Beschäftigungszeit keine Rolle spielt, ob eine Voll- oder Teilzeitbeschäftigung vorliegt: Die relevanten Zeiten sind unabhängig vom Beschäftigungsumfang.

Dies ergibt sich zwar nicht unmittelbar aus § 23 Abs. 2 TVöD, da dessen Satz 2 die Teilzeitbeschäftigung nur in Bezug auf die Höhe des Jubiläumsgeldes besonders erwähnt; auch ist die noch in § 39 Abs. 1 BAT ausdrücklich angeordnete volle Berücksichtigung von Zeiten mit weniger als der regelmäßigen Wochenarbeitszeit nicht in den TVöD übernommen worden.

Dennoch ist auch durch die BAG-Rechtsprechung[16] anerkannt, dass die Zahlung einer Zuwendung durch den Arbeitgeber nach Vollendung einer bestimmten Dienstzeit eine einmalige Leistung im Hinblick auf die erbrachte Betriebstreue darstellt, keine Honorierung für Art, Wertigkeit und Umfang der geleisteten Dienste. Und auch Teilzeitkräfte erbringen diese Treue in gleicher Weise wie Vollzeitbeschäftigte, wenn sie die geforderte Beschäftigungszeit vollendet haben. Deshalb rechtfertigt sich wegen des Diskriminierungsverbots aus § 4 TzBfG insoweit keine Ungleichbehandlung gegenüber den vollzeitbeschäftigten Angestellten.

Da die Tarifparteien in Kenntnis dieser Rechtsprechung, die eine Ungleichbehandlung von Voll- und Teilzeitbeschäftigten bei der Beschäftigungszeit für das Jubiläumsgeld gar nicht zuließe, keine Regelung getroffen haben, gilt für Teilzeitbeschäftigte nichts anderes als für Vollzeitbeschäftigte; eine anteilsmäßige Kürzung der Beschäftigungszeit gibt es daher nicht.

c) Bestehendes Arbeitsverhältnis im Geltungsbereich des TVöD; Sonderurlaub

29 Bei Erreichen der maßgeblichen Beschäftigungszeit muss der Beschäftigte außerdem noch in einem Arbeitsverhältnis stehen, auf das der TVöD anwendbar ist (vgl. dazu oben Rn. 8).

Anders als noch gem. § 39 Abs. 2 BAT ist dabei nur der rechtliche Bestand des Arbeitsverhältnisses erforderlich. Ob es ruht, z.B. während der Elternzeit, ist unerheblich. Schon unter Geltung des BAT waren Zeiten, in denen das Arbeitsverhältnis kraft gesetzlicher oder tariflicher Vorschrift ruht, als vollendete Dienstzeit für die Jubiläumszuwendung zu zählen, wodurch die Zuwendung auch während des Rhens zu gewähren war.[17] Ob das Arbeitsverhältnis, z.B. wegen Sonderurlaubs ruht, macht nach § 23 Abs. 2 TVöD für die Entstehung des Anspruchs keinen Unterschied mehr.

Damit kann nun der Anspruch auf das Jubiläumsgeld auch während eines gem. § 28 TVöD vereinbarten Sonderurlaubs entstehen, wenn der Sonderurlaub als Beschäftigungszeit gilt; dies ist der Fall, wenn der Arbeitgeber vor Antritt des Sonderurlaubs ein dienstliches oder schriftliches Interesse schriftlich anerkennt (§ 34 Abs. 3 Satz 2 TVöD).

---

16 BAG, Urt. v. 22.05.1996 – 10 AZR 618/95, AP Nr. 1 zu 39 BAT.
17 BAG, Urt. v. 05.04.2000 – 10 AZR 178/99, AP Nr. 2 zu § 39 BAT.

3. Höhe des Jubiläumsgeldes

Die Höhe des Jubiläumsgeldes beträgt gem. § 23 Abs. 2 Satz 1 TVöD   **30**

- 350 € bei 25-jähriger Beschäftigungszeit (Buchst. a) und
- 500 € bei 40-jähriger Beschäftigungszeit (Buchst. b).

Teilzeitbeschäftigte erhalten das Jubiläumsgeld gem. § 23 Abs. 2 Satz 2 TVöD in voller Höhe; eine nur anteilige Gewährung wäre nach der bereits erwähnten Rechtsprechung des BAG[18] auch wegen Verstoßes gegen § 4 TzBfG nichtig.

Für den Bereich der VKA enthält § 23 Abs. 2 Satz 3 TVöD eine Öffnungsklausel, die günstigere Regelungen durch Betriebs- bzw. Dienstvereinbarungen zulässt.

4. Steuer, Sozialversicherung und Zusatzversorgung

Das Jubiläumsgeld ist steuer- und sozialversicherungspflichtig; die frühere Steuerfreiheit von Jubiläumszuwendungen in § 3 Nr. 52 EStG wurde durch das Steuerentlastungsgesetz (StEntlG) 1999/2000/2002 mit Wirkung zum 01.01.1999 gestrichen.   **31**

Zusatzversorgungspflichtiges Entgelt ist das Jubiläumsgeld jedoch nicht (Anlage 3 Satz 1 Buchst. f ATV-K bzw. Anlage 3 Satz 1 Nr. 9 ATV Bund/Land).

V. Sterbegeld

1. Voraussetzungen

a) Nicht ruhendes Arbeitsverhältnis des verstorbenen Beschäftigten

Sterbegeld setzt voraus, dass der verstorbene Beschäftigte in einem Arbeitsverhältnis stand, auf das der TVöD zum Zeitpunkt des Todes Anwendung fand.   **32**

Dieses Arbeitsverhältnis darf außerdem nicht geruht haben, § 23 Abs. 3 Satz 1 TVöD. Ruhen kann das Arbeitsverhältnis z.B. während Sonderurlaubs (§ 28 TVöD), Gewährung einer Rente auf Zeit (§ 33 Abs. 2 Satz 6 TVöD) oder Elternzeit (§§ 15 ff. BErzGG); die frühere Ausnahme in den Vorgängerbestimmungen bei Bezug von Mutterschaftsgeld ist in den TVöD nicht übernommen worden.[19]

b) Anspruchberechtigte

Der Kreis der Anspruchberechtigten ist erheblich verkleinert worden: Es kommen nur noch die Ehepartner bzw. Lebenspartner und die Kinder des Beschäftigten in Frage. Diese sind Gesamtgläubiger des Anspruchs auf das Sterbegeld, § 428 BGB.[20]   **33**

Ehegatten sind die in bestehender Ehe (§§ 1310 ff. BGB) lebenden Eheleute.

Zum Lebenspartner, der im TVöD neu aufgenommen wurde, ist zu beachten, dass hier wie in § 29 TVöD nicht der in häuslicher Gemeinschaft lebende Lebensgefährte, sondern die „gleichgeschlechtliche Ehe" nach dem Lebenspartneschaftsgesetz (LPartG) gemeint ist. Gem. § 1 LPartG begründen zwei Personen gleichen Geschlechts eine Lebenspartnerschaft, indem sie gegenseitig persönlich und bei   **34**

---

[18] BAG, Urt. v. 22.05.1996 – 10 AZR 618/95, AP Nr. 1 zu 39 BAT.
[19] Weitere Beispiele siehe oben unter Rn. 13.
[20] Rundschreiben des BMI v. 08.12.2005, S. 64.

gleichzeitiger Anwesenheit erklären, eine Partnerschaft auf Lebenszeit führen zu wollen. Diese Partnerschaft ist eine in vielen Belangen der Ehe gleichgestellte Rechtsbeziehung (z.B. § 5 LPartG: Verpflichtung zum Unterhalt nach §§ 1360 Satz 2, 1360a und 1360b BGB; § 6 LPartG: gesetzlicher Güterstand der Zugewinngemeinschaft mit Möglichkeit der Wahl von Gütertrennung oder -gemeinschaft nach §§ 1363 ABs. 2, 1364 bis 1390 BGB; § 10 LPartG: Erbrecht des Lebenspartners). Diese Gleichstellung ist zwar politisch umstritten, rechtlich aber vom BVerfG abgesegnet.[21]

Um die beiden Formen der gleichgeschlechtlichen „Ehe" und des bloßen Zusammenlebens deutlich zu machen, ist es seit Einführung des LPartG auch im allgemeinen Sprachgebrauch üblich geworden, zwischen Lebenspartnern und Lebensgefährten zu trennen. Gleiches tut das BAG, indem es in seinem Beschluss aus dem Jahr 2001 sorgfältig von Lebensgefährten spricht und jenen den Schutz des § 52 Abs. 1 lit. a BAT versagt.[22]

Der TVöD legt dem Begriff „Lebenspartner" schon nach dem Wortlaut eindeutig die Definition des LPartG zugrunde, und zwar sowohl in § 29 TVöD als auch beim Sterbegeld in § 23 Abs. 3. TVöD. Denn der Begriff des Lebenspartners ist gesetzlich „reserviert", was dagegen spricht, dass nunmehr der nicht verheiratete Lebensgefährte gemeint sein soll. Sollte dies beabsichtigt gewesen sein, hätte es viel näher gelegen, den Begriff des Lebensgefährten zu wählen.

Die erwähnten Vorschriften des TVöD führen zudem eine Gleichstellung von Eheleuten und Lebenspartnern herbei, wie sie ja auch das LPartG bezweckt.

35   Kinder sind die leiblichen bzw. ehelichen oder anerkannten Kinder nach §§ 1591 ff. BGB und gem. §§ 1741 ff. BGB adoptierte Kinder, da § 1754 BGB diese den ehelichen bzw. leiblichen Kindern gleichstellt. Nicht von § 29 Abs. 1 Buchst. b umfasst sind Stief- und Pflegekinder.[23]

c) Befreiende Wirkung

36   Hat der Arbeitgeber bereits an einen der gem. § 2 Abs. 3 Satz 1 TVöD Berechtigten das Sterbegeld gezahlt, erlischt damit wegen der Gesamtgläubigerschaft der Anspruchsberechtigten nach § 428 BGB abweichend von § 362 BGB auch der Anspruch aller weiteren etwaigen Ehegatten/Lebenspartner und Kinder. Damit bleibt dem Arbeitgeber überlassen zu wählen, an welchen der Anspruchsberechtigten er das Sterbegeld zahlt.

2. Höhe und Auszahlung des Sterbegeldes

37   Das Sterbegeld wird in einer Summe gezahlt, § 23 Abs. 3 Satz 2 TVöD, und beträgt das Tabellenentgelt für die restlichen Tage des Sterbegeldes und die nächsten beiden Monate in der Höhe, in der es dem Verstorbenen zum Todeszeitpunkt zustand.

Vom Sterbegeld zu trennen ist ein ggf. noch bestehender Anspruch des Verstorbenen auf Entgelt, der zum Vermögen des Verstorbenen gehört und auf die Erben übergeht (§ 1922 Abs. 1 BGB).

---

21   BVerfG, Urt. v. 17.07.2002 – 1 BvF 1/01 und 1 BvF 2/01, NJW 2002, 2543.
22   BAG, Urt. v. 18.01.2001 – 6 AZR 492/99, AP Nr. 8 zu § 52 BAT.
23   Böhm/Spiertz/Sponer/Steinherr, § 52 BAT Rn. 21.

Über das reine Tabellenentgelt nach § 15 TVöD hinaus werden keinerlei Entgeltbestandteile wie z.b. Zuschläge (§§ 8 und 19 TVöD), die Jahressonderzahlung (§ 20 TVöD) oder vermögenswirksame Leistungen (§ 23 Abs. 1 TVöD) dem Sterbegeld zugerechnet.

Fällig ist das Sterbegeld mangels abweichender Fälligkeitsregelung in dem Moment, in dem der Anspruch darauf entsteht (§ 271 Abs. 2 BGB).

Das Sterbegeld ist gem. § 850a Nr. 7 ZPO unpfändbar.

Von der Ausschlussfrist des § 37 TVöD ist das Sterbegeld nicht umfasst: Das Sterbegeld ist kein Anspruch aus dem Arbeitsverhältnis (§ 37 Abs. 1 Satz 1 TVöD), da kein Arbeitsverhältnis zwischen dem Arbeitgeber und dem Anspruchsberechtigten Anspruchsvoraussetzung ist.

3. Bedeutung der Öffnungsklausel für den Bereich der VKA

Die Öffnungsklausel des § 23 Abs. 3 Satz 4 TVöD bewirkt, dass im Bereich der VKA betriebliche Regelungen – d.h. Betriebsvereinbarungen oder Dienstvereinbarungen – getroffen werden können, die sowohl zu Gunsten als auch zu Lasten der Beschäftigten von § 23 Abs. 3 TVöD abweichen können. **38**

Die Mitbestimmung bei solchen Vereinbarungen richtet sich nach § 87 Abs. 1 Nr. 10 BetrVG bzw. den jeweiligen Landespersonalvertretungsgesetzen.

§ 24 Berechnung und Auszahlung des Entgelts

(1) ¹Bemessungszeitraum für das Tabellenentgelt und die sonstigen Entgeltbestandteile ist der Kalendermonat, soweit tarifvertraglich nicht ausdrücklich etwas Abweichendes geregelt ist. ²Die Zahlung erfolgt am letzten Tag des Monats (Zahltag) für den laufenden Kalendermonat auf ein von der/dem Beschäftigten benanntes Konto innerhalb eines Mitgliedstaats der Europäischen Union. ³Entgeltbestandteile, die nicht in Monatsbeträgen festgelegt sind, sowie der Tagesdurchschnitt nach § 21, sind am Zahltag des zweiten Kalendermonats, der auf ihre Entstehung folgt, fällig.

Protokollerklärungen zu Absatz 1:
1. Teilen Beschäftigte ihrem Arbeitgeber die für eine kostenfreie bzw. kostengünstigere Überweisung in einen anderen Mitgliedsstaat der Europäischen Union erforderlichen Angaben nicht rechtzeitig mit, so tragen sie die dadurch entstehenden zusätzlichen Überweisungskosten.
2. Soweit Arbeitgeber die Bezüge am 15. eines jeden Monats für den laufenden Monat zahlen, können sie jeweils im Dezember eines Kalenderjahres den Zahltag vom 15. auf den letzten Tag des Monats gemäß Absatz 1 Satz 1 verschieben.

(2) Soweit tarifvertraglich nicht ausdrücklich etwas anderes geregelt ist, erhalten Teilzeitbeschäftigte das Tabellenentgelt (§ 15) und alle sonstigen Entgeltbestandteile in dem Umfang, der dem Anteil ihrer individuell vereinbarten durchschnittlichen Arbeitszeit an der regelmäßigen Arbeitszeit vergleichbarer Vollzeitbeschäftigter entspricht.

(3) ¹Besteht der Anspruch auf das Tabellenentgelt oder die sonstigen Entgeltbestandteile nicht für alle Tage eines Kalendermonats, wird nur der Teil gezahlt, der auf den Anspruchszeitraum entfällt. ²Besteht nur für einen Teil eines Kalendertags Anspruch auf Entgelt, wird für jede geleistete dienstplanmäßige oder betriebsübliche Arbeitsstunde der auf eine Stunde entfallende Anteil des Tabellenentgelts sowie der sonstigen in Monatsbeträgen festgelegten Entgeltbestandteile gezahlt. ³Zur Ermittlung des auf eine Stunde entfallenden Anteils sind die in Monatsbeträgen festgelegten Entgeltbestandteile durch das 4,348-fache der regelmäßigen wöchentlichen Arbeitszeit (§ 6 Abs. 1 und entsprechende Sonderregelungen) zu teilen.

(4) ¹Ergibt sich bei der Berechnung von Beträgen ein Bruchteil eines Cents von mindestens 0,5, ist er aufzurunden; ein Bruchteil von weniger als 0,5 ist abzurunden. ²Zwischenrechnungen werden jeweils auf zwei Dezimalstellen durchgeführt. ³Jeder Entgeltbestandteil ist einzeln zu runden.

(5) Entfallen die Voraussetzungen für eine Zulage im Laufe eines Kalendermonats, gilt Absatz 3 entsprechend.

(6) Einzelvertraglich können neben dem Tabellenentgelt zustehende Entgeltbestandteile (z. B. Zeitzuschläge, Erschwerniszuschläge) pauschaliert werden.

Inhaltsübersicht   Rn.

I. Vergleich mit bisherigem Recht

§ 24 TVöD enthält Bestimmungen zur Berechnung und Auszahlung des Entgelts.   **1**
Er ersetzt § 36 BAT/BAT-O, § 26a BMT-G/BMT-G-O, § 31 MTArb/MTArb-O.
Im Vergleich zu diesen Regelungen wurden zwar keine wesentlichen inhaltlichen

Änderungen vorgenommen. Entsprechend den Intentionen der Tarifvertragsparteien wurde § 24 TVöD aber erheblich gestrafft.[1] Er regelt die für die Praxis wichtigsten Modalitäten für Berechnung und Auszahlung des Entgelts. Bestimmungen zur Zahlung von Vorschüssen durch den Arbeitgeber sind nicht mehr vorhanden. Enthalten sind aber Regelungen, die sich auf Teilzeitbeschäftigte beziehen (§ 24 Abs. 2 TVöD). Die detaillierten Vorschriften in § 36 Abs. 1 BAT/BAT-O, § 26a BMT-G/BMT-G-O, § 31 MTArb/MTArb-O betreffend den Teil der Bezüge, der nicht in Monatsbeträgen festgelegt bzw. nicht im Monatsgrund- oder Monatsregellohn enthalten ist, wurden nicht übernommen. Das gleiche gilt für die alten Bestimmungen zur Rückforderung zuviel gezahlter Bezüge sowie zur Aushändigung einer Abrechnung. Es erfolgt eine vollständige Abkoppelung der Bezahlung der Beschäftigten vom Beamtenrecht.[2]

II. Berechnung und Auszahlung des Entgelts nach § 24 TVöD

2 Im TVöD ist nunmehr einheitlich von „Entgelt" die Rede.[3] Nach wie vor ist sowohl das Brutto- als auch das Nettoentgelt zu berechnen.

1. Entgeltbegriff

3 Der Begriff Entgelt wird nicht definiert. Er bezeichnet die Gegenleistung für die von den Beschäftigten erbrachte Arbeitsleistung. § 24 TVöD geht davon aus, dass sich das Entgelt aus dem Tabellenentgelt sowie den sonstigen Entgeltbestandteilen zusammensetzt. Der Entgeltbegriff umfasst daher laufende Zahlungen des Arbeitgebers.[4]

a) Tabellenentgelt

4 Gem. § 15 Abs. 1 S. 1 TVöD erhält jeder Beschäftigte[5] monatlich ein Tabellenentgelt. Dabei bestimmt sich die Höhe nach der Entgeltgruppe, in die der Beschäftigte eingruppiert ist, und nach der für ihn geltenden Stufe. Dieses in § 15 TVöD näher geregelte Tabellenentgelt ist Teil des nach § 24 TVöD zu berechnenden und auszuzahlenden Entgelts.

b) Sonstige Entgeltbestandteile

5 Zum Entgelt gehören gem. § 24 TVöD auch die sonstigen Entgeltbestandteile. Dabei unterscheidet man die in Monatsbeträgen festgelegten Entgeltbestandteile und die nicht in Monatsbeträgen festgelegten Entgeltbestandteile (siehe § 21 Abs. 1 TVöD). In Monatsbeträgen festgelegte Entgeltbestandteile sind z.B. Wechselschicht- und Schichtzulagen bei ständiger Schichtarbeit, Besitzstandszulagen sowie persönliche Zulagen gem. § 17 Abs. 6 oder Abs. 9 TVÜ-Bund bzw. TVÜ-VKA. Zu den nicht in Monatsbeträgen festgelegten Entgeltbestandteilen gehören z.B. Zeitzuschläge, Erschwerniszuschläge, Zulagen bei vorübergehender Übertra-

1   Dassau/Langenbrinck S. 1 und 71/72.
2   Dassau/Langenbrinck S. 72.
3   Dassau/Langenbrinck S. 72.
4   KAV Baden-Württemberg, Rundschreiben M 02/2006 § 24 Erl. 1.
5   Der Einfachheit halber wird im folgenden nur der männliche Beschäftigte erwähnt. Selbstverständlich ist damit aber jeweils auch die weibliche Beschäftigte gemeint.

gung einer höherwertigen Tätigkeit (§ 14 TVöD), Entgelte für Rufbereitschaft und Bereitschaftsdienst.

Auch die vermögenswirksamen Leistungen gehören zu den sonstigen Entgelt- **6** bestandteilen. Die Gewährung vermögenswirksamer Leistungen ist nunmehr in § 23 Abs. 1 TVöD geregelt.[6] Die bisher geltenden Tarifverträge über die Zahlung vermögenswirksamer Leistungen[7] sind gem. § 2 Abs. 1 TVÜ-Bund i.V.m. Anlage 1 TVÜ-Bund Teil B für den Bereich des Bundes sowie gem. § 2 Abs. 1 TVÜ-VKA für den Bereich VKA mit dem Inkrafttreten des TVöD außer Kraft getreten.

Nicht zum Entgelt i.S.d. § 24 TVöD gehören einmalige Zahlungen wie die Jahressonderzahlung, Sterbegeld und Jubiläumsgeld.

2. Bemessungszeitraum
a) Grundsatz
Bemessungszeitraum für das Tabellenentgelt und die sonstigen Entgeltbestandteile **7** gem. § 24 TVöD ist der Kalendermonat, soweit tarifvertraglich nicht ausdrücklich etwas Abweichendes geregelt ist. Dabei werden Tabellenentgelt sowie sonstige Entgeltbestandteile nur für den Anspruchszeitraum gezahlt. Der Anspruchszeitraum richtet sich nach der Anzahl der Tage im Kalendermonat, für die Anspruch auf Zahlung des Tabellenentgelts sowie der sonstigen Entgeltbestandteile besteht (§ 24 Abs. 3 Satz 1 TVöD). Der Bemessungszeitraum beginnt um Null Uhr am ersten Tag des Kalendermonats und endet um 24 Uhr am letzten Tag des Kalendermonats.[8] Abweichende tarifvertragliche Regelungen, nach denen nicht der Kalendermonat, sondern ein anderer Zeitraum als Bemessungszeitpunkt der Berechnung des Entgelts zugrunde gelegt wird, liegen nicht vor.

b) Nicht in Monatsbeträgen festgelegte Entgeltbestandteile und Beendigung des Arbeitsverhältnisses
§ 24 TVöD enthält keine gesonderten Bestimmungen, die sich mit der Bemessung **8** der nicht in Monatsbeträgen festgelegten Entgeltbestandteile bei Beendigung des Arbeitsverhältnisses befassen. Nach § 24 Abs. 1 Satz 1 TVöD ist auch bei Beendigung des Arbeitsverhältnisses Bemessungszeitraum für die nicht in Monatsbeträgen festgelegten Entgeltbestandteile der jeweilige Kalendermonat. Aufgrund dessen bedarf es auch keiner Gleichstellung bestimmter Ereignisse mit der Beendigung des Arbeitsverhältnisses mehr, wie das bei BAT/BAT-O, BMT-G/BMT-G-O, MTArb/MTArb-O der Fall war.[9]

c) Mutterschutzlohn
Im Hinblick auf die Zahlung von Mutterschutzlohn hat das BAG zu § 36 Abs. 1 **9** Unterabs. 2 BAT entschieden, dass diese Vorschrift gegen § 11 MuSchG versto-

---

[6] Siehe die Kommentierung zu § 23.
[7] TV über vermögenswirksame Leistungen an Angestellte v. 17.12.1970 sowie vom 08.05.1991 (TV VL Ang-O), TV über vermögenswirksame Leistungen an Arbeiter (Bund) v. 17.12.1970 sowie vom 08.05.1991 (TV VL Arb-O).
[8] Uttlinger § 36 Erl. 3.
[9] Siehe hierzu § 36 Abs. 1 Unterabs. 5 BAT/BAT-O, § 26a Abs. 1 Unterabs. 5 BMT-G/BMT-G-O, § 31 Abs. 2 Unterabs. 5 MTArb/MTArb-O.

ße.[10] Das BAG ging davon aus, dass § 36 Abs. 1 Unterabs. 1 BAT sowohl eine Bemessungs- als auch eine Fälligkeitsregelung enthielt. Maßgebliche Berechnungsgrundlage für den Mutterschutzlohn gem. § 11 Abs. 1 Satz 1 MuSchG sei die tatsächlich erbrachte Arbeitsleistung in den letzten drei Monaten vor Eintritt der Schwangerschaft. Die Fälligkeitsregelung in § 36 Abs. 1 Unterabs. 2 BAT dürfe aber nicht dazu führen, dass der nach § 11 Abs. 1 Satz 1 MuSchG maßgebliche Berechnungszeitraum vorverlegt wird. Berechnungsgrundlage bleibe der Arbeitslohn, der durch die tatsächliche Arbeitsleistung im Berechnungszeitraum verdient worden ist, selbst wenn er außerhalb des Bezugszeitraums ausgezahlt werde. § 36 Abs. 1 Unterabs. 2 BAT wirke sich nur insoweit aus, als der Anspruch nach § 11 Abs. 1 Satz 1 MuSchG ebenfalls erst mit einer zeitlichen Verzögerung von zwei Monaten fällig werde.[11] Maßgeblich für die Berechnung des Mutterschutzlohnes ist nach dieser Rechtsprechung somit, was die Arbeitnehmerin im Berechnungszeitraum verdient hat und nicht, was ihr zugeflossen ist.[12] Mit § 24 Abs. 1 TVöD hat sich diese Problematik erledigt. Berechnungszeitraum für das Tabellenentgelt sowie die sonstigen Entgeltbestandteile ist gem. § 24 Abs. 1 Satz 1 TVöD der Kalendermonat. § 24 Abs. 1 Satz 3 TVöD enthält lediglich eine Fälligkeitsvorschrift für nicht in Monatsbeträgen festgelegte Entgeltbestandteile.[13] Diese ändert am Berechnungszeitraum nichts, führt aber dazu, dass die nicht in Monatsbeträgen festgelegten Entgeltbestandteile erst am Zahltag des zweiten auf ihre Entstehung folgenden Kalendermonats fällig sind. Ein Widerspruch i.S.d. Rechtsprechung des BAG zu § 11 Abs. 1 Satz 1 MuSchG, der auf die tatsächliche Arbeitsleistung in den drei Monaten vor Beginn der Schwangerschaft abstellt, besteht damit nicht mehr.

3. Fälligkeit
a) Grundsatz
10 Durch die ausdrückliche Regelung des Zahltags wird auch die Fälligkeit des Entgelts festgelegt. Die Fälligkeit bezeichnet den Zeitpunkt, ab dem der Gläubiger vom Schuldner eine Leistung verlangen kann. Im Arbeitsverhältnis wird durch die Fälligkeit der Zeitpunkt festgelegt, ab dem der Beschäftigte als Gläubiger von seinem Arbeitgeber als Schuldner die Zahlung seines Entgelts fordern kann.[14] Nach § 24 Abs. 1 Satz 2 TVöD ist das am letzten Tag des Kalendermonats der Fall. Die Tatsache, dass die Fälligkeit in § 24 Abs. 1 Satz 2 TVöD auf den letzten Tag im Kalendermonat festgelegt wurde, wirkt sich auch auf den Verzugseintritt aus.

11 Auch die Fälligkeit vermögenswirksamer Leistungen ergibt sich aus § 24 TVöD. Die Gewährung vermögenswirksamer Leistungen ist zwar in § 23 Abs. 1 TVöD geregelt. Dieser enthält aber für die regelmäßige Zahlung vermögenswirksamer Leistungen keine eigenständige Fälligkeitsregelung. Die in § 23 Abs. 1 S. 3

---

[10] BAG, Urt. v. 28.11.1983 – 5 AZR 243/83, DB 1985, 765.

[11] BAG, Urt. v. 28.11.1983 – 5 AZR 243/83, DB 1985, 765.

[12] Schaub/Schaub § 171 Rn. 20; ErfK/Schlachter § 11 MuSchG Rn. 9; a.A. Uttlinger § 36 Erl. 8.2.

[13] So auch KAV Baden-Württemberg, Rundschreiben M 02/2006 § 24 Erl. 3; Bundesministerium des Innern, Durchführungsrundschreiben TVöD v. 08.12.2005 – DII2 – 220 210-2/0, § 24 Nr. 3.

[14] Palandt/Heinrichs § 271 Rn. 1.

TVöD enthaltene Fälligkeitsregelung gilt nur für die erstmalige Gewährung vermögenswirksamer Leistungen.

Auch für die Auszahlung des Ausbildungsentgelts an die von § 1 Abs. 1 **12** TVAöD erfassten Auszubildenden bzw. Schüler/Schülerinnen wurde keine gesonderte Fälligkeitsregelung vereinbart. Vielmehr richtet sich gem. § 8 Abs. 2 TVAöD – BT BBiG sowie § 8 Abs. 2 TVAöD – BT Pflege die Fälligkeit des Ausbildungsentgelts nach dem Zeitpunkt, in welchem das Entgelt, welches der Ausbildende an seine Beschäftigten zahlt, fällig ist. Soweit sich diese Fälligkeit nach § 24 Abs. 1 Satz 1 richtet, gilt das auch für die Fälligkeit des Ausbildungsentgelts.

b) Abweichende Fälligkeitsregelung

Gem. § 24 Abs. 1 Satz 3 TVöD sind – abweichend von § 24 Abs. 1 Satz 2 TVöD – **13** Entgeltbestandteile, die nicht in Monatsbeträgen festgelegt sind, sowie der Tagesdurchschnitt nach § 21 TVöD am Zahltag des zweiten Kalendermonats, der auf ihre Entstehung folgt, fällig. Zahltag bleibt somit weiterhin der letzte Tag, allerdings nicht des laufenden, sondern des auf die Entstehung des Anspruchs folgenden zweiten Kalendermonats. § 24 Abs. 1 Satz 3 TVöD betrifft zunächst die nicht in Monatsbeträgen festgelegten Entgeltbestandteile.[15] Außerdem gilt die Fälligkeitsregelung auch für den Tagesdurchschnitt nach § 21 TVöD. Dabei ist der in § 21 Satz 2 TVöD geregelte Tagesdurchschnitt gemeint. Grund für die abweichende Festlegung der Fälligkeit ist die Tatsache, dass zum Zeitpunkt der Zahlungsanweisung für das Entgelt eines Monats oftmals noch nicht feststeht, ob Überstunden, Sonntagsarbeit usw. geleistet wurden und, wenn das der Fall gewesen sein sollte, in welchem Umfang. Dieselbe Problematik besteht auch bei der Berechnung des Tagesdurchschnitts nach § 21 Satz 2 TVöD. Danach werden die nicht in Monatsbeträgen festgelegten Entgeltbestandteile als Durchschnitt auf Basis der dem maßgebenden Ereignis für die Entgeltfortzahlung vorhergehenden letzten drei vollen Kalendermonate (Berechnungszeitraum) gezahlt. Daraus ergibt sich, dass auch die im letzten Monat vor Eintritt des maßgebenden Ereignisses für die Entgeltfortzahlung angefallenen nicht in Monatsbeträgen festgelegten Entgeltbestandteile in die Berechnung einbezogen werden. Im Gegensatz zu den Regelungen in § 36 Abs. 1 Unterabs. 2 und 3 BAT/BAT-O, § 26a Abs. 1 Unterabs. 2 bis 4 BMT-G/BMT-G-O, § 31 Abs. 2 Unterabs. 2 und 3 MTArb/MTArb-O handelt es sich bei § 24 Abs. 1 Satz 3 TVöD um eine Fälligkeitsregelung und keine Bemessungsvorschrift für unständige Entgeltbestandteile.

c) Fälligkeit bei Beendigung des Arbeitsverhältnisses

Eine gesonderte Fälligkeitsregelung für den Fall der Beendigung des Arbeitsver- **14** hältnisses wurde in § 24 TVöD nicht aufgenommen.[16] Dies war auch nicht erforderlich. Endet das Arbeitsverhältnis am letzten Tag eines Kalendermonats, so ergibt sich aus § 24 Abs. 1 Satz 2 TVöD, dass auch in diesem Fall das Entgelt am letzten Tag des laufenden Kalendermonats zu zahlen ist. Endet das Arbeitsverhältnis nicht am letzten Tag des laufenden Kalendermonats, hindert § 24 Abs. 1

---

[15] Siehe hierzu II. 1. b).
[16] Siehe hierzu § 36 Abs. 1 Unterabs. 4 BAT/BAT-O, § 26a Abs. 1 Unterabs. 5 BMT-G/BMT-G-O, § 31 Abs. 2 Unterabs. 4 MTArb/MTArb-O.

Satz 2 TVöD den Arbeitgeber aber nicht daran, das Entgelt auch vor dem letzten Tag des laufenden Kalendermonats auszuzahlen. Nicht in Monatsbeträgen festgelegte Entgeltbestandteile sind zwar nach der Vorschrift in § 24 Abs. 1 Satz 3 TVöD erst am Zahltag des zweiten auf ihre Entstehung folgenden Kalendermonats fällig. Bei Beendigung des Arbeitsverhältnisses hindert aber auch hier den Arbeitgeber nichts daran, diese Entgeltbestandteile vor deren Fälligkeit an den Beschäftigten auszuzahlen, soweit das möglich ist.

d) Umstellung des Zahltags

15 Nr. 2 der Protokollerklärungen zu § 24 Abs. 1 TVöD übernimmt im wesentlichen Nr. 3 der Protokollerklärungen zu § 36 BAT/BAT-O, Nr. 3 der Protokollerklärungen zu § 26a Abs. 1 BMT-G/BMT-G-O, Protokollerklärung zu § 31 Abs. 2 Unterabs. 1 MTArb/MTArb-O. Als in BAT/BAT-O, BMT-G/BMT-G-O, MTArb/MTArb-O der Zahltag vom 15. auf den letzten Tag des Kalendermonats verlegt wurde, wurde in den Protokollerklärungen jeweils festgelegt, dass diese Umstellung nur im Dezember eines Jahres erfolgen könne. Man ging davon aus, dass eine Umstellung im Dezember aufgrund der im November zu zahlenden Zuwendung die Arbeitnehmer am wenigsten belastet. Nach § 20 Abs. 5 Satz 1 TVöD erfolgt nunmehr eine Jahressonderzahlung, welche mit dem Tabellenentgelt für den Monat November ausgezahlt wird. Zwar kann gem. § 20 Abs. 5 Satz 2 TVöD ein Teilbetrag der Jahressonderzahlung zu einem früheren Zeitpunkt ausgezahlt werden. I.d.R. wird es sich hier aber um einen geringen Teilbetrag als Ersatz für das sonst ausbezahlte Urlaubsgeld handeln. Der größere Teilbetrag wird in der Praxis wohl weiterhin mit dem Novemberentgelt ausbezahlt werden. Für die Arbeitgeber, die den Zahltag nach wie vor nicht auf den letzten des Monats umgestellt haben, wurde deshalb in Nr. 2 der Protokollerklärungen zu § 24 Absatz 1 TVöD wiederum festgelegt, dass die Umstellung des Zahltags vom 15. auf den letzten des Kalendermonats nur im Dezember eines Jahres erfolgen könne.

e) Verzug und Verzugszinsen

16 Bleibt die Entgeltzahlung am letzten Tag des Kalendermonats aus, so kommt der Arbeitgeber gem. § 286 Abs. 2 Nr. 1 BGB auch ohne Mahnung in Verzug. Das gilt auch, wenn die Zahlung der nicht in Monatsbeträgen festgelegten Entgeltbestandteile am Zahltag des zweiten auf ihre Entstehung folgenden Kalendermonats ausbleibt. Gem. § 288 BGB sind in diesem Fall Verzugszinsen zu zahlen. Die Höhe der Verzugszinsen beträgt gem. § 288 Abs. 1 Satz 2 BGB für das Jahr fünf Prozentpunkte über dem Basiszinssatz (siehe § 247 BGB). § 288 Abs. 2 BGB, wonach bei Rechtsgeschäften, an denen ein Verbraucher nicht beteiligt ist, der Zinssatz für Entgeltforderungen acht Prozentpunkte über dem Basiszinssatz beträgt, findet auf Arbeitsverhältnisse keine Anwendung. Nach einem Urteil des BAG ist der Zinssatz des § 288 Abs. 2 BGB von acht Prozentpunkten über dem Basiszinssatz nicht auf Arbeitsverhältnisse zugeschnitten.[17]

---

[17] BAG, Urt. v. 23.02.2005 – 10 AZR 602/03, NZA 2005, 694; siehe auch BAG, Urt. v. 25.05.2005 – 5 AZR 572/04, NZA 2005, 1111.

Heitsch

f) Erfüllbarkeit

Auswirkungen auf die Erfüllbarkeit hat die Festlegung der Fälligkeit grundsätzlich **17** nicht. Unter Erfüllbarkeit versteht man den Zeitpunkt, ab dem der Schuldner die Leistung bewirken kann und der Gläubiger durch Nichtannahme der Leistung in Annahmeverzug geraten kann.[18] Allerdings ist Bemessungszeitraum für das Tabellenentgelt sowie die sonstigen Entgeltbestandteile der Kalendermonat. Außerdem ergibt sich aus Nr. 2 der Protokollerklärungen zu Absatz 1, dass eine Auszahlung des Entgelts vor dem Zahltag i.d.R. nicht gewünscht wird. Verfrühte Zahlungen des Arbeitsentgelts sollten daher eher Vorschusszahlungen auf das Arbeitsentgelt darstellen.

4. Zahltag

a) Grundsatz

Nach § 24 Abs. 1 Satz 2 TVöD erfolgt die Zahlung am letzten Tag des Monats, **18** dem sogenannten Zahltag, für den laufenden Kalendermonat. War ursprünglich der 15. des laufenden Kalendermonats Zahltag[19], so wurde bereits im Januar 2003 im Rahmen von Tarifverhandlungen der letzte Tag im Kalendermonat für BAT/BAT-O, BMT-G/BMT-G-O, MTArb/MTArb-O als Zahltag festgelegt.[20]

b) Vorverlegung des Zahltags

Nach § 24 TVöD muss die Zahlung am letzten Tag des Monats erfolgen. Bei der **19** Auszahlung des Entgelts handelt es sich um eine qualifizierte Schickschuld gem. § 270 Abs. 1 BGB. Erfüllung tritt danach ein, wenn der geschuldete Betrag dem Konto des Gläubigers von seiner Bank vorbehaltlos gutgeschrieben worden ist.[21] Zahlung i.S.v. § 24 Abs. 1 TVöD meint die Auszahlung an den Beschäftigten – also die Gutschrift auf dessen Konto – und nicht erst die Anweisung zur Auszahlung des Entgelts an das Kreditinstitut. Dies zeigt bereits die Überschrift von § 24 TVöD. Hinzu kommt, dass die Zahlung des Entgelts am letzten Tag des Monats für den laufenden Kalendermonat erfolgt. Denn nach § 15 Abs. 1 Satz 1 TVöD erhält der Beschäftigte monatlich ein Tabellenentgelt. Würde man es für § 24 Abs. 1 Satz 2 TVöD genügen lassen, dass der Arbeitgeber am letzten Tag des Monats die Bank anweist, das Entgelt an die Beschäftigten auszuzahlen, so läge die tatsächliche Auszahlung des Entgelts an den Beschäftigten i.d.R. erst im darauffolgenden Monat.

Da sich die Regelungen in § 36 Abs. 1 Sätze 2 und 3 BAT/BAT-O, § 26a Abs. **20** 1 Sätze 2 und 3 BMT-G/BMT-G-O, § 31 Abs. 2 Sätze 2 und 3 MTArb/MTArb-O zur Vorverlegung des Zahltags in § 24 TVöD nicht wiederfinden, stellt sich die Frage, was gilt, wenn der Zahltag auf einen Sonnabend, Sonn- oder Feiertag fällt. Hierzu wird die Ansicht vertreten, dass für diesen Fall § 193 BGB zur Anwendung

---

[18] Palandt/Heinrichs § 271 Rn. 1.

[19] Der Bund hat nach wie vor von der Option zur Umstellung auf den letzten Tag des Monats keinen Gebrauch gemacht, Bundesministerium des Innern, Durchführungsrundschreiben v. 08.12.2005 – DII2 – 220 210 – 2/0, § 24 Nr. 2.

[20] So z.B. durch den 78. Änderungstarifvertrag zum BAT vom 31.01.2003 (In-Kraft-Treten: 01.01.2003) oder durch den 51. Ergänzungs-Tarifvertrag zum BMT-G vom 31.01.2003 (In-Kraft-Treten: 01.01.2003).

[21] Palandt/Heinrichs § 270 Rn. 9 m.w.N..

kommt.[22] Ist an einem bestimmten Tag oder innerhalb einer Frist eine Willenserklärung abzugeben oder eine Leistung zu bewirken und fällt der bestimmte Tag oder der letzte Tag der Frist auf einen Sonntag, einen am Erklärungs- oder Leistungsort staatlich anerkannten allgemeinen Feiertag oder einen Sonnabend, so tritt nach § 193 BGB an die Stelle eines solchen Tages der nächste Werktag. Für die Arbeitgeber, die von der Verlegung des Zahltags auf den letzten eines Monats bisher keinen Gebrauch gemacht haben (so z.B. der Bund), ist die Anwendung von § 193 BGB auch unproblematisch möglich, da der Zahltag weiterhin der 15. des laufenden Monats ist und damit der nächste Werktag i.S.v. § 193 BGB auch noch im laufenden Monat liegt. Problematisch wird es aber dann, wenn der Zahltag tatsächlich der letzte Tag im Kalendermonat ist. Der nächste Werktag i.S.v. § 193 BGB liegt dann im nächsten und nicht mehr im laufenden Kalendermonat. Da durch § 193 BGB die Fälligkeit nicht berührt wird, würde eine Anwendung von § 193 BGB hier sogar Ansprüche der Beschäftigten auf Zahlung von Verzugszinsen mit sich bringen.[23] § 193 BGB kommt aber nicht zur Anwendung, wenn durch Gesetz oder Rechtsgeschäft etwas anderes bestimmt wurde.[24] Da nicht davon auszugehen ist, dass sich die Tarifvertragsparteien durch Nichtübernahme der Regelungen zur Vorverlegung des Zahltags bewusst zu den sonstigen tarifvertraglichen Regelungen in Widerspruch setzen wollten, kann in diesen sonstigen Regelungen eine von § 193 BGB abweichende Vereinbarung gesehen werden, so dass § 193 BGB nicht zur Anwendung kommt. Doch selbst, wenn man von der Anwendbarkeit des § 193 BGB ausgeht, nimmt er dem Arbeitgeber nicht die Möglichkeit, früher zu leisten, wenn der Zahltag auf einen Sonnabend, Sonn- oder Feiertag fällt. Insoweit könnten die bei § 36 Abs. 1 Sätze 2 und 3 BAT/BAT-O, § 26a Abs. 1 Sätze 2 und 3 BMT-G/BMT-G-O, § 31 Abs. 2 Sätze 2 und 3 MTArb/MTArb-O geltenden Grundsätze weiterhin angewendet werden. Fällt somit der Zahltag auf einen Samstag oder auf einen Wochenfeiertag, gilt der vorhergehende Werktag, fällt er auf einen Sonntag, gilt der zweite vorhergehende Werktag als Zahltag. Das gilt auch für den vorverlegten Zahltag, wenn dieser wiederum auf einen Wochenfeiertag oder einen allgemeinen arbeitsfreien Tag fällt. In diesem Fall besteht für den Beschäftigten außerdem die Möglichkeit, noch in dem laufenden Monat in vollem Umfang über sein Entgelt zu verfügen.

5. Bankverbindung

21   Nach § 24 Abs. 1 Satz 2 TVöD erfolgt die Zahlung des Entgelts auf ein von dem Beschäftigten benanntes Konto innerhalb eines Mitgliedsstaats der Europäischen Union.

---

22   KAV Baden-Württemberg, Runschreiben M 02/2006 § 24 Erl. 2; Bundesministerium des Innern, Durchführungsrundschreiben TVöD v. 08.12.2005 – DII2 – 220 210-2/0, § 24 Nr. 2.
23   OLG Frankfurt, Urt. v. 23.01.1975 – 1 U 79/74, NJW 1975, 1971; Palandt/Heinrichs § 193 Rn. 5.
24   Palandt/Heinrichs § 193 Rn. 4.

a) Konto innerhalb eines Mitgliedsstaats der Europäischen Union

Die Beschränkung auf ein Girokonto im Inland wurde nicht übernommen.[25] § 24 **22**
Abs. 1 Satz 2 TVöD wurde insgesamt von § 17a BBesG losgelöst. Die Tatsache,
dass es sich um ein Konto innerhalb eines Mitgliedsstaats der Europäischen Union
handeln muss, hat wohl dazu geführt, dass kein Girokonto im technischen Sinne
mehr gefordert wird. Das Girokonto ist vielmehr eine mögliche Form des Kontos
i.S.v. § 24 Abs. 1 Satz 2 TVöD.

Nach dem Wortlaut in § 24 Abs. 1 Satz 2 TVöD hat der Beschäftigte einen Anspruch auf Überweisung des Entgelts auf ein Konto, welches nicht im Inland geführt wird, solange es sich in einem Mitgliedstaat der Europäischen Union befindet. Für die Regelungen in BAT/BAT-O, BMT-G/BMT-G-O, MTArb/MTArb-O[26]
wurde von der h.M. noch vertreten, dass kein Anspruch auf Überweisung der Bezüge auf ein Konto im EG-Raum besteht.[27]

Die bereits in § 36 Abs. 1 BAT/BAT-O[28] etwas unglückliche Formulierung der
Zahlung der Bezüge auf ein Girokonto wurde beibehalten.[29] Somit könnte das
Entgelt durch den Arbeitgeber weiterhin auf das Konto des Beschäftigten eingezahlt werden, was in der Praxis aber, wenn überhaupt, dann nur äußerst selten
vorkommen wird. Das Entgelt wird i.d.R. auf das Konto des Beschäftigten überwiesen. Die Tarifvertragsparteien sprechen aber nur für die Fälle von einer Überweisung des Entgelts, in denen der Beschäftigte ein Konto in einem Mitgliedstaat
der Europäischen Union genannt hat, wie sich aus Nr. 1 der Protokollerklärungen
zu Absatz 1 ergibt.

b) Benennung durch den Beschäftigten

Nach § 24 Abs. 1 Satz 2 TVöD muss es sich um ein von dem Beschäftigten be- **23**
nanntes Konto handeln. Dabei muss nicht ein eigens für die Entgeltzahlungen eingerichtetes Konto benannt werden. § 24 Abs. 1 Satz 2 TVöD fordert nicht mehr,
dass es sich um ein von dem Beschäftigten eingerichtetes Konto handeln muss.
Hierzu war bei § 36 Abs. 1 BAT/BAT-O, § 26a Abs. 1 BMT-G/BMT-G-O, § 31
Abs. 2 MTArb/MTArb-O streitig, ob der Arbeitnehmer Kontoinhaber sein musste
oder ob das Gehalt/der Lohn auch auf das Konto eines Dritten überwiesen werden
konnte. Die h.M. ging davon aus, dass der Arbeitgeber auch bei Überweisung auf
das Konto eines Dritten schuldbefreiend leisten kann, solange ihm der Angestellte
dieses Konto genannt hat.[30] Nach der neuen Formulierung in § 24 Abs. 1 Satz 2
TVöD muss es sich nicht um ein von dem Beschäftigten eingerichtetes Konto
handeln. Da § 24 Abs. 1 Satz 2 TVöD aber auch keinerlei Angaben zur Kontoin-
haberschaft macht, ist davon auszugehen, dass die Überweisung des Entgelts auf
das Konto eines Dritten, soweit es vom Beschäftigten benannt worden ist, möglich

---

25 Siehe § 36 Abs. 1 BAT/BAT-O, § 26a Abs. 1 BMT-G/BMT-G-O, § 31 Abs. 2 MTArb/MTArb-O.
26 Siehe § 36 Abs. 1 BAT/BAT-O, § 26a Abs. 1 BMT-G/BMT-G-O, § 31 Abs. 2 MTArb/MTArb-O.
27 Uttlinger § 36 Erl. 5.1.
28 § 26a Abs. 1 BMT-G/BMT-G-O, § 31 Abs. 2 MTArb/MTArb-O.
29 Uttlinger § 36 Erl. 5.1.
30 Uttlinger § 36 Erl. 5.1.

ist.[31] Dabei ist aber zu berücksichtigen, dass der Arbeitgeber nach h.M. aufgrund der für Arbeitseinkommen bestehenden Abtretungs- und Pfändungsbeschränkungen (siehe §§ 850a ff ZPO, § 400 BGB) zumindest berechtigt ist, eine Überweisung des Entgelts auf das Konto eines Dritten zu verweigern, auch wenn der Beschäftigte eine solche Überweisung ausdrücklich wünscht.[32] Überweist der Arbeitgeber das gesamte Entgelt des Arbeitnehmers an einen Dritten, so ist er ggf. verpflichtet, den unpfändbaren Teil erneut an den Arbeitnehmer auszuzahlen.[33] In der Praxis haben Arbeitgeber schon vor In-Kraft-Treten des TVöD bereits Teile des Arbeitsentgelts direkt auf das Konto von Dritten überwiesen (z.B. auf das Konto von Bausparkassen im Rahmen der Zahlung vermögenswirksamer Leistungen).

6. Kosten der Überweisung des Entgelts

24   § 24 TVöD enthält keine genauen Regelungen dahingehend mehr, wer für die Kosten der Übermittlung des Entgelts aufzukommen hat.[34] Lediglich in Nr. 1 der Protokollerklärungen zu Absatz 1 wird zu den Kosten der Überweisung des Entgelts ausgeführt, dass in dem Fall, dass Beschäftigte ihrem Arbeitgeber die für eine kostenfreie bzw. kostengünstigere Überweisung in einen anderen Mitgliedsstaat der Europäischen Union erforderlichen Angaben nicht rechtzeitig mitteilen, die Beschäftigten die dadurch entstehenden zusätzlichen Überweisungskosten zu tragen haben.

a) Rechtsprechung zu den Überweisungskosten

25   Die genaue Kostentragungsregel in BAT/BAT-O, BMT-G/BMT-G-O, MTArb/MTArb-O[35] war eine Reaktion auf ein Urteil des BVerwG.[36] Nach der arbeitsgerichtlichen Rechtsprechung sind Kosten, die auf dem Vertrag zwischen dem Angestellten und dessen Kreditinstitut beruhen (z.B. Kontoeinrichtungs-, Kontoführungs-, Buchungsgebühren) keine Kosten der Übermittlung der Bezüge.[37] Zur Begründung wurde ausgeführt, dass die Schuld des Arbeitgebers mit der Gutschrift des Lohnes auf dem Konto des Angestellten erfüllt sei und schon aufgrund dessen Buchungs- oder Kontogebühren des Angestellten nicht zu den Übermittlungskosten gehören könnten.[38] Das BVerwG dagegen vertritt die Ansicht, dass die Kosten, die für die Buchung der Dienstbezüge auf das Konto des Beamten entstehen, Kosten der Übermittlung der Dienstbezüge und damit vom Arbeitgeber zu tragen seien.[39] Es verneint aber die Pflicht des Arbeitgebers, die Kosten zu erstatten, die

---

[31] So auch KAV Baden-Württemberg, Runschreiben M 02/2006 § 24 Erl. 2; Bundesministerium des Innern, Durchführungsrundschreiben TVöD v. 08.12.2005 – DII2 – 220 210-2/0, § 24 Nr. 2.

[32] Zu den Vorschriften in BAT/BMT-G: Scheuring § 26a Erl. 1; Uttlinger § 36 Erl. 5.1.

[33] ErfK/Preis § 611 BGB Rn. 579.

[34] Siehe § 36 Abs. 1 Satz 4 BAT/BAT-O, § 26a Abs. 1 Satz 4 BMT-G/BMT-G-O, § 31 Abs. 2 Satz 4 MTArb/MTArb-O.

[35] 36 Abs. 1 Satz 4 BAT/BAT-O, § 26a Abs. 1 Satz 4 BMT-G/BMT-G-O, § 31 Abs. 2 Satz 4 MTArb/MTArb-O.

[36] BVerwG, Urt. v. 12.12.1979 – BVerwG C 28.78, DÖD 1980, 253

[37] LAG Hamburg, Urt. v. 30.06.1975 – 2 Sa 67/73; BAG, Urt. v. 15.12.1976 – 4 AZR 531/75, AP Nr. 1 zu § 36 BAT.

[38] BAG, Urt. v. 15.12.1976 – 4 AZR 531/75, AP Nr. 1 zu § 36 BAT.

[39] BVerwG, Urt. v. 12.12.1979 – BVerwG C 28.78, DÖD 1980, 253.

beim Beamten für die Kontoführung entstehen, da diese Kosten nicht allein durch die Gutschrift der Dienstbezüge anfielen, sondern für die Kontoführung insgesamt zu zahlen seien.[40]

b) Kostentragung

Eine ausdrückliche Kostentragungsregelung ist aber zur angemessenen Verteilung   **26**
der Kosten, die bei der Übermittlung des Entgelts entstehen, nicht erforderlich. Die Entgeltzahlung ist Hauptleistungspflicht des Arbeitgebers und steht im Gegenseitigkeitsverhältnis zur Arbeitspflicht des Beschäftigten. Wie bereits erwähnt[41], handelt es sich bei der Zahlung des Entgelts um eine qualifizierte Schickschuld gem. § 270 Abs. 1 BGB, bei der Erfüllung erst eintritt, wenn der geschuldete Betrag dem Konto des Gläubigers von seiner Bank vorbehaltlos gutgeschrieben worden ist.[42] Bis zur Erfüllung der Schuld trägt der Arbeitgeber die Gefahr des Verlustes oder der Verspätung. Geht demnach das Entgelt nicht auf dem Konto des Beschäftigten ein, so muss der Arbeitgeber das Entgelt erneut überweisen. Der Beschäftigte ist nicht verpflichtet nachzuforschen, wo sein Entgelt verblieben ist. Somit ergibt sich bereits aus diesen Grundsätzen eine angemessene Kostenverteilungsregel für die Übermittlung des Entgelts.

aa) Kosten des Arbeitgebers

Die Kosten, die aufgrund der vertraglichen Beziehung zwischen Arbeitgeber und   **27**
dessen Kreditinstitut entstehen, sind vom Arbeitgeber zu tragen (z.B. Kontoeinrichtungs- und Kontoführungsgebühren). Hierzu gehören auch ggf. anfallende Überweisungskosten. Eine Ausnahme hiervon enthält Nr. 1 der Protokollerklärungen zu Absatz 1. Sie bezieht sich auf den Fall, dass der Beschäftigte für die Überweisung des Entgelts kein Konto im Inland, sondern in einem anderen Mitgliedsstaat der Europäischen Union genannt hat. Es bleibt zunächst bei dem Grundsatz, dass Überweisungskosten vom Arbeitgeber zu tragen sind. Gibt es aber eine Möglichkeit für den Arbeitgeber, das Entgelt kostenfrei oder kostengünstiger auf das in einem anderen Mitgliedsstaat der Europäischen Union geführte Konto des Beschäftigten zu überweisen und macht dieser gegenüber dem Arbeitgeber nicht rechtzeitig die dafür erforderlichen Angaben, so hat der Beschäftigte die zusätzlich entstehenden Überweisungskosten selbst zu tragen.

Was zu den erforderlichen Angaben i.d.S. gehört, ergibt sich aus den jeweils   **28**
aktuellen Bedingungen einer „EU-Standardüberweisung" im Auslandszahlungsverkehr.[43] Weil Erfüllung erst dann eingetreten ist, wenn der geschuldete Betrag dem Konto des Beschäftigten von seiner Bank vorbehaltlos gutgeschrieben worden ist, kann es sich bei den vom Beschäftigten zu tragenden zusätzlichen Kosten nur um den Betrag handeln, der verbleibt, wenn man die Kosten der günstigeren Überweisung von den dem Arbeitgeber tatsächlich für die Überweisung entstandenen Kosten abzieht. Denn die Kosten bis zum Erfüllungseintritt hat der Arbeit-

---

[40] BVerwG, Urt. v. 12.12.1979 – BVerwG C 28.78, DÖD 1980, 253.
[41] Siehe oben II. 3. b).
[42] Palandt/Heinrichs § 270 Rn. 9 m.w.N..
[43] KAV Baden-Württemberg, Rundschreiben M 02/2006 § 24 Erl. 2; Bundesministerium des Innern, Durchführungsrundschreiben TVöD v. 08.12.2005 – DII2 – 220 210 – 2/0, § 24 Nr. 2.

geber zu tragen, gleichgültig ob das Konto des Beschäftigten im Inland oder in einem anderen Mitgliedsstaat der Europäischen Union liegt. Letzteres ergibt sich auch daraus, dass der Beschäftigte ein Konto in einem Mitgliedsstatt der Europäischen Union benennen kann und der Arbeitgeber verpflichtet ist, ihm das Entgelt darauf zu überweisen. Kennt damit der Beschäftigte eine Art der Überweisung, welche gegenüber der vom Arbeitgeber gewählten Art kostengünstiger ist, und informiert der Beschäftigte den Arbeitgeber hierüber nicht rechtzeitig, so trägt der Arbeitgeber bis zum Erfüllungseintritt die Kosten der günstigeren Überweisungsart, der Beschäftigte dagegen trägt die Kosten, die als Differenz zwischen der vom Arbeitgeber gewählten und der günstigeren Überweisungsart übrig bleiben. Besteht die Möglichkeit einer kostenfreien Überweisung auf ein Konto in einem anderen Mitgliedsstaat der Europäischen Union und versäumt der Beschäftigte die rechtzeitige Mitteilung der für die Überweisung notwendigen Daten, trägt der Beschäftigte die gesamten beim Arbeitgeber entstehenden Überweisungskosten.

29   Die Kostentragungspflicht auf Seiten des Beschäftigten besteht nur solange, bis er dem Arbeitgeber die Angaben für die kostenfreie oder kostengünstigere Überweisung mitgeteilt und der Arbeitgeber die Modalitäten der Überweisung so geändert hat, dass die kostenfreie bzw. kostengünstigere Überweisung erfolgen kann. Liegen die erforderlichen Informationen des Beschäftigten vor und kommt es auf Seiten des Arbeitgebers zu einer Verzögerung der Umstellung der Überweisungsmodalitäten, die der Beschäftigte nicht zu vertreten hat, entfällt die Kostentragungspflicht des Beschäftigten ab dem Zeitpunkt, ab dem unter normalen Umständen eine Umstellung beim Arbeitgeber erfolgt sein müsste. Außerdem kann eine Kostentragungspflicht des Beschäftigten nur dann angenommen werden, wenn dieser tatsächlich Kenntnis von einer kostenfreien oder kostengünstigeren Überweisungsmöglichkeit hatte. Der Beschäftigte ist nicht verpflichtet, sich nach einer kostengünstigeren Überweisungsmöglichkeit für sein Entgelt zu informieren. Dies obliegt dem Arbeitgeber.

30   Die fehlende Kostentragungsregelung in § 24 TVöD führt auch nicht dazu, dass der Arbeitgeber nunmehr die gesamten Kosten allein zu tragen hat. Denn dies wäre ausdrücklich von den Tarifvertragsparteien zu vereinbaren.[44]

bb) Kosten des Beschäftigten

31   Kosten, die aufgrund der vertraglichen Beziehung zwischen Beschäftigtem und dessen Kreditinstitut entstehen, hat der Beschäftigte zu tragen (z.B. Kontoeinrichtungs- und Kontoführungsgebühren). Die Kontoführungsgebühren sind auch dann allein vom Beschäftigten zu tragen, wenn darin die Kosten für die Buchung des Entgelts auf dem Konto enthalten sind, was die Regel sein wird. Denn die Kontoführungsgebühren werden für das Führen des gesamten Kontos erhoben, nicht ausschließlich für die Buchung des Entgelts auf das Konto des Beschäftigten. Doch auch dann, wenn separat zu den Kontoführungsgebühren Gebühren für die Buchung des Entgelts auf das Konto des Angestellten gezahlt werden müssen, sind diese, wie bereits vom BAG sowie vom LAG Hamburg entschieden[45], allein

---

[44]   BAG, Beschl. v. 31.08.1982 – 1 ABR 8/81, NJW 1983, 2284.
[45]   LAG Hamburg, Urt. v. 30.06.1975 – 2 Sa 67/73; BAG Urt. v. 15.12.1976 – 4 AZR 531/75, AP Nr. 1 zu § 36 BAT.

vom Beschäftigten zu tragen. Zwar ist Auslöser für das Erheben der Buchungsgebühr die Überweisung des Entgelts durch den Arbeitgeber; Rechtsgrundlage für
die Forderung der Buchungsgebühr durch das Kreditinstitut ist aber die vertragliche Beziehung zwischen dem Kreditinstitut und dem Beschäftigten. Zur Kostentragungspflicht des Beschäftigten bei Überweisungen auf ein Konto in einem anderen Mitgliedsstaat der Europäischen Union siehe II. 6. b) aa).

cc) Mitbestimmung des Personal- bzw. Betriebsrats

Gem. § 87 Abs. 1 Nr. 4 BetrVG bzw. § 75 Abs. 3 Nr. 2 BPersVG hat der Betriebs-   **32**
bzw. Personalrat ein Mitbestimmungsrecht im Hinblick auf Zeit, Ort und Art der
Auszahlung der Dienstbezüge bzw. des Arbeitsentgelts, soweit dies gesetzlich
oder tariflich nicht abschließend geregelt ist.

    Die h.M. vertrat zu den Regelungen in BAT/BAT-O, BMT-G/BMT-G-O,
MTArb/MTArb-O[46] die Ansicht, dass durch die dort getroffenen Bestimmungen
die Kostentragung abschließend geregelt wurde und somit kein Handlungsspiel-
raum mehr für den Betriebsrat zum Abschluss von Betriebsvereinbarungen bzw.
den Personalrat zum Abschluss von Dienstvereinbarungen bestand, soweit der Arbeitgeber tarifgebunden war.[47] Bei Anwendung von § 36 Abs. 1 BAT/BAT-O,
§ 26a Abs. 1 BMT-G/BMT-G-O, § 31 Abs. 2 MTArb/MTArb-O aufgrund einzelvertraglicher Vereinbarung kamen abweichende Betriebs- oder Dienstvereinbarungen demgegenüber in Betracht.[48]

    § 24 TVöD enthält aber – bis auf den in Nr. 1 der Protokollerklärungen zu Ab-   **33**
satz 1 angesprochenen Fall – keinerlei Bestimmungen dahingehend mehr, wie die
Kosten der Übermittlung des Entgelts zwischen Arbeitgeber und Beschäftigtem
aufzuteilen sind. Trotzdem führt diese Tatsache aber nicht dazu, dass Betriebs-
bzw. Personalrat nunmehr wieder die Möglichkeit haben, zusammen mit dem Arbeitgeber Betriebs- bzw. Dienstvereinbarungen zur Kostentragung bei der Ent-
geltübermittlung abzuschließen. Denn bei § 24 TVöD handelt es sich um eine im
Hinblick auf die Kostentragung abschließende tarifvertragliche Regelung, die ein
Mitbestimmungsrecht des Betriebsrats gem. § 87 Abs. 1 Nr. 4 BetrVG bzw. des
Personalrats gem. § 75 Abs. 3 Nr. 2 BPersVG ausschließt (siehe § 77 Abs. 3
BetrVG bzw. § 75 Abs. 5 BPersVG). Eine tarifvertragliche Regelung über den
bargeldlosen Zahlungsverkehr ist auch dann abschließend im Hinblick auf ergän-
zende Regelungen durch die Betriebspartner, wenn die Tragung der Kontoführ-
rungskosten nicht besonders geregelt ist. Denn fehlt eine solche Regelung, hat der
Arbeitnehmer die für die Kontoführung anfallenden Kosten selbst zu tragen. Die
Nichtregelung führt nicht zu einem regelungsfreien Zustand, sondern beinhaltet
faktisch die Kostentragungspflicht für die Arbeitnehmer als Kontoinhaber.[49] Diese
Rechtsprechung gilt auch für § 24 TVöD. Dass die Tarifvertragsparteien diese
Rechtsprechung ihrer Regelung zugrunde gelegt haben, zeigt Nr. 1 der Proto-

---

[46] § 36 Abs. 1 BAT/BAT-O, § 26a Abs. 1 BMT-G/BMT-G-O, § 31 Abs. 2 MTArb/MTArb-O.
[47] BAG, Beschl. v. 24.11.1987 – 1 ABR 25/86, NZA 1988, 405; Fitting § 87 Rn. 42, Dassau A I 1
    § 36 Rn. 12; Bredemeier/Neffke § 36 Rn. 7.
[48] Bredemeier/Neffke § 36 Rn. 7.
[49] BAG, Beschl. v. 31.08.1982 – 1 ABR 8/81, NJW 1983, 2284; Urt. v. 11.01.1983 – 3 AZR 433/80,
    OVG Münster, Beschl. v. 19.12.1983 – CL 4/82.

kollerklärungen zu § 24 Absatz 1 TVöD, aus der sich ergibt, dass der Arbeitgeber grundsätzlich die Überweisungskosten zu tragen hat, in dem in der Protokollerklärung erwähnten Fall aber zusätzlich anfallende Kosten dem Beschäftigten auferlegen kann. Somit schließt bei Tarifgebundenheit des Arbeitgebers auch § 24 TVöD ergänzende Regelungen durch die Betriebspartner aus.

7. Bestehende Betriebs-/Dienstvereinbarungen

34 Zu § 36 Abs. 1 BAT/BAT-O, § 26a Abs. 1 BMT-G/BMT-G-O bzw. § 17 BBesG war umstritten, ob – wie vom BAG und BVerwG vertreten – Betriebs-/Dienstvereinbarungen, welche die bargeldlose Zahlung der Bezüge regeln und bei der tarifvertraglichen Einführung der bargeldlosen Überweisung der Bezüge[50] bereits bestanden, weiterhin ihre Gültigkeit behielten[51] oder ob – wie von einem Teil der Rechtsprechung und der h.M. in der Literatur vertreten – aufgrund der tarifvertraglichen Regelungen diese Betriebsvereinbarungen außer Kraft getreten sind.[52] Begründet wurde die Ansicht von BAG und BVerwG damit, dass § 36 BAT bis zu dessen Änderung durch den 45. Änderungstarifvertrag eine Öffnungsklausel für die Betriebspartner enthielt. Aufgrund dessen mussten die Tarifvertragsparteien davon ausgehen, dass eine Vielzahl von Betriebsvereinbarungen abgeschlossen worden war. Dieser gewachsene Rechtszustand hätte von den Tarifvertragsparteien ausdrücklich geregelt werden müssen. Da dies nicht geschehen ist, sei von einer Weitergeltung der bestehenden Betriebs-/Dienstvereinbarungen auszugehen.[53] Außerdem wurde zur Begründung auf die Niederschriftserklärung für den Bereich der VKA verwiesen, nach der durch das Inkrafttreten der Neuregelung – vorbehaltlich zwingender gesetzlicher Vorschriften – bestehende betriebliche, örtliche oder bezirkliche Regelungen nicht unmittelbar berührt wurden.[54] Einigkeit bestand aber dahingehend, dass die bereits bestehenden Betriebs-/Dienstvereinbarungen zumindest kündbar waren und keine neuen Betriebs-/Dienstvereinbarungen zur Kostentragung abgeschlossen werden konnten.[55]

35 Da auch § 24 TVöD keine Kostentragungsregelungen enthält, stellt sich wiederum die Frage der Weitergeltung bestehender Betriebs-/Dienstvereinbarungen. Dabei kann es sich aber nur um solche Betriebs-/Dienstvereinbarungen handeln, die bereits bei Inkrafttreten des 45. Änderungstarifvertrags zum BAT vom 31.10.1979 bzw. des 26. Ergänzungstarifvertrags zum BMT-G vom 31.10.1979 bestanden und seitdem nicht gekündigt wurden, da – wie soeben ausgeführt – mit Inkrafttreten dieser Tarifverträge eine abschließende tarifvertragliche Regelung vorlag und aufgrund dessen keine neuen Betriebs-/Dienstvereinbarungen abgeschlossen werden konnten. Eine entsprechende Niederschriftserklärung zu § 24

---

[50] Mit Inkrafttreten des 45. Änderungstarifvertrags zum BAT vom 31.10.1979 bzw. des 26. Ergänzungstarifvertrags zum BMT-G vom 31.10.1979.

[51] BAG, Urt. v. 11.01.1983 – 3 AZR 433/80, AP Nr. 5 zu § 36 BAT; Urt. v. 31.07.1984 – 3 AZR 246/82, AP Nr. 1 zu § 26 a BMT-G II; BVerwG, Beschl. v. 25.01.1985 – BVerwG 6 P 7.84, PersV 1987, 517.

[52] OVG Münster, Beschl. v. 19.12.1983 – CL 4/82; OVG Lüneburg, Beschl. v. 29.02.1984 – 18 OVG L 9/82; Uttlinger § 36 Erl. 5.4; Scheuring § 26a Erl. I.1.

[53] BAG, Urt. v. 11.01.1983 – 3 AZR 433/80, AP Nr. 5 zu § 36 BAT.

[54] BAG, Urt. v. 11.01.1983 – 3 AZR 433/80, AP Nr. 5 zu § 36 BAT.

[55] Uttlinger § 36 Erl. 5.4.

TVöD existiert nicht. Außerdem mussten die Tarifvertragsparteien nicht davon ausgehen, dass von den 1979 bereits bestehenden Betriebs-/Dienstvereinbarungen noch eine Vielzahl ungekündigt fortbesteht. Eine ausdrückliche Regelung des gewachsenen Rechtszustands war somit nicht erforderlich. Da Abs. 1 Satz 2 i.V.m. Nr. 1 der Protokollerklärungen zu § 24 Abs. 1 TVöD die Modalitäten der Entgeltzahlung aber abschließend regelt, ist davon auszugehen, dass ggf. noch bestehende abweichende Betriebs-/Dienstvereinbarungen mit dem Inkrafttreten des TVöD ihre Gültigkeit verloren haben.

8. Teilzeitbeschäftigte

Soweit tarifvertraglich nicht ausdrücklich etwas anderes geregelt ist, erhalten Teilzeitbeschäftigte gem. § 24 Abs. 2 TVöD das Tabellenentgelt (§ 15) und alle sonstigen Entgeltbestandteile (auch die vermögenswirksamen Leistungen) in dem Umfang, der dem Anteil ihrer individuell vereinbarten durchschnittlichen Arbeitszeit an der regelmäßigen Arbeitszeit vergleichbarer Vollzeitbeschäftigter entspricht.[56] Teilzeitbeschäftigte erhalten somit wie ihre vollzeitbeschäftigten Kollegen neben dem Tabellenentgelt auch alle sonstigen Entgeltbestandteile.[57] Der Umfang des an Teilzeitbeschäftigte auszuzahlenden Arbeitsentgelts richtet sich nach dem Anteil ihrer individuell vereinbarten durchschnittlichen Arbeitszeit an der regelmäßigen Arbeitszeit vergleichbarer Vollzeitbeschäftigter. Letztere beträgt gem. § 6 Abs. 1 TVöD derzeit im TVöD-VKA-Tarifbereich West 38,5 Wochenstunden[58], im TVöD-VKA-Tarifbereich Ost 40 Wochenstunden sowie im TVöD-Tarifbereich Bund 39 Wochenstunden. Zu dieser regelmäßigen Arbeitszeit Vollzeitbeschäftigter wird die mit dem Teilzeitbeschäftigten individuell vereinbarte durchschnittliche Arbeitszeit ins Verhältnis gesetzt. Dabei muss es sich um die regelmäßige Arbeitszeit vergleichbarer Vollzeitbeschäftigter handeln. Insoweit lehnt sich § 24 Abs. 2 TVöD an die Formulierung in § 2 Abs. 1 Satz 1 TzBfG an, der ebenfalls von vergleichbaren vollzeitbeschäftigten Arbeitnehmern spricht. Vergleichbar i.S.v. § 2 Abs. 1 Satz 1 TzBfG ist ein vollzeitbeschäftigter Arbeitnehmer des Betriebes mit derselben Art des Arbeitsverhältnisses und der gleichen oder einer ähnlichen Tätigkeit (§ 2 Abs. 1 Satz 3 TzBfG). Gibt es im Betrieb keinen vergleichbaren vollzeitbeschäftigten Arbeitnehmer, so ist nach § 2 Abs. 1 Satz 4 TzBfG der vergleichbare vollzeitbeschäftigte Arbeitnehmer aufgrund des anwendbaren Tarifvertrages zu bestimmen; in allen anderen Fällen ist darauf abzustellen, wer im jeweiligen Wirtschaftszweig üblicherweise als vergleichbarer vollzeitbeschäftigter Arbeitnehmer anzusehen ist.

36

---

[56] Siehe hierzu § 34 Abs. 1 Unterabs. 1 Satz 1 BAT/BAT-O, § 25 Abs. 1 Unterabs. 1 BMT-G-O, § 30 Abs. 2 MTArb/MTArb-O.

[57] Siehe dazu II. 1. b).

[58] Siehe aber § 6 Abs. 1 Satz 1 Buchst. b) TVöD, wonach sich die Tarifvertragsparteien im Tarifgebiet West auf landesbezirklicher Ebene darauf einigen können, die regelmäßige wöchentliche Arbeitszeit auf bis zu 40 Stunden zu verlängern. Hiervon wurde in einigen Bundesländern bereits Gebrauch gemacht, so z.B. in Baden-Württemberg, wo § 6 Abs. 1 Satz 1 Buchst. b) TVöD dahingehend abgeändert wurde, dass anstelle der 38,5 nunmehr 39 Stunden vereinbart wurden. Der entsprechende Tarifvertrag ist im Textteil der Tarifverträge abgedruckt.

Heitsch

37 Für das Leistungsentgelt enthält § 18 VKA Abs. 4 Satz 7 eine Ausnahme von § 24 Abs. 2 TVöD, indem festgelegt wird, dass für Teilzeitbeschäftigte von § 24 Abs. 2 TVöD abgewichen werden kann. Siehe im Übrigen zur Teilzeitbeschäftigung die Kommentierung zu § 11 TVöD.

9. Erteilung einer Abrechnung

38 Die Verpflichtung zur Erteilung einer Abrechnung[59] wurde nicht in § 24 TVöD übernommen. Hierzu bestand auch kein Erfordernis, da bereits nach § 108 GewO dem Arbeitnehmer bei Zahlung des Arbeitsentgelts eine Abrechnung in Textform zu erteilen ist. Die Abrechnung muss mindestens Angaben über Abrechnungszeitraum und Zusammensetzung des Arbeitsentgelts enthalten (§ 108 Abs. 1 Satz 2 GewO). Hinsichtlich der Zusammensetzung sind insbesondere Angaben über Art und Höhe der Zuschläge, Zulagen, sonstige Vergütungen, Art und Höhe der Abzüge, Abschlagszahlungen sowie Vorschüsse erforderlich (§ 108 Abs. 1 Satz 2 GewO). Nach § 108 Abs. 2 GewO entfällt die Verpflichtung zur Abrechnung, wenn sich die Angaben gegenüber der letzten ordnungsgemäßen Abrechnung nicht geändert haben.

10. Rundung

39 § 24 Abs. 4 TVöD enthält Bestimmungen über die Rundung bei der Berechnung von Beträgen. Gem. § 24 Abs. 4 Satz 1 TVöD ist aufzurunden, wenn sich bei der Berechnung von Beträgen ein Bruchteil eines Cents von mindestens 0,5 ergibt; dagegen ist abzurunden, wenn sich ein Bruchteil von weniger als 0,5 ergibt.[60] Insoweit werden lediglich die allgemeinen aus der Mathematik bekannten Rundungsregeln wiedergegeben. § 24 Abs. 4 Satz 2 TVöD bestimmt, dass Zwischenrechnungen jeweils auf zwei Dezimalstellen durchgeführt werden. Nach § 24 Abs. 4 Satz 3 TVöD ist jeder Entgeltbestandteil einzeln zu runden.

11. Kürzung des Entgelts

a) Für ganze Tage eines Kalendermonats

40 Besteht der Anspruch auf das Tabellenentgelt oder die sonstigen Entgeltbestandteile nicht für alle Tage eines Kalendermonats, wird nur der Teil gezahlt, der auf den Anspruchszeitraum entfällt (§ 24 Abs. 3 Satz 1 TVöD). Hiermit wird der Fall geregelt, dass für ganze Tage eines Kalendermonats kein Anspruch auf Zahlung des Tabellenentgelts oder kein Anspruch auf Zahlung der sonstigen Entgeltbestandteile besteht. Bezahlt wird in diesem Fall nur der Teil, der auf den Anspruchszeitraum entfällt. Dabei meint Anspruchszeitraum die Tage des Kalendermonats, für die dem Beschäftigten ein Anspruch auf Entgeltzahlung zusteht.[61] Dividiert wird je nach der Anzahl der Kalendertage im jeweiligen Monat mit einer Zahl zwischen 28 und 31.[62] Erfasst ist der Fall, dass der Beschäftigte im Laufe eines Kalendermonats eingestellt wird oder ausscheidet, da er in diesem Fall für die Tage des Kalendermonats, an denen er noch nicht eingestellt war bzw. an denen er bereits ausgeschieden war, keinerlei Entgelt von seinem Arbeitgeber erhält. Des

---

[59] § 36 Abs. 4 BAT/BAT-O, § 26a Abs. 2 BMT-G/BMT-G-O, § 31 Abs. 5 MTArb/MTArb-O.
[60] Siehe hierzu § 36 Abs. 8 BAT/BAT-O, § 26a Abs. 6 BMT-G/BMT-G-O.
[61] Uttlinger § 36 Erl. 17.
[62] Bredemeier/Neffke § 36 Rn. 34.

Weiteren fallen hierunter die sonstigen Fälle, in denen der Anspruch auf Entgeltzahlung für den Beschäftigten im Laufe eines Kalendermonats endet oder beginnt,
z.b. bei unbezahlter Freistellung, unentschuldigtem Fehlen, Teilnahme an einem
Streik oder nach dem Auslaufen der Krankenbezüge bei langwieriger Erkrankung.
§ 24 Abs. 3 Satz 1 TVöD bezieht sich dabei auf das Tabellenentgelt sowie auf die
sonstigen Entgeltbestandteile, also die in Monatsbeträgen festgelegten und die
nicht in Monatsbeträgen festgelegten Entgeltbestandteile.

b) Für Arbeitsstunden

Besteht nur für einen Teil eines Kalendertages Anspruch auf Entgelt, wird gem.   **41**
§ 24 Abs. 3 Satz 2 TVöD für jede geleistete dienstplanmäßige oder betriebsübliche Arbeitsstunde der auf eine Stunde entfallende Anteil des Tabellenentgelts sowie der sonstigen in Monatsbeträgen festgelegten Entgeltbestandteile gezahlt.
Nach § 36 Abs. 2 Satz 2 BAT/BAT-O wurde noch für jede nicht geleistete dienstplanmäßige bzw. betriebsübliche Arbeitsstunde die Vergütung und die in Monatsbeträgen festgelegten Zulagen um den auf eine Stunde entfallenden Anteil vermindert. Gem. § 24 Abs. 3 Satz 2 TVöD werden die Kalendertage mit Anspruch
auf Entgeltzahlung zu der Anzahl der Kalendertage des jeweiligen Kalendermonats ins Verhältnis gesetzt. Von dieser Vorschrift erfasst sind z.B. die Fälle einer
stundenweisen Teilnahme an einem Streik oder eines stundenweisen unentschul-
digten Fehlens. Die anteilige Entgeltzahlung erfolgt nur für dienstplanmäßige oder
betriebsübliche Arbeitsstunden. Darüber hinausgehende Arbeitsstunden sind zusätzlich zu den dienstplanmäßigen oder betriebsüblichen Arbeitsstunden zu vergüten und werden aufgrund dessen von der anteiligen Bezahlung nicht erfasst.

Zur Ermittlung des auf eine Stunde entfallenden Anteils sind gem. § 24 Abs. 3   **42**
Satz 3 TVöD die in Monatsbeträgen festgelegten Entgeltbestandteile durch das
4,348-fache der regelmäßigen wöchentlichen Arbeitszeit (§ 6 Abs. 1 TVöD) zu
teilen. Mit in Monatsbeträgen festgelegten Entgeltbestandteilen sind das Tabellenentgelt und die sonstigen in Monatsbeträgen festgelegten Entgeltbestandteile gemeint. Bei einer regelmäßigen wöchentlichen Arbeitszeit von 38,5 Stunden ergibt
das 4,348-fache von 38,5 Stunden 167,40 Stunden als regelmäßige monatliche
Arbeitszeit.[63] Für jede geleistete Arbeitsstunde wird somit 1/167,40 des Tabellenentgelts sowie der sonstigen in Monatsbeträgen festgelegten Entgeltbestandteile
gezahlt. Zwar kann die Anzahl der Arbeitsstunden pro Kalendermonat bei 8 Arbeitsstunden pro Arbeitstag zwischen 154 und 178 schwanken[64], doch sind diese
Unterschiede hinzunehmen, solange die regelmäßige wöchentliche Arbeitszeit
38,5 Stunden beträgt. Eine auf jeden Beschäftigten abgestimmte Betrachtungswei-
se ist aus Praktikabilitätsgründen abzulehnen. Sollte aber die regelmäßige wöchentliche Arbeitszeit mehr als 38,5 Stunden betragen, so sollte in diesem Fall

---

[63] Bei einer regelmäßigen wöchentlichen Arbeitszeit von 39 Wochenstunden ergibt das 4,348-fache
eine monatliche Arbeits zeit von 169,6 Arbeitsstunden, bei einer regelmäßigen wöchentlichen Arbeitszeit von 40 Wochenstunden ergibt das 4,348-fache eine monatliche Arbeitszeit von 173,9 Arbeitsstunden.
[64] Uttlinger § 36 Erl. 18.

Heitsch

nicht mit 1/167,40 gerechnet werden, da mit dem gezahlten Entgelt gerade diese höhere regelmäßige wöchentliche Arbeitszeit abgegolten wird.[65]

12. Entfallen einer Zulage im Laufe eines Kalendermonats

43   § 24 Abs. 5 TVöD stellt klar, dass Absatz 3 entsprechend auch für die Fälle gilt, in denen die Voraussetzungen für eine Zulage im Laufe eines Kalendermonats entfallen. Siehe zu Absatz 3 II. 11.

13. Pauschalierung von Entgeltbestandteilen

44   Gem. § 24 Abs. 6 TVöD können einzelvertraglich neben dem Tabellenentgelt zustehende Entgeltbestandteile (z.B. Zeitzuschläge, Erschwerniszuschläge, Bereitschaftsdienst- und Rufbereitschaftsvergütung) pauschaliert werden. Durch die Pauschalierung sollen Abrechnung und Zeiterfassung von unständigen Entgeltbestandteilen vereinfacht werden. Einzelvertraglich bedeutet, dass sich Arbeitgeber und Beschäftigter über die Pauschalierung vertraglich einigen müssen. Eine Pauschalierung kann somit nicht durch Betriebs-/Dienstvereinbarung erfolgen, ebenso wenig durch Regelungsabrede.[66]

Da im Hinblick auf Berechnung und Auszahlung der Pauschalen keine gesonderten Regelungen getroffen wurden, werden sie diesbezüglich wie in Monatsbeträgen festgelegte Entgeltbestandteile behandelt.

III. Entfallene Regelungen

45   Einige Regelungen aus § 36 BAT/BAT-O, § 26a BMT-G/BMT-G-O, § 31 MTArb/MTArb-O zur Berechnung und Auszahlung der Bezüge wurden nicht in § 24 TVöD übernommen.

1. Vorschusszahlung

46   § 24 TVöD enthält keine Bestimmungen mehr zu möglichen Vorschusszahlungen an die Beschäftigten.[67] Allerdings wurde in den Bestimmungen in BAT/BAT-O, BMT-G/BMT-G-O, MTArb/MTArb-O lediglich geregelt, dass Vorschüsse nach den bei dem Arbeitgeber jeweils geltenden Vorschussrichtlinien gewährt werden konnten. Dies ist aber, soweit derartige Vorschussrichtlinien bestehen, auch ohne tarifvertragliche Regelung möglich. Dasselbe gilt für Vorschüsse auf die Rente, welche vom Arbeitgeber unter bestimmten Voraussetzungen gezahlt werden können. Auch insoweit bedarf es keiner tarifvertraglichen Regelung. Im Übrigen laufen die Bestimmungen zur Zahlung eines Vorschusses auf die Rente in der Praxis weitgehend ins Leere, da sich aus § 42 Abs. 1 Satz 2 SGB I ein Anspruch gegen den Rentenversicherungsträger auf Vorschusszahlung ergibt.[68]

---

[65]   Uttlinger § 36 Erl. 18.

[66]   Diese Möglichkeit besteht aber z.B. nach Nr. 6 Abs. 6 SR 2a, Nr. 4 SR 2i oder Nr. 4 Abs. 1 SR 2t usw., siehe hierzu auch Uttlinger § 36 Erl. 25.

[67]   Siehe hierzu § 36 Abs. 7 BAT/BAT-O, § 26a Abs. 5 BMT-G/BMT-G-O, § 31 Abs. 8 MTArb/MTArb-O.

[68]   Dassau A I 1 § 36 Rn. 44.

2. Zahlung des Urlaubsentgelts

§ 24 TVöD enthält keine ausdrückliche Abbedingung des § 11 Abs. 2 BUrlG.[69]   **47**
Nach dieser Vorschrift ist das Urlaubsentgelt vor Antritt des Urlaubs auszuzahlen.
Aus § 26 Abs. 2 Buchst. d TVöD ergibt sich aber, dass das Urlaubsentgelt zu dem
in § 24 TVöD genannten Zeitpunkt auszuzahlen ist. Somit gilt auch im TVöD,
dass das Urlaubsentgelt nicht vor Antritt des Urlaubs ausgezahlt werden muss.

3. Rückforderung bei Überzahlung

§ 24 TVöD enthält weder Vorgaben für die Rückforderung zuviel gezahlten Ent-   **48**
gelts noch für die Rückforderung zuviel gezahlten Sterbegelds.[70] Soweit kein vertraglicher Rückforderungsanspruch besteht oder die Überzahlung aufgrund einer
Pflichtverletzung des Beschäftigten erfolgt ist[71], gelten für die Rückforderung
überzahlten Entgelts bzw. überzahlten Sterbegelds somit die Vorschriften des
Bürgerlichen Gesetzbuches über die Herausgabe einer ungerechtfertigten Bereicherung (§§ 812 ff BGB).

a) Vorschriften über die Herausgabe einer ungerechtfertigten Bereicherung (§§ 812 ff BGB)

Voraussetzung für die Rückforderung des überzahlten Entgelts nach § 812 Abs. 1   **49**
Satz 1 BGB ist, dass der Beschäftigte auf Kosten des Arbeitgebers durch Leistung
oder in sonstiger Weise ohne rechtlichen Grund Entgelt erlangt hat. Dies ist der
Fall, wenn dem Beschäftigten entweder das Entgelt überhaupt nicht zusteht oder
zumindest nicht in der erlangten Höhe. In der Regel wird es sich bei der Überzahlung von Entgelt um Auszahlungsfehler z.B. aufgrund von technischen Fehlern
handeln.[72] Die Verpflichtung zur Herausgabe besteht gem. § 812 Abs. 1 Satz 2
BGB auch dann, wenn der rechtliche Grund später wegfällt oder der mit einer
Leistung nach dem Inhalt des Rechtsgeschäfts bezweckte Erfolg nicht eintritt.
Gem. § 818 Abs. 1 BGB erstreckt sich die Verpflichtung zur Herausgabe auf die
gezogenen Nutzungen sowie auf dasjenige, was der Empfänger aufgrund eines erlangten Rechts oder als Ersatz für die Zerstörung, Beschädigung oder Entziehung
des erlangten Gegenstands erwirbt.

b) Entreicherung (§ 818 Abs. 3 BGB)

Die Verpflichtung zur Herausgabe oder zum Ersatz des Wertes ist ausgeschlossen,   **50**
soweit der Beschäftigte nicht mehr bereichert ist (§ 818 Abs. 3 BGB). Eine
Entreicherung liegt dabei vor, wenn der Beschäftigte die zuviel gezahlten Beträge
im Rahmen seiner Lebensführung verbraucht hat. Eine Entreicherung liegt demgegenüber nicht vor, wenn das zuviel gezahlte Entgelt noch vorhanden oder das
ursprünglich Erlangte zwar nicht mehr vorhanden ist, der Beschäftigte jedoch einen Ersatz oder sonst den Wert des Erlangten noch in Händen hat oder durch

---

[69]   Siehe hierzu § 36 Abs. 5 BAT/BAT-O, § 26a Abs. 3 BMT-G/BMT-G-O, § 31 Abs. 7
MTArb/MTArb-O.
[70]   Siehe hierzu § 36 Abs. 6 BAT/BAT-O, § 26a Abs. 4 BMT-G/BMT-G-O, § 31 Abs. 6
MTArb/MTArb-O.
[71]   Siehe hierzu Scheuring § 26a Erl. 13.
[72]   Uttlinger § 36 Erl. 23.1.

Verwendung des Erlangten Ausgaben erspart hat, die er sonst gehabt hätte[73]. Die Entreicherung ist grundsätzlich von dem Beschäftigten darzulegen und zu beweisen[74]. Mit Rundschreiben des BMI vom 27.04.1998 wurde aber darum gebeten, bei der Rückforderung von überzahlten Bezügen davon auszugehen, dass ein Wegfall der Bereicherung dann anzunehmen sei, wenn die im jeweiligen Monat zuviel gezahlten Bezüge 10 v.H. des insgesamt zustehenden Betrags, höchstens aber 300 DM nicht übersteigen[75]. Bund und Länder sind dem gefolgt. Das BAG hat in diesem Zusammenhang entschieden, dass ein öffentlicher Arbeitgeber, der im Falle der Anwendung der Richtlinien des BMI eine Entreicherung nicht akzeptieren möchte, darzulegen und zu beweisen hat, dass die Voraussetzungen der Richtlinien nicht vorliegen oder der Arbeitnehmer die überzahlten Bezüge nicht durch Anhebung seines Lebensstandards verbraucht hat[76]. Von dem Eintritt der Rechtshängigkeit an haftet der Empfänger nach den allgemeinen Vorschriften (§ 818 Abs. 4 BGB).

c) Verschärfte Haftung (§ 819 BGB)

51 Eine verschärfte Haftung ergibt sich aus § 819 BGB. Kennt danach der Beschäftigte den Mangel des rechtlichen Grundes bei dem Empfang oder erfährt er ihn später, so ist er von dem Empfang oder der Erlangung der Kenntnis an zur Herausgabe verpflichtet, wie wenn der Anspruch auf Herausgabe zu dieser Zeit rechtshängig geworden wäre (§ 819 Abs. 1 Satz 1 BGBl).

d) Ausschluss des Rückforderungsanspruchs, Verjährung

52 Das überzahlte Entgelt kann vom Arbeitgeber dann nicht zurückgefordert werden, wenn der Anspruch gem. § 37 Abs. 1 TVöD verfallen ist. Das ist der Fall, wenn der Herausgabeanspruch nicht innerhalb von sechs Monaten ab Fälligkeit schriftlich vom Arbeitgeber geltend gemacht worden ist. Fälligkeit tritt grundsätzlich im Zeitpunkt der Überzahlung ein.[77] Etwas anderes kann gelten, wenn der Arbeitgeber aufgrund eines Fehlers in der Sphäre des Beschäftigten (z.B. fehlende Mitteilung von Umständen des Beschäftigten, die für die Berechnung des Entgelts maßgeblich sind) die Überzahlung des Entgelts nicht erkennen konnte.[78] In diesem Fall kann die Fälligkeit des Rückforderungsanspruchs später eintreten (z.B. in dem Moment, in dem der Arbeitgeber Kenntnis von dem für die Berechnung des Entgelts maßgeblichen Umständen erhält).

53 Solange der Rückforderungsanspruch nicht gem. § 37 TVöD verfallen ist, kann die Rückzahlung des überzahlten Entgelts von dem Beschäftigten verweigert werden, wenn der Rückforderungsanspruch verjährt ist. Insoweit gilt die regelmäßige Verjährungsfrist von 3 Jahren (§ 195 i.V.m. § 199 BGB).[79]

---

[73] Uttlinger § 36 Erl. 23.2; siehe hierzu auch Palandt/Thomas § 818 Rn. 27ff.
[74] Dassau A I 1 § 36 Rn. 39.
[75] Rundschreiben des BMI vom 27.04.1998 – D II 4-220219 – 6/5 GMBl. 1998, 311.
[76] BAG, Urt. v. 18.09.1986 – 6 AZR 517/83, AP Nr. 5 zu § 812 BGB.
[77] Bredemeier/Neffke § 36 Rn. 42.
[78] BAG, Urt. v. 14.09.1994 – 5 AZR 407/93, NZA 1995, 897.
[79] Siehe auch § 199 BGB zum Beginn der regelmäßigen Verjährungsfrist.

e) Absehen von einer Rückforderung nach TVöD

Auch wenn Bestimmungen wie im BAT/BAT-O, BMT-G/BMT-G-O, MTArb/ **54**
MTArb-O über das Vorgehen bei Überzahlung des Entgelts im TVöD fehlen und
die allgemeinen Vorschriften des BGB zur Anwendung kommen, hindert den Arbeitgeber nichts daran, trotzdem aus Billigkeitsgründen von der Rückforderung
des überzahlten Entgelts abzusehen. Diesbezüglich bestehen aber im TVöD keinerlei Vorgaben, nach denen unter bestimmten Voraussetzungen von der Rückforderung abzusehen ist. Sollte der Arbeitgeber aber von der Möglichkeit Gebrauch
machen und überzahltes Entgelt unter bestimmten Voraussetzungen nicht zurück-
fordern, so ist hierbei der Gleichbehandlungsgrundsatz zu berücksichtigen.

§ 25 Betriebliche Altersversorgung

Die Beschäftigten haben Anspruch auf Versicherung unter eigener Beteiligung zum Zwecke einer zusätzlichen Alters- und Hinterbliebenenversorgung nach Maßgabe des Tarifvertrages über die betriebliche Altersversorgung der Beschäftigten des öffentlichen Dienstes (Tarifvertrag Altersversorgung – ATV) bzw. des Tarifvertrages über die zusätzliche Altersvorsorge der Beschäftigten des öffentlichen Dienstes – Altersvorsorge-Tarifvertrag-Kommunal – (ATV-K) in ihrer jeweils geltenden Fassung.

---

[1]   Siehe zur Entwicklung der Zusatzversorgung im öffentlichen Dienst ausführlich Uttlinger, § 46 BAT Erl. 1 u. 2.

I. Vergleich mit bisherigem Recht

Gegenüber den Regelungen in § 46 BAT/BAT-O, § 12 BMT-G/BMT-G-O, § 44   **1**
MTArb/MTArb-O enthält § 25 TVöD eine sprachlich veränderte Überschrift (anstelle von „Zusätzliche Alters- und Hinterbliebenenversorgung" nunmehr „Betriebliche Altersversorgung"). Anstelle der Begriffe „Angestellte" und „Arbeiter" wird der Begriff „Beschäftigte" verwendet. § 25 TVöD verweist nunmehr ausdrücklich auf den Tarifvertrag über die betriebliche Altersversorgung der Beschäftigten des öffentlichen Dienstes (Tarifvertrag Altersversorgung – ATV) bzw. den Tarifvertrag über die zusätzliche Altersvorsorge der Beschäftigten des öffentlichen Dienstes – Altersvorsorge-Tarifvertrag-Kommunal – (ATV-K) in ihrer jeweils geltenden Fassung.

II. Entwicklung der Zusatzversorgung bis 2001[2]

Die tarifvertraglich geregelte zusätzliche Alters- und Hinterbliebenenversorgung   **2**
wurde zum 01.01.1967 eingeführt. Sie stellt eine besondere Form der betrieblichen Altersversorgung für den öffentlichen Dienst dar.[3] Grundlage waren folgende Zusatzversorgungstarifverträge:

– der Tarifvertrag über die Versorgung der Arbeitnehmer kommunaler Verwaltungen und Betriebe (VersTV-G) vom 06.03.1967,
– der Tarifvertrag über die Versorgung der Arbeitnehmer des Bundes, der Länder sowie von Arbeitnehmern kommunaler Verwaltungen und Betriebe (Versorgungs-TV) vom 04.11.1966,
– der Tarifvertrag über die Versorgung der Arbeitnehmer des Saarlandes und der Mitglieder des Kommunalen Arbeitgeberverbandes Saar e. V. (VersTV-Saar) vom 15.11.1966.

Aufgrund des Inkrafttretens dieser Tarifverträge erhielten auch die betreffenden   **3**
Vorschriften in BAT, BMT-G und MTArb ihren Wortlaut.[4] Das bisherige System der Zusatzversorgung war an der Beamtenversorgung orientiert. Ziel der Tarifverträge war es, Angestellte und Arbeiter derartig bei einer Zusatzversorgungskasse

---

[2]   Siehe zur Entwicklung der Zusatzversorgung im öffentlichen Dienst ausführlich Uttlinger, § 46 BAT Erl. 1 u. 2.
[3]   Bredemeier/Bredemeier § 46 Rn. 4.
[4]   Siehe 15. Änderungstarifvertrag zum BAT vom 29.11.1966, 11. Ergänzungstarifvertrag zum BMT-G vom 19.09.1967.

zu versichern, dass sie im Falle des Eintritts eines Versorgungsfalles unter Berücksichtigung der Zusatzversorgungsrente und ihrer jeweiligen gesetzlichen Rente im Hinblick auf ihr Versorgungsniveau den Beamten mit vergleichbarer Dienstzeit und vergleichbarem Gehalt gleichgestellt waren (System der Gesamtversorgung)[5]. Aus gesamtversorgungsfähigem Entgelt sowie aus gesamtversorgungsfähiger Zeit wurde eine Gesamtversorgung ermittelt. Hierbei wurden auch Zeiten in der gesetzlichen Rentenversicherung zur Hälfte berücksichtigt, für die nicht zugleich eine Umlage gezahlt wurde (sog. Halbanrechnung). Die gesetzliche Rente wurde dann bis zur ermittelten Höhe der Gesamtversorgung aufgestockt.[6] Die Finanzierung der Zusatzversorgung erfolgte ausschließlich über das sog. Umlageverfahren. Aufgrund der Orientierung an der Beamtenversorgung mussten Änderungen in diesem Bereich auch im Rahmen der Zusatzversorgung des öffentlichen Dienstes nachvollzogen werden. Durch den Tarifvertrag zur Einführung der Zusatzversorgung im Tarifgebiet Ost (Tarifvertrag EZV-O) vom 01.02.1996 wurde die zusätzliche Alters- und Hinterbliebenenversorgung zum 01.01.1997 hin auch in den neuen Bundesländern eingeführt.[7]

III. Entwicklung der Zusatzversorgung ab 2001

4   Mit Wirkung ab dem 01.01.2001 wurde die Zusatzversorgung neu geregelt. Durch diese Umstellung des Systems der Zusatzversorgung soll die Zukunftsfähigkeit der Zusatzversorgung des öffentlichen Dienstes gesichert werden.[8] Grundlage für die Neuregelung war der Tarifvertrag „Altersvorsorgeplan 2001". In diesem wurde u.a. beschlossen, das bisherige Gesamtversorgungssystem mit Ablauf des 31.12.2000 zu schließen und durch das Punktemodell zu ersetzen (Ziff. 1.1 Altersvorsorgeplan 2001), den Arbeitnehmern eine zusätzliche kapitalgedeckte Altersversorgung durch eigene Beiträge unter Inanspruchnahme der steuerlichen Förderung (Riester-Rente) aufzubauen (Ziff. 1.3 Altersvorsorgeplan 2001) sowie über einen Tarifvertrag zur Entgeltumwandlung zu verhandeln (Ziff. 1.4 Altersvorsorgeplan 2001). Umgesetzt wurde der Tarifvertrag „Altersvorsorgeplan 2001" durch

– den Tarifvertrag über die zusätzliche Altersversorgung der Beschäftigten des öffentlichen Dienstes – Altersvorsorge-Tarifvertrag Kommunal (ATV-K) vom 01.03.2002 und
– den Tarifvertrag über die betriebliche Altersversorgung der Beschäftigten des öffentlichen Dienstes – Tarifvertrag Altersversorgung (ATV) vom 01.03.2002.

Diese Tarifverträge lösten den VersTV-G, den Versorgungs-TV sowie den VersTV-Saar ab. ATV-K und ATV sind bis auf wenige Sonderregelungen nahezu identisch.

---

[5]   Bredemeier/Bredemeier § 46 Rn. 3, Scheuring § 12 Erl. 1.1.
[6]   Dassau A I 1 § 46 Rn. 10.
[7]   Scheuring § 12 BMT-G Erl. 1.2.
[8]   Siehe dazu den 1. Absatz der Präambel ATV-K und ATV, beide vom 01.03.2002.

Heitsch

1. Motivation für eine Reform der Zusatzversorgung

a) Demografische Entwicklung, systemimmanente Fehler

Ein Auslöser für die Reform der Zusatzversorgung im öffentlichen Dienst war die   5
demografische Entwicklung. Der Bestand der Versicherten geht kontinuierlich zurück. Dem steht u.a. aufgrund höherer Lebenserwartung und niedrigerer Renten-
eintrittsalter eine Erhöhung des Rentenbestandes gegenüber.[9] Dies führte zu höheren Ausgaben der Zusatzversorgungseinrichtungen ohne entsprechende Kompensation auf der Einnahmenseite.

Hinzu kamen Änderungen im Recht der gesetzlichen Rentenversicherung. So
war z.B. Folge der Rentenreform 2001 die Absenkung des Rentenniveaus in der
gesetzlichen Rentenversicherung und damit verbunden die Erhöhung der Leistungen aus der Zusatzversorgung, was bei den Zusatzversorgungskassen zu erheblichen finanziellen Problemen führte. Hinzu kam, dass bei Aufrechterhaltung des alten Systems der Zusatzversorgung die Beschäftigten des öffentlichen Dienstes
nach der zu dieser Zeit noch geltenden Fassung des § 10a Abs. 1 S. 4 EStG von
der staatlichen Förderung ausgenommen waren, welche im Rahmen des Aufbaus
einer privaten Altersversorgung nach dem Altersvermögensgesetz (AVmG[10]) gewährt wurde.[11]

b) Rechtsprechung

Ein weiterer Auslöser für die Reform der Zusatzversorgung im öffentlichen Dienst   6
war die Rechtsprechung insbesondere des Bundesverfassungsgerichts, welche erhebliche finanzielle Mehrbelastungen der Zusatzversorgungseinrichtungen zur
Folge hatte. Mit Beschluss des Bundesverfassungsgerichts vom 15.07.1998[12] wurde § 18 BetrAVG, durch den der öffentliche Dienst in weiten Teilen vom Geltungsbereich des BetrAVG ausgenommen wird, unter Berufung auf Art. 3 Abs. 1
sowie Art. 12 GG für verfassungswidrig erklärt. Der Beschluss betraf die Regelungen zur Unverfallbarkeit, da hier eine nicht gerechtfertigte Ungleichbehandlung zwischen öffentlichem Dienst und Privatwirtschaft vorlag. Außerdem ging es
um die Bestimmungen zur Leistungsberechnung. Diese führten zu einer Benachteiligung vorzeitig aus dem öffentlichen Dienst ausscheidender Beschäftigter. Der
alte § 18 BetrAVG stellte so eine nicht gerechtfertigte Kündigungserschwerung
dar. Die Neufassung von § 18 BetrAVG durch Gesetz vom 21.12.2000[13] gewährleistet nunmehr eine Gleichbehandlung von Beschäftigten im öffentlichen Dienst
mit Beschäftigten in der Privatwirtschaft.

Mit Beschluss vom 25.08.1999[14] hat das Bundesverfassungsgericht die VBL-   7
Satzungsbestimmungen wegen Verstoßes gegen Art. 3 Abs. 1 GG für verfassungswidrig erklärt, welche die Berechnung der Versorgungsrente für Teilzeitbe-

---

[9]   Siehe die Übersichten bei Schaub/Schaub § 80 Rn. 7 ff.

[10] Gesetz zur Reform der gesetzlichen Rentenversicherung und zur Förderung eines kapitalgedeckten
      Altersvorsorgevermögens v. 26.06.2001, BGBl. I 2001 S. 1310.

[11] Siehe dazu näher unter VII.

[12] BVerfG, Beschl. v. 15.07.1998 – 1 BvR 1554/89, 1 BvR 963/94, 1 BvR 964/94, NZA 1999, 194.

[13] Erstes Gesetz zur Änderung des Gesetzes zur Verbesserung der betrieblichen Altersversorgung v.
      21.12.2000 BGBl. I 2000 S. 1914.

[14] BVerfG, Beschl. v. 25.08.1999 – 1 BvR 1246/95, ZTR 1999, 521.

schäftigte regelten. Gemäß § 43 a Abs. 4 VBL-Satzung wurde für die Bestimmung des fiktiven Nettoentgelts nicht das tatsächliche gesamtversorgungsfähige Bruttoentgelt des Teilzeitbeschäftigten berücksichtigt. Vielmehr wurde das tatsächliche Bruttoentgelt auf das Bruttoentgelt eines vergleichbaren Vollzeitbeschäftigten hochgerechnet. Von diesem wurden die Sozialversicherungsabgaben und die Lohnsteuer in Abzug gebracht. Durch die progressive Steuertabelle ergab sich somit generell eine im Verhältnis zum tatsächlichen Einkommen des Teilzeitbeschäftigten überproportionale Steuerbelastung. Diese wiederum führte zu einem geringeren fiktiven Nettoentgelt und senkte dadurch die Obergrenze der möglichen Gesamtversorgung ab.[15] Folge des Beschlusses war die Neufassung der betreffenden Vorschriften.

8   Besondere Bedeutung für die Reform der Zusatzversorgung im öffentlichen Dienst kam aber dem Beschluss des BVerfG vom 22.03.2000 zur sog. Halbanrechnung zu.[16] In diesem Beschluss über die Nichtannahme einer Verfassungsbeschwerde kritisierte das Bundesverfassungsgericht die Vorgehensweise bei der Berechnung der gesamtversorgungsfähigen Zeit. Denn Zeiten in der gesetzlichen Rentenversicherung, welche nicht im Rahmen einer Tätigkeit im öffentlichen Dienst zurückgelegt worden waren, wurden nur zur Hälfte auf die gesamtversorgungsfähige Zeit angerechnet. Die auf diesen Zeiten aber beruhenden Anteile der gesetzlichen Rente wurden in vollem Umfang auf die Gesamtversorgung angerechnet. Hierin sah das Bundesverfassungsgericht eine Benachteiligung von Beschäftigten, die vor ihrer Tätigkeit im öffentlichen Dienst anderweitig tätig waren, gegenüber Beschäftigten, die vor ihrer Tätigkeit im öffentlichen Dienst überhaupt keine versicherungspflichtige Tätigkeit ausgeübt hatten. Des Weiteren rügte das Bundesverfassungsgericht die bis dahin entstandene Komplexität des Systems der Gesamtversorgung als Verstoß gegen das Rechtsstaatsprinzip sowie Eingriff in die Freiheit der Berufswahl. Aufgrund der Undurchschaubarkeit der Regelungen konnte der Beschäftigte nicht mehr erkennen, welche Nachteile mit einem Wechsel aus dem öffentlichen Dienst verbunden waren. Ohne eine verfassungskonforme Lösung vorzugeben, stellte das BVerfG klar, dass die betroffenen Satzungsregelungen nicht über den 31.12.2000 hinaus aufrechterhalten werden könnten. Eine Umsetzung dieser Entscheidungen des Bundesverfassungsgerichts unter Beibehaltung des alten Systems der Gesamtversorgung war unter finanziellen Gesichtspunkten nicht möglich.

2. Änderungen

9   Mit dem ATV-K und dem ATV wurde das Ziel einer beamtenähnlichen Gesamtversorgung unter Einbeziehung der Rente aus der gesetzlichen Rentenversicherung aufgegeben. Nunmehr gilt ein sog. Punktemodell. Im Rahmen dieses Modells sind Versorgungspunkte für die Ansprüche innerhalb der Zusatzversorgung maßgebend (siehe §§ 7 ff ATV/ATV-K). Die monatliche Betriebsrente errechnet sich aus der Summe der bis zum Beginn der Betriebsrente erworbenen Versorgungspunkte, multipliziert mit dem Messbetrag von vier Euro (§ 7 Abs. 1 ATV/ATV-K, § 35 Abs. 1 VBL-Satzung). Versorgungspunkte ergeben sich für das zusatzversor-

---

15   BVerfG, Beschl. v. 25.08.1999 – 1 BvR 1246/95, ZTR 1999, 521.
16   BVerfG, Beschl. v. 22.03.2000 – 1 BvR 1136/96, ZTR 2000, 265.

gungspflichtige Entgelt, für soziale Komponenten und als Bonuspunkte (§ 8 Abs. 1 ATV/ATV-K, § 36 Abs. 1 S. 1 VBL-Satzung). Dabei wird das Lebensalter des jeweiligen Beschäftigten berücksichtigt, da sich die Anzahl der Versorgungspunkte für ein Kalenderjahr aus dem Verhältnis eines Zwölftels des zusatzversorgungspflichtigen Jahresentgelts zum Referenzentgelt von 1.000 Euro, multipliziert mit dem Altersfaktor ergibt (§ 8 Abs. 2 S. 1 ATV/ATV-K, § 36 Abs. 2 S. 1 VBL-Satzung). Die Höhe der Rente aus der gesetzlichen Rentenversicherung sowie die Zeiten, die in der gesetzlichen Rentenversicherung zurückgelegt wurden, sind irrelevant.

Die Betriebsrente nach dem Punktemodell wird zusätzlich zur Grundversor-   **10** gung gewährt, ihre Höhe richtet sich demnach nicht mehr nach der Höhe der Grundversorgung. Die bis zum 31.12.2000 erworbenen Anwartschaften der Beschäftigten wurden auf das neue Modell übertragen. Kam für die Finanzierung der Zusatzversorgung zunächst ausschließlich das Umlageverfahren zur Anwendung, so wird die Zusatzversorgung nach Umstellung auf das Punktemodell auch im Wege der Kapitaldeckung finanziert. Dabei handelt es sich um ein beitragsbezogenes System, d.h. die Höhe der Rentenleistungen wird aus den während der gesamten Versicherungszeit geleisteten Beiträgen errechnet. Allerdings konnte aufgrund der finanziellen Situation bei den Zusatzversorgungseinrichtungen die kapitalgedeckte Finanzierung nicht sofort in vollem Umfang eingeführt werden. Das Umlageverfahren wurde zunächst beibehalten; die kapitalgedeckte Finanzierung wird bei den Zusatzversorgungseinrichtungen schrittweise eingeführt (siehe Ziff. 1.4 des Altersvorsorgeplans 2001).

IV. Wesentliche Punkte der Zusatzversorgung

In den Tarifverträgen zur Zusatzversorgung werden lediglich die Grundzüge für   **11** die Durchführung der Zusatzversorgung festgelegt. Das Versorgungssystem selbst wird durch Satzungen ausgestaltet, welche von Arbeitgeber- und Arbeitnehmervertretungen beschlossen werden (siehe z.B. die Satzung der zu den größten Zusatzversorgungseinrichtungen in Deutschland gehörenden Versorgungsanstalt des Bundes und der Länder – VBL).

1. Versicherungspflicht
Gem. § 25 TVöD haben die Beschäftigten Anspruch auf Versicherung unter eige-   **12** ner Beteiligung zum Zwecke einer zusätzlichen Alters- und Hinterbliebenenversorgung nach Maßgabe des ATV bzw. ATV-K in ihrer jeweils geltenden Fassung. Hierzu ist eine Anmeldung des jeweiligen Arbeitnehmers erforderlich. Unterlässt der Arbeitgeber entgegen seiner arbeits- und tarifvertraglichen Pflichten schuldhaft die Versicherung des Arbeitnehmers bei der Zusatzversorgungseinrichtung, so hat er dem Arbeitnehmer den dadurch entstehenden Schaden zu ersetzen.[17] Beruft sich der Arbeitgeber bei unterlassener Anmeldung auf einen unverschuldeten Rechtsirrtum, muss der Arbeitgeber darlegen und beweisen, dass ihn kein Ver-

---

[17]   BAG, Urt. v. 26.11.1964 – 5 AZR 48/64, AP Nr. 20 zu § 16 AOGÖ, Urt. v. 14.12.1983 – 7 AZR 583/80, n.v..

schulden trifft.[18] Allerdings ist bei unterbliebener Zusatzversicherung immer auch zu prüfen, ob nicht ein Mit- oder Alleinverschulden des Beschäftigten vorliegt.[19]

2. Rechtsbeziehungen

13   Zwischen Arbeitgeber, Beschäftigtem und Versorgungseinrichtung besteht ein Dreiecksverhältnis. Der Arbeitgeber schließt zugunsten seiner Beschäftigten eine Versicherung bei der zuständigen Zusatzversorgungseinrichtung ab und entrichtet für diese die entsprechenden Umlagen. Hierzu ist der Arbeitgeber gem. § 25 TVöD i.V.m. dem jeweiligen Altersvorsorge-TV verpflichtet. Die einzelnen Versicherungsverhältnisse gehören zu einer privatrechtlichen Gruppenversicherung, bei der der Arbeitgeber Versicherungsnehmer ist. Dieser schließt für die Gruppe der Arbeitnehmer, die mit ihm einen Arbeitsvertrag abgeschlossen haben, einen einheitlichen Versicherungsvertrag ab.[20] Die einzelnen Versicherungsverhältnisse sind dann unselbstständige Bestandteile des Gruppenversicherungsvertrags. Durch den Gruppenversicherungsvertrag wird auch bewirkt, dass alle gegenwärtig oder zukünftig arbeitsvertraglich mit dem Arbeitgeber verbundenen Arbeitnehmer in die Gruppenversicherung miteinbezogen werden.

14   Aus den tariflichen Vorschriften selbst ergibt sich kein Anspruch des Beschäftigten gegen seinen Arbeitgeber auf Versorgungsleistungen, sondern nur darauf, unter eigener Beteiligung zum Zwecke einer zusätzlichen Alters- und Hinterbliebenenversorgung nach Maßgabe des ATV/ATV-K in ihrer jeweils geltenden Fassung versichert zu werden.[21] Der Beschäftigte kann dabei Leistungen der Zusatzversorgungseinrichtung nur in dem Umfang in Anspruch nehmen, in dem er von seinem Arbeitgeber bei der Zusatzversorgungseinrichtung versichert worden ist.

Der Arbeitgeber muss Beteiligter bzw. Mitglied der betreffenden Zusatzversorgungseinrichtung sein, um seine Beschäftigten dort versichern zu können. Maßgebend für das Verhältnis zwischen Arbeitgeber und Versorgungseinrichtung sind die Beteiligungsvereinbarung sowie die Satzung der Zusatzversorgungseinrichtung. Im Laufe der Versicherung sind der Beschäftigte bzw. dessen Hinterbliebene Versicherte/Bezugsberechtigte, haben aber selbst keinen unmittelbaren Anspruch gegen die Versorgungseinrichtung[22]. Dies ist erst ab Eintritt des Versicherungsfalls der Fall. Die Wirksamkeit von Änderungen der Versicherungsbedingungen ist nicht von der Zustimmung der Arbeitnehmer abhängig[23]. Maßgebend für das Verhältnis zwischen Beschäftigtem und Zusatzversorgungseinrichtung ist die Satzung der jeweiligen Einrichtung.

3. Anspruch auf Versorgungsleistungen

15   Zu § 46 BAT hatte das BAG entschieden, dass der Angestellte nicht schon dann einen Anspruch auf eine zusätzliche Alters- und Hinterbliebenenversorgung hat, wenn im Arbeitsvertrag pauschal auf den BAT verwiesen wird, der Arbeitgeber

---

[18]   BAG, Urt. v. 28.07.1972 – 3 AZR 468/71, AP Nr. 7 zu § 282 BGB.

[19]   So auch Uttlinger § 46 BAT Erl. 11 unter Hinweis auf BAG, Urt. v. 05.09.1974 – 3 AZR 492/73, n.v.; LAG Hamm Urt. v. 14.12.1982 – 6 Sa 312/82.

[20]   BAG, Urt. v. 24.04.1990 – 3 AZR 259/88, ZTR 1990, 430.

[21]   Uttlinger § 46 BAT Erl. 7.

[22]   Bredemeier/Bredemeier § 46 Rn. 4.

[23]   Scheuring § 12 BMT-G Erl. 3.

nicht unter den Geltungsbereich des BAT fällt und auch nicht Mitglied einer Zusatzversorgungskasse des öffentlichen Dienstes werden kann.[24] Nach dem BAG könne der Arbeitnehmer in diesem Fall nicht davon ausgehen, dass durch „die Verweisung auf die Blankettvorschrift des § 46 BAT bereits eine Zusatzversorgung zugesagt werden sollte, weil auf die Versorgungstarifverträge im Arbeitsvertrag nicht verwiesen wird und nach der Art des Unternehmens auch nicht wirksam verwiesen werden konnte". Diese Ansicht wird auch für die entsprechende Regelung im BMT-G vertreten.[25] Etwas anderes gilt, wenn im Arbeitsvertrag nicht nur pauschal auf einen Manteltarifvertrag verwiesen wird, sondern eine Versorgungszusage vereinbart wurde. In diesem Fall ergibt sich für den Arbeitnehmer aus dem Arbeitsvertrag ein Anspruch auf eine Zusatzversorgung ohne Rücksicht darauf, ob für den Arbeitgeber überhaupt eine Versicherungsmöglichkeit besteht.[26]

Allein der Beitritt des öffentlichen Arbeitgebers zu einer Zusatzversorgungskasse bewirkt noch keinen Anspruch des Arbeitnehmers auf Beteiligung an dem Versorgungswerk. „Hat aber der Arbeitgeber seinen Beitritt zur Zusatzversorgungskasse im Betrieb verlautbart und praktiziert, dann hat der Arbeitnehmer, der die satzungsmäßigen Voraussetzungen erfüllt, einen vertraglichen Anspruch darauf, dass der Arbeitgeber ihn zur Kasse anmeldet".[27] Ebenso wenig ergibt sich ein Anspruch auf eine zusätzliche Alters- und Hinterbliebenenversorgung, wenn im Arbeitsvertrag lediglich festgestellt wird, dass die zusätzliche Alters- und Hinterbliebenenversorgung in einem gesonderten Tarifvertrag geregelt wird. Ein Anspruch ergibt sich erst bei einer unmittelbaren Verweisung auf den konkreten Versorgungstarifvertrag.[28]

16

Diese Rechtsprechungsgrundsätze sind auf § 25 TVöD zu übertragen. Allerdings sind nach der Schuldrechtsmodernisierung die Regelungen zur AGB-Kontrolle nunmehr auch auf Arbeitsverträge anwendbar (§ 310 BGB). Daraus folgt, dass auch § 305c BGB zur Anwendung kommt. Nach § 305 c Abs. 2 BGB gehen Zweifel bei der Auslegung Allgemeiner Geschäftsbedingungen zu Lasten des Verwenders. Im Falle von Arbeitsverträgen ist i.d.R. der Arbeitgeber der Verwender. Daraus folgt, dass bei einer im Arbeitsvertrag befindlichen pauschalen Verweisung auf den TVöD ein Anspruch des Beschäftigten auf Zusatzversorgung gem. § 25 TVöD entsteht. Voraussetzung für die Auszahlung einer Versorgungs- oder Versicherungsrente sind nach der VBL-Satzung der Eintritt eines Versicherungsfalles, die Erfüllung der Wartezeit zu diesem Zeitpunkt sowie die Stellung eines entsprechenden Rentenantrags. Bei der Versorgungsrente kommt hinzu, dass der Versicherungsfall während des versicherungspflichtigen Arbeitsverhältnisses, spätestens jedoch mit Beendigung des Arbeitsverhältnisses wegen des Versicherungsfalls eingetreten sein muss.

17

[24] BAG, Urt. v. 29.07.1986 – 3 AZR 71/85, ZTR 1987, 91.
[25] Scheuring § 12 BMT-G Erl. 2.
[26] BAG, Urt. v. 27.06.1969 – 3 AZR 297/68, AP Nr. 2 zu § 242 BGB Ruhegehalt VBL; BAG, Urt. v. 15.05.1975 – 3 AZR 257/74, AP Nr. 7 zu § 242 BGB Ruhegehalt VBL; BAG, Urt. v. 29.07.1986 – 3 AZR 71/85, ZTR 1987, 91.
[27] BAG, Urt. v. 10.03.1992 – 3 AZR 81/91, ZTR 1992, 472.
[28] LAG Hamm Urt. v. 22.12.1987 – 6 Sa 1510/87, ZTR 1988, 149.

4. Arten der Versicherung

a) Vor der Reform der Zusatzversorgung

18 Man unterschied zwischen der Versorgungsrente und der Versicherungsrente. Die Versorgungsrente war die wichtigste Leistungsart der Zusatzversorgung. Voraussetzung für die Gewährung einer Versorgungsrente war das Bestehen einer Pflichtversicherung. Diese lag vor, wenn der Versicherte bei Eintritt eines Versicherungsfalles mit dem beteiligten Arbeitgeber in einem Arbeitsverhältnis stand. Die Versorgungsrente unterlag der Dynamisierung. Bei Beendigung der Pflichtversicherung vor Eintritt des Versicherungsfalls (z.B. bei Beendigung des Arbeitsverhältnisses), entstand eine beitragsfreie Versicherung. Bei Eintritt des Versicherungsfalls in diesem Fall hatte der Beschäftigte – nach entsprechend erfüllter Wartezeit – Anspruch auf eine Versicherungsrente. Diese unterlag nicht der Dynamisierung.

b) Nach der Reform der Zusatzversorgung

19 Seit der Reform der Zusatzversorgung wird nicht mehr zwischen der Versorgungs- und der Versicherungsrente unterschieden. Zwar existiert nach wie vor die Unterscheidung zwischen der Pflichtversicherung und der beitragsfreien Versicherung, sie hat allerdings an Bedeutung verloren. Mit Eintritt des Versicherungsfalls wir eine monatliche Betriebsrente gezahlt (§ 7 ATV/ATV-K). Diese errechnet sich aus der Summe der bis zum Beginn der Betriebsrente erworbenen Versorgungspunkte, multipliziert mit dem Messbetrag von vier Euro (§ 7 Abs. 1 ATV/ATV-K). Beginnt somit für einen Beschäftigten die Phase der beitragsfreien Versicherung, so hat er bis zu diesem Zeitpunkt eine bestimmte Anzahl an Versorgungspunkten erworben. Mit Eintritt des Versicherungsfalls wird diesem Beschäftigten dann eine Betriebsrente in Höhe der erworbenen Versorgungspunkte ausbezahlt. In der Anwartschaftsphase findet eine Dynamisierung über die Zurechnung von Bonuspunkten statt, wenn diese aufgrund der Lage der Kasse erwirtschaftet wurden (§ 68 VBL-Satzung). Nach 120 Umlagemonaten hat der Versicherte auch bei einer beitragsfreien Versicherung Anspruch auf Bonuspunkte (§ 68 VBL-Satzung). In der Leistungsphase wird die Betriebsrente jährlich um 1% ihres Betrages erhöht (§ 39 VBL-Satzung).

20 Mit der Reform der Zusatzversorgung wurde auch die sog. freiwillige Versicherung eingeführt. In Ziff. 1.3 Satz 1 des Altersvorsorgeplans 2001 ist vorgesehen, dass die Arbeitnehmer durch den Systemwechsel in der Zusatzversorgung die Möglichkeit erhalten sollen, eine zusätzliche kapitalgedeckte Altersversorgung durch eigene Beiträge unter Inanspruchnahme der steuerlichen Förderung aufzubauen (Riester-Rente). Diese Möglichkeit soll auch bei den Zusatzversorgungskassen eröffnet werden (Ziff. 1.3 Satz 2 Altersvorsorgeplan 2001). Gem. § 26 ATV/ATV-K wird den Pflichtversicherten die Möglichkeit eröffnet, durch Entrichtung eigener Beiträge unter Inanspruchnahme der steuerlichen Förderung (Sonderausgabenabzug, Zulage) bei der Zusatzversorgungseinrichtung nach deren Satzungsvorschriften eine zusätzliche kapitalgedeckte Altersvorsorge im Rahmen der betrieblichen Altersversorgung aufzubauen (freiwillige Versicherung). Vor der Reform war eine Inanspruchnahme der staatlichen Förderung durch § 10a Abs. 1 S. 4 EStG ausgeschlossen. Diese Vorschrift bezog sich auf das System der Ge-

Heitsch

samtversorgung und wurde dadurch gerechtfertigt, dass bei Beschäftigten, die eine Zusatzversorgung im Rahmen des Systems der Gesamtversorgung erhalten, Kürzungen des Rentenniveaus durch eine entsprechende Anhebung der Leistungen der Zusatzversorgung ausgeglichen werden.[29] Die freiwillige Versicherung wird im Wesentlichen durch Beiträge der Arbeitnehmer finanziert. Der Arbeitgeber kann Beiträge in die freiwillige Versicherung des Arbeitnehmers einzahlen, ist dazu aber nicht verpflichtet.

5. Finanzierung der Pflichtversicherung

Die Finanzierung der Pflichtversicherung wird von den Zusatzversorgungseinrich-   **21** tungen eigenständig geregelt (§ 15 Abs. 1 S. 1 ATV/ATV-K). Die Finanzierung der Pflichtversicherung erfolgt i.d.R. durch Aufwendungen in Form von Umlagen, Sanierungsgeldern und Beiträgen zum Kapitaldeckungsverfahren (z.B. § 63 Abs. 1 VBL-Satzung). Nach den Möglichkeiten der einzelnen Zusatzversorgungseinrichtungen kann die Umlagefinanzierung schrittweise durch eine kapitalgedeckte Finanzierung abgelöst werden (§ 15 Abs. 1 S. 2 ATV/ATV-K). Aus § 25 TVöD ergibt sich, dass die Finanzierung der betrieblichen Altersversorgung unter Beteiligung der Beschäftigten erfolgt.[30] Im Abrechnungsverband Ost der VBL wird die Zusatzversorgung seit dem 01.01.2004 nicht mehr ausschließlich im Umlageverfahren, sondern auch im Kapitaldeckungsverfahren finanziert (siehe § 66a VBL-Satzung). Im Abrechnungsverband West stellt die Umstellung auf das Kapitaldeckungsverfahren bei der VBL ein langfristiges Ziel dar. Derzeit können die bereits erworbenen Anwartschaften nicht durch vorhandenes Kapital abgedeckt werden.

a) Umlagen

Von der Zusatzversorgungseinrichtung festgesetzte monatliche Umlagen in Höhe   **22** eines bestimmten Vomhundertsatzes des zusatzversorgungspflichtigen Entgelts der Beschäftigten (Umlagesatz) führt der Arbeitgeber – ggf. einschließlich des von der/dem Beschäftigten zu tragenden Umlage-Beitrags – an die Zusatzversorgungseinrichtung ab (§ 16 Abs. 1 S. 1 ATV/ATV-K). Die eingezahlten Umlagen dienen dazu, die Verwaltungskosten und die Versorgungsleistungen der Rentner zu finanzieren. Im Abrechnungsverband West der VBL beträgt der Umlagesatz 7,86%. Davon tragen die Beschäftigten 1,41% (§ 64 Abs. 2, 3 VBL-Satzung). Im Abrechungsverband Ost der VBL beträgt der Umlagesatz 1%. Davon tragen die Beschäftigten derzeit 0,5% (§§ 16 Abs. 1, 37a ATV/ATV-K, § 64 Abs. 2, 3 VBL-Satzung). Es ist möglich, durch entsprechenden Haustarifvertrag von den Regelungen im ATV/ATV-K zur Eigenbeteiligung der Beschäftigten abzuweichen.

---

[29] § 10a Abs. 1 S. 4 EStG lautete: „Satz 1 gilt nicht für Pflichtversicherte, die kraft zusätzlicher Versorgungsregelung in einer Zusatzversorgung pflichtversichert sind und bei denen eine der Versorgung der Beamten ähnliche Gesamtversorgung aus der Summe der Leistungen der gesetzlichen Rentenversicherung und der Zusatzversorgung gewährleistet wird." Satz 1 enthielt Regelungen betreffend den Sonderausgabenabzug von Altersvorsorgebeiträgen.

[30] Siehe zur zeitlichen Entwicklung des Finanzierungssystems Scheuring § 15 ATV-K/ATV Erl. 1.1.

b) Sanierungsgelder

23 Zur Deckung des infolge der Schließung des Gesamtversorgungssystems und des Wechsels vom Gesamtversorgungssystem zum Punktemodell zusätzlichen Finanzbedarfs, der über die am 1. November 2001 jeweils geltende Umlage hinausgeht, erhebt die Zusatzversorgungseinrichtung vom Arbeitgeber Sanierungsgelder (§ 17 Abs. 1 S. 1 ATV/ATV-K). Bei der VBL ist die Erhebung von Sanierungsgeldern in § 65 VBL-Satzung geregelt. Danach werden Sanierungsgelder nur im Abrechnungsverband West entsprechend dem periodischen Bedarf ab 01.01.2002 zur Deckung eines zusätzlichen Finanzierungsbedarfs, der über die Einnahmen bei dem Umlagesatz von 7,86 v. H. hinausgeht und der zur Finanzierung der vor dem 01.01.2002 begründeten Anwartschaften und Ansprüche (Altbestand) dient, erhoben. Sanierungsgelder werden erhoben, solange das Anstaltsvermögen, soweit es dem Abrechnungsverband West zuzurechnen ist, am Ende des Deckungsabschnitts ohne Berücksichtigung von Sanierungsgeldern den versicherungsmathematischen Barwert der zu diesem Zeitpunkt bestehenden und vor dem 01.01.2002 begründeten Anwartschaften und Ansprüche voraussichtlich unterschreitet (§ 65 Abs. 1 S. 2 VBL-Satzung). Gem. § 17 Abs. 1 Satz 2 ATV/ATV-K sind Sanierungsgelder kein steuerpflichtiger Arbeitslohn.

c) Beiträge zum Kapitaldeckungsverfahren

24 Des Weiteren können Beiträge zur Kapitaldeckung erhoben werden (§ 18 ATV/ATV-K, §§ 66, 66a VBL-Satzung). Tatsächlich sind aber nur ein Großteil der kirchlichen Zusatzversorgungskassen und einige Zusatzversorgungskassen in den neuen Bundesländern kapitalgedeckt finanziert. Auch bei der VBL kommt das Kapitaldeckungsverfahren derzeit nur im Abrechnungsverband Ost zur Anwendung. Dabei beträgt der Beitrag 1% des zusatzversorgungspflichtigen Entgelts (§ 66a Abs. 2 Satz 1 VBL-Satzung). Der Eigenanteil der Pflichtversicherten an diesem Beitrag beträgt jeweils die Hälfte (§ 66a Abs. 3 VBL-Satzung). Die weitere Entwicklung der Beiträge richtet sich nach § 66a Abs. 2 VBL-Satzung.

6. Wartezeit

25 Betriebsrenten werden erst nach Ablauf einer Mindestversicherungszeit, der sog. Wartezeit, gewährt. Diese beträgt nach der VBL-Satzung 60 Kalendermonate (§ 34 VBL-Satzung). Dabei wird jeder Kalendermonat berücksichtigt, für den bis zum Beginn der Betriebsrente mindestens für einen Tag Aufwendungen für die Pflichtversicherung erbracht wurden (§ 34 Abs. 1 S. 1 VBL-Satzung). Erst nach Erfüllung der Wartezeit hat der Versicherte einen Anspruch auf Auszahlung einer Versorgungs- oder Versicherungsrente, soweit auch die übrigen Voraussetzungen dafür vorliegen. Für die Erfüllung von Ansprüchen aus der freiwilligen Versicherung ist keine Wartezeit vorgesehen.

7. Sonstiges
a) Überleitung

26 Wechselt der Beschäftigte den Arbeitgeber und ist für diesen eine andere Zusatzversorgungseinrichtung zuständig, so kann die Versicherung auf diese neue Zusatzversorgungseinrichtung übergeleitet werden, ohne dass der Beschäftigte Nach-

teile erleidet. Hierfür werden Überleitungsabkommen abgeschlossen (siehe z.B. §§ 31, 32 VBL-Satzung).

b) Ausschlussfrist, Verjährung und Verwirkung

Die Ansprüche der Beschäftigten aus den Satzungen der Zusatzversorgungsein-   **27**
richtungen unterliegen nicht der Ausschlussfrist des § 37 TVöD.[31] Dies gilt auch für mögliche Schadensersatzansprüche des Beschäftigten gegen seinen Arbeitgeber wegen unterlassener, falscher, unvollständiger oder irreführender Beratung.[32] Schadensersatzansprüche und Nachversicherungsansprüche verjähren im Rahmen der regelmäßigen Verjährung gem. § 195 i.V.m. § 199 BGB in drei Jahren. Der Beschäftigte verwirkt seine Versorgungsberechtigung nicht, wenn er erst nach Eintritt des Versorgungsfalles seine Versorgungsansprüche gegenüber dem Arbeitgeber geltend macht.[33]

V. Belehrungs- und Informationspflichten des Arbeitgebers

1. Gegenüber Beschäftigten

Aus der Fürsorgepflicht des Arbeitgebers ergeben sich bestimmte Belehrungs- und   **28**
Informationspflichten im Hinblick auf die Zusatzversorgung der Beschäftigten. Hinzu kommt, dass nach den Satzungen der Zusatzversorgungseinrichtungen auch Auskunftspflichten dieser Einrichtungen gegenüber den Beschäftigten bestehen können (so z.B. gem. § 51 VBL-Satzung i.V.m. Ziff. IV der Ausführungsbestimmungen).

a) Zu Beginn des Arbeitsverhältnisses

Bei der Einstellung neuer Beschäftigter hat der Arbeitgeber des öffentlichen   **29**
Dienstes diese darüber zu informieren, welche Möglichkeiten einer Zusatzversorgung bestehen.[34] Diese Informationen müssen richtig und vollständig und dürfen nicht irreführend sein. Das gilt auch, wenn der Arbeitgeber den Beschäftigten bei dessen Versorgungsplanung berät.[35] Entspricht die Auskunft des Arbeitgebers nicht diesen Anforderungen, kann sich daraus ein Schadensersatzanspruch des Beschäftigten gegen seinen Arbeitgeber ergeben.[36] Der Arbeitgeber ist des Weiteren verpflichtet, dem neu eingestellten Beschäftigten die einschlägigen Versorgungsregelungen zur Kenntnis zu bringen, insbesondere ihm ein Exemplar der Satzung der Zusatzversorgungseinrichtung auszuhändigen (siehe z.B. Ziff. IV Abs. 2 Nr. 4 der Ausführungsbestimmungen zur VBL-Satzung).[37]

---

[31] Bredemeier/Bredemeier § 46 Rn. 42.
[32] Bredemeier/Bredemeier § 46 Rn. 42.
[33] BAG, Urt. v. 18.12.1967 – 3 AZR 232/66, AP Nr. 123 zu § 242 BGB Ruhegehalt.
[34] BAG, Urt. v. 17.04.1984 – 3 AZR 383/81, AP Nr. 2 zu § 1 BetrAVG Zusatzversorgungskassen; BAG, Urt. v. 18.12.1984 – 3 AZR 168/82, AP Nr. 3 zu § 1 BetrAVG Zusatzversorgungskassen.
[35] BAG, Urt. v. 17.04.1984 – 3 AZR 383/81, AP Nr. 2 zu § 1 BetrAVG Zusatzversorgungskassen; BAG, Urt. v. 18.12.1984 – 3 AZR 168/82, AP Nr. 3 zu § 1 BetrAVG Zusatzversorgungskassen.
[36] Bredemeier/Bredemeier § 46 Rn. 38.
[37] BAG, Urt. v. 17.12.1991 – 3 AZR 44/91, ZTR 1992, 431.

b) Während des Arbeitsverhältnisses

30   Im Laufe des Arbeitsverhältnisses kann die Situation eintreten, dass der Beschäftigte vom Arbeitgeber Auskünfte über bestehende Versorgungsregelungen erbittet. Der Arbeitgeber muss die erbetenen Auskünfte erteilen, wenn er dazu in der Lage ist. Ist das nicht der Fall, so muss er den Beschäftigten an eine andere kompetente Stelle verweisen. Falsche, unvollständige oder irreführende Auskünfte seitens des Arbeitgebers können diesen schadensersatzpflichtig machen.[38] Es besteht aber keine Pflicht des Arbeitgebers dahingehend, den Beschäftigten über die Zweckmäßigkeit unterschiedlicher Gestaltungsmöglichkeiten aufzuklären.[39]

c) Bei Beendigung des Arbeitsverhältnisses

31   Auch bei Beendigung des Arbeitsverhältnisses sind Auskünfte über die Zusatzversorgung des den Betrieb/das Unternehmen verlassenden Beschäftigten richtig, vollständig und nicht irreführend zu erteilen. Ist der Arbeitgeber hierzu nicht in der Lage, muss er sich entweder die entsprechenden Informationen verschaffen oder den Beschäftigten an eine kompetente Stelle verweisen. Erteilt der Arbeitgeber eine unrichtige, unvollständige oder irreführende Auskunft und führt dies dazu, dass der betreffende Beschäftigte eine für ihn nachteilige Entscheidung im Hinblick auf seine Zusatzversorgung trifft, so macht sich der Arbeitgeber bei schuldhaftem Handeln dem Beschäftigten gegenüber schadensersatzpflichtig.[40]

32   Wird das Arbeitsverhältnis zwischen den Parteien einvernehmlich aufgelöst, müssen Auskünfte über die Zusatzversorgung und die Folgen der Beendigung des Arbeitsverhältnisses hierfür trotzdem richtig und vollständig und dürfen für den Beschäftigten nicht irreführend sein. Beruht der Abschluss der Auflösungsvereinbarung auf einer falschen Information über die Zusatzversorgung, so muss der Arbeitgeber bei schuldhaftem Handeln dem Beschäftigen den Schaden bei der Zusatzversorgung ersetzen, der durch die frühzeitige Beendigung des Arbeitsverhältnisses entstanden ist.[41] Steht die einvernehmliche Auflösung des Arbeitsverhältnisses in unmittelbarem Zusammenhang mit dem Eintritt in den Ruhestand, so hat der Arbeitgeber aufgrund von § 242 BGB i.V.m. seiner Fürsorgepflicht ungefragt auf etwaige Versorgungsnachteile hinzuweisen, deren Kenntnis beim Beschäftigten nicht ohne weiteres vorliegen kann.[42] Kommt der Vorschlag zur Beendigung des Arbeitsverhältnisses vom Beschäftigten selbst und macht er deutlich, dass Nachteile bei der Zusatzversorgung hierbei keine Rolle spielen, so ist der Arbeitgeber dem Beschäftigten gegenüber nicht zur Auskunft verpflichtet.[43] Die Verpflichtung des Arbeitgebers, den Beschäftigten bei der einvernehmlichen Beendigung des Arbeitsverhältnisses ungefragt über Nachteile in der Zusatzversorgung zu informieren, besteht nur in Ausnahmefällen. Hierzu ist erforderlich, dass der Arbeitgeber besonderes Vertrauen dahingehend gesetzt hat, dass er den Beschäf-

---

38   BAG, Urt. v. 09.07.1991 – 3 AZR 354/90, ZTR 1992, 116.
39   BAG, Urt. v. 09.07.1991 – 3 AZR 354/90, ZTR 1992, 116.
40   Siehe zu Vorstehendem BAG, Urt. v. 24.05.1973 – 3 AZR 422/73, AP Nr. 6 zu § 242 BGB Ruhegehalt VBL.
41   BAG, Urt. v. 13.11.1984 – 3 AZR 255/84, AP Nr. 5 zu § 1 BetrAVG Zusatzversorgungskassen.
42   BAG, Urt. v. 13.11.1984 – 3 AZR 255/84, AP Nr. 5 zu § 1 BetrAVG Zusatzversorgungskassen.
43   BAG, Urt. v. 13.11.1984 – 3 AZR 255/84, AP Nr. 5 zu § 1 BetrAVG Zusatzversorgungskassen.

tigten bei der einvernehmlichen Beendigung des Arbeitsverhältnisses über unbedachte Folgen für die Zusatzversorgung informieren wird.[44]

Unter noch ausschließlicher Anwendung des Systems der Gesamtversorgung **33** bei den Zusatzversorgungseinrichtungen des öffentlichen Dienstes hat das BAG entschieden, dass der Arbeitgeber den Beschäftigten unter folgenden Voraussetzungen darüber zu informieren hat, dass sich dessen Zusatzversorgung bei Abschluss eines Aufhebungsvertrages beträchtlich verringern kann und was die Ursache für diese Verringerung ist:

- der Arbeitgeber schlägt in betrieblichem Interesse den Abschluss eines Aufhebungsvertrags mit dem Beschäftigten vor,
- der Beschäftigte ist mit den Besonderheiten der ihm zugesagten Zusatzversorgung nicht vertraut,
- der baldige Eintritt eines Versorgungsfalles zeichnet sich bereits ab und
- der Beschäftigte hat bei vorzeitiger Beendigung des Arbeitsverhältnisses empfindlich hohe Einbußen bei der Zusatzversorgung zu befürchten.[45]

Auch wenn bei Anwendung des Punktemodells keine so gravierenden Einbußen **34** bei der Zusatzversorgung mehr zu befürchten sind, so können trotzdem bei vorzeitiger Beendigung des Arbeitsverhältnisses für den Beschäftigten Nachteile bei der Zusatzversorgung entstehen. Der Arbeitgeber sollte daher auch bei Anwendung des Punktemodells den Beschäftigten bei Beendigung des Arbeitsverhältnisses über die bei diesem im Rahmen der Zusatzversorgung entstehenden Nachteile informieren.[46]

2. Gegenüber Hinterbliebenen

Aufgrund der Komplexität des Systems der Zusatzversorgung im öffentlichen **35** Dienst ergibt sich aus § 242 BGB i.V.m. der Fürsorgepflicht des Arbeitgebers für diesen auch die Verpflichtung, die Hinterbliebenen eines Beschäftigten auf die bestehenden Versorgungsmöglichkeiten hinzuweisen sowie sie über die notwendigen Antragstellungen zu informieren.[47]

VI. Zusatzversorgung bei Betriebsübergang

1. Betriebsübergang im öffentlichen Dienst

Ein Betriebsübergang ist dann gegeben, wenn ein Betrieb oder Betriebsteil durch **36** Rechtsgeschäft auf einen neuen Inhaber übergeht (§ 613a Abs. 1 Satz 1 BGB). Dies ist dann der Fall, wenn eine ihre Identität wahrende wirtschaftliche Einheit

---

[44] BAG, Urt. v. 23.05.1989 – 3 AZR 257/88, ZTR 1989, 402; Urt. v. 03.07.1990 – 3 AZR 382/89, AP Nr. 24 zu § 1 BetrAVG.
[45] BAG, Urt. v. 17.10.2000 – 3 AZR 605/99, ZTR 2001, 184.
[46] Scheuring § 12 BMT-G Erl. 5.3.3.
[47] BAG, Urt. v. 24.05.1963 – 1 AZR 66/62, AP Nr. 5 zu § 611 BGB Öffentlicher Dienst; BAG, Urt. v. 22.11.1963 – 1 AZR 17/63, AP Nr. 6 zu § 611 BGB Öffentlicher Dienst.

übergeht.[48] Die bloße Übernahme von Aufgaben oder Tätigkeiten genügt nicht. Es muss vielmehr ein organisatorisch verselbstständigter Betriebsteil übergehen.[49]

2. Auswirkungen auf die Zusatzversorgung

37 Rechtsfolge eines Betriebsübergangs ist es, dass kollektivrechtlich geregelte Verbindlichkeiten, wie die durch Tarifvertrag geregelte Zusatzversorgung des öffentlichen Dienstes, auf den neuen Inhaber übergehen. Ist der neue Arbeitgeber nicht Mitglied der Zusatzversorgungskasse oder erfüllt er nicht die Voraussetzungen, um Mitglied der Zusatzversorgungskasse werden zu können, so gehen die kollektivrechtlich geregelten Verbindlichkeiten auf betriebliche Altersversorgung gleichwohl auf ihn über und er hat sie dann selbst zu erbringen.[50] Übernimmt umgekehrt ein öffentlicher Arbeitgeber im Wege des Betriebsübergangs Arbeitnehmer mit privatrechtlich geregelten Ansprüchen auf betriebliche Altersversorgung, so ist eine Nachversicherung in der Zusatzversorgungskasse nicht möglich. Der öffentliche Arbeitgeber hat für diese Ansprüche unmittelbar einzustehen und kann die Arbeitnehmer nur ab dem Zeitpunkt des Betriebsübergangs in der Zusatzversorgung versichern.[51]

3. Verpflichtung zur Zahlung des Gegenwertes/Ausgleichsbetrags

38 Die Zusatzversorgung des öffentlichen Dienstes wurde durch die Generalreform im Jahr 2002 langfristig dahingehend umgestaltet, dass sie auf Dauer in einem kapitalgedeckten Verfahren finanziert werden soll, so dass das für den einzelnen Arbeitnehmer eingezahlte Kapital und dessen Zinserträge die zugesagte Altersversorgung in vollem Umfang abdecken sollen.

Tatsächlich sind aber nur ein Großteil der kirchlichen Zusatzversorgungskassen und einige Zusatzversorgungskassen in den neuen Bundesländern kapitalgedeckt finanziert. Alle anderen Zusatzversorgungskassen werden zurzeit noch im Umlageverfahren ähnlich wie die gesetzliche Rentenversicherung finanziert. Die eingezahlten Umlagen dienen dazu, die Verwaltungskosten und die Versorgungsleistungen der Rentner zu finanzieren. Um alleine diese Belastung finanzieren zu können, werden Sanierungsgelder erhoben. Scheidet ein Arbeitgeber als Beteiligter bzw. Mitglied einer Zusatzversorgungskasse aus, die im Umlageverfahren finanziert wird, so haben die Arbeitnehmer nach einer Wartezeit von 60 Umlagemonaten einen selbstständigen Anspruch gegen die Zusatzversorgungskasse auf Erbringung der zugesagten Versorgungsleistung. Der Arbeitgeber aber scheidet aus dem Solidarverband aus und die Finanzierung der Zusatzversorgung müsste dann durch die verbliebenen Mitglieder bzw. Beteiligten übernommen werden.

39 Um diese Umverteilung der Lasten zu verhindern, sehen die Kassensatzungen neben der Kündigung durch den Arbeitgeber mit einer Frist von 6 Monaten zum Jahresende (§ 23 Abs. 1 VBL-Satzung, § 14 Abs. 3 ZVK-Mustersatzung) die Beendigung der Mitgliedschaft bei Auflösung oder Übertragung des bisherigen Mit-

---

48 EuGH Urt. v. 10.12.98 – verb. RS. C-173/96 u, C 24/96, NJW 1999, 1697; BAG Urt. v. 22.07.2004 – 8 AZR 350/03, AP Nr. 274 zu § 613a BGB.
49 BAG, Urt. v. 27.10.2005 – 8 AZR 45/05, NZA 2005, 263.
50 BAG, Urt. v. 05.10.93 – 3 AZR 586/92; NZA 1994, 848.
51 BAG, Urt.v. 27.10.92 – 3 AZR 101/9; NZA 1993, 645.

glieds auf einen anderen Rechtsträger, bei Wegfall der Beteiligungs- bzw. Mitgliedschaftsvoraussetzungen vor. Überträgt ein Mitglied oder Beteiligter einen wesentlichen Teil der Arbeitnehmer auf ein Mitglied außerhalb des Umlagefinanzierten Abrechnungsverbands, so kann die VBL die Beteiligung gegenüber dem Mitglied aus wichtigem Grund kündigen (§ 22 Abs. 3 Satz 3 der VBL-Satzung) und die Zahlung des Barwertes aller bestehenden Versorgungsverpflichtungen (Anwartschaften der Arbeitnehmer, unverfallbare Anwartschaften ausgeschiedener Arbeitnehmer, Anwartschaften der Rentner des Mitglieds/Beteiligten bzw. der Hinterbliebenen) nach den Bestimmunen des § 24 der VBL-Satzung verlangen. Ein wesentlicher Teil der Arbeitnehmer wird dann übertragen, wenn mehr als 10% der Arbeitnehmer des Beteiligten übertragen werden.[52]

Die Mustersatzung der ZVK, die noch nicht bei allen Kassen einheitlich Anwendung findet, sieht in § 15 Abs. 3a statt einer Kündigung eine Pflicht zur Ausgleichszahlung in der Höhe der Barwerte[53] aller bestehenden Anwartschaften vor. Rentner und ausgeschiedene Arbeitnehmer werden dabei dem ausgegliederten Teil entweder personenbezogen oder anteilsmäßig zugeordnet. Die Bestimmung findet vom Wortlaut her bereits dann Anwendung, wenn ein einzelner Arbeitnehmer auf ein Mitglied außerhalb des umlagefinanzierten Abrechnungsverbandes überführt wird. Eine gleichlautende Satzungsbestimmung wurde bislang bei der VBL nicht durchgesetzt. Dies hat dazu geführt, dass der Bund bei seinen Privatisierungen regelmäßig die Wesentlichkeitsschwelle nicht überschritten hat. In einer Klagewelle haben sich die Kommunen und deren Gesellschaften gegen die Verlagerung der damit verbundenen Zahlungsverpflichtungen zur Wehr gesetzt. Die VBL versucht mit der 7. Satzungsänderung der Verlagerung der Zahlungsverpflichtungen durch eine Verteilung der Sanierungsgeldverpflichtungen entgegen zu wirken. Danach sollen die Pflichten zur Tragung der Sanierungsgelder unterschiedlich auf die Mitglieder der VBL verteilt werden im Verhältnis wie das einzelne Mitglied zur Finanzierung der Kassenverbindlichkeiten beiträgt und in welcher Höhe Zahlungsverpflichtungen durch das einzelne Mitglied verursacht werden. **40**

4. Steuerpflichtigkeit von Sanierungsgeldern, Sonderzahlungen und Gegenwertzahlungen

Der Gesetzgeber[54] und die Finanzverwaltung haben den Standpunkt vertreten, dass die Zahlung des Gegenwertes bzw. Ausgleichbetrages wie eine verspätete Umlagezahlung zu betrachten sei. Die Finanzverwaltung hat zunächst selbst die Zahlung der Sanierungsgelder für steuerpflichtigen Arbeitslohn erachtet.[55] Dies wurde vom BFH zurückgewiesen, da durch die Sanierungsgeldzahlungen bei einer Sys- **41**

---

[52] Dieser Wert entspricht der Verwaltungspraxis der VBL.

[53] Die Kassen gehen von Erfahrungswerten aus, die sich bei Rentnern in einer Größenordnung von 50.000 bis 75.000 € pro Rentner, bei Arbeitnehmern in einer Größenordnung von 25.000 bis 50.000 € und bei ausgeschiedenen Arbeitnehmern in einer Größenordnung von 20.000 bis 30.000 € bewegen. Die tatsächlichen Werte können je nach Betriebszugehörigkeit und Alter der Belegschaft wie der Rentner allerdings gravierend von diesen Durchschnittswerten abweichen. Im Einzelfall können die Werte durch versicherungsmathematische Gutachten aber genau berechnet werden.

[54] So in der Neufassung von § 40b Abs. 2 Satz 5 EStG.

[55] FinMin Nordrhein-Westfalen 21.03.2003, S 2333 - Ki - VB 3.

Heitsch

temumstellung der Versorgungskassen dem Arbeitnehmer kein steuerpflichtiges Entgelt zufließt.[56] Gleiches gilt für Sonderzahlungen des Arbeitgebers, die bei der Überleitung von einem Versorgungsträger auf einen anderen geleistet werden[57] oder für die Zahlung von Sanierungsgeldern zur Schließung des umlagefinanzierten Systems und dessen Ersetzung durch ein kapitalgedecktes Abrechnungsverfahren.[58] Auch durch die Zahlung des Gegenwerts beim Ausscheiden aus einer Zusatzversorgungskasse fließt dem Arbeitnehmer kein steuerpflichtiges Arbeitsentgelt zu, das alleine Gegenstand einer Pauschalversteuerung sein könnte.[59] Durch die Gegenwertzahlungen werden weder Ansprüche des einzelnen Arbeitnehmers begründet noch werden bestehende Ansprüche erhöht.

VII. Betriebliche Altersversorgung nach BetrAVG

1. Zweck der betrieblichen Altersversorgung

42   Im Rahmen der Rentenreform durch das Gesetz zur Reform der gesetzlichen Rentenversicherung und zur Förderung eines kapitalgedeckten Altersvorsorgevermögens vom 26.06.2001 (Altersvermögensgesetz – AVmG)[60] wurde das Rentenniveau in der gesetzlichen Rentenversicherung abgesenkt. Diese Absenkung des Rentenniveaus soll von den Arbeitnehmern nach den Vorstellungen des Gesetzgebers durch Eigenvorsorge im Rahmen der betrieblichen oder privaten Altersvorsorge mit steuerlicher Förderung durch den Staat ausgeglichen werden. Dabei kann der Arbeitnehmer nicht nur entscheiden, ob er überhaupt zusätzlich für das Alter vorsorgt, sondern auch, in welcher Weise (privat über ein Unternehmen der privaten Versicherungswirtschaft oder betrieblich über eine Zusatzversorgungseinrichtung).

2. Sonderregelungen für den öffentlichen Dienst

43   Wird bei einem Arbeitgeber betriebliche Altersversorgung durchgeführt, findet gem. § 1 Abs. 1 S. 1 BetrAVG das Gesetz zur Verbesserung der betrieblichen Altersversorgung Anwendung. § 18 BetrAVG enthält dabei Sonderregelungen für den öffentlichen Dienst. Aus § 18 Abs. 1 BetrAVG ergibt sich, dass allein die §§ 1, 1a, 1b, 3, 4, 6, 7-15 und 17 BetrAVG auf die in § 18 Abs. 1 Nr. 1-3 BetrAVG genannten Personen anwendbar sind, nämlich auf Personen, die bei der Versorgungsanstalt des Bundes und der Länder (VBL) oder einer kommunalen oder kirchlichen Zusatzversorgungseinrichtung pflichtversichert sind (Nr. 1), oder bei einer anderen Zusatzversorgungseinrichtung pflichtversichert sind, die mit einer der Zusatzversorgungseinrichtungen nach Nummer 1 ein Überleitungsabkommen abgeschlossen hat oder aufgrund satzungsrechtlicher Vorschriften der Zusatzversorgungseinrichtungen nach Nummer 1 ein solches Abkommen abschließen kann (Nr. 2), oder unter das Gesetz über die zusätzliche Alters- und Hinterbliebenenversorgung für Angestellte und Arbeiter der Freien und Hansestadt Hamburg (Erstes Ruhegeldgesetz – 1. RGG), das Gesetz zur Neuregelung der zu-

---

[56]   BFH, Urt. v. 14.09.2005 - VI R 32/04, NZA-RR 2006, 149.
[57]   BFH, Urt. v. 14.09.2005 – VI R 148/98, DSttRE 2005, 1447.
[58]   BFH, Urt. v. 14.09.2005 – VI R 32/04, DStRE 2005, 1390.
[59]   BFH, Urt. v. 15.02.2006 – VI R 92/04, BeckRS 24002465.
[60]   BGBl. I 2001 S. 1310.

sätzlichen Alters- und Hinterbliebenenversorgung für Angestellte und Arbeiter der Freien und Hansestadt Hamburg (Zweites Ruhegeldgesetz – 2. RGG) oder unter das Bremische Ruhelohngesetz in ihren jeweiligen Fassungen fallen oder auf die diese Gesetze sonst Anwendung finden (Nr. 3). Dabei gelten gem. § 17 Abs. 2 BetrAVG die §§ 7-15 BetrAVG nicht für den Bund, die Länder, die Gemeinden sowie die Körperschaften, Stiftungen und Anstalten des öffentlichen Rechts, bei denen das Insolvenzverfahren nicht zulässig ist, und solche juristische Personen des öffentlichen Rechts, bei denen der Bund, ein Land oder eine Gemeinde kraft Gesetzes die Zahlungsfähigkeit sichert.

Die Vorschrift des § 18 BetrAVG ist aus Anlass der Rechtsprechung des Bundesverfassungsgerichts durch Gesetz vom 21.12.2001 neu gefasst worden.[61] Gem. § 18 Abs. 2 BetrAVG erhalten die in § 18 Abs. 1 Nr. 1 und 2 BetrAVG bezeichneten Personen, deren Anwartschaft nach § 1b BetrAVG fortbesteht und deren Arbeitsverhältnis vor Eintritt des Versorgungsfalles geendet hat, bei Eintritt des Versorgungsfalles von der Zusatzversorgungseinrichtung eine Zusatzrente nach Maßgabe von § 18 Abs. 2 Nr. 1-7 BetrAVG. Personen, auf die bis zur Beendigung ihres Arbeitsverhältnisses die Regelungen des Ersten Ruhegeldgesetzes, des Zweiten Ruhegeldgesetzes oder des Bremischen Ruhelohngesetzes in ihren jeweiligen Fassungen Anwendung gefunden haben, haben Anspruch gegenüber ihrem ehemaligen Arbeitgeber auf Leistungen in sinngemäßer Anwendung des Absatzes 2 mit Ausnahme von Abs. 2 Nr. 3 und 4 sowie Nr. 5 Satz 2 (§ 18 Abs. 3 Hs. 1 BetrAVG). Besteht bei Eintritt des Versorgungsfalles neben dem Anspruch auf Zusatzrente oder auf die in § 18 Abs. 3 oder Abs. 7 BetrAVG bezeichneten Leistungen auch Anspruch auf eine Versorgungsrente oder Versicherungsrente der in § 18 Abs. 1 Nr. 1 und 2 BetrAVG bezeichneten Zusatzversorgungseinrichtungen oder Anspruch auf entsprechende Versorgungsleistungen der Versorgungsanstalt der deutschen Kulturorchester oder der Versorgungsanstalt der deutschen Bühnen oder nach den Regelungen des Ersten Ruhegeldgesetzes, des Zweiten Ruhegeldgesetzes oder des Bremischen Ruhelohngesetzes, in deren Berechnung auch die der Zusatzrente zugrunde liegenden Zeiten berücksichtigt sind, ist nur die im Zahlbetrag höhere Rente zu leisten (§ 18 Abs. 5 BetrAVG). So wird vermieden, dass ein Versicherter sowohl Zusatzrente als auch Versorgungs- oder Versicherungsrente geltend machen kann.

VIII. Entgeltumwandlung

Gem. § 1a Abs. 1 S. 1 BetrAVG kann der Arbeitnehmer vom Arbeitgeber verlangen, dass von seinen künftigen Entgeltansprüchen bis zu 4 vom Hundert der jeweiligen Beitragsbemessungsgrenze in der allgemeinen Rentenversicherung durch Entgeltumwandlung für seine betriebliche Altersversorgung verwendet werden.

1. Tarifvorrang und tarifdispositive Vorschriften
Soweit Entgeltansprüche auf einem Tarifvertrag beruhen, kann nach § 17 Abs. 5 BetrAVG für diese eine Entgeltumwandlung nur vorgenommen werden, soweit dies durch Tarifvertrag vorgesehen oder durch Tarifvertrag zugelassen ist. Der Ta-

---

[61] Siehe dazu bereits oben unter III. 1. b).

rifvorrang greift nur, wenn sowohl der Arbeitgeber als auch der Arbeitnehmer tarifgebunden ist, wobei eine Tarifbindung aufgrund Allgemeinverbindlichkeit genügt.[62] Eine Umwandlung von Entgeltansprüchen, die nicht auf Tarifvertrag beruhen, bleibt weiterhin möglich. Gem. § 17 Abs. 3 S. 1 BetrAVG kann in Tarifverträgen des Weiteren von den §§ 1a, 2 bis 5, 16, 18a S. 1, 27 und 28 BetrAVG abgewichen werden. Durch die Aufnahme von § 1a BetrAVG in § 17 Abs. 3 S. 1
BetrAVG ist § 1a tarifdispositiv, so dass auch eine Abweichung zuungunsten des
Beschäftigten möglich ist. Daraus folgt, dass der Anspruch auf Entgeltumwandlung durch Tarifvertrag auch ganz ausgeschlossen werden kann.[63]

**2. Tarifvertrag zur Entgeltumwandlung für Arbeitnehmer/-innen im
   kommunalen öffentlichen Dienst**

47 Da eine Entgeltumwandlung bei nichttarifgebundenen Arbeitnehmern gem. § 17
Abs. 5 BetrAVG nicht ausgeschlossen ist, die tarifgebundenen Arbeitnehmer
demgegenüber aber nicht benachteiligt werden sollten, wurde am 28.02.2003 mit
Wirkung vom 01.01.2003 der Tarifvertrag zur Entgeltumwandlung für Arbeit-
nehmer/-Innen im kommunalen öffentlichen Dienst (TV-EUmw/VKA) abgeschlossen.

a) Überblick

48 Gem. § 1 TV-EUmw/VKA gilt dieser Tarifvertrag für kommunale Arbeitgeber
und die bei ihnen beschäftigten Arbeitnehmer und Auszubildenden. Der Tarifvertrag gilt nicht für Beschäftigte bei Bund und Ländern. Für diese Bereiche fehlt ein
entsprechender Tarifvertrag. Durch den TV-EUmw/VKA wurden zusätzlich zu
den tarifvertraglichen Regelungen zur betrieblichen Altersversorgung (ATV/ATV-
K) die Grundsätze zur Umwandlung tarifvertraglicher Entgeltbestandteile zum
Zwecke der betrieblichen Altersversorgung geregelt (§ 2 TVEUmw/VKA). Zur
Ausfüllung des § 17 Abs. 5 BetrAVG sieht § 3 Abs. 1 TVEUmw/VKA vor, dass
der Arbeitnehmer/die Arbeitnehmerin einen Anspruch darauf hat, dass von sei-
nen/ihren künftigen Entgeltansprüchen bis zu 4 v. H. der jeweiligen Beitragsbemessungsgrenze in der Rentenversicherung der Arbeiter und Angestellten (West)
durch Entgeltumwandlung für seine/ihre betriebliche Altersversorgung verwendet
werden. Zwischen den Parteien kann auch die Umwandlung eines über die in Abs.
1 genannte Höchstgrenze hinausgehenden Betrags vereinbart werden (§ 3 Abs. 2
TVEUmw/VKA). Die Entgeltumwandlung ändert die Zusatzversorgung im Hinblick auf Umlagen, Beiträge und Leistungen nicht, da i.d.R. in den Satzungen der
Zusatzversorgungseinrichtungen geregelt ist, dass sich das zusatzversorgungspflichtige Entgelt durch die Entgeltumwandlung nicht ändert (siehe z.B. § 64 Abs.
4 Satz 2 VBL-Satzung).

b) Durchführungswege

49 In § 6 TVEUmw/VKA wurde geregelt, dass die Entgeltumwandlung im Rahmen
der durch das BetrAVG vorgesehenen Durchführungswege bei öffentlichen Zusatzversorgungseinrichtungen durchzuführen ist, soweit sich aus den Sätzen 2 und

---

[62] Schaub/Schaub § 82 Rn. 65; ErfK/Steinmeyer § 17 BetrAVG Rn. 39.
[63] ErfK/Steinmeyer § 17 BetrAVG Rn. 34f; a.A. Heither, NZA 2001, 1275.

3 des § 6 TVEUmw/VKA nichts anderes ergibt. Danach kann der Arbeitgeber auch von der Sparkassen-Finanzgruppe oder den Kommunalversicherern angebotene Durchführungswege bestimmen. Die Beschränkung auf die Durchführungswege bei öffentlichen Zusatzversorgungseinrichtungen stellt grundsätzlich einen Verstoß gegen Vergaberecht dar (vgl. §§ 97 ff GWB, § 4 VgV i.V.m. VOL/A), ist aufgrund dessen gem. § 134 BGB nichtig und daher nicht zu beachten. Gem. § 1b BetrAVG gibt es fünf Durchführungswege:

- Direktzusage (§ 1b Abs. 1 S. 1)   50
  Hierbei erteilt der Arbeitgeber dem Arbeitnehmer direkt eine Versorgungszusage, so dass der Arbeitnehmer einen Anspruch auf die ihm zugesagten Leistungen gegen seinen Arbeitgeber hat.
- Direktversicherung (§ 1b Abs. 2 S. 1)   51
  Bei der Direktversicherung wird für die betriebliche Altersversorgung durch den Arbeitgeber eine Lebensversicherung auf das Leben des Arbeitnehmers abgeschlossen. Der Arbeitnehmer oder seine Hinterbliebenen sind hinsichtlich der Leistungen des Versicherers ganz oder teilweise bezugsberechtigt.
- Pensionskasse (§ 1b Abs. 3 S. 1)   52
  Bei der Pensionskasse handelt es sich um eine rechtsfähige Versorgungseinrichtung, die dem Arbeitnehmer oder seinen Hinterbliebenen auf ihre Leistungen einen Rechtsanspruch gewährt. Bei den öffentlichen Zusatzversorgungseinrichtungen handelt es sich um Pensionskassen.
- Pensionsfonds (§ 1b Abs. 3 S. 1)   53
  Auch beim Pensionsfonds handelt es sich um eine rechtsfähige Versorgungseinrichtung, die dem Arbeitnehmer oder seinen Hinterbliebenen auf ihre Leistungen einen Rechtsanspruch gewährt.[64]
- Unterstützungskasse (§ 1b Abs. 4 S. 1)   54
  Bei der Unterstützungskasse handelt es sich um eine rechtsfähige Versorgungseinrichtung, die auf ihre Leistungen keinen Rechtsanspruch gewährt.

c) Mitbestimmung

Durch die Regelung des Anspruchs auf Entgeltumwandlung in § 1a BetrAVG besteht für den Betriebsrat kein Mitbestimmungsrecht gem. § 87 BetrVG. Hinzu kommt, dass gem. § 77 Abs. 3 BetrVG der TV-EUmw/VKA zu berücksichtigen ist.   55

IX. Rechtsstreitigkeiten

1. Rechtswegabgrenzung

Ob ein Rechtsstreit dem bürgerlichen, dem öffentlichen Recht oder der Arbeitsgerichtsbarkeit zuzuweisen ist, richtet sich, wenn eine ausdrückliche Rechtswegzuweisung fehlt, nach der Natur des Rechtsverhältnisses, aus dem der Klageanspruch hergeleitet wird. Streitet ein Arbeitnehmer gegen den Arbeitgeber auf Leistungen aus der betrieblichen Altersversorgung, so handelt es sich um eine Leistung aus dem Arbeitsverhältnis, für die der Rechtsweg vor die Arbeitgerichte gegeben ist.[65]   56

---

[64] Siehe hierzu näher § 112 Abs. 1 Nr. 1 Versicherungsaufsichtsgesetz.
[65] BAG, Urt. v. 27.03.1990 - 3 AZR 188/89, NZA 1990, 789.

Besteht Streit über die Verpflichtung und Höhe der Verschaffung eines Anspruchs auf Zusatzversorgung, so handelt es sich um einen Anspruch zwischen Arbeitnehmer und Arbeitgeber aus dem Arbeitsverhältnis, der nach § 2 ArbGG vor den Arbeitsgerichten auszutragen ist. Die Zusatzversorgungskassen sind Körperschaften des öffentlichen Rechts. Sie sind keine gemeinsamen Einrichtungen der Tarifvertragsparteien. Klagt ein Versorgungsberechtigter gegen eine Zusatzversorgungskasse, so ist nicht der Rechtsweg vor die Arbeitsgerichte, sondern vor die ordentlichen Gerichte gegeben. Es handelt sich um eine bürgerlich rechtliche Streitigkeit im Sinne von § 13 GVG aus einem Versicherungsverhältnis.[66] Klagt ein vorzeitig aus dem Amt ausgeschiedener Beamter auf Gleichstellung mit anderen Arbeitnehmern hinsichtlich der Zusatzversorgung, so handelt es sich um eine öffentlich rechtliche Streitigkeit aus dem Beamtenverhältnis, für die der Rechtsweg vor die Verwaltungsgerichte gegeben ist.[67] Für bestimmte Streitigkeiten schreiben die Satzungen der Zusatzversorgungseinrichtungen ein Schiedsgerichtsverfahren vor (siehe z.B. § 57 VBL-Satzung).

2. Anhängige Klageverfahren und Instanzrechtsprechung
a) Streitigkeiten über Startgutschriften

57   Bei der Umstellung der Zusatzversorgung von der Gesamtversorgung auf das Punktemodell wurde eine weitestgehende Besitzstandswahrung nur für die Arbeitnehmer vereinbart, die bis zum 31.12.2001 das 55. Lebensjahr vollendet hatten. Für alle jüngeren Jahrgänge erfolgte eine Berechnung der Startgutschriften nach dem steuerrechtlichen Näherungswertverfahren. Die Tarifvertragsparteien selbst sind bei der Umstellung der Zusatzversorgung davon ausgegangen, dass im Durchschnitt hierdurch eine Leistungsabsenkung von ca. 20 % erfolgt.

Bei der Berechnung der Startgutschriften erfolgte in Einzelfällen eine Absenkung der Zusatzversorgung bereits zum 31.12.2001 erdienter Anwartschaften in Höhe von bis zu 50%. Das OLG Karlsruhe hat in seinem Urteil vom 22.9.2005 festgestellt, dass die Tarifvertragsparteien des öffentlichen Dienstes ihren tarifpolitischen Gestaltungsspielraum überschritten haben und die Festsetzung der Startgutschriften durch die Kassensatzung (§ 79 Abs. 1, § 78 Abs. 2 VBL-Satzung) auf der Grundlage des ATV rechtsunwirksam sind.[68] Das OLG Karlsruhe hat hierbei seinem Urteil zu Grunde gelegt, dass auch bereits erdiente Betriebsrentenansprüche nach der Rechtsprechung des Bundesverfassungsgerichts dem Eigentumsschutz des Art. 14 GG unterliegen.[69] In diese wurde rückwirkend verschlechternd eingegriffen. Insoweit dürften die Tarifvertragsparteien nicht rückwirkend bereits geschützte Ansprüche verschlechtern. Der BGH hatte in einer Entscheidung vom 29.9.2004 das Näherungswertverfahren nach § 18 Abs. 2 Nr. 1 BetrAVG zur Berechnung der Zusatzrente vorzeitig ausgeschiedener und bei der Zusatzversor-

---

[66]   BAG, Beschl. v. 10.08.2004 – 5 AZB 26/04, NJOZ 2005, 527; ausführlich dazu: Stürmer NJW 2004, 248 ff.

[67]   BAG, Beschl. v. 17.07.1995 – 5 AS 8/95, NZA 1995, 1175.

[68]   OLG Karlsruhe, Urt. v. 22.09.2005 – 12 U 99/04, NVwZ-RR 2005, 838.

[69]   BVerfG, Beschl. v. 03.12.1998 – 1 BvR 2262/96, NZA-RR 1999, 204; BAG, Urt.v. 20.2.2001 – 3 AZR 252/00, EzA BetrAVG § 1 Ablösung Nr. 24; BAG, Urt. v. 25.05.2004 – 3 AZR 123/03, AP Nr. 11 zu § 1 BetrAVG, Überversorgung.

gungskasse nachversicherter Personen unbeanstandet gelassen.[70] In seiner jüngsten Entscheidung hat der BGH allerdings ausdrücklich offen gelassen, ob das Näherungswertverfahren geeignet ist, die Zusatzversorgung von Arbeitnehmern in noch bestehenden Arbeitsverhältnissen zu berechnen, und verfassungsgemäß ist.[71] Da es Sache der Tarifvertragsparteien ist, den Tarifvertrag im Einklang mit verfassungsrechtlichem und höherrangigem Recht auszugestalten, hat das OLG Karlsruhe nur festgestellt, dass die auf Grundlage der bestehenden tarifvertraglichen Regelungen errechneten Startgutschriften rechtsunwirksam sind.

b) Streitigkeiten über Sanierungsgeldzahlung

Gegenüber der VBL sind zurzeit über 1.200 Klageverfahren rechtshängig, in welchen Beteiligte die Heranziehung zu Sanierungsgeldern der Höhe nach für rechtsunwirksam halten. Geltend gemacht wird, dass die Sanierungsgelder der Höhe nach verursachergerecht auf die Beteiligten zu verteilen sind. Die VBL hat versucht mit der 7. Satzungsänderung dem gerecht zu werden. Die Satzungsänderung liegt dem Bundesfinanzministerium zur Genehmigung vor. Mit einer Genehmigung ist aus politischen Gründen nicht zu rechnen, da dies auf Grund der Personalabbaumaßnahmen des Bundes dazu führen würde, dass der Bund zu den durch ihn verursachten Kosten herangezogen werden würde.

58

---

[70] BGH, Urt. v. 29.09.2004 – IV ZR 175/03, NZA 2005, 299.
[71] BAG, Urt. v. 15.02.2005 – 3 AZR 298/04, ZTR 2005, 48.

Abschnitt IV Urlaub und Arbeitsbefreiung

§ 26 Erholungsurlaub

(1) [1]Beschäftigte haben in jedem Kalenderjahr Anspruch auf Erholungsurlaub unter Fortzahlung des Entgelts (§ 21). [2]Bei Verteilung der wöchentlichen Arbeitszeit auf fünf Tage in der Kalenderwoche beträgt der Urlaubsanspruch in jedem Kalenderjahr

- bis zum vollendeten 30. Lebensjahr   26 Arbeitstage,
- bis zum vollendeten 40. Lebensjahr   29 Arbeitstage und
- nach dem vollendeten 40. Lebensjahr   30 Arbeitstage.

[3]Maßgebend für die Berechnung der Urlaubsdauer ist das Lebensjahr, das im Laufe des Kalenderjahres vollendet wird. [4]Bei einer anderen Verteilung der wöchentlichen Arbeitszeit als auf fünf Tage in der Woche erhöht oder vermindert sich der Urlaubsanspruch entsprechend. [5]Verbleibt bei der Berechnung des Urlaubs ein Bruchteil, der mindestens einen halben Urlaubstag ergibt, wird er auf einen vollen Urlaubstag aufgerundet; Bruchteile von weniger als einem halben Urlaubtag bleiben unberücksichtigt. [6]Der Erholungsurlaub muss im laufenden Kalenderjahr gewährt und kann auch in Teilen genommen werden.

Protokollerklärung zu Absatz 1 Satz 6:
Der Urlaub soll grundsätzlich zusammenhängend gewährt werden; dabei soll ein Urlaubsteil von zwei Wochen Dauer angestrebt werden.

(2) Im Übrigen gilt das Bundesurlaubsgesetz mit folgenden Maßgaben:
a) Im Falle der Übertragung muss der Erholungsurlaub in den ersten drei Monaten des folgenden Kalenderjahres angetreten werden. Kann der Erholungsurlaub wegen Arbeitsunfähigkeit oder aus betrieblichen/dienstlichen Gründen nicht bis zum 31. März angetreten werden, ist er bis zum 31. Mai anzutreten.
b) Beginnt oder endet das Arbeitsverhältnis im Laufe eines Jahres, erhält der/die Beschäftigte als Erholungsurlaub für jeden vollen Monat des Arbeitsverhältnisses ein Zwölftel des Urlaubsanspruches nach Absatz 1; § 5 BUrlG bleibt unberührt.
c) Ruht das Arbeitsverhältnis, so vermindert sich die Dauer des Erholungsurlaubs einschließlich eines etwaigen Zusatzurlaubs für jeden vollen Kalendermonat um ein Zwölftel.
d) Das nach Absatz 1 Satz 1 fort zu zahlende Entgelt wird zu dem in § 24 genannten Zeitpunkt gezahlt.

Schwald

TVÜ-Bund
§ 15 Urlaub

(1) [1]Für die Dauer und die Bewilligung des Erholungsurlaubs bzw. von Zusatzurlaub für das Urlaubsjahr 2005 gelten die im September 2005 jeweils maßgebenden Vorschriften bis zum 31. Dezember 2005 fort. [2]Die Regelungen des TVöD gelten für die Bemessung des Urlaubsentgelts sowie für eine Übertragung von Urlaub auf das Kalenderjahr 2006.

(2) [1]Aus dem Geltungsbereich des BAT/BAT-O übergeleitete Beschäftigte der Vergütungsgruppen I und Ia, die für das Urlaubsjahr 2005 einen Anspruch auf 30 Arbeitstage Erholungsurlaub erworben haben, behalten bei einer Fünftagewoche diesen Anspruch für die Dauer des über den 30. September 2005 hinaus ununterbrochen fortbestehenden Arbeitsverhältnisses. [2]Die Urlaubsregelungen des TVöD bei abweichender Verteilung der Arbeitszeit gelten entsprechend.

(3) § 49 Abs. 1 und 2 MTArb/MTArb-O i.V.m. dem Tarifvertrag über Zusatzurlaub für gesundheitsgefährdende Arbeiten für Arbeiter des Bundes gelten bis zum In-Kraft-Treten eines entsprechenden Tarifvertrags des Bundes fort. Im Übrigen gilt Absatz 1 entsprechend.

(4) [1]In den Fällen des § 48a BAT/BAT-O oder § 48a MTArb/MTArb-O wird der sich nach dem Kalenderjahr 2005 zu bemessende Zusatzurlaub im Kalenderjahr 2006 gewährt. [2]Die nach Satz 1 zustehenden Urlaubstage werden auf den nach den Bestimmungen des TVöD im Kalenderjahr 2006 zustehenden Zusatzurlaub für Wechselschichtarbeit und Schichtarbeit angerechnet. Absatz 1 Satz 2 gilt entsprechend.

TVÜ-VKA
§ 15 Urlaub

(1) [1]Für die Dauer und die Bewilligung des Erholungsurlaubs bzw. von Zusatzurlaub für das Urlaubsjahr 2005 gelten die im September 2005 jeweils maßgebenden Vorschriften bis zum 31. Dezember 2005 fort. [2]Die Regelungen des TVöD gelten für die Bemessung des Urlaubsentgelts sowie für eine Übertragung von Urlaub auf das Kalenderjahr 2006.

(2) [1]Aus dem Geltungsbereich des BAT/BAT-O / BAT-Ostdeutsche Sparkassen übergeleitete Beschäftigte der Vergütungsgruppen I und Ia, die für das Urlaubsjahr 2005 einen Anspruch auf 30 Arbeitstage Erholungsurlaub erworben haben, behalten bei einer Fünftagewoche diesen Anspruch für die Dauer des über den 30. September 2005 hinaus ununterbrochen fortbestehenden Arbeitsverhältnisses. [2]Die Urlaubsregelungen des TVöD bei abweichender Verteilung der Arbeitszeit gelten entsprechend.

(3) § 42 Abs. 1 BMT-G / BMT-G-O i.V.m. bezirklichen Tarifverträgen zu § 42 Abs. 2 BMT-G und der Tarifvertrag zu § 42 Abs. 2 BMT-G-O (Zusatz-

urlaub für Arbeiter) gelten bis zum In-Kraft-Treten entsprechender landesbezirklicher Tarifverträge fort; im Übrigen gilt Absatz 1 entsprechend.

(4) [1]In den Fällen des § 48a BAT/BAT-O / BAT-Ostdeutsche Sparkassen oder
§ 41a BMT-G / BMT-G-O wird der sich nach dem Kalenderjahr 2005 zu bemessende Zusatzurlaub im Kalenderjahr 2006 gewährt. [2]Die nach Satz 1 zustehenden Urlaubstage werden auf den nach den Bestimmungen des TVöD
im Kalenderjahr 2006 zustehenden Zusatzurlaub für Wechselschichtarbeit
und Schichtarbeit angerechnet. Absatz 1 Satz 2 gilt entsprechend.

I. Vergleich mit den bisherigen Vorschriften; Überleitung

1. Allgemein: Straffung durch Verweis auf das BUrlG, Abschaffung von Sonderregelungen

In BAT und BAT-O war der Erholungsurlaub in § 47 (der überwiegend die Ur- **1**
laubsvergütung behandelte), § 48 (Dauer des Erholungsurlaubs) sowie in § 51
BAT (Urlaubsgeltung) geregelt. Die Übergangsregelung des § 71 BAT – die nicht
im Bereich des BAT-O galt – sowie die Sonderregelungen (in Nr. 8 der SR 2 b,
Nr. 11 der SR 2 d, Nr. 8 der SR 2k, Nr. 5 der SR 21 und Nr. 5 der SR 2 n) wurden
in § 26 TVöD aufgegeben.

Auch im Bereich des BMT-G II war die Regelung des Erholungsurlaubs aufge- **2**
teilt in verschiedene Vorschriften: § 41 behandelte die Dauer, § 44 die Bemessung
des Urlaubs bei Beginn, Beendigung und Ruhen des Arbeitsverhältnis-
ses/Sonderurlaub, § 45 die Anrechnung von in einem früheren Arbeitsverhältnis
gewährtem Urlaub, die Berechnung des Urlaubs war in § 45a extra geregelt, der
Antritt des Urlaubs und die Übertragung ins nächste Kalenderjahr in § 46 und
schließlich die Urlaubsabgeltung in § 47. Außerdem war die Berechnung des Urlaubslohns etwas versteckt in den Begriffsbestimmungen, § 67 Nr. 40 BMT-G II,
geregelt.

Der MTArb dagegen kam in § 48 zwar bereits mit nur einer Vorschrift zum Er- **3**
holungsurlaub aus, diese war dafür aber mit 13 Absätzen entsprechend lang geraten.

Im Vergleich dieser bisherigen Bestimmungen zum neuen § 26 TVöD fällt daher insgesamt sofort ins Auge, dass der TVöD hier deutlich gestrafft ist.

Das liegt erstens daran, dass § 26 TVöD viele deklaratorische Wiederholungen **4**
des Gesetzestextes aus dem BUrlG vermeidet: § 26 Abs. 2 TVöD verweist insge-

samt mit Ausnahme der Abweichungen in Abs. 1 und Abs. 2 Buchst. a-d auf das BUrlG. So musste § 26 TVöD z.B. nicht die Formulierung des § 47 Abs. 6 Unterabs. 3 BAT oder des § 46 Abs. 3 Unterabs. 2 BMT-G II zum Anspruch auf Erteilung des Erholungsurlaubs im Anschluss an Maßnahmen der medizinischen Vorsorge oder Rehabilitation übernehmen, da bereits § 7 Abs. 1 Satz 2 BUrlG diesen Sachverhalt mit nahezu identischem Wortlaut regelt.

5   Weiter verzichtet § 26 TVöD zum Teil zugunsten der Geltung des BUrlG auch auf bisherige Abweichungen davon: Die Urlaubsabgeltung z.B. ist gem. § 26 Abs. 2 TVöD nunmehr ausschließlich dem BUrlG zu entnehmen, so dass § 51 BAT und § 47 BMT-G II keine Entsprechung im TVöD mehr finden. Weiter ist § 47 Abs. 6 Unterabs. 2 BAT zur Erkrankung des Angestellten während des Urlaubs nicht übernommen worden; hier gilt gem. § 26 TVöD jetzt allein § 9 BUrlG mit der Folge, dass eine unverzügliche Anzeige der Krankheit nicht mehr erforderlich ist. Ebenfalls nichts mehr sagt § 26 TVöD zur Wartezeit, so dass § 4 BUrlG (6 Monate) ohne Abweichungen anzuwenden ist, während § 47 Abs. 3 BAT und § 44 Abs. 1 Unterabs. 2 BMT-G II davon insofern – zugunsten des Angestellten – abwichen, als nicht die Entstehung, sondern nur die Fälligkeit des Urlaubsanspruchs von der Wartezeit abhing, und für Jugendliche eine Wartezeit von nur drei Monaten vorsahen. Auch der Ausschluss von Doppelansprüchen bei Arbeitgeberwechsel richtet sich jetzt ausschließlich nach § 6 BUrlG. Dadurch, dass das Verbot der Erwerbstätigkeit während des Urlaubs nur nach § 8 BUrlG zu beurteilen ist, entfällt nach dem TVöD die bisherige Kürzung des Urlaubsentgelts um die Tage der unerlaubten Erwerbstätigkeit (§ 47 Abs. VIII BAT und § 48 Satz 2 BMT-G II); dazu siehe unten Rn. 41.

6   Außerdem ist die Berechnung des Urlaubsentgelts durch den Verweis auf die Zentralnorm der Berechnung von Entgeltfortzahlung, § 21 TVöD, ebenfalls überflüssig geworden, wodurch im Vergleich zu den Altregelungen besonders viel Platz gewonnen wurde.

Dabei ist § 26 TVöD in weiten Teilen § 14 TV-V nachgebildet. Wesentlicher Unterschied dazu ist vor allem die Dauer des Urlaubs, die § 14 TVV-V einheitlich (ohne Differenzierung nach Lebensalter) auf 30 Tage festlegt. Außerdem fehlt § 14 TVV-V eine Entsprechung zu § 26 Abs. 2 lit. c TVöD, der den Urlaubsanspruch bei ruhendem Arbeitsverhältnis regelt; dafür handelt § 14 TVV-V auch den Zusatzurlaub bei Schichtarbeit mit ab, der im TVöD in § 27 eine gesonderte Regelung erfahren hat.

All diese Maßnahmen machten letztendlich möglich, dass der TVöD den Erholungsurlaub nunmehr in einer einzigen straffen Vorschrift regelt.

2. Dauer des Erholungsurlaubs; Übertragung ins Folgejahr

7   Bei der Dauer des Erholungsurlaubs bleibt § 26 Abs. 1 Satz 2 TVöD bei einer Staffelung je nach Lebensalter von 26, 29 oder 30 Arbeitstagen wie zuvor § 48 Abs. 7 MTArb und § 41 Abs. 3 BMT-G II. Ob diese Differenzierung nach dem neuen Allgemeinen Gleichbehandlungs-Gesetz noch zulässig ist, ist noch offen, kann aber bezweifelt werden.

8   § 48 BAT/BAT-O knüpfte die Dauer des Erholungsurlaubs noch, neben dem jetzt allein maßgeblichen Lebensalter, an die Vergütungsgruppe. Diese Abhängig-

keit von der Eingruppierung ist aufgegeben worden. An der Dauer des Erholungsurlaubs ändert § 26 Abs. 1 Satz 2 TVöD allerdings auch im Vergleich zum BAT
mit einer Abweichung nichts: Lediglich für Angestellte der Vergütungsgruppen I
und Ia gewährt der TVöD bis zum vollendeten 40. Lebensjahr mit 29 statt bisher
30 Tagen einen Tag weniger. Für Angestellte der früheren Vergütungsgruppen I
und Ia BAT, die nach § 1 Abs. 1 TVÜ-Bund übergeleitet werden, enthält allerdings § 15 Abs. 2 TVÜ-Bund/-VKA eine Besitzstandsregelung.[1]

Die Übertragung von Urlaub ins Folgejahr ist in § 26 Abs. 2 Buchst. a TVöD
näher am BUrlG geregelt als zuvor in § 47 Abs. 7 Unterabs. 2 BAT und § 46 Abs.
1 Unterabs. 2 BMT-G II: Eine Übertragung findet nunmehr entsprechend § 7 Abs.
3 Satz 3 BUrlG grundsätzlich nur noch bis zum 31. März statt bisher 30. April
statt; auch für die weitere Übertragung (§ 26 Abs. 2 Buchst. a Satz 2 TVöD) ist
der Übertragungszeitraum um einen Monat vom 30. Juni auf den 31. Mai verkürzt
worden. Eine weitere Übertragung wie bisher bis zum 30. September sieht der
TVöD überhaupt nicht mehr vor.

3. Überleitungsvorschriften

§ 26 Abs. 1 und Abs. 2 Buchst. b und c TVöD treten, abweichend vom allgemei-   **9**
nen Zeitpunkt am 01.10.2005, erst am 1. Januar 2006 in Kraft (§ 39 Abs. 1
Buchst. b TVöD und § 15 Abs. 1 TVÜ-Bund/-VKA). Zur Überleitung im Einzelnen siehe unten Rn. 85.

II. Verhältnis zu Gesetzen und anderen Vorschriften des TVöD

1. Gesetze

a) BUrlG

Das BUrlG hat für § 26 TVöD zwei Funktionen: **10**

Zum einen verweist § 26 Abs. 2 TVöD bis auf die Abweichungen in Abs. 1 und
in Abs. 2 Buchst. a-d komplett auf das BUrlG. Daher kommt das BUrlG ergänzend zu § 26 TVöD zur Anwendung und vervollständigt diesen.

Zum anderen schränkt das BUrlG § 26 TVöD aber in einigen Fällen auch ein,
da § 13 BUrlG die meisten Vorschriften des BUrlG zwar tarifdispositiv gestaltet,
Abweichungen für den Mindesturlaubsanspruch nach § 3 Abs. 1 i.V.m. §§ 1 und 2
BUrlG aber ausschließt. Soweit nach dem Wortlaut des § 26 TVöD auch dieser
Mindesturlaubsanspruch angetastet würde, ist § 26 TVöD gesetzeskonform einschränkend auszulegen; dies gilt etwa für die Zwölftelungs-Kürzung der Urlaubsdauer nach § 26 Abs. 2 Buchst. b und c TVöD.[2]

Daher gilt für den Erholungsurlaub nach dem TVöD das BUrlG mit folgenden   **11**
Abweichungen bzw. Ergänzungen:

– Höhe des Urlaubsanspruchs: 26/29/30 Tage nach § 26 Abs. 1 Satz 2 TVöD im
  Vergleich zu 20 Tagen nach § 3 BUrlG (bei Fünf-Tage Woche); dazu kommt
  ggf. noch der Zusatzurlaub nach § 29 TVöD und ggf. der gesetzliche Zusatzurlaub für Schwerbehinderte gem. § 125 SGB IX;

---

[1]   Dazu im einzelnen unter Rn. 85.
[2]   Dazu gleich unter Rn. 62.

- Übertragung des Urlaubs ins Folgejahr: Hier gelten nach § 26 Abs. 2 Buchst. a TVöD einige Besonderheiten im Vergleich zu § 7 Abs. 3 BUrlG;
- Berechnung der Entgeltfortzahlung als Urlaubsentgelt: § 26 TVöD verweist für die Berechnung auf § 21 TVöD und weicht damit vom § 11 Abs. 1 BUrlG ab;
- Auszahlung des Urlaubsentgelts: § 26 Abs. 2 Buchst. d TVöD legt den Zeitpunkt der Auszahlung anders als § 11 Abs. 2 BUrlG fest;
- § 26 TVöD sieht in Abs. 2 Buchst. b und c Kürzungen des Urlaubsanspruches vor, die weiter gehen als der Teilurlaub nach § 5 BUrlG;
- die Gewährung von Urlaubsteilen ist in § 26 Abs. 1 Satz 6 TVöD großzügiger geregelt als in § 7 Abs. 2 BUrlG.

b) JArbSchG

12   Für Jugendliche gilt gem. § 19 Abs. 2 JArbSchG ein erhöhter Mindesturlaubsanspruch, der – da unabdingbar, § 21a JArbSchG – auch im Bereich des TVöD zu gewähren ist und ggf. zu einem höheren Mindestanspruch als gem. § 26 Abs. 1 Satz 2 TVöD führen kann:

- mindestens 30 Werktage, wenn der Jugendliche zu Beginn des Kalenderjahres noch nicht 16 Jahre alt ist,
- mindestens 27 Werktage, wenn der Jugendliche zu Beginn des Kalenderjahres noch nicht 17 Jahre alt ist, und
- mindestens 25 Werktage, wenn der Jugendliche zu Beginn des Kalenderjahres noch nicht 18 Jahre alt ist.

Außerdem gilt gem. § 19 Abs. 3 JArbSchG, dass Berufsschülern der Urlaub in der Zeit der Berufsschulferien gewährt werden *soll*. Wird dies nicht eingehalten, ist für jeden Berufsschultag, an dem die Berufsschule während des Urlaubs besucht wird, ein zusätzlicher Urlaubstag zu gewähren.

c) SGB IX

13   § 125 SGB IX gibt Schwerbehinderten einen Anspruch auf einen Zusatzurlaub. Dieser Zusatzurlaub ist ein echter Zusatzurlaub, der zusätzlich zu dem Urlaubsanspruch Nicht-Behinderter zu gewähren ist, auch wenn tarifvertraglich, wie in § 26 TVöD, der Mindesturlaubsanspruch nach dem BUrlG bereits um mehr als den Zusatzurlaub nach § 125 SGB IX übererfüllt wird.[3]

Daher sind Schwerbehinderten i.S.d. § 2 Abs. 2 SGB IX – eine Gleichstellung nach § 2 Abs. 3 SGB IX reicht nicht – zusätzlich zu ihrem Anspruch auf Erholungsurlaub (§ 26 Abs. 1 Satz 2 TVöD) und ggf. auch Zusatzurlaub (§ 27 TVöD) fünf zusätzliche Arbeitstage im Urlaubsjahr als Erholungsurlaub zu gewähren. Die fehlende Anrechnungsmöglichkeit für diesen Zusatzurlaub bringt auch § 27 Abs. 4 Satz 1 TVöD zum Ausdruck, wonach die Höchstgrenze von sechs Arbeitstagen Zusatzurlaub pro Kalenderjahr für § 125 SGB IX gerade nicht gilt.

Die fünf Arbeitstage sind dabei auf Basis einer Fünf-Tage-Woche zu berechnen; bei anderer Verteilung der Arbeitszeit vermindert oder erhöht sich die Dauer entsprechend. Diese Berechnung ist ebenso wie bei § 26 Abs. 1 TVöD vorzuneh-

---

[3]   ErfK/Rolfs § 125 SGB IX Rn. 2.

men (dazu gleich Rn. 53), wobei allerdings die Rundungsregelung des § 125 Abs. 2 Satz 2 SGB IX nicht der des § 26 Abs. 1 Satz 5 TVöD, sondern der des § 5 Abs. 2 BUrlG[4] entspricht.

d) MuSchG und BErzGG

Das MuSchG und das BErzGG enthalten vom BUrlG und auch § 26 TVöD ab- **14** weichende, aber unabdingbare Vorschriften zur Übertragung von Urlaubsansprüchen: § 17 Satz 2 MuSchG bestimmt, dass eine Beschäftigte, die ihren Urlaub vor Beginn der Beschäftigungsverbote nicht oder nicht vollständig erhalten hat, diesen nach Ablauf der Fristen im laufenden oder im nächsten Urlaubsjahr beanspruchen kann. Ebenso hat gem. § 17 Abs. 2 BerzGG der Arbeitgeber den Resturlaub nach Ende der Elternzeit im laufenden oder im nächsten Urlaubsjahr zu gewähren und ggf. abzugelten, § 17 Abs. 3 BErzGG.

2. Andere Vorschriften des TVöD

a) Zusatzurlaub, § 27 TVöD

Der TVöD sieht in § 27, wie bisher § 48a BAT, Zusatzurlaub zum Ausgleich für **15** besondere Formen der Arbeitszeit vor. Auf den Zusatzurlaub ist gem. § 27 Abs. 5 TVöD § 26 TVöD mit Ausnahme der Zwölftelregelung in § 26 Abs. 2 Buchstabe b anwendbar. Aus dieser Systematik folgt, dass § 27 lex specialis zu § 26 und der Zusatzurlaub eine Form des Erholungsurlaubs ist, sodass § 27 im Vergleich zu § 26 nur eine Aufstockung von Urlaubstagen enthält. Insbesondere ist der Zusatzurlaub ebenso wie der allgemeine Erholungsurlaub nach § 21 TVöD zu vergüten.

b) Sonderurlaub, § 28 TVöD

Dadurch, dass § 28 TVöD für den Sonderurlaub weder einen direkten Anspruch **16** des Arbeitnehmers noch eine Entgeltfortzahlung vorsieht und auch nicht auf § 26 Bezug nimmt, wird bereits deutlich, dass § 28 keinen Erholungsurlaub im Sinne des TVöD und des BUrlG betrifft.[5] Besser wäre daher gewesen, dies auch begrifflich auszudrücken und – im Vergleich zum Erholungs- und Zusatzurlaub – nicht vom Sonder-"Urlaub", sondern von einer unbezahlten Freistellung zu sprechen. Auf die Freistellung des § 28 sind daher sämtliche Grundsätze des Urlaubsrechts grundsätzlich nicht anzuwenden.

c) Arbeitsbefreiung, § 29 TVöD

Die Arbeitsbefreiung wird bereits in Absatz 1 Satz 1 des § 29 TVöD nicht dem **17** Urlaubsrecht des § 26 TVöD und des BUrlG, sondern der vorübergehenden Verhinderung in § 616 BGB zugeordnet. Dies ändert zwar an der Entgeltfortzahlung – die auch für die Arbeitsbefreiung nach § 21 TVöD gewährt wird – direkt nichts, führt aber dazu, dass das BUrlG nicht anwendbar ist. Vor allem kann so die Arbeitsbefreiung von bestimmten Tatbestandsvoraussetzungen abhängig gemacht werden. Auch der Vorrang der Entgeltfortzahlung nach dem EFZG bei Arbeitsunfähigkeit nach § 9 BUrlG entfällt.

---

[4] Dazu unten Rn. 59.
[5] Ausführlich unter § 28 Rn. 1 ff.

3. Spezielle Vorschriften für bestimmte Berufsgruppen

18   Besondere Regelungen enthalten § 51 Nr. 3 BT-V für Lehrer, § 52 Nr. 3 BT-V für Musikschullehrer und § 55 Nr. 6 BT-V für Beschäftigte an Theatern: Diese haben den Urlaub in den Schulferien bzw. der unterrichts-/spielfreien Zeit zu nehmen.

III. Rechtscharakter des Anspruchs auf Erholungsurlaub

19   Erholungsurlaub ist die Freistellung des Arbeitnehmers von der Arbeitspflicht, und zwar unter Fortzahlung des Arbeitsentgelts (§ 11 BUrlG, § 26 Abs. 1 Satz 1 TVöD).

Die Erfüllung des Urlaubsanspruches ist eine Nebenpflicht des Arbeitgebers, der Anspruch selbst also nicht abhängig von einer Gegenleistung (zur fehlenden Abhängigkeit von der erbrachten Arbeitsleistung sogleich unter Rn. 21).

Wegen § 13 BUrlG können weder Arbeitgeber noch Beschäftigter wirksam den Urlaubsanspruch abbedingen oder auf ihn verzichten.

Da der Anspruch auf Erholungsurlaub darauf gerichtet ist, den Arbeitnehmer von seiner Arbeitspflicht zu befreien, und die Arbeitspflicht nach § 613 BGB regelmäßig an die Person des Arbeitnehmers gebunden ist, entfällt der Urlaubsanspruch mit dem Ende des Arbeitsverhältnisses. Ebenso erlischt der Urlaubsanspruch mit dem Tod des Beschäftigten, da dann auch das Arbeitsverhältnis endet. Damit ist der Urlaubsanspruch selbst nicht vererbbar.[6]

Weiter kann der Anspruch wegen dieser höchstpersönlichen Natur weder abgetreten noch mit einem anderen Anspruch aufgerechnet werden.

Aus der fehlenden Übertragbarkeit folgt auch, dass der Urlaubsanspruch nicht pfändbar ist, § 851 Abs. 1 ZPO.

IV. Voraussetzungen und Fälligkeit des Anspruchs auf Erholungsurlaub

1. Arbeitsverhältnis; Wartezeit

20   Einzige Voraussetzung des Anspruchs auf den Erholungsurlaub nach § 26 TVöD ist, dass auf das Arbeitsverhältnis des Beschäftigten der TVöD anwendbar ist und er die Wartezeit des § 4 BUrlG vollendet hat. Da § 26 TVöD – anders als § 47 Abs. 3 BAT und § 44 Abs. 1 Unterabs. 2 BMT-G II – keine eigene Regelung zur Wartezeit trifft, ist ausschließlich § 4 BUrlG heranzuziehen; danach entsteht der Anspruch nach sechsmonatigem Bestehen, wobei die Wartezeit selbst nicht etwa zu einer Kürzung des Anspruchs führt, sondern nur das Entstehen des vollen Anspruchs verschiebt.

Für die Berechnung der Wartezeit gelten §§ 187 ff. BGB. Der Fristbeginn ist in aller Regel nach § 187 Abs. 2 BGB zu bestimmen, so dass der vereinbarte erste Tag des Arbeitsverhältnisses für die Berechnung der Wartezeit mitzählt; dies gilt auch, wenn es sich dabei um einen Sonn- oder Feiertag handelt.[7] Wann dagegen der Arbeitsvertrag abgeschlossen wurde, ist für den Fristbeginn ohne Bedeutung.

Das Ende der Wartezeit markiert der Ablauf des letzten Tages im 6. Monat nach Beginn des Arbeitsverhältnisses, § 188 Abs. 2 BGB; auch hier spielt es keine Rolle, ob dieser Tag ein Sonn- oder Feiertag ist, da § 193 BGB keine Anwendung

---

[6]   BAG, Urt. v. 08.07.1989 - 8 AZR 44/88, AP Nr. 49 zu § 7 BUrlG Abgeltung.

[7]   ErfK/Dörner § 4 BUrlG Rn. 5 f.

findet.[8] Ob der Arbeitnehmer bei Ablauf der Wartezeit arbeitsunfähig ist, ist unerheblich.[9]

Tritt ein 35-jähriger Beschäftigter daher am 01.01.2006 in das Arbeitsverhältnis ein, steht ihm für das Jahr 2006 der volle Urlaubsanspruch in Höhe von 29 Arbeitstagen zu, den er aber erst ab dem 01.07.2006 geltend machen kann.

Der Arbeitgeber kann jedoch auch vor Ablauf der Wartezeit bereits Urlaub gewähren, da dies eine für den Arbeitnehmer günstigere Gestaltung darstellt (§ 13 Abs. 1 Satz 3 BUrlG).

Für den Teilurlaubsanspruch nach § 5 BUrlG ist die Wartezeit des § 4 BUrlG nicht anzuwenden, sondern der Anspruch wird sofort fällig.[10]

2. Keine Voraussetzung: Erbrachte Arbeitsleistung

Der Urlaubsanspruch ist nur an die Erfüllung der Wartezeit geknüpft und entsteht unabhängig vom Umfang der erbrachten Arbeitsleistung.[11] Keine Voraussetzung für den Urlaubsanspruch ist daher, dass der Arbeitnehmer im betreffenden Kalenderjahr überhaupt Arbeitsleistung erbracht hat.[12]

21

Die frühere Rechtsprechung, wonach die Geltendmachung eines Urlaubsanspruchs durch einen Arbeitnehmer rechtsmissbräuchlich und damit ausgeschlossen ist, wenn dieser krankheitsbedingt im Urlaubsjahr nur eine geringe oder gar keine Arbeitsleistung erbracht hat, ist ausdrücklich aufgegeben worden.[13]

3. Fälligkeit

Für die Fälligkeit des Urlaubsanspruches gilt § 271 Abs. 1 BGB. Damit kann der Beschäftigte als Gläubiger des Urlaubsanspruches grundsätzlich bereits mit Beginn der Arbeitspflicht im neuen Kalenderjahr bzw. nach Ablauf der Wartezeit und im Falle des Teilurlaubsanspruches sofort den gesamten bzw. Teil-Urlaub des Kalenderjahres verlangen.

22

V. Erfüllung des Anspruchs auf Erholungsurlaub

1. Gewährung durch den Arbeitgeber

Da der Anspruch auf Erholungsurlaub ein Freistellungsanspruch ist, wird der Urlaub durch die Willenserklärung des Arbeitgebers gewährt, den Beschäftigten für eine bestimmte Zeit von der vertraglich geschuldeten Arbeitsleistung freizustellen. Die Mitteilung des Arbeitgebers an den Beschäftigten, mit der die Leistungszeit (§ 271 BGB) bestimmt wird, in der der Urlaubsanspruch des Arbeitnehmers i.S.v. § 362 Abs. 1 BGB erfüllt werden soll, ist die erforderliche Erfüllungshandlung des

23

---

[8] ErfK/Dörner § 4 BUrlG Rn. 8.

[9] BAG, Urt. v. 18.03.2003 – 9 AZR 190/02, AP Nr. 17 zu § 3 BUrlG Rechtsmißbrauch.

[10] ErfK/Dörner § 5 BUrlG Rn. 10 f.

[11] BAG, Urt. v. 18.03.2003 – 9 AZR 190/02, AP Nr. 17 zu § 3 BUrlG Rechtsmißbrauch; Urt. v. 08.01.1982 – 6 AZR 571/79, AP Nr. 11 zu § 3 BUrlG Rechtsmißbrauch.

[12] BAG, Urt. v. 08.03.1984 – 6 AZR 600/82, AP Nr. 14 zu § 3 BUrlG Rechtsmißbrauch; Urt. v. 08.03.1984 – 6 AZR 442/83, AP Nr. 15 zu § 13 BUrlG; Urt. v. 08.01.1982 – 6 AZR 571/79, AP Nr. 11 zu § 3 BUrlG Rechtsmißbrauch; ebenso aus jüngerer Zeit auch der 9. Senat, Urt. v. 18.03.2003 – 9 AZR 190/02, AP Nr. 17 zu § 3 BUrlG Rechtsmißbrauch.

[13] BAG, Urt. v. 08.01.1982 – 6 AZR 571/79, AP Nr. 11 zu § 3 BUrlG Rechtsmißbrauch; anders noch der fünfte Senat bis zum Urt. v. 16.08.1977 – 5 AZR 436/76, AP Nr. 10 zu § 3 BUrlG Rechtsmißbrauch.

Arbeitgebers:[14] Mit dieser Freistellungserklärung hat der Arbeitgeber als Schuldner des Urlaubs die für die Erfüllung dieses Anspruchs erforderliche Leistungs- und Erfüllungshandlung i.S. von § 26 Abs. 2 TVöD i.V.m. § 7 Abs. 1 BUrlG vorgenommen.[15]

Dabei muss der Arbeitgeber allerdings zu verstehen geben, auf welcher Grundlage er den Beschäftigten freistellt: Es muss klar sein, dass die Freistellung zur Erfüllung des Urlaubsanspruches erfolgt.[16] Diese Tilgungsbestimmung nach § 366 Abs. 1 BGB ist bei der Urlaubsgewährung vorzunehmen und kann nicht später nachgeholt oder geändert werden, so dass z.B. der Arbeitgeber auch nicht einen gewährten Sonderurlaub (§ 28 TVöD) auf den Erholungsurlaub nach § 26 TVöD verrechnen kann.[17]

24   Außerdem muss der Arbeitgeber den Arbeitnehmer unwiderruflich freistellen, sonst erfüllt er den Urlaubsanspruch trotz Gewährung der Freistellung nicht.[18] Dies ist vor allem zu beachten, wenn der Arbeitnehmer für den Rest der Kündigungsfrist freigestellt werden soll: Da nach Auffassung der Spitzenverbände der Sozialversicherungsträger[19] die unwiderrufliche Freistellung das Beschäftigungsverhältnis sozialversicherungsrechtlich beendet, kann nur noch eine widerrufliche Freistellung empfohlen werden. Diese wiederum kann nicht mehr unter Anrechnung des Urlaubsanspruchs erfolgen, da dieser ja nur durch unwiderrufliche Freistellung erfüllt werden kann. Daher muss der Urlaub gesondert berechnet und gewährt werden.

2. Festlegung des Urlaubszeitpunkts
a) Antrag auf Gewährung des Urlaubs durch den Beschäftigten
25   Zu welchem Zeitpunkt der Arbeitgeber den Urlaub gewähren muss, obliegt nicht dem billigen Ermessen des Arbeitgebers i.S.d. § 315 BGB, sondern bestimmt sich allein nach dem Wunsch des Arbeitnehmers und dem Vorliegen eines Leistungsverweigerungsrechts nach § 7 Abs. 1 Satz 1, 1. Hs. BUrlG.[20] Das heißt, dass der Arbeitgeber vom Urlaubswunsch des Arbeitnehmers nur unter den Voraussetzungen nach § 7 Abs. 1 Satz 1, 2. Hs. BUrlG abweichen darf. Ansonsten ist der Arbeitgeber verpflichtet, den Urlaub für den vom Arbeitnehmer angegebenen Termin festzusetzen.[21]

Hat der Arbeitnehmer also seinen Urlaubswunsch beim Arbeitgeber wirksam beantragt, kann der Arbeitgeber die Erfüllung nur wegen dringender betrieblicher Belange oder Urlaubswünschen anderer Arbeitnehmer ablehnen. Für diesen Urlaubsantrag sind kein Formen zu beachten; allerdings kann der Arbeitnehmer keinen Urlaub für einen Zeitraum verlangen, in dem er bereits wegen anderer Befrei-

---

[14]   BAG, Urt. v. 20.06.2000 – 9 AZR 405/99, AP Nr. 28 zu § 7 BUrlG.
[15]   BAG, Urt. v. 20.06.2000 – 9 AZR 405/99, AP Nr. 28 zu § 7 BUrlG; Urt. v. 09.08.1994 – 9 AZR 384/92, AP Nr. 19 zu § 7 BUrlG.
[16]   BAG, Urt. v. 25.01.1994 – 9 AZR 312/92, AP Nr. 16 zu § 7 BUrlG; Urt. v. 01.10.1991 - 9 AZR 290/90, AP Nr. 12 zu § 7 BUrlG.
[17]   BAG, Urt. v. 01.10.1991 – 9 AZR 290/90, AP Nr. 12 zu § 7 BUrlG.
[18]   BAG, Urt. v. 20.06.2000 – 9 AZR 405/99, AP Nr. 28 zu § 7 BUrlG; siehe dazu auch unter Rn. 36.
[19]   Beschluss vom 05./06.07.2005; dazu Thomas/Weidmann, NJW 2006, 257.
[20]   BAG, Urt. v. 18.12.1986 – 8 AZR 502/84, AP Nr. 10 zu § 7 BUrlG.
[21]   BAG, Urt. v. 18.12.1986 – 8 AZR 502/84, AP Nr. 10 zu § 7 BUrlG.

ungstatbestände von der Arbeitspflicht freigestellt ist. Das ist der Fall sein, wenn etwa der Arbeitnehmer zur Zeit des Antrags an einem Streik teilnimmt und nicht erklärt, zur Zeit des Urlaubs die Arbeit wieder aufnehmen zu wollen.[22]

Der Antrag des Arbeitnehmers auf Urlaubserteilung setzt den Arbeitgeber, soweit dieser keine Gegenrechte geltend machen kann, in Verzug.[23]

b) Leistungsverweigerungsrecht des Arbeitgebers

Will der Arbeitgeber den Urlaub abweichend vom Wunsch des Arbeitnehmers festlegen, kann er dies nur tun, wenn ein Leistungsverweigerungsrecht nach § 7 Abs. 1 Satz 1, 2. Hs. BUrlG besteht, also wenn dringende betriebliche Belange oder Urlaubswünsche anderer Arbeitnehmer, die unter sozialen Gesichtspunkten den Vorrang verdienen, entgegenstehen.[24]   **26**

Von dringenden betrieblichen Belangen (§ 7 Abs. 1, 2. Hs., 1. Alt. BUrlG) ist dabei nicht bereits auszugehen, wenn die Berücksichtigung des Urlaubswunsches zu solchen Störungen im Betriebsablauf führt, die regelmäßig beim Fehlen eines Mitarbeiters auftreten. Andererseits ist nicht erforderlich, dass dem Arbeitgeber durch die Arbeitsbefreiung zum gewünschten Termin ein Schaden droht.[25] Das BAG definiert die dringenden betrieblichen Belange vielmehr als solche Umstände, die in der betrieblichen Organisation, im technischen Arbeitsablauf, der Auftragslage und ähnlichen Umständen ihren Grund haben.[26]   **27**

In Frage kommen:[27]

- Unterbesetzung in Betrieb oder Abteilung wegen eines besonders hohen Krankenstandes oder wegen Kündigung anderer Mitarbeiter (bei drohender Unterbesetzung wegen mehrerer gleichzeitiger Urlaubswünsche kommt die 2. Alt. in Frage),
- unerwartete, besondere Quantität von Arbeit, etwa durch zusätzliche Aufträge;
- besonders arbeitsintensive Zeiten, z.B. Schlussverkauf im Einzelhandel, Jahresabschluss in der Buchhaltung;
- Notwendigkeit eines Betriebsurlaubs, weil z.B. einer der Beschäftigten von der Anwesenheit eines anderen abhängt (Arzthelfer).

Auf Urlaubswünsche anderer Arbeitnehmer, die unter sozialen Gesichtspunkten den Vorrang verdienen, kann sich der Arbeitgeber nur berufen, wenn die Erfüllung aller Urlaubswünsche aus betrieblichen Gründen nicht möglich ist: § 7 Abs. 1 Satz 1, 2. Hs., 2. Alt. BUrlG ist ein Unterfall der 1. Alt. Wenn der Arbeitgeber demnach einen der Urlaubswünsche ablehnen kann, hat er bei der Auswahl soziale Gesichtspunkte – die hier nicht mit denen des § 1 Abs. 3 KschG übereinstimmen – zu beachten. Dazu gehören z.B.:   **28**

---

[22] BAG, Urt. v. 24.09.1996 – 9 AZR 364/95, AP Nr. 22 zu § 7 BUrlG.
[23] BAG, Urt. v. 24.09.1996 – 9 AZR 364/95, AP Nr. 22 zu § 7 BUrlG.
[24] BAG, Urt. v. 18.12.1986 – 8 AZR 502/84, AP Nr. 10 zu § 7 BUrlG.
[25] ErfK/Dörner § 7 BUrlG Rn. 23.
[26] BAG, Beschl. v. 28.07.1981 – 1 ABR 79/79, AP Nr. 2 zu § 87 BetrVG 1972 Urlaub.
[27] Vgl. ErfK/Dörner § 7 BUrlG Rn. 24.

– Urlaubsmöglichkeiten der Familie, v.a. des Partners und der Kinder (Schulferien),
– bisherige Urlaubsgewährung in besonders beliebten Zeiten,
– erstmaliger oder wiederholter Urlaub in diesem Kalenderjahr,
– Erholungsbedürftigkeit des Beschäftigten.

Um Streit zwischen den Beschäftigten über die Urlaubsgewährung zu vermeiden, kann auch ein – mitbestimmungspflichtiger – Urlaubsplan aufgestellt werden; dazu gleich unter Rn. 32.

29   Einem Antrag auf Urlaubserteilung im Anschluss an Maßnahmen der medizinischen Vorsorge oder Rehabilitation dagegen kann der Arbeitgeber kein Leistungsverweigerungsrecht entgegnen, der Arbeitnehmer hat hier gem. § 7 Abs. 1 Satz 2 BUrlG einen Anspruch auf die beantragte Gewährung.

c) Festlegung von Betriebsurlaub

30   Der Arbeitgeber kann dem Arbeitnehmer nicht nur negativ mitteilen, dass sein Urlaubswunsch nicht erfüllt werden kann; er kann auch positiv den Urlaub für eine abweichende Zeit gewähren, wenn die Voraussetzungen des Betriebsurlaubs vorliegen.

Betriebsurlaub oder Betriebsferien liegen vor, wenn der Arbeitgeber sich, aus betriebstechnischen, betriebswirtschaftlichen oder auch sonstigen Gründen, entschlossen hat, seinen Betrieb für eine gewisse Zeit stillzulegen und den Arbeitnehmern während dieser Zeit Urlaub zu gewähren. Dieser Entschluss begründet dann die dringenden betrieblichen Belange des § 7 Abs. 1 Satz 1, 2. Hs. BUrlG, hinter denen die individuellen Urlaubswünsche der Arbeitnehmer zurückstehen müssen.[28]

Die Festlegung von Betriebsurlaub ist mitbestimmungspflichtig.[29]

d) Festlegung des Urlaubs bei fehlendem Urlaubswunsch

31   Äußert der Beschäftigte dagegen keine Urlaubswünsche, darf der Arbeitgeber den Urlaubszeitraum von sich aus bestimmen; akzeptiert der Beschäftigte die Freistellungserklärung und geht er daraufhin in Urlaub, so ist der Anspruch erfüllt.[30]

e) Urlaubsplan und Urlaubsliste

32   Zwischen den Arbeitnehmern kann Streit darüber entstehen, wer wann in Urlaub gehen darf. Z.B. geben die Schulferien Zeiträume vor, in denen Arbeitnehmer mit schulpflichtigen Kindern ihren Urlaub nehmen möchten.

Um einen Ausgleich zwischen den Arbeitnehmern zu erreichen, sind Urlaubslisten und -Pläne geeignete und verbreitete Mittel.

Der Urlaubsplan unterliegt gem. § 75 Abs. 3 Nr. 3 BPersVG der Mitbestimmung der Personalvertretung bzw. gem. § 87 Abs. 1 Nr. 5 BetrVG des Betriebsrats.

---

[28]   BAG, Beschl. v. 28.07.1981 – 1 ABR 79/79, AP Nr. 2 zu § 87 BetrVG 1972 Urlaub.
[29]   BAG, Beschl. v. 28.07.1981 – 1 ABR 79/79, AP Nr. 2 zu § 87 BetrVG 1972 Urlaub.
[30]   BAG, Urt. v. 19.09.2000 – 9 AZR 504/99, AP Nr. 46 zu § 13 BUrlG.

f) Aufteilung des Urlaubsanspruches

Während § 46 Abs. 3 BMT-G II und § 47 Abs. 6 Satz 1 BAT als Grundsatz die **33** zusammenhängende Urlaubsgewährung aufstellten – der BMT-G II als Muss-, der BAT als Sollvorschrift –, lässt § 26 Abs. 1 Satz 6 TVöD eine Teilung des Urlaubs unbeschränkt zu, was zweifellos auch der Praxis und in der Regel den Wünschen der Beschäftigten entspricht. Damit ist dem Beschäftigten nicht mehr verwehrt, seinen Urlaubsanspruch auf mehr als zwei Teile aufzuspalten.

Allerdings haben die Tarifparteien mit Rücksicht auf den Erholungszweck letztendlich doch nicht darauf verzichtet, die zusammenhängende Gewährung als Sollvorschrift in der Protokollerklärung zu Abs. 1 Satz 6 beizubehalten. Damit ist die Teilung des Erholungsurlaubs ins volle Belieben nur des Arbeitnehmers gestellt, während der Arbeitgeber an den Wunsch des Arbeitnehmers nach zusammenhängender Gewährung grundsätzlich gebunden ist.

Was die Dauer der einzelnen Urlaubsteile angeht, gibt § 26 Abs. 1 Satz 6 TVöD zunächst ebenfalls keine Beschränkungen vor. Mit Rücksicht auf den Erholungszweck fordert die Protokollerklärung zu Abs. 1 Satz 6 jedoch eine Mindestdauer von zwei Wochen jedenfalls für einen Urlaubsanteil, wenn auch nur als Sollvorschrift; § 47 Abs. 6 Satz 2 BAT schrieb diese Mindestdauer noch zwingend vor. Dabei ist jedoch zu beachten, dass eine Erfüllung des Urlaubsanspruches nach dem gem. § 26 Abs. 2 TVöD anzuwendenden § 7 Abs. 2 Satz 2 BUrlG weiterhin zwingend die Gewährung wenigstens eines Urlaubsteils von mindestens zwei Wochen voraussetzt. Gewährt der Arbeitgeber keinen Urlaubsteil dieser vorgeschriebenen Dauer, ist der Anspruch des Arbeitnehmers auf Erholungsurlaub – auch, wenn er mit der Gewährung in kürzeren Teilen einverstanden war – nicht erfüllt mit der Folge, dass der Arbeitnehmer den mindestens zusammenhängend zu gewährenden Urlaub nachverlangen könnte.[31]

3. Keine Selbstbeurlaubung; Durchsetzung des Urlaubsanspruches

Der Beschäftigte als Gläubiger des Urlaubsanspruchs kann die Pflicht der Arbeit- **34** gebers als Schuldner zur Urlaubsgewährung nicht dadurch erfüllen, dass er sich selbst beurlaubt.[32]

Eine solche unzulässige Selbstbeurlaubung des Beschäftigten stellt eine Vertragsverletzung, und zwar sogar eine Verletzung der Hauptleistungspflicht,[33] dar und kann u.U. sogar eine fristlose Kündigung des Arbeitsverhältnisses rechtfertigen.[34] Denn unentschuldigtes Fehlen und eigenmächtige Urlaubsnahme eines Beschäftigten sind an sich geeignet, eine außerordentliche Kündigung gemäß § 626 Abs. 1 BGB zu begründen,[35] wobei dann noch die Interessenabwägung zu erfol-

---

[31] BAG, Urt. v. 29.07.1965 – 5 AZR 350/64, AP Nr. 1 zu § 7 BUrlG; ErfK/Dörner § 7 BUrlG Rn. 40 f.

[32] BAG, Urt. v. 25.01.1994 – 9 AZR 312/92, AP Nr. 16 zu § 7 BUrlG; Urt. v. 31.01.1985 - 2 AZR 486/83, AP Nr. 6 zu § 8a MuSchG 1968; Urt. v. 29.04.1960 - 1 AZR 134/58, AP Nr. 58 zu § 611 BGB Urlaubsrecht.

[33] BAG, Beschl. v. 22.01.1998 – 2 ABR 19/97, AP Nr. 38 zu BGB § 626 Ausschlussfrist.

[34] BAG, Urt. v. 16.03.2000, AP Nr. 114 zu § 102 BetrVG 1972; Beschl. v. 22.01.1998 – 2 ABR 19/97, AP Nr. 38 zu BGB § 626 Ausschlussfrist.

[35] BAG, Urt. v. 16.03.2000, AP Nr. 114 zu § 102 BetrVG 1972; Urt. v. 20.01.1994 – 2 AZR 521/93, AP Nr. 115 zu § 626 BGB; LAG Köln, Urt. v. 16.03.2001 – 11 Sa 1479/00, NZA-RR 2001, 533.

gen hat, die – allerdings nur in Ausnahmefällen[36] – auch zum Ergebnis führen kann, dass die fristlose Kündigung wegen des eigenmächtigen Urlaubsantritts unwirksam ist.

Da die Selbstbeurlaubung keine Freistellung unter Fortzahlung der Vergütung i.S.d. BUrlG ist, hat der Arbeitnehmer jedenfalls für die daraus folgende Zeit der Nichterbringung seiner Arbeitsleistung keinen Vergütungsanspruch nach § 26 Abs. 1 Satz 1 TVöD und ebenso nicht aus § 15 TVöD. Gleichzeitig ist die Selbstbeurlaubung aber auch keine Erfüllung des Urlaubsanspruches, und zwar selbst dann nicht, wenn der Arbeitgeber die Zeit nachträglich als Urlaub „anrechnet". Der Arbeitnehmer kann daher die Erfüllung des Urlaubs noch verlangen.[37]

35   Durchsetzen kann der Arbeitnehmer den Urlaubsanspruch, wenn der Arbeitgeber die Urlaubserteilung ohne ausreichende Gründe ablehnt oder in zumutbarer Zeit zu dem Urlaubsantrag keine Stellung nimmt, durch eine Leistungsklage oder ggf. einen Antrag auf Erlass einer einstweiligen Verfügung.[38] Letzterem steht nicht entgegen, dass damit bereits eine Befriedigung des Urlaubsanspruchs herbeigeführt wird, wenn die geschuldete Willenserklärung vom Arbeitgeber so kurzfristig erstritten werden muss, dass die Erwirkung des Titels im Urteilsverfahren nicht möglich ist.[39] Die Leistungsklage dagegen wird unzulässig, wenn der begehrte Urlaubszeitraum verstrichen ist, da dann Unmöglichkeit der Urlaubsgewährung für diesen Zeitraum eintritt und das Rechtsschutzbedürfnis entfällt.[40]

4. Widerruf schon gewährten Urlaubs

36   Hat der Arbeitgeber den Beschäftigten zur Erfüllung des Anspruches auf Erholungsurlaubs freigestellt, hat er ja die erforderliche Leistungshandlung zur Erfüllung des Urlaubs bereits vorgenommen.[41] An diese Erklärung ist der Arbeitgeber gebunden: Er kann weder den Urlaub vor Antritt durch den Beschäftigten widerrufen noch den Beschäftigten aus dem bereits angetretenen Urlaub zurückrufen.[42] Ein Arbeitgeber muss sich daher vor der Urlaubserteilung entscheiden, ob er dem Arbeitnehmer den beantragten Urlaub gewährt oder den Urlaubswunsch des Arbeitnehmers etwa wegen dringender betrieblicher Belange i.S.v. § 7 Abs. 1 BUrlG ablehnt. Einen Anspruch des Arbeitgebers gegen den Arbeitnehmer, seinen Erholungsurlaub abzubrechen oder zu unterbrechen, gibt es nach dem BUrlG und damit auch nach dem TVöD unter keinen Umständen. Denn die Freistellung zur Erfüllung des Urlaubsanspruchs muss dem Arbeitnehmer uneingeschränkt zu ermöglichen, die ihm aufgrund des zustehende Freizeit selbstbestimmt zu nutzen.[43]

---

[36]   BAG, Urt. v. 20.01.1994 – 2 AZR 521/93, AP Nr. 115 zu § 626 BGB.
[37]   BAG, Urt. v. 25.10.1994 – 9 AZR 339/93, AP Nr. 20 zu § 7 BUrlG.
[38]   BAG, Beschl. v. 22.01.1998 – 2 ABR 19/97, AP Nr. 38 zu BGB § 626 Ausschlussfrist; Urt. v. 20.01.1994 – 2 AZR 521/93, AP Nr. 115 zu § 626 BGB; LAG Rheinland-Pfalz, Beschl. v. 07.03.2002 – 7 Ta 226/02, NZA-RR 2003, 130.
[39]   LAG Rheinland-Pfalz, Beschl. v. 07.03.2002 – 7 Ta 226/02, NZA-RR 2003, 130; LAG Köln, Urt. v. 16.03.2001 – 11 Sa 1479/00, NZA-RR 2001, 533.
[40]   BAG, Urt. v. 18.12.1986 – 8 AZR 502/84, NZA 1987, 379, 380.
[41]   S.o. Rn. 23.
[42]   BAG, Urt. v. 20.06.2000 – 9 AZR 405/99, AP Nr. 28 zu § 7 BUrlG; LAG Hamm, Urt. v. 11.12.2002 – 18 Sa 1475/02, NZA-RR 2003, 347.
[43]   BAG, Urt. v. 20.06.2000 – 9 AZR 405/99, AP Nr. 28 zu § 7 BUrlG.

Missachtet der Arbeitgeber dies, indem er im Rahmen der Freistellungserklärung den Arbeitnehmer auf Abruf zur Arbeitsleistung auffordert, stellt dies nach Auffassung der Rechtsprechung eine Art „Arbeitsbereitschaft" dar, die nicht einmal geeignet ist, den Urlaubsanspruch zu erfüllen; der Arbeitnehmer wäre also zur Nachforderung des Urlaubs, soweit unter diesen Bedingungen gewährt, berechtigt.[44]

Für den Urlaubsanspruch in Höhe des Mindesturlaubsanspruches nach § 3 BUrlG gilt zusätzlich, dass Beschäftigter und Arbeitgeber eine Vereinbarung, wonach der Urlaub unter bestimmten Umständen abzubrechen ist, wegen § 13 BUrlG nicht wirksam treffen können.[45]

Möglich ist allerdings, für einen vertraglich zusätzlich über den Mindesturlaub hinaus eingeräumten Erholungsurlaub eine solche Rückrufs-Vereinbarung zu treffen, da hier § 13 BUrlG nicht greift und es daher beim Grundsatz der Vertragsfreiheit bleibt; der Arbeitgeber muss dann nur noch vorab festlegen, wann er den gesetzlichen und wann den übergesetzlichen Urlaubsanspruch erfüllt.[46]   **37**

Für den über den gesetzlichen Urlaubsanspruch hinausgehenden Urlaub hätte § 26 TVöD eine solche Möglichkeit des Rückrufs vorsehen können; da dies jedoch nicht der Fall ist, bleibt es auch für den übergesetzlichen tariflichen Urlaubsanspruch beim Ausschluss des Rückrufs. Sollte allerdings ein Arbeitgeber einzelvertraglich noch über den TVöD hinaus Urlaub gewähren, kann er für diesen wiederum eine Rückruf-Möglichkeit vorsehen.

Ebenfalls möglich ist, dass Beschäftigter und Arbeitgeber einvernehmlich die durch eine Urlaubserteilung festgelegten Urlaubstermine ändern, was auch durch konkludente Vereinbarung geschehen kann.[47]

5. Erwerbstätigkeit des Beschäftigten während des Erholungsurlaubs

Da der Erholungsurlaub, wie schon der Name sagt, der Erholung – und somit auch Wiederherstellung bzw. Stärkung der Arbeitskraft, deren Bereitstellung der Arbeitnehmer dem Arbeitgeber schuldet – dient, untersagt § 8 BUrlG dem Arbeitnehmer die Erwerbstätigkeit während des Urlaubs, soweit eine solche dem Urlaubszweck widersprechen würde.   **38**

a) Unzulässige Erwerbstätigkeiten

Unzulässig sind nur Erwerbstätigkeiten. Erwerbstätigkeit ist jede gegen Entgelt ausgeübte Tätigkeit ohne Rücksicht darauf, ob sie in einem Arbeitsverhältnis, freien Dienstverhältnis oder Werkvertragsverhältnis ausgeübt wird.[48]   **39**

Nicht als Gegenleistung zählt dabei die Vergütung, die ein Auszubildender gem. § 17 BBiG erhält.[49]

Mangels Gegenleistung ebenfalls keine Erwerbstätigkeit sind alle Tätigkeiten, die der Beschäftigte zu seinem eigenen Nutzen oder als Gefälligkeit für Verwand-

---

[44] BAG, Urt. v. 20.06.2000 – 9 AZR 405/99, AP Nr. 28 zu § 7 BUrlG.
[45] BAG, Urt. v. 20.06.2000 – 9 AZR 405/99, AP Nr. 28 zu § 7 BUrlG.
[46] BAG, Urt. v. 20.06.2000 – 9 AZR 405/99, AP Nr. 28 zu § 7 BUrlG.
[47] LAG Hamm, Urt. v. 11.12.2002 – 18 Sa 1475/02, NZA-RR 2003, 347, 348.
[48] BAG, Urt. v. 20.10.983 – 6 AZR 590/80, AP Nr. 5 zu § 47 BAT.
[49] BAG, Urt. v. 20.10.983 – 6 AZR 590/80, AP Nr. 5 zu § 47 BAT.

te oder Freunde wahrnimmt, etwa Arbeiten in Wohnung, Haus und Garten oder in der eigenen oder eines Verwandten/Freundes Landwirtschaft. Dabei schadet auch eine Aufwandsentschädigung grundsätzlich nicht.[50]

40　　Erwerbstätigkeiten, die der Arbeitgeber dem Beschäftigten als Nebentätigkeit gem. § 3 Abs. 3 TVöD genehmigt hat, sind auch im Rahmen des § 8 BUrlG erlaubt.[51]

Unzulässig sind auch Erwerbstätigkeiten nur, soweit sie dem Urlaubszweck – also der geistigen und seelischen Erholung des Beschäftigten – widersprechen, § 8 BUrlG. Dabei ist zu beachten, dass der Beschäftigte grundsätzlich frei in seiner Einschätzung ist, wie er persönlich sich seine Erholung gestalten möchte: Schließlich darf er seine ihm im Rahmen des Urlaubs zustehende Freizeit selbstbestimmt nutzen.[52] Man sollte daher die Einschätzung, ob jeweils nach den subjektiven und objektiven Umständen des Einzelfalls ein Verstoß gegen § 8 BUrlG vorliegt, eher restriktiv vornehmen; als Beispiel[53] mag der Büroangestellte dienen, der sich zu schwerer körperlicher und auch bezahlter Ganztages- oder gar Nachtschichtarbeit auf dem Bau verpflichtet.

b) Sanktionen

41　　Da § 26 TVöD anders als § 47 Abs. 8 BAT und § 48 Satz 2 BMT-G II die Frage der Erwerbstätigkeit nicht mehr selbst regelt, ist gem. § 26 Abs. 2 TVöD allein § 8 BUrlG anwendbar. Aus § 8 BUrlG aber ergibt sich weder eine Kürzungsmöglichkeit des Urlaubsentgelts, noch entfällt damit der Anspruch auf das Urlaubsentgelt.[54]

Dies hat zur Folge, dass die bisher nach BAT und BMT-G II – im Rahmen des über den Mindesturlaubsanspruches hinausgehenden Teiles des Urlaubs, da für den Mindesturlaubsanspruch die Kürzung in BAT und BMT-G II wegen § 13 BUrlG nicht anwendbar war –[55] eingeräumte Kürzungsmöglichkeit des Urlaubsentgelts nicht mehr besteht.

42　　Allerdings handelt der Beschäftigte, der gegen § 8 BUrlG verstößt, seiner Vertragspflicht aus dem Arbeitsvertrag zuwider.[56] Diese Pflichtverletzung kann folgende Sanktionen nach sich ziehen:[57]

– Klage des Arbeitgebers auf Unterlassung (sinnvoll – ebenso wie die Klage des Arbeitnehmers auf Gewährung des Urlaubs – i.d.R. nur im Wege einstweiliger Verfügung);

– Schadenersatzanspruch des Arbeitgebers, für den aber der Nachweis schwierig zu führen ist;

---

[50]　Erfk/Dörner § 8 BUrlG Rn. 3.

[51]　Erfk/Dörner § 8 BUrlG Rn. 3; ebenso zum BAT Dassau § 47 BAT Rn. 76.

[52]　Dazu bereits oben Rn. 36.

[53]　Vgl. ErfK/Dörner § 8 BUrlG Rn. 7.

[54]　BAG, Urt. v. 25.02.1988 – 8 AZR 596/85, AP Nr. 3 zu § 8 BUrlG unter Aufgabe von BAG, Urt. v. 19.07.1973 – 5 AZR 73/73, AP Nr. 1 zu § 8 BUrlG.

[55]　BAG, Urt. v. 25.02.1988 – 8 AZR 596/85, AP Nr. 3 zu § 8 BUrlG.

[56]　BAG, Urt. v. 25.02.1988 – 8 AZR 596/85, AP Nr. 3 zu § 8 BUrlG.

[57]　Vgl. ErfK/Dörner § 8 BUrlG Rn. 13.

– wegen der Pflichtverletzung des Arbeitnehmers Abmahnung und ggf. Kündigung des Arbeitsverhältnisses aus verhaltensbedingten Gründen.

Aus § 8 BUrlG folgt im übrigen nicht, dass der für die Urlaubsdauer pflichtwidrig vereinbarte Arbeits-, Dienst- oder Werkvertrag nach § 134 BGB nichtig ist.[58]

6. Erholungsurlaub und andere Befreiungstatbestände

Grundsätzlich ist eine Urlaubsgewährung für einen Zeitraum, für den der Beschäftigte bereits aus anderen Gründen von der Arbeitsleistung befreit ist, nicht möglich. Da der Arbeitgeber diese Unmöglichkeit nicht zu vertreten hat, würde dies bedeuten, dass er von seiner Verpflichtung, Urlaub zu gewähren, frei würde. **43**

Allerdings ist für den Fall der Arbeitsunfähigkeit § 9 BUrlG als lex specialis zu beachten und bewirkt, dass trotz der Unmöglichkeit die Erfüllung des Urlaubsanspruchs nachgefordert werden kann.[59]

a) Arbeitsunfähigkeit und Maßnahmen der medizinischen Vorsorge oder Rehabilitation

Gem. § 9 BUrlG werden bei Erkrankung des Arbeitnehmers während des Urlaubs die durch ärztliches Zeugnis nachgewiesenen Tage der Arbeitsunfähigkeit auf den Jahresurlaub nicht angerechnet, sondern diese Tage sind als Urlaub nochmals zu gewähren. Und nach § 10 BUrlG werden Maßnahmen der medizinischen Vorsorge oder Rehabilitation nicht auf den Urlaub angerechnet, soweit ein Anspruch auf Fortzahlung des Arbeitsentgeltes nach den gesetzlichen Vorschriften über die Entgeltfortzahlung im Krankheitsfall besteht. **44**

Zu den Begriffen der Arbeitsunfähigkeit sowie der medizinischen Vorsorge und Rehabilitation siehe unter § 22 TVöD.[60]

§ 9 BUrlG ist dabei auch anwendbar und erhält dem Arbeitnehmer den Anspruch auf den Urlaub, wenn der Arbeitnehmer den Urlaub schon nicht hat antreten können.[61]

Bei verschuldeter Arbeitsunfähigkeit ist zwar § 9 BUrlG ebenfalls anzuwenden;[62] für die Zeit der verschuldeten Arbeitsunfähigkeit hat der Beschäftigte jedoch keinen Anspruch auf Entgeltfortzahlung nach § 22 i.V.m. § 21 TVöD. Damit erhält der Beschäftigte in dieser Zeit weder nach § 26 TVöD noch nach § 22 TVöD Entgeltfortzahlung. **45**

Voraussetzung für den Anspruch auf erneute Gewährung des wegen Arbeitsunfähigkeit nicht erfüllten Urlaubs ist zusätzlich, dass der Beschäftigte, z.B. durch ärztliches Zeugnis,[63] die Dauer und die Lage der Krankheit nachweist. Da eine dem § 47 Abs. 6 Unterabs. 2 BAT entsprechende Regelung in § 26 TVöD nicht übernommen wurde, ist nicht mehr erforderlich, dass die Arbeitsunfähigkeit unverzüglich angezeigt wird. **46**

---

[58] BAG, Urt. v. 25.02.1988 – 8 AZR 596/85, AP Nr. 3 zu § 8 BUrlG.
[59] BAG, Urt. v. 10.02.1987 – 8 AZR 529/84, AP Nr. 12 zu § 13 BUrlG Unabdingbarkeit.
[60] Rn. 46 ff.
[61] BAG, Urt. v. 10.02.1987 – 8 AZR 529/84, AP Nr. 12 zu § 13 BUrlG Unabdingbarkeit.
[62] ErfK/Dörner § 9 BUrlG Rn. 9.
[63] Zu den Einzelheiten des ärztlichen Zeugnisses siehe § 22 Rn. 6.

47   Kann ein Beschäftigter seinen Urlaub, der ihm gem. § 9 BUrlG noch zusteht, nicht bis zum Ende des Übertragungszeitraums antreten (§ 26 Abs. 2 Buchst. a), verfällt der Urlaub auch für die wegen Krankheit nicht anzurechnenden Urlaubstage.[64]

b) Mutterschutz und Beschäftigungsverbote

48   Anders als im Fall der Arbeitsunfähigkeit während des festgelegten Urlaubszeitraums steht Beschäftigten für den Fall, dass ihre Beschäftigung schwangerschaftsbedingt verboten ist, kein Anspruch auf anderweitigen Neufestsetzung des Urlaubs zu. Hier greift die Regelung des § 275 BGB, so dass der Arbeitgeber wegen der Unmöglichkeit der Freistellung von seiner Freistellungsverpflichtung frei wird.[65]

c) Sonderurlaub

49   Auf den Sonderurlaub gem. § 28 TVöD, der ja kein Urlaub i.S.d. BUrlG, sondern eine unbezahlte Freistellung ist,[66] ist § 9 BUrlG nicht anzuwenden. Erkrankt der Beschäftigte während des Sonderurlaubs, hat er deshalb weder Anspruch auf Lohnfortzahlung noch auf Verlängerung des Sonderurlaubs.[67]

VI. Höhe des Anspruchs auf Erholungsurlaub (Dauer)

50   Die Höhe des Anspruchs auf Erholungsurlaub und damit die Dauer des Erholungsurlaubs hängen gem. § 26 Abs. 1 Satz 2 TVöD von zwei Faktoren ab: Zum einen ist die Urlaubsdauer nach Lebensalter gestaffelt, wofür § 26 Abs. 1 Satz 3 TVöD zu beachten ist (zur Frage der Vereinbarkeit mit dem AGG s. o. Rn. 7). Zum anderen sind die für jedes Lebensalter genannten Arbeitstage bei einer anderen Verteilung als einer 5-Tage-Woche umzurechnen, § 26 Abs. 1 Satz 4 TVöD.

1. Bestimmung des maßgeblichen Lebensalters

51   Ebenso wie bereits nach § 48 Abs. 6 BAT/-O, § 48 Abs. 9 MTArb und § 41 Abs. 4 BMT-G II ist für die Höhe des Urlaubsanspruches das Lebensjahr maßgeblich, das der Beschäftigte im Laufe des Kalenderjahres – das gem. § 26 Abs. 1 Satz 1 TVöD das Urlaubsjahr ist – vollendet. Selbst, wenn ein Beschäftigter erst am 31.12. Geburtstag hat, richtet sich für ihn der Urlaubsanspruch daher nach dem Lebensjahr, das er am 31.12. vollendet.

2. Berechnung des Urlaubsanspruchs
a) Regelfall: Fünf-Tage-Woche

52   § 26 Abs. 1 Satz 2 TVöD geht für die Höhe des Urlaubsanspruches vom Regelfall des § 6 Abs. 1 Satz 3, 1. Hs. TVöD aus, nämlich der Verteilung der Wochenarbeitszeit auf fünf Arbeitstage.

Für diesen Fall ergibt sich folgende Dauer des Erholungsurlaubs:

---

[64]   BAG, Urt. v. 19.03.1996 – 9 AZR 67/95, AP Nr. 13 zu § 9 BUrlG.
[65]   BAG, Urt. v. 09.08.1994 – 9 AZR 384/92, AP Nr. 19 zu § 7 BUrlG.
[66]   Dazu § 28 Rn. 1 ff.
[67]   BAG, Urt. v. 17.11.1977 – 5 AZR 599/76, AP Nr. 8 zu § 9 BUrlG.

Lebensalter des AN	Arbeitstage pro Kalenderjahr
bis zum vollendeten 30. Lebensjahr	26
bis zum vollendeten 40. Lebensjahr	29
nach dem vollendeten 40. Lebensjahr	30

Der gesetzliche Regelfall des BUrlG ist dagegen die Sechstagewoche, da als Werktag auch der Samstag gilt (§ 3 Abs. 2 BUrlG). Bei Umrechnung auf die Fünftagewoche ergibt sich daher ein Mindesturlaubsanspruch von 20 Tagen, den der TVöD deutlich übererfüllt.

b) Berechnung bei abweichender Verteilung

Bei abweichender Verteilung der Arbeitszeit auf die Wochentage verkürzt bzw. verlängert sich die Urlaubsdauer entsprechend.

53

Dabei sind als Arbeitstage alle Kalendertage zu werten, an denen der Angestellte dienstplanmäßig oder betriebsüblich zu arbeiten hat.[68]

Es ist nur die Verteilung auf die Anzahl der Wochentage maßgeblich; wie lang dann an den einzelnen Tagen gearbeitet wird, ist für die Berechnung der Urlaubstage ohne Belang, so dass insofern Teilzeitbeschäftigte den gleichen Urlaubsanspruch wie Vollzeitbeschäftigte haben. Dafür umfasst dann auch die quasi freizustellende Zeit pro Arbeitstag bei einem Teilzeitbeschäftigten ggf. weniger Arbeitsstunden als bei einem Vollzeitbeschäftigten, so dass sich keine Ungleichbehandlung ergibt.

Die entsprechende Umrechnung geschieht nach der folgenden Formel:[69] Anzahl der Urlaubstage nach § 26 Abs. 1 Satz 2 TVöD (abhängig vom Lebensalter) x Anzahl der individuellen Arbeitstage pro Woche / 5 Arbeitstage.

Das Ergebnis wird dann gem. § 26 Abs. 1 Satz 5 TVöD auf einen vollen Urlaubstag auf- oder abgerundet, je nachdem, ob der Bruchteil mindestens einen halben Urlaubstag beträgt oder nicht. Diese Rundungsregelung entspricht insoweit nicht ganz der des § 5 Abs. 2 BUrlG, als dort zwar ebenfalls ab einem Bruchteil von einem halben Tag auf-, bei einem kleineren Bruchteil aber nicht abgerundet wird.[70] § 5 BUrlG erfasst allerdings schon gar nicht die Berechnung der Urlaubsdauer im Rahmen des § 26 Abs. 1 TVöD, da er nur die Berechnung von Teilurlaubsansprüchen, nicht des vollen Urlaubsanspruches regelt. Für die Berechnung des vollen Urlaubsanspruches dagegen kennt das BUrlG keine Rundungsvorschrift, da der Mindesturlaub von 24 Urlaubstagen bei einer 6-Tage-Woche sich sowohl für eine regelmäßige Vereitlung auf 5, 4, 3, 2 als auch einen Tag in der Woche glatt rechnen lässt.

Für den TVöD ergeben sich gem. § 26 Abs. 1 folgende Werte (bereits unter Berücksichtigung der Auf- oder Abrundung; genaue Ergebnisse vor Rundung in Klammern):

54

---

68 Rundschreiben der VKA vom 05.01.2006.
69 Vgl. Rundschreiben der VKA vom 05.01.2006.
70 BAG, Urt. v. 26.01.1989 – 8 AZR 730/87, AP Nr. 13 zu § 5 BUrlG.

	bis zum vollende-ten 30. Lebensjahr	bis zum vollende-ten 40. Lebensjahr	nach dem vollende-ten 40. Lebensjahr
3-Tage-Woche	16 (15,6)	17 (17,4)	18
4-Tage-Woche	21 (20,8)	23 (23,2)	24
5-Tage-Woche	26	29	30
6-Tage-Woche	31 (31,2)	34 (34,8)	36

3. Zwölftel-Kürzung des Urlaubsanspruches nach § 26 Abs. 2 TVöD

55 § 26 Abs. 2 TVöD kürzt den Urlaubsanspruch bei unterjährigem Beginn bzw. Ende des Arbeitsverhältnisses (Buchst. b) und bei Ruhen des Arbeitsverhältnisses (Buchst. c). Da vom Mindesturlaubsanspruch auch in Tarifverträgen nicht abgewichen werden kann, ist die Kürzung jedoch immer nur soweit zulässig, als dieser Mindesturlaubanspruch nicht unterschritten wird (dazu ausführlich unter Rn. 62 ff.).

Da der TVöD das unterjährige Beginnen oder Enden des Arbeitsverhältnisses mit der Kürzung nach Buchst. b löst, wird insoweit der Teilurlaubsanspruch nach § 5 BUrlG ersetzt.

a) Kürzung des Urlaubsanspruches bei unterjährigem Beginn oder Ende des Arbeitsverhältnisses

56 Gem. § 26 Abs. 2 Buchst. b TVöD erhält der Beschäftigte, dessen Arbeitsverhältnis im Laufe eines (Kalender- und damit Urlaubs-)Jahres beginnt oder endet, lediglich einen gekürzten Urlaubsanspruch, der für jeden vollen Monat des Arbeitsverhältnisses ein Zwölftel des Urlaubsanspruches nach § 26 Abs. 1 TVöD beträgt.

Diese Kürzung des Anspruches auf Erholungsurlaub geht über die gesetzliche Einräumung eines Teilurlaubsanspruches nach § 5 Abs. 1 BUrlG hinaus, denn dort kommt nur ein Teilurlaubsanspruch zur Anwendung

– für Zeiten eines Kalenderjahres, für die der Arbeitnehmer wegen Nichterfüllung der Wartezeit in diesem Kalenderjahr keinen vollen Urlaubsanspruch erwirbt;

– wenn der Arbeitnehmer vor erfüllter Wartezeit aus dem Arbeitsverhältnis ausscheidet; oder

– wenn der Arbeitnehmer nach erfüllter Wartezeit in der ersten Hälfte eines Kalenderjahres aus dem Arbeitsverhältnis ausscheidet.

57 Dadurch, dass § 26 Abs. 2 Buchst. b, 2. Hs. TVöD die gesetzliche Regelung in § 5 BUrlG „unberührt" lässt, bleibt es zwar bei der gegenüber § 5 BUrlG erweiterten Kürzung des Erholungsurlaubs-Anspruches auf einen Teilurlaubsanspruch, unabhängig von den Voraussetzungen nach § 5 Abs. 1 BUrlG. Zur Anwendung kommt jedoch § 5 Abs. 3 BUrlG, wonach „zuviel" gewährter Erholungsurlaub nicht mehr entzogen werden kann, sondern die gewährte Freistellung und v.a. auch das dafür gewährte Urlaubsentgelt nicht zurückgefordert werden kann.

58 Anders als § 14 Abs. 4 TV-V bezieht nicht § 26 Abs. 2 Buchst. b TVöD den Zusatzurlaub mit ein, sondern § 27 TVöD verweist in Absatz 5 auf § 26 TVöD. Allerdings ist § 26 Abs. 2 Buchst. b TVöD ausdrücklich ausgenommen, so dass –

anders als im TV-V – eine Kürzung des Zusatzurlaubs bei unterjährigem Beginn/ Ende des Arbeitsverhältnisses nicht stattfindet.[71]

Da die Kürzung des Urlaubsanspruches nach § 26 Abs. 2 Buchst. b auf den vol- **59** len Monat des Arbeitsverhältnisses abstellt, sind nicht Kalendermonate, sondern volle Beschäftigungsmonate maßgeblich; über volle Monate hinaus verbleibende einzelne Tage bleiben dagegen unberücksichtigt. Dies gilt sogar dann, wenn an den Tagen, die zur Komplettierung eines Monats noch fehlen, überhaupt keine Arbeitspflicht bestanden hätte.[72] Verbleiben nach der Zwölftelung Bruchteile von Urlaubstagen, sind diese mangels abweichender Regelung in § 26 TVöD gemäß der Rundungsregelung nach § 5 Abs. 2 BUrlG zu berechnen: Bruchteile von Ur- laubstagen, die mindestens einen halben Tag ergeben, sind auf volle Urlaubstage aufzurunden; Bruchteile, die weniger als einen halben Urlaubstag ergeben, sind jedoch – anders als bei der Berechnung des vollen Urlaubsanspruches nach § 26 Abs. 1 Satz 5 TVöD[73] – nicht abzurunden, sondern entsprechend ihrem Umfang durch Befreiung von der Arbeitspflicht zu gewähren, bzw. nach dem Ausscheiden aus dem Arbeitsverhältnis ggf. abzugelten.[74] Damit entspricht die hier anzuwen- dende Rundungsregelung nicht der des § 26 Abs. 1 Satz 5 TVöD, so dass bei der Berechnung des Teilurlaubsanspruchs u.U. zwei verschiedene Rundungsregelun- gen beachtet werden müssen.

Beispiel:
Ein 36-jähriger Beschäftigter, der regelmäßig an 3 Tagen in der Woche arbeitet, tritt am **60** 01.10.2006 in das Arbeitsverhältnis ein. Für das Urlaubsjahr 2006 ist er volle 3 Monate be- schäftigt; ihm stehen daher 3/12 = 1/4 seines vollen Urlaubsanspruches nach § 26 TVöD Abs. 1 zu. Dieser volle Urlaubsanspruch beträgt 29 /5 x 3 Arbeitstage, also 17,4 Urlaubsta- ge; diese werden gem. § 26 Abs. 1 Satz 5 TVöD abgerundet auf 17 Arbeitstage.[75] Der Teil- urlaubsanspruch beträgt 1/4 der 17 Urlaubstage, also 4,25 Urlaubstage. Die 0,25 Urlaubsta- ge werden hier gem. § 5 Abs. 2 BUrlG nicht abgerundet, so dass dem Beschäftigten insge- samt ein Teilurlaubsanspruch in Höhe von 4 und einem Viertel Arbeitstagen zu gewähren ist. Für dieses Viertel kommt es dann auch, anders als bei der Berechnung der Urlaubsdauer nach § 26 Abs. 1 TVöD, auf die durchschnittliche Arbeitsdauer pro Tag an, da davon die Dauer bzw. – im Fall der Urlaubsabgeltung – der Wert des Drittels abhängt.

b) Kürzung des Urlaubsanspruches bei ruhendem Arbeitsverhältnis

§ 26 Abs. 2 Buchst. c TVöD sieht, wie bisher auch schon § 48 Abs. 3 BAT, § 48 **61** Abs. 10 MTArb und § 44 Abs. 3 BMT-G II, die Kürzung des nach § 26 Abs. 1 Satz 1-5 TVöD errechneten Urlaubsanspruches um ein Zwölftel pro vollen Kalen- dermonat, in dem das Arbeitsverhältnis ruht, vor. Abweichend zu den bisherigen Vorschriften stellt § 26 TVöD allerdings nicht mehr auf den Grund des Ruhens, etwa einen vereinbarten Sonderurlaub (§ 28 TVöD) oder die Gewährung einer

---

[71] Zur anderen Beurteilung für § 14 TV-V vgl. Herzberg/Schaum § 14 Rn. 5.
[72] BAG, Urt. v. 26.01.1989 – 8 AZR 730/87, AP Nr. 13 zu § 5 BUrlG unter Aufgabe von BAG, Urt. v. 22.02.1966 – 5 AZR 431/65, AP Nr. 3 zu § 5 BUrlG.
[73] Dazu oben Rn. 53.
[74] BAG, Urt. v. 26.01.1989 – 8 AZR 730/87, AP Nr. 13 zu § 5 BUrlG unter Aufgabe der früheren Rechtsprechung in Urt. v. 17.03.1970 – 5 AZR 540/69, AP Nr. 8 zu § 5 BUrlG.
[75] Dazu siehe schon die Tabelle unter Rn. 54.

Rente auf Zeit (§ 33 Abs. 2 Satz 6 TVöD) ab, sondern erfasst alle Fälle des Ruhens, also auch z.b. Elternzeit und Zeiten des Wehrdienstes. Die Unterschiede sind dabei allerdings in der Praxis gering, weil hier teilweise die Zwölftelkürzung schon gesetzlich als Möglichkeit eingeräumt ist, z.b. § 17 Abs. 1 BErzGG für jeden vollen Kalendermonat der Elternzeit oder § 4 Abs.1 ArbPlSchG für Wehr- oder Ersatzdienst.

Fehlzeiten wegen Krankheit (§ 22 TVöD) oder Arbeitsbefreiung (§ 29 TVöD) sind keine Fälle des Ruhens, da der Arbeitgeber zur Entgelt(fort)zahlung verpflichtet bleibt, und mindern den Urlaubsanspruch daher nicht.[76]

c) Beachtung des Mindesturlaubsanspruches

62   Durch eine tarifliche Regelung kann der gesetzliche Mindesturlaubsanspruch eines Arbeitnehmers auch nicht dadurch gemindert werden, dass der Anspruch bei Ausscheiden in der zweiten Hälfte eines Kalenderjahres nach erfüllter Wartezeit gezwölftelt wird.[77] Da auch die Zwölfelungsregelung in § 26 Abs. 2 Buchst. b und c TVöD – wie schon die Vorgängerregelungen – nicht sicherstellt, dass der gem. § 13 BUrlG unabdingbare gesetzliche Mindesturlaub nach § 3 Abs. 1 BUrlG gewährt wird, der ja auch im ruhenden Arbeitsverhältnis ungekürzt entsteht, ist § 26 Abs. 2 Buchst. b und c gesetzkonform dahingehend auszulegen, dass der Mindesturlaubsanspruch nicht unterschritten wird.

Dies ist im Wege einer Vergleichsberechnung festzustellen.[78] Bei dieser Vergleichsberechnung ist selbstverständlich nur der Urlaubsanspruch zu berücksichtigen, den der Beschäftigte nach dem BUrlG hätte; liegen daher die Voraussetzungen des Teilurlaubs nach § 5 Abs. 1 BUrlG vor, ist dem errechneten Anspruch aus § 26 TVöD auch nur der Teilurlaubsanspruch aus § 5 BUrlG gegenüberzustellen.

Beispiel:[79]

63   Ein 27-jähriger Beschäftigter wird am 01.01.2006 eingestellt und erhält für eine private Fortbildung Sonderurlaub vom 1. Mai bis zum 30. Juni 2006. Das Arbeitsverhältnis endet am 30.09.2006. Der Urlaubsanspruch von 26 Tagen kann gem. § 26 Abs. 2 Buchst. b TVöD um 3/12 für die Monate Oktober-Dezember und gem. § 26 Abs. 2 Buchst. c TVöD um weitere 2/12 für die Monate des Sonderurlaubs Mai und Juni, insgesamt also 5/12, gekürzt werden. Damit verbliebe ein Urlaubsanspruch von 15,17 Tagen für das Kalenderjahr. Der Mindestanspruch nach BUrlG beträgt bei einer Fünf-Tage Woche jedoch 20 Arbeitstage: Für eine Beschränkung auf einen Teilurlaubsanspruch liegen die Voraussetzungen nicht vor. Da der Mindesturlaubsanspruch nicht unterschritten werden kann, wird der Urlaubsanspruch insgesamt nur auf diese 20 Tage und damit nur um 6 Urlaubstage gekürzt.

64   Im obigen Beispiel[80] ist dem errechneten Teilurlaubsanspruch von 4,25 Urlaubstagen als gesetzlicher Urlaubsanspruch dagegen ebenfalls nur ein Teilurlaubsanspruch gegenüberzustellen: Die Regelung des § 5 Abs. 1 Buchst. a BUrlG greift, weil der Beschäftigte im Jahr 2006 wegen Nichterfüllung der Wartezeit – diese

---

[76]   Rundschreiben der VKA vom 05.01.2006.
[77]   BAG, Urt. v. 08.03.1984 – 6 AZR 442/83, AP Nr. 15 zu § 13 BUrlG.
[78]   Rundschreiben des BMI v. 22.12.2005.
[79]   Nach Rundschreiben der VKA vom 05.01.2006.
[80]   Unter Rn. 60.

läuft gem. § 4 BUrlG erst am 31.03.2007 ab –[81] keinen vollen Urlaubsanspruch erwirbt. Der Teilurlaubsanspruch gem. §§ 3, 5 BUrlG beträgt daher nur 3 Urlaubstage, so dass der aus § 26 TVöD errechnete Urlaubsanspruch in Höhe von 4,25 Urlaubstagen den Mindesturlaubsanspruch erfüllt und daher gilt.

4. Kürzung des Urlaubsanspruches zur Vermeidung von Doppelansprüchen gem. § 6 BUrlG

§ 6 Abs. 1 BUrlG verhindert die doppelte Gewährung von Erholungsurlaub an Arbeitnehmer, die aus ihrem bisherigen Arbeitsverhältnis ausgeschieden sind und im selben Kalenderjahr in ein neues Arbeitsverhältnis treten, indem der im ersten Arbeitsverhältnis gewährte Urlaub den Urlaubsanspruch für das zweite Arbeitsverhältnis entsprechend herabsetzt.   **65**

Dabei ist § 6 Abs. 1 BUrlG nur anwendbar, wenn zwei Arbeitsverhältnisse nacheinander im selben Kalenderjahr vorliegen, nicht dagegen

- bei, auch nur teilweise, zeitgleich nebeneinander bestehenden Arbeitsverhältnissen[82] und bei
- Übergang des Arbeitsverhältnisses auf einen neuen Betriebsinhaber gem. § 613a BGB[83].

Außerdem ist § 6 Abs. 1 BUrlG nicht anwendbar, wenn

- in den beiden aufeinander folgenden Arbeitsverhältnissen jeweils zwei Teilurlaubsansprüche entstanden sind oder
- im ersten Arbeitsverhältnis nicht der Urlaubsanspruch aus dem laufenden Kalenderjahr erfüllt wurde, sondern der aus dem Vorjahr nach § 7 III BUrlG bzw. tariflichen oder einzelvertraglichen Vorschriften übertragene Urlaub.[84]

Von der Kürzungsmöglichkeit nach § 6 BUrlG profitiert nur der neue Arbeitgeber; hat der alte „zu viel" Urlaub gewährt, kann er einen Ausgleich weder vom Arbeitnehmer noch vom neuen Arbeitgeber verlangen.

Damit der Arbeitgeber nachprüfen kann, ob der Beschäftigte in seinem vorherigen Arbeitsverhältnis bereits Urlaub gewährt bekam, der den Urlaubsanspruch im neuen Arbeitsverhältnis nach § 6 Abs. 1 BUrlG verringert, ist der Beschäftigte verpflichtet, dem neuen Arbeitgeber eine Bescheinigung seines vorherigen Arbeitgebers über die erhaltenen Urlaubstage vorzulegen, § 6 Abs. 2 BUrlG.

Aus § 6 Abs. 2 BUrlG ergibt sich auch, dass für die Kürzung des Urlaubsanspruches nach § 6 Abs. 1 BUrlG die Abgeltung (§ 7 Abs. 4 BUrlG) der Gewährung gleichsteht.

---

[81] Dazu oben Rn. 20.

[82] ErfK/Dörner § 6 Rn. 4 BUrlG.

[83] Vgl. BAG, Urt. v. 02.12.1999 – 8 AZR 774/98, AP Nr. 202 zu § 613a BGB.

[84] ErfK/Dörner § 6 BUrlG Rn. 5 und 7.

VII. Erlöschen des Anspruchs auf Erholungsurlaub; Schadensersatz; Abgeltung

1. Kalenderjahr als Urlaubsjahr; Verfall von Urlaub; Übertragung ins nächste Kalenderjahr

a) Grundsatz: Kalenderjahr als Urlaubsjahr; Erlöschen des Urlaubs

66 Urlaubsjahr ist unverändert das Kalenderjahr, d. h. der Erholungsurlaub muss im laufenden Kalenderjahr gewährt und genommen werden (§ 26 Abs. 1 Satz 1 und 6 TVöD).

Gewährt der Arbeitgeber Urlaub „im Vorgriff" bereits vor Beginn des Kalenderjahres, für das der Urlaubsanspruch besteht, wird der Urlaubsanspruch nicht rechtswirksam erfüllt.[85]

Der Anspruch des Beschäftigten gegen den Arbeitgeber auf Gewährung von Erholungsurlaub besteht nur während des Kalenderjahres und erlischt mit Ablauf des Jahres;[86] dogmatisch stellt die Gewährung des Urlaubs durch den Bezug zum Kalenderjahr eine Fixschuld dar, die nach Ablauf des Jahres wegen Unmöglichkeit nach § 275 Abs. 1 BGB untergeht.[87]

67 Diese Wirkung tritt nur dann nicht ein, wenn – ausnahmsweise – eine Übertragung des Urlaubs auf das Folgejahr stattfindet. Ob dies der Fall ist, bestimmt § 26 Abs. 2 Buchst. a TVöD, wonach Urlaub bis in das erste Quartal des Folgejahres und in einer zweiten Stufe sogar bis zum 31. Mai. des Folgejahres übertragen werden kann. Dabei weicht § 26 TVöD von den Übertragungsvorschriften des BUrlG teilweise ab, was aber gem. § 13 BUrlG auch zulässig ist.[88]

Damit entspricht der TVöD im wesentlich den bisherigen Übertragungsvorschriften in § 47 Abs. 7 Unterabs. 2 BAT und § 46 Abs. 1 Unterabs. 2 BMT-G II, die allerdings die Übertragung jeweils um einen Monat großzügiger bis 30. April bzw. 30. Juni vorsahen und außerdem für definierte Ausnahmefälle eine Übertragung bis zum 30. September des Folgejahres zuließen, was § 26 TVöD nicht übernommen hat.

b) Vorgang der Übertragung

68 Die Übertragung des Urlaubs vollzieht sich – was den Begriff der „Übertragung" missverständlich erscheinen lässt – automatisch kraft Gesetzes; eine Übertragungshandlung ist nicht erforderlich, weder auf Seiten des Arbeitgebers noch des Arbeitnehmers.[89]

---

[85] BAG, Urt. v. 16.03.1972 – 5 AZR 357/71, AP Nr. 3 zu § 9 BUrlG.

[86] BAG, Urt. v. 24.11.1992 – 9 AZR 549/91 – AP Nr. 23 zu § 1 BUrlG; Urt. v. 23.06.1992 – 9 AZR 57/91, AP Nr. 22 zu § 1 BUrlG.

[87] Vgl. dazu auch Rn. 80.

[88] ErfK/Dörner § 7 BUrlG Rn. 82 ff; vgl. auch BAG, Urt. v. 19.04.1994 – 9 AZR 462/92, AP Nr. 2 zu § 74 SGB V.

[89] BAG, Urt. v. 23.06.1992 – 9 AZR 57/91, AP Nr. 22 zu § 1 BUrlG; Urt. v. 25.08.1987 – 8 AZR 118/86, AP Nr. 15 zu § 7 BUrlG Übertragung.

c) Erste Stufe: Übertragung bis 31. März

Die erste Übertragung in das nächste Kalenderjahr ist in § 26 Abs. 2 Buchst. a **69** Satz 1 TVöD nur unvollständig geregelt: Zunächst ist nur vorgeschrieben, dass der Urlaub bis zum 31. März des Folgejahres angetreten werden muss.

Die Frage, in welchen Fällen eine Urlaubsübertragung überhaupt stattfindet, behandelt § 26 TVöD nicht; daher ist gem. § 26 Abs. 2 TVöD auf das BUrlG zurückzugreifen,[90] das die Urlaubsübertragung in § 7 Abs. 3 Satz 2 BUrlG nur zulässt, wenn dringende dienstliche oder in der Person des Beschäftigten liegende Gründe dies rechtfertigen.

Dringende betriebliche Gründe liegen nicht bereits deshalb vor, weil der Ar- **70** beitgeber den Urlaub nicht von sich aus gewährt hat. Hat daher der Beschäftigte versäumt, Erholungsurlaub zu beantragen, findet keine Übertragung nach § 26 Abs. 2 i.V.m. § 7 Abs. 3 Satz 2 TVöD statt.[91] Vielmehr liegen dringende betriebliche Gründe nur vor, wenn die Interessen des Arbeitgebers an einer Gewährung von Urlaub im Übertragungszeitraum an Stelle des im Urlaubsjahr zu gewährenden Urlaubs das Interesse des Arbeitnehmers an der Erfüllung des Urlaubs noch innerhalb des Kalenderjahrs überwiegen.[92] Dies kann in den oben in Rn. 27 und 28 aufgeführten Beispielen der Fall sein.

In der Person des Beschäftigten liegt in der Praxis vor allem der Grund, dass **71** wegen krankheitsbedingter Arbeitsunfähigkeit der Urlaubsanspruch nicht erfüllt werden kann.[93]

Da § 26 Abs. 2 Buchst. a TVöD nur verlangt, dass der Resturlaub bis zum 31. **72** März des Folgejahres angetreten ist, reicht es aus, wenn der 31. März der erste Urlaubstag ist.[94] Darin liegt eine Abweichung im Vergleich zu § 7 Abs. 3 Satz 3 BUrlG, wonach der übertragene Urlaub insgesamt innerhalb des Übertragungszeitraums genommen werden muss.

d) Zweite Stufe: Übertragung bis zum 31. Mai

Nur in abschließend aufgezählten Fällen sieht § 26 Abs. 2 Buchst. a TVöD eine **73** weitere Übertragung des Urlaubsanspruchs in einer zweiten Stufe vor, wenn der Urlaub nicht bis zum 31. März angetreten werden konnte:

- wegen Arbeitsunfähigkeit oder
- aus betrieblichen/dienstlichen Gründen.

Andere persönliche Gründe als Arbeitsunfähigkeit können die weitere Übertragung nicht auslösen; für die betrieblichen Gründe siehe oben unter Rn. 70.

e) Übertragung im Bereich des Bundes: Rundschreiben des BMI v. 25.1.2006

Für die Beschäftigten des Bundes, auf die der TVöD Anwendung findet, gilt gem. **74** Rundschreiben des BMI v. 25.1.2006 für die Übertragung von Erholungsurlaub in

---

[90] Rundschreiben des BMI v. 22.12.2005.
[91] BAG, Urt. v. 23.06.1992 – 9 AZR 57/91, AP Nr. 22 zu § 1 BUrlG.
[92] ErfK/Dörner § 7 BUrlG Rn. 67.
[93] BAG, Urt. v. 05.12.1995 – AP Nr. 70 zu § 7 BUrlG Abgeltung; Urt. v. 24.11.1992 – 9 AZR 549/91, AP Nr. 23 zu § 1 BUrlG.
[94] Rundschreiben der VKA vom 05.01.2006; vgl. auch BAG, Urt. v. 18.03.2003 – 9 AZR 190/02, AP Nr. 17 zu § 3 BUrlG Rechtsmißbrauch.

das Folgejahr nicht § 26 Abs. 2 Buchst. a TVöD, sondern § 7 der Erholungsurlaubsverordnung für die Beamtinnen und Beamten des Bundes. Damit soll eine einheitliche Behandlung aller Beschäftigten des Bundes sicher gestellt werden.

Dementsprechend soll der Urlaub grundsätzlich im Urlaubsjahr abgewickelt werden. Urlaub kann allerdings noch innerhalb von neun Monaten nach dem Ende des Urlaubsjahres genommen werden, erst danach verfällt der Urlaubsanspruch.[95]

Arbeitsrechtlich stellt diese Abweichung von BUrlG und TVöD eine für die Beschäftigten günstigere Regelung und damit eine wirksame Gesamtzusage dar.

2. Abgeltung des Urlaubs

a) Voraussetzungen des Abgeltungsanspruches

75 Da der TVöD auf eine eigene Regelung des Urlaubsabgeltungsanspruches verzichtet, kommt ausschließlich § 7 Abs. 4 BUrlG zur Anwendung.

Danach wird der noch nicht erfüllte Urlaubsanspruch, ohne dass es dafür weiterer Handlungen des Arbeitgebers oder des Beschäftigten bedürfte, bei Vorliegen der Voraussetzungen in einen Abgeltungsanspruch umgewandelt.[96]

76 Voraussetzung für den Abgeltungsanspruch ist, dass

– das Arbeitsverhältnis endet,[97]
– der Urlaubsanspruch deswegen ganz oder teilweise nicht mehr gewährt werden kann,[98]
– der Urlaubsanspruch nicht – z.B. wegen Gewährung/Erfüllung (§ 362 BGB) oder wegen Ablaufs des Kalenderjahres und fehlender Gründe für die Übertragung ins Folgejahr – untergegangen ist.[99]

Ebenfalls keinen Anspruch auf Abgeltung hat der Arbeitnehmer gem. § 7 Abs. 4 BUrlG, der den Urlaubsanspruch – unterstellt, das Arbeitsverhältnisses bestände fort – nicht in Anspruch nehmen könnte, weil er

– seine vertraglich geschuldete Arbeitsleistung nicht mehr erbringen könnte, z.B. wegen fortdauernder Arbeitsunfähigkeit,[100] oder, weil
– der Urlaub bei Beendigung des Arbeitsverhältnisses bis zum Ablauf des Urlaubsjahres nicht mehr hätte gewährt werden können und keine Übertragungsgründe vorliegen; wäre die Gewährung des Urlaubs nur teilweise möglich gewesen, ist der Urlaub nur in diesem Teil abzugelten.[101]

77 Darin liegt ein Unterschied des gesetzlichen zum früher tarifvertraglich in § 51 BAT bzw. § 47 BMT-G II geregelten Abgeltungsanspruch: Für letzteren galt, dass nicht Voraussetzung war, dass der Angestellte/Arbeiter bei Ausscheiden oder danach arbeitsfähig und arbeitsbereit war. Daher beschränkte sich der Abgeltungsan-

---

[95] Rundschreiben des BMI vom 25.01.2006 betreffs Erholungsurlaub - D II 2 - 220 210-2/26.
[96] BAG, Urt. v. 19.08.2003 – 9 AZR 619/02, AP Nr. 29 zu § 7 BUrlG.
[97] BAG, Urt. v. 19.08.2003 – 9 AZR 619/02, AP Nr. 29 zu § 7 BUrlG.
[98] BAG, Urt. v. 19.08.2003 – 9 AZR 619/02, AP Nr. 29 zu § 7 BUrlG.
[99] BAG, Urt. v. 23.06.1992 – 9 AZR 57/91, AP Nr. 22 zu § 1 BUrlG.
[100] BAG, Urt. v. 08.07.1989 – 8 AZR 44/88, AP Nr. 49 zu § 7 BUrlG Abgeltung.
[101] BAG, Urt. v. 07.05.1997 – 9 AZR 337/95, AP Nr. 74 zu § 7 BUrlG Abgeltung; Urt. v. 07.12.1993 – 9 AZR 683/92, AP Nr. 15 zu § 7 BUrlG.

spruch aus § 51 BAT bzw. § 47 BMT-G II allein auf eine Geldzahlungspflicht des Arbeitgebers, die mit Ausscheiden des Arbeitnehmers aus dem Arbeitsverhältnis fällig war.[102]

b) Fälligkeit, Sozialversicherung, Steuerpflicht, Vererbbarkeit, Übertragbarkeit
Daraus, dass der Abgeltungsanspruch Ersatz für die wegen der Beendigung des Arbeitsverhältnisses nicht mehr mögliche Befreiung von der Arbeitspflicht ist, leitete die Rechtsprechung lange Zeit ab, dass der Urlaubsabgeltungsanspruch keine einfache Geldforderung darstellt und daher ebenso wie der Urlaubsanspruch weder übertragbar noch vererbbar ist.[103]   **78**
Anderes galt schon immer für die in § 51 BAT bzw. § 47 BMT-G II gesondert geregelten Abgeltungsansprüche, die als reine Geldzahlungsverpflichtung des Arbeitgebers galten und ohne weiteres übertragen und auch vererbt werden konnten.[104]
Diese Rechtsprechung ist inzwischen aufgegeben worden: Hat der Arbeitnehmer den Urlaubsabgeltungsanspruch geltend gemacht und der Arbeitgeber festgestellt, dass der Anspruch auf Befreiung von der Arbeitspflicht bei unterstelltem Fortbestand des Arbeitsverhältnisses erfüllbar wäre, wird die Urlaubsabgeltung ebenso wie das Urlaubsentgelt und damit als Geldforderung zu behandelt. Damit ist dieser Entgeltanspruch übertragbar und nach § 851 Abs. 2 ZPO der Pfändung unterworfen.[105]
Der Abgeltungsanspruch wird von der Ausschlussfrist des § 37 Abs. 1 TVöD   **79**
erfasst, allerdings lediglich hinsichtlich des über den Mindesturlaubanspruch nach dem BUrlG hinausgehenden tarifvertraglichen Anteil; der Anteil im Umfang des gesetzlichen Mindesturlaubs bleibt unberührt.[106]

3. Anspruch auf Schadensersatz
Nach ständiger Rechtsprechung steht dem Beschäftigten ein Anspruch auf Ersatz-   **80**
urlaub als Schadenersatz nach § 249 Satz 1 BGB zu, wenn er seinen Urlaubsanspruch erfolglos gegenüber dem Arbeitgeber geltend gemacht hat.[107] Denn ist der Urlaubsanspruch wegen der Ablaufs des Kalenderjahres unmöglich geworden und damit untergegangen,[108] kann an seine Stelle nur noch ein Schadenersatzanspruch treten.
Weitere Voraussetzung ist, dass der Arbeitgeber die infolge Zeitablaufs eintretende Unmöglichkeit zu vertreten hat.[109] Dies ist bereits dann der Fall, wenn der Arbeitgeber sich mit der Leistung in Verzug befunden hat, § 287 Satz 2 BGB.
Systemwidrig gewährt das BAG den Schadensersatz hier in Form der Naturalrestitution gemäß § 249 Satz 1 BGB als Ersatzurlaubsanspruch in gleicher Höhe;

---

[102] BAG, Urt. v. 08.07.1989 – 8 AZR 44/88, AP Nr. 49 zu § 7 BUrlG Abgeltung.
[103] BAG, Urt. v. 08.07.1989 – 8 AZR 44/88, AP Nr. 49 zu § 7 BUrlG Abgeltung.
[104] BAG, Urt. v. 08.07.1989 – 8 AZR 44/88, AP Nr. 49 zu § 7 BUrlG Abgeltung.
[105] BAG, Urt. v. 28.08.2001 – 9 AZR 611/99, AP Nr. 80 zu § 7 BUrlG Abgeltung.
[106] BAG, Urt. v. 23.04.1996 – 9 AZR 165/95, AP NR. 72 zu § 7 BUrlG Abgeltung.
[107] BAG, Urt. v. 19.04.1994 – 9 AZR 462/92, AP Nr. 2 zu § 74 SGB V.
[108] BAG, Urt. v. 19.04.1994 – 9 AZR 462/92, AP Nr. 2 zu § 74 SGB V; dazu auch oben Rn. 66.
[109] BAG, Urt. v. 23.06.1992 – 9 AZR 57/91, AP Nr. 22 zu § 1 BUrlG; Urt. v. 26.06.1986 – 8 AZR 75/83, AP Nr. 5 zu § 44 SchwbG.

systemwidrig, weil die Unmöglichkeit eines Anspruches stets auch die Naturalrestitution des dadurch ausgelösten Schadensersatzanspruches „unmöglich" macht. Dieser Bruch kann nur damit erklärt werden, dass die „Unmöglichkeit" sich ausschließlich aus dem Fixschuldcharakter des Urlaubsanspruches ergibt und kein unumgängliches Leistungshindernis darstellt und der Erholungszweck des Erholungsurlaub zu wichtig ist, um den Beschäftigten nur auf einen Geldersatz für den nicht gewährten Urlaub zu verweisen; dem Arbeitnehmer soll auch nicht die Möglichkeit eingeräumt werden, sich den Urlaub ausbezahlen zu lassen.

Nur für den Fall, dass der Ersatzurlaubsanspruch wegen Beendigung des Arbeitsverhältnisses nicht mehr gewährt werden kann, ist der Arbeitnehmer gem. § 251 BGB in Geld zu entschädigen.[110]

VIII. Urlaubsentgelt

1. Höhe des fortzuzahlenden Entgelts

81 Das Entgelt, das als Urlaubsentgelt (§ 11 Abs. 1 BUrlG) zu zahlen ist, bestimmt sich gem. § 26 Abs. 1 Satz 1 nach § 21 TVöD; daher wird hier auf die dortigen Ausführungen zur Berechnung des fortzuzahlenden Entgelts verwiesen.

2. Fälligkeit

82 Die Entgeltfortzahlung nach § 26 Abs. 1 Satz 1 TVöD wird zusammen mit oder, wenn der Urlaub den gesamten Monat andauert, komplett anstelle des Entgeltanspruchs nach § 24 TVöD am letzten Tag eines Monats gezahlt, § 26 Abs. 2 Buchst. d TVöD.

3. Sozialversicherung, Steuerpflicht, Abtretbarkeit, Ausschlussfrist

83 Der Urlaubsentgeltanspruch nach § 26 Abs. 1 Satz 1 i.V.m. § 21 TVöD ist ganz normaler Entgeltanspruch und damit sozialversicherungs-, lohnsteuer- und zusatzversorgungspflichtig.

Weiter kann er ebenso wie der Entgeltanspruch des § 24 TVöD abgetreten und gepfändet werden.[111]

Die Ausschlussfrist gemäß § 37 beginnt mit dem Zeitpunkt nach § 26 Abs. 2 Buchst. d TVöD zu laufen.

IX. Urlaubsgeld

84 Von der Entgeltfortzahlung während des Erholungsurlaubs nach § 26 Abs. 1 Satz 1 TVöD als Urlaubsentgelt im Sinne des § 11 BUrlG ist das zusätzliche Urlaubsgeld zu unterscheiden, das vor Inkrafttreten des TVöD auf Grundlage unterschiedlicher gesonderter Tarifverträge[112] gewährt wurde.

Der TVöD kennt kein Urlaubsgeld mehr, sondern ersetzt Urlaubsgeld und Zuwendung durch die Jahressonderzahlung gem. § 20 TVöD.[113]

---

[110] BAG, Urt. v. 26.06.1986 – 8 AZR 75/83, AP Nr. 5 zu § 44 SchwbG.

[111] BAG, Urt. v. 8.08.2001 – 9 AZR 611/99, AP Nr. 80 zu § 7 BUrlG Abgeltung; Urt. v. 20.06.2000 – 9 AZR 405/99, AP Nr. 28 zu § 7 BUrlG.

[112] Eine Aufzählung der unterschiedlichen Tarifverträge findet sich bei § 20 Rn. 2.

[113] Dazu im Einzelnen die Kommentierung zu § 20 TVöD.

X. Überleitung

Für 2005 waren noch die bisherigen Urlaubsregelungen anzuwenden, § 15 TVÜ- **85** Bund/-VKA. Dass § 26 Abs. 1 und Abs. 2 Buchst. b und c TVöD erst am 1. Januar 2006 in Kraft treten, bestätigt auch § 39 Abs. 1 Buchst. b TVöD.

In § 26 tritt einzig § 26 Abs. 2 Buchst. a, der die Übertragung des Urlaubs ins Jahr 2006 hinein regelt, bereits am 1. Oktober 2005 in Kraft. Auch hier ist also keine Änderung des Erholungsurlaubs nach Dauer oder Vergütung für 2005 vorgenommen worden, sondern für 2006 die Behandlung des nach altem Recht zu beurteilenden Resturlaubs aus 2005 enthalten.

§ 26 Abs. 1 Satz 2 TVöD gewährt Beschäftigten der Vergütungsgruppen I und Ia bis zum vollendeten 40. Lebensjahr mit 29 statt bisher 30 Tagen einen Tag weniger Urlaub. Für diese Beschäftigten, soweit sie übergeleitet wurden, erhält § 15 Abs. 2 TVÜ-Bund/-VKA den bisherigen Besitzstand von – bei einer 5-Tage-Woche – 30 Tage Urlaub.

§ 27 Zusatzurlaub

(1) Beschäftigte, die ständig Wechselschichtarbeit nach § 7 Abs. 1 oder ständig Schichtarbeit nach § 7 Abs. 2 leisten und denen die Zulage nach § 8 Abs. 5 Satz 1 oder Abs. 6 Satz 1 zusteht, erhalten
a) bei Wechselschichtarbeit für je zwei zusammenhängende Monate und
b) bei Schichtarbeit für je vier zusammenhängende Monate
einen Arbeitstag Zusatzurlaub.

(2) Im Falle nicht ständiger Wechselschicht- oder Schichtarbeit (z. B. ständige Vertreter) erhalten Beschäftigte des Bundes, denen die Zulage nach § 8 Abs. 5 Satz 2 oder Abs. 6 Satz 2 zusteht, einen Arbeitstag Zusatzurlaub für
a) je drei Monate im Jahr, in denen sie überwiegend Wechselschichtarbeit geleistet haben, und
b) je fünf Monate im Jahr, in denen sie überwiegend Schichtarbeit geleistet haben.

(3) Im Falle nicht ständiger Wechselschichtarbeit und nicht ständiger Schichtarbeit im Bereich der VKA soll bei annähernd gleicher Belastung die Gewährung zusätzlicher Urlaubstage durch Betriebs-/Dienstvereinbarung geregelt werden.

(4) ¹Zusatzurlaub nach diesem Tarifvertrag und sonstigen Bestimmungen mit Ausnahme von § 125 SGB IX wird nur bis zu insgesamt sechs Arbeitstagen im Kalenderjahr gewährt. ²Erholungsurlaub und Zusatzurlaub (Gesamturlaub) dürfen im Kalenderjahr zusammen 35 Arbeitstage nicht überschreiten. ³Satz 2 ist für Zusatzurlaub nach den Absätzen 1 und 2 hierzu nicht anzuwenden. ⁴Bei Beschäftigten, die das 50. Lebensjahr vollendet haben, gilt abweichend von Satz 2 eine Höchstgrenze von 36 Arbeitstagen; § 26 Abs. 1 Satz 3 gilt entsprechend.

(5) Im Übrigen gilt § 26 mit Ausnahme von Absatz 2 Buchst. b entsprechend.

Protokollerklärung zu den Absätzen 1 und 2:
¹Der Anspruch auf Zusatzurlaub bemisst sich nach der abgeleisteten Schicht- oder Wechselschichtarbeit und entsteht im laufenden Jahr, sobald die Voraussetzungen nach Absatz 1 oder 2 erfüllt sind. ²Für die Feststellung, ob ständige Wechselschichtarbeit oder ständige Schichtarbeit vorliegt, ist eine Unterbrechung durch Arbeitsbefreiung, Freizeitausgleich, bezahlten Urlaub oder Arbeitsunfähigkeit in den Grenzen des § 22 unschädlich.

TVÜ Bund
§ 15 Urlaub

(1) ¹Für die Dauer und die Bewilligung des Erholungsurlaubs bzw. von Zusatzurlaub für das Urlaubsjahr 2005 gelten die im September 2005 jeweils maßgebenden Vorschriften bis zum 31. Dezember 2005 fort. ²Die Regelungen des TVöD gelten für die Bemessung des Urlaubsentgelts sowie für eine Übertragung von Urlaub auf das Kalenderjahr 2006.

(2) ¹Aus dem Geltungsbereich des BAT/BAT-O übergeleitete Beschäftigte der Vergütungsgruppen I und Ia, die für das Urlaubsjahr 2005 einen Anspruch auf 30 Arbeitstage Erholungsurlaub erworben haben, behalten bei einer Fünftagewoche diesen Anspruch für die Dauer des über den 30. September 2005 hinaus ununterbrochen fortbestehenden Arbeitsverhältnisses. ²Die Urlaubsregelungen des TVöD bei abweichender Verteilung der Arbeitszeit gelten entsprechend.

(3) § 49 Abs. 1 und 2 MTArb/MTArb-O i.V.m. dem Tarifvertrag über Zusatzurlaub für gesundheitsgefährdende Arbeiten für Arbeiter des Bundes gelten bis zum In-Kraft-Treten eines entsprechenden Tarifvertrags des Bundes fort; im Übrigen gilt Absatz 1 entsprechend.

(4) ¹In den Fällen des § 48a BAT/BAT-O oder § 48a MTArb/MTArb-O wird der nach der Arbeitsleistung im Kalenderjahr 2005 zu bemessende Zusatzurlaub im Kalenderjahr 2006 gewährt. ²Die nach Satz 1 zustehenden Urlaubstage werden auf den nach den Bestimmungen des TVöD im Kalenderjahr 2006 zustehenden Zusatzurlaub für Wechselschichtarbeit und Schichtarbeit angerechnet. ³Absatz 1 Satz 2 gilt entsprechend.

TVÜ VKA
§ 15 Urlaub

(1) ¹Für die Dauer und die Bewilligung des Erholungsurlaubs bzw. von Zusatzurlaub für das Urlaubsjahr 2005 gelten die im September 2005 jeweils maßgebenden Vorschriften bis zum 31. Dezember 2005 fort. ²Die Regelungen des TVöD gelten für die Bemessung des Urlaubsentgelts sowie für eine Übertragung von Urlaub auf das Kalenderjahr 2006.

(2) ¹Aus dem Geltungsbereich des BAT/BAT-O/BAT-Ostdeutsche Sparkassen übergeleitete Beschäftigte der Vergütungsgruppen I und Ia, die für das Urlaubsjahr 2005 einen Anspruch auf 30 Arbeitstage Erholungsurlaub erworben haben, behalten bei einer Fünftagewoche diesen Anspruch für die Dauer des über den 30. September 2005 hinaus ununterbrochen fortbestehenden Arbeitsverhältnisses. ²Die Urlaubsregelungen des TVöD bei abweichender Verteilung der Arbeitszeit gelten entsprechend.

(3) § 42 Abs. 1 BMT-G/BMT-G-O i.V.m. bezirklichen Tarifverträgen zu § 42 Abs. 2 BMT-G und der Tarifvertrag zu § 42 Abs. 2 BMT-G-O (Zusatzurlaub für Arbeiter) gelten bis zum In-Kraft-Treten entsprechender landesbezirklicher Tarifverträge fort; im Übrigen gilt Absatz 1 entsprechend.

(4) ¹In den Fällen des § 48a BAT/BAT-O/BAT-Ostdeutsche Sparkassen oder § 41a BMT-G/BMT-G-O wird der sich nach dem Kalenderjahr 2005 zu bemessende Zusatzurlaub im Kalenderjahr 2006 gewährt. ²Die nach Satz 1 zustehenden Urlaubstage werden auf den nach den Bestimmungen des TVöD im Kalenderjahr 2006 zustehenden Zusatzurlaub für Wechselschichtarbeit und Schichtarbeit angerechnet. ³Absatz 1 Satz 2 gilt entsprechend.

I. Vergleich zu den bisherigen Regelungen, abweichende Regelungen

1. Vergleich zu den bisherigen Regelungen

1

Der TVöD gewährt Zusatzurlaub nur noch in den Fällen von Wechselschicht- oder Schichtarbeit. Ein Zusatzurlaub für Nachtschichtarbeit wird nur noch in § 53 TVöD BT-K gewährt. Auf der Ebene des Bundes gibt es keine entsprechende Regelung über Zusatzurlaub für Nachtarbeit, auch nicht für die Beschäftigten in Krankenhäusern des Bundes in § 46 Nr. 18 TVöD BT-V (Bund). In dieser Bestimmungen wird auf die Bestimmungen der §§ 41 bis 52 TVöD BT-K und damit nicht auf § 53 verwiesen.

Nach altem Recht war die Höhe des Anspruchs auf Zusatzurlaub davon abhängig, wie viele Tage der Beschäftigte im Kalenderjahr unter erschwerten Bedingungen zu arbeiten hatte, die einen Anspruch auf Zusatzurlaub begründet haben. Erst zum Jahresende stand damit fest, in welcher Höhe ein Zusatzurlaubsanspruch bestanden hat. Folgerichtig wurde der Zusatzurlaub erst im Folgejahr fällig.

Dies wurde dahingehend vereinfacht, dass nicht mehr auf die Anzahl der Tage, sondern auf monatliche Betrachtungszeiträume abgestellt wurde. Nach neuem Recht entsteht der Anspruch so roulierend im laufenden Jahr, sobald die nach

Abs. 1 erforderliche Anzahl von Monaten an Wechselschicht- oder Schichtarbeit geleistet wurde und der Zusatzurlaub wird sofort fällig.

Der Übergang vom alten auf das neue Recht vollzieht sich nach § 15 Abs. 4 **2** TVÜ-Bund so, dass der Anspruch für das Jahr 2005 im Jahr 2006 gewährt und auf gleichzeitig nach dem neuen System im Jahr 2006 entstehende Ansprüche auf Zusatzurlaub angerechnet wird. De facto wird durch diese Verfahrensweise ein neu entstehender Urlaubsanspruch im Jahr 2006 nicht gewährt, soweit ein Anspruch in gleicher Höhe bereits im Vorjahr entstanden ist. Eine solche Regelung des Nichtentstehens tarifvertraglicher Ansprüche für eine Übergangsregelung ist zulässig. Bereits nach früherem Recht hatte das BAG entschieden, dass ein bereits von den Tatbestandsvoraussetzungen gegebener Anspruch auf Zusatzurlaub, der allerdings auf Grund der Tatsache, dass er erst im folgenden Kalenderjahr fällig wird, durch Änderung des Tarifvertrages zum 01.01. des Folgejahres entfallen kann, wenn nach dem neuen Tarifvertrag ein solcher Anspruch nicht gegeben ist.[1]

Abgelöst werden durch die Neuregelung die folgenden Bestimmungen: §§ 48a, **3** 49 BAT/BAT-O, § 41a BMT-G/BMT-G-O, § 50 Manteltarifvertrag für Waldarbeiter der Länder und Gemeinden für den Bereich VKA, § 48a MTArb/MTArb-O. Nicht völlig abgelöst, sondern durch landesbezirkliche Tarifverträge neu geregelt werden, sollen die in § 42 Abs. 1 BMT-G/BMT-G-O, § 8 Anlage 10a zu BMT-G (gewerbliche Arbeitnehmer Kernforschungsanstalten) und § 42 Abs. 2 BMT-G/BMT-G-O nach § 15 Abs. 3 TVÜ VKA. Auf der Ebene des Bundes besteht eine entsprechende Regelung in § 15 Abs. 3 TVÜ Bund für den § 49 MTArb/MTArb-O. Bis zu einer Neuregelung bleibt es hier bei den bestehenden tarifvertraglichen Regelungen.

Die Neuregelungen über den Zusatzurlaub sind gemäß § 39 Abs. 1 Satz 1 Buchst. b) TVöD erst zum 1.1.2006 in Kraft getreten, so dass die alten Tarifbestimmungen bis zum 31.12.2005 in Kraft waren.

2. Abweichende Regelungen

Eine abweichende Regelung enthält nur § 53 TVöD BT-K, der noch einen Anspruch auf Zusatzurlaub für Nachtarbeit enthält, der sonst generell abgeschafft wurde. **4**

II. Anspruch auf Zusatzurlaub

Aus dem Begriff „Zusatzurlaub" ergibt sich bereits, dass der Anspruch auf Zusatzurlaub akzessorisch zum Anspruch auf den Hauptanspruch auf Jahresurlaub abhängig ist, also erst dann entsteht und nur insoweit fortbesteht, als dies auch für den Hauptanspruch gegeben ist. § 27 Abs. 5 TVöD verweist diesbezüglich auf die Regelungen des § 26 mit Ausnahme der Zwölftelregelung des § 26 Abs. 2 Buchst. b) TVöD. **5**

Nach § 27 Abs. 1 haben Beschäftigte, die ständig Wechselschichtarbeit nach **6** § 7 Abs. 1 TVöD oder ständig Schichtarbeit nach § 7 Abs. 2 TVöD leisten, einen Anspruch auf Zusatzurlaub, wenn ihnen gleichzeitig die Zulage nach § 8 Abs. 5

---

[1]   BAG, Urt. v. 14.12.2004 – 9 AZR 33/04, ZTR 2005, 327.

Satz 1 oder Abs. 6 Satz 1 zusteht. Beide Voraussetzungen müssen kumulativ vorliegen.

7   Durch die Protokollerklärung zu den Absätzen 1 und 2 wird klargestellt, dass die Ansprüche im laufenden Jahr jeweils dann entstanden sind, wenn deren Voraussetzungen erfüllt sind. Der Beschäftigte kann diese dann auch jeweils unterjährig bereits in Anspruch nehmen. Sie sind in der Zeiterfassung als Urlaubsansprüche auszuweisen. Bei der Beurteilung, ob ständige Wechselschicht- oder Schichtarbeit vorliegt, sind nach Satz 2 der Protokollerklärung Unterbrechungen durch Arbeitsbefreiung, Freizeitausgleich, bezahlten Urlaub oder Arbeitsunfähigkeit in den Grenzen des § 22 TVöD unschädlich. Dies hat zur Folge, dass diese Unterbrechungen aus der Betrachtung auszuklammern sind, als hätten sie nicht vorgelegen. Es sind aber keine neutrale Zeiten, sondern sie sind zu behandeln wie die Zeiten vor der Unterbrechung. Würde man diese Zeiten als neutrale Zeiten werten, so wären sie nicht „unschädlich". Die sechswöchige Urlaubszeit würde bei einer Wertung als neutrale Zeit dazu führen, dass sich der Zusatzurlaubsanspruch bei ständiger Wechselschichtarbeit um mindestens einen Tag reduzieren würde.

Nach § 27 Abs. 2 und Abs. 3 TVöD besteht ein demgegenüber reduzierter Anspruch auf Zusatzurlaub, wenn nicht ständige Wechselschicht- oder Schichtarbeit geleistet wird.

8   Grundsätzlich kann abweichend von den tarifvertraglichen Regelungen auch ein Anspruch auf Zusatzurlaub durch einzelvertragliche Zusage oder betriebliche Übung in Betracht kommen. Ein solcher Anspruch ist nicht unabhängig von tariflichen Tatbestandsvoraussetzungen gegeben, wenn nur auf die tarifvertraglichen Anspruchsgrundlagen abgestellt wird.[2] Auch wenn der Arbeitgeber rechtsirrig Zusatzurlaub gewährt, obwohl die tarifvertraglichen Voraussetzungen nicht gegeben waren, entsteht kein Anspruch aus betrieblicher Übung auf Fortgewährung eines Zusatzurlaubs. Die Gewährung des Zusatzurlaubs kann dann sofort eingestellt werden.[3]

III. Höhe des Anspruchs auf Zusatzurlaub

1. Ständige Wechselschichtarbeit

9   Wechselschichtarbeit ist die vollkontinuierliche Arbeit bei Tag und Nacht, an Werktagen, Sonn- und Feiertagen, in wechselnden Arbeitsschichten. Es kommt hierbei nicht darauf an, ob der Beschäftigte in allen Schichten eingesetzt wird. Es genügt vielmehr, wenn der Beschäftigte einmal nach Ablauf eines Monats in Nachtschicht eingesetzt wird. Dies ist nach § 7 Abs. 1 Satz 3 TVöD bereits dann der Fall, wenn der Beschäftigte mindestens zwei Stunden Nachtarbeit leistet (nach § 7 Abs. 5 TVöD die Arbeit zwischen 21 und 6 Uhr).

10   Für je zwei zusammenhängende Monate, in denen der Beschäftigte ständig Wechselschicht arbeitet und zugleich die Zulage für ständige Wechselschichtarbeit erhält, entsteht der Anspruch auf Zusatzurlaub. Die tarifvertragliche Vorschrift spricht nicht von Kalendermonaten, so dass hier auf die Monatsfrist des

---

[2]   BAG, Urt. v. 25.01.2000 – 9 AZR 25/99, HaufeIndex 611143; BAG Urt. v. 09.06.1988 – 8 AZR 752/85, HaufeIndex 441724.

[3]   BAG, Urt. v. 06.03.1984 – 3 AZR 340/80, NZA 1984, 256.

§ 188 BGB Abs. 2 BGB abzustellen ist. Nach § 188 Abs. 2 BGB endet die Monatsfrist mit Ablauf des Tages, welcher dem Tage vorhergeht, der durch seine Benennung dem Anfangstag entspricht. Beginnt also eine ständige Wechselschichtarbeit erstmals zum 15.01. des Jahres, so sind die Anspruchsvoraussetzungen für die Gewährung eines Tages Zusatzurlaub wegen ständiger Wechselschichtarbeit mit Ablauf des 14.03. des Jahres erfüllt. Von diesem Zeitpunkt an beginnt die neuerliche Frist zu laufen, ob im Anschlusszeitraum neuerlich ein Anspruch auf Zusatzurlaub entsteht.

Ständige Wechselschicht leistet der Beschäftigte, der an allen verschiedenen Schichten der Wechselschicht ununterbrochen eingesetzt ist. Diesbezüglich ist auf die Kommentierung zu § 8 Abs. 5 TVöD zu verweisen.

Für je zwei zusammenhängende Monate Wechselschichtarbeit erhält der Beschäftigte einen Zusatzurlaubsanspruch von einem Arbeitstag. Arbeitet der Beschäftigt z.B. vom 15.01. bis zum 10.09. und vom 15.10. bis 23.12. ununterbrochen in Wechselschichtarbeit, so erhält er einen Zusatzurlaub von vier Tagen. Vom 15.01. bis zum 14.07. ist ein Anspruch von drei Tagen entstanden. Vom 15.07 bis zum 10.09. konnte kein weiterer Zusatzurlaub entstehen. In der Zeit vom 15.10. bis zum 14.12. ist ein Zusatzurlaubsanspruch in Höhe eines weiteren Tages Zusatzurlaub entstanden. Die nach dem 14.12. geleistete Wechselschichtarbeit kann nicht mit der Zeit vom 15.07 bis zum 10.09. zusammengerechnet werden und einen weiteren Urlaubsanspruch begründen. **11**

2. Ständige Schichtarbeit

Schichtarbeit leistet nach § 7 Abs. 2 der Beschäftigte, der in einem Schichtplan mit regelmäßig wechselndem Beginn der Arbeitszeit um mindestens zwei Stunden in Zeitabschnitten von längstens einem Monat vorsieht. Die Schichtarbeit muss eine tägliche Zeitspanne von mindestens 13 Stunden vom Beginn der ersten bis zum Ende der letzten Schicht umfassen. **12**

Auch hier leistet nur der Beschäftigte ständig Schichtarbeit, der regelmäßig im Schichtplan eingesetzt wird.

Der ständig Schicht arbeitende Beschäftigte, der Anspruch auf die Zulage nach § 8 Abs. 6 Satz 1 TVöD hat, erhält für je vier Monate ständiger Schichtarbeit einen Tag Zusatzurlaub nach § 27 Abs. 1 Buchstabe b) TVöD.

3. Nicht ständige Wechselschicht- oder Schichtarbeit

a) Bereich Bund

Im Bereich des Bundes besteht bei überwiegender Wechselschichtarbeit nach § 27 Abs. 2 Buchst. a) TVöD ein Anspruch auf Zusatzurlaub von einem Tag für je drei Monate überwiegender Wechselschichtarbeit im Jahr. Überwiegend Wechselschicht arbeitet nur der Beschäftigte, der über 50% seiner Arbeitsleistung Wechselschicht arbeitet.[4] Bei dem Anspruch auf Zusatzurlaub wegen nicht ständiger Wechselschichtarbeit ist für die Betrachtung der Zeitraum eines Jahres im Sinne des § 188 Abs. 2 BGB zu Grunde zu legen und nicht etwa der Zeitraum eines Ka- **13**

---

[4] BAG, Urt. v. 19.03.2002 – 9 AZR 109/01, NJOZ 2003, 1534 bez. „überwiegender" Arbeiten mit infektiösem Material.

lenderjahres.[5] Der Beschäftigte erhält hier für einen Zeitraum von je drei Monaten überwiegender Wechselschichtarbeit einen Tag Zusatzurlaub. Nach der Tarifvertragsvorschrift ist Betrachtungszeitraum jeweils ein Monat, auch hier nicht der Kalendermonat. Wird der Beschäftigte also erstmals am 15.01. zur Wechselschicht eingeteilt und arbeitet bis zum 14.2. zu 55% in Wechselschicht, vom 15.02. bis zum 14.03. zu 45% in Wechselschicht, vom 15.03. bis zum 14.04. zu 80% in Wechselschicht und wird anschließend nicht mehr in Wechselschicht eingesetzt, so entsteht kein Anspruch auf Zusatzurlaub. Der Beschäftigte wurde zwar im Durchschnitt der drei Monate zu 60% in Wechselschicht eingesetzt, die Wechselschichtarbeit muss allerdings nach der Tarifvorschrift in den Monaten überwiegend angefallen sein. Arbeitet derselbe Beschäftigte allerdings nochmals vom 15.09. bis 14.10. desselben Jahres zu über 50% in Wechselschicht, so erhält er einen Tag Zusatzurlaub, da im Falle nicht ständiger Wechselschichtarbeit kein zusammenhängender Zeitraum von überwiegender Wechselschichtarbeit gegeben sein muss, sondern auch auseinander liegende Monate innerhalb des Jahreszeitraums zusammengerechnet werden können.[6] Hätten die Tarifvertragsparteien den Anspruch davon abhängig machen wollen, dass er nur gegeben ist, wenn die Voraussetzungen überwiegender Wechselschichtarbeit in drei zusammenhängenden Monaten erfüllt sein muss, so hätte man dies wie in § 27 Abs. 1 TVöD formuliert. Das Wörtchen „je" bezieht sich nicht auf die Anspruchsvoraussetzung, sondern auf die Rechtsfolge. Wenn jeweils drei Monate mit überwiegender Wechselschichtarbeit vorliegen, zählt der Monat im Rahmen der Jahresfrist.

Nach § 27 Abs. 2 Buchst. b) erhält der Beschäftigte, der überwiegend an je fünf Monaten im Jahr in Schichtarbeit eingesetzt wird, einen Tag Zusatzurlaub.

b) Kommunaler Bereich

14   Nach § 27 Abs. 3 TVöD ist ein tarifvertraglicher Anspruch bei nicht ständiger Wechselschicht- oder Schichtarbeit nicht normiert worden. Hier soll „bei annähernd gleicher Belastung" die Gewährung zusätzlicher Urlaubstage durch Betriebs- oder Dienstvereinbarung erfolgen. Es handelt sich hierbei um eine Öffnungsklausel, um einen eigentlich tarifvertraglich geregelten Anspruch durch Betriebsvereinbarung oder Dienstvereinbarung zur Überwindung der Regelungssperre des § 77 Abs. 4 und der zu § 75 Abs. 5 BpersVG vergleichbaren Vorschriften der jeweiligen Landespersonalvertretungsgesetze regeln zu können.

Dies ist allerdings eine „Sollvorschrift" und damit eine Regelungsanweisung an die Betriebsparteien auf der sachnäheren Entscheidungsebene eine Regelung zu treffen.

Unklar ist, auf welche „annähernd gleiche Belastung" die Tarifvertragsvorschrift Bezug nimmt. Hier kann nur die vorstehende Regelung des Bundes in Absatz 2 gemeint sein, so dass ein ähnlicher Anspruch auf Zusatzurlaub bei einer Belastung durch überwiegende Wechselschicht bzw. Schichtarbeit zu regeln ist.

---

5   So auch BMI, Schreiben vom 22.12.2005, S. 30.
6   Missverständlich BMI, Rundschreiben vom 22.12.2005, S. 31; klarstellend S.32.

IV. Begrenzung des Anspruchs

Nach § 27 Abs. 4 Satz 1 TVöD kann der Anspruch auf Zusatzurlaub nach diesem **15** Tarifvertrag und sonstigen Bestimmungen, z.b. durch Betriebsvereinbarung, Dienstvereinbarung und einzelvertragliche Zusage, maximal nur sechs Tage betragen. Hierbei ist der Zusatzurlaub nach § 125 SGB IX wegen Schwerbehinderung allerdings auszuklammern.

Nach Satz 2 der Vorschrift darf der Erholungsurlaub zusammen mit dem Zusatzurlaub nicht mehr als 35 Arbeitstage betragen. Hiervon ausgenommen ist allerdings nach Satz 3 der Zusatzurlaub nach den Absätzen 1 und 2. Betroffen von der Kürzung sind somit Ansprüche auf Zusatzurlaub, die wegen gesundheitsgefährdender Tätigkeiten nach § 15 Abs. 3 TVÜ Bund oder ähnliche Regelungen durch landesbezirkliche Tarifverträge im kommunalen Bereich gewährt werden. Bei Beschäftigten, die das 50. Lebensjahr vollendet haben, gilt abweichend von Satz 2 eine Höchstgrenze von 36 Tagen.

V. Verhältnis der Vorschrift zu den sonstigen Urlaubsregelungen

Nach § 27 Abs. 5 TVöD gilt § 26 TVöD mit Ausnahme der Zwölftelungsregelung **16** von § 26 Abs. 2 Buchst. b) TVöD. Diese Vorschrift weist daraufhin, dass der hier geregelte Zusatzurlaubsanspruch akzessorisch zum Hauptanspruch auf Jahresurlaub ist. Er entsteht erst nach Ablauf der Wartezeit des Bundesurlaubsgesetzes von 6 Monaten. Er erlischt, wenn er nicht innerhalb des Übertragungszeitraums des § 26 Abs. 2 Buchst. a) TVöD genommen wird. Ruht das Arbeitsverhältnis, so mindert sich der Anspruch auf Zusatzurlaub entsprechend des Ruhenszeitraums nach § 26 Abs. 2 Buchst. c) TVöD.

VI. Übergangsvorschriften

Die Übergangsvorschriften sind in § 15 TVÜ Bund bzw. TVÜ VKA normiert. Die **17** Tarifvertragsparteien waren sich einig, dass Zusatzurlaubsansprüche wegen gefährlicher Arbeitsbedingungen innerhalb der jetzigen Tarifvertragreform nicht abschließend geregelt werden sollen.

Abs. 3 des § 15 TVÜ Bund und des TVÜ VKA enthält deshalb ausdrücklich die Regelung, dass die Bestimmungen nach altem Tarifrecht, der § 49 MTArb/MTArb-O bzw. der § 42 BMT-G/BMT-G-O solange in Kraft bleiben, bis sie durch Neuregelungen ersetzt werden. Nur im Angestelltenbereich ist die vergleichbare Vorschrift des § 49 BAT/BAT-O mit ihrem Verweis auf das Beamtenrecht ersatzlos gestrichen worden.

§ 15 Abs. 4 TVÜ Bund bzw. TVÜ VKA regelt bezüglich der Ansprüche auf Zusatzurlaub nach § 27 TVöD, dass die im Kalenderjahr 2005 entstandenen und im Jahr 2006 fällig gewordenen Urlaubsansprüche bestehen bleiben, aber auf die neue im Jahr 2006 entstehenden Ansprüche für Wechselschicht und Schichtarbeit angerechnet werden. § 15 Abs. 4 Satz 3 TVÜ Bund bzw. VKA weisen daraufhin, dass die Vorschriften des TVöD für die Bemessung und Übertragung von Urlaub auch auf die Übergangsregelung Anwendung finden, so dass die Beschränkung des Zusatzurlaubsanspruchs nach § 27 Abs. 4 TVöD auch auf die Übergangsbestimmungen Anwendung findet und auch zu einer Kappung der übergeleiteten Urlaubsansprüche, die im Jahr 2005 entstanden und im Jahr 2006 fällig geworden sind, führen kann.

VII. Verschiedenes

18   Wurde einem Beschäftigten ein ihm zustehender Anspruch auf Zusatzurlaub nicht gewährt, und ist er durch Verschulden des Arbeitgebers verfallen, so besteht ein Schadensersatzanspruch des Beschäftigten in Höhe des Urlaubsabgeltungsanspruchs.[7]

19   Umstritten ist, ob freigestellte Betriebsrats- oder Personalratmitglieder einen Anspruch auf Zusatzurlaub nach § 27 TVöD haben. Das BAG vertritt die Auffassung, dass sich ein solcher Anspruch aus der Rahmenvorschrift des § 107 BPersVG, die vorschreibt, dass Personalratsmitglieder in ihrer Tätigkeit nicht behindert und wegen ihrer Tätigkeit nicht benachteiligt oder begünstigt werden dürfen, ergibt. Aus § 46 Abs. 2 BPersVG ergäbe sich ein Anspruch auf Gewährung auf Zusatzurlaub, da das freigestellte Personalratsmitglied nicht in seiner beruflichen Entwicklung benachteiligt werden dürfe.[8] In gleicher Argumentation vertritt das BAG die Auffassung, dass ein entsprechender Anspruch des freigestellten Betriebsratsmitglieds aus § 78 Satz 2 BetrVG auf Gewährung von Zusatzurlaub bestehe.[9]

20   Das BAG verkennt in beiden Fällen, dass der Zusatzurlaub dazu dient, Sonderbelastungen gesundheitlicher Art durch erschwerte Arbeitsbedingungen durch zusätzliche Erholung zu kompensieren.[10] Wird einem freigestellten Personalrats- oder Betriebsratsmitglied ein solcher Anspruch gewährt, obwohl die Arbeit zu den erschwerten Bedingungen nicht zu erbringen ist, so liegt hierin umgekehrt eine nicht gerechtfertigte Bevorzugung wegen der Betriebsratstätigkeit. Aus der Vorschrift des § 37 Abs. 1 BetrVG bzw. des § 46 Abs.1 BPersVG, nach der das Betriebsrats- bzw. Personalratsamt als Ehrenamt zu führen ist, folgt, dass auch eine Begünstigung wegen der Betriebsrats- bzw. Personalratstätigkeit zu unterbleiben hat. Die Gewährung von Zusatzurlaub an freigestellte Betriebsrats- bzw. Personalratsmitglieder stellt aber eine solche Begünstigung dar, die gesetzlich verboten ist.

---

[7]   BAG, Urt. v. 26.06.1986 – 8 AZR 75/83, NZA 1987, 98.
[8]   BAG, Urt. v. 08.10.1981 – 6 AZR 81/79, Nr. 2 zu BAT § 49.
[9]   BAG, Urt. v. 29.09.1999 – 7 AZR 378/98, HaufeIndex 611054.
[10] So zutreffend ArbG Hanau, Urt. v. 04.09.1980– 1 Ca 295/80, NJW 1981, 648.

§ 28 Sonderurlaub

Beschäftigte können bei Vorliegen eines wichtigen Grundes unter Verzicht auf die Fortzahlung des Entgelts Sonderurlaub erhalten.

I. Allgemeines; Verhältnis zum Erholungsurlaub

Der Sonderurlaub ist kein Erholungsurlaub iSd. BUrlG und des § 26 TVöD, die **1** deshalb auf § 28 TVöD nicht anwendbar sind. Während des Sonderurlaubs wird keine Entgeltfortzahlung aus §§ 26, 21 TVöD gezahlt, was § 28 TVöD mit der Formulierung „Verzicht auf die Fortzahlung des Entgelts" ausdrückt. Dies darf aber nicht so verstanden werden, dass der Betroffene einen „Verzicht" erklären muss: Vielmehr ist die Unentgeltlichkeit Rechtsfolge des Sonderurlaubs (dazu gleich Rn. 16).

Außerdem dient der Sonderurlaub nicht wie der Erholungsurlaub – zu dem **2** auch der Zusatzurlaub gem. § 27 TVöD zählt –[1],allein der Regeneration der Arbeitskraft (§ 8 BUrlG), sondern kann jedem „wichtigen Grund" dienen.

Eine Bezeichnung als „Urlaub" täuscht eine Nähe zum Erholungsurlaub vor, **3** die gerade nicht gegeben ist; rechtlich korrekt bezeichnet, ermöglicht § 28 TVöD eine unbezahlte Freistellung. Auch das BAG hat sich wegen der Unterschiede zwischen dem Erholungs- und Sonderurlaub bereits veranlasst gesehen, letzteren in Anführungszeichen zu setzen, wobei der Respekt vor der Wortwahl der Tarifparteien aber letztendlich überwogen hat.[2]

---

[1]   Vgl. Böhm/Spiertz/Sponer/Steinherr § 50 BAT Rn. 6.
[2]   BAG, Beschl. v. 08.11.1978 – 4 AZR 213/77, AP Nr. 10 zu § 50 BAT.

Dass trotz dieser systematischen Unterschiede zwischen dem Erholungs- und Zusatzurlaub einerseits und dem Sonder-„Urlaub" andererseits Letzterer im Abschnitt „Urlaub und Arbeitsbefreiung" mit geregelt ist, erklärt sich aus der Gemeinsamkeit aller Regelungen dort, nämlich der Freistellung des Arbeitnehmers von der Arbeitspflicht. Allerdings muss man stets vor Augen haben, dass der Sonderurlaub sich grundlegend von §§ 26, 27 und auch 29 darin unterscheidet, dass der Arbeitnehmer weder einen Anspruch auf die Freistellung selbst noch auf Entgeltfortzahlung während der Freistellung hat. Insofern nimmt der Sonderurlaub eine Sonderstellung ein, die dogmatisch weder zur Bezeichnung als „Urlaub" noch zur systematischen Verortung zwischen Urlaub nach dem BUrlG und Arbeitsbefreiung nach § 616 BGB passt.

4   Dass die Tarifverträge des öffentlichen Dienstes überhaupt eine Regelung zum Sonderurlaub enthalten, obwohl eine unbezahlte Freistellung jederzeit frei zwischen Arbeitnehmer und Arbeitgeber vereinbart werden kann, geht auf die Sonderurlaubsregelungen für Beamte zurück. So sieht die Sonderurlaubsverordnung für Bundesbeamte eine – meist bezahlte – Freistellung aus verschiedenen Gründen vor, ebenso z.B. das Sonderurlaubsgesetz des Landes Baden-Württemberg für Mitarbeiter in der Jugendpflege und Jugendwohlfahrt. Mit der Entscheidung, den Sonderurlaub aus dem Beamtenrecht in das Arbeitsrecht zu übernehmen, ergeben sich allerdings erhebliche Probleme, da der Sonderurlaub mit seiner Kann-Formulierung dogmatisch nun zwischen freier Vereinbarung und tariflicher Bestimmungsklausel hängt; praktisch schafft die vom Arbeitgeber verlangte ermessensfehlerfreie Entscheidung Rechtsunsicherheit, da sie gerichtlich überprüfbar, das Ergebnis der gerichtlichen Interessenabwägung aber keiner sicheren Prognose zugänglich ist.

II. Verhältnis zur bisherigen Regelung

5   § 50 BAT/-O, § 55 MTArb und 47a BMT-G sahen noch eine differenziertere Regelung des Sonderurlaubs vor.

§ 50 Abs. 1 BAT bzw. § 55 Abs. 1 MTArb und § 47a Abs. 1 BMT-G enthielt eine Sollvorschrift und schrieb eine Befristung des Sonderurlaubs auf fünf Jahre – allerdings beliebig verlängerbar – vor. Voraussetzung war hier neben dem Zweck des Urlaubs zur Betreuung oder Pflege eines Kindes (Buchst. a) oder eines sonst pflegebedürftigen Angehörigen (Buchst. b), dass keine dringenden dienstlichen/betrieblichen Belange entgegenstehen. War beides erfüllt, bewirkte die Formulierung als Sollvorschrift, dass einerseits dem Arbeitnehmer kein unmittelbarer Rechtsanspruch auf den beantragten Sonderurlaub zustand, andererseits aber der Arbeitgeber weiter beschränkt war als auf die Ausübung nach billigem Ermessen gem. § 106 GewO, § 315 BGB.[3] Daher konnte der Arbeitgeber die Gewährung nur aufgrund entgegenstehender *dringender* betrieblicher/dienstlicher Belange verweigern.[4]

§ 28 TVöD hat sich auf die bisher in § 50 Abs. 2 BAT bzw. § 47a Abs. 2 BMT-G enthaltene Kannvorschrift zum Sonderurlaub beschränkt. Auch dort war

---

[3]   Bredemeier/Neffke § 50 Rn. 8; Scheuring § 47a Erl. 4.2.
[4]   Bredemeier/Neffke § 50 Rn. 8; Dassau § 50 BAT Rn. 7.

die Gewährung des Sonderurlaubs an einen wichtigen Grund gebunden, allerdings zusätzlich – wie ebenfalls in § 15 Abs. 1 TVV-V – an die Voraussetzung geknüpft, dass die dienstlichen/betrieblichen Verhältnisse den Urlaub gestatten. § 50 Abs. 3 BAT bzw. § 47a BMT-G Abs. 3 regelte abschließend, dass die Zeit des Sonderurlaubs nicht als Beschäftigungszeit (§ 19 BAT) gilt, es sei denn, es liegt ein schriftlich anerkanntes betrieblichen Interesses an der Beurlaubung nach Abs. 2 vor. Der TVöD enthält eine entsprechende Regelung in § 34 Abs. 3 Satz 2.

III. Voraussetzungen des Sonderurlaubs

1. Vereinbarung; kein Anspruch des Arbeitnehmers

Das BAG hat bereits zur Kannvorschrift des § 50 Abs. 2 BAT klargestellt, dass – **6** trotz der dortigen Formulierung als „Gewährung"– der Sonderurlaub anders als der Erholungsurlaub nicht auf Antrag des Arbeitnehmers vom Arbeitgeber gewährt und zeitlich festgelegt wird, sondern einer Vereinbarung bedarf.[5] Insofern ist § 28 TVöD nichts anderes als eine Konkretisierung der allgemeinen Vertragsfreiheit von Arbeitgeber und Arbeitnehmer, die jederzeit, auch ohne sachlichen Grund, ihr Arbeitsvertragsverhältnis zum Ruhen bringen können.[6]

Einen Anspruch auf Sonderurlaub gibt § 28 TVöD dem Arbeitnehmer nicht. Allerdings muss der Arbeitgeber den Antrag des Arbeitnehmers nach billigem Ermessen gem. § 315 BGB entscheiden (dazu gleich unter Rn. 13 f.).

2. Wichtiger Grund als einzige Voraussetzung der Vereinbarung

Einzige Voraussetzung für die Vereinbarung des Sonderurlaubs ist gem. § 28 **7** TVöD nunmehr das Vorliegen eines „wichtigen Grundes". Nicht mehr gefordert wird – wie noch in § 50 Abs. 2 BAT, aber auch in § 15 Abs. 1 TVV-V –, dass die betrieblichen bzw. dienstlichen Verhältnisse den Sonderurlaub gestatten bzw. zulassen.

a) Keine Beschränkung auf Gründe nach der Interessenlage des Arbeitnehmers mehr

Da die betrieblichen Verhältnisse in § 50 Abs. 2 BAT als Voraussetzung des Son- **8** derurlaubs Berücksichtigung gefunden hatten, wurde gefolgert, dass dem gegenüber der wichtige Grund nach der Interessenlage des Arbeitnehmers zu beurteilen ist.[7] Gleiches gilt auch für die Parallelvorschrift in § 15 Abs. 1 TVV-V.[8]

Die Dualität der beiden Voraussetzungen in den bisherigen Kannvorschriften zum Sonderurlaub hatte zur Folge, dass bei der Beurteilung beider Merkmale jeweils keine Interessenabwägung vorzunehmen war.[9] Dies zeigte auch § 50 Abs. 3 BAT, wonach bei wichtigem Grund auf Seiten des Angestellten gleichzeitig dienstliche bzw. betriebliche Interessen vorliegen und sich dann auf die Anerkennung auf die Betriebszugehörigkeit auswirken konnten. Statt dessen war die Inte-

---

5 BAG, Urt. v. 27.11.1986 – 8 AZR 163/84, AP Nr. 13 zu § 50 BAT; v. 12.01.1989 – 8 AZR 251/88, AP Nr. 14 zu § 50 BAT.
6 So zu § 50 Abs. 2 BAT Böhm/Spiertz/Sponer/Steinherr § 50 BAT Rn. 10.
7 BAG, Urt. v. 25.01.1994 – 9 AZR 540/91, AP Nr. 16 zu § 50 BAT.
8 Herzberg/Schaum, TVV-V, Abschnitt 10 Rn. 19.
9 BAG, Urt. v. 12.01.1989 – 8 AZR 251/88, AP Nr. 14 zu § 50 BAT.

ressenabwägung erst bei Vorliegen beider Merkmale im Rahmen des billigen Ermessens vorzunehmen.

9   Dadurch, dass § 28 TVöD die Ausübung des billigen Ermessens nicht mehr an die Voraussetzung knüpft, dass betriebliche Erfordernisse nicht entgegenstehen dürfen, ergeben sich zwei Änderungen im Vergleich zur bisherigen Rechtslage des § 50 Abs. 2 BAT.

Zum einen fehlt der Anknüpfungspunkt, aus dem bisher gefolgert wurde, der wichtige Grund müsse nach der Interessenlage des Arbeitnehmers beurteilt werden. Zwar erwähnt § 34 Abs. 3 Satz 2 TVöD wie der bisherige § 50 Abs. 3 BAT für die Anerkennung des Sonderurlaubs als Beschäftigungszeit das betriebliche Interesse und den wichtigen Grund nebeneinander; das allein rechtfertigt aber entgegen der alten Rechtslage nicht, den wichtigen Grund auf Anlässe aus der Sphäre des Arbeitnehmers zu beschränken. Im Gegenteil: § 34 Abs. 3 Satz 2 TVöD zeigt gerade, dass betriebliche Interessen für die Erteilung des Sonderurlaubs bestehen können – eine Verankerung im Tatbestand kann es dafür aber nur noch am wichtigen Grund geben. Weiter ist der systematische Zusammenhang mit dem alten Soll-Sonderurlaub des § 50 Abs. 1 BAT bzw. § 47a Abs. 1 BMT-G, der ersichtlich nur Gründe aus der Sphäre des Arbeitnehmers zuließ, entfallen. Auch ein betrieblicher Grund kann daher die Vereinbarung von Sonderurlaub zulassen – selbstverständlich aber auch hier nicht gegen den Willen des Arbeitnehmers, sondern kraft (einverständlicher) Vereinbarung.

10   Weitere Folge der geänderten Formulierung ist, dass ggf. entgegenstehende betriebliche Verhältnisse nur noch im Rahmen der Interessenabwägung zu berücksichtigen sind; dazu sogleich unter Rn. 12.

b) Einzelne wichtige Gründe

11   In der Rechtsprechung sind aufgrund der abweichenden Fassung des § 50 Abs. 2 BAT bisher nur Gründe aus der Sphäre des Arbeitnehmers anerkannt worden:

– Erreichen der Hochschulreife kurz vor Erreichen der Altersgrenze für die Studienförderung,[10]
– Betreuung von Kleinkindern, auch wegen Art. 6 GG –[11] jedoch nicht von schulpflichtigen Kindern[12],
– Wahl zum Oberbürgermeister und damit verbundene Ernennung zum Beamten.[13]

c) Entgegenstehen betrieblicher Verhältnisse nur noch im Rahmen der Interessenabwägung

12   Zum anderen hat das Fehlen entgegenstehender betrieblicher Verhältnisse als Voraussetzung des Sonderurlaubs zur Folge, dass betriebliche Hindernisse nur noch in der Interessenabwägung nach § 315 BGB berücksichtigt werden können. Eine „Sperrwirkung" für die Interessenabwägung, die das BAG unter dem § 50 Abs. 2 BAT noch zugestand, können betriebliche Gründe daher nicht mehr entfal-

---

[10]   BAG, Urt. v. 25.01.1994 – 9 AZR 540/91, AP Nr. 16 zu § 50 BAT.
[11]   BAG, Urt. v. 12.01.1989 – 8 AZR 251/88, AP Nr. 14 zu § 50 BAT.
[12]   ArbG Mainz, Urt. v. 16.08.1990 – 5 La 729/90, EzBAT § 50 BAT Nr. 6.
[13]   BAG, Urt. v. 08.05.2001 – 9 AZR 179/00, EzBAT § 50 NAT Nr. 14.

ten. Angesichts der aber schon bisher eher restriktiv zu nennenden Rechtsprechung des BAG zu den betrieblichen Verhältnissen wird diese Veränderung des Prüfungsaufbaus praktisch jedoch kaum Auswirkungen haben. Denn schon für § 50 Abs. 2 BAT entschied das BAG, dass die dienstlichen Verhältnisse die Beurlaubung zuließen, wenn der Ausfall durch die befristete Einstellung einer Ersatzkraft ausgeglichen werden kann – was angesichts der Befristungsmöglichkeit in § 1 Abs. 1 Nr. 3 TzBfG jedenfalls grundsätzlich möglich sein soll.[14]

Ebenso dürften Umstände, die bisher das Tatbestandsmerkmal fehlender entgegenstehender betrieblicher Verhältnisse scheitern ließen, auch in der Interessenabwägung zu Ungunsten des Arbeitnehmers, der Sonderurlaub begehrt, durchschlagen: So kann eine zu kurzfristige Beantragung ebenso wie die zu lange Urlaubsdauer zur Verneinung des Urlaubswunsches herangezogen werden.[15]

Dennoch verbleibt eine Tendenz zur Erweiterung des Anspruchs auf Sonderurlaub, da die Berücksichtigung „nur" im Rahmen der Interessenabwägung schon vom dogmatischen Aufbau her schwächer ist als die Ausgestaltung als Tatbestandsvoraussetzung.

3. Billiges Ermessen

Die Formulierung, dass Beschäftigte Sonderurlaub erhalten „können", ist nach Rechtsprechung des BAG, obwohl auch es ganz richtig den Sonderurlaub der Vereinbarung durch Arbeitnehmer und Arbeitgeber unterwirft, eine tarifliche Bestimmungsklausel, weil der Tarifvertrag die Arbeitsbedingungen nicht abschließend und in allen Einzelheiten festlegt, sondern nur Rahmenbedingungen oder Leitlinien aufstellt, innerhalb derer die Konkretisierung der Arbeitsbedingungen den im Tarifvertrag bezeichneten Stellen oder Personen, also hier dem Arbeitgeber, obliegt.[16] Bei Ausfüllung dieser Klausel muss der Arbeitgeber neben Vorliegen der vorgeschriebenen Voraussetzungen stets das billige Ermessen nach § 315 BGB beachten.[17] Dieser Auslegung steht allerdings in Widerspruch dazu, dass § 28 TVöD eben nicht dem Arbeitgeber einseitig die Bestimmung des Sonderurlaubs einräumt, sondern Arbeitgeber und Arbeitnehmer *gemeinsam* das Bestimmungsrecht inne haben, indem sie den Sonderurlaub *vereinbaren* müssen.[18]

Nimmt der Arbeitgeber irrtümlich an, die Voraussetzungen der Bestimmungsklausel lägen nicht vor, so dass keine Entscheidung nach billigem Ermessen zu treffen sei, kann der Arbeitnehmer die Ausübung des Ermessens durch Gerichtsurteil begehren, § 315 Abs. 3 S. 2 BGB.[19]

4. Keine zeitliche Einschränkungen bei der Ausgestaltung des Sonderurlaubs

Eine zeitliche Vorgabe wie die Sollvorschrift des § 50 Abs. 1 BAT sieht § 28 TVöD nicht vor; darin entspricht der TVöD § 50 Abs. 2 BAT und auch § 15 TVV-V.

---

[14] BAG, Urt. v. 25.01.1994 – 9 AZR 540/91, AP Nr. 16 zu § 50 BAT.
[15] BAG, Urt. v. 25.01.1994 – 9 AZR 540/91, AP Nr. 16 zu § 50 BAT.
[16] BAG, Urt. v. 12.01.1989 – 8 AZR 251/88, AP Nr. 14 zu § 50 BAT.
[17] BAG, Urt. v. 12.01.1989 – 8 AZR 251/88, AP Nr. 14 zu § 50 BAT.
[18] Kritisch auch Berger-Delhey, Anmerkung zu BAG AP Nr. 14 zu § 50 BAT.
[19] BAG, Urt. v. 25.01.1994 – 9 AZR 540/91, AP Nr. 16 zu § 50 BAT.

Daraus folgt, dass die Dauer des Sonderurlaubs lediglich durch die voraussichtliche Dauer des wichtigen Grundes – anhand einer Prognose – bestimmt wird, ebenso wie bei Kündigung und Befristung[20] des Arbeitsverhältnisses. Unproblematisch ist, ebenso wie bei den Sachbefristungen, eine kürzere Dauer des Sonderurlaubs.[21] Nicht zulässig ist allerdings eine Vereinbarung über das voraussichtliche Bestehen des Grundes hinaus, da dies nicht mehr vom Grund getragen werden kann; weiter kann der Arbeitgeber sich nicht vorbehalten, wegen einer unsicheren Auftragslage allein zu bestimmen, wann der Arbeitnehmer aus dem Sonderurlaub zurückkehren soll.[22]

IV. Rechtsfolgen

1. Sonderurlaub als Freistellung; Verhältnis zu den anderen Urlaubsarten und der Arbeitsbefreiung

16   Wie oben[23] bereits gesagt, ist der Sonderurlaub kein Erholungsurlaub i.S.d. BUrlG und des § 26 TVöD, sondern unbezahlte Freistellung. Die beiderseitigen Hauptleistungspflichten (des Arbeitgebers zur Zahlung des Entgelts und des Arbeitnehmers zur Arbeitsleistung) ruhen.[24] Die Nebenpflichten wie z.B. die Verschwiegenheitspflicht des Arbeitnehmers aus § 3 Abs. 1 TVöD bleiben dagegen aufrecht erhalten.

2. Aufeinandertreffen von Sonderurlaub und anderen Befreiungstatbeständen

a) Gesetzliches Ruhen der beiderseitigen Hauptleistungspflichten

17   Gesetzlich ruht das Arbeitsverhältnis – ohne Vereinbarung zwischen den Arbeitsvertragparteien – in folgenden Fällen:

- § 14 ArbPlSchG – Wehrdienstzeit,
- § 2 Abs. 3 Satz 2 AsiG – Fortbildung als Betriebsarzt,
- § 5 Abs. 3 Satz 2 AsiG – Fortbildung als Fachkraft für Arbeitssicherheit,
- § 629 BGB – Freizeit zur Stellensuche,
- § 9 Abs. 3 JArbSchG – Besuch der Berufsschule,
- § 7 Abs. 1 MuSchG – Stillzeit,
- §§ 15 ff. BErzGG – Elternzeit (es sei denn, während der Elternzeit wird eine zulässige Teilzeitbeschäftigung ausgeübt),
- § 37 Abs. 2 BetrVG – Befreiung für Betriebsratstätigkeit,
- § 96 Abs. 4 SGB IX – Befreiung für Tätigkeit der Vertrauenspersonen,
- § 33 Abs. 2 Satz 6 TVöD – Gewährung einer Rente auf Zeit.

Fällt einer dieser Befreiungstatbestände in die Zeit des vereinbarten Sonderurlaubs, kann sich das gesetzlich angeordnete Ruhen des Arbeitsverhältnisses – z.B.

---

[20]   Dazu BAG, Urt. v. 15.01.1997 – 7 AZR 158/96, NZA 1998, 29.

[21]   Dazu BAG, Urt. v. 26.08.1988 – 7 AZR 101/88, AP Nr. 124 zu § 620 BGB Befristeter Arbeitsvertrag.

[22]   Vgl. dazu BAG, Urt. v. 13.08.1980 – 5 AZR 296/78, AP Nr. 1 zu § 1 BUrlG Unbezahlter Urlaub.

[23]   Rn. 1.

[24]   BAG, Beschl. v. 08.11.1978 – 4 AZR 213/77, AP Nr. 10 zu § 50 BAT; v. 27.11.1986 – 8 AZR 163/84, AP Nr. 13 zu § 50 BAT.

auf Elternzeit – nicht auswirken, da die Hauptpflichten bereits ruhen und die gesetzlichen Tatbestände dem Sonderurlaub nicht vorgehen.[25] Auch § 15 Abs. 2 Satz 6 BErzGG, wonach der Anspruch auf Elternzeit weder ausgeschlossen noch beschränkt werden kann, greift daher nicht und macht die Vereinbarung nicht unwirksam.[26]

Treffen aber bei dem Arbeitnehmer Umstände ein, die ein Austauschen der Befreiungstatbestände möglich machen, ist zu fragen, ob der Arbeitgeber zu diesem Zweck einer vorzeitigen Beendigung des Sonderurlaubs zustimmen muss; dazu sogleich unter Rn. 21 ff.

b) Ruhen nur der Arbeitspflicht bei Entgeltfortzahlung

Ein Ruhen nur der Arbeitspflicht, nicht aber der Entgeltzahlungspflicht ordnen **18** § 11 BUrlG bei gewährtem Erholungsurlaub, § 2 EFZG an Feiertagen und § 3 EFZG bei Arbeitsunfähigkeit an.

Fallen Arbeitsunfähigkeit oder Feiertage in die Zeit des Sonderurlaubs, ist wegen des vereinbarten Ruhens beider Hauptleistungspflichten keine Entgeltfortzahlung zu leisten.[27]

Allerdings ist ein Anspruch des Arbeitnehmers auf Zustimmung des Arbeitgebers auf vorzeitige Beendigung des Sonderurlaubs auch hier diskutiert worden; dazu gleich Rn. 21 ff.

3. Auswirkungen auf die Beschäftigungszeit

Als missglückt muss man die Regelung des TVöD zur Auswirkung des Sonderur- **19** laubs auf die Beschäftigungszeit nennen. Denn während die bisherigen Vorschriften zum Sonderurlaub des BAT und des BMT-G dies direkt beim Sonderurlaub in § 50 bzw. § 47a geregelt hatten, ist beim TVöD die betreffende Passage plötzlich an eine Stelle geraten, an der man dies auf keinen Fall vermuten kann: In § 34 TVöD – Kündigung des Arbeitsverhältnisses – behandelt Abs. 3 nicht nur die Beschäftigungszeit, sondern dessen Satz 2 auch den Spezialfall des Sonderurlaubs nach § 28 TVöD. Dies ist überraschend auch vor dem Hintergrund, dass der in den Urlaubsfragen häufig als Vorbild dienende TVV-V die Beschäftigungszeit für den Sonderurlaub nicht besonders regelt. Findet man nun auch beim TVöD die Beschäftigungszeit in § 28 TVöD nicht, verleitet dies zur Annahme, es gebe auch hier keine Regelung. Damit ist dem TVöD hier eine völlig unnötige Falle eingebaut worden.

Inhaltlich entspricht die Regelung des § 34 Abs. 3 Satz 2 TVöD den bisherigen in § 50 Abs. 3 Satz 1 BAT und § 47a Abs. 3 Satz 1 BMT-G: Die Zeit des Sonderurlaubs gilt grundsätzlich nicht als Beschäftigungszeit (Zeit der Betriebszugehörigkeit), es sei denn, der Arbeitgeber hat vor Antritt des Sonderurlaubs schriftlich ein dienstliches oder betriebliches Interesse anerkannt.

---

[25] Für den (damals noch) Erziehungsurlaub BAG, Urt. v. 16.07.1997 – 5 AZR 309/96, NZA 1998, 104; für die Erholungsurlaubverordnung des Landes Berlin vgl. BAG, Urt. v. 27.11.1986 – 8 AZR 163/84, AP Nr. 13 zu § 50 BAT.
[26] BAG, Urt. v. 16.07.1997 – 5 AZR 309/96, NZA 1998, 104, 105.
[27] BAG, Urt. v. 25.05.1983 – 5 AZR 236/80, AP Nr. 53 zu § 1 LohnFG.

4. Auswirkungen auf Ansprüche aus dem TVöD

20 Auch auf Ansprüche aus dem TVöD hat der vereinbarte Sonderurlaub Auswirkungen:

- der Anspruch auf Erholungsurlaub vermindert sich gem. § 26 Abs. 2 Buchst. c TVöD, [28]
- die Höhe der Jahressonderzahlung wird gem. § 20 Abs. 4 Satz 1 TVöD herabgesetzt,[29]
- auch vermögenswirksame Leistungen werden gem. § 23 Abs. 1 Satz 4 TVöD nicht gewährt,[30]
- der Anspruch auf Sterbegeld an Ehegatten/Kinder setzt gem. § 23 Abs. 3 Satz 1 TVöD ein nicht ruhendes Arbeitsverhältnis voraus.[31]

V. Vorzeitige Beendigung des Sonderurlaubs

1. Grundsatz: Nur durch Vereinbarung

21 Fällt der wichtige Grund, aus dem heraus der Sonderurlaub vereinbart worden war, weg, ist damit nicht automatisch auch der Sonderurlaub beendet – ebenso wenig wie eine Befristung unwirksam wird oder sich verkürzt, wenn der ihr gem. § 14 Abs. 1 TzBfG zugrunde liegende Sachgrund[32] später wegfällt.[33]

Vielmehr bedarf die vorzeitige Beendigung des Sonderurlaubs ebenso wie seine Erteilung der Vereinbarung zwischen Arbeitgeber und Arbeitnehmer.[34]

Ein Anspruch des Arbeitnehmers auf Zustimmung durch den Arbeitgeber kann sich nur aus Einzel- oder Tarifvertrag ergeben;[35] der TVöD räumt einen solchen Anspruch nicht ein.[36]

2. Nur in Ausnahmefällen: Anspruch auf Zustimmung

22 Ist auch einzelvertraglich ein solcher Anspruch nicht eingeräumt, kann der Arbeitgeber aufgrund seiner Fürsorgepflicht zur Zustimmung zum vorzeitigen Ende des Sonderurlaubs nach billigem Ermessen verpflichtet sein.[37] Dazu muss ihm die Beschäftigung des Arbeitnehmers möglich und zumutbar sein und auf Seiten des Arbeitnehmers entweder der Grund des Sonderurlaubs weggefallen ist oder sich seine wirtschaftlichen oder familiären Verhältnisse schwerwiegend geändert haben.[38]

---

[28] § 26 Rn. 61.

[29] § 20 Rn. 39 f.

[30] § 23 Rn. 12 f.

[31] § 23 Rn. 32.

[32] Dazu BAG, Urt. v. 15.08.2001 – 7 AZR 144/00, EzA § 620 BGB Nr. 182.

[33] Siehe BAG, Urt. v. 06.09.1994 – 9 AZR 221/93, AP Nr. 17 zu § 50 BAT, wo das BAG einen Anspruch des Arbeitnehmers auf Zustimmung zur vorzeitigen Beendigung prüft.

[34] BAG, Urt. v. 06.09.1994 – 9 AZR 221/93, AP Nr. 17 zu § 50 BAT.

[35] BAG, Urt. v. 06.09.1994 – 9 AZR 221/93, AP Nr. 17 zu § 50 BAT.

[36] So zu § 50 BAT schon BAG, Urt. v. 06.09.1994 – 9 AZR 221/93, AP Nr. 17 zu § 50 BAT.

[37] BAG, Urt. v. 16.07.1997 – 5 AZR 309/96, NZA 1998, 104, 105 f.; die Möglichkeit einer solchen Pflicht war noch offen gelassen in BAG, Urt. v. 06.09.1994 – 9 AZR 221/93, AP Nr. 17 zu § 50 BAT.

[38] BAG, Urt. v. 06.09.1994 – 9 AZR 221/93, AP Nr. 17 zu § 50 BAT.

Dass der Arbeitgeber auch den Wunsch des Arbeitnehmers auf vorzeitige Beendigung des Sonderurlaubs und damit auf Vertragsänderung nach billigem Ermessen entscheiden muss, ist dogmatisch ebenso zweifelhaft wie die Auslegung des § 28 TVöD als Bestimmungsklausel[39]. Denn auch das BAG anerkennt die Vereinbarung zum Sonderurlaub als Vertrag und stellt auch für den Antrag des Arbeitnehmers auf vorzeitige Beendigung fest: „Grundsätzlich sind Verträge einzuhalten."[40] Allerdings stellt das BAG aus diesem Grunde einige Anforderungen an die Umstände, die das Ermessen des Arbeitgeber zu einem Anspruch des Arbeitnehmers verdichten: So kann die Geburt eines weiteren Kindes während des Sonderurlaubs allein den Arbeitnehmer nicht zur vorzeitigen Rückkehr berechtigen.[41]

Im Rahmen des billigen Ermessens ist von Bedeutung, aus welchen Gründen   **23** und mit welchem Ziel der Arbeitnehmer die Aufhebung des Sonderurlaubs begehrt.[42] Dient das Ende des Sonderurlaubs dem arbeitsunfähigen Arbeitnehmer nur dazu, den Anspruch des Arbeitnehmers auf Entgeltfortzahlung auszulösen, muss der Arbeitgeber nicht zustimmen.[43] Denn mit der Beendigung des Sonderurlaubs würde nur die Entgeltzahlungspflicht wieder aufleben, nicht aber die Arbeitspflicht: Dieses einseitige Risiko will das BAG aber zu Recht nicht dem Arbeitgeber aufbürden; schließlich hat der Arbeitnehmer das Lohnrisiko mit der Vereinbarung des Sonderurlaubs übernommen.[44]

Will der Arbeitnehmer dagegen den Rechtsgrund der Befreiung – vor allem gegen einen gesetzlichen – austauschen, kann eine Pflicht des Arbeitgebers zur Annahme des Beendigungsangebots des Arbeitnehmers in Frage kommen. Gerade bei der Elternzeit, die dem Arbeitnehmer mit dem Erziehungsgeld, dem Kündigungsverbot in § 18 BErzGG und der Berücksichtigung als Beschäftigungszeit gem. § 34 Abs. 3 Satz 1 TVöD Vorteile gegenüber dem Sonderurlaub bietet, liegt eine solche Verpflichtung des Arbeitgebers aufgrund der Unabdingbarkeit der Elternzeit (§ 15 Abs. 2 Satz 6 BErzGG) und des zugrunde liegenden Schutzes von Ehe und Familie (Art. 6 Abs. 1 und 2 GG) nahe.[45]

Jedoch ist auch dann die Rückkehr des Arbeitnehmers für den Arbeitgeber unzumutbar, wenn die Arbeitspflicht durch die Aufhebung des Sonderurlaubs nur für kurze Zeit – das BAG nahm dies für zwei Monate an – wieder auflebt, weil sich daran z.B. eine Schutzfrist nach § 3 II MuSchG anschließt.[46]

---

[39] Dazu oben Rn. 13.
[40] BAG, Urt. v. 16.07.1997 – 5 AZR 309/96, NZA 1998, 104, 105.
[41] BAG, Urt. v. 16.07.1997 – 5 AZR 309/96, NZA 1998, 104, 106.
[42] BAG, Urt. v. 16.07.1997 – 5 AZR 309/96, NZA 1998, 104, 106.
[43] BAG, Urt. v. 17.11.1977 – 5 AZR 599/76, AP Nr. 8 zu § 9 BUrlG.
[44] BAG, Urt. v. 25.05.1983 – 5 AZR 236/80, AP Nr. 53 zu § 1 LohnFG.
[45] BAG, Urt. v. 16.07.1997 – 5 AZR 309/96, NZA 1998, 104, 106.
[46] BAG, Urt. v. 06.09.1994 – 9 AZR 221/93, AP Nr. 17 zu § 50 BAT.

§ 29 Arbeitsbefreiung

(1) [1] Als Fälle nach § 616 BGB, in denen Beschäftigte unter Fortzahlung des Entgelts nach § 21 im nachstehend genannten Ausmaß von der Arbeit freigestellt werden, gelten nur die folgenden Anlässe:

a) Niederkunft der Ehefrau/der Lebenspartnerin im Sinne des Lebenspartnerschaftsgesetzes:	ein Arbeitstag
b) Tod der Ehegattin/des Ehegatten, der Lebenspartnerin/des Lebenspartners im Sinne des Lebenspartnerschaftsgesetzes, eines Kindes oder Elternteils:	zwei Arbeitstage
c) Umzug aus dienstlichem oder betrieblichem Grund an einen anderen Ort: ein Arbeitstag	ein Arbeitstag
d) 25- und 40-jähriges Arbeitsjubiläum:	ein Arbeitstag
e) Schwere Erkrankung	
aa) einer/eines Angehörigen, soweit er/sie in demselben Haushalt lebt:	ein Arbeitstag im Kalenderjahr
bb) eines Kindes, das das 12. Lebensjahr noch nicht vollendet hat, wenn im laufenden Kalenderjahr kein Anspruch auf § 45 SGB V besteht oder bestanden hat:	bis zu vier Arbeitstage im Kalenderjahr
cc) einer Betreuungsperson, wenn Beschäftigte deshalb die Betreuung ihres Kindes, das das 8. Lebensjahr noch nicht vollendet hat oder wegen körperlicher, geistiger oder seelischer Behinderung dauernd pflegebedürftig ist, übernehmen muss:	bis zu vier Arbeitstage im Kalenderjahr,
f) ärztliche Behandlung von Beschäftigten, wenn diese während der Arbeitszeit erfolgen muss:	erforderliche nachgewiesene Abwesenheitszeit einschließlich erforderlicher Wegezeiten.

[2]Eine Freistellung erfolgt nur, soweit eine andere Person zur Pflege oder Betreuung nicht sofort zur Verfügung steht und die Ärztin/der Arzt in den Fällen der Doppelbuchstaben aa und bb die Notwendigkeit der Anwesenheit des/der Beschäftigten zur vorläufigen Pflege bescheinigt. [3]Die Freistellung darf insgesamt fünf Arbeitstage im Kalenderjahr nicht überschreiten.

(2)[1]Bei Erfüllung allgemeiner staatsbürgerlicher Pflichten nach deutschem Recht, soweit die Arbeitsbefreiung gesetzlich vorgeschrieben ist und soweit die Pflichten nicht außerhalb der Arbeitszeit, gegebenenfalls nach ihrer Verlegung, wahrgenommen werden können, besteht der Anspruch auf Fortzahlung des Entgelts nach § 21 nur insoweit, als Beschäftigte nicht Ansprüche auf Ersatz des Entgelts geltend machen können. [2]Das fortgezahlte Entgelt gilt in Höhe des Ersatzanspruchs als Vorschuss auf die Leistungen der Kostenträger. ³Die Beschäftigten haben den Ersatzanspruch geltend zu machen und die erhaltenen Beträge an den Arbeitgeber abzuführen.

(3) ¹Der Arbeitgeber kann in sonstigen dringenden Fällen Arbeitsbefreiung unter Fortzahlung des Entgelts nach § 21 bis zu drei Arbeitstagen gewähren. ²In begründeten Fällen kann bei Verzicht auf das Entgelt kurzfristige Arbeitsbefreiung gewährt werden, wenn die dienstlichen oder betrieblichen Verhältnisse es gestatten.

Protokollerklärung zu Satz 3 Satz 2:
Zu den „begründeten Fällen" können auch solche Anlässe gehören, für die nach Absatz 1 kein Anspruch auf Arbeitsbefreiung besteht (z.B. Umzug aus persönlichen Gründen).

(4) ¹Zur Teilnahme an Tagungen kann den gewählten Vertreterinnen/Vertretern der Bezirksvorstände, der Landesbezirksvorstände, der Landesfachbereichsvorstände, der Bundesfachbereichsvorstände, der Bundesfachgruppenvorstände sowie des Gewerkschaftsrates bzw. entsprechender Gremien anderer vertragsschließender Gewerkschaften auf Anfordern der Gewerkschaften Arbeitsbefreiung bis zu acht Werktagen im Jahr unter Fortzahlung des Entgelts nach § 21 erteilt werden, sofern nicht dringende dienstliche oder betrieblich Interessen entgegenstehen. ²Zur Teilnahme an Tarifverhandlungen mit dem Bund und der VKA oder ihrer Mitgliedsverbände kann auf Anfordern einer der vertragsschließenden Gewerkschaften Arbeitsbefreiung unter Fortzahlung des Entgelts nach § 21 ohne zeitliche Begrenzung erteilt werden.

(5) Zur Teilnahme an Sitzungen von Prüfungs- und von Berufbildungsausschüssen nach dem Berufsbildungsgesetz sowie für eine Tätigkeit in Organen von Sozialversicherungsträgern kann den Mitgliedern Arbeitsbefreiung unter Fortzahlung des Entgelts nach § 21 gewährt werden, sofern nicht dringende dienstliche oder betriebliche Interessen entgegenstehen.

Inhaltsübersicht   Rn.

I. Verhältnis zur bisherigen Regelung

1   § 29 TVöD entspricht mit nur wenigen Abweichungen § 52 BAT/BAT-O, § 33 MTArb und § 29 BMT-G.

Neu ist, dass der TVöD nun nicht mehr nur die Ehegatten, sondern auch die Lebenspartner bedenkt (Abs. 1 S. 1 Nr. 1 Buchst. a und b); zur Auslegung dieses Begriff sogleich unter Rn. 7.

Ein 50-jähriges Arbeitsjubiläum hielten die Tarifparteien wohl für zu unwahrscheinlich, als dass dieses regelungsbedürftig wäre, so dass § 1 Abs. 1 Nr. 1 Buchst. d nur noch bei 25- und 40-jährigen Jubiläen Arbeitsbefreiung einräumt; dies entspricht der Regelung zum Jubiläumsgeld in § 23 Abs. 2, wo ebenfalls im Unterschied zur Jubiläumszuwendung in § 39 BAT nur diese beiden Jubiläen aufgeführt sind.

Die Arbeitsbefreiung für gewerkschaftliche Zwecke nach Abs. 4 S. 1 wurde von sechs auf acht mögliche Werktage erhöht.

II. Arbeitsbefreiung des TVöD als Fall des § 616 BGB

2   § 29 TVöD regelt abschließend, teilweise aber auch weitergehend als die gesetzliche Regelung, den Tatbestand der vorübergehenden Arbeitsverhinderung mit der Rechtsfolge der Entgeltfortzahlung nach § 616 S. 1 BGB, wonach der Anspruch auf die Vergütung erhalten bleibt, wenn der „zur Dienstleistung Verpflichtete [...] eine verhältnismäßig nicht erhebliche Zeit durch einen in seiner Person liegenden Grund ohne sein Verschulden an der Dienstleistung verhindert wird".

Diese abweichende Regelung ist, da § 616 BGB abdingbar ist,[1] wirksam. Dass § 29 TVöD an die Stelle des § 616 BGB treten will – und zwar als Ersatz, nicht als Ergänzung – ergibt sich unzweifelhaft aus dem Wortlaut, wonach „nur die folgenden Anlässe" als „Fälle nach § 616 BGB" gelten. Ein Rückgriff neben den Freistellungstatbeständen des § 29 TVöD auf § 616 BGB findet daher nicht statt.[2]

Eigene *Freistellungstatbestände* enthalten dabei nur die Absätze 1, 3, 4 und 5 des § 29 TVöD: Absatz 2 knüpft an eine gesetzlich bestehende Arbeitsbefreiung an und regelt nur die Frage der Vergütung.

---

1   BAG in ständiger Rechtsprechung, vgl. nur Urt. v. 13.12.2001 – 6 AZR 30/01, ZTR 2002, 1105; Urt. v. 14.10.1982 – 6 AZR 1157/79, EzBAT Nr. 10 zu § 52 BAT.

2   So ausdrücklich BAG, Urt. v. 14.10.1982 – 6 AZR 1157/79, EzBAT Nr. 10 zu § 52 BAT.

III. Verhältnis zu anderen gesetzlichen Befreiungstatbestände

§ 29 TVöD tritt an die Stelle nur der Arbeitsbefreiung nach § 616 BGB. Nicht von   3
§ 29 TVöD berührt werden andere gesetzliche Befreiungstatbestände mit Entgeltfortzahlung außerhalb des § 616 BGB, z.B.:

- die in § 29 Abs. 2 TVöD vorausgesetzte gesetzliche Arbeitsbefreiung zur Erfüllung allgemeiner staatsbürgerlicher Pflichten (dazu Rn. 18 ff.),
- die Freistellung für Betriebsrats-/Personalratsmitglieder nach §§ 37 Abs. 2
  BetrVG und 38 BetrVG/§ 46 Abs. 3 und 4 BPersVG,
- Beschäftigungsverbote nach §§ 3 ff. MuSchG,
- die Freistellung zur Arbeitssuche nach § 629 BGB,
- die Freistellung für Wehr- und Zivildienstleistende, § 1 ArbPlSchG, ggf. i.V.m.
  § 78 Abs. 1 ZDG – wobei zu beachten ist, dass gem. § 1 Abs. 2 ArbPlSchG öffentliche Arbeitgeber dabei eine Entgeltfortzahlungspflicht trifft.

IV. Freistellung aus besonderen Anlässen nach Absatz 1

1. Anspruch des Arbeitnehmers auf Freistellung

Bei Vorliegen eines der Tatbestände des Abs. 1 hat der Arbeitnehmer einen An-   4
spruch auf die Freistellung. Geltend machen muss er diesen Anspruch gegenüber
dem Arbeitgeber; auch hier gilt, dass eine Selbstfreistellung nicht zulässig ist.

Die Freistellung muss nur aus Anlass der aufgeführten Ereignisse folgen, nicht
immer aber auch zwangsläufig für die Zeit, in die das Ereignis fällt. Ist daher der
Ereignistag kein Arbeitstag, kann der Arbeitnehmer Freistellung an einem anderen
Tag verlangen, soweit noch ein naher zeitlicher Zusammenhang besteht.[3] Bei Anspruch auf mehrerer Tage Arbeitsbefreiung kann der Arbeitnehmer auch eine Aufteilung verlangen.

Ist der Arbeitnehmer bereits aus einem anderen Grund – etwas Arbeitsunfähigkeit, Urlaub oder Sonderurlaub – von der Pflicht zur Arbeitsleistung befreit, entfällt der Anspruch aus § 29 TVöD.[4]

2. Anspruch des Arbeitnehmers auf Entgeltfortzahlung

Bei den Freistellungen nach Absatz 1 muss das Entgelt fortgezahlt werden; hier   5
wird, ebenso wie für die Entgeltfortzahlung im Krankheitsfall (§ 22 TVöD) und
den Erholungs- und Zusatzurlaub (§§ 26 und 27 TVöD), die Berechnung nach
§ 21 TVöD vorgenommen.

3. Die einzelnen Freistellungstatbestände
a) Niederkunft der Ehefrau oder der Lebenspartnerin

Das Merkmal der Ehefrau ist unproblematisch bei bestehender Ehe (§§ 1310 ff.   6
BGB) erfüllt. Ein Getrenntleben führt nicht zur Beendigung der Ehe; daher ist
nicht zu fordern, dass eine häusliche Gemeinschaft mit dem Arbeitnehmer besteht.[5]

---

[3] Dassau § 52 BAT Rn. 4.
[4] BAG, Urt. v. 07.03.1990 – 5 AZR 189/89, DB 1990, 1469.
[5] Ebenso Böhm/Spiertz/Sponer/Steinherr § 52 BAT Rn. 19.

7   Zur Lebenspartnerin, die im TVöD neu aufgenommen wurde, ist zu beachten: § 52 Abs. 1 Nr. 1 Buchst. a BAT gewährte keinen Anspruch auf Freistellung bei Niederkunft der in häuslicher Gemeinschaft lebenden Lebensgefährtin, da diese nicht Ehefrau – auch nicht im Sinne des § 52 BAT – ist.[6] § 52 BAT maß der Lebensgefährtin zwar Bedeutung im Rahmen der Freistellung bei schwerer Erkrankung der in häuslicher Gemeinschaft lebenden Angehörigen zu; daraus wurde aber nicht auf eine Freistellung auch bei Niederkunft geschlossen.[7] In dieser Differnezierung sah as BAG weder einen Verstoß gegen Art. 3 noch Art. 6 GG, denn zwar sei auch der nichteheliche Vater mit seinem Kind verwandt; daraus folge aber noch keine Pflicht der Tarifvertragsparteien, ihn mit dem Verheirateten gleichzustellen: Es ist legitim, die Freistellung an die Ehe als ein weiteres familienrechtliches Verhältnis anzuknüpfen.[8]

Das BVerfG nahm die entsprechende Verfassungsbeschwerde gegen § 52 Abs. 1 Buchst. a BAT nicht zur Entscheidung an.[9]

Indem der TVöD jetzt die „Lebenspartnerin" eingefügt hat, könnte man auf den ersten Blick meinen, damit sei zugunsten der nicht Verheirateten jetzt doch auch die Lebensgefährtin berücksichtigt. Denn im allgemeinen Sprachgebrauch kennt man die Bezeichnung „Partner" oder „Lebenspartner" durchaus auch für diejenigen, die nicht verheiratet sind, aber zusammen leben.

Allerdings ist die „Lebenspartnerschaft" im Jahr 2001 zum Gesetzesbegriff erhoben worden, und zwar durch das Lebenspartnerschaftsgesetz (LPartG). Gem. § 1 LPartG begründen zwei Personen gleichen Geschlechts eine Lebenspartnerschaft, indem sie gegenseitig persönlich und bei gleichzeitiger Anwesenheit erklären, eine Partnerschaft auf Lebenszeit führen zu wollen. Diese Partnerschaft ist eine in vielen Belangen der Ehe gleichgestellte Rechtsbeziehung (z.B. § 5 LPartG: Verpflichtung zum Unterhalt nach §§ 1360 S. 2, 1360a und 1360b BGB; § 6 LPartG: gesetzlicher Güterstand der Zugewinngemeinschaft mit Möglichkeit der Wahl von Gütertrennung oder -gemeinschaft nach §§ 1363 ABs. 2, 1364 bis 1390 BGB; § 10 LPartG: Erbrecht des Lebenspartners). Diese Gleichstellung ist zwar politisch umstritten, rechtlich aber vom BVerfG abgesegnet.[10]

Um die beiden Formen der gleichgeschlechtlichen „Ehe" und des bloßen Zusammenlebens deutlich zu machen, ist es seit Einführung des LPartG auch im allgemeinen Sprachgebrauch üblich geworden, zwischen Lebenspartnern und Lebensgefährten zu trennen. Gleiches tut das BAG, indem es in seinem Beschluss aus dem Jahr 2001 sorgfältig von Lebensgefährten spricht und jenen den Schutz des § 52 Abs. 1 Buchst. a BAT versagt.[11]

---

6   BAG, Urt. v. 18.01.2001 – 6 AZR 492/99, AP Nr. 8 zu § 52 BAT; Urt. v. 25.02.1987 – 8 AZR 430/84, AP Nr. 3 zu § 52 BAT.

7   BAG, Urt. v. 18.01.2001 – 6 AZR 492/99, AP Nr. 8 zu § 52 BAT.

8   BAG, Urt. v. 18.01.2001 – 6 AZR 492/99, AP Nr. 8 zu § 52 BAT.

9   BVerfG, Beschl. v. 08.01.1998 – 1 BvR 1872/94, AP Nr. 26 zu Art. 6 Abs. 1 GG Ehe und Familie.

10   BVerfG, Urt. v. 17.07.2002 – 1 BvF 1/01 und 1 BvF 2/01, NJW 2002, 2543.

11   BAG, Urt. v. 18.01.2001 – 6 AZR 492/99, AP Nr. 8 zu § 52 BAT

Der TVöD legt dem Begriff „Lebenspartner" schon nach dem Wortlaut eindeutig die Definition des LPartG zugrunde, und zwar sowohl in § 29 als auch beim Sterbegeld in § 23 Abs. 3.

Die erwähnten Vorschriften des TVöD führen also eine Gleichstellung von Eheleuten und Lebenspartnern, wie sie ja auch das LPartG bezweckt.

b) Tod von Ehepartner, Lebenspartner, Kind oder Elternteil
Ehegatte und Lebenspartner sind wie eben unter Rn. 6 f. zu verstehen. **8**

Kinder sind die leiblichen bzw. ehelichen oder anerkannten Kinder nach §§ 1591 ff. BGB und gem. §§ 1741 ff. BGB adoptierte Kinder, da § 1754 BGB diese den ehelichen bzw. leiblichen Kindern gleichstellt. Nicht von § 29 Abs. 1 Buchst. b umfasst sind Stief- und Pflegekinder.[12]

Der Definition der Kinder folgend, sind Eltern diejenigen nach §§ 1591 ff. BGB und die Adoptiveltern.

c) Umzug
Der Umzug muss „an einen anderen Ort", also eine andere politische Gemeinde **9** erfolgen.[13] Andere Voraussetzungen, wie sie z.T. in den Gesetzen zur Umzugskostenerstattung verlangt werden, wie z.B. eine Mindestentfernung (§ 3 Abs. 1 S. 1 Buchst. c Bundesumzugkostengesetz), sieht § 29 TVöD nicht vor.

Der Umzug muss aus dienstlichen oder betrieblichen Gründen erfolgen; abzugrenzen hiervon sind persönliche Gründe, aus denen eine Arbeitsbefreiung nur in „sonstigen Fällen" nach § 29 Abs. 3 S. 1 TVöD gewährt werden kann. Als dienstliche/betriebliche Gründe kommen vor allem eine Versetzung oder Abordnung in Betracht; persönliche Gründe für den Umzug dürfen hinzutreten, solange sie nicht überwiegen.

d) Arbeitsjubiläum
Nicht mehr aufgeführt ist das 50-jährige; ansonsten ist die Regelung unverändert **10** zum bisherigen Recht. Zum Jubiläumsgeld siehe auch die Erläuterungen zu § 23 Abs. 2 TVöD.[14]

e) Schwere Erkrankung
Die Arbeitsbefreiung setzt hier voraus, dass **11**

- eine (schwere) Erkrankung
- einer der genannten Personen vorliegt,
- eine andere Person zur Pflege und Betreuung nicht sofort zur Verfügung steht und
- im Fall des erkrankten Angehörigen oder Kindes (Doppelbuchstaben aa und bb) ein Arzt bescheinigt, dass die Anwesenheit des Arbeitnehmers notwendig ist.

---

[12] Böhm/Spiertz/Sponer/Steinherr § 52 BAT Rn. 21.
[13] Böhm/Spiertz/Sponer/Steinherr § 52 BAT Rn. 24.
[14] § 23 Rn. 26 ff.

Die Schwere der Erkrankung hat keine eigenständige rechtliche Bedeutung, da der Arzt die Erforderlichkeit der Anwesenheit feststellt bzw. im Fall des Doppelbuchstaben cc das zu betreuende Kind maximal 8 Jahre alt oder pflegebedürftig sein muss.

Voraussetzung für alle Befreiungen nach Buchst. e ist stets, dass eine andere Pflege-/Betreuungs-Person nicht sofort zur Verfügung steht. Dabei trägt der Arbeitnehmer die Verantwortung dafür, für die Pflege Vorsorge zu treffen, wenn die Notwendigkeit vorhersehbar ist und ihm daher zeitlich möglich ist, sich um eine Pflegeperson zu bemühen. Das BAG nahm in einer älteren Entscheidung[15] an, bei einer Vorhersehbarkeit des Anlasses zur Arbeitsbefreiung von vier Tagen müsse sich der Arbeitnehmer um eine solche Ersatzpflegekraft bemühen.

Welcher Elternteil die Pflege des Kindes (Doppelbuchstabe bb) übernimmt, bleibt grundsätzlich ihnen überlassen.[16] Eine Berücksichtigung betrieblicher/ dienstlicher Interessen wird man jedoch in Maßen verlangen können.[17]

Die Dauer der Arbeitsbefreiung beträgt bei Doppelbuchstabe aa einen, bei den anderen beiden Varianten je vier Arbeitstage, zusammen jedoch nicht mehr als 5 Arbeitstage pro Kalenderjahr.

aa) Doppelbuchstabe aa: Im Haushalt lebende Angehörige

12   Für den Begriff der Angehörigen kann auf § 20 Abs. 5 BVwVfG zurückgegriffen werden. Damit sind Angehörige: Eheleute, Verwandte und Verschwägerte gerader Linie, Geschwister, Kinder der Geschwister, Schwager, Geschwister der Eltern und Pflegekinder/-Eltern.

Unverheiratete Lebensgefährten, die weder von Abs. 1 Buchst. a noch Buchst. b erfasst werden, gehören ebenfalls zu den Angehörigen des Abs. 1 Buchst. e Doppelbuchstabe aa.[18]

bb) Doppelbuchstabe bb: Kinder bis zur Vollendung des 12. Lebensjahres

13   Zur Bestimmung, wer Kind ist, siehe oben Rn. 8.

Arbeitsbefreiung für ein erkranktes Kind erhält der Arbeitnehmer nur, wenn im laufenden Kalenderjahr kein Anspruch nach § 45 SGB V besteht oder bestanden hat.

§ 45 SGB V setzt objektiv voraus, dass nach ärztlichem Zeugnis erforderlich ist, dass der Arbeitnehmer zur Beaufsichtigung, Betreuung oder Pflege seines erkrankten und versicherten Kindes der Arbeit fernbleibt, eine andere in ihrem Haushalt lebende Person das Kind nicht beaufsichtigen, betreuen oder pflegen kann und das Kind das zwölfte Lebensjahr noch nicht vollendet hat oder behindert und auf Hilfe angewiesen ist (§ 45 Abs. 1 SGB V), oder der Beschäftigte zur Beaufsichtigung, Betreuung oder Pflege seines erkrankten und versicherten Kindes der Arbeit fernbleibt, sofern das Kind das zwölfte Lebensjahr noch nicht vollendet hat oder behindert und auf Hilfe angewiesen ist und nach ärztlichem Zeugnis an einer Erkrankung leidet,

---

[15]   BAG, Urt. v. 20.06.1979 – 5 AZR 392/78, AP Nr. 51 zu § 616 BGB.

[16]   BAG, Urt. v. 20.06.1979 – 5 AZR 361/78, AP Nr. 50 zu § 616 BGB.

[17]   Ebenso Böhm/Spiertz/Sponer/Steinherr § 52 BAT Rn. 51.

[18]   BAG, Urt. v. 18.01.2001 – 6 AZR 492/99, AP Nr. 8 zu § 52 BAT.

– die progredient verläuft und bereits ein weit fortgeschrittenes Stadium erreicht hat,
– bei der eine Heilung ausgeschlossen und eine palliativ-medizinische Behandlung notwendig oder von einem Elternteil erwünscht ist und
– die lediglich eine begrenzte Lebenserwartung von Wochen oder wenigen Monaten erwarten lässt (§ 45 Absatz 4 SGB V).

Ist dies erfüllt, entsteht gem. § 45 Abs. 3 SGB V ein Anspruch des Arbeitnehmers gegen den Arbeitgeber auf unbezahlte Freistellung, wobei die Dauer im Falle des § 45 Abs. 1 SGB V auf maximal 10 Arbeitstage (für Alleinerziehende 20 Arbeitstage) pro Kalenderjahr für jedes Kind und insgesamt auf höchstens 25 (Alleinerziehende: 50) Arbeitstage je Kalenderjahr beschränkt ist.

§ 45 Abs. 5 SGB V spricht diesen Freistellungsanspruch allen Arbeitnehmern unabhängig von ihrem Versichertenstatus zu.

Arbeitnehmern, die in der gesetzlichen Krankenversicherung versichert sind   **14**
(Pflichtversicherung nach § 5 SGB V oder freiwillige nach § 9 SGB V) und für deren Kinder gem. § 10 SGB V eine Familienversicherung besteht, gibt § 45 Abs. 1 und 3 SGB V für die Zeit des Freistellungsanspruchs zusätzlich einen Anspruch auf Krankengeld.

Da die Einschränkung in § 29 Abs. 1 Buchst. e Doppelbuchstabe bb verhindern will, dass für dasselbe Ereignis eine „doppelte Absicherung" des Arbeitnehmers – aus Tarifvertrag und Sozialrecht – besteht, bezieht sie sich nicht auf den Anspruch auf unbezahlte Freistellung aus § 45 SGB V, der allen Arbeitnehmern zusteht, sondern nur auf den Krankengeldanspruch, der den genannten Versicherten vorbehalten ist. Damit können nur Arbeitnehmer, die mit ihren Kindern in der gesetzlichen Krankenversicherung versichert sind, vom Anspruch nach § 29 Abs. 1 Buchst. e ausgeschlossen sein.

Im Ergebnis stellt § 45 SGB V damit alle Arbeitnehmer im genannten Umfang von der Arbeitspflicht frei; diejenigen, die in der gesetzlichen Krankenversicherung versichert sind, erhalten dabei Krankengeld, alle anderen die Entgeltfortzahlung nach § 29 i.V.m. § 21 TVöD; sind die vier Tage Arbeitsbefreiung des § 29 TVöD erschöpft, ist für Letztere nur noch die unbezahlte Freistellung möglich.

Im Verhältnis zu Doppelbuchstabe aa ist die Pflege des Kindes nach Doppelbuchstabe bb Spezialvorschrift, so dass die beiden Ansprüche nicht addiert werden, sondern für ein und dieselbe Person im laufenden Kalenderjahr nur einmal vier Tage Arbeitsbefreiung gewährt werden.

cc) Doppelbuchstabe cc: Betreuungsperson
Während bei den anderen Doppelbuchstaben die zu pflegende Person erkrankt   **15**
sein muss, muss im Fall der letzten Variante die Betreuungsperson selbst erkrankt sein.

Das Verhältnis zwischen Betreuungsperson und dem näher bezeichneten Kind ist unerheblich: Beide müssen weder Angehörige sein noch im selben Haushalt leben. Die Betreuungsperson muss aber zur Betreuung imstande sein; dabei sind jedoch Spezialkenntnisse oder eine Ausbildung nicht zu fordern.

Das zu betreuende Kind muss entweder

– das 8. Lebensjahr noch nicht vollendet haben oder
– pflegebedürftig sein; zur Bestimmung dieses Merkmals kann auf § 14 SGB XI zurückgegriffen werden.

f) Ärztliche Behandlung

16 Durch welchen Arzt oder Zahnarzt – Kassen-, Privat-, Amts- Betriebs- oder Vertrauensarzt – die Behandlung durchgeführt wird, ist gleichgültig. Zur Behandlung gehört nicht nur die Therapie, sondern auch die Untersuchung, einschließlich ärztlich angeratener Vorsorgeuntersuchungen, und ggf. die Therapie durch einen Dritten auf ärztliche Verordnung (z.B. Physiotherapie).

Keine Arbeitsbefreiung mit Entgeltfortzahlung nach § 29 TVöD, sondern Freistellung mit Entgeltfortzahlung im Krankheitsfall nach § 22 TVöD liegt vor, wenn der Arbeitnehmer zum Zeitpunkt des Arztbesuches arbeitsunfähig erkrankt ist.

§ 29 Abs. 1 Buchst. f setzt weiter voraus, dass die Behandlung während der Arbeitszeit erfolgen musste. Dies ist der Fall, wenn medizinische Gründe dafür vorliegen oder der Arzt den Arbeitnehmer während der Arbeitszeit zur Untersuchung oder Behandlung in seine Praxis bestellt und der Arbeitnehmer auf die Termingestaltung keinen Einfluss nehmen kann.[19]

17 Ob der Arzttermin überhaupt in die Arbeitszeit fällt, ist anhand der §§ 6 ff. TVöD zu bestimmen. Die Arbeitsbefreiung stellt eine Reaktion auf eine Kollision zwischen dem Arzttermin und der fremdbestimmten, vom Arbeitnehmer nicht bestimmbaren Arbeitszeit dar. Eine solche Kollision fehlt, wenn der Arbeitnehmer seine Arbeitszeit selbst bestimmen kann wie in der Gleitzeit außerhalb der Kernarbeitszeit: Dort ist nämlich nur der Umfang, nicht aber auch die zeitliche Lage der Arbeitspflicht dem Arbeitnehmer vorgeschrieben. Kann ein Arztbesuch während der Gleitzeit wahrgenommen werden, ist ein Anspruch auf Arbeitsbefreiung daher nicht gegeben.[20]

V. Erfüllung staatsbürgerlicher Pflichten, Absatz 2

18 Absatz 2 hat, wie bereits erwähnt, keine Arbeitsbefreiung zur Folge, sondern setzt sie voraus. Angeordnet wird nur der Anspruch auf Entgeltfortzahlung nach § 21 TVöD.

1. Gesetzlich vorgeschriebene Arbeitsbefreiung für allgemeine staatsbürgerliche Pflichten

19 Allgemein sind staatsbürgerliche Pflichten nur, wenn sie jeden Bürger treffen können; es dürfen also keine Spezialkenntnisse oder Sachkunde gefordert sein.[21] Daher fallen z.B. die Mitgliedschaft in Prüfungsausschüssen (die nun speziell in Abs. 5 geregelt sind) oder die Ausübung eines Abgeordnetenmandats nicht darunter.

Keine Pflicht ist z.B. die Teilnahme an Wahlen.

---

[19] BAG, Urt. v. 29.02.1984 – 5 AZR 92/82, AP Nr. 89 zu § 616 BGB.
[20] So zur früheren Arbeitsbefreiung nach § 52 Abs. 1 Nr. 1b BAT (Ehrenamt) BAG, Urt. v. 16.12.1993 – 6 AZR 236/93, AP Nr. 5 zu § 52 BAT.
[21] BAG, Urt. v. 07.11.1991 – 6 AZR 496/89, EzBAT Nr. 17 zu § 52 BAT.

Die gesetzliche Vorschrift der Arbeitsbefreiung zur Erfüllung solcher Pflichten muss nicht ausdrücklich dem Gesetz zu entnehmen sein – dies ist nur selten, z.B. im Arbeitsplatzschutzgesetz, der Fall –, es genügt, dass den Arbeitnehmer die staatsbürgerliche Pflicht – deren Verweigerung häufig mit Nachteilen bedroht ist – trifft, denn es kann nicht Sinn und Zweck der gesetzlichen Vorschriften sein, den Arbeitnehmer einer unmöglichen Doppelverpflichtung zu unterwerfen. Vielmehr tritt stets dann die Arbeitsverpflichtung zurück.

Gesetzlich vorgeschrieben im Sinne des Abs. 2 ist die Arbeitsbefreiung daher **20** z.B. durch:

- Tätigkeit im Zusammenhang mit Bundes-, Landes- und Kommunalwahlen (§ 11 Bundeswahlgesetz für Wahlausschüsse und -Vorstände bzw. die entsprechenden Landeswahlgesetze),
- Tätigkeit als Schöffe (§§ 31 ff. Gerichtsverfassungsgesetz) oder ehrenamtlicher Richter (§§ 20 ff. und 43 ArbGG; §§ 9, 30 und 38 SGG; §§ 19 ff. Verwaltungsgerichtsordnung),
- Heranziehung zum Wehrdienst und -Übungen (§§ 1 und 10 ArbPlSchG),
- Ladung als Zeuge vor Gericht (z.B. §§ 48 ff. StPO, 373 ff. ZPO); nicht aber die Teilnahme an Prozessen als Partei oder Angeklagter, auch dann nicht, wenn das persönliche Erscheinen angeordnet ist.

2. Keine Wahrnehmung außerhalb der Arbeitszeit möglich
Hier gilt das in Rn. 17 zur Arbeitbefreiung bei ärztlicher Behandlung Gesagte: **21** Auch hier muss der Arbeitnehmer, der Gleitzeit zur Verfügung hat, versuchen, eine Kollision zwischen der Arbeitspflicht und seiner staatsbürgerlichen Pflicht zu vermeiden.

3. Entgeltfortzahlung und Anrechnung des Ersatzanspruches
Der Arbeitnehmer soll, wenn er für die Erfüllung seiner staatsbürgerlichen Pflicht **22** bereits eine Fortzahlung der Vergütung erhält, nicht zusätzlich noch Entgeltfortzahlung nach § 21 TVöD erhalten. Diese Doppelbezahlung schließt § 29 Abs. 2 TVöD aus, indem der Entgeltanspruch aus § 21 TVöD um die Ersatzansprüche des Arbeitnehmers auf Entgelt aus dem jeweiligen Gesetz vermindert wird. Allerdings wird dennoch das Entgelt nach § 21 TVöD fortgezahlt. Es gilt aber als Vorschuss auf die Leistungen des Dritten; der Arbeitnehmer hat seine Ansprüche gegen diesen geltend zu machen und das Erhaltene dem Arbeitgeber abzuführen. Eine Pflicht, seinen Anspruch an den Arbeitgeber abzutreten, sieht § 29 TVöD nicht vor.

Gesteht das Gesetz Entschädigungen für die Pflichterfüllung zu – z.B. für Zeugen nach dem Justizvergütungs- und Entschädigungsgesetz –, bleibt es beim Anspruch aus §§ 29, 21 TVöD, da solche Entschädigungen kein Ersatz-Entgelt sind.[22]

---

[22] Böhm/Spiertz/Sponer/Steinherr § 52 BAT Rn. 96.

VI. Absatz 3: Sonstige Fälle

1. Bezahlte Freistellung nach Satz 1

23 Eine Arbeitsbefreiung mit Entgeltfortzahlung bis zu drei Arbeitstagen im Kalenderjahr kann der Arbeitnehmer nach Satz 1 nur erhalten, wenn ein sonstiger dringender Fall vorliegt.

Ein solcher sonstiger Fall ist nur dann anzunehmen, wenn nicht ein Sachverhalt vorliegt, der von den besonderen Anlässen nach Abs. 1 geregelt bzw. gerade nicht berücksichtigt wird. Anders wäre die detaillierte Regelung des Abs. 1 nicht sinnvoll; auch die Protokollnotiz zeigt, dass die Restriktionen des Abs. 1 nicht dadurch unterwandert werden sollen, dass für ähnlich gelagerte Fälle bezahlte Freistellung nach Abs. 3 gewährt wird. Denn die Protokollnotiz weist von Abs. 1 nicht erfasste Sachverhalte wie den Umzug aus privaten Gründen oder auch für die Niederkunft der Lebensgefährtin nur der unbezahlten Arbeitsbefreiung nach Satz 2 zu.

Ein sonstiger dringender Fall kann deshalb nur in engen Ausnahmesituationen angenommen werden und nur dann, wenn diese Situation nicht einem der in Abs. 1 grundsätzlich berücksichtigten und nur wegen einzelner Besonderheiten nicht erfassten Sachverhalt entspricht. Dabei ist auch zu berücksichtigen, dass es dem Arbeitnehmer bei privaten Angelegenheiten grundsätzlich zuzumuten ist, Erholungsurlaub (§ 26 TVöD) zu beantragen.[23]

Wie beim Sonderurlaub gibt es jedoch auch bei Vorliegen eines dringenden sonstigen Falles nur einen Anspruch des Arbeitnehmers auf Entscheidung des Arbeitgebers nach billigem Ermessen, § 315 BGB; daher kann hier auf die Ausführungen zu § 28 (Rn. 13) verwiesen werden.

2. Unbezahlte Freistellung nach Satz 2

24 Hier kann gemäß der Protokollnotiz auch für Sachverhalte Freistellung gewährt werden, die in Absatz 1 geregelt sind. So ist die Freistellung anlässlich eines Umzugs aus privaten Gründen ebenso möglich wie bei Niederkunft der Lebensgefährtin oder die Verlängerung einer gewährten Arbeitsbefreiung wegen Krankheit eines zu pflegenden Kindes, wenn der Anspruch nach Absatz 1 erschöpft ist. „Begründet" ist ein Fall immer, wenn ein vernünftiges, nachvollziehbares Interesse des Arbeitnehmers an der Freistellung besteht.

Außerdem als begründete Fälle anerkannt waren für den gleich lautenden § 52 Absatz 3 Unterabsatz 2 BAT, zu dem dieselbe Protokollnotiz bestand, die alten Fälle der bis zum 30.06.1996 geltenden Fassung des § 52 BAT. Da der TVöD diese Regelung und Protokollnotiz unverändert übernommen hat, sind damit als begründete Fälle gem. § 52 Absatz 2 aF BAT anzuerkennen:

- Eheschließung des Arbeitnehmers,
- Tod von Großeltern, Schwiegereltern, Stiefeltern und Geschwistern,
- Einsegnung, die Erstkommunion und entsprechende religiöse oder weltanschauliche Feiern und die Eheschließung eines Kindes,
- Silberne Hochzeit des Arbeitnehmers,

---

[23] So auch die Argumentation des BAG gegen eine bezahlte Freistellung bei Niederkunft der Lebensgefährtin, Urt. v. 18.01.2001 – 6 AZR 492/99, AP Nr. 8 zu § 52 BAT.

– Teilnahme an Blutspendeaktionen,
– Teilnahme an der Beisetzung von Angehörigen derselben Dienststelle und
– Feuer- oder Hochwassergefahr, die die Habe des Arbeitnehmers bedroht.

Ist ein begründeter Fall gegeben, hat der Arbeitnehmer auch hier nur einen An- **25**
spruch auf fehlerfreie Ermessensentscheidung des Arbeitgebers nach § 315 BGB,
so dass hier die Rechtsfolge parallel zu § 28 TVöD gestaltet ist. Im Unterschied zu
§ 28 TVöD ist hier allerdings Voraussetzung für die Abwägung im Rahmen des
§ 315 BGB, dass die betrieblichen/dienstlichen Verhältnisse die Freistellung gestatten, was, wie bei § 28 TVöD dargelegt, aus der Vorschrift zum Sonderurlaub
gestrichen wurde. Dieser fehlende Gleichlauf führt zu dem Ergebnis, dass die
kurzfristige Freistellung restriktiver geregelt ist als der länger dauernde Sonderurlaub – ob diese unlogisch erscheinende Konkurrenz den Tarifvertragsparteien bewusst war, mag dahin gestellt sein.

Die unterschiedlichen Anforderungen machen auch die Abgrenzung zwischen **26**
Freistellung nach § 29 Abs. 3 S. 2 und § 28 wichtiger denn je; kurzfristig im Sinne
des § 29 kann die Freistellung nur sein, wenn sie einen Umfang nicht überschreitet, der den Arbeitsbefreiungen der anderen Absätze in § 29 vergleichbar ist.

VII. Absatz 4: Arbeitsbefreiung für gewerkschaftliche Zwecke

1. Teilnahme an Tagungen

Zur Teilnahme an Tagungen kann den gewählten Vertretern der genannten Gre- **27**
mien auf Anfordern der Gewerkschaften bezahlte Arbeitsbefreiung bis zu acht
Werktagen im Jahr erteilt werden.

Der Arbeitnehmer muss gewähltes Mitglied des betreffenden Gremiums und
seine Teilnahme von der Gewerkschaft angefordert worden sein. Dabei kann die
Tätigkeit nur für eine der vertragsschließenden Gewerkschaften des TVöD,[24] den
Anspruch auf Arbeitsbefreiung nach Abs. 4 auslösen.

Auch dieser Anspruch ist wie der nach § 29 Abs. 2 Satz 1 TVöD ein Kann-
Anspruch, der unter der weiteren Voraussetzung steht, dass keine – hier allerdings
nur dringenden – dienstlichen oder betrieblichen Interessen entgegenstehen. Bei
Vorliegen der Voraussetzungen muss der Arbeitgeber nach billigem Ermessen ü-
ber die Arbeitsbefreiung entschieden.[25]

2. Teilnahme an Tarifverhandlungen

Die bezahlte Arbeitsbefreiung zur Teilnahme an Tarifverhandlungen mit dem **28**
Bund und der VKA oder ihrer Mitgliedsverbände ist insofern weiter als die Arbeitbefreiung zur Teilnahme an Tagungen, als sie ohne zeitliche Begrenzung erteilt werden kann und nicht der Einschränkung unterliegt, dass dienstliche/betrieb-
liche Interessen nicht entgegenstehen werden dürfen.

Die Teilnahme an Tarifverhandlungen umfasst nicht gewerkschaftsinterne Vor-
oder Nachberatungen.[26]

---

[24] Aufgeführt unter § 1 Rn. 7 ff.
[25] S.o. Rn. 23.
[26] Böhm/Spiertz/Sponer/Steinherr § 52 Rn. 119.

Da auch diese Arbeitsbefreiung dem billigem Ermessen des Arbeitgebers nach § 315 BGB obliegt, kann dieser bei der Abwägung im Einzelfall auch dienstliche/betriebliche Interessen dem Wunsch des Arbeitnehmers entgegensetzen.

VIII. Absatz 5: Prüfungs- und Berufsbildungsausschüsse und Tätigkeit in Organen von Sozialversicherungsträgern

29   Auch der bezahlte Freistellungsanspruch nach Absatz 5 ist ein Kann-Anspruch,[27] den der Arbeitgeber nach § 315 BGB entscheiden muss und der unter der weiteren Voraussetzung steht, dass keine – hier allerdings nur dringenden – dienstlichen oder betrieblichen Interessen entgegenstehen.

---

[27] Dazu bereits unter Rn. 23 und 27.

Abschnitt V Befristung und Beendigung des Arbeitsverhältnisses

§ 30 Befristete Arbeitsverträge

(1) [1]Befristete Arbeitsverträge sind nach Maßgabe des Teilzeit- und Befristungsgesetzes sowie anderer gesetzlicher Vorschriften über die Befristung von Arbeitsverträgen zulässig. [2]Für Beschäftigte, auf die die Regelungen des Tarifgebiets West Anwendung finden und deren Tätigkeit vor dem 1. Januar 2005 der Rentenversicherung der Angestellten unterlegen hätte, gelten die in den Absätzen 2 bis 5 geregelten Besonderheiten; dies gilt nicht für Arbeitsverhältnisse, für die die §§ 57a ff. HRG unmittelbar oder entsprechend gelten.

(2) [1]Kalendermäßig befristete Arbeitsverträge mit sachlichem Grund sind nur zulässig, wenn die Dauer des einzelnen Vertrages fünf Jahre nicht übersteigt; weitergehende Regelungen im Sinne von § 23 TzBfG bleiben unberührt. [2]Beschäftigte mit einem Arbeitsvertrag nach Satz 1 sind bei der Besetzung von Dauerarbeitsplätzen bevorzugt zu berücksichtigen, wenn die sachlichen und persönlichen Voraussetzungen erfüllt sind.

(3) [1]Ein befristeter Arbeitsvertrag ohne sachlichen Grund soll in der Regel zwölf Monate nicht unterschreiten; die Vertragsdauer muss mindestens sechs Monate betragen. [2]Vor Ablauf des Arbeitsvertrages hat der Arbeitgeber zu prüfen, ob eine unbefristete oder befristete Weiterbeschäftigung möglich ist.

(4) [1]Bei befristeten Arbeitsverträgen ohne sachlichen Grund gelten die ersten sechs Wochen und bei befristeten Arbeitsverträgen mit sachlichem Grund die ersten sechs Monate als Probezeit. [2]Innerhalb der Probezeit kann der Arbeitsvertrag mit einer Frist von zwei Wochen zum Monatsschluss gekündigt werden.

(5) [1]Eine ordentliche Kündigung nach Ablauf der Probezeit ist nur zulässig, wenn die Vertragsdauer mindestens zwölf Monate beträgt. [2]Nach Ablauf der Probezeit beträgt die Kündigungsfrist in einem oder mehreren aneinander gereihten Arbeitsverhältnissen bei demselben Arbeitgeber

- von insgesamt mehr als sechs Monaten   vier Wochen,
- von insgesamt mehr als einem Jahr   sechs Wochen

zum Schluss eines Kalendermonats,

- von insgesamt mehr als zwei Jahren   drei Monate,
- von insgesamt mehr als drei Jahren   vier Monate

zum Schluss eines Kalendervierteljahres.
[3]Eine Unterbrechung bis zu drei Monaten ist unschädlich, es sei denn, dass das Ausscheiden von der/dem Beschäftigten verschuldet oder veranlasst war. [4]Die Unterbrechungszeit bleibt unberücksichtigt.

Protokollerklärung zu Abs. 5:
Bei mehreren aneinandergereihten Arbeitsverhältnissen führen weitere vereinbarte Probezeiten nicht zu einer Verkürzung der Kündigungsfrist.

(6) Die §§ 31, 32 bleiben von den Regelungen der Absätze 3 bis 5 unberührt.

Inhaltsübersicht   **Rn.**

I. Tarifliche Entwicklung

Im bisherigen Tarifrecht des öffentlichen Dienstes waren Regelungen zu befriste- **1** ten Arbeitsverhältnissen nur im Geltungsbereich des BAT vorgesehen (Sonderre- gelungen für Zeitangestellte, Angestellte für Aufgaben von begrenzter Dauer und für Aushilfsangestellte, SR 2 y BAT). Im Geltungsbereich des BAT-O, des MTArb/MTArb-O, und des BMT-G II/BMT-G-O galten die allgemeinen Grund- sätze des Befristungsrechts. Die Tarifvertragsparteien konnten sich trotz intensiver Verhandlungen nicht auf einheitliche Regelungen zu befristeten Arbeitsverhältnis- sen einigen. Deshalb sollte zunächst die SR 2 y BAT für ihren bisherigen Gel- tungsbereich in den TVöD übernommen werden.[1] Letztendlich wurden die Rege- lungen der SR 2 y BAT[2] aber nur teilweise in § 30 TVöD aufgenommen.

Abs. 1 Satz 2 verwies in seiner ursprünglichen Fassung auf die „in den Absät- **2** zen 2 bis 4 geregelten Besonderheiten". Nach dieser Fassung wurde die Kündi- gungsfristenregelung der Nr. 7 Abs. 3 Satz 3 und 4 SR 2 y BAT für alle Beschäf- tigten – modifiziert – in Abs. 5 Satz 2 und 3 übernommen. Im Dezember 2005 ha- ben die Tarifvertragsparteien Abs. 1 Satz 2 rückwirkend zum 13.09.2005 dahinge- hend korrigiert, dass nunmehr auf die „in den Absätzen 2 bis 5 geregelten Beson- derheiten" verwiesen wird.

Für Beschäftigte, für die nach Abs. 1 Satz 2 die in den Abs. 2 bis 5 geregelten **3** Besonderheiten gelten[3], wurden nachfolgende Regelung der SR 2 y BAT – zum Teil modifiziert – in § 30 TVöD übernommen:

---

[1] So Bredendiek/Fritz/Tewes ZTR 2005, 230, 236.
[2] Zur Befristung im Anwendungsbereich der SR 2 y BAT z. B. Hunold NZA-RR 2005, 449.
[3] Zum Anwendungsbereich der „Besonderheiten" unten unter III 1.

- Protokollnotizen 2 und 3 zu Nr. 1 SR 2 y BAT in Abs. 2 Satz 1 (Höchstvertragsdauer bei Befristung mit Sachgrund)[4]
- Protokollnotiz 4 zu Nr. 1 SR 2 y BAT in Abs. 2 Satz 2 (Bevorzugte Berücksichtigung bei der Besetzung von Dauerarbeitsplätzen)[5]
- Protokollnotiz 6 b zu Nr. 1 SR 2 y BAT in Abs. 3 Satz 1 (Mindestvertragsdauer bei Befristung ohne Sachgrund)[6]
- Protokollnotiz 6 f zu Nr. 1 SR 2 y BAT in Abs. 3 Satz 2 (Prüfung von Weiterbeschäftigungsmöglichkeiten)[7]
- Protokollnotiz 6 c zu Nr. 1 SR 2 y BAT in Abs. 4 Satz 1 (Probezeit) [8]
- Protokollnotiz 6 d zu Nr. 1 SR 2 y BAT in Abs. 4 Satz 2 (Kündigung/Kündigungsfrist in der Probezeit)[9]
- Protokollnotiz 6 d zu Nr. 1 SR 2 y BAT und Nr. 7 Abs. 3 Satz 3 und 4 SR 2 y BAT in Abs. 5 (Kündigung/Kündigungsfrist nach der Probezeit)[10]

4   Nicht in den TVöD übernommen wurde insbesondere die Differenzierung zwischen verschiedenen Befristungsgrundformen (Nr. 1 a bis c SR 2 y BAT: Zeitangestellte, Angestellte von begrenzter Dauer und Aushilfsangestellte) und die Verpflichtung, die einschlägige Befristungsgrundform im Arbeitsvertrag zu vereinbaren (Nr. 2 Abs. 1 SR 2 Y BAT).

II. Verweis auf gesetzliche Vorschriften, Abs. 1 Satz 1

1. Allgemeines

5   Abs. 1 Satz 1 verweist hinsichtlich der Zulässigkeit befristeter Arbeitsverträge auf das Teilzeit- und Befristungsgesetz (Gesetz über Teilzeitarbeit und befristete Arbeitsverträge – TzBfG vom 21.12.2000[11]) und auf andere gesetzliche Vorschriften über die Befristung von Arbeitsverträgen. Andere gesetzliche Vorschriften sind insbesondere

- § 21 Bundeserziehungsgeldgesetz (BErzGG),
- § 8 Abs. 3 Altersteilzeitgesetz (ATG),
- §§ 57a ff. Hochschulrahmengesetz (HRG) und
- § 1 des Gesetzes über befristete Arbeitsverträge mit Ärzten in der Weiterbildung (ÄArbVtrG).

6   Da die gesetzlichen Vorschriften über die Befristung von Arbeitsverträgen ohnehin in ihrer jeweils gültigen Fassung anzuwenden sind, handelt es sich um eine deklaratorische Verweisung.

---

[4]   Dazu unten unter III 3 b.
[5]   Dazu unten unter III 3 c.
[6]   Dazu unten unter III 4 c.
[7]   Dazu unten unter III 4 b.
[8]   Dazu unten unter III 4 c.
[9]   Dazu unten unter III 4 c.
[10]   Dazu unten unter III 6.
[11]   BGBl. I S. 1966.

2. Teilzeit- und Befristungsgesetz

a) *Rechtsentwicklung*

Nach dem Wortlaut des § 620 Abs. 1 BGB in der bis zum 31.12.2000 gültigen **7**
Fassung[12] waren befristete Arbeitsverträge ohne weiteres zulässig. Die Rechtsprechung[13] hat § 620 Abs. 1 BGB aber schon früh im Hinblick auf die sonst drohende
Umgehung gesetzlicher Kündigungsschutzvorschriften eingeschränkt: Die Befristung eines Arbeitsvertrags war rechtswirksam, es sei denn, dass bei Abschluss des
Vertrages für die Befristung keine sachlichen Gründe vorgelegen haben. In diesem
Fall konnte sich der Arbeitgeber dem Arbeitnehmer gegenüber nicht auf die Befristung berufen, wenn diese dem Arbeitnehmer den Schutz vor zwingenden Kündigungsschutzbestimmungen entzieht.[14] Die Rechtsprechung hat anhand dieser
sog. Theorie der objektiven Gesetzesumgehung einen nicht abschließenden Katalog anerkannter sachlicher Gründe entwickelt.

Vor dem Hintergrund anhaltender Massenarbeitslosigkeit hat sich der Gesetz- **8**
geber 1985 entschlossen, durch das Beschäftigungsförderungsgesetz 1985[15] den
Abschluss befristeter Arbeitsverträge zu erleichtern. Das ursprünglich bis zum
1.1.1990 befristete Gesetz wurde – nach zweimaliger Verlängerung um jeweils
fünf Jahre[16] – durch das Beschäftigungsförderungsgesetz 1996[17] erheblich verändert: So war es nach § 1 Abs. 1 Beschäftigungsförderungsgesetz 1996 zulässig, einen Arbeitsvertrag ohne sachlichen Grund bis zur Dauer von zwei Jahren zu befristen. Seit dem 01.01.2001 ist die Zulässigkeit befristeter Arbeitsverträge in
§§ 14 ff. TzBfG geregelt. Gemäß § 14 TzBfG ist die Befristung eines Arbeitsvertrages zulässig, wenn sie entweder durch einen sachlichen Grund gerechtfertigt ist
(§ 14 Abs. 1 TzBfG) oder die Voraussetzungen des § 14 Abs. 2 bis 3 TzBfG für
die Befristung eines Arbeitsvertrages ohne Vorliegen eines sachlichen Grundes
vorliegen.

b) *Grundbegriffe*

aa) *Befristung*

Befristet beschäftigt ist ein Arbeitnehmer mit einem auf bestimmte Zeit geschlos- **9**
senen Arbeitsvertrag (§ 3 Abs. 1 Satz 1 TzBfG). Ob ein auf bestimmte oder unbestimmte Zeit abgeschlossener Arbeitsvertrag vorliegt, ist durch Auslegung des Arbeitsvertrages nach §§ 133, 157 BGB zu ermitteln. Entscheidend ist der wirkliche
Wille der Vertragsparteien unter Berücksichtigung aller Begleitumstände.[18] Dieser

---

[12] „Das Dienstverhältnis endigt mit dem Ablaufe der Zeit, für die es eingegangen ist."
[13] Grundlegend: BAG GS, Beschl. v. 12.10.1960 – 3 AZR 65/69, AP Nr. 16 zu § 620 BGB Befristeter Arbeitsvertrag mit Nachweisen aus der früheren Rechtsprechung; ausführlich zur Rechtsentwicklung Dörner Der befristete Arbeitsvertrag Rn. 1 – 28.
[14] BAG GS, Beschl. v. 12.10.1960 – 3 AZR 65/69, AP Nr. 16 zu § 620 BGB Befristeter Arbeitsvertrag Leitsatz 1 und 2.
[15] Gesetz vom 26.04.1985, BGBl. I S. 710.
[16] Gesetz vom 22.12.1989, BGBl. I S. 2406; Gesetz vom 26.07.1994, BGBl. I S. 1786.
[17] Gesetz vom 25.09.1996, BGBl. I S. 1476.
[18] Vgl. BAG, Urt. v. 06.10.1960 – 2 AZR 153/159, AP Nr. 15 zu § 620 BGB Befristeter Arbeitsvertrag.

Wille muss darauf gerichtet sein, dass der Vertrag nach Ablauf der bestimmten Zeit „automatisch" enden soll, ohne dass es einer Kündigung bedarf.[19]

Beispiel:[20]
Die Regelung zur Vertragsdauer im Arbeitsvertrag eines Orchestermusikers lautet wie folgt: „Das Vertragsverhältnis beginnt am 01.09.1960. Es endet mit Ablauf der Spielzeit am 31.08.1961. Wird der Vertrag am 31.03. von einem der beiden Vertragspartner nicht gekündigt, so ist er stillschweigend um die darauf folgende Spielzeit verlängert." – Lösung: Aus der Verlängerungsklausel ergibt sich, dass das Arbeitsverhältnis um eine weitere Spielzeit verlängert wird, falls keine Kündigung erfolgt. Es liegt deshalb ein unbefristetes Arbeitsverhältnis mit einer Kündigungsmöglichkeit zu einem bestimmten Zeitpunkt vor.

bb) Kalendermäßige Befristung

10   Ein befristeter Arbeitsvertrag liegt nach § 3 Abs. 1 Satz 2 Alt. 1 TzBfG vor, wenn seine Dauer kalendermäßig bestimmt ist (kalendermäßig befristeter Arbeitsvertrag). Die Dauer ist kalendermäßig bestimmt, wenn ein bestimmtes Datum als letzter Tag des Arbeitsverhältnisses („bis zum 31.12.2005") oder ein Zeitraum ab dem Beginn des Arbeitsverhältnisses („ab dem 01.01.2006 für ein Jahr") vereinbart wird. Darüber hinaus liegt, wenn Anfang- und Enddatum bei Vertragsschluss eindeutig feststehen, eine kalendermäßig bestimmte Dauer auch bei der Einstellung für ein bestimmtes Ereignis („für die Frankfurter Buchmesse") vor.[21] Die Zulässigkeit eines kalendermäßig befristeten Arbeitsvertrags kann sich sowohl aus einem sachlichen Grund (§ 14 Abs. 1 TzBfG) als auch aus § 14 Abs. 2 bis 3 TzBfG ergeben.

cc) Zweckbefristung

11   Ein befristeter Arbeitsvertrag liegt auch dann vor, wenn sich seine Dauer aus Art, Zweck oder Beschaffenheit der Arbeitsleistung ergibt (zweckbefristeter Arbeitsvertrag, § 3 Abs. 1 Satz 2 Alt. 2 TzBfG). Für die Zweckbefristung ist kennzeichnend, dass die Dauer des Arbeitsverhältnisses nicht kalendermäßig bestimmt ist, das Arbeitsverhältnis vielmehr mit Eintritt eines von den Arbeitsvertragsparteien als gewiss (der Zeit nach aber als ungewiss) angesehenen Ereignisses enden soll.[22] Eine Zweckbefristung liegt nach der Rechtsprechung des Bundesarbeitsgerichts z. B. vor bei einer Vereinbarung über die

– Beendigung des Arbeitsverhältnisses mit der Wiederaufnahme der Tätigkeit des vertretenen Arbeitnehmers,[23]

– Beendigung des Arbeitsverhältnisses nach Abschluss der Saison (Saisonarbeitsverhältnis),[24]

---

[19]   Vgl. BAG, Urt. v. 12.10.1979 – 7 AZR 960/77, AP Nr. 48 zu § 620 BGB Befristeter Arbeitsvertrag unter 3 b.

[20]   BAG, Urt. v. 12.10.1979 – 7 AZR 960/77, AP Nr. 48 zu § 620 BGB Befristeter Arbeitsvertrag.

[21]   So auch APS/Backhaus § 3 TZBfG Rn. 4 und 12.

[22]   BAG, Urt. v. 26.03.1986 – 7 AZR 599/84, AP Nr. 103 zu § 620 BGB Befristeter Arbeitsvertrag; ausführlich zur Zweckbefristung APS/Backhaus § 3 TzBfG Rn. 13 ff.

[23]   BAG, Urt. v. 26.03.1986 – 7 AZR 599/84, AP Nr. 103 zu § 620 BGB Befristeter Arbeitsvertrag; die Abgrenzung zur auflösenden Bedingung offen lassend BAG, Urt. v. 26.06.1996 – 7 AZR 674/95, AP Nr. 23 zu § 620 BGB Bedingung.

– Weiterbeschäftigung eines Arbeitnehmers bis zum rechtskräftigen Abschluss eines Rechtsstreits.[25]

Eine Zweckbefristung kann auch mit einer Zeitbefristung verbunden werden, sog. **12** Doppelbefristung (Bsp.: Einstellung bis zur Rückkehr des vertretenen Arbeitnehmers, längstens bis zum 31.10.2005).[26] Die Zulässigkeit einer Zweckbefristung kann sich entweder aus einem sachlichen Grund (§ 14 Abs. 1 TzBfG) oder aus § 14 Abs. 3 TzBfG ergeben. § 14 Abs. 2 und Abs. 2 a TzBfG ist auf zweckbefristete Arbeitsverträge nicht anwendbar.

dd) Auflösende Bedingung

Ein Arbeitsvertrag kann, wie jedes Rechtsgeschäft, unter einer auflösenden Be- **13** dingung im Sinne des § 158 Abs. 2 BGB vereinbart werden. Eine auflösende Bedingung liegt in Abgrenzung zur Zweckbefristung vor, wenn die Beendigung des Arbeitsverhältnisses vom Eintritt eines zukünftigen ungewissen Ereignisses abhängig gemacht wird.[27] Als auflösende Bedingungen wurden vom Bundesarbeitsgericht angesehen z. B. Vereinbarungen über die

– Beendigung des Arbeitsverhältnisses wegen Erwerbsunfähigkeit (insbesondere gemäß § 59 BAT),[28]
– Beendigung des Arbeitsverhältnisses bei Fluguntauglichkeit,[29]
– Beendigung des Arbeitsverhältnisses bei Besetzung des Arbeitsplatzes mit einem anderen Arbeitnehmer.[30]

Eine Altersgrenzenregelung, nach der das Arbeitsverhältnis mit der Vollendung **14** eines bestimmten Lebensjahres enden soll, stellt entgegen der älteren Rechtsprechung[31] keine auflösende Bedingung, sondern eine kalendermäßige Befristung dar.[32] Denn aus Sicht der Arbeitsvertragsparteien ist die Vollendung eines bestimmten Lebensjahres ein zukünftiges Ereignis, das sie als feststehend ansehen.

Nach § 21 TzBfG gelten die §§ 4 Abs. 2, § 5, § 14 Abs. 1 und 4, § 15 Abs. 2, 3 **15** und 5 sowie §§ 16 bis 20 TzBfG für auflösend bedingte Arbeitsverträge entsprechend. Daraus ergibt sich, dass ein auflösend bedingter Arbeitsvertrag nur zulässig ist, wenn er durch einen sachlichen Grund gerechtfertigt ist (§ 14 Abs. 1 TzBfG). § 14 Abs. 2 bis 3 TzBfG findet keine Anwendung.

---

[24] BAG, Urt. v. 20.10.1967 – 3 AZR 467/66, AP Nr. 30 zu § 620 BGB Befristeter Arbeitsvertrag.
[25] BAG, Urt. v. 22.10.2003 – 7 AZR 113/03, NZA 2004, 1275.
[26] Vgl. BAG, Urt. v. 27.06.2001 – 7 AZR 157/00, NJOZ 2002, 651; BAG, Urt. v. 21.04.1993 – 7 AZR 388/92, AP Nr. 148 zu § 620 BGB Befristeter Arbeitsvertrag.
[27] BAG, Urt. v. 09.02.1984 – 2 AZR 402/83, AP Nr. 7 zu § 620 BGB Bedingung.
[28] BAG, Urt. v. 23.06.2004 – 7 AZR 440/03, NZA 2005, 520; BAG, Urt. v. 3.9.2003 – 7 AZR 661/02, NZA 2004, 328.
[29] BAG, Urt. v. 14.05.1987 – 2 AZR 374/86, AP Nr. 12 zu § 1 TVG Tarifverträge Lufthansa.
[30] BAG, Urt. v. 09.02.1984 – 2 AZR 402/83, AP Nr. 7 zu § 620 BGB Bedingung.
[31] Vgl. BAG, Urt. v. 20.12.1984 – 2 AZR 3/84, AP Nr. 9 zu § 620 BGB Bedingung.
[32] BAG, Urt. v. 19.11.2003 – 7 AZR 296/03, NZA 2004, 1336; BAG, Urt. v. 14.08.2002 – 7 AZR 469/01, NZA 2003, 1398.

ee) Schriftform, § 14 Abs. 4 TzBfG

16   Gemäß § 14 Abs. 4 TzBfG bedarf die Befristung eines Arbeitsvertrages zu ihrer Wirksamkeit der Schriftform. § 14 Abs. 4 TzBfG dient der Rechtsklarheit. Durch die schriftliche Vereinbarung der Befristung sollen Streitigkeiten über die Dauer des Arbeitsverhältnisses und den Zeitpunkt seiner Beendigung vermieden werden.[33] Der Schriftform bedürfen deshalb unabhängig von ihrer Dauer die kalendermäßige Befristung mit und ohne Sachgrund, die Zweckbefristung und – über den Verweis in § 21 TzBfG – auch die auflösende Bedingung von Arbeitsverträgen. § 14 Abs. 4 TzBfG gilt nicht nur für Erstbefristungen, sondern auch für Verlängerungen der Vertragslaufzeit, insbesondere nach § 14 Abs. 2 Satz 1 TzBfG, Zweit- und Mehrfachbefristungen und nachträgliche Befristungen von unbefristeten Arbeitsverträgen.[34] Der Schriftform bedarf schließlich auch die Vereinbarung über die befristete Weiterbeschäftigung eines gekündigten Arbeitnehmers bis zum rechtskräftigen Abschluss des Kündigungsschutzprozesses.[35]

17   Dem Schriftformerfordernis des § 14 Abs. 4 TzBfG unterliegt nur die Befristungsabrede („Das Arbeitsverhältnis beginnt am 01.01.2004 und endet am 31.12.2004.").[36] Dies gilt uneingeschränkt für die kalendermäßige Befristung. Bei der Zweckbefristung und der auflösenden Bedingung muss dagegen das maßgebliche Ereignis schriftlich vereinbart werden, weil von dessen Eintritt abhängt, ob und zu welchem Zeitpunkt das Arbeitsverhältnis beendet wird.[37]

18   Die Anforderungen an die Schriftform ergeben sich aus § 126 BGB. Die Schriftform ist gewahrt, wenn die Urkunde „Befristungsvereinbarung" von beiden Parteien eigenhändig durch Namensunterschrift unterzeichnet wurde (§ 126 Abs. 1 und 2 BGB). Ein Ersatz der Schriftform durch die elektronische Form ist gemäß §§ 126 Abs. 3, 126 a BGB möglich. Wird die Schriftform des § 14 Abs. 4 TzBfG nicht eingehalten, so ist die Befristung gemäß § 125 Satz 1 BGB nichtig. Der Arbeitsvertrag gilt dann nach § 16 Satz 1 TzBfG als auf unbestimmte Zeit geschlossen.[38]

19   Das Schriftformerfordernis des § 14 Abs. 4 TzBfG gilt nicht für den der Befristung zu Grunde liegenden sachlichen Grund. Der sachliche Grund ist nur objektive Wirksamkeitsvoraussetzung für die Befristung, er muss nicht Vertragsinhalt geworden sein.[39] Dies gilt auch für Befristungen ohne Sachgrund gemäß § 14 Abs. 2 bis 3 TzBfG. Eine Befristung ohne Sachgrund ist wirksam, wenn die Voraussetzungen des § 14 Abs. 2 bis 3 TzBfG bei Vertragsschluss objektiv vorliegen. Eine Vereinbarung der Arbeitsvertragsparteien, die Befristung auf § 14 Abs. 2 bis 3

---

33   BAG, Urt. v. 22.10.2003 – 7 AZR 113/03, NZA 2004, 1275, 1276 unter II 1 b.

34   Dazu unten unter II 2 c aa.

35   BAG, Urt. v. 22.10.2003 – 7 AZR 113/03, NZA 2004, 1275.

36   BAG, Urt. v. 23.06.2004 – 6 AZR 636/03, NZA 2004, 1333.

37   Zum Erfordernis einer hinreichend deutlichen Vereinbarung eines Beendigungstatbestands BAG, Urt. v. 26.06.1996 – 7 AZR 674/95, AP Nr. 23 zu § 620 BGB Bedingung; BAG, Urt. v. 21.12.2005 – 7 AZR 541/04, BB 2006, 894.

38   BAG, Urt. v. 01.12.2004 – 7 AZR 198/04, NZA 2005, 575; BAG, Urt. v. 22.10.2002 – 7 AZR 113/03, NZA 2004, 1275.

39   BAG, Urt. v. 23.06.2004 – 6 AZR 636/03, NZA 2004, 1333.

TzBfG zu stützen, ist nicht erforderlich.[40] Die Anwendbarkeit des § 14 Abs. 2 bis 3 TzBfG kann ausdrücklich oder konkludent abbedungen werden. Die Benennung eines Sachgrundes reicht hierfür aber allein nicht aus.[41] Da das TzBfG – anders als die SR 2 y BAT[42] – kein Zitiergebot enthält, kann sich die Wirksamkeit der Befristung also auch dann aus § 14 Abs. 2 bis 3 TzBfG ergeben, wenn im Arbeitsvertrag ein (unzutreffender) Sachgrund angegeben ist.[43]

ff) Befristung einzelner Arbeitsvertragsbedingungen
Neben dem Arbeitsvertrag insgesamt können auch einzelne Arbeitsvertragsbedingungen (z. B. die auszuübende Tätigkeit, die Arbeitszeit oder Vergütungsbestandteile) befristet vereinbart werden. Wie sich aus dem Wortlaut des § 3 TzBfG („befristeter Arbeitsvertrag") und der §§ 14 ff. TzBfG („Befristung eines Arbeitsvertrages") ergibt, versteht das TzBfG unter einem befristeten Arbeitsvertrag nur einen Vertrag, dessen Laufzeit insgesamt begrenzt ist. Das TzBfG, insbesondere § 14 TzBfG, ist deshalb auf die Befristung einzelner Arbeitsvertragsbedingungen nicht – auch nicht entsprechend – anwendbar.[44]

Nach der ständigen Rechtsprechung des Bundesarbeitsgerichts vor In-Kraft-Treten des TzBfG bedurfte die Befristung einzelner Arbeitsvertragsbedingungen eines sie rechtfertigenden Sachgrundes, wenn dem Arbeitnehmer durch die Befristung der gesetzliche Änderungskündigungsschutz nach § 2 KSchG entzogen werden konnte.[45] Dies hat das Bundesarbeitsgericht z. B. bei einer befristeten Erhöhung der Arbeitszeit um 1/3 angenommen,[46] bei einer befristeten Provisionszusage, die ca. 15 % der Gesamtvergütung ausmacht, dagegen abgelehnt.[47] Konnte durch die Befristung der gesetzliche Änderungskündigungsschutz entzogen werden, bedurfte die Befristung der einzelnen Vertragsbedingung eines anerkannten sachlichen Grundes. Da das TzBfG die Rechtsstellung befristet beschäftigter Arbeitnehmer stärken sollte, sind diese Rechtsprechungsgrundsätze auch auf Befristungen einzelner Vertragsbedingungen nach dem In-Kraft-Treten des TzBfG am 01.01.2001 anzuwenden.[48]

Nach dem 31.12.2001 vereinbarte befristete Arbeitsvertragsbedingungen unterfallen jedoch als allgemeine Geschäftsbedingung der gerichtlichen Kontrolle an-

20

21

22

---

[40] BAG, Urt. v. 04.12.2002 – 7 AZR 545/01, AP Nr. 17 zu § 1 BeschFG 1996 mit weiteren Nachweisen.

[41] BAG, Urt. v. 04.12.2002 – 7 AZR 545/01, AP Nr. 17 zu § 1 BeschFG 1996; BAG, Urt. v. 05.06.2002 - 7 AZR 241/01, AP Nr. 13 zu § 1 BeschFG 1996; ErfK/Müller-Glöge § 14 TzBfG Rn. 109 ff. und 145.

[42] Vgl. die Protokollnotiz Nr. 6 a zu Nr. 1 SR 2 y BAT und die Nr. 2 Abs. 1 SR 2 y BAT.

[43] ErfK/Müller-Glöge § 14 TZBfG Rn. 109.

[44] BAG, Urt. v. 14.01.2004 – 7 AZR 213/03, NZA 2004, 719; so für das Beschäftigungsförderungsgesetz 1996 schon BAG, Urt. v. 23.01.2002 – 7 AZR 563/00, AP Nr. 12 zu § 1 BeschFG 1996.

[45] Vgl. BAG, Urt. v. 14.01.2004 – 7 AZR 213/03, NZA 2004, 719, 721 unter II 1 a mit Nachweisen aus der früheren Rechtssprechung.

[46] BAG, Urt. v. 14.01.2004 – 7 AZR 213/03, NZA 2004, 719; BAG, Urt. v. 15.04.1999 – 7 AZR 734/97, AP Nr. 18 zu § 2 BAT SR 2 y.

[47] BAG, Urt. v. 21.04.1993 – 7 AZR 297/92, AP Nr. 34 zu § 2 KSchG 1969; dazu ausführlich Dörner Der befristete Arbeitsvertrag Rn. 156 ff.

[48] BAG, Urt. v. 14.01.2004 – 7 AZR 213/03, NZA 2004, 719.

hand der §§ 305 ff. BGB.[49] Eine Kontrolle nach den Grundsätzen befristeter Arbeitsverträge findet nicht mehr statt. Es kommt vielmehr nach § 307 Abs. 1 Satz 1 TzBfG darauf an, ob der Beschäftigte durch die Befristung der Arbeitsvertragsbedingung entgegen den Geboten von Treu und Glauben unangemessen benachteiligt wird.[50]

c) Befristung mit Sachgrund, § 14 Abs. 1 TzBfG
aa) Allgemeine Grundsätze

23   Gemäß § 14 Abs. 1 Satz 1 TzBfG ist die Befristung eines Arbeitsvertrages zulässig, wenn sie durch einen sachlichen Grund gerechtfertigt ist. Nach § 14 Abs. 1 Satz 1 TzBfG bedarf – vorbehaltlich abweichender gesetzlicher Regelungen – jede Befristung eines Arbeitsvertrages einer Rechtfertigung durch einen sachlichen Grund. Der Gesetzgeber hat dadurch auch solche Befristungen einer Kontrolle nach den Maßstäben des § 14 TzBfG unterworfen, die bisher[51] wegen fehlender Umgehung des Kündigungsschutzes kontrollfrei waren.[52] Es kommt deshalb nicht mehr darauf an, ob der Arbeitgeber in der Regel mehr als 10 Arbeitnehmer beschäftigt und/oder das Arbeitsverhältnis länger als 6 Monate dauern soll.

24   Bei mehreren aufeinander folgenden befristeten Arbeitsverträgen unterliegt grundsätzlich nur die zuletzt vereinbarte Befristung der Befristungskontrolle. Denn durch den vorbehaltlosen Abschluss eines weiteren befristeten Arbeitsvertrages stellen die Arbeitsvertragsparteien ihr Vertragsverhältnis auf eine neue rechtliche Grundlage, die für ihre Rechtsbeziehungen künftig allein maßgeblich sein soll.[53] Ausnahmsweise unterliegt auch der frühere Vertrag der Befristungskontrolle, wenn die Arbeitsvertragsparteien dem Arbeitnehmer ausdrücklich oder konkludent das Recht vorbehalten haben, die Wirksamkeit einer vorangegangenen Befristung prüfen zu lassen,[54] oder wenn es sich bei dem letzten Vertrag um einen unselbständigen Annex zum vorherigen Vertrag handelt, mit dem das bisherige befristete Arbeitsverhältnis nur hinsichtlich seines Endzeitpunkts modifiziert werden sollte.[55] Letzteres ist nur dann der Fall, wenn der Anschlussvertrag lediglich eine verhältnismäßig geringfügige Korrektur des im früheren Vertrag vereinbarten Endzeitpunkts betrifft, diese Korrektur sich am Sachgrund für die Befristung des früheren Vertrags orientiert und allein in der Anpassung der ursprünglich vereinbarten Vertragszeit an später eintretende, zum Zeitpunkt des vorangegangenen Vertragsabschlusses nicht vorhersehbare, Umstände besteht.[56]

25   Eine Befristung eines Arbeitsvertrages, die nach § 14 Abs. 1 Satz 1 TzBfG der Rechtfertigung durch einen sachlichen Grund bedarf, liegt auch dann vor, wenn

[49] In der Fassung des am 01.01.2002 in Kraft getretenen Gesetzes zur Modernisierung des Schuldrechts.

[50] BAG, Urt. v. 27.07.2005 – 7 AZR 486/04, NZA 2006, 40; ErfK/Müller-Glöge § 3 TzBfG Rn. 23.

[51] Zur Rechtsentwicklung oben unter II 2 a.

[52] BAG, Urt. v. 06.11.2003 – 2 AZR 690/02, AP Nr. 7 zu § 14 TzBfG.

[53] BAG, Urt. v. 25.08.2004 – 7 AZR 7/04, NZA 2005, 357; ständige Rechtsprechung seit BAG, Urt. v. 05.08.1985 – 7 AZR 191/84, AP Nr. 97 zu § 620 BGB Befristeter Arbeitsvertrag.

[54] BAG, Urt. v. 13.10.2004 – 7 AZR 654/03, AP Nr. 13 zu § 14 TzBfG; BAG, Urt. v. 25.08.2004 – 7 AZR 32/04, NZA 2005, 472: Konkludenter Vorbehalt durch rechtshängige Entfristungsklage.

[55] BAG, Urt. v. 25.08.2004 – 7 AZR 7/04, NZA 2005, 357.

[56] BAG, Urt. v. 25.08.2004 – 7 AZR 7/04, NZA 2005, 357, 358 unter 2 a.

ein unbefristeter Arbeitsvertrag nachträglich befristet wird.[57] Dies wird durch § 14 Abs. 1 Satz 2 TzBfG mittelbar bestätigt, da Befristungen von Arbeitsverträgen in gerichtlichen Vergleichen regelmäßig nach der Kündigung von unbefristeten Arbeitsverträgen vereinbart werden. Bei einer nachträglichen Befristung ist zu beachten, dass eine sachgrundlose Befristung gemäß § 14 Abs. 2 TzBfG nicht mehr möglich ist.[58] Von der nachträglichen Befristung eines unbefristeten Arbeitsvertrages ist der Abschluss eines Aufhebungsvertrages zu unterscheiden. Ein Aufhebungsvertrag bedarf zu seiner Wirksamkeit eines sachlichen Grundes, wenn er nach seinem Regelungsgehalt ausnahmsweise nicht auf die alsbaldige Beendigung, sondern auf die befristete Fortsetzung des Arbeitsverhältnisses gerichtet ist.[59] Dies ist nach Auffassung des Bundesarbeitsgerichts der Fall, wenn der Beendigungszeitpunkt die Kündigungsfrist um ein Vielfaches überschreitet und keine weiteren Regelungen zur Beendigung des Arbeitsverhältnisses (z. B. hinsichtlich Freistellung, Urlaub oder Abfindung) getroffen werden.[60]

Zur Beurteilung der Wirksamkeit einer Befristung ist auf den Zeitpunkt der   **26** Vereinbarung der Befristung abzustellen.[61] Dies gilt auch dann, wenn die Befristung im Laufe eines bestehenden, zunächst unbefristeten, Arbeitsverhältnisses vereinbart wird.[62] Grundsätzlich führen nach der Vereinbarung der Befristung eintretende Entwicklungen daher weder nachträglich zur Unwirksamkeit einer wirksamen Befristung, noch sind sie in der Lage, eine zunächst unwirksame Befristung zu heilen. Auch wenn die Entwicklung anders als zum Zeitpunkt der Vereinbarung der Befristung erwartet verläuft, besteht nach Ablauf der Befristung grundsätzlich kein Anspruch des Beschäftigten auf Wiedereinstellung.[63]

Der Rechtfertigung durch einen sachlichen Grund bedarf nur die Befristung   **27** selbst. Die gewählte Befristungsdauer bedarf keiner zusätzlichen Rechtfertigung. Die Befristungsdauer ist nur im Rahmen der Prüfung des sachlichen Befristungsgrundes selbst von Bedeutung. Sie muss sich am Sachgrund der Befristung orientieren und so mit ihm im Einklang stehen, dass sie nicht gegen das Vorliegen des Sachgrundes spricht. Aus der Befristungsdauer darf sich in anderen Worten nicht ergeben, dass der Sachgrund tatsächlich nicht besteht oder nur vorgeschoben ist.[64]

---

[57] Ständige Rechtsprechung vor dem In-Kraft-Treten des TzBfG, vgl. BAG, Urt. v. 08.07.1998 – 7 AZR 245/97, AP Nr. 201 zu § 620 BGB Befristeter Arbeitsvertrag; so zum TzBfG auch ErfK/Müller-Glöge § 14 TzBfG Rn. 17.

[58] Dazu BAG, Urt. v. 01.12.2004 – 7 AZR 198/04, NZA 2005, 575.

[59] BAG, Urt. v. 12.01.2000 – 7 AZR 48/99, AP Nr. 16 zu § 620 BGB Aufhebungsvertrag.

[60] Vgl. BAG, Urt. v. 12.01.2000 – 7 AZR 48/99, AP Nr. 16 zu § 620 BGB Aufhebungsvertrag unter 3 a.

[61] BAG, Urt. v. 20.02.2002 – 7 AZR 748/00, AP Nr. 18 zu § 620 BGB Altersgrenze; ständige Rechtsprechung seit BAG GS, Beschl. v. 12.10.1960 – GS 1/59, AP Nr. 16 zu § 620 BGB Befristeter Arbeitsvertrag.

[62] Vgl. BAG, Urt. v. 24.01.1996 – 7 AZR 496/95, AP Nr. 179 zu § 620 BGB Befristeter Arbeitsvertrag.

[63] BAG, Urt. v. 20.02.2002 – 7 AZR 600/00, AP Nr. 11 zu § 1 KSchG 1969 Wiedereinstellung.

[64] BAG, Urt. v. 21.02.2001 – 7 AZR 200/00, AP Nr. 226 zu § 620 BGB Befristeter Arbeitsvertrag; grundlegend BAG, Urt. v. 26.08.1988 – 7 AZR 101/88, AP Nr. 124 zu § 620 BGB Befristeter Arbeitsvertrag.

bb) Vorübergehender Arbeitskräftebedarf, § 14 Abs. 1 Satz 2 Nr. 1 TzBfG

28   Gemäß § 14 Abs. 1 Satz 2 Nr. 1 TzBfG liegt ein sachlicher Grund vor, wenn „der betriebliche Bedarf an der Arbeitsleistung nur vorübergehend besteht". Eine Befristung wegen eines vorübergehenden Mehrbedarfs an Arbeitskräften setzt nach der Rechtsprechung des Bundesarbeitsgerichts voraus, dass im Zeitpunkt des Vertragsschlusses mit hinreichender Sicherheit zu erwarten ist, dass für die Beschäftigung des Arbeitnehmers über das vereinbarte Vertragsende hinaus kein Bedarf besteht. Hierzu muss der Arbeitgeber eine Prognose erstellen, der konkrete Anhaltspunkte zugrunde liegen. Die tatsächlichen Grundlagen der Prognose hat der Arbeitgeber im Rechtsstreit darzulegen, damit der Arbeitnehmer die Möglichkeit erhält, deren Richtigkeit im Zeitpunkt des Vertragsschlusses zu überprüfen. Die Prognose ist Teil des Sachgrunds für die Befristung.[65]

29   Wird die Prognose des Arbeitgebers durch die nachfolgende Entwicklung bestätigt, besteht eine ausreichende Vermutung dafür, dass sie hinreichend fundiert erstellt worden ist. Es ist dann Aufgabe des Arbeitnehmers, Tatsachen vorzubringen, die die Richtigkeit der Prognose im Zeitpunkt des Abschlusses des befristeten Arbeitsvertrages in Frage stellen.[66] Die bloße Unsicherheit über die künftige Entwicklung des Arbeitskräftebedarfs reicht – auch bei nicht oder nur schwer vorhersehbarem Arbeitskräftebedarf – für eine hinreichende Prognose nicht aus. Denn sie gehört zum unternehmerischen Risiko des Arbeitgebers, das er nicht durch den Abschluss befristeter Arbeitsverträge auf seine Beschäftigten abwälzen kann.[67]

30   § 14 Abs. 1 Satz 2 Nr. 1 TzBfG stellt auf den betrieblichen Bedarf ab. Entscheidend ist deshalb die Situation im Beschäftigungsbetrieb bzw. in der Beschäftigungsdienststelle.[68] Ein vorübergehender Mehrbedarf an Arbeitskräften im Betrieb kann sich z. B. aus einem zeitlich beschränkten Projekt[69] oder der Saisonarbeit in Saisonbetrieben[70] ergeben.

31   Der betriebliche Bedarf an der Arbeitsleistung besteht auch dann nur vorübergehend, wenn im Betrieb ein Minderbedarf an Arbeitskräften absehbar ist. Es muss dann mit hinreichender Sicherheit zu erwarten sein, dass die bisher anfallenden Arbeiten künftig nicht mehr anfallen werden. Hierüber muss der Arbeitgeber, entsprechend dem vorübergehenden Mehrbedarf an Arbeitskräften, eine Prognose erstellen.[71] Ein absehbarer Minderbedarf an Arbeitskräften im Betrieb kann z. B. vorliegen, wenn vor der Stilllegung eines Betriebs nur noch Abwicklungsarbeiten durchzuführen sind.[72]

---

[65] Ständige Rechtsprechung, vgl. BAG, Urt. v. 25.08.2004 – 7 AZR 7/04, NZA 2005, 357, 358 unter I 3 a und BAG, Urt. v. 14.01.2004 – 7 AZR 213/03, NZA 2004, 719, 722 unter II 2 a aa.

[66] BAG, Urt. v. 25.08.2004 – 7 AZR 7/04, NZA 2005, 357, 358 unter I 3 a.

[67] BAG, Urt. v. 22.03.2000 – 7 AZR 758/98, AP Nr. 221 zu § 620 BGB Befristeter Arbeitsvertrag; BAG, Urt. v. 12.09.1996 – 7 AZR 790/95, AP Nr. 182 zu § 620 BGB Befristeter Arbeitsvertrag.

[68] So auch ErfK/Müller-Glöge § 14 TzBfG Rn. 36 und 44.

[69] Dazu BAG, Urt. v. 25.08.2004 – 7 AZR 7/04, NZA 2005, 357.

[70] Dazu BAG, Urt. v. 29.01.1987 – 2 AZR 109/86, AP Nr. 1 zu § 620 BGB Saisonarbeit.

[71] Vgl. Dörner Der befristete Arbeitsvertrag Rn. 296.

[72] Dazu BAG, Urt. v. 03.12.1997 – 7 AZR 651/96, AP Nr. 196 zu § 620 BGB Befristeter Arbeitsvertrag.

cc) Anschlussbeschäftigung, § 14 Abs. 1 Satz 2 Nr. 2 TzBfG

Nach § 14 Abs. 1 Satz 2 Nr. 2 TzBfG liegt ein sachlicher Grund vor, wenn „die **32** Befristung im Anschluss an eine Ausbildung oder ein Studium erfolgt, um den Übergang des Arbeitnehmers in eine Anschlussbeschäftigung zu erleichtern". § 14 Abs. 1 Satz 2 Nr. 2 TzBfG ermöglicht insbesondere die befristete Beschäftigung von Hochschul- und Fachhochschulabsolventen, die vor oder während ihres Studiums bereits im Rahmen eines Arbeitsverhältnisses mit demselben Arbeitgeber beschäftigt wurden. Denn wegen dieser Arbeitsverhältnisse kann mit ihnen – anders als mit Auszubildenden[73] – gemäß § 14 Abs. 2 Satz 2 TzBfG kein sachgrundlos befristeter Arbeitsvertrag abgeschlossen werden.

Ausbildung im Sinne des § 14 Abs. 1 Satz 2 Nr. 2 TzBfG ist insbesondere die **33** Berufsausbildung im Sinne des Berufsbildungsbildungsgesetzes. Sie muss nicht beim Arbeitgeber absolviert worden sein. Da das TzBfG, wie sich aus § 10 TzBfG ergibt, zwischen Aus- und Weiterbildung unterscheidet, werden Weiterbildungsmaßnahmen wie z. B. innerbetriebliche Fortbildungen nicht erfasst. Studium im Sinne des § 14 Abs. 1 Satz 2 Nr. 2 TzBfG ist jeder geordnete Ausbildungsgang an einer nach Hochschulrecht anerkannten Einrichtung (z. B. einer Universität oder Fachhochschule), die einen staatlichen oder staatlich anerkannten Abschluss vermittelt. Ein erfolgreicher Abschluss der Ausbildung oder des Studiums ist nicht erforderlich.[74]

Die befristete Beschäftigung muss im Anschluss an die Ausbildung oder das **34** Studium erfolgen. Da der Anschluss kein unmittelbarer sein muss, reicht es aus, wenn die befristete Beschäftigung zeitnah nach der Beendigung der Ausbildung oder des Studiums beginnt.[75] Dies kann bei einem Zeitraum von drei bis vier Monaten zwischen der Beendigung der Ausbildung oder des Studiums und der Aufnahme der befristeten Beschäftigung noch bejaht werden.[76] Ein zwischenzeitliches Arbeitsverhältnis schließt eine Befristung nach § 14 Abs. 1 Satz 2 Nr. 2 TzBfG nicht immer[77], sondern nur dann aus, wenn es auf den Erwerb von Berufserfahrung gerichtet ist. Das vorübergehende „Jobben" zwischen der Beendigung des Studiums und der Aufnahme der befristeten Beschäftigung ist deshalb unschädlich.[78] Wird ein Auszubildender im Anschluss an das Berufsausbildungsverhältnis ohne schriftliche Befristungsabrede weiterbeschäftigt, wird nach der Fiktion des § 24 BBiG ein unbefristetes Arbeitsverhältnis begründet.

Die befristete Beschäftigung muss schließlich geeignet sein, den Übergang in **35** eine Anschlussbeschäftigung zu erleichtern. Dies ist der Fall, wenn durch die be-

---

[73] Ein Berufsausbildungsverhältnis stellt kein Arbeitsverhältnis im Sinne des § 14 Abs. 2 Satz 2 TzBfG dar, dazu unten II 2 d aa.

[74] Ausführlich zum Geltungsbereich des § 14 Abs. 1 Satz 2 Nr. 2 TzBfG *Dörner* Der befristete Arbeitsvertrag Rn. 251 ff.

[75] Strenger für einen tarifvertraglichen Übernahmeanspruch nach Beendigung der Ausbildung BAG, Urt. v. 17.06.1998 – 7 AZR 443/97, AP Nr. 158 zu § 1 TVG Tarifverträge: Metallindustrie unter 2 b: „sehr zeitnah"; wie hier *Dörner*, Der befristete Arbeitsvertrag, Rn. 255.

[76] So auch Annuß/Thüsing/Maschmann TzBfG § 14 Rn. 31; anders *Dörner* Der befristete Arbeitsvertrag Rn. 251: Es kommt auf die Umstände des Einzelfalls an.

[77] So aber z. B. ErfK/Müller-Glöge § 14 TzBfG Rn. 49.

[78] Wie hier Annuß/Thüsing/Maschmann TzBfG § 14 Rn. 31.

fristete Beschäftigung die Vermittlungschancen auf dem Arbeitsmarkt verbessert werden. Anhand dieses Übergangszwecks ist auch die maximale Befristungsdauer zu bestimmen, weshalb im Einzelfall Befristungen von mehr als zwei Jahren gerechtfertigt sein können.[79]

dd) Vertretung, § 14 Abs. 1 Satz 2 Nr. 3 TzBfG

36 Gemäß § 14 Abs. 1 Satz 2 Nr. 3 TzBfG liegt ein sachlicher Grund vor, wenn „der Arbeitnehmer zur Vertretung eines anderen Arbeitnehmers beschäftigt wird". Die Einstellung eines Arbeitnehmers zur Vertretung eines zeitweilig ausfallenden Arbeitnehmers war in der ständigen Rechtsprechung des Bundesarbeitsgerichts als sachlicher Grund für die Befristung des Arbeitsvertrags mit der Vertretungskraft anerkannt[80] und wurde vom Gesetzgeber in § 14 Abs. 1 Satz 2 Nr. 3 TzBfG übernommen. Der sachliche Rechtfertigungsgrund für die Befristungsabrede liegt in Vertretungsfällen darin, dass der Arbeitgeber bereits zu einem vorübergehend wegen Krankheit oder Urlaubs oder aus sonstigen Gründen ausfallenden Mitarbeiter in einem Rechtsverhältnis steht und mit der Rückkehr dieses Mitarbeiters rechnet. Damit besteht für die Wahrnehmung der an sich dem ausfallenden Mitarbeiter obliegenden Arbeitsaufgaben durch eine Vertretungskraft von vornherein nur ein zeitlich begrenztes Bedürfnis.[81]

37 Teil des Sachgrundes der Vertretung ist eine Prognose des Arbeitgebers über den voraussichtlichen Wegfall des Vertretungsbedarfs. Die Prognose hat sich auf die Rückkehr des zu vertretenden Mitarbeiters zu beziehen. Dagegen braucht bei der Prognoseentscheidung keine Rücksicht darauf genommen werden, zu welchem Zeitpunkt mit der Rückkehr des zu vertretenden Mitarbeiters zu rechnen ist. Die Dauer des befristeten Arbeitsvertrages braucht deshalb nicht den gesamten Zeitraum, in welchem nach der Prognose ein Vertretungsbedarf besteht, abzudecken, sondern kann kürzer gewählt werden.[82] Die Häufigkeit der Befristungen und die bisherige Gesamtbefristungsdauer können zwar Indizien für das Fehlen eines Sachgrundes sein, der Arbeitgeber kann aber auch bei mehrfachen Vertretungen davon ausgehen, dass die zu vertretende Stammkraft zurückkehren wird. Er muss daher – wenn er aufgrund der ihm vorliegenden Informationen nicht ausnahmsweise erhebliche Zweifel an der Rückkehr haben muss – vor Abschluss des befristeten Vertrags mit der Vertretungskraft nicht von sich aus Erkundigungen bei der Stammkraft einholen.[83]

38 Notwendig ist, dass zwischen dem zeitweiligen Ausfall der Stammkraft und der Einstellung der Vertretungskraft ein vom Arbeitgeber darzulegender kausaler Zu-

---

[79] So auch Dörner Der befristete Arbeitsvertrag Rn. 259; ErfK/Müller-Glöge § 14 TzBfG Rn. 50.

[80] Vgl. BAG, Urt. v. 21.02.2001 – 7 AZR 200/00, AP Nr. 226 zu § 620 BGB Befristeter Arbeitsvertrag mit weiteren Nachweisen.

[81] BAG, Urt. v. 13.10.2004 – 7 AZR 654/03, AP Nr. 13 zu § 14 TzBfG; BAG, Urt. v. 10.03.2004 – 7 AZR 402/03, NZA 2004, 925, 926 f.

[82] BAG, Urt. v. 13.10.2004 – 7 AZR 654/03, AP Nr. 13 zu § 14 TzBfG; BAG, Urt. v. 21.02.2001 – 7 AZR 200/00, AP Nr. 226 zu § 620 BGB Befristeter Arbeitsvertrag.

[83] BAG, Urt. v. 13.10.2004 – 7 AZR 654/03, AP Nr. 13 zu § 14 TzBfG; BAG, Urt. v. 21.02.2001 – 7 AZR 200/00, AP Nr. 226 zu § 620 BGB Befristeter Arbeitsvertrag.

sammenhang besteht.[84] Dies ist der Fall, wenn der Vertreter die Aufgaben des vertretenen Mitarbeiters übernimmt (unmittelbare Vertretung). Da der Arbeitgeber den Ausfall der Stammkraft auch zum Anlass für eine Neuverteilung der Arbeit nehmen kann, können die Aufgaben der zeitweilig ausfallenden Stammkraft auch einem Dritten übertragen und für dessen bisherige Aufgaben eine Vertretungskraft eingestellt werden (mittelbare Vertretung). Der Arbeitgeber muss dann zusätzlich darlegen, wie die Arbeit umverteilt worden ist.[85] Darüber hinaus sollen – insbesondere im Schulbereich – auch sog. Gesamtvertretungen unter § 14 Abs. 1 Satz 2 Nr. 3 TzBfG fallen.[86] Von den Fällen einer unmittelbaren/mittelbaren Einzelvertretung unterscheidet sich eine Gesamtvertretung bei Lehrkräften im Schulbereich dadurch, dass innerhalb einer durch Organisationsentscheidung festgelegten Verwaltungseinheit der Vertretungsbedarf für das Lehrpersonal eines Schulbereichs bezogen auf ein Schuljahr rechnerisch ermittelt und durch befristet eingestellte Vertretungskräfte abgedeckt wird. Eine darauf gestützte Befristung ist nach der Rechtsprechung des Bundesarbeitsgerichts wirksam, wenn sich für ein Schuljahr aufgrund der zu erwartenden Schülerzahlen und der unterrichtsorganisatorischen Vorgaben ein Unterrichtsbedarf ergibt, der mit den planmäßigen Lehrkräften nur deshalb nicht abgedeckt werden kann, weil ein Teil dieser Lehrkräfte in diesem Zeitraum aufgrund einer feststehenden Beurlaubung für die Unterrichtsversorgung vorübergehend nicht zur Verfügung steht.[87]

§ 14 Abs. 1 Satz 2 Nr. 3 TzBfG erfasst nach seinem Wortlaut nur die „Vertretung eines anderen Arbeitnehmers". Die Gesetzesbegründung geht dagegen – übereinstimmend mit der Rechtsprechung vor Einführung des TzBfG[88] – davon aus, dass auch die Vertretung eines Beamten die Befristung eines Arbeitsvertrages mit dem Vertreter rechtfertigen kann.[89] Es ist deshalb davon auszugehen, dass der Gesetzgeber die bisherige Rechtsprechung übernehmen wollte und § 14 Abs. 1 Satz 2 Nr. 3 TzBfG auf die Vertretung von Beamten oder freien Mitarbeitern jedenfalls entsprechende Anwendung findet.[90]

39

ee) Eigenart der Arbeitsleistung, § 14 Abs. 1 Satz 2 Nr. 4 TzBfG
Nach § 14 Abs. 1 Satz 2 Nr. 4 TzBfG liegt ein sachlicher Grund vor, wenn „die Eigenart der Arbeitsleistung die Befristung rechtfertigt". Nach der Gesetzesbegründung zum TzBfG[91] bezieht sich § 14 Abs. 1 Satz 2 Nr. 4 TzBfG insbesondere auf das von der Rechtsprechung aus der Rundfunkfreiheit (Art. 5 Abs. 1 GG) und der Freiheit der Kunst (Art. 5 Abs. 3 GG) abgeleitete Recht der Rundfunkanstalten

40

---

[84] BAG, Urt. v. 25.08.2004 – 7 AZR 32/04, NZA 2005, 472, 473; BAG, Urt. v. 10.03.2004 – 7 AZR 402/03, NZA 2004, 925, 927.

[85] BAG, Urt. v. 25.08.2004 – 7 AZR 32/04, NZA 2005, 472, 473.

[86] So z. B. ErfK/Müller-Glöge § 14 TzBfG Rn. 57.

[87] BAG, Urt. v. 20.01.1999 – 7 AZR 640/97, AP Nr. 138 BGB zu § 611 BGB Lehrer, Dozenten; ausführlich zur Gesamtvertretung z. B. Dörner Der befristete Arbeitsvertrag Rn. 319 ff.

[88] BAG, Urt. v. 21.02.2001 – 7 AZR 107/00, AP Nr. 228 zu § 620 BGB Befristeter Arbeitsvertrag.

[89] BT-Drucks. 14/4374, S. 19.

[90] So auch ErfK/Müller-Glöge § 14 TzBfG Rn. 58; die Rechtsprechung spricht auch im Rahmen des TzBfG vom „zeitweilig ausgefallenen Mitarbeiter", vgl. BAG, Urt. v. 13.10.2004 – 7 AZR 654/03, AP Nr. 13 zu § 14 TzBfG.

[91] BT-Drucks. 14/4374, S. 19.

und der Bühnen, Arbeitsverträge mit programmgestaltenden Mitarbeitern und mit Solisten befristet abzuschließen.

41   Nach der Rechtsprechung des Bundesverfassungs- und des Bundesarbeitsgerichts kann die Rundfunkfreiheit die Befristung des Arbeitsvertrags mit einem programmgestaltenden Mitarbeiter rechtfertigen, ohne dass weitere Gründe für die Befristung erforderlich sind.[92] Programmgestaltend sind Mitarbeiter, die an Hörfunk- und Fernsehsendungen inhaltlich gestaltend mitwirken, wie dies etwa bei Regisseuren, Moderatoren, Kommentatoren, Wissenschaftlern oder Künstlern der Fall ist.[93] Im Einzelfall ist eine Abwägung zwischen der Rundfunkfreiheit und dem Bestandsschutzinteresse des Arbeitnehmers vorzunehmen,[94] bei der die Kontrollfrage zu stellen ist, ob bei Abschluss eines unbefristeten Arbeitsvertrags die Gefahr bestanden hätte, dass die Rundfunkanstalt z. B. auf die Wechsel beim Informationsbedürfnis des Publikums nicht mehr reagieren kann.[95] Als zeitliche Höchstgrenze werden teilweise 10 Jahre angesehen.[96]

42   Nach der ständigen Rechtsprechung des Bundesarbeitsgerichts liegt bei künstlerisch tätigen Bühnenmitarbeitern, die als Solisten individuelle Leistungen erbringen, ein sachlicher Grund zur Befristung des Arbeitsvertrages vor, weil damit dem berechtigten Bestreben der Bühne Rechnung getragen wird, künstlerische Vorstellungen des Intendanten mit dem von ihm dafür als geeignet angesehenen künstlerischen Bühnenpersonal zu verwirklichen und damit zugleich auch dem Abwechslungsbedürfnis des Publikums entgegenzukommen.[97]

43   Darüber hinaus können § 14 Abs. 1 Satz 2 Nr. 4 TzBfG vergleichbare Verschleißtatbestände wie z. B. Arbeitsverträge mit Sportlern oder Trainern zugeordnet werden.[98] Der allgemeine Verschleiß durch längere Ausübung desselben Berufs fällt freilich nicht unter § 14 Abs. 1 Satz 2 Nr. 4 TzBfG.[99]

ff) Erprobung, § 14 Abs. 1 Satz 2 Nr. 5 TzBfG

44   Gemäß § 14 Abs. 1 Satz 2 Nr. 5 TzBfG liegt ein sachlicher Grund vor, wenn „die Befristung zur Erprobung erfolgt". Da die Erprobung auch in der Probezeit zu Beginn eines unbefristeten Arbeitsverhältnisses erfolgen kann (§ 2 Abs. 4 TVöD), ist zunächst durch Auslegung festzustellen, ob die Erprobung in einem befristeten oder unbefristeten Arbeitsverhältnis erfolgen soll.[100] Soll die Erprobung in einem

---

[92] BVerfG, Beschl. v. 18.02.2000 – 1 BvR 491/93, 562/93 und 624/98, AP Nr. 9 zu Art. 5 GG Rundfunkfreiheit; BAG, Urt. v. 22.04.1998 – 5 AZR 342/97, AP Nr. 24 zu § 611 BGB Rundfunk; ausführlich zur Befristung von Arbeitsverträgen mit Mitarbeitern in Rundfunk- und Fernsehanstalten Dörner Der befristete Arbeitsvertrag Rn. 416 ff.

[93] So BAG, Urt. v. 22.04.1998 - 5 AZR 342/97, AP Nr. 26 zu § 611 BGB Rundfunk im Anschluss an BVerfG, Beschl. v. 3.12.1992 – 1 BvR 1462/86, AP Nr. 5 zu Art. 5 GG Rundfunkfreiheit.

[94] BVerfG, Beschl. v. 18.02.2000 – 1 BvR 491/93, 562/93 und 624/98, AP Nr. 9 zu Art. 5 GG Rundfunkfreiheit und ErfK/Müller-Glöge § 14 TzBfG Rn. 65 mit weiteren Nachweisen.

[95] So zu Recht Dörner Der befristete Arbeitsvertrag Rn. 426.

[96] Annuß/Thüsing/Maschmann TzBfG § 14 Rn. 41.

[97] BAG, Urt. v. 26.08.1998 – 7 AZR 263/97, AP Nr. 53 zu § 611 BGB Bühnenengagementsvertrag mit weiteren Nachweisen; dazu ausführlich Dörner Der befristete Arbeitsvertrag Rn. 399 ff.

[98] Dazu Dörner Der befristete Arbeitsvertrag Rn. 384 ff.

[99] ErfK/Müller-Glöge § 14 TzBfG Rn. 63.

[100] Dazu oben unter II 2 b aa; zum Verhältnis Probezeit – befristeter Probearbeitsvertrag § 2 unter V 9.

befristeten Arbeitsverhältnis erfolgen, ist – falls § 14 Abs. 2 TzBfG wegen eines „bereits zuvor"-Arbeitsverhältnisses nicht eingreift[101] – auf § 14 Abs. 1 Satz 2 Nr. 5 TzBfG zurück zu greifen. Der Erprobungsgrund muss im Rahmen des § 14 Abs. 1 Satz 2 Nr. 5 TzBfG nicht Vertragsinhalt geworden sein.[102]

Die Erprobung eines Arbeitnehmers war bereits vor Einführung des § 14 Abs. 1 **45** Satz 2 Nr. 5 TzBfG als sachlicher Grund für den Abschluss eines befristeten Arbeitsvertrages allgemein anerkannt.[103] An dem sachlichen Grund der Erprobung fehlt es nur dann, wenn der Arbeitnehmer bereits ausreichende Zeit bei dem Arbeitgeber mit den nunmehr von ihm zu erfüllenden Aufgaben beschäftigt war, und der Arbeitgeber die Fähigkeiten des Arbeitnehmers deshalb ausreichend beurteilen konnte.[104] Werden höherwertige Arbeitsaufgaben übertragen, kann demnach auch im Anschluss an ein befristetes oder unbefristetes Arbeitsverhältnis mit demselben Arbeitgeber ein befristetes Probearbeitsverhältnis vereinbart werden.[105]

Nach dem Vorbild der §§ 1 Abs. 1 KSchG, 622 Abs. 3 BGB sind im Regelfall **46** sechs Monate als angemessene Dauer eines befristeten Probearbeitsverhältnisses anzusehen.[106] Da sich die Befristungsdauer nur am Befristungsgrund orientieren und mit ihm derart im Einklang stehen muss, dass sie nicht gegen das Vorliegen eines sachlichen Grundes stehen,[107] kann bei einfachen Tätigkeiten ausnahmsweise nur eine kürzere Erprobungszeit,[108] bei Tätigkeiten mit besonderen Anforderungen, die nicht innerhalb von sechs Monaten beurteilt werden können, auch eine längere – ggf. auch verlängerte – Erprobungszeit angemessen sein.[109]

gg) Gründe in der Person des Arbeitnehmers, § 14 Abs. 1 Satz 2 Nr. 6 TzBfG

Nach § 14 Abs. 1 Satz 2 Nr. 6 TzBfG liegt ein sachlicher Grund vor, wenn „in der **47** Person des Arbeitnehmers liegende Gründe die Befristung rechtfertigen". Ein in der Person des Arbeitnehmers liegender Befristungsgrund ist gemäß der Gesetzesbegründung zum TzBfG[110] nach der Rechtsprechung u. a. gegeben, wenn ein Arbeitnehmer aus sozialen Gründen (z. B. zur Überbrückung bis zum Beginn eines Studiums) oder für die Dauer einer befristeten Aufenthaltserlaubnis befristet be-

---

[101] Dazu unten unter II 2 d aa.

[102] BAG, Urt. v. 23.06.2004 – 7 AZR 636/03, AP Nr. 12 zu § 14 TzBfG; anders noch BAG 31.08.1994 – 7 AZR 983/93, AP Nr. 163 zu § 620 BGB Befristeter Arbeitsvertrag; allgemein zur Schriftform des § 14 Abs. 4 TzBfG oben II 2 b ee.

[103] Vgl. BAG, Urt. v. 31.08.1994 – 7 AZR 983/93, AP Nr. 163 zu § 620 BGB Befristeter Arbeitsvertrag und bereits BAG GS, Beschl. v. 12.10.1960 – 3 AZR 65/69, AP Nr. 16 zu § 620 BGB Befristeter Arbeitsvertrag.

[104] BAG, Urt. v. 23.06.2004 – 7 AZR 636/03, AP Nr. 12 zu § 14 TzBfG unter II 3 a.

[105] Vgl. BAG, Urt. v. 23.06.2004 – 7 AZR 636/03, AP Nr. 12 zu § 14 TzBfG.

[106] Vgl. ErfK/Müller-Glöge § 14 TzBfG Rn. 69 f. mit weiteren Nachweisen.

[107] BAG, Urt. v. 23.06.2004 – 7 AZR 636/03, AP Nr. 12 zu § 14 TzBfG unter II 3 b; dazu allgemein unter II 2 c aa.

[108] Drei Monate Erprobungszeit für eine Sachbearbeitertätigkeit rechtfertigen keine Zweifel am Sachgrund „Erprobung", vgl. BAG, Urt. v. 23.06.2004 – 7 AZR 636/03, AP Nr. 12 zu § 14 TzBfG.

[109] Angemessen: Erprobungszeit von bis zu 18 Monaten für Konzertmeister eines Sinfonieorchesters (BAG, Urt. v. 12.09.1996 – 7 AZR 31/96, AP Nr. 27 zu § 611 BGB Musiker); Erprobungszeit von einem Jahr für einen Lehrer, der die Einstellungsvoraussetzungen nicht erfüllt (BAG, Urt. v. 31.08.1994 – 7 AZR 983/93, AP Nr. 163 zu § 620 BGB Befristeter Arbeitsvertrag).

[110] BT-Drucks. 14/4374, S. 19.

schäftigt wird. Von der Vielzahl unterschiedlicher Sachverhalte, die gemäß § 14 Abs. 1 Satz 2 Nr. 6 TzBfG die Befristung eines Arbeitsvertrages rechtfertigen können, sind insbesondere zu nennen

- die Vereinbarung von Altersgrenzen[111]: Eine Vereinbarung, nach der das Arbeitsverhältnis nach der Vollendung des 65. Lebensjahres beendet wird, ist – wie sich aus § 41 Satz 2 SGB VI ergibt – zulässig.[112] Im TVöD ist eine entsprechende Regelung in § 33 Abs. 1 a) TVöD enthalten. Abgesehen von § 8 Abs. 3 ATG[113] kann die Vereinbarung von Altersgrenzen unterhalb von 65 Jahren nur zulässig sein, wenn die Tätigkeit, wie z. B. bei Piloten, eine unverminderte Leistungsfähigkeit fordert und mit einer besonderen Verantwortung verbunden ist.[114]
- Arbeitsbeschaffungsmaßnahmen, wenn der Arbeitnehmer dem Arbeitgeber im Rahmen einer solchen Maßnahme zugewiesen wurde,[115]
- die befristete Aufenthaltserlaubnis eines Arbeitnehmers, wenn im Zeitpunkt des Vertragsschlusses die hinreichend sichere Prognose erstellt werden kann, es werde zu keiner Verlängerung der Aufenthaltserlaubnis kommen,[116]
- die Eröffnung der Möglichkeit, durch die Befristung die Erfordernisse des Studiums mit denen des Arbeitsverhältnisses zu vereinbaren,[117]
- der Wunsch des Arbeitnehmers, wenn im Zeitpunkt des Vertragsschluss objektive Anhaltspunkte vorliegen, aus denen gefolgert werden kann, dass der Arbeitnehmer gerade ein Interesse an einer befristeten Beschäftigung hat,[118]
- die Befristung auf der Grundlage einer Sozialhilfemaßnahme im Sinne der §§ 18 ff BSHG,[119]
- Befristungen aus sozialen Gründen, wenn es ohne den sozialen, in der Person des Arbeitnehmers begründeten Überbrückungszweck überhaupt nicht zum Abschluss eines Arbeitsvertrages gekommen wäre.[120]

hh) Haushaltsmittel für eine befristete Beschäftigung, § 14 Abs. 1 Satz 2 Nr. 7 TzBfG

48 Gemäß § 14 Abs. 1 Satz 2 Nr. 7 TzBfG liegt ein sachlicher Grund vor, wenn „der Arbeitnehmer aus Haushaltsmitteln vergütet wird, die haushaltsrechtlich für eine befristete Beschäftigung bestimmt sind, und er entsprechend beschäftigt wird". In

---

[111] Zur Einordnung von Altersgrenzen als Höchstbefristungen BAG, Urt. v. 14.08.2002 – 7 AZR 469/01, NZA 2003, 1398; dazu oben unter II 2 b dd.

[112] BAG, Urt. v. 11.06.1997 – 7 AZR 186/96, AP Nr. 7 zu § 41 SGB VI.

[113] Dazu unten unter II 3.

[114] Vgl. BAG, Urt. v. 20.02.2002 – 7 AZR 748/00, AP Nr. 18 zu § 620 BGB Altersgrenze; ausführlich zu Altersgrenzen Dörner Der befristete Arbeitsvertrag Rn. 327 ff.

[115] BAG, Urt. v. 15.02.1995 – 7 AZR 680/94, AP Nr. 166 zu § 620 BGB Befristeter Arbeitsvertrag.

[116] BAG, Urt. v. 12.01.2000, AP Nr. 217 zu § 620 BGB Befristeter Arbeitsvertrag.

[117] BAG, Urt. v. 04.04.1990 – 7 AZR 259/89, AP Nr. 136 zu § 620 BGB Befristeter Arbeitsvertrag; vgl. auch BAG 29.10.1998 – 7 AZR 561/97, AP Nr. 206 zu § 620 BGB Befristeter Arbeitsvertrag.

[118] BAG, Urt. v. 06.11.1996 – 7 AZR 909/95, AP Nr. 188 zu § 620 BGB Befristeter Arbeitsvertrag; ausführlich ErfK/Müller-Glöge § 14 TzBfG Rn. 82 ff.

[119] BAG, Urt. v. 07.07.1999 – 7 AZR 661/97, AP Nr. 216 zu § 620 BGB Befristeter Arbeitsvertrag.

[120] BAG, Urt. v. 07.07.1999 – 7 AZR 661/97, AP Nr. 216 zu § 620 BGB Befristeter Arbeitsvertrag.

der Gesetzesbegründung zum TzBfG wird zwar auf die Rechtsprechung vor dem Inkrafttreten des TzBfG Bezug genommen,[121] der § 57 b Abs. 2 Nr. 2 HRG a. F. nachgebildete Wortlaut des § 14 Abs. 1 Satz 2 Nr. 7 TzBfG geht aber über diese Rechtsprechung hinaus: Es ist nicht mehr erforderlich, dass sich der Haushaltsgesetzgeber mit konkreten Stellen befasst haben muss, es genügt vielmehr die Bewilligung zweckgebundener Mittel.[122] Aus verfassungs- und europarechtlichen Gründen[123] ist die Praxis gleichwohl gut beraten, die Vorgaben der bisherigen Rechtsprechung auch nach der Einführung des § 14 Abs. 1 Satz 2 Nr. 7 TzBfG zu beachten.[124]

Nach dieser Rechtsprechung können haushaltsrechtliche Gründe die Befristung **49** eines Arbeitsvertrags rechtfertigen, wenn der öffentliche Arbeitgeber zum Zeitpunkt des Vertragsabschlusses auf Grund konkreter Tatsachen die Prognose erstellen kann, dass für die Beschäftigung des Arbeitnehmers Haushaltsmittel nur vorübergehend zur Verfügung stehen. Die Ungewissheit über die künftige haushaltsrechtliche Entwicklung genügt hierfür nicht.[125] Eine ausreichende Prognose liegt vor, wenn

– die Vergütung aus einer konkreten Haushaltsstelle erfolgt, die von vornherein nur für eine bestimmte Zeitdauer bewilligt worden ist,[126]
– die Vergütung ausschließlich aus durch Sonderurlaub vorübergehend freien Planstellenmitteln erfolgt,[127]
– ein sog. datierter kw-Vermerk (kw = künftig wegfallend) vorliegt und davon ausgegangen werden kann, dass die Stelle zu dem genannten Zeitpunkt fortfallen wird.[128]

ii) Gerichtlicher Vergleich, § 14 Abs. 1 Satz 2 Nr. 8 TzBfG
Nach § 14 Abs. 1 Satz 2 Nr. 8 TzBfG liegt ein sachlicher Grund vor, wenn „die **50** Befristung auf einem gerichtlichen Vergleich beruht". In der bisherigen Rechtsprechung wurde eine Befristung in einem gerichtlichen Vergleich nur dann als sachlich gerechtfertigt angesehen, wenn sie dazu diente, den Rechtsstreit über den Fortbestand des Arbeitsverhältnisses beizulegen.[129] Da § 14 Abs. 1 Satz 2 Nr. 8 TzBfG keine solche Einschränkung enthält, ist – ohne Rücksicht auf den Streitgegenstand – jede in einem gerichtlichen Vergleich vereinbarte Befristung oder auf-

---

[121] Vgl. BT-Drucks. 14/4374, S. 19.
[122] Vgl. ErfK/Müller-Glöge § 14 TzBfG Rn. 92; dazu ausführlich Dörner Der befristete Arbeitsvertrag Rn. 211 ff.
[123] Dazu Dörner Der befristete Arbeitsvertrag Rn. 216 bis 218.
[124] Dörner: Der befristete Arbeitsvertrag Rn. 219 mit weiteren Nachweisen.
[125] BAG, Urt. v. 24.10.2001 – 7 AZR 542/00, AP Nr. 229 zu § 620 BGB Befristeter Arbeitsvertrag mit weiteren Nachweisen.
[126] BAG, Urt. v. 07.07.1999 – 7 AZR 609/97, AP Nr. 215 zu § 620 BGB Befristeter Arbeitsvertrag; vgl. auch BAG, Urt. v. 24.10.2001 – 7 AZR 542/00, AP Nr. 229 zu § 620 BGB Befristeter Arbeitsvertrag.
[127] BAG, Urt. v. 15.08.2001 – 7 AZR 263/00, AP Nr. 5 zu § 21 BErzGG; BAG, Urt. v. 12.02.1997 – 7 AZR 317/96, AP Nr. 187 zu § 620 BGB Befristeter Arbeitsvertrag.
[128] BAG, Urt. v. 16.01.1987 – 7 AZR 487/85, AP Nr. 111 zu 620 BGB Befristeter Arbeitsvertrag.
[129] BAG, Urt. v. 02.12.1998 – 7 AZR 644/97, AP Nr. 4 zu § 57 a HRG; BAG, Urt. v. 09.02.1984 – 2 AZR 402/83, AP Nr. 7 zu § 620 BGB Bedingung.

lösende Bedingung sachlich gerechtfertigt. Hauptanwendungsfall ist die Vereinbarung der Weiterbeschäftigung bis zur rechtskräftigen (abweisenden) Entscheidung über eine Kündigungsschutzklage.[130] Ein gerichtlicher Vergleich ist jeder Prozessvergleich (§§ 160 ff., 794 Abs. 1 Nr. 1 ZPO) sowie jeder gemäß § 278 Abs. 6 ZPO abgeschlossene Vergleich. Außergerichtliche Vergleiche reichen – anders als nach der bisherigen Rechtslage[131] – nicht aus, da § 14 Abs. 1 Satz 2 Nr. 8 TzBfG und die Gesetzesbegründung zum TzBfG[132] auf die Mitwirkung des Gerichts abstellen.

jj) Sonstige sachliche Gründe

51   § 14 Abs. 1 Satz 2 TzBfG enthält, wie sich aus dem Wort „insbesondere" ergibt, eine nicht abschließende Aufzählung von sachlichen Gründen. Die vor dem In-Kraft-Treten des TzBfG von der Rechsprechung entwickelten sachlichen Gründe, die sich nicht unter die Nummern 1 bis 8 subsumieren lassen, können deshalb auch im Rahmen des TzBfG den Abschluss eines befristeten Arbeitsvertrages rechtfertigen. Als nicht zuordenbare Befristungsgründe kommt z. B. der Befristungsgrund „Drittmittelfinanzierung"[133] oder der Befristungsgrund „Sicherung der personellen Kontinuität der Betriebsratsarbeit"[134] in Betracht.

d) Befristung ohne Sachgrund, § 14 Abs. 2 bis 3 TzBfG

52   § 14 Abs. 2 bis 3 TzBfG regelt Ausnahmen von dem in § 14 Abs. 1 TzBfG festgelegten Grundsatz, dass die Befristung eines Arbeitsvertrages der Rechtfertigung durch einen sachlichen Grund bedarf. Die größte Bedeutung hat Abs. 2, die Abs. 2 a und 3 enthalten weitergehende Privilegierungen für Neugründungen (Abs. 2 a) und ältere Beschäftigte (Abs. 3).

53   Aus dem Koalitionsvertrag zwischen CDU, CSU und SPD vom 11.11.2005 ergibt sich, dass § 14 Abs. 2 TzBfG gestrichen, § 14 Abs. 2 a TzBfG beibehalten[135] sowie § 14 Abs. 3 TzBfG entfristet und europarechtskonform ausgestaltet werden soll,[136] weshalb insbesondere die Ausführungen zu § 14 Abs. 2 TzBfG nur noch für eine Übergangzeit Bedeutung haben dürften.

aa) Neueinstellung, § 14 Abs. 2 TzBfG

54   Gemäß § 14 Abs. 2 Satz 1 Hs. 1 TzBfG ist die kalendermäßige Befristung eines Arbeitsverhältnisses bis zur Dauer von 2 Jahren zulässig. § 14 Abs. 2 Satz 1 TzBfG gilt nur für die kalendermäßige Befristung eines Arbeitsvertrags, aber nicht für Zweckbefristungen und auflösend Bedingungen.[137] Eine Befristung nach § 14 Abs. 2 Satz 1 Hs. 1 TzBfG ist gemäß § 14 Abs. 2 Satz 2 TzBfG „nicht zulässig,

---

[130] Dazu BAG, Urt. v. 22.10.2003 – 7 AZR 113/03, AP Nr. 6 zu § 14 TzBfG.

[131] Vgl. BAG, Urt. v. 22.10.2003 – 7 AZR 666/02, AP Nr. 255 zu § 620 BGB Befristeter Arbeitsvertrag.

[132] BT-Drucks. 14/4374, S. 19.

[133] Dazu BAG, Urt. v. 07.04.2004 – 7 AZR 441/03, AP Nr. 4 zu § 17 TzBfG; BAG 15.01.2003 – 7 AZR 616/01, NZA 2003, 1167; Dörner Der befristete Arbeitsvertrag Rn. 233 ff.; ErfK/Müller-Glöge § 14 TzBfG Rn. 97 und 104.

[134] Dazu BAG, Urt. v. 23.01.2002 – 7 AZR 611/00, AP Nr. 230 zu § 620 BGB Befristeter Arbeitsvertrag.

[135] Dazu Koalitionsvertrag vom 11.11.2005 unter 2.7.1, S. 30.

[136] Dazu Koalitionsvertrag vom 11.11.2005 unter 2.3, S. 24 und unten unter II 2 d cc.

[137] Zu den Begriffen oben unter II 2 b bb bis cc.

wenn mit demselben Arbeitgeber bereits zuvor ein befristetes oder unbefristetes Arbeitsverhältnis bestanden hat". Nach der zutreffenden herrschenden Auffassung im arbeitsrechtlichen Schrifttum stellt jedes irgendwann in der Vergangenheit bestehende Arbeitsverhältnis mit demselben Arbeitgeber ein „bereits zuvor"-Arbeitsverhältnis im Sinne des § 14 Abs. 2 Satz 2 TzBfG dar.[138] Denn die kontrovers diskutierte Bedeutung des Wortes „zuvor" beschränkt sich in der Verstärkung der Aussage, dass § 14 Abs. 2 Satz 1 Hs. 1 TzBfG nicht anwendbar ist, wenn die Vertragsparteien schon einmal in einem Arbeitsverhältnis gestanden haben.[139]

§ 14 Abs. 2 Satz 2 TzBfG schließt eine Befristung nach § 14 Abs. 2 Satz 1 Hs. 1 TzBfG nur aus, wenn das „bereits-zuvor"-Arbeitsverhältnis mit demselben Arbeitgeber bestanden hat. Arbeitgeber im Sinne des § 14 Abs. 2 Satz 2 TzBfG ist der Vertragsarbeitgeber, also die natürliche oder juristische Person, die mit dem Beschäftigten den Arbeitsvertrag abgeschlossen hat.[140] Die notwendige Identität der Arbeitsvertragsparteien liegt nicht vor, **55**

- wenn der Beschäftigte bei einem anderen Konzernunternehmen eingestellt wird,
- wenn der Beschäftigte bei einem anderen Arbeitgeber, der mit dem früheren Arbeitgeber einen Gemeinschaftsbetrieb führt, eingestellt wird,
- bei der Einstellung bei einem Betriebserwerber, wenn der Arbeitnehmer vor dem Vollzug des Betriebsübergangs (§ 613 a BGB) ausgeschieden ist,[141]
- bei der Einstellung beim übernehmenden Rechtsträger, nachdem der frühere Arbeitgeber bei einer Verschmelzung im Wege der Aufnahme (§ 2 Nr. 1 UmwG) gemäß § 20 Abs. 1 Nr. 2 UmwG erloschen ist.[142]

Nach der zutreffenden herrschenden Auffassung stellt ein früheres Berufsausbildungsverhältnis – wie sich aus § 10 Abs. 2 BBiG ergibt – kein Arbeitsverhältnis im Sinne des § 14 Abs. 2 Satz 2 TzBfG dar.[143] Kein „bereits zuvor"-Arbeitsverhältnis besteht auch bei Beschäftigten, die zuvor im Rahmen von Werk- oder Dienstverträgen oder als Leiharbeitnehmer beim Arbeitgeber tätig waren.[144] **56**

Gemäß § 14 Abs. 2 Satz 1 Hs. 2 TzBfG ist bis zu einer Gesamtdauer von zwei Jahren auch die höchstens dreimalige Verlängerung eines kalendermäßig befristeten Arbeitsvertrages zulässig. Unter einer Verlängerung ist die einvernehmliche Abänderung des Endtermins zu verstehen. Eine Verlängerung setzt voraus, dass sie noch während der Laufzeit des zu verlängernden Vertrags vereinbart und nur **57**

---

[138] Zum Streitstand Dörner Der befristete Arbeitsvertrag Rn. 528 ff.; ErfK/Müller-Glöge § 14 TzBfG Rn. 119 ff., jeweils mit weiteren Nachweisen.

[139] So zutreffend Dörner Der befristete Arbeitsvertrag Rn. 530; a. A. z. B. ErfK/Müller-Glöge § 14 TzBfG Rn. 125 f.: Ersatz für das Fehlen eines zeitlichen und sachlichen Zusammenhangs.

[140] BAG, Urt. v. 10.11.2004 – 7 AZR 101/04, NZA 2005, 514.

[141] Vgl. ErfK/Müller-Glöge § 14 TzBfG Rn. 120.

[142] BAG, Urt. v. 10.11.2004 – 7 AZR 101/04, NZA 2005, 514.

[143] Zum Streitstand ErfK/Müller-Glöge § 14 TzBfG Rn. 121 mit weiteren Nachweisen; so auch die Gesetzesbegründung zum TzBfG, vgl. BT-Drucks. 14/4274, S. 20.

[144] So für Leiharbeitnehmer zur alten Rechtslage BAG, Urt. v. 08.12.1988 – 2 AZR 308/88, AP Nr. 6 zu § 1 BeschFG 1985.

die Vertragsdauer geändert wird, nicht aber die übrigen Arbeitsbedingungen.[145] Eine Erhöhung des Entgelts oder sonstige Änderungen der Arbeitsbedingungen dürfen deshalb nicht zusammen mit der Verlängerung vereinbart werden. Kurz vor oder nach der Verlängerungsvereinbarung können weitere Veränderungen von Arbeitsbedingungen dagegen unschädlich vereinbart werden.[146] Auf Verlängerungen im Sinne des § 14 Abs. 2 Satz 1 Hs. 2 TzBfG ist § 14 Abs. 2 Satz 2 TzBfG nicht anwendbar, da ansonsten für Vertragsverlängerungen kein Anwendungsbereich verbliebe.[147]

bb) Neugründungen, § 14 Abs. 2 a TzBfG

58 Nach dem mit Wirkung zum 01.01.2004[148] eingeführten § 14 Abs. 2 a Satz 1 Hs. 1 TzBfG ist in den ersten vier Jahren nach der Gründung eines Unternehmens die kalendermäßige Befristung eines Arbeitsvertrages ohne Vorliegen eines sachlichen Grundes bis zur Dauer von vier Jahren zulässig. Maßgebend für den Zeitpunkt der Gründung ist die Aufnahme einer Erwerbstätigkeit, die nach § 138 der Abgabenordnung der Gemeinde oder dem Finanzamt anzuzeigen ist (§ 14 Abs. 2 a Satz 3 TzBfG).[149] Von diesem Zeitpunkt an läuft die Vier-Jahres-Frist, in der neu gegründete Unternehmen befristete Arbeitsverträge mit einer Dauer von wiederum höchstens vier Jahren abschließen können, sofern die Arbeitsaufnahme noch innerhalb der Vier-Jahres-Frist liegt. Damit kann, wenn am Tag vor Ablauf der Vier-Jahres-Frist die Arbeitsaufnahme im Rahmen eines Vier-Jahres-Vertrags erfolgt, § 14 Abs. 2 a TzBfG noch bis zum Ablauf des achten Jahres nach der Gründung des Unternehmens wirken.[150] Innerhalb der Vier-Jahres-Frist ist gemäß § 14 Abs. 2 a Satz 1 Hs. 2 TzBfG auch die mehrfache Verlängerung eines kalendermäßig befristeten Arbeitsvertrages zulässig. Eine Begrenzung der Anzahl der Verlängerungsmöglichkeiten wie in § 14 Abs. 2 Satz 1 TzBfG besteht nicht. Eine Befristung kann gemäß § 14 Abs. 2 a Satz 2 TzBfG nicht auf § 14 Abs. 2 a Satz 1 TzBfG gestützt werden, wenn die Neugründung im Zusammenhang mit der rechtlichen Umstrukturierung von Unternehmen und Konzernen erfolgt.[151] Da u. a. § 14 Abs. 2 Satz 2 TzBfG gemäß § 14 Abs. 2 a Satz 4 TzBfG entsprechende Anwendung findet, ist eine Befristung gemäß § 14 Abs. 2 a Satz 1 TzBfG nur möglich, wenn zwischen dem Beschäftigten und dem Arbeitgeber nicht bereits zuvor ein Arbeitsverhältnis bestanden hat.[152]

---

[145] BAG, Urt. v. 25.05.2005 – 7 AZR 286/04; so zu § 1 Abs. 1 BeschFG 1996 bereits BAG, Urt. v. 26.07.2000 – 7 AZR 51/99, AP Nr. 4 zu § 1 BeschFG 1996.

[146] Vgl. Dörner Der befristete Arbeitsvertrag Rn. 567.

[147] BAG, Urt. v. 15.01.2003 – 7 AZR 346/02, NZA 2003, 914.

[148] Durch das Gesetz zu Reformen am Arbeitsmarkt vom 24.12.2003, BGBl. I S. 3002.

[149] Dazu Dörner Der befristete Arbeitsvertrag Rn. 594 c ff.

[150] ErfK/Müller-Glöge § 14 TzBfG Rn. 130 c.

[151] Dazu ErfK/Müller-Glöge § 14 TzBfG Rn. 130 b.

[152] Dazu oben unter II 2 d aa.

cc) Befristungen mit älteren Beschäftigten, § 14 Abs. 3 TzBfG

Nach § 14 Abs. 3 Satz 1 und 4 TzBfG bedarf die Befristung keines sachlichen **59**
Grundes, wenn der Beschäftigte bei Beginn des befristeten Arbeitsverhältnisses
das 58. bzw. – bis zum 31.12.2006 – das 52. Lebensjahr vollendet hat. Die Befristung ist nach § 14 Abs. 3 Satz 2 TzBfG nicht zulässig, wenn zu einem vorhergehenden unbefristeten Arbeitsvertrag mit demselben Arbeitgeber ein enger sachlicher Zusammenhang besteht, was gemäß § 14 Abs. 3 Satz 3 TzBfG insbesondere
anzunehmen ist, wenn zwischen den Arbeitsverträgen ein Zeitraum von weniger
als sechs Monaten liegt. Hierbei ist zu beachten, dass nur ein unbefristeter, nicht
aber ein befristeter Arbeitsvertrag mit demselben Arbeitgeber eine Befristung gemäß § 14 Abs. 3 Satz 1 und 4 TzBfG ausschließen kann. Liegt zwischen dem unbefristeten und dem befristeten Arbeitsvertrag ein Zeitraum von weniger als sechs
Monaten, wird ein enger sachlicher Zusammenhang unwiderleglich fingiert, ansonsten ist er aufgrund einer Gesamtwürdigung aller Umstände festzustellen.[153]

Bisher war umstritten ist, ob die in § 14 Abs. 3 TzBfG geregelten Befristungs- **60**
möglichkeiten für ältere Beschäftigte gegen die Richtlinie 1999/70/EG, die Richtlinie 2000/78/EG und/ oder Art. 12 Abs. 1 GG verstoßen.[154] Der EuGH hat nun
auf der Grundlage eines Vorlagebeschlusses des Arbeitsgerichts München[155] mit
Urt. v. 22.11.2005[156] entschieden, dass § 14 Abs. 3 TzBfG nicht mit der Richtlinie
2000/78/EG und dem europarechtlichen Gleichbehandlungsgrundsatz vereinbar
ist.[157] Die Förderung der beruflichen Eingliederung arbeitsloser älterer Arbeitnehmer sei zwar ein legitimes Ziel, § 14 Abs. 3 TzBfG gehe aber über das hinaus, was
zur Erreichung des Ziels angemessen und erforderlich sei, und stelle deshalb eine
unzulässige Diskriminierung wegen des Alters dar.[158] Da Richtlinien keine Wirkung im Verhältnis zu privaten Arbeitgebern entfalten, und der Wortlaut des § 14
Abs. 3 TzBfG keine Möglichkeit zu einer „richtlinienkonformen Reduktion" bietet, konnte bisher davon ausgegangen werden, dass die Wirksamkeit einer Befristung auf der Grundlage des § 14 Abs. 3 TzBfG – bei privaten Arbeitgebern – von
einem etwaigen Verstoß gegen Richtlinien unberührt bleibt.[159] Das Verbot der
Diskriminierung wegen Alters stellt nach Auffassung des EuGH jedoch einen allgemeinen Grundsatz des Gemeinschaftsrechts dar, weshalb die nationalen Gerichte § 14 Abs. 3 TzBfG nicht anwenden dürften.[160] § 14 Abs. 3 TzBfG ist deshalb
nicht nur für „vorsichtige Arbeitgeber des öffentlichen Dienstes",[161] sondern für

---

[153] Dazu ErfK/Müller-Glöge § 14 TzBfG Rn. 135 bis 137 mit weiteren Nachweisen.

[154] Zum Streitstand z. B. Dörner *Der befristete Arbeitsvertrag* Rn. 611 ff.; ErfK/Müller-Glöge § 14
TzBfG Rn. 133.

[155] ArbG München, Beschl. v. 29.10.2003 – 26 Ca 1431/03, NZA-RR 2005, 43; dazu Bauer NZA
2005, 800.

[156] EuGH, Urt. v. 22.11.2005 – C 144/04, NZA 2005, 1345.

[157] Dazu Preis NZA 2006, 401; Thüsing ZIP 2005, 2149.

[158] Vgl. EuGH, Urt. v. 22.11.2005 – C 144/04, NZA 2005, 1345, 1347 Rn. 58 bis 65.

[159] So z. B. ErfK/Müller-Glöge § 14 TzBfG Rn. 133.

[160] Vgl. EuGH, Urt. v. 22.11.2005 – C 144/04, NZA 2005, 1345, 1348 Rn. 75 bis 77; so jetzt auch
BAG, Urt. v. 26.04.2006 – 7 AZR 500/00.

[161] So aber noch ErfK/Müller-Glöge § 14 TzBfG Rn. 133, Arbeitgeber des öffentlichen Dienstes in
diesem Sinne sind juristische Personen des öffentlichen Rechts.

alle Arbeitgeber keine taugliche Grundlage für Befristungen.[162] Vertrauensschutz ist nach Auffassung des BAG nicht zu gewähren.[163]

61   Nach dem Koalitionsvertrag zwischen CDU, CSU und SPD vom 11.11.2005 soll § 14 Abs. 3 TzBfG entfristet und europarechtskonform ausgestaltet werden.[164]

e) Rechtsfolgen wirksamer und unwirksamer Befristungen
aa) Rechtfolgen wirksamer Befristungen

62   Ein rechtswirksam vereinbarter kalendermäßig befristeter Arbeitsvertrag[165] endet, ohne dass es einer weiteren Erklärung bedarf, mit Ablauf der vereinbarten Zeit, § 15 Abs. 1 TzBfG. Ein zweckbefristeter Arbeitsvertrag[166] endet mit Erreichen des Zwecks, frühestens jedoch zwei Wochen nach Zugang der schriftlichen Unterrichtung des Arbeitnehmers über den Zeitpunkt der Zweckerreichung, § 15 Abs. 2 TzBfG. Die Unterrichtung ist eine Wissenserklärung, auf die hinsichtlich der Schriftform § 126 BGB entsprechende Anwendung findet.[167] Der Inhalt der Unterrichtung hängt von dem Ereignis ab, mit dessen Eintritt das Arbeitsverhältnis enden soll. Der Beschäftigte muss erkennen können, dass, warum und wann das Arbeitsverhältnis beendet sein wird.[168] Stimmt der in der Unterrichtung angegebene Zeitpunkt mit dem Zeitpunkt der Zweckerreichung nicht überein, ist zu differenzieren: Liegt der angegebene Zeitpunkt nach der Zweckerreichung, ist die Unterrichtung, ansonsten die Zweckerreichung maßgeblich.[169] Nach § 21 TzBfG gilt § 15 Abs. 2 TzBfG für die Beendigung auflösend bedingter Arbeitsverträge[170] entsprechend.

63   Wird ein wirksam befristetes Arbeitsverhältnis nach Vertragsende mit Wissen des Arbeitgebers fortgesetzt, so gilt es nach § 15 Abs. 5 Hs. 1 TzBfG als auf unbestimmte Zeit verlängert.[171] Voraussetzung ist, dass der Beschäftigte unmittelbar nach dem Vertragsende tatsächlich weiter arbeitet, weshalb die Entgeltfortzahlung oder Urlaubserteilung über das Vertragsende hinaus und die Weiterarbeit nach einer Unterbrechung von 10 Tagen nicht genügen.[172] Das Wissen des Arbeitgebers muss sich auf die tatsächliche Fortsetzung der Arbeit und – insoweit umstritten – auf die Vertragsbeendigung beziehen.[173] Bei juristischen Personen ist das Wissen

---

[162]   Thüsing ZIP 2005, 2149, 2151.

[163]   BAG, Urt. v. 26.04.2006 – 7 AZR 500/00; zum Vertrauensschutz auch Thüsing ZIP 2005, 2149, 2151.

[164]   Dazu Koalitionsvertrag vom 11.11.2005 unter 2.3, S. 24.

[165]   Zum Begriff des kalendermäßig befristeten Arbeitsvertrags oben unter II 2 b bb.

[166]   Zum Begriff des zweckbefristeten Arbeitsvertrags oben unter II 2 b cc.

[167]   Zu den Anforderungen der Schriftform oben unter II 2 b ee.

[168]   Dörner Der befristete Arbeitsvertrag Rn. 901.

[169]   ErfK/Müller-Glöge § 14 TzBfG Rn. 3.

[170]   Zum Begriff des zweckbefristeten Arbeitsvertrags oben unter II 2 b cc.

[170]   Zum Begriff des auflösend bedingten Arbeitsvertrags oben unter II 2 b dd.

[171]   § 15 Abs. 5 TzBfG stellt – in seinem Anwendungsbereich – eine dem § 625 BGB entsprechende unabdingbare Sonderregelung dar.

[172]   Vgl. BAG, Urt. v. 02.12.1998 – 7 AZR 508/97, AP Nr. 8 zu § 625 BGB; zu § 15 Abs. 5 TzBfG ErfK/Müller-Glöge § 15 TzBfG Rn. 35.

[173]   Wie hier Dörner Der befristete Arbeitsvertrag Rn. 933; ErfK/Müller-Glöge § 15 TzBfG Rn. 36; a. A. z. B. Annuß/Thüsing/Maschmann TzBfG § 15 Rn. 20.

der vertretungsberechtigten Organmitglieder und der Vertreter mit personalrecht-
lichen Befugnissen maßgebend, die Kenntnis des Fachvorgesetzten reicht nicht
aus.[174]

Der Arbeitgeber kann die Verlängerung verhindern, indem er der Fortsetzung **64**
der Arbeit unverzüglich nach Kenntnisnahme widerspricht oder dem Beschäftigten – bei Zweckbefristungen – die Zweckerreichung unverzüglich mitteilt, § 15
Abs. 5 Hs. 2 TzBfG. Der Widerspruch ist eine einseitige empfangsbedürftige Willenserklärung, die formfrei abgegeben werden kann.[175] Unverzüglich ist gemäß
§ 121 BGB ein Handeln ohne schuldhaftes Zögern. Ein Widerspruch ist deshalb
auch dann noch unverzüglich, wenn er nach der wiederum unverzüglichen Einho-
lung von Rechtsrat erklärt wird. Bei Zweckbefristungen ist zu differenzieren: Hat
der Arbeitgeber den Beschäftigten bereits gemäß § 15 Abs. 2 TzBfG schriftlich
über die Zweckerreichung unterrichtet, sollte er zur Sicherheit der Fortsetzung der
Arbeit formlos widersprechen und den Arbeitnehmer nicht mehr weiterbeschäfti-
gen. Hat der Arbeitgeber den Beschäftigten noch nicht über die Zweckerreichung
unterrichtet, muss er unverzüglich die schriftliche Unterrichtung gemäß § 15 Abs.
2 TzBfG nachholen und damit zugleich der Fortsetzung der Arbeit widersprechen,
um die Entstehung eine unbefristeten Arbeitsvertrages nach § 15 Abs. 5 TzBfG zu
verhindern.[176] Dies gilt gemäß § 21 TzBfG für auflösend bedingte Arbeitsverträge
entsprechend.

bb) Rechtsfolgen unwirksamer Befristungen

Ist die Befristung rechtsunwirksam, so gilt der Vertrag als auf unbestimmte Zeit **65**
geschlossen, § 16 Satz 1 Hs. 1 TzBfG. § 16 Satz 1 Hs. 1 TzBfG erfasst unmittelbar nur die Unwirksamkeit aus einem der in § 14 TzBfG genannten Gründe.[177]
Will der Beschäftigte geltend machen, dass die Befristung unwirksam ist, muss er
innerhalb von drei Wochen nach dem vereinbarten Ende des befristeten Arbeitsvertrages Klage beim Arbeitsgericht auf Feststellung erheben, dass das Arbeitsverhältnis auf Grund der Befristung nicht beendet ist, § 17 Satz 1 TzBfG. Tut er
dies nicht, gilt die Befristung gemäß §§ 17 Satz 2 TzBfG, 7 KSchG als wirksam.

Gemäß § 16 Satz 1 Hs. 2 TzBfG kann ein Arbeitsvertrag, der nach § 16 Satz 1 **66**
Hs. 1 TzBfG als ein unbefristeter Arbeitsvertrag gilt, vom Arbeitgeber frühestens
zum vereinbarten Ende ordentlich gekündigt werden, sofern nicht nach § 15 Abs.
3 TzBfG die ordentliche Kündigung zu einem früheren Zeitpunkt möglich ist.[178]
Ist die Befristung nur wegen des Mangels der Schriftform (§ 14 Abs. 4 TzBfG)[179]
unwirksam, kann der Arbeitsvertrag auch vor dem vereinbarten Ende ordentlich
gekündigt werden, § 16 Satz 2 TzBfG.

---

[174] BAG, Urt. v. 24.10.2001 – 7 AZR 620/00, AP Nr. 9 zu § 57 c HRG: Kenntnis eines Hochschulleh-
     rers nicht ausreichend; BAG, Urt. v. 21.02.2001 – 7 AZR 98/00, AP Nr. 9 zu § 1 BeschFG 1996.
[175] ErfK/Müller-Glöge § 15 TzBfG Rn. 42 mit weiteren Nachweisen.
[176] Vgl. Dörner Der befristete Arbeitsvertrag Rn. 939 ff.; ErfK/Müller-Glöge § 15 TzBfG Rn. 39 ff.
[177] Streitig, wie hier die h. M. im Schrifttum, vgl. ErfK/Müller-Glöge § 16 TzBfG Rn. 1; a. A. Dörner
     Der befristete Arbeitsvertrag Rn. 969.
[178] Zu den Kündigungsmöglichkeiten im befristeten Arbeitsverhältnis unten unter IV.
[179] Dazu oben unter II 2 b ee.

3. Andere gesetzliche Befristungsvorschriften

67   Nach § 8 Abs. 3 ATG ist eine Altersteilzeitvereinbarung zulässig, die die Beendigung des Arbeitsverhältnisses ohne Kündigung zu einem Zeitpunkt vorsieht, in dem der Arbeitnehmer Anspruch auf Rente nach Altersteilzeitarbeit hat. Die Regelung ist lex specialis gegenüber den §§ 14 Abs. 1 Satz 2 Nr. 6 TzBfG, 41 SGB VI.[180]

68   Gemäß § 21 Abs. 1 BErzGG liegt ein sachlicher Grund zur Befristung von Arbeitsverträgen vor, wenn die Einstellung zur (teilweisen) Vertretung eines anderen Arbeitnehmers für die Dauer eines Beschäftigungsverbotes nach dem Mutterschutzgesetz, einer Elternzeit oder einer auf anderen Rechtsgrundlagen beruhenden Freistellungen zur Betreuung eines Kindes erfolgt. Im TVöD kommt als sonstige Rechtsgrundlage insbesondere § 28 TVöD in Betracht. Zulässig ist die Befristung auch für notwendige Einarbeitungszeiten, § 21 Abs. 2 BErzGG. § 21 BErzGG steht als speziellere Vorschrift selbständig neben § 14 Abs. 1 Satz 2 Nr. 3 TzBfG.[181] Die Bestimmungen des TzBfG finden ergänzend Anwendung.[182]

69   Für den Abschluss von befristeten Arbeitsverträgen mit wissenschaftlichen und künstlerischen Mitarbeitern und Hilfskräften an staatlichen oder staatlich anerkannten Hochschulen[183] gelten gemäß § 57 a Abs. 1 Satz 1 Hochschulrahmengesetz („HRG") die §§ 57 b und 57 c HRG. Die Befristung kann nur dann auf die §§ 57 b und 57 c HRG gestützt werden, wenn im Arbeitsvertrag angegeben ist, dass sie auf den Vorschriften des HRG beruht (§ 57 b Abs. 3 Satz 1 und 2 HRG).[184] Bei nicht promovierten wissenschaftlichen oder künstlerischen Mitarbeitern ist eine Befristung bis zu einer Dauer von 6 Jahren (§ 57 b Abs. 1 Satz 1 HRG), nach abgeschlossener Promotion eine Befristung bis zu einer Dauer von 6 bzw. – im Bereich der Medizin – bis zu einer Dauer von 9 Jahren (§ 57 b Abs. 1 Satz 2 HRG) und bei wissenschaftlichen oder künstlerischen Hilfskräften bis zu einer Dauer von 4 Jahren (§ 57 b Abs. 1 Satz 3 HRG) zulässig. Die jeweils zulässige Höchstbefristungsdauer kann verkürzt (vgl. § 57 b Abs. 2 HRG) oder verlängert werden (vgl. § 57 b Abs. 3 HRG). Innerhalb der jeweils zulässigen Befristungsdauer sind Vertragsverlängerungen möglich (§ 57 b Abs. 1 Satz 4 HRG). Die Befristung von Arbeitsverhältnissen mit studentischen Hilfskräften ist gemäß § 57 e HRG bis zur Dauer von 4 Jahren zulässig. Für sog. Privatdienstverträge und wissenschaftliches Personal an bestimmten Forschungseinrichtungen gelten die §§ 57 a bis 57 c und 57 e HRG gemäß §§ 57 c und 57 d HRG entsprechend.

70   Gemäß § 1 Abs. 1 des Gesetzes über befristete Arbeitsverträge mit Ärzten in der Weiterbildung („ÄArbVtrG") liegt ein die Befristung eines Arbeitsvertrags rechtfertigender Grund vor, wenn die Beschäftigung des Arztes seiner Weiterbildung zum Facharzt oder einer ähnlichen Weiterbildung dient.[185] Die Höchstbefris-

---

[180] Dazu oben unter II 2 b gg.
[181] Zu § 14 Abs. 1 Satz 2 Nr. 3 TzBfG oben unter II 2 c dd.
[182] Zum Verhältnis von § 21 BErzGG zum TzBfG APS/Backhaus § 21 BErzGG Rn. 3 ff.; ErfK/Müller-Glöge § 21 BerzGG Rn. 2 und 3.
[183] Zum Geltungsbereich der §§ 57 a ff. HRG unten unter III 1 c.
[184] Ausführlich zum Zitiergebot des § 57 b Abs. 3 HRG APS/Schmidt § 57 b HRG Rn. 34 ff.
[185] Zum Befristungsgrund ErfK/Müller-Glöge ÄArbVtrG Rn. 5; APS/Schmidt §§ 1, 2, 3 ÄArbVtrG Rn. 12 ff.

tungsdauer beträgt nach § 1 Abs. 3 ÄArbVtrG 8 Jahre. Das ÄArbVtrG gilt nicht, wenn der Arbeitsvertrag unter den Anwendungsbereich des HRG fällt (§ 1 Abs. 5 HRG).

III. Besonderheiten für Angestellte im Tarifgebiet West

1. Anwendungsbereich, Abs. 1 Satz 2

Die in den Abs. 2 bis 5 geregelten Besonderheiten gelten gemäß Abs. 1 Satz 2, **71** wenn folgende Voraussetzungen kumulativ gegeben sind:

a) Regelungen des Tarifgebiets West anwendbar

Zunächst müssen für den befristet Beschäftigten die Regelungen des Tarifgebiets **72** West Anwendung finden. Welche Regelungen gelten, wenn im TVöD auf die Tarifgebiete Ost und West Bezug genommen wird, bestimmt § 38 Abs. 1 TVöD. Im Ergebnis gelten die Regelungen des Tarifgebiets West für diejenigen Beschäftigten, die nach dem bisherigen Tarifrecht unter den Geltungsbereich des BAT, des BMT-G II oder des MTArb fallen würden.[186]

b) Rentenversicherung der Angestellten

Darüber hinaus muss die Tätigkeit vor dem 01.01.2005 der Rentenversicherung **73** der Angestellten unterlegen haben. Diese – auch in § 38 Abs. 5 Satz 1 TVöD enthaltene – Voraussetzung entspricht § 1 Abs. 1 BAT/BAT-O. Nach diesen Regelungen gelten der BAT/BAT-O nur für Arbeitnehmer, die in einer der Rentenversicherung der Angestellten unterliegenden Beschäftigung tätig sind.[187] Da nach der Neuorganisation der Rentenversicherung mit Wirkung zum 01.01.2005 nicht mehr zwischen der Rentenversicherung der Arbeiter und der Rentenversicherung der Angestellten unterschieden wird, wurde auf den Rechtsstand am 31.12.2004 abgestellt. Für den Beschäftigten wäre gemäß § 133 Abs. 1 SGB VI in der Fassung vom 31.12.2004 die Bundesversicherungsanstalt für Angestellte als Träger der Rentenversicherung der Angestellten zuständig gewesen, wenn der Beschäftigte als Angestellter oder zur Ausbildung für den Beruf eines Angestellten beschäftigt wird und nicht die Bundesknappschaft zuständig ist. Im Ergebnis kann festgehalten werden, dass Beschäftigte, die nach dem alten Tarifrecht unter den Geltungsbereich des BAT/BAT-O fallen würden, vor dem 01.01.2005 auch der Rentenversicherung der Angestellten unterlegen hätten.[188]

c) §§ 57 a ff. HRG gelten nicht

Schließlich dürfen – als negative Voraussetzung – die §§ 57 a ff. HRG für das Ar- **74** beitsverhältnis nicht unmittelbar oder entsprechend gelten.[189]

aa) Betrieblicher Geltungsbereich

Gemäß §§ 1, 70 HRG gilt das HRG für Hochschulen im Sinne des HRG. Hoch- **75** schulen im Sinne des HRG sind Einrichtungen des Bildungswesens, die nach Landesrecht staatliche oder staatlich anerkannte Hochschulen sind. Dies sind insbe-

---

[186] Dazu ausführlich die Erläuterungen zu § 38 Abs. 1 TVöD.
[187] Dazu Dassau/Wiesend-Rothbrust BAT Kompaktkommentar § 1 Rn. 27.
[188] Dazu ausführlich die Erläuterungen zu § 38 Abs. 5 TVöD.
[189] Vgl. zu §§ 57 a ff. HRG oben unter II 3.

sondere die Universitäten, die Pädagogischen Hochschulen, die Kunsthochschulen und die Fachhochschulen (§ 1 Satz 1 HRG). Die §§ 57 a, 57 b und 57 e HRG gelten gemäß § 57 c HRG entsprechend für einen befristeten Arbeitsvertrag, den bestimmte Hochschulmitglieder (vgl. § 36 HRG, insbesondere Professoren) persönlich mit aus Drittmitteln vergütetem Personal im Sinne des § 57 a Abs. 1 Satz 1 HRG abschließen. Darüber hinaus gelten die §§ 57 a bis 57 c HRG und § 57 e HRG an staatlichen Forschungseinrichtungen sowie an überwiegend staatlich oder auf der Grundlage von Art. 91 b GG finanzierten Forschungseinrichtungen entsprechend.[190] Zu diesen Forschungseinrichtungen gehören z. B. die Institute der Max-Planck-Gesellschaft und der Fraunhofergesellschaft.

bb) Persönlicher Geltungsbereich

76   Die §§ 57 b und 57 c HRG gelten gemäß § 57 a Abs. 1 Satz 1 für den Abschluss befristeter Arbeitsverträge mit wissenschaftlichen und künstlerischen Mitarbeitern/Hilfskräften, die bei den vom betrieblichen Geltungsbereich erfassten Einrichtungen des Bildungswesens beschäftigt werden. Wissenschaftliche/künstlerische Mitarbeiter sind die Angestellten, denen wissenschaftliche/künstlerische Dienstleistungen obliegen (§ 53 Abs. 1 Satz 1, Abs. 4 HRG). Im Bereich der Medizin gehören zu den wissenschaftlichen Dienstleistungen auch Tätigkeiten in der Krankenversorgung (§ 53 Abs. 1 Satz 2 HRG).[191] Die Personengruppe der wissenschaftlichen und künstlerischen Hilfskräfte wird im Gegensatz zu der der wissenschaftlichen und künstlerischen Mitarbeiter im HRG nicht definiert. Von letzterer unterscheidet sie sich allein durch den zeitlichen Umfang der Arbeitsverpflichtung. Als wissenschaftliche/künstlerische Hilfskraft gilt, wer als wissenschaftlicher/künstlerischer Mitarbeiter mit weniger als der Hälfte der regelmäßigen Arbeitszeit beschäftigt ist.[192]

77   Die §§ 57 a ff. HRG enthalten in § 57 e HRG eine Befristungsregelung für studentische Hilfskräfte. Diese werden als Hilfskräfte, die als Studierende an einer deutschen Hochschule eingeschrieben sind, definiert. Im Gegensatz zu den wissenschaftlichen Hilfskräften verfügen sie in der Regel nicht über einen ersten berufsqualifizierenden Abschluss[193].

78   Während § 57 c HRG beim personellen Geltungsbereich auf den Personalbegriff des § 57 a Abs. 1 Satz 1 HRG Bezug nimmt, gilt das Sonderbefristungsrecht des HRG an den in § 57 d HRG genannten Forschungseinrichtungen allgemein „für den Abschluss befristeter Arbeitsverträge mit wissenschaftlichem Personal". Zum wissenschaftlichen Personal gehören neben den wissenschaftlichen Mitarbeitern/Hilfskräften auch Wissenschaftler in Leitungspositionen (z. B. Professoren).

---

[190]   Dazu näher APS/Schmidt § 57 d HRG Rn. 2 f.
[191]   Ausführlich zum Begriff des wissenschaftlichen/künstlerischen Mitarbeiters APS/Schmidt § 57 a HRG Rn. 11 ff.
[192]   BAG 20.09.1995 – 7 AZR 78/95, AP Nr. 2 zu § 57 c HRG; APS/Schmidt § 57 a HRG Rn. 14.
[193]   Zum Begriff der studentischen Hilfskraft APS/Schmidt § 57 e HRG Rn. 3 ff.

cc) Zitiergebot

Nach § 57 b Abs. 3 Satz 1 HRG ist im Arbeitsvertrag anzugeben, ob die Befris-   **79**
tung auf den Vorschriften des HRG beruht. Fehlt diese Angabe, kann die Befristung nicht auf die Vorschriften des HRG gestützt werden (§ 57 b Abs. 3 Satz 2
HRG). Wird gegen das Zitiergebot verstoßen, führt dies zur Nichtanwendung der
Befristungsregelungen des HRG: Die Befristung kann dann nur noch nach den
allgemeinen Grundsätzen des Befristungsrechts zulässig sein.[194] Ist § 57 b HRG
wegen eines Verstoßes gegen das Zitiergebot nicht anwendbar, können die in den
Abs. 2 bis 4 geregelten Besonderheiten nicht gegen die Tarifsperre des § 57 a Abs.
1 Satz 2 HRG[195] verstoßen. Damit entfällt der Grund für die Nichtanwendung der
Abs. 2 bis 4 auf Arbeitsverhältnisse, für die die §§ 57 a ff. HRG gelten.

dd) Prüfungsprogramm

Ist im Arbeitsvertrag nicht angegeben, dass die Befristung auf den Vorschriften   **80**
des HRG beruht, erübrigt sich eine weitere Prüfung. Die §§ 57 a ff. HRG gelten
wegen des Verwertungsverbots aus § 57 b Abs. 3 Satz 2 HRG nicht. Ist im Arbeitsvertrag angegeben, dass die Befristung auf den Vorschriften des HRG beruht,
ist zu prüfen, ob der betriebliche und der personelle Geltungsbereich der §§ 57 a
ff. HRG eröffnet ist. Ist dies der Fall, gelten die in Abs. 2 bis 4 geregelten Besonderheiten nicht.

2. Verhältnis zum gesetzlichen Befristungsrecht
a) Teilzeit- und Befristungsgesetz

Gemäß § 22 Abs. 1 TzBfG kann – in Bezug auf die Befristung von Arbeitsver-   **81**
hältnissen – vom TzBfG außer im Fall des § 14 Abs. 2 Satz 3 und 4 TzBfG nicht
zu Ungunsten des Beschäftigten abgewichen werden. Vom TzBfG abweichende
Regelungen zu Gunsten des Beschäftigten sind dagegen zulässig. Es handelt sich
um einseitig zwingendes Recht. § 30 Abs. 2 bis 5 stellt – ebenso wie die SR 2 y
BAT – eine abweichende Regelung zu Gunsten der Beschäftigten dar.

Von der durch §§ 22 Abs. 1, 14 Abs. 2 Satz 3 TzBfG eröffneten Möglichkeit,   **82**
bei Befristungen ohne Sachgrund durch Tarifvertrag die Anzahl der Verlängerungen und[196]/oder die Höchstdauer der Befristung abweichend von § 14 Abs. 2 Satz
1 TzBfG festzulegen, wurde im Rahmen des § 30 TVöD kein Gebrauch gemacht.
Die spezielle Befristungsregelung in § 42 TVöD-BT-E beruht dagegen auf der
Öffnungsklausel der §§ 22 Abs. 1, 14 Abs. 3 Satz 3 TzBfG.

b) Sonstiges gesetzliches Befristungsrecht

Im Anwendungsbereich des ÄArbVtrG[197] sind die arbeitsrechtlichen Vorschriften   **83**
und Grundsätze über befristete Arbeitsverträge gemäß § 1 Abs. 5 ÄArbVtrG nur
insoweit anzuwenden, als sie den Vorschriften des § 1 Abs. 1 bis 4 ÄArbVtrG
nicht widersprechen. § 1 Abs. 1 bis 4 ÄArbVtrG ist – ebenso wie §§ 57b und 57c

---

[194] APS/Schmidt § 57 b HRG Rn. 36.

[195] Dazu z. B. APS/Schmidt § 57 a HRG Rn. 19 ff.

[196] Das „oder" in § 14 Abs. 2 Satz 3 TzBfG ist als „und/oder" zu lesen, vgl. ErfK/Müller-Glöge § 14
TzBfG Rn. 128.

[197] Dazu oben unter II 3; zum Anwendungsbereich des ÄArbVtrG ErfK/Müller-Glöge ÄArbVtrG Rn.
2 ff.

HRG – zweiseitig zwingendes Recht[198]. Es sind also auch keine abweichenden Regelungen zu Gunsten des Arbeitnehmers zulässig. Soweit das ÄArbVtrG keine Regelung enthält, finden aber die allgemeinen Vorschriften Anwendung. Zu den allgemeinen Vorschriften gehört auch § 30 Abs. 2 bis 5 TVöD.

3. Besonderheiten bei Befristungen mit sachlichem Grund
a) Anwendungsbereich

84   Die in Abs. 2 geregelten Besonderheiten gelten – wie sich aus Satz 1 ergibt – für kalendermäßig befristete Arbeitsverträge mit sachlichem Grund. Kalendermäßig befristet ist ein Arbeitsvertrag, wenn seine Dauer kalendermäßig bestimmt ist (§ 3 Abs. 1 TzBfG).[199] Ein kalendermäßig befristeter Arbeitsvertrag mit sachlichem Grund im Sinne des Abs. 2 Satz 1 liegt vor, wenn die Befristung gemäß § 14 Abs. 1 TzBfG durch einen sachlichen Grund gerechtfertigt ist, also kein Fall des § 14 Abs. 2, Abs. 2 a oder Abs. 3 TzBfG gegeben ist.[200]

b) Höchstbefristungsdauer, Abs. 2 Satz 1

85   Das TzBfG enthält bei Befristungen mit Sachgrund keine Vorgaben für die Dauer der Befristung. Die Befristungsdauer ist nur im Rahmen der Prüfung des sachlichen Befristungsgrundes selbst von Bedeutung.[201] Abweichend hiervon bestimmt Abs. 2 Satz 1 Hs. 1 für kalendermäßig befristete Arbeitsverträge mit sachlichem Grund eine Höchstbefristungsdauer von 5 Jahren. Eine Höchstbefristungsdauer von 5 Jahren enthielten bereits die Protokollnotizen 2 und 3 zu Nr. 1 SR 2 y BAT. Die Höchstbefristungsdauer beschränkt die maximale „Dauer des einzelnen Vertrages". Sie verbietet nur, einen kalendermäßig befristeten Arbeitsvertrag mit sachlichem Grund von vornherein für die Dauer von mehr als 5 Jahren abzuschließen. Mehrere aneinander gereihte Arbeitsverträge können dagegen insgesamt die Dauer von 5 Jahren überschreiten.[202] Durch die Aneinanderreihung mehrerer befristeter Arbeitsverträge, die nur insgesamt die Höchstdauer von fünf Jahren überschreiten, wird die Höchstbefristungsdauer nach der Rechtsprechung des BAG zu den Protokollnotizen 2 und 3 zu Nr. 1 SR 2 y BAT, die auf Abs. 1 Satz 1 zu übertragen ist, auch nicht objektiv umgegangen.[203] Dies kann anders zu beurteilen sein, wenn ein Vertrag einen unselbständigen Annex zum vorherigen Vertrag darstellt und deshalb bei der Befristungskontrolle ausnahmsweise auch der vorherige Vertrag auf seine sachliche Rechtfertigung zu prüfen ist.[204] Denn wenn die Verträge bei der Befristungskontrolle, die vom BAG maßgeblich gegen eine Um-

---

[198]   ErfK/Müller-Glöge ÄArbVtrG Rn. 4 und 11; APS/Schmidt SR 2 y BAT Rn. 15.

[199]   Zum Begriff des kalendermäßig befristeten Arbeitsvertrags oben unter II 2 b bb.

[200]   Ausführlich zur Abgrenzung von Befristungen mit und ohne Sachgrund unten unter III 4 b; zur Befristung mit Sachgrund oben unter II 2 c.

[201]   Dazu oben unter II 2 c aa.

[202]   BAG, Urt. v. 22.03.1985 – 7 AZR 487/84 und 7 AZR 142/84, AP Nr. 89 und 90 zu § 620 BGB Befristeter Arbeitsvertrag; APS/Schmidt SR 2 y BAT Rn. 6.

[203]   So ausdrücklich BAG, Urt. v. 22.03.1985 – 7 AZR 142/84, AP Nr. 90 zu § 620 Befristeter Arbeitsvertrag.

[204]   Dazu oben unter II 2 c aa.

gehung ins Felde geführt wird,[205] zusammen zu betrachten sind, kann dies – nach den Umständen des Einzelfalls – auch im Rahmen des Abs. 2 Satz 1 gerechtfertigt sein.

Gemäß Abs. 2 Satz 1 Hs. 2 bleiben weitergehende Regelungen im Sinne von § 23 TzBfG unberührt. § 23 TzBfG bestimmt, dass besondere Regelungen über die Befristung von Arbeitsverträgen nach anderen gesetzlichen Vorschriften unberührt bleiben. Daraus folgt, dass gesetzliche Befristungsregelungen außerhalb des TzBfG, die eine kalendermäßige Befristung eines Arbeitsvertrages aus sachlichem Grund für einen längeren Zeitraum als 5 Jahre zulassen, Abs. 2 Satz 1 Hs. 1 vorgehen. Kalendermäßige Befristungen aus sachlichem Grund für einen längeren Zeitraum als 5 Jahre sind deshalb auch im Anwendungsbereich des Abs. 2 Satz 1 auf der Grundlage der §§ 8 Abs. 3 ATzG, 21 BErzGG und 1 ÄArbVtrG möglich.[206]   **86**

c) Anspruch auf bevorzugte Berücksichtigung, Abs. 2 Satz 2
Durch Abs. 2 Satz 2 wird die Protokollnotiz 4 zu Nr. 1 SR 2 y BAT in den TVöD übernommen. Erfasst werden „Beschäftigte mit einem Arbeitsvertrag nach Satz 1", also ausschließlich kalendermäßig befristete Arbeitsverträge mit sachlichem Grund.[207] Nach dem Wortlaut des Satzes 2 sind diese Beschäftigten unter der Voraussetzung, dass „die sachlichen und persönlichen Voraussetzungen erfüllt sind", bei der Besetzung von Dauerarbeitsplätzen ohne Einschränkung bevorzugt zu berücksichtigen. Die bevorzugte Berücksichtigung hat nach dem Wortlaut gegenüber allen Bewerbern, die nicht von Abs. 2 Satz 2 erfasst werden, zu erfolgen.   **87**

Abs. 2 Satz 2 ist jedoch – ebenso wie die Protokollnotiz 4 zu Nr. 1 SR 2 y BAT – im Hinblick auf Art. 33 Abs. 2 GG verfassungskonform einschränkend auszulegen.[208] Denn gemäß Art. 33 Abs. 2 GG hat jeder Deutsche nach seiner Eignung, Befähigung und fachlichen Leistung gleichen Zugang zu jedem öffentlichen Amte. Daraus wird das Recht eines Bewerbers – auch eines Bewerbers für einen Dauerarbeitsplatz bzw. einen unbefristeten Arbeitsvertrag – abgeleitet, nach den Kriterien „Eignung, Befähigung, fachliche Leistung" beurteilt zu werden.[209] Damit ist die undifferenzierte Bevorzugung einer bestimmten Bewerbergruppe nicht zu vereinbaren.   **88**

Abs. 2 Satz 2 begründet deshalb kein allgemeines Anstellungsgebot, sondern schränkt nur das Ermessen des Arbeitgebers bei der Auswahl der Bewerber für   **89**

---

[205] Vgl. BAG, Urt. v. 22.03.1985 – 7 AZR 142/84, AP Nr. 90 zu § 620 BGB Befristeter Arbeitsvertrag unter II 4 b.

[206] Zu den Voraussetzungen dieser Befristungsregelungen oben unter II 3, zum Verhältnis der Abs. 2 bis 5 zum gesetzlichen Befristungerecht allgemein oben unter III 2.

[207] Zum Anwendungsbereich des Abs. 2 Satz 1 oben unter III 3 a.

[208] Ständige Rechtsprechung zur Protokollnotiz 4 zu Nr. 1 SR 2 y BAT, vgl. BVerwG, Urt. v. 07.12.1994 – 6 P 35.92, AP Nr. 13 zu § 2 BAT SR 2 y unter e mit weiteren Nachweisen und BAG, Urt. v. 02.07.2003 – 7 AZR 529/02, AP Nr. 254 zu § 620 BGB Befristeter Arbeitsvertrag unter II 2 c.

[209] Ausführlich zu Art. 33 Abs. 2 GG in Abweichung zur hier vertretenen h.M. § 2 unter II 3.

Dauerarbeitsplätze ein.[210] Anspruchsgrundlage für die Einstellung in den öffentlichen Dienst ist daher auch im Anwendungsbereich des Abs. 2 Satz 2 ausschließlich Art. 33 Abs. 2 GG.[211] Sind Bewerber nach Eignung, Befähigung und fachlicher Leistung „im Wesentlichen gleich beurteilt" oder besteht zwischen ihnen nicht mehr als ein „nur geringfügiger Beurteilungsunterschied",[212] steht dem einstellenden Arbeitgeber ein Ermessen zu, das durch Abs. 2 Satz 2 beschränkt wird. Da dem Arbeitgeber bei der Feststellung der Qualifikation nach den Merkmalen „Eignung, Befähigung, fachliche Leistung" ein weiter Beurteilungsspielraum zusteht,[213] dürfte Abs. 2 Satz 2 – wie die Protokollnotiz 4 zu Nr. 1 SR 2 y BAT – nur einen engen Anwendungsbereich haben.

90   Nach Abs. 2 Satz 2 sind Beschäftigte mit einem Arbeitsvertrag nach Satz 1 bevorzugt zu berücksichtigen. Damit steht fest, wer bevorzugt zu berücksichtigen ist, nämlich Beschäftigte mit kalendermäßig befristetem Arbeitsvertrag mit sachlichem Grund, für die Abs. 2 Satz 2 gemäß Abs. 2 Satz 1 gilt. Nicht ausdrücklich geregelt ist, gegenüber wem die bevorzugte Berücksichtigung greift. Nach dem Wortlaut sind dies alle Mitbewerber, die nicht selbst zu bevorzugen sind, also externe Mitbewerber, befristet beim Arbeitgeber beschäftigte Mitbewerber, auf die Abs. 2 Satz 1 keine Anwendung findet, und bereits unbefristet beim Arbeitgeber beschäftigte Mitbewerber. Das BAG hat offen gelassen, ob die Protokollnotiz 4 zu Nr. 1 SR 2 y BAT auch im Verhältnis zu Mitbewerbern gilt, die bereits unbefristet beim Arbeitgeber beschäftigt sind, oder ob sie sich nach Sinn und Zweck der Norm auf das Verhältnis zu externen Mitbewerbern beschränkt.[214] Weder befristet beim Arbeitgeber beschäftigte Mitbewerber, auf die Abs. 2 Satz 1 keine Anwendung findet, noch unbefristet beim Arbeitgeber beschäftigte Mitbewerber haben, wenn sie „im Wesentlichen gleich beurteilt" sind, gemäß Art. 33 Abs. 2 GG einen Anspruch auf den zu besetzenden Dauerarbeitsplatz. Der ohnehin enge Anwendungsbereich des Satzes 2 würde weiter – fast auf Null – eingeschränkt, wenn die Bevorzugung gegenüber diesen Personengruppen nicht greifen würde. Die Bevorzugung greift deshalb gegenüber allen Mitbewerbern, die sich nicht ihrerseits auf Abs. 2 Satz 2 berufen können.

91   Voraussetzung für einen Einstellungsanspruch nach Art. 33 Abs. 2 GG in Verbindung mit § 30 Abs. 2 Satz 2 TVöD ist, dass der zu besetzende Arbeitsplatz im Zeitpunkt der letzten mündlichen Verhandlung noch frei ist. Ist die Stelle bereits mit einem anderen Bewerber besetzt, kommen grundsätzlich nur noch Schadensersatzansprüche in Betracht.[215] Ein Anspruch auf Abschluss eines unbefristeten

---

[210] Ständige Rechtsprechung des BAG zur Protokollnotiz 4 zu SR 2 y BAT, vgl. BAG, Urt. v. 02.07.2003 – 7 AZR 529/02, AP Nr. 254 zu § 620 BGB Befristeter Arbeitsvertrag mit weiteren Nachweisen.

[211] So für die Protokollnotiz 4 zu Nr. 1 SR 2 y BAT BAG, Urt. v. 02.07.2003 – 7 AZR 529/02, AP Nr. 254 zu § 620 BGB Befristeter Arbeitsvertrag mit weiteren Nachweisen.

[212] BVerwG, Urt. v. 07.12.1994 – 6 P 35.92, AP Nr. 13 zu § 2 BAT SR 2 y unter e.

[213] BAG, Urt. v. 02.07.2003 – 7 AZR 529/02, AP Nr. 254 zu § 620 BGB Befristeter Arbeitsvertrag II 2 c aa (1).

[214] BAG, Urt. v. 14.11.2001 – 7 AZR 568/00, NZA 2002, 592 unter B II 2 b.

[215] Ständige Rechtsprechung, vgl. z. B. BAG, Urt. v. 02.07.2003 – 7 AZR 529/02, AP Nr. 254 zu § 620 BGB Befristeter Arbeitsvertrag II 2 c aa (3); BAG, Urt. v. 14.11.2001 – 7 AZR 568/00, NZA 2002, 392 unter II 2 b.

Arbeitsverhältnisses ist im Wege einer auf die Abgabe einer Willenserklärung ge-
richteten Leistungsklage geltend zu machen. Auch wenn ein solcher Anspruch besteht, führt dies nicht zur Unwirksamkeit der mit dem Arbeitnehmer vereinbarten
Befristung.[216]

Im Zusammenhang mit der Protokollnotiz 4 zu Nr. 1 SR 2 y BAT wird in   **92**
Rechtsprechung und Schrifttum – soweit ersichtlich – nicht thematisiert, dass Art.
33 Abs. 3 GG nur für den „Zugang zu jedem öffentlichen Amte" gilt. Art. 33 Abs.
2 GG erfasst nach der Rechtsprechung zwar auch die Begründung von Arbeitsverhältnissen im öffentlichen Dienst.[217] Verpflichtet werden aber ausschließlich „öffentliche Arbeitgeber".[218] Als solche können alle öffentlich-rechtlichen Körperschaften, Anstalten und Stiftungen angesehen werden,[219] nicht aber natürliche oder
juristische Personen des Privatrechts. Art. 33 Abs. 2 GG gilt deshalb nicht für den
Abschluss von Arbeitsverträgen mit juristischen Personen des Privatrechts, und
zwar auch dann nicht, wenn die juristische Person des Privatrechts im überwiegenden Eigentum oder im Alleineigentum der öffentlichen Hand steht. Es stellt
sich deshalb die Frage, ob Abs. 2 Satz 2 bei der Besetzung von Dauerarbeitsplätzen bei juristischen Personen des Privatrechts eine weitergehende Bedeutung hat.
Hiervon kann nicht ausgegangen werden. Denn die Tarifvertragsparteien sind, als
sie Abs. 2 Satz 2 in den TVöD übernommen haben, von einer Auslegung der Protokollnotiz 4 zu Nr. 1 SR 2 y BAT ausgegangen, in der eine Differenzierung zwischen juristischen Personen des öffentlichen Rechts und des Privatrechts nicht
vorgenommen wird. Vor diesem Hintergrund kann nicht davon ausgegangen werden, dass sie Abs. 2 Satz 2 eine vollkommen unterschiedliche Bedeutung geben
wollten, je nachdem, ob die Besetzung des Dauerarbeitsplatzes bei einer juristischen Person des öffentlichen Rechts oder des Privatrechts stattfindet. Die obigen
Ausführungen gelten deshalb bei der Besetzung von Dauerarbeitsplätzen bei juristischen Personen des Privatrechts entsprechend.

4. Besonderheiten bei Befristungen ohne sachlichen Grund
a) Verhältnis zum bisherigen Tarifrecht
Durch Abs. 3 werden einzelne Regelungen der Protokollnotiz 6 zu Nr. 1 SR 2 y   **93**
BAT (Buchstaben b und f) in den TVöD übernommen.

b) Anwendungsbereich
Abs. 3 gilt für befristete Arbeitsverträge ohne sachlichen Grund. Es muss sich um   **94**
einen befristeten Arbeitsvertrag handeln, der gemäß § 14 Abs. 2 bis 3 TzBfG ohne
Vorliegen eines sachlichen Grundes zulässig ist.[220] Da Abs. 3 – anders als die Pro-

---

[216] Ständige Rechtsprechung, vgl. z. B. BAG, Urt. v. 19.09.2001 – 7 AZR 333/00, NZA 2002, 696
    unter 5; instruktiv zur Antragstellung BAG, Urt. v. 02.07.2003 – 7 AZR 529/02, AP Nr. 254 zu
    § 620 BGB Befristeter Arbeitsvertrag.
[217] Dazu § 2 unter II 3 mit weiteren Nachweisen.
[218] Vgl. BAG, Urt. v. 15.03.2005 – 9 AZR 142/04, AP Nr. 62 zu Art. 33 GG; BAG, Urt. v.
    07.09.2004 – 9 AZR 537/03, AP Nr. 61 zu Art, 33 GG.
[219] Vgl. MünchHdbArbR/Buchner § 40 Rn 121 mit weiteren Nachweisen.
[220] Zur Abgrenzung von Befristungen mit und ohne Sachgrund oben unter III 3 b; zur Befristung ohne
    Sachgrund oben unter II 2 d.

tokollnotiz 6 a zu Nr. 1 SR 2 y BAT[221] – kein Zitiergebot enthält, gelten die allgemeinen Grundsätze:[222] Die Wirksamkeit einer Befristung gemäß § 14 Abs. 2 bis 3 TzBfG ist nicht von einer Einigung über ihre Anwendung abhängig. Wird im Arbeitsvertrag ein (unzutreffender) Sachgrund angegeben, dann schließt dies nicht aus, die Wirksamkeit der Befristungsabrede nach § 14 Abs. 2 bis 3 TzBfG zu beurteilen und ggf. zu bejahen. Es ist folglich zu prüfen, ob sich die Wirksamkeit der Befristung aus § 14 Abs. 2 bis 3 TzBfG ergibt. Ist dies der Fall, sind die weitergehenden Regelungen des Abs. 3 zu beachten. Ergibt sich die Wirksamkeit der Befristung sowohl aus § 14 Abs. 1 TzBfG als auch aus § 14 Abs. 2 bis 3 TzBfG ist parallel zu prüfen: Hinsichtlich § 14 Abs. 1 TzBfG kommt es auf die weitergehenden Regelungen des Abs. 2, hinsichtlich § 14 Abs. 2 bis 3 TzBfG auf die weitergehenden Regelungen des Abs. 3 an. Liegen die Voraussetzungen der weitergehenden Regelungen nach (mindestens) einer Parallelprüfung vor, ist die Befristung wirksam.

95   Zu beachten ist, dass § 14 Abs. 2 und 2 a TzBfG wie § 30 Abs. 2 TVöD nur die kalendermäßige Befristung von Arbeitsverträgen erfassen. § 14 Abs. 3 TzBfG erfasst dagegen auch Zweckbefristungen, aber – wie sich aus der fehlenden Verweisung in § 21 TzBfG auf § 14 Abs. 3 TzBfG ergibt – keine auflösend Bedingungen.[223]

c) Vertragsdauer, Abs. 3 Satz 1

96   § 14 Abs. 2 und 2 a TzBfG bestimmen mit 2 bzw. 4 Jahren zwar eine zulässige Höchstdauer für kalendermäßig befristete Arbeitsverträge ohne sachlichen Grund. Eine Regelung über die Mindestdauer enthalten sie – ebenso wie § 14 Abs. 3 TzBfG – aber nicht. Wie sich aus dem Wortlaut des Abs. 3 Satz 1 („muss") ergibt, beträgt die Mindestvertragsdauer für sachgrundlose Befristungen im Anwendungsbereich des Abs. 3 sechs Monate. Kürzere befristete Arbeitsverträge sind nur zulässig, wenn sie durch einen sachlichen Grund gerechtfertigt sind.[224]

97   Im Schrifttum zur Protokollnotiz 6 b zu Nr. 1 SR 2 y BAT wird vertreten, dass die Mindestvertragsdauer auch für Verlängerungsverträge gilt.[225] Folge wäre, dass auch Verlängerungen gemäß § 14 Abs. 2 Satz 1 und Abs. 2 a Satz 1 TzBfG mindestens 6 Monate betragen müssten. Dabei ist zu beachten, dass eine Verlängerung im Sinne des § 14 Abs. 2 Satz 1 TzBfG nur vorliegt, wenn sie noch während der Laufzeit des zu verlängernden Vertrags vereinbart und nur die Vertragsdauer geändert wird, nicht aber die übrigen Arbeitsbedingungen.[226] Eine Verlängerung stellt also nur die einvernehmliche Abänderung des Endtermins dar, mit der das ursprüngliche (befristete) Arbeitsverhältnis über den zunächst vereinbarten End-

---

[221] Die Protokollnotiz 6 a zu Nr. 1 SR 2 y BAT hat folgenden Wortlaut: „Es ist im Arbeitsvertrag anzugeben, dass es sich um ein Arbeitsverhältnis nach § 14 Abs. 2 oder 3 TzBfG handelt", dazu APS/Schmidt SR 2 y BAT Rn. 41.

[222] Dazu oben unter II 2 b ee.

[223] Zu den verschiedenen Befristungsformen oben unter II 2 b.

[224] So für die SR 2 y BAT APS/Schmidt SR 2 y BAT Rn. 35.

[225] APS/Schmidt SR 2 y BAT Rn. 36.

[226] BAG, Urt. v. 25.05.2005 – 7 AZR 286/04; BAG, Urt. v. 26.07.2000 – 7 AZR 51/99, AP Nr. 4 zu § 1 BeschFG 1996; ausführlich zur Verlängerung oben unter II 2 d aa.

termin hinaus bis zu dem neu vereinbarten Endtermin fortgesetzt wird.[227] Ein Verlängerungsvertrag stellt deshalb keinen neuen befristeten Arbeitsvertrag ohne sachlichen Grund im Sinne des Abs. 3 Satz 1 dar, auf den die Mindestvertragsdauer von sechs Monaten anzuwenden ist. Verlängerungen im Sinne von § 14 Abs. 2 Satz 1 TzBfG (und § 14 Abs. 2 a Satz 1 TzBfG), die kürzer als sechs Monate sind, sind folglich nach richtiger Auffassung auch im Anwendungsbereich des Abs. 3 Satz 1 zulässig.

Eine Unterschreitung der 12-Monats-Frist ist dagegen zulässig („soll").[228] Die **98** Tarifvertragsparteien bringen durch die 12-Monats-Frist zum Ausdruck, dass ein befristeter Arbeitsvertrag ohne Sachgrund nur im Ausnahmefall kürzer als 12 Monate sein sollte. Da Abs. 3 Satz 1 aber kein justiziables Abgrenzungskriterium enthält, handelt es sich letztlich um einen nicht einklagbaren Programmsatz.

d) Prüfpflicht des Arbeitgebers, Abs. 3 Satz 2

Vor Ablauf eines unter Abs. 1 Satz 3 fallenden Arbeitsvertrages hat der Arbeitge- **99** ber nach Abs. 3 Satz 2 zu prüfen, ob eine unbefristete oder befristete Weiterbeschäftigung möglich ist. Diese Prüfpflicht des Arbeitgebers räumt dem Arbeitnehmer gegenüber der Verpflichtung zur Bevorzugung bei der Besetzung von Dauerarbeitsplätzen gemäß Abs. 2 Satz 2 eine schwächere Rechtsposition ein. Aus dem Wortlaut des Abs. 3 Satz 2 („prüfen") und der Tarifsystematik folgt, dass aus Abs. 3 Satz 2 kein Anspruch auf eine unbefristete oder befristete Weiterbeschäftigung abgeleitet werden kann. Die Verletzung der Prüfpflicht kann, falls sie ursächlich für die unterbliebene Begründung eines unbefristeten oder befristeten Arbeitsverhältnisses ist, lediglich zu einem Schadensersatzanspruch führen.[229]

5. Probezeit, Abs. 4

Abs. 4 enthält Sonderregelungen zur Probezeit und zur Kündigung von befristeten **100** Arbeitsverträgen innerhalb der Probezeit.[230] Bei befristeten Arbeitsverträgen ohne sachlichen Grund[231] beträgt die Probezeit abweichend von der allgemeinen Regelung der Probezeit in § 2 Abs. 4 Satz 1 TVöD gemäß Abs. 4 Satz 1 sechs Wochen. Bei befristeten Arbeitsverträgen mit sachlichem Grund[232] gelten übereinstimmend mit der allgemeinen Regelung der Probezeit in § 2 Abs. 4 Satz 1 TVöD die ersten sechs Monate als Probezeit. Abweichend von § 2 Abs. 4 Satz 1 TVöD ist in Abs. 4 Satz 1 nicht vorgesehen, dass eine kürzere Probezeit vereinbart werden kann. Wegen des Günstigkeitsprinzips (§ 4 Abs. 3 TVG) ist die Vereinbarung einer kürzeren Probezeit im Arbeitsvertrag aber trotzdem möglich.[233]

---

[227] ErfK/Müller-Glöge § 14 TzBfG Rn. 114.

[228] So für die SR 2 y BAT APS/Schmidt SR 2 y BAT Rn. 36.

[229] So in Bezug auf die Protokollnotiz 6 f zu Nr. 1 SR 2 y BAT auch APS/Schmidt SR 2 y BAT Rn. 42.

[230] Vergleichbare Regelungen enthielten bereits die Protokollnotizen 6 c und d zu Nr. 1 SR 2 y BAT.

[231] Ausführlich zur Abgrenzung von Befristungen mit und ohne Sachgrund oben unter III 4 b; zur Befristung ohne Sachgrund oben unter II 2 d.

[232] Ausführlich zur Abgrenzung von Befristungen mit und ohne Sachgrund oben unter III 4 b; zur Befristung mit Sachgrund oben unter II 2 c.

[233] Zum Günstigkeitsprinzip Löwisch/Rieble TVG § 4 Rn. 268 ff.

101   Innerhalb der Probezeit kann der befristete Arbeitsvertrag mit einer Frist von zwei Wochen zum Monatsschluss gekündigt werden. Dadurch wird für die Dauer der Probezeit die ordentliche Kündbarkeit des befristeten Arbeitsvertrages tarifvertraglich vereinbart, die ohne eine entsprechende Regelung nach § 15 Abs. 3 TzBfG ausgeschlossen wäre.[234] Die Kündigungsfrist entspricht § 34 Abs. 1 Satz 1 TVöD. Ist der befristete Arbeitsvertrag Grundlage des letzten von mindestens zwei aneinander gereihten Arbeitsverhältnissen, ist die Protokollerklärung zu Abs. 5 zu beachten.[235]

6. Ordentliche Kündigung befristeter Arbeitsverträge, Abs. 5

a) Verhältnis zum bisherigen Tarifrecht

102   Regelungen zur ordentlichen Kündigung befristeter Arbeitsverträge waren im bisherigen Tarifrecht in der Protokollnotiz 6 e zu Nr. 1 SR 2 y BAT und in der Nr. 7 Abs. 3 SR 2 y BAT enthalten. Diese Regelungen wurden teilweise in den TVöD übernommen.

b) Anwendungsbereich/Systematik

103   Abs. 5 gilt, wie sich aus der korrigierten Fassung des Abs. 1 Satz 2 ergibt, nur für befristete Arbeitsverträge, für die nach Abs. 1 Satz 2 die in den Abs. 2 bis 5 geregelten Besonderheiten gelten. In seiner ursprünglichen Fassung galt er dagegen für alle befristeten Arbeitsverträge.[236] Abs. 5 ist eine Sonderregelung für die Kündigung befristeter Arbeitsverträge, die – soweit ihr Anwendungsbereich reicht – der allgemeinen Regelung zur Kündigung von Arbeitsverhältnissen in § 34 TVöD vorgeht.

c) Zulässigkeit der ordentlichen Kündigung, Abs. 5 Satz 1

aa) § 15 Abs. 3 TzBfG

104   Nach § 15 Abs. 3 TzBfG unterliegt ein befristetes Arbeitsverhältnis nur dann der ordentlichen Kündigung, wenn dies einzelvertraglich oder im anwendbaren Tarifvertrag vereinbart ist. Dies war im Wesentlichen auch schon zu § 620 BGB in der bis zum 31.12.2000 gültigen Fassung anerkannt.[237] Die (Tarifvertrags-)Parteien müssen ein vorzeitiges ordentliches Kündigungsrecht entweder ausdrücklich vereinbaren oder ihr dahingehender beiderseitiger Wille muss aus den Umständen eindeutig erkennbar sein.[238]

bb) Bisheriges Tarifrecht

105   Als ausdrückliche tarifvertragliche Vereinbarungen zur vorzeitigen ordentlichen Kündigung befristeter Arbeitsverträge waren im bisherigen Tarifrecht die Protokollnotizen 6 d und e zu Nr. 1 SR 2 y und die Nr. 3 Abs. 3 SR 2 y BAT anerkannt.[239] Die ordentliche Kündigung befristeter Arbeitsverträge war danach bei Befristungen gemäß § 14 Abs. 2 und 3 TzBfG innerhalb der Probezeit immer

---

[234]   Dazu ausführlich unten unter IV 3.

[235]   Dazu unten unter III 6 c bb.

[236]   Dazu oben unter I.

[237]   Vgl. BAG 19.06.1980 – 2 AZR 660/78, AP Nr. 55 zu § 620 BGB Befristeter Arbeitsvertrag.

[238]   Ständige Rechtsprechung, vgl. BAG 04.07.2001 – 2 AZR 88/00, NZA 2002, 172 unter B II 1 mit weiteren Nachweisen.

[239]   Vgl. APS/Backhaus § 15 TzBfG Rn. 20.

(Protokollnotiz 6 d zu Nr. 1 SR 2 y BAT) und – nach Ablauf der Probezeit – nur bei befristeten Arbeitsverhältnissen mit einer Dauer von mehr als 12 Monaten (Protokollnotiz 6 e zu Nr. 1 SR 2 y BAT) möglich.[240] Für alle sonstigen – nicht auf § 14 Abs. 2 und 3 TzBfG begründeten – Befristungen war mit Ausnahme der kalendermäßig befristeten Arbeitsverträge mit einer Dauer von bis zu einem Jahr nach Nr. 7 Abs. 3 SR 2 y BAT eine vorzeitige ordentliche Kündigung möglich. Bei kalendermäßig befristeten Arbeitsverträgen mit einer Dauer von bis zu einem Jahr verblieb es bei § 15 Abs. 3 TzBfG, weshalb die ordentliche Kündigung – auch in der Probezeit – ausgeschlossen war.[241] Darüber hinaus waren in den Tarifverträgen des öffentlichen Dienstes keine ausdrücklichen tarifvertraglichen Vereinbarungen zur vorzeitigen ordentlichen Kündigung befristeter Arbeitsverträge enthalten. Für den Bereich des BAT-O, in dem die SR 2 y BAT nicht galt, hat das BAG entschieden, dass sich aus der Vereinbarung einer sechsmonatigen Probezeit – ohne ausdrückliche Kündigungsregelung – in einem schriftlichen Formulararbeitsvertrag des öffentlichen Dienstes auf Grund der Besonderheiten einer Probezeit regelmäßig auf den Willen der Arbeitsvertragsparteien schließen lässt, das befristete Arbeitsverhältnis während der Probezeit ordentlich kündigen zu können.[242]

cc) Nach Ablauf der Probezeit

Gemäß Abs. 5 Satz 1 ist eine Kündigung nach Ablauf der Probezeit nur zulässig, **106** wenn die Vertragsdauer mindestens zwölf Monate beträgt.[243] Ein befristeter Arbeitsvertrag mit einer Vertragsdauer von genau 12 Monaten kann also – anders als im Anwendungsbereich der SR 2 y BAT[244] – nach Ablauf der Probezeit ordentlich gekündigt werden. Für alle Arbeitsverträge mit einer Vertragsdauer von weniger als einem Jahr bleibt es gemäß Abs. 5 Satz 1 („nur") bei § 15 Abs. 3 TzBfG: Eine vorzeitige ordentliche Kündigung nach Ablauf der Probezeit ist – vorbehaltlich einer einzelvertraglichen Vereinbarung – nicht möglich.

Unklar ist, ob von Abs. 5 Satz 1 abweichende einzelvertragliche Vereinbarun- **107** gen, die nach Ablauf der Probezeit eine ordentliche Kündigung von befristeten Arbeitsverträgen mit einer Vertragsdauer von weniger als 12 Monaten ermöglichen, zulässig sind. Denn Abs. 5 Satz 1 stellt – isoliert betrachtet – eine von § 15 Abs. 3 TzBfG abweichende Bestimmung im Sinne der §§ 22 Abs. 1, 15 Abs. 3 TzBfG[245] dar, die nach ihrem Wortlaut („nur") eine vorzeitige ordentliche Kündigung befristeter Arbeitsverträge mit einer Vertragslaufzeit von weniger als 12 Monaten nach Ablauf der Probezeit ausschließt. Eine einzelvertragliche Vereinbarung, die entgegen Abs. 5 Satz 1 eine vorzeitige ordentliche Kündigung ermög-

---

[240] Vgl. Dassau/Wiesend-Rothbrust BAT Kompaktkommentar SR 2 y Rn. 72; APS/Schmidt SR 2 y BAT Rn. 37 ff.

[241] Dassau/Wiesend-Rothbrust BAT Kompaktkommentar SR 2 y Rn. 110; APS/Schmidt SR 2 y BAT Rn. 9.

[242] BAG 04.07.2001 – 2 AZR 88/00, NZA 2002, 172; so auch APS/Linck § 622 BGB Rn. 87 ff. und ErfK/Müller-Glöge § 15 TzBfG Rn. 15; kritisch APS/Backhaus § 15 TzBfG Rn. 24.

[243] Zur Kündigung in der Probezeit vgl. Abs. 4 Satz 2, dazu oben unter III 5.

[244] Notwendig war „eine längere Dauer als 12 Monate" (Protokollnotiz 6 e Satz 1 zu Nr. 1 SR 2 y BAT) bzw. der „Ablauf einer längeren Frist als ein Jahr" (Nr. 7 Abs. 3 zu SR 2 y BAT).

[245] Die Nichtaufnahme von § 15 Abs. 3 TzBfG in § 22 Abs. 1 TzBfG ist ein redaktionelles Versehen, vgl. APS/Backhaus § 22 TzBfG Rn. 2.

licht, würde dann zum Nachteil des Arbeitnehmers von Abs. 5 Satz 1 abweichen. Sie wäre – falls Abs. 5 Satz 1 eine zwingende Regelung darstellt – deshalb bei beiderseitiger Tarifgebundenheit nach § 4 Abs. 3 TVG unwirksam.

108   Es ist jedoch zu beachten, dass gemäß Abs. 5 Satz 2 Fall 1 die Kündigungsfrist nach Ablauf der Probezeit „in einem oder mehreren aneinandergereihten Arbeitsverhältnissen bei demselben Arbeitgeber von insgesamt mehr als sechs Monaten vier Wochen zum Schluss eines Kalendermonats" beträgt. Im Rahmen des Abs. 5 Satz 2 Fall 1 gehen die Tarifvertragsparteien also davon aus, dass eine ordentliche Kündigung bei befristeten Arbeitsverhältnissen, deren Dauer sechs Monaten übersteigt,[246] nach Ablauf der Probezeit möglich ist. Darüber hinaus beträgt in einem oder mehreren Arbeitsverhältnissen „von insgesamt mehr als einem Jahr" die Kündigungsfrist nach Abs. 5 Satz 2 Fall 2 bereits sechs Wochen zum Ende des Kalendermonats. Wenn Abs. 5 Satz 1 eine zwingende Regelung darstellen würde, wäre der einzig denkbare Anwendungsfall des Abs. 5 Satz 2 Fall 1 ein Arbeitsverhältnis auf der Grundlage eines befristeten Arbeitsvertrages mit einer Vertragsdauer von genau zwölf Monaten bzw. einem Jahr. Denn dann wäre nach Abs. 5 Satz 1 bereits eine vorzeitige ordentliche Kündigung möglich („mindestens zwölf Monate"), Abs. 5 Satz 2 Fall 2 würde aber noch nicht eingreifen („mehr als einem Jahr"). Die Tarifvertragsparteien können – wie sich aus § 4 Abs. 3 Fall 1 TVG ergibt – auf die zwingende Wirkung von Tarifnormen verzichten und lediglich dispositives Rechts setzen (sog. Öffnungsklausel). Ob ein Tarifvertrag eine Abweichung gestattet, ist eine Frage der Tarifauslegung.[247] Da in Abs. 5 Satz 2 Fall 1 die ordentliche Kündbarkeit von Arbeitsverhältnissen von mehr als sechs Monaten Dauer vorausgesetzt wird und Abs. 5 Satz 2 ansonsten fast keinen Anwendungsbereich hätte, ist davon auszugehen, dass Abs. 5 Satz 1 lediglich eine dispositive Regelung darstellt, die von Abs. 5 Satz 1 abweichende einzelvertragliche Vereinbarungen zur vorzeitigen ordentlichen Kündbarkeit im Sinne des § 15 Abs. 3 TzBfG zulässt.

109   Die Anordnung der ordentlichen Kündbarkeit in Abs. 5 Satz 1 für Verträge mit einer Vertragsdauer von mindestens 12 Monaten kann – als Abweichung zu Gunsten des Arbeitnehmers – einzelvertraglich unproblematisch wieder rückgängig gemacht werden. Sind Arbeitgeber oder Arbeitnehmer nicht tarifgebunden, sind einzelvertragliche Vereinbarungen im Rahmen des § 15 Abs. 3 TzBfG ohne weiteres möglich, wenn nicht im Arbeitsvertrag eine Bezugnahmeklausel auf den TVöD als zu Grunde liegenden Tarifvertrag enthalten ist.

d) Kündigungsfristen, Abs. 5 Satz 2 bis 4
aa) Systematik

110   Durch Abs. 5 Satz 2 und 4 wurde die Regelung der Kündigungsfristen aus der SR 2 y BAT (Nr. 7 Abs. 3 Satz 2 bis 4 SR 2 y BAT)[248] teilweise in den TVöD übernommen. Abs. 5 Satz 2 bis 4 stellen eine nach § 622 Abs. 4 Satz 1 BGB zulässige

---

[246] Bei mehreren aneinandergereihten Arbeitsverhältnissen bei demselben Arbeitgeber auch kürzere Arbeitsverhältnisse.

[247] Löwisch/Rieble TVG § 4 Rn. 216, zu den Voraussetzungen Rn. 217 ff.

[248] Dazu Böhm/Spirtz/Sponer/Steinherr BAT Nr. 7 SR 2 y BAT Rn. 9 ff.; APS/Schmidt SR 2 y BAT Rn. 10.

von § 622 Abs. 1 bis 3 BGB abweichende Regelung der Kündigungsfristen dar. Diese abweichende tarifvertragliche Regelung der Kündigungsfristen gilt bei einer arbeitsvertraglichen Bezugnahme auf den TVöD nach § 622 Abs. 4 Satz 2 BGB auch zwischen nicht tarifgebundenen Arbeitgebern und Arbeitnehmern.

Abs. 5 Satz 2 regelt die Kündigungsfrist nach Ablauf der Probezeit in einem oder mehreren aneinander gereihten Arbeitsverhältnissen bei demselben Arbeitgeber von insgesamt mehr als – mindestens – sechs Monaten. Da die Anwendung der allgemeinen Regelung der Kündigungsfristen in § 34 Abs. 1 TVöD – anders als im Rahmen der Nr. 7 SR 2 y BAT[249] – nicht ausgeschlossen ist, ist Abs. 5 Satz 2 lediglich als partielle Regelung der Kündigungsfristen für befristete Arbeitsverhältnisse, für die gemäß Abs. 1 Satz 2 die in Abs. 2 bis 5 geregelten Besonderheiten gelten, anzusehen. Abs. 5 Satz 2 geht, soweit sein Anwendungsbereich reicht, als spezielle Vorschrift für befristete Arbeitsverhältnisse der allgemeinen Regelung der Kündigungsfristen in § 34 Abs. 1 TVöD vor. Trifft Abs. 5 Satz 2 keine Regelung, ist auf § 34 Abs. 1 TVöD zurück zu greifen. **111**

bb) Innerhalb der Probezeit

Abs. 5 Satz 2 regelt nach seinem Wortlaut nur die Kündigungsfrist nach Ablauf der Probezeit. Gemäß der Protokollerklärung zu Abs. 5 führen bei mehreren aneinander gereihten Arbeitsverhältnissen weitere vereinbarte Probezeiten nicht zu einer Verkürzung der Kündigungsfrist. Mit aneinander gereihten Arbeitsverhältnissen sind Arbeitsverhältnisse gemeint, die gemäß Abs. 5 Satz 2 und 3 bei der Bestimmung der Kündigungsfrist zu berücksichtigen sind.[250] Wird im letzten von mindestens zwei aneinander gereihten Arbeitsverhältnissen eine Probezeit vereinbart bzw. – einer Vereinbarung gleich zu stellen – gilt der Beginn der Beschäftigung gemäß Abs. 4 Satz 1 als Probezeit, so soll dies nach dem Willen der Tarifvertragsparteien nicht zu einer Verkürzung der Kündigungsfrist führen. Gemäß der Protokollerklärung zu Abs. 5 gilt bei einer vorzeitigen ordentlichen Kündigung innerhalb der Probezeit die Kündigungsfrist des Abs. 5 Satz 2, wenn aneinander gereihte Arbeitsverhältnisse im Sinne des Abs. 5 Satz 2 und 3 vorliegen. Soll ein befristetes Arbeitsverhältnis gemäß Abs. 4 Satz 2 vorzeitig innerhalb der Probezeit gekündigt werden, ist deshalb zu prüfen, ob vor dem zu kündigenden Arbeitsverhältnis ein Arbeitsverhältnis bestand, das bei der Bestimmung der einschlägigen Kündigungsfrist nach Abs. 5 Satz 2 und 3 zu berücksichtigen wäre. Ist dies der Fall, gilt die Kündigungsfrist gemäß Abs. 5 Satz 2 bis 4 auch für die vorzeitige ordentliche Kündigung innerhalb der Probezeit. **112**

cc) Nach Ablauf der Probezeit

Nach Ablauf der Probezeit ist nach der Systematik der Regelung der Kündigungsfristen im TVöD zunächst zu prüfen, ob Abs. 5 Satz 2 eine Regelung der Kündigungsfrist enthält. Abs. 5 Satz 2 bestimmt die Kündigungsfrist „in einem oder mehreren aneinander gereihten Arbeitsverhältnissen bei demselben Arbeitgeber von insgesamt mehr als" mindestens sechs Monaten. Bei der Bestimmung der einschlägigen Kündigungsfrist ist – abweichend von § 34 Abs. 1 TVöD und übereinstim- **113**

---

[249] Die Nr. 7 SR 2 y BAT galt nach ihrem Einleitungssatz u. a. an Stelle des § 53 BAT.
[250] Dazu unten unter IV 4 c aa.

stimmend mit der Rechtslage im Anwendungsbereich der Nr. 7 Abs. 3 SR 2 y BAT ab dem zweiten Beschäftigungsmonat[251] – nicht auf die im Arbeitsverhältnis zurückgelegte Beschäftigungszeit abzustellen. Entscheidend ist vielmehr die Gesamtdauer des jetzigen befristeten Arbeitsverhältnisses und vorheriger Arbeitsverhältnisse bei demselben Arbeitgeber, die unter den in Abs. 5 Satz 2 und 3 genannten Voraussetzungen bei der Bestimmung der Kündigungsfrist zu berücksichtigen sind. Vorherige Arbeitsverhältnisse bei demselben Arbeitgeber sind bei der Bestimmung der Kündigungsfrist zu berücksichtigen, wenn sie dem jetzigen befristeten Arbeitsverhältnis ohne Unterbrechung unmittelbar vorangegangen sind („aneinandergereiht") oder eine Unterbrechung von maximal drei Monaten vorliegt (Abs. 5 Satz 3).

114   Liegt eine Unterbrechung von maximal drei Monaten vor, ist gemäß Abs. 5 Satz 3 zu prüfen, „ob das Ausscheiden von der/dem Beschäftigten verschuldet oder veranlasst war". Das Ausscheiden wurde nach dem allgemeinen Sprachgebrauch durch den Beschäftigten veranlasst, wenn er dafür gesorgt hat, dass es zum Ausscheiden kommt.[252] Dies ist der Fall, wenn die mit dem Ausscheiden einhergehende Beendigung des Arbeitsverhältnisses – z. B. bei einer Eigenkündigung des Beschäftigten – unmittelbar durch den Beschäftigten herbeigeführt wurde. Darüber hinaus kann der Beschäftigte das Ausscheiden auch bei der Beendigung des Arbeitsverhältnisses durch Ablauf einer Befristung veranlasst haben, wenn die Befristung auf Initiative des Beschäftigten in den Arbeitsvertrag aufgenommen oder ein Verlängerungsangebot des Arbeitgebers vom Beschäftigten nicht angenommen wurde. Denn in beiden Fällen ist die Beendigung des Arbeitsverhältnisses auf Handlungen des Beschäftigten zurück zu führen und erfolgte gegen den Willen des Arbeitgebers. Nicht durch den Beschäftigten veranlasst wurde das Ausscheiden, wenn der Arbeitgeber das Arbeitsverhältnis gekündigt hat. Denn dann wurde die Beendigung des Arbeitsverhältnisses, auch wenn der Grund für die Kündigung eine Verletzung arbeitsvertraglicher Pflichten durch den Beschäftigten war, unmittelbar durch den Arbeitgeber herbeigeführt.

115   Hat der Beschäftigte das Ausscheiden nicht veranlasst, wird eine Unterbrechung von maximal drei Monaten nicht berücksichtigt, wenn der Beschäftigte das Ausscheiden verschuldet hat. Dies ist der Fall, wenn der Beschäftigte vorsätzlich oder fahrlässig (§ 276 BGB) gegen seine arbeitsvertraglichen Pflichten verstoßen hat, und dieser Verstoß der Grund für die Beendigung des Arbeitsverhältnisses war. Das Ausscheiden ist z. B. dann durch den Beschäftigten verschuldet, wenn der Arbeitgeber das Arbeitsverhältnis aufgrund eines vorsätzlichen Verstoßes des Beschäftigten gegen seine arbeitsvertraglichen Pflichten aus verhaltensbedingten Gründen gekündigt oder ein befristetes Arbeitsverhältnis nicht verlängert hat.

116   Die Unterbrechungszeit selbst bleibt nach Abs. 5 Satz 4 unberücksichtigt. Die Gesamtdauer der Arbeitsverhältnisse bei demselben Arbeitgeber, anhand der die einschlägige Kündigungsfrist zu bestimmen ist, ergibt sich also aus einer Addition der Dauern der einzelnen zu berücksichtigenden Arbeitsverhältnisse.

---

[251] Vgl. zu Nr. 7 Abs. 3 SR 2 y BAT Dassau/Wiesend-Rothbrust BAT Kompaktkommentar SR 2 y Rn. 111.
[252] Vgl. DUDEN Deutsches Universalwörterbuch Stichwort „veranlassen".

Die Berechnung der in Abs. 5 Satz 2 geregelten Kündigungsfristen erfolgt nach **117**
den §§ 186 ff. BGB. Die Kündigungsfrist beginnt grundsätzlich mit dem Zugang
der Kündigung. Bis zu einer Gesamtdauer von insgesamt zwei Jahren kann das
Arbeitsverhältnis zum Schluss eines Kalendermonats gekündigt werden. Ist die
Gesamtdauer länger als zwei Jahre, ist eine Kündigung nur zum Schluss eines Ka-
lendervierteljahres (31.3., 30.6., 30.9. und 31.12.) möglich. In Bezug auf die in
Abs. 5 Satz 2 genannten Zeiträumen (sechs Monate, ein Jahr, zwei Jahre und drei
Jahre) ist zu beachten, dass bei einer Gesamtdauer, die genau einem der genannten
Zeiträume entspricht, eine Kündigung mit der nächst kürzeren Kündigungsfrist
und dem dieser Kündigungsfrist zugeordneten Kündigungstermin möglich ist.
Denn die längere Kündigungsfrist greift nur dann ein, wenn die Gesamtdauer den
genannten Zeitraum überschreitet („mehr").

dd) Nicht erfasste Fälle
Überschreitet die Gesamtdauer der zu berücksichtigenden Arbeitsverhältnisse **118**
sechs Monate nicht, kann Abs. 5 Satz 2 keine Kündigungsfrist für eine (aufgrund
einzelvertraglicher Vereinbarung mögliche)[253] vorzeitige ordentliche Kündigung
des befristeten Arbeitsverhältnisses nach Ablauf der Probezeit entnommen werden. Gleiches gilt bei zweckbefristeten und auflösend bedingten Arbeitsverträgen:[254] Da das Arbeitsverhältnis bei diesen Befristungsformen mit dem Eintritt eines zukünftigen Ereignisses enden soll, kann eine Gesamtdauer der zu berücksichtigenden Arbeitsverhältnisse und damit auch eine nach Abs. 5 Satz 2 einschlägige
Kündigungsfrist überhaupt nicht bestimmt werden. Nach der Systematik des Abs.
5 Satz 2 und 3[255] muss in diesen Fällen auf § 34 Abs. 1 TVöD zurückgegriffen
werden. Für die Bestimmung der Kündigungsfrist ist – wie bei unbefristeten Arbeitsverhältnissen – die im Arbeitsverhältnis zurückgelegte Beschäftigungszeit
maßgebend.

IV. Exkurs: Kündigung sonstiger befristeter Arbeitsverträge

Abs. 5 gilt, wie sich aus der korrigierten Fassung des Abs. 1 Satz 2 ergibt, nur für **119**
befristete Arbeitsverträge, für die nach Abs. 1 Satz 2 die in den Abs. 2 bis 5 geregelten Besonderheiten gelten.[256] Die Kündigung von befristeten Arbeitsverträgen,
für die die in Abs. 2 bis 5 geregelten Besonderheiten nicht gelten, richtet sich nach
den allgemeinen Regeln über die Kündigung von Arbeitsverhältnissen, insbesondere § 34 TVöD. Die einschlägige Kündigungsfrist ist § 34 Abs. 1 TVöD zu entnehmen. Wegen § 15 Abs. 3 TzBfG[257] stellt sich die Vorfrage, ob die ordentliche
Kündigung eines befristeten Arbeitsvertrages überhaupt möglich ist:

1. Kündbarkeit innerhalb der Probezeit

Eine ausdrückliche Regelung über die vorzeitige ordentliche Kündigung innerhalb **120**
der Probezeit enthält Abs. 4 Satz 2 für befristete Arbeitsverträge, für die gemäß

---

[253] Dazu oben unter IV 3 c.
[254] Zu diesen Befristungsformen oben unter II 2 b cc und dd.
[255] Dazu oben unter IV 4 a.
[256] Zur ursprünglichen Fassung des Abs. 1 Satz 2 oben unter I und unter III 6 b.
[257] Dazu oben unter III 6 c aa.

Abs. 1 Satz 2 die in Abs. 2 bis 5 geregelten Besonderheiten gelten.[258] Für sonstige befristete Arbeitsverträge enthält der TVöD keine ausdrückliche Regelung. Vor dem Hintergrund des bisherigen Tarifrechts[259] kann nicht davon ausgegangen werden, dass die Tarifvertragsparteien bei allen befristeten Arbeitsverträgen, auf die Abs. 4 Satz 2 keine Anwendung findet, die Möglichkeit der vorzeitigen ordentlichen Kündigung innerhalb der Probezeit ausschließen wollten. Abs. 4 Satz 2 bewirkt, dass innerhalb der Probezeit – in Abweichung zu Nr. 7 Abs. 3 SR 2 y BAT – alle befristeten Arbeitverträge in seinem Anwendungsbereich vorzeitig ordentlich gekündigt werden können. Mit dieser Ausweitung der vorzeitigen ordentlichen Kündigungsmöglichkeit gegenüber dem bisherigen Tarifrecht ließe sich nur schwer vereinbaren, dass die von Abs. 4 Satz 2 nicht erfassten befristeten Arbeitsverträge innerhalb der Probezeit überhaupt nicht vorzeitig ordentlich gekündigt werden können.

121   Die Tarifvertragsparteien dürften vielmehr davon ausgegangen sein, dass befristete Arbeitsverträge, die nicht von Abs. 4 Satz 2 erfasst werden, innerhalb der Probezeit (§ 2 Abs. 4 TVöD) ohne weiteres ordentlich gekündigt werden können. Dies entspricht auch dem Zweck einer Probezeit: In der Probezeit soll einerseits dem Arbeitgeber Gelegenheit gegeben werden, die Eignung des Arbeitnehmers zu überprüfen, und andererseits dem Arbeitnehmer ermöglicht werden zu entscheiden, ob die Arbeitsaufgabe und die Verhältnisse im Betrieb seinen Erwartungen entsprechen.[260] Diesem Zweck kann – auch bei befristeten Arbeitsverträgen – nur entsprochen werden, wenn sich die Arbeitsvertragsparteien innerhalb der Probezeit möglichst schnell wieder voneinander lösen können. Aus § 2 Abs. 4 TVöD folgt deshalb, dass auch befristete Arbeitsverträge, die nicht von Abs. 4 Satz 2 erfasst werden, innerhalb der Probezeit vorzeitig ordentlich gekündigt werden können.[261]

122   Folgt man dem nicht, wird sich aus der Vereinbarung einer Probezeit im Arbeitsvertrag im Regelfall auf den Willen der Arbeitsvertragsparteien schließen lassen, das befristete Arbeitsverhältnis während der Probezeit ordentlich kündigen zu können.[262] Dem vorsichtigen Arbeitgeber ist freilich zu empfehlen, die Kündigungsmöglichkeit innerhalb der Probezeit ausdrücklich im Arbeitsvertrag zu vereinbaren.

2. Kündbarkeit nach Ablauf der Probezeit

123   Eine ausdrückliche Regelung über die vorzeitige ordentliche Kündigung nach Ablauf der Probezeit enthält Abs. 5 Satz 1 für befristete Arbeitsverträge, für die gemäß Abs. 1 Satz 2 die in Abs. 2 bis 5 geregelten Besonderheiten gelten.[263] Für sonstige befristete Arbeitsverträge enthält der TVöD keine ausdrückliche Rege-

---

[258] Dazu oben unter III 5.

[259] Dazu oben unter III 6 c bb.

[260] BAG, Urt. v. 12.06.1996 – 7 AZR 31/96, AP Nr. 27 zu § 611 BGB Musiker unter I 1; APS/Linck § 622 BGB Rn. 83.

[261] So allgemein für die Vereinbarung einer Probezeit BAG, Urt. v. 04.07.2001 – 2 AZR 88/00, NZA 2002, 172; APS/Linck § 622 BGB Rn. 87 ff.; ErfK/Müller-Glöge § 15 TzBfG Rn. 15; kritisch APS/Backhaus § 15 TzBfG Rn. 24.

[262] Vgl. BAG 04.07.2001 – 2 AZR 88/00, NZA 2002, 172.

[263] Dazu oben unter III 6 c cc.

lung. Anders als hinsichtlich der Kündbarkeit innerhalb der Probezeit kann auch nicht aus sonstigen Regelungen geschlossen werden, dass die Tarifvertragsparteien von der Möglichkeit, dass ein befristetes Arbeitsverhältnis nach Ablauf der Probezeit ordentlich gekündigt werden kann, ausgegangen sind. Ein befristeter Arbeitsvertrag, für den nach Abs. 1 Satz 2 die in Abs. 2 bis 5 geregelten Besonderheiten nicht gelten, unterliegt deshalb nur dann der ordentlichen Kündigung, wenn dies im Arbeitsvertrag vereinbart wird.

V. Verhältnis zur Führung auf Probe/Zeit, Abs. 6

Nach Abs. 6 bleiben die §§ 31 und 32 TVöD von den Regelungen der Abs. 3 bis 5 **124** unberührt. Nach §§ 31, 32 TVöD kann eine Führungsposition „auf Probe" als befristetes Arbeitsverhältnis bis zur Gesamtdauer von zwei Jahren (§ 31 Abs. 1 Satz 1 TVöD), eine Führungsposition „auf Zeit" als befristetes Arbeitsverhältnis bis zur Dauer von vier Jahren (§ 32 Abs. 1 Satz 1 TVöD) vereinbart werden. Bei der Führung auf Zeit ist nach § 32 Abs. 1 Satz 2 TVöD – abhängig von der Entgeltgruppe – eine höchstens dreimalige Verlängerung bis zu einer Gesamtdauer von 12 Jahren zulässig.

Für befristete Arbeitsverträge, die die Übertragung einer Führungsposition im **125** Sinne der §§ 31, 32 TVöD zum Gegenstand haben, gelten die Abs. 3 bis 5 gemäß Abs. 6 nicht („… bleiben von … unberührt."). Folge ist, dass die in Abs. 3 und 5 geregelten Besonderheiten auf diese befristeten Arbeitsverträge nicht anzuwenden sind.

Da Abs. 1 und 2 in Abs. 6 nicht aufgeführt sind, gelten sie auch für befristete **126** Arbeitsverträge, die die Übertragung einer Führungsposition im Sinne der §§ 31, 32 TVöD zum Gegenstand haben. Insbesondere die in Abs. 2 geregelten Besonderheiten können also, falls die Voraussetzungen des Abs. 1 Satz 2 gegeben sind, einschlägig sein. Allerdings ist Abs. 2 nur auf kalendermäßig befristete Arbeitsverträge mit sachlichem Grund anzuwenden.[264] Falls die Befristung eines Arbeitsvertrags, mit dem eine Führungsposition im Sinne der §§ 31, 32 TVöD übertragen wird, durch einen sachlichen Grund im Sinne des § 14 Abs. 1 TzBfG gerechtfertigt ist, sind die weitergehenden Regelungen in Abs. 2 zu beachten. Als sachliche Gründe kommen bei der Führung auf Probe insbesondere § 14 Abs. 1 Satz 2 Nr. 5 TzBfG,[265] bei der Führung auf Zeit insbesondere § 14 Abs. 1 Satz 2 Nr. 1 TzBfG[266] in Betracht. Nicht anwendbar ist Abs. 2, wenn die Befristung auf § 14 Abs. 2 Satz 1 und 2 TzBfG, bei der Führung auf Zeit ggf. in Verbindung mit §§ 14 Abs. 2 Satz 3 und 4 TzBfG, 32 TVöD, beruht.[267]

---

[264] Dazu oben unter III 3 a.
[265] Dazu oben unter II 2 c ff.
[266] Dazu oben unter II 2 c bb.
[267] Dazu ausführlich unter §§ 31, 32 TVöD.

VI. Übergangsfälle

127 Befristete Arbeitsverträge, die auf der Grundlage des bisherigen Tarifrechts, insbesondere der SR 2 y BAT, abgeschlossen wurden, werden gemäß § 3 TVÜ-Bund/TVÜ-VKA am 01.10.2005 in den TVöD übergeleitet. Eine Übergangsregelung für befristete Arbeitsverträge ist weder im TVÜ-Bund/TVÜ-VKA noch im TVöD selbst enthalten. Maßgeblich für Beurteilung der Wirksamkeit einer Befristungsabrede sind die bei Vertragsabschluss vorliegenden Umstände.[268] Nach dem Vertragsabschluss eintretende Entwicklungen führen daher weder nachträglich zur Unwirksamkeit einer wirksamen Vereinbarung, noch sind sie in der Lage, eine zunächst unwirksame Vereinbarung nachträglich zu heilen. Während des Laufs des Arbeitsverhältnisses eintretende Rechtsänderungen wirken sich nur dann auf die Befristungsabrede aus, wenn sie gerade hierauf gerichtet sind.[269]

128 Dem TVöD ist nicht zu entnehmen, dass durch seine Einführung befristete Arbeitsverträge, die auf der Grundlage des bisherigen Tarifrechts abgeschlossen wurden, beeinflusst werden sollen. An der Unwirksamkeit einer Befristung wegen eines Verstoßes gegen eine Vorschrift der SR 2 y BAT ändert sich deshalb durch die Überleitung in den TVöD nichts. Dies gilt auch dann, wenn die Befristung nach § 30 TVöD wirksam wäre. § 30 TVöD ist auf alle Sachverhalte anzuwenden, die sich seit dem 01.10.2005 in seinem Geltungsbereich verwirklichen. Dazu gehören der Neuabschluss eines befristeten Arbeitsvertrags und die Verlängerung eines auf der Grundlage des alten Tarifrechts abgeschlossenen befristeten Arbeitsvertrags gemäß § 14 Abs. 2 Satz 1 TzBfG.[270] Für diese Sachverhalte hat das alte Tarifrecht, insbesondere die SR 2 y BAT, keine Bedeutung mehr.

129 Die Korrektur des Abs. 1 Satz 2 im Dezember 2005[271] führt nicht dazu, dass auf die zwischen dem 01.10.2005 und der Korrektur abgeschlossenen befristeten Arbeitsverträge, für die nach Abs. 1 Satz 2 die in Abs. 2 bis 5 (bis zur Korrektur: 4) geregelten Besonderheiten an sich nicht gelten, Abs. 5 anzuwenden wäre. Denn die Korrektur ist rückwirkend zum 13.09.2005, also rückwirkend zum Zeitpunkt des Abschlusses des TVöD, erfolgt. Daraus folgt, dass die „nicht korrigierte" Fassung keine Wirkung entfalten sollte. Die Korrektur war also notwendigerweise darauf gerichtet, sich auf die zwischen dem 01.10.2005 und der Korrektur abgeschlossenen befristeten Arbeitsverträge auszuwirken.

---

[268] BAG, Urt. v. 24.10.2001 – 7 AZR 542/00, AP Nr. 229 zu § 620 BGB Befristeter Arbeitsvertrag unter B II 2 a; so auch ErfK/Müller-Glöge § 14 TzBfG Rn. 21 mit weiteren Nachweisen.

[269] So ausdrücklich BAG, Urt. v. 20.02.2002 – 7 AZR 748/00, AP Nr. 18 zu § 620 BGB Altersgrenze unter B II 3 a.

[270] So für die Verlängerung eines gemäß § 1 Abs. 1 BeschFG 1996 befristeten Arbeitsvertrags nach § 14 Abs. 2 Satz 1 TzBfG BAG, Urt. v. 15.01.2003 – 7 AZR 346/02, NZA 2003, 914; dazu ErfK/Müller-Glöge § 14 TzBfG Rn. 115 mit weiteren Nachweisen.

[271] Dazu oben unter I und unter III 6 b.

§ 31 Führung auf Probe

(1) ¹Führungspositionen können als befristetes Arbeitsverhältnis bis zur Gesamtdauer von zwei Jahren vereinbart werden. ²Innerhalb dieser Gesamtdauer ist eine höchstens zweimalige Verlängerung des Arbeitsvertrages zulässig. ³Die beiderseitigen Kündigungsrechte bleiben unberührt.

(2) Führungspositionen sind die ab Entgeltgruppe 10 zugewiesenen Tätigkeiten mit Weisungsbefugnis.

(3) ¹Besteht bereits ein Arbeitsverhältnis mit demselben Arbeitgeber, kann der/dem Beschäftigten vorübergehend eine Führungsposition bis zu der in Absatz 1 genannten Gesamtdauer übertragen werden. ²Der/Dem Beschäftigten wird für die Dauer der Übertragung eine Zulage in Höhe des Unterschiedsbetrags zwischen den Tabellenentgelten nach der bisherigen Entgeltgruppe und dem sich bei Höhergruppierung nach § 17 Abs. 4 Satz 1 und 2 ergebenden Tabellenentgelt gewährt. ³Nach Fristablauf endet die Erprobung. ⁴Bei Bewährung wird die Führungsfunktion auf Dauer übertragen; ansonsten erhält die/der Beschäftigte eine der bisherigen Eingruppierung entsprechende Tätigkeit.

I. Einführung

§ 31 TVöD regelt die Vereinbarung bzw. Übertragung von Führungspositionen auf Probe. Eine solche Regelung war – ebenso wie die in § 32 TVöD getroffene Regelung zur Vereinbarung bzw. Übertragung von Führungspositionen auf Zeit – im Tarifrecht des BAT/BMT-G/MTArb bisher nicht vorgesehen. Die §§ 31, 32 TVöD stellen somit völlige Neuerungen im Tarifrecht des öffentlichen Dienstes dar. Durch die Aufnahme der §§ 31, 32 TVöD sollten für die öffentlichen Arbeitgeber Instrumente geschaffen werden, die im Gegensatz zur dauerhaften die befristete Vereinbarung bzw. Übertragung von Führungspositionen ermöglichen sollen. Die öffentlichen Arbeitgeber sollen ihre Personalentwicklung in diesem Bereich leistungsbezogen durchführen und die Führungsqualitäten der betreffenden Mitarbeiter verbessern können[1]. Die Bewerber können zunächst auf ihre Eignung hin geprüft werden. Dies wiederum trägt zur Verbesserung der Wettbewerbsfähigkeit und zu höherer Effizienz des öffentlichen Dienstes bei. Ziel des § 31 TVöD ist dabei grundsätzlich die Vereinbarung bzw. Übertragung der Führungsposition auf Dauer. § 31 TVöD unterscheidet dabei zwischen der Vereinbarung von Führungspositionen auf Probe mit externen Bewerbern und der Übertragung von Führungspositionen auf Probe auf interne Bewerber.

II. Externe Bewerber

2   Nach § 31 Abs. 1 Satz 1 TVöD können Führungspositionen als befristetes Arbeitsverhältnis bis zur Gesamtdauer von zwei Jahren vereinbart werden. Weil sich § 31 Abs. 3 TVöD auf die Fälle bezieht, in denen bereits ein Arbeitsverhältnis mit demselben Arbeitgeber besteht, lässt sich daraus für § 31 Abs. 1 TVöD schließen, dass diese Regelung die Vereinbarung von Führungspositionen mit externen Bewerbern betrifft. Dabei handelt es sich dann um einen externen Bewerber, wenn noch kein Arbeitsverhältnis mit demselben Arbeitgeber besteht, also mit dem Arbeitgeber, der einen Bewerber für eine Führungsposition sucht (siehe § 31 Abs. 3 TVöD).

1. Führungspositionen

3   Nach § 31 Abs. 2 TVöD sind Führungspositionen die ab Entgeltgruppe 10 zugewiesenen Tätigkeiten mit Weisungsbefugnis. Dies sind die Tätigkeiten nach der ersten Heraushebungsstufe nach der Fachhochschulausbildung. Die Eingruppierung in Entgeltgruppe 10 sowie das Bestehen von Weisungsbefugnis sind Merkmale, die kumulativ vorliegen müssen, um von einer Führungsposition sprechen zu können. Fehlt eines dieser Merkmale, liegt keine Führungsposition vor. Für das Merkmal der Weisungsbefugnis ergibt sich das bereits daraus, dass eine Führungsposition nur schlecht ausgefüllt werden kann, wenn keine Weisungsbefugnis besteht.

4   Weisungsbefugnis meint das Direktionsrecht des Arbeitgebers gem. § 106 GewO.[2] Danach kann der Arbeitgeber die vom Arbeitnehmer geschuldeten Leistungspflichten, welche im Arbeitsvertrag nur rahmenmäßig beschrieben sind, nach Zeit, Ort und Art, bestimmen.[3] Das Direktionsrecht kann sich auch auf Ordnung und Verhalten des Arbeitnehmers im Betrieb beziehen.[4] Eine Führungsposition liegt nicht vor, wenn einer Person eine höherwertige Tätigkeit übertragen wird, die einer Entgeltgruppe angehört, die unterhalb der Entgeltgruppe 10 liegt. In diesem

---

[1]   Bundesministerium des Innern, Durchführungsrundschreiben TVöD v. 22.12.2005 – DII2 – 220 210-2/0 - § 31 Ziff. 1.

[2]   Bredendiek/Fritz/Tewes, ZTR 2005, 230, 242.

[3]   Siehe nur ErfK/Preis, § 611 Rn. 275.

[4]   Siehe nur ErfK/Preis, § 611 Rn. 275.

Fall kommt aber die vorübergehende Ausübung einer höherwertigen Tätigkeit gem. § 14 TVöD in Betracht. Der Tarifvertrag fordert nur allgemein das Vorliegen von Weisungsbefugnis. Nicht geregelt ist, ob die Weisungsbefugnis gegenüber einer bestimmten Anzahl von Personen vorliegen muss. Demnach ist davon auszugehen, dass es genügt, wenn die Weisungsbefugnis auch nur gegenüber einer Person besteht.

2. Vereinbarung einer Führungsposition auf Probe

a) Befristetes Arbeitsverhältnis

Die Führungspositionen können nach § 31 Abs. 1 Satz 1 TVöD als befristetes Arbeitsverhältnis bis zur Gesamtdauer von zwei Jahren vereinbart werden. Innerhalb dieser Gesamtdauer ist eine höchstens zweimalige Verlängerung des Arbeitsvertrages zulässig (§ 31 Abs. 1 Satz 2 TVöD). Da lediglich geregelt wurde, dass die Führungspositionen im Rahmen eines befristeten Arbeitsverhältnisses übertragen werden, für dieses befristete Arbeitsverhältnis aber keine gesonderten Regelungen getroffen wurden, gilt insoweit § 14 TzBfG und die hierzu entwickelte Rechtsprechung.

Die Befristung eines Arbeitsverhältnisses ist nach § 14 TzBfG zulässig, wenn ein sachlicher Grund vorliegt (§ 14 Abs. 1 TzBfG) oder, wenn ein solcher nicht vorliegt, für die Dauer von zwei Jahren (§ 14 Abs. 2 TzBfG). Dadurch, dass ein befristetes Arbeitsverhältnis ohne Sachgrund nur abgeschlossen werden kann, wenn mit demselben Arbeitgeber nicht bereits zuvor ein befristetes oder unbefristetes Arbeitsverhältnis bestanden hat (§ 14 Abs. 2 Satz 2 TzBfG), ist bei einer entsprechenden Vorbeschäftigung das Vorliegen eines Sachgrundes von Vorteil. Auch wenn in § 31 Abs. 1 TVöD hiervon nicht ausdrücklich die Rede ist, ergibt sich doch aus der Überschrift, aus § 31 Abs. 3 TVöD sowie aus dem Zusammenhang mit § 32 TVöD, dass es bei § 31 Abs. 1 TVöD um befristete Arbeitsverhältnisse zur Probe geht. Insoweit wird durch § 31 Abs. 1 TVöD nicht die Möglichkeit eingeräumt, undifferenziert befristete Arbeitsverhältnisse abzuschließen. Ein Verstoß gegen § 22 Abs. 1 TzBfG liegt somit nicht vor. Die Befristung des Arbeitsverhältnisses zur Führung auf Probe stellt eine kalendermäßige Befristung mit dem Sachgrund der Erprobung gem. § 14 Abs. 1 Satz 2 Nr. 5 TzBfG dar.[5] Dem liegt der Gedanke zugrunde, dass der Arbeitgeber i.d.R. den Wunsch haben wird, die fachliche und persönliche Eignung des betreffenden Beschäftigten zu testen, bevor er mit ihm ein unbefristetes Arbeitsverhältnis eingeht. § 31 TVöD betrifft eine solche Erprobung, wobei sie sich speziell auf die Vereinbarung bzw. Übertragung von Führungspositionen bezieht. Nach der Rechtsprechung des BAG rechtfertigt die Erprobung nur dann die Befristung eines Arbeitsverhältnisses, wenn der Arbeitgeber bei Bewährung des Bewerbers tatsächlich beabsichtigt, diesem die Eingehung eines unbefristeten Arbeitsverhältnisses anzubieten.[6] § 31 TVöD ist aber gerade auf den Abschluss eines unbefristeten Arbeitsvertrags bei entsprechender Bewährung des Bewerbers gerichtet.

Der Gesetzgeber hat bei § 14 Abs. 1 Satz 2 Nr. 5 TzBfG nicht geregelt, bis zu welcher Gesamtdauer ein Arbeitsverhältnis zur Erprobung befristet werden kann.

---

[5] Siehe hierzu die Kommentierung zu § 30 TVöD unter II 2 c).
[6] BAG, Urt. v. 12.09.1996 – 7 AZR 31/96, NZA 1997, 841.

Von dieser Gesamtdauer wird i.d.R. auf das Vorliegen des Sachgrundes der Erprobung geschlossen werden. Aufgrund dessen muss es sich um eine angemessene Dauer der Befristung handeln.[7] Insoweit wird in Anlehnung an § 1 Abs. 1 KSchG und die Regelungen zur Kündigung während der Probezeit davon ausgegangen, dass grundsätzlich eine Frist von sechs Monaten zur Erprobung ausreichend ist.[8] Aber auch eine länger als sechs Monate andauernde Frist zur Erprobung kann angemessen sein. Anhaltspunkt für die Angemessenheit einer solchen Frist können tarifvertraglich vereinbarte Fristen sein.[9] Außerdem kann sich die Angemessenheit der Frist auch aus den besonderen Anforderungen an den Arbeitsplatz ergeben, wenn nur auf diesem Wege festgestellt werden kann, ob der Beschäftigte für die Aufgabe geeignet ist und die gewünschten Leistungen erbringt.[10] Die zweijährige Frist des § 31 TVöD stellt eine solche tarifvertraglich vereinbarte Frist dar. Außerdem geht es bei der Vereinbarung von Führungspositionen um Aufgaben, die das Führen, also das Leiten und Lenken, anderer Beschäftigter sowie die Erteilung von Weisungen an diese Beschäftigten betreffen. Letzten Endes ist aber wohl auf die jeweilige Führungsposition selbst und den jeweiligen Bewerber abzustellen, um beurteilen zu können, ob die Frist von zwei Jahren tatsächlich noch angemessen ist. Hinsichtlich der Beurteilung der Zulässigkeit der Zwei-Jahres-Frist wird aber die Rechtsprechung abzuwarten sein.

8   Weitere Voraussetzung für eine zulässige Befristung des Arbeitsverhältnisses zur Erprobung ist, dass sich der Beschäftigte nicht bereits in einem vorangegangenen Arbeitsverhältnis mit demselben Arbeitgeber für dieselbe Aufgabe als geeignet und entsprechend leistungsfähig erwiesen hat.[11] In diesem Fall ist die Erprobung nämlich bereits im vorangegangenen Arbeitsverhältnis erfolgt. Die Befristung des Arbeitsverhältnisses ist dann auch nicht gem. § 14 Abs. 2 Satz 1 TzBfG zulässig, da mit demselben Arbeitgeber bereits zuvor ein Arbeitsverhältnis bestanden hat (§ 14 Abs. 2 Satz 2 TzBfG).[12] Grundsätzlich schließt aber das Vorliegen des Sachgrundes der Erprobung nicht die Möglichkeit einer kalendermäßigen Befristung ohne Sachgrund gem. § 14 Abs. 2 TzBfG aus.[13] Insoweit stellt § 14 Abs. 2 TzBfG einen Auffangtatbestand dar. Auch aus § 31 TVöD ergibt sich nicht, dass diese Möglichkeit ausgeschlossen werden sollte.

b) Schriftformerfordernis

9   Bei Abschluss eines Arbeitsvertrages gem. § 31 TVöD ist des Weiteren die nach § 14 Abs. 4 TzBfG vorgeschriebene Schriftform zu berücksichtigen.[14] Danach bedarf die Befristung eines Arbeitsvertrags zu ihrer Wirksamkeit der Schriftform (§§ 126, 126a BGB). Dabei ist zu berücksichtigen, dass der Abschluss eines Ar-

---

7   BAG, Urt. v. 15.03.1978 – 5 AZR 831/76, AP Nr. 45 zu § 620 BGB Befristeter Arbeitsvertrag.
8   ErfK/Müller-Glöge § 14 TzBfG Rn. 69.
9   ErfK/Müller-Glöge § 14 TzBfG Rn. 69.
10   BAG, Urt. v. 12.09.1996 – 7 AZR 31/96, NZA 1997, 841.
11   BAG, Urt. v. 12.02.1981 – 2 AZR 1108/78, AP Nr. 1 zu § 5 BAT; Bredendiek/Fritz/Tewes, ZTR 2005, 230, 242.
12   Siehe zum „Zuvor-Arbeitsverhältnis" nur ErfK/Müller-Glöge, § 14 TzBfG Rn. 119ff.
13   Meinel/Heyn/Herms § 14 Rn. 90.
14   Siehe hierzu bereits die Kommentierung zu § 30 TVöD unter II 2 b) ee).

beitsvertrags nach wie vor formfrei möglich ist (es ist aber § 2 Abs. 1, 3 TVöD zu beachten). Lediglich die Befristungsabrede ist formbedürftig. Bei Nichteinhaltung der Schriftform ist die Befristung unwirksam (§ 125 Satz 1 BGB). Der Arbeitsvertrag im Übrigen ist aber wirksam, weshalb in diesem Fall ein unbefristetes Arbeitsverhältnis entsteht (§ 16 Satz 1 TzBfG). Dies ist zu berücksichtigen, bevor ein Mitarbeiter eine Tätigkeit aufnimmt, die ihm nur befristet übertragen werden soll. Wird diese Befristung nur mündlich vereinbart und erst nach Aufnahme der Tätigkeit schriftlich niedergelegt, so ist mit Aufnahme der Tätigkeit ein unbefristetes Arbeitsverhältnis zustande gekommen. Die nachträgliche schriftliche Niederlegung ändert daran nichts, da darin keine Bestätigung i.S.d. § 141 BGB zu sehen ist.[15] Die nachträgliche Befristung eines unbefristeten Arbeitsvertrags ist zwar möglich. Dies gilt auch, wenn eine Befristung mangels Schriftform unwirksam ist und deshalb ein unbefristetes Arbeitsverhältnis zustande kam. Voraussetzung für eine nachträgliche Befristung in diesem Fall ist aber das Vorliegen übereinstimmender Willenserklärungen, die darauf gerichtet sind, das unbefristete Arbeitsverhältnis tatsächlich in ein befristetes Arbeitsverhältnis umzuwandeln und nicht lediglich festzuhalten, was vorher mündlich vereinbart worden war.[16]

3. Verlängerungsmöglichkeit

Die Führungspositionen können bis zu einer Gesamtdauer von zwei Jahren vereinbart werden. Diese Zeit muss vom Arbeitgeber nicht voll ausgeschöpft werden. Die Dauer der befristeten Arbeitsverhältnisse kann auch weniger als zwei Jahre betragen. In diesem Fall ist eine zweimalige Verlängerung des Arbeitsvertrags möglich. Unter einer Verlängerung ist die einvernehmliche Abänderung des Endtermins zu verstehen.[17] Dabei ist zu beachten, dass im Zeitpunkt der Verlängerung lediglich die Befristungsdauer abgeändert wird, der sonstige Vertragsinhalt muss unverändert bleiben.[18] Die Einigung über die Verlängerung der Befristungsdauer muss noch während des Laufs der ursprünglich vereinbarten Befristungsdauer zustande kommen.[19] Insoweit sind hier die zur Verlängerungsmöglichkeit gem. § 14 Abs. 2 Satz 1 TzBfG geltenden Grundsätze anzuwenden. Zu berücksichtigen ist des Weiteren, dass trotz der Verlängerung die Gesamtdauer des Arbeitsverhältnisses nicht mehr als zwei Jahre betragen darf.

10

4. Entgelt

Wird eine Führungsposition mit einem externen Bewerber vereinbart, wird dieser in die Entgeltgruppe eingruppiert, die der vereinbarten Führungsposition entspricht. Aufgrund dessen erhält der externe Bewerber für die Führungsposition an sich keine gesonderte Zulage oder Attraktivitätsprämie. Die Stufenzuordnung richtet sich nach den allgemeinen Grundsätzen. Bei Bewährung des externen Bewerbers auf der Führungsposition und Abschluss eines unbefristeten Arbeitsver-

11

[15] BAG, Urt. v. 01.12.2004 – 7 AZR 198/04, NZA 2005, 575.
[16] BAG, Urt. v. 01.12.2004 – 7 AZR 198/04, NZA 2005, 575.
[17] ErfK/Müller-Glöge § 14 TzBfG Rn. 114.
[18] BAG, Urt. v. 26.07.2000 – 7 AZR 51/99, DB 2001, 100.
[19] BAG, Urt. v. 25.10.2000 – 7 AZR 483/99, NZA 2001, 659.

trags ist der externe Bewerber auch hier in die der Führungsposition entsprechende Entgeltgruppe einzugruppieren.

5. Fristablauf

12 Nach Ablauf der vereinbarten Frist endet das Arbeitsverhältnis. Soll bei entsprechender Bewährung mit dem externen Bewerber die Führungsposition auf Dauer vereinbart werden, ist ein entsprechender Arbeitsvertrag abzuschließen. Zu beachten ist, dass eine weitere Befristung gem. § 14 Abs. 2 Satz 1 TzBfG – also ohne Sachgrund bis zur Dauer von zwei Jahren – in diesem Fall nicht mehr möglich ist, da hier § 14 Abs. 2 Satz 2 TzBfG greift. Sollte sich der externe Bewerber auf der Führungsposition nicht bewährt haben, ist zu berücksichtigen, dass er nach Fristablauf nicht weiter beschäftigt wird. Denn nach § 15 Abs. 5 TzBfG gilt das Arbeitsverhältnis als auf unbestimmte Zeit verlängert, wenn es nach Ablauf der Zeit, für die es eingegangen ist, mit Wissen des Arbeitgebers fortgesetzt wird und der Arbeitgeber nicht unverzüglich widerspricht.

6. Kündigungsmöglichkeit

13 Gem. § 30 Abs. 6 TVöD kommen bei den §§ 31, 32 TVöD die Regelungen der Absätze 3 bis 5 des § 30 TVöD nicht zur Anwendung. Somit gelten auch die Regelungen zur Kündigungsmöglichkeit bei befristeten Arbeitsverträgen gem. § 30 Abs. 5 TVöD für § 31 TVöD nicht. Nach § 31 Abs. 1 Satz 3 TVöD bleiben aber die beiderseitigen Kündigungsrechte unberührt. Daraus folgt, dass eine außerordentliche Kündigung – bei Vorliegen der Voraussetzungen – jederzeit möglich ist. Die ordentliche Kündigung richtet sich nach § 15 TzBfG. Danach unterliegt ein befristetes Arbeitsverhältnis nur dann der ordentlichen Kündigung, wenn dies einzelvertraglich oder im anwendbaren Tarifvertrag vereinbart wurde (§ 15 Abs. 3 TzBfG). Da letzteres nicht der Fall ist, sollte auf jeden Fall die Möglichkeit der ordentlichen Kündigung im Arbeitsvertrag vereinbart werden.[20]

7. Beteiligung des Betriebs-/Personalrats

14 Beim Abschluss eines befristeten Arbeitsverhältnisses zur Führung auf Probe gem. § 31 Abs. 1 TVöD sind die Mitbestimmungsrechte des Betriebsrats gem. § 99 BetrVG bzw. des Personalrats gem. § 75 BPersVG zu beachten. Das gilt auch bei der Verlängerung des Arbeitsvertrags im Rahmen der Möglichkeiten des § 31 Abs. 1 TVöD. Wurde eine Kündigungsmöglichkeit vereinbart und will der Arbeitgeber von seinem Kündigungsrecht Gebrauch machen, ist der Betriebsrat gem. § 102 BetrVG, der Personalrat gem. § 79 BPersVG zu hören.

III. Interne Bewerber

15 Besteht bereits ein Arbeitsverhältnis mit demselben Arbeitgeber, kann der/dem Beschäftigten gem. § 31 Abs. 3 Satz 1 TVöD vorübergehend eine Führungsposition bis zu der in Absatz 1 genannten Gesamtdauer übertragen werden. Nach seinem Wortlaut bezieht sich § 31 Abs. 3 TVöD auf interne Bewerber, also Beschäftigte, die bereits mit dem Arbeitgeber, der die Führungsposition übertragen will, in einem Arbeitsverhältnis stehen.

---

[20] Siehe zur ordentlichen Kündigung bei befristeten Arbeitsverträgen die Kommentierung zu § 30 TVöD unter IV.

1. Führungsposition

Der Begriff der Führungspositionen ist in § 31 Abs. 3 TVöD genauso zu verstehen   **16**
wie in § 31 Abs. 1 TVöD. Demnach sind Führungspositionen i.S.v. § 31 Abs. 3
TVöD die ab Entgeltgruppe 10 zugewiesenen Tätigkeiten mit Weisungsbefugnis
(§ 31 Abs. 2 TVöD).[21]

2. Vorübergehende Übertragung der Führungsposition

Auch bei der Übertragung einer Führungsposition auf interne Bewerber handelt es   **17**
sich um den Abschluss eines befristeten Arbeitsvertrages.

a) Übertragung durch Vertrag

Bei der vorübergehenden Übertragung einer Führungsposition stellt sich die Fra-   **18**
ge, ob die Zulässigkeit dieser Übertragung anhand von § 14 TzBfG zu überprüfen
ist. Dies ist nicht der Fall, wenn die Führungsposition im Rahmen der Ausübung
des Direktionsrechts durch den Arbeitgeber übertragen werden kann. In diesem
Fall ist die Zulässigkeit der vorübergehenden Übertragung der Führungsposition
am Maßstab des billigen Ermessens (§ 106 GewO) zu prüfen.

§ 31 Abs. 3 TVöD spricht bei internen Bewerbern von „Übertragung", bei externen Bewerbern von „Vereinbarung". Allein dieser Umstand genügt aber nicht,
um von einer Ausübung des Direktionsrechts ausgehen zu können. Vielmehr liegt
bei der Übertragung einer Führungsposition eine Vertragsänderung vor.[22] Die zu
übertragende Tätigkeit wird einer anderen Entgeltgruppe zugeordnet, weshalb
auch eine Zulage gezahlt wird. Das Direktionsrecht muss sich aber auf die Entgeltgruppe beschränken, in die der Beschäftigte eingruppiert ist. Außerdem zielt
§ 31 TVöD grundsätzlich auf die Übertragung der Führungsposition auf Dauer.
Bei einer solch weitreichenden Änderung des Arbeitsverhältnisses ist der Beschäftigte entsprechend zu beteiligen. Diese Beteiligung kann derart erfolgen, dass das
ursprüngliche Arbeitsverhältnis in ein ruhendes Arbeitsverhältnis umgewandelt
wird. Die Übertragung der Führungsposition erfolgt dann im Rahmen eines neuen
befristeten Arbeitsvertrags, der auch die Zahlung der Zulage zum Inhalt hat. Die
Befristungsabrede ist aufgrund dessen anhand von § 14 TzBfG auf ihre Zulässigkeit hin zu überprüfen. Insoweit gilt das bereits zu den externen Bewerbern Ausgeführte.[23]

b) Schriftform

Da das alte Arbeitsverhältnis ruht und ein neuer befristeter Vertrag abgeschlossen   **19**
wird, gilt – neben der Vorschrift des § 2 Abs. 1, 3 TVöD – das zur Schriftform bei
befristeten Verträgen unter II. 2. b) sowie in der Kommentierung zu § 30 TVöD
unter II 2 b) ee) Ausgeführte.

3. Verlängerungsmöglichkeit

Gem. § 31 Abs. 3 Satz 1 TVöD kann die Führungsposition vorübergehend bis zu   **20**
der in § 31 Abs. 1 TVöD genannten Gesamtdauer übertragen werden. Dies bedeutet, dass eine Übertragung bis zur Dauer von zwei Jahren möglich ist. Wie bei

---

[21]   Siehe hierzu bereits II. 1.
[22]   Bremecker/Hock/Klapproth/Kley, S. 166.
[23]   Siehe unter II. 2. a).

§ 31 Abs. 1 TVöD braucht der Arbeitgeber die Gesamtdauer von zwei Jahren nicht voll auszuschöpfen, sondern kann die Führungsposition zunächst für einen kürzeren Zeitraum übertragen. Denn auch im Rahmen von § 31 Abs. 3 TVöD ist eine zweimalige Verlängerung möglich, solange die Gesamtdauer von zwei Jahren nicht überschritten wird. Bei der Verlängerung sind die bereits oben unter II. 3. aufgeführten zu § 14 Abs. 2 Satz 1 TzBfG entwickelten Grundsätze zu berücksichtigen.

4. Entgelt

21   Gem. § 31 Abs. 3 Satz 2 TVöD wird der/dem Beschäftigten für die Dauer der Übertragung eine Zulage in Höhe des Unterschiedsbetrags zwischen den Tabellenentgelten nach der bisherigen Entgeltgruppe und dem sich bei Höhergruppierung nach § 17 Abs. 4 Satz 1 und 2 TVöD ergebenden Tabellenentgelt gewährt. Der Beschäftigte verbleibt somit in seiner bisherigen Entgeltgruppe und erhält weiterhin seine bisherige Vergütung. Während der Zeit der Übertragung der Führungsposition wird zusätzlich eine Zulage gezahlt. Diese entspricht der Höhe nach dem Unterschiedsbetrag zwischen dem Entgelt der bisherigen Entgeltgruppe und dem sich bei Höhergruppierung in die Entgeltgruppe, die der übertragenen Führungsposition entspricht, gem. § 17 Abs. 4 Satz 1 und 2 TVöD ergebenden Entgelt. Gem. § 17 Abs. 4 Satz 1 TVöD werden bei Eingruppierung in eine höhere Entgeltgruppe die Beschäftigten derjenigen Stufe zugeordnet, in der sie mindestens ihr bisheriges Tabellenentgelt erhalten, mindestens jedoch der Stufe 2. Beträgt der Unterschiedsbetrag zwischen dem derzeitigen Tabellenentgelt und dem Tabellenentgelt nach Satz 1 weniger als 25 Euro in den Entgeltgruppen 1 bis 8 bzw. weniger als 50 Euro in den Entgeltgruppen 9 bis 15, so erhält die/der Beschäftigte während der betreffenden Stufenlaufzeit anstelle des Unterschiedsbetrags einen Garantiebetrag von monatlich 25 Euro (Entgeltgruppen 1 bis 8) bzw. 50 Euro (Entgeltgruppen 9 bis 15) (§ 17 Abs. 4 Satz 2 TVöD).

22   Befinden sich Beschäftigte bereits in der Entgeltgruppe 15 und wird ihnen eine Führungsposition der gleichen Entgeltgruppe übertragen, erhalten sie hierfür keine Zulage.[24] Eine zusätzliche Attraktivitätsprämie für die Übertragung der Führungsposition wird auch internen Bewerbern nicht gezahlt. Endet die Übertragung der Führungsposition auf Probe durch entsprechende Bewährung des Beschäftigten, wird die Führungsposition auf Dauer übertragen und der Beschäftigte entsprechend seiner Tätigkeit eingruppiert. Die Zahlung der Zulage wird eingestellt. Endet die Übertragung der Führungsposition auf Probe ohne entsprechende Bewährung, verbleibt der Beschäftigte weiterhin in der Entgeltgruppe, in der er sich vor Übertragung der Führungsposition befand; die Zahlung der Zulage wird mit dem Ende der Übertragung der Führungsposition eingestellt.

5. Fristablauf

23   Nach Fristablauf endet die Erprobung (§ 31 Abs. 3 Satz 3 TVöD). Bei Bewährung wird die Führungsfunktion auf Dauer übertragen. Die Übertragung der Führungsposition auf Dauer ist grundsätzlich Ziel des § 31 TVöD; sie erfolgt durch Ab-

---

[24]   Bundesministerium des Innern, Durchführungsrundschreiben TVöD v. 22.12.2005 – DII2 – 220 210-2/0, § 31 Ziff. 3.1.

schluss eines im Vergleich zum alten Vertrag entsprechend abgeänderten unbefristeten Vertrages. Soll nach Ablauf der vereinbarten Frist die Führungsposition nicht auf Dauer übertragen werden, endet der befristete Arbeitsvertrag und der ruhende Arbeitsvertrag lebt wieder auf. Der Beschäftigte erhält in diesem Fall eine der bisherigen Eingruppierung entsprechende Tätigkeit (§ 31 Abs. 3 Satz 4 TVöD), d.h. er setzt sein Arbeitsverhältnis mit dem Arbeitgeber in der Entgeltgruppe fort, in die er vor Übertragung der Führungsposition eingruppiert war. Auch seine Tätigkeit richtet sich wieder nach dieser Eingruppierung. Allerdings besteht kein Anspruch des Beschäftigten darauf, dass ihm nach Fristablauf dieselbe Tätigkeit übertragen wird wie vor Beginn der Erprobung. Im Rahmen seines Weisungsrechts kann der Arbeitgeber dem Beschäftigten alle Tätigkeiten übertragen, die seiner Eingruppierung entsprechen.

6. Kündigungsmöglichkeit

Auch wenn dies in § 31 Abs. 3 TVöD nicht ausdrücklich geregelt wurde, gelten auch bei internen Bewerbern die allgemeinen Regelungen über die Beendigung befristeter Arbeitsverhältnisse. Siehe hierzu bereits oben unter II. 6. **24**

7. Beteiligung des Betriebs-/Personalrats

Bei der Übertragung einer Führungsposition auf interne Bewerber sind die Mitbestimmungsrechte des Betriebsrats gem. § 99 BetrVG bzw. des Personalrats gem. § 75 BPersVG zu beachten. Eine Beteiligung nach § 99 BetrVG bzw. § 75 BPersVG hat auch dann zu erfolgen, wenn sich der Bewerber entsprechend bewährt hat und die Führungsposition auf Dauer übertragen werden soll. **25**

§ 32 Führung auf Zeit

(1) [1]**Führungspositionen können als befristetes Arbeitsverhältnis bis zur Dauer von vier Jahren vereinbart werden.** [2]**Folgende Verlängerungen des Arbeitsvertrages sind zulässig:**

- in den Entgeltgruppen 10 bis 12 eine höchstens zweimalige Verlängerung bis zu einer Gesamtdauer von acht Jahren,
- ab Entgeltgruppe 13 eine höchstens dreimalige Verlängerung bis zu einer Gesamtdauer von zwölf Jahren.

[3] Zeiten in einer Führungsposition nach Buchstabe a bei demselben Arbeitgeber können auf die Gesamtdauer nach Buchstabe b zur Hälfte angerechnet werden. [4]Die allgemeinen Vorschriften über die Probezeit (§ 2 Abs. 4) und die beiderseitigen Kündigungsrechte bleiben unberührt.

(2) Führungspositionen sind die ab Entgeltgruppe 10 zugewiesenen Tätigkeiten mit Weisungsbefugnis.

(3) [1]Besteht bereits ein Arbeitsverhältnis mit demselben Arbeitgeber, kann der/dem Beschäftigten vorübergehend eine Führungsposition bis zu den in Absatz 1 genannten Fristen übertragen werden. [2]Der/Dem Beschäftigten wird für die Dauer der Übertragung eine Zulage gewährt in Höhe des Unterschiedsbetrags zwischen den Tabellenentgelten nach der bisherigen Entgeltgruppe und dem sich bei Höhergruppierung nach § 17 Abs. 4 Satz 1 und 2 ergebenden Tabellenentgelt, zuzüglich eines Zuschlags von 75 v.H. des Unterschiedsbetrags zwischen den Entgelten der Entgeltgruppe, die der übertragenen Funktion entspricht, zur nächsthöheren Entgeltgruppe nach § 17 Abs. 4 Satz 1 und 2. [3]Nach Fristablauf erhält die/der Beschäftigte eine der bisherigen Eingruppierung entsprechende Tätigkeit; der Zuschlag entfällt.

I. Einführung

§ 32 TVöD regelt die Vereinbarung bzw. Übertragung von Führungspositionen 1
auf Zeit und stellt – ebenso wie § 31 TVöD – im Tarifrecht des öffentlichen
Dienstes eine vollkommene Neuerung dar.[1] § 32 TVöD gibt dem Arbeitgeber die
Möglichkeit, sich ohne Kündigung von Führungskräften zu trennen. Eignet sich
somit ein Bewerber nicht als Führungskraft oder ist ein Wechsel der Führungskraft aufgrund eines gewissen Gewöhnungseffekts bei Führungskraft und Beschäftigten notwendig, so kann dieser unproblematisch gem. § 32 TVöD vollzogen
werden.[2]

Ziel des § 32 TVöD ist der Abschluss eines nur befristeten Arbeitsverhältnisses
bzw. die nur befristete Übertragung einer Führungsposition im Rahmen eines ansonsten unbefristeten Arbeitsverhältnisses.[3] § 32 TVöD unterscheidet dabei ebenso wie § 31 TVöD zwischen der Vereinbarung von Führungspositionen auf Zeit
mit externen Bewerbern und der Übertragung von Führungspositionen auf Zeit auf
interne Bewerber.

II. Externe Bewerber

Gem. § 32 Abs. 1 Satz 1 TVöD können Führungspositionen als befristetes Ar- 2
beitsverhältnis bis zur Dauer von vier Jahren vereinbart werden. Wie bereits bei §
31 TVöD bezieht sich § 32 Abs. 3 TVöD auf Beschäftigte, die in einem Arbeitsverhältnis mit demselben Arbeitgeber stehen, woraus sich ergibt, dass § 32 Abs. 1
TVöD auf externe Bewerber anwendbar ist, also auf Bewerber, bei denen noch
kein Arbeitsverhältnis mit demselben Arbeitgeber besteht.

1. Führungspositionen

Hinsichtlich der Definition des Begriffs der Führungspositionen entspricht § 32 3
Abs. 2 TVöD dem Wortlaut des § 31 Abs. 2 TVöD. Auf die Ausführungen zu § 31
Abs. 2 TVöD kann somit verwiesen werden.[4]

2. Sachgrundlos befristetes Arbeitsverhältnis

Gem. § 32 Abs. 1 Satz 1 TVöD werden die Führungspositionen auf Zeit als befris- 4
tetes Arbeitsverhältnis vereinbart. Da in § 32 TVöD für dieses befristete Arbeitsverhältnis keine gesonderten Regelungen getroffen wurden, gilt auch hier – wie
bei § 31 TVöD – § 14 TzBfG und die hierzu entwickelte Rechtsprechung. Nach §
14 TzBfG ist die Befristung eines Arbeitsverhältnisses zulässig, wenn ein sachli-

---

1 Siehe auch die Kommentierung zu § 31 TVöD unter I.
2 Siehe im Übrigen die Kommentierung zu § 31 TVöD unter I.
3 Bredendiek/Fritz/Tewes, ZTR 2005, 230, 243.
4 Siehe die Kommentierung zu § 31 TVöD unter II. 1.

cher Grund vorliegt (§ 14 Abs. 1 TzBfG) oder, wenn ein solcher nicht vorliegt, für die Dauer von zwei Jahren (§ 14 Abs. 2 TzBfG).

a) Kein Sachgrund Erprobung

5 Bei § 32 Abs. 1 Satz 1 TVöD stellt sich die Frage, ob auch hier wie bei § 31 TVöD als Sachgrund die Erprobung gem. § 14 Abs. 1 Satz 2 Nr. 5 TzBfG in Betracht kommt. Von einer Erprobung ist in § 32 TVöD nicht die Rede, sondern lediglich von der Vereinbarung einer Führungsposition auf Zeit. Die zeitlich befristete Vereinbarung einer Führungsposition bedeutet aber nicht automatisch, dass diese aus dem Grund erfolgt, dass der entsprechende Bewerber zunächst zur Erprobung eingestellt wird. Denn der Erprobung liegt der Gedanke zugrunde, dass der Arbeitgeber zunächst die fachliche und persönliche Eignung des betreffenden Beschäftigten testen möchte, bevor er mit ihm ein unbefristetes Arbeitsverhältnis eingeht. Nach der Rechtsprechung des BAG rechtfertigt die Erprobung außerdem nur dann die Befristung eines Arbeitsverhältnisses, wenn der Arbeitgeber bei Bewährung des Bewerbers tatsächlich beabsichtigt, diesem die Eingehung eines unbefristeten Arbeitsverhältnisses anzubieten.[5] Ziel des § 32 TVöD ist aber gerade nicht, mit dem Beschäftigten ein unbefristetes Arbeitsverhältnis einzugehen, wenn er sich entsprechend bewährt hat. Außerdem ist in § 32 TVöD nicht davon die Rede, dass sich der Beschäftigte bewähren muss, damit ihm die Führungsposition auf Dauer übertragen wird. Vielmehr geht es bei § 32 TVöD tatsächlich darum, die Führungsposition bis zu einer bestimmten Dauer befristet zu vereinbaren. Hier ist nicht die Erprobung Grund für die Befristung, sondern der Wille des Arbeitgebers, auf bestimmten Positionen – eben den Führungspositionen – zu verhindern, dass es aufgrund der dauerhaften Besetzung mit demselben Beschäftigten zu einer gewissen Gewöhnung und zum Stillstand kommt. § 14 Abs. 1 Satz 2 Nr. 5 TzBfG kommt somit als Sachgrund nicht in Betracht.

b) Kein sonstiger Sachgrund

6 Als weiterer Sachgrund für eine Befristung nach § 32 TVöD könnte § 14 Abs. 1 Satz 2 Nr. 4 TzBfG in Betracht kommen. Danach liegt ein sachlicher Grund vor, wenn die Eigenart der Arbeitsleistung die Befristung rechtfertigt. Dies ist insbesondere bei den sog. Verschleißtatbeständen der Fall.[6] § 14 Abs. 1 Satz 2 Nr. 4 TzBfG darf dabei aber nicht zu weit ausgelegt werden, weil ansonsten die Gefahr besteht, dass immer mehr Arbeitsverhältnisse unter Rückgriff auf § 14 Abs. 1 Satz 2 Nr. 4 TzBfG befristet abgeschlossen werden. Deshalb genügt es für § 14 Abs. 1 Satz 2 Nr. 4 TzBfG nicht, wenn allgemeiner Verschleiß aufgrund langjähriger Tätigkeit eintritt. Vielmehr muss es sich um einen vertragstypischen, das übliche Maß deutlich übersteigenden Verschleiß handeln.[7] § 14 Abs. 1 Satz 2 Nr. 4 TzBfG wird bisher im Bereich des Rundfunks und Fernsehens, auf Tendenzbetriebe von Presse, Kunst und Wissenschaft, auf Theater und Bühnen, im Bereich des Sports sowie beim Abschluss von Verträgen mit freien Mitarbeitern bei Parlamentsfrak-

---

5   BAG, Urt. v. 12.09.1996 – 7 AZR 31/96, NZA 1997, 841.
6   ErfK/Müller-Glöge § 14 Rn. 63.
7   ErfK/Müller-Glöge § 14 Rn. 63.

tionen angewendet.[8] Bei § 32 TVöD ist § 14 Abs. 1 Satz 2 Nr. 4 TzBfG in jedem Einzelfall zu prüfen; i.d.R. wird es sich aber um den typischen Verschleiß aufgrund langjähriger Tätigkeit handeln.

§ 14 Abs. 1 Satz 2 TzBfG ist im Hinblick auf die Nennung von Sachgründen **7** nicht abschließend, wie sich aus dem Wort „insbesondere" ergibt. Somit können sich Befristungsgründe neu entwickeln oder eine Befristung kann aufgrund bereits von der Rechtsprechung entwickelter sonstiger Sachgründe gerechtfertigt sein. Fraglich ist daher, ob das Interesse des Arbeitgebers, einen Stillstand und eine gewisse Verkrustung im Bereich von Führungspositionen zu verhindern, einen Sachgrund i.S.v. § 14 Abs. 1 TzBfG darstellen kann. Letzten Endes wird hier die Rechtsprechung abzuwarten sein. Allerdings sollte berücksichtigt werden, dass durch die Anerkennung sonstiger Sachgründe § 14 TzBfG nicht aufgeweicht werden darf. Deshalb ist der Ansicht zu folgen, die für sonstige Sachgründe ein Gewicht fordert, welches der Bedeutung der bereits ausdrücklich benannten Sachgründe in § 14 Abs. 1 Satz 2 TzBfG gleichkommt.[9]

Bei § 32 TVöD handelt es sich somit um eine Befristung ohne Sachgrund gem. **8** § 14 Abs. 2 Satz 1 TzBfG. Insoweit ist darauf zu achten, dass zwischen dem Bewerber und demselben Arbeitgeber nicht bereits vor Vereinbarung der Führungsposition ein Arbeitsverhältnis bestand (§ 14 Abs. 2 Satz 2 TzBfG). Unschädlich ist demgegenüber ein Vertragsverhältnis zwischen dem Bewerber und dem Arbeitgeber, bei welchem es sich nicht um ein Arbeitsverhältnis handelte, z.B. ein Berufsausbildungsverhältnis oder Werk- oder Dienstverträge, soweit keine Scheinselbstständigkeit vorlag.[10] Derselbe Arbeitgeber i.d.S. liegt vor, wenn der frühere Arbeitsvertrag mit derselben natürlichen oder juristischen Person abgeschlossen wurde wie die Vereinbarung über eine Führung auf Zeit.[11] Außerdem ergibt sich aus § 14 Abs. 2 Satz 1 TzBfG, dass nur eine kalendermäßige Befristung ohne Sachgrund und keine Zweckbefristung möglich ist.

c) Schriftform
Zum Schriftformerfordernis siehe die Ausführungen bei § 31 TVöD unter II. 2. b). **9**

3. Dauer der Befristung, Verlängerungsmöglichkeit
Gem. § 32 Abs. 1 Satz 1 TVöD können Führungspositionen als befristetes Arbeitsverhältnis für die Dauer von vier Jahren vereinbart werden. In den Entgeltgruppen 10 bis 12 ist eine höchstens zweimalige Verlängerung bis zu einer Gesamtdauer von acht Jahren (§ 32 Abs. 1 Satz 2 Buchst. a) TVöD), ab Entgeltgruppe 13 ist eine höchstens dreimalige Verlängerung bis zu einer Gesamtdauer von zwölf Jahren zulässig (§ 32 Abs. 1 Satz 2 Buchst. b) TVöD). Nach § 14 Abs. 2 Satz 1 TzBfG ist die kalendermäßige Befristung eines Arbeitsvertrages ohne Vorliegen eines sachlichen Grundes bis zur Dauer von zwei Jahren zulässig; bis zu dieser Gesamtdauer von zwei Jahren ist auch die höchstens dreimalige Verlängerung eines kalendermäßig befristeten Arbeitsvertrages zulässig. § 32 Abs. 1 Satz 2 **10**

---

[8] Meinel/Heyn/Herms § 14 Rn. 41 ff; ErfK/Müller-Glöge § 14 Rn. 67.
[9] ErfK/Müller-Glöge § 14 Rn. 5.
[10] Siehe ausführlich ErfK/Müller-Glöge § 14 Rn. 119 ff; Meinel/Heyn/Herms § 14 Rn. 78 ff.
[11] Siehe ausführlich ErfK/Müller-Glöge § 14 Rn. 119 ff; Meinel/Heyn/Herms § 14 Rn. 78 ff.

Buchst. a) TVöD sieht eine höchstens zweimalige Verlängerung vor. Die Reduzierung der Verlängerungsmöglichkeit ist aber von § 14 Abs. 2 Satz 3 TzBfG gedeckt, nach dem durch Tarifvertrag die Anzahl der Verlängerungen abweichend
von § 14 Abs. 2 Satz 1 TzBfG festgelegt werden kann.

11   Auch die Dauer der Befristungen nach § 32 Abs. 1 Sätze 1 und 2 TVöD ist von
§ 14 Abs. 2 TzBfG gedeckt. Denn nach § 14 Abs. 2 Satz 3 TzBfG kann auch die
Höchstdauer der Befristung abweichend von § 14 Abs. 2 Satz 1 TzBfG durch Tarifvertrag festgelegt werden.

Gem. § 32 Abs. 1 Satz 1 TVöD kann somit die Führungsposition auf vier Jahre
vereinbart werden. Diese vier Jahre müssen nicht im Rahmen der ersten Befristung voll ausgeschöpft werden. In den Entgeltgruppen 10 bis 12 ist eine zweimalige Verlängerung möglich, wobei insgesamt – also einschließlich der ersten Befristung – eine Befristungsdauer von acht Jahren nicht überschritten werden darf. Ab
Entgeltgruppe 13 ist eine dreimalige Verlängerung möglich. Gesamtbefristungsdauer sind hier zwölf Jahre. Die Gesamtbefristungsdauer muss nicht voll ausgeschöpft werden. Gem. § 32 Abs. 1 Satz 3 TVöD können Zeiten in einer Führungsposition nach Satz 2 Buchstabe a) bei demselben Arbeitgeber auf die Gesamtdauer
nach Satz 2 Buchstabe b) zur Hälfte angerechnet werden. Ob derselbe Arbeitgeber
vorliegt, ist hier wie bei § 14 Abs. 2 TzBfG zu beurteilen.[12] Es kommt somit auf
denselben Vertragsarbeitgeber, also dieselbe juristische oder natürliche Person an,
nicht auf denselben Betrieb oder dieselbe Dienststelle.[13]

12   Im Rahmen der Verlängerung nach § 32 Abs. 1 Satz 2 TVöD sind die für eine
Verlängerung nach § 14 Abs. 2 Satz 1 TzBfG geltenden Grundsätze zu berücksichtigen. Unter einer Verlängerung ist die einvernehmliche Abänderung des Endtermins zu verstehen.[14] Dabei ist zu beachten, dass im Zeitpunkt der Verlängerung
lediglich die Befristungsdauer abgeändert wird, der sonstige Vertragsinhalt muss
unverändert bleiben.[15] Die Einigung über die Verlängerung der Befristungsdauer
muss noch während des Laufs der ursprünglich vereinbarten Befristungsdauer zustande kommen.[16]

4. Entgelt

13   Der Beschäftigte wird während der Ausübung der Führungsposition in die Entgeltgruppe eingruppiert, die der mit ihm vereinbarten Führungsposition entspricht.
Er erhält aber keine zusätzliche Prämie oder Zulage.

5. Fristablauf

14   Der mit dem Beschäftigten vereinbarte Arbeitsvertrag endet mit Ablauf der Zeit,
für die er eingegangen ist. Einer Kündigung bedarf es nicht. Der Arbeitgeber kann
dem Beschäftigten nunmehr den Abschluss eines unbefristeten Arbeitsvertrages
anbieten. Auch der erneute Abschluss eines befristeten Arbeitsvertrages ist möglich, soweit für diese erneute Befristung ein Sachgrund vorliegt.

---

[12]   Siehe bereits oben unter II.2.b).
[13]   Siehe zu § 6 BMT-G Scheuring § 6 Ziff. 2.
[14]   ErfK/Müller-Glöge § 14 TzBfG Rn. 114.
[15]   BAG, Urt. v. 26.07.2000 – 7 AZR 51/99, DB 2001, 100.
[16]   BAG, Urt. v. 25.10.2000 – 7 AZR 483/99, NZA 2001, 659.

6. Probezeit, Kündigungsmöglichkeit

Gem. § 32 Abs. 1 Satz 4 TVöD bleiben die allgemeinen Vorschriften über die   **15** Probezeit (§ 2 Abs. 4 TVöD) und die beiderseitigen Kündigungsrechte unberührt. Gem. § 2 Abs. 4 Satz 1 TVöD gelten die ersten sechs Monate der Beschäftigung als Probezeit, soweit nicht eine kürzere Zeit vereinbart ist. Daraus folgt, dass bei Abschluss eines Vertrages gem. § 32 Abs. 1 TVöD nur dann zur Probezeit etwas geregelt werden muss, wenn die Dauer der Probezeit abgekürzt werden soll. Während der Probezeit kann das Arbeitsverhältnis mit einer Frist von zwei Wochen zum Monatsschluss gekündigt werden (§ 34 Abs. 1 Satz 1 TVöD). Die Kündigungsmöglichkeiten nach Ablauf der Probezeit richten sich gem. § 32 Abs. 1 Satz 4 TVöD nach den allgemeinen Vorschriften. Hierzu kann auf die Ausführungen zu § 31 TVöD[17] verwiesen werden, die entsprechend auch für § 32 TVöD gelten.

7. Beteiligung des Betriebs-/Personalrats

Hier gilt das zu § 31 TVöD Ausgeführte entsprechend, weshalb auf die Kommen-   **16** tierung zu § 31 TVöD unter II.7. verwiesen werden kann.

III. Interne Bewerber

Besteht bereits ein Arbeitsverhältnis mit demselben Arbeitgeber, handelt es sich   **17** somit um interne Bewerber, kann gem. § 32 Abs. 3 Satz 1 TVöD der/dem Beschäftigten vorübergehend eine Führungsposition bis zu den in Absatz 1 genannten Fristen übertragen werden.

1. Führungsposition

Der Begriff Führungsposition in § 32 Abs. 2 TVöD, auf den § 32 Abs. 3 TVöD   **18** Bezug nimmt, entspricht, wie bereits erwähnt, dem Wortlaut in § 31 Abs. 2 TVöD. Auf die Ausführungen zu § 31 Abs. 2 TVöD kann somit auch hier verwiesen werden.[18]

2. Vorübergehende Übertragung einer Führungsposition

Auch bei der Übertragung einer Führungsposition auf interne Bewerber handelt es   **19** sich um den Abschluss eines befristeten Arbeitsvertrages.

a) Übertragung durch Vertrag

Auch bei der vorübergehenden Übertragung einer Führungsposition auf Zeit stellt   **20** sich wie bei § 31 TVöD die Frage, ob die Zulässigkeit dieser Übertragung anhand von § 14 TzBfG zu überprüfen ist. Dies ist nicht der Fall, wenn die Führungsposition im Rahmen der Ausübung des Direktionsrechts durch den Arbeitgeber übertragen werden kann. In diesem Fall ist die Zulässigkeit der vorübergehenden Übertragung der Führungsposition am Maßstab des billigen Ermessens (§ 106 GewO) zu prüfen. Auch in § 32 TVöD wird zwischen der „Übertragung" einer Führungsposition bei internen Bewerbern und der „Vereinbarung" einer Führungsposition mit externen Bewerbern unterschieden. Hinzu kommt, dass § 32 TVöD nicht auf die dauerhafte Übertragung einer Führungsposition gerichtet ist. Insoweit könnte man vertreten, dass hier – wie bei der vorübergehenden Übertra-

---

[17] Siehe die Kommentierung zu § 31 TVöD unter II. 6.
[18] Siehe die Kommentierung zu § 31 TVöD unter II. 1.

gung einer höherwertigen Tätigkeit gem. § 14 TVöD – für die Übertragung der Führungsposition das Direktionsrecht des Arbeitgebers Grundlage sein könnte.

21   Allerdings stellt die Übertragung einer Führungsposition eine wesentliche Änderung des Vertragsverhältnisses dar. Auch hier wird die zu übertragende Tätigkeit einer anderen Entgeltgruppe zugeordnet. Aufgrund dessen erfolgt eine Zulagenzahlung. Das Direktionsrecht muss sich aber auf die Entgeltgruppe beschränken, in die der Beschäftigte eingruppiert ist. Somit liegt auch bei der Übertragung einer Führungsposition auf Zeit auf interne Bewerber eine vertragliche Vereinbarung vor. Nach dem Willen der Tarifvertragsparteien ruht in diesem Fall das ursprüngliche Arbeitsverhältnis. Die Übertragung der Führungsposition erfolgt dann im Rahmen eines neuen befristeten Arbeitsvertrags, der auch die Zahlung der Zulage zum Inhalt hat. Die Befristungsabrede ist aufgrund dessen anhand von § 14 TzBfG auf ihre Zulässigkeit hin zu überprüfen. Insoweit gilt das bereits zu den externen Bewerbern Ausgeführte.[19]

b) Schriftform

22   Zum Schriftformerfordernis siehe die Ausführungen bei § 31 TVöD unter II. 2. b).

3. Verlängerungsmöglichkeit

23   Gem. § 32 Abs. 3 Satz 1 TVöD kann einem internen Bewerber eine Führungsposition auf Zeit bis zu den in § 32 Abs. 1 TVöD genannten Fristen übertragen werden. Insoweit kann hier auf II. 3. verwiesen werden, da im Rahmen von § 32 Abs. 1 TVöD und § 32 Abs. 3 TVöD dieselben Grundsätze gelten.

4. Entgelt

24   Gem. § 32 Abs. 3 Satz 2 TVöD wird der/dem Beschäftigten für die Dauer der Übertragung eine Zulage gewährt in Höhe des Unterschiedsbetrags zwischen den Tabellenentgelten nach der bisherigen Entgeltgruppe und dem sich bei Höhergruppierung nach § 17 Abs. 4 Satz 1 und 2 TVöD ergebenden Tabellenentgelt, zuzüglich eines Zuschlags von 75 v.H. des Unterschiedsbetrags zwischen den Entgelten der Entgeltgruppe, die der übertragenen Funktion entspricht, zur nächsthöheren Entgeltgruppe nach § 17 Abs. 4 Satz 1 und 2. Bezüglich der zu zahlenden Zulage nach § 32 Abs. 3 Satz 2 Hs. 1 TVöD kann auf die Kommentierung zu § 31 Abs. 3 TVöD unter III. 4. verwiesen werden, da der Wortlaut beider Vorschriften hier übereinstimmt. Im Unterschied zu § 31 Abs. 3 TVöD erhält der Beschäftigte bei Übertragung einer Führungsposition auf Zeit zusätzlich einen Zuschlag i.H.v. 75 v.H. des Unterschiedsbetrags zwischen den Entgelten der Entgeltgruppe, die der übertragenen Funktion – also der Führungsposition – entspricht, zur nächsthöheren Entgeltgruppe nach § 17 Abs. 4 Satz 1 und 2. Beispiel[20]: Einem internen Bewerber, der sich in Entgeltgruppe 11 Stufe 4 befindet und somit ein Monatsentgelt i.H.v. € 3.200,-- erhält, wird eine Führungsposition auf Zeit mit der Wertigkeit der Entgeltgruppe 12 übertragen. Aufgrund dessen erhält er eine Zulage i.H.v. € 50,-- (§ 17 Abs. 4 Satz 2 TVöD). Zusätzlich wird ein Zuschlag i.H.v. € 75,-- ge-

---

[19]   Siehe oben unter II. 2. a) u. b).

[20]   Siehe Bundesministerium des Innern, Durchführungsrundschreiben TVöD v. 22.12.2005 – DII2 – 220 210-2/0 - § 32 Ziff. 2 Beispiel 1.

zahlt (75% der Differenz zwischen Entgeltgruppe 12 Stufe 3 und Entgeltgruppe 13 Stufe 3). Der Beschäftigte erhält somit insgesamt € 3.325,--.

5. Fristablauf

Gem. § 32 Abs. 3 Satz 3 TVöD erhält die/der Beschäftigte nach Fristablauf eine **25** der bisherigen Eingruppierung entsprechende Tätigkeit; der Zuschlag entfällt. Aufgrund der Befristung endet das befristete Arbeitsverhältnis ohne Kündigung. Der alte Arbeitsvertrag lebt wieder auf. Der Beschäftigte hat nach Fristablauf keinen Anspruch darauf, wieder auf derselben Stelle beschäftigt zu werden, auf der er vor Übertragung der Führungsposition beschäftigt war. Im Rahmen seines Direktionsrechts kann der Arbeitgeber den Beschäftigten auf jeder Stelle einsetzen, die seiner Eingruppierung entspricht. Der Arbeitgeber kann dem Beschäftigten die Übertragung der Führungsposition auch auf Dauer anbieten, ist dazu aber nicht verpflichtet. Will er den Beschäftigten nicht auf Dauer mit der Führungsposition betrauen, muss er dafür Sorge tragen, dass für den Beschäftigten nach Ende der Übertragung der Führungsposition eine seiner Eingruppierung entsprechende Tätigkeit zur Verfügung steht.

Gem. § 32 Abs. 3 Satz 3 TVöD entfällt im Rahmen des Entgelts nach dem **26** Fristablauf lediglich der Zuschlag. § 32 Abs. 3 Satz 2 TVöD spricht aber davon, dass die ebenfalls zu zahlende Zulage nur für die Dauer der Übertragung der Führungsposition gewährt wird. Daraus folgt, dass nach Fristablauf auch die Zulage entfällt.[21] Dies macht auch Sinn, da die Zulage gerade für die Ausübung der Führungsposition gezahlt wird, deren Übertragung nach Fristablauf aber endet. Der Zuschlag wurde von den Tarifvertragsparteien für die Abgeltung des Risikos vorgesehen, dass die Führungsposition nicht auf Dauer übertragen wird.

6. Kündigungsmöglichkeit

Auch wenn dies in § 32 Abs. 3 TVöD nicht ausdrücklich geregelt wurde, gelten **27** auch bei der Übertragung einer Führungsposition auf Zeit auf interne Bewerber die allgemeinen Regelungen über die Beendigung befristeter Arbeitsverhältnisse. Siehe hierzu bereits oben unter II. 6.

7. Beteiligung des Betriebs-/Personalrats

Bei der Übertragung einer Führungsposition auf Zeit auf interne Bewerber ist der **28** Betriebsrat gem. § 99 BetrVG bzw. der Personalrat gem. § 75 BPersVG zu beteiligen. Eine Beteiligung nach § 99 BetrVG bzw. § 75 BPersVG hat auch dann zu erfolgen, wenn sich der Bewerber entsprechend bewährt hat und die Führungsposition auf Dauer übertragen werden soll.

---

[21] So auch Bundesministerium des Innern, Durchführungsrundschreiben TVöD v. 22.12.2005 – DII2 – 220 210-2/0 - § 32 Ziff. 2.

§ 33 Beendigung des Arbeitsverhältnisses ohne Kündigung

(1) Das Arbeitsverhältnis endet, ohne dass es einer Kündigung bedarf,
a) mit Ablauf des Monats, in dem die/der Beschäftigte das 65. Lebensjahr vollendet hat,
b) jederzeit im gegenseitigen Einvernehmen (Auflösungsvertrag).

(2) [1] Das Arbeitsverhältnis endet ferner mit Ablauf des Monats, in dem der Bescheid eines Rentenversicherungsträgers (Rentenbescheid) zugestellt wird, wonach die/der Beschäftigte voll oder teilweise erwerbsgemindert ist. [2] Die/der Beschäftigte hat den Arbeitgeber von der Zustellung des Rentenbescheids unverzüglich zu unterrichten. [3] Beginnt die Rente erst nach der Zustellung des Rentenbescheids, endet das Arbeitsverhältnis mit Ablauf des dem Rentenbeginns vorangehenden Tages. [4] Liegt im Zeitpunkt der Beendigung des Arbeitsverhältnisses eine nach § 92 SGB IX erforderliche Zustimmung des Integrationsamtes noch nicht vor, endet das Arbeitsverhältnis mit Ablauf des Tages der Zustellung des Zustimmungsbescheids des Integrationsamtes. [5] Das Arbeitsverhältnis endet nicht, wenn nach dem Bescheid des Rentenversicherungsträgers eine Rente auf Zeit gewährt wird. [6] In diesem Fall ruht das Arbeitsverhältnis für den Zeitraum, für den eine Rente auf Zeit gewährt wird.

(3) Im Falle teilweiser Erwerbsminderung endet bzw. ruht das Arbeitsverhältnis nicht, wenn der Beschäftigte nach seinem vom Rentenversicherungsträger festgestellten Leistungsvermögen auf seinem bisherigen oder einem anderen geeigneten und freien Arbeitsplatz weiterbeschäftigt werden könnte, soweit dringende dienstliche bzw. betriebliche Gründe nicht entgegenstehen, und der Beschäftigte innerhalb von zwei Wochen nach Zugang des Rentenbescheids seine Weiterbeschäftigung schriftlich beantragt.

(4) [1] Verzögert die/der Beschäftigte schuldhaft den Rentenantrag oder bezieht sie/er Altersrente nach § 236 oder § 236 a SGB VI oder ist sie/er nicht in der gesetzlichen Rentenversicherung versichert, so tritt an die Stelle des Rentenbescheids das Gutachten einer Amtsärztin/eines Amtsarztes oder einer/eines nach § 3 Abs. 4 Satz 2 bestimmten Ärztin/Arztes. [2] Das Arbeitsverhältnis endet in diesem Fall mit Ablauf des Monats, in dem der/dem Beschäftigten das Gutachten bekannt gegeben worden ist.

(5) [1] Soll die/der Beschäftigte, deren/dessen Arbeitsverhältnis nach Absatz 1 Buchst. a geendet hat, weiterbeschäftigt werden, ist ein neuer schriftlicher Arbeitsvertrag abzuschließen. [2] Das Arbeitsverhältnis kann jederzeit mit einer Frist von vier Wochen zum Monatsende gekündigt werden, wenn im Arbeitsvertrag nichts anderes vereinbart ist.

I. Verhältnis zum bisherigen Recht

Die Vorschrift entspricht im wesentlichen Teilen den Regelungen der §§ 58, 59, **1**
60 BAT, §§ 49, 55, 56 BMT-G und §§ 56, 62, 63 MTArb.

II. Beendigung des Arbeitsverhältnisses wegen Vollendung des 65. Lebensjahres und Abschlusses eines Auflösungsvertrages (Abs. 1)

1. Vollendung des 65. Lebensjahres (Abs. 1 Buchst. a)

Das Arbeitsverhältnis endet mit Ablauf des Monats, in dem der Beschäftigte das **2**
65. Lebensjahr vollendet hat. Es bedarf keiner Kündigung des Arbeitsverhältnisses. Das Arbeitsverhältnis endet automatisch.

Die Vereinbarung der Tarifvertragsparteien, wonach das Arbeitsverhältnis mit Vollendung des 65. Lebensjahres endet, ist wirksam.[1] Das 65. Lebensjahr vollendet der Beschäftigte mit Ablauf des Tages vor dem 65. Geburtstag (§ 187 Abs. 2 BGB).[2]

---

[1] Vgl. zu der Problematik: BAG, Urt. v. 20.10.1993 – 7 AZR 135/93 und Urt. v. 01.12.1993 – 7 AZR 428/93, AP Nr. 3 und 4 zu § 41 SGV VI; BVerfG, Beschl. v. 14.03.1995 – 1 BvR 481/95, ZTR 1995, 309.

[2] BAG, Urt. v. 03.06.1965 – 2 AZR 163/65, AP Nr. 17 zu § 72 ArbGG Streitwertrevision.

2. Abschluss eines Auflösungsvertrages (Abs. 1 Buchst. b)

a) Arten des Auflösungsvertrages

3   Das Arbeitsverhältnis endet jederzeit im gegenseitigem Einvernehmen (Auflösungsvertrag).

Es gibt zwei Arten von Auflösungsverträgen, nämlich den Aufhebungsvertrag und den Abwicklungsvertrag. Beide Gestaltungsmöglichkeiten unterscheiden sich in erster Linie in der Form der Beendigung des Arbeitsverhältnisses. Dem Aufhebungsvertrag geht im Gegensatz zum Abwicklungsvertrag keine Kündigung voraus.

b) Schriftform des Auflösungsvertrages

4   Ein Auflösungsvertrag muss zwingend schriftlich geschlossen werden, um wirksam zu sein (§ 623 BGB).

c) Kein Widerrufsrecht des Arbeitnehmers

5   Der Abschluss eines Auflösungsvertrages ist kein Haustürgeschäft im Sinne des § 312 Abs. 1 Satz Nr. 1 BGB. Der Beschäftigte ist deshalb nicht zum Widerruf seiner Erklärung nach §§ 312, 355 BGB berechtigt.[3]

d) Anfechtung der Erklärung

6   Die Anfechtung der Erklärung ist zulässig und erfolgt nach den allgemeinen Regeln der §§ 119 ff. BGB. Von Bedeutung ist die Anfechtung wegen arglistiger Täuschung oder wegen Drohung mit einem empfindlichen Übel (§ 123 BGB).

Eine arglistige Täuschung begeht, wer bei Vertragsverhandlungen einen Umstand verschweigt, hinsichtlich dessen ihn gegenüber seinem Vertragspartner eine Aufklärungspflicht trifft. Den Arbeitgeber treffen erhöhte Hinweis- und Aufklärungspflichten, wenn er im betrieblichen Interesse den Abschluss eines Aufhebungsvertrages vorschlägt und dabei den Eindruck erweckt, er werde bei der vorzeitigen Beendigung des Arbeitsverhältnisses auch die Interessen des Beschäftigten wahren und ihn nicht ohne ausreichende Aufklärung erheblichen Risiken für den Bestand seines Arbeitsverhältnisses aussetzen.[4]

Die Drohung eines Arbeitgebers, das Arbeitsverhältnis durch eine außerordentliche Kündigung zu beenden, falls der Arbeitnehmer nicht bereit ist, eine ordentliche Kündigung zu akzeptieren und auf die Erhebung einer Kündigungsschutzklage zu verzichten, ist widerrechtlich im Sinne des § 123 Abs.1 BGB, wenn ein verständiger Arbeitgeber eine solche Kündigung nicht ernsthaft in Erwägung ziehen durfte. Nur wenn unter Abwägung aller Umstände des Einzelfalls der Arbeitgeber davon ausgehen muss, die angedrohte Kündigung werde im Falle ihres Ausspruchs einer arbeitsgerichtlichen Überprüfung nicht standhalten, darf er die Kündigungserklärung nicht in Aussicht stellen. Dies gilt gleichermaßen, wenn der Arbeitgeber damit den Arbeitnehmer zum Ausspruch einer Eigenkündigung oder zur Annahme eines angetragenen Auflösungsvertrages veranlassen will.[5]

---

[3]   BAG, Urt. v. 27.11.2003 – 2 AZR 135/03, NZA 2004, 598, 600; OLG Karlsruhe, Urt. v. 12.12.2003 – 14 U 34/03, NZA-RR 2005, 186.

[4]   BAG, Urt. v. 22.04.2004 – 2 AZR 281/03, NZA 2004, 1295.

[5]   BAG, Urt. v. 27.11.2003 – 2 AZR 135/03, NZA 2004, 598, 599.

Widerrechtlich ist auch die rechtsgrundlose Androhung einer Strafanzeige oder eines Strafprozesses.

e) Sozialversicherungsrechtliche Folgen

Eine einvernehmliche Beendigung hat sozialversicherungsrechtliche Auswirkun-   7
gen.[6]

Wird die Frist, die für die ordentliche Arbeitgeberkündigung gilt, nicht eingehalten, so ruht der Anspruch auf Arbeitslosengeld während dieser Zeit. Für die Zeit hätte nämlich der Beschäftigte Arbeitsentgelt zu beanspruchen (§ 143 Abs. 1 SGB III).

Der Beschäftigte wird darüber hinaus mit einer Sperrzeit belegt, wenn er sich versicherungswidrig verhalten hat, ohne dafür einen wichtigen Grund zu haben (§ 144 Abs. 1 Satz 1 SGB III). Ein versicherungswidriges Verhalten liegt vor, wenn der Arbeitslose das Beschäftigungsverhältnis gelöst oder durch ein arbeitsvertragswidriges Verhalten Anlass für die Lösung des Beschäftigungsverhältnisses gegeben und dadurch vorsätzlich oder grobfahrlässig die Arbeitslosigkeit herbeigeführt hat, sog. Sperrzeit wegen Arbeitsaufgabe (§ 144 Abs. 1 Satz 2 Nr. 1 SGB III). Der Anspruch auf Arbeitslosengeld ruht während der Sperrzeit. Sie dauert regelmäßig zwölf Wochen (§ 144 Abs. 3 SGB III).

Das BSG[7] geht in ständiger Rechtsprechung davon aus, dass jede aktive Beteiligung des Arbeitslosen an der Beendigung des Beschäftigungsverhältnisses den Lösungsbegriff erfüllt. Sperrzeitauslösend ist nicht nur der Abschluss eines Aufhebungsvertrages, sondern auch, wenn der Beschäftigte nach Ausspruch einer Kündigung des Arbeitgebers mit diesem innerhalb der dreiwöchigen Frist zur Erhebung einer Kündigungsschutzklage eine Vereinbarung über die Hinnahme der Kündigung trifft (Abwicklungsvertrag). Offen gelassen hat das BSG[8], ob in folgenden Fällen ausnahmsweise von dem Grundsatz abgewichen werden könne: Zum einen, wenn in einer nach Ablauf der Frist zur Erhebung der Kündigungsschutzklage und ohne vorherige Absprachen oder Ankündigungen getroffenen Vereinbarung lediglich Einzelheiten zur Beendigung des Arbeitsverhältnisses geregelt werden, und zum anderen, wenn Regelungen in einem arbeitsgerichtlichen Verfahren ohne vorherige Absprache getroffen werden.

Im Gegensatz zum Ruhenstatbestand des § 143 SGB III mindert sich die Dauer des Anspruchs auf Arbeitslosengeld bei einer Sperrzeit wegen Arbeitsaufgabe nach § 144 Abs. 1 Satz 2 Nr. 1 SGB III. Dies folgt aus § 128 Abs. 1 Nr. 4 SGB III.

III. Beendigung des Arbeitsverhältnisses aufgrund unbefristeter Rente wegen Erwerbsminderung (Abs. 2)

1. Automatische Beendigung (Satz 1)

Abs. 2 enthält einen weiteren Fall der Beendigung des Arbeitsverhältnisses. Nach   8
Satz 1 endet das Arbeitsverhältnis mit Ablauf des Monats, in dem der Bescheid

---

6   Vgl. hierzu instruktiv Tödtmann/Schauer, Der arbeitsrechtliche Aufhebungsvertrag, AiB 2005, 357.
7   BSG, Urt. v. 18.12.2003 – B 11 AL 35/03 R, NZA 2004, 661.
8   BSG, Urt. v. 18.12.2003 – B 11 AL 35/03 R, NZA 2004, 661, 663.

eines Rentenversicherungsträgers (Rentenbescheid) zugestellt wird, wonach der Beschäftigte voll oder teilweise erwerbsgemindert ist.[9] Das Arbeitsverhältnis endet in diesem Fall automatisch.[10] Die automatische Beendigung greift unabhängig davon ein, ob es sich um ein befristetes oder unbefristetes Arbeitsverhältnis handelt oder ob der Beschäftigte damit einverstanden ist. Die Beendigungstatbestände des Abs. 2 beinhalten eine auflösende Bedingung mit der Folge, dass nach § 21 TzBfG die dreiwöchige Klagefrist Anwendung findet.

2. Fortsetzung der Tätigkeit trotz Rentenbescheids

9   Setzt der Beschäftigte trotz der Beendigung des Arbeitsverhältnisses seine bisherige Tätigkeit fort, ohne den Arbeitgeber von der Zustellung des Rentenbescheids zu unterrichten, ist das Arbeitsverhältnis rückabzuwickeln. Die Rückabwicklung der rechtsgrundlos erbrachten Leistungen erfolgt nach den bereicherungsrechtlichen Regelungen der §§ 812 ff. BGB. Die Grundsätze des faktischen Arbeitsverhältnisses finden keine Anwendung.[11]

3. Definitionen der teilweisen und vollen Erwerbsminderung

10   § 34 SGB VI enthält Regelungen über die Rente wegen Erwerbsminderung. Diese Vorschrift enthält auch Definitionen der Begriffe „teilweise erwerbsgemindert" und „voll erwerbsgemindert".

Teilweise erwerbsgemindert sind Versicherte, die wegen Krankheit oder Behinderung auf nicht absehbare Zeit außerstande sind, unter den üblichen Bedingungen des allgemeinen Arbeitsmarktes mindestens sechs Stunden täglich erwerbstätig zu sein (§ 43 Abs. 1 Satz 2 SGB VI).

Voll erwerbsgemindert sind Versicherte, die wegen Krankheit oder Behinderung auf nicht absehbare Zeit außerstande sind, unter den üblichen Bedingungen des allgemeinen Arbeitsmarktes mindestens drei Stunden täglich erwerbstätig zu sein (§ 43 Abs. 2 Satz 2 SGB VI). Nach § 43 Abs. 2 Satz 3 SGB VI sind voll erwerbsgemindert auch Versicherte, die wegen Art oder Schwere der Behinderung nicht auf dem allgemeinen Arbeitsmarkt tätig sein können und Versicherte, die bereits vor Erfüllung der allgemeinen Wartezeit voll erwerbsgemindert waren, in der Zeit einer nicht erfolgreichen Eingliederung in den allgemeinen Arbeitsmarkt.

4. Unterrichtungspflicht des Beschäftigten (Satz 2)

11   Der Beschäftigte hat den Arbeitgeber nach Satz 2 von der Zustellung des Rentenbescheids unverzüglich zu unterrichten. Nach § 121 BGB bedeutet unverzüglich nicht sofort, sondern „ohne schuldhaftes Zögern".

5. Zeitpunkt der Beendigung des Arbeitsverhältnisses (Satz 1 und 3)

12   Mit Ablauf des Monats, in dem der Rentenbescheid zugestellt wird, endet das Arbeitsverhältnis automatisch (Satz 1). Die verlängerte Auslauffrist gemäß § 59 Abs. 2 BAT, § 62 Abs. 2 MTArb, falls der Arbeitgeber nicht zu einer Zusatzversorgung

9   BAG, Urt. v. 03.09.2003 – 7 AZR 661/02 , NZA 2004, 328; zur Rücknahme und Beschränkung des Rentenantrags vgl. BAG, Urt. v. 11.03.1998 – 7 AZR 101/97, AP Nr. 8 zu § 59 BAT und Urt. v. 23.02.2000 – 7 AZR 906/98, AP Nr. 25 zu § 1 BeschFG 1985.

10   BAG, Urt. v. 24.06.1987 – 8 AZR 635/84, ZTR 1987, 244.

11   BAG, Urt. v. 30.04.1997 – 7 AZR 122/96, AP Nr. 20 zu § 812 BGB.

beiträgt, gibt es nicht mehr. Beginnt die Rente erst nach der Zustellung des Rentenbescheids, endet das Arbeitsverhältnis mit Ablauf des dem Rentenbeginn vorangehenden Tages (Satz 3). Ist der Rentenbescheid formell bestandskräftig, so lebt das Arbeitsverhältnis auch dann nicht wieder auf, wenn der Rentenbescheid zurückgenommen und dem Beschäftigten anstelle der unbefristeten Rente nur eine befristete Rente bewilligt wird.[12]

6. Erwerbsminderung und Schwerbehinderung (Satz 4)

Die Beendigung des Arbeitsverhältnisses eines Schwerbehinderten bedarf auch   **13**
dann der vorherigen Zustimmung des Integrationsamtes, wenn sie im Falle des Eintritts einer teilweisen Erwerbsminderung, der Erwerbsminderung auf Zeit, der Berufsunfähigkeit oder der Erwerbsunfähigkeit auf Zeit ohne Kündigung erfolgt (§ 92 SGB IX). Es gelten die Vorschriften des SGB IX über die Zustimmung zur ordentlichen Kündigung entsprechend (§ 92 SGB IX). Es bedarf also in diesen Fällen ebenfalls der Zustimmung des Integrationsamtes. Das Arbeitsverhältnis endet nach Satz 4 erst mit Ablauf des Tages der Zustellung des Zustimmungsbescheides des Integrationsamtes.

7. Gewährung einer Rente auf Zeit (Satz 5 und 6)

a) Ruhen des Arbeitsverhältnisses

Das Arbeitsverhältnis endet nicht, wenn nach dem Bescheid des Rentenversiche-   **14**
rungsträgers eine Rente auf Zeit gewährt wird. In diesem Fall ruht das Arbeitsverhältnis für den Zeitraum, für den eine Rente auf Zeit gewährt wird (Satz 5 und 6).

Die Rente auf Zeit stellt einen Ruhenstatbestand dar. Das Arbeitsverhältnis endet in diesem Fall nicht automatisch. Es bleibt dem Arbeitgeber allerdings unbenommen, während des Ruhens des Arbeitsverhältnisses eine Kündigung wegen dauernder Arbeitsunfähigkeit des Beschäftigten auszusprechen. Ein Kündigungsverbot besteht nicht.[13]

Wird im Anschluss an die befristet gewährte Rente diese Rente weiter befristet gewährt, so ruht das Arbeitsverhältnis fort. Wird im Anschluss an die befristet gewährte Rente ein unbefristeter Rentenbescheid erteilt, so endet das Arbeitsverhältnis mit Ablauf des Monats, in dem der Rentenbescheid zugestellt wird, automatisch.

b) Auswirkungen des Ruhens des Arbeitsverhältnisses

Die Zeit des Ruhens gilt als Beschäftigungszeit.[14] Sie ist demnach insbesondere   **15**
für die Kündigungsfrist maßgebend. Ruht das Arbeitsverhältnis, so vermindert sich die Dauer des Erholungsurlaubs einschließlich eines etwaigen Zusatzurlaubs für jeden vollen Kalendermonat um 1/12 (§ 26 Abs. 2 Buchst. c TVöD).

---

[12] BAG, Urt. v. 03.09.2003 – 7 AZR 661/02, DB 2004, 548.
[13] BAG, Urt. v. 03.12.1998 – 2 AZR 773/97, AP Nr. 33 zu § 1 KSchG 1969 Krankheit.
[14] BAG, Urt. v. 05.04.2000 – 10 AZR 178/99.

IV. Weiterbeschäftigungsanspruch trotz teilweiser Erwerbsminderung (Abs. 3)

1. Grundsatz

16 Im Falle teilweiser Erwerbsminderung endet bzw. ruht das Arbeitsverhältnis nicht, wenn der Beschäftigte nach seinem vom Rentenversicherungsträger festgestellten Leistungsvermögen auf seinem bisherigen oder aber einem anderen geeigneten und freien Arbeitsplatz weiterbeschäftigt werden könnte, soweit dringende dienstliche bzw. betriebliche Gründe nicht entgegenstehen und der Beschäftigte innerhalb von zwei Wochen nach Zugang des Rentenbescheids seine Weiterbeschäftigung schriftlich beantragt.

Das BAG hatte im Hinblick auf die gleichlautende Vorschrift des § 59 Abs. 3 BAT entschieden, dass bei Berufsunfähigkeit das Arbeitsverhältnis nur beendet werden könne, soweit es an zumutbaren Weiterbeschäftigungsmöglichkeiten auf einem freien Arbeitsplatz fehle.[15] Dem tragen die Tarifvertragspartner in § 33 Abs. 3 TVöD Rechnung.

2. Fristgerechter Antrag und keine entgegenstehenden dienstlichen Gründe

17 Voraussetzung für eine Weiterbeschäftigungspflicht ist, dass der Beschäftigte innerhalb von zwei Wochen nach Zugang des Rentenbescheids seine Weiterbeschäftigung schriftlich beantragt. Ein mündlich gestellter Antrag wahrt die Schriftform nicht.[16] Weiter dürfen keine dringenden dienstlichen bzw. betrieblichen Gründe der Weiterbeschäftigung entgegenstehen.

V. Ersetzung des Rentenbescheids durch ärztliches Gutachten (Abs. 4)

1. Fälle der Ersetzung

18 An die Stelle des Rentenbescheides tritt das Gutachten eines Amtsarztes oder eines nach § 3 Abs. 4 Satz 2 TVöD bestimmten Arztes, wenn der Beschäftigte schuldhaft den Rentenantrag verzögert, er Altersrente nach §§ 236, 236 a SGB VI bezieht oder der Beschäftigte nicht in der gesetzlichen Rentenversicherung versichert ist.

2. Schuldhafte Verzögerung des Rentenantrags

19 Der Beschäftigte verzögert dann den Rentenantrag, wenn er den Rentenantrag nicht stellt, obwohl erkennbar ist, dass Anhaltspunkte für eine Erwerbsminderung vorliegen. Weiter wird ein Verschulden des Beschäftigten für die Verzögerung vorausgesetzt. Ein Verschulden liegt jedenfalls dann vor, wenn Anhaltspunkte für eine Rente wegen Erwerbsminderung vorliegen und der Arbeitgeber den Beschäftigten zur Stellung des Antrages auffordert, der Beschäftigte der Aufforderung aber nicht nachkommt.

Bei Vorliegen der Voraussetzungen tritt an die Stelle des Rentenbescheids das Gutachten eines Amtsarztes oder eines nach § 3 Abs. 4 Satz 2 TVöD bestimmten Arztes. Dieses Gutachten unterliegt der Nachprüfung durch die Arbeitsgerichte.[17]

---

[15] BAG, Urt. v. 28.06.1995 – 7 AZR 55/94, AP Nr. 6 zu § 59 BAT; so auch BAG, Urt. v. 31.07.2002 – 7 AZR 118/01, NZA 2003, 620.

[16] BAG, Urt. v. 01.12.2004 – 7 AZR 135/04, NZA 2006, 211.

[17] BAG, Urt. v. 08.05.1969 – 2 AZR 348/68, AP Nr. 1 zu § 59 BAT.

Aus dem Gutachten muss sich ergeben, ob und gegebenenfalls in welchem Umfang der Gutachter Erwerbsminderung annimmt.

In diesem Fall endet das Arbeitsverhältnis mit Ablauf des Monats, in dem dem Beschäftigten das Gutachten bekannt gegeben worden ist (Satz 2).

VI. Weiterbeschäftigung nach Erreichung der Altersgrenze (Abs. 5)

1. Abschluss eines neuen Arbeitsvertrages

Nach Abs. 1 Buchst. a endet das Arbeitsverhältnis mit Ablauf des Monats, in dem **20** der Beschäftige das 65. Lebensjahr vollendet hat. Soll der Beschäftigte über das 65. Lebensjahr hinaus weiterbeschäftigt werden, muss ein neuer schriftlicher Arbeitsvertrag abgeschlossen werden (Satz 1). Es handelt sich hierbei um ein rechtlich neues Arbeitsverhältnis, nicht um die Fortsetzung des alten Arbeitsverhältnisses.

2. Kündigungsfrist

Das neue Arbeitsverhältnis kann jederzeit mit einer Frist von vier Wochen zum **21** Monatsende gekündigt werden. Die tariflichen Kündigungsfristen des § 34 TVöD gelten ebenso wenig wie die gesetzlichen Kündigungsfristen des § 622 Abs. 2 BGB (§ 622 Abs. 4 BGB). Es bleibt den Vertragspartnern aber unbenommen, eine längere Kündigungsfrist zu vereinbaren (Satz 2).

§ 34 Kündigung des Arbeitsverhältnisses

(1) ¹ Bis zum Ende des sechsten Monats seit Beginn des Arbeitsverhältnisses beträgt die Kündigungsfrist zwei Wochen zum Monatsschluss. ² Im Übrigen beträgt die Kündigungsfrist bei einer Beschäftigungszeit (Absatz 3 Satz 1 und 2)

– bis zu einem Jahr	ein Monat zum Monatsschluss,
– von mehr als einem Jahr	6 Wochen,
– von mindestens fünf Jahren	3 Monate,
– von mindestens acht Jahren	4 Monate,
– von mindestens zehn Jahren	5 Monate,
– von mindestens zwölf Jahren	6 Monate,

zum Schluss eines Kalendervierteljahres.

(2) ¹ Arbeitsverhältnisse von Beschäftigten, die das 40. Lebensjahr vollendet haben und für die die Regelungen des Tarifgebiets West Anwendung finden, können nach einer Beschäftigungszeit (Absatz 3 Satz 1 und 2) von mehr als 15 Jahren durch den Arbeitgeber nur aus einem wichtigen Grund gekündigt werden. ² Soweit Beschäftigten nach den bis zum 30. September 2005 geltenden Tarifregelungen unkündbar waren, verbleibt es dabei.

(3) ¹ Beschäftigungszeit ist die bei demselben Arbeitgeber im Arbeitsverhältnis zurückgelegte Zeit, auch wenn sie unterbrochen ist. Unberücksichtigt bleibt die Zeit eines Sonderurlaubs gemäß § 28, es sei denn, der Arbeitgeber hat vor Antritt des Sonderurlaubs schriftlich ein dienstliches oder betriebliches Interesse anerkannt. ³ Wechseln Beschäftigte zwischen Arbeitgebern, die vom Geltungsbereich dieses Tarifvertrages erfasst werden, werden die Zeiten bei dem anderen Arbeitgeber als Beschäftigungszeit anerkannt. ⁴ Satz 3 gilt entsprechend bei einem Wechsel von einem anderen öffentlich-rechtlichen Arbeitgeber.

I. Verhältnis zum bisherigen Recht

Identische oder ähnliche Regelungen der Abs. 1 und 2 finden sich in §§ 53, 54, 55   **1**
BAT, §§ 52, 53, 54 BMT-G und §§ 57, 58 und 59 MTArb. Regelungen über die
Beschäftigungszeit (Abs. 3) waren in § 19 BAT, § 6 BMT-G und § 6 MTArb ent-
halten.

II. Kündigung

1. Einseitige, empfangsbedürftige Willenserklärung

Die Kündigung ist eine einseitige, empfangsbedürftige Willenserklärung. Sie muss   **2**
dem Vertragspartner zugehen. Mit dem Zugang wird die Kündigung wirksam. Die
Kündigung ist dem Vertragspartner zugegangen, wenn sie ihm ausgehändigt (Zugang unter Anwesenden) oder so in seinen Machtbereich gelangt ist, dass dieser
die Möglichkeit hat, von der Kündigung Kenntnis zu erlangen (z.B. durch Einwurf
in den Briefkasten; Zugang unter Abwesenden). Sie ist ihm in dem Zeitpunkt zugegangen, in dem der Empfänger unter normalen Verhältnissen die Möglichkeit
der Kenntnisnahme hat.[1] Wird ein Kündigungsschreiben am Abend in den Briefkasten eingeworfen, so geht es dem Empfänger unter normalen Verhältnissen erst
am darauf folgenden Tag zu, wenn der Briefkasten üblicherweise am Vormittag
geleert wird.

2. Formen der Kündigung

Es gibt die Beendigungskündigung und die Änderungskündigung.   **3**

    Unter einer Beendigungskündigung versteht man eine einseitige, empfangsbe-
dürftige Willenserklärung, die das Arbeitsverhältnis unmittelbar für die Zukunft
sofort oder nach Ablauf einer Kündigungsfrist beenden soll.

    Eine Änderungskündigung liegt vor, wenn der Arbeitgeber das Arbeitsverhält-
nis durch eine einseitige, empfangsbedürftige Willenserklärung zu einem bestimmten Zeitpunkt beendet und dem Arbeitnehmer zugleich im Zusammenhang
mit der Kündigung anbietet, das Arbeitsverhältnis zu geänderten Arbeitsbedingungen fortzusetzen.

3. Keine Bestätigung des Kündigungsempfangs

Für die Wirksamkeit der Kündigung ist nicht erforderlich, dass der Vertragspart-   **4**
ner den Empfang der Kündigung bestätigt. Aus Beweisgründen sollte eine Quittie-
rung jedoch erfolgen.

---

[1]   H.M., vgl. nur BAG, Urt. v. 08.12.1983 – 2 AZR 337/82 , NJW 1984, 1651.

4. Schriftform der Kündigung

5   Die Kündigung eines Arbeitsverhältnisses muss schriftlich erfolgen, um wirksam zu sein. Dies folgt aus § 623 BGB. Es ist durch Gesetz schriftliche Form für die Kündigung vorgesehen. Die Kündigung muss zur Wahrung der Schriftform von dem Aussteller eigenhändig durch Unterschrift unterzeichnet werden (§ 126 Abs. 1 BGB). Die Unterschrift muss von dem Aussteller selbst geleistet werden. Die Eigenhändigkeit schließt die Unterschrift per Telefax[2], Fernschreiben, Telegramm oder Faksimile aus. Eine in dieser Form übermittelte Kündigung ist mangels Einhaltung des Schriftformerfordernisses unwirksam.

5. Grund für die Kündigung

a) Kündigungsgrund bei Anwendbarkeit des KSchG

6   Ein Grund für die Kündigung muss nur vorliegen, wenn das KSchG Anwendung findet. Außerhalb des Geltungsbereichs des KSchG bedarf es regelmäßig keines Kündigungsgrundes.

Das KSchG ist anwendbar, wenn das Arbeitsverhältnis in demselben Betrieb oder Unternehmen ohne Unterbrechung länger als sechs Monate bestanden hat (§ 1 Abs. 1 KSchG) und die Arbeitnehmerzahl des § 23 KSchG überschritten ist. In diesem Fall ist die Kündigung unwirksam, wenn sie sozial ungerechtfertigt ist, mithin kein vom Gesetzgeber anerkannter Grund für die Kündigung vorliegt.

Sozial ungerechtfertigt ist die Kündigung, wenn sie nicht durch Gründe, die in der Person (personenbedingte Kündigung) oder in dem Verhalten des Arbeitnehmers (verhaltensbedingte Kündigung) liegen, oder durch dringende betriebliche Erfordernisse, die einer Weiterbeschäftigung des Arbeitnehmers in diesem Betrieb entgegenstehen (betriebsbedingte Kündigung), bedingt ist (§ 1 Abs. 2 Satz 1 KSchG).

b) Betriebsbedingte Kündigung im öffentlichen Dienst

7   Im öffentlichen Dienst kommt ebenfalls der Anspruch betriebsbedingter Kündigungen in Betracht. Die Wirksamkeit solcher Kündigungen ist regelmäßig an § 1 KSchG zu messen. Es müssen dringende betriebliche Erfordernisses vorliegen, die einer Weiterbeschäftigung des betroffenen Arbeitnehmers in diesem Betrieb entgegenstehen. In Betrieben und Verwaltungen des öffentlichen Rechts ist die Kündigung auch sozial ungerechtfertigt, wenn die Kündigung gegen eine Richtlinie über die personelle Auswahl bei Kündigungen verstößt, der Arbeitnehmer an einem anderen Arbeitsplatz in derselben Dienststelle oder in einer anderen Dienststelle desselben Verwaltungszweiges an demselben Dienstort einschließlich seines Einzugsgebiets weiterbeschäftigt werden kann und die zuständige Personalvertretung aus einem dieser Gründe fristgerecht gegen die Kündigung Einwendungen erhoben hat, es sei denn, dass die Stufenvertretung in der Verhandlung mit der übergeordneten Dienststelle die Einwendungen nicht aufrechterhalten hat (§ 1 Abs. 2 Satz 2 Nr. 2 KSchG). Dies gilt auch, wenn die Weiterbeschäftigung des Arbeitnehmers nach zumutbaren Umschulungs- oder Fortbildungsmaßnahmen oder eine Weiterbeschäftigung des Arbeitnehmers unter geänderten Arbeitsbedingungen

---

2   BGH, Urt. v. 30.07.1997 – VIII ZR 244/96, NJW 1997, 3169.

möglich ist und der Arbeitnehmer sein Einverständnis hiermit erklärt hat (§ 1 Abs. 2 Satz 3 KSchG).

Die Reichweite der Weiterbeschäftigungspflicht beschränkt sich auf eine Weiterbeschäftigungsmöglichkeit in derselben oder einer anderen Dienststelle desselben Verwaltungszweiges an demselben Dienstort. Dies folgt aus § 1 Abs. 2 Satz 2 Nr. 2 Buchst. b KSchG.

Weiter muss der Arbeitgeber bei der Auswahl des Arbeitnehmers die Dauer der Betriebszugehörigkeit, das Lebensalter, die Unterhaltspflichten und die Schwerbehinderung des Arbeitnehmers ausreichend berücksichtigen. Die soziale Auswahl muss für den Bereich des öffentlichen Dienstes nur innerhalb der jeweiligen Dienststelle erfolgen. Dies ergibt sich aus dem personalvertretungsrechtlichen Dienststellenbegriff, der auch für den kündigungsschutzrechtlichen Begriff gilt.[3]

6. Keine Begründung der Kündigung

In dem Kündigungsschreiben muss kein Kündigungsgrund angegeben werden. **8** Dies gilt unabhängig davon, ob der Arbeitnehmer dem Schutz des KSchG unterliegt oder nicht. Die Angabe eines Kündigungsgrundes ist keine Wirksamkeitsvoraussetzung[4] für die Kündigung.[5] Bei einer außerordentlichen Kündigung muss der Kündigende dem anderen Teil auf dessen Verlangen hin den Kündigungsgrund unverzüglich schriftlich mitteilen (§ 626 Abs. 2 Satz 3 BGB). Kommt der Kündigende dem Verlangen nicht nach, so ist dies für ihn regelmäßig nicht mit nachteiligen Folgen verbunden. Er kann sich allerdings schadensersatzpflichtig machen, wenn der Kündigungsempfänger bei ordnungsgemäßer oder rechtzeitiger Begründung nicht geklagt hätte. In diesem Fall muss der Kündigende dem Empfänger die Prozesskosten ersetzen.

7. Beteiligung des Personalrates

Der Personalrat hat nach den Regelungen der Personalvertretungsgesetze ein Mit- **9** wirkungsrecht, wenn der Arbeitgeber beabsichtigt, das mit dem Arbeitnehmer bestehende Arbeitsverhältnis zu kündigen.

III. Kündigungsfristen (Abs. 1)

1. Beginn des Arbeitsverhältnisses

Der Beginn des Arbeitsverhältnisses ergibt sich aus dem Arbeitsvertrag. Er ist re- **10** gelmäßig mit der tatsächlichen Arbeitsaufnahme identisch. Liegt die tatsächliche Arbeitsaufnahme aber vor dem im Arbeitsvertrag angeführten Beginn, so ist der Tag der tatsächlichen Arbeitsaufnahme maßgebend.

---

[3] Vgl. zum ganzen Lingemann/Grothe, Betriebsbedingte Kündigung im öffentlichen Dienst, NZA 1999, 1072 ff.

[4] Anders aber § 22 Abs. 3 BBiG: Die Kündigung eines Berufsausbildungsverhältnisses nach der Probezeit muss schriftlich und unter Angabe des Kündigungsgrundes erfolgen. Ansonsten ist die Kündigung unwirksam.

[5] Nach § 54 Satz 2 BMT-G sollte der Arbeitgeber, nicht der Arbeitnehmer, bei einer Kündigung den Kündigungsgrund in dem Kündigungsschreiben angeben. Diese Regelung wurde im TVöD nicht übernommen.

2. Geltung der Kündigungsfristen

11 Die Kündigungsfristen des Abs. 1 gelten sowohl für die Arbeitgeberkündigung als auch für die Kündigung des Beschäftigten. Demgegenüber betrifft Abs. 2 ausschließlich die Arbeitgeberkündigung (vgl. Abs. 2 Satz 2: „durch den Arbeitgeber").

Die Kündigungsfristen des Abs. 1 gehen den gesetzlichen Kündigungsfristen des § 622 BGB vor. Für ein Arbeitsverhältnis, auf das die Regelungen des TVöD Anwendung finden, sind ausschließlich die Kündigungsfristen des § 34 TVöD maßgebend (vgl. § 622 Abs. 4 Satz 1 BGB).

3. Kündigungsfristen

12 Die Kündigungsfrist ist von der Beschäftigungszeit abhängig. Bis zum Ende des sechsten Monats seit Beginn des Arbeitsverhältnisses beträgt die Kündigungsfrist nach Satz 1 zwei Wochen zum Monatsschluss.

Die Kündigungsfrist beträgt bei einer Beschäftigungszeit[6] nach Ende des sechsten Monats bis zu einem Jahr einen Monat zum Monatsschluss, von mehr als einem Jahr sechs Wochen zum Schluss eines Kalendervierteljahres, von mindestens fünf Jahren drei Monate zum Schluss eines Kalendervierteljahres, von mindestens acht Jahren vier Monate zum Schluss eines Kalendervierteljahres, von mindestens zehn Jahren fünf Monate zum Schluss eines Kalendervierteljahres und von mindestens zwölf Jahren sechs Monate zum Schluss eines Kalendervierteljahres.[7]

4. Berechnung der Kündigungsfristen

13 Für die Berechnung der Kündigungsfristen sind die Vorschriften der §§ 186 ff. BGB maßgebend. Die Kündigungsfrist beginnt in dem Zeitpunkt, in dem die Kündigung dem Empfänger zugegangen ist.

Beispiele:

– Arbeitsbeginn: 1. Februar; Zugang der Kündigung (bis zum Ende des sechsten Monats): 15. Juli; Beendigung des Arbeitsverhältnisses: 31. Juli.
– Arbeitsbeginn: 1. Februar; Zugang der Kündigung (bis zum Ende des sechsten Monats): 29. Juli; Beendigung des Arbeitsverhältnisses: 31. August.
– Arbeitsbeginn: 1. Februar; Zugang der Kündigung: 16. Oktober; Beendigung des Arbeitsverhältnisses: 30. November.

5. Nichteinhaltung der Kündigungsfristen

14 Wird die Kündigungsfrist nicht eingehalten, so wird die Kündigung hierdurch nicht unwirksam. Vielmehr wird die Kündigungsfrist in die zulässige Kündigungsfrist umgedeutet (§ 140 BGB).Wird in dem Kündigungsschreiben kein Termin angegeben, an dem das Arbeitsverhältnis enden soll, so wird die Kündigung zum nächst zulässigen Kündigungstermin wirksam.[8]

---

[6] Vgl. die Definition der Beschäftigungszeit in § 34 Abs. 3 TVöD. Es gilt nach § 34 Abs. 1 Satz 2 TVöD nur Satz 1 und 2 des Abs. 3, nicht Satz 3.

[7] Die Kündigungsfristen des Abs. 1 sind identisch mit den Kündigungsfristen der § 53 BAT, § 50 BMT-G und § 57 MTArb.

[8] BAG, Urt. v. 04.02.1960 – 3 AZR 25/58, AP Nr. 5 zu § 1 KSchG Betriebsbedingte Kündigung.

IV. Ausschluss der ordentlichen Kündbarkeit (Abs. 2)

1. Geltungsbereich

Abs. 2 betrifft den Ausschluss der ordentlichen Kündbarkeit.[9] Er betrifft aus- **15**
schließlich die Kündigung des Arbeitgebers, nicht auch die Kündigung des Beschäftigten. Der Beschäftigte kann auch nach Vollendung des 40. Lebensjahres
und nach einer Beschäftigungszeit[10] von mehr als 15 Jahren unter Einhaltung der
Kündigungsfrist nach Abs. 1 das Arbeitsverhältnis kündigen.

Weiter betrifft der Ausschluss der ordentlichen Kündbarkeit nur die Beschäftigten, für welche die Regelungen des Tarifgebietes West Anwendung finden. Es bestehen erhebliche Zweifel, ob die Beschränkung der tariflichen Unkündbarkeit auf
die Beschäftigten des Tarifgebietes West unter Ausschluss der Beschäftigten des
Tarifgebiets Ost verfassungsgemäß ist. Die Beibehaltung des status quo vermag
keinen Rechtfertigungsgrund für die Ungleichbehandlung darzustellen. Es geht
nämlich nicht um einen Beitritt zu bestehendem Tarifrecht. Vielmehr löst der
TVöD die bisherigen tariflichen Regelungen gänzlich ab. Es wird im gesamten
Bundesgebiet ein neues Tarifrecht für den öffentlichen Dienst geschaffen.

Abs. 2 Satz 2 stellt klar, dass Beschäftigte unkündbar bleiben, wenn sie nach
den bis zum 30. September 2005 geltenden Tarifregelungen unkündbar waren.

2. Außerordentliche Kündigung

a) Regelung des § 626 BGB

Der TVöD enthält keine ausdrückliche Regelung, unter welchen Voraussetzungen **16**
eine außerordentliche Kündigung wirksam ist.[11] Es gilt daher die allgemeine Vorschrift des § 626 BGB. Das Dienstverhältnis kann von jedem Vertragsteil aus
wichtigem Grund ohne Einhaltung einer Kündigungsfrist gekündigt werden, wenn
Tatsachen vorliegen, auf Grund derer dem Kündigenden unter Berücksichtigung
aller Umstände des Einzelfalls und unter Abwägung der Interessen beider Vertragsteile die Fortsetzung des Dienstverhältnisses bis zum Ablauf der Kündigungsfrist oder bis zu der vereinbarten Beendigung des Dienstverhältnisses nicht zugemutet werden kann (§ 626 Abs. 1 BGB).

b) Außerordentliche betriebsbedingte Kündigung eines tariflich Unkündbaren

Das BAG erkennt die Möglichkeit zur außerordentlichen Kündigung aus wichti- **17**
gem Grund in einem Dauerschuldverhältnis an. Es sind deshalb Fälle denkbar, in
denen eine außerordentliche Kündigung mit sozialer Auslauffrist nach § 626 BGB
in Betracht kommen kann.[12] Allerdings sind die Anforderungen an die Wirksam-

---

9   Nach § 53 Abs. 3 BAT war der Angestellte bei einer Beschäftigungszeit (§ 19 BAT ohne die nach
    § 72 Abschnitt A Ziff. 1 berücksichtigten Zeiten) von 15 Jahren, frühestens jedoch nach Vollen-
    dung des 40. Lebensjahres „unkündbar". § 52 BMT-G sah vor, dass nach einer Beschäftigungszeit
    (§ 68 BMT-G ohne die nach § 68 BMT-G berücksichtigten Zeiten) von mindestens 15 Jahren das
    Arbeitsverhältnis des Arbeiters durch den Arbeitgeber nur aus einem wichtigen Grunde gekündigt
    werden kann. Dies galt gleichermaßen im Anwendungsbereich des MTArb (§ 58).

10 Vgl. die Definition der Beschäftigungszeit in § 34 Abs. 3 TVöD. Es gilt nach § 34 Abs. 2 Satz 1
    TVöD nur Satz 1 und 2 des Abs. 3, nicht Satz 3.

11 Anders: §§ 54, 55 BAT; §§ 53, 54 BMT-G; § 59 MTArb.

12 BAG, Urt. v. 05.02.1998 – 2 AZR 227/97, NZA 1998, 771; Urt. v. 27.06.2002 – 2 AZR 367/01,
    ZTR 2003, 140, 141.

keit einer betriebsbedingten außerordentlichen Kündigung nach § 626 BGB gegenüber einem tariflich unkündbaren Beschäftigten des öffentlichen Dienstes ganz erheblich. Eine betriebsbedingte außerordentliche Kündigung mit notwendiger Auslauffrist ist nur in extremen Ausnahmefällen möglich.[13] Betriebsbedingte Gründe rechtfertigen regelmäßig keine außerordentliche Kündigung. Das Betriebsrisiko hat der Arbeitgeber zu tragen. Nicht jede Umorganisation oder Schließung einer Teileinrichtung, die mit dem Wegfall von Arbeitsplätzen im öffentlichen Dienst verbunden ist, kann demnach eine außerordentliche Kündigung rechtfertigen. Entsprechend dem Sinn und Zweck der tariflichen Unkündbarkeit müssen die Anforderungen an eine derartige außerordentliche Kündigung erheblich sein. Es kann nur darum gehen, auch unter Berücksichtigung der Annäherung des Arbeitsverhältnisses an ein Beamtenverhältnis und des Grundsatzes der Einheit des öffentlichen Dienstes zu verhindern, dass ein sinnentleertes Arbeitsverhältnis über einen langen Zeitraum hinweg allein noch durch Gehaltszahlungen aufrecht erhalten wird und dadurch der öffentliche Arbeitgeber in erhebliche, vor allem finanzielle Schwierigkeiten gerät. Als Mindestvoraussetzungen für die Wirksamkeit einer derartigen Kündigung sind die Grundsätze heranzuziehen, welche die Tarifvertragspartner im Tarifvertrag über den Rationalisierungsschutz für Angestellte vom 9. Januar 1987 für einen Wegfall des Arbeitsplatzes in Folge von Rationalisierungsmaßnahmen ausdrücklich vereinbart haben. Damit haben die Tarifvertragspartner Wertungsmaßstäbe für vergleichbare Fälle aufgestellt, die bei der Anwendung des § 626 Abs. 1 BGB nicht unbeachtet bleiben dürfen.[14]

c) Außerordentliche krankheitsbedingte Kündigung eines tariflich Unkündbaren

18   Nach Ansicht des BAG ist eine Krankheit nicht grundsätzlich als wichtiger Grund im Sinne des § 626 BGB ungeeignet. An eine Kündigung wegen Erkrankung eines Arbeitnehmers ist zwar schon bei einer ordentlichen Kündigung ein strenger Maßstab anzulegen. Dies schließt aber nicht aus, dass in eng zu begrenzenden Ausnahmefällen die Fortsetzung des Arbeitsverhältnisses dem Arbeitgeber unzumutbar im Sinne des § 626 Abs. 1 BGB sein kann. Dies kommt bei einem Ausschluss der ordentlichen Kündigung auf Grund tariflicher Vereinbarung in Betracht, wenn das Arbeitsverhältnis als Austauschverhältnis auf Dauer erheblich gestört ist.[15] Dazu muss das nach der Zukunftsprognose zu erwartende Missverhältnis von Leistung und Gegenleistung so krass sein, dass nur noch von einem sinnentleertem Arbeitsverhältnis gesprochen werden kann.[16]

Allerdings sind an die Bemühungen des Arbeitgebers, für den zur Kündigung anstehenden ordentlich unkündbaren Arbeitgeber eine andere Beschäftigungsmöglichkeit zu finden, erhebliche Anforderungen zu stellen. Den Arbeitnehmer, dessen Arbeitsplatz weggefallen ist, trifft allerdings die Obliegenheit, an den Versu-

---

[13]   BAG, Urt. v. 27.06.2002 – 2 AZR 367/01, ZTR 2003, 140, 141.

[14]   BAG, Urt. v. 13.06.2002 – 2 AZR 391/01, ZTR 2003, 142.

[15]   BAG, Urt. v. 27.11.2003 – 2 AZR 601/02, ZTR 2004, 536.

[16]   BAG, Urt. v. 18.01.2001 – 2 AZR 616/99, NZA 2002, 455; LAG Köln, Urt. v. 04.09.2002 – 7 Sa 415/02, NZA-RR 2003, 360.

chen des Arbeitgebers, für ihn eine anderweitige Beschäftigungsmöglichkeit zu finden, selbst kooperativ mitzuwirken.[17]

Der besondere Kündigungsschutz des § 55 Abs. 2 Unterabs. 2 Satz 2 BAT für unkündbare, leistungsgeminderte Beschäftigte gilt zunächst weiter fort (Proto-kollerklärung zum 3. Abschnitt des TVÜ-Bund).

V. Beschäftigungszeit (Abs. 3)

1. Begriff

Beschäftigungszeit ist nach Satz 1 die bei demselben Arbeitgeber im Arbeitsver-   19
hältnis zurückgelegte Zeit, auch wenn sie unterbrochen ist.

Zeiten im ruhenden Arbeitsverhältnis (z.B. Elternzeit gemäß § 15 BErzGG) gelten als Beschäftigungszeit. Bei der Beschäftigungszeit wird die Zeit eines Son-derurlaubs gemäß § 28 TVöD grundsätzlich nicht berücksichtigt. Berücksichtigt wird jedoch die Zeit eines Sonderurlaubs, wenn der Arbeitsgeber vor Antritt des Sonderurlaubs schriftlich ein dienstliches oder betriebliches Interesse anerkannt hat (Satz 2). Zeiten bei dem anderen Arbeitgeber werden als Beschäftigungszeit anerkannt, wenn Beschäftigte zwischen Arbeitgeber wechseln, die vom Geltungs-bereich des TVöD erfasst werden (Satz 3), oder wenn der Beschäftigte von einem anderen öffentlich-rechtlichen Arbeitgeber wechselt (Satz 4).

2. „Bei demselben Arbeitsgeber"

Derselbe Arbeitgeber liegt vor, wenn das Arbeitsverhältnis stets mit dem Bund   20
oder mit einem Arbeitgeber bestand, der Mitglied eines Mitgliedsverbandes der Vereinigung der kommunalen Arbeitgeberverbände ist. Maßgebend ist, wer Ver-tragspartner des Beschäftigten ist.

3. Bedeutung der Beschäftigungszeit

Die Beschäftigungszeit ist von Bedeutung für die Dauer der Kündigungsfristen   21
(§ 34 Abs. 1 TVöD) und den Ausschluss der ordentlichen Kündbarkeit (§ 34 Abs. 2 TVöD). Demzufolge haben sich die Tarifvertragsparteien darauf verständigt, dass zur Berechnung der Kündigungsfrist und zur Berechnung der Beschäfti-gungszeit bei der Unkündbarkeit nur die Beschäftigungszeiten zu berücksichtigen sind, die bei demselben Arbeitgeber zurückgelegt werden. Dementsprechend wird in § 34 Abs. 1 Satz 2 TVöD und in § 34 Abs. 2 Satz 1 TVöD nur auf Satz 1 und 2 des Abs. 3 Bezug genommen, nicht auf Abs. 3 Satz 3.

Weiter ist die Beschäftigungszeit von Bedeutung für die Dauer der Zahlung des Krankengeldzuschusses (§ 22 Abs. 3 TVöD), die Jubiläumszuwendung und den Aufstieg in den Stufen der Entgelttabelle (§ 14 TVÜ).

---

[17]   BAG, Urt. v. 13.05.2004 – 2 AZR 36/04, ZTR 2005, 163, 165.

§ 35 Zeugnis

(1) Bei Beendigung des Arbeitsverhältnisses haben die Beschäftigten Anspruch auf ein schriftliches Zeugnis über Art und Dauer ihrer Tätigkeit, das sich auch auf Führung und Leistung erstrecken muss (Endzeugnis).

(2) Aus triftigen Gründen können Beschäftigte auch während des Arbeitsverhältnisses ein Zeugnis verlangen (Zwischenzeugnis).

(3) Bei bevorstehender Beendigung des Arbeitsverhältnisses können die Beschäftigten ein Zeugnis über Art und Dauer ihrer Tätigkeit verlangen (vorläufiges Zeugnis).

(4) Die Zeugnisse gemäß den Absätzen 1 bis 3 sind unverzüglich auszustellen.

I. Verhältnis zum bisherigen Recht

1   Die Vorschrift entspricht im wesentlichen § 61 BAT und § 64 MTArb.

II. Allgemeines

1. Verhältnis zu gesetzlichen Vorschriften

Der Beschäftigte hat während des Arbeitsverhältnisses einen Anspruch auf ein **2**
Zwischenzeugnis, wenn triftige Gründe vorliegen. Er hat Anspruch auf ein vorläufiges Zeugnis, wenn die Beendigung des Arbeitsverhältnisses bevorsteht. Schließlich hat er Anspruch auf ein Endzeugnis bei Beendigung des Arbeitsverhältnisses.

Der Anspruch auf ein Zeugnis ist nicht nur ein tariflicher, sondern auch ein gesetzlicher Anspruch. Er ergibt sich aus § 109 GewO und § 630 BGB.

2. Bedeutung des Zeugnisses im Arbeitsleben

Das Zeugnis dient als Unterlage bei Bewerbungen um einen neuen Arbeitsplatz **3**
und stellt deshalb einen wichtigen Faktor im Arbeitsleben dar.[1] Die Bedeutung,
die dem Zeugnis zukommt, geht allerdings immer weiter zurück. Dies hängt wesentlich damit zusammen, dass in Auflösungsverträgen oder in gerichtlichen Vergleichen der Inhalt des Zeugnisses vereinbart wird. Das Zeugnis ist in diesen Fällen keine einseitige Beurteilung. Es basiert vielmehr auf einer einvernehmlichen
Absprache der Arbeitsvertragspartner. Die Bedeutung des Zeugnisses nimmt auch
dadurch ab, dass typische Zeugnisklauseln formelhaft verwendet werden. Demzufolge werden heute bei Bewerbungen oftmals telefonische Auskünfte beim ehemaligen Arbeitgeber eingeholt.[2] Weder Arbeitgeber noch Beschäftigte sollten daher
die Bedeutung des Zeugnisses überbewerten.

III. Anspruch auf Ausstellung eines Endzeugnisses (Abs. 1)

1. Entstehen des Anspruchs

Der Anspruch auf ein Endzeugnis entsteht bei Beendigung des Arbeitsverhältnis- **4**
ses. Mit der Beendigung des Arbeitsverhältnisses ist der Ablauf der Kündigungsfrist oder das tatsächliche Ausscheiden aus dem Dienst gemeint. Der Anspruch
entsteht auch dann, wenn die Parteien über die Wirksamkeit einer Kündigung oder
eines Auflösungsvertrages streiten.

2. Inhalt des Zeugnisses

a) Einfaches und qualifiziertes Zeugnis

Das einfache Zeugnis enthält nur Angaben über die Art und Dauer der Tätigkeit **5**
des Beschäftigten. Das qualifizierte Zeugnis erstreckt sich auch auf Führung und
Leistung des Beschäftigten. Das einfache Zeugnis enthält nur Tatsachen. Erstreckt
sich das Zeugnis auch auf Führung und Leistung, so wird es von Werturteilen bestimmt.[3]

b) Grundsätze der Wahrheit und des Wohlwollens

Das Zeugnis muss alle wesentlichen Tatsachen und Bewertungen enthalten, die **6**
für die Gesamtbeurteilung des Beschäftigten von Bedeutung und für den Dritten

---

[1]   BAG, Urt. v. 03.03.1993 – 5 AZR 182/92, AP Nr. 20 zu § 630 BGB.
[2]   Der Arbeitgeber kann solche Auskünfte grundsätzlich auch gegen den Willen des ehemaligen Be-
       schäftigten erteilen, BAG, Urt. v. 18.12.1984 – 3 AZR 389/83, AP Nr. 8 zu § 611 BGB Persön-
       lichkeitsrecht.
[3]   BAG, Urt. v. 12.08.1976 – 3 AZR 720/75, AP Nr. 11 zu § 630 BGB.

von Interesse sind. Es gilt der Grundsatz der Wahrheit.[4] Das Zeugnis soll gleichzeitig vom verständigen Wohlwollen für den Beschäftigten getragen sein und ihm ein weiteres Fortkommen nicht unnötig erschweren (Grundsatz des Wohlwollens).[5]

c) Keine Angaben im Zeugnis

7 Zum Inhalt des Zeugnisses gehört nicht die Angabe des Grundes für das Ausscheiden des Arbeitsverhältnisses. Der Arbeitnehmer kann jedoch verlangen, dass der Grund für die Beendigung des Arbeitsverhältnisses angeführt wird, z. B. betriebsbedingte Gründe. Nicht in das Zeugnis gehört weiter die Angabe einer Tätigkeit in einer Mitarbeitervertretung (Personalrat oder Betriebsrat).[6] Ebenso wenig sind Abmahnungen im Zeugnis anzuführen. Der Arbeitgeber ist nicht verpflichtet, eine sogenannte Bedauernsformel aufzunehmen, in dem er dem Beschäftigten für die gute Zusammenarbeit dankt und ihm für die Zukunft alles Gute wünscht.[7]

d) Angaben zu Führung und Leistung

8 Das Endzeugnis muss auch Angaben über Führung und Leistung enthalten. Unter Führung ist das Verhalten im Dienst zu verstehen, unter Leistung die in der Dienststelle bzw. im Betrieb erbrachten Arbeitsleistungen.

In der Praxis habe sich folgende Klauseln zur Leistungsbeurteilung im Zeugnis herausgebildet:

- „stets zu unserer vollsten (oder: vollen) Zufriedenheit": sehr gute Leistung
- „zu unserer vollen Zufriedenheit": gute, durchschnittliche Leistung
- „zu unserer Zufriedenheit": befriedigende Leistung
- „im großen und ganzen zu unserer Zufriedenheit": mangelhafte Leistung

3. Darlegungs- und Beweislast

9 Es gelten folgende Regelungen der Darlegungs- und Beweislast: Beansprucht der Beschäftigte die Bescheinigung überdurchschnittlicher Leistungen, so trägt er die Darlegungs- und Beweislast. Weicht der Arbeitgeber hingegen von der durchschnittlichen Benotung des Beschäftigten nach unten ab, so obliegt ihm die Darlegungs- und Beweislast.[8]

4. Form des Zeugnisses
a) Schriftform

10 Das Zeugnis muss schriftlich erteilt werden. Das Zeugnis muss auf einem Briefkopf des Arbeitgebers erteilt werden, wie er auch sonst im Geschäftsverkehr benutzt wird.[9] Das Zeugnis darf keine Rechtschreibfehler enthalten, auch keine of-

---

4   BAG, Urt. v. 23.06.1960 – 5 AZR 560/58, AP Nr. 1 zu § 73 HGB.
5   BAG, Urt. v. 08.02.1972 – 1 AZR 189/71, AP Nr. 7 zu § 630 BGB.
6   Vgl. aber LAG Frankfurt, Urt. v. 10.03.1977 – 6 Sa 779/76, DB 1978, 167.
7   BAG, Urt. v. 20.02.2001 – 9 AZR 44/00, AP Nr. 26 zu § 630 BGB.
8   LAG Hamm, Urt. v. 16.03.1989 – 12 (13) Sa 1149/88, BB 1989, 1486.
9   BAG, Urt. v. 03.03.1993 – 5 AZR 182/92, AP Nr. 20 zu § 630 BGB.

fensichtlichen Ausbesserungen. Das Zeugnis ist dem Beschäftigten in ungefaltetem Zustand zu übergeben.[10]

b) Angabe des Ausstellungsortes und des Ausstellungstages

In dem Arbeitsvertrag sind der Ausstellungsort und der Ausstellungstag anzugeben. Der Ausstellungstag muss sich zwar nicht mit dem Tag der Beendigung des Arbeitsverhältnisses decken. Das Ausstellungsdatum muss jedoch ein Datum tragen, das zeitnah nach dem Tag des Ausscheidens liegt. Dies gilt auch dann, wenn zu einem späteren Zeitpunkt der Inhalt eines Zeugnisses einer gerichtlichen Klärung zugeführt wird. Wenn aufgrund eines Urteils oder aber eines Vergleichs das Zeugnis berichtigt wird, so handelt es sich dabei nicht um die Ausstellung eines neuen Zeugnisses, sondern um die Berichtigung des bereits erteilten Zeugnisses.[11]

11

c) Unterzeichnung und Ausstellung

Das Zeugnis muss eigenhändig handschriftlich unterschrieben sein. Es muss weiter vom Arbeitgeber ausgestellt werden. Handelt es sich bei dem Arbeitgeber, wie es im öffentlichen Dienst regelmäßig der Fall ist, um eine juristische Person, so ist das Zeugnis von dem gesetzlichen Vertreter des Arbeitgebers bzw. von dem hierzu bevollmächtigten Vertreter auszustellen.

12

5. Zeugnis als Holschuld

Der Beschäftigte muss das Zeugnis gemäß § 269 BGB am Erfüllungsort, regelmäßig also in der Dienststelle abholen.[12] Der Arbeitgeber wiederum ist verpflichtet, das Zeugnis zur Abholung bereit zu halten.

13

6. Rechtsfolgen der Nicht- oder Schlechterfüllung

a) Schadenersatzanspruch des Beschäftigten

Verletzt der Arbeitgeber seine Pflicht zur Erteilung eines Zeugnisses, so macht er sich schadenersatzpflichtig. Der Beschäftigte muss jedoch den Nachweis erbringen, dass er deshalb keine neue Arbeitsstelle erhalten hat, weil er kein Zeugnis des Arbeitgebers hat vorlegen können.[13] Einen solchen Nachweis zu führen, dürfte nur schwer möglich sein, auch wenn dem Beschäftigten die Darlegungs- und Beweiserleichterungen des § 252 Satz 2 BGB und § 287 Abs. 1 Satz 1 ZPO zu Gute kommen.[14] Es genügt danach der Nachweis von Tatsachen, die den Schadenseintritt wahrscheinlich machen.[15]

14

b) Schadensersatzanspruch des neuen Arbeitgebers

Der bisherige Arbeitgeber kann sich gegenüber dem neuen Arbeitgeber schadensersatzpflichtig machen, wenn er nämlich ein Zeugnis ausstellt, das nicht der Wahrheit entspricht oder aber unvollständig ist. Wenn der Beschäftigte dem neuen

15

---

[10] Einschränkend aber BAG, Urt. v. 21.09.1999 – 9 AZR 893/98, AP Nr. 23 zu § 630 BGB.
[11] BAG, Urt. v. 09.09.1992 – 5 AZR 509/91, AP Nr. 19 zu § 630 BGB.
[12] BAG, Urt. v. 08.03.1995 – 5 AZR 848/93, AP Nr. 21 zu § 630 BGB.
[13] BAG, Urt. v. 26.02.1976 – 3 AZR 215/75, AP Nr. 13 § 252 BGB.
[14] Vgl. BAG, Urt. v. 26.02.1976 – 3 AZR 215/75, AP Nr. 3 zu § 252 BGB.
[15] BAG, Urt. v. 24.03.1977 – 3 AZR 232/76, AP Nr. 12 zu § 630 BGB.

Arbeitgeber einen Schaden zufügt, so kann der neue Arbeitgeber von dem Zeugnisaussteller Ersatz dieses Schadens verlangen.[16]

7. Ausschlussfrist, Verjährung

16 Für den Anspruch auf Erteilung eines Zeugnisses gilt die sechsmonatige Ausschlussfrist des § 37 TVöD. Eine Kündigungsschutzklage wahrt die Ausschlussfrist nicht. Der Zeugnisanspruch des Beschäftigten unterliegt der regelmäßigen Verjährungsfrist von drei Jahren (§ 195 BGB).

Die Grundsätze über das Eingreifen der sechsmonatigen Ausschlussfrist und der dreijährigen Verjährungsfrist gelten auch für den Zeugnisberichtigungsanspruch. Allerdings entsteht der Zeugnisberichtigungsanspruch erst in dem Zeitpunkt, in dem der Beschäftigte den Mangel des Zeugnisses erkennen konnte.[17]

IV. Anspruch auf Ausstellung eines Zwischenzeugnisses (Abs. 2)

1. Triftige Gründe

17 Aus triftigen Gründen können Beschäftigte auch während des Arbeitsverhältnisses ein Zeugnis verlangen (Zwischenzeugnis).

Triftig sind solche Gründe, die es für einen verständigen Arbeitgeber als nachvollziehbar erscheinen lassen, dass der Beschäftigte ein Zwischenzeugnis begehrt. Triftige Gründe sind beispielsweise das Ausscheiden eines langjährigen Vorgesetzten des Beschäftigten[18], ein Stellenwechsel, eine Versetzung, die Stellung eines Kreditantrages, die Bewerbung um eine Wohnung und die bevorstehende Beendigung des Arbeitsverhältnisses.

2. Anspruch auf ein qualifiziertes Zeugnis

18 Abs. 2 enthält keine Aussage darüber, ob der Beschäftigte nur ein einfaches oder auch ein qualifiziertes Arbeitszeugnis begehren kann. Aus Sinn und Zweck der Erteilung eines Zwischenzeugnisses ergibt sich jedoch, dass sich das Arbeitszeugnis auf Verlangen des Beschäftigten auch auf Führung und Leistung erstrecken muss.

V. Anspruch auf Ausstellung eines vorläufigen Zeugnisses (Abs. 3)

1. Verhältnis zwischen Abs. 2 und Abs. 3

19 Der Beschäftigte kann bei einer bevorstehenden Beendigung des Arbeitsverhältnisses ein Zeugnis über Art und Dauer seiner Tätigkeit (vorläufiges Zeugnis) verlangen. Nach diesseitiger Auffassung ist die bevorstehende Beendigung des Arbeitsverhältnisses auch ein triftiger Grund im Sinne des Abs. 2. Da der Beschäftigte auch nach Satz 2 ein qualifiziertes Zwischenzeugnis verlangen kann, hätte es daher einer eigenständigen Regelung des Abs. 3 nicht bedurft.

---

[16] BAG, Urt. v. 15.05.1979 – VI ZR 230/76, AP Nr. 13 zu § 630 BGB; Urt. v. 22.09.1970 – VI ZR 193/69, AP Nr. 16 zu § 826 BGB.

[17] BAG, Urt. v. 23.02.1983 – 5 AZR 515/80, AP Nr. 10 zu § 70 BAT.

[18] BAG, Urt. v. 01.10.1998 – 6 AZR 176/97, AP Nr. 2 zu § 61 BAT.

2. Beendigung des Arbeitsverhältnisses

Ein Anspruch auf ein vorläufiges Zeugnis nach Abs. 3 besteht nicht nur bei einer **20** bevorstehenden Kündigung des Arbeitsverhältnisses. Nach dem Wortlaut besteht der Anspruch bei jedweder Beendigung des Arbeitsverhältnisses, mithin auch bei einer einvernehmlichen Auflösung des Arbeitsverhältnisses.

VI. Unverzügliche Ausstellung des Zeugnisses (Abs. 4)

Das Endzeugnis, das Zwischenzeugnis und das vorläufige Zeugnis im Sinne der **21** Abs. 1 bis 3 sind unverzüglich auszustellen. Unverzüglich bedeutet nicht sofort, sondern nach § 121 BGB „ohne schuldhaftes Zögern".

Abschnitt VI Übergangs- und Schlussvorschriften

§ 36 Anwendung weiterer Tarifverträge (VKA)

Protokollerklärung:
[1]Die Tarifvertragsparteien werden bis zum 30. Juni 2006 regeln, welche den BAT/BAT-O/BAT-Ostdeutsche Sparkassen, BMT-G/BMT-G-O ergänzenden Tarifverträge und Tarifvertragsregelungen für Beschäftigte im Geltungsbereich dieses Tarifvertrages – ggf. nach ihrer Anpassung an diesen Tarifvertrag – weiter anzuwenden sind. [2]Bis dahin finden alle den BAT/BAT-O/BAT-Ostdeutsche Sparkassen, BMT-G/BMT-G-O ergänzenden Tarifverträge oder Tarifvertragsregelungen der VKA in ihrem bisherigen Geltungsbereich weiter Anwendung.

§ 36 TVöD gilt nur im Bereich der VKA. Die Tarifvertragsparteien beabsichtigen, bis zum 30. Juni 2006 zu regeln, welche Tarifverträge weiter anzuwenden sind. Gegebenenfalls hat eine Anpassung an den TVöD zu erfolgen. Bis sich die Parteien auf eine Regelung verständigt haben, gelten neben dem TVöD insbesondere weiter die Tarifverträge zur Altersversorgung, der Tarifvertrag zur Entgeltumwandlung, der Tarifvertrag zu sozialen Absicherung, der Rationalisierungsschutztarifvertrag und der Altersteilzeittarifvertrag.

Richter

§ 37 Ausschlussfrist

(1) ¹Ansprüche aus dem Arbeitsverhältnis verfallen, wenn sie nicht innerhalb einer Ausschlussfrist von sechs Monaten nach Fälligkeit von der/dem Beschäftigten oder vom Arbeitgeber schriftlich geltend gemacht werden. ²Für denselben Sachverhalt reicht die einmalige Geltendmachung des Anspruchs auch für später fällige Leistungen aus.

(2) Absatz 1 gilt nicht für Ansprüche aus einem Sozialplan.

I. Verhältnis zum bisherigen Recht

Teilweise identische und ähnliche Regelungen finden sich in § 70 BAT, § 63   **1**
BMT-G und § 72 MTArb.

II. Rechtscharakter der Ausschlussfrist

1. Zweck der Ausschlussfrist

Ausschlussfristen haben zur Folge, dass eine Handlung nur innerhalb einer be-   **2**
stimmten Frist vorgenommen werden kann. Ausschlussfristen dienen dem Zweck,
Rechtssicherheit und Rechtsklarheit zu schaffen.[1] Ausschlussfristen für die Geltendmachung tariflicher Rechte können nach § 4 Abs. 4 Satz 3 TVG nur in einem
Tarifvertrag vereinbart werden. Gegen die Zulässigkeit dieser Ausschlussfrist bestehen keine Bedenken.

---

[1]   BAG, Urt. v. 22.02.1972 - 1 AZR 244/71, AP Nr. 3 zu § 70 BAT.

2. Wirkung der Ausschlussfrist

3   Der Anspruch erlischt nach Verstreichen der Ausschlussfrist automatisch. Er besteht nicht weiter fort und wird auch nicht nur in seiner Durchsetzbarkeit gehemmt.[2] Da der verfallene Anspruch nicht mehr besteht, ist auch eine Aufrechung mit einer verfallenen Forderung unzulässig; § 390 Satz 2 BGB findet keine entsprechende Anwendung.[3]

3. Verjährung und Verwirkung

a) Verjährung

4   Die regelmäßige Verjährungsfrist beträgt drei Jahre (§ 195 BGB). Sie beginnt mit dem Schluss des Jahres, in dem der Anspruch entstanden ist, und der Gläubiger von den den Anspruch begründenden Umständen und der Person des Schuldners Kenntnis erlangt oder ohne grobe Fahrlässigkeit erlangen müsste (§ 199 Abs. 1 BGB). Die der dreijährigen Verjährungsfrist unterliegenden Ansprüche (keine Schadensersatzansprüche, vgl. zu deren Verjährungsfristen: § 199 Abs. 2 und Abs. 3 BGB) verjähren ohne Rücksicht auf die Kenntnis oder grob fahrlässige Unkenntnis in zehn Jahren von ihrer Entstehung an (§ 199 Abs. 4 BGB).

Im Gegensatz zu dem verfallenen Anspruch besteht der verjährte Anspruch auch über die Verjährungsfrist hinaus weiter fort. Der Anspruch ist nur dann nicht mehr durchsetzbar, wenn der Anspruchsgegner sich ausdrücklich darauf beruft, dass der Anspruch bereits verjährt ist (Einrede der Verjährung).

b) Verwirkung

5   Einen Sonderfall der unzulässigen Rechtsausübung gemäß § 242 BGB stellt die Verwirkung dar. Ansprüche können ausnahmsweise verwirken, wenn der Gläubiger den Anspruch geraume Zeit nicht geltend gemacht und der Schuldner aufgrund besonderer Umstände darauf vertraut hat, dass der Gläubiger seinen Anspruch nicht mehr geltend macht (Zeit- und Umstandsmoment). Verwirken können einzelvertragliche und gesetzliche Ansprüche, nicht aber wegen § 4 Abs. 4 Satz 2 TVG tarifliche Ansprüche.

III. Inhalt der Ausschlussfrist des § 37 Abs. 1 TVöD

1. Personenkreis

6   Adressat der tariflichen Ausschlussfrist sind der Beschäftigte und der Arbeitgeber.

2. Ansprüche aus dem Arbeitsverhältnis

a) Allgemeines

7   Der Ausschlussfrist unterliegen „Ansprüche aus dem Arbeitsverhältnis".

Unter den Geltungsbereich der Ausschlussfrist fallen nach der h.M. Ansprüche, die auf dem Arbeitsvertrag, auf Betriebsvereinbarungen, Tarifverträgen und Gesetz beruhen.

Ob gesetzliche Ansprüche der Ausschlussfrist unterliegen, ist streitig.[4] Nach der hier vertretenen Ansicht verfallen gesetzliche Ansprüche nicht. Der Gesetzge-

---

2   BAG, Urt. v. 11.07.1990 - 5 AZR 609/89, AP Nr. 141 zu § 4 TVG Ausschlussfristen; Krause, Vereinbarte Ausschlussfristen, RdA 2004, 36, 38 m.w.N.

3   BAG, Urt. v. 10.01.1974 - 5 AZR 573/73, AP Nr. 54 zu § 4 TVG Ausschlussfristen.

4   Vgl. zum Meinungsstand instruktiv Krause, Vereinbarte Ausschlussfristen, RdA 2004, 36, 40 f.

ber hat den Tarifvertragspartnern in § 4 Abs. 4 Satz 3 TVG nur die Regelungs-kompetenz für tarifliche Ansprüche eingeräumt. Die Tarifvertragspartner haben jedoch nicht die Befugnis, Verfallfristen auch für gesetzliche Ansprüche zu statu-ieren. Dies bleibt dem Gesetzgeber vorbehalten.

Das BAG entscheidet diese Frage nicht konsequent.

Ausgangspunkt ist die Ansicht des BAG, dass sich die Ausschlussfrist auf alle Ansprüche erstrecken soll, welche die Arbeitsvertragsparteien aufgrund ihrer durch den Arbeitsvertrag begründeten Rechtsstellung gegeneinander haben. Das BAG erstreckt daher die Geltung der Ausschlussfrist teilweise auch auf gesetzli-che Ansprüche.

b) Beispiele für von § 37 TVöD erfasste Ansprüche

Gesetzliche Schadensersatzansprüche unterliegen der tariflichen Ausschlussfrist.[5]   **8**
Dies gilt für Schadensersatzansprüche des Arbeitgebers gegen den Beschäftigten aus unerlaubten Handlungen[6], aber auch bei Ansprüchen des Beschäftigten auf Schadensersatz und Schmerzensgeld wegen Verletzung der Gesundheit aufgrund Mobbings.[7]

Der Anspruch auf Freizeitausgleich nach § 46 Abs. 2 BPersVG, der einem Per-sonalratsmitglied zusteht, fällt ebenfalls unter die Verfallfrist.[8]

Der Anspruch auf Erteilung eines qualifizierten Arbeitszeugnisses unterliegt der Ausschlussfrist.[9]

Der Anspruch auf Rückzahlung zuviel gezahlten Arbeitsentgelts liegt im An-wendungsbereich der Ausschlussfrist.[10]

c) Beispiele für von § 37 TVöD nicht erfasste Ansprüche

Gesetzliche Urlaubs- und Urlaubsabgeltungsansprüche verfallen nicht.[11]   **9**

Das Recht des Arbeitgebers, den Beschäftigten schriftlich abzumahnen und die Abmahnung zur Personalakte zu nehmen, ist kein Anspruch im Sinne der Aus-schlussfrist. Der Anspruch des Beschäftigten auf Entfernung aus der Personalakte verfällt nicht innerhalb der Ausschlussfrist.[12]

Der Beschäftigungsanspruch des Beschäftigten unterliegt ebenfalls keinem Verfall.[13]

Gleichermaßen greift die Ausschlussfrist nicht für öffentlich-rechtliche An-sprüche, die Sozialversicherungsträger geltend machen.[14]

Nicht erfasst werden weiter Ansprüche auf die Zusatzversorgung des öffentli-chen Dienstes.[15]

---

5   BAG, Urt. v. 05.03.1981 - 3 AZR 559/78, AP Nr. 9 zu § 70 BAT.
6   BAG, Urt. v. 05.03.1981 - 3 AZR 559/78, AP Nr. 9 zu § 70 BAT.
7   Sächsisches LAG, Urt. v. 04.02.2005 - 3 TaBV 6/03.
8   BAG, Urt. v. 26.02.1992 - 7 AZR 201/91, AP Nr. 18 zu § 46 BPersVG.
9   BAG, Urt. v. 23.02.1983 - 5 AZR 515/80, AP Nr. 10 zu § 70 BAT.
10 BAG, Urt. v. 19.02.2004 - 6 AZR 664/02, AP Nr. 3 zu § 70 BAT-O; Urt. v. 28.02.1979 - 5 AZR 728/77, AP Nr. 6 zu § 70 BAT.
11 BAG, Urt. v. 23.04.1992 - 9 AZR 165/95, DB 1996, 2132.
12 BAG, Urt. v. 14.12.1994 - 5 AZR 137/94, AP Nr. 15 zu § 611 BGB Abmahnung.
13 BAG, Urt. v. 15.05.1991 - 5 AZR 271/90, AP Nr. 23 zu § 611 BGB Beschäftigungspflicht.
14 BSG, Urt. v. 30.08.1994 - 12 RK 59/92, AP Nr. 128 zu § 4 TVG Ausschlussfristen.

3. Fälligkeit der Ansprüche

10 Die Ausschlussfrist beträgt sechs Monate nach Fälligkeit des Anspruchs. Die Frist beginnt, wenn der Anspruch fällig ist. Fälligkeit bezeichnet den Zeitpunkt, von dem ab der Gläubiger die Leistung verlangen kann (§ 271 BGB). Vor Fälligkeit des Anspruchs kann eine Geltendmachung nicht rechtswirksam erfolgen.[16] Der Anspruch entsteht also in dem Zeitpunkt, in dem er fällig wird. Die Fälligkeit des Anspruchs setzt voraus, dass der Gläubiger in der Lage ist, die tatsächlichen Voraussetzungen seines Anspruchs zu erkennen. Es muss ihm möglich sein, seinen Anspruch geltend zu machen. Einen Zahlungsanspruch muss der Gläubiger wenigstens annähernd beziffern können.[17] Er ist verpflichtet, ohne schuldhaftes Zögern die Voraussetzungen zu schaffen, um seinen Anspruch beziffern zu können. Für die Anforderungen, die an das Tätigwerden des Gläubigers zu stellen sind, gilt ein objektiver Maßstab.[18]

Der Anspruch des Arbeitgebers auf Rückzahlung überzahlter Vergütung wird im Zeitpunkt der Überzahlung fällig, wenn die Vergütung fehlerhaft berechnet worden ist, obwohl die maßgebenden Umstände bekannt waren oder hätten bekannt sein müssen. Auf die Kenntnis des Arbeitgebers, dass ein Rückzahlungsanspruch besteht, kommt es regelmäßig nicht an.[19] Durch eine einseitige Erklärung des Arbeitgebers, er zahle „unter Vorbehalt", kann er den Beginn der Ausschlussfrist für den Rückzahlungsanspruch nicht hinausschieben.[20]

Ein Schadensersatzanspruch wird fällig, sobald der Gläubiger vom Schadensereignis Kenntnis erlangt oder bei Beachtung der gebotenen Sorgfalt Kenntnis erlangt hätte.[21]

4. Schriftliche Geltendmachung der Ansprüche

a) Geltendmachung

11 Eine ordnungsgemäße Geltendmachung setzt voraus, dass der Anspruch bereits entstanden ist. Auf die Fälligkeit des Anspruchs kommt es nicht an.[22] Sie setzt weiter voraus, dass der Anspruch seinem Grunde nach hinreichend deutlich bezeichnet und die Höhe des Anspruchs, sowie der Zeitraum, für den er verfolgt wird, mit der für den Schuldner notwendigen Deutlichkeit ersichtlich gemacht wird. Deshalb müssen die Art des Anspruchs sowie die Tatsachen, auf die der Anspruch gestützt wird, erkennbar sein. Eine rechtliche Begründung ist nicht erforderlich.[23] Die bloße Bitte des Beschäftigten „um Prüfung", ob die Voraussetzungen eines näher bezeichneten Anspruchs vorliegen, oder ein Abrechnungsverlan-

---

[15] BAG, Urt. v. 27.02.1990 - 3 AZR 216/88, DB 1990, 1572.

[16] Str.: BAG, Urt. v. 24.10.1990 - 6 AZR 37/89, AP Nr. 7 zu § 3 BAT, Urt. v. 05.11.2003 - 5 AZR 676/02, AP Nr. 174 zu § 4 TVG Ausschlussfristen.

[17] BAG, Urt. v. 19.02.2004 - 6 AZR 664/02, AP Nr. 3 zu § 70 BAT-O; Urt. v. 17.07.2003 - 8 AZR 486/02, AP Nr. 173 zu § 4 TVG Ausschlussfristen.

[18] BAG, Urt. v. 27.03.1996 - 5 AZR 336/94, AP Nr. 26 zu § 70 BAT.

[19] BAG, Urt. v. 01.06.1995 - 6 AZR 912/94, AP Nr. 24 zu § 70 BAT.

[20] BAG, Urt. v. 27.03.1996 - 5 AZR 336/94, AP Nr. 26 zu § 70 BAT.

[21] BAG, Urt. v. 16.05.1984 - 7 AZR 143/81, AP Nr. 14 zu § 70 BAT.

[22] BAG, Urt. v. 10.07.2003 - 6 AZR 283/02, NZA 2004, 399.

[23] BAG, Urt. v. 22.04.2004 - 8 AZR 652/02, ZTR 2004, 532.

gen stellen keine Geltendmachung dar.[24] Ebenso wenig reicht für eine schriftliche Geltendmachung aus, wenn der Vertragspartner aufgefordert wird, seine Auffassung „in schriftlicher Form zu begründen und sie nochmals zu überdenken".[25] Demgegenüber reicht die Erhebung einer Kündigungsschutzklage für die Geltendmachung von Ansprüchen, die während des Kündigungsschutzprozesses fällig werden und von seinem Ausgang abhängen, für die Wahrung der Ausschlussfrist aus.[26]

b) Schriftform

Schriftliche Geltendmachung bedeutet nicht, dass die Voraussetzungen für die Schriftform im Sinne des § 126 BGB vorliehen müssen. § 126 BGB ist nur anwendbar, wenn die schriftliche Form durch Gesetz vorgeschrieben ist. Beim TVöD handelt es sich nicht um ein Gesetz, sondern um einen Tarifvertrag. Daher kann eine schriftliche Geltendmachung auch in Form eines Telefaxschreibens erfolgen.[27] § 174 BGB findet keine Anwendung.[28] **12**

c) Einmalige Geltendmachung

Für denselben Sachverhalt reicht nach Abs. 1 Satz 2 die einmalige Geltendmachung des Anspruchs auch für später fällige Leistungen aus. Derselbe Sachverhalt" liegt vor, wenn der alte Sachverhalt noch nicht abgeschlossen ist. Der Sachverhalt muss einheitlich sein.[29] Reicht die einmalige Geltendmachung des Anspruchs aus, ist erforderlich, dass bei unveränderter rechtlicher und tatsächlicher Lage Ansprüche aus einem bestimmten, ständig gleichen Grundtatbestand herzuleiten sind (z.B. ständige Zulagen oder Vergütungsansprüche bei unzutreffender Eingruppierung). So genannte unständige Bezüge, die nicht monatlich wiederkehrend oder in unterschiedlicher Höhe anfallen, betreffen nicht denselben Sachverhalt und werden von der Ausschlussfrist nicht erfasst.[30] **13**

5. Berechnung der Frist

Die Ausschlussfrist ist nach §§ 187 Abs. 1, 188 Abs. 2 BGB zu berechnen. **14**

6. Treu und Glauben, § 242 BGB

Die Berufung darauf, dass die Ausschlussfrist abgelaufen ist, kann wegen Verstoßes des Schuldners gegen Treu und Glauben (§ 242 BGB) unwirksam sein.[31] Eine gegen Treu und Glauben verstoßende und damit gemäß § 242 BGB unzulässige Rechtsausübung stellt die Berufung auf eine Ausschlussfrist dann dar, wenn die zum Verfall des Anspruchs führende Untätigkeit des Gläubigers hinsichtlich der erforderlichen Geltendmachung des Anspruchs durch ein Verhalten des Schuldners veranlasst worden ist. Der Schuldner muss den Gläubiger von der Geltendmachung der Verfallfrist abgehalten haben. Dies wird z.B. angenommen, wenn **15**

---

[24] BAG, Urt. v. 10.12.1997 - 4 AZR 228/96, AP Nr. 234 zu §§ 22, 23 BAT 1975.
[25] BAG, Urt. v. 05.04.1995 - 5 AZR 961/93, AP Nr. 130 zu § 4 TVG.
[26] BAG, Urt. v. 09.08.1990 - 2 AZR 579/89, EzA § 4 TVG Ausschlussfristen Nr. 88.
[27] BAG, Urt. v. 11.10.2000 - 5 AZR 313/99, AP Nr. 153 zu § 4 TVG Ausschlussfristen.
[28] BAG, Urt. v. 14.08.2002 - 5 AZR 341/01, ZTR 2003, 88.
[29] BAG, Urt. v. 26.10.1994 - 5 AZR 404/93, AP Nr. 22 zu § 70 BAT.
[30] BAG, Urt. v. 10.07.2003 - 6 AZR 283/02, NZA 2004, 399.
[31] Vgl. hierzu instruktiv Krause, Vereinbarte Ausschlussfristen, RdA 2004, 106, 118 ff.

der Schuldner durch positives Tun oder pflichtwidriges Unterlassen dem Gläubiger die Geltendmachung des Anspruchs oder die Einhaltung der Frist erschwert oder unmöglich gemacht bzw. an objektiven Maßstäben gemessen den Eindruck erweckt hat, der Gläubiger könne darauf vertrauen, dass der Anspruch auch ohne Wahrung der tariflichen Ausschlussfrist erfüllt werde.[32]

Die Unkenntnis über das Eingreifen der Ausschlussfrist steht dem Verfall von Ansprüchen nicht entgegen. Es müssen stets besondere Umstände hinzutreten, damit sich der Schuldner erfolgreich auf § 242 BGB berufen kann. So führt z.B. der Ablauf der bei Fälligkeit beginnenden Ausschlussfrist nach § 242 BGB nicht zum Verfall des Rückzahlungsanspruchs, wenn der Beschäftigte es pflichtwidrig unterlassen hat, dem Arbeitgeber Umstände mitzuteilen, die die Geltendmachung des Rückzahlungsanspruchs innerhalb der Ausschlussfrist ermöglicht hätten. Zu einer solchen Mitteilung ist der Beschäftigte verpflichtet, wenn er bemerkt hat, dass er eine gegenüber sonst ungewöhnlich hohe Zahlung erhalten hat, deren Grund er nicht klären kann.[33]

IV. Keine Geltung der Ausschlussfrist gemäß § 37 Abs. 2 TVöD

16   Die sechsmonatige Ausschlussfrist gilt nach Abs. 2 nicht für Ansprüche, die auf einem Sozialplan beruhen. Mit dieser Bestimmung reagierten die Tarifvertragspartner auf die Rechtsprechung des BAG, wonach Ansprüche aus einem Sozialplan regelmäßig verfallen.[34] Im Bereich des TVöD verfallen Ansprüche aus einem Sozialplan nicht.

---

[32]   BAG, Urt. v. 10.10.2002 - 8 AZR 8/02, NZA 2002, 329, 331.
[33]   BAG, Urt. v. 01.06.1995 - 6 AZR 912/94, AP Nr. 16 zu § 812 BGB.
[34]   Vgl. nur BAG, Urt. v. 30.11.1994 - 10 AZR 79/94, AP Nr. 88 zu § 112 BetrVG 1972; Urt. v. 19.01.1999 - 1 AZR 606/98, AP Nr. 9 zu § 1 TVG.

§ 38 Begriffsbestimmungen

(1) Sofern auf die Tarifgebiete Ost und West Bezug genommen wird, gilt folgendes:

a) Die Regelungen für das Tarifgebiet Ost gelten für die Beschäftigten, deren Arbeitsverhältnis in dem in Art. 3 des Einigungsvertrages genannten Gebiet begründet worden ist und bei denen der Bezug des Arbeitsverhältnisses zu diesem Gebiet fortbesteht.

b) Für die übrigen Beschäftigten gelten die Regelungen für das Tarifgebiet West.

(2) Sofern auf die Begriffe „Betrieb", „betrieblich" oder Betriebspartei" Bezug genommen wird, gilt die Regelung für Verwaltungen sowie für Parteien nach dem Personalvertretungsrecht entsprechend, es sei denn, es ist etwas anderes bestimmt.

(3) Eine einvernehmliche Dienstvereinbarung liegt nur ohne Entscheidung der Einigungsstelle vor.

(4) Leistungsgeminderte Beschäftigte sind Beschäftigte, die ausweislich einer Bescheinigung des beauftragten Arztes (§ 3 Abs. 4) nicht mehr in der Lage sind, auf Dauer die vertraglich geschuldete Arbeitsleistung in vollem Umfang zu erbringen, ohne deswegen zugleich teilweise oder in vollem Umfang erwerbsgemindert im Sinne des SGB VI zu sein.

(5)[1]Die Regelungen für Angestellte finden Anwendung auf Beschäftigte, deren Tätigkeit vor dem 1. Januar 2005 der Rentenversicherung der Angestellten unterlegen hätte. [2]Die Regelungen für Arbeiterinnen und Arbeiter finden Anwendung auf Beschäftigte, deren Tätigkeit vor dem 1. Januar 2005 der Rentenversicherung der Arbeiter unterlegen hätte.

I. Abs. 1

1. Tarifgebiete

1 Die Regelungen des TVöD für das Tarifgebiet Ost gelten für die Beschäftigten, deren Arbeitsverhältnis in dem in Art. 3 des Einigungsvertrages genannten Gebiet (Beitrittsgebiet) begründet worden ist und bei denen der Bezug des Arbeitsverhältnisses zu diesem Gebiet fortbesteht. Für die übrigen Beschäftigten gelten die Regelungen für das Tarifgebiet West.

Abs. 1 enthält eine Regelung über den Geltungsbereich des TVöD. Er ergänzt § 1 TVöD (Geltungsbereich).

Im TVöD wird an mehreren Stellen auf das Tarifgebiet West und das Tarifgebiet Ost Bezug genommen:

§ 6 Abs. 1 Satz 1 Buchst. b TVöD: Die Arbeitszeit für Beschäftigte der Mitglieder eines Mitgliedverbandes der VKA im Tarifgebiet Ost beträgt ausschließlich der Pausen durchschnittlich 40 Stunden wöchentlich. Im Tarifgebiet West beläuft sie sich auf durchschnittlich 38,5 Stunden wöchentlich; im Tarifgebiet West können sich die Tarifvertragsparteien auf landesbezirklicher Ebene darauf einigen, die regelmäßige wöchentliche Arbeitszeit auf bis zu 40 Stunden zu verlängern.

§ 15 Abs. 2 TVöD: Beschäftigte, für welche die Regelungen des Tarifgebietes West Anwendung finden, erhalten Entgelt nach den Anlagen A (Bund bzw. VKA), im Geltungsbereich des Tarifgebiets Ost Entgelt nach den Anlagen B (Bund bzw. VKA). Weiter ist der Bemessungssatz für das Tabellenentgelt und die sonstigen Entgeltbestandteile in den Tarifgebieten unterschiedlich (vgl. Protokollerklärungen zu § 15 Abs. 1 TVöD).

§ 20 Abs. 2 und 3 TVöD: Die Bemessungssätze für die Jahressonderzahlung sind in den Tarifgebieten unterschiedlich. Im Tarifgebiet West hängen die Bemessungssätze von der Entgeltgruppe ab; es gibt drei verschiedene Vomhundertsätze (90 in den Entgeltgruppen 1 bis 8, 80 in den Entgeltgruppen 9 bis 12 und 60 in den Entgeltgruppen 13 bis 15). Im Tarifgebiet Ost beträgt der Vomhundertsatz einheitlich 75.

§ 30 Abs. 1 TVöD: Die Regelung des § 30 TVöD über befristete Arbeitsverträge mit dem Verweis auf das Teilzeit- und Befristungsgesetz gilt uneingeschränkt für Beschäftigte, auf welche die Regelungen des Tarifgebietes Ost Anwendung finden. Sie gilt aber auch uneingeschränkt für Beschäftigte im Tarifgebiet West, deren Tätigkeit vor dem 1. Januar 2005 der Rentenversicherung der Arbeiter unterlegen hätte. Für Beschäftigte im Tarifgebiet West, deren Tätigkeit vor dem 1. Januar 2005 der Rentenversicherung der Angestellten unterlegen hätte, gelten die in § 30 Abs. 2 bis 4 TVöD niedergelegten Besonderheiten. Sie sind an den BAT SR 2 y angelehnt.

§ 34 Abs. 2 TVöD: Arbeitsverhältnisse von Beschäftigten, die das 40. Lebensjahr vollendet haben, können nach einer Beschäftigungszeit von mehr als 15 Jahren durch den Arbeitgeber nur aus einem wichtigen Grund gekündigt werden. In den Genuss des Ausschlusses der ordentlichen tariflichen Kündbarkeit kommen aber nur Beschäftigte, für welche die Regelungen des Tarifgebietes West Anwendung finden (vgl. zur Frage der Verfassungsmäßigkeit dieser Differenzierung die Kommentierung zu § 34 Abs. 2 TVöD, Rn. 15).

2. Fortbestehen des Bezugs zu einem Tarifgebiet

Nach ständiger Rechtsprechung zu § 1 BAT-O[1] ist ein Arbeitsverhältnis in dem in **2** Art. 3 des Einigungsvertrages genannten Gebiet begründet, wenn dort der Grund der Entstehung des Arbeitsverhältnisses liegt und der Bezug zum Beitrittsgebiet gegenwärtig noch besteht. Für den gegenwärtigen Bezug zum Tarifgebiet ist die Lage des Arbeitsplatzes entscheidend.[2] Maßgebend ist, wo sich der Schwerpunkt der Tätigkeit befindet, nicht der Sitz der Behörde.[3]

Wird ein Arbeitsverhältnis für eine Tätigkeit im Beitrittsgebiet begründet und wird der Arbeitnehmer auf unbestimmte Zeit dort beschäftigt, so gilt der Tarifvertrag des Beitrittsgebietes. Wird der Arbeitnehmer „auf nicht absehbare Zeit" im Geltungsbereich westlichen Tarifrechts beschäftigt, findet für die Dauer dieser Tätigkeit westliches Tarifrecht Anwendung.[4] Wird er nur „vorübergehend" eingesetzt, so beurteilt sich die Frage, ob für diese Tätigkeit westliches oder östliches Tarifrecht gilt, nach dem Zweck und der Dauer dieser Tätigkeit.[5] Vorrangig ist der Zweck der Tätigkeit; auf die Dauer der Tätigkeit kommt es nur insoweit an, als sie noch durch den Zweck gerechtfertigt sein muss. Nach Rückkehr auf seinen Arbeitsplatz im Beitrittsgebiet unterfällt das Arbeitsverhältnis wieder dem östlichen Tarifrecht.[6]

II. Abs. 2

1. Allgemeines zu den Begriffen „Betrieb", „betrieblich", „Betriebspartei"

Sofern auf die Begriffe „Betrieb", „betrieblich" oder Betriebspartei" Bezug ge- **3** nommen wird, gilt nach Abs. 2 die Regelung für Verwaltungen sowie für Parteien nach dem Personalvertretungsrecht entsprechend, es sei denn, der Tarifvertrag verwendet ausdrücklich nur den betriebsverfassungsrechtlichen Begriff.

Diese Begriffe finden in ihrer betriebsverfassungsrechtlichen Prägung auf das Personalvertretungsrecht Anwendung. Das BetrVG definiert den Begriff des Betriebes nicht, sondern setzt ihn als bekannt voraus. Nach Ansicht des BAG[7] ist als Betrieb die organisatorische Einheit anzusehen, innerhalb derer der Unternehmer allein oder zusammen mit seinen Mitarbeitern mit Hilfe sächlicher und immaterieller Mittel bestimmte arbeitstechnische Zwecke fortgesetzt verfolgt. Kriterien für den Begriff des Betriebs sind der mit ihm verfolgte arbeitstechnische Zweck, die Einheit der Organisation sowie regelmäßig die räumliche Verbundenheit. Für die Betriebsverfassung wird mit dem Begriff des Betriebes die betriebsratsfähige Organisationseinheit festgelegt, in der die Arbeitnehmer zur Wahrnehmung der Mitwirkungs- und Mitbestimmungsrechte einen Betriebsrat wählen können. Öf-

---

[1]   BAG, Urt. v. 24.02.1994 - 6 AZR 588/93, BAGE 76, 57; Urt. v. 6.10.1994 - 6 AZR 324/94, BAGE 78, 108.
[2]   BAG, Urt. v. 24.02.1994 - 6 AZR 588/93, BAGE 76, 57; Urt. v. 6.11.2003 - 6 AZR 454/02.
[3]   BAG, Urt. v. 23.02.1995 - 6 AZR 329/94, AP Nr. 2 zu § 1 TV Ang Bundespost; Urt. v. 21.09.1995 - 6 AZR 151/95, AP Nr. 6 zu § 1 BAT-O.
[4]   BAG, Urt. v. 06.11.2003 - 6 AZR 454/02.
[5]   BAG, Urt. v. 30.01.1997 - 6 AZR 768/95.
[6]   BAG, Urt. v. 06.11.2003 - 6 AZR 454/02.
[7]   Ständige Rspr. des BAG, vgl. nur Beschl. v. 14.09.1988 - 7 ABR 10/87, AP Nr. 9 zu § 1 BetrVG 1972.

fentliche Betriebe sind insbesondere solche, bei denen der Inhaber eine juristische Person des öffentlichen Rechts ist und der Betrieb von dieser unmittelbar geleitet wird. Verwaltung ist die Organisation, innerhalb derer mehrere Dienststellen zu einer administrativen Hierarchie zusammengefasst werden.[8]

2. „Betrieb"

4 Der Begriff „Betrieb" wird in § 4 Abs. 1 TVöD (Versetzung, Abordnung) und § 8 Abs. 4 TVöD (Entgelt für Bereitschaftsdienst) verwendet, gemeinsam mit den Begriffen Verwaltung und Dienststelle.

3. „betrieblich"

5 Der Begriff „betrieblich" kommt vor in § 4 Abs. 1 TVöD (Versetzung, Abordnung: „betriebliche Gründe"), § 4 Abs. 2 TVöD (Zuweisung: „betriebliches Interesse"), § 5 Abs. 5 TVöD (Qualifizierung: „betrieblicher Nutzen"), § 6 Abs. 3 TVöD (Arbeitszeit: „betriebliche Verhältnisse", „betriebliche Gründe"), § 6 Abs. 5 TVöD (Sonderarbeit: „betriebliche Notwendigkeiten"), § 8 Abs. 1 Satz 4 TVöD (Arbeitszeitkonto: „betriebliche Verhältnisse"), § 11 Abs. 1 TVöD (Teilzeitbeschäftigung: „dringende dienstliche bzw. betriebliche Belange"), § 23 Abs. 3 TVöD (Besondere Zahlungen: „betriebliche Regelungen"), § 26 Abs. 2 TVöD (Urlaubsübertragung: „betriebliche/dienstliche Gründe") und § 33 Abs. 3 TVöD (Fortbestand des Arbeitsverhältnisses bei teilweiser Erwerbsminderung: „dringende dienstliche bzw. betriebliche Gründe").

4. „Betriebspartei"

6 Der Begriff der „Betriebspartei" wird verwendet in § 3 Abs. 4 Satz 2 TVöD (Ärztliche Untersuchung), § 5 Abs. 5 Satz 3 TVöD (Kosten für Qualifizierungsmaßnahmen) und § 18 TVöD (VKA) (Protokollnotiz zu Abs. 4: Betriebliche Systeme für Leistungsentgelt).

Das Pendant zum Begriff der „Betriebspartei" ist auf der Ebene des Personalvertretungsrechts die jeweils zuständige Dienststelle, vertreten durch den Leiter der Dienststelle, und die entsprechende Personalvertretung (vgl. §§ 2 Abs. 1, 66 Abs. 1, 69, 70 BPersVG).

III. Abs. 3

1. Begriff der „Dienstvereinbarung"

7 Dienstvereinbarungen sind im Gegensatz zu Betriebsvereinbarungen nur zulässig, soweit sie das Gesetz ausdrücklich vorsieht (§ 73 Abs. 1 Satz 1 BPersVG). Sie werden durch Dienststelle und Personalrat gemeinsam beschlossen, sind schriftlich niederzulegen, von beiden Seiten zu unterzeichnen und in geeigneter Weise bekanntzumachen (§ 73 Abs. 1 Satz 2 BPersVG). Soweit eine gesetzliche oder tarifliche Regelung besteht, darf eine Dienstvereinbarung nicht geschlossen werden (§ 75 Abs. 3 Satz 1 BPersVG).

---

[8]   BAG, Urt. v. 29.10.1998 – 2 AZR 6/98.

2. „Einvernehmliche Dienstvereinbarung"

Eine einvernehmliche Dienstvereinbarung liegt nur vor, wenn die Einigungsstelle **8** keine Entscheidung trifft. Der Begriff soll sicherstellen, dass die Dienstvereinbarung auf der „betrieblichen" Ebene abgeschlossen wird und nicht durch den Spruch der Einigungsstelle oder ein Letztentscheidungsrecht des Arbeitgebers ersetzt wird.

Die Einigungsstelle ist ein Organ der Betriebsverfassung. Sie hat die Funktion einer innerbetrieblichen Schlichtungsstelle. Nach § 71 BPersVG wird die Einigungsstelle bei der obersten Dienstbehörde gebildet. Sie besteht aus je drei Beisitzern, die von der obersten Dienstbehörde und der bei ihr bestehenden zuständigen Personalvertretung gebildet werden, und einem unparteiischen Vorsitzenden, auf dessen Person sich beide Seiten einigen. Die Verhandlung ist nicht öffentlich. Die Einigungsstelle entscheidet durch Beschluss. Er bindet grundsätzlich[9] die Beteiligten, soweit er eine Entscheidung enthält.[10]

Die Einigungsstelle entscheidet, wenn sich zwischen der obersten Dienstbehörde und der bei ihr bestehenden zuständigen Personalvertretung keine Einigung über eine mitbestimmungspflichtige Maßnahme erzielen lässt (§ 69 Abs. 4 Satz 1 BPersVG). In den Fällen des § 76 BPersVG (Mitbestimmung in personellen und sozialen Angelegenheiten der Angestellten und Arbeiter)[11] und § 85 Abs. 1 Ziffer 7 BPersVG[12] entscheidet die Einigungsstelle nicht abschließend (§ 69 Abs. 4 Satz 3 BPersVG). Vielmehr gibt sie in diesen Fällen, wenn sie sich der Auffassung der obersten Dienstbehörde nicht anschließt, nur eine Empfehlung an diese (§ 69 Abs. 4 Satz 3 BPersVG). Die oberste Behörde entscheidet dann endgültig. Ihr steht in diesen Fällen das Letztentscheidungsrecht zu.

Eine einvernehmliche Dienstvereinbarung kommt nur dann zustande, wenn die Einigungsstelle keine Entscheidung trifft, gleichgültig, ob sie endgültig entscheidet oder eine Empfehlung ausspricht.

Kommt eine einvernehmliche Dienstvereinbarung nicht zustande, so kann nur eine tarifvertragliche Regelung erfolgen. Da Organisationsentscheidungen der Mitbestimmung entzogen sind, besteht eine Regelungssperre für Entscheidungen durch die Einigungsstelle (§§ 69, 104 BPersVG). Um eine Regelung durch die Tarifvertragspartner zu vermeiden, die regelmäßig nicht über die notwendige Sachkompetenz im konkreten Fall verfügen dürften, müssen sich die Betriebsparteien einvernehmlich einigen.

---

[9] Mit Ausnahme der in § 69 Abs. 4 Sätze 3 und 5 BPersVG angeführten Fälle.

[10] So ist dem Grunde nach auch § 71 bad.-württ. LPersVG ausgestaltet. Nach seinem Abs. 2 kann darüber hinaus aufgrund einer Dienstvereinbarung die Einigungsstelle auf Dauer, längstens bis zum Ablauf der Amtszeit der zuständigen Personalvertretung gebildet werden.

[11] Beispiele für Personalangelegenheiten: Einstellung, Versetzung zu einer anderen Dienststelle, Abordnung für eine Dauer von mehr als drei Monaten, Versagung oder Widerruf der Genehmigung einer Nebentätigkeit; Beispiele für soziale Angelegenheiten: Gewährung von Unterstützungen, Vorschüssen, Darlehen und entsprechenden sozialen Zuwendungen, Zuweisung und Kündigung von Wohnraum, über die die Dienststelle verfügt.

[12] Die Bundespolizeipersonalvertretung bestimmt bei der Berufsförderung von Polizeivollzugsbeamten mit, soweit der Beamte dies beantragt.

Richter

3. Beispiele für einvernehmliche Dienstvereinbarungen

9　Im TVöD finden sich mehrere Beispiele für Fälle einvernehmlicher Dienstverein-barungen. Für den Bereich des Bundes ist das Erfordernis der einvernehmlichen Dienstvereinbarung insbesondere im Abschnitt II des TVöD (Arbeitszeit) relevant: § 6 Abs. 9 TVöD: Für einen Betrieb bzw. eine Verwaltung, in dem/der ein Per-sonalvertretungsgesetz Anwendung findet, kann eine Regelung nach den Absätzen 4 (Abweichen von Vorschriften des Arbeitszeitgesetzes), 6 (Einrichten eines wö-chentlichen Arbeitszeitkorridors) und 7 (tägliche Rahmenzeit bis zu zwölf Stun-den) in einem landesbezirklichen Tarifvertrag getroffen werden, wenn eine Dienstvereinbarung nicht einvernehmlich zustande kommt und der Arbeitgeber ein Letztentscheidungsrecht hat. Dies gilt gleichermaßen für den Bund, wenn auf Bundesebene ein entsprechender Tarifvertrag geschlossen wird.

§ 9 Abs. 2 TVöD: § 9 Abs. 1 TVöD enthält Regelungen zu Bereitschaftszeiten. Im Bereich der VKA bedarf die Anwendung der Bestimmungen des Abs. 1 im Geltungsbereich eines Personalvertretungsgesetzes einer einvernehmlichen Dienstvereinbarung. Nach seinem Satz 1 gilt § 6 Abs. 9 TVöD entsprechend.

§ 10 Abs.1 TVöD: Durch Betriebs- bzw. Dienstvereinbarung kann ein Arbeits-zeitkonto eingerichtet werden. Für einen Betrieb/eine Verwaltung, in dem/der ein Personalvertretungsgesetz Anwendung findet, kann eine Regelung nach Satz 1 auch in einem landesbezirklichen Tarifvertrag getroffen werden, wenn eine Dienstvereinbarung nicht einvernehmlich zustande kommt und der Arbeitgeber ein Letztentscheidungsrecht hat. Dies gilt gleichermaßen für den Bund, wenn auf Bundesebene ein entsprechender Tarifvertrag geschlossen wird.

IV. Abs. 4

1. Begriff der „leistungsgeminderten Beschäftigten"

10　Leistungsgeminderte Beschäftigte sind nach der Definition des Abs. 4 Beschäftig-te, die ausweislich einer Bescheinigung des beauftragten Arztes (§ 3 Abs. 4 TVöD) nicht mehr in der Lage sind, auf Dauer die vertraglich geschuldete Ar-beitsleistung in vollem Umfang zu erbringen, ohne deswegen zugleich teilweise oder in vollem Umfang erwerbsgemindert im Sinn des SGB VI zu sein.

Teilweise erwerbsgemindert sind Beschäftigte, die wegen Krankheit oder Be-hinderung auf nicht absehbare Zeit außerstande sind, unter den üblichen Bedin-gungen des allgemeinen Arbeitsmarktes mindestens sechs Stunden täglich er-werbstätig zu sein (§ 43 Abs. 1 Satz 2 SGB VI).

Voll erwerbsgemindert sind Beschäftigte, die wegen Krankheit oder Behinde-rung auf nicht absehbare Zeit außerstande sind, unter den üblichen Bedingungen des allgemeinen Arbeitsmarktes mindestens drei Stunden täglich erwerbstätig zu sein (§ 43 Abs. 2 Satz 2 SGB VI). Erwerbsgemindert ist nicht, wer unter den übli-chen Bedingungen des allgemeinen Arbeitsmarktes mindestens sechs Stunden täg-lich erwerbstätig sein kann (§ 43 Abs. 3 SGB VI).

Leistungsgemindert ist nicht gleichzusetzen mit schwerbehindert im Sinne des SGB IX. Häufig wird aber mit der Schwerbehinderung eine Leistungsminderung einhergehen.

Der Arbeitgeber ist bei begründeter Veranlassung nach § 3 Abs. 4 Satz 1 TVöD berechtigt, den Beschäftigten zu verpflichten, durch ärztliche Bescheinigung nachzuweisen, dass er zur Leistung der arbeitsvertraglich geschuldeten Tätigkeit in der Lage ist. Bei dem beauftragten Arzt kann es sich nach seinem Satz 2 um einen Betriebsarzt handeln, soweit sich der Arbeitgeber und der Personalrat nicht auf einen anderen Arzt geeinigt haben.

2. Beispiele

Der TVöD verwendet den Begriff „leistungsgeminderte Beschäftigte" an zwei Stellen: **11**

§ 17 Abs. 2 Satz 2 TVöD mit Protokollerklärung:

Die Leistungen sind maßgebend, ob und wann der Beschäftigte eine höhere Entgeltstufe erreicht (vgl. § 17 Abs. 2 TVöD). Die leistungsbezogenen Stufenaufstiege unterstützen insbesondere die Anliegen der Personalentwicklung (Protokollerklärung zu § 17 Abs. 2 TVöD). Bei Leistungen, die erheblich unter dem Durchschnitte liegen, kann die erforderliche Zeit für das Erreichen der Stufen 4 bis 6 jeweils verlängert werden. Bei einer Verlängerung der Stufenlaufzeit hat der Arbeitgeber jährlich zu prüfen, ob die Voraussetzungen für die Verlängerung noch vorliegen (§ 17 Abs. 2 Satz 2 und 3 TVöD). Beruhen die Leistungsminderungen auf einem anerkannten Arbeitsunfall oder einer Berufskrankheit gemäß §§ 8 und 9 SGB VII, so muss der Arbeitgeber diese Ursache in geeigneter Weise berücksichtigen (Protokollerklärung zu § 17 Abs. 2 Satz 2 TVöD).

§ 18 TVöD (Bund) und § 18 TVöD (VKA), Protokollerklärung Nr. 2:

Leistungsgeminderte dürfen nicht grundsätzlich aus Leistungsentgelten ausgenommen werden. Ihre jeweiligen Leistungsminderungen sollen angemessen berücksichtigt werden.

V. Abs. 5

1. Angestellte und Arbeiter

Der TVöD gilt nach § 1 Abs. 1 TVöD für Arbeitnehmerinnen und Arbeitnehmer, mithin sowohl für Angestellte als auch für Arbeiter.   **12**

2. Beispiele

Es gibt aber Regelungen, die auch nach Inkrafttreten des TVöD nur für Angestell-   **13**
te oder Arbeiter gelten. Von Bedeutung sind insbesondere die Bestimmungen über die Eingruppierung (§ 17 TVÜ-Bund; § 17 TVÜ-VKA) und über befristete Arbeitsverträge mit früheren Angestellten (§ 30 Abs. 2 bis 4 TVöD).

Für diese Fälle gilt folgender Grundsatz: Die Regelungen für Angestellte finden Anwendung auf Beschäftigte, deren Tätigkeit vor dem 1. Januar 2005 der Rentenversicherung der Angestellten unterlegen hätte. Die Regelungen für Arbeiterinnen und Arbeiter finden Anwendung auf Beschäftigte, deren Tätigkeit vor dem 01.01.2005 der Rentenversicherung der Arbeiter unterlegen hätte.

§ 39 In-Kraft-Treten, Laufzeit

(1) ¹Dieser Tarifvertrag tritt am 1. Oktober 2005 in Kraft. ²Abweichend von Satz 1 treten
a) § 20 am 1. Januar 2007,
b) § 26 Abs. 1 und Abs. 2 Buchst. b und c sowie § 27 am 1. Januar 2006 in Kraft.

(2) Dieser Tarifvertrag kann von jeder Tarifvertragspartei mit einer Frist von drei Monaten zum Schluss eines Kalenderhalbjahres schriftlich gekündigt werden, frühestens jedoch zum 31. Dezember 2009.

(3) ¹Abweichend von Absatz 2 kann im Bereich der VKA von den Tarifvertragsparteien auf landesbezirklicher Ebene im Tarifgebiet West § 6 Abs. 1 Satz 1 Buchst. b mit einer Frist von einem Monat zum Ende des Kalendermonats gekündigt werden, frühestens jedoch zum 30. November 2005. Eine Kündigung nach Satz 1 erfasst zugleich auch abweichende Regelungen der tariflichen regelmäßigen Wochenarbeitszeit für besondere Beschäftigtengruppen in den Besonderen Teilen.

(4) Abweichend von Absatz 2 können schriftlich gekündigt werden
a) die Vorschriften des Abschnitts II einschließlich des Anhangs zu § 9 mit einer Frist von einem Monat zum Schluss eines Kalendermonats, frühestens jedoch zum 31. Dezember 2007;
b) unabhängig vom Buchst. a § 8 Abs. 1 mit einer Frist von drei Monaten zum Schluss eines Kalendervierteljahres, frühestens jedoch zum 31. Dezember 2007;
c) die jeweiligen Anlagen A (Bund bzw. VKA) und B (Bund bzw. VKA) zu § 15 ohne Einhaltung einer Frist, frühestens jedoch zum 31. Dezember 2007;
d) § 20 zum 31. Dezember eines jeden Jahres, frühestens jedoch zum 31. Dezember 2008;
e) § 23 Abs. 1 mit einer Frist von einem Monat zum Schluss eines Kalendermonats, frühestens jedoch zum 31. Dezember 2007;
f) § 26 Abs. 1 mit einer Frist von drei Monaten zum Schluss eines Kalenderjahres, frühestens jedoch zum 31. Dezember 2007.

Protokollerklärung zu Absatz 4:
¹Die Tarifvertragsparteien werden prüfen, ob die getroffenen Kündigungsregelungen den beiderseitigen Interessen hinreichend Rechnung tragen, oder gegebenenfalls einer Änderung oder Ergänzung bedürfen. ²Sollten bis zum 30. Juni 2006 keine Änderungen vereinbart worden sein, bleibt Absatz 4 unverändert in Kraft. ³Die Tarifvertragsparteien werden im Zusammenhang mit den Verhandlungen zur neuen Entgeltordnung gesonderte Kündigungsregelungen zu den §§ 12, 13 und der Anlage (Entgeltordnung) vereinbaren.

Inhaltsübersicht   Rn.

Richter

I. Inkrafttreten (Abs. 1)

1. Inkrafttreten am 1. Oktober 2005

Der TVöD trat am 1. Oktober 2005 in Kraft. Er trat an die Stelle des BAT, des   **1**
BAT-O, des BMT-G, des BMT-G-O und des MTArb.

2. Inkrafttreten nach dem 1. Oktober 2005

Nicht am 01.10.2005 in Kraft getreten sind folgende Regelungen: **2**

Die Regelungen des § 20 TVöD über die Jahressonderzahlung treten am
01.01.2007 in Kraft. Für das Jahr 2006 trifft § 20 TVÜ-Bund eine eigenständige
Regelung.

Die Regelungen des § 26 Abs. 1 und Abs. 2 Buchst. b und c TVöD über den
Erholungsurlaub und des § 27 TVöD über Zusatzurlaub traten am 01.01.2006 in
Kraft. Abweichend hiervon sind die Vorschriften zur Übertragung des Urlaubs in
das Folgejahr (§ 26 Abs. 2 Buchst. a TVöD) und zur Auszahlung des während des
Urlaubs fortzuzahlenden Entgelts zu dem in § 24 TVöD festgesetzten Zeitpunkt
(§ 26 Abs. 2 Buchst. d) bereits am 1. Oktober 2005 in Kraft getreten (§ 15 Abs. 1
TVÜ-Bund),

II. Kündigung des TVöD (Abs. 2)

Jede Tarifvertragspartei kann den Tarifvertrag mit einer Frist von drei Monaten   **3**
zum Schluss eines Kalenderhalbjahres schriftlich kündigen. Die Wirkung einer
Kündigung tritt jedoch frühestens zum 31. Dezember 2009 ein.

III. Abweichende Kündigungsmöglichkeiten (Abs. 3 und 4)

1. Kündigung nach Abs. 3

Im Bereich der VKA besteht eine Kündigungsmöglichkeit, wenn die Tarifver-   **4**
tragsparteien auf landesbezirklicher Ebene im Tarifgebiet West sich darauf geeinigt haben, die regelmäßige wöchentliche Arbeitszeit auf bis zu 40 Stunden zu
verlängern (§ 6 Abs. 1 Satz 1 Buchst. b TVöD). Haben sich die Tarifvertragsparteien auf landesbezirklicher Ebene auf einen solchen Arbeitszeittarifvertrag geeinigt, so kann der Tarifvertrag mit einer Frist von einem Monat zum Ende des Kalendermonats gekündigt werden. Diese Kündigung erfasst nach § 39 Abs. 3 Satz 2
TVöD zugleich auch abweichende Regelungen der tariflichen regelmäßigen Wochenarbeitszeit für besondere Beschäftigtengruppen in den Besonderen Teilen.

2. Kündigung nach Abs. 4

5   Die Vorschriften des Abschnitts 2 (Arbeitszeit, §§ 6 bis 11 TVöD) einschließlich des Anhangs zu § 9 TVöD können von jeder Tarifvertragspartei schriftlich mit einer Frist von einem Monat zum Schluss eines Kalendermonats, frühestens jedoch zum 31.12 2007 gekündigt werden (Abs. 4 Buchst. a).

Unabhängig von der Kündigungsmöglichkeit nach Abs. 4 Buchst. a kann jede Tarifvertragspartei die Regelung des § 8 Abs. 1 TVöD über Zeitzuschläge und deren Höhe mit einer Frist von drei Monaten zum Schluss eines Kalendervierteljahres, frühestens jedoch zum 31.12 2007 kündigen (Abs. 4 Buchst. b).

Die Anlagen A (Bund bzw. VKA) und B (Bund bzw. VKA) zu dem Tabellenentgelt nach § 15 TVöD kann jede Tarifvertragspartei ohne Einhaltung einer Frist, frühestens jedoch zum 31.12.2007 kündigen (Abs. 4 Buchst. c).

Die Regelung des § 20 TVöD über die Jahressonderzahlung kann von jeder Tarifvertragspartei zum 31.12. eines jeden Jahres, frühestens jedoch zum 31.12 2008 gekündigt werden (Abs. 4 Buchst. d).

Die Regelung des § 23 Abs. 1 TVöD über Vermögenswirksame Leistungen kann von jeder Tarifvertragspartei mit einer Frist von einem Monat zum Schluss eines Kalendermonats, frühestens jedoch zum 31.12.2007 gekündigt werden (Abs. 4 Buchst. e).

Die Regelung des § 26 Abs. 1 TVöD über den Anspruch auf Erholungsurlaub unter Fortzahlung des Entgelts und dessen Höhe kann von jeder Tarifvertragspartei mit einer Frist von drei Monaten zum Schluss eines Kalenderjahres, frühestens jedoch zum 31.12.2007 gekündigt werden (Abs. 4 Buchst. f).

In der Protokollerklärung zu Absatz 4 verpflichten sich die Tarifvertragsparteien zu einer Prüfung, ob die getroffenen Kündigungsregelungen den beiderseitigen Interessen hinreichend Rechnung tragen oder gegebenenfalls einer Änderung oder Ergänzung bedürfen. Hier wird dem Umstand Rechnung getragen, dass der TVöD schnell geschaffen und umgesetzt wurde. Die Tarifvertragsparteien haben sich eine Frist gesetzt, innerhalb derer die Kündigungsregelungen geprüft werden sollen. Sollten bis zum 30.06.2006 keine Änderungen vereinbart worden sein, bleibt Absatz 4 unverändert in Kraft. Die Tarifvertragsparteien haben sich weiter darauf verständigt, dass im Zusammenhang mit den Verhandlungen zur neuen Entgeltordnung gesonderte Kündigungsregelungen zu den §§ 12, 13 TVöD und der Anlage (Entgeltordnung) vereinbart werden.

IV. Tarifvertragskündigung

1. Arten der Kündigung

6   In § 39 Abs. 2 bis 4 TVöD haben die Tarifvertragsparteien die ordentliche Kündigung des TVöD und Teilen hiervon vorgesehen.

Neben der ordentlichen Kündigung kommt auch eine außerordentliche Kündigung in Betracht. Die außerordentliche Kündigung setzt voraus, dass Tatsachen vorliegen, aufgrund derer dem Kündigenden unter Berücksichtigung aller Umstände des Einzelfalles und unter Abwägung der Interessen beider Vertragsteile die Fortsetzung des Vertragsverhältnisses bis zum Ablauf der Kündigungsfrist nicht zugemutet werden kann. Die außerordentliche Kündigung stellt das letzte

Mittel dar. Es darf keine andere Möglichkeit bestehen, die Unzumutbarkeit zu beseitigen.[1]

2. Form der Kündigung

Die Kündigung muss schriftlich erklärt werden. Dies besagt Abs. 2 und Abs. 4   **7**
ausdrücklich. In Abs. 3 fehlt zwar das Wort „schriftlich". Hierbei handelt es sich
aber offensichtlich um ein Redaktionsversehen. Demnach bedarf auch im Bereich
der VKA die Kündigung des § 6 Abs. 1 Satz 1 Buchst. b TVöD ebenfalls der
Schriftform.

Wird die Schriftform nicht beachtet, so führt dies zur Nichtigkeit der Kündigung (§ 127 in Verbindung mit § 125 Satz 2 BGB).[2]

3. Wirkung der Kündigung

a) Nachwirkung nach Ablauf des Tarifvertrages gemäß § 4 Abs. 5 TVG

Beim obligatorischen Tarifvertragsteil verliert der Tarifvertrag mit der Kündigung   **8**
seine schuldrechtliche Wirkung.

Beim normativen Vertragsteil wirken die Rechtsnormen des TVöD nur nach
§ 4 Abs. 5 TVG nach. Die Nachwirkung dauert an, bis eine andere kollektiv- oder
einzelvertragliche Vereinbarung ersetzende Wirkung hat. Eine zeitliche Begrenzung der Nachwirkung ist im Gesetz nicht vorgesehen. Die Nachwirkung der Tarifnormen setzt das Bestehen beiderseitiger Tarifgebundenheit im Nachwirkungszeitraum nicht voraus. Deshalb wird die durch Kündigung eines Tarifvertrages
herbeigeführte Nachwirkung durch einen Verbandsaustritt des Arbeitgebers im
Nachwirkungszeitraum nicht beseitigt. Der Arbeitgeber kann die Arbeitsbedingungen einvernehmlich, im Wege einer Änderungskündigung oder durch den Abschluss eines Firmentarifvertrages ändern. Auch eine Allgemeinverbindlichkeitserklärung eines Tarifvertrages kann zum Ende der Nachwirkung führen. Deshalb
bedarf es einer zeitlichen Begrenzung der Nachwirkung nicht.[3] Die Nachwirkung
erfasst aber nur die Beschäftigten, die den Tarifvertragswirkungen als Tarifgebundene im Zeitpunkt ihrer Beendigung unterlegen haben.[4]

b) Nachwirkung bei Austritt aus dem Arbeitgeberverband gemäß § 3 Abs. 3 TVG

Der Arbeitgeber kann sich durch den Austritt aus dem Arbeitgeberverband nicht   **9**
von der Tarifbindung befreien. Nach § 3 Abs. 3 TVG bleibt die Tarifbindung bestehen, bis der Tarifvertrag endet. Das Gesetz fingiert die fehlende Verbandsmitgliedschaft auf Zeit und stellt damit eine atypische Tarifgebundenheit für diesen
Zeitraum her. Tritt ein Beschäftigter in dem Nachwirkungszeitraum des § 3 Abs. 3
TVG der Gewerkschaft bei, so erwächst für den ausgetretenen Arbeitgeber ein

---

[1]   BAG, Urt. v. 18.06.1997 – 4 AZR 710/95, NZA 1997, 1234; BAG, Urt. v. 18.02.1998 - 4 AZR
     363/96, AP Nr. 3 zu § 1 TVG Kündigung.
[2]   Da die Tarifvertragspartner Schriftform vereinbart haben, handelt es sich um ein gewillkürtes,
     nicht um ein gesetzliches Schriftformerfordernis. Die Rechtsfolgen sind nach § 125 BGB nahezu
     identisch. So ist die Kündigung, die nicht schriftlich ausgesprochen wird, nach § 125 Satz 1 BGB
     nichtig. Wird die Kündigung des Tarifvertrages nicht schriftlich ausgesprochen, so ist die Kündigung „im Zweifel gleichfalls" nichtig (§ 125 Satz 2 BGB).
[3]   BAG, Urt. v. 15.10.2003 - 4 AZR 573/02, AP Nr. 41 zu § 4 TVG Nachwirkung.
[4]   BAG, Urt. v. 22.07.1998 - 4 AZR 403/97, AP Nr. 32 zu § 4 TVG Nachwirkung.

dem Tarifvertrag unterfallener Arbeitsvertrag. [5] Die Nachwirkung gilt aber nur für den normativen Teil des Tarifvertrages, nicht für seinen schuldrechtlichen Teil. Die verlängerte Tarifbindung entfällt, wenn der Arbeitgeber oder der Beschäftigte aus dem Geltungsbereich des Tarifvertrages herauswächst. In diesen Fällen kommt es aber zur Nachwirkung nach § 4 Abs. 5 TVG.[6] Neu abgeschlossene Tarifverträge gelten für den Ausgetretenen nach dem Verbandsaustritt nicht.

[5]   BAG, Urt. v. 04.08.1993 - 4 AZR 499/92, NZA 1994, 34.
[6]   BAG, Urt. v. 10.12.1997 - 4 AZR 247/96, NZA 1998, 484, 488.

Richter

Anhang zu § 16 (Bund)
Besondere Stufenregelungen für vorhandene und neu eingestellte Beschäftigte
(Bund)

[1]**Abweichend von § 16 (Bund) Abs. 1 ist Endstufe**
a) in der Entgeltgruppe 9 die Stufe 4 bei Tätigkeiten entsprechend
- Vergütungsgruppe V a ohne Aufstieg nach IV b BAT/ BAT-O,
- Vergütungsgruppe V b ohne Aufstieg nach IV b BAT/ BAT-O,
- Vergütungsgruppe V b nach Aufstieg aus V c BAT/ BAT-O (vorhandene Beschäftigte),
- Lohngruppe 9 MTArb/MTArb-O;

b) in der Entgeltgruppe 3 die Stufe 5 bei Tätigkeiten entsprechend der
- Vergütungsgruppe VIII mit und ohne Aufstieg nach VII BAT sowie nach Aufstieg aus IX/ IX b BAT/ BAT-O,
- Lohngruppe 3 nach Aufstieg aus Lohngruppe 2 und 2 a MTArb/ MTArb-O (vorhandene Beschäftigte),
- Lohngruppe 2 a nach Aufstieg aus Lohngruppe 2 MTArb/ MTArb-O (vorhandene Beschäftigte),
- Lohngruppe 2 mit Aufstiegen nach Lohngruppe 2 a und 3 MTArb/ MTArb-O;

c) in der Entgeltgruppe 2 die Stufe 5 bei Tätigkeiten entsprechend der
- Vergütungsgruppe IX b nach Aufstieg aus X BAT/ BAT-O (vorhandene Beschäftigte),
- Vergütungsgruppe X mit Aufstieg nach IX b BAT/ BAT-O,
- Vergütungsgruppe X BAT/ BAT-O (vorhandene Beschäftigte),
- Lohngruppe 1a MTArb/ MTArb-O (vorhandene Beschäftigte),
- Lohngruppe 1 mit Aufstieg nach Lohngruppe 1a MTArb/ MTArb-O.

Protokollerklärung:
Vorhandene Beschäftigte sind Beschäftigte im Sinne des § 1 Abs. 1 TVÜ-Bund.
[2]Abweichend von § 16 (Bund) Abs. 4 Satz 1 gelten für die Stufenlaufzeiten folgende Sonderregelungen:

In der Entgeltgruppe 9 (Bund) wird die Stufe 3 nach fünf Jahren in Stufe 2 und die Stufe 4 nach neun Jahre in Stufe 3 bei Tätigkeiten entsprechend der
- *Vergütungsgruppe V a ohne Aufstieg nach IV b BAT/ BAT-O,*
- *Vergütungsgruppe V b ohne Aufstieg nach IV b BAT/ BAT-O (einschließlich in Vergütungsgruppe V b vorhandener Aufsteiger aus Vergütungsgruppe V c BAT/ BAT-O)*

erreicht; bei Tätigkeiten entsprechend der Lohngruppe 9 MTArb/ MTArb-O wird die Stufe 3 nach zwei Jahren in Stufe 2 und die Stufe 4 nach sieben Jahren in Stufe 3 erreicht.

Anhang zu § 16 (VKA)
Besondere Stufenregelungen für vorhandene und neu eingestellte Beschäftigte
(VKA)

I.

(1) Abweichend von § 16 (VKA) Abs. 1 Satz 1 ist Endstufe

a) in der Entgeltgruppe 2 die Stufe 5 bei Tätigkeiten entsprechend
- Vergütungsgruppe X BAT/ BAT-O/ BAT-Ostdeutsche Sparkassen,
- Vergütungsgruppe IX BAT/ BAT-O/ BAT-Ostdeutsche Sparkassen nach Aufstieg aus X,
- Lohngruppe 1 BMT-G/ BMT-G-O mit ausstehendem Aufstieg nach 1a,
- Lohngruppe 1 a BMT-G/ BMT-G-O,

b) in der Entgeltgruppe 9 die Stufe 4 bei Tätigkeiten entsprechend
- Lohngruppe 9 BMT-G/ BMT-G-O,

c) in der Entgeltgruppe 9 die Stufe 5 bei Tätigkeiten entsprechend
- Vergütungsgruppe V b BAT/ BAT-O/ BAT-Ostdeutsche Sparkassen ohne Aufstieg nach IV b,
- Vergütungsgruppe V b BAT/ BAT-O/ BAT-Ostdeutsche Sparkassen nach Aufstieg aus V c,
- Vergütungsgruppe V b BAT/ BAT-O nach Aufstieg aus VI b (Lehrkräfte),

d) in der Entgeltgruppe 15 die Stufe 5 bei Tätigkeiten entsprechend
- Vergütungsgruppe I b BAT/ BAT-O/ BAT-Ostdeutsche Sparkassen mit ausstehendem Aufstieg nach I a.

(2) Abweichend von § 16 (VKA) Abs. 2 werden Beschäftigte mit Tätigkeiten entsprechend der Vergütungsgruppe V b BAT/ BAT-O/ BAT-Ostdeutsche Sparkassen mit ausstehendem Aufstieg nach IV b und IV a der Stufe 1 zugeordnet.

(3) Abweichend von § 16 (VKA) Abs. 3 Satz 1 gelten für die Stufenlaufzeiten folgende Sonderregelungen:

a) In der Entgeltgruppe 9 wird die Stufe 4 nach sieben Jahren in Stufe 3 bei Tätigkeiten entsprechend der Lohngruppe 9 BMT-G/ BMT-G-O erreicht.

b) In der Entgeltgruppe 9 wird die Stufe 5 nach neun Jahren in Stufe 4 bei Tätigkeiten entsprechend der Vergütungsgruppe V b BAT/ BAT-O/ BAT-Ostdeutsche Sparkassen ohne Aufstieg nach IV b und der Vergütungsgruppe V b BAT/ BAT-O/ BAT-Ostdeutsche Sparkassen nach Aufstieg aus V c erreicht.

II.

(1) Abweichend von § 16 (VKA) Abs. 1 Satz 1 ist für die Beschäftigten im Pflegedienst (Anlage 1 b zum BAT/ BAT-O) Eingangsstufe

a) in den Entgeltgruppen 9 und 11 die Stufe 4 bei Tätigkeiten entsprechend
- Kr. XI mit Aufstieg nach Kr. XII
- Kr. VIII mit Aufstieg nach Kr. IX
- Kr. VII mit Aufstieg nach Kr. VIII (9 b)

b) in den Entgeltgruppen 7 und 9 bis 12 die Stufe 3 bei Tätigkeiten entsprechend
- Kr. XII mit Aufstieg nach Kr. XIII
- Kr. X mit Aufstieg nach Kr. XI
- Kr. IX mit Aufstieg nach Kr. X
- Kr. VI mit Aufstieg nach Kr. VII
- Kr. VII ohne Aufstieg
- Kr. VI ohne Aufstieg

c) in der Entgeltgruppe 7 die Stufe 2 bei Tätigkeiten entsprechend
- Kr. V a mit Aufstieg nach Kr. VI
- Kr. V mit Aufstieg nach Kr. V a und weiterem Aufstieg nach Kr. VI
- Kr. V mit Aufstieg nach Kr. V a

(2) Abweichend von § 16 (VKA) Abs. 1 Satz 1 ist für die Beschäftigten im Pflegedienst (Anlage 1b zum BAT/BAT-O) Endstufe in den Entgeltgruppen 7 und 9 bis 11 die Stufe 5 bei Tätigkeiten entsprechend
- Kr. X mit Aufstieg nach Kr. XI
- Kr. IX mit Aufstieg nach Kr. X
- Kr. VI mit Aufstieg nach Kr. VII
- Kr. VII ohne Aufstieg
- Kr. VI ohne Aufstieg
- Kr. IV mit Aufstieg nach Kr. V

(3) Abweichend von § 16 (VKA) Abs. 3 Satz 1 gelten für die Beschäftigten im Pflegedienst (Anlage 1 b zum BAT/ BAT-O) für die Stufenlaufzeiten folgende Sonderregelungen:

a) in der Entgeltgruppe 12 wird die Stufe 4 nach zwei Jahren in Stufe 3 und die Stufe 5 nach drei Jahren in Stufe 4 bei Tätigkeiten entsprechend der Vergütungsgruppe Kr. XII mit Aufstieg nach Kr. XIII,

b) in der Entgeltgruppe 11 wird die Stufe 4 nach zwei Jahren in Stufe 3 und die Stufe 5 nach fünf Jahren in Stufe 4 bei Tätigkeiten entsprechend der Vergütungsgruppe Kr. X mit Aufstieg nach Kr. XI,

c) in der Entgeltgruppe 10 wird die Stufe 4 nach zwei Jahren in Stufe 3 und die Stufe 5 nach drei Jahren in Stufe 4 bei Tätigkeiten entsprechend der Vergütungsgruppe Kr. IX mit Aufstieg nach Kr. X,

d) in der Entgeltgruppe 9 wird die Stufe 6 nach zwei Jahren in Stufe 5 bei Tätigkeiten entsprechend der Vergütungsgruppe Kr. VIII mit Aufstieg nach Kr. IX,

e) in der Entgeltgruppe 9 (9 b) wird die Stufe 5 nach fünf Jahren in Stufe 4 bei Tätigkeiten entsprechend der Vergütungsgruppe Kr. VII mit Aufstieg nach Kr. VIII,

f) in der Entgeltgruppe 9 wird die Stufe 4 nach fünf Jahren in Stufe 3 und die Stufe 5 (9 b) nach fünf Jahren in Stufe 4 bei Tätigkeiten entsprechend der Vergütungsgruppen Kr. VI mit Aufstieg nach VII, Kr. VII ohne Aufstieg,

g) in der Entgeltgruppe 9 wird die Stufe 4 (9 b) nach fünf Jahren in Stufe 3 und die Stufe 5 (9 b) nach fünf Jahren in Stufe 4 bei Tätigkeiten entsprechend der Vergütungsgruppen Kr. VI ohne Aufstieg erreicht.

Anlage A (Bund) Tabelle TVöD/Bund – Tarifgebiet West

Entgeltgruppe	Grundentgelt			Entwicklungsstufen		
	Stufe 1	Stufe 2	Stufe 3	Stufe 4	Stufe 5	Stufe 6
15	3.384	3.760	3.900	4.400	4.780	
14	3.060	3.400	3.600	3.900	4.360	
13	2.817	3.130	3.300	3.630	4.090	
12	2.520	2.800	3.200	3.550	4.000	
11	2.430	2.700	2.900	3.200	3.635	
10	2.340	2.600	2.800	3.000	3.380	
9	2.061	2.290	2.410	2.730	2.980	
8	1.926	2.140	2.240	2.330	2.430	2.493
7	1.800	2.000	2.130	2.230	2.305	2.375
6	1.764	1.960	2.060	2.155	2.220	2.285
5	1.688	1.875	1.970	2.065	2.135	2.185
4	1.602	1.780	1.900	1.970	2.040	2.081
3	1.575	1.750	1.800	1.880	1.940	1.995
2	1.449	1.610	1.660	1.710	1.820	1.935
1		1.286	1.310	1.340	1.368	1.440

Anlage A (VKA) Tabelle TVöD/VKA – Tarifgebiet West

Entgeltgruppe	Grundentgelt			Entwicklungsstufen		
	Stufe 1	Stufe 2	Stufe 3	Stufe 4	Stufe 5	Stufe 6
15	3.384	3.760	3.900	4.400	4.780	5.030[1]
14	3.060	3.400	3.600	3.900	4.360	4.610
13	2.817	3.130	3.300	3.630	4.090	4.280
12	2.520	2.800	3.200	3.550	4.000	4.200
11	2.430	2.700	2.900	3.200	3.635	3.835
10	2.340	2.600	2.800	3.000	3.380	3.470
9[2]	2.061	2.290	2.410	2.730	2.980	3.180
8	1.926	2.140	2.240	2.330	2.430	2.493[3]
7	1.800[4]	2.000	2.130	2.230	2.305	2.375
6	1.764	1.960	2.060	2.155	2.220	2.285[5]
5	1.688	1.875	1.970	2.065	2.135	2.185
4	1.602[6]	1.780	1.900	1.970	2.040	2.081
3	1.575	1.750	1.800	1.880	1.940	1.995
2	1.449	1.610	1.660	1.710	1.820	1.935
1		1.286	1.310	1.340	1.368	1.440

Für Ärztinnen und Ärzte, die unter den Besonderen Teil Krankenhäuser fallen:
1) 5.100
Für Beschäftigte im Pflegedienst:
2)

E 9 b	Stufe 3	Stufe 4	Stufe 5	Stufe 6
	2.495	2.650	2.840	3.020

3) 2.533
4) 1.850
5) 2.340
6) 1.652

Anlage B (Bund) Tabelle TVöD/Bund – Bemessungssatz Tarifgebiet Ost 92,5 v.H.
(gültig ab 1. Oktober 2005)

Entgeltgruppe	Grundentgelt			Entwicklungsstufen		
	Stufe 1	Stufe 2	Stufe 3	Stufe 4	Stufe 5	Stufe 6
15	3.130	3.478	3.608	4.070	4.422	
14	2.831	3.145	3.330	3.608	4.033	
13	2.606	2.895	3.053	3.358	3.783	
12	2.331	2.590	2.960	3.284	3.700	
11	2.248	2.498	2.683	2.960	3.362	
10	2.165	2.405	2.590	2.775	3.127	
9	1.906	2.118	2.229	2.525	2.757	
8	1.782	1.980	2.072	2.155	2.248	2.306
7	1.665	1.850	1.970	2.063	2.132	2.197
6	1.632	1.813	1.906	1.993	2.054	2.114
5	1.561	1.734	1.822	1.910	1.975	2.021
4	1.482	1.647	1.758	1.822	1.887	1.925
3	1.457	1.619	1.665	1.739	1.795	1.845
2	1.340	1.489	1.536	1.582	1.684	1.790
1		1.190	1.212	1.240	1.265	1.332

Anlage B (VKA) Tabelle TVöD/VKA – Bemessungssatz Tarifgebiet Ost 94 v.H.
(gültig ab 1. Oktober 2005)

Entgeltgruppe	Grundentgelt			Entwicklungsstufen		
	Stufe 1	Stufe 2	Stufe 3	Stufe 4	Stufe 5	Stufe 6
15	3.181	3.534	3.666	4.136	4.493	4.728[1]
14	2.876	3.196	3.384	3.666	4.098	4.333
13	2.648	2.942	3.102	3.412	3.845	4.023
12	2.369	2.632	3.008	3.337	3.760	3.948
11	2.284	2.538	2.726	3.008	3.417	3.605
10	2.200	2.444	2.632	2.820	3.177	3.262
9[2]	1.937	2.153	2.265	2.566	2.801	2.989
8	1.810	2.012	2.106	2.190	2.284	2.343[3]
7	1.692[4]	1.880	2.002	2.096	2.167	2.233
6	1.658	1.842	1.936	2.026	2.087	2.148[5]
5	1.587	1.763	1.852	1.941	2.007	2.054
4	1.506[6]	1.673	1.786	1.852	1.918	1.956
3	1.481	1.645	1.692	1.767	1.824	1.875
2	1.362	1.513	1.560	1.607	1.711	1.819
1		1.209	1.231	1.260	1.286	1.354

Für Ärztinnen und Ärzte, die unter den Besonderen Teil Krankenhäuser fallen:
1) 4.794
Für Beschäftigte im Pflegedienst:
2)

E 9 b	Stufe 3	Stufe 4	Stufe 5	Stufe 6
	2.345	2.491	2.670	2.839

3) 2.381
4) 1.739
5) 2.200
6) 1.553

Anlage B (VKA) Tabelle TVöD/VKA – Bemessungssatz Tarifgebiet Ost 95,5 v.H.
(gültig ab 1. Juli 2006)

Entgeltgruppe	Grundentgelt			Entwicklungsstufen		
	Stufe 1	Stufe 2	Stufe 3	Stufe 4	Stufe 5	Stufe 6
15	3.232	3.591	3.725	4.202	4.565	4.804[1]
14	2.922	3.247	3.438	3.725	4.164	4.403
13	2.690	2.989	3.152	3.467	3.906	4.087
12	2.407	2.674	3.056	3.390	3.820	4.011
11	2.321	2.579	2.770	3.056	3.471	3.662
10	2.235	2.483	2.674	2.865	3.228	3.314
9[2]	1.968	2.187	2.302	2.607	2.846	3.037
8	1.839	2.044	2.139	2.225	2.321	2.381[3]
7	1.719[4]	1.910	2.034	2.130	2.201	2.268
6	1.685	1.872	1.967	2.058	2.120	2.182[5]
5	1.612	1.791	1.881	1.972	2.039	2.087
4	1.530[6]	1.700	1.815	1.881	1.948	1.987
3	1.504	1.671	1.719	1.795	1.853	1.905
2	1.384	1.538	1.585	1.633	1.738	1.848
1		1.228	1.251	1.280	1.306	1.375

Für Ärztinnen und Ärzte, die unter den Besonderen Teil Krankenhäuser fallen:
1) 4.871
Für Beschäftigte im Pflegedienst:
2)

E 9 b	Stufe 3	Stufe 4	Stufe 5	Stufe 6
	2.383	2.531	2.712	2.884

3) 2.419
4) 1.767
5) 2.235
6) 1.578

Anlage B (VKA) Tabelle TVöD/VKA – Bemessungssatz Tarifgebiet Ost 97 v.H.
(gültig ab 1. Juli 2007)

Entgeltgruppe	Grundentgelt			Entwicklungsstufen		
	Stufe 1	Stufe 2	Stufe 3	Stufe 4	Stufe 5	Stufe 6
15	3.282	3.647	3.783	4.268	4.637	4.879[1]
14	2.968	3.298	3.492	3.783	4.229	4.472
13	2.732	3.036	3.201	3.521	3.967	4.152
12	2.444	2.716	3.104	3.444	3.880	4.074
11	2.357	2.619	2.813	3.104	3.526	3.720
10	2.270	2.522	2.716	2.910	3.279	3.366
9[2]	1.999	2.221	2.338	2.648	2.891	3.085
8	1.868	2.076	2.173	2.260	2.357	2.418[3]
7	1.746[4]	1.940	2.066	2.163	2.236	2.304
6	1.711	1.901	1.998	2.090	2.153	2.216[5]
5	1.637	1.819	1.911	2.003	2.071	2.119
4	1.554[6]	1.727	1.843	1.911	1.979	2.019
3	1.528	1.698	1.746	1.824	1.882	1.935
2	1.406	1.562	1.610	1.659	1.765	1.877
1		1.247	1.271	1.300	1.327	1.397

Für Ärztinnen und Ärzte, die unter den Besonderen Teil Krankenhäuser fallen:
1) 4.947
Für Beschäftigte im Pflegedienst:
2)

E 9 b	Stufe 3	Stufe 4	Stufe 5	Stufe 6
	2.420	2.571	2.755	2.929

3) 2.457
4) 1.795
5) 2.270
6) 1.602

Anhang zu den Anlagen A und B (VKA)

I. Beschäftigte im Pflegedienst

Abweichend von § 15 Abs. 2 Satz 1 erhalten die Beschäftigten im Pflegedienst (Anlage 1b zum BAT/BAT-O)

a) in der Entgeltgruppe 7 bei Tätigkeiten entsprechend den Vergütungsgruppen Kr. Va mit Aufstieg nach Kr. VI, Kr. V mit Aufstieg nach Kr. Va und weiterem Aufstieg nach Kr. VI
   in der Stufe 2 den Tabellenwert der Stufe 3,
   in der Stufe 3 den Tabellenwert der Entgeltgruppe 8 Stufe 3,
   in der Stufe 4 den Tabellenwert der Entgeltgruppe 8 Stufe 4,
   in der Stufe 5 den Tabellenwert der Entgeltgruppe 9b Stufe 3,
   in der Stufe 6 den Tabellenwert der Entgeltgruppe 9b Stufe 4,

b) in der Entgeltgruppe 7 bei Tätigkeiten entsprechend den Vergütungsgruppen Kr. V mit Aufstieg nach Kr. VI
   in der Stufe 1 den Tabellenwert der Stufe 2,
   in der Stufe 2 den Tabellenwert der Stufe 3,
   in der Stufe 3 den Tabellenwert der Entgeltgruppe 8 Stufe 3,
   in der Stufe 4 den Tabellenwert der Entgeltgruppe 8 Stufe 4,
   in der Stufe 5 den Tabellenwert der Entgeltgruppe 9b Stufe 3,
   in der Stufe 6 den Tabellenwert der Entgeltgruppe 9b Stufe 4,

c) in der Entgeltgruppe 7 bei Tätigkeiten entsprechend der Vergütungsgruppe Kr. V mit Aufstieg nach Kr. Va
   in der Stufe 4 den Tabellenwert der Entgeltgruppe 8 Stufe 4,
   in der Stufe 5 den Tabellenwert der Entgeltgruppe 8 Stufe 5,
   in der Stufe 6 den Tabellenwert der Entgeltgruppe 8 Stufe 6,

d) in der Entgeltgruppe 7 bei Tätigkeiten entsprechend der Vergütungsgruppe Kr. IV mit Aufstieg nach Kr. V und weiterem Aufstieg nach Kr. Va
   in der Stufe 4 den Tabellenwert der Entgeltgruppe 8 Stufe 4,
   in der Stufe 5 den Tabellenwert der Entgeltgruppe 8 Stufe 5,
   in der Stufe 6 den Tabellenwert der Entgeltgruppe 8 Stufe 6,

e) in der Entgeltgruppe 7 bei Tätigkeiten entsprechend der Vergütungsgruppe Kr. IV mit Aufstieg nach Kr. V
   in der Stufe 4 den Tabellenwert der Entgeltgruppe 8 Stufe 4,
   in der Stufe 5 den Tabellenwert der Entgeltgruppe 8 Stufe 5,

f) in der Entgeltgruppe 4 bei Tätigkeiten entsprechend den Vergütungsgruppen Kr. II mit Aufstieg nach Kr. III und weiterem Aufstieg nach Kr. IV sowie Kr. III mit Aufstieg nach Kr. IV
   in der Stufe 4 den Tabellenwert der Entgeltgruppe 6 Stufe 4,
   in der Stufe 5 den Tabellenwert der Entgeltgruppe 6 Stufe 5,
   in der Stufe 6 den Tabellenwert der Entgeltgruppe 6 Stufe 6,

g) in der Entgeltgruppe 3 bei Tätigkeiten entsprechend der Vergütungsgruppe Kr. I mit Aufstieg nach Kr. II
   in der Stufe 6 den Tabellenwert der Entgeltgruppe 4 Stufe 6.

II. Ärztinnen und Ärzte

Abweichend von § 15 Absatz 2 Satz 1 erhalten die Ärztinnen und Ärzte, die unter den Geltungsbereich des Besonderen Teils Krankenhäuser fallen, in der Entgeltgruppe 14
- in der Stufe 3 den Tabellenwert der Stufe 4 und
- in der Stufe 4 den Tabellenwert der Stufe 5.

Niederschriftserklärungen
1. Zu § 1 Abs. 2 Buchst. b:
Bei der Bestimmung des regelmäßigen Entgelts werden Leistungsentgelt, Zulagen und Zuschläge nicht berücksichtigt.
2. Zu § 1 Abs. 2 Buchst. s:
Die Tarifvertragsparteien gehen davon aus, dass studentische Hilfskräfte Beschäftigte sind, zu deren Aufgabe es gehört, das hauptberufliche wissenschaftliche Personal in Forschung und Lehre sowie bei außeruniversitären Forschungseinrichtungen zu unterstützen.
3. Zu § 4 Abs. 1:
Der Begriff „Arbeitsort" ist ein generalisierter Oberbegriff; die Bedeutung unterscheidet sich nicht von dem bisherigen Begriff „Dienstort".
4. Zu § 8 Abs. 3:
Zur Erläuterung von § 8 Abs. 3 und der dazugehörigen Protokollerklärung sind sich die Tarifvertragsparteien über folgendes Beispiel einig: „Beginnt eine Wochenendrufbereitschaft am Freitag um 15 Uhr und endet am Montag um 7 Uhr, so erhalten Beschäftigte folgende Pauschalen: Zwei Stunden für Freitag, je vier Stunden für Samstag und Sonntag, keine Pauschale für Montag. Sie erhalten somit zehn Stundenentgelte."
5. Zu § 10 Abs. 4:
Durch diese Regelung werden aus dem Urlaubsrecht entlehnte Ansprüche nicht begründet.
6. Zu § 14 Abs. 1:
1. Ob die vorübergehend übertragene höherwertige Tätigkeit einer höheren Entgeltgruppe entspricht, bestimmt sich nach den gemäß § 18 Abs. 3 TVÜ-Bund/VKA fortgeltenden Regelungen des § 22 Abs. 2 BAT/BAT-O bzw. den entsprechenden Regelungen für Arbeiterinnen und Arbeiter. Die Tarifvertragsparteien stellen klar, dass diese Niederschriftserklärung im Zusammenhang mit der neuen Entgeltordnung überprüft wird.
2. Die Tarifvertragsparteien stellen klar, dass die vertretungsweise Übertragung einer höherwertigen Tätigkeit ein Unterfall der vorübergehenden Übertragung einer höherwertigen Tätigkeit ist.
7. Zu § 16 (Bund) Abs. 3 Satz 2:
Die Tarifvertragsparteien sind sich darüber einig, dass stichtagsbezogene Verwerfungen zwischen übergeleiteten Beschäftigten und Neueinstellungen entstehen können.
8. Zu § 16 (VKA) Abs. 2 Satz 2:
Die Tarifvertragsparteien sind sich darüber einig, dass stichtagsbezogene Verwerfungen zwischen übergeleiteten Beschäftigten und Neueinstellungen entstehen können.
9. Zu § 18 (Bund) Abs. 2:
Das als Zielgröße zu erreichende Gesamtvolumen von 8 v.H. wird wie folgt finanziert
- *Anteil aus auslaufenden Besitzständen in pauschalierter Form,*
- *im Rahmen zukünftiger Tarifrunden.*
Die Tarifvertragsparteien führen erstmals Mitte 2008 Gespräche über den Anteil aus auslaufenden Besitzständen und über eine mögliche Berücksichtigung von Effizienzgewinnen.
10. Zu § 18 (Bund) Abs. 4:
Die Tarifvertragsparteien wirken darauf hin, dass der ATV sowie die Satzung der VBL bis spätestens 31. Dezember 2006 entsprechend angepasst werden.
11. Zu § 18 (Bund):
Die Tarifvertragsparteien gehen davon aus, dass Leistungsentgelte Bezüge im Sinne des § 4 TV ATZ sind.
12. Zu § 18 (VKA) Abs. 3:
Das als Zielgröße zu erreichende Gesamtvolumen von 8 v.H. wird wie folgt finanziert
- *Anteil aus auslaufenden Besitzständen in pauschalierter Form,*
- *im Rahmen zukünftiger Tarifrunden.*

Die Tarifvertragsparteien führen erstmals Mitte 2008 Gespräche über den Anteil aus auslaufenden Besitzständen und über eine mögliche Berücksichtigung von Effizienzgewinnen.

13. Zu § 18 (VKA):
Die Tarifvertragsparteien gehen davon aus, dass Leistungsentgelte Bezüge im Sinne des § 4 TV ATZ sind.

14. Zu § 18 (VKA) Abs. 5 Satz 2:
Die Tarifvertragsparteien stimmen darin überein, dass aus Motivationsgründen die Vereinbarung von Zielen freiwillig geschieht. Eine freiwillige Zielvereinbarung kann auch die Verständigung auf zum Teil vorgegebene oder übergeordnete Ziele sein, z. B. bei der Umsetzung gesetzlicher oder haushaltsrechtlicher Vorgaben, Grundsatzentscheidungen der Verwaltungs-/Unternehmensführung.

15. Zu § 18 (VKA) Abs. 5 Satz 3:
Die systematische Leistungsbewertung entspricht nicht der Regelbeurteilung.

16. Zu § 18 (VKA) Abs. 7:
1. Die Mitwirkung der Kommission erfasst nicht die Vergabeentscheidung über Leistungsentgelte im Einzelfall.
2. Die nach Abs. 7 und die für Leistungsstufen nach § 17 Abs. 2 gebildeten betrieblichen Kommissionen sind identisch.

17. Zu § 18 (VKA) Abs. 8:
Die Tarifvertragsparteien wirken darauf hin, dass der ATV, der ATV-K sowie die Satzungen der VBL und der kommunalen Zusatzversorgungskassen bis spätestens 31. Dezember 2006 entsprechend angepasst werden.

18. Zu § 20 Abs. 2 Satz 1:
Die Tarifvertragsparteien stimmen überein, dass die Beschäftigten der Entgeltgruppe 2Ü zu den Entgeltgruppen 1 bis 8 und die Beschäftigten der Entgeltgruppe 15Ü zu den Entgeltgruppen 13 bis 15 gehören.

19. Zu Abschnitt III:
Die Tarifvertragsparteien werden zeitnah Tarifverhandlungen zur Regelung der Entgeltsicherung bei Leistungsminderung in Ergänzung des TVöD aufnehmen.

20. Zu § 29 Abs. 1 Buchst. f:
Die ärztliche Behandlung erfasst auch die ärztliche Untersuchung und die ärztlich verordnete Behandlung.

Tarifvertrag für den öffentlichen Dienst – Besonderer Teil Verwaltung (TVöD–BT–V)

Abschnitt VII Allgemeine Vorschriften

§ 40 Geltungsbereich

(1) ¹Dieser Tarifvertrag gilt für alle Beschäftigten des Bundes, die unter den § 1 des Tarifvertrages für den öffentlichen Dienst (TVöD) fallen, soweit sie nicht von anderen Besonderen Teilen des TVöD erfasst sind. ²Der Tarifvertrag für den öffentlichen Dienst (TVöD) - Besonderer Teil Verwaltung - bildet im Zusammenhang mit dem Tarifvertrag für den öffentlichen Dienst - Allgemeiner Teil - den Tarifvertrag für die Sparte Verwaltung.

(2) Soweit in den nachfolgenden Bestimmungen auf die §§ 1 bis 39 verwiesen wird, handelt es sich um die Regelungen des TVöD - Allgemeiner Teil.

I. Verhältnis des besonderen Teils Verwaltung zum allgemeinen Teil des Tarifvertrages

Der Tarifvertrag des öffentlichen Dienstes gliedert sich in einen allgemeinen Teil   1
mit 39 Paragraphen und einen besonderen Teil. Der jeweilige besondere Teil bildet mit dem allgemeinen Teil den für die jeweilige Sparte den geltenden Manteltarifvertrag. Für die nachfolgenden Sparten wurden gesonderte besondere Teile zum 01.10.2005 in Kraft gesetzt:

- Besonderer Teil Verwaltung (BT-V)
- Besonderer Teil Krankenhäuser (BT-K)
- Besonderer Teil Sparkassen (BT-S)
- Besonderer Teil Entsorgung (BT-E)
- Besonderer Teil Flughäfen (BT-F)

II. Verhältnis der besonderen Teile des Tarifvertrages zueinander

Dem besonderen Teil Verwaltung kommt nach § 40 Absatz 1 TVÖD-BT-V hier-   2
bei eine allgemeine Auffangfunktion dergestalt zu, dass zuerst zu prüfen ist, ob ein Arbeitsverhältnis vom Geltungsbereich einer der übrigen vier besonderen Teile erfasst wird. Ist dies nicht der Fall, so unterfällt dieses Arbeitsverhältnis, soweit es vom Geltungsbereich des § 1 TVöD erfasst wird, dem besonderen Teil Verwaltung. Dies hat andererseits aber zur Konsequenz, dass die Regelungen des besonderen Teils Verwaltung nicht als allgemeines Regelungswerk für die übrigen Spartenregelungen gelten. Auch wenn in den Spartenregelungen keine Festlegungen

getroffen wurden, wie z.B. Dienstreisen zu vergüten sind, so führt dies nicht dazu, dass die bestehende Lücke durch die Regelungen des besonderen Teils Verwaltung zu schließen wäre. In diesem Fall besteht keine tarifvertragliche Regelung, so dass das allgemeine Arbeitsrecht Anwendung findet.[1]

---

[1]   Sponer/Steinherr § 44 Rn. 72.

§ 41 Allgemeine Pflichten

¹Die im Rahmen des Arbeitsvertrages geschuldete Leistung ist gewissenhaft und ordnungsgemäß auszuführen. ²Beschäftigte des Bundes und anderer Arbeitgeber, in deren Aufgabenbereichen auch hoheitliche Tätigkeiten wahrgenommen werden, müssen sich durch ihr gesamtes Verhalten zur freiheitlich demokratischen Grundordnung im Sinne des Grundgesetzes bekennen.

I. Verhältnis zum bisherigen Recht

Die Vorgängerregelung fand sich in **§ 8 Abs. 1 und 2 BAT**. Der § 8 Abs. 1 BAT hat bereits die Forderung aufgestellt, dass sich Angehörige des öffentlichen Dienstes durch ihr gesamtes Verhalten zur freiheitlich demokratischen Grundordnung im Sinne des Grundgesetzes bekennen müssen. Jedoch hat man nun eine Einschränkung vorgenommen, dass dies jetzt lediglich für die Bereiche gelten solle, in denen auch ‚hoheitliche Tätigkeiten' wahrgenommen werden. Warum sich die Tarifvertragsparteien auf den umstrittenen Begriff der ‚hoheitlichen Aufgaben' verständigt haben, kann nicht nachvollzogen werden. Hoheitsrechtlich wird mit hoheitlich gleichgesetzt.[1] Betrachtet man die Entstehungsgeschichte des Art. 33 Abs. 4 GG, ist der Begriff hoheitlich auf die Eingriffsverwaltung zu begrenzen.[2] Jedoch darf nicht außer Betracht gelassen werden, dass sich die öffentliche Verwaltung seit dem Inkrafttreten des Grundgesetzes erheblich gewandelt hat. Daher muss man den Begriff ‚hoheitlich' extensiv interpretieren, somit wird auch die Leistungsverwaltung und die Erfüllung von Aufgaben der Daseinsvorsorge in privatrechtlicher Form unter den Begriff der ‚hoheitlichen Aufgabenerfüllung' zu fassen sein.[3]

Im Gegensatz zu § 8 Abs. 2 BAT wird das tarifliche Direktionsrecht im TVöD oder BT-V nicht mehr ausdrücklich erwähnt. Aufgrund des § 106 GewO erübrigt sich solch eine tarifrechtliche Regelung auch.

Der § 8 BAT wie auch der nicht in den TVöD übernommene § 6 BAT (Gelöbnis) hatten starke Berührungspunkte zum Beamtenrecht. Die Tarifvertragsparteien haben sich daher konsequenterweise von diesen Vorschriften weitgehend gelöst und sich hier dem allgemeinen Arbeitsrecht angenähert.

II. Erläuterung des § 41 Satz 1 TVöD BT-V

Die Tarifvertragsparteien haben sich jetzt darauf verständigt, dass der Beschäftigte seine nach dem Arbeitsvertrag geschuldete Leistung ‚**gewissenhaft**' und ‚**ordnungsgemäß**' auszuführen hat.

---

[1] Vgl. Battis, Kommentar zum BBG, 3. Aufl. 2004, § 4 Rn. 6 ff.
[2] Battis aaO, § 4 Rn. 6 mwN.
[3] BVerfGE 34, 126; 49, 151 (Lehrtätigkeit); 47, 340 (Leistungsverwaltung).

Ergab sich noch aus dem § 8 Abs. 1 Satz 1 BAT ein vom Arbeitgeber ‚erwarte-
tes Verhalten' an den Angestellten im öffentlichen Dienst, regelt der § 41 Satz 1
TVöD BT-V jetzt nur noch eine arbeitsrechtliche Selbstverständlichkeit, nämlich
dass der Beschäftigte seine Arbeitsleistungen gewissenhaft und ordnungsgemäß
gegenüber dem Arbeitgeber zu erfüllen hat.

Grundlage ist der Arbeitsvertrag und die dem Beschäftigten darin übertragenen
Tätigkeiten.[4] Der Arbeitgeber des öffentlichen Dienstes kann daher nur noch solche Leistungen einfordern, die auch im Arbeitsvertrag ausdrücklich vereinbart
worden sind. Auslegungshilfe, aber auch die Grenzen, ergeben sich aus § 315
BGB (Billiges Ermessen).[5]

3   Der § 8 BAT hat vom Angestellten noch ausdrücklich erwartet, dass dieser das
Gemeinwohl zu beachten hat, auch das Ansehen des Staates und seinen organisatorischen Aufbau bei seiner Tätigkeit ‚im Auge zu behalten'[6] hat. Der TVöD BT-
V sieht dagegen solch eine Regelung nicht mehr vor. Es findet nur noch das allgemeine Arbeitsrecht Anwendung.

Unter einer ‚**gewissenhaften**' Arbeitserfüllung versteht man nach dem allgemeinen Sprachgebrauch eine sorgfältige, genaue und zuverlässige Arbeitsverrichtung.[7] Danach hat der Beschäftigte auch die Pflicht, sich für die Belange und Interessen des Arbeitgebers einzusetzen. Aus der Treuepflicht ergeben sich für den
Beschäftigten darüber hinaus, auch ohne ausdrückliche Regelung, Sorgfalts-,
Rücksichts- und Informationspflichten gegenüber dem Arbeitgeber.[8]

4   Unter der ‚**ordnungsgemäßen**' Vertragserfüllung versteht man hingegen eine
Arbeitsweise, die sich nach einer bestimmten Ordnung richtet.[9] Der Beschäftigte
hat sich demgemäss so zu verhalten, wie es die ‚Ordnung vorschreibt'. Damit
kann allerdings nur die Rechtsordnung gemeint sein. Jedoch ist diese ‚Ordnung'
weit auszulegen, wenn man berücksichtigt, dass der Arbeitgeber öffentlich-
rechtlich organisiert ist und von einer Vielzahl von Vorschriften, Bestimmungen,
Gesetze, Erlasse etc. durchdrungen ist. Dabei sind im **Einzelfall** auch die Besonderheiten des öffentlichen Dienstes mit zu berücksichtigen.[10]

III. Erläuterung des § 41 Satz 2 TVöD BT-V

5   Der Satz 2 regelt die **politische Treuepflicht** der Beschäftigten. Von den Beschäftigten wird somit erwartet, dass sie sich mit der freiheitlichen, demokratischen,
rechts- und sozialstaatlichen Ordnung identifizieren.[11] Zur freiheitlich demokratischen Grundordnung gehören die im Grundgesetz benannten Menschenrechte, die

---

4   Rundschreiben des BMI vom 22.12.2005 betreffs Durchführungshinweise TVöD – D II 2-220
    210-2/0.
5   BAG, Urt. v. 24.11.1993 – 5 AZR 206/93, ZTR 1994, 166; BAG, Urt. v. 30.08.1995 – 1 AZR
    47/95, AP Nr. 44 zu § 611 BGB Direktionsrecht; BAG, Urt. v. 11.10.1995 – 5 AZR 802/94, AP
    Nr. 9 zu § 611 BGB Arbeitszeit.
6   BAG, Urt. v. 02.03.1982 – 1 AZR 694/79, AP Nr. 8 zu Art. 5 GG Meinungsfreiheit.
7   Vgl. Wahrig, Deutsches Wörterbuch, 1986.
8   Vgl. Schaub/Linck ArbR-Hdb, 11. Aufl. 2006, § 53 Rn. 1 ff.
9   Vgl. Wahrig, Deutsches Wörterbuch, 1986.
10 Schaub/Linck ArbR-Hdb, aaO, § 53 Rn. 8.
11 BVerfG, Urt. v. 22.05.1972 – AP Nr. 2 zu Art. 33 Abs. 5 GG.

Volkssouveränität, die Gewaltenteilung, die Verantwortlichkeit der Regierung, die Gesetzmäßigkeit der Verwaltung, die Unabhängigkeit der Gerichte, das Mehrparteienprinzip und die Chancengleichheit für alle politischen Parteien. Vom Beamten erwartet man, dass er jederzeit in aktiver Weise für diese Grundordnung eintritt.[12] Das BAG hat hingegen beim Ausmaß der politischen Treuepflicht des Angestellten nach der ausgeübten Funktion differenziert.[13] Nach dieser Rechtsprechung hat das BAG von bestimmten Angestelltengruppen das gleiche Maß an politischer Treue und Zuverlässigkeit wie bei den Beamten verlangt. Umgekehrt wurde dann von manchen Angestellten nur eine politisch geminderte Treuepflicht erwartet.[14]

Kritisch gesehen werden muss die Formulierung ‚hoheitlich' im Satz 2 des **6** § 41 TVöD BT-V.

Art. 33 Abs. 4 GG enthält den sog. Funktionsvorbehalt für die Beamten. Verfassungsrechtlich ist es danach geboten, den Beamten hoheitliche Aufgaben zu übertragen, nicht hingegen den Beschäftigten des öffentlichen Dienstes.[15] Allerdings geht die tatsächliche Entwicklung schon immer in die Richtung, dass auch den Angestellten verstärkt hoheitliche Aufgaben übertragen worden sind. Man denke hier nur an die Bau- und Ordnungsverwaltung und den übrigen Bereich der Eingriffsverwaltung. Die Praxis hat hier immer weniger darauf geachtet, hoheitliche Aufgaben ausschließlich durch die Beamten wahrnehmen zu lassen. Damit kann festgestellt werden, dass Art. 33 Abs. 4 GG mit der Verfassungswirklichkeit nicht mehr übereinstimmt.[16]

Dessen ungeachtet wären die Tarifvertragsparteien hier gut beraten gewesen, **7** gerade wenn man die Lösung vom Beamtenrecht als wesentliches Ziel des TVöD aufgestellt hat, beamtenrechtliche und verfassungsrechtliche Begriffe nicht zu verwenden. Die Tarifpartner sind daher so zu verstehen, dass den Beschäftigten nur dann die politische Treuepflicht erfasst, wenn er für seinen Arbeitgeber im Bereich der klassischen Hoheitsverwaltung tätig wird. Dies kann auch damit begründet werden, dass die Tarifvertragsparteien, das Wort ‚auch' eingefügt haben, um klar zu machen, dass neben allgemeinen Verwaltungsaufgaben auch solche mit hoheitlichem Charakter durch die Beschäftigten zu erfüllen sind. Werden solche Aufgaben eben nicht durch Beamte erledigt, haben die Beschäftigten dann dort die politische Treuepflicht zu beachten.

§ 41 Satz 2 TVöD BT-V entspricht inhaltlich dem § 8 Abs. 1 Satz 2 BAT; von **8** einer Rechtsprechungsänderung ist damit nicht auszugehen.[17]

Maßgeblich wird dann wieder der zu beurteilende Einzelfall sein.

---

[12] Battis, aaO, § 7 Rn. 8 ff.
[13] BAG, Urt. v. 31.03.1976 – 5 AZR 104/74 – AP Nr. 2 zu Art. 33 Abs. 2 GG.
[14] BAG, Urt. v. 03.03.1982 – 1 AZR 694/74 – AP Nr. 8 zu Art. 5 GG Meinungsfreiheit.
[15] Battis, aaO, § 4 Rn. 10 ff.
[16] Vgl. dazu Münchner Kommentar zum GG, Bd. 2 Anm. 28 f. zu Art. 33 GG.
[17] Vgl. dazu Uttlinger/Breier/Kiefer/Hofmann, BAT, 8 Erl. 2; Dassau/Wiesend-Rothbrust, BAT-Kompaktkommentar, § 8 Rn. 5.

§ 42 Saisonaler Ausgleich

In Verwaltungen und Betrieben, in denen auf Grund spezieller Aufgaben (z. B. Ausgrabungen, Expeditionen, Schifffahrt) oder saisonbedingt erheblich verstärkte Tätigkeiten anfallen, kann für diese Tätigkeiten die regelmäßige Arbeitszeit auf bis zu 60 Stunden in einem Zeitraum von bis zu sieben Tagen verlängert werden, wenn durch Verkürzung der regelmäßigen wöchentlichen Arbeitszeit bis zum Ende des Ausgleichszeitraums nach § 6 Abs. 2 Satz 1 ein entsprechender Zeitausgleich durchgeführt wird.

Inhaltsübersicht   **Rn.**

I. Bisherige Regelungen

1   Bislang war das Tarifrecht der befristet eingestellten Saisonarbeiter in Anlage 10 zum BMT-G geregelt, nach dessen § 9 konnte die Arbeitszeit auf bis zu 10 Stunden täglich verlängert werden bei einem Zuschlag von 30% der Stufe 1 der Lohngruppe für alle Stunden, die über die wöchentliche Arbeitszeit von 38,5 Stunden hinausgehen.

§ 15 Abs. 4 BAT hat für ständig Beschäftigte die Möglichkeit der Verlängerung der täglichen Arbeitszeit bis auf 10 Stunden bei saisonalen Schwankungen vorgesehen. § 14 Abs. 4 BMT-G und § 15 Abs. 4 haben bereits eine gleichlautende Regelung enthalten.

II. Tarifliche Regelung

2   Im allgemeinen Teil des TVöD wurde in § 6 Abs. 2 Satz 1 TVöD von der nach § 7 Abs. 1 Nr. 1 Buchstabe b) ArbZG eröffneten Möglichkeit Gebrauch gemacht, an Stelle des gesetzlichen Ausgleichszeitraums von 6 Monaten oder 24 Wochen einen anderen Ausgleichszeitraum von einem Jahr zu vereinbaren. § 42 TVöD-BT-V eröffnet die Möglichkeit, die regelmäßige Arbeitszeit saisonal auf bis zu 60 Stunden in der Woche in einem Zeitraum von bis zu 7 Tagen zu verlängern, wenn in den anderen Teilen des Jahres die Arbeitszeit so verkürzt wird, dass im Durchschnitt innerhalb des jährlichen Ausgleichszeitraums die wöchentliche Arbeitszeit von 38,5 Stunden im Bereich der VKA, bzw. 40 Stunden im Bereich VKA-Ost und 39 Stunden im Bereich des Bundes erreicht wird. Hierbei sind die öffentlichrechtlichen Rahmenbedingungen des Arbeitszeitgesetzes einzuhalten, wonach die tägliche Arbeitszeit nach § 3 ArbZG 10 Stunden nicht übersteigen darf und nach § 11 Abs. 1 ArbZG mindestens 15 Sonntage im Jahr beschäftigungsfrei bleiben müssen. Bei einer Beschäftigung an einem Sonntag ist hierfür innerhalb eines Ausgleichszeitraums von 14 Tagen ein Ersatzruhetag zu gewähren.

3   Die tarifvertragliche Regelung eröffnet dem Arbeitgeber die Möglichkeit, kraft seines Direktionsrechts die Arbeitszeit entsprechend auf bis zu 60 Stunden wöchentlich zu verlängern. Soweit ein Betriebsrat oder ein Personalrat besteht, unterliegt der Beginn und das Ende der täglichen Arbeitszeit, die Festlegung der Pausen und die Verteilung der Arbeitszeit auf die einzelnen Wochentage sowie die saisonale Verteilung des Volumens der Arbeitszeit nach § 87 Abs. 1 Nr. 2 und Nr. 3 BetrVG bzw. § 75 Abs. 3 Nr. 1 BPersVG der zwingenden Mitbestimmung des Betriebsrates bzw. des Personalrates, so dass diese Festlegung in der Regel über Betriebs- bzw. Dienstvereinbarung oder zumindest eine entsprechende Regelungsabrede zu erfolgen hat.

§ 42 TVöD-BT-V enthält keine abweichende Regelung zur Bezahlung der **4** Stunden. Hier bleibt es bei den Regelungen in § 8 TVöD soweit nicht in den folgenden Paragraphen abweichende Vereinbarungen für die Verwaltung getroffen werden. Wird also beispielsweise nach § 6 Abs. 6 TVöD ein Arbeitszeitkorridor von 45 Stunden vereinbart, so führt die Heraufsetzung der wöchentlichen Arbeitszeit auf 60 Stunden dazu, dass 15 Überstunden anfallen, die nach den Regelungen des § 8 TVöD zu vergüten sind.

§ 43 Überstunden

(1) [1]Überstunden sind grundsätzlich durch entsprechende Freizeit auszugleichen. [2]Sofern kein Arbeitszeitkonto nach § 10 eingerichtet ist, oder wenn ein solches besteht, die/der Beschäftigte jedoch keine Faktorisierung nach § 8 Abs. 1 geltend macht, erhält die/der Beschäftigte für Überstunden (§ 7 Abs. 7), die nicht bis zum Ende des dritten Kalendermonats - möglichst aber schon bis zum Ende des nächsten Kalendermonats - nach deren Entstehen mit Freizeit ausgeglichen worden sind, je Stunde 100 v.H. des auf die Stunde entfallenden Anteils des Tabellenentgelts der jeweiligen Entgeltgruppe und Stufe, höchstens jedoch nach der Stufe 4. [3]Der Anspruch auf den Zeitzuschlag für Überstunden nach § 8 Abs. 1 besteht unabhängig von einem Freizeitausgleich.

(2) [1]Für Beschäftigte der Entgeltgruppe 15 bei obersten Bundesbehörden sind Mehrarbeit und Überstunden durch das Tabellenentgelt abgegolten. [2]Beschäftigte der Entgeltgruppen 13 und 14 bei obersten Bundesbehörden erhalten nur dann ein Überstundenentgelt, wenn die Leistung der Mehrarbeit oder der Überstunden für sämtliche Beschäftigte der Behörde angeordnet ist; im Übrigen ist über die regelmäßige Arbeitszeit hinaus geleistete Arbeit dieser Beschäftigten durch das Tabellenentgelt abgegolten. [3]Satz 1 gilt auch für Leiterinnen/Leiter von Dienststellen und deren ständige Vertreterinnen/Vertreter, die in die Entgeltgruppen 14 und 15 eingruppiert sind.

I. Verhältnis zum bisherigen Recht

1   Grundsätzlich war der Vorrang des Freizeitausgleichs bereits in § 17 Abs. 5 BAT, § 17 Abs. 4 BMT-G, § 19 Abs. 4 MTArb geregelt, so dass auf die hierzu ergangene Rechtsprechung weitestgehend zurückgegriffen werden kann. War die finanzielle Vergütung der Überstunden fällig, wenn innerhalb eines Monats kein Freizeitausgleich erfolgt ist, so wurde dieser Zeitraum auf drei Monate hinaufgesetzt.

Nach § 17 Abs. 7 BAT waren bislang Überstunden für Angestellte der obersten Bundes- und Landesbehörden mit Ausnahme des Landes Berlin, der freien Hansestadt Bremen und der freien Hansestadt Hamburg durch die Vergütung mit abgegolten. Für Beschäftigte der Vergütungsgruppen Ia und Ib der obersten Bundeshörden und der im Vorsatz genannten obersten Landesbehörden wurden Überstunden nur dann vergütet, wenn Überstunden für sämtliche Bedienstete einer

Dienststelle angeordnet waren. Diese Regelung wird durch Absatz 2 weitergeführt.

II. Freizeitausgleich als Grundsatz

§ 43 Abs. 1 Satz 1 TVöD hält den Grundsatz fest, dass ein Zeitausgleich für angeordnete Überstunden zu erfolgen hat. Besteht ein Arbeitszeitkonto im Sinne des § 10, so erfolgt eine Zeitgutschrift auf dieses Konto und der Beschäftigte kann die angefallenen Stunden im Rahmen der Regelungen über dieses Arbeitszeitkonto selbst abfeiern. Nach § 8 Absatz 1 Satz 4 TVöD kann der Beschäftigte verlangen, dass auch die Zeitzuschläge in Höhe des festgelegten Prozentsatzes in Zeit umgewandelt und ausgeglichen werden, soweit ein Arbeitszeitkonto besteht und einer Umwandlung in Zeit keine betrieblichen oder dienstlichen Gründe entgegenstehen.

Besteht kein Arbeitszeitkonto oder hat der Beschäftigte keine Gutschrift der Überstunden nach § 8 Abs. 1 TVöD geltend gemacht, so entsteht für den Beschäftigten nach Ablauf von drei Monaten und nach Ablauf des Monats, in dem die Überstunden geleistet worden sind, ein Anspruch auf Vergütung der Überstunden. Diese werden dann automatisch zur Zahlung fällig. Die bisherige Vorschrift, dass bereits ein Monat nach Ablauf des Monats, in dem die Überstunden geleistet wurden, ein Zahlungsanspruch entsteht, wurde als bloße Aufforderung gestaltet, in der Regel innerhalb eines Monats Freizeitausgleich zu gewähren, die allerdings keinerlei rechtliche Relevanz hat.

Der in Absatz 1 Satz 1 statuierte Vorrang des Freizeitausgleichs vor einer Vergütung der Überstunden führt allerdings dazu, dass der Freizeitausgleich zwingend ist. Stehen dem betriebliche Gründe entgegen, so muss er nicht gewährt werden. Der Arbeitgeber kann innerhalb seines Direktionsrechts den Freizeitausgleich einseitig festlegen. Der Beschäftigte hat nicht das Recht, den Freizeitausgleich abzulehnen und stattdessen die Auszahlung zu verlangen.[1] Hat sich aber nach Ablauf von drei Monaten der Anspruch auf Freizeitausgleich in einen Zahlungsanspruch gewandelt, so kann der Arbeitgeber diesen Anspruch nicht mehr durch einen nachträglich gewährten Zeitausgleich erfüllen. Stellt er gleichwohl den Beschäftigten von der Arbeit frei, so gerät er nach § 615 BGB in Annahmeverzug und hat sowohl die Überstunden als auch die Vergütung aus Annahmeverzug zu ersetzen.[2]

Der Arbeitgeber hat bei der Festlegung des Freizeitausgleichs billiges Ermessen nach § 315 BGB zu beachten und hierbei die Interessen des Beschäftigten zu berücksichtigen. Billiges Ermessen ist dann nicht gewahrt, wenn der Arbeitgeber keine Ankündigungsfrist einhält und am Ende eines Arbeitstages den Beschäftigten informiert, dass er am nächsten Tag den Freizeitausgleich erhält.[3]

Hat der Arbeitgeber den Freizeitausgleich festgesetzt und erkrankt der Arbeitnehmer während des Freizeitausgleichs, so ist der Freizeitausgleich nicht nachzugewähren, da es sich um keinen Erholungsanspruch handelt.[4] Zeigt der Beschäf-

---

[1]   BAG, Urt. v. 20.07.1987 – 6 AZR 774/87, ZTR 1990, 155.
[2]   BAG, Urt. v. 18.09.2001 – 9 AZR 307/00, NZA 2002 268.
[3]   BAG, Urt. v. 17.01.1995 – 3 AZR 399/94, NZA 1995, 1000.
[4]   BAG, Urt. v. 31.05.1989 – 5 AZR 344/88 ZTR 1990, 77.

tigte nach § 10 Abs. 4 unverzüglich die Erkrankung an und weist sie durch ärztliches Attest nach, so bleibt das Zeitguthaben erhalten und es erfolgt Entgeltfortzahlung wegen Arbeitsunfähigkeit.

III. Vergütung der Überstunden wenn kein Freizeitausgleich erfolgen kann

7   Zu vergüten sind die Überstunden in der in § 8 Abs. 1 normierten Höhe, also einschließlich des Zeitzuschlags für Überstunden in Höhe von 30% für die Entgeltgruppen 1 bis 9 und in Höhe von 15% für die Entgeltgruppen 10 bis 15. Die Vergütung erfolgt nach der Vergütung der jeweiligen Entgeltgruppe, jedoch höchstens nach Stufe 4 der jeweiligen Entgeltgruppe. Nach § 43 Abs. 1 Satz 3 TVöD ist der Anspruch auf Zahlung der Zeitzuschläge unabhängig vom Anspruch auf Freizeitausgleich und zum Zahltag des auf seine Entstehung folgenden Monats nach § 24 Abs. 1 Satz 3 TVöD zur Zahlung fällig.

IV. Pauschalabgeltung von Überstunden der Entgeltgruppe 13, 14 und 15

8   § 43 Abs. 2 Satz 1 des BT-V sieht vor, dass alle anfallenden Überstunden von Beschäftigten der Entgeltgruppe 15 der obersten Bundesbehörde mit der monatlichen Tabellenvergütung abgegolten sind. Satz 2 dehnt diese Regelung auf Beschäftigte der Entgeltgruppen 13 und 14 aus, allerdings mit der Einschränkung, dass hiervon die Überstunden ausgenommen sind, die dadurch angefallen sind, dass für alle Beschäftigte der Behörde Überstunden angeordnet worden sind. Dies heißt, dass alle für einen bestimmten Beschäftigten oder nur eine bestimmte Beschäftigtengruppe der obersten Bundesbehörde angeordnete Überstunden der Entgeltgruppe 13 und 14 in unbeschränkter Höhe nicht vergütungspflichtig sind. Für Beschäftigte der Entgeltgruppe 15 gilt dies generell. Satz 2, zweiter Halbsatz der Vorschrift dehnt diese Regelung auf Mehrarbeitsstunden, die nicht vom Arbeitgeber angeordnet worden sind, für Beschäftigte der obersten Bundesbehörde in den Entgeltgruppen 13 und 14 aus.
Satz 3 schließlich dehnt die Regelung auf Beschäftigte der Entgeltgruppe 14 der obersten Bundesbehörden aus, wenn es sich hierbei um Leiter einer Dienststelle oder deren Vertreter handelt.

9   Bei Überstunden handelt es sich nach der Begriffsdefinition des § 7 Abs. 7 TVöD um einseitig vom Arbeitgeber angeordnete Mehrarbeit über die Normalarbeitszeit hinaus. Die Regelung des § 43 Abs. 2 TVöD BT-V führt dazu, dass der Arbeitgeber Überstunden für den hier definierten Personenkreis kraft seines Direktionsrechts in unbeschränkter Höhe jederzeit einseitig anordnen kann. Gegen die Rechtmäßigkeit dieser Vorschrift bestehen gravierende verfassungsrechtliche Bedenken. Auch die Tarifvertragsparteien sind an das Rechtsstaatsgebot des Art. 20 Abs. 3 GG gebunden.[5] Aus dem Rechtsstaatsprinzip folgt, dass tarifliche Regelungen hinreichend bestimmt sein müssen.[6] Insbesondere wenn durch tarifvertragliche Regelungen dem Arbeitgeber einseitige Eingriffe in das elementare Aus-

---

5   BAG, Urt. v. 29.01.1986 – 4 AZR 309/82, AP Nr. 15 zu §§ 22, 23 BAT 1975.
6   Löwisch/Rieble § 1 TVG Rn 293; HWK/Henssler 1 TVG, RN 19; ErfK/Franzen TVG § 1 RN 147; BAG, Urt. v. 18.10.1994 – 1 AZR 503/93, NZA 1995, 1064; BAG, Urt. v. 27.01.1994 – 6 AZR 541/93, NZA 1995, 134; BAG, Urt. v. 29.01.1986 – 4 AZR 309/82, AP Nr. 15 zu §§ 22, 23 BAT 1975; BAG, Urt. v. 09.07.1980 – 4 AZR 564/78, NJW 1981, 1574.

tauschverhältnis des Arbeitsvertrages, also zwischen der zu erbringenden Leistung in qualitativer und quantitativer Hinsicht einerseits und die hierfür zu entrichtende Vergütung andererseits, gestattet werden, müssen die Vorraussetzungen und Grenzen des Direktionsrechts des Arbeitgebers hinreichend genau zu bestimmen sein.[7] Andernfalls würde es dem Arbeitgeber gestattet, Inhalte des Arbeitsverhältnisses ohne sachlichen Grund einseitig zu ändern und den bestehenden Kündigungsschutz zu umgehen, wenn sonst eine Vertragsänderung nur einvernehmlich oder durch Änderungskündigung herbeigeführt werden könnte.

Bedenken gegen die Rechtmäßigkeit der Regelung des § 43 Abs. 2 TVöD BT-V bestehen ferner wegen Verstoß der Norm gegen den Gleichbehandlungsgrundsatz, an den auch die Tarifvertragsparteien gebunden sind.[8] Hier wird ohne sachlichen Grund eine Differenzierung zwischen Beschäftigten der obersten Bundesbehörden einerseits und Beschäftigten der übrigen Verwaltung vorgenommen. In einem Fall sind Überstunden und Mehrarbeit gesondert zu vergüten, im anderen Fall sind sie in unbegrenzter Höhe nicht zu vergüten. **10**

Erweisen sich tarifvertragliche Regelungen als nicht rechtmäßig, so ist die Folge des Verstoßes die Unwirksamkeit der Norm, da kein Gericht sich an die Stelle des Normgebers setzen kann und an seiner statt entschieden kann.[9] Es ist Sache der Tarifvertragsparteien festzulegen unter welchen Voraussetzungen und welcher Höhe Mehrarbeit und Überstunden durch die geleistete Vergütung abgegolten sein sollen. Eine differenzierende Regelung zwischen verschiedenen Arbeitnehmergruppen je nach Führungsfunktion und Aufgaben ist hierbei grundsätzlich möglich.[10]

V. Pauschalierung der Überstundenvergütung durch Arbeitsvertrag

Der TVöD enthält keine Regelungen, die es ausschließen, eine Pauschalierung von Überstunden oder die Einführung einer „Vertrauensarbeitszeit" vorzunehmen. Gehen die Parteien davon aus, dass Überstunden in einem bestimmten Volumen üblicherweise anfallen, so können diese durch eine pauschale Abgeltung ausgeglichen werden. Ändert sich der Arbeitsanfall, so kann die Pauschalierungsabrede auch einseitig gekündigt und an die tatsächlichen Verhältnisse angepasst werden. Mit der Pauschalierung der Überstundenvergütung waren sich die Parteien der Tatsache bewusst, dass Überstunden in unterschiedlicher Höhe anfallen können und die Pauschalierung an einen bestimmten Durchschnitt von Überstunden gebunden ist. Bei einer Pauschalierung von Überstunden sind sich die Parteien bewusst, dass sich deren Höhe ändern und eine Anpassung der Vergütung erfordern kann, so dass eine Teilkündigung in diesem Fall zulässig ist.[11] **11**

---

[7] BAG, Urt. v. 18.10.1994 – 1 AZR 503/93, NZA 1995, 1064; BAG, Urt.v. 27.01.1994 – 6 AZR 541/93, NZA 1995.

[8] BAG, Urt. v. 05.04.1995 – 4 AZR 154/94, AP Nr. 18 zu § 1 TVG; Tarifverträge Lufthansa; BAG, Urt. v. 17.10.1995 – 3 AZR 882/94, NZA 1997, 656; EuGH, Urt. v. 27.10.1993 – Rs. C-127/92, NZA 1994, 797.

[9] Löwisch/Rieble § 1 RN 358; BAG, Urt. v. 18.10.1994 – 1 AZR 503/93, NZA 1995, 1064.

[10] BAG, Urt. v. 20.07.2004 – 3 AZR 552/03, NZA-RR 2005, 560.

[11] BAG, Urt. v. 23.11.2000 – 2 AZR 547/99, NZA 2001, 492.

VI. Rahmenregelungen des ArbZG

12   Nach § 16 Abs. 2 ArbZG ist der Arbeitgeber verpflichtet, die über die werktägliche Arbeitszeit von 8 Stunden nach § 3 Abs. 1 Satz 1 ArbZG hinausgehende Zeit der Arbeitnehmer aufzuzeichnen und ein Verzeichnis der Arbeitnehmer zu führen, die einer Verlängerung ihrer Arbeitszeit nach § 7 Abs. 7 ArbZG (z.B. Verlängerung über 10 Stunden täglich bei Bereitschaftsdienst) schriftlich zugestimmt haben. Die Aufzeichnungen sind zwei Jahre aufzubewahren.

Der Arbeitgeber kann diese Verpflichtung zur Aufzeichnung der Mehrarbeit auch auf die Arbeitnehmer delegieren,[12] muss in diesem Falle allerdings durch Kontrolle sicherstellen, dass die Aufzeichnung auch erfolgt.

VII. Mitbestimmungsrechte des Betriebsrates/Personalrates

13   Der Betriebsrat hat nach § 87 Abs. 1 Nr. 1 und 2 BetrVG mitzubestimmen über den Beginn und das Ende der täglichen Arbeitszeit, die Pausen, die Verteilung der Arbeitszeit auf die einzelnen Wochentage und über eine vorübergehende Verkürzung oder Verlängerung der Arbeitszeit. Nicht mitbestimmungspflichtig ist die Dauer der wöchentlichen Arbeitszeit.[13] Bei der Vereinbarung einer Vertrauensarbeitszeit verzichtet der Arbeitgeber bewusst auf eine Zeiterfassung. Vertrauensarbeitszeitregelungen werden durch den TVöD nicht ausgeschlossen. Ihre Einführung unterliegt als Arbeitszeitmodell der Mitbestimmung des Betriebsrates. Ist sie allerdings eingeführt, so verzichtet der Arbeitgeber aber gerade auf eine Regelung der Arbeitszeit, so dass keine weiteren Mitbestimmungsrechte des Betriebsrates nach Einführung einer Vertrauensarbeitszeit mehr gegeben sind.[14] Auch wenn der Arbeitgeber nach Tarifvertrag berechtigt ist, in einem bestimmten Umfang unbezahlt Mehrarbeit anordnen zu können oder bei der Einführung von Vertrauensarbeitszeit bewusst auf die Aufzeichnung der genauen Arbeitszeit verzichtet, so hat er dem Betriebsrat gleichwohl Auskunft darüber zu erteilen, in welchem Umfang Mehrarbeit oder Überstunden geleistet werden. Der Betriebsrat hat nach § 80 Abs. 1 Nr. 1 die Einhaltung bestehender Gesetze und Tarifverträge zu überwachen, so dass ihm ein korrespondierender Auskunftsanspruch gegen den Arbeitgeber zusteht. Der Arbeitgeber hat seinen Betrieb so zu organisieren, dass er die Durchführung der geltenden Gesetze, Tarifverträge und Betriebsvereinbarungen selbst gewährleisten kann. Er muss sich deshalb über die genannten Daten in Kenntnis setzen und kann dem Betriebsrat die Auskunft hierüber nicht mit der Begründung verweigern, er wolle die tatsächliche Arbeitszeit der Arbeitnehmer wegen einer im Betrieb eingeführten "Vertrauensarbeitszeit" bewusst nicht erfassen.[15]

14   Dem Personalrat stehen nach § 75 Abs. 3 Nr. 1 BpersVG entsprechende Mitbestimmungsrechte hinsichtlich des Beginn und Ende der Arbeitszeit, der Pausen und der Verteilung der Arbeitszeit auf die einzelnen Wochentage zu. Auch wenn im Bundespersonalvertretungsgesetz anders als im Betriebsverfassungsgesetz und in den Landespersonalvertretungsgesetzen kein ausdrückliches Mitbestimmungs-

---

[12]   HWK/Gänigen § 16 ArbZG, RN 7.

[13]   BAG, Beschl. v. 22.07.2003 – 1 ABR 28/02, NZA 2004, 507.

[14]   HWK/Clemenz § 87 BetrVG, RN 74.

[15]   BAG, Beschl. v. 06.05.2003 – 1 ABR 13/02, NZA 2003, 1348.

recht hinsichtlich der vorübergehenden Verkürzung oder Verlängerung der wöchentlichen Arbeitszeit gegeben ist, so ergibt sich ein Mitbestimmungsrecht auch diesbezüglich über die Festlegung des Beginns und des Endes der täglichen Arbeitszeit.[16] Das Mitbestimmungsrecht wird eingeschränkt auf die Festlegung der Grundsätze für die Aufstellung von Dienstplänen, insbesondere die Anordnung von Dienstbereitschaft, Mehrarbeit und Überstunden nach § 75 Abs. 4 BPersVG, wenn die Diensteinteilung auf Grund der Diensterfordernisse nicht vorhersehbar ist, unregelmäßig und nur kurzfristig festgesetzt werden kann. Da hier die Mitbestimmung bei der Anordnung von Mehrarbeit und Überstunden eingeschränkt wird, ergibt sich im Umkehrschluss, dass der Gesetzgeber in § 75 Abs. 3 BpersVG die Anordnung von Mehrarbeit und Überstunden grundsätzlich in Angleichung an das Betriebsverfassungsrecht der Mitbestimmung unterwerfen wollte.[17] Ferner kann das Mitbestimmungsrecht der Personalvertretung beschränkt und das in § 69 Abs. 4 Satz 3 und 4 BPersVG normierte Verfahren einer eingeschränkten Mitbestimmung analog anzuwenden sein, wenn die Anordnung der Mehrarbeit oder Überstunden zugleich Regierungshandeln betrifft.[18] Das Mitbestimmungsrecht der Personalvertretung ist nur bei einem kollektiven Sachverhalt gegeben. Ein solcher kann auch dann gegeben sein, wenn ein einzelner Beschäftigter betroffen ist, wenn es z.B. darum geht, zu entscheiden ob bestimmte anfallende Mehrarbeiten von einem Beschäftigten zu erledigen oder auf mehrere Beschäftigte zu verteilen sind, der Überstundeneinsatz an funktionale Tätigkeiten anknüpft.[19]

Wird das Mitbestimmungsrecht des Betriebsrates bzw. Personalrates nicht beachtet, so kann der Betriebsrat/Personalrat hiergegen mit einer Unterlassungsklage vorgehen,[20] der einzelne Arbeitnehmer ist nicht zur Ableistung der Überstunden verpflichtet, da die Einhaltung der Mitbestimmungsrechte des § 87 Abs. 1 BetrVG Wirksamkeitsvoraussetzung entsprechender Anordnungen des Arbeitgebers ist.[21]

---

[16] BverwG, Beschl. v. 09.10.1991 – 6 P 12.90; PersV 1992, 166; Altvater § 75, RN 26; a.A. BAG, Urt. v. 19.10.94 – 1 AZR 503/93, NZA 1995, 1064.
[17] BT-Dr 7/1373, S. 2.
[18] BVerwG, Beschl. v. 30.06.2005 – 6 P 9/04. NZA-RR 2005, 665.
[19] BverwG, Beschl. v. 12.09.2005 – 6 P 1/05, BeckRS 2005 30331.
[20] BAG, Beschl. v. 27.11.1990 – 1 ABR 77/89, NZA 1991, 382.
[21] BAG, Urt. v. 11.06.2002 – 1 AZR 390/01, NZA 2003, 570.

§ 44 Reise- und Umzugskosten, Trennungsgeld

(1) Für die Erstattung von Reise- und Umzugskosten sowie Trennungsgeld finden die für die Beamtinnen und Beamten jeweils geltenden Bestimmungen entsprechende Anwendung.

(2) ¹Bei Dienstreisen gilt nur die Zeit der dienstlichen Inanspruchnahme am auswärtigen Geschäftsort als Arbeitszeit. ²Für jeden Tag einschließlich der Reisetage wird jedoch mindestens die auf ihn entfallende regelmäßige, durchschnittliche oder dienstplanmäßige Arbeitszeit berücksichtigt, wenn diese bei Nichtberücksichtigung der Reisezeit nicht erreicht würde. ³Überschreiten nicht anrechenbare Reisezeiten insgesamt 15 Stunden im Monat, so werden auf Antrag 25 v.H. dieser überschreitenden Zeiten bei fester Arbeitszeit als Freizeitausgleich gewährt und bei gleitender Arbeitszeit im Rahmen der jeweils geltenden Vorschriften auf die Arbeitszeit angerechnet. ⁴Der besonderen Situation von Teilzeitbeschäftigten ist Rechnung zu tragen.

(3) Soweit Einrichtungen in privater Rechtsform oder andere Arbeitgeber nach eigenen Grundsätzen verfahren, sind diese abweichend von den Absätzen 1 und 2 maßgebend.

I. Systematische Stellung der Norm

1

Eines der Ziele der gesamten Tarifreform war u. a. die Herstellung der Transparenz im öffentlichen Dienstrecht und die Einführung von Spartentarifverträgen. Die Tarifvertragsparteien haben sich letztlich auf fünf Spartentarifverträge verständigt:

– TV für die Sparkassen (TVöD BT-S)
– TV für die Entsorgungsbetriebe (TVöD BT-E)
– TV für die Flughäfen (TVöD BT-F)
– TV für Krankenhäuser und Pflegeeinrichtungen (TVöD BT-K)
– TV für die Verwaltung (TVöD BT-V)

Damit wollte man dem Grundsatz der arbeitsteiligen Berufswelt, gerade in der öffentlichen Verwaltung, Rechnung tragen und den unterschiedlichen Bedürfnissen der einzelnen Sparten gerecht werden. Für die Sparte Verwaltung hat man daher diesen Tarifvertrag abgeschlossen, der spezifische Bestimmungen für die Kommunal- und Bundesverwaltung erhält. **2**

Dieser Tarifvertrag geht daher als besonderer dem TVöD als allgemeiner Tarifvertrag vor.

Der § 44 befindet sich im VII. Abschnitt, Allgemeine Vorschriften, und wendet sich daher an die Kommunal- und Bundesverwaltung.

Eine dem § 44 Abs. 2 TVöD entsprechende Regelung zu den arbeitszeitlichen Bestimmungen befand sich bereits in § 42 Abs. 1 und § 17 Abs. 3 BAT, § 39 MTArb, § 10 Mantel TV AzuBi, § 32 BMT-G. Die Regelung des BAT sah ebenfalls vor, dass nur die am Bestimmungsort der Dienstreise erbrachte Tätigkeit als Arbeitszeit gewertet wird und die An- und Abreise nur dann in Höhe der hälftigen Stundenvergütung vergütet wird, soweit sie täglich 2 Stunden übersteigt und an in der Regel 10 Tagen im Monat Dienstreisen erbracht werden müssen. **3**

II. Verweistechnik des § 44 Abs.1

Betrachtet man zunächst die Vorgängerregelungen, die im BAT (§§ 42-44) das Reisekosten-, Umzugskosten und Trennungsgeld geregelt haben, fällt unmittelbar auf, dass der TVöD BT-V keine abweichenden tarifrechtlichen Bestimmungen in den Tariftext aufgenommen hat. Vielmehr haben die Tarifvertragsparteien das Beamtenrecht in Bezug genommen. Diese Inbezugnahme beamtenrechtlicher Bestimmungen ist nach der Rechtsprechung des BAG zulässig.[1] Es war im Übrigen im BAT eine übliche Verfahrensweise gewesen, dass auf die Bestimmungen des Beamtenrechts verwiesen wurde, vgl. u. a. §§ 11, 14, 29, 33, 42, 44, 49 BAT. **4**

Dass sich allerdings die Tarifvertragsparteien erneut für diese Verweistechnik ausgesprochen haben, verwundert doch, wenn man bedenkt, dass eines der wichtigsten Ziele, die Abkehr vom Beamtenrecht war; jetzt wendet man sogar in § 44 Abs. 1 das Beamtenrecht ohne tarifliche Abweichungen unmittelbar an. **5**

Für die Anwendung von § 44 ist damit Voraussetzung, dass der Arbeitgeber Beamte beschäftigt. Ist dies nicht der Fall, muss man den Gedanken des ‚alten' § 69 BAT heranziehen, nach dem die Vorschriften anzuwenden sind, die für Beamtinnen und Beamte der Gemeinden des Landes gelten, in dem der Arbeitgeber seinen Sitz hat. Allerdings hat verständlicherweise der TVöD keine dem § 69 BAT entsprechende Norm, da es auch dort keine Verweise mehr auf das Beamtenrecht gibt. **6**

Im Bereich des Bundes wird dies ohnehin unproblematisch sein, da dieser immer Beamte beschäftigt. Allerdings gibt es durchaus im Bereich der VKA, d.h. bei den Mitgliedsverbänden der VKA, den kommunalen Arbeitgeberbänden, Mitglieder die keine Beamten beschäftigen oder beschäftigen dürfen, weil ihnen die Dienstherrnfähigkeit fehlt. Dies gibt es oft bei kleineren Gemeinden oder eben bei Arbeitgebern, die zwar Mitglied in der VKA sind, aber privatrechtlich organisiert **7**

---

[1] BAG, Urt. v. 07.09.1982 – 3 AZR 1252/79, AP Nr. 7 zu § 44 BAT; BAG, Urt. v. 06.06.1984 – 7 AZR 292/91 – AP Nr. 1 zu § 11a TV Ang Bundespost

sind, z. B. die Stadtwerks GmbH. In diesen Fällen muss man den Rechtsgedanken des § 69 BAT anwenden, dass dann für diese Gemeinden oder private Arbeitgeber die hiesigen Landesbeamtengesetze anzuwenden sind. Ansonsten würde der § 44 Abs. 1 ins Leere laufen und dies kann von den Tarifvertragsparteien nicht gewollt gewesen sein. Durch den Verweis auf die Bestimmungen des Beamtenrechts werden nämlich gleiche (beamtenrechtliche) Verfahrensregeln angeboten. Außerdem ist dies insofern auch ökonomisch, da die einschlägigen Beamtengesetze bereits umfängliche Vorschriften für das Reisekosten-, Umzugskosten- und Trennungsgeldrecht getroffen haben. Der Arbeitgeber braucht diese dann ‚nur' noch anzuwenden.

8   Im Übrigen haben diese privaten Arbeitgeber ohnehin die Möglichkeit, gemäß § 44 Abs. 3 nach eigenen Grundsätzen zu verfahren, also etwa eigene Reisekostenordnungen aufzustellen. Eine zwingende Anwendung des § 44 Abs. 1 ist somit nicht vorgesehen, wie die systematische Stellung und Auslegung des § 44 Abs. 3 zeigt. Vielmehr bietet der § 44 Abs. 1 eine Option, die beamtenrechtlichen Bestimmungen zugrunde zulegen.

§ 44 Abs. 1 verweist somit unmittelbar auf das Beamtenrecht. Zu den beamtenrechtlichen ‚Bestimmungen' i. S. von § 44 Abs. 1 gehören nicht nur die geltenden Gesetze im materiellen Sinne (Gesetze und Rechtsverordnungen), sondern auch die dazu ergangenen innerbehördlichen Regelungen, wie etwa Verwaltungsvorschriften, Erlasse, Rundschreiben, etc.[2]

III. Anzuwendende beamtenrechtliche Bestimmungen

9   Im Gegensatz zu den §§ 42, 43, 44 BAT hat der § 44 Abs. 1 TVöD BT-V keine tarifrechtlichen Regelung für die genannten Rechtsgebiete:

– Reisekostenrecht
– Umzugskostenrecht
– Trennungsgeldrecht

aufgenommen.

10   Damit gilt unmittelbares Beamtenrecht. Tarifliche Bestimmungen, die abweichendes vom Beamtenrecht regeln, sind nicht mehr vorgesehen. Dies ist überzeugend und systematisch richtig. Die bisherigen BAT-Regeln waren unübersichtlich und teilweise nicht mehr verständlich.

11   Somit gelten gemäß § 44 Abs. 1 folgende **beamtenrechtlichen Bestimmungen:**

– für die Beschäftigten des Bundes das Bundesreisekostengesetz (BRKG), das Bundesumzugskostengesetz (BUKG) und die Trennungsgeldverordnung (TGV)
– für die Beschäftigten der Kommunen reisekostenrechtlichen Regelungen für Beamte der Länder, wo die Kommune ihren Dienstsitz hat; ebenso die beamtenrechtlichen Ländergesetze für das Umzugskosten- und Trennungsgeldrecht

---

2   BAG, Urt. v. 16.11.1989 – 6 AZR 168/89, AP Nr. 3 zu § 11 BAT; BAG, Urt. v. 07.12.1989 – 6 AZR 241/88, ZTR 1990, 379; BAG, Urt. v. 30.05.1996 – 6 AZR 537/95, AP Nr. 2 zu § 611 BGB Nebentätigkeit.

Die Bezugnahme auf diese beamtenrechtlichen Bestimmungen ist umfassend. Es 12
werden nicht nur Gesetze darunter fallen, sondern auch Erlasse, Durchführungshinweise, Rundschreiben, etc.

Dies wird auch von der Rechtsprechung des BAG toleriert, da es darin keine
unzulässige Delegation der Normsetzungsbefugnis der Tarifpartner sieht, wenn in
einem Tarifvertrag auf beamtenrechtliche Bestimmungen verwiesen wird.[3]

Durch den Hinweis in § 44 Abs. 1, dass die beamtenrechtlichen Bestimmungen
,entsprechend' anzuwenden sind, ist damit eine umfassende Verweisung gemeint.

Es gelten somit nicht nur die Arten der Reisekostenvergütungen, sondern auch
deren Umfang und Definition richten sich ausschließlich nach dem einschlägigen
Beamtenrecht.

Ebenso wie für die Reisekosten sind dann für die Gewährung von Umzugskostenvergütung und Trennungsgeldentschädigung (Trennungsgeld) die beamtenrechtlichen Bestimmungen maßgeblich und voll umfänglich anzuwenden.

Auf die entsprechenden einschlägigen beamtenrechtlichen Kommentierungen
wird daher verwiesen.

IV. Abs. 2, Bewertung der Dienstreise als Arbeitszeit

1. Begriffsbestimmung

Dienstreisezeit ist die Zeit, die der Arbeitnehmer benötigt, um die räumliche Ent- 13
fernung zwischen dem Betriebs- oder Wohnort und dem vom Arbeitgeber bestimmten Ort der Arbeitsverrichtung außerhalb der Gemeindegrenzen des Arbeitsortes zu erbringen.[4] Der Arbeitgeber kann Dienstreisen des Arbeitnehmers im
Rahmen seines Weisungsrechts anordnen, soweit die Dienstreisen in Zusammenhang mit der arbeitsvertraglich vereinbarten Tätigkeit notwendig sind. Der Arbeitgeber kann auch anordnen, dass der Arbeitnehmer zur Durchführung einer Dienstreise einen Dienstwagen fährt und einen Arbeitskollegen mitnimmt.[5]

2. Wertung als Arbeitszeit im Sinne des ArbZG

Nach Art. 2 der Richtlinie 2003/88/EG ist Arbeitszeit „jede Zeitspanne, während 14
der ein Arbeitnehmer gemäß den einzelstaatlichen Rechtsvorschriften und/oder
Gepflogenheiten arbeitet, dem Arbeitgeber zur Verfügung steht und seine Tätigkeit ausübt oder Aufgaben wahrnimmt". Da der Arbeitnehmer bei der Verrichtung
einer Dienstreise Aufgaben des Arbeitgebers wahrnimmt, sind Zeiten einer
Dienstreise, auch soweit es sich um reine Reisezeiten handelt, Arbeitszeit im Sinne der Richtlinie. Nationale rechtliche Regelungen der Mitgliedstaaten sind nach
Wortlaut und Zweck der Richtlinie der Gemeinschaft auszulegen,[6] so dass diese
Begriffsbestimmung auch für die Arbeitszeitdefinition des § 3 ArbZG gilt.

---

[3] BAG, Urt. v. 07.09.1982 – 3 AZR 1252/79, AP Nr. 7 zu § 44 BAT.

[4] Schaub/Linck §45 RN 61.

[5] BAG, Urt. v. 29.08.19991 – 6 AZR 593/88, AP Nr. 38 zu § 611 BGB Direktionsrecht.

[6] EuGH, Urt. v. 03.10.2004 – C-397/01, (Pfeifer/DRK) NZA 2004, 1145; a. A. BAG, Urt. v. 11.07.2006 – 9 AZR 519/05, Pressemitteilung Nr. 48/06.

3. Vergütungsrechtliche Bewertung

a) Allgemeine arbeitsrechtliche Bewertung

15   Findet eine Dienstreise während der Arbeitszeit statt, so ist diese Zeit wie Arbeitszeit zu vergüten, da sich die Leistungspflicht des Arbeitnehmers durch die Weisung des Arbeitgebers auf die Durchführung der Dienstreise konkretisiert hat, so dass unmittelbar aus § 611 BGB eine Vergütungspflicht abzuleiten ist.[7] Hat der Arbeitnehmer während einer Dienstreise außerhalb der üblichen Arbeitszeit gleichwohl seine arbeitsvertraglich geschuldete Arbeitsleistung zu erbringen (Aktenstudium, Fahrtätigkeit), so ist auch diese Zeit als Arbeitszeit zu vergüten.[8] Eine differenzierte Betrachtung ist dann nötig, wenn es sich um Zeit außerhalb der üblichen Arbeitszeit handelt und der Arbeitnehmer keine arbeitsvertraglich geschuldete Leistung in dieser Zeit zu erbringen hat. Es gibt keinen allgemeinen Rechtssatz des Inhalts, dass Reisezeiten üblicherweise immer zu bezahlen sind. Bestehen hier keine tarifvertraglichen Sonderregelungen, so sind Dienstreisen wie normale Arbeitszeit zu vergüten, es sei denn, die Dienstreisen zählen üblicherweise zu den arbeitsvertraglichen Nebenpflichten, die durch die Höhe der Vergütung nach § 612 BGB abgegolten sind.[9] Dies trifft bei bestimmten Beschäftigtengruppen nicht zu, bei welchen Dienstreisen normal und durch das Entgelt üblicherweise mit abgegolten sind.[10]

b) Tarifvertragliche Regelung des Absatzes 2

16   Nach der tarifvertraglichen Regelung hinsichtlich der Bezahlung der Zeiten als Arbeitszeit gilt nur die Zeit der dienstlichen Inanspruchnahme als Arbeitszeit. Wird hierdurch die durchschnittlich zu erbringende tägliche Arbeitszeit nicht erreicht, so zählt die Reisezeit als Arbeitszeit bis die tägliche durchschnittliche Arbeitszeit erreicht wird. Eine Vergütungspflicht für diese reine Reisezeit ist tarifvertraglich ausgeschlossen.[11] Satz 3 gewährt statt einer Vergütung ausnahmsweise einen Freizeitausgleich, wenn die nichtanrechenbaren Dienstzeiten insgesamt 15 Stunden monatlich überschreiten. Auch in diesem Fall werden diese Stunden nicht automatisch als Freizeit, sondern nur auf Antrag des Beschäftigten gewährt. Die gesamte Reisezeit des Monats, die nicht als Arbeitszeit gewertet wurde, wird zu Grunde gelegt und ein Freizeitausgleich von 25% pro Stunde gewährt.

§ 44 Abs. 2 Satz 4 TVöD-BT-V erklärt, dass der besonderen Situation der Teilzeitbeschäftigten Rechnung zu tragen ist. Da dieser Leitsatz nicht weiter konkretisiert ist, können die Vorgaben für Vollzeitbeschäftigte nur anteilsmäßig entsprechend des Beschäftigungsgrades für Vollzeitbeschäftigte Anwendung finden. Bei einer Halbtagsbeschäftigung würde sich entsprechend ein Anspruch auf Freizeitausgleich bei einer Überschreitung der nicht anrechenbaren Reisezeit von monatlich 7,5 Stunden ergeben.

---

7   HWK/Thüsing § 612 RN 24; ErfK/Preis2 RN 18, Loritz, NZA 1997, 1188.

8   ErfK/Preis, § 612 RN 18, Loritz, NZA 1997, 1188, 1193.

9   ErfK/Preis, § 612 RN 18, BAG, Urt. v. 03.09.1997 – 5 AZR 428/96, NZA 1998, 540; Küttner/Giese „Dienstreise" RN 7; a.A. Schaub/Linck § 45 RN 61.

10   BAG, Urt. v. 17.11.1966 – 5 AZR 225/66 AP Nr. 1 zu § 611 BGB „leitende Angestellte".

11   So zu dieser Vorschrift ausdrücklich: BAG, Urt. v. 11.07.2006 – 9 AZR 519/05, Pressemitteilung Nr. 48/06.

4. Mitbestimmungsrechte von Betriebsrat und Personalrat

Werden Dienstreisen außerhalb der Arbeitszeit angeordnet, so handelt es sich **17** nicht um Festlegung des Beginns und des Endes der täglichen Arbeitszeit oder eine Verkürzung oder Verlängerung der betriebsüblichen Arbeitszeit in personalvertretungsrechtlichen oder betriebsverfassungsrechtlichen Sinn, so dass keine Mitbestimmungsrechte des Betriebsrates bzw. der Personalvertretung gegeben sind.[12] Der Betriebsrat hat kein Mitbestimmungsrecht beim Erlass einer Dienstordnung in der die Erstattung von Aufwendungen bei einer Dienstreise und des Erstattungsverfahrens geregelt sind, da es hierbei nicht um Gestaltungen des Arbeitsentgelts geht.[13] Werden über den üblichen Aufwendungsersatz hinaus Sondervergünstigungen an einzelne Arbeitnehmergruppen gewährt, so handelt es sich aber um Arbeitsentgelt m Sinne des § 87 Abs. 1 Nr. 10 BetrVG, bei dessen Verteilung Mitbestimmungsrechte des Betriebsrates gegeben sind.[14]

V. Erläuterung des § 44 Abs. 3

Grundsätzlich werden auch private und andere Arbeitgeber vom Geltungsbereich **18** des TVöD erfasst, wenn sie Mitglied eines Arbeitgeberverbandes sind, der der Vereinigung der Kommunalen Arbeitgeberverbände (VKA) angehört, vgl. § 1 Abs. 1 TVöD.

Somit müssten nach den Grundsätzen, die unter III. dargestellt sind, eigentlich die beamtenrechtlichen Bestimmungen der Länder eingreifen.

§ 44 Abs. 3 erlaubt aber, dass Einrichtungen in privater Rechtsform oder andere Arbeitgeber nach eigenen Grundsätzen verfahren, die abweichen von den beamtenrechtlichen Vorschriften der entsprechenden Bestimmungen im Reisekosten-, Umzugskosten- und Trennungsgeldrecht.

Diese tarifliche Öffnungsklausel, die § 44 Abs. 3 letztlich darstellt, macht es daher möglich, dass betriebsspezifische Regelungen die beamtenrechtlichen Gesetze jederzeit teilweise ergänzen, modifizieren oder ganz ablösen.

Dies ist tarifrechtlich nicht zu beanstanden und wird auch dem Reformziel: ‚Flexibilisierung' mehr als gerecht.

---

[12] BAG, Beschl. v. 23.07.1996 – 1 ABR 17/96, NZA 1997, 216.
[13] BAG, Beschl. v. 08.12.1981 – 1 ABR 91/79, AP Nr. 6 zu § 87 BetrVG 1972, Lohngestaltung.
[14] BAG, Beschl. v. 10.06.1986 – 1 ABR 65/84, NZA 1987, 30; BAG, Beschl. v. 27.10.1998 – 1 ABR 3/98, AP Nr. 99 zu § 87 BetrVG 1972, Lohngestaltung.

Abschnitt VIII Sonderregelungen (VKA)

§ 45 Beschäftige im Betriebs- und Verkehrsdienst von nichtbundeseigenen Eisenbahnen und deren Nebenbetrieben

Für Beschäftigte im Betriebs- und Verkehrsdienst von nichtbundeseigenen Eisenbahnen und deren Nebenbetrieben können landesbezirklich besondere Vereinbarungen abgeschlossen werden.

Inhaltsübersicht   **Rn.**

I. Vergleich mit bisherigen Regelungen

1

§ 45 TVöD BT-V (VKA) entspricht im wesentlichen der Sonderregelung SR 2 w BAT für Angestellte im Hafenbetriebsdienst und bei Eisenbahnen des öffentlichen und nichtöffentlichen Verkehrs sowie der Sondervereinbarung gem. § 2 Abs. 1 Satz 1 Buchst. b) BMT-G II für Arbeiter im Betriebs- und Verkehrsdienst von nichtbundeseigenen Eisenbahnen und deren Nebenbetrieben (Anlage 2 zum BMT-G II). Nach den Sondervereinbarungen konnten bezirklich Sondervereinbarungen abgeschlossen werden, soweit diese erforderlich waren. Die Einschränkung der Erforderlichkeit ist in § 45 TVöD BT-V (VKA) weggefallen.

II. Geltungsbereich

2   § 45 TVöD BT-V (VKA) betrifft nur Beschäftigte im Betriebs- und Verkehrsdienst bei nichtbundeseigenen Eisenbahnen in Deutschland und deren Nebenbetrieben. Nach § 1 Abs. 2 Buchst. e) TVöD gilt der TVöD nicht für Arbeitnehmerinnen/Arbeitnehmer, für die ein TV-N gilt, sowie für Arbeitnehmerinnen/Arbeitnehmer in rechtlich selbstständigen Nahverkehrsbetrieben, die in der Regel mehr als 50 wahlberechtigte Arbeitnehmerinnen/Arbeitnehmer beschäftigen. Gem. § 1 Abs. 2 Buchst. t) TVöD gilt der TVöD nicht für Beschäftigte des Bundeseisenbahnvermögens.

III. Nichtbundeseigene Eisenbahnen und deren Nebenbetriebe

3   Nichtbundeseigene Eisenbahnen sind die Eisenbahnen, die nicht zu den Eisenbahnen des Bundes (ehemals Bundes- und Reichsbahn, jetzt Deutsche Bahn AG) gehören. Diese sind im Verband Deutscher Verkehrsunternehmen (VDV) organisiert. Zu unterscheiden ist zwischen Eisenbahnen und anderen Schienenbahnen (§ 1 Abs. 2 AEG). § 45 gilt nur für erstere. Zu den anderen Schienenbahnen zählen z.B. Magnetschwebebahnen, Straßenbahnen und Bergbahnen (§ 1 Abs. 2 S. 2 AEG). Gem. § 2 Abs. 1 AEG sind Eisenbahnen öffentliche Einrichtungen oder privatrechtlich organisierte Unternehmen, die Eisenbahnverkehrsleistungen erbringen (Eisenbahnverkehrsunternehmen) oder eine Eisenbahninfrastruktur betreiben (Eisenbahninfrastrukturunternehmen).

IV. Sonderregelungen auf landesbezirklicher Ebene

Als besondere Vereinbarung i.S.v. § 45 TVöD BT-V (VKA) kommen nur tarifvertragliche Regelungen in Betracht. Tarifpartner auf Arbeitgeberseite können nur die Mitgliedsverbände der Vereinigung der kommunalen Arbeitgeberverbände sein. Hierzu gehören die Kommunalen Arbeitgeberverbände der Bundesländer, die der Vereinigung der Kommunalen Arbeitgeberverbände als Mitglieder angehören.[1] Als Tarifpartner auf Arbeitnehmerseite kommen die Landesbezirke von ver.di. bzw. die entsprechenden Untergliederungen der übrigen Tarifpartner in Betracht. Die landesbezirkliche besondere Vereinbarung muss für alle Mitglieder des am Abschluss der besonderen Vereinbarung beteiligten Mitgliedsverbands der VKA Geltung erlangen. Aus dem Wortlaut in § 45 TVöD BT-V (VKA) ergibt sich, dass keine Pflicht zum Abschluss besonderer Vereinbarungen besteht. Trotzdem wurden auf landesbezirklicher Ebene bereits zahlreiche Spartentarifverträge ÖPNV abgeschlossen, die in ihrem Textteil weitestgehend identisch sind, sich in ihrem Entgeltniveau je nach Region aber zum Teil erheblich unterscheiden. § 2 Abs. 6 TVÜ-VKA sieht eine Überleitungsmöglichkeit vom BAT/BMT-G II in die Spartentarifverträge Nahverkehr bis zum 31.12.2007 vor.

4

---

[1] Siehe hierzu die Übersicht in Dassau/Langenbrinck S. 42.

Heitsch

§ 46 Beschäftigte im kommunalen feuerwehrtechnischen Dienst

Zu Abschnitt I Allgemeine Vorschriften
Nr. 1 zu § 1 Abs. 1 - Geltungsbereich -

Diese Sonderregelungen gelten für Beschäftigte, die hauptamtlich im kommunalen feuerwehrtechnischen Dienst beschäftigt sind.

Zu Abschnitt II - Arbeitszeit - und zu Abschnitt III - Eingruppierung, Entgelt und sonstige Leistungen -
Nr. 2

(1) [1]Die §§ 6, 7 und 19 finden keine Anwendung. [2]Es gelten die Bestimmungen für die entsprechenden Beamten.

(2) [1]Beschäftige im Einsatzdienst erhalten eine monatliche Zulage (Feuerwehrzulage) in Höhe von
- 63,69 Euro nach einem Jahr Beschäftigungszeit und
- 127,38 Euro nach zwei Jahren Beschäftigungszeit.

[2]Die Regelungen des TVöD über die Bezahlung im Tarifgebiet Ost gelten entsprechend.

(3) [1]Die Feuerwehrzulage wird nur für Zeiträume gezahlt, für die Entgelt, Urlaubsentgelt oder Entgelt im Krankheitsfall zusteht. [2]Sie ist bei der Bemessung des Sterbegeldes (§ 23 Abs. 3) zu berücksichtigen. [3]Die Feuerwehrzulage ist kein zusatzversorgungspflichtiges Entgelt.

Zu Abschnitt V - Befristung und Beendigung des Arbeitsverhältnisses
Nr. 3 Feuerwehrdienstuntauglichkeit

[Derzeit nicht belegt]

Nr. 4 Übergangsversorgung für Beschäftigte im Einsatzdienst

(1) [1]Das Arbeitsverhältnis von Beschäftigen im Einsatzdienst endet auf schriftliches Verlangen vor Vollendung des 65. Lebensjahres zu dem Zeitpunkt, zu dem vergleichbare Beamtinnen und Beamte im Einsatzdienst der Berufsfeuerwehr in den gesetzlichen Ruhestand treten. [2]Die/Der Beschäftigte hat das Verlangen mindestens drei Monate vor Erreichen dieses Zeitpunktes zu erklären.

(2) [1]Beschäftigte, deren Arbeitsverhältnis nach Absatz 1 geendet hat, erhalten für jedes volle Beschäftigungsjahr im Einsatzdienst bei demselben Arbeitgeber oder bei einem anderen Arbeitgeber, der einem Mitgliedverband der VKA angehört, eine Übergangszahlung in Höhe von 45 v.H. des monatlichen Tabellenentgelts der Entgeltgruppe 6 Stufe 6, höchstens das 35-fache dieses Betrages. [2]Die Übergangszahlung erfolgt in einer Summe mit dem Ausscheiden der/des Beschäftigten.

(3) ¹Der Anspruch auf Übergangszahlung besteht nur dann, wenn Beschäftigte den Abschluss einer auf eine Kapitalleistung gerichtete Versicherung und die Entrichtung der Beiträge mit einer garantierten Ablaufleistung zum voraussichtlichen Zeitpunkt der Beendigungsmöglichkeit des Arbeitsverhältnisses nach Absatz 1, mindestens in Höhe von 30 v.H. des monatlichen Tabellenentgelts der Entgeltgruppe 6 Stufe 6, multipliziert mit 35 nachweisen. ²Ist die/der Beschäftigte bei erstmaliger Tätigkeit im Einsatzdienst älter als 25 Jahre, verringert sich die garantierte Ablaufleistung, auf die die Versicherung nach Satz 1 mindestens abzuschließen ist, um 1/35 für jedes übersteigende Jahr. ³Von der Entrichtung der Beiträge kann vorübergehend bei einer wirtschaftlichen Notlage der/des Beschäftigten abgesehen werden.

(4) ¹Beschäftigte, die am 30. September 2005 schon und am 1. Oktober 2005 noch im Einsatzdienst beschäftigt sind, erhalten
a) eine Übergangszahlung in Höhe von 100 v.H., wenn sie am Stichtag das 55. Lebensjahr vollendet haben,
b) eine Übergangszahlung in Höhe von 95 v.H., wenn sie am Stichtag das 50. Lebensjahr vollendet haben,
c) eine Übergangszahlung in Höhe von 87,5 v.H., wenn sie am Stichtag das 45. Lebensjahr vollendet haben,
d) eine Übergangszahlung in Höhe von 77,5 v.H., wenn sie am Stichtag das 40. Lebensjahr vollendet haben,
e) eine Übergangszahlung in Höhe von 62,5 v.H., wenn sie am Stichtag das 37. Lebensjahr vollendet haben,
des 26,3-fachen des monatlichen Tabellenentgelts der Entgeltgruppe 6 Stufe 6, wenn sie zum Zeitpunkt der Beendigung des Arbeitsverhältnisses nach Absatz 1 mindestens 35 Jahre im Einsatzdienst bei demselben Arbeitgeber oder einem anderen Arbeitgeber, der einem Mitgliedverband der VKA angehört, tätig waren. ²Bei einer kürzeren Beschäftigung im Einsatzdienst verringert sich die Übergangszahlung um 1/35 für jedes fehlende Jahr.

(5) ¹Einem Antrag von Beschäftigten im Einsatzdienst auf Vereinbarung von Altersteilzeitarbeit nach dem Tarifvertrag zur Regelung der Altersteilzeitarbeit (TV ATZ) soll auch schon vor der Vollendung des 60. Lebensjahres entsprochen werden. ²§ 5 Abs. 7 TV ATZ gilt in diesen Fällen mit der Maßgabe, dass an die Stelle des Vomhundertsatzes von 5 v.H. ein Vomhundertsatz von 8,33 v.H. tritt.

(6) ¹Im Tarifgebiet Ost findet abweichend von den Absätzen 2 bis 4 bis zum 31. Dezember 2009 die Nr. 5 SR 2x BAT-O weiterhin Anwendung. ²Ab dem 1. Januar 2010 findet Absatz 4 mit der Maßgabe Anwendung, dass für die Altersgrenze nach Abs. 4 Satz 1 Buchst. a bis e die Vollendung des Lebensjahres am 1. Januar 2010 maßgebend ist.

TVÜ-VKA
§ 25 Übergangsregelung zur Zusatzversorgungspflicht der Feuerwehrzulage

[1]**Abweichend von der allgemeinen Regelung, dass die Feuerwehrzulage für Beschäftigte im feuerwehrtechnischen Dienst nicht zusatzversorgungspflichtig ist, ist diese Zulage bei Beschäftigten, die eine Zulage nach Nr. 2 Absatz 2 SR 2x BAT/BAT-O bereits vor dem 1. Januar 1999 erhalten haben und bis zum 30. September 2005 nach Vergütungsgruppen X bis Va/b eingruppiert waren (§ 4 Abs. 1 Anlage 1 TVÜ-VKA), zusatzversorgungspflichtige nach Ablauf des Kalendermonats, in dem sie sieben Jahre lang bezogen worden ist, längstens jedoch bis zum 31. Dezember 2007. [2]Auf die Mindestzeit werden auch solche Zeiträume angerechnet, während derer die Feuerwehrzulage nur wegen Ablaufs der Krankenbezugsfristen nicht zugestanden hat. [3]Sätze 1 und 2 gelten nicht, wenn der Beschäftigte bis zum 31. Dezember 2007 bei Fortgeltung des BAT/BAT-O oberhalb der Vergütungsgruppe Va/b eingruppiert wäre.**

I. Verhältnis zum bisherigen Recht

1 Die Regelung des kommunalen feuerwehrtechnischen Dienstes lehnt sich sehr eng an die bisherigen Regelungen des SR 2 x BAT an. Die Feuerwehrzulage wurde in ihrer Höhe unverändert belassen, aber vom Beamtenrecht vollständig abgekoppelt. Die Übergangsvorschriften zur Zusatzversorgungspflichtigkeit der Feuerwehrzulage wurden durch § 25 TVÜ-VKA inhaltsgleich übernommen. Die Bestimmungen zur vorzeitigen Beendigung des Dienstes bleiben an die entsprechenden beamtenrechtlichen Regelungen gekoppelt. Die Höhe der Übergangsversorgung bestimmt sich nach der Neuregelung der Zusatzversorgung nach dem Punktemodell der Zusatzversorgung des öffentlichen Dienstes. Das Übergangsgeld wurde in Abkoppelung vom Beamtenrecht im Tarifgebiet West ab sofort völlig eigenständig geregelt, im Tarifgebiet Ost ab dem 1.1.2010. Die Überbrückung bis zum gesetzlichen Rentenzugang und damit auch zur Zusatzversorgung wird über eine Eigenleistung des Beschäftigten in eine auf Kapitalleistung gerichtete Versicherung zum Zeitpunkt der voraussichtlichen Beendigung des Dienstes und eine Übergangszahlung des Arbeitgebers zum gleichen Zeitpunkt finanziert.

II. Nr. 1 Geltungsbereich: Feuerwehrtechnischer Dienst

Feuerwehren werden nach den jeweiligen Landesfeuerwehrgesetzen als Einrich-   **2**
tungen der Gemeinden ohne eigene Rechtspersönlichkeit geführt. Sie sind abzugrenzen von Betriebs- und Werkfeuerwehren, die immer dann gegeben sind, wenn
diese von privatrechtlich organisierten Rechtspersonen betrieben werden.

Sie sind andererseits abzugrenzen von den Flughafenfeuerwehren (§ 43 TVöD
BT-F) deren Arbeitsbedingungen durch landesbezirkliche Tarifverträge gesondert
geregelt werden und von den Feuerwehren im Bereich des Bundesministeriums
für Verteidigung mit Regelungen in § 46 Nr. 4 Abs. 3 TVöD BT-V Bund.

Die Sonderregelungen gelten für Beschäftigte, die hauptamtlich im kommunalen feuerwehrtechnischen Dienst beschäftigt sind. Ein Mitarbeiter ist dann dem
feuerwehrtechnischen Dienst zuzurechnen, wenn seine Tätigkeit unmittelbar der
Brandbekämpfung dient.[1] Dies ist auch dann der Fall, wenn ein Beschäftigter nicht
unmittelbar in der Brandbekämpfung eingesetzt ist, sondern zum Beispiel in der
Einsatzleitzentrale die Brandeinsatzdienste und die medizinischen Notfalleinsätze
koordiniert[2] oder zur Brandbekämpfung notwendige Hilfsdienste leistet.[3] Die Tätigkeit für die Brandbekämpfung muss der Tätigkeit des Beschäftigten das eigentliche Gepräge geben[4] und mindestens zur Hälfte der Gesamtarbeitszeit anfallen.[5]
Die letztgenannte Voraussetzung kann einzelvertraglich abbedungen werden, so
dass auch gelegentliche Tätigkeiten im feuerwehrtechnischen Dienst zu einer
Gleichstellung mit Beschäftigten im feuerwehrtechnischen Dienst führen können.[6]

III. Nr. 2 Abs. 1: Arbeitszeit, Zuschläge

Die §§ 6 (Arbeitszeit), 7 (Sonderformen der Arbeit) und § 19 (Erschwerniszu-   **3**
schläge) TVöD finden keine Anwendung. Stattdessen gelten die entsprechenden
beamtenrechtlichen Regelungen. Diese sind im jeweiligen Landesbeamtengesetz
und den hierzu erlassenen Rechtsverordnungen sowie dem BBesG geregelt. Hinsichtlich der Arbeitszeit, der besonderen Formen der Arbeit gelten damit die Bestimmungen des jeweiligen Beamtenrechts. Ein Verweis in einem Tarifvertrag auf
die entsprechenden beamtenrechtlichen Vorschriften ist zulässig und stellt auch
dann keinen Verstoß gegen das Bestimmtheitsgebot des Art. 20 Abs. 3 GG dar.[7]
Erschwerniszulagen werden nach den beamtenrechtlichen Vorschriften nach § 46
BBesG i.V.m. der Erschwerniszulagenverordnung von den Voraussetzungen und
der Höhe nach geregelt.[8] § 19 findet daneben keine Anwendung.

---

[1]   BAG, Urt. v. 06.08.1997 – 10 AZR 167/97, AP Nr. 1 zu § 2 BAT-O SR 2x.
[2]   LAG Hamm, Urt. v. 09.02.1995 – 17 Sa 1179/94 – ZTR 1995, 367.
[3]   BAG, Urt. v. 06.10.1965 – 4 AZR 189/64, AP Nr. 1 zu §§ 22 BAT.
[4]   BAG, Urt. v. 06.08.1997 – 10 AZR 167/97, AP Nr. 1 zu § 2 BAT-O SR 2x.
[5]   LAG Sachsen-Anhalt, Urt. v. 31.07.2001 – 8 (5) Sa 286/01, BeckRS 2005 40081; BAG, Urt. v.
      06.10.1965 - 4 AZR 189/64 - AP Nr. 1 zu §§ 22 BAT.
[6]   LAG Sachsen-Anhalt, Urt. v. 31.07.2001 – 8 (5) Sa 286/01, BeckRS 2005 40081.
[7]   BAG, Urt. v. 22.07.1998 – 4 AZR 662/97, AP Nr. 254 zu § 22 BAT.
[8]   Vergleiche hierzu bereits nach altem Recht die Entscheidung des BAG zur Zahlung von Wechsel-
      schichtzulagen: BAG, Urt. v. 17.09.1997 – 10 AZR 776/96, AP Nr. 1 zu § 2 BAT SR 2x.

IV. Nr. 2 Abs. 2: Feuerwehrzulage

1. Voraussetzung des Einsatzdienstes

4   Nach § 46 Nr. 2 Abs. 2 TVöD BT-V VKA erhalten Beschäftigte im Einsatzdienst eine Feuerwehrzulage. Die Feuerwehrzulage war früher in SR 2x Nr. 2 Abs. 2 BAT geregelt, der wiederum auf die beamtenrechtliche Regelung in Nr. 10 der Vorbemerkungen zu den Besoldungsordnungen A und B (Anlage I zum BBesG) und der Anlage IX BBesG verwiesen hat. Diese Feuerwehrzulage wurde ihrer Höhe nach entsprechend der beamtenrechtlichen Regelung beibehalten, aber tarifvertraglich eigenständig geregelt und damit vom Beamtenrecht abgekoppelt.

5   Voraussetzung für den Anspruch auf Feuerwehrzulage ist neben der Zuordnung zum feuerwehrtechnischen Dienst, dass der Beschäftigte zugleich im „Einsatzdienst" tätig sein muss. Dies setzt voraus, dass der Beschäftigte in der unmittelbaren Brandbekämpfung und Hilfeleistung am Brand- bzw. Katastrophenort - tätig ist.[9] Es ist Sinn und Zweck der Feuerwehrzulage die berufsspezifischen physischen und psychischen Belastungen mit Risiken für die Gesundheit und das Leben des Einsatzes am Unglücks- oder Katastrophenort, des Einsatzes zu jeder Tages- und Nachtzeit, dem Erfordernis, in schwierigen Situationen und unter widrigsten Bedingungen schnell und verantwortlich tätig zu werden, auszugleichen.[10] Sind diese Voraussetzungen nicht gegeben, so hat der Beschäftigte keinen Anspruch auf Zahlung der Zulage.

2. Höhe der Zulage

6   Die Höhe der Zulage differiert nach der Beschäftigungszeit und beträgt nach dem ersten Beschäftigungsjahr 63,69 €, nach dem zweiten Beschäftigungsjahr 127,38 €. Nach § 34 Abs. 3 TVöD ist Beschäftigungszeit die beim selben Arbeitgeber im Arbeitsverhältnis zurückgelegten Zeiten, auch wenn diese unterbrochen waren.

§ 46 Nr. 2 Abs. 2 Satz 2 TVöD BT-V VKA weist darauf hin, dass auch auf die Zahlung der Feuerwehrzulage die Regelungen des TVöD über die Bezahlung im Tarifgebiet Ost nach § 15 und den Protokollerklärungen zu § 15 Abs. 1 TVöD gelten. In deren Nr. 2 ist geregelt, dass für Beschäftigte des Tarifgebiets Ost 94% des Betrages für das Tarifgebiet West gilt (59,87 € bzw. 119,74 €). Der Bemessungssatz erhöht sich zum 1.6.2006 auf 95,5% und zum 01.07.2007 auf 97%.

Nach § 46 Nr. 2 Abs. 3 TVöD BT-V VKA wird die Feuerwehrzulage nur für die Zeiträume gezahlt, für die zugleich Urlaubsentgelt oder Entgelt im Krankheitsfall zusteht. Sie ist daneben bei der Bemessung des Sterbegeldes nach § 23 Abs. 3 TVöD zu berücksichtigen.

---

[9]   BAG, Urt. v. 06.08.1997 – 10 AZR 167/97, AP Nr. 2 zu § 2 BAT SR 2x; BVerwG Urt. v. 27.06.1991 – 2 C 17.90 – DÖD 1991, 282; BVerwG Urt. v. 21.03.1996 – 2 C 24.95 – ZTR 1996, 380.

[10] BAG, Urt. v. 06.08.1997 – 10 AZR 167/97, AP Nr. 1 zu § 2 BAT-O SR 2x.

3. Zusatzversorgungspflichtigkeit der Feuerwehrzulage und Übergangsregelungen

Grundsätzlich ist die Feuerwehrzulage nach § 46 Nr. 2 Abs. 3 Satz 3 TVöD BT-V **7** VKA nicht zusatzversorgungspflichtig.

Für einen Übergangszeitraum bis zum 31.12.2007 gelten die bisherigen Über- **8** gangsvorschriften in Nr. 2 Abs. 2 SR 2 x BAT weiter. Ursprünglich war die Feuerwehrzulage nach zehnjährigem Bezug im Beamtenrecht ruhegeldfähig. Um eine vergleichbare Regelung für die Angestellten zu schaffen, wurde dies in SR 2 x BAT dahingehend geregelt, dass die Feuerwehrzulage nach siebenjährigem Bezug dem versorgungsfähigen Entgelt zugerechnet wurde. Dies führte bei den Angestellten dazu, dass nach zehnjährigem Bezug die Feuerwehrzulage mit Eintritt des Versicherungsfalls für die Berechnung des gesamtversorgungsfähigen Entgelts in Höhe des Durchschnitts der letzten drei Kalenderjahre vor dem Eintritt des Versicherungsfalls als gesamtversorgungsfähiges Entgelt gerechnet wurde. Mit der Neuregelung der Zusatzversorgung im Jahr 2002 wurde diese Regelung zum 31.12.2004 für die Vergütungsgruppen IVb bis I außer Kraft gesetzt. Für die Vergütungsgruppen X bis Va/b galt eine längere Übergangsfrist bis zum 31.12.2007. Diese wurde durch § 25 TVÜ-VKA in das neue Tarifrecht als auslaufende Übergangsregelung übernommen. Nach dieser Vorschrift ist die Feuerwehrzulage nach siebenjährigem Bezug zusatzversorgungspflichtig, wenn sie bereits vor dem 01.01.1999 nach Nr. 2 Abs. 2 SR 2 x BAT/BAT-O geleistet wurde und die Beschäftigten bis zum 30.9.2005 nach Vergütungsgruppen X bis Va/b eingruppiert waren. Solange diese Voraussetzungen gegeben sind, kann die Feuerwehrzulage noch bis zum 31.12.2007 nach siebenjährigem Bezug erstmals versorgungspflichtig werden. Ab dem 01.01.2008 ist sie für alle Beschäftigten nicht mehr zusatzversorgungspflichtig. Die Regelung des § 25 Satz 3 TVÜ-VKA nach der eine Höhergruppierung in eine Vergütungsgruppe oberhalb der Vergütungsgruppe Va/b in der Zeit vom 01.10.2005 bis zum 31.12.2007 zum Erlöschen der Zusatzversorgungspflichtigkeit führt, hat praktisch keine Bedeutung, weil die tarifliche Regelung im Bereich VKA bei Vergütungsgruppe Vb endet.[11]

V. Nr. 3 Feuerwehrdienstuntauglichkeit

Nach Nr. 3 SR 2 x BAT gab es einen erweiterten Schutz für unkündbare Beschäf- **9** tigte im Falle der Dienstuntauglichkeit. Diese sah neben dem Schutz gegen eine entgeltbezogene Herabgruppierung auch einen weitestgehenden Schutz vor Verschlechterung des Arbeitsinhalts vor. Die Tarifvertragsparteien konnten sich bislang nicht auf eine tarifvertragliche Neuregelung verständigen.

VI. Nr. 4 Übergangsversorgung, Übergangsgeld

Nach § 46 Nr. 4 TVöD BT-V VKA haben Beschäftigte im Einsatzdienst Anspruch **10** auf eine Übergangsversorgung. Nach den Vorschriften des jeweiligen Landesbeamtengesetzes treten Landebeamte im feuerwehrtechnischen Einsatzdienst wie Polizeibeamte auf Lebenszeit in der Regel mit Vollendung des 60. Lebensjahres in den Ruhestand. Abs. 1 der Vorschrift verweist auf diese beamtenrechtliche Vor-

---

[11] Breier § 25 TVÜ-VKA.

schriften und regelt, dass Angestellte auf schriftlichen Antrag hin, ebenfalls vor Vollendung des 65. Lebensjahres zu dem Zeitpunkt das Arbeitsverhältnis beenden können, zu dem Beamte in den gesetzlichen Ruhestand treten. Die Beendigung des Arbeitsverhältnisses muss mindestens drei Monate vor Erreichen dieses Zeitpunktes schriftlich „verlangt" werden. Die Formulierung ist etwas unglücklich gewählt, da man ihr nicht unmittelbar das zwingende Schriftformerfordernis entnehmen kann. Dies ergibt sich aber aus § 623 BGB, so dass die Nichteinhaltung der Schriftform nach § 126 i.V.m. § 125 BGB zur Nichtigkeit des Verlangens führt, das rechtsterminologisch eine Kündigung mit einer auf drei Monate reduzierten Kündigungsfrist für den Beschäftigten ist.

11   Die Übergangszahlung dient dazu, diesen Beschäftigten für die Übergangszeit bis zum Bezug einer Rente das Einkommen unter Aufbringung eigener Mittel zu sichern.

Die nachfolgenden Regelungen gelten nach § 46 Nr. 4 Abs. 6 erst ab dem 01.01.2010 für Beschäftigte im Tarifgebiet Ost. Bis zu diesem Zeitpunkt bleibt es bei der bisherigen Regelung.

12   Voraussetzung ist auch hier wie bei der Zahlung der Feuerwehrzulage, dass es sich um Beschäftigte des Einsatzdienstes handelt. Diesbezüglich kann auf die obige Kommentierung zur Feuerwehrzulage verwiesen werden. Als anspruchsbegründende und anspruchserhöhende Zeiten werden nach dieser Vorschrift auch nur die Zeiten des Einsatzdienstes gerechnet.

13   Anspruchsvoraussetzung ist die tatsächliche Beendigung des Arbeitsverhältnisses. Ein bloß ruhendes Arbeitsverhältnis wie bei der Gewährung einer Rente auf Zeit nach § 33 Abs. 2 Satz 6 TVöD erfüllt diese Voraussetzung nicht.

14   Weitere Voraussetzung ist nach § 46 Nr. 4 Abs. 3 TVöD BT-V VKA, dass der Beschäftigte eine auf Kapitalleistung gerichtete Versicherung und die Entrichtung von Beiträgen mit einer garantierten Ablaufleistung zum Zeitpunkt der voraussichtlichen Beendigungsmöglichkeit des Arbeitsverhältnisses nach Abs. 1 mindestens in Höhe von 30% des monatlichen Tabellenentgelts der Entgeltgruppe 6 Stufe 6 multipliziert mit 35 (zur Zeit 79.975 € im Tarifgebiet West) nachweist. Die Tarifvertragsparteien gehen hierbei davon aus, dass der Beschäftigte spätestens mit Vollendung des 25. Lebensjahres eine entsprechende Versicherung abschließt. Daher regelt § 46 Nr. 4 Abs. 3 Satz 2 TVöD BT-V VKA, dass sich der Betrag der garantierten Versicherungsleistung für jedes fehlende Jahr um 1/35 vermindert.

15   Nach § 46 Nr. 4 Abs. 2 TVöD NT-V VKA erhält der Beschäftigte, dessen Arbeitsverhältnis nach Abs. 1 geendet hat, für jedes volle Beschäftigungsjahr im Einsatzdienst bei demselben Arbeitgeber oder bei einem anderen Arbeitgeber, der einem Mitgliedsverband der VKA angehört, eine Übergangszahlung in Höhe von 45% des monatlichen Tabellenentgelts der Entgeltgruppe 6 Stufe 6, höchstens aber das 35-fache dieses Betrages (zur Zeit 35.988,75 € im Tarifgebiet West) in einer Summe mit dem Ausscheiden aus dem Arbeitsverhältnis ausbezahlt. Die Übergangszahlung und die Kapitalleistung aus der vom Beschäftigten abgeschlossenen Versicherung sollen die Basis bilden, damit dieser die Zeit bis zum Rentenzugang überbrücken kann. Mit der Reform der Zusatzversorgung im Jahr 2002 wurde die Zusatzversorgung vom Anspruchsbeginn mit der gesetzlichen Rente angeglichen. Leistungsbeginn der Altersrente ist daher der erste Monat zu dem ei-

ne gesetzliche Rente wegen Alters, teilweiser oder voller Erwerbsminderung, beansprucht werden kann (§ 33 der VBL-Satzung, § 31 der ZVK-Mustersatzung).

Hierdurch wird die bisherige Übergangsversorgung der Beschäftigten auf eine **16** völlig neue Grundlage gestellt, die zu einem wesentlichen Teil durch die Beschäftigten selbst zu finanzieren ist. Für Beschäftigte, die bereits am 30.09.2005 und am 01.10.2005 noch im Einsatzdienst beschäftigt waren, enthält Absatz 4 eine Übergangsregelung, die dem Umstand Rechnung trägt, dass bereits Beschäftigte je nach Lebensalter keine oder nur eine beschränkte Möglichkeit haben, durch Eigenvorsorge die Übergangsphase zum Renteneintritt zu finanzieren. Diese Beschäftigten erhalten das 26,3 fache des monatlichen Tabellentgelts der Entgeltgruppe 6 Stufe 6 (zur Zeit 60.095,50 € im Tarifgebiet West / 56.489,77 € im Tarifgebiet Ost) wenn sie zum Zeitpunkt der Beendigung des Arbeitsverhältnisses mindestens 35 Jahre im Einsatzdienst bei dem selben Arbeitgeber oder einem anderen Arbeitgeber, der Mitglied in einem Mitgliedsverband der VKA war, tätig waren. Die Leistung reduziert sich um 1/35-stel für jedes fehlende Beschäftigungsjahr. Die Leistung wird nur in Höhe von 100% für Beschäftigte gewährt, die am Stichtag (1.10.2005) das 55. Lebensjahr vollendet haben und reduziert sich auf 62,5 %, wenn der Beschäftigte am Stichtag das 37. Lebensjahr vollendet hat. Beschäftigte, die zum Stichtag erst das 36. Lebensjahr vollendet hatten, fallen nach Abs. 2 unter die Neuregelung für Beschäftigte, die erst ab dem 01.10.2005 eingestellt wurden.

Nach § 46 Nr. 4 Abs. 6 TVöD BT-V VKA sollen im Tarifgebiet Ost statt der **17** Regelungen der Abs. 2 bis 4 die bisherigen Bestimmungen der Nr. 5 SR 2 x BAT-O noch bis zum 31.12.2009 weiterhin Anwendung finden. Ab dem 1.1.2010 greifen dann die Übergangsbestimmungen des § 46 Nr. 4 Abs. 4 TVöD BT-V VKA mit der Maßgabe, dass die Vollendung des jeweiligen Lebensjahres zum 01.01.2010 maßgebend ist.

VII. Altersteilzeitarbeit

Während nach dem Tarifvertrag zur Regelung der Altersteilzeitarbeit vom **18** 05.05.1998 (TV ATZ) einen Rechtsanspruch nach § 2 Abs. 2 des Tarifvertrages auf Abschluss eines Altersteilzeitarbeitsverhältnisses erst ab Vollendung des 60. Lebensjahres einräumt, soll der Anspruch einem Beschäftigten im feuerwehrtechnischen Einsatzdienst bereits vor dem 60. Lebensjahr eingeräumt werden. Dies vermittelt dem Beschäftigten keinen unmittelbar einklagbaren Anspruch auf Abschluss eines Altersteilzeitvertrages mit dem Arbeitgeber. Die Tarifklausel führt aber dazu, dass der Arbeitgeber nur in Ausnahmefällen einen Antrag ablehnen kann.

§ 46 Nr. 4 Abs. 4 Satz 2 TVöD BT-V VKA begründet zudem einen Anspruch auf eine von 5 auf 8,33% erhöhte Abfindungszahlung zur Kompensation der Rentenkürzungen nach § 5 Abs. 7 des TV ATZ.

§ 47 Beschäftigte in Forschungseinrichtungen mit kerntechnischen Forschungsanlagen

Zu Abschnitt I Allgemeine Vorschriften

Nr. 1 zu § 1 Abs. 1 - Geltungsbereich -

Diese Sonderregelungen gelten für Beschäftigte in Forschungseinrichtungen mit kerntechnischen Forschungsanlagen, wie Reaktoren sowie Hochenergiebeschleuniger- und Plasmaforschungsanlagen und ihre hiermit räumlich oder funktionell verbundenen Institute und Einrichtungen.

Protokollerklärung:
[1]Hochenergiebeschleunigeranlagen im Sinne dieser Sonderregelungen sind solche, deren Endenergie bei der Beschleunigung von Elektronen 100 Mill. Elektronenvolt (MeV), bei Protonen, Deuteronen und sonstigen schweren Teilchen 20 MeV überschreitet. [2]Plasmaforschungsanlagen i. S. dieser Sonderregelungen sind solche Anlagen, deren Energiespeicher mindestens 1 Million Joule aufnimmt und mindestens 1 Million VA als Impulsleistung abgibt oder die für länger als 1 msec mit Magnetfeldern von mindestens 50.000 Gauß arbeiten und in denen eine kontrollierte Kernfusion angestrebt wird.

Nr. 2 zu § 3 - Allgemeine Arbeitsbedingungen -

(1) Der Beschäftigte hat sich auch – unbeschadet seiner Verpflichtung, sich einer aufgrund von Strahlenschutzvorschriften behördlich angeordneten Untersuchung zu unterziehen – auf Verlangen des Arbeitgebers im Rahmen von Vorschriften des Strahlenschutzrechts ärztlich untersuchen zu lassen.

(2) Der Beschäftigte ist verpflichtet, die zum Schutz Einzelner oder der Allgemeinheit vor Strahlenschäden an Leben, Gesundheit und Sachgütern getroffenen Anordnungen zu befolgen.

(3) Zur Vermeidung oder Beseitigung einer erheblichen Störung des Betriebsablaufs oder einer Gefährdung von Personen hat der Beschäftigte vorübergehend jede ihm aufgetragene Arbeit zu verrichten, auch wenn sie nicht in sein Arbeitsgebiet fällt; er hat sich – innerhalb der regelmäßigen Arbeitszeit unter Fortzahlung des Entgelts, außerhalb der regelmäßigen Arbeitszeit unter Zahlung von Überstundenentgelt – einer seinen Kräften und Fähigkeiten entsprechenden Ausbildung in der Hilfeleistung und Schadensbekämpfung zu unterziehen.

(4) [1]Ist nach den Strahlenschutzvorschriften eine Weiterbeschäftigung des Beschäftigten, durch die er ionisierenden Strahlen oder der Gefahr einer Aufnahme radioaktiver Stoffe in den Körper ausgesetzt wäre, nicht zulässig, so kann er auch dann zu anderen Aufgaben herangezogen werden, wenn der Arbeitsvertrag nur eine bestimmte Beschäftigung vorsieht. [2]Dem Beschäftigten dürfen jedoch keine Arbeiten übertragen werden, die mit Rücksicht auf seine bisherige Tätigkeit ihm nicht zugemutet werden können.

Heitsch

Zu Abschnitt II Arbeitszeit
Nr. 3 zu § 7 Abs. 4 - Rufbereitschaft -

Rufbereitschaft darf bis zu höchstens 12 Tagen im Monat, in Ausnahmefällen bis zu höchstens 30 Tagen im Vierteljahr angeordnet werden.

Zu Abschnitt III Eingruppierung, Entgelt und sonstige Leistungen
Nr. 4

(1) ¹Beschäftigten, die in Absatz 2 aufgeführt sind, kann im Einzelfall zum jeweiligen Entgelt eine jederzeit widerrufliche Zulage bis zu höchstens 14 v.H. in den Entgeltgruppen 3 bis 8 und 16 v.H. in den Entgeltgruppen 9 bis 15 des Betrages der Stufe 2 der Anlage A der Entgelttabelle zu § 15 Abs. 2 gewährt werden; die jeweils tariflich zustehende letzte Entwicklungsstufe der Entgelttabelle darf hierdurch nicht überschritten werden. ²Die Zulage vermindert sich jeweils um den Betrag, um den sich bei einer Stufensteigerung das Entgelt erhöht, es sei denn, dass der Arbeitgeber die Zulage zu diesem Zeitpunkt anderweitig festsetzt. ³Der Widerruf wird mit Ablauf des zweiten auf den Zugang folgenden Kalendermonats wirksam, es sei denn, die Zulage wird deswegen widerrufen, weil der Beschäftigte in eine andere Entgeltgruppe eingruppiert wird oder eine Zulage nach § 14 erhält.

(2) ¹Im Einzelfall kann eine jederzeit widerrufliche Zulage außerhalb des Absatz 1

a) an Beschäftigte mit abgeschlossener naturwissenschaftlicher, technischer oder medizinischer Hochschulbildung sowie sonstige Beschäftigte der Entgeltgruppen 13 bis 15, die aufgrund gleichwertiger Fähigkeiten und Erfahrungen entsprechende Tätigkeiten wie Beschäftigte mit abgeschlossener naturwissenschaftlicher, technischer oder medizinischer Hochschulbildung ausüben,

b) an technische Beschäftigte der Entgeltgruppen 3 bis 12, Beschäftigte im Dokumentationsdienst, im Programmierdienst, Übersetzerinnen und Übersetzer sowie Laborantinnen und Laboranten gewährt werden, wenn sie Forschungsaufgaben vorbereiten, durchführen oder auswerten. ²Die Zulage darf in den Entgeltgruppen 3 bis 8 14 v.H., in den Entgeltgruppen 9 bis 15 16 v.H. des Betrages der Stufe 2 der Anlage A zu § 15 Abs. 2 nicht übersteigen. ³Der Widerruf wird mit Ablauf des zweiten auf den Zugang des Widerrufs folgenden Kalendermonats wirksam, es sei denn, die Zulage wird deswegen widerrufen, weil Beschäftigte in eine andere Entgeltgruppe eingruppiert werden oder eine Zulage nach § 14 erhalten.

(3) ¹Die Zulagen einschließlich der Abgeltung nach Nr. 3 können durch Nebenabreden zum Arbeitsvertrag ganz oder teilweise pauschaliert werden. ²Die Nebenabrede ist mit einer Frist von zwei Wochen zum Monatsende kündbar.

Heitsch

I. Vergleich mit bisherigen Regelungen

1   § 47 TVöD BT-V (VKA) enthält Sonderregelungen zu Abschnitt I (§§ 1 Abs. 1, 3), zu Abschnitt II (§ 7 Abs. 4) sowie zu Abschnitt III des TVöD. Sonderregelungen für Angestellte in Kernforschungseinrichtungen befanden sich in SR 2 o BAT, für Arbeiter in Kernforschungseinrichtungen im BMT-G in Anlage 10a. Diese Sonderregelungen wurden in § 47 TVöD BT-V (VKA) zusammengefasst. Gegenüber Nr. 1 SR 2 o BAT und § 1 Anlage 10a zum BMT-G wurde § 47 Nr. 1 TVöD BT-V (VKA) nur unwesentlich verändert. In Nr. 2 Abs. 4 S. 1 wurde das Direktionsrecht zum Schutz der Beschäftigten erweitert. Die Regelung entspricht – bis auf den fehlenden Verweis auf die jeweilige Vorschrift zu den allgemeinen Pflichten – Nr. 3 Abs. 3 SR 2 o BAT, § 2 Abs. 2 Anl. 10a zum BMT-G. § 47 Nr. 4 TVöD BT-V (VKA) enthält Regelungen zur Gewährung einer Zulage an bestimmte Beschäftigte. Ähnliche Regelungen waren in Nr. 6 Abs. 3 SR 2 o BAT, § 5 Anl. 10a zum BMT-G enthalten.

II. Nr. 1 – Geltungsbereich

2   Nach Nr. 1 gelten die Sonderregelungen des § 47 TVöD BT-V (VKA) nur für Beschäftigte in Forschungseinrichtungen mit kerntechnischen Forschungsanlagen, wie Reaktoren sowie Hochenergiebeschleuniger- und Plasmaforschungsanlagen und ihre hiermit räumlich oder funktionell verbundenen Institute und Einrichtungen.

Heitsch

1. Beschäftigte in Forschungseinrichtungen mit kerntechnischen Forschungsanlagen

Nr. 1 enthält einen im Vergleich zu den Sonderregelungen in BAT/BMT-G II ab-   3
geänderten Wortlaut. Nach letzteren Bestimmungen galten die Sonderregelungen
für Arbeitnehmer in Kernforschungseinrichtungen. Kernforschungseinrichtungen
wurden als Reaktoren sowie Hochenergiebeschleuniger- und Plasmaforschungsanlagen definiert. Nr. 1 gilt demgegenüber für Beschäftigte in Forschungseinrichtungen mit kerntechnischen Forschungsanlagen, wie Reaktoren sowie Hochener-
giebeschleuniger- und Plasmaforschungsanlagen und ihre hiermit räumlich oder
funktionell verbundenen Institute und Einrichtungen. Nr. 1 betrifft nunmehr alle
Forschungseinrichtungen, in denen mit kerntechnischen Forschungsanlagen ge-
forscht wird. Dabei gilt § 47 TVöD BT-V (VKA) für alle dort Beschäftigten, nicht
nur für bestimmte Gruppen von Beschäftigten. Soweit die Geltung einer Bestimmung von § 47 TVöD BT-V (VKA) auf eine bestimmte Gruppe von Beschäftigten
beschränkt ist, wird dies im Wortlaut der Bestimmung zum Ausdruck gebracht
(siehe § 47 Nr. 4 TVöD BT-V (VKA)).

2. Reaktoren, Hochenergiebeschleuniger- und Plasmaforschungsanlagen

Die Begriffe „Hochenergiebeschleunigeranlagen" sowie „Plasmaforschungsanla-   4
gen" sind in der Protokollerklärung zu § 47 Nr. 1 TVöD BT-V (VKA) definiert.
Danach handelt es sich bei Hochenergiebeschleunigeranlagen im Sinne von § 47
TVöD BT-V (VKA) um solche Anlagen, deren Endenergie bei der Beschleunigung von Elektronen 100 Mill. Elektronenvolt (MeV), bei Protonen, Deuteronen
und sonstigen schweren Teilchen 20 MeV überschreitet. Plasmaforschungsanlagen
i.S.v. § 47 TVöD BT-V (VKA) sind solche Anlagen, deren Energiespeicher mindestens 1 Million Joule aufnimmt und mindestens 1 Million VA als Impulsleistung abgibt oder die für länger als 1 msec mit Magnetfeldern von mindestens
50.000 Gauß arbeiten und in denen eine kontrollierte Kernfusion angestrebt wird.
Eine Definition fehlt aber für den Begriff des Reaktors. Hier ist auf § 7 AtG zurückzugreifen. Als Reaktoren sind die nach § 7 AtG genehmigungspflichtigen Anlagen anzusehen.[1]

3. Räumlich oder funktionell verbundene Institute und Einrichtungen

Nach Nr. 1 gilt § 47 TVöD BT-V (VKA) nicht nur für Beschäftigte in For-   5
schungseinrichtungen mit kerntechnischen Forschungsanlagen, sondern auch für
ihre hiermit räumlich oder funktionell verbundenen Institute und Einrichtungen.
Aus dem Wortlaut ergibt sich, dass es genügt, wenn das Institut oder die Einrichtung entweder räumlich oder funktionell mit der Forschungseinrichtung verbunden
ist. Bei der funktionellen Verbindung muss ein unmittelbarer Aufgabenzusam-
menhang zwischen der Forschungseinrichtung und dem Institut bzw. der Einrichtung vorliegen. Eine räumliche Verbindung i.d.S. ist gegeben, wenn sich das Institut bzw. die Einrichtung und die Forschungseinrichtung in demselben Gebäude,
Gebäudekomplex oder auf demselben Firmen-/Werksgelände befinden.[2] Das Wort
„ihre" soll anzeigen, dass zwischen den Aufgaben des Instituts bzw. der Einrich-

---

[1]   Scheuring § 1 Anlage 10a Erl. 2.
[2]   Ähnlich Scheuring § 1 Anlage 10a Erl. 3.

tung und den Aufgaben der Forschungseinrichtung ein Zusammenhang bestehen muss. Ein solcher Zusammenhang wird bei einer funktionellen Verbindung immer bestehen. Doch auch bei einer nur örtlichen Verbindung wird durch das Wort „ihre" sichergestellt, dass ein gewisser Zusammenhang mit den Aufgaben der Forschungseinrichtung selbst besteht.[3]

III. Nr. 2 – Allgemeine Arbeitsbedingungen

6   Nr. 2 enthält Sonderregelungen im Hinblick auf die in § 3 TVöD geregelten allgemeinen Arbeitsbedingungen.

1. Ärztliche Untersuchung auf Verlangen des Arbeitgebers (Nr. 2 Abs. 1)

7   Beruflich strahlenexponierte Personen sind aufgrund von Strahlenschutzvorschriften verpflichtet, sich behördlich angeordneten Untersuchungen zu unterziehen (siehe z.B. §§ 60 ff StrSchV). Nach Nr. 2 Abs. 1, welcher § 3 Abs. 4 TVöD ergänzt, hat sich der Beschäftigte auch – unbeschadet seiner Verpflichtung, sich einer aufgrund von Strahlenschutzvorschriften behördlich angeordneten Untersuchung zu unterziehen – auf Verlangen des Arbeitgebers im Rahmen von Vorschriften des Strahlenschutzrechts ärztlich untersuchen zu lassen. Wie der Wortlaut zeigt, muss sich die vom Arbeitgeber angeordnete Untersuchung im sachlichen Rahmen der Vorschriften des Strahlenschutzrechts halten. Durch Nr. 2 Abs. 1 erhält der Arbeitgeber die Möglichkeit, z.B. zu Beweiszwecken ärztlich überprüfen zu lassen, ob der Beschäftigte möglicherweise aufgrund seiner Tätigkeit durch Strahlenbelastung geschädigt wurde. Hinsichtlich der Wahl des Arztes und der Kostentragungspflicht gelten die in § 3 Abs. 4 TVöD getroffenen Regelungen.

2. Befolgung von Anordnungen (Nr. 2 Abs. 2)

8   Gem. Nr. 2 Abs. 2 ist der Beschäftigte verpflichtet, die zum Schutz Einzelner oder der Allgemeinheit vor Strahlenschäden an Leben, Gesundheit und Sachgütern getroffenen Anordnungen zu befolgen. Zu diesen Anordnungen gehören nicht nur gesetzliche Vorschriften (wie z.B. die Strahlenschutzverordnung) und darauf beruhende behördliche Anordnungen, sondern insbesondere auch die vom Arbeitgeber für den Betrieb getroffenen Anordnungen.[4]

3. Erweitertes Direktionsrecht (Nr. 2 Abs. 3 und 4)

9   Nr. 2 Abs. 3 und 4 enthalten Bestimmungen über ein erweitertes Direktionsrecht des Arbeitgebers. Die Regelungen in Nr. 2 Abs. 3 und 4 rechtfertigen sich aus der bei Forschungseinrichtungen mit kerntechnischen Forschungsanlagen gegebenen potenziellen Gefährdung von Beschäftigten und sonstigen Personen.

a) Erhaltung des Betriebsablaufs und Schutz von Personen (Nr. 2 Abs. 3)

10   Nach Nr. 2 Abs. 3 Hs. 1 hat der Beschäftigte zur Vermeidung oder Beseitigung einer erheblichen Störung des Betriebsablaufs oder einer Gefährdung von Personen vorübergehend jede ihm aufgetragene Arbeit zu verrichten, auch wenn sie nicht in sein Arbeitsgebiet fällt. Das erweiterte Direktionsrecht soll in der ersten Alternative der Vermeidung oder Beseitigung einer erheblichen Störung des Be-

---

[3]   Scheuring § 1 Anlage 10a Erl. 3.
[4]   Scheuring § 2 Anlage 10a Erl. 1.

triebsablaufs dienen. Voraussetzung ist damit, dass der Betriebsablauf in besonderem Maße gestört ist. Eine solche Erheblichkeit muss demgegenüber nicht bei der zweiten Alternative vorliegen. Hier genügt für die Ausübung des erweiterten Direktionsrechts bereits eine Gefährdung von Personen. Fallen somit die Störung des Betriebsablaufs und die Gefährdung von Personen zusammen, muss die Störung des Betriebsablaufs nicht erheblich sein, um vom erweiterten Direktionsrecht Gebrauch machen zu können. Die Übertragung von Arbeiten auf Beschäftigte, die nicht in ihr Arbeitsgebiet fallen, darf nur vorübergehend erfolgen. Vorübergehend bedeutet hierbei solange, bis die Störung des Betriebsablaufs und/oder die Gefährdung von Personen beseitigt wurde.

Nach Nr. 2 Abs. 3 Hs. 2 hat sich der Beschäftigte – innerhalb der regelmäßigen   **11** Arbeitszeit unter Fortzahlung der Bezüge, außerhalb der regelmäßigen Arbeitszeit unter Zahlung von Überstundenentgelt (§ 8 Abs. 1 S. 2 Buchst. a TVöD) – einer seinen Kräften und Fähigkeiten entsprechenden Ausbildung in der Hilfeleistung und Schadensbekämpfung zu unterziehen. Der Beschäftigte ist somit verpflichtet, sich entsprechend Nr. 2 Abs. 3 Hs. 2 ausbilden zu lassen. Die Ausbildung bezieht sich sowohl auf die Hilfeleistung (z.B. Erste Hilfe bei Verletzten) als auch auf die Schadensbekämpfung (z.B. Löschen eines Feuers). Dabei sind aber die Kräfte und Fähigkeiten des jeweiligen Beschäftigten zu berücksichtigen.

b) Schutz der Beschäftigten (Nr. 2 Abs. 4)

In Nr. 2 Abs. 4 Satz 1 wurde das Direktionsrecht zum Schutz des Beschäftigten   **12** erweitert. Im öffentlichen Dienst ist es die Regel, dass arbeitsvertraglich keine konkret vom Beschäftigten geschuldeten Tätigkeiten vereinbart werden, sondern dass die geschuldete Tätigkeit lediglich durch die jeweilige Eingruppierung des Beschäftigten konkretisiert wird. Durch das Direktionsrecht kann der Arbeitgeber dann Zeit, Ort sowie Art und Weise der vom Beschäftigten auszuübenden Tätigkeit bestimmen, solange er sich innerhalb des durch den Arbeitsvertrag vereinbarten Rahmens hält.[5] Nr. 2 Abs. 4 enthält Bestimmungen für die Ausübung des Direktionsrechts, wenn bereits arbeitsvertraglich eine Konkretisierung auf die auszuübende Tätigkeit erfolgt ist. Selbst wenn im Arbeitsvertrag nur eine bestimmte Beschäftigung des Arbeitnehmers vereinbart wurde, kann der Arbeitnehmer gem. Nr. 2 Abs. 4 vom Arbeitgeber zu anderen Aufgaben herangezogen werden, wenn er durch die Ausübung der vertraglich vereinbarten Tätigkeit ionisierenden Strahlen oder der Gefahr einer Aufnahme radioaktiver Stoffe in den Körper ausgesetzt wäre und aufgrund dessen eine Weiterbeschäftigung des Arbeitnehmers im Rahmen der vertraglich vereinbarten Tätigkeit nach Strahlenschutzvorschriften nicht zulässig wäre. Eine Heranziehung zu anderen Aufgaben ist somit selbst dann zulässig, wenn arbeitsvertraglich ausschließlich die Tätigkeiten vereinbart wurden, bei deren Ausübung der Beschäftigte entgegen den Strahlenschutzvorschriften ionisierenden Strahlen oder der Gefahr einer Aufnahme radioaktiver Stoffe in den Körper ausgesetzt wäre. Voraussetzung für die Ausübung des Direktionsrechts ist, dass der Beschäftigte noch arbeitsfähig ist und mit anderen Tätigkeiten beschäftigt werden darf. Beschränkt wird das Direktionsrecht aber durch Nr. 2 Abs. 4 Satz 2,

---

[5] Siehe z.B. BAG Urt. v. 12.12.1984 – 7 AZR 509/83, AP Nr. 6 zu § 2 KSchG 1969.

Heitsch

wonach dem Beschäftigten keine Arbeiten übertragen werden dürfen, die ihm mit Rücksicht auf seine bisherige Tätigkeit nicht zugemutet werden können. Abzustellen ist damit auf die Tätigkeit und nicht die Eingruppierung.

IV. Nr. 3 – Rufbereitschaft

13   Nach Nr. 3 darf Rufbereitschaft bis zu höchstens 12 Tagen im Monat, in Ausnahmefällen bis zu höchstens 30 Tagen im Vierteljahr angeordnet werden. Nr. 3 konkretisiert § 7 Abs. 4 TVöD. In § 7 Abs. 4 TVöD wird die Rufbereitschaft lediglich definiert. Nr. 3 legt demgegenüber fest, in welchem Umfang Rufbereitschaft tatsächlich geleistet werden darf.

V. Nr. 4 – Eingruppierung, Entgelt und sonstige Leistungen

14   § 47 Nr. 4 TVöD BT-V (VKA) enthält Regelungen zur Gewährung einer Zulage an bestimmte Beschäftigte.

1. Erfasste Beschäftigte

15   Gem. Nr. 4 Abs. 1 Satz 1 kann den Beschäftigten eine Zulage gewährt werden, die in Abs. 2 aufgeführt sind. Dies sind in Nr. 4 Abs. 2 Satz 1 Buchst. a) Beschäftigte mit abgeschlossener naturwissenschaftlicher, technischer oder medizinischer Hochschulbildung sowie sonstige Beschäftigte der Entgeltgruppen 13 – 15, die aufgrund gleichwertiger Fähigkeiten und Erfahrungen entsprechende Tätigkeiten wie Beschäftigte mit abgeschlossener naturwissenschaftlicher, technischer oder medizinischer Hochschulbildung ausüben. Mit der Zulage können somit – soweit alle Voraussetzungen vorliegen – entsprechend qualifizierte und spezialisierte Beschäftigte bedacht werden und zwar ohne Rücksicht darauf, wie deren spezielle Fähigkeiten und deren spezielles Wissen erlangt wurden. Nr. 4 Abs. 2 Satz 1 Buchst. b) erfasst technische Beschäftigte der Entgeltgruppen 3 – 12, Beschäftigte im Dokumentationsdienst, im Programmierdienst, Übersetzerinnen und Übersetzer sowie Laborantinnen und Laboranten.

2. Zulagengewährung

16   Nr. 4 regelt die Möglichkeit der Gewährung von Zulagen in zwei Formen.

a) Voraussetzungen
aa) Zulage nach Nr. 4 Abs. 1 Satz 1

17   Nach Nr. 4 Abs. 1 Satz 1 kann Beschäftigten, die in Absatz 2 aufgeführt sind, im Einzelfall zum jeweiligen Entgelt eine jederzeit widerrufliche Zulage gewährt werden. Dem Arbeitgeber steht es demnach frei, eine Zulage zu gewähren; er ist nach Nr. 4 Abs. 1 Satz 1 hierzu nicht verpflichtet. Die Bestimmung gilt nur für die darin bezeichneten Beschäftigten und nicht für alle Beschäftigten eines Arbeitgebers in Forschungseinrichtungen mit kerntechnischen Forschungsanlagen. Die Zulage kann im Einzelfall gewährt werden. Daraus folgt, dass der Arbeitgeber nicht nur entscheiden kann, ob er tatsächlich eine Zulage gewähren will, sondern auch darüber, wer von den in Nr. 4 Abs. 2 Satz 1 Buchst. a) und b) aufgeführten Beschäftigten diese Zulage erhalten soll. Insoweit besteht für den Arbeitgeber ein einseitiges Leistungsbestimmungsrecht, welches nicht willkürlich, sondern im Zweifel nach billigem Ermessen auszuüben ist (§ 315 BGB).

bb) Zulage nach Nr. 4 Abs. 2 Satz 1

Nach Nr. 4 Abs. 2 Satz 1 kann den dort aufgeführten Beschäftigten außerhalb von **18** Abs. 1 im Einzelfall eine jederzeit widerrufliche Zulage gewährt werden, wenn sie Forschungsaufgaben vorbereiten, durchführen oder auswerten. Hier kommt es somit nicht nur auf die speziellen Kenntnisse und Fähigkeiten der in Abs. 2 aufgeführten Beschäftigten an, sondern zusätzlich darauf, dass diese Beschäftigten eine besonders anspruchsvolle Tätigkeit ausüben. Da nach Nr. 4 Abs. 2 Satz 1 diese Zulage außerhalb von Abs. 1 gewährt werden kann, hat der Arbeitgeber die Möglichkeit, demselben Beschäftigten entweder nur eine Zulage nach Abs. 1, nur eine Zulage nach Abs. 2 oder sowohl eine Zulage nach Abs. 1 als auch eine Zulage nach Abs. 2 zu gewähren. Zu den übrigen Voraussetzungen der Gewährung einer Zulage nach Nr. 4 Abs. 2 Satz 1 siehe oben V. 2. a) aa). Auch hier besteht ein einseitiges Leistungsbestimmungsrecht des Arbeitgebers gem. § 315 BGB.

b) Höhe der Zulage

aa) Nr. 4 Abs. 1 Satz 1

Nach Nr. 4 Abs. 1 Satz 1 darf die Zulage höchstens 14 v.H. in den Entgeltgruppen **19** 3 bis 8 und 16 v.H. in den Entgeltgruppen 9 bis 15 des Betrages der Stufe 2 der Anlage A der Entgelttabelle zu § 15 Abs. 2 TVöD betragen. Die jeweils tariflich zustehende letzte Entwicklungsstufe der Entgelttabelle darf hierdurch nicht überschritten werden. Für die Berechnung der Höhe der Zulage ist somit der Betrag der Stufe 2 der jeweiligen Entgeltgruppe maßgebend. Dabei ist zu berücksichtigen, dass die Summe des jeweiligen Entgelts und der gewährten Zulage die tariflich zustehende letzte Entwicklungsstufe der Entgelttabelle nicht überschreiten darf. Nach Nr. 4 Abs. 1 Satz 2 vermindert sich die Zulage jeweils um den Betrag, um den sich bei einer Stufensteigerung das Entgelt erhöht, es sei denn, dass der Arbeitgeber die Zulage zu diesem Zeitpunkt anderweitig festsetzt. Nach Nr. 4 Abs. 1 Satz 2 wird somit grundsätzlich die einmal gewährte Zulage in Folge von Stufensteigerungen wieder abgeschmolzen. Hierin liegt für den Arbeitgeber eine Möglichkeit, die Zulage abzubauen, ohne sie widerrufen zu müssen. Des Weiteren wird dem Arbeitgeber die Möglichkeit gegeben, Beschäftigten ein insgesamt höheres Entgelt zu zahlen, auch wenn sie die dafür sonst notwendige Entgeltstufe noch nicht erreicht haben. Die Verminderung der Zulage tritt demgegenüber nicht ein, wenn der Arbeitgeber die Zulage zum Zeitpunkt der Stufensteigerung bereits anderweitig festgesetzt hat. In diesem Fall erhält der Beschäftigte sein erhöhtes Entgelt sowie zusätzlich die Zulage in der vom Arbeitgeber neu festgesetzten Höhe. Die Neufestung erfolgt durch ein entsprechendes Angebot des Arbeitgebers auf Vertragsänderung. Dieses kann entweder ausdrücklich oder auch konkludent durch den Beschäftigten angenommen werden, wobei in letzterem Fall gem. § 151 BGB darauf verzichtet wird, die Annahme des Angebots dem Antragenden gegenüber zu erklären.

bb) Nr. 4 Abs. 2 Satz 1

Nach Nr. 4 Abs. 2 Satz 1 darf die Zulage in den Entgeltgruppen 3 bis 8 14 v. H., in **20** den Entgeltgruppen 9 – 15 16 v.H. des Betrages der Stufe 2 der Anlage A der Entgelttabelle zu § 15 Abs. 2 nicht übersteigen. Maßgeblich ist somit auch hier die Stufe 2 der jeweiligen Entgeltgruppe. Die Höhe der Zulage darf in den Entgeltgruppen 3 bis 8 nicht über dem Betrag von 14 v. H. der Stufe 2 der jeweiligen Entgeltgruppe liegen, in den Entgeltgruppen 9 – 15 nicht über dem Betrag von 16 v.h. der Stufe 2 der jeweiligen Entgeltgruppe. Die Beschränkung dahingehend, dass die jeweils tariflich zustehende letzte Entwicklungsstufe der Entgelttabelle nicht überschritten werden darf, besteht bei Nr. 4 Abs. 2 Satz 1 nicht. Die Neufestsetzung erfolgt auch hier durch ein entsprechendes Angebot des Arbeitgebers auf Vertragsänderung. Dieses kann wiederum ausdrücklich oder konkludent angenommen werden. In letzterem Fall wird gem. § 151 BGB auf die Erklärung der Annahme des Angebots dem Antragenden gegenüber verzichtet.

c) Widerruf der Zulage

21   Für den Widerruf gelten sowohl für die Zulage nach Abs. 1 als auch für die Zulage nach Abs. 2 dieselben Bestimmungen. Nach Nr. 4 Abs. 1 Satz 1 und Abs. 2 Satz 1 handelt es sich jeweils um eine jederzeit widerrufliche Zulage. Aus dieser Formulierung folgt, dass der Arbeitgeber die Zahlung der Zulage unter Berücksichtigung der Bestimmungen über ihren Widerruf jederzeit einstellen kann. Der Widerruf erfolgt durch Erklärung gegenüber dem Beschäftigten.[6] Nach Nr. 4 Abs. 1 Satz 3 und Nr. 4 Abs. 2 Satz 3 wird der Widerruf mit Ablauf des zweiten auf den Zugang folgenden Kalendermonats wirksam, es sei denn, die Zulage wird deswegen widerrufen, weil der Beschäftigte in eine andere Entgeltgruppe eingruppiert wird oder eine Zulage nach § 14 TVöD erhält. Geht der Widerruf dem Beschäftigten somit am 15.07. zu, so entfällt die Zulage zum 30.09. Soll die Zulage zum 31.10. entfallen, muss der Widerruf bis zum 31.08. zugegangen sein. Der Widerruf ist keine Änderungskündigung, weshalb weder das KSchG, noch § 34 TVöD Anwendung finden.[7] Für den Widerruf muss kein sachlicher Grund vorliegen; er muss dem Beschäftigten gegenüber auch nicht begründet werden.[8] Die Widerrufsmöglichkeit wird lediglich beschränkt durch den Grundsatz von Treu und Glauben sowie durch die Fürsorgepflicht des Arbeitgebers gegenüber seinen Beschäftigten.

3. Pauschalierungsmöglichkeit

22   Gem. Nr. 4 Abs. 3 Satz 1 können die Zulagen einschließlich der Abgeltung nach Nr. 3 durch Nebenabreden zum Arbeitsvertrag ganz oder teilweise pauschaliert werden. Hierbei gilt § 2 Abs. 3 Satz 1 TVöD, wonach Nebenabreden nur wirksam sind, wenn sie schriftlich vereinbart wurden. Nach § 2 Abs. 3 Satz 2 TVöD können Nebenabreden gesondert gekündigt werden, soweit dies einzelvertraglich vereinbart wurde. Nr. 4 Abs. 3 Satz 2 enthält eine davon abweichende Bestimmung, nach der die Nebenabrede mit einer Frist von zwei Wochen zum Monatsende kündbar ist. Insoweit bedarf es keiner einzelvertraglichen Vereinbarung über die Kündbarkeit. Des Weiteren ist es nicht möglich, einzelvertraglich eine kürzere Kündigungsfrist als zwei Wochen zu vereinbaren.

---

[6]   Scheuring § 2 Anlage 10a Erl. 5.
[7]   Scheuring § 2 Anlage 10a Erl. 5.
[8]   Scheuring § 2 Anlage 10a Erl. 5.

4. Mitbestimmungsrecht des Personal- bzw. Betriebsrats

Gem. § 87 Abs. 1 Nr. 10 BetrVG hat der Betriebsrat, soweit eine gesetzliche oder 23 tarifliche Regelung nicht besteht, mitzubestimmen in Fragen der betrieblichen Lohngestaltung, insbesondere bei der Aufstellung von Entlohnungsgrundsätzen und der Einführung und Anwendung von neuen Entlohnungsmethoden sowie deren Änderung. Gem. § 75 Abs. 3 Nr. 4 BPersVG hat der Personalrat, soweit eine gesetzliche oder tarifliche Regelung nicht besteht, gegebenenfalls durch Abschluss von Dienstvereinbarungen mitzubestimmen über Fragen der Lohngestaltung innerhalb der Dienststelle, insbesondere die Aufstellung von Entlohnungsgrundsätzen, die Einführung und Anwendung von neuen Entlohnungsmethoden und deren Änderung sowie die Festsetzung der Akkord- und Prämiensätze und vergleichbarer leistungsbezogener Entgelte, einschließlich der Geldfaktoren. Voraussetzung für die Ausübung des Mitbestimmungsrechts ist somit jeweils das Vorliegen eines kollektiven Tatbestands.[9] Ausgenommen vom Mitbestimmungsrecht sind aufgrund dessen individuelle Lohnvereinbarungen. Diese liegen vor, wenn im Rahmen der Lohnvereinbarung Rücksicht auf den Einzelfall genommen wird, wenn besondere Umstände des einzelnen Arbeitnehmers eine Rolle spielen und wenn kein innerer Zusammenhang mit Leistungen an andere Arbeitnehmer besteht.[10] Nach den Formulierungen in Nr. 4 Abs. 1 und Abs. 2 kann der Arbeitgeber im Einzelfall Zulagen gewähren. Insoweit besteht kein Mitbestimmungsrecht für den Betriebs- bzw. Personalrat. Sobald es aber nicht mehr bei Einzelfällen bleibt, sondern z.B. allgemeine Richtlinien zur Gewährung von Zulagen erlassen werden, kommen die Grundsätze zum Mitbestimmungsrecht des Betriebs- bzw. Personalrats zur Anwendung. In diesem Fall ist zu berücksichtigen, dass es sich bei den Zulagen nach Nr. 4 um freiwillige Leistungen des Arbeitgebers handelt.

Für die Beschäftigten besteht kein Anspruch auf Gewährung einer Zulage. Hier 24 ist das Mitbestimmungsrecht zwar nicht ausgeschlossen, aber beschränkt. Der Arbeitgeber ist frei darin zu entscheiden, ob und in welchem Umfang er Zulagen gewähren will.[11] Kein Mitbestimmungsrecht besteht des Weiteren im Hinblick auf Kürzungen der Zulagen und deren vollständige Einstellung.[12] Die Fragen, die sich nicht unmittelbar auf den finanziellen Aufwand bei Gewährung von Zulagen beziehen, bleiben aber mitbestimmungspflichtig, wobei es sich hier im Wesentlichen um die gerechte Ausgestaltung der Zulagengewährung im vorgegebenen finanziellen Rahmen handeln wird.[13]

---

[9] BAG, Urt. v. 03.08.1982 – 3 AZR 1219/79, AP Nr. 12 zu § 87 BetrVG 1972 Lohngestaltung; Fitting § 87 Rn. 417.

[10] BAG, Beschl. v. 03.12.1991 – GS 1/90, AP Nr. 51 zu § 87 BetrVG 1972 Lohngestaltung.

[11] BAG, Beschl. v. 14.06.1994 – 1 ABR 63/93, AP Nr. 69 zu § 87 BetrVG 1972 Lohngestaltung.

[12] Fitting § 87 Rn. 448 m.w.N.

[13] BAG, Beschl. v. 03.12.1991 – GS 1/90, AP Nr. 51 zu § 87 BetrVG 1972 Lohngestaltung.

§ 48 Beschäftigte im forstlichen Außendienst

Zu Abschnitt I Allgemeine Vorschriften
Nr. 1 zu § 1 - Geltungsbereich -

Diese Sonderregelungen gelten für Beschäftigte im forstlichen Außendienst, die nicht von § 1 Abs. 2 Buchst. g erfasst werden.

Zu Abschnitt II Arbeitszeit
Nr. 2

(1) ¹Der tarifliche wöchentliche Arbeitszeitkorridor beträgt 48 Stunden. ²Abweichend von § 7 Abs. 7 sind nur die Arbeitsstunden Überstunden, die über den Arbeitszeitkorridor nach Satz 1 hinaus auf Anordnung geleistet worden sind. ³§ 10 Abs. 1 Satz 3 findet keine Anwendung; auf Antrag können Beschäftigte ein Arbeitszeitkonto in vereinfachter Form durch Selbstaufschreibung führen.

(2) Absatz 1 gilt nicht, wenn Dienstvereinbarungen zur Gleitzeit bestehen oder vereinbart werden.

I. Vergleich mit bisheriger Regelung

1   Im BAT fanden sich in SR 2 q Sonderregelungen für Angestellte im forstlichen Außendienst. Diese betrafen die allgemeinen Pflichten, Arbeitszeit, Zeitzuschläge und Überstundenvergütungen. § 48 TVöD BT-V (VKA) bezieht sich demgegenüber nur auf die Arbeitszeit.

II. Nr. 1 – Geltungsbereich

2   Nach Nr. 1 gilt § 48 TVöD BT-V (VKA) für Beschäftigte im forstlichen Außendienst, die nicht von § 1 Abs. 2 Buchst. g TVöD erfasst werden. Nach § 1 Abs. 2 Buchst. g TVöD gilt der Tarifvertrag nicht für Beschäftigte, für die ein Tarifvertrag für Waldarbeiter tarifrechtlich oder einzelarbeitsvertraglich zur Anwendung kommt, sowie die Waldarbeiter im Bereich des Kommunalen Arbeitgeberverbandes Bayern. Für die übrigen Beschäftigten im forstlichen Außendienst kommt § 48 TVöD BT-V (VKA) zur Anwendung. Forstlicher Außendienst meint dabei alle Funktionen innerhalb des Forstbetriebsdienstes. Dabei ist nicht Voraussetzung, dass der Beschäftigte ausschließlich im forstlichen Außendienst tätig ist. Gehört zu seiner Tätigkeit auch der Innendienst in der Forstbetriebsverwaltung, fällt der

Beschäftigte trotzdem unter die Sonderregelung. Etwas anderes gilt aber bei ausschließlicher Tätigkeit im Innendienst.

III. Nr. 2 – Arbeitszeit

1. Arbeitszeitkorridor

Gem. Nr. 2 Abs. 1 Satz 1 beträgt der tarifliche wöchentliche Arbeitszeitkorridor **3**
48 Stunden. Nr. 2 Abs. 1 Satz 1 stellt eine Abweichung zu § 6 Abs. 6 Satz 1 TVöD dar, nach dem durch Betriebs-/Dienstvereinbarung ein wöchentlicher Arbeitszeitkorridor von bis zu 45 Stunden eingerichtet werden kann. Die Abweichung besteht darin, dass die maximale Stundenzahl des Arbeitszeitkorridors nicht 45, sondern 48 Stunden beträgt. In diesem Zusammenhang stellt sich die Frage, ob bei Nr. 2 Abs. 1 Satz 1 ein Arbeitszeitkorridor von genau 48 Stunden gemeint ist oder ob der Arbeitszeitkorridor auch hier bis zu 48 Stunden betragen kann. Man könnte argumentieren, dass die Tarifvertragsparteien in Nr. 2 Abs. 1 Satz 1 wohl denselben Wortlaut wie in § 6 Abs. 6 Satz 1 TVöD verwendet hätten, wenn sie einen Arbeitszeitkorridor von bis zu 48 Stunden hätten vereinbaren wollen. Allerdings erscheint es nicht sinnvoll, eine Vorgabe von genau 48 Stunden für die Vereinbarung eines Arbeitszeitkorridors zu machen. Vielmehr sollte hier lediglich der Rahmen abgesteckt werden, innerhalb dessen Einzelfallentscheidungen möglich sein sollten. So ist auch der Wortlaut in Nr. 2 Abs. 1 Satz 1 zu verstehen. Durch den Verweis auf den tariflichen wöchentlichen Arbeitszeitkorridor wird auf § 6 Abs. 6 Satz 1 TVöD Bezug genommen. Durch die Vorgabe der 48 Stunden wird festgelegt, dass § 6 Abs. 6 Satz 1 TVöD so zu lesen ist, dass durch Betriebs-/Dienstvereinbarung ein wöchentlicher Arbeitszeitkorridor von bis zu 48 Stunden eingerichtet werden kann. Aus der Formulierung, dass der tarifliche wöchentliche Arbeitszeitkorridor 48 Stunden beträgt, wird des Weiteren deutlich, dass nur im Hinblick auf die Stundenzahl von § 6 Abs. 6 Satz 1 TVöD abgewichen werden sollte, nicht aber im Hinblick darauf, dass durch Betriebs-/Dienstvereinbarung ein Arbeitszeitkorridor eingerichtet werden kann. Die Betriebspartner haben damit weiterhin die Wahlmöglichkeit zwischen Arbeitszeitkorridor und Rahmenarbeitszeit; entscheiden sie sich aber für den Arbeitszeitkorridor, ist dessen maximaler zeitlicher Umfang bereits festgelegt.

2. Überstunden

Nach Nr. 2 Abs. 1 Satz 2 sind abweichend von § 7 Abs. 7 TVöD nur die Arbeits- **4**
stunden Überstunden, die über den Arbeitszeitkorridor nach Satz 1 hinaus auf Anordnung geleistet worden sind. Gem. § 7 Abs. 7 TVöD sind Überstunden die auf Anordnung des Arbeitgebers geleisteten Arbeitsstunden, die über die im Rahmen der regelmäßigen Arbeitszeit von Vollbeschäftigten (§ 6 Abs. 1 Satz 1 TVöD) für die Woche dienstplanmäßig bzw. betriebsüblich festgesetzten Arbeitsstunden hinausgehen und nicht bis zum Ende der folgenden Kalenderwoche ausgeglichen werden. Nach § 7 Abs. 8 Buchst. a TVöD sind abweichend von § 7 Abs. 7 TVöD nur die Arbeitsstunden Überstunden, die im Falle der Festlegung eines Arbeitszeitkorridors nach § 6 Abs. 6 TVöD über 45 Stunden oder über die vereinbarte Obergrenze hinaus angeordnet worden sind. Da im Rahmen von § 48 TVöD BT-V (VKA) ein Arbeitszeitkorridor von 48 Stunden vereinbart werden kann, greift § 7

Abs. 8 Buchst. a TVöD hier nicht unmittelbar. Aufgrund dessen wurde in Nr. 2 Abs. 1 Satz 2 geregelt, dass abweichend von § 7 Abs. 7 TVöD nur die Arbeitsstunden Überstunden sind, die über den Arbeitszeitkorridor nach Nr. 2 Abs. 1 Satz 1 hinaus auf Anordnung geleistet worden sind.

3. Arbeitszeitkonto

5   Nach Nr. 2 Abs. 1 Satz 3 Hs. 1 findet § 10 Abs. 1 Satz 3 TVöD keine Anwendung. Gem. § 10 Abs. 1 Satz 3 TVöD ist ein Arbeitszeitkonto einzurichten, soweit ein Arbeitszeitkorridor (§ 6 Abs. 6 TVöD) oder eine Rahmenzeit (§ 6 Abs. 7 TVöD) vereinbart wird. Aus Nr. 2 Abs. 1 Satz 3 Hs. 1 ergibt sich somit, dass trotz Einrichtung eines Arbeitszeitkorridors der Arbeitgeber nicht verpflichtet ist, Arbeitszeitkonten zu führen. Gem. Nr. 2 Abs. 1 Satz 3 HS 2 können aber Beschäftigte auf Antrag ein Arbeitszeitkonto in vereinfachter Form durch Selbstaufschreibung führen. Demnach liegt es am Beschäftigten zu entscheiden, ob er ein Arbeitszeitkonto führen möchte oder nicht. Entscheidet er sich dafür, sind für das Führen des Arbeitszeitkontos nicht die Vorgaben des § 10 TVöD zu berücksichtigen, vielmehr kann das Arbeitszeitkonto in vereinfachter Form geführt werden. Sollen zur Konkretisierung dieser tarifvertraglichen Vorgabe allgemeine Regelungen für den Betrieb aufgestellt werden, ist das Mitbestimmungsrecht des Betriebsrats nach § 87 Abs. 1 BetrVG zu beachten.

4. Dienstvereinbarungen zur Gleitzeit

6   Gem. Nr. 2 Abs. 2 findet Nr. 2 Abs. 1 keine Anwendung, wenn Dienstvereinbarungen zur Gleitzeit bestehen oder vereinbart werden. Gleitzeit liegt vor, wenn der Beschäftigte an einem Arbeitstag nicht an eine genau bestimmte Arbeitszeit gebunden ist, sondern die Arbeit innerhalb einer bestimmten Zeitspanne beginnen und nach Ablauf der betrieblichen Arbeitszeit oder sogar am Abend innerhalb einer bestimmten Zeitspanne beenden kann.[1] In diesem Fall gelten nach Nr. 2 Abs. 2 die Bestimmungen des TVöD zu Arbeitszeitkorridor, Überstunden und Arbeitszeitkonto.

---

[1]   Schaub/Schaub § 160 Rn. 1.

§ 49 Beschäftige in Hafenbetrieben, Hafenbahnbetrieben und deren Nebenbetrieben

Für Beschäftigte in Hafenbetrieben, Hafenbahnbetrieben und deren Nebenbetrieben können landesbezirklich besondere Vereinbarungen abgeschlossen werden.

I. Vergleich mit bisherigen Regelungen

§ 49 TVöD BT-V (VKA) entspricht im wesentlichen der Sondervereinbarung SR **1** 2 w BAT für Angestellte im Hafenbetriebsdienst und bei Eisenbahnen des öffentlichen und nichtöffentlichen Verkehrs sowie der Sonderregelung für Arbeiter in Hafenbetrieben, Hafenbahnbetrieben und deren Nebenbetrieben in Anlage 3 zum BMT-G II. Nach diesen Sonderregelungen konnte bezirklich eine Sondervereinbarung abgeschlossen werden, soweit dies erforderlich war. Letztere Einschränkung ist in § 49 TVöD BT-V (VKA) weggefallen.

II. Sonderregelungen auf landesbezirklicher Ebene

Als besondere Vereinbarung i.S.v. § 49 TVöD BT-V (VKA) kommen nur tarifver- **2** tragliche Regelungen in Betracht. Tarifpartner auf Arbeitgeberseite können nur die Mitgliedsverbände der Vereinigung der kommunalen Arbeitgeberverbände sein. Hierzu gehören die Kommunalen Arbeitgeberverbände der Bundesländer, die der Vereinigung der Kommunalen Arbeitgeberverbände als Mitglieder angehören[1]. Als Tarifpartner auf Arbeitnehmerseite kommen die Landesbezirke von ver.di. bzw. die entsprechenden Untergliederungen der übrigen Tarifpartner in Betracht. Die landesbezirkliche besondere Vereinbarung muss für alle Mitglieder des am Abschluss der besonderen Vereinbarung beteiligten Mitgliedsverbands der VKA Geltung erlangen. Aus dem Wortlaut in § 49 TVöD BT-V (VKA) ergibt sich, dass keine Pflicht zum Abschluss besonderer Vereinbarungen besteht.

III. Hafenbetriebe, Hafenbahnbetriebe und deren Nebenbetriebe

Hafenbetriebe sind Betriebe, in denen Hafenarbeit geleistet wird. Das ergibt sich **3** aus § 1 Abs. 1 S. 1 GHfBetrG.[2] Danach wird der Gesamthafenbetrieb „von den Betrieben eines Hafens, in denen Hafenarbeit geleistet wird, (...) gebildet". Der Hafenbetrieb stellt demnach einen Hafeneinzelbetrieb dar, in dem Hafenarbeit ge-

---

[1] Siehe hierzu die Übersicht in Dassau/Langenbrinck S. 42.
[2] Gesetz über die Schaffung eines besonderen Arbeitgebers für Hafenarbeiter (Gesamthafenbetrieb) vom 03.08.1950 (BGBl I S. 352).

leistet wird.[3] Den Begriff der Hafenarbeit i.S.v. § 1 Abs. 1 GHfBetrG hat der Gesamthafenbetrieb gem. § 2 Abs. 1 GHfBetrG bindend festzusetzen.

Die Hafenbahnbetriebe dienen einer optimalen Verknüpfung der Verkehrsträger Wasser, Schiene und Straße, auf die Häfen angewiesen sind. Hafenbetriebe betreiben nicht selten ein eigenes Eisenbahnnetz mit eigenem Fuhrpark. Eine besondere Bedeutung hat dabei die Anbindung des Eisenbahnnetzes des Hafenbetriebes an das regionale und überregionale Schienennetz. Klassische Dienstleistungen der Hafenbahnbetriebe sind Ganzzugverkehre, Hafenverkehre, Binnenverkehre und Güterwagendispositionen. Es werden aber auch Serviceleistungen wie Ausbildung für Dritte, Beratungsleistungen oder Verwiegen von Güterwagen angeboten. Dies kann in Form von Nebenbetrieben geschehen.

---

[3]   Siehe hierzu auch BAG, Urt. v. 14.12.1988 – 5 AZR 809/87, NZA 1989, 565; BAG, Urt. v. 26.02.1992 – 5 AZR 99/91.

§ 50 Beschäftigte in landwirtschaftlichen Verwaltungen und Betrieben, Weinbau- und Obstanbaubetrieben

Zu Abschnitt I Allgemeine Vorschriften
Nr. 1 zu § 1 Abs. 1 - Geltungsbereich -

Diese Sonderregelungen gelten für Beschäftigte in landwirtschaftlichen Verwaltungen und Betrieben, Weinbau- und Obstanbaubetrieben.

Nr. 2 zu § 6 – Regelmäßige Arbeitszeit

¹Die regelmäßige Arbeitszeit kann in vier Monaten bis auf 50 und weiteren vier Monaten des Jahres auf bis zu 56 Stunden festgesetzt werden. ²Sie darf aber 2.214 Stunden im Jahr nicht übersteigen. ³Dies gilt nicht für Beschäftigte im Sinne des § 38 Abs. 5 Satz 1, denen Arbeiten übertragen sind, deren Erfüllung zeitlich nicht von der Eigenart der Verwaltung oder des Betriebes abhängig ist.

I. Vergleich mit bisheriger Regelung

Eine zu § 50 TVöD BT-V (VKA) fast identische Sonderregelung befand sich für   1
den BAT in SR 2 p. Diese galt ausschließlich für Angestellte, wohingegen sich § 50 TVöD BT-V (VKA) allgemein auf Beschäftigte bezieht.

II. Nr. 1 – Geltungsbereich

§ 50 Nr. 1 TVöD BT-V (VKA) bezeichnet den Geltungsbereich der Sonderrege-   2
lungen und legt fest, dass diese für Beschäftigte in landwirtschaftlichen Verwaltungen und Betrieben, in Weinbau- und Obstanbaubetrieben gelten. § 50 Nr. 1 TVöD BT-V (VKA) ist im Zusammenhang mit § 1 Abs. 2 Buchst. q TVöD zu sehen. Danach gilt der Tarifvertrag nicht für Beschäftigte im Bereich der VKA, die ausschließlich in Erwerbszwecken dienenden landwirtschaftlichen Verwaltungen und Betrieben, Weinbaubetrieben, Gartenbau- und Obstbaubetrieben und deren Nebenbetrieben tätig sind; dies gilt nicht für Beschäftigte in Gärtnereien, gemeindlichen Anlagen und Parks sowie in anlagenmäßig oder parkartig bewirtschafteten Gemeindewäldern. Verwaltungen und Betriebe dienen dann Erwerbszwecken, wenn sie auf Gewinnerzielung ausgerichtet sind. Betriebe, die nicht Erwerbszwecken dienen, sind z.B. Lehr- und Versuchsgüter, Lehr-, Forschungs- und Versuchsanstalten, landwirtschaftliche Betriebe oder Nebenbetriebe von

Kranken-, Heil- und Pflegeeinrichtungen, von Strafanstalten etc.[1] Unter Nebenbetrieben sind z.b. Mostereien und Brennereien zu verstehen. § 50 TVöD BT-V (VKA) erfasst somit Beschäftigte in landwirtschaftlichen Verwaltungen und Betrieben, in Weinbau- und Obstanbaubetrieben, die nicht ausschließlich Erwerbszwecken dienen.

III. Nr. 2 – Regelmäßige Arbeitszeit

1. Verlängerung der Arbeitszeit

3   § 50 Nr. 2 TVöD BT-V (VKA) enthält Abweichungen zur regelmäßigen Arbeitszeit gem. § 6 TVöD. Nach § 6 Abs. 1 Satz 1 TVöD beträgt die regelmäßige wöchentliche Arbeitszeit ausschließlich der Pausen für die Beschäftigten des Bundes durchschnittlich 39 Stunden wöchentlich, für die Beschäftigten der Mitglieder eines Mitgliedverbandes der VKA im Tarifgebiet West durchschnittlich 38,5 Stunden wöchentlich[2], im Tarifgebiet Ost durchschnittlich 40 Stunden wöchentlich. Im Geltungsbereich von § 50 TVöD BT-V (VKA) kann die regelmäßige Arbeitszeit in vier Monaten bis auf 50 und in weiteren vier Monaten des Jahres auf bis zu 56 Stunden festgesetzt werden (Nr. 2 Satz 1). Die regelmäßige Arbeitszeit darf aber 2.214 Stunden im Jahr nicht übersteigen (Nr. 2 Satz 2). Die Verlängerung der Wochenarbeitszeit erfolgt nicht zwangsläufig. Der Arbeitgeber kann vielmehr entscheiden, ob eine solche Verlängerung notwendig ist oder nicht. Durch die Sonderregelung in § 50 Nr. 2 TVöD BT-V (VKA) soll der besonderen Situation in der Landwirtschaft, im Weinbau sowie Obstanbau Rechnung getragen werden. Die strikte Einhaltung der tarifvertraglich vorgegebenen Arbeitszeit ist aufgrund der saisonal bedingten Erntezeiten und der teilweise schnellen Verderblichkeit der Ernteprodukte nicht immer möglich.

2. Vereinbarkeit mit ArbZG, JArbSchG

4   Durch § 50 Nr. 2 TVöD BT-V (VKA) soll eine Anpassung der Arbeitszeit an die Besonderheiten in der Landwirtschaft, im Weinbau sowie im Obstanbau ermöglicht werden. Es erfolgt aber keine dauerhafte Verlängerung der regelmäßigen wöchentlichen Arbeitszeit durch § 50 Nr. 2 TVöD BT-V (VKA). Insoweit sind die Grenzen des ArbZG zu berücksichtigen. Durch die Beschränkung der Arbeitszeit auf maximal 2.214 Stunden im Jahr hält sich § 50 Nr. 2 TVöD BT-V (VKA) noch in diesen Grenzen (§§ 3, 7 Abs. 2 Nr. 2 ArbZG).

Zu berücksichtigen ist des Weiteren das JArbSchG. Gem. § 8 Abs. 1 JArbSchG dürfen Jugendliche nicht mehr als acht Stunden täglich und nicht mehr als 40 Stunden wöchentlich beschäftigt werden. Gem. § 8 Abs. 3 JArbSchG dürfen Jugendliche über 16 Jahre in der Landwirtschaft während der Erntezeit nicht mehr als neun Stunden täglich und nicht mehr als 85 Stunden in der Doppelwoche beschäftigt werden.

---

[1]   Dassau AI1 § 3 BAT Rn. 35.
[2]   Siehe aber § 6 Abs. 1 Satz 1 Buchst. b) TVöD, wonach sich die Tarifvertragsparteien im Tarifgebiet West auf landesbezirklicher Ebene darauf einigen können, die regelmäßige wöchentliche Arbeitszeit auf bis zu 40 Stunden zu verlängern. Hiervon wurde in einigen Bundesländern bereits Gebrauch gemacht, so z.B. in Baden-Württemberg, wo § 6 Abs. 1 Satz 1 Buchst. b) TVöD dahingehend abgeändert wurde, dass anstelle der 38,5 nunmehr 39 Stunden vereinbart wurden.

3. Überstunden

Überstunden liegen erst dann vor, wenn die in § 50 Nr. 2 TVöD BT-V (VKA) 5
vorgegebene Arbeitszeit überschritten wird. Somit liegen Überstunden einmal vor,
wenn jährlich mehr als 2.214 Stunden gearbeitet werden. Überstunden liegen aber
auch dann vor, wenn die Wochenarbeitszeit auf 50 oder 56 Stunden verlängert
wurde und die tatsächliche Arbeitszeit über dieser Vorgabe liegt.

4. Ausnahme

Nr. 2 Satz 1 und 2 gelten nicht für Beschäftigte im Sinne des § 38 Abs. 5 Satz 1 6
TVöD, denen Arbeiten übertragen sind, deren Erfüllung zeitlich nicht von der Eigenart der Verwaltung oder des Betriebes abhängig ist (Nr. 2 Satz 3). Für die
Nichtanwendbarkeit von Nr. 2 Satz 1 und 2 müssen demnach zwei Voraussetzungen vorliegen.

a) Beschäftigte i.S.v. § 38 Abs. 5 Satz 1 TVöD

Gem. § 38 Abs. 5 Satz 1 TVöD finden die Regelungen für Angestellte Anwen- 7
dung auf Beschäftigte, deren Tätigkeit vor dem 1. Januar 2005 der Rentenversicherung der Angestellten unterlegen hätte. Erste Voraussetzung für die Nichtanwendbarkeit von Nr. 2 Satz 1und 2 ist demnach, dass Beschäftigte vorliegen,
deren Tätigkeit vor dem 1.Januar 2005 der Rentenversicherung der Angestellten
unterlegen hätte.

b) Keine Abhängigkeit von der Eigenart der Verwaltung oder des Betriebes

Zweite Voraussetzung für die Nichtanwendbarkeit von Nr. 2 Satz 1und 2 ist, dass 8
den Beschäftigten Arbeiten übertragen wurden, deren Erfüllung zeitlich nicht von
der Eigenart der Verwaltung oder des Betriebes abhängig sind. Zur Eigenart der
Verwaltung oder des Betriebes in der Landwirtschaft, im Weinbau sowie Obstanbau siehe bereits oben III. 1. Zu den Beschäftigten, die unter die zweite Voraussetzung fallen, gehört im Wesentlichen das Büropersonal. Aus Nr. 2 Satz 3 folgt,
dass Nr. 2 Satz 1und 2 auf das Büropersonal anwendbar sind, welches seine Tätigkeit erst nach dem 1.Januar 2005 aufgenommen hat.

§ 51 Beschäftigte als Lehrkräfte

Zu Abschnitt I Allgemeine Vorschriften
Nr. 1 zu § 1 Abs. 1 - Geltungsbereich -

[1]Diese Sonderregelungen gelten für Beschäftigte als Lehrkräfte an allgemeinbildenden Schulen und berufsbildenden Schulen (Berufs-, Berufsfach- und Fachschulen). [2]Sie gelten nicht für Lehrkräfte an Schulen und Einrichtungen der Verwaltung, die der Ausbildung oder Fortbildung von Angehörigen des öffentlichen Dienstes dienen, sowie an Krankenpflegeschulen und ähnlichen der Ausbildung dienenden Einrichtungen.

Protokollerklärung:
Lehrkräfte im Sinne dieser Sonderregelungen sind Personen, bei denen die Vermittlung von Kenntnissen und Fertigkeiten im Rahmen eines Schulbetriebes der Tätigkeit das Gepräge gibt.

Zu Abschnitt II Arbeitszeit
Nr. 2

[1]Die §§ 6 bis 10 finden keine Anwendung. [2]Es gelten die Bestimmungen für die entsprechenden Beamten. [3]Sind entsprechende Beamte nicht vorhanden, so ist die Arbeitszeit im Arbeitsvertrag zu regeln.

Zu Abschnitt IV Urlaub und Arbeitsbefreiung
Nr. 3

(1) [1]Der Urlaub ist in den Schulferien zu nehmen. [2]Wird die Lehrkraft während der Schulferien durch Unfall oder Krankheit arbeitsunfähig, so hat sie dies unverzüglich anzuzeigen. [3]Die Lehrkraft hat sich nach Ende der Schulferien oder, wenn die Krankheit länger dauert, nach Wiederherstellung der Arbeitsfähigkeit zur Arbeitsleistung zur Verfügung zu stellen.

(2) [1]Für eine Inanspruchnahme der Lehrkraft während der den Urlaub in den Schulferien übersteigenden Zeit gelten die Bestimmungen für die entsprechenden Beamten. [2]Sind entsprechende Beamte nicht vorhanden, regeln dies die Betriebsparteien.

Zu Abschnitt V Befristung und Beendigung des Arbeitsverhältnisses
Nr. 4

Das Arbeitsverhältnis endet, ohne dass es einer Kündigung bedarf, mit Ablauf des Schulhalbjahres (31. Januar bzw. 31. Juli), in dem die Lehrkraft das 65. Lebensjahr vollendet hat.

I. Vergleich mit bisheriger Regelung

Bestimmungen für Angestellte als Lehrkräfte waren für den BAT in der Sonderre- **1**
gelung SR 2 l I BAT enthalten. Nr. 1 SR 2 l I BAT zum Geltungsbereich wurde in
§ 51 TVöD BT-V (VKA) fast wortgleich übernommen. Nr. 3 SR 2 l I BAT enthielt Regelungen zur Arbeitszeit, Vergütung Nichtvollbeschäftigter, Zeitzuschläge
und zur Überstundenvergütung. Eine ähnliche Regelung enthält nun § 51 Nr. 2
TVöD BT-V (VKA). Des Weiteren befindet sich in § 51 Nr. 3 TVöD BT-V
(VKA) eine Sonderregelung zum Urlaub und in § 51 Nr. 4 TVöD BT-V (VKA)
eine Sonderregelung zur Beendigung des Arbeitsverhältnisses, welche nur teilweise den Sonderregelungen im BAT entsprechen. Bestimmungen zur ärztlichen Untersuchung sowie zur Dienstzeit existieren nicht mehr.

II. Nr. 1 – Geltungsbereich

§ 51 TVöD BT-V (VKA) betrifft die Lehrer, die aufgrund eines privatrechtlichen **2**
Dienstvertrags als Arbeitnehmer im öffentlichen Dienst beschäftigt werden. Für
Lehrer an Musikschulen gilt § 52 TVöD BT-V (VKA).

1. Lehrkräfte

Nach der Protokollerklärung zu § 51 Nr. 1 TVöD BT-V (VKA) sind Lehrkräfte im **3**
Sinne dieser Sonderregelungen Personen, bei denen die Vermittlung von Kenntnissen und Fertigkeiten im Rahmen eines Schulbetriebes der Tätigkeit das Gepräge gibt. Daraus folgt, dass Lehrkräfte nicht ausschließlich mit einer Lehrtätigkeit
beschäftigt sein müssen, dass diese aber den Schwerpunkt ihrer Tätigkeit ausmachen muss (mehr als die Hälfte der Arbeitszeit). Die Lehrtätigkeit darf somit nicht
bloße Hilfstätigkeit sein. Die Vermittlung von Kenntnissen bedeutet die Weitergabe theoretischen Wissens. Bei der Vermittlung von Fertigkeiten geht es um die
praktische Umsetzung des Erlernten. Keine Voraussetzung für die Einordnung eines Beschäftigten als Lehrkraft ist das Vorliegen einer bestimmten Ausbildung.[1]

---

[1] BAG, Urt. v. 21.03.1984 – 4 AZR 42/82, AP §§ 22, 23 BAT Lehrer Nr. 11.

Heitsch

4   Nicht unter § 51 TVöD BT-V (VKA) fallen die Lehrerinnen und Lehrer, auf die gem. § 1 Abs. 2 Buchst. s TVöD der Tarifvertrag keine Anwendung findet. Dabei handelt es sich um Hochschullehrerinnen/Hochschullehrer, wissenschaftliche und studentische Hilfskräfte und Lehrbeauftragte an Hochschulen, Akademien und wissenschaftlichen Forschungsinstituten sowie künstlerische Lehrkräfte an Kunsthochschulen, Musikhochschulen und Fachhochschulen für Musik. Nach der Protokollerklärung zu § 1 Abs. 2 Buchst. s TVöD sind auch wissenschaftliche Assistentinnen/Assistenten, Verwalterinnen/Verwalter von Stellen wissenschaftlicher Assistentinnen/Assistenten und Lektorinnen/Lektoren vom Anwendungsbereich des TVöD ausgenommen, soweit und solange entsprechende Arbeitsverhältnisse am 1. Oktober 2005 bestehen oder innerhalb der Umsetzungsfrist des § 72 Abs. 1 Satz 8 HRG begründet werden (gilt auch für Forschungseinrichtungen); dies gilt auch für nachfolgende Verlängerungen solcher Arbeitsverhältnisse.

2. Allgemeinbildende Schulen

5   „Unter „Schule" wird nach allgemeinem Verständnis jede auf Dauer angelegte Bildungsstätte verstanden, in der unabhängig vom Wechsel der Lehrkräfte und Schüler planmäßig und systematisch bestimmte Lernziele vermittelt werden".[2] Allgemeinbildende Schulen sind Schulen, die der Berufsausbildung vorgeschaltet sind und in diesem Rahmen den Schülerinnen und Schülern Allgemeinbildung vermitteln. Unter den Begriff „Schule" fallen nur die Bildungsstätten, die in den Schulgesetzen des jeweiligen Bundeslandes als solche angesehen werden.[3] Zu den allgemeinbildenden Schulen gehören danach Grund-, Haupt- und Realschulen, Gymnasien, Schulen an Internaten, Sonderschulen und Gesamtschulen.[4] Dazu gehören auch schulvorbereitende Einrichtungen wie die Vorschule oder die Schulkindergärten. Nicht zu den allgemeinbildenden Schulen gehören die Volkshochschulen, da dort gerade keine Allgemeinbildung vermittelt wird. Hinzu kommt, dass die Schülerinnen und Schüler an allgemeinbildenden Schulen sehr stark in das jeweilige Schul- und Ausbildungssystem eingebunden sind und somit eine gewisse persönliche Abhängigkeit zu den Lehrern besteht. Der Unterricht muss hier methodisch und didaktisch aufeinander abgestimmt werden. Dies ist bei Volkshochschulen nicht der Fall.[5]

3. Berufsbildende Schulen

6   Mit dem Begriff der „berufsbildenden Schulen" haben die Tarifvertragsparteien keinen eigenen Begriff schaffen, sondern die in den Schulgesetzen des jeweiligen Bundeslandes verwendeten Begriffe übernehmen wollen.[6] Berufsbildende Schulen vermitteln keine Allgemeinbildung, sondern berufsspezifische Bildung. Der Besuch der berufsbildenden Schulen erfolgt erst im Anschluss an den Besuch der allgemeinbildenden Schulen. In berufsbildenden Schulen erhalten die Schülerinnen und Schüler ihre Grundausbildung in dem von ihnen gewählten Beruf sowie

---

2   BAG, Urt. v. 23.02.1999 – 9 AZR 567/98, NZA 2000, 48.
3   BAG, Urt. v. 26.02.1975 – 4 AZR 225/74, AP §§ 22, 23 BAT Vorbem. Nr. 5 zur Anlage 1 a zu allen Vergütungsgruppen Nr. 84; BAG, Urt. v. 23.02.1999 – 9 AZR 567/98, NZA 2000, 48.
4   Uttlinger SR 2 I I BAT, Erl. 1.
5   BAG, Urt. v. 07.05.1986 – 5 AZR 591/83, Haufe-Index 440318.
6   BAG, Urt. v. 23.02.1999 – 9 AZR 567/98, NZA 2000, 48.

die entsprechende berufsspezifische Weiterbildung. Zu den berufsbildenden Schulen gehören die Berufsschulen, Berufsfachschulen, Fachschulen sowie sonstige berufsbildende Anstalten.[7] Nicht hierher gehören die Hochschulen und die Fachhochschulen.

4. Lehrkräfte im öffentlichen Dienst, an Krankenpflegeschulen, u.a.

Gem. § 51 Nr. 1 Satz 2 TVöD BT-V (VKA) gelten die Sonderregelungen nicht für   7
Lehrkräfte an Schulen und Einrichtungen der Verwaltung, die der Ausbildung oder Fortbildung von Angehörigen des öffentlichen Dienstes dienen, sowie an Krankenpflegeschulen und ähnlichen der Ausbildung dienenden Einrichtungen. Zu den Schulen und Einrichtungen der Verwaltung, die der Ausbildung oder Fortbildung von Angehörigen des öffentlichen Dienstes dienen, gehören verwaltungseigene Fachschulen, in denen im wesentlichen nur Beschäftigte des öffentlichen Dienstes ausgebildet werden (z.B. Polizeischulen, Finanzschulen etc.). Ähnliche der Ausbildung dienende Einrichtungen sind betriebseigene Fachschulen, die überwiegend von Beschäftigten des jeweiligen Betriebes besucht werden. Als ähnliche der Ausbildung dienende Einrichtung wurde von der Rechtsprechung z.B. eine Lehranstalt für pharmazeutisch-technische Assistenten anerkannt.[8]

III. Nr. 2 – Arbeitszeit

Gem. § 51 Nr. 2 Satz 1 TVöD BT-V (VKA) finden die §§ 6 bis 10 TVöD zur Ar-   8
beitszeit auf die Beschäftigten, die in den Geltungsbereich dieser Sonderregelung fallen, keine Anwendung. Nach § 51 Nr. 2 Satz 2 TVöD BT-V (VKA) gelten dafür die Bestimmungen für die entsprechenden Beamten, somit die beamteten Lehrer. Mit Bestimmungen i.d.S. sind nicht nur Gesetze und Verordnungen, sondern vielmehr alle Regelungen gemeint, die für beamtete Lehrer gelten.[9] Voraussetzung dabei ist, dass es sich bei den Regelungen um allgemein gültige Regelungen handelt und nicht um Einzelfallentscheidungen. Zu den Bestimmungen i.d.S. gehören auch Verwaltungsanordnungen und Erlasse.

1. Vollzeitbeschäftigte Lehrkräfte

Die Arbeitszeit für beamtete Lehrer ergibt sich aus dem jeweiligen Landesbeam-   9
tengesetz sowie aus den hierzu erlassenen Arbeitszeitverordnungen. Bei Lehrern besteht die Besonderheit, dass sich im Wesentlichen nur die Anzahl der Pflichtstunden bestimmen lässt. Die Regelarbeitszeit setzt sich aber zusammen aus den vorgeschriebenen Pflichtstunden, deren Vor- und Nachbereitung sowie den sonstigen berufstypischen Aufgaben der Lehrer (z.B. Elternabende, Klassenfahrten, Schulfeste etc.). Die Festlegung der Anzahl der Pflichtstunden ist Aufgabe des jeweiligen Dienstherrn. Nach einer Entscheidung des BAG sind die für Lehrer an Gymnasien des Landes Hessen und für Lehrer ohne Befähigung zum Lehramt an Gymnasien geltenden unterschiedlichen Pflichtstundenzahlen wirksam.[10] Ebenso wenig stellt es einen Verstoß gegen den Gleichheitssatz dar, wenn an berufsbil-

---

[7]   Uttlinger SR 2 I I BAT, Erl. 1.

[8]   BAG, Urt. v. 23.02.1999 – 9 AZR 567/98, NZA 2000, 48.

[9]   BAG, Urt. v. 09.06.1982 – 4 AZR 274/81, AP § 1 TVG Durchführungspflicht Nr. 1.

[10] BAG, Urt. v. 09.06.1982 – 4 AZR 247/80, AP §§ 22, 23 BAT Lehrer Nr. 8.

denden Schulen zwischen Lehrern im höheren Dienst und anderen Lehrern differenziert wird, eine solche Differenzierung ist sachlich gerechtfertigt.[11] Ergibt sich aufgrund der Festlegung der Pflichtstunden insgesamt eine Arbeitszeit, die offensichtlich über die Regelarbeitszeit hinausgeht, ist die Festlegung der Anzahl der Pflichtstunden rechtswidrig. Eine solche Offensichtlichkeit wird aber selten vorliegen, da es äußerst schwierig ist, die Gesamtarbeitszeit der Lehrer zu bestimmen.[12] Diese hängt von sehr vielen Faktoren ab, so z.B. von Schulart, Klassenstufe, Arbeitsweise des Lehrers usw.[13] Die Arbeitszeit außerhalb der Pflichtstunden lässt sich nur schätzen und wird daher pauschaliert. Die Zeit, die über die Regelarbeitszeit hinaus für schulische Aufgaben aufgewendet wird, ist entsprechend den für Beamte geltenden Vorschriften zu vergüten. Hierbei ist die Verordnung über die Gewährung von Mehrarbeitsentschädigung für Beamte (MVergV)[14] maßgebend.

2. Teilzeitbeschäftigte Lehrkräfte

10   Bei teilzeitbeschäftigten Lehrkräften ergibt sich die Arbeitszeit aus dem Anteil der vertraglich vereinbarten Pflichtstunden im Verhältnis zu den Pflichtstunden einer vollzeitbeschäftigten Lehrkraft zuzüglich der pauschalierten Arbeitszeit außerhalb der Pflichtstunden. Jede Arbeitsstunde eines teilzeitbeschäftigten Lehrers, die über die vertraglich vereinbarte Arbeitszeit hinausgeht, sich aber innerhalb der Regelarbeitszeit Vollbeschäftigter hält, stellt für den teilzeitbeschäftigten Lehrer Mehrarbeit dar. Auch bei teilzeitbeschäftigten Lehrkräften kommen die §§ 6 – 10 TVöD gem. Nr. 51 Nr. 2 Satz 1 TVöD BT-V (VKA) nicht zur Anwendung. Es gelten dafür die Bestimmungen für die entsprechenden Beamten (§ 51 Nr. 2 Satz 2 TVöD BT-V (VKA)), somit die MVergV. Zu Nr. 3 SR 2 l I BAT, die inhaltlich dieselbe Regelung enthielt (nämlich Abbedingung des § 34 Abs. 1 Unterabs. 1 Satz 3 BAT), hat das BAG entschieden, dass eine teilzeitbeschäftigte Lehrkraft, die an einer einwöchigen Klassenfahrt teilnimmt, wie ihre vollzeitbeschäftigten Kollegen zu vergüten ist, da die Lehrkräfte auf einer Klassenfahrt „praktisch während der gesamten Dauer der Klassenfahrt mit Betreuungs- und Aufsichtsarbeiten beschäftigt" sind.[15] Für die entsprechende Mehrarbeit sollte die Lehrkraft Vergütung entsprechend Nr. 3 SR 2 l I BAT nach der MVergV erhalten. Das BAG hat Nr. 3 SR 2 l I BAT für unwirksam erklärt, soweit diese Regelung § 34 Abs. 1 Unterabs. 1 Satz 3 BAT für unanwendbar erklärt und auf die für Beamte geltenden Vorschriften verweist. Da bei Anwendung der für Beamte geltenden Vorschriften der teilzeitbeschäftigte Lehrer für seine Mehrarbeitsstunden eine geringere Mehrarbeitsvergütung erhalte als ein vollzeitbeschäftigter Lehrer, liege darin eine gegen § 2 Abs. 1 BeschFG 1996[16] verstoßende unterschiedliche Behandlung von teilzeit-

---

[11]   BAG, Urt. v. 14.07.1982 – 4 AZR 423/81, AP § 611 BGB Lehrer, Dozenten Nr. 30.

[12]   BAG, Urt. v. 22.08.2001 – 5 AZR 108/00, ZTR 2002, 228.

[13]   Siehe hierzu Uttlinger SR 2 l I BAT Erl.3 Hinweis 9.

[14]   Verordnung über die Gewährung von Mehrarbeitsvergütung für Beamte – MVergV, BGBl I 1972, 747, zuletzt geändert durch Gesetz v. 09.11.2004, BGBl. I 2004, 2774.

[15]   BAG, Urt. v. 22.08.2001 – 5 AZR 108/00, ZTR 2002, 228.

[16]   Nunmehr § 4 Abs. 1 S. 1 TzBfG.

und vollzeitbeschäftigten Lehrern, für die kein sachlicher Grund vorliege.[17] Die Mehrarbeitsvergütung für teilzeitbeschäftigte Lehrer richtete sich folglich nach § 34 Abs. 1 Unterabs. 1 Satz 3 BAT.

Diese Rechtsprechung kann auf § 51 Nr. 2 TVöD BT-V (VKA) übertragen werden. § 51 Nr. 2 S. 1 TVöD BT-V (VKA) schließt u.a. auch die Anwendung von § 8 Abs. 2 TVöD aus und verweist auf die entsprechenden Bestimmungen für Beamte. Erhält die teilzeitbeschäftigte Lehrkraft für Mehrarbeitsstunden aufgrund der Anwendung der Bestimmungen für Beamte eine geringere Vergütung als ihr vollzeitbeschäftigter Kollege, liegt auch hierin eine gegen § 4 Abs. 1 Satz 1 TzBfG verstoßende Ungleichbehandlung. Folge davon ist die Unwirksamkeit von § 51 Nr. 2 TVöD BT-V (VKA), soweit er die Anwendung von § 8 Abs. 2 TVöD ausschließt und auf die entsprechenden Bestimmungen für Beamte verweist.[18] In diesem Fall erhält der teilzeitbeschäftigte Lehrer Vergütung nach § 8 Abs. 2 TVöD. **11**

3. Einzelvertragliche Regelung der Arbeitszeit

Sind entsprechende Beamte nicht vorhanden, so ist gem. § 51 Nr. 2 Satz 3 TVöD BT-V (VKA) die Arbeitszeit im Arbeitsvertrag zu regeln. Liegen somit keine allgemein gültigen Bestimmungen für beamtete Lehrer vor, welche die Arbeitszeit regeln, so muss die Arbeitszeit einzelvertraglich vereinbart werden. So wird gewährleistet, dass die Besonderheiten der Lehrertätigkeit bei der Arbeitszeit auf jeden Fall Berücksichtigung finden. **12**

IV. Nr. 3 – Urlaub und Arbeitsbefreiung

1. Grundsätze

Bei Anwendung des TVöD gelten für den Erholungsurlaub der Lehrkräfte grundsätzlich die §§ 26 ff TVöD. In Nr. 3 Abs. 1 Satz 1 wurde – entgegen dem Wortlaut in Nr. 5 Abs. 1 SR 2 l I BAT – ausdrücklich geregelt, dass der Urlaub in den Schulferien zu nehmen ist. Dabei kann aber keine Lehrkraft mehr Erholungsurlaub beanspruchen als ein sonstiger unter den TVöD fallender Beschäftigter. Aufgrund dessen ist der Lehrer auch während der Schulferien zur Leistung von Diensten verpflichtet, wenn sein Erholungsurlaub beendet ist. In diesem Fall erhält der Lehrer weiterhin seine Vergütung. Während der Schulferien kann aber auch Sonderurlaub (§ 28 TVöD) gewährt werden. In diesem Fall ist der Lehrer von seiner Dienstleistungspflicht befreit, erhält aber auch keine Vergütung. Im Rahmen der Entscheidung über die Dauer des Sonderurlaubs ist darauf zu achten, dass der während der Schulferien zu gewährende Erholungsurlaub nicht verkürzt wird und aufgrund dessen außerhalb der Schulferien gewährt werden muss.[19] **13**

2. Ferienüberhang

Seitens des Arbeitgebers kann der Wunsch bestehen, die wöchentliche Arbeitszeit des Lehrers während der Schulzeit anzuheben, um so die Freizeit auszugleichen, **14**

---

[17] BAG, Urt. v. 22.08.2001 – 5 AZR 108/00, ZTR 2002, 228.
[18] Die für beamtete Lehrer geltende Mehrarbeitsvergütung ergibt sich aus § 4 Abs. 3 MVergV und beträgt zwischen € 15,03 und € 25,83 je Unterrichtsstunde.
[19] BAG, Urt. v. 14.01.1965 – 5 AZR 181/64, AP § 611 BGB Urlaubsrecht Nr. 96.

Heitsch

die während der Schulferien über den Erholungsurlaub hinaus für den Lehrer besteht (sog. Ferienüberhang). § 6 Abs. 1 TVöD bestimmt die regelmäßige wöchentliche Arbeitszeit. Gem. § 6 Abs. 2 Satz 1 TVöD ist für die Berechnung des Durchschnitts der regelmäßigen wöchentlichen Arbeitszeit ein Zeitraum von bis zu einem Jahr zugrunde zu legen. In den Fällen, in denen § 51 keine Anwendung findet, kann aufgrund dessen zumindest einvernehmlich durch Nebenabrede zwischen Arbeitgeber und Lehrkraft im Rahmen des gesetzlich Zulässigen eine Anhebung der wöchentlichen Arbeitszeit während der Schulzeit vereinbart werden.[20]

15   Voraussetzung dafür ist aber, dass die Lehrkraft während der Schulferien tatsächlich nicht zur Arbeitsleistung herangezogen wird. Auch eine Änderungskündigung mit dem Ziel des Abbaus des Ferienüberhangs ist möglich.[21] Eine Änderungskündigung, mit der zum Abbau des Ferienüberhangs die vertraglich vereinbarte Arbeitszeit und die entsprechende Vergütung bei außerhalb der Schulferien unveränderter Zahl der Unterrichtsstunden reduziert werden soll, verstößt i.d.R. gegen den Grundsatz der Verhältnismäßigkeit und ist deshalb gem. §§ 1, 2 KSchG sozial ungerechtfertigt, wenn der Ferienüberhang auch durch volle Inanspruchnahme der vertraglichen Arbeitsleistung abgebaut werden könnte.[22]

3. Arbeitsunfähigkeit während der Schulferien

16   Gem. Nr. 3 Abs. 1 Satz 2 ist die Lehrkraft verpflichtet, eine durch Unfall oder Krankheit während der Schulferien eintretende Arbeitsunfähigkeit unverzüglich anzuzeigen. So soll möglichst zeitnah festgestellt werden, ob noch Urlaubstage bestehen, die gewährt werden müssen. Endet die Arbeitsunfähigkeit noch während der Schulferien, werden die restlichen Urlaubstage, soweit möglich, durch die Schulferien abgegolten. Ist dies nicht möglich, so sind die Urlaubstage während der Schulzeit zu gewähren. Nach Nr. 3 Abs. 1 Satz 3 hat sich die Lehrkraft nach Ende der Schulferien oder, wenn die Krankheit länger dauert, nach Wiederherstellung der Arbeitsfähigkeit zur Arbeitsleistung zur Verfügung zu stellen.

4. Inanspruchnahme während der Schulferien

17   Nach Nr. 3 Abs. 2 Satz 1 gelten wiederum die Bestimmungen für entsprechende Beamte, wenn eine Lehrkraft während der den Urlaub in den Schulferien übersteigenden Zeit in Anspruch genommen wird. Sollten entsprechende Beamte nicht vorhanden sein, so wird dieser Fall von den Betriebsparteien geregelt (Nr. 3 Abs. 2 Satz 2).

V. Nr. 4 – Befristung und Beendigung des Arbeitsverhältnisses

18   In Nr. 4 wird nicht mehr auf die Vorschriften für die beamteten Lehrer verwiesen. Gem. Nr. 4 endet das Arbeitsverhältnis, ohne dass es einer Kündigung bedarf, mit Ablauf des Schulhalbjahres (31. Januar bzw. 31. Juli), in dem die Lehrkraft das 65. Lebensjahr vollendet hat.

---

[20]   BAG, Urt. v. 13.02.1992 – 6 AZR 426/90, BAGE 69, 348; Urt. v. 13.12.2001 – 6 AZR 127/00.
[21]   BAG, Urt. v. 26.01.1995 – 2 AZR 371/94, AP § 2 KSchG 1969 Nr. 36.
[22]   BAG, Urt. v. 26.01.1995 – 2 AZR 428/94, AP § 2 KSchG 1969 Nr. 37.

Heitsch

§ 52 Beschäftigte als Lehrkräfte an Musikschulen

Zu Abschnitt I Allgemeine Vorschriften
Nr. 1 zu § 1 - Geltungsbereich -

[1]Diese Sonderregelungen gelten für Beschäftigte als Musikschullehrerinnen und Musikschullehrer an Musikschulen. [2]Musikschulen sind Bildungseinrichtungen, die die Aufgabe haben, ihre Schüler an die Musik heranzuführen, ihre Begabungen frühzeitig zu erkennen, sie individuell zu fördern und bei entsprechender Begabung ihnen gegebenenfalls eine studienvorbereitende Ausbildung zu erteilen.

Zu Abschnitt II Arbeitszeit
Nr. 2 zu § 6 - Regelmäßige Arbeitszeit -

(1) [1]Vollbeschäftigt sind Musikschullehrerinnen und Musikschullehrer, wenn die arbeitsvertraglich vereinbarte durchschnittliche regelmäßige wöchentliche Arbeitszeit 30 Unterrichtsstunden zu je 45 Minuten (= 1350 Unterrichtsminuten) beträgt. [2]Ist die Dauer einer Unterrichtsstunde auf mehr oder weniger als 45 Minuten festgesetzt, tritt an die Stelle der 30 Unterrichtsstunden die entsprechende Zahl von Unterrichtsstunden.

Protokollerklärung zu Absatz 1
[1]Bei der Festlegung der Zahl der Unterrichtsstunden ist berücksichtigt worden, dass Musikschullehrer neben der Erteilung von Unterricht insbesondere folgende Aufgaben zu erledigen haben:
a) Vor- und Nachbereitung des Unterrichts (Vorbereitungszeiten),
b) Abhaltung von Sprechstunden,
c) Teilnahme an Schulkonferenzen und Elternabenden,
d) Teilnahme am Vorspiel der Schülerinnen und Schüler, soweit dieses außerhalb des Unterrichts stattfindet,
e) Mitwirkung an Veranstaltungen der Musikschule sowie Mitwirkung im Rahmen der Beteiligung der Musikschule an musikalischen Veranstaltungen (z.B. Orchesteraufführungen, Musikwochen und ähnliche Veranstaltungen), die der Arbeitgeber, einer seiner wirtschaftlichen Träger oder ein Dritter, dessen wirtschaftlicher Träger der Arbeitgeber ist, durchführt,
f) Mitwirkung an Musikwettbewerben und ähnlichen Veranstaltungen,
g) Teilnahme an Musikschulfreizeiten an Wochenenden und in den Ferien.
[2]Durch Nebenabrede kann vereinbart werden, dass Musikschullehrerinnen und Musikschullehrern Aufgaben übertragen werden, die nicht durch diese Protokollerklärung erfasst sind. [3]In der Vereinbarung kann ein Zeitausgleich durch Reduzierung der arbeitsvertraglich geschuldeten Unterrichtszeiten getroffen werden. [4]Satz 3 gilt entsprechend für Unterricht in den Grundfächern (z.B. musikalische Früherziehung, musikalische Grundausbildung, Singklassen). [5]Die Nebenabrede ist mit einer Frist von 14 Tagen zum Monatsende kündbar.

3. Nebenabrede (Protokollerklärung zu Absatz 1)

7   Gem. Satz 2 der Protokollerklärung zu Absatz 1 kann durch Nebenabrede vereinbart werden, dass Musikschullehrerinnen und Musikschullehrern Aufgaben übertragen werden, die nicht durch die Protokollerklärung zu Absatz 1 erfasst sind. Aus dem oben[2] zu den in Satz 1 der Protokollerklärung zu Absatz 1 aufgeführten Tätigkeiten Gesagten ergibt sich, dass auch andere Tätigkeiten als bei der Festlegung der Zahl der Unterrichtsstunden berücksichtigt gelten, die unmittelbar mit dem Unterricht zusammenhängen, in der Protokollerklärung aber nicht aufgeführt sind. Satz 2 der Protokollerklärung zu Absatz 1 meint damit Tätigkeiten, die weder den Unterricht als solchen betreffen noch mit diesem unmittelbar zusammenhängen. Solche Tätigkeiten können durch Nebenabrede auf Musikschullehrerinnen und Musikschullehrer übertragen werden. Hier ist z.B. an Verwaltungsaufgaben zu denken, die nicht unmittelbar mit dem Unterricht zusammenhängen.

8   Satz 2 der Protokollerklärung zu Absatz 1 ermöglicht dem Arbeitgeber damit eine Verlängerung der Arbeitszeit der Musikschullehrerinnen und Musikschullehrer. Um dabei aber nicht in den Bereich von Überstunden zu gelangen, gibt Satz 3 der Protokollerklärung zu Absatz 1 dem Arbeitgeber die Möglichkeit, in der Nebenabrede einen Zeitausgleich durch Reduzierung der arbeitsvertraglich geschuldeten Unterrichtszeiten zu treffen. Die Vereinbarung eines Zeitausgleichs ist aber nicht zwingend. Aufgrund dessen kann der Arbeitgeber auch Satz 2 der Protokollerklärung zu Absatz 1 dazu nutzen, einen Ferienüberhang zu vermeiden. Mit den arbeitsvertraglich geschuldeten Unterrichtszeiten ist die Anzahl der Unterrichtsstunden gemeint. Die Änderung der Dauer einer Unterrichtsstunde ist schon aufgrund von Nr. 2 Abs. 1 Satz 2 möglich. Eine Änderung der Dauer der Unterrichtsstunden, die sich nur auf vereinzelte Musikschullehrerinnen und Musikschullehrer bezieht, ist für eine Musikschule im übrigen auch nicht sinnvoll. Gem. Satz 4 der Protokollerklärung zu Absatz 1 gilt Satz 3 entsprechend für Unterricht in den Grundfächern (z.B. musikalische Früherziehung, musikalische Grundausbildung, Singklassen).

9   Nach Satz 5 der Protokollerklärung zu Absatz 1 ist die Nebenabrede mit einer Frist von 14 Tagen zum Monatsende kündbar. Satz 5 der Protokollerklärung zu Absatz 1 stellt eine Konkretisierung von § 2 Abs. 3 Satz 2 TVöD dar.

4. Ununterbrochenes Arbeitsverhältnis seit 28. Februar 1987

10   Nach Nr. 2 Abs. 2 wird für die unter Nr. 1 fallenden Beschäftigten, die seit dem 28. Februar 1987 in einem Arbeitsverhältnis zu demselben Arbeitgeber stehen, eine günstigere einzelvertragliche Regelung zur Arbeitszeit durch das Inkrafttreten dieser Sonderregelung nicht berührt. Nr. 2 Abs. 2 steht in Übereinstimmung mit der Rechtsprechung des Großen Senats des BAG, nach der einzelvertraglich geregelte Arbeitsbedingungen grundsätzlich nicht nachträglich durch ungünstigere tarifvertragliche Regelungen verdrängt oder verschlechtert werden können.[3]

---

[2]   Siehe III. 1
[3]   BAG, Beschl. v. 16.09.1986 – GS 1/82, AP § 77 BetrVG 1972 Nr. 17; siehe auch ErfK/Schaub/Franzen § 4 TVG Rn. 55.

IV. Nr. 3 – Erholungsurlaub

Nach Nr. 3 sind Musikschullehrerinnen und Musikschullehrer verpflichtet, den 11
Urlaub während der unterrichtsfreien Zeit zu nehmen; außerhalb des Urlaubs können sie während der unterrichtsfreien Zeit zur Arbeit herangezogen werden. Nr. 3
entspricht insoweit § 51 Nr. 3 Abs. 1 Satz 1 TVöD BT-V (VKA) – siehe dazu § 51
Abs. 4 Satz 1 TVöD BT-V (VKA).

§ 53 Beschäftigte als Schulhausmeister

Zu Abschnitt I Allgemeine Vorschriften
Nr. 1 zu § 1 - Geltungsbereich -

Diese Sonderregelungen gelten für Beschäftigte als Schulhausmeister.

Nr. 2

Durch landesbezirklichen Tarifvertrag können nähere Regelungen über die den Schulhausmeistern obliegenden Aufgaben unter Anwendung des Abschnitts A des Anhangs zu § 9 getroffen werden.

Protokollerklärung:
Landesbezirkliche Regelungen weitergehenden Inhalts bleiben, ungeachtet § 24 TVÜ-VKA, unberührt.

Zu Abschnitt III Eingruppierung, Entgelt und sonstige Leistungen
Nr. 3

(1) Durch landesbezirklichen Tarifvertrag können abweichend von § 24 Abs. 6 Rahmenregelungen zur Pauschalierung getroffen werden.

(2) [1]Soweit sich die Arbeitszeit nicht nach dem Anhang 1 zu § 9 bestimmt, kann durch landesbezirklichen Tarifvertrag für Arbeiten außerhalb der regelmäßigen Arbeitszeit (§ 6 Abs. 1) im Zusammenhang mit der Beanspruchung der Räumlichkeiten für nichtschulische Zwecke ein Entgelt vereinbart werden. [2]Solange ein landesbezirklicher Tarifvertrag nicht abgeschlossen ist, ist das Entgelt arbeitsvertraglich oder betrieblich zu regeln.

(3) Bei der Festsetzung der Pauschale nach Absatz 1 kann ein geldwerter Vorteil aus der Gestellung einer Werkdienstwohnung berücksichtigt werden.

I. Geltungsbereich

1　Die Vorschrift gilt für Hausmeister an Schulen im kommunalen Bereich. Hierzu zählen auch Hausmeister an Volkshochschulen[1] oder anderen nicht staatlichen Schulen, soweit diese durch Kommunen betrieben werden.

---

[1]　BAG, Urt. v. 12.02.1997 – 4 AZR 330/95, NZA 1997, 1119.

II. Landesbezirkliche Regelungen

Für Schulhausmeister, die unter Anhang A zu § 9 TVöD fallen, in deren Arbeits- **2**
zeit also regelmäßig in nicht unerheblichem Umfang Bereitschaftsdienste anfallen,[2] können neben der in Anhang A zu § 9 Satz 2 geregelten Faktorisierung der
Bereitschaftszeiten durch landesbezirklichen Tarifvertrag nähere Regelungen der
Arbeitsaufgaben erfolgen.[3] Solche Regelungen können Vertretungsregelungen an
anderen Schulen, aber auch Regelungen über eine Verteilung der Arbeitszeit zur
Betreuung außerschulischer Veranstaltungen sein. Eine konkrete Festlegung, welcher Art die Aufgabenfestlegung sein muss, ist nicht getroffen worden. Die hierzu
ergangene Protokollerklärung hält fest, dass weitergehende bestehende landesbezirkliche Regelungen ungeachtet von § 24 TVÜ VKA weiterhin in Kraft bleiben.
Dies führt zur Fortgeltung der bereits bestehenden landesbezirklichen Tarifverträge. Die Formulierung „ungeachtet von § 24 TVÜ VKA" ist hier allerdings missverständlich formuliert. In Bezug auf die Hausmeistertätigkeit regelt § 24 TVÜ
VKA, dass tarifvertragliche Regelungen, die in Widerspruch zu den Faktorisie-
rungsbestimmungen des Anhangs A zu § 9 TVöD stehen, bis zum 31.12.2005 an
die Bereitschaftsdienstregelungen des Anhangs A zu § 9 TVöD anzupassen sind.
Dieses Erfordernis ist nach wie vor gegeben, da Anhang A zu § 9 den Mindest-
standard der EU Richtlinie[4] wiedergibt und Tarifverträge gegen diese Mindest-
norm nicht verstoßen dürfen.

Welche Fälle die tarifvertragliche Vorschrift erfassen soll, bleibt unklar. Wurde **3**
der Einsatz eines Hausmeisters arbeitsvertraglich beispielsweise auf eine bestimmte Schule konkretisiert, so kann das Direktionsrecht des Arbeitgebers nicht durch
diese tarifvertragliche Regelung erweitert werden. Es gilt die arbeitsvertraglich für
den Beschäftigten günstigere Regelung nach § 4 Abs. 3 TVG. Umgekehrt ist es
dem Arbeitgeber bei einer Übertragung einer Tätigkeit als Hausmeister an städtischen Schulen im Rahmen des Direktionsrechts möglich, den Schulhausmeister
vertretungsweise auch an anderen Schulen einzusetzen.[5] Wurde einzelvertraglich
der Einsatz an einer Schule vereinbart und ändert der Arbeitgeber die Einsatzpla-
nung der Hausmeister dergestalt, dass Einsätze auch an anderen Schulen zur Vertretung oder Abdeckung von Arbeitsspitzen notwendig werden, so rechtfertigt dies
in der Regel den Ausspruch einer Änderungskündigung zur Anpassung des Arbeitsvertrages.

III. Rahmenregelungen zur Pauschalierung nach § 24 Abs. 6 TVöD BT-V VKA

§ 53 Nr. 3 Abs. 1 TVöD BT-V VKA gibt für alle Gruppen von Hausmeistern, d.h. **4**
Schulhausmeistern mit und ohne Bereitschaftsdienst die Möglichkeit, für die nach
§ 24 Abs. 6 TVöD einzelvertraglich vorgesehene Pauschalisierung von Zeit- und

---

2   Vergleiche hierzu die Kommentierung zu § 9 TVöD.
3   Z.B. die Übertragung von zusätzlichen Reinigungsaufgaben vgl. BAG 3. Senat, Urt. v. 12.07.1983
    – 3 AZR 129/87, AP Nr. 10 zu § 4 BAT.
4   Richtlinie 2003/88/ EG v. 02.08.2003 des Europäischen Parlaments und des Rates über bestimmte
    Aspekte der Arbeitszeitgestaltung, ABlEG Nr. L 299, v. 04.11.2003, S. 9.
5   BAG, Urt. v. 11.06.1992 – 6 AZR 218/91, AP Nr. 2 zu § 12 BAT.

Erschwerniszuschlägen Rahmenregelungen vorzugeben. Dies führt dazu, dass hier durch Tarifvertrag Vorgaben zur einzelvertraglichen Pauschalierung dieser Zuschläge gemacht werden können. Diese Vorschrift dient der Durchsetzung von Mindeststandards der Pauschalierung. Wird keine landesbezirkliche Regelung durch Tarifvertrag getroffen, so sind Arbeitgeber und Beschäftigte an keine Vorgaben gebunden. In der Regel handelt es sich dann aber um allgemeine Geschäftsbedingungen des Arbeitgebers, die einer Inhaltskontrolle nach §§ 305 ff BGB unterliegen. Vor diesem Hintergrund schaffen landesbezirkliche Regelungen nicht nur Mindeststandards für die Beschäftigten, sondern auch Rechtssicherheit für die Arbeitgeber.

5   Nach § 53 Nr. 3 Abs. 3 TVöD BT-V VKA kann bei der Festsetzung der Pauschale der geldwerte Vorteil aus der Gestellung einer Werkwohnung berücksichtigt werden, so dass die Pauschalierung von Zeit- und Erschwerniszuschlägen sich ganz oder teilweise in Höhe des Wertes des geldwerten Vorteils aus der Gestellung der Werkwohnung mindert. Der geldwerte Vorteil bestimmt sich nach dem Sachbezugswert des § 8 Abs. 3 EStG, wenn der Arbeitgeber andere Werkwohnungen auch an private Dritte vermietet, unter Abzug des Rabattfreibetrages.[6] Bereits in der Vergangenheit sind Regelungen hierzu durch Bezirkszusatztarifverträge getroffen worden.[7]

6   Wird die Zahl der Überstunden, die durch eine tarifvertragliche Regelung eigentlich abgegolten werden soll, im Einzelfall einmal überschritten, so besteht keine Vergütungspflicht für die zusätzlich aufgewandten Stunden, auch nicht auf Vergütung in Höhe der durchschnittlichen Stundenvergütung.[8]

IV. Entgeltregelungen für Tätigkeiten außerhalb der regelmäßigen Arbeitszeit

7   § 53 Nr. 3 Abs. 2 TVöD BT-V VKA eröffnet den Tarifvertragsparteien auf landesbezirklicher Ebene die Möglichkeit der Pauschalierung der Abgeltung von Arbeitszeiten außerhalb der regelmäßigen Arbeitszeit nach § 6 Abs. 1 Satz 1 TVöD insgesamt, d.h. der Arbeitsstunden einschließlich der Zulagen, wenn in die Arbeitszeit keine Bereitschaftszeit fällt. Hierzu müssen die beiden Voraussetzungen kumulativ vorliegen; es darf zum einen kein Bereitschaftsdienst vereinbart sein und zum anderen müssen Arbeitszeiten außerhalb der wöchentlichen Regelarbeitszeit (38,5 Stunden) abgegolten werden. Die wöchentliche Regelarbeitszeit wird hierbei von ihrer Lage regelmäßig durch Betriebs- oder Dienstvereinbarung nach § 87 Abs. 1 Nr. 2 BetrVG bzw. den § 75 Abs. 3 Nr. 1 BPersVG entsprechenden Regelungen der Landespersonalvertretungsgesetze bestimmt. Das Mitbestimmungsrecht kann ausnahmsweise dann entfallen, wenn erkennbar eine auf einen

---

[6] Werden Schulhausmeisterwohnungen auch an Dritte vermietet, kommt der Rabattfreibetrag nach § 8 Abs. 3 EStG zur Anwendung: BFH, Urt. v. 16.02.2005 – VI R 46/03, NZM 2005, 555. Dies gilt auch dann, wenn nur eine Werkwohnung weitervermietet wurde: FG Münster Urt. v. 15.05.2003 – 3 K 1125/00, BeckRS 2003 26014362.

[7] Vgl. z.B. den Sachverhalt BAG, Urt. v. 10.07.2003 – 6 AZR 309/02, NJOZ 2004, 2033.

[8] BAG, Urt. v. 19.02.2004 – 6 AZR 211/03, NJOZ 2004, 2039.

bestimmten Hausmeister zugeschnittene Arbeitszeit individualrechtlich zwischen dem Arbeitgeber und dem Hausmeister getroffen wird.[9]

Besteht kein landesbezirklicher Tarifvertrag, so können entsprechende Regelungen durch Betriebs- oder Dienstvereinbarungen aber auch einzelvertraglich getroffen werden. Es handelt sich hierbei um Fragen der betrieblichen Lohngestaltung nach § 87 Abs.1 Nr. 10 bzw. § 75 Abs. 3 Nr. 4 BPersVG, die der Mitbestimmung des Betriebs- bzw. Personalrates unterliegen, wenn nicht nur Regelungen eines Einzelfalles, sondern standardisierte Regelungen mit kollektiven Bezug getroffen werden.[10] Dies dürfte eigentlich immer gegeben sein, wenn die Regelungen nicht nur eine Einzelveranstaltung betreffen. **8**

Wird der Bereitschaftsdienst bei außerschulischen Veranstaltungen in bestimmter Höhe tariflich vergütet, so kann hieraus ein Anspruch aus betrieblicher Übung entstehen, nicht jedoch darauf, dass eine bestimmte Anzahl von Überstunden hierbei angeordnet wird.[11] **9**

---

[9] Hessischer VGH Fachsenat für Personalvertretungssachen (Land), Beschl. v. 23.05.2000 – 22 TL 4473/98, AP Nr. 5 zu § 74 LPVG.
[10] BAG, Beschl. v. 03.12.1991 – GS 2/90, AP Nr. 51,52 zu § 87 BetrVG 1972 Lohngestaltung.
[11] BAG, Urt. v. 13.11.1986 – 6 AZR 567/83, AP Nr. 27 zu § 242 Betriebliche Übung.

§ 54 Beschäftigte beim Bau und Unterhaltung von Straßen

Zu Abschnitt I Allgemeine Vorschriften
Nr. 1 zu § 1 - Geltungsbereich -

Diese Sonderregelungen gelten für Beschäftigte beim Bau und bei der Unterhaltung von Straßen der Landkreise und der Kommunalverbände höherer Ordnung.

Nr. 2 zu § 44 - Reise- und Umzugskosten, Trennungsgeld -

Durch landesbezirklichen Tarifvertrag sind abweichend von § 44 nähere Regelungen zur Ausgestaltung zu treffen.

Protokollerklärung:
Landesbezirkliche Regelungen weitergehenden Inhalts bleiben unberührt.

I. Vergleich mit bisheriger Regelung

1   Ursprünglich war die Sondervereinbarung gemäß § 2 Abs. 1 Satz 1 Buchst. g BMT-G II für Arbeiter (Straßenwärter und Straßenhilfsarbeiter) beim Bau und bei der Unterhaltung von Straßen der Landkreise und der Kommunalverbände höherer Ordnung in Anlage 7 zum BMT-G II enthalten. Sie wurde in dieser Form nicht übernommen. Die Sonderregelung in § 54 TVöD BT-V (VKA) enthält lediglich Abweichungen zu § 44 TVöD BT-V betreffend die Reise- und Umzugskosten sowie das Trennungsgeld. Grund hierfür dürfte sein, dass bereits vor dem Inkrafttreten des TVöD die Sonderregelung in Anlage 7 zum BMT-G II keinerlei praktische Bedeutung mehr hatte, da für die unter die Sonderregelung fallenden Arbeiter die für die Arbeiter des Landes geltenden tarifvertraglichen Bestimmungen durch entsprechende bezirkliche Vereinbarung übernommen worden waren.[1]

II. Nr. 1 – Geltungsbereich

2   § 54 TVöD BT-V (VKA) gilt für Beschäftigte beim Bau und bei der Unterhaltung von Straßen der Landkreise und der Kommunalverbände höherer Ordnung. Obwohl mit dem Begriff der Beschäftigten sowohl Arbeiter als auch Angestellte gemeint sind, wird sich der Geltungsbereich wohl im Wesentlichen auf die bereits in der Sonderregelung der Anlage 7 zum BMT-G II aufgeführten Straßenbauarbeiter beschränken. Unter Bau ist die Errichtung einer neuen Straße zu verstehen. Der Begriff Unterhaltung umfasst sowohl die Instandsetzung als auch die Instandhaltung bereits gebauter Straßen. § 54 TVöD BT-V (VKA) erfasst aber nur Beschäf-

---

[1]   Siehe hierzu Scheuring BMT-G Anl. 7, Erläuterung.

tigte, welche Straßen der Landkreise oder der Kommunalverbände höherer Ordnung bauen oder unterhalten.

Bei den Kommunalverbänden höherer Ordnung handelt es sich um Körperschaften des öffentlichen Rechts, die von ihrem Gebietszuschnitt her oberhalb der Kreisebene angesiedelt sind. Ziel der Kommunalverbände höherer Ordnung ist es, mit Aufgaben, die von den sonstigen Kommunalkörperschaften aus Gründen wie fehlender technischer Voraussetzungen oder fehlender Finanzierbarkeit nicht optimal wahrgenommen werden können, eigenständige Aufgabenträger zu betrauen. Zu den Aufgaben der Kommunalverbände höherer Ordnung kann außer den typischen Aufgaben auf sozialem und kulturellem Gebiet auch die Verwaltung von Landes- oder Bundesstraßen gehören. Zu den Landkreisen siehe die jeweilige LKrO.

III. Nr. 2 – Reise- und Umzugskosten, Trennungsgeld

Gem. Nr. 2 sind durch landesbezirklichen Tarifvertrag abweichend von § 44 TVöD BT-V nähere Regelungen zur Ausgestaltung zu treffen. § 44 TVöD BT-V[2] regelt die Erstattung von Reise- und Umzugskosten sowie die Zahlung von Trennungsgeld. Nach § 44 Abs. 1 TVöD BT-V finden für die Erstattung von Reiseund Umzugskosten sowie Trennungsgeld die für die Beamtinnen und Beamten jeweils geltenden Bestimmungen entsprechende Anwendung. Um den Besonderheiten im Bereich der Beschäftigten bei Bau und Unterhaltung von Straßen gerecht zu werden, ermächtigt Nr. 2 dazu, durch landesbezirklichen Tarifvertrag von diesen für Beamtinnen und Beamte geltenden Bestimmungen abzuweichen. Diese Besonderheiten liegen insbesondere darin, dass bei den von den Beschäftigten geschuldeten Tätigkeiten eine gewisse örtliche Flexibilität vorausgesetzt wird. Bestehen bereits landesbezirkliche Regelungen, welche über den in § 54 Nr. 2 TVöD BT-V (VKA) vorgesehenen Inhalt hinausgehen, so bleiben diese nach der Protokollerklärung zu § 54 Nr. 2 TVöD BT-V (VKA) unberührt.

3

4

---

[2] Siehe hierzu die Kommentierung zu § 44 TVöD BT-V.

§ 55 Beschäftigte an Theatern und Bühnen

Zu Abschnitt I Allgemeine Vorschriften
Nr. 1 zu § 1 - Geltungsbereich -

(1) [1]Diese Sonderregelungen gelten für die Beschäftigten in Theatern und Bühnen, die nicht von § 1 Abs. 2 Buchst. n erfasst werden. [2]Unter diese Sonderregelungen fallen Beschäftigte in der Verwaltung und Orchesterwarte, ferner Beschäftigte mit mechanischen, handwerklichen oder technischen Tätigkeiten, einschließlich Meisterinnen und Meister, insbesondere in den Bereichen

- Licht-, Ton- und Bühnentechnik,
- handwerkliche Bühnengestaltung (z. B. Dekorationsabteilung, Requisite),
- Vorderhaus,
- Garderobe,
- Kostüm und Maske.

(2) Unter diese Sonderregelungen fallen auch die folgenden Beschäftigten:
- technische Oberinspektorin und Oberinspektor, Inspektorin und Inspektor, soweit nicht technische Leiterin oder Leiter,
- Theater- und Kostümmalerin und Theater- und Kostümmaler,
- Maskenbildnerin und Maskenbildner,
- Kascheurin und Kascheur (Theaterplastikerin und Theaterplastiker),
- Gewandmeisterin und Gewandmeister,
  es sei denn, sie sind überwiegend künstlerisch tätig.

Nr. 2 zu § 2 - Arbeitsvertrag, Nebenabreden, Probezeit -

Im Arbeitsvertrag kann eine Probezeit bis zur Dauer einer Spielzeit vereinbart werden.

Nr. 3 zu § 3 - Allgemeine Arbeitsbedingungen -

Beschäftigte sind verpflichtet, an Abstechern und Gastspielreisen teilzunehmen.

Protokollerklärung:
Bei Abstechern und Gastspielreisen ist die Zeit einer aus betrieblichen Gründen angeordneten Mitfahrt auf dem Wagen, der Geräte oder Kulissen befördert, als Arbeitszeit zu bewerten.

Zu Abschnitt II Arbeitszeit
Nr. 4

(1) [1]Beschäftigte sind an Sonn- und Feiertagen ebenso zu Arbeitsleistungen verpflichtet wie an Werktagen. [2]Zum Ausgleich für die Arbeit an Sonntagen wird jede Woche ein ungeteilter freier Tag gewährt. [3]Dieser soll mindestens in jeder siebenten Woche auf einen Sonn- oder Feiertag fallen.

Heitsch

(2) Die regelmäßige Arbeitszeit der Beschäftigten, die eine Theaterbetriebszulage (Absatz 5) erhalten, kann um sechs Stunden wöchentlich verlängert werden.

(3) Beschäftigte erhalten für jede Arbeitsstunde, um die die allgemeine regelmäßige Arbeitszeit (§ 6 Abs. 1) nach Absatz 2 verlängert worden ist, 100 v.H. des auf eine Stunde entfallenden Anteils des monatlichen Entgelts der jeweiligen Entgeltgruppe und Stufe nach Maßgabe der Entgelttabelle.

(4) [1]Überstunden dürfen nur angeordnet werden, wenn ein außerordentliches dringendes betriebliches Bedürfnis besteht oder die besonderen Verhältnisse des Theaterbetriebes es erfordern. [2]Für Überstunden ist neben dem Entgelt für die tatsächliche Arbeitsleistung der Zeitzuschlag nach § 8 Abs. 1 Satz 2 Buchst. a zu zahlen. [3]Die Protokollerklärung zu § 8 Abs. 1 Satz 1 findet Anwendung.

(5) [1]§ 8 Abs. 1 und § 8 Abs. 5 und 6 gelten nicht für Beschäftigte, die eine Theaterbetriebszulage nach einem landesbezirklichen Tarifvertrag erhalten. [2]Landesbezirklich kann Abweichendes geregelt werden.

Nr. 5 zu § 44 - Reise- und Umzugskosten, Trennungsgeld -

Die Abfindung bei Abstechern und Gastspielen kann im Rahmen des für die Beamten des Arbeitgebers jeweils geltenden Reisekostenrechts landesbezirklich vereinbart werden.

Zu Abschnitt IV Urlaub und Arbeitsbefreiung
Nr. 6

Der Urlaub ist in der Regel während der Theaterferien zu gewähren und zu nehmen.

I. Vergleich mit bisherigen Regelungen

Bisher waren die Sonderregelungen für Angestellte an Theatern und Bühnen in SR   **1** 2 k BAT, die Sonderregelungen für Arbeiter bei Theatern und Bühnen in Anlage 6 zum BMT-G II geregelt. § 55 TVöD BT-V (VKA) ist im Vergleich zur Sonderregelung SR 2 k BAT übersichtlicher gestaltet. § 55 TVöD BT-V (VKA) stimmt in Nr. 1, 2, 3, 5 und 6 inhaltlich im Wesentlichen mit den Regelungen in SR 2 k BAT überein. Änderungen gibt es im Bereich der Arbeitszeit. Die Bestimmungen in Anlage 6 zum BMT-G II haben die Regelung der Rechtsverhältnisse der Arbeiter an Theatern und Bühnen im wesentlichen bezirklichen Sondervereinbarungen überlassen.

II. Nr. 1 – Geltungsbereich

2   Gem. Nr. 1 Satz 1 gelten diese Sonderregelungen für die Beschäftigten in Theatern und Bühnen, die nicht von § 1 Abs. 2 Buchst. n TVöD erfasst werden. Die Unterscheidung zwischen Theatern und Bühnen hat keine praktische Bedeutung. Theater sind nach der Rechtsprechung des BAG zu SR 2 k BAT Gebäude, in denen unter Einsatz der typischen Theatertechnik überwiegend Theateraufführungen stattfinden.[1] Ein ständiges eigenes Ensemble ist dabei nicht erforderlich. Da die Sonderregelungen SR 2 k BAT und Anlage 6 zum BMT-G II in § 55 TVöD BT-V (VKA) zusammengefasst wurden, ohne dass die Begriffe „Theater" und „Bühnen" definiert wurden, kann die vom BAG aufgestellte Definition auf § 55 TVöD BT-V (VKA) übertragen werden.

3   Der Regelung in Nr. 1 Satz 1 hätte es nicht bedurft, da sich bereits aus § 1 Abs. 2 Buchst. n TVöD ergibt, dass der Tarifvertrag auf die dort aufgeführten Beschäftigten nicht anwendbar ist. Nach § 40 Abs. 1 TVöD BT-V finden auch die Sonderregelungen des § 55 TVöD BT-V (VKA) auf diese Beschäftigten keine Anwendung. Nach § 1 Abs. 2 Buchst. n TVöD gilt der Tarifvertrag nicht für künstlerisches Theaterpersonal, technisches Theaterpersonal mit überwiegend künstlerischer Tätigkeit und Orchestermusikerinnen/Orchestermusiker. Orchestermusiker sind Musiker an staatlichen und städtischen Theatern und Bühnen sowie die Musiker in sonstigen Orchestern, gleichgültig, ob es sich um Kulturorchester oder Nichtkulturorchester handelt.[2] Im Rahmen des Geltungsbereichs erfolgt die Unterscheidung somit danach, ob der Beschäftigte künstlerisch oder überwiegend künstlerisch tätig oder Orchestermusiker ist. Ist das der Fall, fällt er aus dem Anwendungsbereich des TVöD und des § 55 TVöD BT-V (VKA) heraus.

4   Überwiegend künstlerisch tätig sind Beschäftigte, deren Arbeitszeit zu mehr als 50% mit künstlerischer Arbeit ausgefüllt ist. Nach Nr. 1 Abs. 1 sind nicht künstlerisch oder nicht überwiegend künstlerisch tätig Beschäftigte in der Verwaltung und Orchesterwarte und Beschäftigte mit mechanischen, handwerklichen oder technischen Tätigkeiten, einschließlich Meister/-innen, insbesondere in den Bereichen Licht-, Ton- und Bühnentechnik, handwerkliche Bühnengestaltung (z.B. Dekorationsabteilung, Requisite), Vorderhaus, Garderobe, Kostüm und Maske. Unter die Sonderregelung des § 55 TVöD BT-V (VKA) fallen nach Nr. 1 Abs. 2 auch technische/-r Oberinspektor/-in, Inspektor/-in, soweit nicht technische/-r Leiter/-in, Theater- und Kostümmaler/-in, Maskenbildner/-in, Kascheur/-in (Theaterplastiker/-in) und Gewandmeister/-in, es sei denn, diese sind überwiegend künstlerisch tätig.

---

[1]   BAG, Urt. v. 23.06.1999 – 10 AZR 659/98, ZTR 1999, 561.
[2]   Dassau/Langenbrinck C. 8.13.

III. Nr. 2 – Arbeitsvertrag, Nebenabreden, Probezeit

Gem. § 2 Abs. 4 S. 1 TVöD gelten die ersten sechs Monate der Beschäftigung als **5** Probezeit, soweit nicht eine kürzere Zeit vereinbart ist. Nr. 2 weicht hiervon ab. Danach kann im Arbeitsvertrag eine Probezeit bis zur Dauer einer Spielzeit vereinbart werden. Aus dem Wortlaut folgt, dass die Probezeit maximal auf die Länge einer Spielzeit ausgedehnt werden darf. Eine kürzere Probezeit ist demgegenüber möglich. Eine Spielzeit an Theatern dauert unter Umständen ein Jahr, unterbrochen von den Theaterferien im Sommer. Somit kann die Dauer der Probezeit bei Inanspruchnahme der durch Nr. 2 gegebenen Möglichkeit um einige Zeit über die in § 2 Abs. 4 TVöD vorgesehenen sechs Monate ausgedehnt werden.

IV. Nr. 3 – Allgemeine Arbeitsbedingungen

Gem. Nr. 3 sind Beschäftigte verpflichtet, an Abstechern und Gastspielreisen teil- **6** zunehmen. Somit können sich Beschäftigte an Theatern und Bühnen nicht darauf berufen, nur in dem Schauspielhaus aufzutreten, mit dem bzw. dessen Träger ihr Arbeitsverhältnis besteht. Nach der Protokollerklärung zu Nr. 3 ist bei Abstechern und Gastspielreisen die Zeit einer aus betrieblichen Gründen angeordneten Mitfahrt auf dem Wagen, der Geräte oder Kulissen befördert, als Arbeitszeit zu werten.

V. Nr. 4 – Arbeitszeit

1. Arbeit an Sonn- und Feiertagen

Gem. § 6 Abs. 5 TVöD sind die Beschäftigten im Rahmen begründeter betriebli- **7** cher/dienstlicher Notwendigkeiten u.a. zur Leistung von Sonn- und Feiertagsarbeit verpflichtet. Demnach müssen für eine Anordnung von Sonn- und Feiertagsarbeit begründete betriebliche/dienstliche Notwendigkeiten vorliegen. Nach Nr. 4 Abs. 1 Satz 1 sind Beschäftigte an Sonn- und Feiertagen ebenso zu Arbeitsleistungen verpflichtet wie an Werktagen. Keine Voraussetzung für die Anordnung von Sonn- und Feiertagsarbeit nach Nr. 4 Abs. 1 Satz 1 ist demnach das Vorliegen betrieblicher/dienstlicher Notwendigkeiten. Grund für diese Regelung ist der Umstand, dass Arbeit an Sonn- und Feiertagen an Theatern und Bühnen unumgänglich ist, da gerade an diesen Tagen die meisten Zuschauer mit den Darbietungen erreicht werden. Nr. 4 Abs. 1 Satz 1 hält sich dabei im Rahmen des § 10 Abs. 1 Nr. 5 ArbZG, nach dem Arbeitnehmer bei Musikaufführungen, Theatervorstellungen, Filmvorführungen, Schaustellungen, Darbietungen und anderen ähnlichen Veranstaltungen an Sonn- und Feiertagen beschäftigt werden dürfen, sofern die Arbeiten nicht an Werktagen vorgenommen werden können. Letzteres ist nicht nur dann der Fall, wenn technische Gründe gegen eine Vornahme der Arbeiten an Werktagen sprechen, sondern auch dann, wenn die Vornahme der Arbeiten an Werktagen unverhältnismäßige wirtschaftliche oder soziale Nachteile mit sich bringen würde.[3]

Nr. 4 Abs. 1 Satz 2, 3 betreffen nur den Ausgleich für Sonntagsarbeit. Nach Nr. **8** 4 Abs. 1 Satz 2 wird zum Ausgleich für die Arbeit an Sonntagen jede Woche ein

---

[3] ErfK/Wank § 10 ArbZG Rn. 2 m.w.N.

ungeteilter freier Tag gewährt. Gem. Nr. 4 Abs. 1 Satz 3 soll dieser mindestens in jeder siebenten Woche auf einen Sonn- oder Feiertag fallen. Des Weiteren wird der in § 8 Abs. 1 Satz 2 Buchst. c TVöD für Sonntagsarbeit festgelegte Zeitzuschlag von 25 v.H. gezahlt. Für Feiertagsarbeit gilt die allgemeine Regelung in § 8 Abs. 1 TVöD. Nach § 8 Abs. 1 Satz 1 TVöD erhält der/die Beschäftigte neben dem Entgelt für die tatsächliche Arbeitsleistung Zeitzuschläge. Die Zeitzuschläge betragen gem. § 8 Abs. 1 Satz 2 Buchst. d TVöD – auch bei Teilzeitbeschäftigten – je Stunde bei Feiertagsarbeit ohne Freizeitausgleich 135 v.H., bei Feiertagsarbeit mit Freizeitausgleich 35 v.H. des auf eine Stunde entfallenden Anteils des Tabellenentgelts der Stufe 3 der jeweiligen Entgeltgruppe.

2. Überstunden

9   Nach Nr. 4 Abs. 4 Satz 1 dürfen Überstunden nur angeordnet werden, wenn ein außerordentliches dringendes betriebliches Bedürfnis besteht oder die besonderen Verhältnisse des Theaterbetriebes es erfordern. Für Überstunden ist neben dem Entgelt für die tatsächliche Arbeitsleistung der Zeitzuschlag nach § 8 Abs. 1 Satz 2 Buchst. a TVöD zu zahlen (Nr. 4 Abs. 4 Satz 2). Die Protokollerklärung zu § 8 Abs. 1 Satz 1 TVöD findet nach Nr. 4 Abs. 4 Satz 3 Anwendung. Nach dieser richtet sich bei Überstunden das Entgelt für die tatsächliche Arbeitsleistung nach der jeweiligen Entgeltgruppe und der individuellen Stufe, höchstens jedoch nach der Stufe 4. Der nach Nr. 4 Abs. 4 Satz 2 zu zahlende Zeitzuschlag für Überstunden beträgt – auch bei Teilzeitbeschäftigten – je Stunde in den Entgeltgruppen 1 bis 9 30 v.H., in den Entgeltgruppen 10 bis 15 v.H. des auf eine Stunde entfallenden Anteils des Tabellenentgelts der Stufe 3 der jeweiligen Entgeltgruppe. Für Beschäftigte ohne Theaterbetriebszulage[4] folgt daraus, dass sie bei Überstunden das Entgelt für die tatsächliche Arbeitsleistung erhalten, wobei sich dieses nach der jeweiligen Entgeltgruppe und der individuellen Stufe, höchstens jedoch nach der Stufe 4 richtet. Zusätzlich wird ihnen der Zeitzuschlag gem. § 8 Abs. 1 Satz 1 Buchst. a TVöD gewährt.[5]

3. Beschäftigte mit Theaterbetriebszulage

10   Durch landesbezirklichen Tarifvertrag kann geregelt werden, dass bestimmte Beschäftigte eine Theaterbetriebszulage erhalten (Nr. 4 Abs. 5). Durch die Theaterbetriebszulage können z.B. besondere Erschwernisse (z.B. nicht nur gelegentliche Sonn- und Feiertagsarbeit), mit dem Dienst im Theater verbundene Aufwendungen, Zeitzuschläge, Zulagen etc. abgegolten werden. In welcher Form genau eine Abgeltung stattfindet, ist ebenfalls landesbezirklich zu regeln.

a) Regelmäßige Arbeitszeit

11   Nach Nr. 4 Abs. 2 kann die regelmäßige Arbeitszeit der Beschäftigten, die eine Theaterbetriebszulage erhalten, um sechs Stunden wöchentlich verlängert werden. Dabei stellen sechs Stunden die maximale Verlängerungsmöglichkeit der regelmäßigen wöchentlichen Arbeitszeit dar. Eine Verlängerung um weniger als sechs Stunden ist aber möglich. Wurde die regelmäßige Arbeitszeit danach verlängert,

---

4   Siehe zu Beschäftigten mit Theaterbetriebszulage sogleich unter 3.
5   Für Beschäftigte mit Theaterbetriebszulage siehe unter V. 3. b).

so handelt es sich erst ab der Stunde um Überstunden, die über die Anzahl der Stunden hinausgeht, die als Verlängerung der regelmäßigen Arbeitszeit vereinbart wurde (z.B. regelmäßige Arbeitszeit von 38,5 Stunden und vereinbarte Verlängerung der regelmäßigen Arbeitszeit um sechs Stunden => Überstunden ab dem Überschreiten der 44,5. Stunde).

Die Stunden, um die die regelmäßige Arbeitszeit nach Nr. 4 Abs. 2 verlängert **12** wird, werden nach Nr. 4 Abs. 3 abgegolten. Danach erhalten Beschäftigte für jede Arbeitsstunde, um die die allgemeine regelmäßige Arbeitszeit (§ 6 Abs. 1 TVöD) nach Nr. 4 Abs. 2 verlängert worden ist, 100 v.H. des auf eine Stunde entfallenden Anteils des monatlichen Entgelts der jeweiligen Entgeltgruppe und Stufe nach Maßgabe der Entgelttabelle.

b) Ausgleich für Sonderformen der Arbeit

Auf Beschäftigte, die eine Theaterbetriebszulage nach einem landesbezirklichen **13** Tarifvertrag erhalten, finden nach Nr. 4 Abs. 5 Satz 1 § 8 Abs. 1, 5 und 6 TVöD keine Anwendung. § 8 Abs. 1 TVöD enthält als Ausgleich für Sonderformen der Arbeit (z.B. Sonn- und Feiertagsarbeit, Überstunden etc.) Regelungen über Zeitzuschläge. § 8 Abs. 5 TVöD regelt die Wechselschichtzulage, § 8 Abs. 6 TVöD enthält Bestimmungen über die Schichtzulage. Zu Anlage 6 zum BMT-G II war man bei den Verhandlungen über den Fünften Ergänzungstarifvertrag zum BMT-G II am 25.10.1963 davon ausgegangen, dass die Theaterbetriebszulage an allen in Frage kommenden Theatern eine Abgeltung der mit einem etwaigen Schichtdienst verbundenen Lästigkeiten enthält.[6] Aus Nr. 6 Abs. 3 SR 2 k BAT ergab sich, was genau durch die Theaterbetriebszulage abgegolten wurde. Dies ist bei § 55 TVöD BT-V (VKA) nicht der Fall. Dabei scheint Nr. 4 Abs. 5 Satz 1 davon auszugehen, dass im Rahmen des landesbezirklichen Tarifvertrags tatsächlich auch durch die Theaterbetriebszulage ein Ausgleich für Sonderformen der Arbeit sowie die Wechselschicht- und Schichtarbeit geschaffen wird. Dadurch kann eine für den jeweiligen Landesbezirk spezifische Regelung der Theaterbetriebszulage erreicht werden, was aufgrund der unterschiedlichen Verhältnisse an den einzelnen Theatern und Bühnen sinnvoll ist. Erfolgt eine solche landesbezirkliche Vereinbarung über die Abgeltung der Sonderformen der Arbeit (insbes. Sonn- und Feiertagsarbeit, Überstunden), von Wechselschicht- und Schichtarbeit im Rahmen der Gewährung einer Theaterbetriebszulage, bedarf es nicht mehr der Anwendung von § 55 TVöD BT-V (VKA). Sollten aber hierzu landesbezirklich keine Vereinbarungen getroffen werden, gibt Nr. 4 Abs. 5 Satz 2 die Möglichkeit, landesbezirklich eine von Nr. 4 Abs. 5 Satz 1 abweichende Regelung zu treffen. Somit kann die Geltung von § 8 Abs. 1, 5 und 6 TVöD wieder vereinbart werden. In diesem Fall erfolgt der Ausgleich für Sonn- und Feiertagsarbeit sowie für Überstunden entsprechend den unter V. 1. und 2. dargelegten Grundsätzen.

---

[6] Siehe hierzu Scheuring Anlage 6 Erl. 4.

VI. Nr. 5 – Reise- und Umzugskosten, Trennungsgeld

14   Nach Nr. 5 kann die Abfindung bei Abstechern und Gastspielen im Rahmen des für die Beamten des Arbeitgebers jeweils geltenden Reisekostenrechts landesbezirklich vereinbart werden. Maßgeblich ist das Reisekostenrecht der Beamten des jeweiligen Bundeslandes.

VII. Nr. 6 – Urlaub und Arbeitsbefreiung

15   Nach Nr. 6 ist der Urlaub in der Regel während der Theaterferien zu gewähren und zu nehmen. Aus dem Wortlaut ergibt sich, dass Urlaub auch während der Spielzeit gewährt und genommen werden kann, wenn dies während der Theaterferien nicht möglich ist. Dieser Fall soll aber nach Nr. 6 die Ausnahme bleiben. Zu denken ist hier z.B. an dringende betriebliche Gründe, die eine Gewährung von Erholungsurlaub während der Theaterferien unmöglich gemacht haben. Außerdem kann die Gewährung von Erholungsurlaub während der Spielzeit auch dann erforderlich sein, wenn die Dauer der Theaterferien nicht lang genug ist, um den Beschäftigten den vollen Erholungsurlaub gewähren zu können.

16   Je nach Länge der Theaterferien kann sich hier die Problematik des sog. Ferienüberhangs ergeben.[7] Da § 6 Abs. 2 TVöD anwendbar ist, kann für die Berechnung des Durchschnitts der regelmäßigen wöchentlichen Arbeitszeit ein Zeitraum von bis zu einem Jahr zugrunde gelegt werden. Somit sind Vereinbarungen zur Erhöhung der regelmäßigen wöchentlichen Arbeitszeit außerhalb der Theaterferien möglich. Allerdings ist bei den Beschäftigten, die eine Theaterbetriebszulage erhalten und bei denen die regelmäßige Arbeitszeit bereits pro Woche um bis zu sechs Stunden verlängert wurde, darauf zu achten, dass man sich bei Abschluss der Vereinbarung zur Regelung des Ferienüberhangs im Rahmen des nach dem ArbZG Zulässigen hält.

---

[7]   Siehe hierzu bereits § 51 IV. 2.

Heitsch

Abschnitt IX – Übergangs- und Schlussvorschriften (VKA)

§ 56 In-Kraft-Treten, Laufzeit

(1) [1]Dieser Tarifvertrag tritt am 1. Oktober 2005 in Kraft. [2]Er kann mit einer Frist von drei Monaten zum Schluss eines Kalenderhalbjahres schriftlich gekündigt werden, frühestens jedoch zum 31. Dezember 2009.

(2) Abweichend von Absatz 1 können auf landesbezirklicher Ebene im Tarifgebiet West § 46 Nr. 2 Abs. 1, § 51 Nr. 2 und § 52 Nr. 2 Abs. 1 gesondert mit einer Frist von einem Monat zum Ende eines Kalendermonats schriftlich gekündigt werden, frühestens zum 30. November 2005.

I. Allgemeines

§ 56 TVöD BT-V (VKA) regelt In-Kraft-Treten und Laufzeit des TVöD für den   1
Bereich BT-V (VKA), nämlich für die §§ 40-44 TVöD BT-V sowie die §§ 45 ff
TVöD BT-V (VKA). Laufzeit und Kündigungsfristen des TVöD sind demgegenüber in § 39 TVöD geregelt.

II. Inkrafttreten, Kündigung

Gem. § 56 Abs. 1 Satz 1 TVöD BT-V (VKA) ist der Besondere Teil Verwaltung   2
(VKA) des TVöD am 01. Oktober 2005 in Kraft getreten. Nach § 56 Abs. 1 Satz 2
TVöD BT-V (VKA) kann der Besondere Teil Verwaltung (VKA) des TVöD mit
einer Frist von drei Monaten zum Schluss eines Kalenderhalbjahres schriftlich gekündigt werden. Da sich § 56 Abs. 1 Satz 2 TVöD BT-V (VKA) auf das Kalenderhalbjahr bezieht, ist eine Kündigung nur zum 30.06. oder zum 31.12. eines jeweiligen Jahres möglich. Die erste Kündigungsmöglichkeit besteht aber gem. § 56
Abs. 1 Satz 3 TVöD BT-V (VKA) erst zum 31. Dezember 2009.

III. Sonderregelung auf landesbezirklicher Ebene

§ 56 Abs. 2 TVöD BT-V (VKA) enthält von Abs. 1 abweichende Regelungen zur   3
Kündigung von Teilen bestimmter Sonderregelungen. Danach können auf landesbezirklicher Ebene im Tarifgebiet West § 46 Nr. 2 Abs. 1 TVöD BT-V (VKA), §
51 Nr. 2 TVöD BT-V (VKA) und § 52 Nr. 2 Abs. 1 TVöD BT-V (VKA) mit einer
Frist von einem Monat zum Ende eines Kalendermonats, frühestens aber zum 30.
November 2005 schriftlich gesondert gekündigt werden. § 56 Abs. 2 TVöD BT-V
(VKA) findet im Tarifgebiet Ost keine Anwendung. Eine Kündigung der aufge-

führten Sonderregelungen auf landesbezirklicher Ebene ist unabhängig von einer Kündigung nach § 56 Abs. 1 TVöD BT-V (VKA) möglich. Die Kündigungsfrist beträgt einen Monat. Eine Kündigung ist zum Ende eines jeden Kalendermonats möglich. Früheste Kündigungsmöglichkeit war der 30. November 2005.

Anhang

Tarifvertrag für den öffentlichen Dienst (TVöD) – Besonderer Teil Verwaltung (BT-V) – Bund

Abschnitt VII Allgemeine Vorschriften

§ 40 Geltungsbereich

(1) Dieser Tarifvertrag gilt für alle Beschäftigten, die unter den § 1 des Tarifvertrages für den öffentlichen Dienst (TVöD) fallen, soweit sie nicht von anderen Besonderen Teilen des TVöD erfasst sind. Der Tarifvertrag für den öffentlichen Dienst (TVöD) - Besonderer Teil Verwaltung (BT-V) - bildet im Zusammenhang mit dem Tarifvertrag für den öffentlichen Dienst - Allgemeiner Teil - den Tarifvertrag für die Sparte Verwaltung.

(2) Soweit in den nachfolgenden Bestimmungen auf die §§ 1 bis 39 verwiesen wird, handelt es sich um die Regelungen des TVöD - Allgemeiner Teil -.

§ 41 Allgemeine Pflichten

Die im Rahmen des Arbeitsvertrages geschuldete Leistung ist gewissenhaft und ordnungsgemäß auszuführen. Beschäftigte des Bundes und anderer Arbeitgeber, in deren Aufgabenbereichen auch hoheitliche Tätigkeiten wahrgenommen werden, müssen sich durch ihr gesamtes Verhalten zur freiheitlich demokratischen Grundordnung im Sinne des Grundgesetzes bekennen.

§ 42 Saisonaler Ausgleich

In Verwaltungen und Betrieben, in denen auf Grund spezieller Aufgaben (z. B. Ausgrabungen, Expeditionen, Schifffahrt) oder saisonbedingt erheblich verstärkte Tätigkeiten anfallen, kann für diese Tätigkeiten die regelmäßige Arbeitszeit auf bis zu 60 Stunden in einem Zeitraum von bis zu sieben Tagen verlängert werden, wenn durch Verkürzung der regelmäßigen wöchentlichen Arbeitszeit bis zum Ende des Ausgleichszeitraums nach § 6 Abs. 2 Satz 1 ein entsprechender Zeitausgleich durchgeführt wird.

§ 43 Überstunden

(1) Überstunden sind grundsätzlich durch entsprechende Freizeit auszugleichen. Sofern kein Arbeitszeitkonto nach § 10 eingerichtet ist, oder wenn ein solches besteht, die/der Beschäftigte jedoch keine Faktorisierung nach § 8 Abs. 1 geltend macht, erhält die/der Beschäftigte für Überstunden (§ 7 Abs. 7), die nicht bis zum Ende des dritten Kalendermonats - möglichst aber schon bis zum Ende des nächsten Kalendermonats - nach deren Entstehen mit Freizeit ausgeglichen worden sind, je Stunde 100 v.H. des auf die Stunde entfallenden Anteils des Tabellenentgelts der jeweiligen Entgeltgruppe und Stufe, höchstens jedoch nach der Stufe 4. Der Anspruch auf den Zeitzuschlag für Überstunden nach § 8 Abs. 1 besteht unabhängig von einem Freizeitausgleich.

(2) Für Beschäftigte der Entgeltgruppe 15 bei obersten Bundesbehörden sind Mehrarbeit und Überstunden durch das Tabellenentgelt abgegolten. Beschäftigte der Entgeltgruppen 13 und 14 bei obersten Bundesbehörden erhalten nur dann ein Überstundenentgelt, wenn die Leistung der Mehrarbeit oder der Überstunden für sämtliche Beschäftigte der Behörde angeordnet ist; im Übrigen ist über die regelmäßige Arbeitszeit hinaus geleistete Arbeit dieser Beschäftigten durch das Tabellenentgelt abgegolten. Satz 1 gilt auch für Leiterinnen/Leiter von Dienststellen und deren ständige Vertreterinnen/Vertreter, die in die Entgeltgruppen 14 und 15 eingruppiert sind.

§ 44 Reise- und Umzugskosten, Trennungsgeld

(1) Für die Erstattung von Reise- und Umzugskosten sowie Trennungsgeld finden die für die Beamtinnen und Beamten jeweils geltenden Bestimmungen entsprechende Anwendung.

(2) Bei Dienstreisen gilt nur die Zeit der dienstlichen Inanspruchnahme am auswärtigen Geschäftsort als Arbeitszeit. Für jeden Tag einschließlich der Reisetage wird jedoch mindestens die auf ihn entfallende regelmäßige, durchschnittliche oder dienstplanmäßige Arbeitszeit berücksichtigt, wenn diese bei Nichtberücksichtigung der Reisezeit nicht erreicht würde. Überschreiten nicht anrechenbarer Reisezeiten insgesamt 15 Stunden im Monat, so werden auf Antrag 25 v.H. dieser überschreitenden Zeiten bei fester Arbeitszeit als Freizeitausgleich gewährt und bei gleitender Arbeitszeit im Rahmen der jeweils

geltenden Vorschriften auf die Arbeitszeit angerechnet. Der besonderen Situation von Teilzeitbeschäftigten ist Rechnung zu tragen.

(3) Soweit Einrichtungen in privater Rechtsform oder andere Arbeitgeber nach eigenen Grundsätzen verfahren, sind diese abweichend von den Absätzen 1 und 2 maßgebend.

Abschnitt VIII Sonderregelungen (Bund)

§ 45 Sonderregelungen für Beschäftigte, die zu Auslandsdienststellen des Bundes entsandt sind

Zu Abschnitt I Allgemeine Vorschriften
Nr. 1 zu § 1 - Geltungsbereich -1

(1) Diese Sonderregelungen gelten für Beschäftigte mit deutscher Staatsangehörigkeit (Deutsche im Sinne des Artikels 116 GG) oder einer Staatsangehörigkeit eines anderen Mitgliedsstaates der europäischen Union bei den diplomatischen und berufskonsularischen Vertretungen sowie bei anderen Dienststellen der Bundesrepublik im Ausland (Auslandsdienststellen), die nach Abschluss eines Arbeitsvertrages nach Bundestarifrecht von ihrer obersten Bundesbehörde zur Dienstleistung in das Ausland entsandt worden sind (entsandte Kräfte) oder denen die gleiche Rechtsstellung durch einen mit der obersten Bundesbehörde geschlossenen Arbeitsvertrag eingeräumt worden ist.

(2) Die Nrn. 3, 6, und 14 gelten auch für Beschäftigte des Bundes, die bei einer Inlandsdienststelle tätig sind, dem Inhalt ihres Arbeitsvertrages nach jedoch auch zu Auslandsdienststellen entsandt werden können.

(3) Diese Sonderregelungen gelten nicht für Beschäftigte, die Einheiten der Bundeswehr bei deren vorübergehender Verlegung zu Ausbildungszwecken in das Ausland folgen.

Nr. 2

Für Beschäftigte bei Auslandsvertretungen (§ 3 Abs. 1 des Gesetzes über den Auswärtigen Dienst - GAD) gelten die §§ 14, 15, 19, 20, 21, 23, 24, 27 GAD entsprechend. Die §§ 16, 22, 26 GAD gelten für diese Beschäftigte entsprechend, soweit keine Leistungen nach anderen Vorschriften gewährt werden.

Nr. 3 zu § 3 - Allgemeine Arbeitsbedingungen

Der Arbeitgeber kann auch Untersuchungen auf Tropentauglichkeit anordnen.

Nr. 4 zu § 4 - Versetzung, Abordnung, Zuweisung, Personalgestellung

§ 4 Abs. 1 Satz 2 gilt nicht.

Zu Abschnitt II Arbeitszeit
Nr. 5 zu § 6 - Regelmäßige Arbeitszeit

Eine Verkürzung der regelmäßigen Arbeitszeit für die Beamten an einer Auslandsdienststelle nach § 7 Abs. 2 Satz 1 des Gesetzes über den Auswärtigen Dienst bzw. nach § 5 der Arbeitszeitverordnung gilt auch für die entsprechenden Beschäftigten an dieser Dienststelle. In diesen Fällen findet ein Ausgleich für Überstunden (Nr. 6 Satz 1) nur statt, wenn die verkürzte regelmäßige Arbeitszeit um mehr als fünf Stunden im Monat überschritten wird.

Nr. 6 zu § 8- Ausgleich für Sonderformen der Arbeit

Überstundenentgelt, Zeitzuschläge und Zulagen nach § 8 werden nicht gezahlt. Alle Überstunden sind bis zum Ende des sechsten Kalendermonats nach Ableistung der Überstunden durch entsprechende bezahlte Arbeitsbefreiung auszugleichen.

Protokollerklärung:

Das Entgelt für die tatsächliche Arbeitsleistung zuzüglich der Zeitzuschläge für Überstunden ist das Überstundenentgelt.

Zu Abschnitt III Eingruppierung, Entgelt und sonstige Leistungen
Nr. 7 zu § 14 - Vorübergehende Ausübung einer höherwertigen Tätigkeit

Die persönliche Zulage nach § 14 Abs. 3 wird auch dann nicht gezahlt, wenn die Beschäftigten andere Beschäftigte oder Beamte während deren Heimaturlaubs länger als einen Monat oder im Fall des § 14 Abs. 2 länger als drei Tage vertreten. Zeiten einer höherwertigen Heimaturlaubsvertretung werden bei einer anschließenden höherwertigen Vertretung aus anderen Gründen auf die in § 14 Abs. 1 genannte Frist von einem Monat angerechnet.

Protokollerklärung:
Dem Beschäftigten darf innerhalb eines Jahres eine Heimaturlaubsvertretung nur einmal übertragen werden. Die Regelung für Beschäftigte gemäß § 38 Abs. 5 Satz 2 tritt erst bei In-Kraft-Treten eines Tarifvertrags nach § 14 Abs. 2 in Kraft.

Nr. 8 zu § 15 -Tabellenentgelt

(1) Zu dem Tabellenentgelt (§ 15) werden in entsprechender Anwendung der §§ 55 bis 57 des Bundesbesoldungsgesetzes den Beschäftigten mit dienstlichem Wohnsitz im Ausland folgende Auslandsbezüge gezahlt:
a) Auslandszuschlag nach den Sätzen der Anlagen VI a bis e des Bundesbesoldungsgesetzes,
b) Auslandskinderzuschlag,
c) Mietzuschuss.
Für Beschäftigte bei Auslandsvertretungen (§ 3 Abs. 1 GAD) treten an die Stelle der Anlagen VI a bis VI c die Anlagen VI f bis VI h des Bundesbesoldungsgesetzes; diese Beschäftigten erhalten ferner einen Zuschlag für die mit dem Auswärtigen Dienst verbundenen Belastungen des Ehegatten in entsprechender Anwendung des § 55 Abs. 5 des Bundesbesoldungsgesetzes.

(2) §§ 7, 15, 52 Abs. 3, 53, 54 und 58 des Bundesbesoldungsgesetzes gelten entsprechend. Bei der Gewährung des Auslandszuschlags und des Mietzuschusses (§§ 55 und 57 des Bundesbesoldungsgesetzes) sowie bei der Berechnung des Kaufkraftausgleichs (§§ 7 und 54 Bundesbesoldungsgesetz) werden die Beschäftigten den Beamtinnen und Beamten der Besoldungsgruppen A 1 - A 15 gleichgestellt.

(3) Zulagen und Zuschläge werden mit Ausnahme der in Absatz 1 und 2 geregelten Entgeltbestandteile den bei Auslandsdienststellen tätigen Beschäftigten nicht gezahlt. Aufwandsentschädigungen werden nach den für die entsprechenden Beamten geltenden Bestimmungen gezahlt

Nr. 9 zu § 22 - Entgelt im Krankheitsfall

(1) Bei einer durch Krankheit oder Arbeitsunfall verursachten Arbeitsunfähigkeit im Ausland werden das Tabellenentgelt und die Auslandsbezüge (Nr. 8) ohne Rücksicht auf die Beschäftigungszeit bis zum Tage vor der Rückreise vom Auslandsdienstort in das Inland gewährt. Die im § 22 Abs. 3 festgesetzten Fristen für die Gewährung eines Krankengeldzuschusses beginnen mit dem Tage der Abreise des Beschäftigten vom Auslandsdienstort zu laufen.

(2) Beschäftigte, die bei einer Auslandsdienststelle tätig sind, sollen den Nachweis der Arbeitsunfähigkeit durch eine Bescheinigung des Vertrauensarztes der Auslandsdienststelle erbringen; Beschäftigte bei einer diplomatischen oder konsularischen Vertretung sollen den Nachweis in der Weise erbringen, wie er durch die Geschäftsordnung für die Auslandsvertretung vorgesehen ist.

Nr. 10 zu § 23 Abs. 3 - Sterbegeld

Der Berechnung des Sterbegeldes für die Hinterbliebenen von Beschäftigten gemäß § 23 Abs. 3, die zur Zeit ihres Todes Auslandsbezüge erhielten, sind diese Auslandsbezüge, jedoch ausschließlich einer Aufwandsentschädigung, zugrunde zu legen.

Zu Abschnitt III Urlaub und Arbeitsbefreiung
Nr. 11 zu § 26 - Erholungsurlaub

(1) Für den Erholungsurlaub gelten neben den tariflichen Vorschriften die jeweiligen Bestimmungen für die im Ausland tätigen Bundesbeamten entsprechend.

(2) Wird das Arbeitsverhältnis während oder mit Ablauf eines Urlaubs im Inland, für den Fahrkostenzuschuss gewährt wurde, aus einem vom Beschäftigten zu vertretenden Grunde gelöst, so werden die niedrigsten Fahrkosten (vgl. § 4 Abs. 2 der Heimaturlaubsverordnung) nur der Reise vom Dienstort in

das Inland erstattet. Wird das Arbeitsverhältnis innerhalb eines Jahres nach Beendigung eines Urlaubs im Inland aus einem vom Beschäftigten zu vertretenden Grunde gelöst, so hat der Beschäftigte die Hälfte der dafür erstatteten Fahrkosten zurückzuzahlen, es sei denn, das er im Anschluss an den Urlaub an einen anderen Dienstort versetzt worden war und den Dienst dort angetreten hatte.

Zu Abschnitt V Befristung und Beendigung des Arbeitsverhältnisses
Nr. 12 zu § 33 - Beendigung des Arbeitsverhältnisses ohne Kündigung -

(1) Im Wirtschaftsdienst Beschäftigte der Entgeltgruppen 9 bis 15 bedürfen in den ersten zwei Jahren nach Beendigung des Arbeitsverhältnisses zur Aufnahme einer entgeltlichen Beschäftigung in einem der ausländischen Staaten, in dem sie während ihres Arbeitsverhältnisses tätig waren, der Genehmigung des Arbeitgebers. Wird eine entgeltliche Beschäftigung ohne die erforderliche Genehmigung aufgenommen, so hat der Beschäftigte eine Vertragsstrafe in Höhe von drei Monatsbezügen seiner letzten Auslandsvergütung zu entrichten. Die Geltendmachung von Schadensersatzansprüchen bleibt unberührt.

(2) Beschäftigte, die auf Kosten des Arbeitgebers eine besondere Ausbildung in einer Fremdsprache erhalten haben, sind verpflichtet, dem Arbeitgeber die Kosten dieser Ausbildung zu erstatten, wenn das Arbeitsverhältnis aus einem von dem Beschäftigten zu vertretenden Grunde vor Ablauf von drei Jahren nach Abschluss der Sprachausbildung endet.

Zu Abschnitt VII Allgemeine Vorschriften
Nr. 13 zu § 44 - Reise- und Umzugskosten, Trennungsgeld -

Für die Gewährung von Umzugskostenvergütung bei Auslandsumzügen sind die für die Beamtinnen/Beamten des Arbeitgebers jeweils geltenden Bestimmungen mit folgenden Maßgaben sinngemäß anzuwenden:
1. Im Falle des Ausscheidens eines Beschäftigten aus dem Arbeitsverhältnis an einem Auslandsdienstort wird eine Umzugskostenvergütung nur gewährt, wenn für den Umzug an den Auslandsdienstort Umzugskostenvergütung gewährt und nicht zurückgefordert worden ist. § 19 Abs. 4 der Auslandsumzugskostenverordnung - AUV - bleibt unberührt.
2. Der Beschäftigte, dessen Arbeitsverhältnis aus einem von ihm nicht zu vertretenden Grunde im Ausland beendet worden ist, hat für sich und die in § 1 Abs. 1 Nr. 2 AUV bezeichneten Personen Anspruch auf eine Umzugskostenvergütung nach §§ 2 bis 5 und 10 AUV sowie § 9 Abs. 1 BUKG. Die Umzugskostenvergütung wird nur gewährt, wenn der Beschäftigte spätestens sechs Monate nach Beendigung des Arbeitsverhältnisses nach einem frei gewählten Wohnort im Inland umzieht. § 19 Abs. 1 bis 3 AUV bleibt unberührt. § 19 Abs. 1 bis 3 AUV gilt entsprechend, wenn der Beschäftigte wegen Bezugs eines vorgezogenen oder flexiblen Altersruhegeldes oder einer entsprechenden Versorgungsrente aus der zusätzlichen Alters- und Hinterbliebenenversorgung im Ausland aus dem Arbeitsverhältnis ausgeschieden ist.
3. In dem Falle der Nr. 11 Abs. 2 Satz 1 werden Auslagen für eine Umzugsreise nicht erstattet.
4. Endet das Arbeitsverhältnis aus einem von dem Beschäftigte zu vertretenden Grunde vor Ablauf von zwei Jahren nach einem Umzug, für den Umzugskostenvergütung nach § 3 Abs. 1 Nr. 1, § 4 Abs. 1 Nr. 1 oder Abs. 2 Nr. 3 und 4 des Bundesumzugskostengesetzes - BUKG - zugesagt worden war, so hat der Beschäftigte die Umzugskostenvergütung zurückzuzahlen. War die Umzugskostenvergütung nach § 3 Abs. 1 Nr. 1 BUKG zugesagt worden, ist nur der nach § 12 AUV gewährten Ausstattungsbeitrag zurückzuzahlen, wenn der Beschäftigte insgesamt mehr als zwei Jahre bei Auslandsdienststellen tätig war. Sätze 1 und 2 gelten nicht für eine nach § 3 Abs. 1 Nr. 1 BUKG zugesagte Umzugskostenvergütung, wenn das Arbeitsverhältnis aufgrund einer Kündigung durch den Beschäftigten endet. § 19 Abs. 4 AUV bleibt unberührt.

Nr. 14

Für Bundeswohnungen, die Beschäftigte an Auslandsdienststellen aus dienstlichen oder sonstigen im Interesse des Bundes liegenden Gründen zugewiesen werden, gilt sinngemäß die Allgemeine Verwaltungsvorschrift über die Bundesdienstwohnungen (Dienstwohnungsvorschriften - DWV) vom 16. Februar 1970 (GMBl. S. 99) in ihrer jeweils geltenden Fassung und in Verbindung mit der Allgemeinen Verwaltungsvorschrift über die Bundesdienstwohnungen im Ausland (Dienstwohnungsvorschriften Ausland - DWVA) vom 1. Februar 1973 (GMBl. S. 82) in der jeweils geltenden Fassung.

Zu Abschnitt VI Übergangs- und Schlussvorschriften
Nr. 15 zu § 37 - Ausschlussfrist -

Die Ausschlussfrist (§ 37) beträgt 9 Monate.

§ 46 Sonderregelungen für die Beschäftigten im Bereich des Bundesministeriums der Verteidigung

Kapitel I Beschäftigte des Bundesministeriums der Verteidigung
Zu Abschnitt I Allgemeine Vorschriften
Nr. 1 zu § 1- Geltungsbereich

Die Regelungen dieses Abschnitts gelten für die Beschäftigten des Bundesministeriums der Verteidigung, soweit sie nicht unter Kapitel II oder die Sonderregelung für in Ausland entsandte Beschäftigte (§ 45) fallen.

Nr. 2 zu § 3 - Allgemeine Arbeitsbedingungen

(1) Beschäftigte haben sich unter Fortzahlung des Entgelts nach § 21 einer Ausbildung im Selbstschutz sowie in der Hilfeleistung und Schadensbekämpfung bei Katastrophen zu unterziehen.

(2) Beschäftigte haben jede ärztlich festgestellte und ihnen vom Arzt mitgeteilte übertragbare Krankheit innerhalb ihres Hausstandes unverzüglich dem Dienststellenleiter zu melden. Zur Wahrung der ärztlichen Schweigepflicht kann der Meldung durch Übergabe eines verschlossenen Umschlages genügt werden, der nur vom Arzt zu öffnen ist.

(3) Beschäftigte können an den für die Bundeswehr angeordneten medizinischen Schutzmaßnahmen, insbesondere Schutzimpfungen, auf Kosten des Arbeitgebers teilnehmen.

(4) Beschäftigte haben vor Beginn und Ende einer größeren militärischen Unternehmung Anspruch auf eine ärztliche Untersuchung auf Kosten des Arbeitgebers.

Zu Abschnitt II Arbeitszeit
Nr. 3 zu § 6 - Regelmäßige Arbeitszeit

(1) Kann die Arbeitsstelle nur mit einem vom Arbeitgeber gestellten Fahrzeug erreicht werden und trifft das Fahrzeug infolge höherer Gewalt nicht rechtzeitig an der Arbeitsstelle ein, wird die Zeit ab dem Zeitpunkt des auf der Arbeitsstelle angeordneten Arbeitsbeginns als Arbeitszeit gewertet.

(2) Für Beschäftigte in Versorgungs- und Instandsetzungseinrichtungen sowie auf Flug-, Schieß- und Übungsplätzen beginnt und endet die Arbeitszeit am jeweils vorgeschriebenen Arbeitsplatz, soweit nicht ein Sammelplatz bestimmt wird. Stellt der Arbeitgeber bei Entfernungen von der Grenze der Arbeitsstelle (z. B. Eingangstor) bis zum Arbeitsplatz von mehr als einem Kilometer für diese Strecke eine kostenlose Beförderungsmöglichkeit nicht zur Verfügung, gilt die über die bei Gestellung eines Fahrzeugs üblicherweise benötigte Beförderungszeit hinausgehende Zeit als Arbeitszeit.

Protokollerklärung:
Der Begriff der Arbeitsstelle ist weiter als der Begriff des Arbeitsplatzes. Er umfasst z. B. den Verwaltungs-/Betriebsbereich in dem Gebäude/Gebäudeteil, in dem gearbeitet wird.

Nr. 4 zu §§ 7, 8 - Sonderformen der Arbeit und Ausgleich für Sonderformen der Arbeit

(1) Die Zeit des Bereitschaftsdienstes einschließlich der geleisteten Arbeit wird bei der Bemessung des Entgelts mit 50 v.H. als Arbeitszeit gewertet.

(2) Rufbereitschaft darf bis zu höchstens zehn Tagen im Monat, in Ausnahmefällen bis zu höchstens 30 Tagen im Vierteljahr, angeordnet werden. Diese zeitliche Einschränkung gilt nicht für Zeiten erhöhter Bereitschaft für den Bereich der gesamten Bundeswehr.

(3) Die Arbeitszeitdauer des Feuerwehrpersonals und des Wachpersonals beträgt, wenn in erheblichem Umfang Bereitschaftsdienst vorliegt, 24 Stunden je Schicht, sofern der Gesundheitsschutz der Beschäftigten durch Gewährung gleichwertiger Ausgleichsruhezeiten in unmittelbarem Anschluss an die verlängerten Arbeitszeiten gewährleistet wird. Aus dienstlichen Gründen kann ein kürzerer Schichtturnus festgelegt werden. Durch entsprechende Schichteinteilung soll sichergestellt werden, dass die regelmäßige wöchentliche Arbeitszeit bis zum Ende des Ausgleichszeitraums nach § 6 Abs. 2 im Durchschnitt nicht überschritten wird. Zeitzuschläge nach § 8 Abs. 1 Satz 1 Buchst. b, c, d, e werden zu 50 v.H. ge-

zahlt. Zeitzuschläge nach § 8 Abs. 1 Satz 1 Buchst. f, sowie Zulagen nach Abs. 5 und 6 werden nicht gezahlt. Die über 168 Stunden hinausgehende Zeit wird bei der Bemessung des Entgelts mit 50 v.H. als Arbeitszeit gewertet und mit dem Überstundenentgelt vergütet.

(4) Für Beschäftigte, die an Manövern und ähnlichen Übungen teilnehmen, gilt Anhang zu § 46 In den Fällen der Hilfeleistung und der Schadensbekämpfung bei Katastrophen gilt Abs. 1 Nr. 3 bis 5 des Anhangs zu § 46 entsprechend.

(5) Zuschläge - außer Zeitzuschläge nach § 8 - sowie Zulagen können im Einvernehmen mit den vertragsschließenden Gewerkschaften auch durch Verwaltungsanordnungen allgemein oder für den Einzelfall gewährt werden.

Zu Abschnitt III Eingruppierung, Entgelt und sonstige Leistungen
Nr. 5

Beschäftigte, die für eine andere Tätigkeit qualifiziert werden, erhalten während der Qualifizierungszeit ihr bisheriges Tabellenentgelt und sonstige Entgeltbestandteile.

Abschnitt IV Urlaub und Arbeitsbefreiung
Nr. 6 zu § 26 - Erholungsurlaub

Bei der Berechnung nach § 21 werden die leistungsabhängigen Entgeltbestandteile aus dem Leistungslohnverfahren nach dem Tarifvertrag über die Ausführung von Arbeiten im Leistungslohnverfahren im Bereich der SR 2a des Abschnitts A der Anlage 2 MTArb (Gedingerichtlinien) berücksichtigt.

Nr. 7 zu § 27 - Zusatzurlaub

Für Beschäftigte, die unter Nr. 4 Abs. 3 fallen, beträgt der Zusatzurlaub für je vier Monate der Arbeitsleistung im Kalenderjahr einen Arbeitstag.

Kapitel II Besatzungen von Binnen- und Seefahrzeugen und von schwimmenden Geräten im Bereich des Bundesministeriums der Verteidigung
Zu Abschnitt I Allgemeine Vorschriften
Nr. 8 zu § 1 - Geltungsbereich

Die Regelungen dieses Abschnitts gelten für die im Bereich des Bundesministeriums der Verteidigung beschäftigten Besatzungen von Schiffen und schwimmenden Geräten. Zur Besatzung eines Schiffes gehören nur diejenigen Beschäftigten, die mit Rücksicht auf Schifffahrt und Betrieb an Bord, gegebenenfalls in mehreren Schichten, tätig sein müssen und deren Tätigkeit in dem Stellen- und Ausrüstungsnachweis (STAN) aufgeführt ist.

Protokollerklärung zu Satz 2:
Die Eintragung in dem STAN berührt die Eingruppierung in die Entgeltgruppen nicht.

Nr. 9 zu § 3 - Allgemeine Arbeitsbedingungen

(1) Beschäftigte können an den für die Bundeswehr angeordneten medizinischen Schutzmaßnahmen, insbesondere Schutzimpfungen, auf Kosten des Arbeitgebers teilnehmen.

(2) Beschäftigte haben vor Beginn und Ende einer größeren militärischen Unternehmung Anspruch auf eine ärztliche Untersuchung auf Kosten des Arbeitgebers.

(3) Als Besatzungsmitglied von Schiffen und schwimmenden Geräten darf nur beschäftigt werden, wer von einem Betriebsarzt auf Seediensttauglichkeit untersucht sowie vom ihr/ihm als seediensttauglich erklärt worden ist und wenn hierüber ein gültiges Zeugnis dieses Arztes vorliegt. Wird in dem Zeugnis keine Seediensttauglichkeit festgestellt, ist dem Besatzungsmitglied grundsätzlich eine geeignete gleichwertige Beschäftigung an anderer Stelle zuzuweisen. Ist dies nicht möglich, erhält der Beschäftigte eine Ausgleichszulage in Höhe des Unterschiedsbetrages zwischen seinem bisherigen und neuen Tabellenentgelt.

(4) Beschäftigte haben jede ärztlich festgestellte und ihnen vom Arzt mitgeteilte übertragbare Krankheit innerhalb ihres Hausstandes unverzüglich dem Dienststellenleiter zu melden. Zur Wahrung der ärztlichen Schweigepflicht kann der Meldung durch Übergabe eines verschlossenen Umschlages genügt werden, der nur vom Arzt zu öffnen ist.

(5) Beschäftigte haben sich unter Zahlung des Urlaubsentgelts einer Ausbildung im Selbstschutz sowie in der Hilfeleistung und Schadensbekämpfung bei Katastrophen zu unterziehen.

(6) Zu den allgemeinen Pflichten gehört auch das Ableisten von Wachdienst.

(7) Besatzungsmitglieder von Schiffen oder schwimmenden Geräten, die mit Schiffsküchen versehen sind, können verpflichtet werden, an der Bordverpflegung teilzunehmen.

Zu Abschnitt II Arbeitszeit
Nr. 10 zu § 6 - Regelmäßige Arbeitszeit

(1) Die regelmäßige Arbeitszeit kann aus notwendigen betrieblichen/dienstlichen Gründen auf sieben Tage verteilt werden. Die gesetzlich vorgeschriebene Ruhezeit darf nur in höchstens zwei Zeiträume aufgeteilt werden, wenn einer eine Mindestdauer von 6 Stunden hat. Bei Fahrten von Schiffen in See können die gesetzlich vorgeschriebene Ersatzruhetage für Sonn- und Feiertagsarbeit bis zum Ablauf des Ausgleichzeitraums nach § 8 Abs. 2 zusammenhängend gewährt werden.

(2) Die regelmäßige Arbeitszeit beträgt
a) für Hafendiensttage auf Drei-, Zwei- und Einwachschiffen acht Stunden arbeitstäglich oder 39 Stunden wöchentlich,
b) für Seediensttage auf Dreiwachschiffen acht Stunden täglich, auf Zwei- und Einwachschiffen neun Stunden täglich.

Protokollerklärung zu Absatz 2:
Seediensttage sind alle Tage, an denen sich das Schiff mindestens 1 ½ Stunden außerhalb der jeweiligen seewärtigen Zollgrenze des Hafens aufhält. Geht ein Schiff außerhalb des Heimathafens in einem fremden Hafen vor Anker oder wird es dort festgemacht, gelten die dort verbrachten Zeiten erst nach Ablauf des dritten Tages als Hafendiensttage. Vorher sind auch die im fremden Hafen verbrachten Tage als Seediensttage zu bewerten. Geht das Schiff auf außerdeutschen Liegeplätzen vor Anker oder wird es dort festgemacht, sind die dort verbrachten Zeiten immer als Seediensttage zu bewerten.

(3) Die regelmäßige Arbeitszeit während der Seedienst- und Hafendiensttage gilt durch das Tabellenentgelt (§ 15) als abgegolten.

(4) Die Arbeitszeit beginnt und endet an der Arbeitsstelle. Kann die Arbeitsstelle nur mit einem vom Arbeitgeber gestellten schwimmenden Fahrzeug erreicht werden, so wird die Transportzeit bei der Hin- und Rückfahrt jeweils mit 50 v. H. als Arbeitszeit gewertet. Die regelmäßige Arbeitszeit kann entsprechend verlängert werden. Trifft das Fahrzeug infolge höherer Gewalt nicht rechtzeitig an der Arbeitsstelle ein, wird - unbeschadet des Satzes 2 - die Zeit ab dem Zeitpunkt des auf der Arbeitsstelle angeordneten Arbeitsbeginns als Arbeitszeit gewertet.

Nr. 11 zu § 7 - Sonderformen der Arbeit -

(1) Rufbereitschaft darf bis zu höchstens 10 Tagen im Monat, in Ausnahmefällen bis zu höchstens 30 Tagen im Vierteljahr, angeordnet werden. Diese zeitliche Einschränkung gilt nicht für Zeiten erhöhter Bereitschaft für den Bereich der gesamten Bundeswehr.

(2) Außerhalb der regelmäßigen Arbeitszeit angeordnete Anwesenheit an Bord wird bei der Bemessung des Entgelts zu 50 v. H. als Arbeitszeit gewertet, es sei denn, dass Freiwache gewährt wird oder dass Arbeit angeordnet ist.

(3) Für Beschäftigte, die über 10 Stunden hinaus zum Wachdienst herangezogen werden, können Wachschichten bis zu zwölf Stunden festgesetzt werden, wenn in den Wachdienst in erheblichem Umfang Bereitschaftsdienst im Sinne § 7 Abs. 1 Nr. 1 Buchst. a Arbeitszeitgesetz fällt. Für die Bemessung des Entgelts während der Wachdienste gelten folgende Vorschriften:
1. Bei folgenden Wachschichten wird für jede Wachstunde das volle Entgelt gezahlt:
   a) Durchgehende Wachdienste, bei denen Pausen oder inaktive Zeiten während des Bereitschaftsdienstes weniger als ein Drittel der Gesamtwachzeit ausmachen.
   b) Wachdienste, die ausschließlich im Freien abgeleistet werden oder bei denen auf Anordnung oder infolge besonderer Umstände eine Bindung an einen vorgeschriebenen Platz besteht (z. B. Decks-, Maschinen-, Brücken oder Ankerwachen)
2. Anwesenheitswachdienste, die nicht den in Nr. 1 genannten Einschränkungen unterliegen, werden wie folgt bewertet:

a) Bei einer Tageswachschicht wird je eineinhalb Wachstunden das Entgelt für eine Arbeitsstunde gezahlt.

b) Bei einer Nachtwachschicht bis zu zwölf Stunden wird eine Stundengarantie von drei Arbeitsstunden angesetzt, wenn beim Wachdienst nur Anwesenheit verlangt und eine Schlafgelegenheit gestellt wird. Soweit die Voraussetzungen nach Satz 1 nicht vorliegen, gilt Buchstabe a entsprechend.

(4) Bei sämtlichen Arten der Anwesenheitswachdienste wird für kleine Arbeiten während der Wache, die insgesamt weniger als zwei Stunden betragen, keine besondere Vergütung gezahlt.

Nr. 12 zu § 8 - Ausgleich für Sonderformen der Arbeit

(1) Bei Seedienstagen werden die über acht Stunden täglich - höchstens 48 Stunden in der Woche - hinaus geleisteten Stunden als Überstunden bezahlt.

(2) Fallen in einer Kalenderwoche nur Hafendiensttage an, ist § 7 Abs. 7 anzuwenden.

(3) Fallen in einer Kalenderwoche Hafen- und Seediensttage an, gelten die über 48 Stunden hinaus geleisteten Arbeitsstunden als Überstunden. Zeiten, die nach Nr. 10 Abs. 1 Satz 3 auszugleichen sind, bleiben unberücksichtigt. Wird die regelmäßige wöchentliche Arbeitszeit nach § 6 Abs. 1 um mindestens zwei Stunden überschritten, gelten bei der Berechnung des Entgelts zusätzlich zwei Arbeitsstunden als Überstunden.

(4) Für Seediensttage betragen die Zeitzuschläge nach § 8 Abs. 1 Satz 1 Buchst. b, c, f 50 v. H. des Zeitzuschlages nach § 8 Abs. 1 Satz 1 Buchst. f; die Zeitzuschläge nach § 8 Abs. 1 Satz 1 Buchst. d und e werden in Höhe von 50 v. H. gezahlt.

(5) Bei angeordneter Anwesenheit an Bord nach Nr. 11 Abs. 1 werden Zeitzuschläge nach § 8 Abs. 1 Buchst b bis f nicht gezahlt.

(6) Bei allen Formen des Wachdienstes im Sinne der Nr. 11 Abs. 3 Satz 2 Nr. 2 wird der Zeitzuschlag nach § 8 Abs. 1 Buchst b und Buchst. f nicht gezahlt.

Zu Abschnitt III Eingruppierung, Entgelt und sonstige Leistungen
Nr. 13

Beschäftigte, die für eine andere Tätigkeit qualifiziert werden, erhalten während der Qualifizierungszeit ihr bisheriges Tabellenentgelt und sonstige Entgeltbestandteile.

Nr. 14 zu § 19 - Erschwerniszuschläge

Bei Bergungen und Hilfeleistungen sowie Havariearbeiten und mit diesen zusammenhängenden Arbeiten werden Zuschläge in Höhe von 25 v.H. des auf eine Stunde entfallenden Anteils des monatlichen Entgelts der Stufe 2 der Entgeltgruppe 2 gezahlt. Dies gilt auch bei Bergungen von Fahrzeugen und Gegenständen der eigenen Verwaltung sowie Hilfeleistungen für solche Fahrzeuge und Gegenstände, sofern die Leistungen besonders schwierig oder mit erheblicher Gefahr verbunden waren.

Zu Abschnitt IV Urlaub und Arbeitsbefreiung
Nr. 15 zu § 27 - Zusatzurlaub

Die Regelungen über Zusatzurlaub nach § 27 finden keine Anwendung.

Nr. 16 zu Anhang zu § 46 - Regelung für die Teilnahme an Manövern und ähnlichen Übungen

Der Anhang zu § 46 gilt auch für Besatzungsmitglieder von Binnenfahrzeugen bei Teilnahme an Manövern und ähnlichen Übungen in Binnengewässern.

Nr. 17 zu Abschnitt VI - Übergangs- und Schlussvorschriften -

Beschäftigten, die auf einem Fahrzeug oder schwimmenden Gerät tätig sind, wird der bei Havarie oder Sinken des Fahrzeuges oder schwimmenden Gerätes, durch Brand, Explosion oder Einbruchsdiebstahl oder durch ähnliche Ursachen auf dem Fahrzeug oder Gerät nachweisbar entstandene Schaden an persönlichen Gegenständen bis zum Höchstbetrag von 1.500 Euro im Einzelfall ersetzt.

Kapitel III Beschäftigte gemäß § 38 Abs. 5 Satz 1 einschließlich Ärztinnen/Ärzten und Zahnärztinnen/Zahnärzten in Bundeswehrkrankenhäusern
Zu Abschnitt I Allgemeine Vorschriften
Nr. 18 zu § 1 - Geltungsbereich

Für Beschäftigte gemäß § 38 Abs. 5 Satz 1 einschließlich Ärztinnen/Ärzten und Zahnärztinnen/ Zahnärzten in Bundeswehrkrankenhäusern gelten die Regelungen der §§ 41 bis 52 des Tarifvertrages für den öffentlichen Dienst - Besonderer Teil Krankenhäuser - (BT-K) entsprechend, soweit im Folgenden nicht etwas anderes bestimmt ist.

Nr. 19 zu § 42 BT-K - Allgemeine Pflichten der Ärztinnen und Ärzte

§ 42 Allgemeine Pflichten der Ärztinnen und Ärzte wird für alle Beschäftigten nach Nr. 18 wie folgt ergänzt:
1. Beschäftigte können an den für die Bundeswehr angeordneten medizinischen Schutzmaßnahmen, insbesondere Schutzimpfungen, auf Kosten des Arbeitgebers teilnehmen.
2. Beschäftigte haben sich unter Fortzahlung des Entgelts nach § 21 einer Ausbildung im Selbstschutz sowie in der Hilfeleistung und Schadensbekämpfung bei Katastrophen zu unterziehen.
3. Beschäftigte haben jede festgestellte und ihnen vom Arzt mitgeteilte übertragbare Krankheit innerhalb ihrer Haustände unverzüglich der Dienststellenleitung zu melden. Zur Wahrung der ärztlichen Schweigepflicht kann die Meldung in einem verschlossenen Umschlag übergeben werden, der nur von einer Ärztin/einem Arzt zu öffnen ist.

Zu Abschnitt II Arbeitszeit
Nr. 20 zu § 45 BT-K - Bereitschaftsdienst und Rufbereitschaft

Die in Absatz 3 Satz 1 eröffnete Möglichkeit einer Umsetzung durch eine Betriebs-/Dienstvereinbarung kann für den Bund auch durch einen Bundestarifvertrag erfolgen.

Nr. 21 zu § 46 BT-K - Bereitschaftsdienstentgelt -

Absatz 4 gilt mit der Maßgabe, dass an Stelle der Anlage C BT-K die Anlage C (Bund) Anwendung findet.

Zu Abschnitt III Eingruppierung, Entgelt und sonstige Leistungen
Nr. 22 zu § 15 - Tabellenentgelt

(1) Beschäftigte im Pflegedienst, Ärztinnen/Ärzte erhalten das Tabellenentgelt und die sonstigen Entgeltbestandteile - mit Ausnahme der Bereitschaftsdienstentgelte - nach den für die Beschäftigten nach § 40 BT-K geltenden Regelungen des Allgemeinen Teils bzw. des TVÜ-VKA; die Protokollerklärung Nr. 1 zu § 15 Abs. 1 findet Anwendung. Die übrigen Beschäftigten erhalten das Tabellenentgelt und die sonstigen Entgeltbestandteile - mit Ausnahme der Bereitschaftsdienstentgelte - nach den für den Bund geltenden Regelungen des Allgemeinen Teils und des TVÜ-Bund.

(2) Beschäftigte, die für eine andere Tätigkeit qualifiziert werden, erhalten während der Qualifizierungszeit ihr bisheriges Tabellenentgelt und sonstige Entgeltbestandteile. Für Beschäftigte im Pflegedienst gilt § 22 Abs. 2 TVÜ-VKA.

§ 47 Sonderregelungen für die Beschäftigten des Bundesministeriums für Verkehr, Bau- und Wohnungswesen

Kapitel I: Allgemeine Bestimmungen für Beschäftigte der Wasser- und Schifffahrtsverwaltung des Bundes und des Bundesamtes für Seeschifffahrt und Hydrographie
Zu Abschnitt I Allgemeine Vorschriften
Nr. 1 zu § 1 - Geltungsbereich

(1) Diese Sonderregelungen gelten für die Beschäftigten der Wasser- und Schifffahrtsverwaltung des Bundes, die beim Bau, der Unterhaltung und dem Betrieb von wasserbaulichen Einrichtungen und wasserwirtschaftlichen Anlagen eingesetzt sind einschließlich der Besatzungen von Schiffen und von schwimmenden Geräten, soweit die Schiffe und schwimmende Geräte in den von der Verwaltung aufzustellenden Schiffslisten aufgeführt sind. Zur Besatzung eines Schiffes oder schwimmenden Gerätes gehören nur diejenigen Beschäftigten, die mit Rücksicht auf Schifffahrt und Betrieb an Bord, gege-

benenfalls in mehreren Schichten, tätig sein müssen und in der von der Verwaltung aufzustellenden Bordliste aufgeführt sind. Beschäftigte, die an Bord Arbeiten verrichten, ohne selbst in der Bordliste aufgeführt zu sein, werden für die Dauer dieser Tätigkeit wie Besatzungsmitglieder behandelt. Die Regelungen gelten auch für Beschäftigte der Wasser- und Schifffahrtsverwaltung des Bundes, die auf nicht bundeseigenen Schiffen und schwimmenden Geräten eingesetzt sind.

(2) Diese Sonderregelungen gelten auch für die Besatzungen der seegehenden Schiffe des Bundesamtes für Seeschifffahrt und Hydrographie (BSH); Nr. 8 und Kapitel III gelten auch für vorübergehend an Bord eingesetzte Beschäftigte des BSH. Zur Besatzung eines Schiffes gehören nur diejenigen Beschäftigten, die mit Rücksicht auf Schifffahrt und Betrieb an Bord, gegebenenfalls in mehreren Schichten, tätig sein müssen und in der von der Verwaltung aufzustellenden Bordliste aufgeführt sind.

Protokollerklärung:
Die Eintragung in die Bordliste berührt die tarifliche Eingruppierung in die Entgeltgruppen nicht.

Nr. 2 zu § 3 - Allgemeine Arbeitsbedingungen

Zu den allgemeinen Pflichten gehört auch das Ableisten von Wachdienst.

Zu Abschnitt II Arbeitszeit
Nr. 3 zu § 6 - Regelmäßige Arbeitszeit

(1) Außerhalb der regelmäßigen Arbeitszeit angeordnete Anwesenheit an Bord wird bei der Bemessung des Entgelts zu 50 v. H. als Arbeitszeit gewertet, es sei denn, dass Freiwache gewährt wird oder dass Arbeit angeordnet ist.

(2) Für Beschäftigte, die über 10 Stunden hinaus zum Wachdienst herangezogen werden, können Wachschichten bis zu zwölf Stunden festgesetzt werden, wenn in den Wachdienst in erheblichem Umfang Bereitschaftsdienst im Sinne § 7 Abs. 1 Nr. 1 Buchst. a Arbeitszeitgesetz fällt. Für die Bemessung des Entgelts während der Wachdienste gelten folgende Vorschriften:
1. Bei folgenden Wachschichten wird für jede Wachstunde das volle Entgelt gezahlt:
   a) Durchgehende Wachdienste, bei denen Pausen oder inaktive Zeiten während des Bereitschaftsdienstes weniger als ein Drittel der Gesamtwachzeit ausmachen.
   b) Wachdienste, die ausschließlich im Freien abgeleistet werden oder bei denen auf Anordnung oder infolge besonderer Umstände eine Bindung an einen vorgeschriebenen Platz besteht (z. B. Decks-, Maschinen-, Brücken oder Ankerwachen).
2. Anwesenheitswachdienste, die nicht den in Nr. 1 genannten Einschränkungen unterliegen, werden wie folgt bewertet:
   a) Bei einer Tageswachschicht wird je eineinhalb Wachstunden das Entgelt für eine Arbeitsstunde gezahlt.
   b) Bei einer Nachtwachschicht bis zu zwölf Stunden wird eine Stundengarantie von drei Arbeitsstunden angesetzt, wenn beim Wachdienst nur Anwesenheit verlangt und eine Schlafgelegenheit gestellt wird. Soweit die Voraussetzungen nach Satz 1 nicht vorliegen, gilt Buchstabe a entsprechend.

(3) Bei sämtlichen Arten der Anwesenheitswachdienste wird für kleine Arbeiten während der Wache, die insgesamt weniger als zwei Stunden betragen, keine besondere Vergütung gezahlt.

Nr. 4 zu § 8 - Ausgleich für Sonderformen der Arbeit

(1) Bei angeordneter Anwesenheit an Bord nach Nr. 3 Abs. 1 werden Zeitzuschläge nach § 8 Buchst b bis f nicht gezahlt.

(2) Bei allen Formen des Wachdienstes im Sinne der Nr. 3 Abs. 2 Satz 2 Nr. 2 wird der Zeitzuschlag nach § 8 Abs. 1 Buchst b und Buchst. f nicht gezahlt.

Zu Abschnitt III Eingruppierung, Entgelt und sonstige Leistungen
Nr. 5

Beschäftigte, die für eine andere Tätigkeit qualifiziert werden, erhalten während der Qualifizierungszeit ihr bisheriges Tabellenentgelt und sonstige Entgeltbestandteile.

Nr. 6 zu § 19 - Erschwerniszuschläge

(1) Bei Bergungen und Hilfeleistungen sowie Havariearbeiten und mit diesen zusammenhängenden Arbeiten werden Zuschläge in Höhe von 25 v.H. des auf eine Stunde entfallenden Anteils des monatlichen Entgelts der Stufe 2 der Entgeltgruppe 2 gezahlt. Dies gilt auch bei Bergungen von Fahrzeugen und Gegenständen der eigenen Verwaltung sowie Hilfeleistungen für solche Fahrzeuge und Gegenstände, sofern die Leistungen besonders schwierig oder mit erheblicher Gefahr verbunden waren.

(2) Auf Schadstoffunfallbekämpfungsschiffen und auf dem Laderaumsaugbagger wird für Einsätze zum Feuerschutz bzw. zur Bekämpfung von Schadstoffen, Öl oder Chemikalien je Einsatztag ein Zuschlag in Höhe von 50 Euro gezahlt und die Verpflegung vom Arbeitgeber unentgeltlich bereitgestellt; dies gilt nicht für Übungseinsätze. Absatz 1 findet keine Anwendung.

Zu Abschnitt IV Urlaub und Arbeitsbefreiung
Nr. 7 zu § 27 - Zusatzurlaub

Die Regelungen über Zusatzurlaub nach § 27 gelten nicht bei Tätigkeiten nach Nr. 3.

Zu Abschnitt VI Übergangs- und Schlussvorschriften
Nr. 8

Beschäftigten, die auf einem Fahrzeug oder schwimmenden Gerät tätig sind, wird der bei Havarie oder Sinken des Fahrzeuges oder schwimmenden Gerätes, durch Brand, Explosion oder Einbruchsdiebstahl oder durch ähnliche Ursachen auf dem Fahrzeug oder Gerät nachweisbar entstandene Schaden an persönlichen Gegenständen bis zum Höchstbetrag von 1.500 Euro im Einzelfall ersetzt.

Kapitel II Besondere Bestimmungen für Beschäftigte der Wasser- und Schifffahrtsverwaltung des Bundes

Für die in Kapitel I Nr. 1 Abs. 1 aufgeführten Beschäftigten der Wasser- und Schifffahrtsverwaltung des Bundes finden ergänzend folgende besondere Bestimmungen Anwendung:

Zu Abschnitt II Arbeitszeit
Nr. 9 zu § 6 - Regelmäßige Arbeitszeit

(1) Die Arbeitszeit beginnt und endet an der Arbeitsstelle. Im Tidebetrieb richten sich Beginn und Ende der Arbeitszeit nach den Gezeiten. Kann die Arbeitsstelle nur mit einem vom Arbeitgeber gestellten Fahrzeug erreicht werden und trifft das Fahrzeug infolge höherer Gewalt nicht rechtzeitig an der Arbeitsstelle ein, wird die Zeit ab dem Zeitpunkt des auf der Arbeitsstelle angeordneten Arbeitsbeginns als Arbeitszeit gewertet.

(2) Kann die Arbeitsstelle auf Schiffen und schwimmenden Geräten nur mit einem vom Arbeitgeber gestellten schwimmenden Fahrzeug erreicht werden, so wird die Transportzeit bei der Hin- und Rückfahrt jeweils mit 50 v.H. als Arbeitszeit gewertet. Die regelmäßige Arbeitszeit kann entsprechend verlängert werden. Für Maschinisten auf Schiffen, schwimmenden Geräten und sonstigen Motorgeräten kann die regelmäßige Arbeitszeit für Vor- und Abschlussarbeiten um täglich bis zu einer Stunde verlängert werden.

(3) Sofern die Einsatzkonzeption von seegehenden Schiffen und schwimmenden Geräten dies erfordert (z. B. 24-Stunden-Betrieb) kann die Arbeitszeit in einem Zeitraum von 24 Stunden auf bis zu 12 Stunden verlängert und auf einen Zeitraum von 168 Stunden verteilt werden, wenn im unmittelbaren Anschluss an den verlängerten Arbeitszeitraum ein Ausgleich durch Freizeit erfolgt, der dem Umfang der regelmäßigen Arbeitszeit nach § 6 Abs. 1 Satz 1 entspricht. Im Rahmen der Wechselschichten nach Satz 1 geleistete Arbeitsstunden, die über das Doppelte der regelmäßigen wöchentlichen Arbeitszeit nach § 6 Abs. 1 Satz 1 hinausgehen, sind Überstunden im Sinne des § 7 Abs. 7.

(4) Die Regelungen der Absätze 1 bis 3 gelten auch für Beschäftigte der Wasser- und Schifffahrtsverwaltung des Bundes, die auf nicht bundeseigenen Schiffen und schwimmenden Geräten eingesetzt sind.

(5) Bei Beschäftigten der Wasser- und Schifffahrtsverwaltung des Bundes, die nicht auf Schiffen und schwimmenden Geräten eingesetzt sind,

a) bildet die durchgehende Arbeitszeit die Regel und

b) kann bei Arbeit im Schichtbetrieb die gesetzlich vorgeschriebene Gesamtdauer der Ruhepausen auf Kurzpausen von angemessener Dauer aufgeteilt werden, sofern wegen des zu erwartenden kontinuierlichen Arbeitsanfalls mangels Vertretung die Gewährung von Ruhepausen in Zeitabschnitten von jeweils mindestens 15 Minuten nicht gewährleistet werden kann.

(6) Besatzungsmitglieder auf Schadstoffunfallbekämpfungsschiffen und auf dem Laderaumsaugbagger, deren Arbeitszeit sich nach Absatz 3 richtet, erhalten pro Einsatztag einen Zuschlag in Höhe von 25 Euro. Überstunden sind bis zu zwei Stunden täglich abgegolten (z.B. für kleinere Reparaturen); dies gilt nicht im Falle von Havarien, Bergungsarbeiten oder angeordneten Reparaturen. Der Zuschlag nach Satz 1 ist von der Durchschnittsberechnung nach § 21 Satz 2 ausgenommen.

Nr. 10 zu § - 44 Reise- und Umzugskosten, Trennungsgeld

(1) Für Dienstreisen im Außendienst werden die entstandenen notwendigen Fahrtkosten nach Maßgabe der §§ 4 und 5 BRKG erstattet, sofern sie die Fahrtkosten zu der Arbeitsstätte, der der/die Beschäftigte dauerhaft personell zugeordnet ist, übersteigen. An Stelle des Tagegeldes im Sinne des § 6 BRKG wird nachfolgende Aufwandsvergütung gezahlt:
- bei einer Abwesenheit ab acht Stunden in Höhe von 3 Euro,
- bei einer Abwesenheit ab 14 Stunden in Höhe von 5 Euro,
- bei einer Abwesenheit ab 24 Stunden in Höhe von 8 Euro.

Beträgt hierbei die Entfernung zwischen der Arbeitsstätte, der der bzw. die Beschäftigte dauerhaft personell zugeordnet ist und der Stelle, an der das Dienstgeschäft erledigt wird, weniger als zwei km, wird Aufwandsvergütung nach Satz 2 nicht gewährt. Notwendige Übernachtungskosten werden gemäß § 7 BRKG erstattet.

(2) Abweichend von Absatz 1 Satz 2 wird bei Abwesenheit von 3 bis zu 8 Stunden eine Pauschale in Höhe von 2 Euro gezahlt.

(3) Für Beschäftigte auf Schiffen oder schwimmenden Geräten ist Absatz 1 mit folgenden Maßgaben anzuwenden:
1. Für die Berechnung des Tagegeldes nach Absatz 1 Satz 2 ist maßgebend, dass sich das Schiff nicht am ständigen Liegeplatz (Heimathafen) befindet.
2. Bei Übernachtungen auf Schiffen oder schwimmenden Geräten, die nicht den erlassenen Mindestbestimmungen entsprechen, wird ein Übernachtungsgeld in Höhe von 8 Euro gezahlt.

Reisebeihilfen für Familienheimfahrten werden nach Maßgabe des § 8 Sätze 3 und 4 BRKG gezahlt. Satz 2 gilt nicht für Trennungsgeldempfänger nach der Trennungsgeldverordnung.

(4) Die Regelungen in Absatz 1 und 3 ersetzen die Vorschriften über die Erstattung von Reisekosten des § 44 Abs. 1.

(5) Abweichend von § 44 Abs. 2 Satz 3 werden nicht anrechenbare Reisezeiten bei fester Arbeitszeit zu 50 v.H. als Freizeitausgleich gewährt und bei gleitender Arbeitszeit im Rahmen der jeweils geltenden Vorschriften als Arbeitszeit angerechnet.

Kapitel III Besondere Bestimmungen für Besatzungen der seegehenden Schiffe des Bundesamtes für Seeschifffahrt und Hydrographie

Für die in Kapitel I Nr. 1 Abs. 2 aufgeführten Beschäftigten des Bundesamtes für Seeschifffahrt und Hydrographie finden ergänzend folgende besondere Bestimmungen Anwendung:

Zu Abschnitt I Allgemeine Vorschriften
Nr. 11 zu § 3 - Allgemeine Arbeitsbedingungen

Beschäftigte, die dienstlich an Bord eingesetzt sind, müssen an der Bordverpflegung teilnehmen.

Zu Abschnitt II Arbeitszeit
Nr. 12 zu § 6 - Regelmäßige Arbeitszeit

(1) Die regelmäßige Arbeitszeit kann aus notwendigen betrieblichen/dienstlichen Gründen auf sieben Tage verteilt werden. Bei Fahrten von Schiffen in See können die gesetzlich vorgeschriebenen Ersatzruhetage für Sonn- und Feiertagsarbeit bis zum Ablauf des Ausgleichszeitraums nach § 6 Abs. 2 zusammenhängend gewährt werden.

(2) Die Ruhezeit beträgt für die Besatzungsmitglieder pro 24-Stunden-Zeitraum mindestens elf Stunden. Diese Ruhezeit darf nur in höchstens zwei Zeiträume aufgeteilt werden, wenn einer eine Mindestdauer von sechs Stunden hat. Für die Berechnung des Durchschnitts der regelmäßigen wöchentlichen Arbeitszeit ist ein Zeitraum von sechs Monaten zugrunde zu legen. Es ist sicherzustellen, dass die durchschnittliche regelmäßige wöchentliche Arbeitszeit bei Fahrten in See durch eine ungleichmäßige Verteilung der Arbeitszeit nicht unterschritten wird. § 7 Abs. 7 bleibt unberührt.

(3) Soweit dienstplanmäßig eine Mittagspause vorgesehen ist, darf sie eine Stunde nicht überschreiten.

(4) Werden Besatzungsmitglieder einer Wache zugeteilt, gilt diese Zeit als regelmäßige Arbeitszeit.

(5) Dienstlicher Aufenthalt außerhalb des Schiffes auf Sandbänken oder im Wattgebiet sowie in den Beibooten rechnet durchgehend als Arbeitszeit.

(6) Für Köche und Stewards richten sich Beginn und Ende der Arbeitszeit sowie die Arbeitspausen nach den festgelegten Mahlzeiten der Besatzung.

Zu Abschnitt VII Allgemeine Vorschriften
Nr. 13 zu § 44 - Reise- und Umzugskosten, Trennungsgeld

(1) Für Dienstreisen werden den Beschäftigten die Reisekosten nach Maßgabe des BRKG in der jeweils gültigen Fassung gezahlt. Abweichend von Satz 1 werden für Dienstreisen auf Schiffen die entstandenen notwendigen Fahrtkosten nach Maßgabe der §§ 4 und 5 BRKG erstattet. An Stelle des Tagegeldes im Sinne des § 6 BRKG wird Beschäftigten, die an Bord eingesetzt sind, ein Bordtagegeld von 7,50 Euro täglich gezahlt, wenn eine unentgeltliche Unterkunft bereitgestellt wird und die Beschäftigten mindestens acht Stunden dienstlich an Bord eingesetzt sind. Für die Berechnung des Bordtagegeldes ist maßgeblich, dass sich das Schiff nicht am ständigen Liegeplatz (Heimathafen) befindet. Bei Einsätzen in fremdländischen Gewässern kann bei nachgewiesenen notwendigen Mehrkosten das Bordtagegeld entsprechend erhöht werden. Besatzungsmitglieder erhalten einmal monatlich Reisebeihilfen für Familienheimfahrten nach Maßgabe des § 8 Sätze 3 und 4 BRKG. Satz 6 gilt nicht für Trennungsgeldempfänger nach der Trennungsgeldverordnung.

(2) Soweit die Voraussetzungen für ein Bordtagegeld nach Absatz 1 Sätze 3 und 4 nicht vorliegen, wird bei dienstlichen Einsätzen dieser Beschäftigten von mindestens acht Stunden an Bord im Heimathafen (ständiger Liegeplatz) eine tägliche Pauschale in Höhe von 7,50 Euro gezahlt.

(3) Die Regelung in Absatz 1 Sätze 2 bis 7 ersetzen die Vorschriften über die Erstattung von Reisekosten des § 44 Absatz 1.

§ 48 Sonderregelungen für Beschäftigte im forstlichen Außendienst
Zu Abschnitt I Allgemeine Vorschriften
Nr. 1 zu § 1 - Geltungsbereich

Diese Sonderregelung gilt für Beschäftigte im forstlichen Außendienst, die nicht von § 1 Abs. 2 Buchst. g erfasst werden.

Zu Abschnitt II Arbeitszeit
Nr. 2

(1) Der tarifliche wöchentliche Arbeitszeitkorridor beträgt 48 Stunden. Abweichend von § 7 Abs. 7 sind nur die Arbeitsstunden Überstunden, die über den Arbeitszeitkorridor nach Satz 1 hinaus auf Anordnung geleistet worden sind. § 10 Abs. 1 Satz 3 findet keine Anwendung, auf Antrag der/des Beschäftigten kann ein Arbeitszeitkonto in vereinfachter Form durch Selbstaufschreibung geführt werden.

(2) Absatz 1 gilt nicht, wenn Dienstvereinbarungen zur Gleitzeit bestehen oder vereinbart werden.

Abschnitt IX Übergangs- und Schlussvorschriften (Bund)

§ 49 In-Kraft-Treten, Laufzeit

(1) Dieser Tarifvertrag tritt am 1 Oktober 2005 in Kraft. Er kann mit einer Frist von drei Monaten zum Schluss eines Kalenderhalbjahres schriftlich gekündigt werden, frühestens jedoch zum 31. Dezember 2009.

(2) Abweichend von Absatz 1 können schriftlich gesondert gekündigt werden

a) § 45 Nr. 6 und 8, soweit sich die entsprechenden besoldungsrechtlichen Grundlagen der Auslandsbezahlung für Beamte ändern. Die Kündigungsfrist beträgt einen Kalendermonat zum Schluss des Monats der Verkündung der Neuregelungen im Bundesgesetzblatt folgenden Kalendermonats.

b) § 46 Nr. 19 bis 21 (Kapitel III) mit einer Frist von einem Monat zum Monatsende gekündigt werden. Das Sonderkündigungsrecht in § 47 Sonderkündigungsrecht der Bereitschafts- und Rufbereitschaftsregelung BT-K bleibt unberührt.

Anhang zu § 46 (Bund) Teilnahme an Manövern und Übungen

(1) Nehmen Beschäftigte aus dringenden dienstlichen Gründen an Übungen im Sinne des § 46 Nr. 4 Abs. 4 teil, so gilt nachstehende Regelung:

1. Die tägliche Arbeitszeit der Beschäftigten kann während der Teilnahme an der Übung abweichend geregelt werden.
2. Die Beschäftigten erhalten für die Dauer ihrer Teilnahme als Abgeltung ihrer zusätzlichen Arbeitsleistung neben ihrem Tabellenentgelt und dem in Monatsbeträgen festgelegten Entgeltbestandteilen einen täglichen Pauschbetrag in Höhe des Entgelts für fünf Überstunden. Dieser Pauschbetrag schließt das Entgelt für Überstunden, für Bereitschaftsdienst und die Zulagen für Wechselschicht- und Schichtarbeit sowie die Zeitzuschläge nach § 8 Abs. 1 ein. Der Pauschbetrag wird auch für die Tage des Beginns und der Beendigung der Übung gezahlt, an denen die Beschäftigten mehr als acht Stunden von ihrem Beschäftigungsort bzw. von ihrem Wohnort abwesend sind. Die Sätze 1 und 2 gelten nicht, wenn Beschäftigte täglich an ihren Beschäftigungsort zurückkehren. Beschäftigte, die unter § 43 Abs. 2 fallen, erhalten den Pauschbetrag nicht. Auf Antrag kann den Beschäftigten, die Anspruch auf den Pauschbetrag haben, ganz oder teilweise Arbeitsbefreiung an Stelle des Pauschbetrages gewährt werden, soweit die dienstlichen Verhältnisse dies zulassen. Dabei tritt an die Stelle des Entgelts für eine Überstunde eine Stunde Arbeitsbefreiung sowie ein Betrag in Höhe des Zeitzuschlages nach § 8 Abs. 1 Satz 2 Buchst. a.
3. Die Beschäftigten erhalten während der Übung unentgeltlich Gemeinschaftsverpflegung und unentgeltliche amtliche Unterkunft. Nehmen die Beschäftigten die Gemeinschaftsverpflegung oder die amtliche Unterkunft nicht in Anspruch, so erhalten sie dafür keine Entschädigung. Kann in Einzelfällen die Gemeinschaftsverpflegung aus Übungsgründen nicht gewährt werden, so erhalten die Beschäftigten Ersatz nach den für die Beamtinnen/Beamten jeweils geltenden Bestimmungen. Den Beschäftigten ist, soweit erforderlich, vom Arbeitgeber Schutzkleidung gegen Witterungseinflüsse unentgeltlich zur Verfügung zu stellen. Die Beschäftigten sind verpflichtet, diese zu tragen. § 44 gilt nicht.
4. Bei Arbeitsunfähigkeit durch Erkrankung oder Arbeitsunfall während der Übung werden der Pauschbetrag und die Pauschalentschädigung nach der Nummern 2 und 3 bis zur Wiedererlangung der Arbeitsfähigkeit, längstens jedoch bis zu den in Satz 2 genannten Zeitpunkten, gezahlt. Die Teilnahme von erkrankten Beschäftigten an der Übung endet mit der Rückkehr an den Beschäftigungsort bzw. an den Wohnort oder mit Ablauf des Tages der Einweisung in ein außerhalb des Beschäftigungsortes des Wohnortes gelegenes Krankenhaus. Für die der Beendigung der Übung folgende Zeit des Krankenhausaufenthaltes bei Abwesenheit von dienstlichem Wohnsitz bzw. Wohnort sowie für die anschließende Rückreise haben die Beschäftigten Anspruch auf Reisekostenerstattung. Auf die Fristen für die Bezugsdauer des Tagegeldes und des Übernachtungsgeldes bzw. für das Einsetzen der Beschäftigungsvergütung wird die Zeit ab Beginn der Übung der Beschäftigten mitgerechnet. Hierbei wird die Teilnahme an der Übung - ohne Rücksicht darauf, ob der tatsächliche Aufenthaltsort der Beschäftigten ständig gleich geblieben oder ob er gewechselt hat - insgesamt als "Aufenthalt an ein und demselben auswärtigen Beschäftigungsort" gerechnet.
5. Wird den Beschäftigten Arbeitsbefreiung nach § 29 gewährt, so sind ihnen die Reisekosten für die Rückreise zum Dienstort nach den Reisekostenvorschriften zu erstatten. Die Zahlung des Pauschbetrages nach Nummer 2 und der Pauschalentschädigung nach Nummer 3 endet mit Ablauf des Tages, an den die Rückreise angetreten wird. Wird für den Rückreisetag ein volles Tagegeld gewährt, so entfällt die Pauschalentschädigung nach Nummer 3.

(2) Diese Anlage gilt nicht für die Beschäftigten, für die § 46 Kapitel II - Besatzungen von Binnen- und Seefahrzeugen und von schwimmenden Geräten im Bereich des Bundesministeriums der Verteidigung -, § 47 Kapitel II - Besondere Bestimmungen für Beschäftigte der Wasser- und Schifffahrtsverwaltung des Bundes - und Kapitel III Besondere Bestimmungen für Besatzungen der seegehenden Schiffe des Bundesamtes für Seeschifffahrt und Hydrographie anwendbar ist.

Anlage C (Bund) Bereitschaftsdienstentgelte

A: Beschäftigte, deren Eingruppierung sich nach der Anlage 1a/BAT richtet				B:Beschäftigte, deren Eingruppierung sich nach der Anlage 1b/BAT richtet		
Vergütungs-gruppe	Tarifgebiet West	Tarifgebiet Ost		Vergütungs-gruppe	Tarifgebiet West	Tarifgebiet Ost
	Euro				Euro	
Vergr. I	30,20	26,88		Kr. XIII	25,07	22,31
Vergr. Ia	27,68	24,63		Kr. XII	23,10	20,56
Vergr. Ib	25,46	22,67		Kr. XI	21,79	19,40
Vergr. IIa	23,32	20,75		Kr. X	20,49	18,23
Vergr. III	21,06	18,73		Kr. IX	19,29	17,16
Vergr. IVa	19,38	17,24		Kr. VIII	18,95	16,86
Vergr. IVb	17,84	15,87		Kr. VII	17,88	15,91
Vergr. Va/b	17,20	15,30		Kr. VI	17,34	15,44
Vergr. Vc	16,36	14,56		Kr. Va	16,70	14,86
Vergr. VIb	15,19	13,51		Kr. V	16,25	14,46
Vergr. VII	15,25	12,69		Kr. IV	15,44	13,74
Vergr. VIII	13,39	11,91		Kr. III	14,64	13,03
Vergr. IXa	12,89	11,48		Kr. II	13,93	12,40
Vergr. IXb	12,65	11,26		Kr. I	13,30	11,84
Vergr. X	12,01	10,69				

Tarifvertrag für den öffentlichen Dienst (TVöD) – Besonderer Teil Krankenhäuser (BT-K)

vom 13. September 2005

Zwischen der
Vereinigung der kommunalen Arbeitgeberverbände, vertreten durch den Vorstand, einerseits
und der
ver.di - Vereinte Dienstleistungsgewerkschaft (ver.di), vertreten durch den Bundesvorstand, diese zugleich handelnd für
- Gewerkschaft der Polizei,
- Industriegewerkschaft Bauen - Agrar - Umwelt,
- Gewerkschaft Erziehung und Wissenschaft
andererseits
wird Folgendes vereinbart: [1]

§ 40 Geltungsbereich

(1) Dieser Besondere Teil gilt für Beschäftigte, die in einem Arbeitsverhältnis zu einem Arbeitgeber stehen, der Mitglied eines Mitgliedverbandes der VKA ist, wenn sie in
a) Krankenhäusern, Heil-, Pflege- und Entbindungseinrichtungen,
b) medizinischen Instituten von Kranken-, Heil- und Pflegeeinrichtungen (z.B. pathologischen Instituten und Röntgeninstituten),
c) sonstigen Einrichtungen und Heimen, in denen die betreuten Personen in ärztlicher Behandlung stehen, oder in
d) Einrichtungen und Heimen, die der Förderung der Gesundheit, der Erziehung, Fürsorge oder Betreuung von Kindern und Jugendlichen, der Fürsorge oder Betreuung von obdachlosen, alten, gebrechlichen, erwerbsbeschränkten oder sonstigen hilfsbedürftigen Personen dienen, auch wenn diese Einrichtungen nicht der ärztlichen Behandlung der betreuten Personen dienen,
beschäftigt sind.

(2) Soweit in den nachfolgenden Bestimmungen auf die §§ 1 bis 39 verwiesen wird, handelt es sich um die Regelungen des TVöD - Allgemeiner Teil,

Protokollerklärung zu Absatz 1:
Auf Lehrkräfte findet § 51 Besonderer Teil Verwaltung (BT-V) Anwendung.

Niederschriftserklärung zu Absatz 1:
Unter Buchstabe c fallen auch Kureinrichtungen und Kurheime.

§ 41 Besondere Regelung zum Geltungsbereich TVöD

§ 1 Abs. 2 Buchst. b findet auf
a) Ärztinnen und Ärzte als ständige Vertreterinnen/Vertreter der/des leitenden Ärztin/Arztes,
b) Ärztinnen und Ärzte, die einen selbständigen Funktionsbereich innerhalb einer Fachabteilung oder innerhalb eines Fachbereichs mit mindestens zehn Mitarbeiter/-innen leiten oder
c) Ärztinnen und Ärzte, denen mindestens fünf Ärzte unterstellt sind, sowie
d) ständige Vertreterinnen und Vertreter von leitenden Zahnärztinnen und Zahnärzten mit fünf unterstellten Zahnärztinnen und Zahnärzten
keine Anwendung. Eine abweichende einzelvertragliche Regelung ist zulässig.

§ 42 Allgemeine Pflichten der Ärztinnen und Ärzte

(1) Zu den Ärztinnen und Ärzten obliegenden ärztlichen Pflichten gehört es auch, ärztliche Bescheinigungen auszustellen. Die Ärztinnen und Ärzte können vom Arbeitgeber auch verpflichtet werden, im Rahmen einer zugelassenen Nebentätigkeit von leitenden Ärztinnen und Ärzten oder für Belegärztinnen und Belegärzte innerhalb der Einrichtung ärztlich tätig zu werden.

(2) Zu den aus der Haupttätigkeit obliegenden Pflichten der Ärztinnen und Ärzte gehört es ferner, am Rettungsdienst in Notarztwagen und Hubschraubern teilzunehmen. Für jeden Einsatz in diesem Ret-

---

[1] Ein gleichlautender Tarifvertrag wurde mit der dbb tarifunion abgeschlossen.

tungsdienst erhalten Ärztinnen und Ärzte einen nicht zusatzversorgungspflichtigen Einsatzzuschlag in Höhe von 15,41 Euro. Dieser Betrag verändert sich zu demselben Zeitpunkt und in dem gleichen Ausmaß wie das Tabellenentgelt der Entgeltgruppe 14 Stufe 3 (Ärztinnen/Ärzte).

Protokollerklärungen zu Absatz 2:

1. *Eine Ärztin/ein Arzt, die/der nach der Approbation noch nicht mindestens ein Jahr klinisch tätig war, ist grundsätzlich nicht zum Einsatz im Rettungsdienst heranzuziehen.*
2. *Eine Ärztin/ein Arzt, der/dem aus persönlichen oder fachlichen Gründen (z. B. Vorliegen einer anerkannten Minderung der Erwerbsfähigkeit, die dem Einsatz im Rettungsdienst entgegensteht, Flugunverträglichkeit, langjährige Tätigkeit als Bakteriologin) die Teilnahme am Rettungsdienst nicht zumutbar ist, darf grundsätzlich nicht zum Einsatz im Rettungsdienst herangezogen werden.*
3. *In Fällen, in denen kein grob fahrlässiges und kein vorsätzliches Handeln der Ärztin/des Arztes vorliegt, ist die Ärztin/der Arzt von etwaigen Haftungsansprüchen freizustellen.*
4. *Der Einsatzzuschlag steht nicht zu, wenn der Ärztin/dem Arzt wegen der Teilnahme am Rettungsdienst außer den tariflichen Bezügen sonstige Leistungen vom Arbeitgeber oder von einem Dritten (z. B. private Unfallversicherung, für die der Arbeitgeber oder ein Träger des Rettungsdienstes die Beiträge ganz oder teilweise trägt, Liquidationsansprüche usw.) zustehen. Die Ärztin/Der Arzt kann auf die sonstigen Leistungen verzichten.*

(3) Die Erstellung von Gutachten, gutachtlichen Äußerungen und wissenschaftlichen Ausarbeitungen, die nicht von einem Dritten angefordert und vergütet werden, gehört zu den den Ärztinnen und Ärzten obliegenden Pflichten aus der Haupttätigkeit.

§ 43 Nebentätigkeit von Ärztinnen und Ärzten

Ärztinnen und Ärzte können vom Arbeitgeber verpflichtet werden, als Nebentätigkeit Unterricht zu erteilen.

§ 44 Zu § 5 Qualifizierung - Ärztinnen/Ärzte

(1) Für Beschäftigte, die sich in Facharzt-, Schwerpunktweiterbildung oder Zusatzausbildung nach dem Gesetz über befristete Arbeitsverträge mit Ärzten in der Weiterbildung befinden, ist ein Weiterbildungsplan aufzustellen, der unter Berücksichtigung des Standes der Weiterbildung die zu vermittelnden Ziele und Inhalte der Weiterbildungsabschnitte sachlich und zeitlich gegliedert festlegt.

(2) Die Weiterbildung ist vom Betrieb im Rahmen seines Versorgungsauftrags bei wirtschaftlicher Betriebsführung so zu organisieren, dass die/der Beschäftigte die festgelegten Weiterbildungsziele in der nach der jeweiligen Weiterbildungsordnung vorgesehenen Zeit erreichen kann.

(3) Können Weiterbildungsziele aus Gründen, die der Arbeitgeber zu vertreten hat, in der vereinbarten Dauer des Arbeitsverhältnisses nicht erreicht werden, so ist die Dauer des Arbeitsvertrages entsprechend zu verlängern. Die Regelungen des Gesetzes über befristete Arbeitsverträge mit Ärzten in der Weiterbildung bleiben hiervon unberührt und sind für den Fall lang andauernder Arbeitsunfähigkeit sinngemäß anzuwenden. Absatz 2 bleibt unberührt.

§ 45 Bereitschaftsdienst und Rufbereitschaft

(1) Bereitschaftsdienst leisten die Beschäftigten, die sich auf Anordnung des Arbeitgebers außerhalb der regelmäßigen Arbeitszeit an einer vom Arbeitgeber bestimmten Stelle aufhalten, um im Bedarfsfall die Arbeit aufzunehmen. Der Arbeitgeber darf Bereitschaftsdienst nur anordnen, wenn zu erwarten ist, dass zwar Arbeit anfällt, erfahrungsgemäß aber die Zeit ohne Arbeitsleistung überwiegt.

(2) Abweichend von den §§ 3, 5 und 6 Abs. 2 ArbZG kann im Rahmen des § 7 ArbZG die tägliche Arbeitszeit im Sinne des Arbeitszeitgesetzes über acht Stunden hinaus verlängert werden, wenn mindestens die acht Stunden überschreitende Zeit im Rahmen von Bereitschaftsdienst geleistet wird, und zwar wie folgt:
a) bei Bereitschaftsdiensten der Stufen A und B bis zu insgesamt maximal 16 Stunden täglich; die gesetzlich vorgeschriebene Pause verlängert diesen Zeitraum nicht,
b) bei Bereitschaftsdiensten der Stufen C und D bis zu insgesamt maximal 13 Stunden täglich; die gesetzlich vorgeschriebene Pause verlängert diesen Zeitraum nicht.

(3) Im Rahmen des § 7 ArbZG kann unter den Voraussetzungen
a) einer Prüfung alternativer Arbeitszeitmodelle,
b) einer Belastungsanalyse gemäß § 5 ArbSchG und
c) ggf. daraus resultierender Maßnahmen zur Gewährleistung des Gesundheitsschutzes
aufgrund einer Betriebs-/Dienstvereinbarung von den Regelungen des Arbeitszeitgesetzes abgewichen werden. Für einen Betrieb/eine Verwaltung, in dem/der ein Personalvertretungsgesetz Anwendung findet, kann eine Regelung nach Satz 1 in einem landesbezirklichen Tarifvertrag getroffen werden, wenn eine Dienstvereinbarung nicht einvernehmlich zustande kommt (§ 38 Abs. 3) und der Arbeitgeber ein Letztentscheidungsrecht hat

Abweichend von den §§ 3, 5 und 6 Abs. 2 ArbZG kann die tägliche Arbeitszeit im Sinne des Arbeitszeitgesetzes über acht Stunden hinaus verlängert werden, wenn in die Arbeitszeit regelmäßig und in erheblichem Umfang Bereitschaftsdienst fällt. Hierbei darf die tägliche Arbeitszeit ausschließlich der Pausen maximal 24 Stunden betragen.

(4) Unter den Voraussetzungen des Absatzes 3 Satz 1 und 2 kann die tägliche Arbeitszeit gemäß § 7 Abs. 2a ArbZG ohne Ausgleich verlängert werden, wobei
a) bei Bereitschaftsdiensten der Stufen A und B eine wöchentliche Arbeitszeit von bis zu maximal durchschnittlich 58 Stunden,
b) bei Bereitschaftsdiensten der Stufen C und D eine wöchentliche Arbeitszeit von bis zu maximal durchschnittlich 54 Stunden
zulässig ist.

(5) Für den Ausgleichszeitraum nach den Absätzen 2 bis 4 gilt § 6 Abs. 2 Satz 1.

(6) Bei Aufnahme von Verhandlungen über eine Betriebs-/Dienstvereinbarung nach den Absätzen 3 und 4 sind die Tarifvertragsparteien auf landesbezirklicher Ebene zu informieren.

(7) In den Fällen, in denen Beschäftigte Teilzeitarbeit gemäß § 11 vereinbart haben, verringern sich die Höchstgrenzen der wöchentlichen Arbeitszeit nach den Absätzen 2 bis 4 in demselben Verhältnis wie die Arbeitszeit dieser Beschäftigten zu der regelmäßigen Arbeitszeit der Vollbeschäftigten. Mit Zustimmung der/des Beschäftigten oder aufgrund von dringenden dienstlichen oder betrieblichen Belangen kann hiervon abgewichen werden.

(8) Der Arbeitgeber darf Rufbereitschaft nur anordnen, wenn erfahrungsgemäß lediglich in Ausnahmefällen Arbeit anfällt. Durch tatsächliche Arbeitsleistung innerhalb der Rufbereitschaft kann die tägliche Höchstarbeitszeit von zehn Stunden (§ 3 ArbZG) überschritten werden (§ 7 ArbZG).

(9) § 6 Abs. 4 bleibt im Übrigen unberührt.

(10) Für Beschäftigte gemäß § 40 Abs. 1 Buchst. d gelten die Absätze 1 bis 9 mit der Maßgabe, dass die Grenzen für die Stufen A und B einzuhalten sind. Dazu gehören auch die Beschäftigten in Einrichtungen, in denen die betreuten Personen nicht regelmäßig ärztlich behandelt und beaufsichtigt werden (Erholungsheime).

(11) Für die Ärztinnen und die Ärzte in Einrichtungen nach Absatz 10 gelten die Absätze 1 bis 9 ohne Einschränkungen.

§ 46 Bereitschaftsdienstentgelt

(1) Zum Zwecke der Entgeltberechnung wird die Zeit des Bereitschaftsdienstes einschließlich der geleisteten Arbeit wie folgt als Arbeitszeit gewertet:
a) Nach dem Maß der während des Bereitschaftsdienstes erfahrungsgemäß durchschnittlich anfallenden Arbeitsleistungen wird die Zeit des Bereitschaftsdienstes wie folgt als Arbeitszeit gewertet:

Stufe	Arbeitsleistung innerhalb des Bereitschaftsdienstes	Bewertung als Arbeitszeit
A	0 bis 10 v.H.	15 v.H.
B	mehr als 10 bis 25 v.H.	25 v.H.
C	mehr als 25 bis 40 v.H.	40 v.H.
D	mehr als 40 bis 49 v.H.	55 v.H.

Ein hiernach der Stufe A zugeordneter Bereitschaftsdienst wird der Stufe B zugeteilt, wenn der Beschäftigte während des Bereitschaftsdienstes in der Zeit von 22 bis 6 Uhr erfahrungsgemäß durchschnittlich mehr als dreimal dienstlich in Anspruch genommen wird.

b) Entsprechend der Zahl der vom Beschäftigten je Kalendermonat abgeleisteten Bereitschaftsdienste wird die Zeit eines jeden Bereitschaftsdienstes zusätzlich wie folgt als Arbeitszeit gewertet:

Zahl der Bereitschaftsdienste im Kalendermonat	Bewertung als Arbeitszeit
1. bis 8. Bereitschaftsdienste	25 v.H.
9. bis 12. Bereitschaftsdienste	35 v.H.
13. und folgende Bereitschaftsdienste	45 v.H.

(2) Die Zuweisung zu den einzelnen Stufen des Bereitschaftsdienstes erfolgt durch die Betriebsparteien.

(3) Für die Beschäftigten gemäß § 45 Abs. 10 wird zum Zwecke der Entgeltberechnung die Zeit des Bereitschaftsdienstes einschließlich der geleisteten Arbeit mit 25 v.H. als Arbeitszeit bewertet. Leistet die/der Beschäftigte in einem Kalendermonat mehr als acht Bereitschaftsdienste, wird die Zeit eines jeden über acht Bereitschaftsdienste hinausgehenden Bereitschaftsdienstes zusätzlich mit 15 v.H. als Arbeitszeit gewertet.

(4) Das Entgelt für die nach den Absätzen 1 und 3 zum Zwecke der Entgeltberechnung als Arbeitszeit gewertete Bereitschaftsdienstzeit bestimmt sich für übergeleitete Beschäftigte auf der Basis ihrer Eingruppierung am 30. September 2005, für nach dem 30. September 2005 eingestellte Beschäftigte und in den Fällen der Übertragung einer höher oder niedriger bewerteten Tätigkeit nach der Vergütungs- bzw. Lohngruppe, die sich zum Zeitpunkt der Einstellung bzw. der Höher- oder Herabgruppierung bei Fortgeltung des bisherigen Tarifrechts ergeben hätte, nach der Anlage C. Für die Zeit des Bereitschaftsdienstes einschließlich der geleisteten Arbeit und für die Zeit der Rufbereitschaft werden Zeitzuschläge nach § 8 nicht gezahlt.

(5) Das Bereitschaftsdienstentgelt kann im Falle der Faktorisierung nach § 10 Abs. 3 im Verhältnis 1:1 in Freizeit abgegolten werden.

§ 47 Sonderkündigungsrecht der Bereitschaftsdienst- und Rufbereitschaftsregelung

Die §§ 45 und 46 können mit einer Frist von drei Monaten gekündigt werden, wenn infolge einer Änderung des Arbeitszeitgesetzes sich materiellrechtliche Auswirkungen ergeben oder weitere Regelungsmöglichkeiten für die Tarifvertragsparteien eröffnet werden. Rein formelle Änderungen berechtigen nicht zu einer Ausübung des Sonderkündigungsrechts.

§ 48 Wechselschichtarbeit

(1) Abweichend von § 6 Abs. 1 Satz 2 werden die gesetzlichen Pausen bei Wechselschichtarbeit nicht in die Arbeitszeit eingerechnet.

(2) Abweichend von § 7 Abs. 1 Satz 1 ist Wechselschichtarbeit die Arbeit nach einem Schichtplan/Dienstplan, der einen regelmäßigen Wechsel der täglichen Arbeitszeit in Wechselschichten vorsieht, bei denen die/der Beschäftigte längstens nach Ablauf eines Monats erneut zu mindestens zwei Nachtschichten herangezogen wird.

§ 49 Arbeit an Sonn- und Feiertagen

Abweichend von § 6 Abs. 3 Satz 3 und in Ergänzung zu § 6 Abs. 5 gilt für Sonn- und Feiertage folgendes:

(1) Die Arbeitszeit an einem gesetzlichen Feiertag, der auf einen Werktag fällt, wird durch eine entsprechende Freistellung an einem anderen Werktag bis zum Ende des dritten Kalendermonats - möglichst aber schon bis zum Ende des nächsten Kalendermonats - ausgeglichen, wenn es die betrieblichen Verhältnisse zulassen. Kann ein Freizeitausgleich nicht gewährt werden, erhält die/der Beschäftigte je Stunde 100 v.H. des auf eine Stunde entfallenden Anteils des monatlichen Entgelts der jeweiligen Entgeltgruppe und Stufe nach Maßgabe der Entgelttabelle. Ist ein Arbeitszeitkonto eingerichtet, ist eine Buchung gemäß § 10 Abs. 3 zulässig. § 8 Abs. 1 Satz 2 Buchst. d bleibt unberührt.

(2) Für Beschäftigte, die regelmäßig nach einem Dienstplan eingesetzt werden, der Wechselschicht- oder Schichtdienst an sieben Tagen in der Woche vorsieht, vermindert sich die regelmäßige Wochen-

arbeitszeit um ein Fünftel der arbeitsvertraglich vereinbarten durchschnittlichen Wochenarbeitszeit, wenn sie an einem gesetzlichen Feiertag, der auf einen Werktag fällt,

a) Arbeitsleistung zu erbringen haben oder

b) nicht wegen des Feiertags, sondern dienstplanmäßig nicht zur Arbeit eingeteilt sind und deswegen an anderen Tagen der Woche ihre regelmäßige Arbeitszeit erbringen müssen.

Absatz 1 gilt in diesen Fällen nicht. § 8 Abs. 1 Satz 2 Buchst. d bleibt unberührt.

(3) Beschäftigte, die regelmäßig an Sonn- und Feiertagen arbeiten müssen, erhalten innerhalb von zwei Wochen zwei arbeitsfreie Tage. Hiervon soll ein freier Tag auf einen Sonntag fallen.

§ 50 Ausgleich für Sonderformen der Arbeit

Die Zeitzuschläge betragen für Beschäftigte nach § 38 Abs. 5 Satz 1 in Krankenhäusern abweichend von § 8 Abs. 1 Satz 2 Buchst. b und f für

a) Nachtarbeit	1,28 €
b) Arbeit an Samstagen von 13 bis 21 Uhr	0,64 €

§ 51 Eingruppierung der Ärztinnen und Ärzte

(1) Ärztinnen und Ärzte sind mit folgender besonderer Stufenzuordnung wie folgt eingruppiert:

a) Entgeltgruppe 14 Stufe 1: Ärztinnen und Ärzte ohne Berufserfahrung mit entsprechender Tätigkeit

b) Entgeltgruppe 14 Stufe 2: Ärztinnen und Ärzte mit entsprechender Tätigkeit nach einjähriger Berufserfahrung

c) Entgeltgruppe 14 Stufe 3[1]: Fachärztinnen und Fachärzte mit entsprechender Tätigkeit

d) Entgeltgruppe 14 Stufe 4[2]: Fachärztinnen und Fachärzte nach fünfjähriger entsprechender Tätigkeit

e) Entgeltgruppe 15 Stufe 5: Fachärztinnen und Fachärzte nach neunjähriger entsprechender Tätigkeit

f) Entgeltgruppe 15 Stufe 6[3]: Fachärztinnen und Fachärzte nach dreizehnjähriger entsprechender Tätigkeit

§§ 16 und 17 bleiben unberührt.

(2) Ärztinnen und Ärzte, die als ständige Vertreter der/des leitenden Ärztin/Arztes durch ausdrückliche Anordnung bestellt sind, erhalten für die Dauer der Bestellung eine Funktionszulage von monatlich 350 Euro.

(3) Ärztinnen und Ärzte, die aufgrund ausdrücklicher Anordnung innerhalb einer Fachabteilung oder eines Fachbereichs einen selbständigen Funktionsbereich mit mindestens zehn Beschäftigten leiten, erhalten für die Dauer der Anordnung eine Funktionszulage von monatlich 250 Euro.

(4) Ärztinnen und Ärzte, denen aufgrund ausdrücklicher Anordnung mindestens fünf Ärzte unterstellt sind, erhalten für die Dauer der Anordnung eine Funktionszulage von monatlich 250 Euro.

(5) Die Funktionszulagen nach den Absätzen 2 bis 4 sind dynamisch und entfallen mit dem Wegfall der Funktion.

(6) Die Absätze 1 bis 5 finden auf Zahnärztinnen/Zahnärzte, Apothekerinnen/Apotheker und Tierärztinnen/Tierärzte keine Anwendung.

Niederschriftserklärung zu § 51 Absatz 6:
Für die in Absatz 6 genannten Beschäftigten gelten die Regelungen des Allgemeinen Teils sowie die entsprechenden Regelungen des TVÜ-VKA.

Protokollerklärungen zu § 51:
1. Ständige Vertreterinnen/Vertreter im Sinne des Tätigkeitsmerkmals ist nur die/der Ärztin/ Arzt, der die/den leitende/n Ärztin/Arzt in der Gesamtheit seiner Dienstaufgaben vertritt. Das Tätigkeitsmerkmal kann daher innerhalb einer Abteilung (Klinik) nur von einer/einem Ärztin/Arzt erfüllt werden.

2. Ist die Eingruppierung von der Zahl der unterstellten Ärztinnen/Ärzte abhängig, gilt folgendes:

   (a) Für die Eingruppierung ist es unschädlich, wenn im Organisations- und Stellenplan zur Besetzung ausgewiesene Stellen nicht besetzt sind.

   (b) Bei der Zahl der unterstellten Ärztinnen/Ärzte zählen nur diejenigen unterstellten Ärzte mit, die in einem Arbeits- oder Beamtenverhältnis zu demselben Arbeitgeber (Dienstherrn) stehen oder

im Krankenhaus von einem sonstigen öffentlichen Arbeitgeber (Dienstherrn) zur Krankenversorgung eingesetzt werden.

(c) *Teilbeschäftigte zählen entsprechend dem Verhältnis der mit ihnen im Arbeitsvertrag vereinbarten Arbeitszeit zur regelmäßigen Arbeitszeit eines Vollbeschäftigten.*

3. *Funktionsbereiche sind wissenschaftlich anerkannte Spezialgebiete innerhalb eines ärztlichen Fachgebietes, z. B. Nephrologie, Handchirurgie, Neuroradiologie, Elektroencephalographie, Herzkatheterisierung.*

[1] Tabellenwert entspricht Entgeltgruppe 14 Stufe 4.

[2] Tabellenwert entspricht Entgeltgruppe 14 Stufe 5.

[3] Die Stufe 6 der Entgeltgruppe 15 weist einen besonderen Tabellenwert gemäß Anlagen A und B (VKA) TVöD aus.

§ 52 Erholungsurlaub

Die Beschäftigten an Heimschulen und Internaten haben den Urlaub in der Regel während der Schulferien zu nehmen. Die Sonderregelungen für Lehrkräfte bleiben unberührt.

§ 53 Zusatzurlaub

Beschäftigte erhalten bei einer Leistung im Kalenderjahr von mindestens

150 Nachtarbeitsstunden	1 Arbeitstag
300 Nachtarbeitsstunden	2 Arbeitstage
450 Nachtarbeitsstunden	3 Arbeitstage
600 Nachtarbeitsstunden	4 Arbeitstage

Zusatzurlaub im Kalenderjahr. Nachtarbeitsstunden, die in Zeiträumen geleistet werden, für die Zusatzurlaub für Wechselschicht- oder Schichtarbeit zusteht, bleiben unberücksichtigt. § 27 Abs. 4 findet mit der Maßgabe Anwendung, dass Erholungsurlaub und Zusatzurlaub insgesamt im Kalenderjahr 35 Tage, bei Zusatzurlaub wegen Wechselschichtarbeit 36 Tage, nicht überschreiten. § 27 Abs. 5 findet Anwendung.

§ 54 In-Kraft-Treten, Laufzeit

Dieser Tarifvertrag tritt am 1. Oktober 2005 in Kraft. Er kann mit einer Frist von drei Monaten zum Schluss eines Kalenderhalbjahres schriftlich gekündigt werden, frühestens jedoch zum 31. Dezember 2009. § 47 bleibt unberührt.

Anlage C zu § 46 Abs. 4 (Bereitschaftsdienstentgelt)

A. Beschäftigte, deren Eingruppierung sich nach der Anlage 1a zum BAT/BAT-O richtet

Vergütungsgruppe	Tarifgebiet West (in Euro)	Tarifgebiet Ost (in Euro)		
		ab 01.10.2005[1]	ab 01.07.2006	ab 01.07.2007
Vergr. I	30,20	27,32	27,75	28,19
Vergr. Ia	27,68	25,05	25,45	25,85
Vergr. Ib	25,46	14,04	23,40	23,77
Vergr. II	23,32	21,10	21,44	21,77
Vergr. III	21,06	19,05	19,35	19,66
Vergr. IVa	19,38	17,52	17,80	18,08
Vergr. IVb	17,84	16,14	16,40	16,65
Vergr. Vb	17,20	15,57	15,81	16,06
Vergr. Vc	16,36	14,81	15,04	15,28
Vergr. VIb	15,19	13,74	13,95	14,17
Vergr. VII	14,25	12,89	13,10	13,30
Vergr. VIII	13,39	12,11	12,31	12,50
Vergr. IXa	12,89	11,67	11,85	12,04
Vergr. IX	12,65	11,44	11,63	11,81
Vergr. X	12,01	10,87	11,04	11,22

[1] Die Bereitschaftsdienstentgelte gelten seit dem 1. Juli 2005 und wurden in das neue Tarifrecht ab 1. Oktober 2005 übernommen.

B. Beschäftigte, deren Eingruppierung sich nach der Anlage 1b zum BAT/BAT-O richtet

Vergütungsgruppe	Tarifgebiet West (in Euro)	Tarifgebiet Ost (in Euro)		
		ab 01.10.2005[1]	ab 01.07.2006	ab 01.07.2007
Kr. XIII	25,07	22,68	23,04	23,41
Kr. XII	23,10	20,91	21,24	21,57
Kr. XI	21,79	19,72	20,03	20,35
Kr. X	20,49	18,54	18,83	19,13
Kr. IX	19,29	17,45	17,73	18,00
Kr. VIII	18,95	17,15	17,42	17,69
Kr. VII	17,88	16,18	16,43	16,69
Kr. VI	17,34	15,69	15,94	16,19
Kr. Va	16,70	15,11	15,35	15,59
Kr. V	16,25	14,71	14,95	15,18
Kr. IV	15,44	13,97	14,19	14,42
Kr. III	14,64	13,24	13,45	13,66
Kr. II	13,93	12,61	12,81	13,01
Kr. I	13,30	12,03	12,22	12,42

[1] Die Bereitschaftsdienstentgelte gelten seit dem 1. Juli 2005 und wurden in das neue Tarifrecht ab 1. Oktober 2005 übernommen.

C. Beschäftigte, deren Eingruppierung sich nach dem BMT-G/ BAT-G-O richtet

Vergütungsgruppe	Tarifgebiet West (in Euro)	Tarifgebiet Ost (in Euro)		
		ab 01.10.2005[1]	ab 01.07.2006	ab 01.07.2007
Lgr. 9	17,63	15,95	16,20	16,46
Lgr. 8a	17,24	15,60	15,85	16,10
Lgr. 8	16,86	15,26	15,51	15,75
Lgr. 7a	16,50	14,93	15,17	15,41
Lgr. 7	16,13	14,60	14,84	15,07
Lgr. 6a	15,80	14,29	14,51	14,74
Lgr. 6	15,44	13,97	14,19	14,41
Lgr. 5a	15,11	13,67	13,89	14,11
Lgr. 5	14,78	13,37	13,58	13,80
Lgr. 4a	14,46	13,09	13,30	13,51
Lgr. 4	14,14	12,79	13,00	13,20
Lgr. 3a	13,83	12,51	12,71	12,91
Lgr. 3	13,53	12,24	12,44	12,64
Lgr. 2a	13,25	11,98	12,17	12,36
Lgr. 2	12,95	11,72	11,91	12,09
Lgr. 1a	12,68	11,46	11,65	11,83
Lgr. 1	12,39	11,21	11,38	11,56

[1] Die Bereitschaftsdienstentgelte gelten seit dem 1. Juli 2005 und wurden in das neue Tarifrecht ab 1. Oktober 2005 übernommen.

Tarifvertrag für den öffentlichen Dienst (TVöD) – Besonderer Teil Sparkassen (BT-S)

vom 13. September 2005

Zwischen der
Vereinigung der kommunalen Arbeitgeberverbände, vertreten durch den Vorstand, einerseits
und der
ver.di - Vereinte Dienstleistungsgewerkschaft (ver.di)[1], vertreten durch den Bundesvorstand, diese
zugleich handelnd für
- Gewerkschaft der Polizei,
- Industriegewerkschaft Bauen - Agrar - Umwelt,
- Gewerkschaft Erziehung und Wissenschaft,
andererseits
wird Folgendes vereinbart: [1]

§ 40 Geltungsbereich

(1) Dieser Tarifvertrag gilt für Beschäftigte der Sparkassen. Er bildet im Zusammenhang mit dem Allgemeinen Teil des Tarifvertrages für den öffentlichen Dienst (TVöD) den Tarifvertrag für die Sparte Sparkassen (TV-S).

(2) Soweit in den nachfolgenden Bestimmungen auf die §§ 1 bis 39 verwiesen wird, handelt es sich um die Regelungen des TVöD - Allgemeiner Teil -.

§ 41 Grundsätze für leistungs- und erfolgsorientierte variable Entgelte

(1) Durch einvernehmliche Dienstvereinbarung (befristet, unter Ausschluss der Nachwirkung) können individuelle und/oder teambezogene leistungs- und/oder erfolgsorientierte Prämien und/oder Zulagen als betriebliche Systeme eingeführt werden. Bemessungsmethoden sind die Zielvereinbarung (§ 42) und die systematische Leistungsbewertung (§ 43).

(2) Bei der Entwicklung, Einführung und dem Controlling der betrieblichen Systeme (Kriterien und Verfahren einschl. Weiterentwicklung/Plausibilitätsprüfung) nach Absatz 1 und § 44 wirkt ein Gemeinsamer Ausschuss mit, dessen Mitglieder je zur Hälfte vom Arbeitgeber und vom Personalrat aus dem Betrieb benannt werden.

(3) Der Gemeinsame Ausschuss ist auch für die Beratung von schriftlich begründeten Beschwerden zuständig, die sich auf Mängel des Systems bzw. seiner Anwendung beziehen. Der Arbeitgeber entscheidet auf Vorschlag des Gemeinsamen Ausschusses darüber, ob und in welchem Umfang der Beschwerde im Wege der Korrektur des Systems bzw. von Systembestandteilen oder auch von einzelnen konkreten Anwendungsfällen abgeholfen werden soll. Die Rechte der betrieblichen Mitbestimmung bleiben unberührt.

§ 42 Zielvereinbarung

(1) In Zielvereinbarungen legen Arbeitgeber und Beschäftigte gemeinsam für einen bestimmten Zeitraum die anzustrebenden Ergebnisse fest, welche insbesondere mit Leistungsprämien honoriert werden. Pro Zielvereinbarungszeitraum sollten mehrere Ziele vereinbart werden. Quantitative und qualitative Ziele sind möglich. Sie können unterschiedlich gewichtet werden. Für einzelne Ziele können Zielerreichungsstufen festgelegt werden. Die Ziele und die Kriterien der Zielerreichung müssen sich auf den Arbeitsplatz/das Team und die damit verbundenen Arbeitsaufgaben beziehen. Die Erfüllung der Ziele muss in der vertraglich geschuldeten Arbeitszeit möglich sein.

(2) Im Ausnahmefall sind Korrekturen der Zielvereinbarung einvernehmlich dann möglich, wenn sich maßgebliche Rahmenbedingungen gravierend geändert haben.

(3) Die jeweilige Zielerreichung wird auf der Grundlage eines Soll-Ist-Vergleichs festgestellt und auf Wunsch den Beschäftigten erläutert. Die Feststellung, dass Ziele nicht erreicht wurden, darf für sich

---

[1]   Ein gleichlautender Tarifvertrag wurde mit der dbb tarifunion abgeschlossen.

allein nicht zu arbeitsrechtlichen Maßnahmen führen. Umgekehrt schließt die Teilnahme an einer Zielvereinbarung arbeitsrechtliche Maßnahmen nicht aus.

§ 43 Systematische Leistungsbewertung

(1) Die Leistungsbewertung knüpft im Rahmen eines Systems an konkrete Tatsachen und Verhaltensweisen an; sie begründet insbesondere Leistungszulagen.

(2) Bewertungskriterien (z. B. Arbeitsquantität, Arbeitsqualität, Kundenorientierung, Teamfähigkeit, Führungsverhalten) sowie deren ggf. unterschiedlich gewichtete Abstufung werden in einer einvernehmlichen Dienstvereinbarung festgelegt. Es können nur Kriterien herangezogen werden, die für den Arbeitsplatz relevant und von der/dem Beschäftigten beeinflussbar sind. Die Leistungsbewertung nimmt die zuständige Führungskraft vor. Der Bewertungsentwurf wird mit der/dem Beschäftigten besprochen, von der Führungskraft begründet und entschieden.

Niederschriftserklärung:
Regelbeurteilungen sind für die Feststellung von Leistungszulagen ausgeschlossen.

§ 44 Sparkassensonderzahlung

(1) Bankspezifisch Beschäftigte haben in jedem Kalenderjahr Anspruch auf eine Sparkassensonderzahlung (SSZ). Sie besteht aus einem garantierten und einem vari-ablen Anteil. Der garantierte Anteil in Höhe eines Monatstabellenentgelts steht jedem Beschäftigten zu. Der variable Anteil ist individuellleistungsbezogen und unternehmenserfolgsbezogen. Er bestimmt sich nach den Absätzen 3 und 4. Alle ausgezahlten Anteile sind zusatzversorgungspflichtiges Entgelt.
Voraussetzung für die SSZ ist, dass der Beschäftigte am 1. Dezember des jeweiligen Kalenderjahres im Arbeitsverhältnis steht.
Die SSZ vermindert sich um ein Zwölftel für jeden Kalendermonat, in dem Beschäftigte keinen Anspruch auf Entgelt, Entgelt im Krankheitsfall (§ 22) oder Fortzahlung des Entgelts während des Erholungsurlaubs (§ 26) haben. Die Verminderung unterbleibt für Kalendermonate,
1. für die Beschäftigte kein Entgelt erhalten haben wegen
    a) Ableistung von Grundwehrdienst oder Zivildienst, wenn sie diesen vor dem 1. Dezember beendet und die Beschäftigung unverzüglich wieder aufgenommen haben,
    b) Beschäftigungsverboten nach § 3 Abs. 2 und § 6 Abs. 1 des Mutterschutzgesetzes,
    c) Inanspruchnahme der Elternzeit nach dem Bundeserziehungsgeldgesetz bis zum Ende des Kalenderjahres, in dem das Kind geboren ist, wenn am Tag vor Antritt der Elternzeit Entgeltanspruch bestanden hat,
2. in denen Beschäftigten nur wegen der Höhe des zustehenden Krankengeldes ein Krankengeldzuschuss nicht gezahlt worden ist.

(2) Das Monatstabellenentgelt gemäß Absatz 1 Satz 3 ist das Entgelt des Beschäftigten für den Monat Oktober, das sich aufgrund der individuell für diesen Monat vereinbarten durchschnittlichen regelmäßigen Arbeitszeit ergibt.

(3) Der individuell-leistungsbezogene Teil des variablen Anteils der SSZ bestimmt sich wie folgt:
Für jeden Beschäftigten wird jährlich ein Betrag in Höhe eines halben Monatstabellenentgelts (Absatz 2) in ein Leistungsbudget eingestellt. Die jährliche Ausschüttung des Leistungsbudgets an die Beschäftigten erfolgt in Form von Leistungszulagen und/oder Leistungsprämien auf der Grundlage individueller und/oder teambezogener Leistungskriterien. Bemessungsmethode für Leistungszulagen ist die systematische Leistungsbewertung (§ 43) und für Leistungsprämien die Zielvereinbarung (§ 42). Es ist sicherzustellen, dass das jeweilige Auszahlungsvolumen dem beteiligten Beschäftigten nach einem ratierlichen auf alle anzuwendenden Maßstab zugeordnet wird. Bei teilweiser Zielerreichung können Teilzahlungen erfolgen, wenn es die Zielvereinbarung vorsieht. Die vollständige Ausschüttung des Gesamtbudgets ist zu gewährleisten.
Die weiteren Einzelheiten werden in einer einvernehmlichen Dienstvereinbarung geregelt. Bis zu dem Abschluss und der Anwendung der Dienstvereinbarung werden 25 v. H. eines Monatstabellenentgelts gezahlt.

Niederschriftserklärungen zu § 44 Abs. 3:
1. Wann immer praktizierbar und zweckmäßig, sind Zielvereinbarungen abzuschließen. Ansonsten werden systematische Leistungsbewertungen durchgeführt. Mischformen sind möglich.
2. Bei noch ausstehender Dienstvereinbarung werden die vorerst nicht auszuzahlenden 25 v.H. eines Monatstabellenentgelts gestundet.

(4) Der unternehmenserfolgsbezogene Teil des variablen Anteils der SSZ bestimmt sich wie folgt: Für jeden Beschäftigten wird jährlich ein Betrag in Höhe eines halben Monatstabellenentgelts (Absatz 2) in ein Unternehmenserfolgsbudget eingestellt. Die Höhe des Ausschüttungsvolumens bestimmt sich nach der Erreichung von institutsindividuellen Geschäftszielen der Sparkasse. Die Definition der Geschäftsziele erfolgt vor Beginn des Kalenderjahres durch den Arbeitgeber im Rahmen der Unternehmensplanung. Die für den unternehmenserfolgsabhängigen Anteil relevanten Ziele müssen den definierten Geschäftszielen entsprechen. Die weiteren Einzelheiten, insbesondere der/ein Katalog relevanter Ziele und Kriterien für die Geschäftszielerreichung und die Fälligkeit (in der Regel im Monat nach der Schlussbesprechung), werden in einer einvernehmlichen Dienstvereinbarung geregelt. Bei Zielerreichung ist jeder/m Beschäftigten das halbe Monatstabellenentgelt auszuzahlen. Eine teilweise Zielerreichung kann nach den Maßgaben der Dienstvereinbarung zur anteiligen Ausschüttung führen. Zielübererfüllungen können zu einer höheren Ausschüttung führen.
Kommt bis zum Ende des zu bewertenden Kalenderjahres keine Einigung über die Dienstvereinbarung zustande, besteht abweichend von Satz 2 nur Anspruch auf 25 v. H. eines Monatstabellenentgelts; der restliche Anteil verfällt.

Niederschriftserklärung zu § 44 Abs. 4:
Zeichnet sich ab, dass keine Dienstvereinbarung zu dem unternehmenserfolgsbezogenen Teil der SSZ zustande kommt, wird auf Antrag einer Betriebspartei der Gemeinsame Ausschuss um jeweils einen Vertreter der Landesbezirkstarifvertragsparteien ergänzt. Der ergänzte Gemeinsame Ausschuss unterbreitet den für die Vereinbarung zuständigen Betriebsparteien einen Konsensvorschlag spätestens bis zum 30. Juni.

(5) Der garantierte Anteil der SSZ wird mit dem Entgelt des Monats November, der variable Anteil gemäß Absatz 3 wird spätestens mit dem Entgelt für den Monat April des folgenden Kalenderjahres ausgezahlt.

(6) Im Übergangsjahr - in der Regel im Jahr 2006 - ist sicherzustellen, dass durch Abschlagszahlung auf die nach Absatz 1 Sätze 2 bis 4 zustehenden Anteile der SSZ 1,75 Monatstabellenentgelte (= 87,5 v.H. der SSZ) zur Ausschüttung kommen; die Einzelheiten werden in der Dienstvereinbarung geregelt.

(7) Die Beschäftigten haben keinen tarifvertraglichen Anspruch auf weitere Jahressonder- bzw. mantelrechtliche Einmalzahlungen.

Protokollerklärungen zu § 44 Abs. 1:
1. Bankspezifisch Beschäftigte im Sinne von § 44 Abs. 1 Satz 1 sind Beschäftige gemäß § 38 Abs. 5 Satz 1. Die übrigen Beschäftigten haben Anspruch auf den garantierten Anteil der SSZ gemäß Absatz 1 Sätze 2 und 3; eigene leistungsdifferenzierende Systeme für diese Beschäftigten sind nicht ausgeschlossen.
2. Der variable Anteil der SSZ wird abhängig von der Ausweitung der Leistungsbezahlung im TVöD - Allgemeiner Teil - wie folgt wachsen (Grundlage: 14 Monatstabellenentgelte pro Jahr):
    a) Solange bis der Zuwachs der Variabilität in der SSZ 1,36 v.H. (= 8,5 v.H. insgesamt) nicht erreicht, wird dieser dem individuell-leistungsbezogenen Anteil der SSZ zugeschlagen.
    b) Hat der Zuwachs 1,36 v.H. erreicht, werden darüber hinaus gehende Zuwächse jeweils zur Hälfte dem garantierten und zur Hälfte dem variablen Anteil zugeordnet (¼ individuell-leistungsbezogen, ¼ unternehmenserfolgsbezogen).
    c) Eine ggf. andere Verteilung der Anteile bleibt späteren Tarifverhandlungen vorbehalten.
3. Beschäftigte, die bis zum 31. März 2005 Altersteilzeitarbeit vereinbart haben, erhalten die SSZ auch dann, wenn das Arbeitsverhältnis wegen Rentenbezugs vor dem 1. Dezember endet. In diesem Fall tritt an die Stelle des Bemessungsmonats Oktober der letzte Kalendermonat vor Beendigung des Arbeitsverhältnisses.

Niederschriftserklärungen zu § 44:
1. Die Tarifvertragsparteien gehen davon aus, dass es aus Anlass der Einführung dieser neuen Rege-
   lungen nicht zu einer Verrechnung von bestehenden Hausregelungen kommt. Sie erheben keine Be-
   denken gegen eine Volumen erhöhende Einbeziehung in die SSZ gemäß den Absätzen 3 und 4.
2. Die Vereinbarung der SSZ dient nicht zur Einsparung von Personalkosten.
3. Um insbesondere eine ausreichende Einführungs- oder Übergangsphase für die SSZ zu ermögli-
   chen, können - das Einvernehmen der Betriebsparteien vorausgesetzt - die betrieblichen Systeme
   auch eine undifferenzierte Verteilung der variablen Entgeltbestandteile vorsehen.

§ 45 Beschäftigte der Entgeltgruppe 15

Mit Beschäftigten der Entgeltgruppe 15 können einzelarbeitsvertraglich vom Tarifrecht abweichende
Regelungen zum Entgelt und zur Arbeitszeit getroffen werden.

§ 46 Bankgeheimnis, Schweigepflicht

Die Beschäftigten haben über Angelegenheiten, deren Geheimhaltung durch gesetzliche Vorschriften
vorgesehen oder vom Arbeitgeber angeordnet worden ist, Verschwiegenheit zu wahren; dies gilt auch
über die Beendigung des Arbeitsverhältnisses hinaus. Der Beschäftigte hat das Bankgeheimnis auch
dann zu wahren, wenn dies nicht ausdrücklich vom Arbeitgeber angeordnet ist.

Niederschriftserklärung zu Beihilfen in Krankheitsfällen:
Der TVöD bzw. der TV-S greift in bei dem Arbeitgeber geltende Bestimmungen nicht ein, wenn Be-
schäftigte vor der Überleitung Beihilfe in Krankheitsfällen wie Beamte erhalten hätten.

§ 47 Qualifizierung

(1) Ein hohes Qualifikationsniveau und lebenslanges Lernen liegen im gemeinsamen Interesse von
Beschäftigten und Arbeitgebern. Qualifizierung dient der Steigerung von Effektivität und Effizienz der
Sparkassen, der Nachwuchsförderung und der Steigerung von beschäftigungsbezogenen Kompetenzen.
Die Tarifvertragsparteien verstehen Qualifizierung auch als Teil der Personalentwicklung.

(2) Vor diesem Hintergrund stellt Qualifizierung nach diesem Tarifvertrag ein Angebot dar, aus dem
für die Beschäftigten kein individueller Anspruch außer nach Absatz 4 abgeleitet werden kann. Das
Angebot kann durch einvernehmliche Dienstvereinbarung wahrgenommen und näher ausgestaltet
werden. Weitergehende Mitbestimmungsrechte werden dadurch nicht berührt.

(3) Qualifizierungsmaßnahmen sind
a) die Fortentwicklung der fachlichen, methodischen und sozialen Kompetenzen für die übertragenen
   Tätigkeiten (Erhaltungsqualifizierung),
b) der Erwerb zusätzlicher Qualifikationen (Fort- und Weiterbildung),
c) die Qualifizierung zur Arbeitsplatzsicherung (Qualifizierung für eine andere Tätigkeit; Umschulung),
d) die Einarbeitung bei längerer Abwesenheit (Wiedereinstiegsqualifizierung).
Die Teilnahme an einer Qualifizierungsmaßnahme wird dokumentiert und den Beschäftigten schriftlich
bestätigt.

(4) Beschäftigte haben - auch in den Fällen des Absatzes 3 Satz 1 Buchst. d - Anspruch auf ein regelmäßiges Gespräch mit der jeweiligen Führungskraft, in dem festgestellt wird, ob und welcher Qualifizierungsbedarf besteht. Dieses Gespräch kann auch als Gruppengespräch geführt werden. Wird nichts
anderes geregelt, ist das Gespräch jährlich zu führen.

(5) Die Kosten einer vom Arbeitgeber veranlassten Qualifizierungsmaßnahme - einschließlich Reisekosten - werden, soweit sie nicht von Dritten übernommen werden, grundsätzlich vom Arbeitgeber
getragen. Ein möglicher Eigenbeitrag und eventuelle Rückzahlungspflichten bei vorzeitigem Ausscheiden werden in einer Qualifizierungsvereinbarung geregelt. Die Betriebsparteien sind gehalten, die
Grundsätze einer fairen Kostenverteilung unter Berücksichtigung des betrieblichen und individuellen
Nutzens zu regeln. Ein Eigenbeitrag der/des Beschäftigten kann in Geld und/oder Zeit erfolgen.

(6) Zeiten von vereinbarten Qualifizierungsmaßnahmen gelten als Arbeitszeit. Absatz 5 Sätze 2 bis 4
bleiben unberührt.

(7) Gesetzliche Förderungsmöglichkeiten können in die Qualifizierungsplanung einbezogen werden.

(8) Für Beschäftigte mit individuellen Arbeitszeiten sollen Qualifizierungsmaßnahmen so angeboten werden, dass ihnen eine gleichberechtigte Teilnahme ermöglicht wird.

§ 48 Entgelt für Auszubildende

Die unter den Tarifvertrag für Auszubildende des öffentlichen Dienstes (TVAöD) vom 13. September 2005 fallenden Auszubildenden der Sparkassen erhalten im ersten, zweiten und dritten Ausbildungsjahr das nach dem TVAöD maßgebende Ausbildungsentgelt für das zweite, dritte bzw. vierte Ausbildungsjahr.

§ 49 Vermögenswirksame Leistungen

(1) Nach Maßgabe des Vermögensbildungsgesetzes in seiner jeweiligen Fassung haben Beschäftigte, deren Arbeitsverhältnis voraussichtlich mindestens sechs Monate dauert, einen Anspruch auf vermögenswirksame Leistungen. Für Vollbeschäftigte beträgt die vermögenswirksame Leistung für jeden vollen Kalendermonat 40 Euro. Der Anspruch entsteht frühestens für den Kalendermonat, in dem Beschäftigte dem Arbeitgeber die erforderlichen Angaben schriftlich mitteilen, und für die beiden vorangegangenen Monate desselben Kalenderjahres; die Fälligkeit tritt nicht vor acht Wochen nach Zugang der Mitteilung beim Arbeitgeber ein. Die vermögenswirksame Leistung wird nur für Kalendermonate gewährt, für die den Beschäftigten Tabellenentgelt, Entgeltfortzahlung oder Krankengeldzuschuss zusteht. Für Zeiten, für die Krankengeldzuschuss zusteht, ist die vermögenswirksame Leistung Teil des Krankengeldzuschusses. Die vermögenswirksame Leistung ist kein zusatzversorgungspflichtiges Entgelt.

(2) Absatz 1 gilt auch für die Auszubildenden der Sparkassen.

Protokollerklärung:
Die Protokollerklärung Nr. 2 zu § 15 Abs. 1 TVöD gilt nicht.

§ 50 In-Kraft-Treten, Laufzeit

(1) Dieser Tarifvertrag tritt am 1. Oktober 2005 in Kraft. Er kann mit einer Frist von drei Monaten zum Schluss eines Kalenderhalbjahres schriftlich gekündigt werden, frühestens jedoch zum 31. Dezember 2009.

(2) Abweichend von Absatz 1 kann § 49 mit einer Frist von einem Monat zum Schluss eines Kalendermonats, frühestens jedoch zum 31. Dezember 2007, schriftlich gekündigt werden.

Tarifvertrag für den öffentlichen Dienst (TVöD) – Besonderer Teil Flughäfen (BT-F)

vom 13. September 2005

Zwischen der

Vereinigung der kommunalen Arbeitgeberverbände, vertreten durch den Vorstand, einerseits

und der

ver.di - Vereinte Dienstleistungsgewerkschaft (ver.di), vertreten durch den Bundesvorstand, diese zugleich handelnd für
- Gewerkschaft der Polizei,
- Industriegewerkschaft Bauen - Agrar - Umwelt,
- Gewerkschaft Erziehung und Wissenschaft,

andererseits

wird Folgendes vereinbart: [1]

§ 40 Geltungsbereich

(1) Dieser Tarifvertrag gilt für Beschäftigte der Verkehrsflughäfen. Er bildet im Zusammenhang mit dem Allgemeinen Teil des Tarifvertrages für den öffentlichen Dienst (TVöD) den Tarifvertrag für die Sparte Flughäfen (TV-F).

(2) Soweit in den nachfolgenden Bestimmungen auf die §§ 1 bis 39 verwiesen wird, handelt es sich um die Regelungen des TVöD - Allgemeiner Teil.

§ 41 Wechselschichtarbeit

Durch landesbezirklichen Tarifvertrag kann bestimmt werden, dass abweichend von
a) § 6 Abs. 1 Satz 2 die gesetzlichen Pausen bei Wechselschichtarbeit nicht in die Arbeitszeit einzurechnen sind und
b) § 7 Abs. 1 Satz 1 Wechselschichtarbeit erst dann vorliegt, wenn die/der Beschäftigte längstens nach Ablauf eines Monats erneut zu mindestens zwei Nachtschichten herangezogen wird.

§ 42 Rampendienst

(1) Beschäftigten im Rampendienst wird für je sechs Arbeitstage ein freier Arbeitstag gewährt. Im Jahresdurchschnitt soll mindestens jeder dritte freie Tag auf einen Sonntag fallen.

(2) Als freier Tag gilt in der Regel eine arbeitsfreie Zeit von 36 Stunden. Diese kann in Ausnahmefällen auf 32 Stunden verringert werden, wenn die Betriebsverhältnisse es erfordern. Werden zwei zusammenhängende freie Tage gewährt, gilt in der Regel eine arbeitsfreie Zeit von 60 Stunden, die in Ausnahmefällen auf 56 Stunden verringert werden kann, als zwei freie Tage. Für weitere freie Tage erhöhen sich die Zeiten um jeweils 24 Stunden für einen Tag.

(3) Die Zeitzuschläge nach § 8 Abs. 1 werden pauschal mit einem Zuschlag von 12 v.H. des auf eine Stunde entfallenden Anteils des monatlichen Entgelts der Stufe 3 der jeweiligen Entgeltgruppe nach Maßgabe der Entgelttabelle abgegolten.

§ 43 Feuerwehr- und Sanitätspersonal

(1) Für das Feuerwehr- und Sanitätspersonal wird - unter Einbeziehung der Zeitzuschläge nach § 8 Abs. 1 - das monatliche Entgelt landesbezirklich oder betrieblich geregelt.

(2) Wenn das Feuerwehr- und Sanitätspersonal in Ausnahmefällen aus der zusammenhängenden Ruhezeit zur Arbeit gerufen wird, ist diese - einschließlich etwaiger Zeitzuschläge - neben dem Tabellenentgelt besonders zu vergüten.

---

[1] Ein gleichlautender Tarifvertrag wurde mit der dbb tarifunion abgeschlossen.

§ 44 In-Kraft-Treten, Laufzeit

Dieser Tarifvertrag tritt am 1. Oktober 2005 in Kraft. Er kann mit einer Frist von drei Monaten zum Schluss eines Kalenderhalbjahres schriftlich gekündigt werden, frühestens jedoch zum 31. Dezember 2009.

Tarifvertrag für den öffentlichen Dienst (TVöD) – Besonderer Teil Entsorgung (BT-E)

vom 13. September 2005

Zwischen der
Vereinigung der kommunalen Arbeitgeberverbände, vertreten durch den Vorstand, einerseits
und der
ver.di - Vereinte Dienstleistungsgewerkschaft (ver.di)[1], vertreten durch den Bundesvorstand, diese zugleich handelnd für
- Gewerkschaft der Polizei,
- Industriegewerkschaft Bauen - Agrar - Umwelt,
- Gewerkschaft Erziehung und Wissenschaft,
andererseits
wird Folgendes vereinbart: [1]

§ 40 Geltungsbereich

(1) Dieser Tarifvertrag gilt für Beschäftigte der Entsorgungsbetriebe, unabhängig von deren Rechtsform. Er bildet im Zusammenhang mit dem Allgemeinen Teil des Tarifvertrages für den öffentlichen Dienst (TVöD) den Tarifvertrag für die Sparte Entsorgung (TV-E).

(2) Soweit in den nachfolgenden Bestimmungen auf die §§ 1 bis 39 verwiesen wird, handelt es sich um die Regelungen des TVöD - Allgemeiner Teil -.

§ 41 Tägliche Rahmenzeit

Die tägliche Rahmenzeit kann auf bis zu zwölf Stunden in der Zeitspanne von 6 bis 22 Uhr vereinbart werden.

§ 42 Öffnungsregelung zu § 14 TzBfG

(1) Die kalendermäßige Befristung eines Arbeitsvertrages ohne Vorliegen eines sachlichen Grundes ist nach Maßgabe der Absätze 2 bis 4 bis zur Dauer von vier Jahren zulässig; bis zu dieser Gesamtdauer ist auch die höchstens dreimalige Verlängerung eines kalendermäßig befristeten Arbeitsvertrages möglich.

(2) Die Befristung nach Absatz 1 über die Dauer von zwei Jahren hinaus bedarf der vorherigen Zustimmung des Personalrats/Betriebsrats.

(3) Die Befristung nach Absatz 1 über die Dauer von zwei Jahren hinaus ist unzulässig, wenn mit dem Abschluss des Arbeitsvertrages mehr als 40 v.H. der bei dem Arbeitgeber begründeten Arbeitsverhältnisse ohne Vorliegen eines sachlichen Grundes abgeschlossen wären.

(4) Soweit von der Befristung nach Absatz 1 über die Dauer von zwei Jahren hinaus Gebrauch gemacht wird, ist die Beschäftigung von Leiharbeitnehmerinnen/Leiharbeitnehmern nicht zulässig. In begründeten Einzelfällen kann mit Zustimmung des Personalrats/Betriebsrats von Satz 1 abgewichen werden.

(5) Beschäftigte, mit denen eine Befristung nach Absatz 1 über die Dauer von zwei Jahren hinaus vereinbart ist, sind nach Ablauf der vereinbarten Zeit in ein Arbeitsverhältnis auf unbestimmte Dauer zu übernehmen, sofern im Falle des Ausscheidens dieser Beschäftigten für den betreffenden Funktionsbereich ein befristetes Arbeitsverhältnis mit anderen Beschäftigten begründet würde.

(6) Beim Abschluss von nach Absatz 1 befristeten Arbeitsverträgen über die Dauer von zwei Jahren hinaus sind Auszubildende, die bei demselben Arbeitgeber ausgebildet worden sind, nach erfolgreich abgeschlossener Abschlussprüfung bei gleicher Eignung und Befähigung vorrangig zu berücksichtigen.

---

[1] Ein gleichlautender Tarifvertrag wurde mit der dbb tarifunion abgeschlossen.

§ 43 Betrieblicher Gesundheits- und Arbeitsschutz

(1) Arbeiten in der Abfall- und Entsorgungswirtschaft verpflichten Arbeitgeber und Beschäftigte in besonders hohem Maße zur Einhaltung aller einschlägigen Arbeitsschutz- und Sicherheitsvorschriften.

(2) Es sind ein sicherheitsgerechter Arbeitsplatz und eine Arbeitsumgebung zur Verfügung zu stellen, die eine Gefährdung nach Möglichkeit ausschließen, wobei gesicherte arbeitswissenschaftliche Erkenntnisse über menschengerechte Arbeitsplatzgestaltung berücksichtigt werden.

(3) Neben den allgemeinen Bestimmungen der gesetzlichen Unfallversicherungsträger, den Rechten und Pflichten, die sich aus dem Betriebsverfassungsgesetz und den Personalvertretungsgesetzen sowie dem Arbeitssicherheitsgesetz ergeben, hat der Arbeitgeber dafür Sorge zu tragen, dass
1. die Beschäftigten mindestens im Turnus von einem Jahr über die zu beachtenden Gesetze, Verordnungen und Unfallverhütungsvorschriften unterrichtet werden sowie bei Einführung neuer Arbeitsverfahren und neuer Arbeitsstoffe bzw. vor der Arbeitsaufnahme an einem neuen Arbeitsplatz. Bei Bedarf sind Unterweisungen öfter durchzuführen. Beschäftigte, die der deutschen Sprache nicht ausreichend mächtig sind, müssen in einer ihnen verständlichen Sprache unterwiesen werden. Dieses kann auch in schriftlicher Form in der jeweiligen Landessprache erfolgen,
2. die für die Beschäftigten und die Ausführung der Arbeiten erforderlichen Schutzausrüstungen, Werkzeuge, Maschinen und Fahrzeuge im betriebssicheren Zustand zur Verfügung gestellt werden,
3. Arbeits- und Schutzkleidung den Witterungsbedingungen entsprechend zur Verfügung gestellt, gereinigt und instand gesetzt wird.

(4) Die Beschäftigten sind verpflichtet, die sicherheitstechnischen Vorschriften und die turnusmäßigen betrieblichen Belehrungen zu beachten. Sie sind ferner dazu verpflichtet, die ihnen vom Betrieb gestellten Schutzausrüstungen, Werkzeuge, Maschinen und Fahrzeuge zur Herstellung der Arbeitssicherheit zu verwenden und sich vor dem Einsatz von dem ordnungsgemäßen Zustand zu überzeugen. Weitergehende Arbeitsschutzvorschriften der jeweiligen Arbeitgeber sind vorrangig einzuhalten.

(5) Beschäftigte, die sich über die Arbeitssicherheit zur Ausführung eines bestimmten Auftrages nicht ausreichend belehrt fühlen, haben das Recht und die Pflicht, dies dem betrieblich Verantwortlichen vor der Arbeitsaufnahme zu melden.

(6) In den Betriebsstätten und festen Baustellen haben die allgemeinen und für die jeweilige Arbeit speziellen Unfallverhütungsvorschriften der gesetzlichen Unfallversicherungsträger den Beschäftigten während der Arbeitszeit zugänglich zu sein.

(7) Näheres soll durch Betriebs-/Dienstvereinbarung zum betrieblichen Arbeits- und Gesundheitsschutz geregelt werden.

§ 44 Erfolgsbeteiligung

Die Beschäftigten können an einem auf ihrer Mehrleistung beruhenden Betriebsergebnis im Abrechnungszeitraum beteiligt werden. Qualität und Menge der erbrachten Mehrleistung sind nachzuweisen. Die Kriterien für diese Erfolgsbeteiligung und das Verfahren werden in einem betrieblich zu vereinbarenden System festgelegt. Die Erfolgsbeteiligung ist kein zusatzversorgungspflichtiges Entgelt.

§ 45 Qualifizierung

(1) Ein hohes Qualifikationsniveau und lebenslanges Lernen liegen im gemeinsamen Interesse von Beschäftigten und Arbeitgebern. Qualifizierung dient der Steigerung von Effektivität und Effizienz des Betriebes, der Nachwuchsförderung und der Steigerung von beschäftigungsbezogenen Kompetenzen. Die Tarifvertragsparteien verstehen Qualifizierung auch als Teil der Personalentwicklung.

(2) Vor diesem Hintergrund stellt Qualifizierung nach diesem Tarifvertrag ein Angebot dar, aus dem für die Beschäftigten kein individueller Anspruch außer nach Absatz 4 abgeleitet werden kann. Das Angebot kann durch freiwillige Betriebsvereinbarung/Dienstvereinbarung wahrgenommen und näher ausgestaltet werden. Weitergehende Mitbestimmungsrechte werden dadurch nicht berührt.

(3) Qualifizierungsmaßnahmen sind

a) die Fortentwicklung der fachlichen, methodischen und sozialen Kompetenzen für die übertragenen Tätigkeiten (Erhaltungsqualifizierung),

b) der Erwerb zusätzlicher Qualifikationen (Fort- und Weiterbildung),

c) die Qualifizierung zur Arbeitsplatzsicherung (Qualifizierung für eine andere Tätigkeit; Umschulung),

d) die Einarbeitung bei längerer Abwesenheit (Wiedereinstiegsqualifizierung).

Die Teilnahme an einer Qualifizierungsmaßnahme wird dokumentiert und den Beschäftigten schriftlich bestätigt.

(4) Beschäftigte haben - auch in den Fällen des Absatzes 3 Satz 1 Buchst. d - Anspruch auf ein regelmäßiges Gespräch mit der jeweiligen Führungskraft, in dem festgestellt wird, ob und welcher Qualifizierungsbedarf besteht. Dieses Gespräch kann auch als Gruppengespräch geführt werden. Wird nichts anderes geregelt, ist das Gespräch jährlich zu führen.

(5) Die Kosten einer vom Arbeitgeber veranlassten Qualifizierungsmaßnahme - einschließlich Reisekosten - werden, soweit sie nicht von Dritten übernommen werden, grundsätzlich vom Arbeitgeber getragen. Ein möglicher Eigenbeitrag und eventuelle Rückzahlungspflichten bei vorzeitigem Ausscheiden werden in einer Qualifizierungsvereinbarung geregelt. Die Betriebsparteien sind gehalten, die Grundsätze einer fairen Kostenverteilung unter Berücksichtigung des betrieblichen und individuellen Nutzens zu regeln. Ein Eigenbeitrag der/des Beschäftigten kann in Geld und/oder Zeit erfolgen.

(6) Zeiten von vereinbarten Qualifizierungsmaßnahmen gelten als Arbeitszeit. Absatz 5 Sätze 2 bis 4 bleiben unberührt.

(7) Gesetzliche Förderungsmöglichkeiten können in die Qualifizierungsplanung einbezogen werden.

(8) Für Beschäftigte mit individuellen Arbeitszeiten sollen Qualifizierungsmaßnahmen so angeboten werden, dass ihnen eine gleichberechtigte Teilnahme ermöglicht werden kann.

§ 46 In-Kraft-Treten, Laufzeit

Dieser Tarifvertrag tritt am 1. Oktober 2005 in Kraft. Er kann mit einer Frist von drei Monaten zum Schluss eines Kalenderhalbjahres schriftlich gekündigt werden, frühestens jedoch zum 31. Dezember 2009.

Tarifvertrag zur Überleitung der Beschäftigten der kommunalen Arbeitgeber in den TVöD und zur Regelung des Übergangsrechts (TVÜ-VKA)

vom 13. September 2005

Zwischen
der Vereinigung der kommunalen Arbeitgeberverbände, vertreten durch den Vorstand, einerseits
und
der Vereinten Dienstleistungsgewerkschaft - ver.di -
- Bundesvorstand -, diese zugleich handelnd für
- Gewerkschaft der Polizei,
- Industriegewerkschaft Bauen - Agrar - Umwelt,
- Gewerkschaft Erziehung und Wissenschaft,
andererseits
wird Folgendes vereinbart:[1]

1. Abschnitt Allgemeine Vorschriften

§ 1 Geltungsbereich

(1) Dieser Tarifvertrag gilt für Angestellte, Arbeiterinnen und Arbeiter, deren Arbeitsverhältnis zu einem tarifgebundenen Arbeitgeber, der Mitglied eines Mitgliedverbandes der Vereinigung der kommunalen Arbeitgeberverbände (VKA) ist, über den 30. September 2005 hinaus fortbesteht, und die am 1. Oktober 2005 unter den Geltungsbereich des Tarifvertrages für den öffentlichen Dienst (TVöD) fallen, für die Dauer des ununterbrochen fortbestehenden Arbeitsverhältnisses. Dieser Tarifvertrag gilt ferner für die unter § 19 Abs. 2 fallenden sowie für die von § 2 Abs. 6 erfassten Beschäftigten hinsichtlich § 21 Abs. 5.

Protokollerklärung zu § 1 Abs. 1 Satz 1:
In der Zeit bis zum 30. September 2007 sind Unterbrechungen von bis zu einem Monat unschädlich.

Protokollerklärung zu Abs. 1:
Tritt ein Arbeitgeber erst nach dem 30. September 2005 einem der Mitgliedverbände der VKA als ordentliches Mitglied bei und hat derselbe Arbeitgeber vor dem 1. September 2002 einem Mitgliedverband der VKA als ordentliches Mitglied angehört, so ist Absatz 1 mit der Maßgabe anzuwenden, dass an die Stelle des 30. September 2005 das Datum tritt, welches dem Tag der Wiederbegründung der Verbandsmitgliedschaft vorausgeht, während das Datum des Wirksamwerdens der Verbandsmitgliedschaft den 1. Oktober 2005 ersetzt.

(2) Nur soweit nachfolgend ausdrücklich bestimmt, gelten die Vorschriften dieses Tarifvertrages auch für Beschäftigte, deren Arbeitsverhältnis zu einem Arbeitgeber im Sinne des Absatzes 1 nach dem 30. September 2005 beginnt und die unter den Geltungsbereich des TVöD fallen.

(3) Für geringfügig Beschäftigte im Sinne des § 8 Abs. 1 Nr. 2 SGB IV, die am 30. September 2005 unter den Geltungsbereich des BAT/BAT-O/BAT-Ostdeutsche Sparkassen/BMT-G/BMT-G-O fallen, finden die bisher jeweils einschlägigen tarifvertraglichen Regelungen für die Dauer ihres ununterbrochen fortbestehenden Arbeitsverhältnisses weiterhin Anwendung.

(4) Die Bestimmungen des TVöD gelten, soweit dieser Tarifvertrag keine abweichenden Regelungen trifft.

---

[1]   Ein gleichlautender Tarifvertrag wurde mit der dbb tarifunion abgeschlossen.

§ 2 Ablösung bisheriger Tarifverträge durch den TVöD

(1) Der TVöD ersetzt bei tarifgebundenen Arbeitgebern, die Mitglied eines Mitgliedverbandes der VKA sind, den
- Bundes-Angestelltentarifvertrag (BAT) vom 23. Februar 1963
- Tarifvertrag zur Anpassung des Tarifrechts - Manteltarifliche Vorschriften - (BAT-O) vom 10. Dezember 1990
- Tarifvertrag zur Anpassung des Tarifrechts - Manteltarifliche Vorschriften - (BAT-Ostdeutsche Sparkassen) vom 21. Januar 1991
- Bundesmanteltarifvertrag für Arbeiter gemeindlicher Verwaltungen und Betriebe - BMT-G II - vom 31. Januar 1962
- Tarifvertrag zur Anpassung des Tarifrechts - Manteltarifliche Vorschriften für Arbeiter gemeindlicher Verwaltungen und Betriebe - (BMT-G-O) vom 10. Dezember 1990
- Tarifvertrag über die Anwendung von Tarifverträgen auf Arbeiter (TV Arbeiter-Ostdeutsche Sparkassen) vom 25. Oktober 1990

sowie die diese Tarifverträge ergänzenden Tarifverträge der VKA, soweit in diesem Tarifvertrag oder im TVöD nicht ausdrücklich etwas anderes bestimmt ist. Die Ersetzung erfolgt mit Wirkung vom 1. Oktober 2005, soweit kein abweichender Termin bestimmt ist.

Protokollerklärung zu § 2 Abs. 1:
Von der ersetzenden Wirkung werden von der VKA abgeschlossene ergänzende Tarifverträge nicht erfasst, soweit diese anstelle landesbezirklicher Regelungen vereinbart sind.

Niederschriftserklärung zur Protokollerklärung zu § 2 Abs. 1:
Landesbezirkliche Regelungen sind auch Regelungen, die vor der ver.di-Gründung im Tarifrecht als bezirkliche Regelungen bezeichnet sind.

(2) Die von den Mitgliedverbänden der VKA abgeschlossenen Tarifverträge sind durch die landesbezirklichen Tarifvertragsparteien hinsichtlich ihrer Weitergeltung zu prüfen und bei Bedarf bis zum 31. Dezember 2006 an den TVöD anzupassen; die landesbezirklichen Tarifvertragsparteien können diese Frist verlängern. Das Recht zur Kündigung der in Satz 1 genannten Tarifverträge bleibt unberührt.

Protokollerklärung zu § 2 Abs. 2:
Entsprechendes gilt hinsichtlich der von der VKA abgeschlossenen Tarifverträge, soweit diese anstelle landesbezirklicher Regelungen vereinbart sind.

(3) Sind in Tarifverträgen nach Absatz 2 Satz 1 Vereinbarungen zur Beschäftigungssicherung/Sanierung und/oder Steigerung der Wettbewerbsfähigkeit getroffen, findet ab dem 1. Oktober 2005 der TVöD unter Berücksichtigung der materiellen Wirkungsgleichheit dieser Tarifverträge Anwendung. In diesen Fällen ist durch die landesbezirklichen Tarifvertragsparteien baldmöglichst die redaktionelle Anpassung der in Satz 1 genannten Tarifverträge vorzunehmen. Bis dahin wird auf der Grundlage der bis zum 30. September 2005 gültigen Tarifregelungen weiter gezahlt. Die Überleitung in den TVöD erfolgt auf der Grundlage des Rechtsstandes vom 30. September 2005. Familienbezogene Entgeltbestandteile richten sich ab 1. Oktober 2005 nach diesem Tarifvertrag.

Protokollerklärung zu § 2 Abs. 3:
Der Rahmentarifvertrag vom 13. Oktober 1998 zur Erhaltung der Wettbewerbsfähigkeit der deutschen Verkehrsflughäfen und zur Sicherung der Arbeitsplätze (Fassung 28. November 2002) wird in seinen Wirkungen nicht verändert. Er bleibt mit gleichem materiellen Inhalt und gleichen Laufzeiten als Rechtsgrundlage bestehen. Beschäftigte in Unternehmen, für die Anwendungstarifverträge zum Rahmentarifvertrag nach Satz 1 vereinbart worden sind, werden zum 1. Oktober 2005 übergeleitet. Die tatsächliche personalwirtschaftliche Überleitung - einschließlich individueller Nachberechnungen - erfolgt zu dem Zeitpunkt, zu dem die Verständigung über den angepassten Anwendungstarifvertrag erzielt ist.

(4) Unabhängig von den Absätzen 1 und 2 gelten Tarifverträge gemäß § 3 Tarifvertrag zur sozialen Absicherung fort und sind bei Bedarf an den TVöD anzupassen.

(5) Absatz 1 gilt nicht für Beschäftigte in Versorgungsbetrieben, Nahverkehrsbetrieben und für Beschäftigte in Wasserwirtschaftsverbänden in Nordrhein-Westfalen, die gemäß § 1 Abs. 2 Buchst. d und e TVöD vom Geltungsbereich des TVöD ausgenommen sind, es sei denn Betriebe oder Betriebsteile, die dem fachlichen Geltungsbereich des TV-V, eines TV-N oder des TV-WW/NW entsprechen, wer-

den in begründeten Einzelfällen durch landesbezirklichen Tarifvertrag in den Geltungsbereich des TVöD und dieses Tarifvertrages einbezogen.

Protokollerklärung zu § 2 Abs. 5:
Die Möglichkeit, Betriebsteile, die dem Geltungsbereich eines TV-N entsprechen, in den Geltungsbereich eines anderen Spartentarifvertrages (TV-V, TV-WW/NW) einzubeziehen, bleibt unberührt.

(6) Absatz 1 gilt längstens bis zum 31. Dezember 2007 nicht für Beschäftigte von Arbeitgebern, wenn die Anwendung des TV-V, eines TV-N oder des TV-WW/NW auf diese Beschäftigten beabsichtigt ist und vor dem 1. Oktober 2005 Tarifverhandlungen zur Einführung eines dieser Tarifverträge aufgenommen worden sind. Dies gilt auch dann, wenn die Tarifverhandlungen erst nach dem 1. Oktober 2005, aber spätestens mit Ablauf des 31. Dezember 2007 zu der Überleitung in diese Tarifverträge führen.

Protokollerklärung zu § 2 Abs. 6:
Tarifverhandlungen zur - ggf. teilbetrieblichen Einführung - der genannten Spartentarifverträge sind auch dann aufgenommen, wenn auf landesbezirklicher Ebene die jeweils andere Tarifvertragspartei zum Abschluss eines Tarifvertrages zur Einbeziehung aufgefordert worden ist. Kommt bis zum 31. Dezember 2007 eine Vereinbarung über die Anwendung eines der genannten Spartentarifverträge nicht zustande, findet ab dem 1. Januar 2008 der TVöD und dieser Tarifvertrag auf Beschäftigte Anwendung, die nicht im Geltungsbereich des BAT/BAT-O/BMT-G/BMT-G-O verbleiben. Absatz 5 bleibt unberührt.

Niederschriftserklärung:
Die Tarifvertragsparteien gehen davon aus, dass der TVöD und dieser Tarifvertrag bei tarifgebundenen Arbeitgebern das bisherige Tarifrecht auch dann ersetzen, wenn arbeitsvertragliche Bezugnahmen nicht ausdrücklich den Fall der ersetzenden Regelung beinhalten. Die Geltungsbereichsregelungen des TV-V, der TV-N und des TV-WW/NW bleiben hiervon unberührt.

2. Abschnitt: Überleitungsregelungen

§ 3 Überleitung in den TVöD

Die von § 1 Abs. 1 erfassten Beschäftigten werden am 1. Oktober 2005 gemäß den nachfolgenden Regelungen in den TVöD übergeleitet.

§ 4 Zuordnung der Vergütungs- und Lohngruppen

(1) Für die Überleitung der Beschäftigten wird ihre Vergütungs- bzw. Lohngruppe (§ 22 BAT/BAT-O/BAT-Ostdeutsche Sparkassen bzw. entsprechende Regelungen für Arbeiterinnen und Arbeiter bzw. besondere tarifvertragliche Vorschriften für bestimmte Berufsgruppen) nach der Anlage 1 den Entgeltgruppen des TVöD zugeordnet. Abweichend von Satz 1 gilt für Ärztinnen und Ärzte die Entgeltordnung gemäß § 51 Besonderer Teil - Krankenhäuser (BT-K), soweit sie unter den BT-K fallen.

Protokollerklärung zu Abs. 1:
Bis zum In-Kraft-Treten der neuen Entgeltordnung verständigen sich die Tarifvertragsparteien zwecks besserer Übersichtlichkeit für die Zuordnung der Beschäftigten gemäß Anlage 1b zum BAT auf eine Anwendungstabelle gemäß Anlage 4 und - für Beschäftigte, für die die Regelungen des Tarifgebiets Ost Anwendung finden - gemäß Anlage 5; dies gilt auch für Beschäftigte im Sinne des § 1 Abs. 2. Die Tarifvertragsparteien sind sich einig, dass diese Anwendungstabelle - insbesondere die Bezeichnung der Entgeltgruppen - keinen Vorgriff auf die Verhandlungen zur neuen Entgeltordnung darstellt.

Niederschriftserklärung zu § 4 Abs. 1:
1. *Die Tarifvertragsparteien stimmen darin überein, dass die Ergebnisse der unterschiedlichen Überleitung (ohne bzw. mit vollzogenem Aufstieg) der Lehrkräfte im Rahmen der Tarifverhandlungen zu einer neuen Entgeltordnung einer Lösung nach den Grundsätzen der neuen Entgeltordnung zuzuführen sind. Die Vertreter der VKA erklären, dass damit keine Verhandlungszusage zur Einbeziehung der Lehrkräfte in die neue Entgeltordnung verbunden ist.*
2. *Lehrkräfte, die ihre Lehrbefähigung nach dem Recht der DDR erworben haben und zur Anerkennung als Lehrkräfte nach Abschnitt A der Lehrer-Richtlinien der VKA auf Grund beamtenrechtlicher Regelungen unterschiedlich lange Bewährungszeiten durchlaufen mussten bzw. müssen, gehören nicht zur Gruppe der Lehrkräfte nach Abschnitt B der Lehrer-Richtlinien der VKA.*

(2) Beschäftigte, die im Oktober 2005 bei Fortgeltung des bisherigen Tarifrechts die Voraussetzungen für einen Bewährungs-, Fallgruppen- oder Tätigkeitsaufstieg erfüllt hätten, werden für die Überleitung so behandelt, als wären sie bereits im September 2005 höhergruppiert worden.

(3) Beschäftigte, die im Oktober 2005 bei Fortgeltung des bisherigen Tarifrechts in eine niedrigere Vergütungs- bzw. Lohngruppe eingruppiert worden wären, werden für die Überleitung so behandelt, als wären sie bereits im September 2005 herabgruppiert worden.

§ 5 Vergleichsentgelt

(1) Für die Zuordnung zu den Stufen der Entgelttabelle des TVöD wird für die Beschäftigten nach § 4 ein Vergleichsentgelt auf der Grundlage der im September 2005 erhaltenen Bezüge gemäß den Absätzen 2 bis 7 gebildet.

(2) Bei Beschäftigten aus dem Geltungsbereich des BAT/BAT-O/BAT-Ostdeutsche Sparkassen setzt sich das Vergleichsentgelt aus der Grundvergütung, allgemeiner Zulage und Ortszuschlag der Stufe 1 oder 2 zusammen. Ist auch eine andere Person im Sinne von § 29 Abschn. B Abs. 5 BAT/BAT-O/ BAT-Ostdeutsche Sparkassen ortszuschlagsberechtigt oder nach beamtenrechtlichen Grundsätzen familienzuschlagsberechtigt, wird nur die Stufe 1 zugrunde gelegt; findet der TVöD am 1. Oktober 2005 auch auf die andere Person Anwendung, geht der jeweils individuell zustehende Teil des Unterschiedsbetrages zwischen den Stufen 1 und 2 des Ortszuschlags in das Vergleichsentgelt ein. Ferner fließen im September 2005 tarifvertraglich zustehende Funktionszulagen insoweit in das Vergleichsentgelt ein als sie nach dem TVöD nicht mehr vorgesehen sind. Erhalten Beschäftigte eine Gesamtvergütung (§ 30 BAT/BAT-O/BAT-Ostdeutsche Sparkassen), bildet diese das Vergleichsentgelt. Bei Lehrkräften, die die Zulage nach Abschnitt A Unterabschnitt II der Lehrer-Richtlinien der VKA erhalten, wird diese Zulage, und bei Lehrkräften, die am 30. September 2005 einen arbeitsvertraglichen Anspruch auf Zahlung einer allgemeinen Zulage wie die unter die Anlage 1a zum BAT/BAT-O fallenden Angestellten haben, wird dieser Betrag in das Vergleichsentgelt eingerechnet.

Protokollerklärung zu Abs. 2 Satz 3:
Vorhandene Beschäftigte erhalten bis zum Inkrafttreten der neuen Entgeltordnung ihre Techniker-, Meister- und Programmiererzulagen unter den bisherigen Voraussetzungen als persönliche Besitzstandszulage.

(3) Bei Beschäftigten aus dem Geltungsbereich des BMT-G/BMT-G-O/TV Arbeiter-Ostdeutsche Sparkassen wird der Monatstabellenlohn als Vergleichsentgelt zugrunde gelegt. Absatz 2 Satz 3 gilt entsprechend. Erhalten Beschäftigte nicht den Vollohn (§ 21 Abs. 1 Buchst. a BMT-G/BMT-G-O), gilt Absatz 2 Satz 4 entsprechend.

(4) Beschäftigte, die im Oktober 2005 bei Fortgeltung des bisherigen Rechts die Grundvergütung bzw. den Monatstabellenlohn der nächsthöheren Stufe erhalten hätten, werden für die Bemessung des Vergleichsentgelts so behandelt, als wäre der Stufenaufstieg bereits im September 2005 erfolgt. § 4 Abs. 2 und 3 gilt bei der Bemessung des Vergleichsentgelts entsprechend.

Protokollerklärung zu Abs. 4:
Fällt bei Beschäftigten aus dem Geltungsbereich des BAT/BAT-O/BAT-Ostdeutsche Sparkassen, bei denen sich bisher die Grundvergütung nach § 27 Abschn. A BAT/BAT-O/BAT-Ostdeutsche Sparkassen bestimmt, im Oktober 2005 eine Stufensteigerung mit einer Höhergruppierung zusammen, ist zunächst die Stufensteigerung in der bisherigen Vergütungsgruppe und danach die Höhergruppierung durchzuführen.

(5) Bei Teilzeitbeschäftigten wird das Vergleichsentgelt auf der Grundlage eines vergleichbaren Vollzeitbeschäftigten bestimmt. Satz 1 gilt für Beschäftigte, deren Arbeitszeit nach § 3 des Tarifvertrages zur sozialen Absicherung vom 6. Juli 1992 herabgesetzt ist, entsprechend.

Protokollerklärung zu Abs. 5:
Lediglich das Vergleichsentgelt wird auf der Grundlage eines entsprechenden Vollzeitbeschäftigten ermittelt; sodann wird nach der Stufenzuordnung das zustehende Entgelt zeitratierlich berechnet. Diese zeitratierliche Kürzung des auf den Ehegattenanteil im Ortszuschlag entfallenden Betrag unterbleibt nach Maßgabe des § 29 Abschn. B Abs. 5 Satz 2 BAT/BAT-O/BAT-Ostdeutsche Sparkassen. Neue Ansprüche entstehen hierdurch nicht.

(6) Für Beschäftigte, die nicht für alle Tage im September 2005 oder für keinen Tag dieses Monats Bezüge erhalten, wird das Vergleichsentgelt so bestimmt, als hätten sie für alle Tage dieses Monats Bezüge erhalten; in den Fällen des § 27 Abschn. A Abs. 3 Unterabs. 6 und Abschn. B Abs. 3 Unterabs. 4 BAT/BAT-O/BAT-Ostdeutsche Sparkassen bzw. der entsprechenden Regelungen für Arbeiterinnen und Arbeiter werden die Beschäftigten für das Vergleichsentgelt so gestellt, als hätten sie am 1. September 2005 die Arbeit wieder aufgenommen.

(7) Abweichend von den Absätzen 2 bis 6 wird bei Beschäftigten, die gemäß § 27 Abschn. A Abs. 6 oder Abschn. B Abs. 7 BAT/BAT-O/BAT-Ostdeutsche Sparkassen bzw. den entsprechenden Regelungen für Arbeiterinnen und Arbeiter den Unterschiedsbetrag zwischen der Grundvergütung bzw. dem Monatstabellenlohn ihrer bisherigen zur nächsthöheren Stufe im September 2005 nur zur Hälfte erhalten, für die Bestimmung des Vergleichsentgelts die volle Grundvergütung bzw. der volle Monatstabellenlohn aus der nächsthöheren Stufe zugrunde gelegt.

§ 6 Stufenzuordnung der Angestellten

(1) Beschäftigte aus dem Geltungsbereich des BAT/BAT-O/BAT-Ostdeutsche Sparkassen werden einer ihrem Vergleichsentgelt entsprechenden individuellen Zwischenstufe der gemäß § 4 bestimmten Entgeltgruppe zugeordnet. Zum 1. Oktober 2007 steigen diese Beschäftigten in die dem Betrag nach nächsthöhere reguläre Stufe ihrer Entgeltgruppe auf. Der weitere Stufenaufstieg richtet sich nach den Regelungen des TVöD. Das Entgelt der individuellen Zwischenstufe nach Satz 1 wird für Beschäftigte, auf die die Regelungen des Tarifgebiets Ost Anwendung finden, am 1. Juli 2006 um den Faktor 1,01596 und am 1. Juli 2007 nochmals um den Faktor 1,01571 erhöht.

(2) Werden Beschäftigte vor dem 1. Oktober 2007 höhergruppiert (nach § 8 Abs. 1 und 3 1. Alt., § 9 Abs. 3 Buchst. a oder aufgrund Übertragung einer mit einer höheren Entgeltgruppe bewerteten Tätigkeit), so erhalten sie in der höheren Entgeltgruppe Entgelt nach der regulären Stufe, deren Betrag mindestens der individuellen Zwischenstufe entspricht, jedoch nicht weniger als das Entgelt der Stufe 2; der weitere Stufenaufstieg richtet sich nach den Regelungen des TVöD. In den Fällen des Satzes 1 gilt § 17 Abs. 4 Satz 2 TVöD entsprechend. Werden Beschäftigte vor dem 1. Oktober 2007 herabgruppiert, werden sie in der niedrigeren Entgeltgruppe derjenigen individuellen Zwischenstufe zugeordnet, die sich bei Herabgruppierung im September 2005 ergeben hätte; der weitere Stufenaufstieg richtet sich nach Absatz 1 Satz 2 und 3.

(3) Ist bei Beschäftigten, deren Eingruppierung sich nach der Vergütungsordnung für Angestellte im Pflegedienst (Anlage 1b zum BAT) richtet, das Vergleichsentgelt niedriger als das Entgelt der Stufe 3, entspricht es aber mindestens dem Mittelwert aus den Beträgen der Stufen 2 und 3 und ist die/der Beschäftigte am Stichtag mindestens drei Jahre in einem Arbeitsverhältnis bei dem selben Arbeitgeber beschäftigt, wird sie/er abweichend von Absatz 1 bereits zum 1. Oktober 2005 in die Stufe 3 übergeleitet. Der weitere Stufenaufstieg richtet sich nach den Regelungen des TVöD.

(4) Liegt das Vergleichsentgelt über der höchsten Stufe der gemäß § 4 bestimmten Entgeltgruppe, werden Beschäftigte abweichend von Absatz 1 einer dem Vergleichsentgelt entsprechenden individuellen Endstufe zugeordnet. Werden Beschäftigte aus einer individuellen Endstufe höhergruppiert, so erhalten sie in der höheren Entgeltgruppe mindestens den Betrag, der ihrer bisherigen individuellen Endstufe entspricht. Im Übrigen gilt Absatz 2 entsprechend. Die individuelle Endstufe verändert sich um denselben Vomhundertsatz bzw. in demselben Umfang wie die höchste Stufe der jeweiligen Entgeltgruppe. Absatz 1 Satz 4 gilt entsprechend.

(5) Beschäftigte, deren Vergleichsentgelt niedriger ist als das Entgelt in der Stufe 2, werden abweichend von Absatz 1 der Stufe 2 zugeordnet. Der weitere Stufenaufstieg richtet sich nach den Regelungen des TVöD. Abweichend von Satz 1 werden Beschäftigte, denen am 30. September 2005 eine in der Vergütungsordnung (Anlage 1a zum BAT) durch die Eingruppierung in Vergütungsgruppe Vb BAT/BAT-O/BAT-Ostdeutsche Sparkassen mit Aufstieg nach IVb und IVa abgebildete Tätigkeit übertragen ist, der Stufe 1 der Entgeltgruppe 10 zugeordnet.

(6) Für unter § 51 Abs. 1 bis 5 BT-K fallende Ärztinnen und Ärzte gelten die Absätze 1 bis 5, soweit nicht im Folgenden etwas Abweichendes geregelt ist. Ärztinnen und Ärzte ohne Facharztanerkennung, die in der Entgeltgruppe 14 einer individuellen Zwischenstufe zwischen Stufe 1 und Stufe 2 zugeordnet werden, steigen nach einem Jahr in die Stufe 2 auf. Ärztinnen und Ärzte ohne Facharztanerkennung, die in der Entgeltgruppe 14 einer individuellen Zwischenstufe zwischen Stufe 2 und Stufe 3 zugeordnet werden, steigen mit der Facharztanerkennung in die Stufe 3 auf. Ärztinnen und Ärzte mit Facharztan-

erkennung am 30. September 2005 steigen zum 1. Oktober 2006 in die Stufe 3 auf, wenn sie in eine individuelle Zwischenstufe unterhalb der Stufe 3 übergeleitet worden sind. Ärztinnen und Ärzte mit Facharztanerkennung am 30. September 2005, die in eine individuelle Zwischenstufe oberhalb der Stufe 3 übergeleitet worden sind, steigen in die nächsthöhere Stufe nach den Regelungen des § 51 BT-K auf, frühestens zum 1. Oktober 2006. Die weiteren Stufenaufstiege richten sich jeweils nach dem § 51 BT-K. Zeiten als Fachärztin oder Facharzt mit entsprechender Tätigkeit bei anderen Arbeitgebern werden abweichend von § 51 BT-K i.V.m. § 16 Abs. 3 Satz 1 TVöD auf den weiteren Stufenverlauf angerechnet.

Protokollerklärung zu Abs. 6:
Die Überleitungsregelungen für Ärztinnen und Ärzte folgen den Regelungen in § 51 BT-K, wonach Ärztinnen und Ärzte bis zur Facharztanerkennung und der Übertragung entsprechender Tätigkeiten in der Stufe 2 verbleiben. Übergeleitete Ärztinnen und Ärzte ohne Facharztanerkennung und mit einem Vergleichsentgelt oberhalb der Stufe 2 verbleiben in ihrer individuellen Zwischenstufe bis zur Facharztanerkennung und der Übertragung entsprechender Tätigkeiten.

Bei ständigen Vertreterinnen/Vertretern der/des leitenden Ärztin/Arztes, die in die Entgeltgruppe 15Ü übergeleitet werden und deren Vergleichsentgelt die Summe aus dem jeweiligen Tabellenwert der Entgeltgruppe 15 Stufe 6 und der Zulage nach § 51 Absatz 2 BT-K übersteigt, werden auf den Differenzbetrag zukünftige allgemeine Entgelterhöhungen jeweils zur Hälfte angerechnet.

Protokollerklärung zu §§ 4 und 6:
Für die Überleitung in die Entgeltgruppe 8a gemäß Anlagen 4 und 5 TVÜ-VKA gilt für übergeleitete Beschäftigte
- *der Vergütungsgruppe Kr. V vier Jahre, Kr. Va zwei Jahre Kr. VI*
- *der Vergütungsgruppe Kr. Va drei Jahre Kr. VI*
- *der Vergütungsgruppe Kr. Va fünf Jahre Kr. VI*
- *der Vergütungsgruppe Kr. V sechs Jahre Kr. VI*
mit Ortszuschlag der Stufe 2 folgendes:
1. Zunächst erfolgt die Überleitung nach den allgemeinen Grundsätzen.
2. Die Verweildauer in Stufe 3 wird von drei Jahren auf zwei Jahre verkürzt.
3. Der Tabellenwert der Stufe 4 wird nach der Überleitung um 100 Euro erhöht.

§ 7 Stufenzuordnung der Arbeiterinnen und Arbeiter

(1) Beschäftigte aus dem Geltungsbereich des BMT-G/BMT-G-O/TV Arbeiter-Ostdeutsche Sparkassen werden entsprechend ihrer Beschäftigungszeit nach § 6 BMT-G/BMT-G-O der Stufe der gemäß § 4 bestimmten Entgeltgruppe zugeordnet, die sie erreicht hätten, wenn die Entgelttabelle des TVöD bereits seit Beginn ihrer Beschäftigungszeit gegolten hätte; Stufe 1 ist hierbei ausnahmslos mit einem Jahr zu berücksichtigen. Der weitere Stufenaufstieg richtet sich nach den Regelungen des TVöD.

(2) § 6 Abs. 3 und Abs. 4 Satz 1 und 2 gilt für Beschäftigte gemäß Absatz 1 entsprechend.

(3) Ist das Entgelt nach Absatz 1 Satz 1 niedriger als das Vergleichsentgelt, werden Beschäftigte einer dem Vergleichsentgelt entsprechenden individuellen Zwischenstufe zugeordnet. Der Aufstieg aus der individuellen Zwischenstufe in die dem Betrag nach nächsthöhere reguläre Stufe ihrer Entgeltgruppe findet zu dem Zeitpunkt statt, zu dem sie gemäß Absatz 1 Satz 1 die Voraussetzungen für diesen Stufenaufstieg aufgrund der Beschäftigungszeit erfüllt haben.

(4) Werden Beschäftigte während ihrer Verweildauer in der individuellen Zwischenstufe höhergruppiert, erhalten sie in der höheren Entgeltgruppe Entgelt nach der regulären Stufe, deren Betrag mindestens der individuellen Zwischenstufe entspricht, jedoch nicht weniger als das Entgelt der Stufe 2; der weitere Stufenaufstieg richtet sich nach den Regelungen des TVöD. § 17 Abs. 4 Satz 2 TVöD gilt entsprechend. Werden Beschäftigte während ihrer Verweildauer in der individuellen Zwischenstufe herabgruppiert, erfolgt die Stufenzuordnung in der niedrigeren Entgeltgruppe, als sei die niedrigere Eingruppierung bereits im September 2005 erfolgt; der weitere Stufenaufstieg richtet sich bei Zuordnung zu einer individuellen Zwischenstufe nach Absatz 3 Satz 2, sonst nach Absatz 1 Satz 2.

Protokollerklärung zu den Absätzen 2 bis 4:
Das Entgelt der individuellen Zwischenstufe wird für Beschäftigte, auf die die Regelungen des Tarifgebiets Ost Anwendung finden, am 1. Juli 2006 um den Faktor 1,01596 und am 1. Juli 2007 nochmals um den Faktor 1,01571 erhöht.

3. Abschnitt: Besitzstandsregelungen

§ 8 Bewährungs- und Fallgruppenaufstiege

(1) Aus dem Geltungsbereich des BAT/BAT-O/BAT-Ostdeutsche Sparkassen in eine der Entgeltgruppen 3, 5, 6 oder 8 übergeleitete Beschäftigte, die am 1. Oktober 2005 bei Fortgeltung des bisherigen Tarifrechts die für eine Höhergruppierung erforderliche Zeit der Bewährung oder Tätigkeit zur Hälfte erfüllt haben, sind zu dem Zeitpunkt, zu dem sie nach bisherigem Recht höhergruppiert wären, in die nächsthöhere Entgeltgruppe des TVöD eingruppiert. Abweichend von Satz 1 erfolgt die Höhergruppierung in die Entgeltgruppe 5, wenn die Beschäftigten aus der Vergütungsgruppe VIII BAT/BAT-O/BAT-Ostdeutsche Sparkassen mit ausstehendem Aufstieg nach Vergütungsgruppe VII BAT/BAT-O/BAT-Ostdeutsche Sparkassen übergeleitet worden sind; sie erfolgt in die Entgeltgruppe 8, wenn die Beschäftigten aus der Vergütungsgruppe VIb BAT/BAT-O/BAT-Ostdeutsche Sparkassen mit ausstehendem Aufstieg nach Vergütungsgruppe Vc BAT/BAT-O/BAT-Ostdeutsche Sparkassen übergeleitet worden sind. Voraussetzung für die Höhergruppierung nach Satz 1 und 2 ist, dass
- zum individuellen Aufstiegszeitpunkt keine Anhaltspunkte vorliegen, die bei Fortgeltung des bisherigen Rechts einer Höhergruppierung entgegengestanden hätten, und
- bis zum individuellen Aufstiegszeitpunkt nach Satz 1 weiterhin eine Tätigkeit auszuüben ist, die diesen Aufstieg ermöglicht hätte.

Die Sätze 1 bis 3 gelten nicht in den Fällen des § 4 Abs. 2. Erfolgt die Höhergruppierung vor dem 1. Oktober 2007, gilt - gegebenenfalls unter Berücksichtigung des Satzes 2 - § 6 Abs. 2 Satz 1 und 2 entsprechend.

(2) Aus dem Geltungsbereich des BAT/BAT-O/BAT-Ostdeutsche Sparkassen in eine der Entgeltgruppen 2 sowie 9 bis 15 übergeleitete Beschäftigte, die am 1. Oktober 2005 bei Fortgeltung des bisherigen Tarifrechts die für eine Höhergruppierung erforderliche Zeit der Bewährung oder Tätigkeit zur Hälfte erfüllt haben, und in der Zeit zwischen dem 1. November 2005 und dem 30. September 2007 höhergruppiert worden wären, erhalten ab dem Zeitpunkt, zu dem sie nach bisherigem Recht höhergruppiert wären, in ihrer bisherigen Entgeltgruppe Entgelt nach derjenigen individuellen Zwischen- bzw. Endstufe, die sich ergeben hätte, wenn sich ihr Vergleichsentgelt (§ 5) nach der Vergütung aufgrund der Höhergruppierung bestimmt hätte. Voraussetzung für diesen Stufenaufstieg ist, dass
- zum individuellen Aufstiegszeitpunkt keine Anhaltspunkte vorliegen, die bei Fortgeltung des bisherigen Rechts einer Höhergruppierung entgegengestanden hätten, und
- bis zum individuellen Aufstiegszeitpunkt nach Satz 1 weiterhin eine Tätigkeit auszuüben ist, die diesen Aufstieg ermöglicht hätte.

Ein etwaiger Strukturausgleich wird ab dem individuellen Aufstiegszeitpunkt nicht mehr gezahlt. Der weitere Stufenaufstieg richtet sich bei Zuordnung zu einer individuellen Zwischenstufe nach § 6 Abs. 1. § 4 Abs. 2 bleibt unberührt. Zur Ermittlung einer neuen individuellen Zwischenstufe gemäß Satz 1 ist für Beschäftigte, für die die Regelungen des Tarifgebiets Ost Anwendung finden, das aus dem Rechtsstand vom 30. September 2005 festgestellte neue Vergleichsentgelt um den Faktor 1,01596 zu erhöhen, wenn die Neuberechnung des Vergleichsentgelts in der Zeit vom 1. Juli 2006 bis 30. Juni 2007, und um den Faktor 1,03191, wenn die Neuberechnung des Vergleichsentgelts nach dem 30. Juni 2007 zu erfolgen hat.

Protokollerklärung zu Abs. 2:
Erfolgt die Neuberechnung des Vergleichsentgelts nach dem 30. Juni 2006, aber vor dem 1. Juli 2007, ist das Vergleichsentgelt gemäß § 6 Abs. 1 Satz 4 am 1. Juli 2007 um den Faktor 1,01571 zu erhöhen.

Niederschriftserklärung zu § 8 Abs. 2:
Die Neuberechnung des Vergleichsentgelts führt nicht zu einem Wechsel der Entgeltgruppe.

(3) Abweichend von Absatz 1 Satz 1 und Absatz 2 Satz 1 gelten die Absätze 1 bzw. 2 entsprechend für übergeleitete Beschäftigte, die bei Fortgeltung des BAT/BAT-O/BAT-Ostdeutsche Sparkassen bis spätestens zum 30. September 2007 wegen Erfüllung der erforderlichen Zeit der Bewährung oder Tätigkeit höhergruppiert worden wären; dies gilt unabhängig davon, ob die Hälfte der erforderlichen Bewährungs- oder Tätigkeitszeit am Stichtag erfüllt ist.

(4) Die Absätze 1 bis 3 finden auf übergeleitete Beschäftigte, deren Eingruppierung sich nach der Vergütungsordnung für Angestellte im Pflegedienst (Anlage 1b zum BAT) richtet, und auf § 51 Abs. 1 bis 5 BT-K fallende Ärztinnen und Ärzte keine Anwendung.

(5) Ist bei einer Lehrkraft, die gemäß Nr. 5 der Bemerkung zu allen Vergütungsgruppen nicht unter die Anlage 1a zum BAT fällt, eine Höhergruppierung nur vom Ablauf einer Bewährungszeit und von der Bewährung abhängig und ist am Stichtag die Hälfte der Mindestzeitdauer für einen solchen Aufstieg erfüllt, erfolgt in den Fällen des Absatzes 1 unter den weiteren dort genannten Voraussetzungen zum individuellen Aufstiegszeitpunkt der Aufstieg in die nächsthöhere Entgeltgruppe. Absatz 1 Satz 2 und Höhergruppierungsmöglichkeiten durch entsprechende Anwendung beamtenrechtlicher Regelungen bleiben unberührt. Im Fall des Absatzes 2 gilt Satz 1 mit der Maßgabe, dass anstelle der Höhergruppierung eine Neuberechnung des Vergleichsentgelts nach Absatz 2 erfolgt.

§ 9 Vergütungsgruppenzulagen

(1) Aus dem Geltungsbereich des BAT/BAT-O/BAT-Ostdeutsche Sparkassen übergeleitete Beschäftigte, denen am 30. September 2005 nach der Vergütungsordnung zum BAT/BAT-O/BAT-Ostdeutsche Sparkassen eine Vergütungsgruppenzulage zusteht, erhalten in der Entgeltgruppe, in die sie übergeleitet werden, eine Besitzstandszulage in Höhe der Vergütungsgruppenzulage.

(2) Aus dem Geltungsbereich des BAT/BAT-O/BAT-Ostdeutsche Sparkassen übergeleitete Beschäftigte, die bei Fortgeltung des bisherigen Rechts nach dem 30. September 2005 eine Vergütungsgruppenzulage ohne vorausgehenden Bewährungs- oder Fallgruppenaufstieg erreicht hätten, erhalten ab dem Zeitpunkt, zu dem ihnen die Zulage nach bisherigem Recht zugestanden hätte, eine Besitzstandszulage. Die Höhe der Besitzstandszulage bemisst sich nach dem Betrag, der als Vergütungsgruppenzulage zu zahlen gewesen wäre, wenn diese bereits am 30. September 2005 zugestanden hätte. Voraussetzung ist, dass

- am 1. Oktober 2005 die für die Vergütungsgruppenzulage erforderliche Zeit der Bewährung oder Tätigkeit nach Maßgabe des § 23 b Abschn. B BAT/BAT-O/BAT-Ostdeutsche Sparkassen zur Hälfte erfüllt ist,
- zu diesem Zeitpunkt keine Anhaltspunkte vorliegen, die bei Fortgeltung des bisherigen Rechts der Vergütungsgruppenzulage entgegengestanden hätten und
- bis zum individuellen Zeitpunkt nach Satz 1 weiterhin eine Tätigkeit auszuüben ist, die zu der Vergütungsgruppenzulage geführt hätte.

(3) Für aus dem Geltungsbereich des BAT/BAT-O/BAT-Ostdeutsche Sparkassen übergeleitete Beschäftigte, die bei Fortgeltung des bisherigen Rechts nach dem 30. September 2005 im Anschluss an einen Fallgruppenaufstieg eine Vergütungsgruppenzulage erreicht hätten, gilt Folgendes:
1. In eine der Entgeltgruppen 3, 5, 6 oder 8 übergeleitete Beschäftigte, die den Fallgruppenaufstieg am 30. September 2005 noch nicht erreicht haben, sind zu dem Zeitpunkt, zu dem sie nach bisherigem Recht höhergruppiert worden wären, in die nächsthöhere Entgeltgruppe des TVöD eingruppiert; § 8 Abs. 1 Satz 2 bis 5 gilt entsprechend. Eine Besitzstandszulage für eine Vergütungsgruppenzulage steht nicht zu.
2. Ist ein der Vergütungsgruppenzulage vorausgehender Fallgruppenaufstieg am 30. September 2005 bereits erfolgt, gilt Absatz 2 mit der Maßgabe, dass am 1. Oktober 2005 die Hälfte der Gesamtzeit für den Anspruch auf die Vergütungsgruppenzulage einschließlich der Zeit für den vorausgehenden Aufstieg zurückgelegt sein muss.

(4) Die Besitzstandszulage nach den Absätzen 1, 2 und 3 Buchst. b wird solange gezahlt, wie die anspruchsbegründende Tätigkeit ununterbrochen ausgeübt wird und die sonstigen Voraussetzungen für die Vergütungsgruppenzulage nach bisherigem Recht weiterhin bestehen. Sie verändert sich bei allgemeinen Entgeltanpassungen um den von den Tarifvertragsparteien für die jeweilige Entgeltgruppe festgelegten Vomhundertsatz.

Niederschriftserklärung zu § 8 Abs. 1 Satz 2 und Abs. 2 Satz 2 sowie § 9 Abs. 2 bis 4:
Eine missbräuchliche Entziehung der Tätigkeit mit dem ausschließlichen Ziel, eine Höhergruppierung zu verhindern, ist nicht zulässig.

§ 10 Fortführung vorübergehender übertragener höherwertiger Tätigkeit

(1) Beschäftigte, denen am 30. September 2005 eine Zulage nach § 24 BAT/BAT-O/BAT-Ostdeutsche Sparkassen zusteht, erhalten nach Überleitung in den TVöD eine Besitzstandszulage in Höhe ihrer bisherigen Zulage, solange sie die anspruchsbegründende Tätigkeit weiterhin ausüben und die Zulage nach bisherigem Recht zu zahlen wäre. Wird die anspruchsbegründende Tätigkeit über den 30. September 2007 hinaus beibehalten, finden mit Wirkung ab dem 1. Oktober 2007 die Regelungen des

TVöD über die vorübergehende Übertragung einer höherwertiger Tätigkeit Anwendung. Für eine vor dem 1. Oktober 2005 vorübergehend übertragene höherwertige Tätigkeit, für die am 30. September 2005 wegen der zeitlichen Voraussetzungen des § 24 Abs. 1 bzw. 2 BAT/BAT-O/BAT-Ostdeutsche Sparkassen noch keine Zulage gezahlt wird, gilt Satz 1 und 2 ab dem Zeitpunkt entsprechend, zu dem nach bisherigem Recht die Zulage zu zahlen gewesen wäre. Sätze 1 bis 3 gelten für landesbezirkliche Regelungen gemäß § 9 Abs. 3 BMT-G und nach Abschnitt I. der Anlage 3 des Tarifvertrages zu § 20 Abs. 1 BMT-G-O (Lohngruppenverzeichnis) entsprechend. Sätze 1 bis 4 gelten bei besonderen tarifvertraglichen Vorschriften über die vorübergehende oder vertretungsweise Übertragung höherwertiger Tätigkeiten entsprechend.

(2) Absatz 1 gilt in Fällen des § 2 der Anlage 3 zum BAT entsprechend. An die Stelle der Begriffe Vergütung und Vergütungsgruppe treten die Begriffe Entgelt und Entgeltgruppe

Niederschriftserklärung zu Absatz 1 und 2:
Die Tarifvertragsparteien stellen klar, dass die vertretungsweise Übertragung einer höherwertigen Tätigkeit ein Unterfall der vorübergehenden Übertragung einer höherwertigen Tätigkeit ist. Gleiches gilt für die Zulage nach § 2 der Anlage 3 zum BAT.

§ 11 Kinderbezogene Entgeltbestandteile

(1) Für im September 2005 zu berücksichtigende Kinder werden die kinderbezogenen Entgeltbestandteile des BAT/BAT-O/BAT-Ostdeutsche Sparkassen oder BMT-G/BMT-G-O in der für September 2005 zustehenden Höhe als Besitzstandszulage fortgezahlt, solange für diese Kinder Kindergeld nach dem Einkommensteuergesetz (EStG) oder nach dem Bundeskindergeldgesetz (BKGG) gezahlt wird oder ohne Berücksichtigung des § 64 oder § 65 EStG oder des § 3 oder § 4 BKGG gezahlt würde. Die Besitzstandszulage entfällt ab dem Zeitpunkt, zu dem einer anderen Person, die im öffentlichen Dienst steht oder auf Grund einer Tätigkeit im öffentlichen Dienst nach beamtenrechtlichen Grundsätzen oder nach einer Ruhelohnordnung versorgungsberechtigt ist, für ein Kind, für welches die Be-sitzstandszulage gewährt wird, das Kindergeld gezahlt wird; die Änderung der Kindergeldberechtigung hat die/der Beschäftigte dem Arbeitgeber unverzüglich schriftlich anzuzeigen. Unterbrechungen wegen der Ableistung von Grundwehrdienst, Zivildienst oder Wehrübungen sowie die Ableistung eines freiwilligen sozialen oder ökologischen Jahres sind unschädlich; soweit die unschädliche Unterbrechung bereits im Monat September 2005 vorliegt, wird die Besitzstandszulage ab dem Zeitpunkt des Wiederauflebens der Kindergeldzahlung gewährt.

(2) § 24 Abs. 2 TVöD ist anzuwenden. Die Besitzstandszulage nach Absatz 1 Satz 1 verändert sich bei allgemeinen Entgeltanpassungen um den von den Tarifvertragsparteien für die jeweilige Entgeltgruppe festgelegten Vomhundertsatz. Ansprüche nach Absatz 1 können für Kinder ab dem vollendeten 16. Lebensjahr durch Vereinbarung mit der/dem Beschäftigten abgefunden werden. § 6 Abs. 1 Satz 4 findet entsprechende Anwendung.

(3) Absätze 1 und 2 gelten entsprechend für
1. zwischen dem 1. Oktober 2005 und dem 31. Dezember 2005 geborene Kinder der übergeleiteten Beschäftigten,
2. die Kinder von bis zum 31. Dezember 2005 in ein Arbeitsverhältnis übernommenen Auszubildenden, Schülerinnen/Schüler in der Gesundheits- und Krankenpflege, Gesundheits- und Kinderkrankenpflege und in der Entbindungspflege sowie Praktikantinnen und Praktikanten aus tarifvertraglich geregelten Beschäftigungsverhältnissen, soweit diese Kinder vor dem 1. Januar 2006 geboren sind.

§ 12 Strukturausgleich

(1) Aus dem Geltungsbereich des BAT/BAT-O/BAT-Ostdeutsche Sparkassen übergeleitete Beschäftigte erhalten ausschließlich in den in Anlage 2 aufgeführten Fällen zusätzlich zu ihrem monatlichen Entgelt einen nicht dynamischen Strukturausgleich. Maßgeblicher Stichtag für die anspruchsbegründenden Voraussetzungen (Vergütungsgruppe, Stufe, Ortszuschlag, Aufstiegszeiten) ist der 1. Oktober 2005, sofern in Anlage 2 nicht ausdrücklich etwas anderes geregelt ist.

(2) Die Zahlung des Strukturausgleichs beginnt im Oktober 2007, sofern in Anlage 2 nicht etwas anderes bestimmt ist.

(3) Bei Teilzeitbeschäftigung steht der Strukturausgleich anteilig zu (§ 24 Abs. 2 TVöD). § 5 Abs. 5 Satz 2 gilt entsprechend.

Protokollerklärung zu Abs. 3:
Bei späteren Veränderungen der individuellen regelmäßigen Arbeitszeit der/des Beschäftigten ändert sich der Strukturausgleich entsprechend.

(4) Bei Höhergruppierungen wird der Unterschiedsbetrag zum bisherigen Entgelt auf den Strukturausgleich angerechnet.

(5) Einzelvertraglich kann der Strukturausgleich abgefunden werden.

Die Absätze 1 bis 5 finden auf Ärztinnen und Ärzte, die unter § 51 BT-K fallen, keine Anwendung.

Niederschriftserklärung zu § 12:
1. *Die Tarifvertragsparteien sind sich angesichts der Fülle der denkbaren Fallgestaltungen bewusst, dass die Festlegung der Strukturausgleiche je nach individueller Fallgestaltung in Einzelfällen sowohl zu überproportional positiven Wirkungen als auch zu Härten führen kann. Sie nehmen diese Verwerfungen im Interesse einer für eine Vielzahl von Fallgestaltungen angestrebten Abmilderung von Exspektanzverlusten hin.*
2. *Die Tarifvertragsparteien erkennen unbeschadet der Niederschriftserklärung Nr. 1 zu § 12 an, dass die Strukturausgleiche in einem Zusammenhang mit der zukünftigen Entgeltordnung stehen. Die Tarifvertragsparteien werden nach einer Vereinbarung der Entgeltordnung zum TVöD, rechtzeitig vor Ablauf des 30. September 2007, prüfen, ob und in welchem Umfang sie neben den bereits verbindlich vereinbarten Fällen, in denen Strukturausgleichsbeträge festgelegt sind, für einen Zeitraum bis längstens Ende 2014 in weiteren Fällen Regelungen, die auch in der Begrenzung der Zuwächse aus Strukturausgleichen bestehen können, vornehmen müssen. Sollten zusätzliche Strukturausgleiche vereinbart werden, sind die sich daraus ergebenden Kostenwirkungen in der Entgeltrunde 2008 zu berücksichtigen.*

§ 13 Entgeltfortzahlung im Krankheitsfall

(1) Bei Beschäftigten, auf die bis zum 30. September 2005 § 71 BAT gegolten hat, wird abweichend von § 22 Abs. 2 TVöD für die Dauer des über den 30. September 2005 hinaus ununterbrochen fortbestehenden Arbeitsverhältnisses der Krankengeldzuschuss in Höhe des Unterschiedsbetrages zwischen dem festgesetzten Nettokrankengeld oder der entsprechenden gesetzlichen Nettoleistung und dem Nettoentgelt (§ 22 Abs. 2 Satz 2 und 3 TVöD) gezahlt. Nettokrankengeld ist das um die Arbeitnehmeranteile zur Sozialversicherung reduzierte Krankengeld. Für Beschäftigte, die nicht der Versicherungspflicht in der gesetzlichen Krankenversicherung unterliegen, ist bei der Berechnung des Krankengeldzuschusses der Höchstsatz des Nettokrankengeldes, der bei Pflichtversicherung in der gesetzlichen Krankenversicherung zustünde, zugrunde zu legen.

(2) Beschäftigte im Sinne des Absatzes 1 erhalten längstens bis zum Ende der 26. Woche seit dem Beginn ihrer über den 30. September 2005 hinaus ununterbrochen fortbestehenden Arbeitsunfähigkeit infolge derselben Krankheit oder Arbeitsverhinderung infolge einer Maßnahme der medizinischen Vorsorge oder Rehabilitation ihr Entgelt nach § 21 TVöD fortgezahlt. Tritt nach dem 1. Oktober 2005 Arbeitsunfähigkeit infolge derselben Krankheit ein, werden die Zeiten der Entgeltfortzahlung nach Satz 1 auf die Fristen gemäß § 22 TVöD angerechnet.

Protokollerklärung zu § 13:
Ansprüche aufgrund von beim Arbeitgeber am 30. September 2005 geltenden Regelungen für die Gewährung von Beihilfen an Arbeitnehmerinnen und Arbeitnehmer im Krankheitsfall bleiben für die von § 1 Abs. 1 erfassten Beschäftigten unberührt. Änderungen von Beihilfe-vorschriften für Beamte kommen zur Anwendung, soweit auf Landes- bzw. Bundesvorschriften Bezug genommen wird.

§ 14 Zeiten für das Jubiläumsgeld

(1) Für die Dauer des über den 30. September 2005 hinaus fortbestehenden Arbeitsverhältnisses werden die vor dem 1. Oktober 2005 nach Maßgabe der jeweiligen tarifrechtlichen Vorschriften anerkannten Beschäftigungszeiten als Beschäftigungszeit im Sinne des § 34 Abs. 3 TVöD berücksichtigt.

(2) Für die Anwendung des § 23 Abs. 2 TVöD werden die bis zum 30. September 2005 zurückgelegte Zeiten, die nach Maßgabe
- des BAT anerkannte Dienstzeit,
- des BAT-O/BAT-Ostdeutsche Sparkassen, BMT-G/BMT-G-O anerkannte Beschäftigungszeit
sind, als Beschäftigungszeit im Sinne des § 34 Abs. 3 TVöD berücksichtigt.

(3) Aus dem Geltungsbereich des BMT-G übergeleitete Beschäftigte, die am 30. September 2005 eine Beschäftigungszeit (§ 6 BMT-G ohne die nach § 68a BMT-G berücksichtigten Zeiten) von mindestens zehn Jahren zurückgelegt haben, erwerben abweichend von § 34 Abs. 2 Satz 1 TVöD den besonderen Kündigungsschutz nach Maßgabe des § 52 Abs. 1 BMT-G.

§ 15 Urlaub

(1) Für die Dauer und die Bewilligung des Erholungsurlaubs bzw. von Zusatzurlaub für das Urlaubsjahr 2005 gelten die im September 2005 jeweils maßgebenden Vorschriften bis zum 31. Dezember 2005 fort. Die Regelungen des TVöD gelten für die Bemessung des Urlaubsentgelts sowie für eine Übertragung von Urlaub auf das Kalenderjahr 2006.

(2) Aus dem Geltungsbereich des BAT/BAT-O/BAT-Ostdeutsche Sparkassen übergeleitete Beschäftigte der Vergütungsgruppen I und Ia, die für das Urlaubsjahr 2005 einen Anspruch auf 30 Arbeitstage Erholungsurlaub erworben haben, behalten bei einer Fünftagewoche diesen Anspruch für die Dauer des über den 30. September 2005 hinaus ununterbrochen fortbestehenden Arbeitsverhältnisses. Die Urlaubsregelungen des TVöD bei abweichender Verteilung der Arbeitszeit gelten entsprechend.

(3) § 42 Abs. 1 BMT-G/BMT-G-O i.V.m. bezirklichen Tarifverträgen zu § 42 Abs. 2 BMT-G und der Tarifvertrag zu § 42 Abs. 2 BMT-G-O (Zusatzurlaub für Arbeiter) gelten bis zum In-Kraft-Treten entsprechender landesbezirklicher Tarifverträge fort; im Übrigen gilt Absatz 1 entsprechend.

(4) In den Fällen des § 48a BAT/BAT-O/BAT-Ostdeutsche Sparkassen oder § 41a BMT-G/BMT-G-O wird der sich nach dem Kalenderjahr 2005 zu bemessende Zusatzurlaub im Kalenderjahr 2006 gewährt. Die nach Satz 1 zustehenden Urlaubstage werden auf den nach den Bestimmungen des TVöD im Kalenderjahr 2006 zustehenden Zusatzurlaub für Wechselschichtarbeit und Schichtarbeit angerechnet. Absatz 1 Satz 2 gilt entsprechend.

§ 16 Abgeltung

Durch Vereinbarungen mit den Beschäftigten können Entgeltbestandteile aus Besitzständen, ausgenommen für Vergütungsgruppenzulagen pauschaliert bzw. abgefunden werden. § 11 Abs. 2 Satz 3 und § 12 Abs. 5 bleiben unberührt.

Protokollerklärung zum 3. Abschnitt:
Einvernehmlich werden die Verhandlungen zur Überleitung der Entgeltsicherung bei Leistungsminderung zurückgestellt. Da damit die fristgerechte Überleitung bei Beschäftigten, die eine Zahlung nach §§ 25 Abs. 4, 28 Abs. 1 und 2, § 28 a BMT-G/BMT-G-O bzw. § 56 BAT/BAT-O erhalten, nicht sichergestellt ist, erfolgt am 1. Oktober 2005 eine Fortzahlung der bisherigen Bezüge als zu verrechnender Abschlag auf das Entgelt, das diesen Beschäftigten nach dem noch zu erzielenden künftigen Verhandlungsergebnis zusteht. Die in Satz 2 genannten Bestimmungen finden in ihrem jeweiligen Geltungsbereich bis zum In-Kraft-Treten einer Neuregelung weiterhin Anwendung, und zwar auch für Beschäftigte im Sinne § 1 Abs. 2. § 55 Abs. 2 Unterabs. 2 Satz 2 BAT, Nrn. 7 und 10 SR 2o BAT, Nr. 3 SR 2x BAT/BAT-O bleiben in ihrem bisherigen Geltungsbereich unberührt. Sollte das künftige Verhandlungsergebnis geringer als bis dahin gewährte Leistungen ausfallen, ist eine Rückforderung ausgeschlossen.

4. Abschnitt Sonstige vom TVöD abweichende oder ihn ergänzende Bestimmungen

§ 17 Eingruppierung

(1) Bis zum In-Kraft-Treten von Eingruppierungsvorschriften des TVöD (mit Entgeltordnung) gelten die §§ 22, 23, 25 BAT und Anlage 3 BAT, §§ 22, 23 BAT-O/BAT-Ostdeutsche Sparkassen einschließlich der Vergütungsordnung sowie die landesbezirklichen Lohngruppenverzeichnisse gemäß Rahmentarifvertrag zu § 20 BMT-G und des Tarifvertrages zu § 20 Abs. 1 BMT-G-O (Lohngruppenverzeichnis) über den 30. September 2005 hinaus fort. In gleicher Weise gilt Nr. 2a SR x i.V.m. § 11 Satz 2 BAT/BAT-O fort. Diese Regelungen finden auf übergeleitete und ab dem 1. Oktober 2005 neu eingestellte Beschäftigte im jeweiligen bisherigen Geltungsbereich nach Maßgabe dieses Tarifvertrages Anwendung. An die Stelle der Begriffe Vergütung und Lohn tritt der Begriff Entgelt.

(2) Abweichend von Absatz 1
- gelten Vergütungsordnungen und Lohngruppenverzeichnisse nicht für ab dem 1. Oktober 2005 in Entgeltgruppe 1 TVöD neu eingestellte Beschäftigte,

- gilt die Vergütungsgruppe I der Vergütungsordnung zum BAT/BAT-O/BAT-Ostdeutsche Sparkassen ab dem 1. Oktober 2005 nicht fort; die Ausgestaltung entsprechender Arbeitsverhältnisse erfolgt außertariflich.
- gilt die Entgeltordnung für Ärztinnen und Ärzte gemäß § 51 BT-K.

(3) Mit Ausnahme der Eingruppierung in die Entgeltgruppe 1 sind alle zwischen dem 1. Oktober 2005 und dem In-Kraft-Treten der neuen Entgeltordnung stattfindenden Eingruppierungsvorgänge (Neueinstellungen und Umgruppierungen) vorläufig und begründen keinen Vertrauensschutz und keinen Besitzstand. Dies gilt nicht für Aufstiege gemäß § 8 Abs. 1 Satz 1 und 2 und Abs. 3 1. Alternative.

(4) Anpassungen der Eingruppierung aufgrund des In-Kraft-Tretens der neuen Entgeltordnung erfolgen mit Wirkung für die Zukunft. Bei Rückgruppierungen, die in diesem Zusammenhang erfolgen, sind finanzielle Nachteile im Wege einer nicht dynamischen Besitzstandszulage auszugleichen, solange die Tätigkeit ausgeübt wird. Die Besitzstandszulage vermindert sich nach dem 30. September 2008 bei jedem Stufenaufstieg um die Hälfte des Unterschiedsbetrages zwischen der bisherigen und der neuen Stufe; bei Neueinstellungen (§ 1 Abs. 2) vermindert sich die Besitzstandszulage jeweils um den vollen Unterschiedsbetrag. Die Grundsätze korrigierender Rückgruppierung bleiben unberührt.

Protokollerklärung zu Abs. 4:
Dies gilt auch im Hinblick auf die Problematik des § 2 Abs. 4 des Rahmentarifvertrages zu § 20 Abs. 1 BMT-G (Eckeingruppierung in Lohngruppe 5 Fallgruppe 1 im Bereich des Kommunalen Arbeitgeberverbandes Nordrhein-Westfalen) mit folgenden Maßgaben:
- Neueinstellungen werden anstelle der Entgeltgruppe 5 zunächst der Entgeltgruppe 6 zugeordnet.
- Über deren endgültige Zuordnung wird im Rahmen der Verhandlungen über die neue Entgeltordnung entschieden, die insoweit zunächst auf landesbezirklicher Ebene geführt werden.

(5) Bewährungs-, Fallgruppen- und Tätigkeitsaufstiege gibt es ab dem 1. Oktober 2005 nicht mehr; §§ 8 und 9 bleiben unberührt. Satz 1 gilt auch für Vergütungsgruppenzulagen, es sei denn, dem Tätigkeitsmerkmal einer Vergütungsgruppe der Allgemeinen Vergütungsordnung (Anlage 1a zum BAT) ist eine Vergütungsgruppenzulage zugeordnet, die unmittelbar mit Übertragung der Tätigkeit zusteht; bei Übertragung einer entsprechenden Tätigkeit wird diese bis zum In-Kraft-Treten der neuen Entgeltordnung, längstens bis zum 31. Dezember 2007, unter den Voraussetzungen des bisherigen Tarifrechts als Besitzstandszulage in der bisherigen Höhe gezahlt; § 9 Abs. 4 gilt entsprechend.

(6) In der Zeit zwischen dem 1. Oktober 2005 und dem In-Kraft-Treten der neuen Entgeltordnung erhalten Beschäftigte, denen ab dem 1. Oktober 2005 eine anspruchsbegründende Tätigkeit übertragen wird, eine persönliche Zulage, die sich betragsmäßig nach der entfallenen Techniker-, Meister- und Programmiererzulage bemisst, soweit die Anspruchsvoraussetzungen nach bisherigem Tarifrecht erfüllt sind.

(7) Für Eingruppierungen zwischen dem 1. Oktober 2005 und dem In-Kraft-Treten der neuen Entgeltordnung werden die Vergütungsgruppen der Allgemeinen Vergütungsordnungen (Anlage 1a), die Vergütungsgruppen der Allgemeinen Vergütungsordnungen für Angestellte im Pflegedienst (Anlagen 1b) und die Lohngruppen der Lohngruppenverzeichnisse gemäß Anlage 3 den Entgeltgruppen des TVöD zugeordnet. Absatz 1 Satz 2 bleibt unberührt.

Protokollerklärung zu Absatz 7:
Die Protokollerklärung zu § 4 Abs. 1 gilt entsprechend für übergeleitete und ab dem 1. Oktober 2005 neu eingestellte Pflegekräfte.

(8) Beschäftigte, die zwischen dem 1. Oktober 2005 und dem In-Kraft-Treten der neuen Entgeltordnung in Entgeltgruppe 13 eingruppiert werden und die nach der allgemeinen Vergütungsordnung (Anlage 1a) in Vergütungsgruppe II BAT/BAT-O/BAT-Ostdeutsche Sparkassen mit fünf- bzw. sechsjährigem Aufstieg nach Vergütungsgruppe Ib BAT/BAT-O/BAT-Ostdeutsche Sparkassen eingruppiert wären, erhalten bis zum In-Kraft-Treten der neuen Entgeltordnung eine persönliche Zulage in Höhe des Unterschiedsbetrages zwischen dem Entgelt ihrer Stufe nach Entgeltgruppe 13 und der entsprechenden Stufe der Entgeltgruppe 14. Von Satz 1 werden auch Fallgruppen der Vergütungsgruppe Ib BAT/BAT-O/BAT-Ostdeutsche Sparkassen erfasst, deren Tätigkeitsmerkmale eine bestimmte Tätigkeitsdauer voraussetzen. Die Sätze 1 und 2 gelten auch für Beschäftigte in Sinne des § 1 Abs. 2.

Niederschriftserklärung zu § 17 Abs. 8:
Mit dieser Regelung ist keine Entscheidung über die Zuordnung und Fortbestand/Besitzstand der Zulage im Rahmen der neuen Entgeltordnung verbunden.

(9) Bis zum In-Kraft-Treten der Eingruppierungsvorschriften des TVöD gelten für Vorarbeiter/innen und Vorhandwerker/innen, Fachvorarbeiter/innen und vergleichbare Beschäftigte die bisherigen landesbezirklichen Regelungen und die Regelungen in Anlage 3 Teil I des Tarifvertrages zu § 20 Abs. 1 BMT-G-O (Lohngruppenverzeichnis) im bisherigen Geltungsbereich fort; dies gilt auch für Beschäftigte im Sinne des § 1 Abs. 2. Satz 1 gilt für Lehrgesellen entsprechend, soweit hierfür besondere tarifliche Regelungen vereinbart sind. Ist anlässlich der vorübergehenden Übertragung einer höherwertigen Tätigkeit im Sinne des § 14 TVöD zusätzlich eine Tätigkeit auszuüben, für die nach bisherigem Recht ein Anspruch auf Zahlung einer Zulage für Vorarbeiter/innen und Vorhandwerker/innen, Fachvorarbeiter/innen und vergleichbare Beschäftigte oder Lehrgesellen/innen besteht, erhält die/der Beschäftigte abweichend von den Sätzen 1 und 2 sowie von § 14 Abs. 3 TVöD anstelle der Zulage nach § 14 TVöD für die Dauer der Ausübung sowohl der höherwertigen als auch der zulagenberechtigenden Tätigkeit eine persönliche Zulage in Höhe von 10 v.H. ihres/seines Tabellenentgelts.

(10) Die Absätze 1 bis 9 gelten für besondere tarifvertragliche Vorschriften über die Eingruppierungen entsprechend.

Protokollerklärung zu § 17:
Die Tarifvertragsparteien sind sich darin einig, dass in der noch zu verhandelnden Entgeltordnung die bisherigen unterschiedlichen materiellen Wertigkeiten aus Fachhochschulabschlüssen (einschließlich Sozialpädagogen/innen und Ingenieuren/innen) auf das Niveau der vereinbarten Entgeltwerte der Entgeltgruppe 9 ohne Mehrkosten (unter Berücksichtigung der Kosten für den Personenkreis, der nach der Übergangsphase nicht mehr in eine höhere bzw. niedrigere Entgeltgruppe eingruppiert ist) zusammengeführt werden; die Abbildung von Heraushebungsmerkmalen oberhalb der Entgeltgruppe 9 bleibt davon unberührt. Sollte hierüber bis zum 31. Dezember 2007 keine einvernehmliche Lösung vereinbart werden, so erfolgt ab dem 1. Januar 2008 bis zum In-Kraft-Treten der Entgeltordnung die einheitliche Eingruppierung aller ab dem 1. Januar 2008 neu einzugruppierenden Beschäftigten mit Fachhochschulabschluss nach den jeweiligen Regeln der Entgeltgruppe 9 zu "Vb BAT ohne Aufstieg nach IVb (mit und ohne FH-Abschluss)".

§ 18 Vorübergehende Übertragung einer höherwertigen Tätigkeit nach dem 30. September 2005

(1) Wird aus dem Geltungsbereich des BAT/BAT-O/BAT-Ostdeutsche Sparkassen übergeleiteten Beschäftigten in der Zeit zwischen dem 1. Oktober 2005 und dem 30. September 2007 erstmalig außerhalb von § 10 eine höherwertige Tätigkeit vorübergehend übertragen, findet der TVöD Anwendung. Ist die/der Beschäftigte in eine individuelle Zwischenstufe übergeleitet worden, gilt für die Bemessung der persönlichen Zulage § 6 Abs. 2 Satz 1 und 2 entsprechend. Bei Überleitung in eine individuelle Endstufe gilt § 6 Abs. 3 Satz 2 entsprechend. In den Fällen des § 6 Abs. 4 bestimmt sich die Höhe der Zulage nach § 14 TVöD.

(2) Wird aus dem Geltungsbereich des BMT-G/BMT-G-O übergeleiteten Beschäftigten nach dem 30. September 2005 erstmalig außerhalb von § 10 eine höherwertige Tätigkeit vorübergehend übertragen, gelten bis zum In-Kraft-Treten eines Tarifvertrages über eine persönliche Zulage die bisherigen bezirklichen Regelungen gemäß § 9 Abs. 3 BMT-G und nach Anlage 3 Teil I des Tarifvertrages zu § 20 Abs. 1 BMT-G-O (Lohngruppenverzeichnis) im bisherigen Geltungsbereich mit der Maßgabe entsprechend, dass sich die Höhe der Zulage nach dem TVöD richtet, soweit sich aus § 17 Abs. 9 Satz 3 nichts anderes ergibt.

(3) Bis zum In-Kraft-Treten der Eingruppierungsvorschriften des TVöD gilt - auch für Beschäftigte im Sinne des § 1 Abs. 2 - § 14 TVöD mit der Maßgabe, dass sich die Voraussetzungen für die übertragene höherwertige Tätigkeit nach § 22 Abs. 2 BAT/BAT-O bzw. den entsprechenden Regelungen für Arbeiter bestimmen.

(4) Die Absätze 1 und 3 gelten in Fällen des § 2 der Anlage 3 zum BAT entsprechend. An die Stelle der Begriffe Grundvergütung, Vergütungsgruppe und Vergütung treten die Begriffe Entgelt und Entgeltgruppe.

Niederschriftserklärung zu § 18:

*1. Abweichend von der Grundsatzregelung des TVöD über eine persönliche Zulage bei vorüberge-
hender Übertragung einer höherwertigen Tätigkeit ist durch einen landesbezirklichen Tarifvertrag
im Rahmen eines Katalogs, der die hierfür in Frage kommenden Tätigkeiten aufführt, zu bestimmen, dass die Voraussetzung für die Zahlung einer persönlichen Zulagen bereits erfüllt ist, wenn
die vorübergehende übertragene Tätigkeit mindestens drei Arbeitstage angedauert hat und der /die
Beschäftigte ab dem ersten Tag der Vertretung in Anspruch genommen ist. Die landesbezirklichen
Tarifverträge sollen spätestens am 1. Juli 2007 in Kraft treten.*

2. Die Niederschriftserklärung zu § 10 Abs. 1 und 2 gilt entsprechend.

§ 19 Entgeltgruppe 2 Ü und 15 Ü, Anwendung der Entgelttabelle auf Lehrkräfte

(1) Zwischen dem 1. Oktober 2005 und dem In-Kraft-Treten der neuen Entgeltordnung gelten für Beschäftigte, die in die Entgeltgruppe 2 Ü übergeleitet oder in die Lohngruppen 1 mit Aufstieg nach 2
und 2a oder in die Lohngruppe 2 mit Aufstieg nach 2a eingestellt werden, folgende Tabellenwerte:

Stufe 1	Stufe 2	Stufe 3	Stufe 4	Stufe 5	Stufe 6
1.503	1.670	1.730	1.810	1.865	1.906

(2) Übergeleitete Beschäftigte der Vergütungsgruppe I BAT/BAT-O/BAT-Ostdeutsche Sparkassen unterliegen dem TVöD. Sie werden in die Entgeltgruppe 15 Ü mit folgenden Tabellenwerten übergeleitet:

Stufe 2	Stufe 3	Stufe 4	Stufe 5	Stufe 6
4.330	4.805	5.255	5.555	5.625

Die Verweildauer in den Stufen 2 bis 5 beträgt jeweils fünf Jahre.

(3) Für übergeleitete und für ab 1. Oktober 2005 neu eingestellte Lehrkräfte, die gemäß Nr. 5 der Bemerkung zu allen Vergütungsgruppen nicht unter die Anlage 1a zum BAT fallen, gilt die Entgelttabelle
zum TVöD mit der Maßgabe, dass die Tabellenwerte
- der Entgeltgruppen 5 bis 8 um 64,00 Euro und
- der Entgeltgruppen 9 bis 14 um 72,00 Euro
vermindert werden.
Satz 1 gilt nicht für Lehrkräfte nach § 1 Abs. 1 und 2, die die fachlichen und pädagogischen Voraussetzungen für die Einstellung als Studienrat nach der Besoldungsgruppe A 13 BBesG erfüllen, und für
übergeleitete Lehrkräfte, die einen arbeitsvertraglichen Anspruch auf eine allgemeine Zulage wie die
unter die Anlage 1a zum BAT fallenden Angestellten haben.

(4) Die Regelungen des TVöD über die Bezahlung im Tarifgebiet Ost gelten entsprechend.

Niederschriftserklärung zu § 19 Abs. 3:
*Die Tarifvertragsparteien streben für die Zeit nach dem 31. Dezember 2007 eine Harmonisierung mit
den Tabellenwerten für die übrigen Beschäftigten an.*

§ 20 Jahressonderzahlung für die Jahre 2005 und 2006

(1) Im Zeitraum vom 1. Oktober bis 31. Dezember 2005 gelten für Beschäftigte nach § 1 Abs. 1 und 2
im jeweiligen Geltungsbereich folgende Tarifverträge bzw. Tarifregelungen als den TVöD ergänzende
Tarifverträge bzw. Tarifregelungen:
a) Tarifvertrag über eine Zuwendung für Angestellte vom 12. Oktober 1973,
b) Tarifvertrag über eine Zuwendung für Angestellte (TV Zuwendung Ang-O) vom 10. Dezember
1990,
c) Tarifvertrag über eine Zuwendung für Angestellte (TV Zuwendung Ang-Ostdeutsche Sparkassen)
vom 25. Oktober 1990,
d) Tarifvertrag über eine Zuwendung für Arbeiter vom 12. Oktober 1973,
e) Tarifvertrag über eine Zuwendung für Arbeiter (TV Zuwendung Arb-O) vom 10. Dezember 1990,
f) Nr. 7 des Tarifvertrages über die Anwendung von Tarifverträgen auf Arbeiter (TV Arbeiter-
Ostdeutsche Sparkassen) vom 25. Oktober 1990.
Die unter Buchst. a bis f aufgezählten Tarifverträge bzw. Tarifregelungen finden auf Beschäftigte, die
unter den Geltungsbereich des TVöD fallen, nach dem 31. Dezember 2005 keine Anwendung mehr.

(2) Im Zeitraum vom 1. Oktober bis 31. Dezember 2005 gelten für Beschäftigte nach § 1 Abs. 1 und 2
Nr. 5 SR 2s BAT und Nr. 5 SR 2s BAT-Ostdeutsche Sparkassen als den TVöD ergänzende Regelung
mit der Maßgabe, dass Bemessungsgrundlage für die Überstundenpauschvergütung das Vergleichsent-

gelt (§ 5) zuzüglich einer etwaigen Besitzstandszulage nach § 9 und der kinderbezogenen Entgeltbestandteile gemäß § 11 ist.

(3) Die mit dem Entgelt für den Monat November 2006 zu gewährende Jahressonderzahlung berechnet sich für Beschäftigte nach § 1 Abs. 1 und 2 nach den Bestimmungen des § 20 TVöD mit folgenden Maßgaben:

1. Der Bemessungssatz der Jahressonderzahlung beträgt in allen Entgeltgruppen
   a) bei Beschäftigten, für die nach dem TVöD die Regelungen des Tarifgebiets West Anwendung finden, 82,14 v. H.
   b) bei Beschäftigten, für die nach dem TVöD die Regelungen des Tarifgebiets Ost Anwendung finden, 61,60 v. H.
2. Der sich nach Nr. 1 ergebende Betrag der Jahressonderzahlung erhöht sich um einen Betrag in Höhe von 255,65 Euro. Bei Beschäftigten, für die nach dem TVöD die Regelungen des Tarifgebiets West Anwendung finden und denen am 1. Juli 2006 Entgelt nach einer der Entgeltgruppen 1 bis 8 zusteht, erhöht sich dieser Zusatzbetrag auf 332,34 Euro. Satz 2 gilt entsprechend bei Beschäftigten - auch für Beschäftigte nach § 1 Abs. 2 - im Tarifgebiet West, denen bei Weitergeltung des BAT Grundvergütung nach der Vergütungsgruppen Kr. VI zugestanden hätte. Teilzeitbeschäftigte erhalten von dem Zusatzbetrag nach Satz 1 oder 2 den Teil, der dem Anteil ihrer Arbeitszeit an der Arbeitszeit vergleichbarer Vollzeitbeschäftigter entspricht. Der Zusatzbetrag nach den Sätzen 1 bis 3 ist kein zusatzversorgungspflichtiges Entgelt.
3. Der sich nach Nr. 1 ergebende Betrag der Jahressonderzahlung erhöht sich für jedes Kind, für das Beschäftigte im September 2006 kinderbezogene Entgeltbestandteile gemäß § 11 erhalten, um 25,56 Euro.

(4) Absatz 3 gilt nicht für Sparkassen.

§ 21 Einmalzahlungen für 2006 und 2007

(1) Die von § 1 Abs. 1 und 2 erfassten Beschäftigten im Tarifgebiet West erhalten für die Jahre 2006 und 2007 jeweils eine Einmalzahlung in Höhe von 300 Euro, die in zwei Teilbeträgen in Höhe von jeweils 150 Euro mit den Bezügen für die Monate April und Juli der Jahre 2006 und 2007 ausgezahlt wird.

(2) Der Anspruch auf die Teilbeträge nach Absatz 1 besteht, wenn die/der Beschäftigte an mindestens einem Tag des jeweiligen Fälligkeitsmonats Anspruch auf Bezüge (Entgelt, Urlaubsentgelt oder Entgeltfortzahlung im Krankheitsfall) gegen einen Arbeitgeber im Sinne des § 1 Abs. 1 hat; dies gilt auch für Kalendermonate, in denen nur wegen der Höhe der Barleistungen des Sozialversicherungsträgers Krankengeldzuschuss nicht gezahlt wird. Die jeweiligen Teilbeträge werden auch gezahlt, wenn eine Beschäftigte wegen der Beschäftigungsverbote nach § 3 Abs. 2 und § 6 Abs. 1 des Mutterschutzgesetzes in dem jeweiligen Fälligkeitsmonat keine Bezüge erhalten hat.

(3) Nichtvollbeschäftigte erhalten den jeweiligen Teilbetrag der Einmalzahlung, der dem Verhältnis der mit ihnen vereinbarten durchschnittlichen Arbeitszeit zu der regelmäßigen wöchentlichen Arbeitszeit eines entsprechenden Vollbeschäftigten entspricht. Maßgebend sind die jeweiligen Verhältnisse am 1. April bzw. 1. Juli.

(4) Die Einmalzahlungen sind bei der Bemessung sonstiger Leistungen nicht zu berücksichtigen.

(5) Absätze 1 bis 4 gelten für das Jahr 2006 auch für Beschäftigte im Tarifgebiet West, die gem. § 2 Abs. 1 Buchst. d und e TVöD (Ausschluss von Versorgungsbetrieben, in Nahverkehrsbetrieben und in der Wasserwirtschaft in Nordrhein-Westfalen) vom Geltungsbereich des TVöD ausgenommen sind und wenn auf sie nicht der TV-V, TV-WW/NW oder ein TV-N Anwendung findet. Gleiches gilt für das Jahr 2007 nur dann, wenn der Arbeitgeber die Anwendung des TV-V, TV-WW/NW bzw. TV-N ablehnt.

§ 22 Sonderregelungen für Beschäftigte im bisherigen Geltungsbereich der SR 2a, SR 2b und SR 2c zum BAT/BAT-O

(1) Im bisherigen Geltungsbereich der SR 2a, 2b und 2c zum BAT/BAT-O gilt für Beschäftigte gem. § 1 Abs. 1 und 2 folgendes:

1. Die Regelungen der §§ 45 bis 47 BT-K treten am 1. Januar 2006 in Kraft. Bis zum In-Kraft-Treten dieser Regelungen gelten die für Bereitschaftsdienst und Rufbereitschaft einschlägigen tarifvertraglichen Regelungen des BAT/BAT-O abweichend von § 2 fort.

2. Aufgrund einer Betriebs- oder Dienstvereinbarung können bereits vor dem 1. Januar 2006 die Regelungen der §§ 45 bis 47 BT-K angewendet werden.

3. Abweichend von Nr. 1 tritt § 45 BT-K für die von § 1 Abs. 1 erfassten Beschäftigten erst zum 1. Juli 2006 in Kraft, sofern dessen Anwendung zu Veränderungen führt.

(2) Nr. 7 SR 2 a BAT/BAT-O gilt im bisherigen Geltungsbereich bis zum In-Kraft-Treten einer Neuregelung fort.

(3) Nr. 5 SR 2 c BAT/BAT-O gilt für übergeleitete Ärztinnen und Ärzte bis zu einer arbeitsvertraglichen Neuregelung deren Nebentätigkeit fort.

(4) Bestehende Regelungen zur Anrechnung von Wege- und Umkleidezeiten auf die Arbeitszeit bleiben durch das In-Kraft-Treten des TVöD unberührt.

§ 23 Erschwerniszuschläge

Bis zur Regelung in einem landesbezirklichen Tarifvertrag gelten für die von § 1 Abs. 1 und 2 erfassten Beschäftigten im jeweiligen bisherigen Geltungsbereich
- die jeweils geltenden bezirklichen Regelungen zu Erschwerniszuschlägen gemäß § 23 Abs. 3 BMT-G,
- der Tarifvertrag zu § 23 Abs. 3 BMT-G-O vom 14. Mai 1991,
- der Tarifvertrag über die Gewährung von Zulagen gemäß § 33 Abs. 1 Buchst. c BAT vom 11. Januar 1962 und
- der Tarifvertrag über die Gewährung von Zulagen gemäß § 33 Abs. 1 Buchst. c BAT-O vom 8. Mai 1991

fort. Sind die Tarifverhandlungen nach Satz 1 nicht bis zum 31. Dezember 2007 abgeschlossen, gelten die landesbezirklichen Tarifverträge ab 1. Januar 2008 mit der Maßgabe fort, dass die Grenzen und die Bemessungsgrundlagen des § 19 Abs. 4 TVöD zu beachten sind.

§ 24 Bereitschaftszeiten

Die landesbezirklich für Hausmeister und Beschäftigtengruppen mit Bereitschaftszeiten innerhalb ihrer regelmäßigen Arbeitszeit getroffenen Tarifverträge und Tarifregelungen sowie Nr. 3 SR 2r BAT-O gelten fort. dem Anhang zu § 9 TVöD widersprechende Regelungen zur Arbeitszeit sind bis zum 31. Dezember 2005 entsprechend anzupassen.

§ 25 Übergangsregelung zur Zusatzversorgungspflicht der Feuerwehrzulage

Abweichend von der allgemeinen Regelung, dass die Feuerwehrzulage für Beschäftigte im feuerwehrtechnischen Dienst nicht zusatzversorgungspflichtig ist, ist diese Zulage bei Beschäftigten, die eine Zulage nach Nr. 2 Absatz 2 SR 2x BAT/BAT-O bereits vor dem 1. Januar 1999 erhalten haben und bis zum 30. September 2005 nach Vergütungsgruppen X bis Va/b eingruppiert waren (§ 4 Abs. 1 Satz 1 i.V.m. der Anlage 1), zusatzversorgungspflichtiges Entgelt nach Ablauf des Kalendermonats, in dem sie sieben Jahre lang bezogen worden ist, längstens jedoch bis zum 31. Dezember 2007. Auf die Mindestzeit werden auch solche Zeiträume angerechnet, während derer die Feuerwehrzulage nur wegen Ablaufs der Krankenbezugsfristen nicht zugestanden hat. Sätze 1 und 2 gelten nicht, wenn der Beschäftigte bis zum 31. Dezember 2007 bei Fortgeltung des BAT/BAT-O oberhalb der Vergütungsgruppe Va/b eingruppiert wäre.

§ 26 Angestellte als Lehrkräfte an Musikschulen

Für die bis zum 30. September 2005 unter den Geltungsbereich der Nr. 1 SR 2 l ll BAT fallenden Angestellten, die am 28. Februar 1987 in einem Arbeitsverhältnis standen, das am 1. März 1987 zu demselben Arbeitgeber bis zum 30. September 2005 fortbestanden hat, wird eine günstigere einzelarbeitsvertragliche Regelung zur Arbeitszeit durch das In-Kraft-Treten des TVöD nicht berührt.

§ 27 Angestellte im Bibliotheksdienst

Regelungen gemäß Nr. 2 SR 2m BAT/BAT-O bleiben durch das In-Kraft-Treten des TVöD unberührt.

§ 28 Abrechnung unständiger Bezügebestandteile

Bezüge im Sinne des § 36 Abs. 1 Unterabs. 2 BAT/BAT-O/BAT-Ostdeutsche Sparkassen, § 26a Abs. 1 Unterabs. 2 BMT-G/BMG-O für Arbeitsleistungen bis zum 30. September 2005 werden nach den bis dahin jeweils geltenden Regelungen abgerechnet als ob das Arbeitsverhältnis mit Ablauf des 30. September 2005 beendet worden wäre.

5. Abschnitt Besondere Regelungen für einzelne Mitgliedverbände der VKA

§ 29 Tarifgebiet Ost

(1) Mit In-Kraft-Treten dieses Tarifvertrages bleiben
- § 3 Abs. 1 Satz 2 des Vergütungstarifvertrages Nr. 7 zum BAT-O für den Bereich der Vereinigung der VKA,
- § 3 Abs. 1 Satz 2 des Vergütungstarifvertrages Nr. 7 zum BAT-Ostdeutsche Sparkassen
- § 3 Abs. 1 Satz 2 des Monatslohntarifvertrages Nr. 7 zum BMT-G-O
- § 3 Abs. 1 Satz 2 des Monatslohntarifvertrages Nr. 6 für die Arbeiter der ostdeutschen Sparkassen
unberührt.

§ 30 KAV Berlin

(1) Auf Beschäftigte, die unter den Geltungsbereich des § 2 Abs. 1 bis 6 und 8 des Tarifvertrages über die Geltung des VKA-Tarifrechts für die Angestellten und angestelltenversicherungspflichtigen Auszubildenden der Mitglieder des Kommunalen Arbeitgeberverbandes Berlin (KAV Berlin) - Überleitungs-TV KAV Berlin - vom 9. Dezember 1999 in der jeweils geltenden Fassung fallen und auf deren Arbeitsverhältnis § 27 Abschnitt A BAT/BAT-O in der für den Bund und die Tarifgemeinschaft deutscher Länder geltenden Fassung sowie der Vergütungstarifvertrag für den Bereich des Bundes und der Länder Anwendung findet, findet der TVöD und dieser Tarifvertrag Anwendung, soweit nachfolgend nichts Besonderes bestimmt ist.

(2) Auf überzuleitende Beschäftigte aus dem Geltungsbereich des BAT/BAT-O finden anstelle der §§ 4 bis 6, §§ 12, 17 und 19 Abs. 2 und 3 sowie der Anlagen 1 bis 3 dieses Tarifvertrages die §§ 4 bis 6, §§ 12, 17 und 19 Abs. 2 und 3 sowie die Anlagen 2 bis 4 des Tarifvertrag zur Überleitung der Beschäftigten des Bundes in den TVöD und zur Regelung des Übergangsrechts (TVÜ-Bund) vom 13. September 2005 Anwendung. Abweichend von Anlage 2 TVÜ-Bund und von § 16 (VKA) TVöD wird ab Entgeltgruppe 9 die Stufe 6 wie folgt erreicht:
a) Stufe 5a nach fünf Jahren in Stufe 5,
b) Stufe 6 nach fünf Jahren in Stufe 5a, frühestens ab 1. Oktober 2015.
Die Entgeltgruppe 15 Ü wird um die Stufe 6 mit einem Tabellenwert in Höhe von 5.625 Euro erweitert. Die Entgeltstufe 5a entspricht dem Tabellenwert der Stufe 5 zuzüglich des halben Differenzbetrages zwischen den Stufen 5 und 6, kaufmännisch auf volle Eurobeträge gerundet. Mit Erreichen der Stufe 5a entfällt ein etwaiger Strukturausgleich. Mit Erreichen der Stufe 6 findet uneingeschränkt das VKA-Tarifrecht Anwendung.

Niederschriftserklärung zu § 30 Abs. 2:
Der Tabellenwert von 5.625 Euro verändert sich zu demselben Zeitpunkt und in derselben Höhe wie der Tabellenwert der Stufe 6 der Entgeltgruppe 15 Ü gemäß § 19 Abs. 2.

(3) Beschäftigte gem. § 38 Abs. 5 TVöD, für die die Tarifregelungen des Tarifgebiets West Anwendung finden, erhalten für das Kalenderjahr 2005 eine Einmalzahlung in Höhe von 100 EUR, zahlbar mit dem Oktoberentgelt (31. Oktober 2005). Der Tarifvertrag über eine Einmalzahlung im Jahr 2005 für den Bereich der VKA - Tarifbereich West - vom 9. Februar 2005 gilt entsprechend. Für die Jahre 2006 und 2007 gilt § 21 dieses Tarifvertrages. Beschäftigte, auf die die Tarifregelungen des Tarifgebiets Ost Anwendung finden, erhalten keine Einmalzahlung.

Niederschriftserklärung zu § 30 Abs. 3 Satz 4:
Der KAV Berlin erhebt keine Einwendungen, wenn eine Einmalzahlung in dem vereinbarten Umfang gewährt wird. Dies gilt auch hinsichtlich der Mitglieder, die auf die Angestellten die Vergütungstabelle der VKA anwenden.

Niederschriftserklärung zu § 30 Abs. 3:
Die Tarifvertragsparteien gehen davon aus, dass die Einmalzahlungen 2005 bis 2007 im Rahmen der ZTV-Verhandlungen für die Berliner Stadtreinigungsbetriebe auf landesbezirklicher Ebene geregelt werden. Kommt eine Einigung mindestens für 2005 nicht bis zum 30. November 2005 zustande, wird die Zahlung des Einmalbetrages durch die Tarifvertragsparteien auf Bundesebene verhandelt.

(4) Für Beschäftigte der Gemeinnützige Siedlungs- und Wohnungsbaugesellschaft Berlin mbH gilt bis zum 31. Dezember 2007 das bis zum 30. September 2005 geltende Tarifrecht weiter, wenn nicht vorher ein neuer Tarifvertrag zu Stande kommt.

(5) Der Tarifvertrag über die Fortgeltung des TdL-Tarifrechts für die Angestellten und angestelltenrentenversicherungspflichtigen Auszubildenden der NET-GE Kliniken Berlin GmbH (jetzt Vivantes Netzwerk für Gesundheit GmbH) vom 17. Januar 2001 gilt uneingeschränkt fort; die vorstehenden Absätze 1 bis 4 gelten nicht.

Niederschriftserklärung zu § 30 Abs. 5:
Die Entscheidung, ob und in welcher Höhe Arbeitern, auf die die Tarifregelungen des Tarifgebiets Ost Anwendung finden, eine Einmalzahlung erhalten, bleibt den Tarifvertragsparteien auf landesbezirklicher Ebene vorbehalten.

Niederschriftserklärung zu § 30:
Von den Tarifvertragsparteien auf der landesbezirklichen Ebene ist in Tarifverhandlungen über Hilfestellungen einzutreten, wenn die Überführung der Beschäftigten in die VKA-Entgelttabelle bei einzelnen Mitgliedern des KAV Berlin ab 1. Oktober 2010 zu finanziellen Problemen führt.

§ 31 KAV Bremen

(1) Der Tarifvertrag über die Geltung des VKA-Tarifrechts für die Beschäftigten der Mitglieder des KAV Bremen vom 17. Februar 1995 bleibt durch das In-Kraft-Treten des TVöD und dieses Tarifvertrages unberührt und gilt uneingeschränkt fort.

(2) Der Tarifvertrag über die Geltung des VKA-Tarifrechts für die Arbeiter und die arbeiterrentenversicherungspflichtigen Auszubildenden des Landes und der Stadtgemeinde Bremen sowie der Stadt Bremerhaven (Überleitungs-TV Bremen) vom 17. Februar 1995 in der Fassung des Änderungstarifvertrages Nr. 8 vom 31. Januar 2003 gilt mit folgenden Maßgaben weiter:
1. Der TVöD und dieser Tarifvertrag treten an die Stelle der in § 2 Abs. 2 vereinbarten Geltung des BMT-G II.
2. § 2 Abs. 3 treten mit Wirkung vom 1. Oktober 2005 außer Kraft.
3. In § 2 Abs. 4 bis 7 und 9 wird die Bezugnahme auf den BMT-G II ersetzt durch die Bezugnahme auf den TVöD.
4. In den Anlagen 3 bis 6 wird die Bezugnahme auf den BMT-G II ersetzt durch die inhaltliche Bezugnahme auf die entsprechenden Regelungen des TVöD. Diese Anlagen sind bis zum 31. Dezember 2006 an den TVöD und diesen Tarifvertrag anzupassen.

(3) In Ergänzung der Anlagen 1 und 3 dieses Tarifvertrages werden der Entgeltgruppe 3 ferner folgende für den Bereich des KAV Bremen nach dem Rahmentarifvertrag zu § 20 Abs. 1 BMT-G II vorgesehene und im bremischen Lohngruppenverzeichnis vom 17. Februar 1995 vereinbarte Lohngruppen zugeordnet:
- Lgr. 2 mit Aufstieg nach 2a und 3
- Lgr. 2a mit Aufstieg nach 3 und 3a
- Lgr. 2a mit Aufstieg nach 3

(4) Der Tarifvertrag über die Geltung des VKA-Tarifrechts für die Angestellten und Arbeiter und die angestellten- und arbeiterrentenversicherungspflichtigen Auszubildenden der Entsorgung Nord GmbH Bremen, der Abfallbehandlung Nord GmbH Bremen, der Schadstoffentsorgung Nord GmbH Bremen, der Kompostierung Nord GmbH Bremen sowie der Abwasser Bremen GmbH vom 5. Juni 1998 gilt mit folgender Maßgabe fort:
Der TVöD und dieser Tarifvertrag treten mit folgenden Maßgaben an die Stelle der in § 2 Abs. 2 und 3 vereinbarten Geltung des BAT und BMT-G II:
1. Zu § 17 dieses Tarifvertrages: § 25 BAT findet keine Anwendung.
2. Eine nach § 2 Abs. 2 Nr. 3 Buchst. a bzw. Buchst. b des Tarifvertrages vom 5. Juni 1998 im September 2005 gezahlte Besitzstandszulage fließt in das Vergleichsentgelt gemäß § 5 Abs. 2 dieses Tarifvertrages ein.

3. Übergeleitete Beschäftigte, die am 1. Oktober 2005 bei Fortgeltung des bisherigen Tarifrechts gemäß § 2 Abs. 2 Nr. 3 Buchst. b des Tarifvertrages vom 5. Juni 1998 die für die Zahlung einer persönlichen Zulage erforderliche Zeit der Bewährung zur Hälfte erfüllt haben, erhalten zum Zeitpunkt, zu dem sie nach bisherigem Recht die persönliche Zulage erhalten würden, in ihrer Entgeltgruppe Entgelt nach derjenigen individuellen Zwischenstufe, Stufe bzw. Endstufe, die sich ergeben hätte, wenn in das Vergleichsentgelt (§ 5 Abs. 2) die persönliche Zulage eingerechnet worden wäre. § 8 Abs. 2 Sätze 2 bis 5 sowie Absatz 3 gelten entsprechend.

4. Gegenüber den zum Zeitpunkt der Rechtsformänderung (Betriebsübergang) der Bremer Entsorgungsbetriebe auf die Gesellschaften übergegangenen und unbefristet beschäftigten kündbaren Beschäftigten sind betriebsbedingte Kündigungen ausgeschlossen.

§ 32 KAV Hamburg

(1) Der als Protokollerklärung bezeichnete Tarifvertrag aus Anlass des Beitritts der Arbeitsrechtlichen Vereinigung Hamburg e.V. (AV Hamburg) zur Vereinigung der kommunalen Arbeitgeberverbände (VKA) am 1. Juli 1955 vom 5. August 1955 bleibt durch das In-Kraft-Treten des TVöD und dieses Tarifvertrages unberührt und gilt uneingeschränkt fort.

(2) Auf überzuleitende Beschäftigte aus dem Geltungsbereich des BAT finden anstelle der §§ 4 bis 6, §§ 12, 17 und 19 Abs. 2 und 3 sowie der Anlagen 1 bis 3 dieses Tarifvertrages die §§ 4 bis 6, §§ 12, 17 und 19 Abs. 2 und 3 sowie die Anlagen 2 bis 4 des Tarifvertrag zur Überleitung der Beschäftigten des Bundes in den TVöD und zur Regelung des Übergangsrechts (TVÜ-Bund) vom 13. September 2005 Anwendung. Abweichend von Anlage 2 TVÜ-Bund und von § 16 (VKA) TVöD wird ab Entgeltgruppe 9 die Stufe 6 wie folgt erreicht:
a) Stufe 5a nach 5 Jahren in Stufe 5,
b) Stufe 6 nach 5 Jahren in Stufen 5a, frühestens ab 1. Oktober 2015.
Die Entgeltgruppe 15 Ü wird um die Stufe 6 mit einem Tabellenwert in Höhe von 5.625 Euro erweitert. Die Entgeltstufe 5a entspricht dem Tabellenwert der Stufe 5 zuzüglich des halben Differenzbetrages zwischen den Stufen 5 und 6, kaufmännisch auf volle Eurobeträge gerundet. Mit Erreichen der Stufe 5a entfällt ein etwaiger Strukturausgleich. 6Mit Erreichen der Stufe 6 findet uneingeschränkt das VKA-Tarifrecht Anwendung.

Niederschriftserklärung zu § 32 Abs. 2
Der Tabellenwert von 5.625 Euro verändert sich zu demselben Zeitpunkt und in derselben Höhe wie der Tabellenwert der Stufe 6 der Entgeltgruppe 15 Ü gemäß § 19 Abs. 2.

(3) In Ergänzung der Anlagen 1 und 3 dieses Tarifvertrages werden der Entgeltgruppe 3 ferner folgende für die Flughafen Hamburg GmbH nach dem Tarifvertrag über die Einreihung der Arbeiter der Flughafen Hamburg GmbH in die Lohngruppen und über die Gewährung von Erschwerniszuschlägen (§ 23 BMT-G) vereinbarte Lohngruppen zugeordnet:
- Lgr. 2 mit Aufstieg nach 2a und 3
- Lgr. 2a mit Aufstieg nach 3 und 3a
- Lgr. 2a mit Aufstieg nach 3

§ 33 Gemeinsame Regelung

(1) Soweit in (landes-)bezirklichen Lohngruppenverzeichnissen bei den Aufstiegen andere Verweildauern als drei Jahre bzw. - für die Eingruppierung in eine a-Gruppe - als vier Jahre vereinbart sind, haben die landesbezirklichen Tarifvertragsparteien die Zuordnung der Lohngruppen zu den Entgeltgruppen gemäß Anlagen 1 und 3 nach den zu Grunde liegenden Grundsätzen bis zum 31. Dezember 2005 vorzunehmen. Für Beschäftigte, die dem Gehaltstarifvertrag für Angestellte in Versorgungs- und Verkehrsbetrieben im Lande Hessen (HGTAV) unterfallen, werden die landesbezirklichen Tarifvertragsparteien über die Fortgeltung des HGTAV bzw. dessen Anpassung an den TVöD spätestens bis zum 30. Juni 2006 eine Regelung vereinbaren. Soweit besondere Lohngruppen vereinbart sind, hat eine entsprechende Zuordnung zu den Entgeltgruppen landesbezirklich zu erfolgen. Am 1. Oktober 2005 erfolgt in den Fällen der Sätze 1 bis 3 die Fortzahlung der bisherigen Bezüge als zu verrechnender Abschlag auf das Entgelt, das den Beschäftigten nach der Überleitung zusteht.

(2) Soweit auf das Arbeitsverhältnis von aus dem Geltungsbereich des BAT/BAT-O/BAT-Ostdeutsche Sparkassen überzuleitende Beschäftigten bei sonstigen Arbeitgebern von Mitgliedern der Mitgliedverbände der VKA nach § 27 Abschn. A BAT/BAT-O in der für den Bund und die Tarifgemeinschaft

deutscher Länder geltenden Fassung sowie der Vergütungstarifvertrag für den Bereich des Bundes und der Länder Anwendung finden, haben die landesbezirklichen Tarifvertragsparteien die für die Überleitung notwendigen Regelungen zu vereinbaren. Am 1. Oktober 2005 erfolgt die Fortzahlung der bisherigen Bezüge als zu verrechnender Abschlag auf das Entgelt, das diesen Beschäftigten nach der Überleitung zusteht. Kommt auf landesbezirklicher Ebene bis zum 31. Dezember 2005 - ggf. nach einer einvernehmlichen Verlängerung - keine tarifliche Regelung zustande, treffen die Tarifvertragsparteien dieses Tarifvertrages die notwendigen Regelungen.

6. Abschnitt Übergangs- und Schlussvorschriften

§ 34 In-Kraft-Treten, Laufzeit

(1) Dieser Tarifvertrag tritt am 1. Oktober 2005 in Kraft.

(2) Der Tarifvertrag kann ohne Einhaltung einer Frist jederzeit schriftlich gekündigt werden, frühestens zum 31. Dezember 2007. Die §§ 17 bis 19 einschließlich Anlagen können ohne Einhaltung einer Frist, jedoch nur insgesamt, schriftlich gekündigt werden, frühestens zum 31. Dezember 2007; die Nachwirkung dieser Vorschriften wird ausgeschlossen.

Niederschriftserklärung zu § 34 Abs. 1:
Im Hinblick auf die notwendigen personalwirtschaftlichen, organisatorischen und technischen Vorarbeiten für die Überleitung der vorhandenen Beschäftigten in den TVöD sehen die Tarifvertragsparteien die Problematik einer fristgerechten Umsetzung der neuen Tarifregelungen zum 1. Oktober 2005. Sie bitten die Personal verwaltenden und Bezüge zahlenden Stellen, im Interesse der Beschäftigten gleichwohl eine zeitnahe Überleitung zu ermöglichen und die Zwischenzeit mit zu verrechnenden Abschlagszahlungen zu überbrücken.

Anlage 1 TVÜ-VKA

Zuordnung der Vergütungs- und Lohngruppen zu den Entgeltgruppen für am 30. September/ 1. Oktober 2005 vorhandene Beschäftigte für die Überleitung (VKA)

Entgeltgruppe	Vergütungsgruppe	Lohngruppe
15 Ü	I	-
15	I a I a nach Aufstieg aus I b I b mit ausstehendem Aufstieg nach I a (keine Stufe 6)	-
14	I b ohne Aufstieg nach I a I b nach Aufstieg aus II II mit ausstehendem Aufstieg nach I b	-
13	II ohne Aufstieg nach I b	-
12	II nach Aufstieg aus III III mit ausstehendem Aufstieg nach II	-
11	III ohne Aufstieg nach II III nach Aufstieg aus IV a IV a mit ausstehendem Aufstieg nach III	-
10	IV a ohne Aufstieg nach III IV a nach Aufstieg aus IV b IV b mit ausstehendem Aufstieg nach IV a V b in den ersten sechs Monaten der Berufsausübung, wenn danach IV b mit Aufstieg nach IV a (Zuordnung zur Stufe 1)	-
9	IV b ohne Aufstieg nach IV a IV b nach Aufstieg V b V b mit ausstehendem Aufstieg nach IV b V b ohne Aufstieg nach IV b (Stufe 5 nach 9 Jahren in Stufe 4, keine Stufe 6) V b nach Aufstieg V c (Stufe 5 nach 9 Jahren in Stufe 4, keine Stufe 6 V b nach Aufstieg aus VI b (nur Lehrkräfte) (Stufe 5 nach 9 Jahren in Stufe 4, keine Stufe 6)	9 (Stufe 4 nach 7 Jahren in Stufe 3, keine Stufen 5 und 6)
8	V c mit ausstehendem Aufstieg nach V b V c ohne Aufstieg nach V b V c nach Aufstieg aus VI b	8a 8 mit ausstehendem Aufstieg nach 8a 8 nach Aufstieg aus 7 7 mit ausstehendem Aufstieg nach 8 und 8a
7	-	7a 7 mit ausstehendem Aufstieg nach 7a 7 nach Aufstieg aus 6 6 mit ausstehendem Aufstieg nach 7 und 7a

Entgeltgruppe	Vergütungsgruppe	Lohngruppe
6	VI b mit ausstehendem Aufstieg nach V b (nur Lehrkräfte) VI b mit ausstehendem Aufstieg nach V c VI b ohne Aufstieg nach V c VI b nach Aufstieg aus VII	6a 6 mit ausstehendem Aufstieg nach 6a 6 nach Aufstieg aus 5 5 mit ausstehendem Aufstieg nach 6 und 6a
5	VII mit ausstehendem Aufstieg nach VI b VII ohne Aufstieg nach VI b VII nach Aufstieg aus VIII	5a 5 mit ausstehendem Aufstieg nach 5a 5 nach Aufstieg aus 4 4 mit ausstehendem Aufstieg nach 5 und 5a
4	-	4a 4 mit ausstehendem Aufstieg nach 4a 4 nach Aufstieg aus 3 3 mit ausstehendem Aufstieg nach 4 und 4a
3	VIII nach Aufstieg aus IX a VIII mit ausstehendem Aufstieg nach VII VIII ohne Aufstieg nach VII	3a 3 mit ausstehendem Aufstieg nach 3a 3 nach Aufstieg aus 2 2 mit ausstehendem Aufstieg nach 3 und 3a
2 Ü	-	2a 2 mit ausstehendem Aufstieg nach 2a 2 nach Aufstieg aus 1 1 mit ausstehendem Aufstieg nach 2 und 2a
2	IX a IX mit ausstehendem Aufstieg nach IX a oder VIII IX nach Aufstieg aus X (keine Stufe 6) X (keine Stufe 6)	1a (keine Stufe 6) 1 mit ausstehendem Aufstieg nach 1a (keine Stufe 6)
1	-	-

Anlage 2 TVÜ-VKA

Strukturausgleiche für Angestellte (VKA)

Angestellte, deren Ortszuschlag sich nach § 29 Abschn. B Abs. 5 BAT/BAT-O/Ostdeutsche Sparkassen bemisst, erhalten den entsprechenden Anteil, in jedem Fall aber die Hälfte des Strukturausgleichs für Verheiratete.

Soweit nicht anders ausgewiesen, beginnt die Zahlung des Strukturausgleichs am 1. Oktober 2007. Die Angabe "nach ... Jahren" bedeutet, dass die Zahlung nach den genannten Jahren ab dem In-Kraft-Treten des TVöD beginnt; so wird z. B. bei dem Merkmal "nach 4 Jahren" der Zahlungsbeginn auf den 1. Oktober 2009 festgelegt, wobei die Auszahlung eines Strukturausgleichs mit den jeweiligen Monatsbezügen erfolgt. Die Dauer der Zahlung ist ebenfalls angegeben; dabei bedeutet "dauerhaft" die Zahlung während der Zeit des Arbeitsverhältnisses.

Ist die Zahlung "für" eine bestimmte Zahl von Jahren angegeben, ist der Bezug auf diesen Zeitraum begrenzt (z. B. "für 5 Jahre" bedeutet Beginn der Zahlung im Oktober 2007 und Ende der Zahlung mit Ablauf September 2012). Eine Ausnahme besteht dann, wenn das Ende des Zahlungszeitraumes nicht mit einem Stufenaufstieg in der jeweiligen Entgeltgruppe zeitlich zusammenfällt; in diesen Fällen wird der Strukturausgleich bis zum nächsten Stufenaufstieg fortgezahlt. Diese Ausnahmeregelung gilt nicht, wenn der Stufenaufstieg in die Endstufe erfolgt; in diesen Fällen bleibt es bei der festgelegten Dauer.

Betrifft die Zahlung eines Strukturausgleichs eine Vergütungsgruppe (Fallgruppe) mit Bewährungs- bzw. Zeitaufstieg, wird dies ebenfalls angegeben. Soweit keine Aufstiegszeiten angegeben sind, gelten die Ausgleichsbeträge für alle Aufstiege.

I. Angestellte, die aus der Anlage 1a zum BAT/ BAT-O/BAT-Ostdeutsche Sparkassen übergeleitet werden.

EG	Vergü-tungs-gruppe	Ortszu-schlag Stufe 1/2	Über-leitung aus Stufe	nach	für	Betrag Tarifgebiet West	Betrag Tarif-gebiet Ost
15 Ü	I	OZ 1	9	2 Jahren	5 Jahre	130,- EUR	126,- EUR
	I	OZ 2	8	2 Jahren	dauerhaft	50,- EUR	48,- EUR
	I	OZ 2	10	2 Jahren	dauerhaft	50,- EUR	48,- EUR
	I	OZ 2	11	2 Jahren	dauerhaft	50,- EUR	48,- EUR
15	Ia	OZ 1	6	2 Jahren	4 Jahre	60,- EUR	58,- EUR
	Ia	OZ 1	8	4 Jahren	dauerhaft	30,- EUR	29,- EUR
	Ia	OZ 1	9	2 Jahren	für 5 Jahre danach	90,- EUR 30,- EUR	87,- EUR 29,- EUR
	Ia	OZ 1	10	4 Jahren	dauerhaft	30,- EUR	29,- EUR
	Ia	OZ 1	11	2 Jahren	dauerhaft	30,- EUR	29,- EUR
	Ia	OZ 2	6	2 Jahren	für 4 Jahre danach	110,- EUR 60,- EUR	106,- EUR 58,- EUR
	Ia	OZ 2	7	4 Jahren	dauerhaft	50,- EUR	48,- EUR
	Ia	OZ 2	8	2 Jahren	dauerhaft	80,- EUR	77,- EUR
	Ia	OZ 2	9	4 Jahren	dauerhaft	80,- EUR	77,- EUR
	Ia	OZ 2	10	2 Jahren	dauerhaft	80,- EUR	77,- EUR

EG	Vergü-tungs-gruppe	Ortszu-schlag Stufe 1/2	Über-leitung aus Stufe	nach	für	Betrag Tarifgebiet West	Betrag Tarifgebiet Ost
14	Ib	OZ 1	5	2 Jahren	4 Jahre	50,- EUR	48,- EUR
	Ib	OZ 1	8	2 Jahren	5 Jahre	50,- EUR	48,- EUR
	Ib	OZ 2	5	2 Jahren	4 Jahre danach	130,- EUR 20,-EUR	126,- EUR 19,- EUR
	Ib	OZ 2	7	2 Jahren	5 Jahre danach	90,- EUR 40,- EUR	87,- EUR 38,- EUR
	Ib	OZ 2	8	2 Jahren	5 Jahre danach	110,- EUR 40,- EUR	106,- EUR 38,- EUR
	Ib	OZ 2	9	2 Jahren	dauerhaft	30,- EUR	29,- EUR
14	II/ 5J. Ib	OZ 1	4	1 Jahr	8 Jahre	110,- EUR	106,- EUR
	II/ 5J. Ib	OZ 1	5	2 Jahren	4 Jahre	50,- EUR	48,- EUR
	II/ 5J. Ib	OZ 1	8	2 Jahren	5 Jahre	50,- EUR	48,- EUR
	II/ 5J. Ib	OZ 2	4	2 Jahren	5 Jahre	90,- EUR	87,- EUR
	II/ 5J. Ib	OZ 2	5	2 Jahren	4 Jahre danach	130 EUR 20,- EUR	126,- EUR 19,- EUR
	II/ 5J. Ib	OZ 2	7	4 Jahren	3 Jahre danach	90,- EUR 40,- EUR	87,- EUR 38,- EUR
	II/ 5J. Ib	OZ 2	8	2 Jahren	5 Jahre danach	110,- EUR 40,- EUR	106,- EUR 38,- EUR
	II/ 5J. Ib	OZ 2	9	2 Jahren	dauerhaft	30,- EUR	29,- EUR
14	II/ 6J. Ib	OZ 1	4	2 Jahren	7 Jahre	110,- EUR	106,- EUR
	II/ 6J. Ib	OZ 1	5	2 Jahren	4 Jahre	50,- EUR	48,- EUR
	II/ 6J. Ib	OZ 1	8	2 Jahren	5 Jahre	50,- EUR	48,- EUR
	II/ 6J. Ib	OZ 2	4	2 Jahren	5 Jahre	90,- EUR	87,- EUR
	II/ 6J. Ib	OZ 2	5	2 Jahren	4 Jahre danach	130,- EUR 20,- EUR	126,- EUR 19,- EUR
	II/ 6J. Ib	OZ 2	7	4 Jahren	3 Jahre danach	90,- EUR 40,- EUR	87,- EUR 38,- EUR

EG	Vergü-tungs-gruppe	Ortszu-schlag Stufe 1/2	Über-leitung aus Stufe	nach	für	Betrag Tarifgebiet West	Betrag Tarifgebiet Ost
	II/ 6J. Ib	OZ 2	8	2 Jahren	5 Jahre danach	110,- EUR 40,- EUR	106,- EUR 38,- EUR
	II/ 6J. Ib	OZ 2	9	2 Jahren	dauerhaft	30,- EUR	29,- EUR
13	II	OZ 1	9	2 Jahren	5 Jahre	50,- EUR	48,- EUR
	II	OZ 2	8	2 Jahren	5 Jahre	80,- EUR	77,- EUR
12	III/ 5J. II	OZ 1	5	2 Jahren	4 Jahre	90,- EUR	87,- EUR
	III/ 5J. II	OZ 1	8	2 Jahren	5 Jahre	80,- EUR	77,- EUR
	III/ 5J. II	OZ 2	4 (aus III)	1 Jahr	2 Jahre	110,- EUR	106,- EUR
	III/ 5J. II	OZ 2	4 (aus II)	2 Jahren	4 Jahre	90,- EUR	87,- EUR
	III/ 5J. II	OZ 2	6	4 Jahren	dauerhaft	30,- EUR	29,- EUR
	III/ 5J. II	OZ 2	7	4 Jahren	dauerhaft	60,- EUR	58,- EUR
	III/ 5J. II	OZ 2	8	4 Jahren	dauerhaft	50,- EUR	48,- EUR
	III/ 5J. II	OZ 2	9	2 Jahren	dauerhaft	50,- EUR	48,- EUR
	III/ 5J. II	OZ 2	10	2 Jahren	dauerhaft	30,- EUR	29,- EUR
12	III/ 6J. II	OZ 1	5	2 Jahren	4 Jahre	90,- EUR	87,- EUR
	III/ 6J. II	OZ 1	8	2 Jahren	5 Jahre	70,- EUR	67,- EUR
	III/ 6J. II	OZ 2	4 (aus III)	2 Jahren	5 Jahre	70,- EUR	67,- EUR
	III/ 6J. II	OZ 2	4 (aus II)	2 Jahren	für 4 Jahre	90,- EUR	87,- EUR
	III/ 6J. II	OZ 2	6	4 Jahren	dauerhaft	30,- EUR	29,- EUR
	III/ 6J. II	OZ 2	7	4 Jahren	dauerhaft	60,- EUR	58,- EUR
	III/ 6J. II	OZ 2	8	4 Jahren	dauerhaft	50,- EUR	48,- EUR

EG	Vergü-tungs-gruppe	Ortszu-schlag Stufe 1/2	Über-leitung aus Stufe	nach	für	Betrag Tarifgebiet West	Betrag Tarifgebiet Ost
	III/ 6J. II	OZ 2	9	2 Jahren	dauerhaft	50,- EUR	48,- EUR
	III/ 6J. II	OZ 2	10	2 Jahren	dauerhaft	30,- EUR	29,- EUR
12	III/ 8J. II	OZ 1	5 (aus III)	2 Jahren	5 Jahre	70,- EUR	67,- EUR
	III/ 8J. II	OZ 1	5 (aus II)	2 Jahren	4 Jahre	90,- EUR	87,- EUR
	III/ 8J. II	OZ 1	8	2 Jahren	5 Jahre	70,- EUR	67,- EUR
	III/ 8J. II	OZ 2	5 (aus III)	2 Jahren	4 Jahre	130,- EUR	126,- EUR
	III/ 8J. II	OZ 2	6	4 Jahren	dauerhaft	30,- EUR	29,- EUR
	III/ 8J. II	OZ 2	7	4 Jahren	dauerhaft	60,- EUR	58,- EUR
	III/ 8J. II	OZ 2	8	4 Jahren	dauerhaft	50,- EUR	48,- EUR
	III/ 8J. II	OZ 2	9	2 Jahren	dauerhaft	50,- EUR	48,- EUR
	III/ 8J. II	OZ 2	10	2 Jahren	dauerhaft	30,- EUR	29,- EUR
12	III/ 10J. II	OZ 1	6 (aus III)	2 Jahren	4 Jahre	90,- EUR	87,- EUR
	III/ 10J. II	OZ 1	8	2 Jahren	5 Jahre	70,- EUR	67,- EUR
	III/ 10J. II	OZ 2	6 (aus III)	2 Jahren	4 Jahre danach	110,- EUR 60,- EUR	106,- EUR 58,- EUR
	III/ 10J. II	OZ 2	6 (aus II)	4 Jahren	dauerhaft	30,- EUR	29,- EUR
	III/ 10J. II	OZ 2	7	4 Jahren	dauerhaft	60,- EUR	58,- EUR
	III/ 10J. II	OZ 2	8	4 Jahren	dauerhaft	50,- EUR	48,- EUR
	III/ 10J. II	OZ 2	9	2 Jahren	dauerhaft	50,- EUR	48,- EUR
	III/ 10J. II	OZ 2	10	2 Jahren	dauerhaft	30,- EUR	29,- EUR

EG	Vergü-tungs-gruppe	Ortszu-schlag Stufe 1/2	Über-leitung aus Stufe	nach	für	Betrag Tarifgebiet West	Betrag Tarifgebiet Ost
11	III	OZ 1	5	2 Jahren	4 Jahre	90,- EUR	87,- EUR
	III	OZ 1	9	2 Jahren	5 Jahre	60,- EUR	58,- EUR
	III	OZ 2	4	2 Jahren	4 Jahre	90,- EUR	87,- EUR
	III	OZ 2	7	4 Jahren	3 Jahre	90,- EUR	87,- EUR
	III	OZ 2	8	2 Jahren	5 Jahre	90,- EUR	87,- EUR
11	IVa/ 4J. III	OZ 1	5	2 Jahren	4 Jahre	90,- EUR	87,- EUR
	IVa/ 4J. III	OZ 1	9	2 Jahren	5 Jahre	60,- EUR	58,- EUR
	IVa/ 4J. III	OZ 2	4	2 Jahren	4 Jahre	90,- EUR	87,- EUR
	IVa/ 4J. III	OZ 2	7	4 Jahren	3 Jahre	90,- EUR	87,- EUR
	IVa/ 4J. III	OZ 2	8	2 Jahren	5 Jahre	90,-EUR	87,- EUR
	IVa/ 6J. III	OZ 1	5	2 Jahren	4 Jahre	90,- EUR	87,- EUR
	IVa/ 6J. III	OZ 1	9	2 Jahren	5 Jahre	60,- EUR	58,- EUR
	IVa/ 6J. III	OZ 2	4	2 Jahren	4 Jahre	90,- EUR	87,- EUR
	IVa/ 6J. III	OZ 2	7	4 Jahren	3 Jahre	90,- EUR	87,- EUR
	IVa/ 6J. III	OZ 2	8	2 Jahren	5 Jahre	100,- EUR	97,- EUR
11	IVa/ 8J. III	OZ 1	5	2 Jahren	4 Jahre	90,- EUR	87,- EUR
	IVa/ 8J. III	OZ 1	9	2 Jahren	5 Jahre	60,- EUR	58,- EUR
	IVa/ 8J. III	OZ 2	5	2 Jahren	9 Jahre	110,- EUR	106,- EUR
	IVa/ 8J. III	OZ 2	7	4 Jahren	3 Jahre	90,- EUR	87,- EUR
	IVa/ 8J. III	OZ 2	8	2 Jahren	5 Jahre	90,- EUR	87,- EUR

EG	Vergü-tungs-gruppe	Ortszu-schlag Stufe 1/2	Über-leitung aus Stufe	nach	für	Betrag Tarifgebiet West	Betrag Tarifgebiet Ost
10	IVa	OZ 2	4	2 Jahren	4 Jahre	30,- EUR	29,- EUR
	IVa	OZ 2	7	4 Jahren	dauerhaft	25,- EUR	24,- EUR
	IVa	OZ 2	8	2 Jahren	5 Jahre danach	50,- EUR 25,- EUR	48,- EUR 24,- EUR
	IVa	OZ 2	9	2 Jahren	dauerhaft	25,- EUR	24,- EUR
10	IV b/ 2J. IVa	OZ 2	4	2 Jahren	4 Jahre	30,- EUR	29,- EUR
	IV b/ 2J. IVa	OZ 2	7	4 Jahren	dauerhaft	25,- EUR	24,- EUR
	IV b/ 2J. IVa	OZ 2	8	2 Jahren	5 Jahre danach	50,-EUR 25,- EUR	48,- EUR 24,- EUR
	IV b/ 2J. IVa	OZ 2	9	2 Jahren	dauerhaft	25,- EUR	24,- EUR
10	IV b/ 4J. IVa	OZ 2	4	2 Jahren	4 Jahre	30,- EUR	29,- EUR
	IV b/ 4J. IVa	OZ 2	7	4 Jahren	dauerhaft	25,- EUR	24,- EUR
	IV b/ 4J. IVa	OZ 2	8	2 Jahren	5 Jahre danach	50,- EUR 25,- EUR	48,- EUR 24,- EUR
	IV b/ 4J. IVa	OZ 2	9	2 Jahren	dauerhaft	25,-EUR	24,- EUR
10	IV b/ 5J. IVa	OZ 1	4	1 Jahr	8 Jahre	90,- EUR	87,- EUR
	IV b/ 5J. IVa	OZ 2	4	1 Jahr	6 Jahre	90,- EUR	87,- EUR
	IV b/ 5J. IVa	OZ 2	7	4 Jahren	dauerhaft	25,- EUR	24,- EUR
	IV b/ 5J. IVa	OZ 2	8	2 Jahren	5 Jahre danach	50,- EUR 25,- EUR	48,- EUR 24,- EUR
	IV b/ 5J. IVa	OZ 2	9	2 Jahren	dauerhaft	25,- EUR	24,- EUR
10	IV b/ 6J. IVa	OZ 1	4	2 Jahren	7 Jahre	90,- EUR	87,- EUR
	IV b/ 6J. IVa	OZ 2	4	2 Jahren	5 Jahre	90,- EUR	87,- EUR
	IV b/ 6J. IVa	OZ 2	7	4 Jahren	dauerhaft	25,- EUR	24,- EUR

EG	Vergü-tungs-gruppe	Ortszu-schlag Stufe 1/2	Über-leitung aus Stufe	nach	für	Betrag Tarifgebiet West	Betrag Tarifgebiet Ost
	IV b/ 6J. IVa	OZ 2	8	2 Jahren	5 Jahre danach	50,- EUR 25,- EUR	48,- EUR 24,- EUR
	IV b/ 6J. IVa	OZ 2	9	2 Jahren	dauerhaft	25,- EUR	24,- EUR
10	IV b/ 8J. IVa	OZ 1	4	4 Jahren	5 Jahre	90,- EUR	87,- EUR
	IV b/ 8J. IVa	OZ 1	5	2 Jahren	7 Jahre	180,- EUR	174,- EUR
	IV b/ 8J. IVa	OZ 2	5	2 Jahren	5 Jahre danach	115,- EUR 25,- EUR	111,- EUR 24,- EUR
	IV b/ 8J. IVa	OZ 2	7	4 Jahren	dauerhaft	25,- EUR	24,- EUR
	IV b/ 8J. IVa	OZ 2	8	2 Jahren	5 Jahre danach	50,- EUR 25,- EUR	48,- EUR 24,- EUR
	IV b/ 8J. IVa	OZ 2	9	2 Jahren	dauerhaft	25,- EUR	24,- EUR
9	IVb	OZ 1	5	2 Jahren	4 Jahre	50,- EUR	48,- EUR
	IVb	OZ 1	8	2 Jahren	5 Jahre	50,- EUR	48,- EUR
	IVb	OZ 2	4	2 Jahren	4 Jahre	80,- EUR	77,- EUR
	IVb	OZ 2	6	2 Jahren	5 Jahre	25,- EUR	24,- EUR
	IVb	OZ 2	7	2 Jahren	5 Jahre	90,- EUR	87,- EUR
9	Vb/ 2J. IVb	OZ 1	5	2 Jahren	4 Jahre	50,- EUR	48,- EUR
	Vb/ 2J. IVb	OZ 1	8	2 Jahren	5 Jahre	50,- EUR	48,- EUR
	Vb/ 2J. IVb	OZ 2	4	2 Jahren	4 Jahre	80,- EUR	77,- EUR
	Vb/ 2J. IVb	OZ 2	6	2 Jahren	5 Jahre	25,- EUR	24,- EUR
9	Vb/ 2J. IVb	OZ 2	7	2 Jahren	5 Jahre	90,- EUR	87,- EUR
	Vb/ 4J. IVb	OZ 1	5	2 Jahren	4 Jahre	50,- EUR	48,- EUR
	Vb/ 4J. IVb	OZ 1	8	2 Jahren	5 Jahre	50,- EUR	48,- EUR
	Vb/ 4J. IVb	OZ 2	4	2 Jahren	4 Jahre	80,- EUR	77,- EUR

EG	Vergü-tungs-gruppe	Ortszu-schlag Stufe 1/2	Über-leitung aus Stufe	nach	für	Betrag Tarifgebiet West	Betrag Tarifgebiet Ost
	Vb/ 4J. IVb	OZ 2	6	2 Jahren	5 Jahre	25,- EUR	24,- EUR
	Vb/ 4J. IVb	OZ 2	7	2 Jahren	5 Jahre	90,- EuR	87,- EUR
9	Vb/ 5J. IVb	OZ 1	4	1 Jahr	2 Jahre	110,- EUR	106,- EUR
	Vb/ 5J. IVb	OZ 1	5	2 Jahren	4 Jahre	50,- EUR	48,- EUR
	Vb/ 5J. IVb	OZ 1	8	2 Jahren	5 Jahre	50,- EUR	48,- EUR
	Vb/ 5J. IVb	OZ 2	4	1 Jahr	5 Jahre	80,- EUR	77,- EUR
	Vb/ 5J. IVb	OZ 2	6	2 Jahren	5 Jahre	25,- EUR	24,- EUR
	Vb/ 5J. IVb	OZ 2	7	2 Jahren	5 Jahre	90,- EUR	87,- EUR
9	Vb/ 6J. IVb	OZ 1	5	2 Jahren	4 Jahre	50,- EUR	48,- EUR
	Vb/ 6J. IVb	OZ 1	8	2 Jahren	5 Jahre	50,- EUR	48,- EUR
	Vb/ 6J. IVb	OZ 2	4	2 Jahren	4 Jahre	80,- EUR	77,- EUR
	Vb/ 6J. IVb	OZ 2	6	2 Jahren	5 Jahre	25,- EUR	24,- EUR
	Vb/ 6J. IVb	OZ 2	7	2 Jahren	5 Jahre	90,- EUR	87,- EUR
9	Vb	OZ 2	6	2 Jahren	9 Jahre	50,- EUR	48,- EUR
8	Vc	OZ 1	2	9 Jahren	dauerhaft	55,- EUR	53,- EUR
	Vc	OZ 1	3	9 Jahren	dauerhaft	55,- EUR	53,- EUR
	Vc	OZ 1	4	7 Jahren	dauerhaft	55,- EUR	53,- EUR
	Vc	OZ 1	5	6 Jahren	dauerhaft	55,- EUR	53,- EUR
	Vc	OZ 1	6	2 Jahren	dauerhaft	55,- EUR	53,- EUR
	Vc	OZ 1	7	2 Jahren	dauerhaft	55,- EUR	53,- EUR
	Vc	OZ 1	8	2 Jahren	dauerhaft	55,- EUR	53,- EUR
	Vc	OZ 2	2	5 Jahren	dauerhaft	55,- EUR	53,- EUR
	Vc	OZ 2	3	3 Jahren	dauerhaft	120,- EUR	116,- EUR

EG	Vergü-tungs-gruppe	Ortszu-schlag Stufe 1/2	Über-leitung aus Stufe	nach	für	Betrag Tarifgebiet West	Betrag Tarif-gebiet Ost
	Vc	OZ 2	4	2 Jahren	dauerhaft	120,- EUR	116,- EUR
	Vc	OZ 2	5	2 Jahren	dauerhaft	120,- EUR	116,- EUR
	Vc	OZ 2	6	2 Jahren	dauerhaft	120,- EUR	116,- EUR
	Vc	OZ 2	7	2 Jahren	dauerhaft	120,- EUR	116,- EUR
	Vc	OZ 2	8	2 Jahren	dauerhaft	55,- EUR	53,- EUR
6	VIb	OZ 1	2	9 Jahren	dauerhaft	50,- EUR	48,- EUR
	VIb	OZ 1	3	9 Jahren	dauerhaft	50,- EUR	48,- EUR
	VIb	OZ 1	4	7 Jahren	dauerhaft	50,- EUR	48,- EUR
	VIb	OZ 1	5	6 Jahren	dauerhaft	50,- EUR	48,- EUR
	VIb	OZ 1	6	6 Jahren	dauerhaft	50,- EUR	48,- EUR
	VIb	OZ 1	7	2 Jahren	dauerhaft	50,- EUR	48,- EUR
	VIb	OZ 1	8	2 Jahren	dauerhaft	50,- EUR	48,- EUR
	VIb	OZ 1	9	2 Jahren	dauerhaft	50,- EUR	48,- EUR
	VIb	OZ 2	2	7 Jahren	dauerhaft	90,- EUR	87,- EUR
	VIb	OZ 2	3	6 Jahren	dauerhaft	90,- EUR	87,- EUR
	VIb	OZ 2	4	6 Jahren	dauerhaft	90,- EUR	87,- EUR
	VIb	OZ 2	5	2 Jahren	dauerhaft	90,- EUR	87,- EUR
	VIb	OZ 2	6	2 Jahren	dauerhaft	90,- EUR	87,- EUR
	VIb	OZ 2	7	2 Jahren	dauerhaft	90,- EUR	87,- EUR
	VIb	OZ 2	8	2 Jahren	dauerhaft	50,- EUR	48,- EUR
	VIb	OZ 2	9	2 Jahren	dauerhaft	50,- EUR	48,- EUR
5	VII	OZ 2	4	4 Jahren	dauerhaft	20,- EUR	19,- EUR
	VII	OZ 2	5	2 Jahren	dauerhaft	20,- EUR	19,- EUR
	VII	OZ 2	6	2 Jahren	dauerhaft	20,- EUR	19,- EUR
	VII	OZ 2	7	2 Jahren	dauerhaft	20,- EUR	19,- EUR
	VII	OZ 2	8	2 Jahren	dauerhaft	20,- EUR	19,- EUR
3	VIII	OZ 1	7	2 Jahren	4 Jahre	30,- EUR	29,- EUR
	VIII	OZ 1	9	2 Jahren	5 Jahre	20,- EUR	19,- EUR
	VIII	OZ 2	3	2 Jahren	9 Jahre	40,- EUR	38,- EUR
	VIII	OZ 2	4	4 Jahren	3 Jahre	25,- EUR	24,- EUR

EG	Vergü-tungs-gruppe	Ortszu-schlag Stufe 1/2	Über-leitung aus Stufe	nach	für	Betrag Tarifgebiet West	Betrag Tarif-gebiet Ost
	VIII	OZ 2	5	2 Jahren	dauerhaft	50,- EUR	48,- EUR
3	VIII	OZ 2	6	2 Jahren	dauerhaft	50,- EUR	48,- EUR
	VIII	OZ 2	7	2 Jahren	dauerhaft	50,- EUR	48,- EUR
	VIII	OZ 2	8	2 Jahren	dauerhaft	50,- EUR	48,- EUR
	VIII	OZ 2	9	2 Jahren	dauerhaft	35,- EUR	33,- EUR
	VIII	OZ 2	10	2 Jahren	dauerhaft	25,- EUR	24,- EUR
2	IX 2J. IXa	OZ 2	4	2 Jahren	5 Jahre	45,- EUR	43,- EUR
2	X 2J. IX	OZ 1	5	2 Jahren	4 Jahre	25,- EUR	24,- EUR
	X 2J. IX	OZ 2	3	4 Jahren	dauerhaft	40,- EUR	38,- EUR
	X 2J. IX	OZ 2	4	4 Jahren	dauerhaft	40,- EUR	38,- EUR
	X 2J. IX	OZ 2	5	2 Jahren	dauerhaft	40,- EUR	38,- EUR
	X 2J. IX	OZ 2	6	2 Jahren	dauerhaft	40,- EUR	38,- EUR
	X 2J. IX	OZ 2	7	2 Jahren	dauerhaft	25,- EUR	24,- EUR

II. Angestellte, die aus der Anlage 1b zum BAT/ BAT-O übergeleitet werden

EG	Vergü-tungs-gruppe	Ortszu-schlag Stufe 1/2	Über-leitung aus Stufe	nach	für	Betrag Tarifgebiet West	Betrag Tarif-gebiet Ost
12a	Kr. XII 5 Jahre Kr. XI-II	OZ 2	6	1 Jahr	6 Jahre	90,- EUR	87,- EUR
11b	Kr. XI 5 Jahre Kr. XII	OZ 2	6	1 Jahr	6 Jahre	150,- EUR	145,- EUR
		OZ 1	6	1 Jahr	6 Jahre	90,- EUR	87,- EUR
			7	2 Jahren	5 Jahre	130,- EUR	126,- EUR

EG	Vergü-tungs-gruppe	Ortszu-schlag Stufe 1/2	Über-leitung aus Stufe	nach	für	Betrag Tarifgebiet West	Betrag Tarif-gebiet Ost
11a	Kr. X 5 Jahre Kr. XI	OZ 2	4	5 Jahren	2 Jahre	220,- EUR	213,- EUR
			5	3 Jahren	4 Jahre	300,- EUR	291,- EUR
		OZ 1	5	3 Jahren	4 Jahre	190,- EUR	184,- EUR
			6	1 Jahr	6 Jahre	260,- EUR	252,- EUR
10a	Kr. IX 5 Jahre Kr. X	OZ 2	5	3 Jahren	2 Jahre, danach dauerhaft	270,- EUR 20,- EUR	261,- EUR 19,- EUR
			6	4 Jahren	dauerhaft	35,- EUR	33,- EUR
			7	2 Jahren	dauerhaft	35,- EUR	33,- EUR
			8	2 Jahren	dauerhaft	35,- EUR	33,- EUR
		OZ 1	5	3 Jahren	2 Jahre	170,- EUR	164,- EUR
			6	1 Jahr	4 Jahre	240,- EUR	232,- EUR
9d	Kr. VI-II 5 Jahre Kr. IX	OZ 2	5	6 Jahren	dauerhaft	15,- EUR	14,- EUR
			6	1 Jahr	3 Jahre, danach dauerhaft	140,- EUR 15,- EUR	135,- EUR 14,- EUR
			7	2 Jahren	dauerhaft	30,- EUR	29,- EUR
			8	2 Jahren	dauerhaft	20,- EUR	19,- EUR
		OZ 1	6	1 Jahr	1 Jahr, danach für 2 Jahre	200,- EUR 60,- EUR	194,- EUR 58,- EUR
9b	Kr. VII	OZ 2	5	4 Jahren	3 Jahre	45,- EUR	43,- EUR
			6	2 Jahren	2 Jahre, danach für 3 Jahre	40,- EUR 100,- EUR	38,- EUR 97,- EUR
			7	2 Jahren	dauerhaft	10,- EUR	9,- EUR
			8	2 Jahren	dauerhaft	10,- EUR	9,- EUR
		OZ 1	6	6 Jahren	1 Jahr	60,- EUR	58,- EUR
			7	4 Jahren	3 Jahre	60,- EUR	58,- EUR

EG	Vergü-tungs-gruppe	Ortszu-schlag Stufe 1/2	Über-leitung aus Stufe	nach	für	Betrag Tarifgebiet West	Betrag Tarif-gebiet Ost
9c	Kr. VII 5 Jahre Kr. VI-II	OZ 2	4	4 Jahren	2 Jahre, danach für 4 Jahre	55,- EUR 110,- EUR	53,- EUR 106,- EUR
			5	4 Jahren	3 Jahre	80,- EUR	77,- EUR
			6	1 Jahr	6 Jahre	140,- EUR	135,- EUR
		OZ 1	5	3 Jahren	2 Jahre, danach für 5 Jahre	150,- EUR 60,- EUR	145,- EUR 58,- EUR
			6	1 Jahr	9 Jahre	150,- EUR	145,- EUR
			7	2 Jahren	5 Jahre	100,- EUR	97,- EUR
9b	Kr. VI 5 Jahre Kr. VII	OZ 2	6	1 Jahr	6 Jahre	90,- EUR	87,- EUR
			7	2 Jahren	dauerhaft	10,- EUR	9,- EUR
			8	2 Jahren	dauerhaft	10,- EUR	9,- EUR
		OZ 1	5	3 Jahren	2 Jahre	240,- EUR	232,- EUR
			6	1 Jahr	1 Jahr	200,- EUR	194,- EUR
			7	4 Jahren	3 Jahre	65,- EUR	63,- EUR
9b	Kr. VI 7 Jahre Kr. VII	OZ 2	6	4 Jahren	3 Jahre	90,- EUR	87,- EUR
			7	1 Jahr	1 Jahr, danach für 5 Jahre	200,- EUR 120,- EUR	194,- EUR 116,- EUR
			8	2 Jahren	dauerhaft	10,- EUR	9,- EUR
		OZ 1	5	4 Jahren	4 Jahre	50,- EUR	48,- EUR
			7	1 Jahr	1 Jahr, danach für 5 Jahre	190,- EUR 20,- EUR	184,- EUR 19,- EUR
9a	Kr. VI	OZ 2	4	4 Jahren	3 Jahre	30,- EUR	29,- EUR
			5	2 Jahren	5 Jahre	75,- EUR	72,- EUR
		OZ 1	5	2 Jahren	8 Jahre	50,- EUR	48,- EUR
			6	4 Jahren	3 Jahre	40,- EUR	38,- EUR
			7	2 Jahren	5 Jahre	60,- EUR	58,- EUR

EG	Vergü-tungs-gruppe	Ortszu-schlag Stufe 1/2	Über-leitung aus Stufe	nach	für	Betrag Tarifgebiet West	Betrag Tarif-gebiet Ost
8a	Kr. Va 3 Jahre Kr. VI	OZ 2	3	4 Jahren	7 Jahre	45,- EUR	43,- EUR
			5	2 Jahren	5 Jahre	60,- EUR	58,- EUR
		OZ 1	4	2 Jahren	9 Jahre	55,- EUR	53,- EUR
			7	2 Jahren	5 Jahre	60,- EUR	58,- EUR
8a	Kr. Va 5 jahre Kr. VI	OZ 2	3	4 Jahren	7 Jahre	45,- EUR	43,- EUR
			5	2 Jahren	5 Jahre	60,- EUR	58,- EUR
		OZ 1	3	4 Jahren	3 Jahre	55,- EUR	53,- EUR
			4	2 Jahren	9 Jahre	55,- EUR	53,- EUR
			7	2 Jahren	5 Jahre	60,- EUR	58,- EUR
8a	Kr. V 6 Jahre Kr. VI	OZ 2	2	6 Jahren	7 Jahre	30,- EUR	29,- EUR
			3	4 Jahren	7 Jahre	35,- EUR	33,- EUR
			5	2 Jahren	5 Jahre	60,- EUR	58,- EUR
		OZ 1	3	2 Jahren	7 Jahre	120,- EUR	116,- EUR
			4	2 Jahren	9 Jahre	55,- EUR	53,- EUR
			7	2 Jahren	5 Jahre	60,- EUR	58,- EUR
8a	Kr. V 4 Jahre Kr. Va 2 Jahre Kr. VI	OZ 2	2	6 Jahren	7 Jahre	60,- EUR	58,- EUR
			3	4 Jahren	7 Jahre	60,- EUR	58,- EUR
			4	3 Jahren	4 Jahre	25,- EUR	24,- EUR
			5	1 Jahr	2 Jahre, danach für 4 Jahre	25,- EUR 80,- EUR	24,- EUR 77,- EUR
			7	1 Jahr	1 Jahr	40,- EUR	38,- EUR
			8	1 Jahr	1 Jahr	40,- EUR	38,- EUR
		OZ 1	3	2 Jahren	5 Jahre	55,- EUR	53,- EUR

EG	Vergü-tungs-gruppe	Ortszu-schlag Stufe 1/2	Über-leitung aus Stufe	nach	für	Betrag Tarifgebiet West	Betrag Tarif-gebiet Ost
			4	2 Jahren	4 Jahre, danach für 5 Jahre	70,- EUR 20,- EUR	67,- EUR 19,- EUR
			7	2 Jahren	5 Jahre	55,- EUR	53,- EUR
7a	Kr. V 4 Jahre Kr. Va	OZ 2	3	4 Jahren	7 Jahren	55,- EUR	53,- EUR
			5	4 Jahren	3 Jahre	70,- EUR	67,- EUR
			7	2 Jahren	dauerhaft	25,- EUR	24,- EUR
			8	2 Jahren	dauerhaft	20,- EUR	19,- EUR
		OZ 1	5	2 Jahren	9 Jahre	45,- EUR	43,- EUR
			7	2 Jahren	5 Jahre	40,- EUR	38,- EUR
7a	Kr. V 5 Jahre Kr. Va	OZ 2	3	4 Jahren	7 Jahre	45,- EUR	43,- EUR
			4	2 Jahren	9 Jahre	100,- EUR	97,- EUR
			5	4 Jahren	3 Jahre	90,- EUR	87,- EUR
			7	2 Jahren	dauerhaft	25,- EUR	24,- EUR
			8	2 Jahren	dauerhaft	20,- EUR	19,- EUR
		OZ 1	5	2 Jahren	9 Jahre	45,- EUR	43,- EUR
			7	2 Jahren	5 Jahre	40,- EUR	38,- EUR
7a	Kr. IV 2 Jahre (Hebam men 1 Jahr, Alten-pflege-rinnen 3 Jahre) Kr. V 4 Jahre Kr. Va	OZ 2	3	2 Jahren (Alten-pflegerin-nen nach 3 Jahren)	9 Jahre (Alten-pflegerin-nen für 8 Jahre)	50,- EUR	48,- EUR
			5	2 Jahren	5 Jahre	55,- EUR	53,- EUR
			7	2 Jahren	dauerhaft	25,- EUR	24,- EUR
			8	2 Jahren	dauerhaft	20,- EUR	19,- EUR

EG	Vergütungsgruppe	Ortszuschlag Stufe 1/2	Überleitung aus Stufe	nach	für	Betrag Tarifgebiet West	Betrag Tarifgebiet Ost
		OZ 1	4	4 Jahren	2 Jahre	20,- EUR	19,- EUR
			5	2 Jahren	9 Jahre	55,- EUR	53,-EUR
			6	4 Jahren	3 Jahre	10,- EUR	9,- EUR
			7	2 Jahren	5 Jahre	60,- EUR	58,- EUR
7a	KR. IV 4 Jahre Kr. V	OZ 2	4	4 Jahren	dauerhaft	25,- EUR	24,-EUR
			5	6 Jahren	dauerhaft	25,- EUR	24,- EUR
			6	4 Jahren	dauerhaft	35,- EUR	33,- EUR
			7	2 Jahren	dauerhaft	65,-EUR	63,- EUR
			8	2 Jahren	dauerhaft	40,- EUR	38,- EUR
		OZ 2	3	2 Jahren	3 Jahre	100,- EUR	97,- EUR
			6	2 Jahren	4 Jahre	40,- EUR	38,- EUR
			7	2 Jahren	4 Jahre	90,- EUR	87,- EUR
4a	Kr. III 4 Jahre Kr. IV	OZ 2	3	2 Jahren	2 Jahre, danach für 7 Jahre	20,- EUR 60,- EUR	19,-EUR 58,- EUR
			4	4 Jahren	3 Jahre	40,- EUR	38,- EUR
			5	2 Jahren	5 Jahre	60,- EUR	58,- EUR
			7	2 Jahren	dauerhaft	25,- EUR	24,- EUR
			8	2 Jahren	dauerhaft	35,- EUR	33,- EUR
		OZ 1	5	2 Jahren	9 Jahre	55,- EUR	53,- EUR
			7	2 Jahren	5 Jahre	40,- EUR	38,- EUR
4a	Kr. II 2 Jahre Kr. III 4 Jahre Kr. IV	OZ 2	3	2 Jahren	9 Jahre	40,- EUR	38,- EUR
			4	4 Jahren	3 Jahre	40,- EUR	38,- EUR
			5	2 Jahren	5 Jahre	60,- EUR	58,- EUR
			7	2 Jahren	dauerhaft	25,- EUR	24,- EUR
			8	2 Jahren	dauerhaft	35,- EUR	33,- EUR

EG	Vergü-tungs-gruppe	Ortszu-schlag Stufe 1/2	Über-leitung aus Stufe	nach	für	Betrag Tarifgebiet West	Betrag Tarif-gebiet Ost
		OZ 1	5	2 Jahren	9 Jahren	55,- EUR	53,- EUR
			7	2 Jahren	5 Jahre	40,- EUR	38,- EUR
3a	Kr. I 3 Jahre Kr. II	OZ 2	2	1 Jahr	10 Jahre	55,- EUR	53,- EUR
			7	4 Jahren	dauerhaft	15,- EUR	14,- EUR
			8	2 Jahren	dauerhaft	25,- EUR	24,- EUR
		OZ 1	2	1 Jahr	3 Jahre	30,- EUR	29,- EUR
			4	2 Jahren	9 Jahre	35,- EUR	33,- EUR

Anlage 3 TVÜ-VKA

Vorläufige Zuordnung der Vergütungs- und Lohngruppen zu den Entgeltgruppen für zwischen dem 1. Oktober 2005 und dem In-Kraft-Treten der neuen Entgeltordnung stattfindende Eingruppierungs- und Einreihungsvorgänge (VKAd)

Entgeltgruppe	Vergütungsgruppe	Lohngruppe
15	I a I b mit Aufstieg nach I a (zwingend Stufe 1, keine Stufe 6)	-
14	I b ohne Aufstieg nach I a	-
13	Beschäftigte mit Tätigkeiten, die eine abgeschlossene wissenschaftliche Hochschulausbildung voraussetzen (II mit und ohne Aufstieg nach I b [ggf. mit Zulagenregelung nach § 17 Abs. 8 TVÜ-VKA] und weitere Beschäftigte, die nach der Vergütungsordnung zum BAT/BAT-O/BAT-Ostdeutsche Sparkassen unmittelbar in Verg. Gr. II eingruppiert sind	-
12	III mit Aufstieg nach II	-
11	III ohne Aufstieg nach II IV a mit Aufstieg nach III	-
10	IV a ohne Aufstieg nach III IV b mit Aufstieg nach IV a V b in den ersten sechs Monaten der Berufsausübung, wenn danach IV b mit Aufstieg nach IV a	-
9	IV b ohne Aufstieg nach IV a V b mit Aufstieg nach IV b V b ohne Aufstieg nach IV b (Stufe 5 nach 9 Jahren in Stufe 4, keine Stufe 6)	9 (zwingend Stufe 1, Stufe 4 nach 7 Jahren in Stufe 3, keine Stufen 5 und 6)

Entgeltgruppe	Vergütungsgruppe	Lohngruppe
8	V c mit Aufstieg nach V b V c ohne Aufstieg nach V b	7 mit Aufstieg nach 8 und 8a
7	Keine	7 mit Aufstieg nach 7a 6 mit Aufstieg nach 7und 7a
6	VI b mit Aufstieg nach V c VI b ohne Aufstieg nach V c	6 mit Aufstieg nach 6a 5 mit Aufstieg nach 6 und 6a
5	VII mit Aufstieg nach VI b VII ohne Aufstieg nach VI b	5 mit Aufstieg nach 5a 4 mit Aufstieg nach 5 und 5a
4	Keine	4 mit Aufstieg nach 4a 3 mit Aufstieg nach 4 und 4a
3	VIII mit Aufstieg nach VII VIII ohne Aufstieg nach VII	3 mit Aufstieg nach 3a 2 mit Aufstieg nach 3 und 3a
2 Ü	Keine	2 mit Aufstieg nach 2a 1 mit Aufstieg nach 2 und 2a
2	IX a mit Aufstieg nach VIII IX mit Aufstieg nach IX a oder VIII X (keine Stufe 6)	1 mit Aufstieg nach 1a (keine Stufe 6)
1	Beschäftigte mit einfachsten Tätigkeiten, zum Beispiel	
	-	Essens- und Getränkeausgeber/innen
	-	Garderobenpersonal
	-	Spülen und Gemüseputzen und sonstige Tätigkeiten im Haus- und Küchenbereich
	-	Reiniger/innen in Außenbereichen wie Höfe, Wege, Grünanlagen, Parks
	-	Wärter/innen von Bedürfnisanstalten
	-	Servierer/innen
	-	Hausarbeiter/innen
	-	Hausgehilfe/Hausgehilfin
	-	Bote/Botin (ohne Aufsichtsfunktion)
Ergänzungen können durch landesbezirklichen Tarifvertrag geregelt werden.		
Hinweis: Diese Zuordnung gilt unabhängig von bisherigen tariflichen Zuordnungen zu Vergütungs-/Lohngruppen.		

Anlage 4 TVÜ VKA

Kr-Anwendungstabelle
Anwendungstabelle

Werte aus Entgelt-gruppe allg. Tabelle	Entgelt-gruppe KR	Zuordnungen Vergütungs-gruppen KR/KR-Verläufe	Grundentgelt		Entwicklungsstufen			
			Stufe 1	Stufe 2	Stufe 3	Stufe 4	Stufe 5	Stufe 6
EG 12	12a	XII mit Auf-stieg nach XIII	-	-	3.200	3.550 nach 2 J. St. 3	4.000 nach 3 J. St. 4	4.200
EG 11	11b	XI mit Aufstieg XII	-	-	-	3.200	3.635	3.835
EG 11	11a	X mit Aufstieg nach XI	-	-	2.900	3.200 nach 2 J. St. 3	3.635 nach 5 J. St. 4	-
EG 10	10a	IX mit Aufstieg nach X	-	-	2.800	3.000 nach 2 J. St. 3	3.380 nach 3 J. St. 4	-
EG 9, EG 9b	9d	VIII mit Auf-stieg nach IX	-	-	2.730	2.980 nach 4 J. St. 3	3.180 nach 2 J. St. 4	-
	9c	VII mit Aufstieg nach VIII	-	-	2.650	2.840 nach 5 J. St. 3	3.020 nach 5 J. St. 4	-
	9b	VI mit Aufstieg nach VII	-	-	2.410	2.730 nach 5 J. St. 3	2.840 nach 5 J. St. 4	-
		VII ohne Auf-stieg						
	9a	VI ohne Aufstieg	-	-	2.410	2.495 nach 5 J. St. 3	2.650 nach 5 J. St. 4	-
EG 7, EG 8, EG 9b	8a	Va mit Aufstieg nach VI	-	2.130	2.240	2.330	2.495	2.650
		V mit Aufstieg nach Va und VI						
		V mit Aufstieg nach VI	2.000					
EG 7, EG 8	7a	V mit Aufstieg nach Va	-	2.000	2.130	2.330	2.430	2.533
		IV mit Aufstieg nach V und Va	1.850					
		IV mit Aufstieg nach V						-
EG 4, EG 6	4a	II mit Aufstieg nach III und IV	1.652	1.780	1.900	2.155	2.220	2.340
		III mit Aufstieg nach IV						
EG 3, EG 4	3a	I mit Aufstieg nach II	1.575	1.750	1.800	1.880	1.940	2.081

Anlage 5 TVÜ-VKA

Kr-Anwendungstabelle
Anwendungstabelle

Werte aus Entgelt- gruppe allg. Tabelle	Entgelt- gruppe KR	Zuordnungen Ver- gütungsgruppen KR/KR-Verläufe	Grundentgelt		Entwicklungsstufen			
			Stufe 1	Stufe 2	Stufe 3	Stufe 4	Stufe 5	Stufe 6
EG 12	12a	XII mit Aufstieg nach XIII	-	-	3.008	3.337 nach 2 J. St. 3	3.760 nach 3 J. St. 4	3.948
EG 11	11b	XI mit Aufstieg XII	-	-	-	3.008	3.417	3.605
EG 11	11a	X mit Aufstieg nach XI	-	-	2.726	3.008 nach 2 J. St. 3	3.417 nach 5 J. St. 4	-
EG 10	10a	IX mit Aufstieg nach X	-	-	2.632	2.820 nach 2 J. St. 3	3.177 nach 3 J. St. 4	-
EG 9, EG 9b	9d	VIII mit Aufstieg nach IX	-	-	5.566	2.801 nach 4 J. St. 3	2.989 nach 2 J. St. 4	-
	9c	VII mit Aufstieg nach VIII	-	-	2.491	2.670 nach 5 J. St. 3	2.839 nach 5 J. St. 4	-
	9b	VI mit Aufstieg nach VII	-	-	2.265	2.566 nach 5 J. St. 3	2.670 nach 5 J. St. 4	-
		VII ohne Auf- stieg						
	9a	VI ohne Aufstieg	-	-	2.265	2.345 nach 5 J. St. 3	2.491 nach 5 J. St. 4	-
EG 7, EG 8, EG 9b	8a	Va mit Aufstieg nach VI	-	2.002	2.106	2.190	2.345	2.491
		V mit Aufstieg nach Va und VI						
		V mit Aufstieg nach VI	1.880					
EG 7, EG 8	7a	V mit Aufstieg nach Va	-	1.880	2.002	2.190	2.284	2.381
		IV mit Aufstieg nach V und Va	1.739					
		IV mit Aufstieg nach V						-
EG 4, EG 6	4a	II mit Aufstieg nach III und IV	1.553	1.673	1.786	2.026	2.087	2.200
		III mit Aufstieg nach IV						
EG 3, EG 4	3a	I mit Aufstieg nach II	1.481	1.645	1.692	1.767	1.824	1.956

Tarifvertrag zur Überleitung der Beschäftigten des Bundes in den TVöD und zur Regelung des Übergangsrechts (TVÜ-Bund)

vom 13. September 2005

Zwischen

Der Bundesrepublik Deutschland, vertreten durch das Bundesministerium des Innern, einerseits

und

der Vereinten Dienstleistungsgewerkschaft - ver.di

- Bundesvorstand - , diese zugleich handelnd für

-   Gewerkschaft der Polizei,
-   Industriegewerkschaft Bauen - Agrar - Umwelt,
-   Gewerkschaft Erziehung und Wissenschaft,

andererseits

wird Folgendes vereinbart: [1]

1. Abschnitt: Allgemeine Vorschriften

§ 1 Geltungsbereich

(1) Dieser Tarifvertrag gilt für Angestellte, Arbeiterinnen und Arbeiter, deren Arbeitsverhältnis zum Bund über den 30. September 2005 hinaus fortbesteht, und die am 1. Oktober 2005 unter den Geltungsbereich des Tarifvertrages für den öffentlichen Dienst (TVöD) fallen, für die Dauer des ununterbrochen fortbestehenden Arbeitsverhältnisses. Dieser Tarifvertrag gilt ferner für die unter § 19 Abs. 2 und § 20 fallenden Beschäftigten.

Protokollerklärung zu § 1 Abs. 1 Satz 1:
In der Zeit bis zum 30. September 2007 sind Unterbrechungen von bis zu einem Monat unschädlich.

(2) Nur soweit nachfolgend ausdrücklich bestimmt, gelten die Vorschriften dieses Tarifvertrages auch für Beschäftigte, deren Arbeitsverhältnis zum Bund nach dem 30. September 2005 beginnt und die unter den Geltungsbereich des TVöD fallen.

(3) Für geringfügig Beschäftigte im Sinne des § 8 Abs. 1 Nr. 2 SGB IV, die am 30. September 2005 unter den Geltungsbereich des BAT/BAT-O/MTArb/MTArb- O fallen, finden die bisher jeweils einschlägigen tarifvertraglichen Regelungen für die Dauer ihres ununterbrochen fortbestehenden Arbeitsverhältnisses weiterhin Anwendung.

(4) Die Bestimmungen des TVöD gelten, soweit dieser Tarifvertrag keine abweichenden Regelungen trifft.

§ 2 Ersetzung bisheriger Tarifverträge durch den TVöD

Der TVöD ersetzt für den Bereich des Bundes die in Anlage 1 TVÜ-Bund Teil A und Anlage 1 TVÜ-Bund Teil B aufgeführten Tarifverträge (einschließlich Anlagen) bzw. Tarifvertragsregelungen, soweit in diesem Tarifvertrag oder im TVöD nicht ausdrücklich etwas anderes bestimmt ist. Die Ersetzung erfolgt mit Wirkung vom 1. Oktober 2005, soweit kein abweichender Termin bestimmt ist.

Protokollerklärung zu Abs.1:
Die noch abschließend zu verhandelnde Anlage 1 TVÜ Teil B (Negativliste) enthält - über die Anlage 1 TVÜ-Bund Teil A hinaus - die Tarifverträge bzw. die Tarifvertragsregelungen, die am 1. Oktober 2005 ohne Nachwirkung außer Kraft treten. Ist für diese Tarifvorschriften in der Negativliste ein abweichender Zeitpunkt für das Außerkrafttreten bzw. eine vorübergehende Fortgeltung vereinbart, beschränkt sich die Fortgeltung dieser Tarifverträge auf deren bisherigen Geltungsbereich (Arbeiter/Angestellte und Tarifgebiet Ost/Tarifgebiet West usw.).

Niederschriftserklärung zu § 2 Abs.1:
Die Tarifvertragsparteien gehen davon aus, dass der TVöD und der diesen ergänzende TVÜ-Bund das bisherige Tarifrecht auch dann ersetzen, wenn arbeitsvertragliche Bezugnahmen nicht ausdrücklich den Fall der ersetzenden Regelung beinhalten.

---

[1]   Ein gleichlautender Tarifvertrag wurde mit der dbb tarifunion abgeschlossen.

(2) Im Übrigen werden solche Tarifvertragsregelungen mit Wirkung vom 1. Oktober 2005 ersetzt, die
- materiell in Widerspruch zu Regelungen des TVöD bzw. dieses Tarifvertrages stehen,
- einen Regelungsinhalt haben, der nach dem Willen der Tarifvertragsparteien durch den TVöD bzw. diesen Tarifvertrag ersetzt oder aufgehoben worden ist, oder
- zusammen mit dem TVöD bzw. diesem Tarifvertrag zu Doppelleistungen führen würden.

Niederschriftserklärung zu § 2 Abs. 2:
Mit Abschluss der Verhandlungen über die Anlage 1 TVÜ-Bund Teil B heben die Tarifvertragsparteien § 2 Absatz 2 auf.

(3) Die in der Anlage 1 TVÜ-Bund Teil C aufgeführten Tarifverträge und Tarifvertragsregelungen gelten fort, soweit im TVöD, in diesem Tarifvertrag oder in den Anlagen nicht ausdrücklich etwas anderes bestimmt ist. Die Fortgeltung erfasst auch Beschäftigte im Sinne des § 1 Abs. 2.

Protokollerklärung zu Absatz 3:
Die Fortgeltung dieser Tarifverträge beschränkt sich auf den bisherigen Geltungsbereich (Arbeiter/Angestellte; Tarifgebiet Ost/Tarifgebiet West usw.).

(4) Soweit in nicht ersetzten Tarifverträgen und Tarifvertragsregelungen auf Vorschriften verwiesen wird, die aufgehoben oder ersetzt worden sind, gelten an deren Stelle bis zu einer redaktionellen Anpassung die Regelungen des TVöD bzw. dieses Tarifvertrages entsprechend.

2. Abschnitt: Überleitungsregelungen

§ 3 Überleitung in den TVöD

Die von § 1 Abs. 1 erfassten Beschäftigten werden am 1. Oktober 2005 gemäß den nachfolgenden Regelungen in den TVöD übergeleitet.

§ 4 Zuordnung der Vergütungs- und Lohngruppen

(1) Für die Überleitung der Beschäftigten wird ihre Vergütungs- bzw. Lohngruppe (§ 22 BAT/BAT-O bzw. die entsprechenden Regelungen für Arbeiterinnen und Arbeiter bzw. besondere tarifvertragliche Vorschriften für bestimmte Berufsgruppen) nach der Anlage 2 TVÜ-Bund den Entgeltgruppen des TVöD zugeordnet.

(2) Beschäftigte, die im Oktober 2005 bei Fortgeltung des bisherigen Tarifrechts die Voraussetzungen für einen Bewährungs-, Fallgruppen- oder Tätigkeitsaufstieg erfüllt hätten, werden für die Überleitung so behandelt, als wären sie bereits im September 2005 höhergruppiert bzw. höher eingereiht worden.

(3) Beschäftigte, die im Oktober 2005 bei Fortgeltung des bisherigen Tarifrechts in eine niedrigere Vergütungs- bzw. Lohngruppe eingruppiert bzw. eingereiht worden wären, werden für die Überleitung so behandelt, als wären sie bereits im September 2005 herabgruppiert bzw. niedriger eingereiht worden.

§ 5 Vergleichsentgelt

(1) Für die Zuordnung zu den Stufen der Entgelttabelle des TVöD wird für die Beschäftigten nach § 4 ein Vergleichsentgelt auf der Grundlage der im September 2005 erhaltenen Bezüge gemäß den Absätzen 2 bis 7 gebildet.

(2) Bei Beschäftigten aus dem Geltungsbereich des BAT/BAT-O setzt sich das Vergleichsentgelt aus Grundvergütung, allgemeiner Zulage und Ortszuschlag der Stufe 1 oder 2 zusammen. Ist auch eine andere Person im Sinne von § 29 Abschn. B Abs. 5 BAT/BAT-O ortszuschlagsberechtigt oder nach beamtenrechtlichen Grundsätzen familienzuschlagsberechtigt, wird nur die Stufe 1 zugrunde gelegt; findet der TVöD am 1. Oktober 2005 auch auf die andere Person Anwendung, geht der jeweils individuell zustehende Teil des Unterschiedsbetrages zwischen den Stufen 1 und 2 des Ortszuschlags in das Vergleichsentgelt ein. Ferner fließen im September 2005 tarifvertraglich zustehende Funktionszulagen insoweit in das Vergleichsentgelt ein, als sie nach dem TVöD nicht mehr vorgesehen sind. Erhalten Beschäftigte eine Gesamtvergütung (§ 30 BAT/BAT-O), bildet diese das Vergleichsentgelt.

Protokollerklärung zu Absatz 2 Satz 3:
Vorhandene Beschäftigte erhalten bis zum In-Kraft-Treten der neuen Entgeltordnung ihre Techniker-, Meister- und Programmiererzulagen unter den bisherigen Voraussetzungen als persönliche Besitzstandszulage.

(3) Bei Beschäftigten aus dem Geltungsbereich des MTArb/MTArb-O wird der Monatstabellenlohn als Vergleichsentgelt zugrunde gelegt. Absatz 2 Satz 3 gilt entsprechend. Erhalten Beschäftigte Lohn nach § 23 Abs. 1 MTArb/MTArb-O, bildet dieser das Vergleichsentgelt.

(4) Beschäftigte, die im Oktober 2005 bei Fortgeltung des bisherigen Rechts die Grundvergütung bzw. den Monatstabellenlohn der nächsthöheren Lebensalters- bzw. Lohnstufe erhalten hätten, werden für die Bemessung des Vergleichsentgelts so behandelt, als sei der Stufenaufstieg bereits im September 2005 erfolgt. § 4 Abs. 2 und 3 gilt bei der Bemessung des Vergleichsentgelts entsprechend.

(5) Bei Teilzeitbeschäftigten wird das Vergleichsentgelt auf der Grundlage eines vergleichbaren Vollzeitbeschäftigten bestimmt. Satz 1 gilt für Beschäftigte, deren Arbeitszeit nach § 3 des Tarifvertrages zur sozialen Absicherung vom 6. Juli 1992 herabgesetzt ist, entsprechend.

Protokollerklärung zu § 5 Abs. 5:
Lediglich das Vergleichsentgelt wird auf der Grundlage eines entsprechenden Vollzeitbeschäftigten ermittelt; sodann wird nach der Stufenzuordnung das zustehende Entgelt zeitratierlich berechnet. Diese zeitratierliche Kürzung des auf den Ehegattenanteil im Ortszuschlag entfallenden Betrages (§ 5 Abs. 2 Satz 2 2.Halbsatz) unterbleibt nach Maßgabe des § 29 Abschn. B Abs. 5 Satz 2 BAT/BAT-O.

(6) Für Beschäftigte, die nicht für alle Tage im September 2005 oder für keinen Tag dieses Monats Bezüge erhalten, wird das Vergleichsentgelt so bestimmt, als hätten sie für alle Tage dieses Monats Bezüge erhalten; in den Fällen des § 27 Abschn. A Abs. 7 und Abschn. B Abs. 3 Unterabs. 4 BAT/BAT-O bzw. der entsprechenden Regelungen für Arbeiterinnen und Arbeiter werden die Beschäftigten für das Vergleichsentgelt so gestellt, als hätten sie am 1. September 2005 die Arbeit wieder aufgenommen.

(7) Abweichend von den Absätzen 2 bis 6 wird bei Beschäftigten, die gemäß § 27 Abschn. A Abs. 8 oder Abschn. B Abs. 7 BAT/BAT-O bzw. den entsprechenden Regelungen für Arbeiterinnen und Arbeiter den Unterschiedsbetrag zwischen der Grundvergütung bzw. dem Monatstabellenlohn ihrer bisherigen zur nächst höheren Lebensalters- bzw. Lohnstufe im September 2005 nur zur Hälfte erhalten, für die Bestimmung des Vergleichsentgelts die volle Grundvergütung bzw. der volle Monatstabellenlohn aus der nächst höheren Lebensalters- bzw. Lohnstufe zugrunde gelegt.

§ 6 Stufenzuordnung der Angestellten

(1) Beschäftigte aus dem Geltungsbereich des BAT/BAT-O werden einer ihrem Vergleichsentgelt entsprechenden individuellen Zwischenstufe der gemäß § 4 bestimmten Entgeltgruppe zugeordnet. Zum 1. Oktober 2007 steigen diese Beschäftigten in die dem Betrag nach nächsthöhere reguläre Stufe ihrer Entgeltgruppe auf. Der weitere Stufenaufstieg richtet sich nach den Regelungen des TVöD.

(2) Werden Beschäftigte vor dem 1. Oktober 2007 höhergruppiert (nach § 8 Abs. 1 und 3 1. Alternative, § 9 Abs. 3 Buchst. a oder aufgrund Übertragung einer mit höherer Entgeltgruppe bewerteten Tätigkeit), so erhalten sie in der höheren Entgeltgruppe Tabellenentgelt nach der regulären Stufe, deren Betrag mindestens der individuellen Zwischenstufe entspricht, jedoch nicht weniger als das Entgelt der Stufe 2; der weitere Stufenaufstieg richtet sich nach den Regelungen des TVöD. In den Fällen des Satzes 1 gilt § 17 Abs. 4 Satz 2 TVöD entsprechend. Werden Beschäftigte vor dem 1. Oktober 2007 herabgruppiert, werden sie in der niedrigeren Entgeltgruppe derjenigen individuellen Zwischenstufe zugeordnet, die sich bei Herabgruppierung im September 2005 ergeben hätte; der weitere Stufenaufstieg richtet sich nach Absatz 1 Satz 2 und 3.

(3) Liegt das Vergleichsentgelt über der höchsten Stufe der gemäß § 4 bestimmten Entgeltgruppe, werden die Beschäftigten abweichend von Absatz 1 einer dem Vergleichsentgelt entsprechenden individuellen Endstufe zugeordnet. Werden Beschäftigte aus einer individuellen Endstufe höhergruppiert, so erhalten sie in der höheren Entgeltgruppe mindestens den Betrag, der ihrer bisherigen individuellen Endstufe entspricht. Im Übrigen gilt Absatz 2 entsprechend. Die individuelle Endstufe verändert sich um denselben Vomhundertsatz bzw. in demselben Umfang wie die höchste Stufe der jeweiligen Entgeltgruppe.

(4) Beschäftigte, deren Vergleichsentgelt niedriger ist als das Tabellenentgelt in der Stufe 2, werden abweichend von Absatz 1 der Stufe 2 zugeordnet. Der weitere Stufenaufstieg richtet sich nach den Regelungen des TVöD. Abweichend von Satz 1 werden Beschäftigte, denen am 30. September 2005 eine in der Allgemeinen Vergütungsordnung (Anlage 1a) durch die Eingruppierung in Vergütungsgruppe Va BAT/BAT-O mit Aufstieg nach IVb und IVa abgebildete Tätigkeit übertragen ist, der Stufe 1 der Entgeltgruppe 10 zugeordnet.

§ 7 Stufenzuordnung der Arbeiterinnen und Arbeiter

(1) Beschäftigte aus dem Geltungsbereich des MTArb/MTArb-O werden entsprechend ihrer Beschäftigungszeit nach § 6 MTArb/MTArb-O der Stufe der gemäß § 4 bestimmten Entgeltgruppe zugeordnet, die sie erreicht hätten, wenn die Entgelttabelle des TVöD bereits seit Beginn ihrer Beschäftigungszeit gegolten hätte; Stufe 1 ist hierbei ausnahmslos mit einem Jahr zu berücksichtigen. Der weitere Stufenaufstieg richtet sich nach den Regelungen des TVöD.

(2) § 6 Abs. 3 und Abs. 4 Satz 1 und 2 gilt für Beschäftigte gemäß Absatz 1 entsprechend.

(3) Ist das Tabellenentgelt nach Absatz 1 Satz 1 niedriger als das Vergleichsentgelt, werden die Beschäftigten einer dem Vergleichsentgelt entsprechenden individuellen Zwischenstufe zugeordnet. Der Aufstieg aus der individuellen Zwischenstufe in die dem Betrag nach nächst höhere reguläre Stufe ihrer Entgeltgruppe findet zu dem Zeitpunkt statt, zu dem sie gemäß Absatz 1 Satz 1 die Voraussetzungen für diesen Stufenaufstieg aufgrund der Beschäftigungszeit erfüllt haben.

(4) Werden Beschäftigte während ihrer Verweildauer in der individuellen Zwischenstufe höhergruppiert, erhalten sie in der höheren Entgeltgruppe Tabellenentgelt nach der regulären Stufe, deren Betrag mindestens der individuellen Zwischenstufe entspricht, jedoch nicht weniger als das Entgelt der Stufe 2; der weitere Stufenaufstieg richtet sich nach den Regelungen des TVöD. § 17 Abs. 4 Satz 2 TVöD gilt entsprechend. Werden Beschäftigte während ihrer Verweildauer in der individuellen Zwischenstufe herabgruppiert, erfolgt die Stufenzuordnung in der niedrigeren Entgeltgruppe, als sei die niedrigere Einreihung bereits im September 2005 erfolgt; der weitere Stufenaufstieg richtet sich bei Zuordnung zu einer individuellen Zwischenstufe nach Absatz 3 Satz 2, ansonsten nach Absatz 1 Satz 2.

3. Abschnitt: Besitzstandsregelungen

§ 8 Bewährungs- und Fallgruppenaufstiege

(1) Aus dem Geltungsbereich des BAT/BAT-O in eine der Entgeltgruppen 3, 5, 6 oder 8 übergeleitete Beschäftigte, die am 1. Oktober 2005 bei Fortgeltung des bisherigen Tarifrechts die für eine Höhergruppierung erforderliche Zeit der Bewährung oder Tätigkeit zur Hälfte erfüllt haben, sind zu dem Zeitpunkt, zu dem sie nach bisherigem Recht höhergruppiert wären, in die nächsthöhere Entgeltgruppe des TVöD eingruppiert. Abweichend von Satz 1 erfolgt die Höhergruppierung in die Entgeltgruppe 5, wenn die Beschäftigten aus der Vergütungsgruppe VIII BAT/BAT-O mit ausstehendem Aufstieg nach Vergütungsgruppe VII BAT/BAT-O übergeleitet worden sind; sie erfolgt in die Entgeltgruppe 8, wenn die Beschäftigten aus der Vergütungsgruppe VIb BAT/BAT-O mit ausstehendem Aufstieg nach Vergütungsgruppe Vc BAT/BAT-O übergeleitet worden sind. Voraussetzung für die Höhergruppierung nach Satz 1 und 2 ist, dass

- zum individuellen Aufstiegszeitpunkt keine Anhaltspunkte vorliegen, die bei Fortgeltung des bisherigen Rechts einer Höhergruppierung entgegengestanden hätten, und

- bis zum individuellen Aufstiegszeitpunkt nach Satz 1 weiterhin eine Tätigkeit auszuüben ist, die diesen Aufstieg ermöglicht hätten, und

- bis zum individuellen Aufstiegszeitpunkt nach Satz 1 weiterhin eine Tätigkeit auszuüben ist, die diesen Aufstieg ermöglicht hätten.

Die Sätze 1 bis 3 gelten nicht in den Fällen des § 4 Abs. 2. Erfolgt die Höhergruppierung vor dem 1. Oktober 2007, gilt - gegebenenfalls unter Berücksichtigung des Satzes 2 - § 6 Abs. 2 Satz 1 entsprechend.

(2) Aus dem Geltungsbereich des BAT/BAT-O in eine der Entgeltgruppen 2 sowie 9 bis 15 übergeleitete Beschäftigte, die am 1. Oktober 2005 bei Fortgeltung des bisherigen Tarifrechts die für eine Höhergruppierung erforderliche Zeit der Bewährung oder Tätigkeit zur Hälfte erfüllt haben, und in der Zeit zwischen dem 1. November 2005 und dem 30. September 2007 höhergruppiert worden wären, erhalten ab dem Zeitpunkt, zu dem sie nach bisherigem Recht höhergruppiert wären, in ihrer bisherigen

Entgeltgruppe Entgelt nach derjenigen individuellen Zwischen- bzw. Endstufe, die sich ergeben hätte, wenn sich ihr Vergleichsentgelt (§ 5) nach der Vergütung aufgrund der Höhergruppierung bestimmt hätte.

Voraussetzung für diesen Stufenaufstieg ist, dass

- zum individuellen Aufstiegszeitpunkt keine Anhaltspunkte vorliegen, die bei Fortgeltung des bisherigen Rechts einer Höhergruppierung entgegengestanden hätten, und
- bis zum individuellen Aufstiegszeitpunkt nach Satz 1 weiterhin eine Tätigkeit auszuüben ist, die diesen Aufstieg ermöglicht hätte.

Ein etwaiger Strukturausgleich wird ab dem individuellen Aufstiegszeitpunkt nicht mehr gezahlt. Der weitere Stufenaufstieg richtet sich bei Zuordnung zu einer individuellen Zwischenstufe nach § 6 Abs. 1. § 4 Abs. 2 bleibt unberührt.

Niederschriftserklärung zu § 8 Abs. 2:
Die Neuberechnung des Vergleichsentgelts führt nicht zu einem Wechsel der Entgeltgruppe.

§ 9 Vergütungsgruppenzulagen

(1) Aus dem Geltungsbereich des BAT/BAT-O übergeleitete Beschäftigte, denen am 30. September 2005 nach der Vergütungsordnung zum BAT/BAT-O eine Vergütungsgruppenzulage zusteht, erhalten in der Entgeltgruppe, in die sie übergeleitet werden, eine Besitzstandszulage in Höhe ihrer bisherigen Vergütungsgruppenzulage.

(2) Aus dem Geltungsbereich des BAT/BAT-O übergeleitete Beschäftigte, die bei Fortgeltung des bisherigen Rechts nach dem 30. September 2005 eine Vergütungsgruppenzulage ohne vorausgehenden Fallgruppenaufstieg erreicht hätten, erhalten ab dem Zeitpunkt, zu dem ihnen die Zulage nach bisherigem Recht zugestanden hätte, eine Besitzstandszulage. Die Höhe der Besitzstandszulage bemisst sich nach dem Betrag, der als Vergütungsgruppenzulage zu zahlen gewesen wäre, wenn diese bereits am 30. September 2005 zugestanden hätte. Voraussetzung ist, dass

- am 1. Oktober 2005 die für die Vergütungsgruppenzulage erforderliche Zeit der Bewährung oder Tätigkeit nach Maßgabe des § 23 b Abschn. A BAT/BAT-O zur Hälfte erfüllt ist,
- zu diesem Zeitpunkt keine Anhaltspunkte vorliegen, die bei Fortgeltung des bisherigen Rechts der Vergütungsgruppenzulage entgegengestanden hätten und
- bis zum individuellen Zeitpunkt nach Satz 1 weiterhin eine Tätigkeit auszuüben ist, die zu der Vergütungsgruppenzulage geführt hätte.

(3) Für aus dem Geltungsbereich des BAT/BAT-O übergeleitete Beschäftigte, die bei Fortgeltung des bisherigen Rechts nach dem 30. September 2005 im Anschluss an einen Fallgruppenaufstieg eine Vergütungsgruppenzulage erreicht hätten, gilt Folgendes:
1. In eine der Entgeltgruppen 3,5, 6 oder 8 übergeleitete Beschäftigte, die den Fallgruppenaufstieg am 30. September 2005 noch nicht erreicht haben, sind zu dem Zeitpunkt, zu dem sie nach bisherigem Recht höhergruppiert worden wären, in die nächsthöhere Entgeltgruppe des TVöD eingruppiert; § 8 Abs. 1 Satz 2 bis 5 gilt entsprechend. Eine Besitzstandszulage für eine Vergütungsgruppenzulage steht nicht zu.
2. Ist ein der Vergütungsgruppenzulage vorausgehender Fallgruppenaufstieg am 30. September 2005 bereits erfolgt, gilt Absatz 2 mit der Maßgabe, dass am 30. September 2005 die Hälfte der Gesamtzeit für den Anspruch auf die Vergütungsgruppenzulage einschließlich der Zeit für den vorausgehenden Aufstieg zurückgelegt sein muss.

(4) Die Besitzstandszulage nach den Absätzen 1, 2 und 3 Buchst. b wird so lange gezahlt, wie die anspruchsbegründende Tätigkeit ununterbrochen ausgeübt wird und die sonstigen Voraussetzungen für die Vergütungsgruppenzulage nach bisherigem Recht weiterhin bestehen. Sie verändert sich bei allgemeinen Entgeltanpassungen um den von den Tarifvertragsparteien für die jeweilige Entgeltgruppe festgelegten Vomhundertsatz.

Niederschriftserklärung zu § 8 Abs. 1 Satz 2 und Abs. 2 Satz 2 sowie § 9 Abs. 2 bis 4:
Eine missbräuchliche Entziehung der Tätigkeit mit dem ausschließlichen Ziel, eine Höhergruppierung zu verhindern, ist nicht zulässig.

§ 10 Fortführung vorübergehend übertragener höherwertiger Tätigkeit

Beschäftigte, denen am 30. September 2005 eine Zulage nach § 24 BAT/BAT-O zusteht, erhalten nach Überleitung in den TVöD eine Besitzstandszulage in Höhe ihrer bisherigen Zulage, solange sie die anspruchsbegründende Tätigkeit weiterhin ausüben und die Zulage nach bisherigem Recht zu zahlen wäre. Wird die anspruchsbegründende Tätigkeit über den 30. September 2007 hinaus beibehalten, finden mit Wirkung ab dem 1. Oktober 2007 die Regelungen des TVöD über die vorübergehende Übertragung einer höherwertiger Tätigkeit Anwendung. Für eine vor dem 1. Oktober 2005 vorübergehend übertragene höherwertige Tätigkeit, für die am 30. September 2005 wegen der zeitlichen Voraussetzungen des § 24 Abs. 1 bzw. 2 BAT/BAT-O noch keine Zulage gezahlt wird, gilt Satz 1 und 2 ab dem Zeitpunkt entsprechend, zu dem nach bisherigem Recht die Zulage zu zahlen gewesen wäre. Sätze 1 bis 3 gelten in den Fällen des § 9 MTArb/MTArb-O entsprechend; bei Vertretung einer Arbeiterin/eines Arbeiters bemisst sich die Zulage nach dem Unterschiedsbetrag zwischen dem Lohn nach § 9 Abs. 2 Buchst. a MTArb/MTArb-O und dem im September 2005 ohne Zulage zustehenden Lohn. Sätze 1 bis 4 gelten bei besonderen tarifvertraglichen Vorschriften über die vorübergehende oder vertretungsweise Übertragung höherwertiger Tätigkeiten entsprechend.

Niederschriftserklärung zu § 10:
Die Tarifvertragsparteien stellen klar, dass die vertretungsweise Übertragung einer höherwertigen Tätigkeit ein Unterfall der vorübergehenden Übertragung einer höherwertigen Tätigkeit ist.

§ 11 Kinderbezogene Entgeltbestandteile

(1) Für im September 2005 zu berücksichtigende Kinder werden die kinderbezogenen Entgeltbestandteile des BAT/BAT-O oder MTArb/MTArb-O in der für September 2005 zustehenden Höhe als Besitzstandszulage fortgezahlt, solange für diese Kinder Kindergeld nach dem Einkommensteuergesetz (EStG) oder nach dem Bundeskindergeldgesetz (BKGG) ununterbrochen gezahlt wird oder ohne Berücksichtigung des § 64 oder § 65 EStG oder des § 3 oder § 4 BKGG gezahlt würde. Die Besitzstandszulage entfällt ab dem Zeitpunkt, zu dem einer anderen Person, die im öffentlichen Dienst steht oder auf Grund einer Tätigkeit im öffentlichen Dienst nach beamtenrechtlichen Grundsätzen oder nach einer Ruhelohnordnung versorgungsberechtigt ist, für ein Kind, für welches die Besitzstandszulage gewährt wird, das Kindergeld gezahlt wird; die Änderung der Kindergeldberechtigung hat die/der Beschäftigte dem Arbeitgeber unverzüglich schriftlich anzuzeigen. Unterbrechungen wegen Ableistung von Grundwehrdienst, Zivildienst oder Wehrübungen sowie eines freiwilligen sozialen oder ökologischen Jahres sind unschädlich; soweit die unschädliche Unterbrechung bereits im Monat September 2005 vorliegt, wird die Besitzstandszulage ab dem Zeitpunkt des Wiederauflebens der Kindergeldzahlung gewährt.

(2) § 24 Abs. 2 TVöD ist anzuwenden. Die Besitzstandszulage nach Absatz 1 Satz 1 verändert sich bei allgemeinen Entgeltanpassungen um den von den Tarifvertragsparteien für die jeweilige Entgeltgruppe festgelegten Vomhundertsatz. Ansprüche nach Absatz 1 können für Kinder ab dem vollendeten 16. Lebensjahr durch Vereinbarung mit der/dem Beschäftigten abgefunden werden.

(3) Absätze 1 und 2 gelten entsprechend für
1. zwischen dem 1. Oktober 2005 und dem 31. Dezember 2005 geborenen Kindern der übergeleiteten Beschäftigten,
2. die Kinder von bis zum 31. Dezember 2005 in ein Arbeitsverhältnis übernommenen Auszubildenden, Schülerinnen/Schüler in der Gesundheits- und Krankenpflege, Gesundheits- und Kinderkrankenpflege und in der Entbindungspflege sowie Praktikantinnen und Praktikanten aus tarifvertraglich geregelten Beschäftigungsverhältnissen, soweit diese Kinder vor dem 1. Januar 2006 geboren sind.

§ 12 Strukturausgleich

(1) Aus dem Geltungsbereich des BAT/BAT-O übergeleitete Beschäftigte erhalten ausschließlich in den in Anlage 3 TVÜ-Bund aufgeführten Fällen zusätzlich zu ihrem monatlichen Entgelt einen nicht dynamischen Strukturausgleich. Maßgeblicher Stichtag für die anspruchsbegründenden Voraussetzungen (Vergütungsgruppe, Lebensaltersstufe, Ortszuschlag, Aufstiegszeiten) ist der 1. Oktober 2005, sofern in Anlage 3 TVÜ-Bund nicht ausdrücklich etwas anderes geregelt ist.

(2) Die Zahlung des Strukturausgleichs beginnt im Oktober 2007, sofern in Anlage 3 TVÜ-Bund nicht etwas anderes bestimmt ist.

(3) Für Beschäftigte, für die nach dem TVöD die Regelungen des Tarifgebiets Ost Anwendung finden, gilt der jeweilige Bemessungssatz.

(4) Bei Teilzeitbeschäftigung steht der Strukturausgleich anteilig zu (§ 24 Abs. 2 TVöD). § 5 Abs. 5 Satz 2 gilt entsprechend.

Protokollerklärung zu Abs. 4:
Bei späteren Veränderungen der individuellen regelmäßigen wöchentlichen Arbeitszeit der/des Beschäftigten ändert sich der Strukturausgleich entsprechend.

(5) Bei Höhergruppierungen wird der Unterschiedsbetrag zum bisherigen Entgelt auf den Strukturausgleich angerechnet.

(6) Einzelvertraglich kann der Strukturausgleich abgefunden werden.

Niederschriftserklärung zu § 12:
1. *Die Tarifvertragsparteien sind sich angesichts der Fülle der denkbaren Fallgestaltungen bewusst, dass die Festlegung der Strukturausgleiche je nach individueller Fallgestaltung in Einzelfällen sowohl zu überproportional positiven Folgen als auch zu Härten führen kann. Sie nehmen diese Verwerfungen im Interesse einer für eine Vielzahl von Fallgestaltungen angestrebten Abmilderung von Exspektanzverlusten hin.*
2. *Die Tarifvertragsparteien erkennen unbeschadet der Niederschriftserklärung Nr. 1 an, dass die Strukturausgleiche in einem Zusammenhang mit der zukünftigen Entgeltordnung stehen. Die Tarifvertragsparteien werden nach einer Vereinbarung der Entgeltordnung zum TVöD, rechtzeitig vor Ablauf des 30. September 2007 prüfen, ob und in welchem Umfang sie neben den bereits verbindlich vereinbarten Fällen, in denen Strukturausgleichsbeträge festgelegt sind, für einen Zeitraum bis längstens Ende 2014 in weiteren Fällen Regelungen, die auch in der Begrenzung der Zuwächse aus Strukturausgleichen bestehen können, vornehmen müssen. Sollten zusätzliche Strukturausgleiche vereinbart werden, sind die sich daraus ergebenden Kostenwirkungen in der Entgeltrunde 2008 zu berücksichtigen.*

§ 13 Entgeltfortzahlung im Krankheitsfall

(1) Bei Beschäftigten, für die bis zum 30. September 2005 § 71 BAT gegolten hat, wird abweichend von § 22 Abs. 2 TVöD für die Dauer des über den 30. September 2005 hinaus ununterbrochen fortbestehenden Arbeitsverhältnisses der Krankengeldzuschuss in Höhe des Unterschiedsbetrages zwischen dem festgesetzten Nettokrankengeld oder der entsprechenden gesetzlichen Nettoleistung und dem Nettoentgelt (§ 22 Abs. 2 Satz 2 und 3 TVöD) gezahlt. Nettokrankengeld ist das um die Arbeitnehmeranteile zur Sozialversicherung reduzierte Krankengeld. Für Beschäftigte, die nicht der Versicherungspflicht in der gesetzlichen Krankenversicherung unterliegen, ist bei der Berechnung des Krankengeldzuschusses der Höchstsatz des Nettokrankengeldes, der bei Pflichtversicherung in der gesetzlichen Krankenversicherung zustünde, zugrunde zu legen.

(2) Beschäftigte im Sinne des Absatzes 1 erhalten längstens bis zum Ende der 26. Woche seit dem Beginn ihrer über den 30. September 2005 hinaus ununterbrochen fortbestehenden Arbeitsunfähigkeit infolge derselben Krankheit oder Arbeitsverhinderung infolge einer Maßnahme der medizinischen Vorsorge oder Rehabilitation ihr Entgelt nach § 21 TVöD fortgezahlt. Tritt nach dem 1. Oktober 2005 Arbeitsunfähigkeit infolge derselben Krankheit ein, werden die Zeiten der Entgeltfortzahlung nach Satz 1 auf die Fristen gemäß § 22 TVöD angerechnet.

Protokollerklärung zu § 13:
Soweit Beschäftigte, deren Arbeitsverhältnis mit dem Bund vor dem 1. August 1998 begründet worden ist, Anspruch auf Beihilfe im Krankheitsfall haben, besteht dieser nach den bisher geltenden Regelungen des Bundes zur Gewährung von Beihilfen an Arbeitnehmerinnen und Arbeitnehmer fort. Änderungen der Beihilfevorschriften für die Beamtinnen und Beamten des Bundes kommen zur Anwendung.

§ 14 Zeiten für das Jubiläumsgeld

(1) Für die Dauer des über den 30. September 2005 hinaus fortbestehenden Arbeitsverhältnisses werden die vor dem 1. Oktober 2005 nach Maßgabe der jeweiligen tarifrechtlichen Vorschriften anerkannten Beschäftigungszeiten als Beschäftigungszeit im Sinne des § 34 Abs. 3 TVöD berücksichtigt. Abweichend von Satz 1 bleiben bei § 34 Abs. 2 TVöD für Beschäftigte Zeiten, die vor dem 3. Oktober 1990 im Beitrittsgebiet (Art. 3 des Einigungsvertrages vom 31. August 1990) zurückgelegt worden sind, bei der Beschäftigungszeit unberücksichtigt.

(2) Für die Anwendung des § 23 Abs. 2 TVöD werden die bis zum 30. September 2005 zurückgelegten Zeiten, die nach Maßgabe

- des BAT anerkannte Dienstzeit,
- des BAT-O bzw. MTArb-O anerkannte Beschäftigungszeit,
- des MTArb anerkannte Jubiläumszeit

sind, als Beschäftigungszeit im Sinne des § 34 Abs. 3 TVöD berücksichtigt.

§ 15 Urlaub

(1) Für die Dauer und die Bewilligung des Erholungsurlaubs bzw. von Zusatzurlaub für das Urlaubsjahr 2005 gelten die im September 2005 jeweils maßgebenden Vorschriften bis zum 31. Dezember 2005 fort. Die Regelungen des TVöD gelten für die Bemessung des Urlaubsentgelts sowie für eine Übertragung von Urlaub auf das Kalenderjahr 2006.

(2) Aus dem Geltungsbereich des BAT/BAT-O übergeleitete Beschäftigte der Vergütungsgruppen I und Ia, die für das Urlaubsjahr 2005 einen Anspruch auf 30 Arbeitstage Erholungsurlaub erworben haben, behalten bei einer Fünftagewoche diesen Anspruch für die Dauer des über den 30. September 2005 hinaus ununterbrochen fortbestehenden Arbeitsverhältnisses. Die Urlaubsregelungen des TVöD bei abweichender Verteilung der Arbeitszeit gelten entsprechend.

(3) § 49 Abs. 1 und 2 MTArb/MTArb-O i.V.m. dem Tarifvertrag über Zusatzurlaub für gesundheitsgefährdende Arbeiten für Arbeiter des Bundes gelten bis zum In-Kraft-Treten eines entsprechenden Tarifvertrags des Bundes fort. Im Übrigen gilt Absatz 1 entsprechend.

(4) In den Fällen des § 48a BAT/BAT-O oder § 48a MTArb/MTArb-O wird der sich nach dem Kalenderjahr 2005 zu bemessende Zusatzurlaub im Kalenderjahr 2006 gewährt. Die nach Satz 1 zustehenden Urlaubstage werden auf den nach den Bestimmungen des TVöD im Kalenderjahr 2006 zustehenden Zusatzurlaub für Wechselschichtarbeit und Schichtarbeit angerechnet. Absatz 1 Satz 2 gilt entsprechend.

§ 16 Abgeltung

Durch Vereinbarung mit der/dem Beschäftigten können Entgeltbestandteile aus Besitzständen, ausgenommen für Vergütungsgruppenzulagen, pauschaliert bzw. abgefunden werden. § 11 Abs. 2 Satz 3 und § 12 Abs. 6 bleiben unberührt.

Protokollerklärung zum 3. Abschnitt:
Einvernehmlich werden die Verhandlungen zur Überleitung der Entgeltsicherung bei Leistungsminderung zurückgestellt. Da damit die fristgerechte Überleitung bei Beschäftigten, die eine Zahlung nach §§ 25, 37 MTArb/MTArb-O bzw. § 56 BAT/BAT-O erhalten, nicht sichergestellt ist, erfolgt am 1. Oktober 2005 eine Fortzahlung der bisherigen Bezüge als zu verrechnender Abschlag auf das Entgelt, das nach dem noch zu erzielenden künftigen Verhandlungsergebnis zusteht. Die in Satz 2 genannten Bestimmungen - einschließlich etwaiger Sonderregelungen - finden in ihrem jeweiligen Geltungsbereich bis zum In-Kraft-Treten einer Neuregelung weiterhin Anwendung, und zwar auch für Beschäftigte im Sinne des § 1 Abs. 2. § 55 Abs. 2 Unterabs. 2 Satz 2 BAT bleibt in seinem bisherigen Geltungsbereich unberührt. Sollte das künftige Verhandlungsergebnis geringer als bis dahin gewährte Leistungen ausfallen, ist eine Rückforderung ausgeschlossen.

4. Abschnitt: Sonstige vom TVöD abweichende oder ihn ergänzende Bestimmungen

§ 17 Eingruppierung

(1) Bis zum In-Kraft-Treten von Eingruppierungsvorschriften des TVöD (Entgeltordnung) gelten die §§ 22, 23 BAT/BAT-O einschließlich der Vergütungsordnung und §§ 1, 2 Absätze 1 und 2 und § 5 des Tarifvertrages über das Lohngruppenverzeichnis des Bundes zum MTArb (TVLohngrV) einschließlich des Lohngruppenverzeichnisses mit Anlagen 1 und 2 über den 30. September 2005 hinaus fort. Diese Regelungen finden auf übergeleitete und ab dem 1. Oktober 2005 neu eingestellte Beschäftigte im jeweiligen bisherigen Geltungsbereich nach Maßgabe dieses Tarifvertrages Anwendung. An die Stelle der Begriffe Vergütung und Lohn tritt der Begriff Entgelt.

(2) Abweichend von Absatz 1

- gelten Vergütungsordnung und Lohngruppenverzeichnis nicht für ab dem 1. Oktober 2005 in Entgeltgruppe 1 TVöD neu eingestellte Beschäftigte,

- gilt die Vergütungsgruppe I der Vergütungsordnung zum BAT/BAT-O ab dem 1. Oktober 2005 nicht fort; die Übertragung entsprechender Tätigkeiten erfolgt außertariflich.

(3) Mit Ausnahme der Eingruppierung in die Entgeltgruppe 1 sind alle zwischen dem 1. Oktober 2005 und dem In-Kraft-Treten der neuen Entgeltordnung stattfindenden Eingruppierungs- bzw. Einreihungsvorgänge (Neueinstellungen und Umgruppierungen) vorläufig und begründen keinen Vertrauensschutz und keinen Besitzstand. Dies gilt nicht für Aufstiege gemäß § 8 Abs. 1 Satz 1 und 2.

(4) Anpassungen der Eingruppierung aufgrund des In-Kraft-Tretens der neuen Entgeltordnung erfolgen mit Wirkung für die Zukunft. Bei Rückgruppierungen, die in diesem Zusammenhang erfolgen, sind finanzielle Nachteile im Wege einer nicht dynamischen Besitzstandszulage auszugleichen, solange die Tätigkeit ausgeübt wird. Die Besitzstandszulage vermindert sich nach dem 30. September 2008 bei jedem Stufenaufstieg um die Hälfte des Unterschiedsbetrages zwischen der bisherigen und der neuen Stufe; bei Neueinstellungen (§ 1 Abs. 2) vermindert sich die Besitzstandszulage jeweils um den vollen Unterschiedsbetrag. Die Grundsätze korrigierender Rückgruppierung bleiben unberührt.

(5) Bewährungs-, Fallgruppen- und Tätigkeitsaufstiege gibt es ab dem 1. Oktober 2005 nicht mehr; §§ 8 und 9 bleiben unberührt. Satz 1 gilt auch für Vergütungsgruppenzulagen, es sei denn, dem Tätigkeitsmerkmal einer Vergütungsgruppe der allgemeinen Vergütungsordnung (Anlage 1a) ist eine Vergütungsgruppenzulage zugeordnet, die unmittelbar mit Übertragung der Tätigkeit zusteht; bei Übertragung einer entsprechenden Tätigkeit wird diese bis zum In-Kraft-Treten der neuen Entgeltordnung unter den Voraussetzungen des bisherigen Tarifrechts als Besitzstandszulage in der bisherigen Höhe gezahlt; § 9 Abs. 4 gilt entsprechend.

(6) In der Zeit zwischen dem 1. Oktober 2005 und dem In-Kraft-Treten der neuen Entgeltordnung erhalten Beschäftigte, denen ab dem 1. Oktober 2005 eine anspruchsbegründende Tätigkeit übertragen wird eine persönliche Zulage, die sich betragsmäßig nach der entfallenen Techniker-, Meister- und Programmiererzulage bemisst, soweit die Anspruchsvoraussetzungen nach bisherigem Tarifrecht erfüllt sind.

(7) Für Eingruppierungen bzw. Einreihungen zwischen dem 1. Oktober 2005 und dem In-Kraft-Treten der neuen Entgeltordnung werden die Vergütungsgruppen der Allgemeinen Vergütungsordnung (Anlage 1a), die Vergütungsgruppen der Allgemeinen Vergütungsordnung für Angestellte im Pflegedienst (Anlage 1b) und die Lohngruppen des Lohngruppenverzeichnisses gemäß Anlage 4 TVÜ-Bund den Entgeltgruppen des TVöD zugeordnet. Absatz 1 Satz 2 bleibt unberührt.

(8) Beschäftigte, die zwischen dem 1. Oktober 2005 und dem In-Kraft-Treten der neuen Entgeltordnung in Entgeltgruppe 13 eingruppiert werden und die nach der allgemeinen Vergütungsordnung (Anlage 1a) in Vergütungsgruppe IIa BAT/BAT-O mit fünf- bzw. sechsjährigem Aufstieg nach Vergütungsgruppe Ib BAT/BAT-O eingruppiert wären, erhalten bis zum In-Kraft-Treten der neuen Entgeltordnung längstens aber bis zum 31. Dezember 2007 eine persönliche Zulage in Höhe des Unterschiedsbetrages zwischen dem Entgelt ihrer Stufe nach Entgeltgruppe 13 und der entsprechenden Stufe der Entgeltgruppe 14. Von Satz 1 werden auch Fallgruppen der Vergütungsgruppe Ib BAT/BAT-O erfasst, deren Tätigkeitsmerkmale eine bestimmte Tätigkeitsdauer voraussetzen. Die Sätze 1 und 2 gelten auch für Beschäftigte im Sinne des § 1 Abs. 2.

Niederschriftserklärung zu § 17 Abs. 8:
Mit dieser Regelung ist noch keine Entscheidung über die Zuordnung und Fortbestand/Besitzstand der Zulage im Rahmen der neuen Entgeltordnung verbunden.

(9) Bis zum In-Kraft-Treten der Eingruppierungsvorschriften des TVöD gelten die bisherigen Regelungen für Vorarbeiter/innen und für Vorhandwerker/innen im bisherigen Geltungsbereich fort; dies gilt auch für Beschäftigte im Sinne des § 1 Abs. 2. Satz 1 gilt für Lehrgesellen entsprechend. Ist anlässlich der vorübergehenden Übertragung einer höherwertigen Tätigkeit im Sinne des § 14 TVöD zusätzlich eine Tätigkeit auszuüben, für die nach bisherigem Recht ein Anspruch auf Zahlung einer Zulage für Vorarbeiter/innen, Vorhandwerker/innen oder Lehrgesellen besteht, erhält die/der Beschäftigte bis zum In-Kraft-Treten der neuen Entgeltordnung abweichend von den Sätzen 1 und 2 sowie von § 14 Abs. 3 TVöD anstelle der Zulage nach §14 TVöD für die Dauer der Ausübung sowohl der höherwertigen als auch der zulagenberechtigenden Tätigkeit eine persönliche Zulage in Höhe von insgesamt 10 v. H. ihres/seines Tabellenentgelts.

(10) Die Absätze 1 bis 9 gelten für besondere tarifvertragliche Vorschriften über die Eingruppierungen entsprechend.

Protokollerklärung zu § 17:
Die Tarifvertragsparteien sind sich darin einig, dass in der noch zu verhandelnden Entgeltordnung die bisherigen unterschiedlichen materiellen Wertigkeiten aus Fachhochschulabschlüssen (einschließlich Sozialpädagogen/innen und Ingenieuren/innen) auf das Niveau der vereinbarten Entgeltwerte der Entgeltgruppe 9 ohne Mehrkosten (unter Berücksichtigung der Kosten für den Personenkreis, der nach der Übergangsphase nicht mehr in eine höhere bzw. niedrigere Entgeltgruppe eingruppiert ist) zusammengeführt werden; die Abbildung von Heraushebungsmerkmalen oberhalb der Entgeltgruppe 9 bleibt davon unberührt. Sollte hierüber bis zum 31. Dezember 2007 keine einvernehmliche Lösung vereinbart werden, so erfolgt ab dem 1. Januar 2008 bis zum In-Kraft-Treten der Entgeltordnung die einheitliche Eingruppierung aller ab dem 1. Januar 2008 neu einzugruppierenden Beschäftigten mit Fachhochschulabschluss nach den jeweiligen Regeln der Entgeltgruppe 9 zu „Vb BAT ohne Aufstieg nach IVb (mit und ohne FH-Abschluss)“.

§ 18 Vorübergehende Übertragung einer höherwertigen Tätigkeit nach dem 30. September 2005

(1) Wird aus dem Geltungsbereich des BAT/BAT-O übergeleiteten Beschäftigten in der Zeit zwischen dem 1. Oktober 2005 und dem 30. September 2007 erstmalig außerhalb von § 10 eine höherwertige Tätigkeit vorübergehend übertragen, findet der TVöD Anwendung. Ist der Beschäftigte in eine individuelle Zwischenstufe übergeleitet worden, gilt für die Bemessung der persönlichen Zulage § 6 Abs. 2 Satz 1 entsprechend. Bei Überleitung in eine individuelle Endstufe gilt § 6 Abs. 3 Satz 2 entsprechend. In den Fällen des § 6 Abs. 4 bestimmt sich die Höhe der Zulage nach den Vorschriften des TVöD über die vorübergehende Übertragung einer höherwertigen Tätigkeit.

(2) Wird aus dem Geltungsbereich des MTArb/MTArb-O übergeleiteten Beschäftigten nach dem 30. September 2005 erstmalig außerhalb von § 10 eine höherwertige Tätigkeit vorübergehend übertragen, gelten bis zum In-Kraft-Treten eines Tarifvertrages über eine persönliche Zulage die bisherigen Regelungen des MTArb/MTArb-O mit der Maßgabe entsprechend, dass sich die Höhe der Zulage nach dem TVöD richtet, soweit sich aus § 17 Abs. 9 Satz 3 nichts anderes ergibt.

(3) Bis zum In-Kraft-Treten der Eingruppierungsvorschriften des TVöD gilt - auch für Beschäftigte im Sinne des § 1 Abs. 2 - die Regelung des TVöD zur vorübergehenden Übertragung einer höherwertigen Tätigkeit mit der Maßgabe, dass sich die Voraussetzungen für die übertragene höherwertige Tätigkeit nach § 22 Abs. 2 BAT/BAT-O bzw. den entsprechenden Regelungen für Arbeiter bestimmen.

Niederschriftserklärungen zu § 18:
1. Abweichend von der Grundsatzregelung des TVöD über eine persönliche Zulage bei vorübergehender Übertragung einer höherwertigen Tätigkeit ist durch einen Tarifvertrag für den Bund im Rahmen eines Katalogs, der die hierfür in Frage kommenden Tätigkeiten aufführt, zu bestimmen, dass die Voraussetzung für die Zahlung einer persönlichen Zulagen bereits erfüllt ist, wenn die vorübergehende übertragene Tätigkeit mindestens drei Arbeitstage angedauert hat und der /die Beschäftigte ab dem ersten Tag der Vertretung in Anspruch genommen ist. Der Tarifvertrag soll spätestens am 1. Juli 2007 in Kraft treten.
2. Die Niederschriftserklärung zu § 10 gilt entsprechend.

§ 19 Entgeltgruppen 2 Ü und 15 Ü

(1) Zwischen dem 1. Oktober 2005 und dem In-Kraft-Treten der neuen Entgeltordnung gelten für Beschäftigte, die in die Entgeltgruppe 2 Ü übergeleitet oder in die Lohngruppen 1 mit Aufstieg nach 2 und 2a oder in die Lohngruppe 2 mit Aufstieg nach 2a eingestellt werden, folgende Tabellenwerte:

Stufe 1	Stufe 2	Stufe 3	Stufe 4	Stufe 5	Stufe 6
1.503	1.670	1.730	1.810	1.865	1.906

(2) Übergeleitete Beschäftigte der Vergütungsgruppe I zum BAT/BAT-O unterliegen dem TVöD. Sie werden in die Entgeltgruppe 15 Ü mit folgenden Tabellenwerten übergeleitet:

Stufe 1	Stufe 2	Stufe 3	Stufe 4	Stufe 5
4.275	4.750	5.200	5.500	5.570

Die Verweildauer in den Stufen 1 bis 4 beträgt jeweils fünf Jahre. § 6 Abs. 4 findet keine Anwendung.

(3) Die Regelungen des TVöD über die Bezahlung im Tarifgebiet Ost gelten entsprechend.

§ 20 Jahressonderzahlung 2006

Die mit dem Entgelt für den Monat November 2006 zu zahlende Jahressonderzahlung berechnet sich für Beschäftigte nach § 1 Abs. 1 und 2 nach den Bestimmungen des § 20 TVöD mit folgenden Maßgaben:

1. Der Bemessungssatz der Jahressonderzahlung beträgt in allen Entgeltgruppen
    1. bei Beschäftigten, für die nach dem TVöD die Regelungen des Tarifgebiets West Anwendung finden, 82,14 v. H.
    2. bei Beschäftigten, für die nach dem TVöD die Regelungen des Tarifgebiets Ost Anwendung finden, 61,60 v. H.
2. Der sich nach Nr. 1 ergebende Betrag der Jahressonderzahlung erhöht sich um einen Betrag in Höhe von 255,65 EUR. Bei Beschäftigten, für die nach dem TVöD die Regelungen des Tarifgebiets West Anwendung finden und denen am 1. Juli 2006 Entgelt nach einer der Entgeltgruppen 1 bis 8 zusteht, erhöht sich dieser Zusatzbetrag auf 332,34 EUR. Satz 2 gilt entsprechend bei Beschäftigten - auch für Beschäftigte nach § 1 Abs. 2 - im Tarifgebiet West, denen bei Weitergeltung des BAT Grundvergütung nach der Vergütungsgruppe Kr VI zugestanden hätte. Teilzeitbeschäftigte erhalten von dem Zusatzbetrag nach Satz 1 oder 2 den Teil, der dem Anteil ihrer Arbeitszeit an der Arbeitszeit vergleichbarer Vollzeitbeschäftigter entspricht. Der Zusatzbetrag nach den Sätzen 1 bis 3 ist kein zusatzversorgungspflichtiges Entgelt.
3. Der sich nach Nr. 1 ergebende Betrag der Jahressonderzahlung erhöht sich für jedes Kind, für das Beschäftigte im September 2006 kinderbezogene Entgeltbestandteile gemäß § 11 erhalten, um 25,56 EUR.

Protokollerklärung zu § 20:
Diese Regelung ersetzt die nachwirkenden Tarifverträge über ein Urlaubsgeld sowie über eine Zuwendung mit Wirkung ab 1. Januar 2006.

Niederschriftserklärung zu § 20:
Die Tarifvertragsparteien sind sich einig:
1. *Beschäftigte, deren Arbeitsverhältnis mit dem Bund nach dem 31. Juli 2003 begründet worden ist, erhalten im Jahr 2005 mit den Bezügen für den Monat November 2005 eine Zuwendung in gleicher Weise (Anspruchsgrund und Anspruchshöhe) wie im Jahr 2004*
2. *Beschäftigte, deren Arbeitsverhältnis mit dem Bund vor dem 1. August 2003 begründet worden ist, erhalten im Jahr 2005 eine Jahressonderzahlung, bestehend aus Urlaubsgeld und Zuwendung nach Maßgabe der nachwirkenden Tarifverträge über ein Urlaubsgeld sowie über eine Zuwendung.*

§ 21 Abrechnung unständiger Bezügebestandteile

Bezüge im Sinne des § 36 Abs. 1 Unterabs. 2 BAT/BAT-O, § 31 Abs. 2 Unterabs. 2 MTArb/MTArb-O für Arbeitsleistungen bis zum 30. September 2005 werden nach den bis dahin jeweils geltenden Regelungen abgerechnet, als ob das Arbeitsverhältnis mit Ablauf des 30. September 2005 beendet worden wäre.

§ 22 Bereitschaftszeiten

Nr. 3 SR 2r BAT/BAT-O für Hausmeister und entsprechende Tarifregelungen für Beschäftigtengruppen mit Bereitschaftszeiten innerhalb ihrer regelmäßigen Arbeitszeit gelten fort. Dem Anhang zu § 9 TVöD widersprechende Regelungen zur Arbeitszeit sind bis zum 31. Dezember 2005 entsprechend anzupassen.

§ 23 Sonderregelungen für besondere Berufsgruppen

Die Überleitungs-, Übergangs- und Besitzstandsregelungen für besondere Berufsgruppen im Bereich des Bundes ergeben sich aus der Anlage 5 TVÜ-Bund.

5. Abschnitt: Übergangs- und Schlussvorschriften

§ 24 In-Kraft-Treten, Laufzeit

(1) Dieser Tarifvertrag tritt am 1. Oktober 2005 in Kraft.

(2) Der Tarifvertrag kann ohne Einhaltung einer Frist jederzeit schriftlich gekündigt werden, frühestens zum 31. Dezember 2007. Die §§ 17 bis 19 einschließlich Anlagen können ohne Einhaltung einer Frist, jedoch nur insgesamt, schriftlich gekündigt werden, frühestens zum 31. Dezember 2007; die Nachwirkung dieser Vorschriften wird ausgeschlossen.

Niederschriftserklärung zu § 24 Abs. 1:
Im Hinblick auf die notwendigen personalwirtschaftlichen, organisatorischen und technischen Vorarbeiten für die Überleitung der vorhandenen Beschäftigten in den TVöD sehen die Tarifvertragsparteien die Problematik einer fristgerechten Umsetzung der neuen Tarifregelungen zum 1. Oktober 2005. Sie bitten die personalverwaltenden und bezügezahlenden Stellen, im Interesse der Beschäftigten gleichwohl eine zeitnahe Überleitung zu ermöglichen und die Zwischenzeit mit zu verrechnenden Abschlagszahlungen zu überbrücken.

Anlage 1 TVÜ-Bund Teil A

1. Bundes-Angestelltentarifvertrag (BAT) vom 23. Februar 1961, zuletzt geändert durch den 78. Tarifvertrag zur Änderung des Bundes-Angestelltentarifvertrages vom 31. Januar 2003
2. Tarifvertrag zur Anpassung des Tarifrechts - Manteltarifliche Vorschriften - (BAT-O) vom 10. Dezember 1990, zuletzt geändert durch den Änderungstarifvertrag Nr. 13 vom 31. Januar 2003 zum Tarifvertrag zur Anpassung des Tarifrechts - Manteltarifliche Vorschriften - (BAT-O)
3. Manteltarifvertrag für Arbeiterinnen und Arbeiter des Bundes und der Länder (MTArb) vom 6. Dezember 1995, zuletzt geändert durch den Änderungstarifvertrag Nr. 4 vom 31. Januar 2003 zum Manteltarifvertrag für Arbeiterinnen und Arbeiter des Bundes und der Länder (MTArb)
4. Tarifvertrag zur Anpassung des Tarifrechts für Arbeiter an den MTArb - (MTArb-O) vom 10. Dezember 1990, zuletzt geändert durch den Änderungstarifvertrag Nr. 11 vom 31. Januar 2003 zum Tarifvertrag zur Anpassung des Tarifrechts für Arbeiter an den MTArb - (MTArb-O)

Anlage 1 TVÜ-Bund Teil B

1. Tarifvertrag zu § 71 BAT betreffend Besitzstandswahrung vom 23. Februar 1961
2. Tarifvertrag über die Regelung der Arbeitsbedingungen der Kapitäne und der Besatzungsmitglieder der Fischereischutzboote und der Fischereiforschungsschiffe des Bundes vom 11. Januar 1972
3. Tarifvertrag über eine Zuwendung für Kapitäne und Besatzungsmitglieder der Fischereischutzboote und Fischereiforschungsschiffe des Bundes vom 31. Januar 1974
4. Tarifvertrag für die Angestellten der Wasser- und Schifffahrtsverwaltung des Bundes auf Laderaumsaugbaggern vom 22. März 1978
5. Tarifvertrag für die Arbeiter der Wasser- und Schifffahrtsverwaltung des Bundes auf Laderaumsaugbaggern vom 22. März 1978
6. Festlegung des Gerichtsstandes bei Arbeitsrechtsstreitigkeiten zwischen dem Bund und den Angestellten des Deutschen Wetterdienstes, Tarifvertrag vom 2. September 1964
7. Vergütungstarifvertrag Nr. 35 zum BAT für den Bereich des Bundes vom 31. Januar 2003
8. Vergütungstarifvertrag Nr. 7 zum BAT-O für den Bereich des Bundes vom 31. Januar 2003, mit Ausnahme des § 3 Abs. 1 der für die Tabellenentgelte der Anlage B - Bund nach § 15 Abs. 2 Satz 2 TVöD i. V. m. der Anlage 2 zu § 4 Abs. 1 und der Anlage 4 zu § 17 Abs. 7 TVÜ-Bund fortgilt
9. Monatslohntarifvertrag Nr. 5 zum MTArb vom 31. Januar 2003
10. Monatslohntarifvertrag Nr. 7 zum MTArb-O vom 31. Januar 2003, mit Ausnahme des § 3 Abs. 1, der für die Tabellenentgelte der Anlage B - Bund nach § 15 Abs. 2 Satz 2 TVöD i. V. m. der Anlage 2 zu § 4 Abs. 1 und der Anlage 4 zu § 17 Abs. 7 TVÜ-Bund fortgilt
11. Tarifvertrag über das Lohngruppenverzeichnis des Bundes zum MTArb (TV LohngrV) vom 11. Juli 1966
12. Tarifvertrag über das Lohngruppenverzeichnis des Bundes zum MTArb-O (TV Lohngruppen-O-Bund) vom 8. Mai 1991
13. Tarifvertrag über die Ausführung von Arbeiten im Leistungslohnverfahren im Bereich der SR 2 g des Abschnitts A der Anlage 2 MTArb vom 16. November 1971
14. Tarifvertrag zur Überleitung der Arbeiter der Zoll- und Verbrauchssteuerverwaltung und der Bundesvermögensverwaltung der Oberfinanzdirektion Berlin sowie der Bundesmonopolverwaltung für Branntwein in das Tarifrecht des Bundes vom 18. September 1991
15. Tarifvertrag über die Eingruppierung der Angestellten in den Warenfachabteilungen und bei den Außenstellen der Einfuhr- und Vorratsstellen, der Einfuhrstelle für Zucker und der Mühlenstelle vom 8. Dezember 1966
16. Tarifvertrag über Zusatzurlaub für gesundheitsgefährdende Arbeiten für Arbeiter des Bundes vom 26. Juli 1960
17. Tarifvertrag über Zulagen an Angestellte (Bund) vom 17. Mai 1982, mit Ausnahme der §§ 5 bis 10, die bis zum Inkrafttreten der Entgeltordnung fortgelten
18. Tarifvertrag über Zulagen an Angestellte (TV Zulagen Ang-O) (Bund) vom 8. Mai 1991, mit Ausnahme
    - des Eingangssatzes des § 1 Abs. 1,
    - des § 1 Abs. 1 Nr. 1, 1. Halbsatz entsprechend Nr. 20,
    - des § 1 Abs. 1 Nr. 2 entsprechend Nr. 17 und

- des § 1 Abs. 1 Nr. 4, 5 und 7
19. Tarifvertrag über die Gewährung von Zulagen gemäß § 33 Abs. 1 Buchst. c BAT vom 11. Januar 1962
    - Fortgeltung bis zum Inkrafttreten einer tariflichen Neuregelung der Erschwerniszuschläge gemäß § 19 TVöD
20. Tarifvertrag über die Gewährung von Zulagen gemäß § 33 Abs. 1 Buchst. c BAT-O (TV Zulagen zu § 33 BAT-O) vom 8. Mai 1991
    - Fortgeltung bis zum Inkrafttreten einer tariflichen Neureglung der Erschwerniszuschläge gemäß § 19 TVöD
21. Tarifvertrag über Lohnzuschläge gemäß § 29 MTArb für Arbeiter des Bundes (LohnzuschlagsTV) vom 9. Mai 1969
    - Fortgeltung bis zum Inkrafttreten einer tariflichen Neuregelung der Erschwerniszuschläge gemäß § 19 TVöD
22. Tarifvertrag über Taucherzuschläge für Arbeiter des Bundes vom 13. September 1973
    - Fortgeltung bis zum Inkrafttreten einer tariflichen Neuregelung der Erschwerniszuschläge gemäß § 19 TVöD
23. Tarifvertrag über Lohnzuschläge gemäß § 29 MTArb-O und über Taucherzuschläge für Arbeiter des Bundes im Geltungsbereich des MTArb-O (TV Lohnzuschläge-O-Bund) vom 8. Mai 1991
    - Fortgeltung bis zum Inkrafttreten einer tariflichen Neuregelung der Erschwerniszuschläge gemäß § 19 TVöD
24. Tarifvertrag über vermögenswirksame Leistungen an Angestellte vom 17. Dezember 1970
25. Tarifvertrag über vermögenswirksame Leistungen an Angestellte (TV VL Ang-O) vom 8. Mai 1991
26. Tarifvertrag über vermögenswirksame Leistungen an Arbeiter (Bund) vom 17. Dezember 1970
27. Tarifvertrag über vermögenswirksame Leistungen an Arbeiter (TV VL Arb-O) vom 8. Mai 1991
28. Tarifvertrag über eine Zuwendung für Angestellte vom 12. Oktober 1973
29. Tarifvertrag über eine Zuwendung für Angestellte (TV Zuwendung Ang-O) vom 10. Dezember 1990
30. Tarifvertrag über eine Zuwendung für Arbeiter des Bundes und der Länder vom 12. Oktober 1973
31. Tarifvertrag über eine Zuwendung für Arbeiter (TV Zuwendung Arb-O) vom 10. Dezember 1990
32. Tarifvertrag über ein Urlaubsgeld für Angestellte vom 16. März 1977
33. Tarifvertrag über ein Urlaubsgeld für Angestellte (TV Urlaubsgeld Ang-O) vom 10. Dezember 1990
34. Tarifvertrag über ein Urlaubsgeld für Arbeiter vom 16. März 1977
35. Tarifvertrag über ein Urlaubsgeld für Arbeiter (TV Urlaubsgeld Arb-O) vom 10. Dezember 1990
36. Beihilfetarifvertrag, TV vom 15. Juni 1959
37. Tarifvertrag über die Gewährung von Beihilfen an Arbeiter, Lehrlinge und Anlernlinge des Bundes vom 15. Juni 1959
38. Tarifvertrag zur Regelung der Rechtsverhältnisse der Ärzte/Ärztinnen im Praktikum vom 10. April 1987
39. Tarifvertrag zur Regelung der Rechtsverhältnisse der Ärzte/Ärztinnen im Praktikum (Mantel-TV AiP-O) vom 5. März 1991
40. Entgelttarifvertrag Nr. 12 für Ärzte/Ärztinnen im Praktikum vom 31. Januar 2003
41. Entgelttarifvertrag Nr. 7 für Ärzte/Ärztinnen im Praktikum (Ost) vom 31. Januar 2003
42. Tarifvertrag über vermögenswirksame Leistungen an Ärzte/Ärztinnen im Praktikum vom 10. April 1987
43. Tarifvertrag über eine Zuwendung für Ärzte/Ärztinnen im Praktikum vom 10. April 1987
44. Tarifvertrag über eine Zuwendung für Ärzte/Ärztinnen im Praktikum (TV Zuwendung AiP-O) vom 5. März 1991
45. Tarifvertrag über ein Urlaubsgeld für Ärzte/Ärztinnen im Praktikum vom 10. April 1987
46. Tarifvertrag über ein Urlaubsgeld für Ärzte/Ärztinnen im Praktikum (TV Urlaubsgeld AiP-O) vom 5. März 1991
47. Tarifvertrag über die Erhöhung der Löhne und Gehälter für Beschäftigte im öffentlichen Dienst vom 4. September 1990
48. Tarifvertrag über die Eingruppierung der Angestellten des Bundesverbandes für den Selbstschutz vom 15. November 1978

49. Tarifvertrag über eine Zulage an Arbeiter bei der Bundesanstalt für Flugsicherung vom 20. September 1990
50. Tarifvertrag über eine Zulage an Arbeiter beim Bundesausfuhramt vom 15. April 1992
51. Tarifvertrag über eine Zulage für Angestellte mit Aufgaben nach dem Asylverfahrensgesetz (TV Zulage Asyl Ang-O) vom 3. Mai 1993
52. Tarifvertrag über eine Zulage an Auszubildende (TV-Zulage Azubi-O) vom 5. März 1991
53. Vereinbarung über die Schaffung zusätzlicher Ausbildungsplätze im öffentlichen Dienst vom 17. Juli 1996
54. Tarifvertrag über die Versorgung der Arbeitnehmer des Bundes und der Länder sowie von Arbeitnehmern kommunaler Verwaltungen und Betriebe (Versorgungs-TV) vom 4. November 1966

Anlage 1 TVÜ-Bund Teil C

1. Tarifvertrag für Arbeitnehmer des Bundes über die Arbeitsbedingungen bei besonderen Verwendungen im Ausland (AuslandsV-TV) vom 9. November 1993
2. Tarifvertrag zur Regelung der Arbeitsbedingungen der bei den Auslandsvertretungen der Bundesrepublik Deutschland beschäftigten nicht entsandten Arbeitnehmer -Tarifvertrag Arbeitnehmer Ausland (TV AN Ausland) vom 30. November 2001
3. Tarifvertrag zur Regelung der Arbeitsbedingungen der bei Auslandsvertretungen der Bundesrepublik Deutschland beschäftigten deutschen nicht entsandten Angestellten (TV Ang Ausland) vom 28. September 1973
4. Tarifvertrag zur Regelung der Arbeitsbedingungen der bei Auslandsvertretungen der Bundesrepublik Deutschland beschäftigten deutschen nicht entsandten Arbeiter (TV Arb Ausland) vom 28.9.1973
5. Tarifvertrag über den Rationalisierungsschutz für Angestellte (RatSchTV Ang) vom 9. Januar 1987
6. Tarifvertrag über den Rationalisierungsschutz für Arbeiter des Bundes und der Länder (RatSchTV Arb) vom 9. Januar 1987
7. Tarifvertrag zur Ergänzung der Lohn- und Vergütungssicherung in bestimmten Bereichen des Bundes vom 9. Januar 1987
8. Tarifvertrag zur sozialen Absicherung vom 6. Juli 1992
9. Tarifvertrag über sozialverträgliche Begleitmaßnahmen im Zusammenhang mit der Umgestaltung der Bundeswehr vom 18. Juli 2001
10. Tarifvertrag über die Geltung des Tarifvertrages über einen sozialverträglichen Personalabbau im Bereich des Bundesministers der Verteidigung vom 30. November 1991 für die Fernleitungs-Betriebsgesellschaft m.b.H. vom 24. Februar 1994
11. Tarifvertrag über Begleitmaßnahmen im Zusammenhang mit dem Beschluss des deutschen Bundestages vom 20. Juni 1991 zur Vollendung der Einheit Deutschlands (UmzugsTV) vom 24. Juni 1996
12. Tarifvertrag zur Regelung der Altersteilzeitarbeit (TV ATZ) vom 5. Mai 1998
13. Tarifvertrag über die betriebliche Altersversorgung der Beschäftigten des öffentlichen Dienstes (Tarifvertrag Altersversorgung - ATV) vom 1. März 2002
14. Tarifvertrag über den Geltungsbereich der für den öffentlichen Dienst in der Bundesrepublik Deutschland bestehenden Tarifverträge vom 1. August 1990
15. Tarifvertrag zur Übernahme von Tarifverträgen vom 12. Mai 1975
16. Tarifvertrag über Zulagen an Angestellte bei obersten Bundesbehörden vom 4. November 1971
17. Tarifvertrag über Zulagen an Arbeiter bei obersten Bundesbehörden oder bei obersten Landesbehörden vom 4. November 1971
18. Tarifvertrag über Zulagen an Angestellte bei den Sicherheitsdiensten des Bundes vom 21. Juni 1977
19. Tarifvertrag über eine Zulage für Angestellte beim Bundesamt für Sicherheit in der Informationstechnik vom 14. Dezember 1990
20. Tarifvertrag über Zulagen an Arbeiter bei den Sicherheitsdiensten des Bundes vom 21. Juni 1977
21. Tarifvertrag über eine Zulage für Arbeiter beim Bundesamt für Sicherheit in der Informationstechnik vom 14. Dezember 1990

22. Tarifvertrag über Zulagen an Arbeiter des Bundes im Geltungsbereich des MTArb-O (TV Zulagen Arb-O-Bund) vom 8. Mai 1991; gilt bis zum Inkrafttreten einer neuen Entgeltordnung fort.
23. Tarifvertrag über die Ausführung von Arbeiten im Leistungslohnverfahren im Bereich der SR 2 a des Abschnitts A der Anlage 2 MTArb (Gedingerichtlinien) vom 1. April 1964
24. Tarifvertrag über die Eingruppierung der im Kontrolldienst und Prüfdienst beschäftigten Angestellten des Bundesamtes für Güterverkehr vom 18. Januar 2005, mit den Maßgaben der Anlage 5 zu § 23 TVÜ-Bund.

Ferner gelten bis zum Inkrafttreten einer neuen Entgeltordnung diejenigen Tarifregelungen fort, die Eingruppierungsregelungen enthalten.

Anlage 2 TVÜ-Bund

Zuordnung der Vergütungs- und Lohngruppen zu den Entgeltgruppen für am 30. September/1. Oktober 2005 vorhandene Beschäftigte für die Überleitung (Bund)

Entgelt-gruppe	Vergütungsgruppe	Lohngruppe
15 Ü	I	Keine
15	Keine Stufe 6 Ia Ib nach Aufstieg aus Ib Ib mit ausstehendem Aufstieg nach Ia	Keine
14	Keine Stufe 6 Ib ohne Aufstieg nach Ia Ib nach Aufstieg aus IIa IIa mit ausstehendem Aufstieg nach Ib	Keine
13	Keine Stufe 6 IIa ohne Aufstieg nach Ib	Keine
12	Keine Stufe 6 IIa nach Aufstieg aus III III mit ausstehendem Aufstieg nach IIa	Keine
11	Keine Stufe 6 III ohne Aufstieg nach IIa III nach Aufstieg aus IVa IVa mit ausstehendem Aufstieg nach III	Keine
10	Keine Stufe 6 IVa ohne Aufstieg nach III IVa nach Aufstieg aus IVb IVb mit ausstehendem Aufstieg nach IVa Va in den ersten sechs Monaten der Berufsausübung, wenn danach IVb mit Aufstieg nach IVa (Zuordnung zu Stufe 1)	Keine

Entgelt-gruppe	Vergütungsgruppe	Lohngruppe
9	IVb ohne Aufstieg nach IVa (keine Stufe 6) IVb nach Aufstieg aus Va ohne weiteren Aufstieg IVa (keine Stufe 6) IVb nach Aufstieg aus Vb (keine Stufe 6) Va mit ausstehendem Aufstieg nach IVb ohne weiteren Aufstieg nach IVa (keine Stufe 6) Va ohne Aufstieg nach IVb (Stufe 3 nach 5 Jahren in Stufe 2, Stufe 4 nach 9 Jahren in der Stufe 3, keine Stufen 5 und 6) Vb mit ausstehendem Aufstieg nach IVb (keine Stufe 6) Vb ohne Aufstieg nach IVb (Stufe 3 nach 5 Jahren in Stufe 2, Stufe 4 nach 9 Jahren in der Stufe 3, keine Stufen 5 und 6) Vb nach Aufstieg aus Vc (Stufe 3 nach 5 Jahren in Stufe 2, Stufe 4 nach 9 Jahren in der Stufe 3, keine Stufen 5 und 6	9 (Stufe 4 nach 7 Jahren in Stufe 3, keine Stufen 5 und 6
8	Vc mit ausstehendem Aufstieg nach Vb Vc ohne Aufstieg nach Vb Vc nach Aufstieg aus VIb	8a 8 mit ausstehendem Aufstieg nach 8a
7	keine	7a 7 mit ausstehendem Aufstieg nach 7a 7 nach Aufstieg aus 6 6 mit ausstehendem Aufstieg nach 7 und 7a
6	VIb mit ausstehendem Aufstieg nach Vc VIb ohne Aufstieg nach Vc VIb nach Aufstieg aus VII	6a 6 mit ausstehendem Aufstieg nach 6a 6 nach Aufstieg aus 5 5 mit ausstehendem Aufstieg nach 6 und 6a
5	VII mit ausstehendem Aufstieg nach VIb VII ohne Aufstieg nach VIb VII nach Aufstieg aus VIII	5a 5 mit ausstehendem Aufstieg nach 5a 5 nach Aufstieg aus 4 4 mit ausstehendem Aufstieg nach 5 und 5a
4	keine	4a 4 mit ausstehendem Aufstieg nach 4a 4 nach Aufstieg aus 3 3 mit ausstehendem Aufstieg nach 4 und 4a

Entgelt-gruppe	Vergütungsgruppe	Lohngruppe
3	Keine Stufe 6 VIII mit ausstehendem Aufstieg nach VII VIII ohne Aufstieg nach VII VIII nach Aufstieg aus IXb	3a 3 mit ausstehendem Aufstieg nach 3a 3 nach Aufstieg aus 2 und 2a mit ausstehendem Aufstieg nach 3a 3 nach Aufstieg aus 2a mit ausstehendem Aufstieg nach 3a 3 nach Aufstieg aus 2 und 2a (keine Stufe 6) 2a nach Aufstieg aus 2 mit ausstehendem Aufstieg nach 3 und 3a 2a mit ausstehendem Aufstieg nach 3 und 3a 2a nach Aufstieg aus 2 (keine Stufe 6) 2 mit ausstehendem Aufstieg nach 2a, 3 und 3a 2 mit ausstehendem Aufstieg nach 2a und 3 (keine Stufe 6)
2 Ü	keine	2a 2 mit ausstehendem Aufstieg nach 2a 2 nach Aufstieg aus 1 1 mit ausstehendem Aufstieg nach 2 und 2a
2	IXa IXb mit ausstehendem Aufstieg nach VIII IXb mit ausstehendem Aufstieg nach IXa IXb nach Aufstieg aus X (keine Stufe 6) X (keine Stufe 6)	1a (keine Stufe 6) 1 mit ausstehendem Aufstieg nach 1a (keine Stufe 6)
1	keine	keine

Anlage 3 TVÜ-Bund

Strukturausgleiche für Angestellte (Bund)
Angestellte, deren Ortszuschlag sich nach § 29 Abschnitt B Abs. 5 BAT / BAT-O bemisst, erhalten den entsprechenden Anteil, in jedem Fall aber die Hälfte des Strukturausgleichs für Verheiratete.

Soweit nicht anders ausgewiesen, beginnt die Zahlung des Strukturausgleichs am 1. Oktober 2007. Die Angabe „nach ... Jahren" bedeutet, dass die Zahlung nach den genannten Jahren ab dem In-Kraft-Treten des TVöD beginnt; so wird z. B. bei dem Merkmal „nach 4 Jahren" der Zahlungsbeginn auf den 1. Oktober 2009 festgelegt, wobei die Auszahlung eines Strukturausgleichs mit den jeweiligen Monatsbezügen erfolgt. Die Dauer der Zahlung ist ebenfalls angegeben; dabei bedeutet „dauerhaft" die Zahlung während der Zeit des Arbeitsverhältnisses.

Ist die Zahlung „für" eine bestimmte Zahl von Jahren angegeben, ist der Bezug auf diesen Zeitraum begrenzt (z. B. „für 5 Jahre" bedeutet Beginn der Zahlung im Oktober 2007 und Ende der Zahlung mit Ablauf September 2012). Eine Ausnahme besteht dann, wenn das Ende des Zahlungszeitraumes nicht mit einem Stufenaufstieg in der jeweiligen Entgeltgruppe zeitlich zusammenfällt; in diesen Fällen wird der Strukturausgleich bis zum nächsten Stufenaufstieg fortgezahlt. Diese Ausnahmeregelung gilt nicht, wenn der Stufenaufstieg in die Endstufe erfolgt; in diesen Fällen bleibt es bei der festgelegten Dauer.

Entgelt-gruppe	Vergütungs-gruppe bei In-Kraft-Treten TVÜ	Aufstieg	Ortszu-schlag Stu-fe 1, 2	Lebensal-tersstufe	Höhe Aus-gleichs-betrag	Dauer
			bei In-Kraft-Treten TVÜ			
2	X	IX b nach 2 Jahren	OZ 2	23	40 EUR	für 4 Jahre
2	X	IXb nach 2 Jahren	OZ 2	29	30 EUR	dauerhaft
2	X	IXb nach 2 Jahren	OZ 2	31	30 EUR	dauerhaft
2	X	IXb nach 2 Jahren	OZ 2	33	30 EUR	dauerhaft
2	X	IXb nach 2 Jahren	OZ 2	35	20 EUR	dauerhaft
3	VIII	ohne	OZ 2	25	35 EUR	nach 4 Jah-ren dauer-haft
3	VIII	ohne	OZ 2	27	35 EUR	dauerhaft
3	VIII	ohne	OZ 2	29	35 EUR	nach 4 Jah-ren dauer-haft
3	VIII	ohne	OZ 2	31	35 EUR	dauerhaft
3	VIII	ohne	OZ 2	33	35 EUR	dauerhaft
3	VIII	ohne	OZ 2	35	35 EUR	dauerhaft
3	VIII	ohne	OZ 2	37	20 EUR	dauerhaft
6	VIb	ohne	OZ 2	29	50 EUR	dauerhaft
6	VIb	ohne	OZ 2	31	50 EUR	dauerhaft
6	VIb	ohne	OZ 2	33	50 EUR	dauerhaft
6	VIb	ohne	OZ 2	35	50 EUR	dauerhaft
6	VIb	ohne	OZ 2	37	50 EUR	dauerhaft
6	VIb	ohne	OZ 2	39	50 EUR	dauerhaft
8	Vc	ohne	OZ 2	37	40 EUR	dauerhaft
8	Vc	ohne	OZ 2	39	40 EUR	dauerhaft
9	Vb	ohne	OZ 1	29	60 EUR	für 12 Jahre
9	Vb	ohne	OZ 1	31	60 EUR	nach 4 Jah-ren für 7 Jahre
9	Vb	ohne	OZ 1	33	60 EUR	für 7 Jahre

Entgelt-gruppe	Vergütungs-gruppe bei In-Kraft-Treten TVÜ	Aufstieg	Ortszu-schlag Stu-fe 1, 2	Lebensal-tersstufe	Höhe Aus-gleichs-betrag	Dauer
9	Vb	ohne	OZ 2	27	90 EUR	nach 4 Jah-ren für 7 Jahre
9	Vb	ohne	OZ 2	29	90 EUR	für 7 Jahre
9	Vb	ohne	OZ 2	35	20 EUR	nach 4 Jah-ren dauer-haft
9	Vb	ohne	OZ 2	37	40 EUR	nach 4 Jah-ren dauer-haft
9	Vb	ohne	OZ 2	39	40 EUR	dauerhaft
9	Vb	ohne	OZ 2	41	40 EUR	dauerhaft
9	Vb	IVb nach 6 Jahren	OZ 1	29	50 EUR	für 3 Jahre
9	Vb	IVb nach 2, 3, 4, 6 Jah-ren	OZ 1	35	60 EUR	für 4 Jahre
9	V b	IVb nach 2, 3, 4, 6 Jah-ren	OZ 2	31	50 EUR	für 4 Jahre
9	Vb	IVb nach 2, 3, 4, 6 Jah-ren	OZ 2	37	60 EUR	dauerhaft
9	Vb	IVb nach 2, 3, 4, 6 Jah-ren	OZ 2	39	60 EUR	dauerhaft
9	Vb	IVb nach 2, 3, 4, 6 Jah-ren	OZ 2	41	60 EUR	dauerhaft
9	IVb	ohne	OZ 1	35	60 EUR	für 4 Jahre
9	IVb	ohne	OZ 2	31	50 EUR	für 4 Jahre
9	IVb	ohne	OZ 2	37	60 EUR	dauerhaft
9	IVb	ohne	OZ 2	39	60 EUR	dauerhaft
9	IVb	ohne	OZ 2	41	60 EUR	dauerhaft
10	IVb	IVa nach 2, 4, 6 Jahren	OZ 1	35	40 EUR	für 4 Jahre
10	IVb	IVa nach 2, 4, 6 Jahren	OZ 1	41	30 EUR	dauerhaft

Entgelt-gruppe	Vergütungs-gruppe bei In-Kraft-Treten TVÜ	Aufstieg	Ortszu-schlag Stu-fe 1, 2	Lebensal-tersstufe	Höhe Aus-gleichs-betrag	Dauer
10	IVb	IVa nach 2, 4, 6 Jahren	OZ 1	43	30 EUR	dauerhaft
10	IVb	IVa n. 6. J.	OZ 2	29	70 EUR	für 7 Jahre
10	IVb	IVa nach 2, 4, 6 Jahren	OZ 2	37	60 EUR	nach 4 Jah-ren dauer-haft
10	IVb	IVa nach 2, 4, 6 Jahren	OZ 2	39	60 EUR	dauerhaft
10	IVb	IVa nach 2, 4, 6 Jahren	OZ 2	41	85 EUR	dauerhaft
10	IVb	IVa nach 2, 4, 6 Jahren	OZ 2	43	60 EUR	dauerhaft
10	IVa	ohne	OZ 1	35	40 EUR	für 4 Jahre
10	IVa	ohne	OZ 1	41	30 EUR	dauerhaft
10	IVa	ohne	OZ 1	43	30 EUR	dauerhaft
10	IVa	ohne	OZ 2	37	60 EUR	nach 4 Jah-ren dauer-haft
10	IVa	ohne	OZ 2	39	60 EUR	dauerhaft
10	IVa	ohne	OZ 2	41	85 EUR	dauerhaft
10	IVa	ohne	OZ 2	43	60 EUR	dauerhaft
11	IVa	III nach 4, 6, 8 Jahren	OZ 1	41	40 EUR	dauerhaft
11	IVa	III nach 4, 6, 8 Jahren	OZ 1	43	40 EUR	dauerhaft
11	IVa	III nach 4, 6, 8 Jahren	OZ 2	37	70 EUR	nach 4 Jah-ren dauer-haft
11	IVa	III nach 4, 6, 8 Jahren	OZ 2	39	70 EUR	dauerhaft
11	IVa	III nach 4, 6, 8 Jahren	OZ 2	41	85 EUR	dauerhaft
11	IVa	III nach 4, 6, 8 Jahren	OZ 2	43	70 EUR	dauerhaft
11	III	ohne	OZ 1	41	40 EUR	nach vier Jahren dau-erhaft

Entgelt-gruppe	Vergütungs-gruppe bei In-Kraft-Treten TVÜ	Aufstieg	Ortszu-schlag Stu-fe 1, 2	Lebensal-tersstufe	Höhe Aus-gleichs-betrag	Dauer
11	III	ohne	OZ 1	43	40 EUR	dauerhaft
11	III	ohne	OZ 2	37	70 EUR	nach 4 Jah-ren dauer-haft
11	III	ohne	OZ 2	39	70 EUR	dauerhaft
11	III	ohne	OZ 2	41	85 EUR	dauerhaft
11	III	ohne	OZ 2	43	70 EUR	dauerhaft
12	III	IIa nach 10 Jahren	OZ 1	33	95 EUR	für 5 Jahre
12	III	IIa nach 10 Jahren	OZ 1	35	95 EUR	für 4 Jahre
12	III	IIa nach 10 Jahren	OZ 1	39	50 EUR	nach 4 Jah-ren dauer-haft
12	III	IIa nach 10 Jahren	OZ 1	41	50 EUR	dauerhaft
12	III	IIa nach 10 Jahren	OZ 1	43	50 EUR	dauerhaft
12	III	IIa nach 10 Jahren	OZ 2	33	100 EUR	für 4 Jahre
12	III	IIa nach 10 Jahren	OZ 2	37	100 EUR	nach 4 Jah-ren dauer-haft
12	III	IIa nach 10 Jahren	OZ 2	39	100 EUR	dauerhaft
12	III	IIa nach 10 Jahren	OZ 2	41	100 EUR	dauerhaft
12	III	IIa nach 10 Jahren	OZ 2	43	85 EUR	dauerhaft
12	III	IIa nach 8 Jahren	OZ 1	35	95 EUR	für 4 Jahre
12	III	IIa nach 8 Jahren	OZ 1	39	50 EUR	nach 4 Jah-ren dauer-haft
12	III	IIa nach 8 Jahren	OZ 1	41	50 EUR	dauerhaft
12	III	IIa nach 8 Jahren	OZ 1	43	50 EUR	dauerhaft

Entgelt-gruppe	Vergütungs-gruppe bei In-Kraft-Treten TVÜ	Aufstieg	Ortszu-schlag Stu-fe 1, 2	Lebensal-tersstufe	Höhe Aus-gleichs-betrag	Dauer
12	III	IIa nach 8 Jahren	OZ 2	31	100 EUR	für 5 Jahre
12	III	IIa nach 8 Jahren	OZ 2	33	100 EUR	für 4 Jahre
12	III	IIa nach 8 Jahren	OZ 2	37	100 EUR	nach 4 Jah-ren dauer-haft
12	III	IIa nach 8 Jahren	OZ 2	39	100 EUR	dauerhaft
12	III	IIa nach 8 Jahren	OZ 2	41	100 EUR	dauerhaft
12	III	IIa nach 8 Jahren	OZ 2	43	85 EUR	dauerhaft
12	III	IIa nach 5 Jahren	OZ 1	29	100 EUR	für 3 Jahre
12	III	IIa nach 5 u. 6 Jahren	OZ 1	35	95 EUR	für 4 Jahre
12	III	IIa nach 5 u. 6 Jahren	OZ 1	39	50 EUR	nach 4 Jah-ren dauer-haft
12	III	II a nach 5 u. 6 Jahren	OZ 1	41	50 EUR	dauerhaft
12	III	IIa nach 5 u. 6 Jahren	OZ 1	43	50 EUR	dauerhaft
12	III	IIa nach 5 u. 6 Jahren	OZ 2	33	100 EUR	für 4 Jahre
12	III	IIa nach 5 u. 6 Jahren	OZ 2	37	100 EUR	nach 4 Jah-ren dauer-haft
12	III	IIa nach 5 u. 6 Jahren	OZ 2	39	100 EUR	dauerhaft
12	III	IIa nach 5 u. 6 Jahren	OZ 2	41	100 EUR	dauerhaft
12	III	IIa nach 5 u. 6 Jahren	OZ 2	43	85 EUR	dauerhaft
13	IIa	ohne	OZ 2	39	60 EUR	nach 4 Jah-ren dauer-haft
13	IIa	ohne	OZ 2	41	60 EUR	dauerhaft

Entgelt-gruppe	Vergütungs-gruppe bei In-Kraft-Treten TVÜ	Aufstieg	Ortszu-schlag Stu-fe 1, 2	Lebensal-tersstufe	Höhe Aus-gleichs-betrag	Dauer
13	IIa	ohne	OZ 2	43	60 EUR	dauerhaft
14	IIa	Ib nach 15 Jahren	OZ 1	39	80 EUR	dauerhaft
14	IIa	Ib nach 15 Jahren	OZ 1	41	80 EUR	dauerhaft
14	IIa	Ib nach 15 Jahren	OZ 1	43	80 EUR	dauerhaft
14	IIa	Ib nach 15 Jahren	OZ 1	45	60 EUR	dauerhaft
14	IIa	Ib nach 15 Jahren	OZ 2	37	110 EUR	dauerhaft
14	IIa	Ib nach 15 Jahren	OZ 2	39	110 EUR	dauerhaft
14	IIa	Ib nach 15 Jahren	OZ 2	41	110 EUR	dauerhaft
14	IIa	Ib nach 15 Jahren	OZ 2	43	110 EUR	dauerhaft
14	IIa	Ib nach 15 Jahren	OZ 2	45	60 EUR	dauerhaft
14	IIa	Ib nach 5 u. 6 Jahren	OZ 1	31	100 EUR	für 3 Jahre
14	IIa	Ib nach 5 u. 6 Jahren	OZ 1	35	100 EUR	für 4 Jahre
14	IIa	Ib nach 5 u. 6 Jahren	OZ 1	41	80 EUR	nach 4 Jah-ren dauer-haft
14	IIa	Ib nach 5 u. 6 Jahren	OZ 1	43	80 EUR	dauerhaft
14	IIa	Ib nach 5 u. 6 Jahren	OZ 1	45	60 EUR	dauerhaft
14	IIa	Ib nach 5 u. 6 Jahren	OZ 2	31	110 EUR	für 7 Jahre
14	IIa	Ib nach 5 u. 6 Jahren	OZ 2	33	50 EUR	für 4 Jahre
14	IIa	Ib nach 5 u. 6 Jahren	OZ 2	39	110 EUR	nach 4 Jah-ren dauer-haft
14	IIa	Ib nach 5 u. 6 Jahren	OZ 2	41	110 EUR	dauerhaft

Entgelt-gruppe	Vergütungs-gruppe bei In-Kraft-Treten TVÜ	Aufstieg	Ortszu-schlag Stu-fe 1, 2	Lebensalter sstufe	Höhe Aus-gleichs-betrag	Dauer
14	IIa	Ib nach 5 u. 6 Jahren	OZ 2	43	110 EUR	dauerhaft
14	IIa	Ib nach 5 u. 6 Jahren	OZ 2	45	60 EUR	dauerhaft
14	IIa	Ib nach 11 Jahren	OZ 1	33	50 EUR	nach 4 Jah-ren für 5 Jahre
14	IIa	Ib nach 11 Jahren	OZ 1	35	50 EUR	für 5 Jahre
14	IIa	Ib nach 11 Jahren	OZ 1	37	80 EUR	für 4 Jahre
14	IIa	Ib nach 11 Jahren	OZ 1	41	80 EUR	nach 4 Jah-ren dauer-haft
14	IIa	Ib nach 11 Jahren	OZ 1	43	80 EUR	dauerhaft
14	IIa	Ib nach 11 Jahren	OZ 1	45	60 EUR	dauerhaft
14	IIa	Ib nach 11 Jahren	OZ 2	35	110 EUR	nach 3 Jah-ren für 3 Jahre
14	IIa	Ib nach 11 Jahren	OZ 2	37	110 EUR	dauerhaft
14	IIa	Ib nach 11 Jahren	OZ 2	39	110 EUR	nach 4 Jah-ren dauer-haft
14	IIa	Ib nach 11 Jahren	OZ 2	41	110 EUR	dauerhaft
14	IIa	Ib nach 11 Jahren	OZ 2	43	110 EUR	dauerhaft
14	IIa	Ib nach 11 Jahren	OZ 2	45	60 EUR	dauerhaft
14	Ib	ohne	OZ 1	35	100 EUr	für 4 Jahre
14	Ib	ohne	OZ 1	41	80 EUR	nach 4 Jah-ren dauer-haft
14	Ib	ohne	OZ 1	43	80 EUR	dauerhaft
14	Ib	ohne	OZ 1	45	60 EUR	dauerhaft
14	Ib	ohne	OZ 2	33	50 EUR	für 4 Jahre

Entgelt-gruppe	Vergütungs-gruppe bei In-Kraft-Treten TVÜ	Aufstieg	Ortszu-schlag Stu-fe 1, 2	Lebensalter sstufe	Höhe Aus-gleichs-betrag	Dauer
14	Ib	ohne	OZ 2	39	110 EUR	nach 4 Jah-ren dauer-haft
14	Ib	ohne	OZ 2	41	110 EUR	dauerhaft
14	Ib	ohne	OZ 2	43	110 EUR	dauerhaft
14	Ib	ohne	OZ 2	45	60 EUR	dauerhaft
15	Ia	ohne	OZ 1	39	110 EUR	für 4 Jahre
15	Ia	ohne	OZ 1	43	50 EUR	dauerhaft
15	Ia	ohne	OZ 1	45	50 EUR	dauerhaft
15	Ia	ohne	OZ 2	37	110 EUR	für 4 Jahre
15	Ia	ohne	OZ 2	41	50 EUR	dauerhaft
15	Ia	ohne	OZ 2	43	50 EUR	dauerhaft
15	Ia	ohne	OZ 2	45	50 EUR	dauerhaft
15	Ib	Ia nach 8 Jahren	OZ 1	39	110 EUR	für 4 Jahre
15	Ib	Ia nach 8 Jahren	OZ 1	43	50 EUR	dauerhaft
15	Ib	Ia nach 8 Jahren	OZ 1	45	50 EUR	dauerhaft
15	Ib	Ia nach 8 Jahren	OZ 2	37	110 EUR	für 4 Jahre
15	Ib	Ia nach 8 Jahren	OZ 2	41	50 EUR	dauerhaft
15	Ib	Ia nach 8 Jahren	OZ 2	43	50 EUR	dauerhaft
15	Ib	Ia nach 8 Jahren	OZ 2	45	50 EUR	dauerhaft
15	Ib	Ia nach 4 Jahren	OZ 1	39	110 EUR	für 4 Jahre
15	Ib	Ia nach 4 Jahren	OZ 1	43	50 EUR	dauerhaft
15	Ib	Ia nach 4 Jahren	OZ 1	45	50 EUR	dauerhaft
15	Ib	Ia nach 4 Jahren	OZ 2	37	110 EUR	für 4 Jahre

Entgelt-gruppe	Vergütungs-gruppe bei In-Kraft-Treten TVÜ	Aufstieg	Ortszu-schlag Stu-fe 1, 2	Lebensalter sstufe	Höhe Aus-gleichs-betrag	Dauer
15	Ib	Ia nach 4 Jahren	OZ 2	41	50 EUR	dauerhaft
15	Ib	Ia nach 4 Jahren	OZ 2	43	50 EUR	dauerhaft
15	Ib	Ia nach 4 Jahren	OZ 2	45	50 EUR	dauerhaft
15 Ü	I	ohne	OZ 2	43	50 EUR	dauerhaft
15 Ü	I	ohne	OZ 2	45	50 EUR	dauerhaft

Anlage 4 TVÜ-Bund

Vorläufige Zuordnung der Vergütungs- und Lohngruppen zu den Entgeltgruppen für zwischen dem 1. Oktober 2005 und dem In-Kraft-Treten der neuen Entgeltordnung stattfindende Eingruppierungs- und Einreihungsvorgänge (Bund)

Entgeltgruppe	Vergütungsgruppe	Lohngruppe
15	Zwingend Stufe 1, keine Stufe 6 Ia Ib mit Aufstieg nach Ia	-
14	Zwingend Stufe 1, keine Stufe 6 Ib ohne Aufstieg nach Ia	-
13	Zwingend Stufe 1, keine Stufe 6 Beschäftigte mit Tätigkeiten, die eine abgeschlossene wissenschaftliche Hochschulausbildung voraussetzen (IIa mit und ohne Aufstieg nach Ib) [ggf. Zulage nach § 17 Abs. 8 TVÜ]	-
12	Zwingend Stufe 1, keine Stufe 6 III mit Aufstieg nach IIa	-
11	Zwingend Stufe 1, keine Stufe 6 III ohne Aufstieg nach IIa IVa mit Aufstieg nach III	-
10	Zwingend Stufe 1, keine Stufe 6 IVa ohne Aufstieg nach III IVb mit Aufstieg nach IVa Va in den ersten sechs Monaten der Berufsausübung, wenn danach IVb mit Aufstieg nach IVa	-

Entgeltgruppe	Vergütungsgruppe	Lohngruppe
9	IVb ohne Aufstieg nach IVa (zwingend Stufe 1, keine Stufe 6) Va mit Aufstieg nach IVb ohne weiteren Aufstieg nach IVa (zwingend Stufe 1, keine Stufe 6) Va ohne Aufstieg nach IVb (zwingend Stufe 1, Stufe 3 nach 5 Jahren in Stufe 2, Stufe 4 nach 9 Jahren in der Stufe 3, keine Stufen 5 und 6) Vb mit Aufstieg nach IVb (zwingend Stufe 1, keine Stufe 6) Vb ohne Aufstieg nach IVb (zwingend Stufe 1, Stufe 3 nach 5 Jahren in Stufe 2, Stufe 4 nach 9 Jahren in der Stufe 3, keine Stufen 5 und 6)	9 (zwingend Stufe 1, Stufe 4 nach 7 Jahren in Stufe 3, keine Stufen 5 und 6)
8	Vc mit Aufstieg nach Vb Vc ohne Aufstieg nach Vb	8 mit Aufstieg nach 8a
7	keine	7 mit Aufstieg nach 7a 6 mit Aufstieg nach 7 und 7a
6	VIb mit Aufstieg nach Vc VIb ohne Aufstieg nach Vc	6 mit Aufstieg nach 6a 5 mit Aufstieg nach 6 und 6a
5	VII mit Aufstieg nach VIb VII ohne Aufstieg nach VIb	5 mit Aufstieg nach 5a 4 mit Aufstieg nach 5 und 5a
4	keine	4 mit Aufstieg nach 4a 3 mit Aufstieg nach 4 und 4a
3	Keine Stufe 6 VIII mit Aufstieg nach VII VIII ohne Aufstieg nach VII	3 mit Aufstieg nach 3a 2a mit Aufstieg nach 3 und 3a 2 mit Aufstieg nach 2a, 3 und 3a 2 mit Aufstieg nach 2a und 3 (keine Stufe 6)
2Ü	keine	2 mit Aufstieg nach 2a 1 mit Aufstieg nach 2 und 2a
2	IXb mit Aufstieg nach VIII IXb mit Aufstieg nach IXa X mit Aufstieg nach IXb (keine Stufe 6)	1 mit Aufstieg nach 1a (keine Stufe 6)

Entgeltgruppe	Vergütungsgruppe	Lohngruppe
1	Beschäftigte mit einfachsten Tätigkeiten, zum Beispiel - Essens- und Getränkeausgeber/innen - Garderobenpersonal - Spülen und Gemüseputzen und sonstige Tätigkeiten im Haus- und Küchenbereich - Reiniger/innen in Außenbereichen wie Höfe, Wege, Grünanlagen, Parks - Wärter/innen von Bedürfnisanstalten - Servierer/innen - Hausarbeiter/innen - Hausgehilfe/Hausgehilfin - Bote/Botin (ohne Aufsichtsfunktion) Ergänzungen können durch Tarifvertrag auf Bundesebene geregelt werden. **Hinweis:** Diese Zuordnung gilt unabhängig von bisherigen tariflichen Zuordnungen zu Vergütungs-/lohngruppen.	

Anlage 5 zu § 23 TVÜ-Bund

1. Übergangsregelung zu § 45 Nr. 7 TVöD und TVAng Ausland/TV Arb Ausland:
   a) Bis zum In-Kraft-Treten eines Tarifvertrags über eine persönliche Zulage nach § 14 gilt die in § 18 Abs. 2 i.V.m. § 9 Abs. 1 MTArb/MTArb-O genannte Frist von 30 Tagen nicht für zu einer Auslandsdienststelle entsandten Beschäftigte, die vor dem 1 Januar 2005 der Rentenversicherung der Arbeiter unterlegen hätten. Diese Beschäftigten sind verpflichtet,
      • während des Heimaturlaubs,
      • in anderen Fällen Beschäftigte oder Beamtinnen/Beamte bis zur Dauer von drei Monaten zu vertreten. § 18 Abs. 2 i.V.m. § 9 Abs. 2 MTArb/MTArb-O finden für diesen Zeitraum keine Anwendung.
   b) Bei Änderungen infolge der Zuordnung zu den neuen Entgeltgruppen bei ins Ausland entsandten Beschäftigten, die unter
      • die Sonderregelungen für Beschäftigte die zu Auslandsdienstorten des Bundes entsandt sind oder
      • den TV Ang Ausland und TV Arb Ausland,
      bemisst sich die Höhe der Auslandsbezüge bis zur nächsten Versetzung nach der bis zum 30. September 2005 geltenden Rechtslage. Ergeben sich nach altem Recht höhere Auslandsbezüge als nach neuem Recht, erhalten Beschäftigte eine abbaubare persönliche Zulage in Höhe des Unterschiedsbetrags zwischen den Auslandsbezügen, die sich nach dem bis zum 30. September 2005 geltenden Recht ergeben hätten, und dem ab 1. Oktober 2005 zu zahlenden Auslandsentgelt. Die persönliche Zulage entfällt bei einer Höhergruppierung. Allgemeine Entgeltanpassungen werden auf die persönliche Zulage angerechnet.
2. Übergangsregelung für Personen, denen am 30. September 2005 nach den Sonderregelungen für die Angestellten im Bereich des Bundesministeriums der Verteidigung (SR 2 e I BAT) sowie nach dem Tarifvertrag über einen sozialverträglichen Personalabbau im Bereich des Bundesministers der Verteidigung vom 30. November 1991 (SOPA) eine Übergangsversorgung zugestanden hat: Nr. 9 a der SR 2 e I BAT gilt weiter.
3. Übergangs- und Überleitungsregelung zu § 46 Sonderregelungen für die Beschäftigten im Bereich des Bundesministeriums der Verteidigung:
   a) Die SR 2 b Nr. 10 Abs. 3 MTArb/MTArb-O und SR 2 e II Nr. 9 Abs. 1 und 3 BAT/BAT-O gelten bis zum In-Kraft-Treten einer ablösenden tarifvertraglichen Regelung fort.
   b) Für die Überleitung vorhandener Beschäftigter im Sinne des § 1 Abs. 1 TVÜ- Bund, deren Eingruppierung sich am 30. September 2005 nach der Vergütungsordnung für Angestellte im Pflegedienst (Anlage 1b) richtet, gelten ergänzend zu §§ 3 ff TVÜ-Bund die Sonderregelungen des TVÜ-VKA für diese Beschäftigtengruppe (Protokollerklärungen zu § 4 Abs. 1 und zu

§§ 4 und 6 TVÜ-VKA einschließlich der dort in Bezug genommenen Anlagen 4 und 5 TVÜ-VKA); die Strukturausgleichsbeträge für diese Beschäftigten ergeben sich aus Anlage 2 Abschnitt II TVÜ-VKA; im übrigen gilt § 12 TVÜ-Bund.

c) Für Beschäftigte im Pflegedienst im Sinne von § 1 Abs. 1 und 2 TVÜ-Bund richten sich Eingruppierungsvorgänge im Sinne des § 17 Abs. 7 TVÜ-Bund, die zwischen dem 1. Oktober 2005 und dem In-Kraft-Treten der neuen Entgeltordnung stattfinden, nach der Zuordnung der Vergütungsgruppen der Vergütungsordnung für Angestellte im Pflegedienst (Anlage 1b) gemäß Protokollerklärung zu § 4 Abs. 1 in Verbindung mit Anlagen 4 und 5 TVÜ-VKA.

4. Übergangsregelung für ehemalige Beschäftigte des Luftfahrtbundesamtes im Bereich des Bundesministeriums für Verkehr Bau und Wohnungswesen (SR 2 h BAT)
Für Beschäftigte des Luftfahrt Bundesamtes, die auf Grund von § 1 des Gesetzes zur Übernahme der Beamten und Arbeitnehmer bei der Bundesanstalt für Flugsicherung (Artikel 7 des Zehnten Gesetzes zur Änderung des Luftverkehrsgesetzes vom 23. Juli 1992) Aufgaben der Flugsicherung wahrnehmen, gelten die Sonderregelungen 2h BAT für den Bereich des Bundes in der bis zum 31. Dezember 2001 geltenden Fassung für die Dauer des fortbestehenden Arbeitsverhältnisses weiter. Teil III Abschn. C der Anlage 1a zum BAT gilt bis zum In-Kraft-Treten von Eingruppierungsvorschriften des TVöD nebst Entgeltordnung weiter. § 18 Abs. 3 gilt entsprechend.

5. Übergangsregelung für die Beschäftigten auf Fischereischutzbooten und Fischereiforschungsfahrzeugen einschließlich der Ärzte und Heilgehilfen im Bereich des Bundesministeriums für Verbraucherschutz, Ernähung und Landwirtschaft:
Beschäftigte auf Fischereischutzbooten und Fischereiforschungsfahrzeugen einschließlich der Ärzte und Heilgehilfen, jedoch ohne die auf diesen Fahrzeugen eingesetzten Beschäftigten des Deutschen Wetterdienstes, werden vom Geltungsbereich des TVöD und TVÜ-Bund vorläufig ausgenommen. Für die Beschäftigten, für die die Regelungen des Tarifgebiets West Anwendung finden, gelten der Tarifvertrag zur Regelung der Arbeitsbedingungen und der Besatzungsmitglieder der Fischereischutzboote und Fischereiforschungsfahrzeuge vom 11. Januar 1972 in der Fassung vom 13. März 1987 und der Tarifvertrag über eine Zuwendung für Kapitäne und Besatzungsmitglieder der Fischereischutzboote und Fischereiforschungsschiffe des Bundes vom 31. Januar 1974 vorläufig weiter. Die Tarifvertragsparteien stimmen darüber ein, dass die Beschäftigten nach Satz 1 in den TVöD übergeleitet werden sollen. Die Tarifverhandlungen sollen spätestens nach In- Kraft-Treten der Entgeltordnung aufgenommen werden.

6. Übergangsregelung für Beschäftigte im Bereich des Bundesministeriums der Finanzen
a) Für Arbeiterinnen und Arbeiter des Bundes bei der Bundesmonopolverwaltung für Branntwein, deren dortiges Arbeitsverhältnis über den 30. September 2005 hinaus fortbesteht, und die zum 1. Oktober 2005 unter den Geltungsbereich des TVöD fallen, gelten für die Dauer des ununterbrochen fortbestehenden Arbeitsverhältnisses die tarifvertraglichen Bestimmungen der Nr. 5 und 7 der Sonderregelung 2g MTArb/MTArb-O sowie der Tarifvertrag über die Ausführung von Arbeiten im Leistungslohnverfahren im Bereich der SR 2g des Abschnitts A der Anlage 2 MTArb vom 16. November 1971 weiter.
b) Für Arbeiterinnen und Arbeiter des Bundes im Geltungsbereich des Tarifvertrags zur Überleitung der Arbeiter der Zoll- und Verbrauchsteuerverwaltung und der Bundesvermögensverwaltung der Oberfinanzdirektion Berlin sowie der Bundesmonopolverwaltung für Branntwein in das Tarifrecht des Bundes vom 18. September 1991, deren Arbeitsverhältnis zum Bund über den 30. September 2005 hinaus fortbesteht, und die zum 1. Oktober 2005 unter den Geltungsbereich des TVöD fallen, gelten für die Dauer des ununterbrochen fortbestehenden Arbeitsverhältnisses die tarifvertraglichen Bestimmungen des vorgenannten Überleitungstarifvertrags weiter.

7. Für im Kontroll- und Prüfdienst beschäftigte Angestellte des Bundesamtes für Güterverkehr erfolgt am 1. Oktober 2005 vorerst die Fortzahlung der bisherigen Bezüge als zu verrechnender Abschlag auf das Entgelt, das diesen Beschäftigten nach der Überleitung zusteht.

Niederschriftserklärung zu Nr. 7 der Anlage 5 TVÜ-Bund:
Es besteht Einvernehmen zwischen den Tarifvertragsparteien, baldmöglichst Verhandlungen über besondere Überleitungsregelungen für im Kontroll- und Prüfdienst beschäftigte Angestellte des Bundesamtes für Güterverkehr aufzunehmen.

8. Für Lehrkräfte des Bundes erfolgt am 1. Oktober 2005 vorerst die Fortzahlung der bisherigen Bezüge als zu verrechnender Abschlag auf das Entgelt, das diesen Beschäftigten nach der Überleitung zusteht.

Niederschriftserklärung zu Nr. 8 der Anlage 5 TVÜ-Bund:
Es besteht Einvernehmen zwischen den Tarifvertragsparteien, baldmöglichst Verhandlungen über besondere Überleitungsregelungen für Lehrkräfte des Bundes aufzunehmen.

9.   Übergangsregelung zu § 65 BAT/BAT-O, § 69 MTArb/MTArb-O, § 5 A Ausbildungs-VergTV:
     § 65 BAT/BAT-O, § 69 MTArb/MTArb-O und § 5 A Ausbildungs-VergTV gelten für bestehende
     Dienstwohnungsverhältnisse bis zum 30. September 2007 weiter.

Tarifvertrag für Auszubildende des öffentlichen Dienstes (TVAöD) – Allgemeiner Teil

vom 13. September 2005

Zwischen

Der Bundesrepublik Deutschland, vertreten durch das Bundesministerium des Innern, und der Vereinigung der kommunalen Arbeitgeberverbände, vertreten durch den Vorstand, einerseits

und der

ver.di - Vereinte Dienstleistungsgewerkschaft (ver.di) vertreten durch den Bundesvorstand, diese zugleich handelnd für
- Gewerkschaft der Polizei,
- Industriegewerkschaft Bauen - Agrar - Umwelt,
- Gewerkschaft Erziehung und Wissenschaft,

andererseits

wird Folgendes vereinbart: [1]

§ 1 Geltungsbereich

(1) Dieser Tarifvertrag gilt für
a) Personen, die in Verwaltungen und Betrieben, die unter den Geltungsbereich des TVöD fallen, in einem staatlich anerkannten oder als staatlich anerkannt geltenden Ausbildungsberuf ausgebildet werden,
b) Schülerinnen/Schüler in der Gesundheits- und Krankenpflege, Gesundheits- und Kinderkrankenpflege, Entbindungspflege und Altenpflege, die in Verwaltungen und Betrieben, die unter den Geltungsbereich des TVöD fallen, ausgebildet werden,
c) Auszubildende in Betrieben oder Betriebsteilen, auf deren Arbeitnehmerinnen/Arbeitnehmer der TV-V oder der TV-WW/NW Anwendung findet,
d) Auszubildende in Betrieben oder Betriebsteilen, auf deren Arbeitnehmerinnen/Arbeitnehmer ein TV-N Anwendung findet, soweit und solange nicht eine anderweitige landesbezirkliche Regelung getroffen wurde

(Auszubildende).

(2) Dieser Tarifvertrag gilt nicht für
a) Schülerinnen/Schüler in der Krankenpflegehilfe und Altenpflegehilfe,
b) Praktikantinnen/Praktikanten und Volontärinnen/Volontäre,
c) Auszubildende, die in Ausbildungsberufen der Landwirtschaft, des Weinbaues oder der Forstwirtschaft ausgebildet werden, es sei denn, dass die Beschäftigten des Ausbildenden unter den Tarifvertrag für den öffentlichen Dienst (TVöD) fallen,
d) körperlich, geistig oder seelisch behinderte Personen, die aufgrund ihrer Behinderung in besonderen Ausbildungswerkstätten, Berufsförderungswerkstätten oder in Lebenshilfeeinrichtungen ausgebildet werden.

(3) Soweit in diesem Tarifvertrag nichts anderes geregelt ist, gelten die jeweils einschlägigen gesetzlichen Vorschriften.

§ 1a Geltungsbereich des Besonderen Teils

In den Besonderen Teilen BBiG/Pflege geregelt

§ 2 Ausbildungsvertrag, Nebenabreden

(1) Vor Beginn des Ausbildungsverhältnisses ist ein schriftlicher Ausbildungsvertrag zu schließen, der neben der Bezeichnung des Ausbildungsberufs mindestens Angaben enthält über
a) die maßgebliche Ausbildungs- und Prüfungsordnung in der jeweils geltenden Fassung sowie Art, sachliche und zeitliche Gliederung der Ausbildung,
b) Beginn und Dauer der Ausbildung,
c) Dauer der regelmäßigen täglichen oder wöchentlichen Ausbildungszeit,

---

[1] Ein gleichlautender Tarifvertrag wurde mit der dbb tarifunion abgeschlossen.

d) Dauer der Probezeit,
e) Zahlung und Höhe des Ausbildungsentgelts,
f) Dauer des Urlaubs,
g) Voraussetzungen, unter denen der Ausbildungsvertrag gekündigt werden kann,
h) die Geltung des Tarifvertrages für Auszubildende im öffentlichen Dienst (TVAöD) sowie einen in allgemeiner Form gehaltenen Hinweis auf die auf das Ausbildungsverhältnis anzuwendenden Betriebs-/Dienstvereinbarungen.

(2) Nebenabreden sind nur wirksam, wenn sie schriftlich vereinbart werden. Sie können gesondert gekündigt werden, soweit dies einzelvertraglich vereinbart ist.

§ 3 Probezeit

In den Besonderen Teilen BBiG/Pflege geregelt

§ 4 Ärztliche Untersuchungen

(1) Auszubildende haben auf Verlangen des Ausbildenden vor ihrer Einstellung ihre gesundheitliche Eignung durch das Zeugnis eines Amts- oder Betriebsarztes nachzuweisen. Für Auszubildende, die unter das Jugendarbeitsschutzgesetz fallen, ist ergänzend § 32 Abs. 1 JArbSchG zu beachten.

(2) Der Ausbildende ist bei begründeter Veranlassung berechtigt, Auszubildende zu verpflichten, durch ärztliche Bescheinigung nachzuweisen, dass sie in der Lage sind, die nach dem Ausbildungsvertrag übernommenen Verpflichtungen zu erfüllen. Bei dem beauftragten Arzt kann es sich um einen Betriebsarzt handeln, soweit sich die Betriebsparteien nicht auf einen anderen Arzt geeinigt haben. Die Kosten dieser Untersuchung trägt der Ausbildende.

(3) Auszubildende, die besonderen Ansteckungsgefahren ausgesetzt, mit gesundheitsgefährdenden Tätigkeiten beschäftigt oder mit der Zubereitung von Speisen beauftragt sind, sind in regelmäßigen Zeitabständen oder auf ihren Antrag bei Beendigung des Ausbildungsverhältnisses ärztlich zu untersuchen.

§ 5 Schweigepflicht, Nebentätigkeiten

(1) Auszubildende haben in demselben Umfang Verschwiegenheit zu wahren wie die Beschäftigten des Ausbildenden.

(2) Nebentätigkeiten gegen Entgelt haben Auszubildende ihrem Ausbildenden rechtzeitig vorher schriftlich anzuzeigen. Der Ausbildende kann die Nebentätigkeit untersagen oder mit Auflagen versehen, wenn diese geeignet ist, die nach dem Ausbildungsvertrag übernommenen Verpflichtungen der Auszubildenden oder berechtigte Interessen des Ausbildenden zu beeinträchtigen.

§ 6 Personalakten

(1) Die Auszubildenden haben ein Recht auf Einsicht in ihre vollständigen Personalakten. Sie können das Recht auf Einsicht durch einen hierzu schriftlich Bevollmächtigten ausüben lassen. Sie können Auszüge oder Kopien aus ihren Personalakten erhalten.

(2) Beurteilungen sind Auszubildenden unverzüglich bekannt zu geben. Die Bekanntgabe ist aktenkundig zu machen.

§ 7 Wöchentliche und tägliche Ausbildungszeit

In den Besonderen Teilen BBiG/Pflege geregelt

§ 8 Ausbildungsentgelt

In den Besonderen Teilen BBiG/Pflege geregelt

§ 8a Unständige Entgeltbestandteile

Für die Ausbildung an Samstagen, Sonntagen, Feiertagen und Vorfesttagen, für den Bereitschaftsdienst und die Rufbereitschaft, für die Überstunden und für die Zeitzuschläge gelten die für die Beschäftigten des Ausbildenden geltenden Regelungen sinngemäß.

§ 9 Urlaub

(1) Auszubildende erhalten in jedem Urlaubsjahr Erholungsurlaub unter Fortzahlung ihres Ausbildungsentgelts (§ 8) in entsprechender Anwendung der für die Beschäftigten des Ausbildenden geltenden Regelungen.

(2) Der Erholungsurlaub ist nach Möglichkeit zusammenhängend während der unterrichtsfreien Zeit zu erteilen und in Anspruch zu nehmen.

§ 10 Ausbildungsmaßnahmen außerhalb der Ausbildungsstätte

In den Besonderen Teilen BBiG/Pflege geregelt

§ 10a Familienheimfahrten

In den Besonderen Teilen BBiG/Pflege geregelt

§ 11 Schutzkleidung, Ausbildungsmittel

In den Besonderen Teilen BBiG/Pflege geregelt

§ 12 Entgelt im Krankheitsfall

(1) Werden Auszubildende durch Arbeitsunfähigkeit infolge Krankheit ohne ihr Verschulden verhindert, ihre Verpflichtungen aus dem Ausbildungsvertrag zu erfüllen, erhalten sie für die Zeit der Arbeitsunfähigkeit für die Dauer von bis zu sechs Wochen sowie nach Maßgabe der gesetzlichen Bestimmungen bei Wiederholungserkrankungen das Ausbildungsentgelt (§ 8) in entsprechender Anwendung der für die Beschäftigten des Ausbildenden geltenden Regelungen fortgezahlt.

(2) Im Übrigen gilt das Entgeltfortzahlungsgesetz.

(3) Bei der jeweils ersten Arbeitsunfähigkeit, die durch einen bei dem Ausbildenden erlittenen Arbeitsunfall oder durch eine bei dem Ausbildenden zugezogene Berufskrankheit verursacht ist, erhalten Auszubildende nach Ablauf des nach Absatz 1 maßgebenden Zeitraums bis zum Ende der 26. Woche seit dem Beginn der Arbeitsunfähigkeit einen Krankengeldzuschuss in Höhe des Unterschiedsbetrages zwischen dem Bruttokrankengeld und dem sich nach Absatz 1 ergebenden Nettoausbildungsentgelt, wenn der zuständige Unfallversicherungsträger den Arbeitsunfall oder die Berufskrankheit anerkennt.

§ 12a Entgeltfortzahlung in anderen Fällen

(1) Auszubildenden ist das Ausbildungsentgelt für insgesamt fünf Ausbildungstage fortzuzahlen, um sich vor den in den Ausbildungsordnungen vorgeschriebenen Abschlussprüfungen ohne Bindung an die planmäßige Ausbildung auf die Prüfung vorbereiten zu können; bei der Sechstagewoche besteht dieser Anspruch für sechs Ausbildungstage.

(2) Der Freistellungsanspruch nach Absatz 1 verkürzt sich um die Zeit, für die Auszubildende zur Vorbereitung auf die Abschlussprüfung besonders zusammengefasst werden; es besteht jedoch mindestens ein Anspruch auf zwei Ausbildungstage.

(3) Im übrigen gelten die für die Beschäftigten des Ausbildenden maßgebenden Regelungen zur Arbeitsbefreiung entsprechend.

§ 13 Vermögenswirksame Leistungen

(1) Nach Maßgabe des Vermögensbildungsgesetzes in seiner jeweiligen Fassung erhalten Auszubildende im Tarifgebiet West eine vermögenswirksame Leistung in Höhe von 13,29 Euro monatlich und im Tarifgebiet Ost in Höhe von 6,65 Euro monatlich. Der Anspruch auf vermögenswirksame Leistungen entsteht frühestens für den Kalendermonat, in dem den Ausbildenden die erforderlichen Angaben mitgeteilt werden, und für die beiden vorangegangenen Monate desselben Kalenderjahres.

(2) Die vermögenswirksamen Leistungen sind kein zusatzversorgungspflichtiges Entgelt.

(3) Die in Absatz 1 Satz 1 genannten Beträge gelten nicht für die Auszubildenden der Sparkassen.

§ 14 Jahressonderzahlung

(1) Auszubildende, die am 1. Dezember in einem Ausbildungsverhältnis stehen, haben Anspruch auf eine Jahressonderzahlung. Diese beträgt bei Auszubildenden, für die die Regelungen des Tarifgebiets West Anwendung finden, und für Auszubildende der ostdeutschen Sparkassen 90 v. H. sowie bei den sonstigen Auszubildenden, für die die Regelungen des Tarifgebiets Ost Anwendung finden, 67,5 v. H. des den Auszubildenden für November zustehenden Ausbildungsentgelts (§ 8).

(2) Der Anspruch ermäßigt sich um ein Zwölftel für jeden Kalendermonat, in dem Auszubildende keinen Anspruch auf Ausbildungsentgelt (§ 8), Fortzahlung des Entgelts während des Erholungsurlaubs (§ 9) oder im Krankheitsfall (§ 12) haben. Die Verminderung unterbleibt für Kalendermonate, für die Auszubildende wegen Beschäftigungsverboten nach § 3 Abs. 2 und § 6 Abs. 1 des Mutterschutzgesetzes kein Ausbildungsentgelt erhalten haben. Die Verminderung unterbleibt ferner für Kalendermonate der Inanspruchnahme der Elternzeit nach dem Bundeserziehungsgeldgesetz bis zum Ende des Kalenderjahres, in dem das Kind geboren ist, wenn am Tag vor Antritt der Elternzeit Entgeltanspruch bestanden hat.

(3) Die Jahressonderzahlung wird mit dem für November zustehenden Ausbildungsentgelt ausgezahlt. Ein Teilbetrag der Jahressonderzahlung kann zu einem früheren Zeitpunkt ausgezahlt werden.

(4) Auszubildende, die im unmittelbaren Anschluss an die Ausbildung von ihrem Ausbildenden in ein Arbeitsverhältnis übernommen werden und am 1. Dezember noch in diesem Arbeitsverhältnis stehen, erhalten zusammen mit der anteiligen Jahressonderzahlung aus dem Arbeitsverhältnis eine anteilige Jahressonderzahlung aus dem Ausbildungsverhältnis.

(5) Für die Jahre 2005 und 2006 gelten die in Anlage 1 aufgeführten Übergangsregelungen.

§ 15 Zusätzliche Altersversorgung

Die Versicherung zum Zwecke einer zusätzlichen Altersversorgung wird durch besonderen Tarifvertrag geregelt.

§ 16 Beendigung des Ausbildungsverhältnisses

(1) Das Ausbildungsverhältnis endet mit Ablauf der Ausbildungszeit; abweichende gesetzliche Regelungen bleiben unberührt. Im Falle des Nichtbestehens der Abschlussprüfung verlängert sich das Ausbildungsverhältnis auf Verlangen der Auszubildenden bis zur nächstmöglichen Wiederholungsprüfung, höchstens um ein Jahr.

(2) Können Auszubildende ohne eigenes Verschulden die Abschlussprüfung erst nach beendeter Ausbildungszeit ablegen, gilt Absatz 1 Satz 2 entsprechend.

(3) Beabsichtigt der Ausbildende keine Übernahme in ein Arbeitsverhältnis, hat er dies den Auszubildenden drei Monate vor dem voraussichtlichen Ende der Ausbildungszeit schriftlich mitzuteilen.

(4) Nach der Probezeit (§ 3) kann das Ausbildungsverhältnis unbeschadet der gesetzlichen Kündigungsgründe nur gekündigt werden
a)   aus einem sonstigen wichtigen Grund ohne Einhalten einer Kündigungsfrist,
b)   von Auszubildenden mit einer Kündigungsfrist von vier Wochen.

(5) Werden Auszubildende im Anschluss an das Ausbildungsverhältnis beschäftigt, ohne dass hierüber ausdrücklich etwas vereinbart worden ist, so gilt ein Arbeitsverhältnis auf unbestimmte Zeit als begründet.

§ 16a Übernahme von Auszubildenden

In dem Besonderen Teil BBiG geregelt

§ 17 Abschlussprämie

(1) Bei Beendigung des Ausbildungsverhältnisses aufgrund erfolgreich abgeschlossener Abschlussprüfung bzw. staatlicher Prüfung erhalten Auszubildende eine Abschlussprämie als Einmalzahlung in Höhe von 400 Euro. Die Abschlussprämie ist kein zusatz-versorgungspflichtiges Entgelt. Sie ist nach Bestehen der Abschlussprüfung bzw. der staatlichen Prüfung fällig.

(2) Absatz 1 gilt nicht für Auszubildende, die ihre Ausbildung nach erfolgloser Prüfung aufgrund einer Wiederholungsprüfung abschließen. Im Einzelfall kann der Ausbildende von Satz 1 abweichen.

(3) Die Absätze 1 und 2 gelten erstmals für Ausbildungsverhältnisse, die im Jahr 2006 beginnen.

§ 18 Zeugnis

In dem Besonderen Teil BBiG geregelt

§ 19 Ausschlussfrist

Ansprüche aus dem Ausbildungsverhältnis verfallen, wenn sie nicht innerhalb einer Ausschlussfrist von sechs Monaten nach Fälligkeit von den Auszubildenden oder vom Ausbildenden schriftlich geltend gemacht werden.

§ 20 In-Kraft-Treten, Laufzeit

(1) Dieser Tarifvertrag tritt am 1. Oktober 2005 in Kraft. Abweichend von Satz 1 tritt § 14 Abs. 1 bis 4 am 1. Januar 2007 in Kraft.

(2) Dieser Tarifvertrag kann mit einer Frist von drei Monaten zum Ende eines Kalenderhalbjahres, frühestens zum 31. Dezember 2009, schriftlich gekündigt werden.

(3) Abweichend von Absatz 2 können § 14 sowie § 17 jeweils gesondert zum 31. Dezember eines jeden Jahres, frühestens jedoch zum 31. Dezember 2008, schriftlich gekündigt werden.

(4) Dieser Tarifvertrag ersetzt für den Bereich des Bundes die in Anlage 2 aufgeführten Tarifverträge. Die Ersetzung erfolgt mit Wirkung vom 1. Oktober 2005, soweit in Anlage 2 kein abweichender Termin bestimmt ist.

(5) Mit In-Kraft-Treten dieses Tarifvertrages finden im Bereich der Mitgliedverbände der VKA die in Anlage 3 aufgeführten Tarifverträge auf die in § 1 Abs. 1 genannten Personen keine Anwendung mehr.

§ 20a In-Kraft-Treten, Laufzeit des Besonderen Teils

In den Besonderen Teilen geregelt

Anlage 1 (Bund) Jahressonderzahlung für das Jahr 2006

Die mit dem Ausbildungsentgelt für den Monat November 2006 zu zahlende Jahressonderzahlung für das Jahr 2006 berechnet sich für den Bereich des Bundes nach den Bestimmungen des § 14 Abs. 1 bis 4 mit folgenden Maßgaben:

1. Der Bemessungssatz der Jahressonderzahlung beträgt in allen Entgeltgruppen
   a) bei Auszubildenden nach BBiG, für die die Regelungen des Tarifgebiets West Anwendung finden, 83,20 v. H.,
   b) bei Auszubildenden nach BBiG, für die die Regelungen des Tarifgebiets Ost Anwendung finden, 62,41 v. H.,
   c) bei Schülerinnen/Schülern, die nach Maßgabe des Krankenpflegegesetzes oder des Hebammengesetzes ausgebildet werden und für die die Regelungen des Tarifgebiets West Anwendung finden, 82,14 v. H.,
   d) bei Schülerinnen/Schülern, die nach Maßgabe des Krankenpflegegesetzes oder des Hebammengesetzes ausgebildet werden und für die die Regelungen des Tarifgebiets Ost Anwendung finden, 61,60 v. H.
2. Der sich nach Nr. 1 ergebende Betrag der Jahressonderzahlung erhöht sich um einen Betrag in Höhe von 255,65 Euro. Der Zusatzbetrag nach Satz 1 ist kein zusatzversorgungspflichtiges Entgelt.

Anlage 1 (VKA) Jahressonderzahlungen für die Jahre 2005 und 2006

(1) Im Zeitraum vom 1. Oktober bis 31. Dezember 2005 gelten im Bereich der Mitgliedverbände der VKA folgende Tarifverträge als den TVAöD ergänzende Tarifverträge:
a) Tarifvertrag über eine Zuwendung für Auszubildende (VKA) vom 12. Oktober 1973,
b) Tarifvertrag über eine Zuwendung für Auszubildende (TV Zuwendung Azubi-O) vom 5. März 1991,

c) Tarifvertrag über eine Zuwendung für Auszubildende (TV Zuwendung Azubi-Ostdeutsche Sparkassen) vom 25. Oktober 1990,

d) Tarifvertrag über eine Zuwendung für Schülerinnen/Schüler, die nach Maßgabe des Krankenpflegegesetzes oder des Hebammengesetzes ausgebildet werden, vom 21. April 1986,

e) Tarifvertrag über eine Zuwendung für Schülerinnen/Schüler, die nach Maßgabe des Krankenpflegegesetzes oder des Hebammengesetzes ausgebildet werden (TV Zuwendung Schü-O), vom 5. März 1991.

Die unter Satz 1 Buchst. a bis e aufgeführten Tarifverträge finden auf Auszubildende, die unter den Geltungsbereich des TVAöD fallen, nach dem 31. Dezember 2005 keine Anwendung mehr.

(2) Die mit dem Ausbildungsentgelt für den Monat November 2006 zu zahlende Jahressonderzahlung beträgt bei Auszubildenden,

a) für die die Regelungen des Tarifgebiets West und bis zum 31. Dezember 2005 die unter Absatz 1 Satz 1 Buchst. a und c aufgeführten Tarifverträge Anwendung finden, 83,20 v.H.,

b) für die die Regelungen des Tarifgebiets West und bis zum 31. Dezember 2005 der unter Absatz 1 Satz 1 Buchst. d aufgeführte Tarifvertrag Anwendung finden, 82,14 v.H.,

c) für die die Regelungen des Tarifgebiets Ost und bis zum 31. Dezember 2005 der unter Absatz 1 Satz 1 Buchst. b aufgeführte Tarifvertrag Anwendung finden, 62,41 v.H.,

d) für die die Regelungen des Tarifgebiets Ost und bis zum 31. Dezember 2005 der unter Absatz 1 Satz 1 Buchst. e aufgeführte Tarifvertrag Anwendung finden, 61,60 v.H.

des den Auszubildenden für November 2006 zustehenden Ausbildungsentgelts nach Maßgabe der Bestimmungen des § 14 Abs. 1 bis 4. Der sich nach Satz 1 ergebende Betrag erhöht sich um 255,65 Euro. Der Erhöhungsbetrag nach Satz 2 ist kein zusatzversorgungspflichtiges Entgelt.

(3) Die Absätze 1 und 2 gelten für Auszubildende, mit denen nach dem 30. September 2005 ein Ausbildungsverhältnis begründet wird, entsprechend.

Anlage 2 (zu § 20 Abs. 4 - Bund)

1. Manteltarifvertrag für Auszubildende vom 6. Dezember 1974,

2. Manteltarifvertrag für Auszubildende (Mantel-TV Azubi-O) vom 5. März 1991,

3. Ausbildungsvergütungstarifvertrag Nr. 22 für Auszubildende vom 31. Januar 2003,

4. Ausbildungsvergütungstarifvertrag Nr. 7 für Auszubildende (Ost) vom 31. Januar 2003,

5. Tarifvertrag über vermögenswirksame Leistungen an Auszubildende vom 17. Dezember 1970,

6. Tarifvertrag über vermögenswirksame Leistungen an Auszubildende (TV VL Azubi-O) vom 8. Mai 1991,

7. Tarifvertrag über ein Urlaubsgeld für Auszubildende (Bund) vom 16. März 1977, mit Wirkung ab 1. Januar 2006,

8. Tarifvertrag über ein Urlaubsgeld für Auszubildende (TV Urlaubsgeld Azubi-O) vom 5. März 1991, mit Wirkung ab 1. Januar 2006,

9. Tarifvertrag über eine Zuwendung für Auszubildende (Bund) vom 12. Oktober 1973, mit Wirkung ab 1. Januar 2006,

10. Tarifvertrag über eine Zuwendung für Auszubildende (TV Zuwendung Azubi-O) vom 5. März 1991, mit Wirkung ab 1. Januar 2006,

11. Tarifvertrag zur Regelung der Rechtsverhältnisse der Schülerinnen/Schüler, die nach Maßgabe des Krankenpflegegesetzes oder des Hebammengesetzes ausgebildet werden, vom 28. Februar 1986,

12. Tarifvertrag zur Regelung der Rechtsverhältnisse der Schülerinnen/Schüler, die nach Maßgabe des Krankenpflegegesetzes oder des Hebammengesetzes ausgebildet werden (Mantel-TV Schü-O), vom 5. März 1991,

13. Ausbildungsvergütungstarifvertrag Nr. 12 für Schülerinnen/Schüler, die nach Maßgabe des Krankenpflegegesetzes oder des Hebammengesetzes ausgebildet werden, vom 31. Januar 2003,

14. Ausbildungsvergütungstarifvertrag Nr. 7 für Schülerinnen/Schüler, die nach Maßgabe des Krankenpflegegesetzes oder des Hebammengesetzes ausgebildet werden (Ost), vom 31. Januar 2003,

15. Tarifvertrag über ein Urlaubsgeld für Schülerinnen/Schüler, die nach Maßgabe des Krankenpflegegesetzes in der Krankenpflege oder in der Kinderkrankenpflege oder nach Maßgabe des Hebammengesetzes ausgebildet werden, vom 21. April 1986, mit Wirkung ab 1. Januar 2006,

16. Tarifvertrag über ein Urlaubsgeld für Schülerinnen/Schüler, die nach Maßgabe des Krankenpflegegesetzes in der Krankenpflege oder in der Kinderkrankenpflege oder nach Maßgabe des He-

bammengesetzes ausgebildet werden (TV Urlaubsgeld Schü-O), vom 5. März 1991, mit Wirkung ab 1. Januar 2006,

17. Tarifvertrag über eine Zuwendung für Schülerinnen/Schüler, die nach Maßgabe des Krankenpflegegesetzes oder des Hebammengesetzes ausgebildet werden, vom 21. April 1986, mit Wirkung ab 1. Januar 2006,

18. Tarifvertrag über eine Zuwendung für Schülerinnen/Schüler, die nach Maßgabe des Krankenpflegegesetzes oder des Hebammengesetzes ausgebildet werden (TV Zuwendung Schü-O), vom 5. März 1991, mit Wirkung ab 1. Januar 2006.

Anlage 3 (zu § 20 Abs. 5 - VKA)

1. Manteltarifvertrag für Auszubildende vom 6. Dezember 1974,
2. Manteltarifvertrag für Auszubildende (Mantel-TV Azubi-O) vom 5. März 1991,
3. Manteltarifvertrag für Auszubildende (Mantel-TV Azubi-Ostdeutsche Sparkassen) vom 16. Mai 1991,
4. Ausbildungsvergütungstarifvertrag Nr. 22 für Auszubildende vom 31. Januar 2003,
5. Ausbildungsvergütungstarifvertrag Nr. 7 für Auszubildende (Ost) vom 31. Januar 2003,
6. Ausbildungsvergütungstarifvertrag Nr. 7 für Auszubildende der ostdeutschen Sparkassen vom 31. Januar 2003,
7. Tarifvertrag über vermögenswirksame Leistungen an Auszubildende vom 17. Dezember 1970,
8. Tarifvertrag über vermögenswirksame Leistungen an Auszubildende (TV VL Azubi-O) vom 8. Mai 1991,
9. Tarifvertrag über ein Urlaubsgeld für Auszubildende vom 16. März 1977,
10. Tarifvertrag über ein Urlaubsgeld für Auszubildende (TV Urlaubsgeld Azubi-O) vom 5. März 1991,
11. Tarifvertrag über ein Urlaubsgeld für Auszubildende (TV Urlaubsgeld Azubi-Ostdeutsche Sparkassen) vom 25. Oktober 1990,
12. Tarifvertrag zur Regelung der Rechtsverhältnisse der Schülerinnen/Schüler, die nach Maßgabe des Krankenpflegegesetzes oder des Hebammengesetzes ausgebildet werden, vom 28. Februar 1986,
13. Tarifvertrag zur Regelung der Rechtsverhältnisse der Schülerinnen/Schüler, die nach Maßgabe des Krankenpflegegesetzes oder des Hebammengesetzes ausgebildet werden (Mantel-TV Schü-O), vom 5. März 1991,
14. Ausbildungsvergütungstarifvertrag Nr. 12 für Schülerinnen/Schüler, die nach Maßgabe des Krankenpflegegesetzes oder des Hebammengesetzes ausgebildet werden, vom 31. Januar 2003,
15. Ausbildungsvergütungstarifvertrag Nr. 7 für Schülerinnen/Schüler, die nach Maßgabe des Krankenpflegegesetzes oder des Hebammengesetzes ausgebildet werden (Ost), vom 31. Januar 2003,
16. Tarifvertrag über ein Urlaubsgeld für Schülerinnen/Schüler, die nach Maßgabe des Krankenpflegegesetzes in der Krankenpflege oder in der Kinderkrankenpflege oder nach Maßgabe des Hebammengesetzes ausgebildet werden, vom 21. April 1986,
17. Tarifvertrag über ein Urlaubsgeld für Schülerinnen/Schüler, die nach Maßgabe des Krankenpflegegesetzes in der Krankenpflege oder in der Kinderkrankenpflege oder nach Maßgabe des Hebammengesetzes ausgebildet werden (TV Urlaubsgeld Schü-O), vom 5. März 1991.

Anlage 4 (VKA) Einmalzahlungen für die Jahre 2006 und 2007

(1) Die im Bereich der Mitgliedverbände der VKA von diesem Tarifvertrag erfassten Auszubildenden im Tarifgebiet West erhalten für die Jahre 2006 und 2007 jeweils eine Einmalzahlung in Höhe von 100 Euro, die mit dem Ausbildungsentgelt des Monats Juli 2006 bzw. Juli 2007 ausgezahlt wird.

(2) Der Anspruch auf die Einmalzahlungen nach Absatz 1 besteht, wenn der/die Auszubildende an mindestens einem Tag des Monats Juli 2006 bzw. Juli 2007 Anspruch auf Ausbildungsentgelt gegen einen in § 1 Abs. 1 genannten Ausbildenden hat.

(3) Die Einmalzahlungen sind bei der Bemessung sonstiger Leistungen nicht zu berücksichtigen.

(4) Die Absätze 1 bis 3 gelten nicht für Schülerinnen/Schüler in der Altenpflege.

Anlage 5 Übergangsregelungen für Schülerinnen/Schüler in der Altenpflege

[Regelung im Besonderen Teil Pflege]

Niederschriftserklärungen

1. Zu § 1:
Ausbildender im Sinne dieses Tarifvertrages ist, wer andere Personen zur Ausbildung einstellt.

2. Zu Anlage 1 (Bund):

  1. Auszubildende, deren Ausbildungsverhältnis mit dem Bund nach dem 31. Juli 2003 begründet worden ist, erhalten im Jahr 2005 mit dem Ausbildungsentgelt für den Monat November 2005 eine Zuwendung in gleicher Weise (Anspruchsgrund und Anspruchshöhe) wie im Jahr 2004.

  2. Auszubildende, deren Ausbildungsverhältnis mit dem Bund vor dem 1. August 2003 begründet worden ist, erhalten im Jahr 2005 eine Zuwendung nach Maßgabe der nachwirkenden Tarifverträge über eine Zuwendung.

Tarifvertrag für Auszubildende des öffentlichen Dienstes (TVAöD) – Besonderer Teil BBiG

vom 13. September 2005

Zwischen
der Bundesrepublik Deutschland, vertreten durch das Bundesministerium des Innern, und der Vereinigung der kommunalen Arbeitgeberverbände, vertreten durch den Vorstand, einerseits
und der
ver.di - Vereinte Dienstleistungsgewerkschaft (ver.di) vertreten durch den Bundesvorstand,
diese zugleich handelnd für
- Gewerkschaft der Polizei,
- Industriegewerkschaft Bauen - Agrar - Umwelt,
- Gewerkschaft Erziehung und Wissenschaft,
andererseits
wird Folgendes vereinbart: [1]

§ 1a Geltungsbereich des Besonderen Teils

(1) Dieser Tarifvertrag gilt nur für die in § 1 Abs. 1 des Tarifvertrages für Auszubildende des öffentlichen Dienstes (TVAöD) - Allgemeiner Teil unter Buchst. a, c und d aufgeführten Auszubildenden. Er bildet im Zusammenhang mit dem Allgemeinen Teil des TVAöD den Tarifvertrag für die Auszubildenden des öffentlichen Dienstes nach BBiG (TVAöD - BBiG).

(2) Soweit in den nachfolgenden Bestimmungen auf die §§ 2, 4, 5, 6, 8a, 9, 12, 12a, 13, 14, 15, 16, 17, 19 und die Anlagen 1 bis 4 verwiesen wird, handelt es sich um die Regelungen des TVAöD - Allgemeiner Teil.

§ 3 Probezeit

(1) Die Probezeit beträgt drei Monate.

(2) Während der Probezeit kann das Ausbildungsverhältnis von beiden Seiten jederzeit ohne Einhalten einer Kündigungsfrist gekündigt werden.

§ 7 Wöchentliche und tägliche Ausbildungszeit

(1) Die regelmäßige durchschnittliche wöchentliche Ausbildungszeit und die tägliche Ausbildungszeit der Auszubildenden, die nicht unter das Jugendarbeitsschutzgesetz fallen, richten sich nach den für die Beschäftigten des Ausbildenden maßgebenden Vorschriften über die Arbeitszeit.

(2) Wird das Führen von Berichtsheften (Ausbildungsnachweisen) verlangt, ist den Auszubildenden dazu Gelegenheit während der Ausbildungszeit zu geben.

(3) An Tagen, an denen Auszubildende an einem theoretischen betrieblichen Unterricht von mindestens 270 tatsächlichen Unterrichtsminuten teilnehmen, dürfen sie nicht zur praktischen Ausbildung herangezogen werden.

(4) Unterrichtszeiten einschließlich der Pausen gelten als Ausbildungszeit. Dies gilt auch für die notwendige Wegezeit zwischen Unterrichtsort und Ausbildungsstätte, sofern die Ausbildung nach dem Unterricht fortgesetzt wird.

(5) Auszubildende dürfen an Sonn- und Wochenfeiertagen und in der Nacht zur Ausbildung nur herangezogen werden, wenn dies nach dem Ausbildungszweck erforderlich ist.

(6) Auszubildende dürfen nicht über die nach Absatz 1 geregelte Ausbildungszeit hinaus zu Mehrarbeit herangezogen und nicht mit Akkordarbeit beschäftigt werden. §§ 21, 23 JArbSchG und § 17 Abs. 3 BBiG bleiben unberührt.

---

[1] Ein gleichlautender Tarifvertrag wurde mit der dbb tarifunion abgeschlossen.

§ 8 Ausbildungsentgelt

(1) Das monatliche Ausbildungsentgelt beträgt für Auszubildende, für die die Regelungen des Tarifgebiets West Anwendung finden,

im ersten Ausbildungsjahr	617,34 Euro,
im zweiten Ausbildungsjahr	666,15 Euro,
im dritten Ausbildungsjahr	710,93 Euro,
im vierten Ausbildungsjahr	773,06 Euro.

Das monatliche Ausbildungsentgelt beträgt für Auszubildende des Bundes, für die die Regelungen des Tarifgebiets Ost Anwendung finden,

im ersten Ausbildungsjahr	571,04 Euro,
im zweiten Ausbildungsjahr	616,19 Euro,
im dritten Ausbildungsjahr	657,61 Euro,
im vierten Ausbildungsjahr	715,08 Euro.

Das monatliche Ausbildungsentgelt beträgt für Auszubildende im Bereich der Mitgliedverbände der VKA, für die die Regelungen des Tarifgebiets Ost Anwendung finden,

a) ab 1. Oktober 2005

im ersten Ausbildungsjahr	580,30 Euro,
im zweiten Ausbildungsjahr	626,18 Euro,
im dritten Ausbildungsjahr	668,27 Euro,
im vierten Ausbildungsjahr	726,68 Euro.

b) ab 1. Juli 2006

im ersten Ausbildungsjahr	589,56 Euro,
im zweiten Ausbildungsjahr	636,17 Euro,
im dritten Ausbildungsjahr	678,94 Euro,
im vierten Ausbildungsjahr	738,27 Euro.

c) ab 1. Juli 2007

im ersten Ausbildungsjahr	598,82 Euro,
im zweiten Ausbildungsjahr	646,17 Euro,
im dritten Ausbildungsjahr	689,60 Euro,
im vierten Ausbildungsjahr	749,87 Euro.

(2) Das Ausbildungsentgelt ist zu demselben Zeitpunkt fällig wie das den Beschäftigten des Ausbildenden gezahlte Entgelt.

(3) Im Geltungsbereich des TV-S wird eine von Absatz 1 abweichende Regelung getroffen.

(4) Ist wegen des Besuchs einer weiterführenden oder einer berufsbildenden Schule oder wegen einer Berufsausbildung in einer sonstigen Einrichtung die Ausbildungszeit verkürzt, gilt für die Höhe des Ausbildungsentgelts der Zeitraum, um den die Ausbildungszeit verkürzt wird, als abgeleistete Ausbildungszeit.

(5) Wird die Ausbildungszeit
a) gemäß § 16 Abs. 1 Satz 2 verlängert oder
b) auf Antrag der Auszubildenden nach § 8 Abs. 2 BBiG von der zuständigen Stelle oder nach § 27b Abs. 2 der Handwerksordnung von der Handwerkskammer verlängert, wenn die Verlängerung erforderlich ist, um das Ausbildungsziel zu erreichen,
wird während des Zeitraums der Verlängerung das Ausbildungsentgelt des letzten regelmäßigen Ausbildungsabschnitts gezahlt.

(6) In den Fällen des § 16 Abs. 2 erhalten Auszubildende bis zur Ablegung der Abschlussprüfung das Ausbildungsentgelt des letzten regelmäßigen Ausbildungsabschnitts, bei Bestehen der Prüfung darüber hinaus rückwirkend von dem Zeitpunkt an, an dem das Ausbildungsverhältnis geendet hat, den Unterschiedsbetrag zwischen dem ihnen gezahlten Ausbildungsentgelt und dem für das vierte Ausbildungsjahr maßgebenden Ausbildungsentgelt.

(7) Im Bereich der Mitgliedverbände der VKA werden für die Jahre 2006 und 2007 Einmalzahlungen nach Maßgabe der Anlage 4 gezahlt.

§ 10 Ausbildungsmaßnahmen außerhalb der Ausbildungsstätte

(1) Bei Dienstreisen und Reisen zur Ablegung der in den Ausbildungsordnungen vorgeschriebenen Prüfungen erhalten Auszubildende eine Entschädigung in entsprechender Anwendung der für die Beschäftigten des Ausbildenden geltenden Reisekostenbestimmungen in der jeweiligen Fassung.

(2) Bei Reisen zur Teilnahme an überbetrieblichen Ausbildungsmaßnahmen im Sinne des § 5 Abs. 2 Satz 1 Nr. 6 BBiG außerhalb der politischen Gemeindegrenze der Ausbildungsstätte werden die entstandenen notwendigen Fahrtkosten bis zur Höhe der Kosten der Fahrkarte der jeweils niedrigsten Klasse des billigsten regelmäßig verkehrenden Beförderungsmittels (im Bahnverkehr ohne Zuschläge) erstattet; Möglichkeiten zur Erlangung von Fahrpreisermäßigungen (z. B. Schülerfahrkarten, Monatsfahrkarten, BahnCard) sind auszunutzen. Beträgt die Entfernung zwischen den Ausbildungsstätten hierbei mehr als 300 km, können im Bahnverkehr Zuschläge bzw. besondere Fahrpreise (z. B. für ICE) erstattet werden. Die nachgewiesenen notwendigen Kosten einer Unterkunft am auswärtigen Ort sind, soweit nicht eine unentgeltliche Unterkunft zur Verfügung steht, bis zu 20 Euro pro Übernachtung erstattungsfähig. Zu den Auslagen des bei notwendiger auswärtiger Unterbringung entstehenden Verpflegungsmehraufwands wird für volle Kalendertage der Anwesenheit am auswärtigen Ausbildungsort ein Verpflegungszuschuss in Höhe der nach der Sachbezugsverordnung maßgebenden Sachbezugswerte für Frühstück, Mittagessen und Abendessen gewährt. Bei unentgeltlicher Verpflegung wird der jeweilige Sachbezugswert einbehalten. Bei einer über ein Wochenende oder einen Feiertag hinaus andauernden Ausbildungsmaßnahme werden die dadurch entstandenen Mehrkosten für Unterkunft und Verpflegungsmehraufwand nach Maßgabe der Sätze 3 bis 5 erstattet.

(3) Ist der Besuch einer auswärtigen Berufsschule vom Ausbildenden veranlasst, werden die notwendigen Fahrtkosten sowie die Auslagen für Unterkunft und Verpflegungsmehraufwand nach Maßgabe des Absatzes 2 erstattet.

(4) Bei Abordnungen und Zuweisungen werden die Kosten nach Maßgabe des Absatzes 2 erstattet.

§ 10a Familienheimfahrten

Für Familienheimfahrten vom jeweiligen Ort der Ausbildungsstätte oder vom Ort der auswärtigen Berufsschule, deren Besuch vom Ausbildenden veranlasst wurde, zum Wohnort der Eltern, der Erziehungsberechtigten oder der Ehegattin/des Ehegatten oder der Lebenspartnerin/des Lebenspartners werden den Auszubildenden monatlich einmal die im Bundesgebiet entstandenen notwendigen Fahrtkosten bis zur Höhe der Kosten der Fahrkarte der jeweils niedrigsten Klasse des billigsten regelmäßig verkehrenden Beförderungsmittels (im Bahnverkehr ohne Zuschläge) erstattet; Möglichkeiten zur Erlangung von Fahrpreisermäßigungen (z. B. Schülerfahrkarten, Monatsfahrkarten, BahnCard) sind auszunutzen. Beträgt die Entfernung mehr als 300 km, können im Bahnverkehr Zuschläge bzw. besondere Fahrpreise (z. B. für ICE) erstattet werden. Die Sätze 1 und 2 gelten nicht, wenn aufgrund geringer Entfernung eine tägliche Rückkehr möglich und zumutbar ist oder der Aufenthalt am jeweiligen Ort der Ausbildungsstätte oder der auswärtigen Berufsschule weniger als vier Wochen beträgt.

§ 11 Schutzkleidung, Ausbildungsmittel

(1) Soweit das Tragen von Schutzkleidung gesetzlich vorgeschrieben oder angeordnet ist, wird sie unentgeltlich zur Verfügung gestellt und bleibt Eigentum des Ausbildenden.

(2) Der Ausbildende hat den Auszubildenden kostenlos die Ausbildungsmittel zur Verfügung zu stellen, die zur Berufsausbildung und zum Ablegen von Zwischen- und Abschlussprüfungen erforderlich sind.

§ 16a Übernahme von Auszubildenden

Die Tarifvertragsparteien wirken darauf hin, dass Auszubildende nach erfolgreich bestandener Abschlussprüfung für mindestens zwölf Monate in ein Arbeitsverhältnis übernommen werden, soweit nicht personen- oder verhaltensbedingte Gründe entgegenstehen. Satz 1 gilt nicht, soweit die Verwaltung bzw. der Betrieb über Bedarf ausgebildet hat. Diese Regelung tritt mit Ablauf des 31. Dezember 2007 außer Kraft.

§ 18 Zeugnis

Der Ausbildende hat den Auszubildenden bei Beendigung des Berufsausbildungsverhältnisses ein Zeugnis auszustellen. Das Zeugnis muss Angaben über Art, Dauer und Ziel der Berufsausbildung sowie über die erworbenen Fertigkeiten und Kenntnisse der Auszubildenden enthalten. Auf deren Verlangen sind auch Angaben über Führung, Leistung und besondere fachliche Fähigkeiten aufzunehmen.

§ 20a In-Kraft-Treten, Laufzeit des Besonderen Teils

(1) Dieser Tarifvertrag tritt am 1. Oktober 2005 in Kraft.

(2) Er kann mit einer Frist von drei Monaten zum Ende eines Kalenderhalbjahres, frühestens zum 31. Dezember 2009, schriftlich gekündigt werden.

(3) Abweichend von Absatz 2 kann § 8 Abs. 1 mit einer Frist von einem Monat zum Schluss eines Kalendermonats, frühestens jedoch zum 31. Dezember 2007, schriftlich gekündigt werden.

Tarifvertrag für Auszubildende des öffentlichen Dienstes (TVAöD) – Besonderer Teil Pflege

vom 13. September 2005

Zwischen
der Bundesrepublik Deutschland, vertreten durch das Bundesministerium des Innern, und der Vereinigung der kommunalen Arbeitgeberverbände, vertreten durch den Vorstand, einerseits
und der
ver.di - Vereinte Dienstleistungsgewerkschaft (ver.di) vertreten durch den Bundesvorstand, diese zugleich handelnd für
- Gewerkschaft der Polizei,
- Industriegewerkschaft Bauen - Agrar - Umwelt,
- Gewerkschaft Erziehung und Wissenschaft,
andererseits
wird Folgendes vereinbart: [1]

§ 1a Geltungsbereich des Besonderen Teils

(1) Dieser Tarifvertrag gilt nur für die in § 1 Abs. 1 des Tarifvertrages für Auszubildende des öffentlichen Dienstes (TVAöD) - Allgemeiner Teil unter Buchst. b aufgeführten Auszubildenden. Er bildet im Zusammenhang mit dem Allgemeinen Teil des TVAöD den Tarifvertrag für die Auszubildenden des öffentlichen Dienstes in Pflegeberufen (TVAöD - Pflege).

(2) Soweit in den nachfolgenden Bestimmungen auf die §§ 2, 4, 5, 6, 8a, 9, 12, 12a, 13, 14, 15, 16, 17, 19 und die Anlagen 1 bis 4 verwiesen wird, handelt es sich um die Regelungen des TVAöD - Allgemeiner Teil.

§ 3 Probezeit

(1) Die Probezeit beträgt sechs Monate.

(2) Während der Probezeit kann das Ausbildungsverhältnis von beiden Seiten jederzeit ohne Einhalten einer Kündigungsfrist gekündigt werden.

§ 7 Wöchentliche und tägliche Ausbildungszeit

(1) Die regelmäßige durchschnittliche wöchentliche Ausbildungszeit und die tägliche Ausbildungszeit der Auszubildenden, die nicht unter das Jugendarbeitsschutzgesetz fallen, richten sich nach den für die Beschäftigten des Ausbildenden maßgebenden Vorschriften über die Arbeitszeit.

(2) Auszubildende dürfen im Rahmen des Ausbildungszwecks auch an Sonntagen und Wochenfeiertagen und in der Nacht ausgebildet werden.

(3) Eine über die durchschnittliche regelmäßige wöchentliche Ausbildungszeit hinausgehende Beschäftigung ist nur ausnahmsweise zulässig.

§ 8 Ausbildungsentgelt

(1) Das monatliche Ausbildungsentgelt beträgt für Schülerinnen/Schüler in der Gesundheits- und Krankenpflege, Gesundheits- und Kinderkrankenpflege, Entbindungspflege und Altenpflege, für die die Regelungen des Tarifgebiets West Anwendung finden,

im ersten Ausbildungsjahr	729,06 Euro,
im zweiten Ausbildungsjahr	788,57 Euro,
im dritten Ausbildungsjahr	884,44 Euro.

Das monatliche Ausbildungsentgelt beträgt im Bereich des Bundes für Schülerinnen/Schüler in der Gesundheits- und Krankenpflege, Gesundheits- und Kinderkrankenpflege, Entbindungspflege und Altenpflege, für die die Regelungen des Tarifgebiets Ost Anwendung finden,

---

[1] Ein gleichlautender Tarifvertrag wurde mit der dbb tarifunion abgeschlossen.

im ersten Ausbildungsjahr	674,38 Euro,
im zweiten Ausbildungsjahr	729,43 Euro,
im dritten Ausbildungsjahr	818,11 Euro.

Das monatliche Ausbildungsentgelt beträgt im Bereich der Mitgliedverbände der VKA für Schülerinnen/Schüler in der Gesundheits- und Krankenpflege, Gesundheits- und Kinderkrankenpflege, Entbindungspflege und Altenpflege, für die die Regelungen des Tarifgebiets Ost Anwendung finden,

a) ab 1. Oktober 2005

im ersten Ausbildungsjahr	685,32 Euro,
im zweiten Ausbildungsjahr	741,26 Euro,
im dritten Ausbildungsjahr	831,37 Euro,

b) ab 1. Juli 2006

im ersten Ausbildungsjahr	696,25 Euro,
im zweiten Ausbildungsjahr	753,08 Euro,
im dritten Ausbildungsjahr	844,64 Euro,

c) ab 1. Juli 2007

im ersten Ausbildungsjahr	707,19 Euro,
im zweiten Ausbildungsjahr	764,91 Euro,
im dritten Ausbildungsjahr	857,91 Euro.

Abweichend von den Sätzen 1 bis 3 gelten für Schülerinnen/Schüler in der Altenpflege die Übergangsregelungen in Anlage 5.

(2) Das Ausbildungsentgelt ist zu demselben Zeitpunkt fällig wie das den Beschäftigten des Ausbildenden gezahlte Entgelt.

(3) Für den Bereich der Mitgliedverbände der VKA werden für die Jahre 2006 und 2007 Einmalzahlungen nach Maßgabe der Anlage 4 gezahlt.

§ 10 Ausbildungsmaßnahmen außerhalb der Ausbildungsstätte

(1) Bei Dienstreisen erhalten die Auszubildenden eine Entschädigung in entsprechender Anwendung der für die Beschäftigten des Ausbildenden geltenden Reisekostenbestimmungen in der jeweiligen Fassung.

(2) Bei Reisen zur vorübergehenden Ausbildung an einer anderen Einrichtung außerhalb der politischen Gemeindegrenze der Ausbildungsstätte sowie zur Teilnahme an Vorträgen, an Arbeitsgemeinschaften oder an Übungen werden die entstandenen notwendigen Fahrtkosten bis zur Höhe der Kosten für die Fahrkarte der jeweils niedrigsten Klasse des billigsten regelmäßig verkehrenden Beförderungsmittels (im Bahnverkehr ohne Zuschläge) erstattet; Möglichkeiten zur Erlangung von Fahrpreisermäßigungen (z. B. Schülerfahrkarten, Monatsfahrkarten, BahnCard) sind auszunutzen.

§ 10a Familienheimfahrten

Für Familienheimfahrten vom jeweiligen Ort der Ausbildungsstätte zum Wohnort der Eltern, der Erziehungsberechtigten oder der Ehegattin/des Ehegatten oder der Lebenspartnerin/des Lebenspartners werden den Auszubildenden monatlich einmal die im Bundesgebiet entstandenen notwendigen Fahrtkosten bis zur Höhe der Kosten der Fahrkarte der jeweils niedrigsten Klasse des billigsten regelmäßig verkehrenden Beförderungsmittels (im Bahnverkehr ohne Zuschläge) erstattet; Möglichkeiten zur Erlangung von Fahrpreisermäßigungen (z. B. Schülerfahrkarten, Monatsfahrkarten, BahnCard) sind auszunutzen. Satz 1 gilt nicht, wenn aufgrund geringer Entfernung eine tägliche Rückkehr möglich und zumutbar ist oder der Aufenthalt am jeweiligen Ort der Ausbildungsstätte weniger als vier Wochen beträgt.

§ 11 Schutzkleidung, Ausbildungsmittel

(1) Für die Gewährung von Schutzkleidung gelten die für die in dem Beruf beim Ausbildenden tätigen Beschäftigten jeweils maßgebenden Bestimmungen, in dem die Auszubildenden ausgebildet werden.

(2) Der Ausbildende hat den Auszubildenden kostenlos die Ausbildungsmittel zur Verfügung zu stellen, die zur Ausbildung und zum Ablegen der staatlichen Prüfung erforderlich sind.

§ 20a In-Kraft-Treten, Laufzeit des Besonderen Teils

(1) Dieser Tarifvertrag tritt am 1. Oktober 2005 in Kraft.

(2) Er kann mit einer Frist von drei Monaten zum Ende eines Kalenderhalbjahres, frühestens zum 31. Dezember 2009, schriftlich gekündigt werden.

(3) Abweichend von Absatz 2 kann § 8 Abs. 1 mit einer Frist von einem Monat zum Schluss eines Kalendermonats, frühestens jedoch zum 31. Dezember 2007, gesondert schriftlich gekündigt werden.

Anlage 5 Übergangsregelungen für Schülerinnen/Schüler in der Altenpflege

1. Für Schülerinnen/Schüler in der Altenpflege, deren Ausbildungsverhältnis vor dem 1. Oktober 2005 begonnen hat, gelten die jeweils einzelvertraglich vereinbarten Ausbildungsentgelte bis zur Beendigung des Ausbildungsverhältnisses weiter, soweit einzelvertraglich nichts Abweichendes vereinbart wird.

2. Soweit Ausbildende von Schülerinnen/Schülern in der Altenpflege bis zum 30. September 2005 ein Ausbildungsentgelt gezahlt haben, das niedriger ist als die in § 8 Abs. 1 geregelten Ausbildungsentgelte, gelten für die Ausbildungsentgelte bei Ausbildungsverhältnissen, die nach dem 30. September 2005 beginnen, spätestens ab 1. Januar 2008 die in § 8 Abs. 1 geregelten Beträge.

Tarifvertrag über die Vereinbarung einer Meistbegünstigungsklausel (TV-Meistbegünstigung)

vom 9. Februar 2005

Zwischen
der der Vereinigung der kommunalen Arbeitgeberverbände, vertreten durch den Vorstand, einerseits
und der
ver.di - Vereinte Dienstleistungsgewerkschaft (ver.di), vertreten durch den Bundesvorstand, diese
zugleich handelnd für
- Gewerkschaft der Polizei,
- Industriegewerkschaft Bauen - Agrar - Umwelt,
- Gewerkschaft Erziehung und Wissenschaft,
andererseits
wird Folgendes vereinbart: [1]

§ 1 Meistbegünstigungsklausel

Sofern die vertragsschließende Gewerkschaft ver.di für ein oder mehrere Bundesländer einen Tarifvertrag abschließt, der von den Regelungen des TVöD oder der ihn ergänzenden Tarifverträge in den Bereichen Arbeitszeit und Sonderzahlung (Zuwendung, Urlaubsgeld u.ä.) abweichende Inhalte hat oder beim Entgelt (insb. Einmalzahlung, Übergangskosten) für die Arbeitgeber günstigere Regelungen enthält, vereinbaren die Tarifvertragsparteien ohne weitere Verhandlungen folgendes:
- Die rechtsverbindliche Unterschrift der Gewerkschaft ver.di unter den ausgehandelten Tarifvertrag gilt zugleich als unwiderrufliches Angebot an den Bund und die Vereinigung der Kommunalen Arbeitgeberverbände, die Regelungen des Tarifvertrags insgesamt oder in ihren einzelnen Bestandteilen in den TVöD oder ihn ergänzende Tarifverträge (ersetzend oder ergänzend) zu übernehmen. Ver.di verpflichtet sich, den Tarifvertrag unverzüglich dem Bund und der Vereinigung der Kommunalen Arbeitgeberverbände zur Kenntnis zu geben.
- Der Bund und die Vereinigung der Kommunalen Arbeitgeberverbände können jeder für sich binnen einer Frist von vier Wochen nach Kenntnisnahme des entsprechenden Tarifvertrags das Angebot schriftlich annehmen.

Niederschriftserklärung zu § 1:
Die Tarifvertragsparteien stellen klar:
Abweichende Inhalte können sich auch daraus ergeben, dass ein Regelungsgegenstand in einem Tarifvertrag nicht ausdrücklich geregelt wird.

§ 2 In-Kraft-Treten und Kündigung

(1) Dieser Tarifvertrag tritt am 9. Februar 2005 in Kraft.

(2) Dieser Tarifvertrag kann erstmalig zum 31. Dezember 2007 gekündigt werden. Eine spätere Kündigung ist mit einer Frist von drei Monaten zum Quartalsende zulässig. Eine Nachwirkung wird ausgeschlossen.

Berlin, den 26. Mai 2005

---

[1]   Ein gleichlautender Tarifvertrag wurde mit der dbb tarifunion abgeschlossen.

Tarifvertrag zur Zukunftssicherung der Krankenhäuser (TV ZUSI)

vom 23. August 2005

Zwischen der
Vereinigung der kommunalen Arbeitgeberverbände, vertreten durch den Vorstand,
einerseits
und der
ver.di - Vereinte Dienstleistungsgewerkschaft (ver.di) vertreten durch den Bundesvorstand,
diese zugleich handelnd für
Gewerkschaft der Polizei,
Industriegewerkschaft Bauen - Agrar - Umwelt,
Gewerkschaft Erziehung und Wissenschaft,
andererseits
wird Folgendes vereinbart: [1]

Präambel

Die Umstrukturierung des Gesundheitswesens erfordert von den Krankenhäusern, dass sie sich in der Konvergenzphase bis 2009 an die neuen Bedingungen anpassen, um ihre wirtschaftliche Handlungsfähigkeit zu erhalten bzw. zu verbessern. Durch die Änderung der Finanzierung und die erforderliche Umstrukturierung können sich wirtschaftliche Probleme für Krankenhäuser ergeben. Die geringe Ausstattung der Krankenhäuser mit Eigenkapital führt zu hohen Kosten bei der Aufnahme von Krediten, um die erforderlichen Investitionen zu tätigen. Gerade Krankenhäuser in öffentlicher Trägerschaft können nicht mehr damit rechnen, dass sie zusätzliche Mittel von ihrem Träger erhalten. Es besteht dadurch die Gefahr, dass die Krankenhäuser in öffentlicher Trägerschaft ihre Aufgabe bei der Versorgung der Bevölkerung nicht mehr erfüllen können. Öffentliche Krankenhäuser müssen auch künftig eine wichtige Rolle im Gesundheitswesen spielen. Zur Sicherung und zum Erhalt öffentlicher Krankenhäuser und ihrer Tarifbindung im TVöD sollen im Einzelfall abweichende Regelungen vom TVöD auf der Grundlage eines Zukunftskonzepts möglich sein.

Abschnitt I Geltungsbereich/Anwendungsbereich

§ 1 Geltungsbereich

Dieser Tarifvertrag gilt für Beschäftigte, die in einem Arbeitsverhältnis stehen, auf das der TVöD und die diesen ergänzenden und ersetzenden Tarifverträge Anwendung finden und die in einem Krankenhaus beschäftigt sind, das in seinen Einrichtungen oder Tochtergesellschaften Leistungen nach SGB V erbringt.

Dieser Tarifvertrag gilt für Arbeitgeber, die Mitglied eines kommunalen Arbeitgeberverbandes sind, der der VKA angehört.

Ausgenommen sind Auszubildende, Schülerinnen und Schüler nach dem Kranken-pflege-, Hebammen- oder Altenpflegegesetz sowie befristet Beschäftigte, die erstmalig in einem befristeten Arbeitsverhältnis ohne Sachgrund mit einer Gesamtdauer bis zu zwei Jahren bei demselben Arbeitgeber stehen.

Psychiatrische Fachkrankenhäuser, ihre Einrichtungen und Tochtergesellschaften sind von diesem Tarifvertrag ausgenommen, solange sie nicht unter die Regelungen des 2. Fallpauschalenänderungsgesetzes oder einer entsprechenden Regelung fallen.

Niederschriftserklärung zu § 1:
Für soziale Einrichtungen werden die Tarifvertragsparteien Gespräche aufnehmen mit dem Ziel, auf der Grundlage des TVöD zu tariflichen Regelungen zu kommen, um die Wettbewerbsfähigkeit zu verbessern und die Beschäftigung zu sichern.

---

[1] Ein gleichlautender Tarifvertrag wurde mit der dbb tarifunion abgeschlossen.

§ 2 Anwendungsvereinbarung

Für die Zeit der Konvergenzphase nach dem 2. Fallpauschalenänderungsgesetz kann zur wirtschaftlichen Zukunftssicherung eines Krankenhauses im Interesse der Träger und zur Sicherung von Arbeitsplätzen für die Beschäftigten von den Regelungen des TVöD und den diesen ergänzenden Tarifverträgen durch landesbezirkliche Anwendungsvereinbarung (AWV) zeitlich befristet im Rahmen dieses Tarifvertrages abgewichen werden. Die AWV wird wirksam, wenn sie von den Tarifvertragsparteien und dem Arbeitgeber unterschrieben ist.

Die Tarifvertragsparteien erwarten, dass sich auch der Träger für die Dauer der Laufzeit der AWV zu seinem Krankenhaus bekennt und die Bindung zum Tarifrecht der VKA sicherstellt sowie die Beiträge der Beschäftigten nicht zum Anlass für eine Kürzung von geleisteten Eigenanteilen und/oder Betriebskostenzuschüssen nimmt.

Niederschriftserklärung zu § 2:
Dieser Tarifvertrag bezweckt die Sicherung der wirtschaftlichen Zukunftsfähigkeit und damit die Vermeidung wirtschaftlicher Notlagen während der Konvergenzphase. Liegt eine wirtschaftliche Notlage vor oder tritt eine solche ein, kann anstelle einer AWV ein eigenständiger Notlagentarifvertrag vereinbart werden.

Abschnitt II Besondere Regelungen

§ 3 Voraussetzungen

In einer AWV kann zur Sicherung der wirtschaftlichen Zukunftsfähigkeit des Krankenhauses ein Beitrag der Beschäftigten im Interesse des Krankenhauses vereinbart werden. Voraussetzung ist die Offenlegung der Geschäfts- und Vermögensverhältnisse durch testierte Jahresabschlüsse und die Vorlage eines nachvollziehbaren Konzeptes zur wirtschaftlichen Entwicklung des Betriebes, das auch Möglichkeiten nach dem Gesundheitsmodernisierungsgesetz zu einer umfassenden Gesundheitsversorgung der Bevölkerung in der Region vorsieht.

§ 4 Maßnahmen zur wirtschaftlichen Stärkung des Krankenhauses und zur Sicherung von Beschäftigung

Der Beitrag der Beschäftigten kann darin bestehen, dass
a) künftige tarifliche Ansprüche in Genussrechte im Interesse des Krankenhauses umgewandelt werden,
b) eine Reduzierung tariflicher Ansprüche vereinbart wird.
Eine Kombination der Maßnahmen nach den Buchstaben a und b ist zulässig.

§ 5 Höhe des Beschäftigtenbeitrags und des Arbeitgeberzuschusses

Die Summe der Beiträge der Beschäftigten kann bis zu 10 v.H. des Jahresbruttoeinkommens betragen. Aus welchen Bestandteilen nach § 4 sich der Beschäftigtenbeitrag zusammensetzt, wird in der AWV festgelegt. Er kann z. B. aus der Jahressonderzahlung, den leistungsbezogenen Entgeltbestandteilen oder dem monatlichen Entgelt erbracht werden.

Beschäftigtenbeiträge nach § 4 Satz 1 Buchst. b können bis zu 6 v.H. des Jahresbruttoeinkommens betragen.

Sind abweichende landesbezirkliche Regelungen zur Höhe des Entgelts bei Beschäftigten der Entgeltgruppen 1 bis 4 des TVöD getroffen worden, dürfen die davon betroffenen Beschäftigten nur zu einem Beitrag nach § 4 herangezogen werden, wenn die in Satz 1 und 4 vorgesehen Grenzen nicht bereits mit einer solchen landesbezirklichen Regelung erreicht sind. Das im TVöD für die landesbezirklichen Öffnungen vorgesehenen Mindestentgelt darf nicht unterschritten werden.

Bei Beiträgen nach § 4 Satz 1 Buchstabe a kann in der AWV ein Zuschuss des Arbeitgebers in den Grenzen des § 19 a EStG vereinbart werden.

In der AWV werden die Einzelheiten zum Beitrag der Beschäftigten einschließlich etwaiger Bedingungen und Ansprüche geregelt. In der AWV werden Regelungen zur Information der Beschäftigten über die wirtschaftliche Entwicklung des Krankenhauses und gegebenenfalls über Beteiligungsformen (z. B. Gemeinsamer Ausschuss für die Aufgaben der Zukunftssicherung) getroffen.

§ 6 Ausgestaltung des Genussrechts nach § 4 Satz 1 Buchst. a in der Anwendungsvereinbarung

Die Genussrechte der Beschäftigten sind in der Anwendungsvereinbarung unter Berücksichtigung der folgenden Mindestvorgaben auszugestalten:

1. Begründung der Genussrechte.
2. Inhalt der Genussrechte.
3. Ausgestaltung der ausgegebenen Genussrechte als Eigenkapital im Sinne des HGB, indem sie auf unbegrenzte Zeit ausgegeben werden. Sowohl das die Genussrechte ausgebende Krankenhaus als auch die Genussrechtsinhaber sind frühestens sechs Jahre nach Ausgabe der Genussrechte berechtigt, die Genussrechte zu kündigen.
4. Festlegung einer Sperrfrist von sechs Jahren. Für die Sperrfrist soll ein grundsätzliches Verfügungsverbot der Beschäftigten über die Genussrechte bestehen.
5. Vergütung für die Kapitalüberlassung.
6. Informationsrechte und Beteiligungsformen.
7. Ein Rückzahlungsanspruch in der Insolvenz oder im Liquidationsfall ist nachrangig.
8. Beschäftigte mit befristeten Arbeitsverhältnissen, deren Restlaufzeit zum Zeitpunkt des Inkrafttretens weniger als ein Jahr beträgt, sind von den Regelungen der Genussrechte auszunehmen.

§ 7 Ausgestaltung der Reduzierung tariflicher Ansprüche nach § 4 Satz 1 Buchst. b

Die Reduzierung tarifvertraglicher Ansprüche ist im Einzelnen in der Anwendungsvereinbarung auszugestalten. Sie kann auch in einer Veränderung der Fälligkeit von Ansprüchen bestehen.

§ 8 Beschäftigungssicherung

Soweit ein Beitrag der Beschäftigten nach § 4 Satz 1 Buchst. b vereinbart wird, sind betriebsbedingte Beendigungskündigungen für die Dauer der Laufzeit der AWV auszuschließen.

Soweit ausschließlich ein Beitrag der Beschäftigten nach § 4 Satz 1 Buchst. a vereinbart wird, können in der AWV Maßnahmen zur Beschäftigungssicherung für die Dauer der Laufzeit der AWV festgelegt werden.

Während der Laufzeit der AWV dürfen keine Neu-, Um- oder Ausgründungen mit dem Ziel der Anwendung eines anderen als des in § 1 genannten Tarifrechts vorgenommen werden, es sei denn, sie sind Bestandteil der Vereinbarung in der AWV oder die neue Gesellschaft wird tarifgebundenes Mitglied in einem kommunalen Arbeitgeberverband, der der VKA angehört.

Dies beinhaltet während der Laufzeit der AWV auch den Verzicht auf Einstellung zu Lasten des tarifgebundenen Personalbestandes bei einer nicht an das Tarifrecht der VKA gebundenen Einrichtung oder Tochtergesellschaft des Krankenhauses, sofern nicht zum 1. September 2005 bereits eine vertragliche Verpflichtung gegenüber einem Dritten zur Einstellung bei einer Tochtergesellschaft besteht.

Abschnitt III In-Kraft-Treten, Laufzeit und Nachwirkung

§ 9 In-Kraft-Treten

Dieser Tarifvertrag tritt am 1. Oktober 2005 in Kraft.

§ 10 Kündigung und Nachwirkung

Dieser Tarifvertrag endet am 31. Dezember 2009. Er kann frühestens zum 31. Dezember 2007 mit einer Frist von drei Monaten zum Quartalsende schriftlich gekündigt werden. Die Nachwirkung gemäß § 4 Abs. 5 TVG ist ausgeschlossen. Bestehende AWV gelten für den vereinbarten Zeitraum weiter, längstens jedoch bis 31. Dezember 2015.

Die Tarifvertragsparteien verpflichten sich zur Verhandlungsaufnahme ab Juni 2009, wenn eine der vertragsschließenden Parteien dies zuvor schriftlich verlangt. Die Verhandlungen sind spätestens sechs Wochen nach Eingang der schriftlichen Aufforderung aufzunehmen.

Tarifvertrag zur sozialen Absicherung

vom 13. September 2005

wird für die unter den TVöD fallenden Beschäftigten, für die die Regelungen des Tarifgebiets Ost Anwendung finden, folgendes vereinbart:

Vorbemerkungen

Die Tarifvertragsparteien sind sich darüber einig, dass bei erforderlichen Umstrukturierungen die Sicherung von Beschäftigungsmöglichkeiten sowie die Qualifizierung der Arbeitnehmer unter Nutzung aller bestehenden Möglichkeiten Vorrang hat gegenüber Entlassungen und den damit verbundenen Maßnahmen zur sozialverträglichen Abfederung.

§ 1 Anderweitige Beschäftigung

(1) Vor Abschluss eines Tarifvertrages nach § 3 Abs. 1 hat der Arbeitgeber zu prüfen, ob die in Betracht kommenden Beschäftigten auf einem anderen gleichwertigen Arbeitsplatz vorrangig an demselben Ort im Umfang ihrer bisherigen Arbeitszeit weiter beschäftigt werden können. Ein Arbeitsplatz ist gleichwertig, wenn sich durch die neue Tätigkeit die bisherige Eingruppierung bzw. Einreihung nicht ändert.

(2) Steht ein Arbeitsplatz im Sinne des Absatzes 1 nicht zur Verfügung, soll sich der Arbeitgeber um einen gleichwertigen Arbeitsplatz im Umfang der bisherigen Arbeitszeit bei einem anderen Arbeitgeber des öffentlichen Dienstes oder bei einem anderen Arbeitgeber im Geltungsbereich des TVöD an demselben Ort bemühen.

(3) Steht ein Arbeitsplatz nach Absatz 1 oder Absatz 2 nicht zur Verfügung, soll der Arbeitgeber auch einen niedriger bewerteten Arbeitsplatz anbieten. Nimmt die/der Beschäftigte einen solchen Arbeitsplatz an, kann für die Dauer eines Jahres keine Herabsetzung der Arbeitszeit gegen den Willen der/des Beschäftigten erfolgen; für den gleichen Zeitraum besteht Kündigungsschutz für eine betriebsbedingte Beendigungskündigung.

Protokollnotiz zu Absatz 2:
Öffentlicher Dienst im Sinne des Absatzes 2 ist eine Beschäftigung
a) beim Bund, bei einem Land, bei einer Gemeinde oder bei einem Gemeindeverband oder bei einem
    sonstigen Mitglied eines Arbeitgeberverbandes, der der Vereinigung der kommunalen Arbeitge-
    berverbände (VKA) angehört,
b) bei einer Körperschaft, Anstalt oder Stiftung des öffentlichen Rechts, die den TVöD, den BAT-O
    oder einen Tarifvertrag wesentlich gleichen Inhalts anwendet.

§ 2 Fortbildung, Umschulung

(1) Wird eine Beschäftigte/ein Beschäftigter, für die/den ein landesbezirklicher Tarifvertrag im Sinne des § 3 Abs. 1 gilt oder ohne einen Wechsel des Arbeitsplatzes nach § 1 gegolten hätte, für eine Tätigkeit bei demselben Arbeitgeber in einem anderen, nicht von § 3 Abs. 1 betroffenen Bereich fortgebildet oder umgeschult, ist sie/er für die zur Fortbildung oder Umschulung erforderliche Zeit, längstens für zwölf Monate, von der Arbeit freizustellen. Während der Freistellung ist Tabellenentgelt fortzuzahlen. Die Kosten der Fortbildung oder Umschulung trägt der Arbeitgeber, soweit kein anderer Kostenträger zuständig ist.

(2) Setzt die/der Beschäftigte nach der Fortbildung oder Umschulung aus einem von ihr/ihm zu vertretenden Grunde das Arbeitsverhältnis nicht für mindestens einen der Dauer der Fortbildung oder Umschulung entsprechenden Zeitraum fort, ist der Arbeitgeber berechtigt, das nach Absatz 1 Satz 2 gezahlte Entgelt und die Kosten der Fortbildung oder Umschulung zurückzufordern.

§ 3 Besondere regelmäßige Arbeitszeit

(1) Zur Vermeidung von betriebsbedingten Kündigungen und damit zur Sicherung der Arbeitsplätze kann bis zum 31. Dezember 2009 durch landesbezirklichen Tarifvertrag die regelmäßige wöchentliche Arbeitszeit (§ 6 Abs. 1 TVöD) für höchstens drei Jahre, längstens bis zum 31. Dezember 2012, nach Maßgabe der Absätze 2 bis 5 herabgesetzt werden. Die Nachwirkung nach § 4 Abs. 5 des Tarifvertragsgesetzes ist für die landesbezirklichen Tarifverträge ausgeschlossen. Die landesbezirklichen Tarif-

verträge können vorsehen, dass bei Beschäftigten, denen eine Herabsetzung der regelmäßigen wöchentlichen Arbeitszeit aus sozialen Gründen billigerweise nicht zuzumuten ist, auf eine Herabsetzung der Arbeitszeit ganz oder teilweise verzichtet werden kann.

(2) Bei einer Herabsetzung der Arbeitszeit auf bis zu 80 % der regelmäßigen wöchentlichen Arbeitszeit kann ein teilweiser Entgeltausgleich vereinbart werden. Wird die Arbeitszeit in begründeten Fällen auf unter 80 bis zu 75 % der regelmäßigen wöchentlichen Arbeitszeit herabgesetzt, ist für diese zusätzliche Herabsetzung ein teilweiser Entgeltausgleich zu vereinbaren.

(3) Beschäftigte, die im Zeitpunkt der Herabsetzung der Arbeitszeit bereits mit einer geringeren als der regelmäßigen wöchentlichen Arbeitszeit beschäftigt sind, werden von Absatz 1 nur dann erfasst, wenn ihre bisherige Arbeitszeit oberhalb der herabgesetzten Arbeitszeit liegt.

(4) Der Arbeitgeber überprüft in angemessenen Zeitabständen, ob die nach Absatz 1 herabgesetzte Arbeitszeit ganz oder teilweise wieder heraufgesetzt werden kann. Satz 1 gilt entsprechend, sobald sich die Möglichkeit von Neueinstellungen ergibt; das Interesse des Arbeitgebers an der Sicherung einer ausgewogenen Personalstruktur bleibt unberührt.

(5) Solange für Beschäftigte eine herabgesetzte Arbeitszeit gilt, kann ihm nicht betriebsbedingt gekündigt werden.

(6) Die Absätze 1 bis 5 finden keine Anwendung auf Beschäftigte, deren wöchentliche Arbeitszeit aufgrund von vor dem 1. Mai 1998 getroffenen Regelungen bereits herabgesetzt worden ist oder noch herabgesetzt wird.

(7) Für Lehrkräfte sowie für wissenschaftliche Angestellte an Hochschulen können abweichende Regelungen vereinbart werden.

§ 4 Abfindung

(1) Beschäftigte, deren Arbeitsverhältnis aus Gründen des Personalabbaus entweder gekündigt oder durch Auflösungsvertrag beendet wird, erhalten eine Abfindung.

(2) Die Abfindung beträgt für jedes volle Jahr der Beschäftigungszeit (§ 34 Abs. 3 Satz 1 und 2 TVöD) ein Viertel des letzten Tabellenentgelts, mindestens aber die Hälfte und höchstens das Fünffache dieser Vergütung bzw. dieses Lohnes. Abweichend von Satz 1 kann, wenn das Arbeitsverhältnis durch Auflösungsvertrag beendet wird, die Abfindung auf bis zum Siebenfachen der in Satz 1 genannten Tabellenentgelts festgelegt werden.

(3) Der Anspruch auf Abfindung entsteht am Tag nach der Beendigung des Arbeitsverhältnisses. Hat der Arbeitgeber gekündigt, wird die Abfindung fällig, sobald endgültig feststeht, dass das Arbeitsverhältnis beendet ist (z.B. bei Verzicht auf Klage gegen die Kündigung oder bei Vorliegen einer rechtskräftigen Entscheidung).

(4) Abfindungen nach tariflichen Vorschriften und nach Sozialplänen sowie Abfindungen, die im Rahmen eines Kündigungsschutzverfahrens vergleichsweise vereinbart oder nach Auflösungsantrag durch Urteil zugesprochen werden, sind auf die Abfindung nach diesem Tarifvertrag anzurechnen.

(5) Eine Abfindung steht nicht zu, wenn
a) die Kündigung aus einem von der/dem Beschäftigten zu vertretenden Grund (z.B. Ablehnung eines anderen angebotenen Arbeitsplatzes, es sei denn, dass ihr/ihm die Annahme nach ihrem/seinen Kenntnissen und Fähigkeiten billigerweise nicht zugemutet werden kann) erfolgt ist oder
b) die/der Beschäftigte im Einvernehmen mit dem Arbeitgeber ausgeschieden ist, weil sie/er von einem anderen Arbeitgeber im Geltungsbereich des TVöD oder des BAT-O/BAT-Ostdeutsche Sparkassen/BAT übernommen wird.

(6) Tritt die/der Beschäftigte in ein Arbeitsverhältnis bei einem Arbeitgeber im Sinne des TVöD oder des BAT-O/BAT-Ostdeutsche Sparkassen/BAT ein und ist die Zahl der zwischen der Beendigung des alten und der Begründung des neuen Arbeitsverhältnisses liegenden Kalendermonate geringer als die der Abfindung zugrunde liegende Anzahl von Bruchteilen des Tabellenentgelts (Absatz 2), verringert sich die Abfindung entsprechend. Überzahlte Beträge sind zurückzuzahlen.

(7) Absatz 6 gilt entsprechend, wenn innerhalb des gleichen Zeitraums ein Anspruch auf Rente aus der gesetzlichen Rentenversicherung entsteht.

§ 5 Inkrafttreten

Dieser Tarifvertrag tritt am 1. Oktober 2005 in Kraft und am 31. Dezember 2009 außer Kraft. Er ersetzt im Geltungsbereich des TVöD den Tarifvertrag zur sozialen Absicherung vom 6. Juli 1992.

Tarifvertrag zur Anhebung des Bemessungssatzes ab 1. Juli 2005 für den Bereich der Vereinigung der kommunalen Arbeitgeberverbände (VKA) - Tarifgebiet Ost

Zwischen

der Vereinigung der kommunalen Arbeitgeberverbände, vertreten durch den Verstand
und
ver.di - Vereinte Dienstleistungsgewerkschaft - Bundesvorstand -, diese zugleich handelnd für
- Gewerkschaft der Polizei,
- Industriegewerkschaft Bauen-Agrar-Umwelt,
- Gewerkschaft Erziehung und Wissenschaft - Hauptvorstand -,
- Marburger Bund,
wird Folgendes vereinbart: [1]

§ 1 Geltungsbereich

Dieser Tarifvertrag gilt für Angestellte, Arbeiter, Auszubildende, Schülerinnen und Praktikanten, die
1. in einem Arbeits- bzw. Ausbildungsverhältnis zu einem Mitglied eines Arbeitgeberverbandes stehen, der der Vereinigung der kommunalen Arbeitgeberverbände (VKA) angehört, und
2. unter den Geltungsbereich eines der nachfolgenden Tarifverträge fallen:
    aa. Tarifvertrag zur Anpassung des Tarifrechts - Manteltarifliche Vorschriften - (BAT-O),
    bb. Tarifvertrag zur Anpassung des Tarifrechts - Manteltarifliche Vorschriften für Arbeiter gemeindlicher Verwaltungen und Betriebe - (BMT-G-O),
    cc. Manteltarifvertrag für Auszubildende (Mantel-TV Azubi-O),
    dd. Tarifvertrag über die Regelung der Arbeitsbedingungen der Praktikantinnen/Praktikanten (TV Prakt-O),
    ee. Tarifvertrag zur Regelung der Rechtsverhältnisse der Schülerinnen/-Schüler, die nach Maßgabe des Krankenpflegegesetzes oder des Hebammengesetzes ausgebildet werden (Mantel-TV Schü-O).

§ 2 Anhebung des Bemessungssatzes ab 1. Juli 2005

(1) Der Bemessungssatz für die Bezüge beträgt vom 1. Juli 2005 an 94,0 v. H. der nach den jeweiligen Tarifvorschriften für den Bereich der Vereinigung der kommunalen Arbeitgeberverbände (VKA) - Tarifbereich West - geltenden Beträge. Die in der Vergütungsordnung zum BAT in festen Beträgen ausgebrachten Zulagen werden vom 1. Juli 2005 an in Höhe von 94,0 v. H. gezahlt.

(2) Die maßgebenden Beträge ergeben sich aus den nachstehenden §§ 3 bis 7.

§ 3 Angestellte

I. Vergütung (§ 26 BAT-O)

(1) Die Grundvergütung für die Angestellten der Vergütungsgruppen X bis I sind in der Anlage 1 festgelegt.

(2) Die Gesamtvergütungen für die Angestellten der Vergütungsgruppen X bis VIb, die das 18. Lebensjahr noch nicht vollendet haben (§ 30 BAT-O), ergeben sich aus der Anlage 2.

(3) Die Grundvergütungen für die Angestellten der Vergütungsgruppen Kr. I bis Kr. XIII sind in der Anlage 3 festgelegt.

(4) Die Gesamtvergütung für die Angestellten der Vergütungsgruppen Kr. I bis Kr. III, die das 18. Lebensjahr noch nicht vollendet haben (§ 30 BAT-O) ergeben sich aus der Anlage 4.

(5) Die Beträge des Ortszuschlages (§ 26 Abs. 3 BAT-O) sind in der Anlage 5 festgelegt.

Erhält der Angestellte Vergütung aus einer höheren Vergütungsgruppe und wird dadurch der Erhöhungsbetrag geringer oder fällt er weg, wird der Unterschiedsbetrag zwischen der jeweiligen Summe aus der Grundvergütung, dem Ortszuschlag, der allgemeinen Zulage, gegebenenfalls dem Erhöhungs-

---

[1] Ein gleichlautender Tarifvertrag wurde mit der dbb tarifunion abgeschlossen.

betrag und einer Vergütungsgruppenzulage sowie den entsprechenden Bezügen, die am Tage vorher zugestanden haben, als Teil des Ortszuschlages zusätzlich gezahlt.

(6) Die Stundenvergütungen (§ 35 Abs. 3 Unterabs. 1 BAT-O) ergeben sich aus der Anlage 6.

(7) Für die Überleitung gilt Folgendes:

- Die Angestellten erhalten ab 1. Juli 2005 die Grundvergütung bzw. Gesamtvergütung, die nach der in Betracht kommenden Anlage zu diesem Tarifvertrag jeweils an die Stelle ihrer bisherigen Grundvergütung bzw. Gesamtvergütung tritt.
- Weist ein Angestellter der Vergütungsgruppen X bis I, der an dem Überleitungsstichtag das 21. bzw. 23. Lebensjahr vollendet hat, innerhalb einer Ausschlussfrist von drei Monaten nach dem Überleitungsstichtag nach, dass ihm als Neueingestelltem nach § 27 Abschn. A Abs. 3 Unterabs. 1 BAT-O eine höhere Grundvergütung zustehen würde, so erhält er die höhere Grundvergütung.

II. TV Zulagen Ang-O

Vorschrift	Bisherige Beiträge (in Euro)	Neue Beträge (in Euro)
§ 2 Abs. 2 Buchst. a	84,15	85,51
Buchst. b	99,38	100,99
Buchst. c	106,01	107,72
Buchst. d	39,76	40,40
Abs. 3	39,76	40,40
§ 3 Abs. 1	21,28	21,63
§ 4	21,28	21,63
§ 4a	35,47	36,05

III. TV Schichtzulagen Ang-O

Vorschrift	Bisherige Beträge (in Euro)	Neue Beträge (in Euro)
§ 3 Abs. 2 Buchst. a	131,66	133,80
Buchst. b, Doppelb. aa	115,21	117,08
Doppelb. bb	97,93	99,52
Doppelb. cc	69,13	70,25

IV. TV Zulagen zu § 33 BAT-O

Vorschrift	Bisherige Beträge (in Euro)	Neue Beträge (in Euro)
§ 2 Abs. 1 Nr. 1	7,09	7,21
Nrn. 2, 6 und 12	9,46	9,62
Nrn. 3, 4, 8, 9, 11 und 13	11,82	12,01
Nrn. 5, 7 und 10	14,19	14,42
§ 3 Abs. 1 Nrn. 1, 3 und 4	0,94	0,96

V. BAT-O

Vorschrift	Neue Beträge (in Euro)	Neue Beträge (in Euro)
§ 33 Abs. 2	47,30	48,06
§ 33a Abs. 1	94,59	96,12
Abs. 2 Uabs. 2 Buchst. a	56,76	57,68
Buchst. b, aa	42,57	43,26
bb	33,11	33,64
§ 35 Abs. 1 Satz 2 Buchst. e	1,18	1,20
Buchst. f	0,59	0,60
SR 2x Nr. 6	3783,56	3844,92

§ 4 Arbeiter

I. Monatstabellenlöhne

(1) Die Monatstabellenlöhne ergeben sich aus der Anlage 7, für Arbeiter im Fahrdienst der Nahverkehrsbetriebe aus der Anlage 8.

(2) Für den Sozialzuschlag gilt Folgendes:
§ 3 Abschn. I Abs. 5 ist entsprechend anzuwenden. Dabei stehen gleich

die Arbeiter mit Entlohnung nach	den Angestellten mit Vergütung nach
den Lohngruppen 1, 1a und 2	den Vergütungsgruppen X, IX und Kr. I,
den Lohngruppen 2a, 3 und 3a sowie F 1	den Vergütungsgruppen IXa und Kr. II,
den Lohngruppen 4 sowie F 2	der Vergütungsgruppe VIII.

Der Arbeiter, der für den vollen Kalendermonat durch die Summe aus dem Monatstabellenlohn, einer Vorarbeiter-/Fachvorarbeiterzulage, einer Aufsichtszulage, einer Zulage für vorübergehend übertragene Tätigkeiten, einer Zulage bei Vertretung und einer sonstigen Funktionszulage den Monatstabellenlohn einer höheren Lohngruppe seiner Stufe erreicht, wird für die Anwendung des Unterabsatzes 1 Satz 2 der höheren Lohngruppe zugeordnet.

Erhält der Arbeiter den Monatstabellenlohn aus einer höheren Lohngruppe und wird dadurch der Erhöhungsbetrag geringer oder fällt er weg, wird der Unterschiedsbetrag zwischen der jeweiligen Summe aus dem Monatstabellenlohn, dem Sozialzuschlag und gegebenenfalls dem Erhöhungsbetrag aus der höheren Lohngruppe sowie den entsprechenden Bezügen, die am Tage vorher zugestanden haben, als Teil des Sozialzuschlages zusätzlich gezahlt; dies gilt entsprechend in den Fällen des Unterabsatzes 2.

(3) Für die Löhne für Arbeiter im Fahrdienst im Bereich des kommunalen Arbeitgeberverbandes Berlin gilt Folgendes.

- Für die Arbeiter im Fahrdienst im Bereich des Kommunalen Arbeitgeberverbandes Berlin sind Monatstabellenlöhne im Sinne der Anlagen 7 und 8 nach den diesem Tarifvertrag zugrunde liegenden Grundsätzen durch besonderen Tarifvertrag zu vereinbaren.
- Ferner ist eine Regelung im Sinne des § 4 dieses Tarifvertrages nach den dieser Vorschrift zugrunde liegenden Grundsätzen zu vereinbaren.

II. Lohngruppenverzeichnis

Vorschrift	Bisherige Beträge (in Euro)	Neue Beträge (in Euro)
Abschn. I Nr. 6 Uabs. 1	54,86	55,75
Abschn. II Nr. 2 Uabs. 1	0,32	0,33
Nr. 3 Uabs. 1	150,87	153,32
Nrn. 4 und 8	0,15	0,15
Nr. 5	0,79	0,80

III. Erschwerniszuschläge

Vorschrift	Bisherige Beträge (in Euro)	Neue Beträge (in Euro)
§ 2 Abs.7 Buchst. a	9,65	9,81
Buchst. b	6,53	6,64

IV. TV Schichtlohnzuschlag Arb-O

Vorschrift	Bisherige Beträge (in Euro)	Neue Beträge (in Euro)
§ 2 Abs. 2 Buchst. a	131,66	133,80
Buchst. b Doppelb. aa	115,21	117,08
Doppelb. bb	97,93	99,52
Doppelb. cc	69,13	70,25

V. BMT-G-O

Vorschrift	Bisherige Beträge (in Euro)	Neue Beträge (in Euro)
§ 22 Abs. 1 Satz 2 Buchst. g	0,59	0,60
§ 24 Abs 4 Uabs. 2 Satz 2 Buchs. a	94,59	96,12
b, aa	56,76	57,68
bb	42,57	43,26
cc	33,11	33,64

§ 5 Auszubildende

(1) Die monatliche Ausbildungsvergütung beträgt

im ersten Ausbildungsjahr	580,30 Euro,
im zweiten Ausbildungsjahr	626,18 Euro,
im dritten Ausbildungsjahr	668,27 Euro,
im vierten Ausbildungsjahr	726,68 Euro.

(2) Für die Feststellung des nach Absatz 1 und nach Absatz 3 zweiter Spiegelpunkt maßgebenden Ausbildungsjahres gelten bei einer Stufenausbildung (§ 5 Abs. 2 Nr. 1 des Berufsbildungsgesetzes, § 26

Abs. 2 Nr. 1 der Handwerksordnung) die einzelnen Stufen als Bestandteile eines einheitlichen Berufsausbildungsverhältnisses, und zwar auch dann, wenn sich die Ausbildung der weiteren Stufe nicht unmittelbar an die der vorhergehenden angeschlossen hat.

Hat das Berufsausbildungsverhältnis im Laufe eines Kalendermonats begonnen, erhält der Auszubildende die nach Absatz 1 zustehende höhere Ausbildungsvergütung jeweils vom Beginn des Kalendermonats an, in dem das vorhergehende Ausbildungsjahr geendet hat. Satz 1 dieses Unterabsatzes gilt in den Fällen des Absatzes 3 zweiter Spiegelpunkt entsprechend.

(3) Für Zulagen, Zuschläge gilt folgendes:
- Dem angestelltenrentenversicherungspflichtigen Auszubildenden (§ 1 Abs. 1 Buchst. a Mantel-TV Azubi-O) können bei Vorliegen der geforderten Voraussetzungen 50 v.H. der Zulagen gewährt werden, die für Angestellte gemäß § 33 Abs. 1 Buchst. c i.V.m. Abs. 6 BAT-O jeweils vereinbart sind.
- Dem arbeiterrentenversicherungspflichtigen Auszubildenden (§ 1 Abs. 1 Buchst. b Mantel-TV Azubi-O) der im Rahmen seiner Ausbildung in erheblichem Umfang mit Arbeiten gemäß § 23 BMT-G-O beschäftigt wird, kann im zweiten bis vierten Ausbildungsjahr ein monatlicher Pauschalzuschlag von 9,62 Euro gezahlt werden.

(4) Eine dem Auszubildenden gewährte Unterkunft und Verpflegung wird mit dem nach der jeweiligen Sachbezugsverordnung geltenden Wert auf die Ausbildungsvergütung angerechnet. Es müssen jedoch mindestens 40 v.H. der Bruttoausbildungsvergütung gezahlt werden.

§ 6 Praktikantinnen und Praktikanten

Das Entgelt und der Verheiratetenzuschlag betragen monatlich

für die Praktikantin/den Praktikanten für den Beruf	Entgelt Euro	Verheiratetenzuschlag Euro
des Sozialarbeiters, Sozialpädagogen, Heilpädagogen	1309,57	63,54
der pharm.-techn. Assistentin Erzieherin	1113,04	60,56
der Kinderpflegerin, des Masseurs und med. Bademeisters, Rettungsassistenten	1063,38	60,56

§ 7 Schülerinnen und Schüler

(1) Die monatliche Ausbildungsvergütung beträgt
a) für die Schülerin/den Schüler in der Krankenpflege und in der Kinderkrankenpflege und die Hebammenschülerin/den Schüler in der Entbindungspflege

im ersten Ausbildungsjahr	685,32 Euro,
im zweiten Ausbildungsjahr	741,26 Euro,
im dritten Ausbildungsjahr	831,37 Euro,
b) für die Schülerin/den Schüler in der Krankenpflegehilfe	623,15 Euro.

(2) Wird die Ausbildungszeit der Schülerin/des Schülers gemäß § 7 des Krankenpflegegesetzes verkürzt oder wird eine andere Ausbildung gemäß § 8 Satz 2 des Hebammengesetzes auf die Ausbildungszeit angerechnet, gilt für die Anwendung des Absatzes 2 die Zeit der Verkürzung bzw. die angerechnete Zeit als zurückgelegte Ausbildungszeit.

Verlängert sich die Ausbildungszeit gemäß § 23 Abs. 1 Unterabs. 2 Mantel-TV Schü-O, erhält die Schülerin/der Schüler während der verlängerten Ausbildungszeit die zuletzt bezogene Ausbildungsvergütung.

Hat das Ausbildungsverhältnis im Laufe eines Kalendermonats begonnen, erhält die Schülerin/der Schüler die nach Absatz 2 zustehende höhere Ausbildungsvergütung jeweils vom Beginn des Kalendermonats an, in dem das vorhergehende Ausbildungsjahr endet..

§ 8 In-Kraft-Treten

Der Tarifvertrag tritt am 1. Juli 2005 in Kraft.

Tarifvertrag über den Rationalisierungsschutz für Angestellte

vom 9. Januar 1987 in der Fassung des TV vom 29. Oktober 2001 über die Fortentwicklung
von Zulagenregelungen für Angestellte

wird für die Angestellten, die unter den Bundes-Angestelltentarifvertrag (BAT) fallen, Folgendes vereinbart:

Vorbemerkung

Rationalisierung einschließlich der Nutzung des technischen Fortschritts hat den Zweck, die Aufgaben
der Verwaltungen und Betriebe anforderungsgerecht, wirtschaftlich und kostengünstig zu erfüllen.

Bei der Durchführung von Rationalisierungsmaßnahmen sind die sich aus dem Arbeitsverhältnis
ergebenden Belange der Arbeitnehmer zu berücksichtigen und soziale Härten möglichst zu vermeiden.
Diesem Ziel dienen die nachstehenden Vorschriften.

Für Maßnahmen, die nicht unter diesen Tarifvertrag fallen, bleiben die einschlägigen gesetzlichen
und tarifvertraglichen Vorschriften unberührt.

§ 1 Begriffsbestimmung

(1) Rationalisierungsmaßnahmen im Sinne dieses Tarifvertrages sind vom Arbeitgeber veranlasste erhebliche Änderungen der Arbeitstechnik oder wesentliche Änderungen der Arbeitsorganisation mit
dem Ziel einer rationelleren Arbeitsweise, wenn diese Maßnahmen für Angestellte zu einem Wechsel
der Beschäftigung oder zur Beendigung des Arbeitsverhältnisses führen.

Unter den Voraussetzungen des Unterabsatzes 1 kommen als Maßnahmen z. B. in Betracht:

a) Stilllegung oder Auflösung einer Verwaltung/eines Betriebes bzw. eines Verwaltungs-
   /Betriebsteils,
b) Verlegung oder Ausgliederung einer Verwaltung/eines Betriebes bzw. eines Verwaltungs-
   /Betriebsteils,
c) Zusammenlegung von Verwaltungen/Betrieben bzw. von Verwaltungs-/Betriebsteilen,
d) Verlagerung von Aufgaben zwischen Verwaltungen/Betrieben,
e) Einführung anderer Arbeitsmethoden und Fertigungsverfahren, auch soweit sie durch Nutzung
   technischer Veränderungen bedingt sind.

(2) Maßnahmen, deren Ziel der Abbau von Arbeitsbelastungen ist (durch die z. B. die Lage der Arbeitszeit geändert oder die Dienstplangestaltung oder äußere Umstände der Arbeit verbessert werden),
sind keine Maßnahmen im Sinne des Absatzes 1. Maßnahmen mit dem Ziel einer rationelleren Arbeitsweise sind unter den Voraussetzungen des Absatzes 1 Unterabs. 1 jedoch auch dann Rationalisierungsmaßnahmen, wenn durch sie zugleich Arbeitsbelastungen abgebaut werden.

(3) Dieser Tarifvertrag gilt nicht für Fälle des Betriebsübergangs im Sinne des § 613a BGB.

Protokollnotizen zu Absatz 1:
1. *Ob eine Änderung erheblich bzw. wesentlich ist, ist von der Auswirkung der Maßnahme her zu beurteilen.*
   - *Eine Rationalisierungsmaßnahme liegt auch dann vor, wenn sich aus der begrenzten Anwen-
     dung einzelner Änderungen zunächst zwar keine erheblichen bzw. wesentlichen Auswirkungen
     ergeben, aber eine Fortsetzung der Änderungen beabsichtigt ist, die erhebliche bzw. wesentli-
     che Auswirkungen haben wird.*
   - *Eine Änderung, die für die gesamte Verwaltung bzw. den gesamten Betrieb nicht erheblich
     bzw. nicht wesentlich ist, kann für einen Verwaltungs- bzw. Betriebsteil erheblich bzw. we-
     sentlich sein.*
   - *Ist die Änderung erheblich bzw. wesentlich, ist es nicht erforderlich, dass sie für mehrere An-
     gestellte zu einem Wechsel der Beschäftigung oder zur Beendigung des Arbeitsverhältnisses
     führt.*
2. *Keine Maßnahmen im Sinne des Absatzes 1 sind Maßnahmen, die unmittelbar z. B. durch*
   - *voraussichtlich nicht nur kurzfristigen Nachfragerückgang,*
   - *eine von Dritten (insbesondere durch gesetzgeberische Maßnahmen) verursachte Aufgaben-
     einschränkung,*

- *Wegfall zweckgebundener Drittmittel*
  veranlasst sind.
3. *Eine wesentliche Änderung der Arbeitsorganisation kann auch vorliegen, wenn aufgrund von Ar-*
   beitsverträgen geleistete Arbeiten künftig aufgrund Werkvertrages durchgeführt werden sollen
   (z. B. bei Privatisierung des Reinigungsdienstes).

§ 2 Unterrichtungspflicht

(1) Der Arbeitgeber hat die zuständige Personalvertretung/Betriebsvertretung rechtzeitig und umfassend über eine vorgesehene Rationalisierungsmaßnahme zu unterrichten. Er hat die personellen und sozialen Auswirkungen mit der Personalvertretung/Betriebsvertretung zu beraten.

(2) Die Beteiligungsrechte der Personalvertretungen/Betriebsvertretungen sind zu beachten. Sie werden durch diesen Tarifvertrag nicht berührt.

(3) Unbeschadet der Absätze 1 und 2 soll der Arbeitgeber die Angestellten, deren Arbeitsplätze von der vorgesehenen Rationalisierungsmaßnahme voraussichtlich betroffen werden, rechtzeitig vor deren Durchführung unterrichten.

§ 3 Arbeitsplatzsicherung

(1) Der Arbeitgeber ist dem von einer Rationalisierungsmaßnahme im Sinne des § 1 betroffenen Angestellten nach den Absätzen 2 bis 5 zur Arbeitsplatzsicherung verpflichtet.
   Die Sicherung setzt erforderlichenfalls eine Fortbildung oder Umschulung des Angestellten voraus.

(2) Der Arbeitgeber ist verpflichtet, dem Angestellten einen mindestens gleichwertigen Arbeitsplatz zu sichern.
   Ein Arbeitsplatz ist gleichwertig im Sinne des Unterabsatzes 1, wenn sich durch die neue Tätigkeit die bisherige Eingruppierung nicht ändert und der Angestellte in der neuen Tätigkeit vollbeschäftigt bzw. im bisherigen Umfang nicht vollbeschäftigt bleibt.
   Bei der Sicherung eines gleichwertigen Arbeitsplatzes bei demselben Arbeitgeber gilt folgende Reihenfolge:
a) Arbeitsplatz in derselben Verwaltung/demselben Betrieb an demselben Ort,
b) Arbeitsplatz in derselben Verwaltung/demselben Betrieb an einem anderen Ort oder in einer anderen Verwaltung/einem anderen Betrieb an demselben Ort,
c) Arbeitsplatz in einer anderen Verwaltung/einem anderen Betrieb an einem anderen Ort.
Von der vorstehenden Reihenfolge kann im Einvernehmen mit dem Angestellten abgewichen werden.
   Steht ein gleichwertiger Arbeitsplatz nach Maßgabe des Unterabsatzes 3 nicht zur Verfügung, soll der Angestellte entsprechend fortgebildet oder umgeschult werden, wenn ihm dadurch ein gleichwertiger Arbeitsplatz bei demselben Arbeitgeber zur Verfügung gestellt werden kann.

(3) Kann dem Angestellten kein Arbeitsplatz im Sinne des Absatzes 2 zur Verfügung gestellt werden, ist der Arbeitgeber verpflichtet, dem Angestellten einen anderen Arbeitsplatz anzubieten. Absatz 2 Unterabs. 3 und 4 gilt entsprechend.
   Die spätere Bewerbung um einen gleichwertigen Arbeitsplatz ist im Rahmen der Auswahl unter gleich geeigneten Bewerbern bevorzugt zu berücksichtigen.

(4) Kann dem Angestellten kein Arbeitsplatz im Sinne der Absätze 2 und 3 zur Verfügung gestellt werden, ist der Arbeitgeber verpflichtet, sich um einen Arbeitsplatz bei einem anderen Arbeitgeber des öffentlichen Dienstes an demselben Ort zu bemühen.

(5) Kann dem Angestellten kein Arbeitsplatz im Sinne der Absätze 2 bis 4 zur Verfügung gestellt werden, kann der Arbeitgeber dem Angestellten auch einen Arbeitsplatz bei einem anderen Arbeitgeber im Sinne des § 29 Abschn. B Abs. 7 BAT, vorzugsweise an demselben Ort, nachweisen.

(6) Der Angestellte ist verpflichtet, einen ihm angebotenen Arbeitsplatz im Sinne der Absätze 2 bis 5 anzunehmen, es sei denn, dass ihm die Annahme nach seinen Kenntnissen und Fähigkeiten billigerweise nicht zugemutet werden kann.

Protokollnotiz zu Absatz 4:
Öffentlicher Dienst im Sinne des Absatzes 4 ist eine Beschäftigung
a) beim Bund, bei einem Land, bei einer Gemeinde oder einem Gemeindeverband oder bei einem
   sonstigen Mitglied eines Arbeitgeberverbandes, der der Vereinigung der kommunalen Arbeitge-
   berverbände oder der Tarifgemeinschaft deutscher Länder angehört,

b) *bei einer Körperschaft, Anstalt oder Stiftung des öffentlichen Rechts, die den BAT, den BAT-O o-*
der einen Tarifvertrag wesentlich gleichen Inhalts anwendet.

§ 4 Fortbildung, Umschulung

(1) Ist nach § 3 eine Fortbildung oder Umschulung erforderlich, hat sie der Arbeitgeber rechtzeitig zu veranlassen oder auf seine Kosten durchzuführen.

Der Angestellte darf seine Zustimmung zu einer Fortbildungs- oder Umschulungsmaßnahme nicht willkürlich verweigern.

(2) Der Angestellte ist für die zur Fortbildung oder Umschulung erforderliche Zeit, längstens für zwölf Monate, von der Arbeit freizustellen. Für ganze Arbeitstage der Freistellung ist die Urlaubsvergütung zu zahlen, im Übrigen sind die Bezüge fortzuzahlen. Wird durch die Fortbildung oder Umschulung die durchschnittliche regelmäßige wöchentliche Arbeitszeit überschritten, ist dem Angestellten ein entsprechender Freizeitausgleich bis zur Dauer der vereinbarten regelmäßigen wöchentlichen Arbeitszeit zu gewähren.

(3) Setzt der Angestellte nach der Fortbildung oder Umschulung aus einem von ihm zu vertretenden Grunde das Arbeitsverhältnis nicht für mindestens einen der Dauer der Fortbildung oder Umschulung entsprechenden Zeitraum fort, ist der Arbeitgeber berechtigt, das nach Absatz 2 Satz 2 gezahlte Entgelt und die Kosten der Fortbildung oder Umschulung zurückzufordern.

Protokollnotiz zu Absatz 1 Unterabs. 2:
Gibt ein Angestellter, der das 55. Lebensjahr vollendet hat, seine Zustimmung zu einer Fortbildungs-
oder Umschulungsmaßnahme nicht, kann dies nicht als willkürliche Verweigerung angesehen werden.

§ 5 Besonderer Kündigungsschutz

(1) Ist dem Angestellten eine andere Tätigkeit übertragen worden, darf das Arbeitsverhältnis während der ersten neun Monate dieser Tätigkeit weder aus betriebsbedingten Gründen noch wegen mangelnder Einarbeitung gekündigt werden. Wird die andere Tätigkeit bereits während der Fortbildung oder Umschulung ausgeübt, verlängert sich die Frist auf zwölf Monate.

(2) Eine Kündigung mit dem Ziel der Beendigung des Arbeitsverhältnisses darf nur dann ausgesprochen werden, wenn dem Angestellten ein Arbeitsplatz nach § 3 Abs. 2 bis 5 nicht angeboten werden kann oder der Angestellte einen Arbeitsplatz entgegen § 3 Abs. 6 nicht annimmt. Die Kündigungsfrist beträgt drei Monate zum Schluss eines Kalendervierteljahres, soweit sich nicht aus § 53 Abs. 2 BAT eine längere Kündigungsfrist ergibt.

Bei Angestellten, die beim Wechsel der Beschäftigung eine Beschäftigungszeit (§ 19 BAT ohne die nach § 72 Abschn. A Ziff. I BAT berücksichtigten Zeiten) von mehr als 15 Jahren zurückgelegt und das 40. Lebensjahr vollendet haben, dürfen Kündigungen mit dem Ziel der Beendigung des Arbeitsverhältnisses im Zusammenhang mit Rationalisierungsmaßnahmen nur dann ausgesprochen werden, wenn der Angestellte einen gleichwertigen Arbeitsplatz bei demselben Arbeitgeber entgegen § 3 Abs. 6 nicht annimmt. Für diese Kündigung aus wichtigem Grunde beträgt die Kündigungsfrist sechs Monate zum Schluss eines Kalendervierteljahres.

(3) Der Angestellte, der auf Veranlassung des Arbeitgebers im gegenseitigen Einvernehmen oder aufgrund einer Kündigung durch den Arbeitgeber aus dem Arbeitsverhältnis ausgeschieden ist, soll auf Antrag bevorzugt wieder eingestellt werden, wenn ein für ihn geeigneter Arbeitsplatz zur Verfügung steht.

§ 6 Vergütungssicherung

(1) Ergibt sich in den Fällen des § 3 Abs. 2 und 3 eine Minderung der Vergütung, ist der Arbeitgeber verpflichtet, dem Angestellten die Vergütung auf der Grundlage des Sicherungsbetrages (Absatz 2) zu wahren.

(2) Der Sicherungsbetrag setzt sich zusammen aus
a) der Grundvergütung und dem Ortszuschlag der Stufe 1,der allgemeinen Zulage nach dem Tarifvertrag über Zulagen an Angestellte vom 17. Mai 1982, den in der Protokollnotiz Nr. 1 genannten Zulagen,
b) den in der Protokollnotiz Nr. 2 genannten Zulagen, die der Angestellte für dieselbe Tätigkeit mindestens die letzten drei Jahre vor dem in Absatz 3 Unterabs. 2 genannten Tag ununterbrochen be-

zogen hat, und, wenn sie der Angestellte mindestens die letzten fünf Jahre vor dem in Absatz 3 Unterabs. 2 genannten Tag für mindestens die Hälfte der durchschnittlichen regelmäßigen wöchentlichen Arbeitszeit (§ 15 Abs. 1 BAT) ununterbrochen bezogen hat, den in der Protokollnotiz Nr. 3 genannten Zulagen, die dem Angestellten im Kalendermonat vor dem in Absatz 3 Unterabs. 2 genannten Tag zugestanden haben oder zugestanden hätten,

sowie

c) dem monatlichen Durchschnitt der Zulagen nach § 33 Abs. 2 BAT, nach dem Tarifvertrag zu § 33 Abs. 1 Buchst. c BAT und nach Sonderregelungen zu § 33 BAT, die in den letzten zwölf Kalendermonaten vor dem in Absatz 3 Unterabs. 2 genannten Tag gezahlt worden sind, sofern der Angestellte mindestens die letzten fünf Jahre vor dem genannten Tag für mindestens die Hälfte der durchschnittlichen regelmäßigen wöchentlichen Arbeitszeit (§ 15 Abs. 1 BAT) eine oder mehrere dieser Zulagen bezogen hat.

(3) Für die Dauer der für den Angestellten nach § 53 Abs. 2 BAT geltenden Frist - bei unter § 53 Abs. 3 BAT fallenden Angestellten für die Dauer von sechs Monaten zum Schluss eines Kalendervierteljahres - erhält der Angestellte eine persönliche Zulage in Höhe des jeweiligen Unterschiedsbetrages zwischen dem Sicherungsbetrag und dem um den Teil des Ortszuschlages, der sich aus der Differenz zwischen der Stufe 1 und der für ihn maßgebenden Stufe ergibt, sowie um die Zeitzuschläge und um die Vergütungen für Überstunden, Bereitschaftsdienst und Rufbereitschaft verminderten Bezügen aus der neuen Tätigkeit.

Die Frist beginnt mit dem Tag, an dem der Angestellte nach der Anordnung des Arbeitgebers die neue Tätigkeit aufzunehmen hat.

(4) Der Angestellte, der an dem nach Absatz 3 Unterabs. 2 für ihn maßgebenden Tag eine Beschäftigungszeit (§ 19 BAT) von mehr als fünf Jahren zurückgelegt hat, erhält die persönliche Zulage nach Absatz 3 auch nach Ablauf der für ihn nach Absatz 3 Unterabs. 1 maßgebenden Frist.

Der Sicherungsbetrag vermindert sich mit jeder allgemeinen Vergütungserhöhung - beginnend mit der ersten allgemeinen Vergütungserhöhung nach Ablauf der für den Angestellten nach Absatz 3 Unterabs. 1 maßgebenden Frist - bei dem Angestellten, der an dem nach Absatz 3 Unterabs. 2 für ihn maßgebenden Tag

a) eine Beschäftigungszeit (§ 19 BAT ohne die nach § 72 Abschn. A Ziff. I BAT berücksichtigten Zeiten) von mehr als 15 Jahren zurückgelegt und das 50. Lebensjahr vollendet hat, insgesamt fünfmal um jeweils ein Fünftel,

b) eine Beschäftigungszeit (§ 19 BAT ohne die nach § 72 Abschn. A Ziff. I BAT berücksichtigten Zeiten) von mehr als 15 Jahren zurückgelegt und das 40. Lebensjahr vollendet hat, insgesamt viermal um jeweils ein Viertel,

c) die Voraussetzungen der Buchstaben a und b nicht erfüllt, insgesamt dreimal um jeweils ein Drittel der Summe der Bezügebestandteile, die nach Absatz 2 Buchst. b und c bei der Errechnung des Sicherungsbetrages zu berücksichtigen waren. Eine Verminderung unterbleibt bei dem Angestellten, der an dem nach Absatz 3 Unterabs. 2 für ihn maßgebenden Tag eine Beschäftigungszeit (§ 19 BAT ohne die nach § 72 Abschn. A Ziff. I BAT berücksichtigten Zeiten) von mehr als 15 Jahren zurückgelegt und das 55. Lebensjahr vollendet hat.

Der jeweilige Sicherungsbetrag erhöht sich für den Angestellten, der

a) an dem nach Absatz 3 Unterabs. 2 für ihn maßgebenden Tag eine Beschäftigungszeit (§ 19 BAT ohne die nach § 72 Abschn. A Ziff. I BAT berücksichtigten Zeiten) von mehr als 15 Jahren zurückgelegt und das 55. Lebensjahr vollendet hat, jeweils um vier Viertel,

b) unter Unterabsatz 2 Buchst. a fällt, jeweils um drei Viertel,

c) unter Unterabsatz 2 Buchst. b fällt, jeweils um die Hälfte,

d) an dem nach Absatz 3 Unterabs. 2 für ihn maßgebenden Tag eine Beschäftigungszeit (§ 19 BAT ohne die nach § 72 Abschn. A Ziff. I BAT berücksichtigten Zeiten) von mehr als zehn Jahren zurückgelegt hat, jeweils um ein Viertel

der sich aus einer allgemeinen Vergütungserhöhung ergebenden Mehrbeträge der Bezüge im Sinne des Absatzes 2 Buchst. a aus der neuen Tätigkeit.

Der Anspruch auf die persönliche Zulage entfällt, wenn für mindestens zwölf zusammenhängende Kalendermonate keine persönliche Zulage mehr angefallen ist, weil die um den Teil des Ortszuschlags, der sich aus der Differenz zwischen der Stufe 1 und der für den Angestellten maßgebenden Stufe ergibt, sowie um die Zeitzuschläge und um die Vergütungen für Überstunden, Bereitschaftsdienst und Rufbereitschaft verminderten jeweiligen Bezüge aus der neuen Tätigkeit den Sicherungsbetrag nicht unterschritten haben oder hätten.

(5) Wird mit dem Angestellten für die neue Tätigkeit eine geringere durchschnittliche regelmäßige wöchentliche Arbeitszeit als die Arbeitszeit vereinbart, die der Angestellte nach der am Tage vor der Änderung der Beschäftigung bestehenden arbeitsvertraglichen Vereinbarung durchschnittlich regelmäßig wöchentlich zu leisten hatte, ist der maßgebende Sicherungsbetrag in demselben Verhältnis zu kürzen, wie die Arbeitszeit herabgesetzt worden ist.

(6) Die persönliche Zulage wird neben der Vergütung aus der neuen Tätigkeit gezahlt. Sie ist keine in Monatsbeträgen festgelegte Zulage im Sinne des § 47 Abs. 2 Unterabs. 1 Satz 1 BAT. Sie ist jedoch bei der Berechnung des Aufschlags im Sinne des § 47 Abs. 2 Unterabs. 1 Satz 2 BAT zu berücksichtigen. § 36 Abs. 1 Unterabs. 2 und Abs. 2 BAT gilt entsprechend.

Die persönliche Zulage wird bei der Bemessung des Sterbegeldes (§ 41 BAT) berücksichtigt.

(7) Die Absätze 2 bis 6 gelten nicht, wenn der Angestellte seine Zustimmung zu einer Fortbildungs- oder Umschulungsmaßnahme entgegen § 4 Abs. 1 Unterabs. 2 verweigert oder die Fortbildung bzw. Umschulung aus einem von ihm zu vertretenden Grund abbricht. Die persönliche Zulage entfällt, wenn der Angestellte die Übernahme einer höherwertigen Tätigkeit ohne triftige Gründe ablehnt.

Die persönliche Zulage entfällt ferner, wenn der Angestellte die Möglichkeit des Bezuges einer Altersrente nach § 36, § 37 oder § 39 SGB VI oder einer entsprechenden Leistung einer berufsständischen Versorgungseinrichtung im Sinne des § 6 Abs. 1 Nr. 1 SGB VI oder der Zusatzversorgung hat. Die persönliche Zulage entfällt ferner, wenn der Angestellte bzw. die Angestellte einen Anspruch auf Bezug einer ungekürzten Altersrente nach § 236, § 236a oder § 237a SGB VI oder einer entsprechenden Leistung einer berufsständischen Versorgungseinrichtung im Sinne des § 6 Abs. 1 Nr. 1 SGB VI oder der Zusatzversorgung hat.

(8) Bei Vergütungssicherung nach den vorstehenden Absätzen finden die Vorschriften über die Änderungskündigung keine Anwendung.

Protokollnotizen zu Absatz 2:
Nr. 1
A. Bereich des Bundes und Bereich der Tarifgemeinschaft deutscher Länder
Zulage nach der Fußnote 1 zu Vergütungsgruppe II a des Teils I der Anlage 1 a zum BAT
Zulage nach der Fußnote 1 zu Vergütungsgruppe II a des Teils II Abschn. E Unterabschn. I der Anlage 1 a zum BAT
Zulagen nach den Fußnoten 1 bis 3 zu Vergütungsgruppe V c, der Fußnote 1 zu Vergütungsgruppe V b, den Fußnoten 1 und 2 zu Vergütungsgruppe IV b und der Fußnote 1 zu Vergütungsgruppe IV a des Teils II Abschn. G der Anlage 1 a zum BAT
Zulage nach der jeweiligen Fußnote zu den Vergütungsgruppen V b und V c des Teils II Abschn. H der Anlage 1 a zum BAT
Zulage nach der Fußnote 1 zu Vergütungsgruppe V b des Teils II Abschn. L Unterabschn. I der Anlage 1 a zum BAT
Zulage nach der jeweiligen Fußnote 1 zu Vergütungsgruppe VII des Teils II Abschn. N Unterabschn. I bis III der Anlage 1 a zum BAT
Zulage nach der jeweiligen Fußnote 1 zu den Vergütungsgruppen IV b und V b des Teils II Abschn. Q der Anlage 1 a zum BAT
Zulage nach der Fußnote 1 zu Vergütungsgruppe VII des Teils III Abschn. L Unterabschn. VII der Anlage 1 a zum BAT
Zulagen nach den Fußnoten 1 und 2 zu Vergütungsgruppe V b des Teils III Abschn. L Unterabschn. XI der Anlage 1 a zum BAT
Zulage nach der Fußnote 1 zu Vergütungsgruppe VII des Teils III Abschn. O der Anlage 1 a zum BAT
Zulage nach der Fußnote 1 zu Vergütungsgruppe V b des Teils IV Abschn. B der Anlage 1 a zum BAT
B. Bereich der Vereinigung der kommunalen Arbeitgeberverbände (VKA)
Vergütungsgruppenzulagen nach der Anlage 1 a zum BAT
Nr. 2
Zulagen nach Fußnoten und Protokollnotizen in der Anlage 1 a zum BAT, soweit nicht in den Protokollnotizen Nrn. 1 und 3 aufgeführt
Zulagen nach den Tarifverträgen über Zulagen an Angestellte vom 17. Mai 1982 mit Ausnahme der allgemeinen Zulage

Nr. 3

A. Bereich des Bundes und Bereich der Tarifgemeinschaft deutscher Länder

Tarifvertragliche Wechselschicht- und Schichtzulagen

Zulagen nach

- *Nr. 9 Abs. 1 SR 2 e II BAT*
- *Nr. 6 SR 2 k BAT - zu 50 v. H. -*
- *Nr. 5 a und Nr. 6 Abs. 3 SR 2 o BAT*
- *Nr. 6 SR 2 u BAT*
- *den Protokollnotizen Nrn. 4 und 7 zu Unterabschnitt I, Nrn. 1 und 3 zu Unterabschnitt II und Nr. 2 zu Unterabschnitt III des Teils II Abschn. N der Anlage 1 a zum BAT*
- *den jeweiligen Fußnoten 3 und 4 zu Teil III Abschn. C Unterabschn. I und II der Anlage 1 a zum BAT*
- *den Fußnoten 4 und 5 zu Teil III Abschn. C Unterabschn. III der Anlage 1 a zum BAT*
- *den Fußnoten 2 und 3 zu Teil III Abschn. C Unterabschn. IV der Anlage 1 a zum BAT*
- *den Fußnoten 2 und 4 zu Teil III Abschn. F Unterabschn. I der Anlage 1 a zum BAT*
- *den Fußnoten 1 bis 3 zu Teil III Abschn. F Unterabschn. II der Anlage 1 a zum BAT*
- *den Protokollnotizen Nrn. 2 und 5 zu Teil III Abschn. L Unterabschn. VII der Anlage 1 a zum BAT*
- *der Fußnote 3 zu den Vergütungsgruppen V b und V c des Teils III Abschn. L Unterabschn. XI der Anlage 1 a zum BAT*
- *der Protokollnotiz Nr. 3 zu Teil III Abschn. O der Anlage 1 a zum BAT*
- *der jeweiligen Protokollerklärung Nr. 1 zu den Abschnitten A und B der Anlage 1 b zum BAT*

B. Bereich der Vereinigung der kommunalen Arbeitgeberverbände (VKA)

- *Tarifvertragliche Wechselschicht- und Schichtzulagen.*
- *Zulagen nach*
- *Nr. 6 SR 2k BAT - zu 50 v. H. -*
- *Nr. 5 a und Nr. 6 Abs. 3 SR 2 o BAT*
- *Nr. 6 SR 2 u BAT*
- *der jeweiligen Protokollerklärung Nr. 1 zu den Abschnitten A und B der Anlage 1 b zum BAT*

Nr. 4

Eine Zulage gilt auch dann als im Sinne des Buchstaben b ununterbrochen bezogen, wenn der Angestellte sie vorübergehend wegen Arbeitsunfähigkeit, wegen Erholungsurlaubs einschließlich eines etwaigen Zusatzurlaubs oder wegen Arbeitsbefreiung, wegen Ableistung des Grundwehrdienstes, von Wehrübungen oder des Zivildienstes, wegen Mutterschaftsurlaubs oder wegen Elternzeit nach dem Bundeserziehungsgeldgesetz, aus sonstigen Gründen bis zu insgesamt höchstens zwei Monaten nicht erhalten hat.

§ 7 Abfindung

(1) Der Angestellte, der auf Veranlassung des Arbeitgebers im gegenseitigen Einvernehmen oder aufgrund einer Kündigung durch den Arbeitgeber aus dem Arbeitsverhältnis ausscheidet, erhält nach Maßgabe folgender Tabelle eine Abfindung:

Beschäftigungszeit (§ 19 BAT ohne die nach § 72 Abschn. A Ziff. I BAT berücksichtigten Zeiten)	bis zum vollendeten 40. Lebensjahr	nach vollendetem			
		40.	45.	50.	55.
		Lebensjahr			
Monatsbezüge					
3 Jahre	-	2	2	3	3
5 Jahre	2	3	3	4	5
7 Jahre	3	4	5	6	7
9 Jahre	4	5	6	7	9
11 Jahre	5	6	7	9	11
13 Jahre	6	7	8	10	12
15 Jahre	7	8	9	11	13
17 Jahre	8	9	10	12	14
19 Jahre	9	10	11	13	15
21 Jahre	10	11	12	14	16
23 Jahre	-	12	13	15	17
25 Jahre	-	13	14	16	18

Monatsbezug ist der Betrag, der dem Angestellten als Summe aus der Vergütung (§ 26 BAT), der allgemeinen Zulage nach dem Tarifvertrag vom 17. Mai 1982 und den in der Protokollnotiz Nr. 1 zu § 6 Abs. 2 genannten Zulagen im letzten Kalendermonat vor dem Ausscheiden zugestanden hat oder zugestanden hätte.

(2) Der Anspruch auf Abfindung entsteht am Tag nach der Beendigung des Arbeitsverhältnisses. Hat der Arbeitgeber das Arbeitsverhältnis gekündigt, wird die Abfindung erst fällig, wenn die Frist zur Erhebung der Kündigungsschutzklage abgelaufen ist oder, falls der Angestellte Kündigungsschutzklage erhoben hat, endgültig feststeht, dass der Angestellte ausgeschieden ist.

(3) Die Abfindung steht nicht zu, wenn
a) die Kündigung aus einem von dem Angestellten zu vertretenden Grund (z. B. Ablehnung eines angebotenen Arbeitsplatzes entgegen § 3 Abs. 6, Ablehnung der Fortbildung bzw. Umschulung entgegen § 4 Abs. 1 Unterabs. 2) erfolgt ist oder
b) der Angestellte im Einvernehmen mit dem Arbeitgeber aus dem Arbeitsverhältnis ausgeschieden ist, weil er von einem anderen Arbeitgeber im Sinne des § 29 Abschn. B Abs. 7 BAT übernommen wird.

(4) Neben der Abfindung steht Übergangsgeld nach dem BAT nicht zu.

§ 8 Persönliche Anspruchsvoraussetzungen

(1) Ansprüche aus diesem Tarifvertrag bestehen nicht, wenn der Angestellte erwerbsgemindert im Sinne der gesetzlichen Rentenversicherung ist oder die Voraussetzungen für den Bezug einer Rente wegen Alters aus der gesetzlichen Rentenversicherung vor Vollendung des 65. Lebensjahres oder einer entsprechenden Leistung einer berufsständischen Versorgungseinrichtung im Sinne des § 6 Abs. 1 Nr. 1

gen für den Bezug einer Altersrente nach § 237a SGB VI erfüllt, solange ihre Versorgungsrente nach § 65 Abs. 7 der Satzung der VBL oder entsprechenden Vorschriften ruhen würde.

(2) Besteht ein Anspruch auf Abfindung und wird der Angestellte das 65. Lebensjahr innerhalb eines Zeitraumes vollenden, der kleiner ist als die der Abfindung zugrunde liegende Zahl der Monatsbezüge, oder ist absehbar, dass innerhalb dieses Zeitraumes einer der Tatbestände des Absatzes 1 eintritt, verringert sich die Abfindung entsprechend.

(3) Tritt der Angestellte innerhalb eines Zeitraumes, der kleiner ist als die der Abfindung zugrunde liegende Zahl der Monatsbezüge, in ein Arbeitsverhältnis bei einem Arbeitgeber im Sinne des § 29 Abschn. B Abs. 7 BAT ein, verringert sich die Abfindung entsprechend. Der überzahlte Betrag ist zurückzuzahlen.

§ 9 Bezirkliche und betriebliche Regelungen im Bereich der VKA

(1) Sind hinsichtlich betrieblicher Sozialleistungen besondere Regelungen erforderlich, werden sie betrieblich getroffen.

(2) Steht dem Angestellten im Falle der Beendigung des Arbeitsverhältnisses eine Versorgung durch den Arbeitgeber zu, kann durch bezirkliche oder betriebliche Vereinbarung von den Vorschriften dieses Tarifvertrages abgewichen werden.

§ 10 Anrechnungsvorschrift

(1) Leistungen, die dem Angestellten nach anderen Bestimmungen zu den gleichen Zwecken gewährt werden, sind auf die Ansprüche nach diesem Tarifvertrag anzurechnen. Dies gilt insbesondere für gesetzliche oder durch Vertrag vereinbarte Abfindungsansprüche gegen den Arbeitgeber (z. B. §§ 9, 10 Kündigungsschutzgesetz, § 113 Betriebsverfassungsgesetz).

(2) Der Angestellte ist verpflichtet, die ihm nach anderen Bestimmungen zu den gleichen Zwecken zustehenden Leistungen Dritter zu beantragen. Er hat den Arbeitgeber von der Antragstellung und von den hierauf beruhenden Entscheidungen sowie von allen ihm gewährten Leistungen im Sinne des Absatzes 1 unverzüglich zu unterrichten.

Kommt der Angestellte seinen Verpflichtungen nach Unterabsatz 1 trotz Belehrung nicht nach, stehen ihm Ansprüche nach diesem Tarifvertrag nicht zu.

§ 11 Übergangsvorschrift für den Bereich der VKA

Dieser Tarifvertrag gilt nicht für Verwaltungen und Betriebe, für die am 1. Januar 1972 eine Regelung über den Rationalisierungsschutz bestanden hat, solange diese Regelung fortbesteht.

§ 12 Inkrafttreten, Laufzeit

(1) Dieser Tarifvertrag tritt mit Wirkung vom 1. Januar 1987 in Kraft. Er kann mit einer Frist von drei Monaten zum Schluss eines Kalenderjahres schriftlich gekündigt werden.

(2) Dieser Tarifvertrag gilt nur, wenn der Wechsel der Beschäftigung bzw. die Beendigung des Arbeitsverhältnisses nach dem 31. Dezember 1986 eintritt. Ist der Wechsel der Beschäftigung bzw. die Beendigung des Arbeitsverhältnisses vor dem 1. Januar 1987 eingetreten, verbleibt es bei den bisherigen Regelungen.

Tarifvertrag zur Regelung der Altersteilzeitarbeit (TV ATZ)

i.d.F. des Änderungstarifvertrages Nr. 2 vom 30. Juni 2000
zuletzt geändert durch den Tarifvertrag Altersversorgung - ATV in der Fassung des
Änderungstarifvertrages Nr. 2 vom 12. März 2003

Präambel

Die Tarifvertragsparteien wollen mit Hilfe dieses Tarifvertrages älteren Beschäftigten einen gleitenden Übergang vom Erwerbsleben in den Ruhestand ermöglichen und dadurch vorrangig Auszubildenden und Arbeitslosen Beschäftigungsmöglichkeiten eröffnen.

§ 1 Geltungsbereich

Dieser Tarifvertrag gilt für die Arbeitnehmer (Angestellte, Arbeiter und Arbeiterinnen), die unter den Geltungsbereich des
a) Bundes-Angestelltentarifvertrages (BAT),
b) Tarifvertrages zur Anpassung des Tarifrechts - Manteltarifvertragliche Vorschriften - (BAT-O),
c) Tarifvertrages zur Anpassung des Tarifrechts - Manteltarifvertragliche Vorschriften - (BAT-Ostdeutsche Sparkassen),
d) Manteltarifvertrages für Arbeiterinnen und Arbeiter des Bundes und der Länder (MTArb),
e) Bundesmanteltarifvertrages für Arbeiter gemeindlicher Verwaltungen und Betriebe - BMT-G II -,
f) Tarifvertrages zur Anpassung des Tarifrechts für Arbeiter an den MTArb (MTArb-O),
g) Tarifvertrages zur Anpassung des Tarifrechts - Manteltarifliche Vorschriften für Arbeiter gemeindlicher Verwaltungen und Betriebe - (BMT-G-O),
h) Tarifvertrages über die Anwendung von Tarifverträgen auf Arbeiter (TV Arbeiter-Ostdeutsche Sparkassen)
fallen.

§ 2 Voraussetzungen der Altersteilzeitarbeit

(1) Der Arbeitgeber kann mit Arbeitnehmern, die
a) das 55. Lebensjahr vollendet haben,
b) eine Beschäftigungszeit (z.B. § 19 BAT / BAT-O) von fünf Jahren vollendet haben und
c) innerhalb der letzten fünf Jahre vor Beginn der Altersteilzeitarbeit mindestens 1080 Kalendertage in einer versicherungspflichtigen Beschäftigung nach dem Dritten Buch Sozialgesetzbuch gestanden haben,
die Änderung des Arbeitsverhältnisses in ein Altersteilzeitarbeitsverhältnis auf der Grundlage des Altersteilzeitgesetzes vereinbaren; das Altersteilzeitarbeitsverhältnis muss ein versicherungspflichtiges Beschäftigungsverhältnis im Sinne des Dritten Buches Sozialgesetzbuch sein.

(2) Arbeitnehmer, die das 60. Lebensjahr vollendet haben und die übrigen Voraussetzungen des Absatzes 1 erfüllen, haben Anspruch auf Vereinbarung eines Altersteilzeitarbeitsverhältnisses. Der Arbeitnehmer hat den Arbeitgeber drei Monate vor dem geplanten Beginn des Altersteilzeitarbeitsverhältnisses über die Geltendmachung des Anspruchs zu informieren; von dem Fristerfordernis kann einvernehmlich abgewichen werden.

(3) Der Arbeitgeber kann die Vereinbarung eines Altersteilzeitarbeitsverhältnisses ablehnen, soweit dringende dienstliche bzw. betriebliche Gründe entgegenstehen.

(4) Das Altersteilzeitarbeitsverhältnis soll mindestens für die Dauer von zwei Jahren vereinbart werden. Es muss vor dem 1. Januar 2010 beginnen.

§ 3 Reduzierung und Verteilung der Arbeitszeit

(1) Die durchschnittliche wöchentliche Arbeitszeit während des Altersteilzeitarbeitsverhältnisses beträgt die Hälfte der bisherigen wöchentlichen Arbeitszeit.
Als bisherige wöchentliche Arbeitszeit ist die wöchentliche Arbeitszeit zugrunde zu legen, die mit dem Arbeitnehmer vor dem Übergang in die Altersteilzeitarbeit vereinbart war. Zugrundezulegen ist höchstens die Arbeitszeit, die im Durchschnitt der letzten 24 Monate vor dem Übergang in die Altersteilzeitarbeit vereinbart war. Bei der Ermittlung der durchschnittlichen Arbeitszeit nach Satz 2 dieses Unterabsatzes bleiben Arbeitszeiten, die die tarifliche regelmäßige wöchentliche Arbeitszeit über-

schritten haben, außer Betracht. Die ermittelte durchschnittliche Arbeitszeit kann auf die nächste volle Stunde gerundet werden.

(2) Die während der Gesamtdauer des Altersteilzeitarbeitsverhältnisses zu leistende Arbeit kann so verteilt werden, dass sie
1. in der ersten Hälfte des Altersteilzeitarbeitsverhältnisses geleistet und der Arbeitnehmer anschließend von der Arbeit unter Fortzahlung der Bezüge nach Maßgabe der §§ 4 und 5 freigestellt wird (Blockmodell) oder
2. durchgehend geleistet wird (Teilzeitmodell).

(3) Der Arbeitnehmer kann vom Arbeitgeber verlangen, dass sein Wunsch nach einer bestimmten Verteilung der Arbeitszeit mit Ziel einer einvernehmlichen Regelung erörtert wird.

Protokollerklärungen zu Absatz 1:
1. *Für die unter die Pauschallohn-Tarifverträge des Bundes und der Länder fallenden Kraftfahrer gilt für die Anwendung dieses Tarifvertrages die den Pauschalgruppen zugrunde liegende Arbeitszeit als regelmäßige Arbeitszeit. Im Bereich der Vereinigung der kommunalen Arbeitgeberverbände gilt Satz 1 für tarifvertragliche Regelungen für Kraftfahrer entsprechend.*
2. *Für Arbeitnehmer mit verlängerter regelmäßiger Arbeitszeit nach Nr. 5 Abs. 5 SR 2 e I BAT/BAT-O und Nr. 7 Abs. 3 SR 2 a des Abschnitts A der Anlage 2 MTArb/Nr. 8 Abs. 4 SR 2 a des Abschnitts A der Anlage 2 MTArb-O und entsprechende Sonderregelungen gilt für die Anwendung dieses Tarifvertrages die dienstplanmäßig zu leistende Arbeitszeit als regelmäßige Arbeitszeit.*

Protokollerklärung zu Absatz 2:
Für Arbeitnehmer mit verlängerter regelmäßiger Arbeitszeit und für Kraftfahrer im Sinne der Pauschallohn-Tarifverträge des Bundes und der Länder ist Altersteilzeit nur im Blockmodell möglich. Im Bereich der Vereinigung der kommunalen Arbeitgeberverbände gilt Satz 1 für tarifvertragliche Regelungen für Kraftfahrer entsprechend.

§ 4 Höhe der Bezüge

(1) Der Arbeitnehmer erhält als Bezüge die sich für entsprechende Teilzeitkräfte bei Anwendung der tariflichen Vorschriften (z.B. § 34 BAT / BAT-O) ergebenden Beträge mit der Maßgabe, dass die Bezügebestandteile, die üblicherweise in die Berechnung des Aufschlags zur Urlaubsvergütung/Zuschlags zum Urlaubslohn einfließen sowie Wechselschicht- und Schichtzulagen entsprechend dem Umfang der tatsächlich geleisteten Tätigkeit berücksichtigt werden.

(2) Als Bezüge im Sinne des Absatzes 1 gelten auch Einmalzahlungen (z.B. Zuwendung, Urlaubsgeld, Jubiläumszuwendung) und vermögenswirksame Leistungen.

Protokollerklärung zu Absatz 1:
Die im Blockmodell über die regelmäßige wöchentliche Arbeitszeit hinaus geleisteten Arbeitsstunden gelten bei Vorliegen der übrigen tariflichen Voraussetzungen als Überstunden.

§ 5 Aufstockungsleistungen

(1) Die dem Arbeitnehmer nach § 4 zustehenden Bezüge zuzüglich des darauf entfallenden sozialversicherungspflichtigen Teils der vom Arbeitgeber zu tragenden Umlage zur Zusatzversorgungseinrichtung werden um 20 v. H. dieser Bezüge aufgestockt (Aufstockungsbetrag). Bei der Berechnung des Aufstockungsbetrages bleiben steuerfreie Bezügebestandteile, Entgelte für Mehrarbeits- und Überstunden, Bereitschaftsdienste und Rufbereitschaften sowie für Arbeitsbereitschaften (§ 18 Abs. 1 Unterabs. 2 MTArb/MTArb-O bzw. § 67 Nr. 10 BMT-G/BMT-G-O) unberücksichtigt; diese werden, soweit sie nicht unter Absatz 2 Unterabs. 2 und 3 fallen, neben dem Aufstockungsbetrag gezahlt.

(2) Der Aufstockungsbetrag muss so hoch sein, dass der Arbeitnehmer 83 v. H. des Nettobetrages des bisherigen Arbeitsentgelts erhält Mindestnettobeträge. Als bisheriges Arbeitsentgelt ist anzusetzen das gesamte, dem Grunde nach beitragspflichtige Arbeitsentgelt, das der Arbeitnehmer für eine Arbeitsleistung bei bisheriger wöchentlicher Arbeitszeit (§ 3 Abs. 1 Unterabs. 2) zu beanspruchen hätte; der sozialversicherungspflichtige Teil der vom Arbeitgeber zu tragenden Umlage zur Zusatzversorgungseinrichtung bleibt unberücksichtigt.

Dem bisherigen Arbeitsentgelt nach Unterabsatz 1 Satz 2 zuzurechnen sind Entgelte für Bereitschaftsdienst und Rufbereitschaft letztere jedoch ohne Entgelte für angefallene Arbeit einschließlich einer etwaigen Wegezeit -, die ohne Reduzierung der Arbeitszeit zugestanden hätten; in diesen Fällen sind die tatsächlich zustehenden Entgelte abweichend von Absatz 1 Satz 2 letzter Halbsatz in die Berechnung des aufzustockenden Nettobetrages einzubeziehen. Die Regelungen zu Bereitschaftsdienst und Rufbereitschaft in Satz 1 dieses Unterabsatzes gelten bei Arbeitern für die Arbeitsbereitschaft nach § 18 Abs. 1 Unterabs. 2 MTArb/MTArb-O bzw. § 67 Nr. 10 BMT-G/BMT-G-O entsprechend.

Haben dem Arbeitnehmer, der die Altersteilzeit im Blockmodell leistet, seit mindestens zwei Jahren vor Beginn des Altersteilzeitarbeitsverhältnisses ununterbrochen Pauschalen für Überstunden (z.B. nach § 35 Abs. 4 BAT / BAT-O) zugestanden, werden diese der Bemessungsgrundlage nach Unterabsatz 1 Satz 2 in der Höhe zugerechnet, die ohne die Reduzierung der Arbeitszeit maßgebend gewesen wäre; in diesem Fall sind in der Arbeitsphase die tatsächlich zustehenden Pauschalen abweichend von Absatz 1 Satz 2 letzter Halbsatz in die Berechnung des aufzustockenden Nettobetrages einzubeziehen.

Bei Kraftfahrern, die unter die Pauschallohn-Tarifverträge des Bundes und der Länder fallen, ist als bisheriges Arbeitsentgelt im Sinne des Unterabsatzes 1 Satz 2 in der Freistellungsphase der Lohn aus der Pauschalgruppe anzusetzen, die mindestens während der Hälfte der Dauer der Arbeitsphase maßgebend war. Im Bereich der Vereinigung der kommunalen Arbeitgeberverbände gilt Satz 1 für tarifvertragliche Regelungen für Kraftfahrer entsprechend.

Für Arbeitnehmer mit verlängerter regelmäßiger Arbeitszeit nach Nr. 5 Abs. 5 SR 2 e I BAT/BAT-O und Nr. 7 Abs. 3 SR 2 a des Abschnitts A der Anlage 2 MTArb/Nr. 8 Abs. 4 SR 2 a des Abschnitts A der Anlage 2 MTArb-O und entsprechenden Sonderregelungen ist als bisheriges Arbeitsentgelt im Sinne des Unterabsatzes 1 Satz 2 in der Freistellungsphase die Vergütung bzw. der Lohn aus derjenigen Stundenzahl anzusetzen, die während der Arbeitsphase, längstens während der letzten 48 Kalendermonate, als dienstplanmäßige Arbeitszeit durchschnittlich geleistet wurde.

(3) Für die Berechnung des Mindestnettobetrages nach Absatz 2 ist die Rechtsverordnung nach § 15 Satz 1 Nr. 1 des Altersteilzeitgesetzes zugrunde zu legen. Sofern das bei bisheriger Arbeitszeit zustehende Arbeitsentgelt nach Absatz 2 Unterabs. 1 Satz 2 das höchste in dieser Rechtsverordnung ausgewiesene Arbeitsentgelt übersteigt, sind für die Berechnung des Mindestnettobetrages diejenigen gesetzlichen Abzüge anzusetzen, die bei Arbeitnehmern gewöhnlich anfallen (§ 3 Abs. 1 Nr. 1 Buchst. a des Altersteilzeitgesetzes).

(4) Neben den vom Arbeitgeber zu tragenden Sozialversicherungsbeiträgen für die nach § 4 zustehenden Bezüge entrichtet der Arbeitgeber gemäß § 3 Abs. 1 Nr. 1 Buchst. b des Altersteilzeitgesetzes zusätzliche Beiträge zur gesetzlichen Rentenversicherung für den Unterschiedsbetrag zwischen den nach § 4 zustehenden Bezügen einerseits und 90 v. H. des Arbeitsentgelts im Sinne des Absatzes 2 zuzüglich des sozialversicherungspflichtigen Teils der vom Arbeitgeber zu tragenden Umlage zur Zusatzversorgungseinrichtung, höchstens aber der Beitragsbemessungsgrenze, andererseits.

(5) Ist der Angestellte von der Versicherungspflicht in der gesetzlichen Rentenversicherung befreit, erhöht sich der Zuschuss des Arbeitgebers zu einer anderen Zukunftssicherung um den Betrag, den der Arbeitgeber nach Absatz 4 bei Versicherungspflicht in der gesetzlichen Rentenversicherung zu entrichten hätte.

(6) Die Regelungen der Absätze 1 bis 5 gelten auch in den Fällen, in denen eine aufgrund dieses Tarifvertrages geschlossene Vereinbarung eine Verteilung der Arbeitsleistung (§ 3 Abs. 2) vorsieht, die sich auf einen Zeitraum von mehr als sechs Jahren erstreckt.

(7) Arbeitnehmer, die nach Inanspruchnahme der Altersteilzeit eine Rentenkürzung wegen einer vorzeitigen Inanspruchnahme der Rente zu erwarten haben, erhalten für je 0,3 v. H. Rentenminderung eine Abfindung in Höhe von 5 v. H. der Vergütung (§ 26 BAT / BAT-O /BAT-Ostdeutsche Sparkassen) und der in Monatsbeträgen festgelegten Zulagen bzw. des Monatsregellohnes (§ 21 Abs. 4 MTArb/MTArb-O) ggf. zuzüglich des Sozialzuschlags bzw. des Monatsgrundlohnes (§ 67 Nr. 26 b BMT-G/BMTG-O) und der ständigen Lohnzuschläge, die bzw. der dem Arbeitnehmer im letzten Monat vor dem Ende des Altersteilzeitarbeitsverhältnisses zugestanden hätte, wenn er mit der bisherigen wöchentlichen Arbeitszeit (§ 3 Abs. 1 Unterabs. 2) beschäftigt gewesen wäre. Die Abfindung wird zum Ende des Altersteilzeitarbeitsverhältnisses gezahlt.

Protokollerklärung zu Absatz 2:
Beim Blockmodell können in der Freistellungsphase die in die Bemessungsgrundlage nach Absatz 2 eingehenden, nicht regelmäßig zustehenden Bezügebestandteile (z.B. Erschwerniszuschläge) mit dem für die Arbeitsphase errechneten Durchschnittsbetrag angesetzt werden; dabei werden Krankheits- und Urlaubszeiten nicht berücksichtigt. Allgemeine Bezügeerhöhungen sind zu berücksichtigen, soweit die zugrunde liegenden Bezügebestandteile ebenfalls an allgemeinen Bezügeerhöhungen teilnehmen.

§ 6 Nebentätigkeit

Der Arbeitnehmer darf während des Altersteilzeitarbeitsverhältnisses keine Beschäftigungen oder selbständigen Tätigkeiten ausüben, die die Geringfügigkeitsgrenze des § 8 SGB IV überschreiten, es sei denn, diese Beschäftigungen oder selbständigen Tätigkeiten sind bereits innerhalb der letzten fünf Jahre vor Beginn der Altersteilzeitarbeitsverhältnisse ständig ausgeübt worden. Bestehende tarifliche Regelungen über Nebentätigkeiten bleiben unberührt.

§ 7 Urlaub

Für den Arbeitnehmer, der im Rahmen der Altersteilzeit im Blockmodell (§ 3 Abs. 2 Buchst. a) beschäftigt wird, besteht kein Urlaubsanspruch für die Zeit der Freistellung von der Arbeit. Im Kalenderjahr des Übergangs von der Beschäftigung zur Freistellung hat der Arbeitnehmer für jeden vollen Beschäftigungsmonat Anspruch auf ein Zwölftel des Jahresurlaubs.

§ 8 Nichtbestehen bzw. Ruhen der Aufstockungsleistungen

(1) In den Fällen krankheitsbedingter Arbeitsunfähigkeit besteht der Anspruch auf die Aufstockungsleistungen (§ 5) längstens für die Dauer der Entgeltfortzahlung (z.B. § 37 Abs. 2 BAT/BAT-O), der Anspruch auf die Aufstockungsleistungen nach § 5 Abs. 1 und 2 darüber hinaus längstens bis zum Ablauf der Fristen für die Zahlung von Krankenbezügen (Entgeltfortzahlung und Krankengeldzuschuss). Für die Zeit nach Ablauf der Entgeltfortzahlung wird der Aufstockungsbetrag in Höhe des kalendertäglichen Durchschnitts des nach § 5 Abs. 1 und 2 in den letzten drei abgerechneten Kalendermonaten maßgebenden Aufstockungsbetrages gezahlt; Einmalzahlungen bleiben unberücksichtigt.

Im Falle des Bezugs von Krankengeld (§§ 44 ff. SGB V), Versorgungskrankengeld (§§ 16 ff. BVG), Verletztengeld (§§ 45 ff. SGB VII), Übergangsgeld (§§ 49 ff. SGB VII) oder Krankentagegeld von einem privaten Krankenversicherungsunternehmen tritt der Arbeitnehmer für den nach Unterabsatz 1 maßgebenden Zeitraum seine gegen die Bundesanstalt für Arbeit bestehenden Ansprüche auf Altersteilzeitleistungen (§ 10 Abs. 2 des Altersteilzeitgesetzes) an den Arbeitgeber ab.

(2) Ist der Arbeitnehmer, der die Altersteilzeitarbeit im Blockmodell ableistet, während der Arbeitsphase über den Zeitraum der Entgeltfortzahlung (z.B. § 37 Abs. 2 BAT/BAT-O) hinaus arbeitsunfähig erkrankt, verlängert sich die Arbeitsphase um die Hälfte des den Entgeltfortzahlungszeitraum übersteigenden Zeitraums der Arbeitsunfähigkeit; in dem gleichen Umfang verkürzt sich die Freistellungsphase.

(3) Der Anspruch auf die Aufstockungsleistungen ruht während der Zeit, in der der Arbeitnehmer eine unzulässige Beschäftigung oder selbständige Tätigkeit im Sinne des § 6 ausübt oder über die Altersteilzeitarbeit hinaus Mehrarbeit und Überstunden leistet, die den Umfang der Geringfügigkeitsgrenze des § 8 SGB IV überschreiten. Hat der Anspruch auf die Aufstockungsleistungen mindestens 150 Tage geruht, erlischt er; mehrere Ruhenszeiträume werden zusammengerechnet.

Protokollerklärung:
Wenn der Arbeitnehmer infolge Krankheit den Anspruch auf eine Rente nach Altersteilzeitarbeit nicht zum arbeitsvertraglich festgelegten Zeitpunkt erreicht, verhandeln die Arbeitsvertragsparteien über eine interessengerechte Vertragsanpassung.

§ 9 Ende des Arbeitsverhältnisses

(1) Das Arbeitsverhältnis endet zu dem in der Altersteilzeitvereinbarung festgelegten Zeitpunkt.

(2) Das Arbeitsverhältnis endet unbeschadet der sonstigen tariflichen Beendigungstatbestände (z.B. §§ 53 bis 60 BAT/BAT-O)
a) mit Ablauf des Kalendermonats vor dem Kalendermonat, für den der Arbeitnehmer eine Rente wegen Alters oder, wenn er von der Versicherungspflicht in der gesetzlichen Rentenversicherung befreit ist, eine vergleichbare Leistung einer Versicherungs- oder Versorgungseinrichtung oder eines Versicherungsunternehmens beanspruchen kann; dies gilt nicht für Renten, die vor dem für den Versicherten maßgebenden Rentenalter in Anspruch genommen werden können oder
b) mit Beginn des Kalendermonats, für den der Arbeitnehmer eine Rente wegen Alters, eine Knappschaftsausgleichsleistung, eine ähnliche Leistung öffentlich-rechtlicher Art oder, wenn er von der Versicherungspflicht in der gesetzlichen Rentenversicherung befreit ist, eine vergleichbare Leistung einer Versicherungs- oder Versorgungseinrichtung oder eines Versicherungsunternehmens bezieht.

(3) Endet bei einem Arbeitnehmer, der im Rahmen der Altersteilzeit nach dem Blockmodell (§ 3 Abs. 2 Buchst. a) beschäftigt wird, das Arbeitsverhältnis vorzeitig, hat er Anspruch auf eine etwaige Differenz zwischen den nach den §§ 4 und 5 erhaltenen Bezügen und Aufstockungsleistungen und den Bezügen für den Zeitraum seiner tatsächlichen Beschäftigung, die er ohne Eintritt in die Altersteilzeit erzielt hätte. Bei Tod des Arbeitnehmers steht dieser Anspruch seinen Erben zu.

Protokollerklärung zu Absatz 2 Buchst. a:
Das Arbeitsverhältnis einer Arbeitnehmerin endet nicht, solange die Inanspruchnahmeeiner Leistung im Sinne des Absatzes 2 Buchst. a zum Ruhen der Versorgungsrente nach § 41 Abs. 7 VersTV-G, § 65 Abs. 7 VBL-Satzung führen würde.

§ 10 Mitwirkungspflicht

(1) Der Arbeitnehmer hat Änderungen der ihn betreffenden Verhältnisse, die für den Anspruch auf Aufstockungsleistungen erheblich sind, dem Arbeitgeber unverzüglich mitzuteilen.

(2) Der Arbeitnehmer hat dem Arbeitgeber zu Unrecht gezahlte Leistungen, die die im Altersteilzeitgesetz vorgesehenen Leistungen übersteigen, zu erstatten, wenn er die unrechtmäßige Zahlung dadurch bewirkt hat, dass er Mitwirkungspflichten nach Absatz 1 verletzt hat.

§ 11 Inkrafttreten, Geltungsdauer

Dieser Tarifvertrag tritt mit Wirkung vom 1. Mai 1998 in Kraft. Vor dem 26. Juni 1997 abgeschlossene Vereinbarungen über den Eintritt in ein Altersteilzeitarbeitsverhältnis bleiben unberührt.

Tarifvertrag über die zusätzliche Altersvorsorge der Beschäftigten des öffentlichen Dienstes

Altersvorsorge-TV-Kommunal (ATV-K)

Zuletzt geändert durch Änderungstarifvertrag Nr. 3 vom 14. Juni 2005

ATV-K - Präambel

Die Tarifvertragsparteien haben sich - auch in Ausfüllung des Beschlusses des Bundesverfassungsgerichts vom 22. März 2000 (1 BvR 1136/96) - am 13. November 2001 auf eine grundlegende Reform der Zusatzversorgung des öffentlichen Dienstes geeinigt, um deren Zukunftsfähigkeit zu sichern; der Altersvorsorgeplan 2001 vom 13. November 2001 ist zugleich Geschäftsgrundlage dieses Tarifvertrages.

Das bisherige Gesamtversorgungssystem wird mit Ablauf des 31. Dezember 2000 geschlossen und durch ein Punktemodell ersetzt, in dem entsprechend den nachfolgenden Regelungen diejenigen Leistungen zugesagt werden, die sich ergeben würden, wenn eine Gesamt-Beitragsleistung von 4 v.H. des zusatzversorgungspflichtigen Entgelts vollständig in ein kapitalgedecktes System eingezahlt würde. Das Jahr 2001 wird im Rahmen des Übergangsrechts berücksichtigt.

Bei den Zusatzversorgungseinrichtungen kann als Leistung der betrieblichen Altersversorgung auch eine zusätzliche kapitalgedeckte Altersvorsorge durch eigene Beiträge unter Inanspruchnahme der steuerlichen Förderung durchgeführt werden.

§ 1 Geltungsbereich

Dieser Tarifvertrag gilt für Arbeitnehmerinnen/Arbeitnehmer und Auszubildende (Beschäftigte), die unter den Geltungsbereich der in der Anlage 1 aufgeführten Tarifverträge des öffentlichen Dienstes fallen soweit sie nicht bei den an der Versorgungsanstalt des Bundes und der Länder (VBL) beteiligten Mitgliedern der übrigen der Vereinigung der kommunalen Arbeitgeberverbände (VKA) angehörenden Arbeitgeberverbänden beschäftigt sind.

§ 2 Pflichtversicherung

(1) Die Beschäftigten sind vorbehaltlich der Absätze 2 und 3 mit dem Beginn des Beschäftigungsverhältnisses bei der öffentlichen Zusatzversorgungseinrichtung, bei der ihr Arbeitgeber Mitglied/Beteiligter ist, zu versichern, wenn sie das 17. Lebensjahr vollendet haben und vom Beginn der Versicherung bis zur Vollendung des 65. Lebensjahres die Wartezeit (§ 6) erfüllen können, wobei frühere Versicherungszeiten, die auf die Wartezeit angerechnet werden, zu berücksichtigen sind. Die Pflicht zur Versicherung endet mit der Beendigung des Beschäftigungsverhältnisses.

(2) Beschäftigte mit einer wissenschaftlichen Tätigkeit an Hochschulen oder Forschungseinrichtungen, die für ein befristetes Arbeitsverhältnis eingestellt werden, in dem sie wegen der Dauer der Befristung die Wartezeit nach § 6 Abs. 1 nicht erfüllen können, und die bisher keine Pflichtversicherungszeiten in der Zusatzversorgung haben, sind auf ihren schriftlichen Antrag vom Arbeitgeber von der Pflicht zur Versicherung zu befreien. Der Antrag ist innerhalb von zwei Monaten nach Beginn des Arbeitsverhältnisses zu stellen. Zugunsten der nach Satz 1 von der Pflichtversicherung befreiten Beschäftigten werden Versorgungsanwartschaften auf eine freiwillige Versicherung (entsprechend § 26 Abs. 3 Satz 1) mit Beiträgen in Höhe der auf den Arbeitgeber entfallenden Aufwendungen für die Pflichtversicherung einschließlich eines eventuellen Arbeitnehmerbeitrags nach § 37a Abs. 2, höchstens jedoch mit vier v.H. des zusatzversorgungspflichtigen Entgelts begründet. Wird das Arbeitsverhältnis im Sinne des Satzes 1 verlängert oder fortgesetzt, beginnt die Pflichtversicherung anstelle der freiwilligen Versicherung mit dem Ersten des Monats, in dem die Verlängerung oder Fortsetzung des Arbeitsverhältnisses über fünf Jahre hinaus vereinbart wurde. Eine rückwirkende Pflichtversicherung von Beginn des Arbeitsverhältnisses an ist ausgeschlossen.

(3) Von der Pflicht zur Versicherung ausgenommen sind die von der Anlage 2 erfassten Beschäftigten.

§ 3 Beitragsfreie Versicherung

(1) Die Versicherung bleibt als beitragsfreie Versicherung bestehen, wenn das Beschäftigungsverhältnis endet.

(2) Die beitragsfreie Versicherung endet bei Eintritt des Versicherungsfalles, Überleitung der Versicherung auf eine andere Zusatzversorgungseinrichtung, Tod, Erlöschen der Anwartschaft oder bei Beginn einer erneuten Pflichtversicherung.

§ 4 Überleitung der Versicherung

Die Beschäftigten, die bei einer anderen Zusatzversorgungseinrichtung versichert sind, von der die Versicherung übergeleitet wird, sind verpflichtet, die Überleitung der Versicherung auf die für ihren Arbeitgeber zuständige Zusatzversorgungseinrichtung zu beantragen, es sei denn, dass bei der anderen Zusatzversorgungseinrichtung Pflicht zur Versicherung besteht oder auch bei Überleitung der Versicherung keine Pflicht zur Versicherung bei der für ihren Arbeitgeber zuständigen Zusatzversorgungseinrichtung entstünde. Das Gleiche gilt für die Beschäftigten, die gegen eine in Satz 1 genannte Zusatzversorgungseinrichtung Anspruch auf Rente haben, und zwar auch dann, wenn diese Zusatzversorgungseinrichtung die Rente weitergewährt.

§ 5 Versicherungsfall und Rentenbeginn

Der Versicherungsfall tritt am Ersten des Monats ein, von dem an der Anspruch auf gesetzliche Rente wegen Alters als Vollrente bzw. wegen teilweiser oder voller Erwerbsminderung besteht. Der Anspruch ist durch Bescheid des Trägers der gesetzlichen Rentenversicherung nachzuweisen.

Den in der gesetzlichen Rentenversicherung Pflichtversicherten, bei denen der Versicherungsfall nach Satz 1 eingetreten ist und die die Wartezeit nach § 6 erfüllt haben, wird auf ihren schriftlichen Antrag von der Zusatzversorgungseinrichtung eine Betriebsrente gezahlt. Die Betriebsrente beginnt - vorbehaltlich des § 12 - mit dem Beginn der Rente aus der gesetzlichen Rentenversicherung.

§ 6 Wartezeit

(1) Betriebsrenten werden erst nach Erfüllung der Wartezeit von 60 Kalendermonaten gewährt. Dabei wird jeder Kalendermonat berücksichtigt, für den mindestens für einen Tag Aufwendungen für die Pflichtversicherung nach §§ 16, 18 erbracht wurden. Bis zum 31. Dezember 2000 nach dem bisherigen Recht der Zusatzversorgung als Umlagemonate zu berücksichtigende Zeiten zählen für die Erfüllung der Wartezeit. Für die Erfüllung der Wartezeit werden Versicherungsverhältnisse bei Zusatzversorgungseinrichtungen nach § 2 zusammengerechnet.

(2) Die Wartezeit gilt als erfüllt, wenn der Versicherungsfall durch einen Arbeitsunfall eingetreten ist, der im Zusammenhang mit dem die Pflicht zur Versicherung begründenden Arbeitsverhältnis steht oder wenn die/der Versicherte infolge eines solchen Arbeitsunfalls gestorben ist. Ob ein Arbeitsunfall vorgelegen hat, ist durch Bescheid des Trägers der gesetzlichen Unfallversicherung nachzuweisen.

(3) In den Fällen des § 7 Abs. 5 des Gesetzes über die Rechtsverhältnisse der Mitglieder des Deutschen Bundestages und entsprechender gesetzlicher Vorschriften werden Zeiten einer nach dem Beginn der Pflichtversicherung liegenden Mitgliedschaft im Deutschen Bundestag, im Europäischen Parlament oder in dem Parlament eines Landes auf die Wartezeit angerechnet.

§ 7 Höhe der Betriebsrente

(1) Die monatliche Betriebsrente errechnet sich aus der Summe der bis zum Beginn der Betriebsrente (§ 5 Satz 4) erworbenen Versorgungspunkte (§ 8), multipliziert mit dem Messbetrag von vier Euro.

(2) Die Betriebsrente wegen teilweiser Erwerbsminderung beträgt die Hälfte der Betriebsrente, die sich nach Absatz 1 bei voller Erwerbsminderung ergeben würde.

(3) Die Betriebsrente mindert sich für jeden Monat, für den der Zugangsfaktor nach § 7 SGB VI herabgesetzt ist, um 0,3 v.H., höchstens jedoch um insgesamt 10,8 v.H.

§ 8 Versorgungspunkte

(1) Versorgungspunkte ergeben sich
a) für das zusatzversorgungspflichtige Entgelt (§ 15),
b) für soziale Komponenten (§ 9) und

c) als Bonuspunkte (§ 19).

Die Versorgungspunkte nach Satz 1 Buchst. a und b werden jeweils zum Ende des Kalenderjahres bzw. zum Zeitpunkt der Beendigung des Arbeitsverhältnisses festgestellt und dem Versorgungskonto gutgeschrieben; die Feststellung und Gutschrift der Bonuspunkte erfolgt zum Ende des folgenden Kalenderjahres. Versorgungspunkte werden jeweils auf zwei Nachkommastellen unter gemeinüblicher Rundung berechnet.

(2) Die Anzahl der Versorgungspunkte für ein Kalenderjahr nach Absatz 1 Satz 1 Buchst. a ergibt sich aus dem Verhältnis eines Zwölftels des zusatzversorgungspflichtigen Jahresentgelts zum Referenzentgelt von 1.000 Euro, multipliziert mit dem Altersfaktor (Absatz 3); dies entspricht einer Beitragsleistung von vier v.H. des zusatzversorgungspflichtigen Entgelts. Bei einer vor dem 1. Januar 2003 vereinbarten Altersteilzeit auf der Grundlage des Altersteilzeitgesetzes werden die Versorgungspunkte nach Satz 1 mit dem 1,8-fachen berücksichtigt, soweit sie nicht auf Entgelten beruhen, die in voller Höhe zustehen.

(3) Der Altersfaktor beinhaltet eine jährliche Verzinsung von 3,25 v.H. während der Anwartschaftsphase und von 5,25 v.H. während des Rentenbezuges und richtet sich nach der folgenden Tabelle; dabei gilt als Alter die Differenz zwischen dem jeweiligen Kalenderjahr und dem Geburtsjahr:

Alter	Alters-faktor	Alter	Alters-faktor	Alter	Alters-faktor	Alter	Alters-faktor
17	3,1	29	2,1	41	1,5	53	1,0
18	3,0	30	2,0	42	1,4	54	1,0
19	2,9	31	2,0	43	1,4	55	1,0
20	2,8	32	1,9	44	1,3	56	1,0
21	2,7	33	1,9	45	1,3	57	0,9
22	2,6	34	1,8	46	1,3	58	0,9
23	2,5	35	1,7	47	1,2	59	0,9
24	2,4	36	1,7	48	1,2	60	0,9
25	2,4	37	1,6	49	1,2	61	0,9
26	2,3	38	1,6	50	1,1	62	0,8
27	2,2	39	1,6	51	1,1	63	0,8
28	2,2	40	1,5	52	1,1	64 und älter	0,8

Protokollnotiz zu Absatz 2 Satz 2:
Wird aufgrund einer Einzelregelung ein Beitrag an die gesetzliche Rentenversicherung gezahlt, der den Mindestbeitrag nach § 3 Abs. 1 Nr. 1 Buchst. b des Altersteilzeitgesetzes übersteigt, ist das zusatzversorgungspflichtige Entgelt so zu erhöhen, dass sich nach Anwendung von Absatz 2 Satz 2 so viele Versorgungspunkte ergeben, wie dies dem über den gesetzlichen Mindestbeitrag erhöhten Beitrag zur gesetzlichen Rentenversicherung entspricht.

§ 9 Soziale Komponenten

(1) Für jeden vollen Kalendermonat, in dem das Arbeitsverhältnis wegen einer Elternzeit nach § 15 des Bundeserziehungsgeldgesetzes ruht, werden für jedes Kind, für das ein Anspruch auf Elternzeit besteht, die Versorgungspunkte berücksichtigt, die sich bei einem zusatzversorgungspflichtigen Entgelt von 500 Euro in diesem Monat ergeben würden. Es werden je Kind höchstens 36 Kalendermonate berücksichtigt; Zeiten nach § 6 Abs. 1 MuSchG werden den Zeiten nach Satz 1 gleichgestellt. Bestehen mehrere zusatzversorgungspflichtige Arbeitsverhältnisse im Sinne des Satzes 1, bestimmt die/der

Pflichtversicherte, für welches Arbeitsverhältnis die Versorgungspunkte nach Satz 1 berücksichtigt werden.

(2) Bei Eintritt des Versicherungsfalles wegen teilweiser oder voller Erwerbsminderung vor Vollendung des 60. Lebensjahres werden Pflichtversicherten für jeweils zwölf volle, bis zur Vollendung des 60. Lebensjahres fehlende Kalendermonate so viele Versorgungspunkte hinzugerechnet, wie dies dem Verhältnis von durchschnittlichem monatlichem zusatzversorgungspflichtigem Entgelt der letzten drei Kalenderjahre vor Eintritt des Versicherungsfalles zum Referenzentgelt entspricht; bei Berechnung des durchschnittlichen Entgelts werden Monate ohne zusatzversorgungspflichtiges Entgelt nicht berücksichtigt. Ist in diesem Zeitraum kein zusatzversorgungspflichtiges Entgelt angefallen, ist für die Berechnung nach Satz 1 das Entgelt zugrunde zu legen, das sich als durchschnittliches monatliches zusatzversorgungspflichtiges Entgelt im Kalenderjahr vor dem Rentenbeginn ergeben hätte.

(3) Bei Beschäftigten, die am 1. Januar 2002 bereits 20 Jahre pflichtversichert sind, werden für jedes volle Kalenderjahr der Pflichtversicherung bis zum 31. Dezember 2001 mindestens 1,84 Versorgungspunkte berücksichtigt. Bei Beschäftigten, deren Gesamtbeschäftigungsquotient am 31. Dezember 2001 kleiner als 1,0 ist, gilt Satz 1 entsprechend mit der Maßgabe, dass der Faktor 1,84 mit dem am 31. Dezember 2001 maßgebenden Gesamtbeschäftigungsquotienten multipliziert wird.

§ 10 Betriebsrente für Hinterbliebene

(1) Stirbt eine Versicherte/ein Versicherter, die/der die Wartezeit (§ 6) erfüllt hat, oder eine Betriebsrentenberechtigte/ein Betriebsrentenberechtigter, hat die hinterbliebene Ehegattin/der hinterbliebene Ehegatte Anspruch auf eine kleine oder große Betriebsrente für Witwen/Witwer, wenn und solange ein Anspruch auf Witwen-/Witwerrente aus der gesetzlichen Rentenversicherung besteht oder bestehen würde, sofern kein Rentensplitting unter Ehegatten durchgeführt worden wäre. Art (kleine/große Betriebsrenten für Witwen/Witwer), Höhe (der nach Ablauf des Sterbevierteljahres maßgebende Rentenartfaktor nach § 67 Nrn. 5 und 6 und § 255 Abs. 1 SGB VI) und Dauer des Anspruchs richten sich - soweit keine abweichenden Regelungen getroffen sind - nach den entsprechenden Bestimmungen der gesetzlichen Rentenversicherung. Bemessungsgrundlage der Betriebsrenten für Hinterbliebene ist jeweils die Betriebsrente, die die Verstorbene/der Verstorbene bezogen hat oder hätte beanspruchen können, wenn er im Zeitpunkt seines Todes wegen voller Erwerbsminderung ausgeschieden wäre. Die ehelichen oder diesen gesetzlich gleichstellten Kinder der/des Verstorbenen haben entsprechend den Sätzen 1 bis 3 Anspruch auf Betriebsrente für Voll- oder Halbwaisen.

Der Anspruch ist durch Bescheid des Trägers der gesetzlichen Rentenversicherung nachzuweisen.

(2) Anspruch auf Betriebsrente für Witwen/Witwer besteht nicht, wenn die Ehe mit der/dem Verstorbenen weniger als zwölf Monate gedauert hat, es sei denn, dass nach den besonderen Umständen des Falles die Annahme nicht gerechtfertigt ist, dass es der alleinige oder überwiegende Zweck der Heirat war, der Witwe/dem Witwer eine Betriebsrente zu verschaffen.

(3) Witwen-/Witwerrente und Waisenrenten dürfen zusammen den Betrag der ihrer Berechnung zugrunde liegenden Betriebsrente nicht übersteigen. Ergeben die Hinterbliebenenrenten in der Summe einen höheren Betrag, werden sie anteilig gekürzt. Erlischt eine der anteilig gekürzten Hinterbliebenenrenten, erhöhen sich die verbleibenden Hinterbliebenenrenten vom Beginn des folgenden Monats entsprechend, jedoch höchstens bis zum vollen Betrag der Betriebsrente der/des Verstorbenen.

§ 11 Anpassung und Neuberechnung

(1) Die Betriebsrenten werden, beginnend ab dem Jahr 2002, zum 1. Juli eines jeden Jahres um 1,0 v.H. dynamisiert.

(2) Die Betriebsrente ist neu zu berechnen, wenn bei einem Betriebsrentenberechtigten ein neuer Versicherungsfall eintritt und seit der Festsetzung der Betriebsrente aufgrund des früheren Versicherungsfalles zusätzliche Versorgungspunkte zu berücksichtigen sind.

Durch die Neuberechnung wird die bisherige Betriebsrente um den Betrag erhöht, der sich als Betriebsrente aufgrund der neu zu berücksichtigenden Versorgungspunkte ergibt; für diese zusätzlichen Versorgungspunkte wird der Abschlagsfaktor nach § 7 Abs. 3 gesondert festgestellt.

Wird aus einer Betriebsrente wegen teilweiser Erwerbsminderung eine Betriebsrente wegen voller Erwerbsminderung oder wegen Alters, wird die bisher nach § 7 Abs. 2 zur Hälfte gezahlte Betriebsrente voll gezahlt. Wird aus einer Betriebsrente wegen voller Erwerbsminderung eine Betriebsrente wegen teilweiser Erwerbsminderung, wird die bisher gezahlte Betriebsrente entsprechend § 7 Abs. 2 zur Hälfte gezahlt. Die Sätze 1 und 2 sind entsprechend anzuwenden, wenn zusätzliche Versorgungspunkte zu berücksichtigen sind.

Bei Neuberechnung der Betriebsrente sind Versorgungspunkte nach § 9 Abs. 2, die aufgrund des früheren Versicherungsfalls berücksichtigt wurden, nur noch insoweit anzurechnen, als sie die zusätzlichen Versorgungspunkte - ohne Bonuspunkte nach § 19 - aus einer Pflichtversicherung übersteigen oder soweit in dem nach § 9 Abs. 2 maßgebenden Zeitraum keine Pflichtversicherung mehr bestanden hat.

Für Hinterbliebene gelten die Sätze 3 und 4 entsprechend.

§ 12 Nichtzahlung und Ruhen

(1) Die Betriebsrente wird von dem Zeitpunkt an nicht gezahlt, von dem an die Rente wegen Alters aus der gesetzlichen Rentenversicherung nach § 100 Abs. 3 Satz 1 in Verbindung mit § 34 Abs. 2 SGB VI endet. Die Betriebsrente ist auf Antrag vom Ersten des Monats an wieder zu zahlen, für den der/dem Rentenberechtigten die Rente wegen Alters aus der gesetzlichen Rentenversicherung wieder geleistet wird.

Wird die Altersrente der gesetzlichen Rentenversicherung nach Eintritt des Versicherungsfalls (§ 5) als Teilrente gezahlt, wird die Betriebsrente nur in Höhe eines entsprechenden Anteils gezahlt.

(2) Ist der Versicherungsfall wegen voller oder teilweiser Erwerbsminderung eingetreten und wird die Rente aus der gesetzlichen Rentenversicherung wegen Hinzuverdienstes nicht oder nur zu einem Anteil gezahlt, wird auch die Betriebsrente nicht oder nur in Höhe eines entsprechenden Anteils gezahlt.

(3) Die Betriebsrente ruht, solange die Rente aus der gesetzlichen Rentenversicherung ganz oder teilweise versagt wird.

(4) Die Betriebsrente ruht ferner, solange die/der Berechtigte ihren/seinen Wohnsitz oder dauernden Aufenthalt außerhalb eines Mitgliedstaates der Europäischen Union hat und trotz Aufforderung der Zusatzversorgungseinrichtung keine Empfangsbevollmächtigte/keinen Empfangsbevollmächtigten im Inland bestellt.

(5) Die Betriebsrente ruht ferner in Höhe des Betrages des für die Zeit nach dem Beginn der Betriebsrente gezahlten Krankengeldes aus der gesetzlichen Krankenversicherung, soweit dieses nicht nach § 96a Abs. 3 SGB VI auf eine Rente wegen teilweiser Erwerbsminderung anzurechnen oder bei einer Rente wegen voller Erwerbsminderung bzw. wegen Alters als Vollrente dem Träger der Krankenversicherung zu erstatten ist.

(6) Für Hinterbliebene gelten die Vorschriften der gesetzlichen Rentenversicherung über das Zusammentreffen von Rente und Einkommen entsprechend mit der Maßgabe, dass eventuelle Freibeträge sowie das Einkommen, das auf die Rente aus der gesetzlichen Rentenversicherung angerechnet wird, unberücksichtigt bleiben.

§ 13 Erlöschen

(1) Der Anspruch auf Betriebsrente erlischt mit dem Ablauf des Monats,
1. in dem die/der Betriebsrentenberechtigte gestorben ist oder
2. für den Rente nach § 43 bzw. § 240 SGB VI letztmals gezahlt worden ist oder
3. der dem Monat vorangeht, von dessen Beginn an die Zusatzversorgungseinrichtung, zu der die Versicherung übergeleitet worden ist, zur Zahlung der Betriebsrente verpflichtet ist.

(2) Der Anspruch auf Betriebsrente für Witwen/Witwer erlischt im Übrigen mit dem Ablauf des Monats, in dem die Witwe/der Witwer geheiratet hat. Für das Wiederaufleben der Betriebsrente für Witwen-/Witwer gilt § 46 Abs. 3 SGB VI entsprechend.

§ 14 Sonderregelungen für Beschäftigte, die in der gesetzlichen Rentenversicherung nicht versichert sind

Für Beschäftigte, die in der gesetzlichen Rentenversicherung nicht versichert sind, gelten die §§ 2 bis 13 entsprechend. Soweit auf Regelungen des Rechts der gesetzlichen Rentenversicherung Bezug genommen wird, ist die jeweilige Regelung so entsprechend anzuwenden, wie dies bei unterstellter Versicherung in der gesetzlichen Rentenversicherung der Fall wäre. Bei Anwendung des § 5 sind dabei anstelle der Versicherungszeiten in der gesetzlichen Rentenversicherung die Pflichtversicherungszeiten in der Zusatzversorgung zu berücksichtigen.

Die teilweise oder volle Erwerbsminderung ist durch einen von der Zusatzversorgungseinrichtung zu bestimmenden Facharzt nachzuweisen. Die Betriebsrente ruht, solange sich die Betriebsrentenberechtigten trotz Verlangens der Zusatzversorgungseinrichtung innerhalb einer von dieser zu setzenden Frist nicht fachärztlich untersuchen lassen oder das Ergebnis der Untersuchung der Zusatzversorgungseinrichtung nicht vorlegen. Der Anspruch auf Betriebsrente erlischt mit Ablauf des Monats, der auf den Monat folgt, in dem der/dem Berechtigten die Entscheidung der Zusatzversorgungseinrichtung über das Erlöschen des Anspruchs wegen Wegfalls der Erwerbsminderung zugegangen ist.

§ 15 Finanzierungsgrundsätze und zusatzversorgungspflichtiges Entgelt

(1) Die Finanzierung der Pflichtversicherung wird von den Zusatzversorgungseinrichtungen eigenständig geregelt. Nach den Möglichkeiten der einzelnen Zusatzversorgungseinrichtungen kann die Umlagefinanzierung schrittweise durch eine kapitalgedeckte Finanzierung abgelöst werden (Kombinationsmodell).

(2) Zusatzversorgungspflichtiges Entgelt ist, soweit sich aus Anlage 3 nichts anderes ergibt, der steuerpflichtige Arbeitslohn. Wird Altersteilzeit nach dem 31. Dezember 2002 vereinbart, ist - unter Berücksichtigung des Satzes 1 - zusatzversorgungspflichtiges Entgelt während des Altersteilzeitarbeitsverhältnisses das 1,8-fache der zur Hälfte zustehenden Bezüge nach § 4 TV ATZ zuzüglich derjenigen Bezüge, die in voller Höhe zustehen.

(3) Durch landesbezirklichen Tarifvertrag kann für Mitglieder/Beteiligte einer Zusatzversorgungseinrichtung, die sich in einer wirtschaftlichen Notlage befinden, für die Pflichtversicherung geregelt werden, dass für die Zusage von Leistungen für die Dauer von bis zu drei Jahren bis zu einer Mindesthöhe von zwei v.H. nach § 8 Abs. 2 zugesagten Leistung abgewichen werden kann. Entsprechend der Verminderung der Leistungszusage für die bei dem Mitglied/Beteiligten beschäftigten Pflichtversicherten reduziert sich für die Mitglieder/Beteiligten insoweit die zu tragende Umlagebelastung bzw. der zu zahlende Beitrag an die Zusatzversorgungseinrichtung. Die Feststellung der wirtschaftlichen Notlage wird durch eine paritätisch besetzte Kommission der betroffenen Tarifvertragsparteien getroffen. Die Regelung kann durch landesbezirklichen Tarifvertrag über die in Satz 1 genannte Dauer verlängert werden.

Protokollnotiz zu Absatz 2 Satz 2:
Wird aufgrund einer Einzelregelung ein Beitrag an die gesetzliche Rentenversicherung gezahlt, der den Mindestbeitrag nach § 3 Abs. 1 Nr. 1 Buchst. b des Altersteilzeitgesetzes übersteigt, ist das zusatzversorgungspflichtige Entgelt nach Absatz 2 Satz 2 entsprechend zu erhöhen.

§ 16 Umlagen

(1) Von der Zusatzversorgungseinrichtung festgesetzte monatliche Umlagen in Höhe eines bestimmten Vomhundertsatzes des zusatzversorgungspflichtigen Entgelts der Beschäftigten (Umlagesatz) führt der Arbeitgeber - ggf. einschließlich des von der/dem Beschäftigten zu tragenden Umlage-Beitrags - an die Zusatzversorgungseinrichtung ab. Die Umlage-Beiträge der Beschäftigten behält der Arbeitgeber von deren Arbeitsentgelt ein. Bei Pflichtversicherten bleiben die am 1. November 2001 geltenden Vomhundertsätze für die Erhebung der Umlage-Beiträge bei der jeweiligen Zusatzversorgungseinrichtung maßgebend, soweit sich aus § 37a nichts anderes ergibt.

(2) Der Arbeitgeber hat die auf ihn entfallende Umlage bis zu einem Betrag von monatlich 89,48 Euro pauschal zu versteuern, solange die Pauschalversteuerung rechtlich möglich ist.

(3) Die auf die Umlage entfallenden Pflichtversicherungszeiten und die daraus erworbenen Versorgungspunkte sind von der Zusatzversorgungseinrichtung auf einem personenbezogenen Versorgungskonto zu führen (Versorgungskonto I); umfasst sind auch Aufwendungen und Auszahlungen. Das Weitere regelt die Satzung der Zusatzversorgungseinrichtung.

Protokollerklärung:
Für den Fall, dass die pauschal versteuerte Umlage über den am 1. Januar 2001 geltenden Umfang hinaus in der Sozialversicherung beitragspflichtig werden sollte, werden die Tarifvertragsparteien unverzüglich Verhandlungen aufnehmen mit dem Ziel, ein dem Zweck der Pauschalversteuerung entsprechendes Ergebnis zu erreichen.

§ 17 Sanierungsgelder

(1) Zur Deckung des infolge der Schließung des Gesamtversorgungssystems und des Wechsels vom Gesamtversorgungssystem zum Punktemodell zusätzlichen Finanzbedarfs, der über die am 1. November 2001 jeweils geltende Umlage hinausgeht, erhebt die Zusatzversorgungseinrichtung vom Arbeitgeber Sanierungsgelder. Diese Sanierungsgelder sind kein steuerpflichtiger Arbeitslohn.

(2) Sanierungsgelder kommen nicht in Betracht, wenn der am 1. November 2001 jeweils gültige Umlagesatz weniger als vier v.H. des zusatzversorgungspflichtigen Entgelts betragen hat.

§ 18 Beiträge im Kapitaldeckungsverfahren

(1) Soweit die Zusatzversorgungseinrichtung für die Pflichtversicherung Beiträge im Kapitaldeckungsverfahren von höchstens vier v.H. des zusatzversorgungspflichtigen Entgelts erhebt, trägt diese der Arbeitgeber, soweit sich aus § 37a nichts anderes ergibt.

(2) Die Beiträge im Sinne des Absatzes 1 einschließlich der darauf entfallenden Erträge sind von der Zusatzversorgungseinrichtung auf einem gesonderten personenbezogenen Versorgungskonto getrennt von den sonstigen Einnahmen zu führen (Versorgungskonto II).

(3) Die Einnahmen und Ausgaben einschließlich der Kapitalanlagen sind gesondert zu führen und zu verwalten.

§ 19 Bonuspunkte

(1) Die Zusatzversorgungseinrichtung stellt jährlich bis zum Jahresende für das vorangegangene Geschäftsjahr fest, in welchem Umfang aus verbleibenden Überschüssen (Absatz 2) Bonuspunkte (§ 8 Abs. 1 Satz 1 Buchst. c) vergeben werden können. Bonuspunkte nach Satz 1 kommen in Betracht für die am Ende des laufenden Geschäftsjahres Pflichtversicherten sowie für die zum gleichen Zeitpunkt beitragsfrei Versicherten, die eine Wartezeit von 120 Umlage-/Beitragsmonaten erfüllt haben. Über die Vergabe von Bonuspunkten entscheidet das zuständige Gremium der Zusatzversorgungseinrichtung auf Vorschlag des Verantwortlichen Aktuars der Zusatzversorgungseinrichtung. Grundlage für die Feststellung und Entscheidung ist eine auf anerkannten versicherungsmathematischen Grundsätzen (Anlage 4) beruhende und durch den Verantwortlichen Aktuar erstellte fiktive versicherungstechnische Bilanz für die Verpflichtungen gegenüber den Pflichtversicherten und den beitragsfrei Versicherten mit erfüllter Wartezeit von 120 Umlage-/Beitragsmonaten. Soweit eine Kapitaldeckung vorhanden ist, werden dabei die tatsächlich erzielten Kapitalerträge veranschlagt. Soweit keine Kapitaldeckung vorhanden ist, wird die durchschnittliche laufende Verzinsung der zehn nach der Bilanzsumme größten Pensionskassen gemäß dem zum Zeitpunkt der Fertigstellung der Bilanz nach Satz 4 jeweils aktuellen Geschäftsbericht des Bundesaufsichtsamtes für das Versicherungswesen bzw. der Nachfolgebehörde zugrunde gelegt. Beschäftigte, deren Arbeitsverhältnis in Folge von Witterungseinflüssen oder wegen anderer Naturereignisse mit besonderen tarifvertraglichen Vorschriften geendet hat und die bei Wiederaufnahme der Arbeit Anspruch auf Wiedereinstellung haben, sowie Saisonbeschäftigte, die bei Beginn der nächsten Saison voraussichtlich wieder eingestellt werden, gelten als Pflichtversicherte im Sinne des Satzes 2.

(2) Ergibt die fiktive versicherungstechnische Bilanz einen Überschuss, wird dieser Überschuss um den Aufwand für soziale Komponenten nach § 9 und um die Verwaltungskosten der Zusatzversorgungseinrichtung vermindert und nach Maßgabe des Absatzes 1 verwendet; soweit keine Kapitaldeckung vorhanden ist, werden für die fiktive Verzinsung nach Absatz 1 Satz 5 als Verwaltungskosten zwei v.H. dieser fiktiven Zinserträge berücksichtigt. Ergibt die versicherungstechnische Bilanz eine Unterdeckung, wird diese vorgetragen. Einzelheiten werden in den Ausführungsbestimmungen zur Satzung der Zusatzversorgungseinrichtung geregelt.

§ 20 Pflichten der Versicherten und der Betriebsrentenberechtigten

(1) Der Zusatzversorgungseinrichtung sind alle für die Prüfung des Anspruchs auf Betriebsrente notwendigen Angaben zu machen und die erforderlichen Nachweise beizubringen.

(2) Kommen Betriebsrentenberechtigte der Verpflichtung nach Absatz 1 nicht nach, kann die Betriebsrente zurückbehalten werden.

(3) Vereinbarungen mit Dritten über die Abtretung, Verpfändung oder Beleihung eines Anspruchs auf Betriebsrente sind vorbehaltlich zwingender gesetzlicher Vorschriften gegenüber dem Arbeitgeber und der Zusatzversorgungseinrichtung unwirksam.

(4) Ist der Versicherungsfall durch ein Verhalten Dritter verursacht worden, sind Schadensersatzansprüche, soweit rechtlich zulässig, bis zur Höhe des Brutto-Betrages der Betriebsrente an die Zusatzversorgungseinrichtung abzutreten; soweit die Abtretung nicht erfolgt oder die zur Durchsetzung des Anspruchs erforderlichen Nachweise nicht vorgelegt werden, kann die Betriebsrente zurückbehalten werden.

(5) Ohne Rechtsgrund gezahlte Betriebsrenten sind in Höhe ihrer Brutto-Beträge zurückzuzahlen. Haben Versicherte oder Betriebsrentenberechtigte ihre Pflichten nach Absatz 1 verletzt, können sie sich nicht auf den Wegfall der Bereicherung berufen.

§ 21 Versicherungsnachweise

(1) Pflichtversicherte erhalten jeweils nach Ablauf des Kalenderjahres bzw. bei Beendigung der Pflichtversicherung einen Nachweis über ihre bisher insgesamt erworbene Anwartschaft auf Betriebsrente wegen Alters nach § 7. Dabei ist neben der Anwartschaft auch die Zahl der Versorgungspunkte und der Messbetrag anzugeben. Im Falle der Kapitaldeckung sind zusätzlich die steuerrechtlich vorgeschriebenen Angaben zu beachten. Der Nachweis ist mit einem Hinweis auf die Ausschlussfrist nach Absatz 2 zu versehen. Wird der Nachweis im Zusammenhang mit der Beendigung der Pflichtversicherung erbracht, ist er um den Hinweis zu ergänzen, dass die aufgrund der Pflichtversicherung erworbene Anwartschaft bis zum erneuten Beginn der Pflichtversicherung bzw. bis zum Eintritt des Versicherungsfalles nicht dynamisiert wird, wenn die Wartezeit von 120 Umlage-/Beitragsmonaten nicht erfüllt ist. Das Weitere regelt die Satzung der Zusatzversorgungseinrichtung.

(2) Die Beschäftigten können nur innerhalb einer Ausschlussfrist von sechs Monaten nach Zugang des Nachweises nach Absatz 1 gegenüber ihrem Arbeitgeber schriftlich beanstanden, dass die vom Arbeitgeber zu entrichtenden Beiträge oder die zu meldenden Entgelte nicht oder nicht vollständig an die Zusatzversorgungseinrichtung abgeführt oder gemeldet geworden sind. Beanstandungen in Bezug auf die ausgewiesenen Bonuspunkte sind innerhalb der Ausschlussfrist des Satzes 1 schriftlich unmittelbar gegenüber der Zusatzversorgungseinrichtung zu erheben.

§ 22 Zahlung und Abfindung

(1) Die Betriebsrenten werden monatlich im Voraus auf ein Girokonto der Betriebsrentenberechtigten innerhalb eines Mitgliedsstaates der Europäischen Union überwiesen. Die Kosten der Überweisung auf ein Konto im Inland, mit Ausnahme der Kosten für die Gutschrift, trägt die Zusatzversorgungseinrichtung.

Besteht der Betriebsrentenanspruch nicht für einen vollen Kalendermonat, wird der Teil gezahlt, der auf den Anspruchszeitraum entfällt.

(2) Die Satzung der Zusatzversorgungseinrichtung kann vorsehen, dass Betriebsrenten, die einen Monatsbetrag von bis zu 30 Euro nicht überschreiten, abgefunden werden. Darüber hinaus kann die Abfindung der Betriebsrente ermöglicht werden, wenn die Kosten der Übermittlung der Betriebsrenten unverhältnismäßig hoch sind.

§ 23 Ausschlussfristen

Der Anspruch auf Betriebsrente für einen Zeitraum, der mehr als zwei Jahre vor dem Ersten des Monats liegt, in dem der Antrag bei der Zusatzversorgungseinrichtung eingegangen ist, kann nicht mehr geltend gemacht werden (Ausschlussfrist). Dem Antrag steht eine Mitteilung des Berechtigten gleich, die zu einem höheren Anspruch führt. Die Beanstandung, die mitgeteilte laufende monatliche Betriebsrente, eine Rentennachzahlung, eine Abfindung, eine Beitragserstattung oder eine Rückzahlung sei nicht oder nicht in der mitgeteilten Höhe ausgezahlt worden, ist nur schriftlich und innerhalb einer Ausschlussfrist von einem Jahr zulässig; die Frist beginnt bei laufenden Betriebsrenten mit dem Ersten des Monats, für den die Betriebsrente zu zahlen ist, im Übrigen mit dem Zugang der Mitteilung über die entsprechende Leistung.

Auf die Ausschlussfrist ist in der Mitteilung über die Leistung hinzuweisen.

§ 24 Beitragserstattung

(1) Die beitragsfrei Versicherten, die die Wartezeit (§ 6) nicht erfüllt haben, können bis zur Vollendung ihres 67. Lebensjahres die Erstattung der von ihnen getragenen Beiträge beantragen. Der Antrag auf Beitragserstattung gilt für alle von den Versicherten selbst getragenen Beiträge und kann nicht widerrufen werden. Rechte aus der Versicherung für Zeiten, für die Beiträge erstattet werden, erlöschen mit der Antragstellung. Die Beiträge werden ohne Zinsen erstattet.

(2) Sterben Versicherte nach Antragstellung, aber vor Beitragserstattung, gehen die Ansprüche auf die Hinterbliebenen über, die betriebsrentenberechtigt sind. Mit der Zahlung an einen der Hinterbliebenen erlischt der Anspruch der übrigen Berechtigten gegen die Zusatzversorgungseinrichtung.

(3) Beiträge im Sinne dieser Vorschrift sind
1. die für die Zeit vor dem 1. Januar 1978 entrichteten Pflichtbeiträge einschließlich der Beschäftigtenanteile an den Erhöhungsbeträgen,
2. die für die Zeit nach dem 31. Dezember 1977 entrichteten Beschäftigtenanteile an den Erhöhungsbeträgen,
3. die für die Zeit nach dem 31. Dezember 1998 entrichteten Umlage-Beiträge der Beschäftigten.

§ 25 Zuschüsse des Arbeitgebers zu anderen Zukunftssicherungssystemen

(1) Für Beschäftigte, die als Mitglieder einer berufsständischen Versicherung von der Versicherung in der gesetzlichen Rentenversicherung befreit sind, richtet sich die Beteiligung des Arbeitgebers am Beitrag zur berufsständischen Versorgungseinrichtung nach § 172 Abs. 2 SGB VI.

Pflichtversicherte, die nach § 231 Abs. 1 oder § 231a SGB VI von der Versicherungspflicht in der gesetzlichen Rentenversicherung befreit und freiwillig in der gesetzlichen Rentenversicherung versichert sind oder die für sich und ihre Hinterbliebenen eine (befreiende) Lebensversicherung abgeschlossen haben oder die freiwillig im Versorgungswerk der Presse versichert sind, erhalten von ihrem Arbeitgeber auf schriftlichen Antrag für jeden Kalendermonat, für den ihnen Vergütung, Urlaubsvergütung oder Krankenbezüge zustehen, einen Zuschuss in Höhe der Hälfte des Betrages, der zu zahlen wäre, wenn sie in der gesetzlichen Rentenversicherung versichert wären, höchstens jedoch die Hälfte des Beitrages.

Beschäftigte, die freiwilliges Mitglied des Versorgungswerkes der Presse sind, und die antragsgemäß (Anlage 2 Satz 2) von der Pflicht zur Versicherung in einer Zusatzversorgungseinrichtung befreit wurden, erhalten auf ihren Antrag für die Zeit, für die ohne die Befreiung die Pflicht zur Versicherung bestünde, und für die ihnen Vergütung, Urlaubsvergütung oder Krankenbezüge zustehen, einen zweckgebundenen Zuschuss zu ihren Beiträgen zur Versicherung im Versorgungswerk der Presse. Der Zuschuss beträgt die Hälfte des Beitrages, höchstens jedoch vier v.H. des zusatzversorgungspflichtigen Entgelts.

Die Zuschüsse nach den Sätzen 1 und 2 dürfen insgesamt den Betrag nicht übersteigen, den der Arbeitgeber zu zahlen hätte, wenn die Beschäftigten in der gesetzlichen Rentenversicherung pflichtversichert wären.

(2) Im Falle der freiwilligen Versicherung in der gesetzlichen Rentenversicherung behält der Arbeitgeber den von den Beschäftigten zu tragenden Teil des Beitrages von deren Bezügen ein und führt den Beitrag nach der Verordnung über die Zahlung von Beiträgen zur gesetzlichen Rentenversicherung ab.

(3) Verfügen die Beschäftigten ohne vorherige Zustimmung des Arbeitgebers durch Abtretung und Verpfändung über ihre Lebensversicherung oder über die sich aus dem Zuschuss nach Absatz 1 Satz 3 ergebende Anwartschaft, wird der Zuschuss nach Absatz 1 Satz 2 bzw. Satz 3 nicht gewährt. Der Zuschuss wird bis zu der in Absatz 1 bestimmten Höhe auch gewährt, wenn im Beitrag Mehrbeträge für Versicherungsleistungen bei Eintritt der vollen oder teilweisen Erwerbsminderung enthalten sind.

§ 26 Freiwillige Versicherung

(1) Den Pflichtversicherten wird die Möglichkeit eröffnet, durch Entrichtung eigener Beiträge unter Inanspruchnahme der steuerlichen Förderung (Sonderausgabenabzug, Zulage) bei der Zusatzversorgungseinrichtung nach deren Satzungsvorschriften eine zusätzliche kapitalgedeckte Altersvorsorge im Rahmen der betrieblichen Altersversorgung aufzubauen. Nach Beendigung der Pflichtversicherung kann die freiwillige Versicherung - unabhängig davon, ob eine steuerliche Förderung möglich ist - längstens bis zum Eintritt des Versicherungsfalles (§ 5) fortgesetzt werden. Die Fortsetzung ist innerhalb einer Ausschlussfrist von drei Monaten nach Beendigung der Pflichtversicherung zu beantragen.

(2) Die eigenen Beiträge der Pflichtversicherten zur freiwilligen Versicherung werden entsprechend deren schriftlicher Ermächtigung vom Arbeitgeber aus dem Arbeitsentgelt an die Zusatzversorgungseinrichtung abgeführt. Der Arbeitgeber schuldet auch in Anbetracht von Absatz 5 keine eigenen Beiträge.

(3) Die freiwillige Versicherung kann in Anlehnung an das Punktemodell erfolgen. Wahlweise kann sie auch durch fondsgebundene Rentenversicherung erfolgen, sofern die Zusatzversorgungseinrichtung Entsprechendes anbietet. Unbeschadet etwaiger von der Zusatzversorgungseinrichtung übernommener Zinsgarantien, haftet der Arbeitgeber nach § 1 Abs. 2 Nr. 2 BetrAVG nur für den Erhalt der eingezahlten Beiträge, soweit sie nicht rechnungsmäßig für einen biometrischen Risikoausgleich verbraucht wurden.

Das Nähere regelt die Satzung der Zusatzversorgungseinrichtung.

(4) Die Beschäftigten behalten ihre Anwartschaft, wenn ihr Arbeitsverhältnis vor Eintritt des Versicherungsfalles (§ 5) endet. Eine Abfindung von Anwartschaften ist nur dann möglich, wenn der Beschäftigte die freiwillige Versicherung kündigt. Im Rahmen dieser Abfindung erhält der Beschäftigte seine eingezahlten Beiträge abzüglich der durch die Satzung und die Allgemeinen Versicherungsbedingungen der freiwilligen Versicherung der Zusatzversorgungseinrichtung näher beschriebenen Abschläge zurück. Die Beschäftigten können jedoch verlangen, dass der Barwert ihrer Anwartschaft auf eine andere Zusatzversorgungseinrichtung, auf die die bisherige Pflichtversicherung nach § 4 übergeleitet wird oder auf ein Versorgungssystem einer überstaatlichen Einrichtung, mit der ein entsprechendes Abkommen besteht, zu übertragen ist, wenn die Versorgungszusage des neuen Arbeitgebers eine dem übertragenen Barwert wertmäßig entsprechende Zusage auf lebenslange Altersvorsorge umfasst. Besteht bei einem Arbeitgeberwechsel die Pflichtversicherung bei der Zusatzversorgungseinrichtung fort, kann verlangt werden, dass die Versorgungszusage des neuen Arbeitgebers eine dem Barwert der bisherigen Anwartschaften wertmäßig entsprechende Zusage auf lebenslange Altersvorsorge umfasst. Das Verlangen ist nur innerhalb einer Ausschlussfrist von sechs Monaten nach Beendigung des Arbeitsverhältnisses möglich. Mit der Versorgungszusage durch den neuen Arbeitgeber erlischt die Verpflichtung des früheren Arbeitgebers.

(5) Der Arbeitgeber kann zu einer freiwilligen Versicherung der Beschäftigten eigene Beiträge außerhalb einer Entgeltumwandlung leisten; Absätze 2 bis 4 gelten entsprechend.

§ 27 Verfahren

(1) Die Zusatzversorgungskasse hat die Beiträge, die im Rahmen der freiwilligen Versicherung entrichtet werden, einschließlich der Erträge auf einem gesonderten personenbezogenen Versicherungskonto getrennt von den sonstigen Einnahmen zu führen; umfasst sind auch Aufwendungen und Auszahlungen.

(2) Die freiwillige Versicherung wird in einem eigenen Abrechnungsverband geführt. Die Einnahmen und Ausgaben einschließlich der Kapitalanlagen sind gesondert zu führen und zu verwalten.

(3) Die freiwillig Versicherten erhalten jeweils nach Ablauf des Kalenderjahres sowie bei Beendigung der freiwilligen Versicherung einen Nachweis mit den steuerlich vorgeschriebenen Angaben bzw. soweit keine steuerliche Förderung möglich ist, über die Höhe der geleisteten Beiträge sowie über Art und Umfang der bisher erworbenen Anwartschaften. Eine unterbliebene oder nicht vollständige Abführung der Beiträge an die Zusatzversorgungseinrichtung kann nur innerhalb einer Ausschlussfrist von sechs Monaten nach Zugang des Nachweises beanstandet werden. Im Übrigen gelten die §§ 20, 21 und 22 Abs. 1 entsprechend.

§ 28 Höherversicherte

Die Beschäftigten, deren zusätzliche Alters- und Hinterbliebenenversorgung im Wege der Höherversicherung bis 31. Dezember 1997 durchgeführt wurde, sind weiterhin nicht zu versichern. Der Arbeitgeber zahlt einen Zuschuss zur Verwendung für eine zusätzliche Alters- und Hinterbliebenenversorgung von 66,47 Euro monatlich.

§ 29 Von der Pflichtversicherung Befreite

(1) Beschäftigte, die am 31. Dezember 1966 im Arbeitsverhältnis gestanden haben, die nach der zwischen ihrem Arbeitgeber und der Zusatzversorgungseinrichtung bestehenden Mitgliedschafts-/Beteiligungsvereinbarung nicht zu versichern waren und die keinen Antrag auf Versicherung bei dem Arbeitgeber gestellt haben, bleiben weiterhin von der Pflicht zur Versicherung befreit.

(2) Beschäftigte, deren zusätzliche Alters- und Hinterbliebenenversorgung im Wege der Versicherung bei einem Lebensversicherungsunternehmen durchgeführt worden ist und die keinen Antrag auf Versicherung nach dem am Tag vor In-Kraft-Treten dieses Tarifvertrages geltenden Tarifvertrag gestellt haben, sind - entsprechend den bis zum In-Kraft-Treten dieses Tarifvertrages geltenden Regelungen - weiterhin nicht bei der Zusatzversorgungseinrichtung zu versichern.

§ 30 Am 31. Dezember 2001 Versorgungsrentenberechtigte

(1) Die Versorgungsrenten, die sich ohne Berücksichtigung von Nichtzahlungs- und Ruhensregelungen ergeben, und die Ausgleichsbeträge nach dem bis zum 31. Dezember 2000 geltenden Zusatzversorgungsrecht werden für die am 31. Dezember 2001 Versorgungsrentenberechtigten und versorgungsrentenberechtigten Hinterbliebenen zum 31. Dezember 2001 festgestellt.

(2) Die nach Absatz 1 festgestellten Versorgungsrenten werden vorbehaltlich des Satzes 3 als Besitzstandsrenten weitergezahlt und entsprechend § 11 Abs. 1 dynamisiert. Die abbaubaren Ausgleichsbeträge werden jeweils in Höhe des Dynamisierungsgewinns abgebaut; die nicht abbaubaren Ausgleichsbeträge werden nicht dynamisiert. Die am Tag vor In-Kraft-Treten dieses Tarifvertrages geltenden Regelungen über die Nichtzahlung und das Ruhen sind entsprechend anzuwenden.

(3) Es gelten folgende Maßgaben:
1. Für Neuberechnungen gilt § 11 Abs. 2 mit der Maßgabe, dass zusätzliche Versorgungspunkte nach Satz 2 zu berücksichtigen sind. Soweit noch Zeiten vor dem 1. Januar 2002 zu berücksichtigen sind, wird eine Startgutschrift entsprechend den §§ 32 bis 34 berechnet; übersteigt der hiernach festgestellte Betrag den Betrag, der sich als Versorgungsrente am 31. Dezember 2001 ergeben hat bzw. ohne Nichtzahlungs- und Ruhensvorschriften ergeben hätte, wird die Differenz durch den Messbetrag geteilt und dem Versorgungskonto (§ 8 Abs. 1) als Startgutschrift gutgeschrieben.
2. § 10 Abs. 3 und die §§ 12 bis 14 sowie 20 bis 23 gelten entsprechend.
3. Hat die Versorgungsrente vor dem 1. Januar 2002 geendet und besteht die Möglichkeit einer erneuten Rentengewährung, ist die Versorgungsrente, die sich unter Außerachtlassung von Nichtzahlungs- und Ruhensvorschriften und ohne Berücksichtigung eines Ausgleichsbetrages (Absatz 1) am 31. Dezember 2001 ergeben hätte, durch den Messbetrag zu teilen und als Startgutschrift auf dem Versorgungskonto (§ 8 Abs. 1) gutzuschreiben; im Übrigen gelten in diesen Fällen die Vorschriften des Punktemodells. Satz 1 gilt entsprechend, wenn der Versicherungsfall vor dem 1. Januar 2002 eingetreten ist, die Versorgungsrente jedoch erst nach dem 1. Januar 2002 beginnen würde.

(4) Stirbt eine ein unter Absatz 1 fallende Versorgungsrentenberechtigter/ein Versorgungsrentenberechtigter, gelten die Vorschriften des Punktemodells für Hinterbliebene entsprechend.

(5) Die Absätze 1 bis 4 gelten für Rentenberechtigte entsprechend, deren Rente aus der Zusatzversorgung am 1. Januar 2002 beginnt.

§ 31 Am 31. Dezember 2001 Versicherungsrentenberechtigte

(1) Für Versicherungsrentenberechtigte und versicherungsrentenberechtigte Hinterbliebene, deren Versicherungsrente spätestens am 31. Dezember 2001 begonnen hat, wird die am 31. Dezember 2001 maßgebende Versicherungsrente festgestellt.

(2) Die nach Absatz 1 festgestellten Versicherungsrenten werden als Besitzstandsrenten weitergezahlt und entsprechend § 11 Abs. 1 dynamisiert.

(3) § 30 Abs. 3 bis 5 gilt entsprechend.

(4) Die Absätze 1 bis 3 gelten für Leistungen nach der am Tag vor In-Kraft-Treten dieses Tarifvertrages geltenden Sonderregelung für Arbeitnehmer im Beitrittsgebiet (§ 66a VersTV-G) und für Betriebsrenten nach § 18 BetrAVG, die spätestens am 31. Dezember 2001 begonnen haben, entsprechend.

§ 32 Grundsätze

(1) Für die Versicherten werden die Anwartschaften (Startgutschriften) nach dem am 31. Dezember 2000 geltenden Recht der Zusatzversorgung entsprechend den §§ 33 und 34 ermittelt. Die Anwartschaften nach Satz 1 werden ohne Berücksichtigung der Altersfaktoren in Versorgungspunkte umgerechnet, indem der Anwartschaftsbetrag durch den Messbetrag von vier Euro geteilt wird; sie werden dem Versorgungskonto (§ 8 Abs. 1) ebenfalls gutgeschrieben. Eine Verzinsung findet vorbehaltlich des § 19 Abs. 1 nicht statt.

(2) Das Jahr 2001 wird entsprechend dem Altersvorsorgeplan 2001 berücksichtigt; dies gilt auch für im Jahr 2001 eingetretene Rentenfälle. Ist der Versicherungsfall der teilweisen oder vollen Erwerbsminderung im Jahr 2001 eingetreten, gilt Satz 1 mit der Maßgabe, dass die zusatzversorgungsrechtliche Umsetzung der Neuregelungen im gesetzlichen Erwerbsminderungsrecht aus dem 38. Änderungs-TV zum VersTV-G vom 31. Oktober 2001 zu berücksichtigen ist.

(3) Soweit in den §§ 33, 34 und 39 auf Vorschriften des bis zum 31. Dezember 2000 geltenden Satzungsrechts verwiesen wird, erfolgt dies durch Benennung der bisherigen entsprechenden Vorschriften des VersTV-G.

(4) Für die Berechnung der Anwartschaften sind, soweit jeweils erforderlich, die Rechengrößen (Entgelt, Gesamtbeschäftigungsquotient, Steuertabelle, Sozialversicherungsbeiträge, Familienstand u.a.) vom 31. Dezember 2001 maßgebend; soweit gesamtversorgungsfähiges Entgelt zu berücksichtigen ist, ergibt sich dieses aus den entsprechenden Kalenderjahren vor dem 1. Januar 2002;, dabei bleibt die Dynamisierung zum 1. Januar 2002 unberücksichtigt. Für die Rentenberechnung nach § 18 Abs. 2 BetrAVG ist das am 31. Dezember 2001 geltende Rentenrecht maßgebend (Anlage 4 Nr. 5 Satz 2).

(5) Beanstandungen gegen die mitgeteilte Startgutschrift sind innerhalb einer Ausschlussfrist von sechs Monaten nach Zugang des Nachweises der Zusatzversorgungseinrichtung schriftlich unmittelbar gegenüber der Zusatzversorgungseinrichtung zu erheben. Auf die Ausschlussfrist ist in dem Nachweis hinzuweisen.

§ 33 Höhe der Anwartschaften für am 31. Dezember 2001 schon und am 1. Januar 2002 noch Pflichtversicherte

(1) Die Anwartschaften der am 31. Dezember 2001 schon und am 1. Januar 2002 noch Pflichtversicherten berechnen sich nach § 18 Abs. 2 BetrAVG, soweit sich aus Absatz 2 nichts anderes ergibt. Satz 1 gilt entsprechend für Beschäftigte, die nach den am 31. Dezember 2000 geltenden Vorschriften der Zusatzversorgungseinrichtung als pflichtversichert gelten.

(2) Für Beschäftigte im Tarifgebiet West, die am 1. Januar 2002 das 55. Lebensjahr vollendet haben (rentennahe Jahrgänge), ist Ausgangswert für die bis zum 31. Dezember 2001 in der Zusatzversorgung (Gesamtversorgung) erworbene Anwartschaft die Versorgungsrente, die sich unter Beachtung der Maßgaben des § 32, insbesondere unter Berücksichtigung der Mindestgesamtversorgung (§ 23 Abs. 4 VersTV-G) und des § 47 Abs. 4 Satz 2 VersTV-G, für den Berechtigten bei Eintritt des Versicherungsfalls am 31. Dezember 2001, frühestens jedoch zum Zeitpunkt der Vollendung des 63. Lebensjahres ergeben würde. Von diesem Ausgangswert ist der Betrag abzuziehen, den die Versicherten aus dem Punktemodell bis zur Vollendung des 63. Lebensjahres vor Berücksichtigung des Abschlags noch erwerben könnten, wenn für sie zusatzversorgungspflichtige Entgelte in Höhe des gesamtversorgungsfähigen Entgelts gezahlt würde. Sind am 31. Dezember 2001 die Voraussetzungen für die Berücksichtigung des § 65 g Abs. 3 VersTV-G erfüllt, berechnet sich der Versorgungsvomhundertsatz nach dieser Vorschrift mit der Maßgabe, dass nach § 65 g Abs. 3 Buchst. a VersTV-G abzuziehende Monate die Monate sind, die zwischen dem 31. Dezember 1991 und dem Ersten des Monats liegen, der auf die Vollendung des 63. Lebensjahres folgt. Die Sätze 1 bis 3 gelten für Beschäftigte, die am 31. Dezember 2001 das 52. Lebensjahr vollendet haben und eine Rente für schwerbehinderte Menschen beanspruchen könnten, wenn sie zu diesem Zeitpunkt bereits das 60. Lebensjahr vollendet hätten, entsprechend mit der Maßgabe, dass an die Stelle des 63. Lebensjahres das entsprechende, für sie individuell frühestmögliche Eintrittsalter in die abschlagsfreie Rente für schwerbehinderte Menschen maßgeblich ist. Werden in den Fällen des Satzes 4 die Voraussetzungen für die Mindestgesamtversorgung zwischen dem Zeitpunkt der Hochrechnung nach Satz 4 und der Vollendung des 63. Lebensjahres erfüllt, erfolgt die Berechnung der Anwartschaft abweichend von Satz 4 bezogen auf den Zeitpunkt, zu dem die Voraussetzungen der Mindestgesamtversorgung erfüllt wären.

(3) Für Beschäftigte im Tarifgebiet West, die vor dem 14. November 2001 Altersteilzeit oder einen Vorruhestand vereinbart haben, gilt Absatz 2 mit folgenden Maßgaben:

1. An die Stelle des 63. Lebensjahres tritt das vereinbarte Ende des Altersteilzeitarbeitsverhältnisses bzw. in den Fällen des Vorruhestandes das Alter, zu dem nach der Vorruhestandsvereinbarung die Rente beginnen würde.

2. Der anzurechnende Bezug nach Absatz 4 wird in den Fällen, in denen die Mindestgesamtversorgung nach dem bis zum 31. Dezember 2000 geltenden Zusatzversorgungsrecht maßgeblich gewesen wäre, um die Abschläge vermindert, die sich zu dem Zeitpunkt, auf den die Startgutschrift hochgerechnet wird, voraussichtlich ergeben werden; diese Abschläge sind der Zusatzversorgungseinrichtung vom Beschäftigten in geeigneter Weise nachzuweisen. Die Startgutschrift ist in den Fällen des Satzes 1 um den Betrag der sich im Zeitpunkt der Hochrechnung nach Satz 1 voraussichtlich ergebenden Abschläge gemäß § 7 Abs. 3 zu erhöhen.

(3a) Pflichtversicherte, bei denen der Versicherungsfall der vollen Erwerbsminderung vor dem 1. Januar 2007 eingetreten ist, deren Startgutschrift nach Absatz 1 berechnet wurde und die am 31. Dezember 2001

1. das 47. Lebensjahr vollendet sowie

2. mindestens 120 Umlagemonate zurückgelegt hatten,

erhalten in Abweichung von dem üblichen Verfahren eine zusätzliche Startgutschrift in Höhe des Betrages, um den die Startgutschrift nach Absatz 2 die Startgutschrift nach Absatz 1 übersteigt; bei Berechnung der Startgutschrift nach Absatz 2 sind die Maßgaben der Sätze 2 und 3 zu beachten. Die Berechnung erfolgt bezogen auf die Vollendung des 63. Lebensjahres. Als anzurechnender Bezug wird die tatsächliche, entsprechend Absatz 5 auf das vollendete 63. Lebensjahr hochgerechnete gesetzliche Rente zugrunde gelegt. Die sich nach den Sätzen 1 bis 3 ergebende zusätzliche Startgutschrift gilt bei Anwendung des § 19 als soziale Komponente im Sinne des § 9.

(4) Für die Berechnung der Startgutschrift nach Absatz 2 ist die Rentenauskunft des gesetzlichen Rentenversicherungsträgers zum Stichtag 31. Dezember 2001 nach Durchführung einer Kontenklärung maßgeblich. Die Pflichtversicherten haben, sofern sie nicht bereits über eine Rentenauskunft aus dem Jahr 2001 verfügen, bis zum 30. September 2002 eine Rentenauskunft zu beantragen und diese unverzüglich der zuständigen Zusatzversorgungseinrichtung zu übersenden. Sofern die Rentenauskunft aus von den Pflichtversicherten zu vertretenden Gründen bis zum 31. Dezember 2003 nicht beigebracht wird, wird die Startgutschrift nach Absatz 1 berechnet. Bei Vorliegen besonderer Gründe kann die Zusatzversorgungseinrichtung einer angemessen Fristverlängerung gewähren. Soweit bis zum 31. Dezember 2002 bereits ein bestands- oder rechtskräftiger Rentenbescheid der gesetzlichen Rentenversicherung vorliegt, ist - abweichend von Satz 1 - dieser Grundlage für die Berechnung nach Absatz 2.

(5) Für die Zeit bis zur Vollendung des 63. Lebensjahres werden Entgeltpunkte in Höhe des jährlichen Durchschnitts der in dem Zeitraum vom 1. Januar 1999 bis 31. Dezember 2001 tatsächlich aus Beitragszeiten erworbenen Entgeltpunkte in Ansatz gebracht. Bei Pflichtversicherten, die nicht in der gesetzlichen Rentenversicherung versichert sind, wird der anzurechnende Bezug nach der bisher geltenden Regelung berücksichtigt; Zuschüsse werden in Höhe des jährlichen Durchschnitts der in der Zeit vom 1. Januar 1999 bis 31. Dezember 2001 tatsächlich gemeldeten Zuschüsse in Ansatz gebracht. Ist in den Jahren 1999 bis 2001 kein zusatzversorgungspflichtiges Entgelt bezogen worden, ist gesamtversorgungsfähiges Entgelt das zusatzversorgungspflichtige Entgelt, das sich ergeben hätte, wenn für den gesamten Monats Dezember 2001 eine Beschäftigung vorgelegen hätte. Sind in den Jahren 1999 bis 2001 keine Entgeltpunkte erworben worden, ist für die Ermittlung der Entgeltpunkte das rentenversicherungspflichtige Entgelt maßgebend, das im Monat Dezember 2001 bezogen worden wäre, wenn während des gesamten Monats eine Beschäftigung vorgelegen hätte; für die Ermittlung der Zuschüsse gilt dies entsprechend.

(6) Für die Berechnung der Startgutschrift nach Absatz 1 und 2 haben die Pflichtversicherten bis zum 31. Dezember 2002 ihrem Arbeitgeber den Familienstand am 31. Dezember 2001 (§ 23 Abs. 2 c Satz 1 Buchst. a und b VersTV-G.) mitzuteilen. Der Arbeitgeber hat die Daten an die Zusatzversorgungseinrichtung zu melden.

(7) Für die Dynamisierung der Anwartschaften gilt § 19.

§ 34 Höhe der Anwartschaften für am 1. Januar 2002 beitragsfrei Versicherte

(1) Die Startgutschriften der am 1. Januar 2002 beitragfrei Versicherten werden nach der am 31. Dezember 2001 geltenden Versicherungsrentenberechnung ermittelt. Für die Dynamisierung der Anwartschaften gilt § 19.

(2) Für Beschäftigte, für die § 66 a VersTV-G gilt, findet Absatz 1 mit der Maßgabe Anwendung, dass die Startgutschriften nur nach § 47 Abs. 4 VersTV-G berechnet werden und dass der Berechnung das Entgelt zugrunde zu legen ist, das bei Pflichtversicherung in den letzten fünf Jahren vor Beendigung des Arbeitsverhältnisses zusatzversorgungspflichtig gewesen wäre. Für Beschäftigte nach Satz 1 gilt die Wartezeit als erfüllt.

(3) Für die freiwillig Weiterversicherten gilt Absatz 1 entsprechend.

§ 35 Sterbegeld

Sterbegeld wird bei Fortgeltung des bisherigen Rechts Anspruchsberechtigten unter Berücksichtigung des am 31. Dezember 2001 maßgebenden Gesamtbeschäftigungsquotienten in folgender Höhe gezahlt für Sterbefälle:

im Jahr 2002	1535 Euro,
im Jahr 2003	1500 Euro,
im Jahr 2004	1200 Euro,
im Jahr 2005	900 Euro,
im Jahr 2006	600 Euro,
im Jahr 2007	300 Euro.

Ab dem Jahr 2008 entfällt das Sterbegeld.

§ 36 Sonderregelungen für die Jahre 2001/2002

(1) Anstelle von § 2 Abs. 2 und des Satzes 1 der Anlage 2 finden bis zum 31. Dezember 2002 der § 5 Abs. 1 bis 3 VersTV-G weiterhin Anwendung.

(2) Soweit bis zum 31. Dezember 2002 zusatzversorgungspflichtiges Entgelt entsprechend § 7 VersTV-G gemeldet wurde, hat es dabei sein Bewenden.

(3) Soweit bis zum 31. Dezember 2002 Beiträge im Sinne des § 25 entsprechend den Vorschriften des VersTV-G gezahlt wurden, hat es dabei sein Bewenden.

§ 37 Sonderregelungen für lebensversicherte Beschäftigte

Beschäftigte, deren zusätzliche Altersvorsorge bei einem Lebensversicherungsunternehmen durchgeführt worden ist, sind auf ihren schriftlichen Antrag beim Vorliegen der sonstigen Voraussetzungen bei der Zusatzversorgungseinrichtung zu versichern. Der Antrag kann nur bis zum Ablauf von sechs Monaten nach dem Beginn der Mitgliedschaft des Arbeitgebers bei einem Mitgliedverband der Vereinigung der kommunalen Arbeitgeberverbände gestellt werden. Beschäftigte, die den Antrag nach Satz 1 nicht stellen, haben die Lebensversicherung mindestens zu den bisherigen Bedingungen fortzuführen. Der Arbeitgeber hat sich nach den am Tage vor dem Beitritt des Arbeitgebers zu einem Mitgliedverband der Vereinigung der kommunalen Arbeitgeberverbände bestehenden Vereinbarungen zu beteiligen. Daneben hat der Arbeitgeber für die Zeit, für die die Beschäftigten Arbeitsentgelt erhalten, einen zusätzlichen Beitragsanteil in Höhe von 1,5 v.H. des der Beitragberechnung in der gesetzlichen Rentenversicherung zugrunde liegenden Arbeitsentgelts zu entrichten; dabei bleibt die Beitragsbemessungsgrenze unberücksichtigt. Die Beitragsanteile des Arbeitgebers dürfen den insgesamt zu zahlenden Beitrag nicht übersteigen.

§ 37a Sonderregelungen für das Tarifgebiet Ost

(1) Bei Pflichtversicherten beträgt der Arbeitnehmerbeitrag zur Pflichtversicherung ab 1. Januar 2003 0,2 v.H. und ab 1. Januar 2004 0,5 v.H. des zusatzversorgungspflichtigen Entgelts. Für jeden Prozentpunkt, um den der allgemeine Bemessungssatz Ost über den Bemessungssatz von 92,5 v.H. angehoben

wird, erhöht sich zeitgleich der Arbeitnehmerbeitrag um 0,2 Prozentpunkte. Soweit die Anhebung des Bemessungssatzes Ost nicht in vollen Prozentpunkten erfolgt, erhöht sich der Arbeitnehmerbeitrag anteilig. Im Zeitpunkt des Erreichens eines Bemessungssatzes Ost von 97 v.H. steigt der Arbeitnehmerbeitrag auf den Höchstsatz von 2 v.H.

(2) In den Fällen der freiwilligen Versicherung aufgrund von § 2 Abs. 2 wird ein entsprechender Arbeitnehmerbeitrag zur freiwilligen Versicherung erhoben; § 16 Abs. 1 Satz 2 gilt entsprechend.

(3) Der Zuschuss nach § 25 Abs. 1 Satz 4 wird für Beschäftigte im Tarifgebiet Ost um den Betrag gemindert, der sich ohne die Befreiung von der Pflichtversicherung als Arbeitnehmerbeitrag nach Absatz 1 ergeben würde.

§ 38 Sonderregelung zu § 26 Abs. 5

Abweichend von § 26 Absatz 5 gilt für Beschäftigte, für die für Dezember 2001 schon und für Januar 2002 noch eine zusätzliche Umlage nach § 7 Abs. 4 VersTV-G gezahlt wurde, Folgendes: Soweit das monatliche zusatzversorgungspflichtige Entgelt die Summe aus Endgrundvergütung und Familienzuschlag einer/eines kinderlos verheirateten Angestellten der Vergütungsgruppe I BAT (VKA) bzw. BAT-O (VKA) - jährlich einmal einschließlich der Zuwendung, wenn die/der Beschäftigte eine zusatzversorgungspflichtige Zuwendung erhält - übersteigt, ist in diesem Arbeitsverhältnis zusätzlich eine Umlage in Höhe von neun v.H. des übersteigenden Betrages vom Arbeitgeber zu zahlen. Die sich daraus ergebenden Versorgungspunkte sind zu verdreifachen.

§ 39 In-Kraft-Treten

(1) Dieser Tarifvertrag tritt mit Wirkung vom 1. Januar 2001 in Kraft. Abweichend von Satz 1 tritt § 2 Abs. 2 am 1. Januar 2003 mit der Maßgabe in Kraft, dass er nur für nach dem 31. Dezember 2002 begründete Arbeitsverhältnisse Anwendung findet.

(2) Dieser Tarifvertrag kann jederzeit schriftlich gekündigt werden. Unhabhängig von Satz 1 kann § 11 Abs. 1 gesondert ohne Einhaltung einer Frist jederzeit schriftlich gekündigt werden. Die Kündigung nach Satz 1 oder 2 kann jedoch frühestens zum 31. Dezember 2007 erfolgen.

(3) Mit dem Inkrafttreten dieses Tarifvertrages tritt - unbeschadet des § 36 - der Tarifvertrag über die Versorgung der Arbeitnehmer kommunaler Verwaltungen und Betriebe (VersTV-G) vom 6. März 1967 außer Kraft.

(4) Soweit vorstehend keine Regelung getroffen ist, findet der als Anlage 5 beigefügte Altersvorsorgeplan 2001 vom 13. November 2001 mit seinen Anlagen Anwendung (einschließlich des Ausschlusses der Entgeltumwandlung und der Verhandlungszusage nach 1.3).

ATV-K Anlage 1 Geltungsbereich

Tarifverträge im Sinne des § 1 sind der
a) Bundes-Angestelltentarifvertrag (BAT),
b) Tarifvertrag zur Anpassung des Tarifrechts - Manteltarifliche Vorschriften - (BAT-O),
c) Tarifvertrag zur Anpassung des Tarifrechts - Manteltarifliche Vorschriften - (BAT-Ostdeutsche Sparkassen),
d) Bundesmanteltarifvertrag für Arbeiter gemeindlicher Verwaltungen und Betriebe - BMT-G II -,
e) Tarifvertrag zur Anpassung des Tarifrechts - Manteltarifliche Vorschriften für Arbeiter gemeindlicher Verwaltungen und Betriebe - (BMT-G-O),
f) Tarifvertrag über die Anwendung von Tarifverträgen auf Arbeiter (TV Arbeiter-Ostdeutsche Sparkassen),
g) Tarifvertrag über die Regelung der Rechtsverhältnisse der nicht vollbeschäftigten amtlichen Tierärzte und Fleischkontrolleure in öffentlichen Schlachthöfen und in Einfuhruntersuchungsstellen (TV Ang iöS),
h) Tarifvertrag über die Regelung der Rechtsverhältnisse der nicht vollbeschäftigten amtlichen Tierärzte und Fleischkontrolleure in öffentlichen Schlachthöfen und in Einfuhruntersuchungsstellen (TV Ang-O iöS),
i) Tarifvertrag Versorgungsbetriebe (TV-V),

j) Spartentarifvertrag Nahverkehrsbetriebe eines Arbeitgeberverbandes, der der Vereinigung der kommunalen Arbeitgeberverbände angehört, soweit die Anwendung des öffentlichen Zusatzversorgungsrechts dort geregelt ist,

k) Manteltarifvertrag für Auszubildende,

l) Manteltarifvertrag für Auszubildende (Mantel-TV Azubi-O),

m) Manteltarifvertrag für Auszubildende (Mantel-TV Azubi-Ostdeutsche Sparkassen),

n) Tarifvertrag zur Regelung der Rechtsverhältnisse der Schülerinnen/Schüler, die nach Maßgabe des Krankenpflegegesetzes oder des Hebammengesetzes ausgebildet werden,

o) Tarifvertrag zur Regelung der Rechtsverhältnisse der Schülerinnen/Schüler, die nach Maßgabe des Krankenpflegegesetzes oder des Hebammengesetzes ausgebildet werden (Mantel-TV Schü-O),

p) Tarifvertrag zur Regelung der Rechtsverhältnisse der Ärzte/Ärztinnen im Praktikum,

q) Tarifvertrag zur Regelung der Rechtsverhältnisse der Ärzte/Ärztinnen im Praktikum (Mantel-TV AiP-O),

r) Tarifvertrag für die Arbeitnehmer/Innen der Wasserwirtschaft in Nordrhein-Westfalen (TV-WW/NW).

Dieser Tarifvertrag gilt nicht für die Beschäftigten

a) der Mitglieder der Arbeitsrechtlichen Vereinigung Hamburg e.V.

b) der Mitglieder des Kommunalen Arbeitgeberverbandes Saar e.V.

c) der Mitglieder des kommunalen Arbeitgeberverbandes Bremen e.V., die unter den Geltungsbereich des Bremischen Ruhelohngesetzes vom 22. Dezember 1998 (BremGBl. S. 371) fallen.

ATV-K Anlage 2 Ausnahmen von der Versicherungspflicht

Von der Pflicht zur Versicherung sind Beschäftigte ausgenommen, die

a) bis zum Beginn der Mitgliedschaft ihres Arbeitgebers bei einer Zusatzversorgungseinrichtung nach einem Tarifvertrag, einer Ruhelohnordnung oder einer entsprechenden Bestimmung für den Fall der Dienstunfähigkeit oder des Erreichens einer Altersgrenze eine Anwartschaft oder einen Anspruch auf eine vom Arbeitgeber zu gewährende lebenslängliche Versorgung und Hinterbliebenenversorgung auf der Grundlage des nach der Regelung ruhegeldfähigen Arbeitsentgelts und der Dauer der Dienstjahre, Betriebszugehörigkeit oder dgl. haben oder

b) eine Anwartschaft oder einen Anspruch auf lebenslängliche Versorgung nach Beamten- oder soldatenrechtlichen Vorschriften oder Grundsätzen oder entsprechenden kirchenrechtlichen Regelungen mindestens in Höhe der beamtenrechtlichen Mindestversorgungsbezüge haben und denen Hinterbliebenenversorgung gewährleistet ist oder

c) für das von diesem Tarifvertrag erfasste Arbeitsverhältnis aufgrund gesetzlicher, tariflicher oder vertraglicher Vorschrift einer anderen Zusatzversorgungseinrichtung (Versorgungsanstalt der deutschen Bühnen, Versorgungsanstalt der deutschen Kulturorchester, Bahnversicherungsanstalt Abteilung B oder einer gleichartigen Versorgungseinrichtung) angehören müssen oder

d) auf Grund Tarifvertrages, Arbeitsvertrages, der Satzung der Zusatzversorgungseinrichtung oder der Satzung einer Zusatzversorgungseinrichtung, von der Versicherungen übergeleitet werden, von der Versicherungspflicht befreit worden sind,

e) bei der Versorgungsanstalt der deutschen Bühnen oder der Versorgungsanstalt der deutschen Kulturorchester freiwillig weiterversichert sind, und zwar auch dann, wenn diese freiwillige Weiterversicherung später als drei Monate nach Beginn des Arbeitsverhältnisses endet, oder

f) Rente wegen Alters nach §§ 35 bis 40 bzw. §§ 236 bis 238 SGB VI als Vollrente erhalten oder erhalten haben oder wenn der Versicherungsfall der Betriebsrente wegen Alters (§ 5) bei einer Zusatzversorgungseinrichtung von der Überleitungen (§ 4) erfolgen eingetreten ist,

g) Anspruch auf Übergangsversorgung auf Grund der Nr. 6 der Sonderregelungen 2 n oder der Nr. 4 der Sonderregelungen 2 x haben, oder

h) mit Rücksicht auf ihre Zugehörigkeit zu einem ausländischen System der sozialen Sicherung nicht der Pflichtversicherung in der gesetzlichen Rentenversicherung unterliegen und sich dort auch nicht freiwillig versichert haben oder

i) ihre Rentenanwartschaften aus der gesetzlichen Rentenversicherung oder einem sonstigen Alterssicherungssystem auf ein Versorgungssystem einer europäischen Einrichtung (z.B. Europäisches Patentamt, Europäisches Hochschulinstitut, Eurocontrol) übertragen haben oder

j) im Sinne des § 8 Abs. 1 Nr. 2 SGB IV geringfügig beschäftigt sind.

Auf ihren beim Arbeitgeber schriftlich zu stellenden Antrag sind Beschäftigte, solange sie freiwilliges Mitglied des Versorgungswerks der Presse ist, nicht zu versichern; wird der Antrag spätestens zwölf Monate nach Beginn der Pflicht zur Versicherung gestellt, gilt die Pflichtversicherung als nicht entstanden.

Protokollerklärung zu Satz 1 Buchst. a:
Eine Anwartschaft im Sinne des Satzes 1 Buchst. a besteht auch dann, wenn nach dem Tarifvertrag, der Ruhelohnordnung oder der entsprechenden Bestimmung ein Anspruch erst nach Ablauf einer Wartezeit entstehen kann und die Arbeitnehmer bei normalem Verlauf des Arbeitslebens die Wartezeit noch erfüllen können.

ATV-K Anlage 3 Ausnahmen vom und Sonderregelungen zum zusatzversorgungspflichtigen Entgelt

Kein zusatzversorgungspflichtiges Entgelt sind

a) Bestandteile des Arbeitsentgelts, die auf einer Verweisung auf beamtenrechtliche Vorschriften beruhen, soweit die beamtenrechtlichen Bezüge nicht ruhegehaltfähig sind, sowie Bestandteile des Arbeitsentgelts, die durch Tarifvertrag, Betriebsvereinbarung, Dienstvereinbarung oder Arbeitsvertrag ausdrücklich als nicht zusatzversorgungspflichtig bezeichnet sind,

b) Aufwendungen des Arbeitgebers für eine Zukunftssicherung des Beschäftigten,

c) Krankengeldzuschüsse,

d) einmalige Zahlungen (z.B. Zuwendungen, Urlaubsabgeltungen), die aus Anlass der Beendigung, des Eintritts des Ruhens oder nach der Beendigung des Arbeitsverhältnisses gezahlt werden,

Protokollerklärung zu Buchst. d:
Die Teilzuwendung, die dem Arbeitnehmer, der mit Billigung seines bisherigen Arbeitgebers zu einem anderen Arbeitgeber des öffentlichen Dienstes übertritt, der seine Arbeitnehmer bei derselben kommunalen Zusatzversorgungseinrichtung oder bei einer anderen Zusatzversorgungseinrichtung, zu der die Versicherungen übergeleitet werden, versichert, gezahlt wird, ist zusatzversorgungspflichtiges Entgelt.

e) einmalige Zahlungen (z.B. Zuwendungen) insoweit, als bei ihrer Berechnung Zeiten berücksichtigt sind, für die keine Umlagen/Beiträge für laufendes zusatzversorgungspflichtiges Entgelt zu entrichten sind,

f) vermögenswirksame Leistungen, Jubiläumszuwendungen,

g) Sachbezüge, die während eines Zeitraumes gewährt werden, für den kein laufendes zusatzversorgungspflichtiges Entgelt zusteht,

h) geldwerte Vorteile, die steuerlich als Arbeitslohn gelten,

i) geldliche Nebenleistungen wie Ersatz von Werbungskosten (z.B. Aufwendungen für Werkzeuge, Berufskleidung, Fortbildung) sowie Zuschüsse z.B. zu Fahr-, Heizungs-, Wohnungs-, Essens-, Kontoführungskosten,

j) Mietbeiträge an Beschäftigte mit Anspruch auf Trennungsgeld (Trennungsentschädigung),

k) Schulbeihilfen,

l) einmalige Zuwendungen anlässlich des Erwerbs eines Diploms einer Verwaltungs- oder Wirtschaftsakademie,

m) Prämien im Rahmen des behördlichen oder betrieblichen Vorschlagswesens,

n) Erfindervergütungen,

o) Kassenverlustentschädigungen (Mankogelder, Fehlgeldentschädigungen),

p) Einkünfte, die aus ärztlichen Liquidationserlösen zufließen

q) einmalige Unfallentschädigungen,

r) Aufwandsentschädigungen; reisekostenähnliche Entschädigungen; Entgelte aus Nebentätigkeiten; Tantiemen, Provisionen, Abschlussprämien und entsprechende Leistungen; einmalige und sonstige nicht laufend monatlich gezahlte über- oder außertarifliche Leistungen,

s) Zuschläge für Sonntags-, Feiertags- und Nachtarbeit,

Kein zusatzversorgungspflichtiges Entgelt ist ferner der Teil des steuerpflichtigen Arbeitsentgelts, der nach Anwendung des Satzes 1 den 2,5fachen Wert der monatlichen Beitragsbemessungsgrenze in der gesetzlichen Rentenversicherung (West bzw. Ost) übersteigt; wenn eine zusatzversorgungspflichtige Zuwendung gezahlt wird, ist der vorgenannte Wert jährlich einmal im Monat der Zahlung der Zuwendung zu verdoppeln.

Haben Beschäftigte für einen Kalendermonat oder für einen Teil eines Kalendermonats Anspruch auf Krankengeldzuschuss - auch wenn dieser wegen der Höhe der Barleistungen des Sozialversicherungsträgers nicht gezahlt wird -, gilt für diesen Kalendermonat als zusatzversorgungspflichtiges Entgelt der Urlaubslohn (zuzüglich eines etwaigen Sozialzuschlages) bzw. die Urlaubsvergütung für die Tage, für die Anspruch auf Lohn, Vergütung, Urlaubslohn, Urlaubsvergütung oder Krankenbezüge besteht. In diesem Kalendermonat geleistete einmalige Zahlungen sind neben dem Urlaubslohn bzw. der Urlaubsvergütung nach Maßgabe der Sätze 1 und 2 zusatzversorgungspflichtiges Entgelt.

Für Beschäftigte, die zur Übernahme von Aufgaben der Entwicklungshilfe im Sinne des § 1 Entwicklungshelfergesetz vom 18. Juni 1969 in der jeweils geltenden Fassung ohne Arbeitsentgelt beurlaubt sind, hat der Arbeitgeber für die Zeit der Beurlaubung Umlagen an die Zusatzversorgungseinrichtung abzuführen, wenn der Träger der Entwicklungshilfe die Umlagen erstattet. Für die Bemessung der Umlagen gilt als zusatzversorgungspflichtiges Entgelt das Entgelt, von dem nach § 166 Abs. 1 Nr. 4 SGB VI die Beiträge für die gesetzliche Rentenversicherung zu berechnen sind.

ATV-K Anlage 4 Versicherungsmathematische Grundsätze für die Bewertung der Verpflichtungen im Rahmen der versicherungstechnischen Bilanz

1. Bewertungsgegenstand
Bewertet werden die Verpflichtungen nach dem Stande vom Bilanzstichtag (=Inventurstichtag). Bereits feststehende allgemeine Leistungsveränderungen, die erst nach dem Stichtag wirksam werden, bleiben unberücksichtigt.

2. Bewertungsmethode
Es wird der versicherungsmathematische Barwert der Verpflichtungen nach dem Grundsatz der Einzelbewertung ermittelt.

3. Rechnungsgrundlagen
Als biometrischen Rechnungsgrundlagen dienen die Richttafeln 1998 von Klaus Heubeck. Als Altersgrenze ist die Vollendung des 65. Lebensjahres in Ansatz zu bringen.

Der Rechnungszins beträgt 3,25 % in der Zeit bis zum Eintritt eines Versorgungsfalles und 5,25 % nach Eintritt eines Versorgungsfalles.

4. Verwaltungskostenrückstellung
Eine Verwaltungskostenrückstellung wird nicht gebildet.

5. Sonstiges
Solange die den Besitzstand abbildenden Versorgungspunkte noch nicht ermittelt sind, werden die anzurechnenden Sozialversicherungsrenten nach dem steuerlichen Näherungsverfahren in Ansatz gebracht. Der in diesem Verfahren anzusetzende Korrekturfaktor wird einheitlich für alle Berechtigten auf 0,9086 festgesetzt, Entgelt und Beitragsbemessungsgrenze sind nach dem Stande vom 31.12.2001 zu berücksichtigen.

Ein nach Feststellung der den Besitzstand abbildenden Versorgungspunkte Unterschiedsbetrag gegenüber dem vorläufigen Bewertungsansatz bleibt bei der Ermittlung des Überschusses unberücksichtigt.

ATV-K Anlage 5 Altersvorsorgeplan 2001

Altervorsorgeplan 2001

Dieser Tarifvertrag gilt einheitlich für die Tarifgebiete Ost und West

1. Ablösung des Gesamtversorgungssystems
1.1 Das bisherige Gesamtversorgungssystem wird mit Ablauf des 31.12.2000 geschlossen und durch das Punktemodell ersetzt. Zur juristischen Bewertung vgl. Anlage 1.

1.2 Auf ein Zurückfallen der Renten und Anwartschaften auf den Stand des Jahres 2000 wird verzichtet.

1.3 Durch den Systemwechsel erhalten die Arbeitnehmer die Möglichkeit, eine zusätzliche kapitalgedeckte Altersversorgung durch eigene Beiträge unter Inanspruchnahme der steuerlichen Förderung aufzubauen (Riester-Rente). Diese Möglichkeit soll auch bei den Zusatzversorgungskassen eröffnet werden.

Die Möglichkeit der Entgeltumwandlung besteht derzeit - einheitlich für alle Arbeitnehmer - nicht; die Tarifvertragsparteien geben sich eine Verhandlungszusage für eine tarifvertragliche Regelung zur Entgeltumwandlung.

1.4 Die Umlagefinanzierung wird auch nach Systemwechsel beibehalten. Sie kann schrittweise nach den Möglichkeiten der einzelnen Zusatzversorgungskassen durch Kapitaldeckung abgelöst werden (Kombinationsmodell).

2. Punktemodell

2.1 Die Leistungsbemessung erfolgt nach dem Punktemodell. Es werden diejenigen Leistungen zugesagt, die sich ergeben würden, wenn eine Gesamt-Beitragsleistung von 4 v.H. vollständig in ein kapitalgedecktes System eingezahlt würde.

2.2 Soweit eine Kapitaldeckung vorhanden ist, werden die tatsächlich erzielten Kapitalerträge veranschlagt.

Soweit keine Kapitaldeckung vorhanden ist, wird jährlich die laufende Verzinsung der zehn größten Pensionskassen gemäß jeweils aktuellem Geschäftsbericht des Bundesaufsichtsamtes für das Versicherungswesen (bzw. Nachfolgeeinrichtung) zugrunde gelegt.

Überschüsse werden wie bei einer Pensionskasse festgestellt. Von diesem Überschüssen werden nach Abzug der Verwaltungskosten (soweit fiktiv: 2 v.H.) vorrangig die sozialen Komponenten und dann Bonuspunkte finanziert.

Soziale Komponenten sind:

a) Zurechnungszeiten bei Erwerbsminderungs- und Hinterbliebenenrenten (vgl. Textziffer 2.5)

b) Kindererziehungszeiten

Berücksichtigung eines Beitrages von 20 Euro pro Monat pro Kind für die Dauer der gesetzlichen Erziehungszeit (ohne Beschäftigung).

c) Übergangsregelung für alle Versicherten mit einer Mindestpflichtversicherungszeit von 20 Jahren die monatlich weniger als 3.600 DM brutto verdienen. Ihre erworbenen Anwartschaften werden festgestellt und ggf. auf mindestens 0,8 Versorgungspunkte für jedes volle Kalenderjahr der Pflichtversicherung angehoben(Einbeziehung des Beschäftigungsquotienten).

2.3 Die als Anlage beigefügte Tabelle kommt zur Anwendung. Diese Tabelle basiert auf folgenden Parametern: Ein Zinssatz entsprechend § 2 der Deckungsrückstellungsverordnung von derzeit 3,25 v.H. vor Eintritt des Versorgungsfalls wird zugrunde gelegt. Nach Eintritt des Versorgungsfalls gilt ein Zinssatz von 5,25 v.H. Bei Änderungen des Verordnungs-Zinssatzes gilt dieser bis zum Wirksamwerden einer entsprechenden tarifvertraglichen Anpassung fort. Die versicherungsmathematischen Berechnungen basieren auf den Richttafeln 1998 von Klaus Heubeck.

2.4 Die Versicherungsfälle entsprechen denen in der gesetzlichen Rentenversicherung (Altersrenten, Erwerbsminderungsrenten, Hinterbliebenenrenten). Bei teilweiser Erwerbsminderung wird die Hälfte des Betrages gezahlt, der bei voller Erwerbsminderung zustünde. Abschläge werden für jeden Monat der vorzeitigen Inanspruchnahme der Rente (wie gesetzliche Rentenversicherung) in Höhe von 0,3 v.H. erhoben; höchstens jedoch insgesamt 10,8 v.H.

2.5 Bei Erwerbsminderungs- und Hinterbliebenenrenten vor Vollendung des 60. Lebensjahres werden Versorgungspunkte hinzugerechnet. Für ein Referenzentgelt wird für jedes Kalenderjahr vor Vollendung des 60. Lebensjahres je ein Versorgungspunkt hinzugerechnet.

2.6 Von den Verpflichtungen zur Beitragszahlung im der Textziffer 2.1 dieses Tarifvertrages kann bis zu einer Mindesthöhe von zwei v.H. für die Dauer von bis zu drei Jahren im Rahmen eines landesbezirklichen Tarifvertrages abgewichen werden, wenn sich der Betrieb in einer wirtschaftlichen Notlage befindet. Die Feststellung der wirtschaftlichen Notlage wird durch eine paritätisch besetzte Kommission der Tarifvertragsparteien getroffen. Die Regelung kann verlängert werden.

2.7 Entgelte aus Altersteilzeit werden in Höhe des vereinbarten Entgelts mindestens jedoch mit 90 % des vor Beginn der Altersteilzeit maßgebenden Wertes berücksichtigt (wie nach bisherigem Recht). Fälle des Vorruhestandes werden wie nach altem Recht behandelt.

3. Übergangsrecht

3.1 Die Höhe der laufenden Renten und der Ausgleichsbeträge wird zum 31. 12. 2001 festgestellt.

3.2 Die laufenden Renten werden als Besitzstandsrenten weitergezahlt. Die abbaubaren Ausgleichsbeträge werden in Höhe des Dynamisierungsgewinns abgebaut.

3.3 Die Besitzstandsrenten und die Neurenten werden beginnend mit dem Jahr 2002 jeweils zum 1.7. eines Jahres bis 2007 mit 1 v.H. jährlich dynamisiert.

3.4 Die Anwartschaften der am 31.12.2001 schon und am 1.1.2002 noch pflichtversicherten Arbeitnehmer werden wie folgt berechnet:

3.4.1 Es gelten die Berechnungsvorgaben des § 18 Abs. 2 BetrAVG. Der danach festgestellte Betrag wird in Versorgungspunkte unter Berücksichtigung eines Zinssatzes von 3,25 umgerechnet und in das Punktemodell transferiert. Die transferierten Versorgungspunkte nehmen an der Dynamisierung nach Ziffer 2.2 teil.

3.4.2 Für Arbeitnehmer im Tarifgebiet West, die am 1.1.2002 das 55. Lebensjahr vollendet haben (rentennahe Jahrgänge), gilt folgende Besitzstandsregelung: Auf der Grundlage des am 31.12. 2000 geltenden Rechts der Zusatzversorgung ist Ausgangswert für die Bemessung des in das Punktemodell zu transferierenden Betrages die individuell bestimmte Versorgungsrente im Alter von 63 (bei Behinderten Alter entsprechend gesetzlicher Rentenversicherung) unter Berücksichtigung der Mindestgesamtversorgung und des § 44 a VBL-Satzung bzw. entsprechende Versorgungsregelung; die gesetzliche Rente ist nach persönlichen Daten anzurechnen; von diesem nach den Bemessungsgrößen per 31.12.2001 einmalig ermittelten Ausgangswert ist die aus dem Punktemodell noch zu erwerbende Betriebsrente abzuziehen; die Differenz ist die Besitzstandsrente; sie wird in Versorgungspunkte umgerechnet und in das Punktemodell transferiert.

3.4.3 Textziffer 3.4.2 gilt entsprechend für solche Arbeitnehmer, die im Jahre 2001 das 55. Lebensjahr vollendet und vor Inkrafttreten des Tarifvertrages Altersteilzeit bzw. Vorruhestand vereinbart haben.

3.5 Die im bisherigen Versorgungssystem erworbenen Anwartschaften von Arbeitnehmern, die am 1.1.2002 nicht mehr pflichtversichert sind und die eine unverfallbare Anwartschaft haben, werden entsprechend der bisherigen Versicherungsrentenberechnung festgestellt, transferiert und nicht dynamisiert.

4. Finanzierung

4.1 Jede Kasse regelt ihre Finanzierung selbst. Zusätzlicher Finanzbedarf über die tatsächliche Umlage des Jahres 2001 hinaus (Stichtag 1.11.2001) - mindestens jedoch ab Umlagesatz von 4 v. H. - wird durch steuerfreie, pauschale Sanierungsgelder gedeckt. Im Tarifgebiet West verbleibt es bei den von den Arbeitnehmern bei Zusatzversorgungskassen geleisteten Beiträgen.

4.2 Für die VBL-West gilt: Ab 2002 betragen die Belastungen der Arbeitgeber 8,45 v.H. Dies teilt sich auf in eine steuerpflichtige, mit 180 DM/Monat pauschal versteuerte Umlage von 6,45 v.H. und steuerfreie pauschale Sanierungsgelder von 2,0 v.H., die zur Deckung eines Fehlbetrages im Zeitpunkt der Schließung dienen sollen. Ab 2002 beträgt der aus versteuertem Einkommen zu entrichtende Umlagebeitrag der Arbeitnehmer 1,41 v. H.

4.3 Die Verteilung der Sanierungsgelder auf Arbeitgeberseite bestimmt sich nach dem Verhältnis der Entgeltsumme aller Pflichtversicherten zuzüglich der neunfachen Rentensumme aller Renten zu den entsprechenden Werten, die einem Arbeitgeberverband bzw. bei Verbandsfreien, dem einzelnen Arbeitgebern zuzurechnen sind; ist ein verbandsfreier Arbeitgeber einer Gebietskörperschaft mittelbar oder haushaltsmäßig im wesentlichen zuzuordnen, wird dieser bei der Gebietskörperschaft einbezogen. Arbeitgebern, die seit dem 1. November 2001 durch Ausgliederung entstanden sind, sind zur Feststellung der Verteilung der Sanierungszuschüsse Renten in dem Verhältnis zuzurechnen, dass dem Verhältnis der Zahl der Pflichtversicherten des Ausgegliederten zu der Zahl der Pflichtversicherten des -Ausgliedernden zum 1. November 2001 entspricht.

4.4 Bei abnehmenden Finanzierungsbedarf für die laufenden Ausgaben werden die übersteigenden Einnahmen - getrennt und individualisierbar - zum Aufbau einer Kapitaldeckung eingesetzt.

5. Die Tarifvertragsparteien gehen davon aus, dass mit diesem Tarifvertrag das Abwandern von Betrieben oder Betriebsteilen aus den Zusatzversorgungseinrichtungen des öffentlichen Dienstes verhindert wird. Während der Laufzeit des Tarifvertrages überprüfen die Tarifvertragsparteien, ob es zu signifikanten Abwanderungen aus einzelnen Zusatzversorgungseinrichtungen gekommen ist. Sie beauftragen einen Gutachter, die Gründe für eventuelle Abwanderungen darzustellen. Dies gilt auch für den Tarifvertrag über sozialverträgliche Begleitmaßnahmen im Zusammenhang mit der Umgestaltung der Bundeswehr

6. Laufzeit des Tarifvertrages bis zum 31.12.200

Anlage 1 zum Altersvorsorgeplan

Juristische Zulässigkeit des rückwirkenden Systemwechsels zum 31.12.2000

Die Tarifvertragsparteien gehen davon aus, dass der rückwirkende Wechsel vom Gesamtversorgungssystem in ein Punktemodell zum 1.1.2001 verfassungsrechtlich zulässig ist. Dies gilt auch für den Transfer der am 31. 12. 2000 bestehenden Anwartschaften.

Für das Jahr 2001 ist aus verwaltungstechnischen Gründen eine Einführungsphase für das neue System vorgesehen, in der sich Anwartschaften technisch weiterhin nach den Berechnungsmethoden des alten Systems fortentwickeln. Diese für die Betroffenen günstige Übergangsregelung liegt in der Normsetzungsbefugnis der Tarifvertragsparteien.

Seit dem Ergebnis der Tarifrunde 2000 konnte niemand auf den Fortbestand des bisherigen Versorgungssystems vertrauen und deshalb davon ausgehen, dass diese unverändert bestehen bleiben würde.

Sollte ein Bundesgericht abschließend feststellen, dass Arbeitnehmer oder Versorgungsempfänger mit Vordienstzeiten (Beschäftigungen außerhalb des öffentlichen Dienstes) im Hinblick auf den Beschluss des Bundesverfassungsgerichts vom 22.03.2000 (1 BvR 1136/96) höhere als die überführten Ansprüche zustehen, werden den Berechtigten diese Ansprüche auch dann rückwirkend erfüllt, wenn sie sie nicht vor der neuen Entscheidung geltend gemacht haben.

Anlage 2 zum Altersvorsorgeplan

Rentenformel im Punktemodell

ohne Zwischenschaltung eines Regelbeitrages und bei Überschussanteilen in Form von beitragslosen Versorgungspunkten

Die Rentenhöhe ist abhängig von der gesamten Erwerbsbiografie im öffentlichen Dienst. In jedem Beschäftigungsjahr t werden Versorgungspunkte VPt erworben. Die Höhe der Versorgungspunkte ergibt sich aus der Formel:

VPt = Et / RE x Tabx

Ggf. wird VPt aus Überschüssen erhöht.
Darin bedeuten

VPt	Versorgungspunkt für das Jahr t
Et	Entgelt des Versicherten im Jahr t
RE	Referenzentgelt
Tabx	Tabellenwert für das Alter x des Versicherten im Jahr t

Im Versorgungsfall ergibt sich die Rente nach der Formel

Rente = [Summe aller VPt] x Messbetrag

Der Messbetrag beträgt 0,4 % des Referenzentgeltes.

x	Tabx	x	Tabx	x	Tabx	x	Tabx
17	3,1	29	2,1	41	1,5	53	1,0
18	3,0	30	2,0	42	1,4	54	1,0
19	2,9	31	2,0	43	1,4	55	1,0
20	2,8	32	1,9	44	1,3	56	1,0
21	2,7	33	1,9	45	1,3	57	0,9

22	2,6	34	1,8	46	1,3	58	0,9
23	2,5	35	1,7	47	1,2	59	0,9
24	2,4	36	1,7	48	1,2	60	0,9
25	2,4	37	1,6	49	1,2	61	0,9
26	2,3	38	1,6	50	1,1	62	0,8
27	2,2	39	1,6	51	1,1	63	0,8
28	2,2	40	1,5	52	1,1	64 u. älter	0,8

Tarifvertrag zur Entgeltumwandlung für Arbeitnehmer im kommunalen öffentlichen Dienst (TV-EUmw/VKA)

§ 1 Geltungsbereich

Dieser Tarifvertrag gilt für die bei einem Mitglied eines Arbeitgeberverbandes, der der Vereinigung der kommunalen Arbeitgeberverbände angehört, beschäftigten Angestellten, Arbeiter, Arbeiterinnen und Auszubildenden (Arbeitnehmer/-innen), die unter den Geltungsbereich des

1. Bundes-Angestelltentarifvertrages (BAT),
2. Tarifvertrages zur Anpassung des Tarifrechts - Manteltarifliche Vorschriften - (BAT-O),
3. Tarifvertrages zur Anpassung des Tarifrechts - Manteltarifliche Vorschriften - (BAT-Ostdeutsche Sparkassen),
4. Bundesmanteltarifvertrages für Arbeiter gemeindlicher Verwaltungen und Betriebe - BMT-G II -,
5. Tarifvertrages zur Anpassung des Tarifrechts - Manteltarifliche Vorschriften für Arbeiter gemeindlicher Verwaltungen und Betriebe - (BMT-G-O),
6. Tarifvertrages über die Anwendung von Tarifverträgen für Arbeiter (TV Arbeiter-Ostdeutsche Sparkassen),
7. Tarifvertrages Versorgungsbetriebe (TV-V),
8. Spartentarifvertrages Nahverkehrsbetriebe eines Arbeitgeberverbandes, der der Vereinigung der kommunalen Arbeitgeberverbände angehört,
9. Tarifvertrages für die Arbeitnehmer/-innen der Wasserwirtschaft in Nordrhein-Westfalen (TV-WW/NW),
10. Manteltarifvertrages für Auszubildende,
11. Manteltarifvertrages für Auszubildende (Mantel-TV Azubi-O),
12. Manteltarifvertrages für Auszubildende (Mantel-TV Azubi-Ostdeutsche Sparkassen),
13. Tarifvertrages zur Regelung der Rechtsverhältnisse der Schülerinnen/Schüler, die nach Maßgabe des Krankenpflegegesetzes oder des Hebammengesetzes ausgebildet werden,
14. Tarifvertrages zur Regelung der Rechtsverhältnisse der Schülerinnen/Schüler, die nach Maßgabe des Krankenpflegegesetzes oder des Hebammengesetzes ausgebildet werden (Mantel-TV Schü-O),
15. Tarifvertrages zur Regelung der Rechtsverhältnisse der Ärzte/Ärztinnen im Praktikum,
16. Tarifvertrages zur Regelung der Rechtsverhältnisse der Ärzte/Ärztinnen im Praktikum (Mantel-TV AiP-O),

fallen.

§ 2 Grundsatz der Entgeltumwandlung

Durch diesen Tarifvertrag werden zusätzlich zu den tarifvertraglichen Regelungen zur betrieblichen Altersvorsorge (ATV/ATV-K) die Grundsätze zur Umwandlung tarifvertraglicher Entgeltbestandteile zum Zwecke der betrieblichen Altersversorgung geregelt

§ 3 Anspruchsvoraussetzungen

(1) Der Arbeitnehmer/die Arbeitnehmerin hat Anspruch darauf, dass von seinen/ihren künftigen Entgeltansprüchen bis zu 4 v.H. der jeweiligen Beitragsbemessungsgrenze in der Rentenversicherung der Arbeiter und Angestellten (West) durch Entgeltumwandlung für seine/ihre betriebliche Altersversorgung verwendet werden.

(2) Im beiderseitigen Einvernehmen können der Arbeitnehmer/die Arbeitnehmerin und der Arbeitgeber vereinbaren, dass der Arbeitnehmer/die Arbeitnehmerin einen über den Höchstbetrag nach Absatz 1 hinausgehenden Betrag seines/ihres Entgelts umwandelt.

(3) Der für ein Kalenderjahr umzuwandelnde Entgeltbetrag muss mindestens 1/160 der Bezugsgröße nach § 18 Abs. 1 SGB IV erreichen.

§ 4 Umwandelbare Entgeltbestandteile

Der Arbeitnehmer/die Arbeitnehmerin kann nur künftige Entgeltansprüche umwandeln. Umgewandelt werden können auf sein/ihr Verlangen künftige Ansprüche auf

1. Zuwendungen nach den Zuwendungstarifverträgen,
2. Urlaubsgeld nach den Urlaubsgeldtarifverträgen,
3. vermögenswirksame Leistungen,

4. monatliche Entgeltbestandteile,
5. sonstige Entgeltbestandteile.

§ 5 Geltendmachung des Entgeltumwandlungsanspruchs

(1) Der Arbeitnehmer/die Arbeitnehmerin muss seinen/ihren Anspruch auf Entgeltumwandlung rechtzeitig gegenüber dem Arbeitgeber schriftlich geltend machen. Der Arbeitnehmer/die Arbeitnehmerin ist an die Vereinbarung mit dem Arbeitgeber über die Entgeltumwandlung mindestens für den Zeitraum eines Jahres gebunden

(2) Beantragt der Arbeitnehmer/die Arbeitnehmerin, Teile seines/ihres Entgelts nach § 4 Abs. 1 Buchst. d oder e umzuwandeln, kann der Arbeitgeber verlangen, dass für den Zeitraum eines Jahres für die Entgeltumwandlung gleich bleibende monatliche Beträge verwendet werden.

(3) Von den Regelungen in Absatz 1 Satz 2 und Absatz 2 kann ausnahmsweise in begründeten Einzelfällen abgewichen werden.

§ 6 Durchführungsweg

Die Entgeltumwandlung im Rahmen der durch das Gesetz zur Verbesserung der betrieblichen Altersversorgung vorgesehenen Durchführungswege ist vorbehaltlich der Sätze 2 und 3 bei öffentlichen Zusatzversorgungseinrichtungen durchzuführen. Der Arbeitgeber kann im Rahmen der betrieblichen Altersversorgung nach Satz 1 auch von der Sparkassen-Finanzgruppe oder den Kommunalversicherern angebotene Durchführungswege bestimmen. Durch landesbezirklichen Tarifvertrag können bei Bedarf abweichende Regelungen zu den Sätzen 1 und 2 getroffen werden.

§ 7 In-Kraft-Treten

(1) Dieser Tarifvertrag tritt mit Wirkung vom 1. Januar 2003 in Kraft.

(2) Der Tarifvertrag kann mit einer Frist von drei Monaten zum Ende eines Kalenderjahres, frühestens zum 31. Dezember 2008, schriftlich gekündigt werden.

(3) Mit Wirkung vom 1. Januar 2003 werden in § 39 Abs. 4 ATV-K die Worte „einschließlich des Ausschlusses der Entgeltumwandlung und der Verhandlungszusage nach 1.3" durch die Worte „mit Ausnahme des Ausschlusses der Entgeltumwandlung nach 1.3" ersetzt.

Vereinbarung über ein Schlichtungsverfahren

Zwischen der Bundesrepublik Deutschland, vertreten durch das Bundesministerium des Innern,
der Tarifgemeinschaft deutscher Länder, vertreten durch den Vorsitzenden des Vorstandes,
der Vereinigung der kommunalen Arbeitgeberverbände, vertreten durch den Vorstand
einerseits
und
der Gewerkschaft Öffentliche Dienste, Transport und Verkehr - Hauptvorstand -, diese zugleich handelnd für die
- Gewerkschaft der Polizei,
- Gewerkschaft Gartenbau, Land- und Forstwirtschaft,
- Gewerkschaft Erziehung und Wissenschaft,
der Deutschen Angestellten-Gewerkschaft - Bundesvorstand -,
diese zugleich handelnd für den Marburger Bund,
andererseits
wird Folgendes vereinbart:[1]

§§ 1 - 11 Vereinbarung über ein Schlichtungsverfahren

§ 1 Anwendungsbereich

(1) Diese Vereinbarung gilt für Tarifverhandlungen zwischen der Bundesrepublik Deutschland, der Tarifgemeinschaft deutscher Länder und der Vereinigung der kommunalen Arbeitgeberverbände einerseits sowie der Gewerkschaft Öffentliche Dienste, Transport und Verkehr und der Deutschen Angestellten-Gewerkschaft andererseits über den Abschluss von Vergütungs- und Monatslohntarifverträgen sowie über andere Verhandlungsgegenstände, die in die genannten Tarifverhandlungen einbezogen sind.

Andere Verhandlungsgegenstände - sofern sie nicht bereits von den Tarifvertragsparteien einvernehmlich aus den Tarifverhandlungen ausgeklammert wurden - sind in das Schlichtungsverfahren einzubeziehen, wenn
1. es sich um gekündigte Tarifvorschriften handelt oder
2. die Tarifvertragsparteien einvernehmlich die Einbeziehung erklärt haben oder in der Schlichtung erklären oder
3. wenigstens eine Tarifvertragspartei die Einbeziehung beantragt; die Einbeziehung in die Entscheidungsfindung bedarf der Zustimmung beider Vorsitzender der Schlichtungskommission im Laufe des Schlichtungsverfahrens.
Diese Vereinbarung gilt auch, wenn an den Tarifverhandlungen nicht alle Parteien dieser Vereinbarung beteiligt sind.

(2) Für sonstige Tarifverhandlungen gilt diese Vereinbarung, wenn dies zwischen den daran beteiligten Parteien schriftlich vereinbart wird.

Protokollnotiz:
Die Vereinbarung gilt für die Tarifgebiete Ost und West.

§ 2 Voraussetzungen und Einleitung des Schlichtungsverfahrens

(1) Das Schlichtungsverfahren setzt voraus, dass die Tarifverhandlungen von mindestens einer Tarifvertragspartei förmlich für gescheitert erklärt worden sind.

(2) Jede Tarifvertragspartei kann innerhalb einer Frist von 24 Stunden nach Erklärung des Scheiterns der Tarifverhandlungen das Schlichtungsverfahren durch schriftliche Erklärung gegenüber der Geschäftsstelle (§ 3 Abs. 2) einleiten.
Werden die Tarifverhandlungen noch während der Laufzeit des Tarifvertrags für gescheitert erklärt, beginnt die Frist für die Einleitung erst mit Ablauf des Tarifvertrages.

---

[1] Die Schlichtungsvereinbarung ist zeitgleich mit der GGVÖD abgeschlossen worden, Bundesanzeiger vom 09.03.2002.

Die Frist wird unterbrochen, wenn die Parteien innerhalb der Frist die Tarifverhandlungen fortsetzen.

(3) Die Tarifvertragsparteien sind verpflichtet, sich auf das Schlichtungsverfahren einzulassen.

§ 3 Schlichtungskommission, Geschäftsstelle

(1) Das Schlichtungsverfahren wird von der Schlichtungskommission durchgeführt. Diese setzt sich aus zwei unparteiischen Vorsitzenden sowie je drei Vertretern der Bundesrepublik Deutschland, der Tarifgemeinschaft deutscher Länder und der Vereinigung der kommunalen Arbeitgeberverbände einerseits sowie sieben Vertretern der Gewerkschaft Öffentliche Dienste, Transport und Verkehr und zwei Vertretern der Deutschen Angestellten-Gewerkschaft andererseits zusammen.

In den Fällen des § 1 Abs. 1 Unterabs. 2 gehen die Sitze der nicht beteiligten Parteien auf die beteiligten Parteien der Arbeitgeber- bzw. Arbeitnehmerseite über.

(2) Die Schlichtungskommission bedient sich zur Vorbereitung und Abwicklung des Schlichtungsverfahrens einer gemeinsamen Geschäftsstelle.

Die nach dieser Vereinbarung von den Tarifvertragsparteien abzugebenden Erklärungen sind an die Geschäftsstelle zu richten.

§ 4 Berufung der Mitglieder der Schlichtungskommission

(1) Die unparteiischen Vorsitzenden werden von den Tarifvertragsparteien einvernehmlich jeweils für die Dauer von zwei Jahren berufen.

Kommt eine einvernehmliche Berufung nicht zustande, benennen die Parteien auf Arbeitgeber- und Arbeitnehmerseite einvernehmlich je einen unparteiischen Vorsitzenden.

Die beiden Vorsitzenden wechseln sich als stimmberechtigter Vorsitzender (amtierender Vorsitzender) von Schlichtungsverfahren zu Schlichtungsverfahren ab.

Der nicht amtierende Vorsitzende nimmt an den Beratungen der Schlichtungskommission teil.

(2) Die Tarifvertragsparteien benennen nach der Einleitung des Schlichtungsverfahrens unverzüglich ihre stimmberechtigten Vertreter; sie können auch Stellvertreter benennen. Die Berufung gilt für das jeweilige Schlichtungsverfahren. Jede Tarifvertragspartei kann ihre stimmberechtigten Vertreter und deren Stellvertreter jederzeit austauschen.

(3) Der amtierende Vorsitzende wird bei Verhinderung durch den anderen Vorsitzenden vertreten.

§ 5 Zusammentreten der Schlichtungskommission

Die Schlichtungskommission hat spätestens sechs Werktage nach Einleitung des Schlichtungsverfahrens zusammenzutreten. Zeitpunkt und Ort bestimmt der amtierende Vorsitzende im Benehmen mit der Geschäftsstelle. Diese bat die Vorsitzenden und die Vertreter der Tarifvertragsparteien einzuladen.

§ 6 Verfahren der Schlichtungskommission

(1) Der amtierende Vorsitzende leitet die Beratungen der Schlichtungskommission.

Die Schlichtungskommission ist beschlussfähig, wenn sie mindestens zwei Tage vor der Sitzung eingeladen worden ist und neben dem amtierenden Vorsitzenden mindestens sechs stimmberechtigte Vertreter der Tarifvertragsparteien anwesend sind.

Stimmenthaltungen sind nicht zulässig.

(2) Die Schlichtungskommission bat die Tarifvertragsparteien auf deren Verlangen anzuhören. Sie kann Sachverständige hören sowie Auskünfte der Tarifvertragsparteien einholen, die diese unverzüglich zu erteilen haben.

(3) Die Schlichtungskommission kann ihre Beratungen durch einstimmigen Beschluß aussetzen, um den Tarifvertragsparteien Gelegenheit zur Wiederaufnahme der Tarifverhandlungen zu geben. Während der Aussetzung ruht das Schlichtungsverfahren.

Es ruht ferner, wenn die Tarifvertragsparteien die Tarifverhandlungen vor der Zustellung der Einigungsempfehlung (§ 7) wieder aufnehmen.

Während des Ruhens ist der Ablauf der Fristen des Schlichtungsverfahrens gehemmt.

Die Schlichtungskommission hat ihre Beratungen unverzüglich wieder aufzunehmen, wenn eine Tarifvertragspartei dies verlangt.

(4) Die Beratungen der Schlichtungskommission einschließlich der Anhörung der Tarifvertragsparteien und von Sachverständigen sind vertraulich und nicht öffentlich. Die Vertreter der Tarifvertragsparteien sind jedoch berechtigt, ihre Tarifvertragspartei zu informieren.

(5) Im Übrigen regelt die Schlichtungskommission das Verfahren in einer Geschäftsordnung.

§ 7 Einigungsempfehlung

(1) Die Schlichtungskommission hat ihre Beratungen mit dem Ziel zu führen, zu einer einstimmigen Einigungsempfehlung zu kommen.

Kommt Einstimmigkeit nicht zustande, entscheidet die einfache Mehrheit der stimmberechtigten Mitglieder der Schlichtungskommission. Minderheitsvoten sind nicht zulässig.

(2) Die Schlichtungskommission hat die Einigungsempfehlung spätestens vier Werktage nach ihrem erstmaligen Zusammentreffen zu beschließen

Durch einstimmigen Beschluss kann die Schlichtungskommission die Frist um bis zu drei Werktage verlängern.

Durch einstimmigen Beschluss kann die Schlichtungskommission die Beratungen um bis zu zwei Werktage unterbrechen (Ruhen des Verfahrens).

(3) Die Einigungsempfehlung ist der Schlichtungskommission vor der Abstimmung schriftlich vorzulegen. Nach der Zustimmung ist sie vom amtierenden Vorsitzenden zu unterschreiben. Die Geschäftsstelle hat jeder Tarifvertragspartei eine Ausfertigung der Einigungsempfehlung spätestens 24 Stunden nach der Beschlussfassung zuzustellen.

§ 8 Wiederaufnahme der Tarifverhandlungen

Die Tarifvertragsparteien sind verpflichtet, spätestens am dritten Werktag nach der Zustellung der Einigungsempfehlung die Tarifverhandlungen mit dem Ziel der Einigung wieder aufzunehmen.

§ 9 Friedenspflicht

(1) Vom Beginn des dritten Kalendertages, der auf den Tag der Anrufung der Schlichtung folgt, besteht Friedenspflicht. Dabei sind sich die Tarifvertragsparteien in dem Anliegen einig, alles zu unterlassen, was den Erfolg des Schlichtungsverfahrens gefährden könnte.

(2) Diese Friedenspflicht endet, wenn die Einigungsempfehlung nicht fristgemäß zugestellt wird.

Sie endet für die von der Erklärung betroffenen Parteien ferner, wenn die nach § 8 wieder aufgenommenen Tarifverhandlungen von mindestens einer Tarifvertragspartei für gescheitert erklärt werden.

§ 10 Kosten

Die Kosten des Schlichtungsverfahrens (einschließlich der Vergütung der Vorsitzenden und der Entschädigung der gemeinsamen Sachverständigen) tragen die Tarifvertragsparteien im Verhältnis der Zahl ihrer Vertreter zur Gesamtzahl der Vertreter der Tarifvertragsparteien in der Schlichtungskommission.

§ 11 Inkrafttreten, Laufzeit

(1) Diese Vereinbarung tritt am 1. Oktober 2002 in Kraft.

(2) Diese Vereinbarung kann mit einer Frist von einem Monat zum Ende eines Kalendervierteljahres schriftlich gekündigt werden Schlichtungsverfahren, die bei Außerkrafttreten dieser Vereinbarung anhängig sind, werden nach dieser Vereinbarung zu Ende geführt.

II. Niederschriftserklärung

1. *Gemeinsame Geschäftsstelle im Sinne des § 3 Abs. 2 der Vereinbarung ist die Geschäftsstelle der VKA.*

2. *Die Tarifvertragsparteien sind sich darüber einig, dass das im Mai 2000 durchgeführte Schlichtungsverfahren ein Verfahren im Sinne des § 4 Abs. 1 Unterabs. 3 der (neuen) Schlichtungsvereinbarung gewesen ist. Danach liegt beim nächsten Schlichtungsverfahren die Stimmberechtigung bei dem von der Arbeitnehmerseite benannten Vorsitzenden.*

3. *Über die Vergütung für den amtierenden Vorsitzenden und seinen Stellvertreter verständigen sich die Tarifvertragsparteien rechtzeitig.*

4. Zu § 10 der Schlichtungsvereinbarung verständigen sich die Tarifvertragsparteien in einem Brief-
    wechsel darüber, welche Kosten von jeder Tarifvertragspartei selbst zu tragen sind.

5. Nach Kündigung der obigen Vereinbarung ist eine Schlichtung nur möglich, wenn vorher eine
    neue Schlichtungsvereinbarung abgeschlossen worden ist. § 11 Abs. 2 Satz 1 der Vereinbarung
    bleibt unberührt.

Richtlinien der Tarifgemeinschaft deutscher Länder für die Gewährung von Praktikantenvergütungen

vom 19. November 1990[1]

I. Geltungsbereich

Diese Richtlinien gelten für Praktikanten, deren Rechtsverhältnisse nicht durch Tarifvertrag geregelt sind.

II. Praktikantenvergütung

An Praktikanten kann Vergütung nach diesen Richtlinien gewährt werden. Voraussetzung ist, dass der Praktikant voll in die Verwaltung oder den Betrieb eingegliedert ist. Das ist nur dann der Fall, wenn der Praktikant während der gesamten täglichen Arbeitszeit in der Verwaltung oder dem Betrieb praktisch tätig ist. Gelegentliche, die praktische Tätigkeit begleitende Unterrichtsveranstaltungen sind unschädlich.

Im Folgenden wird unterschieden zwischen Praktikanten, die unter den Geltungsbereich des Berufsbildungsgesetzes (BBiG) fallen, und solchen, für die dieses Gesetz nicht eingreift.

Praktikanten sind nach § 19 BBiG Personen, die eingestellt werden, um berufliche Kenntnisse, Fertigkeiten oder Erfahrungen zu erwerben, soweit kein Berufsausbildungsverhältnis im Sinne des Berufsbildungsgesetzes und kein Arbeitsverhältnis besteht und das Praktikum nicht Bestandteil eines den Schulgesetzen der Länder unterliegenden Schulverhältnisses ist (Praktikanten als Schüler bzw. Studierende von Haupt-, Fach-, Berufsfach-, Fachober-, Fachhoch- und Hochschulen). Für Praktikanten, die unter das BBiG fallen, gelten nach § 19 BBiG die Vorschriften der §§ 3 bis 18 dieses Gesetzes mit bestimmten Maßgaben.

Diese Vorschriften des BBiG greifen demnach insbesondere nicht ein für Praktikanten, die ein Praktikum ableisten, das Bestandteil einer Schul- oder Hochschulausbildung ist (vgl. auch Urteil des BAG vom 19. Juni 1974 - 4 AZR 436/73 - AP Nr. 3 zu § 3 BAT). Dazu gehören z.B. Praktika von Studierenden der Fachhochschulen während der Praxissemester, Praktika von Fachoberschülern, Praktika, die Schüler von Hauptschulen, von Fachschulen oder von Berufsfachschulen (Erzieher, Kindergärtnerinnen, Hortnerinnen usw.) abzuleisten haben, sowie Zwischen- oder Blockpraktika von Studierenden der Fachhochschulen und der Hochschulen, die in Studien- oder Prüfungsordnungen vorgeschrieben sind. Dies gilt auch für die praktische Ausbildung der Studierenden der Medizin in Krankenanstalten (vgl. Urteil des BAG vom 25. März 1981 - 5 AZR 353/79 - AP Nr. 1 zu § 19 BBiG).

A. Praktikanten, die unter den Geltungsbereich des Berufsbildungsgesetzes fallen

Die unter das Berufsbildungsgesetz fallenden Praktikanten haben nach § 10 dieses Gesetzes Anspruch auf eine angemessene Vergütung, die jeweils besonders im Einzelnen zu vereinbaren ist.

Bei den nachfolgend aufgeführten Arten von Praktikanten wird eine Vergütung in der angegebenen Höhe als angemessen angesehen. Bei sonstigen unter das Berufsbildungsgesetz fallenden Praktikanten ist die angemessene Vergütung in Anlehnung an diese Sätze festzulegen.

1. Vorpraktikanten

Vorpraktikanten sind Personen, die ein Praktikum ableisten, das in Ausbildungs-, Studien- und Prüfungsordnungen oder ähnlichen Vorschriften als Zulassungsvoraussetzung für den Beginn einer Schul-, Fachhochschul- oder Hochschulausbildung gefordert wird, oder das, ohne dass diese Voraussetzungen vorliegen, auf Veranlassung der jeweiligen Ausbildungsstätte als Zulassungsvoraussetzung abgeleistet werden muss. Sie fallen nach § 19 BBiG nur dann unter den Geltungsbereich dieses Gesetzes, wenn kein Arbeitsverhältnis vereinbart ist (vgl. auch Abschnitt II Unterabs. 3). Ein Arbeitsverhältnis liegt nicht vor, wenn die Vermittlung beruflicher Kenntnisse, Fertigkeiten oder Erfahrungen für die spätere Ausbildung im Mittelpunkt des Rechtsverhältnisses steht.

Vorpraktikanten können folgende Vergütung erhalten:

---

[1] Beschluss der 6./90 Mitgliederversammlung der TdL vom 19.11.1990, geändert durch Beschluss der 5./93 Mitgliederversammlung der TdL vom 20.4.1993.

a) vor vollendetem 18. Lebensjahr
- höchstens 204,52 Euro monatlich,
- die jeweilige Ausbildungsvergütung für das erste bzw. zweite Ausbildungsjahr nach dem Ausbildungsvergütungstarifvertrag für Auszubildende, wenn das Vorpraktikum länger als ein Jahr dauert,

b) nach vollendetem 18. Lebensjahr
- höchstens 255,65 Euro monatlich,
- die jeweilige Ausbildungsvergütung für das erste bzw. zweite Ausbildungsjahr nach dem Ausbildungsvergütungstarifvertrag für Auszubildende, wenn das Vorpraktikum länger als ein Jahr dauert.

2. Berufspraktikanten
a) Berufspraktikanten für den Beruf des Familienpflegers, der Wirtschafterin, des Altenpflegers, der Hauswirtschaftsleiterin und des Psychagogen
Praktikanten, die nach Abschluss der schulischen Ausbildung
aa) für den Beruf des Familienpflegers,
bb) für den Beruf der Wirtschafterin
cc) ein Berufspraktikum ableisten, kann eine Vergütung wie an Praktikanten für den Beruf der Kinderpflegerin,
dd) für den Beruf des Altenpflegers
ee) für den Beruf der Hauswirtschaftsleiterin ein Berufspraktikum ableisten, kann eine Vergütung wie an Praktikanten für den Beruf des Erziehers und,
ff) für den Beruf des Psychagogen ein Berufspraktikum ableisten, kann eine Vergütung wie an Praktikanten für den Beruf des Sozialarbeiters nach dem Tarifvertrag über die Regelung der Arbeitsbedingungen der Praktikantinnen/Praktikanten (TV Prakt) vom 22. März 1991 in der jeweils geltenden Fassung gewährt werden.

b) Berufspraktikanten der Pharmazie und der Lebensmittelchemie
Praktikanten, die nach Abschluss des Studiums der Pharmazie oder der Lebensmittelchemie ein Berufspraktikum ableisten, können
aa) in den ersten sechs Monaten der Praktikantenzeit eine Vergütung von bis zu 536,86 Euro monatlich,
bb) ab dem siebten Monat der Praktikantenzeit eine Vergütung von bis zu 715,81 Euro monatlich

B. Praktikanten, die nicht unter den Geltungsbereich des Berufsbildungsgesetzes fallen
Eine Verpflichtung zur Gewährung einer Vergütung besteht nicht.
    Mit Rücksicht auf die Arbeitsleistung, die von den nachstehend genannten Praktikanten vor Abschluss der Schulausbildung in der Fach- bzw. Berufsfachschule teilweise erbracht wird, bestehen keine Bedenken, wenn während des Praktikums eine Vergütung wie folgt gezahlt wird:
a) Erzieher, Kindergärtnerin, Hortnerin   höchstens 409,03 Euro monatlich
b) Hauswirtschaftsleiterin   höchstens 409,03 Euro monatlich
c) Altenpfleger   höchstens 357,90 Euro monatlich
d) Familienpfleger   höchstens 357,90 Euro monatlich
e) Kinderpflegerin   höchstens 357,90 Euro monatlich
Ferner bestehen keine Bedenken, wenn an Studierende von Fachhochschulen, die während der Praxissemester eine berufspraktische Tätigkeit ausüben, eine Vergütung wie folgt gezahlt wird:
a) im ersten Praxissemester   höchstens 332,34 Euro monatlich
b) im zweiten Praxissemester   höchstens 511,29 Euro monatlich
Für Studierende von Fachhochschulen und Hochschulen, die während ihres Studiums ein kurzfristiges Praktikum ableisten, das in Studien- oder Prüfungsordnungen als Prüfungsvoraussetzung gefordert und nicht Teil des Studiums ist, gilt Unterabschnitt A Nr. 1 Unterabsatz 2 Buchst. b Doppelbuchst. aa entsprechend.
    Von der Gewährung einer Vergütung an diese Praktikanten sollte ganz oder teilweise abgesehen werden, wenn kein besonderes Interesse an ihrer Beschäftigung besteht.

III. Gewährung sonstiger Leistungen

Neben der Vergütung nach Abschnitt II sind andere Leistungen, z.B. Zuwendungen, Urlaubsgeld oder vermögenswirksame Leistungen, nicht zu zahlen.

Werden den Praktikanten Sachleistungen, z.B. freie Unterkunft oder Verpflegung gewährt, sind diese Leistungen in Höhe der durch Rechtsverordnung nach § 17 Abs. 1 Satz 1 Nr. 3 SGB IV festgesetzten Sachbezugswerte anzurechnen; soweit nach § 19 BBiG ein Anspruch auf Vergütung besteht, ist § 10 Abs. 2, 2. Halbsatz dieses Gesetzes zu beachten.

IV. Praktikantenvergütung bei nicht vollbeschäftigten Praktikanten

Praktikanten, mit denen eine Beschäftigung vereinbart ist, die in ihrem Umfange hinter der üblichen wöchentlichen Arbeitszeit in der Verwaltung oder dem Betrieb zurückbleibt, erhalten die Vergütung unter entsprechender Anwendung von § 34 Abs. 1 BAT.

V. Praktikantenvergütung für Teile eines Monats

Ist die Vergütung nicht für den ganzen Monat zu zahlen, ist nach § 11 Abs. 1 Satz 2 BBiG zu verfahren.

VI. Fortzahlung der Praktikantenvergütung

1. Vergütung während einer unverschuldeten Krankheit

a) Praktikanten, für die das BBiG gilt (vgl. Abschnitt II Unterabschn. A), haben nach § 19 i.V.m. § 12 Abs. 1 Nr. 2 Buchst. b BBiG Anspruch auf Fortzahlung der Vergütung bis zur Dauer von sechs Wochen, wenn sie infolge unverschuldeter Krankheit (dazu gehört auch der unverschuldete Unfall) oder infolge einer nicht rechtswidrigen Sterilisation oder eines nicht rechtswidrigen Abbruchs der Schwangerschaft durch einen Arzt nicht an der Praktikantenausbildung teilnehmen können.

b) Praktikanten, die nicht unter das BBiG fallen (vgl. Abschnitt II Unterabschn. B), haben keinen Anspruch auf Fortzahlung der Vergütung nach § 19 i.V.m. § 12 Abs. 1 Nr. 2 Buchst. b BBiG. Soweit an sie jedoch nach Abschnitt II Unterabschn. B eine Vergütung gezahlt wird, bestehen keine Bedenken, wenn diese unter den in Buchstabe a genannten Voraussetzungen bis zur Dauer von sechs Wochen weitergezahlt wird.

2. Vergütung während eines Erholungsurlaubs

a) Praktikanten, für die das BBiG gilt (vgl. Abschnitt II Unterabschn. A), fallen nach § 19 i.V.m. § 3 Abs. 2 dieses Gesetzes auch unter den Geltungsbereich des Bundesurlaubsgesetzes (BUrlG). Gegebenenfalls werde sie nach § 1 Abs. 1 Nr. 4 des Jugendarbeitsschutzgesetzes (JArbSchG) auch vom Geltungsbereich dieses Gesetzes erfasst. Diese Praktikanten haben daher Anspruch auf Gewährung von Urlaub unter Fortzahlung der Vergütung nach den Vorschriften des BUrlG bzw. gegebenenfalls nach den Vorschriften des JArbSchG.

b) Praktikanten, die ein Praktikum ableisten, das Bestandteil einer Schul-, Fachhochschul- oder Hochschulausbildung ist und für die daher das BBiG nicht gilt (vgl. Abschnitt II Unterabschn. B), haben keinen Anspruch auf Erholungsurlaub nach dem BUrlG. Es bestehen jedoch keine Bedenken, den in Abschnitt II Unterabschn. B genannten Praktikanten Erholungsurlaub unter Fortzahlung der Vergütung nach Maßgabe des BUrlG bzw. gegebenenfalls des JArbSchG zu gewähren.

2. Vergütung in sonstigen Fällen

a) Praktikanten, für die das BBiG gilt (vgl. Abschnitt II Unterabschn. A), haben in den in § 12 Abs. 1 Nr. 2 Buchst. a und c dieses Gesetzes genannten Fällen Anspruch auf Fortzahlung der Vergütung bis zur Dauer von sechs Wochen, wenn sie sich für die Praktikantenausbildung bereithalten, diese aber ausfällt bzw. sie aus einem sonstigen, in ihrer Person liegenden Grund unverschuldet verhindert sind, ihre Pflichten aus dem Prakikantenverhältnis zu erfüllen.

b) Praktikanten, die nicht unter das BBiG fallen (vgl. Abschnitt II Unterabschn. B), haben keinen Anspruch auf Fortzahlung der Vergütung in diesen Fällen. Soweit an sie jedoch nach Abschnitt II Unterabschn. B eine Vergütung gezahlt wird, bestehen keine Bedenken, wenn diese unter den in Buchstabe a genannten Voraussetzungen bis zur Dauer von sechs Wochen weitergezahlt wird.

(Anm.: Zur Sozialversicherungspflicht der gegen Entgelt beschäftigten Studenten, Praktikanten und ähnlichen Personen vgl. die in Anh. Nr. 9e in Teil VII/7.4 abgedr. gemeinsame Verlautbarung der Spitzenorganisationen der Sozialversicherung).

VII. In-Kraft-Treten

Diese Richtlinien treten am 1. Januar 1991 in Kraft. Im gleichen Zeitpunkt treten die von der 2./77 Mitgliederversammlung der Tarifgemeinschaft deutscher Länder am 23./24. Februar 1977 beschlossenen Richtlinien für die Gewährung von Praktikantenvergütungen in der am 31. Dezember 1990 geltenden Fassung außer Kraft.

Praktikanten-Richtlinien der VKA

i.d.F. der ersten Änderung vom 24. Februar 1994

Richtlinien der Vereinigung der kommunalen Arbeitgeberverbände für die Gewährung von Praktikantenvergütungen

I. Geltungsbereich

Diese Richtlinien gelten für Praktikanten, deren Rechtsverhältnisse nicht durch Tarifvertrag geregelt sind.

II. Praktikantenvergütung

An Praktikanten kann Vergütung nach diesen Richtlinien gewährt werden. Voraussetzung ist, dass der Praktikant voll in die Verwaltung oder den Betrieb eingegliedert ist. Das ist nur dann der Fall, wenn der Praktikant während der gesamten täglichen Arbeitszeit in der Verwaltung oder dem Betrieb praktisch tätig ist. Gelegentliche, die praktische Tätigkeit begleitende Unterrichtsveranstaltungen sind unschädlich.

Im Folgenden wird unterschieden zwischen Praktikanten, die unter den Geltungsbereich des Berufsbildungsgesetzes (BBiG) fallen, und solchen, für die dieses Gesetz nicht eingreift.

Praktikanten sind nach § 19 BBiG Personen, die eingestellt werden, um berufliche Kenntnisse, Fertigkeiten oder Erfahrungen zu erwerben, soweit kein Berufsausbildungsverhältnis im Sinne des Berufsbildungsgesetzes und kein Arbeitsverhältnis besteht und das Praktikum nicht Bestandteil eines den Schulgesetzen der Länder unterliegenden Schulverhältnisses ist (Praktikanten als Schüler bzw. Studierende von Haupt-, Fach-, Berufsfach-, Fachober-, Fachhoch- und Hochschulen). Für Praktikanten, die unter das BBiG fallen, gelten nach § 19 BBiG die Vorschriften der §§ 3 bis 18 dieses Gesetzes mit bestimmten Maßgaben.

Diese Vorschriften des BBiG greifen demnach insbesondere nicht ein für Praktikanten, die ein Praktikum ableisten, das Bestandteil einer Schul- oder Hochschulausbildung ist (vgl. auch Urteil des BAG vom 19. Juni 1974 - 4 AZR 436/73 - AP Nr. 3 zu § 3 BAT). Dazu gehören z.B. Praktika von Studierenden der Fachhochschulen während der Praxissemester, Praktika von Fachoberschülern, Praktika, die Schüler von Hauptschulen, von Fachschulen oder von Berufsfachschulen (Erzieher, Kindergärtnerinnen, Hortnerinnen usw.) abzuleisten haben, sowie Zwischen- oder Blockpraktika von Studierenden der Fachhochschulen und der Hochschulen, die in Studien- oder Prüfungsordnungen vorgeschrieben sind. Dies gilt auch für die praktische Ausbildung der Studierenden der Medizin in Krankenanstalten (vgl. Urteil des BAG vom 25. März 1981 - 5 AZR 353/79 - AP Nr. 1 zu § 19 BBiG).

A. Praktikanten, die unter den Geltungsbereich des Berufsbildungsgesetzes fallen

Die unter das Berufsbildungsgesetz fallenden Praktikanten haben nach § 10 dieses Gesetzes Anspruch auf eine angemessene Vergütung, die jeweils besonders im Einzelnen zu vereinbaren ist.

Bei den nachfolgend aufgeführten Arten von Praktikanten wird eine Vergütung in der angegebenen Höhe als angemessen angesehen. Bei sonstigen unter das Berufsbildungsgesetz fallenden Praktikanten ist die angemessene Vergütung in Anlehnung an diese Sätze festzulegen.

1. Vorpraktikanten

Vorpraktikanten sind Personen, die ein Praktikum ableisten, das in Ausbildungs-, Studien- und Prüfungsordnungen oder ähnlichen Vorschriften als Zulassungsvoraussetzung für den Beginn einer Schul-, Fachhochschul- oder Hochschulausbildung gefordert wird, oder das, ohne dass diese Voraussetzungen vorliegen, auf Veranlassung der jeweiligen Ausbildungsstätte als Zulassungsvoraussetzung abgeleistet werden muss. Sie fallen nach § 19 BBiG nur dann unter den Geltungsbereich dieses Gesetzes, wenn kein Arbeitsverhältnis vereinbart ist (vgl. auch Abschnitt II Unterabs. 3). Ein Arbeitsverhältnis liegt nicht vor, wenn die Vermittlung beruflicher Kenntnisse, Fertigkeiten oder Erfahrungen für die spätere Ausbildung im Mittelpunkt des Rechtsverhältnisses steht.

Vorpraktikanten können folgende Vergütung erhalten:

a) Vor vollendetem 18. Lebensjahr
- höchstens 204,52 Euro monatlich,
- die jeweilige Ausbildungsvergütung für das erste bzw. zweite Ausbildungsjahr nach dem Ausbildungsvergütungstarifvertrag für Auszubildende, wenn das Vorpraktikum länger als ein Jahr dauert,

b) nach vollendetem 18. Lebensjahr
- höchstens 255,65 Euro monatlich,
- die jeweilige Ausbildungsvergütung für das erste bzw. zweite Ausbildungsjahr nach dem Ausbildungsvergütungstarifvertrag für Auszubildende, wenn das Vorpraktikum länger als ein Jahr dauert.

2. Berufspraktikanten
a) Berufspraktikanten für den Beruf des Familienpflegers, der Wirtschafterin, des Altenpflegers, der Hauswirtschaftsleiterin und des Psychagogen
Praktikanten, die nach Abschluss der schulischen Ausbildung
aa) für den Beruf des Familienpflegers,
für den Beruf der Wirtschafterin
bb) ein Berufspraktikum ableisten, kann eine Vergütung wie an Praktikanten für den Beruf der Kinderpflegerin,
cc) für den Beruf des Altenpflegers
für den Beruf der Hauswirtschaftsleiterin
dd) ein Berufspraktikum ableisten, kann eine Vergütung wie an Praktikanten für den Beruf des Erziehers
ee) für den Beruf des Psychagogen ein Berufspraktikum ableisten, kann eine Vergütung wie an Praktikanten für den Beruf des Sozialarbeiters nach dem Tarifvertrag über die Regelung der Arbeitsbedingungen der Praktikanten (Praktikantinnen) für Berufe des Sozial- und des Erziehungsdienstes vom 17. Dezember 1970 in der jeweils geltenden Fassung gewährt werden.

b) Berufspraktikanten der Pharmazie und der Lebensmittelchemie
Praktikanten, die nach Abschluss des Studiums der Pharmazie oder der Lebensmittelchemie ein Berufspraktikum ableisten, können
aa) in den ersten sechs Monaten der Praktikantenzeit eine Vergütung von bis zu 536,86 Euro monatlich,
bb) ab dem siebten Monat der Praktikantenzeit eine Vergütung von bis zu 715,81 Euro monatlich erhalten.

B. Praktikanten, die nicht unter den Geltungsbereich des Berufsbildungsgesetzes fallen
Eine Verpflichtung zur Gewährung einer Vergütung besteht nicht. Mit Rücksicht auf die Arbeitsleistung, die von den nachstehend genannten Praktikanten vor Abschluss der Schulausbildung in der Fach- bzw. Berufsfachschule teilweise erbracht wird, bestehen keine Bedenken, wenn während des Praktikums eine Vergütung wie folgt gezahlt wird:

a) Erzieher, Kindergärtnerin, Hortnerin	höchstens 409,03 Euro monatlich
b) Hauswirtschaftsleiterin	höchstens 409,03 Euro monatlich
c) Altenpfleger	höchstens 357,90 Euro monatlich
d) Familienpfleger	höchstens 357,90 Euro monatlich
e) Kinderpflegerin	höchstens 357,90 Euro monatlich

Ferner bestehen keine Bedenken, wenn an Studierende von Fachhochschulen, die während der Praxissemester eine berufspraktische Tätigkeit ausüben, eine Vergütung wie folgt gezahlt wird:

a) Im ersten Praxissemester	höchstens 332,34 Euro monatlich
b) im zweiten Praxissemester	höchstens 511,29 Euro monatlich

Für Studierende von Fachhochschulen und Hochschulen, die während ihres Studiums ein kurzfristiges Praktikum ableisten, das in Studien- oder Prüfungsordnungen als Prüfungsvoraussetzung gefordert und nicht Teil des Studiums ist, gilt Unterabschnitt A Nr. 1 Unterabsatz 2 Buchst. b Doppelbuchst. aa entsprechend.

Von der Gewährung einer Vergütung an diese Praktikanten sollte ganz oder teilweise abgesehen werden, wenn kein besonderes Interesse an ihrer Beschäftigung besteht.

III. Gewährung sonstiger Leistungen

Neben der Vergütung nach Abschnitt II sind andere Leistungen, z.b. Zuwendungen, Urlaubsgeld oder vermögenswirksame Leistungen, nicht zu zahlen.

Werden den Praktikanten Sachleistungen, z.B. freie Unterkunft oder Verpflegung gewährt, sind diese Leistungen in Höhe der durch Rechtsverordnung nach § 17 Abs. 1 Satz 1 Nr. 3 SGB IV festgesetzten Sachbezugswerte anzurechnen; soweit nach § 19 BBiG ein Anspruch auf Vergütung besteht, ist § 10 Abs. 2, 2. Halbsatz dieses Gesetzes zu beachten.

IV. Praktikantenvergütung bei nichtvollbeschäftigten Praktikanten

Praktikanten, mit denen eine Beschäftigung vereinbart ist, die in ihrem Umfange hinter der üblichen wöchentlichen Arbeitszeit in der Verwaltung oder dem Betrieb zurückbleibt, erhalten die Vergütung unter entsprechender Anwendung von § 34 Abs. 1 BAT.

V. Praktikantenvergütung für Teile eines Monats

Ist die Vergütung nicht für den ganzen Monat zu zahlen, ist nach § 11 Abs. 1 Satz 2 BBiG zu verfahren.

VI. Fortzahlung der Praktikantenvergütung

1. Vergütung während einer unverschuldeten Krankheit
a) Praktikanten, für die das BBiG gilt (vgl. Abschnitt II Unterabschn. A), haben nach § 19 i.V.m. § 12 Abs. 1 Nr. 2 Buchst. b BBiG Anspruch auf Fortzahlung der Vergütung bis zur Dauer von sechs Wochen, wenn sie infolge unverschuldeter Krankheit (dazu gehört auch der unverschuldete Unfall) oder infolge einer nicht rechtswidrigen Sterilisation oder eines nicht rechtswidrigen Abbruchs der Schwangerschaft durch einen Arzt nicht an der Praktikantenausbildung teilnehmen können.
b) Praktikanten, die nicht unter das BBiG fallen (vgl. Abschnitt II Unterabschn. B), haben keinen Anspruch auf Fortzahlung der Vergütung nach § 19 i.V.m. § 12 Abs. 1 Nr. 2 Buchst. b BBiG. Soweit an sie jedoch nach Abschnitt II Unterabschn. B eine Vergütung gezahlt wird, bestehen keine Bedenken, wenn diese unter den in Buchstabe a genannten Voraussetzungen bis zur Dauer von sechs Wochen weitergezahlt wird.

2. Vergütung während eines Erholungsurlaubs
a) Praktikanten, für die das BBiG gilt (vgl. Abschnitt II Unterabschn. A), fallen nach § 19 i.V.m. § 3 Abs. 2 dieses Gesetzes auch unter den Geltungsbereich des Bundesurlaubsgesetzes (BUrlG). Gegebenenfalls werde sie nach § 1 Abs. 1 Nr. 4 des Jugendarbeitsschutzgesetzes (JArbSchG) auch vom Geltungsbereich dieses Gesetzes erfasst. Diese Praktikanten haben daher Anspruch auf Gewährung von Urlaub unter Fortzahlung der Vergütung nach den Vorschriften des BUrlG bzw. gegebenenfalls nach den Vorschriften des JArbSchG.
b) Praktikanten, die ein Praktikum ableisten, das Bestandteil einer Schul-, Fachhochschul- oder Hochschulausbildung ist und für die daher das BBiG nicht gilt (vgl. Abschnitt II Unterabschn. B), haben keinen Anspruch auf Erholungsurlaub nach dem BUrlG. Es bestehen jedoch keine Bedenken, den in Abschnitt II Unterabschn. B genannten Praktikanten Erholungsurlaub unter Fortzahlung der Vergütung nach Maßgabe des BUrlG bzw. gegebenenfalls des JArbSchG zu gewähren.

3. Vergütung in sonstigen Fällen
a) Praktikanten, für die das BBiG gilt (vgl. Abschnitt II Unterabschn. A), haben in den in § 12 Abs. 1 Nr. 2 Buchst. a und c dieses Gesetzes genannten Fällen Anspruch auf Fortzahlung der Vergütung bis zur Dauer von sechs Wochen, wenn sie sich für die Praktikantenausbildung bereithalten, diese aber ausfällt bzw. sie aus einem sonstigen, in ihrer Person liegenden Grund unverschuldet verhindert sind, ihre Pflichten aus dem Prakikantenverhältnis zu erfüllen.
b) Praktikanten, die nicht unter das BBiG fallen (vgl. Abschnitt II Unterabschn. B), haben keinen Anspruch auf Fortzahlung der Vergütung in diesen Fällen. Soweit an sie jedoch nach Abschnitt II Unterabschn. B eine Vergütung gezahlt wird, bestehen keine Bedenken, wenn diese unter den in Buchstabe a genannten Voraussetzungen bis zur Dauer von sechs Wochen weitergezahlt wird.

(Anm.: Zur Sozialversicherungspflicht der gegen Entgelt beschäftigten Studenten, Praktikanten und ähnlichen Personen vgl. die in Anh. Nr. 9e in Teil VII/7.4 abgedr. gemeinsame Verlautbarung der Spitzenorganisationen der Sozialversicherung).

VII. In-Kraft-Treten

Diese Richtlinien treten am 1. Januar 1991 in Kraft.

Gleichzeitig treten die Richtlinien der Vereinigung der kommunalen Arbeitgeberverbände für die Gewährung von Praktikantenvergütungen (Praktikanten-Richtlinien der VKA) vom 24. März 1977 i.d.F. der Beschlüsse der Mitgliederversammlung der VKA vom 17. November 1981, 12. September 1984 und 27. Februar 1987 außer Kraft.

Tarifvertrag für die Kraftfahrer und Kraftfahrerinnen des Bundes (KraftfahrerTV Bund)

vom 13. September 2005

Zwischen
der Bundesrepublik Deutschland, vertreten durch das Bundesministerium des Innern, einerseits
und
ver.di - Vereinte Dienstleistungsgewerkschaft (ver.di) vertreten durch den Bundesvorstand, diese
zugleich handelnd für
- Gewerkschaft der Polizei,
- Industriegewerkschaft Bauen - Agrar - Umwelt,
- Gewerkschaft Erziehung und Wissenschaft,
andererseits
wird Folgendes vereinbart:[1]

§ 1 Geltungsbereich

Dieser Tarifvertrag gilt für die unter den TVöD fallenden als Kraftfahrer/ Kraftfahrerinnen von Personen- und Lastkraftwagen sowie von Omnibussen beschäftigten Arbeitnehmer des Bundes mit Ausnahme
1. der Kraftfahrer/Kraftfahrerinnen, die zu Auslandsdienststellen entsandt sind (§ 45 TVöD BT-V(Bund)),
2. der Kraftfahrer/Kraftfahrerinnen, die nicht oder nur gelegentlich über die regelmäßige Arbeitszeit (§ 6 Abs. 1 TVöD) hinaus beschäftigt werden.

Protokollerklärung:

Ein Kraftfahrer/eine Kraftfahrerin ist dann nicht nur gelegentlich über die regelmäßige Arbeitszeit hinaus beschäftigt, wenn er/sie im vorangegangenen Kalenderhalbjahr in einem Kalendermonat mindestens 15 Überstunden geleistet hat. Er/Sie bleibt in der Pauschalgruppe, wenn er/sie im Durchschnitt des laufenden Kalenderhalbjahres die für die jeweilige Pauschalgruppe mindestens erforderliche monatliche Arbeitszeit erfüllt. Ist der Kraftfahrer/die Kraftfahrerin im vorangegangenen Kalenderhalbjahr infolge Erkrankung oder Unfalls mindestens 3 Monate arbeitsunfähig gewesen, sind auch die Überstunden zu berücksichtigen, die er/sie ohne Arbeitsunfähigkeit geleistet hätte.

§ 2 Arbeitszeit, höchstzulässige Arbeitszeit

(1) Die Arbeitszeit umfasst reinen Dienst am Steuer, Vor- und Abschlussarbeiten, Wartezeiten, Wagenpflege, Wartungsarbeiten und sonstige Arbeit. Die höchstzulässige Arbeitszeit richtet sich grundsätzlich nach den Vorschriften des Arbeitszeitgesetzes (ArbZG).

(2) Wenn der Kraftfahrer/die Kraftfahrerin schriftlich einwilligt und geeignete Maßnahmen zur Gewährleistung des Gesundheitsschutzes getroffen sind, wie insbesondere das Recht des Kraftfahrers/der Kraftfahrerin zu einer jährlichen, für den Beschäftigten kostenfreien arbeitsmedizinischen Untersuchung bei einem vom Arbeitgeber bestimmten Arzt (unbeschadet der Pflichten aus anderen Rechtsvorschriften) und/oder die Gewährung eines Freizeitausgleichs möglichst durch ganze Tage oder durch zusammenhängende arbeitsfreie Tage zur Regenerationsförderung, kann die höchstzulässige Arbeitszeit im Hinblick auf die in ihr enthaltenen Wartezeiten auf bis zu 15 Stunden täglich ohne Ausgleich verlängert werden (§ 7 Abs. 2a ArbZG); sie darf 268 Stunden im Kalendermonat ohne Ausgleich nicht übersteigen. 2Gemäß § 7 Abs. 1 Nr. 3 in Verbindung mit Absatz 2a ArbZG wird zugleich die Ruhezeit auf bis zu 9 Stunden verkürzt, wenn die ordnungsgemäße Durchführung des betreffenden Fahrdienstes dies erfordert. Die Kürzung der Ruhezeit ist grundsätzlich bis zum Ende der folgenden Woche auszugleichen.

(3) Muss die höchstzulässige monatliche Arbeitszeit nach Absatz 2 Satz 1 aus zwingenden dienstlichen oder betrieblichen Gründen ausnahmsweise überschritten werden, so sind die über 268 Stunden hi-

---

[1]   Dieser Tarifvertrag wurde inhaltsgleich mit der dbb tarifunion, diese zugleich handelnd für den Deutschen Handels- und Industrieangestellten-Verband, die Gewerkschaft Öffentlicher Dienst und Dienstleistungen und den Bund Deutscher Kriminalbeamter abgeschlossen worden.

nausgehenden Stunden im Laufe des kommenden oder des darauf folgenden Monats durch Erteilung entsprechender Freizeit auszugleichen, ferner ist der Zeitzuschlag für Überstunden nach § 8 Abs. 1 Buchst. a TVöD zu zahlen. Die Zahlung einer geldlichen Entschädigung anstelle der Erteilung entsprechender Freizeit ist aus Gründen des Gesundheitsschutzes (Absatz 2 Satz 1) unzulässig.

(4) Bei der Prüfung, ob die höchstzulässige monatliche Arbeitszeit nach Absatz 2 Satz 1 erreicht ist, sind Ausfallzeiten sowie Zeiten eines Freizeitausgleichs nach § 3 Abs. 3 einzurechnen; für einen Ausfalltag sind höchstens 10 Stunden anzusetzen.

(5) Die Vorschriften über die höchstzulässige Arbeitszeit und über die Folgen ihrer Überschreitung nach Absatz 2 gelten nicht für Zeiten der Teilnahme an Manövern und Übungen (Anhang zu § 46 zum TVöD BT-V (Bund)).

Protokollerklärung:
Die regelmäßige Arbeitszeit des Fahrers/der Fahrerin nach § 6 Abs. 1 TVöD bleibt unberührt. Soweit die höchstzulässige Arbeitszeit nach Absatz 2 Satz 1 zweiter Halbsatz nicht überschritten wird, ist § 6 Abs. 2 TVöD mit der Maßgabe anwendbar, dass bei der Berechnung auf das jeweilige Kalenderhalbjahr abzustellen ist.

§ 3 Monatsarbeitszeit

(1) Die in einem Kalendermonat im Rahmen von § 2 geleistete Arbeitszeit ist die Monatsarbeitszeit.

(2) Für die Ermittlung der Monatsarbeitszeit gilt als tägliche Arbeitszeit die Zeit vom Arbeitsbeginn bis zur Beendigung der Arbeit, gekürzt um die dienstplanmäßigen Pausen. 2Bei ununterbrochener dienstlicher Abwesenheit des Fahrers/der Fahrerin von der Dienststelle zwischen 12 und 14 Uhr oder bei einer Dienstreise zwischen 6 und 12 Stunden findet keine Kürzung statt, bei einer eintägigen Dienstreise über 12 Stunden wird einheitlich eine Kürzung von 30 Minuten vorgenommen.

(3) Im Falle einer/eines – Beurlaubung (§§ 26, 27 TVöD), – Arbeitsunfähigkeit infolge Erkrankung oder Unfalls,
- Freistellung von der Arbeit unter Entgeltfortzahlung (§ 29 TVöD),
- Qualifizierung in überwiegend dienstlichem oder betrieblichem Interesse unter Zahlung des Entgelts,
- Freizeitausgleichs nach § 2 Abs. 3 Satz 1,
- ganz oder teilweisen Ausfalls der Arbeit wegen der Tätigkeit als Mitglied einer Personalvertretung/eines Betriebsrates,
- ganz oder teilweisen Ausfalls der Arbeit infolge eines Wochenfeiertages
sind für jeden Arbeitstag folgende Stunden pauschal anzusetzen:
   a) bei ständiger Verteilung der regelmäßigen wöchentlichen Arbeitszeit auf 5 Werktage oder wechselnd auf 5 Werktage in je drei Wochen je Kalendermonat und im Übrigen auf 6 Werktage für:

Fahrer/Fahrerinnen der Pauschalgruppe I	8,65 Stunden,
Fahrer/Fahrerinnen der Pauschalgruppe II	9,65 Stunden,
Fahrer/Fahrerinnen der Pauschalgruppe III	10,65 Stunden,
Fahrer/Fahrerinnen der Pauschalgruppe IV	11,65 Stunden,
Chefkraftfahrer/Chefkraftfahrerinnen	11,65 Stunden,

   b) bei ständiger Verteilung der regelmäßigen wöchentlichen Arbeitszeit auf 6 Werktage oder ständig wechselnd auf 6 bzw. 5 Werktage für:

Fahrer/Fahrerinnen der Pauschalgruppe I	7,65 Stunden,
Fahrer/Fahrerinnen der Pauschalgruppe II	8,65 Stunden,
Fahrer/Fahrerinnen der Pauschalgruppe III	9,65 Stunden,
Fahrer/Fahrerinnen der Pauschalgruppe IV	10,65 Stunden,
Chefkraftfahrer/Chefkraftfahrerinnen	10,65 Stunden.

(4) Jeder Tag einer mehrtägigen Dienstreise oder einer Teilnahme an Manövern und Übungen (Anhang zu § 46 zum TVöD BT-V (Bund)) ist mit 12 Stunden anzusetzen. Für die Berechnung der Zeitzuschläge nach § 4 Abs. 4 ist bei mehrtägigen Dienstreisen wie folgt zu verfahren:
Beginnt die mehrtägige Dienstreise nach 12.00 Uhr, ist für diesen Tag die Zeit von 12.00 bis 24.00 Uhr, endet die mehrtägige Dienstreise vor 12.00 Uhr, ist für diesen Tag die Zeit von 0.00 bis 12.00 Uhr, für alle übrigen Tage die Zeit von 8.00 bis 20.00 Uhr anzusetzen.

(5) Bei Arbeitsbefreiung (§ 29 TVöD) oder Beurlaubung (§ 28 TVöD) ohne Entgeltfortzahlung werden die Stunden angesetzt, die der Fahrer/die Fahrerin ohne diese Ausfallgründe innerhalb der regelmäßigen Arbeitszeit (§ 6 Abs. 1 TVöD) geleistet hätte.

Protokollerklärung zu den Absätzen 3 und 4:

1. *Zur Tätigkeit als Mitglied einer Personalvertretung/eines Betriebsrates gemäß Absatz 3 gehören auch mehrtägige Reisen gemäß § 44 Abs. 1 Satz 2 Bundespersonalvertretungsgesetz/§ 40 Abs. 1 Betriebsverfassungsgesetz, die zur Erfüllung der Personalrats-/Betriebsratsaufgaben notwendig sind.*
2. *Eine mehrtägige Dienstreise gemäß Absatz 4 liegt vor, wenn sie nach Ablauf des Kalendertages endet, an dem sie begonnen hat. Der Pauschalansatz von 12 Stunden gilt auch für den Kalendertag, an dem eine mehrtägige Dienstreise beginnt oder endet und an dem weitere Arbeit geleistet wird bzw. eine weitere Dienstreise geendet hat oder beginnt.*

§ 4 Pauschalentgelt

(1) Für die Kraftfahrer/Kraftfahrerinnen wird ein Pauschalentgelt festgesetzt, mit dem das Tabellenentgelt (§ 15 Abs. 1 TVöD) sowie das Entgelt für Überstunden und Zeitzuschläge für Überstunden (§ 8 Abs. 1 Satz 1 Buchst. a TVöD) abgegolten sind.

(2) Die Höhe des Pauschalentgelts bemisst sich nach der durchschnittlichen Monatsarbeitszeit (§ 3) im vorangegangenen Kalenderhalbjahr in der jeweiligen Pauschalgruppe (§ 5) der Entgeltgruppe. Bei Fahrern/Fahrerinnen, die zu einer anderen Dienststelle versetzt werden, richtet sich die Höhe des Pauschalentgelts bis zum Schluss des laufenden Kalenderhalbjahres nach der Monatsarbeitszeit (§ 3) im jeweiligen Kalendermonat bei der neuen Dienststelle.

(3) Die Beträge des Pauschalentgelts ergeben sich aus den Anlagen 1 und 2 zu diesem Tarifvertrag.

(4) Neben dem Pauschalentgelt werden für die Inanspruchnahme an Sonntagen, gesetzlichen Wochenfeiertagen, Vorfesttagen, in der Nacht und an Samstagen Zeitzuschläge nach Maßgabe des § 8 Abs. 1 TVöD gezahlt.

(5) Die Pauschalentgelte werden um denselben Vomhundertsatz verändert, um den sich die Tabellenentgelte bei einer allgemeinen Entgelterhöhung verändern. Die Tarifvertragsparteien werden diese Anpassung zum Zeitpunkt des Wirksamwerdens einer allgemeinen Entgelterhöhung ohne Kündigung vereinbaren.

§ 5 Pauschalgruppen

(1) Entsprechend ihrer Monatsarbeitszeit (§ 3) sind die Kraftfahrer/Kraftfahrerinnen folgenden Pauschalgruppen zugeordnet:
- Pauschalgruppe I
  bei einer Monatsarbeitszeit ab 185 bis 196 Stunden,
- Pauschalgruppe II
  bei einer Monatsarbeitszeit über 196 bis 221 Stunden,
- Pauschalgruppe III
  bei einer Monatsarbeitszeit über 221 bis 244 Stunden,
- Pauschalgruppe IV
  bei einer Monatsarbeitszeit über 244 bis 268 Stunden,
- Chefkraftfahrer/Chefkraftfahrerinnen
  bei einer Monatsarbeitszeit bis 288 Stunden.

(2) Chefkraftfahrer/Chefkraftfahrerin ist ausschließlich der/die persönliche Kraftfahrer/Kraftfahrerin:
a) des Bundespräsidenten/der Bundespräsidentin,
b) des Präsidenten/der Präsidentin des Bundestages und seiner/ihrer Stellvertreter,
c) des Präsidenten/der Präsidentin des Bundesrates,
d) des Bundeskanzlers/der Bundeskanzlerin,
e) der Bundesminister/der Bundesministerinnen,
f) der Staatssekretäre/der Staatssekretärinnen,
g) des Präsidenten/der Präsidentin beim Bundesverfassungsgericht,
h) der Präsidenten/der Präsidentinnen der obersten Gerichtshöfe des Bundes,
i) des Präsidenten/der Präsidentin des Bundesrechnungshofes,
k) des/der Wehrbeauftragten des Bundestages,

l) des Generalinspekteurs/der Generalinspekteurin der Bundeswehr.

(3) Die höchstzulässige Arbeitszeit der Chefkraftfahrer/Chefkraftfahrerinnen soll 288 Stunden im Monat nicht überschreiten. § 2 Abs. 2 und 3 gilt entsprechend. § 2 Abs. 4 gilt mit der Maßgabe, dass die Stundensätze der Pauschalgruppe IV zugrunde zu legen sind. Das Pauschalentgelt der Chefkraftfahrer/Chefkraftfahrerinnen wird nur für die Zeit der tatsächlichen Dienstleistung als Chefkraftfahrer/Chefkraftfahrerin gewährt.

(4) Für den Fahrer/ die Fahrerin, der/die einen Chefkraftfahrer/eine Chefkraftfahrerin für mindestens einen vollen Arbeitstag vertritt, erhöht sich sein/ihr Pauschalentgelt für die Dauer der Vertretung um den Unterschiedsbetrag zwischen dem Pauschalentgelt, das er/sie als Fahrer/Fahrerin der Pauschalgruppe IV, und dem Pauschalentgelt, das er/sie als Chefkraftfahrer/Chefkraftfahrerin erhalten würde. § 6 gilt entsprechend. Bei Vertretung für die Zeit eines vollen Kalendermonats gilt Absatz 3 Sätze 1 und 2 entsprechend. Bei Vertretung für einzelne Arbeitstage erhöht sich die höchstzulässige Arbeitszeit des Kalendermonats (§ 2 Abs. 2) für jeden Arbeitstag um eine Stunde, höchstens jedoch auf 288 Stunden im Kalendermonat; § 2 Abs. 2 und 3 gilt entsprechend.

§ 6 Anteiliges Pauschalentgelt

Endet das Arbeitsverhältnis im Laufe eines Kalendermonats oder steht das Pauschalentgelt aus einem sonstigen Grunde nicht für den ganzen Kalendermonat zu, wird nur der Teil des Pauschalentgelts gezahlt, der auf den Anspruchszeitraum entfällt.

Protokollerklärung:
Ein sonstiger Grund im Sinne dieser Vorschrift ist auch die Teilnahme an Manövern und Übungen (Anhang zu § 46 zum TVöD BT-V (Bund)).

§ 7 Sicherung des Pauschalentgelts

(1) Kraftfahrer/Kraftfahrerinnen mit mindestens fünfjähriger ununterbrochener Beschäftigung nach diesem Tarifvertrag und/oder dem Tarifvertrag für die Kraftfahrer des Bundes vom 5. April 1965 und/oder dem Tarifvertrag für die Kraftfahrer des Bundes im Geltungsbereich des MTArb-O vom 8. Mai 1991, die infolge eines Unfalles, welcher nach In-Kraft-Treten dieses Tarifvertrages in Ausübung oder infolge der Arbeit ohne Vorsatz oder grobe Fahrlässigkeit erlitten wurde, nicht mehr als Kraftfahrer/Kraftfahrerinnen weiterbeschäftigt werden, erhalten eine persönliche Zulage.

(2) Die Zulage wird in Höhe der Differenz zwischen dem Pauschalentgelt aus der nächst niedrigeren Pauschalgruppe als der, der der Kraftfahrer/die Kraftfahrerin zuletzt in der bisherigen Tätigkeit angehört hat, und dem durchschnittlichen Tabellenentgelt der ersten drei vollen Kalendermonate in der neuen Tätigkeit einschließlich bezahlter Überstunden gewährt, sofern dieses geringer ist. Gehörte der Kraftfahrer/die Kraftfahrerin in den letzten zwei Jahren in der bisherigen Tätigkeit mehr als ein halbes Jahr einer niedrigeren Pauschalgruppe an, tritt an die Stelle der nächst niedrigeren die unmittelbar unter der nächst niedrigeren liegenden Pauschalgruppe.

(3) Die Zulage vermindert sich nach Ablauf von jeweils einem Jahr um ein Drittel der ursprünglichen Höhe. War der Kraftfahrer/die Kraftfahrerin mehr als zehn Jahre ununterbrochen als Kraftfahrer/Kraftfahrerin im Sinne dieses Tarifvertrages und/oder des Tarifvertrages für die Kraftfahrer des Bundes vom 5. April 1965 und/oder des Tarifvertrages für die Kraftfahrer des Bundes im Geltungsbereich des MTArb-O vom 8. Mai 1991 beschäftigt, vermindert sich die Zulage um 15 v.H. War er/sie mehr als 20 Jahre ununterbrochen als Kraftfahrer/Kraftfahrerin im Sinne dieses Tarifvertrages, des Tarifvertrages für die Kraftfahrer des Bundes vom 5. April 1965 und/oder des Tarifvertrages für die Kraftfahrer des Bundes im Geltungsbereich des MTArb-O vom 8. Mai 1991 beschäftigt, wird ein Restbetrag von 30 v.H. des Ausgangsbetrages der Zulage nicht abgebaut. Steht zu einem späteren Zeitpunkt erneut ein Pauschalentgelt nach diesem Tarifvertrag zu, werden die Mehrbeträge auf die Zulage angerechnet.

(4) Die Absätze 1 bis 3 gelten entsprechend
a) für Fahrer/Fahrerinnen nach zehnjähriger ununterbrochener Beschäftigung als Fahrer/Fahrerin bei demselben Arbeitgeber, davon die letzten fünf Jahre als Fahrer/Fahrerin im Sinne dieses Tarifvertrages und/oder des Tarifvertrages für die Kraftfahrer des Bundes vom 5. April 1965 und/oder des Tarifvertrages für die Kraftfahrer des Bundes im Geltungsbereich des MTArb-O vom 8. Mai 1991, wenn die Leistungsminderung durch eine Gesundheitsschädigung hervorgerufen wurde, die durch fortwirkende schädliche Einflüsse der Arbeit eingetreten ist,

b) für mindestens 55 Jahre alte Fahrer/Fahrerinnen nach fünfzehnjähriger ununterbrochener Beschäftigung als Fahrer/Fahrerin bei demselben Arbeitgeber, davon die letzten fünf Jahre als Fahrer/Fahrerin im Sinne dieses Tarifvertrages und/oder des Tarifvertrages für die Kraftfahrer des Bundes vom 5. April 1965 und/oder des Tarifvertrages für die Kraftfahrer des Bundes im Geltungsbereich des MTArb-O vom 8. Mai 1991, wenn die Leistungsminderung durch Abnahme der körperlichen Kräfte und Fähigkeiten infolge langjähriger Arbeit verursacht wurde,

c) für Fahrer/Fahrerinnen nach fünfundzwanzigjähriger ununterbrochener Beschäftigung als Fahrer/Fahrerin bei demselben Arbeitgeber, davon die letzten fünf Jahre als Fahrer/Fahrerin im Sinne dieses Tarifvertrages und/oder des Tarifvertrages für die Kraftfahrer des Bundes vom 5. April 1965 und/oder des Tarifvertrages für die Kraftfahrer des Bundes im Geltungsbereich des MTArb-O vom 8. Mai 1991, wenn die Leistungsminderung durch Abnahme der körperlichen Kräfte und Fähigkeiten infolge langjähriger Arbeit verursacht wurde.

§ 8 Übergangsvorschrift für am 30. September 2005/1. Oktober 2005 vorhandene Kraftfahrer/Kraftfahrerinnen

(1) Für die am 30. September 2005 vorhandenen Kraftfahrer/Kraftfahrerinnen, deren Arbeitsverhältnisse zum Bund über den 30. September 2005 hinaus fortbestehen und die am 1. Oktober 2005 unter den Geltungsbereich des TVöD fallen, gelten die nachfolgenden besonderen Regelungen.

(2) Ein Kraftfahrer/eine Kraftfahrerin ist dann nicht nur - im Sinne des § 1 – gelegentlich über die regelmäßige Arbeitszeit hinaus beschäftigt, wenn er/sie im vorangegangenen Kalenderhalbjahr in mehr als 6 Wochen Überstunden geleistet hat. Ist der Kraftfahrer/die Kraftfahrerin im vorangegangenen Kalenderhalbjahr infolge Erkrankung oder Unfalls mindestens 3 Monate arbeitsunfähig gewesen, sind auch die Überstunden zu berücksichtigen, die er/sie ohne Arbeitsunfähigkeit geleistet hätte.

(3) Die Beträge des Pauschalentgelts ergeben sich aus den Anlagen 3 und 4 zu diesem Tarifvertrag.

(4) Abweichend von § 5 Abs. 1 beläuft sich die Monatsarbeitszeit (§ 3) bei Pauschalgruppe I ab 170 bis 196 Stunden.

(5) Für die seit dem 31. Januar 1977 von dem Tarifvertrag für die Kraftfahrer des Bundes vom 5. April 1965 erfassten Fahrer/Fahrerinnen gilt als Besitzstand die Regelung in Anlage A dieses Tarifvertrages.

Protokollerklärung zu § 8 Abs. 1 bis 4:
Vorhandene Kraftfahrer/Kraftfahrerinnen im Sinne dieser Vorschrift sind alle über den 30. September 2005 hinaus beim Bund beschäftigten Fahrer/Fahrerinnen, unabhängig davon, ob sie in den Geltungsbereich des Tarifvertrages für die Kraftfahrer des Bundes vom 5. April 1965 oder des Tarifvertrages für die Kraftfahrer des Bundes im Geltungsbereich des MTArb-O vom 8. Mai 1991 gefallen sind.

§ 9 Überleitungs- und Besitzstandsregelung

(1) Die Überleitung der Kraftfahrer/Kraftfahrerinnen, die unter den Geltungsbereich des Tarifvertrages zur Überleitung der Beschäftigten des Bundes in den TVöD und zur Regelung des Übergangsrechts (TVÜ-Bund) fallen, am 1. Oktober 2005 bestimmt sich nach dem vorgenannten Tarifvertrag. Die dem Pauschallohn zugrunde liegende Lohngruppe bildet die Grundlage für die Zuordnung nach den §§ 4 ff. TVÜ.

(2) In die Pauschalentgelttabelle (§ 8 Abs. 3) werden sie am 1. Oktober 2005 auf der Grundlage der am 30. September 2005 zustehenden Lohngruppe und der erreichten Jahre in den Lohnstufen der jeweiligen Anlage 3 zum Tarifvertrag für die Kraftfahrer des Bundes vom 5. April 1965 bzw. zum Tarifvertrag für die Kraftfahrer des Bundes im Geltungsbereich des MTArb-O vom 8. Mai 1991 übergeleitet.

§ 10 In-Kraft-Treten

(1) Dieser Tarifvertrag tritt am 1. Oktober 2005 in Kraft und ersetzt den Tarifvertrag für die Kraftfahrer des Bundes vom 5. April 1965 und den Tarifvertrag für die Kraftfahrer des Bundes im Geltungsbereich des MTArb-O vom 8. Mai 1991.

(2) Dieser Tarifvertrag kann mit einer Frist von 3 Monaten zum Schluss eines Kalendervierteljahres schriftlich gekündigt werden.

Anlage A

(1) Die am 31. Januar 1977 von § 8 des Tarifvertrages vom 5. April 1965 erfassten Fahrer/Fahrerinnen erhalten mit Wirkung vom 1. Februar 1977 für die Dauer ihres bestehenden Arbeitsverhältnisses, solange sie ununterbrochen unter den Tarifvertrag für die Kraftfahrer des Bundes vom 5. April 1965 und unter diesen Tarifvertrag fallen, eine monatlich zu berechnende nicht zusatzversorgungspflichtige Besitzstandszulage nach folgenden Maßgaben:

Ist die monatliche Summe der Zeitzuschläge nach § 4 Abs. 4 niedriger als
bei einem Fahrer/einer Fahrerin der Entgeltgruppe 4

in Pauschalgruppe I der Betrag in Höhe von	38,35 €,
in Pauschalgruppe II der Betrag in Höhe von	63,91 €,
in den Pauschalgruppen III und IV der Betrag in Höhe von	76,69 €,

bei einem Fahrer/einer Fahrerin der Entgeltgruppe 5

in Pauschalgruppe I der Betrag in Höhe von	40,90 €,
in Pauschalgruppe II der Betrag in Höhe von	66,47 €,
in den Pauschalgruppen III und IV der Betrag in Höhe von	79,25 €,

bei einem Chefkraftfahrer/einer Chefkraftfahrerin
der Betrag in Höhe von   97,15 €,
wird als Besitzstandszulage der jeweilige Unterschiedsbetrag gezahlt.

Für die Berechnung des Unterschiedsbetrages sind gegenüberzustellen der Betrag der Pauschalgruppe, in der sich der Fahrer/die Fahrerin in dem betreffenden Monat befindet, und die Summe der Zeitzuschläge nach § 4 Abs. 4, die sich nach § 8 Abs. 1 TVöD für diesen Monat ergibt.

(2) Auf die für die Berechnung der Besitzstandszulage nach Absatz 1 maßgebenden festen Beträge ist § 6 entsprechend anzuwenden.

(3) Die Besitzstandszulage nach Absatz 1 ist bei der Fortzahlung des Entgelts nach § 26 Abs. 1 Satz 1 TVöD zu berücksichtigen.

(4) Die Besitzstandszulage nach Absatz 1 ist in die Berechnung der persönlichen Zulage nach § 7 einzubeziehen. Der entsprechende Teilbetrag der persönlichen Zulage ist kein zusatzversorgungspflichtiges Entgelt.

Berlin, den 13. September 2005

Anlage 1
Pauschalentgelt für ab dem 1. Oktober 2005
neu eingestellte Kraftfahrer/Kraftfahrerinnen
(Euro, TarifgebietWest)

Pauschalgruppe I	Stufen	E4	E5
Monatliche Arbeitszeit	1.-10. Jahr	2080	2170
Ab 185 bis 196 Stunden	11.-15. Jahr	2232	2332
	ab 16.Jahr	2297	2400
Pauschalgruppe II	Stufen	E4	E5
Monatliche Arbeitszeit	1.-10. Jahr	2290	2380
Ab 196 bis 221 Stunden	11.-15. Jahr	2449	2557
	ab 16.Jahr	2514	2625
Pauschalgruppe III	Stufen	E4	E5
Monatliche Arbeitszeit	1.-10. Jahr	2520	2620
Ab 221 bis 244 Stunden	11.-15. Jahr	2691	2810
	ab 16.Jahr	2756	2877
Pauschalgruppe IV	Stufen	E4	E5
Monatliche Arbeitszeit	1.-10. Jahr	2830	2940
Über 244 bis 268 Stunden	11.-15. Jahr	3009	3141
	ab 16.Jahr	3074	3209
Chefkraftfahrer	Stufen	E4	E5
Monatliche Arbeitszeit	1.-10. Jahr	3220	3360
bis 288 Stunden	11.-15. Jahr	3417	3567
	ab 16.Jahr	3482	3635

Anlage 2
Pauschalentgelt für ab dem 1. Oktober 2005
neu eingestellte Kraftfahrer/Kraftfahrerinnen
(Euro, TarifgebietWest)

Pauschalgruppe I	Stufen	E4	E5
Monatliche Arbeitszeit	1.-10. Jahr	1924	2007
Ab 185 bis 196 Stunden	11.-15. Jahr	2065	2157
	ab 16.Jahr	2125	2220
Pauschalgruppe II	Stufen	E4	E5
Monatliche Arbeitszeit	1.-10. Jahr	2118	2202
Ab 196 bis 221 Stunden	11.-15. Jahr	2265	2365
	ab 16.Jahr	2325	2428
Pauschalgruppe III	Stufen	E4	E5
Monatliche Arbeitszeit	1.-10. Jahr	2331	2424
Ab 221 bis 244 Stunden	11.-15. Jahr	2489	2599
	ab 16.Jahr	2549	2661
Pauschalgruppe IV	Stufen	E4	E5
Monatliche Arbeitszeit	1.-10. Jahr	2618	2720
Über 244 bis 268 Stunden	11.-15. Jahr	2783	2905
	ab 16.Jahr	2843	2968
Chefkraftfahrer	Stufen	E4	E5
Monatliche Arbeitszeit	1.-10. Jahr	2979	3108
bis 288 Stunden	11.-15. Jahr	3161	3299
	ab 16.Jahr	3221	3362

Anlage 3
Pauschalentgelt für ab dem 1. Oktober 2005
vorhandene Kraftfahrer/Kraftfahrerinnen[2]
(Euro, TarifgebietWest)

Pauschalgruppe I	Stufen	E4	E5
Monatliche Arbeitszeit	1.-4. Jahr	2126	2221
Ab 170 bis 196 Stunden	5.-8. Jahr	2169	2266
	9.-12. Jahr	2232	2332
	ab 13.Jahr	2297	2400
Pauschalgruppe II	Stufen	E4	E5
Monatliche Arbeitszeit	1.-4. Jahr	2343	2447
Ab 196 bis 221 Stunden	5.-8. Jahr	2386	2492
	9.-12. Jahr	2449	2557
	ab 13.Jahr	2514	2625
Pauschalgruppe III	Stufen	E4	E5
Monatliche Arbeitszeit	1.-4. Jahr	2585	2699
Ab 221 bis 244 Stunden	5.-8. Jahr	2628	2744
	9.-12. Jahr	2691	2810
	ab 13.Jahr	2756	2877
Pauschalgruppe IV	Stufen	E4	E5
Monatliche Arbeitszeit	1.-4. Jahr	2903	3030
Über 244 bis 268 Stunden	5.-8. Jahr	2946	3075
	9.-12. Jahr	3009	3141
	ab 13.Jahr	3074	3209
Chefkraftfahrer	Stufen	E4	E5
Monatliche Arbeitszeit	1.-4. Jahr	3311	3456
bis 288 Stunden	5.-8. Jahr	3354	3501
	9.-12. Jahr	3471	3567
	ab 13.Jahr	3482	3635

---

[2] Für die am 30. September 2005 vorhandenen Kraftfahrer/-innen, deren Arbeitsverhältnis zum Bund über den 30. September 2005 hinaus fortbesteht und die am 1. Oktober 2005 unter den Geltungsbereich des TVöD fallen.

Anlage 4
Pauschalentgelt für ab dem 1. Oktober 2005
vorhandene Kraftfahrer/Kraftfahrerinnen[3]
(Euro, TarifgebietWest)

Pauschalgruppe I	Stufen	E4	E5
Monatliche Arbeitszeit	1.-4. Jahr	2126	2221
Ab 170 bis 196 Stunden	5.-8. Jahr	2169	2266
	9.-12. Jahr	2232	2332
	ab 13.Jahr	2297	2400
Pauschalgruppe II	Stufen	E4	E5
Monatliche Arbeitszeit	1.-4. Jahr	2343	2447
Ab 196 bis 221 Stunden	5.-8. Jahr	2386	2492
	9.-12. Jahr	2449	2557
	ab 13.Jahr	2514	2625
Pauschalgruppe III	Stufen	E4	E5
Monatliche Arbeitszeit	1.-4. Jahr	2585	2699
Ab 221 bis 244 Stunden	5.-8. Jahr	2628	2744
	9.-12. Jahr	2691	2810
	ab 13.Jahr	2756	2877
Pauschalgruppe IV	Stufen	E4	E5
Monatliche Arbeitszeit	1.-4. Jahr	2903	3030
Über 244 bis 268 Stunden	5.-8. Jahr	2946	3075
	9.-12. Jahr	3009	3141
	ab 13.Jahr	3074	3209
Chefkraftfahrer	Stufen	E4	E5
Monatliche Arbeitszeit	1.-4. Jahr	3063	3197
bis 288 Stunden	5.-8. Jahr	3102	3238
	9.-12. Jahr	3161	3299
	ab 13.Jahr	3221	3362

---

[3] Für die am 30. September 2005 vorhandenen Kraftfahrer/-innen, deren Arbeitsverhältnis zum Bund über den 30. September 2005 hinaus fortbesteht und die am 1. Oktober 2005 unter den Geltungsbereich des TVöD fallen.

Tarifvertrag über Einmalzahlungen für die Jahre 2005, 2006 und 2007 für den Bereich des Bundes

vom 9. Februar 2005

Zwischen
der Bundesrepublik Deutschland, vertreten durch das Bundesministerium des Innern, einerseits
und der
Vereinten Dienstleistungsgewerkschaft - ver.di
- Bundesvorstand - , diese zugleich handelnd für
-   Gewerkschaft der Polizei,
-   Industriegewerkschaft Bauen - Agrar - Umwelt,
-   Gewerkschaft Erziehung und Wissenschaft,
andererseits
wird Folgendes vereinbart:[1]

§ 1 Geltungsbereich

Dieser Tarifvertrag gilt für Personen, die unter den Geltungsbereich eines der nachstehenden Tarifverträge
a)   Bundes-Angestelltentarifvertrag (BAT),
b)   Tarifvertrag zur Anpassung des Tarifrechts - Manteltarifliche Vorschriften - (BAT-O),
c)   Manteltarifvertrag für Arbeiterinnen und Arbeiter des Bundes und der Länder (MTArb),
d)   Tarifvertrag zur Anpassung des Tarifrechts für Arbeiter an den MTArb (MTArb-O),
e)   Manteltarifvertrag für Auszubildende (Mantel-TV Azubi),
f)   Manteltarifvertrag für Auszubildende (Mantel- TV Azubi-O),
g)   Tarifvertrag zur Regelung der Rechtsverhältnisse der Schülerinnen/Schüler, die nach Maßgabe des Krankenpflegegesetzes oder des Hebammengesetzes ausgebildet werden (Mantel-TV Schü),
h)   Tarifvertrag zur Regelung der Rechtsverhältnisse der Schülerinnen/Schüler, die nach Maßgabe des Krankenpflegegesetzes oder des Hebammengesetzes ausgebildet werden (Mantel- TV Schü-O),
i)   Tarifvertrag über die Regelung der Arbeitsbedingungen der Praktikantinnen/Praktikanten (TV Prakt),
j)   Tarifvertrag über die Regelung der Arbeitsbedingungen der Praktikantinnen/Praktikanten (TV Prakt-O)
oder die ab dem 1. Oktober 2005 unter den Geltungsbereich des Tarifvertrags für den öffentlichen Dienst (TVöD) fallen, einschließlich der zuvor unter die Buchstaben e bis j fallenden Beschäftigten.

§ 2 Einmalzahlung für Angestellte und Arbeiter

(1) Die unter § 1 Buchst. a bis d fallenden Personen erhalten für die Jahre 2005/ 2006 und 2007 jeweils eine Einmalzahlung in Höhe von 300,- Euro, die in folgenden Teilbeträgen ausgezahlt wird:
a)   Im Jahr 2005 in Höhe von jeweils 100,- Euro mit den Bezügen für April, Juli und Oktober 2005.
b)   In den Jahren 2006 und 2007 in Höhe von jeweils 150/- Euro mit den Bezügen für die Monate April und Juli der Jahre 2006 und 2007.
Der Anspruch auf die Teilbeträge nach Unterabsatz 1 besteht, wenn die/der Beschäftigte an mindestens einem Tag des jeweiligen Fälligkeitsmonats Anspruch auf Bezüge (Vergütung/Lohn/Entgelt, Urlaubsvergütung/Urlaubslohn/Urlaubsentgelt oder Krankenbezüge) gegen einen der unter den in § 1 Buchst. a bis d genannten Tarifverträge fallenden Arbeitgeber hat; dies gilt nicht für Kalendermonate, in denen nur wegen der Höhe der Barleistungen des Sozialversicherungsträgers Krankengeldzuschuss nicht gezahlt wird. Die jeweiligen Teilbeträge werden auch gezahlt, wenn eine Beschäftigte wegen der Beschäftigungsverbote nach § 3 Abs.2 und § 6 Abs.1 des Mutterschutzgesetzes in dem jeweiligen Fälligkeitsmonat keine Bezüge erhalten hat.

(2) Nichtvollbeschäftigte erhalten den Teilbetrag der Einmalzahlung, der dem Verhältnis der mit ihnen vereinbarten durchschnittlichen Arbeitszeit zu der regelmäßigen wöchentlichen Arbeitszeit eines ent-

---

[1]   Ein gleichlautender Tarifvertrag wurde mit der dbb tarifunion abgeschlossen.

sprechenden Vollbeschäftigten entspricht. Maßgebend sind die Verhältnisse am 1. April, 1. Juli und 1. Oktober 2005 sowie am 1. April und 1.Juli der Jahre 2006 und 2007.

(3) Die Einmalzahlung ist bei der Bemessung sonstiger Leistungen nicht zu berücksichtigen.

§ 3 Einmalzahlung für Auszubildende, Schüler und Praktikanten

Für die unter § 1 Buchst. e bis j fallenden Personen gilt § 2 mit der Maßgabe, dass sie jeweils eine Einmalzahlung in Höhe von 100/- Euro erhalten, die mit den Bezügen für Juli der Jahre 2005/ 2006 und 2007 ausgezahlt wird. .

§ 4 In-Kraft- Treten

Dieser Tarifvertrag tritt mit Wirkung vom 1.Januar 2005 in Kraft.

Tarifvertrag über eine Einmalzahlung im Jahr 2005 für den Bereich der Vereinigung der kommunalen Arbeitgeberverbände (VKA) - Tarifbereich West

vom 9. Februar 2005

Zwischen
der Vereinigung der kommunalen Arbeitgeberverbände, vertreten durch den Vorstand, einerseits
und
ver.di - Vereinte Dienstleistungsgewerkschaft - Bundesvorstand - diese zugleich handelnd für
- Gewerkschaft der Polizei,
- Industriegewerkschaft Bauen - Agrar - Umwelt,
- Gewerkschaft Erziehung und Wissenschaft - Hauptvorstand -,
- Marburger Bund,
andererseits
wird Folgendes vereinbart:[1]

§ 1 Geltungsbereich

Dieser Tarifvertrag gilt für Personen, die unter den Geltungsbereich eines der nachstehenden Tarifverträge

a) Bundes-Angestelltentarifvertrag (BAT),
b) Bundesmanteltarifvertrages für Arbeiter gemeindlicher Verwaltungen und Betriebe (BMT-G),
c) Manteltarifvertrag für Auszubildende,
d) Tarifvertrag zur Regelung der Arbeitsbedingungen der Schülerinnen/ Schüler, die nach Maßgabe des Krankenpflegegesetzes oder des Hebammengesetzes ausgebildet werden,
e) Tarifvertrag über die Regelung der Arbeitsbedingungen der Praktikantinnen/ Praktikanten (TV Prakt),
oder die ab dem 1.Oktober 2005 unter den Geltungsbereich des Tarifvertrages für den öffentlichen Dienst (TVöD) fallen, einschließlich der zuvor unter die Buchstaben c bis e fallenden Beschäftigten.

§ 2 Einmalzahlung für Angestellte und Arbeiter

(1) Die unter § 1 Buchst. a und b fallenden Personen erhalten für das Jahr 2005 eine Einmalzahlung in Höhe von 300,- Euro, die in Teilbeträgen in Höhe von jeweils 100,- Euro mit den Bezügen für April, Juli und Oktober 2005 ausgezahlt wird.

(2) Der Anspruch auf die Teilbeträge nach Absatz 1 besteht, wenn die/ der Beschäftigte an mindestens einem Tag des jeweiligen Fälligkeitsmonats Anspruch auf Bezüge (Vergütung/Lohn/Entgelt, Urlaubsvergütung/Urlaubslohn/Entgeltfortzahlung während des Urlaubs oder Krankenbezüge) gegen einen der unter den in § 1 Buchst. a und b genannten Tarifverträge fallenden Arbeitgeber hat; dies gilt auch für Kalendermonate, in denen nur wegen der Höhe der Barleistungen des Sozialversicherungsträgers Krankengeldzuschuss nicht gezahlt wird. Die jeweiligen Teilbeträge werden auch gezahlt, wenn eine Beschäftigte wegen der Beschäftigungsverbote nach § 3 Abs.2 und §6 Abs. 1 des Mutterschutzgesetzes in dem jeweiligen Fälligkeitsmonat keine Bezüge erhalten hat.

(3) Nichtvollbeschäftigte erhalten den Teilbetrag der Einmalzahlung, der dem Verhältnis der mit ihnen vereinbarten durchschnittlichen Arbeitszeit zu der regelmäßigen wöchentlichen Arbeitszeit eines entsprechenden Vollbeschäftigten entspricht. Maßgebend sind die Verhältnisse am 1. April, 1. Juli und 1.Oktober 2005.

(4) Die Einmalzahlung ist bei der Bemessung sonstiger Leistungen nicht zu berücksichtigen.

---

[1]   Ein gleichlautender Tarifvertrag wurde mit der dbb tarifunion abgeschlossen.

§ 3 Einmalzahlung für Auszubildende, Schülerinnen und Praktikanten

Für die unter § 1 Buchst. c bis e fallenden Personen gilt § 2 mit der Maßgabe, dass sie eine Einmalzahlung in Höhe von 100,- Euro erhalten, die mit den Bezügen für Juli 2005 ausgezahlt wird.

§ 4 In-Kraft-Treten

Dieser Tarifvertrag tritt mit Wirkung vom 1. Februar 2005 in Kraft.

Tarifvertrag über die Bewertung der Personalunterkünfte (TV Persunterkünfte)

i.d. F. des Änderungstarifvertrags 14. November 1977

§ 1 Geltungsbereich

Dieser Tarifvertrag gilt für die unter den Bundes-Angestelltentarifvertrag (BAT) fallenden Angestellten

1. der Länder und der Stadtgemeinde Bremen,
2. der Mitglieder der Arbeitgeberverbände, die der Vereinigung der kommunalen Arbeitgeberverbände angehören.

§ 2 Personalunterkünfte

(1) Der Wert einer dem Angestellten auf arbeitsvertraglicher Grundlage gewährten Personalunterkunft ist unter Berücksichtigung ihrer Nutzfläche und ihrer Ausstattung auf die Vergütung anzurechnen. Für Zeiten, für die kein Vergütungsanspruch besteht, hat der Angestellte dem Arbeitgeber den Wert zu vergüten.

(2) Personalunterkünfte im Sinne dieses Tarifvertrages sind möblierte Wohnungen, möblierte Wohnräume und möblierte Schlafräume, die im Eigentum, in der Verwaltung oder in der Nutzung des Arbeitgebers stehen und die dem Angestellten zur alleinigen Benutzung - bei Mehrbettzimmern zur gemeinsamen Benutzung durch die festgelegte Personenzahl - überlassen werden.

§ 3 Bewertung der Personalunterkünfte

(1) Der Wert der Personalunterkünfte wird wie folgt festgelegt:

Wertklasse	Personalunterkünfte	Euro je qm Nutzfläche monatlich 2005	Euro je qm Nutzfläche monatlich 2006
1	ohne ausreichende Gemeinschaftseinrichtungen	6,52	6,60
2	mit ausreichenden Gemeinschaftseinrichtungen	7,23	7,32
3	mit eigenem Bad oder Dusche	8,26	8,36
4	mit eigener Toilette und Bad oder Dusche	9,20	9,31
5	mit eigener Kochnische, Toilette und Bad oder Dusche	9,80	9,92

Bei einer Nutzfläche von mehr als 25 qm erhöhen sich für die über 25 qm hinausreichende Nutzfläche die Quadratmetersätze um 10 v. H. Bei Personalunterkünften mit einer Nutzfläche von weniger als 12 qm ermäßigen sich die Quadratmetersätze um 10 v. H.

Wird die Nutzung der Personalunterkunft durch besondere Umstände erheblich beeinträchtigt (z. B. Ofenheizung, kein fließendes Wasser, Unterbringung in einem Patientenzimmer, das vorübergehend als Personalunterkunft verwendet wird und in dem die Bewohner erheblichen Störungen durch den Krankenhausbetrieb ausgesetzt sind), sollen die Quadratmetersätze um bis 10 v. H., beim Zusammentreffen mehrerer solcher Umstände um bis zu 25 v. H. ermäßigt werden, beim Zusammentreffen zahlreicher außergewöhnlicher Beeinträchtigungen kann die Ermäßigung bis zu 33 1/3 v. H. betragen.

(2) Bei der Ermittlung der Nutzfläche ist von den Fertigmaßen auszugehen. Balkonflächen sind mit 25 v. H. und Flächen unter Dachschrägen mit 50 v. H. anzurechnen. Die Nutzfläche von Bädern oder Duschen in Nasszellen, die zwei Personalunterkünften zugeordnet sind, ist den beiden Personalunterkünften je zur Hälfte zuzurechnen.

(3) Ausreichende Gemeinschaftseinrichtungen im Sinne des Absatzes 1 haben Personalunterkünfte, wenn

1. in Wohnheimen eine ausreichende Zahl von Bädern oder Duschen, von Toiletten und von Kochgelegenheiten für die Bewohner des Wohnheimes,
2. in anderen Gebäuden als Wohnheimen eine ausreichende Zahl von Bädern oder Duschen, von Toiletten und von Kochgelegenheiten zur Benutzung nur durch das Personal des Arbeitgebers vorhanden ist.

Die Gemeinschaftseinrichtungen sind nicht ausreichend, wenn
1. für mehr als sechs Wohnplätze nur eine Toilette und ein Bad oder eine Dusche oder
2. für mehr als zehn Wohnplätze nur eine Kochgelegenheit vorhanden ist, Bäder oder Duschen in Nasszellen, die zwei Personalunterkünften zugeordnet sind (Zugang von beiden Unterkünften bzw. über einen gemeinsamen Vorraum), gelten als eigenes Bad oder Dusche im Sinne des Absatzes 1.

(4) Mit dem sich aus Absatz 1 ergebenden Wert sind die üblichen Nebenkosten abgegolten. Zu diesen gehören die Kosten für Heizung, Strom, Wasser (einschließlich Warmwasser), die Gestellung sowie die Reinigung der Bettwäsche und der Handtücher. Werden diese Nebenleistungen teilweise nicht erbracht oder wird die Personalunterkunft auf eigenen Wunsch von dem Angestellten ganz oder teilweise möbliert, ist eine Herabsetzung des Wertes ausgeschlossen.

Wird die Personalunterkunft auf Kosten des Arbeitgebers gereinigt oder werden vom Arbeitgeber andere als allgemein übliche Nebenleistungen erbracht (z. B. besondere Ausstattung mit erheblich höherwertigen Möbeln, Reinigung der Körperwäsche), ist ein Zuschlag in Höhe der Selbstkosten zu erheben.

Steht eine gemeinschaftliche Waschmaschine zur Reinigung der Körperwäsche zur Verfügung, ist dafür ein monatlicher Pauschbetrag von 3,91 Euro (Wert 2006: 3,96 Euro) zu erheben, sofern die Waschmaschine nicht mit einem Münzautomaten ausgestattet ist.

(5) Wird eine Personalunterkunft von mehreren Personen benutzt, werden dem einzelnen Angestellten bei Einrichtung der Personalunterkunft
1. für zwei Personen 66 2/3 v.
2. für drei Personen 40 v. H.
des vollen Wertes angerechnet.

§ 4 Anpassung des Wertes der Personalunterkünfte

(1) Die in § 3 Abs. 1 und Abs. 4 Unterabs. 3 genannten Beträge sind jeweils zu demselben Zeitpunkt und um denselben Vomhundertsatz zu erhöhen oder zu vermindern, um den der aufgrund § 17 Satz 1 Nr. 4 SGB IV, in der Sachbezugsverordnung allgemein festgesetzte Wert für Wohnungen mit Heizung und Beleuchtung erhöht oder vermindert wird.

§ 5 Übergangsregelung

(1) Ist bei Angestellten, die am 31. Dezember 1973 in einem Arbeitsverhältnis gestanden haben, das zu demselben Arbeitgeber am 1. Januar 1974 fortbestanden hat, der nach diesem Tarifvertrag anzurechnende Wert der Personalunterkunft höher als der für den Monat Dezember 1973 maßgebende Betrag, erhält der Angestellte neben der Vergütung der Urlaubsvergütung und den Krankenbezügen einen monatlichen persönlichen Ausgleichsbetrag in Höhe von drei Vierteln des Unterschiedsbetrages. Ausgleichbeträge unter 5,11 Euro werden nicht gezahlt.

(2) Der Ausgleichsbetrag ist nicht gesamtversorgungsfähig. Er ist keine Zulage im Sinne des § 47 Abs. 2 Buchst. b BAT und nicht neben der Zuwendung zu zahlen.

Der Ausgleichsbetrag vermindert sich bei allgemeinen Vergütungserhöhungen, die nach dem 1. Januar 1974 wirksam werden, jeweils um ein Drittel des Erhöhungsbetrages.

§ 6 Außerkrafttreten von Tarifverträgen

Mit dem Inkrafttreten dieses Tarifvertrages treten außer Kraft:

(A.) Im Bereich der Tarifgemeinschaft deutscher Länder

1. In Baden-Württemberg der Tarifvertrag vom 29. Dezember 1965 über die Bewertung der Unterkunft für die unter die SR 2 a, SR 2 b und SR 2 c BAT fallenden Angestellten,

2. in Bremen der Tarifvertrag über die Neufestsetzung der Bewertungsbeträge für die Inanspruchnahme von Unterkunft durch Angestellte vom 22. Juni 1970,

3. in Hamburg die Richtlinien über Abzugsbeträge für Anstalts- und Heimunterkünfte für interne Angestellte vom 5. August 1971,

4. in Hessen der Tarifvertrag vom 28. Februar 1966 über die Bewertung der Unterkunft für die unter SR 2 a SR2b und SR2c BAT fallenden Angestellten,

5. in Niedersachsen der Tarifvertrag vom 21. August 1968 über die Bewertung der Unterkunft für die unter die SR 2 a, b und c BAT fallenden Angestellten,

6. in Nordrhein-Westfalen der Tarifvertrag über die Bewertung der Unterkunft gemäß Nr. 13 Abs. 2 SR 2 a BAT für Angestellte bei den Universitätskliniken in Aachen, Bonn, Köln und Münster vom 28. Februar 1966 sowie der Tarifvertrag über die Bewertung der Unterkünfte für Angestellte der Versorgungskuranstalten des Landes Nordrhein-Westfalen in Bad Aachen und Bad Driburg vom 4. Dezember 1969,

7. im Saarland der Tarifvertrag über die Bewertung von Unterkünften für Angestellte des Saarlandes vom 6. Februar 1973,

8. in Schleswig-Holstein der Tarifvertrag über die Bewertung der Unterkunft für die unter die SR 2 a, SR 2 b und SR 2 c BAT fallenden Angestellten vom 10. Juni 1966.

(B.) Im Bereich der Vereinigung der kommunalen Arbeitgeberverbände

1. der Bezirkszusatztarifvertrag Nr. 2 zum BAT vom 26. Februar 1973 über die Anrechnung einer auf arbeitsvertraglicher Grundlage gewährten Unterkunft auf die Vergütung (gem. Nr. 13 Abs. 2 der SR 2 a BAT. Nr. 9 Abs. 2 der SR 2 b BAT und Nr. 13 Abs. 2 der SR 2 c BAT), abgeschlossen zwischen dem Kommunalen Arbeitgeberverband Baden-Württemberg einerseits und der Gewerkschaft Öffentliche Dienste, Transport und Verkehr - Bezirksverwaltung Baden-Württemberg - sowie der Deutschen Angestellten-Gewerkschaft - Landesverbände Württemberg-Baden und Südbaden - andererseits,

2. der Bezirkstarifvertrag Nr. 2 zum BAT vom 2. März 1973 über die Anrechnung einer auf arbeitsvertraglicher Grundlage gewährten Unterkunft auf die Vergütung der unter die SR 2 a, SR 2 b und SR 2 c BAT fallenden Angestellten, abgeschlossen zwischen dem Kommunalen Arbeitgeberverband Bayern einerseits und der Gewerkschaft Öffentliche Dienste, Transport und Verkehr - Landesbezirk Bayern - sowie der deutschen Angestellten-Gewerkschaft - Landesverband Bayern andererseits,

3. § 1 Nr. 2 des Zusatztarifvertrages Nr. 1 zum BAT (tarifvertragliche Vereinbarung Nr. 123 vom 28. April 1961 in der Fassung der tarifvertraglichen Vereinbarung Nr. 310 vom 28. Dezember 1972), abgeschlossen zwischen dem Hessischen Arbeitgeberverband der Gemeinden und Kommunalverbände einerseits und der Gewerkschaft Öffentliche Dienste, Transport und Verkehr - Bezirksverwaltung Hessen - sowie der Deutschen Angestellten-Gewerkschaft - Landesverband Hessen - andererseits,

4. der Tarifvertrag gem. Nr. 13 SR 2 a, Nr. 9 SR 2 b und Nr. 13 SR 2 c BAT vom 16. Juni 1966 in der Fassung des Siebenten Ergänzungstarifvertrages vom 5. Februar 1973, abgeschlossen zwischen dem Kommunalen Arbeitgeberverband Niedersachsen einerseits und der Gewerkschaft Öffentliche Dienste, Transport und Verkehr - Bezirksverwaltungen Niedersachsen und Weser-; Ems-; und der Deutschen Angestellten-Gewerkschaft - Landesverband Niedersachsen - andererseits,

5. § 2 Abs. 2 und §§ 3 und 4 des Bezirkszusatztarifvertrages zum BAT vom 5. Oktober 1961, abgeschlossen zwischen der Arbeitsrechtlichen Vereinigung der Gemeinden und gemeinwirtschaftlichen Unternehmen in Nordrhein-Westfalen einerseits und der Gewerkschaft Öffentliche Dienste, Transport und Verkehr - Bezirksverwaltungen Nordrhein-Westfalen I und II - sowie der Deutschen Angestellten-Gewerkschaft - Landesverband Nordrhein-Westfalen - andererseits,

6. § 14 des Bezirkstarifvertrages Nr. 2 zum BAT vom 14. April 1969 in der Fassung vom 25. Oktober 1972, abgeschlossen zwischen dem Kommunalen Arbeitgeberverband Rheinland-Pfalz einerseits und der Gewerkschaft Öffentliche Dienste, Transport und Verkehr - Bezirksverwaltung Rheinland-Pfalz - sowie der Deutschen Angestellten-Gewerkschaft - Landesverband Rheinland-Pfalz - andererseits,

7. der Bezirks-Zusatztarifvertrag Nr. 2 zum BAT vom 1. Februar 1971 über die Anrechnung einer auf arbeitsvertraglicher Grundlage gewährten Unterkunft auf die Vergütung der unter die SR 2 a, SR 2 b und SR 2 c BAT fallenden Angestellten, abgeschlossen zwischen dem Kommunalen Arbeitgeberverband Saar einerseits und der Gewerkschaft Öffentliche Dienste, Transport und Verkehr - Bezirksverwaltung Saar - sowie der Deutschen Angestellten-Gewerkschaft - Landesverband Rheinland-Pfalz - Saar - andererseits.

§ 7 Inkrafttreten, Laufzeit

Dieser Tarifvertrag tritt mit Wirkung vom 1. Januar 1974 in Kraft. Er kann mit einer Frist von einem Monat zum Schluss eines Kalendervierteljahres, frühestens zum 31. Dezember 1978, schriftlich gekündigt werden.

Landesbezirklicher Tarifvertrag zur Regelung der Arbeitszeit (Arbeitszeit-TV Baden-Württemberg)

vom 5. April 2006

zwischen
dem Kommunalen Arbeitgeberverband Baden-Württemberg
- einerseits -
und
der Vereinten Dienstleistungsgewerkschaft (ver.di), Landesbezirk Baden-Württemberg, diese zugleich handelnd für
- die Gewerkschaft der Polizei, Landesbezirk Baden-Württemberg,
- die Gewerkschaft Erziehung und Wissenschaft, Landesverband Baden-Württemberg,
- die Industriegewerkschaft Bauen- Agrar- Umwelt, Landesverband Baden-Württemberg
- andererseits -
wird folgender Tarifvertrag geschlossen:

§ 1 Geltungsbereich

Dieser Tarifvertrag gilt für Beschäftigte, die in einem Arbeitsverhältnis zu einem Arbeitgeber stehen, der Mitglied des Kommunalen Arbeitgeberverbandes Baden- Württemberg ist und die unter den Tarifvertrag für den Öffentlichen Dienst (TVöD) vom 13. September 2005 fallen.

§2 Regelmäßige Arbeitszeit

§ 6 Abs. 1 Satz 1 Buchst. b TVöD wird mit folgender Maßgabe wieder in Kraft gesetzt: In § 6 Abs. 1 Satz 1 Buchst. b TVöD wird die Zahl „38,5" durch die Zahl „39" ersetzt. .

§3 Teilzeitbeschäftigte

Bei Teilzeitbeschäftigten, mit denen im Arbeitsvertrag eine feste Stundenzahl vereinbart ist und bei denen sich mit Inkrafttreten dieses Tarifvertrages das Entgelt vermindert, ist auf Antrag der/des Beschäftigten die Stundenzahl so aufzustocken, dass die Höhe ihres bisherigen Brutto-Entgelts erreicht wird.

§4 Arbeitszeit Auszubildende

Für Auszubildende, Schülerinnen und Schüler in der Gesundheits- und Krankenpflege, Gesundheits- und Kinderkrankenpflege, Entbindungspflege und Altenpflege sowie Praktikantinnen und Praktikanten beträgt die Wochenarbeitszeit 38,5 Stunden.

§5 Personalabbau

Der Tarifabschluss (Arbeitszeit-TV BW) darf nicht 1 : 1 durch einen Stellenabbau umgesetzt werden. Die Mehrarbeit soll vielmehr auch dazu genutzt werden, die Qualität der öffentlichen Dienstleistungen weiter zu verbessern. Ein Stellenabbau aus anderen Gründen insbesondere wegen Restrukturierungsmaßnahmen bleibt davon unberührt.

§6 Maßregelungsklausel

(1) Die Beschäftigungsverhältnisse aller am Arbeitskampf Beteiligten werden fortgesetzt. Jede Maßregelung von Beschäftigten aus Anlass oder im Zusammenhang mit der Tarifrunde 2006 unterbleibt bzw. wird rückgängig gemacht. Insbesondere bestehen gekündigte Arbeitsverhältnisse fort, Abmahnungen und Ermahnungen werden zurückgenommen. Die Beschäftigten werden unmittelbar nach dem Ende des Arbeitskampfes zu unveränderten Bedingungen weiterbeschäftigt. Maßregelungen jeglicher Art, die bereits erfolgt sind, werden durch ausdrückliche schriftliche Erklärung gegenüber den betroffenen Arbeitnehmern rückgängig gemacht.

(2) Ist ein Anspruch oder Anwartschaft von einer ununterbrochenen Zeit oder einer bestimmten Zeitdauer oder davon, dass das Arbeitsverhältnis nicht geruht hat, abhängig, ist die Teilnahme am Streik für die Erfüllung dieser Zeit nicht, schädlich. Die Teilnahme an Arbeitskampfmaßnahmen führt nicht

zu einer Kürzung der Entgeltfortzahlung und der Sonderzahlung. Soweit Resturlaub wegen der Beteiligung an Arbeitskampfmaßnahmen nicht mehr genommen werden kann/konnte, wird dieser über den 31. März 2006 hinaus, bis längstens 31. Mai 2006 übertragen.

(3) Das Wertguthaben für' die Freistellungsphase der Alterteilzeit wird gesichert. Bei Beschäftigten, die Altersteilzeit im Blockmodell leisten, verlängert sich die Arbeitsphase um die Hälfte des Zeitraumes der Streikteilnahme; in demselben Umfang verkürzt sich die Freistellungsphase. Wenn der Arbeitnehmer infolge Streikteilnahme den Anspruch auf eine Rente nach Altersteilzeit nicht zum arbeitsvertraglich festgelegten Zeitpunkt erreicht, vereinbaren die Arbeitsvertragsparteien eine beiden Parteien gerecht werdende Vertragsanpassung. Gleiches gilt, wenn die Freistellungsphase bis zum 31. Dezember 2006 begonnen hätte und der Arbeitnehmer eine rechtsverbindliche Planung in der vorgesehenen Freistellungsphase bereits vorgenommen hat (z. Bsp. Reise, die bereits gebucht ist).

(4) Die Tarifvertragsparteien und deren Mitglieder verzichten wechselweise auf Ersatzansprüche aller Art aus Anlass oder im Zusammenhang mit der Tarifbewegung und nehmen diesen Verzicht an.

(5) Die im Zusammenhang mit der Tarifrunde gezeigten Verhaltensweisen von Beschäftigten werden arbeitsrechtlich nicht weiter verfolgt und geahndet. Die Tarifvertragsparteien und ihre Mitglieder beginnen aus Anlass oder im Zusammenhang mit der Tarifbewegung 2006 keine neuen Rechtsstreite.

(6) Arbeitskampfbedingte Unterbrechungen der Ausbildung werden für Schülerinnen und Schüler, die auf Grundlage eines bundesrechtlich geregelten Berufszulassungsgesetzes (Hebammengesetz, Krankenpflegegesetz u.ä.) oder landesrechtlich geregelter Berufe mit Fehlzeitenregelung ausgebildet werden, auf die Dauer der Ausbildung angerechnet und nicht als Fehlzeit, sondern analog Urlaubszeiten behandelt und stellen keine Fehlzeit dar. Im Zusammenhang mit den vorstehenden Ziffern entstandene Vorgänge werden aus den Personalakten entfernt und vernichtet; personenbezogene Daten werden nicht erhoben, gespeichert, verarbeitet, sondern nicht wieder herstellbar gelöscht.

§7 Inkrafttreten, Laufzeit

(1) Der Tarifvertrag tritt am 1. Mai 2006 in Kraft. Er kann mit einer Frist von einem Monat zum Ende des Kalendervierteljahres, frühestens jedoch zum 31. Dezember 2009 schriftlich gekündigt werden.

(2) Der Tarifvertrag über die Vereinbarung einer Meistbegünstigungsklausel vom 9. Februar 2005 wird hierdurch nicht abgeändert, sondern bleibt unberührt. Wird vor der Beendigung der Laufzeit von der Vereinigung der kommunalen Arbeitgeberverbände eine gegenüber diesem Tarifvertrag längere Arbeitszeit i.S.d. § 6 Abs. 1 Buchst. b für den Geltungsbereich des TVÖD für den Geltungsbereich des TVÖD vereinbart, kann diese durch Erklärung des Kommunalen Arbeitgeberverbandes Baden-Württemberg auch für seine Mitglieder übernommen werden.

Stuttgart, den 05. April 2006

Für den Kommunalen Arbeitgeberverband
Baden-Württemberg
- Der Vorsitzende des Vorstands -

Für die Vereinte Dienstleistungsgewerkschaft ver.di
- Landesbezirk Baden-Württemberg -

....

Gerhard Widder

....

Alfred Wohlfart

Tarifvertrag über die vorläufige Weitergeltung der Regelungen für die Praktikantinnen/Praktikanten

vom 13. September 2005

Zwischen
der Bundesrepublik Deutschland, vertreten durch das Bundesministerium des Innern, und der Vereinigung der kommunalen Arbeitgeberverbände, vertreten durch den Vorstand, einerseits
und der
ver.di - Vereinte Dienstleistungsgewerkschaft (ver.di) vertreten durch den Bundesvorstand, diese zugleich handelnd für
- Gewerkschaft der Polizei,
- Industriegewerkschaft Bauen - Agrar - Umwelt,
- Gewerkschaft Erziehung und Wissenschaft,
andererseits
wird Folgendes vereinbart: [1]

§ 1

(1) Die nachfolgend aufgeführten Tarifverträge finden im jeweiligen Geltungsbereich über den 30. September 2005 hinaus nach Maßgabe der in § 2 enthaltenen Regelungen Anwendung:
a) Tarifvertrag über die Regelung der Arbeitsbedingungen der Praktikantinnen/Praktikanten (TV Prakt) vom 22. März 1991,
b) Tarifvertrag über die Regelung der Arbeitsbedingungen der Praktikantinnen/Praktikanten (TV Prakt-O) vom 5. März 1991,
c) Tarifvertrag über eine Zuwendung für Praktikantinnen (Praktikanten) vom 12. Oktober 1973 im Bereich der Mitgliedverbände der VKA,
d) Tarifvertrag über eine Zuwendung für Praktikantinnen/Praktikanten (TV Zuwendung Prakt-O) vom 5. März 1991 im Bereich der Mitgliedverbände der VKA.

(2) Soweit in den in Absatz 1 genannten Tarifverträgen auf den BAT/BAT-O verwiesen wird, treten an deren Stelle die entsprechenden Vorschriften des TVöD.

§ 2

(1) Praktikantinnen/Praktikanten, deren Praktikantenverhältnis nach dem 30. September 2005 beginnt, haben keinen Anspruch auf den Verheiratetenzuschlag (§ 2 Abs. 1 TV Prakt / TV Prakt-O).

(2) Praktikantinnen/Praktikanten haben Anspruch auf vermögenswirksame Leistungen nach Maßgabe der Vorschriften, die für die beim Arbeitgeber in dem künftigen Beruf der Praktikantin/des Praktikanten Beschäftigten maßgebend sind; die vermögenswirksame Leistung beträgt monatlich 6,65 Euro. Für Praktikantinnen/Praktikanten, deren Praktikantenverhältnis nach dem 30. September 2005 beginnt, beträgt die vermögenswirksame Leistung monatlich 13,29 Euro

§ 3

Dieser Tarifvertrag tritt am 1. Oktober 2005 in Kraft.

Niederschriftserklärung zu § 3:
Es besteht Einvernehmen, dass zeitnah nach Inkrafttreten des TVöD die Verhandlungen zur Anpassung des Praktikantenrechts aufgenommen werden.

---

[1] Ein gleichlautender Tarifvertrag wurde mit der dbb tarifunion abgeschlossen.

Angebot der Tarifgemeinschaft deutscher Länder an die Vereinte Dienstleistungsgewerkschaft ver.di

vom 19. Mai 2006

Präambel

Die Tarifgemeinschaft deutscher Länder (TdL) und die Gewerkschaften ver.di und dbb tarifunion haben sich auf ein modernes Tarifrecht für die Länder geeinigt. Damit wird ein grundsätzlicher Beitrag zum Erhalt des Flächentarifvertrags im öffentlichen Dienst der Länder geleistet. Der neue Tarifvertrag für den öffentlichen Dienst der Länder (TV-L) verbindet tarifpolitische Einheitlichkeit und länderspezifischen Regelungsbedarf.

Insbesondere sind sich TdL und Gewerkschaft einig, dass Besonderheiten im Bereich der Wissenschaft einschließlich der Universitätskliniken sowie des Schulbereichs spezifischer tarifvertraglicher Regelungen bedürfen. Diese werden auf Basis der Ergebnisse der entsprechenden Arbeitsgruppen in den TV-L integriert.

Bei der Regelung der Arbeitszeit wurde eine differenzierende Lösung gefunden. Auf der einen Seite wird den unterschiedlichen Belastungen der Beschäftigten Rechnung getragen, auf der anderen Seite wird der eingetretenen unterschiedlichen Entwicklung in den Ländern bei der Dauer der Arbeitszeit entsprochen. Dies führt zu unterschiedlichen Arbeitszeiten in den Ländern. Es wird erstmals ermöglicht, dass auf der Ebene der Länder Verhandlungen über die Dauer der Arbeitszeit geführt und Vereinbarungen getroffen werden können.

Darüber hinaus bietet der TV-L weitere konkrete Optionen für länderbezogene tarifliche Regelungen durch Öffnungsklauseln im Bereich der Jahressonderzahlung sowie bei arbeitsmarkt- und leistungsbezogenen Bezahlungselementen. Mit einer Regelung zur Bindung qualifizierter Fachkräfte kann dem spezifischen regionalen bzw. dem betrieblichen Bedarf sachgerecht und zielgenau entsprochen werden. Dazu gehört auch die Möglichkeit, über Betriebs- und Dienstvereinbarungen Leistungsentgelte auszugestalten. Diese Regelungsbereiche sind ausschließlich regional oder betrieblich nutzbar. Die Option, regional unterschiedlich auf verschiedene Bedürfnisse an den Universitätskliniken einzugehen, belegt ebenfalls, dass der TV-L tarifpolitische Einheitlichkeit und Flexibilisierung als einander ergänzende Prinzipien bewertet, um auch zukünftig öffentliche Dienstleistungen im Länderbereich flächendeckend gleich effizient anbieten zu können.

Mit diesem neuen Tarifrecht werden die Einkommens- und Arbeitsbedingungen der Beschäftigten im Länderbereich wieder weitgehend denen der Beschäftigten bei Bund und Kommunen entsprechen.

Der TV-L wird auf der Grundlage der Ergebnisse der gemeinsamen Arbeitsgruppen und dieser Eckpunkte vereinbart und am 1. November 2006 in Kraft treten.

Zur Überleitung in das neue Recht wird ein eigenständiger Tarifvertrag vereinbart.

Im Einzelnen einigen sich die Tarifvertragsparteien auf folgende Eckpunkte:

I. Tabelle

1. Es gilt die als **Anlage 1** beigefügte Entgelt-Tabelle zum TV-L für das Tarifgebiet West einschließlich der Fußnoten.
   Die Entgelt-Tabelle zum TV-L ersetzt die bisherigen Lohn- und Vergütungstabellen.
   Damit entfallen künftig neben der allgemeinen Zulage auch Orts- und Sozialzuschläge mit Ausnahme kinderbezogener Zuschläge für bis zum 31. Dezember 2006 geborene Kinder.
2. Für das Pflegepersonal, das bisher unter die Anlage 1 b zum BAT/BAT-O fällt, wird für die Tabellenwerte auf die Einigung in der Arbeitsgruppe „Uniklinika" verwiesen.
3. Die Beträge für das Tarifgebiet Ost ergeben sich aus dem Bemessungssatz von 92,5 v.H.
4. Die Beträge der Entgelttabelle werden im Tarifgebiet West ab 1. Januar 2008 um 2,9 % erhöht. Die Erhöhung gilt im Tarifgebiet Ost ab 1. Mai 2008. Die Beträge der Entgelttabellen werden dabei auf volle 5 Euro aufgerundet.
5. Die Tabellen (Anlagen zum TV-L) sind mit einer Frist von einem Monat frühestens zum 31. Dezember 2008 kündbar.

Die Tabellen für Ärztinnen und Ärzte befinden sich am Ende der Anlage 5.

II. Einmalzahlungen für die Jahre 2006 und 2007

1. Die Beschäftigten erhalten Einmalzahlungen in Ost und West wie folgt:
   a) Mit den Bezügen im Juli 2006 werden in den Entgeltgruppen

E 1 bis E 8	150 Euro
E 9 bis E 12	100 Euro
E 13 bis E 15	50 Euro

   als Einmalzahlung ausgezahlt.
   b) Mit den Bezügen im Januar 2007 werden in den Entgeltgruppen

E 1 bis E 8	310 Euro
E 9 bis E 12	210 Euro
E 13 bis E 15	60 Euro

   als Einmalzahlung ausgezahlt. Die Einmalzahlung für Januar 2007 kann auch im Jahr 2006 gezahlt werden.
   c) Mit den Bezügen im September 2007 werden in den Entgeltgruppen

E 1 bis E 8	450 Euro
E 9 bis E 12	300 Euro
E 13 bis E 15	100 Euro

   als Einmalzahlung ausgezahlt.
   d) Für Auszubildende nach dem Berufsbildungsgesetz, für Schülerinnen und Schüler in der Krankenpflege und für Praktikantinnen/Praktikanten beträgt die Einmalzahlung für die Jahre 2006 und 2007 insgesamt 300 €, die zu drei gleichen Teilen mit den Bezügen für die Monate Juli 2006, Januar 2007 und September 2007 ausgezahlt wird.
2. Die Teilzeitbeschäftigten erhalten den Teilbetrag der Einmalzahlungen, der dem Verhältnis der mit ihnen im Zahlungsmonat vereinbarten durchschnittlichen Arbeitszeit zu der regelmäßigen wöchentlichen Arbeitszeit eines Vollbeschäftigten entspricht.
3. Voraussetzung für den Anspruch auf die Einmalzahlung ist ein Entgeltanspruch im jeweiligen Zahlungsmonat. Die Einmalzahlung ist bei der Bemessung sonstiger Leistungen nicht zu berücksichtigen.

III. Jahressonderzahlung

1. [1]**Für Beschäftigte**, deren Arbeitsverhältnis bereits am 30.6.2003 bestanden hat und die seit diesem Zeitpunkt hinsichtlich der Zuwendung der **tariflichen Nachwirkung** unterliegen, beträgt die jeweils mit den Bezügen für den Monat November zustehende Jahressonderzahlung ab dem Jahre 2006 im Tarifgebiet West in den Entgeltgruppen

Entgeltgruppen	West	Ost
E 1 bis E 8	95 %	71,5 %
E 9 bis E 11	80 %	60 %
E 12 bis E 13	50 %	45 %
E 14 bis E 15	35 %	30 %

des in den Kalendermonaten Juli bis September durchschnittlich gezahlten monatlichen Entgelts ohne Überstundenentgelt, Leistungszulagen, Leistungs- und Erfolgsprämien.
[2]Im Jahr 2006 wird zusätzlich der Betrag gezahlt, der sich bei Fortgeltung des bisherigen Urlaubsgeldtarifvertrages ergeben hätte.

2. [1]Für die **Beschäftigten**, mit denen arbeitsvertraglich vor dem Tag des In-Kraft-Tretens dieses Tarifvertrages **abweichende Vereinbarungen zur Zuwendung** und zum Urlaubsgeld getroffen worden sind, gilt Folgendes:

   a) Im Jahr 2006 richtet sich der Anspruch auf Zuwendung und Urlaubsgeld nach den zum 19. Mai 2006 geltenden Landesregelungen.

   b) Im Jahr 2007 wird die nach den arbeitsvertraglichen Vereinbarungen zustehende Summe aus Zuwendung und Urlaubsgeld um 50 % des Differenzbetrages zu der Jahressonderzahlung nach Nr. 1 erhöht, sofern die Jahressonderzahlung nach Nr. 1 höher wäre.

   c) Ab dem Jahr 2008 gilt Nr. 1.

   [2]Der Arbeitgeber kann die Angleichungsschritte hinsichtlich des Umfangs und/oder der Zeitfolge schneller vollziehen.

3. Nach In-Kraft-Treten dieses Tarifvertrages **neu eingestellte Beschäftigte** erhalten die Jahressonderzahlung in Höhe des Betrages, der ihnen nach Nr. 2 zustehen würde, wenn das Arbeitsverhältnis am Tag vor In-Kraft-Treten dieses Tarifvertrages bestanden hätte.

4. Die Vereinbarung zur Jahressonderzahlung kann auf landesbezirklicher Ebene mit einer Frist von drei Kalendermonaten zum 31. Dezember jeden Kalenderjahres gekündigt werden, frühestens jedoch zum 31. Dezember desjenigen Jahres, in dem die volle Angleichung erreicht ist.

IV. Leistungsentgelt

1. Ab dem 1. Januar 2007 wird ein Leistungsentgelt zusätzlich zum Tabellenentgelt eingeführt. Die Zielgröße ist 8 % und bis zu einer anderen Vereinbarung wird ein Gesamtvolumen von 1 % der ständigen Monatsentgelte des Vorjahres aller unter den Geltungsbereich des TV-L fallenden Beschäftigten des jeweiligen Arbeitgebers für das Leistungsentgelt zur Verfügung gestellt.

2. Es besteht die Verpflichtung, die Leistungsentgelte jährlich auszuzahlen.

3. Die Leistungsentgelte sind zusatzversorgungspflichtig.

4. Nähere Regelungen über die Ausgestaltung des Leistungsentgelts werden in landesbezirklichen Tarifverträgen vereinbart. Dabei kann über das tariflich festgelegte Leistungsentgelt hinaus ein zusätzlich höheres Leistungsentgelt vereinbart werden. In einem landesbezirklichen Tarifvertrag kann auch vereinbart werden, dass das Gesamtvolumen des Leistungsentgeltes zusätzlich zur Jahressonderzahlung auf alle Beschäftigten gleichmäßig verteilt ausgeschüttet wird.

5. Solange eine landesbezirkliche Regelung nicht zustande kommt, erhalten die Beschäftigten mit dem Tabellenentgelt des Monats Dezember ab dem Jahr 2007 12 % des für den Monat September desselben Jahres jeweils zustehenden Tabellenentgelts ausgezahlt.

V. Arbeitszeit

1. Wochenarbeitszeit

   a) Die durchschnittliche regelmäßige wöchentliche Arbeitszeit ausschließlich der Pausen wird für jedes Bundesland im Tarifgebiet West auf der Grundlage der im Februar 2006 festgestellten tatsächlichen durchschnittlichen wöchentlichen Arbeitszeit ohne Überstunden und Mehrarbeit (tariflich und arbeitsvertraglich vereinbarte Arbeitszeit) von den Tarifvertragsparteien einvernehmlich festgelegt. Weitere Einzelheiten zur Berechnung ergeben sich aus der Anlage 2.

   b) Die Differenz zwischen der tatsächlich festgestellten durchschnittlichen wöchentlichen Arbeitszeit und der Zahl 38,5 wird mit der Zahl 2 multipliziert; dabei wird diese Erhöhung der Differenz auf 0,4 Stunden begrenzt. Das Ergebnis aus dieser Rechnung wird zu der Zahl 38,5 hinzu addiert und ergibt – vorbehaltlich der Umverteilung nach Buchstabe c – die neue durchschnittliche regelmäßige wöchentliche Arbeitszeit.

   c) Für die Beschäftigten bzw. Beschäftigtengruppen, welche die Tarifvertragsparteien aufgrund der Anlage 3 festgelegt haben, beträgt die durchschnittliche regelmäßige wöchentliche Arbeitszeit 38,5 Stunden. Das auf diesen Beschäftigtenkreis entfallende Volumen der Differenz zu der Arbeitzeit nach Buchstabe b wird auf die Beschäftigten in den anderen Beschäftigungsbereichen übertragen und erhöht für diese das Ergebnis der nach Buchstabe b errechneten regelmäßigen wöchentlichen Arbeitszeit.

   d) Weitere Beschäftigtenbereiche bzw. Beschäftigtengruppen können durch landesbezirkliche Vereinbarung in die Anlage 3 einbezogen werden.

e) Im Tarifgebiet Ost beträgt die durchschnittliche regelmäßige wöchentliche Arbeitszeit ausschließlich der Pausen 40 Stunden.

f) Die Regelung zur Arbeitszeit tritt am 1. November 2006 in Kraft. Sie kann auf landesbezirklicher Ebene frühestens zum 31. Dezember 2007 gekündigt werden.

g) Die unterschiedliche Höhe der durchschnittlichen regelmäßigen wöchentlichen Arbeitszeit nach den Buchstaben a bis c und e bleibt ohne Auswirkung auf das Tabellenentgelt.

2. Bei Teilzeitbeschäftigten, mit denen im Arbeitsvertrag eine feste Stundenzahl vereinbart ist und bei denen sich mit Inkrafttreten dieses Tarifvertrages das Entgelt wegen einer anderen Relation von ermäßigter zur vollen Arbeitszeit vermindert, ist auf Antrag der/des Beschäftigten die Stundenzahl so aufzustocken, dass die Höhe ihres bisherigen Brutto-Entgelts erreicht wird.

VI. Uniklinika (ohne Ärzte)

1. Die Forderung der TdL in den Verhandlungen zur Entgeltordnung beim Pflegepersonal in den Universitätskliniken zu einer differenzierteren Bewertung der Tätigkeiten zu kommen, wird in einer gemeinsamen Arbeitsgruppe vor den Eingruppierungsverhandlungen erörtert.

2. In den Entgeltgruppen KR 11b und KR 12a erhöht sich der Tabellenwert nach 5 Jahren in Stufe 5 um 200 Euro (Tarifgebiet Ost: 185,- Euro); ist bei übergeleiteten Beschäftigten das Vergleichsentgelt höher als das Entgelt in Stufe 5; erhalten sie den erhöhten Tabellenwert nach Ablauf von 2 Jahren nach Überleitung. Eine Stufe 6 wird hier nicht vereinbart.

3. Der Betrag nach der Protokollerklärung Nr. 1 Abs. 1 und Abs. 1a der Anlage 1b Abschn. A zum BAT/BAT-O wird auf 90 Euro erhöht. Die Beschäftigten in der Funktionsdiagnostik, Endoskopie, OP und Anästhesie sowie Beschäftigten, die als Stationsleitungen tätig sind, erhalten eine Zulage in Höhe von 45 Euro.

   Die allgemeinen Regelungen zum Bewährungs- und Fallgruppenaufstieg finden auf die Beschäftigten der Entgeltgruppen E 9a bis 9d, deren Eingruppierung sich nach der Vergütungsordnung im Pflegedienst (Anlage 1b zum BAT) richtet, entsprechend Anwendung.

4. Zur Sicherung der wirtschaftlichen Zukunft der Universitätskliniken und zur Beschäftigungssicherung werden für unmittelbar tarifgebundene Unikliniken regionale Öffnungen für landesbezirkliche Anwendungsvereinbarungen ermöglicht. Im Interesse des Klinikums kann ein Beitrag der Beschäftigten vereinbart werden. Der Beitrag kann darin bestehen, im Interesse des Klinikums künftige tarifliche Ansprüche in Beteiligungen der Beschäftigten am Klinikum umzuwandeln bzw. tarifliche Ansprüche zu reduzieren. Die Summe des Beitrags kann für jeden Beschäftigten max. bis zu 10 v.H. des Jahresbruttoeinkommens betragen, wobei der Anteil für die Reduzierung von tariflichen Ansprüchen max. bis zu 6 v.H. beträgt. Die Länder stellen sicher, dass eine Mitarbeiterkapitalbeteiligung möglich ist. Die Einzelheiten zum Verfahren ergeben sich aus der Anlage 4.

5. Wenn in die Arbeitszeit regelmäßig und in erheblichem Umfang Bereitschaftsdienst fällt, kann im Rahmen des § 7 Abs. 2a ArbZG nach
   - einer Prüfung alternativer Arbeitszeitmodelle,
   - einer Belastungsanalyse gemäß § 5 ArbSchG und
   - ggf. daraus resultierender Maßnahmen zur Gewährleistung des Gesundheitsschutzes
   eine Verlängerung der täglichen Arbeitszeit über acht Stunden hinaus auch ohne Ausgleich erfolgen, wenn in die Arbeitszeit regelmäßig und in erheblichem Umfang Bereitschaftsdienst fällt. Die wöchentliche Arbeitszeit darf dabei bei Bereitschaftsdiensten der Stufen A und B bis zu maximal durchschnittlich 58 Stunden und bei Bereitschaftsdiensten der Stufen C und D bis zu maximal durchschnittlich 54 Stunden betragen.

6. Die Tarifvertragsparteien sind sich einig, dass das In-Kraft-Treten des Tarifvertrages nicht der Anlass sein kann, die bestehenden betrieblichen und für die Beschäftigten günstigeren Regelungen zur Arbeitszeit zu kündigen und zu verändern. Ziel ist es, die Belastungen durch eine entsprechende Arbeitszeitgestaltung zu verringern. Für jede Änderung der betrieblichen Regelungen, die zu einer längeren Arbeitszeit führen, ist zwingende Voraussetzung, dass im Rahmen des § 7 Abs. 2a ArbZG
   - eine Prüfung alternativer Arbeitszeitmodelle erfolgt,
   - eine Belastungsanalyse gemäß § 5 ArbSchG vorliegt und
   - ggf. daraus resultierende Maßnahmen zur Gewährleistung des Gesundheitsschutzes umgesetzt werden
   und für diese Maßnahme dringende betriebliche Gründe vorliegen. Mit dem Personal-oder Betriebsrat soll eine einvernehmliche Regelung getroffen werden.

VII. Ärzte an Uniklinika in der unmittelbaren Patientenversorgung

Auf Ärztinnen und Ärzte, die in der unmittelbaren Patientenversorgung der Uniklinika tätig sind, finden die Abschnitte I bis VI und VIII bis X keine Anwendung. Es gelten stattdessen die in der Anlage 5 aufgeführten Festlegungen.

VIII. Wissenschaft

1. Auf der Grundlage der Ergebnisse der Arbeitsgruppe wird ein Besonderer Teil Wissenschaft vereinbart. Dieser Teil soll die spezifischen Bedingungen in Hochschule und Forschung regeln.
2. Bei der Wahrnehmung des Direktionsrechts hat der Arbeitgeber die Grundrechte der Beschäftigten zu beachten, insbesondere etwaige Grundrechte der Wissenschafts- und der Kunstfreiheit sowie das Grundrecht der Gewissensfreiheit. In Konfliktfällen bei eventueller Verletzung dieser Grundrechte soll die Hochschule zusammen mit dem Personalrat eine Schlichtungskommission bilden/eine Ombudsperson ernennen, die Empfehlungen zur Konfliktlösung aussprechen kann. Gesetzliche Ansprüche bleiben von den Empfehlungen der Schlichtung unberührt.
3. Bei der Einstellung in eine der Entgeltgruppen 13 bis 15 werden Zeiten mit einschlägiger Berufserfahrung an anderen Hochschulen oder außeruniversitären Forschungseinrichtungen grundsätzlich anerkannt. Weitere Personenkreise (E9 bis E12) werden in einer Arbeitsgruppe geklärt.
4. Die Tarifvertragsparteien erwarten eine verantwortungsbewusste Handhabung der Befristungen im Wissenschaftsbereich. Das bedingt auch eine ausgewogene Abwägung zwischen den dienstlichen Notwendigkeiten einerseits und den Interessen der betroffenen Beschäftigten andererseits. In der Arbeitsgruppe Wissenschaft wird geprüft, ob die Befristungsregelungen des TV-L den Anforderungen der Hochschulen und ihrer Beschäftigten gerecht werden bzw. ob und ggf. welche wissenschaftsspezifischen Ergänzungen erforderlich sind. Wegen der erhöhten Mobilitätsanforderungen im Wissenschaftsbereich soll in diese Prüfung auch die Frage einbezogen werden, ob und ggf. in welchem Umfang in Befristungsfällen, die nicht aufgrund HRG oder im Rahmen einer Vertretungsregelung erfolgen, eine Zahlung im Sinne einer Überbrückungsleistung erfolgen soll, wenn im Anschluss an eine befristete Beschäftigung keine zeitnahe Anschlussbeschäftigung erfolgt.
5. Die Arbeitsgruppe Wissenschaft wird ihre Verhandlungen zum Geltungsbereich fortsetzen, ob und ggf. welche bisher vom Geltungsbereich des Mantel-Tarifverträge ausgeschlossenen Personalkategorien an den Hochschulen künftig in den Geltungsbereich des TV-L einbezogen werden.
6. Für die Wissenschaft im engeren Sinn wird der Arbeitszeitkorridor von 45 auf 48 Stunden angehoben; im Rahmen einer Dienstvereinbarung kann ein anderer Ausgleichszeitraum als ein Jahr vereinbart werden.
7. Der Beschäftigte kann aus den nach Deckung der Einzel- und Gemeinkosten verbleibenden Erträgen von Drittmittelvorhaben eine Sonderzahlung von bis zu 10% seines Jahrestabellenentgelts erhalten, wenn er durch besondere Leistungen zur Einwerbung der Mittel oder zur Erstellung einer für die eingeworbenen Mittel zu erbringenden bzw. erbrachten Leistung beigetragen hat.
8. Im Falle der Übertragung muss der Erholungsurlaub bis zum 30. September des Folgejahres genommen werden.

IX. Lehrer

Die tariflichen Sonderregelungen für Lehrkräfte werden in einem eigenen Paragraphen des Besonderen Teils Verwaltung aufgenommen.

1. Die Regelung zur Arbeitszeit in Nr. 3 SR 2 L I BAT/BAT-O wird in den TV-Länder übernommen.
2. Die Beträge der TV-Länder-Tabelle (West) werden in den Entgeltgruppen E 5 bis E 8 um 64,00 € und in den Entgeltgruppen E 9 bis E 14 um 72,00 € vermindert (Tarifgebiet Ost entsprechend Bemessungssatz). Diese Beträge werden bei jeder künftigen allgemeinen Anpassung der Tabellenwerte (West) um ein Zehntel ihres Ausgangswertes vermindert. Satz 1 gilt nicht für Studienräte und für Lehrkräfte, die einen arbeitsvertraglichen Anspruch auf die allgemeine Zulage gemäß § 2 Abs. 2 des Tarifvertrages über Zulagen an Angestellte haben.
3. Bei der Ermittlung des Vergleichsentgelts für die Überleitung der Lehrkräfte wird die allgemeine Zulage in der tariflich zustehenden Höhe berücksichtigt. Abweichend hiervon wird bei Lehrkräften, die die „Studienratszulage" erhalten oder einen arbeitsvertraglichen auf die allgemeine Zulage gemäß § 2 Abs. 2 des Tarifvertrages über Zulagen an Angestellte haben, dieser Betrag in das Vergleichsentgelt eingerechnet.

4. Anerkennung der Lehrerqualifikationen Ost
    Lehrkräfte, die ihre Lehrbefähigung nach dem Recht der DDR erworben haben und deren Ämter in
    den Landesbesoldungsgesetzen der neuen Bundesländer bzw. deren Tätigkeitsmerkmale in den
    Richtlinien des Freistaates Sachsen zur Eingruppierung der angestellten Lehrkräfte an öffentlichen
    Schulen ausgebracht sind, sind "Erfüller" im Sinne der Überleitung der Lehrkräfte.
5. Im Rahmen der Verhandlungen zu einer neuen Entgeltordnung werden die Tarifvertragsparteien
    Verhandlungen zur Eingruppierung der Lehrkräfte aufnehmen.
6. Unterbrechungen des Arbeitsverhältnisses für die Anwendung des Überleitungsrechts.
    Unterbrechungen des Arbeitsverhältnisses während der Sommerferien sind in einem Zeitraum von
    zwei Jahren nach der Überleitung für die Anwendung des Überleitungsrechts unschädlich.
7. Im Übrigen sind die in der Arbeitsgruppe „Lehrer" erzielten Einigungen auch Gegen-stand dieser
    Einigung.

X. Allgemeine Mantelfragen und weitere Vereinbarungen

1. Die in der Arbeitsgruppe „Allgemeine Fragen" erzielten Einigungen sind Gegenstand auch dieser
    Einigung. Insbesondere:
2. Für Nebentätigkeiten im öffentlichen Dienst kann eine Ablieferungspflicht nach den beim Arbeit-
    geber geltenden Bestimmungen zur Auflage gemacht werden.
3. Für die Schadenshaftung der Beschäftigten finden die jeweils geltenden Bestimmungen des Ar-
    beitgebers entsprechende Anwendung.
4. [1]Bei der Einstellung werden die Beschäftigten der Stufe 1 zugeordnet, sofern keine einschlägige
    Berufserfahrung vorliegt. [2]Verfügt die/der Beschäftigte über eine einschlägige Berufserfahrung
    von mindestens einem Jahr aus einem vorherigen befristeten oder unbefristeten Arbeitsverhältnis
    zum selben Arbeitgeber, erfolgt die Stufenzuordnung unter Anrechnung der Zeiten der einschlägi-
    gen Berufserfahrung aus diesem vorherigen Arbeitsverhältnis. [3]Ist die einschlägige Berufserfah-
    rung von mindestens einem Jahr in einem Arbeitsverhältnis zu einem anderen Arbeitgeber erwor-
    ben worden, erfolgt die Einstellung in die Stufe 2, bzw. – bei Einstellung nach dem 31. Januar
    2010 und Vorliegen einer einschlägigen Berufserfahrung von mindestens drei Jahren – in Stufe 3.
    [4]Unabhängig davon kann der Arbeitgeber bei Neueinstellungen zur Deckung des Personalbedarfs
    Zeiten einer vorherigen beruflichen Tätigkeit ganz oder teilweise für die Stufenzuordnung berück-
    sichtigen, wenn diese Tätigkeit für die vorgesehene Tätigkeit förderlich ist. [5]Ein Berufspraktikum
    nach dem TV-Prakt gilt grundsätzlich als Erwerb einschlägiger Berufserfahrung.
5. Für die Beschäftigten, die unter § 71 BAT fallen und in der privaten Krankenversicherung versi-
    chert sind, bleibt die Gehaltsfortzahlung im Krankheitsfall für die Dauer von bis zu 26 Wochen er-
    halten.
6. Die Pauschalierung von Überstundenentgelten wird in den Katalog der Entgeltbestandteile, die
    pauschaliert werden können, aufgenommen.
7. Bei Wegfall einer Führungsfunktion auf Zeit entfällt neben dem Zuschlag für die befristete Aufga-
    benübertragung auch die Zulage für die höherwertige Tätigkeit.
8. Die tariflichen Bestimmungen zur Unkündbarkeit (nur Tarifgebiet West) sowie die SR 2y BAT
    (nur Angestellte im Tarifgebiet West) werden übernommen.
9. Die Bezugsfrist für den Krankengeldzuschuss wird - einheitlich in beiden Tarifgebieten – auf 39
    Wochen verlängert.
10. [1]Die Tarifvertragsparteien wirken darauf hin, dass Auszubildende nach erfolgreich bestandener
    Abschlussprüfung für mindestens zwölf Monate in ein Arbeitsverhältnis übernommen werden,
    soweit nicht personen- oder verhaltensbedingte Gründe entgegenstehen. [2]Satz 1 gilt nicht, soweit
    die Verwaltung bzw. der Betrieb über Bedarf ausgebildet hat. [3]Diese Regelung tritt mit Ablauf des
    31. Dezember 2007 außer Kraft.
11. Auszubildende, deren Ausbildungsverhältnis ab dem Jahr 2007 beginnt, erhalten nach erfolgreich
    abgeschlossener Abschlussprüfung eine Abschlussprämie als Einmalzahlung in Höhe von
    400 Euro; dies gilt nicht bei Abschluss einer Wiederholungsprüfung.
12. Die jetzt zu vereinbarenden Regelungen zur Jubiläumszuwendung können zum Zweck einer regio-
    nalen Öffnung zum 31.12.2007 gekündigt werden.
13. Die Tarifverträge für Praktikanten werden wieder vereinbart.
14. Vorweggewährung von Stufen
    Zur regionalen Differenzierung, zur Deckung des Personalbedarfs, zur Bindung von qualifizierten
    Fachkräften oder zum Ausgleich höherer Lebenshaltungskosten können Beschäftigten abweichend

von der tarifvertraglichen Einstufung ein bis zu zwei Stufen höheres Entgelt vorweg gewährt werden. Beschäftigte mit einem Entgelt der Endstufe können bis zu 20 % der Stufe 2 zusätzlich erhalten.

Um im Hinblick auf die fachliche Qualifikation besonderen projektbezogenen Anforderungen Rechnung zu tragen oder um eine besondere Personalgewinnung/-bindung zu erreichen (besondere Bedarfs- oder Bewerberlage), kann der Arbeitgeber die Beträge nach den Sätzen 1 und 2 bei Wissenschaftlern um bis zu 25 % überschreiten.

15. § 3 des Tarifvertrages zur sozialen Absicherung im Tarifgebiet Ost wird bis zum 31. Dezember 2011 verlängert (Laufzeit der Tarifverträge längstens bis 31. Dezember 2014).

16. Es wird ein Tarifvertrag zur Entgeltumwandlung vereinbart.

XI. Bemessungssatz Ost

1. Der Bemessungssatz Ost bleibt bis zum 31. Dezember 2007 unverändert.
2. § 3 Abs. 1 des Vergütungstarifvertrages Nr. 7 zum BAT-O vom 31. Januar 2003 und § 3 Abs. 1 des Monatslohntarifvertrages Nr. 7 zum MTArb-O vom 31. Januar 2003 bleiben unberührt.
3. Für die oberen Vergütungsgruppen bleibt der Bemessungssatz Ost bis zum 31. Dezember 2009 unverändert

XII. Überleitung

1. Die in der Arbeitsgruppe „Allgemeine Fragen" erzielten Einigungen sind Gegenstand dieser Einigung. Insbesondere:
2. Übergangsregelung IIa
   a) Bei In-Kraft-Treten des Tarifvertrages vorhandene Beschäftigte der VergGr. IIa BAT/BAT-O mit ausstehendem Aufstieg nach VergGr. I b BAT/BAT-O nach **11 oder 15 Jahren** werden in die Entgeltgruppe E 13 Ü mit den nachstehenden Tabellenwerten (Tarifgebiet West) übergeleitet:

	Stufe 2	Stufe 3	Stufe 4a	Stufe 4b	Stufe 5
		Nach 2 Jahren in Stufe 2	Nach 4 Jahren in Stufe 3	Nach 3 Jahren in Stufe 4a	Nach 3 Jahren in Stufe 4b
Beträge aus	(E 13/2)	(E 13/3)	(E 14/3)	(E 14/4)	(E 14/5)
E 13 Ü	3.130	3.300	3.600	3.900	4.360

Die Überleitung erfolgt mit dem festgestellten Vergleichsentgelt in eine individuelle Zwischenstufe der Entgeltgruppe E 13 Ü, mindestens jedoch in die Stufe 2 der Entgeltgruppe E 13 Ü. Zwei Jahre nach der Überleitung erfolgt der Aufstieg in die nächste reguläre Stufe. Der weitere Aufstieg richtet sich nach der Tabelle.
   b) Bei In-Kraft-Treten des Tarifvertrages vorhandene Beschäftigte der VergGr. IIa BAT/BAT-O mit ausstehendem Aufstieg nach VergGr. I b BAT/BAT-O nach **5 oder 6 Jahren** werden in die Entgeltgruppe E 14 übergeleitet. Dasselbe gilt für Beschäftigte, die schon vor dem Überleitungsstichtag aus VergGr. II a BAT/BAT-O nach VergGr. I b BAT/BAT-O aufgestiegen sind.
   c) Die Tabelle der Strukturausgleiche wird wie in der Sitzung der Arbeitsgruppe am 12.1.2006 abgesprochen ergänzt bzw. geändert.
   d) Bei in die Entgeltgruppe E 13 Ü übergeleiteten Beschäftigten im Sinne des § 53 HRG, bei denen das Vergleichsentgelt im Zeitpunkt der Überleitung den Betrag von 3.300 Euro nicht erreicht, erhöht sich der Tabellenwert in der Stufe 5 nach fünf Jahren der Zugehörigkeit zur Stufe 5 um 200 Euro.
   e) Dasselbe gilt bei Neueinstellungen von Beschäftigten im Sinne des § 53 HRG in die Stufen 1 oder 2 der Entgeltgruppe E 13 für die Erhöhung des Tabellenwertes der Stufe 5 der Entgeltgruppe E 13.
   f) Neueinstellungen von Beschäftigten mit Tätigkeiten der VergGr. II a BAT/BAT-O mit Aufstieg nach VergGr. I b BAT/BAT-O erfolgen grundsätzlich in Entgeltgruppe E 13. Bei Tätigkeiten

mit 5- oder 6jährigem Aufstieg nach VergGr. I b BAT/BAT-O wird eine Zulage in Höhe der Differenz zur Entgeltgruppe E 14 gezahlt.

3. Für genehmigte Nebentätigkeiten der übergeleiteten Beschäftigten gelten die bisher anzuwendenden Bestimmungen weiter; eine arbeitsvertragliche Neuregelung bleibt unberührt.

4. Bei Berechnung des Vergleichsentgelts wird der Ortszuschlag mit der Stufe 1 oder 2 berücksichtigt. Ist auch eine andere Person im Sinne von § 29 Abschn. B Abs. 5 BAT/BAT-O ortszuschlagsberechtigt oder nach beamtenrechtlichen Grundsätzen familienzuschlagsberechtigt, wird nur die Stufe 1 zugrunde gelegt; findet der TV-Länder am 1. November 2006 auch auf die andere Person Anwendung, geht der jeweils individuell zustehende Teil des Unterschiedsbetrages zwischen den Stufen 1 und 2 des Ortszuschlags in das Vergleichsentgelt ein.

5. Ansprüche aufgrund von beim Arbeitgeber am 1. November 2006 geltenden Regelungen für die Gewährung von Beihilfen an Arbeitnehmerinnen und Arbeitnehmer im Krankheitsfall bleiben für übergeleitete Beschäftigte, die an diesem Tag noch Anspruch auf Beihilfe haben unberührt. Änderungen von Beihilfevorschriften für Beamte kommen zur Anwendung, soweit auf Landes- bzw. Bundesvorschriften Bezug genommen wird

6. Für die Zeit ab 1. November 2008 werden Strukturausgleiche vereinbart, sofern sich aus der Anlage 3 zum TVÜ-Länder nichts anderes ergibt.

XIII. In-Kraft-Treten; Mindestlaufzeit

1. Der TV-Länder wird zum 1. November 2006 in Kraft gesetzt.

2. Mindestlaufzeit bis 31. Dezember 2009.

3. Die Gewerkschaften verpflichten sich, den TV-Meistbegünstigung vom 9. Februar 2005 zum frühest möglichen Zeitpunkt zu kündigen.

XIV. Maßregelungsklausel

Es wird eine Maßregelungsklausel vereinbart.

Potsdam, den 19. Mai 2006

Hartmut Möllring   Frank Bsirske   Kurt Martin

Anlage 1
Tabelle zum TV-Länder

	Tabelle TV-Länder					
	(Tarifbereich Ost entsprechend jeweiligem Anpassungssatz, zur Zeit 92,5 v.H.)					
Entgelt-gruppe	Grundentgelt		Entwicklungsstufen			
	Stufe 1	Stufe 2	Stufe 3	Stufe 4	Stufe 5	Stufe 6
		nach 1 Jahr	nach 3 Jahren	nach 6 Jahren	nach 10 Jahren	nach 15 Jahren
15	3.384	3.760	3.900	4.400	4.780	
14	3.060	3.400	3.600	3.900	4.360	
13	2.817	3.130	3.300	3.630	4.090	
12	2.520	2.800	3.200	3.550	4.000	
11	2.430	2.700	2.900	3.200	3.635	
10	2.340	2.600	2.800	3.000	3.380	
9	2.061	2.290	2.410	2.730 [1/2]	2.980	
8	1.926	2.140	2.240	2.330	2.430	2.493
7	1.800	2.000	2.130	2.230	2.305	2.375
6	1.764	1.960	2.060	2.155	2.220	2.285
5	1.688	1.875	1.970	2.065	2.135	2.185
4	1.602	1.780	1.900	1.970	2.040	2.081
3	1.575	1.750	1.800	1.880	1.940 [3]	1.995
2	1.449	1.610	1.660	1.710	1.820 [4]	1.935
1	Je 4 Jahre	1.286	1.310	1.340	1.368	1.440

1. Endstufe für Arbeiter der LGr 9; Stufe 4 nach 7 Jahren in der Stufe 3
2. Endstufe Ang Vb BAT ohne Aufstieg und Aufsteiger Vb aus Vc BAT; Stufe 3 nach 5 Jahren in der Stufe 2,
   Stufe 4 nach 9 Jahren in der Stufe 3
3. Endstufe für Arbeiter der LGr 2 mit Aufstiegen nach LGr 2a und LGr 3 und Angestellte VGr VIII BAT
   mit und ohne Anwartschaft auf Aufstieg nach VGr. VII BAT
4. Endstufe für Angestellte VGr. X BAT mit Aufstiegen nach VGr. IXb BAT, sowie Arbeiter LGr 1 mit Aufstieg nach LGr 1a

Anlage 2
Berechnungsvorgaben

Die Berechnung erfolgt auf der Grundlage von Kopfzahlen.
Es werden nur Tarifbeschäftigte berücksichtigt.
Die tatsächliche durchschnittliche wöchentliche Arbeitszeit zum Stichtag 1. Januar 2006 ergibt sich
nach folgender Formel:

(38,5 x Anzahl der Beschäftigten auf 38,5-Std.-Basis) + (40 bzw. 41 bzw. 42 x Anzahl der Beschäftigten auf 40- bzw. 41- bzw. 42-Std.-Basis)

                            Gesamtbeschäftigtenzahl

Anlage 3
Liste der Beschäftigten bzw. Beschäftigungsbereiche mit Arbeitszeit nach Abschnitt V Nr. 1
Buchst. c

a) Beschäftigte, die ständig Wechselschicht- oder Schichtarbeit leisten,
b) Beschäftigte an Unikliniken, Landeskrankenhäusern, sonstigen Krankenhäusern und psychiatri-
    schen Einrichtungen,
c) Beschäftigte in Straßenmeistereien, Autobahnmeistereien, KFZ-Werkstätten, Theater und Bühnen,
    Hafenbetriebe, Schleusen und im Küstenschutz
d) Beschäftigte in Einrichtungen für schwerbehinderte Menschen (Schulen, Heime) und in heilpäda-
    gogischen Einrichtungen

Diese Liste kann auf landesbezirklicher Ebene durch Tarifvertrag erweitert werden.

Anlage 4
Verfahren zur Aufnahme von Tarifverhandlungen zur wirtschaftlichen Sicherung der
Universitätskliniken und zur Beschäftigungssicherung an diesen Einrichtungen

1. Kontaktaufnahme der Klinik mit dem für das Tarifrecht zuständigen Landesministerium.
2. Information der Klinik über die inhaltlichen Voraussetzungen für die Aufnahme von Tarifverhand-
    lungen
    a) Vorlage der testierten Jahresabschlüsse (Offenlegung der Geschäfts- und Vermögensverhältnis-
        se)
    b) Vorlage eines Zukunftskonzepts
    c) Aussage zur Laufzeit der Anwendungsvereinbarung
    d) Erklärung des Einrichtungsträgers
    e) Erhalt des Krankenhauses im Länderbereich
    f) Keine Kürzung geleisteter Eigenanteile und/oder Betriebskostenzuschüsse aufgrund der Arbeit-
        nehmerbeiträge
    g) Darstellung des Umfangs der erforderlichen Maßnahmen zur wirtschaftlichen Stärkung des
        Krankenhauses und zur Sicherung der Beschäftigung
    h) Herstellung betrieblicher Akzeptanz
    i) Erklärung betreffend eine evtl. gleichzeitige Anwendung des TV-Service, ggf. Erklärung zum
        Verhältnis zu einem laufenden Sanierungstarifvertrag.
3. Das Ministerium informiert den zuständigen Landesbezirk der Gewerkschaft über die Absicht der
    Uniklinik, eine Anwendungsvereinbarung abschließen zu wollen und übersendet die Unterlagen
    gemäß Nr. 2.

4. Die Gewerkschaft überprüft die Unterlagen und teilt dem Ministerium innerhalb von zwei Wochen mit, ob Tarifverhandlungen über eine Anwendungsvereinbarung aufgenommen werden können oder welche konkreten Hinderungsgründe bestehen.
5. Im Falle der beabsichtigten Aufnahme von Tarifverhandlungen schaltet die Uniklinik im Einvernehmen mit der Gewerkschaft umgehend einen neutralen Gutachter, dessen Kosten von der Uniklinik zu tragen sind, zur Stellungnahme zu der wirtschaftlichen Lage, dem Zukunftskonzept und den beabsichtigten Maßnahmen ein. Das Gutachten soll innerhalb eines Monats nach Beauftragung vorliegen.
6. Das Gutachten wird der Gewerkschaft, dem Ministerium und der Uniklinik zugeleitet. Die Tarifverhandlungen werden innerhalb von zwei Wochen nach Eingang des Gutachtens aufgenommen.
7. Die Tarifverhandlungen sollen innerhalb von drei Monaten nach Information der Gewerkschaft durch das Ministerium abgeschlossen werden.

Anlage 5
Besondere Regelungen für Ärztinnen und Ärzte an Universitätskliniken

A. Geltungsbereich

1. Ärztinnen und Ärzte, einschließlich Zahnärzte und Psychiater, die als Angestellte eines Landes oder eines Arbeitgebers, der Mitglied der TdL ist, an einer Universitätsklinik überwiegend Aufgaben in der Patientenversorgung wahrnehmen.
2. Ob und inwieweit Regelungen dieser Einigung auf andere Ärztinnen und Ärzte im Landesdienst (z.B. an psychiatrischen Krankenhäusern) übertragen werden, ist auf Landesebene zu verhandeln.
3. Der Tarifvertrag für das Universitätsklinikum Schleswig-Holstein (Beschäftigungspakt) vom 20. Oktober 2004 bleibt unberührt.

B. Arbeitszeit, Bereitschaftsdienst

1. Wochenarbeitszeit
Die durchschnittliche regelmäßige wöchentliche Arbeitszeit beträgt 42 Stunden.
Der einzelne Arzt erhält das Recht, 38,5 (Ost 40) Stunden zu arbeiten und erhält hierfür das entsprechende zeitanteilige Entgelt.
Der Ausgleichszeitraum für die Berechnung des Durchschnitts der regelmäßigen wöchentlichen Arbeitszeit beträgt ein Jahr.

2. Begrenzung von 12-Stunden-Schichten
Unter den Voraussetzungen des Arbeitszeitgesetzes kann die tägliche Arbeitszeit im Schichtdienst auf bis zu 12 Stunden ausschließlich der Pausen ausgedehnt werden zur Schaffung längerer Freizeitintervalle und zur Verminderung der Zahl der Wochenenddienste. In unmittelbarer Folge dürfen nicht mehr als 4 Zwölf-Stunden-Schichten und innerhalb von zwei Kalenderwochen nicht mehr als 8 Zwölf-Stunden-Schichten geleistet werden.
Solche Schichten können nicht mit Bereitschaftsdienst kombiniert werden.

3. Tägliche Höchstarbeitszeit bei Bereitschaftsdienst
Im Rahmen des § 7 Abs. 1 Nr. 1 und Nr. 4 ArbZG kann die tägliche Arbeitszeit im Sinne des Arbeitszeitgesetzes abweichend von den §§ 3 und 6 Abs. 2 ArbZG über acht Stunden hinaus auf bis zu 24 Stunden (8 Stunden Volldienst und 16 Stunden Bereitschaftsdienst) verlängert werden, wenn mindestens die acht Stunden überschreitende Zeit als Bereitschaftsdienst abgeleistet wird. Die tägliche Arbeitszeit darf bei Ableistung ausschließlich von Bereitschaftsdienst an Samstagen, Sonn- und Feiertagen maximal 24 Stunden betragen, wenn dadurch für den Einzelnen mehr Wochenenden und Feiertage frei sind. Diese Regelung ist gesondert kündbar zum Ende der Laufzeit dieses Tarifvertrages.

4. Wöchentliche Höchstarbeitszeit bei Bereitschaftsdienst
Wenn in die Arbeitszeit regelmäßig und in erheblichem Umfang Bereitschaftsdienst fällt, kann im Rahmen des § 7 Abs. 2a ArbZG nach
- einer Prüfung alternativer Arbeitszeitmodelle,

- einer Belastungsanalyse gemäß § 5 ArbSchG und
- ggf. daraus resultierender Maßnahmen zur Gewährleistung des Gesundheitsschutzes im Rahmen der Grenzwerte nach Ziff. 3 dieser Vereinbarung eine Verlängerung der täglichen Arbeitszeit über acht Stunden hinaus auch ohne Ausgleich erfolgen, wobei eine wöchentliche Arbeitszeit von bis zu maximal durchschnittlich 58 Stunden in der Bereitschaftsdienststufe I und von bis zu maximal durchschnittlich 54 Stunden in der Bereitschaftsdienststufe II zulässig ist. Durch landesbezirklichen Tarifvertrag kann in begründeten Einzelfällen eine durchschnittliche wöchentliche Höchstarbeitszeit von bis zu 66 Stunden vereinbart werden, wobei die Tarifvertragsparteien davon ausgehen, dass es hierfür einen Bedarf gibt.

Für die Berechnung des Durchschnitts der wöchentlichen Arbeitszeit ist ein Zeitraum von einem Jahr zugrunde zu legen.

5. Bewertung und Bezahlung des Bereitschaftsdienstes

Der Arzt ist verpflichtet, sich auf Anordnung des Arbeitgebers außerhalb der regelmäßigen Arbeitszeit an einer vom Arbeitgeber bestimmten Stelle aufhalten, um im Bedarfsfall die Arbeit aufzunehmen (Bereitschaftsdienst). Der Arbeitgeber darf Bereitschaftsdienst nur anordnen, wenn zu erwarten ist, dass zwar Arbeit anfällt, erfahrungsgemäß aber die Zeit ohne Arbeitsleistung überwiegt.

Zum Zwecke der Entgeltberechnung wird die Zeit des Bereitschaftsdienstes nach dem Maß der während des Bereitschaftsdienstes erfahrungsgemäß durchschnittlich anfallenden Arbeitsleistungen wie folgt als Arbeitszeit gewertet:

Bereitschaftsdienststufe I (0 v. H. bis zu 25 v. H. Arbeitsleistung)   60 v.H.
Bereitschaftsdienststufe II (über 25 v. H. bis 49 v. H. Arbeitsleistung)   95 v.H.

Für die als Arbeitszeit gewertete Zeit des Bereitschaftsdienstes wird das tarifliche Stundenentgelt der jeweiligen Stufe und Entgeltgruppe (individuelles Stundenentgelt) gezahlt.

Die Zuweisung zu den Stufen des Bereitschaftsdienstes erfolgt durch schriftliche Nebenabrede zum Arbeitsvertrag. Die Nebenabrede ist mit einer Frist von drei Monaten jeweils zum Ende eines Kalenderhalbjahres kündbar.

C. Eingruppierung, Tabelle

1. Eingruppierung der Ärzte:

- Arzt mit entsprechender Tätigkeit,
- Facharzt mit entsprechender Tätigkeit
- Oberarzt
- Oberarzt
  - ist derjenige Arzt, dem die medizinische Verantwortung für Teil- oder Funktionsbereiche der Klinik bzw. Abteilung vom Arbeitgeber übertragen worden ist.
  - Facharzt in einer durch den Arbeitgeber übertragenen Spezialfunktion, für die dieser eine erfolgreich abgeschlossene Schwerpunkt- oder Zusatzweiterbildung nach der Weiterbildungsordnung fordert.
  - Facharzt, dem die ständige Vertretung des leitenden Arztes (Chefarzt) vom Arbeitgeber übertragen worden ist.

(Protokollerklärung: Ständiger Vertreter ist nur der Arzt, der den leitenden Arzt in der Gesamtheit seiner Dienstaufgaben vertritt. Das Tätigkeitsmerkmal kann daher innerhalb einer Klinik nur von einem Arzt erfüllt werden.)

Ärzte in der Weiterbildung zum Facharzt erhalten eine monatliche Zulage in Höhe der Differenz zur Basisstufe der Entgeltgruppe für Fachärzte, sobald sie die Mindestweiterbildungszeit nach der Weiterbildungsordnung um mehr als ein Jahr überschritten haben, ohne dass der Arzt dies zu vertreten hat.

2. Entgelttabelle:

Die Entgelttabelle ist auf der Basis einer regelmäßigen durchschnittlichen Wochenarbeitszeit von 42 Stunden festgelegt und ergibt sich für das Tarifgebiet West aus der Anlage 5 a. Die Beträge für das Tarifgebiet Ost ergeben sich aus der Anlage 5 b.

Für die Erhöhung der Beträge der Entgelttabelle und die Laufzeit der Entgelttabelle gilt Abschnitt I. Nrn. 5 und 6 entsprechend.

Die Entgelttabelle für Ärzte ersetzt die bisherigen Vergütungstabellen. Damit entfallen künftig neben der allgemeinen Zulage auch die Ortszuschläge mit Ausnahme kinderbezogener Zuschläge für bis zum 31. Dezember 2006 geborene Kinder.

Es wird eine Besitzstandsregelung für die bisherigen Beschäftigten vereinbart, die sicherstellt, dass durch die neue Eingruppierung kein Arzt weniger als bisher verdient.

3. Anrechnung förderlicher Zeiten

Bei der Einstellung als Ärztin/Arzt werden Zeiten mit einschlägiger Berufserfahrung grundsätzlich anerkannt.

4. Maßnahmen zur Zukunftssicherung der Universitätskliniken und zur Beschäftigungssicherung

Zur Sicherung der wirtschaftlichen Zukunft der Universitätskliniken und zur Beschäftigungssicherung werden für unmittelbar tarifgebundene Universitätskliniken regionale Öffnungen für landesbezirkliche Anwendungsvereinbarungen ermöglicht. Im Interesse des Klinikums kann ein Beitrag der Beschäftigten vereinbart werden. Der Beitrag kann darin bestehen, im Interesse des Klinikums künftige tarifliche Ansprüche in Beteiligungen der Beschäftigten am Klinikum umzuwandeln bzw. tarifliche Ansprüche zu reduzieren. Die Summe des Beitrags kann für jeden Beschäftigten max. bis zu 10 v.H. des Jahresbruttoeinkommens betragen, wobei der Anteil für die Reduzierung von tariflichen Ansprüchen max. bis zu 6 v.H. beträgt. Die Länder stellen sicher, dass eine Mitarbeiterkapitalbeteiligung möglich ist. Die Einzelheiten zum Verfahren ergeben sich aus der Anlage 4.

D. Verbesserungen der Arbeitsbedingungen

1. Begrenzung von befristeten Arbeitsverträgen

Beim Abschluss von befristeten Arbeitsverträgen mit besonders kurzen Vertragslaufzeiten ist auch das Interesse der Ärztin/des Arztes an einer notwendigen Planungssicherheit zu berücksichtigen. Bei befristeten Beschäftigungen im Rahmen des HRG zum Zwecke der Weiterbildung zum Facharzt soll der erste Vertrag möglichst für eine Laufzeit von nicht weniger als zwei Jahren und der weitere Vertrag bis zum Ende der Mindestweiterbildungszeit, längstens bis zu einem im Einzelfall festzulegenden Zeitpunkt geschlossen werden, sofern nicht sachliche Gründe kürzere Vertragslaufzeiten erfordern.

2. Ausübung wissenschaftlicher Tätigkeit

Die Tarifvertragsparteien erwarten, dass den Ärzten bei der Festlegung der Arbeitszeit ein angemessener zeitlicher Anteil der Arbeitszeit für ihre wissenschaftliche Tätigkeit in Forschung und Lehre zugestanden wird. Die in den Hochschulgesetzen der Länder geregelten Mindestzeiten für die Ausübung wissenschaftlicher Tätigkeit bleiben unberührt.

3. Entlastung von patientenfernen Aufgaben

Die Tarifvertragsparteien erwarten, dass die Kliniken zusammen mit den Ärzten nach Wegen suchen, die Ärzte von bürokratischen, patientenfernen Aufgaben zu entlasten und deren Arbeitsabläufe besser zu organisieren.

4. Entwicklung neuer Arbeitszeitmodelle

Die Tarifvertragsparteien erwarten, dass in den Kliniken unter Einbeziehung der Beschäftigten intensiv alternative Arbeitszeitmodelle entwickelt werden, die sowohl den gesetzlichen Anforderungen nach Auslaufen der Übergangsfrist des § 25 Arbeitszeitgesetz als auch veränderten betrieblichen Anforderungen entsprechen.

5. Dokumentation geleisteter Arbeitsstunden

Die Arbeitszeiten der Ärzte sollen objektiv dokumentiert werden. Die konkrete Anwendung wird durch Pilotprojekte geprüft.

6. Teilnahme an Kongressen und Fachtagungen

Zur Teilnahme an Arztkongressen, Fachtagungen usw. kann dem Arzt bis zu drei Arbeitstage im Kalenderjahr Arbeitsbefreiung unter Fortzahlung der regelmäßigen Bezüge gewährt werden. Die Arbeitsbefreiung wird auf einen Anspruch nach den Weiterbildungsgesetzen der Länder angerechnet. Bei Personalkostenerstattung durch Dritte erfolgt eine Freistellung für bis zu fünf Tage.

7. Freistellung für Sonderfunktionen

Wird einem Arzt durch ausdrückliche Anordnung des Arbeitgebers eine Sonderfunktion innerhalb der Klinik übertragen (z.B. Transplantationsbeauftragter, Strahlenschutzbeauftragter usw.), ist er für diese Tätigkeit und die Fortbildung hierzu in erforderlichem Umfang von seinen sonstigen Aufgaben freizustellen.

8. Allgemeine Pflichten

Die im Rahmen des Arbeitsvertrages geschuldete Leistung ist gewissenhaft und ordnungsgemäß in Übereinstimmung mit den Zielen der Hochschule, insbesondere der spezifischen Aufgaben in Forschung, Lehre, Weiterbildung sowie in der Krankenversorgung auch unter Beachtung der Wirtschaftlichkeit auszuüben.

9. Gutachten, Nebentätigkeit

Die Erstellung von Gutachten, gutachtlichen Äußerungen und wissenschaftlichen Ausarbeitungen, die nicht von einem Dritten angefordert und vergütet werden, gehört zu den den Ärztinnen und Ärzten obliegenden Pflichten aus der Haupttätigkeit.

Ärztinnen und Ärzte können vom Arbeitgeber verpflichtet werden, als Nebentätigkeit Unterricht zu erteilen

10. Mitarbeiterbeteiligung

Die Mitarbeiterbeteiligung (Beteiligung an Poolgeldern) hat nach transparenten Grundsätzen, insbesondere unter Berücksichtigung von Verantwortung, Leistung und Erfahrung zu erfolgen. Sie richtet sich nach den landesrechtlichen Bestimmungen. Soweit keine landesrechtlichen Bestimmungen erlassen sind, soll ein Poolvolumen gemäß den Grundsätzen des Satzes 1 verteilt werden; die Klinik kann weitere Kriterien bestimmen.

Anlage 5 a
Entgelttabelle für Ärztinnen und Ärzte an Universitätskliniken im Tarifgebiet West
Monatsbeträge bei 42 Wochenstunden

Bezeichnung	Euro	Euro	Euro	Euro	Euro
Arzt	**3600** im 1. Jahr	**3800** im 2. Jahr	**3950** im 3. Jahr	**4200** im 4. Jahr	**4500** ab dem 5. Jahr
Facharzt	**4750** ab dem 1. Jahr	**5150** ab dem 4. Jahr	**5500** ab dem 7. Jahr		
Oberarzt	**5950** ab dem 1. Jahr	**6300** ab dem 4. Jahr	**6800** ab dem 7. Jahr		
Ständiger Vertreter des ltd. Arztes	**7000** ab dem 1. Jahr	**7500** ab dem 4. Jahr	**7900** ab dem 7. Jahr		

Anlage 5 b
Entgelttabelle für Ärztinnen und Ärzte an Universitätskliniken im Tarifgebiet Ost
Monatsbeträge bei 42 Wochenstunden

Bezeichnung	Euro	Euro	Euro	Euro	Euro
Arzt	3200 im 1. Jahr	3400 im 2. Jahr	3500 im 3. Jahr	3700 im 4. Jahr	4000 ab dem 5. Jahr
Facharzt	4200 ab dem 1. Jahr	4500 ab dem 4. Jahr	4800 ab dem 7. Jahr		
Oberarzt	5300 ab dem 1. Jahr	5600 ab dem 4. Jahr	6000 ab dem 7. Jahr		
Ständiger Vertreter des ltd. Arztes	6200 ab dem 1. Jahr	6600 ab dem 4. Jahr	7000 ab dem 7. Jahr		

Maßregelungsklausel

1. Die Beschäftigungsverhältnisse aller am Arbeitskampf Beteiligten werden fortgesetzt. Jede Maßregelung von Beschäftigten aus Anlass oder im Zusammenhang mit der Tarifrunde 2006 unterbleibt bzw. wird rückgängig gemacht. Insbesondere bestehen gekündigte Arbeitsverhältnisse fort, Abmahnungen und Ermahnungen werden zurückgenommen. Die Beschäftigten werden unmittelbar nach dem Ende des Arbeitskampfes zu unveränderten Bedingungen weiterbeschäftigt. Maßregelungen jeglicher Art, die bereits erfolgt sind, werden durch ausdrückliche schriftliche Erklärung gegenüber den betroffenen Arbeitnehmern rückgängig gemacht.
2. Ist ein Anspruch oder Anwartschaft von einer ununterbrochenen Zeit oder einer bestimmten Zeitdauer oder davon, dass das Arbeitsverhältnis nicht geruht hat, abhängig, ist die Teilnahme am Streik für die Erfüllung dieser Zeit nicht schädlich. Die Teilnahme an Arbeitskampfmaßnahmen führt nicht zu einer Kürzung der Entgeltfortzahlung und der Sonderzahlung. Soweit Resturlaub wegen der Beteiligung an Arbeitskampfmaßnahmen nicht mehr genommen werden konnte, wird dieser über den 30. April 2006 hinaus übertragen.
3. Der Arbeitgeber erbringt die (Altersteilzeit-) Wertguthaben für die in Folge von Arbeitskampfmaßnahmen ausgefallene Arbeitszeit (Ausfallzeit). Für das Altersteilzeitverhältnis gilt die Ausfallzeit als geleistete Arbeitszeit. Auf Wunsch des Altersteilzeitbeschäftigten erhält dieser auch Gelegenheit streikbedingte Ausfallzeiten nachzuarbeiten. Eine Kürzung des Erhöhungsbetrages wegen Teilnahme an Arbeitskampfmaßnahmen findet in keinem Falle statt.
4. Die Tarifvertragsparteien und deren Mitglieder verzichten wechselweise auf Ersatzansprüche aller Art aus Anlass oder im Zusammenhang mit der Tarifbewegung und nehmen diesen Verzicht an.
5. Die im Zusammenhang mit dem Arbeitskampf gezeigten Verhaltensweisen von Beschäftigten werden arbeitsrechtlich nicht weiterverfolgt.
6. Arbeitskampfbedingte Unterbrechungen der Ausbildung werden für Schülerinnen und Schüler, die auf Grundlage eines bundesrechtlich geregelten Berufszulassungsgesetzes (Hebammengesetz, Krankenpflegegesetz u.ä.) oder landesrechtlich geregelter Berufe mit Fehlzeitenregelung ausgebil-

det werden, auf die Dauer der Ausbildung angerechnet und nicht als Fehlzeit, sondern analog Urlaubszeiten behandelt und stellen keine Fehlzeit dar.

7. Im Zusammenhang mit den vorstehenden Ziffern entstandene Vorgänge werden aus den Personalakten entfernt und vernichtet.

Potsdam, den 19. Mai 2006

Hartmut Möllring   Frank Bsirske   Kurt Martin

Angebot der Tarifgemeinschaft deutscher Länder
an den Marburger Bund

vom 16. Juni 2006

Die Tarifvertragsparteien einigen sich auf folgende Eckpunkte zu Regelungen für Ärztinnen und Ärzte an Universitätskliniken in einem eigenständigen Tarifvertrag:

I. Geltungsbereich

1. Geltungsbereich

Ärztinnen und Ärzte, einschließlich Zahnärzte und Psychiater, die als Angestellte eines Landes oder eines Arbeitgebers, der Mitglied der TdL ist, an einer Universitätsklinik überwiegend Aufgaben in der Patientenversorgung wahrnehmen. Dazu gehören auch Ärztinnen und Ärzte, die in ärztlichen Servicebereichen (z.b. Pathologie, Labor, Krankenhaushygiene) in der Patientenversorgung eingesetzt sind.

2. Landeskrankenhäuser

Ob und inwieweit Regelungen dieser Einigung auf andere Ärztinnen und Ärzte im Landesdienst (z. B. an psychiatrischen Krankenhäusern) übertragen werden, ist auf Landesebene zu verhandeln.

3. Schleswig-Holstein

Der Tarifvertrag für das Universitätsklinikum Schleswig-Holstein (Beschäftigungspakt) vom 20. Oktober 2004 bleibt unberührt.

4. Chefärzte

Die Regelungen gelten nicht für Chefärzte und Chefärztinnen, soweit deren Arbeitsbedingungen einzelvertraglich festgelegt sind.

II. Arbeitszeit, Bereitschaftsdienst

1. Wochenarbeitszeit

Die durchschnittliche regelmäßige wöchentliche Arbeitszeit beträgt 42 Stunden. Der einzelne Arzt/die einzelne Ärztin erhält das Recht, 38,5 (Ost 40) Stunden zu arbeiten und erhält hierfür das entsprechende zeitanteilige Entgelt. Der Ausgleichszeitraum für die Berechnung des Durchschnitts der regelmäßigen wöchentlichen Arbeitszeit beträgt ein Jahr. Teilzeitbeschäftigte, deren Arbeitsvertrag die Vereinbarung einer festen Wochenstundenzahl enthält, können mit dem Arbeitgeber individuell vereinbaren, die Wochenstundenzahl so zu erhöhen, dass das Verhältnis der neu vereinbarten Wochenstundenzahl zur regelmäßigen Wochenarbeitszeit dem Verhältnis zwischen ihrer bisherigen Wochenstundenzahl und der früher geltenden Wochenarbeitszeit entspricht.

2. Begrenzung von 12-Stunden-Schichten

Unter den Voraussetzungen des Arbeitszeit- und Arbeitsschutzgesetzes, insbesondere des § 5 ArbSchG, kann die tägliche Arbeitszeit im Schichtdienst auf bis zu 12 Stunden ausschließlich der Pausen zur Schaffung längerer Freizeitintervalle und zur Verminderung der Zahl der Wochenenddienste ausgedehnt werden. In unmittelbarer Folge dürfen nicht mehr als 4 Zwölf-Stunden-Schichten und innerhalb von zwei Kalenderwochen nicht mehr als 8 Zwölf-Stunden-Schichten geleistet werden. Solche Schichten können nicht mit Bereitschaftsdienst kombiniert werden.

3. Tägliche Höchstarbeitszeit bei Bereitschaftsdienst

Wenn in die Arbeitszeit regelmäßig und in erheblichem Umfang Bereitschaftsdienst fällt, kann im Rahmen des Arbeitszeitgesetzes nach
- einer Prüfung alternativer Arbeitszeitmodelle,
- einer Belastungsanalyse gemäß § 5 ArbSchG und
- ggf. daraus resultierender Maßnahmen zur Gewährleistung des Gesundheitsschutzes
im Rahmen des § 7 Abs. 1 Nr. 1 und Nr. 4 ArbZG die tägliche Arbeitszeit im Sinne des Arbeitszeitgesetzes abweichend von den §§ 3 und 6 Abs. 2 ArbZG über acht Stunden hinaus auf bis zu 24 Stunden (8 Stunden Volldienst und 16 Stunden Bereitschaftsdienst) verlängert werden, wenn mindestens die acht Stunden überschreitende Zeit als Bereitschaftsdienst abgeleistet wird. Die tägliche Arbeitszeit darf bei Ableistung ausschließlich von Bereitschaftsdienst an Samstagen, Sonn- und Feiertagen maximal 24

Stunden betragen, wenn dadurch für den Einzelnen mehr Wochenenden und Feiertage frei sind. Diese Regelung ist gesondert kündbar zum Ende der Laufzeit dieses Tarifvertrages.

4. Wöchentliche Höchstarbeitszeit bei Bereitschaftsdienst

Wenn in die Arbeitszeit regelmäßig und in erheblichem Umfang Bereitschaftsdienst fällt, kann im Rahmen des § 7 Abs. 2a ArbZG nach

- einer Prüfung alternativer Arbeitszeitmodelle,
- einer Belastungsanalyse gemäß § 5 ArbSchG und
- ggf. daraus resultierender Maßnahmen zur Gewährleistung des Gesundheitsschutzes

im Rahmen der Grenzwerte nach Ziff. 3 dieser Vereinbarung eine Verlängerung der täglichen Arbeitszeit über acht Stunden hinaus auch ohne Ausgleich erfolgen, wobei eine wöchentliche Arbeitszeit von bis zu maximal durchschnittlich 58 Stunden in der Bereitschaftsdienststufe I und von bis zu maximal durchschnittlich 54 Stunden in der Bereitschaftsdienststufe II zulässig ist. Durch Tarifvertrag auf Landesebene kann in begründeten Einzelfällen eine durchschnittliche wöchentliche Höchstarbeitszeit von bis zu 66 Stunden vereinbart werden, wobei die Tarifvertragsparteien davon ausgehen, dass es hierfür einen Bedarf geben kann. Für die Berechnung des Durchschnitts der wöchentlichen Arbeitszeit ist ein Zeitraum von einem Jahr zugrunde zu legen.

5. Bewertung und Bezahlung des Bereitschaftsdienstes

Die Ärztin/der Arzt ist verpflichtet, sich auf Anordnung des Arbeitgebers außerhalb der regelmäßigen Arbeitszeit an einer vom Arbeitgeber bestimmten Stelle aufzuhalten, um im Bedarfsfall die Arbeit aufzunehmen (Bereitschaftsdienst). Der Arbeitgeber darf Bereitschaftsdienst nur anordnen, wenn zu erwarten ist, dass zwar Arbeit anfällt, erfahrungsgemäß aber die Zeit ohne Arbeitsleistung überwiegt. Zum Zwecke der Entgeltberechnung wird die Zeit des Bereitschaftsdienstes nach dem Maß der während des Bereitschaftsdienstes erfahrungsgemäß durchschnittlich anfallenden Arbeitsleistungen wie folgt als Arbeitszeit gewertet:

- Bereitschaftsdienststufe I (0 v. H. bis zu 25 v. H. Arbeitsleistung) 60 v.H.
- Bereitschaftsdienststufe II (über 25 v. H. bis 49 v. H. Arbeitsleistung) 95 v.H.

Für die als Arbeitszeit gewertete Zeit des Bereitschaftsdienstes wird das tarifliche Stundenentgelt der jeweiligen Stufe und Entgeltgruppe (individuelles Stundenentgelt) gezahlt. Für die Stunden des Bereitschaftsdienstes an gesetzlichen Feiertagen erhöht sich die Bewertung um 25 Prozentpunkte. Die Zuweisung zu den Stufen des Bereitschaftsdienstes erfolgt durch schriftliche Nebenabrede zum Arbeitsvertrag. Die Nebenabrede ist mit einer Frist von drei Monaten jeweils zum Ende eines Kalenderhalbjahres kündbar.

6. Rufbereitschaft

Die Ärztin/der Arzt hat sich auf Anordnung des Arbeitgebers außerhalb der regelmäßigen Arbeitszeit an einer dem Arbeitgeber anzuzeigenden Stelle aufzuhalten, um auf Abruf die Arbeit aufzunehmen (Rufbereitschaft). Rufbereitschaft wird nicht dadurch ausgeschlossen, dass die Ärztin/der Arzt vom Arbeitgeber mit einem Mobiltelefon oder einem anderen technischen Hilfsmittel zur Gewährleistung der Erreichbarkeit ausgestattet wird. Der Arbeitgeber darf Rufbereitschaft nur anordnen, wenn erfahrungsgemäß lediglich in Ausnahmefällen Arbeit anfällt. Durch tatsächliche Arbeitsleistung innerhalb der Rufbereitschaft kann die tägliche Höchstarbeitszeit von zehn Stunden überschritten werden (§ 3, 7 Abs. 1 Nr. 1 und Nr. 4 ArbZG). Für eine Rufbereitschaft von mindestens 12 Stunden wird für die Tage Montag bis Freitag das Zweifache, für Samstag, Sonntag sowie für Feiertage das Vierfache des individuellen Stundenentgelts gezahlt. Für Rufbereitschaften von weniger als 12 Stunden werden für jede angefangene Stunde 12,5 v. H. des individuellen Stundenentgelts gezahlt. Hinsichtlich der Arbeitsleistung wird jede einzelne Inanspruchnahme innerhalb der Rufbereitschaft mit einem Einsatz im Krankenhaus einschließlich der hierfür erforderlichen Wegezeiten auf eine volle Stunde gerundet. Für die Inanspruchnahme wird das Entgelt für Überstunden sowie etwaiger Zeitzuschläge bezahlt.

III. Eingruppierung, Tabelle

1. Eingruppierung der Ärzte

(1) Arzt mit entsprechender Tätigkeit
(2) Facharzt mit entsprechender Tätigkeit;
(3) Oberarzt:
(a) Oberarzt ist derjenige Arzt, dem die medizinische Verantwortung für Teil- oder Funktionsbereiche der Klinik bzw. Abteilung vom Arbeitgeber übertragen worden ist.

(b) Facharzt in einer durch den Arbeitgeber übertragenen Spezialfunktion, für die dieser eine erfolgreich abgeschlossene Schwerpunkt- oder Zusatzweiterbildung nach der Weiterbildungsordnung fordert. (4) Facharzt, dem die ständige Vertretung des leitenden Arztes (Chefarzt) vom Arbeitgeber übertragen worden ist. (Protokollerklärung: Ständiger Vertreter ist nur der Arzt, der den leitenden Arzt in der Gesamtheit seiner Dienstaufgaben vertritt. Das Tätigkeitsmerkmal kann daher innerhalb einer Klinik nur von einem Arzt erfüllt werden.) Ärzte in der Weiterbildung zum Facharzt erhalten eine monatliche Zulage in Höhe der Differenz zur Basisstufe der Entgeltgruppe für Fachärzte, sobald sie die Mindestweiterbildungszeit nach der Weiterbildungsordnung um mehr als ein Jahr überschritten haben, ohne dass der Arzt dies zu vertreten hat.

2. Entgelttabelle

Die Entgelttabelle ist auf der Basis einer regelmäßigen durchschnittlichen Wochenarbeitszeit von 42 Stunden festgelegt und ergibt sich für das Tarifgebiet West aus der Anlage 1. Die Beträge für das Tarifgebiet Ost ergeben sich aus der Anlage 2. Die Entgelttabelle für Ärztinnen und Ärzte ersetzt die bisherigen Vergütungstabellen. Damit entfallen künftig neben der allgemeinen Zulage auch die Ortszuschläge mit Ausnahme kinderbezogener Zuschläge für bis zum 31. Dezember 2006 geborene Kinder. Es wird eine Besitzstandsregelung für die bisherigen Ärztinnen und Ärzte vereinbart, die sicherstellt, dass durch die neue Eingruppierung keine Ärztin/kein Arzt weniger als bisher verdient. Die TdL wird die neue Entgelttabelle ab 1. Juli 2006 anwenden, entsprechend dem Beschluss in der Mitgliederversammlung der TdL vom 8. Juni 2006.

3. Veränderungen der Entgelttabellen

Die Beträge der Entgelttabelle werden im Tarifgebiet West ab 1. Januar 2008 um 2,9 % erhöht. Die Erhöhung gilt im Tarifgebiet Ost ab 1. Mai 2008. Die Beträge der Entgelttabellen werden dabei auf volle 5 Euro aufgerundet. Die Tabellen sind mit einer Frist von einem Monat frühestens zum 31. Dezember 2008 kündbar. Die weitere Anpassung Ost-West richtet sich ausschließlich nach der Vereinbarung von 2003.

4. Anrechnung von Vorzeiten ärztlicher Tätigkeit

Bei der Stufenzuordnung werden Zeiten mit einschlägiger Berufserfahrung als förderliche Zeiten berücksichtigt. Zeiten mit einschlägiger Berufserfahrung an einer anderen Universitätsklinik sind grundsätzlich zu berücksichtigen. Zeiten von Berufserfahrung aus nichtärztlicher Tätigkeit können berücksichtigt werden.

5. Sicherung der wirtschaftlichen Zukunft und Beschäftigungssicherung

Zur Sicherung der wirtschaftlichen Zukunft der Universitätskliniken und zur Beschäftigungssicherung werden regionale Öffnungen für Anwendungsvereinbarungen auf Landesebene ermöglicht. Im Interesse des Klinikums kann ein Beitrag der Ärztinnen und Ärzte vereinbart werden. Der Beitrag kann darin bestehen, im Interesse des Klinikums künftige tarifliche Ansprüche in Beteiligungen der Ärztinnen und Ärzte am Klinikum umzuwandeln bzw. tarifliche Ansprüche zu reduzieren. Die Summe des Beitrags kann für jede Ärztin/jeden Arzt max. bis zu 10 v.H. des Jahresbruttoeinkommens betragen, wobei der Anteil für die Reduzierung von tariflichen Ansprüchen max. bis zu 6 v.H. beträgt. Die Länder stellen sicher, dass eine Mitarbeiterkapitalbeteiligung möglich ist. Die Einzelheiten zum Verfahren ergeben sich aus der Anlage 3.

IV. Vorweggewährung von Stufen, Mitarbeiterbeteiligung, Drittmittelbeteiligung

1. Vorweggewährung von Stufen

Zur regionalen Differenzierung, zur Deckung des Personalbedarfs, zur Bindung von qualifizierten Fachkräften oder zum Ausgleich höherer Lebenshaltungskosten können Ärztinnen und Ärzten abweichend von der tarifvertraglichen Einstufung ein bis zu zwei Stufen höheres Entgelt ganz oder teilweise vorweg gewährt werden. Ärztinnen und Ärzten mit einem Entgelt der Endstufe können bis zu 20 % der Stufe 2 zusätzlich erhalten. Um im Hinblick auf die fachliche Qualifikation besonderen projektbezogenen Anforderungen Rechnung zu tragen oder um eine besondere Personalgewinnung/-bindung zu erreichen (besondere Bedarfs- oder Bewerberlage), kann der Arbeitgeber die Beträge nach den Sätzen 1 und 2 bei Wissenschaftlern um bis zu 25 % überschreiten.

2. Mitarbeiterbeteiligung

Die Mitarbeiterbeteiligung (Beteiligung an Poolgeldern) hat nach transparenten Grundsätzen, insbesondere unter Berücksichtigung von Verantwortung, Leistung und Erfahrung zu erfolgen. Sie richtet sich nach den landesrechtlichen Bestimmungen. Soweit keine landesrechtlichen Bestimmungen erlassen sind, soll ein Poolvolumen gemäß den Grundsätzen des Satzes 1 verteilt werden; die Klinik kann weitere Kriterien bestimmen.

3. Drittmittelbeteiligung

Die Ärztin/der Arzt kann aus den nach Deckung der Einzel- und Gemeinkosten verbleibenden Erträgen von Drittmittelvorhaben eine Sonderzahlung von bis zu 10% seines Jahrestabellenentgelts erhalten, wenn sie/er durch besondere Leistungen zur Einwerbung der Mittel oder zur Erstellung einer für die eingeworbenen Mittel zu erbringenden bzw. erbrachten Leistung beigetragen hat. Zusatzversorgungspflicht Mitarbeiterbeteiligung und Drittmittelbeteiligung sind kein zusatzversorgungspflichtiges Entgelt.

V. Verbesserungen der Arbeitsbedingungen

1. Begrenzung von befristeten Arbeitsverträgen

Beim Abschluss von befristeten Arbeitsverträgen mit besonders kurzen Vertragslaufzeiten ist auch das Interesse der Ärztin/des Arztes an einer notwendigen Planungssicherheit zu berücksichtigen. Bei befristeten Beschäftigungen im Rahmen des HRG zum Zwecke der Weiterbildung zur Fachärztin/zum Facharzt soll der erste Vertrag möglichst für eine Laufzeit von nicht weniger als zwei Jahren und der weitere Vertrag bis zum Ende der Mindestweiterbildungszeit, längstens bis zu einem im Einzelfall festzulegenden Zeitpunkt geschlossen werden, sofern nicht sachliche Gründe kürzere Vertragslaufzeiten erfordern.

2. Ausübung wissenschaftlicher Tätigkeit

Die Tarifvertragsparteien erwarten, dass den Ärztinnen und Ärzten bei der Festlegung der Arbeitszeit ein angemessener zeitlicher Anteil der Arbeitszeit für ihre wissenschaftliche Tätigkeit in Forschung und Lehre zugestanden wird. Die in den Hochschulgesetzen der Länder geregelten Mindestzeiten für die Ausübung wissenschaftlicher Tätigkeit bleiben unberührt.

3. Entlastung von patientenfernen Aufgaben

Die Tarifvertragsparteien erwarten, dass die Kliniken zusammen mit den Ärztinnen und Ärzten nach Wegen suchen, die Ärzte von bürokratischen, patientenfernen Aufgaben zu entlasten und deren Arbeitsabläufe besser zu organisieren.

4. Entwicklung neuer Arbeitszeitmodelle

Die Tarifvertragsparteien erwarten, dass in den Kliniken unter Einbeziehung der Ärztinnen und Ärzte intensiv alternative Arbeitszeitmodelle entwickelt werden, die sowohl den gesetzlichen Anforderungen nach Auslaufen der Übergangsfrist des § 25 Arbeitszeitgesetz als auch veränderten betrieblichen Anforderungen entsprechen.

5. Dokumentation geleisteter Arbeitsstunden

Die Arbeitszeiten der Ärztinnen und Ärzte sollen objektiv dokumentiert werden. Die konkrete Anwendung wird durch Pilotprojekte geprüft.

6. Teilnahme an Kongressen und Fachtagungen

Zur Teilnahme an Arztkongressen, Fachtagungen und Ähnlichem ist der Ärztin/dem Arzt Arbeitsbefreiung bis zu drei Arbeitstage im Kalenderjahr unter Fortzahlung der regelmäßigen Bezüge zu gewähren. Die Arbeitsbefreiung wird auf einen Anspruch nach den Weiterbildungsgesetzen der Länder angerechnet. Bei Personalkostenerstattung durch Dritte erfolgt eine Freistellung für bis zu fünf Tage.

7. Freistellung für Sonderfunktionen

Wird einer Ärztin/einem Arzt durch ausdrückliche Anordnung des Arbeitgebers eine Sonderfunktion innerhalb der Klinik übertragen (z. B. Transplantationsbeauftragter, Strahlenschutzbeauftragter usw.), ist sie/er für diese Tätigkeit und die Fortbildung hierzu in erforderlichem Umfang von ihren/ seinen sonstigen Aufgaben freizustellen.

8. Konfliktlösung

Bei der Wahrnehmung des Direktionsrechts hat der Arbeitgeber die Grundrechte der Ärztinnen und Ärzte zu beachten, insbesondere etwaige Grundrechte der Wissenschaftsfreiheit sowie das Grundrecht der Gewissensfreiheit. Für Konfliktfälle bzgl. der Verletzung dieser Rechte soll eine Schlichtungskommission gebildet werden, die Empfehlungen zur Konfliktlösung aussprechen kann. Gesetzliche Ansprüche bleiben von den Empfehlungen der Schlichtungskommission unberührt.

VI. Allgemeine Regelungen

1. Allgemeine Pflichten

Die im Rahmen des Arbeitsvertrages geschuldete Leistung ist gewissenhaft und ordnungsgemäß in Übereinstimmung mit den Zielen der Hochschule, insbesondere der spezifischen Aufgaben in Forschung, Lehre, Weiterbildung sowie in der Krankenversorgung auch unter Beachtung der Wirtschaftlichkeit auszuüben.

2. Schadenshaftung

Für die Schadenshaftung der Ärztinnen und Ärzte finden die für die Beamten des Arbeitgebers jeweils geltenden Bestimmungen entsprechende Anwendung.

3. Gutachten, Nebentätigkeit

Die Erstellung von Gutachten, gutachtlichen Äußerungen und wissenschaftlichen Ausarbeitungen, die nicht von einem Dritten angefordert und vergütet werden, gehört zu den den Ärztinnen und Ärzten obliegenden Pflichten aus der Haupttätigkeit. Ärztinnen und Ärzte können vom Arbeitgeber verpflichtet werden, als Nebentätigkeit Unterricht zu erteilen. Für Nebentätigkeiten im öffentlichen Dienst kann eine Ablieferungspflicht nach den beim Arbeitgeber geltenden Bestimmungen zur Auflage gemacht werden.

4. Übergangsregelung Gehaltsfortzahlung

Für die Ärztinnen und Ärzte, die unter § 71 BAT fallen und in der privaten Krankenversicherung versichert sind, bleibt die Gehaltsfortzahlung im Krankheitsfall für die Dauer von bis zu 26 Wochen erhalten.

5. Pauschalierung von Überstundenentgelten

Die Pauschalierung von Überstundenentgelten wird in den Katalog der Entgeltbestandteile, die pauschaliert werden können, aufgenommen.

6. Bezugsfrist Krankengeldzuschuss

Die Bezugsfrist für den Krankengeldzuschuss wird - einheitlich in beiden Tarifgebieten – auf 39 Wochen verlängert.

7. Jubiläumszuwendung

Die zu vereinbarenden Regelungen zur Jubiläumszuwendung können zum Zweck einer regionalen Öffnung zum 31.12.2007 gekündigt werden.

8. Tarifvertrag soziale Absicherung

§ 3 des Tarifvertrages zur sozialen Absicherung im Tarifgebiet Ost wird bis zum 31. Dezember 2011 verlängert (Laufzeit der Tarifverträge längstens bis 31. Dezember 2014).

9. Entgeltumwandlung

Es wird ein Tarifvertrag zur Entgeltumwandlung vereinbart.

10. Beihilfe

Ansprüche aufgrund von beim Arbeitgeber am 1. November 2006 geltenden Regelungen für die Gewährung von Beihilfen an Arbeitnehmerinnen und Arbeitnehmer im Krankheitsfall bleiben für übergeleitete Ärztinnen und Ärzte, die an diesem Tag noch Anspruch auf Beihilfe haben unberührt. Änderungen von Beihilfevorschriften für Beamte kommen zur Anwendung, soweit auf Landes- bzw. Bundesvorschriften Bezug genommen wird.

VII. In-Kraft-Treten, Mindestlaufzeit

1. Der Tarifvertrag wird zum 1. November 2006 in Kraft gesetzt, soweit in dieser Einigung nichts Anderes bestimmt ist.
2. Mindestlaufzeit bis 31. Dezember 2009.

VIII. Maßregelungsklausel

Es wird eine Maßregelungsklausel vereinbart.

Berlin, den 16. Juni 2006

Anlage 1
Entgelttabelle für Ärztinnen und Ärzte an Universitätskliniken
im Tarifgebiet West

Monatsbeträge bei 42 Wochenstunden

Bezeichnung	Euro	Euro	Euro	Euro	Euro
Arzt	3.600 im 1. Jahr	3.800 im 2. Jahr	3.950 im 3. Jahr	4.200 im 4. Jahr	4.500 im 5. Jahr
Facharzt	4.750 ab dem 1. Jahr	5.150 ab dem 4. Jahr	5.500 ab dem 7. Jahr		
Oberarzt	5.950 ab dem 1. Jahr	6.300 ab dem 4. Jahr	6.800 ab dem 7. Jahr		
Ständiger Vertreter des ltd. Arztes	7.000 ab dem 1. Jahr	7.500 ab dem 4. Jahr	7.900 ab dem 7. Jahr		

Anlage 2
Entgelttabelle für Ärztinnen und Ärzte an Universitätskliniken im Tarifgebiet Ost

Monatsbeträge bei 42 Wochenstunden

Bezeichnung	Euro	Euro	Euro	Euro	Euro
Arzt	3.200 im 1. Jahr	3.400 im 2. Jahr	3.500 im 3. Jahr	3.700 im 4. Jahr	4.000 im 5. Jahr
Facharzt	4.200 ab dem 1. Jahr	4.500 ab dem 4. Jahr	4.800 ab dem 7. Jahr		
Oberarzt	5.300 ab dem 1. Jahr	5.600 ab dem 4. Jahr	6.000 ab dem 7. Jahr		
Ständiger Vertreter des ltd. Arztes	6.200 ab dem 1. Jahr	6.600 ab dem 4. Jahr	7.000 ab dem 7. Jahr		

Anlage 3
Verfahren zur Aufnahme von Tarifverhandlungen zur wirtschaftlichen Sicherung der Universitätskliniken und zur Beschäftigungssicherung an diesen Einrichtungen

1. Kontaktaufnahme der Klinik mit dem für das Tarifrecht zuständigen Landesministerium.
2. Information der Klinik über die inhaltlichen Voraussetzungen für die Aufnahme von Tarifverhandlungen
   a) Vorlage der testierten Jahresabschlüsse (Offenlegung der Geschäfts- und Vermögensverhältnisse)
   b) Vorlage eines Zukunftskonzepts
   c) Aussage zur Laufzeit der Anwendungsvereinbarung
   d) Erklärung des Einrichtungsträgers
      - Erhalt des Krankenhauses im Länderbereich
      - Keine Kürzung geleisteter Eigenanteile und/oder Betriebskostenzuschüsse aufgrund der Arbeitnehmerbeiträge
   e) Darstellung des Umfangs der erforderlichen Maßnahmen zur wirtschaftlichen Stärkung des Krankenhauses und zur Sicherung der Beschäftigung
   f) Herstellung betrieblicher Akzeptanz
   g) Erklärung betreffend eine evtl. gleichzeitige Anwendung des TV-Service, ggf. Erklärung zum Verhältnis zu einem laufenden Sanierungstarifvertrag.
3. Das Ministerium informiert den zuständigen Landesverband des Marburger Bundes über die Absicht der Uniklinik, eine Anwendungsvereinbarung abschließen zu wollen und übersendet die Unterlagen gemäß Nr. 2.
4. Der Marburger Bund überprüft die Unterlagen und teilt dem Ministerium innerhalb von zwei Wochen mit, ob Tarifverhandlungen über eine Anwendungsvereinbarung aufgenommen werden können oder welche konkreten Hinderungsgründe bestehen.
5. Im Falle der beabsichtigten Aufnahme von Tarifverhandlungen schaltet die Uniklinik im Einvernehmen mit dem Marburger Bund umgehend einen neutralen Gutachter, dessen Kosten von der Uniklinik zu tragen sind, zur Stellungnahme zu der wirtschaftlichen Lage, dem Zukunftskonzept

und den beabsichtigten Maßnahmen ein. Das Gutachten soll innerhalb eines Monats nach Beauftragung vorliegen.

6. Das Gutachten wird dem Marburger Bund, dem Ministerium und der Uniklinik zugeleitet. Die Tarifverhandlungen werden innerhalb von zwei Wochen nach Eingang des Gutachtens aufgenommen.

7. Die Tarifverhandlungen sollen innerhalb von drei Monaten nach Information des Marburger Bundes durch das Ministerium abgeschlossen werden.

Maßregelungsklausel

1. Die Beschäftigungsverhältnisse aller am Arbeitskampf Beteiligten werden fortgesetzt. Jede Maßregelung von Beschäftigten aus Anlass oder im Zusammenhang mit der Tarifrunde 2006 unterbleibt bzw. wird rückgängig gemacht. Insbesondere bestehen gekündigte Arbeitsverhältnisse fort, Abmahnungen und Ermahnungen werden zurückgenommen. Die Beschäftigten werden unmittelbar nach dem Ende des Arbeitskampfes zu unveränderten Bedingungen weiterbeschäftigt. Maßregelungen jeglicher Art, die bereits erfolgt sind, werden durch ausdrückliche schriftliche Erklärung gegenüber den betroffenen Arbeitnehmern rückgängig gemacht.

2. Ist ein Anspruch oder Anwartschaft von einer ununterbrochenen Zeit oder einer bestimmten Zeitdauer oder davon, dass das Arbeitsverhältnis nicht geruht hat, abhängig, ist die Teilnahme am Streik für die Erfüllung dieser Zeit nicht schädlich. Die Teilnahme an Arbeitskampfmaßnahmen führt nicht zu einer Kürzung der Entgeltfortzahlung und der Sonderzahlung. Soweit Resturlaub wegen der Beteiligung an Arbeitskampfmaßnahmen nicht mehr genommen werden konnte, wird dieser über den 30. April 2006 hinaus übertragen.

3. Der Arbeitgeber erbringt die (Altersteilzeit-) Wertguthaben für die in Folge von Arbeitskampfmaßnahmen ausgefallene Arbeitszeit (Ausfallzeit). Für das Altersteilzeitverhältnis gilt die Ausfallzeit als geleistete Arbeitszeit. Auf Wunsch des Altersteilzeitbeschäftigten erhält dieser auch Gelegenheit, streikbedingte Ausfallzeiten nachzuarbeiten. Eine Kürzung des Erhöhungsbetrages wegen Teilnahme an Arbeitskampfmaßnahmen findet in keinem Falle statt.

4. Die Tarifvertragsparteien und deren Mitglieder verzichten wechselweise auf Ersatzansprüche aller Art aus Anlass oder im Zusammenhang mit der Tarifbewegung und nehmen diesen Verzicht an.

5. Die im Zusammenhang mit dem Arbeitskampf gezeigten Verhaltensweisen von Beschäftigten werden arbeitsrechtlich nicht weiterverfolgt.

6. Im Zusammenhang mit den vorstehenden Ziffern entstandene Vorgänge werden aus den Personalakten entfernt und vernichtet.

Berlin, den 16. Juni 2006

Tarifvertrag über das Leistungsentgelt für die Beschäftigten des Bundes (LeistungsTV-Bund)

Stand: 25. August 2006, Schlussredaktion vorbehalten

Zwischen

der Bundesrepublik Deutschland, vertreten durch das Bundesministerium des Innern, einerseits

und

ver.di - Vereinte Dienstleistungsgewerkschaft (ver.di), vertreten durch den Bundesvorstand, diese zugleich handelnd für

- Gewerkschaft der Polizei,
- Industriegewerkschaft Bauen-Agrar-Umwelt,
- Gewerkschaft Erziehung und Wissenschaft,

andererseits

wird folgendes vereinbart:

Präambel

[1]Das Leistungsentgelt soll dazu beitragen, die Effizienz der öffentlichen Verwaltung zu stärken und die öffentlichen Dienstleistungen zu verbessern. [2]Zugleich sollen Motivation, Eigenverantwortung und Führungskompetenz gestärkt werden. [3]Bei Anwendung und Ausfüllung dieses Tarifvertrages sind die Diskriminierungsfreiheit und Transparenz der Bewertungs- und Feststellungsregelungen sicherzustellen. [4]Bei der Gestaltung der Leistungsanforderungen und -bewertungen ist dem Grundsatz der Vereinbarkeit von Familie und Beruf Rechnung zu tragen und das Leitprinzip der Gleichstellung von Frauen und Männern (Gender-Mainstreaming) zu verwirklichen.

I. Abschnitt: Allgemeine Vorschriften
§ 1 Geltungsbereich

Dieser Tarifvertrag gilt für alle Beschäftigten des Bundes, die unter den Geltungsbereich des Tarifvertrages für den öffentlichen Dienst (TVöD) fallen.

§ 2 Regelungsstruktur

[1]Dieser Tarifvertrag regelt den Rahmen und legt wesentliche Details für die Gewährung des Leistungsentgelts nach § 18 TVöD fest. [2]Die weitere Ausgestaltung erfolgt durch einvernehmliche Dienstvereinbarung oder durch einvernehmliche Betriebsvereinbarung.

II. Abschnitt: Leistungsfeststellung
§ 3 Instrumente der Leistungsfeststellung

(1) [1]Die Feststellung von Leistungen erfolgt anhand von Zielvereinbarungen (§ 4) oder systematischen Leistungsbewertungen (§ 5). [2]Beide Instrumente können auch miteinander verbunden werden (§ 6). [3]Für die Leistungsfeststellung kann sowohl an die individuelle Leistung als auch an die Leistung einer Gruppe von Beschäftigten (Teamleistung) angeknüpft werden.

(2) [1]Für die Leistungsfeststellung dürfen nur Ziele oder Kriterien herangezogen werden, die auf die auszuübende Tätigkeit der/des Beschäftigten bezogen sind, von der/dem Beschäftigten beeinflusst und in der regelmäßigen Arbeitszeit erreicht werden können. [2]Voraussetzung der Leistungsfeststellung sind Transparenz und Nachvollziehbarkeit der auf die Tätigkeit bezogenen Leistungskriterien.

(3) [1]Die Leistungsfeststellung erfolgt jährlich. [2]Durch kürzere oder längere Laufzeiten von Zielvereinbarungen dürfen Beschäftigte oder Beschäftigtengruppen nicht von dem Leistungsentgelt ausgenommen werden; § 11 bleibt unberührt. [3]Beginn und Ende des maßgeblichen Leistungs- und Feststellungszeitraums werden in der Dienstvereinbarung geregelt.

(4) [1]Die Leistungsfeststellung erfolgt durch die jeweilige Führungskraft. [2]Der Arbeitgeber bestimmt zu Beginn des Leistungszeitraums die jeweils zuständige Führungsebene.

Protokollerklärung zu § 3:
[1]Bei schwerbehinderten Menschen ist eine durch die Schwerbehinderung bedingte Minderung der Arbeitsleistung angemessen zu berücksichtigen. [2]Die Protokollerklärung Nr. 2 zu § 18 TVöD bleibt unberührt.

§ 4 Zielvereinbarung

(1) [1]Eine Zielvereinbarung ist eine schriftlich niedergelegte, freiwillige und verbindliche Abrede zwischen der Führungskraft und einzelnen Beschäftigten oder Beschäftigtengruppen für einen festgelegten Zeitraum über objektivierbare Leistungsziele und die Bedingungen ihrer Erfüllung. [2]Die Leistungsziele sind eindeutig, konkret und präzise zu bestimmen. [3]Das gilt auch für den Zeitraum bzw. den Zeitpunkt der Zielerreichung. [4]Die Leistungsziele müssen realistisch, messbar und nachvollziehbar sein.

(2) [1]In der Zielvereinbarung sind ein oder mehrere Leistungsziele und die Bedingungen ihrer Erfüllung zu vereinbaren. [2]Für die Zielvereinbarung können bis zu 5 Ziele festgelegt werden; sie können unterschiedlich gewichtet werden. [3]Für jedes Ziel sind bis zu 5 Zielerreichungsgrade festzulegen. [4]Näheres regelt die Dienstvereinbarung.

(3) [1]Erklärt die/der Beschäftigte oder eine Beschäftigtengruppe bzw. die jeweilige Führungskraft ihren Wunsch nach Abschluss einer Zielvereinbarung, ist ein Gespräch zu führen, um die Möglichkeit des Abschlusses einer Zielvereinbarung zu prüfen; ein Anspruch auf Abschluss einer Zielvereinbarung besteht nicht. [2]Kommt eine Zielvereinbarung mit einzelnen Beschäftigten oder Beschäftigtengruppen nicht zu Stande, erfolgt eine Leistungsfeststellung jeder/jedes dieser Beschäftigten auf Grundlage einer systematischen Leistungsbewertung.

(4) [1]Eine Zielvereinbarung mit einer Beschäftigtengruppe erfolgt in Form einer Abrede zwischen der jeweiligen Führungskraft und jeder/jedem Beschäftigten der Gruppe. [2]Eine Zielvereinbarung für die Gruppe kommt zustande, wenn sich alle Beschäftigten der Gruppe und die jeweilige Führungskraft für den Abschluss der Gruppenzielvereinbarung entscheiden.

(5) [1]Während der Laufzeit von Zielvereinbarungen sollen Gespräche zum Zwischenstand der Zielerreichung zwischen der jeweiligen Führungskraft und der/dem Beschäftigten geführt werden. [2]Bei relevanten Änderungen, die die Zielerreichung gefährden, sind die Gespräche zeitnah zu führen. [3]Ist ein Zielerreichungsgrad zu erwarten, der ein Leistungsentgelt ausschließt, ist ein Gespräch mit der/dem Beschäftigten zu führen, um gemeinsam Wege zur Zielerreichung zu erörtern. [4]Die Initiative für ein Gespräch kann von dem Beschäftigten oder der jeweiligen Führungskraft ausgehen.

Protokollerklärung zu Absatz 5 Satz 2:
[1]*Eine relevante Änderung ist zum Beispiel ein Arbeitsplatzwechsel.* [2]*Ein Tätigkeitswechsel, die Reduzierung oder der Wegfall personeller oder materieller Ressourcen können relevante Änderungen sein.*

(6) Die Leistungsfeststellung erfolgt nach § 3 Abs. 4 durch den Vergleich der vereinbarten Ziele mit dem Grad der Zielerreichung (Soll-Ist Vergleich).

§ 5 Systematische Leistungsbewertung

(1) Systematische Leistungsbewertung ist die auf einem festgelegten System beruhende Feststellung der erbrachten Leistung nach möglichst messbaren oder anderweitig objektivierbaren Kriterien.

(2) [1]Für die Bewertung ist ein System mit bis zu fünf Bewertungsstufen zu bilden. [2]Die Bewertungsstufen können textlich oder auf andere Weise bezeichnet werden. [3]Die Bewertung erfolgt nach Leistungskriterien, die durch Dienstvereinbarung festgelegt werden. [4]Die Leistungskriterien sind aus den Merkmalen Adressatenorientierung, Arbeitsqualität (einschließlich z.B. Arbeitsweise und Prioritätensetzung), Arbeitsquantität, Führungsverhalten, Wirtschaftlichkeit und Zusammenarbeit in ausfüllenden Dienstvereinbarungen zu konkretisieren. [5]Dabei müssen nicht alle Merkmale abgebildet werden; die Merkmale und Kriterien können unterschiedlich gewichtet und nach Arbeitsbereichen differenziert werden.

(3) [1]Grundlage einer Leistungsbewertung ist eine Aufgabenbenennung des zurückliegenden Bewertungszeitraums von bis zu 5 Aufgaben, die im Wesentlichen den Arbeitsplatz tragen. [2]Beim Bewertungsgespräch der systematischen Leistungsbewertung sollen die voraussichtlichen Schwerpunkte des künftigen Bewertungszeitraums erörtert werden. [3]Sie ersetzen nicht die für die systematische Leistungsbewertung relevanten Aufgabenbenennungen aus Satz 1. [4]Ist aufgrund der Leistungen der/des Beschäftigten absehbar, dass die Bewertung so ausfallen wird, dass ein Leistungsentgelt nicht zustehen wird, ist mit der/dem Beschäftigten ein Gespräch zu führen, um gemeinsam Wege zur Leistungssteigerung (z.B. Qualifizierungsbedarf, regelmäßige Gespräche als Zwischenschritte zur jährlichen Leistungsbewertung, Veränderungen der Arbeitsabläufe) zur erörtern.

Protokollerklärung zu § 5:
[1]Die systematische Leistungsbewertung entspricht nicht der Regelbeurteilung. [2]Quoten dürfen nicht vereinbart werden.

§ 6 Verbindung der Instrumente

[1]Werden systematische Leistungsbewertung und Zielvereinbarung verbunden (§ 3 Abs. 1 Satz 2), erfolgt die Feststellung der Leistung anhand beider Instrumente (Gesamtleistungsfeststellung). [2]Der Anteil der Zielvereinbarung an der Gesamtleistungsfeststellung wird in der Zielvereinbarung vereinbart. [3]Entsprechendes gilt bei der Verbindung einer Zielvereinbarung, die auf die individuelle Leistung der/des Beschäftigten bezogen ist, mit einer Zielvereinbarung, die auf die Leistungen einer Beschäftigtengruppe bezogen sind.

§ 7 Verhältnis der Instrumente

(1) Der mögliche Höchstauszahlungsbetrag ist unabhängig von der Wahl der Instrumente der Leistungsfeststellung gleich.

(2) [1]Für die Stufen der Leistungsbewertung bzw. die Zielerreichungsgrade sind Punktwerte festzulegen; die Differenz der Punktwerte darf von Stufe zu Stufe nicht höher sein als die Differenz zwischen den ersten beiden Stufen. [2]Näheres regelt die Dienstvereinbarung.

(3) [1]In einem System mit ungerader Stufenanzahl entspricht die volle Erfüllung („Erfüllt die Anforderungen in vollem Umfang") des jeweiligen Leistungsmerkmals oder -kriteriums der systematischen Leistungsbewertung der mittleren Stufe (Normalleistung); es sind gleich viele Stufen unterhalb und oberhalb der Normalleistung zu bilden. [2]Die volle Zielerreichung (100 v.H.) bei der Zielvereinbarung entspricht wertmäßig der mittleren Stufe der systematischen Leistungsbewertung.

(4) In einem System mit gerader Stufenanzahl sind die Normalleistung und die volle Zielerreichung (100 v.H.) durch Dienstvereinbarung wertmäßig der gleichen Stufe zuzuordnen; es sind Stufen ober- und unterhalb der Normalleistung zu bilden.

III. Abschnitt: Leistungsentgelt
§ 8 Formen und Auszahlung des Leistungsentgelts

(1) [1]Das Leistungsentgelt wird als Leistungsprämie oder Leistungszulage ausgezahlt. [2]Die Leistungsprämie ist eine einmalige Zahlung. [3]Die Leistungszulage ist eine zeitlich befristete, widerrufliche, in der Regel monatlich wiederkehrende Zahlung.

(2) Die Auszahlung des Leistungsentgelts soll spätestens im vierten Monat nach Abschluss der Leistungsfeststellung in der Verwaltung bzw. in dem Verwaltungteil im Sinne des § 9 Abs. 1 zu dem in § 24 Abs. 1 Satz 2 TVöD bestimmten Zahltag erfolgen.

§ 9 Aufteilung des Entgeltvolumens nach § 18 TVöD

(1) [1]Grundsätzlich steht das Volumen des Leistungsentgelts den Beschäftigten jeder Verwaltung, für die im jeweiligen Einzelplan des Haushalts ein Kapitel ausgebracht ist, zur Verfügung. [2]Das Volumen entspricht dem Entgeltvolumen der ständigen Monatsentgelte des Vorjahres der Beschäftigten, das sich bei Anwendung des in § 18 Abs. 2 Satz 1 TVöD bestimmten Vomhundertsatzes ergibt. [3]Weitere Aufteilungen auf Teile der Verwaltung nach Satz 1 innerhalb der Kapitel (Verwaltungsteile, z.B. auf Behörden oder Dienststellen) erfolgen unter Beteiligung der zuständigen Personalvertretungen nach Maßgabe des Bundespersonalvertretungsgesetzes.

Protokollerklärung zu Absatz 1:
Nr. 1: Soweit kapitelübergreifend Planstellen und Stellen zur Verstärkung herangezogen werden, können durch Dienstvereinbarung die zur Verfügung stehenden Volumina der betroffenen Verwaltungen festgelegt werden; Pauschalierungen (z.B. nach Anzahl der Beschäftigten zu einem bestimmten Stichtag) sind dabei zulässig.
Nr. 2: Absatz 1 gilt entsprechend für Beschäftigte sonstiger Einrichtungen, bei denen das Tarifrecht des Bundes zur Anwendung kommt.
Nr. 3: Durch Dienstvereinbarung kann bestimmt werden, dass - zur vereinfachten Erfassung und Berechnung - die weitere Aufteilung in pauschalierter Form (z.B. nach Anzahl der Beschäftigten zu einem bestimmten Stichtag) erfolgt.

(2) [1]Für die Ermittlung der ständigen Monatsentgelte des Vorjahres (§ 18 Abs. 2 Satz 1 TVöD) wird jeweils der Zeitraum vom 1. Januar bis zum 31. Dezember zu Grunde gelegt. [2]Das Gesamtvolumen nach Absatz 1 Satz 1 ist jeweils bis zum 30. April eines jeden Jahres zu ermitteln.

(3) [1]Wird das Gesamtvolumen der Verwaltung bzw. des Verwaltungsteils nicht ausgeschöpft, so erhöht sich das betreffende Volumen im Folgejahr um die verbleibenden Restanteile. [2]Überschreitungen eines Volumens werden im Folgejahr auf das betreffende Volumen angerechnet.

(4) [1]Der zuständigen Personalvertretung ist das ermittelte Gesamtvolumen nach Absatz 1 (SOLL) sowie das ausgezahlte Volumen (IST) mitzuteilen. [2]Über- oder Unterschreitungen sind auszuweisen und darzulegen.

§ 10 Berechnung des Leistungsentgelts

(1) [1]Die Höhe des individuellen Leistungsentgeltes der/des Beschäftigten ergibt sich aus dem durch Dienstvereinbarung festzulegenden Schlüssel, der das Ergebnis der individuellen Leistungsfeststellung der/des Beschäftigten mit der Höhe des jeweils zur Verfügung stehenden Gesamtvolumens nach Absatz 2 verknüpft. [2]Durch Dienstvereinbarung kann eine Obergrenze für das individuelle Leistungsentgelt festgelegt werden.

(2) [1]Das Gesamtvolumen für eine Verwaltung bzw. einen Verwaltungsteil ist grundsätzlich nach Entgeltgruppen getrennt aufzuteilen. [2]Durch Dienstvereinbarung kann auf eine Trennung nach Entgeltgruppen verzichtet und/oder eine Zusammenfassung von Entgeltgruppen vorgenommen werden; in dieser kann auch eine Aufteilung nach organisatorischen Gesichtspunkten erfolgen.

Protokollerklärung zu Absatz 2
Nr. 1: Wird das Gesamtvolumen nach Entgeltgruppen aufgeteilt, ist bei der Bildung der Teilvolumina unter Berücksichtigung der Protokollerklärung Nr. 4 zu gewährleisten, dass das betreffende Volumen in den einzelnen Entgeltgruppen verbleibt.
Nr. 2: Wird das Gesamtvolumen nach Gruppen von Entgeltgruppen aufgeteilt, ist bei der Bildung der Teilvolumina unter Berücksichtigung der Protokollerklärung Nr. 4 zu gewährleisten, dass das betreffende Volumen in den einzelnen Gruppen von Entgeltgruppen verbleibt.
Nr. 3: Wird das Gesamtvolumen nach organisatorischen Gesichtspunkten aufgeteilt, ist bei der Bildung der Teilvolumina unter Berücksichtigung der Protokollerklärung Nr. 4 zu gewährleisten, dass das betreffende Volumen in den einzelnen organisatorischen Bereichen verbleibt. [2]Bei einer Aufteilung nach organisatorischen Gesichtspunkten ist innerhalb des jeweiligen Teilvolumens eine Differenzierung zwischen den Entgeltgruppen im Sinne von Nr. 1 im Rahmen des Schlüssels sicherzustellen.
Nr. 4: Pauschalierungen und Rundungen sind zulässig (z.B. nach Anzahl der Beschäftigten zu einem bestimmten Stichtag).

IV. Abschnitt: Gemeinsame Vorschriften
§ 11 Unterjährige Veränderungen, besondere Situationen

(1) Eine Leistungsfeststellung findet nicht statt, wenn die/der Beschäftigte während des Feststellungszeitraums weniger als 2 Kalendermonate tätig war.

(2) [1]Beschäftigte, für die gemäß Absatz 1 keine Leistungsfeststellung erfolgt, erhalten kein Leistungsentgelt. [2]Bestand nicht während des gesamten Leistungszeitraums ein Entgeltanspruch, wird das Leistungsentgelt der/des Beschäftigten für jeden Kalendermonat, in dem kein Entgeltanspruch bestand, um ein Zwölftel gekürzt.

Protokollerklärung zu Absatz 1 und 2:
Verstirbt die/der Beschäftigte vor einer Leistungsfeststellung erhöht sich die Zahlung nach § 23 Abs. 3 TVöD um ein pauschales Leistungsentgelt in Höhe des in § 18 Abs. 2 Satz 1 TVöD bestimmten Vomhundertsatzes des jeweiligen Jahrestabellenentgelts.

(3) Ein Leistungsentgelt wird nicht gezahlt, wenn das Arbeitsverhältnis aus einem Grund, den die/der Beschäftigte durch eigenes Verschulden verursacht hat, beendet wurde.

(4) [1]Im Fall eines Arbeitsplatzwechsels oder eines Wechsels der Führungskraft erhält die/der Beschäftigte grundsätzlich ein Zwischenergebnis zur Feststellung der bisherigen Leistungen. [2]Durch Dienstvereinbarung kann bestimmt werden, dass anstelle eines Zwischenergebnisses eine gemeinschaftliche Leistungsfeststellung der früheren und der aktuellen Führungskraft der/des Beschäftigten erfolgt. [3]Näheres regelt die Dienstvereinbarung.

Protokollerklärung zu Absatz 4:
Stichtag für die Zuordnung zu einer Entgeltgruppe bei der Berechnung der Höhe des Leistungsentgelts ist der letzte Tag des Leistungszeitraums.

(5) ¹Beschäftigte, die nach Bundesgleichstellungsgesetz, Bundespersonalvertretungsgesetz oder Sozialgesetzbuch Neuntes Buch von der Erbringung ihrer Arbeitsleistung zu 75 v.H. und mehr ihrer individuellen durchschnittlichen Arbeitszeit freigestellt worden sind, erhalten ohne Leistungsfeststellung ein Leistungsentgelt in Höhe des Durchschnittsbetrages der Beschäftigten ihrer jeweiligen Entgeltgruppe. ²Für Beschäftigte, die nach Satz 1 zu 50 v.H. und weniger freigestellt sind, erfolgt eine Leistungsfeststellung auf Grundlage der erbrachten Arbeitsleistungen in den nicht freigestellten Zeiten. ³Für die Berechnung des Leistungsentgelts ist dieses Ergebnis auf den freigestellten Anteil der Arbeitsleistung zu übertragen. ⁴Beschäftigte, die nach Satz 1 zu weniger als 75 v.H. und mehr als 50 v.H. freigestellt sind, können zwischen der Regelung nach Satz 1 und Satz 2 wählen; das Wahlrecht muss zu Beginn des Leistungszeitraums, bei einer entsprechenden Freistellung während des Leistungszeitraums am ersten Tag dieser Freistellung ausgeübt werden.

Protokollerklärung zu Absatz 5:
Bei der Leistungsfeststellung von teilweise freigestellten Beschäftigten ist sicherzustellen, dass diese wegen ihrer Tätigkeit weder benachteiligt noch begünstigt werden.

(6) ¹Bei Teilzeitbeschäftigten beziehen sich die Leistungsanforderungen auf die individuell vereinbarte durchschnittliche Arbeitszeit. ²Für die Höhe des Leistungsentgelts findet § 24 Abs. 2 TVöD Anwendung; Stichtag für den maßgeblichen Arbeitszeitumfang ist der letzte Tag des Leistungszeitraums. ³Bei Beschäftigten, die in Altersteilzeit im Blockmodell beschäftigt sind, bemisst sich das Leistungsentgelt nach der Arbeitszeit, die während der jeweiligen Phase der Altersteilzeit geschuldet wird.

Protokollerklärung zu Absatz 6 Satz 2:
Leistungsentgelt wird neben den Aufstockungsleistungen nach § 5 TV ATZ gezahlt und bleibt bei der Berechnung von Aufstockungsleistungen nach § 5 TV ATZ unberücksichtigt.

§ 12 Dokumentation

(1) Das Ergebnis der individuellen Leistungsfeststellung wird in schriftlicher Form zur Personalakte genommen; eine Kopie ist der/dem Beschäftigten auszuhändigen.

(2) ¹Die Ergebnisse der Leistungsfeststellung und des Leistungsentgelts sind innerhalb jeder Verwaltung im Sinne von § 9 Abs. 1 Satz 1 statistisch zu erfassen und bekannt zu machen. ²Im Fall einer Aufteilung nach § 9 Abs. 1 Satz 3 erfolgt die Erfassung und Bekanntmachung nach Satz 1 in dem jeweiligen Verwaltungsteil. ³Näheres regelt die Dienstvereinbarung.

§ 13 Konfliktlösung

(1) Jede/jeder Beschäftigte kann das Ergebnis seiner Leistungsfeststellung gegenüber der zuständigen Personalstelle unter Beifügung einer schriftlichen Begründung innerhalb von drei Wochen nach Eröffnung des Ergebnisses der Leistungsfeststellung beanstanden (Beschwerde).

(2) ¹Wird der Beschwerde nicht abgeholfen, wird sie der paritätischen Kommission (§ 14) zur Beratung zugeleitet. ²Die Beratung bezieht sich auf die Einhaltung der durch diesen Tarifvertrag und die jeweils maßgeblichen ihn ausfüllenden Dienstvereinbarungen vorgegebenen Verfahren und auf die Einhaltung der sachlichen Grenzen einer Bewertung; die Mitwirkung erfasst nicht die Leistungsbewertung oder die Entscheidung über die Vergabe von Leistungsentgelten im Einzelfall. ³Der Arbeitgeber entscheidet auf Vorschlag der Kommission, ob und in welchem Umfang der Beschwerde im Einzelfall abgeholfen wird. ⁴Folgt der Arbeitgeber dem Vorschlag nicht, hat er seine Gründe darzulegen.

Protokollerklärung zu Absatz 2 Satz 2:
Die Einhaltung der sachlichen Grenzen einer Bewertung umfasst eine Kontrolle hinsichtlich eines Bewertungsausfalls, eines Bewertungsfehlgebrauchs, einer Überschreitung des Bewertungsrahmens und das Zugrundelegen unrichtiger Tatsachen.

(3) ¹Durch Dienstvereinbarung kann vorgesehen werden, dass nach einer Beschwerde gemäß Absatz 1 zunächst ein gestuftes Verfahren unter Einbeziehung von z.B. der nächst höheren Führungskraft und/oder einem Mitglied der Personalvertretung einsetzt. ²Erledigt sich die Beschwerde dadurch nicht, steht das Verfahren gemäß Absatz 2 offen.

§ 14 Paritätische Kommission

(1) [1]Die Anzahl der Mitglieder der Paritätischen Kommission ist durch Dienstvereinbarung festzulegen; jeweils die Hälfte der Mitglieder wird vom Arbeitgeber und von der Personalvertretung in der Regel aus dessen Mitte benannt; jedes Mitglied der Paritätischen Kommission muss der Verwaltung bzw. dem Verwaltungsteil, bei der/dem die Paritätische Kommission gebildet wird, angehören. [2]Die Gleichstellungsbeauftragte und die Vertrauensperson schwerbehinderter Menschen können auf ihren Wunsch an den Beratungen der Kommission teilnehmen; sie haben kein Stimmrecht. [3]Beteiligte i.S.d. § 13 Abs. 1 sind in eigenen Angelegenheiten von der Mitwirkung in der paritätischen Kommission ausgeschlossen. [4]Ein Mitglied der Paritätischen Kommission kann von der Partei, welche es benannt hat, jederzeit durch Benennung einer anderen Person nach Satz 1 ersetzt werden. [5]Eine Paritätische Kommission ist für jede Verwaltung im Sinne des § 9 Abs. 1 Satz 1 zu bilden. [6]Durch Dienstvereinbarung kann vorgesehen werden, dass im Fall einer Aufteilung nach § 9 Abs. 1 Satz 3 die Paritätische Kommission in dem jeweiligen Verwaltungsteil gebildet wird.

(2) [1]Unabhängig von der Beteiligung nach § 13 wirkt die Paritätische Kommission bei der ständigen Kontrolle des durch Dienstvereinbarung ausgestalteten Systems der Leistungsfeststellung und -bezahlung mit. [2]Sie kann Empfehlungen zur Weiterentwicklung und zu Korrekturen des Systems bzw. von Systembestandteilen geben.

(3) Die Rechte der Personalvertretungen, der Gleichstellungsbeauftragten und der Vertrauenspersonen schwerbehinderter Menschen bleiben unberührt.

§ 15 Dienstvereinbarungen zur Ausgestaltung dieses Tarifvertrages

[1]Das in den Dienststellen anzuwendende System der Leistungsfeststellung und der Gewährung eines Leistungsentgelts wird im Rahmen dieses Tarifvertrages durch Dienstvereinbarungen nach § 2 Satz 2 festgelegt. [2]In diesen Dienstvereinbarungen sollen insbesondere
- der Beginn und das Ende des maßgeblichen Leistungs- und Feststellungszeitraums (§ 3 Abs. 3 Satz 3),
- die Ausgestaltung von und mögliche konkrete Anforderungen an Zielvereinbarungen (§ 4 Abs. 2),
- das Bewertungssystem der systematischen Leistungsbewertung einschließlich der Gewichtung der Kriterien (§ 5 Abs. 2),
- die Punktwerte der Stufen der Leistungsbewertung bzw. der Zielerreichungsgrade (§ 7 Abs. 2),
- die Anzahl der Stufen der systematischen Leistungsbewertung, die Anzahl der Zielerreichungsgrade und die Zuordnung von Normalleistung und voller Zielerreichung zu einer Stufe (§ 7 Abs. 3 und 4),
- das Berechnungsverfahren für das jeweilige Leistungsentgelt einschließlich einer etwaigen Obergrenze für das individuelle Leistungsentgelt (§ 10 Abs. 1),
- eine gegebenenfalls von der Aufteilung nach Entgeltgruppen abweichende Aufteilung des Leistungsentgeltvolumens (§ 10 Abs. 2),
- die Leistungsfeststellung im Fall eines Arbeitsplatzwechsels oder eines Wechsels der Führungskraft (§ 11 Abs. 4)
- die statistische Erfassung der Ergebnisse von Leistungsfeststellung und Leistungsentgelt (§ 12 Abs. 2),
- ein etwaiges gestuftes Verfahren vor Eröffnung der Beschwerde zur Paritätischen Kommission (§ 13 Abs. 3),
- die Anzahl der Mitglieder der Paritätischen Kommission (§ 14 Abs. 1)
- gegebenenfalls die Bildung einer Paritätischen Kommission in dem jeweiligen Verwaltungsteil (§ 14 Abs. 1 Satz 6)
geregelt werden.

V. Abschnitt: Schlussvorschriften
§ 16 Einführungs- und Übergangsregelungen

(1) [1]Im Jahr 2007 erhalten alle Beschäftigten mit dem Tabellenentgelt des Monats Juli 2007 ein Leistungsentgelt in Höhe von 6 v.H. des ihnen für den Monat März 2007 jeweils gezahlten Tabellenentgelts. [2]Soweit Beschäftigte im März 2007 kein Tabellenentgelt beziehen, wird auf das zuletzt bezogene Tabellenentgelt abgestellt, es sei denn für die Beschäftigte/den Beschäftigten hätte nach § 11 keine Leistungsfeststellung stattgefunden. [3]Das danach verbleibende Entgeltvolumen für das Jahr 2007 erhöht das Gesamtvolumen der Verwaltung nach § 9 Abs. 1 Satz 1 für das Jahr 2008. [4]Der erste Leis-

tungszeitraum beginnt am 1. Juli 2007 und dauert mindestens sechs, höchstens neun Monate. [5]Der daran anschließende Leistungszeitraum kann abweichend von § 3 Abs. 3 Satz 1 um bis zu drei Monate verlängert werden.

(2) [1]Kommt bis zum 30. Juni 2007 keine Dienstvereinbarung nach § 15 zustande, erhalten die Beschäftigten mit dem Tabellenentgelt des Monats April 2008 6 v.H. des für den Monat Dezember 2007 jeweils zustehenden Tabellenentgelts. [2]Das Leistungsentgelt erhöht sich im Folgejahr um den verbleibenden Betrag des Gesamtvolumens der Verwaltung bzw. des Verwaltungsteils. [3]Solange auch in den Folgejahren keine Dienstvereinbarung zustande kommt, gelten Satz 1 und 2 entsprechend.

Protokollerklärung zu Absatz 1 und 2:
Dem Tabellenentgelt stehen Entgelt aus einer individuellen Zwischenstufe oder individuellen Endstufe gleich.

Niederschriftserklärung zu § 16:
Die Tarifvertragsparteien werden die Umsetzung dieses Tarifvertrages im Jahr 2009 analysieren und gegebenenfalls notwendige Folgerungen ziehen.

§ 17 Begriffsbestimmungen

(1) In Betrieben, in denen dieser Tarifvertrag zur Anwendung kommt, erfolgt die Ausgestaltung dieses Tarifvertrages durch Betriebsvereinbarung; an die Stelle der Begriffe „Dienstvereinbarung" und „Personalvertretung" treten in diesem Fall die Begriffe „Betriebsvereinbarung" und „Betriebsrat".

(2) Leistungszeitraum ist der Zeitraum, welcher für die Feststellung der Leistungen der Beschäftigten berücksichtigt wird.

(3) Feststellungszeitraum ist der Zeitraum, in welchem die Leistungen der Beschäftigten festgestellt werden.

(4) Wird in diesem Tarifvertrag auf Regelungen des TVöD Bezug genommen, sind die für den Bund geltenden Vorschriften gemeint.

§ 18 In-Kraft-Treten

(1) Dieser Tarifvertrag tritt am 1. Januar 2007 in Kraft.

(2) Dieser Tarifvertrag kann von jeder Tarifvertragspartei mit einer Frist von drei Monaten zum Schluss eines Kalenderhalbjahres schriftlich gekündigt werden, frühestens jedoch zum 31. Dezember 2009.

Für die Bundesrepublik Deutschland:
Der Bundesminister des Innern
In Vertretung
Dr. Hans Bernhard Beus

Für ver.di – Vereinte Dienstleistungsgewerkschaft (ver.di)
- Bundesvorstand –

Niederschriftserklärungen

Niederschriftserklärung zu § 8 Abs. 1 Satz 1:
[1]Die Tarifvertragsparteien sind sich einig, dass das Leistungsentgelt bis auf weiteres als Leistungsprämie ausgezahlt wird. [2]Vor der Einführung einer Leistungszulage werden die Tarifvertragsparteien ergänzende Regelungen zur Auszahlung vereinbaren.

Niederschriftserklärung zu § 8 Abs. 2:
[1]Die Tarifvertragsparteien sind sich einig, dass Beschwerden (§ 13 Abs. 1) und das Fehlen einzelner Leistungsfeststellungen (z.B. auf Grund von Krankheit) dem Auszahlungsverfahren für die übrigen Beschäftigten nicht entgegen stehen. [2]Bei Beschwerden wird das auf den unstreitigen Teil der Leistungsfeststellung entfallende Leistungsentgelt ausgezahlt.

Niederschriftserklärung zu Abschnitt III:
Die Tarifvertragsparteien sind sich einig, spätestens im Jahr 2008 die praktische Umsetzung der Bestimmung und Aufteilung des Entgeltvolumens zu prüfen und etwaige notwendige Anpassungen für die Folgezeit im Tarifvertrag vorzunehmen.

Niederschriftserklärung zu § 11 Abs. 2 Satz 2:
Die Tarifvertragsparteien sind sich einig, dass ein Entgeltanspruch auch bei Entgeltfortzahlung im Krankheitsfall nach § 22 TVöD besteht.

Niederschriftserklärung zu § 11 Abs. 4:
Die Tarifvertragsparteien sind sich einig, dass ein Arbeitsplatzwechsel auch bei einem Wechsel der/des Beschäftigten zu einer anderen Behörde oder Dienststelle gegeben ist.

Niederschriftserklärung zu § 11 Abs. 5 Satz 2:
Die Tarifvertragsparteien werden den TV ATZ entsprechend anpassen.

Niederschriftserklärung zu § 13 Abs. 2 Satz 4:
Die Gründe werden der/dem Beschäftigten und der Paritätischen Kommission mitgeteilt.

Niederschriftserklärung zu § 16 Abs. 1:
[1]Im Bewusstsein um ihre Verantwortung für den Einführungsprozess haben sich die Tarifvertragsparteien entschlossen, den ersten Leistungszeitraum am 1. Juli 2007 beginnen zu lassen und das Leistungsentgelt für die erste Jahreshälfte 2007 anteilig pauschal auszukehren. [2]Sie haben sich dabei von folgenden Maßgaben leiten lassen:
Nr. 1: [1]Die Tarifvertragsparteien haben sich seit In-Kraft-Treten des TVöD intensiv mit der Konzeption und Ausgestaltung eines Systems der Leistungsbezahlung auseinandergesetzt. [2]Im Wissen, dass die Beschäftigten die wichtigste Ressource des öffentlichen Dienstes sind, haben sie sich bei den Verhandlungen von dem Ziel leiten lassen, im Interesse der erfolgreichen Einführung des Leistungsentgelts der Qualität den Vorrang vor der Schnelligkeit der Einführung zu geben.
Nr. 2: [1]Die Tarifvertragsparteien sehen die Verantwortung für die erfolgreiche Umsetzung dieses Tarifvertrages auch bei den Parteien der noch abzuschließenden Dienstvereinbarungen. [2]Auch in Anbetracht der mit der EU-Ratspräsidentschaft der Bundesrepublik Deutschland im ersten Halbjahr 2007 verbundenen Mehrbelastung geben sie den Beteiligten mit den Bestimmungen des Absatzes 1 zusätzliche Zeit, um die erfolgreiche Einführung des Leistungsentgelts vorzubereiten.
Nr. 3: Mit Blick auf das Bestreben der Bundesregierung, auch für die Beamtinnen und Beamten des Bundes ein System einer leistungsorientierten Bezahlung einzuführen, wollen die Tarifvertragsparteien mit den Bestimmungen zum ersten Leistungszeitraum die Möglichkeit eröffnen, sowohl für Tarifbeschäftigte als auch für Beamtinnen und Beamte zum gleichen Zeitpunkt ein leistungsorientiertes Bezahlungssystem einzuführen.

Literaturverzeichnis

Altvater	Altvater/Bacher/Hörter/Peiseler/Sabottig/Vohs: Bundespersonalvertretungsgesetz Kommentar, 3. Aufl. 2000
AP	Arbeitsrechtliche Praxis, Nachschlagewerk des BAG
APS/Bearbeiter	Ascheid/Preis/Schmidt (Hrsg.), Kündigungsrecht, Großkommentar, 2. Aufl., 2004
Baeck/Deutsch	Arbeitszeitgesetz, Kommentar, 2. Aufl., 2004
Becker/Wulfgramm	Kommentar zum Arbeitnehmerüberlassungsgesetz, 3. Aufl., 1985; Nachtrag zur 3. Aufl., 1986
Beckerle/Hock/Klapproth	TVöD – Die Überleitungs-Tarifverträge
Blanke	Blanke/Trümner: Handbuch Privatisierung, Baden-Baden 1998
Blanke/Allmar/Heuermann	Blanke/Allmar/Heuermann: Leitfaden Privatisierungsrecht, Baden-Baden 1998
Blanke/Sterzel	Privatisierungsrecht für Beamte, Baden-Baden 1999
Blomeyer/Otto	Gesetz zur Verbesserung der betrieblichen Altersversorgung, Kommentar, 3. Aufl., 2004
Böhm/Spiertz/Sponer/Steinherr	BAT, Loseblattsammlung, Stand: September 2005
Boemke	Arbeitnehmerüberlassungsgesetz, Kommentar, 2002, Nachtrag 2003
Bredemeier/Neffke	Bredemeier/Neffke/Cerff: BAT/BAT-O Kommentar, 2. Aufl., München 2003
Breier	Breier/Dassau/Kiefer/Lang/Langenbrinck: TVöD-Kommentar, 2005
Buschmann/Ulber	Arbeitszeitgesetz, Kommentar, 4. Aufl., 2004
Clemens	Clemens/Scheuering/Steingen/Wiese: BAT-Kommentar
Däubler/Bearbeiter	Däubler (Hrsg.), Kommentar zum Tarifvertragsgesetz, 2003
Dassau/Wiesend-Rothbrust	Dassau/Wiesend-Rothbrust: BAT-Kompaktkommentar, 4. Aufl. 2004
Dassau/Langenbrinck	TVöD – Schnelleinstieg ins neue Tarifrecht, 1. Aufl. 2005
DKK/Bearbeiter	Däubler/Kittner/Klebe (Hrsg.), Kommentar zum Betriebsverfassungsgesetz, 9. Aufl., 2004
Dörner	Der befristete Arbeitsvertrag, 2004

ErfK/Bearbeiter	Dieterich/Müller-Glöge,Preis,Schaub: Erfurter Kommentar zum Arbeitsrecht, 6. Aufl. 2006
Erman/Bearbeiter	Handkommentar zum BGB, 2 Bde., 11. Aufl., 2004
EzA	Entscheidungssammlung zum Arbeitsrecht
EzBAT	Entscheidungssammlung zum BAT
Fitting	Fitting/Engels/Schmidt/Trebinger/Linsenmaier, Kommentar zum Betriebsverfassungsgesetz, 22. Aufl., 2004
Gamillscheg KollArbR I	Kollektives Arbeitsrecht, Bd. I, 1997
Herzberg/Schaum	Herzberg/Schaum: Tarifvertrag Versorgungsbetriebe
v. Hoyningen-Huene	Betriebsverfassungsgesetz, 5. Aufl., 2002
v. Hoyningen-Huene/Linck	Kündigungsschutzgesetz, Kommentar, 13. Aufl., 2002
Hromadka	Hromadka/Maschmann, Arbeitsrecht, 3. Aufl., Bd. 1, 2005, Bd. 2, 2004
Hueck/Nipperdey	Lehrbuch des Arbeitsrechts, 7. Aufl., Bd. I 1967; Bd. II, 1. und 2. Halbbd. 1967, 1970
Hüffer	Kommentar zum Aktiengesetz, 6. Aufl., 2004
HWK/Bearbeiter	Henssler/Willemsen/Kalb (Hrsg.), Arbeitsrecht, Kommentar, 2004
Kempen/Zachert	Tarifvertragsgesetz (TVG), Kommentar, 3. Aufl., 1997
Kuner	Kuner: Der neue TVöD, München 2006
Küttner/Bearbeiter	Küttner (Hrsg.), Personalbuch 2005, Arbeitsrecht, Lohnsteuerrecht, Sozialversicherungsrecht
Landmann	Landmann/Rohmer-Kahl: GewO-Kommentar
Löwisch/Rieble	Tarifvertragsgesetz, Kommentar, 2. Aufl., 2004
MüArbR/Bearbeiter	Münchener Handbuch zum Arbeitsrecht, 3 Bände, 2. Aufl., 2000, mit Ergänzungsband, 2001
MüKoBGB/Bearbeiter	Münchener Kommentar zum BGB, 3. Aufl., 1993 ff., 4. Aufl., 2001 ff.
Müller.B	Müller, Bernd: Arbeitsrecht im Öffentlichen Dienst, 5.Aufl. 2001
Palandt/Bearbeiter	Kommentar zum Bürgerlichen Gesetzbuch, 64. Aufl., 2005
Preis/Bearbeiter	Preis (Hrsg.), Der Arbeitsvertrag, 2002
Richardi/Bearbeiter	Richardi (Hrsg.), Betriebsverfassungsgesetz mit Wahlordnung, Kommentar, 9. Aufl., 2004
Schaub/Bearbeiter	Arbeitsrechts-Handbuch, 11. Aufl., 2005
Scherm/Süß	Personalmanagement, 2003
Scheuring	O. Scheuring/Lang/Jeske/M.Scheuring: BMT-G – Kommentar, 2005
Schüren/Bearbeiter	Arbeitnehmerüberlassungsgesetz, Kommentar, 2. Aufl., 2003
Sponer/Bearbeiter	Sponer/Steinherr: Tarifvertrag für den öffentlichen Dienst, Kommentar 2005

Stahlhacke/Bearbeiter	Stahlhacke/Preis/Vossen, Kündigung und Kündigungsschutz im Arbeitsverhältnis, 9. Aufl. 2005
TAE	Bleistein/Besgen: Taschenlexikon arbeitsrechtlicher Entscheidungen, 13. Aufl. 2006
Thüsing/Bearbeiter	Thüsing (Hrsg.),AÜG, Kommentar, 2005
TPE	Dembowski/Ostrowicz: Taschenlexikon personalrechtlicher Entscheidungen des öffentlichen Dienstes, 11. Aufl. 2005
Uttlinger	Uttlinger/Breier/Kiefer/Hoffmann/Dassau: BAT-Kommentar
Windbichler	Arbeitsrecht im Konzern, 1989

Stichwortverzeichnis

Die jeweils im Fettdruck hervorgehobenen Zahlen geben die Paragrafen, die nicht fett gedruckten Zahlen die Randnummer im jeweiligen Paragrafen wieder.

VORSPRUNG DURCH KÖNNEN

Rund 20.000 Fach- und Führungskräfte besuchen jährlich unsere 1.200 Seminare, Tagungen, Workshops und andere Veranstaltungen. Wir zählen damit zu den bedeutendsten Weiterbildungsinstituten in Europa.

International anerkannte Referenten, relevante Themen und Inhalte sowie exzellenter Service sind seit mehr als 25 Jahren unsere Stärken.

Das aktuelle Seminarangebot finden Sie unter www.forum-institut.de.

Gerne beraten wir Sie auch persönlich.

„Information wird zu Wissen. Wissen schafft Werte."

FORUM · Institut für Management GmbH · Postfach 10 50 60 · D-69040 Heidelberg
Vangerowstraße 18 · D-69115 Heidelberg
Telefon +49 62 21/500-500 · Telefax +49 62 21/500-505
E-Mail: info@forum-institut.de · www.forum-institut.de

Printed by Printforce, the Netherlands